詞の複数形 ⇨ **不規則な変化形は辞典で個々に確認してください**

(1) 単数形 + **s**
　　book 本 → book**s**　　　　　　game 試合 → game**s**
(2) 単数形 + **es**
　　bus バス → bus**es**　　lens レンズ → lens**es**　　wish 願い → wish**es**
　　bench ベンチ → bench**es**　　　　box 箱 →
(3) <母音字 + y>で終わる語： **s** を付ける
　　play 遊び → play**s**　　　　　　toy おも
(4) <子音字 + y>で終わる語： y を **i** に変え
　　diary 日記 → diar**ies**　　　　enemy 敵
(5) <母音字 + o>で終わる語： **s** を付ける
　　radio ラジオ → radio**s**　　　　bamboo 竹 → bamboo**s**
(6) <子音字 + o>で終わる語： ふつうは **s** を付けるが，**es** を付けるものもある
　　photo 写真 → photo**s**　　　　piano ピアノ → piano**s**
　　potato じゃがいも → potato**es**　　tomato トマト → tomato**es**
(7) < f や fe >で終わる語
　　* ふつう f, fe を **ve** に変えて **s** を付ける
　　　　leaf 葉 → lea**ves**　　　　　knife ナイフ → kni**ves**
　　* **s** を付ける
　　　　roof 屋根 → roof**s**　　　　safe 金庫 → safe**s**
　　* **s** を付けても f, fe を **ves** に変えてもよい
　　　　scarf えり巻き → scarf**s**, scar**ves**　　wharf 波止場 → wharf**s**, whar**ves**

容詞・副詞の比較級・最上級 ⇨ **不規則な変化形は辞典で個々に確認してください**

原級 = 比較級や最上級に変化する前の形
比較級（ごく一般的な形のみ示しました）
　　* 原級 + **(e)r**
　　　　large 大きい → larg**er** より大きい　　　big 大きい → big**ger** より大きい
　　　　happy 幸せな → happ**ier** より幸せな　　busy 忙しい → bus**ier** より忙しい
　　* **more** + 原級
　　　　beautiful 美しい → **more** beautiful より美しい
最上級（ごく一般的な形のみ示しました）
　　* 原級 + **(e)st**
　　　　large 大きい → larg**est** 最も大きい　　　big 大きい → big**gest** 最も大きい
　　　　happy 幸せな → happ**iest** 最も幸せな　　busy 忙しい → bus**iest** 最も忙しい
　　* **most** + 原級
　　　　beautiful 美しい → **most** beautiful 最も美しい

ベーシック
プログレッシブ
英和・和英辞典

BASIC PROGRESSIVE
ENGLISH DICTIONARY

［編集主幹］

吉田研作 上智大学教授

［編集委員］

今井康博 上智大学嘱託講師

坂本光代 上智大学准教授

東郷公徳 上智大学教授

Richard Curé 上智大学教授

Lisa Fairbrother 上智大学准教授

SHOGAKUKAN

Shogakukan
Basic Progressive
English Dictionary

ベーシックプログレッシブ英和・和英辞典

© Shogakukan 2010

[執筆]

苰生智子　　奥田朋世　　小林宏美　　高橋良子
谷村圭治　　玉生るみ　　堤眞幸　　　中小路晴茂
藤井里美　　ベ・チョルグ

[校正協力]

岩崎昌子　　小森里美　　松崎悦子

編集協力・DTP組版　株式会社ジャレックス
装　　丁　　清水肇＋桑山慧人（プリグラフィックス）

まえがき

　今日,さまざまな英和辞典が出ていますが,語数が多すぎたり,扱っている意味の範囲が広すぎたりして,英語が得意な人には役立つものでも,英語が苦手な人には逆に使いづらいものもたくさんあるようです.一般の中高生にとって大事なのは,本当に必要な単語とその最も一般的な意味が,いかに素早く,簡単に調べられるかということではないでしょうか.そのためには,単語の発音,変化形,意味,その例文などができるだけ具体的に,見やすく,分かりやすく提示してあることが大切な要素です.

　本辞典は,中学英語を終えて,辞典が使えるようになりたい高校生のために,できる限り単語や意味を絞り込んで編集しました.英和の部では,授業で使われる可能性のある教室英語や生徒の生活圏を考慮して例文を作り,さらに和英の部では,英語が実際に使えるように,例えば日記などで使えそうな例文などを入れてみました.

　では,本辞典の特色について詳しく見てみましょう.

　本辞典の最大の特色は,1冊で英和辞典と和英辞典の二つの機能を備えていることにあると思っています.英和では高校英語学習に十分と思われる約21,000項目を,和英では日常生活に十分と思われる約13,000語と豊富な用例を収録しています.

　以上の点から,本辞典では以下のような工夫を凝らしています.

* 　全見出し語に,発音記号と,それと対応したカタカナ発音を付けました.
* 　品詞,他動詞・自動詞,語義番号,用例,成句ごとに改行を徹底し,読みやすい紙面を目指しました.
* 　最重要語と重要語では重点的に記述し,とりわけ変化形では,誰でもすぐに分かる全書形で示し,カタカナ発音も付けました.
* 　訳語では,英語の読解で役立つと思われる情報を積極的に補足しました.そのため,訳語そのものが用例訳を兼ねていることも多いはずです.
* 　意味の範囲の広い重要語では,全体像が一覧できる独自の配置を工夫しました.
* 　訳語だけで済む語と用例が必要な語を選別し,長い解説よりも具体例を優先し,全体としてめりはりのきいた記述を心掛けました.
* 　一般的な用例の前には・を,それがより基本構文に近ければ▪を,それが教室英語で使えそうであれば 📖 を付け,一目で見分けられるようにしました.
* 　今日では本文の2色刷りが主流を占めていますが,本辞典では,2色刷りに匹敵する,すっきりとした読みやすさと使いやすさを追求し,1色刷りとしました.

　以上のように,本辞典は,抽象的な文法規則などの知識が多少あいまいでも英語が分かるように,いろいろな工夫を凝らした学習者フレンドリーな辞典だと言えます.

　英語学習者は,単に受動的ではなく,より能動的に英語が使えるようにならなければなりません.本辞典は,そのための小さな一歩を示したものにすぎませんが,まずは,高校生活で英語を実際に使うための手助けになってくれることを期待しています.

２０１０年９月

吉田研作

この辞典の主な約束事

見出し語は 3 段階で示し, 最重要語は 2 行の大見出し, 重要語は右肩に * を付けました.

名	= 名詞
㊛	= 複数形
㊝	= 単数形
C	= 可算名詞（数えられる名詞）
U	= 不可算名詞（数えられない名詞）
代	= 代名詞
動	= 動詞
助	= 助動詞
㊷	= 他動詞（直接目的語を取る動詞）
㊶	= 自動詞（直接目的語を取らない動詞）
三単現	= 三人称単数現在形
過去	= 過去形 ⇒ 不規則変化形は巻末の表
過分	= 過去分詞 ⇒ 不規則変化形は巻末の表
現分	= 現在分詞（動詞の原形＋ ing）
形	= 形容詞
副	= 副詞
比較	= 比較級（原級＋ (e)r, more ＋原級） ⇒ 不規則変化形は巻末の表
最上	= 最上級（原級＋ (e)st, most ＋原級） ⇒ 不規則変化形は巻末の表
前	= 前置詞
接	= 接続詞
冠	= 冠詞（定冠詞 the と不定冠詞 a, an）
間	= 間投詞

,	⇒	訳語の小さな区分
;	⇒	訳語の大きな区分
( )	⇒	省略可能・補足説明
[ ]	⇒	前の語（句）と言い換え可能
【 】	⇒	分野を示す
=	⇒	同じ内容を表す文例の区切り. また, 同じ意味の英・米の異なるつづりを示す
⇔	⇒	反義語, 反意語
➨	⇒	注記
∥	⇒	派生語
⇨	⇒	参照
☞	⇒	見出し語の送り先を示す

〈…が〉など	⇒ 主語を示す
〈…を〉など	⇒ 目的語を示す
(…に)など	⇒ 後ろに示されている前置詞と対応する 例：leave (…に向けて)出発する (("for...""))
((米)) ((英)) ((豪))	⇒ アメリカ・イギリス・オーストラリアで使われる場合
((*to do*))	⇒ to 不定詞を示す
((話))	⇒ 話し言葉
((文))	⇒ 書き言葉
((俗))	⇒ 俗語的な言葉
((*doing*))	⇒ 動名詞を示す
((*that* 節))	⇒ 主語と動詞を含む文の代表形
((*wh-* 節))	⇒ 疑問詞 (who, whose, whom, which, what, where, when, why, how) に続けて主語と動詞を含む文の代表形
((*on...*)) など	⇒ on が前置詞であることを示す
((*on*)) など	⇒ on が副詞であることを示す

・	一般的な用例
■	基本構文的な用例
📖	教室英語としても使える用例
one's	主語と同じ人称代名詞の所有格
A's	主語と異なる人称代名詞の所有格
A, B	「人」「物」「事」の代表形
C	補語（主語や目的語の性質・状態などを表す語）

コラム記事

男子名と女子名	488ページ
町－1	214ページ
町－2	249ページ
家	398ページ
家族構成	491ページ
学校－1（教室・運動場）	336ページ
学校－2（学校行事）	416ページ
教科のいろいろ	323ページ
文房具のいろいろ	749ページ
部活動のいろいろ	697ページ
日本の祝日と年中行事	744ページ
和製英語には要注意	329ページ
飲み物のいろいろ	530ページ
食べ物のいろいろ	706ページ
野菜のいろいろ	44ページ
魚のいろいろ	297ページ

発音記号とカタカナ発音の対応表

母音

発音記号	カタカナ	例
/æ/	/ア/	cat /kǽt キャト/
/ʌ/	/ア/	cut /kʌ́t カト/
/ɑ/	/ア/	box /bɑ́ks バクス/
/ə, ə/	/ア/	ago /əgóu アゴウ/
/ər/	/ア/	actor /ǽktər アクタ/
/ɑ:/	/アー/	calm /kɑ́:m カーム/
/ɑ:r/	/アー/	car /kɑ́:r カー/
/ə:r/	/アー/	bird /bə́:rd バード/
/e/	/エ/	pen /pén ペン/
/i/	/イ/	ship /ʃíp シプ/
/i:/	/イー/	see /sí: スィー/
/ɔ/	/オ/	wash /((英))wɔ́ʃ ウォシュ/
/ɔ:/	/オー/	saw /sɔ́: ソー/
/ɔ:r/	/オー/	warm /wɔ́:rm ウォーム/
/u/	/ウ/	pull /púl プル/
/u:/	/ウー/	boot /bú:t ブート/
/ju:/	/ユー/	you /((強))jú: ユー/
/ai/	/アイ/	ice /áis アイス/
/au/	/アウ/	cloud /kláud クラウド/
/eər/	/エア/	air /éər エア/
/ei/	/エイ/	take /téik テイク/
/iər/	/イア/	hear /híər ヒア/
/ɔi/	/オイ/	boy /bɔ́i ボイ/
/ou/	/オウ/	boat /bóut ボウト/
/uər/	/ウア/	tour /túər トゥア/
/ɔiə/	/オイア/	loyal /lɔ́iəl ロイアル/
/aiər/	/アイア/	fire /fáiər ファイア/
/auər/	/アウア/	tower /táuər タウア/

子音

発音記号	カタカナ	例
/p/	/パ, ピ, プ, ペ, ポ/	pack /pǽk パク/
/b/	/バ, ビ, ブ, ベ, ボ/	bus /bʌ́s バス/
/t/	/タ, ティ, トゥ, テ, ト/	tiny /táini タイニ/
/d/	/ダ, ディ, ドゥ, デ, ド/	desk /désk デスク/
/k/	/カ, キ, ク, ケ, コ/	kite /káit カイト/
/g/	/ガ, キ, グ, ゲ, ゴ/	go /góu ゴウ/
/f/	/ファ, フィ, フ, フェ, フォ/	fan /fǽn ファン/
/v/	/ヴァ, ヴィ, ヴ, ヴェ, ヴォ/	very /véri ヴェリ/
/θ/	/サ, スィ, ス, セ, ソ/	think /θíŋk スィンク/
/ð/	/ザ, ズィ, ズ, ゼ, ゾ/	this /ðís ズィス/
/s/	/サ, スィ, ス, セ, ソ/	same /séim セイム/
/z/	/ザ, ズィ, ズ, ゼ, ゾ/	zoo /zú: ズー/
/ʃ/	/シャ, シ, シュ, シェ, ショ/	shut /ʃʌ́t シャト/
/ʒ/	/ジャ, ジ, ジュ, ジェ, ジョ/	genre /ʒɑ́:nrə ジャーンラ/
/h/	/ハ, ヒ, フ, ヘ, ホ/	him /hím ヒム/
/tʃ/	/チャ, チ, チュ, チェ, チョ/	child /tʃáild チャイルド/
/dʒ/	/ヂャ, ヂ, ヂュ, ヂェ, ヂョ/	join /dʒɔ́in ヂョイン/
/ts/	/ツァ, ツィ, ツ, ツェ, ツォ/	its /íts イツ/
/dz/	/ヅァ, ヅィ, ヅ, ヅェ, ヅォ/	goods /gúdz グヅ/
/m/	/マ, ミ, ム, メ, モ/	make /méik メイク/
/n/	/ナ, ニ, ヌ, ネ, ノ/, /ン/	know /nóu ノウ/, since /síns スィンス/
/ŋ/	/ング/, /ン/	sing /síŋ スィング/, sink /síŋk スィンク/
/l/	/ラ, リ, ル, レ, ロ/	live /lív リヴ/
/r/	/ラ, リ, ル, レ, ロ/	red /réd レド/
/w/	/ワ, ウィ, ウ, ウェ, ウォ/	wet /wét ウェト/
/j/	/ヤ, イ, ユ, イェ, ヨ/	yet /jét イェト/

A, a

A, a¹ /éi エイ/ 名 (複 **A's, As:a's, as** /エイズ/)
① ⓒⓤ エイ(英語アルファベットの第1字)
② ((Aで))ⓒ ((米))(学業成績の) A,「優」
③ ⓤ 【音楽】イ音;イ調
④ ((Aで))ⓤ (血液の) A型
from A to Z 何から何まで,完全に

a² /((弱)) ə ア; ((強)) éi エイ/ 冠 ((不定冠詞))
① ((初めて登場する人・物を指して))**1つの, 1人の, ある**
・*A* woman is standing at the gate.
門の所に女の人が立っている
・"Do you have *a* calculator?" "Yes, it's on my desk." 「電卓持ってるかい」「うん. ぼくの机の上にあるよ」
② ((oneより弱い意味で))1つの, 1人の
・in *a* minute 1分で
・*a* glass of water 1杯の水
・*A* student of mine visited me in the office. 私の学生の1人が私の研究室に訪ねてきた
③ ((主に身分・職業・所属などを表して))…の1人, …の1例
・My brother is *a* pilot. 兄はパイロットです
・"Look at that beautiful blue bird!" "That's *a* kingfisher."
「あのきれいな青い鳥をごらんよ」「かわせみだ」
④ ((総称))((主語になって))…というものは(すべて)
・*An* orange is a citrus fruit.
オレンジはかんきつ類である
⑤ ((単位を表す語に付けて))…につき, …ごとに(per)
・once *a* week 1週間に一度
・7 dollars *a* kilo 1キロ7ドル
・My father visits Taiwan on business a few times *a* year.
父は仕事で台湾を年に2, 3度訪問する
⑥ ((固有名詞に付けて))…という名前の人;(性質などが)…のような人;…家(ゖ)の人;…の作品[製品]
・*a* Toyota トヨタ社製の車
・*a* Renoir ルノワールの作品
・*A* Ms. Imai is here to see you.
今井さんという女性がお見えになっています

A. ((略)) *A*merica アメリカ; *A*merican アメリカ(人)の
a. ((略))【文法】*a*djective 形容詞(の)
@ /ət アト/
① 単価…で;(場所)…で
② 【コンピュータ】アットマーク
AB ⓤ (血液の) A B型
abandon /əbǽndən アバンダン/
動 他
① ⟨…を⟩見捨てる, 遺棄する
② ⟨計画などを⟩中止する, 断念する
— 名 ⓤ 気まま, 自由奔放
 abandoned 形 見捨てられた, 放棄された
 abandonment 名 ⓤ 放棄; 断念
abbey /ǽbi アビ/ 名 ⓒ 大修道院; (しばしばAbbey) 大寺院
abbreviate /əbríːvièit アブリーヴィエイト/
動 他 ⟨語を⟩短縮する
 abbreviation 名 ⓒ 略語, 省略形; ⓤ 省略; 縮約
ABC /éibìːsíː エイビースィー/ 名
① ⓤ ((ふつう the ABC('s))) アルファベット
② ((the ABC('s)))(物事の)基本; 初歩, イロハ
abdomen /ǽbdəmən アブダマン/ 名 ⓒ 【解剖】腹, 腹部(belly)
 abdominal 形 腹部の
abduct /æbdʌ́kt アブダクト/ 動 他 ⟨…を⟩誘拐(ゕぃ)する
 abduction 名 ⓤⓒ 誘拐, 拉致(ち)
abide /əbáid アバイド/ 動 他 ((ふつうcan, couldを伴って否定文・疑問文で))⟨…を⟩我慢する
abide by A A (決定・規則)に従う
ability /əbíləti アビラティ/ 名
① ⓤ (…する)能力((*to do*)); できること
・I have the *ability to* play chess.
ぼくはチェスができる
② ⓤⓒ (…の)才能, 力量((*in..., for...*));(…する)腕前((*to do*))

able /éibl エイブル/

形 比較 **more able**
　最上 **most able**
① **できる**(⇔unable)

abnormal

- **be able to** *do* …することができる
- I *am* not *able to* speak French.
ぼくはフランス語が話せない
❷ 〈人が〉有能な, 優れた
- an *able* secretary 有能な秘書
  ably 副 じょうずに, 立派に

abnormal /æbnɔ́ːrməl アブノーマル/ 形 異常な, 変態の(⇔normal)
  abnormality 名 U 異常; C 異常な物[事]
  abnormally 副 異常に

aboard /əbɔ́ːrd アボード/ 副 (乗り物に)乗って
- go *aboard* 乗り込む; 搭乗する
  All aboard! (乗客に対して)皆さん, ご乗車[乗船, 搭乗]願います
  Welcome aboard! (乗務員などが)ご乗車[乗船, 搭乗]ありがとうございます

abolish /əbɑ́liʃ アバリシュ/ 動 他 〈制度などを〉廃止する
  abolition 名 U 廃止, 撲滅

abominable /əbɑ́mənəbl アバマナブル/ 形 忌まわしい, 憎むべき

aboriginal /æbərídʒənəl アボリヂャナル/ 形 原生の, 土着の; ((ふつう Aboriginal)) オーストラリア先住民の
  ― 名 C (オーストラリア)先住民, アボリジニー

aborigine /æbərídʒəni アボリヂャニ/ 名 C
❶ (一国・一地方の)先住民
❷ ((Aborigine)) オーストラリア先住民, アボリジニー

abort /əbɔ́ːrt アボート/ 動
― 自
❶ 〈計画などが〉中止になる
❷ 流産する
― 他
❶ 〈計画などを〉中止する
❷ 〈妊娠を〉中絶する
  abortion 名 U C 中絶

abound /əbáund アバウンド/ 動 自
❶ 〈場所などが〉〈生物などに[で]〉あふれている ((*in..., with...*))
❷ 〈生物などが〉〈場所などに〉あふれている ((*in..., on...*))

about /əbáut アバウト/

前
❶ **…について(の)**, …に関して(の), …に関する
- think *about* the future 将来のことを考える
- a book *about* music 音楽に関する本
- What is it all *about*? それは何のことだい
❷ …頃に
- *about* midnight 真夜中頃に
❸ ((主に英))…のあちこちに; …の周りに; …の近くに
- *about* here この辺りで
- walk *about* the station 駅の近くをうろつく
❹ …の身辺に
- There is something strange *about* the accident. その事故にはちょっと奇妙な点がある
❺ …に従事して; …に関わって
- What are you *about*? 何をしているのですか
  How [What] about A?
  A はいかがですか; A についてはどうですか
- *How [What] about* a cup of tea?
お茶はいかがですか
- *How about* next week?
(予定について)来週はどうですか
  ***How [What] about** doing*?*
  …してはいかがですか
- "*How about* going out tonight?" "Yes, let's." 「今晩出かけない」「うん, そうしよう」

― 副 ((比較なし))
❶ **およそ, 約**, だいたい
- at *about* 5 o'clock 5時頃に
- We swam for *about* 2 kilometers.
私たちは約2キロ泳いだ
- It's *about* time we went back.
そろそろ戻る時間だ
❷ ほとんど
- I'm *about* through. ほとんど終わりました
❸ ((主に英)) あちこちに; 辺りに; 近くに
- Dogs were running *about* in the garden. 庭で犬が走り回っていた
― 形 ((次の用法で))
- **be about to** *do*
ちょうど…しようとしているところである
- I'*m about to* leave. ちょうど出かけるところだ

above /əbʌ́v アバヴ/

前
❶ ((位置))**…の上に**(⇔below)
- fly *above* the clouds 雲の上を飛ぶ
❷ ((数量など))**…以上で**
- *above* average 平均以上で
❸ ((能力・地位など))**…より上で**; (賞賛・能力・理解などの)及ばない
- This is *above* my understanding.

above all (things) とりわけ、中でも

— 副 ((比較なし))
❶ 上に、頭上に(⇔below)；(川の)上流に
・the clouds *above* 頭上の雲
❷ (本などで)前の部分で
・as mentioned *above* 上で述べたように
— 形 ((比較なし)) **上述の**, 上記の
・the *above* address 上記の住所

abroad /əbrɔ́ːd アブロード/

副 ((比較なし))
❶ **外国で[に]**, 海外で[に]
・go *abroad* 外国へ行く
・He has been *abroad* twice.
彼はこれまで外国に二度行ったことがある
❷ ((改まって)) 広く；〈うわさなどが〉広まって

abrupt /əbrʌ́pt アブラプト/ 形
❶ 突然の、不意の
❷ 〈言葉などが〉ぶっきらぼうな
abruptly 副 突然に、不意に；ぶっきらぼうに

absence /ǽbsəns アブサンス/ 名
❶ UC 不在、留守；欠席
❷ U (…が)ないこと、(…の)不足 ((*of...*))
・*absence* of mind 放心状態
in [during] *A*'s *absence*
A(人)の不在中に、Aのいない所で
in the *absence of A* Aがいない[ない]ので；Aがいない[ない]場合には

absent

形 /ǽbsənt アブサント/ ((比較なし))
❶ (…に)**不在の**, 留守で；(…を)**休んで**, 欠席して、欠勤して ((*from...*)) (⇔present)
・be *absent from* school 学校を休んでいる
📖 Who is *absent* today? 欠席者はいますか
❷ 〈物・事が〉(…に)欠けている ((*from...*))
❸ 放心状態の
— 動 /æbsént アブセント/ 他 ((次の用法で))
▪ *absent oneself from A*
((改まって)) Aを欠席する、留守にする
absently 副 ぼんやりと、うわの空で
absentee 名 C 欠席[欠勤]者、不在者

absolute /ǽbsəlùːt アブサルート/ 形
❶ 完全な、まったくの
❷ 絶対的な (⇔relative)
❸ 純粋な、混じりけのない

absolutely /ǽbsəlúːtli アブサルートリ/ 副
❶ 完全に、まったくに；((否定語の前で)) 全然…ない

・You're *absolutely* right.
まったくあなたの言うとおりです
❷ 絶対的に
❸ ((質問に答えて)) まったくそのとおり、もちろん

absorb /əbsɔ́ːrb アブソーブ, əbzɔ́ːrb アブゾーブ/
動 他
❶ 〈液体・衝撃・音などを〉吸収する
❷ 〈心などを〉奪う；〈人を〉熱中させる
▪ *be absorbed in A* Aに夢中になっている
❸ 〈会社などを〉(…に)合併する ((*into...*))
absorbing 形 非常におもしろい、心を奪う
absorption 名 U 吸収；併合；夢中

abstract /ǽbstrækt アブストラクト/
形
❶ 抽象的な
❷ 観念的な、空論的な
— 名 C 抽象；要約
— 動 /æbstrǽkt アブストラクト/ 他
❶ 〈事を〉(…から)抽象化する ((*from...*))
❷ 〈物を〉(…から)取り出す；取り除く ((*from...*))
❸ /ǽbstrækt アブストラクト/〈論文などを〉要約する
abstractly 副 抽象的に、観念的に

abstraction /æbstrǽkʃən アブストラクシャン/
名
❶ C 抽象観念
❷ U (…からの)抽出(化) ((*from...*))
❸ U 放心状態

absurd /əbsə́ːrd アブサード, əbzə́ːrd アブザード/
形 不合理な；ばかげた
absurdly 副 不合理に、ばかばかしいほど
absurdity 名 U 不合理、ばからしさ；C ばかげたこと

abundant /əbʌ́ndənt アバンダント/ 形 〈場所が〉(…で)豊かな ((*in...*))；〈物が〉豊富な、十分な
abundantly 副 豊富に、たっぷり

abuse

動 /əbjúːz アビューズ/ 他
❶ 〈人を〉虐待する；〈子どもなどに〉乱暴する
❷ 〈特権などを〉悪用する
❸ 〈薬物を〉乱用する
❹ 〈体などを〉酷使する
— 名 /əbjúːs アビュース/
❶ U (性的)虐待、暴行

- child *abuse* 幼児虐待
- ❷ ⓊⒸ 悪用, 乱用
- drug *abuse* 麻薬の乱用(常用)
  abusive 形 口汚い；虐待する；悪用[乱用]の
  abusively 副 口汚く
AC¹ ((略))ante Christum キリスト以前の(before Christ)
AC², ac ((略))[電気]*a*lternating *c*urrent 交流 ⇨ DC
academic /ækədémik アカデミク/ 形
❶ 学問(上)の；大学の；学校の
❷ 非現実的な
━ 名 Ⓒ 大学教員, 研究者
academy /əkǽdəmi アキャダミ/ 名 Ⓒ
❶ 専門学校, (専科を持つ)各種学校
❷ 学士院, 芸術院, アカデミー
accelerate /əksélərèit アクセラレイト/ 動
━ 他 〈車などの〉速度を速める；〈…を〉促進させる
━ 自 〈乗り物などが〉加速する
acceleration 名 Ⓤ 加速；促進
accelerator 名 Ⓒ (車などの)アクセル；加速装置
accent
名 /ǽksent アクセント/ Ⓒ
❶ (発音の)アクセント, 強勢；アクセント[強勢]符号
❷ なまり；((accents))(個人に特有の)口調, 語調
━ 動 /æksént アクセント/ 他 〈単語などを〉強く発音する, 〈音節に〉アクセント[強勢]を置く
accentuate /ækséntʃuèit アクセンチュエイト/ 動 他 〈…を〉強調する；〈音声などを〉強める；〈単語などに〉アクセントを付けて発音する

accept /əksépt アクセプト/
動 三単現 **accepts** /əksépts アクセプツ/
過去・過分 **accepted** /əkséptid アクセプティド/
現分 **accepting** /əkséptiŋ アクセプティング/
━ 他
❶ 〈…を〉(喜んで)**受け取る**；〈…に〉応じる (⇔ refuse)
- Do you *accept* this credit card?
このクレジットカードは使えますか
❷ 〈…を〉認める, 信じる
- My mother won't *accept* my excuse.
母は私の言い訳を認めようとしない
❸ 〈責任などを〉引き受ける
  accepted 形 認められている, 容認されている
  acceptance 名 ⓊⒸ 承諾；承認
acceptable /əkséptəbl アクセプタブル/ 形
❶ (…に)受け入れられる, 許容しうる ((*to*...))
❷ 結構な, 人に喜ばれる
  acceptably 副 まずまず, 無難に
  acceptability 名 Ⓤ 受け入れられること；容認
access /ǽkses アクセス/ 名 Ⓤ
❶ (…への)接近；方法；入り口 ((*to*...))
❷ (…を)利用する権利 ((*to*...))
❸ 【コンピュータ】アクセス
- *access* to the Internet
インターネットへのアクセス
━ 動 他 【コンピュータ】〈ネットワークなどに〉アクセスする
accessible /əksésəbl アクセサブル/ 形 (…にとって)近づきやすい, 手に入りやすい, 利用しやすい ((*to*...))
  accessibility 名 Ⓤ 近づきやすさ；手に入れやすさ, 利用できること
accessory /əksésəri アクセサリ/
名 Ⓒ ((ふつう accessories)) (自動車などの)付属品；アクセサリー
━ 形 付属の, 補助的な

accident /ǽksədənt アクサダント/
名 (複 **accidents** /ǽksədənts アクサダンツ/) Ⓒ
❶ (不慮の)**事故**
- My brother was killed in a car *accident*.
兄は車の事故で亡くなった
❷ 偶然の出来事
by accident 偶然に, たまたま
  accidental 形 偶然の, 思いがけない
  accidentally 副 偶然に；うっかり
acclaim /əkléim アクレイム/
動 他 〈…を〉(…であるとして)賞賛する ((*as*...))
━ 名 Ⓤ (拍手)喝采；賞賛
accommodate /əkɑ́mədèit アカモデイト/ 動 他
❶ 〈建物などが〉〈人を〉収容する, 宿泊させる
❷ 〈人・物を〉(…に)適応[順応]させる ((*to*...))
  accommodation 名 ⓊⒸ ((米)) 宿泊施設；収容能力
accommodating /əkɑ́mədèitiŋ アカモデイティング/
動 accommodating の現在分詞・動名詞

— 形 〈人が〉(…に)好意的な((to...))
accompany /əkʌ́mpəni アカムパニ/ 動 他
❶〈人に〉(…まで)付いて行く((to...))
❷〈…を〉伴って起こる
❸(…で)〈歌・歌手などの〉伴奏をする((on..., at..., with...))
|**accompaniment** 名 C|U 【音楽】伴奏(部); C (料理などの)付け合わせ
accomplice /əkɑ́mplis アカムプリス/ 名 C 共犯者, ぐる
accomplish /əkɑ́mpliʃ アカムプリシュ/ 動 他〈仕事などを〉(うまく)成しとげる,〈目標などを〉やりとげる
|**accomplished** 形 成しとげられた; 熟達した
|**accomplishment** 名 U 達成; C 成果
accord /əkɔ́ːrd アコード/
名 U 調和, 協和; (意見などの)一致, 合意; C 協定, 講和
- sign a peace *accord* 平和協定に署名する
- be in *accord* with A Aと一致している
— 動
— 他((次の用法で))
- *accord* A B = *accord* B to A
  A(人)にB(許可など)を与える
— 自(…と)一致する((with...))

accordance /əkɔ́ːrdəns アコーダンス/
名((次の成句で))
in accordance with A
Aと一致して; Aに従って
according* /əkɔ́ːrdiŋ アコーディング/
動 accordingの現在分詞・動名詞
— 副((次の成句で))
according to A A(人・報道など)によれば; A(規則・予定など)に従って, 応じて
- Everything went *according to* the plan.
  万事計画どおりにいった
- *according to* the situation 状況に応じて
accordingly /əkɔ́ːrdiŋli アコーディングリ/
副 (前述のことに)応じて; それゆえに, したがって
accordion /əkɔ́ːrdiən アコーディアン/ 名 C アコーディオン

account /əkáunt アカウント/

名 (複 **accounts** /əkáunts アカウンツ/)
❶ U|C **理由**(reason); 根拠; 原因
- *on account of* A Aの理由で
- I couldn't go to school *on account of* illness. 病気で学校に行けなかった

❷ C **預金口座**, (銀行の)口座
- have an *account* with a bank
  銀行に口座を持っている
❸ C 報告; 説明, 話
❹ C 勘定書, 請求書
- keep *accounts* 帳簿をつける
❺ C 【コンピュータ】アカウント(インターネットやEメールを利用するための登録先)
take A into account = take account of A Aを考慮する
— 動
|三単現 **accounts** /アカウンツ/
|過去過分 **accounted** /アカウンティド/
|現分 **accounting** /アカウンティング/
— 自((次の用法で))
- *account for A*
  Aの説明をする; Aの原因となる
- There is no *accounting for* taste(s).
  ((ことわざ)) 人の好みは説明できない, たで食う虫も好き好き
|**accounting** 名 U 会計学; 経理
|**accountant** 名 C 会計士[係]
accountable /əkáuntəbl アカウンタブル/
形〈人が〉(…に対して)(説明する)責任がある((for..., to...))
|**accountability** 名 U 説明責任
accredited /əkréditid アクレディティド/ 形 許可された, 正式の
accumulate /əkjúːmjəlèit アキューミャレイト/ 動
— 他〈金・財産などを〉蓄積する, ためる
— 自 たまる, 増える
|**accumulation** 名 U 積み重ねること, 蓄積
accuracy /ǽkjərəsi アキャラスィ/ 名 U 正確さ; 精度
accurate /ǽkjərət アキャラト/ 形〈情報などが〉正確な(exact);〈機械などが〉精密な
|**accurately** 副 正確に; 精密に
accuse /əkjúːz アキューズ/ 動 他〈人を〉(犯罪のかどで)告発する, 訴える((of...))
- He *was accused of* theft.
  彼は窃盗で告訴された
|**accuser** 名 C 告発者
|**accusation** 名 U|C 告発, 起訴
accused /əkjúːzd アキューズド/
動 accuseの過去形・過去分詞
— 形(…で)告発された, 告訴された((of...))
— 名 C ((the accused)) 被告人(たち)

accustom

accustom /əkʌ́stəm アカスタム/ 動 他 〈人・動物などを〉〈環境などに〉慣らす((*to*...))
- *accustom oneself to A* Aに慣れる

accustomed /əkʌ́stəmd アカスタムド/
動 accustomの過去形・過去分詞
— 形 (…に)慣れている((*to*...))
- *be accustomed to doing*
…するのに慣れている

ace /éis エイス/
名 C
❶ (トランプの)1のカード, エース
❷ (テニスなどの)サービスエース; (ゴルフの)ホールインワン
❸ ((くだけて))(…の)名手, 第一人者((*at*...))
— 形 ((くだけて))〈選手などが〉優秀な, 一流の

ache /éik エイク/
動 自
❶ 〈体の一部が〉(…で)痛む((*from*...))
・My tooth *aches*. 歯がうずく
❷ ((くだけて))(…に)あこがれる((*for*...))
- *be aching to do* …したくてたまらない
— 名 C (…の)痛み((*in*...))

achieve /ətʃíːv アチーヴ/ 動
— 他
❶ 〈目的などを〉成しとげる, 達成する
❷ 〈名声などを〉勝ち取る; 〈功績などを〉立てる
— 自 成功を収める, 目標を達成する
achievable 形 〈目標などが〉達成できる

achievement /ətʃíːvmənt アチーヴマント/ 名
❶ C (努力により)達成したもの, 業績, 功績
❷ U 達成, 成就(じょうじゅ)
・an *achievement* test
学力検査, アチーブメントテスト(略 A.T.)

Achilles /əkíliːz アキリーズ/ 名 【ギリシャ神話】アキレス(トロイ戦争におけるギリシャの戦士; かかとを射られて戦死した)
・*Achilles*(') heel 唯一の弱点, 泣き所
・*Achilles*(') tendon アキレス腱(けん)

acid /ǽsid アスィッド/
名 UC 【化学】酸
— 形
❶ 【化学】酸(性)の
❷ 〈食べ物が〉すっぱい, 酸味のある
❸ 〈意見などが〉厳しい, しんらつな
acidity 名 U 酸味; (意見などの)厳しさ

acknowledge /əknálidʒ アクナリヂ/ 動 他
❶ 〈…を〉(しぶしぶ)認める
- *acknowledge doing* …したと認める
- *acknowledge that*... …であることを認める
❷ 〈手紙などを〉受け取ったことを知らせる

acknowledgment /əknálidʒmənt アクナリヂマント/ 名
❶ U (…の)承認((*of*...))
❷ UC 感謝((*of*...))
❸ C 受領書, 受取通知

acne /ǽkni アクニ/ 名 U にきび

acorn /éikɔːrn エイコーン/ 名 C どんぐり

acoustic /əkúːstik アクースティク/ 形 聴覚の; 音響学(上)の; アコースティックの
acoustics 名 U 音響学; 音響効果

acquaint /əkwéint アクウェイント/ 動 他 〈人に〉〈情報などを〉熟知させる((*with*...))
- *acquaint oneself with A*
A(物事)を熟知する,
Aに精通する

acquaintance /əkwéintəns アクウェインタンス/ 名
❶ C 知人, 顔見知り
❷ U (人との)面識; (…の)知識((*with*...))

acquainted /əkwéintid アクウェインティド/
動 acquaintの過去形・過去分詞
— 形 〈人・事を〉熟知している, (…に)精通している((*with*...))
- *get* [*become*] *acquainted with A*
A(人)と知り合いになる

acquire /əkwáiər アクワイア/ 動 他
❶ 〈財産・名声などを〉獲得する
❷ 〈知識・技能などを〉習得する
acquired 形 習得した; 後天的な

acquisition /ækwizíʃən アクウィズィシャン/ 名 U 獲得, 習得
・language *acquisition* 言語の習得
acquisitive 形 得ようとする

acre /éikər エイカ/ 名 C エーカー(面積の単位; 約4,047m²)

acrobat /ǽkrəbæt アクラバト/ 名 C 曲芸師
acrobatic 形 曲芸的な

acronym /ǽkrənim アクラニム/ 名 C 頭字語(数語の最初の1字を組み合わせた語; NATOなど)

acropolis /əkrápəlis アクラパリス/ 名 C ((the Acropolis)) アクロポリス(ギリシャの首都アテネの城丘で, パルテノン神殿がある)

across

/əkrɔ́ːs アクロース, əkrás アクラス | əkrɔ́s アクロス/

前
❶ …を横切って, …を渡って
- walk *across* the road 道路を横断する

❷ …の向こう側に
- Our school is right *across* the street.
学校は通りの真向かいにある

❸ …と交差して
- The two lines cut *across* each other.
その2本の線は互いに交わる

❹ …じゅうに
- *across* the world 世界じゅうに

副((比較なし))
❶ 横切って;渡って;向こう側に
- walk *across* 歩いて渡る

❷ 幅…, 直径…
- The crater is 1km *across*.
その噴火口は直径が1キロある

act /ækt アクト/

名(複 **acts** /ækツ/) C
❶ **行為**, 行い
- a noble *act* 立派な行い

❷ (劇などの)幕
- Act II, Scene iii 第2幕 第3場 (act two, scene threeと読む)

❸ ((しばしばAct)) 法令, 条例

動
三単現 **acts** /ækツ/
過去・過分 **acted** /ækティド/
現分 **acting** /ækティング/

自
❶ **行動する**, 行う
❷ ((as ifなどの副詞節を伴って))(…であるかのように)ふるまう
❸ 〈俳優が〉演じる, 芝居をする
❹ 〈人が〉(本当の行動でなく)演技をする

他
❶ 〈役を〉演じる
- *act* Peter Pan ピーターパンの役をする

❷ 〈…に〉ふるまう;〈…の〉ふりをする

acting /æktiŋ アクティング/
動 actの現在分詞・動名詞
形 代理の, 臨時の
- the *acting* editor in chief 編集長代理

名 U 演技

action /ǽkʃən アクシャン/ **名**
❶ U 行動, 活動
- *put A in* [*into*] *action*
A(計画など)を実行に移す
- take quick *action* すばやい行動を起こす

❷ C 行い, 行為, ふるまい
❸ CU 【法律】訴訟

activate /æktəvèit アクタヴェイト/ **動** 他 〈…を〉活動的にする;〈機械などを〉作動させる, 起動させる

active* /æktiv アクティヴ/
形 比較 **more active**
最上 **most active**
❶ 〈人・行為などが〉**活発な**, 活動的な, 積極的な;(…で)活躍している((*in...*))
- an *active* teacher 活動的な先生

❷ 〈火山が〉現に活動している, 進行中の
- an *active* volcano 活火山

❸ 【文法】能動(態)の(⇔passive)
- the *active* voice 能動態

actively 副 活発に;積極的に
activist 名 C 活動家;行動主義者

activity /æktívəti アクティヴァティ/ **名**(複 **activities** /アクティヴァティズ/)
❶ U 活気, 活発
❷ C ((ふつうactivities)) 活動
- club *activities* クラブ活動

actor /æktər アクタ/ **名** C 俳優, 男優
actress /æktrəs アクトラス/ **名** C 女優
actual /æktʃuəl アクチュアル/ **形** 現実の, 実際の, 実在の
- the *actual* situation 現状, 実情
- in *actual* life 実生活で

actualize **動** 他 〈…を〉現実のものとする
actuality /æktʃuǽləti アクチュアラティ/ **名** U 現実(性), 実際, 実在
- in *actuality* 実際には, 現実に

actually /æktʃuəli アクチュアリ/ **副**
❶ **実際に**, 現実に (in fact)
- I *actually* saw the accident.
実際にその事故を目撃しました

❷ **本当は**, 実は
- We are engaged, *actually*.
実は私たちは婚約してるんです

acute /əkjúːt アキュート/ **形**
❶ 〈人・洞察力などが〉鋭い, 敏感な
❷ 〈感情・痛みなどが〉激しい;〈病気が〉急性の
❸ 〈状況などが〉決定的な, 深刻な
❹ 〈物が〉とがった;【数学】鋭角の

acutely 副 鋭く;激しく

ad /æd アド/ **名** C ((くだけて)) 広告
A.D., AD ((略)) *Anno Domini* 西暦[キリスト紀元]…年(⇔B.C., BC)

- in *A.D.* 50 紀元50年に

ad. ((略))*ad*verb【文法】副詞

adapt /ədǽpt アダプト/ 動
— 他
❶ 〈…を〉(目的などに)適応させる((*to...*))
❷ 〈…を〉(…に合うように)作り替える;〈…を〉(…に)改作する((*for...*))
— 自 (環境などに)適応する((*to...*))
|**adaptive** 形 適応できる;適応性のある

adaptable /ədǽptəbl アダプタブル/ 形
❶ (環境などに)適応できる((*to..., for...*))
❷ (…に)改作できる((*to..., for...*))
|**adaptability** 名 U 適応性

adaptation /ædəptéiʃən アダプテイシャン/ 名
❶ U (…向きの)改造, 改作((*for...*));C (…からの)改作物((*from...*))
❷ U (…への)適応((*to...*))

adapter, adaptor /ədǽptər アダプタ/ 名 C
❶【電気】調整器, アダプター
❷ 改作者

add /ǽd アド/

動 三単現 **adds** /ǽdz/
過去過分 **added** /ǽdid/
現分 **adding** /ǽdiŋ/
— 他
❶ 〈…を〉(…に)**付け加える**, 付け足す((*to...*));(料理で)〈…を〉加える
- *Add* some sugar *to* the coffee, please.
コーヒーに砂糖を少し入れてください
❷ 〈…を〉合計する((*up*))
- If you *add* eight and four, you get twelve. 8足す4は12だ
❸ (…であると)付け加えて言う((*that*節))
— 自 足し算をする((*up*))
|**added** 形 加えられた;さらなる

addict /ǽdikt アディクト/ 名 C (麻薬などの)常用者, 中毒者
|**addicted** 形 (薬物などの)依存症になって, 中毒になって
|**addiction** 名 U (麻薬などの)常用, 中毒
|**addictive** 形 中毒性の, 習慣性の

addition /ədíʃən アディシャン/ 名
❶ U C (…に)付け加えること, (…への)追加((*to...*));足し算, 加算
❷ C 付け加えた物
in addition さらに, その上
in addition to A
Aに加えて, Aのほかに
|**additional** 形 追加の;余分の
|**additionally** 副 さらに, その上

additive /ǽdətiv アディティヴ/ 名 C 添加物
- *additive*-free juice 無添加ジュース

address

名 /ədrés アドレス, ǽdres アドレス/ (複) **addresses** /アドレスィズ/) C
❶ **住所**, あて先;(Eメールの)アドレス
- an *address* book 住所録
- change *one's address* 転居する
❷ あいさつの言葉;(公式の)演説
- an opening [a closing] *address*
開閉会の辞
❸【コンピュータ】アドレス(データが記憶されている位置)
— 動 /ədrés アドレス/ 他
❶ ((改まって))〈人に〉話しかける, 呼びかける
❷ 〈郵便物などの〉あて名を書く;〈…を〉(人にあてて)送る((*to...*))

adequacy /ǽdəkwəsi アダクワスィ/ 名 U 適切さ, 妥当性

adequate /ǽdəkwət アダクワト/ 形 (要求などに)十分な((*for...*));(仕事などに)適切な, 適任な((*to..., for...*))
|**adequately** 副 十分に;適切に
|**adequateness** 名 U 適切さ, 妥当性

adhere /ədhíər アドヒア/ 動 自
❶ (…に)くっつく, 粘着する((*to...*))
❷ (主義などに)固執(こしつ)する((*to...*))
|**adherence** 名 U 粘着, 固執, 支持

adhesive /ədhíːsiv アドヒースィヴ/
形 粘着性の, べとべとする
— 名 U C 粘着物, 接着剤;ばんそうこう

adj. ((略))*adj*ective【文法】形容詞

adjacent /ədʒéisənt アヂェイサント/ 形 (…に)隣り合った, 隣接した((*to...*))

adjective

/ǽdʒiktiv アヂクティヴ/
名 (複 **adjectives** /アヂクティヴズ/) C
【文法】**形容詞** (略 a., adj.)
— 形 形容詞の;形容詞的な

adjoin /ədʒɔ́in アヂョイン/ 動 自
— 他 〈…に〉隣接する, 〈…の〉隣にある
— 自 隣り合う
|**adjoining** 形 隣接した, 隣の

adjourn /ədʒə́ːrn アヂャーン/ 動
— 他 〈会議などを〉休会[閉会]する；延期する
— 自 〈会議などが〉休憩に入る；〈法廷が〉休廷になる
adjournment 名 C|U 休会；延期

adjunct /ǽdʒʌŋkt アヂャンクト/ 名 C 付加物, 付属物；補佐

adjust /ədʒʌ́st アヂャスト/ 動
— 他
❶ 〈…を〉〈…に〉合わせる((to...))
- *adjust oneself to A*
A(環境など)に順応する
❷ 〈機械などを〉調節する
— 自 〈…に〉順応する, 適応する((to...))
adjustable 形 調節[調整]できる
adjustment 名 U|C 調節, 調整；順応

administer /ədmínəstər アドミナスタ/ 動 他
❶ 〈国・自治体などを〉治める, 〈会社・組織などを〉管理する, 経営する
❷ 〈法律などを〉執行する

administration /ədmìnəstréiʃən アドミナストレイシャン/ 名
❶ U 管理, 経営
❷ U 行政, 政治；C ((the administration)) 行政機関, 政府
❸ U (法の)執行；(薬などの)投与((of...))

administrative /ədmínəstrèitiv アドミナストレイティヴ/ 形 管理の, 経営の；行政の
administratively 副 管理上, 経営上；行政上

administrator /ədmínəstrèitər アドミナストレイタ/ 名 C 管理者, 経営者；行政官

admirable /ǽdmərəbl アドマラブル/ 形 賞賛すべき；みごとな, 立派な
admirably 副 みごとに, 立派に

admiral /ǽdmərəl アドマラル/ 名 C 海軍大将；海軍将官

admiration /ædməréiʃən アドマレイシャン/ 名 U
❶ (…に対する)賞賛, 感嘆((for...))
❷ ((the admiration)) あこがれの的

admire* /ədmáiər アドマイア/
動 三単現 **admires** /ədmáiərz アドマイアズ/
過去・過分 **admired** /ədmáiərd アドマイアド/
現分 **admiring** /ədmáiəriŋ アドマイアリング/
— 他
❶ 〈…を〉〈…のことで〉**賞賛する**, 感心する((for...))

- We *admired* him *for* his courage.
私たちは彼の勇気に感心した
❷ 〈…に〉見とれる；感嘆する
- I *admired* the beautiful sunset.
美しい夕日に見とれた
admirer 名 C ファン, 崇拝者
admiring 形 感心した
admiringly 副 感心して

admissible /ədmísəbl アドミサブル/ 形
❶ 〈行為などが〉容認される；受け入れられる
❷ 〈…に〉入場[入会]する資格がある((to...))

admission /ədmíʃən アドミシャン/ 名
❶ U|C (…への)入場[入学, 入会, 入国, 加盟]許可((to..., into...))
- an *admission* ticket 入場券
- He gained *admission to* the university.
彼は大学への入学許可を得た
- No *admission* ((掲示)) 入場禁止
❷ U (…への)入場料；入会[入学]金((to...))
- *Admission* free ((掲示)) 入場無料
❸ U|C (罪・犯罪などの)自白((of...))；(…したことを)認めること((that節))
- make an *admission* of guilt 罪を認める

admit* /ədmít アドミト/
動 三単現 **admits** /ədmíts アドミツ/
過去・過分 **admitted** /ədmítid アドミティド/
現分 **admitting** /ədmítiŋ アドミティング/
— 他
❶ 〈…を〉(しぶしぶ)**認める**；(…であることを)認める((that節))
- *admit* defeat 敗北を認める
- *admit doing* …したことを認める
❷ 〈…を〉(会場などに)入れる((to..., into...))；〈人に〉(…への)入場[入学, 入会]を認める((to...))
❸ 〈場所などが〉〈人を〉収容できる
— 自 (罪などを)認める((to...))
- *admit* to defeat 敗北を認める
- *admit to doing* …する[した]ことを認める

admittance /ədmítəns アドミタンス/ 名 U
(場所への)入場許可((to..., into...))；(大学などへの)入学許可((to...))
- No *admittance* ((掲示)) 入場禁止

admitted /ədmítid アドミティド/
動 admit の過去形・過去分詞
— 形 公に認められた
admittedly 副 確かに；明らかに

adolescent /ædəlésənt アダレサント/
形 青春期の；若々しい；〈言動が〉未熟な

adopt

- **名** C 青春期の人
- **adolescence** 名 U 青春期

adopt /ədápt アダプト/ 動 他
① 〈子どもを〉養子にする
② 〈方法・意見などを〉採用する；〈議案などを〉採択する
- **adoption** 名 UC 採用，選択；養子縁組
- **adoptive** 形 養子関係の

adore /ədɔ́ːr アドー/ 動 他 〈…を〉敬愛する，深く愛する；崇拝する
- **adorable** 形 かわいらしい，魅力的な
- **adorably** 副 かわいらしく，愛らしく
- **adoration** 名 U 敬愛；崇拝，礼拝

adorn /ədɔ́ːrn アドーン/ 動 他 〈人・物を〉〈…で〉飾る((*with*...))

adrenaline /ədrénəlin アドレナリン/ 名 U 【生化学】アドレナリン

adult* /ədʌ́lt アダルト | ǽdʌlt アダルト/
形 ((比較なし)) **大人の**, 成人した；〈動物が〉成長した，〈植物が〉生長した
- *adult* education 成人教育
■ 名 (複 **adults** /アダルツ/) C **大人**, 成人；(動植物の)成体
- **adulthood** 名 U 成年期

adv. ((略))*adv*erb【文法】副詞

advance

/ədvǽns アドヴァンス | ədvɑ́ːns アドヴァーンス/
- 動 三単現 **advances** /アドヴァンスィズ/
- 過去・過分 **advanced** /アドヴァンスト/
- 現分 **advancing** /アドヴァンスィング/
■ 他
① 〈…を〉〈…に向かって〉**前進させる**, 進める((*toward*...))
- *advance* the hands of a clock 時計の針を進める
② 〈事を〉推進する，改善する
- *advance* a project 計画を推進する
③ 〈人を〉〈…に〉昇進させる((*to*...))
④ 〈物価などを〉引き上げる
■ 自
① 〈…に向かって〉**前進する**, 進む((*to*..., *toward*...))
② 〈人・物などが〉〈…の点で〉進歩する，向上する；昇進する((*in*...))
- *advance* in English 英語が向上する
■ 名 (複 **advances** /アドヴァンスィズ/)
① UC **前進**, 進出；進行；進歩
- make a rapid *advance* 急速に進歩する

② UC 昇進，出世
③ C 値上がり
④ C 前払い，前金
in advance 前もって；前金で
in advance of A Aより前に
■ 形 ((比較なし))
① 〈支払いなどが〉前払いの，〈チケットなどが〉前売りの；〈計画・予約などが〉事前の
② 〈チームなどが〉先発の
- **advancement** 名 U 前進；進歩；昇進

advanced /ədvǽnst アドヴァンスト/
動 advanceの過去形・過去分詞
■ 形
① 先進的な，進歩的な
- an *advanced* country 先進国
② 〈学問・知識などが〉上級の，高等の
- an *advanced* course in English 英語上級コース
③ 〈場所・位置が〉前進した；〈時が〉進んだ；〈病気などが〉進行した

advantage* /ədvǽntidʒ アドヴァンティヂ | ədvɑ́ːntidʒ アドヴァーンティヂ/
名 (複 **advantages** /アドヴァンティヂズ/)
① C **有利な立場**；優位；利点
- be at an *advantage* 有利な立場である
■ *have an advantage over A* A(人)より有利な立場にある
■ *have the advantage of A* Aという利点がある；A(人)より優位な立場にある
■ *take advantage of A* A(機会など)を利用する；A(人)の弱みにつけ込む
- *to* (good) *advantage* 有利に
- *to A's advantage* A(人)に有利に
- *with advantage* 有利に
- It is an *advantage* to speak English. 英語を話せることは有利だ
② U 利益，好都合
③ U【テニス】アドバンテージ

advantageous /ædvəntéidʒəs アドヴァンテイヂャス/ 形 (…に)有利な，利益のある；都合のよい((*to*..., *for*...))
- **advantageously** 副 有利に，都合よく

advent /ǽdvent アドヴェント/ 名
① ((Advent)) キリストの降臨；待降節
② ((the advent)) 出現，到来

adventure /ədvéntʃər アドヴェンチャ/
名 UC 冒険；珍しい体験；思いがけないこと
- an *adventure* game 【コンピュータ】アドベンチャーゲーム

adventurer /ædvéntʃərər アドヴェンチャラァ/ 名 C 冒険家
adventurous 形 冒険好きな;危険な

adverb
/ǽdvəːrb アドヴァーブ/
名 (複 **adverbs** /アドヴァーブズ/) C
【文法】副詞 (略 ad., adv.)

adversary /ǽdvərsèri アドヴァセリ/ 名 C 敵
adverse /ædvə́ːrs アドヴァース/ 形 (…に)〈状況などが〉不利な((*to...*));〈効果などが〉マイナスの;〈風が〉逆向きの
- an *adverse* effect 逆効果

adversely 副 不利に;反対に
adversity /ædvə́ːrsəti アドヴァーサティ/ 名 U 逆境,不幸; C 不幸な出来事,災難
advertise /ǽdvərtàiz アドヴァタイズ/ 動
— 他 〈…を〉(新聞・テレビなどで)広告する((*in..., on...*))
— 自 (…を求めて)広告する,宣伝する((*for...*))

advertiser 名 C 広告者[主]
advertising 名 U 広告(業)
advertisement /ædvərtáizmənt アドヴァタイズメント | ədvə́ːtismənt アドヴァーティスメント/ 名 UC (…を求めての)広告;宣伝((*for...*))
- put an *advertisement* on the Internet インターネットに広告を出す

advice* /ədváis アドヴァイス/ 名 U
(…への)**忠告, 助言**((*to...*));(…という)忠告((*that*節));(医師の)診断
- a piece of *advice* 1つの忠告
- a great deal of *advice* 多くの助言
- *advice on* [*about*] *A* A についての助言
- seek [give] sound *advice*
適切な助言を求める[与える]
- take [follow] his *advice* 彼の助言に従う

advise* /ədváiz アドヴァイズ/
動 三単現 **advises** /アドヴァイズィズ/
過去過分 **advised** /アドヴァイズド/
現分 **advising** /アドヴァイズィング/
— 他
❶〈人に〉(…について)**助言する, 忠告する**((*on..., about...*))
- *advise* A *to do* A(人)に…するよう忠告する
- *advise* A *not to do* = *advise* A *against doing* A(人)に…しないように忠告する
- *advise* A *that...* A(人)に…だと忠告する
- *advise* A *what to do*
A(人)に何をしたらいいかを助言する
❷〈…を〉忠告する, 勧める
❸ ((改まって))〈人に〉(…を)通知する, 知らせる((*of...*));(…ということを)伝える((*that*節))
— 自 (…について)忠告する((*on...*))

advisable 形 得策の;望ましい, 賢い
adviser, advisor /ədváizər アドヴァイザァ/ 名 C 助言者, 顧問, 相談役
- a study *advisor* 学習アドバイザー

advisory /ədváizəri アドヴァイザリ/ 形 助言的な;忠告の;顧問の
advocacy /ǽdvəkəsi アドヴォカシィ/ 名 U 支持, 弁護, 擁護(ご)
advocate
動 /ǽdvəkèit アドヴォケイト/ 他 〈意見などを〉主張する, 支持する
— 名 /ǽdvəkət アドヴォカト/ C 主張者, 支持者, 擁護(ご)者;代弁者

Aegean Sea /idʒíːən síː イヂーアン スィー/ 名 ((the Aegean Sea)) エーゲ海 (ギリシャとトルコの間の海で, 地中海の一部)

aerial /éəriəl エアリアル/
形
❶ 空気の, 大気の;空中の;空気のような
❷ 航空の, 航空機による
— 名 C
❶ ((英)) アンテナ(((米)) antenna)
❷ ((aerials))【スキー】エアリアル(競技)

aerobic /eəróubik エアロウビク/ 形 エアロビクスの
aerobics 名 U エアロビクス
aerogram /éərəgræm エアログラム/ 名 C 航空書簡, エアログラム
aeroplane /éərəplèin エアラプレイン/ 名 C ((英)) 飛行機(((米)) airplane)
aerospace /éərəspèis エアラスペイス/ 名 U 宇宙空間;航空宇宙
— 形 航空宇宙の

Aesop /íːsɑp イーサプ/ 名 イソップ (ギリシャの寓話(ぐ)作家)
- *Aesop's* Fables 『イソップ物語』

aesthetic /esθétik エスセティク/ 形 美の, 美学の;審美眼のある
aesthetics 名 ((単数扱い)) 美学; U 美的感覚

AET ((略)) *A*ssistant *E*nglish *T*eacher 英語指導助手
affair* /əféər アフェア/
名 (複 **affairs** /アフェアズ/) C
❶ ((affairs))((改まって)) **業務, 仕事**;問題,事情, 情勢
- current *affairs* 時事問題

- the Minister of Home *Affairs* 自治大臣
  ❷ **事件**, 出来事
  ❸ 情事, 不倫
affect¹ /əfékt アフェクト/ 動 他
  ❶ 〈…に〉影響を及ぼす, 作用する
  ❷ 〈人を〉感動させる
  ❸ 〈病気・痛みなどが〉〈…を〉冒す
  affected¹ 形 影響された；感動した；〈病気に〉冒された
  affecting 形 心を打つ, 感動させる
affect² /əfékt アフェクト/ 動 他 〈…の〉ふりをする, 〈…を〉気取る；〈…を〉好んで用いる
  ■ *affect to do* …するふりをする
  affected² 形 気取った, 不自然な
  affectedly 副 気取って
affection /əfékʃən アフェクション/ 名 U (…への)愛情, 好意, 愛着 (*for..., toward...*)
  affectionate 形 愛情のこもった, 優しい
  affectionately 副 愛情を込めて
affiliate
  動 /əfílièit アフィリエイト/ 他 ((次の用法で))
  ■ *be affiliated with A*
  Aと提携している, Aの系列に入っている
  ■ 名 /əfíliət アフィリアト/ C 支店；系列会社；関係団体；会員
  affiliated 形 関連した, 加盟[提携]した
  affiliation 名 UC 加入, 加盟；提携
affinity /əfínəti アフィニティ/ 名 UC
  ❶ (…間の)(動植物の)類似性；(言語の)類縁性 (*between...*)
  ❷ ((また an affinity))(…に対する)共感；親近感 (*with...*)
affirm /əfə́ːrm アファーム/ 動
  ■ 他
  ❶ 〈…を〉主張する, 断言する
  ❷ 〈…の〉支持を表明する, 〈…を〉肯定する
  ■ 自 【法律】(法廷で)確約する
  affirmation 名 UC 断言, 肯定
affirmative /əfə́ːrmətiv アファーマティヴ/ 形 肯定的な, 賛成の
- an *affirmative* sentence 【文法】肯定文
  ■ 名 UC 肯定(の言葉)
  affirmatively 副 肯定的に
affliction /əflíkʃən アフリクション/ 名 U 苦痛, 苦悩；C 悩みの種
affluent /ǽfluənt アフルアント/ 形 裕福な, 〈社会が〉豊かな；〈想像力などが〉豊かな
  affluence 名 U 裕福, 豊かさ
afford /əfɔ́ːrd アフォード/ 動 他
  ❶ 〈…の〉余裕がある
  ■ *can afford to do*
  (経済的に)…する余裕がある
- We can *afford* (*to* buy) a new PC.
  新しいパソコンを買う余裕がある
  ❷ ((次の用法で))
  ■ *afford A B = afford B to A*
  A(人)にB(物・事)を与える
  affordable 形 手頃な値段の；入手可能な
affront /əfrʌ́nt アフラント/
  名 C (人前での)侮辱(ぶじょく), 無礼な言動
  ■ 動 他 〈人を〉(公然と)侮辱する

afraid /əfréid アフレイド/

形 比較 more afraid
最上 most afraid
❶ (…を)怖がって, 恐れて ((*of...*))
- Don't be *afraid*. 怖がるな
- My little brother *is afraid of* ghosts.
  私の弟はお化けを怖がっている
❷ (…するのを)恐れて ((*to do, of doing*))；怖くて(…)できないで ((*to do*))
- I'*m afraid to* go abroad alone.
  怖くて外国にひとりでは行けない
❸ (…について)心配で, 心配して, 不安で ((*of..., about..., for...*))
- *be afraid of* the result 結果が気になる
  ■ *be afraid of doing*
  …するのではないかと心配している
- I *am afraid of* mak*ing* mistakes.
  ぼくは間違いをするのではと心配だ
  I'm afraid (*that*)...
  (好ましくないことについて)…と思う
📖 *I'm afraid* it's time to finish now.
  残念ですが終わりの時間になりました
📖 *I'm afraid* that's not quite right.
  残念ながら違いますね
Africa /ǽfrikə アフリカ/ 名 アフリカ(大陸)
African /ǽfrikən アフリカン/
  形 アフリカ(人)の
  ■ 名 C アフリカ人
African-American /ǽfrikənəmérikən アフリカナメリカン/ 名 C ((主に米))アフリカ系アメリカ人
Afro /ǽfrou アフロウ/ 名 (複 **Afros** /ǽfrouz/) C アフロヘア

after /ǽftər アフタ/

前

❶ ((時間・順序))…**のあとに**, …の後ろに続いて(⇔ before);…の次に;…過ぎに
· What comes *after* F in the alphabet?
アルファベットでFの次は何ですか
· the day *after* tomorrow あさって
· five *after* eight 8時5分に
· *after* a while しばらくして
· *after* school 放課後に
· *after* dinner 夕食後に
· *After* finishing my homework, I watched TV. 宿題をやってからテレビを見た
❷ …を追って；…を求めて
· The police are *after* him.
警察は彼を探し回っている
❸ …にならって；…にちなんで
· He was called da Vinci *after* his home village.
出身の村にちなんで彼はダ・ビンチと呼ばれた
❹ ((前後に同じ名詞を用いて))…の次も
· day *after* day 来る日も来る日も
· time *after* time 何度も何度も
after all 結局, ついに；やはり, なんと言っても
after all A Aにもかかわらず
After you. どうぞお先に
■ 接 …したあとで
· Soon *after* I left home, it began to rain.
家を出るとすぐに雨が降り出した
■ 副 ((比較なし))**あとで**, のちに
· two weeks *after* 2週間後に
· ever *after* その後ずっと

aftereffect /ǽftərifèkt アフタリフェクト/ 名 C ((ふつうaftereffects))(事件などの)余波；【医学】(薬物などの)後遺症；後作用

aftermath /ǽftərmæθ アフタマス/ 名 C ((the aftermath)) 余波, 結果

afternoon /ǽftərnú:n アフタヌーン|àːftəːnúːn アーフタヌーン/
名 (複 **afternoons** /アフタヌーンズ/) UC
午後
· at two in the *afternoon* 午後2時に
· *in the afternoon* 午後に
· *on* Friday *afternoon* 金曜日の午後に
· this [yesterday, tomorrow] *afternoon* きょう[きのう, あす]の午後
· all *afternoon* 午後じゅうずっと
Good afternoon! こんにちは
📖 *Good afternoon*, everybody!
皆さん, こんにちは

■ 形 ((比較なし))**午後の**
· *afternoon* tea
((英))アフタヌーンティー, 午後のお茶会

afterthought /ǽftərθɔ̀ːt アフタソート/ 名 C 再考, 考え直し

afterward /ǽftərwərd アフタワド|áːftəwəd アーフタワド/ 副 あとで；その後

again /əɡén アゲン, əɡéin アゲイン/
副 ((比較なし))
❶ **もう一度**, 再び(once more)；((否定文で))二度と(…しない)
· *again* and *again* 何度も何度も, 再三
· (*all*) *over again* (初めから)もう一度
· *once again* もう一度
· I'll never do that *again*.
もう二度とそんなことはしません
📖 Read it *again*. もう一度読みなさい
📖 Try *again*. もう一度やってみてください
📖 (Say it) *again*(, please).
もう一度言ってください
📖 See you *again* next Monday.
来週の月曜日にまた会いましょう
❷ 元の状態[所]に, また
· We are back here *again*.
私たちはまたここに戻って来た

against
/əɡénst アゲンスト, əɡéinst アゲインスト/ 前
❶ ((反対・敵対))**…に反対して**, …に反して, …に対抗して
· fight *against* the enemy 敵と戦う
· *against* one's will …の意志に反して
· *against* the clock 一刻を争って
· Are you *against* my opinion?
私の意見に反対ですか
❷ ((逆向))**…に向かって**, …にさからって
· swim *against* the current
流れにさからって泳ぐ
❸ ((接触・衝突))…に寄りかかって, …にもたれて, …にぶつかって
· hit one's head *against* the floor
床に頭をぶつける
· put a ladder *against* the wall
壁にはしごを立てかける
❹ ((対照))…を背景にして；…と対照的に
· The moon stands out *against* the dark sky. 暗い空を背景に月が目立っている
❺ …と引き換えに

- What's the rate of yen *against* the U.S. dollar?
  円の米ドルとの交換率はどうなっていますか

age /éidʒ エイヂ/

名 (複 **ages** /エイヂズ/)

❶ U C **年齢, 年**;(生涯の)一時期
- the average *age* 平均年齢
- the *age* limit 年齢制限
- at the *age* of 18 18歳で
- She and I are the same *age*.
  彼女と私は同い年です

❷ C 時代, 時期
- the Stone *Age* 石器時代
- the Middle *Ages* 中世
- in all *ages* いつの時代においても

❸ ((ages))((くだけて)) 長い間(a long time)
- I haven't seen her for *ages*.
  彼女には長らく会っていない

be of age 成年である
come of age 成年になる

— 動
— 自 年を取る, 古びる;〈酒などが〉熟成する
— 他〈人を〉ふけさせる;〈酒などを〉熟成させる

aged¹ /éidʒd エイヂド/
動 age の過去形・過去分詞
— 形 …歳の
- a boy *aged* twelve 12歳の少年

aged² /éidʒid エイヂド/
動 age の過去形・過去分詞
— 形 年取った, 老いた
— 名 ((the aged))((複数扱い))高齢者(たち)

ageing /éidʒiŋ エイヂング/ ((英))= aging

agency /éidʒənsi エイヂャンスィ/
名 (複 **agencies** /エイヂャンスィズ/) C
❶ 代理店, 取次店
- a travel *agency* 旅行代理店
- a news *agency* (新聞などの)通信社
❷ 政府機関, 庁, 局
- the Central Intelligence *Agency*
  (米国の)中央情報局(略 CIA)

agenda /ədʒéndə アヂェンダ/ 名 C 課題;意図;協議事項

agent /éidʒənt エイヂャント/ 名 C
❶ 代理人[店];仲介人
- a ticket *agent* チケット取り扱い業者
❷ 手先, スパイ, (政府情報機関の)職員
- a secret *agent* 秘密情報員
❸ 作用を起こすもの, 薬剤

aggregate /ǽgrigət アグリガト/
形 総計の;合計の
— 名 U C 集合体;総計
— 動 /ǽgrigèit アグリゲイト/
— 他〈…を〉集める
— 自 集まる;総計で(…に)なる((*to*...))

aggression /əgréʃən アグレシャン/ 名 U 侵略, 攻撃

aggressive /əgrésiv アグレスィヴ/ 形 攻撃的な;積極的な
  aggressively 副 攻撃的に;積極的に
  aggressiveness 名 U 攻撃性;積極性

aggressor /əgrésər アグレサ/ 名 C 侵略国, 攻撃者

agile /ǽdʒəl アヂャル/ 形 機敏な, すばしこい;(頭の)回転が速い
  agility 名 U 機敏さ

aging, ((英))**ageing** /éidʒiŋ エイヂング/
動 age の現在分詞・動名詞
— 名 U 年を取ること, 老化;老朽化;(ワインなどの)熟成
— 形 年を取ってきた

agitate /ǽdʒətèit アヂャテイト/ 動
— 自 扇動する
— 他〈人の心を〉動揺させる, かき乱す
  agitated 形 動揺した, (心を)かき乱した
  agitatedly 副 興奮して, (心を)かき乱して
  agitation 名 U (心の)動揺;U C 扇動

ago /əgóu アゴウ/ 副 ((比較なし))(今から)…前に

- two hours [years] *ago* 2時間[年]前に
- I met him a few weeks *ago*.
  2,3週間前に彼に会った

long ago ずっと前に
long, long ago 昔々
not long ago つい先頃

agonize /ǽgənàiz アガナイズ/ 動 自 苦悩する, 思い悩む
  agonizing 形 苦悩させる;苦悩に満ちた

agony /ǽgəni アガニ/ 名 U C 激しい苦痛, 痛み;苦悩

agree /əgríː アグリー/

動 三単現 **agrees** /アグリーズ/
過去・過分 **agreed** /アグリード/
現分 **agreeing** /アグリーイング/
— 自
❶ 賛成する, 同意する;承知する

- *agree to A* A(計画など)に同意する
- We *agreed to* her proposal.
  私たちは彼女の提案に同意した
- *agree with A* A(人)と意見が一致する
- I *agree with* him. 私は彼と同意見だ
- *agree on A* A(物事)について意見が一致する

❷ 自 (…と)一致する, 符号する(*with...*))
— 他 (…することに)**賛成する, 同意する**((*to do*));(…ということで)意見が一致する((*that*節))

- We *agreed to* do our best.
  私たちは最善を尽くすことに同意した
- We *agreed that* we would meet again next week. 私たちは来週また会うことにした

agreeable /əgríːəbl アグリーアブル/ 形
❶ (…に)乗り気の, 快く応じる((*to...*))
❷ 気持ちのよい, 感じのよい
agreeably 副 心地よく
agreed 形 (同意して)決まった, 一致した

agreement /əgríːmənt アグリーメント/ 名
❶ U 合意, 同意;(意見などの)一致
- We came to an *agreement* with the students. 私たちは学生との合意に達した
- *be in agreement* (意見が)一致している
❷ C 協定, 契約
- a trade *agreement* 通商協定
- An *agreement* was made between the two. 両者の間で契約が交わされた
- reach an *agreement* 協定を結ぶ
- break an *agreement* 協定を破る
❸ U 【文法】(人称・格などの)一致

agriculture /ǽgrikʌ̀ltʃər アグリカルチャ/ 名 U 農業;農学
agricultural 形 農業の, 農学の

ah /áː アー/ 間 ((驚き・喜び・悲しみ・軽べつなどを表して))ああ, まあ

aha /ɑːháː アーハー/ 間 ((喜び・驚き・得意などを表して))ほほう, そうか, なるほど

ahead /əhéd アヘド/ 副 ((比較なし))

❶ ((空間的に)) **前方に[へ], 前に**(⇔ behind)
- go *ahead*
  先へ進む;((命令形で))お先にどうぞ
- *ahead of A* Aの前方に, Aの先に
❷ ((時間的に)) **先に[を], 前もって**
- look *ahead* 先を見る
- five months *ahead* 5か月先
❸ (…より)勝って((*of...*))
- We are five points *ahead of* the other team. 私たちはほかのチームより5点勝っている

ahem /əhém アヘム/ 間 エヘン (注意を引いたりするためにするせき払いの声)

AI ((略)) *a*rtificial *i*ntelligence 人工知能

aid /éid エイド/
動 他 (…を)援助する, 助ける
- *aid* poor countries 貧しい国を援助する
— 名 (複 **aids** /éidz/) U 援助, 支援, 助け;
C 助けになるもの
- give him first *aid* 彼に応急処置をする
- foreign *aid* 対外援助
- audio-visual *aids* 視聴覚教材
- a hearing *aid* 補聴器
in aid of A A(人)の援助のために

aide /éid エイド/ 名 C 補佐官, 側近;副官

AIDS, (英) **Aids** /éidz エイヅ/ 名 U 【医学】エイズ, 後天性免疫不全症候群 (*a*cquired *i*mmune *d*eficiency *s*yndromeの略)
- contract [get] *AIDS* エイズに感染する

aim* /éim エイム/
動 (三単現 **aims** /éimz/;
過去・過分 **aimed** /éimd/;
現分 **aiming** /éimiŋ/)
— 自 (…を)**ねらう**;目ざす((*at..., for...*));(…しようと)努力する((*to do*))
- *aim* high 志を高く持つ
- They *aim to* increase the number of jobs. 彼らは仕事口を増やそうと努力している
— 他 〈銃などを〉(…に)向ける, ねらう((*at...*))
be aimed at A Aを対象としている
— 名 (複 **aims** /éimz/)
C **目標**;目的;U (銃などの)ねらい, 照準
- Our *aim* is to help poor children.
  私たちの目的は貧しい子どもを助けることです
aimless 形 目的のない, 当てのない
aimlessly 副 当てもなく

ain't /éint エイント/ ((非標準))
❶ am [is, are] notの縮約形
❷ have [has] notの縮約形

air /éər エア/

名 (複 **airs** /éərz/)
❶ U **空気**, 大気
- fresh [thin] *air* 新鮮な[薄い]空気
- dry [damp] *air* 乾いた[湿った]空気
- for a change of *air* 転地(療養)のために
- an *air* bag (車の)エアバッグ
- *air* pollution 大気汚染

airborne

- *air* pressure 気圧
- ❷ ⓤ ((ふつう the air))空中, 空
- jump high into *the air* 空中高く跳び上がる
- in the open *air* 野外で
- an *air* force 空軍
- ❸ ⓒ ((airs))態度；外見, 様子；((airs))気取った態度
- with a sad *air* 悲しそうな様子で
- ***by air*** 飛行機で；航空便で
- ***in the air*** 空中に；((くだけて))(うわさなどが)広まって
- ***off the air*** 放送されない(⇔ on the air)
- ***on the air*** 放送されて，放送中で
- ■ 動 他
- ❶ 〈衣類などを〉風に当てる，〈部屋に〉風を通す
- ❷ 〈…を〉公表する；放送する

airborne /éərbɔ̀ːrn エアボーン/ 形 飛行中の；空輸の；(花粉などが)空気で運ばれる

airbus /éərbʌ̀s エアバス/ 名 ⓒ 【航空】エアバス(中短距離用の大型ジェット旅客機)

air-conditioned /éərkəndìʃənd エアコンディシャンド/ 形 空気調節された, エアコン付きの

air conditioner /éərkəndìʃənər エアコンディシャナ/ 名 ⓒ エアコン, 冷暖房装置

aircraft /éərkræft エアクラフト/ 名 (複 aircraft /エアクラフト/) ⓒ 航空機(飛行機・飛行船・気球など)

airfare /éərfèər エアフェア/ 名 ⓒ 航空運賃

airlift /éərlìft エアリフト/
名 ⓒ (特に緊急時の)空輸
■ 動 他〈人・兵・物資などを〉空輸する

airline /éərlàin エアライン/ 名 ⓒ ((ふつう airlines))((単数扱い))航空会社

airliner /éərlàinər エアライナ/ 名 ⓒ (大型の)定期旅客機

airmail* /éərmèil エアメイル/
名 ⓤ **航空郵便**(制度), 航空郵便物
- send a letter by *airmail* 航空便で手紙を送る
■ 副 航空便で(by airmail)
■ 動 他 〈…を〉航空便で送る

airplane /éərplèin エアプレイン/

名 (複 airplanes /エアプレインズ/) ⓒ ((米)) **飛行機**

- go [travel] to Europe by *airplane* = take an *airplane* to Europe
ヨーロッパまで飛行機で行く

airport /éərpɔ̀ːrt エアポート/

名 (複 airports /エアポーツ/) ⓒ **空港**

airsick /éərsik エアスィク/ 形 飛行機に酔った

airsickness 名 ⓤ 飛行機酔い

airway /éərwèi エアウェイ/ 名 ⓒ 定期航空路；((ふつう airways))((単数扱い))((英))航空会社(((米)) airlines)

airy /éəri エアリ/ 形 (部屋などが)風通しのよい

aisle /áil アイル/ 名 ⓒ (座席間の)通路
- an *aisle* seat 通路側の席

AK ((米郵便)) *Al*aska アラスカ州

akin /əkín アキン/ 形 (…と)同族[血族]の, 同種[同類]の(*(to...)*)

AL ((米郵便)) *Al*abama アラバマ州

Ala. ((略)) *Al*abama アラバマ州

Alabama /æ̀ləbǽmə アラバマ/ 名 アラバマ(略 Ala., ((米郵便)) AL；米国南東部の州；州都はモンゴメリ(Montgomery))

à la carte /àː lə káːrt アーラカート/
形 メニューから選んだ, 一品料理の, アラカルトの
■ 副 好みの料理を注文して, 一品料理で, アラカルトで

Aladdin /əlǽdin アラディン/ 名 アラジン(『アラビアンナイト』の『アラジンと魔法のランプ』に登場する中国の貧しい少年)

alarm /əláːrm アラーム/
名
❶ ⓤ 不安；恐怖, 驚き
❷ ⓒ 警報；警報器
- a fire *alarm* 火災警報；火災報知器
❸ ⓒ 目覚まし時計(alarm clock)
- I *set the alarm* for seven.
目覚まし時計を7時にセットした
■ 動 他 〈人を〉不安にさせる, 驚かせる

alarming 形 驚くべき；不安を抱かせる
alarmingly 副 驚くほど

Alas. ((略)) *Al*aska アラスカ州

Alaska /əlǽskə アラスカ/ 名 アラスカ(略 Alas., ((米郵便)) AK；北米北西端の州；州都はジュノー(Juneau))

album /ǽlbəm アルバム/

名 (複 albums /アルバムズ/) ⓒ
❶ **アルバム**, 写真[切手]帳
- a photo [stamp] *album* 写真[切手]帳

alcohol /ǽlkəhɔ̀ːl/ アルカホール/ 名 U
❶ アルコール飲料, 酒
❷ アルコール
|**alcoholism** 名 U【医学】アルコール依存症, アルコール中毒(症)
alcoholic /æ̀lkəhɔ́ːlik/ アルカホーリク/
形 アルコールの(入った); アルコール依存症[中毒]の
・*alcoholic* drinks アルコール飲料
  ━ 名 C アルコール依存症患者[中毒者]
ale /éil/ エイル/ 名 U エール(ビールの一種)
alert /ələ́ːrt/ アラート/
形
❶ (…に)油断のない, 用心深い((*to*...))
❷ (頭の回転が)活発な, 機敏な
  ━ 名 U 警戒態勢; C 警戒警報
■ *on the alert for* [*against*] *A*
Aに油断なく警戒して
  ━ 動 他〈警察などに〉通報する;〈人に〉警告する, 警報を出す
|**alertly** 副 油断なく, 機敏に
|**alertness** 名 U 油断のないこと, 機敏
algebra /ǽldʒəbrə/ アルヂャブラ/ 名 U 代数(学)
Ali Baba /ɑ́ːliːbɑ́ːbɑ/ アーリバーバー/ 名 アリババ(『アラビアンナイト』の『アリババと40人の盗賊』に登場する主人公)
alibi /ǽləbài/ アラバイ/ 名 C アリバイ, 現場不在証明; ((くだけて)) 言い訳
・He has an *alibi*. 彼にはアリバイがある
Alice /ǽlis/ アリス/ 名 アリス(ルイス・キャロル作の『不思議の国のアリス』に登場する主人公)
alien /éiliən/ エイリアン/
名 C (在留)外国人; 宇宙人
  ━ 形
❶ なじみのない; 異質な
❷ 外国(人)の; 地球外の
alienate /éiliənèit/ エイリアネイト/ 動 他〈人を〉のけ者にする, 遠ざけて孤立させる
|**alienation** 名 U のけ者にされること
alight /əláit/ アライト/ 形 輝いて; 燃えて
align /əláin/ アライン/ 動 他〈…を〉並べる; 整列させる
■ *align oneself with A* A(党・国家など)と提携する; A(人)に同調する
|**alignment** 名 UC 整列; 同調
alike /əláik/ アライク/
副 同様に, 等しく
・treat men and women *alike*
男女を同様に扱う
  ━ 形 似ている, 同様な
・The two brothers look really *alike*.
二人の兄弟は本当によく似ている
alive* /əláiv/ アライヴ/
形 比較 **more alive**
　　最上 **most alive**
❶ 生きている, 生存して(⇔dead)
・The fish is still *alive*. 魚はまだ生きている
・catch a bird *alive* 鳥を生け捕りにする
❷ 生き生きして, 活気のある
・The town *comes alive* at Christmas every year. 町は毎年クリスマスににぎわう
alkali /ǽlkəlài/ アルカライ/ 名 UC【化学】アルカリ(⇔acid)
|**alkaline** 形 アルカリ(性)の

all ☞ 18ページにあります

Allah /ǽlə/ アラ/ 名 アラー(イスラム教の唯一神)
all-around /ɔ́ːləráund/ オーララウンド/ 形 ((米)) 万能な, 多才な(((英)) all-round)
allay /əléi/ アレイ/ 動 他〈恐怖・苦痛などを〉やわらげる, 静める
allegation /ælləgéiʃən/ アラゲイシャン/ 名 C (特に証拠のない)主張, 申し立て
allege /əlédʒ/ アレヂ/ 動 他 (次の用法で)
■ *allege that*...
(証拠もなく)…であると主張する
■ *allege A as B* AがBであると断言する
alleged /əlédʒd/ アレヂド/
動 allegeの過去形・過去分詞
  ━ 形 疑いをかけられた
・the *alleged* terrorist テロ容疑者
|**allegedly** 副 申し立てによると
allegiance /əlíːdʒəns/ アリーヂャンス/ 名 UC 忠誠; 献身
allegory /ǽləgɔ̀ːri/ アラゴーリ/ 名 C 寓話(ぐうわ)
allergic /ələ́ːrdʒik/ アラーヂク/ 形 (…に対して)アレルギー(性)の((*to*...)); アレルギー体質の
・be *allergic to* pollen 花粉症である
allergy /ǽlərdʒi/ アラヂ/ 名 UC (…に対する)アレルギー(...*to*...)
alleviate /əlíːvièit/ アリーヴィエイト/ 動 他〈苦痛などを〉軽減する, 緩和(かんわ)する
➡➡➡ 18ページに続く ➡➡➡

all /ɔ́ːl オール/

代

❶ ((単数扱い))((総括的に))**全部, すべて, いっさい**
- *All* is over. すべて終わった
- *All* we can do is do our best.
  ベストを尽くすほかない

❷ ((複数扱い)) **全部, すべてのもの[人], 全員**
- *All* (of) my books are on the shelf.
  私の本はすべて本棚にある
- Listen, *all* of you! みなさん！聴いてください

❸ ((複数扱い))((個別的に))**あらゆる人[物]**
- *All* were happy. みんな幸せだった
- We are *all* hungry.
  みんなおなかがすいている
- *All* of us have cellphones.
  私たち誰もが携帯電話を持っている

❹ ((否定語と共に, 部分否定として)) すべてが…とは限らない
- *All* that glitters is *not* gold .
  ((ことわざ)) 光るものすべて金とは限らない

above all とりわけ
after all 結局, ついに；やはり, なんと言っても
all in all 概して；全体的に見ると
all together 全部いっしょに
at all
(1) ((否定語と共に)) 少しも[全然]…ない
- "Aren't you sleepy?" "*Not at all*."
  「眠くはないのかい？」「全然」
(2) ((疑問文で)) いったい
(3) ((条件節で)) 仮にも
first of all まず第一に
in all 全部で
That's all. それで[これで]おしまい
- *That's all* for today. You can go now.
  （授業の終わりに）きょうはここまで. 解散していいですよ

― 形 ((比較なし))

❶ 全部の, すべての
- *All* students like to do well in exams.
  生徒はみんなテストでよい点を取りたいと思う

❷ …じゅう, ずっと
- *all* day (long) 一日じゅうずっと
- *all* night (long) 一晩じゅうずっと
- *all* (the) year (around) 一年じゅう
- *all* the world 世界じゅう
- *all* the time その間ずっと
- *all* the way 途中ずっと, はるばる

❸ ((複数名詞を修飾して))(…の) 全部, どの…もすべて
- in *all* directions 四方八方に

❹ ((否定語と共に, 部分否定として)) すべてが…とは限らない
- *Not all* children like sports. 子どもなら誰でもスポーツが好きというわけではない

for all A Aにもかかわらず

― 副 ((比較なし))

❶ すっかり, まったく
- *all* alone ひとりぼっちで
- *all* around そこらじゅう

❷ ((all the＋比較級))(…のために)ますます, かえって((*for...*))
- His English became *all the better for* his effort.
  彼の英語は努力でますます上達した

❸【スポーツ】両方とも
- thirty *all* 【テニス】サーティーオール

all at once 突然に；いっせいに
all over 一面に
all right ⇨all right(見出し)

alley /ǽli アリ/ 名 C
❶ 路地, 横丁；(公園などの)小道
❷ (ボウリングの)レーン(lane)

alliance /əláiəns アライアンス/ 名 U C 同盟；協定, 協力
- *in alliance with A* Aと連合して

allied /əláid アライド/
動 allyの過去形・過去分詞
― **形** 同盟した；(…と)同類の, 関連のある((*to..., with...*))
- *allied* forces 同盟軍

alligator /ǽləɡèitər アラゲイタ/ 名 C 【動物】
アリゲーター(アメリカ・中国産のわに)

all-night /ɔ́ːlnàit オールナイト/ 形 徹夜の；終夜(営業)の

allocate /ǽləkèit アラケイト/ 動 他 ((次の用法で))
- *allocate A B* = *allocate B to A*
  A(人など)にB(費用など)を割り当てる

allocation 名 U 割り当て；C 配分量

allot /əlɑ́t アラト/ 動 他 ((次の用法で))
- *allot A B* = *allot B to A*
  A(人など)にB(時間など)を割り当てる

allotment 名 U 割り当て；C 割当額

all-out /ɔ́:làut オーラウト/ 形 総力をあげての；完全な

allow /əláu アラウ/

動 三単現 **allows** /アラウズ/
過去・過分 **allowed** /アラウド/
現分 **allowing** /アラウイング/
― 他
❶ 《…を》**許す，許可する**
- *allow doing* …することを許す
- *allow A to do* A(人)に…することを許可する
- My mother won't *allow* me *to* drive a car. 母は私が車を運転するのを許してくれない
❷ 《…を》与える
- *allow A B*
A(人)にB(金銭・時間など)を与える
- She *is allowed* a two-hour break.
彼女は2時間の休憩をもらっています
Allow me. 私がやりましょう
|**allowable** 形 許される，差し支えない
allowance /əláuəns アラウアンス/
❶ (定期的に支給される)手当, 支給額；《米》小遣い
- monthly *allowance* 1か月の小遣い
❷ 割り引き, 値引き
make allowance(s) for *A*
A(状況など)を考慮する

all-purpose /ɔ́:lpə́:rpəs オールパーパス/ 形 多目的の；万能の

all right /ɔ̀:lráit オールライト/

形 《比較なし》
❶ 〈人が〉**元気で, だいじょうぶで**
- "You look pale. (Are you) *all right*?" "I'm *all right*, thank you."
「顔色が悪いよ. だいじょうぶか」「だいじょうぶだよ. ありがとう」
❷ 《感謝・謝罪に対して》だいじょうぶですよ；どういたしまして；かまいませんよ
- "Thanks for lunch." "That's *all right*."
「昼ご飯ごちそうさま」「どういたしまして」
❸ 申し分のない, まあまあよい
― 副 《比較なし》《話》
❶ 申し分なく, 立派に
- I'll do it *all right*. 立派にそれをやります
❷ 《肯定的に》よろしい, 結構です, オーケー
❸ 《話題を転換する時で》さあ, それでは
❹ 《説明のあとで》よろしいですか

all-round /ɔ́:lràund オールラウンド/ 形 《英》万能な, 多才な (《米》all-around)

all-star /ɔ́:lstà:r オールスター/ 形 スター総出演の, オールスターの

all-time /ɔ́:ltàim オールタイム/ 形 空前の, かつてない

allure /əlúər アルア/
動 他 〈人を〉魅惑する, 引きつける
― 名 U 魅力, 魅惑
|**alluring** 形 魅惑的な, 魅力のある

allusion /əlú:ʒən アルージャン/ 名 UC さりげない言及, ほのめかし

ally /əlái アライ | ǽlai アライ/
動 他 《次の用法で》
- *be allied with* [*to*] *A* = *ally oneself with* [*to*] *A* Aと同盟を結ぶ
― 名 C 同盟国；味方, 協力者

almanac /ɔ́:lmənæ̀k オールマナク/ 名 C 暦書, 暦；年鑑

almighty /ɔ:lmáiti オールマイティ/
形 全能の, 大変な影響力を持つ
― 名 《the Almighty》全能の神

almond /á:mənd アーマンド/ 名 C 【植物】アーモンド

almost /ɔ́:lmoust オールモウスト/

副 《比較なし》**ほとんど**；もう少しで
- *Almost* all the students were present.
ほとんど全員の生徒が出席した
- This guidebook is *almost* useless.
このガイドブックはほとんど役に立たない
- She has *almost* read the book.
彼女はその本をほとんど読み終えた
📖 That's *almost* it. もうちょっとですね
almost [***nearly***] ***always*** ほとんどいつも

aloha /əlóuhɑ: アロウハー/ 間 ようこそ；さようなら

alone /əlóun アロウン/

形 《比較なし》
❶ **ひとりで, 単独で**
- I was *alone* in the room.
私は部屋にひとりでいた
❷ 《名詞・代名詞のあとで》(ただ)…だけ
- She *alone* knows the recipe.
彼女だけがそのレシピを知っている
let alone *A* 《ふつう否定の文脈で》Aは言うまでもなく, Aはもちろんのこと
- I can hardly ride a bicycle, *let alone* drive a car. 私は車はもちろんのこと自転車に

も満足に乗れない
- 副 ((比較なし)) ひとりで, 単独で
- live *alone* ひとり暮らしをしている

along /əlɔ́:ŋ アローング/

前 …に沿って, …を通って
- walk *along* the street 通りを歩く
  all the way along A Aに沿ってずっと
  along the way 途中で
- 副 ((比較なし))
❶ (止まらずに) 前へ, どんどん, 先へ
- walk [run] *along* どんどん歩く [走る]
- Come *along*. こちらへどうぞ
❷ (…に) 沿って
❸ (…と) いっしょに; (物を) 持って; (人を) 連れて ((*with*...))
- Will you go *along* with me to the station? 駅までいっしょに行くかい
  all along ずっと, 初めから

alongside /əlɔ́:ŋsàid アローングサイド/
前 …の横に並んで, …に沿って
- 副 横側に, そばに

aloud /əláud アラウド/ 副 声を出して
- sing *aloud* 声に出して歌う

alpha /ǽlfə アルファ/ 名 C アルファ (A, α; ギリシャ語アルファベットの第1文字)

alphabet /ǽlfəbèt アルファベト/ 名 C アルファベット
alphabetical 形 アルファベット順の
alphabetically 副 アルファベット順に

alpine /ǽlpain アルパイン/ 形
❶ 高山の
❷ ((Alpine)) アルプス山脈の

Alps /ǽlps アルプス/ 名 ((the Alps)) ((複数扱い)) アルプス山脈

already /ɔ:lrédi オールレディ/

副 ((比較なし))
❶ ((肯定文で)) すでに, もう
- She has *already* been to Korea.
  彼女はすでに韓国に行ったことがある
❷ ((驚き・意外を表して)) もう, 早くも
- Is it the end of the year *already*?
  もう年の終わりなの

alright /ɔ́:lráit オールライト/ 副 = all right

also /ɔ́:lsou オールソウ/

副 ((比較なし)) …もまた, さらに
- I play the guitar and *also* the piano.

私はギターも弾くし, ピアノも弾きます
not only A *but* (*also*) B
AだけでなくBも
- *Not only* he *but* (*also*) I am sick.
  彼だけでなくぼくも病気です

ALT, A.L.T. ((略)) *A*ssistant *L*anguage *T*eacher 外国語指導助手

altar /ɔ́:ltər オールタ/ 名 C 祭壇

alter /ɔ́:ltər オールタ/ 動
- 他 〈…を〉変える, 改める
- 自 変わる, 改まる
alteration 名 U C 変更, 修正

alternate
形 /ɔ́:ltərnət オールタナト/ 交互の; 1つおきの
- 動 /ɔ́:ltərnèit オールタネイト/
- 自 交互に起こる; 交替でする
- 他 〈…を〉交互に変える
alternately 副 交互に, 交替で

alternative /ɔ:ltə́:rnətiv オールターナティヴ/
形
❶ 代わりの; いずれか一方の
- I have an *alternative* plan.
  私には代わりの計画があります
❷ まったく別の, ふつうとは違った
- 名 C 代わり(の手段); 二者択一
- Do you have other *alternatives*?
  代わりの方法がありますか
📖 Mark the right *alternative*.
正しい方にしるしをつけてください
alternatively 副 その代わりに; 二者択一で

although /ɔ:lðóu オールゾウ/

接 …だけれども, たとえ…でも
- *Although* I studied hard, I failed the test. 一生懸命勉強したがテストに落ちた

altitude /ǽltətù:d アルタトゥード/ 名 C U 高さ, 高度; 標高

alto /ǽltou アルトウ/ 名 【音楽】U アルト; C アルト歌手; アルト楽器

altogether /ɔ̀:ltəgéðər オールタゲザ/ 副
❶ まったく, 完全に
❷ 全部で, 全体で

aluminium /æ̀ljumíniəm アラミニアム/ 名 U 【化学】((英)) アルミニウム

aluminum /əlú:mənəm アルーマナム/ 名 U 【化学】((米)) アルミニウム

always /ɔ́:lweiz オールウェイズ/

always 副 ((比較なし))
❶ いつも, 必ず (⇔ never)
- I *always* go abroad in summer.
  私は毎年夏に外国に行く
- She is *always* complaining.
  彼女はいつも文句ばかり言っている
- as *always* いつものように
❷ いつまでも, ずっと
- I hope you will *always* remember me.
  いつまでも私のことを忘れないでね
❸ ((not always)) 必ずしも…とは限らない
- The rich are *not always* happy.
  金持ちが常に幸せとは限らない

AM ((略)) *a*mplitude *m*odulation AM 放送 ⇨ FM

am /əm アム; ((強)) ǽm アム/
((beの一人称単数現在形)) ⇨ be
動 助 過去 **was** /ワズ/
過分 **been** /ビン/
現分 **being** /ビーイング/
否定形 **am not** /ナト/ノト/
縮約形 **'m** /ム/ 例:**I'm**
━━ 動 (自) (私は)…である; …になる; (…に)いる
- I *am* Japanese. 私は日本人です
- I *am* not [I'm not] a teacher.
  私は教師ではありません
- *Am* I wrong? 私は間違っていますか
- "How old are you?" "I *am* fifteen years old." 「あなたは何歳ですか」「15歳です」
━━ 助 ((次の用法で))
- *am doing* ((現在進行形))(私は)…しているところだ; …しようとしている
- I *am* look*ing* for my purse.
  私はさいふを探しています
- *am done* ((現在形の受身)) (私は)…される
- I *am* called Tom. 私はトムと呼ばれています
- *am to do* ((予定・運命・義務・可能・目的を表して))(私は)…する予定である; …する宿命である; …するべきである; …することができる; …するためのものである
- I *am to* do my homework alone.
  ぼくはひとりで宿題をすることになっている

a.m., A.M. /éiém エイエム/
((略)) *a*nte *m*eridiem **午前**, 朝(morning) (⇔ p.m.)
- at 8:00 *a.m.* 午前8時に
- the 9:10 *a.m.* train 午前9時10分発の列車

amateur /ǽmətʃùər アマチュア/
名 C アマチュア, しろうと (⇔ professional)
━━ 形 アマチュアの, しろうとの
|**amateurish** 形 しろうとくさい

amaze /əméiz アメイズ/ 動 他 〈…を〉びっくりさせる, 驚嘆させる (surprise)
- *be amazed at A* Aに驚く
- I *was amazed at* the news.
  私はそのニュースに驚いてしまった
- *be amazed to do* …して驚く
- *be amazed that*... …ということに驚く
|**amazed** 形 驚いた, びっくりした
|**amazement** 名 U 驚き, 感嘆

amazing /əméiziŋ アメイズィング/
動 amazeの現在分詞・動名詞
━━ 形 驚くべき, みごとな
- That's *amazing*. それはすごい
|**amazingly** 副 驚くほど, びっくりするほど

Amazon /ǽməzən アマザン/ 名
❶ ((the Amazon)) アマゾン川(ブラジル北部を流れる大河)
❷ ((the Amazons)) アマゾン族(黒海沿岸にいたとされる伝説上の勇猛な女人族)

ambassador /æmbǽsədər アムバサダ/ 名
C 大使; 使節

ambiguity /æmbigjú:əti アムビギューアティ/
名 U あいまいさ; C (意味の)あいまいな語句

ambiguous /æmbígjuəs アムビギュアス/ 形
あいまいな, いくとおりにも解釈できる
|**ambiguously** 副 あいまいに

ambition /æmbíʃən アムビシャン/ 名 U C
野心, 抱負, 大望
- *have ambition to do* …する野心がある

ambitious /æmbíʃəs アムビシャス/ 形 大望を抱いた, 野心的な
- Boys, be *ambitious*! 少年よ, 大志を抱け
|**ambitiously** 副 野心的に; 大がかりに

ambulance /ǽmbjələns アムビャランス/ 名
C 救急車

ambush /ǽmbuʃ アムブシュ/
名 U C 待ち伏せ, 待ち伏せ攻撃
━━ 動 他 〈…を〉待ち伏せて襲う

amen /à:mén アーメン/ 間 アーメン(キリスト教で祈りの終わりに唱えるフレーズ)

amenable /əmí:nəbl アミーナブル/ 形 従順な, 素直な

amend /əménd アメンド/ 動 他 〈法案などを〉修正する, 改正する
|**amendment** 名 U 修正, 改正; C 修正

amends /əméndz/ アメンヅ/ 名 ((単数・複数扱い)) 償い，埋め合わせ
- *make amends for A* A（物・事）の償いをする

amenity /əménəti/ アメナティ/ 名 U （場所などの）快適さ; ((amenities)) 生活を便利にするもの[設備]

America /əmérikə/ アメリカ/ 名

❶ アメリカ（合衆国），米国 （正式名は the United States of America; 首都はワシントン（Washington, D.C.））
❷ ((the Americas)) 南北アメリカ, アメリカ大陸全体

American /əmérikən/ アメリカン/ 形

❶ アメリカ（合衆国）の, 米国の; アメリカ人の
- He's *American*. 彼はアメリカ人だ
- *American* English アメリカ英語, 米語
- the *American* dream アメリカン・ドリーム

❷ 南北アメリカ大陸の
━ 名 (複 **Americans** /アメリカンズ/)
❶ C アメリカ人, 米国人; ((the Americans))((複数扱い)) アメリカ国民
❷ C アメリカ先住民
- Native *American* アメリカ先住民
❸ U アメリカ英語, 米語

amiable /éimiəbl/ エイミアブル/ 形 愛想のいい, 気立ての優しい
amiably 副 愛想よく, 優しく

amicable /ǽmikəbl/ アミカブル/ 形 友好的な, 平和的な
amicably 副 友好的に, 平和的に

amid /əmíd/ アミド/ 前 …の真ん中に; …の真っ最中に

ammonia /əmóuniə/ アモウニア/ 名 U 【化学】アンモニア; アンモニア水

amnesia /æmníːʒə/ アムニージャ/ 名 U 【医学】記憶喪失症, 健忘症

amnesty /ǽmnəsti/ アムナスティ/ 名 U C （特に政治犯の）特赦, 恩赦
- *Amnesty* International アムネスティ・インターナショナル (人権擁護をめざす民間国際組織)

among /əmʌ́ŋ/ アマング/ 前

❶ (3つ以上のものについて) …の中に[を], …の間に[で]
- a house *among* the trees 木々に囲まれた家
- divide A *among* us three 私たち3人の間でAを分ける
- This singer is popular *among* the students. この歌手は生徒たちの間で人気がある
❷ ((しばしば最上級と共に)) …の1つ[1人]で
- Mozart is *among* the greatest composers. モーツァルトは最も偉大な作曲家の1人だ
among others = among other things とりわけ, 特に

amount /əmáunt/ アマウント/
名 C 量; ((the amount)) 総額
- She spent *a large amount of* money on shopping. 彼女は買い物に大金を使った
━ 動 ⾃ 合計（…に）なる ((to...))

ampere /ǽmpiər/ アムピア/ 名 C 【電気】アンペア (電流の単位) (略 A., amp.)

amphibian /æmfíbiən/ アムフィビアン/ 名 C 両生動物; 水陸両用飛行機
amphibious 形 水陸両生の; 水陸両用の

ample /ǽmpl/ アンプル/ 形 豊富な, 十分な; 広い, 広々とした

amplification /ǽmpləfəkéiʃən/ アムプラファケイシャン/ 名 U 拡大; 【電気】増幅

amplifier /ǽmpləfàiər/ アムプラファイア/ 名 C 【電気】増幅器, アンプ (((くだけて)) amp)

amplify /ǽmpləfài/ アムプラファイ/ 動 他 〈…を〉さらに詳しく述べる; 【電気】〈…を〉増幅する

amplitude /ǽmplətùːd/ アムプラトゥード/ 名 U 【物理】振幅

amply 副 たっぷりと, 十分に

Amsterdam /ǽmstərdæm/ アムスタダム/ 名 アムステルダム (オランダの港市で, 公式の首都)

Amtrak /ǽmtræk/ アムトラク/ 名 アムトラック (米国鉄道旅客公社 *A*merican *tra*vel on trac*k*)

amuse* /əmjúːz/ アミューズ/
動 三単現 **amuses** /アミューズィズ/
過去・過分 **amused** /アミューズド/
現分 **amusing** /アミューズィング/
━ 他 〈人を〉（…で）楽しませる, おもしろがらせる ((by..., with..., at...))
- He *amused* me *with* his adventure story. 彼は冒険談で私を楽しませてくれた

- I *was amused by* his joke.
  私は彼の冗談がおもしろかった
- We *amused* ourselves *by* playing chess.
  ぼくたちはチェスをして楽しんだ
- We *amused* ourselves *with* games.
  私たちはゲームをして楽しんだ
  amused 形 おもしろがって, 楽しんで
  amusedly 副 おもしろそうに, 楽しそうに

amusement /əmjúːzmənt アミューズマント/ 名
① U 楽しみ, おもしろさ
- *for amusement* 楽しみとして
- *to A's amusement*
  Aにとっておもしろいことに
② C 楽しみ事, 娯楽
- an *amusement* park 遊園地

amusing /əmjúːziŋ アミューズィング/
動 amuseの現在分詞・動名詞
— 形 おもしろい, おかしい
- an *amusing* joke おもしろい冗談

an /ən アン; (強) æn アン/
冠 ((不定冠詞))= a² ▶ 次にくる語が母音(ア, イ, ウ, エ, オ)で始まる時にaではなくてanを用いる

anaesthesia /æ̀nəsθíːʒə アナスィージャ/ 名 U (英) 麻酔

analog /ǽnəlɔ̀ːg アナローグ/
形 アナログ式の(⇔digital)
- an *analog* television アナログテレビ
— 名 C 類似物

analogy /ənǽlədʒi アナラヂ/ 名 C (…間の)類似(点)((*between*...));U 類推

analyse /ǽnəlàiz アナライズ/ 動 他 ((英))= analyze

analysis /ənǽləsis アナラスィス/ 名 (複 **analyses** /アナラスィーズ/) U C 分析, 分解; 解析(幾何学)

analyst /ǽnəlist アナリスト/ 名 C 分析者; 解説者, アナリスト

analyze /ǽnəlàiz アナライズ/ 動 他 〈状況などを〉分析する, 分解する

anarchy /ǽnərki アナキ/ 名 U 無政府状態; 無秩序
  anarchist 名 C 無政府主義者, アナーキスト

anatomy /ənǽtəmi アナタミ/ 名 U 解剖学;C (動植物の)構造, 仕組み

ancestor /ǽnsestər アンセスタ/ 名 C 祖先, 先祖

ancestry /ǽnsestri アンセストリ/ 名 C ((ふつう単数形で)) 祖先, 先祖
  ancestral 形 祖先の, 先祖の

anchor /ǽŋkər アンカ/
名 C
① 錨(いかり)
- drop [raise] the *anchor*
  錨を降ろす[揚げる]
② 総合司会者, ニュースキャスター
— 動
— 他 〈船を〉停泊させる
— 自 〈船が〉停泊する

anchorperson /ǽŋkərpə̀ːrsən アンカパサン/ 名 (複 **anchorpeople** /アンカピープル/) (ニュース番組の)総合司会者

anchovy /ǽntʃouvi アンチョウヴィ/ 名 U C 【魚】アンチョビー(カタクチイワシ科の小さな魚)

ancient /éinʃənt エインシャント/ 形 古代の; 古来の, 昔からの
- *ancient* civilization 古代文明

and ☞ 24ページにあります

Andes /ǽndiːz アンディーズ/ 名 ((the Andes))((複数扱い)) アンデス山脈(南米西部の大山脈)

anecdote /ǽnikdòut アニクドウト/ 名 C 逸話(いつわ)

anemia /əníːmiə アニーミア/ 名 U 【医学】貧血(症)

anemone /ənéməni アネマニ/ 名 C 【植物】アネモネ

anesthesia /æ̀nəsθíːʒə アナスィージャ/ 名 U 麻酔

anesthetic /æ̀nəsθétik アナスセティク/
名 U C 麻酔薬[剤]
— 形 麻酔の

angel /éindʒəl エインヂャル/ 名 C 天使; 天使のような人
- sing like an *angel* 天使のような声で歌う

anger /ǽŋgər アンガ/
名 U (…に対する)怒り, 立腹((*toward*..., *at*...))
- express [show] *anger* 怒りを表す
— 動 他 〈…を〉怒らせる
- My rudeness *angered* the teacher.
  ぼくの不作法に先生は怒った
➡ ➡ ➡ 24ページに続く ➡ ➡ ➡

and

/ənd アンド, ən アン; ((強)) ænd アンド/ 接

❶ ((語・句・節を対等につないで)) …と…, …も…; そして

- Ken *and* Sam are good friends.
ケンとサムは仲がよい
- I have a lot of brothers *and* sisters.
私には兄弟姉妹がたくさんいる
- She is kind *and* pretty.
彼女は優しくてきれいだ
- I can read *and* write in English.
私は英語で読み書きできます
- We have English class on Monday, Wednesday, *and* Friday. 英語の授業は月曜日, 水曜日, そして金曜日にある
- Two *and* three make(s) five. 2+3=5

❷ ((時間的前後関係)) それから, そして(and then)

- I wash my face *and* (then) brush my teeth every morning.
毎朝顔を洗い, それから歯をみがく

❸ ((命令文のあとで)) そうすれば

- Study hard, *and* you will get better grades. がんばって勉強すれば成績はよくなるよ

❹ ((同じ語を繰り返して反復などを表す)) …も…も, ますます

- again *and* again 何度も何度も
- He talked *and* talked.
彼はいつまでもしゃべった
- It grew darker *and* darker.
どんどん暗くなった

❺ ((2つのものが組み合わさり一体となって)) ((単数扱い)) …付きの

- bread *and* butter (/ブレドンバタ/)
バターを塗ったパン
- a knife *and* fork
(セットになった)ナイフとフォーク

❻ ((次の用法で)) ((「動詞+and+動詞」))

- Come *and* see me again.
また遊びに来てください
- Try *and* have something to eat.
何か食べるようにしなさい

and so on …など
and then それから
and yet それなのに

---

angle /æŋɡl アングル/ 名 C

❶ 【数学】角度, 角(°); 角(°)
- a right *angle* 直角
- at an *angle* 斜めに, 傾いて

❷ 観点, 立場

Anglican /æŋɡlikən アングリカン/
形 英国国教会の
■ 名 C 英国国教会の信徒

Anglo-Saxon /æ̀ŋɡlousǽksn アングロウサクスン/
名
❶ C アングロサクソン人
❷ ((the Anglo-Saxons)) アングロサクソン族(今日の英国人の祖先)
❸ U アングロサクソン語(Old English)
■ 形 アングロサクソン人[語]の

angry /æŋɡri アングリ/

形 比較 **angrier** /アングリア/
最上 **angriest** /アングリアスト/

〈人が〉(…のことで)怒った, 腹を立てた ((*at..., about...*)); 〈人に〉立腹した ((*with...*))

- What are you *angry about*?
何を怒っているのですか
- I got *angry with* myself.
ぼくは自分自身に腹が立った
- Don't be *angry*! かっかするなよ

angrily 副 怒って, 腹を立てて

anguish /æŋɡwiʃ アングウィシュ/ 名 U (心身の)苦痛; 苦悩

anguished 形 苦しみの, 苦痛の

angular /æŋɡjələr アンギャラ/ 形 角(°)のある

animal /ænəməl アナマル/

名 (複 **animals** /アナマルズ/) C

❶ (植物に対して)動物
- Man is a social *animal*.
人間は社会的動物だ

❷ (人間以外の)動物
- a domestic *animal* 家畜

■ 形 ((比較なし))動物の; 動物性の; 動物的な
- *animal* life 動物の生態

animate
動 他 /ænəmeit アナメイト/ 〈…に〉生気[活気]を与える; 〈…を〉アニメ化する
■ 形 /ænəmət アナマト/ 生きた, 活気のある

animated 形 生き生きとした, 生気に満ちた; アニメの

animation /ǽnəméiʃən アナメイシャン/ 名
❶ U 生気, 活気
❷ U アニメ制作; C アニメーション

ankle* /ǽŋkl アンクル/
名 (複 **ankles** /ǽŋklz アンクルズ/) C 足首; くるぶし
・twist *one's* ankle 足首を捻挫(ねんざ)する

annex
動 他 /ənéks アネクス/ 〈領土などを〉(…に)併合する((*to*...))
━ 名 /ǽneks アネクス/ C (…の)離れ, 別館((*to*...))

anniversary /ænəvə́:rsəri アニヴァーサリ/
名 C (毎年の)記念日; 記念祭

announce /ənáuns アナウンス/ 動 他
❶ 〈…を〉発表する, 公表する
■ *announce A (to B)* A (事実など)を(B (人)に)発表する
■ *announce that...* …であることを発表する
❷ 〈…を〉アナウンスする;〈人の〉到着を告げる
|**announcement** 名 U C 発表, 公表

announcer /ənáunsər アナウンサ/ 名 C (ラジオ・テレビの)アナウンサー

annoy /ənɔ́i アノイ/ 動 他 〈人を〉いらいらさせる, (少し)怒らせる
・The flies are *annoying* me.
 はえがうるさくていらいらする
■ *be annoyed at [about] A* A (事)にいらいらする
■ *be annoyed with A* A (人)に腹を立てる
|**annoyance** 名 U いらだたしさ; C しゃくの種

annoying /ənɔ́iiŋ アノイイング/
動 annoy の現在分詞・動名詞
━ 形 いらいらさせる, 迷惑な
|**annoyingly** 副 いらいらするほど, うるさく

annual /ǽnjuəl アニュアル/
形 1 年(間)の; 年に一度の
━ 名 C 一年生植物; 年報, 年鑑
|**annually** 副 毎年; 年に一度

anonymity /æ̀nənímətí アナニミティ/ 名
U 匿名(とくめい); 作者不明
|**anonymous** 形 匿名の, 作者不明の

anorak /ǽnəræk アナラク/ 名 C アノラック

another /ənʌ́ðər アナザ/

形 ((比較なし))
❶ もう1つの, もう1人の
・Won't you have *another* cup of tea?
 お茶をもう1杯いかが

・I need *another* two days to finish this work. この仕事を終えるにはあと2日必要だ
📖 Have *another* try.
 もう一度やってみてください
❷ 別の, ほかの
・Could you show me *another* bag, please? 別のかばんを見せてください
・*That's another matter.* それは別の問題だ
━ 代
❶ もう1つ, もう1人
・Try *another*. もう1つ[1杯]いかが
❷ 別のもの[人]
・To promise is one thing, to follow through is *another*.
 約束をするのと守るのとは別のことだ
one after another 次から次へ, 続々と
one another お互いに

answer /ǽnsər アンサ/

名 (複 **answers** /ǽnsərz アンサズ/) C
❶ 答え, 返答;(手紙などへの)返事((*to*...)), (電話などへの)応答(⇔question)
■ *in answer to A* A に答えて[応じて]
❷ (問題に対する)解答, 解決策((*to*...))
・His *answer to* the question is correct.
 その質問に対する彼の解答は正しい
📖 Let's check the *answers*.
 答え合わせをしましょう
📖 There's nothing wrong with your *answer*. あなたの答えは間違っていませんよ
━ 動
三単現 **answers** /ǽnsərz アンサズ/
過去・過分 **answered** /ǽnsərd アンサド/
現分 **answering** /ǽnsəriŋ アンサリング/
━ 他
❶ 〈質問・手紙などに〉**答える**, 返事する(⇔ask);〈電話などに〉出る
・Please *answer* my question.
 私の質問に答えてください
・*answer* the phone 電話に出る
■ *answer that...* …であると答える
📖 Do you want to *answer* question 2?
 問2を答えたいですか
📖 Who hasn't *answered* yet?
 まだ答えてない人は?
❷ 〈問題を〉解く
・*Answer* the questions given below.
 下の設問に答えなさい
━ 自 答える, 返事をする; 解答をする

- *answer* in English 英語で答える
  answer back (to A) ((くだけて))〈特に子どもが〉(A(人)に)口答えする
  answer for A Aの責任を負う

ant /ænt アント/ 名C【昆虫】あり

Antarctic /æntá:rktik アンタークティク/ 名 ((the Antarctic)) 南極地方(⇔Arctic)
- the *Antarctic* Circle 南極圏
- the *Antarctic* Continent 南極大陸
- the *Antarctic* Ocean 南極海, 南氷洋

Antarctica /æntá:rktikə アンタークティカ/ 名 南極大陸

antecedent /æntəsí:dənt アンタスィーダント/ 形【文法】先行詞の
— 名C【文法】先行詞

antenna /ænténə アンテナ/ 名C
❶ (複 **antennas** /アンテナズ/) ((特に米)) アンテナ(((英)) aerial)
❷ (複 **antennae** /アンテニー/) (昆虫の)触角;(かたつむりの)角(²)

anthem /ǽnθəm アンサム/ 名C 賛歌; 聖歌, 賛美歌
- a national *anthem* 国歌

anthropology /æ̀nθrəpálədʒi アンスラパラヂ/ 名U 人類学
anthropologist 名C 人類学者

antibiotic /æ̀ntibaiátik アンティバイアティク/ 名C【生化学】抗生物質
— 形 抗生物質の

antibody /ǽntibàdi アンティバディ/ 名C【生化学】抗体, 免疫体

anticipate /æntísəpèit アンティサペイト/ 動他
❶〈事を〉予期する, 予想する
- *anticipate* heavy rainfall 大雨を予測する
- I *anticipate* that you will pass the exam. 君は試験に受かると思う
❷ (先んじて)〈事の〉対策を講じる
anticipation 名U 予想; 予測

antipathy /æntípəθi アンティパスィ/ 名UC (…に対する)反感, 嫌悪(けんお)((to..., toward...))

antique /æntí:k アンティーク/
形 骨董(こっとう)の, アンティークの; 古風な
— 名C 骨董品, アンティーク, 古美術品

antiquity /æntíkwəti アンティクワティ/ 名 U 古代, 大昔; C ((ふつうantiquities)) 古代の遺物[遺跡]

antisocial /æ̀ntisóuʃəl アンティソウシャル/ 形 非社交的な; 反社会的な

antonym /ǽntənìm アンタニム/ 名C 反意語(⇔synonym)

anxiety /æŋzáiəti アングザイアティ/ 名
❶ U (…に対する)心配, 不安((about..., for...)); C 心配事
- I feel *anxiety about* my future.
私は自分の将来を心配している
❷ U (…に対する)切望((for...)); (…したいという)熱望((to do))

anxious /ǽŋkʃəs アンクシャス/
形 比較 **more anxious**
最上 **most anxious**
❶ (…のことで)心配して, 不安に思って((about..., for...))
- I am *anxious about* the next exam.
ぼくは次の試験が心配だ
❷ (…を)切望して; (…を)したがる((for...)); (…することを)願う((to do))
- He is *anxious to* know the result.
彼はその結果を知りたがっている
❸ 不安な, 心配な
- an *anxious* face 不安そうな顔
anxiously 副 心配して; 切望して

any /éni エニ/
形 ((比較なし))
❶ ((疑問文またはifで始まる文で))いくつかの, いくらかの, 何らかの
☞ Do you have *any* questions?
何か質問がありますか
❷ ((否定文で))少しも(…ない), 何も(…ない)
- I do*n't* have *any* money with me. = I have no money with me.
お金の持ち合わせがない
❸ ((肯定文で))((ふつう単数名詞が続く))どんな…でも
- You may have *any* CD here.
ここではどのCDを取ってもよい
- He is taller than *any* other boy in the class. 彼はクラスでいちばん背が高い
any one どれでも1つ; 誰でも1人
— 副 ((比較なし))((比較級の前でで))((疑問文またはifで始まる文で))少しは; ((否定文で))少しも(…ない)
- Do you feel *any* better?
少しは気分がいいですか
■ *not A any more* [*longer*]

これ以上Aではない
- I can't put up with him *any longer*.
これ以上彼には我慢できない
- She doesn't go out with me *any more*.
彼女はぼくとはもうデートしてくれない

■ 代
❶ ((疑問文またはifで始まる文で)) **何か**, **誰か**, **いくつか**, いくらか
- I need some sugar. Do you have *any*?
砂糖がちょっと必要なんだ. ありますか
❷ ((否定文で)) 何も(…ない), 誰も(…ない), 少しも(…ない)
- I do *not* like *any* of these films.
これらの映画のどれも好きではない
❸ ((肯定文で)) どれでも, 誰でも
- You may eat *any* of these cakes.
これらのケーキのどれを食べてもよい

if any もしあれば; たとえあったとしても
- There are few, *if any*, really good politicians. 本当によい政治家はたとえいるにしてもとても少ない

anybody
/énibὰdi エニバディ | énibɔ̀di エニボディ/ 代
❶ ((疑問文・条件文で)) **誰か**; ((否定文で)) 誰も
- Did *anybody* see John today?
誰かきょうジョンに会った人はいますか
- There isn't *anybody* in the yard.
庭には誰もいません
🗨 Can *anybody* give an answer?
誰か答えられる人はいますか
❷ ((肯定文で)) 誰でも
- *Anybody* can join our club.
誰でも私たちのクラブに入れます

anyhow /énihὰu エニハウ/ 副 ((くだけて)) ((話題を変えて)) とにかく, いずれにせよ
- *Anyhow*, I must go now.
とにかく私はもう行かなくてはならない

anymore /ènimɔ́ːr エニモー/ 副 ((疑問文・否定文で)) 今はもう, もはや(…でない); これ以上(…でない)
- Lucy doesn't live in this town *anymore*.
ルーシーはもうこの街には住んでいない

anyone
/éniwὰn エニワン/ 代
❶ ((疑問文・条件文で)) **誰か**; ((否定文で)) 誰も
- I didn't see *anyone* yesterday.

きのうは誰にも会わなかった
🗨 Can *anyone* answer this question?
誰かこの問題に答えられる人はいますか
❷ ((肯定文で)) 誰でも
- *Anyone* is welcome. 誰でも歓迎いたします

anything
/éniθiŋ エニスィング/ 代
❶ ((疑問文・条件文で)) **何か**; ((否定文で)) 何も
- Would you like *anything else*?
ほかに何かほしいものはありますか
- I didn't know *anything* about it.
そのことについては何も知らなかった
❷ ((肯定文で)) 何でも
- I'll give you *anything* you want.
何でもほしいものをあげましょう

anything but A
(1) Aのほかは何でも
- He can do *anything but* this.
彼はこれ以外のことなら何でもできる
(2) 少しもAではない, Aどころではない
- He is *anything but* a musician.
彼はとても音楽家と言えたものではない

anything like A
(1) ((疑問文などで)) Aに似た何か
- Are you *anything like* your mother?
あなたは少しは母親似ですか
(2) ((否定文で)) Aにはほど遠い
- My car isn't *anything like* yours.
ぼくの車は君のにはとても及ばない

come to anything
((否定文で)) 何にもならない, むだに終わる

for anything
((would not と共に)) 何があっても(…しない)
- I wouldn't give up *for anything*.
何があってもあきらめないぞ

if anything
どちらかと言えば; もしあるにしても

A or anything Aか何か
- Would you like a cake *or anything*?
ケーキか何か召し上がりますか

anytime*
/énitὰim エニタイム/
副 ((比較なし)) ((主に米))
❶ **いつでも** (at any time)
- Call me *anytime*. いつでも電話をください
❷ (…する時は) いつでも (whenever)
- Come to see me *anytime* you like.
いつでも好きな時に遊びにいらっしゃい

anyway /éniwèi エニウェイ/
副 ((比較なし))((くだけて))
① **とにかく**, いずれにしても
- Thank you, *anyway*. とにかくありがとう
② ((話題を変えて)) ところで；それはそうとして
- *Anyway*, are you getting along with her? ところで彼女とはうまくやっているのかい
③ ((疑問文の文尾で)) いったい
- What's going on, *anyway*? いったいどうなっているんだ
④ それにもかかわらず, それでもなお

anywhere* /énihwèər エニウェア/ 副 ((比較なし))
① ((疑問文などで)) **どこかに**, どこかへ
- Do you know *anywhere* quiet? どこか静かな場所を知らないかな
② ((否定文で)) どこにも, どこへも (…ない)
- I don't feel like going *anywhere* today. きょうはどこへも行く気がしない
③ ((肯定文で)) どこにでも, どこへでも
- I will go *anywhere* you go. 君の行く所にはどこへでも付いて行くよ

A or anywhere
((否定文・疑問文で)) Aかどこかで[へ]

apart /əpá:rt アパート/ 副
① (距離的に)離れて；(時間的に)ずれて
- live *apart* 別居する
- Our birthdays are only four days *apart*. 私たちの誕生日はたった4日違いだ
② (関係などが)隔たって；(考え方などが)異なって
- We should be *apart* for a while. 私たちはしばらく離れていた方がよい
③ ばらばらに
- **break A apart** Aをばらばらに壊す
④ (…は)別にして, さておき
- Joking *apart*, let's begin. 冗談はさておき取りかかろう

apart from A Aから離れて；Aは別として
- *Apart from* the cost, your plan is all right. 費用は別として君の企画は申し分ない

fall apart ばらばらになる

set [put] A apart
Aを(…のために)とっておく ((for...))

apartheid /əpá:rtheit アパートヘイト/ 名 U
アパルトヘイト(南アフリカ共和国の人種隔離政策；1994年廃止)

apartment* /əpá:rtmənt アパートマント/ 名 (複 apartments /əpá:rtmənts/) C
① ((米)) **アパート**, (共同住宅内の)1世帯分の部屋 (((英)) flat)
- rent a one-room *apartment* ワンルームのアパートを借りる
② ((米)) 共同住宅 (apartment house)

ape /éip エイプ/ 名 C 【動物】尾なし猿, 類人猿；(一般に)猿

Apollo /əpálou アパロウ/ 名
①【ギリシャ・ローマ神話】アポロ, アポロン(太陽の神；音楽・詩・予言などの神)
② ((apollo)) C 美青年

apologetic /əpàlədʒétik アパラヂェティク/ 形 〈人が〉(…に対して)申し訳なく思う ((for...))；〈手紙などが〉謝罪の；〈表情などが〉すまなさそうな

apologetically 副 すまなさそうに, 謝罪して

apologize /əpálədʒàiz アパラヂャイズ/ 動
— 自 (人に)謝る, わびる ((to...))；(過ちなどを)謝る ((for...))
- He *apologized to* me *for* being late. 彼は遅れたことを私にわびた
— 他 (…したことを)謝罪する ((that 節))

apology /əpálədʒi アパラヂ/ 名 C (…に対する)謝罪, わび ((for...))
- sincere *apologies* 心からの謝罪
- make an *apology for* being late 遅れたわびを言う

apostrophe /əpástrəfi アパストラフィ/ 名 C アポストロフィ (')

apparatus /æpərǽtəs アパラタス/ 名 U (一式の)器具, 用具；(いくつかの要素から成る)設備

apparel /əpǽrəl アパラル/ 名 U 衣服；((主に米))(商用用の)衣服, アパレル

apparent /əpǽrənt アパラント/ 形
① (…にとって)明らかな, はっきり見える[分かる] ((to...))
- an *apparent* mistake 明らかな間違い
- It is *apparent* that he couldn't win. 彼が勝てないのは誰の目にも明らかだ
② 外見上の, 見かけ上の
- Sue started to speak with *apparent* reluctance. スーは一見嫌そうに話し始めた

apparently /əpǽrəntli アパラントリ/ 副
① どうやら (…らしい), たぶん
- *Apparently*, they will get divorced soon. どうやら彼らはもうすぐ離婚するようだ

❷ 外見上, 見たところ

appeal /əpíːl アピール/

動 自

❶ (助けなどを)求める, 懇願する ((for...)); 頼む
- *appeal to* A *to do*
  A(人)に…してくれるよう頼む
❷ (世論などに)訴える ((to...))
❸ 〈物が〉〈人の〉心に訴える ((to...))
❹ (判定に)抗議する ((against...)); (審判に)アピールする ((to...))

— **名**

❶ UC 懇願, 頼み; 訴えること
❷ U 魅力
❸ C 【スポーツ】アピール, 抗議

appealing 形 魅力的な; 心に訴えかける
appealingly 副 訴えかけるように

appear /əpíər アピア/

動 三単現 **appears** /アピアズ/
過去・過分 **appeared** /アピアド/
現分 **appearing** /アピアリング/

— 自

❶ **現れる; 姿を現す** (⇔disappear)
- Tom says a ghost *appeared* last night.
  トムは昨夜幽霊が出たと言っている
- *appear* in sight 姿を現す

❷ ((次の用法で))
- *appear* (*to be*) *C* Cのように見える
- She *appears* surprised at the news.
  彼女はその知らせに驚いているようだ
- The old man *appeared to be* in bad health. その老人は体のぐあいが悪そうだった
- *it appears C that...* …はCのようだ
- *It appears* likely *that* he will win the match. 彼は試合に勝ちそうだ
- *it appears* (*to A*) *that...*
  (Aにとって)…のようだ
- *It appears* to me *that* he is wrong.
  彼が間違っているように私には思える
- *it appears as if...* まるで…のようだ
- *It appears as if* he is our leader.
  彼はまるで私たちのリーダーのようだ

❸ (映画などに)出演する ((in...)); (…役で)出演する ((as...))
- *appear on* a TV show
  テレビ番組に出演する
- Our teacher *appears in* a movie.
  ぼくたちの先生はある映画に出演しています

❹ 〈本などが〉世に出る; 〈記事などが〉(…に)載る ((in...))

appearance /əpíərəns アピアランス/ 名 UC

❶ 外見, 見かけ; 容姿; うわべだけの様子
- in *appearance* 外見は
- *Judging by only appearances* can be misleading. 外見だけの判断は間違いやすい

❷ 出現; 出演, 出席; 登場
- his *appearance* on TV 彼のテレビ出演
- *make an* [*one's*] *appearance*
  現れる; 出演する
- *to all appearances* どう見ても

appease /əpíːz アピーズ/ 動 他 〈人を〉なだめる; 〈感情などを〉抑える

appendix /əpéndiks アペンディクス/
名 (複 **appendixes** /アペンディクスィズ/, **appendices** /アペンディスィーズ/) C

❶ (本などの)付録
❷ 【解剖】虫垂

appetite /ǽpətàit アパタイト/ 名 UC

❶ 食欲
- increase [lose] *one's appetite*
  食欲が増す[なくなる]
❷ (…への)欲望; 欲求; 好み ((for...))

appetizing 形 食欲をそそる, おいしそうな
appetizer 名 C アペタイザー, 前菜

applaud /əplɔ́ːd アプロード/ 動

— 自 拍手する, 賞賛する

— 他

❶ 〈…に〉拍手を送る, 拍手かっさいする
- The spectators *applauded* his fine performance. 観客は彼の名演に拍手を送った
❷ 〈…を〉(…のことで)賞賛する ((for...))

applause /əplɔ́ːz アプローズ/ 名 U 拍手(かっさい); 賞賛
- Please give him a round of *applause*.
  彼に盛大な拍手をお送りください

apple /ǽpl アプル/

名 (複 **apples** /アプルズ/) C

❶ **りんご; りんごの木**
- an *apple* pie アップルパイ, りんご入りパイ
- An *apple* a day keeps a doctor away.
  ((ことわざ)) 一日1個のりんごを食べると医者にかからなくてすむ

❷ ((Apple)) アップル社; アップル社製のパソコン

appliance /əpláiəns アプライアンス/ 名 C
(家庭用の)器具, 機器, 設備;電気製品
- household [domestic] *appliances*
家電製品

applicable /æplikəbl アプリカブル/ 形
(…に)適用できる;応用できる;効力がある
((*to...*))
- The law is not *applicable to* foreigners.
その法律は外国人には適用できない

applicant /æplikənt アプリカント/ 名 C (…
への)志願者, 応募者((*for...*))
- a job *applicant* 求職者

application* /æplikéiʃən アプリケイシャン/
名 (複 **applications** /アプリケイシャンズ/)
❶ UC (…への)申し込み, 出願;C (…の)願
書, 申込書((*for...*))
- an *application for* membership
入会の申し込み
- fill in an *application* 申込書に記入する
- He *made* an *application for* a scholar-ship. 彼は奨学金を申請した
❷ U (…への)適用, 応用((*to...*))
- a wide range of *applications*
広い応用範囲
❸ C 【コンピュータ】アプリケーション(ソフト)

applied /əpláid アプライド/
動 apply の過去形・過去分詞
— 形 〈学問などが〉応用の, 実用的な
- *applied* linguistics 応用言語学

apply* /əplái アプライ/
動 三単現 **applies** /アプライズ/
過去・過分 **applied** /アプライド/
現分 **applying** /アプライイング/
— 自
❶ (仕事などに)申し込む, 応募する((*for...*));
(組織などに)申請する((*to...*))
- *apply for* a job 求人に応募する
- *apply to* three universities
3つの大学に出願する
❷ 〈規則などが〉(…に)当てはまる, 適用される
((*to...*))
- This law does not *apply to* foreigners.
この法律は外国人には適用されない
— 他
❶ 〈規則などを〉(…に)適用する;〈知識などを〉
(…に)応用する((*to...*))
❷ 〈ペンキなどを〉(…に)塗る;〈壁紙などを〉(…
に)貼(ʰ)る((*to...*))

apply one*self* [*one's* mind] *to* A
Aに没頭する, Aに身を入れる

appoint /əpɔ́int アポイント/ 動 他
❶〈人を〉(役職などに)任命する, 指名する
((*to..., as...*))
- The Prime Minister *appointed* new
ministers. 総理大臣は新しい大臣を任命した
- The teacher *appointed* him *as* captain.
その先生は彼をキャプテンに指名した
❷〈時間・場所などを〉指定する
appointed 形 任命された;指定された

appointment /əpɔ́intmənt アポイント
マント/ 名
❶ UC (…との)約束((*with...*));(医者など
の)予約((*with...*))
- make [cancel] *one's appointment*
予約をする[取り消す]
❷ U (…への)任命((*as...*));C (任命された)
地位, 役職

appreciate /əprí:ʃièit アプリーシエイト/ 動
他
❶〈…を〉感謝する, ありがたく思う
- I really *appreciate* your kindness.
あなたの親切に本当に感謝します
❷〈…を〉正当に評価する, 〈…の〉価値が分か
る
- I *appreciate* true friends.
私は親友のありがたみがよく分かる

appreciation /əprì:ʃiéiʃən アプリーシエイ
シャン/ 名 U
❶ (…への)感謝(の気持ち)((*for...*))
- He showed his *appreciation for* her
help. 彼は彼女の手助けに感謝していた
❷ 正しい評価;理解;価値が分かること
in appreciation of [*for*] A
Aを賞賛して;Aに感謝して
appreciative 形 目の高い;感謝の気持
ちのこもった

apprentice /əpréntis アプレンティス/ 名 C
見習い, 実習生;(昔の)徒弟

approach /əpróutʃ アプロウチ/
動
— 他
❶〈場所などに〉近づく, 接近する
- The plane is *approaching* Narita.
飛行機は成田に近づいている
❷〈…に〉(ある意図をもって)近づく, 交渉する
((*for..., about...*))
❸〈性質・状態などが〉〈…に〉近くなる, 匹敵す
る

― 自 (空間的・時間的に)近づく
・A typhoon is *approaching*.
台風が近づいてきている
■ 名
❶ U (空間的・時間的な)接近
・with the *approach* of spring
春の訪れとともに
❷ C (問題などへの)取り組み方, 研究法, アプローチ((to...))
❸ C (…への)道, 入り口((to...))
approachable 形 近づくことができる; 親しみやすい

appropriate
形 /əpróupriət アプロウプリアト/ (…に)適した, ふさわしい((for...))
・Jeans are not *appropriate for* this occasion. ジーンズはこの場にはふさわしくない
― 動 /əpróuprièit アプロウプリエイト/ 他 〈金などを〉(ある目的に)充当する((for..., to...))
appropriately 副 適切に, ふさわしく
appropriation 名 U 充当(すること); C 充当金

approval /əprú:vəl アプルーヴァル/ 名 U
❶ 承認, 賛成
・He went out without his parent's *approval*. 彼は両親の許可なく外出した
・*win approval of A* A の承認を得る
❷ (正式の)許可, 認可

approve /əprú:v アプルーヴ/ 動
― 他〈…を〉(正式に)承認する, 認可する
・The committee *approved* the plan.
委員会はその計画を承認した
― 自 (…を)よいと思う, (…に)賛成する((of...))
approved 形 公認の
approving 形 賛成の; 満足げな

approximate
形 /əpráksəmət アプラクサマト/
❶〈数字などが〉だいたいの, おおよその
❷ (規準などに)近い((to...))
― 動 /əpráksəmèit アプラクサメイト/
― 自
❶ (数量などが)(…に)近くなる((to...))
❷ (…に)近似している((to...))
― 他 〈数量などが〉(…に)近づく
approximately 副 だいたい, おおよそ
approximation 名 U 近似; C 近似値

Apr. ((略)) *Apr*il 4月
apricot /éprikàt アプリカト/ 名 C 【植物】あ

んず, あんずの木; U あんず色(黄赤色)

April /éiprəl エイプラル/
名 U C **4月** (略 Ap., Apr.)
・School begins *in April* in Japan.
日本では新学期は4月から始まります
・*April* Fools' Day
エープリルフール, 4月ばかの日 (4月1日)

apron /éiprən エイプラン/ 名 C
❶ エプロン, 前かけ
❷ (空港の)エプロン; (劇場の)張り出し舞台

apt /ǽpt アプト/ 形
❶ ((次の用法で))
・*be apt to do* …しがちである, …しやすい
・He *is apt to* make careless mistakes.
彼はケアレスミスをしがちだ
❷ 適切な, ふさわしい
aptly 副 適切に; ふさわしく

aptitude /ǽptətù:d アプタトゥード/ 名 U C
(…の)素質, 適性((for...))
・an *aptitude* test 適性検査

aquarium /əkwéəriəm アクウェアリアム/ 名
(複 **aquariums** /アクウェアリアムズ/, **aquaria** /アクウェアリア/) C
❶ 水族館
❷ 水槽(そう); 金魚鉢

Aquarius /əkwéəriəs アクウェアリアス/ 名
【天文】みずがめ座; 【占星】宝瓶(ほうへい)宮; C みずがめ座生まれの人

aquatic /əkwǽtik アクワティク/ 形 水の; 水生の; 水上[水中]で行われる
・*aquatic* sports 水上[水中]競技

AR ((米郵便)) *Ar*kansas アーカンソー州

Arab /ǽrəb アラブ/
名 C アラブ人, アラビア人; ((the Arabs)) アラブ民族
― 形 アラブ(人)の, アラビア(人)の

Arabia /əréibiə アレイビア/ 名 アラビア(半島)

Arabian /əréibiən アレイビアン/ 形 アラブ人の, アラビア人の; アラビア(半島)の
・the *Arabian* Nights
『アラビアンナイト』, 『千(夜)一夜物語』

Arabic /ǽrəbik アラビク/
形
❶ アラビア(人)の, アラブ(人)の
❷ アラビア語[文字]の
― 名 U アラビア語

arbitrary /á:rbətrèri アービトレリ/ 形 気まぐ

arbitration

れな；独断的な
arbitrarily 副 気まぐれに；独断的に
arbitration /ὰːrbətréiʃən アーバトレイシャン/ 名 Ⓤ 調停，仲裁
arbitrator 名 Ⓒ 調停者，仲裁人
arc /άːrk アーク/ 名 Ⓒ
❶ 円弧；弓形
❷ 【電気】アーク，電弧
arcade /ɑːrkéid アーケイド/ 名 Ⓒ
❶ アーケード，屋根付き商店街
❷ ゲームセンター
arch /άːrtʃ アーチ/
名 Ⓒ
❶ 【建築】アーチ，迫持（せりもち）；アーチ形の門
・a triumphal *arch* 凱旋（がいせん）門
・go through an *arch* アーチをくぐる
❷ 弓形（の物）；（足の）土踏まず
━ 動
━ 他 〈…を〉弓形に曲げる
・The cat *arched* its back. 猫は背中を丸めた
━ 自 弓なりに曲がる
・A rainbow *arched* over the town.
虹が町の上にかかった
arched 形 アーチ形の，弓なりの
archaeology /ὰːrkiɑ́lədʒi アーキアラヂ/ 名 Ⓤ 考古学
archaeologist 名 Ⓒ 考古学者
archaic /ɑːrkéiik アーケイイク/ 形 〈言葉づかいなどが〉古風な；時代後れの；古めかしい
archery /άːrtʃəri アーチャリ/ 名 Ⓤ 弓術，アーチェリー
Archimedes /ὰːrkəmíːdiːz アーカミーディーズ/ 名 アルキメデス（古代ギリシャの数学者・物理学者で、「アルキメデスの原理」を発見）
architect /άːrkətèkt アーカテクト/ 名 Ⓒ 建築家，建築技師
architecture /άːrkətèktʃər アーカテクチャ/ 名 Ⓤ 建築（学），建築術；建築様式
architectural 形 建築学の，
architecturally 副 建築学的に，建築（学）上
archive /άːrkaiv アーカイヴ/ 名 Ⓒ
❶ （（ふつうarchives）） 公文書，古記録；記録［公文書］保管所，公文書館
❷ 【コンピュータ】アーカイブ（ファイルをまとめてある場所）
Arctic /άːrktik アークティク/ 名 （（the Arctic）） 北極地方（⇔ Antarctic）
・the *Arctic* Circle 北極圏

・the *Arctic* Ocean [Sea] 北極海，北氷洋
ardent /άːrdənt アーダント/ 形 熱烈な，熱心な
・an *ardent* soccer fan 熱狂的なサッカーファン
ardently 副 熱心に
ardor /άːrdər アーダ/ 名 Ⓤ （…に対する）熱意，情熱（*for...*）

are¹ /ər ア；（強）άːr アー/

（（beの二人称単数現在形および一・二・三人称複数現在形）） ⇨ be
動 助 [過去] **were** /ワー/
[過分] **been** /ビン/
[現分] **being** /ビーイング/
[否定形] **are not** /ナト｜ノト/
（（くだけて）） **aren't** /アーント/
[縮約形] **'re** /ア/例：you're, we're, they're
━ 動 自 （私たちは，あなた（たち）は，彼らは，彼女らは，それらは）…である；…になる；（…に）いる，（…に）ある
・They *are* sisters. あの人たちは姉妹です
・We *are* not [*aren't*] members.
私たちは会員ではありません
・*Are* you high school student?
あなたは高校生ですか
━ 助 （（次の用法で））
■ *are doing* （（現在進行形））（私たちは，あなた（たち）は，彼らは，彼女らは，それらは）…しているところだ；…しようとしている
・What *are* they doing?
彼らは何をしているところですか
■ *are done* （（現在形の受身））（私たちは，あなた（たち）は，彼らは，彼女らは，それらは）…される
・We *are allowed* to enter the room.
われわれはその部屋に入ることを許されている
■ *are to do* （（予定・運命・義務・可能・目的を表して））（私たちは，あなた（たち）は，彼らは，彼女らは，それらは）…する予定である；…する宿命である；…するべきである；…することができる；…するためのものである
・You *are to* get home soon.
君はそろそろ帰宅すべきだ
are² /άːr アー/ 名 Ⓒ アール（面積の単位；100平方メートル；略 a）

area /éəriə エアリア/
名 （複 **areas** /エアリアズ/）
❶ Ⓒ 地域，地方；（…用の）区域
・the metropolitan *area* 首都圏

- a nonsmoking *area* 禁煙区域
- an *area* code (電話の)地域番号, 市外局番

❷ C 範囲, 領域;(研究)分野
- a new *area* of investigation
新しい研究分野

❸ U C 面積

❹ C ((the area))【サッカー】ペナルティエリア

arena /ərí:nə アリーナ/ 名 C
❶ (観覧席に囲まれた)試合場, 競技場;アリーナ;(古代ローマの)円形闘技場
❷ 競争の場, 活躍の舞台

aren't /á:rnt アーント/
((くだけて))are not の縮約形

Argentina /à:rdʒəntí:nə アーヂャンティーナ/ 名 アルゼンチン(首都はブエノスアイレス)

Argentine /á:rdʒəntì:n アーヂャンティーン/
名 C アルゼンチン人;((the Argentine))アルゼンチン(Argentina)
— 形 アルゼンチン(人)の

arguable /á:rgjuəbl アーギュアブル/ 形 もっともな;議論の余地のある, 疑わしい
|**arguably** 副 間違いなく;おそらく

argue /á:rgju アーギュー/ 動
— 他 〈…を〉議論する
- They *argued* politics until late at night.
彼らは夜遅くまで政治を論じた
■ *argue that*... …であると(理論的に)主張する
- Columbus *argued that* the earth is round. コロンブスは地球は丸いと主張した
— 自
❶ (…について)議論する, 言い争う((*about...*, *over...*))
- She *argued* with her parents *about* the curfew. 彼女は両親と門限のことで議論した
❷ (…に)賛成の意を唱える((*for...*)), (…に)反対の意を唱える((*against...*))

argument /á:rgjəmənt アーギュメント/ 名
❶ U C (…に関する)議論, 論争;口論((*about...*, *over...*))
- get into an *argument* about politics
政治に関して議論になる
- have an *argument* over nothing
何でもないことで言い争いをする
❷ C (賛否の)論拠, 理由
■ *an argument for [against] A*
A に賛成[反対]する論拠

aria /á:riə アーリア/ 名 C 【音楽】(オペラの)アリア, 詠唱

Aries /éəri:z エアリーズ/ 名【天文】おひつじ座;【占星】白羊宮;C おひつじ座生まれの人

arise* /əráiz アライズ/
動 三単現 **arises** /アライズィズ/
過去 **arose** /アロウズ/
過分 **arisen** /アリザン/
現分 **arising** /アライズィング/
— 自 〈疑問などが〉生じる, 起こる;(…から)生じる((*from...*))
- The problem *arose from* a misunderstanding. 誤解から問題が生じた

arisen /ərízən アリザン/ 動 arise の過去分詞

aristocracy /ærəstákrəsi アリスタクラスィ/ 名 C ((the aristocracy))貴族, 貴族階級;U 貴族政治

aristocrat /ərístəkræt アリスタクラト/ 名 C 貴族;貴族的な(趣味の)人
|**aristocratic** 形 貴族の;貴族政治の

Aristotle /ǽrəstàtl アリスタトル/ 名 アリストテレス(古代ギリシャの哲学者)

arithmetic /əríθmətik アリスマティク/
名 U 算数;計算
— 形 /ærəθmétik アリスメティク/ 算数の

Ariz. ((略))*Ariz*ona アリゾナ州

Arizona /ærəzóunə アラゾウナ/ 名 アリゾナ(略 Ariz., ((郵便))AZ;米国南西部の州;州都はフェニックス(Phoenix))

ark /á:rk アーク/ 名 C ((the ark))(ノアの)箱舟(Noah's Ark)

Ark. ((略))*Ark*ansas アーカンソー州

Arkansas /á:rkənsɔ̀: アーカンソー/ 名 アーカンソー(略 Ark., ((郵便))AR;米国中南部の州;州都はリトルロック(Little Rock))

arm¹ /á:rm アーム/
名 (複 **arms** /アームズ/) C
❶ 腕
- fold [cross] *one's arms* 腕組みをする
- catch him by the *arm* 彼の腕をつかむ
- *arm in arm* (with *A*) (A と)腕を組んで
❷ (いすの)ひじかけ, (服の)そで
with open arms
両手を広げて;温かく(迎えて)

arm² /á:rm アーム/
名 C ((ふつうarms)) 武器, 兵器
- *in arms* 武装して
— 動 自 (…に備えて)武装する((*for...*));(…に対して)行動態勢をとる((*against...*))

armchair /άːrmtʃèər アームチェア/ 名 C ひじかけいす

armed /άːrmd アームド/
動 arm² の過去形・過去分詞
— 形 (…で)武装した; (…を)備えた((*with...*))

army /άːrmi アーミ/ 名 C
❶ ((ふつう the army)) 陸軍; 軍隊, 軍勢, 兵力
- Some of my friends are in *the army*.
  友人の中に軍隊に入っている者もいる
❷ 集団, 団体, 大群

aroma /əróumə アロウマ/ 名 U 香り, 芳香
  aromatic 形 芳香のある, かぐわしい

aromatherapy /əròuməθérəpi アロウマセラピ/ 名 U 芳香療法, アロマセラピー

arose /əróuz アロウズ/ 動 arise の過去形

around /əráund アラウンド/

■ 前
❶ …の周りに[を], …を取り巻いて; …を回って
- walk *around* the pond 池の周りを歩く
- the cities *around* Tokyo 東京周辺の市
- The earth goes *around* the sun.
  地球は太陽の周りを回っている
❷ ((米))…の近くに, …のあたりに
- There are no schools *around* here.
  この近くには学校がない
❸ およそ…, 約… (about)
- *around* six a.m. 午前6時頃
❹ …のあちこちに, …じゅうに
- show A *around* the town
  A(人)を町のあちこちに案内する
❺ …を曲がった所に
- Go *around* the next corner, and you will find the bookstore.
  次の角を曲がれば, その本屋が見つかるよ

■ 副 ((比較なし))
❶ 周りに, 周辺に
- She came into the room and looked *around*. 彼女は部屋に入って周りを見回した
❷ 回転して, 向きを変えて
- go *around* ぐるっと回る
- turn *around* くるりと向きを変える
❸ あちこちに, ぶらぶらと
- He moves *around* a lot.
  彼はあちこち動き回っている
❹ 近くで
- somewhere *around* どこかそこらに[で]

all around そこらじゅうに
all (the) year around 一年じゅう
come around 巡ってくる
go around
  歩き回る; (食べ物が)行き渡る
See you around! またお会いしましょう

arouse /əráuz アラウズ/ 動 他
❶ 〈感情を〉引き起こす, 刺激する; 〈関心・注意などを〉呼び起こす
❷ 〈人を〉(眠りから)目覚めさせる((*from...*))

arrange /əréindʒ アレインヂ/

動 三単現 **arranges** /əréindʒəz アレインヂズ/
過去・過分 **arranged** /əréindʒd アレインヂド/
現分 **arranging** /əréindʒiŋ アレインヂング/

— 他
❶ 〈…を〉準備する, 手配する, 計画する
- *arrange* a party パーティーの計画をする
❷ 〈…を〉配列する, 並べる; 整理する
- *arrange* names in alphabetical order
  名前をアルファベット順に並べる
❸ 〈音楽作品などを〉編曲する, アレンジする

— 自
❶ 〈…を〉手配する, 取り計らう((*for...*))
- *arrange (for A) to do*
  (Aが)…するように手配する
❷ (人と)約束を取り付ける((*with...*))

arrangement
/əréindʒmənt アレインヂマント/ 名
❶ C ((ふつう arrangements))(…の)準備, 手配((*for...*))
- *make arrangements for A* Aの準備をする
❷ U C 配列, 整理
- flower *arrangement* 生け花
❸ C (…との)協定, 約束((*with...*))
- by *arrangement* 申し合わせによって

array /əréi アレイ/ 名 C 配置, 配列
- an *array* of A ずらりと並んだA

arrest /ərést アレスト/
動 他
❶ 〈…を〉(…の容疑で)逮捕する((*for...*))
❷ 〈進行などを〉止める, 妨げる
— 名 U C 逮捕
- make an *arrest* 逮捕する
under arrest 逮捕されて
- You are *under arrest*. お前を逮捕する

arresting /əréstiŋ アレスティング/
動 arrest の現在分詞・動名詞
— 形 注意[興味]を引く

arrival /əráivəl アライヴァル/ 名
❶ Ⓤ (…への)到着,(時期の)到来《at..., in..., on...》;((the arrival))出現,登場,誕生
・the *arrival* of spring 春の訪れ
・Call me on *arrival at* the station.
駅に着いたら電話をください
❷ Ⓒ 到着者[物]

arrive /əráiv アライヴ/
動 三単現 **arrives** /アライヴズ/
過去・過分 **arrived** /アライヴド/
現分 **arriving** /アライヴィング/
— 自
❶ (場所などに)**到着する, 着く**(⇔depart)《at..., in..., on...》
・The train will *arrive at* Tokyo Station at 3. 列車は3時に東京駅に着きます
・I *arrived in* Tokyo this morning.
私はけさ東京に着きました
❷ (結論・目標などに)達する《at...》
❸ 〈時が〉来る, 到来する;〈赤ん坊が〉生まれる

arrogant /ǽrəgənt アラガント/ 形 〈人・態度などが〉横柄(おうへい)な, 無礼な
arrogantly 副 横柄に, ごうまんに
arrogance 名 Ⓤ 横柄, ごうまん

arrow /ǽrou アロウ/ 名 Ⓒ 矢;矢じるし
・shoot an *arrow* at the target
的に向かって矢を射る

art* /άːrt アート/ 名 (複 **arts** /アーツ/)
❶ Ⓤ **芸術, 美術**;Ⓒ 芸術[美術]作品
・*arts* and crafts 美術工芸
・*Art* is long, life is short.
((ことわざ)) 芸術は長く, 人生は短し
❷ Ⓤ Ⓒ 技術, 技;こつ
・the *art* of making money 金もうけのこつ
❸ ((arts))人文科学;教養科目
・the Faculty of *Arts* (大学の)教養学部

artery /άːrtəri アータリ/ 名 Ⓒ
❶ 動脈(⇔vein)
❷ 幹線道路, 主要河川
arterial 形 動脈の;幹線の

article* /άːrtikl アーティクル/
名 (複 **articles** /アーティクルズ/) Ⓒ
❶ (新聞・雑誌などの)**記事, 論文**
・write [read] an *article* 記事を書く[読む]
❷ 品物;(同種のものの)1品
・household *articles* 家庭用品
❸ 【文法】冠詞
・the definite *article* 定冠詞
・the indefinite *article* 不定冠詞
❹ (法律・条約などの)項目, 条項
・*Article* 9 of the Japanese Constitution
日本国憲法第9条

articulate
形 /ɑːrtíkjələt アーティキャラット/ 〈言葉などが〉はっきりした;明確にものが言える
— 動 /ɑːrtíkjəlèit アーティキャレイト/ 他
❶ 〈考えなどを〉はっきりと述べる
❷ 〈音節などを〉はっきりと発音する
articulation 名 Ⓤ はっきりした発音;(思想の)明確な表現

artificial /ὰːrtəfíʃəl アータフィシャル/ 形
❶ 人工の, 人造の(⇔natural)
・*artificial* flowers 造花
・*artificial* intelligence 人工知能
・*artificial* respiration 人工呼吸
❷ 不自然な, わざとらしい
・an *artificial* smile 作り笑い
artificially 副 人工的に;不自然に

artist /άːrtist アーティスト/ 名 Ⓒ
❶ 芸術家;画家
❷ アーティスト;名人, 達人
artistic 形 芸術[美術]の, 芸術的な

artwork /άːrtwὰːrk アートワーク/ 名 Ⓤ Ⓒ 芸術作品;Ⓤ さし絵, 図版

as ☞ 36ページにあります

a.s.a.p, asap, ASAP ((略))*as soon as possible* できるだけ早く

ascend /əsénd アセンド/ 動
— 自 登る;上がる, 上昇する
— 他 〈…に[を]〉登る;上がる

ascent /əsént アセント/ 名 Ⓤ Ⓒ 登ること, 上がること, 上昇

ascertain /ὰsərtéin アサテイン/ 動 他 〈…を〉確かめる, 突き止める

ASCII /ǽski アスキ/ ((略))*A*merican *S*tandard *C*ode for *I*nformation *I*nterchange アスキー(コード)

ash /ǽʃ アシュ/ 名 Ⓤ 灰, 燃えがら;火山灰;((ashes))遺灰, 遺骨

ashamed /əʃéimd アシェイムド/ 形
❶ (…を)恥じて《of...》;(…ということを)恥じている《that節》
・It is nothing to be *ashamed of*.
それは何も恥ずかしいことではない
❷ (…するのが)恥ずかしい《to do》
➡➡➡ 37ページに続く ➡➡➡

as /əz アズ; (強) ǽz アズ/

前

❶ …として(の)
- English *as* a foreign language
  外国語としての英語
- He is famous *as* a singer.
  彼は歌手で有名だ
- *regard A as B* AをBと見なす

❷ …の時, …の頃
- *As* a child I lived in London.
  ぼくは子どもの頃にロンドンに住んでいた

接

❶ ((次の用法で))
- *as A as B* Bと同じくらいAで
- My father is as old *as* your father.
  ぼくの父は君のお父さんとほぼ同じ年だ
- The homework was not as [so] difficult *as* I had expected.
  宿題は思っていたほど難しくはなかった

❷ …なので, …だから
- *As* I was very hungry, I could not sleep.
  おなかがすいていたので眠れなかった

❸ …する時に; …しながら; …するにつれて
- I saw her *as* she was leaving school.
  彼女が学校を出ようとしている時に見かけた
- *As* we grow older, we learn a lot.
  年を取るにつれて私たちは多くを学ぶ

❹ …するとおりに, …するように, …と同じように
- I took a good rest *as* I had been advised. 私は忠告に従ってゆっくり休養した
- When in Rome do *as* the Romans do.
  ((ことわざ)) ローマではローマ人がするようにしなさい; 郷に入っては郷に従え
- I left it *as* it was. そのままにしておいた

副 ((比較なし))

❶ 同じくらい, 同様に
- *as... as A* Aと同じくらい…
- I walked *as* fast as he did.
  ぼくは彼と同じくらい速く歩いた
- *not as [so] ... as A* Aほど…ではなく
- I am *not as* [*so*] old *as* you.
  ぼくは君ほど年ではないよ

❷ …のように
- a difficult language (*such*) *as* Greek
  ギリシャ語のように難しい言語
- (as) cool *as* a cucumber
  とても冷静な (きゅうりのように冷たい)
- *as* always いつものように

代 ((関係代名詞)) ((次の用法で))

- *such A as...* …の[する]ようなA
- He keeps *such* animals *as* cat and dog.
  彼は猫や犬のような動物を飼っている
- *the same A as...* …(するの)と同じA
- You have *the same* cellphone *as* I have.
  君はぼくと同じ携帯電話を持っている

as far as A Aまで; Aする限りは
as A as any どれにも劣らずAで
- be *as* tall *as any* other student
  ほかのどの生徒よりも背が高い

as A as ever 相変わらずA
- She is *as* cheerful *as ever*.
  彼女は相変わらず陽気です

as A as possible [one can] できるだけA
- He ran *as* fast *as possible [he could]*.
  彼はできる限り速く走った

as for A Aに関しては
- *as for* the party
  パーティーはどうだったかというと

as if [though]... まるで…であるかのように
- She can swim *as if* she were a dolphin.
  彼女はまるでいるかのように泳ぐことができる
- Beth looked *as if* she had seen a ghost.
  彼女はお化けでも見たような表情をしていた

as is often the case (with A) (Aには)よくあることだが

as it is ((文頭で)) 実は, ((文中・文尾で)) 現状では

as it were いわば, 言ってみれば

as long as A Aの間; Aである限りは
- *As long as* you live, you will have hope.
  生きている限り希望がある

as many as A Aもの多数の
as many A as B Bと同数のA
as much A as B Bと同量のA
as soon as A Aするとすぐに
as to A Aについては; Aに応じて
as usual いつものように
A as well その上Aも
A as well as B Bと同様にAも
as yet ((否定文で)) まだ(…ない)

ashore /əʃɔ́ːr アショー/ 副 岸へ[に]；陸へ[に]

ashtray /ǽʃtrèi アシュトレイ/ 名 C 灰皿

Asia
/éiʒə エイジャ, éiʃə エイシャ/
名 アジア(大陸)

Asian
/éiʒən エイジャン, éiʃən エイシャン/
形 アジア(人)の
— 名 C アジア人

aside /əsáid アサイド/ 副 脇(ゎき)へ[に], はずれて；別にして
- step [stand] *aside* 脇へ寄る
- Let's leave this issue *aside*.
この問題はいったん保留にしよう

aside from A
Aのほかに；Aは別として；Aを除いて
- *Aside from* regular school, I attend cram school. 学校のほかに塾にも通っている

ask /ǽsk アスク/
動 三単現 **asks** /ǽsks アスクス/
過去・過分 **asked** /ǽskt アスクト/
現分 **asking** /ǽskiŋ アスキング/
— 他
❶ 〈…に〉**尋ねる, 聞く**(⇔ answer, reply)
📖 *Ask* other people in the group.
グループのほかの人に聞いてみてください
📖 *Ask* everyone in the class.
クラスのみんなに聞いてみてください
- **ask A about B** A(人)にB(事)を尋ねる
- I *asked* Jane *about* her family.
私はジェーンに彼女の家族のことを質問した
- **ask A B** A(人)にB(事)を尋ねる
- The policeman *asked* the man his name. 警察はその男に名前を尋ねた
- Did he *ask* you many questions?
彼はあなたにたくさん質問をしましたか
- **ask wh-** [**wh- to do**] …かどうか問う
- She *asked what* happened to me.
彼女は何が私に起こったのか尋ねた
- **ask A wh-** [**wh- to do**]
A(人)に…かどうか尋ねる
- He *asked* me *where* we should meet.
彼は私たちがどこで会ったらいいか私に尋ねた
❷ 〈…を〉**求める**
- **ask A for B** A(人)にBを求める, 要求する
- The child *asked* his mother *for* pocket money. 子どもは母親に小遣いをねだった
📖 *Ask* your neighbor *for* help.
隣の人に助けてもらってください
- **ask A of B = ask B A**
B(人)にA(事)を求める
- May I *ask* a favor *of* you? = May I *ask* you a favor? お願いがあるのですが
❸ 〈…を〉**頼む**
- **ask A to do** A(人)に…するように頼む
- I *asked* him *to* pick up some aspirin.
彼にアスピリンを買ってきてくれと頼んだ
❹ ((次の用法で))
- **ask (A) B for D** Dに対するB(代金など)を(A(人)に)請求する
- The landlord *asked* me $600 *for* the rent. 大家は家賃を600ドルを要求してきた
❺ 〈A(人)を〉(場所・行事などに)招待する, 招く, 誘う((*to*...))
- Tom didn't know how to *ask* out a girl.
トムはどうやって女の子をデートに誘ったらよいか分からなかった
— 自 ((次の用法で))
- **ask (about A)** (Aについて)尋ねる, 聞く
- Please feel free to *ask* if you have any questions.
質問があれば遠慮なく聞いてください
- "How was your dinner with Jane last night?" "Please don't *ask*." 「昨晩はジェーンとの夕食はどうだった」「聞かないでくれ」
- **ask for A** Aを求める；〈人が〉A(人)に面会を求める；〈事が〉Aを必要とする
- A worker is *asking for* sick leave.
労働者が病欠を願い出ている

ask oneself 自分自身に問いかける

asleep /əslíːp アスリープ/ 形 眠って
- fall *asleep* ぐっすり寝入る；永眠する
- The baby is *fast* [*sound*] *asleep*.
赤ん坊はぐっすり眠っている

asparagus /əspǽrəgəs アスパラガス/ 名 U
【植物】アスパラガス

aspect /ǽspekt アスペクト/ 名 C
❶ (事態などの)局面, 側面, 様相((*of*...))
❷ 外観, 様子

asphalt /ǽsfɔːlt アスフォールト/
名 U アスファルト
— 動 他 〈道路を〉アスファルトで舗装する

aspire /əspáiər アスパイア/ 動 自 〈…を〉切望する((*to*...))；(…したいと)熱望する((*to do*))

aspiration 名 U C 切望, 熱望；野心

aspirin

aspiring 形 意欲のある, 野心に燃える
aspirin /ǽspərin アスパリン/ 名 U C アスピリン (鎮痛・解熱剤)
ass /ǽs アス/ 名 C ((くだけて)) ばか者
assault /əsɔ́ːlt アソールト/
名 U C
❶ (…への) 猛攻撃, 強襲; (…に対する) 暴行
━ 動 他 〈人・物を〉猛烈に攻撃する; 〈人に〉(性的な) 暴力を加える
assemble /əsémbl アセムブル/ 動 他 〈人が〉〈人・物を〉集める; 〈…を〉組み立てる
assembly /əsémbli アセムブリ/ 名
❶ C (公的な) 集会, 会合, 会議
・a school *assembly* 全校集会
❷ U (機械などの) 組立 (作業)
assent /əsént アセント/
動 自 (提案などに) 同意する, 賛成する((*to...*))
━ 名 U 同意, 賛成
assert /əsə́ːrt アサート/ 動 他
❶ 〈…を〉 断言する; (…であると) 言い張る ((*that*節))
❷ 〈権利などを〉 強く主張する
・*assert* oneself 自己主張する
 assertion 名 U C 断言, 主張
 assertive 形 断定的な; 独断的な
 assertively 副 断定的に
assess /əsés アセス/ 動 他 〈人・物などの〉 価値を評価する, 査定する
 assessment 名 U 評価, 査定, アセスメント; C 評価額, 査定額
asset /ǽset アセト/ 名 C
❶ (…にとって) 価値あるもの, 長所((*to...*))
❷ ((assets)) (個人・会社の) 資産, 財産
・cultural *assets* 文化財
assign /əsáin アサイン/ 動 他
❶ 〈…を〉割り当てる
・*assign* *A* *B* = *assign* *B* to *A*
 A (人) に B を割り当てる
❷ 〈日時などを〉決める, 指定する
assignment /əsáinmənt アサインマント/ 名
❶ U 割り当て; C 割り当てられた仕事 [任務]
❷ C ((米)) 宿題, レポート
・do an *assignment* 宿題をやる
assist /əsíst アスィスト/ 動 他 〈人を〉(…の面で) 手伝う, 助ける ((*with...*)); 〈人が〉(…するのを) 手伝う, 助ける ((*in doing*))
・May *assisted* her mother *in* preparing the meal. メイは母の食事の準備を手伝った
assistance /əsístəns アスィスタンス/ 名 U 援助, 支援
・be of *assistance* 役に立つ
assistant /əsístənt アスィスタント/
名 C 助手, アシスタント
━ 形 補佐の, 補助の, 副…
associate
動 /əsóuʃièit アソウシエイト/ 他 ((次の用法で))
・*associate* *A* with *B*
 A で B を連想する, A を B と結び付けて考える
・*be associated with* *A* = *associate oneself* *with* *A*
 A に関わる, 参加する; A と提携する
━ 名 /əsóuʃiət アソウシアト/ C (仕事などの) 仲間, 同僚; 組合員
━ 形 /əsóuʃiət アソウシアト/ 準…, 副…
・an *associate* professor 准教授
 associated 形 関連した; 連合の, 組合の
association /əsòusiéiʃən アソウスィエイシャン/ 名
❶ C 協会, 会, 組合
・*association* football サッカー
❷ U 提携; 交際, つき合い
❸ U 連想; C 連想されるもの
assume /əsjúːm アスューム/ 動 他
❶ 〈…を〉当然と思う; (…であると) 仮定する ((*that*節))
・Let's *assume that* this is true.
 これが真実であると仮定しよう
❷ 〈責任・役割などを〉引き受ける
assumption /əsʌ́mpʃən アサムプシャン/ 名
❶ C 仮定, 想定, 前提
・*make an assumption that*...
 …であると仮定する
❷ U C (任務などを) 引き受けること; (権利などの) 掌握 ((*of...*))
assure /əʃúər アシュア/ 動 他
❶ 〈人に〉(…を) 保証する; 断言する ((*of...*))
・I (can) *assure* you. 確かですよ, 保証します
❷ 〈成功などを〉確実にする
 assurance 名 C 保証; U 確信
 assured 形 自信のある; 保証された, 確実な
asterisk /ǽstərisk アスタリスク/ 名 C アステリスク, 星じるし (＊)
asthma /ǽzmə アズマ/ 名 U 【医学】 喘息 (ぜんそく)
astonish /əstániʃ アスタニシュ/ 動 他 〈人を〉

驚かす, びっくりさせる(surprise)
- **be astonished at [by]** *A* Aに驚く
astonished 形 驚いた, びっくりした
astonishing 形 びっくりさせるような, 驚くべき

astonishment /əstániʃmənt アスタニシュマント/ 名 U 驚き
・in [with] *astonishment* とても驚いて

astronaut /ǽstrənɔ̀ːt アストロノート/ 名 C 宇宙飛行士

astronomer /əstránəmər アストラナマ/ 名 C 天文学者

astronomy /əstránəmi アストラナミ/ 名 U 天文学
astronomical 形 天文学(上)の

at /((弱)) ət アト; ((強)) ǽt アト/ 前

❶ ((地点・位置))…に, …で
・*at* the door ドアの所で
・*at* home 家に[で], くつろいで
・We met *at* the station.
私たちは駅で会った

❷ ((方向・目標))…を目指して, …に向かって
・throw a ball *at* *A* Aにボールを投げる

❸ ((時・年齢))…に, …で; …の時に
・*at* 9 o'clock 9時に
・*at* noon 正午に
・*at* Christmas クリスマスに
・*at* the beginning [end] of the year 年の初め[終わり]に
・*at* the age of 16 16歳の時に

❹ ((活動・従事))…して, …の最中で; ((状態・状況))…の状態で
・*at* lunch 昼食中
・*at* a party パーティーの席[最中]で
・*at* war 戦争状態で

❺ ((原因・理由))…によって, …を見て[聞いて]
・I was surprised *at* his patience.
私は彼の忍耐力に驚いた

❻ ((関連))…の点で, …について
・Tom is good *at* math. トムは数学が得意だ

❼ ((数・割合・値段))…で
・*at* full speed 全速力で
・*at* a discount 割引で

❽ ((所属))…の
・a teacher *at* a high school 高校の先生

at all ((疑問文で)) いったい; ((ifで始まる文で)) 仮にも

at first 最初は

at last ついに, とうとう
at least 少なくとも
at once すぐに; 同時に
at (the) most 多くても, せいぜい
Not at all. ((主に英)) どういたしまして
not *A* **at all** 少しもAでない

atchoo /ətʃúː アチュー/ 間 ((米)) ハクション

ate* /éit エイト/ 動 eatの過去形

Athens /ǽθinz アスィンズ/ 名 アテネ(ギリシャの首都)

athlete /ǽθliːt アスリート/ 名 C 運動選手, スポーツマン; ((英)) 陸上競技の選手
・a world-class *athlete* 世界に通用する選手

athletic /æθlétik アスレティク/ 形
❶ ⟨体が⟩運動選手らしい
❷ 運動競技の, 体育の

athletics /æθlétiks アスレティクス/ 名 U ((ふつう複数扱い)) ((米))(各種の)運動競技, ((英)) 陸上競技; ((ふつう単数扱い)) (学科の)体育

Atlantic /ətlǽntik アトランティク/ 名 ((the Atlantic)) 大西洋
・the *Atlantic* Ocean 大西洋
━ 形 大西洋の, 大西洋岸の

atlas /ǽtləs アトラス/ 名
❶ C 地図帳
❷ ((Atlas)) 【ギリシャ神話】アトラス(神々に反抗した罰として天空を生涯背負うことになった巨人)

atmosphere /ǽtməsfìər アトマスフィア/ 名
❶ C ((ふつうthe atmosphere)) (地球・天体を取り巻く)大気
❷ U C 雰囲気, ムード
・a family *atmosphere* 家庭的な雰囲気
❸ C (特定の場所の)空気(air)
atmospheric 形 大気(中)の

atom /ǽtəm アタム/ 名 C 【物理】原子
・an *atom* bomb 原子爆弾

atomic /ətámik アタミク/ 形 原子(力)の, 原子力による
・*atomic* energy 原子力(エネルギー)
・an *atomic* weapon 核兵器

attach /ətǽtʃ アタチ/ 動 他 ((次の用法で))
- *attach* *A* to *B*
AをBに付ける, 結び付ける; 添付する
- **be attached to** *A* Aに愛着を持っている
attachment 名 U 取り付け; C 付属品; C 愛着

attack /ətǽk アタク/

動 三単現 **attacks** /アタクス/
過去・過分 **attacked** /アタクト/
現分 **attacking** /アタキング/

— 他
❶ 〈敵などを〉**攻撃する**, 襲う (⇔defend)
- A shark *attacked* the diver.
  さめがダイバーを襲った
❷ 〈人・考えなどを〉(…の理由で)非難する, 責める ((*for*...))
❸ 〈病気などが〉〈人・体などを〉むしばむ, 冒す
❹ 【スポーツ】〈相手方のゴールを〉攻めたてる

— 自
❶ **攻撃をする**, 襲う
❷ 【スポーツ】〈相手方のゴールを〉攻めたてる

— 名 (複 **attacks** /アタクス/)
❶ UC (…への)**攻撃**; 非難 ((*against*..., *on*...))
- make an *attack* 攻撃する
❷ C 発病, 発作

attacker 名 C 攻撃する人; (球技の)アタッカー

attain /ətéin アテイン/
動 他 〈目標などを〉(努力して)達成する; 〈年齢などに〉達する; 〈名声などを〉得る

attainable 形 達成[到達]できる, 得られる

attainment 名 U 達成, 到達; C 技能, 学識

attempt /ətémpt アテムプト/

動 三単現 **attempts** /アテムプツ/
過去・過分 **attempted** /アテムプティド/
現分 **attempting** /アテムプティング/

— 他 〈…を〉**試みる**, くわだてる; (…しようと)試みる, (…するのを)やってみる ((*to do*))
- She *attempted to* solve the problem.
  彼女はその問題を解こうとした

— 名 (複 **attempts** /アテムプツ/) C **試み**, くわだて, 努力
- He succeeded on his third *attempt*.
  彼は3回目の挑戦で成功した

attempted /ətémptid アテムプティド/
動 attemptの過去形・過去分詞
— 形 未遂の
- an *attempted* murder 殺人未遂

attend /əténd アテンド/

動 三単現 **attends** /アテンヅ/
過去・過分 **attended** /アテンディド/
現分 **attending** /アテンディング/

— 他
❶ 〈…に〉**出席する**, 参列する; 〈学校などに〉通う
- She *attends* the class regularly.
  彼女は授業にきちんと出ている
❷ 〈人の〉世話をする, 看護をする; 〈人に〉付き添う

— 自
❶ (…に)**付き添う**; (…の)世話をする ((*on*...))
❷ (…に)注意する, 専念する ((*to*...))

attendance /əténdəns アテンダンス/ 名
❶ UC 出席; 出席者(数)
- check [take] *attendance* 出席を取る
❷ U 付き添い; 世話, 看護

attendant /əténdənt アテンダント/ 名 C
❶ サービス係; 接客係; 係員
- a flight *attendant* (飛行機の)客室乗務員
❷ 付き添い人; 世話人

attention* /əténʃən アテンシャン/
名 (複 **attentions** /アテンシャンズ/)
❶ U **注意**, 注意力, 注目, 関心
- *attract* [*draw*] *A's attention*
  A(人)の注意を引く
- *pay* [*give*] *attention to A* Aに注意を払う
▢ Pay *attention*, everybody.
  皆さん, よく聞いてください
- *Attention*, please! = May I have your *attention*, please?
  皆様にお知らせいたします
- Thank you for your *attention*.
  ご清聴ありがとうございました
❷ U 世話, (…への)配慮 ((*to*...)); 治療

attentive /əténtiv アテンティヴ/ 形
❶ 注意深い; (…に)よく注意している ((*to*...))
❷ (人に)思いやりのある, 丁重な ((*to*...))

attitude /ǽtətjù:d アティテュード/ 名 UC
❶ (人・物に対する)態度 ((*toward*..., *to*...))
- a positive [negative] *attitude*
  積極的な[消極的な]態度
❷ (…に対する)意見, 考え方 ((*toward*..., *to*...))

attorney /ətə́:rni アターニ/ 名 C ((米)) 弁護士 (lawyer); (法定)代理人

attract /ətrǽkt アトラクト/ 動 他 〈人を〉引きつける, 魅了する; 〈…を〉引き寄せる
- *be attracted to A* Aに引かれている

attraction /ətrǽkʃən アトラクシャン/ 名
① Ⓤ 魅力;Ⓒ 人を引きつけるもの, 呼び物, アトラクション
② Ⓤ 引きつける力;【物理】引力

attractive /ətrǽktiv アトラクティヴ/ 形 魅力的な;(人を)引きつける((to...))
・an *attractive* woman 魅力的な女性

attribute
動 /ətríbju:t アトリビュート/ 他 ((次の用法で))
■ *attribute A to B* AをBのせいにする
・Judy *attributed* her failure *to* her lack of confidence.
ジュディは自分の失敗を自信がないためとした
■ 名 /ǽtribju:t アトリビュート/ Ⓒ 属性, 特性
|**attributable** 形 (…の)せいと考えられる

attrition /ətríʃən アトリシャン/ 名 Ⓤ 摩滅;消耗

auction /ɔ́:kʃən オークシャン/
名 ⒸⓊ 競売, オークション
■ 動 他 ⟨…を⟩競売にかける ((off))

audible /ɔ́:dəbl オーダブル/ 形 (…に)聞こえる;聞き取れる ((to...))
|**audibly** 副 聞こえるように

audience /ɔ́:diəns オーディアンス/ 名
① Ⓒ 聴衆, 観客;(テレビ・ラジオの)視聴者
・There was a large [small] *audience* in the hall. ホールの観客は大勢[少数]だった
・an *audience* rating 視聴率
② ⓊⒸ (要人などの)謁見(えっけん), 会見 ((with...))

audio /ɔ́:diòu オーディオウ/
形 音声の;オーディオの
■ 名 ⓊⒸ (テレビの)音声部;オーディオ

audio-visual /ɔ́:diouvíʒuəl オーディオウヴィジュアル/ 形 視聴覚の

audition /ɔ:díʃən オーディシャン/
名 Ⓤ 聴力;Ⓒ 審査, オーディション
■ 動
■ 他 ⟨人に⟩(…の)オーディションを行う ((for...))
■ 自 (…の)オーディションを受ける ((for...))

auditorium /ɔ̀:ditɔ́:riəm オーディトーリアム/ 名 Ⓒ
① ((米)) 公会堂, 大講堂;ホール
② 観客席

auditory /ɔ́:ditɔ̀:ri オーディトーリ/ 形 聴覚の;耳の

Aug. ((略)) *Aug*ust 8月

August /ɔ́:gəst オーガスト/
名 ⓊⒸ 8月 (略 Aug.)
・We have our summer vacation *in August*. 私たちは8月に夏休みがある

aunt /ǽnt アント/
名 (複 aunts /ǽnts アンツ/) Ⓒ
① おば (⇔uncle)
・I'll visit *Aunt* Jenny in Paris.
私はパリのジェニーおばさんを訪ねるつもりです (名前の前に付ける時は大文字にする)
② ((くだけて)) ((親せき関係にない親しい年上の女性を指して)) おばさん, おばちゃん

aura /ɔ́:rə オーラ/ 名 Ⓒ (人・物などが発する)独特の雰囲気, 香気, オーラ

aural /ɔ́:rəl オーラル/ 形 聴覚の

aurora /ɔ:rɔ́:rə オーローラ/ 名 (複 auroras /オーローラズ/, aurorae /オーローリー/) Ⓒ オーロラ, 極光

Australia /ɔ:stréiliə オーストレイリア|ɔstréiliə オストレイリア/ 名 オーストラリア (英連邦内の国で, 首都はキャンベラ)

Australian /ɔ:stréiliən オーストレイリアン|ɔstréiliən オストレイリアン/
形 オーストラリアの;オーストラリア人[英語]の
■ 名 Ⓒ オーストラリア人;((Australians))((複数扱い)) オーストラリア国民;Ⓤ オーストラリア英語

Austria /ɔ́:striə オーストリア/ 名 オーストリア (首都はウィーン)

Austrian /ɔ́:striən オーストリアン/
形 オーストリア(人)の
■ 名 Ⓒ オーストリア人

authentic /ɔ:θéntik オーセンティク/ 形 本物の;⟨情報などが⟩信頼できる
|**authenticity** 名 Ⓤ 本物であること, 信頼性

author /ɔ́:θər オーサ/ 名 Ⓒ 著者, 作者;作家;創始者

authoritarian /əθɔ̀:rətéəriən オーソーラテアリアン/
形 権威主義の, 独裁的な
■ 名 Ⓒ 権威主義者, 独裁主義者

authoritative /əθɔ́:rətèitiv アソーラテイティヴ/ 形
① ⟨資料などが⟩権威ある, 信頼できる
② ⟨通達などが⟩当局の, その筋の

authority

❸〈態度などが〉高圧的な
authoritatively 副 権威をもって;高圧的に

authority /əθɔ́:rəti アソーラティ/ 名
❶ Ⓤ (…に対する)権威((over..., with...))
・with *authority* 威厳をもって
❷ Ⓤ (…する)権限((to do))
・I have the *authority to* fire you.
私には君を首にする権限があるのだ
❸ Ⓒ ((ふつう the authorities)) 当局, その筋
❹ Ⓒ (…の)権威者, 大家((on...))

authorize /ɔ́:θəràiz オーサライズ/ 動 他 ((次の用法で))
■ *authorize A to do*
A (人)に…する権限を与える
authorization 名 Ⓤ 委任, 認可
authorized 形 権限を与えられた;正式に認可された

autism /ɔ́:tizm オーティズム/ 名 Ⓤ 自閉症

auto /ɔ́:tou オートウ/ 名 Ⓒ ((米))((くだけて)) 自動車(automobile)

autobiography /ɔ̀:təbaiɑ́grəfi オートバイアグラフィ/ 名 Ⓒ 自叙伝, 自伝
autobiographical 形 自叙伝的な, 自伝的な

autocratic /ɔ̀:təkrǽtik オータクラティク/ 形 専制(政治)の;独裁的な

autograph /ɔ́:təgræf オータグラフ/ 名 Ⓒ (有名人の)サイン

automatic /ɔ̀:təmǽtik オータマティク/ 形
❶ 自動の, オートマチックの
・an *automatic* door 自動ドア
❷〈行動などが〉無意識の, 機械的な
■ 名 Ⓒ 自動機械;オートマチック車;自動小銃
automatically 副 自動的に;無意識に;機械的に

automation /ɔ̀:təméiʃən オータメイシャン/ 名 Ⓤ オートメーション, (機械の)自動操作

automobile /ɔ̀:təməbí:l オータマビール/ 名 Ⓒ ((米)) 自動車

autonomy /ɔ:tɑ́nəmi オータナミ/ 名 Ⓤ 自治(権); Ⓒ 自治国家, 自治体
autonomous 形 自治の;自主的な

autumn /ɔ́:təm オータム/
名 (複 **autumns** /ɔ́:təmz オータムズ/) ⓊⒸ
秋, 秋季, 秋期((米)) fall)

・*in* (*the*) *autumn* 秋に
・*in the autumn* of 2010 2010年の秋に

autumnal /ɔ:tʌ́mnl オータムヌル/ 形 秋の;秋を思わせる
・the *autumnal* equinox 秋分

auxiliary /ɔ:gzíliəri オーグズィリアリ/
形 補助的な, 予備の
・an *auxiliary* verb 【文法】助動詞
■ 名 Ⓒ
❶ 補助者, 助手
❷【文法】助動詞

AV ((略)) *a*udio-*v*isual 視聴覚の

avail /əvéil アヴェイル/
動
■ 自 〈人・事が〉役に立つ
■ 他 ((主に否定文・疑問文で))〈人・事の〉役に立つ
avail oneself of A
A を利用する, 活用する
■ 名 Ⓤ 利益, 効用
be of little [*no*] *avail*
ほとんど[全然]役に立たない
availability 名 Ⓤ 利用[入手]できること, 有用性

available /əvéiləbl アヴェイラブル/ 形
❶ (…に)利用できる, 役に立つ((for..., to...));〈物が〉入手できる
・Are there any rooms *available* for tonight? 今夜空き部屋はありますか
・This T-shirt is *available* in five colors.
このTシャツには5色がある
❷〈人が〉手が空いている, 会うことができる
・He's not *available* now.
彼は今は手が離せません

avalanche /ǽvəlæntʃ アヴァランシュ/ 名 Ⓒ なだれ;殺到

avant-garde /ævɑŋgɑ́:rd アヴァンガード/ 形 アバンギャルドの, 前衛的な

Ave., ave ((略)) *A*venue 大通り

Ave Maria /ɑ́:vei mərí:ə アーヴェイ マリーア/ 名 アベマリア (聖母マリアにささげる祈り)

avenge /əvéndʒ アヴェンヂ/ 動 他 (…に) 〈…の〉雪辱をする;〈人の〉復讐をする((on..., upon...))
・Japan *avenged* its loss to Australia.
日本は対オーストラリア戦の雪辱を果たした

avenue /ǽvənù: アヴェヌー/ 名 Ⓒ 大通り, 本通り; ((米)) ((Avenue))…街
・Fifth *Avenue* (ニューヨークの)5番街

average /ǽvəridʒ アヴァリヂ/

名 (複 averages /アヴァリヂズ/) U C 平均, 標準

- *take an average of A* Aの平均をとる
- go down by an *average* of 5%
平均で5%下がる

  above (the) average 平均以上で
  below (the) average 平均以下で
  on average 平均して；大体

— 形 ((比較なし))
❶ **平均の**, 平均した
- the *average* life span 平均寿命
- the *average* score on the math test
数学のテストの平均点

❷ ふつうの, 並の
- *average* intelligence 並みの知能

— 動 他 平均すると 〈…に〉なる
- My e-mails *average* 15 a day.
私の電子メールは1日平均15通だ

aversion /əvə́ːrʒən アヴァージャン/ 名 U C
(…に対する)嫌悪 (感) ((*to...*))

avert /əvə́ːrt アヴァート/ 動 他
❶ 〈困った事態などを〉避ける, 防ぐ
❷ 〈視線などを〉(…から)そらす ((*from...*))

aviation /èiviéiʃən エイヴィエイシャン/ 名 U
飛行(術), 航空(学)；航空機産業

avocado /ævəkáːdou アヴァカードウ/ 名 (複 avocados, avocadoes /アヴァカードウズ/) C
アボカド, アボカドの実 [木]

avoid /əvɔ́id アヴォイド/

動 三単現 avoids /アヴォイヅ/
過去・過分 avoided /アヴォイディド/
現分 avoiding /アヴォイディング/

— 他 〈…を〉**避ける**；(…することを)避ける ((*doing*))
- *avoid* fatty food 脂っこい食べ物を避ける
- *Avoid* mak*ing* errors.
間違いをしないようにしなさい

  |**avoidable**| 形 避けられる
  |**avoidance**| 名 U 避けること, 回避

await /əwéit アウェイト/ 動 他 ((改まって))
〈人が〉〈…を〉待つ, 待ち受ける (wait for)；〈事・物が〉〈人を〉待ち構える

awake* /əwéik アウェイク/

動 三単現 awakes /アウェイクス/
過去 awoke /アウォウク/,
　　　awaked /アウェイクト/
過分 awoke /アウォウク/,
　　　awaked /アウェイクト/,
　　　((主に英)) awoken /アウォウカン/
現分 awaking /アウェイキング/

— 他 ((改まって))
❶ 〈人の〉**目を覚まさせる**, 〈人を〉起こす
- I *was awoken* by the doorbell.
玄関のベルで目がさめた

❷ 〈記憶・感情などを〉呼び起こす
❸ 〈人に〉(…を)悟らせる, 気づかせる ((*to...*))

— 自
❶ 〈人が〉**目を覚ます**, 起きる
- *awake* from a dream 夢からさめる

❷ 〈人が〉(…に)気づく ((*to...*))

— 形
　比較 **more awake**
　最上 **most awake**

❶ **目が覚めて**, 眠らずに (⇔asleep)
- The noise kept me *awake* all night.
騒音で一晩中目が覚めていた

❷ (…に)気づいて ((*to...*))

awaken /əwéikən アウェイカン/ 動

— 他
❶ 〈人を〉目覚めさせる, 起こす
❷ 〈感情などを〉(人に)呼び起こす ((*in...*))
❸ 〈人に〉(…を)悟らせる, 気づかせる ((*to...*))

— 自
❶ 目を覚ます, 起きる
❷ 〈感情などが〉(人に)わき起こる ((*in...*))

|**awakening**| 名 U 目覚め, 自覚

award /əwɔ́ːrd アウォード/
動 他 ((次の用法で))
- *award A B* = *award B to A*
A〈人〉にB〈賞など〉を与える, 授与する
- a ceremony for *awarding* an honor
表彰式
- The first Nobel Prize for physics *was awarded to* Roentgen. 最初のノーベル物理学賞はレントゲンに授与された

— 名 C 賞, 賞品, 賞金；((英)) 奨学金

aware /əwéər アウエア/ 形
❶ (…に)**気づいている**, 知って [分かって] いる ((*of...*))
- He is *aware of* his own faults.
彼は自分の欠点に気づいている

❷ (…ということを)承知している ((*that*節))
- Are you *aware that* you hurt him?
彼を傷つけたことが分かっていますか

|**awareness**| 名 U 気づいていること, 知っ

away

/əwéi アウェイ/

副 ((比較なし))

❶ 〈距離・時間が〉(…から)**離れて** ((*from...*))
- Our school is one kilometer *away from* here. 学校はここから1キロ離れている
- Keep *away from* the water's edge. 水際に近づくな
- The term exam is only a week *away*. 期末テストまであと1週間しかない

❷ *あちらへ*;向こうへ;去って
- Take these magazines *away*. これらの雑誌をかたづけなさい
- go [run, fly] *away* 立ち[走り, 飛び]去る

❸ **不在で, 留守で**
- My mother is *away* from home. 母は不在です
- 📖 Carry on with the exercise while I'm *away*. 私がいない間は練習問題をやっておいてください

❹ 消えて, いなくなって
- My hopes faded *away*. 私の希望は消え去った
- The snow has melted *away*. 雪は溶けてしまった

❺ (試合が)敵地で, アウェーで
- We played *away* last Saturday. この前の土曜日にアウェーで試合をした

❻ せっせと, 絶えず, どんどん

━ **形** ((比較なし))【スポーツ】〈試合が〉敵地での, アウェーの(⇔home)
- an *away* match アウェーの試合

awe /ɔː オー/
名 Ⓤ 畏(い)れ, 畏敬(いけい)の念
- be struck with *awe* 畏敬の念に打たれる
━ **動** 他 〈人に〉畏敬の念を起こさせる

awesome **形** 畏敬の念を起こさせる;すさまじい; ((米))すばらしい

awful /ɔ́ːfəl オーファル/ **形**

❶ 恐ろしい, すさまじい
- an *awful* accident 恐ろしい事故

❷ ((くだけて)) ひどい, とんでもない
- an *awful* mistake とんでもない間違い
- feel *awful* 気分がとても悪い

❸ ((くだけて))(程度が)すごい, ばく大な
- an *awful* lot of money ばく大な金

awfully /ɔ́ːfli オーフリ/ **副** ひどく, とても
- It's *awfully* hot today. きょうはひどく暑い

awkward /ɔ́ːkwərd オークワド/ **形**

❶ 〈人が〉不器用な, ぎこちない
- I'm *awkward* with chopsticks. ぼくははしの使い方がぎこちない

❷ 〈物が〉扱いにくい;やっかいな
- an *awkward* question やっかいな質問

❸ ばつの悪い, 気まずい
- feel *awkward* ばつの悪い思いをする

awkwardly 副 不器用に, ぎこちなく;気まずく

awkwardness 名 Ⓤ 不器用, ぎこちなさ;気まずさ

awoke /əwóuk アウォウク/ **動** awakeの過去形・過去分詞

awoken /əwóukən アウォウカン/ **動** ((主に英))awakeの過去分詞

ax, ((主に英))**axe** /æks アクス/
名 Ⓒ 斧(おの)

get the ax ((くだけて)) 解雇される, 首になる;(計画などが)打ち切りになる
━ **動** 他

❶ 〈人を〉解雇する;〈計画などを〉中止する

❷ 〈木などを〉斧(おの)で切り倒す

axis /ǽksis アクスィス/ **名** Ⓒ 軸, 中心線;座標軸

axle /ǽksl アクスル/ **名** Ⓒ (車輪の)回転軸, 車軸

Ayers Rock /éərz rάk エアズ ラク/
名 エアーズロック(オーストラリア大陸の中央部にある高さ348mの世界最大の一枚岩)

AZ ((米郵便)) *A*ri*z*ona アリゾナ州

═══════ 野菜のいろいろ ═══════

かぶ	turnip	かぼちゃ	pumpkin	キャベツ	cabbage
きゅうり	cucumber	じゃがいも	potato	玉ねぎ	onion
トマト	tomato	なす	eggplant	にんじん	carrot
ねぎ	leek	ほうれん草	spinach	豆	bean
レタス	lettuce	大根	Japanese radish	白菜	Chinese cabbage
ピーマン	green pepper	もやし	bean sprouts	れんこん	lotus root

B, b

B, b /bí: ビー/ 名 (複 **B's, Bs:b's, bs** /ビーズ/)
① CU ビー(英語アルファベットの第2字)
② ((Bで)) C ((米))(学業成績の)B, 「良の上」
③ U【音楽】口音;口調
④ ((Bで)) U (血液の)B型

babe /béib ベイブ/ 名 C
① ((文語)) 赤ん坊;((俗)) かわい子ちゃん
② 世間知らず;((くだけて)) 子

Babel /béibal ベイバル/ 名 【聖書】バベル(古代バビロニアの町)
・the Tower of *Babel* バベルの塔

baby* /béibi ベイビ/
名 (複 **babies** /ベイビズ/) C
① 赤ん坊, 赤ちゃん
・a newborn *baby* 新生児
・change a *baby* 赤ちゃんのおむつを替える
② ((けなして)) 幼稚なふるまいをする人
・Don't be a *big baby*. おとなげないぞ
③ ((呼びかけ)) あなた, ベイビー
④ ((形容詞的に)) 赤ん坊(用)の
・a *baby* camel らくだの赤ちゃん

babysit /béibisìt ベイビスィト/ 動
— 自 (親の留守の間に)子守をする
— 他 〈子どもの〉子守をする;〈物の〉番をする

babysitter /béibisìtər ベイビスィタ/ 名 C ベビーシッター

Bach /bá:k バーク/ 名 **Johann Sebastian Bach** バッハ(ドイツのバロック期の作曲家)

bachelor /bétʃələr バチャラ/ 名 C 独身男性, 未婚の男性;学士
bachelorhood 名 U 独身(生活)

back ☞ 46ページにあります

backache /békèik バケイク/ 名 CU 背中の痛み;腰痛

backbone /békbòun バクボウン/ 名 C 背骨;主力, 中枢(ちゅうすう)

backcourt /békkò:rt バクコート/ 名 C【テニス・バスケット】バックコート

backdrop /békdràp バクドラプ/ 名 C (舞台の)背景幕;(事件などの)背景

backer /békər バカ/ 名 C 後援者

background /békgràund バクグラウンド/ 名 C
① (絵画などの)背景, バック
② (人の)経歴, 素性
③ (事件などの)背景関係, 遠因

backhand /békhænd バクハンド/ 名 C (テニスなどでの)バックハンド
backhanded 形 バックハンドの;皮肉な

backing /békiŋ バキング/ 名 U 後援, 支持; UC (本・いすなどの)裏張り, 背付け

backpack /békpæk バクパク/
名 C バックパック, リュックサック
— 動 自 バックパック旅行をする

backseat /béksì:t バクスィート/ 名 C
① (車などの)後部座席
・a *backseat* driver
後部座席から運転をあれこれと指示する人
② 目立たない[低い]立場

backside /béksàid バクサイド/ 名 C 尻

backstage /béksteidʒ バクステイヂ/ 副 舞台裏で;内密に, こっそりと

backstop /békstàp バクスタプ/ 名 C【野球】バックネット

backstroke /békstròuk バクストロウク/ 名
① C (テニスなどの)バックハンドストローク
② U【水泳】背泳, 背泳ぎ
・do the *backstroke* 背泳ぎで泳ぐ

backup /békàp バカプ/ 名 CU 支持, 支援; C【コンピュータ】バックアップ;予備

backward /békwərd バクワド/
副
① 後ろへ, 後ろ向きに(⇔forward);逆に
・fall *backward* あおむけに倒れる
② 後退の方向に, 悪化して
・go *backward* 退歩する
— 形 後ろ(へ)の, 後ろ向きの;発展の遅れた, 後進の

backwoods /békwùdz バクウヅ/ 名 ((単数・複数扱い)) 未開拓森林, 奥地

backyard /békjá:rd バクヤード/ 名 C 裏庭

bacon /béikən ベイカン/ 名 U ベーコン
・a slice of *bacon* 1切れのベーコン

bacteria /bæktíəriə バクティアリア/
名 (単 **bacterium** /バクティアリアム/)
((複数扱い)) バクテリア, 細菌
➡➡➡ 47ページに続く ➡➡➡

back /bǽk バク/

名 (複) **backs** /バクス/

❶ C (人・動物の)**背**, **背中**;背骨
- I have a pain in the *back*. = I have a *back*ache. 背中[腰]が痛い
- fall on *one's back* あおむけに倒れる
- She lies (flat) on her *back*.
  彼女はあおむけに寝る
- The man suddenly turned his *back* and ran away. 男は突然背中を向けて逃げ出した

❷ C ((ふつうthe back))(体の各部分の)**後部**;(正面に対して)**後ろ**;奥の方;(表に対して)裏;(舞台の)背景
- *the back* of *one's* hand 手の甲
- *the back* of a coin 硬貨の裏
- at *the back* of the class 教室の後ろに
  at A's back A(人)を支持して
- An influential politician is *at his back*.
  彼の後ろにはある大物政治家がついている
  at the back of A Aの後ろ[背後]に
- There is a vegetable garden *at the back of* my house. 家の裏に野菜畑がある
  back to back (with A)
  (Aと)背中合わせに
  ▢ Sit *back to back*.
  背中合わせに座ってください
  behind A's back = behind the back of A A(人)の陰で, A(人)にないしょで
- It is not good to speak ill of others *behind their back*.
  陰で人の悪口を言うのはよくない
  break *one's* back
  背骨を折る;一生懸命努力する
  (in) back of A
  (1) ((米)) Aの後ろに, 背後に
- There's a park *(in) back of* our school.
  私たちの学校の裏に公園がある
  (2) Aを支持して
  in the back (of A)
  (A(車など)の)後部に, 奥に
  on the back of A A(壁など)の裏に
  turn *one's* back on A
  (怒り・蔑視などで)A(人・物)に背を向ける;A(問題など)から目をそむける;Aを見捨てる

━**形副** 比較 なし
最上 **backmost** /バクモウスト/

━**形** **後ろの**, 後方にある, 裏(手)の, 奥の
- a *back* issue [number]
  (定期刊行物の)バックナンバー
- a *back* street 裏通り
- sit in the *back* seat of a car
  車の後部座席に座る

━**副**
❶ **後ろへ[に]**;引っ込んで, 下がって
- A train is arriving. Could you move *back* a bit?
  電車が到着します. 少し下がってもらえますか
- Don't look *back*. 後ろを見るな, 振り返るな
- Sit *back* and relax.
  ごゆっくりおくつろぎください

❷ (元の場所・状態に)**戻って**;帰って;(借金などを)返して
- on my way *back* from school
  学校からの帰り道で
- go *back* to *one's* country 帰国する
- pay *back* money 金を返す
- I'll be *back* in a moment. すぐ戻ります
  ▢ *Back* to your places. 席に戻ってください

❸ ((強意)) 昔に(さかのぼって), 以前に, …前に
- forty years *back* 40年前に
- *back* in 1950 (さかのぼって)1950年には
  back and forth [forward]
  左右に;前後に;あちこちに, 行ったり来たり
- walk *back and forth* in the living room
  居間をあちこち歩き回る
  back on track 回復して, 再び軌道に乗って

━**動**
三単現 **backs** /バクス/
過去過分 **backed** /バクト/
現分 **backing** /バキング/

━他
❶ 〈…を〉**後退させる**, バックさせる((*up*))
- *back (up)* a car into a parking lot
  車をバックして駐車場に入れる

❷ 〈立場などを〉**支持する**((*up*));(金銭的に)支援する ⇨support

━自
❶ **後退する**, 後ろへ動く;バックして(…に)入る((*into...*))

❷ 〈建物などが〉(…と)背面で接する((*on...*, *onto...*))

back away
〈人・動物が〉(…から)後ずさりする;しりごみする;(主義・立場から)身を引く((*from...*))

back down (くだけて)(意見などを)引っ込める;手を引く((*from...*));(…を)取り消す,譲歩する((*on...*));後退する
back off
((主に米))下がる,(ゆっくりと)後ずさりする;(行動などから)手を引く((*from...*))
back off *A* Aを取りやめる
back out (場所から)後ずさりして出る;(事業などから)手を引く((*of...*))
back *A* ***out*** = ***back out*** *A*
Aを後退させ,バックさせる
back *A* ***up*** = ***back up*** *A* ((米))(事実などで)A(考えなど)を裏付ける;【コンピュータ】A(データなど)のバックアップを取る

bad /bǽd バド/

形 |比較| **worse** /ワース/
|最上| **worst** /ワースト/

❶ **悪い**(⇔good, nice);〈人・言動などが〉不道徳な;不快な
- a *bad* smell いやなにおい
- have *bad* manners 行儀が悪い

❷ (…に)有害な;(…に)不都合な((*for...*))
- be *bad* for the health 健康に悪い

❸ 〈病気・容態などが〉ひどい,重い
- The situation is *bad*. 状況は悪い

❹ (…が)へたな, 苦手な((*at...*))
- He is *bad* at math. 彼は数学が苦手だ
- *be bad at doing* …するのがへたである

❺ 〈食品などが〉いたんだ, 腐った

feel bad about *A* Aを後悔する
That's too bad. それは残念だ,よくないね

badge /bǽdʒ バヂ/ 名 C 記章,バッジ;名札
- wear [bear] a *badge* バッジを付ける

badly* /bǽdli バドリ/
副 |比較| **worse** /ワース/
|最上| **worst** /ワースト/

❶ **悪く**;へたに(⇔well)
- The test went *badly*. テストが悪かった

❷ ((くだけて))非常に, とても
- I *need* money *badly*. ぜひとも金が必要だ

badminton /bǽdmintən バドミントン/ 名 U バドミントン

bag /bǽg バグ/

名 (複 **bags** /バグズ/) C

❶ **袋;かばん,バッグ,手さげ**
- a paper [plastic] *bag* 紙[ビニール]袋

❷ **1袋分(の量)**
- a *bag* of potatoes じゃがいも1袋

❸ さいふ

bags of *A* ((英))((話)) たくさんのA

bagel /béigəl ベイガル/ 名 C ベーグル

baggage /bǽgidʒ バギヂ/

名 U ((主に米))(旅行時の)**手荷物**(((英)) luggage)
- a piece of *baggage* 手荷物1個

baggy /bǽgi バギ/ 形 だぶだぶの

bagpipe /bǽgpàip バグパイプ/ 名 C ((ふつうbagpipes)) バグパイプ

baht /bά:t バート/ 名 (複 **bahts** /バーツ/, **baht**) C バーツ (タイの貨幣単位)

bail¹ /béil ベイル/
名 U 保釈;保釈金
— 動 他 〈人を〉保釈する

bail² /béil ベイル/ 動
— 他 〈水などを〉〈船から〉汲み出す((*out of..., from...*))
— 自 (水を)汲み出す((*out*))

bait /béit ベイト/
名 U C えさ;おとり;わな
— 動 他 〈つり針に〉えさを付ける,〈わなを〉しかける

bake /béik ベイク/ 動
— 他 〈パンなどを〉(オーブンなどで)焼く
— 自 〈パンなどが〉焼ける

baker /béikər ベイカ/ 名 C パン屋(人);パン職人

bakery /béikəri ベイカリ/ 名 C パン屋(店)

baking /béikiŋ ベイキング/
動 bakeの現在分詞・動名詞
— 形 パン焼き用の
- *baking* powder ベーキングパウダー, 膨らし粉
— 名 U (パンなどを)焼くこと, 製パン

balance /bǽləns バランス/
名
❶ U (勢力・重量などの)**バランス, 均衡, つり合い**;平静, 安定
❷ C はかり, 天秤;((the Balance))【天文】てんびん座

— 動
— 他 〈…の〉バランス[均衡]を取る[保つ]
— 自 〈人・物が〉バランス[均衡]を取る

|**balanced** 形 バランス[均衡]の取れた;偏

らない, 公平な

balcony /bǽlkəni バルコニ/ 名 C バルコニー;(劇場の)2階席

bald /bɔ́ːld ボールド/ 形 (頭が)はげた;(山が)木のない

balding 形 はげかかった

Balkan /bɔ́ːlkən ボールカン/
形 バルカン諸国(民)の;バルカン半島[山脈]の
— 名 ((the Balkans)) バルカン諸国

ball¹ /bɔ́ːl ボール/

名 (複 **balls** /ボールズ/)
❶ C 球, ボール;玉, 球体
・a tennis *ball* テニスのボール
・throw [hit] a *ball* ボールを投げる[打つ]
❷ U 球技;((米))野球(baseball)
play ball 球技を開始する;野球をする

ball² /bɔ́ːl ボール/ 名 C (正式の)大舞踏会

ballad /bǽləd バラド/ 名 C バラッド(素朴な民間伝承の物語詩)

ballerina /bæ̀lərí:nə バラリーナ/ 名 (複 **ballerinas** /バラリーナズ/) C バレリーナ

ballet /bǽléi バレイ, bǽlei バレイ/ 名 U バレエ;C バレエ曲
・a *ballet* dancer バレエダンサー

ball game /bɔ́ːl gèim ボールゲイム/ 名 C 球技;((米))野球の試合

balloon /bəlúːn バルーン/ 名 C 気球;ゴム風船;(漫画の)吹き出し

ballot /bǽlət バロト/
名 U|C (無記名)投票;C 投票用紙;投票総数
— 動 自 投票する

ballpark /bɔ́ːlpɑːrk ボールパーク/ 名 C ((米))野球場

ballplayer /bɔ́ːlplèiər ボールプレイア/ 名 C ((米))(特に)プロ野球選手

ballpoint (pen) /bɔ́ːlpɔint (pén) ボールポイント (ペン)/ 名 C ボールペン

Baltic /bɔ́ːltik ボールティク/
形
❶ バルト海の;バルト諸国の
・the *Baltic* Sea バルト海
❷ バルト語派の
— 名 U バルト語派

bamboo /bæmbúː バムブー/ 名 C|U 【植物】竹;((形容詞的に))竹の, 竹製の

ban /bǽn バン/
動 他 (法律などが)⟨…を⟩禁止する;⟨人に⟩(…するのを)禁止する((*from doing*))
— 名 C (法律による)(…の)禁止((*on...*))

banana /bənǽnə バナナ | bəná:nəバナーナ/ 名 C|U バナナ;バナナの木

band¹ /bǽnd バンド/ 名 C
❶ 楽団, バンド
・a brass *band* ブラスバンド
❷ 一団, 一隊

band² /bǽnd バンド/ 名 C 帯, ひも, バンド

bandage /bǽndidʒ バンディヂ/
名 C 包帯
— 動 他 ⟨…に⟩包帯をする((*up*))

Band-Aid /bǽndèid バンデイド/ 名 C 【商標】バンドエイド

bandan(n)a /bændǽnə バンダナ/ 名 C バンダナ

bandwagon /bǽndwæ̀gən バンドワガン/ 名 C (パレードを先導する)楽隊車

bang /bǽŋ バング/ 動
— 他
❶ ⟨…を⟩⟨…で⟩ドンドンとたたく((*with...*))
❷ ⟨ドアなどを⟩バタンと閉める
— 自
❶ (…を)激しく打つ[たたく]((*at...*, *on...*))
❷ ⟨ドアなどが⟩バタンと閉まる

Bangkok /bǽŋkɑk バンカク/ 名 バンコク(タイの首都)

banish /bǽniʃ バニシュ/ 動 他 ⟨人を⟩(国から)追放する

banishment 名 U 追放

banjo /bǽndʒou バンヂョウ/ 名 (複 **banjos**, **banjoes** /バンヂョウズ/) C 【音楽】バンジョー(ギターに似た弦楽器)

bank¹ /bǽŋk バンク/

名 (複 **banks** /バンクス/) C
❶ 銀行;((形容詞的に)) 銀行の
・a *bank* account 銀行口座
・a *bank* card
((米))(銀行の)クレジットカード
❷ 貯蔵所, …バンク
・a blood *bank* 血液銀行
・a data *bank* データバンク
— 動
— 他 ⟨金などを⟩銀行に預ける
— 自 預金する;(銀行と)取り引きする((*at...*, *with...*))

banker 名 C 銀行家;銀行役員

banking /名/ U 銀行業務, 銀行業
bank² /bǽŋk バンク/ 名 C 土手, 堤;(川・湖の)岸;(堤状の)盛り土, 堆積(たいせき)
bankbook /bǽŋkbùk バンクブク/ 名 C 預金通帳
bankrupt /bǽŋkrʌpt バンクラプト/
形 〈会社などが〉破産した
・go bankrupt 破産する
━ 名 C 【法律】破産者
bankruptcy /bǽŋkrʌptsi バンクラプツィ/
名 U C 破産, 倒産
・go into bankruptcy 破産する
banner /bǽnər バナ/
名 C
❶ 旗, 国旗
❷ 横断幕, 垂れ幕
❸【コンピュータ】バナー(インターネットのホームページ上の帯状の広告)
━ 形 ((米)) 優れた;好成績の, できのよい
banquet /bǽŋkwit バンクウィト/
名 C 宴会;ごちそう
・a *banquet* hall 宴会場
━ 動
━ 他 〈人を〉宴会を開いてもてなす
━ 自 宴会に出る
baptism /bǽptizm バプティズム/ 名 U C 【キリスト教】洗礼(式), バプテスマ
bar* /báːr バー/
名 (複 **bars** /báːrz/) C
❶ 棒, 棒状の物;(扉の)かんぬき, 横木
・a *bar* of chocolate 板チョコ
❷ バー, 酒場;(酒場の)カウンター;軽食堂
・a sushi *bar* すし屋
❸ (…の)障害(物) ((to..., against...))
❹【音楽】(楽譜の)縦線;小節
❺ ((the bar)) 弁護士業
━ 動 他
❶〈ドアなどに〉かんぬきをかける
❷〈人を〉(…から)締め出す ((from...));〈人が〉(…すること)を禁じる ((from doing))
❸〈通路などを〉ふさぐ
barbarian /bɑːrbéəriən バーベアリアン/
名 C 未開人, 野蛮人;無教養な人
━ 形 未開の, 野蛮人の;教養のない
barbaric /bɑːrbǽrik バーバリク/ 形 野蛮な, 残虐な
barbarous /báːrbərəs バーバラス/ 形 野蛮な, 粗野な;教養のない
barbecue /báːrbikjùː バービキュー/
名
❶ U バーベキュー; C バーベキューパーティー
❷ C バーベキュー用グリル
━ 動 他 〈肉などを〉バーベキューにする
barbell /báːrbèl バーベル/ 名 C (重量挙げの)バーベル
barber /báːrbər バーバ/ 名 C 理髪師
barbershop /báːrbərʃɑ̀p バーバシャプ/ 名 C ((米)) 床屋(((英)) barber's (shop))
bare /béər ベア/ 形
❶ 裸の, むき出しの
・walk with *bare* feet はだしで歩く
❷ ありのままの, 赤裸々な
❸ ぎりぎりの;やっとの, 最低限の
barefoot /béərfùt ベアフト/
形 はだしの
━ 副 はだしで
 barefooted 形 副 = barefoot
barely* /béərli ベアリ/
副 ((比較なし))
❶ かろうじて(…する), やっと
・I *barely* escaped. かろうじてのびた
❷ ほとんど…ない
・I can *barely* understand it.
そのことがほとんど分からない
❸ 不十分に, 乏しく
bargain /báːrgən バーガン/
名 C
❶ (売買の)契約, 取り引き
❷ 安い買い物, 掘り出し物, 特価品
・a (good) *bargain* 買い得品
❸ ((形容詞的に)) 特売の, バーゲンの
・a *bargain* sale 特売, バーゲンセール
at a bargain 安く
━ 動
━ 自 (人と)交渉する ((with...))
━ 他 〈…を〉契約[交渉]で決める
bargaining /báːrgəniŋ バーガニング/ 名 U C 取り引き, 交渉
baritone /bǽritòun バリトウン/ 名 【音楽】U バリトン (声域); C バリトン歌手
bark¹* /báːrk バーク/
動 三単現 **barks** /báːrks/
過去過分 **barked** /báːrkt/
現分 **barking** /báːrkiŋ/
━ 自
❶〈犬などが〉(…に)ほえる ((at...))
❷ ほえるような音[声]を出す;〈人が〉(…に)どなる ((at...))

bark
— 他 〈…を〉大声でどなる
— 名 C (犬などの)ほえ声;(人の)どなり声

bark² /báːrk バーク/ 名 U 樹皮
barley /báːrli バーリ/ 名 U 大麦
barn /báːrn バーン/ 名 C (農家の)納屋, 物置;家畜小屋
barometer /bərámətər バラマタ/ 名 C
❶ 気圧計, 高度計
❷ (世論などの動向を表す)指標, バロメーター
baron /bǽrən バラン/ 名 C 男爵
baroness /bǽrənəs バラナス/ 名 C 男爵夫人, 女男爵
baroque /bəróuk バロウク/
形 ((しばしばBaroque))バロック(様)式の;バロック風の
— 名 ((the baroque))【美術・建築】バロック様式;【音楽】バロック音楽
barrage /bərɑ́ːʒ バラージュ/ 名 C 【軍事】弾幕, 集中砲撃;(質問などの)集中攻撃
barred /báːrd バード/
動 barの過去形・過去分詞
— 形 〈窓などが〉格子のある;かんぬきのかかった
barrel /bǽrəl バラル/ 名 C
❶ たる;1たる分(の量)((of...))
・a *barrel of* wine 1たるのワイン
❷ バレル (略 bbl) (液量の単位(約159*l*))
barren /bǽrən バラン/ 形
❶〈土地が〉不毛の, やせた
❷〈計画などが〉むだな, 無益な
barricade /bǽrəkèid バラケイド/
名 C バリケード;障害物
・put [set] up a *barricade* バリケードを築く
— 動 他 〈…に〉バリケードを築く
barrier /bǽriər バリア/ 名 C (通行を阻む)柵, 障壁;障害
・set [put] up a *barrier* 柵を築く
barrier-free /bǽriərfríː バリアフリー/ 形 段差のない, バリアフリーの
base* /béis ベイス/
名 (複 **bases** /ベイスィズ/) C
❶ ((ふつうthe base)) (…の)土台, 基底, 基部;もと((of...))
・*the base of* a mountain 山のふもと
❷ (物事の)基礎, 根拠
・research *base* 研究の基礎
❸【野球】塁, ベース
❹【軍事】基地
❺【数学】(図形の)底辺, 底面

— 動
 三単現 **bases** /ベイスィズ/
 過去・過分 **based** /ベイスト/
 現分 **basing** /ベイスィング/
— 他
❶ ((次の用法で))
・*be based on A* Aを基にしている
❷ 基礎を置く
・*base A on [upon] B*
B(事実など)にA(理論など)の基礎を置く
baseball* /béisbɔ̀ːl ベイスボール/
名 (複 **baseballs** /ベイスボールズ/) U 野球;
C 野球用のボール;((形容詞的に)) 野球の
・a *baseball* player [team]
野球選手[チーム]
・play *baseball* 野球をする
baseline /béislàin ベイスライン/ 名 C 【野球・テニス】ベースライン
baseman /béismæn ベイスマン/
名 (複 **basemen** /ベイスメン/) C 【野球】内野手, 塁手
basement /béismənt ベイスマント/ 名 C 地階, 地下室
bases¹ /béisiz ベイスィズ/ 名 baseの複数形
bases² /béisiːz ベイスィーズ/ 名 basisの複数形
bash /bǽʃ バシュ/
動 他 ((くだけて))
❶〈…を〉強打する, 打ちのめす((up))
❷〈人を〉(激しく)非難する, バッシングする
— 名 C ((くだけて))
❶ 盛大な[にぎやかな]パーティー
❷ 強打
basic* /béisik ベイスィク/
形 比較 **more basic**
 最上 **most basic**
❶ 基礎的な, 初歩の
・*Basic* English ベーシックイングリッシュ(基礎英語)
❷ 基本的な, 不可欠な;(…の)基本である((to...))
・Liberty is *basic to* democracy.
自由は民主主義の基本である
— 名 C ((basics)) ((複数扱い)) 基礎, 根本原理
 basically 副 基本的には, つまりは
basin /béisən ベイサン/ 名 C
❶ 洗面器, 洗面台, 流し台
❷ 盆地;(川の)流域

basis* /béisis ベイスィス/
名 (複 **bases** /ベイスィーズ/) C
❶ (…の)**基礎** ((of...))；(…の)根拠 ((for...))
❷ 基準, 原則
on the basis of A　Aに基づいて

basket* /bǽskit バスキト | báːskit バースキト/
名 (複 **baskets** /バスキツ/) C
❶ かご, ざる, バスケット
❷【バスケットボール】ゴール(の網)；得点

basketball /bǽskitbɔ̀ːl バスキトボール/ 名
U バスケットボール；C バスケットボール用のボール
・play *basketball* バスケットボールをする

basketful /bǽskitfùl バスケトフル/ 名 C かご1杯分(の…) ((of...))
・*a basketful of* apples　かご1杯分のりんご

bass /béis ベイス/
名【音楽】
❶ U C 低音, バス；楽譜の低音部
❷ C 低音[バス]歌手；(楽器の)ベース, コントラバス
━ 形【音楽】低音の, バスの

bat¹* /bǽt バト/
名 (複 **bats** /バツ/) C
(野球の)バット；(卓球・テニスの)ラケット
・swing a *bat*　バットを振る
━ 動 他 〈ボールなどを〉(バットで)打つ
batting 名 U【野球】打撃, バッティング

bat² /bǽt バト/ 名 C【動物】こうもり

batch /bǽtʃ バチ/ 名 C
❶ ((a batch of *A*)) A (手紙など)の束
❷【コンピュータ】バッチ
・*batch* processing　一括[バッチ]処理

bath /bǽθ バス/

名 (複 **baths** /バズズ | バーズズ/) C
❶ **入浴**；水浴
・take [((英)) have] *a bath*　入浴する
❷ 浴槽(よくそう), 浴室
❸ ((ふつうbaths)) (公共の)ふろ屋, 公衆浴場
━ 動
━ 他〈赤ん坊などを〉入浴させる
━ 自 入浴する

bathe /béið ベイズ/ 動
━ 自 ((米))〈人が〉入浴する
━ 他 ((米))〈赤ん坊などを〉入浴させる

bathing /béiðiŋ ベイズィング/
動 batheの現在分詞・動名詞
━ 名 U ((英)) 水浴び, 水泳

・a *bathing* suit
(女性用のワンピース型の)水着

bathrobe /bǽθròub バスロウブ/ 名 C バスローブ

bathroom

/bǽθrùːm バスルーム | báːθrùːm バースルーム/
名 (複 **bathrooms** /バスルームズ/) C
❶ 浴室
❷ お手洗い, トイレ
・"May I use the *bathroom*?" "Sure."
「トイレをお借りできますか」「ええ, どうぞ」

bathtub /bǽθtʌ̀b バスタブ/ 名 C 浴槽(よくそう), 湯ぶね

baton /bətán バタン | bǽtɔn バトン/ 名 C
❶ (リレーの)バトン
・pass [hand over] the *baton*　バトンを渡す
❷ 指揮棒；(バトンガールの)バトン

batter¹ /bǽtər バタ/ 動 他〈人が〉〈人・物を〉連打する, めった打ちにする

batter² /bǽtər バタ/ 名 C (野球の)バッター, 打者

battery /bǽtəri バタリ/ 名 C
❶ 電池, バッテリー
・a dry *battery*　乾電池
❷【野球】バッテリー(投手と捕手)

battle /bǽtl バトル/
名
❶ C U (…との)戦い, 戦闘 ((against..., with...))
・fight a *battle*　戦う
・win [lose] the *battle*　戦いに勝つ[負ける]
❷ C (困難などとの)闘争, 戦い；争い, 論争 ((against..., with...))
━ 動
━ 自 (…と)戦う ((against..., with...))；(…のために)奮闘する ((for...))
━ 他〈…と〉戦う, 奮闘する

battlefield /bǽtlfiːld バトルフィールド/ 名 C 戦場；闘争の場

bay /béi ベイ/ 名 C 湾, 入り江
・Tokyo *Bay*　東京湾

bazaar /bəzáːr バザー/ 名 C 慈善市, バザー；(中東などの)市場

BBC ((略)) *B*ritish *B*roadcasting Corporation 英国放送協会

B.C., BC ((略)) *b*efore *C*hrist 紀元前 (⇔ A.D., AD)
・in 334 *B.C.*　紀元前334年に

be

/bi ビ; ((強)) bíː ビー/

動 助 現在 **I am (I'm)**
現在 **you are (you're)**
現在 **he is (he's)**
現在 **she is (she's)**
現在 **it is (it's)**
現在 **we are (we're)**
現在 **you are (you're)**
現在 **they are (they're)**
過去 **I was**
過去 **you were**
過去 **he was**
過去 **she was**
過去 **it was**
過去 **we were**
過去 **you were**
過去 **they were**
過分 **been**
現分 **being**

■ **動** 自 …**である**, …**になる**; (…に)**いる**, (…に)**ある**, **存在する**

- "What *is* this?" "It*s* a book."
「これは何ですか」「それは本です」
- It will *be* fine tomorrow.
あしたは晴れでしょう
- Two and five *is* [*are*] seven. 2足す5は7
- She *is* pretty. 彼女はかわいい
- "How *are* you?" "I*m* fine, thank you."
「お元気ですか」「ええ, 元気です」
- *Be* quiet, please. 静かにしてください
- "How old *are* you?" "I*m* sixteen (years old)."「何歳ですか」「16歳です」
- ***Here is*** [***are***] *A*. ここにAがあります
- ***There is*** [***are***] *A*. Aがあります
- What *are* there in the box?
箱の中には何があるの
- Our school *is* on the hill.
私たちの学校は丘の上にある
- Where have you *been*? どこにいたの
- I've *been* here. 私はずっとここにいました

■ **助** ((次の用法で))

- ***be doing*** ((進行形))…しているところだ, …しようとしている; …しつつある, …する予定だ
- I *am* read*ing* now. 今読書をしています
- My birthday *is* com*ing*. もうすぐ誕生日だ
- ***be done*** ((受身))…される, されている
- This letter *is written* in English.
この手紙は英語で書かれている

- ***be to*** *do*
(1) ((予定))…する予定である; …することになっている
- The President *is to* visit Japan next week. 大統領は来週日本を訪問することになっている
(2) ((運命))…する宿命である
- He *was* never *to* see his mother again.
彼は二度とお母さんに会えない運命にあった
(3) ((義務))…するべきである
- You *are to* go home. 君は帰宅すべきだ
(4) ((可能))…することができる
- My cellphone *was not to* be found anywhere.
ぼくの携帯はどこにも見当たらなかった
(5) ((目的))…するためのものである
- This cup *is* (a cup) *to* measure salt.
このカップは塩を計量するためのものだ

beach /bíːtʃ ビーチ/

名 (複 **beaches** /ビーチズ/) C
浜, **海浜**, **ビーチ**; **波打ち際**
- a *beach* ball ビーチボール
- a *beach* umbrella ビーチパラソル
- *beach* volleyball ビーチバレー
- go to the *beach* 浜に行く
- swim at the *beach* 海岸で泳ぐ
- play on the *beach* 浜辺で遊ぶ

beacon /bíːkən ビーカン/ **名** C
❶ かがり火, のろし; 信号の明かり
❷ 航空[航路]標識; 灯台

bead /bíːd ビード/
名 C
❶ じゅず玉, ビーズ; ((beads)) (ビーズの)ネックレス; じゅず, ロザリオ
❷ しずく, (汗などの)粒
■ **動** 他 〈じゅず玉を〉つなげる; 〈…を〉じゅずつなぎにする

beak /bíːk ビーク/ **名** C (特にわしなどの鋭い) くちばし; くちばし状の物

beaker /bíːkər ビーカ/ **名** C (実験用の)ビーカー; (広口の)コップ

beam /bíːm ビーム/
名 C
❶ 梁(はり) (屋根などを支える横材)
❷ (一条の)光, 光線
- a laser *beam* レーザー光線
❸ (表情をよぎる)輝き, 晴れやかな笑顔
■ **動**

― 他 〈光・熱を〉発する; 〈信号などを〉送る
― 自 〈人が〉(…で)輝く((with...)); 〈人が〉(…に)にっこりする((at...))

bean* /bíːn ビーン/ 名 (複 **beans** /ビーンズ/)
C (長くて平たい)豆 ⇨pea
- soy [soya] *beans* 大豆
- *bean* sprouts もやし

bear¹ /béər ベア/

動 三単現 **bears** /ベアズ/
過去 **bore** /ボー/
過分 **borne**/ボーン/, **born** /ボーン/
現分 **bearing** /ベアリング/

― 他

❶ 〈物を〉**支える**, 載せる; 〈重い物に〉耐える; 〈責任などを〉負う, 引き受ける
- I wonder if this chair will *bear* my weight.
このいすはぼくの体重を支えられるかな
- He *bears* all the responsibility.
彼がすべての責任を負う

❷ ((ふつうcan [could]を伴った否定文・疑問文で))〈…を〉**我慢する**, 〈…に〉**耐える**
- I *could* no longer *bear* the scene of the accident
事故のシーンにそれ以上耐えられなかった
- How can you *bear* the bad housing conditions?
どうしてそのひどい住環境に耐えられるの
■ *bear doing* [*to do*] …することを我慢する
- I *couldn't bear* listen*ing* to his complaints. 彼のぐちは聞いてられなかった
■ *bear A to do* = *bear A's doing*
Aが…するのを我慢する
- I *couldn't bear* the students *to* keep talking during my lecture.
学生が講義の間ずっとしゃべっていたのには私は我慢がならなかった

❸ ((改まって))〈肩書などを〉持つ, 有する(hold); 〈徴候などが〉ある
- His explanation *bears* no relation to reality. 彼の説明は現実とかけ離れている

❹ ((改まって))〈悪意などを〉〈人に対して〉心に抱く, 持つ((against..., toward...))
- He *bears* no hard feelings *against* her.
= He *bears* her no hard feelings.
彼は彼女に何の悪感情も抱いていない

❺ ((古風))〈子を〉産む; ((受身で))〈子が〉生まれる ⇨born

❻ 〈葉・花・実を〉生じる
- This plant *bears* fruit.
この植物は実を付ける

― 自

❶ 子を産む; 実がなる
❷ (副詞と共に)(…に)向かう, 進む(move); (…に)ある, 位置する(lie)
❸ 持ちこたえる, 支える

bear A in mind Aを覚えておく

bear on* [*upon*] *A
((改まって))〈事が〉Aに関係する; Aに影響する

bear up 耐える, がんばる, くじけない

bear A up* = *bear up A
A(人)を励ます

bear with A
((くだけて)) Aを我慢する, 辛抱する

bear² /béər ベア/ 名 C 熊
hungry like a bear 腹ぺこで

beard /bíərd ビアド/ 名 C あごひげ
- grow a *beard* あごひげを生やす

bearded /bíərdid ビアディド/ 形 〈人・顔が〉あごひげのある

bearing /béəriŋ ベアリング/
動 bear¹の現在分詞・動名詞

― 名

❶ U 態度, ふるまい
❷ U C 関係, 関連
❸ C 方向, 位置, 立場
❹ C ((ふつうbearings))【機械】軸受け, ベアリング

find* [*get*] *one's bearings
自分のいる位置[立場]が分かる

lose one's bearings
方向を見失う; 途方(とほう)にくれる

beast /bíːst ビースト/ 名 C けもの, 動物

beat /bíːt ビート/

動 三単現 **beats** /ビーツ/
過去 **beat** /ビート/
過分 **beaten** /ビートン/, **beat** /ビート/
現分 **beating** /ビーティング/

― 他

❶ 〈…を〉(続けて)**たたく, 打つ**
- *beat* a drum 太鼓をたたく

❷ 〈敵を〉**打ち負かす**; 〈相手に〉勝つ
- You are *beaten*! 君の負けだ

❸ 〈卵・クリームなどを〉かき混ぜて泡立てる
❹ 〈拍子を〉取る

― 自

beaten

❶ (…を)(続けて)たたく, 打つ((at..., on...))
❷ 〈心臓が〉鼓動する, 脈打つ
(It) beats me. 私には分からない
beat A back = beat back A
Aを撃退する
beat A down = beat down A
Aを打ち倒す;((くだけて)) A(人)に値引きさせる
Beat it. 出て行け
beat A up = beat up A Aを打ちのめす
━ 名 C
❶ (続けて)たたくこと;打つ音;(心臓の)鼓動
❷ 【音楽】拍子;(ジャズの)ビート

beaten /bíːtn ビートン/
動 beat の過去分詞
━ 形
❶ 打たれた;打ち負かされた
❷ (金属が)打ち延ばされた;(道が)踏み固められた

Beatles /bíːtlz ビートルズ/
名 ((the Beatles))ビートルズ (英国リバプール出身の4人組のロックグループ)

beautician /bjuːtíʃən ビューティシャン/ 名 C 美容師

beautiful

/bjúːtəfəl ビュータファル/
形 比較 **more beautiful**
　　最上 **most beautiful**
❶ 美しい, きれいな
・a *beautiful* sunset 美しい夕日
・*beautiful* music 美しい音楽
❷ すばらしい, みごとな
・*beautiful* weather すばらしい天気
・a *beautiful* performance みごとな演奏
beautifully 副 美しく;みごとに

beauty* /bjúːti ビューティ/
名 (複 **beauties** /bjúːtiz/)
❶ U 美, 美しさ
・a *beauty* parlor [salon] 美容院
・a *beauty* spot ((英)) 名所
❷ C 美人;すばらしい[みごとな]物
・a *beauty* contest 美人コンテスト
❸ ((the beauty))(…の)美点, 長所 ((*of*...))

beaver /bíːvər ビーヴァ/ 名 C 【動物】ビーバー

became /bikéim ビケイム/ 動 become の過去形

because

/bikʌ́z ビカズ; ((強)) bikɔ́ːz ビコーズ/ 接
❶ (なぜなら)…だから, …なので
・I like him *because* he is very kind.
とても親切なので彼が好きだ
・"Why were you late?" "*Because* I got up late."
「どうして遅刻したんだい」「寝坊したからです」
❷ ((否定文のあとで))…であるからといって(…ではない)
・Do*n't* laugh at him just *because* he made mistakes.
間違ったというだけで彼を笑ってはいけない
because of A Aのために, Aが原因で

beckon /békən ベカン/ 動
━ 他 〈人に〉合図する, 手招きする
━ 自 (…に)合図する, 手招きする ((*to*...))

become

/bikʌ́m ビカム/
動 三単現 **becomes** /bikʌ́mz/
　過去 **became** /bikéim/
　過分 **become** /bikʌ́m/
　現分 **becoming** /bikʌ́miŋ/
━ 自 …になる
・*become* the talk of the town
町のうわさの種になる
・After working too hard, he *became* ill.
働きすぎたあと彼は病気になった
・Now it's April, and it has *become* [is *becoming*] much warmer.
4月に入ってずっと暖かくなった[なってきた]
━ 他 〈…に〉似合う
・The tie really *becomes* you.
ネクタイは君によく似合うよ
What [***Whatever***] ***has become of A?*** = ***What*** [***Whatever***] ***became of A?*** A(人・物)はどうなったのか

bed

/béd ベド/ 名 (複 **beds** /bédz/)
❶ C ベッド, 寝床, 寝台
・a single [double] *bed*
シングル[ダブル]ベッド
・*bed* and board ((英)) 食事付き宿泊
・*bed* and breakfast
((英)) 朝食付き宿泊(略 B&B, b&b)
・get out of *bed* 寝床から出る, 起きる
・be sick in *bed* 病気で寝ている
・make the [*one's*] *bed*
寝床を敷く, ベッドを整える
・put *A* to *bed* A(子ども)を寝かしつける

- take to *one's bed* ((米))病床につく
- It's time to go to *bed*. もう寝る時間だ

❷ C 花壇, 苗床

❸ C (海・川などの)底

get out [up] of the wrong side of the bed = ((英))**get out of bed (on) the wrong side** 朝から機嫌が悪い

bedding /bédiŋ ベディング/ 名 U 寝具類

bedroom* /bédrùːm ベドルーム/
名 (複 **bedrooms** /ベドルームズ/) C 寝室

bedside /bédsàid ベドサイド/ 名 C ベッドのそば；(病人の)枕元

bedtime /bédtàim ベドタイム/ 名 U 寝る時間, 就寝(しゅうしん)時刻

bee /bíː ビー/ 名 C

❶ 【昆虫】みつばち；はち
- a queen *bee* 女王ばち
- a worker *bee* 働きばち

❷ ((米))(作業・競技などの)集まり, 寄り合い
- a spelling *bee* スペリングコンテスト

(as) busy as a bee とても忙しい

beech /bíːtʃ ビーチ/ 名 C 【植物】ぶな(の木)；U ぶな材

beef /bíːf ビーフ/ 名

❶ U 牛肉, ビーフ

❷ C ((くだけて)) 不平, 不満

beefsteak /bíːfstèik ビーフステイク/ 名 UC 牛肉の厚い切り身；ビーフステーキ

been

/bin ビン | bíːn ビーン；((強)) bín ビン/
((be の過去分詞))
動 ((次の用法で))

- *have [has] been*
((現在完了))(今まで)ずっと…である[にいる]
- Where *have* you *been*?
今までどこにいたの
- *had been* ((過去完了))(過去のある時点まで)ずっと…であった[にいた]
- I *had been* busy until yesterday.
きのうまで忙しかった
- *will have been* ((未来完了))(未来のある時点まで)(ずっと)…である[にいる]
- I *will have been* at this school for two years in April.
4月でこの学校に2年間いることになる

have been to A
(1) ((経験)) A (場所)へ行ったことがある
- I *have been to* Russia twice.

ロシアに2度行ったことがある
(2) ((完了)) A (場所)へ行ってきたところだ
- I've just *been to* the dentist.
歯医者に行ってきたところだ

■ 助 ((次の用法で))

- *have [has] been doing* ((現在完了進行形))(今まで)ずっと…している
- Tom *has been* sleep*ing* for over twelve hours. トムは12時間以上も眠り続けている
- *had been doing* ((過去完了進行形))(ある時点まで)ずっと…していた
- Ichiro *had been* practic*ing* for years before he turned professional. イチローはプロになるまで何年間も練習を重ねていた
- *have [has] been done* ((現在完了の受身))(今まで)ずっと…されている, されてしまった
- Taking lemon and honey *has been regarded* as a good remedy for a cold.
レモンとはちみつを飲むのは風邪に効くとされてきた
- *had been done* ((過去完了の受身))(過去のある時点までに)…された
- The dead body *had* already *been hidden* away when the police arrived.
警察が到着した時には死体は隠されていた

beep /bíːp ビープ/
名 C (警笛・発信音などの)ビーッという音

■ 動
— 自 ビーッと鳴る
— 他〈クラクションなどを〉ビーッと鳴らす

beeper /bíːpər ビーパ/ 名 C ポケ(ット)ベル

beer /bíər ビア/ 名 U ビール；C ((くだけて)) 1杯のビール
- drink *beer* ビールを飲む

beet /bíːt ビート/ 名 UC 【植物】ビート, 砂糖大根

Beethoven /béitouvən ベイトウヴァン/
名 **Ludwig van Beethoven** ベートーベン (ドイツの古典派の作曲家)

beetle /bíːtl ビートル/ 名 C 【昆虫】(かぶと虫などの)甲虫(こうちゅう)

before /bifɔ́ːr ビフォー/

前

❶ ((時間))…の前に, …より先に(⇔after)
- the day *before* yesterday 一昨日
- ten *before* eleven ((米))11時10分前
- *Before* coming to Japan, I had been in China for a long time.

日本に来る前は中国に長いこと住んでいました
❷ ((場所))…の前に (⇔ behind)
- I sang a song *before* the whole class.
クラス全員の前で歌を歌った
- The accident happened right *before* my eyes. 私のまさに目の前でその事故は起こった
before long やがて, まもなく
■ 接 …する前に, …しないうちに
- You should go home *before* it gets dark.
暗くなる前に家に帰りなさい
■ *it is not long before...* まもなく…する
before we know it あっという間に
■ 副 ((比較なし))((時間)) 前に, 以前に (⇔ after)
- I've met the man *before*.
その男に前に会ったことがある
- the night *before* 前の晩
- long *before* ずっと前に

beforehand /bifɔ́:rhænd ビフォーハンド/ 副 あらかじめ, 前もって

beg* /bég ベグ/
動 三単現 **begs** /ベグズ/
過去・過分 **begged** /ベグド/
現分 **begging** /ベギング/
— 他
❶ 〈お金・許可などを〉〈人に〉懇願(こんがん)する, 請う, 頼む ((*from...*))
- *beg* forgiveness 許しを請う
❷ 〈人に〉〈…を〉お願いする, 求める ((*for...*))
■ *beg A to do* A (人)に…するようお願いする
— 自
❶ 物ごいをする; 〈…を〉請う, 求める ((*for...*))
❷ 〈犬が〉ちんちんする
- *Beg!* ((命令)) 〈犬に対して〉ちんちん
I beg your pardon. ((聞き返す時に))もう一度おっしゃってください; ((わびる時))ごめんなさい, 失礼しました

began /bigǽn ビギャン/ 動 beginの過去形
beggar /bégər ベガ/ 名 C 物ごいをする人

begin /bigín ビギン/

動 三単現 **begins** /ビギンズ/
過去 **began** /ビギャン/
過分 **begun** /ビガン/
現分 **beginning** /ビギニング/
— 他 〈…を〉始める (⇔ end, finish)
- *begin one's* homework 宿題を始める
📖 Let's *begin* today's lesson now.
さあきょうの授業を始めましょう

- *begin to do* = *begin doing* …し始める
- It *began to* rain. 雨が降り出した
— 自 始まる (⇔ end, finish)
- School *begins* at eight. 学校は8時に始まる
to begin with まず第一に
- *To begin with*, you are too young.
まず第一に君は若すぎる

beginner /bigínər ビギナ/ 名 C 初心者, 初学者
- *beginner's* luck
(賭(か)け事などの)初心者の初当たり

beginning /bigíniŋ ビギニング/
動 beginの現在分詞・動名詞
■ 名 C 初め, 始め, 最初; 始まり, 起こり, 起源
- at the *beginning* of the year 年の初めに
- *from the beginning* 最初から
- *from beginning to end*
始めから終わりまで
- *in the beginning* 始めに, 初めのうちは

begun /bigʌ́n ビガン/ 動 beginの過去分詞
behalf /biháef ビハフ/ 名 ((次の成句))
on [((米))in] behalf of A A (人)のために; A の代わりに, A を代表して

behave /bihéiv ビヘイヴ/ 動
— 自
❶ (…に対して)ふるまう ((*to...*, *toward...*))
- *behave* well 行儀よくふるまう
❷ 行儀よくする
— 他 ((次の用例で))
- *behave oneself* 行儀よくする
- *Behave* yourself!
(子どもに)お行儀よくしなさい

behavior /bihéivjər ビヘイヴャ/ 名 U ふるまい; 行儀; 態度; 行動
behavioral 形 行動の

behind /biháind ビハインド/

前
❶ ((場所))…の後ろに (⇔ before)
- Look *behind* you. 後ろを見なさい
- He was hiding *behind* a big tree.
彼は大きな木の陰に隠れていた
❷ ((時間))…に遅れて; ((能力))…より劣って
- ten minutes *behind* schedule
定刻に10分遅れて
- be *behind* the times
時代[流行]に遅れている
- Our team is two goals *behind* his. ぼくた

ちのチームは彼のチームに2点ビハインドだ
❸ …を支持して, …に味方して
- We are always *behind* you.
ぼくたちはいつも君を応援しているよ
━━ 副 ((比較なし))
❶ 後ろに[を]; あとに
- look *behind* 後ろを見る
- stay *behind* あとに残る
- I left my purse *behind* at the café.
そのカフェにさいふを忘れた
❷ 遅れて; 〈時が〉過ぎ去って; 劣って
- My watch is two minutes *behind*.
ぼくの腕時計は2分遅れている
- Good old days are all *behind* now.
すばらしい日々はもはや過ぎ去ってしまった

beige /béiʒ ベイジュ/ 名 UC ベージュ色

Beijing /béidʒíŋ ベイヂング/ 名 北京(ペキン)
(中華人民共和国の首都)

being* /bíːiŋ ビーイング/
動
❶ ((beの現在分詞))
(1) ((進行形で)) …している
- He *is being* busy. 彼は忙しくしている
(2) ((分詞構文で)) …なので
- *Being* sick, I have to stay home.
ぼくは病気なので家にいなくてはいけない
❷ ((beの動名詞)) …であること
- *Being* a doctor is my dream.
医者になるのが私の夢です
━━ 助
❶ ((beの現在分詞)) ((進行形の受身)) …されている
- The bridge *is being* built. 橋は建設中です
❷ ((beの動名詞)) …されること
- I like *being* praised. ほめられるのが好きだ
━━ 名
❶ U 存在, 生存
- call [bring] A into *being* A を生み出す
- come into *being* 生まれ出る, 生じる
❷ C 生き物; 人間
- a human *being* 人間

belch /béltʃ ベルチ/
動 ⾃ げっぷをする
━━ 名 C げっぷ

Belfast /bélfæst ベルファスト | belfáːst ベルファースト/ 名 ベルファスト (北アイルランドの首都)

Belgian /béldʒən ベルヂャン/
形 ベルギー(人)の
━━ 名 C ベルギー人

Belgium /béldʒəm ベルヂャム/ 名 ベルギー
(首都はブリュッセル)

belief* /bilíːf ビリーフ/
名 (複 **beliefs** /bilíːfs ビリーフス/)
❶ U (…という)信念, 確信 ((*that*節))
- *It is my belief that* all men are equal.
すべての人間は平等だと私は信じている
❷ UC (…への)信仰, 信心 ((*in*...))
- have a firm *belief in* God
神の存在を固く信じている
❸ U (…に対する)信任, 信用, 信頼 ((*in*...))
beyond belief 信じられないほどの[に]

believe /bilíːv ビリーヴ/

動 三単現 **believes** /bilíːvz ビリーヴズ/
過去過分 **believed** /bilíːvd ビリーヴド/
現分 **believing** /bilíːviŋ ビリーヴィング/
━━ 他 〈話・言葉などを〉**信じる**, 本当だと思う;
〈人を〉信用する
- I *believe* her [what she says].
私は彼女の言うことを信じる
- He didn't *believe* the news at first.
彼は最初そのニュースを信じなかった
- *I can't believe it*.
(事実を認めた上で)信じられないよ
- *believe* (*that*) (…であると)信じる, 思う
- We all *believe* (*that*) the earth is round.
私たちはみんな地球は丸いと信じている
- *believe* A (*to be*) C
AをCだと信じる[思う]
- I *believe* him (*to be*) honest.
私は彼が正直だと信じている
- *I believe so* [*not*].
ぼくはそう思う[そうは思わない]
━━ ⾃ 信じる
- Seeing is *believing*.
((ことわざ)) 百聞は一見にしかず
believe in A A (神など)の存在を信じている; A (人)を信頼する
- Do you *believe in* UFOs?
あなたはＵＦＯの存在を信じていますか
- *believe in* oneself 自分に自信を持つ
believe it or not 信じられないかもしれないが; うそのような話だが
Believe me. ((くだけて)) 本当ですよ
cannot [*can't*] *believe one's eyes* [*ears*] 目[耳]を疑う
believer 名 C 信じる人, 信者

bell* /bél ベル/ 名 (複) **bells** /ベルズ/ [C]
鐘, ベル, 鈴;鐘[鈴]の音
📖 There's the *bell*. It's time to stop.
ベルが鳴りました. 終わりにします
📖 Sit quietly until the *bell* goes.
ベルが鳴るまで静かに座っていてください
　answer the bell
　(呼び鈴にこたえて)玄関に出る
　ring a bell
　(名前などに)聞き覚えがある;ピンとくる
bellboy /bélbɔ̀i ベルボイ/ 名 [C] ((米))(ホテルなどの)ボーイ
belly /béli ベリ/
名 [C] 腹, 腹部;胃
━ 動 (自) 〈帆などが〉膨らむ
belong* /bilɔ́:ŋ ビローング/
動 三単現 **belongs** /ビローングズ/
過去・過分 **belonged** /ビローングド/
現分 **belonging** /ビローンギング/
━ (自)
❶ 〈人・物が〉(人・団体などに)**所属する**, (…の)一員である;(…の)ものである((*to...*))
・ Which club does Jack *belong to*?
ジャックはどの部に入っていますか
・ This car *belongs to* my father.
この車は父のものです
❷ 〈物・人が〉(…の)あるべき場所にある[いる] ((*in..., at..., on...*))
・ The box *belongs in* the warehouse.
その箱の置き場所は倉庫の中です
・ Put the chair back where it *belongs*.
いすを元の場所へ戻しなさい
belonging /bilɔ́:ŋiŋ ビローンギング/
動 belongの現在分詞・動名詞
━ 名 [C] ((belongings)) 所有物, 所持品
・ personal *belongings* 私物
beloved /bilʌ́vid ビラヴィド/ 形 最愛の, いとしい

below /bilóu ビロウ/

前
❶ ((位置))…の下に(⇔above)
・ 10 meters *below* sea level
海面より10メートル下に
❷ ((数量など))…以下で, …に達しないで
・ *below* average 平均以下で
・ We only accept children four years and *below*.
ここでは4歳以下の子どものみ預かります

━ 副 ((比較なし))
❶ 下に, 下方に
・ far *below* ずっと下の方に
❷ (文書の)下部に, 下記に
・ See *below*. 下記参照
belt* /bélt ベルト/
名 (複) **belts** /ベルツ/ [C]
❶ ベルト, 帯, バンド
・ loosen [tighten] *one's belt*
ベルトをゆるめる[きつくする]
・ fasten [undo] *one's* safety *belt*
安全ベルトを締める[はずす]
❷ (帯状に細長い)地帯;地方
・ the Corn *Belt* (米国の)とうもろこし地帯
━ 動 (他) 〈…を〉ベルトで締める((*up, on*));((くだけて))〈人・物を〉強打する
beltway /béltwèi ベルトウェイ/ 名 [C] ((米))(都市周辺の)環状道路
bench* /béntʃ ベンチ/
名 (複) **benches** /ベンチズ/ [C]
❶ ベンチ, 長いす
・ sit on a park *bench* 公園のベンチに座る
❷ ((米))【スポーツ】ベンチ, 選手席
❸ (機械工などの)作業台
❹ ((the bench)) 裁判官(の職);判事席
benchmark /béntʃmà:rk ベンチマーク/ 名 [C] 【測量】水準点;評価基準

bend /bénd ベンド/

動 三単現 **bends** /ベンヅ/
過去・過分 **bent** /ベント/
現分 **bending** /ベンディング/
━ (他)
❶ 〈…を〉**曲げる**;かがめる
・ *bend* an iron bar 鉄の棒を曲げる
・ *bend one's* head 頭をかがめる[下げる]
・ *bend one's* knee(s) ひざを曲げる[折る]
❷ 〈規則などを〉曲げる;〈人を〉(…に)屈服させる((*to...*))
・ *bend* the truth 真実をねじ曲げる
❸ ((改まって))〈視線・注意・歩みなどを〉(…に)向ける, 傾ける((*to..., toward...*))
━ (自)
❶ かがむ, 体を曲げる((*down, over*))
・ He *bent down* to tie his shoelace.
彼は靴ひもを結ぶためにかがみこんだ
❷ 曲がる, たわむ
・ Wire *bends* easily. 針金は簡単に曲がる
❸ 〈道・川などが〉(…の方向に)向きを変える,

曲がる((toward..., to...))
・The river *bends toward* the west.
川は西の方へ曲がっている
━ 名 (複) **bends** /ベンヅ/ C 曲がること；曲がった部分, カーブ

beneath /biníːθ ビニース/
前
❶ …の下に, …の真下に
・*beneath* the wall 壁の下の所に
❷ …に値しない；…より劣って
━ 副 下に, 下方に；真下に
・see the lake *beneath* 湖が下に見える

benefactor /bénəfæktər ベネファクタ/ 名 C 後援者；恩人

beneficial /bènəfíʃəl ベネフィシャル/ 形 (…にとって)有益な, 役に立つ((to...))
|**beneficially** 副 利益になるように

benefit /bénəfit ベネフィト/
名
❶ U C 利益, ためになるもの；恩恵
・get [gain] a *benefit* 利益を上げる
・for the *benefit* of the public
公共の利益のために
❷ C U (政府からの)手当；(保険の)給付金
・unemployment *benefits* 失業手当
❸ C 慈善興行
・a *benefit* concert チャリティーコンサート
━ 動
━ 他 〈…に〉利益を与える
・This rain will *benefit* the crops.
この雨は作物にとって恵みの雨となるでしょう
━ 自 (…で)利益を得る((from..., by...))

Benelux /bénəlʌks ベネラクス/ 名 ベネルクス三国 (ベルギー, オランダ, ルクセンブルグ)

bent /bént ベント/
動 bendの過去形・過去分詞
━ 形
❶ 〈物が〉曲がった；ねじれた
❷ (…を)決意[決心]した((on...))
■ **be bent on** *doing*
…しようと決心している；…するのに熱中している
━ 名 C (関心などの)傾向, 好み

beret /bəréi バレイ/ 名 C ベレー帽

Berlin /bəːrlín バーリン/ 名 ベルリン (ドイツの首都)

berry /béri ベリ/ 名 C ベリー (いちごなど小粒で果汁が多くやわらかな果実)

berth /báːrθ バース/ 名 C (船・列車などの)寝台；(船の)停泊位置

beside* /bisáid ビサイド/
前 …のそばに, …の横に
・There used to be a bookstore *beside* our house. 以前わが家の隣に本屋があった
■ **beside** *oneself*
(怒りなどで)我を忘れて, 逆上して((with...))

besides* /bisáidz ビサイヅ/
前
❶ …のほかに, …に加えて
・I have three sisters *besides* a brother.
私には兄[弟]のほかに3人の姉妹がいます
❷ ((主に否定文・疑問文で))…のほかには, …を除いては
・How many languages do you speak *besides* Japanese?
日本語以外に何か国語を話しますか
━ 副 ((比較なし)) さらにまた, その上
・She is wise, *besides*, being beautiful.
彼女は賢明で, さらに美しい

best ☞ 60ページにあります

best-seller /béstsélər ベストセラ/ 名 C ベストセラー

bet /bét ベト/
動 三単現 **bets** /ベツ/
過去・過分 **bet, betted** /ベティド/
現分 **betting** /ベティング/
━ 他
❶ 〈金などを〉(…に)賭(か)ける((on...))
・I *bet* 10,000 yen on the match.
私はその試合に1万円賭けた
❷ ((次の用法で))
■ **bet** *A B* A (人)にB (金)を賭ける
・She *bet* him five dollars.
彼女は彼に5ドル賭けた
■ **bet that...** …ということに賭ける
・I *bet that* it won't rain tomorrow.
あしたは雨が降らないということに賭けるよ
━ 自 (…に)賭ける((on...))
・*bet on* that horse その馬に賭ける
I bet... きっと(…だ)((that節))
・*I bet* (*that*) you'll win. きっと君が勝つよ
You bet! もちろん, そのとおりだ
You can bet on it! 間違いないよ
━ 名 (複) **bets** /ベツ/ C 賭事, 賭金
・make a *bet* on the favorite 本命に賭ける
|**betting** 名 U 賭け(こと)
➡➡➡ 61ページに続く ➡➡➡

best /bést ベスト/

形 ((goodの最上級))(⇔worst)

① ((the [one's] best))(ほかのものと比較して)**最もよい**, 最高の
- a *best* seller ベストセラー, よく売れるもの
- She is *the best* piano player in the class. 彼女がクラスでいちばんピアノがうまい
- That was one of *the best* kabuki plays that I have ever seen. あれは今まで見た中でいちばんよい歌舞伎の1つだった
- "What is *your best* childhood memory?" "Going to Hawaii with my family." 「子どもの時のいちばんの思い出は何ですか」「家族とハワイに行ったことです」
- Soseki Natsume is by far *the best* novelist Japan has ever produced. 夏目漱石は今までに日本が生んだ最高の小説家だ

② ((ふつう無冠詞))(1つのものについて)(ある条件の時で)**いちばんよい状態で**
- Kairakuen is *best* in spring. 偕楽園は春がいちばんだ
- *Best* before 賞味期限

③ ((ふつう無冠詞))((よさを強めて)) 大の, いちばんの
- We are *best* friends. 私たちはお互いに最高の友達だ

■ *it is best for A to do* Aが…するのがいちばんよい

④ ((the best))(選択肢の中で)いちばんましな
- His proposal seems to be *the best*. 彼の提案がいちばんましなようだ

■ **副** ((wellの最上級))

① **最もよく**, 最もじょうずに; 最も, いちばん
- I enjoyed their first CD album *best* of all. 彼らの初のCDアルバムがいちばんよかった
- It is at night when my brain works (*the*) *best*. 私の頭がいちばんよく働くのは夜だ
- Which fish do you like *best*, salmon or tuna? 鮭とまぐろではどちらが最も好きですか

② ((good, wellの最上級として, 過去分詞に付けて複合語で)) 最高に, 最もよく
- the *best*-known movie star in Japan 日本で最も有名な映画俳優
- These steaks are *best* cooked medium-rare. これらのステーキはミディアムレアで最高に焼かれている

as best one can [may] (十分にできないが)できるだけ, 精いっぱい
- Why don't you try *as best* you *can*? ベストを尽くしてみたら

best of all とりわけうれしいことに, いちばん

■ **名** Ⓤ ((ふつうthe [one's] best))

① **最もよいもの**, 最善; 長所; 最も優れた人たち; ((one's best))自分の最高の状態, 自己最高記録
- This price is *the very best* [*simply the best*] we can offer you. これが私たちが提示できる最安値です
- This plan is *the* second *best*. このプランは次善策です
- The teacher believes that she is among *the best* debaters in our school. 先生は彼女が学校でディベートの達人の1人だと思っている
- My younger sister looks *her best* in kimono. 妹は和服を着た時がいちばんすてきだ

② ((くだけて)) よろしくとのあいさつ
- Please send my *best* to your parents. ご両親によろしく

(all) for the best 結局はよくなるように;(悪いことが)それはそれで思ったほど悪くなくて

All the best for the New Year 明けましておめでとうございます

All the best (to you)! ((手紙などの末尾の言葉)) 健康を祈る; お元気で

at one's best 最高の状態で; 最盛期で

at (the) best よくても, せいぜい, よく言っても

do [try] one's best 最善を尽くす
- He always tries *his best*. 彼はいつも最大の努力をする
- *Do your best* now, or you'll regret later. 今最善を尽くせ. さもないとあとで後悔するぞ

make the best of A A(不利な状況など)を最大限に利用する

(The) best of luck! 幸運を祈ってるよ, がんばってね

to the best of A ((ふつう文頭に置いて)) Aの限り(では)
- *to the best of* my knowledge 私の知っている限りでは

beta /béitə ベイタ/ 名 C ベータ (*B*, *β*) (ギリシャ語アルファベットの第2字)

Bethlehem /béθlihèm ベスリヘム/ 名 ベツレヘム (エルサレム付近の町で, キリストの生誕地)

betray /bitréi ビトレイ/ 動 他
❶ 〈人・国・信頼などを〉裏切る
・You must not *betray* your friend.
友人を裏切ってはいけない
❷ 〈秘密などを〉もらす
betrayal 名 U C 裏切り(行為);密告

betted /bétid ベティド/ 動 betの過去形・過去分詞

better /bétər ベタ/

形 ((goodの比較級)) (⇔ worse)
❶ よりよい, より優れた;ましな方の
・My exam performance was *better* than I expected.
私の試験の出来は思っていたよりよかった
■ *it is better for A to do* Aは…した方がいい
・Nothing is *better* than a good night's sleep. = A good night's sleep is *better* than anything.
夜ぐっすり眠ることほどいいことはない
📖 That's much *better*.
ずっとよくなりましたね
📖 *Better* luck next time. 次はがんばってね
❷ よりじょうずな, 得意な; (…に)じょうずで, 得意で ((*at...*));まだじょうずな方の
・Jane is a *better* guitar player than Tom. = Jane plays guitar *better* than Tom.
ジェーンはトムよりギターがじょうずだ
・Yoko is *better at* calligraphy than I.
洋子は私より習字がよくできる
❸ (…にとって)もっと体によい ((*for...*))
・Getting some exercise is *better for* you than dieting. 適度に運動をするとダイエットをするよりも体によい
❹ 〈病状・気分が〉(…で)よくなって, より健康な, 快方に向かった ((*for...*))
・I felt *better* after taking some medicine.
薬を飲んだらよくなった
・Do you *feel better* today?
きょうは気分はよくなりましたか
be better than nothing
ないよりもましだ
be no [little] better than A
Aも同然である, まるでAである

get better 〈物・事が〉改善される, よくなる;〈人が〉快方に向かう;〈景気が〉よくなる

■ 副
❶ ((wellの比較級)) **よりよく**, よりじょうずに
・He drives *better* than I do.
彼は私より運転がうまい
・You could have done *better*.
君ならもっとじょうずにやれたはずだ
・I'm disappointed that I couldn't do *better*.
もっとじょうずにできなくて自分に失望した
❷ ((very muchの比較級)) より以上に, より多く
・Which do you like *better*, coffee or tea?
コーヒーとお茶ではどちらが好きですか
・Some are *better* able to speak the language than others. その言葉をほかの人よりもっとうまく話せる人もいる
all the better for A
Aがあるためかえって, それだけいっそう
had better do
((命令形で))〈人が〉…すべきだ, …した方がいい
・I *had better* let you go now.
引き止めてしまってすみません (長い間話し込んでしまってすみません)
・You *had better* not drink too much.
君はあまり酒を飲まない方がいい
know better より分別がある
The sooner, the better.
早ければ早いほどよい

■ 動
━ 他 ((改まって))〈…を〉改善する, 向上させる;〈…を〉しのぐ
━ 自 ((改まって)) さらによくなる, 向上する
━ 名 C ((改まって)) さらによいもの, いっそう優れたもの
・I'll take the *better* of these two.
これら2つのうちいい方をもらいます
for better or (for) worse = for better, for worse
よかれあしかれ, どんなことがあろうと (永久に)
for the better さらによい方に
・take a turn *for the better* 快方に向かう

between
/bitwí:n ビトウィーン/

前 〈2つの場所・時刻など〉**の間に[で]**
・The bus runs *between* the station and our school.

バスが駅と学校の間を走っている
- Please call me *between* 8 and 9 tomorrow morning.
あすの朝8時から9時の間にお電話ください
- a match *between* the two national teams 両国代表チーム間の試合

between ourselves = between you and me
2人だけの秘密として, ないしょだが
■ 副 ((2つの場所・時刻などの))間に

in between 間に, 中間に
- two classes with a break *in between*
休憩をはさんだ2つの授業

beverage /bévəridʒ ベヴァリヂ/ 名 C (水以外の)飲み物, 飲料

beware /biwéər ビウェア/ 動
― 自 ((…に))用心する, 注意する ((*of*...))
- *Beware of* pickpockets! すりにご用心
― 他 〈…に〉用心する

beyond
/bijánd ビヤンド | bijónd ビヨンド/ 前

❶ ((場所))…の向こうに[へ]
- far *beyond* the border
国境のずっと向こうに
- a village *beyond* the mountains
山の向こうの村

❷ ((範囲・限度))…を超えて; …より以上に
- *beyond* doubt もちろん
- You should not spend *beyond* your income. 収入以上の出費をしてはいけない

❸ ((時間など))…を過ぎて
- The meeting continued *beyond* the fixed time.
その会合は定刻を過ぎても続いた
― 副 ((比較なし)) ((場所)) 向こうに; ((時間))以降; ((段階))さらに; ((量))以上に
- the year 2011 and *beyond* 2011年以降

biannual /baiǽnjuəl バイアニュアル/ 形 年2回の

bias /báiəs バイアス/ 名 U
❶ (…に対する)先入観, 偏見 ((*toward*...)); えこひいき
❷ (織り目に対する)斜線, バイアス

on the bias はすに, 斜めに
― 動 他 〈人に〉偏見[先入観]を抱かせる

biased 形 〈意見などが〉偏った

Bible* /báibl バイブル/
名 (複 **Bibles** /バイブルズ/) ((the Bible)) (キリスト教の)**聖書**; C (1冊の)聖書

bibliography /bìbliágrəfi ビブリ**ア**グラフィ/
名 C (特定の主題の)図書目録; 参考文献一覧表

bicentennial /bàisenténiəl バイセンテニアル/ 名 C 二百年(記念)祭

bicycle
/báisikl バイスィクル/
名 (複 **bicycles** /バイスィクルズ/) C **自転車**
- *ride* [*get on*] *a bicycle* 自転車に乗る
- *get off a bicycle* 自転車から下りる
- *go by* [*on a*] *bicycle* 自転車で行く

bid /bíd ビド/
動
― 他 (オークションで)(…に)〈値段を〉付ける ((*for*...))
- I *bid* $500 dollars *for* the vase.
私はその花びんに500ドルの値を付けた
― 自 (契約などに)入札する ((*for*...))
― 名 C (…の)値を付けること((*of*...)); 入札; 付け値

biennial /baiéniəl バイエニアル/
形 2年に1度の, 隔年の; 【植物】2年生の
― 名 C 【植物】2年生植物; 2年に1度の行事

big
/bíg ビグ/
形 副 比較 **bigger** /ビガ/
最上 **biggest** /ビガスト/
― 形
❶〈形・量・規模などが〉**大きい**(⇔little, small)
- a *big* tree 大きな木
- a *big* toe (足の)親指
- a *big* family 大家族
- *big* money ((くだけて)) 大金
- a *big* deal 大したこと[人]
- a *big* name 大物, 有名人
- the (*Big*) Dipper ((米)) 北斗七星

❷〈事が〉重大な;〈人が〉偉い; 大した
- a *big* game 大試合
- a *big* fan 大ファン
- make a *big* mistake 重大な間違いをする

❸ ((くだけて)) 年上の (older, elder)
- *one's big* brother [sister] 兄[姉]
― 副 ((くだけて)) 偉そうに, 大げさに
- act *big* 偉そうにふるまう

make it big 大成功する, 有名になる

big bang /bígbæn ビグバン/ 名 ((ふつうthe big bang))【天文】ビッグバン (宇宙の起源とされる大爆発)

Big Ben /bígbén ビグベン/ 名 ビッグベン (英国国会議事堂の時計塔[大時計の鐘])

bike* /báik バイク/ 名 C ((複)) **bikes** /バイクス/ C ((くだけて))
1 **自転車**(bicycle)
2 **オートバイ**(motorcycle, motorbike)

bilateral /bailǽtərəl バイラタラル/ 形 双方の, 二国間の
bilaterally 副 双方で

bile /báil バイル/ 名 U【生理】胆汁

bilingual /bàilíŋgwəl バイリングワル/
形〈人・集団が〉2か国語を話せる; 2か国語の
— 名 C 2か国語を話せる人

bill¹ /bíl ビル/

名 ((複)) **bills** /ビルズ/) C
1 **請求書**; ((英))(飲食店などの)**勘定書き** (((米))check)
・ a telephone *bill* 電話料金請求書
・ pay a *bill* 勘定を払う
・ *Bill*, please. (客が)お勘定をお願いします
2 ((米))**紙幣**, 札 (½)
・ two five-dollar *bills* 5ドル紙幣2枚
3 **法案**, 議案
・ pass [reject] a *bill* 法案を可決[否決]する
4 **広告**, びら, ちらし
・ post *bills* on the wall 壁にびらを貼る

bill² /bíl ビル/ 名 C (鳥の)くちばし

billboard /bílbɔ̀:rd ビルボード/ 名 C ((米)) (屋外の)広告板

billiards /bíljərdz ビリャヅ/ 名 ((単数扱い)) ビリヤード, 玉突き

billion* /bíljən ビリアン/
名 ((複)) **billion, billions** /ビリアンズ/) C 10 億 (略 bn)
— 形 10億の

billionaire /bìljənéər ビリャネア/ 名 C 億万長者, 大金持ち

billionth /bíljənθ ビリャンス/
形 10億番目の; 10億分の1の
— 名 C 10億番目; 10億分の1

bin /bín ビン/ 名 C ((英)) ごみ箱; (穀物・石炭などの)ふた付きの大型貯蔵箱

binary /báinəri バイナリ/ 形 2つの, 2つから成る;【数学】2進法の
・ the *binary* system【数学】2進法, 2元法

bind /báind バインド/

動 三単現 **binds** /バインヅ/
過去・過分 **bound** /バウンド/
現分 **binding** /バインディング/

— 他
1 (…を)(ひもなどで)**しばる, くくる, 束ねる** ((*with*...))
・ *bind* his hands *with* rope(s) 彼の手をなわでしばる
・ *bind* the papers into bundles 新聞をくくって束にする
2〈傷などに〉包帯をする ((*up*))
・ *bind* (up) a wound 傷口に包帯をする
3〈人などを〉結び付ける, 団結させる
4〈本を〉(…で)製本する, 装丁する ((*in*...))
・ a book *bound in* leather 革装の本
— 自〈約束・契約などが〉拘束力がある

binder /báindər バインダ/ 名 C
1 しばる人[物]; 包帯, ひも
2 (ルーズリーフ用)バインダー

binding /báindiŋ バインディング/
動 bindの現在分詞・動名詞
— 名
1 U しばること; C しばる[束ねる]物
2 U 製本, 装丁; C (本の)表紙
— 形〈契約などが〉拘束力のある, 義務的な

bingo /bíŋgou ビンゴウ/
名 U ((時にBingo)) ビンゴ(ゲーム)
— 間 ビンゴ, やったぞ

binoculars /bainákjələrz バイナキュラズ/ 名 ((複数扱い)) 双眼鏡

biochemistry /baioukémistri バイオウケミストリ/ 名 U 生化学
biochemist 名 C 生化学者

biography /baiágrəfi バイアグラフィ/ 名 C 伝記; 伝記文学
biographer 名 C 伝記作家
biographical 形 伝記の; 伝記体の

biology /baiáləʤi バイアラヂ/ 名 U 生物学
biological 形 生物学(上)の, 生物学的な
biologically 副 生物学上, 生物学的に
biologist 名 C 生物学者

biotechnology /bàioutekná1əʤi バイオテクナラヂ/ 名 U バイオテクノロジー, 生物工学

bird /bə́:rd バード/

名 ((複)) **birds** /バーヅ/) C 鳥
・ keep [have] a *bird* 鳥を飼う

- *bird* watching バードウォッチング
- *Birds* of a feather flock together. 《ことわざ》同じ羽の鳥はいっしょに集まる, 類は友を呼ぶ

a bird in the hand
掌中(じょう)の鳥, 確実な利益

kill two birds with one stone
一石二鳥を得る, 一挙両得をする

birdie /bə́ːrdi バーディ/ 名 C
❶ 《くだけて》《幼児語》小鳥ちゃん
❷ 【ゴルフ】バーディー

birth* /bə́ːrθ バース/
名 (複 **births** /バースス/)
❶ U C **出生, 誕生**;出産
- *one's* date of *birth* 生年月日
- a *birth* certificate 出生証明書
- *birth* control 産児制限;避妊
❷ U 生まれ, 家系, 血統
❸ U (事物の)起源, 発生, 出現

by birth 生まれは;生まれながらの

give birth to A
A(子)を産む;Aの原因となる

birthday /bə́ːrθdèi バースデイ/
名 (複 **birthdays** /バースデイズ/) C **誕生日**
- a *birthday* present 誕生祝いの贈り物
- Happy *birthday*! お誕生日おめでとう
- Ken has his 15th *birthday* today.
ケンはきょうが15歳の誕生日です

birthplace /bə́ːrθplèis バースプレイス/ 名 C
出生地, 生まれ故郷;発祥地

birthstone /bə́ːrθstòun バースストウン/ 名 C 誕生石

biscuit /bískit ビスキト/ 名 C ビスケット (《米》cookie)

bisexual /bàisékʃuəl バイセクシュアル/
形 両性の, 雌雄同体の;両性愛の
— 名 C 両性愛者

bishop /bíʃəp ビシャプ/ 名 C
❶ (英国国教会の)主教, (カトリックの)司教, (プロテスタントの)主教, 監督
❷ 【チェス】ビショップ

bison /báisən バイサン/ 名 (複 **bison**) C 【動物】バイソン

bit¹ /bít ビト/

名 (複 **bits** /ビツ/) C
小片, 小部分, 破片
- *a little bit of* A ほんの少しのA

bits and pieces [*bobs*]
《英》《くだけて》あれこれこまごましたもの

bit by bit 少しずつ, だんだん

every bit of A 全部[すべて]のA

not a bit 少しも…ない (not at all)

quite a bit 《くだけて》かなり, 相当

to bits こなごなに, ずたずたに

bit² /bít ビト/ 名 C 【コンピュータ】ビット (情報の量を計る基本単位)

bit³ /bít ビト/ 動 biteの過去形・過去分詞

bitch /bítʃ ビチ/
名 C 雌犬;《俗》あばずれ
— 動 (自) (…について)不平を言う (*about...*)

bitchy /bítʃi ビチ/ 形 《くだけて》意地悪な;怒りっぽい

bite /báit バイト/

動 (三単現 **bites** /バイツ/)
過去 **bit** /ビト/
過分 **bitten** /ビトン/, **bit** /ビト/
現分 **biting** /バイティング/
— 他
❶ 〈…を〉かむ, 〈…に〉かみつく
❷ 〈虫などが〉〈…を〉刺す
- A mosquito *bit* me. 蚊に刺された
— 自
❶ (…に)かみつく (*at..., on...*);(食べ物などに)食いつく (*into...*)
❷ 〈寒さなどが〉肌を刺す, 身にしみる
— 名 (複 **bites** /バイツ/) C
❶ かむこと
❷ かみ傷;(虫などに)刺された跡[傷]
❸ (ふつう a bite) 軽い食事;(チーズなどの)ひと口サイズ

biting /báitiŋ バイティング/
動 biteの現在分詞・動名詞
— 形
❶ 〈寒さなどが〉身を切るような;〈皮肉などが〉痛烈な
❷ 《副詞的に》身を切るように

bitten /bítn ビトン/ 動 biteの過去分詞

bitter /bítər ビタ/

形 (比較 **bitterer** /ビタラ/
最上 **bitterest** /ビタラスト/)
❶ 〈味が〉**苦い** (⇔sweet);〈経験などが〉つらい
- *bitter* chocolate ビターチョコレート
❷ 〈言葉などが〉敵意のある, 辛らつな
— 名 U 苦味酒;《bitters》ビターズ(カクテ

bitterly 副 苦々しく;激しく
bitterness 名 U 苦味;つらさ
bittersweet /bítərswìːt ビタスウィート/ 形〈思い出などが〉ほろ苦い
bizarre /bizáːr ビザー/ 形 奇怪な;突飛な,異様な
blab /blǽb ブラブ/
動 三単現 **blabs** /ブラブズ/
過去・過分 **blabbed** /ブラブド/
現分 **blabbing** /ブラビング/
— 他 ((くだけて))〈秘密などを〉もらす
— 自 ((くだけて)) 秘密をもらす

black /blǽk ブラク/

形 比較 **blacker** /ブラカ/
最上 **blackest** /ブラカスト/
❶ 黒い(⇔white);真っ黒の(dark)
・a *black* belt in judo 柔道の黒帯
❷ ((しばしばBlack)) 黒人の
❸ 暗い;悲観的な, 希望のない
❹〈コーヒー・紅茶が〉ミルク[クリーム]なしの, ブラックの
— 名 (複) **blacks** /ブラクス/
❶ U C 黒, 黒色(⇔white);黒い服,(特に)喪服
❷ ((しばしばBlack)) C 黒人
in the black (経営が)黒字で
— 動 他〈…を〉黒くする;〈…を〉汚す
black out 意識を失う;報道規制をする
black-and-white /blǽkəndhwáit ブラカンドホワイト/ 形 白黒の;〈問題などが〉白黒のはっきりした
blackberry /blǽkbèri ブラクベリ/ 名 C 【植物】黒いちご
blackboard /blǽkbɔ̀ːrd ブラクボード/ 名 C 黒板(((米))chalkboard)
blacklist /blǽklist ブラクリスト/
名 C ブラックリスト, 要注意人物の名簿
— 動 他〈人を〉ブラックリストに載せる
blackmail /blǽkmèil ブラクメイル/
名 U 恐喝, ゆすり
— 動 他〈人を〉恐喝する, ゆする
blackout /blǽkàut ブラカウト/ 名 C 停電;報道規制
blacksmith /blǽksmiθ ブラクスミス/ 名 C かじ屋, 蹄鉄(ていてつ)工
bladder /blǽdər ブラダ/ 名 C【解剖】膀胱(ぼうこう)

blade /bléid ブレイド/ 名 C
❶ (刀・包丁などの)刃, 刀身
❷ (オールの)水かき;(プロペラなどの)羽根
blame* /bléim ブレイム/
動 三単現 **blames** /ブレイムズ/
過去・過分 **blamed** /ブレイムド/
現分 **blaming** /ブレイミング/
— 他
❶〈人を〉(…で)**非難する**, 責める((*for...*, *for doing*))
・She *blamed* herself *for* fail*ing* the test.
彼女は試験に落ちたことで自分を責めた
❷ ((次の用法で))
▪ *blame A for B = blame B on A* A(人)にB(事)の責任を負わせる, BをAのせいにする
・I *was blamed for* the accident.
私はその事故の責任を問われた
・He *blamed* the accident *on* me.
彼はその事故を私のせいにした
be to blame
(…に対して)責めを負うべきである((*for...*))
— 名 U **非難**;(失敗などに対する)責任((*for...*))
bland /blǽnd ブランド/ 形〈食べ物が〉味のない;まずい;個性のない, 当たりさわりのない
blank* /blǽŋk ブランク/
形 比較 **blanker** /ブランカ/
最上 **blankest** /ブランカスト/
❶ 白紙の, 書き入れのない;からの(empty)
❷ ぼんやりした, 無表情な
go blank
〈画面が〉消える;〈頭が〉真っ白になる
— 名 (複) **blanks** /ブランクス/ C
❶ 空所, 空欄
❷ 書き込み用紙
draw a blank 失敗に終わる
blanket /blǽŋkit ブランキト/ 名 C 毛布
blankly /blǽŋkli ブランクリ/ 副 ぼんやりと, 無表情に
blare /bléər ブレア/
動
— 自〈らっぱなどが〉鳴り響く
— 他〈らっぱなどを〉騒がしく鳴らす
— 名 ((a blare)) 騒々しい音
blast /blǽst ブラスト/
名 C
❶ 爆破(作業);突風
❷ (らっぱ・笛などの)大きな音, ひと吹き
at full blast 全力をあげて

blatant

— **動** 他 〈…を〉爆破する

blatant /bléitənt ブレイタント/ **形**
❶ 見えすいた, あからさまの
❷ 騒々しい, うるさい

blaze /bléiz ブレイズ/
名 C
❶ (勢いよく燃え上がる)炎, 火炎;燃えるような色彩
❷ (感情の)爆発, ほとばしり
— **動** 自
❶ 炎を上げて燃える;(炎のように)輝く
❷ (怒りなどで)かっとなる ((with...))

blazer /bléizər ブレイザ/ **名** C ブレザー(コート)

blazing /bléiziŋ ブレイズィング/
動 blazeの現在分詞・動名詞
— **形** 焼けつくような;〈色が〉燃えるような

bleach /blí:tʃ ブリーチ/
動
— 他 〈…を〉漂白する, 白くする
— 自 色が抜ける, 白くなる
— **名** U 漂白剤

bleachers /blí:tʃərz ブリーチャズ/ **名** C
((複数扱い))((米))(野球場の外野席のような)屋根なし観客[観覧]席

bleak /blí:k ブリーク/ **形** 〈天候が〉寒々とした;〈環境などが〉わびしい

bled /bléd ブレド/ **動** bleedの過去形・過去分詞

bleed* /blí:d ブリード/
動 三単現 **bleeds** /blí:dz ブリーヅ/
過去・過分 **bled** /bléd ブレド/
現分 **bleeding** /blí:diŋ ブリーディング/
— 自
❶ 出血する;血を流す
❷ (…のために)心を痛める ((for...))
— 他 〈人から〉血を抜き取る

bleeding /blí:diŋ ブリーディング/
動 bleedの現在分詞・動名詞
— **名** U 出血
— **形** 出血している;ひどい

blend /blénd ブレンド/
動
— 他 〈材料を〉混ぜ合わせる;〈…を〉調和させる, 〈紅茶・ウイスキーなどを〉ブレンドする
— 自 混ざり合う;調和する
— **名** C 混合;混合物;ブレンド

blender /bléndər ブレンダ/ **名** C ミキサー

bless* /blés ブレス/

動 三単現 **blesses** /blésiz ブレスィズ/
過去・過分 **blessed, blest** /blést ブレスト/
現分 **blessing** /blésiŋ ブレスィング/
— 他
❶ 〈神が〉〈…を〉**祝福する**, 〈人に〉恵を与える
❷ 〈神を〉賛美する, ほめたたえる;〈…に〉(…に対して)感謝する ((for...))
(God) bless you!
((話))(くしゃみをした人に)お大事に

blessed
動 /blést ブレスト/ blessの過去形・過去分詞
— **形** /blésid ブレスィド/ 神の祝福を受けた

blessing /blésiŋ ブレスィング/
動 blessの現在分詞・動名詞
— **名** C (神の)恩恵, 天の恵み;ありがたいもの[こと];礼拝, お祈り

blest /blést ブレスト/ **動** blessの過去形・過去分詞

blew /blú: ブルー/ **動** blow¹の過去形

blight /bláit ブライト/
名
❶ C 損傷を与えるもの
❷ U C 【植】胴枯れ病, 虫害
— **動** 他
❶ 〈…を〉だめにする, 台無しにする
❷ 〈植物を〉枯らす

blind* /bláind ブラインド/
形 比較 **blinder** /bláində ブラインダ/
最上 **blindest** /bláindəst ブラインダスト/
❶ **目の見えない, 盲目の**;視覚障害者の(ための)
・ a *blind* person 盲人
・ go *blind* 視力を失う
❷ (…の)理解力がない, (…に)気づかない ((to...))
— **動** 他 〈人などの〉目をくらます
— **名** (複 **blinds** /bláindz ブラインヅ/) C ブラインド, (窓の)日よけ

blinding **形** 目をくらませる, まぶしい
blindly **副** 目が見えずに;よく考えずに
blindness **名** U 盲目;無知

blink /blíŋk ブリンク/
動
— 自
❶ まばたきする
❷ 〈信号・星などが〉点滅する, またたく
— 他
❶ 〈目を〉まばたく, ぱちくりさせる
❷ 〈光を〉点滅させる

- 名C まばたき;きらめき
blinker 名C (自動車の)ウインカー;点滅信号機
blinking 形 まばたきする;ちらちらする
bliss /blís ブリス/ 名U 至福, 無上の喜び
blister /blístər ブリスタ/ 名C 水[火]ぶくれ;(手足の)まめ
blizzard /blízərd ブリザド/ 名C 大吹雪, ブリザード
blob /bláb ブラブ/ 名C しずく;しみ, 汚れ
bloc /blák ブラク/ 名C (共通の政治的目的のための)連合, ブロック
block* /blák ブラク/
名 (複 **blocks** /ブラクス/) C
❶ ((米))(市街地の)**一区画**, ブロック
・Our school is two *blocks* away from here. 学校はここから2ブロック先です
❷ (木・石などの)かたまり;(建築用)ブロック;積み木
・a *block* of ice 氷のかたまり
❸ 障害物;(交通)渋滞(じゅうたい)
━動
三単現 **blocks** /ブラクス/
過去過分 **blocked** /ブラクト/
現分 **blocking** /ブラキング/
━他
❶ 〈通路などを〉ふさぐ, 閉鎖する((*up, off*))
・*block off* [*up*] a road 道路をふさぐ
・You're *blocking* the way.
ちょっとじゃまなんですが
❷ 〈計画などを〉妨害する;〈光などを〉さえぎる
blockade /blɑkéid ブラケイド/ 名C (港などの)封鎖;交通遮断
blockbuster /blákbʌstər ブラクバスタ/ 名C
❶ ((くだけて))(映画・小説などの)大ヒット作(品)
❷ 大型爆弾
blog /blág ブラグ/ 名C【コンピュータ】ブログ(web site上の日記)
blond /blánd ブランド/
形 〈髪が〉金髪の, ブロンドの;〈肌が〉色白の
━名C 金髪で色白の人
blonde /blánd ブランド/
形 〈髪が〉金髪の, ブロンドの;〈肌が〉色白の
━名C 金髪で色白の女性

blood /blʌ́d ブラド/ 名U

❶ 血, 血液

・a *blood* type ((米)) 血液型
・lose *blood* 出血する
・give [donate] *blood* 献血する
・do a *blood* test 血液検査をする
❷ ((改まって)) 血統, 血縁
make A's blood boil
A(人)を激怒させる
bloodless /blʌ́dləs ブラドラス/ 形 無血の;血の気のない;冷酷な
bloody /blʌ́di ブラディ/ 形
❶ 出血している;血まみれの
❷ 血生ぐさい;残忍な
bloom /blú:m ブルーム/
名 CU (特に観賞用の)花; U 開花(期), 花盛り
━動 (自) 〈花が〉咲く;〈才能などが〉開花する
blossom /blásəm ブラサム/
名 CU (特に果樹の)花; U 開花(期), 花盛り
・*be in full blossom* 満開である
・*come into blossom* 花が咲き出す
━動 (自) 〈木が〉開花する;〈人が〉(…へと)発展[成長]する((*into*...))
blouse /bláus ブラウス/ 名C (婦人用)ブラウス

blow¹ /blóu ブロウ/

動 三単現 **blows** /ブロウズ/
過去 **blew** /ブルー/
過分 **blown** /ブロウン/
現分 **blowing** /ブロウイング/
━自
❶ 〈風が〉**吹く**;〈物が〉風で飛ぶ
・It [The wind] is *blowing* hard.
強風が吹いている
❷ 〈汽笛などが〉鳴る
━他
❶ 〈風が〉〈…を〉吹き飛ばす((*away*))
・The wind *blew* our tent *away*.
風がテントを吹き飛ばした
❷ 〈汽笛などを〉鳴らす;〈鼻を〉かむ
・*blow* a whistle 笛を吹く
blow out
〈火などが〉(風で)消える;〈タイヤが〉パンクする
blow A out = blow out A
A(火など)を吹き消す;Aを爆破する
blow over 〈風が〉吹きやむ, 通り過ぎる;〈うわさなどが〉消える, 収まる
blow A up = blow up A
Aを爆破する
━名C (風・息などの)ひと吹き

blow² /blóu ブロウ/ 名 C
❶ **強打, 一撃**; 殴り合い
・a *blow* to the head 頭への強打
❷ (精神的な)**打撃, ショック**(な出来事)
・The sad news was a *blow* to her.
その悲しい知らせは彼女にはショックだった

blown /blóun ブロウン/ 動 blow¹の過去分詞

blowout /blóuàut ブロウアウト/ 名 C (タイヤの)パンク

blue /blú: ブルー/

形 比較 **bluer** /ブルーア/
最上 **bluest** /ブルーアスト/
❶ **青い**;〈顔色などが〉**青ざめた**
・the *blue* sky 青い空
・*blue* jeans 青いジーパン, ブルージーンズ
・*blue* ribbon ((米))(競技会・展覧会などの)最優秀賞, ブルーリボン賞
❷ ((くだけて)) **憂うつな, 陰気な**
・I feel *blue* today. きょうは憂うつな気分だ
― 名 (複 **blues** /ブルーズ/)
❶ U C **青, 青色, 空色**; 青い服
❷ ((the blues))【音楽】**ブルース**

blueberry /blú:bèri ブルーベリ/ 名 C【植物】ブルーベリー(の実)

blue-collar /blú:kálər ブルーカラ/ 形 ブルーカラーの, 肉体労働(者)の

blueprint /blú:prìnt ブループリント/ 名 C 青写真; 詳細な計画

bluff¹ /bláf ブラフ/ 名 C 絶壁, 断崖(だんがい)

bluff² /bláf ブラフ/
動
― 他〈人を〉はったりでだます
― 自 はったりをかける, 虚勢をはる
― 名 C U はったり, 虚勢(きょせい)

blunder /blándər ブランダ/ 名 C 大失策, へま, どじ ⇨mistake

blunt /blánt ブラント/ 形
❶ 〈刃が〉**鈍い, 切れない, 丸い**(⇔sharp)
❷ 〈人が〉**無愛想な**; そっけない
 bluntly 副 そっけなく; 無愛想に
 bluntness 名 U 鈍さ; そっけなさ

blur /blá:r ブラー/
動
― 他〈記憶などを〉かすませる, ぼんやりさせる
― 自〈記憶・目などが〉かすむ, ぼやける
― 名 C (記憶などの)ぼんやりしたもの; はっきり見えないもの

blush /bláʃ ブラシュ/
動 自 (恥ずかしさなどで)顔を赤らめる((*for...*, *with...*))
― 名 C 赤面, 紅潮; U ((米)) ほお紅

board /bɔ́:rd ボード/

名 (複 **boards** /ボーヅ/)
❶ C **板, 台**; 黒板(blackboard)
・a bulletin *board* ((米)) 掲示板
・a diving *board* 飛び込み板[台]
📖 Come to the front and write it on the *board*. 前に出て黒板に書いてください
📖 Can you all see the *board*?
皆さん黒板が見えますか
❷ C **委員会, 会議**
・the *board* of education 教育委員会
❸ U (下宿などの)**食事, まかない**
・*board* and lodging 食事付き下宿
on board (船・飛行機・列車などに)乗って
・go [get] *on board* (飛行機などに)乗る
― 動
― 他〈船・飛行機などに〉乗り込む
・*board* a bus バスに乗り込む
― 自
❶〈人が〉(船・飛行機などに)乗り込む
❷ (…に)食事付きで下宿する((*at...*, *in...*))

boarding /bɔ́:rdiŋ ボーディング/
動 boardの現在分詞・動名詞
― 名 U
❶ 乗船, 乗車, 搭乗
・a *boarding* card [pass] (飛行機の)搭乗券
❷ 板, 板張り
❸ まかない, (食事付き)下宿

boast* /bóust ボウスト/
動 三単現 **boasts** /ボウスツ/
過去・過分 **boasted** /ボウスティド/
現分 **boasting** /ボウスティング/
― 自 (…を)**自慢する**((*of...*, *about...*))
・Don't *boast of* your success so much.
自分の成功をそんなに自慢しないで
― 他
❶ (…だと)**自慢する**((*that* 節))
❷〈地域などが〉〈…を〉誇りとする
― 名 (複 **boasts** /ボウスツ/) C 自慢(の種)
 boastful 形 高慢な; 自慢げな
 boastfully 副 自慢げに
 boastfulness 名 U 自慢

boat /bóut ボウト/

名 (複 **boats** /ボウツ/) C (小)船, ボート;客船
- row a *boat* ボートをこぐ
be in the same boat
(全員が)同じ大変な状況にある

━━ 動
三単現 **boats** /ボウツ/
過去・過分 **boated** /ボウティド/
現分 **boating** /ボウティング/
━━ 自 ボートに乗る, ボートをこぐ
- go *boating* ボートこぎに行く

bobsled /bάbslèd バブスレド/ 名 C 【スポーツ】ボブスレー;二連ぞり

body /bάdi バディ/

名 (複 **bodies** /バディズ/) C
❶ 体, 身体, 肉体
- *body* temperature 体温
- *body* language ボディランゲージ, 身体言語
❷ 死体, 遺体
- bury a *body* 死体を埋葬する
❸ 団体, 集団;多量, 多数
- a nonprofit *body* 非営利団体
- government *bodies* 政府関係機関
❹ ((the body)) 主要部分;胴体;本文;本体
- *the body* of a letter 手紙の本文
body and soul 身も心も, 一心に
in a body 一団となって, いっしょに
|**bodily** 形 体の, 肉体の;肉体的な

body building /bάdi bìldiŋ バディ ビルディング/ 名 U ボディビル
|**bodybuilder** 名 C ボディビルダー

bodyguard /bάdigὰːrd バディガード/ 名 C ボディガード, 護衛

bog /bάg バグ/ 名 C|U 沼地, 湿地, 湿地帯
bogey /bóugi ボウギ/ 名 C 【ゴルフ】ボギー
Bohemian /bouhíːmiən ボウヒーミアン/
形 ボヘミアの;ボヘミア人[語]の
━━ 名 C ボヘミア人;U ボヘミア語

boil /bɔ́il ボイル/ 動
━━ 他 〈液体を〉沸騰させる, 沸かす;〈…を〉煮る
- *boil* water 湯を沸かす
- *boil* an egg 卵をゆでる
━━ 自
❶〈液体が〉沸騰する, 沸く;〈肉・野菜などが〉煮える, ゆだる
- The water is *boiling*. 水が沸騰している
❷ ((くだけて))〈人が〉〈怒りで〉かっとなる[煮えくり返る] ((*over*))

|**boiled** 形 煮沸した, 煮た, ゆでた
|**boiler** 名 C ボイラー, 湯沸かし
|**boiling** 形 沸きたっている;ひどく暑い

bold /bóuld ボウルド/ 形 大胆な;〈文字が〉ボールドの, 太字の
- in *bold* type ボールド[太字]体で
|**boldly** 副 大胆に
|**boldness** 名 U 大胆

bolt /bóult ボウルト/
名 C ボルト, 締め釘(くぎ);(戸を閉める)かんぬき, 差し錠
━━ 動 他 〈門などに〉かんぬきをかける;ボルトで締める

bomb /bάm バム/
名 C
❶ 爆弾;((the Bomb)) 核爆弾, 核兵器
- drop a *bomb* 爆弾を投下する
❷ ((ふつう a bomb)) ((米)) ((くだけて)) 大失敗
━━ 動
━━ 他 〈…に〉爆弾を投下する, 〈…を〉爆撃する;((くだけて))〈試験で〉大失敗する
━━ 自 爆弾を投下する;((くだけて)) 試験で大失敗する
|**bomber** 名 C 爆撃機;爆弾の仕掛け人
|**bombing** 名 C|U 爆撃

bond /bάnd バンド/
名
❶ C きずな, 縁;((bonds)) 束縛, 足かせ
- a *bond* of friendship 友情のきずな
❷ C 債務証書;公債
❸ U|C 接着剤, ボンド
━━ 動
━━ 他 〈…を〉〈…に〉接着する ((*to*...))
━━ 自
❶ 接着する, くっつく
❷ 〈…と〉きずなを築く ((*with*...))
|**bonding** 名 U 心のきずな

bone /bóun ボウン/

名 (複 **bones** /ボウンズ/)
❶ C (人・動物の)骨
- a back *bone* 背骨
- He broke a *bone* in the accident.
彼はその事故で骨を折った
- ham on the *bone* 骨付きのハム
❷ ((bones)) ((くだけて)) 死体, 遺骨
to the bone 骨の髄まで, 徹底的に
|**bony** 形 骨の(ような);やせた, 骨ばった

bonnet /bάnit バニト/ 名 C

bonus

❶ ((英))(自動車の)ボンネット(((米))hood)
❷ ボンネット(あごの下でひもを結ぶ帽子)

bonus /bóunəs ボウナス/ 名 C
❶ 特別手当, 賞与, ボーナス
❷ 思いがけないうれしいこと[物]

boo /búː ブー/
間 ブー (客席から舞台などに発する非難の声)
— 名 C ブーという叫び声, ブーイング
— 動
— 自 ((不満などを表して))ブーと言う
— 他 〈…に〉ブーイングをする

book /búk ブク/

名 (複 **books** /ブクス/) C
❶ 本; 著書; 教科書(textbook)
・a *book* in English 英語で書かれた本
・*books* by Salinger サリンジャーの著作
・borrow a *book* from a library
図書館から本を借りる
📖 Open your *book* to page 20.
20ページを開いてください
📖 Close your *books*.
教科書を閉じてください
📖 Put your *books* away.
教科書をしまってください
❷ (書物の)巻
・*Book* One 第1巻
❸ ((the Book))聖書(the Bible)
❹ 手帳; ((books))会計簿, 帳簿; 名簿
・an address *book* 住所録
❺ (切符・切手などの)1つづり, 束
・a *book* of tickets 1つづりの回数券
by the book 正式に, 決まりどおりに
— 動
三単現 **books** /ブクス/
過去・過分 **booked** /ブクト/
現分 **booking** /ブキング/
— 他
❶ ((英))〈座席・部屋などを〉予約する
■ *book A B = book B for A*
A(人)にB(座席・部屋など)を予約してやる
・I'd like to *book* a table for 7 o'clock.
7時に席を予約したいのですが
❷ 〈人と〉出演の契約をする
❸ 〈予約者の名前などを〉名簿に載せる, 帳簿に記入する
— 自 ((英)) **予約する**
be booked up 〈ホテルなどが〉予約がいっぱいである; 〈人が〉予定でふさがっている

book in ((英))(ホテルなどに)チェックインする(((米))check in) ((*at...*))

bookcase /búkkèis ブクケイス/ 名 C 本箱, 書棚

booking /búkiŋ ブキング/
動 bookの現在分詞・動名詞
— 名 U C ((英))予約
・make a *booking* 予約する
・cancel a *booking* 予約を取り消す

bookkeeping /búkkìːpiŋ ブクキーピング/ 名 U 簿記
・do *bookkeeping* 帳簿をつける

booklet /búklət ブクラト/ 名 C パンフレット, 小冊子 (pamphlet)

bookmark /búkmàːrk ブクマーク/ 名 C 【コンピュータ】ブックマーク; (本の)しおり

bookshelf /búkʃèlf ブクシェルフ/ 名 (複 **bookshelves** /ブクシェルヴズ/) C 本棚

bookshop /búkʃàp ブクシャプ/ 名 C ((主に英))本屋, 書店

bookstore /búkstɔ̀ːr ブクストー/ 名 C ((米))本屋, 書店
・at the *bookstore* 書店で

boom /búːm ブーム/
名 C
❶ (…の)にわか景気, ブーム((*in...*)); (価格の)急騰
・a war *boom* 軍需景気
❷ (波・雷などの)とどろき
— 動
三単現 **booms** /ブームズ/
過去・過分 **boomed** /ブームド/
現分 **booming** /ブーミング/
— 自
❶ 〈雷などが〉とどろく, 響く((*out*))
❷ 〈商売などが〉急に景気づく; 〈物価が〉急騰する
・The computer industry is *booming* now.
今やコンピュータ産業が好調だ

boomerang /búːməræŋ ブーマラング/
名 C ブーメラン; 本人にはね返る画策
— 動 自 〈計画などが〉(本人に)害を及ぼす ((*on...*))

boost /búːst ブースト/
動 他
❶ 〈…を〉促進する, 推進する; 〈士気などを〉高める
・*boost* sales 売り上げを伸ばす
・*boost* prices 物価を上げる

❷ 〈…を〉(後ろ・下から)押し上げる((up))
❸ ((主に米))((くだけて))〈…を〉応援する;〈人を〉(地位などに)引き上げる((into...))
■ 名 C ((ふつう a boost))
❶ (値段などの)上昇, 増加((in...))
・a *boost* in car sales
自動車の売り上げの上昇
❷ 押し上げる[られる]こと
・give A a *boost* over the fence
A(人)が塀を越えるのを後押しする
❸ (…にとっての)元気づけ;励まし((for...))
■ *give A a boost* A を励ます, 元気づける
booster 名 C 元気を与えるもの

boot* /búːt ブート/
名 (複 **boots** /búːts/) C
❶ ((ふつう boots)) 長靴, ブーツ; ((英)) 深靴, 編み上げ靴
・a pair of *boots* 長靴1足
・pull on [off] one's *boots*
長靴を履く[脱ぐ]
❷ ((英))(車の)トランク(((米)) trunk)
❸ ((くだけて))((ふつう a boot))(強力な)ひとけり; ((the boots)) 首, 解雇
■ 動
━ 他
❶ ((くだけて))〈…を〉ける, キックする
❷ 〈コンピュータを〉立ち上げる((up))
❸ ((くだけて))〈人を〉解雇する((out))
━ 自 〈コンピュータが〉立ち上がる((up))

booth /búːθ ブース/
名 (複 **booths** /búːðz/) C
❶ ブース;仕切り席[部屋];電話ボックス
・a ticket *booth* 切符売り場
❷ 売店, 屋台店;(展示会場の)ブース

border* /bɔ́ːrdər ボーダ/
名 (複 **borders** /bɔ́ːrdərz/) C
❶ **境界**, 国境(地帯);境界線
・the *border* between Canada and the U.S. カナダとアメリカ間の国境
・pass across the *borders* 国境を越える
❷ へり, 縁(ふち);(衣服などの)縁取り
・the *border* of a painting 絵画(かいが)の縁
・a lace *border* レースの縁取り
■ 動
三単現 **borders** /bɔ́ːrdərz/
過去過分 **bordered** /bɔ́ːrdərd/
現分 **bordering** /bɔ́ːrdəriŋ/
━ 他
❶ 〈…に〉〈…で〉へりを付ける((with...))

❷ 〈…と〉境を成す;〈…に〉接する
━ 自 〈…と〉接する((on...))

borderline /bɔ́ːrdərlàin ボーダーライン/
形 境界線上の, どっちつかずの
・a *borderline* case どちらとも言えないケース
■ 名 C 境界線;国境線

bore¹ /bɔ́ːr ボー/ 動 bear¹ の過去形

bore² /bɔ́ːr ボー/
動 他 〈人を〉(…で)退屈させる, うんざりさせる((with...))
・*bore* A to death
A(人)を死ぬほど退屈させる
━ 名 C ((a bore)) 退屈な人[事]
・The game was *a bore*. その試合は退屈だった

bored* /bɔ́ːrd ボード/
動 bore² の過去形・過去分詞
■ 形 〈人などが〉(…に)**退屈した**, うんざりした((with...))
・I'm *bored* by his repetitive stories.
私は彼の何度も繰り返す話にうんざりしている

boredom /bɔ́ːrdəm ボーダム/ 名 U 退屈, 倦怠(けんたい)

boring* /bɔ́ːriŋ ボーリング/
動 bore² の現在分詞・動名詞
■ 形 〈人が〉(人にとって)**退屈な**, うんざりさせる((for..., to...))
・His long talk is *boring to* me.
彼の長話はぼくには退屈だ
boringly 副 うんざりするほど

born /bɔ́ːrn ボーン/
動 bear¹ の過去分詞
━ 形
❶ **生まれた**
■ *be born* 生まれる
・I *was born* in Yokohama in 1986.
私は1986年に横浜で生まれた
■ *be born* C 生まれつき C である
・I was *born* rich. 私は金持ちに生まれた
❷ **生まれながらの**, 天性の
・He is a *born* poet. 彼は天性の詩人だ
be born (out) of A
〈アイデアなどが〉A から生まれる, 生じる
born and bred = bred and born
生粋の, はえ抜きの

borne /bɔ́ːrn ボーン/ 動 bear¹ の過去分詞

borough /bɔ́ːrou バーロウ|bʌ́rə バラ/ 名 C
((米))(一部の州の)自治町村;(アラスカ州の)郡;((英)) 自治区

borrow

/bárou バロウ | bórou ボロウ/
動 三単現 **borrows** /バロウズ/
過去・過分 **borrowed** /バロウド/
現分 **borrowing** /バロウイング/
— 他
❶ 〈お金・物を〉(人から)**借りる**((*from...*))(⇔ lend)
・*borrow* money *from A*
　Aからお金を借りる
・Can I *borrow* this book?
　この本を借りてもいいですか
❷ 〈単語などを〉(…から)借用する((*from...*))
— 自 (…から)**借りる**, 借金する((*from...*))
borrower 名 C 借り手
borrowing 名 U 借用; C 借用語(句)

boss*
/bɔ́:s ボース | bɔ́s ボス/
名 (複 **bosses** /ボースィズ/) C
((くだけて))(職場などの)**長, 上司**; 指図をする人; ((米))(政界の)ボス, 有力者

bossa nova
/básənóuvə バサノウヴァ/ 名
U C ボサノバ(ブラジルの音楽・ダンス)

Boston
/bɔ́:stən ボーストン/ 名 ボストン(米国マサチューセッツ州東部の州都)

botanical
/bətǽnikəl バタニカル/ 形 植物の; 植物学の
・a *botanical* garden 植物園

botany
/bátəni バタニ/ 名 U 植物学
botanist 名 C 植物学者

both
/bóuθ ボウス/
形 ((比較なし))**両方の**, 2つ[2人]の…とも
・He broke *both* his legs in the accident.
　彼は事故で両脚を骨折した
— 副 ((比較なし))**両方とも**
■ *both A and B* AもBも
・people *both* young *and* old
　老いも若きも皆
— 代 **両方**, 両者
・*Both* are happy. 2人とも幸せだ
・*Both* of us are invited to the party.
　2人ともパーティーに招待されている

bother*
/báðər バザ | bɔ́ðə ボザ/
動 三単現 **bothers** /バザズ/
過去・過分 **bothered** /バザド/
現分 **bothering** /バザリング/
— 他
❶ 〈…を〉(…のことで)**悩ます, 困惑させる**((*about..., with...*))
・Don't *bother* her *about* money.
　これ以上お金のことで彼女に迷惑をかけるな
❷ 〈痛みなどが〉〈…を〉**苦しめる**
— 自
❶ (…を)**思い悩む, 気にかける**((*about..., with...*))
❷ わざわざ(…)する((*to do, doing*))
・Don't *bother to* put [put*ting*] those things away.
　わざわざそれらをかたづけなくても結構ですよ
(I'm) sorry to bother you, but...
　すみませんが, 失礼ですが
— 名
❶ C ((a bother))((英))(…にとっての)悩みの種, やっかい者((*to...*))
❷ U めんどう, 苦労, やっかい

bottle
/bátl バトル/
名 (複 **bottles** /バトルズ/) C
❶ (首の細い)**びん**
・a glass [plastic] *bottle*
　ガラス[プラスチック]びん
・a *bottle* cap びんの栓
・a *bottle* opener 栓抜き
❷ (…の)1びんの量((*of...*))
・drink a *bottle of* wine ワインを1びん飲む
❸ ほ乳びん; ((the [*one's*] bottle))ほ乳びんのミルク
❹ ((the bottle))((くだけて))酒, 飲酒
・Bring your own *bottle*.
　酒は各自持参のこと
— 動 他 〈…を〉びんに詰める; 〈野菜・果物を〉びんに貯蔵する
bottled 形 びん詰めの

bottom
/bátəm バタム | bɔ́təm ボタム/
名 (複 **bottoms** /バタムズ/) C
❶ **底, 底部, 下部**; 水底
・*the bottom* of a cup カップの底
・go to *the bottom* 底まで沈む
❷ ((the bottom))**最下位; 最低部**(⇔top)
・He is at *the bottom* of the class.
　彼はクラスでびりだ
❸ **根底, 基礎, 奥底; 原因**
・I'd like to thank you from the *bottom* of my heart. 心(の底)から感謝いたします
❹ (いすの)座部; ((くだけて))尻(½)

❺【野球】(回の)裏
at bottom 本当は;根本的には
Bottoms up! ((くだけて))乾杯!
to the bottom 底まで,徹底的に
━形 ((比較なし))底の,最下部の;最後の(last);最低の
- a *bottom* lip 下唇
bottomless 形 底のない;無限の

bought /bɔ́ːt ボート/ 動 buy の過去形・過去分詞

boulevard /búləvàːrd ブラヴァード/ 名 C 広い並木通り;((Boulevard))((米))大通り
- Sunset *Boulevard* サンセット大通り

bounce* /báuns バウンス/
動 三単現 **bounces** /báunsiz/
過去・過分 **bounced** /báunst/
現分 **bouncing** /báunsiŋ/
━自
❶〈ボールなどが〉**弾む**,バウンドする
- *bounce* up high 高く弾む
- *bounce* over the wall バウンドして壁を越える
❷〈人が〉跳ね回る((*up, around*));〈車などが〉揺れながら走る
❸【コンピュータ】〈Eメールなどが〉返ってくる
━他
❶〈ボールなどを〉**弾ませる**,バウンドさせる
❷【コンピュータ】〈Eメールなどを〉返送する
bounce back 〈人が〉(病気などから)復帰する;〈経済が〉回復する
━名 (複 **bounces** /báunsiz/)
❶ C 跳ね返り,バウンド;U 弾力
❷ U ((くだけて))活力,元気
bouncing 形 健康な,活発な

bound¹* /báund バウンド/
動 三単現 **bounds** /báundz/
過去・過分 **bounded** /báundid/
現分 **bounding** /báundiŋ/
━自
❶〈ボールなどが〉**跳ね返る**,バウンドする
- *bound* back 跳ね返る
- *bound* to *one's* feet 跳ね起きる
❷〈心が〉躍る,わくわくする
━名 (複 **bounds** /báundz/) C (ボールの)跳ね返り,バウンド
- a ball on the *bound* 跳ね返ったボール

bound² /báund バウンド/
動 bind の過去形・過去分詞
━形
❶ しばられた;(…に)拘束された((*to...*))
❷〈本が〉製本された
❸ ((次の用法で))
- ***be bound to*** *do*
…する義務がある;きっと…する
- He *is* legally *bound to* pay a $20 fine.
彼は法的には20ドルの罰金を払う義務がある
- The team *is bound to* win the game.
そのチームはきっとその試合に勝つ

bound³ /báund バウンド/ 名 C ((ふつう bounds)) 境界(線);限界;範囲
know no bounds とどまるところを知らない
out of bounds 領域外に;禁止されて
boundless 形 限りない,無限の

bound⁴ /báund バウンド/ 形 〈列車などが〉(…)行きの,(…へ)行く途上にある((*for...*))
- ***be bound for*** *A* A (地名など)行きである
- This train *is bound for* Tokyo.
この電車は東京行きです
- a Tokyo-*bound* train 東京行きの電車

boundary /báundəri バウンダリ/ 名 C 境界(線);((boundaries))限界

bouquet /boukéi ボウケイ, buːkéi ブーケイ/ 名 C 花束,ブーケ

bourbon /báːrbən バーボン/ 名 U バーボン (米国産で;トウモロコシが原料のウイスキー)

bourgeois /buərʒwáː ブアジュワー/ 形 中産階級の,ブルジョアの
━名 (複 **bourgeois** /buərʒwáː/) C 中産階級の市民,ブルジョア

bourgeoisie /bùərʒwaːzíː ブアジュワーズィー/ 名 C ((the bourgeoisie))((単数・複数扱い)) 中産階級;ブルジョアジー

boutique /buːtíːk ブーティーク/ 名 C ブティック

bow¹ /báu バウ/
動
━自 (…に)おじぎをする((*to...*))
━他〈頭を〉下げる
bow out (…から)身を引く,しりぞく((*of...*))
━名 C おじぎ
make a bow (to *A*) (A に)おじぎする

bow² /bóu ボウ/ 名 C
❶ 弓;(バイオリンなどの)弓;弓形のもの;虹(にじ)(rainbow)
- *draw a bow* 弓を引く
❷ ちょう結び;ちょうネクタイ
- She tied the ribbon in a *bow*.

彼女はリボンをちょう結びにした

bow³ /báu バウ/ 名 C 船首, へさき

bowel /báuəl バウアル/ 名 C ((bowels)) 腸, はらわた
・have loose *bowels* 下痢をしている

bowl¹* /bóul ボウル/
名 (複 **bowls** /ボウルズ/) C
❶ どんぶり, ボウル, 鉢, わん
・*a bowl of* rice 茶わん1杯のご飯
❷ 選抜フットボール試合
・the Super *Bowl* ((米)) スーパーボウル (プロフットボールのチャンピオン決定試合)
❸ ((米)) 円形競技場, スタジアム

bowl² /bóul ボウル/
名 C (ボウリング用の)ボール
— 動
— 自 ボウリングをする
— 他 〈ボールを〉転がす
bowler 名 C ボウラー, ボウリングをする人
bowling 名 U ボウリング

bowwow /báuwàu バウワウ/ 名 C ((幼児語)) わんわん, わんちゃん; ワンワン (犬のほえ声)

box¹ /báks バクス/

名 (複 **boxes** /バクスィズ/) C
❶ 箱
・a lunch *box* 弁当箱
・cardboard *boxes* 段ボール箱
❷ 1箱分(の量)
・two *boxes* of pencils 鉛筆2箱
❸ (特定の人の)…席; ボックス席
・the royal *box* 貴賓席
・a telephone [phone] *box* 電話ボックス
❹ 【野球】バッターボックス
— 動 他 〈物を〉箱に入れる[詰める] ((*up*))

box² /báks バクス/
名 C 平手打ち, びんた
— 動
— 他 〈人と〉ボクシングをする; 〈横つ面を〉平手[こぶし]で殴る
— 自 ボクシングをする

boxer /báksər バクサ/ 名 C
❶ ボクサー
❷ 【動物】ボクサー (中型犬)

boxing /báksiŋ バクスィング/
動 box¹·²の現在分詞・動名詞
— 名 U ボクシング, 拳闘(けんとう)

box office /báks òfəs バクス アファス/ 名 C (劇場などの)切符売り場

boy /bɔ́i ボイ/

名 (複 **boys** /ボイズ/) C
❶ **男の子, 少年** (⇔girl); ((形容詞的に)) 男子の, 青年の
・a baby *boy* 男の赤ちゃん
・*Boys*, be ambitious. 少年よ大志を抱け
❷ (親から見て)息子 (son)
❸ ((*one's boy*)) ((話)) (男の)恋人, ボーイフレンド
❹ ((*the boys*)) ((くだけて)) (男だけの)遊び仲間

That's my boy!
((強い励ましや同意)) それでいいんだ, そうだ
— 間 ((時にOh, boy!で)) うわあ, おや, まあ

boycott /bɔ́ikɑt ボイカト/
動 他 〈…を〉ボイコットする; 〈選挙などへの〉参加を拒否する; 〈商品の〉購入を拒否する
— 名 C ボイコット, 不買運動

boyfriend* /bɔ́ifrènd ボイフレンド/
名 (複 **boyfriends** /ボイフレンヅ/) C
❶ ボーイフレンド, 男の恋人, 彼氏 (⇔girlfriend)
❷ 男友達

boyish /bɔ́iiʃ ボイイシュ/ 形 少年のような, 少年らしい

bra /brɑ́: ブラー/ 名 C ブラジャー

brace /bréis ブレイス/
名 C
❶ 締め金, 留め金具; 支柱
❷ 【医学】 ((ふつうbraces)) 歯列矯正(きょう)器; 添え木
・wear *braces* 歯列矯正器具をはめている
— 動 他 ((次の用法で))
▪ *brace oneself for A*
Aに対して覚悟する, 備える

bracelet /bréislət ブレイスラト/ 名 C ブレスレット, 腕輪

bracket /brǽkit ブラキト/
名 C
❶ ((ふつうbrackets)) (角)かっこ
・round *brackets* 丸かっこ (( ))
・square *brackets* 角かっこ ([ ])
❷ 階層(区分); (同類の)部類; 腕木
— 動 他 〈…を〉括弧でくくる; 〈…を〉(同類に)入れる ((*with...*))

brag /brǽg ブラグ/ 動
— 自 (…を)自慢する ((*about..., of...*))

braid /bréid ブレイド/
■ 他 《米》〈髪・縄(%)などを〉編む；〈髪を〉三つ編みにする
― 名 C おさげ髪，三つ編み

Braille /bréil ブレイル/ 名 U (ブライユ)点字〈法〉

brain /bréin ブレイン/

名 (複 **brains** /ブレインズ/)
❶ C (器官としての)脳
・*brain* cell 脳細胞
❷ U C ((しばしばbrains)) 頭脳；知能
❸ C ((くだけて)) 秀才；((the brains))（グループの)知的指導者

rack [beat] one's brain(s) (about...)
(…について)必死に考える

brainstorm /bréinstɔ̀ːrm ブレインストーム/
名 C 思い付き，ひらめき
brainstorming 名 U ブレーンストーミング

brake* /bréik ブレイク/
名 (複 **brakes** /ブレイクス/) C
ブレーキ，制動機；抑制
・slam on the *brake(s)* ブレーキをかける
― 動
― 他 〈車などに〉ブレーキをかける
― 自 ブレーキをかける

branch* /bræntʃ ブランチ | brɑːntʃ ブラーンチ/
名 (複 **branches** /ブランチズ/) C
❶ (樹木の)枝
❷ 支店，支部，出張所；(学問などの)部門，分科
・a *branch* office 支店
❸ (鉄道の)支線；(川の)支流，脇(%)道
― 動 自 枝を広げる；分岐する
branch out 〈人・会社などが〉手を広げる

brand /brænd ブランド/
名 C
❶ 銘柄，商標，ブランド
・a *brand* name 商標
❷ (家畜に押す)焼き印
― 動 他 〈家畜に〉焼き印を押す；〈人に〉(汚名を)着せる((*with*...))

brand-new /brændnúː ブランヌー/ 形 真新しい，新品の

brandy /brændi ブランディ/ 名 U C ブランデー

Brasilia /brəzíliə ブラズィリア/ 名 ブラジリア（ブラジルの首都）

brass /bræs ブラス/ 名
❶ U 真鍮(%),黄銅；C 真鍮製品
❷ C 金管楽器，((the brass))（楽団の)金管楽器部
・a *brass* band ブラスバンド，吹奏楽隊

brave* /bréiv ブレイヴ/
形 比較 **braver** /ブレイヴァ/
最上 **bravest** /ブレイヴァスト/
勇敢な，勇ましい
・make a *brave* attempt 大胆な試みをする
put on a brave face 平静を装う
― 動 他 〈…に〉勇敢に立ち向かう
bravely 副 勇敢に，勇ましく
bravery 名 U 勇敢さ；勇気

bravo /brɑ́ːvou ブラーヴォウ/ 間 ブラボー，すばらしい，でかした

brawl /brɔ́ːl ブロール/
名 C (人前での)大げんか，殴り合い
― 動 自 (人前で)大げんか[殴り合い]をする

Brazil /brəzíl ブラズィル/ 名 ブラジル (首都はブラジリア)

Brazilian /brəzíliən ブラズィリアン/
形 ブラジル(人)の
― 名 C ブラジル人

breach /bríːtʃ ブリーチ/
名 C U 違反(行為),不履行；仲たがい
― 動 他 〈法律・契約などを〉破る，破棄する

bread /bréd ブレド/ 名 U

❶ パン，食パン
・a *slice* [*loaf*] of *bread* パン1切れ[1斤]
・*bread* and butter (/brédnbʌ́tər ブレドンバタ/) バター付きパン
❷ 食物，糧(%)；生計，暮らし
・earn *one's bread* 生計を立てる

breadth /brédθ ブレドス/ 名 U C 幅，横幅；U (心・考えなどの)広さ

break ☞ 76ページにあります

breakdown /bréikdàun ブレイクダウン/ 名 C
❶ (機械などの)故障；(心身の)衰弱；(交渉などの)決裂，挫折(%)，失敗
・a nervous *breakdown* ノイローゼ
❷ (請求書の)明細書，内訳

breaker /bréikər ブレイカ/ 名 C 壊す人[機械]；(岸に砕ける)白波；【電気】ブレーカー
・a law*breaker* 違法者

➡➡➡ 77ページに続く ➡➡➡

break /bréik ブレイク/

動 三単現 **breaks** /ブレイクス/
過去 **broke** /ブロウク/
過分 **broken** /ブロウカン/
現分 **breaking** /ブレイキング/

— 他

❶ ⟨…を⟩**壊す**, 割る, 砕く, ちぎる;⟨…を⟩割って⟨…に⟩する(($into...$));⟨骨などを⟩折る
- *break* one's arm 腕を折る
- *break* A's heart
  A(人)を失恋させる, 落胆させる
- The door *is broken*. そのドアは壊れている

❷ ⟨機械などを⟩**故障させる**, 壊す
- *break* a camera カメラを壊す

❸ ⟨人の行為を⟩中断させる
- *break* a meeting 会議を中断する

❹ ⟨好ましくない状況を⟩終わらせる
- *break* an old habit 古い習慣を断ち切る
  ■ *break A of B*
  A(人)にB(悪い癖など)をやめさせる

❺ ⟨そろいになっているものを⟩分ける;⟨金銭を⟩⟨小銭に⟩崩す(($into...$))
- *break* a dollar bill ドル札を崩す

❻ ⟨規則などを⟩無視する, 破棄する
- *break* the law 法律を犯す
- *break* one's promise [word] 約束を破る

❼ ⟨記録を⟩破る, 更新する

❽ ⟨人を⟩破産させる, 挫折(ざせつ)させる

❾ ⟨道を⟩切り開く;⟨土地を⟩開墾(かいこん)する

❿ ⟨ドアなどを⟩こじ開ける;⟨敵陣などを⟩突破する

— 自

❶ **壊れる**, 割れる, 砕ける;(ぷっつりと)切れる;⟨…から⟩はずれる(($from...$));破裂する, つぶれる;壊れて⟨…⟩になる(($into...$))
- Glass *breaks* easily. ガラスはすぐに壊れる

❷ ⟨機械などが⟩故障する, 壊れる(($down$))

❸ ⟨…のために⟩仕事を中断する(($for...$))
- Why don't we *break for* tea?
  ちょっとひと休みしてお茶でも飲もう

❹ 突然現れる, ⟨嵐などが⟩急に起こる;⟨声などが⟩出し抜けに出る
- An epidemic *broke* out.
  伝染病が発生した

❺ ⟨一定時間続いた好天が⟩悪くなる, 崩れる;⟨霧などが⟩消散する;⟨雲が⟩切れる, 散り始める

❻ ⟨健康・気力などが⟩衰える, 弱る, くじける

❼ ⟨人が⟩(圧力・拷問などに)屈する, 負ける

❽ ⟨心が⟩悲しみに打ちひしがれる

❾ 破産する

break away (束縛などから)急に逃げ出す(($from...$));⟨習慣などとの⟩つながりを断つ

break down
(1) ⟨機械などが⟩故障する, 壊れる
(2) ⟨交渉などが⟩行き詰まる, 決裂する
(3) ⟨人が⟩(感情などを)抑えきれなくなる, 取り乱す;⟨気力などが⟩衰える, (病気などで)倒れる

break in 建物に押し入る, 侵入する;(会話などに)口を差しはさむ(($on...$))

break into A
A(家・店舗)に押し入る;いきなりA(行動)をし始める;A(会話)に口を差しはさむ,
- *break into* laughter [tears]
  突然笑い[泣き]出す

break off 折れて取れる, はずれる;⟨人が⟩(…と)別れる(($with...$));(仕事をやめて)休憩する;(話などを)急にやめる

break out
(1) ⟨戦争・火事などが⟩突然起こる
(2) (…から)脱走する(($of...$))
(3) ⟨体が⟩(発疹(ほっしん)などで)いっぱいになる(($in...$));⟨汗などが⟩(顔などに)吹き出す(($on...$))

break through (敵陣や困難などを)突破する;⟨科学者などが⟩新発見をする

break up ⟨物が⟩粉々になる;⟨会議などが⟩散会する;((くだけて))⟨老人などが⟩(精神的・肉体的に)がっくりする;⟨友情などが⟩終わる;⟨男女が⟩別れる;(…と)別れる(($with...$))

break A up = break up A
A(物)を粉々[ばらばら]に砕く

break with A A(友人など)と別れる, 絶交する;A(古い考えなど)を捨てる

— **名** (複) **breaks** /ブレイクス/ C

❶ **破壊**, 破損;裂け目, 割れ目, ひび;骨折
- a *break* in the windshield
  車のフロントガラスにできたひび

❷ (仕事の合間の)**休憩**, 休み, 小休止;((英))(学校の)休み時間(((米)) recess);休息, 休暇
📖 Let's take [have] a ten-minute *break*.
10分間の休みにしよう
- without a *break* 休みなしに

❸ 中断, 中止;(関係などの)断絶, 決別;(コマーシャルなどによる)番組の中断
- make a *break* with A Aと決別する

Give me a break! ((米))(相手に不満を表して)やめてよ, いい加減にしろよ

without a break
中断することなく, 休みなしに

breakfast
/brékfəst ブレクファスト/ 名 (複 **breakfasts** /ブレクファスツ/) UC **朝食**, 朝ご飯
- make [fix] *breakfast* 朝食を用意する
- skip *breakfast* 朝食を抜く
- *before* [*after*] *breakfast* 朝食前[後]に
- What did you have [eat] for *breakfast*? 朝食に何を食べましたか

breakthrough /bréikθrù: ブレイクスルー/ 名 C (科学上の)大発見; 打開策; 突破

breakup /bréikÀp ブレイカプ/ 名 C
❶ (夫婦などの)別離, 離婚
❷ 解体; 解散

breast /brést ブレスト/ 名 C
❶ (女性の)乳房
- *breast* cancer 乳がん
- *breast* milk 母乳
❷ (人・動物の)胸; (衣服の)胸部

breastfeed /bréstfì:d ブレストフィード/ 動 他 〈赤ん坊を〉母乳で育てる

breaststroke /bréststròuk ブレストストロウク/ 名 U 平泳ぎ, ブレスト
- do the *breaststroke* 平泳ぎをする

breath* /bréθ ブレス/ 名 (複 **breaths** /ブレスス/) U 息; 呼吸; C ひと息
- take a deep *breath* 深く息を吸う
- be out [short] of *breath* 息切れがしている
catch** one's **breath
ひと息つく; (驚きなどで)息をのむ
hold** one's **breath 息を止める; 息を殺す
take** A's **breath away A(人)をあっと言わせる; A(人)に衝撃を与える

breathe* /brí:ð ブリーズ/
動 三単現 **breathes** /ブリーズィズ/
過去・過分 **breathed** /ブリーズド/
現分 **breathing** /ブリーズィング/
— 自 **呼吸する**, 息をする
— 他 〈空気を〉呼吸する; 〈においなどを〉吸い込む((*in*))
breathe** one's **last
((婉曲的))息を引き取る

breathing /brí:ðiŋ ブリーズィング/
動 breatheの現在分詞・動名詞
— 名 U 呼吸(すること), 息づかい

breathless /bréθləs ブレスラス/ 形
❶ 息切れして; (興奮などで)胸がいっぱいになって((*with...*))
❷ 無風の

breathtaking /bréθtèikiŋ ブレステイキング/ 形 息をのむような, すばらしい, はっとするような

bred /bréd ブレド/ 動 breedの過去形・過去分詞

breed* /brí:d ブリード/
動 三単現 **breeds** /ブリーヅ/
過去・過分 **bred** /ブレド/
現分 **breeding** /ブリーディング/
— 他
❶ 〈動物が〉〈子を〉**産む**; 〈卵を〉かえす
❷ (繁殖・品種改良などのために)〈動物を〉飼育する, 〈植物を〉栽培する
❸ 〈人を〉(…になるように)育てる((*to be*))
— 自 〈動物が〉子を産む, 繁殖する
— 名 C 血統; 種類, 種族
breeding 名 U 繁殖, 飼育; 品種改良

breeze /brí:z ブリーズ/
名 C
❶ そよ風, 微風
❷ ((a breeze))((くだけて))容易なこと
— 動 自 風がそよぐ; ((くだけて))楽々と動く, 進む; やりとげる

brevity /brévəti ブレヴァティ/ 名 U (時・期間の)短さ; (表現の)簡潔さ

brew /brú: ブルー/ 動
— 他
❶ 〈ビールなどを〉醸造する; 〈コーヒーなどを〉入れる((*up*))
❷ 〈悪事などを〉たくらむ
— 自
❶ 〈ビールが〉醸造される; 〈コーヒーなどが〉入る
❷ ((ふつう進行形で))〈望まないことが〉起ころうとしている

brewery /brú:əri ブルーアリ/ 名 C (ビールなどの)醸造所

bribe /bráib ブライブ/
名 C 賄賂(ﾜｲﾛ)
— 動 他 〈人に〉賄賂を贈る
bribery 名 U 賄賂の授受, 贈収賄

brick /brík ブリク/ 名 UC レンガ; C レンガ状の物
- a house (built) of *brick* レンガ造りの家

bride /bráid ブライド/ 名 C 花嫁, 新婦

- the *bride* and groom 新郎新婦
  bridal 形 花嫁の; 婚礼の
bridegroom /bráidgrù:m ブライドグルーム/
名 C 花婿, 新郎

bridge /brídʒ ブリヂ/

名 (複 **bridges** /brídʒiz/) C
❶ 橋; 船[艦]橋, ブリッジ
- build a *bridge* across [over] a river
  川に橋を架ける
- cross a railroad *bridge* 鉄橋を渡る
❷ (2つのものの間の)橋渡し((*between...*))
❸【トランプ】ブリッジ
— 動 他 〈川に〉橋を架ける; 〈…に〉橋渡しをする
- *bridge* the gap ギャップを埋める

brief /brí:f ブリーフ/
形
❶ 短時間の, つかの間の
- a *brief* stay in Paris 短期間のパリ滞在
❷ 簡潔な, 手短な
to be brief 簡単に言えば, 要するに
— 名 C 要約, 概要
in brief 手短に
— 動 他 〈人に〉〈…について〉十分な指示を事前に与える((*on...*, *about...*))
briefly 副 手短に, 簡潔に

bright /bráit ブライト/

形 比較 **brighter** /bráitə/
  最上 **brightest** /bráitəst/
❶ 光り輝く, つやつやした; 明るい
- look at the *bright* side of things
  物事の明るい面を見る
❷ 〈色などが〉あざやかな (⇔ dull)
❸ 頭のよい, 利口[利発]な; 〈考えなどが〉すばらしい (⇔ dull)
- She is *bright* and friendly.
  彼女は頭がよくて親切だ
❹ 快活な; (…で)生き生きとした((*with...*))
brightly 副 明るく; 色あざやかに; 快活に
brightness 名 U 明るさ, 輝き; あざやかさ; 聡明(そうめい)さ
brighten /bráitn ブライトン/ 動
— 他 〈光が〉〈…を〉明るくする; 〈喜びなどが〉〈…を〉明るくする
— 自 輝きを増す, 明るくなる
brilliance /bríljəns ブリリアンス/ 名 U
❶ 強い明るさ, 輝き; 光沢

❷ 傑出, 卓越
brilliant* /bríljənt ブリリャント/
形 比較 **more brilliant**
  最上 **most brilliant**
❶ 〈人が〉優秀な, 知的な, 才能のある; (…に)優れた((*at...*))
- a *brilliant* scholar 優秀な学者
❷ ((英))((くだけて))〈考えなどが〉すばらしい, みごとな
- a *brilliant* idea すばらしい考え
❸ さんぜんと輝く, きらめく
brilliantly 副 輝いて, あざやかに; みごとに

bring /bríŋ ブリング/

動 三単現 **brings** /bríŋz/
  過去・過分 **brought** /brɔ́:t/
  現分 **bringing** /bríŋiŋ/
— 他
❶ 〈物を〉**持ってくる**, 〈人を〉**連れてくる**
🔲 Don't forget to *bring* your watch tomorrow. あした時計を忘れないでください
- *bring A B* = *bring B to* [*for*] *A*
  A(人)にB(物)を持ってくる[行く]
- What *brings* you here? どうしてここに来たのですか, どういったご用件でしょうか
- *bring A to B* A(人)をBに連れて行く
❷ 〈物を〉(…に)移動する((*into...*))
- *Bring* these *into* the room.
  これらをその部屋に運び込みなさい
❸ 〈人・事が〉〈災い・利益などを〉もたらす
- *bring A B* A(人)にBをもたらす
- Hard work *brought* him success.
  懸命な努力が彼に成功をもたらした
❹ 〈…を〉〈…の〉状態にする((*to...*))
- *bring A to* an end [a close]
  Aを終わらせる
- *bring A to* light Aを明るみに出す
❺ ((次の用法で))
- *bring A to do* A(人)を…する気にさせる
- I can't *bring* my*self* to eat raw fish.
  生の魚を食べる気になれない
  bring A about = ***bring about A***
  A(変化)を生じさせる; A(事)を成しとげる
  bring A away = ***bring away A***
  A(物)を(…から)どかす, 離す((*from...*))
  bring A back = ***bring back A***
  Aを(持ち主に)返す((*to...*)); Aを連れて帰る
  bring A back to reality

A(人)を現実に引き戻す
bring A down = bring down A
Aを下に持ってくる, 下ろす
bring A forward = bring forward A A(計画)を提案する, 提示する; A(行事)の日程を早める
bring A in = bring in A
Aを中へ持ち込む, 運び込む;〈商売が〉A(利益)をもたらす, 生み出す
bring A out = bring out A
Aを外に持ち[連れ]出す, Aを取り出す; Aを明らかにする, 暴く; A(本など)を出す; Aを上演する; A(才能)を引き出す
bring A over = bring over A
A を(離れたところから)持って[連れて]くる
bring A up = bring up A
A(子ども)を育てる, (…するように)しつける((*to do*)); A(問題など)を持ち出す, 提出する

brisk /brísk ブリスク/ 形
① 〈動作が〉きびきびした, 活発な, 元気な
② 〈天候などが〉さわやかな, 心地よい

Britain /brítn ブリトン/ 名
① 英国, イギリス
② 大[グレート]ブリテン島(イングランド, スコットランド, ウエールズから成る)

British /brítiʃ ブリティシュ/
形 英国(人)の, イギリス(人)の; 大ブリテン島の
・*British* English イギリス英語
・the *British* Museum 大英博物館
■ 名 ((the British))((複数扱い)) イギリス国民, 英国民

broad /brɔ́:d ブロード/
形 比較 **broader** /ブローダ/
最上 **broadest** /ブロードスト/
① 幅が広い; 幅が…ある(⇔narrow)
・a *broad* river 幅の広い川
② 広々とした; 広範囲に及ぶ
・I work with a *broad* range of people. 私はさまざまな人たちと仕事をしている
③ 寛大な, 心の広い
・He takes a *broad* view of the world. 彼は物事に寛大である
④ 一般的な, 大まかな
・We reached a *broad* agreement. 私たちは大まかな意見の一致を見た

broadband /brɔ́:dbænd ブロードバンド/ 名
U【無線】広帯域;【インターネット】ブロードバンド

broadcast* /brɔ́:dkæst ブロードカスト | brɔ́:dkɑ̀:st ブロードカースト/
動 三単現 **broadcasts** /ブロードカスツ/
過去過分 **broadcast**,
broadcasted /ブロードカスティド/
現分 **broadcasting** /ブロードカスティング/
― 他
① 〈…を〉**放送する**;〈番組を〉提供する
・*broadcast* news ニュースを放送する
② 〈…を〉言いふらす, 広める, 流す
― 自 〈あるチャンネルで〉放送する((*on*...))
― 名 U (ラジオ・テレビの)放送; C 放送番組
・a bilingual *broadcast* 2か国語放送
・a satellite *broadcast* 衛星放送
・BS *Broadcast* BS放送
・BS Digital *Broadcast* BSデジタル放送
・CS *Broadcast* CS放送
broadcaster 名 C 放送者, キャスター; 放送局
broadcasting 名 U 放送(業)

broaden /brɔ́:dn ブロードン/ 動
― 自 広くなる; 広がる((*out*))
― 他 〈道などを〉広くする;〈知識などを〉広げる

broadly /brɔ́:dli ブロードリ/ 副
① 概して, 大まかに
・*broadly* speaking 大まかに言って, 概して
② 広範囲に, 幅広く

broad-minded /brɔ́:dmáindid ブロードマインディド/ 形 偏見がない, 寛大な

brochure /brouʃúər ブロウシュア/ 名 C パンフレット, 小冊子

broil /brɔ́il ブロイル/ 動
― 他 ((米))〈肉・魚などを〉じか火であぶる, 焼く
― 自〈肉が〉焼ける

broiler /brɔ́ilər ブロイラ/ 名 C
① ((米))(肉・魚などを焼く)グリル
② ブロイラー(焼き肉用の若どり)

broke* /bróuk ブロウク/
動 break の過去形
■ 形 ((くだけて)) 無一文の, 文なしの

broken* /bróukən ブロウカン/
動 break の過去分詞
■ 形
① 壊れた, 割れた, 折れた; 故障した
・a *broken* leg 骨折した脚

bronchitis

❷〈約束などが〉**破られた**, 守られなかった
- a *broken* promise 破られた約束
❸〈体力などが〉衰えた;〈気持ちが〉傷ついた, 落胆した
❹〈言葉遣いが〉不完全な, ブロークンな
- speak in *broken* English
ブロークンな英語で話す

bronchitis /brɑŋkáitis ブランカイティス/ 名
Ⓤ【医学】気管支炎

bronze /bránz ブランズ | brɔ́nz ブロンズ/ 名
❶ Ⓤ 青銅, ブロンズ;青銅色
❷ Ⓒ 青銅製品, ブロンズ像;銅メダル
━ 形 青銅色の;青銅器の

brooch /bróutʃ ブロウチ/ 名 Ⓒ ブローチ

brook /brúk ブルク/ 名 Ⓒ 小川

broom /brúːm ブルーム/ 名 Ⓒ ほうき

brother /bráðər ブラザ/

名 (複 **brothers** /ブラザズ/) Ⓒ
❶ **兄, 弟,**(男の)**兄弟**(⇔ sister)
- a half *brother* 異父[異母]兄弟
- My little *brother* and I are completely opposite. 弟と私はまったく似ていない
❷ 親しい仲間, 親友;同僚, 相棒;同業者

brotherhood /bráðərhùd ブラザフド/ 名
❶ Ⓤ 兄弟の間柄;友好関係;兄弟愛
❷ Ⓒ ((単数・複数扱い)) 友愛団体, 教団

brother-in-law /bráðərinlɔ̀ː ブラザリンロー/ 名 (複 **brothers-in-law** /ブラザズリンロー/) Ⓒ 義理の兄弟, 義兄, 義弟

brought /brɔ́ːt ブロート/ 動 bring の過去形・過去分詞

brow /bráu ブラウ/ 名 Ⓒ
❶ 額, おでこ
❷ ((ふつう brows)) まゆ, まゆ毛

brown /bráun ブラウン/

形 比較 **browner** /ブラウナ/
最上 **brownest** /ブラウナスト/
❶ **茶色の, 褐色の**
- *brown* eyes [hair] 茶色い目[髪]
- *brown* rice 玄米
❷ 日焼けした(suntanned);こんがり焼けた
━ 名 (複 **browns** /ブラウンズ/) Ⓤ 茶色, 褐色

browse /bráuz ブラウズ/
動
━ 自
❶ (本などを)拾い読みする((*through...*));商品を見て歩く, 店をひやかす
❷【インターネット】(情報・ファイルなどを)検索する((*through...*))
━ 他【インターネット】〈情報などを〉検索する
━ 名 Ⓒ ((a browse))(本の)拾い読み;(店の)ひやかし

browser /bráuzər ブラウザ/ 名 Ⓒ
❶【インターネット】ブラウザ, 閲覧ソフト
❷ (本屋での)立ち読みする人;見て歩く人

bruise /brúːz ブルーズ/
動
━ 他〈…に〉打撲傷を負わせる;〈心を〉傷つける;〈果物を〉傷める
━ 自 打ち身ができる;〈心が〉傷つく;〈果物が〉傷む
━ 名 Ⓒ 打撲傷, あざ;(果物の)傷

brunch /brántʃ ブランチ/ 名 Ⓤ Ⓒ ((くだけて)) (昼食を兼ねた)遅い朝食, ブランチ (*br*eakfast(朝食)+l*unch*(昼食))

brunette /bruːnét ブルーネト/ 名 Ⓒ ブルネット (肌・目・髪の色が黒みがかった女性)

brush /bráʃ ブラシュ/

名 (複 **brushes** /ブラシズ/) Ⓒ
❶ **ブラシ, はけ;毛筆, 絵筆**
- a hair*brush* ヘアブラシ
- a tooth*brush* 歯ブラシ
❷ ブラシをかけること;ひとなで, ひと触れ
❸ (…との)遭遇;こぜり合い
━ 動
三単現 **brushes** /ブラシズ/
過去・過分 **brushed** /ブラシュト/
現分 **brushing** /ブラシング/
━ 他
❶〈…に〉ブラシをかける;〈歯などを〉みがく
- *brush one's* hair 髪にブラシをかける
❷〈…に〉軽く触れる, 〈…を〉かすめる
❸〈…を〉(…から)払いのける((*off...*)), 払う
━ 自 ブラッシングする;(…に)軽く触れる, かする((*against...*))

brush A up = brush up A A (昔身につけた語学・技術など)にみがきをかける

Brussels /brásəlz ブラサルズ/ 名 ブリュッセル (ベルギーの首都)

brutal /brúːtl ブルートル/ 形 残酷な, 野蛮な;獣の
 brutally 副 残酷に;冷酷なほどに

brute /brúːt ブルート/ 名 Ⓒ

❶ 野獣のような人, 人でなし
❷ ((文語)) 獣, 恐ろしい動物

bubble /bʌ́bl バブル/
名 C
❶ 泡, あぶく; シャボン玉
❷ 実体のないもの;【経済】バブル
❸ (漫画の)吹き出し
━ 動 自 泡立つ; ぶくぶくわき出る
bubbly 形 泡の多い, 泡立つ

buck /bʌ́k バク/ 名 C
❶ 雄鹿; (かもしか・やぎ・羊などの)雄
❷ ((米・豪)) ((くだけて)) 1ドル(dollar)

bucket /bʌ́kit バキト/ 名 C
❶ バケツ; バケツ状の物
❷ (…の)バケツ1杯(の量) ((of...))
bucketful 名 C バケツ1杯(の量)

Buckingham Palace /bʌ́kiŋəm pǽləs バキンガム パラス/ 名 バッキンガム宮殿 (ロンドンにある英国王室の宮殿)

buckle /bʌ́kl バクル/
名 C (ベルトの)バックル, 締め金
━ 動
━ 他 〈ベルトを〉バックルで留める[締める]
━ 自 〈ベルトが〉バックルで留まる[締まる]
buckle down to A
((くだけて)) A〈仕事など〉に本気で取りかかる
buckle up ((米)) シートベルトを締める

bud /bʌ́d バド/
名 C 芽, つぼみ
━ 動 自 〈植物が〉芽を出す, つぼみを持つ

Budapest /bú:dəpèst ブーダペスト/ 名 ブダペスト (ハンガリーの首都)

Buddha /bú:də ブーダ/ 名
❶ 仏陀(ぶっだ), 釈迦牟尼(しゃかむに) (仏教の開祖)
❷ C 仏像

Buddhism /bú:dizm ブーディズム/ 名 U 仏教

Buddhist /bú:dist ブーディスト/
名 C 仏教徒
━ 形 仏教(徒)の; 仏陀の

buddy /bʌ́di バディ/ 名 C ((米)) ((くだけて)) 仲間, 相棒; おい, 君

budge /bʌ́dʒ バヂ/ 動
━ 自 (…から)ちょっと動く ((from...)); 譲歩する
━ 他 〈…を〉ちょっと動かす

budget /bʌ́dʒit バヂト/
名 C 予算, 予算案; 経費, 生活費
· a government *budget* 政府予算

· a family *budget* 家計
━ 動
━ 自 予算を立てる, やりくりする
━ 他 〈…の〉予算を立てる[組む]; 〈時間・資金などを〉(…に)配分する ((for...))

Buenos Aires /bwéinɔs áiəriz ブウェイナス アイアリズ/ 名 ブエノスアイレス (アルゼンチンの首都)

buffalo /bʌ́fəlòu バファロウ/ 名 (複 **buffaloes**, **buffalos** /バファロウズ/, ((集合的に)) **buffalo**) C 【動物】バッファロー

buffer /bʌ́fər バファ/ 名 C
❶ 衝撃をやわらげる人[物]
❷【コンピュータ】バッファ (一時的データ記憶装置)

buffet /bəféi バフェイ/ 名 C
❶ 立食; 立食用カウンター, 台
❷ カウンター式軽食堂, ビュッフェ

bug /bʌ́g バグ/ 名 C
❶ ((主に米)) 虫, 昆虫
❷ ((くだけて)) 伝染性の軽い病気; 病原菌, 細菌, ウイルス
❸ ((the bug)) ((くだけて)) (当座の)熱狂, 熱中
❹ (機械の)欠陥;【コンピュータ】バグ, プログラムの誤り
❺ ((くだけて)) 隠しマイク, 盗聴装置

build /bíld ビルド/

動 三単現 **builds** /ビルヅ/
過去・過分 **built** /ビルト/
現分 **building** /ビルディング/
━ 他
❶ 〈家などを〉**建てる**, 〈橋などを〉建設する; 〈巣を〉作る; 〈火を〉おこす
· Birds *build* nests and humans *build* houses. 鳥は巣を作って人は家を建てる
❷ 〈事業・財産・人格などを〉築き上げる, 確立する; 〈力・体力を〉増す, 強める ((*up*))
· *build* a huge fortune ばく大な財産を築く
━ 自 建築する; 建築業に従事する
build A into B
AをBに作り付ける[組み込む]; AからBを作る
build up
〈健康などが〉増進する; 〈自信などが〉強まる
━ 名 U C 造り; 体格, 体付き
builder 名 C 大工; 建築会社[業者]

building* /bíldiŋ ビルディング/
動 buildの現在分詞・動名詞

built

━ 名 (複 **buildings** /ビルディングズ/) C 建物, ビル(ディング), 建造物; U 建築(すること)
- a school *building* 校舎
- a public *building* 公共建造物

built /bílt ビルト/ 動 buildの過去形・過去分詞

built-in /bíltín ビルティン/ 形 作り付けの, はめ込みの; 本来備わった

bulb /bʌ́lb バルブ/ 名 C
1 (ゆり・たまねぎなどの)球根
2 電球 (light bulb)

bulk /bʌ́lk バルク/
1 U 容積, 体積, かさ; C 巨体
2 ((the bulk)) (…の)大部分, 大半 ((*of*...))
3 ((形容詞的に)) 大量の, 大規模な
- in *bulk* 大口で, 大量に

bulky 形 大きい, かさばった

bull /búl ブル/ 名 C
1 (去勢していない)雄牛 (⇔cow)
2 (象・鯨・あざらしなど大型動物の)雄

bulldog /búldɔ̀g ブルドグ/ 名 C 【動物】ブルドッグ

bulldozer /búldòuzər ブルドウザ/ 名 C ブルドーザー

bullet /búlit ブリト/ 名 C 弾丸, 銃弾

bulletin /búlətn ブラトン/ 名 C
1 公報; 掲示, 告示
2 (学会などの)会報, 社報
3 (ラジオ・テレビなどの)ニュース速報

bully /búli ブリ/
名 C 弱い者いじめをする人, いじめっ子
━ 動 他 〈弱い者を〉いじめる, 脅す

bum /bʌ́m バム/
名 C ((主に米)) ホームレス; なまけ者; 浮浪者
━ 動 他 〈人を〉うんざりさせる; 〈金品を〉たかる

bump /bʌ́mp バンプ/
動
━ 他 〈…を〉〈…に〉ドンとぶつける ((*against*..., *on*...))
━ 自
1 (…に)ドンとぶつかる ((*against*..., *into*...)); 衝突する
2 〈車が〉ガタガタ揺れながら進む
━ 名 C
1 衝突; ドスンという音
2 (おでこの)こぶ; (道路などの)でこぼこ

bumper /bʌ́mpər バンパ/ 名 C (自動車の)バンパー

bumpy /bʌ́mpi バンピ/ 形 〈道路などが〉でこぼこの; 〈車などが〉ガタガタ揺れる

bun /bʌ́n バン/ 名 C 小形の丸いパン

bunch /bʌ́ntʃ バンチ/
名
1 (果物などの)房; (花・鍵など同じ物の)束
2 (人などの)群れ, 集団
━ 動
━ 他 〈…を〉束ねる
━ 自 束になる, 集まる

bundle /bʌ́ndl バンドル/
名 C (手紙・新聞などの)束; 包み, かたまり; ((a bundle)) ((くだけて)) 大金
━ 動 他
1 〈…を〉束ねる; 〈…を〉包みにする
2 〈人・物を〉(…に)すばやく[さっと]押し入れる ((*into*...))

bungalow /bʌ́ŋɡəlòu バンガロウ/ 名 C バンガロー (平屋建て木造住宅)

bunk /bʌ́ŋk バンク/ 名 C (船・列車などの)寝台

bunker /bʌ́ŋkər バンカ/ 名 C
1 (船・屋外の)石炭庫; シェルター
2 【ゴルフ】バンカー

bunny /bʌ́ni バニ/ 名 C うさちゃん (rabbitの幼児語)

bunt /bʌ́nt バント/
動
━ 他 【野球】〈ボールを〉バントする
━ 自 バントする
━ 名 C 【野球】バント

buoy /búːi ブーイ, bɔ́i ボイ/
名 C 浮標, ブイ; 救命浮き袋
━ 動 他 〈…を〉浮かせる ((*up*)); 〈…を〉支える, 〈人を〉勇気[元気]づける

buoyancy 名 U 浮力; 快活さ, 楽天性
buoyant 形 浮力のある; 快活な, 楽天的な

burden /bə́ːrdn バードン/
名 C
1 (重い)荷物
2 (心の)重荷, 負担
━ 動 他 〈…に〉荷を負わせる, 〈…を〉悩ませる

burdensome 形 重荷になる; やっかいな

bureau /bjúərou ビュアロウ/ 名 C
1 (官庁の)局, 部; 事務局; 代理店; 案内所
2 ((米)) 衣服だんす; ((英)) ライティングデスク

bureaucracy /bjuərɑ́krəsi ビュアラクラスィ/

名
❶ Ⓤ 官僚政治;官僚主義, お役所仕事
❷ ((the bureaucracy)) 官僚(集団)
bureaucrat 名 Ⓒ 官僚;官僚主義の人
bureaucratic 形 官僚的な

burger /bə́ːrgər バーガ/ 名 Ⓒ ((くだけて)) ハンバーガー (hamburger)

burglar /bə́ːrglər バーグラ/ 名 Ⓒ 強盗

burglary /bə́ːrgləri バーグラリ/ 名 ⓊⒸ 空巣, 建造物侵入罪

burial /bériəl ベリアル/ 名 ⓊⒸ 埋葬(まいそう);葬式

burly /bə́ːrli バーリ/ 形 〈人が〉たくましい, 〈体が〉頑丈な

burn /bə́ːrn バーン/

三単現 **burns** /バーンズ/
過去・過分 **burned** /バーンド/, **burnt** /バーント/
現分 **burning** /バーニング/

― 自
❶ **燃える, 焼ける**;焦げる
・The house *burned* to the ground.
その家は全焼した
❷ 〈火・明かりが〉輝く, ともる
・Lights *were burning* in every room.
すべての部屋に明かりがともっていた
❸ 〈体・人が〉(…で)ほてる;〈傷口・舌などが〉ひりひりする ((*with...*))
・*burn with* shame 恥ずかしくてぽっとなる
❹ (怒りなどで)かっとなる ((*with...*))
・*burn with* anger 怒ってかっとなる

― 他
❶ 〈…を〉**燃やす, 焼く**;〈…を〉焦がす
・*burn* dead leaves 枯葉を燃やす
❷ 〈ろうそく・明かりに〉火をともす, 点火する
❸ 〈…を〉やけどさせる;日焼けさせる
・Be careful not to *burn* yourself.
やけどをしないように気をつけなさい

burn away 燃え尽きる
burn down 全焼する
burn out 燃え尽きる
burn up ぱっと燃え上がる;燃え尽きる

― 名 (複 **burns** /バーンズ/) Ⓒ やけど;日焼け;焼け焦げ

burner /bə́ːrnər バーナ/ 名 Ⓒ (ガスストーブなどの)火口(ほくち), バーナー

burning /bə́ːrniŋ バーニング/
動 burnの現在分詞・動名詞

― 形
❶ 燃えている;〈痛みなどが〉焼けつくような
❷ 〈問題などが〉急を要する, さしせまった
・a *burning* issue 重大問題

burnt /bə́ːrnt バーント/
動 burnの過去形・過去分詞
― 形 焼けた;焦げた;やけどをした

burnt-out /bə́ːrntáut バーンタウト/ 形 燃え尽きた;消耗した

burst* /bə́ːrst バースト/

三単現 **bursts** /バースツ/
過去・過分 **burst** /バースト/
現分 **bursting** /バースティング/

― 自
❶ 〈爆弾などが〉**破裂する**, 爆発する;(…で)はち切れそうになる ((*with*))
・The water pipe *burst*. 水道管が破裂した
・The bag was about to *burst with* oranges. 袋はオレンジではちきれそうだった
❷ 〈つぼみが〉ほころびる, 〈花が〉ぱっと開く
❸ 突然(…)する ((*into...*))
・*burst into* laughter どっと笑い出す
■ ***burst out doing*** 突然…し始める

― 他 〈…を〉破裂させる, 爆発させる
・I *burst* the balloon with a pin.
私はピンで風船を破裂させた

***burst in on [upon]* A**
Aを襲う;Aに乱入する
burst out 飛び出す

― 名 (複 **bursts** /バースツ/) Ⓒ 破裂;爆発;破裂箇所
・the *burst* of a bomb 爆弾の炸裂(さくれつ)
・a *burst* in a water pipe 水道管の破水口

bury /béri ベリ/ 動 他
❶ 〈…を〉埋める;〈…を〉おおい隠す
・Dogs *bury* bones. 犬は骨を埋める
❷ 〈死者を〉埋葬(まいそう)する, ほうむる
・He was *buried* in the cemetery.
彼はその墓地に埋葬された

bus /bʌ́s バス/ 名 (複 **buses** /バスィズ/, ((米でまた)) **busses** /バスィズ/) Ⓒ バス

・a *bus* stop バス停
・go to school by *bus* バスで通学する
・*get on* [*off*] *a bus* バスに乗る[を降りる]
・He *took a bus* to the station.
彼は駅までバスに乗った
・Did you miss your *bus*?
バスに乗り遅れたの

bush /búʃ ブシュ/ 名
① C かん木, 低木;(低木の)やぶ, 茂み
② ((the bush))(アフリカ・オーストラリアなどの)森林地, 未開墾(こん)地
bushy 形 やぶの多い, 低木の茂った

busily /bízili ビズィリ/ 副 忙しく, せっせと

business* /bíznəs ビズナス/
名 (複 **businesses** /bíznəsɪz/)
① U **商売**, 取り引き, 商業, 実業, 営業
・ *business* hours 営業時間
・ a *business* card 業務用名刺
・ They do *business* with France.
  彼らはフランスと取り引きがある
・ *Business* is doing well.
  商売が繁盛(じょう)している
② U 仕事, 職務;職業;用事
・ Selling flowers is my *business*.
  花を売るのが私の仕事だ
③ C 店, 商店, 会社, 商社
・ He has two *businesses* in New York.
  彼はニューヨークに2つの事務所を持っている
④ C 事, 事がら, 事件;関わりのあること
・ It's *none* of my *business*.
  そんなことは私の知ったことではない
・ I don't like the whole *business*.
  何もかもいやだ
  go about one's **business**
  自分の仕事に集中する
  have no business
  (…する)権利[資格]がない((*to do, doing*))
  on business 仕事で, 用事で, 商用で
  out of business 破産して, 失業して
  talk business まじめな話をする

businesslike /bíznəslàik ビズナスライク/
形 事務的な, 能率的な;てきぱきした

businessman /bíznəsmæn ビズナスマン/
名 C 実業家;実務家;実務にたけた人

businessperson /bíznəspərsən ビズナスパーソン/ 名 C 実業家(性差別を避けた語)

businesswoman /bíznəswùmən ビズナスウマン/ 名 C 女性実業家;女性実務家

bust /bʌ́st バスト/ 名 C 胸像;(女性の)胸部;バスト

bustle /bʌ́sl バスル/
動 ⾃ せわしなく動き回る((*about*))
━ 名 U せわしない動き

busy /bízi ビズィ/
形 比較 **busier** /bízíər ビズィア/

最上 **busiest** /bízíəst ビズィアスト/
① (…で)**忙しい**((*with...*));せっせと…する((*in* doing))
・ My mother is *busy* mak*ing* dinner.
  母は夕食を作るのに忙しい
② 〈場所などが〉**にぎやかな**;〈生活・時間が〉多忙な
・ a *busy* street 繁華街
・ a *busy* day 忙しい日
③ (米)(電話で)**話し中の**, 使用中の
・ The line's *busy*. お話し中です
  get busy 仕事を始める
━ 動 ⽤ ((次の用法で))
  ■ *busy* oneself **with** [*at, in*] *A*
  Aで忙しく働く

but /bət バト; ((強)) bʌ́t バト/
接
① **しかし**, だが, けれど
・ I want that CD *but* I don't have enough money.
  あのCDがほしいけれどお金が足りない
② ((譲歩))(確かに)…だけれど
・ I understand what you are saying, *but* I can't agree with you.
  言いたいことは分かるけど賛同はできないね
③ ((次の用法で))
  ■ *Excuse me, but*... すみませんが…
・ *Excuse me, but* could you tell me the way to the station?
  すみませんが, 駅へはどう行ったらいいですか
  ■ *I'm sorry, but*... 申し訳ないけれど
・ *I'm sorry, but* I cannot understand what you said. 申し訳ないけれど, あなたの言ったことが理解できません
  ■ *not A but B* AではなくてB
・ He is *not* a teaching assistant *but* a professor. 彼は助手ではなくて教授だ
  ■ *not only A but (also) B* AだけでなくBも
・ *Not only* he *but (also)* I am good at tennis. 彼だけでなくぼくもテニスは得意だ
④ ((否定的な文のあとで))…しないで(…することはない)
・ It *never* rains *but* it pours.
  どしゃ降りになることなく雨が降ることは決してない, 降ればどしゃ降り
━ 前 …を除いて, …のほかは
・ There was no one left *but* me.
  残ったのは私だけだった

— 代 ((関係代名詞))…ないところの
- There is *no* rule *but* has some exceptions. 例外のない規則はない

— 副 ((文語))

❶ ほんの, ただ
- He was *but* a baby then.
彼はその頃ほんの赤ん坊だった

❷ ((canなどと共に)) ただ…するだけ
- You *can but* try.
とにかくやってみたらどうですか

***all but* A**
(1) Aのほかはみんな
- I have read *all but* one of his novels.
彼の小説は1冊を除いてあとは全部読んだ
(2) ((くだけて)) ほとんど…
- He is *all but* dead. 彼は死んだも同然だ

***anything but* A**
Aのほかは何でも; 決してAではない
- I eat *anything but* raw fish.
生の魚以外は何でも食べます
- She is *anything but* wise.
彼女は決して賢くはない

***but for* A** Aがなければ(without)
- I would have failed *but for* your advice.
あなたの忠告がなかったら私は失敗していただろう

***cannot (help) but* do**
…せずにはいられない
- I *cannot but* laugh. 笑わずにはいられない

***nothing but* A** ただAだけ; Aにすぎない
- It is *nothing but* a rumor.
それはうわさにすぎない

butcher /bútʃər ブチャ/
名 C 肉屋; 食肉処理業者; 虐殺者
— 動 他〈牛などを〉畜殺する;〈…を〉虐殺する;〈…を〉台なしにする

butler /bʌ́tlər バトラ/ 名 C 執事

butter* /bʌ́tər バタ/
名 U バター
- *Butter* is made from milk.
バターは牛乳から作られる
- We eat bread with *butter* on it.
私たちはパンにバターを付けて食べる

— 動
三単現 **butters** /バタズ/
過去・過分 **buttered** /バタド/
現分 **buttering** /バタリング/
— 他〈パンなどに〉バターをぬる

butterfly* /bʌ́tərflài バタフライ/ 名 C 蝶

(チョウ); ((the butterfly)) (水泳の)バタフライ泳法
- swim *the butterfly* バタフライで泳ぐ

buttermilk /bʌ́tərmilk バタミルク/ 名 U バターミルク

buttock* /bʌ́tək バタク/ 名 (複 **buttocks** /バタクス/) ((ふつうbuttocks)) しり

button* /bʌ́tn バトン/
名 (複 **buttons** /バトンズ/) C
❶ (衣服の)ボタン
- fasten [undo] *buttons*
ボタンをかける[はずす]
❷ (ベルなどの)押しボタン
— 動
— 他〈衣服に〉ボタンをかける,〈…を〉ボタンで留める((*up*))
— 自〈衣服が〉ボタンで留まる, ボタンがかかる((*up*))

buy /bái バイ/

動 三単現 **buys** /バイズ/
過去・過分 **bought** /ボート/
現分 **buying** /バイイング/
— 他
❶ 〈…を〉**買う** (⇔sell)
- *buy A B = buy B for A*
A(人)にB(物)を買ってやる
- My father *bought* me a guitar.
父は私にギターを買ってくれた
❷ 〈人に〉〈…を〉おごる
- Let me *buy* you a drink. 1杯おごるよ
— 自 買い物をする

buy A back = buy back A
Aを買い戻す

buy A off = buy off A
A(人)を買収する

buy A up = buy up A Aを買い占める
— 名 (複 **buys** /バイズ/) C 買い物, 購入品; 掘り出し物
- This book is a good *buy*.
この本は買い得品だ

buyer 名 C 買い手; 仕入れ係, バイヤー

buzz /bʌ́z バズ/
名 C ブンブン (ハチなどのうなり声); ガヤガヤ (人のざわめき声)

— 動
— 自
❶ 〈ハチ・機械などが〉ブンブンうなる;〈人が〉ガヤガヤ言う

❷〈電話が〉リーンと鳴る
━ 他
❶〈…を〉ブンブン鳴らす
❷〈…を〉かすめて飛ぶ
❸〈人に〉ブザーで合図する,〈人を〉ブザーで呼び出す

buzzer /bʌ́zər バザ/ 名 C ブザー；サイレン,サイレンの音

by /bái バイ/

前
❶ ((場所))…のそばに[の, で, を]
- a house *by* the river 川のそばの家
- *by* the window 窓際に
- *by* the door ドアの所に
- We walked *by* the station.
  私たちは駅を通り過ぎた

❷ ((受身))…によって
- The play was written *by* Shakespeare.
  その戯曲はシェークスピアによって書かれた

❸ ((方法・手段))…によって
- *by* bus バスで
- *by* phone 電話で
- *by* mail 郵便で
- *by* mistake 誤って
- What do you mean *by* that?
  それはどういうことですか

❹ ((経路))…を通って, …経由で；…によって
- *by* way of Paris パリ経由で
- come *by* the nearest road
  いちばん近い道をやってくる

❺ ((期限))…までに(は)
- *by* the end of this month 今月中に
- He will not arrive *by* 6 o'clock.
  彼は6時までには着かないだろう

❻ ((差異・連続))…ずつ；連続して
- little *by* little 少しずつ
- day *by* day 日に日に
- one *by* one 1人[1つ]ずつ

❼ ((単位))…を単位として, …決めで
- *by* the dozen 1ダース単位で
- rent a room *by* the week
  週決めで部屋を借りる

❽ ((基準など))…によって, …に従って
- Don't judge people *by* appearances.
  人を見かけで判断するな

❾ ((つかまえる体の部分))…のところを, …を
- Don't grab me *by* the arm.
  ぼくの腕をつかまないでよ

❿ ((かけ算))…をかけて；((割算))…で割って
- Multiply 5 *by* 2. 5に2をかけなさい
- Divide 40 *by* 5. 40を5で割りなさい

⓫ ((程度))…だけ, …の差で
- I'm taller than you *by* a head.
  ぼくは君より頭1つ背が高い
- I missed the train *by* one minute.
  1分差で列車に乗り遅れた

⓬ ((関連))…に関しては, …については
- *by* birth 生まれは
- I know the singer only *by* name.
  私はその歌手の名前だけは知っている

⓭ ((誓言))…にかけて
- I swear *by* God. 神にかけて誓います

━ 副 ((場所)) そばに；通り過ぎて；((時間)) 過ぎ去って

by and by やがて, まもなく
by and large 概して, 全般的に見て
by all means 必ず；よろしいですとも
by the way ところで

bye* /bái バイ/ 間 さよなら(goodbye)

bye-bye* /báibái バイバイ/
間 ((幼児語)) さよなら, バイバイ

bypass /báipæs バイパス | báipɑːs バイパース/
名 C
❶ ((主に英)) 迂回(うかい)路, バイパス
❷ 【医学】(心臓の)バイパス手術
━ 動 他
❶〈…を〉迂回する；〈…を〉避けて通る
❷〈…を〉無視する

by-product /báiprɑ̀dʌkt バイプラダクト/ 名 C 副産物

bystander /báistæ̀ndər バイスタンダ/ 名 C 傍観者, 局外者

byte /báit バイト/ 名 C 【コンピュータ】バイト (情報伝達の単位)

C, c

C¹, c /síː スィー/ 名 (複 **C's, Cs; c's, cs** /スィーズ/)
① C U シー (英語アルファベットの第3字)
② ((Cで)) C (米) (学業成績の)C, 「良」
③ U 【音楽】ハ音; ハ調
④ ((Cで)) U (ローマ数字の)100

C² ((略)) Celsius セ[摂]氏(の)

C. ((略)) centigrade セ[摂]氏度, 100分度

© ((記号)) copyright 版権, 著作権

CA ((米郵便)) California カリフォルニア州

cab /kǽb キャブ/ 名 C タクシー
・catch a *cab* タクシーに乗る

cabbage /kǽbidʒ キャビヂ/ 名 U C 【植物】キャベツ

cabin /kǽbin キャビン/ 名 C
① (船・飛行機などの)客室; (飛行機などの)機室
② (簡素な木造の)小屋

cabinet /kǽbinət キャビナト/ 名
① C 飾り棚, 戸棚; 保管庫
② ((ふつう the Cabinet)) 内閣; (英) 閣僚

cable /kéibl ケイブル/ 名 C U ケーブル
・*cable* television ケーブルテレビ (略 CATV)

cacao /kəkáːou カカーオウ/ 名 C 【植物】カカオの実; カカオの木

caddie, caddy /kǽdi キャディ/ 名 C 【ゴルフ】キャディー

Caesar /síːzər スィーザ/ 名 **Gaius Julius Caesar** シーザー, カエサル (古代ローマの将軍・政治家)

café, cafe /kæféi カフェイ | kǽfei キャフェイ/ 名 C カフェ; 喫茶店; 軽食堂

cafeteria /kæfətíəriə カファティアリア/ 名 C カフェテリア

caffein(e) /kǽfiːn カフィーン/ 名 U カフェイン

cage /kéidʒ ケイヂ/
名 C 鳥かご, おり
— 動 他 (…を)かご[おり]に入れる

Cairo /káiərou カイアロウ/ 名 カイロ (エジプトの首都)

cake

/kéik ケイク/
名 (複 **cakes** /ケイクス/)
① U C ケーキ, 洋菓子
・three pieces [slices] of *cake* ケーキ3つ
② C (一定の形の)かたまり
・a *cake* of soap 石けん1個
It's a piece of cake!
((話)) そんなの朝飯前だよ

Cal. ((略)) California カリフォルニア州

calamity /kəlǽməti カラマティ/ 名 U C (予想のできない)惨事, 災難

calcium /kǽlsiəm キャルスィアム/ 名 U 【化学】カルシウム (元素記号 Ca)

calculate /kǽlkjəlèit キャルキャレイト/ 動
— 他
① 〈…を〉計算する
・*calculate* the cost of heating 暖房費を計算する
■ *calculate that*... 計算で…だと分かる
② 〈…だと〉思う, 予測する
■ *calculate that*... …ということを推測する
— 自 計算する
calculate on [upon] A A を当て込む
calculate on A doing A (人・物)が…するのを当てにする

calculated 形 算出した; 計画的な
calculatedly 副 計画的に, 計算ずくで
calculating 形 計算ができる; 計算用の
calculation 名 U 計算; C 計算(の結果)

calculator /kǽlkjəlèitər キャルキャレイタ/ 名 C 電卓; 計算器

calendar* /kǽləndər カランダ/
名 (複 **calendars** /キャランダズ/) C
① カレンダー, 暦
・on a *calendar* 予定されて
② ((米)) スケジュール, 手帳

calf¹ /kǽf キャフ/ 名 (複 **calves** /キャヴズ/) C 子牛; (大型哺乳動物の)子

calf² /kǽf キャフ/ 名 (複 **calves** /キャヴズ/) C ふくらはぎ

caliber /kǽləbər キャラバ/ 名 C (円筒の)内径, 直径; (銃身の)口径

Calif. ((略)) California カリフォルニア州

California /kæləfɔ́ːrnjə カラフォーニャ/ 名 カリフォルニア (略 Cal., Calif., ((郵便)) CA; 米国太平洋岸の州; 州都はサクラメント (Sacramento))

call /kɔ́ːl コール/

動 三単現 **calls** /コールズ/
過去・過分 **called** /コールド/
現分 **calling** /コーリング/

— 他

❶ 〈名前などを〉**呼ぶ**; 〈言葉を〉**叫ぶ** ((out))
- *call* the roll 出席を取る, 点呼をする
- I heard someone *calling* my name. 誰かがぼくの名前を呼んでいるのが聞こえた

❷ 〈…に〉**電話をする**; 〈…を〉電話で呼ぶ
- *Call* this number, please. この番号に電話してください
- **call** *A* *B* = call *B* for *A* A(人)のためにB(タクシーなど)を呼んでやる

❸ 〈人などに〉〈…に来るように〉呼びかける[声をかける] ((into...))
- Mother *called* her children *into* the house. お母さんは子どもを家に呼び入れた

❹ 〈人を〉〈…に〉招待する ((for..., to...)); 召喚する
- I *called* my girlfriend *to* dinner. 私はガールフレンドを夕食に招いた
- *call* a meeting 会議を招集する

❺ 〈人を〉起こす, 呼ぶ
- Please *call* me at five tomorrow morning. あした5時に起こしてください

❻ ((次の用法で))
- **call** *A* *C* AをCと呼ぶ, 名づける
- What do you *call* this soup? このスープを何と呼んでいるの
- **call** *oneself* *C* 自称Cである

— 自

❶ **呼ぶ**, 〈人に〉呼びかける ((to...)); 叫ぶ ((out))
- I heard my mother *calling* from downstairs. 階下から母が呼んでいるのが聞こえた

❷ 〈人が〉**電話をする**
- Who's *calling*, please? ((電話で))どちら様ですか

❸ ((主に英))〈人を〉訪問する ((on...)); 〈場所を〉訪れる ((at...))

call at *A* A(場所)を訪ねる

call back (あとで)こちらから電話をかける; ((英))再度訪問する

call *A* **back** = call back *A* A(人)を呼び戻す; A(人)にこちらからあとで電話する
- I'll *call* you *back* later. あとでこちらから電話します

call by
((英))((くだけて))ちょっと立ち寄る, 訪問する

call for *A* (声を上げて)Aを求める; A(物)を取りに行く[来る]; A(援助など)を求める; Aを必要とする

call in (人を)(ちょっと)訪ねる ((on...)); (場所に)(ちょっと)立ち寄る ((at...)); (職場などに)連絡の電話をかける

call *A* **in** = call in *A*
(電話で)A(医者など)を呼ぶ, A(助け)を求めて呼ぶ; A(借金など)の返済を求める

call *A* **off** = call off *A*
((くだけて))A(約束など)を取り消す, A(予定の催し)を中止する

call on [upon] *A*
A(人)をちょっと訪ねる; ((改まって))A(人)に(…を)求める, 要求する; 訴える ((for...))

call *A* **out** = call out *A*
Aを(大声で)呼ぶ, 叫ぶ

call *A* **over** = call over *A*
A(人)を呼び寄せる; A(名前)を読み上げる

call *A* **up** = call up *A* ((米))A(人)に電話をかける, Aを電話に呼び出す; 【コンピュータ】A(データなど)を呼び出す; A(眠っている人)を起こす; A(勇気など)を呼び起こす; 〈物・事が〉Aを思い出させる; 〈人が〉Aを思い描く

— **名** (複) **calls** /コールズ/ C

❶ **呼び声**, 叫び; (鳥獣の)鳴き声, さえずり; (ラッパなどによる)呼びかけ, 合図
- a *call* for help 助けを呼ぶ声

❷ **電話をかけること, 通話**
- a long distance [local] *call* 長距離[市内]通話
- make an international *call* 国際電話をする

❸ 点呼
- a roll *call* 出席点呼

❹ (審判などの)判定, コール

❺ (短い)訪問, (医師の)往診

the call of nature ((ふざけて))トイレに行きたくなること; 生理的欲求

within call 呼べば聞こえる所に

CALL /kɔ́ːl コール/ ((略)) *Computer Assisted Language Learning* コール(コンピュータ利用の言語教育)

calligraphy /kəlígrəfi カリグラフィ/ **名** U
書道, 美しい筆跡

calling /kɔ́ːliŋ コーリング/
動 callの現在分詞・動名詞

calm /ká:m カーム/

形 比較 calmer /カーマ/ 最上 calmest /カーマスト/
❶ 〈天候などが〉**静かな**, 穏やかな
❷ 〈精神などが〉**落ち着いた**, 平静な;〈社会などが〉平和な, 平穏な
- Stay *calm* and relax.
落ち着いてリラックスしなさい
— 名 U 静けさ;平静, 平穏
— 動
— 他 〈人・心などを〉静める;〈社会などを〉平静にする
— 自 〈心・社会などが〉落ち着く((*down*))
calmly 副 静かに, 穏やかに;平然と
calmness 名 U 静けさ;平静;冷静

calorie, calory /kǽləri キャラリ/ 名 C カロリー(熱量の単位)
caloric 形 カロリーの

calves /kǽvz キャヴズ/ 名 calf¹,²の複数形

Cambridge /kéimbridʒ ケイムブリヂ/ 名 ケンブリッジ ((1)英国イングランド東部の州都で, ケンブリッジ大学がある; (2)米国マサチューセッツ州東部の都市で, ハーバード大学がある)

came /kéim ケイム/

動 comeの過去形

camel /kǽməl キャマル/ 名 C ラクダ
camellia /kəmí:liə カミーリア/ 名 C 【植物】椿
cameo /kǽmiòu キャミオウ/ 名 C カメオ

camera* /kǽmərə キャマラ/

名 (複 **cameras** /キャマラズ/) C
カメラ, テレビカメラ
- Please take my picture with this *camera*. このカメラで私を撮ってください

cameraman /kǽmərəmən キャマラマン/ 名 C (映画・テレビ・新聞などの)カメラマン
camouflage /kǽməflà:ʒ キャマフラージュ/ 名 U カモフラージュ, 偽装, ごまかし, 変装
— 動 他 〈…を〉偽装する;ごまかす

camp /kǽmp キャンプ/
名
❶ C キャンプ場;U キャンプ, 野営
- make a *camp* キャンプをする
❷ UC 野営テント
- pitch [set up] (a) *camp* テントを張る
- strike [break (up)] (a) *camp* テントをたたむ

— 動 自 キャンプする((*out*));テントを張る
- go *camping* キャンプに行く
camper 名 C キャンプする人
camping 名 U キャンプ生活, キャンプすること

campaign /kæmpéin カムペイン/
名 C (ある目的のための)運動, キャンペーン; 選挙戦;軍事行動
- a political *campaign* 政治運動
- conduct a *campaign* 宣伝活動をする
- a *campaign* for [*against*] *A*
Aに賛成[反対]の運動
- a *campaign* to *do* …するための運動
— 動 自 運動に参加する

campfire /kǽmpfàiər キャムプファイア/ 名 C キャンプファイヤー
campsite /kǽmpsàit キャムプサイト/ 名 C キャンプ場
campus /kǽmpəs キャムパス/ 名 CU (大学などの)構内, キャンパス

can¹ ☞ 90ページにあります

can² /kǽn キャン/
名 C (金属製の)缶, 容器;((もと米))缶詰(の缶)
- a garbage *can* ごみ入れ
- a *can* of juice 1本の缶ジュース
- a *can* opener 缶切り
— 動 他 〈食べ物などを〉缶詰にする

Canada /kǽnədə キャナダ/

名 カナダ(首都はオタワ)

Canadian /kənéidiən カネイディアン/

形 カナダ(人)の
— 名 C カナダ人;((Canadians))((複数扱い))カナダ人[国民]

canal /kənǽl カナル/ 名 C 運河;水路
- the Suez *Canal* スエズ運河

canary /kənéəri カネアリ/ 名 C 【鳥】カナリア
Canberra /kǽnbərə キャンバラ/ 名 キャンベラ(オーストラリアの首都)

cancel /kǽnsəl キャンサル/ 動 他
❶ 〈約束などを〉取り消す, キャンセルする;〈契約を〉解除する;〈書類などを〉無効にする
- *cancel* an appointment 約束を取り消す
❷ 〈試合などを〉中止する;〈授業を〉休講にする
➡ ➡ ➡ 90ページに続く ➡ ➡ ➡

can¹ /kən カン; ((強)) kǽn キャン/

助 三単現 can
過去 **could** /kəd; ((強)) kúd/
過分 なし
現分 なし
未来 **will be able to** で代用
否定形 **cannot** /kǽnɑt | kǽnɔt/
　can not /-nɑ́t | -nɔ́t/
　((くだけて)) **can't** /kǽnt | kɑ́ːnt/

❶ ((能力))**…することができる**, …する力がある; ((可能))((状況などによって))**…することができる**, …することが可能である

・He *can* play the violin.
彼はバイオリンが弾ける
・I *can't* swim as fast as she (can).
彼女ほど速くは泳げない
・*Can* you come to my birthday party today? きょうの誕生パーティーに来られるかい

❷ ((許可))**…してよい**

・"*Can* I use this pen?" "Sure."
「このペンを使ってもいいですか」「いいですよ」
・You *can* go home now.
もう帰ってよろしい

❸ ((一般的可能性))((肯定文で))**…することもある**, …でありうる

・Even a monkey *can* fall from a tree.
猿も木から落ちる

❹ ((次の用法で))

■ *cannot be* ((否定文で))…であるはずがない

・The news *cannot be* true.
そのニュースは本当であるはずがない
➡ 肯定の意味の「…であるに違いない」には must を用いる

■ *Can A do?* ((疑問文で)) A は(はたして)…かしら, …だろうか

・*Can* this type of accident happen again?
この種の事故が再び起こるだろうか

❺ ((次の用法で))

■ *Can you do?* ((依頼))…してくれますか
・*Can you* call me tonight?
今晩電話してくれますか
・*Can I do?* ((好意))…してあげましょうか
・*Can* I help you? お手伝いしましょうか
■ *I [We] can do.* ((好意))…してあげます
・*We can* give you a single room.
(ホテルで)シングルルームがあります

as A as one can
((改まって)) できるだけ A
・I ran *as* fast *as I could*.
できるだけ速く走った

cannot but do = cannot help doing
…しないではいられない
・I *cannot but* weep at the news.
その知らせには泣かずにはいられない

cannot be too A
どんなに A してもしすぎることはない
・You *cannot be too* careful when you drive a car. 車の運転をする時にはどんなに注意してもしすぎることはない

❸ 〈文字を〉線で消す

cancellation 名 Ⓤ Ⓒ 取り消し, 中止

Cancer /kǽnsər キャンサ/ 名【天文】かに座【占星】巨蟹(きょかい)宮; かに座生まれの人

cancer /kǽnsər キャンサ/ 名 Ⓤ Ⓒ がん
cancerous 形 がんの; がんじみた

candid /kǽndid キャンディド/ 形 率直な, 包み隠しのない
candidly 副 率直に; 率直に言うと

candidate /kǽndidèit キャンディデイト/ 名 Ⓒ 候補者; 志願者, ((英)) 受験者
candidacy 名 Ⓤ Ⓒ 立候補

candle /kǽndl キャンドル/ 名 Ⓒ ろうそく
・light [blow out] a *candle*
ろうそくをともす[吹き消す]

candlelight /kǽndllàit キャンドルライト/
名 Ⓤ ろうそくの光[明かり]

candy* /kǽndi キャンディ/
名 (複 candies /kǽndiz/) Ⓤ Ⓒ
((米)) **キャンディー**, 砂糖菓子 (((英)) sweet)

cane /kéin ケイン/ 名 Ⓒ 杖(つえ), ステッキ; むち; (竹・さとうきびなどの)茎

canine /kéinain ケイナイン/
形 犬の(ような), イヌ科の
━ 名 Ⓒ 犬, イヌ科の動物

canned /kǽnd キャンド/ 形 缶詰の
cannon /kǽnən キャナン/ 名 Ⓒ 大砲

cannot
/kǽnɑt キャナト | kǽnɔt キャノト/
((くだけて)) can not の複合形 (can't)

canoe /kənúː カヌー/
名 Ⓒ カヌー
━ 動 自 カヌーをこぐ; カヌーで行く

can't /kænt キャント | kɑːnt カーント/
((くだけて))can not, cannot の縮約形

canteen /kæntíːn カンティーン/ 名 C 学生食堂, 社員食堂

canvas /kǽnvəs キャンヴァス/ 名
❶ U キャンバス(地), 帆布
❷ C カンバス, 画布;油絵

canyon /kǽnjən キャニャン/ 名 C 峡谷
・the Grand *Canyon* グランド・キャニオン

cap /kæp キャプ/
名 (複 **caps** /キャプス/) C
❶ (縁なしの)**帽子**, キャップ ⇨hat
・a baseball *cap* 野球帽
・put on a *cap* 帽子をかぶる
・take off a *cap* 帽子を取る
❷ (びんなどの)**ふた**;(ペンなどの)キャップ

— 動
三単現 **caps** /キャプス/
過去・過分 **capped** /キャプト/
現分 **capping** /キャピング/
— 他 ⟨…に⟩ふたをする, ⟨人に⟩帽子をかぶせる
・the mountains *capped with* snow
雪をいただいた山々

capable /kéipəbl ケイパブル/ 形
❶ ⟨人が⟩有能な
・a *capable* doctor 有能な医者
❷ ⟨人などが⟩能力がある
■ ***be capable of*** *A*
Aの能力がある, Aができる
■ ***be capable of doing*** …する能力がある

capability 名 C U 能力, 才能;適応性

capacity /kəpǽsəti カパサティ/ 名
❶ U C 収容能力, 定員;容量, 容積
・be filled [full] to *capacity*
(劇場などが)満員である
❷ U C (…する)知的能力, 才能((*to do*));(…への)適性((*for*...))
・the *capacity to* read and write
読み書きの能力

cape¹ /kéip ケイプ/ 名 C 岬

cape² /kéip ケイプ/ 名 C ケープ(袖なしの肩マント)

capital /kǽpətl キャパトル/
名 (複 **capitals** /キャパトルズ/)
❶ C **首都**, 州都
・Tokyo is the *capital* of Japan.
東京は日本の首都です
❷ C **大文字**
⌨ It's spelt with a *capital* "N".
それは大文字のNで始まります
❸ U ((また a capital)) 資本(金), 元金
・*capital* and interest 元金と利子
— 形 ((比較なし))
❶ **主要な**, 重要な
❷ ⟨アルファベットが⟩**大文字の**
・a *capital* letter 大文字, 頭文字
❸ 首都の, 州都の
❹ 資本の

capitalism 名 U 資本主義
capitalist 名 C 資本家;資本主義者
capitalize 動 他 ⟨…を⟩大文字で書く;⟨…を⟩資本化する

Capitol /kǽpətl キャパトル/ 名 ((the Capitol))(米国の)国会議事堂

cappuccino /kɑːpətʃíːnou カーパチーノウ/ 名 C U カプチーノ

capricious /kəpríʃəs カプリシャス/ 形 ⟨天気・言動などが⟩気まぐれな, 変わりやすい

Capricorn /kǽprikɔːrn キャプリコーン/ 名【天文】やぎ座;【占星】摩羯(まかつ)宮;C やぎ座生まれの人

capsule /kǽpsəl キャプサル/ 名 C (薬の)カプセル;(宇宙ロケットの)カプセル

captain* /kǽptən キャプタン/
名 (複 **captains** /キャプタンズ/) C
❶ (チームの)**キャプテン**, 主将
❷ 船長, 機長;長;指導者

caption /kǽpʃən キャプシャン/ 名 C (文書などの)見出し;(写真の)説明文;(映画の)字幕

captive /kǽptiv キャプティヴ/
名 C 捕虜, 囚人
— 形 捕虜になった, 捕らわれた

captivity 名 U 捕らわれの身, 監禁;束縛

capture /kǽptʃər キャプチャ/
動 他
❶ ⟨人を⟩捕らえる;⟨動物などを⟩捕獲する;⟨場所を⟩占拠する
❷ ⟨注意・関心などを⟩引きつける
— 名 U 逮捕, 捕獲;占拠

car /kɑːr カー/
名 (複 **cars** /カーズ/) C
❶ **車**, 自動車
・a *car* pool (通勤時などの)車の相乗り
・a used *car* 中古車

caramel

- get in [out of] a *car* 車に乗る[を降りる]
- go by [in a] *car* 車で行く
- drive a *car* 車を運転する

❷ (鉄道の)車両, 客車;(エレベーター・ロープウェーの)箱, ゴンドラ

caramel /kǽrəməl キャラマル/ 名 U カラメル(砂糖を煮詰めた液);UC キャラメル

carat /kǽrət キャラト/ 名 C カラット(宝石類の重さの単位;略 c., ct.)

caravan /kǽrəvæn キャラヴァン/ 名 C
❶ (砂漠などの)キャラバン;隊商
❷ ((英)) 移動住宅, トレーラーハウス

carbohydrate /kà:rbouháidreit カーボウハイドレイト/ 名 CU【化学】炭水化物

carbon /ká:rbən カーボン/ 名 U【化学】炭素(元素記号 C); C カーボン紙

- a *carbon* copy カーボンコピー(略 cc)

card /ká:rd カード/

名 (複 **cards** /ká:rdヅ/) C
❶ **カード**;名刺
- a membership *card* 会員証
- a credit *card* クレジットカード
- an ID *card* 身分証明書

❷ **はがき**;カード;あいさつ状
- a Christmas *card* クリスマスカード

❸ トランプ札, カード; ((cards))((単数・複数扱い)) トランプ遊び
- shuffle *cards* カードを切る
- deal (out) *cards* カードを配る

cardboard /ká:rdbò:rd カードボード/ 名 U ボール紙, 厚紙

cardiac /ká:rdiæk カーディアク/ 形【医学】心臓(病)の

cardigan /ká:rdigən カーディガン/ 名 C カーディガン

cardinal /ká:rdinl カーディヌル/
形
❶ 主要な;基本的な
- a *cardinal* number 基数 (1, 2, 3 など)
❷ 深紅色の, 緋色(ひいろ)の
— 名
❶ C【カトリック教】枢機卿(すうききょう)
❷ U 深紅色, 緋色
❸ C 基数 (cardinal number)

care /kéər ケア/

名 (複 **cares** /kéərズ/)
❶ U **注意, 用心**, (…への)配慮 ((*for*...))

- *with care* 注意深く, 用心して
❷ U **世話, 介護, 保護**;(肌などの)手入れ
❸ U ((改まって)) **心配**;不安;気がかり; C ((しばしば cares)) 心配事, 苦労の種

(in) care of A A方, A気付(きづけ)(略 c/o, c.o.)
- Mr. Asami *c/o* Mr. White
ホワイト様方浅見様
take care 気をつける, 用心する
- *Take care.* ((話)) じゃ, お元気で
take care of A A の世話をする

— 動
三単現 **cares** /kéərズ/
過去過分 **cared** /kéərド/
現分 **caring** /kéəriŋ/
— 自

❶ ((ふつう否定文・疑問文で)) (…を) **気づかう**, 心配する, (…に)関心がある ((*about*...))
- Who *cares*? = No one *cares*.
誰も気にするものか
- I don't *care*. かまいません

❷ ((ふつう否定文・疑問文で)) (…を) **好む** ((*for*...))
- Would you *care for* some cake?
ケーキはいかがですか

❸ ((改まって))(…の)世話をする, めんどうをみる ((*for*...))
— 他 ((次の用法で))

■ *care to do* …したい
- Would you *care to* try a TV game?
テレビゲームをやってみませんか

career /kəríər カリア/ 名
❶ C 経歴;生涯;(専門分野での)職業
❷ (形容詞的に) 専門的な, 職業に関する
- a *career* woman キャリアウーマン

carefree /kéərfrì: ケアフリー/ 形 〈人・行為が〉心配のない, のんきな

careful /kéərfəl ケアファル/

形 比較 **more careful**
最上 **most careful**
〈人が〉**注意深い, 用心深い**, 慎重な
- Be *careful*. 気をつけて
■ *be careful about* [*of*] *A*
A に注意する, A に気をつける
■ *be careful to do* …するように気をつける
■ *be careful with A* A の扱いに注意する

carefully* /kéərfəli ケアファリ/
副 比較 **more carefully**
最上 **most carefully**

注意深く, 用心深く, 慎重に
🕮 Listen to me *carefully*.
私の言うことを注意して聞きなさい

caregiver /kéərgìvər ケアギヴァ/ 名 C
《米》介護者

careless* /kéərləs ケアラス/
形 比較 **more careless**
最上 **most careless**
❶〈人が〉**不注意な**, 軽率な
・a *careless* mistake うっかりミス
❷(…に)無頓着(とんちゃく)な, (…を)気にかけない《*about...*, *of...*》
|**carelessly** 副 不注意に, 軽率に;うっかり
|**carelessness** 名 U 不注意, 軽率

caress /kərés カレス/
名 C 愛撫(あいぶ), 抱擁(ほうよう)
— 動 他〈…を〉愛撫する

caretaker /kéərtèikər ケアテイカ/ 名 C
❶《米》世話をする人(保母など)
❷《英》(建物などの)管理人;門番

cargo /ká:rgou カーゴウ/ 名 (複 **cargoes**. 《主に米》**cargos** /カーゴウズ/) C U 船荷;(飛行機の)貨物

Caribbean /kærəbí:ən カラビーアン/ 形 カリブ海の
・the *Caribbean* Sea カリブ海

caricature /kǽrikətʃuər キャリカチュア/
名 C 風刺漫画, 戯画;U 戯画化
— 動 他〈…を〉風刺的に描く, 戯画化する

caring /kéəriŋ ケアリング/
動 care の現在分詞・動名詞
— 形 めんどう見のよい

carnation /ka:rnéiʃən カーネイシャン/ 名 C
カーネーション

carnival /ká:rnəvəl カーナヴァル/ 名 U 謝肉祭, カーニバル;C 祭典, お祭り騒ぎ

carp /ká:rp カープ/ 名 (複 **carp**, 《種類》
carps /カープス/) C 【魚】鯉(こい)

carpenter /ká:rpəntər カーパンタ/ 名 C 大工
|**carpentry** 名 U 大工仕事, 大工職

carpet /ká:rpət カーパト/ 名 C じゅうたん, カーペット

carpool /ká:rpù:l カープール/ 動 自 車の相乗りをする

carriage /kǽridʒ キャリヂ/ 名
❶ C 四輪馬車;《英》(鉄道の)客車
❷ U (商品の)運送;運送費

carrier /kǽriər キャリア/ 名 C
❶ 配達人;輸送会社, (特に)航空会社
❷ 保菌者, キャリア, 媒介体

carrot /kǽrət キャラト/ 名 C U 【植物】にんじん

carry ☞ 94ページにあります

cart /ká:rt カート/ 名 C (2輪の)荷馬車, 荷車;手押し車, カート

cartel /ka:rtél カーテル/ 名 C 【経済】カルテル, 企業連合

carton /ká:rtn カートン/ 名 C ボール箱

cartoon /ka:rtú:n カートゥーン/ 名 C 風刺漫画;漫画映画, アニメ
|**cartoonist** 名 C 漫画家

cartridge /ká:rtridʒ カートリヂ/ 名 C
❶ (銃の)弾薬筒
❷ (インクの)カートリッジ;【写真】パトローネ;(録音テープの)カセット

carve /ká:rv カーヴ/ 動
— 他
❶〈木などを〉彫(ほ)る, 刻む, 削る, 〈…を〉彫んで(…を)作る《*into...*》
❷ 切り分ける
■ *carve A for B* = *carve B A*
(食卓で) A(肉など)を B(人)に切り分ける
— 自
❶ 彫刻する
❷ (食卓で)肉を切り分ける

carving /ká:rviŋ カーヴィング/
動 carve の現在分詞・動名詞
— 名 U 彫刻;C 彫刻物

cascade /kæskéid カスケイド/ 名 C 小滝

case¹ /kéis ケイス/

名 (複 **cases** /ケイスィズ/) C
❶ **箱**, ケース, 容器
・a cigarette *case* シガレットケース
❷ 一箱分(の量)

case² /kéis ケイス/

名 (複 **cases** /ケイスィズ/) C
❶ (具体的な)**場合**, 事例, ケース
・*in this* [*that*] *case* この[その]場合には
・in most *cases* 多くの場合は
・*case* by *case* 一件ずつ, 注意深く
❷ ((the case)) 実情, 真相
・if that's *the case* もしそれが本当だとしたら
❸ (捜査を要する)事件
・a murder *case* 殺人事件

➡➡➡ 94ページに続く ➡➡➡

carry /kǽri キャリ/

動 三単現 **carries** /キャリズ/
過去・過分 **carried** /キャリド/
現分 **carrying** /キャリイング/

— 他

❶ 〈…を〉**運ぶ**, 運んで行く, 持って行く ((*to..., into...*))
- *Carry* this suitcase *to* my house.
  このスーツケースを家まで運んでください

❷ 〈交通機関が〉〈…を〉**輸送する**；〈道路などが〉〈…を〉運ぶ
- This ship *carries* 500 passengers.
  この船は500人乗りだ

❸ 〈…を〉**持ち運ぶ**, 持ち歩く, 携行(ぱ)する ((*about, around*))
- You are not allowed to *carry* electronic devices inside this theater.
  この劇場内では電子機器の持ち込みは禁止です

❹ 〈情報などを〉伝える, 報道する
- This magazine *carries* a feature article on diet. この雑誌にはダイエットの特集記事が載っている

❺ 〈病原菌を〉媒介する；〈伝染病に〉かかっている
- Mosquitoes *carry* malaria.
  蚊がマラリアを媒介する

❻ 〈計画などを〉〈…に〉する ((*to..., into...*))
- I hope your proposal will *be carried into* effect. 君の案が実行されるといいね

❼ 〈建造物などが〉〈…を〉支える, 〈…に〉耐える
- The pillars *carry* the weight of the roof.
  それらの柱が屋根の重さに耐えている

❽ 〈商品を〉置いている
- Don't you *carry* Italian wine?
  イタリアのワインは置いていないのですか

❾ 〈責任を〉担う

— 自 〈音などが〉(…に)伝わる ((*to...*))
- Your voice *carries* well.
  あなたの声はよく通る

carry A away = carry away A
Aを運び去る；A(人)を夢中にさせる

carry A back = carry back A
Aを元へ戻す；A(人)に(…を)思い起こさせる ((*to...*))

carry A off = carry off A
Aをうまくやる
- He *carried off* the interview well.
  彼は面接をうまくこなした

carry on ((英))((ややくだけて))(務めを)続ける, 続行する；(そのまま)進み続ける
- *carry on* a conversation on the phone
  電話で話し続ける

carry on doing ((主に英))…し続ける

carry A on = carry on A
A(会話・討論など)を続行する, 進める；A(関係など)を続ける；A(事業・事務などを)を引き継ぐ

carry A out = carry out A
Aを運び出す；A(計画など)を実行する, A(仕事)をやりとげる, A(義務・約束)を果たす

carry over (…へ)持ち越される ((*to...*))

carry A over = carry over A
A(仕事など)を終えないまま持ち越す

carry A through = carry through A
A(目的など)を成しとげる

---

❹ 【法律】訴訟
❺ ((ふつう a case)) 陳述, 主張
❻ 症例, 病状；患者
- an emergency *case* 急患

as is often the case (with A)
(Aの場合には)よくあることだが

in any case いずれにしても, とにかく

in case... もし…の場合には(if)；…するといけないから(lest)

in case of A Aの場合には；Aに備えて
- *In case of* emergency, read this manual.
  緊急の際はこのマニュアルを読みなさい

in either case どちらにしても

in that case
((話)) そういうことなら, それなら

cash /kǽʃ キャシュ/ **名** Ⓤ **現金**

- be out of *cash* 現金がない
- be short of *cash* 現金が不足している
- a *cash* machine
  ((米)) 現金自動預け入れ支払機
- pay in *cash* 現金で払う

cashier /kæʃíər キャシア/ **名** Ⓒ (小売店などの)レジ(係)；(会社の)出納(ｽ)係

Caspian Sea /kǽspiən síː キャスピアン スィー/ **名** ((the Caspian Sea)) カスピ海(中央アジア西部にある世界最大の内陸塩水湖)

cassette /kəsét カセト/ **名** Ⓒ (録音などの)カセット
- a *cassette* recorder

カセットレコーダー

Cassiopeia /kæsiəpíːə カスィアピーア/
名【天文】カシオペア座

cast* /kǽst キャスト/
動 三単現 **casts** /キャスツ/
過去・過分 **cast** /キャスト/
現分 **casting** /キャスティング/
— 他
❶ 〈視線を〉(…に)投げる, 向ける《at...》
・*cast* a look *at* the clock
時計をちらっと見る
❷ 〈人を〉(…役に)決める《as...》
・*cast* A *as* Hamlet
A(人)をハムレット役に決める
❸ 〈網・つり糸を〉投げる
❹ 〈票を〉投じる
❺ 〈…を〉(…で)鋳造(ちゅうぞう)する《in...》
・*cast* a statue *in* bronze
ブロンズで像を鋳造する
— 名 (複) **casts** /キャスツ/ C ((単数・複数扱い))【演劇】キャスト;配役

castanet /kæstənét キャスタネット/ 名 C ((ふつうcastanets)) カスタネット

caste /kǽst キャスト/ 名 U (インドの)カースト制; C (カースト制の個々の)カースト, 身分; U 身分制度

caster /kǽstər キャスタ/ 名 C キャスター, 脚輪

casting /kǽstiŋ キャスティング/
動 castの現在分詞・動名詞
— 名
❶ U 【演劇】配役(すること)
❷ U 鋳造(ちゅうぞう); C 鋳物(いもの)

castle /kǽsl キャスル/ 名 C 城;【チェス】ルーク

casual /kǽʒuəl キャジュアル/
形
❶ 〈人が〉打ち解けた;リラックスした
❷ 普段着の
・*casual* wear [clothes] 普段着
❸ 臨時の, 不定期の
・a *casual* worker 臨時雇いの労働者
❹ 思い付きの;何気ない;偶然の, たまたまの
— 名 ((casuals)) 普段着
casualness 名 U 気楽さ
casually 副 偶然に;何気なく

casualty /kǽʒuəlti キャジュアルティ/ 名
❶ C (戦争・事故の)死傷者; (…の)犠牲者 《of...》
❷ U ((英)) 救急病棟

cat /kǽt キャト/ 名 (複) **cats** /キャツ/ C
猫;ネコ科の動物
・keep [have] a *cat* 猫を飼う
be cat and dog
犬猿の仲である, 仲が悪い
bell the cat
猫に鈴を付ける, 危険なことを進んでやる
let the cat out of the bag
秘密をもらす
rain cats and dogs
((話))どしゃ降りである

catalog, ((英))catalogue /kǽtəlɔːg キャタローグ/ 名 C カタログ, 商品目録, 一覧

catastrophe /kətǽstrəfi カタストラフィ/ 名 C (突然の)大惨事[災害]
catastrophic 形 壊滅的な, 悲惨な
catastrophically 副 壊滅的に

catch ☞ 96ページにあります

catcher /kǽtʃər キャチャ/ 名 C 【野球】キャッチャー, 捕手;つかまえる人[物]

catching /kǽtʃiŋ キャチング/
動 catchの現在分詞・動名詞
— 形 〈病気が〉伝染性の;〈気分などが〉広まりやすい

catchy /kǽtʃi キャチ/ 形 〈言葉などが〉人の心を引く,〈曲などが〉覚えやすい

category /kǽtəgɔ̀ːri キャタゴーリ/ 名 C 部門, 部類;カテゴリー
categorical 形 〈発言などが〉断定的な
categorize 動 他 〈…を〉分類する

cater /kéitər ケイタ/ 動
— 自 (イベントなどの)仕出しをする
— 他 〈宴会などに〉仕出しをする
catering 名 U 仕出し業, ケータリング

caterpillar /kǽtərpilər キャタピラ/ 名 C
❶ いも虫, 毛虫, 青虫
❷ ((Caterpillar)) (戦車・重機などの)キャタピラ, 無限軌道

catfish /kǽtfiʃ キャトフィシュ/ 名 C 【魚】なまず

cathedral /kəθíːdrəl カスィードラル/ 名 C
大聖堂, 大寺院
・Canterbury *Cathedral*
カンタベリー大聖堂

Catholic /kǽθəlik キャサリク/
名 C (ローマ)カトリック教徒, 旧教徒
➡➡➡ 96ページに続く ➡➡➡

catch /kætʃ キャチ/

動 三単現 **catches** /キャチズ/
過去・過分 **caught** /コート/
現分 **catching** /キャチング/

— 他

❶ 〈物を〉**つかまえる**, 受ける, キャッチする
・ *catch* a foul ball ファウルをキャッチする

❷ 〈人を〉(手などを引っ張って)**つかまえる** ((*by*...))
・ I *caught* him *by* the arm.
私は彼の腕をつかんだ

❸ 〈乗り物などに〉**間に合う** (⇔miss);〈人などに〉追いつく, つかまえる
・ *catch* the first train 始発電車に間に合う

❹ 〈感染性の病気に〉**かかる**
・ I *caught* (a) cold. 風邪を引いてしまった

❺ 〈…を〉見つける;つかまえる, 取り押さえる
・ We *caught* a rabbit in a trap.
わなでうさぎをつかまえた

■ *catch A doing* A〈人〉が…(よくない行為)をしているところを見つける;つかまえる
・ I *caught* an old man shoplift*ing*.
老人が万引きしているところを見つけた

❻ 〈注意を〉引く, 〈人の目・心を〉とらえる
・ The speech *caught* my attention.
そのスピーチに私は注目した

❼ 〈…が〉聞こえる, 分かる
・ I'm sorry I don't *catch* you.
すみませんが聞こえませんでした

❽ 〈休息などを〉わずかの間とる
・ Let's *catch* our breath.
ちょっとひと息入れよう

❾ 〈悪天候などが〉〈人に〉たたる;((受身で))〈人が〉(雨などに)降られる ((*in*...))

❿ 〈火が〉〈物などに〉燃えつく, 燃え移る
・ The fire *caught* the next house on fire, too. 火が隣の家にも燃え移った

⓫ 〈物が〉〈…を〉引っかける, はさむ;〈人が〉〈…を〉〈物に〉引っかける ((*in*..., *on*...));〈人が〉〈…を〉〈物に〉はさむ ((*in*..., *by*...))
・ She *caught* her finger *in* the door of the train. 彼女は電車のドアに指をはさんだ

— 自

❶ 〈錠などが〉かかる;〈物が〉(…に)引っかかる ((*on*..., *in*...))
・ The door lock won't *catch*.
ドアの錠がかからない

❷ 〈物が〉燃えつく, 発火する;〈火が〉つく;〈エンジンが〉かかる;〈病気が〉移る

be caught in A
A(嵐など)に遭う;A(わななど)に引っかかる

be caught in the middle
板ばさみになる

be caught up in A Aに夢中になっている;(意に反して)Aに巻き込まれる

catch on ((くだけて))〈歌などが〉人気を博する;(…を)理解する ((*to*...));((米))(…に)雇われる ((*with*...))

catch A out = catch out A
((英))((くだけて)) A(人)の不正を見破る

catch up on A
A(仕事など)の遅れを取り戻す;A(長い間会っていなかった人)と話す, 近況をたずねる

catch up with A A(人に)追いつく

Catch you later. ((別れ際のあいさつ))
じゃ, あとでね, それじゃ, また

— 名

❶ C 捕らえること;捕球;U キャッチボール
・ a *catch* phrase
人の注意を引く文句, キャッチフレーズ
・ make a fine [bad] *catch*
じょうずな[へたな]捕球をする
・ play *catch* キャッチボールをする

❷ C 捕獲[漁獲]量;捕獲物

❸ C (戸の)かけ金, (ホックのような)引っかけ

❹ C ((ふつう a [the] catch))((くだけて))(人を引っかける)わな, 落とし穴

■ 形 (ローマ)カトリック教の, 旧教の

cattle /kǽtl キャトル/ 名 ((複数扱い))(家畜の)牛

CATV ((略)) *c*able *t*ele*v*ision ケーブルテレビ

caught* /kɔ́:t コート/
動 catchの過去形・過去分詞

cauliflower /kɔ́:liflàuər カーリフラウア/ 名
C U 【植物】カリフラワー(の花球)

causal /kɔ́:zəl コーザル/ 形 原因の;因果関係のある
causality 名 U 因果関係

causative /kɔ́:zətiv コーザティヴ/ 形 (…の)原因となる ((*of*...))

cause /kɔ́:z コーズ/

名 (複 **causes** /コーズィズ/)

cause

❶ C (…の)**原因**((*of*...))
- *cause* and effect 原因と結果
- the *cause of* death 死因

❷ U (…の)理由((*for*...))
❸ C 主義, 大義；目的, 目標

— 動
 三単現 **causes** /コーズィズ/
 過去・過分 **caused** /コーズド/
 現分 **causing** /コーズィング/

— 他 〈悪いことを〉引き起こす
- *cause* an accident 事故を起こす
- *cause A B* = *cause B to* [*for*] *A* A(人)にB(悪いこと)を引き起こす
- *cause A to do* Aに…させる

caution /kɔ́ːʃən コーシャン/
名
❶ U 用心, 注意, 警戒
❷ C U 警告
— 動 他 〈…を〉注意する
- *caution A against B* A(人)にBをしないよう注意する
- *caution* (*A*) *that*... (A(人))に…であると警告する
- *caution A to do* A(人)に…するように注意する

cautious 形 注意深い, 用心深い

cave /kéiv ケイヴ/ 名 C 洞窟(どうくつ), ほら穴
cavern /kǽvərn キャヴァン/ 名 C 大きなほら穴
caviar /kǽviɑːr キャヴィアー/ 名 U キャビア (ちょうざめの腹子の塩漬け)
cavity /kǽvəti キャヴァティ/ 名 C 空洞, くぼみ；虫歯の穴
CD /síːdíː スィーディー/ 名 (複 **CDs**, **CD's** /スィーディーズ/) C シーディー, コンパクトディスク (*c*ompact *d*isc)
- play a *CD* ＣＤをかける

CD-ROM /síːdíːrɑ́m スィーディーラム/ 名 C U シーディーロム (読み取り専用ＣＤ, *c*ompact *d*isc *r*ead-*o*nly *m*emory の略)

cease /síːs スィース/ 動
— 自 〈継続していた事が〉終わる, やむ
— 他 〈…を〉やめる, 停止する
- *cease doing* [*to do*] …するのをやめる
ceaseless 絶え間ない, 不断の

cedar /síːdər スィーダ/ 名 C 【植物】ヒマラヤ杉；U シーダー材, 杉材

ceiling /síːliŋ スィーリング/ 名 C
❶ (部屋の)天井
❷ (賃金などの)上限；(航空機の)上昇限度

celeb /səléb サレブ/ 名 C ((くだけて)) 有名人, セレブ (celebrity)

celebrate /séləbrèit セラブレイト/ 動 他
❶ 〈特定の日などを〉祝う；〈祭典を〉挙行する, 執り行う
- *celebrate* the school's 100th anniversary 学校の創立100周年を祝う
❷ 〈…を〉ほめたたえる, 賞賛する
celebrated 形 有名な, 著名な, 高名な

celebration /sèləbréiʃən セラブレイシャン/ 名 U 祝賀, 祝典の挙行；C 祝典, 祝賀会

celebrity /səlébrəti サレブラティ/ 名
❶ C 有名人, 著名人, セレブ
❷ U 名声, 有名であること

celery /séləri セラリ/ 名 U セロリ
celestial /səléstʃəl サレスチャル/ 形 天の；天空の；天国の

cell /sél セル/ 名 C
❶ 【生物】細胞
- a cancer *cell* がん細胞
❷ (刑務所の)独房；(修道院の)独居室
❸ 【電気】電池
❹ 【コンピュータ】セル；(表計算ソフトの)セル

cellar /sélər セラ/ 名 C
❶ 地下貯蔵室, 地下室
❷ ワインの蓄え

cello /tʃéloʊ チェロウ/ 名 C 【音楽】チェロ
cellist 名 C チェロ奏者

cellphone /sélfòun セルフォウン/ 名 C 携帯電話 (cellular phone)

cellular /séljələr セリュラ/ 形
❶ 細胞の, 細胞状[質]の
❷ 〈電話が〉携帯型の
- a *cellular* phone 携帯電話

Celsius /sélsiəs セルスィアス/ 形 セ氏の, 摂氏の (略 C)
- 20 degrees *Celsius* セ氏20度

Celt /kélt ケルト, sélt セルト/ 名 C ケルト人；((the Celts)) ケルト族 (古代ヨーロッパ全域にいた種族)

cement /səmént サメント/
名 U セメント
— 動 他 〈…を〉セメントで固める；〈関係を〉強固にする

cemetery /sémətèri セマテリ/ 名 C (特に教会に属さない)共同墓地

censor /sénsər センサ/
名 C (出版物・映画などの)検閲官[係]
— 動 他 〈…を〉検閲する

censure

censorship 名 U 検閲(制度)
censure /sénʃər センシャ/
名 U 激しい非難
― 動 他 〈人を〉(…のことで)痛烈に非難する ((*for...*))
census /sénsəs センサス/ 名 C 人口調査, 国勢調査
cent* /sént セント/
名 (複 **cents** /センツ/) C
❶ セント (略 c., ct.) (記号 ¢) (米国・カナダなどの貨幣単位;1ドルの100分の1)
❷ 1セント銅貨(penny)
centennial /senténiəl センテニアル/
名 C ((主に米))100年祭, 100周年記念
― 形 100年(目)の, 100年記念の

center, ((英))centre*

/séntər センタ/
名 (複 **centers** /センタズ/) C
❶ ((ふつう the center)) (円・球の)**中心**; (回転の)中心点; (場所の)**中央**
❷ (活動などの)**中心地**; 中央施設, …センター
・a shopping *center* ショッピングセンター
・a medical *center* 医療センター
❸ (事件・興味などの)中心, 中心人物
❹ (野球・アメフトなどの)センター, 中堅(手)
― 動
― 他 〈注意などを〉(…に)集中させる ((*on...*))
― 自 (…に)集中する ((*on..., around...*))
centigrade /séntəgrèid センタグレイド/ 形 〈温度計が〉セ[摂]氏の (略 C.)
centimeter*, ((英)) **centimetre**
/séntəmì:tər センタミータ/ 名 (複 **centimeters** /センタミータズ/) C **センチメートル** (略 cm)
central /séntrəl セントラル/ 形
❶ 中心の, 中央の
❷ 主要な, 中心的な
centre* /séntər センタ/ ((英)) = center
century* /séntʃəri センチャリ/
名 (複 **centuries** /センチャリズ/) C
1世紀, 100年 (略 c., cent.)
・in the 21st *century* 21世紀に
ceramic /səræmik サラミク/
形 陶磁器の, セラミックの
― 名 C U ((ふつう ceramics)) 陶磁器類; ((単数扱い)) 陶芸
cereal /síəriəl スィアリアル/ 名
❶ C ((ふつう cereals)) 穀物

❷ C U (朝食用の)シリアル (オートミール・コーンフレークなど)
ceremonial /sèrəmóuniəl セラモウニアル/ 形 儀式の, 儀式上の;正式の, 公式の
ceremony /sérəmòuni セラモウニ/ 名
❶ C 式, 儀式
・a graduation *ceremony* 卒業式
❷ U 礼儀; (社交上の)儀礼

certain /sə́:rtn サートン/

形 [比較] **more certain**
[最上] **most certain**
❶ 〈人が〉**確信して**
・*be certain of* [*about*] *A* Aを確信している
・*be certain that...*
 …ということを確信している
❷ **確かな**, 確実な;避けられない, 必ず起こる
❸ 決まった, ある一定の
・at a *certain* time ある決められた時刻に
❹ ((明示しないで))ある…, …とかいう
・a *certain* Mr. Smith スミスとかいう人
certainty 名 U 確実(性); 必然性

certainly /sə́:rtnli サートンリ/

副 [比較] **more certainly**
[最上] **most certainly**
❶ **確かに**, 必ず, きっと
・This is *certainly* nice, but it's too expensive.
 これは確かにいいけど値段が高すぎる
❷ ((返答で))**もちろん**, いいですとも;かしこまりました
・"May I borrow this DVD?" "*Certainly*."
 「このDVDを借りてもいいですか」「いいとも」
・"Can I go with you?" "*Certainly* not."
 「いっしょに行ってもいいですか」「とんでもない」
certificate /sərtífikət サティフィカト/ 名 C 証明書; 免許状
・a birth [death] *certificate*
 出生[死亡]証明書
certification 名 U 証明; C 証明書
certify /sə́:rtəfài サータファイ/ 動 他
❶ 〈価値などを〉証明する
・*certify that...* …であることを証明する
❷ 〈…に〉(…としての)資格証書を与える ((*as...*))
certified 形 証明[保証]された; 公認の
cessation /seséiʃən セセイシャン/

名 U C 休止, 停止
cf. /síːéf スィーエフ, kəmpéər カンペア/ ((略)) …を参照せよ
CG ((略)) *c*omputer *g*raphics コンピュータグラフィックス

chain* /tʃéin チェイン/

名 (複 **chains** /チェインズ/) C
❶ 鎖, チェーン
- *chain* mail 【コンピュータ】チェーンメール
- keep a dog on a *chain* 犬を鎖でつないでおく
❷ (…の)連なり;ひと続き ((*of*...))
- a *chain* of islands 列島
- a *chain* of events 一連の出来事
❸ (店などの)チェーン, 系列
- a restaurant *chain* レストランのチェーン
■ 動
[三単現] **chains** /チェインズ/
[過去・過分] **chained** /チェインド/
[現分] **chaining** /チェイニング/
— 他 ⟨…を⟩⟨…に⟩鎖でつなぐ ((*to*...));⟨人を⟩束縛する
- *chain* (*up*) a horse *to* a post 馬を鎖で柱につなぐ

chair /tʃéər チェア/

名 (複 **chairs** /チェアズ/) C
❶ (1人用の背もたれのある)**いす**
- sit in [on] a *chair* いすに座る
❷ ((the chair)) 議長(席);議長の職[地位]
■ 動 他 ⟨会議などの⟩議長を務める

chairman /tʃéərmən チェアマン/ 名 C
❶ 議長;司会者
❷ 委員長;(会社の)会長
▶ 特に女性はchairwoman, 男女共通でchairpersonを使う

chairmanship 名 C 議長[委員長]の地位[任期]

chalk /tʃɔ́ːk チョーク/
名 U C チョーク
- write with (a piece of) *chalk* チョークで書く
■ 動 他 ⟨…を⟩チョークで書く

challenge* /tʃǽlindʒ チャリンヂ/
名 (複 **challenges** /チャリンヂズ/)
❶ C (…への)**挑戦**, チャレンジ ((*to*...));挑戦状
- a *challenge to* peace 平和への挑戦
❷ C U (挑戦しがいのある)課題, 難題
- face a *challenge* 難題に直面する
❸ C 異議(申し立て)
■ 動
[三単現] **challenges** /チャリンヂズ/
[過去・過分] **challenged** /チャリンヂド/
[現分] **challenging** /チャリンヂング/
— 他
❶ ⟨…に⟩挑戦する, 挑む
- *challenge* A *to* B A(人)にB(試合など)を挑む
- *challenge* A *to do* A(人)に…してみろと挑む, 要求する
- She *challenged* me *to* run a race. 彼女は私に競走しようと挑んできた
❷ ⟨人などを⟩刺激する;(…するように)⟨人の⟩意欲をかき立てる ((*to do*))
❸ ⟨…に⟩(…のことで)異議を差しはさむ ((*on*..., *about*...));
| **challenger** 名 C 挑戦者
| **challenging** 形 興味を引く;挑発的な

challenged /tʃǽlindʒd チャリンヂド/
動 challengeの過去形・過去分詞
■ 形 ((主に米))努力を要する
- a physically-*challenged* person 身体障害者

chamber /tʃéimbər チェイムバ/ 名 C
❶ 会議所, 会館;((the chamber)) 議院
❷ (特別な用途の)部屋
- *chamber* music 室内楽
- a *chamber* orchestra 室内管弦楽団

chameleon /kəmíːliən カミーリアン/ 名 C 【動物】カメレオン

champ /tʃǽmp チャンプ/ 名 C ((くだけて)) チャンピオン(champion)

champagne /ʃæmpéin シャムペイン/ 名 U シャンパン;シャンパン色

champion* /tʃǽmpiən チャムピアン/
名 (複 **champions** /チャムピアンズ/) C
❶ (競技の)**優勝者**, チャンピオン, 選手権保持者
❷ (主義の)擁護(ごぅ)者, 闘士
■ 動 他 ⟨人・主義などを⟩擁護[支持]する
| **championship** 名 C ((championships)) 選手権(大会);U (主義などの)擁護

chance /tʃǽns チャンス/

名 (複 **chances** /チャンスィズ/)
❶ C (…の)**機会**, チャンス ((*of*...))
- miss [grab] a *chance to do*

chancellor

…する好機を逃す[つかむ]

❷ ⓊⒸ (…の)**見込み, 可能性**((*of*...))
- an even *chance* 五分五分の見込み
- have no *chance* of success
成功の見込みがない

❸ Ⓤ **運, 巡り合わせ**
- a lucky *chance* 好運
  by any chance 万一, ひょっとして
  by chance 偶然に, たまたま
  take one's chance(s) 運を天に任せる

▪ 動 ⓐ ((次の用法で))
- *chance to do* 偶然[たまたま]…する

chancellor /tʃǽnsələr **チャンサラ**/ 名 Ⓒ (大学の)総長; (ドイツなどの)首相

chandelier /ʃæ̀ndəlíər **シャンダリア**/ 名 Ⓒ (家具の)シャンデリア

change
/tʃéindʒ **チェインヂ**/

動 三単現 **changes** /チェインヂズ/
過去分 **changed** /チェインヂド/
現分 **changing** /チェインヂング/
— ⓗ

❶ 〈…を〉〈…へ〉**変える, 改める**((*to*..., *into*...))
- *change* one's mind 考えを変える
- *change* the subject 話題を変える
- *change* water *into* steam
水を水蒸気に変える

❷ 〈…を〉**取り替える**
▪ *change A* (*for B*)
A を (B ふつう同種のもの) と) 取り替える
▪ *change* a shirt for a clean one
シャツをきれいなものに着替える
▪ *change A with B*
A を B (人) と交換する[やり取りする]
▪ He *changed* seats *with* me.
彼は私と席を代わってくれた
▪ *change A into B*
A (通貨) を B (他の国の通貨) に換える
▪ *change* euros *into* yen
ユーロを円に換える
▪ *change A* (*into* [*for*] *B*)
A (お金) を (B (細かいお金) に) くずす, 両替する
— ⓐ

❶ 〈…が〉**変わる, 改まる, 変化する**
▪ *change from A to B* A から B に変わる

❷ **取り替える, 乗り換える**
- *change from* the subway *to* the bus
地下鉄からバスへ乗り換える
▪ *change out of A into B*

A (服) から B (別の服) に着替える

change back (元の形などに)戻る, 後戻りする; (前に着ていた服に)着替え直す ((*into*...))
change A back
A (通貨) を再び (元の通貨に) 両替し直す
change over 切り替える, 移行する; 〈2人が〉位置[役割]を交替する

▪ 名 (複 **changes** /チェインヂズ/)

❶ ⒸⓊ **変化;変更**
- have a *change* of heart 心変わりをする
- make a *change* for the better [worse]
好転する[悪化する]

❷ Ⓒ **取り替え, 入れ替え, 乗り換え;着替え(の衣類)**
- an oil *change* オイル交換

❸ Ⓤ **小銭, つり銭**
- small *change* 小銭

❹ Ⓒ ((ふつう a change))((くだけて)) 気分転換;転地療養;(よい意味で)異例なこと;珍しいこと
- a *change* of scenery
(気分転換のため)居場所を変えること
  for a change
  ((くだけて)) 変化をつけて, いつもと変えて

changeable /tʃéindʒəbl **チェインヂャブル**/ 形 〈天候などが〉変わりやすい, 不順な

channel* /tʃǽnl **チャヌル**/
名 (複 **channels** /チャヌルズ/) Ⓒ
❶ (テレビなどの) **チャンネル**
- a *channel* guide (新聞の)テレビ欄
- What's on *Channel* 6?
6 チャンネルでは何をやってるの
❷ (情報などの)経路, ルート
❸ 海峡
- the (English) *Channel* イギリス海峡

chant /tʃǽnt **チャント**/
名 Ⓒ 典礼聖歌;詠唱;単調な歌声
▪ 動
— ⓗ 〈聖歌などを〉詠唱する
— ⓐ 詠唱する

chaos /kéiɑs **ケイアス**/ 名 Ⓤ 混沌(こんとん), 無秩序, 大混乱
chaotic 形 無秩序[大混乱]の

chapel /tʃǽpəl **チャパル**/ 名 Ⓒ (教会などの)礼拝堂;チャペル

chapter
/tʃǽptər **チャプタ**/

名 (複 **chapters** /チャプタズ/) Ⓒ
(本などの)章

- the first *chapter* = *Chapter* I 第1章
- We'll do the rest of this *chapter* next time. この章の残りは次の授業でやりましょう
- We'll continue this *chapter* next Monday. この章は来週月曜日に続けましょう
- Prepare the next *chapter* for Monday. 月曜日までに次の章を予習しておいてください

character* /kǽrəktər キャラクタ/

名 (複) **characters** /キャラクタズ/

❶ U C (人の)**性格**, 人格
- *one's* true *character* 本性

❷ U 品性, 人格
- *character* building 人格形成

❸ ((単数形で))(物事の)特質, 特徴;U (物などの優れた)特徴

❹ C (小説・映画・劇などの)登場人物, (アニメなどの)キャラクター

❺ C 文字, 記号
- write in Chinese *characters* 漢字で書く

characteristic*
/kærəktərístik カラクタリスティク/

形 [比較] **more characteristic**
 [最上] **most characteristic**
〈事が〉(…に)**特有の**, 独特の((*of*...))
- I like the *characteristic* smell of roses. ばら特有の香りが好きだ

— 名 (複) **characteristics** /カラクタリスティクス/) C 特性, 特徴

characteristically 副 特徴的に

characterize /kǽrəktəràiz キャラクタライズ/
動 他 〈…の〉特性を示す, 〈…を〉特徴づける

characterization 名 U 特徴づけ;性格描写

charade /ʃəréid シャレイド/ 名 C

❶ ((charades))((単数扱い)) シャレード(ジェスチャーによる言葉当て遊び)

❷ 見せかけ, そぶり

charcoal /tʃɑ́ːrkòul チャーコウル/ 名 U 炭, 木炭

charge* /tʃɑ́ːrdʒ チャーヂ/

動 [三単現] **charges** /チャーヂズ/
[過去・過分] **charged** /チャーヂド/
[現分] **charging** /チャーヂング/

— 他

❶ 〈料金・代金を〉**請求する**
- *charge* A B 〈人〉にB〈代金〉を請求する
- *charge* A for B
A〈代金〉をB〈サービスなど〉に対して請求する

❷ ((米)) 〈…を〉つけで買う

❸ ((改まって)) 〈人を〉(…の容疑で)告訴する ((*with*...))

❹ ((改まって)) 〈人に〉〈仕事を〉任せる((*with*)); 〈人に〉〈…する〉義務を負わせる((*to do*))

❺ 〈電池などを〉充電する

❻ 〈…を〉襲う, 〈…に〉突進する

— 自

❶ (…の)**料金を請求する**((*for*...))

❷ 充電する

❸ (…に向かって)突進する((*at*...))

— 名 (複) **charges** /チャーヂズ/)

❶ U C ((時にcharges))(…の)**料金**, 代価, 手数料;経費((*for*...))
- a delivery *charge* 配達料金
- at *one's* own *charge* 自費で
- *free of charge* 無料で

❷ U 責任;世話, 保護;監督, 管理
- *in charge of* A Aを担当して

❸ C (…に対する)非難, 罪;容疑, 告訴 ((*against*...))
- *on charge of* A Aの容疑で

❹ U C 【電気】充電, 電荷

❺ C 突撃;命令

charisma /kərízmə カリズマ/ 名 U カリスマ
(人を引きつける非凡な個性)

charismatic 形 カリスマ的な

charitable /tʃǽritəbl チャリタブル/ 形 慈善の(ための);慈悲深い;寛大な

charitably 副 慈悲深く;寛大に

charity /tʃǽrəti チャリティ/ 名

❶ U 慈善, ほどこし, チャリティー

❷ U 慈悲心, 思いやり

❸ C U 慈善団体, 慈善事業

charm /tʃɑ́ːrm チャーム/

名

❶ U 魅力, 人を引きつける力;((charms))(女性の)魅力, 美しさ

❷ C お守り;まじない

— 動 他

❶ 〈…を〉(…で)魅惑する((*with*..., *by*...))

❷ 〈…に〉魔法をかける

charmed 形 魅せられた, うっとりした

charming /tʃɑ́ːrmiŋ チャーミング/
動 charmの現在分詞・動名詞

— 形 魅力的な;すてきな;チャーミングな

charmingly 副 魅力的に;愛想よく

chart /tʃɑ́ːrt チャート/

名

❶ C 図, 図表, グラフ;海図

charter

❷ ((the charts)) (週間)ヒットチャート
— 動 他 〈…を〉図表 [海図] にする

charter /tʃɑ́ːrtər チャータ/
名
❶ C 憲章, 宣言;特許状
❷ U C 〈乗り物の〉貸し切り;チャーター
— 動 他 〈乗り物を〉借り切る, チャーターする

chase /tʃéis チェイス/
動
— 他
❶ 〈…を〉追いかける, 追跡する
❷ 〈…を〉追い払う, 追い出す ((away, off, out))
— 自 〈…を〉追いかける ((after...))
— 名 C 追跡

chassis /ʃǽsi シャスィ, tʃǽsi チャスィ/ 名 C
(車の)車台, シャシー;(飛行機の)脚部

chat /tʃǽt チャト/ ((くだけて))

動 三単現 **chats** /チャツ/
過去・過分 **chatted** /チャティド/
現分 **chatting** /チャティング/
— 自
❶ (…と) **おしゃべりする**, 雑談する ((to..., with...))
・I enjoyed *chatting with* you.
君とのおしゃべりは楽しかったよ
❷【コンピュータ】チャットする
— 名 (複 **chats** /チャツ/) C U
❶ おしゃべり, 雑談
・have a *chat* おしゃべりをする
❷【コンピュータ】チャット
・a *chat* room チャットルーム

chatter /tʃǽtər チャタ/
動 自
❶〈人が〉(…について)ペチャクチャしゃべる ((about...))
❷ ガタガタと音を立てる
— 名 U
❶ (くだらない)おしゃべり
❷ ガタガタ[カチカチ]する音

chauffeur /ʃoufə́ːr ショウファー, ʃóufər ショウファ/
名 C お抱え運転手
— 動 他 〈…を〉(お抱え運転手として)車で送る

cheap /tʃíːp チープ/

形 副 比較 **cheaper** /チーパ/
最上 **cheapest** /チーパスト/
— 形
❶ **安い**, 安価な;安物の;安っぽい (⇔expensive)
・a *cheap* bag 安いかばん
❷ 低俗な, 品のない;ひどい, つまらない
・a *cheap* joke つまらない冗談
❸ ((米)) けちな, しみったれた
・Don't be so *cheap*! そんなにけちるな
— 副 ((くだけて)) 安く;安っぽく
cheaply 副 安く, 安価に;安っぽく

cheat /tʃíːt チート/
動
— 他 〈人を〉だます, あざむく
・*cheat* A (out) of B
A(人)をだましてB(金など)を巻き上げる
— 自
❶ (…で)いかさまをする, 不正行為をする ((on..., at..., in...))
・*cheat in* [*on*] a test 試験でカンニングをする
❷ ((くだけて)) 〈…を〉裏切る ((on...))
— 名
❶ C ごまかす人;詐欺(ぎ)師, ぺてん師
❷ U C 不正行為;カンニング
cheater 名 C ごまかす人, 詐欺師

check /tʃék チェク/

動 三単現 **checks** /チェクス/
過去・過分 **checked** /チェクト/
現分 **checking** /チェキング/
— 他
❶ 〈…を〉**調べる**, 確かめる
・*check* the spelling of the words
単語のつづりを確かめる
❷ 〈項目などを〉(…と)照合する ((against..., with...)) ;((米)) 〈…に〉照合印 (✓)を付ける
▫Let's *check* the correct answers.
正解に✓じるしを付けましょう
❸〈感情などを〉抑える;〈…を〉阻止する
・*check* oneself 自制する
❹ (合い札をもらって)〈手荷物を〉預ける
❺【チェス】〈相手に〉王手をかける
— 自 ((主に米)) 〈検査などが〉(…と)一致する, 符合する ((with...))
check in (ホテルなどで)チェックインする;
(空港で)搭乗手続きをする
check into A
Aを調べる;A(ホテル)にチェックインする
check on A Aを確認する
check out (ホテルを)チェックアウトする
check A over = check over A

Aをよく調べる
check up on A
Aの真偽を確かめる; Aについて調べる
━ 名 ❶ C 点検, 検査, 照合; ((米))照合印(✓)
・ a health *check* 健康診断
❷ U 阻止, 妨害; C 妨害物[者]
❸ C ((米))(食堂などの)勘定書, 伝票
❹ UC チェック(柄), 格子縞; C チェック柄の衣服[布]
❺ C ((米))小切手(((英))cheque)
・ pay by *check* チェックで支払う
❻ C 合い札, 預かり札[証]
❼ U 【チェス】王手, チェック

checked /tʃékt チェクト/ 形 チェックの, 格子縞の

checker¹ /tʃékər チェカ/ 名 C
❶ ((checkers))((単数扱い))((米))チェッカー(12個ずつのコマを取り合う西洋将棋)
❷ チェック模様

checker² /tʃékər チェカ/ 名 C チェックする人, 検査官; ((主に米))レジ係

check-in /tʃékìn チェキン/ 名 UC (ホテルでの)チェックイン; (飛行機の)搭乗手続き

checklist /tʃéklìst チェクリスト/ 名 C 照合表, 一覧表

check-out /tʃékàut チェカウト/ 名 UC (ホテルでの)チェックアウト

checkup /tʃékʌp チェカプ/ 名 C 健康診断; (機械などの)点検
・ have a *checkup* 健康診断を受ける

cheek /tʃíːk チーク/ 名
❶ C 頰
❷ U ((英))ずうずうしさ, 厚かましい態度
cheeky 形 生意気な

cheer /tʃíər チア/
名
❶ C かっさい, 歓呼, 万歳; U 励まし, 声援
❷ U 喜び; 活気, 元気
・ *Cheers!* ((間投詞的に))乾杯!
━ 動
━ 他
❶ 〈人を〉元気づける, 励ます((*up*))
❷ 〈…に〉かっさいを送る; 〈…を〉応援する, 声援する((*on*))
━ 自 歓声を上げる, かっさいする
cheer up ((話))元気が出る, 元気を出す
・ *Cheer up!* 元気を出せ
cheer A up = cheer up A
A(人)を元気づける
cheery 形 陽気な; 元気づけるような

cheerful /tʃíərfəl チアファル/ 形
❶ 〈人などが〉明るい, 陽気な
❷ 〈会話などが〉愉快な, 楽しい
cheerfully 副 快活に, 楽しそうに
cheerfulness 名 U 快活, 愉快さ

cheerleader /tʃíərliːdər チアリーダ/ 名 C ((米))チアリーダー

cheese* /tʃíːz チーズ/
名 (複 **cheeses** /tʃíːzɪz/) UC (種類をいう時は C) チーズ
・ a slice of *cheese* チーズひと切れ
Say cheese! (写真撮影で)さあ笑って
cheesy 形 チーズの; ((くだけて))安っぽい

cheesecake /tʃíːzkèik チーズケイク/ 名 UC チーズケーキ

cheetah /tʃíːtə チータ/ 名 C 【動物】チータ

chef /ʃéf シェフ/ 名 C (特にホテル・レストランの)コック長, 料理人; シェフ

chemical /kémikəl ケミカル/
形 化学の; 化学的な
・ a *chemical* formula 化学式
・ *chemical* reaction 化学反応
━ 名 C 化学製品[薬品]

chemist /kémist ケミスト/ 名 C
❶ 化学者
❷ ((英))薬剤師; 薬屋

chemistry /kémistri ケミストリ/ 名 U
❶ 化学; 化学的性質, 化学反応[作用]
❷ (人の)相性

chemotherapy /kìːmouθérəpi キーモウセラピ/ 名 U 【医学】化学療法

cheque /tʃék チェク/ 名 C ((英))小切手(((米))check)

cherish /tʃériʃ チェリシュ/ 動 他
❶ 〈人・動物・物を〉大事にする, かわいがる
❷ 〈希望などを〉心に抱く

cherry /tʃéri チェリ/ 名 C さくらんぼ; 桜の木
・ *cherry* blossoms 桜の花

chess /tʃés チェス/ 名 U チェス

chessboard /tʃésbɔːrd チェスボード/ 名 C チェス盤

chest* /tʃést チェスト/
名 (複 **chests** /tʃésts/) C
❶ 胸, 胸部
❷ (ふた付きの)大型の箱, たんす
・ a *chest* of drawers 整理だんす

chestnut /tʃésnʌ̀t チェスナト/ 名 C 栗(の

実); 栗の木; U 栗材

chew /tʃúː チュー/
■動
— 他 〈…を〉かんで食べる, (歯で)かみ砕く;〈ガムなどを〉かむ
— 自 かむ;〈…を〉かみ砕く ((at..., on...))
■名 C かむこと

chic /ʃíːk シーク/ 形 〈服装が〉洗練された, シックな

Chicago /ʃikáːgou シカーゴウ/ 名 シカゴ(米国イリノイ州北東部の都市)

chick /tʃík チク/ 名 C ひよこ;ひな鳥

chicken* /tʃíkin チキン/
名 (複 **chickens** /チキンズ/)
❶ C にわとり;ひよこ, ひな鳥
❷ U チキン, 鶏(とり)肉
・fried *chicken* フライドチキン
❸ C 臆病(おくびょう)者;弱虫;((俗)) 若い女性

chief* /tʃíːf チーフ/
名 (複 **chiefs** /チーフス/) C
❶ (団体の)長, チーフ, かしら
・a branch *chief* 支店長
❷ ((くだけて)) 上司, ボス
in chief 最高位の
・an editor *in chief* 編集長
■形 ((比較なし)) 主要な, 第一の;最高位の, …長
・a *chief* engineer 主任技師
・the *Chief* Executive ((米)) 大統領
chiefly 副 主に;まず第一に

child /tʃáild チャイルド/

名 (複 **children** /チルドラン/) C
子ども, 児童, 幼児;(親に対して)子
・a spoilt *child* 甘やかされた子
・an only *child* 1人っ子
・a three-year-old *child* 3歳の子ども
・*child* abuse 児童虐待(ぎゃくたい)
・bring up a *child* 子どもを育てる
・as a *child* 子どもの時
childless 形 子どものない

childbirth /tʃáildbəːrθ チャイルドバース/ 名 U 出産, 分娩(ぶんべん)

childcare /tʃáildkèər チャイルドケア/ 名 U 保育

childhood /tʃáildhùd チャイルドフド/ 名 U C 幼年時代, 幼時
・in *one's childhood* 子どもの頃に

childish /tʃáildiʃ チャイルディシュ/ 形
❶ 子どもみた, 子どもっぽい
❷ ((大人に対して)) 大人げない, 幼稚な
childishly 副 子どもっぽく
childishness 名 U 子どもっぽさ;大人げなさ

childlike /tʃáildlàik チャイルドライク/ 形 子どもらしい;純真な, 無邪気な

children* /tʃíldrən チルドラン/
名 child の複数形

chili /tʃíli チリ/ 名 U C 【植物】とうがらしのさや;(とうがらしから作った薬味の)チリ; U チリコンカルネ(メキシコ料理)

chill /tʃíl チル/
名 C
❶ (ひやりとする)冷たさ;寒け, 悪寒(おかん)
・catch a *chill* 寒けがする
❷ ((a chill)) 恐怖心
■動
— 他
❶〈飲食物を〉冷やす
❷((文語))〈…を〉ぞっとさせる
— 自
❶〈飲食物が〉冷える
❷ 寒くなる, ぞくぞくする
chilling 形 ぞっとする;冷え冷えする

chilli /tʃíli チリ/ = chili

chilly /tʃíli チリ/ 形
❶ 冷え冷えする, 肌寒い
❷ 冷淡な, よそよそしい

chime* /tʃáim チャイム/
名 (複 **chimes** /チャイムズ/) C
((ふつうchimes)) 鐘(の音);チャイム(の音)
・wind *chimes* 風鈴
・door *chimes* 玄関の呼び鈴
■動
— 自〈鐘・チャイムが〉鳴る
— 他〈鐘・チャイムを〉鳴らす

chimney /tʃímni チムニ/ 名 C 煙突
・a *chimney* sweep(er) 煙突掃除人[用具]

chimpanzee /tʃìmpænzíː チムパンズィー/ 名 C 【動物】チンパンジー

chin* /tʃín チン/ 名 (複 **chins** /チンズ/) C
あご先, 下あご
Keep your chin up.* = *Chin up.
(困難な時に)元気を出せ

China /tʃáinə チャイナ/

名 中国(首都は北京(ペキン))

china /tʃáinə チャイナ/ 名 U 陶磁器;磁器

製品, 瀬戸物

Chinatown /tʃáinətàun チャイナタウン/
名 C 中国人街, チャイナタウン

Chinese /tʃainíːz チャイニーズ/

形 中国の; 中国人[語]の
- *Chinese* characters 漢字

■名 (複 **Chinese**)
❶ C 中国人; ((the Chinese)) ((複数扱い)) 中国国民
❷ U 中国語

chip /tʃíp チプ/
名 C
❶ (木・石・陶器・ガラスなどの) かけら
❷ ((chips)) ((米)) ポテトチップ; ((英)) フライドポテト
❸ (食器などの) 欠け跡
❹ 【コンピュータ】シリコンチップ
❺ (ポーカーなどの) チップ
■動
■他
❶ ⟨物の表面・縁などを⟩削る, 欠く, 割る
❷ ⟨食器などを⟩欠く
■自 ⟨食器などの縁が⟩欠ける

chip in
(金・労力などを)出し合う; 口をはさむ

chirp /tʃə́ːrp チャープ/
動 自 ⟨鳥・虫などが⟩チッチッと鳴く
■名 C チッチッと鳴く声

chocolate*
/tʃɔ́ːkələt チョーカラト | tʃɔ́kələt チョカラト/
名 (複 **chocolates** /チョーカラツ/)
❶ U C チョコレート
- a bar of *chocolate* 板チョコ1枚
❷ U チョコレート飲料, ココア
❸ U チョコレート色
■形 チョコレート(色)の

choice* /tʃɔ́is チョイス/
名 (複 **choices** /チョイスィズ/)
❶ U C 選択, 選ぶこと; U 選択権; 選択の自由; U C 選択の機会
- make a *choice* 選択をする
- *offer* [*give*] *A* a *choice*
  A(人)に選択の機会を与える
❷ C 選んだ物[人], 好みの物[人]
- Take your *choice*. 好きなものを取りなさい
  by [*for*] *choice* 選ぶとすれば, 好んで
  of one's (*own*) *choice* 自分で選んだ
■形 選び抜かれた, 優れた, 上等の

choir /kwáiər クワイア/ 名 C (教会の)聖歌隊; (一般の)合唱団; ((ふつう the choir)) 聖歌隊席

choke /tʃóuk チョウク/
動
■他
❶ ⟨…を⟩窒息させる, ⟨人などの⟩息を止める
❷ ⟨管などを⟩詰まらす, ふさぐ ((*up*))
■自
❶ 窒息する, 息が詰まる
❷ ⟨管などが⟩詰まる
■名 C 窒息, むせぶこと

cholera /kálərə カララ/ 名 U 【医学】コレラ

cholesterol /kəléstəroul カレスタロウル/ 名 U 【生化学】コレステロール

choose /tʃúːz チューズ/

動 三単現 **chooses** /チューズィズ/
過去 **chose** /チョウズ/
過分 **chosen** /チョウズン/
現分 **choosing** /チューズィング/
■他
❶ 選ぶ, 選択する
- *choose* one from many things
  多くのものから1つを選ぶ
- *choose* *A* *B* = *choose* *B* *for* *A*
  A(人)のためにB(物)を選ぶ
- My mother *chose* this tie *for* me.
  母がこのネクタイを選んでくれた
- *choose* *A* (*as* [*to be*]) *C*
  A(人)をCに選ぶ
- *choose* *A* *to do* A(人)を選んで…させる
- *choose* *to do* …することを選ぶ
❷ ((くだけて)) ⟨…を⟩望む
■自
❶ (…から)選ぶ, 選択する ((*from*..., *between*...))
❷ 望む, 欲する

chop* /tʃáp チャプ/
動 三単現 **chops** /チャプス/
過去過分 **chopped** /チャプト/
現分 **chopping** /チャピング/
■他
❶ ⟨…を⟩切り刻む, 細かく切る ((*up*))
❷ ⟨…を⟩(おのなどで)たたき切る ((*with*...))
■自 (おのなどで)(…に)切りつける ((*at*...))
■名 C
❶ たたき切り; 一撃
❷ (豚などの)骨付きの厚切り肉片, チョップ

chopper /tʃάpər チャパ/ 名 C
❶ 肉切り包丁, おの
❷ ((くだけて)) ヘリコプター

chopstick /tʃάpstik チャプスティク/ 名 C ((ふつう chopsticks)) 箸(はし)

choral /kɔ́:rəl コーラル/ 形 合唱(隊)の

chord /kɔ́:rd コード/ 名 C 【音楽】和音, コード; (楽器の)弦
・strike the right *chord* (心の)琴線に触れる

chore /tʃɔ́:r チョー/ 名 C (家の)雑用, 日常の決まりきった仕事

choreograph /kɔ́:riəgræf コーリアグラフ/ 動 他 【ダンス】〈…の〉振り付けをする
|**choreographer** 名 C 振付師
|**choreography** 名 U 振り付け

chorus /kɔ́:rəs コーラス/ 名 C
❶ 合唱(曲), コーラス; 合唱団
❷ いっせいに起きる発声
in chorus 声をそろえて

chose /tʃóuz チョウズ/ 動 choose の過去形

chosen /tʃóuzn チョウズン/
動 choose の過去分詞
━ 形 (多数の中から)選ばれた; 好きな

chowder /tʃáudər チャウダ/ 名 U チャウダー(魚介類の入ったクリームスープ)

Christ /kráist クライスト/ 名
❶ イエス・キリスト
・*for Christ's sake* ((話)) 頼むから
❷ ((the Christ)) (旧約聖書で)救世主

Christian /krístʃən クリスチャン/
名 C キリスト教徒, クリスチャン
━ 形 キリスト教の; キリスト教徒の
・the *Christian* religion キリスト教
・a *Christian* name 洗礼名

Christianity /kristʃiǽnəti クリスチアナティ/ 名 U キリスト教; キリスト教信仰[精神]

Christmas

/krísməs クリスマス/
名 (複 **Christmases** /krísməsiz/) U C
クリスマス, キリスト降誕祭 (12月25日)
・*Merry Christmas!* クリスマスおめでとう
・a *Christmas* cake クリスマスケーキ
・a *Christmas* card クリスマスカード
・a *Christmas* carol クリスマスキャロル
・*Christmas* Eve クリスマスイブ (12月24日)
・a white [green] *Christmas* 雪のある[雪のない]クリスマス
・celebrate *Christmas* クリスマスを祝う
・on *Christmas* クリスマスに
▥ I hope you all have a good *Christmas*. 楽しいクリスマスを過ごしてください

chromosome /króuməsòum クロウマソウム/ 名 C 【遺伝】染色体

chronic /kránik クラニク/ 形 〈病気が〉慢性の; 〈問題などが〉長期にわたる

chronicle /kránikl クラニクル/
名 C 年代記; 物語, 記録
━ 動 他 〈…を〉年代記に載せる

chronology /krənάlədʒi クラナラヂ/ 名 C 年表; 年代記; U 年代学
|**chronological** 形 年代順の
|**chronologically** 副 年代順に

chrysanthemum /krisǽnθiməm クリサンスィマム/ 名 C 【植物】菊; 菊の花

chubby /tʃʌ́bi チャビ/ 形 〈人などが〉丸々と太った, 丸ぽちゃの

chuck /tʃʌ́k チャク/ 動 他 ((くだけて)) 〈…を〉ポイと投げる, 捨てる; 〈…を〉やめる, あきらめる

chuckle /tʃʌ́kl チャクル/
動 自 くすくす笑う, 含み笑いをする
━ 名 C くすくす[含み]笑い

chunk /tʃʌ́ŋk チャンク/ 名 C (パン・肉などの)厚切り, 大きなかたまり; ((くだけて)) かなりの量[額]

chunky /tʃʌ́ŋki チャンキ/ 形 〈人が〉がっちりした; 〈服が〉厚地の; 〈食べ物が〉具だくさんの

church* /tʃə́:rtʃ チャーチ/
名 (複 **churches** /チャーチズ/)
❶ C (キリスト教の)**教会**, 教会堂
❷ U ((無冠詞で))(教会での)礼拝
・go to *church* 教会へ(礼拝に)行く
❸ ((the Church)) 聖職, 牧師
❹ ((Church)) 教派; …教会

Churchill /tʃə́:rtʃil チャーチル/ 名 **Sir Winston Churchill** チャーチル (英国の政治家・著述家で首相)

CIA ((略)) *C*entral *I*ntelligence *A*gency (米国)中央情報局

cicada /sikéidə スィケイダ/ 名 C 【昆虫】せみ

cider /sáidər サイダ/ 名 U ((米)) りんご汁, りんごジュース; ((英)) りんご酒

cigar /sigά:r スィガー/ 名 C 葉巻, シガー

cigarette /sìgərét スィガレト/ 名 C 紙巻きタバコ
・a pack of *cigarettes* タバコ1箱

Cinderella /sìndərélə スィンダレラ/ 名 シンデレラ (童話の女主人公)

cinema* /sínəmə スィナマ/
名 (複 **cinemas** /スィナマズ/) C
① ((英)) 映画館 (((米))movie theater)
② ((the cinema)) ((英)) 映画 (((米))the movies)
・go to the *cinema* 映画を見に行く
|**cinematography** 名 U 映画撮影技術
cinnamon /sínəmən スィナマン/ 名 U シナモン (香辛料); シナモン色, 黄かっ色
circa /sə́:rkə サーカ/ 前 約, およそ, …頃 (略 c., ca.)

circle /sə́:rkl サークル/

名 (複 **circles** /サークルズ/) C
① 円, 円形, 丸; 輪, 環
・draw a *circle* 円を描く
📖 Make a *circle* with your desks.
机を円形に並べなさい
② 仲間, グループ; ((しばしばcircles)) …界; (交際・活動などの)範囲
・business *circles* 実業界
③ 循環, 一巡, 一周
━ 動
━ 他 〈…を〉旋回する, 丸で囲む
━ 自 〈…の周りを〉回る, 旋回する ((*around..., round..., about...*))

circuit /sə́:rkət サーカト/ 名 C
① 一周; 周囲, 周り; 巡回[配達]区域
② 【電気】回路, 回線
・a *circuit* breaker ブレイカー
③ 自動車レース場, サーキット

circular /sə́:rkjələr サーキャラ/ 形
① 〈物が〉円形の, 丸い; 環状の
② 遠回しの; 〈議論などが〉堂々巡りの
━ 名 C (広告の)ちらし; 回覧(板); 会報
|**circularly** 副 環状に; 循環的に

circulate /sə́:rkjəlèit サーキャレイト/ 動
━ 自
① 〈血液などが〉循環する
② 〈うわさなどが〉〈…に〉広まる ((*among...*)); 〈新聞などが〉広く読まれる
━ 他
① 〈…を〉循環させる
② 〈うわさなどを〉広める; 〈新聞などを〉配る

circulation /sə̀:rkjəléiʃən サーキャレイシャン/ 名
① U C (血液などの)循環, 血行
② U (情報などの)伝達; 流布; 流通
③ C ((ふつうa circulation)) 発行部数

circumference /sərkʌ́mfərəns サカムファランス/ 名 U C 円周, 外周; 周辺

circumstance /sə́:rkəmstæns サーカムスタンス/ 名
① C ((ふつうcircumstances)) (周囲の)事情, 状況, 環境
・depending on (the) *circumstances* 状況によっては
② ((circumstances)) 暮らし向き, 境遇
③ C 出来事; U 避けがたい事情, 成り行き
under [in] no *circumstances*
(どんな状況でも)決して…ない
under the *circumstances*
そういう事情なので, 現状では
|**circumstantial** 形 状況の[による]; 付随的な

circus /sə́:rkəs サーカス/ 名 C
① サーカス(団); ((the circus)) 曲芸
② ((英)) (街路が集まる)円形広場

cite /sáit サイト/ 動 他
① 〈…を〉引用する
② 〈…に〉出廷を命じる
③ 〈…を〉表彰する
|**citation** 名 U 引用; C 引用句[文]; 出廷命令; 表彰状

citizen /sítizən スィティザン/ 名 C
① 国民, 公民, 市民
・US *citizens* 米国国民
② (都市の)住民; ((米)) 一般市民, 民間人
・the *citizens* of Tokyo 東京都民
|**citizenship** 名 U 市民権, 公民権

citrus /sítrəs スィトラス/
名 C 【植物】柑橘(かんきつ)類 (みかんなど)
━ 形 柑橘類の

city /síti スィティ/

名 (複 **cities** /スィティズ/)
① C 都市, 都会; ((形容詞的に)) 都市の
・a big [small] *city* 大[小]都市
・the capital *city* 首都
・*city* life 都市生活
② C (行政上の)市
・New York *City* ニューヨーク市
・a *city* hall 市役所, 市庁舎
③ ((the city)) ((単数扱い)) 全市民, 住民
④ ((the City)) ((英)) シティ (ロンドンの商業・金融の中心街)

civic /sívik スィヴィク/ 形 都市の, 市の; 市民

の, 市民としての

civil /sívəl スィヴァル/ 形
❶ 市民の, 公民の;公民としての
・*civil* rights 《米》公民権, 市民権
❷ 国内の, 国家の
・*civil* servants 公務員
・a *civil* war 内戦
❸【法律】民事の
・*civil* law 民法
❹ (軍人・聖職者に対して)一般市民の, 文民の
❺ (…に)礼儀正しい, 丁寧な《*to*...》

civilian /sivíljən スィヴィリアン/
名 C (軍人・聖職者に対して)一般市民, 民間人, 文民
— 形 一般市民の, 民間(人)の;文官の
・*civilian* control 文民統制

civilisation /sìvəlazéiʃən スィヴァラゼイシャン/《英》= civilization

civilise /sívəlàiz スィヴァライズ/《英》= civilize

civilization /sìvəlazéiʃən スィヴァラゼイシャン/ 名
❶ UC 文明;U 文明化
・a modern *civilization* 現代文明
・Western [Eastern] *civilization* 西洋[東洋]文明
❷ U 文明諸国;文明社会

civilize /sívəlàiz スィヴァライズ/ 動 他〈未開人などを〉文明化する, 教化する
civilized 形 文明化した;洗練された

claim* /kléim クレイム/
動 三単現 **claims** /クレイムズ/
過去過分 **claimed** /クレイムド/
現分 **claiming** /クレイミング/
— 他
❶ 〈意見などを〉**主張する**
・*claim that*... …であると主張する
・*claim to be C* C であると主張する
❷ 〈…を〉(正当な権利として)要求する;(自分のものとして)請求する
・*claim* the right to freedom 自由の権利を要求する
— 自 (…を)(正当な権利として)**要求する, 請求する**《*for*..., *on*...》
— 名 (複 **claims** /クレイムズ/) C
❶ (…に対する)**要求**, 請求《*for*..., *on*...》;(…という)主張《*that* 節》
・a *claim* tag 手荷物引換証
❷ (…に対する)正当な権利[資格]《*on*...,

to...》
▪ *lay claim to A*
A(物)に対する権利を主張する
claimant 名 C (年金などの)請求者;(権利の)主張者

clam /klǽm クラム/ 名 C (食用の)二枚貝(はまぐりなど)

clamp /klǽmp クランプ/
名 C 締め具[金], 留め金
— 動 他〈…を〉留め金で固定する

clan /klǽn クラン/ 名 C 一族, 一門;《くだけて》大家族

clap* /klǽp クラプ/
動 三単現 **claps** /クラプス/
過去過分 **clapped** /クラプト/
現分 **clapping** /クラピング/
— 他
❶ 〈手を〉**たたく**, 拍手する;〈人の〉(体の部分を)(手のひらで)ポンとたたく《*on*...》
・She *clapped* him *on* the back.
彼女は彼の背中を軽くたたいた
❷ 〈…を〉とっさに置く[動かす]
— 自
❶ **拍手する**
❷ (ピシャン・バタンという)音を立てる
— 名 《複 **claps** /クラプス/》 C
《a clap》 拍手;ピシャン[バタン]という音;(雷の)バリバリという音

clarify /klǽrəfài クララファイ/ 動 他〈論点などを〉明確にする, 分かりやすくする
clarification 名 CU (意味などの)明確化, 説明

clarinet /klǽrənét クララネト/ 名 C【音楽】クラリネット(木管楽器)

clarity /klǽrəti クララティ/ 名 U
❶ (意味などの)明瞭(めいりょう)さ;分かりやすさ
❷ (画像などの)鮮明さ;(水などの)清澄さ

clash /klǽʃ クラシュ/
動 自
❶ 〈意見などが〉(…と)衝突する《*with*...》;ガチャンと音がする
❷ 〈日時などが〉(…と)かち合う《*with*...》
— 名 C
❶ 衝突;対立
❷ (金属などの)ぶつかる音

clasp /klǽsp クラスプ/
名 C
❶ 留め金, 締め具
❷ 《a clasp》 しっかりにぎること;抱擁(ほうよう)

clean

- **classify** /klǽsifài クラスィファイ/ 動他
  ❶ 〈…を〉〈…に〉分類する((into..., as...))
  ❷ 〈文書などを〉機密扱いにする
  classification 名 U 分類, 区分; 格付け
  classified 形 分類された; 機密扱いの

class /klǽs クラス/

名 (複 **classes** /klǽsiz/)
❶ C クラス, 学級; クラスの生徒(全員)
- a *class* reunion クラスの同窓会
- 📖 Be quiet as you leave. Other *classes* are still working. 出る時は静かにしてください。ほかのクラスはまだ授業中ですから
- 📖 Ask others [everyone] in the *class*.
  クラスのほかの人[みんな]に聞いてみてください
- 📖 The whole *class*, please.
  クラス全員でお願いします
❷ UC 授業, 講習; 授業時間
- a beginner's *class* 入門クラス
- an intermediate *class* 中級クラス
- an advanced *class* 上級クラス
- *take a class* 授業を取る[受ける]
- *attend a class* 授業に出る
- *be in class* 授業中である
- be late for *class* 授業に遅刻する
- sleep in *class* 授業中に居眠りする
- talk in *class* 授業中に私語をする
- cut [skip] a *class* 授業をサボる
- miss *class* 授業を休む
- leave *class* early 授業を早退する
- stop the *class* 授業を中断する
- visit a *class* 授業を参観する
- How many *classes* do you have today?
  きょうは何時間授業ですか
- 📖 *Class* is over. 授業は終わりました
❸ C (社会の)**階級**, 階層; U 階級制度
- the ruling *class(es)* 支配階級
❹ UC (乗り物などの)**等級, ランク**
- travel first *class* 1等で旅行する
— 動 他 〈…を〉分類する

classic /klǽsik クラスィク/
形
❶ 〈芸術品などが〉第一級の, 一流の
❷ 〈様式・型などが〉古典的な; 伝統的な
— 名 C ((the classics)) (古代ギリシャ・ローマの)古典文学

classical /klǽsikəl クラスィカル/ 形
❶ 古典派の, 正統派の; 伝統的な
- *classical* music クラシック音楽
❷ (古代ギリシャ・ローマの)古典の
classically 副 伝統[古典]的に

classmate /klǽsmèit クラスメイト/
名 (複 **classmates** /klǽsmeits/) C 同級生, 級友
- He is one of my *classmates*.
  彼は級友の1人だ

classroom
/klǽsrùm クラスルム/
名 (複 **classrooms** /klǽsrumz/) C **教室**
- *classroom* English 教室英語
- in the *classroom* 教室で

clatter /klǽtər クラタ/
動 自 ガタガタ[ガチャガチャ]音を立てる
— 名 U ((しばしば単数形で)) ガタガタ[ガチャガチャ]という音

clause /klɔ́:z クローズ/ 名 C
❶ (法律・条約などの)条項, 箇条
❷【文法】節(文の一部で主部と述部を備えているもの)

claw /klɔ́: クロー/
名 C (鳥・動物の)かぎ爪, 爪; (かになどの)はさみ
— 動
— 他 〈…を〉爪で引っかく, 引き裂く
— 自 〈…を〉爪で引っかく((at...))

clay /kléi クレイ/ 名 U 粘土; 土

clean /klí:n クリーン/

形 副 比較 **cleaner** /klí:nər クリーナ/
最上 **cleanest** /klí:nəst クリーナスト/
— 形
❶ **清潔な, きれいな** (⇔dirty)
- a *clean* shirt きれいな洗濯したてのシャツ
- Keep your room *clean*.
  部屋はきれいにしておきなさい
❷ (道徳的に)清い; 潔白な; フェアな
- a *clean* fight
  (ボクシングなどの)フェアな試合
❸ あざやかな, みごとな
- a *clean* hit (野球で)クリーンヒット

have clean hands
悪事に手を染めていない
— 副

cleaner

❶ きれいに, 清潔に
❷ まったく, すっかり;あざやかに

━ 動

三単現 **cleans** /クリーンズ/
過去・過分 **cleaned** /クリーンド/
現分 **cleaning** /クリーニング/

━ 他 〈場所・物を〉**きれい[清潔]にする, 掃除する**

・*Clean* your room right now.
今すぐ部屋を掃除しなさい

━ 自 〈場所・物が〉きれいになる

clean A out = clean out A
A(部屋)をすっかりきれいにする;からっぽにする

clean A up = clean up A
A(場所など)をきれいに掃除する[かたづける]

cleaner /klí:nər クリーナ/ 名 C

❶ 掃除機;洗剤
❷ クリーニング店の主人;掃除作業員

cleaning /klí:niŋ クリーニング/

動 cleanの現在分詞・動名詞
━ 名 U 掃除;洗濯, クリーニング

・do the *cleaning* 掃除[洗濯]をする

cleanly

形 /klénli クレンリ/〈人などが〉清潔な, きれい好きな
━ 副 /klí:nli クリーンリ/ みごとに, なめらかに;きれいに, 清潔に

cleanliness /klénlinəs クレンリナス/ 名 U 清潔;きれい好き

cleanse /klénz クレンズ/ 動 他 〈けが・傷などを〉洗浄する;きれいにする;〈人の〉罪を浄化する

cleanser 名 U C 洗剤, 洗顔液;みがき粉

cleanup /klí:nàp クリーナプ/ 名 C

❶ ((単数形で)) 大掃除;(不正などの)一掃, 浄化
❷ 【野球】4番打者

clear /klíər クリア/

形 副 比較 **clearer** /クリアラ/
最上 **clearest** /クリアラスト/

━ 形

❶ 〈空気などが〉**澄んだ**;〈空が〉晴れた;〈液体などが〉透明な;〈色などが〉明るい, あざやかな;〈音などが〉よく聞こえる;〈表情が〉晴れやかな

・a *clear* sky 晴れた空

❷ 〈考えなどが〉**明確な**, 分かりやすい;〈頭脳が〉明晰(めいせき)な

・He has a *clear* head. 彼は頭脳明晰だ
・Is that *clear* to you?
(小言を言ったりしたあとなどで)分かりましたか
・ *it's clear that...* …であることは明らかだ

❸ 〈人が〉(…を)確信した((*of...*, *about...*, *on...*))

📖 I'm not *clear* on that point.
その点がよく分かりません

❹ 〈場所が〉広々とした;〈道が〉自由に通れる, 空いた;〈視界が〉見通しのきく

・a *clear* view 広々とした見晴らし

make it clear that...
…であると明確に言う, はっきりさせる

━ 副

❶ はっきりと, 明確に

・speak loud and *clear*
大声ではっきりと話す

❷ ((比較なし))((くだけて)) 完全に, まったく, すっかり

❸ ((比較なし))(…から)離れて, 触れずに((*of...*))

━ 他

三単現 **clears** /クリアズ/
過去・過分 **cleared** /クリアド/
現分 **clearing** /クリアリング/

━ 他

❶〈机などの上を〉**かたづける**, きれいにする;〈障害物などを〉どかす((*away*))

・*clear A of B = clear B from [off] A* A(場所)からB(人・物など)を取り除く, かたづける
・*clear* a space for *A* (物をかたづけたりして)Aの入るスペースをつくる
・*clear* the way *for A*
Aのために道を切り開く[切り開いて進む]
・*clear* the way *for A to do*
Aが…する道を切り開く[切り開いて進む]

❷〈頭などを〉はっきりさせる;〈物事を〉明確にする((*up*))

❸〈人の〉疑いを晴らす

・*clear A of [from] B*
A(人)のB(罪・借金など)をなくす, 晴らす

❹〈…を〉(接触せずに)通り抜ける;〈障害物を〉飛び越す

❺ ((次の用法で))

・*clear A with B* Aの許可をB(人)から得る
・*clear A for B* AにBの許可を与える

━ 自

❶〈空などが〉晴れる;〈雨が〉上がる((*up, away*));〈液体が〉澄む

・The weather forecast says the rain will *clear up* in the afternoon.

天気予報では雨は午後にはやむと言っている
❷ 〈頭が〉はっきりする,〈表情などが〉晴れる
❸ 〈問題などが〉解決する
❹ 〈法案などが〉通過する;(障害を)飛び越す

clear away
〈霧などが〉晴れる;食事の後かたづけをする

clear A away = clear away A
A(物)を取り除く,かたづける

clear off ((くだけて))立ち去る;((命令文で))うせろ,出て行け

clear A off = clear off A
A(物)を取り除く;A(借金など)を返済する;A(人)を追い払う

clear out ((くだけて))立ち去る;〈場所が〉からになる;(場所を)出る,立ちのく((*of*...));((命令文で))出て行け;掃除する,かたづける

clear A out = clear out A
A(物)の中を掃除する;Aをからにする;((くだけて)) A(人)を追い出す

clear up 晴れ上がる;((英))きれいにかたづける,整頓(ᅜ)する;〈なぞなどが〉解ける

clear A up = clear up A
A(ごみなど)をかたづける;A(場所)を整頓する;A(問題・誤解など)を解く,明らかにする

clearance /klíərəns クリアランス/ 名
❶ U (正式な)許可;離着陸許可;通関手続き
❷ UC (2つの物の間の)空き;余裕
❸ U かたづけ,除去,撤去
・a *clearance* sale 在庫一掃セール

clear-cut /klíərkʌt クリアカト/ 形 輪郭の明確な;はっきりした

clearing /klíəriŋ クリアリング/
動 clearの現在分詞・動名詞
━名
❶ C (森林を切り開いた)空き地;開拓地
❷ U 清掃,除去

clearly＊ /klíərli クリアリ/
副 比較 **more clearly**
    最上 **most clearly**
❶ はっきりと,明確に
・Speak *clearly*. はっきり言いなさい
❷ 明らかに,疑いもなく

cleft /kléft クレフト/ 名 C (地面・岩などの)割れ目,裂け目

clergyman /klə́ːrdʒimən クラーヂマン/ 名 C 聖職者,牧師

clerk /kláːrk クラーク/ 名 C
❶ (会社などの)事務員,社員

❷ ((米)) 店員;(ホテルの)従業員

clever /klévər クレヴァ/

形 比較 **cleverer** / クレヴァラ/
   最上 **cleverest** / クレヴァラスト/
❶ 利口な,頭のよい,ずる賢い
・*clever* students 頭のよい生徒たち
❷ (…が)じょうずな,器用な,巧みな((*at*...))
❸ 巧妙な,うまい
cleverness 名 U 利口さ;巧妙さ
cleverly 副 利口に;巧妙に

click /klík クリク/
名 C
❶ カチッという音
❷ 【コンピュータ】(マウスの)クリック
━動
━自
❶ カチッと音がする
❷ 【コンピュータ】(マウスのボタンなどを)クリックする((*on*...))
━他
❶ 〈…を〉カチッと鳴らす
❷ 【コンピュータ】〈マウスのボタンなどを〉クリックする

client /kláiənt クライアント/ 名 C
❶ (弁護士などの)依頼人,(医者の)患者;顧客
❷ 【コンピュータ】クライアント(サーバーから情報やサービスを受け取るコンピュータ)

cliff /klíf クリフ/ 名 C (特に海岸の)絶壁,がけ

climactic /klaimǽktik クライマクティク/ 形 最高潮の,クライマックスの

climate /kláimət クライマト/ 名
❶ UC (一地方の)気候
・a mild [dry] *climate*
穏やかな[乾燥した]気候
❷ C (社会・時代の)風潮,傾向
climatic 形 気候(上)の;風土の

climax /kláimæks クライマクス/
名 C 最高潮,絶頂,クライマックス;(劇などの)山場
━動
━自 最高潮に達する
━他 〈…を〉最高潮に持っていく

climb＊ /kláim クライム/
動 三単現 **climbs** / クライムズ/
   過去・過分 **climbed** / クライムド/
   現分 **climbing** / クライミング/

cling

— 自

❶ 〈…を〉**登る, よじ登る**((*up*...))
・*climb up* [*down*] a ladder
はしごを登る[下りる]
❷ 〈値段・温度・飛行機などが〉上がる, 上昇する
— 他 〈…を〉**登る, よじ登る**
・*climb* Mt. Fuji 富士山に登る
■ 名 C 登ること；上昇
climber 名 C 登山者[家]
climbing 名 U 登山；よじ登ること

cling* /klíŋ クリング/
動 三単現 **clings** /クリングズ/
過去・過分 **clung** /クラング/
現分 **clinging** /クリンギング/
— 自
❶ (体など…に)**くっつく, こびりつく**((*to*...))
❷ (人・物などに)しがみつく((*to*..., *onto*..., *on*...))
❸ (地位などに)執着する((*to*...))
clinging 形 体にぴったりした；まとわりつく

clinic /klínik クリニック/ 名 C 診療所, クリニック
・a dental *clinic* 歯科医院
clinician 名 C 臨床医

clinical /klínikəl クリニカル/ 形
❶ 臨床の；病床の
❷ 感情を交えない, 冷静な
clinically 副 臨床的に, 冷静に

clip¹* /klíp クリプ/
動 三単現 **clips** /クリプス/
過去・過分 **clipped** /クリプト/
現分 **clipping** /クリピング/
— 他
❶ 〈小枝・爪などを〉**切る**；〈記事などを〉切り抜く；〈羊などの〉毛を刈る
❷ 〈曲がり角などに〉ぶつかる
— 名 C
❶ 切ること；刈り込み
❷ (映画などの)抜粋；(新聞の)切り抜き

clip² /klíp クリプ/
名 C クリップ, 紙ばさみ；(書類の)留め金具
— 動 他 〈物を〉(クリップで)留める

clipboard /klípbɔ̀:rd クリプボード/ 名 C
❶ クリップボード (書類などをはさむ筆記板)
❷ 【コンピュータ】クリップボード

clipper /klípər クリパ/ 名 C
❶ (羊毛を)刈り取る人
❷ ((clippers)) バリカン；爪切り；はさみ

clipping /klípiŋ クリピング/
動 clip¹,² の現在分詞・動名詞
— 名 C
❶ ((主に米))(新聞・雑誌の)切り抜き
❷ ((ふつう clippings)) 切り取ったもの

clique /klí:k クリーク/ 名 C (排他的な)派閥, 小集団

cloak /klóuk クロウク/
名 C
❶ マント, 袖なし外套
❷ ((a cloak)) おおい隠すもの, 口実
— 動 他 〈たくらみなどを〉おおい隠す

cloakroom /klóukrù:m クロウクルーム/ 名 C (劇場などの)クローク, 手荷物預かり所

clock

/klák クラク/
名 (複 **clocks** /クラクス/) C
時計 (置き時計・柱時計)
・set the *clock* for 6 a.m.
目覚まし時計を朝6時に合わせる
・The *clock* struck one.
時計が1時を打った
・a *clock* tower 時計塔, 時計台
against the clock 時間に追われて
around the clock
24時間ぶっ通しで, 四六時中
put [***turn, set***] ***the clock back***
時計の針を戻す；昔に戻る

clockwise /klákwàiz クラクワイズ/
形 時計回りの, 右回りの
— 副 時計回りに, 右回りに

clone /klóun クロウン/
名 C 【生物】クローン
— 動 他 〈…の〉クローンを作る

close¹

/klóuz クロウズ/
動 三単現 **closes** /クロウズィズ/
過去・過分 **closed** /クロウズド/
現分 **closing** /クロウズィング/
— 他
❶ 〈…を〉**閉じる, 閉める** (⇔ open)
・*close* a window 窓を閉める
📖 *Close* your textbooks.
教科書を閉じなさい
❷ 〈店などを〉閉める；休業する；〈銀行口座を〉閉じる
❸ 〈会議・催しなどを〉終える
❹ 〈道路・空港などを〉閉鎖する
— 自

❶ 閉じる, 閉まる
・The window won't *close*.
窓がどうしても閉まらない
❷〈店などが〉休業する, 閉店する
・The store *closes* at 23:00.
その店は夜11時に閉まる
❸〈話・集会などが〉終わる
■名 ((a close)) 終わり, 終結
■ *bring A to a close* A を終わらせる
■ *come [draw] to a close* 終わりになる

close²
/klóus クロウス/

形 副 比較 *closer* /クロウサ/
最上 *closest* /クロウスィスト/
■形
❶ (…に)近い, 接近した((to...)) (near)
・Our school is *close to* my house.
学校はぼくの家の近くにある
・This year is *close to* an end.
今年も終わろうとしている
❷ (…と)親しい, 親密な((with...)); (…に)(関係が)近い((to...))
・a *close* friend 親友
❸ 綿密な, きめ細かい
・pay *close* attention 細心の注意を払う
❹〈競争などが〉接戦の; きわどい
❺〈部屋などが〉密閉した; 息苦しい
■副 (…の)近くに((to..., by...))
・Come *closer* (*to* me).
もっと近くにいらっしゃい
close at hand 間近に
close by すぐ近くに
close to [on] A おおよそA, ほとんどA
come close to A 今にもAしそうだ
・She *came close to* tears.
彼女は今にも泣き出しそうだった
come close to doing もう少しで…しそうになる

closed /klóuzd クロウズド/
動 close¹の過去形・過去分詞
■形 閉めた, 閉じた;〈店が〉閉店した; (…に)非公開の, 排他的な((to...))
・*Closed* Today ((掲示)) 本日休業
・with *one's* mouth *closed* 口を閉じたまま

closely /klóusli クロウスリ/ 副
❶(人間関係などで)密接に, 親密に
❷ 綿密に, 念入りに
❸ 接近して; ぴったりと

closeness /klóusnəs クロウスナス/ 名 U
❶ 近いこと, 接近; 親密さ
❷ 厳密さ, 精密さ
❸ 密集; 息苦しさ

closet /klázit クラズィト/
名 C ((主に米)) 押し入れ; 納戸
■形 秘密の, 隠れた
■動 他 ((次の用法で))
・*be closeted = closet oneself* (*with...*)
(…と)(密談のため)私室に引きこもる

close-up /klóusʌp クロウサプ/ 名 C 大写し, クローズアップ, 近接撮影

closing /klóuziŋ クロウズィング/
動 close¹の現在分詞・動名詞
■形 締めくくりの, 終わりの; 閉会の
・a *closing* ceremony 閉会式
・*closing* time 閉店時間, 終業時間
■名 U C (演説などの)終わり, 結び

closure /klóuʒər クロウジャ/ 名 U C (会社などの)閉鎖; 終止

cloth /klɔ́ːθ クロース/ 名 (複) *cloths* /クロースス, クローズズ/
❶ U 布(地), 服地
・a piece of cotton *cloth* 1枚の綿布
❷ C (特定の用途の)布(切れ); テーブルクロス; ふきん

clothe /klóuð クロウズ/ 動 他 ((文語))
❶〈人に〉〈衣服を〉着せる((*in...*))
❷〈…を〉(…で)おおう((*in..., with...*))

clothes
/klóuz クロウズ, klóuðz クロウズズ/
名 U ((複数扱い)) 衣類, 衣服
・everyday *clothes* 普段着
・a suit of *clothes* 服一着
・*put on [take off]* (*one's*) *clothes*
服を着る[脱ぐ]

clothing* /klóuðiŋ クロウズィング/
動 clotheの現在分詞・動名詞
■名 U 衣類, 衣服, 衣料品
・an article [a piece] of *clothing* 1着の服

cloud
/kláud クラウド/
名 (複) *clouds* /クラウヅ/
❶ C U 雲
・thick [heavy] *clouds* 厚い雲
❷ C (煙などの)雲状の物; (雲のような)大群
・a *cloud of* dust 砂煙
❸ C (疑惑・苦悩などの)暗い影
■動

cloudy

— 他 〈…を〉曇らせる
— 自 〈空などが〉曇る
cloudless 形 雲のない, 晴れ渡った

cloudy* /kláudi クラウディ/
形 比較 **cloudier** /クラウディア/
最上 **cloudiest** /クラウディスト/
❶ 〈天気が〉**曇った**, 曇りの
・ It's *cloudy* today. きょうは曇っている
❷ 〈液体などが〉濁った;〈鏡などが〉曇った
❸ 〈考えなどが〉あいまいな

clover /klóuvər クロウヴァ/ 名 U C 【植物】クローバー, しろつめ草

clown /kláun クラウン/
名 C (サーカスなどの) 道化役者, ピエロ; おどけ者
— 動 自 おどける

club /kláb クラブ/

名 (複 **clubs** /クラブズ/) C
❶ **クラブ**, 会, **同好会**, サークル
・ a soccer *club* サッカークラブ
・ join a *club* クラブに入る
❷ (武器用の) こん棒;(ゴルフの) クラブ
❸【トランプ】クラブ;((clubs)) クラブの組
— 動 他 〈人などを〉こん棒で殴る

clubhouse /klábhàus クラブハウス/ 名 C (チームの) クラブ室, クラブハウス;((米))(運動部の) 更衣室

clue /klú: クルー/ 名 C (事件などを解決する) **手がかり, 糸口, ヒント**
・ Do you want a *clue*? ヒントはいりますか
clueless 形 何も知らない;無力な

clump /klámp クランプ/ 名 C 茂み, 木立;(土などの) かたまり

clumsy /klámzi クラムズィ/ 形〈人が〉不器用な;〈物などが〉不格好な
clumsily 副 不器用に;ぎこちなく;へたに
clumsiness 名 U 不器用;不格好;ぎこちなさ

clung /kláŋ クラング/ 動 cling の過去形・過去分詞

cluster /klástər クラスタ/
名 C (実などの) 房;(人・動物などの) 集団, 群れ ((*of*...))
— 動 自 〈人・動物などが〉集まる;群がる

clutch /klátʃ クラチ/
動 他 〈…を〉しっかりにぎる, ぐいとつかむ
— 名 C ぐいとつかむこと;(自転車・機械などの) クラッチ

clutter /klátər クラタ/
動 他 〈場所を〉(…で) 取り散らかす ((*with*...))
— 名 U 散乱した物, がらくた;((a clutter)) 混乱

cm, cm. ((略)) centimeter(s) センチメートル

CO ((米郵便)) *Co*lorado コロラド州

Co., co. ((略)) *Co*mpany 会社

coach* /kóutʃ コウチ/
名 (複 **coaches** /コウチズ/) C
❶ (競技などの) **コーチ**, 指導者;家庭教師
❷ ((英)) 長距離バス;(鉄道の) 客車
❸ ((米)) (飛行機の) エコノミークラス
❹ 大型四輪馬車
— 動
三単現 **coaches** /コウチズ/
過去・過分 **coached** /コウチト/
現分 **coaching** /コウチング/
— 他 〈選手・チームなどを〉**コーチする**;〈人の〉個人教授をする

coal /kóul コウル/ 名 U 石炭
・ mine [burn] *coal* 石炭を掘る[たく]

coalition /kòuəlíʃən コウアリシャン/ 名 C (政治的) 連携, 連合, 連立

coarse /kɔ́:rs コース/ 形
❶〈生地などが〉きめの粗い;〈品質が〉粗末な
❷〈人などが〉粗野な;〈言葉が〉下品な
coarsely 副 粗く;下品に
coarseness 名 U 粗さ;粗野

coast* /kóust コウスト/
名 (複 **coasts** /コウスツ/) C
❶ **海岸**, 沿岸
・ a hotel on the *coast* 海岸にあるホテル
・ a *coast* guard 沿岸警備隊
❷ ((the Coast)) ((米)) 太平洋岸
The coast is clear.
((くだけて)) 辺りに危険なし, 今こそ好機だ
— 動 自
❶〈自動車などが〉惰力で進む
❷ (物事を) 楽にこなす ((*through*..., *to*...))
coastal 形 沿岸の, 沿いの

coaster /kóustər コウスタ/ 名 C (コップなどの) 下敷き, コースター

coastline /kóustlàin コウストライン/ 名 C 海岸線

coat /kóut コウト/

名 (複 **coats** /コウツ/) C
❶ **コート**;上着;ジャケット

- a fur *coat* 毛皮のコート
- ❷ (動物の)毛皮;(植物の)樹皮
- ❸ (ペンキなどの)塗り, めっき
- ■ 動 他 上着を着せる;表面をおおう
- **coating** 名 C 上塗り;(食べ物の)衣

coax /kóuks コウクス/ 動 他 ((次の用法で))
- *coax* A to do = *coax* A into doing
 A(人)をなだめて[おだてて]…させる

cobra /kóubrə コウブラ/ 名 C【動物】コブラ

cobweb /kábwèb カブウェブ/ 名 C くもの巣

cock /kák カク/ 名 C
❶ ((英)) おんどり(((米)) rooster)
❷ (ガス・水道などの)栓, コック

cock-a-doodle-doo /kákədùdldú: カカドゥドルドゥー/ 名 C コケコッコー(おんどりの鳴き声)

cockpit /kákpìt カクピト/ 名 C (飛行機の)操縦室, コックピット;闘鶏場

cockroach /kákròutʃ カクロウチ/ 名 C ごきぶり

cocktail /káktèil カクテイル/ 名 C カクテル(ジンなどの強い酒をベースに混合した飲料); U C 前菜料理

cocoa /kóukou コウコウ/ 名 U ココア(カカオを微粉末にしたもの;それから作った飲料); C (1杯の)ココア

coconut /kóukənàt コウカナト/ 名 C ココやしの実, ココナツ

cocoon /kəkú:n カクーン/ 名 C (昆虫の)まゆ

code* /kóud コウド/
名
❶ C U コード, 記号, 信号;暗号
- a postal [((米))zip] *code* 郵便番号
- a message in *code* 暗号文
❷ C 法典, 法律;規則, 規範
- ■ 動 他 〈…を〉暗号化する;コード化する

coed /kóuèd コウエド/ 形 男女共学の

coeducation /kòuedʒəkéiʃən コウエヂャケイシャン/ 名 U (男女)共学
coeducational 形 男女共学の

coexist /kòuigzíst コウイグズィスト/ 動 自 (…と)同時に存在する, 共存する((*with*...))
coexistence 名 U 共存

coffee /kɔ́:fi コーフィ/

名 (複 coffees /コーフィズ/)
U コーヒー; C (1杯の)コーヒー
- strong [weak] *coffee* 濃い[薄い]コーヒー
- make *coffee* コーヒーを入れる
- drink *coffee* コーヒーを飲む
- three cups of *coffee* コーヒー3杯
- a *coffee* break ((米)) コーヒーブレイク
- a *coffee* cup コーヒーカップ
- a *coffee* house [shop] 喫茶店
- spend time at a *coffee shop*
 喫茶店で過ごす

cognac /kóunjæk コウニャク/ 名 U ((しばしばCognac)) コニャック (フランスのコニャック地方産ブランデー)

cognitive /kágnətiv カグナティヴ/ 形 認知の
cognitively 副 認知的に

coherence /kouhíərəns コウヒアランス/ 名 U (理論などの)首尾一貫性;密着性
coherent 形 首尾一貫した;密着した
coherently 副 首尾一貫して;密着して

cohesion /kouhí:ʒən コウヒージャン/ 名 U 結合, 粘着, 団結;結束性
cohesive 形 結束した
cohesively 副 結束して
cohesiveness 名 U 結束, 団結

coil /kɔ́il コイル/
動
— 他 〈ロープなどを〉ぐるぐる巻く, 渦巻きにする((*up*))
— 自 〈蛇などが〉巻きつく
— 名 C (ロープなどの)渦[とぐろ]巻き;【電気】コイル

coin* /kɔ́in コイン/
名 (複 coins /コインズ/) C 硬貨, コイン
- flip [toss] a *coin* コインをはじく[投げる](表か裏かで物を決める)
- ■ 動 他 〈貨幣を〉鋳造する;〈語句を〉新造する

coincide /kòuinsáid コウインサイド/ 動 自 〈出来事が〉(…と)同時に起こる;(…と)一致する((*with*...))

coincidence /kouínsidəns コウインスィダンス/ 名 C U 同時発生;(偶然の)一致
- by *coincidence* 偶然に
- What a *coincidence*! 何たる偶然の一致だ

coincident /kouínsidənt コウインスィダント/ 形
❶ 〈事が〉(…と)同時に起こる((*with*...))
❷ 〈物が〉(…と)一致した, 符合した((*with*...))
coincidental 形 同時発生の;(偶然に)一致した
coincidentally 副 同時発生的に, 偶然にも

Col. ((略)) *Colorado* コロラド州

cola /kóulə コウラ/ 名 CU コーラ

cold /kóuld コウルド/

形 [比較] **colder** /コウルダ/
[最上] **coldest** /コウルダスト/

❶〈気候が〉**寒い**, **冷たい**(⇔hot)
・*cold* weather 寒い天気
・a *cold* wind 冷たい風
・a *cold* front 【気象】寒冷前線
・It's *cold* today. きょうは寒い

❷〈物が〉**冷たい**;〈人が〉**寒い**(⇔hot)
・be as *cold* as ice 氷のように冷たい
・I feel a little *cold*. 少し寒い

❸〈人などが〉(…に対して)冷たい, 冷酷な((*to*...));冷静な, 落ち着いた
・a *cold* greeting よそよそしいあいさつ
・a *cold* look 冷ややかな視線

— 名 (複 **colds** /コウルヅ/)

❶ CU **風邪**, 感冒
・*catch* (*a*) *cold* 風邪を引く
・*have* a *cold* 風邪を引いている

❷ U ((しばしばthe cold)) 寒さ;冷気;寒け, 悪寒(おかん)
・feel *the cold* 寒けを感じる

coldly 副 冷たく;冷淡に
coldness 名 U 寒さ, 冷淡さ

cold-blooded /kóuldbládid コウルドブラディド/ 形 冷酷な;〈動物が〉冷血の

cold-hearted /kóuldhá:rtid コウルドハーティド/ 形 思いやりのない;薄情な

collaborate /kəlǽbərèit カラバレイト/ 動 (自)〈人と〉共同で行う, 共同研究する;(敵に)協力する((*with*...))

collaboration 名 U 共同, 共同研究;協力
collaborative 形 協力的な;共同研究の
collaboratively 副 協力して
collaborator 名 C 共同研究者

collage /kəlá:ʒ カラージュ/ 名 U 【美術】コラージュ; C コラージュ作品

collagen /kálədʒən カラヂェン/ 名 U 【生化学】コラーゲン

collapse /kəlǽps カラプス/
動
— (自)
❶〈建物などが〉崩壊する
・The fence *collapsed*. 塀は崩壊した
❷〈人が〉(…で)倒れる((*with*...))
❸〈会社などが〉つぶれる
❹〈いすなどが〉折りたためる
— (他)(…を)崩壊させる;〈計画などを〉だめにする
— 名 U (建物などの)崩壊;UC (会社などの)破綻(はたん)

collar /kálər カラ/
名 C 襟(えり), カラー;(犬などの)首輪
— 動 (他)〈人を〉逮捕する, つかまえる

collateral /kəlǽtərəl カラタラル/
形 並び合った;付随的な
— 名 U 担保物件

colleague /káli:g カリーグ/ 名 C (職場の)同僚, 仲間

collect /kəlékt カレクト/

動 [三単現] **collects** /カレクツ/
[過去・過分] **collected** /カレクティド/
[現分] **collecting** /カレクティング/

— (他)
❶ (…を)**集める**, **収集する**
・*collect* stamps 切手を集める
・*Collect* your papers, please.
テスト[プリント]を集めてください
❷〈税金などを〉徴収する, 集金する
❸〈考えを〉まとめる

— (自)
❶〈人が〉集まる;〈ちりなどが〉たまる
❷ 集金する, 寄付を募る
・*collect* oneself 気を落ち着ける
— 形 ((米))(電話などで)代金受取人払いの, コレクトコールの
— 副 ((米))(電話などで)代金受取人払いで, コレクトコールで

collected 形〈人が〉落ち着いた;収集された

collection /kəlékʃən カレクシャン/ 名
❶ C コレクション, 収集物, 収蔵品
・a large *collection* of stamps
ばく大な数の切手の収集
❷ CU 収集, 採集;集金, 徴収
❸ C 募金, 寄付金

collective /kəléktiv カレクティヴ/ 形 集団の;全体の
collectively 副 集団で;まとまって

collector /kəléktər カレクタ/ 名 C 収集家, 採集者;集金人
・a *collector*'s item
貴重な収集品, コレクターズアイテム

college /kálidʒ カリヂ/

图 (複) **colleges** /kálidʒəz/

❶ UC ((米)) **大学**, ((形容詞的に)) 大学の
・a *college* student 大学生

❷ UC ((米))(総合大学の)学部

❸ C ((英)) 専門学校；各種学校

❹ C (資格を持つ人たちの)協会, 学会

|**collegiate** 形 大学の；大学生用の

collide /kəláid カライド/ 動 (…と)衝突する ((*with*...))

|**collision** 名 UC 衝突

colloquial /kəlóukwiəl カロウクウィアル/ 形 口語(体)の, 話し言葉の

|**colloquially** 副 口語で, 話し言葉では

Colo. ((略)) *Colo*rado コロラド州

cologne /kəlóun カロウン/ 名 U オーデコロン

colon /kóulən コウラン/ 名 C (句読点の)コロン (:)

colonial /kəlóuniəl カロウニアル/
形 植民地の；植民の
— 名 C 植民地人

|**colonialism** 名 U 植民地主義[政策]

colonize /kálənàiz カラナイズ/ 動
— 他 〈国・地域などを〉植民地化する
— 自 入植する

|**colonization** 名 U 植民地化, 植民

colony /káləni カラニ| kóləni コラニ/ 名 C 植民地；(一定地域に住む)外国人居留民

|**colonist** 名 C 植民地開拓者；入植者

color, ((英))colour*

/kálər カラ/

名 (複) **colors** /kálərz/

❶ U 色, 色彩
・The *color* of the sky is blue. 空の色は青だ
・in *color* 色付きで, カラーで

❷ U ((時に a color)) 顔色, 血色；CU (人種を示す)肌の色
・lose *color* 青ざめる, 顔色を失う

❸ CU 絵の具；染料

❹ U 外見；特色, 特性

❺ C ((colors)) 国旗；軍旗

off color 顔色が悪い, 元気がない

— 動
|三単現 **colors** /kálərz/
|過去・過分 **colored** /kálərd/
|現分 **coloring** /kálərɪŋ/

— 他 〈…に〉色を塗る
— 自 色が変わる；〈果実・葉が〉色づく

Colorado /kàlərǽdou カララドウ/ 名 コロラド (略 Col., Colo., ((郵便)) CO ; 米国西部の州；州都はデンバー (Denver))

colored /kálərd カラド/
動 color の過去形・過去分詞
— 形 色のついた；有色人種の
— 名 C 有色人；黒人

|**colorful** 形 色彩に富んだ, カラフルな
|**coloring** 名 UC 着色料；U 色合い
|**colorless** 形 無色の；おもしろみのない

colossal /kəlásəl カラサル/ 形 巨大な；並はずれた

|**colossally** 副 並はずれて, 途方(とほう)もなく

Colosseum /kàləsí:əm カラスィーアム/ 名 ((the Colosseum)) コロセウム (古代ローマで最大の円形競技場)

colour* /kálər カラ/ ((英))= color

colt /kóult コウルト/ 名 C 雄の子馬

Columbus /kəlámbəs カラムバス/ 名 **Christopher Columbus** コロンブス (イタリアの航海家で, 1492年にアメリカ大陸に到達)

column /káləm カラム/ 名 C (石材などで造られた)円柱；(ページの)縦の欄；(新聞などの)特約寄稿欄

|**columnist** 名 C (新聞などの)コラムニスト, 特設欄執筆者

coma /kóumə コウマ/ 名 UC 【医学】昏睡(こんすい), 昏睡状態

comb /kóum コウム/
名 C くし；(鶏などの)とさか
— 動 他 〈髪を〉くしでとかす, 〈羊毛などを〉すく

combat

名 /kámbæt カムバト/ CU 闘争, 戦闘, 格闘
— 動 /kəmbǽt カムバト, kámbæt カムバト/ 他 〈敵などと〉戦う, 闘う

|**combative** 形 戦闘的な, 好戦的な

combination /kàmbinéiʃən カムビネイシャン/ 名 U 組み合わせ, 結合, 連合
・in *combination* with *A* A と共同で

combine

動 /kəmbáin カムバイン/
— 他
❶ 〈…を〉〈…と〉結合させる, 連合させる；【化学】化合させる ((*with*...))
❷ 〈…を〉〈…と〉両立させる ((*with*...))
— 自 (…と)結合する, 連合する ((*with*...))
— 名 /kámbain カムバイン/ C 結合, 連合；企

combo

業合同;【農業】コンバイン
combined 形 結合[連合]した, 混じり合った

combo /kámbou カムボウ/ 名 C コンボ(少人数のジャズ楽団);((米))(料理の)組み合わせ

combustion /kəmbʌ́stʃən カムバスチャン/ 名 U 燃焼, 発火

come /kám カム/

動 三単現 **comes** /カムズ/
過去 **came** /ケイム/
過分 **come** /カム/
現分 **coming** /カミング/

— 自

❶ (話し手の方へ)**来る**, やって来る(⇔go)
- *Come* (over) here. こっちへ来てごらん
- *Come* this way, please. こちらへおいでください
- What time will the next train be *coming*? 次の列車は何時頃来ますか
- They came to Chicago from Tokyo. 彼らは東京からシカゴに来た
- 📖 *Come* to the front of the class. 教室の前に出てください

❷ (相手の方へ)**行く**
- Why don't you *come* with us? あなたもいっしょに行きませんか
- Can I *come* to your apartment? 君のアパートへ行ってもいいかい
- May I *come* in? 入ってよろしいでしょうか

❸ **着く**, 到着する;〈時が〉到来する;〈順番が〉回ってくる
- Here *comes* a bus! バスが来た
- Summer has *come*. 夏が来た
- Finally my turn has *come*. ついに私の番になった
- The time will *come* when this war will finally be over. この戦争がついに終わる時がやって来るだろう
- *Coming* soon. ((広告などで))近日発売[公開]

❹〈人が〉(…の)**出身である**;〈物が〉(…)産である((*from*...))
- "I *come from* Tokyo." "So do I." 「私は東京出身です」「私もです」

❺ (…に)届く;(…の)年齢に達する((*to*...))
- *come to* adulthood 成人年齢に達する

❻ 〈結果が〉(…に)なる;〈状態が〉(…に)なる;〈金額などが〉(合計…に)なる((*to*...))

- I hope your dreams *come* true. あなたの夢が現実のものとなりますように
- How much does the bill *come to*? 勘定はいくらになりますか

❼ (…しに)来る, 来て(…する);(…するように)なる((*to do*))
- Thank you for *coming* to join us today. きょうはお越しくださりありがとうございます

❽〈考えなどが〉(…の心に)浮かぶ((*to*...))

❾ ((催促・怒りなどを表して))さあ, ほら, よせ, こら

come about 〈事が〉起こる, 生じる, 現れる
- How did the car accident *come about*? その自動車事故はどのようにして起きたの

come across A A(人)に(偶然)出会う
- I *came across* my ex-girlfriend on the street. 通りで昔の彼女に偶然会った

come along
〈人・物が〉現れる;(…に)同行する((*with*...));〈人が〉元気になる;〈仕事などが〉順調に進む

come and do
((命令文で))((くだけて))…しに来る
- *Come* (*and*) see me. 遊びにいらっしゃい

come and go 行ったり来たりする

come around ぶらっと訪れる
- Leap year *comes around* every 4 years. うるう年は4年ごとにやってくる

come back (…から)帰る((*from*...));(…に)カムバックする, 返り咲く((*to*...))

come by
〈車などが〉通り過ぎる;〈人が〉立ち寄る

come by A Aを手に入れる

come down 〈人が〉降りてくる;〈雨・雪などが〉降ってくる;〈物価などが〉下がる

come for A
A(物)を取りに来る, A(人)を迎えに来る

come in 入る, 入ってくる;到着する;(順位が…で)ゴールする;〈物が〉流行する
- Please *come in*. 入ってください

come of [from] A
Aの結果である;Aに由来する

come off
〈ボタンなどが〉はずれる;〈しみが〉取れる

Come on.
さあ早く;元気を出して;いい加減にしてくれ

Come on in! (さあさあ)お入りなさい

come out 〈月などが〉現れる;〈建物などから〉外に出る;〈事実などが〉明るみに出る;〈写真が〉はっきりと写っている

come out with A
((くだけて)) A(事実など)をしゃべる; Aを公表する; Aを出版する; A(製品)を世に出す

come over (…から)やって来る((from...))
- Won't you *come over* tomorrow?
あしたうちに来ないか

come through 〈知らせが〉届く; 切り抜ける
come through A A(苦境)を切り抜ける
come to oneself 意識を取り戻す
come to think of it
考えてみると、そう言えば

come up
〈人が〉(…に)歩み寄る((to...)); 〈話題が〉(話に)のぼる((in...)); 〈問題などが〉起こる

come up to A Aに届く、達する
come up with A A(人・事など)に追いつく; A(考えなど)を思い付く

when it comes to A
Aということになると

comeback /kámbæk カムバク/ 名 C (人気の)盛り返し, カムバック

comedian /kəmí:diən カミーディアン/ 名 C コメディアン, 喜劇役者

comedy /kámidi カミディ/ 名 UC 喜劇

comet /kámit カミト/ 名 C 彗星(すいせい), ほうき星

comfort /kámfərt カムファト/
名 U 慰め, 安らぎ; 快適さ
― 動 他 〈人を〉慰める, ほっとさせる
| **comforting** 形 慰めになる

comfortable
/kámfərtəbl カムファタブル/
形 [比較] more comfortable
[最上] most comfortable
❶ 〈場所・家具・服などが〉**快適な, 心地よい** (⇔ uncomfortable)
- a *comfortable* room 快適な部屋
- feel *comfortable* 心地よく感じる, 落ち着く
❷ 〈収入などが〉十分な, 暮らし向きが楽な
| **comfortably** 副 心地よく; 不自由なく

comic /kámik カミク/
形 喜劇の; 喜劇的な, こっけいな
― 名 C 喜劇役者; 漫画雑誌
- a *comic* book ((米)) 漫画雑誌
| **comical** 形 おかしい, こっけいな

coming /kámiŋ カミング/
動 come の現在分詞・動名詞
― 形 来(きた)るべき, 次の, 今度の (next)

- this *coming* Monday 今度の月曜日
― 名 UC 到来, 到着; 接近; 来訪
- *Coming*-of-Age Day (日本の)成人の日

comma* /kámə カマ/
名 (複 **commas** /カマズ/) C コンマ (,) (句読点の1つで文中の短い休止を示す)

command* /kəmænd カマンド/
動 [三単現] **commands** /カマンヅ/
[過去・過分] **commanded** /カマンディド/
[現分] **commanding** /カマンディング/
― 他
❶ 〈人に〉**命令する**; 〈事を〉**命じる**
- *command that...* …と命じる, 命令する
- *command A to do*
A(人)に…するように命令する, 命じる
❷ 〈軍隊などを〉指揮する; 〈…を〉支配する
❸ 〈関心などを〉集める, 引きつける
❹ 〈場所などが〉〈景色を〉見渡す
― 自
❶ 命令する
❷ 指揮する; 支配する
― 名 (複 **commands** /カマンヅ/)
❶ C **命令**, 指図
- issue a *command* for *A* to *do*
Aが…するよう命令[指図]する
- obey *A's command*
Aの命令に従う
❷ U 指揮(権); 支配(力)
❸ U ((また a command)) 自由にできること;
at A's command A(人)の自由になって[思うままで]; A(人)の命令によって
at one's command
自分の意のままに(できる), 思うままに
| **commander** 名 C (軍隊の)指揮官, 司令官; 指導者
| **commanding** 形 命令的な; 堂々たる, 威厳のある

commemorate /kəmémərèit カメメレイト/
動 他 〈出来事などを〉記念する; 〈死者を〉追悼する
| **commemoration** 名 U 記念; C 記念式
| **commemorative** 形 記念の

commence /kəméns カメンス/ 動
― 他 〈…を〉始める, 開始する (begin)
― 自 (…で)始まる((with...))
| **commencement** 名 U 始まり, 開始; ((米))(大学などの)学位授与式; 卒業式

commend /kəménd カメンド/ 動 他 〈…を〉

comment

(…だと)ほめる((for...))

comment /kámənt カメント/
名 C U
❶ (…についての)論評, 批評((on..., about...))
・No *comment*. 何も言うことはない
❷ 注釈, 注解
━ 動
━ 自 (…について)論評[批評]する((on..., about...))
━ 他 (…だと)批評[論評]する((that節))
commentator 名 C (テレビ・ラジオの)実況アナウンサー;解説者

commentary /káməntèri カメンテリ/ 名 C (テレビ・ラジオの)(…の)実況放送, 解説;(…の)注釈書((on...))

commerce /kámə(:)rs カマ(ー)ス/ 名 U 商業, 通商, 貿易

commercial /kəmə́:rʃəl カマーシャル/
形
❶ 商業の, 通商の, 貿易の;営利的な
・a *commercial* school 商業学校
❷ (テレビなどの)広告放送の
━ 名 C 広告放送, コマーシャル
・a TV *commercial* テレビコマーシャル
commercially 副 商業[営利]的に
commercialism 名 U 商業[営利]主義

commission /kəmíʃən カミシャン/ 名
❶ U C (…に対する)(代理)手数料, 歩合(ぶあい)((for...))
❷ C 任務;U 委任, 委託;C 委任状
・sell goods *on commission*
品物を委託販売する
❸ C 委員会
on commission 歩合制で
commissioner 名 C 委員, 理事;(省庁の)長官;コミッショナー

commit* /kəmít カミト/
動 三単現 **commits** /カミツ/
過去・過分 **committed** /カミティド/
現分 **committing** /カミティング/
━ 他
❶ 〈罪・過ちなどを〉犯す
・*commit* murder 殺人を犯す
・*commit* suicide with a gun 銃で自殺する
❷ ((改まって))〈人・事を〉(…に)任せる, 委託する((to...))
commitment 名 C 誓約, 約束;義務

committee /kəmíti カミティ/ 名 C 委員会;全委員

・be on a *committee* 委員会の一員である

commodity /kəmádəti カマダティ/ 名 C ((しばしばcommodities)) 商品;日用品, 必需品

common* /kámən カマン/
形 比較 **commoner** /カマナ/
最上 **commonest** /カマナスト/
❶ ふつうの, 一般の, よくある
・a *common* noun 普通名詞
・*common* knowledge [sense] 常識, 良識
❷ 共通の, 共有の
・*common* interests 共通の利害
━ 名 C 共有地, 公有地
***in common* (with A)**
(Aと)共通の[に];(Aと)同様に
commonly 副 ふつうに, 一般に

commonplace /kámənplèis カマンプレイス/
形 ふつうの;平凡な
━ 名 C 平凡なこと[もの]

commonwealth /kámənwèlθ カマンウェルス/ 名 C 連邦;共和国
・the *Commonwealth* (of Nations) 英連邦

communicate /kəmjú:nikèit カミューニケイト/ 動
━ 他 〈情報などを〉(…に)伝達する, 伝える((to...))
・*communicated* information
伝えられた情報
━ 自 (…と)連絡を取る, コミュニケーションを図る((with...))
・*communicate with* each other by e-mail
Eメールで互いに連絡を取る
communicative 形 話好きの;伝達の, 通信の

communication /kəmjù:nikéiʃən カミュニケイシャン/ 名
❶ U 伝達, 連絡;意思の疎通, コミュニケーション
・oral *communication*
オーラル・コミュニケーション
・***in communication with* *A***
A(人)と連絡を取り合って
❷ ((communications))(電話・ラジオなどの)通信(手段);交通手段[機関]
・mass *communications*
マスコミ, 大衆伝達
・a *communications* satellite 通信衛星

communism /kámjunìzm カミュニズム/ 名 U 共産主義

communist 名 C 共産主義者, 共産党員

community /kəmjúːnəti カミューナティ/ 名
❶ C 地域社会, 共同社会; 地域住民
- a *community* college 《米》コミュニティーカレッジ (2年制の公立大学)
- a *community* center 公民館, コミュニティーセンター
❷ ((the community)) 一般社会, 公衆

commute /kəmjúːt カミュート/ 動 自 (電車などで) 通勤[通学]する

commuter 名 C 通勤者, 通学者

compact /kəmpǽkt カムパクト/
形 小型の, コンパクトな; ぎっしり詰まった
- a *compact* disc コンパクトディスク, CD
― 動 他 〈…を〉ぎっしり詰める; 〈…を〉簡潔にする

companion /kəmpǽnjən カムパニャン/ 名 C 仲間, 連れ; コンパニオン(老人・病人などの世話をする人)

company /kʌ́mpəni カムパニ/

名 (複 **companies** /カムパニズ/)
❶ C **会社**, 商会, 商社
- a publishing *company* 《米》出版社
❷ U 交際, つきあい; 同席; 仲間
- A man is known by the *company* he keeps. ((ことわざ)) つきあう仲間を見ればその人柄が分かる
❸ C 団体, 一団; (俳優などの) 一座

in company with *A* A(人)といっしょに
keep *A* **company**
A(人)といっしょにいる; A(人)に同行する
keep company with *A* A(人)とつきあう

comparable /kʌ́mpərəbl カムパラブル/ 形 (…と)比較できる; (…に)匹敵する((*with...*, *to...*))

comparative /kəmpǽrətiv カムパラティヴ/
形 比較(上)の; 【文法】比較級の
― 名 ((the comparative)) 【文法】比較級

comparatively 副 比較的, かなり

compare /kəmpéər カムペア/

動 三単現 **compares** /カムペアズ/
過去過分 **compared** /カムペアド/
現分 **comparing** /カムペアリング/
― 他
❶ 〈…を〉〈…に〉**比較する**((*to...*, *with...*))
- *as compared with* [*to*] *A* Aと比較すると

❷〈…を〉〈…に〉**たとえる**((*to...*))
- Life is often *compared to* a voyage. 人生はよく航海にたとえられる
― 自 (…に) 匹敵(ひってき)する((*with...*))
- No students can *compare with* him. どの学生も彼にはかなわない

comparison /kəmpǽrisn カムパリスン/ 名 C U 比較, 対照
- *make a comparison with* *A* Aと比較する
beyond [*without*] *comparison*
比類のない, 比較にならない(くらい)
in [*by*] *comparison to* [*with*] *A*
Aと比べて

compartment /kəmpάːrtmənt カムパートマント/ 名 C 区画, 仕切り; (列車などの)仕切り客室, コンパートメント

compass /kʌ́mpəs カムパス/ 名 C
❶ 羅針盤, 方位磁石
❷ ((compasses)) (製図用の) コンパス
- draw a circle with a pair of *compasses* コンパスで円を描く

compassion /kəmpǽʃən カムパシャン/ 名 U (…への) 思いやり, 深い同情((*for...*))

compassionate 形 思いやりのある, 哀れみ深い

compatible /kəmpǽtəbl カムパタブル/ 形
❶ (…と)両立できる, 矛盾(むじゅん)しない; (人と)仲よくやっていける((*with...*))
❷【コンピュータ】(…と)互換性のある((*with...*))

compatibility 名 U 両立性; 互換性

compel /kəmpél カムペル/ 動 他 ((次の用法で))
- *compel* *A* *to do* A(人)にむりに…させる
compelling 形 強制的な; 人を引きつける

compensate /kɑ́mpənsèit カムパンセイト/ 動
― 自 (人に)(損害などを)補償する; (欠点などを)補う((*for...*))
― 他 〈人に〉(損失などを)償う((*for...*))

compensation 名 U 埋め合わせ; 補償
compensatory 形 埋め合わせの; 償いの

compete /kəmpíːt カムピート/ 動 自 競争する, 張り合う
- *compete with* [*against*] *A* (*for B*)
(Bのために) Aと競争する
- *compete for A* Aを求めて競う
- *compete to do* …しようとして争う

- *compete in* A Aに参加する

competent /kámpətənt カムパタント/ 形
有能な; 適任の
  competence 名 U 能力; 適性

competition /kàmpətíʃən カムパティシャン/ 名
❶ U 競争, 争い; 競争相手, ライバル
- *in competition with* A Aと争って
❷ C 試合, コンペ
  competitive 形 競争の
  competitively 副 競争して
  competitor 名 C 競争者, 競争相手

compile /kəmpáil カムパイル/ 動 他
❶ 〈辞書・本などを〉〈資料を集めて〉編集する, 編纂(へんさん)する
❷【コンピュータ】〈プログラムを〉コンパイルする

complain /kəmpléin カムプレイン/ 動 自
❶ (…について)不平[不満]を言う (*about...*, *of...*)
- She *complains about* everything.
  彼女は何についても不平を言う
❷ (苦痛などを)訴える (*of...*)
  complaint 名 U C 不平, 不満, ぐち; 苦情, クレーム

complement
名 /kámpləmənt カムプラマント/ C 補足, 補充物;【文法】補語
━ 動 /kámpləmènt カムプラメント/ 他 〈…を〉補足する
  complementary 形 補足的な; 補語の

complete

/kəmplí:t カムプリート/
形 比較 **more complete**
  最上 **most complete**
❶ 完璧な, 申し分のない
- a *complete* soccer player
  非の打ち所のないサッカー選手
❷ 完全な, 全部そろっている
- a *complete* set of tools 道具一式
❸ 完成した, 仕上がった
- My homework is *complete*.
  私の宿題は完了している
❹ まったくの, 完全な
- a *complete* failure 完全な失敗
━ 動 他 〈…を〉完成する, 完了する, 仕上げる
  completely 副 完全に, まったく
  completion 名 U 完成, 完了

complex
形 /kámpleks カムプレクス/ 複雑な; 複合的な,【文法】複合の
- a *complex* problem 込み入った問題
- a *complex* sentence【文法】複文
━ 名 /kámpleks カムプレクス/ C
❶ 複合体; 総合ビル; コンビナート
❷【心理】コンプレックス; 強迫観念
  complexity 名 U 複雑さ; C 複雑なもの

compliant /kəmpláiənt カムプライアント/ 形 従順な, 言いなりになる
  compliance 名 U 従うこと, 服従, 順守

complicate /kámpləkèit カムプラケイト/ 動 他 〈事を〉複雑にする, 難しくする
  complicated 形 複雑な, 込み入った
  complication 名 U 複雑化; C 合併症

compliment
名 /kámpləmənt カムプラマント/ C
❶ ほめ言葉, お世辞
❷ ((compliments)) あいさつ(の言葉)
━ 動 /kámpləmènt カムプラメント/ 他 〈人を〉(…のことで)ほめる, 〈人に〉お世辞を言う (*on...*)
  complimentary 形 賞賛の, お世辞の; 無料の

comply /kəmplái カムプライ/ 動 自 (要求などに)応じる, 従う (*with...*)

component /kəmpóunənt カムポウナント/ 名 C 構成部品[部分]; 構成要素

compose /kəmpóuz カムポウズ/ 動 他
❶ 〈…を〉構成する, 組み立てる
- *be composed of* A Aでできている
❷ 〈曲を〉作る, 〈詩などを〉作る
- *compose* a symphony 交響曲を作曲する
❸ 〈心を〉静める; ((compose *one*self)) 落ち着く
  composed 形 落ち着いた, 沈着な
  composer 名 C 作曲家; 作者

composition /kàmpəzíʃən カムパズィシャン/ 名
❶ U (音楽・詩などの)創作; 作曲; C (音楽・詩などの)作品; 楽曲
- write an English *composition*
  英語の作文を書く
❷ U 構成, 組み立て; 合成成分

compound /kámpaund カムパウンド/ 形 合成の, 複合の
━ 名 C 合成物, 複合物;【文法】複合語

comprehend /kàmprihénd カムプリヘンド/ 動 他 〈…ということを〉理解する, 把握する

comprehension /kàmprihénʃən カムプリヘンシャン/ 名 U 理解(力); C U 理解力テスト
- a reading *comprehension* 読解力テスト

comprehensive /kàmprihénsiv カムプリヘンスィヴ/ 形 包括的な;広範囲にわたる

compress /kəmprés カムプレス/ 動 他
❶ 〈空気などを〉圧縮する;〈文章などを〉要約する
❷【コンピュータ】〈データを〉圧縮する
| **compression** 名 U 圧縮;要約
| **compressor** 名 C 圧縮器;コンプレッサー

comprise /kəmpráiz カムプライズ/ 動 他
❶ 〈全体が〉〈…から〉成る;〈…を〉含む
- be *comprised* of A A から成り立っている
❷ 〈部分が〉〈…を〉構成する,作り上げる

compromise /kámprəmàiz カムプラマイズ/ 名 U C 妥協; C 妥協案
- make a *compromise* with A A(人など)と妥協する
― 動
― 自 (…と)妥協する((with...))
― 他
❶ 〈信用などを〉傷つける,あやうくする
❷ 〈主張などを〉曲げる

compulsion /kəmpʌ́lʃən カムパルシャン/ 名 U 強制,むり強い

compulsive /kəmpʌ́lsiv カムパルスィヴ/ 形 強制的な;強迫観念にとらわれた

compulsory /kəmpʌ́lsəri カムパルサリ/ 形 強制的な;義務的な,必修の
- *compulsory* education 義務教育

compute /kəmpjúːt カムピュート/ 動 他 〈…を〉計算する,見積もる
| **computation** 名 U 計算; C 算定(数)値

computer

/kəmpjúːtər カムピュータ/
名 (複 **computers** /kəmpjúːtəz/) C
コンピュータ,電子計算機
- a personal *computer* パソコン
- a *computer* game コンピュータゲーム
- *computer* graphics コンピュータグラフィックス(略 CG)
- a notebook *computer* ノートパソコン
- a laptop *computer* ノートパソコン
- open a *computer* パソコンを開く
- turn on a *computer* パソコンを起動する
- shut down a *computer* パソコンを終了する
- force a *computer* to turn off パソコンを強制終了する
- restart a *computer* パソコンを再起動する
- close a *computer* パソコンを閉じる

con /kán カン/ 名 C 反対論,反対投票
- the pros and *cons* 賛否両論

concave /kankéiv カンケイヴ/ 形 凹(ぉう)面の,凹形の

conceal /kənsíːl カンスィール/ 動 他 〈…を〉隠す;〈…を〉(人に)秘密にする((from...))

concede /kənsíːd カンスィード/ 動 他
❶ 〈…を〉(しぶしぶ)認める
- *concede* defeat 敗北を認める
- *concede* that... …ということを認める
❷ 〈…を〉譲る;譲渡する

conceit /kənsíːt カンスィート/ 名 U うぬぼれ,思い上がり
| **conceited** 形 うぬぼれた,思い上がった

conceive /kənsíːv カンスィーヴ/ 動
― 他
❶ 〈計画などを〉思い付く;〈感情などを〉抱く;〈…を〉想像する
❷ 〈…と〉考える,思う
- *conceive* A as C A を C と考える
- *conceive* that... …であると考える
❸ 〈子を〉妊娠する
― 自
❶ (…を)思い付く,想像する((of...))
❷ 〈女性が〉妊娠する

concentrate /kánsəntrèit カンサントレイト/ 動
― 他
❶ 〈注意などを〉(…に)集中させる((on..., upon...))
❷ 〈液体を〉濃縮する
― 自 〈人が〉(…に)精神を集中する,専念する((on..., upon...))
| **concentrated** 形 集中した;濃縮した

concentration /kànsəntréiʃən カンサントレイシャン/ 名
❶ U (…への)集中(力),専念((on...))
- lose *concentration* 集中力をなくす
- focus one's *concentration* on A A に注意を集中する
❷ U C 〈人・物の〉集中,密集

❸ Ⓤ (液体の)濃縮

concept /kánsept カンセプト/ 名 Ⓒ 概念, 観念, 考え
conceptual 形 概念(上)の, 概念的な

conception /kənsépʃən カンセプシャン/ 名
❶ Ⓤ (…の)概念, 考え, 思い付き ((*of*...))
❷ Ⓒ (…の)着想, 発想 ((*of*...))
❸ Ⓤ 妊娠

concern /kənsə́ːrn カンサーン/
動 他
❶ 〈人を〉心配させる
- *be concerned about A* Aを心配する
❷ 〈…に〉関係する, 関わる ((*with*..., *about*...))
- *concern oneself with* [*about*] *A*
  Aに関わりを持つ
- *as far as A is concerned*
  A(事柄)に関する限り
■ 名
❶ Ⓒ 関心事, 関係のある事柄
❷ Ⓤ (…についての)心配, 不安, 気がかり ((*for*..., *about*...))
❸ Ⓤ (…との)関係, 利害関係 ((*with*...))
concerned 形 心配そうな; 関係のある

concerning /kənsə́ːrniŋ カンサーニング/
動 concernの現在分詞・動名詞
■ 前 …に関して, …について (about)

concert* /kánsərt カンサト/
名 (複 **concerts** /kánsərts/)
❶ Ⓒ コンサート, 演奏会, 音楽会
- a *concert* hall コンサートホール
- go to a *concert* コンサートに行く
❷ Ⓤ 協力, 協同
- *in concert* (*with A*) (Aと)協力して

concerto /kəntʃéərtou カンチェアトウ/
名 Ⓒ 【音楽】協奏曲, コンチェルト
- a violin *concerto* バイオリン協奏曲

concise /kənsáis カンサイス/ 形 簡潔な; 〈本などが〉簡約(版)の

conclude /kənklúːd カンクルード/ 動
■ 他
❶ ((次の用法で))
- *conclude that*... …と結論づける, 断定する
❷ 〈…を〉終える
- *conclude* a speech スピーチを終える
- *to be concluded* (連載ものは)次回完結
■ 自 〈話などが〉(…で)終わる ((*with*...))
- *to conclude* 終わりに当たり

conclusion /kənklúːʒən カンクルージャン/ 名
❶ Ⓒ 結論
- reach the *conclusion* 結論に達する
❷ Ⓒ Ⓤ 終わり, 終結 (end)
in conclusion
終わりに; 結論として
conclusive 形 最終的な, 決定的な

concourse /kánkɔːrs カンコース/ 名
❶ Ⓒ 中央広場; (駅などの)コンコース, 中央ホール
❷ Ⓤ Ⓒ 群衆

concrete /kánkriːt カンクリート/
形
❶ 具体的な, 有形の (⇔ abstract)
- a *concrete* example 具体例
❷ コンクリート製の
■ 名 Ⓤ コンクリート
- reinforced *concrete* 鉄筋コンクリート
- a *concrete* jungle 非情な都会
■ 動 他 〈場所に〉コンクリートを流し込む, 〈物を〉コンクリートで固める
concretely 副 具体的に

concur /kənkə́ːr カンカー/ 動 自
❶ 〈人が〉(…に)賛成する, 同意する ((*in*..., *with*...)); (…ということで)意見が一致する ((*that*節))
❷ 〈出来事などが〉(…と)同時に起こる, 重なる ((*with*...))

concurrent /kənkə́ːrənt カンカーラント/ 形
❶ (…と)同時発生の ((*with*...))
❷ 〈意見などが〉一致した

condemn /kəndém カンデム/ 動 他
❶ 〈人・行為などを〉(…のことで)非難する ((*for*...))
- He *condemned* her *for* her error. 彼は彼女のミスを非難した
❷ 〈人に〉(…の)刑罰を与える ((*to*...))
- *be condemned to* death 死刑を宣告される
condemnation 名 Ⓤ Ⓒ 非難; 有罪宣告
condemned 形 非難された; 有罪宣告された

condensation /kàndenséiʃən カンデンセイシャン/ 名 Ⓤ Ⓒ 結露; 濃縮(物)

condition
/kəndíʃən カンディシャン/
名 (複 **conditions** /kəndíʃənz カンディシャンズ/)
❶ Ⓤ ((また a condition)) (人・機械などの)調子, コンディション; 健康状態
- *be in good* [*bad*] *condition*

confide

調子がよい[悪い]
❷ ((conditions)) (周囲の) **状況**, 状態
・working *conditions* 職場の環境
❸ C **条件**, 必要条件
・working *conditions* 労働条件
・meet *conditions* 条件に合う
be in [out of] condition
体の調子がよい[悪い]
on (the) condition that...
…という条件で, もし…ならば(if)
on [under] no condition
どんなことがあっても…でない
━ 動 他
❶ 〈動物を〉(…に)適応させる((*to..., into...*))
❷ 〈…の〉条件となる, 〈…を〉左右する
❸ 〈…の〉調子を(…に向けて)整える((*for...*))
・*condition* oneself *for* the competition
試合に備えて体調を整える
❹ 〈シャンプーなどが〉〈髪などの〉質を保つ
| **conditional** 形 条件付きの; 条件としての
| **conditioned** 形 条件付きの
| **conditioning** 名 U (空気の)調節

conditioner /kəndíʃənər カンディシャナ/
名 UC (髪用の)コンディショナー; 柔軟剤

condo /kándou カンドウ/ 名 C ((米))((くだけて)) 分譲マンション, コンドミニアム

condom /kándəm カンダム/ 名 C コンドーム

condominium /kàndəmíniəm カンダミニアム/ 名 C ((米)) 分譲マンション, コンドミニアム(((米))((くだけて))condo)

condone /kəndóun カンドウン/ 動 他 〈罪・違反などを〉許す, 宥恕する

condor /kándər カンダ/ 名 C 【鳥】コンドル

conducive /kəndjúːsiv カンドゥースィヴ/ 形 (…に)助けとなる((*to...*))

conduct
名 /kándʌkt カンダクト/ U
❶ 行い, 行為, ふるまい, 品行
・courageous *conduct* 勇気ある行動
❷ (…の) 運営, 管理; 遂行((*of...*))
━ 動 /kəndʌ́kt カンダクト/
━ 他
❶ 〈…を〉導く, 案内する ⇨guide
・He *conducted* us out.
彼は私たちを外へ案内してくれた
・a *conducted* tour ガイド付きのツアー
❷ 〈実験などを〉行う; 〈事業などを〉運営する
・*conduct* an experiment 実験を行う

❸ 〈楽団などを〉指揮する
・*conduct* an orchestra
オーケストラを指揮する
❹ ((conduct *oneself*)) ふるまう
❺ 〈熱などを〉伝導する
━ 自 指揮者を務める
| **conduction** 名 U 伝導
| **conductive** 形 伝導性の
| **conductivity** 名 U 伝導性, 伝導率

conductor /kəndʌ́ktər カンダクタ/ 名 C
❶ 【音楽】(オーケストラなどの)指揮者
❷ (電車・バスの)車掌
❸ 〈物理〉(熱・電気などの)伝導体

cone /kóun コウン/ 名 C 円錐(えんすい); (ソフトクリームの)コーン; 松かさ

confer /kənfə́ːr カンファー/ 動
━ 他 〈栄誉などを〉(人に)授与する((*on..., upon...*))
━ 自 (人と; …について)相談する, 協議する((*with..., about...*))

conference /kánfərəns カンファランス | kɔ́nfərəns コンファランス/ 名 UC 会議; 協議, 相談
・a press *conference* 記者会見
・hold [have] a *conference* 会議を開く
・attend a *conference* 会議に出席する

confess /kənfés カンフェス/ 動
━ 他
❶ 〈罪・弱点などを〉(…に)告白する((*to...*)); (…だと)告白[白状]する((*that*節))
・*confess* one's crime 罪を認める
❷ 〈罪を〉(神・司祭に)ざんげする((*to...*))
━ 自
❶ (罪などを)白状する((*to...*)); (…したことを)認める((*to doing*))
・*confess to* a crime 罪を認める
❷ (神・司祭に)ざんげする((*to...*))
I must [have to] confess...
((話))白状しますが実は…
| **confessed** 形 公然の, みずから認めた

confession /kənféʃən カンフェシャン/ 名 UC
❶ (罪などの)告白, 自白((*of...*))
❷ 【教会】ざんげ; 信仰告白

confessional /kənféʃənəl カンフェシャナル/ 名 C ざんげ室; ざんげ
━ 形 告白の, 自白の

confide /kənfáid カンファイド/ 動
━ 自

❶ 〈…を〉信用する((*in*...))
❷ 〈…に〉秘密を打ち明ける((*in*...))
━ 他 〈秘密などを〉〈人に〉打ち明ける((*to*...))

confidence /kάnfədəns カンファダンス/
名
❶ ⓤ 自信, 確信
・lose *confidence* 自信を失う
・speak *with confidence*
自信を持って話す
❷ ⓤ (…に対する)信頼, 信任((*in*...))
・I have much *confidence in* him.
私は彼を大いに信頼している
❸ ⓒ 打ち明け話, 秘密
have the confidence to do
大胆にも…する
in confidence ないしょで, そっと

confident /kάnfədənt カンファダント | kɔ́nfədənt コンファダント/ 形
❶ 〈…を〉確信して, 信じて((*of*...))
・I *am confident of* his success.
彼の成功を確信している
■ *be confident that*...
…ということを確信している
❷ 自信のある, 自信満々の
confidently 副 確信して, 自信を持って

confidential /kὰnfədénʃəl カンフィデンシャル/ 形
❶ 〈情報などが〉秘密の; 〈手紙が〉親展の
❷ 〈人が〉秘密ごとをよく守る
❸ 〈人が〉信用のある, 頼りになる

configuration /kənfìgjəréiʃən カンフィギュレイシャン/ 名 ⓤⓒ
❶ (部分・要素の)配置, 配列
❷ 【コンピュータ】機器構成

confine /kənfáin カンファイン/
動 他
❶ 〈…を〉〈…に〉閉じ込める, 監禁する((*to*..., *in*...))
・*confine* oneself *to* one's room
部屋に引きこもる
❷ 〈物・事を〉〈…に〉限定する, 限る((*to*...))
━ 名 ((confines)) 境界; 範囲
confined 形 限られた, 狭い
confinement 名 ⓤ 監禁, 幽閉

confirm /kənfə́ːrm カンファーム/ 動 他
❶ 〈約束・予約などを〉確認する, 確かめる
■ *confirm that*... …ということを確かめる
・*confirm* one's reservation
予約を確認する
❷ 〈…の〉正しいことを証明する
❸ 〈条約・協定を〉批准する
confirmation 名 ⓤⓒ 確認, 承認
confirmed 形 確認された; 常習的な

conflict
名 /kάnflikt カンフリクト/ ⓤⓒ
❶ (…間の)(考えなどの)対立; 口論, けんか; (国際)紛争((*between*...))
・a *conflict* of opinions 意見の対立
❷ (利害などの)衝突, 矛盾(むじゅん), 不一致
be in conflict with A
Aと対立している
come into conflict with A
Aと衝突する; Aと対立する
━ 動 /kənflíkt カンフリクト/ 自
❶ 〈考えなどが〉〈…と〉衝突する, 矛盾する((*with*...))
❷ 〈予定などが〉〈…と〉重なる((*with*...))
conflicting 形 相反する, 矛盾する

conform /kənfɔ́ːrm カンフォーム/ 動 自 〈人が〉〈習慣・規則などに〉従う, 順応する; 〈基準などに〉適合する((*to*...))
conformity 名 ⓤ 従うこと, 適合

confound /kənfáund カンファウンド/ 動 他
〈人を〉困惑させる, まごつかせる
confounded 形 困惑した

confront /kənfrʌ́nt カンフラント/ 動 他
❶ 〈困難などに〉立ち向かう, 直面する
❷ 〈人に〉迫る, 立ちはだかる
❸ 〈人に〉(証拠などを)突きつける((*with*...))
confrontation 名 ⓤⓒ 対決, 対面, 直面

confuse /kənfjúːz カンフューズ/ 動 他
❶ 〈人を〉困惑させる
・The problem *confused* me.
その問題は私を困惑させた
❷ 〈…を〉〈…と〉混同する, 間違える((*with*...))
confused 形 困惑した; 混乱した
confusedly 副 困惑して
confusing 形 困惑させる

confusion /kənfjúːʒən カンフュージャン/ 名 ⓤ
❶ (…についての)混乱(状態)((*about*...))
❷ (…間の)混同((*between*...))
❸ 困惑, 当惑; 頭の混乱

congenial /kəndʒíːniəl カンヂーニアル/ 形
〈人と〉気心の合った; 〈環境などが〉〈人に〉適した((*to*...))

congested /kəndʒéstid カンヂェスティド/ 形

congestion 名 U 混雑, 密集;充血

congratulate /kəngrǽdʒəlèit カングラチャレイト/ 動 他
❶ 〈人を〉祝う;〈人に〉(…のことで)祝いの言葉を述べる ((on..., upon...))
・I *congratulate* you *on* your graduation.
卒業おめでとう
❷ ((congratulate *one*self)) (…を)喜ぶ ((on...))

congratulation*
/kəngrætʃəléiʃən カングラチャレイシャンズ/
名 (複 **congratulations** /kəngrætʃəléiʃənz カングラチャレイシャンズ/) U 祝い; ((congratulations)) (…についての)祝辞, 祝いの言葉 ((on...))
— 間 ((Congratulations)) おめでとう
・*Congratulations* on your graduation!
卒業おめでとう

congregate /káŋgrigèit カングリゲイト/ 動 ⾃ 〈人・物が〉集まる, 集合する
congregation 名 U 集まり, 集合; C 集まった人々

congress /káŋgris カングリス/ 名
❶ ((Congress)) (米国の)議会, 国会
❷ C (特に中南米共和国の)国会, 議会
congressional 形 会議の;((ふつうCongressional)) 米国議会の

congressman /káŋgrismən カングリスマン/ 名 C ((しばしばCongressman)) 米連邦議会議員, (特に)下院議員 (女性はcongresswoman)

conical /kánikəl カニカル/ 形 円錐(すい)形の
conj. ((略))【文法】*conj*ugation (動詞の)語形変化, 活用;*conj*unction 接続詞
conjunction /kəndʒʌ́ŋkʃən カンヂャンクシャン/ 名 C
❶【文法】接続詞
❷ 連結すること;同時発生

Conn. ((略)) *Conn*ecticut コネチカット州

connect* /kənékt カネクト/
動 三単現 **connects** /kanékts カネクツ/
過去過分 **connected** /kanéktid カネクティド/
現分 **connecting** /kanéktiŋ カネクティング/
— 他
❶ 〈…を〉(…と)つなぐ, 連結する ((with..., to...))
・Hokkaido *is connected with* Honshu by a tunnel.
北海道は本州とトンネルでつながっている

❷ (電話などで)〈人を〉(相手に)つなぐ ((to..., with...))
・Please *connect* me *with* Ms. Harrison.
ハリソンさんにつないでください
❸ 〈…を〉(…と)関連づける, 連想する ((with...))
❹ 〈パソコンなどを〉(…に)接続する ((to...))
— ⾃
❶ (…と)つながる, 接続する ((with...))
❷ 〈乗り物が〉(…と)連絡する ((with...))
❸ 〈パソコンなどが〉(電源などに)つながる ((to...))

connected /kənéktid カネクティド/
動 connectの過去形・過去分詞
— 形
❶ (…と)接続した;関連した ((with...))
❷ (…と)コネがある ((to..., with...))

Connecticut /kənétikət カネティカト/ 名 コネチカット (略 Conn., Ct., ((郵便))CT; 米国北東部の州;州都はハートフォード(Hartford))

connection /kənékʃən カネクシャン/ 名
❶ U C (…との;…間の)関係, 関連 ((with..., between...))
・There is no *connection between* the two. その2つの間には何の関係もない
・*make a connection between* A *and* B
AとBを関連づける
❷ U C (交通・通信などの)(…への)接続, 連絡 ((to...));((ふつうconnections)) (列車などの)乗り換え
❸ ((ふつうconnections)) 縁故, コネ;親類
・*have connections in* A Aにコネがある
in connection with A Aに関連して;〈交通機関が〉Aと接続して
connector 名 C 連結器;【電気】コネクター

connotation /kànətéiʃən カナテイシャン/ 名 C 言外の意味;含意

conquer /káŋkər カンカ/ 動 他
❶ 〈領土などを〉征服する;〈敵に〉打ち勝つ
・*conquer* a country 国を征服する
❷ 〈困難などを〉克服する;〈悪い習慣などを〉打ち破る
・*conquer* a disease 病を克服する
conqueror 名 C 征服者, 勝利者

conquest /káŋkwest カンクウェスト/ 名 U 征服;(困難などの)克服 ((of...))

conscience /kánʃəns カンシャンス/ 名 U C 良心, 道徳心;自制心, 分別

- have no *conscience* 良心のかけらもない
- a man of *conscience* 良心的な人
- *be on A's conscience*
  〈物事が〉Aの気にかかる
- *in all conscience*
  良心に照らして;絶対に

conscientious 形 良心的な, まじめな

conscious /kánʃəs カンシャス/ 形
❶〈人が〉(…を)意識している, 自覚している《*of...*》
- be *conscious of one's* responsibility
  責任を自覚している
❷〈人が〉意識のある, 正気の
- become *conscious* 意識を取り戻す
❸ 意識的な;故意の
- make a *conscious* smile 作り笑いをする

consciously 副 意識して;わざと

consciousness /kánʃəsnəs カンシャスナス/ 名 U
❶ 意識があること, 覚醒状態
- lose *consciousness* 意識を失う
❷ (…に対する)自覚, 意識《*of...*》

consecutive /kənsékjətiv カンセキャティヴ/ 形 (間を置かず)連続した, 引き続く
- win five *consecutive* victories 5連勝する

consensus /kənsénsəs カンセンサス/ 名 UC (意見の)一致, 合意, コンセンサス;総意, 世論
- national *consensus* 国民の総意
- by *consensus* 合意に基づいて

consent /kənsént カンセント/
動 自 (…に)同意する, 承諾する《*to...*》
— 名 U (…への)同意, 承諾, 許可《*to...*》;(意見などの)一致
- *give one's consent to A* Aに許可を与える
- informed *consent*
  患者の合意, インフォームドコンセント
- by common *consent* 満場一致で

consequence /kánsəkwèns カンサクウェンス | kɔ́nsəkwèns コンサクウェンス/ 名
❶ C 結果;結論
❷ U 重要性, 重大さ
- *have consequences for A* Aに影響を持つ
- *in consequence of A*
  Aの結果として, それゆえに
- *of no consequence* まったく重要でない

consequent 形 結果として起こる;必然的な

consequential 形 結果として起こる;重要な

consequently 副 結果として;それゆえに

conservation /kànsərvéiʃən カンサヴェイシャン/ 名 U (動植物・自然などの)保護, 保存, 管理
- nature *conservation* 自然保護
- a *conservation* area 自然保護区域

conservatism /kənsə́:rvətìzm カンサーヴァティズム/ 名 U
❶ 保守的傾向;((Conservatism)) (政治上の)保守主義
❷ ((ふつうConservatism)) (英国の)保守党の主義

conservative /kənsə́:rvətiv カンサーヴァティヴ/
形
❶ 保守的な, 保守主義の
❷〈評価などが〉控えめな;用心深い;〈服装などが〉地味な
- by a *conservative* estimate
  控えめに見積もって
❸ ((Conservative)) (英国の)保守党の
- the *Conservative* Party (英国の)保守党
— 名 C
❶ 保守的な人, (英国の)保守主義者
❷ ((ふつうConservative)) 保守党員

conservatively 副 保守的に;控えめに言って

conserve /kənsə́:rv カンサーヴ/ 動 他
❶ 〈環境・資源などを〉保ド[保護]する
❷ 〈資源などを〉節約する, 大切に使う

consider* /kənsídər カンスィダ/
動 三単現 **considers** /カンスィダズ/
過去・過分 **considered** /カンスィダド/
現分 **considering** /カンスィダリング/
— 他 〈問題などを〉熟考する, よく考える, 検討する
- *consider* a new plan 新しい案を検討する
- *consider doing* …しようかと考える
- *consider that...* …だと思う
- *consider A (to be) C* AをCと見なす
— 自 熟考する, よく考える
all things considered
すべてのことを考慮に入れると

considered 形 よく考えた(上での);評価されている

considerable /kənsídərəbl カンスィダラブル/ 形
❶〈数量・程度などが〉かなりの, 相当な

- a *considerable* sum of money
かなりの額のお金
❷〈人・物が〉重要な, 注目に値する
|**considerably** 副 かなり, ずいぶん
considerate /kənsídərət カンスィダラト/
形 (…に対して)思いやりのある((*of...*, *to...*, *toward...*))
consideration /kənsìdəréiʃən カンスィダレイシャン/ 名
❶ U 考慮, 熟慮; U 検討
- after careful *consideration*
慎重な考慮ののちに
- under *consideration* 検討中で
❷ U (…に対する)思いやり, 配慮((*for...*))
- out of *consideration* for *A*
Aに対する思いやりから
❸ C 考慮すべき事柄
❹ C ((ふつうa consideration)) 報酬, 心付け
in consideration of* *A
Aを考慮して; Aの報酬として
take* *A* *into consideration
Aを考慮に入れる
considering /kənsídərɪŋ カンスィダリング/
動 considerの現在分詞・動名詞
━━前 …を考慮すれば, …のわりには
- *Considering* her age, she looks young.
彼女は年のわりには若く見える
━━接 (…ということを)考慮すれば, (…する)わりには((*that*節))
━━副 ((くだけて)) すべてを考慮すれば
consist /kənsíst カンスィスト/ 動 自
❶ (…から)成り立つ((*of...*))
- The book *consists of* five chapters.
この本は5章から成り立っている
❷ (…に)存在する, ある((*in...*))
- Happiness *consists in* contentment.
幸せは満足にある
consistent /kənsístənt カンスィスタント/ 形
❶〈人が〉(…において)首尾一貫した((*in...*))
- He *is consistent in* his arguments.
彼の主張は一貫している
❷〈言行などが〉(…と)一致する, 矛盾(む̣ じゅん)しない((*with...*))
|**consistently** 副 首尾一貫して, 決まって
|**consistency** 名 U 首尾一貫性
consolation /kànsəléiʃən カンサレイシャン/ 名
❶ U 慰め; C 慰めとなる物[人]
- a *consolation* prize 残念賞

❷ ((形容詞的に)) 敗者復活の
- a *consolation* match 敗者復活戦
console /kənsóul カンソウル/ 動 他〈…を〉(…で)慰める, 元気づける((*with...*))
consolidate /kənsálidèit カンサリデイト/ 動
━━他
❶〈会社などを〉(…に)合併する, 統合する;〈仕事などを〉1つにまとめる((*into...*))
❷〈…を〉強化する
━━自 合併する; 強固になる
|**consolidated** 形 強化した; 統合した
|**consolidation** 名 U 合併, 統合; 強化
consonant /kánsənənt カンソナント/
名 C 【音声】子音; 子音字(⇔vowel)
━━形 (…と)調和する, 一致する((*to...*, *with...*));【音楽】協和音の
consort
名 /kánsɔːrt カンソート/ C (特に国王・女王の)配偶者
━━動 /kənsɔ́ːrt カンソート/ 自 (悪い人と)つきあう; (敵などと)通じる((*with...*))
conspicuous /kənspíkjuəs カンスピキュアス/ 形
❶ (…で)目立つ, 人目を引く((*for...*));〈広告などが〉見やすい
❷ 大変な, すごい
|**conspicuously** 副 目立って, 著しく
|**conspicuousness** 名 U 目立つこと
conspiracy /kənspírəsi カンスピラスィ/
名 U C (…に対する)(複数の人たちの)陰謀, 共謀((*against...*))
in conspiracy 共謀して
conspire /kənspáiər カンスパイア/ 動 自 (…と)共謀する((*with...*)); (…に対して)陰謀をくわだてる((*against...*))
constant /kánstənt カンスタント/ 形
❶〈性質などが〉一定の, 不変の
❷〈雨などが〉休みなく続く, 不断の
|**constantly** 副 しきりに, 絶えず
constellation /kànstəléiʃən カンスタレイシャン/ 名 C 【天文】星座
constipation /kànstipéiʃən カンスティペイシャン/ 名 U 便秘
constituent /kənstítʃuənt カンスティチュアント/
形
❶ 構成する; 構成要素である
❷ 選挙権のある
━━名 C

❶ 構成要素, 成分〔component〕
❷ 選挙権者, 有権者
constituency 名 C 選挙区；有権者

constitute /kánstətù:t カンスタトゥート | kɔ́nstɪtù:t コンスタトゥート/ 動 他
❶ ⟨…を⟩構成する, ⟨…の⟩構成要素である
❷ ((主に受身で)) ⟨法律を⟩制定する；⟨機関などを⟩設立する

constitution /kànstətjú:ʃən カンスタトゥーシャン/ 名
❶ C 憲法；((the Constitution))(特定国の)憲法
・ *the Constitution* of Japan 日本国憲法
・ establish [revise] *constitution*
憲法を制定[改正]する
❷ U 構成, 組織, 構造
❸ C 体質；健康
constitutional 形 合憲の；憲法の；構成上の；体質の
constitutionally 副 憲法上；構成上；体質上

constrain /kənstréin カンストレイン/ 動 他
❶ ⟨人に⟩⟨…することを⟩強いる ((*to do*))
❷ ⟨人が⟩⟨…することを⟩抑制する ((*from doing*))
constraint 名 U 強制；制限, 抑制

constrict /kənstríkt カンストリクト/ 動
— 他
❶ ⟨…を⟩締めつける, 圧縮する
❷ ⟨自由などを⟩制限する
— 自 収縮する

construct /kənstrʌ́kt カンストラクト/ 動 他
❶ ⟨家・橋・道路などを⟩⟨…で⟩建造する, 建設する ((*of..., from...*))
・ *construct* a building ビルを建設する
❷ ⟨理論・文章などを⟩構成する, 組み立てる
— 名 C 建造物
constructive 形 建設的な
constructively 副 建設的に

construction /kənstrʌ́kʃən カンストラクシャン/ 名
❶ U 建設；建設工事；C 建造物
・ *under construction* 建設中で
・ a *construction* site 建築現場
❷ U 建築様式, 造り
・ wood *construction* 木造建築
❸ C 【文法】構文

consult /kənsʌ́lt カンサルト/ 動

— 他
❶ ⟨専門家に⟩⟨…について⟩意見を求める, 相談する ((*about...*))
・ *consult* a doctor 医者に診てもらう
❷ ⟨辞書などを⟩引く, 調べる
📖 *Consult* your dictionary.
辞書を調べなさい
— 自 ⟨…と⟩相談する, 協議する ((*with...*))

consultant /kənsʌ́ltənt カンサルタント/ 名 C (助言を与える)コンサルタント, 顧問
consultancy 名 C コンサルタント会社；U (専門家による)助言

consultation /kànsəltéiʃən カンサルテイシャン/ 名 U C (専門家との)相談, 協議；診察 ((*with...*))

consulting /kənsʌ́ltiŋ カンサルティング/
動 consult の現在分詞・動名詞
— 形 コンサルタントの, 顧問の

consume /kənsú:m カンスーム | kənsjú:m カンスューム/ 動 他
❶ ⟨…を⟩消費する；⟨…を⟩浪費する〔waste〕
・ The car *consumes* a lot of gasoline.
その車は多くのガソリンを使う
❷ ⟨…を⟩食べ尽くす；⟨…を⟩焼き尽くす
consumer 名 C 消費者

consuming /kənsú:miŋ カンスーミング/
動 consume の現在分詞・動名詞
— 形 ⟨感情などが⟩激しい

consumption /kənsʌ́mpʃən カンサムプシャン/ 名 U 消費, 消耗；飲食の消費量
・ a *consumption* tax 消費税

contact /kántækt カンタクト/
名
❶ U C 連絡；つきあい, 交際；接触, 出会い
■ *make contact with* A A(人)と連絡を取る
■ *have contact with* A A とつきあいがある
❷ C コネ, つて, 縁故者
❸ U 【電気】接触
❹ C ((くだけて))コンタクトレンズ
・ put in [take out] *contact* lenses
コンタクトレンズをつける[はずす]
— 動 他 ⟨…と⟩接触する；⟨…に⟩連絡する
・ *contact* the police 警察に連絡する
— 形 ⟨電話番号などが⟩連絡用の

contagious /kəntéidʒəs カンテイヂャス/ 形 ⟨病気が⟩接触伝染性の, 伝染しやすい；⟨人が⟩伝染病にかかっている

contain /kəntéin カンテイン/ 動 他
❶ ⟨…を⟩含む, 入れている；⟨…を⟩収容できる

- The book *contains* many pictures.
その本にはたくさんの絵が入っている
❷〈感情などを〉抑える,こらえる
❸〈病気などを〉封じ込める
containment 名 U 抑制;封じ込め

container /kəntéinər カンテイナ/ 名 C 入れ物,容器;コンテナ
- a *container* ship コンテナ(輸送)船

contamination /kəntæmənéiʃən カンタマネイシャン/ 名 U 汚染(すること)
contaminant 名 C 汚染物質

contemplate /kɑ́ntəmplèit カンタムプレイト/ 動
― 他
❶〈…を〉じっくり考える,熟考する
❷〈旅行などを〉企画する
❸〈…を〉じっと見る,凝視する
― 自 熟考する;瞑想(めいそう)する
contemplation 名 U 瞑想;熟考
contemplative 形 熟考的な;瞑想的な

contemporary /kəntémpərèri カンテムパレリ/
形 現代の;〈人・物が〉(…と)同時代の,同時代に存在する((*with*...))
- *contemporary* literature 現代文学
― 名 C (…と)同時代の人;同年齢の人((*of*...))

contempt /kəntémpt カンテムト/
名 U (…に対する)軽蔑,さげすみ((*for*...))
- with *contempt* 軽蔑して
- in *contempt* of *A* Aを軽蔑して,無視して
contemptuous 形〈言葉などが〉侮辱(ぶじょく)的な,さげすんだ

contend /kənténd カンテンド/ 動
― 自
❶ (…と)争う((*with*...))
❷ (困難などに)対処する((*with*...))
― 他 (…ということを)強く主張する((*that*節))
contender 名 C 競争相手;ライバルチーム,挑戦者

content¹＊
/kɑ́ntent カンテント｜kɔ́ntent コンテント/
名 (複 **contents** /カンテンツ/)
❶ ((contents))(容器の)**中身**,内容物
❷ ((contents))(本・演説などの)**内容**;(本の)目次,項目;【コンピュータ】コンテンツ
- a table of *contents* 目次
❸ U ((またa content))含有量,容量,容積

content²＊ /kəntént カンテント/
形 比較 **more content**
最上 **most content**
❶ (…に)満足して,満ち足りて((*with*...))
- She was *content with* the results.
彼女は結果に満足していた
❷ ((次の用法で))
■ **be content to** *do* 喜んで…する
- He *was content to* join the volunteer activities. 彼は喜んでその活動に参加した
― 名 U 満足
to one's heart's content 心ゆくまで
― 動 他
❶ ((content *oneself*))(…に)甘んじる((*with*...))
❷〈物事が〉〈人を〉満足させる
contented 形 満足した
contentedly 副 満足して
contentment 名 U 満足

contention /kənténʃən カンテンシャン/ 名
U 言い争い;論争;C 主張;論点

contest
名 /kɑ́ntest カンテスト/ C 競争,競技;コンテスト,大会;争い
- win a speech *contest* 弁論大会で優勝する
― 動 /kəntést カンテスト/ 他
❶〈…を〉目ざして戦う,競う
❷〈…に〉異議を唱える
contestant 名 C 競争者,競技者

context /kɑ́ntekst カンテクスト/ 名 C U
❶ (事件などの)背景,状況
- in this *context* この状況では
❷ (文章の)前後関係,文脈,コンテクスト
contextual 形 文脈上の,(文の)前後関係から見た

continent /kɑ́ntənənt カンタナント/ 名
❶ C 大陸
- the New *Continent* 新大陸
❷ ((the Continent))(英国から見た)ヨーロッパ大陸
continental /kɑ̀ntənéntl カンタネントル/
形 大陸の,大陸性の;((ふつうContinental))((英))ヨーロッパ大陸(風)の
― 名 C ((英))((けなして))ヨーロッパ大陸の人

contingency /kəntíndʒənsi カンティンヂャンスィ/ 名 C 偶発事件,不慮の出来事

contingent /kəntíndʒənt カンティンヂャント/
名 C 分遣隊;代表団

continual /kəntínjuəl カンティニュアル/ 形

頻繁な, たび重なる;連続的な
continually 副 絶えず;頻繁に
continuation /kəntìnjuéiʃən カンティニュエイシャン/ 名 U 継続;続行; C 続き, 続編

continue

/kəntínju: カンティニュー/
動 三単現 **continues** /カンティニューズ/
過去過分 **continued** /カンティニュード/
現分 **continuing** /カンティニューイング/
— 自
❶ 続く
・The rain *continued* for a week.
雨は1週間続いた
📖 We've run out of time, so we'll *continue* in the next lesson. 時間がなくなりましたので次の授業で続けましょう
❷ (…を)続ける ((with...))
・She *continued with* her work after a break. 休憩後, 彼女は作業を続けた
— 他 〈…を〉**続ける**
- *continue doing* [*to do*] …し続ける
・She *continued* crying [*to* cry].
彼女は泣き続けた
📖 We'll *continue* this chapter next week.
この章は来週続けましょう
To be continued. 続く, 以下次号
continued 形 継続する, 引き続きの
continuing 形 継続する, 引き続きの
continuity 名 U 連続(状態), 継続性;C【映画】コンテ
continuous /kəntínjuəs カンティニュアス/
形 連続[継続]的な, 絶え間のない
continuously 副 連続して, 絶え間なく
contour /kántuər カントゥア/ 名 C 輪郭, 外形;【地理】等高線

contract
名 /kántrækt カントラクト/ C (…との)契約, 請負;契約書 ((with...))
- *make a contract with A*
A(人)と契約を結ぶ
・sign a *contract* 契約にサインする
・a *contract* employee 契約社員
— 動 /kəntrǽkt カントラクト/
— 他
❶ 〈…することを〉契約する ((to do))
❷ 〈筋肉を〉収縮させる
❸【文法】〈語句・文を〉短縮する
— 自

❶ (…と)契約を結ぶ ((with...))
❷ 〈筋肉などが〉収縮する
contraction /kəntrǽkʃən カントラクシャン/
名
❶ U 収縮, 短縮;(筋肉の)収縮
❷ U【文法】(語の)短縮; C 短縮形
contractor /kántræktər カントラクタ/
名 C 契約人, 請負業者
contradict /kàntrədíkt カントラディクト/ 動
— 他 〈…と〉矛盾(むじゅん)する
— 自 反対意見を述べる
contradiction 名 U 反対;否定;矛盾; C 反対の主張
contradictory 形 正反対の;矛盾する
contrary /kántrəri カントレリ/
形 (…と)反対の, 逆の ((to...))
・*contrary* opinions 反対意見
・My opinion is *contrary to* yours.
私の意見はあなたのとは逆です
— 名 C ((ふつうthe contrary)) 逆;反対
on the contrary これとは反対に, それどころか
to the contrary それと反対に[の]
contrast
動 /kəntrǽst カントラスト/
— 他 〈2つのものを〉対照させる, 比較する
- *contrast A with B* AとBを比較する
— 自 (…と)対照をなす ((with...))
— 名 /kántræst カントラスト/
❶ U 対照, 対比;コントラスト; C (…間の)違い ((between...))
・*in* [*by*] *contrast to A* Aとは対照的に
❷ C (…と)対照的な物[人] ((to...))
by contrast 対照的に
contravention /kàntrəvénʃən カントラヴェンシャン/ 名 U|C 違反(行為)
contribute /kəntríbjət カントリビャト/ 動
— 他
❶ 〈金銭などを〉〈人などに〉寄付する;〈援助などを〉(…に)提供する, ささげる ((to...))
- *contribute A to B* AをBに提供する
❷ 〈著作物を〉(新聞・雑誌などに)寄稿する, 投稿する ((to...))
— 自
❶ (…に)寄付[提供]する ((to...))
❷ (…の)原因[一因]となる;(…に)貢献する ((to...))
・I want to *contribute to* the team.
ぼくはチームに貢献したい

contributor 名 C 寄付者, 貢献者; 寄稿者

contributory 形 貢献する; 一因となる

contribution /kàntribjúːʃən カントリビューシャン/ 名
❶ U (…への)寄付; 貢献 ((to...))
- *make a contribution to A*
  A に貢献[寄付]する
❷ C (…への)寄付金 ((to...))

control* /kəntróul カントロウル/
動 三単現 **controls** /カントロウルズ/
過去・過分 **controlled** /カントロウルド/
現分 **controlling** /カントロウリング/
— 他
❶ 〈…を〉**支配する**; **統制する**; コントロールする
- We need leaders who can *control* our country. 国を統制できるリーダーが必要だ
❷ 〈感情などを〉抑える, 抑制する
- Learn to *control* your anger.
  怒りを抑えられるようになりなさい
— 名 (複 **controls** /カントロウルズ/)
❶ U **支配**, **統制**, 管理, 取り締まり
- It's your turn to take *control* of this team. 次は君がこのチームをまとめる番だ
❷ C U 規制, 抑制
- traffic *control* 交通規制
❸ C (機械の)操縦装置; (機械などの)調整用つまみ

be in control of A Aを管理している
beyond A's control Aの手に負えない
out of control 制御できない
under control 制御されて
- Everything is *under control*.
  万事うまくいっている

controller /kəntróulər カントロウラ/ 名 C
❶ 会計検査官; 管理者; 管制官
❷ 制御装置

controversy /kántrəvə̀ːrsi カントラヴァースィ/ 名 U C 論争, 論戦, 議論
controversial 形 論争(上)の, 異論のある

convenience /kənvíːniəns カンヴィーニアンス/ 名
❶ U 便利, 好都合
- We all know the *convenience* of cell phones.
  われわれは皆携帯電話の便利さを知っている
- *convenience* food インスタント食品
- *convenience* store ((主に米)) コンビニ
❷ C 便利なもの[こと]
- The Internet is a great *convenience*.
  インターネットは非常に便利なものだ

convenient
/kənvíːniənt カンヴィーニアント/
形 比較 **more convenient**
最上 **most convenient**
❶ **便利な**, 使いやすい; (…にとって)**都合がよい** ((for..., to...))
- This is a *convenient* place *for* camping.
  ここはキャンプをするのに便利な場所だ
- Come when it is *convenient for* you.
  都合のいい時にいらっしゃい
❷ 〈場所が〉(…に)近くて便利な ((for..., to...))
- My house is *convenient to* the hospital.
  私の家は病院に近くて便利だ
conveniently 副 便利に, 好都合に

convent /kánvent カンヴェント/ 名 C (女子)修道院

convention /kənvénʃən カンヴェンシャン/ 名
❶ C (宗教・政治などの)大会, 代表者会議; 集会, 協議会
❷ C U しきたり, 慣習

conventional /kənvénʃənəl カンヴェンシャナル/ 形
❶ 型にはまった, 平凡な; 保守的な
- a *conventional* phrase 決まり文句
❷ 慣習の, 一般に行われている; 従来の
- (the) *conventional* wisdom 一般通念
conventionally 副 慣例的に; 月並みに

converge /kənvə́ːrdʒ カンヴァーヂ/ 動 自
〈人・車・道路などが〉(一点に)集まる, 集中する ((on...))
convergence 名 U 一点への集中

conversation
/kànvərséiʃən カンヴァセイシャン | kɔ̀nvərséiʃən コンヴァセイシャン/
名 (複 **conversations** /カンヴァセイシャンズ/)
U C (…との)**会話**, 対話, 対談 ((with...))
- *have [hold] a conversation with A*
  A (人)と語り合う
conversational 形 会話の; 会話体の; 話好きな

converse¹ /kənvə́ːrs カンヴァース/ 動 自 (人と)話をする ((with...))

converse²
形 /kənvə́ːrs カンヴァース/ 〈意見などが〉正反対の, 逆の
■ **名** /kánvəːrs カンヴァース/ ((the converse)) 正反対, 逆
conversely **副** 逆に; 逆に言えば

conversion /kənvə́ːrʒən カンヴァージャン/ **名** ⓊⒸ
❶ (形・機能などの)転換, 変換; 改造
❷ (宗教などの)改宗; (主義などの)転向

convert
動 /kənvə́ːrt カンヴァート/ 他
❶ 〈…を〉〈…に〉変える, 変形[変質]させる ((into..., to...))
❷ 〈人を〉(他の宗教などに)改宗させる, 転向させる ((to...))
■ **名** /kánvəːrt カンヴァート/ Ⓒ 転向者, 改宗者

convertible /kənvə́ːrtəbl カンヴァータブル/
形 〈用途などが〉転換できる, 変えられる
■ **名** Ⓒ コンバーチブル(型の車)

convex /kɑnvéks カンヴェクス/ **形** 凸(とつ)面の; 凸形の

convey /kənvéi カンヴェイ/ **動** 他
❶ 〈…を〉伝達する, 伝える
・ His pictures *convey* a strong message to us. 彼の絵はわれわれに強いメッセージを送る
❷ 〈人・物を〉運ぶ, 運搬する
conveyor **名** Ⓒ 伝える[運ぶ]もの[人]; 運搬人, 運搬装置

convict
動 /kənvíkt カンヴィクト/ 他 〈人に〉有罪を宣告する
■ **名** /kánvikt カンヴィクト/ Ⓒ 有罪の宣告を受けた人, 囚人

conviction /kənvíkʃən カンヴィクシャン/ **名**
❶ ⓊⒸ 確信, 信念; Ⓒ 有罪判決
❷ Ⓤ 説得力

convince /kənvíns カンヴィンス/ **動** 他 〈人に〉確信させる, 納得させる
- *convince A of B* A(人)にBを納得させる
- *convince A that…* A(人)に…であることを納得させる
- *convince A to do* A(人)に…するように納得させる
convinced **形** 確信している
convincing **形** 説得力のある

convoy /kánvɔi カンヴォイ/ **名** Ⓒ 護衛隊, 護衛艦隊

coo /kúː クー/
動 自 〈鳩が〉クークー鳴く
■ **名** Ⓒ クークー(鳩の鳴き声)

cook /kúk クク/
動 三単現 **cooks** /ククス/
過去・過分 **cooked** /ククト/
現分 **cooking** /クキング/
■ 他 (火を通して)〈…を〉**料理する**, 煮炊きする
・ *cook* rice ご飯を炊く
・ *cook* dinner 夕食を作る
・ *cook A B = cook B for A*
A(人)にB(食べ物)を料理してやる
■ 自 〈人が〉**料理する**; 〈食べ物が〉料理される
・ My father *cooks* better than my mother. 父は母より料理がうまい
■ **名** (複 **cooks** /ククス/) Ⓒ 料理人, コック
・ She is a good *cook*. 彼女は料理がうまい
cooker **名** Ⓒ (なべなどの)料理道具

cookbook /kúkbùk ククブク/ **名** Ⓒ 料理の本

cookery /kúkəri クカリ/ **名** Ⓤ 料理法; 料理業
・ *cookery* book ((英)) 料理の本

cookie /kúki クキ/ **名** Ⓒ
❶ ((米)) クッキー (((英)) biscuit)
❷ 【コンピュータ】クッキー(ウェブサイトから自分のパソコンにデータを書き込んで保存させる機能)

cooking /kúkiŋ クキング/
動 cook の現在分詞・動名詞
■ **名** Ⓤ 料理, 料理方法
■ **形** 料理用の

cool /kúːl クール/
形 比較 **cooler** /クーラ/
最上 **coolest** /クーラスト/
❶ 〈気候などが〉**涼しい** (⇔warm); 〈服などが〉涼しそうな
・ It's *cool* today. きょうは涼しい
❷ **冷静な**, 落ち着いた; 冷ややかな, そっけない
・ keep *cool* 冷静にしている
❸ 冷たい, 冷めた
・ *cool* water 冷たい水
❹ ((くだけて)) すごい, かっこいい, イケてる
・ *Cool*! I like your watch! 君の時計はかっこいいね
It's [That's] cool. だいじょうぶ, 平気だよ
■ **名** Ⓤ ((*one's* cool)) ((くだけて)) 冷静, 落

cool

— 動

[三単現] **cools** /クールズ/
[過去・過分] **cooled** /クールド/
[現分] **cooling** /クーリング/

— 他

❶ 〈…を〉**冷やす**, 冷ます, 涼しくする
・The breeze *cooled* my body.
そよ風が体を冷やしてくれた
❷ 〈感情などを〉静める, 落ち着かせる

— 自

❶ **冷える**, 涼しくなる
・Try the soup before it *cools*.
冷めないうちにスープを召し上がれ
❷ 〈感情などが〉冷める, 静まる

coolly 副 涼しく; 冷静に, 冷淡に

cooler /kúːlər クーラ/ 名 C 冷却器, クーラーボックス

co-op /kóuàp コウアプ/ 名 C ((くだけて)) 生活協同組合, 生協

cooperate /kouápərèit コウアパレイト/ 動 自 (…と)協同する, 協力する((with...)); (…に)協力する((in...))
・We *cooperated with* the senior students. 私たちは上級生と協力した

cooperation 名 U 協力, 協同

cooperative /kouápərətiv コウアパラティヴ/ 形
❶ 協力的な; 協同の
❷ 協同組合の
— 名 C 生活協同組合(の店), 生協

cooperatively 副 協力して, 協力的に

coordinate
名 /kouɔ́ːrdənət コウオーダナト/ C 同等の物[人]; ((coordinates)) コーディネイト
— 動 他 /kouɔ́ːrdənèit コウオーダネイト/
❶ 〈…を〉調整する, 調和させる
❷ 〈服などを〉コーディネートさせる

coordination 名 U (作用・機能の)調整; 協調, 整合

coordinator 名 C 調整者; コーディネーター

cop /káp カプ/ 名 C ((くだけて)) 警官, おまわり

cope /kóup コウプ/ 動 自 (…を)うまくやりとげる((with...))
・*cope with* difficulties 困難に対処する

Copenhagen /kòupənhéigən コウパンヘイガン/ 名 コペンハーゲン (デンマークの首都)

copilot /koupáilət コウパイラト/ 名 C 副操縦士

copper /kápər カパ/
名 U
❶ 【化学】銅 (元素記号 Cu)
❷ 銅色, 赤褐色
— 形 銅の; 銅色の

copy /kápi カピ/

名 (複 **copies** /カピズ/) C
❶ 写し, コピー; 模写
・make a *copy* of... …のコピーを取る
❷ C (同じ本・雑誌などの)**1部, 1冊**, 1通

— 動

[三単現] **copies** /カピズ/
[過去・過分] **copied** /カピド/
[現分] **copying** /カピイング/

— 他

❶ 〈…を〉**写す**; 複写する, コピーする
❷ 〈人などを〉まねる, 模倣する
❸ 【コンピュータ】〈データを〉コピーする

— 自

❶ (…を)写す, まねる, 模倣する((from...))
❷ (他人の答案を)(こっそり)写す, カンニングする((from...))

copyright /kápiràit カピライト/ 名 UC (音楽などの)著作権, 版権((on...))

coral /kɔ́ːrəl コーラル/
名 U 珊瑚(さんご); 珊瑚色
— 形 珊瑚の; 珊瑚色の
・*coral* reef 珊瑚礁

cord /kɔ́ːrd コード/ 名 UC ひも, 綱; (電気の)コード

cordless 形 (電気)コードなしの

cordial /kɔ́ːrdʒəl コーヂャル/ 形 心からの, 真心のこもった

core /kɔ́ːr コー/ 名 C
❶ ((ふつう the core)) (物事の)**核心**, 中心, 要点
・get to *the core* of A Aの核心に迫る[入る]
❷ (果物などの)芯(しん)
to the core 心底, 徹底的に
・He's an athlete *to the core*.
彼は根っからのアスリートだ

cork /kɔ́ːrk コーク/ 名
❶ U コルク (コルク樫(がし)の外皮)
❷ C コルク栓

corkscrew /kɔ́ːrkskrùː コークスクルー/ 名 C (びんの)コルク栓抜き

corn¹ /kɔ́ːrn コーン/ 名 U ((米・カナダ・豪)) とうもろこし; ((英)) 穀物, 穀類

corn² /kɔ́ːrn コーン/ 名 C (特に足指にできる) 魚(うお)の目, たこ

corned /kɔ́ːrnd コーンド/ 形 塩漬けの
・*corned* beef コンビーフ

corner /kɔ́ːrnər コーナ/

名 (複 **corners** /コーナズ/) C

❶ **隅, 角**
・a desk in the *corner* of a room
部屋の隅の机
・a *corner* kick 【サッカー】コーナーキック

❷ (道の) **曲がり角**
・Turn left at the next *corner*.
次の角で左に曲がりなさい

❸ 窮地, 苦しい立場
・be in a tight *corner* 窮地に陥っている

cut corners 近道する; 節約する

just around the corner
すぐ近くに; まもなく

— 動 他 〈人・動物を〉窮地に追い込む

cornerstone /kɔ́ːrnərstòun コーナストウン/ 名 C 隅石, 礎石; 基盤

cornflakes /kɔ́ːrnflèiks コーンフレイクス/ 名 ((複数扱い)) コーンフレーク

coronary /kɔ́ːrənèri コーラネリ/ 形 【医学】心臓の
— 名 C 【医学】心臓発作

corporate /kɔ́ːrpərət コーパラト/ 形 法人 (組織) の; 会社の
corporation 名 C 法人; 株式会社, 有限会社

corps /kɔ́ːr コー/ 名 軍団; (同一の作業をする) 団体, 部隊

corpse /kɔ́ːrps コープス/ 名 C (ふつう人間の) 死体

corpus /kɔ́ːrpəs コーパス/ 名 C
❶ (文書などの) 集成, 全集
❷ 言語資料, コーパス

correct* /kərékt カレクト/
形 比較 **more correct**.
    correcter /カレクタ/
最上 **most correct**.
    correctest /カレクタスト/

❶ **正しい, 正確な** (⇔incorrect)
📖 Choose the *correct* answer from the following choices.
次の選択肢の中から正解を選びなさい

📖 That's *correct*. そのとおりです, 正解です

❷ 礼儀にかなった; 適切な

— 動
三単現 **corrects** /カレクツ/
過去・過分 **corrected** /カレクティド/
現分 **correcting** /カレクティング/

— 他 〈…を〉訂正する, 直す; 〈…の〉誤りを指摘する

📖 Can anybody *correct* this sentence?
この文を直せる人はいますか

correctly 副 正しく, 正確に

correction /kərékʃən カレクシャン/ 名 UC
訂正, 修正, 校正

corrective /kəréktiv カレクティヴ/ 形 矯正 (きょうせい) 的な, 正しくするための

correlate /kɔ́ːrəlèit コーラレイト/ 動
— 他 〈…と〉〈…とを〉関係づける ((*with*...))
— 自 〈…と〉互いに関係がある ((*with*...))
correlation 名 UC 相関関係

correspond /kɔ̀ːrəspánd コーラスパンド/ 動 自
❶ (…に) 一致する ((*with*...))
・His words never *correspond with* his actions. 彼の言動はまったく一致していない
❷ (…に) 相当する, 該当する ((*to*...))
❸ (定期的に) 〈…と〉文通する ((*with*...))
corresponding 形 対応する, 一致する
correspondingly 副 対応して, 一致して

correspondence /kɔ̀ːrəspándəns コーラスパンダンス/ 名
❶ UC (…との) 一致, 符合 ((*with*...))
❷ U (…との) 文通, 通信 ((*with*...))
・*correspondence* school 通信教育学校

correspondent /kɔ̀ːrəspándənt コーラスパンダント/ 名 C
❶ (テレビ局などの) 通信員, 特派員, 記者
❷ 文通者

corridor /kɔ́ːrədər コーラダ/ 名 C (建物の) 廊下; (列車の) 通路

corrosion /kəróuʒən カロウジャン/ 名 U 腐食 (作用); 腐食物, さび
corrosive 形 腐食性の

corrupt /kərʌ́pt カラプト/
形
❶ 〈行為が〉不正な; 汚職の
❷ 【コンピュータ】〈ファイルなどが〉壊れた
— 動 他
❶ 〈人を〉(賄賂(わいろ)などで) 買収する ((*with*...));

〈…を〉(道徳的に)堕落させる
❷【コンピュータ】〈ファイルなどを〉壊す
corruption 名 U 堕落;不正;汚職;贈収賄;【コンピュータ】エラー

cos /kά:s カース | kɔ́z コズ/ ((略)) *cos*ine【数学】コサイン, 余弦

cosmetic /kazmétik カズメティク/
名 C ((ふつうcosmetics)) 化粧品
— 形 美容の, 化粧用の;うわべだけの
・*cosmetic* surgery 美容整形外科

cosmic /kázmik カズミク/ 形 宇宙の

cosmology /kazmάlədʒi カズマラヂ/ 名 U
宇宙論;宇宙学

cosmopolitan /kὰzməpάlitn カズマパリトン/
形 全世界的な;さまざまな国[文化]に通じた
— 名 C 国際人, コスモポリタン

cosmos /kázməs カズマス/ 名
❶ ((the cosmos)) (秩序と調和のある)宇宙
❷ C 【植物】コスモス

cost /kɔ́:st コースト/

名 (複 **costs** /コースツ/) U C
❶ 値段, 費用, 価格, 代価
・The running *costs* of cars are rising.
車の維持費が上がっている
❷ 代償, 犠牲, 損失
・*at the cost of A* Aを犠牲にして
at all costs = at any cost
どんな犠牲を払っても, ぜひとも
— 動
三単現 **costs** /コースツ/
過去・過分 **cost** /コースト/
現分 **costing** /コースティング/
— 他
❶〈金額が〉かかる
・How much does this apple *cost*?
このりんごはいくらですか
■ *cost A B* A(人)にB(金額)がかかる
・*It cost me* twenty thousand yen.
2万円かかりました
❷〈…を〉犠牲にする, 要する
■ *cost A B*
A(人)にB(時間・労働など)を失わせる
・The work *cost* him much time.
その仕事をするのに彼は多くの時間を要した

cost-effective /kɔ́:stifèktiv コースティフェクティヴ/ 形 費用対効果の高い

costly /kɔ́:stli コーストリ/ 形 高価な, 費用のかかる, ぜいたくな;犠牲[損失]の大きい

costume /kástju:m カストゥーム/ 名 U C
❶ (民族などに特有の)服装
・national *costume* 民族衣装
❷ 舞台衣装

cottage /kάtidʒ カティヂ/ 名 C (田舎風の)小さい家;((米))(避暑地などの)小別荘
・*cottage* cheese カッテージチーズ

cotton /kάtn カトン/
❶ U 綿, 綿花;綿の木
・*cotton* candy 綿菓子[あめ]
❷ U C 綿布, 木綿糸
・My shirt is made of *cotton*.
私のシャツは木綿でできている

couch /káutʃ カウチ/ 名 C 寝いす, 長いす, ソファー (=sofa)
・a *couch* potato ((くだけて)) カウチポテト (ソファーに寝そべってポテトチップを食べながらテレビやビデオを見て過ごす怠け者)

cough /kɔ́:f コーフ/
動
— 自 せきをする, せき払いをする
— 他 〈…を〉せきをして吐き出す ((out, up))
cough up 金[情報]をしぶしぶ出す
— 名 C せき(払い);((a cough)) せきの出る病気

could ☞ 138ページにあります

couldn't* /kúdnt クドント/
((くだけて)) could not の縮約形

could've /kúdəv クダヴ/ ((くだけて)) could have の縮約形

council /káunsəl カウンサル/ 名 C ((単数・複数扱い)) 協議会, 評議会, 会議;(地方自治体の)議会
・a Cabinet *Council* 閣議
・the United Nations Security *Council*
国連安全保障理事会
・hold [go into] (a) *council*
会議を開く;協議する

counsel /káunsəl カウンサル/
名
❶ U 相談, 協議, 審議
❷ U (専門的な)助言, 忠告
❸ C 【法律】((単数・複数扱い)) 弁護士;弁護団
— 動
— 他
❶〈人に〉助言する;〈…を〉進言する
➡➡➡ 138ページに続く ➡➡➡

could /kəd カド; (強) kúd クド/

助 ((can¹の過去形))

否定形 **could not** /ナト｜ノト/, ((くだけて)) **couldn't** /クドント/

❶ ((主節が過去形のための時制の一致))
・He ran as fast as he *could*.
彼はできるだけ速く走った

❷ ((過去の能力・可能性など)) **…することができた**, …することが可能だった
・When I was young, I *could* run faster than now.
若い頃は今より早く走ることができた

❸ ((過去の許可)) **…してもよかった**
・When I was a child, I *couldn't* sit up late at night. 子どもの頃は夜ふかしすることは許されていなかった

❹ ((推量・可能性)) ((次の用法で))
- *could do* (もしかしたら)…であるかもしれない;(ひょっとしたら)…である可能性もある
・It *could* be a mistake.
それはもしかしたら間違いかもしれない
- *could have done*
(もしかしたら)…だったかもしれない;(ひょっとしたら)…だった可能性もある
・I *could have been killed* in the accident.
ぼくはその事故で死んでいたかもしれない

❺ ((仮定法)) ((次の用法で))
- *could do*
(もし…だったら)…できるかもしれないのに
・If I were a bird, I *could* fly to you.
もしも鳥だったらあなたの所に飛んで行けるのに
- *could have done*
(もし…だったら)…できただろうに
・If I had had time, I *could have helped* you. もし時間があったらお手伝いできたのに

❻ ((丁寧な表現)) ((次の用法で))
- *Could you do*? (依頼)…してくれませんか
・*Could you* help me with my homework? 宿題を手伝ってくれませんか
- *Could I do*? (許可)…してもいいですか
・*Could I* use the bathroom?
お手洗いをお借りしてもいいですか
- *You could do*. (提案)…してはどうですか
・*You could* be a bit more serious.
もうちょっとまじめにできませんか

---

❷ (…について)〈人の〉相談にのる,〈人に〉助言する((*on...*, *about...*))
- *counsel A to do* A(人)に…するよう助言する
— 自
❶ 助言[忠告]する
❷ (…と)協議[相談]する((*with...*))

counseling 名 U カウンセリング;ガイダンス;相談

counselor /káunsələr カウンサラ/ 名 C
❶ カウンセラー; 顧問, 相談役
・see a *counselor* カウンセラーに相談する
❷ ((米))(法廷)弁護士

count /káunt カウント/

動 三単現 **counts** /カウンツ/
過去・過分 **counted** /カウンティド/
現分 **counting** /カウンティング/

— 他

❶ 〈…を〉**数える, 計算する**; 合計する((*up*, *over*))
・*count* heads 人数を数える
・I *counted* the change. 私はおつりを数えた
❷ 〈…を〉(…の)勘定に入れる, 数に入れる, 考慮に入れる((*among...*, *as...*))

❸ 〈…を〉考える
- *count A (as) C* AをCと考える[見なす]

— 自

❶ (1つ1つ) **数える**; 順に数え上げる;(数字によって)計算する((*up*))
・*count* on *one's* fingers 指で数える
❷ 値する;(…と)見なされる((*as...*))
❸ 価値がある, 重要である, 大切である

count against A A(人)に不利になる

count down
(ロケット発射時などに)秒読みをする

count A in = count in A ((くだけて))
Aを勘定に入れる;Aを仲間に入れる

count on [upon] A
Aを当てにする, Aを期待する
・Don't *count on* others for help.
他人の助けを当てにするな

count A out = count out A
A(人・物)を数からはずす, 考慮外に置く

count toward A 〈点数・成績など が〉A(事)に有利に考慮される, カウントされる

— 名 (複 **counts** /カウンツ/)
❶ U C 数えること, 計算
❷ C U 総数, 総計

keep count of *A*
Aを数え続ける;Aの数を覚えている
lose count (of *A*)
(Aが)数えきれなくなる,数が分からなくなる

countable /káuntəbl カウンタブル/ 形 数えられる;可算の
- a *countable* noun 【文法】可算名詞

countdown /káuntdàun カウントダウン/ 名 UC (ロケット発射時などの)秒読み,カウントダウン

counter¹ /káuntər カウンタ/ 名 C
① (銀行・商店などの)カウンター,売り台;((米))(台所の)調理台
② 計算機,計数器

counter² /káuntər カウンタ/
名 C ((a counter)) 反対[逆](のもの)
— 形 (…と)反対[逆]の方向の,反対[逆]の ((*to*...))
— 副 (…と)反対[逆]の方向に,反対[逆]に ((*to*...))
— 動
— 他
① 〈…に〉さからう,反論する;(…だと)反論する((*that*節))
② 〈問題などに〉対処する
— 自 反論する,反撃する

counterattack /káuntərətæk カウンタラタク/
名 C 逆襲,反撃
— 動
— 他 〈…に〉逆襲[反撃]する
— 自 逆襲[反撃]する

counterpart /káuntərpà:rt カウンタパート/ 名 C 対応するもの[人]
- This English word has no *counterpart* in German. この英語に当たるドイツ語はない

countless /káuntləs カウントラス/ 形 数えきれないほどの,無数の

country /kʌ́ntri カントリ/

名 (複 **countries** /カントリズ/)
① C 国,国家,国土
- How many Asian *countries* can you name? アジアの国々をどれだけ言えますか
- all over the *country* 全国至る所に
② U ((ふつうthe country)) (都会に対して)田舎,田園地方;地方
- live in the *country* 田舎に住む
③ C ((ふつう *one's* country)) 祖国,母国;故郷
- return to *one's country* 故郷に帰る
④ ((the country))((単数扱い)) 国民;大衆,一般民衆

countryside /kʌ́ntrisàid カントリサイド/ 名 C ((ふつうthe countryside)) 地方,田舎,田園地帯

county /káunti カウンティ/ 名 C ((米)) 郡(州(State)の下の行政区画);((英)) 州
- Madison *County* マディソン郡

coup /kú: クー/ 名 C クーデター

couple /kʌ́pl カプル/

名 (複 **couples** /カプルズ/) C
① (同種類のものの)一対,2人,2つ
- *a couple of A*
2つのA;いくらかのA;少数のA (a few)
- *a couple of* students 2人の学生
- *a couple of* days 2, 3日;2日
② ((単数・複数扱い)) 一組の男女(夫婦,ダンスの男女一組など)
- The *couple* will get married.
あの2人は結婚するだろう
— 動
— 他 〈…を〉〈…に〉連結する((*to*..., *on*...))
■ *be coupled with A*
Aと結合[連結]している
— 自 連結する

coupon /kjú:pan クーパン/ 名 C クーポン券,食券;(鉄道・バスの)クーポン式乗車券,回数券 (voucher)
- a book of *coupon*s 回数券のひとつづり

courage /kə́:ridʒ カーリヂ/ 名 U 勇気,度胸,勇敢 (⇔cowardice)
- summon up the *courage*
勇気を奮い起こす
- a man of *courage* 勇気のある人
■ *have the courage to do*
…する勇気がある
courageous 形 勇気のある,勇敢な
courageously 副 勇敢に

courier /kə́:riər カーリア/ 名 C 運送人[会社];((英))(旅行会社の)添乗員

course /kɔ́:rs コース/

名 (複 **courses** /コースィズ/)
① C 講座,コース,教科課程
- take a summer *course* 夏期講習を受ける
② UC 道順,進路;道筋,行程;(川の)水路
③ U ((ふつうthe course)) 経過,過程;進行

court

❹ C (料理の)1品, 一皿
❺ C (競技場の)コース, 走路；ゴルフコース
❻ C (行動の)方針, 方策；やり方
as a matter of course 当然, もちろん
in due course やがて, そのうちに
in (the) course of time
そのうちに, やがて
of course もちろん；当然(のことながら)

court /kɔ́:rt コート/
名
❶ C U 裁判所；法廷；((the court))((単数扱い)) 裁判官, 判事
・go to *court* 裁判に訴える
❷ C (テニスなどの)コート
❸ C (塀などに囲まれた)中庭
❹ C U 宮廷, 王宮, 皇居；((the court))((単数扱い)) 廷臣たち
out of court 裁判に持ち込まずに, 示談で
— **動** 他
❶ 〈人の〉機嫌を取る
❷ 〈災難・敗北などを〉みずから招く
courtly 形 礼儀正しい, 丁寧な；洗練された, 上品な, 優雅な

courteous /kə́:rtiəs カーティアス/ **形** 礼儀正しい, 思いやりのある, 丁寧な
courteously 副 礼儀正しく, 丁寧に

courtesy /kə́:rtəsi カータスィ/ **名** U 礼儀正しさ, 丁寧, 丁重；C 丁重な言動
・exchange *courtesies*
丁重なあいさつを交わす

courtroom /kɔ́:rtrù:m コートルーム/ **名** C 法廷

courtyard /kɔ́:rtjɑ̀:rd コートヤード/ **名** C (建物・塀で囲まれた)中庭

cousin /kʌ́zn カズン/

名 ((複) **cousins** /カズンズ/) C
いとこ；親類, 縁者
・a first *cousin* いとこ
・a second *cousin* またいとこ

cover /kʌ́vər カヴァ/

動 三単現 **covers** /カヴァズ/
過去・過分 **covered** /カヴァド/
現分 **covering** /カヴァリング/
— 他
❶ 〈…を〉〈…で〉**おおう**, 〈…に〉〈…を〉**かぶせる**
((*with*..., *in*...))
・The ground *is covered with* snow.

地面は雪でおおわれている
❷ 〈身体などを〉保護する；〈…を〉隠す (hide)
❸ 〈…を〉扱う (treat)；〈範囲が〉〈…に〉及ぶ
❹ 〈…を〉取材する, 報道する
❺ 〈料金・費用などを〉まかなう, 償う
❻ 【音楽】〈曲を〉新たにレコーディングする, カバーする
— 自 (人の)代理をする, 身替わりをする, (他人の)不正行為をかばう ((*for*...))
cover A over = cover over A
A (穴・失敗など)をすっかりおおう, おおいふさぐ
cover up (コートなどで)身をくるむ, 服を着込む；〈人を〉かばう ((*for*...))
— **名** (複) **covers** /カヴァズ/)
❶ C おおい, カバー；ふた；(本の)表紙；((covers)) 寝具一式
❷ U 保護；避難場所, 隠れ場所
・take *cover* 隠れる, 避難する
・run for *cover* あわてて隠れる
❸ C ((a cover)) 口実；見せかけ；(不正行為の) 偽装 ((*for*...))
❹ C 【音楽】カバー曲
under cover 援護されて, 隠れて
covering 名 C おおい, ふた；U おおうこと

coverage /kʌ́vəridʒ カヴァリヂ/ **名** U C
❶ (ラジオ・テレビの)サービスエリア；(ニュースの)取材範囲；報道
❷ (保険の)補償範囲

cow＊ /káu カウ/ **名** (複) **cows** /カウズ/) C
雌牛 (⇔ bull)；(特に)乳牛
・milk a *cow* 牛の乳をしぼる
till [until] the cows come home
((くだけて)) 長い間；永久に

coward /káuərd カウアド/ **名** C ((けなして))
臆病(ぉ<しょぅ>)者, 意気地なし, 卑怯(<きょぅ>)者
cowardice 名 U 臆病
cowardly 形 臆病な, 意気地のない

cowboy /káubɔ̀i カウボーイ/ **名** C カウボーイ, 牧童

co-worker /kóuwə̀:rkər コウワーカ/ **名** C 協力者, 仕事仲間

cozy /kóuzi コウズィ/ **形** 〈部屋などが〉居心地のよい；くつろげる；〈人などが〉打ち解けた

CPU ((略)) *c*entral *p*rocessing *u*nit
中央演算処理装置

crab /kræb クラブ/ **名**
❶ C 【動物】かに；U (食用の)かにの肉
❷ ((the Crab))【天文】かに座 (Cancer)

crack /kræk クラク/

名 C

❶ ひび;割れ目,裂け目;すき間;(人間関係の)亀裂
- My bowl has a *crack* in it.
  私の茶わんにはひびが入っている
❷ (頭などへの)ガーンというひと打ち((on...))
❸ (銃などの)鋭い音;(むちの)ピシッという音
❹ 声のつぶれ,しゃがれ;声変わり
❺ ((くだけて))(…の)機会;試み((at...))
❻ ((くだけて))皮肉;冗談;冷やかし

— 動
— 自

❶ ひびが入る,割れ目ができる;割れる
❷ 〈銃が〉パンと音を立てる,〈むちなどが〉ピシッと鋭い音を出す
❸ 〈声が〉うわずる;声変わりする
— 他
❶ 〈…に〉ひびを入れる;〈…を〉(音を立てて)割る,砕く
❷ 〈頭などを〉(…に)ゴツンとぶち当てる((*against*...))
❸ 〈…に〉鋭い音を立てさせる,〈むちを〉ピシッと鳴らす
❹ ((主にくだけて))〈窓などを〉少し開ける,〈金庫などを〉こじ開ける;〈家などに〉押し入る

crack A up = crack up A
A(人)を大笑いさせる
get cracking ((くだけて))急ぐ;(仕事に)急いで取りかかる((*on*...))

cracked /krǽkt クラクト/
動 crackの過去形・過去分詞
— 形 ひびの入った;〈声が〉かすれた;((くだけて))風変わりな

cracker /krǽkər クラカ/ 名 C
❶ クラッカー(ビスケットの一種)
❷ かんしゃく玉,爆竹;クラッカー

cradle /kréidl クレイドル/ 名
❶ C 揺りかご
❷ (the cradle)(…の)発祥地((*of*...))
- *the cradle of* civilization 文明の発祥地

craft /krǽft クラフト/ 名
❶ C (手先の技術を要する)職業;手芸,工芸
- arts and *crafts* 美術工芸
❷ U C (職人的な)技術,技巧,技,腕
❸ C (複 **craft**) (小型の)船;航空機

craftsman 名 C 職人;工芸家
craftsmanship 名 U (職人の)技能;熟練
crafty 形 ずるい,悪賢い

cram* /krǽm クラム/
動 三単現 **crams** /クラムズ/
過去・過分 **crammed** /クラムド/
現分 **cramming** /クラミング/
— 他 〈人・物を〉(…に)詰め込む,押し込む((*into*...))
▪ *be crammed with A*
Aでぎっしりいっぱいだ,Aが詰め込まれている
— 自
❶ (…に)ぎっしり入り込む,詰めかける((*into*...))
❷ (…のための)詰め込み勉強をする((*for*...))

cramp /krǽmp クランプ/ 名 C けいれん,ひきつけ

cramped 形 〈部屋などが〉窮屈な;狭苦しい

cram school /krǽm skùːl クラム スクール/
名 C 学習塾

crane /kréin クレイン/
名 C
❶ 【鳥】鶴
❷ クレーン,起重機
— 動 他 〈首を〉伸ばす

crank /krǽŋk クランク/
名 C 【機械】クランク(L字型のハンドル);((けなして))変わり者,変なやつ
— 動 他 〈…を〉クランクを回して始動させる((*up*...))

crash /krǽʃ クラシュ/

動 三単現 **crashes** /クラシズ/
過去・過分 **crashed** /クラシュト/
現分 **crashing** /クラシング/
— 自
❶ 〈車などが〉**衝突する**;〈航空機が〉墜落する
- A car *crashed* into the train.
  車が列車に衝突した
❷ (すさまじい音を立てて)砕ける,壊れる,落ちる
❸ 【コンピュータ】クラッシュする
❹ 〈事業が〉失敗する,倒産する;〈相場などが〉大暴落する
— 他
❶ 〈車などを〉衝突させる;〈飛行機を〉墜落させる
❷ 〈…を〉(ガラガラと)砕く,つぶす;〈食器などを〉ガチャンと置く
❸ 〈コンピュータを〉クラッシュさせる
— 名 (複 **crashes** /クラシズ/) C
❶ (ドシン・ガチャンという)すさまじい音
- a *crash* of thunder 雷鳴
❷ 衝突;(飛行機の)墜落

- a car [train] *crash* 車[列車]の衝突事故
❸ 倒産;(相場などの)暴落
crater /kréitər クレイタ/ 名 C 噴火口, 火口;(月などの)クレーター
crave /kréiv クレイヴ/ 動
— 他 ((英古))〈…を〉切望[熱望]する
- *crave to do* …したがる
— 自 (…を)懇請する;(…を)熱望する((*for*...))
craving /kréiviŋ クレイヴィング/
動 craveの現在分詞・動名詞
— 名 C (…への)切望, 熱望((*for*...))
crawl /kró:l クロール/
動 自
❶〈人・虫などが〉はう, 腹ばいで進む
❷〈時間・乗り物・仕事などが〉ゆっくり[のろのろ]進む, 徐行する((*by, along*))
❸ クロールで泳ぐ
— 名
❶ ((a crawl)) はうこと;のろのろ進むこと, 徐行
❷ ((the crawl)) (水泳の)クロール
crayon /kréiən クレイアン/
名 U C (図画用)クレヨン; C クレヨン画
— 動
— 他〈…を〉クレヨンで描く
— 自 クレヨン画を描く
craze /kréiz クレイズ/ 名 C (…に対する)(一時的な)大流行, 熱狂((*for*...))
crazed /kréizd クレイズド/ 形 熱狂的な;(…で)気の狂った((*with*...))
crazy* /kréizi クレイズィ/
形 比較 **crazier** /kréiziər クレイズィア/
最上 **craziest** /kréiziəst クレイズィアスト/
❶ ((主に米)) 気が狂った, 正気でない(mad)
- go *crazy* 発狂する
❷ (…に)熱中した, 夢中になった((*about*...))
- He is *crazy about* TV games.
彼はテレビゲームに夢中だ
❸〈人・行動が〉無分別な, 途方(ほう)もない
❹ ひどく怒った, いらいらした
- *drive A crazy* A(人)を怒らせる
— 名 C ((米))((くだけて)) 変わり者;精神病患者;狂言者
like crazy ((くだけて)) 狂ったように, 猛烈に
crazily 副 狂気じみて;熱狂的に
craziness 名 U 狂気;熱狂, 熱中
creak /krí:k クリーク/
動 自 キーキー鳴る, きしむ
— 名 C キーキー鳴る[きしむ]音

cream /krí:m クリーム/
名 (複 **creams** /krí:mz クリームズ/)
❶ U クリーム, 乳脂
❷ C U クリームの入った[クリーム状の]食品, クリーム菓子
- (an) ice *cream* アイスクリーム
- *cream* puff シュークリーム
❸ U C (化粧用・薬用)クリーム
❹ ((the cream)) (…の)最上の部分((*of*...))
- *the cream of* society 最上流社会
❺ U クリーム色
— 動 他
❶〈牛乳から〉クリームを採る;〈…を〉クリーム状にする
❷〈材料を〉クリームで調理する;〈紅茶などに〉クリームを入れる
creamy /krí:mi クリーミ/ 形
❶ クリームを含む[の多い];クリーム状の
❷ クリーム色の
crease /krí:s クリース/
名 C (ズボンの)折り目;(布などの)しわ
— 動
— 他〈ズボンなどに〉折り目をつける;〈…を〉しわにする
— 自 折り目がつく;しわになる
create /kriéit クリエイト/ 動 他
❶〈…を〉創造する, 生み出す;〈…を〉創作する
❷〈ある状況などを〉引き起こす
- *create* a sensation
センセーションを巻き起こす
creative 形 創造力のある, 創造[独創]的な
creatively 副 創造的に, 独創的に
creativeness 名 U 創造性, 独創性
creativity 名 U 創造性;独創力
creation /kriéiʃən クリエイシャン/ 名
❶ U 創造, 創作;創始, 創設
❷ C 創造物, 創作品;芸術作品
❸ ((the Creation)) (神の)天地創造
creator /kriéitər クリエイタ/ 名
❶ C 創造者, 創作者
❷ ((the Creator)) 神, 造物主
creature /krí:tʃər クリーチャ/ 名 C
❶ 生き物, (特に)動物
❷ やつ, 女
credential /krədénʃəl クラデンシャル/ 名 C
((ふつうcredentials)) (一般に)証明書, 保証書;免許証;(大使・公使に授ける)信任状

credibility /krèdəbíləti クレダビラティ/ 名
U 信用できること, 真実[確実]性

credible /krédəbl クレダブル/ 形 信用[信頼]できる; 確かな

credit /krédit クレディト/
名
❶ U 信用貸し[取り引き], つけ, クレジット
・a *credit* card クレジットカード
❷ C (口座への)振込額, 入金
❸ U C 預金(残高), 貸付金(額)
❹ U 信用, 信頼
❺ U 賞賛, 名声, 評判; 人望
❻ C ((米))(科目の)履修単位
on credit クレジット払いで
to A's credit A(人)の名誉となって
— 動 他
❶ 〈お金を〉(口座に)入れる, 振り込む ((*to...*))
❷ ((ふつう否定文・疑問文で))〈…を〉信じる, 信用する; (…ということを)信じる ((*that* 節))
❸ ((次の用法で))
・*credit A with B*
  A(人・物)が B(性質など)を持っていると思う
・*credit A to B = credit B with A*
  A(功績など)を B(人)のものと認める
creditable 形 賞賛に値する, 立派な, みごとな

creed /kríːd クリード/ 名 C (宗教上の)信条, 教義; (一般に)信念, 信条

creek /kríːk クリーク/ 名 C
❶ ((米))小川, 流れ, 支流
❷ ((主に英))入り江, 小湾

creep* /kríːp クリープ/
動 三単現 **creeps** /クリープス/
過去・過分 **crept** /クレプト/
現分 **creeping** /クリーピング/
— 自
❶ ゆっくりと動く; 忍び足で歩く; 〈車などが〉徐行する
❷ ((米))はう, はって進む
❸ 〈植物のつるが〉はう, からまる
creep in そっと入り込む
creep up on A A(人)に忍び寄る
— 名 C ((くだけて))
❶ いやなやつ; おべっか使い
❷ ((the creeps))((くだけて))ぞっとする感じ

creepy /kríːpi クリーピ/ 形 身の毛のよだつような, ぞっとする

crept /krépt クレプト/ 動 creep の過去形・過去分詞

crescendo /kriʃéndou クリシェンドウ/
名 C (複 **crescendos** /クリシェンドウズ/, **crescendi** /クリシェンディ/)【音楽】クレッシェンド
— 形 【音楽】クレッシェンドの, だんだん強くなる

crescent /krésənt クレサント/
名 C 三日月, 弦月; 三日月形
— 形 〈物が〉三日月形の

crest /krést クレスト/ 名 C
❶ (鳥などの)とさか, (馬などの)たてがみ
❷ 山頂; 波頭
❸ 家紋, 紋章

crew /krúː クルー/ 名 C
❶ (船・飛行機などの)乗組員, 乗務員
❷ (ボートレースなどの)クルー
❸ 仕事仲間; 一団; 連中

crib /kríb クリブ/ 名 C
❶ ((米))(枠付きの)ベビーベッド
❷ かいばおけ

cricket¹ /kríkit クリキト/ 名 U クリケット (英国の国技で11人2組で行う球技)

cricket² /kríkit クリキト/ 名 C 【昆虫】こおろぎ

crime /kráim クライム/ 名
❶ C U (法律上の)罪, 犯罪
❷ C ((a crime))恥ずべき行為

criminal /krímɪnl クリミヌル/
形 犯罪の; 刑事上の
・*criminal* law 刑法
— 名 C 犯罪人; 犯人

crimson /krímzn クリムズン/
形 深紅色の
— 名 U 深紅色

cripple /krípl クリプル/
名 C 手足の不自由な人[動物], 肢体不自由者
— 動 他 〈…の〉手足を不自由にする; 〈…を〉不能にする

crisis /kráisis クライスィス/ 名 (複 **crises** /クライスィーズ/) C U
❶ 危機, 重大局面, 難局; 不況
❷ (人生の)転機; (病状の)峠

crisp /krísp クリスプ/
形
❶ 〈食べ物などが〉カリカリ[パリパリ]する
❷ 〈空気などが〉ひんやりした, 新鮮な
❸ 〈態度などが〉きびきび[てきぱき]した
— 動
— 他 〈食べ物などを〉カリカリ[パリパリ]にする
— 自 カリカリ[パリパリ]になる

— 名 C ((ふつう crisps))((英))ポテトチップス

crispy /kríspi クリスピ/ 形〈食べ物などが〉カリカリ[パリパリ]する

criterion /kraitíəriən クライティアリアン/ 名 (複 **criteria** /クライティアリア/, **criterions** /クライティアリアンズ/) C (判断などの)基準, 標準

critic /krítik クリティク/ 名 C
❶ 批評家, 評論家
❷ あら探しをする人, 口やかましい人, 批判者

critical /krítikəl クリティカル/ 形
❶ 批評の, 評論の
❷ 批判的な, あら探しの, 口やかましい
❸ 危機の, 危ない; 危篤の
critically 副 批判的に; 危うく, きわどく

criticism /krítəsìzm クリタスィズム/ 名 U C
❶ (文学作品などの)批評, 評論
❷ 非難, あら探し

criticize,((英)) **criticise** /krítəsàiz クリタサイズ/ 動 他
❶〈…を〉批評する, 評論する
・ The teacher *criticized* our works.
先生は私たちの作品を批評した
❷〈…を〉非難する, 批判する

critique /kritíːk クリティーク/ 名 U C 評論, 批評

croak /króuk クロウク/
動 自〈カエル・カラスなどが〉カーカー[ガーガー]鳴く; しわがれ声でぶつぶつ言う
— 名 C カーカー[ガーガー]鳴く声; しわがれ声

crocodile /krákədàil クラカダイル/ 名 C【動物】クロコダイル

crocus /króukəs クロウカス/ 名 C【植物】クロッカス

crook /krúk クルク/
名 C
❶ (先の)曲がったもの, かぎ; 屈曲, (川・道などの)湾曲, カーブ
❷ ((くだけて))不正直な人, 詐欺師; 泥棒
— 動
— 他〈指・腕などを〉曲げる
— 自 曲がる, 湾曲する

crooked /krúkid クルキド/
動 crook の過去形・過去分詞
— 形
❶ 曲がった, ねじれた; 腰が曲がった
❷ 心のねじれた, 不正直な

crop /kráp クラプ/
名 C
❶ 作物, 収穫物
❷ (一地方・一季節の)収穫高
❸ (一度に現れる)群れ; 続発
— 動 他
❶〈土地に〉〈作物を〉植え付ける((with...))
❷〈作物を〉収穫する, 刈り入れる
crop up〈問題などが〉(急に)現れる

cross /krɔ́ːs クロース/

名 (複 **crosses** /クロースィズ/) C
❶ **十字形**, 十字記号; 十字形の物
・ the Red *Cross* 赤十字
❷ 十字架; ((the Cross)) キリスト教
・ die on the *cross* はりつけになる
❸ ((the Cross))(キリストの)受難, 贖罪; ((一般に))苦難, 試練
・ bear [carry] *one's cross*
苦難に耐える[を背負う]
❹ 十字路, 交差点(crossroads)
— 動
三単現 **crosses** /クロースィズ/
過去・過分 **crossed** /クロースト/
現分 **crossing** /クロースィング/
— 他
❶〈道などを〉**横切る, 渡る**;〈橋が〉〈川に〉架かっている;〈人などを〉運ぶ
・ *cross* Japan by bike
自転車で日本を横断する
・ It is reckless to *cross* the street without looking both ways.
左右を見ないで通りを渡るのは無謀です
❷〈手足などを〉**交差させる**;〈道路が〉〈…と〉交差する
・ sit with *one's* legs [arms] *crossed*
脚を組んで[腕組みして]座る
❸〈…に〉横線を引く
・ *cross* a check ((英))小切手に横線を2本引いて銀行渡りにする
❹〈人と〉すれ違う
・ We *crossed* each other in the hallway but didn't say anything. われわれは廊下ですれ違ったが何も言わなかった
・ Our e-mails *crossed* each other. われわれの電子メールはお互いに行き違いになった
— 自
❶〈人などが〉〈道などを〉**横切る, 渡る**, 越えて(…へ)行く((to...));(…を)通り抜ける

cross
((through...))
・Let's *cross* over to the other side of the street. 通りの向こう側へ渡ろう
❷〈道などが〉**交差する**
❸〈手紙が〉行き違う
cross A off = cross off A
A (名前など)に線を引いて消す
cross A out = cross out A
A (語など)に線を引いて消す
━━形〈人が〉不機嫌な, 怒りっぽい, (…に)立腹した((with..., about...))

crossing /krɔ́ːsiŋ クロースィング/
動 crossの現在分詞・動名詞
━━名 C
❶ 横断
・No *Crossing* ((掲示)) 横断禁止
❷ 交差点;踏切
・a railroad *crossing* 鉄道の踏切

cross-legged /krɔ́ːslégid クロースレギド/
形 脚を組んだ
・sit *cross-legged* あぐらをかく

crosswalk /krɔ́ːswɔ̀ːrk クロースウォーク/ 名 C ((米)) 横断歩道

crossword /krɔ́ːswə̀ːrd クロースワード/ 名 C クロスワードパズル

crotch /krɑ́tʃ クラチ/ 名 C (木などの)また;(人・ズボンの)また

crouch /kráutʃ クラウチ/
動 自 しゃがむ, かがむ;うずくまる
━━名 C しゃがむこと, うずくまること

crow /króu クロウ/ 名 C [鳥]からす

crowd* /kráud クラウド/
名 (複 **crowds** /kráudz/) C
❶ ((単数・複数扱い)) **群衆**, 人込み, 人だかり;大勢, 多数
・The *crowd* was [were] excited.
群集は興奮した
❷ ((the crowd)) **大衆**, 一般民衆
❸ ((くだけて)) 仲間, 連中
━━動
三単現	**crowds** /kráudz/
過去・過分	**crowded** /kráudid/
現分	**crowding** /kráudiŋ/
━━自 **群がる**;押し寄せる
━━他
❶〈場所に〉**群がる**, 〈…を〉混雑させる
・The train *was crowded with* students.
電車は学生で混雑していた
❷〈…を〉詰め込む, 押し込む

crowded 形 込み合った, 混雑した, 満員の

crown /kráun クラウン/
名 C
❶ 王冠;((the crown [Crown])) 王位, 王権
❷ 勝利の栄冠
❸ 頂上, てっぺん
━━動 他
❶〈人に〉王冠をいただかせる;〈人を〉王位につかせる
❷〈…の〉上部をおおう, 〈…の〉頂上にのせる
❸〈…の〉最後を飾る, 〈…を〉栄誉で飾る

crucial /krúːʃəl クルーシャル/ 形 (…にとって) 決定的な, 重大な((to..., for...))

crude /krúːd クルード/ 形
❶ 粗末な, 粗野な, 下品な
❷〈考えなどが〉未熟な;〈計画などが〉粗雑な, 未完成の
❸ 天然のままの, 生(き)の;未加工の

cruel /krúːəl クルーアル/ 形 残酷な, 無慈悲な;悲惨な, ひどい
cruelly 副 残酷に, 無慈悲に,
cruelty 名 U 残酷さ;C 残酷な行為

cruise /krúːz クルーズ/
動 自〈船などが〉巡航する;〈飛行機が〉ゆっくり飛ぶ;〈タクシーなどが〉流す;〈人が〉ぶらつく
━━名 C 巡洋航海;漫遊
cruiser 名 C 巡洋艦;モーター付きヨット;パトロールカー

crumb /krʌ́m クラム/ 名 C ((ふつうcrumbs)) パンくず;パン粉

crumble /krʌ́mbl クランブル/ 動
━━他〈…を〉砕く, こなごなにする
━━自 ぼろぼろに崩れる;〈希望などが〉消滅する

crunch /krʌ́ntʃ クランチ/
動 他〈…を〉カリカリ[ボリボリ]かむ;〈砂利(じゃり)などを〉ザクザク踏む
━━名 C ((ふつう単数形で)) カリカリ[ボリボリ]かむ音;ザクザク踏む音

crunchy /krʌ́ntʃi クランチ/ 形〈食べ物が〉カリカリする, パリパリした, ザクザクする

crusade /kruːséid クルーセイド/ 名 C
❶ ((ふつうCrusade)) 十字軍
❷ 社会改革運動

crush /krʌ́ʃ クラシュ/
動
━━他
❶〈…を〉押しつぶす, 踏みつぶす
❷〈敵などを〉打ち滅ぼす;〈希望を〉くじく

❸ 〈…を〉むりに押し込める, すし詰めにする
— 自
❶ つぶれる, 崩れる；しわくちゃになる
❷ 押し合う；〈…に〉押し寄せる《*into*...》
— 名
❶ ⓊⒸ 押しつぶすこと, 圧縮, 粉砕
❷ Ⓒ 群集の押し合い, 雑踏

crust /krʌ́st クラスト/ 名 ⒸⓊ
❶ パンの皮[耳]
❷ (物の)かたい表面；かさぶた；【地学】地殻 (ちかく)

crutch /krʌ́tʃ クラチ/ 名 Ⓒ
❶ ((ふつう crutches で)) 松葉杖 (まつばづえ)
❷ 頼り, 支えとなるもの

cry /krái クライ/
動 三単現 **cries** /クライズ/
過去・過分 **cried** /クライド/
現分 **crying** /クライイング/
— 自
❶ 〈人が〉(ふつう涙を流しながら)泣く, 嘆く
・*cry* with joy うれし泣きする
・Don't *cry*. 泣かないで
・The boy *cried* in fear.
 男の子は怖がって泣いた
❷ 〈人が〉〈…を求めて〉叫ぶ, わめく；(大声で)呼ぶ《*for*...》
・*cry* (out) for justice 正義を大声で訴える
❸ 〈鳥・獣が〉鳴く, 鳴き叫ぶ, ほえる
— 他
❶ 〈涙を〉流す
❷ 〈…と〉大声で言う[叫ぶ]《*that* 節》
cry for A A を必要とする
cry over A A (不幸など)を嘆く
・It's no use *crying over* spilt milk. こぼれたミルクを嘆いてもむだだ；覆水盆に返らず
— 名 ((複) **cries** /クライズ/) Ⓒ
❶ 泣き叫び；泣き声
・have a good *cry* 思う存分泣く
❷ (怒り・喜びなどの)叫び；叫び声, 大声
・a *cry of* anger 怒りの叫び声
・give a sharp *cry* 鋭い叫び声を上げる
❸ 〈…を求める〉嘆願, 世論 《*for*...》
・a *cry for* independence 独立を求める声

crystal /krístl クリストル/ 名
❶ Ⓤ 水晶；Ⓒ 水晶製品
❷ Ⓤ クリスタルガラス
❸ ⓊⒸ 結晶, 結晶体

CT ((米郵便)) Connecticut コネチカット州

Ct. ((略)) Connecticut コネチカット州

cub /kʌ́b カブ/ 名 Ⓒ (熊などの)子

Cuba /kjúːbə キューバ/ 名 キューバ (首都はハバナ)

Cuban /kjúːbən キューバン/
形 キューバの, キューバ人[島]の
— 名 Ⓒ キューバ人

cube /kjúːb キューブ/
名 Ⓒ
❶ 立方体；立方体の物 (さいころなど)
・a sugar *cube* 角砂糖1個
・an ice *cube* 角氷
❷ 【数学】立方, 3乗
— 動 他 【数学】〈…を〉3乗する；〈…を〉立方体の形にする[切る]
cubic 形 立方体の；3乗の

cuckoo /kúːkuː クークー/ 名 Ⓒ 【鳥】かっこう；かっこうの鳴き声

cucumber /kjúːkʌmbər キューカムバ/ 名 ⒸⓊ 【植物】きゅうり

cue /kjúː キュー/ 名 Ⓒ
❶ 手がかり；合図, きっかけ
❷ (せりふの)きっかけ, キュー

cuff /kʌ́f カフ/ 名 Ⓒ (ワイシャツの)袖 (そで)口, カフス；((米)) (ズボンのすその)折り返し

culprit /kʌ́lprit カルプリト/ 名 Ⓒ 犯人, 罪人

cult /kʌ́lt カルト/ 名 Ⓒ
❶ (宗教的)儀式, 祭礼；カルト教団
❷ 崇拝；礼賛
❸ 一時的流行

cultivate /kʌ́ltivèit カルティヴェイト/ 動 他
❶ 〈田畑などを〉耕す, 耕作する；〈作物などを〉栽培する；〈水産物を〉養殖する
❷ 〈才能・品性などを〉養う
cultivated 形 耕作された；栽培された；教養のある；洗練された
cultivation 名 Ⓤ 耕作, 栽培, 養殖；修練；洗練

cultural /kʌ́ltʃərəl カルチャラル/ 形 文化の；教養の；栽培上の, 養殖上の

culture* /kʌ́ltʃər カルチャ/
名 ((複) **cultures** /カルチャズ/)
❶ ⒸⓊ 文化, 精神文明
・Greek *culture* ギリシア文化
❷ Ⓤ 教養, (心身の)修練
❸ Ⓤ 耕作, 栽培, 養殖, 飼育
cultured 形 文化のある, 教養のある；洗練された；栽培された

cumulative /kjúːmjələtiv キューミャラティヴ/

cunning /kʌ́niŋ カニング/
名 ⓤ ずるさ, 悪賢さ
― 形 ずるい, 悪賢い

cup /kʌ́p カプ/

名 (複 **cups** /カプス/) ⓒ
❶ (コーヒー・紅茶用の)茶わん, カップ
❷ 茶わん[カップ]1杯(の量)
・a *cup of* tea [coffee] 1杯の紅茶[コーヒー]
❸ ((ふつうthe Cup)) 優勝カップ
❹ 茶わんの形をした物

cupboard /kʌ́bərd カバド/ 名 ⓒ 食器棚
curator /kjuəréitər キュアレイタ/ 名 ⓒ (博物館などの)学芸員
curb /kə́:rb カーブ/
名 ⓒ
❶ ((米))(歩道の)縁(ふち)石, へり石
❷ 抑制, 拘束, 制御
― 動 他 ⟨…を⟩抑制する, 制御する

cure /kjúər キュア/
動
― 他
❶ ⟨患者・病気を⟩治療する, 治す; ⟨人の⟩⟨病気を⟩治す ((*of*...))
・The medicine *cured* me *of* a cold.
その薬は私の風邪を治した
❷ ⟨悪習などを⟩直す; ⟨問題などを⟩解決する
❸ ⟨乾燥などによって⟩⟨食べ物を⟩保存する
― 自 病気が治る
― 名 ⓤ 回復; 治療; ⓒ 治療薬

curfew /kə́:rfju カーフュー/ 名 ⓒ (戒厳令下などの)夜間外出禁止令; 門限

curiosity /kjùəriásəti キュアリアサティ/ 名
❶ ⓤ 好奇心; せんさく好き
❷ ⓒ 珍しいもの; こっとう品; 珍品

curious* /kjúəriəs キュアリアス/
形 比較 **more curious**
　最上 **most curious**
❶ (…について)好奇心の強い ((*about*...)); (…を)したがる ((*to do*))
・He is *curious about* other's business.
彼は他人のことにやたらと興味を持つ
・She was *curious to* hear about it.
彼女はそれについて聞きたがった
❷ 奇妙な; ふしぎな
curiously 副 物珍しそうに; 奇妙に

curl /kə́:rl カール/
動
― 他
❶ ⟨…を⟩丸める, 曲げる, 巻く
❷ ⟨髪を⟩巻き毛にする, カールさせる
― 自
❶ ⟨煙が⟩巻き上がる; ⟨つるが⟩巻きつく
❷ ⟨髪が⟩ちぢれる, カールする
― 名 ⓒ 巻き毛, カール; うず巻き状の物
curly 形 巻き毛の; うず巻き形の

curling /kə́:rliŋ カーリング/ 名 ⓤ 【スポーツ】カーリング

currency /kə́:rənsi カーランスィ/ 名 ⓤⓒ 通貨, 貨幣; ⓤ (貨幣の)流通
・foreign *currency* 外貨
・*currency* exchange 通貨両替

current /kə́:rənt カーラント/
形
❶ 現在の, 現代の
・*current* English 時事英語
❷ 通用している, 流行している
― 名
❶ ⓒ (水・空気などの)流れ; 水流, 潮流; 気流; ⓤⓒ 電流
❷ ⓒ 時の流れ; 風潮
currently 副 現在は; 一般に, 広く

curriculum /kəríkjələm カリキュラム/ 名 (複 **curriculums** /カリキュラムズ/, **curricula** /カリキュラ/) ⓒ カリキュラム, 教科課程
curricular 形 カリキュラムの

curry /kə́:ri カーリ/ 名 ⓤ カレー粉; ⓤⓒ カレー(料理)
・*curry* and rice カレーライス

curse /kə́:rs カース/
名 ⓒ
❶ のろい; のろいの言葉, 悪態
❷ 災い(のもと); たたり
― 動
― 他 ⟨…を⟩のろう; ⟨人を⟩ののしる, ⟨…に⟩悪態をつく
― 自 のろう; ののしる

cursor /kə́:rsər カーサ/ 名 ⓒ (コンピュータなどの)カーソル

curtain /kə́:rtn カートン/

名 (複 **curtains** /カートンズ/) ⓒ
❶ カーテン
・draw the *curtains* カーテンを引く
❷ ((the curtain))(劇場の)幕, どんちょう
❸ 幕状のもの, さえぎるもの

curve* /kə́:rv カーヴ/

cushion

名 (複 **curves** /カーヴズ/) C
❶ 曲線;カーブ, 曲がり
❷ ((米))【野球】カーブ
― **動**
　三単現 **curves** /カーヴズ/
　過去・過分 **curved** /カーヴド/
　現分 **curving** /カーヴィング/
― **自** 曲がる, カーブする;曲線を描く
- The tunnel *curved* as we went ahead.
  前に進むにつれてトンネルは曲がっていた
― **他**〈…を〉**曲げる**, カーブさせる
curved **形** 湾曲した, 曲線状の

cushion /kúʃən クシャン/
名 C クッション, 座布団;クッション状のもの
― **動** 他〈…に〉クッションを当てる;〈衝撃を〉やわらげる

custard /kʌ́stərd カスタド/ **名** U ((主に英))カスタードソース(牛乳・卵・砂糖などを混合したもの);UC カスタード(カスタードソースを焼いたもの)

custom＊ /kʌ́stəm カスタム/
名 (複 **customs** /カスタムズ/)
❶ CU (社会の)**慣習**, 風習;(個人の)習慣
❷ U (店の)得意先, ひいき
❸ ((customs)) ((単数・複数扱い))関 税; ((単数扱い))税関(手続き)
- a *customs* officer 税関員
- clear [go through] the *customs*
  税関を通過する
― **形** ((米))注文仕立ての, あつらえの
customary **形** 慣習上の, 慣例の;習慣になっている, いつもの

customer /kʌ́stəmər カスタマ/ **名** C 得意先, (商店などの)お客, 顧客

customize /kʌ́stəmàiz カスタマイズ/ **動** 他〈…を〉注文で特製する;好みで改造する

custom-made /kʌ́stəmmèid カスタムメイド/ **形** 〈服などが〉注文の, あつらえの

cut /kʌ́t カト/

動 三単現 **cuts** /カツ/
　過去・過分 **cut**
　現分 **cutting** /カティング/
― **他**

❶ 〈体(の一部)を〉〈刃物などで〉**切る**, 傷つける ((*with..., on...*))
- He *cut* his finger *with* a knife.
  彼はナイフで指を切った
❷ 〈…を〉**切断する**((*up*));〈木を〉切る((*down*));〈髪を〉切る;〈草を〉刈る;〈菓子などを〉切り分ける((*up*))
- *cut* a wire ワイヤーを切る
- *cut* A *for* B = *cut* B A
  A(肉・ケーキなど)をB(人)のために切ってやる
- Will you *cut* a piece of pizza *for* me?
  私にピザをひと切れ取り分けてもらえますか
- *cut* A *into* slices [pieces]
  Aを薄く[細切れに]切る
❸ ((くだけて))〈話などを〉短くする, 〈価格を〉切り下げる;〈…の〉〈数・量を〉減らす
- *cut* taxes 減税する
❹ ((米))((くだけて))〈講義などを〉無断欠席する, サボる
- I *cut* my first class today.
  きょうの1時間目の授業をサボった
❺ 〈像などを〉刻む, 彫る;〈宝石を〉カットする;〈衣服を〉裁断する
❻ 〈道などを〉横切る
❼ 〈穴を〉掘る, 掘り抜く;〈道などを〉(…に)切り開く((*through...*))
❽ 〈モーターなどを〉止める, 切る;〈水道などを〉供給停止にする((*off*))
❾ (フィルムなどで)〈場面を〉編集する((*out*));〈番組の放送などを〉中止する;【コンピュータ】〈…を〉カットする
❿ 〈言葉が〉〈人の〉気持ちをひどく傷つける;〈風が〉〈…の〉肌を刺す
― **自**
❶ 切る, 切り取る;((様態の副詞(句)と共に))〈…が〉切れる
- This nail clipper *cuts well* [*badly*].
  この爪(?)切りはよく切れる[切れない]
❷ 〈線が〉(互いに)交差する;(特にまっすぐに突っ切って)〈…を〉横切る((*across...*));〈…を〉通過する((*through...*))
❸ 〈車などが〉急に曲がる;〈列に〉割り込む((*in...*))
❹ 〈寒風などが〉身に食い入る[しみ込む];〈人の言葉が〉気持ちをひどく傷つける

be cut out for *A*　*A*に向いている
- I don't think I'm *cut out for* teaching.
  自分は教師に向いていないと思う

cut across *A*
(1) *A*(場所)を横切って近道をする
- We need to *cut across* this desert to go back to our base camp. ベースキャンプに戻るにはこの砂漠を突っ切らねばならない
(2) *A*(問題など)の範囲を超える

cut and paste A【コンピュータ】A(データなど)をカット・アンド・ペーストする

cut A ***away*** = ***cut away*** A
Aを切り取る, 削り取る

cut back on A
(A(生産・人員など)を)削減する

cut A ***down*** = ***cut down*** A A(酒など)の量を減らす, A(出費など)を切り詰める

cut in (会話に)割り込む((on...))

cut into A A(ケーキなど)にナイフを入れる; A(列など)に割り込む

cut A ***off*** = ***cut off*** A
A(物)を切り取る; A(水道などの供給)を止める; A(進路など)をさえぎる

cut A ***open*** = ***cut open*** A Aを切り開く

cut A ***out*** = ***cut out*** A
Aを(…から)切り取る((from...)); A(言葉・文)を削除する; Aをやめる

・*Cut* it *out*! やめろ!

cut A ***up*** = ***cut up*** A
A(肉など)を細かく切る

・*cut up* potatoes じゃがいもを細かく切る

■ 形 ((比較なし))
❶ 切られた; 傷ついた
・*cut* flowers 切り花
❷ 〈価格が〉切り[引き]下げられた; 〈記事などが〉切り詰めた
❸ 〈ガラス・宝石が〉カットされた
・*cut* stones カットされた石

■ 名 (複 **cuts** /カツ/)
❶ C 切ること; 切り口, 切り傷
・a *cut* on the forehead 額の切り傷
❷ C (価格などの)引き下げ, 切り詰め
・a tax *cut* 減税
・a *cut* in salary 給料の引き下げ
❸ C 切片; 肉の切り身
・a *cut* of pork 豚肉一切れ
❹ C 横断路, 通り抜ける道
・take a short *cut* 近道を行く
❺ C U (衣服の)裁ち方; (髪の)刈り方
❻ C ((くだけて)) 分け前

a cut above A
((くだけて)) A(人・物)より一段上, 一枚うわて
・She is *a cut above* the average woman in terms of intelligence.
彼女は知性においては並みの女性より一段上だ

cute /kjúːt キュート/ 形 (小さくて)かわいい

cutie /kjúːti キューティ/ 名 C ((くだけて)) かわい子ちゃん

cutlery /kʌ́tləri カトラリ/ 名 U 金物類; 食卓用金物 (ナイフ・スプーン・フォークなど)

cutlet /kʌ́tlət カトラト/ 名 C (子牛・羊の)肉の薄切り; カツレツ

cutter /kʌ́tər カタ/ 名 C 切る人; ((**cutters**))カッター; 裁断器(の刃)

cyberspace /sáibərspèis サイバスペイス/ 名 U【コンピュータ】サイバースペース

cyborg /sáibɔːrɡ サイボーグ/ 名 C サイボーグ

cycle /sáikl サイクル/
名 C
❶ 周期; 循環
❷ 自転車 (bicycle); オートバイ (motorcycle)
❸【電気】(電波などの)周波, サイクル
■ 動 自 ((主に英)) 自転車に乗る

cyclic 形 周期的な; 循環の

cycling /sáikliŋ サイクリング/
動 cycle の現在分詞・動名詞
■ 名 U サイクリング

cyclist /sáiklist サイクリスト/ 名 C 自転車に乗る人

cyclone /sáikloun サイクロウン/ 名 C サイクロン (インド洋に発生する熱帯低気圧); (熱帯低気圧による)大暴風雨

cylinder /sílindər スィリンダ/ 名 C
❶ 円筒; 円柱
❷ (機械の)シリンダー, 気筒

cymbal /símbəl スィンバル/ 名 C ((ふつう **cymbals**))【音楽】シンバル (打楽器)

cynic /sínik スィニク/ 名 C 皮肉屋, 冷笑家

cynical 形 皮肉な; 冷笑的な

Czech /tʃék チェク/
形 チェコの; チェコ人[語]の
■ 名
❶ チェコ (首都はプラハ)
❷ C チェコ人; U チェコ語

Czechoslovakia /tʃèkəslouváːkiə チェカスロウヴァーキア/ 名 チェコスロバキア (1993年にチェコとスロバキアに分離)

D, d

D, d /díː ディー/ 名 (複 **D's, Ds; d's, ds** /díːz ディーズ/)
① C U ディー(英語アルファベットの第4字)
② ((Dで)) C ((米))(学業成績の)D, 「可」
③ U 【音楽】ニ音, ニ調
④ ((Dで)) U (ローマ数字の)500

dachshund /dáːkshùnd ダークスフンド/ 名 C 【動物】ダックスフント

dad /dæd ダド/ 名 C ((くだけて))(お)父さん

daddy /dædi ダディ/ 名 C ((幼児語))パパ, お父ちゃん

daffodil /dæfədìl ダファディル/ 名 C 【植物】らっぱ水仙(すいせん) (ウェールズの国花)

dahlia /dǽljə ダリャ/ 名 C 【植物】ダリア

daily /déili デイリ/
形 毎日の, 日常の
・ a *daily* newspaper 日刊新聞[紙]
■ 名 C 日刊新聞[紙]
■ 副 毎日; 日ごとに
・ once *daily* 毎日1回

dairy /déəri デアリ/ 名 C 酪農場; 牛乳加工所; 乳製品販売店
・ *dairy* products [goods] 乳製品

daisy /déizi デイズィ/ 名 C 【植物】デージー, ひな菊

dam /dæm ダム/ 名 C ダム
・ build [construct] a *dam* ダムを建設する

damage /dæmidʒ ダミヂ/
名
① U (…への)損害; 悪影響 ((to...)); 損傷
・ suffer much *damage* 大損害をこうむる
② (damages) 【法律】損害賠償(金)
・ claim *damages* 損害賠償を要求する
■ 動 他 〈…に〉損害を与える, 〈…を〉痛める, 傷つける
・ *damage* A's reputation
A(人など)の評判を傷つける
damaging 形 損害を与える

damn /dæm ダム/ 動 他 〈…を〉ののしる, のろう; 〈…を〉けなす
Damn it! ((くだけて)) しまった, ちくしょう
damned 形 のろわれた; いまいましい

damp /dæmp ダンプ/
形 湿気のある
・ *damp* weather じめじめした天気
■ 名 U (不快な)湿気, 湿度; 霧
dampen 動 他 〈…を〉湿らせる
dampness 名 U 湿気

dance /dæns ダンス/

動 三単現 **dances** /ダンスィズ/
過去・過分 **danced** /ダンスト/
現分 **dancing** /ダンスィング/
■ 自
① (…と)踊る, ダンスをする ((with...))
・ *dance to* the music 音楽に合わせて踊る
② 跳ね回る, 小躍りする
■ 他 〈ダンスを〉踊る
■ 名 (複 **dances** /ダンスィズ/) C
① ダンス, 舞踏; 小躍り
② ダンスパーティー; 舞踏曲, ダンス音楽
dancer 名 C ダンサー, 踊り子
dancing 名 U ダンス, 踊り, 舞踏

dandelion /dǽndəlàiən ダンダライアン/ 名 C 【植物】西洋たんぽぽ

dandy /dǽndi ダンディ/
名 C しゃれ男, 伊達(だて)者
■ 形 ((主に米))((くだけて))すばらしい, 極上の

Dane /déin デイン/ 名 C デンマーク人

danger /déindʒər デインジャ/ 名
① U C 危険(な状態) (⇔safety)
・ invite *danger* (みずから)危険を招く
・ face *danger* 危険に立ち向かう
・ in *danger* 危険で, 危篤(きとく)で
② C (…にとっての)危険な物[人・事] ((to...))

dangerous
/déindʒərəs デインジャラス/
形 比較 **more dangerous**
最上 **most dangerous**
(…にとって)**危険な, 危ない**, 危害を加えそうな ((to..., for...)) (⇔safe)
・ a *dangerous* chemical 危険な薬品
dangerously 副 危険なほどに

Danish /déiniʃ デイニシュ/
形 デンマークの; デンマーク人[語]の

- **名**
- ❶ Ⅱ デンマーク語
- ❷ Ⅱ Ⅽ デニッシュ(ペストリー)(パイ風菓子パン)

Danube /dǽnju:b ダニューブ/ **名** ((the Danube)) ドナウ川(ドイツ南西部から黒海にそそぐ大河)

dare /déər デア/
動⑲ ((次の用法で))
- *dare to do* あえて…する, …する勇気がある
- *dare A to do* A(人)に…するようにけしかける
動 あえて…する, 思い切って…する, …する勇気がある
How dare you ...? よくも…できるな
I dare say たぶん, おそらく
daring **形** 大胆な, 勇敢な; 思い切った

dark /dá:rk ダーク/

形 比較 **darker** /ダーカ/
最上 **darkest** /ダーカスト/
❶ 暗い, やみの(⇔light)
- a *dark* night やみ夜
❷〈色が〉濃い; 〈髪・目・肌などが〉黒っぽい
- *dark* clouds 暗雲
- *dark* skin 浅黒い肌
❸〈情勢などが〉陰うつな, 希望のない
❹〈考えなどが〉腹黒い
名 Ⅱ ((the dark))
やみ, 暗がり; 夕暮れ; 暗い色
- in the *dark* 暗がりで; 秘密に
darkly **副** 陰うつに; 不明瞭(めいりょう)に
darkness **名** Ⅱ 暗さ, 黒さ; やみ

darken /dá:rkən ダーカン/ **動**
— ⑲〈…を〉暗くする
— ⑱ 暗くなる

darling /dá:rliŋ ダーリング/ **名** Ⅽ 最愛の人; ((呼びかけで))あなた, おまえ

dart /dá:rt ダート/
名 Ⅽ
❶ 投げ矢; ((darts))((単数扱い))ダーツ
❷ ((a dart)) 突進, すばやい動き
— **動**
— ⑱ 突進する, サッと動く
— ⑲〈視線を〉〈…に〉サッと投げかける((at...))

Darwin /dá:rwin ダーウィン/ **名 Charles Darwin** ダーウィン(英国の博物学者で, 進化論を提唱した『種の起源』の著者)

dash /dǽʃ ダシュ/
動
— ⑱ 突進する, 疾走する; 〈…に〉激突する ((against...))
— ⑲〈…を〉打ち砕く; 〈…を〉たたき[投げ]つける
— **名** Ⅽ
❶ ((a dash))(…への) 突進((for...)); ((米)) 短距離競走
❷ Ⅽ ダッシュ記号(—)
❸ ((a dash)) 少量(の混ぜ物)
- a *dash* of salt 少量の塩
at a dash 一挙に, 一気に

dashboard /dǽʃbò:rd ダシュボード/ **名** Ⅽ ダッシュボード, 計器盤

DAT /dǽt ダト/ **名** Ⅽ ダット(デジタル録音・再生用テープレコーダー; *d*igital *a*udio *t*apeの略)

data* /déitə データ/ **名** (単 **datum** /データム/)
((単数・複数扱い))データ, 資料; 情報
- collect *data* on A Aに関する情報を集める
- a piece of *data* 1つのデータ
- a *data* bank 【コンピュータ】データバンク
- *data* processing 【コンピュータ】データ処理

database /déitəbèis データベイス/ **名** Ⅽ 【コンピュータ】データベース

date /déit デイト/

名 (**複 dates** /デイツ/)
❶ Ⅽ 日付, 年月日; 時代, 年代
- a document without a *date* 日付のない書類
- "What's the *date* today?" "It's August the fourth."
「きょうは何月何日ですか」「8月4日です」
❷ Ⅽ ((話))(人と)会う約束; デート((with...)); ((米))デートの相手
- *make a date with A* A(人)と会う[デートの]約束をする
out of date 時代遅れの
— **動**
— ⑲
❶〈手紙などに〉日付を入れる
❷ ((米))((くだけて))〈異性と〉つきあう, デートする
— ⑱ (特定の時代に) 始まる((from...)); (…に) さかのぼる((back))((to...))
dated **形** 時代遅れの

datum /déitəm データム/ **名** (**複 data** /データ/) Ⅽ データ, 資料; 情報

daughter /dɔ́ːtər ドータ/

名 (複 **daughters** /ドータズ/) C
娘(⇔son)
- "How many *daughters* do you have?" "Three."「娘さんは何人いますか」「3人です」

dawn /dɔ́ːn ドーン/

名 U C 夜明け；((the dawn))(事の)始まり
- at *dawn* 明け方に
― **動** 自 夜が明ける，明るくなる；現れ始める

day /déi デイ/

名 (複 **days** /デイズ/)
❶ C **日，1日，1昼夜**
- the next *day* その翌日
- once a *day* 1日1回
- (the) *day* after tomorrow あさって，明後日
- (the) *day* before yesterday おとといー，一昨日
- on a cold [drizzly] *day* ある寒い[霧雨の]日に
- a *day* trip 日帰り旅行
- How many *days* are there in a week? 1週間は何日ですか
- We'll stay in London (for) two *days*. ロンドンに2日間滞在するつもりです
- What *day* (of the week) is it today? きょうは何曜日ですか

❷ U C (日の出から日没までの)**日中，昼間**
- during the *day* 昼間に

❸ C (労働単位としての)1日
- a seven-hour *day* 7時間労働日
- take a *day* off 1日休暇を取る

❹ C U 特定の日，期日；((しばしばDay)) 祝(祭)日
- pay*day* 給料日
- New Year's *Day* 元日
- on Christmas *Day* クリスマスの日に

❺ C ((しばしばdays))(特定の)時代，時期；((the day)) 現代，当代；当時
- *the* present *day* 現代
- in *the* old *days* 昔は，昔の
- in my school *days* 学生時代に
- *The day* will come when we will not rely on petroleum. 石油に依存しなくてもよい時が来るだろう

all day (long) 一日じゅう
- I walked around *all day long* yesterday. きのうは一日じゅう歩き回った

by the day 日決めで，1日いくらで
- You can rent the lodge *by the day*. ロッジは日決めで借りられる

call it a day ((くだけて))(仕事などを)おしまいにする
- Let's *call it a day*. きょうはこれでおしまいにしよう

day after day 来る日も来る日も

day and night = night and day 昼も夜も，日夜
- They were having parties *day and night*. 彼らは昼も夜も宴会を繰り広げていた

day by day 日ごとに，日に日に
- The number of people infected with the flu grew *day by day*. インフルエンザにかかった人の数は日に日に増えていった

day in, day out = day in and day out 明けても暮れても

every day ((副詞的))毎日

every other [second] day 1日おきに
- I'm going to gym for exercise *every other day*. 私は1日おきに運動のためジムに通っている

from day to day 日ごとに；その日暮らしで
- His condition is getting better *from day to day*. 彼の容態は日ごとに回復している

in a day 1日のうちに；一朝一夕に
- Rome was not built *in a day*. ((ことわざ))ローマは1日にして成らず

in those days その頃，当時は

It's not A's day. A(人)にとってつきのない1日だった

(on) the day before [after] A Aの前日[翌日](に)

one day (過去または未来の)ある日，いつか

one of these days 近いうちに，そのうちに
- I hope I can visit you in London *one of these days*. 近いうちにロンドンにあなたを訪ねたいと思っています

some day (未来の)いつか，いつの日にか
- They'll make up with each other *some day*. 彼らもいつか仲直りするだろう

the other day 先日，この間
- I ran into her *the other day*. 彼女と先日ばったり出くわした

- What sort of pop stars are popular *these days*?
近頃どんなアイドル歌手が人気がありますか
this day next week ((米)) 来週のきょう

daybreak /déibrèik デイブレイク/ 名 U 夜明け
- before *daybreak* 夜明け前に

daydream /déidrì:m デイドリーム/ 名 C 夢想, 空想;白日夢

daylight /déilàit デイライト/ 名 U
❶ 日光, 昼の光;昼間
- in broad *daylight* 真っ昼間に
❷ ((無冠詞で)) 夜明け
- at *daylight* 夜明けに

daytime /déitàim デイタイム/ 名 U ((the daytime)) 日中, 昼間

day-to-day /déitədèi デイタデイ/ 形 毎日の, 日々の;その日限りの

dazzling /dǽzliŋ ダズリング/ 形 目もくらむほどの, まぶしい

DC ((略)) *d*irect *c*urrent 【電気】直流 ⇨ AC
D.C. ((略)) *D*istrict of *C*olumbia コロンビア特別区
DE ((米郵便)) *D*elaware デラウェア州

dead /déd デド/

形 ((比較なし))
❶ 死んだ, 死んでいる;枯れた
- a *dead* body 死体
- the *Dead* Sea 死海
- My father has been *dead* for ten years.
父は10年前に死んだ
❷ 死んだような, 感覚を失った
❸ 〈火山などが〉活動をやめた;〈機械などが〉機能しない;〈電池が〉切れた
❹ 〈言語などが〉使われなくなった, すたれた
- a *dead* language 死語
❺ 完全な, まったくの
- the *dead* center ど真ん中
— 副 ((比較なし))
❶ ((くだけて)) まったく, 完全に
- *dead* faint 完全に気を失って
❷ ((英)) ((くだけて)) とても, 非常に
— 名 ((the dead)) ((複数扱い)) 死者(たち)

dead-end /dédènd デドエンド/ 形 行き止まりの;〈仕事などが〉先の見込みのない

deadline /dédlàin デドライン/ 名 C 最終期限;締め切り
- miss the *deadline* 締め切りに間に合わない

deadly /dédli デドリ/ 形
❶ 致命的な, 命にかかわる
❷ ((くだけて)) ひどい, はなはだしい;まったくの
— 副 ((くだけて)) ひどく, はなはだしく

deaf /déf デフ/ 形
❶ 耳が聞こえない, 耳が遠い
- (as) *deaf* as a post まったく耳が聞こえない
❷ (…に)耳を傾けない, (…を)聞こうとしない ((*to...*))
- turn a *deaf* ear (to *A*)
(Aを)聞く耳を持たない
deafen 動 他 〈人の〉耳を聞こえなくする
deafening 形 耳をつんざくような

deal¹* /dí:l ディール/

動 三単現 **deals** /ディールズ/
過去・過分 **dealt** /デルト/
現分 **dealing** /ディーリング/
— 他 〈…を〉(…に)**配る**, **分ける**, 分け与える ((*to...*))
- *deal out* the cards トランプを配る
- *deal A B* = *deal B to A* A(人)にBを配る
— 自 売買する, 商う;扱う, 処理する
deal in *A* A(商品)を取り扱う, 商う
deal with *A* A(問題など)を扱う, 処理する;A(会社など)と商取引をする
— 名 (複 **deals** /ディールズ/) C
❶ (…との)**取り引き**, 取り決め ((*with...*))
- *make a deal with A*
Aと契約を結ぶ, 取り引きをする
❷ ((ふつう a deal)) 取り扱い
dealer 名 C 業者, 販売者
dealing 名 ((dealings)) 商取引;つきあい

deal² /dí:l ディール/ 名 ((a deal)) 量, 分量
a good [***great***] ***deal*** ((名詞的に)) たくさん, 多量;((副詞的に)) 大いに, うんと
- I have *a good deal* to do.
することがたくさんある
- *a good* [*great*] *deal of A*
たくさんのA, 多量のA

dealt /délt デルト/ 動 deal¹の過去形・過去分詞

dean /dí:n ディーン/ 名 C (大学の)学部長;学生部長

dear /díər ディア/

形副 比較 **dearer** /ディアラ/
最上 **dearest** /ディアラスト/

dearly

— 形

❶ 親愛な, かわいい, いとしい;(…にとって)大事な, 貴重な《*to...*》
- *dear* old toys 昔なつかしいおもちゃ

❷ ((手紙の書き出しで)) **親愛なる…様**, …様
- My *dear* friend 親愛なる友へ
- *Dear* Mr. Brown 拝啓ブラウン様

❸ ((英)) 高価な (expensive) (⇔cheap)

— 副 愛情込めて;((英)) 高価に, 高くつく

— 名 C

❶ ((呼びかけで)) ねえ, あなた
- What's the matter, *dear*? どうしたの

❷ 大切な人, かわいい人;((英)) いい子

— 間 ((驚き・失望などを表して)) おや, まあ
- Oh *dear*, I forgot my purse.
あらあら, さいふを忘れてきちゃったわ

dearest 名 C 最愛の人

dearly /díərli ディアリ/ 副 愛情込めて, 心から;とても, 切実に

death* /déθ デス/ 名 (複 **deaths** /デスス/)

❶ U 死, 死ぬこと;C 死亡;死者数
- Her sudden *death* shocked everyone.
彼女の突然の死に誰もが衝撃を受けた

❷ U ((the death)) 消滅, 破滅, 終わり
to death 死に至るまで;死ぬほど, ひどく

deathbed /déθbèd デスベド/ 名 C 死の床;臨終

debate /dibéit ディベイト/
名 U C 討論, 討議;C ディベート, 討論会

— 動

— 自 (…について)討論する, 議論する《*on...*, *about...*》

— 他

❶ 〈…を〉討論する, 討議する
❷ 〈…を〉熟考する

debatable 形 議論の余地のある

debt /dét デト/ 名

❶ C 借金, 負債;U 借金状態
- go into *debt* 借金をする
- be *in debt* 借金がある
- get *out of debt* 借金を返す

❷ C ((a debt)) 恩義, 義理

debtor 名 C 借り主, 債務者

debut, début /dèibjú: デイビュー/
名 U デビュー, 初舞台, 初出演
make one's debut デビューする

— 動 自 デビューする

Dec. ((略)) *December* 12月

decade /dékeid デケイド, dikéid ディケイド/ 名 C 10年間
- *for decades* 何十年間も, 長年

decadent /dékədənt デカダント/ 形 退廃的な;衰退[堕落]していく

decadence 名 U 退廃;衰退

decay /dikéi ディケイ/
動

— 自

❶ 腐る, 腐敗する;朽ちる
❷ 〈人・事が〉衰える, 衰退する

— 他 〈…を〉腐らせる;〈…を〉衰退させる

— 名 U 腐敗;衰え;虫歯

deceit /disí:t ディスィート/ 名 U あざむくこと, だますこと;C たくらみ, 策略

deceitful 形 人をあざむく;人を誤らせる

deceive /disí:v ディスィーヴ/ 動 他 〈人を〉あざむく, だます
- *deceive A into doing*
A〈人〉をだまして…させる
- *deceive oneself*
(自分に都合よく)思い違いをする, 誤解する

December

/disémbər ディセムバ/
名 U C **12月** (略 Dec.)
- *in December* 12月に
- on *December* 25 12月25日に

decent /dí:sənt ディーサント/ 形

❶ 〈行為などが〉きちんとした, 見苦しくない;礼儀正しい;上品な
❷ かなりの, 相当の
❸ 親切な, 優しい

decently 副 きちんと;かなり

decency 名 U 礼儀正しいこと, 上品なこと

decentralization /di:sèntrələzéiʃən ディーセントラライゼイシャン/ 名 U 地方分権

deceptive /diséptiv ディセプティヴ/ 形 人をだますような, ごまかしの

deception 名 U だますこと;C ごまかし

decide

/disáid ディサイド/
動 (三単現 **decides** /ディサイヅ/;
過去過分 **decided** /ディサイディド/;
現分 **deciding** /ディサイディング/)

— 他

❶ 〈…を〉**決める**, **決定する**, **決心する**
- *decide to do* …することを決心する
- *decide that...* …ということを決定する

- *decide whether...* …かどうかを決める
- ❷〈人・事が〉〈…を〉決定づける
- ❸〈問題などの〉結論を出す
- ━ 📘(…を) **決定する, 決める**, 決心する ((*on..., upon...*))
  decided 📘明らかな;断固とした
  decidedly 📘明らかに;きっぱりと
  decider 📘C 決定者;決勝点
  deciding 📘決定的な, 最終的な
- **decimal** /désəməl デサマル/
  📘小数の;十進法の
  ━ 📘C 小数
- **decipher** /disáifər ディサイファ/ 📘他〈文字などを〉判読する;〈暗号を〉解読する
- **decision** /disíʒən ディスィジャン/ 📘
  ❶ C U (…についての) 決定; 結論, 解決 ((*on..., about...*))
  ・ a majority *decision* 多数決
  ❷ U (…しようという) 決心, 決意 ((*to do*));
  決断力
  ❸ C (法廷での) 判決, 判定
  decisive 📘決定的な;断固とした;明白な
  decisively 📘決定的に;断固として
- **deck** /dék デク/ 📘C
  ❶【海事】デッキ, 甲板;(電車・バスの)床, 階
  ・ *on deck* 甲板へ;準備を整えて
  ❷ テープデッキ
  ❸((主に米))(トランプの)一組
- **declaration** /dèkləréiʃən デクラレイシャン/ 📘U C
  ❶ 宣言, 布告, 公式発表
  ・ the *Declaration* of Independence
  (アメリカ合衆国の)独立宣言
  ❷ (税関などへの)申告
- **declare** /dikléər ディクレア/ 📘
  ━ 他
  ❶ 〈…を〉宣言[布告]する, 公表する;〈…を〉断言する, 明言する
- *declare that...* …と宣言する;明言する
- *declare A (to be) C*
  A (人・物) が C だと宣言する
  ❷ (税関で) 〈課税品を〉申告する
  ━ 📘 宣言[断言]する
- *declare for* [*against*] *A*
  A に賛成[反対]の意見を表明する
  declared 📘宣言した;申告した
- **decline** /dikláin ディクライン/
  📘
  ━ 他

❶〈申し出などを〉(丁重に)断る, 辞退する
- *decline to do* …するのを断る
❷〈…を〉下に向ける, 傾ける
━ 📘
❶(丁重に)断る, 辞退する
❷〈人などが〉衰える;〈質などが〉低下する
━ 📘U(体力などの)衰え, 衰退;(物価の)下落;(人口の)減少
・ *in* [*on the*] *decline* 衰えて, 下り坂で
decode /di:kóud ディーコウド/ 📘〈暗号などを〉解読する
decoder 📘C(暗号)解読器, デコーダー
decomposition /dì:kɑmpəzíʃən ディーカムパズィシャン/ 📘U 分解;腐敗
decorate /dékərèit デカレイト/ 📘他〈…を〉(…で)飾る ((*with...*))
decoration /dèkəréiʃən デカレイシャン/
📘U 装飾, 飾り付け; C ((decorations)) 装飾物
decorative 📘装飾の;装飾的な
decrease
📘 /di:krí:s ディークリース/
━ 📘〈数量・力などが〉(徐々に)減る, 減少する
━ 他〈…を〉減らす, 減少させる
━ 📘 /dí:kri:s ディークリース/ U C (…の) 減少, 縮小, 下落 ((*in...*))
on the decrease 次第に減少して
decreasing 📘減少して
dedicate /dédikèit デディケイト/ 📘他
❶〈一生などを〉〈…に〉ささげる
- *dedicate oneself to A* A に専念する
❷〈著書などを〉(人に)献呈する ((*to...*))
❸〈…を〉(神に)奉納する, 献納する ((*to...*))
dedicated 📘熱心な, 打ち込んでいる
dedication 📘U 献身;献呈;奉納
deduce /didjú:s ディデュース/ 📘他〈結論などを〉(…から)推論する ((*from...*))
deduct /didʌ́kt ディダクト/ 📘他〈一定の数を〉(…から)差し引く, 控除する ((*from...*))
deductible 📘差し引ける, 控除可能な
deduction 📘U 差し引き, 控除; U C 推論
deed /dí:d ディード/ 📘C 行為, 行い;(約束に対する)実行, 行動
in deed 行動において;実際に

deep
/dí:p ディープ/
📘📘 比較 **deeper** /ディーパ/
最上 **deepest** /ディーパスト/

deepen

■ 形
❶ 深い(⇔shallow);深さが…の
・"How *deep* is the lake?" "It is about 300 meters *deep*." 「その湖はどれくらい深いですか」「約300メートルです」
❷〈色が〉濃い;〈声・音などが〉太い,低い;〈印象などが〉強烈な
❸ 心からの;深遠な;理解しがたい,難しい
be deep in A Aに没頭している
■ 副 深く,奥深く

deepen /dí:pən ディーパン/ 動
■ 他〈…を〉深くする,深める
■ 自 深くなる

deeply /dí:pli ディープリ/ 副
❶ 深く;〈色が〉濃く;〈音が〉太く,低く
❷ 非常に,ひどく

deer /díər ディア/ 名 (複 deer) C 鹿

default /difɔ́:lt ディフォールト/
名 U
❶ (義務などの)不履行,怠慢
❷ (法廷への)欠席;(試合への)欠場
❸ C 【コンピュータ】デフォルト,初期設定
■ 動
■ 自 義務を怠る;滞納する;(試合を)棄権する;(裁判を)欠席する
■ 他〈試合に〉参加しない,不戦敗になる
■ 形 【コンピュータ】デフォルトの,初期値の

defeat /difí:t ディフィート/
動 他
❶〈相手を〉打ち破る,負かす;〈相手に〉勝つ
❷〈計画などを〉挫折させる;〈提案を〉否決する
■ 名 C U
❶ 敗北,敗戦;(計画などの)挫折
❷ 打破,打倒

defect
名 /dí:fekt ディーフェクト/ C (…の)欠点,短所,欠陥((*in*...))
in defect of A
Aがない場合;Aがないので
■ 動 /difékt ディフェクト/ 自 (国・主義などから)離脱する,離反する((*from*...));(他国などへ)亡命する,寝返る((*to*...))
defection 名 U C 離脱,離反
defective 形 欠点[欠陥]のある

defence /diféns ディフェンス/ ((英))= defense

defend /difénd ディフェンド/ 動 他
❶〈…を〉(敵などから)守る,防御する((*against*..., *from*...))
❷〈…を〉擁護(ﾖｳｺﾞ)する;〈被告を〉弁護する
❸【スポーツ】〈タイトルを〉防衛する;〈ゴールなどを〉守る
defendant 名 C 被告(人)
defender 名 C 防御者;【スポーツ】選手権保持者;ディフェンダー

defense /diféns ディフェンス/ 名
❶ C U 防御,防衛;守備
・legal *defense* 正当防衛
❷ C 防御物;防衛施設
❸ U 【スポーツ】ディフェンス,守備;C 守備陣
❹ U C 弁護;((the defense))(単数・複数扱い)弁護人団,被告側
come to A's defense Aの弁護をする
defenseless 形 無防備の
defensible 形 防御できる;弁護できる

defensive /difénsiv ディフェンスィヴ/
形 防御の,防衛的な;守備の
■ 名 ((the defensive)) 防御,防衛;守勢
・be on *the defensive* 守勢である
defensively 副 防御的に

defiant /difáiənt ディファイアント/ 形 挑戦的な,反抗的な
defiance 名 U 挑戦;反抗

deficient /difíʃənt ディフィシャント/ 形 欠けている,不足している;欠陥のある
deficiency 名 C U 欠乏,不足;欠陥

deficit /défəsit デファスィット/ 名 C 欠損,赤字;不足
・in *deficit* 赤字で

define /difáin ディファイン/ 動 他
❶〈語・句を〉(…と)定義する((*as*...))
❷〈境界などを〉定める;〈範囲などを〉限定する

definite /défənət デファナト/ 形 明確な;確実な;(…について)確信した((*about*...))

definitely /défənətli デファナトリ/ 副
❶ 明確に,確実に,きっぱりと
❷((強く肯定した応答で))もちろん,そうですとも

definition /dèfəníʃən デファニシャン/ 名
U C (語・句の)定義(づけ),語義;明確にすること
・by *definition* 定義上;明らかに

definitive /difínətiv ディフィナティヴ/ 形 最終的な,決定的な

deflation /di:fléiʃən ディーフレイシャン/ 名 U
❶【経済】デフレ(ーション),通貨収縮
❷ (空気・ガスを)抜くこと

deflect
/diflékt ディフレクト/ 動
— 他 〈批判などを〉かわす;〈注意などを〉(…から)そらせる((*from...*))
— 自 (…から)それる((*from...*))
deflection 名 ⓊⒸ それること;(計器の針の)振れ

deform
/difɔ́ːrm ディフォーム/ 動 他 〈…を〉変形させる;〈…を〉醜くする
deformed 形 奇形の;醜い

defy
/difái ディファイ/ 動 他 〈人・法などに〉反抗する,〈…を〉無視する;拒む
- *defy A to do* A〈人〉に…するようしかける

degenerate
/didʒénərət ディヂェナラト/
形 悪化した;堕落した
— 名 Ⓒ 堕落者;退化したもの
— 動 /didʒénərèit ディヂェナレイト/ 自
❶ 悪化する;堕落(らく)する
❷【生物】退化する
degeneration 名 Ⓤ 堕落, 退廃;退化
degenerative 形 堕落[退化]しやすい

degrade
/digréid ディグレイド/ 動
❶〈人の〉品位を落とす,〈人を〉堕落(らく)させる
❷〈地位・質・価値を〉下げる
degradation 名 Ⓤ 堕落, 降格;(質などの)低下, 悪化
degrading 形 下品な;はずかしめるような

degree*
/digríː ディグリー/
名 (複 **degrees** /ディグリーズ/)
❶ Ⓒ (角度・温度などの)度
- ten *degrees* below zero 氷点下10度
❷ ⒸⓊ 程度, 度合い, 範囲
- by *degrees* 次第に, だんだんと
❸ Ⓒ 学位, 号;身分, 階級
to some degree ある程度まで;かなり

Del. ((略)) *Dela*ware デラウェア州

Delaware
/déləwèər デラウェア/ 名 デラウェア州(略 Del., (郵便)) DE;米国大西洋岸の州;州都はドーバー(Dover))

delay
/diléi ディレイ/
動
— 他 〈…を〉遅らせる;〈…を〉延期する, 延ばす
- *delay doing* …するのを延期する
- *be delayed* 〈開始などが〉遅れる
— 自 ぐずぐずする, 遅れる
— 名 ⓊⒸ 遅延, 遅れ;延期
- without *delay* ぐずぐずしないで, すぐに

delegate
名 /déligət デリガト/ Ⓒ (会議などへの)代表(者), 使節(団員)((*to...*))
— 動 /déləgèit デラゲイト/ 他
❶ 〈人を〉(会議などへ)代表として派遣する, 代表に任命する((*to...*))
❷ 〈権限などを〉(人に)委任する((*to...*))
delegation 名 Ⓒ 代表団, 派遣団;Ⓤ 代表派遣;委任

delete
/dilíːt ディリート/ 動 他 〈文字などを〉(文書などから)削除する((*from...*))
deletion 名 Ⓤ 削除;Ⓒ 削除箇所

deliberate
形 /dilíbərət ディリバラト/ 故意の, 意図的な;慎重な;熟考した
— 動 /dilíbərèit ディリバレイト/
— 他 〈…を〉熟考する, 深く考える
— 自 (…について)熟考する, 審議する((*on..., over..., about...*))
deliberately 副 わざと, 意図的に
deliberation 名 Ⓤ 熟慮;ⓊⒸ ((しばしば deliberations)) 協議, 審議

delicacy
/délikəsi デリカスィ/ 名
❶ Ⓒ ごちそう, 美味
❷ Ⓤ 繊細さ, 優美さ

delicate
/délikət デリカト/ 形
❶ 〈感触が〉繊細な,〈形・容姿が〉優美な, 上品な, きゃしゃな;〈光などが〉やわらかい;〈物体が〉弱い;〈機械などが〉精巧な
❷ 〈問題などが〉扱いにくい, 微妙な, デリケートな
❸ 〈食べ物などが〉(あっさりして)おいしい
delicately 副 繊細に, 優美に;微妙に;上品に

delicatessen
/dèlikətésn デリカテスン/ 名 Ⓒ デリカテッセン, 調製食品販売店

delicious
/dilíʃəs ディリシャス/
形 [比較] **more delicious** [最上] **most delicious**
おいしい, 風味のよい;快い, 気持ちのよい
- a *delicious* cake おいしいケーキ
deliciously 副 おいしく;快く

delight*
/diláit ディライト/
動 [三単現] **delights** /ディライツ/
[過去・過分] **delighted** /ディライティド/
[現分] **delighting** /ディライティング/
— 他 〈…を〉(…で)大喜びさせる((*with...*))
— 自 大喜びする
— 名 (複 **delights** /ディライツ/)

❶ U **大喜び**, うれしさ, 楽しさ
- with [in] great *delight* 大喜びで
❷ C 楽しいこと, 喜びとなること
***take (a) delight in** A* Aを喜ぶ, 楽しむ
delightful 形 喜ばしい, うれしい, 楽しい, 愉快な
delightfully 副 うれしく, 楽しく, 愉快に

delighted* /diláitid ディライティド/
動 delightの過去形・過去分詞
━ 形
比較 **more delighted**
最上 **most delighted**
喜んでいる, うれしがっている
- *be delighted at* [*by*, *with*] *A*
Aに大喜びする
- *be delighted in doing*
大喜びで…する, …をして楽しむ
- *be delighted to do* …して大喜びする
- *be delighted that...*
…ということを大喜びする
delightedly 副 喜んで, うれしがって

delinquent /dilíŋkwənt ディリンクワント/
形 非行の
━ 名 C 非行者, 非行少年[少女]
delinquency 名 U C (未成年の)犯罪, 非行

deliver /dilívər ディリヴァ/ 動
━ 他
❶〈手紙・品物などを〉(…に)届ける, 配達する((*to...*))
❷〈意見などを〉述べる;〈演説などを〉(…に)する((*to...*))
━ 自 (品物を)配達する

delivery /dilívəri ディリヴァリ/ 名
❶ U (手紙などの)配達, 送付; C 配達物
- a *delivery* charge 配達料
❷ C U 演説, 講演; ((時にa delivery)) 話し方
❸ C U 出産, 分娩(ぶんべん)
- a *delivery* room 分娩室

delta /déltə デルタ/ 名 U C ⊿字形のもの; (河口の)三角州, デルタ

deluge /délju:dʒ デリューヂ/
名 C 大洪水; ((the Deluge))ノアの大洪水
━ 動 他〈…を〉あふれさせる
- *be deluged with* [*by*] *A* Aが殺到する

delusion /dilú:ʒən ディルージャン/ 名
❶ U C 錯覚;妄想
❷ U 惑わし, だまし

deluxe /dəláks ダラクス, dəlúks ダルクス/ 形 豪華な, ぜいたくな

demand
/dimænd ディマンド | dimá:nd ディマーンド/
動 他
❶〈…を〉(人に)**要求する**, 請求する((*from..., of...*))
- *demand to do* …することを要求する
- *demand that...* …ということを要求する
❷〈物・事が〉〈…を〉必要とする (need)
━ 名 (複 **demands** /dimǽndz ディマンヅ/) C
❶ (…を求める)**要求**, 請求 ((*for...*))
- a *demand for* higher pay 賃上げ要求
❷ ((a demand)) (…の)需要 ((*for...*))
- supply and *demand* 需要と供給
in demand 需要のある
- Gasoline is *in* great *demand* now.
ガソリンは今とても需要がある
on demand 要求[請求]があり次第
- Passengers must show their tickets *on demand*. 乗客は求められたら切符を見せなければならない
demanding 形 要求の厳しい;〈仕事などが〉きつい

demerit /di:mérit ディーメリト/ 名 C ((ふつうdemerits)) 欠点, 短所

democracy /dimákrəsi ディマクラスィ/ 名
❶ U 民主主義, 民主政治
❷ C 民主主義国家[社会]

democrat /déməkræt デマクラト/ 名 C 民主主義者; ((Democrat)) ((米)) 民主党員

democratic /dèməkrǽtik デマクラティク/
形 民主主義の; ((Democratic)) ((米)) 民主党の
democratically 副 民主的に

demolish /dimáliʃ ディマリシュ/ 動 他
❶〈建物などを〉取り壊す, 破壊する
❷〈理論・信念などを〉くつがえす
demolition 名 U C 破壊, 取り壊し

demon /dí:mən ディーマン/ 名 C 悪魔;悪霊;鬼

demonstrate /démənstrèit デマンストレイト/
動
━ 他
❶〈学説などを〉論証する, 証明する
- *demonstrate that...* …であることを証明する
❷〈製品を〉実演販売する
━ 自 デモをする

- *demonstrate for* [*against*] *A*
  A(政策など)に賛成[反対]のデモをする
demonstration /dèmənstréiʃən デマンストレイシャン/ 名
① C デモ, 示威(い)運動
② U C 実物説明;実演販売
③ U C 論証, 証明
denial /dináiəl ディナイアル/ 名 U C 否定, 否認;拒絶
denim /dénim デニム/ 名 U デニム(地)
Denmark /dénma:rk デンマーク/ 名 デンマーク(首都はコペンハーゲン)
denomination /dinὰminéiʃən ディナミネイシャン/ 名
① C 宗派, 教派
② C U (重量・貨幣などの)単位(名)
denominator /dináminèitər ディナミネイタ/ 名 C 【数学】分母
denounce /dináuns ディナウンス/ 動 他 〈人・行為を〉(…だと)公然と非難する((*as...*));〈人を〉(警察などに)告発する((*to...*))
dense /déns デンス/ 形
① 〈人・物などが〉(…で)密集した;〈場所が〉(…で)込み合った((*with...*))
② 〈液体・気体などが〉濃い
 densely 副 密に, 密集して;濃く
density /dénsəti デンサティ/ 名 U C
① 密集;密集状態
② 【物理】密度, 濃度
dental /déntl デントル/ 形 歯の;歯科の
dentist /déntist デンティスト/ 名 C 歯科医, 歯医者

deny
/dinái ディナイ/
動 三単現 **denies** /ディナイズ/
過去・過分 **denied** /ディナイド/
現分 **denying** /ディナイイング/
— 他
① 〈…を〉**否定する, 否認する**
- *deny that...* …ではないと言う
- *deny doing* …していないと言う
② ((次の用法で))
- *deny A B* = *deny B* (*to A*)
  (A(人)に)B(物・事)を認めない
- *deny oneself* 自制する
- *There is no denying* (*that*)... …なのは明らかだ
depart /dipá:rt ディパート/ 動 自
① 〈人・乗り物などが〉出発する(⇔arrive)

- *depart from A for B* AからBへ出発する
② 〈話の主題などから〉それる((*from...*))
departed /dipá:rtid ディパーティド/
動 departの過去形・過去分詞
— 形 過ぎ去った;亡くなった
department* /dipá:rtmənt ディパートマント/
名 (複 **departments** /ディパートマンツ/) C
① (会社などの)**部, 課**;(デパートなどの)売り場
- the food *department* 食品売り場
- a *department* store デパート
② ((Department))((米)) 省;((英)) 局
③ (大学の)学科, 学部
 departmental 形 部門の;各学科の
departure /dipá:rtʃər ディパーチャ/ 名 U 出発, 発車; C 出発便
- the *departure* time 発車[出発]時刻
depend* /dipénd ディペンド/
動 三単現 **depends** /ディペンヅ/
過去・過分 **depended** /ディペンディド/
現分 **depending** /ディペンディング/
— 自
① (…に)**頼る**;(…を)当てにする((*on..., upon...*))
- I always *depend on* my parents.
  ぼくはいつも両親に頼っている
② (…)**次第である**((*on..., upon...*))
- Our plan *depends on* the weather.
  ぼくたちの計画は天候次第だ
- *That* [*It*] *depends*.
  それは時と場合によります
 dependable 形 信頼できる;頼りになる
dependent /dipéndənt ディペンダント/
形
① (…に)頼っている((*on...; upon...*))
② (…に)左右される, (…)次第である((*on..., upon...*))
③ (薬物などに)依存した((*on...*))
— 名 C 扶養家族
 dependence 名 U 頼ること, 依存
 dependency 名 C 従属物;属国, 保護領
deplorable /diplɔ́:rəbl ディプローラブル/ 形 嘆かわしい;悲しむべき
deport /dipɔ́:rt ディポート/ 動 他 〈外国人を〉(…へ)国外追放する((*to...*))
 deportation 名 U 国外追放
deposit /dipázət ディパザト/
動 他

depot

❶ 〈金を〉(銀行に)預ける((*in...*));〈…を〉(人に)預ける((*with...*))
- the *deposited* money 預金
❷ 〈物を〉(…に)置く((*on..., in...*))
❸ 〈泥などを〉堆積させる, 積もらせる
= 名 C 預金;堆積物, 沈殿物

depot /díːpou ディーポウ/ 名 C
❶ (貨物用の)倉庫, 備蓄所
❷ ((米))(鉄道・バスの)駅, 発着所

depreciate /dipríːʃièit ディプリーシエイト/ 動
— 他 〈貨幣などの〉価値を下げる;〈…を〉見くびる
— 自 価値が下がる
depreciation 名 U C (価値の)低下;軽視

depress /diprés ディプレス/ 動 他
❶ 〈人を〉落胆させる, 落ち込ませる
❷ 〈活動などを〉弱める;〈市場を〉不景気にする
❸ 〈ボタンなどを〉押し下げる
depressed 形 元気のない, 落ち込んだ;不景気の
depressing 形 憂うつな, 落胆させる
depressive 形 憂うつな;【医学】うつ病の

depression /dipréʃən ディプレシャン/ 名
❶ U C 不景気, 不況
❷ U 憂うつ, 落胆;【医学】うつ病
❸ C 【気象】低気圧
❹ C ((文語))くぼ地, 低地

deprive /dipráiv ディプライヴ/ 動 他 〈…を〉奪う
- *deprive A of B* A(人)からB(物)を奪う
deprived 形 恵まれない;貧しい
deprivation 名 U 損失;欠乏, 不足

dept. ((略))*depart*ment 部, 課

depth /dépθ デプス/ 名
❶ U C 深さ;奥行き
❷ U (知識・知性・人格などの)深さ
in depth 徹底的に, 詳しく

deputy /dépjəti デピュティ/ 名 C 代理人

derail /diːréil ディーレイル/ 動
— 他 〈列車を〉脱線させる
— 自 〈列車が〉脱線する

derivation /dèrəvéiʃən デラヴェイシャン/ 名 U 起源;由来;【文法】(語の)派生

derivative /dirívətiv ディリヴァティヴ/ 形 派生した;独創性に欠けた
— 名 C
❶ 派生物;【文法】派生語
❷ ((derivatives))金融派生商品

derive /diráiv ディライヴ/ 動
— 他 ((次の用例で))
- *derive A from B*
  A(利益・喜びなど)をBから得る[引き出す]
- *be derived from A* (物・事が)Aに由来する
— 自 (…に)由来する((*from...*))

descend /disénd ディセンド/ 動
— 自
❶ 降りる, 降下する;〈道などが〉下りになる
❷ 〈性質などが〉遺伝する;〈遺産などが〉受け継がれる
❸ (…に)由来する; (…の)系統を引く, 子孫である((*from...*))
— 他 〈…を〉降りる, 下る
descendant 名 C 子孫

descent /disént ディセント/ 名
❶ U C 下降, 下ること;C 下り坂
❷ U 家系, 血統

describe* /diskráib ディスクライブ/
動 三単現 **describes** /ディスクライブズ/
過去過分 **described** /ディスクライブド/
現分 **describing** /ディスクライビング/
— 他 〈…の特徴を〉(文字・言葉で)**描写する**, 言い表す, 述べる
- He *described* what he saw.
  彼は見たことを(ありのままに)話した
- *describe A as C* AをCだと評する[言う]

description /diskrípʃən ディスクリプシャン/ 名 U C 記述, 描写, 叙述, 説明
beyond description 言葉では言い表せないほど

descriptive /diskríptiv ディスクリプティヴ/ 形 記述[描写]的な

desert¹ /dézərt デザト/
名 C U 砂漠;不毛の地
— 形 砂漠の;人の住まない
desertification 名 U 砂漠化

desert² /dizə́ːrt ディザート/ 動
— 他 〈人・場所を〉見捨てる
— 自 (職務を)捨てる
deserted 形 人けのない;見捨てられた

deserve /dizə́ːrv ディザーヴ/ 動 他 〈報酬・罰などに〉値する
- *deserve to do*
  …するに値する, …してもおかしくない
- You *deserve* praise. 君は賞賛に値する
deserving 形 (…に)値する((*of...*));援助を受けるに値する

design* /dizáin ディザイン/

design
名 (複) **designs** /ディザインズ/
❶ Ü デザイン, 設計
・learn fashion *design*
ファッションデザインを学ぶ
❷ C 設計図, (絵などの)構図
・draft a *design* 設計図を描く
❸ C 模様, 図柄
❹ C 意図, 計画；悪だくみ, 陰謀
by design 故意に, 意図的に
━ 動
━ 他
❶ 〈…を〉設計する, デザインする；〈絵などの〉図案を描く
❷ 〈…を〉計画する, くわだてる
━ 自 (…の)設計をする, デザインをする, 計画をする ((*for*...))
| **designer** 名 C (衣服などの)デザイナー, 設計者, 考案者

designate /déziɡnèit デズィグネイト/ 動 他
〈人を〉(役職などに)指名する；〈場所を〉(用途に)指定する ((*as*...))
| **designation** 名 Ü 指名, 指定；C 名称

desirable /dizáiərəbl ディザイアラブル/ 形
望ましい, 好ましい
▪ *it is desirable* (*for A*) *to do*
(A(人)が)…するのが望ましい
| **desirably** 副 願わくは
| **desirability** 名 Ü 望ましさ, 願わしさ

desire /dizáiər ディザイア/

動 三単現 **desires** /ディザイアス/
過去・過分 **desired** /ディザイアド/
現分 **desiring** /ディザイアリング/
━ 他 ((改まって)) 〈…を〉(強く)望む, 欲する
・Everybody *desires* happiness.
誰もが幸福を望んでいる
▪ *desire to do* …することを欲する
▪ *desire A to do*
A(人)に…してほしいと頼む
leave nothing to be desired
〈物・事などが〉申し分ない
━ 名 (複) **desires** /ディザイアス/
❶ C Ü (…への)欲望；願望 ((*for*...))；(…したいという)望み ((*to do*))；(…という)願望 ((*that* 節))
・a *desire for* peace 平和への願い
❷ C 望みの物 [人, 事]
❸ Ü 性欲
| **desired** 形 望ましい, 望まれた

desk /désk デスク/

名 (複) **desks** /デスクス/ C
❶ 机, 事務[勉強]机
・*desk* work 事務仕事
・sit *at* the *desk* 机に向かっている
📖 Turn your *desks* around.
机を反対向きにしてください
📖 Make a line of *desks* facing each other.
机が向き合うように列を作ってください
❷ (会社・ホテルなどの)受付, フロント
・ask at the *desk* 受付でたずねる
❸ ((ふつう the desk))(新聞社などの)編集部, 部(署)

desktop /désktɑ̀p デスクタプ/
名 C
❶ デスクトップ(型)コンピュータ
❷ パソコンの初期画面
━ 形 〈コンピュータなどが〉卓上型の

despair /dispéər ディスペア/
名 Ü 絶望；C 絶望させる人[物]
・*in despair* 絶望して
━ 動 自 (…に)絶望する；(…を)あきらめる ((*of*..., *at*...))
| **despairing** 形 絶望した

desperate /déspərət デスパラト/ 形
❶ 必死の；死にもの狂いの
❷ 〈…を〉ほしくてたまらない ((*for*...))；(…したくて)たまらない ((*to do*))
❸ 〈状況などが〉非常に深刻な
| **desperately** 副 必死になって, 死に物狂いで
| **desperation** 名 Ü 必死, 死にもの狂い

despise /dispáiz ディスパイズ/ 動 他 〈人など
を〉軽蔑する, 見下す, さげすむ

despite* /dispáit ディスパイト/
前 …にもかかわらず (in spite of)
・*despite* the fact that...
…という事実にもかかわらず
・*Despite* many failures, he kept trying.
多くの失敗にもめげず彼は挑戦し続けた

dessert* /dizə́ːrt ディザート/
名 (複) **desserts** /ディザーツ/ Ü C デザート

destination /dèstinéiʃən デスティネイシャン/
名 C (旅行などの)目的地, 行き先；(手紙などの)送付先, あて先

destined /déstind デスティンド/ 形
❶ (…する)運命にある ((*to do*))
❷ 〈乗り物などが〉(…)行きである ((*for*...))

destiny /déstəni デスタニ/ 名 C 運命, 宿命; U 運命の力

destroy /distrɔ́i ディストロイ/ 動 他
❶ 〈建物などを〉破壊する, 打ち壊す
・The earthquake *destroyed* the city.
地震で都市が破壊された
❷ ((くだけて))〈敵などを〉滅ぼす
❸ 〈計画・夢などを〉打ちくだく, だめにする

destruction /distrʌ́kʃən ディストラクシャン/ 名 U
❶ (…の)破壊 ((*of*...))
❷ 破滅(状態); 破滅の原因

destructive 形 破壊的な; 建設的でない; 有害な

detach /ditǽtʃ ディタチ/ 動 他 〈…を〉(…から)引き離す, 取りはずす ((*from*...))
detached 形 超然とした; 分離した
detachment 名 U 超然; 分離

detail* /díːteil ディーテイル, ditéil ディテイル/ 名 (複 **details** /díːteilz/) C
細部, 細かいこと; ((details)) 詳細
・the *details* of the project その計画の詳細
・*go into* detail(s) 細部にわたって述べる
・*in detail* 詳細に
━ 動 他 〈…を〉詳しく述べる, 〈細目を〉列挙する
detailed 形 詳細にわたる

detain /ditéin ディテイン/ 動 他
❶ 〈人を〉引き留める, 遅らせる
❷ 〈人を〉拘留する

detect /ditékt ディテクト/ 動 他 〈…を〉見つける, 探知する, 見抜く
detectable 形 探知[検出]可能な
detection 名 U 発見, 探知
detector 名 C 探知器, 検出[波]器

detective /ditéktiv ディテクティヴ/ 名 C 刑事; 探偵
・a private *detective* 私立探偵
━ 形 探偵の
・a *detective* story 推理小説, 探偵小説

detention /diténʃən ディテンシャン/ 名
❶ U 拘留; 引き留め
❷ C U (罰としての)放課後の居残り

deter /ditə́ːr ディター/ 動 他 〈恐怖・不安などが〉〈人に〉〈…を〉思いとどまらせる ((*from*...))

detergent /ditə́ːrdʒənt ディターヂャント/ 名 U C (合成)洗剤

deteriorate /ditíəriərèit ディティアリアレイト/ 動 自 〈品質・健康などが〉悪化する; 低下する
deterioration 名 U C 悪化, 低下

determination /ditə̀ːrminéiʃən ディターミネイシャン/ 名
❶ U 決心, 決意; 決断力
❷ U C 決定, 裁定; 測定

determine* /ditə́ːrmin ディターミン/
動 三単現 **determines** /ditə́ːrminz/
過去・過分 **determined** /ditə́ːrmind/
現分 **determining** /ditə́ːrminiŋ/
━ 他
❶ 〈…を〉決定する, 決める
・*determine* the date of the meeting
会議の日取りを決める
■ *determine what to do* 何をするかを決める
■ *determine to do* …する決心をする
❷ 〈位置・量などを〉測定する; 〈原因などを〉特定する
determined 形 断固とした; 決意して

deterrent /ditə́ːrənt ディターラント/ 名 C (…を)抑止するもの ((*to*...)); (戦争)抑止力

detest /ditést ディテスト/ 動 他 〈人・事などを〉ひどく嫌う

detour /díːtuər ディートゥア/ 名 C 回り道; 遠回り

detract /ditrǽkt ディトラクト/ 動 自 〈価値などを〉減じる, 損なう ((*from*...))

deuce /dúːs ドゥース/ 名
❶ C 【トランプ】2の札; (さいころの)2の目
❷ U 【テニス・バレーボール】デュース

devastating /dévəstèitiŋ デヴァステイティング/ 形
❶ 〈災害などが〉破壊的な, 荒廃させる
❷ 〈知らせなどが〉衝撃的な; 痛烈な, すごい

develop /divéləp ディヴェラプ/
動 三単現 **develops** /divéləps/
過去・過分 **developed** /divéləpt/
現分 **developing** /divéləpiŋ/
━ 他
❶ 〈…を〉**発達させる, 発展させる**; 発育させる
・*develop* one's business 事業を発展させる
❷ 〈新製品・技術などを〉**開発する**; 〈宅地を〉造成する
・*develop* new products 新製品を開発する
❸ 〈問題などを〉発生させる; 〈病気などに〉かかる
❹ 〈理論などを〉展開する

❺〈フィルムを〉現像する
—⾃
❶ 発達する;発展する;発育する
❷〈事・話が〉展開する;〈病気などが〉発症[発生]する
developed 形 発達[発展]した;先進の
developer 名 C 宅地開発業者;U 現像液
developing 形 発展[開発]途上の

development /divéləpmənt ディヴェラプマント/ 名
❶ U 発達, 発展;成長
❷ C 進展;進歩
❸ U (土地・製品などの)開発;C (新しく開発された)団地
❹ U 〔写真〕現像
developmental 形 発達[発育]上の

deviation /dìːviéiʃən ディーヴィエイシャン/ 名
❶ UC (…からの)脱線, 逸脱 ((*from...*))
❷ C 〔統計〕偏差(値)

device /diváis ディヴァイス/ 名 C 装置, 仕掛け;工夫
・a safety *device* 安全装置

devil /dévəl デヴァル/ 名
❶ ((the Devil)) 魔王, サタン;C 悪魔;悪霊
❷ ((the devil)) ((副詞的に)) ((疑問詞を強調して)) 一体全体
devilish 形 悪魔的な;極度の

devise /diváiz ディヴァイズ/ 動 他〈方法などを〉考案する;考え出す

devote /divóut ディヴォウト/ 動 他 ((次の用法で))
■ *devote A to B* A (時間・労力など)をB(仕事・人など)にささげる[充てる]
■ *devote oneself to A* A (仕事など)に専念する;A (人)に深い愛情をそそぐ
devoted 形 献身的な, 忠実な;没頭した
devotee 名 C 愛好家, 狂信者
devotion 名 U 献身, 深い愛情;没頭

devour /diváuər ディヴァウア/ 動 他
❶ 〈…を〉むさぼり食う;〈…を〉むさぼり読む
❷ 〈火事・疫病などが〉〈…を〉壊滅させる

devout /diváut ディヴァウト/ 形 信仰心の厚い, 敬虔(けいけん)な;誠実な

dew* /dúː ドゥー/ 名 U 露;しずく
・The ground was moist with early morning *dew*. 地面は朝露でぬれていた

diabetes /dàiəbíːtəs ダイアビータス/ 名 U 〔医学〕糖尿病

diabetic /dàiəbétik ダイアベティク/
形 糖尿病の
—名 C 糖尿病患者

diagnose /dáiəgnòus ダイアグノウス/ 動 他〈病気を〉診断する;〈欠陥などを〉見つける
diagnosis 名 UC 診断, 診察
diagnostic 形 診断の, 診断に役立つ

diagonal /daiǽgənl ダイアガヌル/
形 対角線の;斜めの
—名 C 〔数学〕対角線;斜線

diagram /dáiəgræm ダイアグラム/ 名 C 図, 図形;図表
・draw a *diagram* 図表を描く

dial /dáiəl ダイアル/
名 C (時計の)文字盤;(ラジオなどの)ダイヤル
—動
—他〈電話・金庫などの〉ダイヤルを回す,〈人に〉電話をかける
・*dial* 110 110番に電話をかける
・*dial* the wrong number 間違い電話をかける
—自 電話をかける, ダイヤルを回す

dialect /dáiəlèkt ダイアレクト/ 名 UC 方言;(ある階級や職業特有の)通用語

dialog /dáiəlɔ̀ːg ダイアローグ/ ((米)) = dialogue

dialogue /dáiəlɔ̀ːg ダイアローグ/ 名 UC 対話;U (小説などの)会話の部分

diameter /daiǽmətər ダイアマタ/ 名 C 直径;〔光学〕倍率

diamond /dáimənd ダイマンド/ 名
❶ CU ダイヤモンド;ひし形;((形容詞的に)) ダイヤ形の, ひし形の
❷ C 〔トランプ〕ダイヤ(の札);((diamonds)) ダイヤの組
❸ C 〔野球〕内野

diaper /dáipər ダイパ/ 名 C ((米)) おむつ

diarrhea /dàiəríːə ダイアリーア/ 名 U 下痢

diary* /dáiəri ダイアリ/
名 (複 *diaries* /dáiəriz/) C 日記(帳)
・keep a *diary* 日記をつける

dice /dáis ダイス/ 名 C さいころ;U さいころ遊び

Dickens /díkinz ディキンズ/ 名 **Charles Dickens** ディケンズ (英国の小説家で,『二都物語』の著者)

dictate /díkteit ディクテイト/ 動
—他
❶〈…を〉(…に)書き取らせる ((*to...*))

dictator

❷〈規則などを〉(…に)指図する((to...))
— 📧 〈人に〉書き取らせる((to...))

dictation 名 U 口述, 書き取り; C U (外国語の)書き取りテスト

dictator /díkteitər ディクテイタ/ 名 C 独裁者, 絶対権力者

dictatorial 形 独裁的な
dictatorship 名 U C 独裁(政)権

diction /díkʃən ディクション/ 名 U 言葉づかい, 語法

dictionary /díkʃənèri ディクシャネリ | díkʃənəri ディクシャナリ/

名 (複 **dictionaries** /díkʃənèriz/) C
辞書, 辞典; 事典

・consult [use] a *dictionary* 辞書を引く

did /díd ディド/ 動 doの過去形 ⇨do

didn't /dídnt ディドント/

((くだけて)) did not の縮約形

die /dái ダイ/

動 三単現 **dies** /dáiz/
過去・過分 **died** /dáid/
現分 **dying** /dáiiŋ/

— 📧
❶〈人・動物が〉**死ぬ**;〈植物が〉枯れる
・She *died* peacefully. 彼女は安らかに死んだ
■ *die of* [*from*] *A*
Aが(原因)で死ぬ
・*die of* cancer がんで死亡する
❷〈風・うわさ・名声などが〉次第に弱まる, 消える, すたれる((*away, off, out, down*))
・The music *died away*.
音楽がだんだん聞こえなくなった
・*die out* 〈家系などが〉絶滅する
— 他 ((次の用法で))
■ *die a ... death* …な死に方をする
➡ … には形容詞または名詞の所有格が入る
・*die a* glorious [hero's] death
栄光に満ちた[英雄的な]死をとげる
■ *be dying to do* …したくてたまらない
■ *be dying for A* Aがほしくてたまらない

diesel /díːzəl ディーゼル/ 名 C ディーゼル車; U ディーゼル油

diet¹* /dáiət ダイアト/
名 (複 **diets** /dáiəts/)
❶ C U (日常の)**食事**, 常食

・a balanced *diet* バランスのとれた食事
・live on a *diet* of A Aを主食にしている
❷ C ((ふつうa diet)) **ダイエット**, 食餌(じ)療法; 規定食
・go on *a* strict *diet* 厳しい食事制限をする
・be *on a diet* ダイエット中である

— 動
三単現 **diets** /dáiəts/
過去・過分 **dieted** /dáiətid/
現分 **dieting** /dáiətiŋ/

— 📧 **ダイエットする**, 食餌制限をする

diet² /dáiət ダイアト/ 名 C ((ふつうthe Diet)) (日本などの)国会, 議会
・*The Diet* is now sitting.
国会は現在開会中である

dietary /dáiətèri ダイアテリ/ 形 食事の, 食物の; ダイエットの

differ* /dífər ディファ/
動 三単現 **differs** /dífərz/
過去・過分 **differed** /dífərd/
現分 **differing** /dífəriŋ/

— 📧 (…と)**異なる**((*from*...)), (…において)違う((*in*...))
・We *differ in* personality.
ぼくたちは性格が異なる

difference* /dífərəns ディファランス/
名 (複 **differences** /dífərənsiz/)
❶ C U (…間の)**違い**, 差異; 相違(点)((*between*...))
・*make no difference*
どちらでもかまわない, なんでもいい
・What's the *difference between* the two?
2者の違いは何ですか
❷ C 意見の相違; 不和, 口論
❸ ((a difference)) 差額; 差異;【数学】差

different /dífərənt ディファラント/

形 比較 **more different**
最上 **most different**

❶ (…と)**違った**, **異なった**, 別の((*from*...))
(⇔same)
・She looks *different* today.
きょうの彼女は別人のようだね
❷ さまざまな, いろいろな; 別々の
・*Different* people have *different* way of thinking. 人によって考え方はさまざまだ

differently 副 異なって, さまざまに
differential 形 区別となる; 差別的な

differentiate /dífərénʃièit ディファレンシエイト/ 動
— 他 〈…を〉〈…と〉区別する((*from*...))
— 自 (…間の)区別がつく((*between*...))
|**differentiation** 名 U|C 区別；差別

difficult /dífikəlt ディフィカルト/

形 比較 **more difficult**
最上 **most difficult**

❶ **難しい, 困難な**(⇔easy)
- *it is difficult* (*for A*) *to do*
 (A(人)が)…するのは難しい
- *It is difficult for* me *to* solve this problem. ぼくがこの問題を解くのは難しい

❷〈人が〉扱いにくい, 気難しい
|**difficultly** 副 難しく；気難しく

difficulty* /dífikəlti ディフィカルティ/
名 (複 **difficulties** /ディフィカルティズ/)

❶ U **難しさ, 困難**
- *have difficulty* (*in*) *doing*
 …をするのが困難である
- without *difficulty* やすやすと, 苦もなく
- with *difficulty* やっとのことで, かろうじて

❷ C ((ふつうdifficulties)) **苦境, トラブル；経済的困難**

diffuse
動 /difjú:z ディフューズ/
— 他 〈熱・光などを〉拡散する；〈学問・知識などを〉広める
— 自 拡散する；広まる
— 形 /difjú:s ディフュース/ 拡散した；広がった
|**diffusion** 名 U 拡散；普及

dig* /díg ディグ/
動 三単現 **digs** /ディグズ/
過去・過分 **dug** /ダグ/
現分 **digging** /ディギング/
— 他
❶〈地面・穴を〉**掘る**
❷〈…を〉掘り出す, 発見する
— 自 地面を掘る

digest
動 /daidʒést ダイヂェスト | didʒést ディヂェスト/
— 他
❶〈食べ物を〉消化する
❷〈知識などを〉理解する；会得する
— 自 〈食べ物が〉消化される
— 名 /dáidʒest ダイヂェスト/ C (著書の)要約, 摘要, ダイジェスト
|**digestible** 形 消化のよい

|**digestion** 名 C|U 消化；消化機能

digestive /daidʒéstiv ダイヂェスティヴ/ 形 消化の；消化力のある

digit /dídʒit ディヂト/ 名 C
❶ アラビア数字 (0から9までの各数字)；(数字の)桁(けた)
❷ ディジット (2進法では1または0)
|**digitize** 動 他 〈…を〉デジタル化する

digital /dídʒətl ディヂャトル/ 形 デジタル方式の, 数字で表示された
- a *digital* camera デジタルカメラ
|**digitally** 副 デジタル方式で

dignified /dígnəfàid ディグナファイド/ 形 威厳のある, 品位のある；堂々とした

dignity /dígnəti ディグナティ/ 名 U 威厳, 荘重さ；品位, 高潔さ
- die with *dignity* 尊厳死する

digress /daigrés ダイグレス/ 動 自 〈人が〉(主題から)それる, 脱線する((*from*...))
|**digression** 名 U|C 主題からそれること, 脱線；余談

dilemma /dilémə ディレマ/ 名 C 板ばさみ, ジレンマ
- be in a *dilemma* ジレンマに陥っている

diligent /dílidʒənt ディリヂャント/ 形 (…に)勤勉な, 絶えず努力する((*in*...))
- a *diligent* student 勤勉な学生
|**diligently** 副 勤勉に；念入りに
|**diligence** 名 U 勤勉, 絶え間ない努力

dim /dím ディム/
形 比較 **dimmer** /ディマ/
最上 **dimmest** ディマスト
❶ **薄暗い**(⇔bright)
❷〈記憶などが〉かすかな, おぼろげな
— 動
— 他 〈…を〉薄暗くする；〈目などを〉かすませる
— 自 薄暗くなる；かすむ
|**dimly** 副 薄暗く；かすかに, ぼんやりと
|**dimness** 名 U 薄暗さ；かすかなこと

dime /dáim ダイム/ 名 C ダイム (米国・カナダの10セント硬貨)

dimension /dimén∫ən ディメンシャン/ 名
❶ C|U (長さ・幅・厚さなどの)寸法；((dimensions)) 容積, 体積；C【数学】次元
❷ C (問題などの)面, 局面

dimensional /dimén∫ənəl ディメンシャナル/ 形 寸法の；(…)次元の
- two-*dimensional* 2次元の

diminish /dimíni∫ ディミニシュ/ 動

- 他 〈…を〉減らす, 小さくする
- 自 減少する, 小さくなる

dimple /dímpl ディンプル/ 名 C えくぼ

dine /dáin ダイン/ 動 自 食事をする, ディナーを取る

dine in 自宅で食事をする

dine out (レストラン・知人宅など)外で食事する, 外食する

diner 名 C 食事をする人；簡易食堂

ding-dong /díŋdɔ̀ːŋ ディングドーング/ 名 U キンコーン, ガランガラン(鐘が鳴る音)

dining /dáiniŋ ダイニング/
- 動 dine の現在分詞・動名詞
- 名 U 食事
- a *dining* room 食堂, ダイニングルーム

dinner /dínər ディナ/

名 (複 **dinners** /ディナズ/)

❶ U (種類や1人分の食事をいう時は C) **ディナー, 正餐(せいさん)**；(1日のうち主要な)食事
- have [eat] *dinner* 夕食を食べる

❷ C **晩餐(ばんさん)会**

dinosaur /dáinəsɔ̀ːr ダイナソー/ 名 C 恐竜

dioxin /daiάksin ダイアクスィン/ 名 U 【化学】ダイオキシン

dip /díp ディプ/

動
- 他

❶ 〈物を〉〈液体に〉ちょっと浸す, つける ((*in..., into...*))

❷ (スプーンなどで)〈物を〉(…から)すくい出す ((*from...*))

- 自

❶ (液体などに)ちょっと浸る, つかる ((*into...*))

❷ 〈物・値段などが〉下がる

dip into A A (ポケットなど)に手を突っ込む；A (貯金など)に手をつける；A (本など)を拾い読みする

- 名

❶ C ちょっと浸す[つける]こと

❷ U C ディップ(クラッカーなどを浸すソース)

diploma /diplóumə ディプロウマ/ 名 C 卒業証書；賞状, 免許状

diplomat /dípləmæt ディプラマト/ 名 C 外交官；駆け引きのうまい人

diplomacy 名 U 外交, 外交術；駆け引き

diplomatic 形 外交の, 外交上の；駆け引きのうまい

diplomatically 副 外交上；外交的に

dire /dáiər ダイア/ 形 恐ろしい, 悲惨な；差し迫った

direct

/dərékt ダレクト | dairékt ダイレクト/

形 副 比較 **more direct**

最上 **most direct**

- 形 (⇔ indirect)

❶ **まっすぐな**, 一直線の, 最短距離の
- a *direct* flight 直行便

❷ **直接の**, じきじきの (⇔ indirect)

❸ 率直な, 単刀直入の

❹ まったくの, 完全な, 絶対の

- 副 **まっすぐに**, 直行して；直接に

- 動

- 他

❶ 〈視線・注意などを〉(…に)向ける, そそぐ ((*to..., toward..., at...*))

❷ 〈…を〉**指揮する**, 指示する；〈映画の〉監督をする

- ***direct A to do***
  A (人)に…するように指示する

❸ 〈人に〉(…への)道を教える ((*to...*))

- 自 指揮する, 命令する；(映画の)監督をする

direction /dərékʃən ダレクシャン | dairékʃən ダイレクシャン/

名 (複 **directions** /ダレクシャンズ/)

❶ C U **方向, 方角**, 方位
- change *direction*
  方向を変える；人生の方向転換をする
- in all *directions* = in every *direction*
  四方八方に

❷ C ((ふつう directions)) 指示, 命令

❸ U 指導, 指揮；(映画などの)監督, 演出

directional 形 方向の；指向性の

directive 名 C (公式の)指示, 指令

directly */dəréktli ダレクトリ | dairéktli ダイレクトリ/

副 比較 **more directly**

最上 **most directly**

❶ まっすぐに, 直行して

❷ **直接に**, じかに

❸ まったく, まさに

❹ 率直に, 単刀直入に

- 接 ((英)) …するとすぐに

director /dəréktər ダレクタ | dairéktər ダイ

レクタ/ 名 C
❶ 指導者
❷ 映画監督;(テレビなどの)ディレクター, 演出家
❸ (会社の)重役, 取締役;(官庁の)長官, 局長;(学校の)校長
directorial 形 指導上の;監督[演出家](としての)

directory /dəréktəri ダレクタリ | dairéktəri ダイレクタリ/ 名 C
❶ 住所付き氏名録
❷【コンピュータ】ディレクトリー(ハードディスク上の情報管理ファイル)

dirt /dá:rt ダート/ 名 U
❶ 汚れ;(付着した)泥, ほこり;土
❷ ((くだけて))卑猥(ひわい)な言葉;悪口

dirty /dá:rti ダーティ/

形 [比較] **dirtier** /ダーティア/
[最上] **dirtiest** /ダーティアスト/
❶ 〈人・物などが〉汚い, 汚れた(⇔clean);泥だらけの
- Wash your *dirty* face.
汚れた顔を洗いなさい
❷ 〈行為などが〉下劣(げれつ)な, 卑劣(ひれつ)な
- a *dirty* talk 猥(わい)談
— 動
— 他 〈…を〉汚す
— 自 汚れる

disable /diséibl ディセイブル/ 動 他 〈…を〉無力にする;〈人を〉不具にする
disabled 形 身体障害のある
disability 名 U 無能, 無力;C 身体障害

disadvantage /dìsədvǽntidʒ ディサドヴァンティヂ/ 名 C U 不利益;不利(な立場)
- at a *disadvantage* 不利な立場で

disagree /dìsəgrí: ディサグリー/ 動 自
❶ (人と)意見が合わない(*with...*)
❷ (…と)一致しない(*with...*)
disagreement 名 U C 不一致, 意見の相違;不調和

disappear /dìsəpíər ディサピア/ 動 自
❶ 見えなくなる, 姿を消す
- *disappeared from* view 視界から消える
❷ 〈人・物が〉存在しなくなる, なくなる
disappearance 名 U C 見えなくなること;消滅

disappoint /dìsəpɔ́int ディサポイント/ 動
— 他 〈人を〉失望させる

- Don't *disappoint* me.
私をがっかりさせないで
— 自 人を失望させる
disappointing 形 失望させる(ような)
disappointment 名 U 失望, 落胆

disappointed /dìsəpɔ́intid ディサポインティド/
動 disappointの現在分詞・動名詞
— 形 がっかりした, 失望した
- *be disappointed at [about, in, with] A*
Aにがっかりする
- I *was disappointed at* the news.
その知らせを聞いてがっかりした
- I *was* a bit *disappointed with* your efforts.
あなたの出来にはちょっとがっかりしました
- *be disappointed that...*
…ということにがっかりする
- *be disappointed to do* …してがっかりする

disapprove /dìsəprú:v ディサプルーヴ/ 動
— 自 (…を)承認しない, (…に)賛成しない(*of...*)
— 他 〈…を〉承認しない, 〈…に〉賛成しない
disapproval 名 U 不承認, 不賛成

disaster /dizǽstər ディザスタ | dizá:stər ディザースタ/ 名 C U
❶ 大災害, 大惨事
- *natural disasters* 自然災害
- a *disaster* area 被災地
❷ ((くだけて))大失敗, 失敗作
disastrous 形 大災害の, 悲惨な
disc /dísk ディスク/ = disk
discard /diská:rd ディスカード/ 動 他 〈不用な物などを〉捨てる

discharge
動 /distʃá:rdʒ ディスチャーヂ/
— 他
❶ 〈電気を〉放電する;〈気体・液体などを〉放出する
❷ 〈人を〉解放する;〈人を〉解雇する;退院させる
- *be discharged* from a hospital 退院する
❸ 〈義務などを〉果たす;〈借金を〉返済する
❹ 〈銃などを〉撃つ, 発砲する
❺ 〈荷物・乗客などを〉降ろす;〈船から〉荷揚げする
— 自 〈電池が〉放電する;〈気体・液体などが〉流れ出る
— 名 /dístʃa:rdʒ ディスチャーヂ/

discipline

❶ C|U 放電, 放出
❷ U 解放; 解雇
❸ C|U (義務などの)履行; (借金の)返済
❹ C|U 発砲
❺ C|U 荷揚げ

discipline /dísəplin ディサプリン/ 名
❶ U 訓練; C 修養, しつけ
❷ U 規律, 統制; 自制(心)
・keep *discipline* 規律を守る
❸ U 懲罰, こらしめ
━ 動 他
❶ ⟨…を⟩訓練する, しつける
▪ *discipline A to do* …するようA(人)を訓練する
❷ ⟨人を⟩罰する, こらしめる

disclose /disklóuz ディスクロウズ/ 動 他 ⟨秘密などを⟩公表する, 暴露する
 disclosure 名 U 暴露, 公表; C 暴露された秘密

disco /dískou ディスコウ/ 名 C ディスコ
・go to a *disco* ディスコに行く

discomfort /diskÁmfərt ディスカムファト/ 名 U 不快, 不安; C 不快[不安]なもの

disconnect /dìskənékt ディスカネクト/ 動 他 ⟨二者の⟩関係を絶つ; ⟨…を⟩⟨…から⟩分離する, はずす ((*from*...)); ⟨電源などを⟩切る, 止める

discontent /dìskəntént ディスカンテント/ 名 U 不満, 不平; C 不満[不平]の種

discontinue /dìskəntínju: ディスカンティニュー/ 動 他 ⟨…を⟩やめる; ⟨…することを⟩停止[中止]する ((*doing*))

discord /dískɔ:rd ディスコード/ 名 U|C (人間関係の)不調和, 不和, 争い; (意見などの)不一致

discotheque /dískətèk ディスカテク/ 名 C ディスコ (((くだけて))disco)

discount
名 /dískaunt ディスカウント/ C 割り引き, 割引額[率]
・a *discount* store [shop] 安売り店
・a *discount* price 割引価格
・*at a discount* 割引価格で
・Can you give me *a discount*? まけてもらえませんか
━ 動 /dískaunt ディスカウント, diskáunt ディスカウント/ 他 ⟨…を⟩割り引きする; ⟨話などを⟩割り引いて聞く

discourage /diskə́:ridʒ ディスカーリヂ | diskÁridʒ ディスカリヂ/ 動 他
❶ ⟨人を⟩落胆させる, がっかりさせる
・Don't *be discouraged*. がっかりしないで
❷ ⟨人に⟩やめさせる
▪ *discourage A from doing* A(人)が…するのを思いとどまらせる
 discouraging 形 落胆させる(ような)

discourse ((改まって))
名 /dískɔ:rs ディスコース/
❶ C (…についての)講演, 説教; 論説, 論文 ((*on*..., *upon*...))
❷ U (…との)会話, 談話 ((*with*...))
━ 動 自 /diskɔ́:rs ディスコース/
❶ (…について)(演説・論文などで)論じる ((*on*..., *upon*...))
❷ (…と)話をする, 談話する ((*with*...))

discover /diskÁvər ディスカヴァ/ 動 他 ⟨…を⟩発見する, 見つける; ⟨…に⟩気づく
・Columbus *discovered* America. コロンブスはアメリカを発見した
▪ *discover that*... …であることが分かる
 discoverer 名 C 発見者
 discovery 名 U 発見; C 発見された物

discriminate /diskrímineit ディスクリミネイト/ 動
━ 自 (…を)差別する ((*against*...))
━ 他 ⟨…を⟩(…と)見分ける, 識別する ((*from*...))

discrimination /diskrìminéiʃən ディスクリミネイシャン/ 名 U (…に対する)差別(待遇) ((*against*...)); 区別, 識別(力)
・racial [sexual] *discrimination* 人種[性]差別

discuss /diskÁs ディスカス/

動 三単現 **discusses** /ディスカスィズ/
過去・過分 **discussed** /ディスカスト/
現分 **discussing** /ディスカスィング/
━ 他 ⟨…について⟩(…と)話し合う, 議論する ((*with*...))
・I *discussed* the problem *with* my parents. その問題について両親と話し合った
・*discuss* what to do 何をすべきか話し合う

discussion* /diskÁʃən ディスカシャン/ 名 (複 **discussions** /ディスカシャンズ/) U|C (…についての)話し合い, 議論, 討論, 討議 ((*about*..., *on*...))
・a hot [heated] *discussion* 激しい議論

- have a *discussion about* the matter
  その件について話し合う
- be *under discussion* 審議中である

disease* /dizíːz ディズィーズ/
名 (複 **diseases** /ディズィーズィズ/) ⓊⒸ
病気, 疾病
- have [catch] a *disease*
  病気にかかっている[かかる]
- cure a *disease* 病気を治す

disgrace /disgréis ディスグレイス/
名 Ⓤ 不名誉, 恥; 不人気
— 動 他 〈…に〉恥をかかせる
disgraceful 形 不名誉な, 恥ずかしい

disguise /disgáiz ディスガイズ/
名 ⓊⒸ 変装, 偽装, まやかし; 見せかけ
- in *disguise* 変装して
— 動 他 〈人などを〉変装させる
- *disguise oneself as A*
  A に変装する

disgust /disgʌ́st ディスガスト/
動 他 〈人を〉不愉快な気持ちにする, うんざりさせる
- be *disgusted* うんざりする, むかつく
— 名 Ⓤ 不快感, 嫌悪(けんお), うんざり
disgusting 形 とてもいやな, むかつくような

dish /díʃ ディシュ/

名 (複 **dishes** /ディシズ/) Ⓒ
❶ 皿, 鉢; ((the dishes)) 食器類
- wash [do] *the dishes* 食器を洗う
❷ (料理の)一皿; (一皿分の)料理

dishearten /dishɑ́ːrtn ディスハートン/ 動
他 ((文語))〈人を〉がっかりさせる

dishonest /disɑ́nist ディサニスト/ 形 不正直な, 不誠実な; 不正な
dishonestly 副 不正直に
dishonesty 名 Ⓤ 不正直; Ⓒ 不正(行為)

dishonor /disɑ́nər ディサナー/ 名 Ⓤ 不名誉, 恥辱; Ⓒ ((a dishonor)) 不名誉な人[物], つら汚し

dishwasher /díʃwɑ̀ʃər ディシュワシャ/ 名 Ⓒ
皿洗い(人); 食器洗い機

disk /dísk ディスク/ 名 Ⓒ ((米))
❶ 円盤; (CD などの)円盤状の物
- a compact *disc* シーディー (略 CD)
❷ 【コンピュータ】(磁気)ディスク(記憶装置)
- a hard *disc* ハードディスク

dislike /disláik ディスライク/
動 他 〈…を〉嫌う, いやがる(⇔like)
- *dislike doing* …するのがいやである
— 名 Ⓤ 嫌悪(けんお)感, 反感; Ⓒ 嫌いなもの
- have no likes and *dislikes* 好き嫌いがない

disloyal /dislɔ́iəl ディスロイアル/ 形 不忠実な, 不(誠)実な

dismal /dízməl ディズマル/ 形 陰気な; 憂うつな

dismay /disméi ディスメイ/
動 他 〈人などを〉うろたえさせる; がっかりさせる
- be *dismayed* うろたえる, がっかりする
— 名 Ⓤ 狼狽(ろうばい); 落胆

dismiss /dismís ディスミス/ 動 他
❶〈人を〉(地位・職などから)解雇する, 去らせる((from...))
❷〈考えなどを〉捨てる, 退ける; 【法律】〈訴えなどを〉却下する
❸〈人を〉去らせる; 〈集会などを〉解散させる
dismissal 名 ⒸⓊ 解雇, 免職; 却下; 解散

Disney /dízni ディズニ/ 名 **Walt Disney**
ディズニー(米国のアニメ映画製作者)
- *Disney* World 【商標】ディズニーワールド

Disneyland /dízniland ディズニランド/ 名
【商標】ディズニーランド(米国ロサンゼルス近郊にある遊園地)

disobey /dìsəbéi ディサベイ/ 動
— 他 〈規則・命令などに〉従わない, 背く
— 自 服従しない
disobedience 名 Ⓤ 不服従, 不従順

disorder /disɔ́ːrdər ディソーダ/ 名
❶ Ⓤ 混乱, 乱雑
- be *in disorder* 散らかっている
❷ ⓊⒸ (政治的・社会的)無秩序, 騒乱
❸ ⓊⒸ (心身の)不調, 変調
disordered 形 散らかった, 乱れた; 不調の
disorderly 形 混乱した, 無秩序の; 乱暴な

disparate /díspərət ディスパラト/ 形 (本質的に)異なる, 異種の

disparity /dispǽrəti ディスパラティ/ 名 ⒸⓊ
(…における)不一致((in..., of...)); (…間の)相違((between...))

dispassionate /dispǽʃənət ディスパシャナト/
形 冷静な; 公平な

dispatch /dispǽtʃ ディスパチ/
動 他 〈人・物などを〉(…に)派遣する; 発送する((to...))
— 名

dispel

① ⓊU 派遣;急送, 発送
② ⓒC (新聞などの)至急報
dispel /dispél ディスペル/ 動他 〈霧・煙などを〉追い散らす;〈恐怖・疑いなどを〉追い払う
dispense /dispéns ディスペンス/ 動他
① 〈物を〉分け与える;〈情報などを〉(…に)提供する((*to*...))
② 〈機械が〉〈現金などを〉供給する
dispense with *A* Aなしですます
disperse /dispə́ːrs ディスパース/ 動
— 他
① 〈群集などを〉追い散らす
② 〈煙・霧などを〉消散させる
— 自
① 〈群集などが〉散り散りになる
② 〈霧などが〉消散する
displace /displéis ディスプレイス/ 動他
① 〈…(の役割など)に〉取って代わる
・Robots have *displaced* many workers.
ロボットは多くの労働者に取って代わった
② 〈人を〉追放する;解雇する;〈物を〉(通常の位置から)移す((*from*...))
displacement 名Ⓤ 移動, 置き換え;解雇
display /displéi ディスプレイ/
動他
① 〈商品・作品などを〉展示する, 陳列する
・*display* goods for sale
品物を売るために並べる
② 〈物を〉〈人に〉見せる, 誇示する((*to*...))
③ 〈能力などを〉発揮する;〈感情などを〉表に出す
④ 【コンピュータ】〈データなどを〉(画面に)表示する
— 名
① ⓊⒸ 展示, 陳列;Ⓒ 展示品
・a fireworks *display* 花火大会
② Ⓒ (感情などの)表出;見せびらかし, 誇示
■ ***make a display of*** *A* Aを誇示する
④ Ⓒ 【コンピュータ】ディスプレー
on display 〈物が〉展示[陳列]されて
displeased /displí:zd ディスプリーズド/ 形 〈人が〉(…で)不愉快な;(…が)気に入らない((*by*..., *at*..., *with*...))
displeasure /displéʒər ディスプレジャ/ 名 Ⓤ 不満, 不快感
disposable /dispóuzəbl ディスポウザブル/ 形
① 使い捨ての, 簡単に処分できる

② 〈収入などが〉自由に使える
— 名 Ⓒ ((米)) 使い捨て用品
disposal /dispóuzəl ディスポウザル/ 名 Ⓤ
① 処理, 処分;始末((*of*...))
② 配置, 配列
・the *disposal of* rubbish ごみの処理
dispose /dispóuz ディスポウズ/ 動他
① 〈…を〉配置する
② 〈人に〉(…する)傾向がある((*to do*));〈人を〉(…する)気にさせる((*to do*))
dispose of *A* Aを処分する;解決する
disposed /dispóuzd ディスポウズド/
動 disposeの過去形・過去分詞
— 形 (…する)気がある, (…する)傾向がある((*to do*))
disposition /dìspəzíʃən ディスパズィシャン/ 名
① Ⓒ ((ふつうa disposition)) 気質;傾向;意向
② ⓊⒸ 配置, 配列
③ Ⓤ (問題の)処置, 処分
disproportionate /dìsprəpɔ́ːrʃənət ディスプラポーシャナト/ 形 (…と)不つり合いな((*to*...))
disprove /disprúːv ディスプルーヴ/ 動他 〈…の〉誤りを証明する, 〈…に〉反証する
dispute /dispjúːt ディスピュート/
動
— 他
① 〈提案などに〉反対する;(…ということに)反論する((*that*節))
② 〈…を〉議論する
③ 〈勝利・所有などを〉(…と)争う((*with*...))
— 自 (…と)議論する, 言い争う((*with*..., *against*...))
— 名
① ⓊⒸ (…についての)論争, 議論, 討論((*about*...))
② Ⓒ 争議, 紛争
beyond dispute
議論の余地なく, 確かに
in dispute 論争中の;未解決の
disqualification /diskwàlifikéiʃən ディスクワリフィケイシャン/ 名 Ⓤ 資格剥奪(はくだつ);失格, 不合格
disregard /dìsrigáːrd ディスリガード/
動他 〈…を〉無視する;軽視する
— 名 ⓊⒸ (…の)無視, 無関心;軽視((*of*..., *for*...))

- *in disregard of A* Aを無視して

disrespect /dìsrispékt ディスリスペクト/ 名
⃞U (…に対する)失礼, 無礼((to...))
disrespectful 形 失礼な, 無礼な

disrupt /disrʌ́pt ディスラプト/ 動他 〈…を〉分裂させる;〈通信などを〉混乱させる;〈国家などを〉崩壊させる
disruption 名 ⃞C⃞U 分裂, 混乱
disruptive 形 混乱させるような;分裂による

dissatisfy /dìssǽtisfài ディスサティスファイ/ 動他〈人に〉〈…に〉不満を抱かせる((with...))
dissatisfaction 名 ⃞U 不平, 不満
dissatisfied 形 不満な

dissect /disékt ディセクト/ 動他
❶〈人体などを〉解剖する, 切断する
❷〈問題などを〉細かく分析する
dissection 名 ⃞U 解剖;詳細な分析

disseminate /disémineit ディセミネイト/ 動他〈情報などを〉広める, 普及させる

dissent /disént ディセント/
動 自 反抗する, 反対する
━名 ⃞U 意見の相違, 異議, 反対

dissertation /dìsərtéiʃən ディサテイシャン/ 名 ⃞C 論文;博士論文

disservice /dissə́ːrvis ディサーヴィス/ 名 ⃞U
((またa disservice))(…への)不親切;ひどい仕打ち((to...))

dissimilar /disímilər ディスィミラ/ 形 (…と)似ていない((to...))

dissolution /dìsəlúːʃən ディサルーシャン/ 名 ⃞U
❶ 分解, 溶解
❷〈契約・結婚などの〉解消;〈組織・議会などの〉解散;〈国家などの〉崩壊

dissolve /dizɑ́lv ディザルヴ/ 動
━他
❶〈固体などを〉〈液体に〉溶かす((in...));〈…を〉溶かして (…に)する((into...))
・ *dissolve* the powdered milk *in* hot water 粉ミルクをお湯に溶かす
❷〈組織などを〉解散する;〈契約などを〉解消する
━自
❶ (液体に)溶ける((in...));溶けて (…に)なる((into...))
❷〈問題などが〉解決する

dissonance /dísənəns ディサナンス/ 名 ⃞U⃞C
❶ 耳障りな音;【音楽】不協和音
❷ 不調和, 不一致

dissuade /diswéid ディスウェイド/ 動他〈人に〉〈…を〉やめるよう説得する((from...))

distance /dístəns ディスタンス/
名 (複 **distances** /dístənsiz/)
❶ ⃞C⃞U **距離**, 道のり, へだたり
・ What is the *distance* from your house to your school? あなたの家から学校までの距離はどれくらいですか
・ The bus stop is quite a *distance* from here. バス停はここからはかなり遠い
❷ ⃞C⃞U ((ふつうthe distance)) **遠距離**, 遠方
・ Seen from a *distance*, it looks like a rock. 離れて見ると, それは岩のように見える
・ *distance* learning 遠隔教育, 通信教育
❸ ⃞C⃞U (時間的な)**間隔**, 隔たり
❹ ⃞U ((またa distance))(精神的な)隔たり, よそよそしさ

keep A at a distance
Aによそよそしくする

keep one's distance (…から)距離を置く, 離れている((from...))

distant* /dístənt ディスタント/
形 比較 **more distant**
最上 **most distant**
❶ (距離的に)**遠い**, 離れた, 遠距離の;(…から)距離が…だけある((from...))
・ Our school is *distant from* the station. 学校は駅から遠く離れている
❷ (時間的に)**遠い**, 離れた
❸ (関係が)遠い;(態度が)よそよそしい
distantly 副 遠く, 離れて;よそよそしく

distaste /distéist ディステイスト/ 名 ⃞U ((またa distaste))嫌悪(けんお);(…に対する)(…が)嫌いなこと((for...))
distasteful 形 不快な;いやな

distill /distíl ディスティル/ 動他〈液体を〉蒸留する;〈…を〉蒸留して (…を)作る((into...))
・ *distilled* water 蒸留水
distillation 名 ⃞U 蒸留;⃞U⃞C 蒸留物[液]

distinct /distíŋkt ディスティンクト/ 形
❶ はっきり認識した, 明瞭な
❷ (…とは)別の, 異なった((from...))
・ the *distinct* smell of Indian spice インドの香辛料の独特なにおい
as distinct from A Aとは違って
distinctly 副 はっきりと, 明瞭に

distinctive 形 独特の；際立った
distinctively 副 特徴的に

distinction /distíŋkʃən ディスティンクシャン/ 名
① ⓤⓒ（…間の）区別, 差別, 相違（点）（(between...)）
・in *distinction* from A　Aと区別して
② ⓤ （またa distinction）特徴, 特異性
③ ⓤⓒ 名誉；栄誉（のしるし）
④ ⓤ 優秀さ, すばらしさ；高名

distinguish /distíŋgwiʃ ディスティングウィシュ/ 動
— 他
① 〈…を〉（…と）識別する, 見分ける（(from...)）
・*distinguish* A from B
AとBを区別する
② 〈…を〉特徴づける
③ ((canを伴って))〈…を〉見分ける, 聞き分ける
④ ((distinguish *one*selfで))（…として）有名になる（(as...)）
— 自 （…の間の）相違を示す（(between...)）
distinguishable 形 区別できる
distinguished 形 際立った；抜群の

distort /distɔ́ːrt ディストート/ 動
— 他
① 〈…を〉ゆがめる
② 〈事実などを〉ねじ曲げる, 曲げて伝える
— 自 ゆがむ, 曲がる, ねじれる
distorted 形 ゆがんだ
distortion 名 ⓤ ゆがみ, ひずみ

distract /distrǽkt ディストラクト/ 動 他
〈注意などを〉（…から）そらす, 散らす, 紛らす（(from...)）
・*distract oneself* with A
Aで気を紛らせる, 気を晴らす
distracted 形 気が散った；取り乱した
distracting 形 気を散らす；気を紛らせる

distraction /distrǽkʃən ディストラクシャン/ 名
① ⓤ 気を散らすこと；注意散漫
② ⓒ 気を散らすもの, 気晴らし

distress /distrés ディストレス/ 名
① ⓤ 苦悩；苦痛；ⓒ 悩みの種
・mental *distress* 精神的苦痛
② 困窮, 貧困；危険, 災難
— 動 他 〈…を〉悩ませる, 苦しめる
distressed 形 悩んでいる, 苦しんでいる

distressing 形 悩ます, 悲惨な
distressingly 副 悲惨に

distribute /distríbjət ディストリビュト/ 動 他
① 〈…を〉（…に）分配する, 配布する（(to...)）；〈ニュースなどを〉配信する
② 〈…を〉（広い範囲に）まく, 散布する（(over...)）
③ 〈商品を〉流通させる
distributed 形 広がった；分布した
distributor 名 ⓒ 分配者, 配送業者

distribution /dìstribjúːʃən ディストリビューシャン/ 名 ⓤⓒ 分配, 配布；（商品の）流通；（動植物などの）分布

district /dístrikt ディストリクト/ 名 ⓒ
① （行政上の）地区, 区域, …区
・a school *district* 学区
・an electoral *district* 選挙区
② 地方, （特定の機能・特色を持った）地域
・the Lake *District* 湖水地方

distrust /distrʌ́st ディストラスト/
動 他 〈…を〉信頼しない, 疑う
— 名 ⓤ （またa distrust）不信, 疑惑

disturb /distə́ːrb ディスターブ/ 動
— 他
① 〈治安などを〉乱す, 混乱させる
・*disturb* the peace 治安を乱す
② 〈人の心を〉乱す, 不安にする
③ 〈人を〉じゃまする, 妨害する
・I'm sorry to *disturb* you.
おじゃましてすみません
— 自 睡眠をじゃまする
・Don't *disturb*. 起こさないでください（ホテルの部屋のドアに下げる文句）
disturbed 形 乱された, 混乱した
disturbance 名 ⓤⓒ 不安, 心配, 動揺；騒動, 動乱；
disturbing 形 不安にさせる, 不穏な

ditch /dítʃ ディチ/
名 ⓒ 溝, どぶ；水路
— 動 他 〈…に〉溝を掘る

diva /díːvə ディーヴァ/ 名 ⓒ 人気女性歌手；歌姫, プリマドンナ

dive /dáiv ダイヴ/
動 三単現 **dives** /ダイヴズ/
過去 **dived** /ダイヴド/, ((米))**dove** /ドウヴ/
過分 **dived** /ダイヴド/
現分 **diving** /ダイヴィング/
— 自
① （水中に）飛び込む, 潜る（(in)）；（海などに）ダ

dive (続き)
- go *diving* ダイビングに行く
- *dive* for pearls 真珠を取りに潜る
❷〈飛行機・鳥などが〉急降下する
❸(…に)駆け込む;突進する((*into*...))
━ 名 C ダイビング,潜水;急降下,墜落
diver 名 C ダイバー,潜水夫

diverge /dəvə́:rdʒ ダヴァーヂ/ 動 自
❶〈道などが〉(…から)分岐する((*from*...))
❷〈意見などが〉(…と)分かれる;(…から)それる((*from*...))

divergent /dəvə́:rdʒənt ダヴァーヂャント/ 形
❶〈道路などが〉分岐する
❷〈意見などが〉相違する;逸脱する
divergence 名 C U 分岐;相違,不一致

diverse /dəvə́:rs ダヴァース | daivə́:rs ダイヴァース/ 形
❶種々の,さまざまの
❷〈種類などが〉(…と)異なった,別の((*from*...))
- for *diverse* reasons さまざまな理由で
diversely 副 さまざまに;異なって
diversity 名 U C 多様性;相違点

diversify /dəvə́:rsifài ダヴァースィファイ | daivə́:rsifài ダイヴァースィファイ/ 動
━ 他〈…を〉さまざまに変化させる;〈…を〉多様化させる
━ 自 多様化する
diversification 名 C 変化;U 多様化

divert /dəvə́:rt ダヴァート | daivə́:rt ダイヴァート/ 動
━ 他
❶〈注意などを〉(…から)そらす((*from*...))
- *divert* attention 注意をそらす
❷〈流れなどを〉脇(わき)へそらす;〈車などを〉(…から)そらす((*from*...))
- *divert* a stream *from* its course
流れの進路を変える
❸〈人の〉気分を紛らせる;〈人を〉楽しませる
━ 自 (…から)それる,逸脱する((*from*...))
diversion 名 U C 脇へそらすこと;気晴らし

divide* /diváid ディヴァイド/
動 三単現 **divides** /ディヴァイヅ/
過去・過分 **divided** /ディヴァイディド/
現分 **dividing** /ディヴァイディング/
━ 他
❶〈…を〉分ける,分割する
■ *divide* A *into* [*in*] B AをB(数など)に分ける

- *divide* a cake *into* three
ケーキを3つに分ける
- *divide* the students *into* two groups
生徒を2つのグループに分ける
❷ (…の間で)**分配する**((*between*...));(…と)分け合う((*with*...))
❸〈…を〉(…から)へだてる((*from*...))
❹〈数を〉(…で)割る((*by*...))
- *Divide* 36 *by* 6. 36を6で割りなさい
━ 自
❶(…に)**分かれる**,分割する((*into*...))
❷ 割り算をする;〈数字が〉割り切れる
━ 名 C (ふつう単数形で)分割;(意見などの)不一致;((主に米))分水嶺(れい)
divided 形 分かれた;意見が対立した
divider 名 C 分割する物[人];仕切り

dividend /dívidènd ディヴィデンド/ 名 C
❶(株式の)配当金
❷【数学】被除数

divine /diváin ディヴァイン/ 形 神の;神聖な
divinely 副 神のように;すばらしく
divinity 名 U 神性;神々しさ;C 神

diving /dáiviŋ ダイヴィング/
動 diveの現在分詞・動名詞
━ 名 U 潜水;ダイビング
- a *diving* board 飛び込み台

division /divíʒən ディヴィジャン/ 名
❶ U C 分割,分離;分配;区分
- make a fair *division* 公平に分配する
- *division* of powers 三権分立
❷ C (会社・官庁などの)部,局,課
❸ C 仕切り;境界(線)
❹ U C (意見などの)不一致,分裂
❺ U 【数学】割り算
- a *division* sign 割り算記号 (÷)
❻ C 【スポーツ】(体重別などによる)クラス,級;(サッカーなどの)リーグ
divisional 形 部門の,区分上の;【数学】割り算の
divisive 形 意見の不一致を起こす

divorce /divɔ́:rs ディヴォース/
名 U C 離婚
- get a *divorce* 離婚する
━ 動
━ 他
❶ (…と)離婚する;〈…を〉離縁する
- *get divorced* from A Aと離婚する
- *be divorced* 離婚している
❷〈…を〉(…から)分離する,切り離す((*from*...))

DIY

— 自 離婚する

DIY 《略》*do-it-yourself* 《英》日曜大工

dizzy /dízi ディズィ/ 形 めまいがする, (…で)くらくらする《*with...*, *from...*》
・be [feel] *dizzy* めまいがする

DJ, D.J. 《略》*disk jockey* ディスクジョッキー

DNA /dí:ènéi ディーエヌエイ/ *d*eoxyribo*n*ucleic *a*cid 【生化学】デオキシリボ核酸(生物の遺伝子の本体である高分子物質)

do

助 /du ドゥ, də ダ; 《強》dúː ドゥー/
三単現 **does** /dəz ダズ; 《強》ダズ/
過去 **did** /did ディド; 《強》ディド/
過分 なし
現分 なし
否定形 **do not** /ナト|ノト/
　　　《くだけて》**don't** /ドゥント/
　　　does not /ナト|ノト/
　　　《くだけて》**doesn't** /ダズント/
　　　did not /ナト|ノト/
　　　《くだけて》**didn't** /ディドント/

❶ 《疑問文をつくる》
・*Do* you know her address?
　彼女の住所を知っていますか
・Where *does* he come from?
　彼はどちらの出身ですか
・*Did* you have a good time at the party?
　パーティーでは楽しめましたか

❷ 《否定文をつくる》
・I *don't* have time. 時間がない
・It *doesn't* make any sense.
　それでは意味をなさない
・She *didn't* go to (the) hospital.
　彼女は病院に行かなかった
・*Don't* ask about my weight.
　体重のことは聞かないで

❸ 《動詞を強調する》
・He *does* love music.
　彼は音楽が大好きなんだ
・*Do* join us. どうぞ仲間に入って
・*Do* be careful. くれぐれも注意して

❹ 《倒置》
・Never *did* she return.
　決して彼女は戻らなかった

— 動 /dúː ドゥー/ 《代動詞》
三単現 **does** /dəz ダズ/
過去 **did** /díd ディド/
過分 **done** /dán ダン/
現分 **doing** /dúːiŋ ドゥーイング/
否定形 **do not** /ナト|ノト/
　　　《くだけて》**don't** /ドゥント/
　　　does not /ナト|ノト/
　　　《くだけて》**doesn't** /ダズント/
　　　did not /ナト|ノト/
　　　《くだけて》**didn't** /ディドント/

❶ 《動詞(句)の代わりに》
・"Shall I open the window?" "Yes, please *do*."「窓を開けましょうか」「お願いします」

❷ 《疑問文に対する答えで》
・"Do you speak French?" "Yes, I *do*. [No, I *don't*.]"「フランス語を話しますか」「ええ, 話しますよ[いいえ, 話しません]」

❸ 《付加疑問文をつくる》
・He sings well, *doesn't* he?
　彼は歌がうまいですよね
・You don't have any brothers, *do* you?
　君は兄弟はいませんよね
・You didn't go to school yesterday, *did* you? 君はきのう学校を休んだでしょう

❹ 《あいづちを打って》
・"He came back this morning." "Oh, *did* he?"
　「彼はけさ戻ってきたよ」「あっそうですか」

❺ 《so, neitherなどで始まる応答文で》
・"I liked him very much." "So *did* I."
　「彼がとても好きでした」「私もです」

— 動 /dúː ドゥー/ 《本動詞》
現在 **does** /dəz ダズ/
過去 **did** /díd ディド/
過分 **done** /dán ダン/
現分 **doing** /dúːiŋ ドゥーイング/

— 他

❶ 〈人が〉〈行為を〉**する**, 行う; (義務などを)果たす
・What are you *doing*? 何をしているの?
・*Do* it yourself. 自分でやりなさい
・*Do* your best. ベストを尽くしなさい
・What can I *do* for you?
　(店員が客に)何にいたしましょうか
・*do* one's duty 義務を果たす

❷ 《名詞を目的語にとって》〈ある行為を〉**する**
・*do* the cleaning 掃除をする
・*do* the cooking 料理をする
・*do* the dishes 皿を洗う
・*do* exercise 運動をする
・*do* the floor 床掃除をする

- *do* the garden 庭仕事をする
- *do one's* hair 髪を整える
- *do* Hamlet ハムレットの役を演じる
- *do one's* homework 宿題をする
- *do* a movie 映画を製作する
- *do one's* nails 爪の手入れをする
- *do* physics 物理を専攻する
- *do* the exercises 練習問題を解く
- *do* a puzzle パズルを解く
- *do* Rome ローマを見物する
- *do* the salad サラダを作る
- *do* the shopping 買い物をする
- *do* the sights 観光をする
- *do* the washing 洗濯をする
- *do* the windows 窓をふく

❸ ((次の用法で))
■ *have [be] done* 〈人が〉…を仕上げる, 終える
- Have you *done* your homework yet?
  宿題はもう終わったのかい
- What's *done* cannot be undone.
  ((ことわざ)) やってしまったことはもとには戻らない;覆水(ふくすい)盆に返らず
- Well begun is half *done*. ((ことわざ)) 初めがよければ半分成功したも同じだ

❹ ((次の用法で))
■ *do (A) B = do B (to A)*
  A(人)にB(利益・害など)をもたらす
- *do* damage 損害をもたらす
- *do* harm *to one's* mind and body
  心身に害を及ぼす
- This book will *do* you good.
  この本は君のためになるだろう

━━ 自
❶ 〈人が〉事をする[行う], 行動する;ふるまう
- Don't talk, *do*. 不言実行だ
- *Do* as you like. 好きなようにやりなさい
- When in Rome, *do* as the Romans *do*.
  ((ことわざ)) ローマではローマ人がするようにせよ;郷に入っては郷に従え

❷ 暮らしていく, やっていく, 事が運ぶ
- He *did* very well at school.
  彼は学校の成績がたいへんよかった
- Well *done*! よくやった
- How do you *do*?
  ((初対面のあいさつで)) はじめまして
- How are you *doing*? ((米)) 元気かい

❸ ((次の用法で))
■ *will [would] do*
〈物・事が〉間に合う, 役に立つ

- *Will* this *do*? これでよろしいですか
- That *will do*! それで十分です
- Anything *will do*. 何でもよい

do away with A
  A(制度・体制など)を廃止する, 取り除く
do A in = do in A ((くだけて)) A(人)を殺す;A(人)をへとへとに疲れさせる
do it ((くだけて)) うまく行く
- I *did it*! やった
do A over = do over A Aをやり直す
do A up = do up A
  A(洋服など)のボタンを留める;Aを包む
do with A
(1) A(人・物)を処理する, 扱う
- What did you *do with* my cellphone?
  私の携帯はどこに置きましたか
(2) ((can, couldとともに)) Aが必要である
(3) ((ふつう否定文で)) Aを我慢する
do without (A) (Aなしで)済ます
- have to *do without* money
  お金なしでやっていくしかない
have something [nothing] to do with A Aと関係がある[ない]
- I want to *have nothing to do with* you.
  君とは関わりたくない

━━ 名 C ((米)) ヘアスタイル(hairdo)

docile /dάsəl ダサル/ 形 素直な;扱いやすい, 教えやすい

dock /dάk ダク/
名 C (船の)ドック;((docks)) 港湾施設
━━ 動
━━ 他
❶ 〈船を〉ドックに入れる;停泊させる
❷ 〈宇宙船を〉(…と)ドッキングさせる((with...))
━━ 自
❶ 〈船が〉ドックに入る
❷ 〈宇宙船が〉(…と)ドッキングする((with...))

doctor /dάktər ダクタ|dɔ́ktə ドクタ/
名 (複 **doctors** /ダクタズ/) C
❶ 医者, 医師
- *see [consult] a doctor* 医者に診てもらう
- I need to *go to the doctor('s)* today.
  きょう医者に行かなくてはいけない
- a family *doctor* かかりつけの医者
❷ 博士;博士号 (略 Dr.)
- a *Doctor* of Medicine 医学博士[号]
doctorate 名 C 博士号

doctrine /dάktrin ダクトリン/ 名 UC 教

義, 教理

document
名 /dάkjəmənt ダキャマント/ C
❶ 公文書, 書類;記録, 資料
❷【コンピュータ】ファイル, ドキュメント
・Please read and sign this *document*.
この書類を読んでからサインしてください
━ 動 /dάkjəmènt ダキャメント/ 他 (書面・録音などで)〈…の〉記録をとる;〈…を〉文書で裏付ける

documentary /dὰkjəméntəri ダキャメンタリ/
形 事実の記録による, 実録の;文書の
・a *documentary* film 記録映画
━ 名 C (…についての)ドキュメンタリー, 実録 ((*about*..., *on*...))

documentation /dὰkjəməntéiʃən ダキャメンテイシャン/
名 U 証拠書類;文書による裏づけ
・provide *documentation*
証拠書類を提出する

dodge /dάdʒ ダヂ/
動
━ 他 〈…を〉すばやく身をかわす
━ 自 (向かってくるものなどを)すばやくよける
━ 名 C すばやくよけること
・*dodge* ball ドッジボール

does
/dəz ダズ, dz ヅ; (強) dʌ́z ダズ/
助動 doの三人称単数現在形 ⇨do

doesn't /dʌ́znt ダズント/
((くだけて))does not の縮約形

dog /dɔ́:g ドーグ, dάg ダグ | dɔ́g ドグ/
名 (複 **dogs** /ドーグズ/) C
犬, 雄犬;(おおかみ・きつねの)雄
・a dog *biscuit* 犬用ビスケット
・a *dog* collar 犬の首輪
・have [keep] a *dog* 犬を飼っている
・walk *one's dog* 犬を散歩に連れて行く

doggie, doggy /dɔ́:gi ドーギ/ 名 C ((幼児語)) わんわん, わんちゃん
・a *doggie* bag (レストランなどで自分の食べ残しを入れてもらう)持ち帰り袋

doghouse /dɔ́:ghàus ドーグハウス/ 名 C 犬小屋

dogma /dɔ́:gmə ドーグマ/ 名 U C 教義, 教理

doing /dú:iŋ ドゥーイング/
動 doの現在分詞・動名詞

do-it-yourself /dú:itʃərsélf ドゥーイチャセルフ/
形 日曜大工(用)の, (組み立てを)自分でやる
━ 名 U 日曜大工, しろうと仕事

doll* /dάl ダル/
名 (複 **dolls** /ダルズ/) C
人形
・play with a *doll* 人形遊びをする

dollar /dάlər ダラ/
名 (複 **dollars** /ダラズ/) C ドル (記号$, $);((the dollar)) ドル価格[相場]
・pay in *dollars* ドルで支払う

dolphin /dάlfin ダルフィン/ 名 C 【動物】いるか

domain /douméin ドウメイン/ 名 C
❶〈活動などの〉範囲, 領域, 分野
❷ 領地, 領土;勢力範囲
❸【インターネット】ドメイン (インターネットアドレスの区分を表すもの)

dome /dóum ドウム/ 名 C ドーム, (半球状の)丸屋根, 丸天井

domestic /dəméstik ダメスティク/ 形
❶ 国内の, 国産の, 自国の
・*domestic* news 国内ニュース
・*domestic* products 国内製品
❷ 家庭の;家庭内の, 家事の;家庭的な
・*domestic* appliances 家電
・a *domestic* person 家庭的な人
・*domestic* violence 家庭内暴力 (略 DV)
❸〈動物などが〉飼いならされた
・a *domestic* animal 家畜
domesticate 動 他〈動物を〉飼いならす
domesticated 形 飼いならされた

dominant /dάmənənt ダマナント/ 形
❶ 支配的な, 優勢な;主要な, 第1の
・the *dominant* party 第一党
❷【遺伝】優性の;【生態】優占(種)の
dominance 名 U 支配;優勢

dominate /dάmənèit ダミネイト/ 動
━ 他
❶〈…を〉支配する, 〈…の〉優位に立つ;(試合で)〈相手を〉圧倒する
・Toyota *dominates* the automobile industry. トヨタは自動車産業に君臨している
❷〈他のものに〉(抜きんでて)そびえ立つ

—自 ((…を))支配する;((…より))優位に立つ ((*over...*))
domination 名 U 支配, 統治;優勢
donate /dóuneit ドウネイト/ 動
—他〈金品を〉(…に)寄付する, 寄贈する;〈臓器などを〉(…に)提供する((*to...*))
—自 寄付する, 寄贈する
donation 名 C U 寄贈, 寄付;(臓器などの)提供;C 寄付金, 寄贈品

done /dÁn ダン/

動 do の過去分詞
—形 完成した, 済んだ;((しばしば複合語で))〈食べ物が〉十分に煮えた[焼けた]
・a well-*done* steak よく焼けたステーキ
over and done with 〈仕事などが〉完全に終わって
Well done! よくやった, おみごと, でかした
donkey /dÁŋki ダンキ/ 名 C ろば
donor /dóunər ドウナ/ 名 C 寄贈者;資金提供者;臓器提供者;献血者

don't /dóunt ドウント/

((くだけて))do not の縮約形
—名 (複 **don'ts** /ドウンツ/) C
してはならないこと, べからず集
donut /dóunət ドウナト/ 名 C ドーナツ
doom /dúːm ドゥーム/ 名 U (悪い)運命, 宿命, 悲運;破滅

door /dɔ́ːr ドー/

名 (複 **doors** /ドーズ/) C
❶ ドア, 戸, 扉
・close [shut] the *door* ドアを閉める
・knock on [at] the *door* ドアをノックする
❷ 玄関, 戸口, 出入り口
・the front [back] *door* 正面玄関[裏口]
・answer [get] the *door* (玄関に)応対に出る
❸ 1軒, 1戸
・the family living next *door* 隣に住む家族
❹ (…への)門戸, 道 ((*to...*))
・a *door* to success 成功への道
doorbell /dɔ́ːrbèl ドーベル/ 名 C 玄関の呼び鈴[ベル]
doorknob /dɔ́ːrnɑ̀b ドーナブ/ 名 C ドアの取っ手, ドアノブ
doorstep /dɔ́ːrstèp ドーステップ/ 名 C (玄関前の)上り段, 踏み石
door-to-door /dɔ́ːrtədɔ́ːr ドータドー/
—副 戸別訪問で, 1軒1軒に
—形 戸別訪問の, 1軒1軒の
doorway /dɔ́ːrwèi ドーウェイ/ 名 C 戸口, 出入口, 玄関
dope /dóup ドウプ/ 名 U ((くだけて))麻薬
doping 名 U 【スポーツ】ドーピング
dorm /dɔ́ːrm ドーム/ 名 C (学校などの)寄宿舎, 寮
dormant /dɔ́ːrmənt ドーマント/ 形〈火山が〉活動休止中の;〈動物が〉冬眠中の,〈植物が〉休眠中の
dormitory /dɔ́ːrmətɔ̀ːri ドーマトーリ/ 名 C (学校などの)寄宿舎, 寮
dorsal /dɔ́ːrsəl ドーサル/ 形【生物】背部にある;背面の
dose /dóus ドウス/ 名 C
❶ (特に水薬の)1回分の服用量
❷ ((くだけて))(不快なことの)一定量, 少量
dosage 名 C 服用量, 投薬量
dot* /dɑ́t ダト/
名 (複 **dots** /ダツ/) C
❶ 点, ぽち;(点のように)小さな物;水玉
❷ (メールアドレス・URLの)ドット
on the dot ((くだけて))時間きっかりに
—動 他 〈…に〉点を打つ;〈人・物が〉〈場所に〉点在する
dotted 形 点の付いた, 水玉(模様)の
dot-com, dotcom /dɑ́tkɑ̀m ダトカム/ 名 C ドットコム, ネット企業

double /dÁbl ダブル/

形 ((比較なし))
❶ 2倍の, 倍の
・*double* the size of *A* Aの2倍の大きさの
・a *double* play ダブルプレー, 併殺
❷ 二重の, 一対の, 二人用の, 複式の;〈意味が〉二重にとれる;〈言動などが〉裏表のある
・a *double* meaning 二とおりの意味
・a *double* personality 二重人格
—副 ((比較なし))**2倍に; 二重に**, 2人いっしょに
—名 (複 **doubles** /ダブルズ/)
❶ U **2倍(の数・量)**, 倍額
❷ C よく似た人[物], 生き写し, 代役
❸ C ((doubles))((単数扱い))(テニスなどの)ダブルス
・mixed *doubles* 男女混合ダブルス
❹ C 【野球】2塁打
—動

double-check

― 他

❶ 〈…を〉**2倍にする**, 倍にする
・Please *double* my allowance, Mother.
お母さん, お小遣いを2倍にしてよ
❷ 〈紙などを〉2つに折り重ねる, 二重にする

― 自

❶ **2倍になる**, 倍増する
・The number of fans *doubled* last year.
昨年ファンの数が2倍になった
❷ 2つ折りになる
❸ 【野球】2塁打を打つ

doubly 副 2倍に, 二重に, 二様に；非常に, とても

double-check /dʌ́bltʃék ダブルチェク/ 動
― 自 再確認する
― 他 〈…を〉再確認する

double-click /dʌ́blklík ダブルクリック/ 動
【コンピュータ】
― 他 〈…を〉ダブルクリックする
― 自 (…を)ダブルクリックする((*on...*))

double click 名 C ダブルクリック

doubt /dáut ダウト/

動 三単現 **doubts** /dáuts/
過去・過分 **doubted** /dáutid/
現分 **doubting** /dáutiŋ/
― 他
❶ 〈…を〉**疑う**, 〈…に〉疑いを抱く
・He *doubted* his eyes. 彼はわが目を疑った
❷ ((次の用法で))
■ *doubt whether* [*if*]... …かどうか疑う
・I *doubt whether* [*if*] he remembers his promise. 彼が約束を覚えているか疑問だ
■ *doubt that*... …であることを疑う
・I *doubt that* it will rain tomorrow.
明日雨は降らないと思う

― 自 **疑う**, (…に)疑惑を抱く((*of...*))
― 名 (複 **doubts** /dáuts/) U C
疑い, 疑念, 疑問
・I have some *doubt* about his story.
私は彼の話を少し疑っている
beyond* (*any*) *doubt 疑いなく, 確かに
in doubt 疑って, 迷って
・If *in doubt*, call me. 迷ったら電話をして
no doubt 疑いなく, 確かに；おそらく
・*No doubt* he'll come later.
おそらく彼はあとから来ます
there is no doubt that...
…というのは疑いない[間違いない]

without* (*a*) *doubt 疑いなく, きっと

doubtless 副 おそらく；確かに, きっと

doubtful /dáutfəl ダウトフル/ 形
❶ 〈物事が〉疑わしい
■ *it is doubtful whether* [*if*]...
…かどうか疑わしい
❷ 〈人が〉(…に)疑いを抱いて, 自信がない((*of...*, *about...*))

doubtfully 副 疑わしげに

dough /dóu ドウ/ 名 U (パンなどの)生地, 生パン

doughnut /dóunət ドウナト/ 名 C ドーナツ (((米))donut)

dove¹ /dʌ́v ダヴ/ 名 C 鳩(はと)

dove² /dóuv ドウヴ/ 動 ((米))dive の過去形

Dover /dóuvər ドウヴァ/ 名 ドーバー (英国南東部の港市)
・the Strait(s) of *Dover* ドーバー海峡

down¹ /dáun ダウン/

副 ((比較なし))
❶ (動きが) **下に**, 下へ, 低い方に[へ], 下方に[へ] (⇔up)
・come *down* 降りてくる
・Please sit *down*. どうぞお座りください
・up and *down* 上下に, 行ったり来たり
・The sun goes *down*. 太陽が沈む
❷ (話し手などから)遠ざかって；((米))(地図で)南へ；(川の)下流に；((英))地方へ
・go *down* to the school 学校まで行く
❸ 〈価格などが〉減少して, 下がって
・My temperature has come *down*.
体温が下がった
・turn *down* the radio ラジオの音をしぼる
❹ 〈健康が〉衰えて；〈意気などが〉沈んで；鎮静して
・calm *A* down A(人)を落ち着かせる
・I was *down* with a high fever.
ぼくは高熱が出て寝込んでいた
be down and out
落ちぶれている, 困窮している
Down with A!
((ふつう命令文で)) Aをやっつけろ
・*Down with* the King! 王を倒せ！

― 形 ((比較なし))
❶ **下への**, 下りの (⇔up)
・a *down* slope 下り坂
・a *down* elevator 下りのエレベーター
❷ 〈列車などが〉下りの, 南に向かう (⇔up)

❸ 元気のない, 落ち込んだ
❹【コンピュータ】〈システムが〉ダウンした
■前
❶ …を下りて, …を下って, …の下(の方)に(⇔up)
- run *down* the stairs 階段を駆け下りる
❷〈道〉に沿って;…の下流に
- We went *down* the river on a boat.
川をボートで下った
- There's a bank *down* the street.
通りを行った所に銀行がある
■名 C 下降;((ふつうdowns))不運, 逆境
- There are ups and *downs* in life.
人生には浮き沈みがあるものだ
■動 他
❶〈飲み物を〉飲み干す
❷〈相手を〉倒す, 負かす

down² /dáun ダウン/ 名 U (水鳥の)綿毛, ダウン

downcast /dáunkæst ダウンカスト/ 形 意気消沈した;伏し目の

downfall /dáunfɔ̀ːl ダウンフォール/ 名 C 転落, 失墜;破滅

downhill /dáunhíl ダウンヒル/
■副 坂の下へ;〈健康などが〉衰えて
- go *downhill* 坂を下る;悪くなる
■形 下り坂の;衰退の
■名 /dáunhìl ダウンヒル/ C 下り坂;衰退

download /dáunlòud ダウンロード/
動 他【コンピュータ】〈データなどを〉ダウンロードする(自分のパソコンに取り込む)
■名 U (データなどの)ダウンロード

downpour /dáunpɔ̀ːr ダウンポー/ 名 C ((ふつうa downpour)) どしゃ降り, 豪雨

downright /dáunràit ダウンライト/
■副 完全に, まったく;徹底的に
■形 まったくの, 紛れもなく, 率直な

downsize /dáunsàiz ダウンサイズ/ 動 他 〈人員などを〉削減する;〈車などを〉小型化する
downsizing 名 U 人員削減;小型化

downstairs* /dáunstéərz ダウンステアズ/
副 (比較なし) 階下へ[で];1階へ[で]
- go *downstairs* 下の階に行く
■形 (比較なし) 階下の;1階の
■名 ((the downstairs)) 階下;1階

downstream /dáunstríːm ダウンストリーム/
形 流れを下った, 下流の
■副 流れを下って, 下流に

downtown /dáuntáun ダウンタウン/ ((主

に米))
副 ダウンタウンへ, (町の)中心街へ[で], 繁華街へ[で]
- go *downtown* 中心街に行く
■形 中心街の, ビジネス街の
■名 U C ダウンタウン, 中心街, 繁華街, ビジネス街, 商業地域

downward /dáunwərd ダウンワド/
副
❶ 下方へ, 下向きに(⇔upward)
- face *downward* うつぶせになって
❷ …以来, このかた
■形〈位置・状態が〉下方への, 落ち目の

downwind /dáunwìnd ダウンウィンド/
副 風下で;追い風で
■形 風下の;追い風の

Doyle /dɔ́il ドイル/ 名 **Sir Arthur Conan Doyle** コナン・ドイル (英国の推理小説家で, 名探偵シャーロック・ホームズの作者)

doz. ((略)) *dozen*(s)

doze /dóuz ドウズ/ 動 自 うたた寝する, 居眠りをする((*off*))

dozen* /dʌ́zn ダズン/
名 ((複 **dozens** /ダズンズ/)) C
❶ ダース, 12個
- a [two] *dozen* 1[2]ダース
❷ ((dozens))((くだけて)) かなりの数;数十
- *dozens* of times 数十回も, 何度も何度も

Dr, Dr. ((略)) *Doctor* …博士;…先生

Dracula /drǽkjulə ドラキュラ/ 名 ドラキュラ (アイルランドの作家ストーカーの同名の小説に登場する伯爵で吸血鬼)

draft, ((英)) **draught** /drǽft ドラフト/
名 C
❶ 下書き, 草稿;設計図, 下絵
- a *draft* for a speech 演説の下書き
❷ すきま風;通風, 通気
- a *draft* of air 一吹きの風
❸ ((a draft))((米))【スポーツ】ドラフト制; ((the draft))((主に米)) 徴兵
■動 他
❶〈…の〉絵を描く;〈…の〉草稿を書く
❷ ((米))((ふつう受身で))〈…を〉(…に)徴兵する((*into*...))

drag
/drǽg ドラグ/
動 三単現 **drags** /ドラグズ/
過去・過分 **dragged** /ドラグド/
現分 **dragging** /ドラギング/

― 他

❶ 〈重い物を〉**引きずる, 引っ張る**((along, away))
・Why are you *dragging* your feet?
足を引きずってどうしたの
❷ 〈人を〉(…に)引きずり込む((into...));〈人を〉(会合などに)引っ張り出す((to...))
❸【コンピュータ】〈アイコンなどを〉ドラッグする
❹ 〈会議などを〉長引かせる((out))
― 自
❶ 〈物が〉引きずる((along))
❷ 〈人が〉足を引きずって歩く((around))
❸ 〈会議などが〉長引く((on))

drag A up = drag up A
A(不愉快な話題など)を持ち出す

― 名
❶ ((a drag))(…の)じゃま物, 足手まとい((on..., upon...))
❷ ((a drag))((くだけて))退屈なもの[人]
❸ C ((くだけて))タバコを吸うこと, タバコの一服
❹ U ((くだけて))(男性の)女装;(女性の)男装

dragon /drǽgən ドラガン/ 名 C 竜;ドラゴン
dragonfly /drǽgənflài ドラガンフライ/ 名 C【昆虫】とんぼ
drain /dréin ドレイン/
動
― 他
❶ 〈…の〉排水をする;〈液体を〉(…から)排出させる((from...))
❷ 〈都市・家などに〉排水設備を付ける
❸ 〈体力などを〉消耗させる, 枯渇(ｶﾞｯ)させる;〈人などから〉〈資金などを〉奪う, 流出させる((of...))
― 自 〈液体が〉はける, 引く((away));〈液体が〉(…から)流れ出る((of...))
― 名 C
❶ 排水管, 排水路, 排水口;((the drains))排水設備
❷ U 流出, 消耗;((a drain))流出[消耗]させるもの

down the drain ((くだけて))むだになって
drainage /dréinidʒ ドレイニヂ/ 名 U 排水, 放水;下水, 汚水;排水[下水]路
drama /drά:mə ドラーマ/ 名
❶ C 劇, 戯曲
・a TV *drama* テレビドラマ
❷ U ((しばしばthe drama))演劇, 芝居;演出法
❸ C U 劇的事件, ドラマ
dramatist 名 C 劇作家, 脚本家
dramatic /drəmǽtik ドラマティク/ 形
❶ 劇的な, ドラマチックな
・a *dramatic* victory 劇的な勝利
❷ 劇の, 戯曲の
❸ 芝居がかった, 大げさな
dramatically 副 劇的に;芝居がかって
dramatize /drǽmətàiz ドラマタイズ/ 動 他
❶ 〈出来事などを〉劇的に[生々しく]表現する
❷ 〈小説などを〉劇にする, 脚色する

drank /drǽŋk ドランク/

動 drinkの過去形

drastic /drǽstik ドラスティク/ 形 徹底的な, 思い切った
・take *drastic* measures
思い切った手段を取る
draught /drǽft ドラフト/ ((英))= draft

draw /drɔ́: ドロー/

動 三単現 **draws** /ドローズ/
過去 **drew** /ドルー/
過分 **drawn** /ドローン/
現分 **drawing** /ドローイング/

― 他
❶ 〈線を〉**引く**;(鉛筆などで)〈絵・図などを〉(線で)**描く**, スケッチする;〈…を〉(言葉で)描く, 描写する
・*Draw* a line on your paper.
紙に線を引きなさい
❷ 〈物を〉**引く, 引っ張る**, 引き寄せる
・*draw* a curtain カーテンを引く
❸ 〈注意などを〉(…に)引きつける((to...));〈人を〉(議論などに)引き込む((into...))
❹ 〈物を〉(…)取り出す, 抜き取る((from..., out of...));〈くじを〉引く
❺ 〈勝負・試合を〉引き分けにする
❻ 〈文書を〉書く, 作成する((up));〈手形などを〉(…に対して)振り出す((on...))
❼ 〈息を〉吸う, 吸い込む;〈ため息を〉つく
・*draw* a deep breath 深呼吸をする
❽ 〈…を〉引き出す;〈結論などを〉(…から)得る((from...))
・*draw* a conclusion 結論を出す
― 自
❶ **線で描く**, スケッチする
❷ 引く, 引っ張る

- This cart *draws* easily.
このカートはたやすく引ける
❸ ((文語)) 近寄る；〈時などが〉(…に)近づく ((to...))
- *draw to* an end [a close] 終わりに近づく
❹〈勝負などが〉(…と)引き分けになる ((with...))
❺ (…に)剣[銃]を抜く ((on...))；くじを引く

draw away
(…から)去って行く；(…を)引き離す ((from...))

draw A away = draw away A
(…から) A (注意など)を引き離す ((from...))

draw back 後ずさりする；(…を)いやがる；(…から)手を引く ((from...))

draw in 〈日が〉短くなる；〈車などが〉道路脇(端)に寄る；〈列車などが〉到着する

draw on 〈期日などが〉近づく、迫る

draw on [upon] A A を利用する

draw out 〈日が〉長くなる

— 名 C
❶ ((主に英)) 引き分け；同点
- end in a *draw* 引き分けに終わる
❷ 引くこと；引っ張り；引き抜き
❸ 引きつけるもの[人]，呼び物

drawback /drɔ́ːbæk ドローバク/ 名 C 不利，欠点，短所

drawer /drɔ́ːr ドロー/ 名 C 引き出し；((drawers)) たんす
- open [pull out] a *drawer*
引き出しを開ける

drawing /drɔ́ːiŋ ドローイング/
動 draw の現在分詞・動名詞
— 名
❶ U (線で)描くこと，ドローイング，線描；製図
- a *drawing* board 画板；製図板
- *drawing* paper 画用紙，製図用紙
- a *drawing* pin ((英)) 画びょう
❷ C 線画，素描，スケッチ，デッサン
❸ U 【コンピュータ】ドローイング

drawn /drɔ́ːn ドローン/
動 draw の過去分詞
— 形
❶〈試合などが〉引き分けの
❷〈顔などが〉こわばった；やつれた

dread /dréd ドレド/
動 他 〈…を〉恐れる，怖がる
— 名 U ((またa dread)) 恐怖；不安，心配
dreaded 形 非常に恐ろしい

dreadful 形 恐ろしい，怖い；ひどい
dreadfully 副 恐ろしく，恐ろしいほどに；ひどく

dream /dríːm ドリーム/

名 (複 **dreams** /ドリームズ/) C
❶ (睡眠中に見る)夢
- have a good *dream* 楽しい夢を見る
➡ see a dream とは言わない
- Sweet *dreams*!
よい夢を；お休みなさい (Good night)
❷ ((ふつう a dream)) 夢像，夢見心地；空想
❸ (将来の)夢，理想；目標，あこがれ
❹ ((形容詞的に)) 夢のような，すばらしい
- a *dream* team 夢のチーム，最強チーム

— 動
三単現 **dreams** /ドリームズ/
過去・過分 **dreamed** /ドリームド/
((主に英)) **dreamt** /ドレムト/
現分 **dreaming** /ドリーミング/

— 自
❶ 夢を見る，(…を)夢に見る ((of..., about...))
❷ ((否定語を伴って))(…を)夢想する，想像する
- I *never dreamed of* his failure.
彼が失敗するなんて夢にも思わなかった

— 他
❶ ((次の用法で))
- *dream a ... dream* …の夢を見る
➡ …には形容詞が入る
- *dream a happy dream* 楽しい夢を見る
- *dream that...*
…ということを夢に見る[夢想する]
❷ ((否定文で)) 〈…を〉想像する

dream A up = dream up A
A (とっぴな計画など)を思い付く

dreamer 名 C 夢を見る人；夢想家
dreamy 形 夢見心地の；空想的な；((くだけて)) すばらしい

dreamland /dríːmlænd ドリームランド/ 名 U C 夢[幻想]の国；ユートピア

dreamlike /dríːmlaik ドリームライク/ 形 夢のような，幻想的な，非現実的な

dreamt /drémt ドレムト/ 動 ((主に英)) dream の過去形・過去分詞

dreary /dríəri ドリアリ/ 形 陰うつな，わびしい；退屈な
drearily 副 わびしくて；退屈で

drench /drént∫ ドレンチ/ 動 他 ((受身で))

(…で)ずぶぬれになる;(…に)つかる((*in...*, *with...*))
- get *drenched* (to the skin) *with* rain
雨でびしょぬれになる

dress /drés ドレス/

名 (複 **dresses** /ドレスィズ/)
❶ U **衣服, 着物**, 服装 (clothing)
- evening *dress* 夜会服
❷ C 婦人服, ドレス, 子ども服
❸ U 正装, 礼服
- in full *dress* 正装で
— 動
　三単現 **dresses** /ドレスィズ/
　過去・過分 **dressed** /ドレスト/
　現分 **dressing** /ドレスィング/
— 他
❶ 〈人に〉〈…の服を〉**着せる**((*in...*))
- She is *dressing* her child now.
彼女は今子どもに服を着せている
- *dress oneself* (自分で)服を着る
- She *is dressed* in white
彼女は白い服を着ている
❷ 〈…を〉〈…で〉飾る, 飾り付ける ((*with...*))
❸ 〈鳥・魚などを〉下ごしらえする; 〈サラダに〉ドレッシングをかける
❹ 〈髪を〉整える; 〈傷口の〉手当てをする
— 自
❶ **服を着る**, 身じたくをする
❷ 正装する, 晴れ着を着る
dress down じみな服装をする
dress up
着飾る, 盛装する;〈ふつう子どもが〉仮装する

dresser /drésər ドレサ/ 名 C
❶ ((米))(鏡付き)化粧台
❷ ((英)) 食器戸棚

dressing /drésiŋ ドレスィング/
動 dress の現在分詞・動名詞
— 名
❶ U C (料理にかける)ドレッシング, ソース
❷ U (傷の)手当て; C 包帯
❸ U C 着付け, 仕上げ; 手入れ; 飾り付け
- a *dressing* room
(劇場の)楽屋; ((英))(競技場の)更衣室
- a *dressing* table ((英)) 化粧台, 鏡台

drew /drú: ドルー/ 動 draw の過去形

dribble /dríbl ドリブル/
動
— 自

❶ (…から)したたる((*from...*)); よだれを垂らす
❷ 【球技】ボールをドリブルする
— 他
❶ 〈…を〉したたらせる; 〈…を〉ポタポタ垂らす
❷ 【球技】〈ボールを〉ドリブルする
— 名
❶ C したたり, しずく; U よだれ
❷ C 【球技】ドリブル

dried /dráid ドライド/
動 dry の過去形・過去分詞
— 形 乾燥した, 干した

drier /dráiər ドライア/ = dryer

drift /drift ドリフト/
名 U C
❶ 漂流, (風・流れなどに)漂うこと
❷ 漂流する物; (雪などの)吹きだまり
- *drift* ice 流氷
— 動
— 自
❶ 〈物が〉(空中・水上を)漂う, 流れる
❷ 当てもなくさまよい歩く, 流れていく
❸ 〈雪などが〉吹き積もる, 吹きだまりになる
— 他
❶ 〈潮流などが〉〈…を〉漂流させる, 押し流す((*away, out*))
❷ 〈雪などを〉吹き寄せる, 〈雪などが〉〈道などを〉おおう

drill /dríl ドリル/

名 (複 **drills** /ドリルズ/)
❶ U C (…の)**訓練**, 反復; **練習, ドリル**((*in...*))
- an emergency *drill* 避難訓練
- a *drill* book 練習帳
- a *drill in* pronunciation 発音の練習
❷ C ドリル, きり
— 動
— 他
❶ 〈…に〉〈…を〉(繰り返し)教え[たたき]込む((*in...*))
❷ 〈板などに〉〈きりなどで〉穴を空ける, 〈…を〉突き通す; 〈穴を〉空ける
— 自
❶ 〈…を〉〈きりなどで〉突き通す, (…に)穴をあける((*into..., through...*))
❷ 訓練を受ける, 練習をする
drilling 名 U ドリル[きり]で穴をあけること; U 訓練

drink /dríŋk ドリンク/

動 三単現 **drinks** /ドリンクス/
過去 **drank** /ドランク/
過分 **drunk** /ドランク/
現分 **drinking** /ドリンキング/

━━ 他

❶ 〈水などを〉**飲む**；〈…だけ〉飲む
- *drink* a glass of orange juice
オレンジジュースをコップ1杯飲む
- Would you like something to *drink*?
飲み物はいかがですか
- What would you like to *drink*?
飲み物は何がいいですか

❷ 〈植物などが〉〈水分を〉吸収する；吸い上げる ((*up*))

━━ 自

❶ (習慣的または過度に)**酒を飲む**
- My father used to *drink* a lot, but his doctor told him not to. 父はかつては大酒をしていたが医者から止められた
- I only *drink* once a week.
私は週1回しか飲みません

❷ (…を祝って)乾杯する，祝杯をあげる ((*to...*))
- *drink to* A's health
A (人)の健康を祝して乾杯する

drink A in = drink in A
A (事)を見て[聞いて]楽しむ

drink up 飲み干す

━━ **名** (複 **drinks** /ドリンクス/)

❶ ⓊⒸ **飲み物**，飲料
- canned *drinks* 缶入り飲料
- soft *drinks* ノンアルコール飲料
- strong *drinks* アルコール飲料
- food and *drink* 飲食物

❷ ⓊⒸ 酒，酒類；(過度の)飲酒

❸ ((a drink))(飲み物の)1杯，ひと口，ひと飲み
- Let's have *a drink*. (酒を)1杯やろうよ
- I'll buy you *a drink*. 1杯おごるよ

drinker /dríŋkər ドリンカ/ **名** Ⓒ 飲む人；酒飲み
- a heavy [hard] *drinker* 大酒飲み, 酒豪

drinking /dríŋkiŋ ドリンキング/
動 drinkの現在分詞・動名詞
━━ **形** 飲用の；飲酒
━━ **名** Ⓤ 飲むこと；飲酒
- have a *drinking* problem
((米)) アルコール依存症である
- *drinking* water 飲料水, 飲み水

drip /dríp ドリプ/
動
━━ 自 〈液体などが〉(…から)したたり落ちる ((*from...*))
━━ 他 ━━〈…を〉したらす，〈…の〉しずくを垂らす
━━ **名** Ⓤ ((また a drip)) したたること，したたる音；Ⓒ しずく

dripping /drípiŋ ドリピング/
動 dripの現在分詞・動名詞
━━ **名** Ⓤ ((drippings))(焼き肉から)したたり落ちる肉汁
━━ **形** したたる；ずぶぬれの
━━ **副** びっしょりと

drive ☞ 184ページにあります

drive-in /dráivin ドライヴィン/ ((主に米))
名 Ⓒ ドライブイン
━━ **形** ドライブイン式の

driven /drívən ドリヴァン/ **動** driveの過去分詞

driver* /dráivər ドライヴァ/
名 (複 **drivers** /ドライヴァズ/) Ⓒ
❶ (自動車などを)**運転する人**；運転手
- a taxi *driver* タクシーの運転手
- a *driver*'s license ((米)) 運転免許証
❷ 【ゴルフ】ドライバー
❸ 【コンピュータ】ドライバー

driveway /dráivwèi ドライヴウェイ/ **名** Ⓒ
((米))(公道から私邸までの)私有車道

driving /dráiviŋ ドライヴィング/
動 driveの現在分詞・動名詞
━━ **名** Ⓤ (自動車などの)運転，操縦
- drunk(en) *driving* 飲酒運転
- a *driving* school 自動車学校[教習所]
━━ **形** 精力的な；推進する

drizzle /drízl ドリズル/
動 自 ((itを主語として)) 霧雨が降る
━━ **名** Ⓤ ((また a drizzle)) 霧雨，こぬか雨

drop ☞ 184ページにあります

dropout /drápàut ドラパウト/ **名** Ⓒ 中途退学者；(社会の)脱落者

drought /dráut ドラウト/ **名** ⓒⓊ 干ばつ

drove /dróuv ドロウヴ/ **動** driveの過去形

drown /dráun ドラウン/
━━ 自 おぼれ死ぬ, 溺死(ﾃｷｼ)する
- A *drowning* man will catch at a straw.
((ことわざ)) おぼれる者はわらをもつかむ

➡➡➡ 185ページに続く ➡➡➡

drive /dráiv ドライヴ/

動 三単現 **drives** /ドライヴズ/
過去 **drove** /ドロウヴ/
過去分 **driven** /ドリヴァン/
現分 **driving** /ドライヴィング/

━ 他

❶〈自動車などを〉**運転する**
- I *drive* a Toyota. 私の車はトヨタだ
- It's illegal to *drive* a car without a driver's license. 免許なしで運転するのは違法だ

❷〈人を〉(…へ)車で送る,〈物を〉(…へ)車で運搬する((*to*...))

❸((方向を表す副詞を伴って))〈牛などを〉追いやる;〈獲物を〉追う;〈…を〉追い払う;〈風などが〉〈…を〉追いやる, 吹き飛ばす

❹((次の用法で))
- *drive A to do*
  A(人)を…するように駆り立てる
- *drive A into* [*to*] *B*
  A(人)をB(の状態)に追い込む
- *drive A C* A(人)をC(の状態)に陥れる

❺〈動力などが〉〈機械を〉動かす;【コンピュータ】〈装置が〉〈別の装置を〉動かす, 作動させる

❻〈釘(くぎ)などを〉(…に)打ち込む;〈…を〉(…の頭に)たたき込む((*into*...))

❼【スポーツ】〈ボールを〉強打する, 強くける;【ゴルフ】〈ボールを〉(ドライバーなどで)飛ばす

━ 自

❶ 車を運転する
- I haven't *driven* quite a while.
  車に乗らなくなってだいぶたつ

❷(…へ)車で行く((*to*...))

❸【スポーツ】ボールを強打する;【ゴルフ】ドライバーなどでボールを飛ばす

drive at A
A(事)をねらう;A(事)に言及する
- What are you *driving at* in this report?
  このレポートで何が言いたいのですか

drive A away 〈事が〉(こちらの落ち度で)A(人)を寄りつかせない, Aを遠ざける
- If you keep a glum face like that, it will *drive* people *away*. そんなふさいだ顔をしてばかりいると人が寄りつかなくなりますよ

drive A off = *drive off A*
A(人・物)を追い払う

drive up 〈人が〉車でこちらへやって来る

drive A up the wall
((くだけて))A(人)をいら立たせる, 激怒させる

━ **名** (複) **drives** /ドライヴズ/

❶ C **ドライブ**, 自動車旅行;(自動車の)行程, 道のり
- go (out) for a *drive* ドライブに出かける
- take *A* out for a *drive*
  A(人)をドライブに連れて行く

❷ C (公園・森林内の)車道

❸ C U (…する)活力, 精力((*to do*));【心理】本能的要求;衝動, やる気
- lack of *drive* やる気のなさ
- Our manager has a lot of *drive*.
  私たちのマネージャーはやる気十分だ

❹ C U 【スポーツ】(ボールなどの)強打;【ゴルフ】ドライバーショット;【野球】ライナー

❺ C 【コンピュータ】ドライブ, 駆動装置

---

drop /dráp ドラプ|drɔ́p ドロプ/

動 三単現 **drops** /ドラプス/
過去・過分 **dropped** /ドラプト/
現分 **dropping** /ドラピング/

━ 自

❶〈物が〉**落ちる**;〈花が〉散る;〈人が〉落ちる, 飛び降りる
- Books *dropped* (down) from the bookshelf. 本棚から本が落ちた

❷〈液体が〉したたり落ちる, ポタポタ垂れる;〈雨などが〉パラパラ降る

❸(価値などが)下がる, 落ちる, 下落する, 減少する

❹(いすなどに)倒れ[座り]込む;(傷ついて)急に倒れる, 死ぬ

❺(…から)手を引く, (…を)降りる, やめる((*from*..., *out of*...));〈事が〉終わる;〈会話などが〉途絶える
- He *dropped out of* the university only 10 credits away from a degree.
  彼はあと10単位で卒業できたのに大学をやめた

━ 他

❶〈物を〉**落とす**, 落下させる;放り出す;〈手紙を〉投函(とうかん)する
- I *dropped* a laptop computer and broke

it. ノートパソコンを落として壊してしまった
❷〈価値などを〉下げる,〈量などを〉減らす
・He *dropped* his car's speed by ten kilometers.
彼は車の速度を10キロ落とした
❸((くだけて))〈人に〉〈短い手紙などを〉書く,出す
❹((くだけて))〈計画などを〉やめる,中止する;〈教科・学科を〉(履修中で)やめる,あきらめる;〈…と〉関係を突然絶つ;〈人と〉絶交する,別れる
・Erica *dropped* her boyfriend.
エリカはボーイフレンドを振った
❺〈…を〉〈…から〉解雇する,除名する,はずす((*from*...))
・The coach *dropped* him *from* the club.
コーチは彼を退部させた
❻【コンピュータ】〈アイコンを〉ドロップする
drop back [***behind***] 後れをとる
drop by ((くだけて)) ちょっと立ち寄る
drop in ちょっと立ち寄る;〈…を〉ひょっこり訪ねる((*on*..., *at*...))

・An old friend of mine unexpectedly *dropped in on* me.
古い友人の1人が思いがけなくも訪ねてきた
drop off
眠り込む;〈数・量が〉減る;車から降りる
drop A off = ***drop off A***
A(人)を(乗り物から)降ろす
drop out (of A) (Aから)身を引く;(A(学校)から)中途退学する
━━ 名 (複) **drops** /ドラプス/ C
❶ ((a drop)) 落下, 急降下;(品質などの)低下, 下落((*in*...));急な坂, 急斜面
・a *drop in* sales 売り上げの落ち込み
・a *drop in* temperature 温度の降下
❷ しずく, したたり;1滴
・a *drop* of rain 1しずくの雨
❸ あめ玉, ドロップ菓子
・a cough *drop* せき止めドロップ
❹ ((くだけて))(液体の)少量, 微量
・a *drop* of *A* 少量のA(酒など)

━━ 他
❶〈…を〉おぼれ死にさせる, 溺死させる
・*drown oneself* in the river
川に身を投げる
❷〈…を〉水浸しにする, ずぶぬれにさせる
❸〈音を〉かき消す, 聞き取れなくする((*out*))
drowsy /dráuzi ドラウズィ/ 形 うとうとする;眠気を誘う;活気のない
・feel *drowsy* 眠気がする
 drowsily 副 うとうとと, 眠そうに
drug /drʌ́g ドラグ/
名 C
❶ 薬, 医薬品(medicine)
❷ 麻薬;麻酔剤
━━ 動 他〈食べ物などに〉薬物を入れる;〈人に〉麻酔薬を与える
drugstore /drʌ́gstɔ̀ːr ドラグストー/ 名 C
((米)) ドラッグストア
drum /drʌ́m ドラム/
名 C
❶ 太鼓, ドラム
・play *the drums* 太鼓をたたく
❷ 太鼓の音;太鼓のような音
❸ 太鼓のような形の物;ドラム缶
━━ 動
━━ 自 太鼓を打つ;トントンたたく
━━ 他〈曲を〉ドラムで演奏する;〈…を〉トントンたたく

drummer 名 C ドラム奏者, ドラマー
drunk* /drʌ́ŋk ドランク/
動 drinkの過去分詞
━━ 形 酒に酔った
━━ 名 C 酒飲み;酔っぱらい
drunken 形 酒に酔った;大酒飲みの;酒の上での

dry /drái ドライ/

形 比較 **drier** /ドライア/
 最上 **driest** /ドライアスト/
❶ 乾いた, 乾燥した(⇔wet)
・*dry* fish 干し魚
❷ 雨が降らない, 日照りの
・the *dry* season 雨の降らない季節, 乾季
❸ 水の出ない;〈池などが〉干上がった
❹〈口が〉からからの
❺ 退屈な, 無味乾燥の
❻〈パンが〉バターを付けてない;〈酒が〉辛口の
━━ 動
 三単現 **dries** /ドライズ/
 過去・過分 **dried** /ドライド/
 現分 **drying** /ドライイング/
━━ 他〈…を〉**乾かす, 乾燥させる**;〈…の〉水分をふき取る
・*dry* the dishes 皿をふく
━━ 自 **乾く, 乾燥する**;干上がる
dry off [***out***] すっかり乾く

dryer /dráiər ドライア/ 名 C 乾燥機, ドライヤー

dual /dúːəl ドゥーアル/ 形 2つの; 二重の
- have *dual* nationality 二重国籍を持つ

dub /dʌ́b ダブ/ 動 他 〈録音・録画を〉ダビングする
　dubbing 名 UC ダビング

dubious /dúːbiəs ドゥービアス/ 形 疑わしい, あいまいな; いかがわしい, 怪しげな

Dublin /dʌ́blin ダブリン/ 名 ダブリン (アイルランドの首都)

duck /dʌ́k ダク/ 名 C あひる, かも; U あひる[かも]の肉
　duckling 名 C あひる[かも]の子

duct /dʌ́kt ダクト/ 名 C ダクト; 管

due /djúː デュー/
　形
　❶ 当然支払われるべき; 支払い期日がきている, 満期の
- Our salary is *due* tomorrow.
  私たちの給料はあした支払われる
　❷ 当然の, 正当な; 十分な; 〈尊敬などが〉〈人に〉当然払われるべき ((to...))
　❸ (…に)基づいている, 原因している ((to...))
- His success is *due to* his hard work.
  彼の成功は彼の勤勉による
　❹ (…する)はずである ((to do)); 〈列車などが〉到着予定である
- The train is *due* (*to* arrive) at six.
  列車は6時に着くはずです
　━ 名
　❶ C 当然支払われるべきもの, 正当な報酬
　❷ ((ふつうdues)) 会費; 料金; 手数料; 税
　━ 副 ((方向を表す語の前に付けて)) 真(ま)…に, 正…に
- The wind is *due* east. 風は真東に向いている

duel /dúːəl ドゥーアル/
　名 C 決闘; (二者間の)争い, 闘争
　━ 動 自 (…と)決闘する ((with...))

duet /duːét ドゥーエト/ 名 C 【音楽】デュエット, 二重唱[奏], 二重唱[奏]の曲

dug /dʌ́g ダグ/ 動 digの過去形・過去分詞

dugout /dʌ́gàut ダガウト/ 名 C 【野球】ダッグアウト

duke /dúːk ドゥーク/ 名 C (英国の)公爵

dull* /dʌ́l ダル/
　形 比較 **duller** /ダラ/
　　最上 **dullest** /ダラスト/
　❶ 退屈な, つまらない, 単調な
　❷ 〈色・音などが〉はっきりしない; 〈天気が〉どんよりした
　❸ 〈痛みが〉鈍い; 〈刃などが〉切れ味の悪い
　❹ 頭の鈍い; 〈動作が〉のろい
　━ 動
　━ 他 〈…を〉鈍くする; 〈痛みなどを〉やわらげる
　━ 自 鈍くなる
　dullness 名 U 退屈; 鈍さ, うっとうしさ

duly /dúːli ドゥーリ/ 副
　❶ 正当に, 適切に; 十分に
　❷ 時間[期日]どおりに

dumb /dʌ́m ダム/ 形
　❶ ((主に米)) ((くだけて)) まぬけな, ばかな
　❷ (障害などで)口のきけない
　❸ (驚きなどで)ものも言えない ((with...)); 無口な, 黙っている

dummy /dʌ́mi ダミ/ 名 C
　❶ 型見本; 模造品
　❷ (衣料品店などの)マネキン人形
　❸ ((米)) ((くだけて)) まぬけ, ばか者

dump /dʌ́mp ダンプ/
　動 他
　❶ 〈荷物などを〉ドシンと落とす[降ろす]; 〈ごみなどを〉ドサッと捨てる
　❷ 〈商品を〉(海外市場へ)ダンピングする
　━ 名 C ごみ[くず]の山; ごみ捨て場
　dumping 名 U (荷物などの)投げ降ろし; (ごみなどの)投棄; ダンピング

dune /dúːn ドゥーン/ 名 C 砂丘

dung /dʌ́ŋ ダング/ 名 U (家畜の)ふん

duo /dúːou ドゥーオウ/ 名 C 【音楽】二重唱[奏], デュオ; (芸人などの)2人組

duplex /dúːpleks ドゥープレクス/ 形 二重の, 2倍の
- a *duplex* apartment ((米)) 重層型アパート
- a *duplex* house ((米)) 2世帯住宅

duplicate /dúːplikət ドゥープリカト/
　名 C 写し, 控え; 複写, 複製
　━ 形 写しの, 複製の; そっくりの
　━ 動 /dúːpləkèit ドゥープラケイト/ 他 〈…の〉写しを作る, 〈…を〉複製[複写]する
　duplication 名 U 複写, 複製; 重複

durable /dúərəbl ドゥアラブル/ 形 耐久力のある, 長持ちする, じょうぶな
　durability 名 U 耐久性, 永続性

duration /duréiʃən デュレイシャン/ 名 U 持続, 継続; 継続期間[時間]

during

/dúəriŋ ドゥアリング | djúəriŋ デュアリング/ 前

❶〈特定の期間〉の**間じゅう(ずっと)**
- I was sleeping *during* the class.
授業の間ずっと寝ていた
- *during* the summer 夏の間ずっと
- *during* recess 休み時間に

❷〈特定の期間〉の**間に**, …の間のある時(に)
- I went to five concerts *during* my stay in London.
私はロンドン滞在中にコンサートに5回行った

dusk /dʌ́sk ダスク/ 名 U 夕暮れ, たそがれ

dust /dʌ́st ダスト/
名 U ほこり, ちり, 砂ぼこり; U 粉, 粉末; 花粉
— 動
— 他
❶〈…の〉ほこり[ちり]を払う
❷〈…に〉(粉などを)振りかける((*with*...))
- *dust* a cake *with* sugar
ケーキに砂糖を振りかける
— 自 ちりを払う, ごみをふき取る
dusty 形 ほこりっぽい, ほこりだらけの; 灰色がかった

dustbin /dʌ́stbìn ダストビン/ 名 C ((英))(屋外の)ごみ入れ

dustpan /dʌ́stpæn ダストパン/ 名 C ちり取り

Dutch /dʌ́tʃ ダチ/
形 オランダの; オランダ人[語]の
go Dutch
((くだけて))(人と)割り勘にする((*with*...))
— 名 U オランダ語

dutiful /dú:tifəl ドゥーティファル/ 形 忠実な, 義務感の強い; 従順な; 礼儀正しい

duty* /dú:ti ドゥーティ/
名 (複 **duties** /dú:tiz ドゥーティズ/) U C
❶ **義務**, 本分
- It is our *duty* to obey the rules
規則に従うことは私たちの義務だ
❷ ((duties)) **職務**, **任務**; 仕事
- household *duties* 家事
❸ ((しばしばduties))(…の)税, 関税((*on*...))
- customs *duties* 関税
off duty 勤務時間外で, 非番で
- go *off duty* 非番になる
on duty 勤務時間中で, 当番で

duty-free /dú:tifrì: ドゥーティフリー/
形 免税の
— 副 免税で

DVD ((略)) *d*igital *v*ersatile *d*isc ディーブイディー

dwarf /dwɔ́:rf ドゥオーフ/
名 (複 **dwarfs** /dwɔ́:rfs ドゥオーフス/, **dwarves** /dwɔ́:rvz ドゥオーヴズ/) C 小人; (ふつうよりずっと)小さい動植物
— 動 他 〈…を〉(相対的に)小さく見せる; 〈…の〉発育を妨げる

dwell /dwél ドゥエル/
動 三単現 **dwells** /dwélz ドゥエルズ/
過去・過分 **dwelt** /dwélt ドゥエルト/,
dwelled /dwéld ドゥエルド/
現分 **dwelling** /dwéliŋ ドゥエリング/
— 自 居住する, 住む(live)
dwell on A
A(事)をゆっくり[くよくよ]考える
dweller 名 C 住人, 居住者
dwelling 名 C 住宅, 住居

dwelt /dwélt ドゥエルト/ 動 dwellの過去形・過去分詞

dye /dái ダイ/
名 U C 染料
— 動 他〈布などを〉染める; 〈…に〉色を着ける

dying /dáiiŋ ダイイング/
動 dieの現在分詞・動名詞
— 形
❶〈人・動物が〉死にかかった, 〈植物が〉枯れかかった; ((*one*'s dying)) 臨終の
❷ 消え[滅び]かけている

dynamic /dainǽmik ダイナミク/ 形
❶ 動力の; 力学上の
❷〈人が〉精力的な, 活力のある, ダイナミックな
dynamically 副 力学的に, 動的に; ダイナミックに
dynamics 名 U 力学, 動力学; 原動力

dynamite /dáinəmàit ダイナマイト/
名 U ダイナマイト; ((くだけて))強烈な驚きを与える人[物]
— 動 他〈…を〉ダイナマイトで爆破する

dynasty /dáinəsti ダイナスティ/ 名 C 王朝; 王家

dz. ((略)) *d*ozen(s) ダース

E, e

E¹, e /íː イー/ 名 (複 **E's, Es;e's, es** /イーズ/)
❶ ⓒⓊ イー(英語アルファベットの第5字)
❷ ((Eで))ⓒ (米)(学業成績の)E, 「条件付き可」
❸ Ⓤ【音楽】ホ音;ホ調

E², E. ((略))*east* 東

each /íːtʃ イーチ/

形 ((比較なし))((単数名詞の前で)) **それぞれの, めいめいの**
・*each* year [day, night] 毎年[毎日, 毎晩]
・*Each* student has his [her] own computer.
どの学生も自分のコンピュータを持っている
🕮 Only three people in *each* group.
各グループ3人にしてください
each and every A どのAも
each time 毎回;…するたびに
━ 副 ((比較なし)) **それぞれ(に), めいめい(に), 1つ[1人]について**
・These DVDs are 1500 yen *each*.
これらのDVDは1枚1500円です
━ 代 **それぞれ**
・*Each* of us has our own dreams.
ぼくたちはみんな自分の夢を持っている
・They love *each* other.
彼らはお互いに愛し合っている

eager /íːɡər イーガ/ 形
❶ (…を)切望[熱望]して((*for*...))
■ *be eager to do* …したいと強く思っている, しきりに…したがっている
❷ 〈態度などが〉真剣な, 熱心な
eagerly 副 熱心に;しきりに

eagerness /íːɡərnəs イーガナス/ 名 Ⓤ 切望;熱意
have a great eagerness to do
…することを熱望している
with eagerness 熱心に

eagle /íːɡl イーグル/ 名 ⓒ 【鳥】鷲(わし);【ゴルフ】イーグル

ear¹ /íər イア/ 名 (複 **ears** /イアズ/)

❶ ⓒ 耳
・the internal [middle, external] *ear*
内[中, 外]耳
・clean *one's ear(s)* 耳掃除する
❷ Ⓤⓒ ((ふつうan ear)) 聴覚, 聴力;音感;(音を)聞き分ける力((*for*...));鋭い耳
・have *a* sharp *ear* 耳が鋭い
・have *a* poor *ear* 耳が遠い
be all ears
一心に耳を傾ける, 熱心に傾聴する
from ear to ear
(笑い方が)口元を左右に広げて
go in one ear and out the other
何の感銘も受けない, 聞くそばから忘れる
play (A) by ear (A(曲)を)暗譜で演奏する
play it by ear
((くだけて))臨機応変にやる
turn a deaf ear to A Aに耳を貸さない
up to the [one's] ears in A
((くだけて)) Aに深くのめり込んで, 熱中して

ear² /íər イア/ 名 ⓒ (とうもろこしなどの)穂
eardrum /íərdrʌm イアドラム/ 名 ⓒ 鼓膜

early /ə́ːrli アーリ/

副形 比較 **earlier** /アーリア/
最上 **earliest** /アーリアスト/
━ 副 ((時間・時期)) **早く, 早めに;初期に**(⇔ *late*)
・wake up *early* 朝早く目が覚める
・arrive at school ten minutes *early*
10分早く学校に着く
・*early* in May 5月初旬に
early or late 遅かれ早かれ
━ 形 ((時間・時期)) **早い, 早めの;初期の** (⇔ *late*)
・have an *early* lunch 早めの昼食を取る
・an *early* cellphone 初期の携帯電話
・The *early* bird catches the worm.
((ことわざ))早起きは三文の得

earn* /ə́ːrn アーン/
動 三単現 **earns** /アーンズ/
過去・過分 **earned** /アーンド/
現分 **earning** /アーニング/
━ 他
❶ (働いて)〈金を〉**稼ぐ**, もうける;〈名声・信用などを〉得る

- *earn one's* living 生活費を稼ぐ
❷〈利子・利益を〉生む, もたらす
- *earn A B* A〈人〉にB〈利益〉をもたらす
- Her honesty *earns* her respect.
彼女は正直なので尊敬されている

earnest /ə́ːrnist アーニスト/
形 〈人が〉真剣な, まじめな, 一生懸命な;(…に)熱心な((*about...*))
━名 ((次の成句で))
in earnest 本気で, 真剣に, まじめに
|**earnestly** 副 まじめに, 本気で
|**earnestness** 名 U まじめ, 真剣, 熱心

earnings /ə́ːrniŋz アーニングズ/ 名 ((複数扱い)) 収入, 所得
- take-home *earnings*
手取りの給料, 可処分所得

earphone /íərfòun イアフォウン/ 名 C ((ふつうearphones)) イヤホン

earplug /íərplʌ̀g イアプラグ/ 名 C ((ふつうearplugs)) 耳栓

earring /íəriŋ イアリング/ 名 C ((ふつうearrings)) イヤリング

earshot /íərʃɑ̀t イアシャト/ 名 U 音[声]の聞こえる範囲
- within [beyond] *earshot*
聞こえる[聞こえない]所に

earth /ə́ːrθ アース/ 名

❶ ((the earth; (the) Earth)) (太陽系の)**地球** (略 e, E)
- *The earth* rotates on its axis.
地球は自転している
❷ U 大地, 地面;土;(海に対して)陸地
- fertile *earth* 肥えた土, 沃土(ょくど)
on earth
この世で;((疑問詞を強めて))一体全体
- Who *on earth* are you?
いったい君は誰なんだ

earthly /ə́ːrθli アースリ/ 形
❶ ((否定)) 全然, ちっとも;((疑問文で)) 一体全体
❷ ((文語)) この世の, 現世の;地上の

earthquake /ə́ːrθkwèik アースクウェイク/ 名 C 地震;(社会的)大変動

earthworm /ə́ːrθwə̀ːrm アースワーム/ 名 C みみず

earthy /ə́ːrθi アースィ/ 形
❶ 〈味・におい・感触などが〉土のような
❷〈人が〉率直な, 〈言葉などが〉粗野な

ease /íːz イーズ/
名 U
❶ 気楽さ, 安楽さ;安心;くつろぎ
❷ 容易さ, たやすさ
at (one's) ease 安心して;くつろいで
with ease 容易に, たやすく(easily)
━動
━他
❶〈苦痛・心配などを〉やわらげる, 楽にする
❷〈…を〉ゆるめる, ゆっくりと動かす
━自〈苦痛・心配などが〉やわらぐ, 楽になる
ease off [up]〈程度などが〉衰える, 弱まる

easily* /íːzili イーズィリ/
副 比較 more easily
最上 most easily
❶ **簡単に**, 楽に, 容易に, やすやすと
- More *easily* said than done.
((ことわざ)) 言うはやすく行うは難(かた)し
❷ ((最上級・比較級を強めて)) 間違いなく, 明らかに
- She is *easily* the best student.
彼女は何と言っても最高の生徒だ

east /íːst イースト/

名 U

❶ ((ふつうthe east)) **東, 東方, 東部** (略 e, E)
- The sun rises *in the east*.
太陽は東から上る
■ *in the east of A* Aの東部に
- I live *in the east of* Augusta.
私はオーガスタの東部に住んでいる
■ *be [lie] to the east of A*
Aの東方にある
❷ ((the East)) 東部(地方);東洋;米国東部諸州
- *the East* of Europe 東欧
━形 ((比較なし)) 東の;東への;〈風が〉東からの;東にある;東向きの
- an *east* wind 東風
- an *east* window 東向きの窓
- the *east* coast 東海岸
━副 ((比較なし)) **東に**, 東へ, 東方に, 東部に
- The wind is blowing *east*.
風は東に吹いている[西風である]

Easter /íːstər イースタ/
名 【キリスト教】復活祭, イースター
- an *Easter* egg 復活祭の卵 (復活祭の贈り物や装飾として使われる, 彩色したゆで卵)

eastern* /íːstərn イースタン/
形 ((比較なし))
❶ 東の, 東方の, 東部の; 〈風が〉東からの
・the *eastern* sky 東の空
❷ ((Eastern)) 東部(地方)の, 東洋の; 米国東部の
・the *Eastern* Hemisphere 東半球

eastward /íːstwərd イーストワド/
副 東に[へ], 東方に[へ]
━形 東の, 東方の; 東向きの

eastwards /íːstwərdz イーストワヅ/ 副 = eastward

easy /íːzi イーズィ/
形 副 比較 **easier** /イーズィア/
　　　最上 **easiest** /イーズィアスト/
━形
❶ (人にとって)**やさしい, 簡単な**, 楽な ((*for*...)); (…することが)容易な ((*to do*)) (⇔ difficult, hard, tough)
・an *easy* question [job] 楽な問題[仕事]
・an *easy* way out 安易な解決策
・Today's exam was *easy*.
きょうのテストはやさしかった
■ *it is easy* (*for A*) *to do*
　(A(人)が)…するのはやさしい
・*It is easy for* everyone *to* learn English.
誰にとっても英語を学ぶのはやさしい
❷ 〈生活などが〉楽な; 〈心などが〉ゆとりのある; 〈態度などが〉くつろいだ
❸ (人・物に対して)優しい, 甘い ((*on*...))
I'm easy. 私はどちらでも結構です
━副
❶ 楽に, 容易に, たやすく
・*Easy* come, *easy* go.
悪銭身につかずってやつさ
・*Easier* said than done.
((ことわざ)) 言うはやすく行うは難(がた)し
❷ のんきに, 気楽に
・Stand *easy*! ((号令)) 休め
❸ 急がないで, ゆっくり
・*Easy*! That's a very fragile pot.
気をつけて, それはとても壊れやすいつぼなんだ
***go easy on** A* ((くだけて)) A(人)に優しくする; A(物)をほどほどにする, 控える
Take it [things] easy!
(1) ((くだけて)) 気楽にやりなさい
(2) ((話)) 落ち着け; じゃあまたね

easygoing /íːzigóuiŋ イーズィゴウイング/
形 あくせくしない, 気楽な; (…に)無頓着な ((*about*...))

eat /íːt イート/
動 三単現 **eats** /イーツ/
　　過去 **ate** /エイト/
　　過分 **eaten** /イートン/
　　現分 **eating** /イーティング/
━他
❶ 〈…を〉**食べる**
・*eat* soup (スプーンを使って)スープを飲む
▶ drink soupとは言わない
・Give me something to *eat*.
何か食べる物をください
❷ 〈酸などが〉〈金属を〉腐食する; 〈虫などが〉〈衣類を〉食い荒らす
・The rust *ate* the iron. さびが鉄を腐食した
━自 **食べる**, 食事をする
・*eat* and drink 飲食する
・*eat* well 食欲旺盛である
eat out 外食する
eat up 全部食べてしまう, たいらげる

eaten /íːtn イートン/ 動 eatの過去分詞

eating /íːtiŋ イーティング/
動 eatの現在分詞・動名詞
━名 U 食べること, 食事; ((形容詞的に)) 食用の
・an *eating* disorder 摂食障害 (拒食症など)

eaves /íːvz イーヴズ/ 名 ((複数扱い)) (家の)ひさし, 軒

ebb /éb エブ/ 名 ((the ebb)) 引き潮; U 衰退, 減退

ebony /ébəni エバニ/ 名 U 黒檀(こくたん)(材); C 黒檀の木

EC ((略)) *E*uropean *C*ommunity 欧州共同体

eccentric /ikséntrik イクセントリク/
形 〈行為などが〉異常な, 風変わりな; 〈軸などが〉中心からはずれた
━名 C 変人, 奇人
eccentrically 副 風変わりな様子で

eccentricity /èksəntrísəti エクサントリサティ/ 名 C ((ふつうeccentricities)) 奇行; U (言動・服装などの)奇抜さ

echo /ékou エコウ/
名 (複 **echoes** /エコウズ/) U C 反響, こだま, 山びこ; (意見・意情などへの)共鳴, (世論などの)反響
━動

— 自 (音が)鳴り響く;〈場所が〉(…で)反響する((with..., in...))
— 他
❶〈人の言葉を〉繰り返す, おうむ返しにする
❷〈場所が〉〈音を〉反響させる

eclipse /iklíps イクリプス/
名 C (太陽・月の)食
・a solar [lunar] *eclipse* 日[月]食
— 動 他 ((ふつう受身で))〈天体が〉〈他の天体を〉食する

eco-friendly /íkoufrèndli イーコウフレンドリ/ 形 環境に優しい

ecological /èkəládʒikəl エカラヂカル/ 形 生態系の, 生態学(上)の;環境の
|ecologically 副 生態学的に, 環境保護上

ecologist /ikálədʒist イカラヂスト/ 名 C 生態学者, 環境保護論者

ecology /ikálədʒi イカラヂ/ 名 U 生態;生態学;環境保護

e-commerce /í:kàmə:rs イーカマース/ 名 U 電子商取引 (electronic commerce)

economic /ì:kənámik イーカナミク|ì:kənɔ́mik イーカノミク/ 形
❶ 経済(上)の;経済学(上)の
・an *economic* crisis 経済危機
❷ 利益になる, もうけになる

economical /ì:kənámikəl イーカナミカル/ 形 (…の点で)経済的な, むだのない, 安価な, 節約になる((on...))
|economically 副 経済的に, 節約して

economics /ì:kənámiks イーカナミクス|ì:kənɔ́miks イーカノミクス/ 名 ((単数扱い))経済学; ((複数扱い))経済状態

economy* /ikánəmi イカナミ|ikɔ́nəmi イコナミ/ 名 (複 economies /イカナミズ/)
❶ U 経済
・the global *economy* 世界経済
❷ U C (…の)倹約, 節約((of..., in...))
・*economy* of time 時間の節約
❸ ((形容詞的に))経済的な, 徳用の
|economist 名 C 経済学者

economy class /ikánəmi klæs イカナミ クラス/ 名 U (旅客機などの)エコノミークラス

ecosystem /í:kousìstəm イーコウスィスタム/ 名 C 生態系

ecstasy /ékstəsi エクスタスィ/ 名 U C 無我夢中;有頂天;恍惚(こうこつ)
with ecstasy うっとりして

ecstatic 形 有頂天の, うっとりした

Eden /í:dn イードン/ 名
❶【聖書】エデンの園 (the Garden of Eden) (アダム(Adam)とイブ(Eve)が住んでいた楽園)
❷ C 楽園

edge* /édʒ エヂ/
名 (複 edges /エヂズ/) C
❶ 端, へり, 縁(ふち)
・the *edge of* a desk 机の端
❷ (刃物の)刃, 刃先
・a razor's *edge* かみそりの刃
be on edge
いらいらしている, 気が立っている
— 動
— 他
❶ 〈…を〉(…で)縁取る((with..., in...));〈刃物に〉刃をつける
❷ (少しずつ)〈…を〉動かす
— 自 少しずつ移動する
|edging 名 U 縁取り;C 縁飾り

edgy /édʒi エヂ/ 形 ((くだけて))いらいらした, とげとげしい

edible /édəbl エダブル/ 形 食用の;食べられる

Edinburgh /édinbə:rə エディンバーラ/ 名 エディンバラ (スコットランドの首都)

Edison /édisn エディスン/ 名 **Thomas Edison** エジソン (米国の大発明家)

edit /édit エディト/ 動 他 〈原稿などを〉校訂する;〈映画などを〉編集する

edition /idíʃən イディシャン/ 名 C 版;全発行部数
・the first *edition* 初版

editor /édətər エダタ/ 名 C (出版物などの)編集者
・the *editor* in chief 編集長

editorial /èditɔ́:riəl エディトーリアル/
名 C (新聞などの)社説, 論説
— 形 編集(上)の;社説[論説]の

educate /édʒəkèit エヂャケイト|édjukèit エデュケイト/ 動 他 〈人を〉教育する, 学校へやる
|educated 形 教育を受けた;教養のある

education /èdʒəkéiʃən エヂャケイシャン|èdjukéiʃən エデュケイシャン/ 名 (複 educations /エヂャケイシャンズ/)
❶ U ((またan education)) 教育
・*a* university *education* 大学教育

- compulsory *education* 義務教育
- school *education* 学校教育

❷ⓊⒸ (受けた)**教育**, **教養**
- a man of *education* 教養のある人

educational /ifékt イフェクト/ 形 教育(上)の, 教育に関する;教育的な
educator 名Ⓒ 教育者;教師;((主に米))教育学者

eel /íːl イール/ 名(複 **eel**, **eels** /イールズ/)Ⓒ うなぎ

effect* /ifékt イフェクト/
名(複 **effects** /イフェクツ/)ⓊⒸ
❶ (…に対する)**効果**, **影響**, 作用((*on...*, *upon...*));**結果**
- a side *effect* 副作用
- cause and *effect* 原因と結果

❷ (色・形などの)効果
in effect 事実上, 実際は
take effect 効果を現す
to good effect 効果的に, 成功して
━ 動 他 〈…を〉(結果として)もたらす;〈計画などを〉達成する

effective /iféktiv イフェクティヴ/ 形
❶ (…に)効果的な, 効き目がある((*on...*))
- an *effective* medical treatment 効果的な治療法

❷ 実際の, 事実上の
effectively 副 効果的に, 有効に;事実上
effectiveness 名Ⓤ 有効(性)

efficient /ifíʃənt イフィシャント/ 形 能率的な, 効率のよい;〈人が〉有能な
efficiently 副 能率[効率]的に
efficiency 名Ⓤ 能率, 効率

effort* /éfərt エファト/
名(複 **efforts** /エファツ/)ⓊⒸ
(…しようとする)**努力**((*to do*));骨折り
📖 I was a bit disappointed with your *efforts*. あなたの出来に少しがっかりしました
make an effort (*to do*)
(…しようと)努力する
effortless 形 特別な努力を要しない, 自然な, 楽な

e.g. /íːdʒíː イーヂー/ ((略)) 例えば

egalitarian /igælitéəriən イガリテアリアン/ 形 〈人が〉平等主義の
━ 名Ⓒ 平等主義者

egg /ég エグ/ 名(複 **eggs** /エグズ/)Ⓒ
❶ **卵** (ふつうは鶏の卵をさす)

- the yolk of an *egg* 卵の黄身, 卵黄
- a fried *egg* 目玉焼き
- lay an *egg* 卵を産む
- hatch *eggs* 卵をふ化する

❷【生物】卵子, 卵細胞

eggplant /égplænt エグプラント/ 名 ((主に米))Ⓒ なす(の実)

eggshell /égʃèl エグシェル/ 名ⒸⓊ 卵の殻;壊れやすい物

ego /íːgou イーゴウ, égou エゴウ/ 名Ⓒ うぬぼれ, 自尊心;【心理】エゴ, 自我

egocentric /ìːgouséntrik イーゴウセントリク/ 形 自分本位の, 自己中心的な

Egypt /íːdʒipt イーヂプト/ 名 エジプト (首都はカイロ)

Egyptian /idʒípʃən イヂプシャン/
形 エジプトの;エジプト人[語]の
━ 名Ⓒ エジプト人

eight /éit エイト/
名(複 **eights** /エイツ/)
❶ⓊⒸ (基数の)**8**;Ⓤ ((複数扱い))8つ, 8個, 8人
- Five plus three is *eight*. 5足す3は8

❷Ⓤ 8時, 8分
- It's *eight* twenty now. 今8時20分です

❸Ⓤ 8歳
❹Ⓒ 8人[個]一組のもの;(ボートの)エイト
━ 形
❶ 8の, 8個の, 8人の
❷ 8歳の

eighteen /èitíːn エイティーン/
名(複 **eighteens** /エイティーンズ/)
❶ⓊⒸ (基数の)**18**;Ⓤ ((複数扱い))18個, 18人
❷Ⓤ 18時, 18分
❸Ⓤ 18歳
━ 形
❶ 18の, 18個の, 18人の
❷ 18歳の

eighteenth /èitíːnθ エイティーンス/
形 (略 18th)
❶ ((ふつうthe eighteenth)) 第18の, 18番目の
❷ ((a eighteenth)) 18分の1の
━ 名 (略 18th)
❶Ⓤ ((ふつうthe eighteenth)) 第18, 18番目;18番目の人[もの]

❷ Ⓤ ((ふつうthe eighteenth))(月の)18日
❸ Ⓒ 18分の1

eighth* /éitθ エイトス, 《米》éiθ エイス/
形 (略 8th)
❶ ((ふつうthe eighth)) **第8の**, 8番目の
❷ ((a eighth)) 8分の1の
━━名 (複 **eighths** /エイトスス/) (略 8th)
❶ Ⓤ ((ふつうthe eighth)) **第8**, 8番目;8番目の人[もの]
❷ Ⓤ ((ふつうthe eighth)) (月の)8日
❸ Ⓒ 8分の1

eightieth /éitiəθ エイティアス/
形 (略 80th)
❶ ((ふつうthe eightieth)) 第80の, 80番目の
❷ ((a eightieth)) 80分の1の
━━名 (略 80th)
❶ Ⓤ ((ふつうthe eightieth)) 第80, 80番目;80番目の人[もの]
❷ Ⓒ 80分の1

eighty /éiti エイティ/

名 (複 **eighties** /エイティズ/)
❶ ⓊⒸ (基数の) **80**; Ⓤ (複数扱い) 80個, 80人
❷ Ⓤ 80歳; ((*one's* eighties)) 80(歳)代
❸ ((the eighties)) (世紀の)80年代, 1980年代

━━形
❶ 80の, 80個の, 80人の
❷ 80歳の

Einstein /áinstain アインスタイン/ 名 **Albert Einstein** アインシュタイン(ドイツ生まれの米国の物理学者で,相対性理論の提唱者)

either /íːðər イーザ, áiðər アイザ/

形 ((比較なし))((単数名詞の前で))
❶ (二者のうち) **どちらか一方の**; どちらの…でも
・Sit on *either* side どちら側にでも座りなさい
❷ ((否定文で))(二者のうち) **どちらの…も(…ない)**
・I don't like *either* hat.
どちらの帽子も気に入らない
either way どちらにしても
━━代
❶ (二者のうち) **どちらか一方**; どちらでも ((*of...*))
・*Either* (*of* them) will do.
どちらでも間に合います

❷ ((否定文で))(二者のうち) **どちらも(…ない)** ((*of...*))
・I did not buy *either* (*of* them).
どちらも買わなかった
━━接 ((次の用法で))
■ *either A or B* AかBかどちらか; ((否定文で))AもBもどちらも(…ない)
・*Either* come *or* write.
来るか手紙をよこすかどちらかにしなさい
・I don't like *either* juice *or* cola.
ジュースもコーラも好きではない
━━副 ((比較なし)) ((否定文に続いて)) **…もまた(…ない)**
・If you don't go, I wo*n't* either.
君が行かないなら私も行きません

eject /idʒékt イヂェクト/ 動
━━他
❶ 〈人を〉(…から)立ちのかせる, 追い出す ((*from...*))
❷ 〈テープ・DVDなどを〉(デッキから)取り出す ((*from...*))
━━自 〈パイロットが〉緊急脱出する
ejection 名 Ⓤ 追放;排出; ⓊⒸ 噴出物;排出物

elaborate
形 /ilǽbərət イラバラト/ 精巧な, 念入りな
━━動 /ilǽbərèit イラバレイト/
━━他 〈計画などを〉練る, 念入りに仕上げる
━━自 (…について)詳しく述べる ((*on...*))
elaborately 副 入念に, 精巧に
elaboration 名 Ⓤ 念入りに仕上げること;精巧さ; Ⓒ 労作

elastic /ilǽstik イラスティク/
形
❶ 弾性のある, 伸縮自在な
・an *elastic* band 《英》輪ゴム
❷ 〈考えなどが〉融通のきく, 柔軟な
━━名 Ⓤ ゴム入り生地, ゴムひも
elasticity 名 Ⓤ 弾力性;融通性

elbow /élbou エルボウ/

名 (複 **elbows** /エルボウズ/) Ⓒ
❶ ひじ; (衣服の)ひじの部分
・Take your *elbow* off the table.
食卓にひじを突くな
❷ ひじ状の物; (川などの)急な湾曲部
at A's elbow A(人)のすぐそばに[の]
━━動
━━他 〈…を〉ひじで押す, 突く

— 自 押し分けて進む

elder /éldər エルダ/
形 ((主に英))(ふつう兄弟・姉妹について)年上の, 年長の
- an *elder* brother [sister] 兄[姉]
— 名 C
❶ ((*one's* elders)) 年長者, 年上の人；先輩
❷ ((しばしばelders)) (部族などの)長老
elderly 形 年老いた, 初老の, 年配の

eldest /éldist エルディスト/ 形 ((主に英))(ふつう兄弟・姉妹の中で)最年長の
- the *eldest* brother 長兄

elect /ilékt イレクト/
動 他 〈…を〉選挙で選ぶ, 選出する
- *elect* A (*as* [*to be*]) C
  A(人)をC(職)に選ぶ
- We *elected* him (*as* [*to be*]) mayor.
  われわれは彼を市長に選んだ
— 形 ((名詞のあとで)) 当選した
- the president *elect* 大統領当選者

election /ilékʃən イレクシャン/ 名 U C 選挙；当選
- win an *election* 選挙に勝つ
elective 形 選挙の；選挙による；(学科目が)選択制の
electoral 形 選挙の, 選挙人の

electric /iléktrik イレクトリク/ 形
❶ ((比較なし)) 電気の, 電動の；電気仕掛けの；電化された
- an *electric* circuit 電気回路
- *electric* power 電力
❷ 電撃的な；感動的な
electrical 形 電気で動く, 電動の
electrician 名 C 電気工事人

electricity* /ilektrísəti イレクトリサティ/
名 U 電気, 電力

electromagnetic /ilèktroumægnétik イレクトロウマグネティク/ 形 電磁気の；電磁石の
- an *electromagnetic* wave 電磁波

electron /iléktran イレクトラン/ 名 C 電子, エレクトロン

electronic /ilèktránik イレクトラニク/ 形 電子の；電子工学の
- *electronic* commerce 電子商取引
- (an) *electronic* mail
  電子メール, Eメール(略 e-mail)
- *electronic* money 電子マネー
- *electronic* publishing 電子出版
electronics 名 U 電子工学

elegant* /éligənt エリガント/
形 比較 more elegant
   最上 most elegant
〈人・服装などが〉**優雅な, 上品な**；気品のある
elegantly 副 優雅に；上品に
elegance 名 U 優雅さ, 上品さ

element* /éləmənt エラマント/
名 (複 **elements** /エラマンツ/)
❶ C (**構成)要素**, 成分
❷ C 【化学】元素
❸ C ((the elements)) (学問などの)初歩, 原理
❹ ((an element)) (…の)わずか, 少量 ((*of*...))
- *an element of* surprise 少しの驚き
be in [*out of*] *one's element*
本領を発揮できる[できない]
elemental 形 基本的な；本質的な

elementary* /èləméntəri エラメンタリ/
形 ((比較なし))
❶ **初歩の, 基本の,** 初級の, 初等の
- *elementary* school 小学校
❷ 〈問題などが〉単純な, 簡単な

elephant /éləfənt エラファント/ 名 C 象

elevate /éləvèit エラヴェイト/ 動 他 〈…を〉高める, 向上させる, 上げる；〈人を〉(…に)昇進させる((*to*...))
elevated 形 高くした；高架の；〈地位などが〉高い；高尚な
elevation 名 C 高さ；U C 海抜, 高度；向上

elevator* /éləvèitər エラヴェイタ/
名 (複 **elevators** /エラヴェイタズ/) C
((米)) **エレベーター**, 昇降機(((英)) lift)

eleven /ilévən イレヴァン/
名 (複 **elevens** /イレヴァンズ/)
❶ U C (基数の)**11**；U ((複数扱い)) 11個, 11人
- Seven plus four is *eleven*. 7足す4は11
❷ U 11時, 11分
- It's *eleven* twenty now. 今11時20分です
❸ U 11歳
❹ C 11人[個]一組のもの；(サッカーの)イレブン
— 形
❶ **11の,** 11個の, 11人の
❷ 11歳の

eleventh* /ilévənθ イレヴァンス/
形 (略 11th)

emerge

❶ ((ふつうthe eleventh)) **第11の**, 11番目の
❷ ((a eleventh)) 11分の1の
━ 名 (複 **elevenths** /イレヴァンスス/) (略 11th)
❶ ⓊⒸ ((ふつうthe eleventh)) **第11**, 11番目; 11番目の人[もの]
❷ Ⓤ ((ふつうthe eleventh)) (月の)11日
❸ Ⓒ 11分の1

elf /élf エルフ/ 名 (複 **elves** /エルヴズ/) Ⓒ 小妖精

eligible /élidʒəbl エリヂブル/ 形 〈人が〉(…に)適している, 適格である((*for*...)); (…する)資格がある((*to do*))

eliminate /ilímənèit イリマネイト/ 動 他
❶ 〈…を〉(…から)取り除く, 排除する, 削除する((*from*...))
❷ 〈人・チームを〉(競技などから)脱落[敗退]させる((*from*...))
❸ 〈敵などを〉抹殺する, 消す
| **elimination** 名 Ⓤ 除去, 消去; 敗退

elite /ilí:t イリート, eilí:t エイリート/
名 Ⓒ ((ふつうthe elite)) えり抜きの人々, エリート
━ 形 エリートの, えり抜きの

eloquent /éləkwənt エラクワント/ 形 〈人が〉雄弁な;〈話などが〉感銘を与える
・an *eloquent* speaker 雄弁家
| **eloquence** 名 Ⓤ 雄弁

else /éls エルス/

副 そのほかに, 別に
・Let's go somewhere *else*.
どこかほかへ行こう
・What *else* did you say?
そのほかに何と言いましたか
Anything else?
(レストランなどで)ほかには何かありますか
or else ((脅しなどを表して)) さもないと
・Don't tell anybody, *or else*,...
誰にも言うなよ, さもないと…

elsewhere /élshwèər エルスウェア/ 副 どこかよそで[へ], ほかの所で[へ]

e-mail, E-mail
/í:mèil イーメイル/

名 ⓊⒸ 電子メール, Eメール
・an *e-mail* address Eメールアドレス
・send an *e-mail* Eメールを送る
・by [through] *e-mail* Eメールで

━ 動 他 〈…を〉Eメールで送る;〈人に〉Eメールを送る

emancipation /imænsəpéiʃən イマンサペイシャン/ 名 Ⓤ (束縛などからの)解放
・the *emancipation* of women 女性解放

embankment /imbǽŋkmənt イムバンクマント/ 名 Ⓒ 堤防, 土手; 築堤

embarrass /imbǽrəs イムバラス/ 動 他
❶ 〈人を〉困惑させる, きまり悪がらせる
❷ 〈問題などを〉こじらせる;(金銭上)困らせる
| **embarrassed** 形 きまりが悪い, 困った
| **embarrassing** 形 困惑させるような; やっかいな
| **embarrassingly** 副 困らせるように
| **embarrassment** 名 Ⓤ 困惑, きまり悪さ; Ⓒ 当惑の種

embassy /émbəsi エムバスィ/ 名 Ⓒ ((しばしばEmbassy)) 大使館

emblem /émbləm エムブラム/ 名 Ⓒ 象徴; 紋章; 記章

embody /imbádi イムバディ/ 動 他 〈考えなどを〉具体的に表現する, 示す
| **embodiment** 名 Ⓒ ((ふつうthe embodiment)) 具体物, 化身; 権化

embrace /imbréis イムブレイス/ 動 他
❶ 〈…を〉抱擁する, 抱きしめる
❷ 〈考え・申し出などを〉喜んで受け入れる
━ 名 Ⓒ 抱擁

embroider /imbrɔ́idər イムブロイダ/ 動
━ 他 〈…に〉刺しゅうする;〈話などに〉尾ひれをつける
━ 自 刺しゅうをする
| **embroidery** 名 Ⓤ 刺しゅう;(話などの)潤色

embryo /émbriòu エムブリオウ/ 名 Ⓒ
❶ 胎児; 胚
❷ (発達の)初期, 萌芽の段階
| **embryonic** 形 胚に関する;〈過程などが〉初期の

emerald /émərəld エマラルド/ 名 Ⓒ エメラルド; Ⓤ エメラルド色, 鮮緑色

emerge /imə́:rdʒ イマーヂ/ 動 自
❶ (…から)現れる, 出てくる((*from*...))
❷ 〈事実などが〉明らかになる
❸ 〈人が〉(逆境などから)身を起こす, 抜け出す((*from*...))
| **emergence** 名 Ⓤ 出現, 発生; 脱出
| **emergent** 形 現れる, 明らかになる;〈国な

どが)新興の
emerging 形 新興の, 存在感を増している

emergency /imə́ːrdʒənsi イマーチャンスィ/ 名 UC 緊急事態, 非常時
- an *emergency* hospital 救急病院
- an *emergency* exit 非常口
- Ring the bell in an *emergency*.
非常の場合にはベルを鳴らしなさい

emigrant /émigrənt エミグラント/ 名 C (他国への)移民, 移住者((*to...*))

emigrate /émigrèit エミグレイト/ 動 (自) (他国に)移住する((*to...*))
emigration 名 U (他国への)移住, 移民

eminent /émənənt エミナント/ 形 名声の高い, 著名な, 高名な
- an *eminent* lawyer 高名な弁護士

emission /imíʃən イミシャン/ 名 U (光・熱・気体などの)放射, 放出; C 放射[放出]物

emit /imít イミト/ 動 (他)(光・熱・音などを)放出する, 放つ

emotion /imóuʃən イモウシャン/ 名 CU 感情; U 感動, 感激
emotional 形 感情的な; 感情に走る; 感動的な
emotionally 副 感情的に
emotionless 形 感情を表に出さない; 無表情な

emotive /imóutiv イモウティヴ/ 形 感情の; 感情的な

empathy /émpəθi エンパスィ/ 名 U (…に対する)感情移入, (…への)共感((*with...*))

emperor /émpərər エンパラ/ 名 C 皇帝; (日本の)天皇

emphasis /émfəsis エンファスィス/ 名 (複 **emphases** /エンファスィーズ/) UC
❶ 強調, 重視; 強調点
- *lay [place, put] emphasis on A*
Aを強調[重視]する
❷ (音節などの)強調, 強勢

emphasize /émfəsàiz エンファサイズ/ 動 (他)〈…を〉強調する, 力説する;(…であると)力説する((*that*節))

emphatic /imfǽtik イン**ファ**ティク/ 形 〈言動などが〉強調された, 断固とした; はっきりした
emphatically 副 断固として; 断然; きっぱりと

empire /émpaiər エンパイア/ 名 C
❶ 帝国
- the Roman *Empire* ローマ帝国

❷ (1個人・1グループの支配する)企業帝国

empirical /impírikəl イン**ピ**リカル/ 形 経験に基づいた, 実験的な

employ /implɔ́i インプロイ/
動 (他)
❶ 〈人を〉(…として)雇う, 採用する((*as...*))
❷ 〈道具などを〉使用する
❸ 〈時間・精力などを〉(…に)費やす((*in...*))
— 名 U 雇用
- be in *A's employ* A(人)に雇われている
employee 名 C 従業員, 使用人
employer 名 C 雇い主, 使用者

employment /implɔ́imənt インプロイマント/ 名
❶ UC 職業; 仕事
- an *employment* agency 職業紹介所
❷ U 雇用, 職があること
- be in [out of] *employment*
就業[失業]している
❸ U 使用, 利用

empower /impáuər インパウア/ 動 (他)〈人に〉力を与える; (…する)権利を与える((*to do*))

empress /émprəs エンプラス/ 名 C 女帝; 皇后

empty /émpti エンプティ/
形 比較 **emptier** /エンプティア/
最上 **emptiest** /エンプティイスト/
❶ 〈容器などが〉からの(⇔full)
- I found the box *empty*. 箱はからだった
❷ 〈部屋などが〉あいている, 人のいない
- an *empty* room からっぽの部屋
❸ 〈話などが〉空虚な, 中身のない
— 動
— (他)
❶ 〈容器などを〉からにする(⇔fill)((*out*));〈中身を〉(…から出して)からにする((*from..., out of...*))
- *empty one's* glass of juice
グラスのジュースを飲み干す
❷ 〈中身を〉(…に)移す((*into...*))
- *empty one's* mind 何も考えずにいる
— (自)
❶ からになる((*out*))
❷ 〈川などが〉(…に)そそぐ((*into...*))
emptiness 名 U から; 空虚, むなしさ

enable /inéibl イネイブル/ 動 (他)〈物・事が〉〈行為などを〉可能にする

enable A **to** do
A〈人〉に…できるようにする

enact /inǽkt イナクト/ 動 他〈…を〉立法化する;〈法律を〉制定する
  enactment 名 U 立法化, (法律の)制定

enchanting /intʃǽntiŋ インチャンティング/ 形 うっとりさせる, 魅力的な

enclave /énkleiv エンクレイヴ/ 名 C 飛び領土;孤立した集団

enclose /inklóuz インクロウズ/ 動 他
  ❶〈書類などを〉(…の中に)同封する((*with...*, *in...*))
  ❷〈土地などを〉(垣などで)取り囲む((*by...*, *with...*))
  enclosure 名 C 囲い地, 構内;(手紙などの)同封物;U 包囲

encode /inkóud インコウド/ 動 他〈…を〉暗号化する;〈情報などを〉コード化する

encompass /inkʌ́mpəs インカンパス/ 動 他〈…を〉包む;囲む, 包囲する

encore /ɑ́:nkɔ:r アーンコー/
  間 アンコール, もう一度
  ━ 名 C アンコール;再演;アンコール曲

encounter /inkáuntər インカウンタ/
  ━ 動 他〈…に〉偶然出会う, 出くわす
  ━ 名 C (偶然の)出会い

encourage /inkə́:ridʒ インカーリヂ/ 動 他
  ❶〈人を〉勇気づける, 励ます;元気づける
  ▪ encourage A **to** do
  A〈人〉を…するように励ます
  ❷〈発達などを〉促進する, 助ける, 助長する
  encouragement 名 U 励まし, 奨励
  encouraging 形 励ましの, 奨励の;元気づける

encyclopedia, ((英))**encyclopaedia** /insàikləpí:diə インサイクロピーディア/ 名 C 百科事典

end /énd エンド/

名 (複 **ends** /エンヅ/) C

❶ **終わり, 最後**, (話などの)結末
・ at the *end* of the year 年の終わりに
・ at the *end* of the class 授業の最後に
・ come to an *end* 終わる
▪ *bring* A *to an end* Aを終わらせる
▪ *put an end to* A
A〈事〉をやめさせる, A〈事〉に終止符を打つ

❷ (細長い物の)**端, 先**;(面を持つ物の)端の部分;((形容詞的に)) 端の, 最後の
・ the *end* of a candle ろうそくの先端
・ the *end* of the earth 地の果て

❸ ((ふつうends))((改まって))目的, ねらい
・ gain *one's end(s)* 目的を達成する
・ The *end* justifies the means.
  ((ことわざ))目的は手段を正当化する

at loose ends ぶらぶらして;混乱して
at the end of the day 結局
from beginning to end
  最初から終わりまで
from end to end 端から端まで
in the end 結局, 最後に
・ Initially, the boss didn't approve our proposal, but *in the end* she agreed.
  上司は最初われわれの提案を認めなかったが, 結局は同意した

make (both) ends meet
  収支を合わせる

on end
  (1) 直立して
・ That horror movie made my hair stand *on end*.
  あのホラー映画を見て恐怖で毛が逆立った
  (2) 継続的に, 続けて

to no end とても;むだに
to the end 最後まで
without end 限界なく

━ 動
  [三単現] **ends** /エンヅ/
  [過去・過分] **ended** /エンディド/
  [現分] **ending** /エンディング/

━ 他
❶〈…を〉**終える**;終了する, 済ます(⇔ begin, start)
・ Fireworks *ended* the festival.
  祭りの最後に花火が打ち上げられた
❷〈…を〉(むりに)終わらせる, やめさせる

━ 自
❶ (…で) **終わる**, 終了する, 済む, やむ((*with...*))
(⇔ begin, start)
・ The play *ends with* the reunion of the family members.
  その劇は家族の再会で終わる
❷ (…の)結果になる, 終わりが…になる((*as...*, *in...*))
❸〈道路などが〉(…の所で)終わる((*at...*, *in...*))

end up 最後は(…に)なる((*as...*, *in...*));結局(…することになる)((*by doing*))

endanger /indéindʒər インデインヂャ/
他〈…を〉危険にさらす;〈動・植物を〉絶滅の危機にさらす
endangered 形 絶滅にひんした

endearing /indíəriŋ インディアリング/ 形 愛されるような, かわいらしい

endeavor /indévər インデヴァ/
動 自 (…しようと)努める, 心がける((to do))
— 名 U C (…しようとする)努力, 試み((to do))

ending /éndiŋ エンディング/
動 endの現在分詞・動名詞
— 名 C 終わり, 結末

endless /éndləs エンドラス/ 形 終わりのない;果てしない, 無限の;無数の
endlessly 副 果てしなく, 永久に

endorse /indɔ́ːrs インドース/ 動 他
❶ 〈意見などを〉承認する, 支持する
❷ 〈小切手・手形などに〉裏書きする
endorsement 名 U C 承認, 支持;裏書き

endowment /indáumənt インダウメント/
名 U (基金などの)寄付;C 基本財産, 基金;((ふつう endowments))天賦の才, 天分

endure* /indjúər インデュア/
動 三単現 **endures** /インデュアズ/
過去過分 **endured** /インデュアド/
現分 **enduring** /インデュアリング/
— 他 ((改まって))〈苦痛・苦労などを〉我慢する, 〈…に〉耐える
・*endure* pain 苦痛に耐える
■ *endure to do* [*doing*]
…することに耐える, …することを我慢する
・I could not *endure* to see [seeing] the sight. その光景を見るに耐えなかった
— 自 ((改まって))耐える, 我慢する;持続する
endurance 名 U 忍耐, 我慢;持久力, 耐久性
enduring 形 長続きする, 永続的な;我慢強い

enemy* /énəmi エナミ/
名 (複 **enemies** /エナミズ/)
❶ C 敵, 競争相手
・make an *enemy* of A Aを敵に回す
❷ ((the enemy))((単数・複数扱い))敵軍
・*The enemy* were defeated. 敵軍は敗れた
❸ C (…の)敵((*of*...));(…に)有害なもの((*to*...))

・a natural *enemy* 天敵

energy* /énərdʒi エナヂ/
名 (複 **energies** /エナヂズ/)
❶ U 活気, 元気;活力, 精力;C ((しばしばenergies))活動力, 行動力
・be full of *energy* 元気いっぱいである
❷ U 【物理】エネルギー
・solar *energy* 太陽エネルギー
energetic 形 活動的な, 精力的な
energetically 副 活動的に, 精力的に

enforce /infɔ́ːrs インフォース/ 動 他
❶ 〈法律などを〉施行する, 実施する
❷ 〈…を〉(人に)強制する, 押しつける((*on*...))
enforceable 形 〈法律など〉実施できる;強制できる
enforcement 名 U 施行;強制

engage /ingéidʒ インゲイヂ/ 動
— 他
❶ 〈人を〉(…として)雇う((*as*...))
❷ 〈注意・興味などを〉引く, 〈人を〉引きつける
・*engage* A *in* conversation
A(人)を会話に引き込む
❸ 〈…を〉交戦させる
❹ 〈歯車を〉かみ合わせる
— 自
❶ (…に)従事する, 関わる((*in*..., *with*...))
❷ (…と)交戦する((*with*...))
❸ 〈歯車が〉かみ合う

engaged /ingéidʒd インゲイヂド/
動 engageの過去形・過去分詞
— 形
❶ 〈人が〉(…と)婚約している((*to*...))
・an *engaged* couple 婚約中のカップル
❷ 〈人が〉(…に)忙しい, 〈人が〉(…に)取り組んでいる((*with*...))
❸ ((英))〈電話が〉通話中の(((米))busy)

engagement /ingéidʒmənt インゲイヂマント/
名 C
❶ (…との)婚約((*to*...));婚約期間
・an *engagement* ring
婚約指輪, エンゲージリング
・break off *one's engagement to* A
A(人)との婚約を解消する
❷ (会合などの)(人との)約束, 予約((*with*...));(文書による)約束, 契約
・make an *engagement* 約束する
❸ (…との)交戦((*with*...))

engaging /ingéidʒiŋ インゲイヂング/
動 engageの現在分詞・動名詞

engine /éndʒin エンヂン/ 名 C
① エンジン, 発動機, 機関
② 機関車；消防自動車
③【コンピュータ】検索エンジン(search engine)

engineer /èndʒiníər エンヂニア/
名 C 技師, 技術者, エンジニア
・a system *engineer* システムエンジニア
— 動 他
① 〈…を〉巧みに画策する
② ((be engineered))〈工事などが〉(技師に)設計される
③ 〈遺伝子を〉操作する
engineering 名 U 工学

England /íŋɡlənd イングランド/
名
① ((狭い意味で))イングランド(大ブリテン島からスコットランドとウェールズを除いた地域)
② ((広い意味で))英国, イギリス(首都はロンドン) ➡ 本国ではこの意味では使わない

English /íŋɡliʃ イングリシュ/
名
① U ((無冠詞で))英語
・written [spoken] *English*
書き[話し]言葉の英語
・speak in *English* 英語で話す
② ((the English))((複数扱い)) イングランド人；英国国民, イギリス国民
・*The English* are a great people.
英国人は偉大な国民である
— 形 ((比較なし))
① 英語の
・an *English* dictionary 英語の辞典
② イングランド(人)の；英国(人)の, イギリス(人)の
・the *English* language 英語

Englishman /íŋɡliʃmən イングリシュマン/
名 C (男性の)イングランド人；英国人, イギリス人

English-speaking /íŋɡliʃspíːkiŋ イングリシュスピーキング/ 形 英語を話す；英語圏の

Englishwoman /íŋɡliʃwùmən イングリシュウマン/ 名 C (女性の)イングランド人；英国人, イギリス人

engross /inɡróus イングロウス/ 動 他〈人が〉(…に)夢中になる, 没頭する((*in*...))
・He *is engrossed in* his work.
彼は仕事に没頭している

enhance /inhǽns インハンス/ 動 他〈価値・性能などを〉高める, 向上させる
enhancement 名 U C 強化；向上

enigma /inígmə イニグマ/ 名 C なぞ；なぞめいた人[物]
enigmatic 形 なぞのような, ふしぎな

enjoy /indʒɔ́i インヂョイ/
動 三単現 **enjoys** /インヂョイズ/
過去・過分 **enjoyed** /インヂョイド/
現分 **enjoying** /インヂョイイング/
— 他
① 〈…を〉楽しむ
・*Enjoy* your vacation.
休みを楽しんでください
■ *enjoy doing* …して楽しむ
➡ enjoy to *do* とは言わない
・We *enjoyed* play*ing* soccer.
私たちはサッカーをして楽しんだ
・*enjoy oneself* 楽しく過ごす
・Did you *enjoy* your*self* at the party?
パーティーは楽しかったですか
② 〈…に〉恵まれている
・*enjoy* good health 健康に恵まれている
— 自 楽しむ
・Please *enjoy*. どうぞ召し上がれ
・*Enjoy!* 楽しんで；ごきげんよう
enjoyable 形 楽しい, 愉快な
enjoyably 副 楽しく, 愉快に
enjoyment 名 U C 楽しみ, 喜び

enlarge /inláːrdʒ インラーヂ/ 動
— 他
① 〈建物・事業などを〉大きくする, 拡大する
② 〈写真を〉引き伸ばす
— 自 大きくなる；広がる；〈写真が〉引き伸ばしがきく
enlargement 名 U C 増大；拡大；引き伸ばし写真

enlighten /inláitn インライトン/ 動 他〈人を〉啓発する；〈人に〉〈物事を〉教える((*about*...))
enlightened 形 啓発された；ものの分かった
enlightenment 名 U 啓発, 啓蒙(けいもう)；((the Enlightenment)) 啓蒙運動

enlist /inlíst インリスト/ 動
— 自 (…に)入隊する, 参加する((*in*...))

enormity

— 他
❶ ⟨…を⟩⟨軍隊に⟩入隊させる《*in...*》
❷ ⟨援助を⟩得る

enormity /inɔ́ːrməti イノーマティ/ 名 U
❶ (問題などの)大きさ, 困難さ《*of...*》
❷ 非道, 極悪

enormous /inɔ́ːrməs イノーマス/ 形 ⟨型・量などが⟩巨大な, ばく大な
・ an *enormous* amount of money
ばく大な金額のお金
enormously 副 ばく大に；非常に

enough /ináf イナフ/

形 ((比較なし))
❶ (必要を満たすのに)**十分な**, 足りるだけの
・ You have *enough* money.
君は十分お金を持っている
・ *That's enough.* いい加減にしなさい
❷ ⟨人が⟩⟨…するのに⟩**十分な**, 足りる《*to do*》
▪ *A is enough* (*for B*) *to do*
A が(B(人)にとって)…するのに十分だ
▪ *it is enough* (*for A*) *to do*
(A(人)が)…するだけで十分である
— 副 ((比較なし))
❶ **十分に**, (…するのに)足りるほど《*to do*》
・ You should be old *enough to* know the difference between right and wrong.
君はもう善悪の区別がつく年になった
❷ まずまず, そこそこ
・ He does his job well *enough.*
彼はまあまあうまく仕事をこなす
oddly [***strange(ly)***] ***enough***
ふしぎなことには
— 代 (…に)十分な量[数], 十分《*for...*》；(…するだけの)量, 数《*to do*》
・ "How about some more coffee?" "No, thank you. I've had *enough.*"
「もう少しコーヒーはいかがですか」「ありがとう. もう十分いただきました」
・ You have done more than *enough.*
君は十二分にやった
・ I've had *enough* of his complaints.
彼の愚痴(ぐち)はもうたくさんだ
・ *Enough is enough.* もうあきあきするほどだ
— 間 もう十分だ, もういい

enquire /enkwáiər エンクワィア/ ((英))= inquire

enrich /inrítʃ インリチ/ 動 他
❶ ⟨物・人の⟩内容を(…で)豊かにする《*by...*, *with...*》
❷ ⟨食べ物の⟩栄養価を高める
enrichment 名 U 豊かにすること；(食品の)栄養強化

enroll /inróul インロウル/ 動
— 他 ⟨名前を⟩名簿に記載する, ⟨人を⟩(…に)登録する, 入会[入学, 入隊]させる《*in...*》
— 自 (…に)入会[入学, 入隊]する《*in...*》
enrollment 名 U 登録；入 会；入 学；C 登録[入学]者数

ensemble /ɑːnsɑ́ːmbl アーンサームブル/ 名 C
❶ 【音楽】アンサンブル；合奏団, 合唱団；【服飾】アンサンブル
❷ ((ふつう単数形で))全体の効果, 調和

ensure /inʃúər インシュア/ 動 他 ⟨人・物が⟩⟨成功・名声などを⟩確実にする, 保証する
▪ *ensure A B* = *ensure B for A*
A(人)にBを保証する
▪ *ensure that...*
…ということを確かめる, 保証する

enter /éntər エンタ/

動 三単現 **enters** /エンタズ/
過去・過分 **entered** /エンタド/
現分 **entering** /エンタリング/
— 他
❶ ⟨人が⟩⟨場所に⟩**入る**
・ *enter* a house 家に入る
❷ (…に)**入学する**, 入会[加入]する；⟨活動に⟩参加する
・ *enter* college 大学に入る
❸ ⟨名前などを⟩(…に)記入する, 登録する《*in..., on...*》
❹ 【コンピュータ】⟨情報を⟩(パソコンに)入力する《*into...*》
— 自
❶ ⟨人が⟩**入る**, 入国する
・ *enter* through the gate 門から入る
❷ (…の競技などに)エントリーする, 登録する《*in..., for...*》
enter into A
A(活動・会話など)に入る, 参加する, 関わる
enter on A A(仕事など)に着手する

enterprise /éntərpràiz エンタプラィズ/ 名
❶ C 企画, 事業；会社, 企業
❷ U 冒険心, 進取の気性
enterprising 形 積極的な, 意欲的な

enterprisingly 副 積極的に, 意欲的に

entertain /èntərtéin エンタテイン/ 動
— 他
❶ 〈人を〉(…で)楽しませる, おもしろがらせる ((with...))
❷ 〈客を〉もてなす, 接待する
❸ 〈考えなどを〉心に抱く
— 自 客をもてなす

entertainer 名 C 芸人, エンターテイナー
entertaining 形 楽しい, おもしろい
entertainment /èntərtéinmənt エンタテインマント/ 名
❶ U もてなし, 接待, エンターテインメント
❷ U 楽しみ, 娯楽; C 余興

enthusiasm /inθú:ziæzm インスーズィアズム/ 名 UC 熱中, 熱狂, 熱意
enthusiast 名 C 熱心な人, 熱狂者, ファン
enthusiastic 形 熱心な, 熱狂的な
enthusiastically 副 熱心に, 熱狂的に

entire* /intáiər インタイア/ 形 ((比較なし))
❶ 全部の, 全体の
・the *entire* world 全世界
❷ 〈程度などが〉完全な, まったくの
entirely 副 完全に, まったく, すっかり
entirety 名 U 完全な状態; 全部; 全体

entitle /intáitl インタイトル/ 動 他
❶ 〈人に〉(…の)権利[資格]を与える ((to...))
■ *entitle A to do*
A(人)に…する権利[資格]を与える
❷ 〈本などに〉表題を付ける
entitlement 名 UC 権利, 資格

entrance¹

/éntrəns エントランス/
名 (複 entrances /エントランスィズ/)
❶ C (…の) **入り口**, 玄関 ((to..., of...)) (⇔ exit)
・at the *entrance* of a park
公園の入り口で
❷ C 入ること; 入場; U 入学, 入会
・an *entrance* examination 入学試験
・an *entrance* fee 入場料; 入学[入会]金
・*Entrance* Free ((掲示)) 入場無料

entrance² /intræns イントランス/ 動 他 〈人を〉うっとりさせる

entrant /éntrənt エントラント/ 名 C 新入会者, 新入生, 新入社員; 参加者

entrepreneur /à:ntrəprəná:r アーントラプラナー/ 名 C 起業家

entry /éntri エントリ/ 名
❶ UC (…へ) 入ること; (…への) 入場, 入学, 入会 ((into..., to...))
・an *entry* visa 入国ビザ
❷ C 入り口; 玄関
❸ UC 記載(事項), 登録(事項); C (辞書などの) 見出し語
❹ C (競技などの) 参加者; (展覧会などの) 出品物 ((for...))
❺ 【コンピュータ】入力

envelope* /énvəlòup エンヴァロウプ/ 名 (複 envelopes /エンヴァロウプス/) C 封筒
・put a stamp on an *envelope*
封筒に切手を貼る

enviable /énviəbl エンヴィアブル/ 形 うらやましい, ねたましい; 〈人が〉うらやましがるような

envious /énviəs エンヴィアス/ 形 うらやましそうな; ねたみ深い
enviously 副 うらやましそうに; ねたんで

environment /inváiərənmənt インヴァイアランマント/ 名
❶ ((the environment)) 自然環境
・*The environment* is polluted.
自然環境は汚染されている
❷ UC 環境; 周囲の状況
・the natural [working] *environment*
自然[労働]環境
❸ C 【コンピュータ】(システムやプログラムの動作)環境
environmental 形 環境の; 周囲の
environmentally 副 環境にとって
environmentalism 名 U 環境保護主義
environmentalist 名 C 環境保護論者; 環境問題専門家

envisage /invízidʒ インヴィズィヂ/ 動 他 〈将来のことを〉(希望的に) 思い描く, 予測する

envision /invíʒən インヴィジャン/ ((米))= envisage

envoy /énvɔi エンヴォイ/ 名 C (外交)使節; 特命全権公使

envy /énvi エンヴィ/
名
❶ U うらやみ, ねたみ
・out of *envy* うらやんで
❷ ((the envy)) (…の) 羨望(せんぼう)の的 ((of...))
— 動 他 〈人・人の物を〉うらやむ, ねたむ
■ *envy A (for) B*

A(人)のB(所有物など)をねたむ
・They *envied* (me) my new car.
彼らは私の新しい車をうらやんだ

enzyme /énzaim エンザイム/ 名 C 酵素
epic /épik エピク/
　■ 名 C 叙事詩;叙事詩的な作品
　■ 形 叙事詩(体)の;勇壮[雄大]な
epidemic /èpidémik エピデミク/
　形 〈病気が〉流行性の;〈犯罪などが〉はびこって
　■ 名 C 流行病, 伝染病;(病気などの)流行, (犯罪などの)急増
epilepsy /épilèpsi エピレプスィ/ 名 U 【医学】てんかん
epileptic /èpiléptik エピレプティク/
　形 てんかん(症)の
　■ 名 C てんかん患者
epilogue /épilɔ̀ːg エピローグ/ 名 C エピローグ;(文芸作品などの)結び
episode /épisòud エピソウド/ 名 C
　❶ エピソード, 重要な出来事;挿話
　❷ (連続ドラマなどの)1回分, 1話
epoch /épək エパク/ 名 C
　❶ (画期的な出来事の起きた)時代;新時代
　❷ 【地質】世(せい)
　epoch-making 形 画期的な, 新時代を開く

equal /íːkwəl イークワル/

　形 比較 **more equal** 最上 **most equal**
　❶ 〈数・量・大きさ・程度などが〉(…と, …の点で)等しい, 同等の((*to...*, *in...*))
・Five plus two is *equal to* seven.
　5+2=7
・They are *equal in* ability.
　彼らは能力では同じだ
　❷ 〈人・権利などが〉(…と)対等の, 平等な((*with...*))
・*equal* rights 平等な権利
　❸ (任務などに)耐えられる, (…を)するだけの能力がある((*to...*))
・He is *equal to* (doing) the task.
　彼はその仕事に耐えられる
　■ 名 C (地位・能力などが)同等の人[物];匹敵する人[物]
　■ 動 他 〈人・物に〉(数量・質などで)等しい, 匹敵する((*in...*))
・Nobody *equals* him *in* strength.
　力で彼に匹敵する者はいない

　equally 副 等しく;平等に;同様に
equality /ikwάləti イクワラティ/ 名 U 平等, 均等;対等
・racial [sexual] *equality*
　人種[男女]間の平等
equation /ikwéiʒən イクウェイジャン, ikwéiʃən イクウェイシャン/ 名 C 【数学】等式;方程式
equator /ikwéitər イクウェイタ/ 名 ((the equator)) 赤道
equilibrium /ìːkwilíbriəm イークウィリブリアム/ 名 U つり合い, 均衡;(心の)平静
equinox /íːkwənὰks イークワナクス/ 名 C 昼夜平分時
・the spring [autumn] *equinox* 春[秋]分
equip* /ikwíp イクウィプ/
　動 三単現 **equips** /イクウィプス/
　過去・過分 **equipped** /イクウィプト/
　現分 **equipping** /イクウィピング/
　■ 他
　❶ 〈…に〉〈物を〉備え付ける, 装備する((*with...*))
・*equip* our classroom *with* new computers 教室に新しいコンピュータを備え付ける
・**be equipped with** *A*
　Aを身に着けている;Aを装備している
　❷ 〈…に〉〈…のための〉準備をさせる, 身じたくをさせる((*for...*))
・*equip oneself for* camping
　キャンプの準備をする
equipment /ikwípmənt イクウィプマント/ 名 U
　❶ 用具, 装備, 設備, 装置, 機器
・sports *equipment* スポーツ用具(一式)
　❷ 備えること, 準備, したく
equitable /ékwitəbl エクウィタブル/ 形 公正な, 公平な, 正当な
equity /ékwəti エクワティ/ 名 U 衡平, 公正;【法律】衡平法
equivalent /ikwívələnt イクウィヴァラント/ 形 (…と)同等の, 等価値の, (…に)相当する((*to...*))
　■ 名 C 同等の物;同義語相当語句
　equivalence 名 U 同等, 等価;C 等価[相当]物
ER ((略)) ((米)) *e*mergency *r*oom (病院の)救急処置室
er /ə́ːr アー/ 間 えー, あの
era /íərə イアラ/ 名 C
　❶ (特徴を持った)時代, 年代, 時期

- *the* Meiji *era* 明治時代
  ❷ 紀元
- the Christian *era* 西暦[キリスト]紀元
  ❸【地質】(地質分類上の)代(ᡪ)

erase /iréis イレイス/ 動 他
  ❶ 〈文字などを〉(消しゴム・黒板ふきなどで)消す((*with...*))
  ❷ 〈データなどを〉(…から)消去する;〈氏名などを〉削除する((*from...*))
  eraser 名 C 消しゴム;黒板ふき

erect /irékt イレクト/
  形 直立した, まっすぐな
  ━ 動 他 〈建物・像などを〉建てる;〈体・柱などを〉直立させる
  erection 名 U 直立;建設;C 勃起(ぼっき)

Erie /íəri イアリ/ 名 **Lake Erie** エリー湖(北米の五大湖の1つ)

erode /iróud イロウド/ 動
  ━ 他
  ❶ 〈岩石を〉浸食する;〈金属を〉腐食する
  ❷ 〈体・権力などを〉徐々にむしばむ, 弱らせる
  ━ 自 浸食される;徐々にむしばまれる
  erosion 名 U 浸食(作用);腐食

erotic /irátik イラティク/ 形 性欲をかき立てる;性愛の

errand /érənd エランド/ 名 C 使い走り, 用足し;〈使いの〉用件, 目的

erratic /irǽtik イラティク/ 形 〈態度などが〉規則的でない, 一定しない

erroneous /iróuniəs イロウニアス/ 形 誤った, 間違った, 正しくない
  erroneously 副 誤って, 間違って

error* /érər エラ/ 名 (複 **errors** /エラズ/)
  ❶ U C 誤り;間違い, 過失
- *make an error* 誤りを犯す
- in *error* 誤って
  ❷ U 思い[考え]違い, 誤解, 勘違い
  ❸ C【野球】エラー, 失策

erupt /irʌ́pt イラプト/ 動 自
  ❶ 〈火山が〉噴火する;〈溶岩などが〉噴出する
  ❷ (感情を)爆発させる;〈暴動などが〉勃発(ぼっ)する
  eruption 名 U C 噴火;噴出;噴出物;勃発

escalate /éskəlèit エスカレイト/ 動
  ━ 自
  ❶ 〈戦争などが〉段階的に拡大する;深刻化する
  ❷ 〈価格などが〉上昇する
  ━ 他 〈戦争などを〉(段階的に)拡大させる, 深刻化させる
  escalation 名 U C 拡大;深刻化;上昇, エスカレート

escalator* /éskəlèitər エスカレイタ/ 名 (複 **escalators** /エスカレイタズ/) C エスカレーター

escape* /iskéip イスケイプ/
  動 三単現 **escapes** /イスケイプス/
  過去・過分 **escaped** /イスケイプト/
  現分 **escaping** /イスケイピング/
  ━ 自
  ❶ (…から)逃げる, 逃亡する, 脱出する((*out of..., from...*))
- *escape from* prison 脱獄する
  ❷ (危険などを)免れる, 逃れる((*from...*))
  ❸ 〈ガスなどが〉(…から)もれ出る((*from...*))
  ━ 他
  ❶ 〈死・危険などを〉免れる;逃れる
- *escape* danger 危険を免れる
  ❷ 〈事が〉〈人(の記憶)を〉免れる, 逸する
- His name *escapes* me.
  彼の名前を思い出せない
  ━ 名 (複 **escapes** /イスケイプス/)
  ❶ U C (…からの)逃亡, 脱出((*from...*))
- have a *narrow escape* 間一髪で逃れる
  ❷ C 逃れる手段, 逃げ道, 避難口
- a fire *escape* 非常階段
  ❸ C U 現実逃避
  ❹ C (水・ガスなどの)もれ((*of...*))

escort
  名 /ésko:rt エスコート/
  ❶ C U 護衛, 護送;護衛者[団]
  ❷ C (女性に)付き添う男性
  ━ 動 /iskɔ́:rt イスコート/ 他 〈人・乗り物を〉護衛[護送]する;〈女性に〉付き添う

Eskimo /éskimòu エスキモウ/ 名 (複 **Eskimos** /エスキモウズ/, **Eskimo**) C エスキモー人;U エスキモー語

especially* /ispéʃəli イスペシャリ/ 副 ((比較なし)) 特に, とりわけ;特別に
- *especially* for you 特別にあなたのために
- Tom is *especially* good at soccer. トムは特にサッカーがうまい
- I like seafood, *especially* prawns. 私はシーフードが好きです. 特にえびが

espresso /esprésou エスプレソウ/ 名 U エスプレッソ;C エスプレッソの1杯

essay /ései エセイ/ 名 C 小論文;随筆, エッ

essayist 名C 随筆家, エッセイスト
essence /ésəns エサンス/ 名
① U 本質, 真髄
・in *essence* 本質的に
② UC (抽出した)エキス, 精, エッセンス; 香水
essential* /isénʃəl イセンシャル/
形 比較 more essential
最上 most essential
① (…にとって)**絶対必要な**, 欠かすことのできない((*to*..., *for*...))
・*essential* nutrients 必要不可欠な栄養素
・Salt is *essential to* life.
塩は生命に不可欠だ
② **本質的な**, 根源的な
━ 名C ((ふつうessentials)) 不可欠な要素; 要点
essentially 副 本質的に; 基本的には
establish /istǽbliʃ イスタブリシュ/ 動 他
① 〈学校・会社などを〉設立する, 創立する
・This school *was established* in 2000.
この学校は2000年に創立された
② 〈関係・評判などを〉築く, 確立する
・*establish* good relations with *A*
A(人・団体)とよい関係を築く
③ 〈事実・理論などを〉確証[立証]する
④ 〈人を〉〈地位・職業などに〉つかせる((*in*...))
・*establish oneself* 地位を築く
established 形 確立した; 定評のある
establishment /istǽbliʃmənt イスタブリシュマント/ 名
① U 設立, 創立; 確立, 樹立
② C 機関, 組織; (商業)施設
③ C ((ふつうthe Establishment)) 支配者層; 権力機構
estate /istéit イステイト/ 名
① C (田舎の広大な)家屋敷; 地所, 私有地
② U 財産; 遺産
・real *estate* 不動産
esteem /istí:m イスティーム/
動 他 〈人などを〉尊敬する, 尊重する
━ 名 U 尊重, 尊敬
esthetic /esθétik エスセティク/ 形 ((主に米)) 美の, 美学の; 審美眼のある
esthetics 名 ((単数扱い)) 美学; U 美的感覚
estimate
動 /éstimèit エスティメイト/
━ 他

① 〈金額・数量などを〉(…と)見積もる((*at*...)); (…であると)概算する((*that*節))
・*estimate* the cost *at* five hundred thousand yen 費用を50万円と見積もる
② 〈能力・事態などを〉評価する, 判断する
━ 自 (…の)見積もりをする((*for*...))
━ 名 /éstimət エスティマト/ C
① (費用・仕事などの)見積もり(額), 概算((*of*..., *for*...)); 評価
・at a rough *estimate* 大まかな見積もりで
② 見積書, 概算書
estimated 形 見積もりの, およそ
estimation 名 U 意見; 評価; C 見積もり
ET ((略))((米)) *E*astern *T*ime 東部標準時; *e*xtra*t*errestrial 宇宙人
etc.* /etsétərə エトセタラ/ ((略)) *et cetera*
…など, その他 (and so forth [on]と読まれることもある)
etching /étʃiŋ エチング/ 名 U エッチング; C エッチングによる絵
eternal /itə́:rnl イターヌル/ 形
① 永遠の, 永久の
② (けなして)絶え間ない; 果てしなく続く
eternally 副 永遠[永久]に, 絶え間なく
eternity /itə́:rnəti イターナティ/ 名
① U 永遠(性); 来世(らいせ)
② ((an eternity))((くだけて)) 非常に長い時間
ethic /éθik エスィク/ 名 C 倫理; 道徳的価値体系
ethical 形 倫理的な; 道徳上正しい
ethically 副 倫理的に
ethics /éθiks エスィクス/ 名
① U 倫理学
② C ((複数扱い)) 行動規範, 倫理観
ethnic /éθnik エスニク/ 形
① 民族の; 民族特有の
② 少数民族の; 少数民族特有の
etiquette /étikit エティキト/ 名 U 礼儀作法, エチケット
etymology /ètəmάlədʒi エタマラヂ/ 名 U 語源研究, 語源学; C 語源
EU /í:jú: イーユー/ 名 ((the EU)) 欧州連合 (*E*uropean *U*nionの略)
euphemism /jú:fəmizm ユーファミズム/ 名 C 婉曲語句, 遠回しの表現
Euro*, **euro** /júərou ユアロウ/
名 (複 **Euros**, **euros** /ユアロウズ/) C ユーロ

(EU諸国の統一通貨単位;記号€)

Europe /júərəp ユアラプ/

名 ヨーロッパ, 欧州
- Northern [Southern] *Europe* 北[南]欧

European
/jùərəpí:ən ユアラピーアン/

形 ヨーロッパの, 欧州の;ヨーロッパ人の
- the *European* Union
ヨーロッパ連合, 欧州連合(略 EU)

━━ **名** (複 **Europeans** /ユアラピーアンズ/) C
ヨーロッパ人

evacuate /ivǽkjuèit イヴァキュエイト/ **動**
━━ 他 〈人を〉避難させる, 立ちのかせる
━━ 自 避難する
|**evacuation 名** U C 避難, 立ちのき;撤退

evaluate /ivǽljuèit イヴァリュエイト/ **動** 他
〈価値・重要性を〉評価する, 査定する
|**evaluation 名** U C 評価, 査定

evangelical /ì:vændʒélikəl イーヴァンヂェリカル/
形 福音主義の;福音伝道の
━━ **名** C 福音主義者

evangelist /ivǽndʒəlist イヴァンヂャリスト/
名 C 福音伝道者, 巡回牧師

evaporate /ivǽpərèit イヴァパレイト/ **動** 自
① 〈液体が〉蒸発する, 気化する
② 〈希望・自信などが〉消えてなくなる
|**evaporation 名** U 蒸発;消失

evasion /ivéiʒən イヴェイジャン/ **名** U C (義務・責任などの)回避;言い逃れ, 言い訳
|**evasive 形** 言い逃れの;回避的な

Eve /í:v イーヴ/ **名** 《聖書》イブ, エバ (アダムの妻で神が創造した最初の女性)

eve*, Eve* /í:v イーヴ/
名 (複 **eves, Eves** /イーヴズ/) C ((ふつう Eve)) (祭日の)前日;前夜;((the eve)) 直前

even¹ /í:vən イーヴァン/

副 ((比較なし))
① …(で)さえ, …(で)すら
- *Even* unfit people can do these exercises.
これらの運動は健康でない人たちでもできる
② さらに, いっそう, なお
- She is a good cook, but her husband is *even* better. 彼女は料理がうまいが, ご主人

の方がさらにうまい
even if [though]... たとえ…としても
- *Even if* he apologizes, I will not forgive him. たとえ彼が謝っても彼を許すつもりはない
even so たとえそうでも

even²* /í:vən イーヴァン/
形 比較 **more even, evener** /イーヴァナ/
　　最上 **most even, evenest** /イーヴァナスト/
① 〈表面などが〉平らな;なめらかな
- *even* ground 水平な地面
② 〈品質などが〉均等の, 一様の;〈動きなどが〉規則的な
- an *even* tempo 規則正しいテンポ
③ 〈数・量などが〉同じ;つり合いの取れた, 対等の;互角の
- in *even* shares 公平に
- an *even* match 互角の試合
④ 偶数の(⇔odd);端数(はすう)のない
- *even* numbers 偶数
⑤ (人と)貸し借りのない, 清算済みの
break even 〈人・事業などが〉収支が合う
━━ **動**
━━ 他 〈…を〉平らにする;均等にする
━━ 自 平らになる;均等になる;引き分ける

evening /í:vniŋ イーヴニング/

名 (複 **evenings** /イーヴニングズ/) U C
晩;夕方
- this [tomorrow] *evening* 今晩[あすの晩]
- *in the evening* 晩に, 夕方に
- on Saturday *evening* 土曜日の晩に
Good evening! こんばんは

evening dress /í:vniŋdrès イーヴニングドレス/ **名** U (男性・女性の)夜会服; C (女性の)イブニングドレス

evenly /í:vənli イーヴァンリ/ **副**
① 均等に, むらなく;平等に;互角に
② 平静に, 落ち着いて

event* /ivént イヴェント/
名 (複 **events** /イヴェンツ/) C
① (重要な)出来事;(大)事件
- the most important *event*
最も重要な出来事
② (社会的な)行事, イベント
- school *events* 学校行事
③ (競技などの)種目, 試合
in any event = at all events
とにかく, いずれにしても
in the event of A (万一) A の場合には

eventful 形 出来事の多い；波乱に富んだ

eventual /ivéntʃuəl イヴェンチュアル/ 形 最終的な，結局の

eventually 副 最終的に，結局は；やがては

ever /évər エヴァ/ 副 ((比較なし))

❶ ((疑問文で)) いつか，かつて，これまでに；((否定文で)) 今までに(…ない)；((if節で)) いつか，いつでも

· "Have you *ever* tried *natto*?" "Yes, I have." 「納豆を食べたことがありますか」「はい，あります」
· If you *ever* see him again, please say 'hi' from me. 彼にまた会うことがあったら，どうかよろしくと伝えてください

❷ ((肯定文で)) いつも，常に

· She is *ever* criticizing other people. 彼女はいつも他人の批判ばかりしている

❸ ((比較級・最上級を強調して)) 今までに

· This is the fastest car *ever*. これは今までで最速の車だ

❹ ((強意)) いったい

as A as ever 相変わらず A
ever after その後ずっと
ever since... …して以来
hardly ever めったに(…)しない

· I *hardly ever* eat meat. 私はめったに肉は食べない

than ever 以前にもまして

Everest /évərist エヴァリスト/ 名 **Mount Everest** エベレスト山，チョモランマ (ヒマラヤ山脈中の世界の最高峰；8,848m)

evergreen /évərɡriːn エヴァグリーン/
形 〈樹木が〉常緑の；いつまでも新鮮な
━ 名 C 常緑樹

everlasting /èvərlǽstiŋ エヴァラスティング/
形 永遠の，永久の，不滅の
━ 名 U 永遠，永久

every /évri エヴリ/ 形 ((比較なし))

❶ すべての，あらゆる；どの…も皆

· *every* human being あらゆる人間
· in *every* way あらゆる点で

❷ 毎…，…ごとに

· *every* day [week] 毎日[週]
· *every other* [*second*] day = *every two days* 1日おきに，2日ごとに

❸ ((notと共に部分否定で)) すべてが[誰もが]…とは限らない

· *Not every* bird can fly. すべての鳥が飛べるわけではない

❹ 可能な限りの，あらゆる

■ *there is every reason to do* …する理由は十分にある

every now and then [*again*] ときどき
every once in a while ときどき，時折
every time …するたびごとに

· *Every time* I visit him, he isn't at home. 彼はいつ訪ねても家にいない

everybody
/évribàdi エヴリバディ | évribɔ̀di エヴリボディ/
代 ((単数扱い))

❶ 誰でも(みんな) (everyone)

· Good morning, *everybody*. 皆さん，おはようございます
📖 *Everybody* outside! 皆さん，外に出てください

❷ ((notと共に部分否定で)) みんなが…とは限らない

· *Not everybody* can be a singer. 誰もが歌手になれるとは限らない

everyday* /évridèi エヴリデイ/
形 ((比較なし)) 毎日の，日々の；ありふれた

· *everyday* life 日常生活

everyone
/évriwàn エヴリワン/
代 ((単数扱い)) 誰でも(みんな) (everybody)

· *Everyone* likes him. 誰もが彼が好きだ

everything
/évriθiŋ エヴリスィング/ 代

❶ ((単数扱い)) すべてのもの[こと]，あらゆるもの[こと]

· How's *everything* going? 最近調子はどう
· He did *everything* he could. 彼は最善を尽くした

❷ ((notと共に部分否定で)) すべてが…とは限らない

· Money is *not everything*. 金さえあればいいというものではない

everywhere /évrihwèər エヴリウェア/ 副

❶ 至る所に，どこでも；((接続詞的に)) …する所はどこでも

· Ants are *everywhere*. ありは至る所にいる

- I'll follow you *everywhere* you go.
あなたが行く所はどこへでも付いて行きます
❷ ((notと共に部分否定で))どこでも…とは限らない
- You can*not* get it *everywhere*.
それはどこでも手に入るとは限らない

evidence /évidəns エヴィダンス/ 名
❶ ⓤ (…の)証拠;証明((*of...*, *for...*))
- a piece of *evidence* 1つの証拠
- *evidence* that... …という証拠
❷ ⓤⓒ (…の)しるし;形跡((*of...*))

evident /évidənt エヴィダント/ 形 明白な,明らかな
evidential 形 証拠の;証拠に基づいた
evidently 副 明らかに, 明白に;どうやら(…らしい)

evil /íːvəl イーヴァル/
形
❶ 〈人などが〉悪い;邪悪な
- speak *evil* of *A* Aの悪口を言う
❷ 不吉な, 縁起の悪い
— 名 ⓤ 悪, 邪悪;ⓒ 害悪, 災
- do *evil* 悪いことをする

evocative /ivákətiv イヴァカティヴ/ 形 (…を)呼び起こす((*of...*))

evoke /ivóuk イヴォウク/ 動 他 〈記憶・感情などを〉呼び起こす;引き出す

evolution /èvəlúːʃən エヴァルーシャン/ 名 ⓤ 【生物】進化;(ゆっくりした)発展, 展開, 発達
- the theory of *evolution* 進化論
evolutionary 形 進化による;発展の

evolve /iválv イヴァルヴ/ 動
— 自 【生物】進化する;発展する
- *evolve from A into B*
AからBへ進化[発展]する
- Human beings *evolved from* apes.
人間は猿から進化した
— 他 【生物】〈…を〉進化させる;〈意見などを〉徐々に発展させる

exact /igzǽkt イグザクト/

形 比較 **more exact**
最上 **most exact**
❶ **正確な**, きっかりの
- to be (more) *exact* (もっと)正確に言うと
❷ **厳密な**;きちょう面な
- He is *exact* in his work.
彼は仕事がきちょう面だ

exactly /igzǽktli イグザクリ/

副 比較 **more exactly**
最上 **most exactly**
❶ **正確に**;きっかり
- *exactly* at five o'clock きっかり5時に
❷ **まさに**, ちょうど
💬 That's *exactly* the point.
まさにそこが肝心なところです
❸ ((返事・あいづち))まったくそのとおりです
💬 Not *exactly*. ちょっと違います
not exactly 必ずしも…ではない
exactness 名 ⓤ 正確さ, 厳密さ

exaggerate /igzǽdʒərèit イグザチャレイト/ 動
— 他 〈…を〉誇張する, 大げさに言う
— 自 誇張する, 大げさに言う
exaggerated 形 誇張された;大げさな
exaggeratedly 副 誇張して, 大げさに
exaggeration 名 ⓤ 誇張;大げさに言うこと

exam /igzǽm イグザム/

名 (複 **exams** /イグザムズ/) ⓒ
試験 (examination)
- take an entrance *exam* 入学試験を受ける

examination

/igzæmənéiʃən イグザミネイシャン/
名 (複 **examinations** /イグザミネイシャンズ/)
❶ ⓒ ((改まって))(…の)**試験**((*in...*, *on...*))
- a mid-term *examination* 中間試験
- a final *examination* 期末試験
- a year-end *examination* 学年末試験
- an entrance *examination* 入学試験
- a high school [university] entrance *examination* 高校[大学]入試
- a written *examination* 筆記試験
- take an *examination in* math
数学の試験を受ける
- pass [fail] an entrance *examination*
入学試験に合格する[落ちる]
❷ ⓤⓒ (…の)**検査**;調査;診療, 診断((*of...*))
- under *examination* 調査中の

examine /igzǽmin イグザミン/ 動 他 〈…を〉調べる, 検査[調査, 審査]する;〈…を〉診察する
- I had my teeth *examined*.
歯を診察してもらった

examiner 名 C 試験官;審査官

example
/igzǽmpl イグ**ザ**ムブル/
名 (複 **examples** /イグ**ザ**ムブルズ/) C
❶ 例, 実例;見本
・make a good *example* いい例になる
❷ (…にとっての)**手本**, 模範((*to...*, *for...*))
for example 例えば

ex-boyfriend /èksbɔ́ifrend エクスボイフレンド/ 名 C 以前のボーイフレンド, 元カレ

exceed /iksí:d イク**スィ**ード/ 動 他〈…の限界などを〉超える;〈金額などを〉上回る

excel /iksél イク**セ**ル/ 動
━ 他 (…の点で)〈…を〉しのぐ, 〈…に〉勝る((*at...*, *in...*))
・*excel oneself* 実力以上の力を発揮する
━ 自 (…の点で)勝っている((*at...*, *in...*))
excellence 名 U (…の点での)優秀, 卓越((*at...*, *in...*))

excellent* /éksələnt エクサラント/
形 ((比較なし))(…で)**優秀な**;(…に)卓越した((*at...*, *in...*))
・an *excellent* student 優れた生徒
excellently 副 すばらしく, みごとに

except
/iksépt イク**セ**ブト/
前 **…を除いて**, …以外は
・I like all kinds of music *except* jazz.
私はジャズ以外の音楽はみな好きだ
・She goes to school by bicycle *except* when it rains.
彼女は雨の日を除いて自転車で通学している
except for A
Aを除けば, Aを別にすれば
━ 接 (…ということを)除いて((*that*節))
・I like this restaurant *except that* it has no parking lot. 駐車場がないことを除けばこのレストランが好きだ

exception /iksépʃən イク**セ**プシャン/ 名 C
例外;U 異議, 反対
・*make an exception for* [*of*] *A*
A(人・物)を例外とする
・*without exception* 例外なく
・*with the exception of A* Aを除いて
exceptional 形 例外的な, 異常な;非常に優れた
exceptionally 副 例外的に, 異常に;非常に

excerpt
名 /éksə:rpt エク**サ**ープト/ C 抜粋;抄録
━ 動 /iksə́:rpt イク**サ**ープト/ 他〈…を〉(…から)抜粋する((*from...*))

excess
名 /iksés イク**セ**ス/ U
❶ ((また an excess)) 超過, 過剰
・*in excess of A* Aを上回って
❷ (行動が)度を過ごすこと;暴飲暴食
━ 形 /ékses エクセス/ 超過した;余分の
excessive 形 過度の;極端な
excessively 副 過度に;極端に

exchange* /ikstʃéindʒ イクス**チェ**インヂ/
動 三単現 **exchanges** /イクス**チェ**インヂズ/
過去・過分 **exchanged** /イクス**チェ**インヂド/
現分 **exchanging** /イクス**チェ**インヂング/
━ 他
❶〈物を〉(別の物と)**交換する**, 取り替える((*for...*))
・He *exchanged* the door *for* a new one.
彼はドアを新品と取り替えた
❷〈言葉などを〉〈人と〉取り交わす((*with...*))
━ 名 (複 **exchanges** /イクス**チェ**インヂズ/)
❶ U C 交換(物), 取り替え(品)
・*in exchange for A*
Aと交換に;Aの代わりに
❷ U 為替(かわせ);両替
・*exchange* rate 為替相場
❸ C 取引所;電話交換局

excise /éksaiz エク**サ**イズ/ 名 U C 消費税, 物品税

excitable /iksáitəbl イク**サ**イタブル/ 形 興奮しやすい, かっとしやすい

excite /iksáit イク**サ**イト/ 動 他
❶〈人を〉興奮させる, わくわくさせる
❷〈興味などを〉そそる, かき立てる

excited* /iksáitid イク**サ**イティド/
動 excite の過去形・過去分詞
━ 形
比較 **more excited**
最上 **most excited**
(…に)**興奮した, わくわくした**((*at...*, *about...*))
・She *was* very *excited at* the news.
その知らせを聞いて彼女はとてもわくわくした
excitedly 副 興奮して;わくわくして

excitement /iksáitmənt イク**サ**イトマント/ 名
❶ U 興奮(状態);大騒ぎ
・*in excitement* 興奮して
❷ C 興奮する出来事, 刺激物

exciting
/iksáitiŋ イクサイティング/
動 exciteの現在分詞・動名詞
— 形
比較 more exciting
最上 most exciting
興奮させる;わくわくさせる
・an *exciting* game とてもおもしろい試合
|excitingly 副 興奮して

exclaim
/ikskléim イクスクレイム/ 動
— 自 (…に対して)(感情を込めて)叫ぶ, 言う((*at...*, *over...*))
— 他 (…であると)叫ぶ, 言う((*that*節))

exclamation
/èksklǝméiʃǝn エクスクラメイシャン/ 名
1 U 叫び, 感嘆;C 感嘆の言葉
2 C 【文法】感嘆文;感嘆詞
・an *exclamation* mark 感嘆符(！)

exclude
/iksklú:d イクスクルード/ 動 他〈人・物を〉(…から)締め出す, 除外する((*from...*));〈…を〉考慮しない
|excluding 前 …を除いて
|exclusion 名 U 除外, 排除

exclusive
/iksklú:siv イクスクルースィヴ/
形 排他的な;独占的な
— 名 C (新聞などの)独占記事;スクープ
|exclusively 副 排他的に;もっぱら

excursion
/ikskə́:rʒǝn エクスカージャン/ 名
C (団体の)小旅行, 遠足, 遊覧旅行

excuse
動 /ikskjú:z イクスキューズ/
三単現 excuses /イクスキューズィズ/
過去・過分 excused /イクスキューズド/
現分 excusing /イクスキューズィング/
— 他
1 〈人・行為などを〉**許す**
- *excuse A (for) doing*
A(人)が…したのを許す
・Please *excuse* me *for* being late.
遅刻してすみません
- *excuse A for B*
A(人)のB(過失など)を許す
・I can't *excuse* you *for* your bad manners.
あなたの無作法は許せません
・*be excused*
席を立つことを許される
📖May I *be excused*, Mr.?
先生, トイレに行ってもいいですか
2 〈…の〉**言い訳をする**, 弁解をする

・He *excused* his absence from school.
彼は学校を休んだことの言い訳をした
3 〈人などを〉(…から)免除する((*from...*))
・I *was excused from* the next test.
次のテストを免除された
Excuse me.
ちょっと失礼;失礼しました, ごめんなさい
・*Excuse me, but...*
失礼ですが(…していただけますか)
・*Excuse me, but* may I have your name?
すみませんがお名前を教えていただけますか
— 名 /ikskjú:s イクスキュース/ (複 **excuses** /イクスキュースィズ/) U C **言い訳;口実**
- *make an excuse for doing*
…した言い訳をする

execute
/éksikjù:t エクスィキュート/ 動 他
1 ((ふつうbe excuted))〈人を〉**死刑にする;処刑する**
2 〈計画・命令などを〉**実行する, 実施する**
|execution 名 U C 死刑(執行), 処刑;U 実行, 実施

executive
/igzékjutiv イグゼキュティヴ/
名 C (企業などの)重役, 管理職;行政官
・a chief *executive* 最高経営責任者, 社長
— 形
1 管理[経営]上の, 実行する;行政上の
2 高級の;管理職用の

exemplar
/igzémplǝr イグゼンプラー/ 名 C
手本, 模範;代表例
|exemplary 形 手本となる, 模範的な

exemplify
/igzémplifài イグゼンプリファイ/
動 他 〈…を〉例で示す;〈…の〉よい例となる

exempt
/igzémpt イグゼムト/
動 他 〈人を〉(…から)除いてやる, 免じてやる((*from...*))
— 形 (…を)免除された((*from...*))
|exemption 名 U C (義務の)免除

exercise
/éksǝrsàiz エクササイズ/
名 (複 **exercises** /エクササイズィズ/)
1 U **運動, 体操**
・do a lot of *exercise* たくさん運動する
2 C **練習;練習問題**
📖We'll finish this *exercise* next lesson.
この練習問題の残りは次の授業でやりましょう
📖Do *exercise* 3 on page 20 for your homework.
宿題として20ページの練習3をやってください
📖Carry on with the *exercises* while I'm

away.
私がいない間は練習問題をやっていなさい
📖 Now we will go on to the next *exercise*. では次の練習問題に移りましょう
❸ U (職権の)行使, 執行
— 動
三単現 **exercises** /エクササイズィズ/
過去・過分 **exercised** /エクササイズド/
現分 **exercising** /エクササイズィング/
— 自 **運動する, 鍛える；練習する**
— 他
❶〈動物などを〉運動させる；〈筋肉などを〉動かす
❷〈能力などを〉働かせる；〈権限などを〉行使する

exert /igzə́ːrt イグ**ザ**ート/ 動他〈権力・能力などを〉行使する；発揮する
- *exert oneself for A*
Aのために努力する, 奮闘する
exertion 名 U|C 行使, 発揮；努力
ex-girlfriend /èksgə́ːrlfrend エクス**ガ**ールフレンド/ 名 C 以前のガールフレンド, 元カノ
exhaust /igzɔ́ːst イグ**ゾ**ースト/
動 他
❶〈人などを〉ぐったり疲れさせる
❷〈物を〉使い果たす
— 名 U 排気, 排出；C 排気管
exhausted 形 疲れ切った
exhaustedly 副 疲れ切って
exhausting 形〈心身を〉くたくたに疲れさせる
exhaustion 名 U 極度の疲労
exhaustive 形 徹底的な, 余すところない
exhibit /igzíbit イグ**ズィ**ビト/
動他
❶〈作品などを〉展示する, 陳列する
❷〈感情などを〉示す, 表す
— 名 C 展示物；【法律】証拠書類

exhibition* /èksəbíʃən エクスィ**ビ**シャン/
名 (複 **exhibitions** /エクスィビシャンズ/) C
❶ ((主に英)) **展覧会**, 展示会；博覧会；公開演技, エキシビション
- hold an *exhibition* 展覧会を開く
- *on exhibition* 展示中の[で]
❷ ((an exhibition))(感情・能力などの)表示, 発揮((*of*...))
exile /éksail **エ**クサイル/
名
❶ U 国外追放；亡命

- be in *exile* 亡命中である
❷ C 追放人；亡命者
— 動 他〈人を〉国外追放する
exist /igzíst イグ**ズィ**スト/ 動 自 存在する, 実在する；生存する
existing 形 現存する, 現在の
existence /igzístəns イグ**ズィ**スタンス/ 名
❶ U 存在, 実在；生存
- *in existence* 現存の
- *put A out of existence* Aを絶滅させる
❷ ((an existence))生活様式, 生活ぶり
existential 形 存在の；現存の

exit /égzit エグ**ズィ**ト, éksit エクスィト/
名 C (複 **exits** /エグズィッツ/)
❶ **出口**(⇔entrance)
- an emergency *exit* 非常口
❷ ((ふつうan exit))退出；退場
— 動 自
❶ 退出する, 退場する
❷【コンピュータ】(プログラムなどを)終了する
exodus /éksədəs **エ**クソダス/ 名
❶ ((an exodus))(多数の人々の)大移動
❷ ((the Exodus))(イスラエル人の)エジプト脱出；((Exodus))(旧約聖書の)出エジプト記
exotic /igzátik イグ**ザ**ティク/ 形〈動植物などが〉外国産の；異国風の, エキゾチックな；風変わりな
expand /ikspǽnd イクス**パ**ンド/ 動
— 他〈物を〉膨らませる；〈事業などを〉拡大[張]する
— 自〈物が〉膨張する；〈事業などが〉拡大する
expansion /ikspǽnʃən イクス**パ**ンシャン/ 名 U|C 拡大, 拡張；発展；(気体などの)膨張
expansive 形 拡大する；広範囲の；〈人が〉打ち解けた, 気さくな

expect /ikspékt イクス**ペ**クト/
動 三単現 **expects** /イクスペクツ/
過去・過分 **expected** /イクスペクティド/
現分 **expecting** /イクスペクティング/
— 他
❶ 〈…を〉**予期する, 予想する**
- Our new teacher is kinder than I *expected*. 新任の先生は思っていたより優しい
- *expect that...* …だろうと思う, 予想する
- I *expect that* you will succeed.
君は成功すると思う
- *expect to do*

…するだろうと思う，…するつもりである
- I *expect* to see you again.
またあなたに会えると思う
- **expect A to do**
A〈人〉が…するだろうと思う，予想する
- Students *are expected to* study.
学生の本分は勉強することだ
❷ (…を)〈人・事に〉**期待する**，求める((*of*..., *from*...))
- Don't *expect* much *of* [*from*] me.
私に多くを期待しないで
❸ ((次の用法で))
- *be expecting* 〈子を〉生む予定である
- She *is expecting* a baby.
彼女は妊娠している
━ 自 ((次の用法で))
- *be expecting* 妊娠している
| **expected** 形 予期[期待]された

expectant /ikspéktənt イクスペクタント/ 形 期待に満ちた；妊娠中
| **expectantly** 副 期待して
| **expectancy** 名 U 期待，見込み

expectation /èkspektéiʃən エクスペクテイシャン/ 名 UC 予期，予想，期待；C ((ふつう expectations)) 予期[期待]されること
- against all *expectations* 予想に反して
- beyond (all) *expectation*(*s*) 予想以上に
- *in expectation of A* Aを期待[予想]して

expedition /èkspədíʃən エクスペディシャン/ 名 C (…への)遠征，探検((*to*...))；遠征隊，探検隊
- go on an *expedition* to Mt. Everest
エベレスト探検に出る

expel /ikspél イクスペル/ 動 他〈人・物を〉(…から)追い出す，追放する((*from*...))

expend /ikspénd イクスペンド/ 動 他〈時間・金などを〉(…に)消費する，使う((*on*..., *in*...))

expenditure /ikspénditʃər イクスペンディチャ/ 名 U 支出；消費；UC 経費

expense* /ikspéns イクスペンス/
名 (複 **expenses** /イクスペンスィズ/)
❶ UC **費用，出費**；支出
- *at one's own expense* 自費で
❷ ((expenses)) (必要)経費，…費；手当
- living [traveling] *expenses* 生活[旅]費
at any expense どんなに費用がかかっても；どんな犠牲を払っても
at the expense of A
Aの費用で；Aを犠牲にして

expensive
/ikspénsiv イクスペンスィヴ/
形 比較 **more expensive**
最上 **most expensive**
高い，高価な(⇔inexpensive, cheap)；費用のかかる，高くつく
- an *expensive* restaurant 高いレストラン
- an *expensive* hobby お金のかかる趣味
| **expensively** 副 高値で

experience* /ikspíəriəns イクスピアリアンス/
名 (複 **experiences** /イクスピアリアンスィズ/)
U (…の)**経験，体験**((*in*...))；C 経験[体験]したこと
- in my *experience* 私の経験では
- learn from *experience* 経験から学ぶ
- *have an experience in doing*
…した経験がある
━ 動
三単現 **experiences** /イクスピアリアンスィズ/
過去分 **experienced** /イクスピアリアンスト/
現分 **experiencing** /イクスピアリアンスィング/
━ 他 〈…を〉**経験[体験]する**，味わう
- *experience* failure 失敗を経験する
| **experienced** 形 経験豊かな，老練な

experiment
名 /ikspérimənt イクスペリマント/ C (…の)実験((*on*..., *with*...))
- do [make] an *experiment on* [*with*] mice
マウスで実験をする
━ 動 /ikspérimènt イクスペリメント/ 自 (…の)実験をする((*on*... *with*...))
| **experimental** 形 実験の，実験に基づく

expert
名 /ékspə:rt エクスパート/ C (…の)専門家，エキスパート；達人((*in*..., *at*..., *on*...))
- an *expert on* cooking = an *expert* cook 料理の専門家
- an *expert at* teaching English
英語教育のエキスパート
━ 形 /ékspə:rt エクスパート，((また米)) ikspə́:rt イクスパート/ 専門(家)の；(…に)熟練した((*at*..., *in*...))
- an *expert* opinion 専門家の意見

expertise /èkspə:rtí:z エクスパティーズ/ 名 U (…の)(専門的)知識，技術((*in*...))

expire /ikspáiər イクスパイア/ 動 自 〈期限が〉切れる，満了する，満期になる

explain /ikspléin イクスプレイン/

三単現 **explains** /イクスプレインズ/
過去・過分 **explained** /イクスプレインド/
現分 **explaining** /イクスプレイニング/

— 他 ⟨…を⟩(人に)**説明[解説]する**((*to*...))

- *explain* rules *to* the players
  選手にルールを説明する
- 📖 *Explain how to* say it in English.
  それを英語でどう言うか説明しなさい
- 📖 *Explain* it in your own words.
  自分の言葉で説明してください
- 📖 *Let me explain* what I want you to do next.
  次に何をしてもらいたいか説明しましょう

— 自 (人に) **説明[解説]する**, 弁明する ((*to*...))

- I'll *explain to* you about my project.
  私の企画についてあなたに説明しましょう

explanation /èksplənéiʃən エクスプラネイシャン/ 名 U|C 説明, 解説; 弁明; 説明[弁明]の言葉

- an easy *explanation* やさしい説明
- *give an explanation of A*
  Aについて説明する

explicit /iksplísit イクスプリスィト/ 形 はっきりした, 明確な

explode /iksplóud イクスプロウド/ 動
— 自
❶ ⟨爆弾などが⟩爆発する, 破裂する
❷ ⟨人が⟩(感情などで)かっとなる, きれる((*in*..., *with*...))
- He *exploded with* rage.
  彼は怒りでかっとなった
❸ ⟨人口などが⟩急増する
— 他 ⟨爆弾などを⟩爆発させる

exploit /iksplɔ́it イクスプロイト/ 動 他
❶ ⟨人を⟩搾取(さくしゅ)する, 不当に利用する
❷ ⟨資源などを⟩開発する, 活用する

exploration /èkspləréiʃən エクスプラレイシャン/ 名 U|C 探検; 調査, 探求

explore /iksplɔ́ːr イクスプロー/ 動 他
❶ ⟨…を⟩探検する, 踏査する
- *explore* a jungle ジャングルを探検する
❷ ⟨可能性などを⟩探る, 調べる
explorer 名 C 探検家; 調査者

explosion /iksplóuʒən イクスプロウジャン/ 名 C 爆発, 破裂; 爆発音; 爆発的増加, 急増

explosive /iksplóusiv イクスプロウスィヴ/ 形
❶ 爆発(性)の, 爆発的な
❷ ⟨事態が⟩一触即発の; ⟨問題などが⟩激論を巻き起こす
— 名 U|C 爆発物; 爆薬, 火薬
explosively 副 爆発的に

expo /ékspou エクスポウ/ 名 C ((くだけて)) (万国)博覧会, エキスポ

exponent /ikspóunənt イクスポウナント/ 名 C 説明者, 解説者; (主義などの)主唱者, 支持者

export
動 /ekspɔ́ːrt エクスポート/ 他 ⟨商品などを⟩(…へ)輸出する(⇔import)((*to*...))
- *export* cars *to* many countries
  多くの国々へ車を輸出する
— 名 /ékspɔːrt エクスポート/ U 輸出; C 輸出品(⇔import)
- an *export* item 輸出品目
exporter 名 C 輸出業者, 輸出国

expose /ikspóuz イクスポウズ | ekspóuz エクスポウズ/ 動 他
❶ ⟨人・物を⟩(風雨・日光・批判などに)さらす((*to*...))
- *be exposed to* danger 危険にさらされる
❷ ⟨隠れていたものを⟩明るみに出す; ⟨秘密・真相などを⟩(…に)あばく, 暴露する, 知らせる((*to*...))

exposition /èkspəzíʃən エクスパズィシャン/ 名 C 博覧会, 展示会

exposure /ikspóuʒər イクスポウジャ/ 名 U|C (風雨・日光・危険などに)さらす[さらされる]こと; (秘密・真相などの)暴露

express /iksprés イクスプレス/

三単現 **expresses** /イクスプレスィズ/
過去・過分 **expressed** /イクスプレスト/
現分 **expressing** /イクスプレスィング/

— 他 ⟨感情・考えなどを⟩**表現する**, 言い表す

- *express one's* views [opinions, feelings]
  見解[意見, 感情]を述べる
- *express how* I feel now
  私が今どう感じているかを言い表す
- *express oneself* 自分の考えを言い表す
- 📖 *Express* your*self* in English.
  君の思っていることを英語で表現しなさい

— 名 (複 **expresses** /イクスプレスィズ/)
C (列車・バスの) **急行**; U 速達(便)

- travel *by express* 急行で旅行する
- send a letter *by express* mail
手紙を速達で送る
— **形** 〈列車などが〉急行の；〈郵便が〉速達の；至急便の
- take an *express* train 急行列車に乗る
— **副** 急行で；至急[速達]便で

expression* /ikspréʃən イクスプレシャン/
名 (複 **expressions** /イクスプレシャンズ/)
❶ UC 表現；C 言い回し，語句
- freedom of *expression* 表現の自由
- everyday English *expressions*
日常英語表現
❷ C (顔の)表情(look)
- a sad *expression* 悲しい表情
|**expressionless** **形** 無表情な

expressive /iksprésiv イクスプレスィヴ/ **形**
表現[表情]豊かな；表現する，表す
|**expressively** **副** 表情豊かに

expressway /ikspréswèi イクスプレスウェイ/
名 C ((米))高速道路(((英))motorway)

extend /iksténd イクステンド/ **動**
— **他**
❶ 〈距離・期間などを〉延長する，延期する
- *extend one's* stay 滞在期間を延ばす
❷ 〈手足などを〉伸ばす；〈範囲などを〉広げる
- *extend one's* hand 手を差し出す
— **自** 〈陸地などが〉広がる；伸びる
|**extended** **形** 延長した；伸びた；広がった

extension /iksténʃən イクステンシャン/ **名**
❶ U (距離・期間などの)延長，延期；C (道路などの)延長部分；建て増し
- an *extension* of *one's* stay
滞在期間の延長
- an *extension* cord ((米))延長コード
❷ C (電話の)内線
- (May I have) *extension* 234, please?
内線234番をお願いします
|**extensive** **形** 広大な；広範囲にわたる
|**extensively** **副** 広く；広範囲にわたって

extent /ikstént イクステント/ **名** U 程度，範囲；広さ，広がり，大きさ
- *to a large* [*great*] *extent* 大いに，非常に
- *to some* [*a certain*] *extent* ある程度まで

exterior /ikstíəriər イクスティアリア/
形 外部の；外観上の(⇔interior)
— **名** C 外部，外見，外面(⇔interior)

external /ikstə́:rnl イクスターヌル/ **形** 外の；外部の；外部からの

extinct /ikstíŋkt イクスティンクト/ **形** 〈火などが〉消えた；絶滅した，死に絶えた
|**extinction** **名** U 死滅，絶滅

extinguish /ikstíŋgwiʃ イクスティングウィシュ/ **動** 他 〈火などを〉消す；〈希望などを〉失わせる
|**extinguisher** **名** C 消火器

extra* /ékstrə エクストラ/
形 ((比較なし)) 余分の，追加の，割り増しの；臨時の
- an *extra* charge [fee] 割増料金
- do *extra* work 残業する
- We have *extra* five minutes.
まだ5分あります
— **副** ((比較なし)) 余分に，おまけに
- pay $10 *extra* 別に10ドル払う
— **名** C
❶ 余分の物[人]；割増[追加]料金
❷ 臨時雇いの人；(映画の)エキストラ

extract
動 /ikstrǽkt イクストラクト/ 他 〈…を〉〈…から〉引き抜く，抜き出す；抜粋する((*from...*))
— **名** /ékstrækt エクストラクト/ C 抜粋；UC 抽出物，エキス
|**extraction** **名** UC 引き抜き；抽出

extraordinary /ikstrɔ́:rdənèri イクストローダネリ, ekstrɔ́:rdənəri エクストローダナリ/ **形**
❶ 並はずれた，非凡な；異常な(⇔ordinary)
- a man of *extraordinary* genius
並はずれた天才
❷ 臨時の，特別の
- an *extraordinary* session 臨時国会
|**extraordinarily** **副** 非常に；異常に

extreme /ikstrí:m イクストリーム/
形 極端な；極度の
- an *extreme* case 極端な場合
— **名** C 極端，極度；((extremes))両極端
- go to *extremes* 極端に走る
|**extremely** **副** 極端に，非常に
|**extremism** **名** U 過激主義，過激論
|**extremist** **名** C 過激主義者，過激論者

eye /ái アイ/

名 (複 **eyes** /アイズ/) C
❶ 目，眼
- open [shut, close] *one's eyes*
目を開く[閉じる]
- Her *eyes* were wet with tears.
彼女の目は涙でぬれていた
- *eye* drops 目薬

eyeball

❷ 視力, 視覚；眼識, 観察力
- an *eye* examination 視力検査
- have sharp [weak] *eyes* 視力がよい[弱い]

❸ ((しばしばeyes)) 目つき, 視線
- with dreamy *eyes* ぼんやりした目で

❹ ((しばしばeyes)) 観点, 見解, 判断
- in my *eyes* 私が見るところでは
- in the *eyes* of *A* Aの意見によれば

❺ (カメラの)レンズ穴；(針の)穴；(台風などの)目

an eye for an eye (and a tooth for a tooth) 目には目を(歯には歯を)
catch A's eye A(人)の目[注目]を引く
have an eye for A A(物・事)に関して見る目がある
have an eye on A Aに目をつけている
keep an eye on A A(物・人)から目を離さない, Aを監視する
keep an eye out = keep one's eyes open (…を)油断なく見張る, (…が出てこないかと)気をつけている((*for...*))
look A in the eye A(人)を正視する
see eye to eye (with A) (A(人)と)見解がまったく同じである
set eyes on A A(人・物)を初めて目にする, 見かける
take one's eyes off A A(人・物)から目をそらす
with one's eyes closed 目を閉じて；やすやすと
with one's eyes open 目を開いて；危険を承知で

eyeball /áibɔ̀ːl アイボール/ 名 C 眼球；目玉

eyebrow* /áibràu アイブラウ/
名 (複 **eyebrows** /áibràuz アイブラウズ/) C ((ふつうeyebrows)) まゆ(毛)
- raise *one's eyebrows*
(驚き・非難などを表して)まゆを上げる

eye-catching /áikæ̀tʃiŋ アイキャチング/ 形 人目を引く

eyelash /áilæ̀ʃ アイラシュ/ 名 C (1本の)まつげ；((eyelashes)) まつげ(全体)

eyelid* /áilìd アイリド/
名 (複 **eyelid** /áilìdz アイリヅ/) C まぶた

eyesight /áisàit アイサイト/ 名 U 視力

eyewitness /áiwìtnəs アイウィトナス/ 名 C 目撃者, 証人

町-1 (249ページに続く)

学校	school
公園	park
ホテル	hotel
病院	hospital
映画館	movie theater
銀行	bank
教会	church
神社	shrine
動物園	zoo
スタジアム	stadium
郵便局	post office
警察署	police station
消防署	fire station
ガソリンスタンド	gas station
薬局	drugstore
デパート	department store
スーパーマーケット	supermarket
コンビニ	convenience store
キオスク	kiosk
レストラン	restaurant
クリーニング店	laundry

F, f

F¹, f /éf エフ/ 名 (複 **F's, Fs**;**f's, fs** /エフズ/)
❶ C U エフ(英語アルファベットの第6字)
❷ ((Fで)) C ((米))(学業成績の)F,「不可」
❸ U 【音楽】ヘ音;ヘ調

F² ((略)) Fahrenheit カ[華]氏(の)

F. ((略)) Friday 金曜日

fable /féibl フェイブル/ 名 C 寓話(ぐうわ);作り話;うそ
・Aesop's *Fables* イソップ物語

Fabre /fá:bər ファーバ/ 名 Jean Henri Fabre ファーブル(フランスの昆虫学者で,『昆虫記』の作者)

fabric /fæbrik ファブリク/ 名
❶ U C 織物,生地,織り方
❷ U ((the fabric))(社会などの)構造,組織

fabricate /fæbrikèit ファブリケイト/ 動 他〈話・うそなどを〉作り上げる;〈部品などを〉組み立てる;〈文書などを〉偽造する
 fabrication 名 U 偽造;C 作り事,うそ

fabulous /fæbjələs ファビャラス/ 形 (値段などが)法外な;想像上の,伝説上の,架空の;((くだけて))驚くべき

facade, façade /fəsá:d ファサード/ 名 C (建物の)正面,ファサード;(事物の)うわべ,見せかけ

face /féis フェイス/

名 (複 **faces** /フェイスィズ/)
❶ C 顔;表情,顔つき
・a round *face* 丸顔
・have a cute *face* かわいい顔をしている
・pull [have, make] a long *face* 浮かぬ顔をする
❷ C 人,顔ぶれ
・a new *face* 新人
❸ U 面子(めんつ),面目(めんもく)
・lose *face* 面目を失う
❹ C (物などの)表面,表;(時計の)文字盤

face down [up] 顔を下げて[上げて];(カードなどの)表を下[上]にして

face to face (with A)
(Aと)向かい合って;(Aに)直面して

in A's face A(人)の面前で,公然と

in (the) face of A A(人)の目の前で

make [pull] faces [a face]
(…に)顔をしかめる,いやな顔をする ((at...))

— 動
三単現 **faces** /フェイスィズ/
過去・過分 **faced** /フェイスト/
現分 **facing** /フェイスィング/

— 他
❶〈…に〉**面している**;〈…の〉方を向く
・The hotel *faces* a lake.
ホテルは湖に面している
▣ Make a line of desks *facing* each other.
机が向き合うように列を作ってください
❷(困難などに)直面する,立ち向かう
・*face* (the) reality 現実に直面する

— 自(…の方に)**面する**,向いている ((to..., toward...))

face A out = face out A
Aに勇敢に対処する

face up to A A(人など)に勇敢に立ち向かう;A(現実など)を直視する

Let's face it. 現実を直視しよう

 faceless 形 顔のない;個性のない;正体不明の

facet /fæsit ファスィット/ 名 C (宝石などの)切子面;(事物の)面,様相 ((*of*...))

facial /féiʃəl フェイシャル/
形 顔の;顔用の
— 名 U C 美顔術

facile /fæsəl ファサル | fæsail ファサイル/ 形 ((けなして))安易な;たやすい
 facilely 副 安易に;たやすく
 facilitate 動 他〈…を〉容易にする;促進する
 facilitator 名 C 進行役;世話人

facility /fəsíləti ファスィラティ/ 名
❶ C ((facilities)) 施設,設備;便宜
・medical *facilities* 医療施設
❷ U C (…の) 才能,適性;器用さ ((*for*..., *in*...))

facing /féisiŋ フェイスィング/
動 face の現在分詞・動名詞
— 名 U C (壁などの)表面仕上げ(材);(衣服の)へり取り

facsimile /fæksíməli ファクスィマリ/ 名 C

複写; UC ファックス(fax)

fact /fækt ファクト/

名 (複 facts /ファクツ/) C 事実; U 真実, 真相(truth)
・a well-known *fact* 周知の事実
・*it is a fact that...* …というのは事実だ
・*Fact* is stranger than fiction.
 ((ことわざ))事実は小説より奇なり
as a matter of fact 事実は, 実のところ
in fact 実は, 実際は
factual 形 事実の; 事実に基づく

faction /fǽkʃən ファクシャン/ 名 C 党派, 派閥; U 派閥争い

factor /fǽktər ファクタ/ 名 C (…の)要素, 要因((*in...*)); 【数学】因数

factory /fǽktəri ファクタリ/ 名 C 工場, 製作所

faculty /fǽkəlti ファカルティ/ 名 C
❶ (大学の)学部; (the faculty) ((米))教授陣, 教職員
❷ ((faculties))(精神・身体器官の)能力, 機能; ((単数形で))才能, 能力

fade /féid フェイド/ 動
━自 〈色が〉あせる; 〈光・音が〉弱まる; 〈花・草木が〉しおれる; 〈元気などが〉衰える((*away*))
━他 〈…を〉色あせさせる; しおれさせる
fade in [out] 〈画面が〉次第に明るく[暗く]なる; 〈音量が〉次第に大きく[小さく]なる

Fahrenheit /fǽrənhàit ファランハイト/ 形 カ氏の, 華氏の (略 F)
・110° *Fahrenheit* カ氏110度

fail /féil フェイル/

動 三単現 **fails** /フェイルズ/
過去過分 **failed** /フェイルド/
現分 **failing** /フェイリング/
━自
❶〈人が〉(…に)**失敗する, しくじる**((*in...*))(⇔succeed)
❷〈体力・人などが〉衰える, 弱る
━他
❶〈試験に〉**落ちる**(⇔pass)
・She *failed* English. 彼女は英語を落とした
・He *failed to* be in time.
 彼は間に合わなかった
❷(…)**しそこなう, (…)できない**((*to do*))
❸〈…の〉期待に背く; 〈…を〉見捨てる
never [not] fail to do 必ず…する

・He *never fails to* keep his words.
 彼は必ず約束を守る
━名 C ((次の成句で))
without fail 必ず, 間違いなく
・Call me tonight *without fail*.
 今夜必ず電話ください

failing /féiliŋ フェイリング/
動 failの現在分詞・動名詞
━名 C ((ふつう failings)) 欠点, 弱点
━前 …がない場合には; …がないので
・*or failing that* さもなければ

failure* /féiljər フェイリャ/
名 (複 **failures** /フェイリャズ/)
❶ U (…での)**失敗**, しくじり((*in...*))
❷ UC (力の)減退, 衰弱
❸ UC (…の)欠乏, 不足((*of...*))

faint /féint フェイント/
形
❶〈色・記憶などが〉かすかな, ぼんやりした
❷〈息などが〉弱々しい, 力のない
━動 自〈人が〉(痛みなどで)気が遠くなる, 失神する((*from...*))
━名 (a faint) 気絶, 失神
faintly 副 かすかに, ぼんやりと; 弱々しく

fair¹ /féər フェア/

形副 比較 **fairer** /フェアラ/
最上 **fairest** /フェアリスト/
━形
❶(…に)**公正な, 公平な**((*to...*)); (スポーツで)フェアの, 正々堂々とした
・in a *fair* manner 公正な態度で
・It's not *fair*! それはフェアじゃない
❷〈天候が〉**晴れた, 晴天の**(fine)
❸ かなりの, 相当の; まあまあの
・a *fair* income まあまあの収入
❹〈皮膚が〉色白の; 〈髪が〉金髪の
━副 **公正に, 公平に**; フェアに; まともに
・*fight fair* 正々堂々と闘う
Fair enough!
 ((英))((くだけて))結構だ, オーケーだ
fairness 名 U 公正, 公平; 金髪, 色白

fair² /féər フェア/ 名 C
❶ ((米))(農産物などの)品評会
❷ 博覧会, 見本市, 展示即売会
❸ ((英))定期市, 縁日

fairly /féərli フェアリ/ 副
❶ 公平に, 正々堂々と(⇔unfairly)
❷ かなり, 相当の, なかなかの

fairy /féəri フェアリ/
- 名 C 妖精(ようせい)
- 形 妖精の(ような)
- a *fairy* tale [story] おとぎ話, 童話

faith* /féiθ フェイス/
- 名 (複 **faiths** /フェイスス/)
- ❶ U (…への)**信用**; **信頼**((*in*...)); (…という)信念, 確信((*that*節))
- have *faith* in *A* Aを信頼する
- lose *faith* in *A* Aへの信頼をなくす
- ❷ U C 信仰; C (宗教の)教義, 宗派
  faithful 形 忠実な, 誠実な; 信頼できる
  faithfully 副 忠実に, 誠実に; 正確に
  faithfulness 名 U 忠実, 誠実

fake /féik フェイク/
- 動 他 〈…を〉でっち上げる; 〈美術品などを〉偽造する((*up*)); 〈…の〉ふりをする
- 名 C にせ物, 模造品; いかさま師
- 形 〈物が〉偽造の; 〈人が〉にせの

fall /fɔ́:l フォール/

- 動 (三単現 **falls** /フォールズ/)
- (過去 **fell** /フェル/)
- (過分 **fallen** /フォーラン/)
- (現分 **falling** /フォーリング/)
- 自
- ❶ **落ちる**, 墜落する; 〈雨・雪などが〉降る; 〈葉などが〉散る
- Snow is *falling*. 雪が降っている
- ❷ 〈人が〉**転ぶ**, 倒れる((*down*)); 〈木などが〉倒れる, 〈建物などが〉崩壊する
- *fall over* backward(s) あおむけに倒れる
- ❸ 〈値段などが〉**下がる**; 〈温度などが〉下がる; 〈物の数・量が〉減少する
- ❹ 〈要塞(ようさい)などが〉陥落する; 〈政府などが〉倒れる
- ❺ (急に)…(の状態)になる((*in*...))
- *fall* asleep 寝入る
- *fall in* love with *A* A (相手)と恋に落ちる
- ❻ 〈夜などが〉訪れる; 〈災厄が〉降りかかる, 〈病気などが〉襲ってくる
- ❼ 〈記念日などが〉(ある曜日に)当たる((*on*...))
- My birthday *falls* on a Monday this year. 私の誕生日は今年は月曜日になる
- ❽ 〈髪などが〉垂れ下がる
  fall apart 〈物が〉粉々になる
  fall back on [***upon***] *A*
  A (人・物)に頼る
  fall behind (予定などに)遅れる
  fall behind *A* A (人)より遅れる
  fall for *A* ((くだけて)) Aにだまされる, ひっかかる; A (人・事)に夢中になる
  fall into *A*
  A (場所)に倒れ込む; A (状態)に落ち込む, A (わな)にはまる; A (部分)に分類される
  fall out with *A* A (人)とけんかする
  fall over 転ぶ, 倒れる
  fall through 失敗する
- 名 (複 **falls** /フォールズ/)
- ❶ U C ((米)) **秋**(((英))autumn), 秋季, 秋期
- *in* (*the*) *fall* 秋に
- *in the fall* of 2010 2010年の秋に
- ❷ ((形容詞的に)) 秋の, 秋季の, 秋向きの
- *fall* fashions 秋のファッション
- ❸ C 落下(物); 降雨[雪]量
- a light *fall* of snow ひらひらと降る雪
- ❹ C 転倒; 倒壊
- take a *fall* 転ぶ
- ❺ C (値段などの)下落, 下降((*in*...))
- a *fall* in prices 物価の下落
- ❻ C ((ふつうfalls)) 滝
- (the) Niagara *Falls* ナイアガラの滝
- ❼ ((ふつうthe fall)) 滅亡, 没落; 崩壊

fallen /fɔ́:lən フォーラン/
- 動 fallの過去分詞
- 形 落ちた, 倒れた; 死んだ
- *fallen* leaves 落ち葉

false /fɔ́:ls フォールス/

- 形 (比較 **falser** /フォールサ/)
- (最上 **falsest** /フォールサスト/)
- ❶ 〈情報などが〉**誤った**, 正しくない, 虚偽の (⇔true)
- a true or *false* question 正誤問題
- ❷ 不誠実な
- ❸ 本物でない, にせの, 人造の
- a *false* tooth (1本の)義歯
- 副 ((次の成句で))
  play *A* ***false*** A (人)をだます, 裏切る
  falsely 副 不当に; 誤って
  falseness 名 U 虚偽; 裏切り

fame /féim フェイム/ 名 U 名声, 声望; 評判
- achieve *fame* 名を成す
  famed 形 有名な, 名高い

familial /fəmíljəl ファミリャル/ 形 家族の; (遺伝的に)家族に特有の

familiar* /fəmíljər ファミリャ/

family

形 比較 **more familiar**
最上 **most familiar**
❶ 〈物・事が〉〈人に〉**よく知られている;ありふれた;ふつうの, いつもの**((*to...*))
・a *familiar* story ありふれた話
❷ (人と)**親しい, 親密な;**(人に)なれなれしい;(物・事に)精通している((*with...*))
familiarity 名 U よく知っていること, 精通;親しさ;なれなれしさ
familiarize 動 他 〈人を〉慣れ親しませる;〈物・事を〉広める

family /fǽməli ファミリ/

名 (複 **families** /ファミリズ/)
❶ C ((単数・複数扱い)) **家族, 一家**
・a nuclear *family* 核家族
・a *family* name 姓, 名字
・How is [are] your *family*?
ご家族の皆さんはお元気ですか(surname)
❷ C (一家の)子どもたち
・raise *family* 子どもを育てる
❸ C 一族, 親族;U ((英)) 家柄
・the royal *family* 王室
❹ C 【生物】(動植物の分類で)科;(言語の)語族

famine /fǽmin ファミン/ 名 U C 飢饉(きん)

famous /féiməs フェイマス/

形 比較 **more famous**
最上 **most famous**
(…で)**有名な, 名高い**((*for...*))
・a *famous* painter 有名な画家
・Kusatsu is *famous for* its hot spring.
草津は温泉で有名です
famously 副 有名なことに;みごとに

fan¹* /fǽn ファン/ 名 (複 **fans** /ファンズ/)
C ファン, 熱狂的な支持者[愛好者]
・a football *fan* フットボールファン

fan² /fǽn ファン/ 名 C 扇, 扇子(せんす), うちわ;扇風機
・a Japanese *fan* うちわ
・an electric *fan* 扇風機

fanatic /fənǽtik ファナティク/ 名 C 狂信者;マニア
fanatical 形 狂信[熱狂]的な
fanatically 副 熱狂して;狂信的に
fanaticism 名 U 狂信, 熱狂

fancy* /fǽnsi ファンスィ/
名 (複 **fancies** /ファンスィズ/)
❶ C **好み, 愛好**
・take a *fancy* to A A〈人・物〉が気に入る
❷ U 空想, 幻想;C **気まぐれ, 思い付き**
━━ 形
❶ 装飾的な, 派手な
❷ 高級な;((米)) 〈食べ物が〉極上の, 特選の
❸ 〈考えなどが〉気まぐれな;〈値段などが〉法外な
━━ 動 他
❶ 〈…を〉好む
❷ (…だと)空想する, (何となく)(…だと)思う((*that*節))
fanciful 形 空想の, 気まぐれな, 想像上の, 非現実的な
fancifully 副 空想的に, 気まぐれに;奇抜に

fanfare /fǽnfeər ファンフェア/ 名 C ファンファーレ

fantastic /fæntǽstik ファンタスティク/ 形
❶ とてもすばらしい, すてきな, すごい
・*Fantastic*! すばらしい
❷ 途方(とほう)もなく大きい[多い]
❸ 空想的な;〈考えなどが〉現実離れした, ばかげた
fantastically 副 途方もなく;空想的に

fantasy /fǽntəsi ファンタスィ/ 名
❶ U 空想, 夢想, 幻想
❷ C 空想的作品, ファンタジー;【音楽】幻想曲

FAQ /fǽk ファク/ ((略)) *f*requently *a*sked *q*uestions 【インターネット】よくある質問とその回答集

far /fá:r ファー/

副形 比較 **farther** /ファーザ/,
further /ファーザ/
最上 **farthest** /ファーズィスト/,
furthest /ファーズィスト/

━━ 副
❶ ((距離)) **遠くへ[に], 遠く離れて**(⇔near)
・"How *far* is it from here to Mt. Fuji?" "It's about 15 kilometers." 「ここから富士山までどれくらいですか」「約15キロです」
・Our school is *far* from here.
学校はここから遠い
❷ ((時間)) **ずっと, はるかに**
・*far back* in the past ずっと昔に
❸ ((程度)) ((形容詞の比較級・最上級, 副詞, 動詞の前で)) **ずっと, はるかに**

- *far better* suggestion ずっとよい提案
  ❹ ((程度)) ((次の用法で))
- **How far...?** どの程度, どれほど
  as far as...
  (1) ((範囲))…の及ぶ限り;…する限りでは
- *as far as* the eye can see 見渡す限り
- *as far as* I understand
  私が理解する限りでは
  (2) ((場所))…まで
  by far 非常に, とても;はるかに, 断然
  far from (being) A 少しもAでない
  far from doing …するどころか
  go as [so] far as to do …しさえする
  go too far (礼儀などで)度が過ぎる
  so far 今までのところ
  🗨 OK *so far*? ここまではだいじょうぶですか
  so far so good 今のところ順調だ
  ━ 形
  ❶ ((距離))**遠い**, 遠くにある(⇔near)
- in the *far* distance はるかかなたに
- a *far* country 遠い国
  ❷ ((時間))**ずっと先の[あとの]**
- the *far* future 遠い将来
  ❸ ((比較なし)) ((ふつうthe far)) (2つのうち)
  遠い方の, 向こう側の
- *the far* side of the mountain
  山の向こう側

faraway /fɑ́:rəwèi ファーラウェイ/ 形 遠い, 遠方の;〈目つきなどが〉夢見るような

fare* /féər フェア/
名 (複 **fares** /フェアズ/)
❶ C 運賃, (乗車)料金
- a taxi [bus] *fare* タクシー[バス]料金
  ❷ U (レストランなどの)食べ物, 献立
  ━ 動 ⾃ 〈人が〉やっていく, 暮らす

farewell /fèərwél フェアウェル/
間 さようなら, ごきげんよう
━ 名 U C (…への)別れ((*to...*));別れの言葉
- a *farewell* party 送別会

farm /fɑ́:rm ファーム/
名 C
❶ 農場, 農園;農家;飼育場, 養殖場
❷ 【野球】ファーム, 二軍チーム
━ 動
━ 他 〈土地を〉耕す;〈家畜を〉飼育する
━ ⾃ 耕作する;農場を経営する
farmer 名 C 農場経営者, 農場主
farming 名 U 農業;農場経営

farmhouse /fɑ́:rmhàus ファームハウス/ 名
C 農場内の家屋;農家

farmland /fɑ́:rmlænd ファームランド/ 名 U
農地, 耕地

far-reaching /fɑ̀:rríːtʃiŋ ファーリーチング/
形 〈影響・効果などが〉広範囲に及ぶ

farther* /fɑ́:rðər ファーザ/ (⇨further)
━ 副 ((farの比較級))**さらに遠くへ, さらに先へ**
━ 形 ((farの比較級))**さらに遠くの, さらに先の**

farthest* /fɑ́:rðist ファーズィスト/
(⇨furthest)
━ 副 ((farの最上級))**最も遠くへ**
━ 形 ((farの最上級))**最も遠くの**

fascinate /fǽsənèit ファサネイト/ 動 他〈人を〉(…で)うっとりさせる, 魅惑する((*with...*))
fascinating 形 魅惑的な, うっとりさせるような
fascinatingly 副 魅惑的に, うっとりさせるほど
fascination 名 U 魅惑, 魅力

fascism /fǽʃizm ファシズム/ 名 U ((しばしばFascism)) ファシズム(極右的国家主義)

fascist /fǽʃist ファシスト/
名 C ((しばしばFascist)) ファシスト党員
━ 形 ファシズム的な

fashion* /fǽʃən ファシャン/
名 (複 **fashions** /ファシャンズ/)
❶ U C (服装などの)**流行**, はやり
- a *fashion* designer ファッションデザイナー
- *be in fashion* はやっている
- *be out of fashion* はやっていない
- *come into fashion* はやり出す
- *go out of fashion* はやらなくなる
  ❷ U ((また a fashion))仕方, 流儀
  after a fashion どうにかこうにか, 一応は
  fashionable 形 流行の;社交界の, 上流の;上流向きの
  fashionably 副 流行に合わせて

fast¹ /fǽst ファスト/

形副 比較 **faster** /ファスタ/
最上 **fastest** /ファスタスト/
━ 形
❶〈速度・動作などが〉**速い, すばやい**, 敏速な(⇔slow)
- a *fast* car 速い車
  ❷〈時計が〉進んでいる(⇔slow)
- That clock is five minutes *fast*.
  あの時計は5分進んでいる

fast

❸〈物が〉固定した；〈心が〉不変の；〈色が〉あせない
━━ **副**
❶ **速く, すばやく**(⇔slowly)
❷ 次から次へ, ひっきりなしに
❸ しっかりと, 堅く；〈眠りが〉ぐっすりと
・be *fast* asleep ぐっすり眠っている

fast² /fæst ファスト/
動 ⾃ 断食する, 絶食する
━━ **名** C 断食；断食期間

fastball /fæstbɔ̀ːl ファストボール/ **名** C 【野球】速球, 直球, ストレート

fasten /fæsən ファサン/ **動**
━━ 他
❶〈ドアなどに〉鍵(かぎ)をかける；〈ベルトなどを〉締める
・*Fasten* your seat belts, please.
シートベルトをお締めください
❷〈物などを〉(…に)固定する((*to*...))
━━ ⾃ 〈鍵などが〉かかる；締まる, 留まる
 fastener 名 C 留め具, 締め具

fast-food /fæstfúːd ファストフード/ **形** ファーストフードの

fat /fæt ファト/

形 比較 **fatter** /fǽtə/
      最上 **fattest** /fǽtəst/
❶ **太った, 肥えた**(⇔thin)
・a *fat* man 太った男
・get *fat* 太る
❷〈肉が〉脂肪の多い；〈料理などが〉油っこい；分厚い；ふくらんだ
・*fat* meat 脂身の多い肉
━━ **名** U 脂肪；あぶら身；脂肪太り
・body *fat* 体脂肪
 fatty 形 脂肪(質)の；油っこい

fatal /féitl フェイトル/ **形** 致命的な, (…にとって)命に関わる((*to*...))；取り返しのつかない；重大な
・a *fatal* wound 致命傷
・a *fatal* mistake 取り返しのつかない間違い
 fatally 副 致命的に；宿命的に
 fatality 名 C 不慮の死(者)；災害, 不幸；U 宿命

fate /féit フェイト/ **名**
❶ U (時にFate)運命；宿命；死
❷ C ((ふつう*one's* fate))運命；行く末
❸ ((the Fates))【ギリシャ神話】運命の3女神
 fateful 形 致命的な；宿命的な, 重大な

father /fáːðər ファーザ/

名 (複 **fathers** /fáːðəz/) C
❶ **父, 父親, お父さん**(⇔mother)
❷ (…の)創始者, 生みの親((*of*...))
❸ ((Father))司祭, 神父
❹ ((Father))(キリスト教の)神(God)
━━ **動** 他 〈…の〉父となる
 fatherhood 名 U 父であること；父性

father-in-law /fáːðərinlɔ̀ː ファーザリンロー/ **名** C 義父

fatigue /fətíːg ファティーグ/ **名** U (心身の)疲労, 疲れ；C 疲れの元；苦労, 労働
━━ **動** 他 〈…を〉疲れさせる
 fatigued 形 疲れた, 疲労した

faucet /fɔ́ːsit フォースィト/ **名** C ((米))(水道などの)蛇口, コック(((英)) tap)
・turn on [off] a *faucet*
蛇口を開ける[締める]

fault /fɔ́ːlt フォールト/

名 (複 **faults** /fɔ́ːlts/)
❶ C 欠点, 短所；欠陥；過失
❷ U ((ふつう*one's* fault))(過失などの)責任
・Sorry, that's my *fault*.
ごめんなさい, 私の責任です
・*It is my fault that* the plan failed.
計画が失敗したのはぼくのせいだ
at fault とがめられるべき
find fault with [in] A
A(人)にけちをつける, Aのあらを探す
 faulty 形〈機械などが〉欠陥のある；誤った, 不完全な

favor*, ((英))**favour** /féivər フェイヴァ/ **名** (複 **favors** /féivəz/)
❶ U 好意；C 親切な行為
❷ C 恩恵, 願い；U 愛顧；支持, 賛成
・in *favor* of A A(人)に賛成して
・*May I ask a favor of you?*
(あなたに)お願いがあるのですが
❸ U えこひいき
━━ **動** 他
❶〈計画などに〉賛成する；〈…を〉支持する；〈人に〉好意を示す((*with*...))
❷〈…を〉ひいきにする
 favorable 形 好意的な, 賛意を表す；都合のよい；有利な
 favorably 副 好意的に, 賛成して；有利

favored 形 好意を持たれている;恵まれている

favorite*, 《英》**favourite** /féivərət フェイヴァラト/
形 《ふつう比較なし》お気に入りの, 大好きな;得意な
・ one's *favorite* conductor 大好きな指揮者
━━ 名 (複 **favorites** /フェイヴァラツ/) C
❶ お気に入りの物[人]
❷ 【スポーツ】優勝の本命

fax /fæks ファクス/
名 UC ファックス
・ send [receive] a *fax* ファックスを送る[受け取る]
━━ 動 他 〈…を〉ファックスで送る
■ *fax A B* = *fax B to A* A〈人〉にB〈文書など〉をファクスで送る

FBI 《略》*F*ederal *B*ureau of *I*nvestigation (米国)連邦捜査局

fear* /fíər フィア/
名 (複 **fears** /フィアズ/) UC
恐れ, 恐怖(心); 不安, 心配
・ a *fear* of heights 高所恐怖症
■ *for fear of doing* …することを恐れて
■ *for fear that...* …ということがないように
■ *in fear of A* Aを恐れて
━━ 動
 三単現 **fears** /フィアズ/
 過去・過分 **feared** /フィアド/
 現分 **fearing** /フィアリング/
━━ 他 〈…を〉恐れる
━━ 自 〈…を〉心配する《*for...*》

fearful 形 〈人が〉〈…を〉恐れて《*of...*》;心配で;恐ろしい
fearfully 副 恐れて;ひどく
fearfulness 名 U 恐ろしさ;ひどさ
fearless 形 恐れを知らない;大胆な
fearlessly 副 大胆に
fearlessness 名 U 大胆さ
fearsome 形 〈外見などが〉恐ろしい

feasible /fí:zəbl フィーザブル/ 形 〈計画などが〉実現[実行]できる, 可能性の高い
feasibility 名 U 実現[実行]可能性

feast /fí:st フィースト/
名 C
❶ 祝宴, 宴会;ごちそう
・ hold [give] a *feast* 宴会を催す
❷ 祝祭;祭日, 祝日

━━ 動
━━ 他 〈耳・目を〉〈…で〉楽しませる《*on...*》
━━ 自 〈…を〉大いに飲み食いする《*on...*》

feat /fí:t フィート/ 名 C 偉業, 手柄;離れ技

feather /féðər フェザ/
名 C (鳥の)羽;U 羽毛
・ Birds of a *feather* flock together. 《ことわざ》同じ羽の鳥は群れを作る;類は友を呼ぶ
━━ 動 他 〈矢に〉羽を付ける, 〈帽子などに〉羽飾りを付ける

feature /fí:tʃər フィーチャ/
名 C
❶ 特徴, 特色
❷ (新聞・テレビなどの)特集記事, 特別番組
❸ 《ふつう features》顔つき, 目鼻立ち;顔の造り
━━ 動 他 〈店などの〉目玉になる;〈俳優を〉主演させる

Feb. 《略》*Feb*ruary 2月

February

/fébruèri フェブルエリ/ 名 UC **2月**(略 Feb.)
・ *in February* 2月に

fed /féd フェド/ 動 feedの過去形・過去分詞

federal /fédərəl フェダラル/ 形
❶ 《米》連邦政府の
・ the *federal* government of the U.S. 米国連邦政府
・ the *Federal* Bureau of Investigation FBI (米国連邦捜査局)
❷ 連邦の;連合の
❸ 《Federal》【米史】(南北戦争)北部同盟の

federation 名 C 連邦国家;同盟;U 連合化

fee* /fí: フィー/ 名 (複 **fees** /フィーズ/) C
(専門職への)**謝礼(金), 報酬;料金**《*for...*》;《fees》授業料

feeble /fí:bl フィーブル/ 形
❶ 体力の弱い, 病弱の
❷ 〈光・音などが〉かすかな, 弱々しい

feed* /fí:d フィード/
動 三単現 **feeds** /フィーヅ/
 過去・過分 **fed** /フェド/
 現分 **feeding** /フィーディング/
━━ 他
❶ 〈人・動物に〉**食べ物[えさ]を与える**, 〈乳児に〉授乳する
・ *feed* a baby 乳児に乳を与える
■ *feed A to B* = *feed B on A*

feedback

A〈食べ物・えさ〉をB〈人・動物〉に与える
❷ **供給する**
- *feed A to [into] B = feed B with A*
  A〈燃料など〉をB〈機械など〉に供給する; A〈情報など〉をB〈人・コンピュータ〉に与える
- *feed* wood *to* the fire まきを火にくべる
- *feed* data *into* a computer
  データをコンピュータに入れる
— 自 〈動物が〉えさを食べる

be fed up with A
((くだけて)) A〈物・事〉にうんざりしている
feed on A 〈動物が〉Aをえさにする
— 名 U 飼料, えさ; C 〈赤ん坊・動物の〉1回分のミルク, 飼料

feeder 名 C 食べる人[動物]; 飼育者

feedback /fíːdbæk フィードバク/ 名 U
(利用者などの)反応; フィードバック

feel /fíːl フィール/

動 三単現 **feels** /フィールズ/
過去・過分 **felt** /フェルト/
現分 **feeling** /フィーリング/

— 他
❶ (肉体的・精神的に)〈喜び・痛みなどを〉**感じる**;〈…を〉意識する
- *feel* sorrow 悲しみを覚える
- *feel that...* …と考える, …だと思う
- I *feel that* I like you.
  君のことが好きなような気がする
- *feel A do [doing]*
  A〈人・物・事〉が…する[…している]のを感じる
- I *felt* my house shake.
  家が揺れるのを感じた
- *feel A (to be) C* AをCと思う
- I *feel* it important to be polite.
  礼儀正しくするのは大切だと思う
❷ 〈…を〉触ってみる
- *feel A's* pulse A〈人〉の脈を取る
— 自
❶ (ある感覚・感情を)**覚える**
- *feel C* 〈人が〉Cと感じる
- *feel* thirsty のどの渇きを覚える
- *feel* well [sick] 気分がよい[悪い]
- Do you *feel* better today?
  きょうは気分はよくなりましたか
- "How do you *feel*?" "*Feeling* much better, thanks." 「気分はどうですか」「おかげさまでだいぶよくなりました」
❸ (触れると)…の感じがする

- *feel C* Cと感じられる
- *feel like A* 〈物が〉Aのような感触を持つ
- This coat *feels like* leather.
  このコートは革のような感触がする
❷ (…のように)思える(seem)
- *feel as if [though]...*
  …であるかのような気がする
- I *felt as if* my heart became empty.
  心がからっぽになってしまったような気がした
❹ (ある意見を)抱く
feel for A A〈人・事〉に同情する
feel free to do 自由に…する
- Please *feel free to* give your opinion.
  どうぞ遠慮なくご意見を述べてください
feel like doing …したい気がする
feel one's way 手探りで進む
— 名 ((the feel, a feel)) (物の)感触, 肌触り; 気配

feeling* /fíːliŋ フィーリング/
動 feelの現在分詞・動名詞
— 名 (複 **feelings** /フィーリングズ/)
❶ C ((…の))感じ, 心持ち((of...))
- *a feeling of* hunger 空腹感
❷ U 感覚; 触感, 触覚
❸ C ((feelings)) 感情, 気持ち, 気分
— 形 感じやすい; 思いやりのある

feet* /fíːt フィート/ 名 footの複数形

feint /féint フェイント/
名 C 見せかけ, ふり; 【スポーツ】フェイント
— 動 自【スポーツ】(…に)フェイントをかける
((at..., against...))

fell /fél フェル/ 動 fallの過去形

fellow /félou フェロウ/ 名 C
❶ ((ふつうfellows)) 仲間, 同僚; 同業者
❷ ((くだけて)) やつ; 男
❸ ((米)) 特別研究生[研究員]; ((ふつうFellow)) ((英)) (学会の)特別会員

fellowship /féloʊʃip フェロウシプ/ 名
❶ U 仲間であること; 交わり; 友情
❷ C (同業)組合, 会; 団体
❸ C 研究奨学金; 特別研究生[研究員]の地位

felt¹ /félt フェルト/ 動 feelの過去形・過去分詞

felt² /félt フェルト/ 名 U フェルト; C フェルト製品

female /fíːmeil フィーメイル/
形 女の, 女性の; (動物の)雌の; (植物の)めしべのある(⇔male)

feminine /fémənin フェマニン/ 形 女性の; 女らしい, 女性的な;【文法】女性の
  feminism 名 U 男女平等主義, 女性解放論, フェミニズム
  feminist 名 C 男女平等主義者, フェミニスト

fence /féns フェンス/
  名 C
  ❶ フェンス, 囲い, 柵, 垣根
  ❷ (俗) 盗品売買者
  — 動
  — 他 〈…に〉囲いをする, 〈…を〉囲む
  — 自 フェンシングをする

fencing /fénsiŋ フェンスィング/
  動 fence の現在分詞・動名詞
  — 名 U フェンシング, 剣術

fermentation /fə̀:rmentéiʃən ファーメンテイシャン/ 名 U 発酵(作用)

ferocious /fəróuʃəs ファロウシャス/ 形 どう猛な, 残忍な, 恐ろしい
  ferociously 副 残忍に;激しく
  ferocity 名 U どう猛さ, 残忍さ;C 残忍な行為

ferry /féri フェリ/
  名 C フェリー, 連絡船;フェリー発着所, 渡し場
  — 動 他 〈…を〉船で渡す;〈川などを〉船で渡る

ferryboat /féribòut フェリボウト/ 名 C フェリー, 連絡船

fertile /fə́:rtl ファートル | fə́:rtail ファータイル/ 形
  ❶〈土地が〉肥沃な
  ❷〈人・動植物が〉多産な, 繁殖力のある
  ❸〈人・心が〉創造力[想像力]豊かな
  fertility 名 U 肥沃, (作物の)多産;【生物】繁殖力;(想像力の)豊かさ
  fertilization 名 U 肥沃化;多産化;受精
  fertilizer 名 UC 肥料, 化学肥料

fervent /fə́:rvənt ファーヴァント/ 形 熱烈な, 熱意のある
  fervently 副 熱烈に, 熱心に

festival* /féstivəl フェスティヴァル/
  名 (複 **festivals** /féstivəlz フェスティヴァルズ/) C
  ❶ **祭り, 祝祭;祭日, 祝日**
  ・a school *festival* 学園祭
  ❷ (定期的な一連の)文化行事, 記念祭
  ・the Cannes film *festival* カンヌ映画祭
  festive 形 祝祭の;陽気な

— 名 C 女, 女性 (⇨woman);雌

fetch* /fétʃ フェチ/
  動 三単現 **fetches** /fétʃəz フェチズ/
  過去・過分 **fetched** /フェチト/
  現分 **fetching** /フェチング/
  — 他
  ❶〈…を〉**行って取ってくる;〈人を〉連れてくる**
  ・*fetch A B = fetch B for A*
  A(人)にB(物)を取ってくる
  ❷〈商品が〉(ある値で)売れる

feudal /fjú:dl フュードル/ 形 封建制度の;封建的な

fever* /fí:vər フィーヴァ/
  名 (複 **fevers** /fí:vərz フィーヴァズ/)
  ❶ CU **熱, 発熱;**U **熱病**
  ・I have a *fever*. 熱がある
  ❷ U (またa fever) **興奮, 熱狂, フィーバー**
  feverish 形 熱のある;熱狂的な, 興奮した
  feverishly 副 熱に浮かされて

few /fjú: フュー/
  形 比較 **fewer** /フューア/
  最上 **fewest** /フューアスト/
  ❶ ((a few + 複数名詞))((肯定的に))**2, 3の, 少しの, 少数の**(⇔many)
  ・He has *a few* friends.
  彼には友達が2, 3人いる
  ・*A few* students are absent today.
  きょうは数人の生徒が休んでいる
  ❷ ((few + 複数名詞))((否定的に))**ほとんどない, わずかの**
  ・He has *few* friends.
  彼には友達がほとんどいない
  ・a man of *few* words 口数の少ない男性
  ・*no fewer than A* A(数)もの
  ・*no fewer than* fifty people 50人もの人
  ・*not a few (A)* かなり多く(のA)
  ・*only a few (A)* ほんの少数(のA)
  ・*quite a few (A)* かなり多く(のA)
  ・*Quite a few* students in my class got flu last week. 先週クラスの多くの生徒たちがインフルエンザにかかった
  — 代 ((複数扱い))
  ❶ ((a few))((肯定的に))少数の人[物]
  ・*A few* of my friends can play the piano.
  ピアノが弾ける友達が2, 3人いる
  ❷ ((few))((否定的に))ほとんどない, ごく少数の人[物]
  ・*Few* of his friends can play the piano.
  彼にはピアノが弾ける友達がほとんどいない

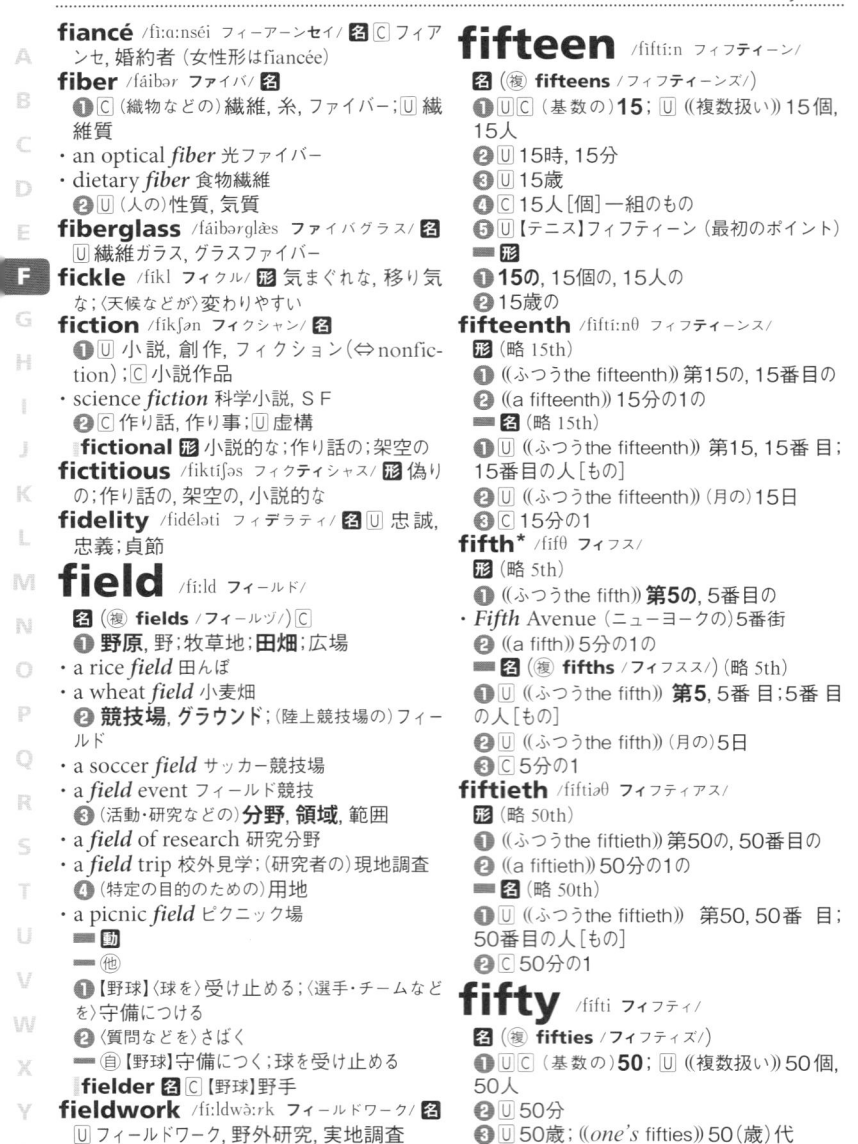

fiancé /fiːɑːnséi フィーアーンセイ/ 名 C フィアンセ, 婚約者 (女性形はfiancée)

fiber /fáibər ファイバ/ 名
❶ C (織物などの)繊維, 糸, ファイバー; U 繊維質
・an optical *fiber* 光ファイバー
・dietary *fiber* 食物繊維
❷ U (人の)性質, 気質

fiberglass /fáibərglæs ファイバグラス/ 名 U 繊維ガラス, グラスファイバー

fickle /fíkl フィクル/ 形 気まぐれな, 移り気な; 〈天候などが〉変わりやすい

fiction /fíkʃən フィクション/ 名
❶ U 小説, 創作, フィクション(⇔nonfiction); C 小説作品
・science *fiction* 科学小説, SF
❷ C 作り話, 作り事; U 虚構
fictional 形 小説的な; 作り話の; 架空の

fictitious /fiktíʃəs フィクティシャス/ 形 偽りの; 作り話の, 架空の, 小説的な

fidelity /fidéləti フィデラティ/ 名 U 忠誠, 忠義; 貞節

field /fiːld フィールド/

名 (複 **fields** /fiːldz フィールヅ/) C
❶ **野原, 野; 牧草地; 田畑**; 広場
・a rice *field* 田んぼ
・a wheat *field* 小麦畑
❷ **競技場, グラウンド**; (陸上競技場の)フィールド
・a soccer *field* サッカー競技場
・a *field* event フィールド競技
❸ (活動・研究などの)**分野, 領域**, 範囲
・a *field* of research 研究分野
・a *field* trip 校外見学; (研究者の)現地調査
❹ (特定の目的のための)用地
・a picnic *field* ピクニック場
— 動
— 他
❶ 【野球】〈球を〉受け止める; 〈選手・チームなどを〉守備につける
❷ 〈質問などを〉さばく
— 自 【野球】守備につく; 球を受け止める
fielder 名 C 【野球】野手

fieldwork /fíːldwəːrk フィールドワーク/ 名 U フィールドワーク, 野外研究, 実地調査

fierce /fíərs フィアス/ 形 荒々しい, どう猛な; 激しい, すさまじい
fiercely 副 荒々しく, 激しく; ひどく

fifteen /fiftíːn フィフティーン/

名 (複 **fifteens** /fiftíːnz フィフティーンズ/)
❶ U C (基数の)**15**; U ((複数扱い))15個, 15人
❷ U 15時, 15分
❸ U 15歳
❹ C 15人[個]一組のもの
❺ U 【テニス】フィフティーン(最初のポイント)
— 形
❶ 15の, 15個の, 15人の
❷ 15歳の

fifteenth /fiftíːnθ フィフティーンス/ 形 (略 15th)
❶ ((ふつうthe fifteenth)) 第15の, 15番目の
❷ ((a fifteenth)) 15分の1の
— 名 (略 15th)
❶ U ((ふつうthe fifteenth)) 第15, 15番目; 15番目の人[もの]
❷ U ((ふつうthe fifteenth)) (月の)15日
❸ C 15分の1

fifth* /fífθ フィフス/
形 (略 5th)
❶ ((ふつうthe fifth)) **第5の**, 5番目の
・*Fifth* Avenue (ニューヨークの)5番街
❷ ((a fifth)) 5分の1の
— 名 (複 **fifths** /fífθs フィフスス/) (略 5th)
❶ U ((ふつうthe fifth)) **第5**, 5番目; 5番目の人[もの]
❷ U ((ふつうthe fifth)) (月の)5日
❸ C 5分の1

fiftieth /fíftiəθ フィフティアス/ 形 (略 50th)
❶ ((ふつうthe fiftieth)) 第50の, 50番目の
❷ ((a fiftieth)) 50分の1の
— 名 (略 50th)
❶ U ((ふつうthe fiftieth)) 第50, 50番目; 50番目の人[もの]
❷ C 50分の1

fifty /fífti フィフティ/

名 (複 **fifties** /fíftiz フィフティズ/)
❶ U C (基数の)**50**; U ((複数扱い))50個, 50人
❷ U 50分
❸ U 50歳; ((*one's* fifties)) 50(歳)代
❹ ((the fifties)) (世紀の)50年代, 1950年代
❺ 50人[個]一組のもの

fig /fíɡ/ **フィグ/ 名**
❶ C【植物】いちじく;いちじくの木[実]
❷ ((a fig)) ((ふつう否定文で)) 少しの量, ごくわずか

fig. (略) *figurative*(ly) 比喩的な[に]; *figure*(s) 図

fight /fáit ファイト/

動 三単現 **fights** /ファイツ/
過去・過分 **fought** /フォート/
現分 **fighting** /ファイティング/
— 自
❶ (…と)**戦う** ((*with*..., *against*...)) ; (…のために)戦う ((*for*...))
・*fight with* an enemy 敵と戦う
・*fight for* freedom 自由のために戦う
❷ (…のことで)殴り合いのけんかをする;口論する ((*about*..., *over*...))
— 他
❶ 〈敵・病気など〉**戦う**
・*fight* a battle 戦いをする
・*fight* crime 犯罪と戦う
❷ 〈賞などを〉争って獲得する;〈進路を〉切り開く
・*fight one's* way 努力して進む
fight back 反撃する
fight it out 最後まで戦う
— **名** (複 **fights** /ファイツ/)
❶ C **戦い, 戦闘**;格闘, けんか, 殴り合い;【ボクシング】試合
・make a *fight* 一戦する
・win [lose] a *fight* 戦いに勝つ[負ける]
❷ U 闘志, ファイト
fighter 名 C 戦士, 闘士;戦闘機;ボクサー
fighting 名 U 戦い, 戦闘;格闘

figurative /fíɡjərətiv フィギャラティヴ/ **形**
比喩的な
figuratively 副 比喩的に

figure /fíɡjər フィギャ/

名 (複 **figures** /フィギャズ/) C
❶ (アラビア)**数字, 数**; ((figures)) 計算
・Arabic *figures* アラビア数字
❷ (人の)**姿**, 人影;体型, スタイル;人物
・a public *figure* 有名人
❸ 図, 挿し絵;図形, 模様
❹【スケート】フィギュア
・*figure* skating フィギュアスケート
❺ (数字で表された)金額, 価格, 数量
— **動** 他 (…であると)思う ((*that*節))
— 自 (…の)重要な位置を占める ((*in*...))
figure A out = figure out A
A (問題・疑問など)を理解[解決]する

filament /fíləmənt **フィラマント/ 名** C (電球・真空管の)フィラメント

file¹* /fáil ファイル/
名 (複 **files** /ファイルズ/) C
❶ **ファイル**;(整理・保存された)**書類, 資料, とじ込み**
・a *file* cabinet (書類の)整理用棚
❷【コンピュータ】ファイル
・open [close] a *file* ファイルを開く[閉じる]
on file ファイルに整理[記録]されて
— **動** 他
❶ 〈書類などを〉ファイルに入れる, 整理する
❷ 〈申請書類などを〉提出する;〈訴訟などを〉申し立てる

file² /fáil ファイル/
名 C やすり
— **動** 他 〈…を〉やすりでみがく

file³ /fáil ファイル/
名 C 縦列 (⇔rank)
— **動** 自 〈兵隊などが〉縦1列で進む

Filipino /fìlipí:nou フィリピーノウ/
形 フィリピンの
— **名** C フィリピン人

fill /fíl フィル/

動 三単現 **fills** /フィルズ/
過去・過分 **filled** /フィルド/
現分 **filling** /フィリング/
— 他
❶ 〈容器などを〉(…で)**満たす, いっぱいにする**;〈人などを〉〈感情で〉満たす ((*with*...))
・*fill* a bucket *with* water
バケツに水をいっぱい入れる
❷ 〈空間・時間を〉**満たす**, 埋める
・Thousands of fans *filled* the hall.
何千人ものファンが会場を埋め尽くした
❸ 〈穴・すき間などを〉埋める, ふさぐ;〈空席などを〉埋める
❹ 〈地位を〉占める
— 自 (…で)**満ちる, いっぱいになる** ((*with*...))
fill A in = fill in A

A（書類・空所など）に必要事項を記入する
- *Fill in* the missing words.
抜けている語を入れてください
fill A out = fill out A
A（書類など）に必要事項を記入する
fill A up = fill up A
A（容器・場所など）を満たす，ふさぐ
- 名 ((*one's* fill)) 十分；存分，ほしいだけの量

filler 名 ⓊⒸ 詰め物；Ⓒ 間に合わせ

fillet /fílit フィリト/
名 ⓊⒸ（魚・肉の）骨のない切り身；（特に牛の）ヒレ肉
— 他 〈魚・肉の〉骨を取り除く；〈魚・肉を〉切り身にする

filling /fíliŋ フィリング/
動 fill の現在分詞・動名詞
— 名
❶ ⓊⒸ（サンドイッチなどの）具，中身
❷ Ⓒ（歯の）充填（じゅうてん）材，詰め物
— 形 〈食べ物が〉満腹にさせる

film* /fílm フィルム/
名（複 **films** /フィルムズ/）
❶ Ⓒ ((主に英))映画（movie）
- make a documentary *film*
ドキュメンタリー映画を作る
❷ ⓊⒸ フィルム；Ⓤ 映像
❸ Ⓒ ((ふつう a film)) 薄い層，薄膜
— 動
— 他 〈映画などを〉撮影する；〈小説などを〉映画化する
— 自 映画を撮影をする

filmmaker /fílmmèikər フィルムメイカ/ 名
Ⓒ 映画製作者

filter /fíltər フィルタ/
名 Ⓒ
❶ ろ過器，ろ過装置
❷（カメラ・コンピュータの）フィルター
— 動
— 他 〈水などを〉ろ過する，こす；〈好ましくない物を〉取り除く ((*out*))
— 自
❶ 〈人の群れなどが〉ゆっくり進む[動く]
❷ 〈光・音などが〉もれる；〈うわさ・情報などが〉徐々に知れ渡る ((*out*, *through*))

filth /fílθ フィルス/ 名 Ⓤ 汚物，不潔なもの；下品な言葉［雑誌］
filthy 形 汚い，不潔な；下品な

fin /fín フィン/ 名 Ⓒ（魚などの）ひれ

final /fáinəl ファイナル/
形 ((比較なし))
❶ **最後の，最終の**（last）
- the *final* chapter 最終章
❷ **最終的な**；決定的な
— 名（複 **finals** /ファイナルズ/）Ⓒ
❶ **決勝戦**，最終ラウンド
- reach *the finals* 決勝に進出する
❷（(米)）期末試験；((finals))((英))（大学の）最終試験

finalist 名 Ⓒ 決勝戦出場者［選手］

finale /fináli フィナリ | fináːli フィナーリ/ 名
Ⓒ（曲の）終楽章；（演劇などの）最後の幕，締めくくり，フィナーレ

finally* /fáinəli ファイナリ/ 副
❶ **最後に**；最終的に
❷ **とうとう，ついに**

finance /fáinæns ファイナンス | fináens フィナンス/
名
❶ Ⓤ 財政，金融；財政学
❷ Ⓤ（…のための）資金 ((*for...*))
❸ Ⓒ ((finances)) 財源；財政状態
— 動 他 〈…に〉資金を供給する

financial /fənǽnʃəl ファナンシャル/ 形 財政上の；金銭的な；金融に関する
- be in *financial* difficulties
財政難に陥っている
- a *financial* institution 金融機関
financially 副 財政的に，財政上

find /fáind ファインド/
動 三単現 **finds** /ファインヅ/
過去・過分 **found** /ファウンド/
現分 **finding** /ファインディング/
— 他 〈…を〉**見つける**，探し出す
- *find* a job 仕事を見つける
- *Find* a partner. 相手を探してください
- Stand up and *find* another partner.
立ってほかのパートナーを探してください
- **find A B = find B for A**
A（人）にBを見つけてやる
- **find A (to be) C**
AがC（状態）であるのを見つける［のが分かる］
- I *found* the box empty.
箱がからっぽなのに気づいた
- **find that...** …であることが分かる
- I *found that* you don't like music.

あなたが音楽が嫌いなことが分かった
- ■ *find oneself in* [*at*] *A*
自分がAにいることに気づく
find A out = find out A A(人・物)を見つける; A(情報・理由など)を見いだす
find one's way (苦心して)たどり着く
━ 名 C 見つけること, 発見(物), 掘り出し物
- a lucky *find* 掘り出し物
finder 名 C 発見者; (カメラなどの)ファインダー
findings 名 発見物, 掘り出し物; (研究などの)成果, 結果

fine¹ /fáin ファイン/

形 副 比較 **finer** /ファイナ/
最上 **finest** /ファイナスト/

━ 形

❶ 〈物・事が〉**すばらしい, みごとな**; (品質の)優れた
- a *fine* view みごとな眺め
□ (Very) *fine.* (たいへん)よくできました

❷ 〈物・事が〉(人にとって)**結構だ**, 申し分ない(*for...*)
- "How about going out for lunch tomorrow?" "*Fine.*" 「あした昼を外に食べに行くっていうのはどうですか」「いいですね」

❸ **元気な**, 体の調子がよい
- "How are you?" "I'm just *fine*, thank you." 「ご機嫌いかがですか」「ありがとう, とても元気です」

❹ 晴れた, 晴天の
- It's *fine* today. きょうはよい天気だ

❺ 〈衣服が〉高級な; 〈人が〉洗練された

❻ 〈物が〉細かい, 微細な; きめの細かい

━ 副 立派に, みごとに, よく
finely 副 立派に; 非常に細かく; 精密に

fine² /fáin ファイン/
名 C 罰金
- speeding *fines* スピード違反の罰金
━ 動 他 〈人に〉罰金を科する

fine art /fáin ɑ́:rt ファイン アート/ 名
❶ ((the fine arts)) 美術, 芸術
❷ U 美術品, 芸術作品

finger /fíŋgər フィンガ/

名 (複 **fingers** /フィンガズ/) C
❶ (手の)**指**
- the index [first] *finger* 人さし指
- the middle [second] *finger* 中指
- the ring [little] *finger* 薬[小]指

❷ 指状の物; (計器などの)針; (手袋の)指
burn one's fingers
(余計な手出しをして)痛い目にあう
cross one's fingers = keep one's fingers crossed 幸運[成功]を祈る
point a [the] finger at *A*
A(人)を名指しで非難する
━ 動 他 〈…に〉指で触れる

fingernail /fíŋgərnèil フィンガネイル/ 名 C
(手の)指の爪

fingerprint /fíŋgərprint フィンガプリント/
名 C 指紋

fingertip /fíŋgərtip フィンガティプ/ 名 C 指先
have A at one's fingertips
Aをすぐに使える; Aをよく知っている

finish /fíniʃ フィニシュ/

動 三単現 **finishes** /フィニシズ/
過去・過分 **finished** /フィニシュト/
現分 **finishing** /フィニシング/

━ 他

❶ (…を)**終える, 済ます**(⇔ begin, start)
- *finish* one's homework 宿題を終える
- *finish* high school 高校を卒業する
□ *Finish* this by ten.
これを10時までに終えなさい
□ We'll *finish* this exercise next lesson.
この練習問題は次の授業でやりましょう
- ■ *finish doing* …し終える
- I *finished* writing a letter.
手紙を書き終えた

❷ 〈飲食物を〉食べ[飲み]終える, 平らげる

❸ 〈…を〉仕上げる, 完成する

━ 自

❶ **終わる, 済む**(⇔ begin, start)
□ Have you *finished*? 終わりましたか
□ (I'm afraid) it's time to *finish* now.
残念ですが終わりの時間になりました
□ The lesson doesn't *finish* till five past.
授業は5分過ぎまでです
□ We seem to have *finished* early.
どうやら早く終わったようですね

❷ (…番目で)ゴールする
finish A off = finish off A
A(仕事など)を終える; A(飲食物)を平らげる
finish A up = finish up A
A(仕事など)を終える; A(物・事)を仕上げる;

finite

A（飲食物）を平らげる
finish up with A A で締めくくる
finish with A A（物）を使い終える
― **名**
❶ C ((単数形で)) **終了**, 終結；ゴール
・the *finish* line 決勝線, ゴール（ライン）
・from start to *finish* 終始一貫して
❷ U|C 仕上げ, 完成, フィニッシュ
finished 形 し終わった；仕上がった

finite /fáinait ファイナイト/ 形 有限の, 限りある

Finland /fínlənd フィンランド/ 名 フィンランド（首都はヘルシンキ）

Finn /fín フィン/ 名 C フィンランド人

Finnish /fíniʃ フィニッシュ/ 名 C フィンランド人；U フィンランド語

fir /fə́:r ファー/ 名 C【植物】もみの木；U もみ材

fire /fáiər ファイア/

名 (複 **fires** /fáiərz/)
❶ U **火**, 炎；C（料理・暖房用の）火, たき火
・catch *fire* 火がつく, 燃え出す
・build [make] a *fire* 火を起こす
・put out a *fire* 火を消す
❷ C|U **火事**, 火災
・a forest *fire* 山火事
・a *fire* alarm 火災警報[報知器]
・a *fire* drill 消防訓練
・a *fire* extinguisher 消火器
・a *fire* station 消防署
・be on *fire* （火事で）燃えている
・A big *fire* broke out last night.
昨夜大火事があった
❸ U 激情, 情熱, 熱意
❹ U 発射, 発砲, 射撃；砲火
come under fire 非難[批判]される
set A on fire = set fire to A
A（物）に火をつける, 放火する
― **動**
― 他
❶〈銃砲などを〉発射する, 発砲する
❷〈人を〉解雇する, くびにする
― 自〈エンジンが〉点火する；(…めがけて)発砲する, 射撃する ((*at*..., *on*...))

firefighter /fáiərfàitər ファイアファイタ/ 名 C 消防士

firefly /fáiərflài ファイアフライ/ 名 C ほたる

fireman /fáiərmən ファイアマン/ 名 (複 **firemen** /fáiərmen/) C 消防士

fireplace /fáiərpleis ファイアプレイス/ 名 C （壁に作り付けの）暖炉

firewall /fáiərwɔ̀:l ファイアウォール/ 名 C 防火壁；【インターネット】ファイアウォール

firework /fáiərwə̀:rk ファイアワーク/ 名 C 花火；((fireworks)) 花火大会

firing /fáiəriŋ ファイアリング/
動 fire の現在分詞・動名詞
― 名
❶ U 発砲, 発射
❷ ((主に米)) U|C 解雇, 人員整理

firm¹* /fə́:rm ファーム/
形 副 比較 **firmer** /ファーマ/
  最上 **firmest** /ファーマスト/
― 形
❶〈物・足場などが〉**堅い**, しっかりした；(しっかり)**固定された**, ゆるぎない
❷〈主義・態度などが〉確固とした, 力強い
― 副 堅く, しっかりと (firmly)
stand firm
しっかり立つ；断固とした態度を示す
― 動
― 他 ⟨…を⟩固定する；堅くする
― 自〈物価などが〉安定する
firmly 副 堅く, 堅固として

firm² /fə́:rm ファーム/ 名 C （2 人以上の合資の）会社, 商会, 商店

first /fə́:rst ファースト/

形 ((ふつう the first)) (略 1st)
❶ **1の**, **第1番目の**；（時間的に）**最初の**, 初めの (⇔last¹)
・*the first* day of the week 週の初めの日
・*the first* train 始発列車
・the *first* floor ((米)) 1階, ((英)) 2階
・a *first* name
ファーストネーム, （姓に対する）名
❷ 一番の, トップの, 一等級の, 最も重要な
・win (*the*) *first* prize 1等賞を取る
・*first* class 第1等[級]；ファーストクラス
・*The first* thing you need to do is to pass the exam. 君がまずしなければいけないことは試験に受かることだ
first thing ((副詞的)) 何はさておき
for the first time 初めて
in the first place まず第一に
the first time ((副詞的)) 初めて；((接続詞的)) 初めて(…した時)

— 副
❶ 第一に, 最初に, 優先して
📖 *First* 最初に
❷ (順位が) **1位で**
・*first* in line 列の先頭で
・Safety *first*. ((標語)) 安全第一
❸ ((動詞の前に置いて)) 初めて
first and foremost 何よりも, 第一に
first of all 何よりも, まず第一に
📖 *First of all*, today ... まず, きょうは…
— 名 (複 **firsts** /ファースツ/) (略 1st)
❶ U ((ふつう the first)) 第1, 1番目; 1番目の人[もの]
❷ U ((ふつう the first)) (月の)1日, ついたち
・Today is May the *first*. きょうは5月1日だ
❸ ((人名のあとで the First)) 1世
・Elizabeth *the First* エリザベス1世
❹ C (競技などの)1位, 1着; 優勝者
❺ U [野球] 1塁ベース
❻ C ((ふつう the first)) 最初の人[もの]
at first 最初は, 初めは
from first to last 初めから終わりまで
from the (very) first 最初から
firstly 副 まず第一に

first-aid /fá:rstéid ファーステイド/ 形 応急の, 救急の

first-class /fá:rstklǽs ファースクラス/ 形 一流の; 一等の; (郵便物が)第1種の
— 副 (乗り物が)1等で; (郵便物が)第1種で

firsthand /fá:rsthǽnd ファーストハンド/ 形 〈品物・情報などが〉じかの, 直接に入手した

first-rate /fá:rstréit ファーストレイト/ 形 最高級の, 一流の; すばらしい

fiscal /fískəl フィスカル/ 形 財政(上)の, 会計の

fish /fíʃ フィシュ/

名 (複 **fish**, ((種類)) **fishes** /フィシィズ/)
❶ C **魚, 魚類**
・freshwater [saltwater] *fish* 淡水[海水]魚
❷ U 魚肉
・eat raw *fish* 刺身[生の魚]を食べる
like a fish out of water 勝手が違って, 場違いの
— 動
— 他 〈海・川などで〉**つりをする, 魚を捕る**
・*fish* a river [lake] 川[湖]でつりをする
— 自

❶ (…の)つりをする, 漁をする ((for...))
・go *fishing* in the river 川に魚つりに行く
❷ (物などを)探す; (情報などを)引き出す ((for...))

fishery 名 U 漁業, 水産業; C ((ふつう fisheries)) 漁場; 養魚場
fishing 名 U 魚つり; 漁業
fishy 形 魚のような, 魚くさい

fishbowl /fíʃbòul フィシュボウル/ 名 C 金魚鉢

fisherman /fíʃərmən フィシャマン/ 名 (複 **fishermen** /フィシャメン/) C 漁師; つり人

fist /físt フィスト/ 名 C にぎりこぶし, げんこつ

fit¹ /fít フィト/

比較 **fitter** /フィタ/
最上 **fittest** /フィタスト/
❶ (…に)**ぴったりの; 適当な, ふさわしい** ((for...))
・be *fit* for the purpose 目的にかなっている
❷ **元気な; 健康な**
・keep *oneself fit* 健康を保つ
— 動
三単現 **fits** /フィツ/
過去・過分 **fitted** /フィティド/
現分 **fitting** /フィティング/
— 自

❶ 〈物が〉(場所に)合う ((in..., into...)); 〈衣服が〉合う; 〈物・人が〉(スペースに)収まる
・This tie *fits* well.
このネクタイはぴったり合う
・These shoes don't *fit*.
この靴は(足のサイズに)合わない
❷ 〈物が〉(他の物と)調和する ((with...))
— 他
❶ 〈衣服を〉サイズに合わせる
❷ 〈物と物を〉調和させる ((together))
fit in 適合する; 溶け込む
— 名 U 適合性; 〈衣服などの〉合いぐあい
fitness 名 U 適性; 健康であること
fitted 形 (用途に)ぴったり合った

fit² /fít フィト/ 名 C 発作, けいれん
throw a fit ((くだけて)) かんしゃくを起こす

fitting /fítiŋ フィティング/
動 fit の現在分詞・動名詞
— 形 (…に)適切な ((for...))
— 名
❶ C (仮縫いの)試着, 寸法合わせ
❷ ((fittings)) ((英)) 建具類, 備品; (機械など

five

名 (複 **fives** /ファイヴズ/)

❶ [U][C] ((基数の))**5**；[U] ((複数扱い))5つ, 5個, 5人
- Two plus three is *five*. 2足す3は5

❷ [U] 5時, 5分
- It's *five* twenty now. 今5時20分です

❸ [U] 5歳

❹ [C] 5人[個]一組のもの

━━ **形**

❶ 5の, 5個の, 5人の

❷ 5歳の

fix /fíks フィクス/

動 三単現 **fixes** /フィクスィズ/
過去分 **fixed** /フィクスト/
現分 **fixing** /フィクスィング/

━━ (他)

❶ 〈…を〉**修理する**, 直す
- have *one's* car *fixed* 車を修理してもらう

❷ 〈価格・日時などを〉(…に)**決める**, 定める ((*at..., for...*))
- *fix* the price *at* ten dollars 価格を10ドルに決める

❸ 〈…を〉**固定する**, 取り付ける

❹ ((米))((くだけて))〈食事などを〉用意する, 作る

❺ 〈注意などを〉(…に)向ける ((*on...*))

━━ **名** [C]

❶ ((a fix)) 苦境, 困った状態

❷ ((くだけて))(その場での)修理；解決策

fixed **形** 固定した；確立した

fixtures /fíkstʃərz フィクスチャズ/ **名** [C] ((複数扱い)) 取り付け家具, 備品

FL ((米郵便)) *F*lorida フロリダ州

Fla. ((略)) *F*lorida フロリダ州

flag /flǽg フラグ/

名 (複 **flags** /フラグズ/) [C] **旗**；国旗；国家
- the national *flag* 国旗

keep the flag flying
降伏しない, 戦い続ける；信念を貫く

show the flag
自国の力を誇示する；旗幟(きし)を鮮明にする

━━ **動** (他) 〈…に〉旗を掲げる；〈本のページなどに〉目じるしを付ける

flagrant /fléigrənt フレイグラント/ **形** 〈うそなどが〉目にあまる, 極悪の

flagrantly **副** 目にあまるほど

flake /fléik フレイク/

名 [C] 薄片(はくへん), 破片；(雪などの)ひとひら

━━ **動** (自) 〈ペンキなどが〉はがれ落ちる

flamboyant /flæmbɔ́iənt フラムボイアント/ **形** 〈人・服装などが〉華やかな, きらびやかな

flame /fléim フレイム/

名

❶ [U][C] ((しばしば flames)) **炎**, 火 炎；[C] 情熱, 激情
- go up in *flames* 燃え上がる；焼失する

❷ [C] 【コンピュータ】怒り[中傷]のEメール

━━ **動** (自) 炎を上げて燃える, 燃えさかる

flamenco /fləméŋkou フラメンコウ/
名 [U][C] フラメンコ

flamingo /fləmíŋgou フラミンゴウ/ **名** (複 **flamingos**, **flamingoes** /フラミンゴウズ/) [C] 【鳥】フラミンゴ, ベニヅル

flap /flǽp フラプ/

動

━━ (自)

❶ 〈旗などが〉はためく；〈鳥が〉羽ばたく

❷ (…を)ピシャリとたたく ((*at...*))

━━ (他)〈旗などを〉はためかす；〈翼を〉羽ばたかせる

━━ **名** [C]

❶ 垂れ下がった物；(ポケットの)垂れぶた, (封筒の)折り返し, (飛行機の)フラップ

❷ ピシャリとたたくこと；(鳥の)羽ばたき

flare /fléər フレア/ **動** (自) ぱっと燃え上がる；〈人が〉かっとなる

flash /flǽʃ フラシュ/

名

❶ [C] (稲妻などの)きらめき, 閃光(せんこう)

❷ [C] (考えなどの)ひらめき

❸ [C] (ラジオ・テレビなどの)ニュース速報

❹ [C][U] 【写真】フラッシュ

in a flash 即座に, またたく間に

━━ **動**

━━ (自)

❶ 〈稲妻などが〉ぱっと光る

❷ 〈考えなどが〉ひらめく, ぱっと浮かぶ

❸ 〈乗り物などが〉あっという間に過ぎる ((*by, past*))

━━ (他) 〈光を〉ぱっと照らす, ひらめかす

flash back 〈心が〉突然過去に戻る

flashback /flǽʃbæk フラシュバク/ **名** [U][C] フラッシュバック, 回想シーン

flashlight /flǽʃlàit フラシュライト/ 名 C 《主に米》懐中電灯(《英》torch)

flashy /flǽʃi フラシ/ 形〈人が〉派手な；華やかな

flask /flǽsk フラスク/ 名 C (実験用の)フラスコ；(携帯用の)薄型小びん

flat¹ /flǽt フラト/

形 副 比較 **flatter** /フラタ/
最上 **flattest** /フラタスト/

━ 形

❶ 平らな；水平な
・a *flat* pancake 平らなパンケーキ
❷〈タイヤなどが〉**パンクした**, 空気が抜けた
❸〈人が〉ひれ伏して；〈建物などが〉ぺしゃんこになって
・lie *flat* on the floor 床(％)に横たわる
❹〈拒絶などが〉きっぱりした；露骨な
❺〈料金が〉均一の
❻〈声などが〉抑揚のない, 単調な；元気がない
❼【音楽】フラットの(音が半音下の)

━ 副

❶ 平らに；水平に；まっすぐに
❷ きっぱりと；はっきりと
fall flat ばったりと倒れる；失敗に終わる

━ 名 (複 **flats** /フラツ/) C

❶ 平らな面；平地
❷ パンクしたタイヤ(flat tire)
❸【音楽】フラット, 変音記号(♭)

flatly 副 きっぱりと；無表情に
flatten 動 他〈…を〉平らにする；ぺしゃんこにする

flat² /flǽt フラト/ 名 C 《英》フラット(同一階の数室から成る1世帯用住居)；アパート(《米》apartment)

flatter /flǽtər フラタ/ 動 他〈人を〉おだてる；〈写真などが〉〈…を〉実物以上に[美しく]見せる

flattered 形 喜んで, 光栄に思って
flattering 形 お世辞の；実物以上に[できる限り]よく見せる
flattery 名 U ご機嫌とり, お世辞を言うこと；C お世辞

flavor /fléivər フレイヴァ/
名
❶ C U 味, 風味；調味料, 香辛料
❷ C 趣, 味わい
━ 動 他〈飲食物に〉〈…で〉味を付ける, 風味を添える(*with...*))

flavored 形 風味を付けた；…風味の

flaw /flɔ́ː フロー/ 名 C 割れ目, ひび；(性格などの)欠点, 弱点；(文書などの)不備
flawed 形 傷のある, 欠点のある
flawless 形 欠点がない；完全な

flea /flíː フリー/ 名 C【昆虫】のみ
・a *flea* market のみの市, フリーマーケット

fled /fléd フレド/ 動 fleeの過去形・過去分詞

flee /flíː フリー/
動 三単現 **flees** /フリーズ/
過去過分 **fled** /フレド/
現分 **fleeing** /フリーイング/
━ 自 (危険などから)逃げる(*from...*))
━ 他〈人・場所から〉逃げる；〈国などを〉見捨てる

fleece /flíːs フリース/ 名 C (1度に刈り取った1頭分の)羊毛；U C フリース地の衣服

fleet /flíːt フリート/ 名 C 艦隊；船団；(飛行機などの)隊；(同一会社の)全船舶

fleeting /flíːtiŋ フリーティング/ 形 つかの間の；ほんの一瞬の

flesh* /fléʃ フレシュ/ 名 U
❶ (人・動物・果実などの)肉
・gain [lose] *flesh*
肉がつく[落ちる], 太る[やせる]
❷ ((the flesh))(精神・魂に対して)肉体(⇔ soul, spirit)
flesh and blood 生身の人間；肉親
in the flesh 実物で, 直接本人に
fleshy 形 肉付きのよい, 肥(²)えた

flew /flúː フルー/ 動 fly¹の過去形

flexible /fléksəbl フレクサブル/ 形
❶〈考え方などが〉柔軟(½²)な, 融通のきく
・a *flexible* plan 自由に変更可能な計画
❷〈物が〉曲げやすい；しなやかな
flexibly 副 柔軟に；しなやかに
flexibility 名 U 柔軟性, 融通性；曲げやすさ, しなやかさ

flier, flyer /fláiər フライア/ 名 C
❶ 広告ビラ, ちらし
❷ パイロット；(航空機の)旅客

flight¹* /fláit フライト/
名 (複 **flights** /フライツ/)
❶ C 定期航空便, フライト；飛行機旅行
・a *flight* attendant (旅客機の)客室乗務員
・book [cancel] a *flight*
フライトの予約[キャンセル]をする
・take a direct *flight* to Paris

flight

パリへの直行便に乗る
- Have a nice *flight*. よい空の旅を
❷ U 飛行; C 飛行距離
❸ C (鳥などの)群れ

flight² /fláit フライト/ 名 UC (…からの)逃走, 亡命; 脱出 ((*from*...))

fling /flíŋ フリング/
[動] 三単現 **flings** /フリングズ/
過去・過分 **flung** /フラング/
現分 **flinging** /フリンギング/
— 他 〈…を〉勢いよく投げる, 放り出す; 急に動かす

flip /flíp フリプ/
[動]
— 他 〈…を〉ひっくり返す ((*over*)); 〈…を〉(指などで)ピンとはじく
— 自 ひっくり返る ((*over*))
— 名 C 宙返り

float /flóut フロウト/
[動]
— 自
❶ (水面上に)浮かぶ (⇔ sink) ((*on*...)); (…を)漂う ((*along*...))
- *float* on water 水に浮かぶ
- *float* in the sky 空に浮かぶ
❷ 〈考えなどが〉ふと浮かぶ
— 他 〈船などを〉浮かべる; 〈水などが〉〈…を〉漂わせる
- *float* a boat ボートを浮かべる
— 名 C (つりの)浮き; 浮き袋; ((米)) フロート(アイスクリームを浮かべた飲み物)
floating 形 浮いて[漂って]いる; 流動的な, 変動する

flock /flák フラク/ 名 C (羊・やぎなどの)群れ ((*of*...))

flood /flʌ́d フラド/
名
❶ CU 洪水, 大水, 氾濫(はんらん)
- in *flood* 〈川などが〉氾濫して, 洪水になって
❷ C (人・物などの)氾濫, 殺到, 多量
- a *flood* of e-mail messages
殺到するメールメッセージ
— 動
— 他
❶ 〈川などを〉氾濫させる; 〈土地・家などを〉水浸しにする
- *flood* our school 学校を水浸しにする
- be *flooded* out (洪水で)避難する
❷ 〈人・光などが〉〈場所に〉あふれる

- **be *flooded* with** *A* Aでいっぱいである
— 自
❶ 氾濫する; 水浸しになる, 浸水する
❷ 〈人・光などが〉(…に)殺到する, あふれる ((*into*...))

floor /flɔ́:r フロー/
名 (複 **floors** /フローズ/) C
❶ (部屋などの)床(ゆか)
- sweep a *floor* 床を掃く
❷ (建物の)階
- the top *floor* 最上階
- the first *floor*
1階 (((英)) the ground floor)
- live on the fourth *floor* 4階に住む
- The elevator stops at every *floor*.
エレベーターは各階に止まります
— 動 他 〈人を〉やり込める; 床に打ち倒す
flooring 名 U 床板, 床材; 床張り

floppy /flápi フラピ/ 名 C 【コンピュータ】フロッピーディスク (floppy disk)

Florence /flɔ́:rəns フローランス/ 名 フィレンツェ, フローレンス (イタリア中部の都市)

Florida /flɔ́:ridə フローリダ/ 名 フロリダ (略 Fla., ((郵便)) FL; 米国南東端の州; 州都はタラハシー (Tallahassee))

florist /flɔ́:rist フローリスト/ 名 C 花屋

flour /fláuər フラウア/ 名 U 小麦粉

flourish /flɔ́:riʃ フラーリシュ/ 動 自
❶ 〈文明などが〉栄える, 繁栄する
❷ 〈動植物が〉よく成長する

flow /flóu フロウ/
[動] 三単現 **flows** /フロウズ/
過去・過分 **flowed** /フロウド/
現分 **flowing** /フロウイング/
— 自
❶ 〈液体などが〉**流れる**; 〈人・車などが〉流れるように進む; 〈言葉・考えなどが〉よどみなく出る
- The Thames *flows* through London.
テムズ川はロンドンを流れている
- conversation *flows* easily with *A*
Aとの会話がはずむ
❷ 〈潮が〉上がる, 満ちる (⇔ebb)
— 名
❶ UC 流れ, 流れるような動き
- the *flow* of air [water] 空気[水]の流れ
- a *flow* chart 作業工程, フローチャート
❷ ((the flow)) 上げ潮 (⇔ebb)

- the ebb and *flow* of the tide 潮の干満

flower /fláuər フラウア/

名 (複 **flowers** /フラウアズ/)
❶ C 花;草花
- a wild *flower* 野の花
- (a) *flower* arrangement 生け花(の1つ)
- water *flowers* 花に水をやる
- *Flowers* bloom in every season in Japan. 日本ではどの季節でも花が咲く
❷ U 開花;U ((the flower)) 最盛期
━━ 動 自 開花する,〈花が〉咲く;〈才能などが〉花開く

flowering /fláuəriŋ フラウアリング/
動 flowerの現在分詞・動名詞
━━ 形 花の咲いている
━━ 名 U 盛り;開花(期);全盛期

flowerpot /fláuərpàt フラウアポト/ 名 C 植木鉢

flown /flóun フロウン/ 動 fly¹の過去分詞

flu* /flú: フルー/ 名 U ((しばしばthe flu)) ((くだけて)) **インフルエンザ**,流感
- catch [get] (*the*) *flu* 流感にかかる

fluent* /flú:ənt フルーアント/
形 比較 **more fluent**
最上 **most fluent**
〈人が〉(外国語などに)**堪能(かんのう)な** ((*in...*));〈言葉・文体が〉**流ちょうな**,よどみのない
- be *fluent in* English 英語に堪能だ
fluency 名 U 流ちょうさ

fluently /flú:əntli フルーアントリ/ 副 流ちょうに
📖 You speak very *fluently*.
とても流ちょうに話しますね

fluid /flú:id フルーイド/
名 C U 流動体;【物理】流体
━━ 形 流動体の;変わりやすい,流動的な
fluidity 名 U 流動(性);変わりやすさ

flung /flʌ́ŋ フラング/ 動 flingの過去形・過去分詞

fluorescent /flɔːrésənt フローレサント/ 形 蛍光(けいこう)性の;蛍光色の

flush¹ /flʌ́ʃ フラシュ/
動
━━ 他
❶〈顔などを〉赤くさせる,紅潮(こうちょう)させる
❷〈トイレなどを〉洗浄する;〈…に〉ドッと水を流す
- *flush* a toilet トイレを洗い流す
━━ 自
❶ (恥ずかしさなどで)赤くなる,赤面する ((*with...*))
❷〈トイレなどが〉洗浄される;〈水が〉ドッと流れる
━━ 名
❶ C 赤面,(顔の)紅潮
❷ C ((ふつうa flush))〈水が〉ドッと流れること;水洗,洗浄

flush² /flʌ́ʃ フラシュ/ 名 C 【トランプ】フラッシュ (ポーカーなどで同種の札がそろうこと)

flute /flú:t フルート/ 名 C フルート,横笛

flutter /flʌ́tər フラタ/
動
━━ 自〈旗などが〉パタパタする;〈鳥が〉羽ばたきする
━━ 他〈旗などを〉パタパタ振る;〈鳥が〉〈翼を〉パタパタ打つ
━━ 名 C 羽ばたき;はためき

fly¹ /flái フライ/

動 三単現 **flies** /フライズ/
過去 **flew** /フルー/
過分 **flown** /フロウン/
現分 **flying** /フライイング/
━━ 自
❶〈鳥などが〉**飛ぶ**,飛行する;〈人が〉(…へ)飛行機で行く ((*to...*))
- *fly* high [low] 高く[低く]飛ぶ
- *fly from* Narita *to* New York
成田からニューヨークへ行く
❷〈旗・髪などが〉たなびく,はためく
❸〈時間が〉あっという間に過ぎる
- Time *flies*. ((ことわざ)) 光陰(こういん)矢のごとし
━━ 他
❶〈人・物を〉飛行機で運ぶ;〈飛行機を〉操縦する
- *fly* a passenger plane 旅客機を飛ばす
- *fly* fresh sea food to Tokyo
東京に新鮮な海の幸を空輸する
❷〈航空会社・座席クラスで〉飛ぶ
- *fly* economy class エコノミークラスで飛ぶ
❸〈凧(たこ)などを〉揚げる
***fly into* a rage [*temper*]** かっとなる
━━ 名 C
❶ 飛ぶこと,飛行;【野球】フライ (fly ball)
❷ (洋服・ズボンの)ボタン[ファスナー]隠し,ズボンの前チャック

fly² /flái フライ/ 名 C 【昆虫】はえ

flyer /fláiər フライア/ = flier

flying /fláiiŋ フライイング/
動 flyの現在分詞・動名詞
━━形 飛んでいる, 飛ぶことのできる；飛ぶように速い
・a *flying* fish 飛び魚
━━名 U 飛ぶこと, 飛行

FM ((略)) *f*requency *m*odulation ＦＭ放送 ⇨AM

foam* /fóum フォウム/
名 U 泡；泡状物質, (洗顔用などの)フォーム
━━動 自 〈ビールなどが〉泡立つ((up))；泡を吹く

focal /fóukəl フォウカル/ 形 焦点の
・a *focal* point 焦点；(事件などの)中心

focus* /fóukəs フォウカス/
名 (複 **focuses** /フォウカスィズ/, **foci** /フォウサイ/)
❶ C U (レンズの)**焦点, ピント**
・be in [out of] *focus* ピントが合っている[合っていない]
❷ U (関心などの)中心, 焦点
━━動
━━他
❶ 〈焦点を〉(…に)合わせる；〈注意などを〉(…に)集中する((on...))
❷ 〈光などを〉(一点に)集める((on...))
━━自
❶ (…に)注意を向ける, 集中する；(…に)焦点を合わせる((on...))
❷ 〈光などの〉焦点が合う

fog /fɔ́:g フォーグ/
名
❶ U C **霧, もや**
・a dense [thick] *fog* 濃霧
❷ C 当惑；あいまいさ
━━動
━━他
❶ 〈…を〉霧でおおう；〈…を〉曇らせる((up))
❷ 〈…を〉混乱させる；〈…を〉ぼやけさせる
━━自 霧で包まれる((up))；ぼんやりする
foggy 形 霧の深い；曇った；おぼろげな

foil /fɔ́il フォイル/ 名 U ホイル, 金属の薄片

fold /fóuld フォウルド/

動 三単現 **folds** /フォウルヅ/
過去・過分 **folded** /フォウルディド/
現分 **folding** /フォウルディング/
━━他
❶ 〈紙などを〉**折りたたむ, 折り重ねる**
・*fold* a paper in half 紙を半分に折る
❷ 〈腕などを〉組む
・*fold one's* arms 腕を組む
❸ 〈…を〉包む((up))
━━自
❶ 〈道具などが〉折りたためる, 折り重なる
・*fold* an umbrella かさを折りたたむ
❷ 体を折り曲げる((up))
━━名 C 折り目；((ふつうfolds))(衣服などの)ひだ
folding 形 折りたたみ用の, 折り重ねの

folder /fóuldər フォウルダ/ 名 C
❶ フォルダー, 紙ばさみ
❷ 【コンピュータ】フォルダ

folk* /fóuk フォウク/
名 (複 **folks** /フォウクス/) C
❶ ((folks))((主に米))((くだけて))(一般の)**人々** (=people)；(呼びかけで)皆さん
・rich *folks* 金持ちたち
❷ ((folks))((主に米)) 家族, (特に)両親；親族
❸ ((形容詞的に)) 民衆の；民俗的な
・a *folk* dance フォークダンス, 民俗舞踊
・a *folk* song 民謡；フォークソング
・a *folk* tale 民話, 伝説

folklore /fóuklɔ:r フォウクロー/ 名 U 民間伝承, フォークロア；民俗学

follow /fálou ファロウ/

動 三単現 **follows** /ファロウズ/
過去・過分 **followed** /ファロウド/
現分 **following** /ファロウイング/
━━他
❶ 〈人などの〉**あとに付いて行く；**〈人と〉いっしょに(場所に)行く((to...))
・My young brother always *follows* me.
弟はいつも私についてくる
❷ (指導者・命令・規則などに)**従う**
・*follow* a leader リーダーに従う
❸ (時間・順序で)〈…に〉**続く, 次いで起こる；**〈人の〉あとを継ぐ
・The program *follows* the weather forecast. その番組は天気予報のあとだ
❹ 〈道などを〉たどる, 〈…に〉沿って行く
❺ 〈話・議論などを〉理解する；〈経過を〉見守る((up))
📖 Do you *follow* me? 分かりますか
━━自

foolproof

❶ (人などの)**あとに付いて行く**；(人と)いっしょに行く
- Please *follow* me.
  私のあとをついてきてください

❷ (時間・順序で)**次にくる**, **あとに続く**；〈事柄が〉(…に)引き続いて起こる
- Nobody knows what may *follow*.
  次に何が起こるか誰にも分からない

❸ 理解する

❹ ((次の用法で))
- *it follows that...* 当然…ということになる
as follows 次のとおり
follow after A A(目的など)を追い求める
follow A through = follow through A Aを最後までやり通す
follow A up = follow up A Aを追跡する, 徹底的に調査する

follower /fálouər ファロウア/ 名 ⓒ
❶ (思想などの)信奉者, 支持者
❷ 模倣者；追跡者
❸ (スポーツチームなどの)熱心なファン

following* /fálouiŋ ファロウイング/
動 follow の現在分詞・動名詞
― 形 ((比較なし))
❶ ((the following)) 次の, 以下の, 下記の
- *the following* day 翌日
❷ 追い風の, 順風の
― 名 ⓒ ((the following)) ((単数・複数扱い))
次に述べる物[人]
- Please refer to *the following* for details.
  詳細については以下をご参照ください
― 前 …のあとに(after)；…に続いて

follow-up /fálouʌ̀p ファロウアプ/ 名
❶ Ⓤ Ⓒ 追跡記事, 続報；ⓒ (映画・本などの)続編 ((*to*...))
❷ Ⓤ Ⓒ 追跡調査
― 形 引き続きの；追跡調査の

folly /fáli ファリ/ 名 Ⓤ 愚かさ；ⓒ 愚行, 愚かなこと

fond /fánd ファンド/

形 [比較] **fonder** /fándə ファンダ/
[最上] **fondest** /fándəst ファンダスト/
❶ ((次の用法で))
- *be fond of A* Aが好きだ
- I'*m fond of* baseball. 私は野球が好きだ
❷ 愛情の込もった

fondly 副 愛情を込めて, かわいがって

font /fánt ファント/ 名 ⓒ 【コンピュータ】フォント, 書体

food /fú:d フード/

名 ((複) **foods** /fú:dz フーヅ/)
❶ Ⓤ **食べ物**, **食料**；ⓒ (個々の)**食品**, 料理
- Japanese *food* 日本食
- fast *food* ファーストフード
- *food* and drink 飲食物
- *food* poisoning 食中毒
- The restaurant serves good *food*.
  そのレストランはおいしい食べ物を出す
❷ Ⓤ Ⓒ (動物の)飼料；(植物の)肥料
❸ Ⓤ (心などの)糧, もと ((*for*...))

fool /fú:l フール/

名 ((複) **fools** /fú:lz フールズ/) ⓒ
❶ ばか者, まぬけ
- Don't be a *fool*. ばかなことを言うな
- He was a *fool* to believe her words.
  彼は愚かにも彼女の言葉を信じた
❷ 道化師
be no [nobody's] fool 抜け目がない
make a fool of A A(人)をからかう
make a fool of oneself
ばかなまねをする, 笑い者になる
play [act] the fool
道化役をする；ばかなまねをする
― 動
― 他 〈人を〉ばかにする, だます
- You can't *fool* me!
  お前にはだまされないぞ
- *fool A into doing*
  A(人)をだまして…させる
― 自
❶ ばかなまねをする, 冗談を言う
- No *fooling*! 冗談じゃない
❷ (物を)いじくる ((*with*...))

foolish /fú:liʃ フーリシュ/ 形 愚かな, ばかな, ばかげた
- *It is foolish of* you *to* do so.
  そんなことをするなんて君はばかだ
foolishly 副 ばかみたいに；愚かにも
foolishness 名 Ⓤ 愚かさ, 愚行

foolproof /fú:lprù:f フールプルーフ/ 形 〈機械などが〉誰でも扱える, ごく簡単な
- a *foolproof* camera
  使い捨てカメラ, 全自動カメラ

foot /fút フト/

名 (複 feet /フィート/)
① C 足 (くるぶしから下の部分)
・raise *one's* feet 足を上げる
② C フィート (12インチ; 30.48cm)
③ U C 足どり, 歩み
・on *foot* 歩いて
④ C (形状が)足に似たもの;(物の)足部;((ふつう the foot))最下部;(山の)ふもと
・*the foot* of a chair いすの足

get* [*have*] *cold feet ((くだけて))(…に)おじけづく, ためらう((*about...*))
off one's feet 座って, 横になって
on one's feet 立って, 立ち上がって;病気から回復して;(経済的に)独立して
put one's foot down 足を踏みしめて立つ;断固たる態度を取る;車を加速する
put one's foot in it [*one's mouth*] 失言する, どじを踏む
set foot on [*upon, in*] *A* A(土地)に足を踏み入れる
stand on one's own feet 独立[自活]している;自給自足する

football /fútbɔːl フトボール/ **名**
① U ((米))アメリカンフットボール;((英))(特に)サッカー (soccer);ラグビー (rugby)
② C (フットボール用の)ボール

footballer /fútbɔːlər フトボーラ/ **名** C ((米))アメリカンフットボールの選手;((英))サッカー選手, ラグビー選手

footer /fútər フタ/ **名** C 【コンピュータ】フッタ(文書のページ下のページ数など)

foothold /fúthòuld フトホウルド/ **名** C
① 足場, 足がかり
② ((ふつう a foothold))(成功のための)基盤

footing /fútiŋ フティング/
① U ((*one's* footing))足元, 足場
② ((a footing))基盤, 土台;地位

footlights /fútlàits フトライツ/ **名** ((複数扱い))脚光, フットライト

footnote /fútnòut フトノウト/ **名** C (ページ下段の)脚注

footprint /fútprìnt フトプリント/ **名** C 足跡

footstep /fútstèp フトステプ/ **名** C 足どり;足音;階段

footwear /fútwèər フトウェア/ **名** U 履き物

footwork /fútwɜːrk フトワーク/ **名** U 足さばき

for /fər ファ; ((強)) fɔːr フォー/

前
① ((利益))…のために
・What can I do *for* you?
(店員が)何かお探しですか
・I have a present *for* you.
あなたにプレゼントがあります
② ((目的・追求))…するために, …を求めて
・go *for* a walk 散歩に出かける
・I sing *for* pleasure. 楽しみのために歌う
・He called *for* help.
彼は大声で助けを求めた
③ ((用途))…用の, …に適した
・movies *for* children 子ども向け映画
・the best season *for* sports
スポーツに最も適した季節
④ ((理由・原因))…のために, …の理由で;…の結果として;…に対する
・a country famous *for* its wines
ワインで有名な国
・Thank you *for* your kindness.
ご親切に感謝します
⑤ ((時間・期間))…の間(ずっと);((距離))…(の長さ)を
・sleep *for* three hours 3時間眠る
・stay *for* a month 1か月間滞在する
⑥ ((方向))…に向かう;…行きの;…あての
・a train (bound) *for* Chicago
シカゴ行きの列車
・leave *for* Boston ボストンに向けて出発する
・a letter *for* you 君あての手紙
⑦ ((賛成・支持))…に賛成で;…を支持して (⇔against)
・Are you *for* the plan or against it?
計画に賛成ですか, それとも反対ですか
⑧ ((代用・代理))…の代わりに
・Please mail this letter *for* me.
私の代わりにこの手紙を出してください
⑨ ((関心・対象))…に対して
・have an eye *for* *A*
A(美術など)を見る目がある
・have a taste *for* *A* Aが好きだ
⑩ ((比較・基準))…としては, …の割には
・He looks old *for* his age.
彼は年の割に老けて見える
・It is unusually hot *for* January.
1月にしては異常に暖かい

forcible

- ⓫《報酬・交換》…と引き換えに
- (an) eye *for* (an) eye 〖聖書〗目には目を
- exchange this dish *for* a clean one
  この皿をきれいなものと交換する
- I bought this *for* 1,000 yen. = I paid 1,000 yen *for* this. これを千円で買った
- ⓬《関連》…については, …の点では
- *for* my part = as *for* me
  (人はともかく)私に関しては
- 📖 That's all *for* today's lesson.
  きょうの授業はここまで
- ⓭《特性》…として
- take it *for* granted that...
  …を当然のことと思う
- They took her *for* an actress.
  彼らは彼女が女優だと思った
- ⓮《不定詞の意味上の主語を示して》…が, …は, …にとって
- It is difficult *for* me to use chopsticks.
  箸(はし)を使うことは私には難しい

as for *A* A についてはどちらかと言えば, A に関する限りでは
but for *A* A がなかったら
for all *A* A(事)にもかかわらず
if it had not been for *A*
《過去の事実に反する仮定》(あの時) A がなかったならば

- If it had not been *for* his advice, I would have failed.
  彼の助言がなかったら失敗していただろう

if it were not for *A* 《現在の事実に反する仮定》(現在) A がないならば

- If it were not *for* music, my life would be meaningless.
  音楽がなかったらぼくの人生は無意味だろう

■ 接《理由》なぜかというと…だから
- The meeting was canceled, *for* it snowed a lot. 大雪のため会議は中止となった

forbad /fərbǽd ファバド/ 動 forbid の過去形

forbade /fərbéid ファベイド/ 動 forbid の過去形

forbid* /fərbíd ファビド/
動 三単現 **forbids** /ファビヅ/
過去 **forbade** /ファベイド/,
forbad /ファバド/
過分 **forbidden** /ファビドン/
現分 **forbidding** /ファビディング/

━ 他 〈…を〉**禁じる**

- *forbid* *A* *B* A(人)に B(事)を禁じる
- *forbid* *A* *to do* = *forbid* *A* *from doing*
  A(人)が…するのを禁じる
- I *forbid* you *to* use my computer.
  君が私のコンピュータを使うことを禁止します

forbidden /fərbídn ファビドン/
動 forbid の過去分詞
━ 形 禁じられた, 禁制の

force /fɔːrs フォース/

名 (複 **forces** /フォースィズ/)
❶ⓊⒸ **力**, 強さ, 勢い; 体力, 腕力; 暴力
- the *forces* of nature 自然の力
❷ⓊⒸ 影響力; 説得力
- the powerful *force* of the media
  メディアの大きな影響力
❸Ⓒ 集団, 団体; ((the forces)) 軍隊
- the work *force* 労働力
- the armed *forces* 軍隊
❹Ⓤ (法律などの)効力, 施行

by force 力ずくで
by (the) force of *A* A の力で, A によって
come into force 〈法律が〉施行される
in force 〈法律などが〉有効で, 施行中で

━ 動
三単現 **forces** /フォースィズ/
過去・過分 **forced** /フォースト/
現分 **forcing** /フォースィング/

━ 他
❶ 〈考えなどを〉〈人に〉**押しつける**《*on...*》; 〈約束などを〉〈人に〉**強要する**; 〈物を〉(…から)むりに奪い取る《*from...*》
- *force* *A* *to do* = *force* *A* *into doing* A(人)に…することを強制する, むりやり…させる
- *force oneself to do* …せざるをえない
❷ 〈ドア・金庫などを〉こじ開ける
❸ 〈力などを〉むりに作り出す, 絞り出す《*out*》
- *force* a smile 作り笑いをする

force *A* **back** = **force back** *A*
A(感情など)をぐっと抑える
force *A* **down** = **force down** *A*
A(人)を押さえつける; A(感情など)を抑える

forced 形 強制された; こじつけの
forceful 形 力強い; 〈言葉などが〉説得力がある
forcefully 副 力強く
forcefulness 名Ⓤ 力強さ

forcible /fɔ́ːrsəbl フォーサブル/ 形 力づくの, 強制的な

forcibly /副/ 力ずくで, 強制的に

fore /fɔːr フォー/
形 前に位置している; (乗り物などの)前部の
━ 名 ((次の成句で))
to the fore 前方に; 目立つ場所に
・come ***to the fore*** 〈人が〉指導的地位に立つ; 〈問題などが〉表面化する

forearm /fɔ́ːràːrm フォーアーム/ 名 C 前腕

forecast* /fɔ́ːrkæst フォーキャスト/
動 三単現 **forecasts** /フォーキャスツ/
過去・過分 **forecast**
　　　　　forecasted /フォーキャスティド/
現分 **forecasting** /フォーキャスティング/
━ 他 〈天気などを〉予報する; 〈…を〉予測する
━ 名 (複 **forecasts** /フォーキャスツ/) C
予報; (…という)予測 ((*that* 節))
・What is the weather *forecast* for tomorrow? あしたの天気予報はどうですか

forefinger /fɔ́ːrfiŋɡər フォーフィンガ/ 名 C
人さし指 (index finger)

forehand /fɔ́ːrhænd フォーハンド/
形 (テニスなどで)フォアハンドの
━ 名 C (テニスなどの)フォアハンド(ストローク)

forehead* /fɔ́ːrhèd フォーヘド/
名 (複 **foreheads** /フォーヘッズ/) C
額(ひたい), おでこ; (物の)前部

foreign /fɔ́ːrən フォーラン/
形 ((比較なし))
❶ **外国の; 外国人の**
・go to a *foreign* country 外国へ行く
・speak a *foreign* language 外国語を話す
❷ 対外的な, 外国との
・*foreign* policy 外交政策
・*foreign* affairs 外交問題
・the *Foreign* Minister 外務大臣
❸ ((改まって)) 異質の; (…と)無関係の ((*to...*))

foreigner
/fɔ́ːrənər フォーラナ | fɔ́rənər フォラナ/
名 (複 **foreigners** /フォーラナズ/) C **外国人**
・Many *foreigners* want to visit Kyoto.
外国人の多くは京都に行きたがる

foremost /fɔ́ːrmòust フォーモウスト/
形 一流の, 主要な; 真っ先の
━ 副 真っ先に, 第一に

forerunner /fɔ́ːrrʌ̀nər フォーラナ/ 名 C 先駆者; 前兆

foresaw /fɔːrsɔ́ː フォーソー/ 動 foresee の過去形

foresee* /fɔːrsíː フォースィー/
動 三単現 **foresees** /フォースィーズ/
過去 **foresaw** /フォーソー/
過分 **foreseen** /フォースィーン/
現分 **foreseeing** /フォースィーイング/
━ 他 〈…を〉予知する, 予見する
foreseeable 形 予知[予測]できる

foreseen /fɔːrsíːn フォースィーン/ 動 foresee の過去分詞

foresight /fɔ́ːrsàit フォーサイト/ 名 U 先見の明; 将来への見通し

forest /fɔ́ːrəst フォーラスト/
名 (複 **forests** /フォーラスツ/) U C
森, 森林(地帯), 山林
・a *forest* fire 山火事
・a *forest* of A 林立するA
forestry 名 U 林学; 林業

forever*, for ever /fərévər ファレヴァ/
副 ((比較なし))
❶ **永遠に, 永久に**; ((くだけて)) 長い間, 長々と
・The speech seemed to last *forever*.
そのスピーチは延々と続きそうだった
❷ ((進行形と共に用いて)) 絶えず, いつも
・She's *forever* complain*ing*.
彼女はいつも文句を言っている

foreword /fɔ́ːrwə̀ːrd フォーワード/ 名 C はしがき, 序文, 前書き

forgave /fərɡéiv ファゲイヴ/ 動 forgive の過去形

forge¹ /fɔ́ːrdʒ フォーヂ/
名 C (鍛冶(かじ)場の)炉; 鍛冶屋, 鉄工場
━ 動 他
❶ 〈鉄などを〉鍛える
❷ 〈書類・貨幣などを〉偽造する; 〈作品の〉贋作(がんさく)を作る
・a *forged* passport 偽造パスポート
❸ 〈関係などを〉強化する, 打ち立てる

forge² /fɔ́ːrdʒ フォーヂ/ 動 自 ((次の成句で))
forge ahead
急速に前進する; 力を付ける; 押し進める

forgery /fɔ́ːrdʒəri フォーヂャリ/ 名
❶ U (貨幣などの)偽造(罪)
❷ C (美術品・文書などの)偽造物

forget /fərgét ファゲト/

動 三単現 **forgets** /ファゲツ/
過去 **forgot** /ファガト/
過分 **forgotten** /ファガトン/, ((主に米)) **forgot** /ファガト/
現分 **forgetting** /ファゲティング/

— 他 ❶ 〈…を〉**忘れる**(⇔ remember)；思い出せない
- *forget that...* …ということを忘れる
- I *forgot that* I had a dentist's appointment. 歯医者の予約があるのを忘れていた
- *forget to do* …するのを忘れる
- Don't *forget to* email me.
  私にEメールを送るのを忘れないでね
- 📖 Don't *forget to* bring your report tomorrow.
  あしたレポートを忘れないようにしてください
- *forget doing* …したのを忘れる
- I won't *forget* meeting you.
  ぼくは君に会ったことを忘れないよ

❷〈…を〉**置き忘れる**, 持ってくるのを忘れる
- I did my homework but *forgot* it.
  宿題をやったが忘れてきてしまった

— 自 〈…を〉**忘れる**((*about...*))
- I totally *forgot about* the book report!
  読書感想文のことをすっかり忘れていた

forgetful 形 忘れっぽい
forgetfulness 名 U 物忘れしやすいこと

forgive* /fərgív ファギヴ/

動 三単現 **forgives** /ファギヴズ/
過去 **forgave** /ファゲイヴ/
過分 **forgiven** /ファギヴン/
現分 **forgiving** /ファギヴィング/

— 他 〈人・罪などを〉**許す**
- Please *forgive* me if I am wrong.
  間違っていたら許してください
- *forgive A for B*
  A(人)のBを許す；A(人)がBしたことを許す
- *Forgive* me *for* calling you late at night.
  夜分遅くに電話をしてごめんなさい

— 自 **許す**

forgiveness 名 U 許すこと；寛大さ
forgiving 形 寛大な；とがめ立てしない

forgiven /fərgívn ファギヴン/ 動 forgive の過去分詞

forgot /fərgát ファガト/ 動 forget の過去形・過去分詞

forgotten /fərgátn ファガトン/ 動 forget の過去分詞

fork /fɔ́:rk フォーク/

名 (複 **forks** /フォークス/) C
❶ (食事用の)**フォーク**；熊手
❷ (道路・川などの)**分かれ目**, 分岐点

— 動
— 他 〈…を〉熊手[フォーク]で持ち上げる, 運ぶ
— 自 〈川・道などが〉分岐する

form /fɔ́:rm フォーム/

名 (複 **forms** /フォームズ/)
❶ C U **形**, 格好, 姿；U (運動選手の)フォーム
- That tree has the *form* of a man.
  あの木は人の形をしている

❷ C **形式**, 型；**形態**；表現形式
- express *one's* thanks in some *form*
  何らかの形で感謝の気持ちを示す
- get the information in electronic *form*
  電子版の情報を得る

❸ C **書式**；(書き込み)用紙
- fill in an application *form*
  申込用紙に記入する

— 動
三単現 **forms** /フォームズ/
過去・過分 **formed** /フォームド/
現分 **forming** /フォーミング/

— 他 〈…を〉**形成する**；〈…を〉組織する, 結成する；〈習慣などを〉身につける
- We *formed* a circle around the girl.
  私たちはその女子の周りに円を作った
- 📖 I want you to *form* groups.
  グループを作ってください
- *form* good habits よい習慣を身につける

— 自 〈物が〉**形づくる**, 形を成す

formal /fɔ́:rməl フォーマル/ 形

❶ **正式の**, 公式の
- *formal* dress 正装

❷〈人・態度が〉形式ばった, 〈言葉・語法が〉形式ばった, 堅い

formality 名 C 儀式, 形式的な手続き；U 形式ばること
formally 副 正式に

format /fɔ́:rmæt フォーマト/

名 C
❶ (書籍などの)**体裁**, 型
❷【コンピュータ】**フォーマット**

formation

- **動 他**
  ❶【コンピュータ】〈ディスクなどを〉〈データを書き込めるように〉フォーマット化する
  ❷〈書籍などの〉体裁を整える

formation /fɔːrméiʃən フォーメイシャン/ **名**
❶ U 形成, 構成
❷ U C (軍隊などの)隊形;(サッカーなどの)フォーメーション

former /fɔ́ːrmər フォーマ/ **形**
❶ 前の, 昔の;以前の
- the *former* Prime Minister 元首相
❷ ((the former))(二者のうち)前者の;((代名詞的))前者(⇔ the latter)
- The *former* was better than the latter. 前者の方が後者よりよかった

formerly 副 昔は, 以前は, もとは

formidable /fɔ́ːrmidəbl フォーミダブル/ **形**
〈人などが〉恐るべき;〈敵・問題などが〉手に負えそうもない;〈人が〉非常に優れた

formula /fɔ́ːrmjələ フォーミャラ/ **名** (複 **formulae** /フォーミャリー/, **formulas** /フォーミャラズ/)
❶【数学】公式, 式
❷ (薬の)処方;(料理の)調理法
❸ (レーシングカーの)フォーミュラ (略 F)

formulate /fɔ́ːrmjulèit フォーミュレイト/ **動**
他〈…を〉系統立てて述べる;〈…を〉公式で表す;〈…を〉考案する

formulation 名 U 公式[定式]化;C 明確な記述

fort /fɔːrt フォート/ **名** C とりで, 要塞

forte¹ /fɔːrt フォート/ **名** C ((単数形で)) 得意, 得手

forte² /fɔ́ːrtei フォーテイ/
形【音楽】フォルテの, 強音の (略 f)
- **副**【音楽】フォルテで, 強音に

forth /fɔːrθ フォース/ **副**
❶ (位置的に)前へ, 先へ;外へ
❷ (時間的に)以後, 以降
- from that day *forth* その日以降
- ***and so forth*** など(and so on)
- ***back and forth*** 前後に;あちこちに

forthcoming /fɔ́ːrθkʌ̀miŋ フォースカミング/ **形** 来るべき, 今度の;〈人が〉進んで語る

forthright /fɔ́ːrθràit フォースライト/ **形** 率直な, ずばり物を言う

fortieth /fɔ́ːrtiəθ フォーティアス/
形 (略 40th)
❶ ((ふつう the fortieth)) 第40の, 40番目の

❷ ((a fortieth)) 40分の1の
- **名** (略 40th)
❶ U ((ふつう the fortieth)) 第40, 40番目;40番目の人[もの]
❷ C 40分の1

fortnight /fɔ́ːrtnàit フォートナイト/ **名** C ((単数形で))(英))2週間

fortress /fɔ́ːrtrəs フォートラス/ **名** C 要塞;要塞都市;堅固な場所

fortunate /fɔ́ːrtʃənət フォーチャナト/ **形** 幸運な, 運のよい(⇔ unfortunate)
- a *fortunate* person 幸運な人
- I am *fortunate* to have a friend like you. あなたのような友人を持って私は幸運だ

fortunately 副 幸運にも, 運よく

fortune* /fɔ́ːrtʃən フォーチャン/
名 (複 **fortunes** /フォーチャンズ/)
❶ U 運, 幸運;U C 運命, 運勢
❷ U 富;C 財産, 大金
- make a *fortune* 富を成す
- spend a *fortune* 大金を使う

fortuneteller /fɔ́ːrtʃəntèlər フォーチャンテラ/ **名** C 占い師, 易者

forty /fɔ́ːrti フォーティ/

名 (複 **forties** /フォーティズ/)
❶ U C (基数の)**40**;U ((複数扱い)) 40個, 40人
❷ U 40分
❸ U 40歳;((one's forties)) 40(歳)代
❹ U【テニス】フォーティー (3度目のポイント)
❺ ((the forties)) (世紀の)40年代, 1940年代
- **形**
❶ **40の**, 40個の, 40人の
❷ 40歳の

forum /fɔ́ːrəm フォーラム/ **名** (複 **forums** /フォーラムズ/, **fora** /フォーラ/) C フォーラム, 討論会, 討論の場

forward /fɔ́ːrwərd フォーワド/

副 ((ふつう比較なし))
❶ ((場所))**前方へ, 先へ**(⇔ backward)
- go *forward* 前進する
- step *forward* 一歩前へ出る
- lean *forward* 前に傾く, 身を乗り出す
❷ ((時間)) **今後, 将来に向かって**;早めて, 進めて
- look *forward* 将来を考える

- from this time *forward* 今後
  look forward to A
  Aを楽しみに待つ, Aを期待する
  look forward to *doing*
  …するのを楽しみに待つ
- I'm *looking forward to seeing* you soon.
  近くお会いできるのを楽しみにしています
  ■形
  　比較 **more forward**,
  　　　((時に)) **forwarder**
  　最上 **most forward**,
  　　　((時に)) **forwardest**
  ❶ **((比較なし))前方への, 前方の,** 前部の;【スポーツ】フォワードの, 前衛の
  ❷ 進んだ, 進歩した;〈人が〉でしゃばりの
  ■名 (複 **forwards** /フォーワヅ/) C
  【スポーツ】フォワード, 前衛
  ■動 他〈郵便物・Eメールなどを〉(…に)**転送する**((*to*...))

fossil /fάsəl ファサル/ 名 C 化石
- *fossil* fuel (石油などの)化石燃料

foster /fɔ́stər ファスタ/
  ■動 他
  ❶〈子どもを〉(里子として一時的に)**育てる, 養育する**
  ❷〈…を〉促進する, 助長[育成]する
  ❸〈考えなどを〉心に抱く
  ■形 里子の;里親の

fought /fɔ́:t フォート/ 動 fightの過去形・過去分詞

foul /fául ファウル/
  ■形
  ❶ **汚い, 不潔な**;不快な;邪悪な, 下品な
- *foul* air [water] 汚れた空気[水]
  ❷ (競技で)反則の;【野球】ファウルの
- a *foul* ball ファウルボール
- *foul* play 不正行為;(競技の)反則
  ■名 C (…に対する)反則((*against*...));【野球】ファウル (foul ball)
  ■動
  ■他
  ❶【スポーツ】〈…に〉反則行為をする;【野球】〈ボールを〉ファウルにする
  ❷〈…を〉汚す, 汚染する
  ■自
  ❶【スポーツ】反則する;【野球】ファウルを飛ばす
  ❷ 汚れる

found¹* /fáund ファウンド/
  ■動 findの過去形・過去分詞

found² /fáund ファウンド/
  ■動 三単現 **founds** /ファウンヅ/
  　　過去・過分 **founded** /ファウンディド/
  　　現分 **founding** /ファウンディング/
  ■他〈…を〉**創設する, 設立する**;〈町などを〉建設する
  founder 名 C 創設[創始, 設立]者

foundation /faundéiʃən ファウンデイシャン/ 名
  ❶ C (事物の)**基礎, 基盤, 土台**
  ❷ U **創立, 設立**
  ❸ C (資金援助をする)**基金, 財団,** 社会事業団
  ❹ U ファウンデーション (化粧品)

fountain /fáuntən ファウンタン/ 名 C
  ❶ **噴水**;噴水池;噴水式水飲み口
- a *fountain* pen 万年筆
  ❷ 泉;水源;源泉

four
/fɔ́:r フォー/
  ■名 (複 **fours** /フォーズ/)
  ❶ U C (基数の)**4**; U ((複数扱い)) 4つ, 4個, 4人
- One plus three is *four*. 1足す3は4
  ❷ U **4時, 4分**
- It's *four* twenty now. 今4時20分です
  ❸ U 4歳
  ❹ C 4人[個]一組のもの
  ■形
  ❶ **4の, 4個の, 4人の**
  ❷ 4歳の

foursome /fɔ́:rsəm フォーサム/ 名 C 4人組

fourteen
/fɔ̀:rtí:n フォーティーン/
  ■名 (複 **fourteens** /フォーティーンズ/)
  ❶ U C (基数の)**14**; U ((複数扱い)) 14個, 14人
  ❷ U 14時, 14分
  ❸ U 14歳
  ■形
  ❶ **14の, 14個の, 14人の**
  ❷ 14歳の

fourteenth /fɔ̀:rtí:nθ フォーティーンス/
  ■形 (略 14th)
  ❶ ((ふつう the fourteenth)) **第14の, 14番目**

fourth

の
❷ ((a fourteenth)) 14分の1の
━ 名 (略 14th)
❶ U ((ふつうthe fourteenth)) 第14, 14番目;14番目の人[もの]
❷ U ((ふつうthe fourteenth)) (月の)14日
❸ C 14分の1

fourth* /fɔːrθ フォース/
形 (略 4th)
❶ ((ふつうthe fourth)) **第4の**, 4番目の
❷ ((a fourth)) 4分の1の
━ 名 (複 **fourths** /フォースス/) (略 4th)
❶ U ((ふつうthe fourth)) **第4**, 4番目;4番目の人[もの]
❷ U ((ふつうthe fourth)) (月の)4日
・on *the fourth* of July 7月4日に
❸ C 4分の1
・three *fourths* 4分の3

fowl /fául ファウル/ 名 C (あひるなどの)家禽(きん);U 鳥類;鶏肉

fox* /fáks ファクス/ 名 (複 **foxes** /ファクスィズ/, **fox**) C きつね;ずる賢い人

foyer /fɔ́iər フォイア/ 名 C (劇場などの)ロビー, ホワイエ;((米)) 玄関の広間

Fr. ((略)) *F*riday 金曜日

fraction /frǽkʃən フラクシャン/ 名 C
❶ 【数学】分数
❷ (ある物の)わずかな部分;小片, 断片
fractional 形 分数の;わずかの

fracture /frǽktʃər フラクチャ/
名 C 骨折;割れ目, 裂け目
━ 動 他 〈骨などを〉折る;〈物を〉砕く

fragile /frǽdʒəl フラヂャル/ 形
❶ 〈物が〉壊れ[砕け, 折れ]やすい, もろい;(つながりなどが)弱い;〈人が〉虚弱な;繊細な
・*Fragile*, handle with care.
((注意書き))壊れ物につき取り扱い注意
❷ ((英)) ((くだけて)) (飲みすぎて)気分が悪い
fragilely 副 もろく;弱く;虚弱に
fragility 名 U 壊れやすさ;はかなさ

fragment /frǽgmənt フラグマント/ 名 C
(物の)かけら;断片, 破片
・in *fragments* 粉々になって, 断片的に
fragmentary 形 ばらばらの;断片から成る
fragmentation 名 U 分裂;崩壊;(爆弾の)破砕

fragrant /fréigrənt フレイグラント/ 形 香りのよい, 芳香性の

fragrance 名 U C 香水;芳香, 香り

frail /fréil フレイル/ 形
❶ 〈人・体が〉弱い, 虚弱な, ひ弱な
❷ 〈物が〉壊れやすい, もろい

frame* /fréim フレイム/
名 (複 **frames** /フレイムズ/) C
❶ (窓・鏡などの) **枠**; 額縁;((ふつうframes))(めがねの)フレーム
・a picture *frame* 絵の額縁
❷ (家具・建物などの) **骨組み**;(機器などを支える)台枠;刺しゅうの型枠
❸ ((ふつう単数形で)) (人・動物などの)体格, 骨格
・a slight *frame* きゃしゃな体付き
❹ ((単数形で)) (考え方の)枠組み, 構成;機構
・a time *frame* 期間, 時間枠
❺【野球】イニング;【ボウリング】フレーム
❻ (フィルム・漫画の)こま;(テレビ・コンピュータの)フレーム
frame of mind 気分, 気持ち
━ 動 他
❶ 〈絵などを〉枠にはめる, 額に入れる
❷ ((くだけて)) 〈計画などを〉たくらむ, でっち上げる;〈人に〉無実の罪[ぬれ衣(ぎぬ)]を着せる
❸ 〈…を〉組み立てる;〈…を〉形作る;〈計画などを〉立案する

framework /fréimwə̀ːrk フレイムワーク/ 名 C
❶ 骨組み, 枠組み;構造
❷ (…の)機構, 体制;枠組み((*of*..., *for*...))

France /frǽns フランス | fráːns フラーンス/ 名 フランス (首都はパリ)

franchise /frǽntʃaiz フランチャイズ/ 名
❶ C U フランチャイズ, 独占営業[販売]権
❷ ((the franchise)) 選挙権, 参政権;市民[公民]権
❸ C ((米)) (野球の)フランチャイズ, 団体所有権

frank* /frǽŋk フランク/
形 比較 **franker** /フランカ/
最上 **frankest** /フランカスト/
〈人・態度などが〉**率直な**, 包み隠しのない;あからさまな
to be frank with you 率直に言えば, 実を言うと(frankly speaking)
・*To be frank with you*, I don't like him.
率直に言って私は彼が好きではない

Frankenstein /frǽŋkənstàin フランカン

スタイン/ 名 フランケンシュタイン(英国の小説家シェリー作のＳＦ小説の題名およびその主人公)

frankfurter /fræŋkfə:rtər フランクファータ/ 名 C フランクフルトソーセージ(((米))hot dog)

frankly /frǽŋkli フランクリ/ 副
① 率直に言って
② 率直に;あからさまに
・*frankly* speaking 率直に言えば

frantic /fræntik フランティク/ 形 (興奮・恐怖などで)取り乱した;気も狂わんばかりの(((*with*...)));大急ぎの
frantically 副 気も狂わんばかりに,死に物狂いで

fraternal /frətə́:rnəl フラターナル/ 形 兄弟の(ような),友愛の
fraternally 副 兄弟のように

fraternity /frətə́:rnəti フラターナティ/ 名
① U 兄弟愛;友愛,同胞愛
② C ((米))(男子大学生の)フラターニティー,社交クラブ,友愛会

fraud /frɔ́:d フロード/ 名
① U 詐欺(ｻｷﾞ);C 詐欺行為,不正手段
・be involved in a *fraud* 詐欺に引っかかる
② C 詐欺師;偽物

fraudulent /frɔ́:dʒələnt フローヂャラント/ 形〈人が〉詐欺(ｻｷﾞ)をする;だますつもりの;〈行為などが〉不正な
fraudulently 副 不正に;だまして

freak /frí:k フリーク/ 名 C
① ((くだけて)) ファン,…狂,…マニア
・a computer *freak* コンピュータおたく
② 奇形,変種
③ ((くだけて)) 変人,奇人

freckle /frékl フレクル/ 名 C ((ふつうfreckles)) そばかす,しみ

free /frí: フリー/

形副 比較 **freer** /フリーア/
最上 **freest** /フリーアスト/

■形
① ((比較なし))**自由な**
・a *free* society 自由な社会
・*free* speech 言論の自由
・*free* as a bird 本当に自由で
② ((比較なし))ひまな,〈場所などが〉あいて
③ ((比較なし))**無料の**,ただの,(税金・料金などを)免除されている

・a *free* pass (鉄道などの)無料パス
・*free of* charge 無料で
④ ((比較なし))(束縛となる物・事が)ない;(制約などの)ない;(心配などが)ない(((*from*..., *of*...)))
・be *free from* concern over the future 将来に対する不安がない
⑤〈行動などが〉自主的な
⑥ 一定の型にとらわれない
・a *free* kick 【サッカー】フリーキック
feel *free* to *do* 自由に…する
for *free* ただで,無料で
set A *free* = set *free* A A(人)を自由の身にする,解放する

■副
① 自由に
② ただ[無料]で

■動 他 〈人・を〉(…から)自由にする,解放する(((*from*...)))
・*free* a bird *from* a cage 鳥をかごから放してやる

freedom* /frí:dəm フリーダム/
名 (複 **freedoms** /フリーダムズ/)
① U **自由**,束縛のないこと;(政治的)自由
② U C (行動などの)**自由**(((*of*...)));(…する)自由(((*to do*)))
・*freedom of* speech 言論の自由
・have the *freedom to do* …する自由がある
③ U (義務・規制・心配などからの)解放,免除(((*from*...)))
・*freedom from* fear 恐怖からの解放

freelance /frí:læns フリーランス/
動 自 自由契約者として仕事をする
■名 C フリーランサー,自由契約者

freely /frí:li フリーリ/ 副
① 自由に,束縛されずに,気ままに
② 気前よく,惜し気もなく
③ 率直に,進んで

freestyle /frí:stàil フリースタイル/
名 U (水泳・レスリングなどで)自由形,フリースタイル
■形 自由形の
■副 自由形で

freeware /frí:wèər フリーウェア/ 名 U 【コンピュータ】フリーウェア(無料でダウンロードできるソフトウェア)

freeway /frí:wèi フリーウェイ/ 名 C ((米))高速道路(((英))motorway);(無料の)幹線道路

freeze /fríːz フリーズ/

動 三単現 **freezes** /フリーズィズ/
過去 **froze** /フロウズ/
過分 **frozen** /フロウズン/
現分 **freezing** /フリーズィング/

━━ 自

❶ 〈液体が〉**凍る**, 氷結する;〈湖などが〉凍結する
・The lake *froze* over. 湖が一面に凍った
❷ ((it を主語にして)) 氷が張る, 凍るほど寒い, こごえる寒さである
・*It* is *freezing* tonight. 今夜はとても寒い
❸ 〈人が〉凍えるほど寒い, こごえる, 凍死する
・*freeze* to death 凍死する
❹ 〈人が〉(恐怖などで)動けなくなる;〈顔などが〉こわばる, 凍りつく((*up*))
・*Freeze*! 動くな
❺ 【コンピュータ】フリーズする

━━ 他

❶ 〈液体などを〉**凍らせる**;〈湖などを〉氷結[凍結]させる
❷ 〈人を〉こごえさせる, 凍死させる
❸ 〈人を〉ぞっとさせる;〈人を〉動けなくする;〈顔を〉こわばらせる((*up*))
❹ 〈物価・資金などを〉凍結する

freezer **名** C (冷蔵庫の)冷凍室, フリーザー;冷凍庫

freezing /fríːziŋ フリーズィング/
動 freeze の現在分詞・動名詞
━━ 形
❶ いてつくように寒い, こごえるような
❷ ((副詞的に)) ((く だ け て)) 凍るほどに
━━ **名** U 氷点(freezing point)
・*below freezing point* 氷点下

freight /fréit フレイト/
名
❶ U 貨物運送, 普通貨物便;貨物運賃
❷ U (水・陸・空による)運送貨物, 積み荷
❸ C ((米)) 貨物列車
━━ **動** 他
❶ 〈船・貨車などに〉〈荷を〉積む;〈物に〉〈…を〉詰め込む((*with*...))
❷ 〈…を〉運送する, 貨物便で送る

French /fréntʃ フレンチ/
形 フランスの;フランス人[語]の
━━ **名**
❶ ((the French)) ((複数扱い)) フランス国民
❷ U フランス語

Frenchman /fréntʃmən フレンチマン/ **名** C (男性の)フランス人

Frenchwoman /fréntʃwùmən フレンチウマン/ **名** C (女性の)フランス人

frenzy /frénzi フレンズィ/ **名** U C 熱狂;逆上, 狂乱
frenzied **形** 熱狂した;逆上した

frequency /fríːkwənsi フリークワンスィ/ **名**
❶ U C しばしば起こること, 頻繁(ひんぱん)
❷ C 頻度, 回数
❸ C U 【物理】振動数;周波数
・high [low] *frequency* 高[低]周波

frequent /fríːkwənt フリークワント/ **形** 頻繁(ひんぱん)な, たびたび[しばしば]起こる;いつもの, ありきたりの
・a *frequent* visitor よく訪れる人
frequently **副** しばしば, 頻繁に

fresh /fréʃ フレシュ/

形 比較 **fresher** /フレシャ/
最上 **freshest** /フレシャスト/

❶ 〈食品などが〉**新鮮な**;保存加工をしていない;**生の**;できたての
・*fresh* tea いれたての紅茶
・*fresh* fish 新鮮な[冷凍していない]魚
・*fresh* information 最新情報
❷ 〈空気・風などが〉**さわやかな**, すがすがしい
・*fresh* air 新鮮な空気
❸ 目新しい, 斬新な;(これまでとは)別の
❹ 〈水・バターなどが〉無塩の
・*fresh* water 淡水, 真水
━━ **副** ((ふつう複合語で)) 新たに, …したばかりで
・*fresh*-picked strawberries 摘みたてのイチゴ
freshly **副** 新たに, 新鮮に;さわやかに
freshness **名** U 新しさ, 新鮮さ;さわやかさ

freshman /fréʃmən フレシュマン/ **名** (複 **freshmen** /フレシュメン/) C ((米))
❶ (高校・大学の)新入生, 1年生
❷ 初心者;新米

fret /frét フレト/
動
━━ 自 (…で)いらいらする;思い悩む((*about*..., *over*...))
━━ 他 (…のことで)〈人・心を〉悩ます, 困らす;〈…を〉いらいらさせる((*about*..., *over*...))
━━ **名** U C いらだち;不安;不機嫌

- in a *fret* いらいらして
- **Fri.** ((略)) *Friday* 金曜日
- **friction** /frík∫ən フリクシャン/ 名 ⓤ 摩擦; ⓤⓒ (…間の)衝突, 不和((*between...*))

Friday
/fráidei フライデイ, fráidi フライディ/
名 (複 **Fridays** /フライデイズ/) ⓤⓒ **金曜日**
(略 Fri., Fr., F.); ((形容詞的に)) 金曜日の
- *on Friday* 金曜日に
- **fridge** /frídʒ フリヂ/ 名 ⓒ ((くだけて)) 冷蔵庫 (refrigerator)
- **fried** /fráid フライド/
  - 動 fryの過去形・過去分詞
  - ━ 形 油で揚げた, フライにした
- *fried* rice チャーハン

friend
/frénd フレンド/
名 (複 **friends** /フレンヅ/) ⓒ
❶ **友達, 友人**, 友
- a *friend* of my brother('s) 弟[兄]の友人
- A *friend* in need is a *friend* indeed.
  ((ことわざ)) 困った時の友こそ真の友だ
- 📖 Work together with your *friend*.
  友達と作業してください
- ■ *be* [*make*] *friends with A*
  A(人)と親しい[親しくなる]
❷ 支援者, 支持者; 味方(⇔enemy)
❸ ((呼びかけで)) 友, 皆さん, 連れ
- my (good) *friend* (ねえ)君

friendly* /fréndli フレンドリ/
形 比較 **friendlier** /フレンドリア/
最上 **friendliest** /フレンドリアスト/
❶ 友人にふさわしい, 友情のこもった; (…に)親切な, 優しい((*to..., toward...*))
❷ (…に)好意的な, 賛成[支持]する((*to...*))
❸ 味方の; (…と)仲のよい((*with*)); (…に)友好的な, 親しい((*to..., toward...*))
- *be on friendly terms with A*
  A(人)と親しい, 仲がよい
  friendliness 名 ⓤ 友情, 友好, 親善

friendship /frénd∫ip フレンドシプ/ 名 ⓤⓒ
友情, 友愛; 交友関係; (国と国の)友好関係, 親交
- *friendship* since early childhood
  幼い時からの親しい交わり

fries /fráiz フライズ/
動 fryの三人称単数現在形
━ 名 ((複数扱い)) ((主に米)) フライドポテト

fright /fráit フライト/ 名 ⓤ (突然の)恐怖, 驚き; ⓒ 恐怖の体験; ぞっとするような人[物]
- *in a fright* ぎょっとして

frighten /fráitn フライトン/ 動 他
❶ ⟨…を⟩ぎょっとさせる, おびえさせる
- *be frightened by A*
  Aにぎょっと[ぞっと]する
❷ ⟨…を⟩脅して(…)させる((*into doing*));
  ⟨…を⟩脅して(…)させない((*out of doing*))
  frightened 形 おびえた, 怖がる
  frightening 形 ぎょっとさせるような, 驚くべき

fringe /frínʒ フリンヂ/
名 ⓒ
❶ (カーテンなどの)房飾り; へり, ふち; 周辺
❷ ((英)) 切り下げた前髪 (((米)) bangs)
━ 動 他 ⟨…に⟩房飾りを付ける; ⟨…を⟩(…で)縁取る((*with...*))

Frisbee /frízbi フリズビ/ 名 ⓒ 【商標】フリスビー (一般名は flying disc)

frivolous /frívələs フリヴァラス/ 形 ((けなして)) 取るに足らない, つまらない; 軽率な

fro /fróu フロウ/ 副 ((次の成句で))
- *to and fro* あちこちへ; 行ったり来たり

frog /frág フラグ, frɔ́:g フローグ | frɔ́g フロッグ/ 名 ⓒ
❶ 【動物】 かえる
❷ ((くだけて)) しわがれ声
- have a *frog* in *one's* throat
  (風邪などが原因で)声がかすれている

from ☞ 246ページにあります

front /fránt フラント/
名 (複 **fronts** /フランツ/) ⓒ
❶ ((the front)) (物・場所の)**前部**, 前列; (建物などの)**正面**, 正面玄関
- *the front* of the house 家の正面
- sit in [at] *the front* of the class
  教室の前列に座る
- 📖 Come to *the front* of the class.
  教室の前に来てください
❷ (物の)**表面, 前面**(⇔back); (新聞の)第一面, (書籍の)冒頭
❸ ((軍事)) (軍隊の)最前列; ((ふつう the front)) 前線, 戦地
❹ ((気象)) 前線
- a cold [warm] *front* 寒冷[温暖]前線

➡➡➡ 246ページに続く ➡➡➡

from /frəm フラム; ((強)) frám フラム, frám フラム | frɔ́m フロム/ 前

❶ ((場所))…から
- fly *from* Paris to London
パリからロンドンまで飛行機で行く
- *from* above [below] 上[下]から

❷ ((時間))…から, …以来
- *from* morning till night 朝から晩まで
- *from* now on これからずっと

❸ ((出所・出身))…から
- a letter *from* my mother 母からの手紙
- "Where are you *from*?" "I'm *from* Yokohama."
「どこのご出身ですか」「横浜出身です」

❹ ((相違))…から, …と(違って)
- My opinion is different *from* yours.
ぼくの意見は君のとは違う

❺ ((原料))…から, …で
- Tofu is made *from* soya beans.
豆腐は大豆から作られる

❻ ((変化))…から
- *change from A to B* AからBに変わる

❼ ((分離・除外))…から
- Six *from* ten is four. 10−6=4

❽ ((制止・妨害))…から
- *prevent A from doing*
Aが…しないようにする
- *keep* a secret *from* others
秘密を他人にもらさない

❾ ((原因))…から, …なので
- *suffer from A* A(病気など)で苦しむ

❿ ((選択))…の中から
- Choose only one *from* these.
これらから1つだけ選びなさい

⓫ ((観点・判断))…から見て, …に基づいて
- *from* the look(s) of the sky
空模様からすると

come to the front
前面に出てくる, 有名になる
in front 前に[の], 前方に[の]
in front of A Aの前に[の]
up front
〈金が〉前払いで; 最初からきっぱりと, 率直に
— 形 ((比較なし)) **前部[正面]の**; (新聞の)第一面の; 重要な
- the *front* door 玄関
- a *front* page (新聞の)第一面
- a *front* desk (ホテルの)フロント, 受付
— 動 自 〈建物などが〉(…に)面する(*onto*...)

frontal /frʌ́ntl フラントル/ 形 正面の, 前面の

frontier /frʌntíər フランティア | frʌ́ntiər フロンティア/ 名 C
❶ ((英))(他国との)国境(地方)((*with*..., *between*...)); ((形容詞的に))国境(地方)の
❷ ((the frontier))((米・カナダ))(西部開拓時代の)辺境, フロンティア
- the *frontier* spirit 開拓者精神
❸ ((frontiers))未開拓の分野, 最先端

frost /frɔ́ːst フロースト/
名
❶ U C 霜; 霜が降りること
❷ C ((ふつうa frost))凍りつく[霜が降りる]寒気, (特に氷点下の)厳寒; U 氷点下
— 動
— 他 〈…を〉霜でおおう, 〈植物などを〉霜枯れさせる; 〈…を〉凍らせる
— 自 ((itを主語にして))霜が降りる; 凍る

frosty 形 凍るような; 霜でおおわれた; 冷ややかな; 〈髪などが〉灰色の

frown /fráun フラウン/
動 自 まゆをひそめる, 眉間(みけん)にしわを寄せる
- *frown on* [*upon*] *A*
A(人・物)に不賛成の意を表す
— 名 C しかめ面, 難しい[怖い]顔つき

froze /fróuz フロウズ/ 動 freezeの過去形

frozen /fróuzn フロウズン/
動 freezeの過去分詞
— 形
❶ 〈池などが〉凍った; 〈地面などが〉凍結した
❷ 〈人・体が〉こごえそうな
❸ 冷蔵の, 冷凍の
- *frozen* food 冷凍食品

fruit /frúːt フルート/

名 (複 **fruits** /フルーツ/)
❶ C U 果物, 果実, (食用の)木の実
- fresh *fruit* 新鮮な果物
- *fruit* juice フルーツジュース
❷ C ((ふつうfruits))作物, 農産物
❸ C ((しばしばfruits))成果, 結果

bear fruit 実を結ぶ; 〈努力などが〉実る, 実を結ぶ

━ 動 自 〈植物が〉実る
fruitful 形 よく実のなる;有益な
fruitless 形 効果のない,無益な
fruity 形 〈ワインなどが〉果物の味[香り]がする;フルーティーな

fruitcake /frúːtkèik フルートケイク/ 名 C U フルーツケーキ

frustrate /frʌ́streit フラストレイト/ 動 他
❶ 〈計画・希望などを〉挫折させる,くじく
❷ 〈人を〉欲求不満にする
frustrated 形 挫折した;欲求不満な
frustrating 形 欲求不満にさせるような
frustration 名 U C 挫折;欲求不満,フラストレーション

fry* /frái フライ/
動 三単現 **fries** /フライズ/
過去・過分 **fried** /フライド/
現分 **frying** /フライイング/
━ 他 〈…を〉油で揚げる,炒(いた)める
・*fried* eggs 目玉焼き
━ 名 (複 **fries** /フライズ/) C
揚げ物,フライ(料理)

fuel /fjúːəl フューアル/
名 U C 燃料;U (感情などを)あおるもの
━ 動 他 〈…に〉燃料を補給する

fugitive /fjúːdʒətiv フューヂャティヴ/
名 C 逃亡者,逃走者;亡命者
━ 形 逃亡した

fulfill, ((英)) **fulfil** /fulfíl フルフィル/ 動 他
❶ 〈責任などを〉果たす,〈約束・計画などを〉実行する
❷ 〈要求・条件などを〉満たす,かなえる
fulfillment 名 U 実現,遂行;満足
fulfilled 形 充実した,満たされた

full /fúl フル/

形 比較 **fuller** /フラ/
最上 **fullest** /フラスト/
❶ (…で)いっぱいの, 満ちた((of...))(⇔ empty)
・a *full* stomach 満腹
・a *full* train 満員電車
・a room *full* of guests 客でいっぱいの部屋
❷ 完全な, 最大限の, まるまるの
・at *full* speed 全速力で
・a *full* moon 満月
・in *full* bloom 満開で
・a *full* hour まるまる1時間
・*full* marks 満点
❸ 満腹の
・I'm *full*. 私は満腹です
❹ 豊富な, 十分な;丸々とした, ふっくらした;〈衣類などが〉ゆったりした
❺ 忙しい, 充実した
・have a *full* day 一日じゅう忙しい
━ 副
❶ 非常に, とても, まったく
❷ まともに, ちょうど
━ 名 U ((the full)) 十分, 全部;真っ盛り
in full 全部, 完全に, 略さずに
to the full 十分に, 心ゆくまで
fullness, fulness 名 U 充足, 十分;満ちていること
fully 副 十分に, 完全に, まったく;まるまる

full-length /fúlléŋθ フルレングス/ 形
❶ 〈肖像などが〉等身(大)の
❷ 〈映画などが〉省略していない

full-scale /fúlskéil フルスケイル/ 形
❶ 実物大の, 原寸の
❷ 総動員の;全面的な

full-size /fúlsàiz フルサイズ/ 形 実物大の

full-time /fúltáim フルタイム/
形 常勤の, 専任の(⇔ part-time)
━ 副 常勤として, 専任で
・work *full-time* 常勤[専任]で働く

fumble /fʌ́mbl ファムブル/ 動
━ 自
❶ 不器用に手探りする
❷ (…を)不器用に扱う, いじる((with...))
❸ 【スポーツ】ボールを取りそこなう, ファンブルする
━ 他
❶ 〈…を〉不器用に扱う, いじる
❷ 【スポーツ】〈ボールを〉ファンブルする

fun /fʌ́n ファン/

名 U 楽しみ, おもしろみ;ふざけ, 戯れ
・*for fun* おもしろ半分に, 冗談に
・We had a lot of *fun* at the picnic.
ピクニックでとても楽しかった
・*Have fun*! (出かける人に)行ってらっしゃい, 楽しんできなさい
・It looks like *fun*. それはおもしろそうだ
make fun of A
A(人)をからかう, 笑い者にする
・Don't *make fun of* me. 私をからかわないで
━ 形 ((くだけて)) 楽しい, 愉快な
・have a *fun* time 楽しい時を過ごす

function /fʌ́ŋkʃən ファンクシャン/
名 C
❶ 機能, 働き
・the *function* of the heart 心臓の働き
❷ 職務, 任務, 役目
・the *function* of the police 警察の役目
❸ (社会的な)儀式, 式典, 行事, 祭典
・an official *function* 公式行事
❹【数学】関数
― 動 自 作用する, 働く; 役目を果たす
・This machine is not *functioning*.
この機械は作動していない
functional 形 機能(上)の; 職務(上)の; 実用的な, 役に立つ; 関数の
functionally 副 機能上; 便利に

fund /fʌ́nd ファンド/
名 C
❶ 資金, 基金
・a relief *fund* 救済資金
・a scholarship *fund* 奨学資金
・raise *funds* 資金を募る
❷ ((funds))財源; 所持金
・Do you have enough *funds*?
十分な所持金がありますか
❸ ((a fund))(知識などの)蓄え, 蓄積
― 動 他 〈…に〉資金を提供する
funding 名 U 財政的支援

fundamental /fʌ̀ndəméntl ファンダメントル/
形 基本的な, 根本の; 基礎の; 重要な
・*fundamental* knowledge 基礎知識
― 名 C ((しばしばfundamentals))基本, 原則, 原理
・the *fundamentals* of living 生活の基本
fundamentally 副 根本的に; 本質的に

funeral /fjúːnərəl フューナラル/ 名 C 葬式, 葬儀; ((形容詞的に))葬式の, 葬儀の
・hold a *funeral* 葬儀を行う
・a *funeral* service [ceremony] 葬儀

funk /fʌ́ŋk ファンク/ 名 U 【ジャズ】ファンキーミュージック(funky music)
funky 形 流行の;【ジャズ】ファンキーな

funnel /fʌ́nl ファヌル/ 名 C じょうご; ((英))(機関車などの)煙突

funny /fʌ́ni ファニ/

形 比較 **funnier** /fʌ́niər ファニア/
最上 **funniest** /fʌ́niəst ファニアスト/
❶ おかしい, こっけいな; ひょうきんな
・a *funny* story おもしろい話
・What's so *funny*? 何がそんなにおかしいの
・*It's not funny.* 笑い事ではない
❷ ((主にくだけて)) 奇妙な, 変な, とっぴな
― 名 C おかしい話; ((the funnies))((米))((くだけて))連載漫画欄

fur /fə́ːr ファー/ 名 U (きつねなどの)毛皮; C 毛皮製品
・a *fur* coat 毛皮のコート
furry 形 毛皮の, 毛皮のような; 毛皮でおおわれた

furious /fjúəriəs フュアリアス/ 形 怒り狂った; 激しい, 猛烈な
・a *furious* storm 激しい嵐
furiously 副 怒り狂って; 猛烈に

furnish /fə́ːrniʃ ファーニシュ/ 動 他
❶ 〈部屋などに〉〈家具などを〉備え付ける ((*with*...))
❷ 〈…に〉供給する, 与える; 〈…を〉提供する
furnished 形 家具付きの

furnishings /fə́ːrniʃiŋz ファーニシングズ/ 名 ((複数扱い))備え付け家具類, 備品

furniture* /fə́ːrnitʃər ファーニチャ/ 名 U ((単数扱い))家具
・a piece of *furniture* 家具一点
・We have a lot of [much] *furniture*.
うちでは家具が多い

further* /fə́ːrðər ファーザ/
副 ((farの比較級))
❶ さらに遠くへ, さらに先へ
・go *further* in the forest
森の中をさらに進む
❷ (程度・時間が)さらに, もっと, その上
・We asked *further* about his plan.
私たちは彼の計画についてさらにたずねた
― 形 ((farの比較級))
❶ さらに遠くの, さらに先の
・*further* down the road 道のずっと先に
❷ (程度・時間が)それ以上の, さらにいっそうの, 余分の
・I got *further* information about it.
そのことについてさらに詳しい情報を得た
― 動 他 〈仕事などを〉促進する, 助長する
・*further* friendship between the two countries 二国間の友情を深める

furthermore /fə́ːrðərmɔ̀ːr ファーザモー/ 副 さらに, その上に, なお

furthest* /fə́ːrðist ファーズィスト/
副 ((farの最上級))

❶ 最も遠くへ
❷ 〈程度が〉最大限に, 最も
― 形 ((farの最上級))
❶ 最も遠くの
❷ 〈程度が〉最大限の

fury /fjúəri フュアリ/ 名 U 激怒;(病気・嵐などの)激しさ

fuse¹ /fjú:z フューズ/ 名 C【電気】ヒューズ;(爆薬などの)導火線;信管
blow a fuse ヒューズを飛ばす;激怒する

fuse² /fjú:z フューズ/ 動
― 自 溶ける, 溶解する;融合する
― 他 〈金属を〉溶かす, 溶解する;〈物体を〉融合させる;〈考えなどを〉融合する

fusion /fjú:ʒən フュージャン/ 名 U
❶ 融解;溶解
❷【物理】核融合
❸ 合同, 連合

fuss /fʌ́s ファス/
名 U C ((単数形で)) (つまらぬことで)騒ぎ立てること, 空騒ぎ;苦情, 不満
・make a *fuss* 大騒ぎする
― 動
― 自 (つまらぬことで)騒ぎ立てる, 空騒ぎする;やきもきする
― 他 〈人を〉やきもきさせる

fussy 形 (つまらぬことに)騒ぎ立てる;小うるさい

futile /fjú:tl フュートル/ 形 〈行為が〉むだな, 効果のない, 役に立たない
・a *futile* discussion むだな話し合い

future /fjú:tʃər フューチャ/

名 (複 **futures** /フューチャズ/)
❶ ((the future)) 未来, 将来
・prepare for *the future* あすに備える
・predict *the future* 将来を予測する
・*in the future* 将来, 今後は(((英)) in future)
・*in the near future* 近い将来
❷ U ((また a future)) 将来性, 前途
・a boy with *a future* 前途ある少年
・have *a bright future* 明るい未来がある
❸ ((the future))【文法】未来時制
― 形
❶ 未来の, 将来の
・*future* generations 来(きた)るべき世代
・*one's future* husband 未来の夫
❷【文法】未来(時制)の
・the *future* tense 未来時制

fuzzy /fʌ́zi ファズィ/ 形
❶ 〈形・音などが〉ぼやけた, はっきりしない
❷ けば立った, けばでおおわれた

===== **町-2** (214ページから続く) =====

文房具店	stationary store
書店	bookstore
靴店	shoe store
洋服屋	tailor shop
八百屋	fruit and vegetable shop
果物屋	fruit shop
魚屋	fish shop
肉屋	butcher shop
花屋	flower shop
おもちゃ屋	toyshop
パン屋	bakery
菓子屋	confectionery
駅	station
駐車場	parking lot
バス停	bus stop
通り	street
道	road
歩道	sidewalk
横断歩道	crosswalk
十字路	crossing

G, g

G, g¹ /dʒíː ヂー/ 名 (複 **G's, Gs; g's, gs** /ヂーズ/)
① C|U| ジー(英語アルファベットの第7字)
② U|【音楽】ト音;ト調

g² ((略)) gram(s), ((英)) gramme(s) グラム

G. ((略)) German ドイツの; gravity 重力; Gulf 湾

g. ((略)) gauge 標準寸法; grain(s) グレーン(重さの単位); gram(s) グラム

GA ((米郵便)) Georgia ジョージア州

Ga. ((略)) Georgia ジョージア州

gag /gǽg ギャグ/
名 C|((くだけて))冗談;だじゃれ;ギャグ;猿ぐつわ
— 動 他 〈…に〉猿ぐつわをはめる

gaiety /géiəti ゲイアティ/ 名 U| 陽気, 愉快
gaily 副 陽気に, 愉快に;派手に

gain /géin ゲイン/

動 三単現 **gains** /ゲインズ/
過去過分 **gained** /ゲインド/
現分 **gaining** /ゲイニング/

— 他
① 〈…を〉**得る, 手に入れる**, 獲得する (⇔lose)
・*gain* fame 名声を得る
■ *gain* A B AにBを得させる
② 〈価値・力などを〉増す, 増やす
・*gain* weight 体重が増える
③ 〈時計が〉〈ある時間〉進む (⇔lose)
— 自
① 〈価値・力などが〉**増す**, 進歩する;(重さなどを)増す ((*in*...))
・*gain in* speed スピードを増す
② 〈時計が〉進む (⇔lose)

***gain on* [*upon*] A** Aに接近する
— 名
① C|U| (量・価値などの)増加;進歩
・a *gain* in weight 体重の増加
② U| 利益, もうけ; ((gains)) 収益金
・No pain, no *gain*.
((ことわざ))骨折りなくして利得なし

gal /gǽl ギャル/ 名 C|((米))((くだけて))女の子, ギャル

gala /géilə ゲイラ/ 名 C| 祝祭;お祭り騒ぎ

galaxy /gǽləksi ギャラクスィ/ 名 C|【天文】銀河; ((the Galaxy)) 銀河系

gale /géil ゲイル/ 名 C|
① 強風, 大風
② (笑いなどの)爆発

gallant /gǽlənt ギャラント/ 形 ((文語))勇ましい, 勇敢な;〈男性が〉女性に親切な
gallantly 副 勇ましく;親切に

gallery /gǽləri ギャラリ/ 名 C|
① 画廊;美術館, ギャラリー
② 見物人, 大衆
③ 回廊, 廊下, 細長い部屋

gallon /gǽlən ギャラン/ 名 C| ガロン(液量単位. ((米))約3.8リットル, ((英))約4.5リットル)(略 gal.)

gallop /gǽləp ギャラプ/
名 C|((a gallop))ギャロップ(馬などの全力疾走);高速, 猛スピード
at a gallop 全速力で;急いで
— 動
— 自
① ギャロップで走る, 全力疾走する
② (…を)大急ぎでする ((*through*...))
・*gallop* through a letter
大急ぎで手紙を読む
— 他 〈馬を〉ギャロップで走らせる

gamble /gǽmbl ギャンブル/
動
— 自
① (トランプなどで)賭(か)け事をする, ギャンブルをする ((*at*..., *on*...))
② 一か八(ばち)かの賭けをする;(…に)賭ける ((*on*...))
— 他 〈金などを〉(…に)賭ける ((*on*...))
gamble A away = gamble away A
Aを賭けで失う
— 名 C| 賭博(とばく), ギャンブル; ((a gamble)) 賭け
gambler 名 C| ばくち打ち, ギャンブラー
gambling 名 U| 賭博, ギャンブル

game /géim ゲイム/

名 (複 **games** /ゲイムズ/)
① C| **試合**, 競技;(テニスなどの1セット中の)ゲーム; ((games)) 競技会

- play a *game* 試合をする
- win [lose] a *game* 試合に勝つ[負ける]
- the Olympic *Games* オリンピック競技会

❷ C (ルールに従った)遊び, 娯楽, ゲーム
- play a video *game* テレビゲームをする

❸ U 猟の獲物;猟獣[鳥]の肉

ahead of the game (競争で)優勢な

have the game in one's ***hands***
勝利の鍵をにぎる

gamer 名 C ((くだけて))テレビゲーム好きな人

Gandhi /gá:ndi: ガーンディー/ 名 **Mahatma Gandhi** ガンジー(非暴力によるインド独立運動の指導者)

gang /gǽŋ ギャング/

名 C ((単数・複数扱い))
❶ ギャング団, 暴力団
- a *gang* of robbers 強盗団

❷ ((くだけて))遊び仲間;非行グループ
❸ (労働者・囚人などの)一団, グループ

— 動 自 (…と)団結する((*with*...))

gangster 名 C ギャングの一員

Ganges /gǽndʒi:z ギャンヂーズ/ 名 ((the Ganges)) ガンジス川 (インド北東部を流れる大河)

gap /gǽp ギャプ/ 名 C

❶ (…間の)割れ目, 破れ, すき間((*between*...))
❷ (…間の)相違, すれ, 落差((*between*...))
- an income *gap* 所得格差
- the generation *gap* 世代間の相違

❸ (時間的な)とぎれ, 空白, 欠落
- a *gap* in one's memory 記憶のとぎれ

garage /gərá:dʒ ガラーヂ | gǽra:dʒ ギャラーヂ/
名 C 車庫, ガレージ;自動車修理工場
- a *garage* sale ((米)) ガレージセール (自宅のガレージなどで行う安売り)

— 動 他 〈自動車を〉ガレージに入れる

garbage /gá:rbidʒ ガービヂ/

名 U ((主に米))(台所から出る)くず, 生ごみ;((くだけて))がらくた
- a *garbage* can ((米))(台所の)ごみ入れ
- a *garbage* dump ごみ捨て場
- a *garbage* truck ((米))ごみ収集車
- Who takes out *garbage* in your family?
あなたの家では誰がごみを出しに行きますか

garden /gá:rdn ガードン/

名 (複 **gardens** /gá:rdnz ガードンズ/)

❶ C U 庭, 庭園;菜園
- a kitchen *garden* 家庭菜園
- a flower *garden* 花園

❷ C ((ふつう gardens))公園, 遊園地
- botanical *gardens* 植物園

gardener 名 C 庭師;園芸家
gardening 名 U 園芸;庭いじり

gargle /gá:rgl ガーグル/
動 自 (…で)うがいする((*with*...))
— 名 U C うがい薬; ((a gargle)) うがい;うがいの声

garlic /gá:rlik ガーリク/ 名 U 【植物】にんにく;ガーリック
- a clove of *garlic* にんにくの1片

garment /gá:rmənt ガーメント/ 名 C 衣服(の1点); ((garments))衣類

garnish /gá:rniʃ ガーニシュ/
動 他 〈…を〉(…で)飾る;〈料理に〉(付け合わせを)添える((*with*...))
— 名 C U (料理の)付け合わせ;飾り

gas /gǽs ギャス/

名 (複 **gases** /gǽsiz ギャスィズ/, ((また米))**gasses** /gǽsiz ギャスィズ/)

❶ U C ガス, 気体;U (燃料用の)ガス
- natural *gas* 天然ガス
- light the *gas* ガスに火をつける

❷ U ((米))ガソリン(((英))petrol)
- a *gas* station ガソリンスタンド
→ gasoline stand は和製英語
- be out of *gas* ガソリンが切れている

❸ U 毒ガス;((くだけて))おなら

— 動 他
❶ 〈…を〉ガス中毒にする[にして殺す]
❷ ((米))((くだけて))〈車に〉ガソリンを入れる

gas up
((米))(自動車などの)タンクにガソリンを満たす

gas A ***up*** = ***gas up*** A
Aにガソリンを満たす

gaseous 形 ガス(状)の, 気体の

gash /gǽʃ ギャシュ/
名 C 大けが, 深い傷
— 動 他 〈…に〉大けがを負わせる

gasoline, gasolene /gǽsəli:n ギャサリーン/ 名 U ((米)) ガソリン(((英))petrol)

gasp /gǽsp ギャスプ/
名 C あえぎ, 息切れ

at one's ***[the] last gasp***
死に際に, 今わの際に

gate

— 動
— 自 ((文語)) あえぐ; (驚きなどで)はっと息をのむ ((with..., at...))
— 他 〈…を〉あえぎながら言う ((out))

gate /géit ゲイト/
名 (複 **gates** /géits/) C
❶ **門**, 出入り口; (門の)**扉**
・a school *gate* 校門
・open [close] the *gate* 門を開ける[閉める]
❷ (空港などの)**ゲート**

Gates /géits ゲイツ/ 名 **William** [**Bill**] **Gates** ゲイツ (米国のコンピュータ企業家)

gateway /géitwèi ゲイトウェイ/ 名 C
❶ 出入り口; 通路
❷ (…への)入り口; 手段 ((to...))
・the *gateway to* success 成功への道

gather /gǽðər ギャザ/
動 三単現 **gathers** /gǽðərz/;
過去・過分 **gathered** /gǽðərd/;
現分 **gathering** /gǽðəriŋ/
— 他
❶ 〈…を〉**集める** ((together)); 〈情報などを〉**収集する**
・*gather* papers *together* 書類をまとめる
・*gather* information about *A*
　A について情報を集める
❷ 〈作物などを〉収穫する ((in))
❸ 〈速度・勢力などを〉増す
❹ ((次の用法で))
■ *gather* (*from A*) *that*...
(*A* から)…であると考える, 推測する
— 自
❶ 〈人が〉**集まる**
❷ 推測する, 思う
gather A up = gather up A
　A を拾い集める; *A* (力など)を結集する
— 名 C ((gathers)) (布の)ひだ
gathering 名 C 集まり, 集会; U 収集

gauge /géidʒ ゲイヂ/
名 C
❶ 計器, 計測器
・a rain *gauge* 雨量計
❷ ((a gauge)) (評価・判断の)基準, 尺度
❸ (針金などの)ゲージ, 規格, 標準寸法
— 動 他
❶ 〈…を〉正確に測定する
❷ 〈人などを〉評価する; (…と)判断する ((*that*節))

gauze /gɔ́:z ゴーズ/ 名 U (綿・絹などの)薄織物, 紗(しゃ), ガーゼ

gave /géiv ゲイヴ/ 動 give の過去形

gay /géi ゲイ/
形
❶ 〈特に男性が〉同性愛の
❷ 陽気な, 明るい; 派手な
— 名 C 同性愛者

gaze /géiz ゲイズ/
動 自 〈人が〉(…を)じっと見る ((at...))
・*gaze at* the moon 月をじっと見る
— 名 ((a gaze)) 凝視, 見つめること

GB, G.B. ((略)) *Great Britain* 大[グレート]ブリテン島

gear /gíər ギア/
名
❶ U|C ((ふつう gears)) 歯車, ギア, 伝動装置; C (ある役目の)装置
・a *gear* lever 変速レバー
・change [shift] *gears* ギアを切り替える
❷ U 道具一式, 装備; 衣類
・fishing *gear* つり具一式
in gear ギアが入って; 調子よく
out of gear ギアがはずれて; 調子が狂って
— 動 他 〈機械に〉ギアを入れる[取り付ける]

gee /dʒí: チー/ 間 ((米)) ((くだけて)) (驚きなどを表して) おや, へえっ

geek /gí:k ギーク/ 名 C ((くだけて)) 変人; おたく

geese /gí:s ギース/ 名 goose の複数形

gel /dʒél ヂェル/
名 U|C【化学】ゲル; ジェル
— 動 自 ゲル化する

gelatin /dʒélətn ヂェラトン/ 名 U ゼラチン, にかわ

gem /dʒém ヂェム/ 名 C 宝石; 大切な人[物]

Gemini /dʒémənài ヂェマナイ/ 名【天文】ふたご座; [占星]双子宮; C ふたご座生まれの人

gender /dʒéndər ヂェンダ/ 名 U|C
❶ 性別, 性, ジェンダー
・*gender* discrimination 性差別
❷【文法】(名詞・代名詞などの)性

gene /dʒí:n チーン/ 名 C【生物】遺伝子
・*gene* recombination 遺伝子組み換え
・*gene* therapy 遺伝子治療

genealogy /dʒì:niǽlədʒi ヂーニアラヂ/ 名 C 系図; U 血統, 家系; 系図学, 系譜学

general /dʒénərəl チェナラル/

形 比較 **more general** 最上 **most general**

❶ 一般的な, 全体的な, 世間一般の
- the *general* opinion 一般的な意見, 世論
- the *general* public 一般大衆

❷ だいたいの, 大まかな, 概略の
- a *general* impression 大まかな印象
- a *general* outline 概要

❸ 一般の, ふつうの, 専門的でない
- *general* knowledge 常識

❹ ((官職名のあとに付けて))総…, …長(官)
- the *general* manager 総支配人
- the secretary *general* 事務総長

as a general rule 一般に, 概して
in a general way 一般論として

名 C (軍隊の)大将, 将官

in general 一般に; 概して
- people *in general* 一般の人々

generalize /dʒénərəlàiz チェナラライズ/ **動**

— 他
❶〈法則などを〉(…から)引き出す, 一般化する((*from...*));〈…の〉一般論を述べる
❷〈知識などを〉広める

— 自
❶ (…について)一般化する((*about...*));(…から)総括する((*from...*))
❷ 一般的に話す

generalization 名 U 一般化, 普遍化; C 一般論

generally /dʒénərəli チェナラリ/ **副**

❶ 一般に, 概して
❷ たいてい, ふつう
- I *generally* go to school by train. 私はたいてい電車で通学する

generally speaking 一般的に言って
- *Generally speaking*, the Japanese climate is mild. 概して日本の気候は温和だ

generate /dʒénərèit チェナレイト/ **動** 他〈熱・電気などを〉発生させる;〈利益などを〉生み出す;〈…を〉作り出す

generator 名 C 発電機

generation* /dʒènəréiʃən チェナレイシャン/ **名** (複 **generations** /チェナレイシャンズ/)

❶ C 世代;一世代 (約30年)
- from *generation* to *generation* 代々
- the *generation* gap 世代間の相違

❷ C ((単数・複数扱い))同世代の人々
- the coming *generation* 次世代の人々
- He is a third-*generation* Japanese-American. 彼は日系三世のアメリカ人だ

❸ U 発生;生成
- the *generation* of electricity by nuclear power 原子力による発電

generational 形 世代の;世代間の

generic /dʒənérik チャネリク/ **形**

❶ 一般的な, 包括的な
❷〈薬などが〉ノーブランドの

generous /dʒénərəs チェナラス/ **形**

❶ (人に)寛大な((*to...*));気前のよい
❷〈物などが〉豊富な;〈土地が〉豊かな

generously 副 寛大に, 気前よく
generosity 名 U 寛大さ;気前のよさ

genesis /dʒénəsis チェナスィス/ **名** (複 **geneses** /チェナスィーズ/)

❶ ((Genesis))【旧約聖書】創世記
❷ ((the genesis))起源, 発生, 創始

genetic /dʒənétik チャネティク/ **形** 遺伝(学)の;遺伝子の
- *genetic* engineering 遺伝子工学
- *genetic* manipulation 遺伝子操作

genetically 副 遺伝(子)的に
genetics 名 U 遺伝学

Geneva /dʒəníːvə チャニーヴァ/ **名** ジュネーブ (スイスの都市)

genital /dʒénətl チェナトル/ **形** 生殖(器)の

名 ((genitals))生殖器

genius /dʒíːnjəs チーニャス/ **名**

❶ C (…の)天才, 非凡な才能の持ち主((*in...*))
- a *genius in* mathematics 数学の天才

❷ U 生まれつきの才能, 天分, 天性;((a genius))(…の)非凡な才能((*for...*))
- a man of *genius* 天才
- *have a genius for A* Aの才能がある

genocide /dʒénəsàid チェナサイド/ **名** U 集団虐殺, 大量殺戮(ぎゃく)

genome /dʒíːnoum チーノウム/ **名** C【遺伝】ゲノム

genre /ʒάːnrə ジャーンラ/ **名** C 種類;(作品などの)ジャンル

genteel /dʒentíːl チェンティール/ **形** ((時にけなして))〈態度などが〉上品ぶった, 気取った

gentle /dʒéntl チェントル/

形 比較 **gentler** /チェントラ/ 最上 **gentlest** /チェントラスト/

❶ 〈性格が〉**穏やかな**, おとなしい；(…に対して)**優しい**((*with...*))
・a *gentle* smile 優しいほほえみ
・a *gentle* spirit 優しい心
❷ 〈風などが〉穏やかな, 静かな
・a *gentle* voice 穏やかな声
gently 副 優しく, そっと；穏やかに
gentleness 名 ⓤ 優しさ；穏やかさ

gentleman

/dʒéntlmən チェントルマン/
名 (複 **gentlemen** /チェントルメン/) ⓒ
❶ 紳士 (⇔lady)
❷ ((改まって)) 男性, 殿方
❸ (gentlemen)((呼びかけ)) 皆さん, 諸君
・Ladies and *gentlemen*!
(男女の聴衆に対して)皆さん！

genuine /dʒénjuin チェニュイン/ 形
❶ 本物の, 正真正銘の
・a *genuine* Picasso 本物のピカソの絵
・*genuine* gold 純金
❷ 〈感情などが〉心からの
genuinely 副 真に, 心から
genuineness 名 ⓤ 真実性；誠実さ

geography /dʒiɑ́ɡrəfi チアグラフィ/ 名
❶ ⓤ 地理学
❷ ((the geography)) 地理, 地形
geographic, geographical 形 地理学の；地理的な
geographically 副 地理(学)的に

geology /dʒiɑ́lədʒi チアラヂ/ 名 ⓤ 地質(学)
geologist 名 ⓒ 地質学者
geological 形 地質学の
geologically 副 地質学的に

geometric /dʒiːəmétrik チーアメトリク/ 形 幾何学(上)の；幾何学的な(geometrical)

geometry /dʒiɑ́mətri チアメトリ/ 名 ⓤ 幾何学

Georgia /dʒɔ́ːrdʒə チョーヂャ/ 名 ジョージア (略 Ga., ((郵便))GA ；米国南東部の州；州都はアトランタ(Atlanta))

germ /dʒɔ́ːrm チャーム/ 名 ⓒ
❶ ((ふつうgerms)) 細菌；病原菌
❷ ((the germ))(物事の)萌芽(ᵘᵒ), 初期段階

German /dʒɔ́ːrmən チャーマン/
形 ドイツの；ドイツ人[語]の
━ 名
❶ ⓒ ドイツ人；((the Germans))((複数扱い))ドイツ国民
❷ ⓤ ドイツ語

Germany /dʒɔ́ːrməni チャーマニ/ 名 ドイツ (首都はベルリン)

gerund /dʒérənd チェランド/ 名 ⓒ 【文法】動名詞

gesture /dʒéstʃər チェスチャ/
名 ⓤⓒ 身ぶり, ジェスチャー, 手まね
・*make a gesture* 身ぶりをする
・communicate *by gesture* 身ぶりで伝える
━ 動
━ 自 (…に)身ぶりをする((*to...*))
━ 他 〈人に〉(…するように)身ぶりで示す((*to do*))

get ☞ 256ページにあります

get-together /géttəɡèðər ゲトゥゲザ/ 名 ⓒ ((くだけて))(非公式の)集まり

Gettysburg /ɡétizbɔ̀ːrɡ ゲティズバーグ/ 名 ゲティスバーグ (米国ペンシルベニア州の町で, 南北戦争時の激戦地)
・the *Gettysburg* Address ゲティスバーグの演説 (1863年にリンカーン大統領が行った名演説)

ghastly /ɡǽstli ギャストリ/ 形 恐ろしい, ぞっとするような

ghetto /ɡétou ゲトウ/ 名 (複 **ghettos, ghettoes** /ゲトウズ/) ⓒ ゲットー, スラム街, 貧民街

ghost /ɡóust ゴウスト/ 名 ⓒ 幽霊
・a *ghost* story 怪談, 幽霊話
ghostly 形 幽霊のような；ぼんやりした

giant /dʒáiənt チャイアント/
名 ⓒ
❶ (童話などに出てくる)巨人, 大男
❷ 偉人；巨大企業
━ 形 巨大な；偉大な
・a *giant* panda ジャイアントパンダ

giddy /ɡídi ギディ/ 形 目まいがする, 目がくらむ

gift

/ɡíft ギフト/
名 (複 **gifts** /ギフツ/) ⓒ
❶ 贈り物, ギフト
・a birthday *gift* 誕生日の贈り物
・a *gift* shop みやげ物店
・receive a *gift* from *A*
A(人)から贈り物を受け取る
❷ 生まれつきの才能

- have a *gift for* music 音楽の才能がある
  gifted 形 (才能に)恵まれている
- **gigabyte** /gígəbàit ギガバイト/ 名 C 【コンピュータ】ギガバイト (10億バイト, 略 GB)
- **gigantic** /dʒaigǽntik ヂャイギャンティク/ 形 巨大な；ばく大な
- **giggle** /gígl ギグル/
  動 (自) (…を)くすくす笑う((*at...*))
  ― 名 C くすくす笑い, しのび笑い
- **gin** /dʒín ヂン/ 名 U ジン(酒の一種)
- **ginger** /dʒíndʒər ヂンヂャ/
  名 U 【植物】しょうが；しょうが色, 黄[赤]褐色
- *ginger* ale ジンジャーエール
  ― 形 (髪が)赤褐色の
- **Gipsy, gipsy** /dʒípsi ヂプスィ/ 名 C (英) ジプシー (ヨーロッパ各地を漂泊する民族)
- **giraffe** /dʒəræf ヂャラフ/ 名 (複 **giraffe**, (種類)**giraffes** /ヂャラフズ/) C きりん

girl /gə́ːrl ガール/

名 (複 **girls** /ガールズ/) C

❶ **女の子, 少女**；((形容詞的に)) 女子の (⇔ boy)
- a *girls'* school 女子校
- a baby *girl* 女の赤ちゃん
- the *Girl* Scouts ガールスカウト

❷ (親から見て)娘 (daughter)

❸ 女子従業員
- a shop *girl* 女店員

❹ ((*one's girl*)) ((話)) (女の)恋人, ガールフレンド

- **girlfriend*** /gə́ːrlfrènd ガールフレンド/
  名 (複 **girlfriends** /ガールフレンヅ/) C
  ❶ ガールフレンド, 恋人 (⇔ boyfriend)
  ❷ 女友達

give /gív ギヴ/

動 三単現 **gives** /ギヴズ/
過去 **gave** /ゲイヴ/
過分 **given** /ギヴァン/
現分 **giving** /ギヴィング/
― 他

❶ ⟨…を⟩ **与える, あげる**, 贈る (⇔ take)
- *give* A B = *give* B *to* A
  (1) A(人)にB(物)を与える, 渡す, 預ける
- The old man *gave* the children candies.
  老人は子どもたちにキャンディーをあげた
- I *gave* the delivery man a parcel to ship. 配達人に小包を渡して発送してもらった
  (2) A(人)にB(金など)を支払う
- I *gave* 1000 yen *to* the cashier.
  レジ係に千円渡した
  (3) A(人)にB(時間・チャンスなど)を与える
- The teacher *gave* me a chance *to* retake the exam. 先生は私にもう一度試験を受けるチャンスをくれた

❷ ((次の用法で))
- *give* A B A(人)にB(喜びなど)を与える；A(人)にB(意見など)を伝える
- Why do you always *give* me a hard time? なぜいつも私をつらい目にあわせるの
- I'd appreciate it if you could *give* me some advice. 何かアドバイスをいただけるとありがたいのですが

❸ ⟨パーティーなどを⟩ (…のために)催す ((*for...*))；⟨劇などを⟩公演する
- *give* a concert コンサートを開く

❹ ((名詞を目的語にとって)) ⟨ある行為を⟩する
- *give* A a call A(人)に電話をする
- *give* A a hand A(人)を手伝う
- *give* A a hug A(人)を抱きしめる
- *give* A a kiss A(人)にキスをする
- *give* a push 押す
- *give* a sigh ため息をつく
- *give* (A) *a smile* (A(人)に)ほほえみかける
- *give* it a try 試してみる

give and take 譲り合う
give A **back** = **give back** A
A(物)を(…に)返す, 戻す((*to...*))
give in to A Aに降参する
give off A
A(ガス・においなど)を放つ, 発する
give A **out** = **give out** A
A(物)を配る
give up やめる, あきらめる
give A **up** = **give up** A
(1) Aをあきらめる
(2) A(席)を(…に)譲る((*to...*))
give up *doing* …する習慣をやめる
give *oneself* **(up) to** A
Aに没頭[熱中]する

- **given*** /gívən ギヴァン/
  動 giveの過去分詞
  ― 形 定められた, 与えられた
- a *given* name (姓に対する)名 (first name)
  ― 前 …を考慮すると
- *given that...* …ということを考慮すると
  ➡➡➡ 257ページに続く ➡➡➡

get /gét ゲト/

動 三単現 **gets** /ゲツ/
過去 **got** /ガト｜ゴト/
過分 **got** /ガト｜ゴト/
((主に米))**gotten** /ガトン/
現分 **getting** /ゲティング/

— 他

❶ 〈…を〉**得る, 手に入れる**; 買う(buy)
- *get* good marks in *A*
  A(科目)でよい点を取る
- *get A B* = *get B for A*
  A(人)のためにB(物)を手に入れてやる
- She *got* me a birthday cake. = She *got* a birthday cake *for* me. 彼女は私のためにバースデーケーキを買ってきてくれた

❷ 〈…を〉**受け取る, もらう**; 〈印象を〉受ける
- I *got* (an) e-mail from my friend.
  友達からEメールをもらった
- *get* (the) first prize in the contest
  コンテストで1位になる

❸ 〈…を〉**聞き取る**; 理解する
- I didn't *get* it.
  聞き取れ[理解でき]ませんでした
- I don't *get* what you mean.
  あなたのおっしゃることが分かりません
- 📖 You've *got* the idea. 分かってきましたね

❹ 〈列車などに〉間に合う; 〈乗り物に〉乗る
- *get* the last train 終電に間に合う

❺ 〈…を〉**連れてくる, 取ってくる**
- Please go (and) *get* me my bag.
  私のバッグを取ってきてください

❻ 〈病気に〉かかる; 〈打撃などを〉受ける
- I *got* a bad cold. ひどい風邪を引いた

❼ ((次の用法で))
- *get A done* A(物)を…してもらう
- I must *get* my hair cut.
  髪を切ってもらわなければ
- *get A C* AをC(の状態)にする
- *get A to do* A(人)に…させる, …してもらう

— 自

❶ (場所に)**行き着く, 到達する**((*to...*))
- I'll *get* to Paris at about 7.
  7時頃にパリに着きます
- What time did you *get* there?
  何時にそこに着いたの

❷ ((形容詞などを伴って))…の状態になる
- *get* angry 怒る
- *get* excited 興奮する

❸ ((過去分詞を伴って))…される
- My wallet *got stolen*.
  さいふをすられてしまった

❹ 徐々に…するようになる((*to do*))
- I *got to* know all of your friends.
  君の友達全員と知り合いになった

get about 歩き回る, 動き回る
get across 横断する, 渡る
get A across = get across A
A(考えなど)を(人に)理解させる((*to...*))
get along
(1) (仕事などを)順調に進める((*with...*))
(2) (…と)仲よくやってゆく((*with...*))
(3) 何とかやってゆく
get around あちこち旅行して回る
get around to A
Aをする機会をようやく見つける
get at
(1) A(物・事)に(手が)届く
(2) A(事)を言おうとする
- What *are* you *getting at*? 何が言いたいの
get away (…から)逃げる((*from...*))
get away with A A(物)を持って逃げる; A(悪事など)を(まんまと)やってのける
get back to A A(元の場所など)に戻る; A(人)にあとで連絡をする
get A back = get back A
A(物・人)を取り戻す, 取り返す
get behind
(支払いなどが)遅れる((*with..., on...*))
get by 通り抜ける; 何とかやってゆく
get down from A
A(はしごなど)から降りる
get A down = get down A
A(物・人)を降ろす; A(人)をがっかりさせる, 参らせる; A(事)を書き留める
get down to A
A(事)に本腰を入れて取りかかる
📖 Now we can *get down to* work.
さあ, 始めましょう
get in (中へ)入る; 到着する
get in A A(部屋など)に入る; A(乗用車・タクシーなど)に乗る, 乗り込む
get into
(1) A(場所)に入る; A(タクシーなど)に乗り込む
📖 *Get into* a line. 並んでください

glaring

📖 ***Get into*** groups of four.
4人のグループになってください
(2) ((くだけて)) A (趣味など)に興味を持ち始める
(3) A (ある状態)になる, 巻き込まれる
get it
(1) 理解する, 分かる
・I *got it*. 分かりました
📖 Do you *get it*? 分かりますか
📖 I don't *get it*. 分かりません
📖 Yes, you've *got it*. そうです
📖 You've almost *got it*. もうちょっとですね
(2) (電話に)出る
・I'll *get it*. 私が(電話に)出ます
get off
(1) (乗り物から)降りる
(2) 仕事を終える
get off *A* A (乗り物)から降りる
get on
(1) (乗り物に)乗る
(2) 仲よくやって行く, 暮らして行く
(3) ((進行形で)) 年を取る; 時間がたつ
(4) (仕事などを)再開する, 続ける ((*with*...))
get on *A* A (乗り物など)に乗る
get *A* ***on*** A (衣服など)を身に着ける
get out
(外へ)出る; (タクシーなどから)降りる
・*Get out!* 出ていけ
get out of *A*
(1) A (場所)から出る; A (タクシーなど)から降りる

・***Get out of*** the way, please.
ちょっとどいてください
(2) A (義務・約束など)から逃れる
get over *A*
A (塀など)を(乗り)越える; A (困難など)を克服する; A (病気など)から回復する
get *A* ***over with*** A (せざるをえないこと)を終わらせる, やってしまう
get through
(1) 通り抜ける
(2) (…に)電話で連絡がつく ((*to*...))
(3) (…に)自分のことを理解させる ((*to*...))
get through = ***get through*** *A*
(1) A (試験)に合格する
(2) A (仕事など)をやり終える
get to *A*
(1) A (場所)に到着する
(2) ((くだけて)) A (人)の心を動かす, A (人)をいらいら[がっかり]させる
get together
集まる; (…と)会う ((*with*...))
get up
(1) 立ち上がる, 起き上がる
(2) 起床する, 起きる
・She usually *gets up* early in the morning. 彼女はいつも朝早く起きる
have got ((話))…を持っている
have got to *do*
((話))…しなければならない

glacial /gléiʃəl グレイシャル/ 形 氷河の; 氷河期の; 氷の
glacier /gléiʃər グレイシャ/ 名 C 氷河

glad /gléd グラド/

形 比較 **gladder** /グラダ/
最上 **gladdest** /グラダスト/
〈人が〉**うれしい**;(…を)**うれしく思う** ((*about*..., *at*..., *of*...)) (⇔sad); 〈事が〉喜ばしい, 楽しい
・*glad* news うれしいニュース
■ *be glad (that)*... …であることがうれしい
・I *am* so *glad (that)* you came!
あなたが来てくれて本当にうれしい
■ *be glad to do* …してうれしい
・He *was glad to* hear from you.
彼は君からの便りを喜んでいた
■ *will [shall] be glad to do*
喜んで…する, 進んで…する

・I'*ll be glad to* help you.
喜んでお手伝いしましょう
gladly 副 喜んで; 進んで, 快く
glamour /glǽmər グラマ/ 名 U うっとりするような魅力, 魅惑
glamorous 形 魅力的な, 魅惑的な
glance /glǽns グランス/
動 🅐 (…を)ちらりと見る ((*at*...))
— 名 C (…を)ちらりと見ること ((*at*...))
・*have a glance at* *A* A をさっと見る
at a glance 一目で, ちょっと見ただけで
at first glance 初めぱっと見たところでは
glare /gléər グレア/
名 C (怒って)にらみつけること; U ぎらぎらするまぶしい光
— 動 🅐 (…を)にらみつける ((*at*...)); ぎらぎらまぶしく輝く
glaring /gléəriŋ グレアリング/

Glasgow

動 glareの現在分詞・動名詞
── 形
❶ ぎらぎらまぶしい
❷ 〈欠点などが〉ひどく目立つ, 明白な

Glasgow /glǽsgou グラスゴウ | glá:zgou グラーズゴウ/ 名 グラスゴー (スコットランド南西部の港湾都市)

glass /glǽs グラス/

名 (複 **glasses** /グラスィズ/)
❶ U **ガラス**; ((形容詞的に)) ガラス製の
・broken *glass* ガラスの破片
・a sheet of *glass* 1枚のガラス
❷ C (ガラスの)**コップ**, グラス; コップ1杯(分の量)
・a wine *glass* ワイングラス
・a *glass of* milk コップ1杯の牛乳
❸ ((glasses)) めがね; 双眼鏡(binoculars)
・a pair of *glasses* めがね1つ
・put *one's glasses* on めがねをかける
・take *one's glasses* off めがねをはずす

glassy /glǽsi グラスィ/ 形
❶ ガラスのようになめらかな
❷ 〈目が〉生気のない[ぼんやり]した

glaze /gléiz グレイズ/
動 他 〈陶磁器などに〉うわ薬をかける; 〈…の〉つやを出す
── 名
❶ U C 光沢のある表面
❷ C 〈焼き物などの〉うわ薬; (食べ物の)照り

gleam /glí:m グリーム/
名 C かすかな光; (反射光の)輝き; (目や表情の)輝き ((*of*...))
── 動 自 明るく光る; 〈目などが〉(喜びなどで)輝く ((*with*...))

glee /glí: グリー/ 名 U 大喜び, 歓喜

glide /gláid グライド/
動 自 滑る, 滑るように動く; 滑空する
── 名 C 滑走, 滑空
glider 名 C グライダー
gliding 名 U ハンググライディング

glimmer /glímər グリマ/
名 C かすかな光
── 動 自 かすかに光る

glimpse /glímps グリムプス/
名 C ちらっと見[見える]こと
・*catch* [*have*] *a glimpse of A*
A (人・物)が[を]ちらっと見える[見る]
── 動

── 他 〈…を〉ちらっと見る
── 自 〈…を〉ちらっと見る ((*at*...))

glitter /glítər グリタ/
動 自 きらきら光る[輝く], きらめく
・All that *glitters* is not gold.
((ことわざ)) 輝くものすべてが金とは限らない
── 名 U きらめき, 輝き
glittering 形 光り輝く; 輝かしい

global /glóubəl グロウバル/ 形
❶ 地球上の, 世界的な
・*global* warming 地球温暖化
❷ 包括的な, 全体的な
globally 副 全体的に; 世界的に; 地球規模で

globalization /glòubələzéiʃən グロウバラゼイシャン/ 名 U (市場などの)国際化, グローバリゼーション

globe* /glóub グロウブ/
名 (複 **globes** /グロウブズ/)
❶ ((the globe)) 地球(the earth)
❷ C 地球儀; 球, 球体; 天体

gloom /glú:m グルーム/ 名
❶ U 薄暗がり, 暗やみ
❷ U C 憂うつ, 陰気
gloomy 形 どんよりした; 憂うつな

glorify /glɔ́:rəfài グローラファイ/ 動 他
❶ 〈…を〉賛美する; 〈神の〉栄光をたたえる
❷ 〈…を〉美化する
glorified 形 美化された

glorious /glɔ́:riəs グローリアス/ 形
❶ 栄光ある, 栄誉となる; 輝かしい
❷ 〈天気・景色などが〉すばらしい

glory /glɔ́:ri グローリ/ 名
❶ U 栄光, 名誉, 栄誉; C 名誉となるもの
❷ U 全盛, 栄華
❸ U 美観, 壮観

gloss¹ /glás グラス/
名 U
❶ ((また a gloss)) (表面の)光沢, つや
❷ つや出し塗料
put a gloss on A A (物)に光沢を付ける
── 動 他 〈…に〉光沢を付ける, つやを出す
glossy 形 光沢のある, つやつやした

gloss² /glás グラス/ 名 C 注釈, 注解

glossary /glásəri グラサリ/ 名 C 用語辞典; 用語解説

glove /gláv グラヴ/

名 (複 **gloves** /グラヴズ/) C

glove

❶ **手袋**
- a pair of *gloves* 1対の手袋
- put on [take off] *one's gloves*
  手袋をはめる[はずす]

❷ (野球の)**グローブ**; (ボクシングの)グラブ

glow /glóu グロウ/
名 C ((a glow))
❶ (炎を上げずに燃える)赤々とした輝き, 光
- *the glow* of coals 石炭の光
❷ 燃えるような色, あざやかさ
❸ (体・顔の)ほてり; 紅潮, (健康的な肌の)色つや
━ 動 自
❶ (炎を上げずに)赤々と燃える, 光る
❷ 〈目・顔などが〉(…で)輝く ((with...))
- Her eyes *glowed* with happiness.
  彼女の目は喜びで輝いていた
❸ 〈体・顔が〉ほてる, ぽっと赤くなる

glowing 形 〈批評などが〉好意的な; 白熱[赤熱]した; 〈色が〉あざやかな

glucose /glú:kous グルーコウス/ 名 U 【化学】ぶどう糖

glue /glú: グルー/
名 U 接着剤; のり
- *put glue on A* A (物)にのりを付ける
━ 動 他 〈…を〉接着剤でくっ付ける; 〈…に〉のりを付ける

go ☞ 260ページにあります

goal /góul ゴウル/

名 (複 **goals** /ゴウルズ/) C
❶ (サッカーなどの)**ゴール**; (ゴールで得た)得点; 決勝点
- score [make] a *goal* 1点得点する
- a *goal* line (サッカーなどの)ゴールライン
❷ **目標**, 目的
- set a *goal* 目標を設定する
- reach a *goal* 目標を達成する

goalkeeper /góulki:pər ゴウルキーパ/ 名 C (サッカーなどの)ゴールキーパー

goalpost /góulpòust ゴウルポウスト/ 名 C (フットボールなどの)ゴールポスト

goat /góut ゴウト/ 名 C 【動物】やぎ

goblet /gáblit ガブリト/ 名 C ゴブレット(脚が付いたグラス)

goblin /gáblin ガブリン/ 名 C (童話などに出てくる醜くて人間を苦しめる)小鬼, 小妖精(⁴ ⁵)

god /gád ガド/ 名 (複 gods /ガヅ/)

❶ ((God)) (一神教, 特にキリスト教の)**神**
- believe in *God* 神(の存在)を信ずる
❷ C (多神教の)神 (⇨ goddess)
by God 神かけて, 確かに, 必ず
God bless you!
(くしゃみをした人に)どうぞお大事に
(Oh) my God! ((驚き・困惑など)) なんてことだ, どうしよう; えっ, すごい
Thank God! やれやれ, ああよかった

goddess 名 C 女神; 魅力にあふれた女性

godfather /gádfɑ:ðər ガドファーザ/ 名 C (男の)名付け親, 教父

Goethe /gə́:tə ガータ/ 名 **Johann Wolfgang von Goethe** ゲーテ(ドイツの詩人・劇作家・小説家)

Gogh /góu ゴ ウ/ 名 **Vincent van Gogh** ゴッホ(オランダの画家)

going /góuiŋ ゴウイング/
動 goの現在分詞・動名詞
━ 形
❶ 現行の; 現存する, 生存中の
❷ うまく行っている, (順調に)動いている
━ 名 UC 行くこと, 出発; U 進行状況, 進みぐあい

gold /góuld ゴウルド/

名 (複 **golds** /ゴウルヅ/)
❶ U 【化学】**金**(ᵉⁿ) (元素記号 Au); 黄金
- This ring is made of *gold*.
  この指輪は金でできている
❷ U 金色, 黄金色
❸ C 金貨, 金メダル (gold medal)
━ 形 ((比較なし)) **金製の, 金の**; 金色の

golden* /góuldən ゴウルダン/
形 ((比較なし))
❶ 金色の; 金(製)の
❷ 貴重な; すばらしい; 繁栄している
- the *Golden* Age 最盛期, 黄金時代
- the *golden* rule 【聖書】黄金律; 行動規範
- *golden* wedding [anniversary]
  金婚式(結婚50年目のお祝い)

goldfish /góuldfiʃ ゴウルドフィッシュ/ 名 C 【魚】金魚

golf /gálf ガルフ/ 名 U ゴルフ
- a *golf* ball ゴルフボール
- a *golf* club ゴルフクラブ(打球棒)
- a *golf* course ゴルフコース
- play *golf* ゴルフをする

➡➡➡ 261ページに続く ➡➡➡

go /góu ゴウ/

動 三単現 **goes** /ゴウズ/
過去 **went** /ウェント/
過分 **gone** /ゴーン/
現分 **going** /ゴウイング/

— 自

❶ **行く**, 去る, 出かける, 出発する
- *go to bed* 寝る
- *go to school* 学校に行く
- *go* to (the) hospital 病院に行く
- *go to the theater* 芝居を見に行く
- *go home* 帰宅する
- I have to *go home* now.
  もう家に帰らなければなりません
- 📖 That's all for today. You can *go* now.
  きょうはここまで. 解散していいですよ
- *go by bicycle* 自転車で行く
- *go by bus [train]* バス[電車]で行く
- *go by plane* 飛行機で行く
- *go for a drive* ドライブに行く
- *go for a walk* 散歩に出かける
- *go on [for] a picnic* ピクニックに出かける
- What time does the last bus *go*?
  最終バスは何時に出ますか

❷ ((次の用法で))
■ *go doing* …しに行く
- *go camping* キャンプに行く
- *go jogging* ジョギングに行く
- *go shopping* ショッピングに行く
- *go swimming* 水泳に行く
■ *go to do* …しに出かける
- *go to see a doctor* 医者に診てもらいに行く
■ *go and do* …しに行く, 行って…する
- *go and see my friend* 友達に会いに行く

❸ ((補語を伴って))(…の状態に)ある, (…の状態を)続ける
- *go hungry* おなかをすかせている

❹ ((補語を伴って))(…の状態に)なる;(…の状態に)至る
- *go mad [insane]* 気が狂う
- *go blind* 失明する

❺ ⟨事が⟩運ぶ, 進展する;⟨時間が⟩過ぎる, たつ
- *go wrong*
  道を間違える;⟨物事が⟩うまく行かない
- How is everything *going*?
  近頃はどうですか

❻ ⟨道路・ドアなどが⟩(…に)行く, 通じる

- Where does this door *go*?
  このドアはどこに通じていますか

❼ ⟨機械などが⟩作動する;⟨鐘などが⟩鳴る;⟨動物が⟩鳴く
- 📖 There *goes* the bell.
  あっ, ベルが鳴っている
- 📖 The bell hasn't *gone* yet.
  ベルはまだ鳴っていません
- 📖 Sit quietly until the bell *goes*.
  ベルが鳴るまで静かに座っていてください

❽ ⟨物が⟩(ある場所に)置かれる, 納まる((*in...*, *on...*))
- Where did my book *go*?
  私の本はどこにしまったのか

❾ (…の名で)知られている((*by...*, *under...*))
- *go by [under] the name of A*
  Aという名で通っている

❿ ⟨物などが⟩なくなる, 消える;⟨人が⟩死ぬ
- My memory is *going*.
  記憶力が衰えつつある

be going to *do*
(1) …するつもりだ
- What *are* you *going to* be in the future?
  将来は何になるつもりですか
(2) …しそうだ
- This rain *is going to* let up soon.
  この雨はまもなくやむだろう

go about *A* A (仕事など)に取りかかる
go across *A*
A (川など)を渡る;A (道路)を横切る
go after *A* A (人など)のあとを追う
go against *A* ⟨人が⟩A (人)に反対する
go ahead
前進する;((先を譲って))お先にどうぞ
go along 進む;続けていく, やっていく
go along with *A*
A (人)に付いて行く, 同行する
go around 歩き回る;(…に)立ち寄る((*to...*))
go around *A* A (物)の周りを回る
go away 立ち去る;(休日などで)出かける;⟨痛みなどが⟩消える
go back (…へ)戻る((*to...*))
go by
⟨行列などが⟩通り過ぎる;⟨時間などが⟩過ぎる
go down
(1) 降りる, 下がる
(2) ⟨値段などが⟩下がる
(3) ⟨太陽などが⟩沈む;⟨風が⟩収まる

(4) 【コンピュータ】ダウンする
go down *A* A（階段など）を降りる
go for *A*
(1) A（物）を取りに行く；A（医者・助けなど）を呼びに行く
(2) A（仕事など）を得ようと努める
(3) A（人・物）を好む，A が気に入る
Go for it! 《声援などで》がんばれ
go in 中に入る
go into *A* A（場所）に入る；A（職業など）につく；A（詳細）に立ち入る
go off
立ち去る，出発する；〈爆弾・花火などが〉爆発する；〈銃砲が〉発射される；〈明かりなどが〉消える
go on
(1) 先に進む
⎕ Now we will *go on* to the next exercise. では次の練習に移りましょう
⎕ *Go on*. Have a try.
さあ，やってみてください
(2) 〈…を〉続ける《*with...*》
(3) 〈事が〉起こる
・What's *going on*? いったいどうしたんだ
(4) 〈時間が〉過ぎ去る
go on *A* A（旅行・ピクニックなど）に行く
go on *doing* …し続ける
go out
(1) 外へ出る，外出する
⎕ *Go out*. 外に出てください
(2) （人と）つきあう，デートする《*with...*》

(3) 〈火・明かりが〉消える；〈服装などが〉流行しなくなる
go out of *A* A（部屋など）から出て行く
go over
（場所を横切って）行く，渡る；（近くを）訪問する
go over *A* A（物）を越える；A（ノートなど）をよく調べる，検討する
go through *A*
A（場所）を通り抜ける；A（苦しさなど）を経験する；A（事）を詳しく調べる
go together with *A*
A といっしょに行く；A と調和する
go up
上る，登る，上昇する；〈温度などが〉上がる
go up to *A* A（人）に近寄る
go with *A* A（人）といっしょに行く，A に同行する；A と調和する，合う
go without *A*
A（食事など）なしですます
it goes without saying that...
…であることは言うまでもない
ready to go 準備が万端整っている
There goes *A*. （ほら，A（人など）が行くよ
to go 〈飲食物が〉持ち帰り用の
・Two hamburgers *to go*, please.
ハンバーガー2個持ち帰り用でお願いします
■ 名 (複 **goes** /ゴウズ/)
❶ U 行く[去る]こと
❷ C 試み
⎕ Have a *go*. やってみてください

golfer 名 C ゴルフをする人；ゴルファー

gone
/gɔ́ːn ゴーン | gɔ́n ゴン/
動 go の過去分詞
■ 形
❶〈人が〉いなくなった，亡くなった；〈物が〉なくなった；過ぎ去った，過去の
❷〈人が〉家[席]をあけた，留守をした
・I won't be *gone* long. すぐ戻ってきます

gong /gɔ́ŋ ゴーング/ 名 C （合図の）どら，ゴング

good
/gúd グド/
形 比較 **better** /ベタ/
最上 **best** /ベスト/
❶ よい，優れた，立派な（⇔ bad）
・a *good* student 優れた学生
・*good* schools 名門校
⎕ *Good job*! たいへんよくできました

⎕ (That's) *very good*. たいへんよくできました
❷〈人などが〉善良な；親切な；（道徳的に）正しい；〈特に子どもが〉行儀のよい
・a *good* neighbor 善良な隣人
・*Be good!* おとなしくするんですよ
❸ (健康に) よい；〈薬が〉（病気などに）効く《*for...*》
・a *good* medicine *for* a cold 風邪に効く薬
❹〈食べ物・飲み物が〉おいしい
・This apple tastes *good*. このりんごはうまい
❺ 元気な，健康な，気分がよい
・"How do you feel today?" "I feel so *good*."
「きょうの調子はどうですか」「とてもよいです」
❻（…が）じょうずな，うまい《*at..., in...*》
・a *good* singer 歌がうまい人
・be *good at* English 英語が得意である
❼ 楽しい；〈話などが〉おもしろい
・have a *good* time 楽しい時間を過ごす

Good afternoon!

- Have a *good* weekend. よい週末を
- *It's good to* see you again.
またお会いできてうれしいです

❽ (…に)適した, 都合のよい((*for...*))
- a *good* restaurant *for* lunch
ランチによいレストラン
- Tomorrow is not *good for* me.
あすは都合が悪い

❾ ((a good))十分な, かなりの
- *a good deal of A* たくさんのA
- *a good many of A* かなり多くのA
***as good as** A* Aも同然で, ほとんどA
- The patient was *as good as* dead.
患者は死んだも同然だった
Good for you! でかした, よくやった
That's a good one. そいつはいいや
━ 名 U
❶ 利益, ため(になること);よいこと
- for the *good* of the children in the world 世界じゅうの子どもたちのために
- *it is no good doing* …してもむだだ

❷ 善;長所
do A good = do good to A
A(人)のためになる, A(人)の役に立つ
do no good 役に立たない, うまく行かない
for good (and all) 永久に, 永遠に

Good afternoon!

/gùdæftərnúːn グダフタヌーン/
間 ((午後のあいさつ))**こんにちは**

goodbye(e)

/gùdbái グドバイ/
間 ((別れのあいさつ))**さようなら, ごきげんよう;それじゃまたね**
📖 *Goodbye*, everyone. 皆さん, さようなら
━ 名 C U 別れのあいさつ(farewell)
- *wave goodbye to A*
A(人)に手を振って別れを告げる
say goodbye to A A(人)に別れを告げる

Good evening!

/gùdíːvniŋ グドイーヴニング/
間 ((夕方から夜までのあいさつ))**こんばんは**

good-looking /gúdlúkiŋ グドルキング/ 形
顔立ちのよい, 美しい, ハンサムな

Good morning!

/gùdmɔ́ːrniŋ グドモーニング/
間 ((午前のあいさつ))**おはよう(ございます)**

good-natured /gúdnéitʃərd グドネイチャド/ 形 気立てのよい, 温厚な, 優しい

goodness /gúdnəs グドナス/
名 U
❶ (質の)よさ, 優秀さ
❷ (人の)善良さ, 親切, 徳
❸ ((くだけて))神
for goodness' sake お願いだから
- Stop the noisy music, *for goodness' sake*! 頼む, そのやかましい音楽をやめて!
━ 間 ((驚き・不快などを表して))おやまあ, 何とまあ

Good night!

/gùdnáit グドナイト/
間 ((夜の別れのあいさつ))さようなら, おやすみなさい

goods＊ /gúdz グツ/ 名 ((複数扱い))
❶ 商品, 品物
- *goods* in stock 在庫品
❷ 所有物, 家財, 財産, 動産

goodwill /gúdwíl グドウィル/ 名 U 好意, 親切;親善

goof /gúːf グーフ/ ((主に米))((くだけて))
名 C ばか者, まぬけ;へま, 失敗
━ 動 ⾃ へまをやらかす((*up*))
goof around
((米))((くだけて))のらくら過ごす
goof off ((米))((くだけて))時間を浪費する;仕事をサボる
goofy 形 ばかな, まぬけな

goose /gúːs グース/ 名 C 【鳥】ちょう, (野生の)がん
- *goose* bumps (寒さ・恐怖などで出る)鳥肌

gorge /ɡɔ́ːrdʒ ゴーヂ/
名 C (水の流れる)(小)峡谷, 山峡
━ 動 他 ((次の用法で))
- *gorge oneself on A*
A(食べ物)をむさぼり[たらふく]食う

gorgeous /ɡɔ́ːrdʒəs ゴーヂャス/ 形 ((くだけて)) すばらしい;とても美しい;華やかな, 豪華な
gorgeously 副 華やかに

gorilla /ɡərílə ガリラ/ 名 C 【動物】ゴリラ

gosh /ɡáʃ ガシュ/ 間 ((くだけて))((驚きなどを表して))えっ, おや, ほんとに
- Oh, (my) *gosh*! これは大変だ

gospel /ɡáspəl ガスパル/ 名
❶ U ((the gospel)) 福音(キリストとその使徒たちの教え);C ((the Gospel))福音書

❷ U ((くだけて))(絶対的)真実, 真理;C((a gospel))主義, 信条
・the *gospel* truth 絶対的真理[真実]
❸ U ゴスペル音楽(黒人霊歌)
・*gospel* music ゴスペル音楽

gossip /gásəp ガサプ/
名
❶ UC (人の)うわさ話;(新聞などの)ゴシップ記事;おしゃべり, 雑談
・a *gossip* column ゴシップ欄;芸能コラム
❷ C うわさ好きな人
━ 動 自 (…と)雑談をする((*with*...));(…について)うわさ話をする((*about*...))

got /gát ガト/ 動 getの過去形・過去分詞

Gothic /gáθik ガスィク/
形 〈建築・絵画などが〉ゴシック様式の
━ 名 U ゴシック様式;ゴシック建築[文学]

gotten* /gátn ガトン/ 動 getの過去分詞

gourmet /guərméi グアメイ/ 名 C 食通, 美食家, グルメ

govern /gʌ́vərn ガヴァン/ 動
━ 他 〈国・人民などを〉治める, 統治[支配]する
━ 自 統治する;支配[管理]する
governance 名 U 統治;支配, 管理
governing 形 統治[管理]する;支配的な;主要な

government* /gʌ́vərnmənt ガヴァンマント/
名 (複 **governments** /ガヴァンマンツ/)
❶ C ((しばしばthe Government)) **政府**, 統治機関
・the federal *government* 連邦政府
・a state *government* 州政府
❷ U 政治, 行政;統治
・*government* of the people, by the people, for the people 人民の, 人民による, 人民のための政治(リンカーンの言葉)
❸ U 政治体制, 政体
・parliamentary *government* 議会政治
governmental 形 政治(上)の;政府の;国営の

governor /gʌ́vərnər ガヴァナ/ 名 C
❶ ((Governor))((米)) 州知事;(日本の)知事
・the *Governor* of Utah ユタ州知事
・*Governor* General 長官, 知事
❷ (組織の)長;総裁;理事
・the board of *governors* 理事会

gown /gáun ガウン/ 名 C
❶ (婦人が着る正装用の)ガウン, ドレス;(男女の)部屋着, 化粧着;寝巻き
❷ (裁判官などの身分を表す)正服, ガウン

grab /gráb グラブ/
動 三単現 **grabs** /グラブズ/
過去過分 **grabbed** /グラブド/
現分 **grabbing** /グラビング/
━ 他
❶ 〈…を〉**つかむ**;(…から)ひったくる((*from*...))
❷ 〈チャンスを〉つかむ;〈注意を〉引く
❸ 〈食べ物を〉大急ぎでとる, かき込む
━ 自 (…を)**つかむ**, ひったくろうとする;(チャンスなどに)飛びつく((*at*...))
━ 名 C ひったくり, わしづかみ;略奪
・make a *grab* for *A* Aをひったくろうとする
(be) up for grabs
((くだけて)) より取り見取りの

grace /gréis グレイス/
名
❶ U 優美, 優雅, 上品
❷ U 恩恵, 好意;(神の)恵み, 恩寵(おんちょう)
❸ UC 食前[食後]の祈り
have the (good) grace to *do*
潔く…する
━ 動 他 〈…を〉優美にする, 飾る;〈…に〉(…で)名誉を与える((*with*...))
graceful 形 優雅な, 上品な, しとやかな
gracefully 副 優雅に, 上品に, しとやかに

gracious /gréiʃəs グレイシャス/
形 (…に対して)親切な;礼儀正しい, 丁重な((*to*...))
━ 間 ((やや古)) えっ, おや, まあ
・Good *gracious*! まあ, これは大変
graciously 副 親切に;優雅に
graciousness 名 U 親切さ, 丁重さ

grad /grǽd グラド/ 名 C ((米))((くだけて))卒業生(graduate)
・a *grad* school ((米))((くだけて))大学院

grade /gréid グレイド/
名 (複 **grades** /グレイヅ/) C
❶ **等級, 階級**
・the best *grade* of meat 最高級の肉
❷ ((米))**学業成績**, 評価, 評点(((英))mark)
・*grade* point average
成績評価点平均(略 GPA)
・get excellent *grades* 優秀な成績を取る
❸ ((米))(小・中・高通しての)**学年**, 年級
・a *grade* school 小学校

- I am in the 10th *grade*.
  私は10年級[高校1年]です
  ❹ ((主に米))(道路・線路などの)勾配(訟)
  make the grade
  ((くだけて))目標に達する,合格[成功]する
  ━ 動 他
  ❶〈…を〉等級分けする;〈…を〉格付けする
  ❷ ((米))〈生徒に〉成績をつける,〈答案を〉採点する(((英))mark)
  | **grader** 名 C ((米))…学年生,採点者
gradual /grǽdʒuəl グラヂュアル/ 形 徐々の,少しずつの;ゆるやかな
- a *gradual* process 少しずつの進歩
  | **gradually** 副 徐々に,だんだんと

graduate

動 /grǽdʒuèit グラヂュエイト/
三単現 **graduates** /グラヂュエイツ/
過去過分 **graduated** /グラヂュエイティド/
現分 **graduating** /グラヂュエイティング/
━ 自 (大学を)**卒業する**;((米))(各種の学校を)卒業する((*from...*))
━ 他
❶ ((米))〈学校などが〉〈学生を〉卒業させる;〈…に〉学位を与える
❷〈…に〉等級を付ける;〈計量器などに〉目盛りを付ける
━ 名 /grǽdʒuət グラヂュアト/
(複 **graduates** /グラヂュアツ/) C
❶ **卒業生** (((略))grad)
❷ ((米))大学院生
- a *graduate* school ((米))大学院
- a *graduate* student ((米))大学院生
  | **graduated** 形 等級[格差]を付けた;〈税が〉累進的な
  | **graduation** 名 U 卒業;C 卒業式
graffiti /grəfí:ti グラフィーティ/ 名 U (壁などにする)落書き
grain /gréin グレイン/ 名
❶ U 穀物,穀類
❷ C (砂・塩などの)粒;(米・麦などの)穀粒
go [be] against the grain
気質[性分]に合わない

gram, ((英))gramme*

/grǽm グラム/ 名 (複 **grams** /グラムズ/) C
グラム (略 g, g., gm., gr.)

grammar /grǽmər グラマ/

名 (複 **grammars** /グラマズ/)
❶ U **文法**;文法学;C 文法書
- English *grammar* 英文法
❷ U 語法,言葉づかい
  | **grammatical** 形 文法(上)の,文法的な
  | **grammatically** 副 文法上は;文法的に
gramme /grǽm グラム/ ((英)) = gram
Grammy /grǽmi グラミ/ 名 C ((米))グラミー賞(音楽界で優れた作品とアーティストに毎年与えられる賞)
grand* /grǽnd グランド/
形 比較 **grander** /グランダ/
最上 **grandest** /グランデスト/
❶ **壮大な,雄大な,壮麗な**
- the *Grand* Canyon グランドキャニオン
❷ **重大な,重要な,主要な**;((ふつうGrand))(位階などについて)最高の
- the *grand* prix /グラーンプリー/
  グランプリ,大賞
- *grand* slam
  【野球】満塁ホームラン;【スポーツ】グランドスラム(1シーズンの主要な試合全部に勝つこと)
❸〈態度などが〉威厳のある,堂々とした,気品ある;もったいぶった
❹ ((くだけて))すばらしい,すてきな,とても楽しい
━ 名 (複 **grands** /グランヅ/) C
❶ グランドピアノ
❷ (複 **grand**) ((米))((くだけて))千ドル;((英))((くだけて))千ポンド
grandchild /grǽndtʃàild グランドチャイルド/
名 (複 **grandchildren** /グランドチルドラン/) C 孫
granddaughter /grǽndɔ̀:tər グランドドータ/ 名 C 孫娘,女の孫
grandfather /grǽndfà:ðər グランドファーザ/
名 C 祖父,おじいさん (((略))grandpa)
- a *grandfather* clock 振り子式大型箱時計
grandiose /grǽndiòus グランディオウス/ 形 ((けなして))
❶〈建物などが〉雄大な,荘厳な
❷〈態度などが〉大げさな,もったいぶった
❸〈計画などが〉壮大な
grandma /grǽndmà: グランドマー/ 名 C ((くだけて))おばあちゃん (grandmother)
grandmother /grǽndmʌ̀ðər グランドマザ/ 名 C 祖母,おばあさん (((略))grandma)
grandpa /grǽndpà: グランドパー/ 名 C ((くだけて))おじいちゃん (grandfather)

grandparent /grǽndpèərənt グランドペアラント/ 名 C 祖父, 祖母

grandson /grǽndsʌ̀n グランドサン/ 名 C 孫息子, 男の孫

granny /grǽni グラニ/
名 C ((幼児語)) おばあちゃん (grandma)
— 形 おばあちゃん(スタイル)の

grant /grǽnt グラント/
動 他
❶ 〈…を〉かなえる, 聞き入れる
- *grant A B = grant B to A*
  A(人)にB(願いなど)をかなえてやる
❷ 〈…を〉与える, 授ける
- *grant A B = grant B to A*
  A(人)にB(物)を授与する
❸ 〈…ということを〉認める ((*that*節))

granted [***granting***] (***that***)...
仮に…だとしても

take A for granted
Aを当然のことと思う
— 名 C 授与されたもの; 交付[助成, 補助]金, 奨学金
- a research *grant* 研究助成金

grape* /gréip グレイプ/
名 (複 **grapes** /gréips/) C ぶどう(の実)

grapefruit 名 /gréipfrù:t グレイプフルート/ C グレープフルーツ(の木)

grapevine /gréipvàin グレイプヴァイン/ 名
❶ C ぶどうのつる[木]
❷ ((the grapevine)) うわさ, 口コミ
- on [through] the *grapevine* うわさ話で

graph /grǽf グラフ/ 名 C グラフ, 図表, 図
- a line [bar, pie] *graph* 線[棒, 円]グラフ
- *graph* paper グラフ用紙, 方眼紙

graphic /grǽfik グラフィク/ 形
❶ グラフによる; 画像の
❷ 絵を見るような, 生々しい
- the *graphic* arts
  ((複数扱い)) グラフィックアート
- *graphic* design グラフィックデザイン
graphics 名 グラフィックス, 画像

graphical /grǽfikəl グラフィカル/ = graphic
- *graphical* user interface
  【コンピュータ】グラフィカル・ユーザー・インターフェイス(略 GUI)

grasp /grǽsp グラスプ/
動
— 他

❶ 〈…を〉しっかりつかむ, つかまえる, 捕らえる
❷ 〈…を〉理解する; 〈…ということを〉把握する ((*that*節))
— 自 〈…を〉つかもうとする ((*at*...))
— 名 C ((a grasp)) (手や腕で)しっかりつかむ[にぎる]こと; 理解(力), 把握
- *have a good grasp of A*
  A(問題など)をよく理解している
- *have a poor grasp of A*
  A(問題など)をよく理解できていない

grass /grǽs グラス/

名 (複 **grasses** /grǽsiz グラスィズ/)
❶ U C 草; 牧草
- cut [mow] the *grass* 草を切る[刈る]
❷ U 草地, 牧草地; ((ふつうthe grass)) 芝生 (lawn)
- Keep off *the grass* ((掲示)) 芝生立入禁止
- *The grass* is always greener on the other side of the fence.
  ((ことわざ)) 隣の芝生は青い
grassy 形 草の多い, 草でおおわれた, 草深い

grasshopper /grǽshɑ̀pər グラスハパ/ 名 C 【昆虫】バッタ, イナゴ, キリギリス

grassland /grǽslænd グラスランド/ 名 U 草原; 牧草地

grate /gréit グレイト/ 動 他
❶ 〈物を〉きしらせる
❷ 〈食べ物などを〉(おろし金で)おろす
- *grate* carrots にんじんをおろす

grateful /gréitfəl グレイトフル/ 形 感謝する, うれしく思う
- *be grateful (to A) for B*
  (A(人)に) B(物・事)のことで感謝している
- *be grateful that...*
  …であることに感謝している
- *be grateful to do* …して感謝している
gratefully 副 感謝して, ありがたく
gratefulness 名 U 感謝の気持ち

gratification /grǽtəfikéiʃən グラタフィケイシャン/ 名
❶ U 満足(感), 大喜び
❷ C 満足[喜び]を与える物[事]

gratitude /grǽtətjù:d グラタトゥード/ 名 U (物事への)感謝(の気持ち) ((*for*...)), (人への)謝意 ((*to*...))

grave /gréiv グレイヴ/ 名 C 墓, 墓穴
- from the cradle to the *grave*

ゆりかごから墓場まで, 一生の間
dig one's own grave
((くだけて)) みずから墓穴を掘る
have one foot in the grave
(老齢などで)棺おけに片足を突っ込んでいる, 死にかかっている

gravel /grǽvəl グラヴァル/
名 U 砂利
━ 動 他 〈道路などに〉砂利を敷く

graveyard /gréivjɑ̀ːrd グレイヴャード/ 名 C
墓地

gravitation /grævətéiʃən グラヴァティシャン/ 名 U 【物理】重力, 引力
gravitational 形 重力[引力]の

gravity /grǽvəti グラヴァティ/ 名 U
❶【物理】重力; 引力 (gravitation)
❷ 危険性, 重大さ; 真剣さ
・the *gravity* of the situation 事態の重大性

gravy /gréivi グレイヴィ/ 名 U 肉汁; (肉汁をもとに作った)ソース

gray*, ((英)) **grey** /gréi グレイ/
形 比較 **grayer** /グレイア/
最上 **grayest** /グレイアスト/
❶ 灰色の, グレーの, ねずみ色の
・*gray* clothes グレーの服
❷〈髪が〉白髪の, 白髪混じりの
・go [turn] *gray* 白髪(混じり)になる
❸〈人・顔が〉青(白)い, 血の気のない
❹〈人・物が〉さえない, 陰気な; 特徴のない, 退屈な
━ 名 (複 **grays** /グレイズ/) U C 灰色, グレー; 灰色絵の具[染料]
━ 動 自 〈髪が〉白髪(混じり)になる

graze /gréiz グレイズ/ 動
━ 自 〈牛・羊などが〉牧草をはむ
━ 他 〈家畜に〉草を食べさせる
grazing 名 U 牧草地

grease /gríːs グリース/
名 U 獣油; 油脂; (機械用の)グリース, 潤滑油
━ 動 他 〈…に〉油を塗る[差す]
・*grease* paint
ドーラン (俳優のメーキャップに用いる)
greasy 形 〈食器などが〉油で汚れた; 〈食べ物が〉脂肪の多い, 脂っこい

great /gréit グレイト/
形 比較 **greater** /グレイタ/
最上 **greatest** /グレイタスト/
❶ 偉大な, 優れた; 有名な

・a *great* musician 偉大な[有名な]音楽家
・one of the *greatest* composers in the world 世界で最も偉大な作曲家
❷ 巨大な; (程度が)ふつうでない; 多数の, 多量の
・a *great* city 大都会
・a *great* surprise 非常な驚き
・the *Great* Lakes
五大湖 (米国とカナダの国境にある)
▪ *a great deal of A* 多量のA
▪ *a great many of A* 多数のA
▪ *a great number of A* 多数のA
・with *great* difficulty 非常に苦労して
❸ すばらしい, すてきな
・feel *great* すごく気分がよい
・That's a *great* idea. それはすばらしい考えだ
📖 You did a *great* job. 本当によくできました
❹ 重要な, 重大な
━ 間 ((感激などを表して)) すごい, よかった
greatness 名 U 偉大さ; (人格などの)偉大なこと; 重要さ

Great Britain
/grèit brítn グレイト ブリトン/ 名
❶ 大[グレート]ブリテン島 (イングランド, スコットランド, ウエールズから成る; 略 GB, G.B.)
❷ ((俗)) 英国

greatly /gréitli グレイトリ/ 副 大いに, 非常に (very much)

Greece /gríːs グリース/ 名 ギリシャ (首都はアテネ)

greed /gríːd グリード/ 名 U どん欲, 欲ばり
greedy 形 どん欲な, 強欲な; 食い意地の張った

Greek /gríːk グリーク/
形 ギリシャの; ギリシャ人[語]の
━ 名
❶ C ギリシャ人; ((the Greeks)) ((複数扱い)) ギリシャ国民
❷ U ギリシャ語
It's (all) Greek to me.
そいつは私にはちんぷんかんぷんだ

green /gríːn グリーン/
形 比較 **greener** /グリーナ/
最上 **greenest** /グリーナスト/
❶ 緑(色)の; 〈草木が〉青々とした; 〈信号が〉青色の

- a *green* light 青信号
- *green* leaves 青菜
- a *green* pepper ピーマン
- *green* tea 緑茶
- a *green* salad 野菜サラダ

❷〈果物などが〉熟していない, 青い

❸((改まって))未熟な, 不慣れな, 未経験の
- I am still *green* at the job.
私はまだその仕事に慣れていない

❹〈顔色が〉(病気・恐怖などで)青白い

━名 (複 **greens** /グリーンズ/)

❶ U|C 緑；(信号の)青；緑色の衣服
- a person in *green* 緑色の服を着た人

❷ C ((greens))((主に英))青野菜

❸ C ((英))草地, 緑地, 芝生；【ゴルフ】グリーン

━動 他 〈場所を〉緑化する

greenery 名 U 青葉, 緑の木々
greenish 形 緑色がかった

greengrocer /gríːŋgròusər グリーングロウサ/ 名 C ((主に英))八百屋

greenhouse /gríːnhàus グリーンハウス/ 名 C 温室
- the *greenhouse* effect 温室効果

Greenland /gríːnlənd グリーンランド/ 名 グリーンランド(北大西洋にある世界最大の島；デンマーク領)

Greenwich /grínidʒ グリニッヂ/ 名 グリニッジ(ロンドン南東部の自治区で, もとグリニッジ天文台があり, そこを通る子午線を経度0°と定めた)
- *Greenwich* Mean Time
グリニッジ標準時(略 GMT, G.M.T.)

greet /gríːt グリート/ 動 他

❶〈人に〉あいさつする；〈人を〉迎える
- She *greeted* her guest at the door.
彼女は玄関で客を迎えた

❷〈耳に〉入る；〈目に〉止まる
- A smell of gas *greeted* him.
ガスのにおいが彼をとらえた

greeting /gríːtiŋ グリーティング/
動 greetの現在分詞・動名詞
━名 U|C あいさつ；((greetings))あいさつの言葉
- a *greeting* card あいさつ状
- exchange *greetings* あいさつを交わす

grew /grúː グルー/ 動 growの過去形

grey /gréi グレイ/ ((英))= gray

grid /gríd グリド/ 名 C

❶格子；碁盤目, 方眼

❷(ガスなどの)配管網

❸表, 一覧表

grief /gríːf グリーフ/ 名 U 深い悲しみ, 嘆き
- be in deep *grief* 深い悲しみに沈んでいる
- feel *grief* 悲嘆に暮れる
- Good *grief*! 困ったなあ

grievance /gríːvəns グリーヴァンス/ 名 C 不平, 苦情

grieve /gríːv グリーヴ/ 動
━自 (…を)深く悲しむ((*at*..., *about*...))
- *grieve at* the news 知らせに深く悲しむ
━他 〈人を〉深く悲しませる
- The news *grieved* me.
その知らせは私を悲しませた

grievous 形 悲しい, 痛ましい；悲痛な；ひどい

grill /gríl グリル/
名 C

❶(肉などを焼く)焼き網

❷焼き肉(料理)；焼き肉食堂

━動
━他 〈肉などを〉焼き網で焼く, あぶる
━自 〈肉などが〉焼き網であぶられる

grim /gním グリム/ 形

❶〈顔つきなどが〉厳しい, 怖い, けわしい
- a *grim* expression 厳しい表情
- the *grim* reality 厳しい現実

❷断固とした
- a *grim* determination 固い決意

❸ぞっとするような；不快な；残酷な

grimace /gríməs グリマス/
名 C (苦痛などに)ゆがんだ顔
━動 自 顔をゆがめる

grime /gráim グライム/ 名 U 汚れ, あか, ほこり
grimy 形 汚れた, あか[ほこり]にまみれた

grin /grín グリン/
動 自 (歯を見せて)にこっ[にやり]と笑う
━名 C (歯を見せて)笑うこと

grind /gráind グラインド/
動 三単現 **grinds** /グラインヅ/
過去過分 **ground** /グラウンド/
現分 **grinding** /グラインディング/
━他

❶〈…を〉ひいて(粉に)する((*into*..., *to*...))；すりつぶす
- *grind* wheat *into* flour
小麦をひいて粉にする

❷〈刃物などを〉研ぐ；〈レンズなどを〉みがく

grip

❸ 〈…を〉ぎしぎしいわせる, こすり合わせる
━ 自
❶ 粉をひく; 研ぐ, みがく
❷ きしむ
━ 名
❶ ((a grind)) こすれる音
❷ ((a grind)) ((くだけて)) つらい仕事[勉強]; ((米)) ガリ勉家

grinding 形 耳ざわりな, ぎしぎしいう

grip /gríp グリプ/
名
❶ U ((また a grip)) しっかりつかむこと, にぎること; 握力(あくりょく)
・get *a* good *grip* on the rope
ロープをしっかりとにぎる
❷ C 取っ手, 柄(え), グリップ
❸ C ((a grip)) 理解(力), 把握(力)
❹ C ((a grip)) 統制, 支配;(人の心を)つかむこと, つかむ力
━ 動
━ 他
❶ 〈…を〉しっかりつかむ, にぎる
❷ 〈意味を〉理解する, 把握する; 〈人を〉引きつける, 〈興味などを〉引く
━ 自 (…を)しっかりつかむ ((*on*...)); 〈ブレーキが〉かかる

gripe /gráip グライプ/
動 自 ((くだけて)) (…のことで)絶えず不平を言う ((*about*...))
━ 名 ((くだけて))
❶ C 不平, 苦情
❷ ((the gripes)) 腹痛

grisly /grízli グリズリ/ 形 恐ろしい, ぞっとするような

grit /grít グリト/
名 U
❶ 砂, じゃり
❷ 勇気, 根性
━ 動 他
❶ 〈歯などを〉きしらせる
❷ 〈道路に〉(滑り止めに)砂をまく

groan /gróun グロウン/
動
━ 自 (苦痛などで)うめく, うなる
━ 他 〈返事などを〉うめくようにする
━ 名 C うめき声, うなり声

grocer /gróusər グロウサ/ 名 C 食料雑貨商人
・a *grocer*'s (shop) 食料雑貨店

grocery 名 C 食料雑貨店, 食料品店; ((groceries)) 食料品, 雑貨類

groggy /grági グラギ/ 形 ((くだけて)) (病気・疲労などで)足元がふらついている; グロッキーの

groom /grú:m グルーム/
名 C 花婿, 新郎
・the bride and *groom* 新郎新婦
━ 動 他
❶ 〈馬・犬などの〉世話をする, 毛並みを整える
❷ 〈人の〉身づくろいをする; 〈動物が〉〈…の〉毛づくろいをする
❸ 〈人を〉訓練する, 仕込む

groove /grú:v グルーヴ/ 名 C
❶ (戸などを走らす)溝
❷ 習慣, 決まったやり方
・get [fall] into a *groove* 型にはまる
❸ ((くだけて)) (音楽の)リズムパターン

gross /gróus グロウス/
形
❶ 総体の, 全体の, 総計の;〈重さが〉風袋(ふうたい)込みの
・the *gross* amount 総額
・my *gross* income 私の総収入
・*gross* domestic product
国内総生産 (略 GDP)
・*gross* national product
国民総生産 (略 GNP)
❷ 粗野な, 下品な
❸ ひどい, はなはだしい
❹ 太りすぎの, 肥満の
━ 名 C
❶ グロス (12ダース, 144個)
❷ ((the gross)) 総計, 総額

grossly 副 ひどく, はなはだしく

grotesque /groutésk グロウテスク/
形 奇怪な; グロテスクな; 異様な
━ 名 C グロテスクな物, 風変わりな人

ground¹ /gráund グラウンド/

名 (複 **grounds** /グラウンヅ/)
❶ U ((ふつう the ground)) 地面; 土地; 土, 土壌(どじょう)
・lie on *the ground* 地面に横たわる
・dry *ground* 乾いた土地
❷ ((ふつう grounds)) (特定の用途の)グラウンド, 場所; 敷地, 構内
・a sports *ground* 運動場
❸ C U ((ふつう grounds)) 理由, 原因;(理論などの)基礎, 根拠

- *on (the) grounds of A* Aの理由で
- He was absent from school *on (the) grounds of* illness.
彼は病気のために学校を休んだ
- *on the ground(s) that...* …という理由で
- *fall to the ground*
地面に落ちる, 倒れる;〈計画などが〉失敗する
- *get off the ground*
〈物事が〉うまくスタートする
- *on one's own ground* 自分の土俵で
━ 動 他
❶〈…の〉根拠を(…に)置く((*on...*, *in...*))
❷〈悪天候などが〉〈飛行機などを〉離陸させない;〈子どもを〉罰して外出させない
❸((米))〈…を〉アースする
groundless 形 根拠のない, 事実無根の

ground² /gráund グラウンド/
動 grindの過去形・過去分詞
━ 形 ひいた, 粉にした

grounder /gráundər グラウンダ/ 名 C 【野球】ゴロ (ground ball)

groundwater /gráundwɔ̀:tər グラウンドウォータ/ 名 U 地下水

groundwork /gráundwɜ̀ːrk グラウンドワーク/ 名 U 下地, 土台, 基礎;基本[根本]原理

group /grúːp グループ/

名 (複 **groups** /grúːps/) C
(人・物・動植物の)群れ, 集まり, グループ, 集団;(政治などの)派, 団体
- *in a group* 一団となって
- *split A into groups* Aをグループ分けする
- Only three people in each *group*.
1グループ3人だけです
- Make [Form, Get into] *groups* of four.
4人のグループになりなさい
- Move your desks into *groups* of four people. 机を動かして4人ずつになりなさい
- There are too many in this *group*.
このグループは人数が多すぎますね
- Can you join the other *group*?
ほかのグループに入ってくれますか
- Which topic will your *group* report on? あなたのグループはどのトピックについて報告しますか

━ 動
━ 他
❶〈…を〉集める, 一団にする
❷〈…を〉分類する

━ 自 集まる, 群れをなす, 一団となる
grouping 名 C グループ分け

grove /gróuv グロウヴ/ 名 C 小さな森, 木立ち

grow /gróu グロウ/

動 三単現 **grows** /gróuz/
過去 **grew** /grúː/
過分 **grown** /gróun/
現分 **growing** /gróuiŋ/
━ 自
❶〈人などが〉**成長する**((*up*));〈植物が〉**育つ, 生長する**;伸びる
- *grow* tall 背が伸びる
- This vegetable doesn't *grow* in Japan.
この野菜は日本では育たない
❷〈経済などが〉成長する
❸〈物の〉(数量・程度が)増す
❹(次第に)…になる;〈人が〉(…する)ようになる((*to do*))
- It began to *grow* cold. 寒くなり始めた
━ 他〈植物を〉育てる;〈髪・ひげなどを〉伸ばす, 生やす

grow into A A (服など) が着られるほどに成長する;成長してAになる
grow up 成長する, 大人になる
- *grow up to be C* 成長してCになる
- *Grow up!* 大人になれ

growing 形 大きくなりつつある;成長している

grower /gróuər グロウア/ 名 C
❶(花・果実・野菜などの)栽培者
❷((形容詞とともに))(発育が…の)植物

growl /grául グラウル/
動 自
❶〈犬などが〉うなる
❷(…に)不平を言う, がみがみ言う((*at...*))
━ 名 C うなり声

grown /gróun グロウン/
動 growの過去分詞
━ 形 成長した, 大きくなった

grown-up
形 /gròunʌ́p グロウナプ/
❶ 成人した, 大人の (adult)
❷ 大人らしい;成人向きの
━ 名 /gróunʌ̀p グロウナプ/ C 成人, 大人

growth /gróuθ グロウス/ 名 U
❶(人・動植物の)成長, 発育
- encourage *growth* 成長をうながす

grudge

❷ (数量・程度などの)発達;増加, 増大
- population *growth* 人口増加

grudge /grʌ́dʒ グラヂ/
名 C (…に対する)恨み, 怨恨((*against...*))
動 他 〈…を〉惜しむ;〈…を〉ねたむ

gruff /grʌ́f グラフ/ 形 〈行動が〉粗野な, ぶっきらぼうな;〈声が〉しわがれた, 荒々しい

grumble /grʌ́mbl グランブル/
動
― 自
❶ (…について)不平を言う, ぶつぶつ言う((*about..., over...*))
❷ 〈雷などが〉ゴロゴロ鳴る
― 他 〈…を〉不平がましく言う
― 名 C 不平, 不満;ゴロゴロいう音

grumpy /grʌ́mpi グランピ/ 形 ((くだけて))気難しい, むっつりした

grunt /grʌ́nt グラント/
動 自 〈豚が〉ブーブー鳴く;〈人が〉ぶつぶつ言う
― 名 C (豚の)ブーブー鳴く声;ぶつぶつ言う声

Guam /gwɑ́:m グワーム/ 名 グアム島 (太平洋のマリアナ諸島中最大の島;米国領)

guarantee /gæ̀rəntí: ギャランティー/
名 C
❶ 保証;保証書
- a watch with a year's *guarantee*
1年間保証付き時計
❷ 保証人;【法律】被保証人
― 動 他 〈…を〉保証する, 〈…の〉保証人になる;〈…を〉約束する

guard /gɑ́:rd ガード/

動 三単現 **guards** /ガーヅ/
過去・過分 **guarded** /ガーディド/
現分 **guarding** /ガーディング/
― 他
❶ 〈人を〉(…から)**保護する, 守る**((*from..., against...*))
- *guard* A with *one's* life Aを体を張って守る
❷ 〈囚人などを〉見張る
― 自 (…に)**用心する, 警戒する**((*against...*))
― 名 (複 **guards** /ガーヅ/)
❶ U **見張り, 監視;警戒, 用心**
- keep *guard* 見張る
- a *guard* dog 番犬
❷ C 警備員, ガードマン, ボディーガード;((米))(刑務所の)看守
❸ U C (スポーツなどの)防御, ガード

guardian /gɑ́:rdiən ガーディアン/ 名 C 保護者;【法律】後見人

guardrail /gɑ́:rdrèil ガードレイル/ 名 C (階段などの)手すり;(道路の)ガードレール

guerrilla, guerilla /gərílə ガリラ/ 名 C ゲリラ兵

guess /gés ゲス/

動 三単現 **guesses** /ゲスィズ/
過去・過分 **guessed** /ゲスト/
現分 **guessing** /ゲスィング/
― 他
❶ (…を)**推測する, 言い当てる**
- I *guess* his age at 60. 彼は60歳だろう
❷ ((主に米))((くだけて))(…であると)**思う**((*that*節))
- I *guess* so. そうだと思う
- I *guess* not. そうだとは思わない
- I *guess* his age to be about 30.
彼の年齢は30歳くらいと思う
- *Guess* what? ((話を切り出して))あのねえ, ねえ何だと思う
- Let me *guess*.
(人が言う前に)ちょっと待って
― 自 (…を)**推測する, 言い当てる**((*at...*))
― 名 (複 **guesses** /ゲスィズ/) C
推測, 推量
- a wild *guess* 当てずっぽう
- **make [take] a guess at A**
Aを推測する, 当てる
📖 *Take guess.* 当ててごらん
anybody's [anyone's] guess
((くだけて))まったく予想がつかないこと
Your guess is as good as mine.
((くだけて))私にも分かりません

guest /gést ゲスト/

名 (複 **guests** /ゲスツ/) C
❶ (招かれた)**客, 来客**;(テレビなどの)**ゲスト**
- a *guest* of honor 主賓
❷ (ホテルなどの)(泊まり)**客, 宿泊人**
- a *guest* book 宿泊者名簿
- a *guest* room 客室
Be my guest. ((くだけて))どうぞご自由に

guesthouse /gésthàus ゲストハウス/ 名 C 迎賓館;貸し別荘;小型ホテル

guidance /gáidəns ガイダンス/ 名 U 指導, 案内;生徒指導, 補導, ガイダンス
- a *guidance* counselor

生活指導カウンセラー

guide /gáid ガイド/

動 三単現 **guides** /ガイヅ/
過去・過分 **guided** /ガイディド/
現分 **guiding** /ガイディング/

── 他

❶ 〈人を〉**案内する**
・Please *guide* me through the forest.
森の中を案内してください

❷ 〈人を〉**指導する**
・The teacher *guides* us in our work.
先生が私たちの勉強を指導してくれる

── **名** (複) **guides** /ガイヅ/ C

❶ **案内人**, ガイド；指導者
・a tour *guide* 旅行ガイド
・a *guide* dog 盲導犬

❷ **案内書**, 手引き(書), 入門書

❸ 道しるべ；指針

guidebook /gáidbùk ガイドブク/ 名 C 旅行案内書, ガイドブック；指導書

guideline /gáidlàin ガイドライン/ 名 C ((ふつうguidelines)) ガイドライン, 指針

guild /gíld ギルド/ 名 C 同業組合, 協会；【歴史】(中世の)ギルド

guilt /gílt ギルト/ 名 U 犯罪；有罪；やましさ

guilty /gílti ギルティ/ 形

❶ 罪を犯した, 有罪の
・declare *A guilty* Aを有罪と宣告する

❷ やましい, 気がとがめる
・*feel guilty about A*
Aのことでうしろめたく感じる
・*feel guilty for doing*
…してやましく思う

guitar /gitá:r ギター/ 名 C ギター
guitarist 名 C ギター奏者, ギタリスト

gulf /gálf ガルフ/ 名 C 湾；深い穴, 深淵(しんえん)

Gulf States /gálfstéits ガルフステイト/ 名 ((the Gulf States)) メキシコ湾岸諸州；ペルシャ湾岸諸国

gull /gál ガル/ 名 C 【鳥】かもめ

gulp /gálp ガルプ/
動
── 自 ごくりと飲む；急いで飲み下す
── 他
❶ 〈飲み物・食べ物を〉ごくりと飲む
❷ 〈涙などを〉こらえる, 抑える
── 名 C ぐっと飲むこと；ひと口の量

gum¹ /gám ガム/ 名

❶ U ゴム樹液；ゴム, 生ゴム
❷ U チューインガム(chewing gum)
❸ C ゴムの木

gum² /gám ガム/ 名 C ((ふつうgums)) 歯ぐき, 歯肉

gun /gán ガン/
名 C
❶ 鉄砲, 銃；ピストル, 拳銃(けんじゅう)；大砲
・aim [point] a *gun* at *A* Aに銃を向ける
・fire [shoot] a *gun* 銃を撃つ
・draw a *gun* 銃を構える
・*gun* control 銃器取り締まり
❷ ((the gun)) (合図としての)銃の発射, 号砲
❸ (銃に似た)吹き付け器具, 注入器具
── 動 他 ((米))〈…を〉鉄砲で撃つ

gunshot /gánʃàt ガンシャト/ 名 C 発砲, 砲撃, 射撃；U 着弾距離, 射程

guru /gúru: グルー/ 名 C
❶ 【ヒンズー教】導師, 教父
❷ ((くだけて)) 権威者, 専門家

gust /gást ガスト/ 名 C
❶ 突風, 一陣の風
❷ (感情・笑いなどの)爆発

gut /gát ガト/
名
❶ C 消化器官；(guts) 内臓, はらわた
❷ C ((guts)) ((くだけて)) 度胸, 根性, ガッツ
❸ U ガット；てぐす
── 動 他 〈魚・動物などの〉はらわたを取り出す

gutter /gátər ガタ/ 名
❶ C 排水溝, どぶ；雨どい
❷ ((the gutter)) 貧民街, どん底の生活

guy* /gái ガイ/ 名 (複 **guys** /ガイズ/) C ((くだけて)) **男**, やつ(fellow)
・a tough *guy* 腕っぷしの強いやつ
・a good [nice] *guy* いいやつ
・*Guys*! やあ君たち

gym /dʒím ヂム/ 名 ((くだけて)) C 体育館, ジム；U (学科の)体育

gymnasium /dʒimnéiziəm ヂムネイズィアム/ 名 (複 **gymnasiums** /ヂムネイズィアムズ/, **gymnasia** /ヂムネイズィア/) C 体育館, 室内体操場(gym)

gymnast /dʒímnæst ヂムナスト/ 名 C 体操選手
gymnastic 形 体育[体操]の
gymnastics 名 U 体操；体育

Gypsy, gypsy /dʒípsi ヂプスィ/ 名 C ジプシー (ヨーロッパ各地を漂泊する民族)

H, h

H, h¹ /éitʃ エイチ/ 名 (複 **H's, Hs, h's, hs** /エイチズ/) CU エイチ (英語アルファベットの第8字)

h², h., H. ((略))hour(s) 時間

ha¹, hah /hάː ハー/ 間 ((喜び・驚きなどを表して))はあ, やあ, まあ, へえー

ha² ((略))hectare(s) ヘクタール

habit /hæbit ハビト/

名 (複 **habits** /ハビツ/) UC
(個人的な)**習慣**；癖
- a good [bad] *habit* よい[悪い]習慣
- ■ ***get into the habit of*** *doing*
  …する癖がつく
- *break* [*give up*] *the habit*
  (悪い)習慣をやめる
- ■ ***be in the habit of*** *doing* …する習慣がある
- ■ ***make a habit of*** *doing* = ***make it a habit to*** *do* …することにしている
- *by habit* いつもの習慣[癖]で
- *out of habit* いつもの癖で

habitual 形 習慣的な；常習的な
habitually 副 習慣的に

habitat /hǽbitæt ハビタト/ 名 C (動植物の)生息環境[地]；生育地；(人などの)たまり場

hack /hǽk ハク/ 動
— 他
❶ (おの・なたなどで)〈…を〉ずたずたに切る((*up*))；〈道などを〉切り開く
❷〈コンピュータシステムに〉不正に侵入する
— 自 (コンピュータシステムに)不正に侵入する((*into...*))
hacker 名 C 【コンピュータ】ハッカー

had /həd ハド, əd アド, ((母音のあとで)) d ド; ((強)) hǽd ハド/

動 ((haveの過去形・過去分詞))
縮約形 **'d** /ド/ 例：**I'd**

❶ ((過去))
- As a child I *had* a good memory.
  子どもの頃私は記憶力がよかった
- He said that he *had* his own car.
  彼は自分専用の車を持っていると言った

❷ ((過去分詞))
- I have *had* fish for dinner.
  夕食に魚料理を食べた

❸ ((仮定法過去))
- I wish I *had* more time.
  もっと時間があったらなあ

— 助 ((過去分詞を伴って))

❶ ((過去完了))
- I *had* taken the test three times before I finally passed.
  合格するまでに三度テストを受けた

❷ ((仮定法過去完了))
- If he *had* lived longer, he would have become a great man. もしももっと長く生きていたら彼は偉大な人物になっていただろう

❸ ((次の用法で))
- ■ *had better* [*best*] *do* …すべきである
- You *had better* go home at once.
  すぐに家に帰りなさい
- ■ *had rather* [*sooner*] *A* (*than B*) B (動詞句)するくらいならむしろA (動詞句)したい
- I *had rather* die *than* tell a lie.
  うそをつくくらいなら死んだ方がましだ

hadn't /hǽdnt ハドント/
((くだけて))had not の縮約形

ha-ha /hάː hάː ハー ハー/ 間 あはは, はは

hail¹ /héil ヘイル/
動 他〈…を〉呼び止める, 大声で呼ぶ；〈人などを〉歓迎する
— 名 C 歓迎, あいさつ

hail² /héil ヘイル/
名 U あられ, ひょう
— 動 自 ((itを主語として))あられ[ひょう]が降る

hair /héər ヘア/

名 (複 **hairs** /ヘアズ/) U 髪の毛, 頭髪；体毛；C (1本1本の)毛；((形容詞的に))髪の
- a *hair* drier [dryer] ヘアドライヤー
- a *hair* stylist 美容師
- *do one's hair* (自分で)髪を手入れする
- *part one's hair* 髪を分ける
- I had my *hair* cut.
  髪の毛を切ってもらった[散髪した]

hairy 形 毛むくじゃらの, 毛深い

haircut /héərkàt ヘアカト/ 名 C 散髪;ヘアスタイル
・get [have] a *haircut* 散髪する

hairdo /héərdù: ヘアドゥー/ 名 C ((くだけて))(女性の)髪型

hairdresser /héərdrèsər ヘアドレサ/ 名 C (特に女性の髪を結う)美容師, ヘアデザイナー

hairpin /héərpìn ヘアピン/ 名 C (U字形の)ヘアピン;(道路の)ヘアピンカーブ

hairstyle /héərstàil ヘアスタイル/ 名 C ヘアスタイル, 髪型

half /hǽf ハフ | há:f ハーフ/

名 (複 **halves** /hǽvz /)
❶ C U **半分, 2分の1**
・the first *half* of the class 授業の前半
・an hour and a *half* 1時間半
・Cut an apple into two *halves*.
 りんごを半分に切る
・Two *halves* make a whole.
 2分の1が2つで1になる
❷ U (時刻の)**半**, 30分
・It's *half* past [((米))after] nine. 9時半です
❸ C (試合の)**前半, 後半**;(野球の)表, 裏
・the first [second] *half* 前[後]半
by halves 中途半端に, 不完全に
in half 半分に, 2等分に
― 形 ((比較なし))
❶ **半分の, 2分の1の**
・a *half* kilogram 半キロ
・a *half* dozen = *half* a dozen 半ダース
・*half* an hour 30分
❷ 不完全な, 不十分な
― 副 ((比較なし))
❶ **半分(だけ)**
・My work is almost *half* done.
 仕事はほぼ半分終わった
❷ 部分的に;いい加減に聞き流す
・*half* listen いい加減に聞き流す
half and half 半々に, 等分に
half as much [many] A as B
 Bの半分のA

halfback /hǽfbæ̀k ハフバク/ 名 C (サッカーなどの)ハーフバック, 中衛

half brother /há:f brʌ̀ðər ハーフ ブラザ/ 名 C 異父[異母]兄弟

half-hour /há:fáuər ハーファウア/ 名 C 半時間, 30分
― 形 半時間の

halfway /hǽfwéi ハフウェイ/ 副 (距離の)中間で, 途中で;途中まで;中途半端に
📖 You're *halfway* there. あとちょっとですね
― 形 中間の, 中途の;中途半端の

hall /hɔ́:l ホール/

名 (複 **halls** /hɔ́:lz ホールズ/) C
❶ **玄関(ホール)**;((米))廊下
・The principal's office is at the end of this *hall*. 校長室はこの廊下の突き当たりです
❷ **会館**;(音楽会の)ホール, 講堂
・a city *hall* 市役所

Halloween /hæ̀ləwí:n ハラウィーン/ 名 ハロウィーン(万聖節の前日(10月31日)の夜の行事で, お化けかぼちゃ (jack-o'-lantern)を作ったり, 子どもたちが魔女や幽霊に仮装してTrick or treat.(いたずらされたいか, 何かをくれるか)と言って家々を回る)

hallway /hɔ́:lwèi ホールウェイ/ 名 C ((米))廊下;玄関

halt /hɔ́:lt ホールト/
動
― 自 (一時的に)停止する, 中止になる(stop)
― 他 〈…を〉(一時的に)停止させる(stop)
― 名 C ((a halt))(活動などの)(一時的)停止, 中止
・*bring A to a halt* Aを止める
・come to *a halt* 止まる

halting /hɔ́:ltiŋ ホールティング/
動 haltの現在分詞・動名詞
― 形 〈言葉が〉ためらった, ちゅうちょした
 haltingly 副 ためらいながら, ちゅうちょしながら

halves* /hǽvz ハヴズ/ 名 halfの複数形

ham¹* /hǽm ハム/
 名 (複 **hams** /hǽmz ハムズ/) U C ハム
・a slice of *ham* ハム1切れ

ham² /hǽm ハム/ 名 C
❶ ハム, アマチュア無線家
❷ ((くだけて)) 大根役者

hamburger* /hǽmbə̀:rgər ハムバーガ/
 名 (複 **hamburgers** /hǽmbə̀:rgərz ハムバーガズ/) C
ハンバーガー;ハンバーグステーキ

Hamlet /hǽmlət ハムラト/ 名 『ハムレット』(シェークスピアの4大悲劇の1つ, およびその主人公)

hammer /hǽmər ハマ/

hammock

名C 金づち, ハンマー；(ハンマー投げの)ハンマー

━ 動
━ 他〈…を〉金づち[ハンマー]でたたく
━ 自 (…を)ドンドンとたたく((*against...*, *on...*, *at...*))

hammer away at *A*
Aに一生懸命に取り組む

hammock /hǽmək ハマク/ 名C ハンモック

hamper¹ /hǽmpər ハムパ/ 動他〈体の自由などを〉じゃまする, 妨げる

hamper² /hǽmpər ハムパ/ 名C (ふた付きの)大型バスケット；((主に英))(食品などの)かご詰め；((米))洗濯かご

hamster /hǽmstər ハムスタ/ 名C【動物】ハムスター

hand /hǽnd ハンド/

名 (複 **hands** /hǽndz/)
❶C (人の)手
・have *A* in one's *hand* 手にAを持っている
・the palm [back] of the *hand* 手のひら[甲]
・raise one's *hand* 手を上げる
▢ Put your *hands* up. 両手をあげてください
▢ Put your *hands* down. 両手を下ろしてください
❷C (時計などの)針
・the hour [minute] *hand* 時針[分針]
❸ (a hand))援助, 手助け；C 人手, 働き手
・Can I give you *a hand*?
お手伝いしましょうか
❹C 腕前
・My mother has a light *hand* with cooking. 母は料理が得意だ
❺ ((ふつう単数形で))拍手喝采(かっさい)
・*give* A a big *hand*
A (人)に盛大な拍手を送る
❻C 側, 方向
・on the right [left] *hand* 右[左]側に
at hand 近くに；やがて
by hand (機械を使わず)手で
first hand 直接に
from hand to mouth その日暮らしで
hand in hand 手をつないで
Hands off! 手を触れるな；干渉するな
Hands up! 手を上げろ, 降参しろ
have one's hands full (…で)手がふさがっている, とても忙しい((*with...*))
keep one's hands off 手を出さない
on hand 手持ちの, 手元にある
on (the) one hand *A*, ***on the other*** (***hand***) *B* 一方ではA, 他方ではB
out of hand 手に負えない
shake hands with *A* A (人)と握手する

━ 動他 ((次の用法で))
・*hand* A B = *hand* B *to* A
A (人)にB (物)を手渡す

hand *A* ***down*** = ***hand down*** *A*
A (伝統など)を(…に)伝える((*to...*))

hand *A* ***in*** = ***hand in*** *A*
A (書類など)を提出する

hand *A* ***out*** = ***hand out*** *A*
A (物)を配る

hand *A* ***over*** = ***hand over*** *A*
A (物)を手渡す

handbag /hǽndbæg ハンドバグ/ 名C ハンドバッグ

handball /hǽndbɔːl ハンドボール/ 名U ハンドボール；C ハンドボールのボール

handbook /hǽndbùk ハンドブク/ 名C 手引き書；入門書, 案内書

handcuff /hǽndkʌf ハンドカフ/
名C ((handcuffs))手錠
━ 動他〈…に〉手錠をかける

handful /hǽndfùl ハンドフル/ 名C 手いっぱい(の…), ひとにぎり(の…)；少数(の…), 少量(の…) ((*of...*))

handgun /hǽndgʌ̀n ハンドガン/ 名C ピストル, 拳銃(けんじゅう)

handicap /hǽndikæp ハンディキャプ/ 名C
❶【スポーツ】ハンディキャップ, ハンデ
❷ 不利な条件；身体[精神]障害

　handicapped 形 心身の障害のある；【スポーツ】ハンデのついた

handicraft /hǽndikræft ハンディクラフト/ 名C 手芸, 手仕事；((handicrafts))手細工品, 手工芸品

handiwork /hǽndiwə̀ːrk ハンディワーク/ 名U 手仕事；C 手細工品, 手作り品

handkerchief* /hǽŋkərtʃif ハンカチフ/ 名 (複 **handkerchiefs** /ハンカチフス/, **handkerchieves** /ハンカチーヴズ/) C ハンカチ

handle /hǽndl ハンドル/

名 (複 **handles** /ハンドルズ/) C
(ドアなどの)取っ手；(器の)耳, つまみ

- the *handle* of a pan フライパンの柄(え)
  - **動**
    - 三単現 **handles** /ハンドルズ/
    - 過去・過分 **handled** /ハンドルド/
    - 現分 **handling** /ハンドリング/
  - ― 他 〈問題などを〉**処理する**；〈商品などを〉**取り扱う**
  - ― 自 扱う
- *Handle* with care! 取り扱い注意

handler 名 C 取扱人；(動物の)調教師
handling 名 U 取り扱い, 処理；処遇

handlebar /hǽndlbɑːr ハンドルバー/ 名 C ((ふつう handlebars))(自転車などの)ハンドル

handmade /hǽndméid ハンドメイド/ 形 手製の, 手作りの

handout /hǽndàut ハンダウト/ 名 C 印刷物, ビラ, プリント, ハンドアウト

handshake /hǽndʃèik ハンドシェイク/ 名 C 握手

handsome /hǽnsəm ハンサム/ 形
❶〈特に男性が〉顔立ちのよい；〈女性が〉知的できりっとした
❷(数量的に)十分な, 相当の；かなりの

handstand /hǽndstæ̀nd ハンドスタンド/ 名 C さか立ち

handwriting /hǽndráitiŋ ハンドライティング/ 名 C|U 筆跡；U 手書き

handwritten /hǽndrìtn ハンドリトン/ 形 手書きの

handy /hǽndi ハンディ/ 形 ((くだけて))
❶〈物が〉使いやすい, 便利な, 手ごろな
❷〈人が〉手先が器用な；(…を)扱うのが巧みな((*with*...))
❸〈物・場所などが〉(…の)近くにある((*for*...))
come in handy ((くだけて)) 役に立つ

hang /hǽŋ ハング/

動 三単現 **hangs** /ハングズ/
過去・過分 **hung** /ハング/
現分 **hanging** /ハンギング/
― 他
❶ 〈…を〉(…に)**つるす, かける**, 下げる((*on*..., *from*...))；〈絵などを〉(…に)かける((*on*...))
- Help me *hang* this painting *on* the wall.
この絵を壁にかけるのを手伝ってください
❷ 過去・過分 **hanged** /ハングド/
〈人の〉首をつる；〈…を〉絞首刑にする
― 自 (…から)**つるしてある**((*from*...))；(…に)かけてある((*on*...))

hang around [*about*]
((くだけて)) ぶらぶらする；ぐずぐずする；待つ
hang on しっかりつかまる；((くだけて)) 待つ；電話を切らずにおく
- *Hang on* a moment.
(電話で)切らずにちょっとお待ちください
hang (on) in there
((くだけて)) 踏みとどまる, がんばる
hang up 電話を切る
― 名 ((the hang)) こつ, 扱い方
get [*have*] *the hang of A*
((くだけて)) A (事)のやり方 [こつ] が分かる

hanger 名 C ハンガー, 洋服かけ

hanging /hǽŋiŋ ハンギング/
動 hang の現在分詞・動名詞
― 名
❶ U|C 絞首刑
❷ C ((hangings))(壁などに)かける物, カーテン

happen /hǽpən ハパン/

動 三単現 **happens** /ハパンズ/
過去・過分 **happened** /ハパンド/
現分 **happening** /ハパニング/
― 自
❶〈出来事が〉**(偶然)起こる, 起きる**, 生じる
- Accidents will *happen*.
((ことわざ)) 事故は避けられない
📖 Don't let it *happen* again.
今後こういうことがないように
❷ 偶然 [たまたま] (…)する((*to do*))
- We *happened to* meet at the airport.
私たちは空港で偶然出会った
as it happens [*happened*]
実は, 偶然；たまたま

happening 名 C (偶然の)事件, 出来事

happy /hǽpi ハピ/

形 比較 **happier** /ハピア/
最上 **happiest** /ハピアスト/
❶〈人が〉**幸せな, 幸福な, うれしい**, 楽しい (⇔unhappy)
- *be happy to do*
…してうれしい；喜んで…する
- I'*m happy to* meet you.
お会いできてうれしいです
- *be happy that*... …であることがうれしい
❷ (…に)**満足して**((*with*...))
- Are you *happy with* your work?

harass

仕事に満足していますか
❸ 〈出来事などが〉巡り合わせのよい, 幸運な
- a *happy* ending ハッピーエンド
- by a *happy* chance 幸運にも

happily 副 幸せ(そう)に, 楽しく; 幸いにも
happiness 名 U 幸福, 満足, 喜び

harass /hərǽs ハラス/ 動 他〈人を〉(…で)悩ます, 苦しめる((*with...*, *by...*))
harassment 名 U いやがらせ

harbor, ((英))**harbour** /há:rbər ハーバ/
名 C|U 港; 避難所
— 動
— 他〈人などに〉隠れ場所を与える, 〈犯人などを〉かくまう; 〈悪意などを〉心に抱く
— 自〈船が〉港に停泊する

hard /há:rd ハード/

形 副 比較 **harder** /ハーダ/
最上 **hardest** /ハーダスト/

— 形
❶ 〈物が〉堅い(⇔soft)
- *hard* bread 堅いパン
- (a) *hard* copy 【コンピュータ】ハードコピー
- a *hard* disk 【コンピュータ】ハードディスク
- a *hard* drive 【コンピュータ】ハードドライブ

❷ 〈仕事などが〉難しい, 困難な(⇔easy)
- *it is hard for A to do*
A〈人〉が…するのは難しい

❸ 〈生活などが〉つらい, 苦しい; 〈運動・動作などが〉激しい; 〈天候が〉厳しい
- *have a hard time* つらい目にあう
- *hard* training 厳しいトレーニング

❹ 〈人が〉熱心な, 勤勉な
- a *hard* worker 働き者
be hard on A A〈人〉につらく当たる

— 副
❶ 一生懸命に, 熱心に
- practice *hard* 熱心に練習する

❷ 激しく, 強く
- It's raining *hard*. 雨が激しく降っている

hardness 名 U 堅いこと; 冷酷; (水などの)硬度
hardy 形 頑丈な; 辛抱強い

hard-boiled /há:rdbɔ́ild ハードボイルド/ 形
〈卵などが〉固ゆでの; 〈人が〉非情な; 〈作風などが〉ハードボイルドの

hardcover /há:rdkàvər ハードカヴァ/
名 C 堅い表紙の本
— 形〈本が〉堅い表紙で製本した; ハードカバーの

harden /há:rdn ハードン/ 動
— 他〈物を〉堅くする; 〈…を〉強くする; 〈人を〉非情にする
— 自〈物が〉堅くなる; 強くなる

hardly* /há:rdli ハードリ/
副 ((比較なし))ほとんど…ない
- I have *hardly* any money with me.
ほとんどお金の持ち合わせがない
hardly ever めったに…しない(seldom)
- It *hardly ever* rains here.
ここではめったに雨が降らない
hardly A when [before] B
((改まって)) AするとすぐにB
- I had *hardly* come home *when* it began to rain. 帰宅するとすぐに雨が降り始めた

hardship /há:rdʃip ハードシプ/ 名 U|C (耐えがたい)苦難, 生活苦, 苦しみ

hardware /há:rdwèər ハードウェア/ 名 U
❶ 【コンピュータ】ハードウェア
❷ 金物類

hare /héər ヘア/ 名 C 野うさぎ

harem /héərəm ヘアラム/ 名 C ハーレム; ハーレムの女たち

harm /há:rm ハーム/
名 U 損害, 害, 危害, 傷害
- *do A harm* = *do harm to A*
A〈人〉に危害を加える
out of harm's way
安全な所に, 害を受けないように
— 動 他〈…を〉害する, 傷つける
harmful 形 有害な, 害を及ぼす
harmfully 副 害を与えて
harmfulness 名 U 有害(なこと)
harmless 形 無害の
harmlessly 副 無害に; 無邪気に
harmlessness 名 U 無害; 無邪気

harmonica /ha:rmánikə ハーマニカ/ 名 C
ハーモニカ

harmonious /ha:rmóuniəs ハーモウニアス/
形〈人が〉(…と)仲のよい; 〈色などが〉(…と)調和の取れた((*with...*))
harmoniously 副 仲よく; 調和して

harmonize /há:rmənàiz ハーマナイズ/ 動
— 他〈…を〉(…と)調和させる((*with...*))
— 自 (…と)調和する((*with...*))

harmony /há:rməni ハーマニ/ 名 U (…との)調和((*with...*)); C|U 【音楽】和声, ハーモニー

- *in [out of] harmony with A*
  Aと調和して[しないで]
  harmonic 形【音楽】和声の, 調和する; 調和の取れた

harp /háːrp ハープ/
名 C ハープ
— 動 自 ハープを弾く
harp on (about) A
Aについてくどくど言う
harpist 名 C ハープ奏者

harsh /háːrʃ ハーシュ/ 形
1. 厳しい, 残酷な, 無情な
2. 〈音・光が〉不快な; ざらざらした, 粗い
   harshly 副 荒々しく; ざらざらして; 厳しく
   harshness 名 U 荒々しさ; 厳しさ

harvest /háːrvist ハーヴィスト/
名 C 収穫, 取り入れ; CU 収穫期; C 収穫高
- a good [rich] *harvest* 豊作
- the *harvest* moon 中秋の満月
— 動
— 他 〈作物を〉収穫する
— 自 作物を収穫する

has /həz ハズ; (強) hǽz ハズ/
動 助 haveの三人称単数現在形
縮約形 **'s** 例: he's, she's, it's

hash /hǽʃ ハシュ/
名 CU ハヤシ肉料理
make a hash of A
Aをめちゃくちゃにする
— 動 他 (次の成句で)
hash A out = hash out A ((米))((くだけて)) A (問題など)を十分話し合って解決する

hasn't /hǽznt ハズント/
((くだけて)) has not の縮約形

hassle /hǽsl ハスル/ 名 CU ((くだけて)) やっかいなこと; 口論

haste /héist ヘイスト/ 名 U 急ぐこと; あわてること
in haste 急いで (in a hurry)

hasten /héisən ヘイサン/ 動
— 自 (…へ)急ぐ, 急いで行く ((to...)); 急いで(…)する ((to do))
— 他 〈…を〉急がせる; 早める

hasty /héisti ヘイスティ/ 形
1. 〈行動などが〉急な; あわただしい
2. 〈判断などが〉軽率な; 〈人などが〉せっかちな

hastily 副 急いで, あわてて

hat /hǽt ハト/
名 (複 hats /hǽts/) C (縁のある)帽子
- a straw *hat* 麦わら帽子
- put on [take off] *one's hat*
  帽子をかぶる[脱ぐ]
- a *hat* trick 【サッカー】ハットトリック (1試合中に1人で3得点以上をあげること)
keep A under one's hat
((くだけて)) Aを秘密にしておく

hatch[1] /hǽtʃ ハチ/ 動
— 他 〈ひなを〉かえす
— 自 〈ひなが〉かえる

hatch[2] /hǽtʃ ハチ/ 名 C (船の甲板などの)ハッチ, 昇降口; (床・天井などの)出入り口, 上げぶた

hate /héit ヘイト/
動 三単現 **hates** /héits/
過去・過分 **hated** /héitid/
現分 **hating** /héitiŋ/
— 他 〈…を〉嫌う, いやがる; 〈人などを〉憎む, 嫌う
- *hate to do* …したくない
- I *hate to* think of the exam.
  テストのことを考えるのはいやだ
- *hate doing* …するのはいやだ
- I *hate* tak*ing* an exam.
  テストを受けるのはいやだ
- I *hate* my current job. 今の仕事は嫌いだ
— 名 U 嫌悪(けん), 憎悪, 憎しみ
hateful 形 いまいましい, 憎むべき

hatred /héitrid ヘイトリド/ 名 UC (…に対する)憎悪, 憎しみ ((*for...*, *toward...*))

haughty /hɔ́ːti ホーティ/ 形 〈態度などが〉高慢な, 偉そうな

haul /hɔ́ːl ホール/ 動
— 他 〈物を〉(強く)引っ張る; 〈…を〉運搬[輸送]する
— 自 引っ張る, 引きずる

haunt /hɔ́ːnt ホーント/
動 他
1. 〈場所に〉よく行く; 〈幽霊などが〉〈場所に〉出没する
2. 〈考えなどが〉〈人に〉つきまとう, 〈人を〉悩ます
— 名 C よく行く場所, たまり場
haunted 形 幽霊の出る
haunting 形 頭から離れない, 忘れられない

Havana /həvǽnə ハヴァナ/ 名 ハバナ（キューバの首都）

have

動 /hǽv ハヴ/
[三単現] **has** /ハズ/
[過去・過分] **had** /ハド/
[現分] **having** /ハヴィング/
[縮約形] **'ve** /ヴ/

　　　例： **I've, you've, we've, they've**

━ 他

❶〈人が〉**持っている**；〈…を〉所有している；〈人に〉〈友人などが〉いる；〈動物を〉飼っている
・He *has* a book in his hand.
　彼は手に本を持っている
・I *have* no money with me.
　お金の持ち合わせがない
・This town *has* many parks.
　この町にはたくさん公園がある
・I *have* no friend in America.
　私にはアメリカには友達がいない
・I *have* a cat and two dogs.
　私は猫を1匹と犬を2匹飼っている
❷〈人・物が〉〈特徴などを〉**持っている**
・She *has* black hair. 彼女は黒い髪をしている
❸〈意見などを〉**持っている**
・*have* a good memory 記憶力がよい
・I *have* a good idea. ぼくにはいい考えがある
❹〈時間を〉**持っている**
・*Do you have* time? 時間はあるかい
・Do you *have* the time? 今何時ですか
❺〈食事を〉**取る**；〈…を〉食べる, 飲む
・*have* lunch 昼食を取る
・"What would you like to *have*?" "I'll *have* coffee."
　「何になさいますか」「コーヒーにします」
❻〈病気などに〉かかる
・*have* a cold 風邪を引いている
❼〈授業などを〉受ける
・*have a lesson* レッスンを受ける
・We *have* four classes on Saturdays.
　土曜には授業が4時間ある
❽〈…を〉手に入れる, 受け取る
・*have* a better salary よりよい給料をもらう
❾〈休暇などを〉過ごす；〈…を〉経験する
・*have a good time* 楽しい時を過ごす
・We *had* a big earthquake last year.
　去年は大きな地震があった
❿〈子を〉産む

⓫《名詞を目的語にとって》〈ある行為を〉する
・*have* a bath 入浴する
・*have* a chat おしゃべりをする
・*have* a dream 夢を見る
・*have* a fight けんかをする
・*have* a look 見る
・*have* a party パーティーを開く
・*have* a rest 休む
・*have* a swim ひと泳ぎする
・*have* a talk 話をする
⓬《次の用法で》
■ *have* (the) *A to do*
　…するA（勇気・親切・能力など）を持つ
・*have* (the) *time to do* …する時間がある
・*have the kindness to do* 親切にも…する
・*have the ability to do* …する能力がある
⓭〈…を〉…（の状態）に保つ
・Please *have* your passport ready.
　パスポートの準備をしておいてください
⓮《次の用法で》
■ *have A do* A（人）に…させる, してもらう
・I *had* my wife choose a new tie.
　妻に新しいネクタイを選んでもらった
■ *have A doing*
　A（人）に…させておく, …していてもらう
・She *had* me wait*ing* for her all day.
　彼女に1日じゅう待たされた
■ *have A done* Aを…される, してもらう
・I *had* my car *stolen*. 車を盗まれた
・I *had* my hair cut by my father.
　父に髪を切ってもらった
have got （くだけて）…を持っている
have got to *do*
（くだけて）…しなければならない
have had it （くだけて）
(1) 使い物にならない, だめになる
(2) （…には）うんざりする（*with...*）
have *A* **on** = **have on** *A*
Aを身に着けている
have only to *do* = **only have to** *do*
…しさえすればよい
・You *only have to* study hard.
　君は一生懸命に勉強しさえすればよい
have something to do with *A*
人がA（人・事）と何か関係がある
have to *do*
➡ have to は /ハフタ/, has to は /ハスタ/, 過去形のhad to は /ハタ/ と発音する
(1) …しなければならない（must）

- You *have to* be quiet in this room.
この部屋では静かにしなければなりません
(2) …に違いない
- He *has to* be ready by now.
彼は今頃は準備ができているに違いない
(3) ((don't have to *do* で)) …する必要はない, …するには及ばない
📖 You don't *have to* come to school tomorrow. あすは登校するには及びません
have to do with A A(事)と関係がある
I've got it! 分かった
■ 動 /hav ハヴ, əv アヴ, v ヴ; ((強)) hǽv ハヴ/
三単現 **has** /ハズ/
過去過分 **had** /ハド/
現分 なし
否定形 **have not** /ナト｜ノト/
 ((くだけて)) **haven't** /ハヴント/
 has not /ナト｜ノト/
 ((くだけて)) **hasn't** /ハズント/
 had not /ナト｜ノト/
 ((くだけて)) **hadn't** /ハドント//
❶ ((have *done*)) ((現在完了形))
(1) ((完了・結果)) (ちょうど)…したところだ, …してしまった
- I *have* just finished my homework.
ちょうど宿題が終わったところです
- I *have* lost my door key.
ドアの鍵をなくしてしまった
(2) ((経験)) …したことがある
- *Have* you ever been to Paris?
パリへ行ったことがありますか
(3) ((継続)) (ずっと)して(きて)いる
- I *have* known her *for* ten years.
10年前から彼女を知っている
- He *hasn't* seen her *since* 2005.
彼は2005年以来彼女に会っていない
❷ ((had *done*)) ((過去完了形))
(1) ((完了・結果)) …して(しまって)いた
- When I arrived at the station, the train *had* already departed. 駅に着いた時には列車はもう出発して(しまって)いた
(2) ((経験)) …したことがあった
- I *had* never seen such a wild animal before. 以前にそのような野生動物を見たことがなかった
(3) ((継続)) …して(きて)いた
- I *had* been sleeping before he came.
彼が来るまでずっと寝ていた
❸ ((will have *done*)) ((未来完了形))

(1) ((完了・結果)) …して(しまって)いるだろう
- I will *have* finished reading by noon. 昼までには本を読み終えて(しまって)いるだろう
(2) ((経験)) …したことになる(だろう)
- By next summer I'll *have* visited Vienna about ten times. 次の夏までにはウィーンに約10回行ったことになるだろう
(3) ((継続)) …していることになる(だろう)
- I'll *have* been in this town for five years next year.
来年でこの町に5年間居続けていることになる
❹ ((have been *doing*)) ((現在完了進行形))
(今までずっと)…している, …し続けている
- It *has been* rain*ing* for a week.
1週間ずっと雨が降っている
❺ ((have been *done*)) ((現在完了の受身))
…されてしまった
- The cake *has been* just eaten by my children. ケーキは子どもたちにちょうど食べられてしまった
■ 名 /hǽv ハヴ/ C ((ふつう the haves)) (財産などを)持っている人

haven /héivən ヘイヴァン/ 名 C 避難所; 安息の地

haven't /hǽvənt ハヴント/
((くだけて)) have not の縮約形

having /hǽviŋ ハヴィング/ 動 have の現在分詞・動名詞

Haw. ((略)) *Haw*aii ハワイ州

Hawaii /həwáiiː ハワイイー/ 名
❶ ハワイ (略 Haw., (郵便) HI; 米国の州; 州都はホノルル(Honolulu))
❷ ハワイ諸島, ハワイ島

Hawaiian /həwáiən ハワイアン/
形 ハワイ(諸島)の; ハワイ人[語]の
■ 名 C ハワイ人; U ハワイ語

hawk¹ /hɔ́ːk ホーク/ 名 C 【鳥】たか; たか派の人

hawk² /hɔ́ːk ホーク/ 動 他 〈物を〉訪問販売する

hay /héi ヘイ/ 名 U 干し草
- *hay* fever 花粉症
- Make *hay* while the sun shines.
((ことわざ)) 好機を逃すな

hazard /hǽzərd ハザド/ 名 C U (偶然の)危険; C (…に対する)危険要因((*to*...)); 【ゴルフ】ハザード
hazardous 形 危険な

haze /héiz ヘイズ/ 名 ⓊⒸ かすみ, もや
hazy 形 かすみ[もや]がかった; もやの深い

hazel /héizəl ヘイザル/ 名 Ⓒ 【植物】はしばみ(の実)

hazelnut /héizəlnʌ̀t ヘイザルナト/ 名 Ⓒ はしばみの実, ヘーゼルナッツ

he /hi ヒ, i ィ;《強》híː ヒー/

代 《人称代名詞:三人称単数の男性の主格》
[所有格] **his** /ヒズ/ 彼の
[目的格] **him** /ヒム/ 彼に, 彼を
[所有代名詞] **his** /ヒズ/ 彼のもの
[再帰代名詞] **himself** /ヒムセルフ/ 彼自身を[に]
(複)[主格] **they** /ゼイ/

❶ 彼は, 彼が
・"Who is this man?" "*He* is my new boyfriend." 「この男の人はどなたですか」「彼は私の新しい彼氏です」
・"Does *he* like music?" "Yes, *he* does. " ["No, *he* doesn't."] 「彼は音楽が好きですか」「はい, 好きです」[「いいえ, 好きではありません」]

❷ (雄の動物を指して)これは, これが; それは, それが
・I love my dog best! *He* is everything to me. 私は自分の犬がいちばん好きだ. それは私のすべてです

❸ 《性別が特定できない人を指して》あの人は[が]; その人は[が]
・I wonder what *he*'s doing there.
あの人はそこで何をしているのかしら

━ 名 Ⓒ ((a he)) 男, 男性; 雄;((he-として形容詞的に)) 雄の
・a *he*-dog 雄犬

head /héd ヘド/

名 (複) **heads** /ヘヅ/) Ⓒ
❶ (顔を含めて)頭, 頭部, 首
・shake *one's head* 首を横に振る
❷ 頭脳, 頭(の働き), 理性
・Use your *head*! 頭を働かせなさい
❸ (集団の)頭(かしら), 長
・the *head* of a company 社長
・the *head* office 本社
❹ 《ふつうthe head》(物の)頭部, 先端, 上端;(行列の)先頭
・*the head of* a nail 釘(くぎ)の頭
❺ 頭数, 人数
・count *heads* 人数を数える

❻ ((ふつうheads))硬貨の表
・*Heads* I win, tails you win.
表が出たらぼくの勝ち, 裏が出たら君の勝ち
at the head of ***A*** Aの先頭に
from head to foot [***toe***] 全身
head first 真っさかさまに; 向こう見ずに
head over heels 真っさかさまに
head over heels in love with ***A***
A(人)にぞっこんで
Heads or tails? (コインの)表か裏か
keep ***one's head***
落ち着いている, 冷静を保つ
lose ***one's head*** あわてる
make head or tail of ***A*** Aを理解する
over ***A's*** ***head*** = ***over the head of***
A A(人)の能力を超えて; A(人)の頭越しに

━ 動
━ 他
❶ …を率いる;〈…の〉先頭に立つ
❷【サッカー】〈ボールを〉ヘディングする
━ 自
❶ (…に)進む, 向かう((*for*..., *toward*...))
・Where are you *heading*? どこに行くの?
❷【サッカー】ヘディングする

headache* /hédèik ヘデイク/
名 (複) **headaches** /ヘデイクス/) Ⓒ
頭痛;((くだけて))頭痛[悩み]の種
・I have a *headache*. 頭痛がします

headband /hédbænd ヘドバンド/ 名 Ⓒ 鉢巻き, ヘアバンド

header /hédər ヘダ/ 名 Ⓒ
❶ (本などで)ページ上部の見出し;(Eメール・パソコン文書などの)ヘッダー
❷【サッカー】ヘディング

heading /hédiŋ ヘディング/ 名
❶ Ⓒ (章などの)表題, 見出し
❷ ⓊⒸ【サッカー】(英)ヘディング

headlight /hédlàit ヘドライト/ 名 Ⓒ (自動車などの)ヘッドライト

headline /hédlàin ヘドライン/ 名 Ⓒ (新聞などの)見出し

headmaster /hédmæstər ヘドマスタ/ 名 Ⓒ ((主に英))(小・中学校の男性の)校長;((米))(特に私立学校の男性の)校長

headmistress /hédmistrəs ヘドミストラス/ 名 Ⓒ ((主に英))(小・中学校の女性の)校長;((米))(特に私立学校の女性の)校長

head-on /hédán ヘダン/
形 真正面からの; 真っ向からの

━ 副 真正面から, 真っ向から

headphone /hédfòun ヘドフォウン/ 名 C
((headphones)) ヘッドホン
- put on a pair of *headphones*
ヘッドホンをつける

headquarters /hédkwɔ̀:rtərz ヘドクウォータズ/ 名 C ((単数・複数扱い)) (警察などの)本部, 本署;(企業などの)本社;(軍の)司令部

headset /hédsèt ヘドセト/ 名 C ヘッドホン

heal* /híːl ヒール/
動 三単現 **heals** /ヒールズ/
過去・過分 **healed** /ヒールド/
現分 **healing** /ヒーリング/
━ 他
❶ 〈傷・病気などを〉治す
- The doctor *healed* my sick mother.
医者は病気の母を治してくれた
❷ 〈悲しみ・悩みなどを〉いやす
━ 自 〈傷・病気などが〉治る ((over, up))
healer 名 C 治療する人[物];医者, 薬

health* /hélθ ヘルス/ 名 U
❶ 健康;(心身の)調子;体調;((形容詞的に)) 健康の
- *health* food 健康食品
- *health* insurance 健康保険
- *be in good health* 健康である
- *be in bad* [*poor*] *health* 健康でない
- *recover* [*restore*] *one's health*
健康を取り戻す
- take care of *one's health*
健康に気をつける
- *Health* is better than wealth.
((ことわざ)) 健康は富に勝る
❷ (社会・経済などの)健全な状態, 安定
healthful 形 健康によい, 健全な

healthy* /hélθi ヘルスィ/
形 比較 **healthier** /ヘルスィア/
最上 **healthiest** /ヘルスィアスト/
❶ 〈心身が〉健康な, 健全な
- a *healthy* mind 健全な精神[心]
❷ 〈顔つきなどが〉健康そうな;〈食欲が〉旺盛な
❸ 〈食べ物などが〉健康によい, 健康に役立つ
- *healthy* exercise 健康によい運動
- *healthy* food 健康によい食べ物
❹ 〈社会などが〉健全な
healthily 副 健康で[に];健全に
healthiness 名 U 健康;健全さ

heap /híːp ヒープ/
名 C
❶ (乱雑に積んだ)山(状の物), かたまり
- a *heap* of papers 書類の山
❷ ((次の用法で))
- *a heap of A* = *heaps of A* 多数[多量]のA
━ 動 他 〈…を〉積む, 積み上げる;〈富などを〉蓄積する

hear /híər ヒア/

動 三単現 **hears** /ヒアズ/
過去・過分 **heard** /ハード/
現分 **hearing** /ヒアリング/
━ 他
❶ 〈…を〉聞く, 〈…を〉聞こえる;〈…が〉耳にする
- *hear* the news 知らせ[ニュース]を聞く
- I can't *hear* you. あなたの声が聞こえません
- *hear A do* Aが…するのが聞こえる
- I've never *heard* him speak English.
彼が英語を話すのを一度も聞いたことがない
- *hear A doing* Aが…しているのが聞こえる
- I *hear* birds sing*ing*.
鳥がさえずっているのが聞こえる
- *I hear* [*I've heard*] (*that*)... …だそうだ
- *I hear* she studies abroad.
彼女は海外留学するそうだ
❷ 〈講義などに〉出席する
━ 自
❶ 耳が聞こえる
- I can't *hear* well. あまりよく聞こえません
❷ (…の)消息[うわさ]を聞く ((*of...*));(…について)(詳しく)聞く ((*about...*));(…から)連絡[便り]がある ((*from...*))
- I've never *heard of* it.
そんなこと聞いたことがない
- I am looking forward to *hearing from* you. お便りをお待ちしています
- **(*Do*) you hear (*me*)?**
いいか, 分かったね
- *from what I heard* [*have heard*]
聞くところによれば

heard* /hɔ́:rd ハード/
動 hearの過去形・過去分詞

hearing /híəriŋ ヒアリング/
動 hearの現在分詞・動名詞
━ 名
❶ U 聞くこと;聞き取り, 聴力
- the sense of *hearing* 聴覚
❷ C 意見聴取;聴聞会;審理
- a public *hearing* 公聴会
- a *hearing* aid (携帯用)補聴器

heart /háːrt ハート/

名 (複 **hearts** /ハーツ/)

❶ C 心臓;胸, 胸部
- *heart* disease 心臓病
- *one's heart* rate 心拍数

❷ C 心;気持ち;U 愛情
- have a kind *heart* 優しい心を持っている

❸ ((the heart)) 中心;(事柄の)核心
- get to *the heart* of the matter 問題の核心に迫る

❹ U ((時にa heart)) 勇気, 元気
- with half *a heart* しぶしぶ

❺ C ハート形(の物);【トランプ】ハート; ((hearts)) ハートの組

at heart 心の底では;実際は
break A's heart A(人)をひどくがっかりさせる
by heart 暗記して, そらで
- *know* [*learn*] *A by heart* Aを暗記している[暗記する]

from (the bottom of) one's heart 心(の底)から
have the heart to do …する勇気がある
heart and soul 身も心も打ち込んで
one's heart is not in A 心はA(事)にはない
heart to heart 腹を割って
lose heart がっかりする
open one's heart to A A(人)に心情を打ち明ける
take A to heart Aをまじめに受け止める
to one's heart's content 心ゆくまで
with all one's heart 心を込めて

heartily 副 心から;(飲食で)たっぷりと, 思う存分
heartless 形 無情な;残酷な, 冷酷な

heartbeat /háːrtbìːt ハートビート/ 名 C U 心拍;心臓の鼓動

heartbreak /háːrtbrèik ハートブレイク/ 名 U C 悲嘆, 悲痛, 断腸の思い

heartbreaking /háːrtbrèikiŋ ハートブレイキング/ 形 悲痛な[苦しい]思いにさせる

heartbroken /háːrtbròukən ハートブロウカン/ 形 悲しみに打ちひしがれた

hearth /háːrθ ハース/ 名 C U (暖炉の)炉床;炉辺, 家庭(生活)

heartland /háːrtlænd ハートランド/ 名 C (政治・経済などの)中心地域

heartwarming /háːrtwɔ̀ːrmiŋ ハートウォーミング/ 形 心温まる, 勇気づけられる

hearty /háːrti ハーティ/ 形
❶ 心の温かい, 心のこもった
❷ 〈食べ物などが〉栄養たっぷりの;〈食事の量が〉たっぷりある
❸ 〈笑い声などが〉腹の底からの

heat /híːt ヒート/

名 (複 **heats** /ヒーツ/)

❶ U 熱, 熱さ;温度;【物理】(エネルギーとしての)熱
- the *heat* of the sun 太陽熱

❷ U ((ふつうthe heat)) 暑さ, 炎暑
- in *the* (full) *heat* of the day 炎天下で

❸ C (競技の予選などの)1回

— **動**
三単現 **heats** /ヒーツ/
過去過分 **heated** /ヒーティド/
現分 **heating** /ヒーティング/

— 他 〈…を〉加熱する, 温める
— 自 〈物が〉熱くなる, 温まる

heated 形 温められた;興奮した, 白熱した
heater 名 C 暖房装置;ヒーター
heating 名 U 加熱;暖房装置

heave /híːv ヒーヴ/
動 三単現 **heaves** /ヒーヴズ/
過去過分 **heaved** /ヒーヴド/, **hove** /ホウヴ/
現分 **heaving** /ヒーヴィング/

— 他
❶ 〈重い物を〉持ち上げる, 引っ張り上げる
❷ 〈ため息・うなり声などを〉出す, 発する
— 自 〈胸などが〉(あえいで)波打つ;〈海・波が〉うねる

heaven* /hévən ヘヴァン/

名 (複 **heavens** /ヘヴァンズ/)

❶ U 天国, 極楽(⇔hell)
- go to *heaven* 天国へ行く, あの世へ旅立つ

❷ C ((the heavens)) 天, 空

heavenly 形 天の, 空の;天国の, 天国のような;すばらしい

heavily /hévili ヘヴィリ/ 副
❶ 激しく, ひどく;大量に
- rain *heavily* 雨が激しく降る
❷ 重く, 重そうに, どっしりと

heavy /hévi ヘヴィ/

形 比較 **heavier** /ヘヴィア/

help

最上 **heaviest** /ヘヴィアスト/
❶ 重い (⇔ light)
- *heavy* luggage 重い荷物
- "How *heavy* is it?" "It's under 10kg." 「その重さはどれくらいですか」「10キロ以下です」
❷ 大量の;〈勢い・力などが〉激しい,強い;〈雨・風などが〉ひどい;〈交通が〉激しい
- a *heavy* smoker タバコをよく吸う人
- *heavy* snow 大雪
❸〈責任・負担などが〉重大な
❹〈悲しみなどが〉耐えがたい,つらい;〈税金などが〉過剰な,過酷な

Hebrew /híːbruː ヒーブルー/
名
❶ C ヘブライ人;(近代の)ユダヤ人(Jew)
❷ U ヘブライ語
━ 形 ヘブライ人[語]の

hectare /héktear ヘクテア/ 名 C ヘクタール(面積の単位;略 ha)

he'd* /hid ヒド, id イド; ((強)) híːd ヒード/
((くだけて))
❶ he would の縮約形
❷ he had の縮約形

hedge /hédʒ ヘヂ/
名 C 生け垣;境界(線)
━ 動 ⾃ 言葉を濁す

heed /híːd ヒード/ 動 他 〈忠告などに〉注意を払う,気をつける,従う

heel* /híːl ヒール/ 名 (複 **heels** /ヒールズ/)
C (人・動物の)かかと;(靴の)ヒール
- high *heels* ハイヒール(の靴)

hegemony /hidʒémani ヒヂェマニ/ 名 U C 主導権,指導権,覇権(はけん)

height* /háit ハイト/
名 (複 **heights** /ハイツ/)
❶ U C 高さ,高度,海抜;(人の)身長
- I am 6 feet in *height*.
 私の身長は6フィートだ
❷ C ((しばしばheights))((単数扱い))高い所,高地,高台;丘
- He is afraid of *heights*. 彼は高所恐怖症だ
❸ ((the height)) 絶頂,ピーク,真っ盛り
heighten 動 他 高くする,高める;〈量などを〉増す;〈効果などを〉強める

heir /éər エア/ 名 C
❶ (男性の)相続人,跡取り
❷ (王位・事業・伝統などの)継承者,後継者
heiress 名 C (女性の)相続人

held* /héld ヘルド/
動 holdの過去形・過去分詞

helicopter /hélikɑ̀ptər ヘリカプタ/ 名 C ヘリコプター

heliport /hélipɔ̀ːrt ヘリポート/ 名 C ヘリポート,ヘリコプター発着場

hell /hél ヘル/ 名
❶ U ((しばしばHell))地獄(⇔ heaven)
- Go to *hell*! 地獄へ落ちろ;くたばれ;うせろ
❷ U C 生き地獄,ひどい苦しみ
hellish 形 地獄のような;いやな,不愉快な,ひどい

he'll
/hil ヒル, il イル; ((強)) híːl ヒール/
((くだけて))
❶ he will の縮約形
- *He'll* be back soon. 彼はすぐに戻るでしょう
❷ he shall の縮約形

hello
/həlóu ハロウ, hélou ヘロウ/
間 やあ,こんにちは;((電話で))もしもし
📖 *Hello*, everyone! 皆さん,こんにちは
📖 *Hello* there, Taro. こんにちは,太郎君
- *Hello*, this is Mr. Obama speaking.
 ((電話で))もしもし,オバマですが
━ 名 C U ハローというあいさつ
- Say *hello* to your family. ご家族によろしく

helmet /hélmit ヘルミト/ 名 C ヘルメット

help
/hélp ヘルプ/
動 三単現 **helps** /ヘルプス/
過去・過分 **helped** /ヘルプト/
現分 **helping** /ヘルピング/
━ 他
❶〈人を〉**手伝う;助ける**;〈…に〉役に立つ
- *Help* (me)! 助けて
- **help** A (**to**) **do** A (人)が…するのを手伝う; A (人)が…するのに役立つ
- Please *help* me (*to*) find my cellphone.
 私の携帯電話を探すのを手伝ってください
- **help** A (**in**) **doing**
 A (人)が…するのを(一時的に)手伝う
- Can I *help* you?
 何かお困りですか;((店で))何かお探しですか
📖 Maybe this will *help* you.
 これは参考になるかもしれませんね
❷〈人の〉〈…を〉手伝う(*with...*)
- I *helped* him *with* his homework.
 私は彼の宿題を手伝った
❸〈薬などが〉〈苦痛などを〉やわらげる

helping

④ ((ふつうcan, cannotと共に用いて))〈…を〉やめる, 避ける
- I *can't help* it. 私としてはしようもない
- ***can't help*** *doing* = ***can't help but*** *do* …せざるをえない
- I *cannot help* laughing at him.
彼を笑わざるをえない
— 自 (…を)手伝う((*with*...));役立つ
- Regretting won't *help*.
後悔しても仕方ない

help *A* ***out*** = ***help out*** *A*
A(人)を助ける;Aを(経済的に)援助する

help *oneself* ***to*** *A*
A(飲食物)を自分で取って食べる

— 名

❶ ⓊⓊ **手伝い, 助け**
- ask for *help* 助けを求める
- give *help* 助ける
- Thanks for your *help*.
お手伝いありがとうございました
📖 Ask your neighbor for *help*.
隣の人に助けてもらってください

❷ ((a help))助けになる人[物]
- *A* is a great *help* to *B*
AがB(人)に大いに役立つ

helper 名 Ⓒ 助けてくれる人, お手伝い
helpful 形 役立つ;助けになる
helpfully 副 役に立つように
helpfulness 名 Ⓤ 有用性
helpless 形 お手上げの;役立たずの
helplessly 副 どうしようもなく
helplessness 名 Ⓤ お手上げ状態, 無力

helping /hélpiŋ ヘルピング/

動 helpの現在分詞・動名詞
— 名 Ⓒ (食べ物の)1杯, 1盛り
- a second *helping* お代わり

Helsinki /helsíŋki ヘルスィンキ/ 名 ヘルシンキ(フィンランドの首都)

hemisphere /hémisfiər ヘミスフィア/ 名 Ⓒ (地球などの)半球;半球体

hemoglobin /hí:məglòubin ヒーマグロウビン/ 名 Ⓤ 〖生化学〗ヘモグロビン

hen /hén ヘン/ 名 Ⓒ (鶏の)めんどり(⇔cock, rooster)

hence /héns ヘンス/ 副 それゆえに, したがって;今後, 今から

her /hər ハ, ə:r アー, ər ア; ((強)) hə́:r ハー/

代 ((人称代名詞))

❶ ((sheの所有格)) **彼女の**
- *Her* hair is black. 彼女の髪は黒い

❷ ((sheの目的格))
(1) ((他動詞の間接目的語として)) **彼女に**
- I sent *her* a letter. 私は彼女に手紙を送った
(2) ((他動詞の直接目的語として)) **彼女を**
- I really love *her*.
私は彼女を本当に愛している

❸ ((前置詞の目的語として)) 彼女
- Come with *her*.
彼女といっしょに来なさい

herb /á:rb アーブ/ 名 Ⓒ 薬草, 香草, ハーブ
herbal 形 薬草の, ハーブから作られた

Hercules /há:rkjəli:z ハーキャリーズ/ 名 〖ギリシャ神話〗ヘラクレス(ゼウスの息子で怪力と勇気で知られる英雄)

herd /há:rd ハード/ 名 Ⓒ
❶ (牛・馬などの)群れ((*of*...))
❷ (人の)群れ, 群衆

here /híər ヒア/

副 ((比較なし))
❶ **ここで, ここまで;ここに, ここへ, こちらへ**
- Bring it *here* at once.
それをすぐここへ持ってきなさい
- ***Here*** *is* [*are*] *A*. ここにAがあります
- *Here*'s the book you asked for.
これが君がほしいと言っていた本です
📖 Who isn't *here* today?
欠席者はいますか

❷ ((文頭に置いて)) **ほらここに[へ]**
- *Here* comes the bus! ほらバスがやって来た
- *Here* I am. ただいま;さあ着いたぞ
- *Here* we are. (目的地について)さあ着いたぞ
- *Here* we are at the station.
さあ駅に着きましたよ
- *Here* you are.
(物を手渡す時に)(さあ)どうぞ
- *Here* it is. (物を手渡す時に)(さあ)どうぞ;(探し物を見つけて)こんな所にあった
- *Here* goes! それっ
- *Here* we go! それっ

❸ ((ふつう名詞のあとに置いて)) ここにいる[ある]
- The people *here* are very friendly.
ここの人たちはとても親切だ

here and there あちこちで

— 間
❶ ((注意を引いたりする時に))**ほら, おい**

- *Here*, give me a hand. ねえ手伝ってよ
  ❷《点呼の応答で》はい
  ━ 名 U ここ
- Get out of *here*! ここから出て行け

here's /híərz ヒアズ/
《くだけて》here is の縮約形

heritage /héritidʒ ヘリティヂ/ 名 C 《a heritage》(文化的・歴史的な)遺産
- a world *heritage* (site) 世界遺産

hernia /hə́ːrniə ハーニア/ 名 UC【医学】ヘルニア

hero* /híːrou ヒーロウ | híərou ヒアロウ/
名 (複 heroes /ヒーロウズ/) C
❶ (男性の)英雄, ヒーロー, 勇者
❷ (小説などの) (男性の)主人公
heroic 形 英雄の; 勇敢な; 大胆な
heroically 副 大胆に, 雄々しく
heroism 名 U 英雄的行為

heroin /hérouin ヘロウイン/ 名 U ヘロイン
(中毒性麻薬の一種)

heroine /hérouin ヘロウイン/ 名 C
❶ (女性の)英雄, 女傑, ヒロイン
❷ (小説などの)女主人公

herring /hériŋ ヘリング/ 名 C【魚】にしん

hers /hə́ːrz ハーズ/
代 《人称代名詞:sheの所有代名詞》《単数・複数扱い》彼女のもの
- *A of hers* 彼女のA
- He is a friend *of hers*.
  彼は彼女の友達の1人です
- The red mobile is *hers*.
  その赤い携帯は彼女のものだ

herself
/hərsélf ハセルフ; 《強》həːrsélf ハーセルフ/
代 《人称代名詞:sheの再帰代名詞》
(複 themselves /ゼムセルヴズ/)
❶ 《再帰用法》(他動詞や前置詞の目的語として)彼女自身を[に]
- She killed *herself*. 彼女は自殺した
❷ 《強調用法》彼女自身(で), 彼女みずから
- The young woman bought the expensive house *herself*.
  その若い女性は自分自身で高価な家を買った
❸ 本来[平素]の彼女
by herself 彼女だけで; 独力で
for herself 彼女自身のために; 独力で

he's /hiz ヒズ, iːz イーズ; 《強》híːz ヒーズ/
《くだけて》
❶ he is の縮約形
❷ he has の縮約形

hesitant /hézitənt ヘズィタント/ 形 ためらいがちな; 口ごもる
hesitantly 副 ためらって, ちゅうちょして

hesitate /hézitèit ヘズィテイト/ 動 自 ためらう, ちゅうちょする; 口ごもる
- *hesitate to do* …するのをためらう
- Don't *hesitate to* call me.
  遠慮なく電話をください
hesitation 名 UC ためらい, ちゅうちょ

hey /héi ヘイ/ 間 《くだけて》《呼びかけなどで》おーい, ちょっと; よお, やあ

HI 《米郵便》*Hawa*i*i* ハワイ州

hi /hái ハイ/ 間 《くだけて》
❶ 《主に米》やあ, こんにちは (hello)
❷ 《英》《注意を引いて》ねえ, ちょっと (hey)

hibernate /háibərnèit ハイバネイト/ 動 自
〈動物などが〉冬眠する
hibernation 名 U 冬眠(状態)

hiccup /híkʌp ヒカプ/
名 C しゃっくり
━ 動 自 しゃっくりをする

hid /híd ヒド/ 動 hide の過去形・過去分詞

hidden /hídn ヒドン/
動 hide の過去分詞
━ 形 隠された; 秘密の

hide /háid ハイド/
動 (三単現 **hides** /ハイヅ/;
過去 **hid** /ヒド/;
過分 **hidden** /ヒドン/, **hid**;
現分 **hiding** /ハイディング/)
━ 他 〈物を〉隠す, おおい隠す
- *hide* a crib sheet under the desk
  カンニングペーパーを机の下に隠す
━ 自 (…から)隠れる, ひそむ 《*from...*》
- Who is hiding in the closet?
  押入れに隠れているのは誰だ

hide-and-seek /háidənsíːk ハイダンスィーク/ 名 U かくれんぼ
- play *hide-and-seek* かくれんぼをする

hideous /hídiəs ヒディアス/ 形 (感覚的に)ぞっとするような; 憎むべき

hiding /háidiŋ ハイディング/

hierarchy

動 hideの現在分詞・動名詞
— 名 U 隠す[隠れる]こと, 潜伏
・go into *hiding* 隠れる

hierarchy /háiərɑ̀ːrki ハイアラーキ/
名 C U 階層[階層]制, ヒエラルキー
 hierarchical 形 階層制の

high /hái ハイ/

形 副 比較 **higher** /ハイア/
　　最上 **highest** /ハイアスト/
— 形
❶ 高い, 高さが…で; 高い所にある; 高い所からの (⇔low)
・a *high* ceiling 高い天井
・a *high* dive 高飛び込み
・the *high* jump 走り高跳び
・Yokohama Landmark Tower is the *highest* building in Japan. 横浜ランドマークタワーが日本でいちばん高い建物だ
・"How *high* is Tokyo Tower?" "It's 333 meters *high*." 「東京タワーの高さはどれくらいですか」「333メートルです」
❷ 〈価格などが〉高い; 〈生活などが〉ぜいたくな; 〈割合などが〉大きい; 〈程度が〉激しい
・a *high* rent 高い家賃
・*high* blood pressure 高血圧
・*high* in calories カロリーが高い
・at *high* speed 高速で
❸ 〈評価などが〉高い; 〈身分などが〉高貴な; 〈品質などが〉高級な
・*high* quality 上質
・*high* technology ハイテク, 先端技術
❹ 〈声・音が〉かん高い
・sing *in a high voice* かん高い声で歌う
❺ 〈時期などが〉盛りの, たけなわの
・(the) *high* season ハイシーズン; 書き入れ時
❻ 〈酒などに〉酔って; いい気分で
— 副
❶ 高く, 高い所に
・The airplane flies *high*.
飛行機は高い所を飛ぶ
❷ 〈身分などが〉高く; 〈価格が〉高く, ぜいたくに; 〈程度が〉激しく; 〈声の調子が〉高く
high and low 至る所で
— 名 C ((米)) ((くだけて)) ハイスクール
・go to junior [senior] *high*
中学[高校]に通う

high-class /háiklǽs ハイクラス/ 形 一流の, 高級な, 上流の

higher /háiər ハイア/ 形 ((highの比較級))
❶ より高い (⇔lower)
❷ 高等の, 上級の
・*higher* education 高等教育

high-grade /háigréid ハイグレイド/ 形 高級な, 質のよい [高い]

highland /háilænd ハイランド/ 名 C ((ふつう highlands)) 高地, 高原; ((the Highlands)) スコットランド高地地方

high-level /háiléval ハイレヴァル/ 形 上層部の; 高レベルの, 高水準の

highlight /háilàit ハイライト/
動 他 〈…を〉強調する, 目立つようにする
— 名 C ハイライト, いちばん重要な部分

highly /háili ハイリ/ 副
❶ 非常に, 大いに
・be *highly* respected たいへん尊敬されている
❷ 高く評価して; 高度に; 高額で

high-pressure /háipréʃər ハイプレシャ/ 形 高圧の; 高気圧の

high-risk /háirísk ハイリスク/ 形 危険性の高い, リスクの大きい

high school
/hái skùːl ハイ スクール/
名 (複 **high schools** /ハイ スクールズ/) C
❶ ((米)) 高校, ハイスクール
・go to (senior) *high school* 高校に通う
❷ U 高校の課程

high-speed /háispíːd ハイスピード/ 形 高速の

high-tech /háiték ハイテク/ 形 ((くだけて)) 先端技術の[を用いた], ハイテクの

highway /háiwèi ハイウェイ/ 名 C ((主に米)) 幹線[主要]道路; ((英)) 公道

hijack /háidʒæk ハイヂャク/
動 他 〈飛行機・船などを〉乗っ取る, ハイジャックする; 〈輸送中の積荷を〉強奪する
— 名 C ハイジャック(事件)
 hijacker 名 C ハイジャッカー; 乗っ取り犯

hike /háik ハイク/
動
— 自 ハイキングする
・Let's *hike* all the way to Mt. Takao.
高尾山までハイキングしようよ
— 他 〈値段などを〉引き上げる ((*up*))
— 名 C
❶ ハイキング, 徒歩旅行
❷ ((主に米)) ((くだけて)) (値段などの)引き上

hiker 名 C ハイカー, ハイキングする人
hiking 名 U ハイキング

hill
/híl ヒル/ 名 (複 **hills** /ヒルズ/) C
❶ 丘, 小山; ((hills)) 丘陵(地帯)
・on a *hill* 丘の上で
❷ 坂道, 傾斜地
・climb [go down] a *hill* 坂道を登る[下る]
over the hill
((くだけて))⟨人が⟩最盛期を過ぎた
hilly 形 丘[小山]の多い

hillside /hílsàid ヒルサイド/ 名 C 丘の斜面
hilltop /híltɑ̀p ヒルタプ/ 名 C 丘の頂上

him
/him イム; (強) hím ヒム/
代 ((人称代名詞:heの目的格))
❶ ((他動詞の間接目的語として)) 彼に
・We gave *him* a present.
私たちは彼にプレゼントをあげた
❷ ((他動詞の直接目的語として)) 彼を
・I respect *him*. 私は彼を尊敬している
❸ ((前置詞の目的語として)) 彼
・I agree with *him*. 私は彼の考えに賛成だ

Himalayas /himəléiəz ヒマレイアズ/ 名
((the Himalayas))((複数扱い)) ヒマラヤ山脈
(インド, ネパール, チベットにまたがる大山脈;
最高峰はエベレスト山)

himself
/imsélf イムセルフ; (強) himsélf ヒムセルフ/
代 ((人称代名詞:heの再帰代名詞))
(複 **themselves** /ゼムセルヴズ/)
❶ ((再帰用法))((他動詞や前置詞の目的語として)) 彼自身を[に]
・He cut *himself* with a knife.
彼はナイフでけがをした
❷ ((強調用法)) 彼自身(で), 彼みずから
・The mayor *himself* met us at the station.
市長みずからが私たちを駅で出迎えてくれた
❸ 本来[平素]の彼
by himself 彼だけで; 独力で
for himself
彼自身のために; 独力で

hind /háind ハインド/ 形 後ろの, 後部の
hinder /híndər ヒンダ/ 動 他 ⟨…を⟩妨げる, 妨害する
hindrance 名 C 障害物; U 妨害, 障害
Hindi /híndi ヒンディ/ 名 U ヒンディー語(インドの公用語の1つ)

Hindu /híndu: ヒンドゥー/
名 C ヒンズー教徒; インド人
━ 形 ヒンズー教(徒)の
Hinduism /híndu:ìzm ヒンドゥイズム/ 名 U
ヒンズー教

hinge /híndʒ ヒンヂ/ 名 C (ドアなどの)ちょうつがい

hint* /hínt ヒント/
名 (複 **hints** /ヒンツ/) C ヒント, 暗示, ほのめかし; ((しばしばhints)) 心得, アドバイス
📖 Do you want a *hint*? ヒントはいりますか
━ 動
━ 他 ⟨…を⟩⟨人に⟩それとなく言う((*to*...)); ((であると))ほのめかす((*that*節))
━ 自 ⟨…を⟩ほのめかす((*at*...))

hinterland /híntərlæ̀nd ヒンタランド/ 名 C
((the hinterland)) 後背地, 内陸地域; 奥地

hip* /híp ヒプ/ 名 (複 **hips** /ヒプス/) C
((ふつうhips)) 腰; 尻(ﾉ), ヒップ

hippopotamus /hìpəpɑ́təməs ヒパポタマス/
名 (複 **hippopotamuses** /ヒパポタマスィズ/,
hippopotami /ヒパポタマイ/) C 【動物】 かば

hire /háiər ハイア/
動 他 ⟨人を⟩雇う; ((英))⟨物件を⟩賃借りする
・*hire* a new clerk 新しい事務員を雇う
━ 名 U 賃借り
・a bicycle for *hire* 貸し自転車
・be on *hire* ((英)) 貸出中で

his
/hiz ヒズ, iz イズ; (強) híz ヒズ/
代 ((人称代名詞))
❶ ((heの所有格)) 彼の
・This is *his* bike. これは彼の自転車です
❷ ((heの所有代名詞))((単数・複数扱い)) 彼のもの
▪ *A of his* 彼のA
・I am a friend *of his*. 私は彼の友達の1人です
・This bike is *his*. この自転車は彼のだ

Hispanic /hispǽnik ヒスパニク/
形 ラテンアメリカ(系)の; ヒスパニックの
━ 名 (米国にいる)ラテンアメリカ系の人, ヒスパニック

hiss /hís ヒス/ 動
━ 自
❶ ⟨蒸気・へびなどが⟩シューと音を立てる
❷ ⟨人が⟩⟨…に⟩(非難などを表して)シーッと言う((*at*...));
━ 他 ⟨…を⟩シーッと言ってやじる

historic /hɪstɔ́:rɪk ヒストーリク/ 形 歴史上有名[重要]な, 歴史的な

history /hístəri ヒスタリ/

名 (複 **histories** /hístəriz/)
❶ Ⓤ **歴史**;歴史学;(科目の)歴史
・art *history* = the *history* of art 美術史
❷ Ⓒ 歴史書
❸ Ⓒ (人の)経歴;(事物の)由来
make history 歴史に残ることをする
historian 名 Ⓒ 歴史家, 歴史学者
historical 形 歴史(上)の;史実の
historically 副 歴史的に, 歴史上, 歴史的観点からすれば

hit /hít ヒト/

動 三単現 **hits** /híts/
過去・過分 **hit**
現分 **hitting** /hítɪŋ/
— 他
❶ 〈…を〉**打つ, たたく**;〈…を〉〈…に〉ぶつける, 当てる((*on*..., *against*...))
・*hit* a two-base hit [a homer]
2塁打[ホームラン]を打つ
・I *hit* my knee *against* the chair.
ひざをいすにぶつけた
❷ 〈災害などが〉〈…を〉**襲う**
❸【インターネット】〈ウェブページを〉閲覧する
— 自
❶ 〈…を〉**打つ, たたく**((*at*...));〈…に〉**ぶつかる, 当たる**((*against*...));【野球】**ヒットを打つ**
❷ 〈災害などが〉〈…を〉襲う((*on*...))
hit back
(…に)殴り返す[やり返す]((*at*...))
hit it off ((くだけて))(…と)意気投合する, 気が合う((*with*...))
hit on [***upon***] ***A*** Aを思い付く
hit out
(…を)激しく非難[攻撃]する((*at*...))
— 名 (複 **hits** /híts/) Ⓒ
❶ (興行などの)**大成功, ヒット**;ヒット曲
❷【野球】**安打, ヒット**
❸ 打撃;命中

hitch /hítʃ ヒチ/
動
— 他 〈動物を〉(…に)つなぐ((*to*...))
— 自 ((くだけて)) ヒッチハイクする
— 名 Ⓒ (進行などの)支障, 障害
hitchhike /hítʃhàɪk ヒチハイク/ 動 自 ヒッチハイクする
hitchhiker 名 Ⓒ ヒッチハイクする人, ヒッチハイカー
hi-tech /háɪték ハイテク/ = high-tech
hitter /hítər ヒタ/ 名 Ⓒ 打つ人;【野球】打者
ho /hóu ホウ/ 間 ほう;おーい
hoarse /hɔ́:rs ホース/ 形 〈声が〉しわがれた, かすれた;〈人が〉しわがれ声の

hobby /hábi ハビ/

名 (複 **hobbies** /hábiz/) Ⓒ
(職業以外の積極的・創造的な活動としての)**趣味, 道楽** (⇨ pastime)
・have a *hobby* 趣味がある
・don't have any *hobbies* 趣味がない
・make use of a *hobby* 趣味を生かす
hockey /háki ハキ/ 名 Ⓤ
❶ ((米)) アイスホッケー
❷ ((英)) ホッケー
hog /hɔ́:g ホーグ/ 名 Ⓒ ((主に米))(食肉用に太らせた)豚;((くだけて)) 大食い, 欲張り
hoist /hɔ́ɪst ホイスト/ 動 〈重い物を〉つり[巻き]上げる;〈旗などを〉揚げる

hold /hóuld ホウルド/

動 三単現 **holds** /hóuldz/
過去・過分 **held** /héld/
現分 **holding** /hóuldɪŋ/
— 他
❶ 〈…を〉**(手に)持っている, 〈…を〉所持している**;〈…を〉(胸に)抱く, 〈…を〉(口に)くわえる
・*hold* a knife in *one's* hand
ナイフを手に持っている
・*hold* a baby in *one's* arms
泣いている赤ん坊を抱く
・*hold* a cigar in *one's* mouth
口に葉巻をくわえている
📖 *Hold* your book up.
本を持ち上げてください
・He doesn't *hold* a driver's license.
彼は運転免許証を持っていない
❷ 〈人を〉**抱く, 抱きしめる**
・*Hold* me tight. しっかり抱きしめて
❸ ((次の用法で))
■ *hold A by B*
A(人)のB(腕など)をつかむ, にぎる
・She *held* the burglar *by* the arm.
彼女は強盗の腕をつかんでつかまえた
❹ 〈会などを〉催す, 開く

- *hold* a meeting 会議を開く
- ❺〈職務に〉ついている;〈地位を〉占める
- ❻〈場所が〉〈人・物を〉収容できる
- This stadium *holds* thirty thousand people. このスタジアムは3万人収容できる
- ❼〈物が〉〈…を〉支える;〈重さに〉耐える
- Can this board *hold* my weight? この板は私の体重に耐えられるか
- ❼〈感情などを〉抑える
- *hold* one's breath 息を殺す
- ❽〈考えなどを〉抱く,持つ
- **hold that...** …と考える
- **hold A (to be) C**
  AをCだと思う[考える]
- ❾〈A〈物など〉を〉〈…(ある状態・場所)に〉保つ
- *hold* the door open
  ドアを開けたままにしておく
- ━ 自
- ❶ …のままでいる
- *hold* still 動かずじっとしている
- ❷ 持ちこたえる,耐える;〈天気などが〉続く;〈価値などが〉保たれる
- ❸ (電話で)切らずに待つ((*on*))
- *Hold on* a minute!
  電話をそのまま切らずにお待ちください
- ❹ 〈…の称号などを〉持つ((*of...*))

hold A against B
Aの件でB(人)を責める,許さない

hold back 〈感情などを〉抑える;〈…を〉ためらう;〈…を〉隠す((*from...*))

hold A back = hold back A
Aを前進させない,阻む;A(人)の進歩を妨げる

hold A down = hold down A
A(物価など)を抑える;A(人)を抑えつける

hold on
(1) 待つ;(電話で)切らないでおく
(2) 持ちこたえる,がんばる

hold on to A
Aを離さない;Aにしがみつく

hold out 〈蓄えが〉もつ;(…に)持ちこたえる((*against...*));(…を)強く要求する((*for...*))

hold A up = hold up A
Aを上げる;持ち上げる;(銃を持って)A(銀行など)に強盗に入る

━ 名 U|C つかむこと,にぎること;C つかまる[にぎる]物

catch [take] hold of A
Aをつかむ,つかまえる

get hold of A
Aをつかむ,つかまえる;Aを手に入れる

on hold (電話口で)待って;延期して

holder /hóuldər ホウルダ/ 名 C 持っている人,所有者,保持者

holding /hóuldiŋ ホウルディング/
動 holdの現在分詞・動名詞
━ 名 C
❶ (農業用の)借地
❷ 所有財産;持ち株
- a *holding* company 持ち株会社,親会社

holdup /hóuldʌp ホウルダプ/ 名 C
❶ (銃を用いた)強盗,ピストル強盗
❷ (進行の)停滞,遅滞;交通の渋滞

hole /hóul ホウル/

名 (複 **holes** /ホウルズ/) C
❶ 穴;巣穴;((くだけて)) 苦境,窮地
- dig (out) a *hole* 穴を掘る
❷【ゴルフ】ホール

in the hole
((米))((くだけて)) 金に困って,借金して

holiday /hálədèi ハラデイ | hɔ́lədèi ホラデイ/ 名 (複 **holidays** /ハラデイズ/) C

❶ (1日の)**休日,祝日,祭日**
- a national *holiday* 国民の祝祭日
- 📖 Have a good [nice] *holiday*.
  楽しい休みを
❷ ((しばしばholidays)) ((主に英)) (長期の)**休み,休暇**(((米))vacation)
- the summer *holidays* 夏休み

on holiday 休暇中で,休暇を取って

Holland /hálənd ハランド/ 名 オランダ (正式名はthe Netherlandsで,首都はアムステルダム)

hollow /hálou ハロウ/
形 中空の;くぼんだ;うつろな
━ 名 C くぼみ,へこみ;穴,うつろ;谷間,くぼ地,盆地

holly /háli ハリ/ 名 C 西洋ひいらぎ (特にクリスマスの装飾に使う)

Hollywood /háliwùd ハリウド/ 名 ハリウッド (米国カリフォルニア州のロサンゼルス北西部にある映画産業の中心地)

holy /hóuli ホウリ/ 形
❶ 神聖な,聖なる
❷ 信心深い,敬虔(けいけん)な
❸ ((くだけて)) ひどい,大変な

homage /hámidʒ ハミヂ/ 名 U (…に対する)尊敬,敬意((*to...*))

home /hóum ホウム/

名 (複) **homes** /ホウムズ/

❶ ⓊⒸ **家庭;わが家**, 自宅; Ⓒ ((米)) 家, 家屋
- violence in the *home* 家庭内暴力
- leave *home* 出かける
- make a happy *home* 楽しい家庭を築く
- There's no place like *home*.
 ((ことわざ))わが家に勝るものなし

❷ Ⓤ **故郷;本国**
- His *home* is China. 彼の祖国は中国だ

❸ Ⓤ【スポーツ】ホーム, 本拠地;【野球】本塁

❹ Ⓒ (老人などの)収容施設, ホーム
- an old people's *home* 介護ホーム

❺ ((the home)) (動物の)生息地, (植物の)自生地;原産地;本場
- New Orleans is *the home of* jazz.
 ニューオーリンズはジャズの本場だ

at home
(1) 在宅して;自国で
- My father isn't *at home*. 父は今留守です

(2) 気楽に, くつろいで
- *Please make yourself at home*.
 どうぞお楽にしてください

(3) (…に)精通している ((*in..., on..., with...*))

(4)【スポーツ】ホームで行われる

━ **形** ((比較なし))

❶ **家庭の;自宅の**
- *home* cooking 家庭料理

❷ **故郷の;国内の**
- *one's home* town 故郷の町

❸ **地元の, 本拠地の;**【野球】本塁の
- the *home* team 地元チーム
- *home* ground
 本拠地, ホームグラウンド;得意分野
- hit a *home* run ホームランを打つ

━ **副** ((比較なし))

❶ **わが家へ[に];自国へ[に, で];故郷へ[に]**
- go (back) *home* 帰宅[帰郷, 帰国]する
- walk *home* 歩いて帰る
- on *one's* way *home* = on the way *home*
 帰宅途中で

❷ ((米)) **家に[で], 在宅して**
- stay *home* 家にいる
- *I'm home!* ただいま

❸【野球】本塁へ

bring A home to B = bring home to B A A(物)をB(人など)に持って帰る;A(事)をB(人)に分からせる

come home to A
Aに帰ってくる;〈事が〉Aに分かってくる

homeless **形** 家のない

homecoming /hóumkàmiŋ ホウムカミング/
名 Ⓒ 帰省, 帰宅; Ⓒ ((米)) (高校・大学の)同窓会

homeland /hóumlænd ホウムランド/ **名** Ⓒ
故国, 自国, 祖国

homemade /hóumméid ホウムメイド/ **形**
自家製の;手製の

homemaker /hóummèikər ホウムメイカ/
名 Ⓒ ((主に米)) 家事に従事する人

Homer /hóumər ホウマ/ **名** ホメロス, ホーマー
(古代ギリシャの叙事詩人)
- Even *Homer* sometimes nods.
 ((ことわざ))猿も木から落ちる

homer /hóumər ホウマ/ **名** ((米))((くだけて))
ホームラン(home run)

homeroom /hóumrù:m ホウムルーム/ **名**
ⓊⒸ ((米)) ホームルーム

homesick /hóumsìk ホウムスィク/ **形** ホームシックの, 家を恋しがる

homestay /hóumstèi ホウムステイ/ **名** ⒸⓊ
ホームステイ

hometown /hóumtáun ホウムタウン/ **名** Ⓒ
故郷の町[市];現在住んでいる町[市]

homework
/hóumwò:rk ホウムワーク/

名 Ⓤ (学校の)**宿題;** ((くだけて)) 予習
- *do one's homework* 宿題をする
- help him with his *homework*
 彼の宿題を手伝う
- 📖 This is your *homework* for today [tonight]. これがきょうの宿題です
- 📖 There is no *homework* today [tonight].
 きょうは宿題はありません
- 📖 Do exercise 3 on page 20 for your *homework*. 宿題として20ページの練習問題3をやってください
- 📖 Remember to do your *homework*.
 宿題を忘れないようにしてください

homo /hóumou ホウモウ/ ((くだけて)) = homosexual

homosexual /hóumousèkʃəl ホウモウセクシャル/
形 同性愛の, ホモの
━ **名** Ⓒ 同性愛の人, ホモの人

honest

/ánəst アナスト|ɔ́nist オニスト/

形 比較 **more honest**
最上 **most honest**

正直な;誠実な(⇔dishonest)
・He can be *honest* to a fault.
彼はばか正直なところがある

to be honest (with you)
正直[率直]に言うと

honestly 副 正直に, 誠実に;正直に言うと

honesty 名 U 正直;誠実さ

honey /hʌ́ni ハニ/ 名
① U はちみつ
② C ((くだけて))あなた, おまえ, 君(妻・子ども・恋人などに対する呼びかけ)

honeybee /hʌ́nibì: ハニビー/ 名 C【昆虫】ミツバチ

honeymoon /hʌ́nimù:n ハニムーン/ 名 C 新婚旅行, ハネムーン;蜜月(期間)

Hong Kong /háŋ kàŋ ハング カング/ 名 ホンコン(香港)(中国の特別行政区)

Honolulu /hànəlú:lu: ハナルールー/ 名 ホノルル(米国ハワイ州はオアフ島の港市で, 州都)

honor, ((英))**honour**
/ánər アナ|ɔ́nər オナ/

名
① UC 栄光, 名誉;C ((an honor))名誉となる人[事]
・It's my *honor* to be invited here tonight.
今晩お招きにあずかり光栄です
② U 敬意, 尊敬
③ C ((honors))(大学などの)優等
・graduate with *honors* 優等で卒業する
④ ((Honor))閣下

have the honor of doing [to do]
((改まって))…する光栄に浴する

in honor of A
Aを記念して;Aに敬意を表して

— 動 他
① 〈人に〉敬意を払う, 〈人を〉尊敬する
② 〈手形・クレジットカードなどを〉受け取る, 支払う;〈約束などを〉守る

honorable 形 立派な, 尊敬すべき;名誉ある

honorably 副 立派に, 正しく, 高潔に, みごとに

honorary 形 名誉の

hood /húd フド/ 名 C
① フード, ずきん
② フード状の物;((米))車のボンネット

hooded 形 フード付きの

hook /húk フク/

名 C かぎ, 留め金, ホック;つり針

by hook or by crook
どんなことをしてでも

off the hook ((くだけて))困難を免れて

— 動
— 他 〈…を〉かぎで引っかける;〈魚を〉つる
— 自 ホックでかかる[留まる]

hooligan /hú:ligən フーリガン/ 名 C フーリガン;やくざ, ごろつき

hop /háp ハプ/

動
— 自
① 〈人が〉(片足で)ピョンと跳ぶ;〈小動物が〉ピョンピョン跳ぶ((*about, around*))
② ((くだけて))短い旅行をする
— 他
① 〈さくなどを〉飛び越える
② ((米))((くだけて))〈乗り物に〉(飛び)乗る

hop to it ((米))(仕事を)さっさとする

— 名 C ピョンと跳ぶこと

hope

/hóup ホウプ/

名 (複 **hopes** /ホウプス/)
① UC **希望, 望み;期待, 見込み**
・*raise A's hopes* A(人)に希望を抱かせる
・*give hope to A* Aに希望を与える
② C ((ふつう単数形で))ホープ;頼みの綱

in the hope of doing [that...]
…すること[…であること]を期待して

— 動
三単現 **hopes** /ホウプス/
過去分 **hoped** /ホウプト/
現分 **hoping** /ホウピング/

— 他 〈…を〉**望む**, 〈…をしたいと〉**思う**
■ *hope to do* …であることを願う
■ *hope that...* …であってほしいと願う
— 自 (…を)**望む, 期待する**((*for...*))

hopeful 形 期待して;望みを持って, 希望に満ちた

hopefully 副 希望を持って;願わくば

hopefulness 名 U 希望に満ちていること

hopeless 形 望み[見込み]のない

hopelessly 副 絶望して;どうしようもな

horizon

hopelessness 名 U 見込みのないこと; 絶望的な状態

horizon /həráizən ハライザン/ 名 C ((the horizon)) 地平線, 水平線

horizontal /hɔ̀:rəzántl ホーラザントル/ 形 水[地]平線の; 水平な
- 名 ((the horizontal)) 水平線
horizontally 副 水平に

hormone /hɔ́:rmoun ホーモウン/ 名 C【生化学】ホルモン

horn /hɔ́:rn ホーン/ 名 C
❶ (牛・やぎなどの)角(つの)
❷【音楽】ホルン; 角笛; 警笛
horny 形 角のように堅い; 角製の

horoscope /hɔ́:rəskòup ホーラスコウプ/ 名 C 星占い, 占星術; 十二宮図, 天宮図

horrible /hɔ́:rəbl ホーラブル | hɔ́rəbl ホラブル/ 形
❶ 恐ろしい, ぞっとする
❷ ((くだけて)) とても不快な; ひどい; いやな
horribly 副 恐ろしく; ひどく

horrific /hɔ:rífik ホーリフィク/ 形 恐ろしい; ((くだけて)) とても不快

horrify /hɔ́:rəfài ホーラファイ/ 動 他 〈…を〉ぞっとさせる, ひどく怖がらせる
horrified 形 ぞっとして, 怖がって
horrifying 形 ぞっとさせる, 恐ろしい

horror /hɔ́:rər ホーラ/ 名
❶ U 恐怖, ぞっとする思い
❷ C ((a horror)) (…に対する)強い嫌悪(けん)感, 憎悪(ぞう) ((of...))
❸ C 恐ろしいもの[人・事], いやなもの

horse /hɔ́:rs ホース/

名 (複 **horses** /ホースィズ/) C
❶ 馬
- a *horse* and cart 荷馬車
- ride a *horse* 馬に乗る[乗って行く]
❷ 木馬; 【体操】跳馬, 鞍馬(あんば)
Hold your horses.
ちょっと待て, あわてるな

horsepower /hɔ́:rspàuər ホースパウア/ 名 C U 馬力(略 hp, HP)

horseradish /hɔ́:rsrædiʃ ホースラディシュ/ 名 U わさび大根, 西洋わさび, ホースラディッシュ

hose¹ /hóuz ホウズ/ 名 U ((複数扱い)) タイツ, ストッキング, ソックス

hose² /hóuz ホウズ/
名 U C (消火用・水まき用などの)ホース
- 動 他 〈…に〉ホースで水をかける

hospice /háspis ハスピス/ 名 C ホスピス(末期のがん患者などのための終末医療施設)

hospitable /háspitəbl ハスピタブル/ 形 (客などを)温かくもてなす, もてなしのよい
hospitably 副 温かく, 手厚く

hospital /háspitl ハスピトル/

名 (複 **hospitals** /ハスピトルズ/) C 病院
- an emergency *hospital* 救急病院
- enter [go to] (the) *hospital* 入院する
- leave (the) *hospital* 退院する

hospitality /hàspitǽləti ハスパタラティ/ 名 U 親切なもてなし, 歓待

hospitalize /háspitəlàiz ハスピタライズ/ 動 他 ((ふつう受身で))〈…を〉入院させる
hospitalization 名 U 入院(状態)

host¹ /hóust ホウスト/
名 C
❶ (客を接待する)主人(役); 主催者[国] (⇔guest)
- act as a *host* ホスト[主人役]を務める
- the *host* family
(ホームステイの)客を泊める家庭
❷ (テレビ番組などの)司会者
- 動 他 〈…を〉主催する; 〈テレビ番組などの〉司会を務める

host² /hóust ホウスト/ 名 C 大勢, 多数
- *a host of A* たくさんのA (人など)

hostage /hástidʒ ハスティヂ/ 名 C 人質

hostel /hástl ハストル/ 名 C ユースホステル

hostess /hóustəs ホウスタス/ 名 C
❶ (客を接待する)女主人(役)
❷ ((米)) (レストランなどの)接客係; (ナイトクラブの)ホステス
❸ (テレビ番組などの)女性司会者

hostile /hástl ハストル/ 形 (…に)敵意を持った, 反対の ((to..., toward...))
hostility 名 U 敵意; 対立; ((hostilities))戦闘行為, 交戦

hot /hát ハト | hɔ́t ホト/

形 副 比較 **hotter** /ハタ | ホタ/
最上 **hottest** /ハタスト | ホタスト/
- 形
❶ (物が)熱い(⇔cold)
- *hot* water 湯

- *hot* tea 熱いお茶
- a *hot* dog ホットドッグ
- a *hot* spring 温泉
- Strike while the iron is *hot*.
 ((ことわざ))鉄は熱いうちに打て,好機を逃すな
❷〈気候が〉**暑い**(⇔cold)
- a *hot* day 暑い日
- It's very *hot* today. きょうはとても暑い
❸ **辛い**,(舌に)ぴりっとする
- *hot* mustard 辛いからし
❹〈報道などが〉最新の
- *hot* news 最新のニュース
❺〈感情が〉高ぶった;〈人が〉興奮した;怒った;激しい
- a *hot* temper すぐにかっとなる気性
❻〈人などが〉人気がある
━━ 副 熱く,暑く;熱烈に,激しく;怒って
|**hotly** 副 激しく;熱烈に
hotbed /hάtbèd ハトベド/ 名 C ((ふつうa hotbed))(犯罪などの)温床(*of...*)

hotel
/houtél ホウテル/

名 (複 **hotels** /ホウテルズ/) C ホテル,旅館
- stay at a *hotel* ホテルに泊まる
- check in at a *hotel* ホテルにチェックインする
- check out of a *hotel*
 ホテルをチェックアウトする
hound /hάund ハウンド/
名 C 猟犬
━━ 動 他〈人を〉追い回す;追い出す((*out*))〈人に〉絶えずつきまとう

hour
/άuər アウア/

名 (複 **hours** /アウアズ/) C
❶ **1時間**(略 hr.; 複数形はhrs.)
- half an *hour* = a half *hour* 半時間, 30分
- wait for an *hour* 1時間(の間)待つ
- finish the work in two *hours*
 2時間で仕事をかたづける
- *by the hour* 時間決めで,1時間単位で
- the *hour* hand (時計の)時針,短針
❷ **時刻**(time);((the time))正時(ょ^う)
- at an early [a late] *hour* 早い[遅い]時刻に
❸ ((hours))(仕事・勉強などの)**時間**
- business [school] *hours* 営業[授業]時間
❹ ((hours))長い時間
- for *hours* (on end) 長時間ずっと
keep regular hours
 規則正しく生活する
hourly /άuərli アウアリ/
形 1時間ごとの
━━ 副 1時間ごとに

house
名 /háus ハウス/ (複 **houses** /ハウズィズ/) C
❶ **家,住宅,家屋;家庭,家族**
- a log *house* 丸太造りの家
- a *house* for rent 貸家
- build a *house* 家を建てる
- That *house* is known as a haunted *house*. あの家はお化け屋敷として知られている
❷ (特定の目的のための)建物,小屋;劇場
- a dog *house* 犬小屋
- an opera *house* オペラ劇場
❸ 議会;議事堂;議員
- *the* Lower [Upper] *House* 下院[上院]
- the *Houses* of Parliament
 ((英))国会議事堂
keep house 家事を切り盛りする
on the house
 (飲食物が)店のサービスで,無料で
play house ままごと遊びをする
━━ 動 /háuz ハウズ/ 他 〈人に〉居住を供給する,〈人を〉泊める;〈建物などが〉〈人を〉収容する
|**housing** 名 U 住宅;住宅供給
household /hάushòuld ハウスホウルド/
名 C 家族;世帯,家庭
- a low-income *household* 低所得世帯
━━ 形 家庭(用)の,家族の
housekeeping /hάuskì:piŋ ハウスキーピング/
名 U
❶ 家の切り盛り,家事
❷ ((主に英))家計費
|**housekeeper** 名 C 家政婦,メイド
housewife* /hάuswàif ハウスワイフ/
名 (複 **housewives** /ハウスワイヴズ/) C
(専業)主婦
housework /hάuswə:rk ハウスワーク/ 名
U 家事
hove /hóuv ホウヴ/ 動 heaveの過去形・過去分詞
hover /hΛvər ハヴァ|hɔ́vər ホヴァ/ 動 自
❶ 〈ヘリコプター・鳥などが〉空中で停止する,(同じ所を)舞う
❷ (…の周りを)うろつく((*around..., by...*))
❸ さまよう,行きつ戻りつする
hovercraft /hΛvərkræft ハヴァクラフト/ 名
C ホバークラフト

how

how /háu ハウ/ 副 ((比較なし))

❶ ((程度・数量)) **どれほど, どれくらい, どの程度**
- *How* old are you? 何歳ですか
- *How* much is this car? この車はいくらですか
- *How* long does it take to walk to the station? 駅まで歩いてどれくらいの時間がかかりますか
- "*How* many times a month do you play tennis?" "Once a month." 「月に何度くらいテニスをしますか」「月に1回です」

❷ ((方法・手段)) **どのように, どうやって**
- *How* can I open this box? どうしたらこの箱を開けることができますか
■ *how to do* …の仕方
📖 Tell me *how to* pronounce this word. この単語の発音を教えてください
📖 We'll learn *how to* use this computer. このコンピュータの使い方を勉強しましょう

❸ ((状態)) **どんなふうで, どんなぐあいで**
- "*How* are you?" "Fine, thank you. And you?" 「お元気ですか」「はい, おかげさまで. あなたはいかが」
- *How* are you doing? 元気かい
- *How* are you getting along? 元気でやっていますか
- *How* do you do? はじめまして
- *How* do you like this movie? この映画はどうですか
📖 *How* are you today, Mr. *A*? 元気ですか, A先生

❹ ((理由)) **どういうわけで**
- *How* can you say such a thing? よくもそんなことが言えるね

❺ ((感嘆文)) **何と, 何て, いかに**
- *How* beautiful (this music is)! (この音楽は)何と美しいのでしょう
- *How* foolish (it is) of you to say so! そんなことを言うなんて, 君は何てばかなんだ
- *How* well she sings! 彼女は何て歌がじょうずなんだろう

❻ ((関係副詞)) **…する方法**
- This is *how* I learn English. これがぼくの英語の勉強法です

How about A? Aはいかがですか
How about doing? …してはいかがですか
How come...? どうして…なの, なぜ…なの
- *How come* you are here? どうしてここにいるの

however

/hauévər ハウエヴァ/ 副 ((比較なし))

❶ ((接続詞的に)) **しかしながら, けれども**
- I advised him. He did not follow my words, *however*. 彼に忠告したが, 彼はぼくの言葉に従わなかった

❷ **どんなに…でも**
- *However* poor you may be, you can be happy. どんなに貧乏でも幸せでいられる

❸ **どんな仕方で…しても; ((くだけて)) (いったい) どんなふうに**
- You can do it *however* you like. お好きなようにやっていいですよ

howl /hául ハウル/
動 自

❶ 〈犬・狼などが〉遠ぼえする; 〈風などが〉うなる
❷ 〈人が〉泣きわめく, どなる; 大声で笑う

■ 名 C
❶ (犬・狼などの)遠ぼえ; (風などの)うなり
❷ わめき声; 笑い声

hp, HP ((略)) *horse*power 馬力
hr(s)., hr(s) ((略)) *hour*(s) 時間
hub /hʌ́b ハブ/ 名 C
❶ (車輪などの)こしき
❷ (活動の)中心(地); ハブ[拠点]空港

Hudson /hʌ́dsən ハドサン/ 名 ((the Hudson))
ハドソン川(米国ニューヨーク市の東部を流れる川)

hug* /hʌ́g ハグ/
動 三単現 **hugs** /ハグズ/
過去・過分 **hugged** /ハグド/
現分 **hugging** /ハギング/
— 他
❶ 〈人などを〉**抱きしめる, 抱擁(ほうよう)する**; 〈物を〉胸に抱きかかえる
❷ 〈…に〉沿って進む, 〈…の〉近くを離れない

■ 名 C **抱擁**
- give him a big *hug* 彼をしっかりと抱きしめる

huge

/hjúːdʒ ヒューヂ/
形 比較 **huger** /ヒューヂャ/
最上 **hugest** /ヒューヂャスト/

❶ 巨大な, とても大きな；ばく大な
・a *huge* success 大成功
❷《くだけて》大成功した, 大人気の
|**hugely** 副 非常に, 大いに
|**hugeness** 名 U 巨大さ

huh /hʌ́ ハ/ 間
❶《同意を求めて》…だね, …よね
❷《驚き・疑問などを表して》ええっ, ふうん, えっ, 何だって

hull /hʌ́l ハル/
名 C （穀粒などの）外皮
━ 動 他〈…の〉外皮[さや]を取る[むく]

hum /hʌ́m ハム/
動
━ 自 ハミングする；〈ハチ・機械などが〉ブンブンいう, 低い音を立てる
━ 他〈…を〉ハミングする
━ 名 《a hum》（ハチ・機械などの）継続的な低い音

human* /hjúːmən ヒューマン/
形
❶《比較なし》**人間の**
・the *human* brain 人間の脳
・the *human* race 人類
・*human* relations 《単数扱い》人間関係
・*human* resources 人的資源, 人材
・*human* rights 人権
❷ 比較 **more human** 最上 **most human**
人間らしい, 人間にありがちな；人間味のある
━ 名 C 人間, 人 (human being)
|**humanly** 副 人間の力の範囲で；人間らしく, 人間的に

humane /hjuːméin ヒューメイン/ 形 人間味[思いやり]のある
|**humanely** 副 思いやりを持って

humanism /hjúːmənìzm ヒューマニズム/ 名 U 人間（中心）主義, 人文主義
|**humanist** 名 C 人文主義者
|**humanistic** 形 人文主義の

humanitarian /hjuːmæ̀nitéəriən ヒューマニテアリアン/
形 人道主義的な, 人道主義の
━ 名 C 人道主義者
|**humanitarianism** 名 U 人道主義

humanity /hjuːmǽnəti ヒューマナティ/ 名
❶ U 人類；人間
❷ U 人間性；人間味, 思いやり
❸《the humanities》人文科学

humankind /hjúːmənkàind ヒューマンカインド/ 名 U 人類；人間

humble /hʌ́mbl ハムブル/
形
❶ 謙虚な, 謙そんした
❷〈身分・地位などが〉低い, 卑しい
❸〈場所などが〉質素な, 何の変哲もない
━ 動 他〈人を〉はずかしめる
・*humble oneself* へりくだる, 謙そんする
|**humbly** 副 謙虚に, 謙そんして

humid /hjúːmid ヒューミド/ 形 湿気のある, 湿った
|**humidity** 名 U 湿気；湿度

humiliate /hjuːmílièit ヒューミリエイト/ 動 他〈人に〉恥をかかせる, 屈辱を与える
|**humiliating** 形 屈辱的な
|**humiliation** 名 U C 屈辱, 侮辱

humility /hjuːmíləti ヒューミラティ/ 名 U 謙そん, 謙虚

humor, 《英》humour*

/hjúːmər ヒューマ/
名 （複 **humors** /ヒューマズ/）
❶ U **ユーモア**；ユーモアを解する心
・have a sense of *humor* ユーモアが分かる
❷ C U 《改まって》**気分**, 機嫌
・be in a good *humor* 上[不]機嫌である
━ 動 他〈人の〉機嫌を取る
|**humorless** 形 ユーモア（感覚）のない
|**humorous** 形 こっけいな, ユーモアのある, おもしろい
|**humorously** 副 こっけいに, ユーモアたっぷりに, おもしろく

Humpty Dumpty /hʌ́mpti dʌ́mpti ハムプティ ダムプティ/ 名 ハンプティ・ダンプティ（童謡集『マザー・グース』の中の卵の形をした人物）

hunch /hʌ́ntʃ ハンチ/
動
━ 他〈背を〉丸める
━ 自 背を丸める, 前かがみになる《*over*》
━ 名 C （…という）勘, 予感《*that* 節》

hundred /hʌ́ndrəd ハンドラド/

名 （複 **hundred**, **hundreds** /ハンドラヅ/）
❶ U C （基数の）**100**；U 《複数扱い》100個, 100人
・two *hundred* 200
❷ U 100歳
❸ C 100人[個]一組のもの

hundredth

***hundreds of** A*
何百というA, たくさんのA
━ 形 ((比較なし))
❶ **100の**, 100個の, 100人の
❷ 100歳の
・several *hundred* students 数百人の生徒

hundredth /hʌ́ndrədθ ハンドラドス/
形 (略 100th)
❶ ((ふつう the hundredth)) 第100の, 100番目の
❷ ((a hundredth)) 100分の1の
━ 名 (略 100th)
❶ U ((ふつう the hundredth)) 第100, 100番目;100番目の人[もの]
❷ C 100分の1

hung /hʌ́ŋ ハング/ 動 hangの過去形・過去分詞

Hungarian /hʌŋɡéəriən ハンゲアリアン/
形 ハンガリーの;ハンガリー人[語]の
━ 名 C ハンガリー人;U ハンガリー語

Hungary /hʌ́ŋɡəri ハンガリ/ 名 ハンガリー (首都はブダペスト)

hunger /hʌ́ŋɡər ハンガ/ 名
❶ U 飢え, 空腹(感)
・a *hunger* strike ハンガーストライキ
❷ ((a hunger)) (…に対する)渇望, 切望 ((*for*...))

hungry /hʌ́ŋɡri ハングリ/

形 比較 **hungrier** /ハングリア/
最上 **hungriest** /ハングリアスト/
❶ **空腹の**, 飢えた
・feel *hungry* 空腹を覚える
・go *hungry* 飢える, 腹を空かす
❷ (…を)切望して, 渇望して ((*for*...))
hungrily 副 ひもじそうに;渇望して

hunt /hʌ́nt ハント/
動
━ 他
❶ 〈動物・鳥などを〉狩る, 狩猟する;〈動物が〉〈獲物を〉追う
❷ 〈場所を〉(…を求めて)探し回る, 狩りをして回る ((*for*...))
━ 自
❶ 狩りをする
・go *hunting* 狩りに出かける
❷ (…を)探す ((*for*...))
・*hunt for* a job 職探しをする
━ 名 C

❶ 狩り, 狩猟
❷ ((ふつう a hunt)) 捜索, 追求
hunting 名 U 狩り;探し求めること

hunter /hʌ́ntər ハンタ/ 名 C 狩猟家, 猟師;猟犬

hurdle /hə́ːrdl ハードル/ 名 C
❶ 【スポーツ】ハードル, 障害物;((the hurdles)) ((単数扱い)) ハードル競走
・a *hurdle* race ハードル競走
❷ 障害, 困難

hurl /hə́ːrl ハール/ 動 他 〈物を〉(…に)強く投げつける;〈悪口などを〉(…に)浴びせる ((*at*...))

Huron /hjúərən ヒュアラン/ 名 **Lake Huron** ヒューロン湖 (北米五大湖の1つ)

hurrah* /hərɑ́ː ハラー/
間 万歳, フレー
━ 名 C 万歳の叫び, 歓喜の声

hurricane /hə́ːrəkèin ハーラケイン/ 名 C ハリケーン

hurry /hə́ːri ハーリ/

動 三単現 **hurries** /ハーリズ/
過去・過分 **hurried** /ハーリド/
現分 **hurrying** /ハーリイング/
━ 自 **急ぐ**;(…へ)急いで行く ((*to*...))
・*hurry* home 急いで家に帰る
・*hurry up* (*with* A) (Aを)急ぐ, 急いでする
📖 *Hurry up* and get out!
早く外に出てください
━ 他 〈人を〉**急がせる**, せき立てる
━ 名 U ((また a hurry)) 急ぎ;急ぐ必要
・*in a hurry* 急いで, あわてて
・*in no hurry* 急がずに, あわてずに
・What's the *hurry*? 何で急ぐのか
📖 There's no *hurry*. 急がなくてもいいですよ
hurried 形 急いでいる;あわただしい
hurriedly 副 大急ぎで, あわただしく

hurt /hə́ːrt ハート/

動 三単現 **hurts** /ハーツ/
過去・過分 **hurt**
現分 **hurting** /ハーティング/
━ 他
❶ 〈人・体を〉**傷つける**, 〈…に〉けがをさせる
・I *hurt* my leg when I fell.
私は転んで足にけがをした
・He *was* seriously *hurt*. 彼は大けがをした
❷ 〈…に〉痛みを感じさせる
❸ 〈感情を〉害する, 傷つける

— 自 〈傷・心などが〉痛む；〈物・事が〉痛みを与える
— 形 けがをした；〈心などが〉傷ついた
— 名 U ((また a hurt)) 精神的苦痛；傷, けが
hurtful 形 (感情を)傷つける, 有害な
husband* /hʌ́zbənd ハズバンド/ 名 (複 **husbands** /ハズバンヅ/) C 夫 (⇔wife)
・ *husband* and wife 夫婦
hush /hʌ́ʃ ハシュ/
動
— 他 〈…を〉黙らせる, 静かにさせる
— 自 黙る, 静かにする
— 名 U ((また a hush)) (特に騒ぎのあとの)静けさ, 沈黙
husky /hʌ́ski ハスキ/
形 〈声が〉しゃがれた, ハスキーな；((米))〈男性が〉がっしりした
— 名 C 【動物】ハスキー犬
hustle /hʌ́sl ハスル/
動
— 自
❶ (…へ)急ぐ, 押し進む ((*to*...))
❷ ((米))((くだけて)) 張り切る, ハッスルする
— 他
❶ 〈人を〉乱暴に押す, (…へ)押し込む ((*into*...))
❷ 〈人を〉せき立てて(…)させる ((*into*...))
— 名 U 雑踏, 押し合い, 喧騒(けんそう)
hut /hʌ́t ハト/ 名 C (粗末な)小屋, あばら家
hybrid /háibrid ハイブリド/
名 C (動植物の)雑種；混成物
— 形 雑種の；混成の
・ a *hybrid* car ハイブリッド車
Hyde Park /háid páːrk ハイド パーク/ 名 ハイド・パーク (ロンドンの中心部にある公園)
hydrant /háidrənt ハイドラント/ 名 C 消火栓, 給水栓
hydraulic /haidrɔ́ːlik ハイドローリク/ 形 水[油]圧の；水力(学)の)
hydrogen /háidrədʒən ハイドラヂャン/ 名 U 【化学】水素 (元素記号 H)
・ a *hydrogen* bomb 水素爆弾
hyena /haiíːnə ハイイーナ/ 名 C 【動物】ハイエナ
hygiene /háidʒiːn ハイヂーン/ 名 U 衛生(状態), 清潔；衛生学
hygienic 形 衛生的な；衛生学の
hygienically 副 衛生的に
hymn /hím ヒム/ 名 C 賛美歌, 聖歌；賛歌
hyper /háipər ハイパ/ 形 ((くだけて)) 興奮[緊張]した
hypertext /háipərtèkst ハイパテクスト/ 名 C 【コンピュータ】ハイパーテキスト
hyphen /háifən ハイファン/ 名 C ハイフン
hyphenate 動 他 〈語を〉ハイフンで結ぶ
hypnosis /hipnóusis ヒプノウスィス/ 名 U 催眠状態；催眠術
hypnotic /hipnátik ヒプナティク/
形 眠けを催す；催眠(術)の
— 名 C 催眠薬, 催眠剤
hypocrisy /hipákrəsi ヒパクラスィ/ 名 U 偽善；C 偽善的行為[言動]
hypocrite /hípəkrit ヒパクリト/ 名 C 偽善者
hypocritical 形 偽善的な, 見せかけの
hypothesis /haipáθəsis ハイパササィス/ 名 (複 **hypotheses** /ハイパササィーズ/) C 仮説, 仮定；U 推測
hypothetical 形 仮説(上)の, 仮定の
hysteria /histíəriə ヒスティアリア/ 名 U 異常な興奮, 狂乱；ヒステリー
hysterical 形 狂乱的な, ヒステリックな
hysterically 副 異常に興奮して
Hz ((略))*hertz* ヘルツ

═══════════ 魚のいろいろ ═══════════

あじ	horse mackerel	あゆ	sweetfish
いわし	sardine	うなぎ	eel
かつお	bonito	かれい	flatfish
さけ	salmon	さば	mackerel
さんま	saury	たい	sea bream
たら	cod	どじょう	loach
にしん	herring	ふぐ	globefish
ぶり	yellowtail	まぐろ	tuna
ます	trout		

I, i

I¹, i /ái アイ/ 名 (複 **I's, Is; i's, is** /アイズ/)
① C U アイ (英語アルファベットの第9字)
② ((Iで)) U (ローマ数字の)1

I²
/ái アイ/

代 ((人称代名詞:一人称単数の主格))
[所有格] **my** /マイ/ 私の
[目的格] **me** /ミー/ 私に, 私を
[所有代名詞] **mine** /マイン/ 私のもの
[再帰代名詞] **myself** /マイセルフ/ 私自身を[に]
(複 [主格] **we** /ウィ; ウィー/)
私は, 私が, ぼくは, ぼくが
・I am a student. 私は学生です
・I often play tennis. 私はよくテニスをします
・You and I are good friends.
　君とぼくは仲よしだ
・Can I come in? 入っていいですか

IA ((米郵便)) *I*ow*a* アイオワ州
Ia. ((略)) *I*ow*a* アイオワ州
IC ((略)) *i*ntegrated *c*ircuit 集積回路

ice
/áis アイス/

名 (複 **ices** /アイスィズ/)
① U 氷; ((the ice)) (張りつめた)氷
・a block [piece] of *ice*
　ひとかたまり[かけら]の氷
・*ice* hockey アイスホッケー
・*ice* skates スケート靴
・*ice* skating アイススケート
・skate on the *ice* 氷の上でスケートをする
② C ((米)) 氷菓子(シャーベットなど); ((英))
アイスクリーム
　break the ice 場の緊張をほぐす
■ 動 他
① 〈…を〉氷で冷やす; 〈…を〉凍らせる
② 〈ケーキなどに〉糖衣をかける

iceberg /áisbəːrg アイスバーグ/ 名 C 氷山
ice cream /áis kríːm アイス クリーム/ 名
U C アイスクリーム
iced /áist アイスト/
動 ice の過去形・過去分詞
■ 形
① 氷で冷やした; 氷の入った
・*iced* coffee [tea] アイスコーヒー[ティー]

② 〈ケーキなどが〉糖衣をかけた
icicle /áisikl アイスィクル/ 名 C つらら
icing /áisiŋ アイスィング/
動 ice の現在分詞・動名詞
■ 名 U ((主に英)) (菓子などの)糖衣, アイシング
icon /áikan アイカン/ 名 C
① 【コンピュータ】アイコン
② シンボル的存在; (東方教会の)イコン画
icy /áisi アイスィ/ 形
① 氷のように冷たい; 冷淡な
② 氷でおおわれた
ID¹, I.D. /àidíː アイディー/ 名 C U 身分証明
(書), IDカード (*id*entity, *id*entificationの略)
ID² ((米郵便)) *Id*aho アイダホ州
Id. ((略)) *Id*aho アイダホ州

I'd
/áid アイド/ ((くだけて))

① I had の縮約形
② I should の縮約形
③ I would の縮約形

Ida. ((略)) *Ida*ho アイダホ州
Idaho /áidəhòu アイダホウ/ 名 アイダホ (略
Id., Ida., ((郵便)) ID; 米国北西部の州; 州都ボ
イシ (Boise))

idea
/aidíːə アイディーア/

名 (複 **ideas** /アイディーアズ/)
① C 思い付き, アイデア, 着想
・hit on a good *idea* よいアイデアが浮かぶ
・He is full of *ideas*.
　彼はアイデアに富んでいる
・That's [There's] an *idea*!
　そのとおり; それはいい思い付きだ
② C (…についての)考え, 意見 ((*about*...))
・put an *idea* into practice
　考えを実行に移す
・What an *idea*! 何たることだ, 何てばかな
③ C ((主に否定文・疑問文で)) (…についての)
見当, 想像 ((*of*..., *about*...))
・I have *no idea* about that.
　そのことについては何も知りません
・I have *no idea* what to do.
　どうしたらいいか分かりません

idea

④ ((the idea)) 目的, ねらい
- *The idea* of this exercise is...
  この練習の趣旨は…

⑤ C|U (…についての)感じ, 予感 ((of...))
- have an idea (that)... …ではないかと思う

⑥ C|U 概念, 思想, 観念
get the idea 理解する; (…と)思い込む ((that...))

ideal* /aidíːəl アイディーアル/
名 (複 ideals /アイディーアルズ/) C 理想; 理想の人[物]
— 形 (比較なし)理想的な, 申し分のない

ideally 副 理想的には; 理想的に

idealism 名 U 理想主義;【哲学】観念論, 唯心論

idealist 名 C 理想主義者; 観念論者

idealistic 形 理想主義的な; 観念論の

idealize 動 他 〈…を〉理想化する

identical /aidéntikəl アイデンティカル/ 形 まったく同じ[一致した]; 同一の

identically 副 まったく同様に

identifiable /aidéntəfàiəbl アイデンタファイアブル/ 形 見分けがつく; 確認できる

identification /aidèntifikéiʃən アイデンティフィケイシャン/ 名
① U 同一物[人]であることの確認, 身元確認; U|C 身分証明書 (略 ID)
② U|C (…への)強い同情, (…との)一体感, 関係(付け) ((with...))

identify /aidéntəfài アイデンタファイ/ 動 他
① 〈人の〉身元を確認[証明]する
② 〈人・物を〉(…であると)確認する, 識別する ((as...))
- *identify* A with B
  A(人・物)をB(人・物)と同一視する, 関連づける

identity /aidéntəti アイデンタティ/ 名 U|C
① 身元, 正体, アイデンティティー
- an *identity* card 身分証明書 (略 ID card)
② (自己を形づくる)独自性, 特質, アイデンティティー; 帰属感
- a sense of national *identity* 民族意識

ideology /àidiálədʒi アイディアラヂ/ 名 U|C イデオロギー, 観念形態

ideological 形 イデオロギーに関する

idiocy /ídiəsi イディアスィ/ 名 U 大変な愚かさ; C 愚行

idiom /ídiəm イディアム/ 名
① C 慣用句, 熟語, 成句, イディオム
② U|C (ある民族・時代に特有の)作風, 表現形式

idiomatic 形 〈表現などが〉慣用的な

idiot /ídiət イディアト/ 名 C ばか, まぬけ

idiotic 形 ばかげた; ばかばかしい

idle /áidl アイドル/
形
① 〈機械などが〉働いて[動いて]いない
② 〈人などが〉ひまな; 怠惰な, 遊んでいる
— 動
— 自 〈エンジンが〉アイドリングする
— 他 〈時間を〉何もしないで[ぶらぶら]過ごす

idly 副 何もしないで; 怠けて

idol /áidl アイドル/ 名 C 偶像視される人[物], 人気者, アイドル; 偶像

i.e. /àii アイイー, ðǽtíz ザティズ/ ((略)) すなわち…である, 換言すれば (that is)

if /íf イフ/ 接

① ((仮定・条件)) もし…ならば, もし…すれば
- *If* you feel cold, I'll shut the windows.
  もし君が寒いなら窓を閉めよう
- *If* you are free tomorrow, let's go to the movies. あす予定がないなら映画に行こう
- *If* he knew, he would come.
  もし彼が知っていたら来るだろう
- *If* he had known, he would have come.
  もし彼が知っていたら来ていただろう

② …かどうか (whether)
- I don't *know if* he knows me.
  彼が私を知っているかどうか分かりません
- I *wonder if* it will be fine tomorrow.
  あすは晴れるだろうか

③ ((譲歩)) 仮に[たとえ]…であっても (even if)
- I won't give up, (even) *if* I fail once or twice. たとえ一度や二度失敗しても私はあきらめない

as if... まるで…のように
if any もしあれば
if it had not been for A
(過去の事について)もしもAがなかったら
if it were not for A
(現在の事について)もしもAがなかったら
if not
もしそうでなければ; 仮に…ではないにしても
if only... …でありさえすれば
if possible もしできれば
if you like よろしければ

ignite /ignáit イグナイト/ 動

ignorant

— 他 ⟨…に⟩火をつける, 点火する;⟨…を⟩燃やす

— 自 火がつく;燃え出す

ignition 名 U 発火, 点火;C 点火装置

ignorant /íɡnərənt イグナラント/ 形 ⟨…について⟩無知の, 無学の;何も知らない(⟨of...⟩)

ignorance 名 UC 無知, 無学;知らないこと

ignore /iɡnɔ́ːr イグノー/ 動 他 ⟨…を⟩無視する, 黙殺する

iguana /iɡwáːnə イグワーナ/ 名 C 【動物】イグアナ

IL ⟨⟨米郵便⟩⟩ *Il*linois イリノイ州

ill /íl イル/

形 副 比較 **worse** /ワース/
　　　最上 **worst** /ワースト/

— 形

❶ ⟨⟨主に英⟩⟩ **病気の,** 気分が悪い(sick)

・ *be ill in bed* 病気で寝ている
・ Have you been *ill*? 病気だったんですか

❷ 悪い, 有害な;不運な, 不吉な

— 副

❶ 悪く, まずく;悪意を持って

・ *speak ill of A* Aの悪口を言う

❷ 不十分に;ほとんど…ない

Ill. ⟨⟨略⟩⟩ *Il*linois イリノイ州

I'll /áil アイル/ ⟨⟨くだけて⟩⟩

❶ I will の縮約形

❷ I shall の縮約形

illegal /ilíːɡəl イリーガル/ 形 不法の, 違法の, 非合法の

illegally 副 不法に

illegality 名 U 違法;C 不法行為

Illinois /ìlənɔ́i イラノイ, ìlənɔ́iz イラノイズ/ 名 イリノイ(⟨⟨略⟩⟩ Ill., ⟨⟨郵便⟩⟩ IL;米国中部の州;州都はスプリングフィールド(Springfield))

illiteracy /ilítərəsi イリタラスィ/ 名 U 読み書きができないこと, 非識字

illiterate /ilítərət イリタラト/
形 読み書きのできない, 非識字の
— 名 C 読み書きのできない人, 非識字者

ill-natured /ílnéitʃərd イルネイチャド/ 形 気難しい, 意地の悪い, ひねくれた

illness* /ílnəs イルナス/
名 (複 **illnesses** /イルナスィズ/)
U 病気(の状態);C (特定の)病気
・ die of an *illness* 病死する

illogical /ilάdʒikəl イラヂカル/ 形 非論理的な, 筋の通らない

illuminate /ilúːmənèit イルーマネイト/ 動 他
❶ ⟨…を⟩⟨…で⟩照らす, 明るくする(⟨with...⟩)
❷ ⟨問題点などを⟩解明する, 明らかにする
❸ ⟨街などに⟩イルミネーションをほどこす

illuminating 形 明るくする;解明する

illumination 名 U 照明;C ((illuminations)) イルミネーション, 電飾

illusion /ilúːʒən イルージャン/ 名 C 幻影, 幻覚;幻想;思い違い, 誤解

illusory 形 幻想の;架空の

illustrate /íləstrèit イラストレイト/ 動 他
❶ ⟨…を⟩(絵・図表などによって)説明する, 例示する
❷ ⟨本などに⟩さし絵を入れる

illustrated 形 図解[さし絵]入りの

illustrator 名 C さし絵画家, イラストレーター

illustration* /ìləstréiʃən イラストレイシャン/
名 (複 **illustrations** /イラストレイシャンズ/)
❶ C さし絵, イラスト, (説明)図
❷ C 例, 実例;U 説明, 例示

illustrative 形 実例となる;説明に役立つ

illustrious /ilʌ́striəs イラストリアス/ 形 ⟨人が⟩有名な;⟨業績などが⟩輝かしい

I'm /áim アイム/ ⟨⟨くだけて⟩⟩ I am の縮約形

image* /ímidʒ イミヂ/

名 (複 **images** /イミヂズ/) C

❶ (心に描く)**像;イメージ,** 印象

・ have a positive [negative] *image* of [about] *A*
Aについてプラス[マイナス]イメージを持つ

❷ 像;画像;肖像, 彫像

❸ 生き写し, よく似た人

— 動 他 ⟨…を⟩イメージする, 心に描く

imagery 名 U 心像, イメージ;像, 画像

imagination /imædʒinéiʃən イマヂネイシャン/ 名 UC 想像;想像力;創造力

・ use *one's imagination* 想像力を働かせる

imagine /imædʒin イマヂン/

動 三単現 **imagines** /イマヂンズ/
過去・過分 **imagined** /イマヂンド/
現分 **imagining** /イマヂニング/

— 他
❶ ⟨…を⟩**想像する**, 心に描く
・*Imagine* a peaceful world.
平和な世界を思い浮かべてごらん
・I can't *imagine* her cooking.
彼女が料理する姿なんて想像できない
■ *imagine* (*that*)... …ということを想像する
・I can't *imagine* (*that*) I'll be a champion.
自分がチャンピオンになるなんて想像できない
■ *imagine* (*A*) *doing*
(Aが)…することを想像する
❷ ⟨…を⟩**思う**, **考える**
■ *imagine* (*that*)... …であると思う
・I *imagine* (*that*) he'll succeed next time.
彼は次回は成功すると思う

imaginable 形 想像できる限りの;可能な

imaginary 形 想像上の, 架空の

imaginative 形 想像から生まれた;想像力に富んだ

imbalance /imbǽləns イムバランス/ 名 UC 不均衡, アンバランス

imitate /íməteit イミテイト/ 動 他
❶ ⟨人を⟩見習う, 手本にする
❷ ⟨…を⟩まねる, 模倣する;模造する

imitation 名 U 模倣, まね;C 模造品, にせもの

imitative 形 まねをしたがる;模倣的な;模造の

immaterial /ìmətíəriəl イマティアリアル/ 形 ⟨…にとって⟩重要でない, 取るに足らない ((*to*...));非物質的な

immature /ìmətjúər イマテュア/ 形 未熟な, 未完成の;大人げない, 子どもっぽい

immeasurable /imézərəbl イメジャラブル/ 形 果てしない;計れない, 計り知れない

immediate /imíːdiət イミーディアト/ 形
❶ 即時の, 即座の, 早急な
❷ 最も近い;すぐ隣の
❸ 直接の

immediately 副 ただちに, すぐに;直接に, じかに

immemorial /ìməmɔ́ːriəl イマモーリアル/ 形 人の記憶にない, 大昔の, 太古の

immense /iméns イメンス/ 形 巨大な, 広大な, ばく大な, 途方(とほう)もない

immensely 副 広大に, ばく大に

immersion /imɔ́ːrʒən イマージャン/ 名 U
❶ (液体に)浸すこと
❷ 【キリスト教】浸礼(体を水につける洗礼)
❸ ⟨…への⟩没頭, 熱中 ((*in*...))

immigrate /íməgreit イミグレイト/ 動 自 (他国から)移住する

immigration 名 UC (他国からの)移住;U 入国管理

immigrant 名 C (他国からの)移民, 移住者, 入国者

imminent /ímənənt イミナント/ 形 ⟨悪いことが⟩切迫した, 差し迫った

immobile /imóubəl イモウバル/ 形 動かない;動かせない;静止した

immoral /imɔ́ːrəl イモーラル/ 形 不道徳な, 不品行な

immortal /imɔ́ːrtl イモートル/
形 不死の;不滅の
— 名 C 不死の人;不朽の名声を持つ人

immortality 名 U 不朽, 不滅;不朽の名声

immune /imjúːn イミューン/ 形 (病気などに)免疫がある ((*to*...))

immunity 名 U 免疫(性);免除

impact /ímpækt インパクト/
名 UC
❶ ⟨…への⟩影響, 効果 ((*on*..., *upon*...))
・make an *impact on A* Aに影響を与える
❷ ⟨…との⟩衝突;衝撃 ((*on*..., *against*...))
— 動
— 他 ⟨…に⟩影響を与える;衝突する
— 自 衝突する;影響を与える

impair /impéər インペア/ 動 他 ⟨…を⟩弱める;⟨…を⟩害する, そこなう

impartial /impɑ́ːrʃəl インパーシャル/ 形 偏見のない;公平な

impartiality 名 U 公平

impasse /ímpæs インパス/ 名 C ((ふつう an impasse)) 行き詰まり, 袋小路

impassioned /impǽʃənd インパシャンド/ 形 情熱のこもった, 熱烈な

impatient /impéiʃənt インペイシャント/ 形
❶ ⟨…に⟩いらいらして ((*at*..., *with*...))
❷ ⟨…に⟩我慢できなくなる ((*of*...))
❸ ⟨…したくて⟩たまらない ((*to do*))

impatiently 副 じれて, いらいらして

impatience 名 U 短気, せっかち, じれったさ

impenetrable /impénitrəbl インペニトラブル/ 形 貫通できない, 突き通せない;見通せない

imperative /impérətiv イムペラティヴ/
形
❶ 避けられない；必須の
❷ 〈態度などが〉命令的な；【文法】命令法の
— 名 C 命令；((the imperative))【文法】命令法

imperfect /impə́ːrfikt イムパーフィクト/ 形
不完全な，不十分な(⇔perfect)

imperial /impíəriəl イムピアリアル/ 形 帝国の；威厳のある
imperialism 名 U 帝国主義；帝政
imperialist 名 C 帝国主義者

impersonal /impə́ːrsənl イムパーサヌル/
形 個人に関係ない，一般的な；人間味のない

impetus /ímpətəs イムパタス/ 名 U ((また an impetus)) 勢い，弾み；刺激

implant /implǽnt イムプラント/ 動 他
❶ 〈思想などを〉〈人・心に〉植え付ける((in..., into...))
❷ 【医学】〈臓器などを〉(…に)移植する((in...))
implantation 名 U 移植

implausible /implɔ́ːzəbl イムプローザブル/
形 信じがたい，ありえない

implement
名 /ímpləmənt イムプラムント/ C 道具，用具；手段，方法
— 動 /ímpləmènt イムプラメント/ 他 〈計画・政策などを〉実行する，実施する
implementation 名 U 実行，執行

implicate /ímplikèit イムプリケイト/ 動 他
❶ 〈人を〉(事件などに)巻き込む((in...))
❷ 〈言葉などが〉(…ということを)暗に伝える((that節))
implication 名 U C 言外の意味，含蓄(がんちく)；ほのめかし；関わり合い

implicit /implísit イムプリスィット/ 形 暗黙の；暗示的な；無条件の，絶対的な

imply /implái イムプライ/ 動 他
❶ 〈…を〉ほのめかす
❷ (…であることを)暗に示す[言う]((that節))
implied 形 言外の，それとなくほのめかされた

impolite /ìmpəláit イムパライト/ 形 無礼な，無作法な

import
動 /impɔ́ːrt イムポート/ 他 〈…を〉(…から)輸入する((from...))
— 名 /ímpɔːrt イムポート/ U 輸入；C ((ふつう imports)) 輸入品，輸入額
importation 名 U 輸入；C 輸入品
importer 名 C 輸入業者[国]

importance /impɔ́ːrtəns イムポータンス/ 名 U
❶ 重要性，大切さ，重大さ
・a matter of *importance* 重要な事柄
❷ 重要な地位(にあること)
・a person of *importance* 重要人物，有力者

important
/impɔ́ːrtənt イムポータント/
形 比較 more important
最上 most important
❶ **重要な**，大切な，重大な
・Today is an *important* day.
きょうは大事な日だ
❷ 〈人が〉有力な，偉い
・a very *important* person
重要人物(略 VIP)
importantly 副 もったいぶって，偉そうに；重要なことには

impose /impóuz イムポウズ/ 動 他
❶ 〈義務・税・罰(ばつ)などを〉(…に)課す，負わせる((on...))
❷ 〈考えなどを〉(…に)押しつける，強要する((on...))
imposition 名 U (義務・税などを)課すこと；C 負担，負荷

imposing /impóuziŋ イムポウズィング/
動 imposeの現在分詞・動名詞
— 形 印象的な，堂々たる

impossible
/impásəbl イムパサブル | impɔ́səbl イムポサブル/
形 比較 more impossible
最上 most impossible
❶ **不可能な**；とてもありえない(⇔possible)
・an *impossible* feat 偉業
・*it is impossible (for A) to do*
(Aが)…するのは不可能だ
・*It is impossible to* swim across this river.
この川を泳いで渡るのは不可能だ
■ *it is impossible that*...
…ということはありえない
❷ 耐えられない，どうしようもない
— 名 ((the impossible)) 不可能なこと
impossibly 副 ひどく；ふつうではありえないほど

impossibility 名 ⑪ 不可能(性); ⑫ 不可能なこと, ありえないこと

impotent /ímpətənt **イ**ムパタント/ 形〈人などが〉無力な;〈特に男性が〉(性交)不能の
| **impotence** 名 ⑪ 無(気)力;(性交)不能

impoverished /impávəriʃt イム**パ**ヴァリシュト/ 形 非常に貧しい, 貧困に陥った

impractical /imprǽktikəl イムプ**ラ**クティカル/ 形 実用的でない, 非現実的な;実行不可能な

imprecise /ìmprisáis イムプリ**サ**イス/ 形 不正確な, あいまいな

impress /imprés イムプ**レ**ス/ 動 他
❶〈人に〉感銘を与える,〈人を〉感動させる
・*be impressed by* [*with*] *A* Aに感動する
❷〈物・事を〉〈人などに〉(強く)印象づける((*on...*, *upon...*))

impression* /impréʃən イムプ**レ**シャン/ 名 (複 **impressions** /イムプレシャンズ/)
❶ ⑪⑫ (…の)**印象**, 感銘((*of...*))
・What are your first *impressions* of Tokyo? 東京の第一印象はいかがですか
・He gave the *impression* that he was mild. 彼は穏やかだという印象を与えた
・His speech *made* a great *impression on* me. 彼の演説に私は大変な感銘を受けた
❷ ⑫ 物まね
・do an *impression* of *A*
 A(人)の物まねをする
❸ ⑪⑫ 印などを押すこと
| **impressionable** 形 影響を受けやすい
| **impressive** 形 印象的な;感動的な
| **impressively** 副 印象的に

imprint
名 /imprint **イ**ムプリント/ ⑫ 押印, 跡
━ 動 /imprínt インプ**リ**ント/ 他
❶〈…を〉〈…に〉刻印する((*on...*, *upon...*))
❷〈…を〉〈心・記憶に〉刻み込む((*on...*, *in...*))

imprison /imprízən イムプ**リ**ザン/ 動 他〈…を〉投獄する, 監禁する
| **imprisonment** 名 ⑪ 投獄;監禁

improbable /imprábəbl イムプ**ラ**バブル/ 形 起こりそうにもない, 本当らしくない
・*it is improbable that...* …はありそうにない
| **improbably** 副 ありそうもなく

impromptu /imprámptu: イムプ**ラ**ムプトゥー/ 形 即座の, 即興の;間に合わせの
━ 副 即興で;思い付きで

improper /imprápər イムプ**ラ**パ/ 形 不適切な, 誤った
| **improperly** 副 不適切に, 間違えて

improve* /imprú:v イムプ**ルー**ヴ/
動 三単現 **improves** /イムプルーヴズ/
過去・過分 **improved** /イムプルーヴド/
現分 **improving** /イムプルーヴィング/
━ 他〈…を〉**改良する, 改善する**;〈…を〉向上させる
・I need to *improve* my English.
 私は英語力をもっと伸ばす必要がある
・*improve on* [*upon*] *A*
 A(物・事)をよりよいものにする
━ 自 **よくなる, 改善する**, 向上する
📖 You've *improved* a lot.
 ずっとよくなりましたね
📖 Don't worry, it'll *improve*.
 心配いりません, よくなりますから
| **improved** 形 改良[改善]した, 向上した
| **improvement** 名 ⑪ 改良, 改善;進歩, 向上; ⑫ 改善点, 改善点

improvise /ímprəvaiz **イ**ムプラヴァイズ/ 動
━ 他〈曲などを〉即興で作る[演奏する, 歌う];〈食事などを〉間に合わせに作る
━ 自 即興で作曲[演奏]する
| **improvisation** 名 ⑪ 即興; ⑫ 即興演奏[曲]

imprudent /imprú:dənt イムプ**ルー**ダント/ 形 軽率な, 軽はずみな
| **imprudently** 副 軽率に, うかつに

impulse /ímpʌls **イ**ムパルス/ 名
❶ ⑪⑫ (心の)衝動, はずみ, 一時の感情
❷ ⑫ (物理的な)衝撃;刺激
| **impulsive** 形 衝動的な
| **impulsively** 副 衝動的に

impunity /impjú:nəti イムピュー**ナ**ティ/ 名 ⑪ ((けなして))刑罰を免れること
・with *impunity* 罰を受けずに, 無事に

IN ((米郵便))Indiana インディアナ州

in ☞ 304ページにあります

in. ((略))*inch(es)* インチ

inability /ìnəbíləti イナ**ビ**ラティ/ 名 ⑪ (…することが)できないこと((*to do*));無力

inaccessible /ìnəksésəbl イナク**セ**サブル/ 形〈物が〉入手できない;〈人が〉近寄りがたい

inaccurate /inǽkjərət イ**ナ**キャラト/ 形 不確かな;誤りのある
| **inaccuracy** 名 ⑪ 不正確; ⑫ 間違い
➡➡➡ 304ページに続く ➡➡➡

in

前 /in イン; ((強)) イン/

❶ ((場所))…の中で, …で, …に; ((環境))…の中で
- *in* the world 世界で
- be *in* the hospital 入院中である
- sit *in* the sun 日なたに座る
- walk *in* the rain 雨の中を歩く
- read the news *in* the newspaper そのニュースを新聞で読む
- I live *in* Japan. 私は日本に住んでいます
- The stars are shining *in* the sky. 星が空で輝いている

❷ ((方向))…の中に, …の方に, …に
- get *in* the car 車に乗る
- The sun rises *in* the east and sets *in* the west. 太陽は東から昇って西に沈む

❸ ((時))…の間に, …のうちに; ((経過))…後に, …たてば
- *in* the morning [afternoon] 午前[午後]に
- *in* the twenty-first century 21世紀に
- I was born *in* 1993. 私は1993年生まれです
- *in* a moment すぐに
- finish the class *in* an hour 1時間以内に授業を終える
- The train leaves *in* ten minutes. 電車はあと10分で出発します

❹ ((状態))…の状態で; ((形状))…を成して
- She was *in* tears. 彼女は泣いていた
- Are you *in* a hurry? 急いでいますか
- I'm *in* good health. 私は健康です
- We danced *in* a circle. 輪になって踊った

❺ ((着用))…を着て, …を身に着けて
- a person *in* a suit スーツを着た人
- a girl *in* red 赤い服を着た少女

❻ ((手段・方法・材料))…を使って, …で; …に乗って
- *in* a car 車で
- draw *in* pencil 鉛筆で描く
- pay *in* cash 現金で支払う
- *in* this way こうやって
- Speak *in* a loud voice. 大きな声で話しなさい
- Can you say that *in* English? それを英語で言えますか

❼ ((従事・活動))…に従事[所属]して, …をして
- *in* class 授業中で
- be *in* school 在学中である
- be *in* business 商売をしている
- I am *in* the swimming club at school. 私は学校で水泳部に入っている

❽ ((範囲・対象))…について, …に関して
- *in* my opinion 私の考えでは
- six feet *in* width [height] 幅[高さ]が6フィート
- an expert *in* electronics 電子工学の専門家

❾ ((次の用法で))
- *in doing* …する時に
- Be more careful *in* driv*ing*. 運転中はもっと慎重に
- Use pencils *in* answer*ing* these questions. これらの設問に答える時には鉛筆を使いなさい

in all 全部で
in that... …という点で

■ **副** /in イン/ ((比較なし))

❶ **中に[へ]** (⇔out)
- Please come *in*. どうぞお入りください

❷ 在宅して; 出勤して
- Is Amy *in*? エイミーは家にいますか

❸ 〈食べ物などが〉旬(しゅん)で; 〈服装などが〉流行して
- Oysters are *in*. かきが出盛りだ
- Miniskirts are coming *in* again. ミニスカートがまたはやり出している

be in for A A(不快なこと)に出合いそうである
be in on A Aに関係する, 関わる; Aを知っている
in and out 出たり入ったりして; 内も外も

■ **形** /in イン/ ((比較なし))

❶ 〈服装などが〉流行の
- the *in* boots はやりのブーツ

❷ 〈物・事が〉仲間内だけの
- an *in* joke 仲間内の冗談

---

inactive /inǽktiv イナクティヴ/ **形** 活動しない, 動かない; 反応しない

inactivity **名** Ⓤ 不活発; 怠惰
inaction **名** Ⓤ 不活動; 怠惰

inadequate /inædikwət イナディクワト/ 形 (…にとって)不十分な, 不適切な((*for...*)); (…するのに)不十分な((*to do*))
  inadequately 副 不適当に, 不十分に
  inadequacy 名 U 不適当; 不十分; C 欠点

inanimate /inǽnimət イナニマト/ 形 生命のない; 活気のない

inappropriate /inəpróupriət イナプロウプリアト/ 形 (…に)不適切な, 適していない((*to..., for...*))
  inappropriately 副 不適切に

inaudible /inɔ́:dəbl イノーダブル/ 形 (…に)聞こえない, 聞き取れない((*to...*))

inaugural /inɔ́:gjərəl イノーギャラル/ 形 就任(式)の; 開始[発会, 開会]の
・an *inaugural* address 就任演説
  ■ 名 C ((an inaugural)) ((米)) 大統領就任演説[式]

inaugurate /inɔ́:gjərèit イノーギャレイト/ 動 他 〈人を〉(…として)就任させる((*as...*)); 〈公共施設などの〉開会[開通, 落成]式を行う
  inauguration 名 U C 就任(式); U 開館, 開業

inborn /ínbɔ́:rn インボーン/ 形 持って生まれた, 生まれつきの, 生得の

Inca /íŋkə インカ/ 名 C インカ(族の)人; ((the Incas))((複数扱い))インカ族

incalculable /inkǽlkjələbl インキャルキャラブル/ 形 計り知れない, 無数の; 予想できない

incapable /inkéipəbl インケイパブル/ 形
❶ (…が)できない((*of...*)); (…をする)能力がない((*of doing*))
❷ 無能な, 役に立たない

incense /ínsens インセンス/ 名 U 香(こう), 香料; 香のかおり

incentive /inséntiv インセンティヴ/ 名 U C (…への)刺激, 動機((*to...*))

inch* /íntʃ インチ/
  名 (複 **inches** /インチズ/) C
❶ インチ (長さの単位で2.54cm; 略 in.)
・I'm five feet seven *inches* tall.
ぼくの背丈は5フィート7インチです
  ❷ ((an inch)) わずかな距離[量, 程度]
  every inch あらゆる点で, すっかり

incident /ínsidənt インスィダント/ 名 C (異常な)出来事, 事件; 事変
  incidental 形 付随的な, 偶発的な
  incidentally 副 付随的に, 偶然に

incite /insáit インサイト/ 動 他 〈人を〉(…に)駆り立てる((*to...*)); 〈人を〉刺激[扇動]して(…)させる((*to do*))

incline
  動 自 (…の方に)心が傾く((*to...*)); (…の)傾向がある((*to..., toward...*))
  ー他 〈人を〉(…する)気持ちにさせる((*to do*))
・**be inclined to** *do*
…したい気がする; …する傾向がある
  ■ 名 /ínklain インクライン/ C 斜面, 坂
  inclination 名 U C 意向; 傾向

include /inklú:d インクルード/ 動 他 〈…を〉含む; 〈…を〉(…の中に)含め(て考え)る((*in...*))
・Does this price *include* the tax?
この値段に税金は含まれていますか
・Thank you for *including* me today.
きょうは誘ってくれてありがとう
  including 前 …を含めて

inclusion /inklú:ʒən インクルージャン/ 名 U 含むこと; 包含(ほうがん), C 含有(がんゆう)物
  inclusive 形 〈料金などが〉全部込みの; 包括的な
  inclusively 副 すべてを引っくるめて

incognito /inkɑgní:tou インカグニートウ/ 副 匿名(とくめい)で, お忍びで

incoherent /inkouhíərənt インコウヒアラント/ 形 首尾一貫しない, つじつまの合わない

income /ínkʌm インカム/ 名 U C (定期的な)収入, 所得
・a monthly *income* 月収
・(an) *income* tax 所得税

incoming /ínkʌmiŋ インカミング/ 形 入ってくる, 到着する; 後任の, 新任の

incomparable /inkɑ́mpərəbl インカムパラブル/ 形 比類のない, ずば抜けた; 比較できない

incompatible /ìnkəmpǽtəbl インカムパタブル/ 形
❶ 〈人が〉(…と)気が合わない((*with...*))
❷ 〈物・事が〉(…と)両立しない; 〈コンピュータなどが〉互換性がない((*with...*))

incomplete /ìnkəmplí:t インカムプリート/ 形 不完全な; 未完成の (⇔complete)
  incompletely 副 不完全に

incomprehensible /ìnkɑmprihénsəbl インカムプリヘンサブル/ 形 (…にとって)理解できない, 不可解な((*to...*))

inconclusive /ìnkənklú:siv インカンクルー

inconsistent

スィヴ/ 形〈証拠・実験などが〉決定的でない,〈議論などが〉結論の出ない

inconsistent /ìnkənsístənt インカンスィスタント/ 形 (…の点で)一貫性のない((*in...*));〈言動などが〉(…と)一致しない((*with...*))

inconvenience /ìnkənví:niəns インカンヴィーニアンス/
名 U 不便,迷惑;C 不便[迷惑]なこと
— 動 他〈…に〉不便[迷惑]をかける

inconvenient /ìnkənví:niənt インカンヴィーニアント/ 形 (…にとって)不便な,都合の悪い((*to..., for...*))
- an *inconvenient* location 不便な場所
- *If* (*it is*) *not inconvenient for you,* I'd like to see now.
ご迷惑でなければ今お会いしたいのですが
inconveniently 副 不便に

incorporate /inkɔ́:rpəreit インコーパレイト/ 動他
❶〈…を〉(…に)含む,取り入れる((*in..., into...*));〈…を〉(…と)合体[合併]させる((*with...*))
❷〈団体などを〉法人[会社組織]にする
incorporated 形 合併した;法人組織の;((米))有限責任の
incorporation 名 U 合併;C 法人組織;((米))会社

incorrect /ìnkərékt インカレクト/ 形 不正確な,正しくない(⇔correct)
incorrectly 副 不正確に,間違って

increase

動 /inkrí:s インクリース/
三単現 **increases** /インクリースィズ/
過去分 **increased** /インクリースト/
現分 **increasing** /インクリースィング/
— 他〈数量などを〉増やす
- *increase* my English vocabulary 英語の語彙(ごい)を増やす
- *increase* speed 速度を増す
— 自 (…が)**増える, 増加する**((*in...*))
— 名 /ínkri:s インクリース/ (複 **increases** /インクリースィズ/) U C 増加, 増大
- a tax *increase* 増税
- *be on the increase* 増加[増大]している
increased 形 増大した
increasing 形 ますます増える
increasingly 副 ますます, だんだん

incredible /inkrédəbl インクレダブル/ 形
❶ 信じられない, 驚くべき;((くだけて))(信じられないほど)すばらしい
❷ ((程度などが))途方(とほう)もない, 並はずれた
- at *incredible* speed ものすごい速さで
incredibly 副 信じられないほど;非常に

incur /inkə́:r インカー/ 動 他〈損害などを〉招く, 被(こうむ)る

incurable /inkjúərəbl インキュアラブル/ 形〈病気などが〉治らない, 不治の

Ind. ((略)) *Ind*iana インディアナ州

indebted /indétid インデティド/ 形 (人に)恩義がある;借金がある((*to..., for...*))

indecent /indí:sənt インディーサント/ 形〈行動などが〉みだらな, 卑わいな, 下品な

indecision /ìndisíʒən インディスィジャン/ 名 U 優柔不断;ちゅうちょ, ためらい
indecisive 形 優柔不断の;決着のつかない

indeed

/indí:d インディード/
副 ((比較なし))
❶ **本当に, まったく;確かに**
- It's very hot *indeed*. たいへん暑いね
- Thank you very much *indeed*.
本当にありがとう
- A friend in need is a friend *indeed*.
((ことわざ))まさかの時の友こそ真の友
❷ ((譲歩))((しばしばbutと共に))**なるほど, 確かに**
- *Indeed* he is young, *but* he is talented.
彼はなるほど若いが才能がある
❸ (前文を強調して)実は, はっきり言えば
- I saw her recently, *indeed*, yesterday.
彼女に最近会った, それもきのうだ
— 間 まさか, へえー, 本当

indefinite /indéfənit インデファニト/ 形 不明確な;無期限の;【文法】不定の
- an *indefinite* article 【文法】不定冠詞
- an *indefinite* pronoun 【文法】不定代名詞

independence /ìndipéndəns インディペンダンス/ 名 U (…からの)独立, 自立((*from...*));自立心
- *Independence* Day
((米))独立記念日 (7月4日)

independent /ìndipéndənt インディペンダント/ 形
❶ (…から)独立[自立]した((*of...*))
- an *independent* country 独立国

- be *independent of* one's parents
親から自立している

❷ 独自の；(…と)無関係の(*of...*)

independently /ìndipéndəntli インディペンダントリ/ 副 独立して，ほかに依存せずに；自由に

🔲 Work *independently*.
個人個人でやってください

indescribable /ìndiskráibəbl インディスクライバブル/ 形 言葉で表せない，筆舌に尽くしがたい

index* /índeks インデクス/ 名 C

❶ (複 **indexes** /インデクスィズ/) 索引，インデックス；見出し，目録

・a library *index* 蔵書目録

❷ (複 **indices** /インダスィーズ/) (物価などの)指数；指標，指針(sign)

・a (consumer) price *index*
(消費者)物価指数

・an *index* finger 人さし指

India /índiə インディア/ 名 インド(首都はニューデリー)

Indian /índiən インディアン/
形 インド(人)の；(アメリカ)インディアンの
■ 名 C インド人；((けなして))(アメリカ)インディアン

Indiana /ìndiǽnə インディアナ/ 名 インディアナ(略 Ind., ((郵便)) IN；米国中西部の州；州都はインディアナポリス(Indianapolis))

indicate /índikèit インディケイト/ 動 他
❶ (…を)指し示す，指摘する

・*indicate* the location of the restroom
トイレの場所を示す

❷ (…ということを)ほのめかす(*that* 節)

❸ (…の)徴候である，(…を)意味する

・Fever *indicates* sickness.
熱があるのは病気のしるしだ

indication 名 U 指示，指摘；暗示；C 徴候，しるし

indicator 名 C 指示する物[人]；表示計器；(目盛り盤の)指針

indicative /indíkətiv インディカティヴ/ 形
❶ (…を)示す，表す(*of...*)
❷ 【文法】直説法の
■ 名 ((the indicative))【文法】直説法

indices /índəsi:z インダスィーズ/ 名 index の複数形

indifferent /indífərənt インディファレント/ 形 (人が)(…に)無関心な，冷淡な(*to..., about...*)

・be *indifferent to* politics
政治に無関心である

indifferently 副 無関心に，冷淡に
indifference 名 U 無関心

indigenous /indídʒənəs インディヂャナス/ 形 (人が)(…に)先住している；(動植物が)(ある地域の)原産の(*to...*)

indignant /indígnənt インディグナント/ 形 怒った，憤(いきどお)った，憤慨(ふんがい)した

indignantly 副 怒って，憤(いきどお)って
indignation 名 U 怒り，憤慨

indirect

/ìndərékt インダレクト, ìndairékt インダイレクト/
形 (⇔direct)

比較 **more indirect**
最上 **most indirect**

❶ (影響などが) 間接の，間接的な

・an *indirect* cause 間接的な原因

❷ (表現などが) 遠回しの

・an *indirect* answer 遠回しの答え

❸ (道などが) まっすぐでない，遠回りの

indirectly 副 間接的に；遠回しに

indispensable /ìndispénsəbl インディスペンサブル/ 形 (…に)必要不可欠な(*to..., for...*)

indispensably 副 必ず，ぜひとも

indisputable /ìndispjú:təbl インディスピュータブル/ 形 議論の余地のない；明白な

indistinct /ìndistíŋkt インディスティンクト/ 形 (音・形などが)はっきりしない，不明瞭(めいりょう)な，おぼろげな

indistinctly 副 ぼんやりと；かすかに

indistinguishable /ìndistíŋgwiʃəbl インディスティングウィシャブル/ 形 (…と)区別できない，見分けのつかない(*from...*)

individual /ìndivídʒuəl インディヴィヂュアル/ 形 比較 **more individual**
最上 **most individual**

❶ ((比較なし))個々の，それぞれの

・*individual* matters 個々の問題

❷ ((比較なし))個人の，個人的な

・an *individual* opinion 個人的意見

❸ 個性的な，独自の，独特の

■ 名 C (社会などに対しての)個人，個体

individualism 名 U 個人主義；利己主義

individualist 名 C 個人主義者；利己主義者

individuality 名 U 個性

individually /ìndivídʒuəli インディヴィヂュアリ/ 副 個々に；それぞれ；個性的に
⇨ Everybody, work *individually*.
皆さん、各自でやってください

Indonesia /ìndouní:ʒə インドウニージャ/ 名 インドネシア（首都はジャカルタ）

Indonesian /ìndouní:ʒən インドウニージャン/ 形 インドネシアの；インドネシア人［語］の
━ 名 C インドネシア人；U インドネシア語

indoor /índɔ:r インドー/ 形 屋内の、室内の (⇔outdoor)
・an *indoor* swimming pool 屋内プール

indoors 副 屋内で、家の中で

induce /indú:s インドゥース/ 動 他
❶〈人を〉(…)する気にさせる、〈人を〉説得して(…)させる((*to do*))
❷〈…を〉引き起こす、誘発する
❸【論理】〈結論などを〉帰納する

induct /indʎkt インダクト/ 動 他
❶〈…を〉(聖職などに)つかせる；〈人を〉(…に)入会させる((*into..., to...*))
❷((米))〈人を〉兵役につかせる

induction /indʎkʃən インダクシャン/ 名
❶ U 誘導，誘発
❷ U 【論理】帰納(法)
❸ U C (聖職などへの)就任(式)；((米))入隊(式)

inductive 形 帰納的な

indulge /indʎldʒ インダルヂ/ 動
━ 自 (…に)夢中になる，ふける，おぼれる((*in...*))
・My father *indulges in* drinking.
父は酒を飲んでばかりいる
━ 他 〈人を〉(…で)甘やかす，思いのままにさせる((*in..., with...*))
■ *indulge oneself in A* = *be indulged in A*
A（趣味・習慣）にふける

industrial /indʎstriəl インダストリアル/ 形
❶ 産業の，工業の，産業［工業］による
・*industrial* waste 産業廃棄物
・an *industrial* park ((米)) 工業団地
・the *industrial* revolution 産業革命
❷〈国・地域などが〉産業［工業］の発達した
・an *industrial* country 工業国

industrialize 動 他 〈国・地域などを〉産業［工業］化する

industrialization 名 U 産業［工業］化

industrious /indʎstriəs インダストリアス/ 形 〈人が〉勤勉な，よく働く

industriously 副 勤勉に

industry* /índəstri インダストリ/ 名 (複 **industries** /índəstriz/)
❶ U 産業，工業；C (産業各部門の)…(産)業
・heavy [light] *industry* 重［軽］工業
・high-tech *industry* ハイテク産業
❷ U 勤勉

ineffective /ìniféktiv イニフェクティヴ/ 形 効果［効力］のない，無益な

ineffectively 副 効果なく

inefficient /ìnifíʃənt イニフィシャント/ 形 能率的でない，非能率な

inefficiently 副 非能率的に

inefficiency 名 U 非能率；C 非能率な点

inequality /ìnikwáləti イニクワラティ/ 名 U C (…における)不平等，不均等((*in...*))；U 不公平

inevitable /inévətəbl イネヴァタブル/ 形 避けられない，必然的な

inevitably 副 必然的に

inexpensive /ìnikspénsiv イニクスペンスィヴ/ 形 安価な，費用のかからない

inexpensively 副 安く，費用をかけずに

inexperience /ìnikspíəriəns イニクスピアリアンス/ 名 U 未経験；未熟，不慣れ

inexperienced 形 経験がない；未熟な；不慣れの

infamous /ínfəməs インファマス/ 形 (…で)悪名高い((*for...*))

infant /ínfənt インファント/
名 C 幼児，小児
━ 形 幼児の，幼年期の；未発達の

infancy 名 U 幼少時，幼年時代

infect /infékt インフェクト/ 動 他 〈病気が〉〈人に〉伝染する；〈…に〉〈病気を〉感染させる((*with...*))

infection 名 U 伝染，感染；C 伝染病

infectious 形 伝染性の，伝染病の

infer /infə́:r インファー/ 動 他 〈…を〉(証拠などから)推論［推測］する((*from...*))；

inference 名 U 推論，推測；C 推論の結果

inferior* /infíəriər インフィアリア/
形 ((比較なし))
❶〈品質などが〉(…より)劣った，下等の

((*to...*)))

❷〈地位などが〉(…より)下の, 下位の((*to...*))
- an *inferior* court 下級裁判所
- His rank is *inferior to* mine.
彼のランクはぼくより下だ
━ 名 C より劣った人;目下の人, 後輩, 部下

inferiority /infíəriɔ́:rəti インフィリオーラティ/
名 U 劣っていること, 劣等, 下位
- an *inferiority* complex 劣等感

infield /ínfi:ld インフィールド/ 名 C ((an infield))【野球】内野;内野手
infielder 名 C 【野球】内野手

infinite /ínfənət インファナト/ 形 無限の;果てしない
infinitely 副 無限に, 非常に

infinitive /infínətiv インフィニティヴ/ 名 C 【文法】不定詞

inflammation /infləméiʃən インフラメイシャン/ 名 UC 【医学】炎症

inflate /infléit インフレイト/ 動
━ 他
❶〈気球・救命具などを〉膨らませる
❷〈物価などを〉つり上げる, インフレにする
━ 自
❶ 膨らむ, 膨張する
❷ インフレになる
inflated 形 膨らんだ;暴騰した
inflation 名 U インフレ(ーション);物価上昇;膨張

inflexible /infléksəbl インフレクサブル/ 形
❶〈物が〉曲がらない
❷〈考えなどが〉柔軟でない, 頑固な
❸〈規則などが〉変えられない
inflexibility 名 U 柔軟でないこと;頑固さ

inflict /inflíkt インフリクト/
動 他 ((次の用法で))
- *inflict A on* [*upon*] *B*
A(損害・苦痛など)をB(人など)に与える, 加える
- *inflict oneself on* [*upon*] *A*
A(人)に迷惑をかける

in-flight /ínflàit インフライト/ 形 飛行中の, 機内の
- an *in-flight* meal 機内食

influence /ínfluəns インフルアンス/
名
❶ UC (…への)影響;U (…に対する)影響力((*on...*))
- a positive [negative] *influence*
よい[悪い]影響
- a person of *influence* 有力者
❷ C (…に対して)影響力のある人[物]((*on...*))
under the influence of A
Aの影響を受けて
━ 動 他 〈…に〉影響を与える, 〈…を〉感化する
- The media *influence* public opinion.
メディアは世論に影響を与える
influential 形 影響力の大きい
influentially 副 影響力があって

influenza /influénzə インフルエンザ/ 名 U 【医学】インフルエンザ(flu)

influx /ínflʌks インフラクス/ 名
❶ U 流入, 流れ込み
❷ C ((ふつうan influx))(人などの)殺到

info /ínfou インフォウ/ 名 U ((くだけて))情報

inform* /infɔ́:rm インフォーム/
動 三単現 **informs** /インフォームズ/
過去・過分 **informed** /インフォームド/
現分 **informing** /インフォーミング/
━ 他 〈人に〉知らせる, 通知する
- *inform* the police 警察に通知する
- *inform A of* [*about*] *B*
A(人)にB(事)について知らせる
- He *informed* me *of* the happy news.
彼は吉報を知らせてくれた
- *inform A that...*
A(人)に…ということを知らせる
━ 自 (人を)密告する((*on...*, *against...*))
informant 名 C 情報提供者, 通報者

informal /infɔ́:rməl インフォーマル/ 形
❶〈服装・態度などが〉形式ばらない, 打ち解けた
- *informal* dress 普段着
❷ 正式でない, 非公式の, 略式の
❸〈言葉が〉くだけた, 会話調[体]の
informally 副 形式ばらずに;非公式に

information

/infərméiʃən インファメイシャン/
名 (複 **informations** /インファメイシャンズ/)
❶ U (…に関する)情報, 報告;知識, 見聞((*about...*, *on...*))
- a piece of useful *information*
1件の役立つ情報
- gather [collect] *information* about *A*
Aについて情報を集める

informed

- for your *information* ご参考までに
- ❷ Ⓤ 案内；Ⓒ **案内所**［係］，受付
- ❸ Ⓤ 【コンピュータ】情報
- *information* processing 情報処理
- *information* retrieval 情報検索
- *information* technology
情報工学（略 IT）

informational 形 情報の，情報に関する
informative 形 情報を提供する
informatively 副 情報を提供して

informed /infɔ́:rmd インフォームド/
動 informの過去形・過去分詞
— 形 (…について) 詳しい((*about...*, *of...*))；情報に通じた
- be *informed* of A
Aについて知らされている
- a well-*informed* [badly-*informed*] person on A Aについて詳しい[詳しくない]人
- *informed* consent インフォームド・コンセント（告知を受けた上での患者の同意）

infrared /ìnfrəréd インフラレド/ 形 赤外線の
- *infrared* rays 赤外線

infrastructure /ínfrəstrʌ̀ktʃər インフラストラクチャ/ 名 Ⓤ Ⓒ インフラ（ストラクチャー）；（経済的・社会的な）基盤

infrequent /infrí:kwənt インフリークワント/ 形 めったにない，たまの，まれの
infrequently 副 たまに，まれに

infringe /infríndʒ インフリンヂ/ 動
— 他 〈法律・権利などを〉侵す，破る，侵害する
— 自 （権利などを）侵害する((*on...*))
infringement 名 Ⓤ 違反，侵害；Ⓒ 違反行為

infuriating /infjúərièitiŋ インフュアリエイティング/ 形 激怒させるような，腹立たしい

infusion /infjú:ʒən インフュージャン/ 名 Ⓒ Ⓤ
❶ （資金などの）投入，注入
❷ 注入物［液］；煎(せん)じ汁

ingenious /indʒí:niəs インヂーニアス/ 形
❶ 〈考え・機械などが〉巧妙な，工夫に富んだ
❷ 〈人が〉独創性に富む，器用な
ingenuity 名 Ⓤ 発明の才；巧妙さ

ingrained /ingréind イングレインド/ 形 〈習慣などが〉染み付いた；根深い

ingredient /ingrí:diənt イングリーディアント/ 名 Ⓒ
❶ （料理などの）材料；（混合物の）成分，要素，内容物((*of...*, *for...*))
❷ 構成要素，要因

inhabit /inhǽbit インハビト/ 動 他 〈人・動物などが〉〈場所に〉住んでいる，生息している
- Whales *inhabit* the ocean.
鯨(くじら)は大洋に生息している
inhabitant 名 Ⓒ 住人，居住者；生息動物

inhale /inhéil インヘイル/ 動
— 他 〈空気などを〉吸い込む，吸入する
— 自 息を吸い込む

inherent /inhíərənt インヒラント/ 形 〈性質などが〉(…に)本来備わっている，生まれつきの((*in...*))
inherently 副 生まれつき；本質的に

inherit /inhérit インヘリト/ 動
— 他
❶ 〈財産などを〉(…から)相続する，受け継ぐ((*from...*))
- He *inherited* a large fortune *from* his father. 彼は父親からばく大な財産を相続した
❷ 〈体質などを〉(…から)遺伝的に受け継ぐ((*from...*))
— 自 相続する；（権利などを）(…から)受け継ぐ((*from...*))

inheritance /inhérətəns インヘラタンス/ 名
❶ Ⓤ （遺産などの）相続(権)；Ⓒ ((ふつう an inheritance)) 相続財産，遺産
- get property by *inheritance*
財産を相続する
- (an) *inheritance* tax 相続税
❷ Ⓤ Ⓒ 遺伝；遺伝的形質

inhibit /inhíbit インヒビト/ 動 他 〈行動・感情などを〉抑制する，妨げる；〈人に〉(…を)させないようにする((*from doing*))
inhibited 形 抑制された，妨げられた

inhibition /ìnhibíʃən インヒビシャン/ 名 Ⓤ Ⓒ 抑制，禁止，禁制

inhuman /inhjú:mən インヒューマン/ 形
❶ 冷酷な，残酷な，不人情な
❷ 〈性質などが〉非人間的な
inhumane 形 残酷な，非人道的な

initial* /iníʃəl イニシャル/
形 ((比較なし))**最初の，初期の**；語頭の
- the *initial* stage 初期段階
- an *initial* fee 入会金
- an *initial* letter 頭(かしら)文字
— 名 （複 **initials** /イニシャルズ/）Ⓒ ((ふつう initials)) 〈姓名の〉**頭文字**，イニシャル

inquire

- My *initials* are "MT."
  私の姓名のイニシャルはMTだ
  initially 副 最初は, 初めに

initiate /iníʃièit イニシエイト/ 動 他
❶〈事業・計画などを〉始める, 創始する
❷〈人に〉〈秘伝などを〉教える, (…の)手ほどきをする《*into*..., *in*...》
❸〈人を〉(クラブなどに)(儀式を行って)入会させる《*into*...》
initiation 名 ⓊⒸ 開始;入会;ⒸⒶ(加入の)儀式
initiator 名 Ⓒ 創始者, 発起人;伝授者

initiative /iníʃiətiv イニシアティヴ/ 名
❶ ((ふつう the initiative)) イニシアチブ, 主導権;先導(力)
- seize the *initiative* 主導権をにぎる
- *take the initiative in A* Aを率先して行う
❷ Ⓤ 独創力;進取の精神
on one's own initiative
みずから進んで, 自発的に

inject /indʒékt インヂェクト/ 動 他
❶〈…を〉注射する
- *inject A into B = inject B with A*
  A〈薬液など〉をB〈人など〉に注射する
❷〈資金などを〉〈…に〉投入する《*into*...》
injection 名 ⓊⒸ 注射, 注入;(資金などの)投入;Ⓒ 注射液

injure /índʒər インヂャ/ 動 他
❶〈人などを〉傷つける,〈人に〉けがをさせる
❷〈感情などを〉害する, 傷つける

injured /índʒərd インヂャド/
動 injureの過去形・過去分詞
— 形
❶ 傷ついた, けがをした
- the *injured* ((複数扱い))負傷者
❷〈感情などが〉害された, 傷つけられた

injury* /índʒəri インヂャリ/
名 (複 *injuries* /índʒəriz インヂャリズ/) ⓊⒸ
❶ けが, 負傷;(…への)損傷, 損害《*to*...》
- a serious *injury* 重傷
❷ (…に対する)無礼, 侮辱(ぶじょく)《*to*...》

injustice /indʒʌ́stis インヂャスティス/ 名
❶ Ⓤ 不正, 不当;不公平
❷ Ⓒ 不当[不正]な行為

ink /íŋk インク/
名 Ⓤ インク
- sign in black *ink* 黒いインクで署名する
— 動 他〈…を〉インクで書く

inland
形 /ínlənd インランド/ 内陸の, 奥地の
— 副 /ínlænd インランド/ 内陸へ[に]
— 名 /ínlænd インランド/ Ⓤ 内陸, 奥地

inlet /ínlet インレト/ 名 Ⓒ 入り江;入り口

inmate /ínmèit インメイト/ 名 Ⓒ (刑務所・精神病院などの)収容者

inn /ín イン/ 名 Ⓒ ((英))宿屋, パブ;((米))(田舎の)小さなホテル

innate /inéit イネイト/ 形〈性質などが〉生まれつきの;本質的な, 固有の

inner /ínər イナ/ 形
❶ 内部の, 奥の, 中心部に近い
❷ 内面的な, 精神の, 内に秘めた

innermost /ínərmòust イナモウスト/ 形 いちばん奥の;内に秘めた

inning /íniŋ イニング/ 名 Ⓒ 【野球】回, イニング
- in the top [bottom] of the ninth *inning*
  9回の表[裏]に

innocent /ínəsənt イナサント/ 形
❶〈人が〉無罪の, 無実の;(…の)罪を犯していない《*of*...》
❷ 無邪気な, 天真らんまんな
- an *innocent* child 無邪気な子ども
❸ 悪気のない;無害の
innocently 副 無邪気に;何気なく
innocence 名 Ⓤ 無罪;無邪気;無知

innovate /ínəvèit イナヴェイト/ 動
— 自(…を)改新する, 革新する, 刷新する《*on*..., *in*...》
— 他〈新しい製品などを〉採り入れる
innovation 名 Ⓒ 新機軸, 新考案;Ⓤ 革新, 刷新
innovative 形 革新的な, 斬新(ざんしん)な
innovator 名 Ⓒ 革新者, 刷新者

innumerable /injú:mərəbl イニューマラブル/ 形 無数の, 数えきれないほど多くの

inorganic /ìnɔːrgǽnik イノーギャニク/ 形【化学】無機の;無生物の

input /ínpùt インプト/
名 ⓊⒸ
❶【コンピュータ】入力, インプット
- data *input* データの入力
❷ (金銭などの)投入
— 動 他【コンピュータ】〈情報を〉入力[インプット]する

inquire /inkwáiər インクワイア/ 動
— 他〈…を〉たずねる, 問う
- *inquire A of B* AをB〈人〉にたずねる

inquiry

— 自 ((…について))たずねる, 問う((*about*...))
・ ***inquire about*** the flight schedule
フライトスケジュールについてたずねる
inquire after A A(人)の安否をたずねる
inquire for A A(人)に面会を求める; A(品物)を問い合わせる
inquire into A A(事件など)を調査する
inquiring 形 探究心のある; 不審そうな
inquiringly 副 不審そうに, 知りたがって

inquiry /inkwáiəri インク**ワ**イアリ/ 名
❶ UC (…についての)問い合わせ, 質問((*about*...))
・ receive ***inquiries*** 問い合わせを受ける
❷ C (事件などの)調査, 取り調べ, 研究((*into*...))
・ a scientific ***inquiry*** 科学的研究
・ conduct an ***inquiry into*** the matter
その件についての調査を行う
make inquiries 問い合わせる, 調査する
on [***upon***] ***inquiry*** 問い合わせると

inquisitive /inkwízətiv インク**ウィ**ザティヴ/ 形 探究心のある; 詮索(せんさく)好きの

insane /inséin イン**セ**イン/ 形
❶ 〈人が〉正気でない, 狂った
・ go ***insane*** 気が触れる
❷ ((くだけて))〈考えなどが〉ばかげた, 無茶な
insanely 副 狂って; 異常に
insanity 名 U 精神障害, 狂気

inscription /inskrípʃən インスク**リ**プシャン/ 名 C 碑文, 銘, (貨幣などの)刻銘; (本などの)献辞

insect /ínsekt **イ**ンセクト/ 名 C 昆虫; 虫
・ an ***insect*** collection 昆虫採集
insecticide 名 UC 殺虫剤

insecure /ìnsikjúər インスィ**キュ**ア/ 形
❶ (…に)自信がない, 不安な((*about*...))
❷ 安全ではない; 不安定な
insecurely 副 自信なく; 不安定に
insecurity 名 U 自信のなさ; 不安定, 不安; 危険

insensitive /insénsətiv イン**セ**ンサティヴ/ 形 (…に)無神経な; (…に)鈍感な((*to*...))

inseparable /inséparəbl イン**セ**パラブル/ 形 〈物が〉(…から)分離できない, 分けられない((*from*...)); 〈人が〉離れ[別れ]られない

insert
動 /insə́:rt イン**サ**ート/ 他
❶ 〈…を〉(…に)挿入する, 差し込む((*in*..., *into*...))
・ ***insert*** a key ***in*** [***into***] a keyhole
鍵(かぎ)を鍵穴に差し込む
❷ 〈語句などを〉(…に)書き込む((*into*...))
・ ***insert*** a clause ***into*** a contract
契約書に条項を入れる
— 名 /ínsə:rt **イ**ンサート/ C 挿入物; 折り込み広告
insertion 名 U 挿入; C 挿入物; 折り込み広告

inside

名 /insáid イン**サ**イド/
(複 **insides** /インサイヅ/) C
❶ ((ふつう the inside)) 内側, 内部(⇔outside)
・ *the **inside*** of a house 家の内部
・ ***inside*** out 裏表に, 裏返して
❷ ((the inside)) (心の)内面, 内心
❸ ((ふつう insides)) 胃腸, おなか
— 形 /insáid イン**サ**イド/ ((比較なし))
❶ 内側の, 内部の
・ the ***inside*** pocket 内ポケット
❷ 内々の, 内部筋から得た
・ ***inside*** information 内部情報
— 副 /insáid イン**サ**イド/ ((比較なし))
❶ 内側に, 内部に; 中に; 屋内で
・ play ***inside*** 屋内で遊ぶ
❷ 内心では
— 前 /insáid イン**サ**イド, ìnsáid インサ**イ**ド/
…の内側に[で], …の内部に[で]
・ ***inside*** the box 箱の中に

insider /insáidər イン**サ**イダ/ 名 C 内部の(事情に詳しい)人, インサイダー(⇔outsider)
・ ***insider*** dealing [trading]
インサイダー取り引き

insight /ínsàit **イ**ンサイト/ 名 UC (…への)洞察力, (本質などを)見抜く力((*into*...))
・ a man of ***insight*** 洞察力のある人
insightful 形 洞察力のある

insignificant /ìnsignífikənt インスィグ**ニ**フィカント/ 形 〈物事が〉重要でない, 些細な; 無意味な
insignificance 名 U 重要でないこと; 無意味

insist /insíst イン**スィ**スト/ 動
— 自
❶ (…を)強く主張する, 強調する((*on*...))
❷ (…を)強く要求する, (…であると)言って聞かない((*on*...))

—他 (…であると)強く主張する; (…ということを)強く要求する((*that*節))
- *if you insist* どうしてもと言うのなら

insistent /insístənt インスィスタント/ 形 主張する; 固執(こしつ)する; しつこい
| **insistently** 副 執拗(しつよう)に
| **insistence** 名 U 主張, 強要; 執拗さ

insofar /ìnsəfá:r インソファー/ 副 ((次の成句で))
insofar as …する限り
- *insofar as* I know 私が知る限り

insoluble /insáljəbl インサリャブル/ 形
❶ 〈物質が〉(液体に)溶けない((*in*...))
❷ 〈問題が〉解決できない

insomnia /insámniə インサムニア/ 名 U 不眠症

inspect /inspékt インスペクト/ 動 他
❶ 〈物を〉(欠陥などを探して)調べる, 点検する((*for*...))
- *inspect* software *for* defects
欠陥はないかソフトウェアを念入りに調べる
❷ 〈建物・組織などを〉視察する, 査察する
| **inspection** 名 CU 調査, 点検; 視察
| **inspector** 名 C 調査官, 検査官

inspiration /ìnspəréiʃən インスパレイシャン/ 名
❶ C 発想, ひらめき; U 霊感, インスピレーション
- get *inspiration* from *A*
A からインスピレーションを得る
❷ C 感化[鼓舞]する物[人]
- under the *inspiration* of *A*
A に感化されて
| **inspirational** 形 霊感の, インスピレーションを与える

inspire /inspáiər インスパイア/ 動 他 〈…に〉勇気を与える; 〈…に〉〈…する〉意欲を起こさせる((*to do*))
- *inspire A in B* = *inspire B with A*
B (人)に *A* (感情)を吹き込む
| **inspired** 形 直感的な; 感化された
| **inspiring** 形 人を鼓舞する

instability /ìnstəbíləti インスタビラティ/ 名 UC 不安定; ((an instability))移り気

install /instɔ́:l インストール/ 動
❶ 〈装置などを〉(…に)取り付ける, 設置する; 【コンピュータ】〈ソフトを〉(…に)インストールする((*in*...))
- *install* a car navigation system *in* my car 車にカーナビを取り付ける
❷ 〈人を〉(地位・職務に)つかせる((*as*..., *in*...))
| **installation** 名 C 装置, 設備; U 取り付け; インストール; 任命; 就任

installment /instɔ́:lmənt インストールマント/ 名 C 分割払い込み金; (連載物などの)1回分

instance /ínstəns インスタンス/ 名 C 例, 実例; (特定の)場合
- *for instance* 例えば(for example)
- in such *instance* そのような場合には
- in the first *instance* まず第一に

instant /ínstənt インスタント/ 名
❶ C ((ふつう an instant)) 瞬間(moment)
- I'll be back *in an instant*. すぐに戻ります
- *for an instant* ちょっとの間, 一瞬
❷ ((the instant))まさにその瞬間
- this [that] *instant*
今この瞬間に[その時すぐに]
■ *the instant (that)...* …するとすぐに
- *The instant (that)* she saw me, she came up to me.
私を見るなり彼女は近寄ってきた
—形
❶ すぐの, 即座の
- an *instant* answer 即答
❷ 〈食品などが〉インスタントの, 即席の
- *instant* coffee インスタントコーヒー
| **instantly** 副 すぐに, 即座に

instantaneous /ìnstəntéiniəs インスタンティニアス/ 形 一瞬の; 瞬時に行われる
- an *instantaneous* decision 即決

instead /instéd インステド/
副 ((比較なし))**その代わりに, それどころか**
- *instead of A A* の代わりに
- Today, I'll go to school by bus *instead of* by train.
きょうは電車ではなくバスで登校します
■ *instead of doing* …する代わりに
- Today, I'll stay home *instead of going* out. きょうは出かけないで家にいます

instinct /ínstiŋkt インスティンクト/ 名
❶ CU 本能
- *the* maternal *instinct* 母性本能
- *by instinct* 本能的に
❷ C (…に対する)直感, 生来の才能((*for*...))
- have *an instinct for* art 芸術の才がある
| **instinctive** 形 直感的な, 本能的な

institute /ínstitjùːt インスティテュート/
名 ⓒ 学会, 協会; 会館, 研究所
— 動 他 〈制度などを〉制定する, 設ける

institution /institjúːʃən インスティテューション/ 名
❶ ⓒ 協会, 学会; 公共施設; 機関
・a charitable *institution* 慈善団体
❷ ⓒ (…の)制度, 慣習((*of*...))
・the *institution of* marriage 結婚制度
❸ Ⓤ 制定, 設立
institutional 形 (公共)機関の; 制度上の

instruct /instrʌ́kt インストラクト/ 動 他
❶ 〈人に〉〈…を〉教える, 指導する((*in*...))
・*instruct* students *in* English
生徒に英語を教える
❷ 〈…を〉指示する, 命令する
■ *instruct A to do* Aに…するように指示する
instructor 名 ⓒ 教師, 教官; ((米))(大学の)講師

instruction /instrʌ́kʃən インストラクション/ 名
❶ Ⓤ (…の)指導, 教授((*in*..., *on*...))
・give *instruction in* art 美術を教える
❷ ⓒ ((instructions))指図, 命令; 指示書
・Please follow my *instructions*.
私の指示に従ってください
instructional 形 教育(上)の; 説明の入った
instructive 形 教育的な, ためになる
instructively 副 教育的に, 有益に

instrument* /ínstrəmənt インストラマント/
名 (複 instruments /インストラマンツ/) ⓒ
❶ **器具**, 道具
・drawing *instruments* 製図器具
❷ **楽器** (musical instrument)
・a wind *instrument* 管楽器
❸ (…の)手段, 方法((*for*...))

instrumental /instrəméntəl インストラメンタル/
形
❶ 楽器の, 楽器で演奏される
❷ (…に)手段となる, 役立つ((*to*...))
— 名 ⓒ 器楽曲

insufficient /insəfíʃənt インサフィシャント/
形 (…に)不十分な, 不足している((*for*...))
insufficiently 副 不十分に; 不適当に

insulate /ínsəlèit インサレイト/ 動 他
❶ 〈電線を〉絶縁体でおおう
❷ 〈人などを〉(…から)隔離する((*from*...))
insulation 名 Ⓤ 絶縁体; 絶縁, 隔離

insulin /ínsəlin インサリン/ 名 Ⓤ【生化学】
インシュリン

insult /insʌ́lt インサルト/
動 他 〈人を〉侮辱(ぶじょく)する
— 名 /ínsʌlt インサルト/ Ⓤⓒ (…に対する)侮辱, 無礼((*to*...))
insulting 形 侮辱的な, 無礼な

insurance /inʃúərəns インシュアランス/ 名 Ⓤ
❶ (…に対する)保険((*against*..., *on*...)); 保険業; 保険金 (略 ins.)
・life *insurance* 生命保険
・an *insurance* company 保険会社
・take out *insurance on A*
Aに保険をかける
❷ ((また an insurance))(…に対する)保護手段((*against*...))

insure /inʃúər インシュア/ 動
— 他
❶ 〈…に〉(…に対する)保険をかける, 〈…を〉保険に入れる((*against*...)); 〈人を〉(…から)守る((*against*...))
・*insure one's* life 生命保険に入る
・*insure one's* house *against* fire
家に火災保険をかける
❷ ((米))〈…を〉保証する, 請け合う
— 自 保険に入る
insurer 名 ⓒ 保証する人; 保険業者[会社]

insured /inʃúərd インシュアド/
動 insureの過去形・過去分詞
— 形 保険に入っている
— 名 ((the insured))被保険者

intact /intǽkt インタクト/ 形 手を着けていない, そこなわれていない, 元のままの

intake /íntèik インテイク/ 名 Ⓤⓒ 摂取[吸い込み]量; ⓒ (空気・水などの)取り入れ口

integer /íntidʒər インティヂャ/ 名 ⓒ【数学】整数

integral /íntigrəl インティグラル/ 形
❶ (全体を成すのに)不可欠な, (…に)必須の((*to*...)); 完全な
❷【数学】整数の; 積分の

integrate /íntəgrèit インタグレイト/ 動 他
❶ 〈…を〉(…と)統合[統一]する((*with*...)); 〈…を〉(…に)まとめる((*into*...))

❷ 〈特に異人種を〉融合する

integration 名 U 統合; 人種差別の撤廃

integrated /íntəgrèitid インタグレイティド/
動 integrateの過去形・過去分詞
— 形
❶ (人種・宗教などの)差別をしない
❷ 統合された, 一体となった
・an *integrated* circuit 集積回路(略 IC)

integrity /intégrəti インテグリティ/ 名 U 誠実, 高潔

intellect /íntəlèkt インタレクト/ 名 UC 知性, 知力; 理解力

intellectual /ìntəléktʃuəl インタレクチュアル/
形 知性の, 知的な; (優れた)知性を持った, 理知的な
— 名 C 知識人, インテリ
intellectually 副 知的に

intelligence /intélidʒəns インテリヂャンス/
名 U
❶ 知性, 知能, 理解力
・artificial *intelligence* 人工知能(略 AI)
・an *intelligence* test 知能検査
❷ (特に重要な秘密の)情報

intelligent* /intélidʒənt インテリヂャント/
形 [比較] more intelligent
[最上] most intelligent
知性的な, 知能の高い, 頭のよい; 【コンピュータ】高度な情報処理能力を持つ
intelligently 副 知性的に, 理知的に

intelligentsia /intèlidʒéntsiə インテリヂェンツィア/ 名 C ((ふつう the intelligentsia))
((単数・複数扱い)) 知識階級; 文化人, 知識人, インテリゲンチャ

intelligible /intélidʒəbl インテリヂャブル/
形 分かりやすい, 理解できる

intend /inténd インテンド/

動 [三単現] **intends** /inténdz インテンヅ/
[過去・過分] **intended** /inténdid インテンディド/
[現分] **intending** /inténdiŋ インテンディング/
— 他
❶ 〈…を〉**意図する**, 〈…の〉**つもりである**
▪ *intend to do* [*doing*] …するつもりである
・I *intend to* leave here tomorrow.
あしたここを出発するつもりだ
▪ *intend that*... …というつもりである
・I *intend that* my car (should) be sold.
私は車を売るつもりだ

▪ *be intended to do*
…することが意図されている
▪ *intend A to do*
A(人)に…させるつもりである
・This story *is intended for* children.
この話は子ども向けに書かれている
❷ 〈事を〉(…の)つもりで言う((*by...*, *as...*))
❸ 〈物・事を〉(…に向けて)書く, 話す((*for...*))
intended 形 意図的な, 故意の; 予定された

intense /inténs インテンス/ 形
❶ 〈痛みなどが〉強烈な, 激しい, きびしい
・*intense* heat 酷暑(こくしょ)
❷ 〈人が〉熱心な, 〈感情などが〉激しい
intensely 副 強烈に, 激しく; 熱心に
intensity 名 UC 激しさ, 熱心さ; 強度

intensify /inténsəfài インテンサファイ/ 動
— 他 〈…を〉激しくする, 強める
— 自 激しくなる, 強まる

intensive /inténsiv インテンスィヴ/ 形 集中的な; 激しい
・*intensive* training 集中的訓練
・*intensive* care 集中治療
intensively 副 激しく; 集中的に

intent¹ /intént インテント/ 名 UC 目的, 意図; 趣旨, 趣意

intent² /intént インテント/ 形 (…に)夢中になっている, 没頭している((*on...*))
intently 副 一心に, 熱心に

intention* /inténʃən インテンシャン/
名 ((複) **intentions** /inténʃənz インテンシャンズ/) UC 意図, 意向
▪ *have no intention of doing*
…するつもりはない
intentional 形 意図的な, 故意の
intentionally 副 意図的に, わざと

interact /ìntərǽkt インタラクト/ 動 自 〈人・物が〉(…と)相互に作用[影響]する, やり取りをする((*with...*))
interaction 名 UC 相互作用[影響], やり取り
interactive 形 相互作用の; 双方向の

intercept /ìntərsépt インタセプト/ 動 他 〈人・物などを〉途中で止める[奪う], 取り押さえる; 【スポーツ】〈相手側の球を〉インターセプトする, 〈パスを〉奪う
interception 名 UC 途中で止める[奪う]こと; 【スポーツ】インターセプト, パスの奪取

interchangeable /ìntərtʃéindʒəbl インタチェインジャブル/ 形 (…と)取り替えのきく, 交換できる((with...))

intercom /íntərkὰm インタカム/ 名 C 内部通信装置, インターホン (*intercom*munication system の略)

intercourse /íntərkɔ̀:rs インタコース/ 名 U 性交, セックス

interdependent /ìntərdipéndənt インタディペンダント/ 形 相互依存の
interdependence 名 U 相互依存

interest
/íntərəst インタラスト/
名 (複 **interests** /インタラスツ/)
❶ U C ((an interest)) (…への)**興味**, **関心** ((in...)); U (興味をそそる)魅力; C 関心事
- *have an [no] interest in* A
 Aに興味を持つ[持たない]
- I *have* a great *interest in* sports.
 スポーツにすごく関心がある
- *show an [no] interest in* A
 Aに興味を示す[示さない]
- *with interest* 興味を持って

❷ C ((しばしばinterests)) 利益; 利害関係
- in the public *interest* 公共の利益のために

❸ U 利子, 利息
- pay the money back with *interest*
 利子を付けて金を返す
- at high [low] *interest* 高い[低い]金利で
 in the interest(s) of A
 Aの利益のために

■ 動 他 〈人に〉(…への)興味を持たせる((in...))
- The story didn't *interest* me.
 その話は(私には)おもしろくなかった

interested
/íntərəstid インタラスティド/
動 interest の過去形・過去分詞
■ 形
比較 **more interested**
最上 **most interested**

❶〈人が〉(…に)**興味を持った**, **関心のある**((in...))
- *be interested in* A Aに興味がある
- *Are* you *interested in* politics?
 政治に興味がありますか
- *be interested to do* …することに興味がある
- I *am interested to* know the reason.
 その理由を知りたい

❷ (…に)利害関係のある, 関与した((in...))
interestedly 副 興味を持って

interesting
/íntərəstiŋ インタラスティング/
動 interest の現在分詞・動名詞
■ 形
比較 **more interesting**
最上 **most interesting**
(…にとって)**おもしろい**, **興味深い**((to...))
- an *interesting* story 興味深い話
- Was the movie *interesting to* you?
 その映画はおもしろかったですか
- That's *interesting*! おもしろいですね
■ *it is interesting to do* …するのはおもしろい
interestingly 副 興味深く; おもしろいことに

interface /íntərfèis インタフェイス/ 名 C 【コンピュータ】インターフェイス

interfere /ìntərfíər インタフィア/ 動 (自) (…の)じゃまをする, 妨げになる((with...)); (…に)干渉する, 口出しする((in...))
- The noise *interferes with* my concentration. その音は私の集中力の妨げになる
interference 名 U じゃま, 妨害; 干渉

interior /intíəriər インティアリア/
形
❶ 内部の, 内側の; 室内の(⇔exterior)
- *interior* decoration 室内装飾
❷ 内地の, 奥地の, 内陸の
■ 名 C
❶ ((the interior)) 内部; 室内
❷ ((the interior)) 内陸(部), 奥地

interjection /ìntərdʒékʃən インタヂェクシャン/ 名 C 【文法】間投詞, 感嘆詞

interlude /íntərlù:d インタルード/ 名 C 合間, 幕間(まくあい); 間奏曲

intermediate /ìntərmí:diət インタミーディアト/ 形 中間の; 中級の
- I am in an *intermediate* class.
 私は中級クラスにいる

intermission /ìntərmíʃən インタミシャン/ 名 C ((米))(劇などの)休憩時間, 幕間(まくあい)

intermittent /ìntərmítənt インタミタント/ 形 断続的な, 間欠的な

internal /intə́:rnl インターヌル/ 形
❶ 内部の, 内側の
❷ 体内の; 内面的な

- *internal* bleeding 内出血
- *internal* medicine 内科
❸ 国内の；内政の（⇔ foreign）
- *internal* affairs 国内問題

internally 副 内部的に，内面的に

international

/ìntərnǽʃənəl インタ**ナ**ショナル/

形 比較 **more international**
最上 **most international**

国際的な，国家間の
- the *international* community 国際社会
- an *international* flight 国際線
- the *International* Olympic Committee
国際オリンピック委員会(略 IOC)

internationally 副 国際的に，国際上

internationalism /ìntərnǽʃənəlìzm インタ**ナ**シャナリズム/ 名 Ⓤ 国際主義；国際性

Internet

/íntərnèt **イ**ンタネット/

名 ((the Internet)) **インターネット**
- use *the Internet* インターネットを利用する
- be unable to use *the Internet*
インターネットが利用できない
- join an *Internet* provider
インターネットのプロバイダに加入する
- get connected to *the Internet*
インターネットに接続する
- get on *the Internet* インターネットに入る
- browse *the Internet*
インターネットをブラウズする
- surf *the Internet*
インターネットサーフィンする
- utilize *the Internet*
インターネットを活用する
- search for something on *the Internet*
インターネットで検索する
- search a dictionary on *the Internet*
インターネットで辞書検索する
- send data over *the Internet*
インターネットでデータを送る
- get data from *the Internet*
インターネットでデータを受け取る
- use an *Internet* telephone
インターネット電話を利用する
- open an *Internet* site
インターネットのサイトを開設する
- close down an *Internet* site
インターネットのサイトを閉鎖する
- be infected by a virus through *the Internet* インターネットでウイルスに感染する
- be skilled at using *the Internet*
インターネットを使いこなしている
- sign out of *the Internet*
インターネットから出る

interpersonal /ìntərpə́ːrsənəl インタパースナル/ 形 対人[人間]関係の

interpret /intə́ːrprit インタープリト/ 動
— 他
❶〈言語を〉通訳する
❷〈…を〉解釈する，説明する
- *interpret A as C*
A〈事・物〉を C と解釈する
— 自 (…のために)通訳する，解説する，説明する((*for*...))

interpretation 名 Ⓤ Ⓒ 解釈；通訳
interpreter 名 Ⓒ 通訳者

interrelated /ìntərriléitid インタリレイティド/ 形 (…と)相互に関係のある((*with*...))

interrogate /intérəgèit イン**テ**ラゲイト/ 動 他〈…を〉問いただす，尋問(じんもん)する

interrogation 名 Ⓤ Ⓒ 尋問，取り調べ

interrupt /ìntərʌ́pt インタ**ラ**プト/ 動
— 他
❶〈話などを〉じゃまする，さえぎる
- Sorry to *interrupt* you, but...
お話中恐れ入りますが…
❷〈…を〉中断する；〈視界などを〉さえぎる
- A phone call *interrupted* the dinner.
電話のために夕食が中断した
— 自 じゃまをする；中断する
- Stop *interrupting*! じゃまするのはやめて

interruption 名 Ⓤ Ⓒ じゃま(物)，妨害；Ⓒ 中断

intersect /ìntərsékt インタ**セ**クト/ 動
— 他〈…を〉横断する，〈…と〉交差する
— 自〈道路などが〉交差する

intersection 名 Ⓒ 交差点，交点；Ⓤ 交差，横断

interval /íntərvəl **イ**ンタヴァル/ 名 Ⓒ
❶（時間の）間隔，合間；（場所の）空間，間隔
- at *intervals* of ten minutes 10分間隔で
- Trains come at regular *intervals*.
電車は規則的な間隔で来る
❷ ((英))（芝居などの）幕間(まくあい)，休憩時間
at intervals ときどき；ところどころに

intervene /ìntərvíːn インタ**ヴィ**ーン/ 動 自
❶（…の）仲裁をする，調停をする((*in*..., *be-*

interview

② じゃまに入る, 介入する
③ (期間・出来事などが)(…の)間に起こる((between...))
intervention 名 ⓤⓒ 介入;介在;仲裁

interview* /íntərvjùː インタヴュー/
名 (複 **interviews** /íntərvjùːz インタヴューズ/)
ⓒ (…との)**面接**, 面談;(記者)会見, **インタビュー** ((with...))
・*have an interview* 面接を受ける
— 動
三単現 **interviews** /インタヴューズ/
過去・過分 **interviewed** /インタヴュード/
現分 **interviewing** /インタヴューイング/
— 他 ⟨人と⟩**面接する**;⟨人に⟩(…のことで)**インタビューする**((about..., on...))
・*Interview* someone else.
別の人をインタビューしてください

interviewee 名 ⓒ 面接[インタビュー]される人
interviewer 名 ⓒ 面接する人, インタビュアー

intestine* /intéstin インテスティン/
名 (複 **intestines** /インテスティンズ/) ⓒ
((ふつう intestines))【解剖】腸
intestinal 形 腸の, 腸内の

intimacy /íntiməsi インティマスィ/ 名 ⓤ 親密さ;親交

intimate /íntimət インティマト/ 形
① (…と)親密な, 親しい((with...))
② 性的関係がある
intimately 副 親密に;心の奥底から

intimidate /intímidèit インティミデイト/ 動
他 ⟨人を⟩脅(おど)す, 威圧する
intimidation 名 ⓤ 脅し, 脅迫

into

/íntuː イントゥー/ 前

① ((方向))**…の中へ**;…の中を(のぞき込む)
・walk *into* the room 部屋に歩いて入る
・gaze *into* a mirror 鏡をのぞき込む
② ((変化))…に(なる);((分割))…に(分ける)
・burst *into* laughter 急に笑い出す
・divide a cake *into* four
ケーキを4つに分ける
・translate German *into* Japanese
ドイツ語を日本語に訳す
・The rain turned *into* snow.
雨は雪になった
・Milk is made *into* butter.
ミルクはバターになる
③ ((衝突))…にぶつかって
・run *into* A A(人)にぶつかる, 衝突する
④ ((対象))…を(調べる)
・look *into* the cause その原因を調べる
be into A ((くだけて)) A(趣味など)にとても興味を持っている, 夢中になっている

intolerable /intálərəbl インタララブル/ 形
耐えられない, 我慢できない

intolerant /intálərənt インタララント/ 形 耐えられない;寛容でない
intolerance 名 ⓤ 耐えられない[受けつけない]こと;不寛容

intonation /ìntənéiʃən インタネイシャン/
名 ⓤⓒ (声の)抑揚(よくよう), イントネーション

intranet /íntrənèt イントラネト/ 名 ⓒ 【コンピュータ】イントラネット(特定の企業内などでのみ使われるネットワーク)

intransitive /intrǽnsətiv イントランサティヴ/
形【文法】自動(詞)の(⇔ transitive)
— 名 ⓒ 自動詞(intransitive verb) (略 v.i., vi.)

intricate /íntrikət イントリカト/ 形 ⟨構造などが⟩複雑な, 難解な
intricately 副 複雑に, 入り組んで

intrigue
動 /intríːɡ イントリーグ/ 他 ⟨…の⟩興味[好奇心]をそそる
— 名 /íntriːɡ イントリーグ/ ⓤⓒ 陰謀(事件), 悪巧み
intriguing 形 興味[好奇心]をそそる

introduce

/ìntrədúːs イントラドゥース/
動 三単現 **introduces** /イントラドゥースィズ/
過去・過分 **introduced** /イントラドゥースト/
現分 **introducing** /イントラドゥースィング/
— 他
① ⟨人を⟩(…に)**紹介する**((to...))
・May I *introduce* you to my family?
あなたを家族に紹介してもいいですか
② ⟨新しい物などを⟩(…に)**導入する**, 取り入れる;持ち込む((to..., into...))
③ ⟨人に⟩(…を)初めて経験させる, (…の)初歩を教える((to...))
・She *introduced* me *to* the joy of reading. 彼女が読書の喜びを教えてくれた

introduction /ìntrədʌ́kʃən イントラダク

introduction

❶ U 導入, 採用; UC 紹介(状)
・make an *introduction* 紹介をする
❷ C (本などの)序論; 入門書 ((to...))
introductory 形 紹介の; 序論の; 入門的な

intrude /intrúːd イントルード/ 動
— 自 (場所に)侵入する ((into...)); (事に)頭を突っ込む, 押しかける ((on...))
— 他 〈意見などを〉(…に)押しつける ((on...))
intruder 名 C 侵入者; 乱入者
intrusion 名 UC 侵入; 侵害; 押しつけ
intrusive 形 押しつけがましい; 割り込むような

intuition /intjuːíʃən インテューイシャン/ 名 U 直観, 直覚

intuitive /intjúːətiv インテューアティヴ/ 形 直観[直覚]的に認識する; 直観的な

Inuit /ínuit イヌイト/
名 C イヌイット族の人; ((the Inuit)) イヌイット族; U イヌイット語
— 形 イヌイット(語)の

invade /invéid インヴェイド/ 動 他
❶〈…を〉侵略する, 〈…に〉侵入する; 〈権利などを〉侵害する
❷〈場所に〉押し寄せる, 殺到する
invader 名 C 侵入者, 侵略者, 侵略国[軍]

invalid¹ /invælid インヴァリド/ 形 (法的に)無効な; 〈議論などが〉説得力のない

invalid² /ínvəlid インヴァリド/
名 C 病弱者, 病人
— 形 病弱な, 病身の; 病人(用)の

invaluable /invæljuəbl インヴァリュアブル/ 形 (…にとって)非常に貴重な ((for..., to...))

invasion /invéiʒən インヴェイジャン/ 名 UC (…への)侵入; 〈権利などの〉侵害 ((of...))

invent /invént インヴェント/ 動 他
❶〈…を〉発明する, 考え出す
❷〈うそなどを〉でっち上げる
inventor 名 C 発明者, 考案者

invention /invénʃən インヴェンシャン/ 名
❶ U (…の)発明, 考案 ((of...)); C 発明品
・Necessity is the mother of *invention*.
((ことわざ)) 必要は発明の母
❷ CU 作り事[話], でっち上げ
inventive 形 発明[考案]の才能のある; 独創的な

inventory /ínvəntɔːri インヴァントーリ/ 名 C (在庫・商品などの)一覧, 目録

invert /invə́ːrt インヴァート/ 動 他 〈…を〉上下さかさまにする; 〈…を〉逆にする, 反対にする

invest /invést インヴェスト/ 動
— 他 〈金などを〉(…に)投資する; 〈時間・労力などを〉(…に)使う, そそぐ ((in...))
・*invest* one's money *in* stocks
株に投資する
— 自 (…に)投資する ((in...))
investor 名 C 投資家, 出資者

investigate /invéstigèit インヴェスティゲイト/ 動
— 他 〈…を〉(詳しく)調査する; 捜査する
・*investigate* the cause of *A*
A (事件・問題など)の原因を調べる
— 自 調査する; 捜査する
investigator 名 C 調査員, 捜査員[官]

investigation /invèstigéiʃən インヴェスティゲイシャン/ 名 UC 調査; 捜査, 取り調べ
・be under *investigation* 調査中である
・a scientific *investigation* 科学的調査

investment /invéstmənt インヴェストマント/ 名 UC (…への)投資, 出資; 投資金 ((in...)); (時間・労力などを)使うこと
・make an *investment* in *A* A に投資する

invincible /invínsəbl インヴィンサブル/ 形 〈スポーツチームなどが〉無敵の; 〈信念などが〉揺るがない

invisible /invízəbl インヴィザブル/ 形 目に見えない; (…に)不可視の ((to...))
・be *invisible to* the naked eye
肉眼では見えない
・the *invisible* man 透明人間

invitation /invitéiʃən インヴィテイシャン/ 名 UC (…への)招待 ((to...)); C 招待状
・*send* [*receive*] *an invitation*
招待状を送る[受け取る]

invite

/inváit インヴァイト/
動 三単現 **invites** /インヴァイツ/
過去・過分 **invited** /インヴァイティド/
現分 **inviting** /インヴァイティング/
— 他 〈人を〉(…に) **招待する, 招く** ((to...)); 〈人を〉(食事などに)誘う ((for...))
・*invite A to* my house
A (人)を自宅に招く
・It's very kind of you to *invite* me.
ご招待くださりありがとうございます
■ *invite A to do* A (人)に…するように勧める,

(丁寧に)お願いする
- We *invited* her *to* join our group.
彼女に私たちのグループに入るよう誘った
- *invite A over* A(人)を招く
inviting 形 魅力的な, 心を奪う

invoice /ínvɔis インヴォイス/ 名C【商業】インボイス, 送り[仕切り]状

invoke /invóuk インヴォウク/ 動 他〈法律などに〉訴える, 頼る

involuntary /inválənteri インヴァランテリ/ 形〈行為などが〉無意識の；不本意の
involuntarily 副 無意識に；思わず知らず

involve /inválv インヴァルヴ/ 動 他
❶〈人を〉(論争・事件などに)巻き込む((*in*...))
- *be involved in* [*with*] *A*
A(事など)に関わっている
- *get involved in* [*with*] *A*
A(事など)に関わる
❷〈…を〉伴う, 必要とする
- *involve oneself in A* A(事など)に関わる
involved 形 関わって, 関わりを持って；複雑な
involvement 名 UC 関わり；参加

inward /ínwərd インワド/ 形 内部の；内側へ向かう；心に秘めた
inwardly 副 心の中で；内部へ[に]

inwards /ínwərdz インワヅ/ ((主に英))＝inward

Io. ((略))*I*owa アイオワ州

IOC ((略))*I*nternational *O*lympic *C*ommittee 国際オリンピック委員会

ion /áiən アイアン/ 名C【化学】イオン

Iowa /áiəwə アイオワ/ 名 アイオワ(略 Ia., Io., ((郵便))IA；米国中西部の州；州都はデモイン(Des Moines))

IQ, I.Q. ((略))*i*ntelligence *q*uotient 知能指数
- have a high [low] *IQ*
知能指数が高い[低い]

Ireland /áiərlənd アイアランド/ 名
❶ アイルランド島(英国領である北アイルランドとアイルランド共和国から成る島)
❷ アイルランド(Republic of Ireland, 首都はダブリン(Dublin))

iris /áiəris アイアリス/ 名C
❶【植物】アイリス(アヤメ属の総称)
❷ (眼球の)虹彩(こうさい)

Irish /áiəriʃ アイアリシュ/
形 アイルランドの；アイルランド人[語]の
— 名
❶ ((the Irish))((複数扱い))アイルランド国民
❷ U アイルランド語

Irishman /áiəriʃmən アイアリシュマン/ 名C (男性の)アイルランド人

Irishwoman /áiəriʃùmən アイアリシュウマン/ 名C (女性の)アイルランド人

iron /áiərn アイアン/
名 (複 **irons** /アイアンズ/)
❶ U【化学】鉄(元素記号 Fe)
- (as) hard as *iron* 鉄のように堅い
❷ C アイロン, こて
- an electric *iron* 電気アイロン
- Strike while the *iron* is hot.
((ことわざ))鉄は熱いうちに打て；好機を逃すな
— 形 ((比較なし)) 鉄(製)の；鉄のように硬い；厳しい
- an *iron* door 鉄の扉
- the *Iron* Age 鉄器時代
— 動
— 他〈人が〉〈…に〉アイロンをかける
— 自 アイロンをかける
iron A out = iron out A A(衣服など)にアイロンをかける；A(障害など)を取り除く

irony /áiərəni アイアラニ/ 名 U 皮肉(な言葉)；反語
ironic, ironical 形 皮肉な；反語的な
ironically 副 皮肉に；皮肉にも

irrational /iræʃənəl イラシャナル/ 形〈考えなどが〉不合理な, 理屈に合わない；〈人が〉理性を持たない, 分別のない

irregular* /irégjələr イレギュラ/
形 比較 **more irregular**
最上 **most irregular**
❶ 不定(期)の, 不規則の(⇔regular)；〈生活などが〉だらしのない
- lead an *irregular* life だらしない生活を送る
❷ 不ぞろいの, でこぼこの
- *irregular* breathing 乱れている呼吸
irregularity 名 U 不規則；不ぞろい；C 不規則[不ぞろい]なもの, でこぼこ
irregularly 副 不規則に, 不ぞろいで

irrelevant /irélivənt イレラヴァント/ 形〈…と〉関係[関連]のない((*to*...))；不適切な, 見

irrelevantly 副 無関係に
irrelevance 名 U 不適切, 的はずれ; C 見当違いの事柄; 関連性がないこと

irresistible /ìrizístəbl イリズィスタブル/ 形
❶ 抑えられない; 抵抗できない
❷〈人・物が〉(…にとって)非常に魅力的な((to...))
irresistibly 副 いやおうなく

irrespective /ìrispéktiv イリスペクティヴ/
副 ((次の成句で))
irrespective of A Aにかかわらず

irresponsible /ìrispánsəbl イリスパンサブル/ 形 無責任な, 当てにならない
irresponsibly 副 無責任に(も)
irresponsibility 名 U 無責任

irreversible /ìrivə́ːrsəbl イリヴァーサブル/ 形〈決定が〉覆(くつがえ)せない;〈状況などが〉逆にできない

irritable /írətəbl イリタブル/ 形 怒りっぽい, 短気な
irritability 名 U 怒りっぽいこと, 短気

irritate /írətèit イリテイト/ 動 他
❶〈…を〉いらいらさせる, 怒らせる, じらす
❷〈体を〉刺激する;〈…を〉ひりひりさせる
irritated 形 いらいらした, 怒った, じれた; ひりひりする
irritating 形 いらいらさせる; 刺激する, ひりひりさせる
irritation 名 U C いらだち, 立腹; 炎症, 痛み

is /(z, ʒ, dʒ を除く有声音の後)z ズ, (s, ʃ, tʃ を除く無声音の後)s ス; ((強)) íz イズ/
((beの三人称単数現在形)) ⇨ be
動 助 [過去] was /ワズ/
[過分] been /ビン/
[現分] being /ビーイング/
[否定形] is not /ノト | ナト/
((くだけて)) isn't /イズント/
[縮約形] 's 例: he's, she's, it's
■動 自 (彼は, 彼女は, それは)…である; …になる; (…に)いる, (…に)ある
・He *is* my big brother. 彼は私の兄です
・She *is* not [*isn't*] clever.
彼女は賢くありません
・*Is* it hot today? きょうは暑いですか
■助 ((次の用法で))
■ *is doing* ((現在進行形))(彼は, 彼女は, それは)…しているところだ;…しようとしている
・Beth *is* doing her homework.
ベスは宿題をしているところです
■ *is done* ((現在形の受身))(彼は, 彼女は, それは)…される
・He *is* called Ted. 彼はテッドと呼ばれている
■ *is to do* ((予定・運命・義務・可能・目的を表して))(彼は, 彼女は, それは)…する予定である;…する宿命である;…するべきである;…することができる;…するためのものである
・He *is* to start now.
彼はすぐ出かけるべきである

Islam /ísla:m イスラーム/ 名 U イスラム教, 回教; イスラム教徒
Islamic /ìslǽmik イスラミク/ 形 イスラム教の

island* /áilənd アイランド/
名 (複 islands /アイランヅ/) C
❶ 島; ((形容詞的に)) 島の
・a desert *island* 無人島
❷ 孤立した所; ((英))(路上の)安全地帯

isle /áil アイル/ 名 C ((文語))小島; 島

isn't /íznt イズント/

((くだけて)) is not の縮約形

isolate /áisəlèit アイサレイト/ 動 他〈人・物を〉孤立させる;〈人・地域を〉(…から)隔離する((from...))
■ *isolate oneself from A* Aから離れる
isolated 形 孤立した; 単独の
isolation 名 U 隔離; 孤立;【医学】(伝染病患者の)隔離

Israel /ízriəl イズリアル/ 名
❶ イスラエル(1948年にユダヤ人によって建国され, 首都はエルサレム)
❷ ((複数扱い))イスラエル人, ユダヤ人

Israeli /izréili イズレイリ/
名 C (現代の)イスラエル人
■形 (現代の)イスラエル(人)の

issue* /íʃu: イシュー/
名 (複 issues /イシューズ/)
❶ C 問題(点), 論点, 争点
❷ U (雑誌・切手などの)発行, 刊行; C 発行物, 刊行物
at issue 論争中の[で], 問題になっている
make an issue (out) of A
A(つまらぬこと)を問題にする
What's the big issue?
何がそんなに問題なの
■動 他〈命令などを〉(…に対して)出す, 公布

Istanbul

する((*to...*));〈切手などを〉発行する;〈書籍などを〉出版する
- *issue* a statement 声明を発表する
- *issue A to B = issue B with A*
  A(食べ物など)をB(人)に支給[配給]する

Istanbul /ístænbúl イスタンブル/ 名 イスタンブール(トルコ最大の都市で,旧称はコンスタンチノープル)

IT ((略)) *I*nformation *T*echnology 情報技術

it /it イト/

代 ((人称代名詞:三人称単数の主格・目的格))
所有格 **its** /イツ/ その
再帰代名詞 **itself** /イトセルフ/ それ自身を[に]
(複) 主格 **they** /ゼイ/)

❶ ((主格))**それは,それが**
- "Whose book is this?" "*It* is mine."
  「これは誰の本ですか」「私のです」
- "Who is *it*?" "*It*'s me."
  (玄関のドア越しに)「どなたですか」「私です」

❷ ((目的格))**それに,それを**
(1) ((他動詞の間接目的語として))
- This is my new yacht. I'll give *it* a nice name. これは新しいヨットで,よい名前を付けようと思う
(2) ((他動詞の直接目的語として))
- This is my guitar. I bought *it* yesterday.
  これは私のギターで,きのう買いました

❸ ((前置詞の目的語として))
- Stick to *it*! あきらめるな

❹ ((非人称動詞の主語として:天候・時間・距離などを表して))
➡ ふつう日本語には訳さない
- *It* is fine today. きょうは天気がよい
- *It* was very cold yesterday.
  きのうはとても寒かった
- "What time is *it* now?" "*It* is four o'clock." 「今何時ですか」「4時です」
- *It* is about five hundred meters to the station. 駅まで約500メートルあります
- *It*'s getting dark. 暗くなってきた
- *It*'s all over with me. 万事休すだ
- How's *it* going (with you)?
  調子はどうですか

❺ ((形式主語・形式目的語として))
➡ ふつう日本語には訳さない
- *It*'s very kind of you *to* say so.
  そう言ってくれるとはあなたはとても親切だ

- I found *it* difficult *to* wake him up.
  彼の目を覚まさせることは難しかった
- *It* doesn't matter *where* you go.
  君がどこへ行こうが関係ない
- *It* is a pity *that* you didn't come to the party.
  君がパーティーに来なかったのは残念だ
- *It* was nice see*ing* you.
  お目にかかれてうれしかった
- *It* seems (*that*) she has fallen in love with him.
  彼女は彼を好きになってしまったようだ
- *It* looks *as if* it's going to snow.
  どうも雪になりそうだ

❻ ((強調構文で))
➡ ふつう日本語には訳さない
- *It*'s you (*whom*) I want to ask.
  私がたずねたいのはあなたです

❼ ((動詞の目的語として))
➡ ふつう日本語には訳さない
- *Go it*! がんばれ
- *Damn it*! くそくらえ
- *Take it easy*. 気楽に行こう

━ 名 U (鬼ごっこの)鬼
- Now you are *it*. 今度は君が鬼だ
  That's it. それが問題だ;そのとおり
  This is it. これだ;思っていたとおりだ

Italian /itǽliən イタリアン/
形 イタリアの;イタリア人[語]の
━ 名
❶ C イタリア人;((the Italians))((複数扱い))イタリア国民
❷ U イタリア語

italic /itǽlik イタリク/
形 イタリック[斜字]体の
━ 名 ((italics))イタリック体(の文字), 斜字

Italy /ítəli イタリ/ 名 イタリア(首都はローマ)

itch /itʃ イチ/
動
━ 自
❶ 〈人・体の部分が〉かゆい, むずがゆい
❷ ((くだけて))〈人などが〉〈…したくて〉むずむずする((*to do*))
━ 他 〈…を〉かゆくする
━ 名 C
❶ ((an itch)) かゆみ, むずがゆさ
- have [feel] *an itch* かゆい
❷ ((an itch)) ((くだけて)) (…への)うずうず

る欲望[渇望]((*for*...))
- have *an itch to do* …したくてたまらない

itchy 形 かゆい, むずがゆい

it'd* /ítəd イタド/ ((くだけて))
1 it would の縮約形
2 it had の縮約形

item /áitəm アイタム/ 名 C
1 項目, 箇条; 品目, 種目
- each *item* of a catalog カタログの各品目
2 (新聞記事・ニュースなどの)1項目 (news item);(うわさなどの)種

itinerary /aitínərèri アイティナレリ/ 名 C 旅程, 旅行計画;訪問地のリスト;旅行記, 旅日記

it'll /ítl イトル/ ((くだけて))
1 it will の縮約形
2 it shall の縮約形

its /íts イツ/
代 ((itの所有格))それの, その
- A bird flies with *its* wings.
鳥はそのつばさで飛ぶ

it's /íts イツ/ ((くだけて))
1 it is の縮約形
2 it has の縮約形

itself /itsélf イトセルフ/
代 ((人称代名詞:itの再帰代名詞))
(複) **themselves** /ðemsélvz ゼムセルヴズ/)
1 ((再帰用法))((他動詞や前置詞の目的語として))それ自身を[に], それ自身を[に]
- History repeats *itself*.
((ことわざ))歴史は繰り返す
2 ((強調用法))それ自身(で), それ自体, そのもの
- Money *itself* is not so important.
お金そのものはそれほど大切ではない
by itself ひとりでに;他と離れて
to itself それ自体
in itself 本来は, それ自体は

I've /aiv アイヴ, áiv アイヴ/
((くだけて))I have の縮約形

ivory /áivəri アイヴァリ/ 名
1 U 象牙;象牙色, アイボリー;C 象牙製品
2 ((形容詞的に))象牙(製)の;象牙色の
- an *ivory* tower 象牙の塔

ivy /áivi アイヴィ/ 名 U C つた(の葉)
- the *Ivy* League ((米)) アイビーリーグ

==== 教科のいろいろ ====

英語	English
国語(日本語)	Japanese
数学	mathematics
理科	science
物理	physics
化学	chemistry
生物	biology
地学	geology
社会	social studies
日本史	Japanese history
世界史	world history
地理	geography
倫理	ethics
道徳	moral education
音楽	music
美術	fine arts
保健体育	health and physical education
家庭科	home economics, home making (course)

J, j

J, j /dʒéi チェイ/ 名 (複 **J's, Js; j's, js** /チェイズ/)
C U ジェイ(英語アルファベットの第10字)

jab /dʒæb チャブ/
動
━ 他 〈…を〉激しく突く;【ボクシング】〈相手を〉ジャブで打つ
━ 自 激しく突く;【ボクシング】ジャブで打つ
━ 名 C 激しい突き;【ボクシング】ジャブ

jack /dʒæk チャク/ 名 C
❶ ジャッキ, 起重機
❷【トランプ】ジャック

jacket* /dʒǽkit チャキト/
名 (複 **jackets** /チャキツ/) C
❶ (短い)上着, ジャケット
❷ (本の)カバー; ((米))(CDなどの)ジャケット

jack-in-the-box /dʒǽkinðəbàks チャキンザバクス/ 名 C びっくり箱

jack-o'-lantern /dʒǽkəlæntərn チャカランタン/ 名 C (ハロウィーンで子どもが作る)カボチャちょうちん

jackpot /dʒǽkpɑt チャクパト/ 名 C (クイズなどでの)大当たり

jagged /dʒǽgid チャギド/ 形 ぎざぎざの, のこぎりの歯のような

jaguar /dʒǽgwɑːr チャグワー/ 名 C【動物】ジャガー

jail /dʒéil チェイル/
名 C 刑務所;拘置所, 留置場
・ break (out of) *jail* 脱獄する
・ go to *jail* 刑務所入りになる
━ 動 他〈犯人などを〉(…の罪で)投獄する ((*for...*))

jam¹ /dʒǽm チャム/ 名 U ジャム
jam² /dʒǽm チャム/
動
━ 他
❶〈…を〉(…に)詰め込む, 押し込む ((*into...*))
❷〈場所を〉(…で)ふさぐ, いっぱいにする ((*with...*))
❸〈機械などを〉動かなくする
❹〈電波を〉妨害する
━ 自
❶ (狭い所に)割り込む ((*into...*));詰まる, つかえる;押し合う
❷〈機械などが〉動かなくなる
━ 名 C
❶ 雑踏, 混雑;押し合い
・ a traffic *jam* 交通渋滞
❷ (機械の)故障, 停止
❸ ((くだけて))窮地, 困難

jamboree /dʒæmbərí: チャンバリー/ 名 C
お祭り騒ぎ, ジャンボリー

Jan. ((略))*Jan*uary 1月

January
/dʒǽnjuèri チャニュエリ|dʒǽnjuəri チャニュアリ/
名 U C **1月** (略 Jan.)
・ *in January* 1月に

Japan /dʒəpǽn チャパン/ 名 日本
・ I live in *Japan*. 私は日本に住んでいます
・ I'm from *Japan*. 日本から来ました

japan /dʒəpǽn チャパン/ 名 U 漆; C 漆器

Japanese
/dʒæpəníːz チャパニーズ/
形 日本の;日本人の;日本語の
・ the *Japanese* language 日本語
・ I'm *Japanese*. 私は日本人です
━ 名 (複 **Japanese** /チャパニーズ/)
❶ C 日本人; ((the Japanese))((複数扱い)) 日本国民
❷ U 日本語
・ *speak Japanese* 日本語を話す
・ *write in Japanese* 日本語で書く

Japanese-American /dʒæpəniːzəmérikən チャパニーズァメリカン/
名 C 日系アメリカ人
━ 形 日系アメリカ人の;日米(間)の

jar /dʒɑːr チャー/ 名 C (広口の)びん, つぼ;びん[つぼ]1杯(の量)

jargon /dʒɑːrgən チャーガン/ 名 C わけの分からない言葉;U 特殊用語, 専門語

jasmine /dʒǽzmin チャズミン, dʒǽsmin チャスミン/ 名 C【植物】ジャスミン

jaw* /dʒɔː チョー/ 名 (複 **jaws** /チョーズ/)
❶ C **あご**
・ the upper [lower] *jaw* 上[下]あご

jaywalk /dʒéiwɔ̀ːk チェイウォーク/ 動 自 交通ルールを無視して道路を横断する

jazz /dʒæz チャズ/ 名 U ジャズ；ジャズダンス
jazzy 形 ジャズ(調)の

jealous /dʒéləs チェラス/ 形
❶ しっと深い, 焼きもち焼きの；(…を)ねたんで, しっとして((*of...*))
❷ 油断のない；用心深い
jealously 副 ねたんで, しっとして；油断なく, 用心深く
jealousy 名 U C しっと, ねたみ, 焼きもち；U 用心深さ, 警戒心

jeans /dʒíːnz チーンズ/ 名 ((複数扱い)) ジーンズ, ジーパン

jeep /dʒíːp チープ/ 名 C ジープ

Jefferson /dʒéfərsən チェファサン/
名 **Thomas Jefferson** ジェファーソン (米国第3代大統領で, 独立宣言の起草者)

Jekyll and Hyde /dʒékəl ənd háid チェカル アンド ハイド/ 名 二重人格者 (スティーブンソンの小説『ジキル博士とハイド氏』の主人公の名から)

jelly /dʒéli チェリ/ 名 U C ゼリー

jellyfish /dʒélifìʃ チェリフィシュ/ 名 C【動物】くらげ

jerk /dʒə́ːrk チャーク/
動
— 他〈…を〉急に動かす, ぐいと引く[押す]
— 自 急にぐいと動く[引く, 押す]
— 名 C
❶ 急に動くこと；ぐいと引く[押す]こと
❷ (筋肉の)けいれん

jerky /dʒə́ːrki チャーキ/
形 急にぐいと動く, ガタガタ[ぎくしゃく]動く
— 名 U (米)(ビーフ)ジャーキー

jersey /dʒə́ːrzi チャーズィ/ 名 C ジャージー

Jerusalem /dʒərúːsələm チャルーサラム/ 名 エルサレム (ユダヤ教徒・キリスト教徒・イスラム教徒の聖地で, イスラエルの首都)

Jesus /dʒíːzəs チーザス/ 名 **Jesus Christ** イエス, イエス・キリスト (キリスト教の開祖)

jet* /dʒét チェト/
名 ((複) **jets** /チェツ/) C
❶ ジェット機
・a *jet* engine ジェットエンジン
❷ (ガスなどの)噴出, 噴射((*of...*))；噴出物；噴出口
— 動
— 他〈…を〉噴出する, 噴射する
— 自
❶ 噴出する, 噴射する
❷ ジェット機で旅行する

jet lag /dʒétlæg チェトラグ/ 名 U (長距離飛行後の)時差ぼけ
・suffer from *jet lag* 時差ぼけで苦しむ

jetliner /dʒétlàinər チェトライナ/ 名 C ジェット旅客機

Jew /dʒúː チュー/ 名 C ユダヤ人；ユダヤ教徒

jewel /dʒúːəl チューアル/ 名 C
❶ 宝石；(宝石入りの)装身具；(時計の)石
❷ 貴重な人[物]；宝
jeweler 名 C 宝石商；宝石細工人
jewelry 名 U 宝石類, ジュエリー；(宝石などの)装身具

Jewish /dʒúːiʃ チューイシュ/ 形 ユダヤの, ユダヤ人の, ユダヤ教の
・the *Jewish* religion ユダヤ教

jigsaw /dʒígsɔ̀ː チグソー/ 名 C
❶ ジグソーパズル (jigsaw puzzle)
❷ 糸のこぎり

jingle /dʒíŋgl チングル/
動
— 自〈鈴などが〉チリンチリン鳴る
— 他〈…を〉チリンチリンと鳴らす
— 名 C ((a jingle)) チリンチリンと鳴る音

jinx /dʒíŋks チンクス/ 名 C ((a jinx)) ジンクス, 縁起の悪い人[物]
・break a *jinx* ジンクスを破る

jittery /dʒítəri チタリ/ 形 ((くだけて)) 神経過敏な, いらいらした

job /dʒáb チャブ/

名 ((複) **jobs** /チャブズ/) C
❶ **勤め口, 仕事, 定職；職業**
・a part-time *job* アルバイト
・a good *job* 割のよい仕事, うまくやった仕事
・find a *job* 仕事を見つける
・hunt for a *job* 仕事を探す
・lose *one's job* 失業する
・quit *one's job* 仕事を辞める
❷ 責務, 務め, 役目；仕事, 職務
・It's my *job* to do the dishes.
皿洗いは私の仕事だ
📖 You did a great *job*.
本当によくできました
❸ ((a job)) 困難な仕事
・I had a hard *job* persuading her.

彼女を説得するのにとても骨が折れた
Good job! よくやった, おみごと
jobless 形 仕事のない, 失業中の

jockey /dʒáki チャキ/ 名 C (競馬の)騎手, ジョッキー

jog* /dʒág チャグ/
[三単現] **jogs** /チャグズ/
[過去過分] **jogged** /チャグド/
[現分] **jogging** /チャギング/
— 自 ジョギングする, ゆっくり走る
jogging 名 U ジョギング

join /dʒɔ́in チョイン/

[動] [三単現] **joins** /チョインズ/
[過去過分] **joined** /チョインド/
[現分] **joining** /チョイニング/
— 他
① 〈…を〉**結合する, つなぐ**
・*join* two dots by a line
2つの点を1本の線で結ぶ
② 〈…に〉**参加する**
・*join* a music club 音楽部に入る
🕮 Can you *join* the other group?
ほかのグループに入ってくれませんか
③ 〈…と〉合流する; 〈…と〉落ち合う
④ 〈…を〉(友情などで)結ぶ
— 自
❶ **結合する, つながる**
・The two rivers *join* at this point.
2つの川はこの地点で合流する
❷ 〈…に〉**参加する**(《*in*...》)
🕮 I want you to *join* in.
みんな加わってください
— 名 C 接合箇所; 継ぎ目, 縫い目

joint /dʒɔ́int チョイント/
名 C
① (体の)関節; (枝の)節(ʂ)
② 継ぎ目, 合わせ目, 接合箇所
— 形 共同の, 合同の
jointly 副 共同で, 合同で

joke* /dʒóuk チョウク/
名 (複 **jokes** /チョウクス/) C
① 冗談, しゃれ, ジョーク
・play a *joke* on *A* A(人)をからかう
・tell a *joke* to *A* A(人)に冗談を言う
② 物笑いの種
— 動 自 冗談を言う
・I'm just *joking*. 冗談を言っただけだよ
・You must be *joking*. 冗談でしょう

joker 名 C 冗談を言う人, おどけ者; 【トランプ】ジョーカー
jokingly 副 冗談に, ふざけて

jolly /dʒáli チャリ/ 形 陽気な, 浮き浮きした, 上機嫌な

jolt /dʒóult チョウルト/
[動]
— 他 〈…を〉ガタガタ揺さぶる; 驚かせる
— 自 ガタガタ揺れる; 揺れながら進む
— 名 C ((ふつうa jolt)) 急激な動揺; 驚き, ショック

journal /dʒə́ːrnəl チャーナル/ 名 C
① 日誌, 日記
・keep a *journal* 日記をつける
② (日刊)新聞; 定期刊行物, 雑誌

journalism /dʒə́ːrnəlìzm チャーナリズム/ 名 U ジャーナリズム
journalist 名 C ジャーナリスト
journalistic 形 ジャーナリズムの; 新聞[雑誌]的な

journey* /dʒə́ːrni チャーニ/
名 (複 **journeys** /チャーニズ/) C
① (長距離の)**旅行**(travel)
② 旅程, 行程
— 動 自 旅行する(travel)

jovial /dʒóuviəl チョウヴィアル/ 形 陽気な, 愉快な
jovially 副 陽気に, 楽しく

joy /dʒɔ́i チョイ/

名 (複 **joys** /チョイズ/)
❶ U **喜び, うれしさ, 歓喜**
・jump *with joy* 跳び上がって喜ぶ
❷ C 喜びをもたらす人[物], 喜びの元[種]
・It is a great *joy* for me to see you again.
またお会いできてうれしいです
joyful 形 喜びに満ちた; うれしい, 楽しい
joyfully 副 うれしそうに, 楽しく

joyless /dʒɔ́iləs チョイラス/ 形 喜びのない, みじめな
・a *joyless* marriage 不幸な結婚生活
joylessly 副 つまらなく
joyous 形 うれしい, 楽しい

joystick /dʒɔ́istìk チョイスティク/ 名 C ((くだけて))(飛行機の)操縦桿(ᵏᵃⁿ); (テレビゲームなどの)ジョイスティック

Jr., jr. ((略)) junior 年下の

Judas /dʒúːdəs チューダス/ 名 【聖書】ユダ(Judas Iscariot)(12使徒の1人で, キリストを裏

judge /dʒʌ́dʒ チャヂ/

名 (複 **judges** /チャヂズ/) C
❶ **裁判官**, 判事
・the presiding *judge* 裁判長
❷ (競技などの)審判員;審査員;鑑定家,目利き

— **動**

三単現 **judges** /チャヂズ/
過去・過分 **judged** /チャヂド/
現分 **judging** /チャヂング/

— 他
❶ 〈…を〉**判定する**, 〈…を〉(…から)**判断する**((*by...*, *from...*, *on...*))
・Don't *judge* a man *by* his appearance.
人を外見で判断するな
■ *judge (from A) that...*
(Aを根拠にして)…だと判断する
■ *judge A (to be) C* AをCだと判断する
❷〈人・事件を〉裁く, 裁判する;審理する
・*judge* a criminal case 刑事事件を裁く
・*judge A* guilty [not guilty]
A(人)に有罪[無罪]の判決を下す
❸〈…を〉審判する, 審査する
— **自** 裁判する, 判決を下す;(…に基づいて)判断する((*by...*, *from...*, *on...*))

judgment, 《英》judgement
/dʒʌ́dʒmənt チャヂマント/ **名**
❶ U 判断(力);識別(力), 分別;C 意見, 見解, 考え
・a fair *judgment* 公正な判断
・in my *judgment* 私の個人的意見では
❷ U C 裁判;判決
❸ C 災い, 天罰

judicial /dʒudíʃəl デュディシャル/ **形**
❶ 裁判の, 司法の;裁判による;裁判官の
❷ 公正な;判断力のある, 批判的な
judicially 副 裁判[司法]上;裁判によって;公正に

judo /dʒúːdou デュードウ/ **名** U 柔道

jug /dʒʌ́g チャグ/ **名** C ジョッキ, ピッチャー

juggle /dʒʌ́gl チャグル/ **動**
— **自**
❶ (皿などで)曲芸[奇術]をする((*with...*))
❷ 〈…を〉ごまかす((*with...*))
— 他
❶ 〈皿などを〉曲芸[奇術]に使う
❷〈…を〉ごまかす

juggler 名 C 曲芸師, 奇術師;詐欺(さぎ)師

juice /dʒúːs デュース/

名 (複 **juices** /デュースィズ/)
❶ U C (果物などの)**ジュース**, 汁;肉汁
・a glass of *juice* ジュース1杯
・a bottle of *juice* ジュース1びん
・a can of *juice* ジュース1缶
❷ C ((ふつう juices)) 体液, 分泌液
・gastric *juices* 胃液
❸ U ((米))((くだけて)) 電気;((英))((くだけて)) ガソリン
juicy 形 汁の多い

jukebox /dʒúːkbɑ̀ks デュークバクス/ **名** C
ジュークボックス

Jul. ((略)) *July* 7月

July /dʒulái デュライ, dʒəlái デャライ/

名 U C **7月** (略 Jul.)
・*July* 4th 米国独立記念日
・in *July* 7月に

jumble /dʒʌ́mbl チャムブル/
動
— 他 〈…を〉ごちゃ混ぜにする((*together*, *up*))
— 自 ごちゃ混ぜになる
— **名** C ((a jumble)) ごちゃ混ぜ;混乱

jumbo /dʒʌ́mbou チャムボウ/
名 C ジャンボジェット機
— **形** ((くだけて)) 巨大な, ばかでかい, 特大サイズの

jump /dʒʌ́mp チャンプ/

動 三単現 **jumps** /チャンプス/
過去・過分 **jumped** /チャンプト/
現分 **jumping** /チャンピング/

— 自
❶ **はねる, 跳ぶ**, 跳び上がる
・*jump* about 跳び回る
・*jump* for joy 喜んで跳び回る
・*jump* out of bed ベッドから跳び起きる
・*jump* over a fence 塀(へい)を飛び越える
・*jump* up in surprise
びっくりして跳び上がる
❷ びくっとする, どきっとする, はっとする
・The news made my heart *jump*.
そのニュースを聞いて私はどきっとした
❸〈物価などが〉急騰する, 跳ね上がる
— 他
❶ 〈…を〉**飛び越える**

jumper

- *jump* a fence 塀を飛び越える
  ❷ 〈…に〉急に襲いかかる
  ━ 名 (複 **jumps** /チャムプス/) C
  ❶ **跳躍, ジャンプ**; 跳び上がること
- make a *jump* 跳躍する
  ❷【スポーツ】跳躍競技; 障害物
- *jump* rope なわ跳び
- the high *jump* 高跳び
- the pole *jump* 棒高跳び
  ❸ はっとすること
  ❹〈物価などの〉急上昇
  jumper¹ 名 C 跳躍選手, 跳躍する人
- **jumper²** /dʒʌ́mpər チャムパ/ 名 C ((米))
  ジャンパースカート; ((英)) プルオーバー
- **Jun.** ((略)) *June* 6月
- **junction** /dʒʌ́ŋkʃən チャンクシャン/ 名
  ❶ C 連絡[接合]点; 連絡[接続]駅;(川の)合流点
  ❷ U 連結, 接合, 結合
- **juncture** /dʒʌ́ŋktʃər チャンクチャ/ 名
  ❶ UC 接合, 連結
  ❷ C 重大な時点[時期]; 危機

June /dʒúːn チューン/

名 UC **6月** (略 Jun.)
- *in June* 6月に

jungle /dʒʌ́ŋgl チャングル/ 名 UC
  ❶ ジャングル, 密林(地帯)
  ❷ ((単数形で)) もつれ合った物;ごたごたした集まり
  ❸ ((単数形で)) 過酷な競争の場
- the law of the *jungle* 弱肉強食の掟

junior* /dʒúːnjər チューニャ/
  形 ((比較なし))
  ❶ (…より)**年下の**((*to*...)); 後輩の
- He is *junior* to me by three years.
  彼は私より3歳年下です
  ❷ **下位の, 下級の**
- a *junior* high school 中学校
- a *junior* college ((米)) 短期大学
  ❸ ((米))(大学・高等学校の)3年生の
  ━ 名 (複 **juniors** /チューニャズ/) C
  ❶ 年下の者; 後輩; 下位[下級]の人
  ❷ ((米))(大学・高校の)3年生
  ❸ ((米))((くだけて)) 息子, ジュニア

junk /dʒʌ́ŋk チャンク/ 名 U がらくた, くず;
  ((俗)) 麻薬
- *junk* food ジャンクフード
- *junk* mail ジャンクメール

Jupiter /dʒúːpitər チューピタ/ 名 【天文】木星;【ローマ神話】ジュピター(神々の中の王)

jurisdiction /dʒùərisdíkʃən チュアリスディクシャン/ 名 U 司法権; 管轄権

jury /dʒúəri チュアリ/ 名 C
  ❶ 陪審(員団)
- The *jury* has reached a verdict.
  陪審の評決が出た
  ❷ (コンクールなどの)審査員(団)
  juror 名 C 陪審員(の1人)

just /dʒʌ́st チャスト/

副 ((比較なし))
  ❶ **ちょうど, まさに, ぴったり**
- It's *just* six o'clock. ちょうど6時です
- That's *just* what I was going to say.
  私が言おうとしていたのはまさにそれです
  ❷ ((進行形などと共に)) **今ちょうど**
- I'm *just* coming.
  今(そっちへ)行くところだよ
  ❸ ((完了形・過去形と共に)) **たった今**
- The movie has *just* begun.
  映画は始まったばかりだ
  ❹ ようやく, やっと, かろうじて
- I was *just* in time for the class.
  ぼくはなんとか授業に間に合った
  ❺ ただ, ちょっと, ほんの (only)
- He's *just* a child. 彼はほんの子どもだ
  ❻ ((くだけて)) 本当に, まったく
- I *just* can't do it. どうしてもできないのよ
  ❼ ((命令文・依頼文で))((くだけて)) ちょっと, まあ試しに
- *Just* a moment, please.
  ちょっとお待ちください
  just about ほぼ; まさに
  just as...
  ちょうど…と同じように; ちょうど…した時
  just now
  (1) ((現在形と共に)) ちょうど今
  (2) ((過去形と共に)) つい今し方
  (3) ((未来形と共に)) すぐに
  (4) ((完了形と共に)) ちょうど…したところだ
  just then ちょうどその時
  ━ 形
  比較 **more just, juster** /チャスタ/
  最上 **most just, justest** /チャスタスト/
  正しい; 公平な, 公正な; 正当な
- a *just* decision もっともな決定
  justly 副 正しく, 公平に; 当然のことながら

justice /dʒʌ́stis ヂャスティス/ 名
❶ Ⓤ 正義；公正, 公平；正当性
・a sense of *justice* 正義感
・*do justice to A* Aを公平に評価する
❷ Ⓤ 裁判；司法
・a court of *justice* 裁判所, 法廷
・the Minister of *Justice* 法務大臣
・the Department of *Justice* = the *Justice* Department ((米))司法省
・*bring A to justice* A(人)を裁判にかける
❸ ((時にJustice)) Ⓒ 裁判官；判事
・the chief *justice* ((米))最高裁判所長官

justify /dʒʌ́stifài ヂャスティファイ/ 動 他 〈…を〉正当化する；〈言動などを〉正しいとする, 弁護する

justifiable 形 正当と認められる；筋の通った
justifiably 副 正当に；当然に
justification 名 Ⓤ 正当化；弁護

juvenile /dʒúːvənàil ヂューヴァナイル/ 形 少年少女向きの；少年少女の；幼稚な
・(a) *juvenile* delinquency 青少年犯罪
■ 名 Ⓒ 少年, 少女, 未成年者

Jy. ((略))July 7月

和製英語には要注意

和製英語	正しい英語	発音
アイドル	pop star	/パプ スター/
アルバイト	part-time job	/パートタイム ヂャブ/
ガソリンスタンド	gas station	/ギャス ステイシャン/
カレーライス	curry and rice	/カーリ アンド ライス/
カンニング	cheating	/チーティング/
クーラー(空調)	air-conditioner	/エアカンディシャナ/
コインランドリー	laundromat	/ローンドラマト/
コインロッカー	coin-operated locker	/コインアパレイティド ラカ/
コンセント	wall socket, outlet	/ウォール サキト/ /アウトレト/
コンビニ	convenience store	/カンヴィーニアンス ストー/
サイン(有名人の)	autograph	/オータグラフ/
サインペン	felt-tip pen	/フェルトティプ ペン/
ジーパン	jeans	/ヂーンズ/
ジェットコースター	roller coaster	/ロウラ コウスタ/
シャープペンシル	mechanical pencil	/マカニカル ペンサル/
スーパー	supermarket	/スーパマーカト/
デジカメ	digital camera	/ディヂャトル カマラ/
トレーナー(服)	sweat shirt	/スウェト シャート/
ドンマイ	Don't worry. / Never mind.	/ドウント ワーリ/ /ネヴァ マインド/
ナイター	night game	/ナイト ゲイム/
ハヤシライス	hashed beef and rice	/ハシュト ビーフ アンド ライス/
ビニール袋(コンビニなどでの)	plastic bag	/プラスティク バグ/
プリン	custard pudding	/カスタド プディング/
ブロマイド	picture	/ピクチャ/
ベストテン	top ten	/タプ テン/
ボールペン	ballpoint pen	/ボールポイント ペン/
ホチキス	stapler	/ステイプラ/
マナーモード	silent mode	/サイラント モウド/
マンション	condo, condominium	/カンドウ/ /カンダミニアム/
ミルクティー	tea with milk	/ティー ウィズ ミルク/
レモンスカッシュ	fizzy lemonade	/フィズィ レマネイド/
レモンティー	tea with lemon	/ティー ウィズ レマン/
レンタルビデオ店	video rental	/ヴィディオウ レントル/

K, k

K¹, k /kéi ケイ/ 名 (複 **K's, Ks, k's, ks** /ケイズ/) C|U| ケイ(英語アルファベットの第11字)

K² ((略))*k*ilo キロ (1,000)

Kan., Kans. ((略))*Kan*sas カンザス州

kangaroo /kæŋgərú: キャンガルー/ 名 C 【動物】カンガルー

Kansas /kǽnzəs キャンザス/ 名 カンザス(略 Kans., Kan., ((郵便))KS;米国中部の州;州都はトピーカ(Topeka))

karma /ká:rmə カーマ/ 名 U ［ヒンズー教・仏教］カルマ, 業(ヹ);((くだけて))因果応報

kayak /káiæk カイアク/ 名 C カヤック(イヌイットが用いる小舟);競技用カヌー

Kb, kb ((略))【コンピュータ】*k*ilo*b*yte(s) キロバイト;*k*ilo*b*it(s) キロビット

keen /kí:n キーン/ 形
❶ 鋭い, 鋭敏な
❷ ((主に英))〈関心が〉強い;〈人が〉熱心で
・*be keen on A* A(事)に熱心だ
・*be keen to do* …したいと思う
❸〈競争などが〉激しい, 激烈な
keenly 副 鋭く;鋭敏に;熱心に
keenness 名 U 鋭さ;熱心さ

keep /kí:p キープ/

動 三単現 **keeps** /キープス/
過去・過分 **kept** /ケプト/
現分 **keeping** /キーピング/

—他

❶〈…を〉(返さないで[手放さないで])**持っておく**
・*Keep* the change.
おつりは取っておいてください
❷〈…を〉**保管する**, 取っておく;〈商品を〉置いている
・Please *keep* my baggage until I come back. 私が戻るまでこの荷物を預かっておいてください
❸〈…を〉**保つ**, 維持する
・*keep one's* figure 体型を保つ
❹〈動物などを〉**飼う**;〈家族などを〉養う;〈店などを〉経営する
・*keep* a dog 犬を飼う
❺〈約束を〉**守る**;〈秘密を〉**守る**
・*keep one's* promise 約束を守る
❻〈日記などを〉書き続ける;〈記録を〉つける
❼ ((次の用法で))
・*keep A C* AをC(の状態)にしておく
・Please *keep* the door open!
ドアを開けたままにしておいてください
・*keep A from doing* Aが…するのを妨げる
・The heavy rain *kept* me *from* going out. 激しい雨で私は外出できなかった
・*keep oneself from A*
〈人・事が〉A(行為)をしないようにする
— 自
❶ …(の状態)を保つ
・*keep* silent だまっている
❷ …(の場所)にとどまる
・*keep* right 右側通行をする
❸ (…し)続ける((*on doing*))
・*keep on* talking 話し続ける
❹〈食べ物が〉もつ

Keep at it! がんばれ
keep away (…に)近づかない, (…を)慎んでいる((*from...*))
keep A away = keep away A
A(人・物)を…に近づけない, (…から)遠ざけておく((*from...*))
keep A back = keep back A
Aを(…に)近づかせない((*from...*));A(感情など)を抑える
keep A down = keep down A
A(頭・声など)を低くしている;A(感情など)を抑える;A(経費など)を低く抑える
keep A from B
(1) A(人など)がB(場所)に近づかないようにする;A(物・事)をB(人)から隠しておく
(2) A(人)にB(行為)をさせないようにする;A(人)をB(危険など)から守る
keep from doing …しないようにする
keep A in A(人)を閉じ込めておく
keep off A A(場所)に入らない
・*Keep off* the grass ((掲示))芝生に入るな
keep A off = keep off A
A(酒など)を控える;A(手など)を離しておく
・*Keep* your hands *off*
((掲示))手を触れないでください

keep on ((…を))そのまま続ける((*with...*))
Keep out! ((掲示))立入禁止
Keep A out = keep out A
A(人など)を中に入れない
keep A out of B
A(人)をB(場所)から締め出す
keep to A
A(規則など)に従う;A(話題など)から離れない
keep A to oneself
A(考え・情報など)を秘密にしておく
keep A up = keep up A
A(の状態)を維持する
- *Keep* your chin *up*! 顔を上げろ,元気を出せ
keep up with A Aに遅れずに付いて行く

keeper /kíːpər キーパ/ 名 C
❶ 守る人;番人;持ち主;飼い主
❷ 店主,経営者,管理人
❸【ホッケー・サッカー】ゴールキーパー

keeping 名 U 管理,保存;扶養;世話

Keller /kélər ケラ/ 名 **Helen Keller** ヘレン・ケラー(米国の著述家で,盲聾唖(もうろうあ)の三重苦を克服して社会事業に尽くした)

Ken. ((略))*Ken*tucky ケンタッキー州

Kennedy /kénədi ケネディ/ 名 **John Fitzgerald Kennedy** ケネディ(米国第35代大統領)(略 JFK)

kennel /kénl ケヌル/ 名 C 犬小屋(((米)) doghouse);((ふつう kennels))ペット預り所,(犬を飼育する)犬舎

Kentucky /kəntʌ́ki カンタキ/ 名 ケンタッキー(略 Ken., Ky., ((郵便))KY;米国中東部の州;州都はフランクフォート(Frankfort))

Kenya /kénjə ケニャ/ 名 ケニア(首都はナイロビ)

kept* /képt ケプト/
動 keepの過去形・過去分詞

ketchup /kétʃəp ケチャプ/ 名 U ケチャップ
- tomato *ketchup* トマトケチャップ

kettle* /kétl ケトル/
名 (複 **kettles** /kétlz/) C やかん

key /kíː キー/

名 (複 **keys** /kíːz/) C
❶ 鍵(かぎ),キー
- turn the *key* 鍵を回す[かける]
- a *key* chain キーホルダー
❷ ((ふつう the key))(問題解決などの)鍵,手がかり;(練習問題などの)解答集((*to...*))
- the *key to* success 成功の秘訣(ひけつ)

❸ (鍵盤楽器の)鍵(けん),(キーボードの)キー
❹【音楽】主(調)音;(長短の)調
━ 形 ((比較なし))重要な;主要な
- a *key* point 重要な点
- a *key* person (企業・組織の)幹部,主要人物
- a *key* word キーワード,主要語
━ 動 他
❶ ((主に米))〈…を〉(特定の状態に)合わせる((*to...*))
❷〈情報を〉(…に)キーで打ち込む((*in..., to...*))

keyboard /kíːbɔːrd キーボード/
名 C (ピアノなどの)鍵盤(けんばん);(コンピュータの)キーボード
━ 動 他【コンピュータ】〈データを〉キーをたたいて入力する

keyhole /kíːhoul キーホウル/ 名 C 鍵(かぎ)穴

keynote /kíːnout キーノウト/ 名 C
❶ ((しばしば文語))(演説・政策などの)主旨,主題,要旨;基調
❷【音楽】主音

kg, kg. ((略))*kilogram(s)* キログラム

khaki /kǽki キャキ, káːki カーキ/
名 U カーキ色,黄褐色
━ 形 カーキ色の,黄褐色の

kick /kík キク/

動 三単現 **kicks** /kíks/
過去過分 **kicked** /kíkt/
現分 **kicking** /kíkiŋ/
━ 他
❶〈人・物を〉(足で)ける,け飛ばす;〈…を〉けって(…状態に)する
- *kick* a ball ボールをける
- *kick* the door open ドアをけって開ける
❷【サッカー・アメフト】〈ゴールへ〉ボールを入れて得点する
━ 自 (…を)ける,け飛ばす((*at...*));足が動く
kick around [about] A ((くだけて))A(場所)をぶらぶら(旅して)回る,歩き回る
kick in
((くだけて))(効果などが)現れ始める
kick off
【サッカー】キックオフする,試合を開始する;((くだけて))(…で)始める((*with...*))
kick A out = kick out A
((くだけて))(…から)A(人)を追い出す,やめさせる;解雇する((*of...*))
kick oneself 自分を責める,悔やむ

kickback

- 名 (複) **kicks** /キクス/ C
  ❶ けること;【サッカー】キック
  ❷ ((くだけて)) スリル, 興奮, 楽しみ
- for *kicks* おもしろ半分に;スリルを求めて
  kicker 名 C ける人;【スポーツ】キッカー

kickback /kíkbæk キクバク/ 名 C U ((くだけて)) リベート;賄賂(わいろ)

kickoff /kíkɔ̀ːf キコーフ/ 名 C 【サッカー】キックオフ;((a kickoff)) ((くだけて)) 開始

kid¹* /kíd キド/
  名 (複) **kids** /キッズ/ C
  ❶ ((くだけて)) 子ども, 若者;息子, 娘
  ❷ (ふつう1歳未満の)子やぎ
  ― 形 ((米)) ((くだけて)) (兄弟などが)年下の

kid² /kíd キド/ 動
  ― 他 ((くだけて)) 〈人を〉からかう, 〈人に〉冗談を言う
  ― 自 ((くだけて)) からかう, 冗談を言う
  No kidding. ((上昇調で)) まさか;((下降調で)) 本当[本気]で
  You're kidding. 冗談でしょ, まさか

kidnap /kídnæp キドナプ/
  動 他 〈人を〉さらう, 誘拐(ゆうかい)する
  ― 名 U C 誘拐
  kidnapper 名 C 誘拐者[犯]
  kidnapping 名 U C 誘拐

kidney /kídni キドニー/ 名 C 腎臓(じんぞう)

kill /kíl キル/
  動 三単現 **kills** /キルズ/
  過去・過分 **killed** /キルド/
  現分 **killing** /キリング/
  ― 他
  ❶ 〈人・動物を〉**殺す**;((be killed)) (事故・戦争などで)死ぬ
- *kill oneself* 自殺する
- *kill* two birds with one stone
  ((ことわざ)) 一石二鳥を得る
- He *was killed* in an accident.
  彼は事故で死んだ
  ❷ 〈植物を〉枯らす
  ❸ ((進行形で)) ((くだけて)) 〈人に〉死ぬほどの痛みを与える
  ❹ ((くだけて)) 〈人が〉〈時間を〉つぶす
  ❺ 〈計画などを〉だめにする;〈希望などを〉失せる;〈感情などを〉抑える
- *kill* a plan 計画をつぶす
  ❻ 〈議案などを〉否決する, にぎりつぶす;〈コンピュータのプログラムなどを〉止める

  ― 自
  ❶ 命を奪う
  ❷ 〈植物が〉枯れる
  ― 名 C ((ふつう a kill)) 殺すこと, 獲物を仕留めること
  killer 名 C 殺す人[物];(常習的な)殺し屋;((形容詞的に)) 死をもたらす, 致命的な

killing /kíliŋ キリング/
  名 U C 殺すこと, 殺害, 殺人
  ― 形 致命的な;(植物を)枯らす;死ぬほどつらい

kilo /kíːlou キーロウ/ = kilogram; = kilometer

kilogram*, ((英)) **kilogramme***
  /kíləɡræm キラグラム/
  名 C キログラム (1,000 grams; 略 kg., kg)

kilometer*, ((英)) **kilometre***
  /kilάmətər キラマタ | kíləmìːtər キロミタ/
  名 C キロメートル (1,000 meters; 略 km)

kilt /kílt キルト/ 名 C キルト (スコットランド高地の民族衣装の格子縞(じま)の短いスカート)

kin /kín キン/ 名 U 親族, 親類

kind¹ /káind カインド/
  形 比較 **kinder** /カインダ/
  最上 **kindest** /カインダスト/
  (…に) **親切な**, 優しい, 思いやりのある;寛大な ((*to*...)) (⇔ unkind)
- *kind* words 思いやりのある言葉
- *be kind to A* A (人) に親切にする
- *be kind* enough to *do* = be so *kind* as to *do* 親切にも…してくれる
- *That's very kind of you.*
  ご親切にありがとうございます
- *It's very kind of* you *to* invite me.
  お招きくださってありがとうございます

kind² /káind カインド/
  名 (複) **kinds** /カインヅ/ C
  (…の) **種類**, 部類 ((*of*...))
- all *kinds of* work あらゆる種類の仕事
- another *kind of* fish 別種の魚
  a kind of A
  ((くだけて)) 一種のA(人・物), Aのようなもの
  in kind
  同種のもので, 同様に;現物で;本質的に
  kind of A ((副詞的に)) ある程度Aの状態で;ちょっとAみたい
- I feel *kind of* sorry for her.

ちょっと彼女が気の毒に思える
of a kind
同じ種類[性質]の;((けなして))名ばかりの

kinda /káində カインダ/ 副 ((くだけて))ある程度の, ちょっと(kind of)

kindergarten /kíndərgà:rtn キンダガートン/ 名UC 幼稚園

kindhearted /káinhá:rtid カインドハーティド/ 形 親切な, 心優しい, 情け深い
　kindheartedly 副 親切に, 優しく
　kindheartedness 名U 情け深さ

kindly /káindli カインドリ/
副
❶ 親切に, 心優しく, 快く;((動詞の前で))親切にも
❷ どうぞ(…してください)(please)
— 形 心優しい, 親切な(kind)

kindness /káindnəs カインドナス/ 名
❶ U (…に対する)親切;思いやり((*to*...))
❷ C 親切な行為
・Thank you for your *kindness*.
ご親切ありがとうございます

kinetic /kənétik カネティク/ 形【物理】運動(学上)の;運動によって生じる;動的な
　kinetics 名U ((単数扱い))【物理】動力学

King /kíŋ キング/ 名 **Martin Luther King Jr.** マーチン・ルーサー・キング(米国の牧師で黒人公民権運動指導者;演説『私には夢がある』が有名で, メンフィスで暗殺された)

king* /kíŋ キング/
名 (複 **kings** /キングズ/) C
❶ ((しばしばKing))王, 王様, 国王, 君主(⇔queen)
・the *King* of Spain スペイン国王
❷ ((the king))(ある分野の)大立て者, 第一人者;最高[最良]のもの;(…の)王((*of*...))
・(the) *king* of beasts 百獣の王(ライオン)
❸【トランプ・チェス】キング
live like a king ぜいたくな生活をする

kingdom /kíŋdəm キングダム/ 名
❶ C 王国(王または女王が元首の国家)
・the United *Kingdom* 連合王国, 英国
❷ ((the kingdom))(自然界を3区分した)界
・*the* animal [vegetable, mineral] *kingdom* 動物[植物, 鉱物]界

King Lear /kíŋ líər キング リア/ 名『リア王』(シェークスピアの4大悲劇の1つ, およびその主人公)

kinship /kínʃip キンシプ/ 名U ((文語))血族[血縁]関係;同族関係;親近感

kiosk /kí:ɑsk キーアスク/ 名C キオスク, 売店;((英))((古))公衆電話ボックス

kiss* /kís キス/
動 三単現 **kisses** /キスィズ/
過去・過分 **kissed** /キスト/
現分 **kissing** /キスィング/
— 他 〈…に〉キスする, 口づけする
— 自 キスする, 口づけする
— 名 (複 **kisses** /キスィズ/) C キス, 口づけ
・throw a *kiss* to *A* A(人)に投げキスをする

kit /kít キト/ 名C (道具・教材などの)1セット;用具[道具]一式;U ((英))(ある目的のための)装具, 装備
・a first-aid *kit* 救急箱

kitchen* /kítʃən キチン/
名 (複 **kitchens** /キチンズ/) C 台所, キッチン;調理場;((形容詞的に))台所用の
・a *kitchen* knife 包丁
・a *kitchen* table 台所用(小)テーブル

kite /káit カイト/ 名C 凧(たこ)
・fly a *kite* 凧を揚げる

kitten /kítn キトン/ 名C 子猫

kitty /kíti キティ/ 名C ((くだけて))子猫;((幼児語))にゃんこ

kiwi /kí:wi キーウィ/ 名C【鳥】キウイ(ニュージーランド産の飛べない鳥)
・a *kiwi* fruit キウイフルーツ

km, km. ((略))kilometer(s) キロメートル

knack /nǽk ナク/ 名 ((a knack))(…の)要領, こつ((*of*..., *for*...))

knapsack /nǽpsæk ナプサク/ 名C ナップザック

knee /ní: ニー/
名 (複 **knees** /ニーズ/) C
❶ ひざ;ひざ頭, ひざ小僧
・on *one's knees* ひざまずいて
❷ (衣類の)ひざの部分
go down on one's knees ひざまずく

kneel* /ní:l ニール/
動 三単現 **kneels** /ニールズ/
過去・過分 **knelt** /ネルト/, **kneeled** /ニールド/
現分 **kneeling** /ニーリング/
— 自 ひざまずく, ひざを突く((*down*))
・*kneel down* in prayer
ひざまずいて祈る

knelt /nélt ネルト/ 動 kneelの過去形・過去分詞

knew* /nú: ヌー/ 動 knowの過去形

knickers /níkərz ニカズ/ 名 ((複数扱い))
❶ ((米)) ニッカーボッカー (ひざの下で締めるゆるい半ズボン)
❷ ((英)) 女性用下着 (panties)

knife /náif ナイフ/

名 (複 **knives** /náivz ナイヴズ/) C
ナイフ, 短刀; 包丁; メス
・a pocket *knife* ポケットナイフ
— 動 他 〈…を〉ナイフで刺す[切る]

knight /náit ナイト/ 名 C
❶ (中世の) 騎士, ナイト
❷ (英国の) ナイト爵(しゃく)
❸ 【チェス】ナイト (馬の頭の形をした駒)

knit /nít ニト/
動 三単現 **knits** /níts/
過去・過分 **knitted** /ニティド/, **knit**
現分 **knitting** /ニティング/
— 他
❶ 〈編み物などを〉編む
・ **knit** *A B* = **knit** *B* for *A*
A (人) にB (物) を編んでやる
❷ (…を) しっかり結び合わせる, 接合する
・The family is closely *knit*.
その家族は強い絆(きずな)で結ばれている
— 自
❶ 編み物をする, 編む
❷ 接合する, 結合する

knitting /nítiŋ ニティング/
動 knitの現在分詞・動名詞
— 名 U|C (人・機械などが) 編むこと; 編み物
・a *knitting* needle 編み棒[針]

knives* /náivz ナイヴズ/ 名 knifeの複数形

knob /náb ナブ/ 名 C
❶ (ドア・引き出しなどの) ノブ, 取っ手
❷ (木などの) こぶ, 節

knock /nák ナク/

動 三単現 **knocks** /náks/
過去・過分 **knocked** /ナクト/
現分 **knocking** /ナキング/
— 自
❶ (ドアなどを) **ノックする** ((*on...*, *at...*))
・*knock on* [*at*] the door ドアをノックする
❷ (…に) **ぶつかる** ((*against...*, *on...*))
— 他
❶ 〈…を〉**打つ, 殴る**, 殴り倒す ((*down*))
・ *knock A down* to size
A (人) に身のほどを知らせてやる
❷ 〈…を〉(…に) **ぶつける** ((*against...*, *on...*))
・ *knock* one's head *against* the wall
頭を壁にぶつける
❸ 〈…を〉ぶつかって倒す
・ *knock over* a glass グラスをひっくり返す

knock around [((英)) ***about***]
((くだけて)) うろつく, 放浪する

Knock it off!
((俗)) 静かにしろ; やめてくれ

knock off ((くだけて)) (仕事などを) 中止する, 切り上げる

knock A off = knock off A
Aをたたき落とす; A (金額) を差し引く

knock A out = knock out A
【ボクシング・野球】A (人) をノックアウトする; A (人) をへとへとにさせる; 痛めつける

— 名 (複 **knocks** /náks/) C
❶ たたくこと, ノック; たたく[ノックする]音
❷ ((くだけて)) 打撃, 不運; 非難, 悪口

knockout /nákàut ナカウト/
名 C
❶ 【ボクシング】ノックアウト (略 KO)
❷ ((くだけて)) すてきな人[美人]; 大当たり
— 形 ノックアウトの
・a *knockout* punch ノックアウトパンチ

knot /nát ナト/
名 C
❶ (ひもなどの) **結び目, 結び**; (リボンなどの) 飾り結び
・tie [make] a *knot* 結び目を作る
❷ 【航海】ノット (船の速度の単位. 1ノットは時速1,852m)
❸ ((文語)) (立っている人の小さな) 集まり
・a *knot* of people 人だかり
❹ (木の) 節(ふし), こぶ; (後頭部の) まとめ髪
— 動
— 他 〈…を〉結ぶ
— 自 結び目ができる, もつれる, 絡まる

know /nóu ノウ/

動 三単現 **knows** /nóuz/
過去 **knew** /ニュー/
過分 **known** /ノウン/
現分 **knowing** /ノウイング/
— 他
❶ 〈…を〉**知っている**; 〈…が〉分かっている; 〈人と〉知り合いである
・Do you *know* my address?

ぼくの住所を知っていますか
- I *know* him by name.
ぼくは彼の名前が分かっています
- I *know* her from my childhood.
私は彼女を子どもの頃から知っています
- The name *is known* to everyone.
その名前はみんなに知られています
- I *know* English. 私は英語が理解できます
- I *know* Vienna very well.
私はウィーンをよく知っています

❷ (…ということを)**知っている**, (…ということが)分かっている; (…ということに)気づいている((*that*節など))
- I *know* (*that*) I'm wrong.
自分が間違っていることは承知しています
- I *know* how you feel.
お気持ちはお察しいたします
- I don't *know* what to do.
私はどうしたらいいか分かりません

❸ 〈…を〉区別できる, 識別できる
- Do you *know* my voice?
声で私だと分かりますか
- A tree *is known* by its fruit. ((ことわざ))
木はその実で分かる; 人は行いで判断される
■ *know A from B* AとBの見分けがつく
- He doesn't *know* right *from* wrong.
彼には善悪の区別がつきません

❹ ((次の用法で))
■ *be known for C* Cで知られている
- Japan *is known for* its scenic beauty.
日本は美しい景色で知られています
■ *be known as C* Cとして知られている
- He *is known as* genius.
彼は天才として知られています
■ *know A to be C*
AがCであることを知っている
- Everyone *knows* him *to be* happy now.
彼が今幸せであることは誰でも知っています

― 圓
❶ (…のことを)**知っている**((*about*...)); 分かっている, 気づいている
- *As you know*, ... ご存じのように…
❷ 確実だと思う
- "The Giants will win." "I *know*."
「ジャイアンツが勝つよ」「分かっているよ」
as [*so*] *far as I know*
私が知っている限り
before one knows it いつの間にか
God [*Heaven*] *knows.*
神のみぞ知る, 誰も知らない
How should I know?
私が知っているわけないでしょう
I don't know.
(1) ((質問に答える時に)) どうだろうか
(2) ((相手の意見に反対して)) そうですかね
(3) ((断定を避けて)) ((ふつう文尾で)) よくは分からないが
I know.
(1) ((同意)) 分かっています
(2) ((反発)) (そんなこと言われなくとも)分かってるよ
(3) ((発言をさえぎって)) 分かった
I know what.
((くだけて)) いい考えがある
know better than to do
…するほど愚かではない
knowing A A(人)の性格からすると
know of A Aを(間接的に)知っている
let A know A(人)に知らせる
Not that I know of.
私の知る限りではそうではない
There is no knowing A.
Aかどうかは知る由(ﾖｼ)もない
Who knows? 誰にも分からない, 何とも言えない; ひょっとするとね
you know
(1) ((事実を確認させて)) …でしょ
- He is a good teacher, *you know*.
彼はいい先生でしょう[なんだよ]
(2) ((強調)) …なんだよ
(3) ((言いにくい時)) その, あの
(4) ((補足説明)) ほらその
(5) ((言葉をつないで)) そうねえ
(6) ((話題を提示して)) ((文頭で)) ところで, あのう
(You) know what? ねえ, 分かる
You know what I mean.
私の言うことが分かりますよね

knowing 形 知ったかぶりの, 物知り顔の; 故意の; 抜け目のない

knowingly 副 知ったかぶりをして, 物知り顔で

knowhow /nóuhàu ノウハウ/ 名 Ⓤ ((くだけて)) 実際的知識, ノウハウ; こつ

knowledge* /nálidʒ ナリヂ/ nɔ́lidʒ ノリヂ/
名 Ⓤ
❶ (…についての)**知識**, 学識((*of*...))
- She has a good *knowledge of* Russian.

彼女はロシア語をよく知っている
❷ (…についての)**認識, 理解**((*of...*))
come to A's knowledge
A (人)の知るところとなる
to (the best of) A's knowledge
A (人)の知る限りでは
knowledgeable 形 よく知っている；物知りの, 博学の
known* /nóun ノウン/
動 know の過去分詞
━ 形 ((比較なし))(…に)**知られている**((*to...*))；(…で)有名な, 知られている((*for...*))
knuckle /nʌ́kl ナクル/ 名 C (指の付け根の)指関節, げんこつ
KO, K.O. /kéióu ケイオウ/
名 C 【ボクシング・野球】ノックアウト (*k*nock*o*ut の略)

━ 動 他 〈…を〉ノックアウトする
koala /kouɑ́:lə コウアーラ/ 名 C 【動物】コアラ

Korea /kəríːə カリーア | kəríə カリア/
名 朝鮮, 韓国

Korean
/kəríːən カリーアン | kəríən カリアン/
形 朝鮮[韓国]の；朝鮮[韓国]人の；朝鮮[韓国]語の
━ 名 (複 **Koreans** /カリーアンズ/)
❶ C 朝鮮[韓国]人；((the Koreans))((複数扱い))朝鮮[韓国]国民
❷ U 朝鮮[韓国]語
KS ((米郵便)) *K*ansa*s* カンザス州
KY ((米郵便)) *K*entuck*y* ケンタッキー州
Ky. ((略)) *K*entuck*y* ケンタッキー州

===== 学校-1 (416ページに続く) =====

教室

先生	teacher
男子生徒	schoolboy, male student
女子生徒	schoolgirl, female student
教壇	platform
教卓	teacher's desk
机	desk
いす	chair
黒板	blackboard
チョーク	chalk
黒板ふき	eraser
鉛筆	pencil
ペン	pen
ノート	notebook
教科書	textbook
辞書	dictionary
時計	clock
地図	map
地球儀	globe
テレビ	television

運動場

砂場	sandbox
鉄棒	iron [horizontal] bar
シーソー	seesaw
ブランコ	swing
滑り台	slide
ジャングルジム	monkey bar, jungle gym
バックネット	backstop
登り棒	climbing equipment

L, l

L, l¹ /él エル/ 名 (複 **L's, Ls**:**l's, ls** /エルズ/)
1. ⓒⓊ エル(英語アルファベットの第12字)
2. (Lで)Ⓤ (ローマ数字の)50

l², l. ((略)) *liter(s)* リットル

LA ((米郵便)) *Louisiana* ルイジアナ州

La. ((略)) *Louisiana* ルイジアナ州

L.A. ((略)) *Los Angeles* ロサンゼルス

lab /lǽb ラブ/ 名ⓒ ((くだけて)) 実験室,研究室(laboratory)

label /léibəl レイバル/
名ⓒ
1. 標札,レッテル,ラベル;荷札
2. (団体などの)呼称;(デザインなどの)商標
— 動 他 〈…に〉ラベル[札]を貼る
- *label* A (*as*) C AにCというレッテルを貼る

labor, ((英))**labour** /léibər レイバ/
名
1. Ⓤ 労働者
2. Ⓤ 労働, 労力;((形容詞的に))労働の
- cheap *labor* 低賃金労働
- *labor* costs 人件費
- a *labor* union ((米))労働組合
3. ⓒ 苦労;(特定の)任務
- lost *labor* = *labor* in vain 骨折り損
— 動 自 労働する;(…しようと)努力する((*to do*))
  labor under A
  ((改まって)) A(不正などに)苦しむ, 悩む

laborer, ((英))**labourer** 名ⓒ (肉体)労働者

laboratory /lǽbərətɔ̀:ri ラバラトーリ/ 名ⓒ 研究室, 実験室;(語学用の)実習室

laborious /ləbɔ́:riəs ラボーリアス/ 形 〈仕事などが〉骨の折れる, めんどうな;苦心した

labyrinth /lǽbərinθ ラバリンス/ 名ⓒ 迷路;迷宮

lace /léis レイス/
名Ⓤ レース(編み);ⓒ ((ふつう laces))(靴などの)ひも
- a *lace* curtain レースのカーテン
- tie [undo] *one's* shoe *laces*
  靴ひもを結ぶ[ほどく]
— 動 他 〈…を〉(締め)ひもで締める((*up*))
- *lace* (*up*) *one's* shoes 靴のひもを結ぶ

lack* /lǽk ラク/
名Ⓤ ((またa lack))(…の)**不足,欠乏**((*of...*))
- *a lack of* communication
  コミュニケーションの欠如
— 動
— 他 〈…を〉**欠いている**;(…するには)〈…が〉足りない((*to do*))
- *lack* confidence 自信に乏しい
— 自 (…に)欠ける((*in...*, *for...*))

lacking /lǽkiŋ ラキング/
動 lackの現在分詞・動名詞
— 形 (…が)欠けている, 不足している((*in...*))
- He is *lacking in* experience.
  彼は経験が不足している

lacrosse /ləkrɔ́:s ラクロース/ 名Ⓤ ラクロス

lad /lǽd ラド/ 名ⓒ ((くだけて))少年;(男の)若者, 青年

ladder /lǽdər ラダ/ 名ⓒ はしご;(出世などの)道, 手段
- an emergency *ladder* 避難用はしご
- the career *ladder* 出世街道

laden /léidn レイドン/ 形 (荷を)積んだ;(…で)苦しんでいる((*with...*))

ladle /léidl レイドル/ 名ⓒ ひしゃく, おたま

lady
/léidi レイディ/
名 (複 **ladies** /léidiz/) ⓒ
1. **淑女, ご婦人, 女性**;奥様, お嬢様;レディー(⇔gentleman)
2. ((Lady))(姓名に付けて))((英))…夫人,…令夫人
3. ((the ladies))(単数扱い)((英))婦人用(公衆)トイレ

ladybird /léidibə̀:rd レイディバード/ ((英))=ladybug

ladybug /léidibʌ̀g レイディバグ/ 名ⓒ ((米))【昆虫】てんとう虫

lag /lǽg ラグ/
動 自 進度が遅い;〈人・仕事が〉(…に)遅れる((*behind...*))
— 名ⓤⓒ 遅延, 遅れ;時間のずれ

lagoon /ləgú:n ラグーン/ 名ⓒ 潟(かた);礁湖

laid /léid レイド/ 動 lay¹の過去形・過去分詞

lain /léin レイン/ 動 lie¹の過去分詞

lake* /léik レイク/
名 (複 **lakes** /レイクス/) C 湖, 湖水
- *Lake* Biwa 琵琶湖
- the Great *Lakes* (米国の)五大湖

lakeside /léiksàid レイクサイド/
名 U ((the lakeside)) 湖畔
— 形 湖畔の

lamb /lǽm ラム/ 名
❶ C 子羊; U 子羊の肉, ラム
❷ C おとなしい人; だまされやすい人
like a lamb おとなしく, 従順に

lame /léim レイム/ 形 〈足[脚]の〉不自由な; 〈言い訳・説明などが〉不十分な

lament /ləmént ラメント/
動
— 他 〈人の死などを〉嘆き悲しむ, 悼む
— 自 (…を)嘆き悲しむ, 悼む ((*for*..., *over*...))
— 名 C 嘆き, 悲しみ

lamp /lǽmp ランプ/ 名 C 電気スタンド; 明かり, ランプ
- turn on [off] a *lamp* 明かりをつける[消す]

LAN /lǽn ラン/ 名 C 【コンピュータ】ラン (通信ネットワーク)

land /lǽnd ランド/
名
❶ U (不動産としての)**土地**, 地所; ((また lands)) 所有地
- a piece of *land* 1区画の土地
- public [private] *land* 公[私]有地
❷ U 土地, 土壌
- fertile *land* 肥えた土地
❸ U (海に対して)陸, 陸地 (⇔sea)
- travel by *land* 陸路を旅する
❹ ((the land)) (都会に対して)農村, 田舎
— 動
— 他 〈…を〉上陸させる, 着陸させる
- *land* an astronaut on the moon 月面に宇宙飛行士を着陸させる
— 自 (…に)入港する ((*at*...)); 〈船から〉(…に)上陸する ((*at*..., *in*...)); 〈飛行機などが〉(…に)着陸する ((*at*...))
- *land at* an airport 空港に着陸する

landing 名 C U 上陸, 着陸, 着水; C 船着き場

landfill /lǽndfìl ランドフィル/ 名 C 埋立地, ごみ投棄場; U ごみの埋め立て

landlady /lǽndlèidi ランドレイディ/ 名 C (旅館などの)女主人, おかみ; 女地主[家主]

landlord /lǽndlɔ̀:rd ランドロード/ 名 C (旅館などの)主人; 地主, 家主

landmark /lǽndmà:rk ランドマーク/ 名 C
❶ (旅行者にとっての)陸標, 目じるし; (土地の)目標物
❷ 画期的な出来事[事件]

landowner /lǽndòunər ランドウナ/ 名 C 土地所有者, 地主

landscape /lǽndskèip ランドスケイプ/ 名 C 風景, 景色, 眺望; 風景画[写真]

landslide /lǽndslàid ランドスライド/ 名 C 地滑り, 山崩れ; (地滑り的)大勝利

lane* /léin レイン/
名 (複 **lanes** /レインズ/) C
❶ (家などの間の)**小道**; 路地; 車線
- a winding *lane* 曲がりくねった道
- the passing [driving] *lane* 追い越し[走行]車線
❷ (競走などの)コース; (ボウリングの)レーン

language /lǽŋgwidʒ ラングウィヂ/
名 (複 **languages** /ラングウィヂズ/)
❶ U 言語, 言葉; 言葉づかい, 言い回し
- spoken [written] *language* 話し[書き]言葉
- foul *language* 下品な言葉
- refined *language* 上品な言葉
- a programming *language* プログラミング言語
❷ C (個々の国の)言語, 国語
- a foreign *language* 外国語
- *one's* native *language* 母語
❸ U 専門用語, 術語

lantern /lǽntərn ランタン/ 名 C ランタン, 角灯, ちょうちん

lap¹ /lǽp ラプ/ 名 C ひざ (いすにかけた時の, 腰からひざ頭までの部分)

lap² /lǽp ラプ/
動 他
❶ 〈…を〉〈…に〉重ねる ((*over*..., *on*...))
❷ 〈相手を〉(競走で)1周(以上)抜く; 〈コースを〉1周する
— 名 C 【競技】(トラックの)1周, (プールの)1往復

lapse /lǽps ラプス/
名 C
❶ (…の)うっかりミス, 過失 ((*of*...))
❷ (時の)経過, 期間

■動 (自)〈…が〉一時停止する；〈免許などが〉有効期限が過ぎる

laptop /læptɑ̀p ラプタプ/
形 〈コンピュータが〉ラップトップ[ノート]型の
■名 C ラップトップ[ノート]型パソコン

lard /lɑ́:rd ラード/ 名 U （料理用の）ラード

large /lɑ́:rdʒ ラーヂ/

形 比較 **larger** /ラーヂャ/
最上 **largest** /ラーヂャスト/

❶〈物が〉**大きい**；〈面積が〉**広い**（⇔little, small）
・a *large* room 大きな部屋
・Hokkaido is *larger* than Sado.
北海道は佐渡よりも広い

❷〈数・量が〉**多い**, 多数の, 多量の
・a *large* family 大家族
・a *large* sum of money 多額のお金
・India has a *large* population.
インドは人口が多い

by and large 概して
■名 ((次の成句で))
at large
(1)〈危険人物などが〉（捕らえられず）逃走中で
(2) 全体として，一般の
・the people *at large* 一般庶民
largely 副 主として, 大部分は；大体は

large-scale /lɑ́:rdʒskèil ラーヂスケイル/ 形 広範囲にわたる, 大規模な；〈地図などが〉縮尺率の大きい

lark /lɑ́:rk ラーク/ 名 C 【鳥】ひばり（skylark）

laser /léizər レイザ/ 名 C レーザー
・a *laser* disc [disk]
【商標】レーザーディスク（略 LD）
・a *laser* printer レーザープリンター

lash /læʃ ラシュ/
名 C
❶ ((ふつう lashes))まつげ（eyelash）
❷ むちひも；むちの一打ち
■動
■他 〈…を〉むち打つ；〈波・風などが〉〈…を〉激しく打つ
■自
❶〈風・波などが〉（…に）激しく打ちつける（*at*..., *against*...）
❷ （…を）激しく非難する（*at*...）

lass /læs ラス/ 名 C （ふつう未婚の）若い女, 娘

last¹ /læst ラスト/

形 副 ((lateの最上級))
■形
❶ ((ふつう the last))〈順序などが〉**最後の**（⇔ first）
・*the last* month of the year
1年の最後の月（12月）
・one's *last* name 姓
・This is *the last* time. これで最後です
📖 For *the last* activity, let's sing a song.
最後に歌を歌いましょう

❷ **前の, 昨…；この前の, 最新の**
・*last* time 前回
・*last* week [month, year] 先週[先月, 昨年]
・the *last* game この前の試合

❸ ((ふつう the last))最近の, 直近の
・(for) *the last* few days この数日間で

❹ ((the last))最も…しそうにない
・This is *the last* thing I would want to try.
これはぼくがいちばんやってみたくないことだ

for the last time （それを）最後に
second last 最後から2番目の
■副
❶ **最後に**, いちばんあとに
❷ この前；最近
last but not least
（演説などで）最後にはなったが同じく重要な
last of all 最後に
■名
❶ ((the last)) ((単数・複数扱い)) (…する)最後の人[物, 事] (*to do*)
❷ ((the last))終わり, 結末
at last ついに, やっと
the last of A A (飲食物など)の残り
to the last 最後まで
lastly 副 最後に

last² /læst ラスト/ 動 自
❶ （時間的に）続く, 継続する
・The play *lasted (for)* 3 hours.
芝居は3時間続いた
❷ 持つ
・*last* long 長持ちする
lasting 形 永続的な, 長持ちする

last-minute /læstmínət ラストミナト/ 形 どたん場の, 最後の瞬間の

Las Vegas /lɑ:s véigəs ラース ヴェイガス/ 名 ラスベガス（米国ネバダ州最大の都市で，賭博（とばく）場で有名）

lat. ((略))*lat*itude 緯度

latch /lætʃ ラチ/
名 C (戸などの)かけ金, かんぬき
— **動**
— 他 〈…に〉かけ金をかける
— 自 かけ金がかかる

late /léit レイト/

形 比較 ((時間)) **later** /レイタ/,
((順序)) **latter** /ラタ/
最上 ((時間)) **latest** /レイタスト/,
((順序)) **last** /ラスト/

❶ 〈時刻が〉**遅い**；〈時期が〉終わり頃の (⇔ early)
・in the *late* afternoon 午後遅く
・in the *late* Edo period 江戸時代後半に

❷ (予定より)遅れた, (…に)遅刻して ((*for...*))
・*be late for* school 学校に遅れる
・I was 5 minutes *late*. 私は5分遅れた
・Cherry blossoms were *late* (in) blooming this year. 今年は桜の開花が遅かった

❸ ((比較なし))最近の, この頃の
・of *late* years 近年

❹ ((比較なし)) ((the late, *one's* late)) (最近)死んだ, 故…

❺ 〈順序が〉あとの

too late 手遅れで
・It is never *too late* to learn.
学ぶに遅すぎることはない

— **副**
比較 **later** /レイタ/
最上 **latest** /レイタスト/

❶ (時刻・時期が) **遅く**, 遅くまで (⇔ early)
・till *late* 遅くまで
・study *late* 遅くまで勉強する
・sit [stay] up *late* 夜ふかしをする

❷ (予定の時間より)遅れて
・We arrived an hour *late*.
ぼくたちは1時間遅れて到着した

Better late than never.
((ことわざ))遅くなってもしないよりまし

lately /léitli レイトリ/ 副 最近, この頃
late-night /léitnàit レイトナイト/ 形 深夜(営業)の, 夜遅くの
later* /léitər レイタ/ 形 副 ((lateの比較級))
— **形** もっと遅い, もっとあとの；より最近の
・in *later* years 晩年に
— **副** もっと遅く；あとで, のちほど
・See you *later*. またのちほど
later on あとで, のちに

sooner or later 遅かれ早かれ

lateral /lætərəl ラタラル/ 形 横の；横に向かった
latest* /léitist レイティスト/ 形 副 ((lateの最上級))
— **形** 最近の, 最新の；最も[いちばん]遅い
・the *latest* publication 最近の著作
— **副** ((lateの最上級)) 最も[いちばん]遅く, 最後に
— **名** ((the latest)) ((くだけて)) 最新のこと[ニュース, 流行]
・the *latest* in fashion 最新のファッション

Latin /lætn ラトン/
名
❶ U ラテン語 (古代ローマ帝国の公用語)
❷ C ラテン民族の人；(中南米における)ラテン系民族の人
— **形** ((比較なし))
❶ ラテン語の
❷ ラテン民族の；ラテン系民族の, ラテン的な

Latin America /lætn əmérikə ラトン アメリカ/ 名 ラテンアメリカ, 中南米
Latin American /lætn əmérikən ラトン アメリカン/
名 C ラテンアメリカ人
— **形** ラテンアメリカ(人)の

latitude /lætətù:d ラタトゥード/ 名 U 緯度 (略 lat.)
・in [at] *latitude* 35° N [S] 北[南]緯35度に

latter /lætər ラタ/ 形 ((lateの比較級))
❶ ((the latter)) (二者のうち)後者の；((代名詞的に))後者
・Of the two, I prefer *the latter* to the former. 2つのうち前者よりも後者の方が好きだ
❷ ((ふつう the latter)) (時間的に)後半の；後の

laugh /læf ラフ/

動 三単現 **laughs** /ラフス/
過去過分 **laughed** /ラフト/
現分 **laughing** /ラフィング/

— 自 (声を出して)**笑う**；(…を)笑う ((*at..., about...*))
・*laugh* out loud 大笑いする
・Don't *laugh at* me. 私を笑わないで
・Don't make me *laugh*. ((話))笑わせるなよ
— 他 〈…を〉笑いながら言う
・*laugh* a hearty laugh 心から笑う
laugh A away = laugh away A
A (心配事など)を笑い飛ばす

■名 C 笑い, 笑い声;《a laugh》《くだけて》笑いの種
- raise *a laugh*（人を）笑わせる
  have the last laugh（苦労の末）（人に）結局勝つ《*on...*》；結局成功する
  laughable 形 ばかばかしい；笑いを誘う
laughing /lǽfiŋ ラフィング/
動 laughの現在分詞・動名詞
■名 U 笑い
■形〈顔などが〉笑っている, よく笑う；笑うべき, おかしい
- *It's* no *laughing* matter. 笑い事ではない
laughter /lǽftər ラフタ | lɑ́ːftə ラーフタ/ 名 U 笑い；笑い声
- roar with *laughter* 大笑いする
- burst into *laughter* ワッと笑い出す
launch /lɔ́ːntʃ ローンチ/
動 他
❶〈ロケットなどを〉発射する, 打ち上げる；〈船を〉進水させる
❷〈事業・計画などを〉始める,〈…に〉着手する
❸〈製品・人などを〉世間などに〉売り出す, 送り出す《*into..., in...*》
■名 C（ロケットの）発射；（船の）進水；（新事業の）開始；（本などの）発売
  launcher 名 C（ロケットなどの）発射装置
laundry /lɔ́ːndri ローンドリ/ 名
❶ C クリーニング屋[店]；洗濯場[室]
❷ U《the laundry》洗濯物
- do *the laundry* 洗濯する
laureate /lɔ́ːriət ローリアト/ 名 C
❶ 名誉を受けた人, 受賞者
- a Nobel prize *laureate* ノーベル賞受賞者
❷ 桂冠詩人
laurel /lɔ́ːrəl ローラル/ 名 C
❶【植物】月桂樹, ローレル
❷《ふつう laurels》月桂冠；名誉, 栄誉
lavatory /lǽvətɔ̀ːri ラヴァトーリ/ 名 C《主に米》（トイレを併置した）洗面所, 手洗い；《英》トイレ
lavender /lǽvəndər ラヴァンダ/ 名 U【植物】ラベンダー
lavish /lǽviʃ ラヴィシュ/
形〈人が〉気前のよい；〈…に〉気前よく与える《*with...*》
■動 他〈…を〉（人に）惜しみなく与える《*on..., upon...*》
  lavishly 副 惜しみなく；豪華に
law* /lɔ́ː ロー/ 名（複 **laws** /lɔ́ːz ローズ/）

❶ U《しばしば the law》（国家・社会の）法律, 法; C（個々の）法律, 法規
- by *law* 法律によって, 法的に
- keep [break] *the law* 法律を守る[犯す]
- the *law* court 裁判所
❷ U 法学
- study *law* 法律を学ぶ
- a *law* school 《米》ロースクール, 法科大学院
❸ C（自然界などの）法則
- a *law* of physics 物理の法則
❹ U《ふつう the law》法曹（ほうそう）界
❺ C 決まり, 慣例
  go to law《英》訴える, 訴訟を起こす
  lawful 形 法律上正当な, 法に従った, 合法的な
  lawless 形 不法の, 非合法の；無法な
  lawyer 名 C 弁護士, 法律家
lawmaker /lɔ́ːmèikər ローメイカ/ 名 C 立法者, 議員
lawn /lɔ́ːn ローン/ 名 C（公園などの）芝生
- mow the *lawn* 芝生を刈る
lawsuit /lɔ́ːsùːt ロースート/ 名 C 訴訟
- win [lose] a *lawsuit* 訴訟に勝つ[負ける]

lay¹ /léi レイ/

動 三単現 **lays** /léiz レイズ/
過去・過分 **laid** /léid レイド/
現分 **laying** /léiiŋ レイイング/
■他
❶〈…を〉（…に）**置く, 横たえる**《*on..., in..., under...*》
- *lay* oneself 横になる
- She *laid* the baby *down on* the bed. 彼女は赤ん坊をベッドの上に横たえた
❷〈カーペットなどを〉敷く；〈物を〉並べる
❸〈鳥・魚などが〉〈卵を〉産む
■自 卵を産む
  lay A aside = lay aside A
  A（物）を脇（わき）へ置く；A（習慣）をやめる
  lay off 休む, 休憩する
  lay A off = lay off A
  A（人）を一時雇用する, 休職にする
  lay A out = lay out A
  A（物）を並べる；A（建物など）を設計する；A（ページ）を割り付けする
lay² /léi レイ/ 動 lie¹の過去形
lay³ /léi レイ/ 形 専門家でない, しろうとの
layer /léiər レイア/
名 C

layoff

❶ (重なっている物などの)層;地層
- the ozone *layer* オゾン層
❷ (物などを)積む人, 敷く[置く]人
━ 動 他 〈…を〉層にする

layoff /léiɔ:f レイオーフ/ 名 C 一時解雇

layout /léiàut レイアウト/ 名 U C
❶ 配置;設計;間取り
❷ (雑誌などの)割り付け, レイアウト

lazy* /léizi レイズィ/
形 比較 **lazier** /レイズィア/
最上 **laziest** /レイズィアスト/
〈人が〉**怠惰な, 無精な**;〈時などが〉ものうい, けだるい
lazily 副 怠けて, ぶらぶらと;ものうく
laziness 名 U 怠惰, 無精

lb. /páund パウンド;((複)) páundz パウンヅ/
((記号))ポンド (重さの単位; pound(s))

lead¹ /li:d リード/

動 三単現 **leads** /リーヅ/
過去・過分 **led** /レド/
現分 **leading** /リーディング/
━ 他
❶ 〈…を〉〈…に〉**導く, 案内する**((*to*...))
- *lead the way to A* Aに案内する
❷ 〈道などが〉〈…を〉〈…へ〉**導く**((*to*...))
- This shortcut will *lead* you *to* the square. この近道で広場に出ます
❸ 〈業界などを〉〈…で〉**リードする**, 一番になる((*in*...))
- *lead* the field *in* foreign language education 外国語教育の分野をリードする
❹ 【スポーツ】〈…を〉〈…差で〉リードする((*by*...))
- The Mariners are *leading* the Mets *by* a narrow margin. マリナーズはメッツをわずかの差でリードしている
❺ 〈…を〉指揮する, 指導する
- *lead* a symphony orchestra 交響楽団を指揮する
❻ ((次の用法で))
- *lead A to B* A(人)をBの結論に導く
- The manager *led* his team *to* victory. 監督はチームを勝利に導いた
- *lead A to do* A(人)を…するように仕向ける
- *lead a ... life* …の生活をする
  ➡ ... には形容詞が入る
- *lead* a happy life 幸せな生活をする
━ 自
❶ 導く, 案内する
❷ (…に)つながっている;〈道などが〉(…に)伸びている((*to*...))
- This cable *leads to* the monitor. このケーブルはモニターにつながっている
❸ 結果として(…に)なる, (…を)引き起こす((*to*...))
━ 名 (複 **leads** /リーヅ/) C
❶ ((ふつう the lead)) 先頭, 首位
- *take the lead in A* Aの先頭に立つ
- be in *the lead* 先頭である
❷ ((ふつう a lead)) (…の)優勢
- *a* 2-point *lead* 2点のリード
- have *a* solid *lead* 手堅くリードしている
❸ 前例;手本;手がかり;(新聞などの)前文

lead² /léd レド/ 名 鉛; U C 鉛筆の芯(しん)

leader* /lí:dər リーダ/
名 (複 **leaders** /リーダズ/) C
❶ **指導者, リーダー**;指揮者, 主将
- a political *leader* 政治のリーダー(首相, 党首など)
❷ ((英))(新聞の)社説

leadership /lí:dərʃip リーダシプ/ 名 U
❶ 指導者の地位[身分]
❷ 指導(力), 統率(力), リーダーシップ
- powerful *leadership* 強力な指導力
❸ ((the leadership)) 指導部

leading /lí:diŋ リーディング/
動 lead¹の現在分詞・動名詞
━ 形 主な, 主要な;主役の;先頭に立つ
- a *leading* hitter 首位打者

leaf /li:f リーフ/

名 (複 **leaves** /リーヴズ/)
❶ C 葉, 木[草]の葉;群葉
- fallen *leaves* 落ち葉
- dead *leaves* 枯葉
❷ C (本のページなどの)1枚, 1葉
❸ U (金属の)箔(はく)
- gold *leaf* 金箔
leafy 形 葉の多い, 葉でおおわれた

leaflet /lí:flət リーフラト/ 名 C
❶ ちらし, ビラ;パンフレット
- hand [give] out a *leaflet* ビラを配る
❷ 小さな葉;若葉

league /lí:g リーグ/
名 C
❶ 同盟, 連盟
- the *League* of Nations 国際連盟
❷ (スポーツの)競技連盟, リーグ

leak /líːk リーク/

名 C

❶ もれ穴, もれ口
❷ (水・空気・ガスなどが)もれること; (秘密などの)漏洩(ろうえい), リーク

━動
━(自)
❶ 〈屋根・容器などが〉もる
❷ 〈水などが〉もれる, 漏入する((*in*)); 〈秘密などが〉もれる((*out*))
━(他) 〈情報などを〉(…に)もらす((*to*...))
leakage 名 U C もれ; 漏洩
leaky 形 もれる, もれやすい

lean¹ /líːn リーン/

動 三単現 **leans** /リーンズ/
過去・過分 **leaned** /リーンド/,
((主に英)) **leant** /レント/
現分 **leaning** /リーニング/
━(自)
❶ 〈人・物が〉(…に)**寄りかかる**, もたれる((*against*..., *on*...))
・*lean on* one's stick 杖(つえ)にもたれかかる
❷ 〈人が〉(ある方向に)傾く; 上体を曲げる, かがむ
・*lean* forward [back] 身をかがめる[反らす]
❸ (…に)頼る, すがる; (…を)当てにする((*on*..., *upon*...))
━**名** U ((またa lean)) 傾き, 傾斜

lean²* /líːn リーン/

形 比較 **leaner** /リーナ/
最上 **leanest** /リーナスト/
❶ 〈人・動物が〉**やせた, 細い**(⇔fat)
・a *lean* cut of meat 肉の薄切り
❷ 〈肉が〉脂肪の少ない, 赤身の
❸ 〈土地などが〉不毛の
━**名** U (脂肪の少ない)肉の赤身

leant /lént レント/ 動 ((主に英))lean¹の過去形・過去分詞

leap* /líːp リープ/

動 三単現 **leaps** /リープス/
過去・過分 **leaped** /リープト/,
((主に英)) **leapt** /レプト/
現分 **leaping** /リーピング/
━(自)
❶ **跳ぶ, 跳びはねる**
・Look before you *leap*.
((ことわざ)) 転ばぬ先の杖(つえ)
❷ (…に)飛びつく((*at*...))

・*leap at* the chance チャンスに飛びつく
❸ 〈値段・数値などが〉急騰する
━**名** C 跳ぶこと, 跳躍

leap year /líːpjìər リープイア/ 名 U C 閏(うるう)年

leapt /lépt レプト/ 動 ((主に英))leapの過去形・過去分詞

learn /lə́ːrn ラーン/

動 三単現 **learns** /ラーンズ/
過去・過分 **learned** /ラーンド/,
((主に英)) **learnt** /ラーント/
現分 **learning** /ラーニング/
━(他)
❶ 〈言葉などを〉**学ぶ, 習う**(⇔teach)
・*learn* English 英語を学ぶ
■ *learn* (*how*) *to do* …することを学ぶ
・*learn* how to play the piano
ピアノの練習をする
📖 Let's *learn* how to pronounce it.
発音の仕方を勉強しましょう
❷ ((改まって))〈…を〉知る; (…ということを)聞き知る((*that*節))
❸ 〈…を〉覚える, 暗記する, 記憶する
・*learn* many English words
たくさんの英単語を覚える
■ *learn A by heart* Aを暗記する
━(自)
❶ (…から)**学ぶ, 習う**((*from*..., *by*...))
・*learn by* experience 経験から学ぶ
❷ ((改まって))(…を)知る, 聞き知る((*of*..., *about*...))

learn (A) the hard way
(Aを)苦い経験を通して学ぶ
learning 名 U 学問, 学識; 学習

learned

動 /lə́ːrnd ラーンド/ learnの過去形・過去分詞
━ 形 /lə́ːrnid ラーニド/
❶ 〈人が〉学識のある, 博学な
❷ 〈書物・組織などが〉学問[学術]的な

learner* /lə́ːrnər ラーナ/ 名 (複 **learners** /ラーナズ/) C 学習者; 初学者

learnt /lə́ːrnt ラーント/ 動 learnの過去形・過去分詞

lease /líːs リース/

名 C (土地・建物などの)賃貸借契約
━動 (他) 〈土地・家屋などを〉(…に)賃貸しする((*to*...)); (…から)賃借りする((*from*...))

leash /líːʃ リーシュ/

名 C ((主に米))(犬などをつなぐ)革ひも, 綱;
U 束縛, (感情などの)抑制
■ 動 他〈犬などを〉革ひもでつなぐ;〈…を〉束縛する

least /líːst リースト/ 形 副 ((littleの最上級))

■ 形 ((ふつう the least))〈量・大きさ・程度が〉最も少ない[小さい]
・*the least* amount 最少の量
***not (in) the least* A**
少しもAではない, 全然Aではない
■ 副
❶〈量・大きさ・程度が〉**最も少なく[小さく]**, 最も…ない
・I like math the *least*. 数学がいちばん嫌いだ
❷ ((形容詞・副詞を修飾して)) 最も…ではない
・This is the *least* interesting book.
これは最もつまらない本だ
(and) least of all 最も…ではない
・The girl doesn't like bugs, *least of all* cockroaches.
女の子は虫が嫌いだ. とりわけごきぶりが
■ 代 ((ふつう the least))**最少[小] (のもの)**
・It is *the least* I can do for you.
それが君にしてやるせめてものことだ
at (the) least
(1) 少なくとも
・She is *at least* in her late twenties.
彼女は少なくとも20歳代後半だ
(2) いずれにしても
not in the least 少しも, ちっとも
・"Are you getting bored?" "*Not in the least*." 「退屈してるの?」「ううん, ちっとも」
to say the least (of it)
((文末で)) 控えめに言っても
・The food there was awful *to say the least*.
その店の料理は控えめに言ってもひどかった

leather /léðər レザ/ 名 U (動物の)革, なめし革; C 革製品

leave¹ /líːv リーヴ/

動 三単現 **leaves** /リーヴズ/
過去・過分 **left** /レフト/
現分 **leaving** /リーヴィング/
― 他
❶〈場所から〉**離れる**;〈場所へ〉**出発する**((*for*...));〈乗り物などから〉降りる

■ ***leave* A *for* B** A(場所)からB(場所)へ向かう
・*leave* Tokyo *for* Kyoto
東京をたって京都へ向かう
❷〈学校などを〉去る, やめる
・*leave one's* job 仕事をやめる
❸〈…を〉ほうっておく;〈…を〉〈…に〉任せる((*to*...))
・I'll *leave* it *to* you. 君に任せるよ
❹ 残す,〈伝言・メモなどを〉残しておく
・I *left* a message on his answering machine.
私は彼の留守電にメッセージを入れておいた
📖 We still have a couple of minutes *left*.
まだ数分あります
❺〈…を〉置き忘れる
❻〈子どもなどを〉〈…に〉預ける((*with*...))
❼ ((次の用法で))
■ ***leave* A C** A(物・事)をC(の状態)にしておく
・Don't *leave* the light on.
灯りをつけっぱなしにしてはいけない
■ ***leave* A *to do*** A(物・人)に…させておく
■ ***leave* (*it to*) A *to do***
A(人)に…することを任せる
― 自
❶〈人が〉**去る**;(…に向けて)**出発する**((*for*...));〈列車が〉(…を)発車する((*from*...))
📖 Try not to make any noise as you *leave*. 出る時は静かにしてください
❷〈学校などを〉去る, やめる
leave* A *alone A(人)をそっとしておく; A(人・物)を放置しておく
・*Leave* me alone! ほうっておいてくれ
📖 *Leave* that alone now.
今はほうっておいてください
leave* A *behind
A(物)を置き忘れる; A(場所)をあとにする; A(人)を追い越す; A(名声など)を残す
leave off (勉強などを)やめる;〈雨などが〉やむ
leave* A *out Aを省く, 削除する
***leave* A *over* = *leave over* A**
A(食べ物など)を残しておく; A(仕事など)を延期する

leave²* /líːv リーヴ/
名 (複 **leaves** /リーヴズ/)
❶ U C (学校などの)**休暇**
・sick *leave* 病気休暇
・be *on leave* 休暇中である
❷ U 許し, 許可
・*leave* of absence 休暇の許可

leaves / legitimate

leaves¹ /líːvz リーヴズ/ 動 leave の三人称単数現在形

leaves² /líːvz リーヴズ/ 名 leaf の複数形

lecture /léktʃər レクチャ/
名 C
❶ (…についての)講義, 講演 ((about..., on...))
・give a *lecture* 講義をする
・attend a *lecture* 講義を聞く
❷ お説教, 小言
— 動
— 自 (…について)講義[講演]をする ((about..., on...))
— 他
❶ 〈クラスなどに〉講義[講演]をする
❷ 〈人に〉(…のことで)説教する ((about..., on...))
lecturer 名 C 講演者; (大学などの)講師

led /léd レド/ 動 lead¹ の過去形・過去分詞

left¹ /léft レフト/ (⇔ right²)
形 比較 more left
 lefter /レフタ/
 最上 most left
 leftest /レフタスト/
❶ ((比較なし)) 左の, 左側の
・use chopsticks with *one's left* hand
 左手で箸(はし)を使う
・the *left* side of the street 通りの左側
・*left* field【野球】(外野の)左翼, レフト
❷【政治】左翼の, 左派の, 革新の
— 副 ((比較なし)) 左に[へ], 左側に, 左手に
・turn *left* 左へ曲がる
— 名 (複 **lefts** /レフツ/)
❶ U C ((ふつう the [*one's*] left)) 左, 左側; ((a [the] left)) 左折, 左折する道
・take a *left* 左折する
・turn to the *left* 左へ曲がる
・on your *left* あなたの左側に
・a *left* fielder【野球】左翼手, レフト
❷ C【野球】左翼(手), レフト
❸ ((the left)) 左翼, 左派, 革新派

left² /léft レフト/ 動 leave¹ の過去形・過去分詞

left-hand /léfthænd レフトハンド/ 形
❶ 左側の, 左手の
❷〈行為が〉左手による;〈人が〉左利きの
left-handed 形 左手による; 左利きの

leftover /léftòuvər レフトウヴァ/
名 C ((ふつう leftovers)) (食事の)残り物, 食べ残し
— 形 残り物の, 食べ残しの

left-wing /léftwíŋ レフトウィング/ 形
❶ 左翼の, 左派の, 急進派の
❷【スポーツ】左翼の

leg /lég レグ/

名 (複 **legs** /レグズ/) C
❶ (人・動物の)脚
・stand on one *leg* 片脚で立つ
・sit with *one's legs* crossed
 脚を組んで座る, あぐらをかく
❷ (いすなどの)脚; (ズボンの)脚部
pull A's leg A(人)をからかう; だます
stand upon [on] one's own legs
自立する
stretch one's legs
(長く座っていたあとで)散歩する, 脚を伸ばす

legacy /légəsi レガスィ/ 名 C
❶ (遺言による)遺産
❷ (祖先などからの)過去の遺産, 遺物

legal /líːɡəl リーガル/ 形 合法の, 適法の(⇔ illegal); 法定の, 法律に基づく
・the *legal* speed 法定速度
legality 名 U 合法(性), 適法
legalization 名 U 合法化, 公認
legally 副 合法的に

legend /lédʒənd レヂェンド/ 名 C 伝説, 言い伝え
・the *legends* of the lake 湖の伝説
・in *legend* 伝説上
legendary 形 伝説の; 伝説上の

legible /lédʒəbl レヂブル/ 形〈字などが〉読みやすい, 判読できる
legibly 副 読みやすく, はっきりと

legislate /lédʒislèit レヂスレイト/ 動
— 自 (…についての)法律を制定する ((on...));
(…するよう)法律を定める ((to do))
— 他〈…を〉法律で定める
legislation 名 U 法律; 法律制定, 立法
legislative 形 立法上の; 立法権のある
legislatively 副 立法上
legislator 名 C 立法者, 法律制定者; (立法府の)議員
legislature 名 C 立法府[機関]

legitimate
形 /lidʒítəmət リヂタマト/
❶ 合法の, 適法の; 正当な
❷〈子どもが〉嫡出の;〈君主が〉正統の

lei /léi レイ/ 名 C レイ(ハワイで歓迎されて首にかける花輪)

leisure* /líːʒər リージャ/ 名
❶ U **ひま, 余暇, レジャー**
・a *leisure* pursuit ひまつぶし
❷ ((形容詞的に)) ひまな; ひまのある
・*leisure* activities (趣味などの)余暇活動
・in *one's leisure* time ひまな時間に
at leisure ひまで; 落ち着いて; 都合のよい時に
at one's leisure 都合のよい時に
leisurely 形 ゆっくりした, のんびりした

lemon* /lémən レマン/
名 (複 **lemons** /レマンズ/) C **レモン**; レモンの木; U C レモン色(lemon yellow)
・a slice of *lemon* レモン1切れ
lemonade 名 U レモネード

lend /lénd レンド/

動 三単現 **lends** /レンヅ/
過去・過分 **lent** /レント/
現分 **lending** /レンディング/
— 他
❶ ⟨…を⟩**貸す**(⇔borrow)
■ *lend A B = lend B to A* A(人)にBを貸す
・Please *lend* me some money.
お金を少し貸してください
❷ ⟨手・耳などを⟩⟨…に⟩貸す; ⟨援助などを⟩⟨…に⟩与える ((to...))
・*lend A* a hand Aに手を貸す, Aを手伝う
— 自 ⟨金融機関が⟩貸し付けをする
lend A out = lend out A
A(本など)を貸し出す
lender 名 C 貸す人; 金貸し

length* /léŋθ レングス/
名 U
❶ (物の)**長さ**, 縦; 丈; 距離
❷ (時間の)**長さ**, 期間
at full length
体を十分に伸ばして, 大の字になって
lengthy 形 長ったらしい, 長くて退屈な

lens /lénz レンズ/ 名 (複 **lenses** /レンズィズ/)
C レンズ; (眼球の)水晶体; ((くだけて)) コンタクトレンズ(contact lens)

lent /lént レント/ 動 lendの過去形・過去分詞

Leo /líːou リーオウ/ 名【天文】しし座;【占星】獅子(し)宮; C しし座生まれの人

leopard /lépərd レパド/ 名 C【動物】ひょう

less /lés レス/ 形 副 ((littleの比較級))

— 形 ⟨量・大きさ・程度が⟩**より少ない[小さい]**
・More haste, *less* speed.
((ことわざ)) 急がば回れ
・I have *less* time than you.
私にはあなたよりも時間がない
— 副 ⟨量・大きさ・程度が⟩**より少なく[小さく]**, より…ない
・This PC is *less* expensive *than* that one.
このパソコンの方がそれより安い
less and less ますます劣って[少なく]
・I have *less and less* time for my hobbies.
私はますます趣味の時間がなくなってきている
less than A
(1) Aより少ない
・a child *less than* six years old
6歳未満の子ども
・I think my ability is *less than* his.
私の能力は彼のそれよりないと思う
(2) ((程度)) 決してAではない
・I am *less than* satisfied with my exam results.
私は自分の試験の出来に決して満足していない
less A than B
(1) Aの点でBに劣る
・My sister is *less* outgoing *than* I (am).
妹は私ほど外向的ではない
(2) AというよりむしろB
・She *is less* beautiful *than* pretty.
彼女は美しいというよりもかわいらしい
more or less 多かれ少なかれ
much [still] less A ましてやAではない
・I can't ride a bike, *much less* drive a car.
私は自転車に乗れない, まして自動車の運転なんてなおさらできない
no less than A Aと同じほど多くの
・There were *no less than* 100 fans waiting for the arrival of the actor.
100人ものファンが俳優の到着を待っていた
no less A than B
(1) Bに劣らずA
・Soccer is *no less* popular *than* baseball in Japan.
日本ではサッカーは野球に劣らず人気がある
(2) Bそのもののの A

- *No less* a person *than* the mayor himself met us.
何と市長自身がわれわれを出迎えてくれた
none the less それでもやはり
- Even though we lost, we enjoyed the experience *none the less*.
負けはしたがそれでもやはり楽しい経験をした
nothing less than A
A以外の何物でもない
- His behavior was *nothing less than* rude. 彼の行動は無礼以外の何物でもなかった
not less than A
少なくともA, A以上だ
- Try to get *not less than* 30-minute exercise a day. 1日に少なくとも30分の運動をするようにしなさい
not less A than B Bに劣らずAだ
- Soccer is *not less* popular *than* baseball in Europe. ヨーロッパではサッカー人気は野球に優るとも劣らない
━━ 代 **より少ないもの[数・量・額]**
- in *less* than two weeks 2週間足らずで
in less than no time たちまち
━━ 前 …を引いた, …だけ足りない
- 100 dollars *less* ten bucks
100ドルには10ドル足りない

lessen /lésən レサン/ 動
━━ 自 少なくなる, 減る
━━ 他 〈…を〉少なくする, 減らす

lesser /lésər レサ/
形 より小さい, より劣る; より少ない
━━ 副 より少なく

lesson /lésən レサン/

名 (複 **lessons** /lésənz/) C

❶ **学課, 授業(時間)**; ((lessons))(系統的な)授業, けいこ
- a driving *lesson* 自動車教習
- take English *lessons* 英語を習う
- give English *lessons* 英語を教える
📖 Let's begin our *lesson* now.
さあ授業を始めましょう
📖 The *lesson* doesn't finish till five past.
授業は5分過ぎまでです
📖 We'll finish this exercise next *lesson*.
この練習問題の残りは次の授業でやりましょう
📖 We've run out of time, so we'll continue next *lesson*. 時間がなくなりましたので次の授業で続けましょう

❷ (教科書の)**課, レッスン**
❸ **教訓**; (経験などから学ぶ)知恵
- learn a *lesson* from failure 失敗から学ぶ

lest* /lést レスト/ 接 ((次の用法で))
- *lest A (should) do* ((改まって)) Aが…するといけないから, …しないように
- Dress warmly *lest* you (*should*) catch a cold. 風邪を引かないように温かい服を着なさい

let¹ /lét レト/

動 三単現 **lets** /léts/
過去・過分 **let** /lét/
現分 **letting** /létiŋ/
━━ 他
❶ **…させる, …させておく**
- *let A do* A(人)に…させる
- Don't *let* this happen again!
こんなことを二度と起こしてはいけない
- *let A C* A(人・物)をC(の状態)にさせる
- Don't *let* me down. 私を失望させるな
- *let A in* [*out*] A(人・物)を入れる[出す]
- *Let* me *in*! 中に入れてくれ!
❷ ((次の用法で))(命令文で)
- *let's do* …しよう, しようじゃないか
- *Let's* go camping. キャンプに行こうよ
- *let me do* 私に…させてほしい
- *Let* me introduce myself.
自己紹介させてください
- *let A do* A(人)に…してもらおう
- *Let* them decide it.
彼らにそれを決めてもらおう
❸ ((英))〈土地・部屋などを〉〈人に〉貸す, 賃貸しする((*to*...))
- a house to *let* 貸家
- To *let* ((掲示))貸します
let A be Aをほうっておく
- *Let* it *be*. それは構うな
let A down = let down A
A(物)を下ろす; A(人)を失望させる
let A go
A(人)を自由にする; A(人)を解雇する
Let me [Let's] see. ええと, はてな
let A off = let off A
A(人)を罰しない; (軽い罰で)A(人)を放免する, 許す((*with*...)); A(鉄砲)を発射する, A(花火)を打ち上げる
let A out = let out A
Aを外へ出す; A(秘密など)をもらす
let's say 例えば

let² /lét レト/ 名 C (テニスなどで)レット

lethal /líːθəl リーサル/ 形 致命的な, 致死の
・a *lethal* weapon 殺人兵器

let's /léts レツ/
let us の縮約形 ⇨ let¹

letter /létər レタ/
名 (複 **letters** /létəz/) C

❶ **手紙**, 書簡
・a love *letter* ラブレター
・*letter* paper 便せん
・by *letter* 手紙で
・write a *letter* to A Aに手紙を書く
・put a stamp on a *letter* 手紙に切手を貼る
・send [mail] a *letter* to A Aに手紙を送る
・get a *letter* 手紙を受け取る
・open a *letter* 手紙を開封する

❷ **文字**, 字
・an initial *letter* 頭文字
・in capital [small] *letters* 大[小]文字で

❸ 活字；(活字の)字体

❹ ((letters))((単数・複数扱い))((改まって)) 文学

letterhead /létərhèd レタヘド/ 名 C レターヘッド(便せん上部に印刷された会社などの名前や住所)

lettuce /létəs レタス/ 名 U C 【植物】レタス
・a head of *lettuce* 1個のレタス

leukemia /luːkíːmiə ルーキーミア/ 名 U 【医学】白血病(血液のがん)

level /lévəl レヴァル/
名 (複 **levels** /lévəlz/)

❶ U C (程度などの)**水準**；(知識などの)**程度, レベル**
・on an individual *level* 個人的レベルで

❷ C 水平；水平面, 水平線

❸ C U 高さ, 高度；水位

━ 形
比較 **leveler** /レヴァラ/
最上 **levelest** /レヴァラスト/

❶ **平らな, 水平な**
・a *level* plane 水平面

❷ (…と)同じ高さの, 同等[同位]の((with...))

━ 動
三単現 **levels** /レヴァルズ/
過去・過分 **leveled** /レヴァルド/
現分 **leveling** /レヴァリング/

━ 他

❶ 〈物の面を〉平ら[水平]にする, ならす
・*level* the ground 地ならしをする

❷ 〈人・物を〉(…の水準に)持って行く((to...))
・*level up* [*down*] the salaries *to* the national average
給料を全国平均まで引き上げる[下げる]

lever /lévər レヴァ/
名 C てこ, レバー
━ 動 他 〈…を〉てこで動かす
leverage 名 U てこの作用；影響力

lexicon /léksikɑ̀n レクスィカン/ 名 C
❶ (特にラテン語・ギリシャ語・ヘブライ語などの)古典語辞書
❷ (特定分野などの)語彙(ご)；用語辞典
lexical 形 辞書の；語彙の

liable /láiəbl ライアブル/ 形
❶ ((次の用法で))
▪ be liable to do
(好ましくないことで)…しがちな, …しやすい
・I'm *liable to* catch cold.
ぼくは風邪を引きやすい
❷ (負債・借金などに対して)法的義務[責任]がある((*for*...))；(税を)支払わなければならない, (人に)責任を負うべき((*to*...))
liability 名 U (…の)傾向；(…についての)責任；(…する)義務((*to do*))；負債

liar /láiər ライア/ 名 C うそつき
・You're a *liar*. 君はうそつきだ, うそをつけ

libel /láibəl ライベル/
名 U 【法律】名誉棄損(罪)；中傷；C 中傷的な言葉；悪口
━ 動 他 〈…を〉中傷する

liberal /líbərəl リバラル/
形
❶ 自由主義の, 進歩的な
❷ 寛大な, 偏見のない, 心の広い
❸ (お金などに)気前のよい, (…を)惜しまない((*with*...))
❹ 〈解釈などが〉字義にとらわれない
・a *liberal* translation 意訳
❺ 〈教育などが〉教養的な
・the *liberal* arts ((複数扱い))((主に米))(大学の)教養課程[科目]
━ 名 C (特に政治・宗教上の)自由主義者
liberalism 名 U 自由主義
liberalization 名 U 自由(主義)化
liberally 副 自由に；気前よく
liberate 動 他 〈…を〉自由にする, 解放す

liberation 名 U 解放運動;釈放, 放免
liberty* /líbərti リバティ/
名 U ((改まって)) **自由**;解放
- the Statue of *Liberty* 自由の女神像
- take the *liberty* of *doing* 失礼にも…する
at liberty 自由で, 解放されて
libido /libí:dou リビードウ/ 名 U C 【精神分析】リビドー;性的衝動
Libra /lí:brə リーブラ/ 名 【天文】てんびん座;【占星】天秤宮; C てんびん座生まれの人

library

/láibrèri ライブレリ | láibrəri ライブラリ/
名 (複 **libraries** /ライブレリズ/) C
❶ **図書館, 図書室**;(フィルムなどの)ライブラリー, (新聞社などの)資料庫
❷ 個人の蔵書;書斎, 書庫
librarian 名 C 司書;図書館員

lice /láis ライス/ 名 louse の複数形
licence /láisəns ライサンス/ 名 ((英)) = license
license* /láisəns ライサンス/
名 (複 **licenses** /ライサンスィズ/)
❶ U C **免許, 許可**, 認可
- grant a *license to* do …する許可を与える
❷ C **免許状, 許可証, ライセンス**
- a driver's *license* 運転免許証
❸ U (芸術上の)破格;放埓(ほうらつ)
━ 動 他 〈…に〉免許状を与える;〈人などに〉〈…することを〉認可する (*to do*)
- a *license* plate ((米))(車の)ナンバープレート
licensed 形 認可を取った, 免許のある;(酒類販売を)認可された

lick /lík リク/
動 他
❶〈…を〉なめる
❷ ((くだけて))(戦いで)〈相手に〉勝つ, 〈…を〉打ち負かす
━ 名 C ((ふつう a lick)) (舌での)ひとなめ
lid /líd リド/ 名 C (容器の)ふた;まぶた (eyelid)
take the lid off A
A (醜聞など)を暴露する

lie¹

/lái ライ/

動 三単現 **lies** /ライズ/
過去 **lay** /レイ/
過分 **lain** /レイン/
現分 **lying** /ライイング/

━ 自
❶ **横たわる, 横になる, 寝る**
- *lie down* on the floor 床に横になる
- *lie* on *one's* back あおむけになる
- *lie* on *one's* stomach うつぶせになる
❷〈物が〉(横たわった状態に)置かれている
- The baby *lay* sleeping.
  赤ちゃんが横になって寝ていた
❸ (…に)ある, 位置する
- Kyushu *lies* to the west of Honshu.
  九州は本州の西にある
❹ …の状態にある;…のままである
- *lie* dead 死んでいる
- *lie* open 開いたままである
- *lie* forgotten 忘れ去られている
lie about [around] 〈物が〉散らかっている;(何もしないで)ごろごろしている
lie down 横になる, 一休みする
lie in A 〈原因などが〉 A にある
━ 名 C ((ふつう the lie)) 状態;位置;(動物の)生息地

lie²

/lái ライ/

名 (複 **lies** /ライズ/) C **うそ**
- a white *lie* 罪のないうそ
- a black *lie* 悪質なうそ
- tell a *lie* うそをつく
give the lie to A ((改まって)) A (人)をうそを言ったと責める, 非難する
━ 動
三単現 **lies** /ライズ/
過去・過分 **lied** /ライド/
現分 **lying** /ライイング/
━ 自 (人に)**うそをつく** ((*to...*))
- *lie about one's* career 経歴を偽る

life

/láif ライフ/

名 (複 **lives** /ライヴズ/)
❶ U **生命, 命**
- save *A's life* A (人) の命を救う
- *life* expectancy 平均余命
- *life* insurance 生命保険
- a *life* jacket 救命胴衣
- *life* span (生物などの)寿命
❷ C U **生活, 暮らし**
- *one's* daily *life* 日常生活
- *one's* private *life* 私生活
- a single *life* 独身生活
- live a luxurious *life* ぜいたくな暮らしをする

lifeboat

- ❸ C ((ふつう one's life)) 一生, 生涯
- all one's life 一生涯, 終生
- for life 一生の間(の), 生涯(の)
- ❹ U 人生;世間
- the best time in one's life 人生の絶頂期
- He enjoyed a long life. 彼は長生きした
- ❺ U 生物, 生き物
- animal life 動物
- vegetable life 植物
- ❻ U 生気, 活気
- be full of life 元気いっぱいである
- ❼ C 伝記
- the life of President Kennedy ケネディ大統領伝

bring A to life A を生き返らせる
come to life 意識を取り戻す, 生き返る;活気を呈する
for the life of one ((否定文で))どうしても…ない
in (all) one's life 生まれてこのかた, 今までに
in life 存命中
take A's life A (人)の命を奪う, 殺す
take one's (own) life 自殺する
That's life. それが人生だ
true to life 現実のままの

lifeless 形 生命を持たない;元気[活力]のない
lifelessly 副 死んだように, 活気なく

lifeboat /láifbòut ライフボウト/ 名 C 救命ボート

lifeguard /láifgà:rd ライフガード/ 名 C (海水浴場・プールなどの)救助員, 監視員

lifeline /láiflàin ライフライン/ 名 C
- ❶ 救命索, 命綱
- ❷ (必要物資を運ぶ)ライフライン, 生命線

lifelong /láiflò:ŋ ライフローング/ 形 一生の, 生涯にわたる
- lifelong education 生涯教育
- one's lifelong friend 終生の友

life-size /láifsàiz ライフサイズ/ 形 等身大の, 実物大の

lifestyle /láifstàil ライフスタイル/ 名 C (人の)生き方, ライフスタイル

lifetime /láiftàim ライフタイム/ 名 C (人の)一生, 生涯;(物の)耐用年数, 寿命
- lifetime employment 終身雇用

lifework /láifwə̀:rk ライフワーク/ 名 U 一生の仕事, ライフワーク

lift /lift リフト/

動 三単現 **lifts** /リフツ/
過去・過分 **lifted** /リフティド/
現分 **lifting** /リフティング/

— 他
- ❶ 〈…を〉**持ち上げる**, 上げる
- I can't lift this heavy box. この重い箱を持ち上げられない
- ❷ 〈気分などを〉高揚させる, 高める
- ❸ 〈制裁などを〉解除する

— 自
- ❶ 〈物が〉**持ち上がる**, 上がる
- The window won't lift. 窓が持ち上がらない
- ❷ 〈気分などが〉高揚する, 晴れる
- ❸ 〈霧が〉晴れる, 消える

— 名 C
- ❶ 持ち上げること;上がること, 上昇
- a lift in prices 物価の上昇
- ❷ ((a lift)) ((英)) 車に乗せてやること (((米)) ride)
- ❸ ((英)) リフト;エレベーター (((米)) elevator)

light¹ /láit ライト/

名 (複 **lights** /ライツ/)
- ❶ U 光, 光線;明るさ;日光;昼間
- emit light 光を発する
- ❷ C 明かり, 電灯;(車の)ヘッドライト;信号灯
- a light bulb 電球
- switch on [off] the light 電灯をつける[消す]
- Would you mind switching the lights on? 電気をつけてくれませんか
- ❸ C ((ふつう a light)) (ライターなどの)火
- ❹ C 見方, 見地
- see things in different lights 物事を異なった観点から見る

bring A to light A (秘密)を暴露する
come to light 明るみに出る, 現れる
in light of A A の観点から;A を考慮して
see the light 生まれる, 日の目を見る

— 形
比較 **lighter** /ライタ/
最上 **lightest** /ライタスト/
- ❶ 明るい
- a light spacious living room 明るく広々とした居間

- *light* green ライトグリーン, 薄緑
  - ■動
  - 三単現 **lights** /ライツ/
  - 過去・過分 **lighted** /ライティド/, **lit** /リト/
  - 現分 **lighting** /ライティング/
  - ― 他
  - ❶ 〈タバコなどに〉火をつける, 〈火を〉つける; 〈…を〉燃やす
- *light* a fire 点火する
  - ❷ 〈明かりなどが〉〈場所などを〉**照らす**; 〈花火などが〉〈空などを〉明るくする
  - ― 自
  - ❶ 〈電灯が〉つく; 〈画面などが〉明るくなる
  - ❷ 〈空などが〉(火などで)明るく照らし出される; 〈目・顔が〉(喜びなどで)輝く ((*with...*))
  - **lighter** 名 C ライター; 点火者
  - **lighting** 名 U 照明, 照明器具

light² /láit ライト/

形 副 比較 **lighter** /ライタ/
最上 **lightest** /ライタスト/

― 形

❶ **軽い** (⇔ heavy)
- *light* baggage 軽い手荷物
- *as light as* a feather 羽根のように軽い

❷ 〈仕事などが〉楽な; 骨の折れない; 〈音楽などが〉肩のこらない
- take *light* exercise 軽く運動する
- *light* music 軽音楽

❸ 〈食べ物が〉もたれない; 〈酒類が〉アルコール分が少ない
- a *light* meal 軽食
- *light* beer 軽いビール, ライトビール

❹ 〈動作が〉軽快な; 〈気分が〉晴れやかな
- *light* steps 軽やかな足取り

❺ 〈量が〉少ない; 〈力・強度が〉弱い; 〈眠りが〉浅い
- a *light* rain 小雨
- *light* traffic 少ない交通量

make light of A A(人・事)を軽視する

― 副 軽く, 身軽に

lighten¹ /láitn ライトン/ 動
― 自 〈空などが〉明るくなる
― 他 〈…を〉明るくする, 照らす; 〈雰囲気などを〉なごます, 明るくする

lighten² /láitn ライトン/ 動
― 他 〈荷を〉軽くする; 〈負担などを〉軽減する; 〈苦痛などを〉やわらげる
― 自 軽くなる; 〈心・気持ちが〉楽になる

lighthouse /láithàus ライトハウス/ 名 C 灯台

lightly /láitli ライトリ/ 副
❶ 軽く, そっと; 少しばかり
❷ 軽率に, 軽々しく; 陽気に, 快活に

lightning /láitniŋ ライトニング/ 名 U
❶ 稲妻(いなずま); 電光
❷ ((形容詞的に)) 稲妻の, 電撃的な
- a *lightning* bug ((米))【昆虫】ほたる
- a *lightning* rod ((米)) 避雷針

lightweight /láitwèit ライトウェイト/
形 軽量の, 軽い;【ボクシング】ライト級の; ((けなして)) 重要でない
― 名 C 【ボクシング】ライト級の選手

likable, likeable /láikəbl ライカブル/ 形 好感の持てる; 好ましい

like¹ /láik ライク/

動 三単現 **likes** /ライクス/
過去・過分 **liked** /ライクト/
現分 **liking** /ライキング/
― 他

❶ 〈…を〉**好む**, 〈…が〉**好きである**
- Do you *like* coffee? コーヒーは好きですか
- Do you *like* flowers? 花は好きですか
- I *like* you very much.
  私はあなたがとても好きです

❷ ((次の用法で))
- ■ *like doing* [*to do*] …することが好きだ
- I *like* skiing [*to* ski].
  私はスキーをするのが好きだ
- ■ *like A to do* [*doing*]
  A(人)に…してもらいたい
- I *like* you *to* be happy.
  君には幸せでいてほしい
- ■ *like to do* …したい
- I don't *like to* trouble you.
  君に迷惑をかけたくない
- ■ *like A C* AがC(の状態)を好む
- I *like* my room clean.
  私は部屋がきれいなのが好きだ
― 自 好む, 望む
- Do as you *like.* 好きなようにしなさい

How do* [*would*] *you like A?
Aをどう思いますか, Aはどうですか; どんな程度[状態]のAがお好みですか
- *How do you like* Tokyo?
  東京はいかがですか
- "*How would you like* your steak?"

"Well-done, please."「ステーキの焼き方はどうしましょうか」「よく焼いてください」

if you like
((提案)) もしもよかったら;そうしたければどうぞ
- "Can I go abroad alone?" "*If you like*."
「海外旅行に1人で行ってもいいかな」「行きたいならどうぞ」

(whether you) like it or not
好むと好まざるとにかかわらず

would like A Aがほしい

would like to do …したいのですが
- I *would like to* talk to you.
あなたとお話がしたい

would like A to do
A(人)に…してほしい
- I *would like* you *to* read this book.
あなたにこの本を読んでほしい

Would you like A?
A(物)はいかがですか
- *Would you like* some coffee?
コーヒーはいかがですか

Would you like to do?
(1) …なさりたいですか
(2) …してくれませんか
- *Would you like to* call me?
私に電話していただけませんか

What would you like for A?
A(事)には何がよろしいですか
- "*What would you like for* dessert?" "(I'd like) pudding, please."「デザートに何がよろしいですか」「プリンをお願いします」

■ **名** ((likes)) 好み;好きなもの
- *one's likes* and dislikes 好き嫌い

like² /láik ライク/

前

❶ …に似た, 類似した
- She looked *like* my daughter.
彼女は私の娘に似ていた
- She speaks *like* her mother.
彼女は母親と同じような話し方をする

❷ …と同様に;…と同程度に
- act *like* a boss まるで上司のようにふるまう
- *Like* father, *like* son.
((ことわざ)) この父にしてこの子あり

❸ …のような (such as)
- I like subjects *like* math and physics.
私はたとえば数学や物理といった科目が好きだ

❹ …らしく
- It's not *like* you to say such a thing.
そんなことを言うなんて君らしくないなあ

feel like A Aがほしい気がする

more like (it) 考えていることに近い
📖 That's *more like it*. その方がいいですね

There's nothing like A.
Aほど好ましいものはない

What is A like?
Aとはどんな物[人]ですか

■ **形**
比較 more like
最上 most like

似ている;同じような
- in *like* cases 同じような場合に
- You two are (as) *like* as two peas in a pod. 君たち2人はとてもよく似ている
- What was the house *like*?
その家はどんな家でしたか

■ **副** ((比較なし)) ((文尾で)) どうやら; ((文中で)) あの, その; ((話のつなぎ)) ええと, そのう
- Would you mind, *like*, staying tonight?
あの, 今晩泊まっていかない

(as) like as not
((くだけて)) たぶん, おそらく

■ **接**

❶ あたかも[まるで]…のように (as if)
- It looks *like* she is gone.
彼女は行ってしまったようだ

❷ …と同じように, …のように
- just *like* you say おっしゃるとおり
- *like* I said 申し上げたとおり

■ **名** C ((ふつう *one's* like, the like)) 似た人[物], 同じような人[物]

likelihood /láiklihùd ライクリフド/ **名** U 公算, 見込み; C 見込み, 機会
- there is a *likelihood* that... たぶん…だろう
- in all *likelihood* おそらく, 十中八九

likely /láikli ライクリ/

形

❶ ありそうな, 本当らしい (⇔ unlikely)
- be *likely* to *do* …しそうである
- It's *likely* to rain. 雨が降りそうだ

❷ 適当な, 格好(か っ こ う)の

■ **副** おそらく, たぶん
- *most likely* 十中八九

Not likely! とんでもない

(as) likely as not おそらく…だろう

likeness /láiknəs ライクナス/ **名**

❶ U C (…に)似ていること;(…との)類似

(点)((to...))
❷ C ((ふつう a likeness)) 肖像画, 写真
likewise /láikwàiz ライクワイズ/ 副 同じように, 同様に;さらにまた
liking /láikiŋ ライキング/
動 like¹の現在分詞・動名詞
— 名 ((a liking)) 好み;趣味
・*have a liking for A* Aが好きである
to A's liking A(人)の好みに合った
lilac /láilək ライラク/ 名 C 【植物】ライラック
lily /líli リリ/ 名 C 【植物】百合(ゆり)
limb /lím リム/ 名 C (人・動物の)腕, 脚;(鳥の)翼(つばさ);(木の)大枝
limit* /límit リミト/
名 (複 **limits** /リミツ/) C
❶ ((しばしば limits)) 限界, 限度;制限
・an age *limit* 年齢制限
❷ 境界線;((limits)) (境界で囲まれた)範囲, 区域
to the limit 極端に
within limits 適度に, 控えめに
without limit 限りなく, 無制限に
— 動 他 〈物を〉(…に)制限[規制]する((to...))
■ *be limited to A* Aに限られる
limitation 名 U 制限, 限定; C 限界
limitless 形 制限のない, 無限の
limited /límitid リミティド/
動 limitの過去形・過去分詞
— 形
❶ 限られた, 有限の
・a *limited* time 一定時間
❷ ((米)) 〈列車・バスなどが〉特急の
・a *limited* express 特別急行(列車)
limousine /líməzìːn リマズィーン/ 名 C リムジン;豪華な大型自動車
limp¹ /límp リンプ/
動 自 片足を引きずるように歩く
— 名 ((a limp)) 片足を引きずって歩くこと
limp² /límp リンプ/ 形 締まりのない, ぐにゃぐにゃの;弱々しい
Lincoln /líŋkən リンカン/ 名 **Abraham Lincoln** リンカーン (米国第16代大統領で, 国家統一と奴隷解放を達成)

line¹ /láin ライン/

名 (複 **lines** /ラインズ/) C
❶ (鉛筆などの)線, ライン;筋
・the *lines* on *A's* face Aの顔のしわ
・draw a straight *line* 直線を引く

❷ ひも, 糸;綱
・a fishing *line* つり糸
❸ 列, 行列
・form a *line* 並ぶ, 列を作る
・cut in *line* 列に割り込む
・stand in (a) *line* 列に立って並ぶ
📖 *Make a line* of desks facing each other.
机が向き合うように列を作ってください
❹ (バスなどの)路線, 航路;線路
・the New Tokaido *Line* 東海道新幹線
❺ (文字・文章の)行; (a line) 一筆, 手紙
・the third *line* from the bottom [top] 下[上]から3行目
・Drop me a *line* once in a while.
たまには連絡ください
❻ ((ふつう the line)) 電話線, (電話)回線
・Would you hold *the line*?
電話を切らずにお待ちいただけますか
・*The line* is busy. お話し中です
❼ 職業;専門
・What is your *line* of work?
どんな職業におつきですか
❽ (行動などの)方向, 方針
📖 You're on the right *line*.
(考え方などの)方向は間違っていませんよ
bring A into line 一直線にする;(…と)一致[調和]させる((with...))
come [get] into line 一直線になる;(…と)一致[調和]する((with...))
draw a line between A and B
AとBを区別する
hold the line 現状を維持する;(電話を)切らずにお待ちください
in line
((米)) 列に並んで;(…と)一致して((with...))
off line (ホストコンピュータと)接続していないで;作動[活動]していないで
on line (ホストコンピュータと)接続して;作動[活動]して
on the line
(電話で)話し中で;危機に瀕(ひん)して
out of line (…と)一致しないで((with...));生意気な[で];列に並ばないで
read between the lines
行間を読む, 言外の意味を汲み取る
— 動
— 他 〈…に〉線を引く;〈道などに〉整列する;〈人・物を〉整列させる((up))
— 自 1列に並ぶ, 整列する((up))

line² /láin/ ライン/ 動 他 〈衣服などに〉裏地を張る, 裏打ちする

linear /líniər/ リニア/ 形 直線状の, まっすぐな

linen /línən/ リナン/ 名 U リネン, リンネル, 亜麻織物; U C ((しばしば linens)) ((単数扱い)) リネン製品

liner /láinər/ ライナ/ 名 C
❶ (大洋航路の) 定期船; (大型) 定期旅客機
❷ 【野球】ライナー, ラインドライブ

linesman /láinzmən/ ラインズマン/ 名 C 【スポーツ】線審, ラインズマン

lineup /láinÀp/ ライナプ/ 名 C 顔ぶれ; ラインアップ; 陣容; 【スポーツ】出場メンバー

linger /líŋgər/ リンガ/ 動 自 ぐずぐずする, 居残る; 〈病気が〉長引く; 〈習慣などが〉なかなかなくならない

lingerie /là:ndʒəréi/ ラーンチャレイ/ 名 U ランジェリー, 婦人用肌着

linguist /líŋgwist/ リングウィスト/ 名 C 言語学者; 語学が得意な人
linguistic 形 言語の; 言語学(上)の
linguistics 名 U ((単数扱い)) 言語学

lining /láiniŋ/ ライニング/
動 line¹,²の現在分詞・動名詞
━ 名 U 裏地; C 裏張り, 裏打ち

link /líŋk/ リンク/
名 C
❶ 結び付けるもの, きずな
❷ (鎖の) 輪
❸ 【コンピュータ】ハイパーリンク
━ 動 他
❶ 〈複数の物を〉つなぐ, 連結する
❷ 【コンピュータ】〈パソコンなどを〉(ネットワークなどに) つなぐ ((to..., with...))
linkage 名 U C 結合; 連鎖

lion* /láiən/ ライアン/
名 (複 **lions** /ライアンズ/) C
❶ 【動物】ライオン, 獅子(しし)
❷ (特に芸術・文壇の) 名士; 勇猛な人
❸ ((the Lion)) 【天文】しし座
lioness 名 C 雌(めす)ライオン

lip* /líp/ リプ/ 名 (複 **lips** /リプス/) C
❶ 唇(くちびる)
・the upper [lower] *lip* 上[下]唇
❷ ((ふつう lips)) (発音器官としての) 唇, 口
・open *one's lips* 口を開く, 話す
❸ (容器などの) 口, へり
bite one's lip (怒り・痛みなどを抑えて) 唇をかむ
lick one's lips 舌なめずりをする; ((くだけて)) うれしがる
one's lips are sealed 口外しない
Read my lips. 私の言うことをよく聞くのですよ

lipstick /lípstik/ リプスティク/ 名 U C (棒状の) 口紅; リップスティック

liqueur /likə́:r/ リカー/ 名 U リキュール

liquid /líkwid/ リクウィド/
名 U C 液体
━ 形
❶ 液体の; 流動体の
・a *liquid* diet 流動食
❷ 〈資産が〉現金化しやすい; 流動性の

liquor /líkər/ リカ/ 名 U (主に米) 強い酒, (特に) 蒸留酒; ((英)) アルコール飲料

list* /líst/ リスト/
名 (複 **lists** /リスツ/) C **一覧表, 表, リスト**; 目録; 名簿
・make a *list* of A Aの名簿を作成する
━ 動 他 〈…の〉一覧表を作る, 〈…を〉(表・名簿などに) 記入する, リストに載せる

listen /lísən/ リサン/

動 三単現 **listens** /リサンズ/
過去過分 **listened** /リサンド/
現分 **listening** /リサニング/
━ 自
❶ (注意して) **聴く, 聞く,** (…に) **耳を傾ける** ((to...))
・*listen to* music 音楽を聴く
・*listen to* the teacher 教師の話を聴く
■ *listen to* A doing Aが…しているのを聴く
📖 *Listen to* this tape.
このテープを聴いてください
📖 *Listen to* what Ken is saying.
ケンの言っていることを聴いてください
❷ (忠告・要求などに) 耳を貸す ((to...))
・*listen to* a warning 警告に従う
listen for A Aが聞こえないかと耳を澄ます, Aを期待して聞き耳を立てる
listen in (…を) 聞く ((to...)); (会話などを) 盗み聞きする ((on..., to...))
Listen up. ((米)) ちょっと聞いてください
listener 名 C 聞き手; (ラジオの) 聴取者

lit /lít/ リト/ 動 light¹の過去形・過去分詞

liter, ((英)) **litre** /lí:tər/ リータ/ 名 C リットル (略 l, lit)

literacy /lítərəsi リタラスィ/ 名 U 読み書き能力, 識字能力

literal /lítərəl リタラル/ 形 文字の;〈意味などが〉文字どおりの;〈訳・解釈などが〉逐語的な
literally 副 文字どおりに;逐語的に

literary /lítərèri リタレリ|lítərəri リタラリ/ 形
❶ 文学の, 文芸の, 文学的な
・*literary* works 文芸作品
❷ 文語(体)の, 文語的な
❸〈人が〉文学に通じる;著述業の

literate /lítərət リタラト/
形 読み書きができる;学問のある
名 C 読み書きのできる人

literature /lítərətʃər リタラチャ/ 名
❶ U C 文学, 文芸;文学[文芸]作品
❷ U 文献
❸ U (広告などの)印刷物

litter /lítər リタ/
名 U (散乱した)ごみ[くず], がらくた
・No *litter*! 《掲示》ごみ捨て禁止
― 動
― 他〈場所を〉〈物で〉散らかす(*with...*)
― 自 (公共の場に)ごみを捨てる

little /lítl リトル/

形 比較 **less** /レス/, **lesser** /レサ/
最上 **least** /リースト/

❶ **小さい**(⇔ big, large);幼い(young);年下の;ちっぽけな, かわいらしい
・a *little* car 小さな車
・a nice *little* house すてきなかわいい家
・a *little* girl (かわいらしい)女の子
・a *little* brother [sister] 弟[妹]
・a *little* finger (手の)小指
・a *little* toe (足の)小指

❷ 《a little + 不可算名詞》《肯定的に》**少しの, 少量の**, わずかの(⇔ much)
・I have *a little* money. 少しは金を持っている
・I speak *a little* English. 私は少し英語を話す

❸ 《little + 不可算名詞》《否定的に》**ほとんどない**
・There is *little* time left. 残された時間はほとんどない

❹ 取るに足りない, ささいな
・a *little* problem ささいな問題

❺〈時間・距離が〉短い, わずかな

・for a *little* while ほんの少しの間
・have a *little* talk with *A*
A(人)とちょっと話をする
***A little* bird told me.**
誰かさんから聞いたよ, 風のうわさでは
***a little* bit** ほんの少し
not a *little* A
少なからぬA, かなり多くのA
・She inherited *not a little* fortune.
彼女はばく大な財産を相続した
only a *little* A ほんのわずかのA
quite a *little* A
《米》《くだけて》かなりたくさんのA(物・事)

― 副
比較 **less** /レス/
最上 **least** /リースト/

❶ 《a little》《肯定的に》**少し(は…する)**
・I am *a little bit* sleepy. ちょっと眠い
・Please speak *a little* more clearly.
もう少しはっきり話してください

❷ 《否定的に》**ほとんど…ない, 少ししか…ない**
・Usually I eat *little*.
ぼくはふつうはほとんど食べない
little* better than *A
Aとほとんど同じ(でよくない)
little* less than *A
Aほども多く, Aと大して変わらない
little* more than *A
Aにすぎず, ほとんどAも同然で
not a *little* 少なからず, 大いに
・I was *not a little* surprised at the news.
そのニュースには本当に驚いた

― 代 《a little》《肯定的に》(量などが)**少し(あるもの)**;《little》《否定的に》**ほんの少し(しかないもの)**
・I had no money, but she had *a little*. 私は文無しだったが彼女は少しお金を持っていた
・I understand only *a little*.
ほんの少しだけ分かります
・*Little* is known about the golfer. そのゴルファーについてはほとんど知られていない
little* by *little 少しずつ, 徐々に
・He became better *little by little*.
彼は少しずつ快方に向かった
make *little* of *A* Aを軽視する
not a *little* 少なからぬ量
quite a *little* かなり多くのもの
think *little* of *A* A(事)を軽く見る

live¹ /lív リヴ/

動 三単現 **lives** /リヴズ/
過去・過分 **lived** /リヴド/
現分 **living** /リヴィング/
— 自

❶ 住む, 住んでいる
- *live* in the country 田舎に住む
- *live with* one's parents 両親と同居する
- "Where do you *live*?" "I *live* in Yokohama."「どこに住んでいますか」「横浜に住んでいます」

❷ 生活する, 暮らす
- *live from day to day* その日暮らしをする
- *live (from) hand to mouth*
  かつかつの生活をする

❸ 生きる, 生きている
- as [so] long as I *live* 私が生きている限りは

❹ 〈動植物が〉生息する
— 他 ((次の用法で))
- *live* a ... life …の生活をする
  ➡ ...には形容詞が入る
- *live* [lead] *a* happy *life* 幸せな生活をする
- *live* a [the] life of A Aの生活をする

live by A A(仕事)で生計を立てる
live A down A(過去・恥)を償う
live in 住み込みで働く
live on A A(米など)を食べて生きる; A(給料など)で生活する
live up to A A(期待)に添う
live with A A(人)と同居する; A(困難・苦痛など)を受け入れる

live²* /láiv ライヴ/

形 ((比較なし))
❶ 生きている
- *live* animals 生きている動物

❷〈放送などが〉生の, 実況の, ライブの
- a *live* concert of the Vienna Philharmonic ウィーン・フィルのライブコンサート

❸〈問題などが〉当面の, 現在関心を集めている
- a *live* issue 当面の問題
— 副 ((比較なし))〈放送などが〉生で, 実況で, ライブで
- broadcast A *live* A(番組)を生放送する

livelihood /láivlihùd ライヴリフド/ 名 C
((ふつう単数形で))生計(の手段), 暮らし

lively /láivli ライヴリ/ 形
❶〈人などが〉元気のよい, 活発な;〈曲などが〉陽気な;〈町などが〉活気のある

❷〈色などが〉あざやかな;〈感情などが〉強烈な

liver /lívər リヴァ/ 名 C【解剖】肝臓; U C (食用の)肝臓, レバー

Liverpool /lívərpù:l リヴァプール/ 名 リバプール(英国イングランド北西部の港市で, ビートルズの生まれ故郷)

lives /láivz ライヴズ/ 名 lifeの複数形

livestock /láivstàk ライヴスタク/ 名 U ((単数・複数扱い))家畜類

living /líviŋ リヴィング/
動 liveの現在分詞・動名詞
— 形
❶ 生きている
❷ 現在使われている;現存する
- a *living* language (今)使われている言語

❸ 実物そっくりの, 生き写しの
— 名
❶ ((a [one's] living)) 生計, 生活費
- make one's *living* 生計を立てる

❷ U 生活, 暮らし
- the cost of *living* 生活費
- a *living* room 居間, リビング

lizard /lízərd リザド/ 名 C【動物】とかげ; U とかげの革

load /lóud ロウド/
名 C
❶ 積み荷, 荷;積載量
❷ (精神的な)負担, 重荷, 責任, 苦労
loads of A ((くだけて))たくさんのA(物)
— 動
— 他
❶ 〈…を〉積む
- *load A with B* A(乗り物)にB(荷)を積む
- *load A in* [*into, onto*] *B*
  A(荷)をB(乗り物)に積む

❷〈フィルム・CDなどを〉(カメラ・プレーヤーなどに)セットする

❸【コンピュータ】〈データなどを〉(ファイルなどから)読み込む, ロードする((*from...*))
— 自〈人が〉荷物を積む((*up*))

load A down with B = load down A with B A(人)にB(責任など)を負わせる

loaded 形 荷を積んだ,〈銃砲が〉弾を込めた,〈カメラが〉フィルムを装てんした

loaf¹ /lóuf ロウフ/ 名 ((複 **loaves** /ロウヴズ/) C (パンの)ひとかたまり
- a *loaf* of bread ひとかたまりのパン

loaf² /lóuf ロウフ/ 動 自 ((くだけて))ぶらつき回る((*about, around*))

loan /lóun ロウン/
名
❶ C 貸付金, ローン;貸借物
❷ U 貸与, 貸し付け
・*on loan* 貸し付けて;借り入れて
━ **動** 他 ⟨…を⟩貸す, 貸し出す
・*loan A B = loan B to A* AにBを貸す

loathe /lóuð ロウズ/ **動** 他 ⟨…を⟩ひどく嫌う

loaves /lóuvz ロウヴズ/ **名** loafの複数形

lob /láb ラブ/
動 他【テニス・ゴルフ】⟨球を⟩緩く高く打つ, ロブ(ショット)をする
━ **名** C 【テニス・ゴルフ】ロブ

lobby /lábi ラビ/
名 C
❶ (ホテル・劇場などの)ロビー
❷ (議会のロビーで議員に働きかける)陳情団
━ **動**
━ 自 議員に働きかける
━ 他 ⟨議員に⟩(…するよう)働きかける, 陳情する((*to do*))

lobe /lóub ロウブ/ **名** C 耳たぶ;【解剖】(肺などの)葉(よう)

lobster /lábstər ラブスタ/ **名** C 【動物】ロブスター; U ロブスターの肉

local* /lóukəl ロウカル/
形 ((ふつう比較なし))
❶ **その土地の;地元の**, 現地の
・a *local* government 地方自治体
・a *local* paper (全国新聞に対する)地方紙
・*local* time 現地時間
❷ **局部的な**, 局所的な
❸ ((米))**各駅停車の**
・a *local* train 普通列車
━ **名** C
❶ ((ふつう locals)) 土地の人, 地元住民
❷ ((米))(各駅停車の)普通列車
locally 副 ある地方で, 地元で;局部的に
locality 名 C 場所;地方, 地域

locate /lóukeit ロウケイト/ **動** 他
❶ ⟨…の⟩位置を突き止める;⟨人・物を⟩探し当てる
❷ ⟨事務所などを⟩設ける, 設置する
・*be located at [in] A*
(建物などが) Aにある, 位置する

location /loukéiʃən ロウケイシャン/ **名**
❶ C (建物などの占める)場所, 位置, 所在地
❷ C U【映画】野外撮影地
・*be [go] on location* ロケ中である[に行く]

lock /lák ラク/
動 三単現 **locks** /ラクス/
過去・過分 **locked** /ラクト/
現分 **locking** /ラキング/
━ 他
❶ ⟨…に⟩**鍵をかける**, 錠を下ろす
・Be sure to *lock* the door.
必ずドアに鍵をかけなさい
❷ ⟨物を⟩(金庫などに)鍵をかけてしまい込む((*in...*));⟨人を⟩(部屋などに)鍵をかけて閉じ込める((*in...*))
❸ ⟨タイヤなどを⟩固定する, 動かなくする
━ 自
❶ **鍵がかかる**, 錠が下りる
・The gate *locks* automatically.
門は自動的に鍵がかかる
❷ ⟨タイヤなどが⟩固定される, 動かなくなる
━ **名** (複 **locks** /ラクス/) C 錠, 錠前
・open the *lock* with a key 錠を鍵で開ける

locker /lákər ラカ/ **名** C ロッカー

locomotion /lòukəmóuʃən ロウカモウシャン/ **名** U 移動, 移動力

locomotive /lòukəmóutiv ロウカモウティヴ/ **名** C 機関車
・a steam *locomotive* 蒸気機関車

locust /lóukəst ロウカスト/ **名** C 【昆虫】ばった, いなご

lodge /ládʒ ラヂ/
名 C 山荘, 山小屋;番小屋, 門衛所
━ **動**
━ 自 (…に)泊まる, 下宿する((*at..., in...*))
━ 他 ⟨苦情などを⟩提出する, 申し出る
lodging 名 U C 宿;宿泊;((lodgings)) 貸間, 下宿用の部屋

loft /lɔ́:ft ローフト/ **名** C (納屋などの上階の)干し草置き場;屋根裏(部屋);ロフト

lofty 形 ⟨山などが⟩非常に高い;⟨考えなどが⟩高尚な

log /lɔ́:g ローグ/
名 C
❶ 丸太, 丸木;まき
・sleep like a *log* ((くだけて))ぐっすり眠る
❷ 航海[航空]日誌
━ **動** 他
❶ ⟨…を⟩(航海日誌に)記録する
❷ ⟨森林を⟩伐採する
log in [on] 【コンピュータ】ログイン[オン]する(使用を開始する)

logarithm /lɔ́:gəriðm ローガリズム/ 名 C 【数学】対数 (略 log)

logic /ládʒik ラヂク/ 名 U 論理学;論理, 論法;【コンピュータ】ロジック
- **logical** 形 論理的な, 理にかなった;論理(学)の
- **logically** 副 論理上, 論理的に

logo /lóugou ロウゴウ/ 名 C (商品名などの)意匠(いしょう)文字, ロゴ

lon. ((略)) *lon*gitude 経度

London /lʌ́ndən ランダン/ 名 ロンドン (英国の首都)

Londoner /lʌ́ndənər ランダナ/ 名 C ロンドン市民[子]

lone /lóun ロウン/ 形 ひとりの, 連れのない, 孤独な
- **loner** 名 C 人と交わらない人;一匹狼
- **lonesome** 形 寂しい;人里離れた

lonely* /lóunli ロウンリ/
形 比較 **lonelier** /lóunliər ロウンリア/
最上 **loneliest** /lóunliəst ロウンリアスト/
❶ 〈人が〉ひとりぼっちの, 孤独の;寂しい
❷ 〈場所が〉人里離れた, 孤立した
- **loneliness** 名 U 孤独;寂しさ

long¹ /lɔ́:ŋ ローング | lɔ́ŋ ロング/

形 副 比較 **longer** /lɔ́:ŋgər ローンガ | lɔ́ŋgər ロンガ/
最上 **longest** /lɔ́:ŋgəst ローンガスト | lɔ́ŋgəst ロンガスト/
■ 形
❶ 〈物が〉長い (⇔ short); ((数字のあとで)) …の長さの
- She has *long* legs. 彼女の脚は長い
- "How *long* is this bridge?" "It's about 100 meters (*long*)." 「この橋の長さはどれくらいですか」「およそ100メートルです」
❷ (時間・距離的に)長い, 長く続く
- a *long* summer vacation 長い夏休み
- It's been a *long* time since I saw you last. = I haven't seen you for a *long* time. 久しぶりですね
- I won't be *long*. すぐ戻ります
■ *it is not long before*... まもなく…する
■ 副
❶ (時間的に)長く, 長い間
- "How *long* did the party last?" "It lasted for three hours." 「パーティーはどれくらい続いたの」「3時間でした」
- He has been studying *long* and hard. 彼は長いこと熱心に勉強している
❷ ((all を前に置いて)) …じゅうずっと
- *all* day *long* 一日じゅう
❸ ((before, after などの前に置いて))((次の用法で))
- *long before* ずっと前に
- *long after* ずっとあとに
- not *long ago* ちょっと前に
any longer ((否定文で)) もはや(…ない);((疑問文で)) これ以上, まだ
as [so] long as …する間[限り]は
no longer A = not A any longer もはやA(人・物)ではない
So long! ((主に米)) それじゃまた
■ 名 U 長い時間, 長い期間
- for *long* 長い間
before long やがて, まもなく

long² /lɔ́:ŋ ローング | lɔ́ŋ ロング/ 動 自 (…を)待ち望む((*for*...))
- *long to do* しきりに…したがっている
■ *long for A to do* Aが…することを熱望する

long. ((略)) *long*itude 経度

long-distance /lɔ́:ŋdístəns ローングディスタンス/
形 長距離の;長距離電話の
- make a *long-distance* call to *A*
Aに長距離電話をかける
■ 副 長距離(電話)で

longevity /landʒévəti ランヂェヴァティ/ 名 U 長寿, 長生き;寿命

longing /lɔ́:ŋiŋ ローンギング/
動 long² の現在分詞・動名詞
■ 名 C U (…への)あこがれ, 熱望((*for*...));(…したいという)切望((*to do*))
■ 形 あこがれる, 切望する
- **longingly** 副 あこがれて

longitude /lándʒətù:d ランヂャトゥード/ 名 U C 【地理】経度, 経線 (略 lon., long.)
- **longitudinal** 形 経度[経線]の;縦(方向)の

long-lived /lɔ́:ŋláivd ローングライヴド/ 形 長命[長生き]の;耐久性のある

long-range /lɔ́:ŋréindʒ ローングレインヂ/ 形 〈計画などが〉長期の;長距離(用)の

long-running /lɔ́:ŋrʌ́niŋ ローングラニング/ 形 長い間続いている, ロングランの

longstanding /lɔ́:ŋstǽndiŋ ローングスタン

long-term /lɔ́:ŋtə́:rm ローングターム/ 形 長期の, 長期にわたる, 長期的な

longtime /lɔ́:ŋtáim ローングタイム/ 形 昔からの, 長年の

look ☞ 360ページにあります

lookout /lúkàut ルカウト/ 名 C ((a look-out)) 見張り, 用心;見張り人;見張り所

loom /lú:m ルーム/ 動 自
❶ 〈大きな姿で〉ぼんやり現れる ((up))
❷ 〈問題などが〉不気味に迫る

loop /lú:p ループ/
名 C (ひもなどの)輪;輪[環]状のもの
― 動 他 〈…を〉輪[環]状にする;輪で囲む

loophole /lú:phòul ループホウル/ 名 C (法律などの)逃げ道, 抜け穴;(城壁などの)銃眼, 狭間(はざま)

loose /lú:s ルース/

形 比較 **looser** /ルーサ/
最上 **loosest** /ルーサスト/
❶ 〈結び目などが〉**緩い, 緩んだ**;〈衣服などが〉ゆったりした (⇔tight)
❷ ((比較なし))(束縛から)解放された, 自由になって
・ *break loose* 逃げる, 脱走する
❸ ((比較なし))〈ひもなどの端が〉結んでいない;〈物が〉束ねていない
❹ 〈生活などが〉だらしのない
・ lead a *loose* life だらしのない生活を送る
let A loose = let loose A
A(人・物)を自由にする, 解放する
loosely 副 緩く;だらしなく

loosen /lú:sən ルーサン/ 動
― 他
❶ 〈結び目などを〉緩める, ほどく
❷ 〈規律などを〉緩和する
― 自 緩む;〈関係などが〉弱まる

lord /lɔ́:rd ロード/ 名
❶ C 支配者, 統治者, 首長;君主
❷ ((the [Our] Lord)) 主(しゅ), 神;キリスト
❸ C ((英)) 貴 族;((the Lords)) ((複数扱い)) 上院議員たち; U ((Lord))…卿(きょう)
Good [Oh] Lord! おやまあ, ああ

lore /lɔ́:r ロー/ 名 U (伝承的な)知識, 言い伝え

Los Angeles /lɔ́:s ǽndʒələs ロース アンヂャラス/ 名 ロサンゼルス (米国カリフォルニア州南西部の太平洋岸の大都市)

lose /lú:z ルーズ/

動 三単現 **loses** /ルーズィズ/
過去過分 **lost** /ロスト/
現分 **losing** /ルーズィング/
― 他
❶ 〈物を〉(うっかり)**なくす**;〈大切なものを〉**失う** (⇔gain), 〈人と〉死別する
・ *lose* one's job 失業する
・ I *lost* my cellphone. 携帯電話をなくした
📖 I seem to be *losing* my voice.
声が出なくなってきたようです
❷ 〈道・方向を〉**見失う**;〈速度を〉落とす;〈体重を〉減らす;〈時間を〉むだにする;〈機会を〉逃す
❸ 〈試合・議論で〉(…に)**負ける, 敗れる** ((to..., against...)) (⇔win)
❹ 〈時計が〉〈…だけ〉遅れる (⇔gain)
― 自
❶ (人などに)**負ける** ((to..., against...)) (⇔win)
・ Japan *lost to* Brazil in the first round.
日本は1回戦でブラジルに敗れた
❷ 〈時計が〉(…だけ)遅れる ((by...))

loser /lú:zər ルーザ/ 名 C 負けた人, 敗者;損をした人;失敗者

losing /lú:ziŋ ルーズィング/
動 lose の現在分詞・動名詞
― 形 勝ち目のない, 負けの;損をする
― 名 ((losings)) (投機などでの)損失

loss /lɔ́:s ロース/
❶ U 失うこと, 紛失, 遺失
・ a *loss* of memory 記憶喪失
❷ U C 損失, 損害
・ make a *loss* 損失を出す
❸ C 敗北, 失敗
❹ C 人の死, 死亡
be at a loss 当惑する, 途方(とほう)に暮れる

lost* /lɔ́:st ロースト/
動 lose の過去形・過去分詞
― 形 ((比較なし))
❶ **道に迷った**;当惑した, 途方(とほう)に暮れた
・ a *lost* child 迷子
・ get *lost* 道に迷う
❷ **失った**, 紛失した;行方不明の
・ the *lost* and found ((米)) 遺失物取扱所
❸ **負けた**, 取りそこなった
be lost in A
Aに夢中になった, 没頭している
➡➡➡ 361ページに続く ➡➡➡

look /lúk ルク/

動 三単現 **looks** /ルクス/
過去・過分 **looked** /ルクト/
現分 **looking** /ルキング/

— 自

❶ 見る, 目を向ける
- "May I help you?" "Oh, (I'm) just *looking*." (店員が)「何かお探しですか」「いえ, 見ているだけです」
- *Look*! おい, ほら見て
- *Look* before you leap. ((ことわざ)) 転ばぬ先の杖(?)
- 📖 *Look* this way. こっちを見てください

❷ (…を)見つめる ((*at...*))
- 📖 *Look at* the blackboard. 黒板を見てください
- ■ **look at** A *do* [*doing*]
  A(人・物)が…する[している]のを見る
- I *looked at* the children flying kites. 子どもたちがたこを上げているのを見た

❸ (…を)探す ((*for...*))
- "What are you *looking for*?" "I'm *looking for* my textbook."
「何を探しているの」「教科書を探しています」

❹ …のように見える
- ■ *A* **looks** (*to be*) *C*
  (外見から) A は C のように見える
- You *look* well. 元気そうだね
- That suit *looks* good on you. そのスーツ, よくお似合いですね
- ■ *it* **looks** (*to* A) *like*... [*as if*...]
  (状況から) A (人) には…のように見える
- ■ *it* **looks** *that*... …のようだ

— 他

❶ (…かどうかを)確かめる ((*wh-*節))
- *Look who*'s here! おやおや誰かと思ったら
- *Look what* you're doing! (注意を促して) 何してるの

❷ ((次の用法で))
- ■ *look* A *in* the B
  A(人)のB(目など)をのぞき込む

look after A
A(人)の世話をする; めんどうを見る

look ahead 前を見る; 将来のことを考える

look around [**round**]
周囲を見回す; (買い物の前に)見て回る

look around [**round**] A
A(場所)を見回す; A(場所)を見て回る

look at A A(人・物)を見る, 調べる; A(問題など)を考える; A(新聞など)をざっと読む
📖 *Look at* Exercise three.
練習問題3を見てください

look back 後ろを振り返る; (…を)回想する ((*on...*, *over...*))

look down
見下ろす; (物価などが)下降する

look down on [**upon**] A
A(人など)を軽蔑する, 見下す

look for A A(人・物)を探す, 求める; ((くだけて)) A(災いなど)を(自分から)求める, 招く

look forward to A
A(事)を楽しみにして待つ
- I'm *looking forward to* seeing you again. またあなたとお会いできるのを楽しみにしています

look in A A(物)の中をのぞく

look into A
A(場所・物)をのぞく; A(事)を調べる

look like A
(1) A(人・物)に似ている
(2) A のように見える; A らしい
- She *looks like* a movie star.
彼女は映画スターのようだ

look on 傍観する, 見物する

look out
(1) 外を見る
(2) ((ふつう命令文で))気をつけろ

look over 場所を見渡す

look over A A(肩など)越しに見る; A(書類など)にざっと目を通す

look through A A(窓など)を通して見る

look A **through** = **look through** A
A(書類など)を詳しく調べる, A に目を通す

look to A
(1) A(援助など)を当てにする; A(人)に(…を)頼る ((*for...*))
- *Look to* your parents *for* guidance.
両親に指導をあおぎなさい
(2) A(事)に気をつける
- *Look to* it that you do not touch the painting. 絵に触れないように気をつけて

look up (…を)見上げる ((*at...*)); 〈状況などが〉改善される, よくなる

look A **up** = **look up** A
A(単語など)を(辞書などで)調べる ((*in...*));

A (人) を訪ねる, 立ち寄る
look up to A A (人) を尊敬する
━ 間 いいかい, ねえ
━ 名 C
❶ ((ふつう a look)) 見ること
・Can I have *a look* at your passport?
あなたのパスポートを見せてもらえますか
❷ 目つき, 顔つき; 様子, 外見; ((looks)) 容貌(ようぼう)
・*a look* of doubt 疑いの目つき
・a suspicious *look* 疑念に満ちた目つき
・good *looks* 美貌(びぼう)

be lost on A Aに理解されない
Get lost! ((話)) うせろ, いい加減にしろ

lot¹ /lát ラト/ 名 (複 lots /ラツ/)

❶ ((a lot, lots)) たくさん, 多数, 多量
・She has *a lot* to talk about.
彼女は話すことがたくさんある
❷ ((a lot, lots)) ((副詞的に)) たいへん, とても
・Thanks *a lot*. どうもありがとう
・I owe her *a lot*. 彼女にたくさん借りがある
❸ C (商品などの) 一組, 一山
■ ***a lot of A = lots of A*** たくさんのA
・I have *a lot of* [*lots of*] homework today. きょうはたくさん宿題がある
・*A lot of* people visit shrines during the New Year holidays. たくさんの人が三が日あたりに神社に初詣に行く
quite a lot かなりたくさん

lot² /lát ラト/ 名
❶ C くじ; U くじ引き, 抽選
・draw *lots* くじを引く
❷ C ((主に米)) 1区画, (特定の) 用地, 敷地
・a parking *lot* 駐車場
❸ ((単数形で)) 運命

lotion /lóuʃən ロウシャン/ 名 U C 洗浄剤; 化粧水, ローション

lottery /látəri ラタリ/ 名 C 宝くじ, 福引き

lotus /lóutəs ロウタス/ 名 C 【植物】蓮(はす)

loud /láud ラウド/

形 副 比較 **louder** /ラウダ/
最上 **loudest** /ラウダスト/
━ 形
❶ **大声の**; 大きな音の (⇔ low)
・cry in a *loud* voice 大声で叫ぶ
📖 I'm afraid I can't speak any *louder*.
残念ながらこれ以上大きな声で話せません
❷ 騒々しい, やかましい, うるさい; 〈要求などが〉しつこい
❸ 〈色などが〉派手な, けばけばしい
━ 副 ((くだけて)) 大声で, 声高(こわだか)に (⇔ low)

out loud 声に出して, 聞こえるように
loudly 副 大声で, 声高に; 騒々しく
loudness 名 U 大声/騒々しさ; 派手
loudspeaker /láudspìːkər ラウドスピーカ/ 名 C 拡声器, (ラウド) スピーカー

Louisiana /luìːziǽnə ルイーズィアナ/ 名 ルイジアナ (略 La., ((郵便)) LA; 米国南部の州; 州都はバトンルージュ (Baton Rouge))

lounge /láundʒ ラウンヂ/ 名 C (ホテル・空港などの) 休憩室, ラウンジ, ロビー, 社交室; ((英)) 居間

louse /láus ラウス/ 名 (複 **lice** /ライス/) C しらみ, 寄生虫

love /láv ラヴ/

名 (複 **loves** /ラヴズ/)
❶ U (…への) **愛**, 愛情 ((*of...*, *for...*)); 恋愛
・*one's* first *love* 初恋
・one-sided *love* 片思い
・a *love* letter ラブレター
・*love* at first sight 一目ぼれ
・*love* of [for] *one's* school 愛校心
❷ U (…への) **愛着**, 愛好 ((*of...*, *for...*))
・his *love* of movies 彼の映画好き
・I have *a love* for cats. 私は猫が大好きだ
❸ C 恋人, 愛人
❹ U 【テニス】ゼロ, ラブ
・a *love* game ラブゲーム
be in love with A Aに恋をしている
fall in love with A Aが好きになる
make love
(…と) セックスをする ((*to...*, *with...*))
with love, ((親しい間柄の手紙の結句)) さようなら (愛を込めて)
━ 動
三単現 **loves** /ラヴズ/
過去・過分 **loved** /ラヴド/
現分 **loving** /ラヴィング/
━ 他
❶ 〈…を〉**愛する, 愛している**, 〈…に〉恋する, 恋している, 〈…が〉とても好きである
・Don't you know how much I *love* you?

私がどんなにあなたのことを愛しているか分からないの
❷ 〈…が〉**大好きである**;(…することが)大好きである((*doing, to do*))
・I *love* Italian food.
　私はイタリア料理が大好きだ
・I *love reading* novels.
　小説を読むのが大好きだ
❸ ((次の用法で)) ((特に女性が用いる))
- *would love* A Aが(ぜひ)ほしい
- *would love to do* ぜひ…したい
・"*Would* you like to come with us?" "I'd *love to*."
　「いっしょに来ませんか」「ぜひお願いします」
━ 自 愛する;恋する

lovable, loveable 形 愛らしい,愛すべき
lover 名 C 愛人,恋人;愛好者
loving 形 愛情に満ちた;愛情のこもった
lovingly 副 愛情を込めて,いとおしそうに

lovely /lʌ́vli ラヴリ/

形 比較 **lovelier** /ラヴリア/
　　最上 **loveliest** /ラヴリアスト/
❶ ((主に英))**美しい,愛らしい**
❷ ((くだけて))**すばらしい,すてきな,楽しい**
loveliness 名 U 美しさ,愛らしさ;すばらしさ

low /lóu ロウ/

形 副 比較 **lower** /ロウア/
　　最上 **lowest** /ロウアスト/
━ 形
❶ 〈高さ・位置などが〉**低い**(⇔high, tall)
・a *low* table 低いテーブル
・a *low* ceiling 低い天井
❷ 〈数量・程度などが〉**低い**;〈値段が〉**安い**
・at a *low* price 低価格
・*low* atmospheric pressure 低気圧
・*low* blood pressure 低血圧
❸ 〈音・声などが〉**小さい, 低い**(⇔loud)
・speak in a *low* voice 小声で話す
❹ (ある物質の含有量が)**少ない**
・a *low*-salt diet 塩分の少ない食事
・*low* in fat 脂肪分が少ない
❺ 〈人が〉元気がない,落ち込んだ
・feel *low* 気がめいっている
at (the) lowest 最低でも,少なくとも
━ 副
❶ 〈高さ・位置などが〉**低く**
・A swallow is flying *low*.
　つばめが低く飛んでいる
❷ 〈音・声などが〉**低く**, 小声で
・speak *low* 声をひそめて言う
❸ 〈数量・程度などが〉**低く**;〈値段が〉**安く**
・buy [sell] *low* 安く買う[売る]
━ 名
❶ C (温度などの)最低値;最低価格
❷ U 【自動車】低速[ロー]ギア
❸ C 【気象】低気圧域

lower* /lóuər ロウア/

形 ((lowの比較級))
❶ **より低い**(⇔higher)
❷ 下等な,下級の;下部の(⇔upper)
・the *lower* lip 下唇
・the *Lower* House (二院制の)下院
━ 動
━ 他
❶ 〈…を〉下ろす,下げる(⇔lift)
❷ 〈数量・価格などを〉減らす,下げる;〈速度などを〉下げる(⇔raise)
━ 自 (位置的に)下がる,低くなる;〈数量・価格・速度などが〉減る

lowland /lóulənd ロウランド/
名 U ((しばしばlowlands))((単数扱い))低地
━ 形 低地の

low-level /lóulévəl ロウレヴァル/ 形 下級の;低級の;低地の

loyal /lɔ́iəl ロイアル/ 形 (…に)忠実な, 誠実な((*to*...))
loyally 副 忠実に, 誠実に

loyalist /lɔ́iəlist ロイアリスト/ 名 C 忠臣;現体制の支持者

loyalty /lɔ́iəlti ロイアルティ/ 名 U 忠実, 誠実; C 忠実な行為;忠誠心

luck /lʌ́k ラク/

名 U **運, 巡り合わせ;幸運, つき**
・by good [bad] *luck* 運よく[悪く]
・be in [out of] *luck* 運がよい[悪い]
・*for luck* 縁起をかついで,幸運を祈って
・*Any luck?* 成功したの,うまく行ったの
📖 *Good luck (to you)!* = *(The) best of luck (to you)*.
　幸運[成功]を祈ります;がんばってね
📖 *Better luck* next time. 次はがんばってね

lucky /lʌ́ki ラキ/

形 比較 luckier /ラキア/
最上 luckiest /ラキアスト/
〈人が〉**運がよい, 幸運な**(⇔unlucky); 幸運をもたらす
- a *lucky* charm お守り
- *be lucky to do* …するとは運がよい
- I'*m lucky to* be here. ここにいて幸運です
- *be lucky that*... …であるとは運がよい
  Lucky you! 君って本当に運がいいね！
luckily 副 運よく, 幸運にも

lucrative /lúːkrətiv ルークラティヴ/ 形 〈仕事などが〉もうかる, 有利な

ludicrous /lúːdikrəs ルーディクラス/ 形 〈考え方などが〉ばかげた; こっけいな

luggage* /lʌ́gidʒ ラギヂ/ 名 U ((主に英))(旅行者の)**手荷物** (≒((主に米)) baggage)
- a piece of *luggage* 手荷物1個

lullaby /lʌ́ləbài ララバイ/ 名 C 子守り歌

lumber /lʌ́mbər ラムバ/ 名 U ((主に米))材木, 用材; ((英))がらくた, 古道具

luminous /lúːmənəs ルーマナス/ 形 光を発する, 発光する; 明るく照らされた

lump /lʌ́mp ラムプ/ 名 C
① (不定形の)**かたまり**
- a *lump* of sugar 角砂糖1個
- a *lump* of clay 粘土のひとかたまり
② こぶ, はれもの
in a lump 一括して, 全部一度に

lunacy /lúːnəsi ルーナスィ/ 名 U 精神異常, 狂気; 愚行

lunar /lúːnər ルーナ/ 形 月の
- the *lunar* calendar 太陰暦

lunatic /lúːnətik ルーナティク/
名 C 狂人, 精神異常者; 変人, 愚人
━ 形 狂気の, 精神異常の; 常軌を逸した

lunch /lʌ́ntʃ ランチ/

名 (複 **lunches** /ランチズ/) U C
昼食, ランチ; 弁当
- a picnic *lunch* ピクニックの弁当
- a *lunch* box 弁当(箱), ランチボックス
- *eat* [*have*] *lunch* 昼食を取る
- go out to [for] *lunch* 昼食を食べに行く
luncheon 名 U C 昼食; 昼食会

lunchroom /lʌ́ntʃrùːm ランチルーム/ 名 C ((米))軽食堂; (学校などの)食堂

lunchtime /lʌ́ntʃtàim ランチタイム/ 名 U C 昼食時間, ランチタイム

lung /lʌ́ŋ ラング/

名 (複 **lungs** /ラングズ/) C ((ふつう lungs))【解剖】**肺, 肺臓**
- *lung* cancer 肺がん

lure /lúər ルア/
名 C 引きつける[誘惑する]もの, 魅力; (魚つりの)擬似餌(じ), ルアー
━ 動 他 〈…を〉誘惑する; おびき寄せる

lurk /lə́ːrk ラーク/ 動 自 潜む, 待ち伏せる; こそこそする

luscious /lʌ́ʃəs ラシャス/ 形
① うっとりさせる, 魅力的な; 官能的な
② 〈飲食物が〉とてもおいしい

lush /lʌ́ʃ ラシュ/ 形 〈牧草などが〉青々と茂った, みずみずしい

lust /lʌ́st ラスト/ 名 U C (…への)強い欲望 (*for*...); 強い性欲

Luxembourg /lʌ́ksəmbə̀ːrg ラクサムバーグ/ 名 ルクセンブルク (西ヨーロッパの大公国で, その首都)

luxury /lʌ́gʒəri ラグジャリ, lʌ́kʃəri ラクシャリ/ 名
① U ぜいたく; C ぜいたく品, 高級品
② C 得がたい喜び, 快適さ, くつろぎ
luxurious 形 ぜいたくな, 豪華な
luxuriously 副 ぜいたくに, 豪華に

lying¹ /láiiŋ ライイング/
動 lie¹の現在分詞・動名詞
━ 形 横たわっている

lying² /láiiŋ ライイング/
動 lie²の現在分詞・動名詞
━ 名 U うそ, うそをつくこと
━ 形 〈人が〉うそつきの

lymph /límf リムフ/ 名 U【生理】リンパ(液)
- *lymph* gland リンパ腺(せん)

lyric /lírik リリク/
形 叙情的な; 叙情詩的な
━ 名 C 叙情詩
lyrical 形 叙情的な; 感傷的な

M, m

M, m¹ /ém エム/ 名 (複) **M's, m's**; **Ms, ms** /エムズ/
❶ C U エム (英語アルファベットの第13字)
❷ ((Mで)) U (ローマ数字の)1,000

m² ((略)) *m*eter(s), ((英)) *m*etre(s) メートル; *m*ile(s) マイル; *m*illion(s) 100万; *m*inute(s) 分

M. ((略)) *M*onday 月曜日

m. ((略)) *m*onth 月

MA ((米郵便)) *MA*ssachusetts マサチューセッツ州

ma'am /məm マム/ 名 奥様;お嬢さん;先生

macaroni /mæ̀kəróuni マカロウニ/ 名 U マカロニ

Macbeth /məkbéθ マクベス/ 名 『マクベス』(シェークスピアの4大悲劇の1つ, およびその主人公)

machine* /məʃíːn マシーン/
名 (複 **machines** /マシーンズ/) C
❶ **機械**;機械装置
・a washing *machine* 洗濯機
・operate a *machine* 機械を操作する
❷ 機構, 組織, 機関
― 動 (他) 〈…を〉機械で作る
machinery 名 U 機械類

macho /máːtʃou マーチョウ/ 形 男っぽい; マッチョな

mackerel /mǽkərəl マカラル/ 名 C 【魚】鯖 (さば); U 鯖の肉

macro /mǽkrou マクロウ/ 形 大型の, 大規模な;巨視的な

macroscopic /mæ̀krəskɑ́pik マクラスカピク/ 形 肉眼で見える, 巨視的な

mad /mǽd マド/

形 比較 **madder** /マダ/
最上 **maddest** /マダスト/
❶ ((くだけて))(…に)**腹を立てた**, 怒り狂った ((*at...*, *about...*))
・What are you *mad about*?
何に腹を立てているのか
❷ 〈行動が〉狂ったような, 狂気の
・The loud noise drove me *mad*.
騒音で気が狂いそうだった
❸ ((くだけて))(…に)夢中になって((*about...*))

go mad 気が狂う, 発狂する
like mad 死にもの狂いで;ひどく
madly 副 気が狂って;猛烈に
madness 名 U 狂気, 激怒

madam /mǽdəm マダム/ 名 C ((しばしば Madam)) 奥様, お嬢様;…夫人

Madame /mǽdəm マダム/ 名 C …夫人

made* /méid メイド/
❶ make の過去形・過去分詞
― 形 …製の
・home-*made* cake 手作りのケーキ

Madonna /mədɑ́nə マダナ/ 名 ((the Madonna)) マドンナ (聖母マリア); C 聖母マリア像

Madrid /mədríd マドリド/ 名 マドリード (スペインの首都)

maestro /máistrou マイストロウ/ 名 (複 **maestros** /マイストロウズ/, **maestri** /マイストリ/) C マエストロ, 大作曲家, 名指揮者

Mafia /máːfiə マーフィア/ 名 ((the Mafia)) マフィア (イタリアのシシリー島に起源を持つ秘密犯罪組織)

magazine

/mæ̀gəzíːn マガズィーン/
名 (複 **magazines** /マガズィーンズ/) C
❶ **雑誌**
・a weekly [monthly] *magazine*
週刊[月刊]雑誌
❷ (軍艦などの)弾薬庫;倉庫;(連発銃の)弾倉

magic /mǽdʒik マヂク/
名 U
❶ 魔法, 魔術;ふしぎな力
❷ 奇術, 手品
like [*as if by*] *magic* またたく間に
― 形 魔法の;奇術[手品]の
・a *magic* carpet 魔法のじゅうたん
magical 形 魔法の(ような);ふしぎな
magician 名 C 魔法使い;奇術[手品]師

magistrate /mǽdʒəstrèit マヂャストレイト/ 名 C 行政官;治安判事

magma /mǽgmə マグマ/ 名 U 【地質】マグマ

magnet /mǽgnit マグニット/ 名 磁石;魅力のある物[人]
- **magnetic** 形 磁石の,磁気の;人を引きつける
- **magnetism** 名 U 磁気,磁力;人を引きつける力,魅力

magnification /mæ̀gnəfikéiʃən マグニフィケイシャン/ 名 U 拡大;C 拡大図[像];UC (レンズなどの)拡大率,倍率

magnificent /mægnífəsənt マグニファサント/ 形 壮大な,荘厳な;((くだけて))すばらしい
📖 *Magnificent*! すばらしい
- **magnificently** 副 壮大に,堂々と
- **magnificence** 名 U 壮大さ,荘厳さ

magnify /mǽgnəfài マグナファイ/ 動 他 〈…を〉拡大する;〈…を〉誇張する
- a *magnifying* glass 拡大鏡;虫めがね

magnitude /mǽgnətù:d マグナトゥード/ 名 U (数量的な)大きさ,規模;重要性;偉大さ;CU (地震の)マグニチュード

magnolia /mægnóuliə マグノウリア/ 名 C 【植物】もくれん

mahogany /məhágəni マハガニ/ 名 C 【植物】マホガニー;U マホガニー材;赤褐色

maid /méid メイド/ 名 C お手伝い,メイド

maiden /méidn メイドン/
名 C 乙女,少女
━ 形 未婚の;初めての
- a *maiden* name (女性の)旧姓

mail /méil メイル/

名 (複 **mails** /méilz/) U ((米)) 郵便;郵便物;UC 電子メール (e-mail)
- by *mail* 郵便で
- an electronic *mail* 電子メール
- I had [got] a lot of *mail* today.
きょう,私あてに手紙がたくさん来た
━ 動
三単現 **mails** /méilz/
過去・過分 **mailed** /méild/
現分 **mailing** /méiliŋ/
━ 他
❶〈文書などを〉〈人に〉**郵送する**,投函(とうかん)する ((to...))
❷【コンピュータ】電子メールを送る

mailbox /méilbàks メイルバクス/ 名 C ((米)) 郵便ポスト;(個人の)郵便受け

mailing /méiliŋ メイリング/
動 mailの現在分詞・動名詞
━ 名 U 郵送;C 郵送物
- a *mailing* list
あて名名簿;(電子メールの)メーリングリスト

mailman /méilmæn メイルマン/ 名 C ((米)) 郵便集配人

main /méin メイン/

形 ((比較なし)) **主な,主要な**
- the *main* building 本館
━ 名
❶ C (水道・ガスなどの)本管
❷ ((the main)) 主要部[点]
in the main 大部分は,概して

Maine /méin メイン/ 名 メイン (略 Me., ((郵便))ME;米国北東端の州;州都はオーガスタ (Augusta))

mainland /méinlænd メインランド/ 名 C ((the mainland))(島・半島と区別して)本土,大陸

mainly 副 主に,主として;大部分は

mainstream /méinstrì:m メインストリーム/ 名 ((the mainstream))(思想などの)主流;大勢
━ 形 主流の,ふつうの

maintain /meintéin メインテイン/ 動 他
❶〈…を〉継続する,維持する
- *maintain* world peace
世界平和を維持する
- *maintain* a good relationship with South Korea 韓国と親善を保つ
❷〈建物・機械などを〉保守管理する
❸〈家族などを〉養う,扶養する
❹〈…を〉主張する,断言する
- **maintenance** 名 U 維持;保持;メンテナンス;扶養

maize /méiz メイズ/ 名 U ((英))とうもろこし (((米)) corn);黄色

majesty /mǽdʒəsti マヂャスティ/ 名
❶ U 威厳,堂々とした風格;雄大さ
❷ C ((Majesty)) 陛下 (王・皇帝・天皇などに対する敬称)
- **majestic** 形 威厳のある;堂々とした
- **majestically** 副 堂々と,雄大に

major* /méidʒər メイヂャ/
形 ((比較なし))
❶ (ほかと比べて)**大きい**;(比較的)**重要な**;主要な,一流の (⇔minor)
- a *major* problem 重要な問題

- a *major* accident 重大事故
- ❷《米》専攻の
- *major* courses 専門科目
- ❸【音楽】長調の
- C *major* ハ長調
  - ■ 名 (複 **majors** /メイヂャズ/) C
  - ❶《米》**専攻科目**;専攻学生
- a math *major* 数学専攻の学生
- ❷【音楽】長調, 長音階
- ❸ ((the majors)) メジャーリーグ
  - ■ 動
    - 三単現 **majors** /メイヂャズ/
    - 過去・過分 **majored** /メイヂャド/
    - 現分 **majoring** /メイヂャリング/
  - ■ 自 (…を)**専攻する**((*in...*))

majority /mədʒɔ́:rəti マヂョーラティ/ 名
- ❶ U ((the majority))《単数・複数扱い》大多数, 大部分(の…)((*of...*))
- a *majority of* the people 国民の大半
- ❷ C ((a [the] majority))《単数扱い》過半数
- gain [win] *a majority* 過半数を得る
- ❸ C 《米》得票差
- ❹ U 【法律】成年, 成人

make /méik メイク/

動 三単現 **makes** /メイクス/
過去・過分 **made** /メイド/
現分 **making** /メイキング/

― 他

❶ 〈…を〉作る
- *make* a sandwich サンドイッチを作る
- My car *is made* in Japan.
  私の車は日本製です

❷ 〈…に〉なる
- This CD *makes* a nice present.
  このCDはいいプレゼントになる
- 2 and 5 *make(s)* 7. 2足す5は7になる
- You will *make* a good teacher.
  君はよい先生になるよ

❸ 〈ある距離を〉行く, 〈ある速度で〉進む
- *make one's* way toward *A* Aの方に進む
- This car *makes* 200 km an hour.
  この車は時速200キロで走る

❹《次の用法で》
- ■ *make A B* = *make B for A*
  A(人)にB(物)を作ってやる
- I *made* him a model plane.
  彼に模型飛行機を作ってあげた
- ■ *make A do* A(人)にむりやり…させる

- I will *make* him go there.
  彼をそこに行かせよう
- ■ *make A C*
  A(人)をC(役職など)に選ぶ;A(人)をC(英雄など)にする;AをCの(状態)にする
- *make* him the chairman 彼を議長にする
- *make* a room clean 部屋をきれいにする

❺《名詞を目的語にとって》〈ある行為を〉する
- *make* a bed ベッドを整える
- *make* a decision 決心する
- *make* a film 映画を製作する
- *make* a fortune 財産を築く
- *make* a guess 推測する
- *make* a habit 習慣にする
- *make* a mistake 間違える
- *make* a noise [sound] 音を立てる
- *make* a phone call 電話をする
- *make* a plan 計画を立てる
- *make* a promise 約束する
- *make* a speech スピーチをする
- *make* a suggestion 提案する
- *make* a trip 旅行をする
- *make* an appointment 予約を入れる
- *make* an effort 努力する
- *make* breakfast 朝食の準備をする
- *make* friends with *A* Aと友達になる
- *make one's* living 生計を立てる
- *make* money お金もうけをする
- *make* progress 進歩する
- *make* tea お茶を入れる

― 自

❶ (…に向けて)進む;〈道などが〉(…に)通じる
((*for..., toward...*))
- *make for* the exit 出口に向かう

❷ …(の状態)になる
- *make* sure 確かめる

be made up of [from] *A*
A(材料など)から成り立っている
- Our club *is made up of* ten members.
  ぼくたちのクラブにはメンバーが10人いる

make as if to *do*
…するようなそぶりをする

make do with *A*
A(不十分なもの)で間に合わせる

make for *A*
A(人・場所)の方へ進む;A(事)に役立つ

make *A* **from** *B*
B(原料)からA(製品)を作る
- *make* wine *from* grapes

ぶどうからワインを造る
make A into B
A(原料)をB(製品)にする
- Grapes *are made into* wine.
ぶどうからワインが作られる
make it
(1) うまくやりとげる
- I *made it*! やったぞ
(2) (乗り物などに)間に合う((*to...*))
make A of B
(1) B(材料)からA(製品)を作る
- *make* a chair *of* wood 木からいすを作る
(2) BをA(状態・職業など)にする
- He *made* a teacher *of* his son.
彼は息子を教師にした
(3) BについてAと思う,理解する
make off 急いで立ち去る
make off with A Aを持ち逃げする,盗む
make out うまくやる
make A out = make out A A(書類など)を作成する;Aを見分ける;Aを理解する
make out that... …であることを理解する;…と言い張る;…のふりをする
make the best of A
A(不利な条件など)をせいぜい利用する
make the most of A
A(チャンスなど)を最大限に利用する
make up
化粧する;(…と)仲直りする((*with...*))
make up A = make up A
A(物)を構成する;A(物)を作り上げる;A(口実など)をでっち上げる
make up for A
A(損失など)の埋め合わせをする
make up one's mind 決心する
make use of A Aを利用する
make one's way 進む,前進する
━ 名 ⓊⒸ (製品などの)型;製作,…製
| **maker** 名 Ⓒ 作る人,製作者;製造元,メーカー

makeshift /méikʃìft メイクシフト/
名 Ⓒ 一時しのぎのもの,間に合わせのもの
━ 形 一時しのぎの,間に合わせの

makeup, make-up /méikʌ̀p メイカプ/
名
❶ Ⓤ 化粧,メーキャップ;化粧品
❷ Ⓒ 組み立て,構造
❸ Ⓒ ((米)) 追試験

making /méikiŋ メイキング/
動 makeの現在分詞・動名詞
━ 名
❶ Ⓤ 作ること,製造,構成
- in the *making* 製造中の
❷ Ⓤ ((the making)) (…の)成功[発展]の原因((*of...*))
❸ ((the makings)) (…の)能力,資質,素質((*of...*))

malaise /mæléiz マレイズ/ 名 Ⓤ ((またa malaise)) (漠然とした)不安,不快感,けだるさ

malaria /məléəriə マレアリア/ 名 Ⓤ 【医学】マラリア

Malaysia /məléiʒə マレイジャ/ 名
❶ マレーシア (首都はクアラルンプール)
❷ マレー諸島

Malaysian /məléiʒən マレイジャン/
形 マレーシア(人)の;マレー諸島の
━ 名 Ⓒ マレーシア人

male* /méil メイル/
形 ((比較なし)) 男性の;雄(おす)の(⇔female)
- a *male* cat 雄の猫
━ 名 (複 **males** /méilz メイルズ/) Ⓒ 男性,男,雄;雄性植物

malevolent /məlévələnt マレヴァラント/
形 悪意のある;憎しみを持った

malfunction /mælfʌ́ŋkʃən マルファンクシャン/
名 Ⓒ (機械などの)不調,故障
━ 動 ⓘ (機械などが)うまく作動しない

malice /mǽlis マリス/ 名 Ⓤ 悪意;敵意
| **malicious** 形 悪意のある,意地の悪い

malignant /məlígnənt マリグナント/ 形 (病気が)悪性の;悪意に満ちた;有害な

mall /mɔ́ːl モール/ 名 Ⓒ ((米)) モール,商店街 (shopping mall)

malnourished /mælnə́ːriʃt マルナーリシュト/
形 栄養不良[失調]の

malnutrition /mælnutríʃən マルヌトリシャン/
名 Ⓤ 栄養不良[失調]

malpractice /mælprǽktis マルプラクティス/
名 ⓊⒸ 医療過誤;不正行為

mama, mamma /máːmə マーマ/ 名 Ⓒ ((くだけて)) お母ちゃん,ママ

mammal /mǽməl ママル/ 名 Ⓒ 哺乳(ほにゅう)動物
| **mammalian** 形 哺乳類の

mammoth /mǽməθ ママス/
名 Ⓒ マンモス
━ 形 巨大な

man /mǽn マン/

名 (複 men /メン/)

❶ C **男**, 男子, 男性; ((ふつう a man)) 男らしい人; ((形容詞的に)) 男の (⇔woman)
- an old *man* 老人男性
- He is *a man*. 彼は男の中の男だ
- Be *a man*! 男らしくしろ

❷ U **人類, 人間**
- the rights of *man* 人権
- *Men* are mortal. 人間はいつか死ぬ

❸ C ((ふつう a man)) (ある特性の)人 ((*of*...))
- *a man of* few words 無口な人

❹ ((間投詞的に)) ((驚きなどを表して)) おや, まあ; ((主として男性に)) おい, 君

be man enough to do 男らしく…する
be one's own man 自分の自由にする, 一人立ちしている
man's best friend 犬
man to man ((副詞的)) 率直に, 心を開いて
the man on [in] the street 一般人

manly 形 男らしい, 雄々しい
manned 形 人を乗せた, (宇宙船が)有人の

manage /mǽnidʒ マニヂ/ 動

— 他

❶ ⟨…を⟩何とか成しとげる
- *manage to do* 何とか…する
- I *managed to* catch the last bus. 何とか最終バスに間に合った

❷ ⟨事業などを⟩経営する, 管理する; ⟨人などを⟩うまく扱う

— 自 ((しばしば can などと共に)) 何とかやっていく; うまく処理する

manageable 形 扱いやすい; 管理できる

management /mǽnidʒmənt マニヂマント/ 名 U 経営, 管理; 処理, 取り扱い; CU 経営者側
- middle *management* 中間管理職

manager /mǽnidʒər マニヂャ/ 名 C 支配人, 経営者, 管理人; (芸能人などの)マネージャー; (チームなどの)監督
- a general *manager* 総支配人

managerial 形 経営[管理]上の

Manchester /mǽntʃestər マンチェスタ/ 名 マンチェスター (英国イングランド北西部の大商工業都市)

mandarin /mǽndərin マンダリン/ 名

❶ U ((Mandarin)) 標準中国語

❷ C 【植物】マンダリン

mandolin /mǽndəlin マンダリン/ 名 C マンドリン

mane /méin メイン/ 名 U (ライオンなどの)たてがみ

maneuver /mənúːvər マヌーヴァ/

名 C

❶ (軍隊の)作戦行動, 機動作戦; ((maneuvers)) 大演習, 機動演習

❷ 策略, 術策

— 動

— 他 ⟨…を⟩巧みに操る; うまく動かす

— 自 たくらむ; 巧みに動く

mango /mǽŋgou マンゴウ/ 名 (複 mangoes, mangos /マンゴウズ/) C 【植物】マンゴー; マンゴーの実

mangrove /mǽŋgrouv マングロウヴ/ 名 C 【植物】マングローブ (熱帯の河口に生える森林性の樹木)

Manhattan /mænhǽtn マンハトン/ 名 マンハッタン島 (米国ニューヨーク市ハドソン河口にある島)

manhole /mǽnhòul マンホウル/ 名 C マンホール

manhood /mǽnhùd マンフド/ 名 U (成年)男子であること; 男らしさ

mania /méiniə メイニア/ 名 UC ⟨…に対する⟩異常な執着心 ((*for*...)); …熱

maniac 名 C 狂人; …狂, マニア

manic /mǽnik マニク/ 形 【医学】躁病(そうびょう)の; 熱狂した, 興奮した

manicure /mǽnikjùər マニキュア/ 名 CU マニキュア

manifest /mǽnəfèst マナフェスト/

形 明白な, はっきりとした, すぐ分かる

— 動 他 ⟨…を⟩明らかにする, 明示する

manifestation 名 U 明示, 表明; C 出現

manifestly 副 明白に, 明らかに

manifesto /mǽnəféstou マナフェストウ/ 名 (複 manifestos, manifestoes /マナフェストウズ/) C (政党などが出す)宣言(書), 声明(文), マニフェスト

manifold /mǽnəfòuld マナフォウルド/ 形 多種多様な; 多面的な

Manila /mənílə マニラ/ 名 マニラ (フィリピンの首都)

manipulate /mənípjəlèit マニピャレイト/ 動 他 ⟨世論などを⟩操る; ⟨市場などを⟩操作する; ⟨器具などを⟩巧みに扱う

manipulation 名 U C 巧みな操作;(相場などの)不正操作
manipulative 形 人使いがじょうずな;〈操作が〉巧みな
mankind /mǽnkáind マンカインド/ 名 U 人類, 人間
man-made /mǽnméid マンメイド/ 形 人造の, 人工の;合成の
mannequin /mǽnikin マニキン/ 名 C マネキン人形;ファッションモデル

manner /mǽnər マナ/

名 (複 **manners** /マナズ/)
❶ ((manners)) **行儀, 作法**;風習, 様式
・have no *manners* 礼儀作法をわきまえない
❷ C ((改まって)) **方法, やり方**;((a manner)) 態度, 物腰
・in *a* friendly *manner* 気さくな態度で
in a manner of speaking ある意味で

mannered /mǽnərd マナド/ 形 わざとらしい, 気取った, もったいぶった
manpower /mǽnpàuər マンパウア/ 名 U 人的資源, 労働力;人力
mansion /mǽnʃən マンシャン/ 名 C 大邸宅, 豪邸, 館
mantelpiece /mǽntlpìːs マントルピース/ 名 C マントルピース(暖炉の前面・側面の装飾)
man-to-man /mǽntumǽn マントゥマン/ 形 一対一の;【球技】マンツーマン
manual /mǽnjuəl マニュアル/
形 手の;手を使う;手動式の
━ 名 C 入門書, 手引き;案内書
manufacture /mǽnjəfǽktʃər マニャファクチャ/
名 U (大規模な)製造; C ((ふつう manufactures)) 製品
━ 動 他 〈…を〉(機械で)製造する
manufacturer 名 C 製造業者, メーカー
manufacturing 名 U 製造(業)
manure /mənúər マヌア/
名 U 肥料
━ 動 他 〈…に〉肥料をほどこす
manuscript /mǽnjəskrìpt マニャスクリプト/ 名 C (手書き・タイプの)原稿;写本

many /méni メニ/

形 [比較] **more** /モア/
[最上] **most** /モウスト/
((可算名詞の前で)) **多くの, 多数の, たくさんの**(⇔ few)
・*many* flowers たくさんの花
・*many* times 何回も
・*many* years ago 何年も前に
・How *many* languages can you speak? どれくらいの外国語を話せますか
a good many (A)
((ややくだけて)) かなりたくさん(のA)
・for *a good many* weeks 何週間もの間
a great many (A)
((ややくだけて)) 非常にたくさん(のA)
as many as A Aと同じくらいの[人]
・*as many as* ten students 10人もの生徒
as many A as B Bと同数のA
many a [an] A
((単数扱い)) たくさんのA, 多くのA
・*Many a* year has passed.
多くの年月が過ぎた
so many (A) 非常に[それほど]多く(のA)
━ 代 ((複数扱い)) (…のうちの)**多くの物[人]** ((*of...*))
・*Many of* the students will take the exam.
学生たちの多くはその試験を受けるだろう
・How *many* gathered at the meeting? 打ち合わせには何名集まりましたか
Maori /máuri マウリ/ 名 C マオリ人(ニュージーランド先住民); U マオリ語

map /mǽp マプ/

名 (複 **maps** /マプス/) C
❶ (1枚の)**地図**
・a world *map* 世界地図
・a road *map* 道路地図
❷ 分布図;天体図, 星座図
・a weather *map* 天気図
━ 動 他 〈…の〉地図を作る
maple /méipl メイプル/ 名 C 【植物】かえで, もみじ; U かえで材
Mar. ((略)) *Mar*ch 3月
marathon /mǽrəθàn マラサン/ 名 C マラソン競走;(つらい)長時間の作業
marble /máːrbl マーブル/ 名 U 大理石; C ビー玉; ((marbles)) ビー玉遊び

March /máːrtʃ マーチ/

名 U C **3月** (略 Mar.)
・*in March* 3月に

march /máːrtʃ マーチ/

動

━ **自**

❶ 行進する, 行軍する
❷ 〈物事が〉進行する, 進展する

━ **他** 〈兵士などを〉行進[進軍]させる；〈人を〉むりに歩かせる

━ **名**

❶ U|C 行進, 行軍, デモ(行進)
・*on the march* 行進[行軍]中で
❷ U ((the march)) (物事の)進行, 進展, 進歩 ((*of...*))
・*on the march* 進行中で
❸ C 行進曲, マーチ

margarine /máːrdʒərən マーヂャラン/ **名** U マーガリン

margin /máːrdʒin マーヂン/ **名** C

❶ (ページの)余白, 欄外
❷ (場所の)へり, 縁
❸ (時間・経費などの)余裕；【商業】利ざや, マージン

marginal 形 縁の；へりの, 欄外の

marijuana /mærəwáːnə マラワーナ/ **名** U 【植物】大麻；マリファナ

marina /mərí:nə マリーナ/ **名** C マリーナ(ヨットなどの停泊所)

marine /mərí:n マリーン/

形 海の；海運(業)の；船舶(用)の
・*marine* sports 海のスポーツ

━ **名** C 海兵(隊員)

marionette /mæriənét マリアネット/ **名** C マリオネット, 操り人形

mark /máːrk マーク/

名 (複 **marks** /マークス/) C

❶ 記号, 符号, マーク
・a trade *mark* 商標
・a question *mark* 疑問符
❷ ((主に英)) 点数, 評点 (((米)) grade)
・get full *marks* 満点を取る
・the passing *mark* 合格点
❸ (物に付いた)しるし, 跡；汚れ, しみ
❹ 目じるし；的, 目標
On your mark! Get set! Go!
位置について, 用意, ドン

━ **動**

三単現 **marks** /マークス/
過去・過分 **marked** /マークト/
現分 **marking** /マーキング/

━ **他**

❶ 〈…に〉 〈…で〉 しるしを付ける ((*with...*))
・*mark* the place on the map
その場所を地図にしるす
📖 *Mark* the correct answer on your sheet.
答案用紙の正しい答えにしるしを付けなさい
❷ 〈答案などを〉採点する；〈…を〉記録する
❸ 〈…を〉示す, 表す；〈…を〉 〈…で〉 特徴づける ((*with...*))
❹ 〈…に〉注目する

marked 形 いちじるしい, 際立った
marker 名 C マーカー；採点者；目じるし
marking 名 C しるし, 点；採点

market /máːrkit マーキト/

名 (複 **markets** /マーキツ/)
❶ C 市場, 市；マーケット
・a fish *market* 魚市場
・go to (the) *market* (市場に)買い物に行く
❷ U|C 市場；販路；需要
・the stock *market* 株式市場
・the *market* price 市場価格, 相場
・a *market* share 市場占有率
❸ C ((the market)) 市況, 相場
on the market 売りに出されて

━ **動** 他 〈商品を〉市場に売り出す
marketing 名 U マーケティング(製造計画から販売までの全過程)

marketplace /máːrkitplèis マーキトプレイス/ **名** 市の立つ広場, 市場；((the marketplace)) 商業[経済]界

marmalade /máːrməlèid マーマレイド/ **名** U マーマレード

marriage /mæridʒ マリヂ/ **名**

❶ U|C 結婚；U 結婚生活
・a love *marriage* 恋愛結婚
・an arranged *marriage* 見合い結婚
・propose *marriage* to A
A(人)に結婚を申し込む
❷ C 結婚式 (wedding)

married /mærid マリド/

動 marry の過去形・過去分詞

━ **形** 結婚の, 結婚した, 既婚の
・a (newly) *married* couple (新婚)夫婦

marry* /mæri マリ/

動 三単現 **marries** /マリズ/
過去・過分 **married** /マリド/
現分 **marrying** /マリイング/

match

— 他

❶ 〈人と〉**結婚する**
- Will you *marry* me?
  私と結婚してくれませんか
- John *married* [got *married* to] Ann.
  ジョンはアンと結婚した

❷〈親が〉〈子を〉(…と)結婚させる((*to...*));〈牧師が〉〈2人の〉結婚式をとり行う

— 自 **結婚する**

Mars /máːrz マーズ/ 名【天文】火星;【ローマ神話】マルス(戦争の神)

marvelous /máːrvələs マーヴァラス/ 形 驚くべき;ふしぎな;すばらしい
- a *marvelous* idea すばらしい考え
- *Marvelous*! すばらしい

marvelously 副 驚く[ふしぎな]ほど;すばらしく

Mary /méəri メアリ/ 名 聖母マリア

Maryland /mérələnd メラランド/ 名 メリーランド(略 Md., (郵便) MD;米国東部の州;州都アナポリス(Annapolis))

mascara /mæskǽrə マスキャラ/ 名 U マスカラ(まつげ用化粧品)

mascot /mǽskət マスカト/ 名 C マスコット, 幸運を呼ぶ人[動物, 物]

masculine /mǽskjəlin マスキャリン/ 形 男(性)の,男らしい,男性的な

mash /mǽʃ マシュ/
名 U ((主に英))マッシュポテト(mashed potatoes)
— 動 他〈じゃがいもなどを〉つぶす((*up*))

mask /mǽsk マスク/
名 C 仮面,覆面;(保護用の)マスク
— 動 他〈顔に〉仮面[マスク]を付ける
masked 形 仮面[覆面]を付けた

Mass, mass¹ /mǽs マス/ 名 C U ミサ;ミサ曲

mass² /mǽs マス/
名
❶ C かたまり,集まり
- a *mass* of rock 岩のかたまり
- in a *mass* ひとまとめにして
❷ ((次の用法で))
- a *mass* of *A* = *masses* of *A*
  多数の A(人・物),多量の A(人・物)
❸ ((the masses))大衆, 庶民;労働者階級;((形容詞的に))大衆(向け)の
- *mass* communication マスコミュニケーション,マスコミ
- the *mass* media マスメディア
— 形 大量の;大規模な
- *mass* production 大量生産, マスプロ

Mass. ((略))*Mass*achusetts マサチューセッツ州

Massachusetts /mæ̀səʧúːsits マサチューシッツ/ 名 マサチューセッツ(略 Mass., (郵便) MA;米国北東部の州;州都はボストン(Boston))

massacre /mǽsəkər マサカ/
名 C U 大虐殺
— 動 他〈多数の人を〉虐殺する

massage /məsɑ́ːʒ マサージュ/
名 U C マッサージ,あんま
— 動 他〈人の体を〉マッサージする

massive /mǽsiv マスィヴ/ 形
❶ 巨大な;大きくて重い
❷ 〈量などが〉ばく大な,大量の;大規模な

master* /mǽstər マスタ/
名 (複 **masters** /マスタズ/) C
❶ **大家**(たいか),達人,名人,師匠;(職人の)親方
- a *master* of calligraphy 書道の大家
- be (a) *master* of *A*
  A(学問など)に精通している
❷ 主人;長,支配者;(動物の)飼い主
- the *master* of the house 一家のあるじ
❸ (レコードなどの)原盤, 親盤;原本
- the *master* key 親鍵(おやかぎ),マスターキー
— 動
[三単現] **masters** /マスタズ/
[過去・過分] **mastered** /マスタド/
[現分] **mastering** /マスタリング/
— 他〈言語・技術などを〉身に着ける,マスターする;〈…に〉精通する;〈…を〉征服する
- *master* English 英語をマスターする
mastery 名 U 精通,熟達;支配

masterpiece /mǽstərpìːs マスタピース/ 名 C 傑作,名作,代表作

mat /mǽt マト/ 名 C 敷き物,マット;玄関マット;バスマット

match¹ /mǽʧ マチ/

名 (複 **matches** /マチズ/) C
❶ (…との)**試合**((*with...*))
- play a tennis *match* テニスの試合をする
❷ ((単数形で))(…の)競争相手, 好敵手((*for...*))
- meet [find] *one's match* 好敵手に出会う

match

- be no *match for A* Aにはかなわない
- ❸ ((単数形で))(…と)よく似合う物[人]((*for...*))
- ■動
  - 三単現 **matches** /マチズ/
  - 過去・過分 **matched** /マチト/
  - 現分 **matching** /マチング/
- ■⑩
- ❶〈…と〉**調和する**,〈…に〉**似合う**;〈…を〉〈…に〉調和させる((*with...*, *to...*))
- The hat doesn't *match* the dress.
  その帽子はその服に合わない
- ❷〈…に〉(…の点で)**匹敵する**((*in...*))
- No one can *match* her in English.
  英語で彼女にかなう者はいない
- ■⾃ 調和[マッチ]する, 似合う

match up (with A)
(Aと)調和がとれる; (Aと)一致する

matching 形 調和した, (似)合った

match² /mǽtʃ マチ/ 名 C マッチ(1本)

mate* /méit メイト/
- 名 (複 **mates** /メイツ/) C
- ❶((英))((くだけて)) **仲間, 友**;相棒
- ❷(鳥などの)つがいの片方; ((くだけて))夫婦の一方
- ■動
- ■⑩〈鳥などを〉(…と)つがわせる((*with...*))
- ■⾃〈鳥などが〉(…と)つがう((*with...*))

material* /mətíəriəl マティアリアル/
- 名 (複 **materials** /mətíəriəlz/) U C
- ❶ **原料, 材料**;生地(*)
- raw *materials* 原料
- ❷ (調査などの) **資料**, データ;題材
- teaching *materials* 教材
- ❸ ((materials)) **用具, 道具**
- writing *materials* 筆記用具
- ■形 物質の, 物質的な
- *material* civilization 物質文明

materialism 名 U 唯物論;物質主義, 実利主義

materialist 名 C 唯物論者;物質[実利]主義者

maternal /mətə́:rnl マターヌル/ 形 母の, 母らしい;〈血縁が〉母方の (⇔paternal)

math /mǽθ マス/ 名 ((米))((くだけて)) = mathematics

mathematics* /mæ̀θəmǽtiks マサマティクス/
名 U ((単数扱い)) **数学**

mathematical 形 数学(上)の

mathematician 名 C 数学者

matter /mǽtər マタ/
- 名 (複 **matters** /mǽtərz/)
- ❶ C **事柄**, 事件;問題
- a private *matter* 私事
- It was *no laughing matter*.
  笑い事ではなかった
- ❷ U **物質, 物**
- solid [liquid] *matter* 固体[液体]
- ❸ ((matters)) 状況, 事情, 事態
- *To make matters worse* さらに悪いことに
- *Matters* are different in Japan.
  日本では事情が違う
- ❹ ((the matter)) 困難, 心配
- *What's the matter* with you today?
  君, きょうはどうしたの
- ❺ U (印刷・出版された)もの
- printed *matter* 印刷物

a matter of A Aの問題
***a matter of* life and death** 死活問題
(as a) matter of fact 実を言うと, 実際は
for that matter
そのことなら, それを言うなら
no matter たとえ(…)でも
- *No matter where* you go, I will follow you. あなたがどこに行こうと, 私は付いて行くわ

- ■動 ⾃ ((ふつうitを主語にして)) **重要である**
- *It matters* [*It matters* little] to me if she said yes. 彼女が「はい」と言ったかどうかが私にとっては重要だ[重要でない]
- It doesn't *matter* to me whether he goes there or not.
  彼がそこへ行こうと行くまいと私には関係ない
- What *matter* is (that) ... 重要なのは…です

Matterhorn /mǽtərhɔ̀:rn マターホーン/ 名 ((the Matterhorn)) マッターホルン (スイスとイタリアの国境にあるアルプス山脈中の高峰)

mattress /mǽtrəs マトラス/ 名 C (ベッドの)マットレス, 敷き布団

mature /mətúər マトゥア/
- 形
- ❶〈人が〉円熟した, 分別のある;成熟した
- a *mature* person 分別のある人
- ❷〈果実・チーズ・ワインなどが〉熟した, 成熟した
- ■動
- ■⾃〈人などが〉成熟する

― 他 〈経験などが〉〈…を〉成熟させる
maturity 名 U 円熟, 成熟

Maugham /mɔ́ːm モーム/ 名 **William Somerset Maugham** モーム(英国の小説家・劇作家で,『月と六ペンス』などの著者)

maxim /mǽksim マクスィム/ 名 C 格言, 金言

maximal /mǽksiməl マクスィマル/ 形 最高の, 最大(限)の(⇔minimal)

maximize /mǽksəmàiz マクサマイズ/ 動 他
❶ 〈程度などを〉最大にする(⇔minimize); 〈物・事を〉最大に見積もる
❷【コンピュータ】〈プログラムなどを〉最大表示する
・a *maximize* button
【コンピュータ】(タスクバーの)最大化ボタン

maximum /mǽksəməm マクサマム/ 名 (複 **maximums** /マクサマムズ/, **maxima** /マクサマ/) C (数量などの)最大(限), 最高(点); 【数学】最大, 極大
― 形 最大(限)の, 最高の
・the *maximum* score of a test
テストの最高点

May /méi メイ/ 名 U C 5月
・*in May* 5月に
・*May* Day 労働祭, メーデー

may /méi メイ/

助 三単現 **may**
過去 **might** /マイト/
過分 なし
現分 なし
否定形 **may not** /ナト｜ノト/

❶ (許可) …してもよい
・You *may* use my car. 私の車を使ってよい
・You *may* not wear your skirts too short. スカートをあまり短くしてはいけません
■ *May* I *do*?
…してもいいですか; …しましょうか
・*May* I speak to you now?
今お話ししてもよいですか
・*May* I help you?
((店員が客に向かって))いらっしゃいませ; ((電話で))どういったご用件でしょうか
☐ "*May* I ask you a question?" "Certainly." ["Yes, of course."]
「質問してもいいですか」「いいですよ」
❷ ((可能性・推量)) **…かもしれない**
・It *may* be true. それは本当かもしれない
・He *may* have been ill.
彼は病気だったのかもしれない

❸ (是認・譲歩) ((butを伴って))…かもしれない(が); ((副詞節)) (たとえ)…であっても
・It *may* be difficult, *but* I will do my best.
難しいかもしれないけれど最善を尽くしてみるよ
・*No matter how* sleepy you *may* be, you must study hard.
どんなに眠くても必死で勉強しなくてはならない
❹ ((祈願)) ((感嘆文で)) 願わくば…ならんことを(祈る)
・*May* God help us!
神よ, われらを助けたまえ
if I may もしよろしければ
may as well do …する方がよい
・You *may as well* call him at once.
すぐに彼に電話したらどうですか
may well do …するのももむりはない
・You *may well* be surprised.
君が驚くのももむりはない

Maya /máiə マイア/ 名 C マヤ人; ((the Mayas)) マヤ族(中米の先住民族); U マヤ語

maybe /méibi メイビ/
副 ((比較なし)) **たぶん, もしかすると**
・*Maybe* it will be fine tomorrow.
たぶんあすは晴れでしょう
・"Will you come?" "*Maybe* not."
「君は来るかい」「たぶん行かないね」

Mayflower /méiflàuər メイフラウア/ 名 ((the Mayflower)) メイフラワー号(1620年に清教徒の一団を乗せて英国から新大陸へ渡った船)

mayonnaise /méiənèiz メイアネイズ/ 名 U マヨネーズ

mayor /méiər メイア/ 名 C 市長, 町長

maze /méiz メイズ/ 名 C 迷路, 迷宮

MB ((略)) *m*ega*b*yte メガバイト

McKinley /məkínli マキンリ/ 名 **Mount McKinley** マッキンリー山(米国アラスカ州にある北米大陸の最高峰で, 高さ6,194m)

MD ((米郵便)) *M*arylan*d* メリーランド州
Md. ((略)) *M*arylan*d*. メリーランド州
ME ((米郵便)) *M*ain*e* メイン州

me /mi ミ; ((強)) míː ミー/ 代
((人称代名詞:Iの目的格))

Me.

① ((他動詞の間接目的語として))**私に, ぼくに**
📖 Please give *me* time to answer the question. 質問に答える余裕をください

② ((他動詞の直接目的語として))**私を, ぼくを**
・Will you help *me*?
私を手伝ってくれませんか

③ ((前置詞の目的語として))**私, ぼく**
・Look at *me*! 私を見て

④ ((I の代わりに主語として独立的に用いて))**私, ぼく**
・"Who's there?" "*It's me.*"
「そこにいるのは誰なの」「私です」

Me. ((略)) *Maine* メイン州

meadow /médou メドウ/ 名 ⓒⓊ (干し草用の)牧草地, 草地

meal* /míːl ミール/
名 (複 **meals** /míːlz/) ⓒ
(定時の)**食事**; (1回分の)食べ物, 1食(分)
・a light *meal* 軽食
・have [eat] a *meal* 食事をする

mean¹ /míːn ミーン/

動 三単現 **means** /míːnz/
過去・過分 **meant** /メント/
現分 **meaning** /ミーニング/
━ 他

① 〈言葉が〉〈…を〉**意味する**, …という意味である
・What does this word *mean*?
この言葉はどういう意味ですか

■ *mean that*... …ということを意味する
■ *mean doing* …することを意味する
■ *mean A (to B)*
B (人)にとってA (重要性など)の意味を持つ

② 〈人が〉〈…を〉**意図する**
■ *mean A (by B)*
(Bの意味で) A (言葉)を使う
・You know what I *mean*. 分かるよね
・I *mean* it. 本気で言ってるんだ
・I know what you *mean*.
お気持ちは分かります
・What do you *mean by* that?
それはどういう意味だ

■ *mean A as B*
A (言葉など)をB (冗談など)のつもりで言う
■ *mean that*... …のつもりだ
■ *mean to do* …するつもりだ

③ (…に)向けられる ((*for*...)); (…することに)なっている ((*to do*))

・He *is meant for* [*to* be] a teacher.
彼は生まれながらの教師だ
・This book *was meant for* you.
この本は君にあげるつもりだった
・You *are meant to* take your shoes off in a Japanese house.
日本の家では靴を脱ぐことになっている
I mean つまり, 言い換えると

mean² /míːn ミーン/ 形
① 〈性格などが〉(…に対して)**卑劣な, 意地の悪い** ((*to*...))
② (お金などに)けちな, しみったれた ((*with*..., *about*...))

mean³ /míːn ミーン/ 名 ⓒ ((ふつう単数形で))【数学】**平均, 平均値**

meaning /míːniŋ ミーニング/

動 mean¹の現在分詞・動名詞
━ 名 (複 **meanings** /ミーニングズ/)
① ⓒⓊ (言葉などの)**意味**; 真意; 意図
・What's the *meaning* of this English word? この英単語の意味は何ですか
② Ⓤ (…の)意義, 本質, 重要性 ((*of*...))
・the *meaning of* life 人生の意義
meaningful 形 意味のある; 意義のある
meaningless 意味のない; 意義のない

means* /míːnz ミーンズ/ 名 (複 **means**)
① ((単数・複数扱い))(…の)**手段, 方法**
((*of*...))
・*means of* transportation 交通手段
・*means of doing* …する手段[方法]
・The end justifies the *means*.
((ことわざ))目的は手段を正当化する
② ((複数扱い))財産, 資産, 富
・a man of *means* 資産家
by all means
必ず, きっと; もちろん, ぜひどうぞ
by means of A Aによって, Aを使って
by no means
決して…でない, まったく…しない

meant /mént メント/ 動 mean¹の過去形・過去分詞

meantime /míːntàim ミーンタイム/ 名 Ⓤ
((the meantime)) 合間, その間(の時間)
in the meantime
そうこうするうちに, その間に

meanwhile /míːnhwàil ミーンワイル/ 副 その間に; 一方では

measure* /méʒər メジャ/

meat /míːt ミート/ 名 U

① (食用の)**肉**
- a piece of *meat* 1切れの肉
- ground *meat* ひき肉
- a *meat* pie ミートパイ

② ((主に米))(果実・かになどの)身

③ 内容, 要点
- the *meat* of *A*'s lecture Aの講演の要旨

meaty 形 内容の充実した; 肉付きのよい

Mecca /mékə メカ/ 名

① メッカ(サウジアラビアの都市で, マホメットが生まれ, イスラム教徒の巡礼地となっている)

② C ((mecca))あこがれの地, 聖地, メッカ

mechanic /məkǽnik マキャニク/ 名 C 機械工; 修理工

mechanics 名 力学; 機械学; ((the mechanics))(機械の)構造; 技術
mechanism 名 C U 機械装置; C 構造, 仕組; メカニズム

mechanical /məkǽnikəl マキャニカル/ 形

① 機械の; 機械による
- a *mechanical* pencil シャープペンシル

② 〈行動などが〉機械的な

mechanically 副 機械的に, 自動的に

medal /médl メドル/ 名 C メダル, 勲章

- win a gold [silver, bronze] *medal* 金[銀, 銅]メダルを獲得する

medalist 名 C メダル受領者, メダリスト

meddle /médl メドル/ 動 自

① (他人の事などに)干渉する, おせっかいをやく((*in...*))

② (…を)いじくり回す((*with...*))

media /míːdiə ミーディア/ 名

① mediumの複数形

② ((the media))((単数・複数扱い))マスメディア

median /míːdiən ミーディアン/ 形 中央の, 中間にある

mediate /míːdièit ミーディエイト/ 動
— 他〈協定などを〉仲介する; 〈論争などを〉調停する
— 自 (…の間を)仲裁する, 調停する((*between...*))

mediation 名 U 仲裁, 調停
mediator 名 C 仲裁人, 仲介者

medical /médikəl メディカル/ 形

① 医学の, 医療の
- a *medical* school 医学部
- a *medical* checkup 健康診断
- be under *medical* care 治療を受けている

② 内科の(⇔surgical)
— 名 C ((くだけて))健康診断(checkup)

medically 副 医学的に, 医学上

medication /mèdikéiʃən メディケイシャン/ 名 U 薬物治療, 投薬; ((主に米))C 薬剤

medicine /médəsən メダサン/ 名 (複 medicines /メダサンズ/)

① U C **薬**, 医薬品
- a dose of *medicine* 薬1服[1回分の薬]
- a *medicine* chest 薬箱, 救急箱
- I usually take this *medicine* for a cold.
  私はたいてい風邪の時はこの薬を飲む

② U 医学; 医療
- Chinese *medicine* 漢方

medicinal 形 薬の, 医薬の, 薬効のある
medicinally 副 薬用上

medieval /mìːdíːvəl ミーディイーヴァル/ 形 中世の, 中世風の

- in *medieval* times 中世に

mediocre /mìːdióukər ミーディオウカ/ 形 ふつうの, 平凡な, 並みの

mediocrity 名 U 平凡, 並み; C 凡人

meditate /médətèit メダテイト/ 動

Mediterranean

― 自 (…について) 瞑想(めいそう)する; 熟考する ((*on...*, *upon...*))
― 他 〈…を〉くわだてる, もくろむ
meditation 名 U 瞑想; 熟考
meditative 形 瞑想にふけった, 思慮深い
meditatively 副 瞑想にふけって

Mediterranean /mèditəréiniən メディタレイニアン/
形 地中海の
・the *Mediterranean* Sea 地中海
― 名 ((the Mediterranean)) 地中海

medium* /míːdiəm ミーディアム/
名 (複 **media** /ミーディア/, **mediums** /ミーディアムズ/) C
❶ (伝達などの) **手段**; 媒介; 媒体
・a *medium* of communication 伝達手段
❷ 中間; 中間の大きさ
― 形 (比較なし) 〈大きさなどが〉**中間の**; 〈ステーキの焼き方などが〉**ミディアムの**
・*medium* size Mサイズ

medley /médli メドリ/ 名 C 寄せ集め, 混合; 混成曲, メドレー

meet /míːt ミート/

動 三単現 **meets** /ミーツ/
過去・過分 **met** /メト/
現分 **meeting** /ミーティング/
― 他
❶ 〈人などに〉**会う, 出会う**
・I will *meet* him tomorrow.
  私はあす彼に会います
❷ 〈人と〉**知り合いになる**; 〈人と〉面会する
・Nice to *meet* you.
  お会いできてうれしいです, はじめまして
❸ 〈要求などに〉応じる; 〈…を〉満たす
・*meet* *A's* demand Aの要求に応じる
❹ 〈人などを〉出迎える
❺ 〈道路などが〉〈…と〉合流する
❻ 〈…に〉対抗する; 〈困難などに〉立ち向かう
― 自
❶ **会う**; **出会う, 知り合いになる**; 会合する
・*meet* with *A* Aに会う; Aに直面する
・Let's *meet* at the station.
  駅に集まりましょう
❷ 〈道路などが〉(…と) **交わる**, 接続する ((*with...*))
― 名 (複 **meets** /ミーツ/) C ((主に米)) (スポーツなどの) **大会** (((英)) meeting)
・an athletic *meet* 運動会

meeting /míːtiŋ ミーティング/
動 meetの現在分詞・動名詞
― 名 (複 **meetings** /ミーティングズ/) C
❶ **会, 会議**, 会合; **集会**; ((主に英)) 競技会, 大会 (((米)) meet)
・a staff *meeting* スタッフ会議
・hold a *meeting* 会を催す
・attend a *meeting* 会に出席する
・open [close] a *meeting* 開会 [閉会] する
❷ 出会い, 面会
・a chance *meeting* 偶然の出会い

mega /mégə メガ/
形 ((くだけて)) 巨大な; ものすごい
― 副 ものすごく

megaphone /mégəfòun メガフォウン/ 名 C メガホン, 拡声器

melancholy /mélənkàli メランカリ/
名 U 憂うつ, もの悲しさ
― 形 〈気分などが〉憂うつな, もの悲しい
melancholic 形 憂うつな, うつ病の

Melbourne /mélbərn メルバン/ 名 メルボルン (オーストラリア南東部の港市)

mellow /mélou メロウ/
形
❶ 〈音などが〉やわらかい
❷ 〈果物などが〉熟して甘い; 〈酒などが〉まろやかな
・a *mellow* peach 熟した桃
❸ 〈人格が〉円熟した
❹ ほろ酔いの
― 動
― 他 〈果物などを〉熟させる; 〈人を〉円熟させる
― 自 熟する; 円熟する
mellowly 副 熟して; やわらかく, 甘美に
mellowness 名 U 円熟; やわらかさ, 甘美

melody /mélədi メロディ/ 名 C 【音楽】メロディー, (主) 旋律; U 美しい調べ
melodic 形 旋律の (美しい)
melodious 形 旋律的な; 音色の美しい

melon /mélən メラン/ 名 U C 【植物】メロン

melt /mélt メルト/ 動
― 自
❶ 〈固体が〉溶ける, 溶解する; 液体 (状) になる
・Ice *melts* into water. 氷は溶けて水になる
❷ 〈…が〉次第になくなる, 薄らぐ ((*away*)); 少しずつ (…に) 変わる ((*into...*))
・The snow *melted away*. 雪は溶けていった

❸ 〈感情などが〉やわらぐ, なごむ
― 他
❶ 〈固体などを〉溶かす, 溶解する
❷ 〈気持ちなどを〉やわらげる;〈不安などを〉次第になくす((*away*))
melt A down = melt down A
Aを溶かす
melting 形 〈声などが〉心をなごませる

melting pot /méltiŋ pàt メルティング パト/ 名 C (金属を溶かす)るつぼ;(人種などの)るつぼ

member /mémbər メンバ/

名 (複 **members** /メンバズ/) C
(団体・組織などの)**メンバー, 会員, 一員**
・a family *member* 家族の一員
・a *member* of the soccer club サッカー部の部員

membership /mémbərʃìp メンバシプ/ 名
❶ U 会員であること;会員資格
・a *membership* card 会員証
❷ C 会員数
・have a large [small] *membership* 会員数が多い[少ない]

memo* /mémou メモウ/
名 (複 **memos** /メモウズ/) C ((くだけて)) メモ
・a *memo* pad メモ帳

memoir /mémwa:r メムワー/ 名 C ((ふつう memoirs)) 回想録, 回顧録

memorable /mémərəbl メマラブル/ 形 印象的な, 重要な
memorably 副 印象的に

memorandum /mèmərǽndəm メマランダム/ 名 (複 **memorandums** /メマランダムズ/, **memoranda** /メマランダ/) C メモ, 覚え書き, 備忘録, 記録

memorial /məmɔ́:riəl マモーリアル/
名 C (…の)記念物, 記念碑((*to*...))
・a war *memorial* 戦争記念碑[日]
― 形 記念の;追悼の

memorize /méməràiz メマライズ/ 動 他 〈…を〉暗記する, 記憶する
・*memorize* English words 英単語を暗記する

memory* /méməri メマリ/
名 (複 **memories** /メマリズ/)
❶ U 記憶; C 記憶力
・a vivid *memory* 鮮明な記憶
・have a short *memory* 物忘れが早い
・have a long *memory* 物覚えがよい
・have a good [poor] *memory* 記憶力がよい[悪い]
・*from memory* 記憶を頼りに
❷ C ((ふつう memories)) 思い出
・childhood *memories* 幼少期の思い出
・*in memory of A* Aの記念として
❸ C U 【コンピュータ】メモリ, 記憶装置
・a *memory* chip メモリチップ

men* /mén メン/ 名 manの複数形

menace /ménəs メナス/
名 U C (…に対する)脅迫, 脅威((*to*...))
― 動 他 〈人を〉(…で)脅す((*with*...))

mend /ménd メンド/
動
― 他
❶ 〈壊れたものを〉直す, 修理する
・*mend* clothes 服を繕う
❷ 〈…を〉改善する;〈態度などを〉改める
― 自 ((くだけて)) 〈病気などが〉よくなる, 治る;〈事態などが〉改善される
・*mend* (*one's*) *relations with A* Aと仲直りをする
― 名 C 修繕箇所;改善
be on the mend ((主に英)) 〈健康が〉回復している;〈事態などが〉好転している

menstrual /ménstruəl メンストルアル/ 形 月経の, 生理の

mental* /méntl メントル/ 形 ((比較なし))
❶ 心の, 精神の(⇔physical);知力の, 知能の
・*mental* age 精神年齢
・*mental* disease 精神病
・*mental* powers 精神力
❷ 頭の中で行う, そらでする
・He is good at *mental* calculation. 彼は暗算が得意だ
mentally 副 精神的に
mentality 名 U 精神力, 知力; C 心理; ものの見方[考え方]

mention* /ménʃən メンシャン/
動 三単現 **mentions** /メンシャンズ/
過去・過分 **mentioned** /メンシャンド/
現分 **mentioning** /メンシャニング/
― 他 〈…に〉**言及する**;〈…の〉名前を挙げる
・as I *mentioned* above 上で述べたとおり
Don't mention it.
どういたしまして(You are welcome.)
not to mention A Aは言うまでもなく

mention
- 名 U C 言及;名前を挙げること
- make *mention* of A Aに言及する, 触れる

mentor /méntɔːr メントー/ 名 C (賢明で信頼のおける)相談相手, 恩師

menu* /ménju: メニュー/
名 (複 **menus** /メニューズ/) C
❶ 献立表, メニュー;料理, 食事
- the set *menu* 定食
❷【コンピュータ】メニュー(選択可能な処理の一覧表示)

meow /miáu ミアウ/
名 C ((米)) 猫の鳴き声, ニャオ
— 動 @ 〈猫が〉ニャオと鳴く

merchandise /mə́ːrtʃəndàiz マーチャンダイズ/ 名 U 商品

merchant /mə́ːrtʃənt マーチャント/ 名
❶ C 商人;貿易商;((主に米))商店主
❷ ((形容詞的に)) 商業の, 商人の

Mercury /mə́ːrkjəri マーキャリ/ 名【天文】水星;【ローマ神話】メルクリウス, マーキュリー(商業などの神)

mercury /mə́ːrkjəri マーキャリ/ 名 U 【化学】水銀(元素記号 Hg);((the mercury)) (温度計などの)水銀柱

mercy /mə́ːrsi マースィ/ 名
❶ U 慈悲;情け
- without *mercy* 情け容赦なく
- *mercy* killing 安楽死
❷ C ((ふつう a mercy)) ((くだけて)) 幸運
at the mercy of A Aのなすがままに
merciful 形 慈悲深い
mercifully 副 慈悲深く
merciless 形 無慈悲な, 無情な
mercilessly 副 無慈悲に, 無情に

mere /míər ミア/ 形 単なる, ほんの
- He left here a *mere* five minutes ago. 彼はほんの5分前にここを去った
- He is a *mere* child. 彼はほんの子どもだ

merely* /míərli ミアリ/
副 ((比較なし)) 単に, ただ
- It's *merely* a guess. 単なる推測です
- He is *merely* a child. 彼はほんの子どもだ
not merely A, but (also) B
Aだけでなく B もまた

merge /mə́ːrdʒ マーヂ/ 動
— 他
❶ 〈会社などを〉(…と)併合する((with...))
❷ 〈…を〉(…に)同化させる((into...))
— @ 合併する;(…に)変わる((into...))

merger 名 U C 合併, 合同

merit /mérit メリト/ 名 C ((ふつう merits)) 長所;功績;U 価値, よさ
- *merits* and demerits 長所と短所
- The plan has many *merits*.
その計画にはたくさんの長所がある

mermaid /mə́ːrmeid マーメイド/ 名 C (女の)人魚

merry* /méri メリ/
形 比較 **merrier** /メリア/
最上 **merriest** /メリアスト/
陽気な, 愉快な
- I wish you a *merry* Christmas.
クリスマスおめでとう
merrily 副 陽気に, 楽しく

merry-go-round /mérigouràund メリゴウラウンド/ 名 C 回転木馬, メリーゴーラウンド

mesh /méʃ メシュ/
名 C 網の目;U C 網
— 動
— 他 〈…を〉網にかける
— @ 網にかかる;(…と)かみ合う((with...))

Mesopotamia /mèsəpətéimiə メサパテイミア/ 名 メソポタミア(チグリス川とユーフラテス川にはさまれた地域で, 古代文明発祥の地)

mess /més メス/
名
❶ C ((ふつう単数形で)) 乱雑, 混乱
- be in *a mess* 散らかっている
❷ ((単数形で)) 困った事態, 困難
❸ ((単数形で)) 散らかったもの, ごみの山
make a mess of A Aを台なしにする
— 動 他 ((主に米)) ((くだけて)) 〈…を〉乱す, 汚す;台なしにする
mess with A
Aに干渉する, おせっかいをする
messy 形 乱雑な, 散らかった

message /mésidʒ メスィヂ/

名 (複 **messages** /メスィヂズ/) C
❶ 伝言, ことづけ
- *message for A from B* BからAへの伝言
- Can I leave a *message*?
ことづけをお願いできますか
- Can I take a *message*?
((電話で))おことづけを承りましょうか
❷ ((単数形で)) 主題, 教訓;意図, ねらい
❸【コンピュータ】(画面上の)メッセージ
get the message ((くだけて))

真意を理解する

messenger /mésəndʒər メサンヂャ/ 名 C メッセンジャー, 使者；電報配達人

met* /mét メト/
動 meetの過去形・過去分詞

metabolism /mətǽbəlìzm メタバリズム/
名 U 新陳代謝
| **metabolic** 形 新陳代謝の

metal* /métl メトル/
名 (複 **metals** /メトルズ/) U C 金属
・ precious *metals* 貴金属
・ heavy [light] *metals* 重[軽]金属
| **metallic** 形 金属(製)の；金属的な

metaphor /métəfɔːr メタフォー/ 名 U C 比喩, 隠喩
| **metaphorical** 形 比喩的な, 隠喩的な
| **metaphorically** 副 比喩的に, 隠喩的に

metaphysics /mètəfíziks メタフィズィクス/
名 U (単数扱い)形而上(けいじじょう)学；抽象論
| **metaphysical** 形 形而上学的な；抽象的な

meteor /míːtiər ミーティア/ 名 C 流星；いん石
| **meteorite** 名 C いん石

meteorology /mìːtiərálədʒi ミーティアラロヂィ/ 名 U 気象学
| **meteorologist** 名 C 気象学者

meter¹, 《英》metre*
/míːtər ミータ/
名 (複 **meters** /ミータズ/) C メートル (略 m)
・ I am 1 *meter* 68 centimeters tall.
ぼくは身長1メートル68センチです
| **metric** 形 メートル法の

meter² /míːtər ミータ/ 名 C (ガスなどの)メーター, 計量器

method* /méθəd メサド/
名 (複 **methods** /メサヅ/) C 方法, 方式
・ a new *method of* learning English
新しい英語の学習法
| **methodical** 形 秩序立った, 整然とした
| **methodically** 副 秩序立って, 整然と
| **methodology** 名 U C 方法論

metro /métrou メトロウ/ 名 C (ふつう the Metro)地下鉄, メトロ

metropolis /mətrápəlis マトラパリス/ 名 C 主要都市, 大都市

metropolitan /mètrəpálətn メトラパラトン/
形 主要都市の, 大都市の；都会の
■ 名 C 大都市の住民

Mexican /méksikən メクスィカン/
形 メキシコ(人)の
■ 名 C メキシコ人

Mexico /méksikòu メクスィコウ/ 名 メキシコ (首都はメキシコシティー)

mg 《略》milligram(s)

MI 《米郵便》*Mi*chigan ミシガン州

Miami /maiǽmi マイアミ/ 名 マイアミ (米国フロリダ州南東部大西洋岸の都市で, 避寒地)

mice /máis マイス/ 名 mouseの複数形

Mich. 《略》*Mich*igan ミシガン州

Michigan /míʃigən ミシガン/
❶ ミシガン (略 Mich., 《郵便》MI；米国中北部の州；州都はランシング(Lansing))
❷ **Lake Michigan** ミシガン湖 (北米の五大湖の1つ)

Mickey Mouse /míki máus ミキ マウス/
名 ミッキーマウス (Disneyのアニメ映画の主人公)

microbiology /màikroubaiálədʒi マイクロウバイアラヂィ/ 名 U 微生物学, 細菌学
| **microbiologist** 名 C 微生物学者

microcomputer /máikrəkəmpjùːtər マイクラカンピュータ/ 名 C 超小型コンピュータ

microcosm /máikrəkàzm マイクラカズム/
名 C 小宇宙；縮図

microphone /máikrəfòun マイクラフォウン/
名 C マイクロホン, マイク(《くだけて》mike)

microscope /máikrəskòup マイクラスコウプ/
名 C 顕微鏡
・ an electron *microscope* 電子顕微鏡
| **microscopic** 形 顕微鏡の；微細な
| **microscopically** 副 微視的に

microwave /máikrouwèiv マイクロウウェイヴ/ 名 C 極超短波, マイクロ波
・ a *microwave* oven 電子レンジ

mid /míd ミド/ 形 《ふつう複合語で》中央の, 中間の, 中部の；半ばの

midair /mídéər ミデア/ 名 U 空中
・ in *midair* 空中で

midday /míddèi ミドデイ/ 名 U 正午, 真昼
・ at *midday* 昼の12時に

middle
/mídl ミドル/
形 (比較なし)真ん中の, 中間の；中くらいの
・ in *one's middle* twenties 20代半ばで
・ *middle* age 中年
・ the *middle* class 中流

- the *Middle* East 中東
- a *middle* finger 中指
- a *middle* name 中間名, ミドルネーム

— 名

❶ ((the middle)) 真ん中, 中間(地点), 中央

❷ ((the [one's] middle)) ((くだけて))(人体の)胴, 腰(waist)

in the middle of *A* Aの最中で

middle-aged /mídléidʒd ミドレイヂド/ 形 中年の, 初老の; ((けなして))古くさい

middle-class /mídlklǽs ミドルクラス/ 形 中産[中流]階級の; 中間層の

midfield /mídfi:ld ミドフィールド/ 名 U (サッカーなどの)ミッドフィールド(競技場の中央部)

midfielder 名 C ミッドフィールダー

midnight /mídnàit ミドナイト/ 名 U 真夜中; 夜中の12時

midpoint /mídpɔ̀int ミドポイント/ 名 C ((ふつう the midpoint))中間点, 真ん中

midst /mídst ミドスト/ 名 U ((the midst, one's midst))真ん中, 中央

in *A's* ***midst*** A(グループ)の一員で

in the midst of *A*
A(状況)の最中に, Aのまっただ中に

midsummer /mídsʌ́mər ミドサマ/ 名 U 真夏, 夏至の頃

midterm /mídtə̀:rm ミドターム/ 名 U (学期・任期などの)中間; C ((しばしば midterms))中間試験

— 形 中間の

midway /mídwéi ミドウェイ/
副 中途に, 中ほどに
— 形 中途の, 中ほどの

midweek /mídwí:k ミドウィーク/
形 週の中頃の
— 副 週の中頃に

might¹ /máit マイト/

助 ((mayの過去形))

否定形 **might not** /ナト | ノト/

((くだけて)) **mightn't** /máitnt マイトント/

❶ ((主節が過去形のための時制の一致))

- He said that it *might* snow.
彼は雪が降るかもしれないと言った

❷ ((可能性・推量)) …かもしれない

- I *might* be wrong.
ぼくが間違っているかもしれない

- He *might have missed* the plane.
彼は飛行機に乗りそこねたのかもしれない

📖 It *might* be, I suppose.
その可能性はあるかもしれませんね

❸ ((許可)) …してもよい

- *Might* I smoke?
タバコを吸わせていただいてもいいですか

❹ ((譲歩))(たとえ)…であっても

- However hard he *might* study, he never got a good job. どんなに一生懸命勉強しても彼はいい仕事につけなかった

❺ ((目的)) …するために, …できるように

- I learned English so that I *might* travel abroad.
外国旅行ができるように英語を勉強した

❻ ((仮定法))((次の用法で))

■ *might do* (もし…だったら)…するだろうに

- If he were in good health, he *might* play sports.
健康ならば彼はスポーツをするだろうに

■ *might have done*
(もし…だったら)…しただろうに

- I *might have* been a lawyer if I had studied hard.
一生懸命勉強したら弁護士になれただろうに

might as well *do*(*A*) *as do*(*B*)
BするくらいならAする方がましだ

- We *might as well* go home *as* waste our time thus. こんなふうに時間をむだにするくらいなら家に帰った方がましだ

might² /máit マイト/ 名 U (巨大な)力, 権力; 体力

- He pushed the door with all his *might*.
彼は力いっぱいドアを押した

- *Might* is right. ((ことわざ))力は正義

mightn't /máitnt マイトント/ ((くだけて)) might not の縮約形

mighty /máiti マイティ/ 形 強力な; 並はずれた; 巨大な

migrate /máigreit マイグレイト/ 動 自 〈人が〉移住する; 〈鳥・魚が〉(季節ごとに)移動[回遊]する, 渡る

migrant 名 C 移住者; 季節労働者; 渡り鳥, 回遊魚

migration 名 U 移住; 移動, 渡り, 回遊; C 移住者

migratory 形 移住する, 移動性の

mike /máik マイク/ 名 C ((くだけて))マイク

Milan /milǽn ミラン/ 名 ミラノ(イタリア北

部の都市)

mild* /máild マイルド/
- 比較 **milder** /マイルダ/
- 最上 **mildest** /マイルダスト/
- 形 ❶〈人などが〉**優しい**;〈程度が〉**穏やかな**, きつくない
- ❷〈味などが〉**まろやかな**, 軽い
- ❸〈天候が〉**穏やかな**, 温暖な
- **mildly** 副 優しく, 穏やかに;いくぶん, 少々

mile* /máil マイル/
- 名 (複) **miles** /マイルズ/ C
- ❶ **マイル** (長さの単位:約1.6km)
- ❷ 相当な距離[間隔]; ((miles))((副詞的に)) はるかに
- **mileage** 名 U 総マイル数, 走行距離;燃費;マイレージ

milestone /máilstòun マイルストウン/ 名 C マイル標石;(歴史・人生などでの)画期的な出来事

military /mílitèri ミリテリ/
- 形 軍隊の;陸軍の;軍人の[的な]
- 名 ((the military)) 軍隊

milk /mílk ミルク/

名 U **牛乳**, **ミルク**;母乳;乳汁
- a glass of *milk* 牛乳1杯
- condensed *milk* 練乳
- powdered *milk* 粉ミルク
- a *milk* tooth 乳歯
  cry over spilt milk 過ぎたことを悔やむ
- 動 他 〈牛などの〉乳をしぼる

milky /mílki ミルキ/ 形 牛乳のような, 乳白色の
- the *Milky* Way 天の川, 銀河

mill /míl ミル/
- 名 C
- ❶ 製粉所, 製粉工場;(紡績(ぼう)・製鋼などの)工場
- ❷ 製粉機, ひき割り器
- 動 他 〈…を〉ひいて粉にする

millennium /miléniəm ミレニアム/ 名 (複) **millenniums** /ミレニアムズ/, **millennia** /ミレニア/ C 千年間

milligram /míləgræm ミラグラム/ 名 C ミリグラム (略 mg)

milliliter, ((英))**millilitre** /míləlì:tər ミラリータ/ 名 C ミリリットル (略 ml)

millimeter*, ((英))**millimetre** /míləmì:tər ミラミータ/ 名 (複) **millimeters** /ミラミータズ/) C ミリメートル (略 mm)

million /míljən ミリャン/

名 (複) **million**, **millions** /ミリャンズ/)
- ❶ U C (基数の)**100万**; U ((複数扱い)) 100万個, 100万人
- ten *million* 1000万
- seven hundred *million* 7億
- ❷ ((millions)) 何百万(の…);多数(の…) ((of...))
- 形 **100万の**;多数の, 無数の

millionaire /míljənéər ミリャネア/ 名 C 百万長者;大金持ち

millionth /míljənθ ミリャンス/
- 形 100万番目の;100万分の1の
- 名 C 100万番目;100万分の1

mime /máim マイム/
- 名 U パントマイム; C パントマイム役者
- 動 自 パントマイムをする

mimic /mímik ミミク/ 動 他〈人のしぐさなどを〉〈おもしろ半分に〉まねる

min. ((略))*min*ute(s) 分;*min*imum 最小限

mince /míns ミンス/
- 動 他〈肉・野菜などを〉細かく刻む
- 名 U ((英)) ひき肉, ミンチ肉

mind ☞ 382ページにあります

mine¹ /máin マイン/

代 ((人称代名詞:I の所有代名詞))
((単数・複数扱い)) **私のもの**, **ぼくのもの**
- *A of mine* 私のA
- He is a friend *of mine*.
彼は私の友達の(1人)です
- "Whose jacket is this?" "It's *mine*."
「これは誰の上着ですか」「私のです」

mine² /máin マイン/
- 名 C 鉱山, 鉱坑(こう);地雷, 機雷
- 動
- 他〈石炭などを〉採掘する;〈地面などに〉地雷などを仕掛ける
- 自 (…を)採掘する ((for...))
- **mining** 名 U 採掘, 採鉱;鉱業

mineral /mínərəl ミナラル/
- 名 C 鉱物;鉱石
- 形 鉱物(性)の, 鉱物を含んだ
- *mineral* water ミネラルウォーター
➡➡➡ 382ページに続く ➡➡➡

mind /máind マインド/

名 (複 **minds** /マインヅ/)

❶ Ⓤ (判断・思考などの働きをする) **心**, 精神 (⇔ body)
- *mind* and body 心身
- a state of *mind* 心の状態
- A sound *mind* in a sound body.
  ((ことわざ))健全なる身体に健全なる精神

❷ Ⓤ 知力, 知性, 頭脳; ⓊⒸ 思考力, 理性
- a weak *mind* 低い知能
- have a quick *mind* 頭の回転が速い
- improve *one's mind* 知性をみがく
- lose *one's mind* 理性を失う

❸ ⓊⒸ 考え方; Ⓒ 考え, 意見; 気持ち
- to [in] my *mind* 私の考えでは
- read *A's mind* A(人)の気持ちを読み取る
- have an open *mind* 柔軟な考え方を持つ
- (So) many men, (so) many *minds*.
  ((ことわざ))十人十色

❹ Ⓤ 記憶(力)
- Out of sight, out of *mind*.
  ((ことわざ))去る者は日々に疎(うと)し

bear** A **in mind
  Aを覚えておく, Aを心に留めておく

be on** A's **mind A(人)の気にかかっている

be out of** one's **mind
  ((くだけて)) 頭がおかしくなる

bring** [**call**] A **to mind A(名前など)を
  思い出す; 〈物・事が〉 Aを思い出させる

change** one's **mind 気が変わる

come to mind 心に浮かぶ

cross** one's **mind
  〈考えが〉脳裏をよぎる, 突然頭に浮かぶ

go out of** one's **mind 頭が変になる

have** A **in mind
  A(計画など)を考えている

keep** A **in mind
  Aを覚えておく, Aを心に留めておく
- Please *keep* my advice *in mind*.
  私の忠告を忘れないでください

make up** one's **mind
  (…することを)決心する ((to do))
- I *made up my mind to* study abroad.
  留学する決心をした

put** one's **mind (…に)専念する ((to...))

take** A's **mind off** B
  A(人)にB(つらいことなど)を忘れさせる

━ 動
三単現 **minds** /マインヅ/
過去・過分 **minded** /マインディド/
現分 **minding** /マインディング/

━ 他

❶ (…ということを) **気にする** ((*that* 節)); 〈…を〉いやだと思う
- "Do you *mind* if I open the window?"
  "No, I don't." ["Yes, I do."]
  「窓を開けてもかまいませんか(←気にしますか)」「ええ, どうぞ(←気にしません)」「「困ります(←気にします)」」
- *mind* (A [A's]) *doing*
  〈人が〉(Aが)…するのを迷惑に思う, 気にする
- Do you *mind* me [my] smok*ing*?
  (私は)タバコを吸ってもいいですか

❷ ((命令文で)) 〈…に〉**気をつけろ**
- *Mind* your step! 足元に注意

❸ 〈子どもなどの〉世話をする

━ 圁 ((主に否定文・疑問文で)) 〈人が〉いやがる, 反対する; 〈人が〉(…のことを)気にする, 心配する ((*about*...))
- I want to take a day off, if you don't *mind*.
  差し支えなければ1日休みたいのですが

mind you いいかい, よく聞け

Mind your own business!
  お前の知ったことか

Never mind! 気にしないで, だいじょうぶ

Would [***Do***] ***you mind doing***?
  ((依頼))…していただけ[くれ]ませんか

Would [***Do***] ***you mind if...?***
  ((許可を求める))…してもよろしいでしょうか
- *Do you mind if* I sit down?
  座ってもいいですか

mindful 形 用心する, 心に留めておく
mindless 形 不注意な, 知性のない; 考えのない; 心を配らない, 意に介さない

mingle /míŋgl ミングル/ 動 圁 (…と)混ざる ((*with*...)); (パーティーなどで)(大勢の人と)交わって話をする ((*with*...))

mini /míni ミニ/ 名 Ⓒ ミニスカート; 小型の物

miniature /míniətʃər ミニアチャ/
名 Ⓒ 縮小模型, ミニアチュア
━ 形 小型の, ミニチュアの
- *miniature* golf ミニゴルフ

minibus /mínibÀs ミニバス/ 名C 小型バス, マイクロバス

minimal /mínəməl ミナマル/ 形〈量・程度などが〉最小の, 最小限の;極小の(⇔maximal)

minimize /mínəmàiz ミナマイズ/ 動他
❶〈程度などを〉最小(限)にする(⇔maximize);〈物・事を〉最低に見積もる
❷【コンピュータ】〈プログラムなどを〉最小化する
・a *minimize* button
【コンピュータ】(タスクバーの)最小化ボタン

minimum* /mínəməm ミナマム/
名 (複 **minimums** /ミナマムズ/, **minima** /ミナマ/) C (数量などの)最小(限), 最低(点);【数学】最小, 極小
・reduce CO₂ emissions to a *minimum*
二酸化炭素の排出を最小限にまで減らす
━━形 ((比較なし))最小(限)の, 最低の
・*minimum* wage 最低賃金

miniskirt /míniskə:rt ミニスカート/ 名C ミニスカート

minister* /mínəstər ミニスタ/
名 (複 **ministers** /ミニスタズ/) C
❶ ((しばしば Minister))(英国・日本などの)大臣
・the Prime *Minister* 総理大臣
❷ 聖職者, 牧師
ministerial 形 大臣の;内閣の, 政府の

ministry /mínəstri ミナストリ/ 名C
❶ ((ふつう Ministry))(英国・日本などの)省
❷ ((the Ministry))牧師の職[任期];聖職者

Minn. ((略))*Minn*esota ミネソタ州

Minnesota /mìnəsóutə ミナソウタ/ 名 ミネソタ((略 Minn., (郵便)MN;米国中北部の州;州都はセントポール(St. Paul)))

minor* /máinər マイナ/
形((比較なし))
❶(ほかと比べて)小さい;(比較的)重要でない;少数派の;二流の(⇔major)
・make a *minor* change 小さな変更をする
・a *minor* league マイナーリーグ
❷【音楽】短調の
・C *minor* ハ短調
━━名 (複 **minors** /マイナズ/) C
❶(法律上の)未成年者
❷【音楽】短調

minority /mənɔ́:rəti マノーラティ/ 名
❶UC ((単数・複数扱い))少数(派)
・be in the *minority* 少数派である
・a *minority* of A 少数(派)のA
❷C 少数民族, 少数党(⇔majority)
・an ethnic *minority* 少数民族

mint /mínt ミント/ 名U 【植物】はっか(の葉), ミント

minus* /máinəs マイナス/ (⇔plus)
形 ((比較なし))
❶ **マイナスの, 負の**
・a *minus* sign マイナス記号(記号 －)
❷ ((数字のあとに付けて))以下の;(評点のあとに付けて)マイナスの, 下の
・I got A *minus* on my test.
テストでAマイナスを取った
❸【電気】マイナスの, 陰の
❹ 不利な, 不足している, 損をしている
━━前
❶【数学】…を引いて, …をマイナスして
・Twenty *minus* eleven is [equals] nine.
20引く11は9
❷ …のない, …なしで(without)
━━名C
❶ マイナス記号, 負符号;負の数
❷ 不利, 不足, 欠損

minute¹ /mínit ミニト/

名 (複 **minutes** /ミニッ/)
❶C (時間単位の)**分** (略 min.)
・It's eight *minutes* past four.
4時8分過ぎです
・It takes six *minutes* to the station.
駅まで6分かかる
📖 You have five *minutes* to do this.
5分でやってください
📖 There are still two *minutes* to go.
まだ2分あります
❷ ((ふつう a minute))((くだけて))**ちょっとの間, すぐ**
・Just [Wait] *a minute*. ((電話口などで))少しお待ちを;ちょっと待ってください
・Can you hold on *a minute*?
(電話などで)少々お待ちください
❸C (角度の単位の)分
(at) any minute 今すぐにも
at the last minute
間際[ぎりぎり]になって, いよいよという時に
One minute!
ちょっと待って(Wait a minute.)

minute² /mainú:t マイヌート/ 形 微小の, ご

くわずかの;〈物・事が〉綿密な;とても詳細な

miracle /mírəkl ミラクル/ 名 C 奇跡, 神わざ;((a miracle))奇跡的な出来事

miraculous /mirǽkjələs ミラキュラス/ 形 奇跡の, 奇跡的な;驚くべき, すばらしい
 miraculously 副 奇跡的に

mirage /mirɑ́:ʒ ミラージュ/ 名 C 蜃気楼(しんきろう);幻覚, 妄想

mirror* /mírər ミラ/
名 (複 **mirrors** /ミラズ/) C 鏡
・look at *oneself* in the *mirror*
自分の姿を鏡で見る
— 動 他〈物・事を〉反映する, 映す

misbehave /mìsbihéiv ミスビヘイヴ/ 動 自 無作法にふるまう, エチケットを守らない
 misbehavior 名 U 無作法, 不品行

miscalculate /mìskǽlkjəleit ミスキャルキャレイト/ 動
— 自 計算間違いをする;判断を誤る
— 他〈…の〉計算間違いをする;〈…の〉判断を誤る
 miscalculation 名 U C 計算違い, 誤算;判断の誤り

mischief /místʃif ミスチフ/ 名 U いたずら, 悪さ;茶目っ気
 mischievous 形 いたずら好きな;茶目っ気のある
 mischievously 副 いたずらっぽく

misconduct /mìskɑ́ndʌkt ミスカンダクト/ 名 U 不品行;〈責任者などの〉違法行為

miserable /mízərəbl ミザラブル/ 形〈人が〉みじめな, 不幸な;〈運命などが〉悲惨な;〈天候などが〉ひどい
 miserably 副 みじめに;悲惨に
 misery 名 U みじめさ;悲惨, 苦難

misfortune /misfɔ́:rtʃən ミスフォーチャン/ 名 U 不運, 不幸;C 不幸な出来事, 災難

misguided /mìsgáidid ミスガイディド/ 形 誤って導かれた, 惑わされた

mishap /míshæp ミスハプ/ 名 C 不幸な出来事, 災難, 不運

misinform /mìsinfɔ́:rm ミスインフォーム/ 動 他〈人に〉間違った情報を伝える

misinterpret /mìsintə́:rprət ミスインタープラト/ 動 他〈…を〉誤って解釈[説明]する

misjudge /misdʒʌ́dʒ ミスヂャヂ/ 動 他〈…の〉判断を誤る

mislead /mìslí:d ミスリード/ 動 (leadの変化形と同じ) 他〈人を〉誤解させる, 間違った方に導く

misleading /mìslí:diŋ ミスリーディング/
 動 misleadの現在分詞・動名詞
— 形 誤解を招くような;紛らわしい

misread /mìsríːd ミスリード/ 動 (readの変化形と同じ) 他〈…を〉読み間違える;〈…を〉誤って解釈する

Miss /mís ミス/

名 (複 **Misses** /ミスィズ/) C
((未婚女性の姓または姓名の前に付けて))…さん, …嬢, …様;…先生
・*Miss* Johnson ジョンソン嬢

miss /mís ミス/

動 三単現 **misses** /ミスィズ/
過去・過分 **missed** /ミスト/
現分 **missing** /ミスィング/
— 他
❶〈電車などに〉乗りそびれる
・Did you *miss* your bus?
バスに乗り遅れたの
❷〈機会などを〉逃す
・*miss* an opportunity to *do*
…する機会を逃す
❸〈…が〉いなくて寂しく思う;(…できなくて)寂しい((*doing*))
・I *miss* you. あなたがいなくて寂しいです
・I *miss* talking to you.
あなたと話せなくて寂しいです
❹〈授業などを〉欠席する
❺〈語・せりふなどを〉読み忘れる, 抜かす;〈…を〉聞きもらす, 見落とす
❻〈的・ゴールなどを〉はずす;【スポーツ】〈ボールなどを〉空振りする, 取りそこねる
— 名 (複 **misses** /ミスィズ/) C 失敗, ミス;(ボールなどの)空振り, 捕りそこない

Miss. ((略)) *Miss*issippi ミシシッピ州

missile /mísəl ミサル/ 名 C ミサイル

missing /mísiŋ ミスィング/
 動 missの現在分詞・動名詞
— 形〈人が〉行方不明の, いない;〈物が〉紛失した, ない
・a *missing* person 行方不明者
・"Is everyone here?" "One person is *missing*."
「全員ここにいますか」「1人いません」
📖 Fill in the *missing* words.
抜けている語を入れてください

mission /míʃən ミシャン/ 名 C
❶ C (派遣された人が)(…する)任務, 使命 ((to do))
❷ C (外国に派遣される)使節団, 代表団
❸ U 伝道, 布教;伝道団
|**missionary** 名 C 宣教師, 伝道者

Mississippi /mísəsípi ミサスィピ/ 名
❶ ミシシッピ(略 Miss., ((郵便)) MS;米国中南部の州;州都はジャクソン(Jackson))
❷ ((the Mississippi)) ミシシッピ川(米国中部を南に流れてメキシコ湾にそそぐ大河)

Missouri /mizúəri ミズアリ/ 名 ミズーリ(略 Mo. ((郵便)) MO;米国中部の州;州都はジェファソンシティ(Jefferson City))

mist* /míst ミスト/ 名 (複 mists /ミスツ/)
U C 霧, かすみ, もや;霧状のもの

mistake /mistéik ミステイク/

名 (複 mistakes /ミステイクス/)
C 誤り, 間違い;過ち, 誤解;誤算
・make a mistake 間違える
📖 You didn't make a single mistake. 全問正解でしたよ
・by mistake 誤って, 間違って
━ 動
三単現 **mistakes** /ミステイクス/
過去 **mistook** /ミストゥク/
過分 **mistaken** /ミステイカン/
現分 **mistaking** /ミステイキング/
━ 他 〈…を〉誤る, 間違える;誤解する
▪ *mistake A for B* AをBと思い違いする

mistaken* /mistéikən ミステイカン/
動 mistakeの過去分詞
━ 形
比較 **more mistaken**
最上 **most mistaken**
〈人が〉誤った, 思い違いをした;〈考えなどが〉間違った, 正しくない
|**mistakenly** 副 誤って, 誤解して

mister /místər ミスタ/ 名 C ((Mister))…さん, …氏, …様;…先生(男性の名字またはフルネームの前に付ける敬称;略 Mr.)

mistook /mistúk ミストゥク/ 動 mistakeの過去形

mistress /místrəs ミストラス/ 名 C (女性の)愛人;女主人

mistrust /mistrÁst ミストラスト/
名 U ((また a mistrust)) 不信;疑惑
━ 動 他 〈…を〉信用しない

misty /místi ミスティ/ 形 霧[かすみ]が立ち込めた;霧の(ような)

misunderstand /mìsʌndərstænd ミサンダスタンド/ 動 (understandの変化形と同じ)
━ 他 〈人・言葉などを〉誤解する
━ 自 誤解する
|**misunderstanding** 名 U C 誤解

misuse
名 /mìsjú:s ミスユース/ U C 誤用;悪用, 乱用
━ 動 /mìsjú:z ミスユーズ/ 他 〈…を〉誤用する;悪用する

mite /máit マイト/ 名 C 【虫】だに

mitt /mít ミト/ 名 C 【野球】ミット

mitten /mítn ミトン/ 名 C ミトン, (親指だけ分かれた)手袋

mix /míks ミクス/

動 三単現 **mixes** /ミクスィズ/
過去・過分 **mixed** /ミクスト/
現分 **mixing** /ミクスィング/
━ 他
❶ 〈…を〉**混ぜる**
▪ *mix A with [and] B*
A(物)とB(物)を混ぜる
・Mix the flour *with* the eggs.
小麦粉と卵を混ぜ合わせてください
▪ *mix A into [in] B*
A(物)をB(物)に入れる, 混ぜる
❷ 〈…を〉〈…に〉融合する ((with...))
━ 自 (…と)**混ざる** ((with...))
mix A in = *mix in A* Aを混ぜ合わせる
mix A up = *mix up A* Aをよく混ぜる
・be [get] *mixed up* 頭が混乱する
━ 名 U C 混合(物);ミックス
|**mixer** 名 C ミキサー

mixed /míkst ミクスト/
動 mixの過去形・過去分詞
━ 形
❶ 混ざった;男女混合の, 共学の
・a *mixed* chorus 混声合唱
・*mixed* doubles 【テニス】混合ダブルス
❷ 〈感情などが〉複雑な
・have *mixed* feelings 複雑な気持ちである

mixture /míkstʃər ミクスチャ/ 名 C U 混合物;U 混合, 調合

ml ((略)) milliliter(s) ミリリットル

mm ((略)) millimeter(s) ミリメートル

MN ((米郵便)) Minnesota ミネソタ州

MO ((米郵便)) Missouri ミズーリ州

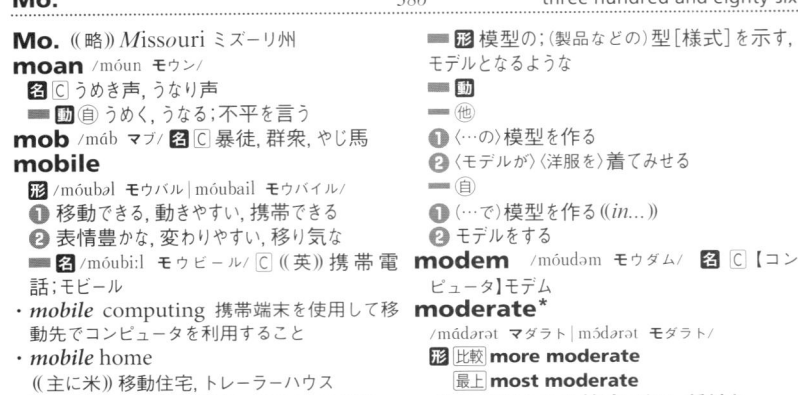

Mo. ((略)) *Missouri* ミズーリ州

moan /móun モウン/
- 名 C うめき声, うなり声
- 動 自 うめく, うなる; 不平を言う

mob /máb マブ/ 名 C 暴徒, 群衆, やじ馬

mobile
/móubəl モウバル | móubail モウバイル/
- 形 ❶ 移動できる, 動きやすい, 携帯できる
- ❷ 表情豊かな, 変わりやすい, 移り気な
- 名 /móubi:l モウビール/ C ((英)) 携帯電話; モビール
- *mobile* computing 携帯端末を使用して移動先でコンピュータを利用すること
- *mobile* home
  ((主に米)) 移動住宅, トレーラーハウス

mobility 名 U 可動性; 機動性; 流動性

mobilization 名 U 動員; 流動

mobilize /móubəlàiz モウバライズ/ 動
- 他 〈支持(者)〉などを〉かき集める, 〈軍隊などを〉(ある目的のために)動員する, 集結させる
- 自 〈軍隊などが〉動員される

mock /mák マク/ 動
- 他 〈…を〉あざける, あざ笑う, ばかにする
- 自 (…を)あざ笑う((*at*...))
- 名 C ((mocks)) ((英)) ((くだけて)) 模擬試験
- 形 見せかけの, にせの; 模擬の

mockery 名 U あざけり, あざ笑い

mockingly 副 あざけって; ふざけて

mode /móud モウド/ 名 C
❶ (…の)方法, やり方, 様式, 形態, 流儀((*of*...))
❷ ((ふつう単数形で)) (カメラ・機器の)モード; 【コンピュータ】モード
❸ ((the mode)) (服装などの)はやり; モード
❹【文法】法

modal 形 様式(上)の, 形態(上)の; 【文法】法の

model* /mádl マドル/
名 (複 **models** /マドルズ/) C
❶ (…の)**手本, 模範**; 基準((*of*..., *for*...))
- **make a *model* of *A***
  A(人・物)を模範にする
❷ (…の)**模型, 見本**((*of*..., *for*...)); 型, 様式
- the latest sports car *models*
  スポーツカーの最新型
❸ (小説・絵画などの)モデル; ファッションモデル

❹ 形 模型の; (製品などの)型[様式]を示す, モデルとなるような
- 動
- 他
❶ 〈…の〉模型を作る
❷ 〈モデルが〉〈洋服を〉着てみせる
- 自
❶ (…で)模型を作る((*in*...))
❷ モデルをする

modem /móudəm モウダム/ 名 C 【コンピュータ】モデム

moderate*
/mádərət マダラト | módərət モダラト/
形 比較 **more moderate**
  最上 **most moderate**
❶ 〈人・行動などが〉**節度のある, 穏健な**
❷ 〈量・程度などが〉**適度の**, ほどよい; 中くらいの, 並の
- 名 C 穏健な人
- 動 /mádərèit マダレイト | módərèit モダレイト/
- 他 〈…を〉適度にする, やわらげる
- 自 〈嵐・怒りなどが〉穏やかになる, そこそこに

moderately 副 適度に, そこそこに

moderation 名 U 節度; 中庸

moderator /mádərèitər マダレイタ/ 名 C 仲裁者; ((主に米))(討論会などの)司会者

modern

/mádərn マダン | módərn モダン/
形 比較 **more modern**,
  moderner /マダナ | モダナ/
  最上 **most modern**.
  modernest /マダナスト | モダナスト/
❶ ((比較なし))**現代の, 今の**, 近頃の
❷ ((比較なし))**近代の, 近世の**
❸ 〈芸術などが〉**現代的な**; 〈考えなどが〉現代風の, モダンな; 最新の
- *modern* technology 現代科学技術
- 名 C ((ふつう moderns)) 現代人

modernism 名 U 現代風; 現代[近代]主義, モダニズム

modernist 名 C 現代[近代]主義者; モダニスト

modernity 名 U 現代[近代]性

modernize /mádərnàiz マダナイズ/ 動
- 他 〈…を〉現代[近代]化する, 現代風にする
- 自 現代[近代]化する, 現代風になる

modernization 名 U 現代[近代]化

modest* /mάdəst マダスト | mɔ́dist モデスト/
形 比較 **more modest**
最上 **most modest**
❶ 〈人が〉(…について)控えめな, 謙そんした((*about*...))
❷ 〈程度・数量・価値などが〉(あまり)ひどく[多く, 高く]ない, 控えめな
| **modestly** 副 謙そんして, 控えめに
| **modesty** 名 U 謙そん, 控えめ;内気

modify /mάdəfài マダファイ/ 動 他
❶ 〈…を〉修正する, 変更する;緩和する
❷ 【文法】〈…を〉修飾する
| **modification** 名 C 修正, 変更;調節
| **modifier** 名 C 【文法】修飾語(句)

modulate /mάdʒəlèit マヂャレイト/ 動 他
〈…を〉調節[調整]する;〈声・音などの〉調子を変える
| **modulation** 名 U C 調節, 調整

module /mάdʒuːl マヂュール/ 名 C
❶ 【コンピュータ】モジュール
❷ (宇宙船の)モジュール
| **modular** 形 モジュール式の

mohair /móuheər モウヘア/ 名 U モヘア (アンゴラヤギの毛);モヘア織り

Mohammed /mouhǽməd モウハメド/ 名 マホメット, ムハンマド (アラビアの預言者で, イスラム教の創始者)

moist* /mɔ́ist モイスト/
形 比較 **moister** /モイスタ/
最上 **moistest** /モイスタスト/
湿った, 湿気のある;しっとりとした
| **moistness** 名 U 湿っていること

moisten /mɔ́isən モイサン/ 動
— 他 〈…を〉湿らす, うるおす
— 自 湿る, うるおう

moisture /mɔ́istʃər モイスチャ/ 名 U 湿気, 水蒸気

molar /móulər モウラ/ 名 C 臼歯(きゅうし)

mold¹, 《英》**mould¹** /móuld モウルド/
名 C
❶ 型, 鋳型(いがた);(菓子などの)流し型
❷ 型に流し込んで作ったもの
❸ ((単数形で)) 特性, 性格, 性質
— 動 他
❶ 〈…を〉型に入れて (…を)作る((*into*...));〈…を〉(…から)作る((*out of*..., *from*...))
❷ 〈人の性格・態度などを〉形成する
| **molding** 名 U 型で作ること, 鋳造(ちゅうぞう); C 型で作られたもの, 鋳造物

mold², 《英》**mould²** /móuld モウルド/ 名 U C かび

mole¹ /móul モウル/ 名 C ほくろ, あざ

mole² /móul モウル/ 名 C 【動物】もぐら

molecule /mάləkjùːl マラキュール/ 名 C 【化学・物理】分子
| **molecular** 形 分子の, 分子から成る

mom /mάm マム/ 名 C 《米》《くだけて》お母さん, ママ(《英》mum)

moment /móumənt モウマント/
名 (複 **moments** /モウマンツ/) C
❶ **瞬間**, 一瞬, 短時間
・ Wait (for) *a moment*. = Just *a moment*. ちょっと待って
・ Stay where you are for *a moment*. そのままちょっと待ってください
・ I'll be back in *a moment*. すぐ戻ります
❷ ((単数形で)) (特定の)**時**;(…する)**時期**, 機会((*to do*))
・ at *this moment* in time 今, 現在
(at) any moment
いつ何どき(でも), 今にも
at the last moment 最後のどたん場で
at the (very) moment
たった今, 今のところ;ちょうどその時
every moment 刻々, 今か今かと, 絶えず
for the moment
今は, さしあたり, 当座は
in a moment すぐに, 一瞬のうちに
of the moment
((名詞のあとに置いて)) 流行中の
the (very) moment (that)...
((接続詞的)) …するとすぐに(as soon as)
| **momentary** 形 瞬間の, つかの間の
| **momentarily** 副 瞬間的に, 一瞬;すぐに

momentous /mouméntəs モウメンタス/ 形 〈物事が〉きわめて重要[重大]な

momentum /mouméntəm モウメンタム/ 名 U 弾み, 勢い;【物理】運動量

mommy /mάmi マミ/ 名 C 《米》《くだけて》ママ, お母ちゃん(《英》mummy)

Mon. 《略》 *Mon*day 月曜日

Monaco /mάnəkòu マナコウ/ 名 モナコ (地中海沿岸の公国で, 首都はモナコ)

monarch /mάnərk マナク/ 名 C (世襲的)君主;唯一[絶対]の支配者
| **monarchy** 名 U 君主制;君主政治[政体]; C 君主国

Monday

/mʌ́ndei マンデイ, mʌ́ndi マンディ/
名 (複 **Mondays** /マンデイズ/) U C
月曜日 (略 M., Mon.); ((形容詞的に)) 月曜日の
- on Monday 月曜日に

monetary /mʌ́nətèri マネテリ/ 形 貨幣の, 通貨の;財政上の

money /mʌ́ni マニ/

名 U
❶ **金**(かね), **金銭**;現金;通貨
- a *money* market 金融市場
- change *money* 両替する
- save (up) *money* 金を貯蓄する
- *make money* もうける, 金持ちになる
- raise *money* for A
  A(チャリティーなど)の募金をする
- spend a lot of *money* on A
  Aにたくさんのお金を使う
- spending [pocket] *money* 小遣い

❷ (金銭に評価される)財産, 富

get one's money's worth ((けなして))
使った金だけの値打ちを得る, 元を取る

throw money at A
((けなして)) Aを金で解決する

Mongolia /mɑŋɡóuliə マンゴウリア/ 名 モンゴル(中国の北方にある共和国. 首都はウランバートル)

Mongolian /mɑŋɡóuliən マンゴウリアン/
形 モンゴルの;モンゴル人[語]の
━ 名 C モンゴル人; U モンゴル語

monitor /mɑ́nətər マナタ/
名 C
❶ (コンピュータの)モニター
❷ 学級委員, 係
❸ 監視員;(テレビ・ラジオの)モニター
━ 動 他 〈…を〉監視する, 調べる;〈電波などを〉傍受する

monk /mʌ́ŋk マンク/ 名 C 修道士;僧

monkey /mʌ́ŋki マンキ/

名 (複 **monkeys** /マンキズ/) C
❶ **猿**
❷ ((くだけて))いたずらっ子, おてんば
━ 動 自 ((くだけて))〈…を〉いじくり回す, もてあそぶ《*with*...》

mono /mɑ́nou マノウ/ 名 U モノラル; C モノラルレコード

monologue, ((米))**monolog**
/mɑ́nəlɔ̀ːɡ マナローグ/ 名 U C (一話者による)独白形式の作品;(劇中)独白, モノローグ;(一話者の)長話[談義]

monopoly /mənɑ́pəli マナパリ/ 名 U C
❶ (商品・事業などの)独占, 専売;独占
❷ (公共的事業の)独占[専売]権
  monopolize 動 他 〈…の〉独占[専売]権を持つ;〈…を〉独占する

monorail /mɑ́nərèil マナレイル/ 名 U モノレール; C モノレールの列車

monotone /mɑ́nətòun マナトウン/
名 ((a monotone)) (話し方などの)単調さ
━ 形 単調な, 一本調子の
  monotonous 形 単調な;退屈な
  monotonously 副 単調に, 一本調子で
  monotony 名 U 単調さ, 一本調子;退屈

monsoon /mɑnsúːn マンスーン/ 名 ((the monsoon)) モンスーン(インド洋の季節風);(インド・東南アジアの)雨期

monster /mɑ́nstər マンスタ/ 名 C 怪物, 怪獣, 化け物;残忍な人
  monstrous 形 奇怪な;恐ろしい;怪物のような, 巨大な
  monstrously 副 恐ろしいほどに;途方(とほう)もなく;奇怪に

Mont. ((略)) *Mont*ana モンタナ州

montage /mɑntɑ́ːʒ マンタージュ/ 名 U モンタージュ;C モンタージュ写真

Montana /mɑntǽnə マンタナ/ 名 モンタナ(略 Mont., ((郵便))MT;米国北西部の州;州都はヘレナ(Helena))

Mont Blanc /mɔːŋ blɑ́ːŋ モーン ブラーン/
名 モンブラン(アルプス山脈中の最高峰)

month /mʌ́nθ マンス/

名 (複 **months** /マンスス/) C
(暦の上の)**月, ひと月;1か月間**
- next *month* 来月
- last *month* 先月
- the *month* after next 再来月
- the *month* before last 先々月
- every *month* 毎月
- *month* after month
  来る月も来る月も, 相変わらず
- What day of the *month* is it today?
  きょうは何日ですか

monthly* /mʌ́nθli マンスリ/

形 ((比較なし)) **毎月の, 月1回の**; 1か月間にわたる
- a *monthly* salary 月給
- a *monthly* magazine 月刊誌
■**副** ((比較なし)) 月1回; 月ぎめで
■**名** C 月刊誌

Montreal /mὰntriɔ́ːl マントリオール/ **名** モントリオール (カナダ南東部にある同国最大の都市)

monument /mάnjəmənt マニャマント/ **名** C 記念碑; (歴史・考古学上の)重要記念物, 遺跡; 功績, 金字塔
|**monumental 形** 記念の, 記念碑のような; 重要な; とんでもない

moo /múː ムー/
動 自 〈牛などが〉モーと鳴く
■**名** C モー (牛の鳴き声)

mood /múːd ムード/ **名** C
❶ (一時的な)(…の)**気分, 機嫌**((*for*...)); (…をする)心持ち((*to do*))
- in a good [bad] *mood* 上機嫌[不機嫌]で
■ **be in no mood for** *A* [*to do*]
  Aをする[…する]気が起きない
■ **be in the mood for** *A* [*to do*]
  Aをする[…する]気が(十分)ある
❷ (場所, 人々などの)雰囲気, 空気, ムード
|**moody 形** 不機嫌な; ふさぎ込んだ; 気まぐれな; 気分の変わりやすい

moon /múːn ムーン/

名 (複 **moons** /múːnズ/) C
❶ ((ふつう the moon)) **月**; ((a moon)) (特定の時期の)月
- *a* full *moon* 満月
- *a* quarter *moon* 上[下]弦の月
- The *moon* and stars are shining above us. 頭上には月と星が輝いている
❷ C (惑星の)衛星 (satellite)
cry* [*ask*] *for the moon
((くだけて)) ないものねだりをする
once in a blue moon
((くだけて)) ごくまれに, めったに…ない
over the moon
((英)) ((くだけて)) 実に幸福で, 大喜びして
■**動** 自 ((くだけて)) さまよい歩く, うろつく

moonlight /múːnlàit ムーンライト/
名 U 月光, 月明かり
■**形** 月光の; 月光に照らされた
■**動** 自 ((くだけて)) 内職[アルバイト]をする

moose /múːs ムース/ **名** C 【動物】ムース (カナダ・北米産の大きな鹿); へらじか (elk)

mop /máp マプ/
名 C モップ
■**動** 他 〈床などを〉モップでふく; 〈…を〉モップで洗う

moral /mɔ́ːrəl モーラル/
形
❶ **道徳(上)の, 倫理的な**
- *moral* values 倫理的価値観
❷ 道徳的な; 品行方正な
❸ 精神的な, 心の
■**名** C
❶ ((morals)) (複数扱い) 道徳, 倫理, 品行
❷ (物語などの)教訓, 寓話(ぐうわ); 格言
|**morally 副** 道徳的に; 精神的に; 事実上
|**morality 名** U 道徳性, 倫理性; 品行(方正); C 教訓; 説教

morale /mərǽl マラル | məráːl マラール/ **名** U (軍隊・組織などの)士気, 意気込み

moratorium /mɔ̀ːrətɔ́ːriəm モーラトーリアム/ **名** C
❶ モラトリアム, 支払い猶予期間
❷ (危険活動の)一時停止 ((*on*...))

more ☞ 390ページにあります

moreover* /mɔːróuvər モーロウヴァ/ **副** ((比較なし)) ((改まって)) **その上, さらに, 加えて**

morning /mɔ́ːrniŋ モーニング/

名 (複 **mornings** /モーニングズ/)
❶ U C **朝, 午前, 暁**
- a *morning* paper 朝刊
- a *morning* glory 【植物】朝顔
- at six this *morning* けさ6時に
- tomorrow *morning* 明朝
- yesterday *morning* きのうの朝
- one *morning* ある朝
- every *morning* 毎朝
- *in the morning* 朝[午前]に; 明朝に
- early in the *morning* 朝早く
- from *morning* till [to] night
  朝から晩まで (all day)
❷ ((形容詞的に)) **朝の, 午前の**, 朝に起こる
Good morning! おはようございます
🗨 *Good morning*, everybody!
みんな, おはよう
➡➡➡ 390ページに続く ➡➡➡

more /mɔ́:r モー/

形

❶ ((可算名詞の前で)) ((manyの比較級)) (数が) (…より) 多い ((than...))
- She has *more* CDs *than* I.
彼女は私よりたくさんのCDを持っている

❷ ((不可算名詞の前で)) ((muchの比較級)) (量・程度が) (…より) 多い ((than...))
- She has *more* money *than* any of us.
彼女は私たちの誰よりたくさん金を持っている

❸ それ以上の
- Would you like some *more* tea?
お茶をもう少しいかがですか

■ 副 ((muchの比較級))

❶ ((主に2音節以上の形容詞・副詞の前で比較級をつくって)) (…よりも) もっと ((than...))
- *more* interesting もっとおもしろい
- *more* loudly もっと大声で

❷ (…より) もっと (多く) (⇔ less) ((than...))
- I enjoy comics *more than* novels.
小説よりもコミックがおもしろい

❸ (…より) むしろ ((than...))
- It was *more* cold *than* cool yesterday.
きのうは涼しいというよりも寒かった
➡ 同一の人 [物] の性質を比較する場合は colder, coolerとしない

❹ それ以上;再び
- *once more* もう一度
- Once *more*, please.
もう一度お願いします

all the more
(…だから) ますます, なおさら ((for...))
- I like him *all the more for* his faults.
欠点があるからなおさら彼が好きだ

any more
((否定文・疑問文で)) もはや, これ以上
- I do*n't* want to waste time *any more*.
もうこれ以上時間をむだにしたくありません

more and more
いよいよ, ますます (多くの)
- They are becoming *more and more* intimate. 彼らはますます親密になっていく

- *More and more* young people stay single.
ますます多くの若者たちが結婚しないでいる

more or less
多かれ少なかれ, 多少は, いくぶん; およそ

more than A
(1) ((数量)) Aより多い
- I visited London *more than* ten times.
私はロンドンを10回以上訪ねている
(2) ((程度)) Aより勝る
- I ate *more than* enough.
十二分にいただきました

more than ever ますます, いよいよ
much more A ましてやAはなおさら
no more もうこれ以上…ない

no more than A
((数詞の前で)) たったのA; Aにすぎない
- There were *no more than* 30 people.
(わずか) 30人しかいなかった
- That's *no more than* a rumor.
それはうわさにすぎない

no more A than B B同様にAではない
- A whale is *no more* a fish *than* a horse is. くじらは馬と同様に魚ではない

not more than A せいぜいA, 多くてA
not more A than B BほどAではない
- In England, baseball is *not more* popular *than* cricket.
イギリスでは野球はクリケットほど人気がない

no more
もうそれ以上…ない; もうそれ以上…しない

still more A ましてA, なおさらA

the more A, the more B
AすればするほどますますB (になる)
- *The more* we have, *the more* we want.
持てば持つほどもっとほしくなる

what is more その上; さらには

■ 代 ((単数・複数扱い)) それ以上のもの [人]; もっと多くのもの [人, 数, 量]
- Tell me *more* about yourself.
君自身のことをもっと話してよ
- I know *more* about birds *than* you.
鳥のことは君よりもよく知っている

morphine /mɔ́:rfi:n モーフィーン/ 名 Ⓤ 【薬学】モルヒネ (麻酔・鎮痛剤)

mortal /mɔ́:rtl モートル/
形 死を免れない; 死すべき運命の; ((詩)) (死すべき運命にある) 人間の
■ 名 Ⓒ ((しばしばmortals)) 死すべき (運命の) 者, 人間, (特に) 凡人

mortality 名 Ⓤ 死すべき運命; 死亡率;

死亡者数

mortgage /mɔ́ːrɡidʒ モーギヂ/
名 C
❶ 住宅ローン; ((形容詞的に)) 住宅ローンの
❷ (抵当(とう)に基づく) 借金総額
■ 動 他
❶ 〈家などを〉(ローンを組むために)抵当に入れる
❷ 〈生命・名誉などを〉(…に)賭(か)ける((to...))

mosaic /mouzéiik モウゼイイク/ 名 C モザイク画[模様], モザイク作品; U モザイク(手法)

Moscow /máskou マスコウ/ 名 モスクワ(ロシア連邦の首都)

mosque /másk マスク/ 名 C モスク, イスラム教寺院

mosquito /məskíːtou マスキートウ/ 名 (複 **mosquitoes**, **mosquitos** /マスキートウズ/) C 【昆虫】蚊(か)
・be bitten by *mosquitos* 蚊に刺される

moss /mɔ́ːs モース/ 名 UC 【植物】こけ

most /móust モウスト/

形
❶ ((manyの最上級)) ((可算名詞の前で)) (数が)最多の
・Who read *the most* books?
誰がいちばん多くの本を読みましたか
❷ ((muchの最上級)) ((不可算名詞の前で))
((しばしば the most)) (量・程度が)最も多い[大きい], 最大の, 最高の
・We had *the most* fun last Sunday.
この前の日曜日は最高に楽しかった
❸ ((theをつけないで)) たいていの, 大部分の
・*most* people in Japan たいていの日本人
■ 副 ((muchの最上級))
❶ ((主に2音節以上の形容詞・副詞の前で, 最上級をつくって)) 最も, いちばん
・*the most* difficult problem
最も難しい問題
・*most* luckily 最も幸運なことに
❷ ((しばしば the most)) 最も(多く)
・what surprised me (*the*) *most*
私を最も驚かせたこと
❸ ((theをつけないで)) たいへん(very)
・a *most* happy man とても幸せな男
・a *most* beautiful day とてもすてきな日
■ 代
❶ ((ふつう the most)) ((単数扱い))
最も多くのもの[人, 数, 量]

・I will do *the most* I can.
最善を尽くします
❷ ((theをつけないで)) (…の)大部分, 大多数((of...))
・*most of* the people in Japan
たいていの日本人
at (the) most 多くても, せいぜい
・two *at the most* せいぜい2人ぐらいだ
make the most of A
A(機会・能力など)を最大限に活用する

mostly* /móustli モウストリ/ 副 ((比較なし)) 大部分は, たいてい; 主に

motel /moutél モウテル/ 名 C モーテル(自動車旅行者用のホテル)

moth /mɔ́ːθ モース/ 名 C 【昆虫】が(蛾)

mother /máðər マザ/

名 (複 **mothers** /マザズ/) C
❶ 母, 母親, お母さん(⇔father)
・a *mother* of three children
3人の子どもの母親
❷ ((the mother)) 生み出すもの, (…の)生みの親, 源泉((of...))
・Necessity is *the mother of* invention.
((ことわざ)) 必要は発明の母
❸ ((形容詞的に)) 母の; 母親らしい; 母国の
・*mother* love 母性愛
・the *mother* country 母国; 本国
・*Mother Goose*
マザーグース(英国古来の童謡集)
・*Mother's* Day 母の日
・the [*one's*] *mother* tongue 母語
❹ ((しばしば Mother)) 女子修道院長
every mother's son ((古))
誰も彼も, ひとり残らず
■ 動 他 〈母親が〉〈子どもを〉母として育てる
|**motherly** 形 母の; 母親らしい

motherhood /máðərhùd マザフド/ 名 U 母であること; 母性

mother-in-law /máðərinlɔ́ː マザリンロー/ 名 C 義母, しゅうとめ

motherland /máðərlænd マザランド/ 名 C ((ふつう the motherland)) 母国, 祖国

motif /moutíːf モウティーフ/ 名 C
❶ (文学・芸術作品の)モチーフ, 題材, テーマ
❷ (デザインなどの)主調, 主模様

motion /móuʃən モウシャン/
名 U 運動; 移動; C 動作, 身ぶり(gesture)
・*in slow motion* スローモーションで

motive

- a *motion* picture ((主に米))映画(作品)
- *motion* sickness ((米))乗り物酔い
  put [set] A **in motion** A(機械など)を動かし始める；A(計画など)を実行に移す
  ― **動** 他 〈人に〉身ぶりで合図する；〈人に〉(…するように)指図する((*to do*))
- He *motioned* me *to* stand up.
  彼は私に立ちなさいと身ぶりで合図した
  motionless 形 動かない，じっとしている

motive /móutiv モウティヴ/
名 C
❶ (…の)動機；目的((*for*..., *of*...))
❷ (美術・文学・音楽などの)主題，モチーフ
― 形 原動力となる，動かす(力のある)
  motivate 動 他 〈…に〉動機[刺激]を与える
  motivated 形 やる気のある；動機づけられた
  motivation 名 U C 動機づけ，モチベーション

motocross /móutoukrɔ̀:s モウトウクロース/ 名 U モトクロス(荒地を走るオートバイレース)

motor /móutər モウタ/
名 C 発動機，モーター；((英))((古))自動車
― 形
❶ ((主に英))モーター[エンジン]で動く；自動車の
- *motor* racing カーレース
❷ 【生理】運動筋の，運動の
- a *motor* nerve 運動神経

motorbike /móutərbàik モウタバイク/ 名 C ((米))小型オートバイ

motorboat /móutərbòut モウタボウト/ 名 C モーターボート

motorcycle /móutərsàikl モウタサイクル/ 名 C オートバイ，単車

motorist /móutərist モウタリスト/ 名 C 自動車運転者；自家用車の常用者

motorway /móutərwèi モウタウェイ/ 名 C ((英))高速自動車道路

motto /mátou マトウ/ 名 (複 **mottoes**, **mottos** /マトウズ/) C 標語，モットー

mound /máund マウンド/ 名 C
❶ 堤，土手；塚，(墓などの)土まんじゅう
❷ 【野球】マウンド
❸ (…の)積み重ね，山((*of*...))
- *a mound of* A 山ほどのA

mount¹ /máunt マウント/ 名 C …山

- *Mount* [Mt.] Fuji 富士山

mount² /máunt マウント/
動
― 他
❶ 〈山などに〉登る，〈階段などを〉上がる
❷ 〈自転車などに〉乗る；〈人を〉(馬・自転車などに)乗せる((*on*...))
❸ 〈…を〉据え付ける，はめ込む
― 自
❶ 〈位置・地位などが〉上がる，登る
❷ (自転車などに)乗る((*on*...))
― 名 C (写真などの)台紙；(顕微鏡の)スライド(板)；(宝石などの)台

mountain /máuntn マウントン/

名 (複 **mountains** /マウントンズ/)
❶ C 山；((the *mountains*))山脈，山地
- *the* Rocky *Mountains* ロッキー山脈
- climb a *mountain* 山に登る
❷ C ((くだけて))山のように巨大なもの；多量，多数
- *a mountain* of wedding presents
  山のような結婚祝い
  mountainous 形 山の多い，山地の；山のような，巨大な

mountainside /máuntənsàid マウンタンサイド/ 名 C 山腹

mountaintop /máuntəntàp マウンタンタプ/ 名 C 山頂

mourn /mɔ́:rn モーン/ 動
― 自 (人の死などを)嘆く，悲しむ((*over*..., *for*...))；〈死者を〉悼む((*for*...))
― 他 〈人の死などを〉嘆く，悲しむ；〈死者を〉悼む
  mournful 形 悲しみに沈んだ；死者を悼む；もの悲しい
  mourning 名 U 嘆き悲しむこと；喪に服すること；喪服

mouse* /máus マウス/ 名 C
❶ (複 **mice** /マイス/) 【動物】(はつか)ねずみ，マウス
❷ (複 **mouses** /マウスィズ/) 【コンピュータ】マウス

mousse /mú:s ムース/ 名 U C ムース(デザート用菓子)

moustache /mástæʃ マスタシュ/ ((英))= mustache

mouth

mouth 名 /máuθ マウス/ (複 **mouths** /マウスズ/) [C]
❶ (人間・動物の)**口**;口のきき方
- a big *mouth* 大きな口;ほら吹き
- open [close] *one's mouth* 口を開ける[閉じる]
- Shut your *mouth*! 黙れ
- Don't talk with your *mouth* full. ほおばったまましゃべってはいけない

❷ (トンネルなどの)出入り口;(容器の)口;河口
- the *mouth* of a jar ジャーの口
- the *mouth* of a cave 洞穴の入り口

by word of mouth 口伝えで、口コミで
from mouth to mouth 〈うわさなどが〉口から口へ、人から人へ
have a big mouth おしゃべりだ、口が軽い
keep one's mouth shut 秘密を守る
make one's mouth water 人の食欲[気]をそそる

■ 動 /máuð マウズ/ 他〈言葉などを〉話しているかのように口を動かす

|**mouthful** 名 [C] 一口分の量

mouthpiece /máuθpìːs マウスピース/ 名 [C]
(楽器の)マウスピース;【ボクシング】マウスピース;(パイプなどの)吸い口;(電話の)送話口

movable /múːvəbl ムーヴァブル/
形
❶ 移動のきく、動かせる
❷【法律】動産の

■ 名 [C] ((ふつう movables))【法律】動産

move /múːv ムーヴ/

動 三単現 **moves** /ムーヴズ/
過去・過分 **moved** /ムーヴド/
現分 **moving** /ムーヴィング/

― 自
❶ **動く**、移動する
- *Move*! Get out of the way! どけ、道を開けろ

❷ (…へ)**引っ越す**、移転する ((*to*...))
❸〈事態が〉(…に)進展する、進行する ((*to*...))
- *move up to A* Aに進級する
📖 *Move on to* the next activity. 次の課題をやってください

― 他
❶〈…を〉**動かす**、移動させる
- *move one's* hand 手を動かす
📖 *Move* your desks *into* groups of four people. 机を動かして4人ずつになってください

❷〈…を〉**移転する**、移す
❸〈人を〉感動させる
- I *was moved* to tears by the movie. 私はその映画に感動して涙を流した

move about [around] あちこち動き回る;たびたび転居[転勤]する
move along 前へ進む;どんどん進む、はかどる
move away 引っ越す;立ち去る
move in 入居してくる
move off 立ちのく、出て行く

■ 名 (複 **moves** /ムーヴズ/) [C]
❶ 動き、動作;移動
❷ (…への)**引っ越し**、転居 ((*to*...))
get a move on 急ぐ
make a move 行動を起こす
on the move 移動中で;多忙で

moveable /múːvəbl ムーヴァブル/ = movable

movement* /múːvmənt ムーヴマント/
名 (複 **movements** /ムーヴマンツ/)
❶ [U][C] 運動、動き
❷ [C] 動作、身のこなし;身ぶり、様子; ((movements)) 態度
- a swift *movement* すばやい動作

❸ [C] (政治的・社会的な)運動
❹ [U][C] (一定方向への)移動;【天文】天体の運行
- the *movement* of the planets 惑星の動き
❺ [U] (事態の)動向、成り行き;進展

movie /múːvi ムーヴィ/

名 (複 **movies** /ムーヴィズ/) [C]
❶ 映画 (((英)) film);((形容詞的に)) 映画の
- a *movie* theater 映画館
- a *movie* actor [star] 映画俳優
- a *movie* director 映画監督
- a *movie* festival 映画祭
- *movie* subtitles 映画字幕
- a *movie* critic 映画評論家
- a horror *movie* ホラー映画
- a science-fiction *movie* SF映画
- an animated *movie* アニメ映画
- a major *movie* 大作映画
- a masterpiece *movie* 名作映画
- a mega-hit *movie* 大ヒット映画
- a Japanese *movie* 邦画
- a foreign *movie* 洋画

- direct a *movie* 映画を監督する
- make a *movie* 映画を製作する
- show a *movie* 映画を上映する
- go to the *movies* 映画を見に行く
- be in a *movie* 映画に出演している
- see a *movie* (映画館で)映画を観る
- watch a *movie* (家で)映画を観る
- enjoy a *movie* 映画を楽しむ

❷ ((the movies))**映画館**;映画産業

moviegoer /múːvigòuər ムーヴィゴウア/ 名
ⓒ ((主に米)) 映画ファン

moving /múːviŋ ムーヴィング/
動 moveの現在分詞・動名詞
━ 形
❶ 動く;動かす;可動の
- a *moving* sidewalk 動く歩道
❷ 感動させる, 人の心を動かす
- a *moving* story 感動的な物語

mow /móu モウ/
動 三単現 **mows** /móuz モウズ/
過去 **mowed** /móud モウド/
過分 **mowed** /móud モウド/, **mown** /móun モウン/
現分 **mowing** /móuiŋ モウイング/
━ 他 〈草などを〉刈る;〈畑などの〉作物を刈り取る
- *mow* the lawn 芝生を刈る
 mower 名 ⓒ 芝刈り機;刈り取り機

mown /móun モウン/ 動 mowの過去分詞

Mozart /móutsɑːrt モウツァート/ 名 **Wolfgang Amadeus Mozart** モーツァルト(オーストリアの作曲家で, オペラ『フィガロの結婚』などで有名)

mph, m.p.h. ((略))*m*iles *p*er *h*our 時速…マイル

Mr., ((主に英))Mr

/místər ミスタ/
名 (複 **Messrs.** /mísəz/) ⓒ
((男性の姓・姓名に付けて))…さん, …氏, …様;…先生
- *Mr.* Smith スミスさん
- *Mr.* President! ((呼びかけで)) 大統領

Mrs., ((主に英))Mrs

/mísiz ミスィズ/
名 (複 **Mmes.** /メイダーム|メイダム/) ⓒ
((既婚女性の姓または夫の姓名の前に付けて))…さん, …夫人, …様;…先生
- *Mrs.* Smith スミス夫人

- *Mrs.* John Smith ジョン・スミス夫人
MS ((米郵便))*M*ississippi ミシシッピ州

Ms., ((主に英))Ms

/míz ミズ/
名 (複 **Mses. Ms's** /mízɪz/) ⓒ
((未婚・既婚にかかわらず, 女性の姓または姓名の前に付けて))…さん, …様;…先生
- *Ms.* White ホワイトさん

MT ((米郵便))*M*ontana モンタナ州

Mt. ((略))*M*ount …山
- *Mt.* Fuji 富士山

much /mátʃ マチ/

形副 比較 **more** /モア/
   最上 **most** /モウスト/
━ 形 ((不可算名詞の前で)) **多くの, たくさんの, 多量の, 多額の**(⇔little)
- *much* money 大金
- We had *much* snow this winter.
  この冬は雪がたくさん降った
- How *much* time do you need?
  どれくらい時間が必要ですか
━ 副
❶ **非常に, たいへんに, 大いに, とても**
- eat *too much* 食べすぎる
- I thank you very *much*.
  たいへん感謝しています
- I am *much* obliged to you.
  たいへんお世話になっております
- How *much* do you weigh?
  君の体重はどれくらいですか
❷ ((比較級を強調して)) **ずっと, はるかに**
- I feel *much better* now.
  ずっと気分がよくなりました
- I want *much more* time.
  もっとずっと多くの時間がほしい
❸ だいたい, ほとんど
- *much* the same ほとんど同じ
- *much* of a size ほぼ同じ大きさで
━ 代 ((単数扱い))
❶ **たくさん, 多量, 多額**
- *Much* has been written about him.
  彼についてはずいぶんいろいろと書かれてきた
- I don't know *much* about music.
  音楽についてはあまり知らない
- How *much* is this book?
  この本はいくらですか
- How *much* do you want?

どれだけほしいのですか
- That's *too much*.
値が高すぎる；もうたくさん

❷ ((否定文・疑問文で)) 大したもの[こと], 重要なもの[こと]
- There is *not much* to look at in this town. この町には大して見るべきものがない

***as much as* A**
Aと同じほど(多く)の；Aもの量[額]の

***as much* A *as* B** Bと同量のA
- twice [half] *as much* A *as* B
Bの2倍[半分]のA

***be too much for* A** A(人)の手に余る
- This job *is too much for* me.
この仕事は私の手に余る

***have much to do with* A**
Aと大いに関係がある

***make much of* A** A(物)を重んじる，重視する；A(人)を大事にする

***much less* A** ((否定文で)) ましてAではない

***much more* A** ((肯定文で)) ましてAである

***not much of a* A** 大したAではない
- I'm *not much of a* singer.
私は大した歌手じゃない

not so much as do …しさえもしない

***not so much* A *as* B**
Bほど(そんなに)Aではない；AよりむしろB
- He is *not so much* a teacher *as* a researcher.
彼は教師というよりはむしろ研究者だ

***so much for* A**
Aについてはそれだけ(にしておく)
- *So much for* today. きょうはこれまで

***think much of* A**
Aを重んじる，高く評価する

this [that] much
これだけ(の)[それだけ(の)]
- I'll say *this much*. これだけは言っておく

mud /mʌ́d マド/ 名 U 泥，ぬかるみ

muddle /mʌ́dl マドル/
動
━ 他 〈人を〉混乱させる，まごつかせる；〈…を〉めちゃめちゃにする
━ 自 (仕事で)まごつく；(あてもなく)うろつく
━ 名 C ((ふつう a muddle)) 混乱，めちゃくちゃ，当惑

muddy /mʌ́di マディ/
形
❶ 泥だらけの，ぬかるみの

❷ 濁った；くもった；どんよりした；(考えなどが)不明な；混乱した
━ 動 他 〈…を〉泥だらけにする，汚す，濁らせる

muffin /mʌ́fin マフィン/ 名 C マフィン (小型のパン菓子)

muffle /mʌ́fl マフル/ 動 他 〈…を〉(保温などのため)包む，おおう；〈声などを〉消す

muffler /mʌ́flər マフラ/ 名 C
❶ ((古)) マフラー，えり巻き
❷ ((米)) (自動車の)消音器，マフラー

mug /mʌ́g マグ/
名 C マグ，ジョッキ
━ 動 他 〈人を〉(金品を求めて)襲う

muggy /mʌ́gi マギ/ 形 〈天候などが〉蒸し暑い，うっとうしい

Muhammad /muhǽməd ムハマド/ = Mohammed

mule¹ /mjúːl ミュール/ 名 C 【動物】らば(騾馬)

mule² /mjúːl ミュール/ 名 C ((ふつう mules)) ミュール，つっかけ，スリッパ

multicultural /mʌ̀ltikʌ́ltʃərəl マルティカルチャラル/ 形 多文化の；多民族の

multilateral /mʌ̀ltilǽtərəl マルティラタラル/ 形 多面的な；多数国参加の，多国間の

multilingual /mʌ̀ltilíŋɡwəl マルティリングワル/ 形 〈人が〉多言語を話す；〈文書などが〉多言語を用いた

multimedia /mʌ̀ltimíːdiə マルティミーディア/
名 U マルチメディア
━ 形 マルチメディアの

multinational /mʌ̀ltinǽʃənəl マルティナショナル/
形 多国籍の；多民族から成る
━ 名 C 多国籍企業

multiple /mʌ́ltəpl マルタプル/
形
❶ 多数の；複合の
❷ 【数学】倍数の
━ 名 C 【数学】倍数

multiplicity 名 U 多数；多様性

multiplex /mʌ́ltəplèks マルタプレクス/
形 複合的な，多くの部分から成る
━ 名 C 複合映画館，シネマコンプレックス (multiplex cinema)

multiplication /mʌ̀ltəplikéiʃən マルタプリケイシャン/ 名 U
❶ 増加，増大；繁殖

❷【数学】乗法, かけ算

multiply /mʌ́ltəplài マルタプライ/ 動
— 他
❶ ((次の用法で))
- *multiply A by B* A(数)にB(数)をかける
- Six *multiplied by* three is eighteen. 6かける3は18
❷ 〈…を〉増やす；〈動植物を〉繁殖させる
— 自 増える；〈動植物が〉繁殖する

multitude /mʌ́ltətù:d マルタトゥード/ 名 C
❶ 多数
- *a multitude of* stars 無数の星
❷ ((the multitude(s))) ((単数・複数扱い)) 一般大衆, 民衆；群衆

mum /mʌ́m マム/ 名 C ((英)) ((くだけて)) ママ, お母さん (((米))mom)

mumble /mʌ́mbl マンブル/ 動 自 〈…を〉つぶやく, もぐもぐ言う((*about*...))

mummy¹ /mʌ́mi マミ/ 名 C ミイラ

mummy² /mʌ́mi マミ/ 名 C ((英)) ((くだけて)) ママ, お母ちゃん(((米))mommy)

munch /mʌ́ntʃ マンチ/ 動
— 他 〈…を〉むしゃむしゃ食べる
— 自 (…を)むしゃむしゃ食べる((*at*..., *on*...))

Munich /mjú:nik ミューニク/ 名 ミュンヘン (ドイツ南部の都市)

municipal /mju:nísəpəl ミューニサパル/ 形 市[町]の；市[町]営の；地方自治(体)の
- a *municipal* school 市[町]立学校
- a *municipal* office 市役所
  municipality 名 C 地方自治体

mural /mjúərəl ミュアラル/
名 C 壁画
— 形 壁の, 壁のような

murder /mə́:rdər マーダ/
名
❶ U 殺人, 殺害；C 殺人事件
- commit *murder* 殺人を犯す
❷ U ((くだけて)) きわめて困難なこと[もの]
— 動 他 〈人を〉殺す, 殺害する
  murderer 名 C 殺人者, 殺人犯
  murderous 形 殺意のある；残忍な；殺人的な；ものすごい

murmur /mə́:rmər マーマ/
名 C
❶ つぶやき, ささやき；不平, ぶつぶつ言うこと
❷ かすかな音；(波などの)サラサラいう音
— 動
— 自

❶ つぶやく, ささやく；(…のことで)不平を言う, ぶつぶつ言う((*at*...))
❷ 〈波などが〉サラサラと音を立てる, ざわめく
— 他 (…であると)つぶやく, ささやく((*that*節))

muscat /mʌ́skət マスカト/ 名 C 【植物】マスカット(ぶどう)

muscle /mʌ́sl マスル/

名 (複 **muscles** /mʌ́slz マスルズ/)
❶ U C 筋肉
- develop *one's muscles* (むりをして)筋肉を鍛える
- pull a *muscle* 筋肉を痛める
❷ U 筋力, 腕力
- a man of *muscle* 腕力のある人
  muscular 形 筋肉の, 筋肉質の；筋骨たくましい

muse /mjú:z ミューズ/ 動 自 (…について)じっくり考える, 考え込む((*on*..., *over*..., *about*...))

museum
/mju:zí:əm ミューズィーアム/
名 (複 **museums** /mju:zí:əmz ミューズィーアムズ/) C
博物館, 美術館
- a historical *museum* 歴史博物館

mushroom /mʌ́ʃru:m マシュルーム/
名
❶ C (食用の)きのこ；(特に)マッシュルーム
❷ ((形容詞的に)) きのこのような, きのこの, きのこ形の
— 動 自 〈火事などが〉ぱっと広がる；急増する

music /mjú:zik ミューズィク/ 名 U

❶ **音楽；楽曲；音楽作品**
- *music* paper 五線譜
- popular *music* ポピュラー音楽
- comforting *music* 心地よい音楽
- loud *music* やかましい音楽
- a piece of *music* 1曲
- listen to *music* 音楽を聴く
- compose *music* 作曲する
- be absorbed in *music* 音楽に熱中する
- enjoy listening to *music* 音楽を鑑賞する
❷ 楽譜
- read *music* 楽譜を読む
- a *music* stand 譜面台
❸ 美しい調べ, 快い音
- the *music* of little birds 小鳥のさえずり

musical /mjúːzikəl ミューズィカル/
形
❶ 音楽の
・a *musical* composer 作曲家
・a *musical* instrument 楽器
❷ 音楽的な, 音のよい;音楽好きの
━ 名 C ミュージカル
musically 副 音楽上, 音楽的に;調子よく
musician 名 C 音楽家

Muslim /mázləm マズラム/
形 イスラム教(徒)の
━ 名 C イスラム教徒, 回教徒

must

/məst マスト; (強) mʌ́st マスト/
助 三単現 **must**
過去 **had to**で代用
過分 なし
現分 なし
未来 **will have to**で代用
否定形 **must not** /ナト｜ノト/,
((くだけて))**mustn't** /マスント/

❶ ((義務・必要)) …しなければならない, …すべきである, …する必要がある(have to)
・I *must* go now.
もうおいとまいしなくてはなりません
・We *must* eat to live.
生きるために食べなくてはならない
❷ ((否定語を伴って))((禁止)) …してはならない
・You *must not* smoke here.
ここで喫煙してはならない
・"May I wake the baby?" "No, you *mustn't*." 「赤ん坊を起こしてもいいですか」「いや, だめです」
❸ ((次の用法で))
■ *must be* …であるに違いない
➡ 否定の意味の「…であるはずがない」にはmust notではなくてcannotを用いる
・You *must* be hungry.
きっとおなかがすいているでしょう
■ *must have done* …だったに違いない
・He *must* have missed the train.
彼は電車に乗り遅れたに違いない
❹ ((必然)) 必ず…する, …することは避けられない
・All human beings *must* die.
人間はみな死ぬ運命にある
❺ ((要望・勧誘)) ((二人称を主語にして)) ぜひ…してほしい, …してもらいたい
・*You must* see the movie.
その映画をぜひ見てください
━ 名 ((a must)) (絶対)必要なもの; ((形容詞的に)) (絶対)必要な, 欠かせない
・This dictionary is *a must* for all students. この辞典は全学生に絶対に必要だ

mustache /mʌ́stæʃ マスタシュ/ 名 C 口ひげ
mustard /mʌ́stərd マスタド/ 名 U
❶ からし, マスタード
❷ からし色, 濃い黄色
mustn't* /mʌ́snt マスント/
助 ((くだけて))must notの縮約形
musty /mʌ́sti マスティ/ 形 かびくさい, かびの生えた;時代遅れの
mutate /mjúːteit ミューテイト/ 動
━ 他 〈…を〉変化させる;【生物】〈…を〉突然変異させる
━ 自 (…に)変化する, 変わる;〈生物が〉(…に)突然変異する((into...))
mutation 名 UC 【生物】突然変異(種[体]);変化, 変形
mutant 名 C 【生物】突然変異種[体]
mute /mjúːt ミュート/
形 無言の;口がきけない
━ 名 C ((やや古)) 口のきけない人
mutter /mʌ́tər マタ/
動
━ 自 (…のことを)つぶやく, (…のことで)ぶつぶつ不平を言う((about...))
━ 他 〈不平などを〉つぶやく, 小声で言う
━ 名 C ((ふつうa mutter)) つぶやき, 不平
mutton /mʌ́tn マトン/ 名 U (成長した)羊の肉, マトン
mutual /mjúːtʃuəl ミューチュアル/ 形
❶ 相互の, 互いの
❷ 共通の, 共有の, 共同の
mutually 副 互いに, 相互に;共通に
muzzle /mʌ́zl マズル/
名 C
❶ (馬などの)鼻づら, 鼻口部
❷ 銃口, 砲口
❸ (特に犬がかむのを防ぐ)口輪
━ 動 他
❶ 〈動物に〉口輪をはめる
❷ 〈人・新聞などに〉口止めする
MVP ((略)) *m*ost *v*aluable *p*layer 最優秀選手

my /mai マイ; ((強)) mái マイ/

代 ((人称代名詞:I の所有格))
❶ **私の, ぼくの**
- I have done *my* homework.
  私の宿題はもう済みました
❷ ((親しみを込めて呼びかけて)) **ねえ**
- *my* dear [darling, love] ねえ君 [あなた]
— **間** ((驚きなどを表して)) **おや, まあ**
- Oh, *my*! おやまあ

Myanmar /mjá:nmɑ:r ミャーンマー/ **名** ミャンマー (旧称はビルマで, 首都はヤンゴン)

myriad /míriəd ミリアド/
名 C 無数
— **形** 無数の

myself /maisélf マイセルフ/

代 ((人称代名詞:I の再帰代名詞)) ((複)) **ourselves** /アウアセルヴズ/)
❶ ((再帰用法)) ((他動詞や前置詞の目的語として)) **私自身を [に]**
- I have hurt *myself*. 私はけがをした
❷ ((強調用法)) **私自身 (で), 私みずから**
- I baked the cake *myself*.
  私は自分でケーキを焼いた
❸ 本来 [平素] の私
- come to *myself* 意識 [冷静さ] を取り戻す
by myself 私だけで; 独力で

for myself
私自身のために; 独力で; 私個人としては

mystery* /místəri ミスタリ/
名 ((複)) **mysteries** /ミスタリズ/)
❶ C **ふしぎなこと**; U なぞ; 神秘
- solve a *mystery* なぞを解く
❷ C **推理小説, ミステリー**
❸ ((mysteries)) 秘伝, 極意
  mysterious 形 ふしぎな, なぞめいた; 神秘的な; 秘密の
  mysteriously 副 ふしぎにも, なぞめいて; 神秘的なことに

mystic /místik ミスティク/
形 神秘主義 [論] の; 秘伝の; 神秘的な; 不可解な
— **名** C 神秘主義 [論] 者
  mystical 形 神秘主義の, 秘伝の; 超自然的な

myth /míθ ミス/ **名**
❶ C 神話; U 神話 (全体)
- Greek *myths* ギリシャ神話
❷ C 架空の話, 作り話
  mythical 形 神話の (ような); 架空の

mythology /miθάlədʒi ミサラヂ/ **名** U 神話 (学); C 神話集
  mythological 形 神話 (学) の; 架空の
  mythologist 名 C 神話学者 [作者]

家

居間	living room
台所	kitchen
食堂	dining room
寝室	bedroom
風呂場	bathroom
地下室	basement
階段	staircase
壁	wall
天井	ceiling
床	floor
窓	window
屋根	roof
玄関	front door
門	gate
塀	fence
車庫	garage
庭	yard

N, n

N¹, n /én エン/ 名 (複 **N's, n's; Ns, ns** /エンズ/) C U エヌ(英語アルファベットの第14字)

N², N. ((略)) north 北

nail /néil ネイル/

名 (複 **nails** /ネイルズ/) C
① 釘(くぎ);びょう
- a pile of *nails* 釘の山
② (指の)爪(つめ)
- trim [cut] *one's nails* 爪を切る

— 動 他
① 〈物に〉釘を打ち付ける
② 〈注意などを〉(…に)釘付けにする((*on...*, *to...*))

naive, naïve /nɑːíːv ナーイーヴ/ 形 ((けなして)) 世間知らずの, 単純な, 愚直な

naked /néikid ネイキド/ 形 裸の;むき出しの, まる見えの;あからさまな
- the *naked* eyes 裸眼
nakedly 副 裸で;ありのままに, あからさまに

name /néim ネイム/

名 (複 **names** /ネイムズ/)
① C **名, 名前, 姓名;名称**
- a family *name* 姓, 名字
- a first [((主に米)) given] *name* (姓に対して)名
- a *name* tag (衣服などに付ける)名札
  📖 My *name* is... 私は…と言います
- "May I have [ask] your *name*, please?" "My *name* is Yasuhiro Masuda."「お名前は何とおっしゃいますか」「増田康宏です」
- "I'm sorry, I didn't catch your *name*." みません. お名前が聞き取れなかったのですが

② C U 名ばかりのもの, 名目;名義
- My house is in my son's *name*.
  家は息子の名義になっている

③ C ((ふつう a name)) 評判;((*one's* name)) 名声
- get *a* good *name* 好評を博する
- ruin *one's* good *name* 評判を落とす

④ C 有名な人, 名士
- a big *name* 有名人

by name 名前で;名指しで
- I only know her *by name*.
  彼女のことは名前しか知らない

by the name of A Aという名前の
call A names A(人)をののしる
in name only 名目だけの
in the name of A
  A(神など)の名にかけて; A(主義・科学など)の名目で; A(人)の名義で
make a name for oneself **= make** one's **name** 有名になる
the name of the game
  最も重要なこと, 肝心なこと
under the name of A
  Aという名で; Aのペンネームで

— 動
  三単現 **names** /ネイムズ/
  過去過分 **named** /ネイムド/
  現分 **naming** /ネイミング/

— 他
① (…に)**名前を付ける**, 名付ける
- *name* A C (*after* [((米)) *for*] B) A(人)に(Bの名を取って)C(名前)と名付ける, 命名する
- They *named* their son John.
  彼らは息子にジョンという名を付けた

② 〈人・物の〉名を挙げる

③ ((次の用法で))
- *name* A (*as*) C A(人)をCに任命する

you name it そのほか何でも(言ってごらん)
- He speaks various languages: English, French, Chinese, *you name it*.
  彼はいろんな言葉を話します. 英語, フランス語, 中国語, そのほか何でも

nameless 形 無名の;匿名(とくめい)の

namely /néimli ネイムリ/ 副 すなわち, つまり

nameplate /néimplèit ネイムプレイト/ 名 C 表札;名札, ネームプレート

nanotechnology /nǽnəteknálədʒi ナナテクナラヂ/ 名 U ナノテクノロジー

nap /nǽp ナプ/
名 C うたた寝;昼寝
- take [have] a *nap* 仮眠[昼寝]する
— 動 自 うたた寝[昼寝]をする

napkin /nǽpkin ナプキン/ 名 C (食卓用の)

ナプキン；《米》生理用ナプキン

Napoleon /nəpóuliən ナポウリアン/ 名 Napoleon Bonaparte ナポレオン1世（フランスの皇帝）

narcissus /nɑːrsísəs ナースィサス/ 名 C【植物】水仙

narrate /nǽreit ナレイト/ 動 他〈…を〉語る, 述べる；〈映画などに〉ナレーションを入れる
  narration 名 C|U 話, 物語；(演劇などの)ナレーション；U 物語ること
  narrator 名 C ナレーター, 語り手, 話者

narrative /nǽrətiv ナラティヴ/
  名 C 話, 物語；U 話法, 話術
  ― 形 物語の；話術の

narrow /nǽrou ナロウ/

形 比較 **narrower** /nǽrouər ナロウア/
最上 **narrowest** /nǽrouəst ナロウアスト/
❶（幅が）**狭い, 細い**（⇔wide）
・a *narrow* street 狭い通り
❷〈活動範囲が〉狭い, 限られた
❸かろうじての, やっとの
・a *narrow* victory きわどい勝利, 辛勝
― 動
― 自 狭くなる；〈範囲などが〉制限される
― 他〈…を〉狭くする；〈範囲などを〉制限する
― 名 ((narrows))（単数・複数扱い）海峡, 瀬戸
  narrowly 副 やっと, かろうじて

NASA /nǽsə ナサ/ (略) *N*ational *A*eronautics and *S*pace *A*dministration ナサ, 米航空宇宙局

nasal /néizəl ネイザル/ 形 鼻の；鼻にかかった, 鼻声の；【音声】鼻音の

nasty /nǽsti ナスティ/ 形
❶ 不快な；いやな, 不愉快な
❷（…に対して）意地悪な, 悪意のある（(to...)）
❸〈天候などが〉荒れ模様の, 激しい
❹ みだらな, わいせつな, 下品な
  nastily 副 不快に；意地悪く

nation /néiʃən ネイシャン/

名 (複 **nations** /néiʃənz ネイシャンズ/) C
❶ ((ふつう the nation)) 国民；民族 (people)
・the Japanese *nation* 日本国民
❷ 国, 国家
・a developing *nation* 発展途上国
・a developed *nation* 先進国
・the United *Nations* 国際連合

national /nǽʃənəl ナシャナル/

形 ((比較なし))
❶ 国民の；国家の
・a *national* flag 国旗
・a *national* anthem 国歌
・a *national* holiday 国民祝祭日；法定休日
❷ 全国的な, 全国向けの
・a *national* election 国政選挙
・the *National* League ナショナルリーグ (米国の2大プロ野球リーグの1つ)
❸ 国立の
・a *national* park 国立公園
― 名 C (特定国の)国民；((ふつう nationals))(特に外国に住む)同国人
  nationalism 名 U 国家[国粋]主義；民族主義
  nationalist 名 C 国家[国粋]主義者
  nationalistic 形 国家[国粋]主義的な
  nationally 副 国家的に；全国的に

nationality /næʃənǽləti ナシャナラティ/ 名 C|U 国籍
・What's your *nationality*?
国籍はどちらですか

nationwide /néiʃənwáid ネイシャンワイド/ 形 全国的な, 全国規模の
― 副 全国的に, 全国規模で

native /néitiv ネイティヴ/
形
❶ 出生地の, 故郷の, 母国の
・one's *native* language [tongue] 母語
・a *native* speaker ネイティブスピーカー
❷〈人・物が〉土着の,（その土地に）固有の（(to...)）
・animals *native* to Asia アジア原産の動物
・*Native* American 先住アメリカ人
❸〈性質などが〉生まれつきの
― 名 C (…)生まれの人, (…)出身者 ((of...))

NATO /néitou ネイトウ/ (略) *N*orth *A*tlantic *T*reaty *O*rganization 北大西洋条約機構

natural /nǽtʃərəl ナチャラル/

形 比較 **more natural**
最上 **most natural**
❶ ((ふつう比較なし)) **自然の, 天然の**；自然界の
・*natural* resources 天然資源
・*natural* phenomena 自然現象

- *natural* science 自然科学
❷〈事情などが〉**当然の**, 当たり前の
- a *natural* conclusion 当然の結末
❸〈性質が〉生まれつきの, 天性の
- a *natural* linguist 生まれながらの言語学者
❹〈態度などが〉気取らない, 飾り気のない
━名 C (仕事の)適任者
naturalism 名 U 自然主義
naturalist 名 C (芸術・哲学などの)自然主義者; 博物学者

naturally* /nǽtʃərəli ナチャラリ/
副 比較 more naturally
最上 most naturally
❶ **当然**(のことながら), **もちろん**
❷ ((問いに答えて))もちろんですとも
- "Do you speak English?" "*Naturally*."
「英語を話しますか」「もちろん」
❸ 自然に, 気取らずに
- behave *naturally* 自然にふるまう
❹ 生まれつき, 生来

nature /néitʃər ネイチャ/

名 (複 **natures** /néitʃərz/)
❶ U **自然**, 自然界; 自然の力
- the beauty of *nature* 自然の美しさ
❷ U C (人・物などの) **性質**, 天性, 本性
- *one's* true *nature* 本性
by nature 生まれつき, 生来

naughty /nɔ́ːti ノーティ/ 形
❶ いたずらな, 腕白な
❷ ((くだけて))〈冗談などが〉下品な, わいせつな, みだらな
naughtily 副 いたずらに; みだらに

nautical /nɔ́ːtikəl ノーティカル/ 形 船の; 航海(術)の

naval /néivəl ネイヴァル/ 形 海軍の

navel* /néivəl ネイヴァル/
名 (複 **navels** /néivəlz/) C へそ
- a *navel* cord へその緒

navigate /nǽvigèit ナヴィゲイト/ 動
━他
❶〈海などを〉航海[航行]する;〈空を〉飛行[航行]する
❷〈船・航空機などを〉操縦する
━自 (船・航空機などを)操縦する;〈船・航空機などが〉航海[航行]する
navigation 名 U 航行; 航海, 航空
navigator 名 C 操縦者, 航海士, 航空士; 道案内者, ナビゲーター

navy /néivi ネイヴィ/ 名 C 海軍
Nazi /náːtsi ナーツィ/ 名
❶ C (ドイツの)ナチ党員
❷ ((the Nazi)) ナチ党 (ヒトラーが指導した国家社会主義ドイツ労働者党)
NBC ((略)) *N*ational *B*roadcasting *C*ompany エヌビーシー (米国の3大放送会社の1つ)
NC ((米郵便)) *N*orth *C*arolina ノースカロライナ州
N.C. ((略)) *N*orth *C*arolina ノースカロライナ州
ND ((米郵便)) *N*orth *D*akota ノースダコタ州
N.D., N. Dak. ((略)) *N*orth *Dak*ota ノースダコタ州
NE ((米郵便)) *Ne*braska ネブラスカ州

near /níər ニア/

形副 比較 **nearer** /níərə/
最上 **nearest** /níərəst/
━形
❶((距離・時間)) **近い**, (…に)接近した ((*to*...)) (⇔far)
- the *nearest* station 最寄り駅
- in the *near* future 近い将来に
- The park is *near to* our school.
その公園は私たちの学校に近い
❷〈関係などが〉近い, 密接な; 親密な
- *near* and dear 親密な
- a *near* friend 親友
- a *near* relative [relation] 近親者
❸ 本物[原物]に近い, よく似た
- a *near* translation 原文に近い翻訳
❹ やっとの, きわどい, ほとんど
- a *near* escape 危機一髪
- a *near* victory 辛勝(しんしょう)
- be *near* to tears 今にも泣きそうである
near at hand すぐ近くに; 近い将来に
- I always keep my cell phone *near at hand*. いつも携帯電話を身近に持っています
━副
❶((距離・時間)) **近くに**, 接近して (⇔far)
- go *near* 接近する
- My birthday is drawing *near*.
私の誕生日が近づいている
❷ ほとんど, だいたい
- for *near* 10 years 約10年間
near by すぐそばに, 近くに

nearby

— 前

❶ ((距離・時間))…の近くに；…に接近して
・*near* here この辺りで
・*near* the end of the year 年末頃に

❷ ((状況))…に近い，もう少しで…するところで
・a child *near* starvation 餓死(がし)寸前の子ども

— 動
— 他 〈…に〉近づく
— 自 〈時間などが〉近づく

nearby /níərbài ニアバイ/
形 すぐ近くの，隣接の
— 副 すぐそばに

nearly /níərli ニアリ/ 副
❶ ほとんど，ほぼ
・It is *nearly* six o'clock. もう6時近い

❷ 危うく…するところで，…する寸前で
・I was *nearly* run over.
私は危うく車にひかれるところだった

nearsighted /níərsáitid ニアサイティド/ 形
((主に米))近視の；近眼の

neat /ní:t ニート/ 形
❶ 〈部屋などが〉きちんとした；〈人が〉きちょう面な
・*neat and tidy* きちんと整とんされている

❷ 〈やり方が〉手際のよい，巧みな

❸ ((米))((くだけて))すばらしい，かっこいい

neatly 副 きちんと；手際よく

Neb., Nebr. ((略)) *Neb*raska ネブラスカ州

Nebraska /nəbræskə ナブラスカ/ 名 ネブラスカ州 (略 Neb., Nebr., ((郵便))NE；米国中部の州，州都はリンカーン (Lincoln))

necessarily* /nèsəsérəli ネサセラリ, nésəsərəli ネササリリ/ 副 ((比較なし))
❶ ((改まって))**必然的に，必ず**
・War *necessarily* causes misery.
戦争はどうしても不幸を引き起こす

❷ ((次の用法で))
■ *not necessarily* 必ずしも…とは限らない
・The rich are *not necessarily* happy.
金持ちが必ずしも幸せとは限らない

necessary

/nésəsèri ネササリ, nésəsəri ネササリ/
形 比較 **more necessary**
最上 **most necessary**
〈物・事が〉**必要な**；(…にとって)**必須**(ひっす)**の**
((*to...*, *for...*)) (⇔unnecessary)

・a *necessary* condition 必要条件
・*if necessary* 必要ならば
・Sleep is *necessary for* good health.
睡眠は健康のために必要である

necessity /nəsésəti ナセサティ/ 名
❶ U C (…の)必要(性) ((*of...*))；(…する)必要性 ((*to do*))
・*Necessity* is the mother of invention.
((ことわざ))必要は発明の母

❷ C ((しばしば necessities))必需品，不可欠なもの

❸ C ((ふつう a necessity))必然(性)

from [*out of*] *necessity* 必要に迫られて

necessitate 動 他 〈…を〉必要とする

neck /nék ネク/

名 (複 **necks** /ネクス/) C
❶ (人間・動物の)首
・a thick *neck* 太い首
・have a stiff *neck* 肩が凝っている

❷ (衣服などの)えり；(びん・弦楽器などの)首
・a round *neck* 丸えり，丸首

a pain in the neck 悩み[苦痛]の種

be up to one's neck in A
A (困難・借金など)に首までつかっている；A (仕事など)で忙しい

break one's neck
首の骨を折る；(…しようと)大いに努力する，骨を折る ((*to do, doing*))

neck and neck (…と)互角で ((*with...*))

necklace /nékləs ネクラス/ 名 C 首飾り，ネックレス

necktie /néktài ネクタイ/ 名 C ((米))ネクタイ

nectar /néktər ネクタ/ 名 U (花の)みつ；濃い果汁

need /ní:d ニード/

動 三単現 **needs** /ニーヅ/
過去・過分 **needed** /ニーディド/
現分 **needing** /ニーディング/

— 他
❶ 〈…が〉**必要である**，〈…を〉**必要とする**
・The body *needs* food and water.
体には食べ物と水がいる
・You don't *need* your umbrella today.
きょうはかさはいらない

❷ ((次の用法で))
■ *need to do* …する必要がある

- I *need to* sleep. 眠る必要がある
- We *need to* talk. 話し合わなきゃ
- *need doing* …される必要がある
- This watch *needs* mend*ing*.
  この時計は修理する必要がある
- *need A (to be) C*
  AをCにしてもらう必要がある
- I *need* this document *signed*.
  この文書にサインをしてもらう必要がある
- *need A to do*
  A(人)に…してもらう必要がある
- I *need* you *to* come at once.
  君にはすぐに来てもらう必要があります
- ■ 助
  - 三単現 **need**
  - 過去 **had to** で代用
  - 過分 なし
  - 現分 なし
  - 否定形 **need not** /ナト|ノト/,
    ((くだけて)) **needn't** /ニードント/
    ((次の用法で))
- *need not do* ((否定文で))…する必要はない
- You *need not* apologize.
  あなたが謝る必要はない
- *Need A do?*
  ((疑問文で)) Aは…する必要がありますか
- "*Need* I answer?" "No, you *need*n't."
  ["Yes, you must."]
  「答える必要がありますか」「いいえ、その必要はありません」[「はい、その必要があります」]
- *need not have done*
  ((否定文で))…する必要はなかった
- You *need not have* paid the bill.
  君は勘定を払わなくてもよかったのに
  ■ 名 (複) **needs** /ニーヅ/)
- ❶ UC (…の)**必要性**, 必要((*of...*, *for...*))
- I *have* no *need of* your help.
  私は君の助けなど必要ではない
- *there's no need for A to do*
  Aが…する必要はない
- 📖 *There's no need to* rush.
  急がなくてもいいですよ
- ❷ C ((ふつう needs)) 必要なもの, 必需品
- *one's* daily *needs* 日常の必需品
- ❸ U 困った事態; 貧困, 窮乏
- a family *in need* 困っている家族
- A friend *in need* is a friend indeed.
  ((ことわざ)) まさかの時の友こそ真の友
- *be in need of A* Aを必要とする
- *in case of need* 困った時には

needle /níːdl ニードル/ 名 C
❶ (裁縫用の)針, 縫い針; 編み針
- thread a *needle* 針に糸を通す
❷ (注射針のような)針状の物
❸ (松・もみなどの)【植物】針葉
- a pine *needle* 松葉

needless /níːdləs ニードラス/ 形 不要な, むだな
- *needless to say* 言うまでもなく
- **needlessly** 副 不必要に; むだに

needn't* /níːdnt ニードント/ ((くだけて))
need not の縮約形

negative* /négətiv ネガティヴ/
形 比較 **more negative**
最上 **most negative**
❶ 否定の, 否定的な, 打ち消しの; 拒否の, 反対の
❷ 消極的な, 控えめの
❸ 【数学】マイナスの, 負の; 【電気】陰電気の; 【医学】陰性の; 【写真】陰画の [ネガ] の
■ 名 (複 **negatives** /négətivz/) C
❶ 否定; 拒否; 【文法】否定語; 否定文
❷ 【数学】マイナス記号, 負の数; 【電気】陰電気, 【写真】陰画, ネガ
negatively 副 否定的に; 消極的に
negation 名 U 否定, 打ち消し; 【文法】否定

neglect /niglékt ニグレクト/
動 他
❶ 〈仕事などを〉怠る, ほったらかしにする; 〈…を〉無視する, 軽視する
❷ (不注意から)(…しないで)おく ((*to do*))
■ 名 U 怠慢, 手抜き; 放置, 無視

negligent /néglidʒənt ネグリヂャント/ 形
(…に)怠慢な, 不注意な((*in...*, *of...*)); 〈服装などが〉無頓着(むとんちゃく)な
negligence 名 U 怠慢; 無頓着

negligible /néglidʒəbl ネグリヂブル/ 形
無視してよい, わずかな, 取るに足らない

negotiate /nigóuʃièit ニゴウシエイト/ 動
— 自 (人と)交渉する, 協議する((*with...*))
— 他 (人と)〈…を〉取り決める((*with...*))
negotiation 名 UC 交渉, 協議
negotiator 名 C 交渉者, 協議者

Negro, negro /níːgrou ニーグロウ/ 名 (複 **Negros**, **negros**, **Negroes**, **negroes** /níːgrouz/) C ((しばしばけなして)) 黒人; ((形容詞的に)) 黒人の

neighbor* /néibər ネイバ/
图 (阂 **neighbors** /ネイバズ/) ⓒ
❶ 近所の人, 隣人
・a good [bad] *neighbor*
近所づきあいのよい[悪い]人
❷ 近くの人[物];隣国(の人)
▫ Ask your *neighbor* for help.
隣の人に助けてもらってください
neighboring 图 近くに住む[ある], 隣の

neighborhood /néibərhùd ネイバフド/ 图
❶ Ⓤ 近所, 付近
・in the *neighborhood* of A Aの近くに
・in this *neighborhood* この辺りに
❷ ((the neighborhood)) 近所の人々

neither

/ní:ðər ニーザ | náiðər ナイザ/
图 ((比較なし)) ((単数名詞の前で))(二者のうち)どちらの…も…でない
・*Neither* boy can speak French.
どちらの少年もフランス語が話せない
・I like *neither* plan.
どちらの計画も気に入らない
■ 代 ((二者のうち)どちらも…ない((*of*...))
・*Neither* is wrong. 両者とも間違っていない
・*Neither of* the girls knows me.
その少女たちは二人とも私を知らない
■ 接 ((次の用法で))
▪ *neither A nor B*
AでもBでもない, AもBも…ない
・*Neither* he *nor* I am a student [are students]. 彼も私も学生ではない
・I can *neither* eat *nor* sleep.
ぼくは食べることも寝ることもできない
・His explanation was *neither* clear *nor* accurate. 彼の説明は明瞭(^{めい})でもなければ正確でもなかった
■ 副 ((比較なし)) ((否定文に続いて)) …もまた…ない
・"I am *not* angry." "*Neither* am I." ["*Nor* am I."] 「ぼくは怒ってはいないよ」「私もよ」

neon /ní:ɑn ニーアン/ 图 Ⓤ 【化学】ネオン(元素記号Ne)
・a *neon* sign ネオンサイン

Nepal /nəpɔ́:l ナポール/ 图 ネパール(首都はカトマンズ)

nephew* /néfju: ネフュー, névju: ネヴュー/
图 (阂 **nephews** /ネフューズ/) ⓒ
甥(^{おい}) (⇔niece)

Neptune /néptu:n ネプトゥーン/ 图 【天文】海王星;[ローマ神話]ネプチューン(海の神)

nerve* /nə́:rv ナーヴ/
图 (阂 **nerves** /ナーヴズ/)
❶ ⓒ **神経**, 神経繊維
・optic *nerves* 視神経
❷ ⓒ ((nerves)) 神経過敏, いらだち
・*get on A's nerves* A(人)のしゃくに触る
❸ Ⓤ 勇気, 度胸;((また a nerve)) ((くだけて)) 厚かましさ
・have a lot of *nerve*
神経が図太い, 厚かましい

nervous* /nə́:rvəs ナーヴァス/
图 [比較] **more nervous**
[最上] **most nervous**
❶ 〈人が〉**神経質な**, 緊張しやすい
・a *nervous* person 神経過敏な人
❷ 〈人が〉**不安な**, びくびくして;(…を)心配して((*about*...))
・You look *nervous*. 緊張してるみたいだね
❸ 神経の
nervously 副 神経質に, 心配そうに
nervousness 图 Ⓤ 神経質;臆病

Ness /nés ネス/ 图 **Loch Ness** ネス湖(英国スコットランド北西部の湖で, ネッシー伝説で有名)

Nessie /nési ネスィ/ 图 ネッシー(ネス湖の怪物で, 首長竜に似ていると言われる)

nest /nést ネスト/
图 ⓒ
❶ (鳥・虫・小動物の)巣
・build [make] a *nest* 巣を作る
❷ 居心地のよい場所;(悪の)温床
・leave [fly] the *nest* 巣立つ
■ 動 ⓘ 〈鳥が〉巣を作る

net¹ /nét ネト/

图 (阂 **nets** /ネツ/)
❶ ⓒ 網, ネット
❷ ((the Net)) 【コンピュータ】インターネット (the Internet);ネットワーク
❸ ⓒ (ラジオ・テレビの)放送網
・communication(s) *net*
通信網, ネットワーク
❹ ⓒ (テニス・サッカーなどの)ネット
❺ Ⓤⓒ 網状の物[組織](くもの巣など)
■ 動 他
❶ 〈…を〉網で捕らえる, 網にかける
❷ 〈…を〉網でおおう;〈…に〉網を張る

net² /nét ネト/ 形 正味の, かけ値なしの; 最終的な

Netherlands /néðərləndz ネザランヅ/ 名 ((the Netherlands)) ((単数扱い)) オランダ(王国)(首都はアムステルダム)

network /nétwə̀ːrk ネトワーク/

名 (複 **networks** /nétwə̀ːrks/)
❶ C 【コンピュータ】ネットワーク
・set up a (computer) *network* (コンピュータ)ネットワークを確立する
❷ C (ラジオ・テレビなどの)ネットワーク, 放送網; (鉄道・道路・血管などの)網状組織
・a national television *network* テレビの全国放送網
❸ C (組織などの)ネットワーク
— 動
— 他 〈コンピュータを〉(ネットワークに)つなぐ ((*to...*))
— 自 ネットワーク化する; (仕事などで)(人と)情報交換する ((*with...*))
 networking 名 U ネットワーキング; ネットワーク作り

neuron /núrɑn ヌラン | njúərɔn ニュアロン/ 名 C 【解剖】ニューロン, 神経単位
 neural 形 神経(系統)の
 neurological 形 神経(病)学の

neuroscience /njùərousáiəns ヌアロウサイアンス/ 名 U 神経科学

neutral /nú:trəl ヌートラル | njú:trəl ニュートラル/
形
❶ 〈人・国などが〉中立の
・a *neutral* country 中立国
❷ 〈性格などが〉あいまいな, 特徴のない
❸ 〈自動車のギアなどが〉ニュートラルの
❹ 【化学】中性の
— 名
❶ C 中立国, 中立者
❷ U (ギアなどの)ニュートラル
 neutrality 名 U 中立状態

neutralize /nú:trəlàiz ヌートラライズ/ 動 他 〈…を〉中立(国)にする, 中立化する; 【化学】〈…を〉中和する
 neutralization 名 U 中立化; 【化学】中和

neutron /nú:trɑn ヌートラン | njú:trɔn ニュートロン/ 名 C 【物理】中性子

Nev. ((略)) *Nev*ada ネバダ州

Nevada /nəvǽdə ナヴァダ/ 名 ネバダ(略 Nev., ((郵便)) NV; 米国西部の州; 州都はカーソンシティ (Carson City))

never /névər ネヴァ/ 副 ((比較なし))

❶ ((強い否定)) **決して…しない**; 少しも…しない
・I'll *never* make the same mistake again! 二度と同じミスを犯さないぞ
・*Never* mind! 心配するな
・*Never* give up! 決してあきらめるな
❷ 一度も…ない
・George Washington *never* told a lie. ジョージ・ワシントンは一度もうそをついたことがなかった
・Now or *never*. 今こそ絶好のチャンス
 ***never do* (A) *but*...** Aすれば必ず…する
・It *never* rains *but* it pours. ((ことわざ))降れば必ずどしゃ降り; 二度あることは三度ある
 ***never do* (A) *without doing* (B)** B(すること)なしにはAしない, AすればBする
・We *never* meet *without* argu*ing*. 私たちは会うと必ず口げんかする
 Well, I never (did)! まさか, 本当ですか

never-ending /névəréndiŋ ネヴァレンディング/ 形 終わりのない, 果てしない
・a *never-ending* story 果てしない物語

nevertheless /nèvərðəlés ネヴァザレス/ 副 それにもかかわらず, それでも

new /nú: ヌー | njú: ニュー/

形 [比較] **newer** /ヌーア/
[最上] **newest** /ヌーアスト/
❶ 新しい; 新型の, 新品の (⇔ old)
・a *new* book 新刊書
・the *newest* fashions 最新の流行
❷ 新任の; 新参の
・a *new* member [student] 新会員[新入生]
❸ 〈人が〉(仕事などに)不慣れの, 未経験の; 〈物・事・場所が〉(人に)よく知られていない ((*to...*))
 What's new? 何か変わったことはあるかい; ((主に米)) 元気かい, どうだね

newborn /njú:bɔ̀ːrn ニューボーン/ 形 生まれたばかりの; 生まれ変わった

newcomer /njú:kʌ̀mər ニューカマ/ 名 C (…に)来たばかりの人; (…の)初心者 ((*to...*))

New Delhi /nù: déli ヌー デリ/ 名 ニューデ

リー(インドの首都)

New England /nùː íŋglənd ヌー **イ**ングランド/
名 ニューイングランド(米国北東部のメイン, ニューハンプシャー, バーモント, マサチューセッツ, ロードアイランド, コネチカットの6州)

New Hampshire /nùː hǽmpʃər ヌー **ハ**ンプシャ/ **名** ニューハンプシャー(略 N.H., ((郵便))NH;米国北東部の州;州都はコンコルド(Concord))

New Jersey /nùː dʒə́ːrzi ヌー **チャ**ーズィ/ **名** ニュージャージー(略 N.J., ((郵便))NJ;米国東部の州;州都はトレントン(Trenton))

newly /núːli ヌーリ|njúːli ニューリ/ **副** 最近, 近頃;新しく, 新たに, 再び

newlywed /njúːliwèd ニューリウェド/ **名** [C] 新婚者;((newlyweds))新婚夫婦

New Mexico /nùː méksikou ヌー **メ**クスィコウ/ **名** ニューメキシコ(略 N.M., N.Mex., ((郵便))NM;米国南西部の州;州都はサンタフェ(Santa Fe))

New Orleans /nùː ɔ́ːrliənz ヌー **オ**ーリアンズ/ **名** ニューオーリンズ(米国ルイジアナ州のミシシッピー河口に近い港市で, ジャズ発祥の地)

news /núːz ヌーズ|njúːz ニューズ/

名 [U] ((the news))(マスコミの)**ニュース**, 記事, 報道;(個人的な)**知らせ**, 便り, 消息;目新しいこと
・the latest *news* 最新のニュース
・a *news* agency 通信社
・a *news* conference 記者会見
・No *news* is good *news*. ((ことわざ))便りのないのはよい便り
・That's *news* to me. それは初耳だ
break the news to *A* (悪い知らせなどを)A(人)に打ち明ける

newscast /njúːzkæ̀st ニューズキャスト/ **名** [C] ((主に米))ニュース番組

newscaster /njúːzkæ̀stər ニューズキャスタ/ **名** [C] (ニュースを読む)アナウンサー, ニュースキャスター

newsletter /njúːzlètər ニューズレタ/ **名** [C] 社報, 公報, PR誌;時事通信

newspaper* /núːzpèipər ヌーズペイパ|njúːzpèipər ニューズペイパ/
名 (複 **newspapers** /ヌーズペイパズ/)
❶ [C] **新聞**; [U] 新聞(用)紙
・The *newspaper* says that...
新聞報道によれば…
❷ [C] 新聞社

newsstand /núːzstæ̀nd ヌーズスタンド/ **名** [C] (街頭などの)新聞販売所

newsworthy /núːzwə̀ːrði ヌーズワーズィ/ **形** 報道価値のある, ニュースになる

Newton /njúːtn ニュートン/ **名 Sir Isaac Newton** ニュートン(英国の数学者・物理学者・天文学者で, りんごが木から落ちるのを見て「重力の法則」を発見したと言われる)

new year /núːjíər ヌー**イ**ア/

名
❶ ((ふつう the new year)) **新年**
❷ [C] ((New Year)) **正月**, 新年;(特に)**元日**
・*New Year's* Day 元日, 1月1日
・*New Year's* Eve 大みそかの夜, 除夜
・a *New Year's* gift お年玉
・*New Year's* greetings 新年のあいさつ
・*New year's* resolution(s) 新年の誓い[抱負]
・(A) *Happy New Year!*
あけましておめでとうございます

New York /nùː jɔ́ːrk ヌー **ヨ**ーク/ **名**
❶ ニューヨーク(略 N.Y., ((郵便))NY;米国北東部の州;州都はオールバニー(Albany))
❷ ニューヨーク市 (New York City)(略 N.Y., N.Y.C.;ニューヨーク州にある米国最大の都市;愛称はthe Big Apple)

New Zealand /nùː zíːlənd ヌー **ズィ**ーランド/

名 ニュージーランド(南太平洋の英連邦内の国で, 首都はウェリントン(Wellington))

New Zealander /nùː zíːləndər ヌー **ズィ**ーランダ/

名 [C] ニュージーランド人

next /nékst ネクスト/

形 ((比較なし))
❶ (時間・順序が)**次の, 今度の;**来…, 翌…
・(the) *next* day 翌日
・the *next* page 次のページ
・the *next* few months 今後数か月
・the *next* time 今度
・Who's *next* (in line)? 次は誰の番ですか
❷ (場所・位置が)**隣の, いちばん近い**
・the house *next* door 隣の家
・*next* door to *A* A(家など)の隣に

- ■ 副 ((比較なし)) 次に, 今度は, 隣に; (話題を変えて)次に
- *next to A* Aの隣に; Aに次いで
- ■ 名 U 次の人[物]
- *Next*, please. 次の方どうぞ
- 🕮 Who's *next*? 次は誰ですか

next-door /nékstdɔ́:r ネクストドー/ 形 隣の
NGO ((略)) *n*on-*g*overnmental *o*rganization 非政府組織
NH ((米郵便)) *N*ew *H*ampshire ニューハンプシャー州
N.H. ((略)) *N*ew *H*ampshire ニューハンプシャー州
Niagara /naiǽgərə ナイアガラ/ 名 ((the Niagara)) ナイアガラ川(米国とカナダの境を流れる川)
- *Niagara* Falls ナイアガラの滝

nice /náis ナイス/

形 比較 **nicer** /ナイサ/
最上 **nicest** /ナイサスト/

❶ すてきな, よい(⇔bad); かわいい; 楽しい; 〈食べ物が〉おいしい
- Have a *nice* day. よい一日を
- *Nice* to meet you. はじめまして
- 🕮 That's *nice*. いいですね

❷ 優しい, 親切な 思いやりのある
❸ ((改まって)) 微妙な; 精密な; 敏感な
❹ 上品な, 洗練された, 教養のある
nice and /ナイスン/
((Aを強めて)) 非常にA(の状態)
- It is *nice and* warm.
とても持ちよく暖かい
nicely 副 うまく; 親切に

niche /nítʃ ニチ/ 名 C
❶ (人・物に)適した地位, 適所 ((*for*...))
❷ すき間(産業), ニッチ

nickel /níkəl ニカル/ 名
❶ U 【化学】ニッケル (元素記号 Ni)
❷ C (米国・カナダの)5セント白銅貨

nickname /níknèim ニクネイム/
名 C (人・物・場所の)あだ名, ニックネーム; 愛称 ((*for*...))
■ 動 他 ((次の用法で))
- *nickname A C*
A (人)にCというあだ名を付ける

nicotine /níkəti:n ニカティーン/ 名 U 【化学】
ニコチン

niece* /ní:s ニース/ 名 (複 **nieces** /ニーサズ/)

C 姪 (⁽ᵐ⁾) (⇔nephew)
Nigeria /naidʒíəriə ナイヂアリア/ 名 ナイジェリア (首都はアブジャ)

night /náit ナイト/

名 (複 **nights** /ナイツ/)

❶ U|C 夜, 晩, 夜間 (⇔day); 夕方(evening)
- last *night* 昨晩, ゆうべ
- the *night* before last
  一昨夜, おとといの晩
- *at night* 夜に
- *by night* (昼に対して)夜には, 夜間は
- *in the night* 夜中に
- *during the night* 夜じゅうずっと
- on Saturday *night* 土曜日の夜に

❷ ((形容詞的に))夜の
- a *night* bus 夜行バス
all night (long) 一晩じゅう, 夜通し
Good night! おやすみ
have an early night 早寝する
have a late night 夜ふかしをする
night and day = day and night
昼も夜も, 休みなく

Nightingale /náitəŋgèil ナイタンゲイル/ 名
Florence Nightingale ナイチンゲール (英国の看護師で, 近代看護教育の生みの親)

nightingale /náitəŋgèil ナイタンゲイル/ 名
C 【鳥】ナイチンゲール

nightmare /náitmèər ナイトメア/ 名 C 悪夢; 悪夢のような経験

nighttime /náittàim ナイトタイム/ 名 U 夜, 夜間

Nile /náil ナイル/ 名 ((the Nile)) ナイル川 (アフリカ北東部を流れ, 地中海にそそぐ世界最長の川)

nine /náin ナイン/

名 (複 **nines** /ナインズ/)

❶ U|C (基数の)9; U ((複数扱い))9つ, 9個, 9人
- Three plus six is *nine*. 3足す6は9

❷ U 9時, 9分
- It's *nine* twenty now. 今9時20分です

❸ U 9歳
❹ C 9人[個]一組のもの; ((米)) 野球チーム, ナイン
■ 形
❶ 9の, 9個の, 9人の

❷ 9歳の
nine times out of ten
十中八九, たいてい

nineteen
/nàintíːn ナインティーン/

名 (複 **nineteens** /ナインティーンズ/)
❶ ⓤⓒ (基数の)**19**; ⓤ ((複数扱い))19個, 19人
❷ ⓤ 19時, 19分
❸ ⓤ 19歳
— 形
❶ **19の**, 19個の, 19人の
❷ 19歳の

nineteenth /nàintíːnθ ナインティーンス/
形 (略 19th)
❶ ((ふつう the nineteenth)) 第19の, 19番目の
❷ ((a nineteenth)) 19分の1の
— 名 (略 19th)
❶ ⓤ ((ふつう the nineteenth)) 第19, 19番目; 19番目の人[もの]
❷ ⓤ ((ふつう the nineteenth)) (月の)19日
❸ ⓒ 19分の1

ninetieth /náintiəθ ナインティアス/
形 (略 90th)
❶ ((ふつう the ninetieth)) 第90の, 90番目の
❷ ((a ninetieth)) 90分の1の
— 名 (略 90th)
❶ ⓤ ((ふつう the ninetieth)) 第90, 90番目; 90番目の人[もの]
❷ ⓒ 90分の1

ninety
/náinti ナインティ/

名 (複 **nineties** /ナインティズ/)
❶ ⓤⓒ (基数の)**90**; ⓤ ((複数扱い))90個, 90人
❷ ⓤ 90歳; ((*one's* nineties))90(歳)代
❸ ((the nineties))(世紀の)90年代, 1990年代
— 形
❶ **90の**, 90個の, 90人の
❷ 90歳の

ninth* /náinθ ナインス/
形 (略 9th)
❶ ((ふつう the ninth)) **第9の**, 9番目の
❷ ((a ninth)) 9分の1の
— 名 (複 **ninths** /ナインスス/) (略 9th)
❶ ⓤ ((ふつう the ninth)) **第9**, 9番目; 9番目の人[もの]
❷ ⓤ ((ふつう the ninth)) (月の)9日
❸ ⓒ 9分の1

nip /níp ニプ/
動
— 他 〈…を〉はさむ, つまむ; 〈…を〉はさみ切る, 摘み取る
— 自 つねる, はさむ
— 名 ((a nip))はさむ[つまむ]こと; ひとはさみ[つまみ]

nipple /nípl ニプル/ 名 ⓒ 乳首; ((米))ほにゅうびんの乳首

nitrogen /náitrədʒən ナイトラヂャン/ 名 ⓤ 【化学】窒素 (元素記号 N)

NJ ((米郵便))*N*ew *J*ersey ニュージャージー州

N.J. ((略))*N*ew *J*ersey ニュージャージー州

NM ((米郵便))*N*ew *M*exico ニューメキシコ州

N.M., N.Mex. ((略))*N*ew *Mex*ico ニューメキシコ州

no
/nóu ノウ/

副 ((比較なし))
❶ ((肯定の質問に対する否定)) **いいえ**, いや; ((否定の質問に対する肯定)) **はい**, ええ, そうです
・"Can you swim?" "*No*, I can't."
「泳げるかい」「いいえ, 泳げません」
・"Can't you swim?" "*No*, I can't."
「泳げないのかい」「はい, 泳げません」
・"More wine?" "*No*, thank you."
「もう少しワインは」「いいえ, 結構です」
・"Can you break a 10?" "*No*, I can't." 「10ドル崩してくれませんか」「いいえ, できません」
・"Do you mind if I sit here?" "*No*. Not at all." 「ここに座ってもよろしいですか」「はい, かまいません」
・"You didn't do your homework, did you?" "*No*, I didn't." 「宿題しなかったでしょう」「ええ, しませんでした」
❷ ((比較級の前に用いて)) 少しも…ない
・The price will go *no lower* than this.
値段はこれ以上は少しも下がらないだろう
・I took some medicine last night, but I feel *no better* today. 薬を昨晩飲んだけど, きょうになっても少しもよくなっていない
❸ ((間投詞的に)) ((驚きなどを表して))何だって, まさか

- "I lost my wallet." "Oh, *no*."
「さいふを失くした」「まあ大変」
- "I spent all my savings!" "*No!*"
「貯金を使い果たした」「まさか」
❹ ((間投詞的に))
- *No*, don't do that! だめ, そんなことしたら
no less than A Aほども多く
no less A than B
Bに劣らずAで, Bと同じ程度にAで
no longer もはや…ない, もう…ない
no more もう…ない
no more than A
たったのA, Aにすぎない
■ 形 ((比較なし))
❶ ((数・量・程度))少しの…もない; 1つの[1人の]…もない
- I have *no* friends [money].
友人がいない[お金がない]
- *No* one knows. 誰も知らない
- There's *no* water in the bucket.
バケツには水が少しもない
- There is *no* rule without exceptions.
例外のない規則はない
❷ ((be動詞の補語の前で))決して…ではない; …どころではない
- He is *no* fool. 彼は決してばかではない
- It's *no* joke! 本当だよ
- It's *no* laughing matter. 笑い事ではない
❸ ((掲示など))…してはならない, …反対, …禁止, …お断り
- *No* Smoking 禁煙
- *No* Parking 駐車禁止
in no time ただちに
- I'll return *in no time*. すぐ戻ります
there is no doing …することはできない
■ 名 U|C 「いや」と言うこと[返事]; 否定, 拒否
- I can't say *no* to you.
君に「ノー」とは言えない

No., no. /nʌ́mbər ナンバ/ 名 ((略)) numero (numberの意のラテン語)…番, 第…号, …番地

Noah /nóuə ノウア/ 名【聖書】ノア (ヘブライの族長) (ノアは, 大洪水から, 神の命で作った箱舟に動物を1つがいずつ乗せて生き延びた)
- *Noah*'s Ark ノアの箱舟

Nobel /noubél ノウベル/ 名 **Alfred Bernhard Nobel** ノーベル (スウェーデンの化学者で, ダイナマイトを発明し, ノーベル賞基金を設立した)
- a *Nobel* Peace Prize ノーベル平和賞

noble /nóubl ノウブル/
形
❶ 気高い, 高潔な, 高尚な; 気品のある; 堂々とした
❷ 貴族の, 高貴な, 身分の高い
■ 名 C ((ふつう nobles)) 貴族
nobility 名 U 気高さ, 高潔; ((the nobility))((単数・複数扱い))貴族階級

nobody

/nóubàdi ノウバディ | nóubɔ̀di ノウボディ/
代 ((単数扱い))誰も…ない (not anybody)
- *Nobody* knows the truth.
誰も真実を知らない
- There was *nobody* in the room.
部屋には誰もいなかった
■ 名 C 名もない人, 取るに足らない人

nocturnal /naktə́:rnl ナクターヌル/ 形 夜(間)の; 【動物】夜行性の

nod /nád ナド | nɔ́d ノド/
動
― 自
❶ (人に対して)うなずく, 会釈する ((*at...*, *to...*)); あごで合図する
❷ (居眠りして)こっくりする, 居眠りする
― 他
❶ 〈首を〉縦に振る, こっくりする
❷ 〈同意などを〉(…に対して)うなずいて示す ((*to...*))
nod off ((くだけて))居眠りする
■ 名 C ((ふつう単数形で))(同意・承諾などを表す)うなずき, 会釈; 居眠り
- give the *nod* to *A* A (計画など)を承諾する

node /nóud ノウド/ 名 C 【植物】(根・枝の)こぶ, 節; 【医学】結節, 節

noise

/nɔ́iz ノイズ/
名 (複 **noises** /ノイズィズ/) U|C
(不快な)物音, 雑音, 騒音
- *noise* pollution 騒音公害
- *make* a *noise* 騒がしい音を立てる
- Don't *make* a *noise*! 騒ぐな
- Try not to *make* any *noise* as you leave. 出る時は静かにしてください。
- I can't stand the *noise*.
雑音には耐えられない

make a noise about A
A(事・物)について不平を言う, 騒ぎ立てる

noisy /nɔ́izi ノイズィ/

形 比較 **noisier** /ノイズィア/
最上 **noisiest** /ノイズィアスト/

やかましい, 騒がしい, 騒々しい(⇔quiet, silent)
・*noisy* children 騒がしい子どもたち
noisily 副 やかましく, 騒がしく

nominal /námənl ナマヌル/ 形
❶ 名目上の, 名ばかりの; 〈値段などが〉ほんのわずかの
❷【文法】名詞(用法)の

nominate /námənèit ナマネイト/ 動 他
❶〈人・作品を〉(候補者として)指名する, 推薦する((for..., as...))
❷〈人を〉(役職に)任命する((as..., to ...))
nomination 名 UC 指名, 任命, 推薦
nominee 名 C 指名[任命, 推薦]された人

none /nʌ́n ナン/

代
❶ ((次の用法で))
■ *none of*＋複数(代)名詞 ((数を表して))((単数・複数扱い)) 誰も…ない; 何も…ない
・*None of* the students was [were] injured. けがをした生徒はいなかった
■ *none of*＋単数(代)名詞 ((量を表して))((単数扱い)) 少しも…ない; いかなる部分も…ない
・*None of* the wine is left.
ワインは少しも残っていない
・That's *none of* your business.
お前の知ったことではない, よけいなお世話だ
・*None* is [are] perfect. 誰も完璧ではない
❷ ((先行の語句をさして))((単数・複数扱い))
そういうもの[人]は…ない
・You have many friends, but I have *none*. 君には友達が多いがぼくにはいない
be second to none 誰[何]にも劣らない
none other than A ほかでもないA
・It was *none other than* the President himself. それはほかでもない大統領だった
■ 副 ((比較なし))((次の用法で))
■ *none too A*
あまりA(の状態)ではない(not very)
・*none too* good あまりよくない
・I am *none too* fond of comics.
コミックはあまり好きじゃない

■ *none the*＋比較級＋(*for A*)
(Aだからといって)少しも…ではない
・I am *none the better for* the medicine.
その薬を飲んでも少しもよくならない
none the less それにもかかわらず, やはり

nonetheless /nʌ̀nðəlés ナンザレス/ 副 それにもかかわらず, しかしながら

nonfiction /nànfíkʃən ナンフィクシャン/ 名 U ノンフィクション

nonprofit /nànpráfət ナンプラファト/ 形 非営利的な, 金銭利益を目的としない
・a *nonprofit* organization
非営利団体(略 NPO)

nonsense /nánsens ナンセンス/
名 U
❶ ばかげたこと[もの, ふるまい, 考え], ナンセンス
・talk *nonsense* ばかげたことを言う
❷ 意味をなさないもの[こと]; 無意味な言葉
■ 間 ばかな; くだらん
nonsensical 形 ばかげた; 無意味な

nonsmoking /nànsmóukiŋ ナンスモウキング/ 形 〈席が〉禁煙の; 〈人が〉タバコを吸わない
nonsmoker 名 C タバコを吸わない人; ((英)) 禁煙車(両)

nonstop /nànstáp ナンスタプ/
形 途中無停車の, 直行の; 休止なしの
■ 副 途中無停車で, 直行で; 休止なしで

nonviolent /nànváiələnt ナンヴァイアラント/
形 非暴力(主義)の
nonviolence 名 U 非暴力(主義)

noodle /núːdl ヌードル/ 名 ((ふつう noodles)) めん類, ヌードル

noon /núːn ヌーン/

名 U 正午, 真昼(midday)
・*at noon* 正午に

no one /nóu wʌ̀n ノウ ワン/ 代 ((単数扱い))
誰も…ない
・*No one* knows. 誰も知らない

nor /nɔ́ːr ノー/ 接 ((次の用法で))

■ *neither A nor B* AもBも…でない
・Our school is *neither* big *nor* small.
私たちの学校は大きくもなければ小さくもない
■ *not* [*no, never*] ..., *nor A*
Aもまた…でない
・He *can't* play the guitar, *nor* can I.
彼もギターを弾けないし, 私も弾けない

Nordic /nɔ́:rdik/ ノーディク/
名 C 北欧人, 北方人種
━━ 形 北欧人(種)の;【スキー】ノルディックの

norm /nɔ́:rm/ ノーム/ 名 C
❶ ((ふつう the norm)) 標準, 基準
❷ ((norms)) (行動などの)規範

normal* /nɔ́:rməl/ ノーマル/
形 比較 more normal
最上 most normal
❶ ふつうの, 通常の;標準の
・in [under] *normal* circumstances 通常では
❷ (精神的な面で)正常な
━━ 名 U 標準, 平均;正常, ふつう
・above [below] *normal* 平均以上[以下]
normally 副 ふつうは, 通常は;正常に
normality 名 U 通常の[正常な]状態

normalize /nɔ́:rməlàiz/ ノーマライズ/ 動
━━ 他 〈関係などを〉正常化する, 通常の状態にする
━━ 自 正常化する, 正常になる
normalization 名 U 正常化

north /nɔ́:rθ/ ノース/

名 U
❶ ((ふつう the north)) 北, 北方;北部 (略 n, N)
▪ *in the north of A* Aの北部に
・I live *in the north of* London.
ロンドンの北部に住んでいる
▪ *be* [*lie*] *to the north of A* Aの北方にある
❷ ((the North)) 北部(地方);北極地方;米国北部諸州
・*the North* of Europe 北欧
━━ 形 (比較なし) 北の 北への;〈風が〉北からの;北にある;北向きの
・a *north* wind 北風
・a *north* window 北向きの窓
・*the North* Pole 北極
━━ 副 (比較なし) 北に 北へ;北方に, 北部に
・The wind is blowing *north*.
風は北へ吹いている[南風である]

North Carolina /nɔ́:θ kærəláinə/ ノースカラライナ/ 名 ノースカロライナ (略 N.C., ((郵便)) NC;米国南東部の大西洋岸の州;州都はローリ(Raleigh))

North Dakota /nɔ́:θ dəkóutə/ ノースダコウタ/ 名 ノースダコタ (略 N.D., N.Dak., ((郵便)) ND;米国中北部の州;州都はビスマルク (Bismarck))

northeast* /nɔ́:rθí:st/ ノースィースト/
名 U
❶ ((ふつう the northeast)) 北東, 北東部 (略 ne, NE)
❷ ((the Northeast)) 北東(地方), 北東部;米国北東部
━━ 形 ((比較なし)) 北東の, 北東への;〈風が〉北東からの
━━ 副 ((比較なし)) 北東に, 北東へ;北東から
northeastern 形 北東(へ)の;〈風が〉北東からの, 北東向きの;北東部[地方]の

northern* /nɔ́:rðərn/ ノーザン/ 形 ((比較なし))
❶ 北の, 北方の, 北部の;〈風が〉北からの
・the northern sky 北の空
❷ ((Northern)) 北部(地方)の, 米国北部の
・a *northern* accent 北部なまり
・the *Northern* Hemisphere 北半球
・the *northern* lights オーロラ

Northern Ireland /nɔ́:rðərn áiərlənd/ ノーザン アイアランド/
名 北アイルランド (アイルランド島北東部の地域;英本国の一部;首都はベルファスト(Belfast))

northward /nɔ́:rθwərd/ ノースワド/
副 北に[へ], 北方に[へ]
━━ 形 北の;北方の;北向きの

northwards /nɔ́:rθwərdz/ ノースワヅ/ 副 = northward

northwest* /nɔ́:rθwést/ ノースウェスト/
名 U
❶ ((ふつう the northwest)) 北西, 北西部 (略 nw, NW)
❷ ((the Northwest)) 北西(地方), 北西部;米国北西部
━━ 形 ((比較なし)) 北西の, 北西への;〈風が〉北西からの
━━ 副 ((比較なし)) 北西に, 北西へ;北西から
northwestern 形 北西(へ)の;〈風が〉北西からの, 北西向きの;北西部[地方]の

Norway /nɔ́:rwei/ ノーウェイ/ 名 ノルウェー (首都はオスロ)

Norwegian /nɔ:rwí:dʒən/ ノーウィーヂャン/
形 ノルウェーの;ノルウェー人[語]の
━━ 名 C ノルウェー人;U ノルウェー語

nose /nóuz/ ノウズ/

名 (複 noses /nóuzɪz/) C

❶ 鼻
- a long [short] *nose* 高い[低い]鼻
- blow *one's nose* はなをかむ
- have a blocked *nose* 鼻が詰まっている
- My *nose* is running. 鼻(水)が出ている

❷ ((ふつう a nose)) 嗅覚(きゅうかく)
❸ (鼻に似た)先端部, 機首, 船首

look down one's nose at A
((くだけて)) A(人・物)を見下す

poke [stick] one's nose into A
((くだけて)) A(よけいなこと)に口を出す, 干渉する

turn one's nose up at A
((くだけて)) A(人)をばかにする, 鼻先であしらう

under A's nose ((くだけて)) A(人)の目と鼻の先で[に], すぐ目の届くところで[に]

━ **動**
━ **自**
❶ (…を)かぎ回る((*around...*))
❷ 〈車・船などが〉ゆっくり慎重に進む
━ **他** ((くだけて))〈…を〉かぎ出す, かぎつける

nosebleed /nóuzbli:d ノウズブリード/ **名** C 鼻血

nostalgia /nɑstǽldʒə ナスタルヂャ/ **名** U (…への)郷愁, ノスタルジア((*for...*))
 nostalgic 形 郷愁の; 昔なつかしい
 nostalgically 副 なつかしく, なつかしそうに

nostril /nάstrəl ナストラル/ **名** C 鼻孔

nosy /nóuzi ノウズィ/ **形** ((くだけて)) 詮索(せんさく)好きな, おせっかいな

not /nάt ナト | nɔ́t ノト/

副 ((比較なし)) …ない, …でない, …ではない

➡ notの縮約形 ◄◄

((be動詞))
is not ⇒ **isn't**
are not ⇒ **aren't**
was not ⇒ **wasn't**
were not ⇒ **weren't**
　なお I am not は **I'm not** となります
((助動詞))
do not ⇒ **don't**
does not ⇒ **doesn't**
did not ⇒ **didn't**
will not ⇒ **won't**
would not ⇒ **wouldn't**
shall not ⇒ ((主に英))**shan't**
should not ⇒ **shouldn't**
cannot, can not ⇒ **can't**
could not ⇒ **couldn't**
must not ⇒ **mustn't**
need not ⇒ ((主に英))**needn't**
ought not ⇒ **oughtn't**
have not ⇒ **haven't**
has not ⇒ **hasn't**
had not ⇒ **hadn't**

➡ notの位置 ◄◄
(1) 〈be動詞〉＋ not
(2) 〈助動詞〉＋ not ＋〈動詞の原形〉
(3) do [does, did] not ＋〈動詞の原形〉

❶ ((述語動詞・文の否定))
- I am *not* a student. 私は学生ではない
- I do*n't* have any money.
お金を持っていません
- I do*n't* think he likes music.
彼は音楽好きではないと思います
- Do*n't* be afraid. 恐れるな
- You are happy, are*n't* you?
あなたは幸せですよね

❷ ((語・句・節の否定))
- This is *not* mine. これは私のものではない
- *Not* a soul was to be seen.
人っ子ひとりいなかった

❸ ((不定詞・分詞・動名詞の否定))
- I ordered her *not* to go.
彼女に行くなと命じた
- *Not* knowing what to do, I asked for advice. どうしたらいいか分からなくてアドバイスを求めた

❹ ((部分否定))((all, every, both, each; always, necessarily などと共に)) 必ずしも…というわけではない
- He is *not* always thus shy.
彼はいつもこれほど恥ずかしがり屋ではない

❺ ((全体否定))((any, eitherなどと共に)) 何も[少しも]…ない
- There is*n't* any water in the glass.
コップの中には少しも水がない

❻ そうではない(と)
- "Are you cheating?" "Of course *not*."
「ずるしてるの」「とんでもない」
- "Will it rain tomorrow?" "I hope *not*."
「あすは降るだろうか」「降らないといいんだけど」
- "Will he be coming?" "Maybe *not*."
「彼は来るだろうか」「たぶん来ないね」

not a A 1つ[1人]のAもない

- There is *not a* book on the desk.
机には1冊も本がない
not A any longer もはやAではない
- He is *not* shy *any longer*.
彼はもはや内気ではない
not A any more もうこれ以上Aではない
- I can't put up with him *any more*.
彼にはこれ以上我慢できない
Not at all. ((主に英))どういたしまして
not A at all 少しもAではない
- I am *not* tired *at all*.
ぼくはちっとも疲れていない
not A but B AではなくてB
- She is *not* a doctor *but* a dentist.
彼女は医者ではなく歯医者だ
not more than A せいぜいA, 多くてA
- It will cost *not more than* 1,000 yen.
それはせいぜい千円だろう
not only [merely] A but (also) B
AばかりでなくBも(また); AもBも
- *Not only* he *but (also)* I am sad.
彼もぼくも悲しい
not so much A as B
AというよりもむしろB
- He is *not so much* an amateur *as* a professional. 彼はアマというよりもむしろプロだ
not that... …というわけではない

notable /nóutəbl ノウタブル/ 形 注目に値する; 際立った, 顕著な
|**notably** 副 特に, とりわけ; 際立って

notation /noutéiʃən ノウテイシャン/ 名
❶ UC (記号や符号を用いた)表記(法), 表示(体系)
❷ C 覚書, メモ(note)

notch /nátʃ ナチ/
名 C V字形などの刻み目; 段階, 目盛り
— 動 他
❶ 〈物に〉(V字形の)刻み目を付ける
❷ ((くだけて))〈勝利・得点を〉収める

note /nóut ノウト/

名 (複 **notes** /nóuts/) C
❶ メモ, 覚書
■ *make a note of A* AをメモAする
- I *made a note of* his phone number.
彼の電話番号を書き留めた
❷ (簡単な)伝言メモ; 短い手紙
■ *leave a note for A* A(人)に伝言メモを残す
❸ ((notes))(授業などで書き留める)ノート; 手記
- take *notes* ノートを取る
❹ 注, 注釈, 脚注
❺【音楽】音符; (ド・レ・ミといった個々の)音; (ピアノなどの)鍵(けん)
❻ ((英))紙幣, 札(banknote)
❼ ((ふつう a note))語気, 語調; (人の)声の調子

compare notes with A
A(人)と意見を交換する
take note of A A(事)に注意[注目]する
worthy of note 注目に値する
— 動
三単現 **notes** /ノウツ/
過去・過分 **noted** /ノウティド/
現分 **noting** /ノウティング/
— 他
❶ ((やや改まって))〈…に〉**注意する**, 気づく
❷ 〈…を〉書き留める, 書き記(しる)す, 〈…の〉メモを取る((*down*))
❸ 〈…に〉言及する

notebook* /nóutbùk ノウトブク/
名 (複 **notebooks** /ノウトブクス/) C
ノート, 帳面, 手帳, メモ帳

noted /nóutid ノウティド/
動 noteの過去形・過去分詞
— 形 (…で)名高い, 有名な((*for...*))

notepad /nóutpæd ノウトパド/ 名 C (はぎ取り式の)メモ帳

noteworthy /nóutwə̀ːrði ノウトワーズィ/
形 注目に値する, 著しい
■ *it is noteworthy that...* …は注目に値する

nothing /nʌ́θiŋ ナスィング/

代 ((単数扱い))何も…ない, 少しも…ない
- say [hear, see] *nothing*
何も言わない[聞こえない, 見えない]
- There's *nothing* you can do.
君にできることは何もない
■ *nothing is wrong with A*
Aにはどこも悪いところはない
📖There's *nothing wrong with* your answer. あなたの答えは間違っていませんよ
- "What did you do yesterday?" "*Nothing much*." 「きのうは何をしたの？」「特に大したことはしてないよ」
— 名 (複 **nothings** /ナスィングズ/)
❶ U 無; ゼロ
- *for nothing* 無料で, ただで

- It's better than *nothing*.
 ((ことわざ))ないよりはまし
 ❷ C つまらない人[物・こと]
 come to nothing 失敗[無]に終わる
 do nothing but do …してばかりいる
 have nothing to do with A
 Aとは何も関係がない
- I *have nothing to do with* him.
 彼とは何の関わりもない
 nothing but A ただAだけ, Aにすぎない
- It's *nothing but* a joke. 単なる冗談だよ
 nothing less than A
 Aにほかならない, まさにAそのもの
- His idea is *nothing less than* nonsense.
 彼のアイデアはナンセンスそのものだ
 nothing more than A Aにすぎない
- My success has been *nothing more than* a luck. ぼくの成功は単なる幸運にすぎない
 (There is) nothing like A.
 Aに及ぶものはない
 to say nothing of A
 A(人・事)は言うまでもなく

notice* /nóutis ノウティス/
图 (複 **notices** /ノウティスィズ/)
❶ UC **通知, 通達 ; 警告**
- be canceled without *notice*
 予告なしで中止になる
❷ U **注目, 注意, 関心**
- ***take notice of A*** Aに気づく
- We *took* no *notice of* the warning.
 その警告には気づかなかった
- ***come to A's notice*** A(人)の注目を引く
- ***bring A to B's notice***
 A(事)をB(人)に気づかせる
❸ C (情報などを伝える)**掲示, 告示**
- put up a *notice* on a bulletin board
 掲示板に掲示をする
- *until further notice* 後日連絡するまで
— 動
 三単現 **notices** /ノウティスィズ/
 過去・過分 **noticed** /ノウティスト/
 現分 **noticing** /ノウティスィング/
— 他 〈…に〉**気づく ; 注目する**
- *notice that*... …であることに気づく
- I *noticed that* she wasn't there.
 彼女がそこにいないことに気がついた
- *notice A do* [*doing*]
 A(人・物)が…する[している]のに気づく
- We didn't *notice* him go out.

彼が出ていくのに気がつかなかった
- *notice A C* AがCであることに気づく
- I *noticed* something wrong.
 私は異変に気づいた
— 自 **気づく, 注目する**
 noticeable 形 人目を引く, 目立つ
notify /nóutəfài ノウタファイ/ 動 他 〈人などに〉〈…を〉知らせる, 報告する ((*of...*))
 notification 图 UC 通知(書); 通告すること
notion /nóuʃən ノウシャン/ 图 C
 ❶ (…という)観念, 概念 ((*that*節))
 ❷ 意見, 見解 ; 意向, 意志
 notional 形 概念上の; 観念的な; 抽象的な
notorious /noutɔ́:riəs ノウトーリアス/ 形 (…で)悪評判の, 悪名高い, 名うての ((*for...*)) ⇨ famous
 notoriously 副 悪名高くも
 notoriety 图 U 悪評, 悪名
notwithstanding /nɑ̀twiðstǽndiŋ ナトウィズスタンディング/
前 …にもかかわらず
— 副 それにもかかわらず, それでもやはり

noun /náun ナウン/

图 (複 **nouns** /ナウンズ/) C 【文法】**名詞**
- a common [proper] *noun*
 普通[固有]名詞
nourish /nə́:riʃ ナーリシュ/ 動 他
 ❶ 〈人・家畜などを〉(栄養分で)養う ((*with..., on...*))
 ❷ 〈感情などを〉心に抱く
 nourishing 形 栄養のある
 nourishment 图 U 食物, 滋養, 栄養
Nov. ((略)) *No*vember 11月
novel¹ /nɑ́vəl ナヴァル/ 图 C (長編)小説
 novelist 图 C 小説家
novel² /nɑ́vəl ナヴァル/ 形 目新しい, 斬新(ざん)な
 novelty 图 U 目新しさ, 斬新さ; C 目新しい商品

November
/nouvémbər ノウヴェムバ/
图 UC **11月** (略 Nov.)
- *in November* 11月に
novice /nɑ́vis ナヴィス/ 图 C 未熟者, 初心者, 未経験者

now /náu ナウ/

副 ((比較なし))

❶ **今(は)**, 現在(は);現在では, 今日では;これもう, 現在までで
- Are you busy *now*? 今忙しいですか
- We rarely hear from him *now*.
  この頃は彼からの便りがめったにないなあ
- He has been married to her for four years *now*. 彼は彼女と結婚して4年になる

❷ **今すぐ**, ただちに(at once)
- Get out of here (*right*) *now*!
  今すぐ出て行け

❸ ((間投詞的に))((話を切り出して)) **さて**, ところで; ((命令のあとで)) ぐずぐずするな
- *Now*, listen to me.
  さあ私の言うことを聞いてください

❹ ((物語などの中で)) **今や, その時**

(every) now and then ときどき

just now ちょうど今
- It started raining *just now*.
  つい今しがた雨が降り出した

now for A さて次はAだ, Aの番だ

now(,) now まあまあ;落ち着いて
- *Now*(,) *now*, please calm down.
  まあまあ, 落ち着いて

right now ちょうど今

接 ((次の用法で))
- **now (that)...**
  今はもう…だから, …である以上は
- *Now* (*that*) you are an adult, you can vote. 大人になったのだから選挙ができるよ

名 U 今, 目下, 現在
- *Now* is the time to realize our dreams.
  今こそぼくらの夢を実現させる時だ

by now
今までに;もう, すでに;今頃は(もう)

for now 当分は, ここしばらくは

from now on 今後は

nowadays /náuədèiz ナウアデイズ/ 副 今日では, 近頃は

nowhere* /nóuhwèər ノウウェア/

副 ((比較なし)) **どこにも[どこへも]…ない**
- go *nowhere* どこにも行かない

get [go] nowhere
何の成果[進歩]もない;らちが明かない

nozzle /názl ナズル/ 名 C (ホース・パイプなどの)筒先, 吹き出し口, ノズル

-n't /nt ント/ notの縮約形 = not

nuance /nú:ɑ:ns ヌーアーンス | njú:ɑ:ns ニューアーンス/ 名 CU (意味・音・色などの)微妙な差異, ニュアンス

nuclear /nú:kliər ヌークリア/ 形【物理】核の;原子核の;原子力の
- a *nuclear* test 核実験
- *nuclear* energy 原子力

nucleus /nú:kliəs ヌークリアス/ 名 (複 **nuclei** /ヌークリアイ/, **nucleuses** /ヌークリアスィズ/) C 中心部分, 核心;【生物】細胞核;【物理】原子核

nude /nú:d ヌード/
形 〈人が〉裸の, 裸体の
— 名 C 裸体画, 裸像
nudity 名 U 裸の状態;赤裸々

nudge /nʌ́dʒ ナヂ/
動 他 〈人を〉ひじでそっと突く;〈…を〉軽く押す
— 名 C ひじでそっと突く[押す]こと

nuisance /nú:səns ヌーサンス/ 名 C ((ふつう a nuisance)) 迷惑なこと;不愉快な行為
- What *a nuisance*! 迷惑だなあ

null /nʌ́l ナル/ 形 無価値の;ゼロの;無効の

numb /nʌ́m ナム/
形 (寒さなどで)まひしている, しびれた, 感覚を失った((with...))
— 動 他 〈…を〉無感覚にする;〈感覚などを〉弱める

number /nʌ́mbər ナンバ/

名 (複 **numbers** /ナンバズ/)

❶ C **数, 数字**
- an even [odd] *number* 偶[奇]数
- a high [big, large] *number* 大きい数
- a low [small, tiny] *number* 小さい数

❷ C (電話などの)**番号**;(住所などの)…番;(雑誌などの)号
- back *numbers* バックナンバー
- What's your room *number*?
  部屋番号は何番ですか
- You have the wrong *number*.
  ((電話で))番号違いです

❸ C (ショーの)出し物;(コンサートの)曲目
- The band played another *number*.
  バンドがもう1曲演奏した

❹ ((the number)) (…の)総数, 数(量)((*of*...))
- *The number of* spectators was estimated at 100. 観客数は100人と推定された

a large number of A 多数のA

a number of A いくつかのA;たくさんのA

numeral

a small number of A 少数のA
in numbers ある数, 多数で;〈本が〉分冊で
・*in* large [small] *numbers* 多数[少数]で
━ 動
━ 他
❶ ((ふつう受身で))〈…に〉番号を付ける;〈…に〉ページを付ける
❷〈…を〉〈…の〉数の中に入れる((*among...*));総計〈…〉になる
━ 自 (…に)数えられる((*among...*));〈総数が〉(…に)なる((*in...*))

numeral /nú:mərəl ヌーマラル/ 名 C 数字;【文法】数詞
・Arabic [Roman] *numerals*
アラビア[ローマ]数字
 numerical 形 数の, 数に関する
 numerically 副 数的に, 数の上で

numerous /nú:mərəs ヌーマラス/ 形 非常に数多くの, おびただしい;多数から成る

nun /nʌ́n ナン/ 名 C 尼;修道女

nurse /nə́:rs ナース/
名 C 看護師;看護人
━ 動
━ 他
❶〈病人を〉看護する, 介護する
❷〈赤ん坊に〉乳をやる;〈…を〉大事に育てる
━ 自 授乳する
 nursery 名 C 託児所, 保育園

nursing /nə́:rsiŋ ナースィング/
動 nurseの現在分詞・動名詞
━ 名 U (職業としての)保育, 看護
・a *nursing* home 療養所, 老人ホーム

nurture /nə́:rtʃər ナーチャ/
動 他〈青少年などを〉育てる, 養育する
━ 名 U 養育, 養成;教育

nut /nʌ́t ナト/ 名 C
❶ 木の実, ナッツ
❷ ((くだけて)) 変わり者, 奇人
❸ 留めねじ, ナット
a hard [*tough*] *nut* (*to crack*)
難問題;扱いにくい人
the nuts and bolts of A
((くだけて)) Aの基本, 主眼点
 nutty 形 木の実のような味の;風味豊かな;頭のおかしい

nutrient /nú:triənt ヌートリアント/
形 栄養になる, 栄養分に富む
━ 名 C 栄養物, 栄養剤

nutrition /nutríʃən ヌトリシャン/ 名 U 栄養補給;食べ物, 栄養分
 nutritional 形 栄養上の

nutritious /nutríʃəs ヌトリシャス/ 形 栄養になる, 滋養分の多い

nuts /nʌ́ts ナツ/ 形 ((くだけて)) 気の狂った;(…に)夢中である((*about..., over...*))
go nuts 気が変になる;頭にくる

nutshell /nʌ́tʃèl ナトシェル/ 名 C 木の実[クルミ]の殻
in a nutshell 簡単に言えば, 要するに

NV ((米郵便))Nevada ネバダ州

NY ((米郵便))New York ニューヨーク州

N.Y. ((略))New York ニューヨーク州, ニューヨーク市

N.Y.C. ((略))New York City ニューヨーク市

nylon /náilɑn ナイラン/ 名 U ナイロン(繊維)

N.Z. ((略))New Zealand ニュージーランド

学校-2 (336ページから続く)

学校行事

入学式	entrance ceremony
卒業式	graduation ceremony, commencement
始業式	opening ceremony
終業式	closing ceremony
中間試験	midterm exam(ination)
期末試験	term exam(ination)
学年末試験	final exam(ination)
体育祭, 運動会	field day, athletic meet
文化祭	school festival
修学旅行	school excursion

O, o

O¹, o /óu オウ/ 名 (複 **O's, Os**; **o's, os** /オウズ/)
❶ C|U オウ(英語アルファベットの第15字)
❷ ((Oで)) C (アラビア数字の)ゼロ, 零
❸ ((Oで)) U (血液の)O型

O² /óu オウ/ 間 ((驚き・喜びなどを表して))あ あ, おお, まあ(Oh)

O. ((略)) Ohio オハイオ州

oak /óuk オウク/ 名 C 【植物】オーク(ブナ科の木の総称);U オーク材

oar /ɔ́:r オー/ 名 C (ボートなどの)櫂(かい), オール;こぎ手

oases /ouéisi:z オウエイスィーズ/ 名 oasis の複数形

oasis /ouéisis オウエイスィス/ 名 (複 **oases** /オウエイスィーズ/) C オアシス;いこいの場

obedient /oubí:diənt オウビーディアント/ 形 (…に)従順な, 素直な((to...))
| **obediently** 副 従順に, 素直に
| **obedience** 名 U 従順;服従

obey* /oubéi オウベイ | əbéi アベイ/
動 (三単現 **obeys** /オウベイズ/
過去過分 **obeyed** /オウベイド/
現分 **obeying** /オウベイイング/
━ 他 〈人などが〉〈命令・人などに〉従う, 服従する;〈法律などを〉守る(⇔disobey)
・*obey* a rule [teacher] ルール[先生]に従う
━ 自 〈人に〉従う, 服従する

object

名 /ábdʒekt アブヂェクト/
(複 **objects** /アブヂェクツ/) C
❶ 物, 物体
・a strange *object* 見慣れない物体
❷ (行為の)目的, 目標, 意図((of...))
・the *object of* the lesson 授業のねらい
❸ (思考などの)対象, 的(まと)((of...))
・an *object of* bullying いじめの的
❹【文法】目的語
・a direct [indirect] *object*
直接[間接]目的語
━ 動 /əbdʒékt アブヂェクト/
三単現 **objects** /アブヂェクツ/
過去過分 **objected** /アブヂェクティド/
現分 **objecting** /アブヂェクティング/

━ 自 (…に)反対する, 抗議する((to...))
・*object to* an opinion [a decision]
意見[決定]に反対する

objection /əbdʒékʃən アブヂェクシャン/ 名 U|C (…に対する)異議, 反対; C (…に)反対する理由((to..., against...))
・*Objection*! (法廷などで)異議あり
・have no *objection to* A
A(意見など)に反対しない

objective /əbdʒéktiv アブヂェクティヴ/
形
❶ 客観的な
・an *objective* opinion 客観的な意見
❷ 【文法】目的格の
━ 名 C
❶ 目的, 目標
・achieve *one's objective* 目標を達成する
❷ ((the objective))【文法】目的格
❸【光学】対物レンズ
| **objectively** 副 客観的に

obligation /àbligéiʃən アブリゲイシャン/ 名
❶ C|U (…に対する)義務, 責任((to...))
・*have an obligation to do*
…する義務がある
❷ C (…への)感謝, 恩義((to..., toward...))
| **obligatory** 形 義務的な, 強制的な

oblige /əbláidʒ アブライヂ/
動 他 ((次の用法で))
・*be obliged to* A A に感謝している
・I *am* [*feel*] *obliged to* you *for* your kindness. ご親切ありがとうございます
・I would be obliged if ...
…していただければありがたいのですが
・*oblige A to do*
A(人)に…することを義務づける
・*be obliged to do* …せざるをえない

oboe /óubou オウボウ/ 名 C 【音楽】オーボエ(木管楽器)

obscene /əbsí:n アブスィーン/ 形 わいせつな, ひわいな

obscure /əbskjúər アブスキュア/
形
❶ 〈意味などが〉不明瞭(めいりょう)な;あいまいな
・an *obscure* sentence あいまいな文章

observance

❷⟨色が⟩くすんだ；⟨形が⟩ぼんやりした
❸⟨人などが⟩無名の，世に知られていない
・an *obscure* actor 無名の俳優
━ 動 他 ⟨…を⟩見えにくくする；⟨問題などを⟩あいまいに[分かりにくく]する；不明瞭にする
obscurely 副 あいまいに；漠然と

observance /əbzə́ːrvəns アブザーヴァンス/ 名
❶ Ⓤ (法律などに)従うこと，遵守
❷ Ⓤ 祝賀；Ⓒ ((observances)) 儀式，祭典

observation /ὰbzərvéiʃən アブザヴェイシャン/ 名
❶ ⓊⒸ (…の)観察，観測 ((*of*...))；Ⓤ 観察力
・(the) *observation of* the stars 星の観測
・be under *observation* 監視されている
・make *observations of* A Aを観測する
❷ Ⓒ (…に関する)意見，所見 ((*on*..., *about*...))
・make an *observation on* A
  Aについて意見を述べる

observatory /əbzə́ːrvətɔ̀ːri アブザーヴァトーリ/ 名 Ⓒ 天文台，観測所

observe /əbzə́ːrv アブザーヴ/ 動 他
❶ ⟨…を⟩観察する，観測する
・*observe* his behavior 彼の行動を観察する
・*observe* shooting stars 流れ星を観測する
❷ ⟨…に⟩気づく
■ *observe* A to do [doing]
  A(人)が…する[…している]のが分かる
❸ ⟨規則などを⟩守る，遵守(じゅんしゅ)する
observer 名 Ⓒ 観察者，観測者；(会議などの)オブザーバー

obsess /əbsés アブセス/ 動 他 ⟨恐怖などが⟩⟨人に⟩取りつく
obsession 名 Ⓤ いつも頭を離れないこと；Ⓒ 強迫観念
obsessive 形 (…に)取りつかれた；執拗(しつよう)な

obsolete /ὰbsəlíːt アブサリート/ 形 ⟨語などが⟩もう使われていない，すたれた

obstacle /ὰbstəkl アブスタクル/ 名 Ⓒ (…に対する)障害(物)，じゃま(物) ((*to*...))

obstruct /əbstrʌ́kt アブストラクト/ 動 他 ⟨道路などを⟩ふさぐ，さえぎる；⟨計画などを⟩妨害する
obstruction 名 Ⓤ 妨害；Ⓒ 障害物
obstructive 形 じゃまになる；妨害的な

obtain /əbtéin アブテイン/ 動 他 (努力して) ⟨…を⟩得る，獲得[入手]する
・*obtain* information 情報を得る
・*obtain* a prize 賞を獲得する

obvious /ὰbviəs アブヴィアス/ 形 (人にとって)明らかな，見てすぐ分かる ((*to*...))
・an *obvious* danger 一見して分かる危険性
・an *obvious* mistake 明らかな間違い
obviously 副 明らかに，はっきりと

occasion* /əkéiʒən アケイジャン/
名 (複 occasions /アケイジャンズ/)
❶ Ⓒ (特定の)時，場合，折
・on this *occasion* この機会に
・on several *occasions* 何度か
❷ Ⓒ (特別な)出来事，行事；儀式，祝典
・wear *kimono* for a special *occasion*
  特別な行事のために着物を着る
❸ Ⓤ ((また an occasion)) (…する)機会，好機 ((*to do*))
on occasion ((改まって)) 時折，ときどき
occasional 形 ときどきの，たまの
occasionally 副 時折，ときどき

occupation /ὰkjəpéiʃən アキャペイシャン/ 名
❶ ⓊⒸ 職業 (job)
・What's your *occupation*?
  ご職業は何ですか
❷ Ⓤ 占領，占有
・under *occupation* 占領下にあって
occupational 形 職業(上)の

occupy /ὰkjəpài アキャパイ/ 動 他
❶ ⟨人・物が⟩⟨場所を⟩占める；⟨事が⟩⟨時間を⟩占める；費やす
・*occupy* a seat 席を占める
・*Occupied* ((トイレなど)) 使用中
❷ ⟨軍隊などが⟩⟨…を⟩占領する
・*occupy* a country [town]
  国[町]を占領する
be occupied with A = occupy oneself with A
Aに従事[専念]している，Aで忙しい

occur* /əkə́ːr アカー/
動 三単現 **occurs** /アカーズ/
過去・過分 **occurred** /アカード/
現分 **occurring** /アカーリング/
━ 自
❶ ⟨事件などが⟩起こる，生じる (happen)
・typhoons *occur* 台風が発生する
❷ ⟨考えなどが⟩⟨人の⟩心に浮かぶ，思い付く ((*to*...))
・A good idea *occurred to* me.
  私によい考えが浮かんだ

occurrence 名 C 事件, 出来事; U 発生, 出現

ocean /óuʃən オウシャン/ 名
① ((ふつう the ocean)) 大洋, 海洋; U ((the Ocean)) (五大洋の)…洋
・ the Pacific *Ocean* 太平洋
② ((ふつう the ocean)) ((主に米)) 海 (sea)
oceans of *A* = ***an ocean of*** *A*
((くだけて)) 大量のA, ばく大なA

Oceania /òuʃiǽniə オウシアニア/ 名 オセアニア, 大洋州

o'clock
/əklák アクラク/
副 …時(ちょうど)
▶ of the clock の短縮形
・ get up *at* seven *o'clock* 7時に起きる
・ catch the nine *o'clock* train
9時ちょうどの電車に乗る

Oct. ((略)) *Oct*ober 10月

October
/aktóubər アク**トウ**バ | ɔktóubər オク**トウ**バ/
名 UC **10月** (略 Oct.)
・ *in October* 10月に

octopus /áktəpəs アクタパス/ 名 C 【動物】たこ

odd /ád アド/ 形
① 奇妙な, 変な, 風変わりな
・ an *odd* person 変人
■ *it is odd of* *A* *to do* Aが…するとは変だ
② 奇数の (⇔even)
・ *odd* numbers 奇数
③ (セットで用いるものの)片方の, 半端の
・ an *odd* glove 手袋の片方
④ ((the odd)) 臨時の, 時たまの
・ *odd* jobs 片手間の仕事
⑤ 余分の, 残りの, …余りの
・ five thousand-*odd* yen 5千円余り
・ the *odd* money はした金
oddness 名 U 奇妙さ, 半端なこと
oddity 名 C 変人; 奇妙な物; U 奇妙, 奇異, 風変わり
oddly 副 奇妙に; 奇妙なことに

odds /ádz アヅ/ 名 ((複数扱い))
① 可能性, 見込み
・ even *odds* 五分五分の見込み
② 勝算, 勝ち目
③ (競馬などの)オッズ, 賭(か)け率
against all odds
大きな困難にもかかわらず, 予想外に
at odds over [**on**] *A* Aのことで争って
by all odds はるかに; 間違いなく

odor /óudər オウダ/ 名
① C U におい, 臭気, 悪臭
② U ((また an odor)) 気配, 気味
・ an *odor* of *A* Aの気配

of ☞ 420ページにあります

off ☞ 420ページにあります

off-duty /ɔ́:fdjú:ti オーフデューティ/ 形 非番の, (勤務などが)休みの

offend /əfénd アフェンド/ 動
— 他
① 〈人を〉怒らせる
・ *be offended at* [*by*] *A* Aに怒っている
・ I'm sorry if I've *offended* you.
お気にさわりましたらごめんなさい
② 〈耳・目・感覚などに〉不快感を与える
— 自 (規則などを)破る; 罪を犯す; (…に)さからう (*against*...)
・ *offend against* the law 法律に違反する
offender 名 C 違反者, 犯罪者

offense, ((英)) **offence**
/əféns アフェンス/ 名
① C (法律に対する)違反, 犯罪 ((*against*...))
・ commit an *offense* against the law
法律違反を犯す
・ a capital *offense* 死罪
② U 攻撃 (⇔defense); ((ふつう the offense))
(チームなどの)攻撃側
・ *Offence* is the best defense.
((ことわざ)) 攻撃は最善の防御である
③ U 立腹; 侮辱(ぶじょく); C (…の)気分を害するもの ((*to*...))
・ *give* [*cause*] *offense to* *A* Aを怒らせる
・ *take offense at* *A* Aを怒る

offensive /əfénsiv アフェンスィヴ/ 形
① (…に対して)腹立たしい, 不快な, 失礼な ((*to*...))
・ *offensive* remarks 失礼な言葉
・ an *offensive* smell いやなにおい
② 攻撃の; 攻撃側の (⇔defensive)
— 名 C ((しばしば the offensive)) 攻撃
・ take *the offensive* 攻勢に出る
offensively 副 無礼に; 攻撃的に
➡ ➡ ➡ 421ページに続く ➡ ➡ ➡

of /əv アヴ; ((強)) ʌv アヴ | ɔv オヴ/ 前

❶ ((所属・所有))…の, …に属する
- the capital *of* Japan 日本の首都
- a friend *of* mine 私の友達の1人

❷ ((部分))…の中の
- one *of* the students 学生の中の1人
- one *of* us 私たちのうちの1人
- the first *of* May 5月(の)1日

❸ ((同格))…という, …の
- the month *of* August 8月(という月)

❹ ((行為者))…の, …が書いた[描いた]
- the plays *of* Shakespeare シェークスピアの[が書いた]戯曲
- *it is C of A to do* A(人)が…するとはCである
- *It is* kind *of* you *to* say so. そう言ってくれてありがとう

❺ ((行為))((名詞のあとで))…を, …の, …への
- love *of* nature 自然への愛

❻ ((関連))…について, …が
- knowledge *of* science 科学についての知識
- think *of* it そのことを考える

❼ ((材料・構成要素))…でできて, …から成る
- a house made *of* wood 木造の家
- a family *of* four 4人家族

❽ ((原因・動機))…のために, …で
- die *of* cancer がんで死ぬ
- *of one's* own will みずからの意志で

❾ ((性質・特徴))…の(性質を持つ)
- a matter *of* importance 重要な問題
- a man *of* wisdom 賢者

❿ ((分量・種類))…の量の
- a glass *of* water グラス1杯の水

⓫ ((方向・距離))…から(離れて)
- north *of* Tokyo 東京の北に

⓬ ((由来・起源))…からの, …の出身の
- a man *of* noble birth 高貴な生まれの人

⓭ ((米))((時刻))…前
- (a) quarter *of* ten 10時15分前

of course もちろん

off /ɔːf オーフ | ɔf オフ/

副 ((比較なし))

❶ **はずれて, 取れて, 離れて**
- The snap is coming *off*. スナップが取れかかっている
- Please *take* your coat *off*. 上着をお脱ぎください

❷ (空間的・時間的に)**離れて**
- 10 miles *off* 10マイル離れて
- get *off* (乗り物から)降りる
- put *off* (会議などを)延期する

❸ 〈スイッチなどが〉**切れて, 止まって**(⇔ on)
- Turn the light *off*. 明かりを消しなさい

❹ (仕事などを)休んで
- take a day *off* 1日休む

❺ 割り引いて
- I bought the cellphone at 50% *off*. 携帯を5割引で買った

❻ (出来事を)中止して, やめて
- break *off* relations 関係を絶つ

❼ すっかり, 完全に
- clear everything *off* the table テーブルの上の物をすっかりかたづける

off and on = on and off ときどき;断続的に

━ 形 ((比較なし))

❶ はずれた, それた;誤った
- You are *off* the point. 君はその点では間違っている

❷ 休みの;閑散とした
- *off* days 休暇

❸ 遠い方の, 向こうの
- the *off* side of the wall 壁の向こう側

❹ 〈価格などが〉下がった

━ 前

❶ …からはずれて, 離れて
- A button came *off* my suit. スーツからボタンが1つ取れた

❷ (空間的・時間的に)…から離れて
- Keep *off* the grass ((掲示))芝生に入るな

❸ …を休んで, おこたって
- *off* duty 非番で

❹ 割り引いて
- 10 percent *off* the regular price 通常価格の1割引

offer* /ɔ́:fər オーファ | ɔ́fər オファ/
動 三単現 **offers** /オーファズ/
過去・過分 **offered** /オーファド/
現分 **offering** /オーファリング/
— 他

❶ 〈…を〉**申し出る, 提供する**
- *offer A B = offer B to A*
A〈人〉にB〈物〉を申し出る[提供する]
- May I *offer* you something?
(飲み物などを勧めて)何かいかがですか
- He *offered* a $2,000 donation *to* the school.
彼は学校に2,000ドルの寄付を申し出た
- *offer to do* …しようと申し出る
- I *offered* to help him.
私は彼を手伝ってやろうと申し出た

❷ 〈商品を〉(…の価格で) 提供する((*for*...)); 〈金額を〉(…に対して)提示する((*for*...))
- She *offered* 2 dollars *for* the used book.
彼女は古本に2ドル払うと言った
— **名** (複) **offers** /オーファズ/ C

❶ (…しようという)**申し出, 提案**((*to do*)); プロポーズ
- a special *offer* 特価提供
- an *offer* of marriage 結婚の申し込み

❷ 付け値; 提示額; 安売り, 値引き

offering /ɔ́:fəriŋ オーファリング/
動 offerの現在分詞・動名詞
— **名**
❶ C (神への)供物; (教会への)献金
❷ U 提供, 申し出

office* /ɔ́:fəs オーファス/
名 (複) **offices** /オーファスィズ/)

❶ C **事務所**, 営業所, 会社; (大学教員の)研究室
- a doctor's *office* 診察室
- a ticket *office* 切符売り場
- an *office* worker 会社員; サラリーマン
- *office* hours 勤務[営業・診療]時間

❷ UC 官職, 公職; 職務, 任務, 役目; 仕事
- run for *office* (選挙に)出馬する

❸ C 役所, 官庁; ((Office)) ((英)) 省, 庁; ((米))(省より下の)局, 部
- the Immigration *Office* ((米))移民局

❹ ((the office)) ((単数扱い)) 全職員

officer /ɔ́:fəsər オーファサ/ **名** C
❶ 警官, 巡査
- a police *officer* 警官, おまわりさん
❷ 役人, 公務員; (企業などの)役員
- a public *officer* 公務員
❸ (軍の)将校, 士官

official /əfíʃəl アフィシャル/
名 C 公務員, 役人, 職員
- a public *official* 公務員
— **形**
❶ 公認の; 公式の, 正式の; 〈理由などが〉表向きの
- an *official* record 公式記録
- an *official* language 公用語
❷ 公務上の, 職務上の
- an *official* report 公報
officially **副** 公式に; 正式には

off-limits /ɔ́:flímits オーフリマツ/ **形** (…に)立ち入り禁止の((*to*...))

offline /ɔ́:fláin オーフライン | ɔ́fláin オフライン/
【コンピュータ】(⇔ online)
形 オフラインの, 回線に接続されない
— **副** オフラインで, 回線に接続されないで

offset
動 /ɔ́:fsét オーフセト/ 他 〈…を〉(…と)埋め合わせる, 相殺(替ハ)する((*against*...))
— **形** /ɔ́:fsèt オーフセト/ 【印刷】オフセットの

offshore /ɔ́:fʃɔ́:r オーフショー/
副 沖合いで; 沖へ向かって
— **形**
❶ 沖合いの; 〈風が〉沖へ向かう
❷ 〈事業などが〉海外で行う

offside /ɔ́:fsáid オーフサイド/ 【サッカーなど】
副 オフサイドに
— **形** オフサイドの
— **名** U オフサイド

offspring /ɔ́:fspriŋ オーフスプリング/ **名** C
(人・動物の)子孫, 子; 成果

often

/ɔ́:fn **オーフン**, ɔ́:ftən **オーフタン** | ɔ́fn **オフン**/
副 比較 **more often**
最上 **most often**

しばしば, たびたび; …のことがよくある(⇔ seldom)
- He is *often* late for work.
彼はしばしば仕事に遅れる
- My father *often* goes fishing.
父はよくつりに行く
- I play tennis very *often*.
よくテニスをします
as often as... …何回も; …するたびごとに
- *as often as* five times 5回も

OH

as often as not
通常は, ふつうは, たいてい
every so often ときどき
How often? 何度, 何回
・"*How often* do you go to the store?" "Once a week." 「その店には何回くらい行きますか」「週に1回です」
more often than not
通常は, ふつうは, たいてい

OH ((米郵便))*Oh*io オハイオ州

oh¹ /óu オウ/ 間

❶ ((驚き・恐怖・喜びなどの感情を強めて)) **お, ああ, 何と**
・*Oh*, is that so? ああ, そうですか
・*Oh*, what a wonderful evening! ああ, 何てすてきな夜なんだろう
❷ ((前言に対する返事を強調して)) **ええ, そうなんです; いいえ, とんでもない**
・"Is he your boyfriend?" "*Oh*, no." 「彼はあなたの恋人なの」「とんでもない」

oh² /óu オウ/ 名 C ゼロ, 零 (電話番号などを読む時に用いる)

Ohio /ouháiou オウハイオウ/ 名 オハイオ (略 O., ((郵便))OH; 米国北東部の州; 州都はコロンバス (Columbus))

oil /óil オイル/

名 (複 **oils** /óilz/)
❶ U C **油, 油脂; 油性[油状]物**
・vegetable *oil* 植物油
・fish fried in *oil* 油で揚げた魚
・suntan *oil* 日焼けオイル
❷ U 石油
・an *oil* tanker タンカー, 油送船
❸ C ((しばしばoils))油絵; 油絵の具
・paint in *oils* 油絵を描く
・an *oil* painting 油絵
oil and water
水と油(の関係), 相性の悪いもの
pour oil on the flames
火に油をそそぐ; 事態をますます悪くする
strike oil
油脈を掘り当てる; 〈新企業などが〉当たる
━ 動 他 〈…に〉油を塗る[差す]; 〈…に〉給油する

oily 形 油の; 脂っこい; お世辞のうまい

oink /óiŋk オインク/
動 自 〈豚が〉ブーブー鳴く

━ 名 U 豚の(ブーブーという)鳴き声
━ 間 ブーブー

ointment /óintmənt オイントマント/ 名 U C 軟膏(なんこう)

OK¹, O.K. /òukéi オウケイ/

間 ((くだけて))
❶ ((同意・了解)) **よろしい, オーケー**; ((相手の言葉をさえぎって)) **分かった, 分かった**
・"Can I take this?" "*OK*." 「これ取ってもいい」「いいよ」
📖 *OK* so far? ここまではだいじょうぶですか
❷ ((会話の始めに用いて)) それでは, ええと
━ 形 ((比較なし))((くだけて))
❶ **十分な, 満足した**
・Is everything *OK*? 万事オーケーですか
❷ ((容認・許可)) **かまわない**
📖 Is this *OK*? これでいいですか
・Is it *OK* for me to come with you? ごいっしょしていいですか
❸ 〈体が〉**だいじょうぶな**
・Are you *OK*? だいじょうぶですか
━ 副 ((比較なし)) **元気で, うまく**
・Are you doing *OK*? 元気で[うまく]やっているかい
━ 動
 三単現 **OK's** /óukéiz/
 過去・過分 **OK'd** /óukéid/
 現分 **OK'ing, OKing** /óukéiiŋ/
━ 他
❶ 〈…に〉OKと書く
❷ 〈…を〉承認する, 〈…に〉同意する
━ 名 (複 **OK's** /óukéiz/) C 承認, 同意

OK² ((米郵便)) *Ok*lahoma オクラホマ州
okay /òukéi オウケイ/ = OK¹
Okla. ((略)) *Okla*homa オクラホマ州
Oklahoma /òukləhóumə オウクラホウマ/ 名 オクラホマ (略 Okla., ((郵便))OK; 米国中南部の州; 州都はオクラホマシティ (Oklahoma City))

old /óuld オウルド/

形 比較 **older** /óuldər/,
 ((主に英)) **elder** /éldər/
 最上 **oldest** /óuldəst/,
 ((主に英)) **eldest** /éldəst/
❶ **年取った, 年老いた** (⇔ young); 〈…に〉ふさわしい年齢である ((*for...*))
・an *old* person 老人

- grow *old* 年を取る
- be *old enough to* go to school
  就学年齢に達する

❷ 〈人が〉…歳の; 〈物事が〉…年[か月]たった
- "*How old are you?*" "I'm fifteen years *old.*" 「あなたは何歳ですか」「15歳です」
- How *old* is this house?
  この家は築何年ですか

❸ 年上の
- He is *older* than you (are).
  彼は君より年上だ
- I am the *oldest* son. 私は長男です

❹ ((ふつう比較なし)) 古い, 年月を経た; 古びた, 使い古した (⇔new)
- an *old* house 古びた家

❺ ((比較なし)) 昔の; 古くからの, なじみの; なつかしい
- *old* customs 昔ながらの習慣
- an *old* friend 旧友

❻ ((比較なし)) 過ぎ去った, 過去の; 初期の, 古代の
- the good *old* days 古きよき時代

old-fashioned /óuldfǽʃənd オウルド**ファ**シャンド/ 形 〈考えなどが〉古風な;〈時代[流行]〉遅れの;昔ながらの

old-style /óuldstáil オウルド**スタ**イル/ 形 旧式の

old-time /óuldtáim オウルド**タ**イム/ 形 昔の, 昔からの

olive /ɑ́liv **ア**リヴ/
名 C 【植物】オリーブ(の木・実); UC オリーブ色
— 形 オリーブの; オリーブ色の
- *olive* oil オリーブ油

Olympic /əlímpik ア**リ**ンピク/ 形 オリンピック(競技)の; オリンピアの
- the *Olympic* Games 国際オリンピック大会

Olympics /əlímpiks ア**リ**ンピクス/ 名 ((the Olympics)) 国際オリンピック大会 (the Olympic Games)

ombudsman /ɑ́mbudzmən **ア**ンブヅマン/ 名 C オンブズマン, 行政監査官

omelet, omelette /ɑ́mlət **ア**ムラト/ 名 C オムレツ

omen /óumən **オ**ウマン/ 名 UC 前兆, きざし

ominous /ɑ́mənəs **ア**マナス/ 形 〈…にとって〉不吉な ((*for...*)); 〈…の〉前兆となる ((*of...*))
ominously 副 不吉なことに

omission /oumíʃən オウ**ミ**シャン/ 名 U 省略, 脱落; C 省略された物[事]

omit* /oumít オウ**ミ**ト/
動 三単現 **omits** /オウミツ/
過去・過分 **omitted** /オウミティド/
現分 **omitting** /オウミティング/
— 他 ((改まって))
❶ 〈…を〉〈…から〉省略する, 省く, 落とす; はずす ((*from...*))
- This word can *be omitted*.
  この語は省略可能だ

❷ (…するのを)おこたる, 忘れる ((*to do*))

on ☞ 424ページにあります

once /wʌ́ns ワンス/
副 ((比較なし))
❶ **1度, 1回**
- *once* a month 月1回
- more than *once* たびたび
- I have been to Kyoto *once*.
  京都に一度行ったことがある

❷ **かつて, 以前, 昔**
- *Once* I lived in Paris.
  パリに昔住んでいたことがある

❸ ((条件文で)) いったん(…すれば); ((否定文で)) 一度も(…しない)
- If you *once* meet him, you will surely change your mind.
  彼にいったん会ったらきっと気が変わるだろう
- I have *not once* told you a lie.
  君にうそをついたことは一度もない

once again もう一度
once (and) for all 今回限り; きっぱりと
once in a while ときどき, 時たま
once more もう一度
once or twice 何度か
once upon a time (物語の出だしで)昔々
- *Once upon a time* there lived a king.
  昔々王様が住んでいました

— 接 いったん…したら
- *Once* you make your choice, you can't change it. いったん選んだら変更はできません

— 名 U 一度, 一回
- *Once* is enough. 一度で十分だ

all at once 突然; いっせいに
at once 今すぐ; いっせいに
(just) for once 一度だけ; 今回だけは
just this [the] once 今回だけは

➡➡➡ 425ページに続く ➡➡➡

on /ɑ́n アン|ɔ́n オン/

前

❶ ((接触面))**…に接触して, …の上に**; …にくっついて
- *on* the table テーブルの上に
- hang a calendar *on* the wall
  壁にカレンダーをかける
- There's a fly *on* the ceiling.
  天井にはえが止まっている

❷ ((日・時・機会))**…に, …の時に**
- *on* Friday 金曜日に
- *on* my birthday 私の誕生日に
- *on* July 1 7月1日に
- *on* various occasions いろいろな機会に

❸ ((手段・道具))**…で, …を使って**
- go *on* the bus バスで行く
- watch a movie *on* TV テレビで映画を見る
- talk *on* the phone 電話で話す
- play a tune *on* the piano ピアノで曲を弾く
- buy *A* *on* a credit card
  クレジットカードでAを買う

❹ ((所持・着用))**…を身につけて, …を着て**
- Do you have a pen *on* [with] you?
  ペンを持っていますか
- That hat looks nice *on* you.
  あの帽子はあなたによく似合う

❺ ((近接))**…の近くに, …に接して[面して]**; …の側に
- a hotel *on* the beach 海岸に面したホテル
- *on* my left 私の左隣に

❻ ((所属))**…の一員で**
- *on* the list リストに載って
- I'm *on* the soccer team.
  ぼくはサッカーチームに入っている

❼ ((根拠・理由・依存))**…に基づいて, …の理由で**; …に頼って
- *on* that condition その条件で
- a theory based *on* evidence
  根拠に基づいた理論
- live *on* rice 米を主食にしている
- go to university *on* a scholarship
  奨学金で大学に通う

❽ ((状態・経過))**…の状態で, …中で**
- *on* duty 勤務中で
- *on* leave 休暇中で
- be *on* exhibition 展示中である

❾ ((目的・途中・従事))**…の目的で, …の途中で, …に従事して**
- *on* one's way to school 学校へ行く途中で
- go *on* a journey 旅行に行く
- *on* business 商用で

❿ ((主題))**…に関して, …について**
- a book *on* Bach バッハについての本
- a symposium *on* Shakespeare
  シェークスピアについてのシンポジウム

⓫ ((支点))**…を支点として**
- walk *on* tiptoe つま先で歩く
- lie *on* one's back あおむけになる

⓬ ((対象))**…に向かって, …に対して**; …を目がけて
- call *on* *A* A(人)を訪ねる
- spend money *on* *A* Aにお金を使う

⓭ ((即時))**…と同時に, …するとすぐに**
- *on* one's arrival 到着次第
- *on* request 請求があり次第

⓮ ((体))**…で, …を**
- He hit me *on* the head. 彼は私の頭をたたいた

⓯ ((負担))**…のおごり[費用持ち]で**
- (The) lunch is *on* me.
  昼食は私がおごります

━ **副** ((比較なし))

❶ **上に, 表面に; 乗って; 身に着けて**
- get *on* (バスなどに)乗る, 乗車する
- The lid is *on*. ふたがのっている
- Put your jacket *on*. 上着を着なさい

❷ 〈ガス・水道・電気などが〉**通じて, 出て, ついて** (⇔off)
- The gas is *on*. ガスが出ている
- The light is *on*. 明かりがついている

❸ (ある動作を)**続けて, どんどん**
- walk *on* 歩き続ける
- *go on doing* …し続ける

❹ **始まって; 出演して; 上演中で, 上映中で**
- The game is *on* now.
  試合はもう始まっている
- "*Othello*" is now *on*. 今『オセロ』が上演中だ

❺ (ある方向に)**向かって, 先へ, 進んで, 前方に**
- later *on* あとで
- from now *on* これから, 今後ずっと

and so on …など, その他(etc.)

off and on = on and off
ときどき, 断続的に

on and on どんどん, 延々と

oncoming /ɑ́nkʌ̀mɪŋ アンカミング/ 形 近づいてくる；来(きた)るべき

one /wʌ́n ワン/

形

❶ **1の, 1個の, 一人の**
- *one* hundred 100
- *one* month 1か月
- *one* fourth 4分の1
- It's about *one* o'clock. 1時頃です
- The baby is *one* year old.
  その赤ん坊は1歳です

❷ ((時を表す名詞と)) (未来・過去の) **ある…**
- *one* day いつか
- *one* morning ある朝に

❸ **一方の, 1つの**
- from *one* end to *the other*
  一方の端からもう一方の端まで
- *one* way or *another*
  何としてでも；どっちみち
- on (the) *one* hand *A*, on *the other* (hand) *B* 一方ではAで他方ではB
- To say is *one* thing, to do is *another* thing. 言うことと実行することは別だ

❹ **同じ種類の, 同一の, 同じ**
- *one* and the same thing 同一物

❺ ((the one, *one's* one)) **唯一の** (only)
- *my one* and only joy 私のただ1つの喜び

be all one (…には)まったく同じである ((*to*...))；〈人が〉意見が一致している

for one thing 1つには

― 名 ((複) **ones** /ワンズ/)

❶ ⓤⓒ (基数の) **1**；ⓤ **1つ, 1個, 1人**
- Five minus four is *one*. 5引く4は1
- Show me *one* or two.
  1, 2個見せてください

❷ ⓤ **1時, 1分**
- It's *one* twenty now. 今1時20分です

❸ ⓤ **1歳**

all in one 1人[1つ]ですべてを兼ねて
for one ((Iのあとで)) 私としては
in ones and twos 1人, 2人とばらばらに
one by one 1人[1つ]ずつ

― 代 ((複) **ones** /ワンズ/)
所有格 **one's** /ワンズ/ 自分の

❶ (同じ種類の) **1つ, 1個, 1人**
- *one* of *A* Aの中の1つ
- *one* of the students 学生の1人
- These hats are not nice. Show me another *one*. これらの帽子はよくありません. 別のを見せてください

❷ (一般に) **人, 誰でも**
- *One* cannot live without food.
  人は食べ物なしでは生きられない

❸ ((名詞の繰り返しを避けて)) **もの**
- I am looking for a good restaurant around here. Do you know *one*?
  この辺でよいレストランを探しているんだ. どこかいい所を知っていますか

❹ ((the otherなどと呼応して)) **一方の人[もの]**
- She has two brothers. *One* is a composer and *the other* is a painter.
  彼女には2人の兄弟がいる. 1人は作曲家で, もう1人は画家だ
- I cannot tell *one* from *the other*.
  両者の区別がつかない

❺ ((the otherと呼応して)) (二者のうちの)**前者**
- I met a boy and his sister; *the one* is eight and *the other* is five.
  私は1人の少年とその妹に会った. 前者は8歳で, 後者は5歳だ

❻ ((限定語句と共に)) **人, 物**
- my loved *ones* 私が愛する人たち
- Every *one* of us was surprised at the news. 私たちは皆そのニュースに驚いた

one after another (3つ以上のもの[人]が)1つまた1つと, 次から次へと, 続々と
one after the other (2つのものが)交互に, (3つ以上の特定数のものが)次々に
one another 互いに
one A the other B
一方[1人]はAで, もう1人[1つ]はB

one-dimensional /wʌ́ndəménʃənl ワンダメンシャヌル/ 形 一次元の

one-on-one /wʌ́nɑnwʌ́n ワナンワン/
副 ((米)) 一対一で
― 形 ((米)) 一対一の

one's /wʌ́nz ワンズ/ 代

❶ ((oneの所有格)) ((改まって)) **人の, 自分の**
❷ ((くだけて)) one is の縮約形

oneself /wʌnsélf ワンセルフ/
代 ((人称代名詞：oneの再帰代名詞))

❶ ((再帰用法)) ((他動詞や前置詞の目的語として)) **自分自身を[に]**
- enjoy *oneself* 楽しむ

❷ ((強調用法)) **自分自身(で), 自分みずから**

- One should do such work *oneself*.
そうした仕事は自分ですべきだ
❸ 本来[平素]の自分
- be *oneself* (体調などが)いつもどおりである
***by* oneself** 一人だけで;独力で
- My brother lives *by himself*.
兄は一人暮らしをしている
***to* oneself** ひとり占めにして
***beside* oneself *with* A** Aで我を忘れて
***for* oneself** 自分自身のために;独力で
***in* oneself** それ自体は,本来は

one-sided /wʌ́nsáidid ワンサイディド/ 形
❶ 〈勝負などが〉一方的な;〈意見などが〉一方に偏った
- a *one-sided* game 一方的な試合
❷ 〈装飾などが〉片側[面]だけの

one-time /wʌ́ntáim ワンタイム/ 形 かつての,以前の;一回限りの

one-two /wʌ́ntú: ワントゥー/ 名 C 【ボクシング】ワンツーパンチ;【サッカー】ワンツーパス

one-way /wʌ́nwéi ワンウェイ/ 形
❶ 〈道路が〉一方通行の;((主に米))〈切符が〉片道の
- *one-way* traffic 一方通行
❷ 〈会話などが〉一方的な

ongoing /ɑ́ngòuiŋ アンゴウイング/ 形 進行中の

onion /ʌ́njən アニアン/ 名 C 玉ねぎ
- a slice of *onion* 玉ねぎ1切れ

online /ɑ́nláin アンライン/ 【コンピュータ】 (⇔ offline)
形 オンラインの,回線に接続された
━ 副 オンラインで,回線に接続されて

only /óunli オウンリ/

形 ((比較なし))
❶ ((単数名詞と))唯一の,ただ1つ[1人]の;((複数名詞と))ただ…だけの
- an *only* child 1人っ子
- They were the *only* passengers who survived the accident.
その事故で助かった乗客は彼らだけだった
❷ ((the only))(…にとって)最適の,最善の((*for*...))
- She is *the only* person *for* the job.
彼女こそその仕事にうってつけの人物だ
***one and only* A** 唯一のA
━ 副 ((比較なし))
❶ ただ…だけ

- Staff *only* ((掲示))職員専用
- He eats *only* vegetables.
彼は野菜しか食べない
- I can relax *only* in my own room.
ぼくがほっとできるのは自室にいる時だけだ
❷ たった,ほんの…にすぎない
- I have *only* one dollar.
1ドルしか持っていない
- We are *only* beginners.
われわれはほんの初心者だ
- She is *only* a child. 彼女はほんの子どもだ
❸ …になって初めて
- I learned her first name *only* yesterday.
ついきのう彼女の名を知ったばかりだ
***have only to* do** …しさえすればよい
- You *have only to* sign your name here.
ここに署名するだけでよい
if only... ただ…でさえあれば
- "*If only* I had money.
お金がありさえすればなあ
***not only* A *but (also)* B**
AだけでなくBも
- *Not only* he *but also* I am responsible for it. 彼だけでなくぼくにもその責任がある
only just たった今;かろうじて,やっと
***only to* do**
(1) ただ…するために
- I went to the zoo *only to* see the baby hippopotamus. ただかばの赤ちゃんを見るためだけに動物園へ行った
(2) 結局…するだけのことだ
- I went to school *only to* find that there was no class. 学校まで行ったら休講だった
***only too* A**
とてもA,非常にA;残念ながらまったくA
- I was *only too* ignorant.
私はあまりにも無知だった
━ 接 ただし,…だがしかし;…でさえなければ

onset /ɑ́nsèt アンセト/ 名 C ((the onset))(…の)始まり,出発((*of*...))

onstage /ɑ́nstéidʒ アンステイヂ/
形 舞台上の
━ 副 舞台上で

Ontario /ɑntériou アンテリオウ/ 名 **Lake Ontario** オンタリオ湖(北米五大湖の1つ)

onto /ɑ́ntu: アントゥー, ɔ́:ntu: オーントゥー | ɔ́ntu: オントゥー/ 前 ((場所・方向の移動))…の上に;…に
- get *onto* the bus バスに乗り込む

- fall *onto* the ground 地面に倒れる
- fall *onto* one's knees ひざをついてしまう
- hold *onto* a rope ロープにしがみつく

onward /ánwərd アンワド/
- 副 前方へ, 進んで; …以降
- 形 前方への; 前進する

oops /úps ウプス/ 間 ((失敗した時などに))
おっと, しまった

opaque /oupéik オウペイク/ 形
❶ 〈液体・ガラスなどが〉不透明な, 光を通さない; くすんだ
❷ 〈発言などが〉不明瞭(めいりょう)な

open /óupən オウパン/

動 三単現 **opens** /óupənz/
過去過分 **opened** /óupənd/
現分 **opening** /óupəniŋ/

— 他
❶ 〈ドア・目などを〉**開ける, 開く**; 〈脚などを〉**広げる**; 〈本などを〉**開く**(⇔ close, shut)
- *open* one's eyes wide 目を大きく見開く
- She *opened* her gifts.
  彼女は贈り物を開いた
📖 *Open* your books *to* page 20.
  教科書の20ページを開いてください
❷ 〈店などを〉開店する
- We *open* the shop at 10 a.m.
  店は朝10時に開店します
❸ 〈会議などを〉始める, 開始する
❹ 〈口座を〉(銀行に)開く ((at..., with...))
❺ 〈心などを〉(…に)開く ((to...))
❻ 〈道・可能性などを〉切り開く

— 自
❶ 〈ドア・目などが〉**開く**; 本など (の…ページ) を開く ((to...))
- The door *opens* inward.
  そのドアは内側に開く
❷ 〈店などが〉開店する; 〈花・つぼみが〉開く
- The store will *open* soon.
  その店は近々開店だ
❸ 〈話・行事などが〉(…で) 始まる; 〈人が〉(…で) 話し始める ((with...)); 〈展望などが〉開ける
- Her speech *opened* with a joke.
  彼女のスピーチは冗談で始まった

open into [*onto*] *A*
〈ドアなどが〉Aに通じている
open out 〈花が〉大きく開く, 咲く
open A out = open out A
A (地図など)を広げる

open up (人に)本心を打ち明ける ((to...))
open A up = open up A
A (箱など)を開ける; A (店など)を開店する; A (可能性など)を切り開く

— 形
比較 **more open**,
  ((時に)) **opener** /óupənə/
最上 **most open**,
  ((時に)) **openest** /óupənəst/

❶ 〈ドア・目などが〉**開いている, 開いた**(⇔ shut, closed)
- an *open* book 開いた本
- The windows are *open*. 窓が開いている
❷ 〈店などが〉営業中の; 〈花が〉咲いた
- Are you *open* tomorrow?
  (店の人に)あすはお店は開いてますか
- *Open* ((掲示)) 営業中
❸ 広々とした; おおいのない
- an *open* space 広々とした空間
- in the *open* air 屋外で
❹ 自由に参加できる; (…に対して) 公開の ((to...))
- Is the museum *open to* the public on Monday?
  その美術館は月曜日に一般公開されていますか
❺ 〈地位などが〉空席の; 〈時間が〉あいている
- My schedule is *open*.
  スケジュールがあいています
❻ 率直な; 包み隠しのない; 偏見のない
- an *open* mind 柔軟な考え, 開かれた心
- He is *open about* his feelings.
  彼は自分の感情を隠さない
❼ 〈問題・事件などが〉未解決の, 未決定の

— 名
❶ ((the open)) 屋外, 野外
❷ ((the open)) 周知
❸ Ⓒ (ゴルフなどの) (プロとアマの区別のない) オープン競技
- the US *Open* 全米オープン

open-air /óupənéər オウパネア/ 形 野外の, 戸外の

opener /óupənər オウパナ/ 名 Ⓒ
❶ 開ける道具
- a can [bottle] *opener* 缶切り [栓抜き]
❷ (シリーズの) 開幕戦

open house /óupən háus オウパン ハウス/
名 Ⓒ ((米)) (学校などの) 公開日; (発売前の家・アパートなどの) 一般公開日

opening /óupəniŋ オウパニング/

open-minded

動 openの現在分詞・動名詞
━ 名 C
❶ 開始, 始まり;冒頭;(新しい店などの)スタート, 初日(の式典)
❷ 穴, すき間;(席などの)空き, 欠員
❸ (…の)機会, 好機 ((for...))
━ 形 開始の, 最初の
・an *opening* ceremony 開会式
openly 副 率直に;人前で, 公然と

open-minded /óupənmáindid オウプンマインディド/ 形 (…に関して)心の広い, 寛大な;偏見のない ((about...))
open-mindedly 副 心を広く;偏見なく
open-mindedness 名 U 率直さ;寛大さ

opera /ápərə アパラ | ɔ́pərə オパラ/ 名 U C オペラ, 歌劇
・an *opera* house 歌劇場, オペラハウス
operatic 形 オペラの;オペラ風の

operate /ápərèit アパレイト/ 動
━ 自
❶ 〈機械などが〉動く, 働く, 作動する
❷ 手術をする
・*operate* on A for B
A(人・体)にB(病気)の手術をする
❸ 〈会社などが〉営業する, 運営される
❹ 〈規則などが〉(効果的に)作用する
━ 他
❶ 〈機械などを〉動かす, 操作する
・*operate* a computer
コンピュータを操作する
❷ 〈会社などを〉営業する, 経営する

operating /ápərèitiŋ アパレイティング/
動 operateの現在分詞・動名詞
━ 形
❶ 手術(用)の
・an *operating* room 手術室
❷ 営業の
❸ 〈機械などが〉作動する
・*operating* system
【コンピュータ】オペレーティングシステム

operation /àpəréiʃən アパレイシャン/ 名
❶ C 手術
・undergo [have] an *operation*
手術を受ける
❷ U (機械などの)操作, 運転
❸ C (事業などの)運営, 営業, 経営
❹ C 作業, 活動;〖軍事〗作戦, 戦略
come* [*go*] *into operation 〈機械などが〉稼動する;〈計画などが〉実施される
in operation 〈機械などが〉稼動中で;〈計画などが〉実施されて
operational 形 〈機械などが〉使用できる;操作(上)の;運営上の
operative 形 作用する;手術の
operator 名 C (機械などの)操作者, オペレーター;電話交換手;経営者

operetta /àpərétə アパレタ/ 名 C オペレッタ, 軽歌劇

opinion /əpínjən アピニアン/
名 (複 **opinions** /アピニアンズ/)
❶ C U (…についての)(個人的)**意見**, **考え** ((about..., of..., on...))
・*in my opinion* 私の考えでは
・ask for an *opinion* 意見を求める
・give [state] *one's opinion* 意見を述べる
・have an [no] *opinion*
言いたいことがある[ない]
❷ U (一般の)**意見**;**世論**;C 評価
・public *opinion* 世論
・the general *opinion* 大方の意見
・*have a high opinion of A*
A(事・人)を高く評価している

opponent /əpóunənt アポウナント/ 名 C
(試合などの)相手;反対者

opportunism /àpərtúːnizm アパトゥーニズム/ 名 U ((けなして)) 日和見(ひよりみ)主義
opportunist 名 C 日和見主義者

opportunity /àpərtúːnəti アパトゥーナティ/ 名 U C (…の)機会, 好機, チャンス ((for...))
・*opportunity to do* …する機会
■ *give A an opportunity to do*
A(人)に…する機会を与える
■ *have an* [*no*] *opportunity to do*
…する機会がある[ない]
・I'd like to *take* this *opportunity to do*
この場を借りて…したい思います

oppose* /əpóuz アポウズ/
動 三単現 **opposes** /アポウズィズ/
過去・過分 **opposed** /アポウズド/
現分 **opposing** /アポウズィング/
━ 他 〈考え・計画などに〉反対する;(…することに)反対する ((doing))
opposed 形 反対の;相反する
opposing 形 敵対する, 正反対の

opposite

/ápəzit アパズィト | ɔ́pəzit オパズィト/

形 ((比較なし))
❶ **向かい合った**, 向こう側の;(…の)**反対側の**((*to...*, *from...*))
・the *opposite* side 反対側
・The hotel is *opposite* to the city hall.
ホテルは市役所の向かいだ
❷〈意見・方向などが〉**正反対の**;(…と)**逆の**((*to...*, *from...*))
・*opposite* opinions 正反対の意見
・the *opposite* sex 異性
・in the *opposite* direction 反対方向に
━━ 副 ((比較なし))**向こう[反対]側に**
・the man sitting *opposite*
反対側に座っている男
━━ 前 …に向かい合って, …の向かいに
・a restaurant *opposite* my house
わが家の向かいのレストラン
━━ 名 C ((しばしばthe opposite))(…と)反対のもの[人]((*of...*))
・The *opposite* of 'young' is 'old'.
「若い」の反対は「年取った」だ
oppositely 副 反対側に;向かい合って

opposition /ə̀pəzíʃən アパズィシャン/ 名
❶ U (…に対する)反対, 抵抗, 対立((*to...*))
・be in *opposition* to A Aに反対である
❷ C ((the opposition)) 相手チーム;((the Opposition)) 野党

oppression /əpréʃən アプレシャン/ 名 U
圧迫, 抑圧
oppressive 形〈対応が〉圧制的な;過酷な;〈天候が〉うっとうしい

opt /ɑ́pt アプト/ 動 自 (…の方を)選ぶ, 決める((*for...*));(…することを)選ぶ((*to do*))

optic /ɑ́ptik アプティク/ 形 【解剖】目の;視力の, 視覚の

optical /ɑ́ptikəl アプティカル/ 形 目[視覚]の;光学(上)の
・*optical* illusion (目の)錯覚
・*optical* fiber 光ファイバー

optimal /ɑ́ptəməl アプタマル/ 形 最適の
optimism /ɑ́ptəmìzm アプタミズム/ 名 U
楽天主義, 楽観, 楽観論
optimist 名 C 楽天家;楽観論者
optimistic 形 楽天的な, 楽観的な
optimistically 副 楽観的に
optimum /ɑ́ptəməm アプタマム/ 形 最適の

option /ɑ́pʃən アプシャン/ 名
❶ U C 選択;選択権;(…する)選択の自由((*to do*))

・have no *option* but *to do* …するほかない
❷ C 選択肢;選択科目;オプション(の付属品)
❸【コンピュータ】(コマンドの)オプション
optional 形 選択可能な, オプションの

opus /óupəs オウパス/ 名 (複 **opuses** /óupəsìz/, **opera** /óupərə/) C ((ふつう単数形で))【音楽】作品番号 (略 Op., op.)

OR ((米郵便)) *O*regon オレゴン州

or /ər ア;(強) ɔ́ːr オー/ 接

❶ **…または…, …か…, あるいは…**
・You *or* I must take the initiative.
君かぼくが先に立ってやらなければならない
・Shall I call you, *or* will you call me?
私がお電話しましょうか, それともお電話いただけますか
❷ ((否定文で))**…も…もまた(ない)** (nor)
・I *can't* sing *or* play any instrument.
私は歌もだしい楽器もできない
❸ ((命令文などのあとで))**さもないと**
・Freeze, *or* I'll shoot you.
手を上げろ, さもないと撃つぞ
❹ **すなわち…, 言い換えると…**
・tatami, *or* straw mats
たたみ, つまりわらのマット
either A or B AかBかどちらか
A or so ((数量表現のあとで)) Aかそこら
・It cost me 10 dollars *or so*.
10ドルちょっとかかった
A or something [somebody]
Aか何[誰]か

oral /ɔ́ːrəl オーラル/ 形
❶ 口頭の, 口述の;オーラルの
・an *oral* examination 口頭[口述]試験
❷【解剖】口(部)の;〈薬などが〉口から飲む, 経口の

orange /ɔ́ːrindʒ オーリンヂ/

名 (複 **oranges** /ɔ́ːrindʒìz/)
C【植物】**オレンジ**;U C **オレンジ色**
━━ 形 **オレンジ色の**;オレンジの

orangutan /ɔːrǽŋutæ̀n オーラングタン/ 名
C【動物】オランウータン

orbit /ɔ́ːrbit オービト/
名 C (惑星などの)軌道;(活動・勢力などの)範囲
・put a satellite into *orbit*
人工衛星を軌道に乗せる

orchard

━ 動
━ 他 〈天体の〉周りを軌道を描いて回る；〈人工衛星を〉軌道に乗せる
━ 自 (…の周りを)軌道を描いて回る((*about*...))
orbital 形 軌道の
orbiter 名 C 探査衛星

orchard /ɔ́:rtʃərd オーチャド/ 名 C 果樹園

orchestra /ɔ́:rkəstrə オーケストラ/ 名 C オーケストラ，管弦楽団
- an *orchestra* pit オーケストラ席[ピット]
orchestral 形 オーケストラ(のため)の

orchid /ɔ́:rkid オーキド/ 名 C 【植物】蘭(らん)

order /ɔ́:rdər オーダ/

名 (複 **orders** /オーダズ/)
❶ U **順序**，順番，順位
- in alphabetical *order* アルファベット順に
- in *order* of age 年齢順に
❷ U **整頓**(せいとん)；秩序，規律
- keep *order* 秩序を維持する
❸ C (…の)**注文**((*for*...))；注文品
- an *order* form 注文伝票[用紙]
- make an *order* for a cup of tea 紅茶を1杯注文する
- receive an *order* 注文を受ける
❹ C ((しばしば orders)) **命令**，指示，指図
- give an *order* 命令を出す
- follow [obey] *orders* 命令に従う
❺ C 為替(かわせ)，為替手形
- a postal [money] *order* 郵便為替

in order
順序正しく；整然として；〈機械が〉調子よく
- put *A* in *order*
  A(日常生活など)をきちんとする

in order that A may [can, will] do
Aが…するために，…することができるように

in order to do …するために
- She studied hard *in order to* pass the test. テストに合格するために彼女は一生懸命勉強した

out of order
順序が狂って；雑然として；〈機械が〉故障して

━ 動
三単現 **orders** /オーダズ/
過去・過分 **ordered** /オーダド/
現分 **ordering** /オーダリング/
━ 他
❶ 〈…を〉〈…に〉**注文する**((*from*...))
- goods *ordered* 注文品

❷ 〈…を〉**命令する**
- *order A to do*
  A(人)に…するよう命じる，指図する
- The teacher *ordered* the students *to* leave. 先生は生徒に席をはずすように言った
- *order that*... …するよう命令する
❸ 〈…を〉整理する；〈…を〉順番に並べる
━ 自 **注文する**
- Are you ready to *order*?
  ご注文はお決まりでしょうか

orderly /ɔ́:rdərli オーダリ/ 形 整頓(せいとん)された；規則正しい；行儀のよい

ordinary*
/ɔ́:rdənèri オーデネリ｜ɔ́:rdənəri オーダナリ/
形 比較 **more ordinary**
最上 **most ordinary**
ふつうの，よくある，通常の；平凡な，並の
- an *ordinary* day いつもと変わらない一日
- an *ordinary* person 凡人，ふつうの人
out of the ordinary 並はずれた

ore /ɔ́:r オー/ 名 U C 鉱石，原鉱

Ore., Oreg. ((略)) *Ore*gon オレゴン州

Oregon /ɔ́:rigən オーリガン/ 名 オレゴン (略 Ore., Oreg., (郵便)) OR；米国北西部の太平洋岸の州；州都はセーラム (Salem))

organ /ɔ́:rgən オーガン/ 名 C
❶ オルガン，パイプオルガン
❷ 【生物】器官；臓器
- the digestive *organs* 消化器官
- an *organ* donor 臓器提供者
organist 名 C オルガン奏者

organic /ɔ:rgǽnik オーギャニク/ 形
❶ 有機栽培の
- *organic* vegetables 有機栽培の野菜
- *organic* food 自然食品
❷ 有機体の；【化学】有機の
❸ 【医学】器官の，臓器の
organically 副 有機的に
organism 名 C 有機体；生物

organization /ɔ̀:rgənəzéiʃən オーガニゼイシャン｜ɔ̀:rgənaizéiʃən オーガナイゼイシャン/ 名
❶ C 組織(体)，団体，協会
- a nonprofit *organization*
  非営利団体(略 NPO)
❷ U 組織化；C 組織，構成，機構
organizational 形 組織的な；組織向きの

organize /ɔ́:rgənàiz オーガナイズ/ 動 他
❶ 〈団体などを〉組織する，設立する；〈活動・催

し物などを)準備[企画]する

❷ ⟨…を⟩整理する;うまくまとめる

organized 形 組織化された, 整理された;用意周到な

organizer 名 C 組織者;主催者

orient /ɔ́ːriənt オーリアント/
名 ((the Orient))((文語)) 東洋, アジア
■ 形 東の;東洋の
■ 動 /ɔ́ːrièntオーリエント/ 他 ⟨…を⟩(環境などに)適応させる, 順応させる((to...))

oriental /ɔ̀ːriéntl オーリエントル/ 形 ((ふつう Oriental)) 東洋(風)の;東洋人の

orientation /ɔ̀ːriəntéiʃən オーリアンテイシャン/ 名
❶ U C 方針;⟨…への⟩志向;傾向((to..., toward...))
❷ U (新入生などへの)オリエンテーション, ガイダンス

oriented 形 関心を向けた, 志向した
orienteering 名 U オリエンテーリング

origin /ɔ́ːridʒin オーリヂン/ 名
❶ U C 起源, 発生, 由来;原因
・the *origin* of civilization 文明の起源
・the *origin* of that rumor
そのうわさの出所
❷ U ((また origins)) 生まれ, 家柄, 血統
・a man of noble *origin(s)*
身分の高貴な生まれの人

original* /ərídʒənəl アリヂャナル/
形 比較 more original
最上 most original
❶ 最初の;本来の
・the *original* plan 原案
❷ 独創的な, 創造的な;独特の, 奇抜な
・an *original* work 創作
❸ 原作の, 原文の, 原型の
・the *original* picture 原画
■ 名 C オリジナル, 原物, 原画;原典, 原文

originally 副 元来は, もともと;独創的に
originality 名 U 独創力[性];奇抜さ

originate /ərídʒənèit アリヂャネイト/ 動
■ 自 ⟨…から⟩起こる, 生じる((from...));⟨…に⟩源を発する((in...))
■ 他 ⟨…を⟩始める, 引き起こす;⟨…を⟩考案[発明]する

originator 名 C 創作者, 考案者;元祖

Orion /əráiən アライアン/ 名【天文】オリオン座;【ギリシャ神話】オリオン(巨人の猟師)

ornament

/ɔ́ːrnəmənt オーナマント/ C 装飾品, 飾り;U 装飾
■ 動 /ɔ́ːrnəmènt オーナメント/ 他 ⟨…を⟩(…で)飾る((with...))

ornamental 形 装飾用の;飾り立てた
ornamentation 名 U 装飾, 飾り付け;装飾品

orphan /ɔ́ːrfən オーファン/ 名 C 孤児, みなしご

orphanage 名 C 孤児院;養護施設

orthodox /ɔ́ːrθədàks オーサダクス/ 形
❶ 正統な;ありきたりの, 伝統的な
❷ (特に宗教上の)正統派の
・the *Orthodox* Church 東方正教会

orthodoxy 名 U 正統主義;正統派

OS ((略)) *o*perating *s*ystem【コンピュータ】オペレーティングシステム

Oslo /ázlou アズロウ, áslou アスロウ/ 名 オスロ(ノルウェーの首都)

ostrich /ɔ́ːstritʃ オーストリチ/ 名 C 【鳥】だちょう

Othello /əθélou アセロウ/ 名
❶『オセロ』(シェークスピアの4大悲劇の1つ, およびその主人公)
❷ ((othello)) オセロゲーム

other /ʌ́ðər アザァ/

形 ((比較なし))
❶ ほかの, 別の;⟨…とは⟩別の((than...))
・*other* countries ほかの国々
・some *other* time いつかほかの機会に
・the *other* day 先日
・in *other* words すなわち, 言い換えれば
・He swims faster than any *other* boy in the class. 彼はクラスの誰よりも泳ぎが速い
🔲 Any *other* questions?
ほかに質問はありますか

❷ ((the other))((単数名詞と共に)) (2つのうちの)もう1つの;(3つ以上のうちの)残りの
・*the other* eye もう一方の目
・Where are *the other* members?
ほかのメンバーはどこにいるの?

❸ ((the other)) 〈側など〉向こうの, 反対の
・a house on *the other* side of the road
道の向かい側の家

among other things 特に, とりわけ
every other A 1つおきのA
・*every other* day 1日おきに
・*every other* page 1ページおきに

none [no] other than A
Aにほかならない
on (the) one hand A, on the other (hand) B 一方ではAで、また一方ではB
other than A A以外の；Aとは異なって
the other way around
あべこべに、逆に

■ 代 (複) **others** /áðərz アザズ/

❶ ((ふつう others))ほかのもの[人], 他人
- I have no *other(s)*. ほかには持っていない
- Be kind to *others*. 他人に優しくしなさい
- 📖 Ask *others* in the class.
 クラスのほかの人に聞いてみてください

❷ ((the other))(2つのうちの)もう1つのもの[人]；((the others))(3つ以上のうちの)残りのもの[人]
- Each loved *the other*. お互いに愛し合った
among others 特に、とりわけ
each other 互いに
one after the other 交互に、次々と
some A or other A(人・物)か誰[何]か
- *some* time *or other* いつか
- *some* way *or other* 何らかの方法(で)
the one A the other B
(2者のうち)前者はAで後者はB

■ 副 (比較なし) ((ふつう否定文で)) …ではなく；(…とは)別の方法で ((*than*...))

otherwise

/ʌ́ðərwàiz アザワイズ/

副 (比較なし)

❶ **さもなければ、もしそうでなければ**
- Hurry up, *otherwise* you'll be late for school. 急げ、でないと学校に遅れるよ

❷ **別のやり方で；違って**
- I cannot think *otherwise*.
 私にはほかに考えようがない

❸ **ほかの点では**
- This room is small, but *otherwise* I like it.
 この部屋は狭いが、ほかの点では気に入っている

■ 形 (比較なし) 違った、別の、ほかの

Ottawa /ɑ́təwə アタワ/ 名 オタワ (カナダの首都)

ouch /áutʃ アウチ/ 間 痛い、あいたっ、あちち

ought /ɔ́ːt オート/

助 否定形 **ought not** /ナト ノト/,
 ((くだけて))**oughtn't** /オートントト/
((次の用法で))

■ ***ought to do***
…すべきだ、…するのが当然だ；…のはずだ
- You *ought to* do your best.
 君は最善を尽くすべきだ
- He *ought to* be home by now.
 今頃彼は家に着いているはずだ

■ ***ought to have done*** …すべきだった(のに)
- You *ought to have* told me earlier.
 あなたはもっと早く私に話すべきだった

oughtn't /ɔ́ːtnt オートント/ ((くだけて))
ought not の縮約形

ounce /áuns アウンス/ 名 C

❶ オンス (重さの単位, 16分の1ポンド；28.35g；略 oz.)

❷ ((an ounce)) 少量, わずか(の…) ((*of*...))
- There is not an *ounce of* truth in it.
 それには少しも真実がない

our /áuər アウア/

代 ((人称代名詞：we の所有格))
私たちの, われわれの, ぼくたちの
- She is *our* English teacher.
 彼女は私たちの英語の先生です

ours /áuərz アウアズ/

代 ((人称代名詞：we の所有代名詞)) ((単数・複数扱い))
私たちのもの, われわれのもの, ぼくたちのもの
■ *A of ours* 私たちのA
- He is a friend of *ours*.
 彼は私たちの友達(の1人)です
- Your school is newer than *ours*.
 君たちの学校はぼくたちの学校より新しい

ourselves

/àuərsélvz アウアセルヴズ/

代 ((人称代名詞：we の再帰代名詞))

❶ ((再帰用法))((他動詞や前置詞の目的語として))**私たち[われわれ]自身を[に]**
- We must take care of *ourselves*.
 私たちは体に気をつけなければいけない

❷ ((強調用法))**私たち[われわれ]自身(で)**,
私たち[われわれ]みずから

❸ **本来[平素]の私たち, 本来[平素]のわれわれ**

between ourselves ここだけの話だが
by ourselves 私たちだけで；独力で
for ourselves 私たち自身のために；独力で；私たち個人としては

out /áut アウト/

副 ((比較なし))

❶ 外に[で](⇔in); **外出して**, 不在で
- go *out* 外に出る
- eat *out* 外食する
- He is *out* now. 彼は今外出中です
- Get *out*! 出て行け

❷ 現れて;(花などが)**咲いて**;公表されて
- The moon came *out*. 月が出た
- The flowers come *out* in spring. 春には花が咲く
- The book will come *out* next week. その本は来週出版される
- The secret is *out*. 秘密が露見した

❸ なくなって;(火・明かりが)消えて;品切れで;(期限が)切れて;流行しなくなって
- The lights went *out*. 電気が消えた
- Mini skirts are completely *out* this year. 今年はミニスカートはまったくはやらない

❹ (計算などを)**間違えて**((*in...*));はずれて;(調子が)狂って
- My watch is two minutes *out*. 私の時計は2分狂っている

❺ はっきりと;大声で
- speak *out* はっきりと物を言う
- cry *out* 大声で叫ぶ

❻ 最後まで, すっかり;徹底的に
- talk it *out* 徹底的に話し合う
- Hear me *out*, please. どうか最後まで聞いてください

❼ 【野球】アウトになって
- He struck *out*. 彼は三振をくらった

be *out* for A = be *out* to *do* A(物)を得ようと[…しようと]躍起になっている
- She *is out* for fame. 彼女は有名になりたくて必死だ

out of A /áutəv アウタヴ/
(1) Aの中から外へ;Aを離れて
- take money *out of* a pocket ポケットから金を出す
- get *out of* a car 車から降りる
- look *out of* the window 窓から外を見る
- *out of* doors 戸外で
(2) A(あるグループなど)の中から
- in nine cases *out of* ten 十中八九
(3) ((材料)) Aで, Aから
- a sword made *out of* bronze 青銅で作られた剣

(4) A(通常の状態)からはずれて; A(職など)を失って
- *out of* one's mind 気が狂って
- *out of* order 故障して;乱れて
- *out of* work 失業して

(5) ((原因・動機)) Aから
- *out of* love 愛情から

(6) A(能力・制約など)の範囲外に
- That's *out of* the question. それは問題外だ

(7) A(必要なもの)が不足して
- run *out of* money お金がなくなる

***out of* it** ((くだけて)) 仲間はずれで;(疲れ・飲酒などで)頭がぼんやりして

***out of* nowhere** どこからともなく

***out* there** 外で;((くだけて)) 奇妙な, 常識はずれの

***Out* you go!** 出て行きなさい

***Out* with it!** 白状しろ

■ **形** 外の, 遠く離れた;外へ向かう
- an *out* island 離島

■ **前** ((主に米))…から外へ(out of)
- walk *out* the door ドアを抜けて外に出る

■ **名** C
❶ ((an out)) 言い訳
❷ 【野球】アウト

outbreak /áutbrèik アウトブレイク/ **名** C (火事・戦争などの)発生, 勃発(ぼっぱつ) ((*of...*))

outburst /áutbə̀ːrst アウトバースト/ **名** C 突発, 噴出;爆発

outcome /áutkàm アウトカム/ **名** C 結果, 結末(result)

outcry /áutkrài アウトクライ/ **名**
❶ C 叫び声, 悲鳴, 怒号
❷ C U (世間の)(…に対する)激しい抗議 ((*at...*, *over...*, *against...*))

outdated /áutdéitid アウトデイティド/ **形** 時代遅れの;⟨パスポートなどが⟩期限切れの

outdo /àutdúː アウトドゥー/ **動** 他 ⟨…に⟩勝る, ⟨…を⟩しのぐ

outdoor /áutdɔ̀ːr アウトドー/ **形** 戸外の, 野外の

outdoors /àutdɔ́ːrz アウトドーズ/
副 戸外で[に], 野外で[に]
- play *outdoors* 外で遊ぶ
■ **名** ((the outdoors)) ((単数扱い)) 戸外, 野外

outer /áutər アウタ/ **形** 外の, 外面の, 外側の
- *outer* space (大気圏外の)宇宙(空間)

outermost /áutərmòust アウタモウスト/ 形
最も外部の, 最も遠い

outfield /áutfì:ld アウトフィールド/ 名 ((the outfield))【野球】外野;外野手
outfielder 名 C (野球などの)外野手

outfit /áutfìt アウトフィト/
名 C
❶ 装備一式, 道具一式;衣装一式
❷ ((くだけて)) 一団, チーム;小会社
— 動 他 〈…に〉〈…を〉装備する((*with*...))

outgoing /áutgòuiŋ アウトゴウイング/ 形
❶ 社交的な, 外向的な
❷ 出て行く, 退職[引退]する

outing /áutiŋ アウティング/ 名 C 遠足, ピクニック, 散歩

outlaw /áutlɔ̀: アウトロー/
名 C 無法者
— 動 他 〈行為などを〉非合法化する

outlay /áutlèi アウトレイ/ 名 U C (…への)支出[出費](額), 経費((*on*..., *for*...))

outlet /áutlet アウトレト/ 名 C
❶ ((米))(電気の)コンセント
❷【商業】販路;アウトレット, 小売店
❸ (感情などの)はけ口;(水・ガスなどの)放出口((*for*...))

outline /áutlàin アウトライン/
名 C
❶ 輪郭, 略図
❷ 大要, アウトライン;要点
in brief outline かいつまんで言えば
— 動 他 〈…の〉輪郭を描く;要点を述べる

outlive /àutlív アウトリヴ/ 動 他 〈人より〉長生きする, 生き延びる;〈事故などを〉生きて乗り切る

outlook /áutlùk アウトルク/ 名 C ((ふつう単数形で))
❶ (…に関する)見通し, 見込み((*for*...))
・a bright *outlook for* the future
明るい将来の見通し
❷ (…に関する)見解, 態度((*on*...))
❸ (ある場所の)眺め, 景色((*on*..., *over*...))

outlying /áutlàiiŋ アウトライイング/ 形 〈場所が〉中心から離れた, へんぴな

outmoded /àutmóudid アウトモウディド/ 形 ((けなして)) 流行遅れの, すたれた

out-of-date /áutəvdéit アウタヴデイト/ 形 時代遅れの, 旧式の

outpatient /áutpèiʃənt アウトペイシャント/ 名 C 外来患者

output /áutpùt アウトプト/
名 U C ((単数形で))
❶ 生産高, 産出量
❷【コンピュータ】アウトプット, 出力;【電気・機械】出力(⇔input)
— 動 他 【コンピュータ】〈…を〉出力する

outrage /áutrèidʒ アウトレイヂ/
名 U C 激怒, 立腹;暴虐, 暴力(行為)
— 動 他 〈…を〉憤慨(%%)させる, 激怒させる

outrageous /àutréidʒəs アウトレイヂャス/ 形 許しがたい;法外な, ひどい;突拍子もない
outrageously 副 法外に, ひどく

outset /áutsèt アウトセト/ 名 ((the outset)) 着手;最初, 手始め

outside

/àutsáid アウトサイド, áutsàid アウトサイド/
名 (複 **outsides** /àutsáidz アウトサイツ/) C ((ふつう the outside)) **外側, 外部**(⇔inside);外観
・*the outside* of a house 家の外側
・open the door from *the outside*
外からドアを開ける
・He looks calm on *the outside* but actually he's very nervous. 彼は外見は落ち着いて見えるが実際はとてもびくびくしている
— 形 ((比較なし))
❶ **外側の**, 外部の;外の, 屋外の
・an *outside* wall 外壁
❷ 部外者の
・an *outside* opinion 外部の意見
— 副 ((比較なし)) **外側に**;外に, 屋外で, 屋外に;外へ
・go *outside* 外に出る, 外出する
・look *outside* 外を見る
・play *outside* 外で遊ぶ
🗨 Everybody *outside*!
皆さん, 外に出てください
outside of A Aの外側に;Aを除いては
— 前 **…の外側に**, …の外で
・*outside* the building ビルの外で
・*outside* the country 国外で

outsider /àutsáidər アウトサイダ/ 名 C 部外者, 第三者;門外漢

outsource /áutsɔ̀:rs アウトソース/ 動 他 〈部品などを〉外部調達する;〈業務を〉外部委託する
outsourcing 名 U (業務の)外部委託, アウトソーシング

outspoken /áutspóukən アウトスポウカン/ 形 〈人・意見などが〉(…に)率直な, 遠慮のない

outspokenly 副 率直に, 遠慮なく
outspokenness 名 U 率直さ, 遠慮なさ
outstanding /àutstǽndiŋ アウトスタンディング/ 形
❶ 非常に優れた, 傑出した; 目立った, 注目すべき
・an *outstanding* Japanese artist
優れた日本人芸術家
❷〈問題などが〉未解決の;未払いの
outstandingly 副 目立って
outstretched /àutstrétʃt アウトストレチト/ 形〈腕などを〉いっぱいに広げた, 伸ばした
outward /áutwərd アウトワド/ 形
❶ 外へ向いた; 行きの, 往路の
❷ 外部の; 外面的な, 外側の; 表面的な
━━副 外へ, 外側へ, 外部へ; 海外へ
outwards /áutwərdz アウトワツ/ 副 ((主に英))= outward
outweigh /àutwéi アウトウェイ/ 動 他〈…より〉重い;〈…に〉勝る
oval /óuvəl オウヴァル/
形 卵形の; 楕円(だえん)形の
━━名 C 卵形(の物); 楕円形
ovary /óuvəri オウヴァリ/ 名 C 【解剖】卵巣; 【植物】子房(しぼう)
ovation /ouvéiʃən オウヴェイシャン/ 名 C (聴衆から受ける)万雷の拍手; 大喝采(かっさい)
・receive a standing *ovation*
総立ちの大喝采を受ける
oven /ʌ́vən アヴァン/ 名 C オーブン; 電子レンジ; かまど, 炉

over ☞ 436ページにあります

overall /òuvərɔ́:l オウヴァロール/
形 全体の[にわたる], 全面的な
・the *overall* impression 全体的な印象
━━副 全体として, 全部ひっくるめて
━━名 /óuvərɔ̀:l オウヴァロール/ C ((overalls))オーバーオール, 胸当て付き作業ズボン; 上(うわ)っぱり, 仕事着
overblown /òuvərblóun オウヴァブロウン/ 形〈花が〉盛りを過ぎた; 度がすぎた; 誇張した
overboard /óuvərbɔ̀:rd オウヴァボード/ 副 船外に; 船から水中に
go overboard
((くだけて)) 極端に走る, 行きすぎる
overbook /òuvərbúk オウヴァブク/ 動
━━他〈…に〉定員以上の予約を取る
━━自 定員以上の予約を取る
overcast /óuvərkæst オウヴァキャスト/ 形〈空が〉一面に曇った
overcoat /óuvərkòut オウヴァコウト/ 名 C オーバー, 外套(がいとう)
overcome /òuvərkʌ́m オウヴァカム/ 動 (comeの変化形と同じ) 他
❶〈弱点などを〉克服する
・*overcome* difficulties 困難を克服する
❷〈…に〉打ち勝つ,〈…を〉負かす;〈…を〉圧倒する
❸ ((次の用法で))
・**be overcome with [by]** *A*
A(病苦・悲しみなど)に参る, 打ちひしがれる
overcrowd /òuvərkráud オウヴァクラウド/ 動 他〈場所などに〉〈…を〉入れすぎる,〈…を〉〈…で〉混雑させる((with...))
overcrowded 形 過密状態の, 超満員の
overcrowding 名 U 過密, 超満員
overdo /òuvərdú: オウヴァドゥー/ 動 (doの変化形と同じ) 他〈…を〉やりすぎる, 使いすぎる;〈…を〉誇張する
overdone /òuvərdʌ́n オウヴァダン/
動 overdoの過去分詞
━━形 煮[焼き]すぎた
overdose
名 /óuvərdòuz オウヴァドウズ/ C (薬の)与えすぎ, 飲みすぎ
━━動 /òuvərdóuz オウヴァドウズ/ 自 (薬を)過剰に服用する((on...))
overdue /òuvərdú: オウヴァドゥー/ 形
❶ 支払い期限の過ぎた, 未払いの
❷ 予定より遅れている
overeat /òuvərí:t オウヴァリート/ 動 (eatの変化形と同じ) 自 食べすぎる
overestimate
動 /òuvəréstəmèit オウヴァレスタメイト/ 他〈…を〉過大評価する
━━名 /òuvəréstəmət オウヴァレスタマト/ C 過大評価; 多すぎる見積もり
overflow
動 /òuvərflóu オウヴァフロウ/ (flowの変化形と同じ)
━━自
❶〈水などが〉あふれる, 氾濫(はんらん)する
❷〈場所などが〉〈…で〉いっぱいである, あり余るほどである((with...))

➡ ➡ ➡ 436ページに続く ➡ ➡ ➡

over /óuvər オウヴァ/

前

❶ ((位置))…の上に, …の上方に(⇔ under)
- the stars *over* the mountain 山の上の星
- a bridge *over* the river 川にかかっている橋

❷ ((動作・状態))…を越えて, …の向こう側に
- jump *over* a fence フェンスを飛び越える
- a village *over* the hill 丘の向こう側の村

❸ ((数量))…を超えて, …より多く, …以上
- take *over* ten hours 10時間以上かかる
- weigh *over* thirty kilograms
  重さ30キロを超える
- cost *over* a million dollars
  百万ドル以上のお金がかかる
- He is *over* sixty. 彼は60歳を超えている

❹ ((期間・時間))…の間ずっと, …にわたって;…しながら
- *over* Christmas クリスマス期間中ずっと
- *over* night 翌朝まで
- *over* the last five years 過去5年間に
- talk *over* coffee コーヒーを飲みながら話す

❺ …をおおって
- dark clouds *over* the sky 空をおおう黒い雲

❻ ((手段))(電話などを)通じて
- talk *over* the phone 電話で話す
- hear the news *over* the radio
  ラジオでニュースを聞く

❼ ((場所))…の一面に, …の至る所に
- all *over* the world 世界じゅうに
- sprinkle water *over* the ground
  地面に水をふりまく

❽ ((関連))…について, …をめぐって
- argue *over* the matter
  そのことについて言い争う
- quarrel *over* trivial matters
  ささいなことをめぐって口論する

❾ ((立場))…の上位で;…を支配[監督]して
- reign *over* a country 国を統治する

■ **副** ((比較なし))

❶ ((位置))**上方に**(⇔ under)

- A bird flew *over*.
  1羽の鳥が頭上を飛んでいった

❷ ((動作・状態))**向こう側に**;こちらに
- fly *over* to Britain 英国まで飛行機で行く
- Why don't you come *over*?
  うちへいらっしゃい

❸ ((数量))**超えて**
- men of fifty and *over* 50歳を過ぎた男たち

❹ ((場所))**一面に**;至る所に
- be wet all *over* 全身ずぶぬれである
- travel the world *over* 世界じゅうを旅行する

❺ **終わって, 済んで**
- before the vacation is *over*
  休暇が終わる前に
- It's all *over*. すべては終わった

❻ **倒れて, ひっくり返して**
- fall *over* 転倒する
- knock *A over* A(人)を殴り倒す
- turn *over* the page ページをめくる

❼ **繰り返して;((主に米)) もう一度**
- many times *over* 何度も繰り返して
- do it *over* それをもう一度する
- think it *over* そのことをよく考える

❽ (所有権などが)渡って
- hand *over* the paper to the police
  警察に書類を渡す

❾ あふれて, こぼれて
- The water is boiling *over*.
  お湯が吹きこぼれている

❿ 始めから終わりまで, すっかり
- stay *over* till March
  3月までずっと滞在する

⓫ 残って, 余って
- Is there any wine left *over*?
  ワインが少しでも残っていますか

(all) over again 繰り返して, もう一度
all over with *A* A(人)はもうおしまいで
over and over (again)
何度も繰り返して
over here こちらに, こちらでは
over there あちら[向こう]に, あちらでは

■ **他** 〈…から〉あふれ出る, こぼれる;〈…を〉越えて氾濫する

■ **名** /óuvərflòu オウヴァフロウ/

❶ UC あふれること, 氾濫;過剰, 過多
❷ C 排水[放水]口;排水管

overgrown /òuvərgróun オウヴァグロウン/
形 〈人などが〉大きくなりすぎた;〈草木が〉一面に生い茂った

overhand /óuvərhænd オウヴァハンド/
形 【野球・テニス】オーバーハンドの
■ **副** 手を肩より上に上げて

overhang

動 /òuvərhæŋ オウヴァハング/ (hangの変化形と同じ)
— 他
❶ 〈…の〉上にかかる, 上に張り出す
❷ 〈…に〉差し迫る
— 自 上にかかる, 張り出す
■ 名 /óuvərhæŋ オウヴァハング/ C (建物の)張り出し, (岩などの)突出部分

overhaul
動 /òuvərhɔ́:l オウヴァホール/ 他 〈機械などを〉オーバーホールする, 分解点検する;〈考えなどを〉徹底的に検討する
■ 名 /óuvərhɔ̀:l オウヴァホール/ C 分解検査[修理], オーバーホール;徹底的な検討

overhead /óuvərhéd オウヴァヘド/
副 頭上に;高い所に;上空に
■ 形 頭上の;高架(こうか)の
・ an *overhead* projector
オーバーヘッドプロジェクター(略 OHP)
■ 名 /óuvərhèd オウヴァヘド/ C ((overheads))一般経費

overhear /òuvərhíər オウヴァヒア/
動 (hearの変化形と同じ)
■ 他 〈…を〉ふと耳にする;立ち聞きする
■ 自 立ち聞きする

overlap
動 /òuvərlǽp オウヴァラプ/
■ 自 (…と)重なる, オーバーラップする ((with...))
■ 他 〈…と〉重なる, 〈…を〉重ねる
■ 名 /óuvərlæp オウヴァラプ/ U 重複; C 重複部分

overload
動 /òuvərlóud オウヴァロウド/ 他 〈…に〉荷を載せすぎる;〈電池に〉充電しすぎる
■ 名 /óuvərlòud オウヴァロウド/ C 積みすぎ;重すぎる荷[負担]

overlook /òuvərlúk オウヴァルク/ 動 他
❶ 〈…を〉見落とす, 〈…に〉気づかない
❷ 〈…を〉大目に見る, 見逃してやる
❸ 〈…を〉見下ろす;見晴らす

overly /óuvərli オウヴァリ/ 副 過度に, はなはだしく

overnight
副 /óuvərnáit オウヴァナイト/
❶ 夜通し, 一晩(じゅう)
❷ 一夜のうちに, 突然に, にわかに
■ 形 /óuvərnàit オウヴァナイト/
❶ 夜通しの, 一晩じゅうの
❷ 突然の, にわかの

overpay /òuvərpéi オウヴァペイ/ 動 (payの変化形と同じ) 他 〈…を〉払いすぎる

overpopulation /òuvərpɑpjəléiʃən オウヴァパピャレイシャン/ 名 U 人口過剰(かじょう)
|**overpopulated** 形 人口過剰の

overpower /òuvərpáuər オウヴァパウア/ 動 他 〈相手を〉圧倒する, 負かす

overrate /òuvərréit オウヴァレイト/ 動 他 〈…を〉過大評価する

override /òuvərráid オウヴァライド/ 動 (rideの変化形と同じ) 他
❶ 〈…に〉優先する, 〈…より〉優位に立つ
❷ 〈決定を〉無効にする, 無視する

overrule /òuvərrú:l オウヴァルール/ 動 他 〈判決などを〉却下(きゃっか)する, 無効にする

overrun /òuvərrʌ́n オウヴァラン/
動 (runの変化形と同じ) 他
❶ 〈…に〉群がる, 押し寄せる
❷ 〈時間を〉超過する;〈…より〉行きすぎる
❸ 〈…を〉占拠する, 侵略する

overseas /òuvərsí:z オウヴァスィーズ/
副 海外に[へ], 外国に[へ]
・ travel *overseas* 海外旅行をする
■ 形 外国[海外]の;外国からの

oversee /òuvərsí: オウヴァスィー/ 動 (seeの変化形と同じ) 他 〈…を〉監督する

oversight /óuvərsàit オウヴァサイト/ 名 UC 見過ごし, 過失

oversize /óuvərsáiz オウヴァサイズ/ 形 特大の;大きすぎる

oversleep /òuvərslí:p オウヴァスリープ/ 動 (sleepの変化形と同じ) 自 寝過ごす, 寝坊する
・ Did you *oversleep*? 寝過ごしたの

overt /ouvá:rt オウヴァート/ 形 公然の, 明白な
|**overtly** 副 公然と, 明白に

overtake /òuvərtéik オウヴァテイク/ (takeの変化形と同じ) 他 〈…に〉追いつく;〈…を〉追い越す;〈…を〉突然襲う

overthrow
動 /òuvərθróu オウヴァスロウ/ (throwの変化形と同じ) 他 〈…を〉倒す, ひっくり返す;〈…を〉打倒する, 廃止する
■ 名 /óuvərθròu オウヴァスロウ/ C (政府・体制などの)打倒, 転覆(てんぷく)

overtime /óuvərtàim オウヴァタイム/
名 U 時間外労働(時間), 残業;超過勤務手当
■ 副 (規定)時間外に
・ work *overtime* 残業する

overturn

overturn /òuvərtə́:rn オウヴァターン/ 動
— 他 〈…を〉ひっくり返す, 転覆(てんぷく)させる
— 自 ひっくり返る, 転覆する

overuse
動 /òuvərjú:z オウヴァユーズ/ 他〈…を〉使いすぎる, 乱用する, 酷使(こくし)する
— 名 /òuvərjú:s オウヴァユース/ U 使いすぎ, 乱用, 酷使

overview /óuvərvjù: オウヴァヴュー/ 名 C 大要, 概観

overweight
名 /òuvərwèit オウヴァウェイト/ U 重量超過; 太りすぎ
— 形 /óuvərwéit オウヴァウェイト/ 重量超過の; 太りすぎの

overwhelm /òuvərhwélm オウヴァウェルム/ 動 他
❶ 〈人を〉(精神的に)がっくりさせる, 参らせる
❷ 〈…を〉(数・勢力で)圧倒する, 〈…に〉打ち勝つ
overwhelming 形 圧倒的な, 抵抗できない

overwork
動 /òuvərwə́:rk オウヴァワーク/
— 他 〈…を〉働かせすぎる; 〈言葉などを〉使いすぎる
— 自 働きすぎる, 過労になる
— 名 /óuvərwə̀:rk オウヴァワーク/ U 過労
・death from *overwork* 過労死
overworked 形 〈人が〉働きすぎの; 〈言葉などが〉使い古された

ow /áu アウ/ 間 痛いっ, ううっ

owe /óu オウ/ 動 他 ((次の用法で))
・*owe* A B = *owe* B to A
A(人など)にB(金など)を借りている; A(人)に対してB(義務など)を負っている
・I *owe* you $10. あなたに10ドル借りがある
・I *owe* my friend thanks.
友達に感謝しなければならない
・*owe* A to B A(物・事)はB(物・事・人)に恩を受けている, AはBのおかげである
・I *owe* my success *to* you.
私の成功はあなたのおかげだ
I owe you one.
((感謝の言葉))ひとつ借りができました
You owe me (one).
君にはひとつ貸しがある

owing /óuiŋ オウイング/
動 oweの現在分詞・動名詞
— 形 借りている, 未払いの

owing to A
Aのために, Aが原因で; Aのおかげで

owl /ául アウル/ 名 C【鳥】ふくろう

own /óun オウン/

形 ((比較なし))
❶ **自分自身の**
・*my own* house マイホーム
・*own* goal (サッカーで)オウンゴール
・Mind *your own* business.
私にかまわないでくれ
❷ 独自の, 独特の
・in *one's own* way 独自のやり方で
❸ ((所有代名詞的に))自分自身のもの
・This car is *my own*. この車は私のものだ
come into *one's* **own** 実力を発揮する
hold *one's* **own** …に屈しない
of *one's* **own** 自分自身の; 独自の
on *one's* **own** 一人で, 独力で
— 動
三単現 **owns** /オウンズ/
過去・過分 **owned** /オウンド/
現分 **owning** /オウニング/
— 他 〈…を〉所有する
・I *own* a house. 私には持ち家がある
・Who *owns* this? これは誰のものですか

owner /óunər オウナ/ 名 C 持ち主, 所有者, オーナー
ownership 名 U 所有者であること; 所有権

ox /áks アクス/ 名 (複 **oxen** /アクスン/) C 雄牛

Oxford /áksfərd アクスファド/ 名 オックスフォード(英国イングランド南部の州都で, オックスフォード大学がある)

oxide /áksaid アクサイド/ 名 UC【化学】酸化物
oxidize 動 他〈…を〉酸化させる, さびさせる

oxygen /áksidʒən アクスィチャン/ 名 U【化学】酸素(元素記号 O)

oyster /ɔ́istər オイスタ/ 名 C【貝】牡蠣(かき)

oz. ((略))ounce(s) オンス

ozone /óuzoun オウゾウン/ 名 U
❶【化学】オゾン
・*ozone* destruction オゾン破壊
・an *ozone* hole オゾンホール
・the *ozone* layer オゾン層
❷ ((英))((くだけて))(海辺などの)澄んだ空気

P, p

P¹, p /píː ピー/ 名 (複 **P's, p's; Ps, ps** /ピーズ/) ⓊⒸ ピー(英語アルファベットの第16字)

P² ((略)) parking 駐車場

p. ((略)) page ページ

PA ((米郵便)) Pennsylvania ペンシルベニア州

Pa. ((略)) Pennsylvania ペンシルベニア州

pace /péis ペイス/ 名
❶ Ⓤ (またa pace)歩調, 歩速;ペース
❷ Ⓒ 1歩;歩幅
keep pace with A A(人)と足並みをそろえる;A(人・事)に遅れないようにする

pacific /pəsífik パスィフィク/ 形
❶ ((Pacific))太平洋の, 太平洋(沿)岸の
・the *Pacific* Ocean 太平洋
・the *Pacific* coast 太平洋(沿)岸
❷ 平和を好む;〈天候などが〉穏やかな
— 名 ((the Pacific))太平洋

pacifist /pǽsifist パスィフィスト/ 名Ⓒ 平和主義[論]者

pack* /pǽk パク/
名 (複 **packs** /パクス/) Ⓒ
❶ 包み, 荷物;((主に米))1箱, 1包み
❷ (猟犬・狼などの)群れ;(悪人などの)集団
- ***a pack of A***
  A(動物など)の群れ;多数のA(人・物など)
- in *packs* (動物が)群れをなして
— 動
三単現 **packs** /パクス/
過去・過分 **packed** /パクト/
現分 **packing** /パキング/
— 他 〈かばんなどに〉〈…を〉詰める((*with*...));〈物を〉(…に)詰める((*in*...))
— 自
❶ 荷造りする
❷〈人が〉(…に)群がる((*in*..., *into*...))
pack A away = pack away A
Aをしまい込む;Aをさっさと食べる
📖 *Pack* your things *away*.
持ち物をしまってください
pack A up = pack up A A(持ち物など)をしまう;A(仕事など)を終わりにする
📖 *Pack up* your books.

教科書をかばんに入れてください
packed 形 いっぱいの, 人でいっぱいの
packing 名 Ⓤ 荷造り, 包装;詰め物

package /pǽkidʒ パキヂ/ 名 Ⓒ
❶ ((主に米))包み, 小包;(包装用の)箱, ケース, パッケージ
❷ 【コンピュータ】パッケージソフト
— 動 他〈…を〉荷造りする, 包装する((*up*));〈…を〉(…に)入れる((*in*...))
packaging 名 Ⓤ 包装, 荷造り;容器, 包装紙

packet /pǽkit パキト/ 名 Ⓒ ((英))小さな包み, 紙箱, 紙袋;(タバコなどの)1包み

pact /pǽkt パクト/ 名 Ⓒ 協定, 条約

pad /pǽd パド/ 名 Ⓒ
❶ (衝撃を防ぐ)当て物, 詰め物;クッション
❷ (はぎ取り式の)メモ帳
❸ スタンプ[インク]台

paddle /pǽdl パドル/
名 Ⓒ (カヌーなどの)かい;かい状の物, へら
— 動 他〈カヌーなどを〉かいでこぐ

paddy /pǽdi パディ/ 名 Ⓒ 稲田, 水田

page

/péidʒ ペイヂ/
名 (複 **pages** /ペイヂズ/) Ⓒ
❶ (本などの)ページ (略 p.;複数は pp.)
・turn the *page* over ページをめくる
📖 Open your textbooks to *page* 20.
教科書の20ページを開きなさい
❷ (新聞などの)面, 欄;【コンピュータ】ページ

pager /péidʒər ペイヂャ/ 名 Ⓒ ポケットベル

pagoda /pəɡóudə パゴウダ/ 名 Ⓒ (東洋諸国の寺院などの)パゴダ, 塔

paid /péid ペイド/
動 pay の過去形・過去分詞
— 形〈運賃などが〉支払い済みの, 〈休暇などが〉有給の

pail /péil ペイル/ 名 Ⓒ バケツ, 手おけ

pain

/péin ペイン/
名 (複 **pains** /ペインズ/)
❶ Ⓤ (肉体的・精神的な)痛み, 苦痛;Ⓒ (身体の局部的な)痛み

painkiller

- feel *pain* 痛みを感じる
- ease the *pain* 痛みをやわらげる
- I have a *pain* in my back.
  背中が痛む

❷ ((pains)) **骨折り, 苦労**

- *take pains* with A Aで骨を折る, 苦心する
- No *pain(s)*, no *gain(s)*.
  ((ことわざ))まかぬ種は生えぬ

━━ 動 他 〈人に〉苦痛を与える

painful 形 痛い;苦しい, つらい
painfully 副 痛切に, 痛いほど;苦労して
painless 形 苦痛のない;〈解決が〉困難でない

painkiller /péinkìlər ペインキラ/ 名 C 鎮痛剤, 痛み止め

paint* /péint ペイント/

名 (複 **paints** /ペインツ/)

❶ U **ペンキ, 塗料**
- a can of white *paint* 白のペンキ一缶

❷ ((paints)) **絵の具**
- oil *paints* 油絵の具

━━ 動

三単現 **paints** /ペインツ/
過去・過分 **painted** /ペインティド/
現分 **painting** /ペインティング/

━━ 他

❶ 〈壁などに〉**ペンキを塗る**
❷ 〈絵などを〉絵の具で描く

━━ 自 (…で)絵を描く ((*in*...))

painter 名 C 画家;ペンキ屋

painting /péintiŋ ペインティング/
動 paint の現在分詞・動名詞

━━ 名

❶ C (絵の具で描いた)絵, 絵画
- an oil *painting* 油絵

❷ U (絵の具で)絵を描くこと;ペンキ塗り

pair /péər ペア/

名 (複 **pairs** /ペアズ/) C

❶ (2つから成る)**一対, 一組**
- *a pair of* gloves 一組の手袋
- *a pair of* glasses めがね1つ

❷ (夫婦・恋人などの)**カップル**;(動物の)つがい

❸ 【トランプ】同じ札2枚, ペア

in pairs 2つ[2人]一組になって

📖 Work *in pairs*. ペアで作業しなさい

━━ 動 自 ペア[対]になる

pairing 名 C 組み合わせ

pajamas /pədʒáːməz パチャーマズ/ 名 ((複数扱い))パジャマ

pal /pæl パル/ 名 C ((くだけて))(親しい)友達, 仲間, 仲良し;((呼びかけ))君

palace /pæləs パラス/ 名 C 宮殿;大邸宅, 御殿;立派な建物

palatable /pælətəbl パラタブル/ 形 口に合う, 美味な;(考えなどが)愉快

pale /péil ペイル/

形

❶ (顔などが)青ざめた, 青白い
- look *pale* 顔色が悪い

❷ (光・色などが)薄い, 淡い, 弱い
- *pale* blue 淡青色

━━ 動 自 (顔などが)青ざめる;(色が)薄くなる

Palestine /pæləstàin パラスタイン/ 名 パレスチナ (地中海東部沿岸の地域)

palette /pælət パラト/ 名 C (絵の)パレット

palm¹* /páːm パーム/

名 (複 **palms** /パームズ/) C **手のひら**

- read *A's palm* A(人)の手相を見る

━━ 動 他 (手品などで)〈トランプなどを〉手のひらに隠す

palm² /páːm パーム/ 名 C 【植物】やし, しゅろ

pamphlet /pæmflət パムフラト/ 名 C パンフレット, 小冊子

Pan /pæn パン/ 名 【ギリシャ神話】パン (森林や牧羊の神)

pan /pæn パン/ 名 C (片手・長柄の)平なべ;平なべ状の物

- a frying *pan* フライパン

Panama /pænəmà: パナマー/ 名 パナマ (首都はパナマシティー)

- the *Panama* Canal パナマ運河

pancake /pænkèik パンケイク/ 名 C パンケーキ, ホットケーキ

panda /pændə パンダ/ 名 C 【動物】パンダ

pandemic /pændémik パンデミク/
形 〈病気が〉全国[世界]的流行の
━━ 名 C 全国[世界]的流行病

Pandora /pændɔ́ːrə パンドーラ/ 名 【ギリシャ神話】パンドラ (火の使用を知った人類を罰するために神々がつくった最初の女)

- *Pandora's* box パンドラの箱 (ゼウスがパンドラに贈った箱で, 禁を破って箱を開けると災いと罪悪が世に広がり, 希望だけが残った)

pane /péin ペイン/ 名 C 窓ガラス(1枚)

- two *panes* of glass 2枚の窓ガラス

panel /pænl パヌル/ 名 C

❶ パネル, 羽目板

❷ 計器盤

panelist 名 C パネリスト, 討論者, 解答者

panic /pǽnik パニック/
名 U C (突然の)恐怖, 狼狽(ろうばい); パニック(状態); C 【金融】恐慌(きょうこう)
— 動
三単現 **panics** /パニクス/
過去・過分 **panicked** /パニクト/
現分 **panicking** /パニキング/
— 他 〈人を〉パニックに陥れる
— 自 (…で)あわてふためく《*at*...》

panorama /pæ̀nərǽmə パナラマ/ 名 C パノラマ, 全景; (問題などの)概観《*of*...》
panoramic 形 パノラマのような, 全景が見える; 概観的な

pansy /pǽnzi パンズィ/ 名 C 【植物】三色すみれ, パンジー

pant /pǽnt パント/
動
— 自 あえぐ, 息切れする, 息を切らす
— 他 〈言葉などを〉あえぎながら言う
— 名 C ((ふつう pants))あえぎ, 息切れ; (心臓などの)動悸

panther /pǽnθər パンサ/ 名 C 【動物】ひょう(leopard); ((米))ピューマ

panties /pǽntiz パンティズ/ 名 ((複数扱い))((英))(女性・子ども用)パンティー, パンツ

pantomime /pǽntəmàim パントマイム/ 名 U C パントマイム, 無言劇

pantry /pǽntri パントリ/ 名 C 食器[食料品]貯蔵部屋, パントリー

pants /pǽnts パンツ/
名 ((複数扱い))
❶ ((主に米))パンツ, ズボン
・a pair of *pants* ズボン1着
❷ ((英))(女性・子ども用の)パンティー, パンツ; (男性用の)ズボン下

papa /pá:pə パーパ/ 名 C ((米))((くだけて))パパ, お父ちゃん

papaya /pəpáiə パパイア/ 名 C 【植物】パパイア(の実)

paper /péipər ペイパ/
名 ((複 **papers** /ペイパズ/))
❶ U 紙, 用紙
・a piece [sheet] of *paper* 紙1枚
・blank *paper* 白紙
・toilet *paper* トイレットペーパー

❷ C 新聞(newspaper)
・the school *paper* 学校新聞
❸ C (…に関する)論文《*on*...》; ((米)) レポート
・give a *paper* on *A*
A について論文を発表する
❹ ((papers)) 書類, 文書; 証明書
・state *papers* 公文書
❺ C ((英))答案用紙, 試験問題
📖 Hand in your *papers*. 答案を出しなさい
❻ U 紙幣(paper money)
on paper 書面の形で
— 形 ((比較なし))紙の, 紙製の
・a *paper* cup 紙のコップ

paperback /péipərbæ̀k ペイパバク/ 名 U C 紙表紙本, ペーパーバック

paperwork /péipərwə̀:rk ペイパワーク/ 名 U 文書業務, 事務処理; 一般事務

paprika /pəprí:kə パプリーカ/ 名 U パプリカ

par /pá:r パー/ 名 U 等価, 同等; 標準; 【ゴルフ】基準打数, パー
・below [under] *par*
標準[額面]以下で; (体調が)悪くて
・under *par* 【ゴルフ】アンダーパーで
be par for the course ((けなして))(よくないことが)予想どおりだ; いつものことだ

parachute /pǽrəʃù:t パラシュート/ 名 C パラシュート, 落下傘

parade /pəréid パレイド/
名
❶ C U 行進, 行列, パレード
・march in a *parade* 行列行進する
❷ C 閲兵場
❸ C 見せびらかし, 誇示
on parade 行進して; オンパレードで
— 動
— 他
❶〈通りを〉行進する, パレードする
❷〈…を〉〈人に〉見せびらかす《*to*...》
— 自 行進する

paradise /pǽrədàis パラダイス/ 名 U ((ふつう Paradise))天国, 極楽; C 楽園

paradox /pǽrədàks パラダクス/ 名 C U 逆説, パラドックス; 矛盾(じゅん)
paradoxical 形 逆説の; 矛盾した

paraglider /pǽrəglàidər パラグライダ/ 名 C パラグライダー

paragraph /pǽrəgræ̀f パラグラフ/ 名 C (文章の)段落, 節, パラグラフ

parallel /pǽrəlèl パラレル/
形
❶〈線・面などが〉(…に)平行な, 並行した((*to...*, *with...*))
・*parallel* lines 平行線
❷(…と)類似した, 同様の((*to...*))
― **名** C
❶ 平行線, 平行面
❷ (…の間の)類似物((*between...*))
❸【地理】(地図上の)緯(度)線
― **動** 他
❶〈…に〉平行している
❷〈…に〉匹敵する;〈…に〉類似する

paralyze /pǽrəlàiz パラライズ/ **動** 他〈手・足などを〉まひさせる, しびれさせる

paramount /pǽrəmàunt パラマウント/ **形** 最重要の, 最高の, 秀でた

paranoid /pǽrənɔ̀id パラノイド/ **形** パラノイアの, 偏執症の
paranoia **名** U【精神医学】パラノイア, 偏執症;被害妄想

paraphrase /pǽrəfrèiz パラフレイズ/
名 C 言い換え, パラフレーズ
― **動** 他〈…を〉(…に)言い換える((*into...*))

parasite /pǽrəsàit パラサイト/ **名** C【生物】寄生動物[植物];((けなして))居候(いそうろう)

parasol /pǽrəsɔ̀ːl パラソール/ **名** C (婦人用)日がさ, パラソル

parcel /pάːrsəl パーサル/ **名** C ((主に英)) 包み;小荷物, 小包(((米))package)

pardon /pάːrdn パードン/
名 (複 **pardons** /パードンズ/)
U C **許し, 容赦**, 寛容;【法律】恩赦, 赦免
I beg your pardon. ごめんなさい;もう一度おっしゃってください;失礼ですが
― **動** 他〈人・罪などを〉**許す, 容赦する**
Pardon me.
((主に米)) 何ですって;失礼, すみません

pare /péər ペア/ **動** 他 (刃物で)〈果物などの〉皮をむく((*off*))

parent /péərənt ペアラント/
名 (複 **parents** /ペアランツ/) C 親(父または母);((parents))両親
・My *parents* play golf almost every week. 両親はほとんど毎週ゴルフをします
parental **形** 親の;親らしい, 親としての
parenthood **名** U 親であること

parenting **名** U 子育て, 育児

Paris /pǽris パリス/ **名** パリ(フランスの首都)

park /pάːrk パーク/
名 (複 **parks** /パークス/) C
❶ (自然)**公園, 庭園;遊園地**
・a national *park* 国立公園
・Yoyogi *Park* 代々木公園
・play in the *park* 公園で遊ぶ
❷ ((主に英)) 駐車場
・a car *park* 駐車場
❸ ((米)) 競技場;(特に)野球場
・a ball *park* 野球場
― **動**
― 他〈車を〉**駐車する**
― 自 **駐車する**

parking /pάːrkiŋ パーキング/
動 parkの現在分詞・動名詞
― **名** U **駐車**
・a *parking* lot ((米))(有料)駐車場

parliament /pάːrləmənt パーラマント/ **名** C ((単数・複数扱い)) 国会議員(団);((Parliament)) 英国議会
parliamentary **形** 議会(制)の;議会で制定された

parlor /pάːrlər パーラ/ **名** C
❶ ((主に米)) 店, 営業所
・a beauty *parlor* 美容院
❷ (ホテルなどの)休憩室, 談話室;居間

parody /pǽrədi パロディ/
名 U C パロディ; C ((けなして))へたなものまね
― **動** 他〈作品などを〉もじる, パロディー化する

parrot /pǽrət パラト/
名 C【鳥】おうむ
― **動** 他〈人の言葉を〉おうむ返しに言う

parsley /pάːrsli パースリ/ **名** U【植物】パセリ

part /pάːrt パート/
名 (複 **parts** /パーツ/)
❶ C **部分**;(…の)**一部**((*of...*))
・broken *parts of* a glass ガラスの破片
・cut a pie into five *parts* パイを5等分する
・This is (a) *part of* my job.
これは私の仕事の一部だ
❷ C (機械・器具の)**部品**
・car *parts* 車の部品
❸ U C **役目;本分**; C (芝居の)役
・a major *part* 主役
・do *one's part* 役目[役割]を果たす

- play a big *part* in A
  Aにおいて大きな役目を果たす, 役割を演じる
  ❹ C (本の)巻, 部, 編；【音楽】声部(の楽譜)
- the first *part of* the book 本の第1部
- a book in four *parts* 4部から成る本
  for A's part A(人)としては
  for the most part 大部分は, たいていは
  in part 一部分は；いくぶん
  on the part of A = *on A's part*
  A(人)に関しては, Aの方では
  take part in A Aに参加する, 加わる
- *take part in* an athletic meet
  運動会に出る
  ━ 動
    三単現 **parts** /パーツ/
    過去・過分 **parted** /パーティド/
    現分 **parting** /パーティング/
  ━ 他 〈…を〉**分ける**, 分割する；(…から)引き離す((*from*...))
- The war *parted* the lovers.
  戦争が愛する人たちを引き離した
  ━ 自 分かれる；離れる((*from*...))；(人と)別れる((*from*...))
- I *parted from* her at the station.
  駅で彼女と別れた
  partly 副 一部分は, 部分的に；ある程度は
part. ((略)) *part*iciple 分詞
partake /pɑːrtéik パーテイク/ 動 自
  ❶ (活動などに)加わる, 参加する((*in*...))
  ❷ (出された食べ物を)いっしょに食べる((*of*...))
partial /pɑ́ːrʃəl パーシャル/ 形
  ❶ 一部の, 部分的な
  ❷〈意見などが〉(…に)不公平な, (…を)えこひいきする((*to*..., *toward*...))
  partially 副 部分的に；不公平に
participate /pɑːrtísəpèit パーティスィペイト/
  動 自 (…に)参加する, 関与する((*in*...))
  participant 名 C 参加者, 関係者
  participation 名 U 参加, 関与
participle /pɑ́ːrtəsìpl パーテスィプル/ 名 C
  【文法】分詞
particle /pɑ́ːrtikl パーティクル/ 名 C
  ❶ 微粒子；微量；【物理】(素)粒子
  ❷【文法】不変化詞

particular

/pərtíkjələr パティキュラ/
形 ((比較なし))
❶ **特定の**；**特別な**, 格別な

- a *particular* friend 特別な友達
❷ 特有の；個々の
❸〈人が〉(…について)きちょう面な, 好みがうるさい((*about*..., *over*...))
━ 名 (複 **particulars** /パティキュラズ/) C
((particulars))(…の)詳細((*of*...))；細部
in particular 特に, とりわけ
- "Something wrong?" "Nothing *in particular*." 「どうかしたの」「別に何も」
particularly 副 特に, とりわけ
parting /pɑ́ːrtiŋ パーティング/
動 partの現在分詞・動名詞
━ 名 U C 別れ, 別離；出発；分離
━ 形 別れの, 別れに際しての；〈人などが〉去って行く
partition /pɑːrtíʃən パーティシャン/
名
❶ U 分割, 分配, 区分；C (建物などの)仕切り(壁), 間仕切り
❷【コンピュータ】パーティション
━ 動 他 〈土地などを〉(…に)分割[分配]する((*into*...))；〈部屋などを〉仕切る((*off*))
partner* /pɑ́ːrtnər パートナ/
名 (複 **partners** /パートナズ/) C
❶ **仲間**, 相手
  Find a *partner*. 相手を探しなさい
❷ 組む相手, パートナー, 配偶者
❸ (事業などの)共同経営[出資]者
━ 動
━ 他 〈人と〉提携する((*up*))；〈人を〉(…と)組ませる((*with*...))
━ 自 (…と)ペアを組む((*with*...))
partnership 名 U 提携, 連携, 協力
part-time /pɑ́ːrttàim パートタイム/
形〈人が〉非常勤の, アルバイトの；〈仕事などが〉時間[定時]制の
- a *part-time* job パートの仕事
- a *part-time* lecturer 非常勤講師
━ 副 時間給[非常勤]で ⇨full-time
- work *part-time* パートで働く

party

/pɑ́ːrti パーティ/
名 (複 **parties** /パーティズ/) C
❶ **パーティー**, 会
- have [hold] a *party* パーティーを催す
❷ **政党**；党派；一団, 一隊, 一行
❸ ((改まって)) 関係者；(契約などの)当事者
- the government [ruling] *party* 与党
- the opposite *party* 野党

pass /pǽs パス/

動 三単現 **passes** /パスィズ/
過去・過分 **passed** /パスト/
現分 **passing** /パスィング/

— 他

❶ ⟨…を⟩**通る, 通り過ぎる**, 通過する; ⟨乗り物などを⟩追い越す
- *pass* the post office 郵便局を通り過ぎる

❷ ⟨試験などに⟩**合格する**, 受かる (⇔ fail)
- *pass* an exam 試験に合格する

❸ ⟨…を⟩**手渡す**, 回す
- *pass A B = pass B (over) to A* A(人)にB(物)を渡す, 取ってあげる
- *Pass* (me) the salt, please. 塩を取ってください

❹ ⟨時を⟩**(…をして)過ごす**, 送る ((*doing*))

❺ 【スポーツ】⟨ボールを⟩パスする

❻ ⟨議案などを⟩**通す**, 可決する; ⟨判断などを⟩下す; ⟨糸などを⟩通す

— 自

❶ ⟨乗り物などが⟩**通る, 通り過ぎる**, 通過する; 追い越す
- The highway *passes* through the town. 幹線道路は町を横断している

❷ ⟨試験などに⟩**合格する**, 受かる ((*in...*)); ⟨法案などが⟩通過する
- 📖 I hope you *pass*. (あなたが)合格できますように

❸ ⟨時が⟩**過ぎる**, 経過する, たつ
- Ten days have *passed* since we broke up. 私たち(男女)が別れてから10日たった

❹ 終わる; 消え去る; 亡くなる
- The pain will soon *pass* off. 痛みはすぐに引きますよ

❺ 【スポーツ】(…に)パスする ((*to...*))

❻ 意見を述べる

pass away ⟨人が⟩亡くなる, 逝去(せいきょ)する
pass by (そばを)通り過ぎる; ⟨時が⟩過ぎ去る
pass by A Aのそばを通り過ぎる
pass A down = pass down A Aを次に回す; (次の世代に)伝える ((*to...*))
pass for [as] A Aとして通用する
pass A off = pass off A Aを(…だと)偽る ((*for..., as...*))
pass on 先へ進む; ⟨時間などが⟩過ぎる; ⟨人が⟩死ぬ
pass A on = pass on A A(財産)を(…に)譲る; A(情報など)を(…に)伝える; A(物)を(…に)回す ((*to...*))
pass out 意識を失う
pass A out = pass out A A(物)を分配する
pass over 無視する, 大目に見る
pass through A A(場所)を通り抜ける; A(困難など)を切り抜ける
pass A up = pass up A A(機会など)を逃す; A(申し出など)を辞退する

— **名** (複) **passes** /パスィズ/ C

❶ 通行(許可)証; 乗車券
❷ (試験の)合格
❸ 【スポーツ】パス, 送球; 【トランプ】パス
❹ 峠, 山道

pass. ((略)) *passive* 【文法】受身の

passable /pǽsəbl パサブル/ **形**
❶ ⟨道などが⟩通行[通過]できる
❷ そこそこの, まずまずの
passably 副 一応; そこそこ, まずまず

passage /pǽsidʒ パスィヂ/ **名**
❶ C 通路, 路地; 廊下
❷ U 通行, 通過
❸ U (時などの)経過, 推移; (物事の)進行; (議案などの)可決, 通過
❹ C (文章・演説などの)一節
❺ C 船旅, 空の旅

passageway /pǽsidʒwèi パスィヂウェイ/ **名** C 廊下; 通路

passenger* /pǽsəndʒər パサンヂャ/
名 (複) **passengers** /パサンヂャズ/ C
乗客, 旅客, 船客

passerby /pǽsərbái パサバイ/ **名** C 通行人, 通りがかりの人

passing /pǽsiŋ パスィング/
形 通りすがりの, 通り過ぎる; 一時的な
— **名** C (時の)経過; (法案の)通過; 死
in passing ついでに

passion /pǽʃən パシャン/ **名**
❶ U C (強い)情熱, 感情, 激情; 情欲
- strong *passion* 強い情熱
❷ C ((a passion)) (…への)熱, 熱中, 熱望 ((*for...*))
❸ C ((a passion)) かんしゃく, 激怒
❹ ((the Passion)) キリストの受難
passionate 形 情熱的な; 熱烈な, 激しい
passionately 副 情熱的に; 熱烈に

passive /pǽsiv パスィヴ/ **形**
❶ ⟨人などが⟩受身の, 消極的な; やる気のない

(⇔active)
- *passive* smoking 受動喫煙
❷ 無抵抗の; さからわない
❸【文法】受身[受動態]の(⇔active)
- the *passive* voice 受身, 受動態

passport /pǽspɔːrt パスポート/
名 (複 **passports** /pǽspɔːrʦ/) C
❶ **パスポート, 旅券**; (遊園地などの)入場許可証
- apply for a *passport* パスポートを申請する
- issue a *passport* パスポートを発券する
- renew a *passport* パスポートを更新する
❷ (ある目的のための)手段((to...))

password /pǽswə̀ːrd パスワード/ 名 C
❶【コンピュータ】パスワード, 暗証番号
❷ 合い言葉

past /pǽst パスト/
形 ((比較なし))
❶ **過去の**, 過ぎ去った(⇔present¹)
- my *past* career 私の過去の経歴
- in times *past* 過去に, 昔
- Winter is *past*. 冬が過ぎた
❷ 最近の, ここ…
- for the *past* few weeks ここ数週間
❸ 元の, 前任の;【文法】〈時制などが〉過去(形)の
■ 副 ((比較なし))
❶ (場所を)**過ぎて**, 通り越して
- walk *past* 歩いて通り過ぎる
- Could I get *past*, please?
すみません, 通してください
❷ (時間を)**過ぎて**
- Several years *went past*. 数年が過ぎた
■ 前
❶ ((場所))**…を通り過ぎて**; …を過ぎた所に
- There's a bank just *past* the crossroads.
交差点の少し先に銀行がある
❷ ((時間))**…を過ぎて**
- half *past* [(米)after] five 5時半
- It's five (minutes) *past* two.
2時5分過ぎだ
❸ ((程度))**…を越えて**; …以上
- My father is *past* seventy.
父は70歳を越えている
■ 名 (複 **pasts** /pǽsʦ/) U C
❶ ((the past)) **過去**, 昔
- in *the past* 過去に, 昔は, 以前に; これまで

- look back on *the past* 過去を振り返る
- We should learn from *the past*.
歴史から学ばなくてはならない
- It's all in *the past*.
それはすべて昔のことだ; 水に流そう
❷ ((ふつう the past))【文法】過去(形), 過去時制
❸ ((a [one's] past)) 歴史; (人の)経歴; ((a past)) (人の)暗い過去
- a man with *a past* 過去のある男

pasta /pɑ́ːstə パースタ/ 名 U パスタ(料理)

paste /péist ペイスト/
名 U 生地(♯); (果実・魚肉などの)練り物, ペースト; U C のり; のり状の物
■ 動 他
❶ 〈物などを〉(…に)のりで貼る, 貼り付ける((on...))
❷【コンピュータ】〈テキスト・データなどを〉ペーストする, 貼り付ける

pastel /pæstél パステル/
名 U C パステル(クレヨン); U パステル画法; C パステル画; ((ふつう pastels)) パステルカラー
■ 形 〈色が〉パステル(調)の, 淡い

pastime /pǽstàim パスタイム/ 名 C 気晴らし, 娯楽

pastor /pǽstər パスタ/ 名 C 牧師

pastoral /pǽstərəl パスタラル/ 形
❶ 田舎の, 田園の; 牧歌的な
❷ 牧師の

pastry /péistri ペイストリ/ 名 C ペーストリー(パイ・タルトなどの菓子)

pasture /pǽstʃər パスチャ/ 名 U C 牧草地, 牧場

pat /pǽt パト/
動 他 〈物を〉軽くたたく; 〈人の〉(体の部分を)なでる((on...))
■ 名 C 軽くたたく[なでる]こと; 軽く打つ音

patch /pǽtʃ パチ/
名 C
❶ (修繕用の)継ぎ当て, 当て布, パッチ
❷ 眼帯; ばんそうこう, 貼り薬
❸ 斑点(はん), まだら, ぶち
❹ (小区画の)土地, 畑
■ 動 他 〈物に〉継ぎを当てる
patchy 形 継ぎはぎだらけの, 寄せ集めの; まだら状の; 不完全な, 一様でない

patchwork /pǽtʃwə̀ːrk パチワーク/ 名
❶ U パッチワーク, 継ぎはぎ細工
❷ C ((a patchwork)) 寄せ集め物

patent /pǽtənt パタント/
名 C (…の)特許(権), パテント((for...)); (専売)特許品
- apply for a *patent* 特許を申請する
━ 形
❶ 専売特許の; 独特の
❷ 〈うそなどが〉明白な, 分かりきった
━ 動 他 〈…の〉(専売)特許権を取る

paternal /pətə́ːrnl パターヌル/ 形 父の, 父らしい; 〈血縁が〉父方の (⇔ maternal)
paternity 名 U 父であること, 父性; 父系

path* /pǽθ パス/
名 (複 **paths** /パスズ/) C
❶ 小道, 細道; (公園などの)歩道
❷ (台風などの)通り道, 進路; (人生の)行路, (…への)道, 指針 ((to...))
cross A's path A (人)にばったり出会う

pathetic /pəθétik パセティク/ 形 〈光景などが〉哀れな, 痛ましい; 〈人・物が〉役立たずでひどい

pathology /pəθάlədʒi パサラヂ/ 名 U 病理学; 病状
pathological 形 病理学(上)の; 病的な
pathologist 名 C 病理学者

pathos /péiθɑs ペイサス/ 名 U 悲哀, ペーソス

pathway /pǽθwèi パスウェイ/ 名 C 小道, 道; (…への)道筋 ((to...))

patient /péiʃənt ペイシャント/
形 (…に)忍耐強い, 辛抱強い((with...)); 〈人が〉根気のある
━ 名 C 患者, 病人
patiently 副 忍耐強く, 気長に
patience 名 U 辛抱強さ, 忍耐(力)

patio /pǽtiòu パティオウ/ 名 C (スペイン風家屋の)中庭, パティオ; (屋外の)テラス

patriot /péitriət ペイトリアト/ 名 C 愛国者
patriotic 形 愛国的な; 愛国心の強い
patriotism 名 U 愛国心

patrol /pətróul パトロウル/
名
❶ C U 巡回, 巡視, パトロール
- a *patrol* car パトカー
❷ C 巡回者; 【軍事】偵察隊
━ 動 他 〈道路などを〉巡回[巡視]する, パトロールする

patron /péitrən ペイトラン/ 名 C
❶ (芸術家などの)後援者, パトロン
❷ (サービス業などの)顧客, 常連
patronage 名 U ひいき, 愛顧; 顧客; 後援, 奨励

pattern* /pǽtərn パタン/
名 (複 **patterns** /パタンズ/) C
❶ 模様, 柄, 図案
❷ (行動などの)型, パターン, 様式
❸ 模範, 手本
━ 動 他 〈…を〉〈…にならって〉作る ((after...))

pause /pɔ́ːz ポーズ/
名 (複 **pauses** /ポーズィズ/) C
❶ 小休止; 中断
- make [have, take] a *pause* ちょっと休む
❷ U (録画機などの)休止ボタン
❸ 区切り; 【音楽】フェルマータ
give A pause A (人)によく考えさせる, A (人)にちゅうちょさせる
━ 動 自 (…のために)ちょっと休む, 中断する; ひと息つく ((for...)); ちょっと立ち止まる

pave /péiv ペイヴ/ 動 他 〈道路などを〉(アスファルトなどで)舗装する ((with...))
pave the way to [for] A
A (事業など)への道を開く
pavement 名 C 舗装道路; 歩道; U 舗装; 舗装材料

pavilion /pəvíljən パヴィリャン/ 名 C (展示場などの)パビリオン; (大型)テント

pawn¹ /pɔ́ːn ポーン/
動 他 〈…を〉質に入れる
━ 名 U 質入れ; 入質; C 抵当(じち)物

pawn² /pɔ́ːn ポーン/ 名 C 【チェス】ポーン, 歩(ふ); 他人の手先

pay /péi ペイ/
動 三単現 **pays** /ペイズ/
過去過分 **paid** /ペイド/
現分 **paying** /ペイイング/
━ 他
❶ 〈金・代金を〉払う, 支払う; 〈請求書などの〉支払いをする
- *pay* cash 現金で払う
- *pay A B = pay B to A*
A (人)に B (金・賃金を)払う
- She *paid* him 10 dollars.
彼女は彼に10ドル払った
- *pay A for B*
(1) B (商品など)に A (金)を支払う; B (商品などの)代金を A (人)に支払う
- He *paid* 20 dollars *for* these books.
彼はこれらの本代を20ドル払った
(2) B に対して A (代償など)を払う

❷ ((次の用法で))
- *pay A to do*
  A(人)に金を払って…してもらう
- *pay A to B* B(人)に対してAを払う
- *pay* attention [respect] *to* him
  彼に注意[敬意]を払う
- *pay* a visit *to* her 彼女を訪問する
— 自
❶ (…で)金を支払う((*in*...)); (…に)金を支払う((*for*...))
- *pay in* cash 現金で払う
- Can I *pay in* Euros?
  ユーロで払ってもいいですか
- You can *pay* either by credit card or (by) cash. 支払いはクレジットカードでも現金でも結構です
❷〈企画などが〉利益を生む;〈行動などが〉利益になる;〈仕事が〉金になる

pay A back = pay back A
A(人)に借金を返す;A(借金など)を返済する;(…のことで)A(人)に仕返しをする((*for*...))
pay off〈事が〉うまくいく,もうけになる
pay A off = pay off A
A(借金など)を完済する;A(人)を買収する
pay A out = pay out A
A(大金)を支出する,支払う
pay up ((くだけて))借金を全額払う
— 名 U
❶ 賃金,給料,報酬
- low [high] *pay* 安い[高い]給料
- starting [first] *pay* 初任給
- a *pay* slip 給料明細票
❷ ((形容詞的に))〈電話などが〉有料の
- a *pay* phone 公衆電話

payable 形 支払うべき;支払い可能な
payer 名 C (手形などの)支払い人
payment 名 U 支払い; C 支払い金; U C 報酬,償い

payday /péidèi ペイデイ/ 名 U C 給料日,支払い日
payoff /péiɔ̀:f ペイオーフ/ 名 C ((くだけて))
❶ (借金などの)支払い;支払い期日
❷ 見返り;報酬;わいろ
payroll /péiròul ペイロウル/ 名 C 給料支払い名簿;((単数形で))支払い給料総額

PC ((略))*p*ersonal *c*omputer パソコン
PE, P.E. ((略))*p*hysical *e*ducation 体育
pea /pí: ピー/ 名 C 【植物】えんどう(豆)

(as) like as two peas (in a pod)
うりふたつで
peace* /pí:s ピース/ 名 U
❶ 平和,和平(⇔war)
- *peace* talks (国家間の)和平交渉,和平会談
- bring *peace* to *A*
  A(国など)に平和をもたらす
- *at peace* 平和に,仲よく
❷ 平穏,安心;((ふつうthe peace))治安,秩序
- *peace* of mind 心の平静
- sleep *in peace* 安らかに眠る
- keep *the peace* 治安を維持する
❸ ((またa peace))和解;和睦(ぼく);((しばしばPeace))講和条約
- *make (one's) peace with A*
  A(人)と仲直りする,和解する

peaceful 形 平和な;穏やかな
peacefully 副 安らかに;平和(的)に
peacefulness 名 U 平穏,穏やかさ

peacekeeping /pí:ski:piŋ ピースキーピング/ 形 平和維持(活動)(の)
- a *peacekeeping* force 平和維持軍
- *peacekeeping* operation 平和維持活動(略 PKO)
peacetime /pí:stàim ピースタイム/ 名 U 平時,平和な時期
peach /pí:tʃ ピーチ/ 名 C 【植物】桃(の木); U C 桃色
peacock /pí:kàk ピーカク/ 名 C
❶【鳥】雄じゃく;(一般に)くじゃく
❷ ((けなして))虚栄心の強い人,見えっ張り
(as) proud as a peacock
虚栄心が強い,うぬぼれて
peahen /pí:hèn ピーヘン/ 名 C【鳥】雌くじゃく
peak /pí:k ピーク/
名 C
❶ 山頂,峰;頂点,絶頂,ピーク
❷ ((英))(帽子の)つば,前びさし
— 動 自 頂点[ピーク]に達する
peaked 形 先のとがった;つばのある
peanut /pí:nʌ̀t ピーナト/ 名 C
❶【植物】落花生,ピーナツ
- *peanut* butter ピーナツバター
❷ ((peanuts))ごく少額の金,はした金
pear /péər ペア/ 名 C【植物】西洋梨(の木)
pearl /pə́:rl パール/ 名 C 真珠
- cast *pearls* before swine
  ((ことわざ))豚に真珠

peasant /pézənt ペザント/ 名 C 農民, 小作人；田舎者

pebble /pébl ペブル/ 名 C 小石, 玉石

peck /pék ペク/ 動 他〈…を〉(くちばしで)つつく；〈…を〉くり抜く((*out*))；〈穴などを〉つついてあける

peculiar /pikjúːljər ピキューリャ/ 形
❶〈人・物が〉奇妙な, 一風変わった, 特異な
- *it is peculiar that...* …だとは奇妙だ
❷(…に)特有の, 固有の, 独特な((*to...*))
peculiarly 副 特に, 格別に；奇妙に

pedagogy /pédəgòudʒi ペダゴウヂ/ 名 U 教育学, 教授法

pedal /pédl ペドル/
名 C (自転車などの)ペダル, (ピアノなどの)ペダル, 踏み板
━ 動 自 (自転車などの)ペダルを踏む；自転車に乗って進む

peddler /pédlər ペドラ/ 名 C ((米)) 行商人

pedestrian /pədéstriən パデストリアン/
名 C 歩行者；通行人
━ 形 徒歩の, 歩行(者専)用の
- a *pedestrian* crossing 横断歩道

pediatric /pìːdiǽtrik ピーディアトリク/ 形 小児科の

pee /píː ピー/
名 U ((また a pee))おしっこ
━ 動 自 おしっこする

peek /píːk ピーク/
動 自 ちらっと見る, (…を)こっそりのぞく, のぞき見する((*at...*))
━ 名 C ((ふつう a peek))のぞき見

peekaboo /pìːkəbúː ピーカブー/
名 U いないいないばあ
━ 間 いないいないばあ

peel /píːl ピール/ 動
━ 他〈果物などの〉皮をむく, はがす((*off*))；〈皮などを〉(…から)むく((*off...*))
━ 自〈ペンキなどが〉はがれる；〈皮が〉むける((*off*))

peep¹ /píːp ピープ/
動 自 (穴などから)のぞき見する((*through...*)), (…を)のぞき見する((*at...*))
━ 名 ((a peep))のぞき見, 盗み見

peep² /píːp ピープ/
名 C ((鳴き声))ピーピー, チューチュー
━ 動 自〈ひな鳥などが〉ピーピー[チューチュー]鳴く

peer¹ /píər ピア/ 名 C
❶ 同僚, 仲間；(年齢・能力などが)同等の人
❷ ((英)) 貴族

peer² /píər ピア/ 動 自 (…を)(よく見ようと)じっと見る, (…に)目を凝らす((*at...*))

peg /pég ペグ/
名 C (金属・木などの)釘(´), フック；留め木；(テントの)くい
━ 動 他〈…を〉釘[くい]で留める

Pegasus /pégəsəs ペガサス/ 名【ギリシャ神話】ペガサス, 天馬(翼を持った馬)；【天文】ペガサス座

pelican /pélikən ペリカン/ 名 C 【鳥】ペリカン

pellet /pélət ペラト/ 名 C (紙などを丸めた)小球, 小粒；錠剤, 丸薬

pen¹ /pén ペン/

名 (複 **pens** /pénz/) C
❶ ペン
- write *in pen* = write *with a pen* ペンで書く
❷ ((the pen))著述；文筆(業)
- *The pen* is mightier than the sword. ((ことわざ))ペンは剣よりも強し
━ 動 他〈…を〉ペンで書く

pen² /pén ペン/
名 C 檻(´), 囲い
━ 動 他〈家畜などを〉囲い[檻]に入れる；〈人を〉(…に)監禁する((*in...*))

penal /píːnl ピーヌル/ 形 刑罰の

penalty /pénəlti ペナルティ/ 名
❶ C U 刑罰, 処罰
❷ C (…に対する)罰金((*for...*))
❸ C 【スポーツ】罰, ペナルティー
- a *penalty* kick 【サッカー・ラグビー】ペナルティーキック
- a *penalty* shoot-out 【サッカー】P K戦
pay the penalty
(…の)罰金を払う；報いを受ける((*for...*))

pence /péns ペンス/ 名 (pennyの複数形) ((英))ペンス (略 p.)

pencil /pénsəl ペンサル/

名 (複 **pencils** /pénsəlz/) C U **鉛筆**
- a *pencil* case [box] 筆箱, 鉛筆入れ
- a *pencil* sharpener 鉛筆削り
- sharpen a *pencil* 鉛筆を削る
📖 You need *pencils*. 鉛筆がいります
━ 動 他〈…を〉鉛筆で書く

pendant /péndənt ペンダント/ 名 C ペンダ

pending /péndiŋ ペンディング/
形 未解決の, 未定の
■前 …の間に;…まで(until)

pendulum /péndʒələm ペンヂュラム/ 名C
(時計などの)振り子

penetrate /pénətrèit ペナトレイト/ 動
― 他 〈物が〉〈…を〉貫通する;〈思想などが〉〈…に〉浸透する
― 自 (…を)貫通する((through...));(…の中へ)浸透する((to..., into...))
penetrating 突き通す;洞察力のある
penetration 名U 貫通;浸透;洞察

penguin /péŋgwin ペングウィン/ 名C【鳥】ペンギン

penicillin /pènəsílin ペナスィリン/ 名U【薬学】ペニシリン(抗生物質)

peninsula /pənínsələ パニンスラ/ 名C 半島

penis /pí:nis ピーニス/ 名C ペニス

penmanship /pénmənʃip ペンマンシプ/ 名U ペン習字;筆跡

Penn. ((略))Pennsylvania ペンシルベニア州

pennant /pénənt ペナント/ 名C 三角旗; ((the pennant))((米))ペナント, 優勝旗

Pennsylvania /pènsəlvéinjə ペンサルヴェイニャ/ 名 ペンシルベニア(略 Pa., Penn., ((郵便))PA;米国東部の州;州都はハリスバーグ(Harrisburg))

penny /péni ペニ/ 名C
❶ (複 pence /ペンス/) ペニー, ペンス (英国の貨幣単位で100分の1ポンド;略 p.)
❷ (複 pennies /ペニズ/) ((英))1ペニー銅貨; ((米・カナダ))((くだけて))1セント貨
❸ ((a penny)) わずかの金, 小銭
· I don't have a *penny*. 一文無しだ

pension¹ /pénʃən ペンシャン/ 名C 年金
· live on *one's pension* 年金で生活する
■動他〈人に〉年金を与える
pensioner 名C ((英))年金受給者

pension² /pɑ:nsjóun パーンスイオウン/ 名C 下宿屋, ペンション

penthouse /pénthàus ペントハウス/ 名C ペントハウス(マンションなどの最上階の眺めのよい部屋)

people /pí:pl ピープル/
名 (複 peoples /ピープルズ/)
❶ U ((複数扱い)) 人々;世間の人々
· old [young] *people* 老人[若者]
- *People say*... …ということだ
❷ C 国民, 民族
· the *peoples* of Africa アフリカの諸国民
❸ ((the people))((複数扱い))一般国民, 人民, 庶民

pepper /pépər ペパ/
名
❶ U【植物】胡椒(こしょう)
❷ U【植物】唐辛子(とうがらし); C 唐辛子類
· a green *pepper* ピーマン
■動他
❶〈…に〉こしょうを振りかける
❷〈人に〉〈質問などを〉浴びせる((with...))

peppermint /pépərmint ペパミント/ 名U【植物】ペパーミント

per /pər パ; ((強)) pá:r パー/ 前 …につき, …ごとに
· sixty kilometers *per* hour 時速60キロ
· a thousand yen *per* person 1人につき1000円
as per A A(指示など)に従って

perceive /pərsí:v パスィーヴ/ 動他
❶〈…に〉気づく;〈…を〉知覚する, 目にする
❷ (…であることを)理解する((*that*節))

percent, ((主に英)) per cent
/pərsént パセント/ 名 (複 percent) C パーセント(記号 %;略 p.c.)
percentage 名UC 百分率, パーセンテージ;割合

perception /pərsépʃən パセプシャン/ 名U 知覚, 感覚;理解力, 洞察力
perceptible 形 知覚できる
perceptive 形 知覚の;洞察の鋭い

perch /pə:rtʃ パーチ/
名C (鳥の)止まり木
■動自〈鳥が〉(止まり木などに)止まる;〈人が〉(高い所などに)座る, 腰かける((on...))

percussion /pərkáʃən パカシャン/ 名U
❶【音楽】打楽器, パーカッション
❷ 打撃, 衝撃;振動
percussionist 名C【音楽】打楽器奏者

perfect /pá:rfikt パーフィクト/
形 比較 more perfect
最上 most perfect

perfection

❶ 完全な, 完璧(ﾍﾟｷ)な, 申し分のない；正確な
・a *perfect* speech 完璧なスピーチ
・Nobody's *perfect*. 完全な人間はいない
❷ (…に)最適の, 絶好の((*for*...))
❸ まったくの；徹底的な
・a *perfect* stranger
全然知らない人, 赤の他人
❹【文法】完了(時制)の
― 名 ((the perfect))【文法】完了時制, 完了形
― 動 /pərfékt パフェクト/ 他〈…を〉完全にする；〈…を〉完成する, 仕上げる
perfectly 副 完全に, 完璧に, 申し分なく

perfection /pərfékʃən パフェクシャン/ 名 U 完全, 完璧(ﾍﾟｷ)；完成
to perfection 完全に, 申し分なく
perfectionist 名 C 完全主義者

perform /pərfɔ́ːrm パフォーム/ 動
― 他
❶ 〈役を〉演じる；〈音楽を〉演奏する；〈劇を〉上演する
・*perform* the part *A* Aの役を演じる
❷ 〈任務などを〉成しとげる；〈約束などを〉実行する
・*perform one's* duty 義務を果たす
― 自
❶ 演じる, 演奏する, 上演する
・*perform* on the piano ピアノを演奏する
❷ 〈機械などが〉(うまく)機能する
performer 名 C 演技者, 演奏者；実行者

performance /pərfɔ́ːrməns パフォーマンス/ 名
❶ C 上演, 演奏, 公演；演技
・a live *performance* ライブ演奏
❷ U 遂行, 実行；達成
❸ C 成績, 出来ばえ；U (機械の)性能

perfume
― 名 /pə́ːrfjuːm パーフューム/ U C
❶ 香水；香料
❷ (よい)香り, におい, 芳香(ﾎｳｺｳ)
― 動 /pərfjúːm パフューム/ 他 〈…に〉香水を付ける

perhaps /pərhǽps パハプス/
副 ((比較なし))
❶ ((確信がもてない時))もしかしたら, ひょっとすると, たぶん
・*Perhaps* it will rain.
ひょっとすると雨が降るかもしれない
❷ ((明言を避けて))ことによると
・"Are you going to the party?" "*Perhaps* [*Perhaps not*]." 「パーティーに行くの」「たぶんね[たぶん行かないな]」
❸ ((概数))おおよそ
・There are *perhaps* 50 students at [in] the gym. 体育館には約50人の生徒がいる

peril /pérəl ペラル/ 名 ((文語)) U (差し迫った)危険； C (ふつう perils) 危険なこと[物]
at one's peril 危険を覚悟で
perilous 形 とても危険な

period* /píəriəd ピアリアド/
名 (複 **periods** /píəriədz ピアリアヅ/) C
❶ 期間, 時期；**時代**
・the Edo *period* 江戸時代
❷ (授業の)**時限**, 時間
・the second *period* 2時限目
❸ ((主に米))【文法】**ピリオド**, 終止符
❹【天文・物理】(自転などの)周期
❺ (女性の)生理(期間)
― 間 ((米)) ((くだけて)) 以上, 終わり
・You cannot go. *Period*!
君は行っちゃいけない. 以上
periodic 形 周期的な；定期的な

periodical /pìəriádikəl ピアリアディカル/
名 C 定期刊行物, 雑誌
― 形 定期刊行の；周期的な；定期的な
periodically 副 周期的に；定期的に

peripheral /pərífərəl パリファラル/ 形
❶ 周辺の；[コンピュータ] 周辺機器の
❷ 〈問題が〉あまり重要でない
periphery 名 C ((ふつう単数形で)) 周辺部；あまり重要でない部分

perish /périʃ ペリシュ/ 動 自 ((文語))〈人・動物が〉死ぬ；〈文明などが〉滅びる；腐る

permanent /pə́ːrmənənt パーマナント/
形 永続する, 永久的な, 不変の；常任の, 終身の
・a *permanent* peace 恒久平和
― 名 C ((米)) パーマ(ネント)
permanently 副 永久に, 不変に；一生

permission /pərmíʃən パミシャン/ 名 U (…に対する)許可, 認可((*for*...))
・ask for *permission* 許可を求める
▪ *give A permission to do*
A(人)に…する許可を与える
・I *gave* him *permission to* park.
彼に駐車する許可を与えた

- without *permission* 無断で
- **permissible** 形 許される, 差し支えない
- **permissive** 形 許す, 許可する; 寛大な

permit*
動 /pərmít パミト/
三単現 **permits** /パミツ/
過去・過分 **permitted** /パミティド/
現分 **permitting** /パミティング/
— 他
❶ 〈…を〉許す, 許可する
- *permit A B* A(人)にB(事)を許す
- *permit (A's) doing* (A(人)が)…するのを許す
- *permit A to do* A(人)に…することを許す

❷ 〈事が〉〈…を〉可能にする
— 自 〈事が〉許す, 可能にする
- *weather permitting* = if the weather *permits* 天気さえよければ
— 名 /pə́:rmit パーミト/ C 許可証, 免許証
- a driver's *permit* 運転免許証

perpendicular /pə̀:rpəndíkjələr パーパンディキュラ/ 形 垂直の; 直立した

perpetual /pərpétʃuəl パペチュアル/ 形 絶え間のない; 永久の
- **perpetually** 副 絶え間なく; 永久に

perpetuate /pərpétʃuèit パペチュエイト/ 動 他〈望ましくない事を〉長引かせる

perplexed /pərplékst パプレクスト/ 形 当惑した, 途方に暮れた; 〈質問などが〉分かりにくい
- **perplexing** 形 〈問題などが〉〈人を〉当惑させる; めんどうな

Perry /péri ペリ/ 名 **Matthew Calbraith Perry** ペリー (1853年に「黒船」で浦賀に来航した米国の提督)

persecution /pə̀:rsikjú:ʃən パスィキューシャン/ 名 UC 迫害, 虐待

persevere /pə̀:rsəvíər パーサヴィア/ 動 自 (困難などに負けず)目的をやりとげる, 〈…を〉がんばり通す《*in...*, *with...*, *at...*》
- **perseverance** 名 U 忍耐, 辛抱

persimmon /pərsímən パスィマン/ 名 C 【植物】柿; 柿の木

persist /pərsíst パスィスト/ 動 自
❶〈…に〉固執する; 〈…を〉断固として貫く《*in...*》
❷〈事・物が〉持続する
- **persistence** 名 U 固執, 粘り強さ, しつこさ; 持続(性)

- **persistent** 形 頑固な, 粘り強い, しつこい; 持続する
- **persistently** 副 頑固に; 粘り強く

person
/pə́:rsən パーサン/
名 (複 **persons** /パーサンズ/)
❶ C 人, 人間, 個人
- an elderly *person* お年寄り
❷ C ((複合語で))…する人
- a chair*person* 議長
❸ UC 【文法】人称
- the third *person* 第三人称
  in person 自分で, 本人みずから

personal* /pə́:rsənl パーサヌル/
形 ((比較なし))
❶〈発言などが〉個人的な; 一身上の; じきじきの
- a *personal* opinion 個人的な意見
- a *personal* computer パソコン
❷ ((改まって))体の, 身なりの
- *personal* appearance 容姿
❸ 【文法】人称の
- a *personal* pronoun 人称代名詞
— 名 C ((米))(新聞の)連絡[交際]欄
- **personally** 副 個人的に; みずから, 直接に; 個人的な考えでは

personality /pə̀:rsənǽləti パーサナラティ/ 名
❶ UC 個性, 性格, 人柄; 人格, 人間性
- a strong *personality* 強い性格
❷ C 有名人, 名士
- a TV *personality* テレビタレント

personnel /pə̀:rsənél パーサネル/ 名 ((複数扱い))(会社・官庁などの)全職員; U 人事課[部]

perspective /pərspéktiv パスペクティヴ/ 名
❶ C 観点, 見方, 考え方
- from an international *perspective* 国際的観点から
❷ C (将来の)見通し, 展望
❸ U 遠近法, 透視画法; C 遠景

perspire /pə:rspáiər パースパイア/ 動 自 汗をかく, 発汗する
- **perspiration** 名 U 汗; 発汗

persuade /pərswéid パスウェイド/ 動 他〈…を〉説得する
- *persuade A to do* [*into doing*] A(人)を…するよう説得する, 説得して…させる

pertain

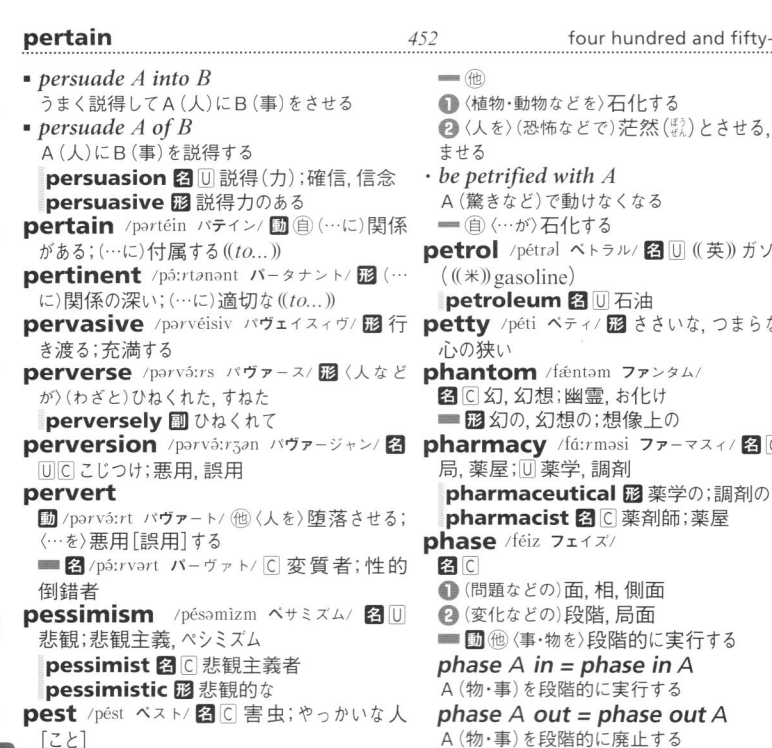

- *persuade A into B*
  うまく説得してA(人)にB(事)をさせる
- *persuade A of B*
  A(人)にB(事)を説得する

persuasion 名 U 説得(力);確信,信念
persuasive 形 説得力のある

pertain /pərtéin パテイン/ 動 自 (…に)関係がある;(…に)付属する((to...))

pertinent /pə́:rtənənt パータナント/ 形 (…に)関係の深い;(…に)適切な((to...))

pervasive /pərvéisiv パヴェイスィヴ/ 形 行き渡る;充満する

perverse /pərvə́:rs パヴァース/ 形〈人などが〉(わざと)ひねくれた,すねた
perversely 副 ひねくれて

perversion /pərvə́:rʒən パヴァージャン/ 名 U C こじつけ;悪用,誤用

pervert
動 /pərvə́:rt パヴァート/ 他〈人を〉堕落させる;〈…を〉悪用[誤用]する
— 名 /pə́:rvərt パーヴァト/ C 変質者;性的倒錯者

pessimism /pésəmìzm ペサミズム/ 名 U 悲観;悲観主義,ペシミズム
pessimist 名 C 悲観主義者
pessimistic 形 悲観的な

pest /pést ペスト/ 名 C 害虫;やっかいな人[こと]

pester /péstər ペスタ/ 動 他〈人を〉(…で)悩ます,困らせる((with...))

pesticide /péstisàid ペスティサイド/ 名 U C 殺虫剤

pet* /pét ペト/
名 (複 **pets** /ペッ/) C
❶ ペット,愛玩(あいがん)動物
❷ お気に入り(の物)
make a pet of A
A(動物など)をかわいがる
— 形 ペット(用)の
— 動 他〈動物・子どもなどを〉かわいがる;〈動物・子どもなどを〉優しくなでる

petal /pétl ペトル/ 名 C【植物】花びら,花弁

petition /pətíʃən パティシャン/
名 C (…の)請願(書),嘆願(書)((for...))
— 動
— 他〈…を〉請願[嘆願]する
— 自 (…を)請願[嘆願]する((for...));(…するように)嘆願書を出す((to do))

petrify /pétrifài ペトリファイ/ 動
— 他
❶〈植物・動物などを〉石化する
❷〈人を〉(恐怖などで)茫然(ぼうぜん)とさせる,すくませる
— 自 〈…が〉石化する
- *be petrified with A*
A(驚きなど)で動けなくなる

petrol /pétrəl ペトラル/ 名 U ((英)) ガソリン (((米)) gasoline)
petroleum 名 U 石油

petty /péti ペティ/ 形 ささいな,つまらない;心の狭い

phantom /fǽntəm ファンタム/
名 C 幻,幻想;幽霊,お化け
— 形 幻の,幻想の;想像上の

pharmacy /fɑ́:rməsi ファーマスィ/ 名 C 薬局,薬屋;U 薬学,調剤
pharmaceutical 形 薬学の;調剤の
pharmacist 名 C 薬剤師;薬屋

phase /féiz フェイズ/
名 C
❶ (問題などの)面,相,側面
❷ (変化などの)段階,局面
— 動 他〈事・物を〉段階的に実行する
phase A in = phase in A
A(物・事)を段階的に実行する
phase A out = phase out A
A(物・事)を段階的に廃止する

pheasant /fézənt フェザント/ 名 C【鳥】きじ;U きじの肉

phenomena /fənɑ́mənə ファナマナ/ 名 phenomenonの複数形

phenomenon /fənɑ́mənɑ̀n ファナマナン/
名 C
❶ (複 **phenomena** /ファナマナ/) 現象,事象
- a natural *phenomenon* 自然現象
❷ (複 **phenomenons** /ファナマナンズ/) 驚異的な出来事,並はずれたもの;非凡な人
phenomenal 形 並はずれた;現象の

Philadelphia /fìlədélfiə フィラデルフィア/ 名 フィラデルフィア(米国ペンシルベニア州の都市で,アメリカ独立宣言(1776年7月4日)の地)

philharmonic /fìlhɑ:rmɑ́nik フィルハーマニク/
形 音楽愛好の;音楽協会の;管弦楽団の
— 名 C 音楽協会;((時にPhilharmonic))管弦楽団

Philippine /fíləpìːn フィラピーン/
- 形 フィリピン(諸島)の；フィリピン人の
- 名 ((the Philippines))
  ❶ ((複数扱い)) フィリピン諸島
  ❷ ((単数扱い)) フィリピン (首都はマニラ)

philosophy /filάsəfi フィラサフィ/ 名
❶ U 哲学；C 哲学体系；原理
❷ C 信念, 物の考え方；人生観
  philosopher 名 C 哲学者；物事を深く思索する人
  philosophic(al) 形 哲学の；達観した

phoenix /fíːniks フィーニクス/ 名 C【エジプト神話】フェニックス, 不死鳥

phone /fóun フォウン/

名 (複 **phones** /fóunz/)
❶ UC 電話；電話機, 受話器 (telephone)
- a *phone* number 電話番号
- a *phone* book 電話帳
- a cell [mobile] *phone* 携帯電話
- by *phone* 電話で
- make a *phone* call 電話をかける
- get a *phone* call 電話をもらう
- talk [speak] *on* [*over*] *the phone*
  電話で話す
- pick up the *phone* 受話器を取る
- answer the *phone* 電話に出る
- hang up the *phone* 電話を切る
❷ C【音声】音(おん), 単音
- 動
- 他〈…に〉電話をかける
- I'll *phone* you later. あとで電話します
- *phone* back 電話をかけ直す
- 自 (…に)電話をかける ((*to*...))

  phonetic 形 音声の；音声学の
  phonetics 名 U 音声学

phonecard /fóunkὰːrd フォウンカード/ 名 C テレホンカード

phony /fóuni フォウニ/ 形 ((くだけて))にせの, いんちきの；まやかしの

photo /fóutou フォウトウ/

名 (複 **photos** /fóutouz/) C 写真
- a color *photo* カラー写真
- take a *photo* of A A (人・物)の写真を撮る
- have *one's photo* taken
  写真を撮ってもらう

photocopy /fóutoukὰpi フォウトウカピ/ 名 C 写真複写, コピー
- make a *photocopy* コピーする
- 動 他〈書類などを〉写真複写する, コピーする

photogenic /fòutədʒénik フォウタヂェニク/ 形〈人が〉写真写りのよい

photograph* /fóutəgrὰf フォウタグラフ/
名 (複 **photographs** /fóutəgrὰfs/) C 写真 (photo, picture)
- a family *photograph* 家族写真
- print a *photograph* 写真を焼き付ける
- 動
- 他〈…の〉写真を撮る
- 自 写真に写る
  photographer 名 C 写真家, カメラマン；写真を撮る人
  photographic 形 写真の；写真のような
  photography 名 U 写真撮影(術)

photosynthesis /fòutousínθəsis フォウトウスィンサスィス/ 名 U【生化学】光合成

phrase* /fréiz フレイズ/
名 (複 **phrases** /fréizəz/) C
❶ 言い回し, 表現, 言葉づかい
- in a *phrase* 一言で言えば
❷ 成句, 慣用句, 熟語
- a set *phrase* 成句, 決まり文句
❸【文法】句
- a noun *phrase* 名詞句
❹【音楽】楽句, フレーズ
a turn of phrase 言い回し
- 動 他〈…を〉言葉で表現する
  phrasing 名 U 言葉づかい, 表現；【音楽】フレージング, 句節法

physical /fízikəl フィズィカル/
形
❶ 身体の, 肉体の (⇔mental)
- *physical* strength 体力
- *physical* education (教科の)体育 (略 PE)
- a *physical* examination
  身体検査, 健康診断
- be in good *physical* condition
  体調がよい
❷ 物質の, 物質的な
❸ 物理的な, 物理学(上)の；自然科学の
- *physical* science 自然科学
- 名 C 身体検査, 健康診断
- have a *physical* 健康診断を受ける
  physically 副 身体[肉体]的に；物理的に

physician /fizíʃən フィズィシャン/ 名 C ((主に米)) 医者；(特に)内科医

physics /fíziks フィズィクス/ 名 U ((単数扱

physiology /fìziάlədʒi フィズィアラヂ/ 名
⓾ 生理学
physiological 形 生理学の;生理的な

pianist /piǽnəst ピアナスト/ 名 ⓒ ピアニスト;ピアノを弾く人

piano¹ /piǽnou ピアノウ/

名 (複 **pianos** /ピアノウズ/) ⓒ ピアノ
・play the *piano* ピアノを弾く

piano² /piά:nou ピアーノウ/
副【音楽】弱奏で, 弱く
— 形【音楽】弱奏の, 弱い

Picasso /pikά:sou ピカーソウ/ 名 **Pablo Picasso** ピカソ (フランスで活躍したスペイン生まれの画家・彫刻家)

Piccadilly /pìkədíli ピカディリ/ 名 ピカデリー (英国ロンドンの繁華街)
・*Piccadilly* Circus ピカデリー・サーカス

piccolo /píkəlòu ピカロウ/ 名 ⓒ【音楽】ピッコロ

pick¹ /pík ピク/

動 三単現 **picks** /ピクス/
過去・過分 **picked** /ピクト/
現分 **picking** /ピキング/
— 他
❶ 〈…を〉(入念に)**選ぶ**, 〈…を〉(いくつかの中から)選択する
・*Pick* any (that) you like.
どれでも好きなものを選んでね
・*Pick* your words carefully.
注意深く言葉を選びなさい
❷〈花・果物などを〉摘む, もぐ
❸〈小さな物を〉指でつまむ;〈鼻・耳・歯などを〉ほじる
❹〈…を〉つつく, 〈…を〉つついて〈穴を〉あける((*in...*));〈錠を〉こじあける, ピッキングする
❺〈…の〉中身を盗む
・*pick* pockets すりを働く
— 自
❶ (とがった物で) 突く, つつく, ほじる;〈鳥などが〉〈…を〉つばむ((*at...*))
❷〈…を〉入念に選ぶ((*on...*))
❸〈花・果実などを〉摘む, もぐ
pick and choose 念入りに選ぶ
pick on A
A (人) をいじめる; A (人) のあら探しをする
pick A out = pick out A
A (人・物) を選び出す; A (人・物) を見つけ出す
pick A up = pick up A
(1) A (物) を拾い上げる; A (人) を抱き上げる
(2) A (人) を車で迎えに行く; A (人) を車に乗せる
・Please *pick* me *up* at my house.
家まで迎えに来て
(3) (ついでに) A (物) を買う
(4) A (受話器) を取る
(5) A (スピード) を増す, 出す
(6) A (病気) をもらう
(7) A (健康など) を回復する
(8) A (言語など) を (実践的に) 身に付ける
(9) A (異性) を引っかける
(10) A (部屋など) をかたづける
(11) A (電波など) を受信する
— 名 ⓤ 選択(権); ((the pick)) えり抜き

pick² /pík ピク/ 名 ⓒ つるはし; 爪楊枝(ようじ); 錠前あけ; (弦楽器の) 爪(つめ), (ギターなどの) ピック

picket /píkit ピキト/ 名 ⓒ
❶ (労働争議中の) ピケ隊(員); 見張り兵
❷ (柵などの先のとがった) 杭(くい)

picking /píkiŋ ピキング/
動 pick の現在分詞・動名詞
— 名 ⓤ 摘むこと; ピッキング (鍵(かぎ)を使わずに解錠すること)

pickle /píkl ピクル/ 名 ⓒ ((ふつう pickles)) 漬け物, ピクルス
pickled 形 酢[塩]漬けにした

pickpocket /píkpàkət ピクパカト/ 名 ⓒ すり

pickup /píkʌ̀p ピカプ/ 名
❶ ⓒ (運搬用) 小型トラック
❷ ⓤ ⓒ 集配; 人 [荷物] を載せること

picky /píki ピキ/ 形 えり好みの激しい

picnic /píknik ピクニク/

名 (複 **picnics** /ピクニクス/) ⓒ (野外で食事を楽しむ) **遠足, ピクニック**; 野外での食事
・go on [for] a *picnic* ピクニックに行く
— 動
三単現 **picnics** /ピクニクス/
過去・過分 **picnicked** /ピクニクト/
現分 **picnicking** /ピクニキング/
— 自 **遠足 [ピクニック] に行く**; (野外で) 食事をする

picnicked /píknikt ピクニクト/ 動 picnic の過去形・過去分詞

picnicking /píknikiŋ ピクニキング/ 動 picnicの現在分詞・動名詞

pictorial /piktɔ́:riəl ピクトーリアル/ 形 絵の(ような);絵入りの;絵で表した

picture /píktʃər ピクチャ/

名 (複 **pictures** /ピクチャズ/) C
❶ 絵, 絵画;肖像画
・a *picture* book 絵本
・a *picture* postcard 絵はがき
・draw [paint] *pictures* 絵を描く
❷ 写真(photograph)
・take a *picture* of A A(人・物)の写真を撮る
❸ (テレビなどの)**映像, 画像**
❹ ((ふつう単数形で))(心に描く)イメージ;生き生きとした描写[記述]
❺ ((the picture))状況, 事情
❻ 映画; ((the pictures))((英))映画館
・go to *the pictures* 映画を見に行く
━ 動 他
❶ 〈…を〉想像する, 心に思い描く
❷ 〈…を〉絵に描く, 描写する, 写真に撮る
picturesque 形 絵のように美しい;生き生きとした

pie /pái パイ/ 名 C U
❶ パイ
❷ ((ふつう the pie))分け前
(as) easy as pie ((くだけて))とても簡単な

piece /pí:s ピース/

名 (複 **pieces** /ピースィズ/) C
❶ **1つ, ひとかけら;破片, 断片**
・The window shattered into *pieces*.
窓は割れて粉々になった
❷ ((次の用法で))
■ *a piece of A* 1つのA
・*a piece of* advice アドバイス1件
・*a piece of* baggage 手荷物1つ
・*a piece of* cake ケーキひときれ
・*a piece of* furniture 家具1点
・*a set of* information 情報1件
・*a piece of* news ニュース1件
・*a piece of* paper 紙切れ1枚
・two *pieces* of chalk チョーク2本
❸ (1セットのうちの)1つ
・The set of glasses has four *pieces*.
そのグラスのセットは4個から成っています
❹ (硬貨の)1枚;(絵画などの)1点;(音楽の)1曲;(詩の)1編

・a ten-cent *piece* 10セント硬貨
・a classical *piece* クラシックの曲
(all) in one piece
無事に, 無傷で, 壊れずに
a piece of cake そんなの朝飯前だ
・It's *a piece of cake*. そんなの朝飯前だ
give A a piece of one's mind
((くだけて)) A(人)をしかりつける
go to pieces 粉々に[ばらばらに]なる;〈人が〉取り乱す, (精神的・肉体的に)参ってしまう
into pieces 粉々に, ばらばらに
piece by piece 1つ1つ, 少しずつ
to pieces 粉々に, ばらばらに
━ 動 他 〈…を〉つなぎ合わせる((*together*))

pier /píər ピア/ 名 C 桟橋, 埠頭(ふとう)

pierce /píərs ピアス/ 動
━ 他
❶ 〈人・物を〉突き通す, 刺す, 貫く;〈…に〉穴をあける
❷ 〈寒さなどが〉〈人・体などに〉しみる, こたえる
━ 自 〈…を〉突き抜ける, 貫く((*through...*))

piercing /píərsiŋ ピアスィング/
動 pierceの現在分詞・動名詞
━ 形
❶ 〈声などが〉かん高い
❷ 〈寒さなどが〉骨身にこたえる
❸ 〈目つきなどが〉鋭い, 見抜くような

piety /páiəti パイアティ/ 名 U 敬虔(けいけん);信心深さ

pig /píg ピグ/ 名
❶ C 豚; U 豚肉
❷ C ((くだけて))((けなして))無作法な人;欲張り, 大食漢;不潔な人
make a pig of oneself がつがつ食べる

pigeon /pídʒən ピチャン/ 名 C 鳩(はと)

piggy /pígi ピギ/ 名 C ((幼児語))ブーちゃん;子豚ちゃん
・a *piggy* bank (豚の形をした)貯金箱

piggyback /pígibæk ピギバク/
名 C 肩車, おんぶ
━ 副 肩車で, おんぶで

pigment /pígmənt ピグマント/ 名 U C 絵の具, 顔料; U 【生物】色素

pigtail /pígtèil ピグテイル/ 名 C お下げ(髪)

pike /páik パイク/ 名 C ((米))有料高速道路(turnpike)

pile¹ /páil パイル/
名
❶ C (物の)積み重ね, (…の)山((*of...*))

pile

- *a pile of A* たくさんのA(物)
- ❷ C ((a pile))((くだけて))大金, 一財産
- ❸ U やわらかい毛;(じゅうたん・布の)けば
- ■ 動
- ― 他〈…を〉積み重ねる, 積み上げる
- ― 自 積もる, たまる

pile² /páil パイル/
- 名 C (建物の土台などの)杭(ｸｲ), パイル
- ■ 動 他〈建物などを〉杭で補強する

pilgrim /pílgrim ピルグリム/ 名 C 巡礼者
- the *Pilgrim* Fathers
ピルグリムファーザーズ(1620年Mayflower号で米国に渡った英国清教徒の一団)
- **pilgrimage** 名 U C (聖地)巡礼

pill /píl ピル/ 名 C 丸薬, 錠剤;((the pill))ピル, 経口避妊薬

pillar /pílər ピラ/ 名 C 柱, 支柱

pillow /pílou ピロウ/ 名 C まくら;((米))クッション

pillowcase /píloukèis ピロウケイス/ 名 C 枕カバー

pilot /páilət パイラト/
- 名 C
- ❶ パイロット, 操縦士
- a jet *pilot* ジェット機のパイロット
- ❷ (船の)水先案内人
- ■ 動 他
- ❶ 〈飛行機を〉操縦する
- ❷ (船の)水先案内をする;〈…を〉案内する
- ■ 形 試験[実験]的な

pimple /pímpl ピムプル/ 名 C にきび, 吹き出物

PIN ((略)) *p*ersonal *i*dentification *n*umber 暗証番号

pin* /pín ピン/
- 名 (複 **pins** /pínz/) C
- ❶ ピン, 待ち針, 留め針
- a safety *pin* 安全ピン
- ❷ ブローチ, バッジ, 飾りピン
- ❸ 【ボウリング・ゴルフ】ピン
- ❹ (コンセントに差す)プラグの金属部分
- ***on pins and needles***
((米))やきもきして
- ■ 動 他
- ❶ 〈…を〉〈…に〉**ピンで留める**((*to...*, *on...*))
- *pin A up* A(ポスターなど)を壁に貼る
- ❷ 〈人を〉押さえつける, 動けなくする

pincer /pínsər ピンサ/ 名 C
- ❶ ((pincers))釘(ｸｷﾞ)抜き, ペンチ, 毛抜き
- ❷ ((ふつう pincers))【動物】(かになどの)はさみ

pinch /pínt∫ ピンチ/
- ■ 動
- ❶ 〈…を〉つねる, はさむ, つまむ
- ❷ 〈靴などが〉〈体の一部を〉締めつける
- ― 自 〈靴などが〉きつくて痛い
- ■ 名 C
- ❶ つねる[はさむ]こと
- ❷ 1つまみ, 少量
- a *pinch* of sugar 砂糖1つまみ
- ❸ 苦しみ;危機, ピンチ
- a *pinch* hitter 【野球】代打(者)
- a *pinch* runner 【野球】代走(者)
- ***in a pinch*** ((米))いざという時には

pine /páin パイン/ 名 C 【植物】松, 松の木 (pinetree);U 松材

pineapple /páinæpl パイナプル/ 名 C パイナップル(の木); U その果肉

ping-pong /píŋpàŋ ピンパング/ 名 U ((くだけて))ピンポン, 卓球 (table tennis)

pink /píŋk ピンク/
- 名 U C ピンク, 桃色; C 【植物】ナデシコ属の植物の総称
- ■ 形
- ❶ ピンクの, 桃色の
- ❷ ((くだけて))((けなして))左翼がかった

Pinocchio /pinóukiòu ピノウキオウ/ 名 ピノキオ(イタリアのコッローディが書いた童話に登場する木の人形の名)

pinpoint /pínpòint ピンポイント/
- 動 他〈…の〉位置を正確に示す;〈原因などを〉正確に指摘する
- ■ 形 きわめて正確[精密]な

pint /páint パイント/ 名 C パイント(液量・乾量の単位;((米))0.473*l*, ((英))0.568*l*; 略 pt., pt.)

pioneer /pàiəníər パイアニア/
- 名 C 開拓者;(新しい分野の)先駆者
- ■ 動
- ― 自 開拓[先駆]者になる
- ― 他〈新分野などを〉開拓する

pious /páiəs パイアス/ 形
- ❶ 信心深い, 敬虔(ｹｲｹﾝ)な
- ❷ ((けなして))信心深そうに装った

pipe* /páip パイプ/
- 名 (複 **pipes** /páips/) C
- ❶ (水道管などの)**管**, **パイプ**, 導管
- a water [gas] *pipe* 水道[ガス]管
- a *pipe* organ パイプオルガン

❷ (刻みタバコ用の)パイプ;(タバコの)一服
❸ 【音楽】笛, 管楽器
━━ 動
━━ 自 笛を吹く;かん高い声で話す[さえずる]
━━ 他
❶ 〈水・ガスなどを〉管[パイプ]で送る
❷ 〈曲を〉笛[管楽器]で吹く

pipeline /páɪplàɪn パイプライン/ 名 C (水・ガスなどの)輸送管, パイプライン
in the pipeline
〈計画などが〉進行中で, 準備中で

piping /páɪpɪŋ パイピング/
動 pipeの現在分詞・動名詞
━━ 名 U
❶ 管;配管
❷ 笛の音;かん高い声
━━ 形 〈声が〉かん高い
piping hot 〈飲食物が〉とても熱い

pirate /páɪərət パイアラト/
名 C
❶ 海賊;海賊船;((形容詞的に))海賊の
❷ 著作権侵害者;((形容詞的に))海賊版の
━━ 動 他 〈作品・商品の〉著作権を侵害する, 違法コピーを作る
| **piracy** 名 U C 海賊行為;著作権侵害

Pisa /píːzə ピーザ/ 名 ピサ (イタリア北西部の都市で, 斜塔がある)

Pisces /páɪsiːz パイスィーズ/ 名 【天文】うお座;【占星】双魚宮;C うお座生まれの人

piss /píːs ピス/ (卑)
名 U 尿, 小便;C ((a piss))排尿
・*have* [*take*] *a piss* 小便する
━━ 動 自 小便をする

pistol /pístl ピストル/ 名 C ピストル, 拳銃

piston /pístən ピスタン/ 名 C 【機械】ピストン

pit /pít ピト/
名 C
❶ (地面の大きな)穴, くぼみ;落とし穴
❷ 立て坑;炭坑, 採掘坑
❸ (体・物の表面の)くぼみ, へこみ;あばた
❹ ((the pits))【オートレース】ピット (給油や修理などをする所)
❺ オーケストラボックス
━━ 動 他 〈…に〉穴をあける, くぼみを作る

pitch¹ /pítʃ ピチ/

動 三単現 **pitches** /pítʃɪz ピチズ/
過去・過分 **pitched** /pítʃt ピチト/
現分 **pitching** /pítʃɪŋ ピチング/

━━ 他
❶ 〈球などを〉投げる, 〈…を〉(…に)投げ入れる ((into..., in...))
・*pitch* a coin *into* the Trevi Fountain
トレビの泉にコインを投げ入れる
❷ 〈商品・価格などを〉(レベル・対象に)合わせる ((at...))
❸ 〈音・声などを〉(調子・高さに)合わせる
❹ 〈テントなどを〉張る, 〈杭(くい)を〉打ち込む
━━ 自
❶ 激しく倒れる, まっさかさまに落ちる
❷ 【野球】投球する
❸ 〈船などが〉上下に揺れる
━━ 名 (複 **pitches** /pítʃɪz/)
❶ C 投げること;【野球】投球, ピッチング
❷ U ((また a pitch))(音の)高低, 調子
❸ U ((また a pitch))程度, 度合
❹ C ((英))(サッカーなどの)グラウンド, 競技場

pitch² /pítʃ ピチ/ 名 U (舗装材料の)ピッチ

pitcher¹ /pítʃər ピチャ/ 名 C ((米))(広口で取っ手付きの)水差し

pitcher² /pítʃər ピチャ/ 名 C 【野球】投手, ピッチャー

pitfall /pítfɔːl ピトフォール/ 名 C 落とし穴;(隠れた)問題, 危険

pity* /píti ピティ/
名 (複 **pities** /pítiz/)
❶ U (…に対する)哀れみ, 同情 ((for...))
・*out of pity* 気の毒に思って, 同情から
・*take* [*have*] *pity on* A
A (人など)を哀れむ, 気の毒に思う
❷ C ((ふつう a pity))残念なこと, 惜しいこと
■ *it is a pity that...* …であるのは残念だ
・*What a pity!* 何て残念な
━━ 動 他 〈人を〉気の毒[かわいそう]に思う;〈人に〉同情する
| **pitiful** 形 哀れな, かわいそうな;情けない
| **pitiless** 形 無情[無慈悲]な;容赦のない

pivot /pívət ピヴァト/
名 C
❶ 【機械】旋回心軸, ピボット
❷ 中心(点), 要点;中心人物
━━ 動
━━ 他 〈…に〉旋回軸を付ける
━━ 自 (…を軸として)回転[旋回]する ((on..., upon...))
| **pivotal** 形 中枢の, 非常に重要な;旋回軸の

pixel /píksəl ピクセル/ 名 C (デジカメなどの)ピクセル, 画素

pizza /pí:tsə ピーツァ/ 名 U C ピザ, ピッツァ

PKO ((略)) *p*eace*k*eeping *o*perations 平和維持活動

pl. ((略)) *pl*ural 複数形

placard /plækɑ:rd プラカード/ 名 C 貼り紙, 掲示, ポスター, プラカード

place /pléis プレイス/

名 (複 **places** /プレイスィズ/)
❶ C **場所**, 所; U (抽象的な)空間, 余地
· This *place* is very safe for children.
この場所は子どもにとってとても安全だ
· It is an ideal *place* to sleep.
そこは寝るにはもってこいの場所だ
· There is no *place* like home.
わが家に勝る所はない
· time and *place* 時間と場所

❷ C (特定の目的用の)**場所**; C U (…に)ふさわしい場所((*for...*))
· a swimming *place* 海水浴場;水泳プール
· a *place* of work 職場

❸ C **地域**;都市, 町, 村
· *one's place* of birth 出生地

❹ C **席**, 座席
· This is my *place*. ここは私の席です
· Take your *place* at (the) table.
(食事時に)テーブルに着きなさい
· Let's change *places*. 席を替わりましょう
· 📖 Back to your *places*. 席に戻ってください

❺ C **順位**, 順番
· finish in third *place* 3着に入る

❻ C **立場**;境遇
· If I were *in* your *place*, I would study more.
君の立場だったらぼくはもっと勉強している

❼ C **職**, 勤め口;地位
· get a *place* 職を得る

❽ C **住居**, 家
· invite *A* to *one's place* A (人)をうちに招く

all over the place 至る所に[で]
from place to place
あちらこちらに, ところどころに
give place to A A (人)に席[地位]を譲る
in place あるべき所に, 適所に
in A's place = in place of A
A (人・物)の代わりに
in the first place 第一に

in the second place 第二に
out of place 場違いで
put A in A's place A (人)の鼻っ柱を折る
take place 〈事件などが〉起きる;〈予定された行事が〉行われる
take A's place = take the place of A
A (物・人)の代わりをする; A (物・人)に取って代わる

— 動
三単現 **places** /プレイスィズ/
過去・過分 **placed** /プレイスト/
現分 **placing** /プレイスィング/

— 他
❶ 〈物を〉(場所に)**置く**, 据(ˢ)える, 配置する ((*at..., in..., on...*))
· She *placed* the clock by the sofa.
彼女はソファの横に時計を置いた

❷ 〈人を〉(地位などに)任命する((*in..., as...*))
· She *was placed in* an ideal position.
彼女は理想的な地位に置かれた

❸ 〈注文などを〉する
· *place* an order 注文する

❹ 〈信頼などを〉(…に)置く((*in..., on...*))
· *place* responsibility *on A*
A (人)に責任を負わす

❺ 〈広告を〉新聞に出す
· *place* a job ad 求人広告を出す

placement /pléismənt プレイスマント/ 名 U 置く[据える]こと;配置;(職業などの)あっせん, 紹介
· a *placement* agency ((米)) 職業紹介所
· a *placement* test クラス分け試験

plague /pléig プレイグ/ 名 C
❶ 疫病, 伝染病;((the plague))ペスト
❷ 災難, 天災

plain /pléin プレイン/

形 副 比較 **plainer** /プレイナ/
最上 **plainest** /プレイナスト/

— 形
❶ **明白な**, はっきりした;率直な, あからさまな;分かりやすい
· a *plain* lie あからさまなうそ

❷ 質素な, 地味な, ふつうの, 平凡な;〈布地などが〉無地の

— 副 明白に, はっきりと;率直に;分かりやすく
— 名 C ((plains))平原, 平野

plainly 副 明白に, はっきりと;質素に
plainness 名 U 明白;率直;質素, 地味

plaintiff
/pléintif プレインティフ/ 名 C 【法律】原告, 告訴人

plan
/plǽn プラン/
名 (複 **plans** /プランズ/) C
❶ **計画, 案;プラン, 予定**
・carry out a *plan* 計画を実行する
・I *have* no *plan(s)* (*for*) this weekend.
今度の週末は何も予定がない
・I have no *plan(s)* *to* go abroad.
ぼくは外国に行く予定はない
❷ 設計図, 図面, 見取図
— 動
三単現 **plans** /プランズ/
過去・過分 **planned** /プランド/
現分 **planning** /プラニング/
— 他 〈…を〉**計画する**;〈…の〉設計図を描く,
〈…を〉設計する
・*plan* a trip 旅行を計画する
— 自 **計画する**, 計画[予定]を立てる
planner 名 C 計画者, 立案者
planning 名 U 立案, 計画作成;(土地などの)開発計画

plane¹*
/pléin プレイン/
名 (複 **planes** /プレインズ/) C **飛行機**
・get on [off] a *plane*
飛行機に乗る[から降りる]

plane²
/pléin プレイン/
名 C 【木工】かんな
— 動 他 〈…に〉かんなをかける

planet
/plǽnit プラニト/ 名 C 【天文】惑星;
((the planet)) 地球, 世界
planetary 惑星の

planetarium
/plæ̀nitéəriəm プラニテアリアム/
名 (複 **planetariums** /プラニテアリアムズ/,
planetaria /プラニテアリア/) C プラネタリウム

plank
/plǽŋk プランク/ 名 C 厚板

plankton
/plǽŋktən プランクタン/ 名 U 【生物】プランクトン, 浮遊生物

plant
/plǽnt プラント/
名 (複 **plants** /プランツ/)
❶ C **植物**, 草木;(樹木に対して)草
・grow *plants* 植物を育てる
❷ C 工場;U 機械設備, プラント, 装置
— 動
三単現 **plants** /プランツ/
過去・過分 **planted** /プランティド/
現分 **planting** /プランティング/
— 他
❶ 〈植物を〉**植える**, 〈種を〉まく
・*plant* cherry trees 桜の木を植える
❷ 〈思想などを〉植え付ける, 吹き込む
❸ 〈爆弾などを〉仕掛ける

plantation
/plæntéiʃən プランテイシャン/
名 C (大規模な)農場, 農園, プランテーション

plaque
/plǽk プラク, plá:k プラーク, pléik プレイク/ 名
❶ C (壁などに付ける)飾り額, 飾り板
❷ U 【歯科】歯垢(こう), プラーク

plasma
/plǽzmə プラズマ/ 名 U
❶ 【生理】血漿(しょう), リンパ漿
❷ 【物理】プラズマ

plaster
/plǽstər プラスタ/ 名
❶ U しっくい, プラスター
❷ C U 膏薬(こうやく);バンドエイド

plastic
/plǽstik プラスティク/
形
❶ プラスチック(製)の, ビニール(製)の
・a *plastic* bag ビニール袋
❷ 自由な形にできる;造形の
— 名
❶ U プラスチック, ビニール
❷ C ((plastics)) ((単数扱い)) プラスチック化学
plasticity 名 U 可塑(かそ)性;柔軟性

plate
/pléit プレイト/
名 (複 **plates** /プレイツ/) C
❶ (浅くて丸い)**皿, 取り皿**;料理1皿分[1人前]; U (金・銀めっきの)食器類
・a soup *plate* スープ皿
・a *plate* of salad サラダ1皿分
❷ **金属板, 板金**;【写真】挿絵, 図版
❸ ((the plate)) 【野球】ホームプレート
— 動 他 〈金属を〉(金・銀などで)めっきする
((*with*...))

plateau
/plætóu プラトウ/ 名 C 高原, 台地

platform
/plǽtfɔ:rm プラトフォーム/ 名 C
❶ 壇;教壇, 演壇, ステージ
❷ ((英))(駅の)プラットホーム;((米))(電車などの)乗降口, デッキ
❸ (政党の)綱領;公約

platinum
/plǽtənəm プラタナム/ 名 U 【化学】白金, プラチナ (元素記号 Pt)

Plato
/pléitou プレイトウ/ 名 プラトン (古代ギリシャの哲学者でソクラテスの弟子)

platter
/plǽtər プラタ/ 名 C (長円形の浅い)大皿

plausible /plɔ́:zəbl プローザブル/ 形 〈話などが〉妥当な；もっともらしい

play /pléi プレイ/

動 三単現 **plays** /プレイズ/
過去・過分 **played** /プレイド/
現分 **playing** /プレイイング/

— 他

❶ 〈スポーツ・ゲームをして〉**遊ぶ**；〈子どもが〉…ごっこをする
・*play* ball ボール遊びをする；((米))野球をする
・*play* tennis テニスをする
・*play* cards トランプをする
・*play* video games テレビゲームをする
・*play* house ままごと遊びをする

❷ 〈人・チームと〉**試合をする**；〈試合を〉〈人・チームと〉する((*with*..., *against*...))
・Our team *played* a good game.
われわれのチームはよい試合をした

❸ 〈楽器・曲などを〉**演奏する**；〈ビデオ・CDなどを〉再生する
・*play* the piano [violin] ピアノ[バイオリン]を弾く
・*play* Mozart モーツァルトを弾く

❹ 〈劇で〉〈役を〉**演じる**；〈劇を〉上演する；〈場所で〉公演する

❺ 〈…のポジションを〉**務める**
・*play* goal keeper ゴールキーパーをやる

❻ 〈…において〉〈…の〉役割を果たす((*in*...))
・*play* an important part [role] *in* A
Aにおいて重要な役割を果たす

❼ 〈金などを〉賭ける

— 自

❶ 〈子どもなどが〉**遊ぶ**
・We're just *play*ing!
ちょっとふざけていただけです

❷ (…と)**試合をする**((*against*...))；試合に出る；(…の)ポジションにつく((*at*...))
・*play against* the world champion 世界チャンピオンと試合をする
・*play* (*at*) third base 3塁を守る

❸ 〈楽器を〉**演奏する**, 弾く((*on*...))
・*play on* the piano ピアノを弾く

❹ 芝居をする；〈劇・映画などが〉上演[上映]される

❺ ふるまう；(…の)ふりをする
・*play* dead 死んだふりをする

❻ 賭け事をする, 〈金を〉賭ける((*for*...))

***play at* A**
A(競技・ゲーム)をする；Aごっこをする
play A back = play back A
A(CDなど)を再生する
play A down = play down A
A(事)を軽視する
play off 〈同点チーム・選手が〉決勝戦をする, プレーオフをする
play on [upon] A
A(人の弱点・性質など)につけ込む
play with A A(人)と遊ぶ；A(物)で遊ぶ；Aをもてあそぶ；Aを軽くあしらう

— 名 (複 **plays** /プレイズ/)

❶ Ⓤ **遊び**, 遊戯, 娯楽
・be at *play* ((改まって))遊んでいる
・All work and no *play* makes Jack a dull boy. ((ことわざ))よく学びよく遊べ

❷ Ⓤ **競技**, 試合, 勝負；Ⓒ (競技中の)**プレー**
・a rough *play* ラフプレー
・a fine *play* ファインプレー

❸ Ⓒ **劇**, 芝居；戯曲, 脚本
・go to a *play* [the theater] 芝居を見に行く

❹ Ⓤ ((a play)) 賭け事, 賭博

bring A into play A(人)を働かせる
come into play 働き出す, 作用し始める
in play 働いて；冗談に；ボールが生きて
out of play ボールが死んで, アウトで

playable 形 上演に適した；演奏できる

playback /pléibæk プレイバク/ 名 ⓊⒸ 録音再生

playboy /pléibɔ̀i プレイボイ/ 名 Ⓒ (金持ちの)道楽者, プレイボーイ

player* /pléiər プレイア/
名 (複 **players** /プレイアズ/) Ⓒ

❶ **競技者**, 選手
・a tennis *player* テニスの選手

❷ **演奏者**
・a violin *player* バイオリン奏者

❸ (CDなどの)**プレーヤー**

playful /pléifəl プレイファル/ 形 遊び好きの, 陽気な；いたずらな, 冗談の

playground /pléigràund プレイグラウンド/ 名 Ⓒ (学校などの)運動場, 遊び場

play-off /pléiɔ̀:f プレイオーフ/ 名 Ⓒ プレーオフ；(同点の際の)再試合, 決勝戦

playpen /pléipèn プレイペン/ 名 Ⓒ ベビーサークル

playroom /pléirù:m プレイルーム/ 名 Ⓒ (子どもの)遊び部屋

plaything /pléiθìŋ プレイスィング/ 名 Ⓒ お

もちゃ, 玩具(<ruby>翫<rt>がん</rt></ruby>)(toy)

playtime /pléitàim プレイタイム/ 名 U (学校の)遊び時間

playwright /pléiràit プレイライト/ 名 C 劇作家, 脚本家

plaza /plá:zə プラーザ/ 名 C (スペイン語圏の都市の)広場

plea /plí: プリー/ 名 C
❶ (…の)嘆願 ((*for*...))
❷【法律】(…の)答弁, 申し立て ((*of*...))

plead /plí:d プリード/
動 三単現 **pleads** /プリーヅ/
過去・過分 **pleaded** /プリーディド/,
pled /プレド/
現分 **pleading** /プリーディング/
— 自
❶ ⟨…を⟩⟨人に⟩嘆願(<ruby>歎<rt>たん</rt></ruby>)する ((*with*...))
❷【法律】⟨弁護士が⟩(…を)弁護する ((*for*...)); ⟨被告が⟩⟨有罪・無罪を⟩主張する
・*plead* guilty 有罪を認める
— 他 ⟨…を⟩言い訳として言う, 口実にする
pleading 形 嘆願する[訴える]ような

pleasant /plézənt プレザント/

形 比較 **more pleasant**,
pleasanter /プレザンタ/
最上 **most pleasant**,
pleasantest /プレザンタスト/
❶ 愉快な, 心地よい; 楽しい
・I had a *pleasant* time at the party.
パーティーで楽しく過ごした
❷ ⟨態度などが⟩感じのよい, 愛想のよい
pleasantly 副 愉快に, 楽しく

please /plí:z プリーズ/

副 ((比較なし))
❶ ((主に命令文で)) **どうぞ**, どうか, すみませんが
・*Please* come in. = Come in, *please*.
どうぞお入りください
・*Please* wait. お待ちください
・Coffee, *please*. コーヒーをください
・"Would you like some [a] coke?" "*Yes, please*."
「コーラはいかがですか」「はい, いただきます」
❷ ((疑問文で)) **すみませんが**
■ Will you *please do*?
すみませんが…してくださいますか
・Will you *please* pass me the sugar?

砂糖を取っていただけませんか
・May I *please* go to the bathroom?
トイレに行ってもいいですか
❸ ((間投詞的に)) お願いだから(やめて)
・*Please*. Don't yell. お願い, どならないで
— 動
三単現 **pleases** /プリーズィズ/
過去・過分 **pleased** /プリーズド/
現分 **pleasing** /プリーズィング/
— 他
❶ ⟨…を⟩**喜ばせる**, 楽しませる, 満足させる
・The present *pleased* me.
プレゼントをもらってうれしかった
❷ ⟨…の⟩気に入る; ⟨…を⟩望む
・Do *whatever* you *please*.
何なりと好きなことをしなさい
— 自
❶ 望む, (…)しようと思う
・Do *as* you *please*. 好きなようにしなさい
・Eat as much *as* you *please*.
好きなだけ食べていいよ
・You can sleep wherever you *please*.
好きな所で寝ていいですよ
❷ ⟨自分が⟩人を喜ばせる, 人の気に入る
・He always tries to please.
彼はいつも人を喜ばせようとする
if you please どうぞ, よろしければ; ((皮肉を込めて))驚いたことに

pleased* /plí:zd プリーズド/
動 pleaseの過去形・過去分詞
— 形
比較 **more pleased**
最上 **most pleased**
(…に)**喜んだ**, 満足した ((*with*..., *at*...)); (…ということが)**うれしい** ((*that*節))
・The artist *was pleased at* [*with*] his work. その芸術家は自分の作品に満足した
■ *be pleased to do* …してうれしい
・I'm *pleased to* hear that.
それを聞いて私はうれしい
pleasing 形 満足のいく; 楽しい, 気持ちのよい

pleasure /pléʒər プレジャ/

名 (複 **pleasures** /プレジャズ/)
U (…の)**喜び**, 楽しさ ((*in*..., *of*...)); C 楽しみ; U C 快楽
・*at* (*one's*) *pleasure* かってに, 好きなときに
・*for pleasure* 楽しみに, 遊びで

pleat

- *with pleasure*
  喜んで, 快く;((快諾して))((話))いいですとも
- **take pleasure in** *A*
  Aを楽しむ, 喜んでAをする
- I *take* great *pleasure in* my study.
  勉強が楽しくてたまらない
  I have the pleasure of *doing*. **= *It's my pleasure to*** *do*.
  私は…することをうれしく思う
  The pleasure is mine. **= *My pleasure.***
  どういたしまして, こちらこそ
  pleasurable 形 楽しい, 愉快な

pleat /plíːt プリート/
  名 C (スカートなどの)ひだ, プリーツ
  ― 動 他〈…に〉ひだ[プリーツ]を付ける

pledge /pléʤ プレヂ/
  名 U C (…するという)誓約, 厳しい取り決め((*to do*))
  ― 動 他〈…を〉誓う;〈…に〉(…することを)誓わせる((*to do*))
- *pledge* oneself to *do* …すると誓う

plenty /plénti プレンティ/

  名 U たくさん(の…), 十分(な…)((*of*...))
- I have *plenty* to do today.
  きょうはやることがたくさんある
- 📖 We have *plenty of* time.
  時間は十分ありますからね
  plentiful 形 豊富な, 十分な, たくさんの

plop /pláp プラプ/
  動 自 ポチャンと落ちる[音を立てる]
  ― 名 C ((a plop)) ポチャン, ドブン
  ― 副 ポチャンと, ドブンと

plot /plát プラト/
  名 C
  ❶ 陰謀(いんぼう), たくらみ
  ❷ (小説などの)筋, プロット, 構想
  The plot thickens.
  状況がますます込み入ってくる
  ― 動 他
  ❶〈悪事などを〉たくらむ, 計画する
  ❷〈小説などの〉筋を組み立てる, 構想を練る

plow,((英))**plough** /pláu プラウ/
  名 C (トラクターなどで引く)すき;除雪機
  ― 動
  ― 他〈土地を〉すきで耕す;〈…を〉掘り起こす
  ― 自 すきで耕す

ploy /plói プロイ/ 名 C 策略, 計画

pluck /plʌ́k プラク/ 動
  ― 他〈…を〉ぐいっと引っ張る;〈花・果物などを〉摘む;〈髪の毛などを〉引き抜く
  ― 自 ぐいっと引っ張る

plug /plʌ́g プラグ/
  名 C 〔電気〕プラグ, 差し込み;栓, 詰め物
  ― 動 他〈…に〉栓をする;〈電気製品の〉プラグを差し込む
  plug *A* ***in*** **= *plug in*** *A*
  A(電気製品)をコンセントにつなぐ

plug-in /plʌ́gin プラギン/
  形【コンピュータ】差し込み式の, プラグイン式の
  ― 名 C 【コンピュータ】プラグイン

plum /plʌ́m プラム/ 名
  ❶ C 【植物】プラム, 西洋すもも;梅(の木)
  ❷ C (ケーキなどに入れる)干しぶどう
  ❸ U C 暗紫色

plump¹ /plʌ́mp プランプ/
  形 肉付きのよい;ぽっちゃりした;ふかふかの
  ― 動
  ― 他〈クッションなどを〉ふっくらとさせる;〈人を〉太らせる
  ― 自 丸々と太る

plump² /plʌ́mp プランプ/ 動
  ― 自 ドシンと落ちる
  ― 他〈…を〉ドシンと落とす

plunder /plʌ́ndər プランダ/ 動 他〈人などから〉〈物を〉略奪する

plunge /plʌ́nʤ プランヂ/
  動
  ― 自 (頭から)(水などに)飛び込む, 突っ込む((*into*...))
  ― 他〈…を〉(…に)勢いよく入れる, 投げ入れる((*into*...))
  ― 名 C
  ❶((ふつう a plunge)) 飛び込み;突進
  ❷ (価格・気温などの)急落

plural /plúərəl プルアラル/
  形【文法】複数(形)の (略 pl.) (⇔singular)
  ― 名 U ((ふつう the plural))【文法】複数(形)
  plurality 名 C 数が多いこと, 多数;U 複数(であること)

plus* /plʌ́s プラス/ (⇔minus)
  形 ((比較なし))
  ❶ プラスの, 正の
- a *plus* sign プラス記号(記号 +)
  ❷ ((数字のあとに付けて)) 以上の;(評点のあとに付けて)プラスの, 上の
- I got B *plus* on my test.
  テストでBプラスを取った

❸【電気】プラスの, 陽の
❹ 有利な, 好ましい
━ 前
❶【数学】…を加えて, …をプラスして
・One *plus* two is [equals] three.
1足す2は3
❷ …に加えて
━ 接 それに加えて, その上
━ 名 C
❶ プラス記号, 正符号;正の数
❷ 有利, 利点

Pluto /plúːtou プルートゥ/ 名【天文】冥王星(準惑星);【ギリシャ神話】プルートー(冥府の神)

ply /plái プライ/ 動
━ 他〈船などが〉〈川などを〉定期的に行き来する;〈仕事などに〉励む
━ 自〈船などが〉(…の間を)定期的に往復する((*between...*))

p.m., P.M. ((略)) post *m*eridiem 午後(afternoon)(⇔a.m.)
・at 2:30 *p.m.* 午後2時30分に

pneumonia /njumóuniə ヌーモウニア/ 名 U【医学】肺炎

poach[1] /póutʃ ポウチ/ 動
━ 自 (不法に)(他人の土地に)侵入する((*on..., upon...*));(…を)密猟[漁]する((*for...*))
━ 他〈…を〉密猟[漁]する

poach[2] /póutʃ ポウチ/ 動〈割った卵などを〉熱湯でゆでる
・a *poached* egg 落とし卵

pocket /pákət パカト/

名 (複 **pockets** /パカツ/) C
❶ ポケット, ポケット状の物入れ
・put A into [in] *one's pocket*
Aをポケットに入れる
❷ 所持金;資力
❸(周囲と異なる)小地域, 取り残された場所;ポケット
━ 動 他
❶〈…を〉ポケットに入れる, 隠す
❷〈金などを〉着服する, 横領する

pocketbook /pákətbùk パカトブク/ 名 C ((米))小型本; ((主に英)) 手帳(notebook)

pod /pád パド/ 名 C 〈豆などの〉さや

podium /póudiəm ポウディアム/ 名 (複 **podiums** /ポウディアムズ/, **podia** /ポウディア/) C 指揮台;演壇

poem /póuəm ポウアム/ 名 C (1編の)詩
poet 名 C 詩人, 歌人
poetic 形 詩の;詩的な;詩人らしい
poetry 名 U 詩, 詩歌;詩情, 詩心

poignant /pɔ́injənt ポイニャント/ 形〈悲しみなどが〉激しい, 身を切るような

point /pɔ́int ポイント/

名 (複 **points** /ポインツ/)

❶ C ((ふつう the point))**要点, ポイント**;主張, 論点; U 目的, 意向
・What is your *point*? 何が言いたいのですか
■ *The point is that...* 要するに…です
📖 That's exactly the *point*.
まさにそこが肝心なところです
❷ C (目盛りの)**点**;度, 程度, 段階
・boiling [melting] *point* 沸[融]点
・the turning *point* 転換点, 変わり目
❸ C (競技・成績などの)**得点**, 点数
・score a *point* 1点取る
❹ C (性質上の)**特徴**, 特質
・*a strong [weak] point* 強味[弱点]
❺ C (鋭い)**先端**, 先
❻ C (記号としての)**点**;【数学】**小数点**

make one's point 主張を通す
off the point 的をはずれた, 見当違いの
point by point 一項一項, いちいち
to the point
要を得た, (話)の核心を突いた

━ 動
　三単現 **points** /ポインツ/
　過去・過分 **pointed** /ポインティド/
　現分 **pointing** /ポインティング/

━ 自 (…を)**指さす, 指し示す**((*at*))
━ 他〈人に〉〈方向を〉指し示す((*to...*));〈指・武器などを〉(…に)向ける((*at...*))

point out 指摘する
point the finger at A
A(人)を非難する

pointless 形 無意味な;無益な

pointed /pɔ́intid ポインティド/
動 pointの過去形・過去分詞
━ 形 (先の)とがった, 鋭い;〈言葉が〉辛らつな

pointer /pɔ́intər ポインタ/ 名 C 指示棒

poison* /pɔ́izən ポイザン/
名 (複 **poisons** /ポイザンズ/) U C
毒, 毒薬;弊害
・*poison* gas 毒ガス
・take *poison* 毒を飲む

- 動
  - 三単現 **poisons** /ポイザンズ/
  - 過去・過分 **poisoned** /ポイザンド/
  - 現分 **poisoning** /ポイザニング/
- 他
  ❶ 〈…を〉毒殺する；〈…に〉毒を入れる
  ・*poison* food 食べ物に毒を入れる
  ❷ 〈人・心などに〉悪影響を与える
  poisoning 名 U 中毒
  poisonous 形 有毒な；有害な

poke /póuk ポウク/ 動
— 他 〈…を〉突く, つつく；〈指などを〉〈…に〉つっ込む《*into*...》
— 自 〈…を〉つつく, こづく《*at*...》
poke one's nose into A
《くだけて》Aに首を突っ込む

poker /póukər ポウカ/ 名 U 【トランプ】ポーカー

Poland /póulənd ポウランド/ 名 ポーランド (首都はワルシャワ)

polar /póulər ポウラ/ 形
❶ 北極[南極]の, 極地の
・the *polar* lights 極光, オーロラ
❷ 【電気】陽[陰]極のある, 電極の, 磁極の

Pole /póul ポウル/ 名 C ポーランド人

pole¹ /póul ポウル/ 名 C 棒, さお, 柱

pole² /póul ポウル/ 名 C
❶ (天体・地球の)極；極地
・the North [South] *Pole* 北[南]極
❷ 【物理】電極, 磁極

police /pəlí:s パリース/

名 U ((the police)) ((複数扱い)) **警察, 警官 (たち)**；警備隊
・a *police* car パトカー
・a *police* officer 警察官, 巡査
・a *police* station 警察署
・call *the police* 警察を呼ぶ
— 動 他 〈…を〉警備する, 〈…の〉治安を維持する

policeman /pəlí:smən パリースマン/ 名 (manの変化形と同じ) C 警官, 巡査

policewoman /pəlí:smən パリースウマン/ 名 (womanの変化形と同じ) C 婦人警官

policy¹ /páləsi パラスィ/ 名 C U
❶ 政策；方針
・foreign *policy* 外交政策
❷ 方策, 手段
・Honesty is the best *policy*.
《ことわざ》正直は最良の方策

policy² /páləsi パラスィ/ 名 C 保険証書[証券]

polio /póuliòu ポウリオウ/ 名 U 【医学】小児まひ, ポリオ

Polish /póuliʃ ポウリシュ/
形 ポーランドの；ポーランド人[語]の
— 名 U ポーランド語

polish /páliʃ パリシュ | póliʃ ポリシュ/
動 他
❶ 〈…を〉みがく, 〈…の〉つやを出す《*up*》
・*polish* (*up*) one's shoes 靴をみがく
❷ 〈態度などを〉洗練させる；〈スキルなどを〉みがき上げる, 改善する《*up*》
・*polish up* your English 英語力をみがく
— 名
❶ U C つや出し, みがき粉；C ((a polish)) みがくこと；つや, 光沢
❷ U 洗練, 優美, 上品さ
polished 形 つや[光沢]の出た；洗練された, 上品な

polite* /pəláit パライト/
形 比較 **more polite**,
       politer /パライタ/
    最上 **most polite**,
       politest /パライタスト/
〈人・言動などが〉(…に対して)**丁寧な, 礼儀正しい**《*to*...》(⇔rude)
・a *polite* reply 丁寧な返事
・Be *polite to* your teacher.
先生に礼儀正しくしなさい
politeness 名 U 丁寧, 礼儀正しさ
politely 副 丁寧に, 礼儀正しく

political /pəlítikəl パリティカル/ 形 政治(上)の；政治学の；政党の
・*political* power 政権
・a *political* party 政党

politically /pəlítikəli パリティカリ/ 副 政治的に, 政治上；政治的には
・*politically* correct
政治的に正しい, 差別的言動を避けた (略 PC)

politician /pàlətíʃən パラティシャン/ 名 C 政治家；((けなして)) 政治家, 策士

politics /pálətiks パラティクス/ 名 U ((単数扱い)) 政治；政治学
・discuss [talk] *politics* 政治を論じる
・enter [go into] *politics* 政界に入る

polka /póulkə ポウルカ/ 名 C 【音楽】ポルカ (2拍子の軽快なダンスまたはその曲)

poll /póul ポウル/

poll — population

- **poll**
  - ❶ ((the poll(s))) 投票, ((the polls)) 投票所
  - a *polling* day 投票日, 選挙日
  - a *polling* place [station] 投票所
  - ❷ C 世論調査
  - conduct a *poll* 世論調査を行う
  - ━ 動 他 〈人に〉(…について)世論調査をする ((on...))

- **pollen** /pálən パラン/ 名 U 花粉

- **pollute** /pəlúːt パルート/ 動 他 〈水・空気などを〉汚す, 汚染する
  - **polluted** 形 汚染された

- **pollution** /pəlúːʃən パルーシャン/ 名 U 汚染, 公害；汚染物質
  - air [water] *pollution* 大気[水質]汚染
  - prevent *pollution* 公害を防止する
  - reduce *pollution* 公害を減らす

- **polo** /póulou ポウロウ/ 名 U ポロ (4人一組で競う馬上競技)
  - a *polo* shirt ポロシャツ

- **pond*** /pánd パンド/ 名 (複 **ponds** /パンズ/) C 池
  - a deep [shallow] *pond* 深い[浅い]池

- **ponder** /pándər パンダ/ 動
  - ━ 自 (…を)じっくり考える ((over..., on...))
  - ━ 他 〈…を〉熟考する

- **pony** /póuni ポウニ/ 名 C 小馬, ポニー

- **ponytail** /póunitèil ポウニテイル/ 名 C ポニーテール (後ろで束ねて垂らした髪型)

pool¹
/púːl プール/

名 (複 **pools** /プールズ/) C
- ❶ プール
  - a swimming *pool* 水泳プール
  - go swimming in the *pool*
    プールに泳ぎに行く
- ❷ 水たまり；小さな池

- **pool²** /púːl プール/
  - 名 C 共同出資
  - ━ 動 他 〈資金などを〉プールする, 備蓄しておく

poor
/púər プア/

形 比較 **poorer** /プアラ/
最上 **poorest** /プアラスト/

- ❶ 貧乏な, 貧しい (⇔rich)
  - a *poor* student [family] 貧しい学生[家族]
  - the *poor* 貧しい人々
- ❷ かわいそうな, 気の毒な
  - *Poor* John! かわいそうなジョン

- *Poor* thing! かわいそうに
- ❸ 〈人が〉(…が)へたな ((at...)) (⇔good)
  - a *poor* singer へたな歌手
  - I'm *poor* at (speaking) English.
    私は英語(を話すこと)がへただ
- ❹ 乏しい, 貧弱な；粗末な

- **poorly** /púərli プアリ/ 副 貧しく；へたに
  - *be poorly off* 暮らし向きが悪い

- **pop¹** /páp パプ/
  動
  ━ 自
  - ❶ 〈風船などが〉ポンと音がする[はじける]
  - ❷ ひょいと動く, ひょっこり現れる[出ていく]
  ━ 他
  - ❶ 〈シャンペンなどを〉ポンと鳴らす, 〈風船を〉破裂させる
  - ❷ 〈…を〉ひょいと動かす
  ━ 名 C ポン[パン]という音
  ━ 副 パンと, パチンと

- **pop²** /páp パプ/
  形 ポップ[ポピュラー]音楽の；大衆向きの
  ━ 名 U ポップ[ポピュラー]音楽, ポップス； C その歌[曲]

- **popcorn** /pápkɔ̀ːrn パプコーン/ 名 U ポップコーン

- **pope** /póup ポウプ/ 名 C ((ふつう the Pope)) ローマ法王[教皇]

popular
/pápjələr パピャラ | pópjulər ポピュラ/

形 比較 **more popular**
最上 **most popular**

- ❶ (…に)人気のある, 評判のよい ((with..., among...))
  - a *popular* singer 人気歌手
- ❷ 〈番組などが〉大衆向けの, 大衆的な
  - *popular* music ポピュラー音楽
- ❸ 〈名前などが〉よくある, ふつうの
  popularly 副 一般に；通俗的に
  popularity 名 U 人気；流行

- **populate** /pápjəlèit パピャレイト/ 動 他 〈人・動物が〉〈場所に〉住む, 生息する

population
/pàpjəléiʃən パピャレイシャン/

名 (複 **populations** /パピャレイシャンズ/)
- ❶ U C 人口, 住民数
  - a decrease [an increase] in *population*
    人口の減少[増加]

- have a large [small] *population*
  人口が多い[少ない]
- What is the *population* of Tokyo?
  東京の人口はどれくらいですか
❷ C ((the population)) (一定地域の)住民; (特定の層の)人々

pop-up /pápʌp パパプ/ 形〈絵本の絵などが〉ポンと飛び出す;【コンピュータ】〈メニューが〉ポップアップ式の

porch /pɔ́:rtʃ ポーチ/ 名 C ポーチ(張り出し玄関); ((米))ベランダ

pork* /pɔ́:rk ポーク/ 名 U 豚肉, ポーク
- *pork* curry ポークカレー

pornography /pɔ:rnɑ́grəfi ポーナグラフィ/ 名 U ポルノ写真, ポルノ映画, 官能文学

porridge /pɔ́:ridʒ ポーリヂ/ 名 U ((英))(主に朝食用の)ポリッジ(((米)) oatmeal)

port /pɔ́:rt ポート/ 名 C 港;港町
- a fishing [trading] *port* 漁[貿易]港
- enter [leave] (a) *port* 入[出]港する

portable /pɔ́:rtəbl ポータブル/ 形 持ち運びできる;携帯用の
- a *portable* computer [telephone]
  ポータブルコンピュータ[電話]

portal /pɔ́:rtl ポートル/ 名 C ((ふつう portals)) (宮殿などの)表玄関, 正門

porter /pɔ́:rtər ポータ/ 名 C 手荷物運搬人, ポーター;(ホテルの)ボーイ; ((英))門番

portfolio /pɔ:rtfóuliòu ポートフォウリオウ/ 名 C 紙ばさみ式作品集;折りかばん, 書類入れ

portion /pɔ́:rʃən ポーシャン/ 名 C (…の)部分, 一部((*of*...)); (食べ物の)1人前

portrait /pɔ́:rtrit ポートリト/ 名 C
❶ 肖像(しょう)画, 肖像写真
❷ (言葉による)描写

portray /pɔ:rtréi ポートレイ/ 動 他
❶〈…を〉(絵などで)表現する,〈顔などを〉絵に描く
❷〈…を〉言葉で描く

Portugal /pɔ́:rtʃəgəl ポーチャガル/ 名 ポルトガル(首都はリスボン)

Portuguese /pɔ̀:rtʃugí:z ポーチュギーズ/ 形 ポルトガルの;ポルトガル人[語]の
━ 名 C ポルトガル人; ((the Portuguese)) ((複数扱い))ポルトガル国民; U ポルトガル語

pose /póuz ポウズ/
動
━ 自
❶ (…のために)ポーズを取る((*for*...))

❷ (…の)ふりをする,(…を)気取る((*as*...))
━ 他〈人に〉ポーズを取らせる
━ 名 C (写真などの)ポーズ;見せかけ,気取り

position

/pəzíʃən パズィシャン/
名 (複 **positions** /pəzíʃənz パズィシャンズ/)
❶ C 位置, 場所; U C (スポーツなどでの)配置, 所定の位置, ポジション
- in a good *position* よい位置に
- in [out of] *position* 適当[不適当]な所に
❷ C 地位, 身分;職, 勤め口
- a high [low, leading] *position*
  高い[低い, リーダー的]地位
- look for [find] a *position*
  職を探す[見つける]
- lose *one's position* 職を失う
❸ C 姿勢, 構え
- in a standing *position* 立った姿勢で
❹ ((ふつう単数形で)) (…する)立場((*to do*))
- be *in position to do* …する立場にある
- be *in no position to do* …する立場にない
❺ (…に関する)態度((*on*...))
━ 動 他〈…を〉配置する

positive* /pázətiv パザティヴ/
形 比較 **more positive**
最上 **most positive**
❶ 肯定の, 肯定的な
❷ 積極的な, 前向きな
❸ (…に)確信のある, 自信のある((*of*..., *about*...))
- *be positive of* [*about*] *A*
  A を確信する, A に自信がある
❹【数学】プラスの, 正の;【電気】陽電気の;【医学】陽性の;【写真】陽画[ポジ]の
❺【文法】(形容詞・副詞の)原級の
━ 名 (複 **positives** /pázətivz パザティヴズ/)
❶ C 肯定, 前向き
❷【数学】プラス記号, 正の数;【電気】陽電気;【写真】陽画, ポジ
❸ ((the positive))【文法】原級

positively 副 肯定的に;積極的に;同意して

possess /pəzés パゼス/ 動 他
❶〈…を〉所有している
❷〈悪魔・考えなどが〉〈…に〉取りつく

possession /pəzéʃən パゼシャン/ 名
❶ U 所有; C ((ふつう possessions)) 所有物, 所持品;財産

❷ [U] (悪魔・考えなどに)取りつかれること

possessive /pəzésiv パゼスィヴ/ 形
❶ 所有の;所有欲[独占欲]の強い
❷【文法】所有格の
・the *possessive* case 所有格
・a *possessive* pronoun 所有代名詞

possibility /pàsəbíləti パサビラティ/ 名
❶ [U] (…の)可能性, 実現性 ((*of*...))
・There is no *possibility* of winning the election. 選挙に勝利する見込みはまるでない
❷ [C] 可能性のあること;将来性

possible

/pásəbl パサブル | pɔ́səbl ポサブル/
形 比較 **more possible**
最上 **most possible**
❶〈物・事が〉**可能な**, 実行できる(⇔impossible)
・if *possible* できるならば
■ *it is possible to do* …することは可能だ
❷〈物・事が〉**ありうる**, 起こりうる
・a *possible* accident [mistake] 起こりうる事故[ミス]

as A as possible
できるだけA(の状態)の[に]
・Come home *as* quickly *as possible*. できるだけ早く帰宅しなさい

possibly /pásəbli パサブリ/ 副
❶ ひょっとすると, ことによると
・*Possibly* the news is true. ひょっとしたらその知らせは本当かもしれない
❷ ((can, couldと共に))((肯定文で))何とかして; ((疑問文で))…できないだろうか;((否定文で))とても(…できない)
・*Could* you *possibly* lend me some money? 少しお金を貸していただけませんか

post¹* /póust ポウスト/
名 (複 **posts** /póusts/)
❶ [U] ((英))**郵便**(制度);((the post))**郵便物**(((米))mail)
・send a book by *post* [mail] 本を郵便で送る
❷ [C] ((the post)) ((英))((くだけて))**郵便箱**
━ 動 他 ((英))〈手紙などを〉郵送する(((米))mail)

post²* /póust ポウスト/
名 (複 **posts** /póusts/) [C]
地位, 職;部署, 持ち場
・get a *post* 地位を得る

━ 動 他〈人を〉(…に)配属する ((*to*...))

post³ /póust ポウスト/
名 [C] (支えなどの)柱, 支柱
━ 動 他〈掲示を〉(壁などに)貼る((*on*...))

postage* /póustidʒ ポウスティヂ/
名 [U] 郵便料金
・a *postage* charge 郵便料金
・a *postage* stamp 郵便切手

postal /póustl ポウストル/ 形 郵便の
・*postal* delivery 郵便配達
・the (U.S.) *Postal* Service (米国)郵政公社
・a *postal* card ((米))官製はがき

postbox /póustbàks ポウストバクス/ 名 [C] ((英))郵便ポスト((((米))mailbox)

postcard /póustkà:rd ポウストカード/ 名 [C] はがき

postcode /póustkòud ポウストコウド/ 名 [C] ((英))郵便番号((((米))zip code)

poster /póustər ポウスタ/ 名 [C] ポスター, ビラ, 貼り紙

posterior /pastíəriər パスティアリア/ 形〈順序などが〉(…より)あとの((*to*...))

posterity /pastérəti パステラティ/ 名 [U] 後世(の人々);子孫

postgraduate /pòustgrǽdʒuət ポウストグラヂュアト/
形 大学院(学生)の
━ 名 [C] 大学院生, 研究科生

postman /póustmən ポウストマン/ 名 [C] ((主に英))郵便集配人((((米))mailman)

postmaster /póustmæstər ポウストマスタ/
名 [C] 郵便局長

post office

/póust àfəs ポウスト アファス/
名 (複 **post offices** /ポウスト アファスィズ/)
[C] 郵便局 (略 P.O.)
・a *post office* box 私書箱 (略 POB)

postpone /pouspóun ポウスポウン/ 動 他
〈…を〉(…まで)延期する((*until*...; *to*...));(…するのを)延期する((*doing*))
postponement 名 [U][C] 延期, 後回し

postscript /póustskrìpt ポウストスクリプト/
名 [C] (手紙の)追伸 (略 P.S.)

posture /pástʃər パスチャ/ 名
❶ [U][C] 姿勢;ポーズ
・have good [poor] *posture*
姿勢がよい[悪い]
❷ [C] ((ふつうa posture))心構え;態度, 方針,

政策

postwar /póustwɔːr ポウストウォー/ 形 戦後の, 戦争直後の

pot* /pɑ́t パト/
名 (複 **pots** /パツ/) C
❶ 深なべ, つぼ, びん; 鉢, ポット
・a coffee *pot* コーヒー沸かし
・a plant *pot* 植木鉢
❷ (…の)ポット1杯(分) ((*of*...))
・a *pot* of tea ポット1杯の紅茶
━━ 動 他
❶ 〈植物を〉鉢植えにする
❷ 〈食べ物・肉などを〉びんに入れて保存する
| **potted** 形 容器に詰めた; 鉢植えの

potage /poutá:ʒ ポウタージュ/ 名 U ポタージュ(濃いスープ)

potato /pətéitou パテイトウ/

名 (複 **potatoes** /パテイトウズ/) C
じゃがいも
・baked *potatoes* ((米)) 丸焼きじゃがいも
・*potato* chips ポテトチップ
・a sweet *potato* さつまいも

potent /póutənt ポウタント/ 形
❶ 有力な, 影響力のある
❷ 〈議論などが〉説得力のある
| **potency** 名 UC 力, 能力; (薬などの)効能

potential /pəténʃəl パテンシャル/
形 潜在的な; 可能性のある
━━ 名 U 可能性; 潜在能力
| **potentiality** 名 U 潜在性, 可能性; C 潜在能力
| **potentially** 副 潜在的に; 可能性を秘めて

potion /póuʃən ポウシャン/ 名 C (薬などの)1服, 1回分

Potomac /pətóumək パトウマク/ 名 ((the Potomac)) ポトマック川(米国の首都ワシントンを流れる川で, 両岸は日本が贈った桜の名所)

pottery /pɑ́təri パタリ/ 名 U 陶器類; 製陶業

pouch /páutʃ パウチ/ 名 C 小袋, ポーチ

poultry /póultri ポウルトリ/ 名 U ((複数扱い)) 家禽(かきん)(家畜として飼育される鳥)

pounce /páuns パウンス/
動 自 〈動物などが〉(…に)突然襲いかかる ((*on*...))
━━ 名 C 突然襲いかかること

pound¹ /páund パウンド/

名 (複 **pounds** /パウンヅ/) C
❶ ポンド(英国の通貨基本単位; 記号 £)
❷ ポンド(重さの単位; 約454グラム; 記号 lb.)
・Meat is sold by the *pound*.
肉は1ポンドいくらで売られている

pound² /páund パウンド/
動
━━ 他
❶ 〈…を〉砕く, 粉々にする ((*up*))
❷ 〈物を〉何度も強く打つ[殴る]
━━ 自
❶ 何度も激しくたたく
❷ 〈心臓などが〉激しく鼓動する
━━ 名 C 打撃
| **pounding** 名 CU たたくこと; 大打撃

pour* /pɔ́ːr ポー/
動 三単現 **pours** /ポーズ/
過去・過分 **poured** /ポード/
現分 **pouring** /ポーリング/
━━ 他
❶ 〈液体などを〉(…に)そそぐ, かける ((*on*..., *over*...)); 〈飲み物などを〉(容器に)つぐ ((*in*..., *into*...))
・*pour* milk *into* a glass
ミルクをグラスにそそぐ
・*pour* water *on* a fire 火に水をそそぐ
❷ 〈非難などを〉浴びせる
━━ 自
❶ 〈液体などが〉(…から)流れ出る ((*from*...)); 〈群集などが〉(…に)押し寄せる ((*into*...)); (…から)押し寄せる ((*from*...))
・Tears *poured* down *from* her eyes.
涙が彼女の目からあふれ出た
❷ 〈雨が〉激しく降る
・It never rains but it *pours*.
((ことわざ)) 降ればどしゃ降り
pour A out = pour out A A(思いなど)を吐き出す; A(問題など)を説明する

poverty /pɑ́vərti パヴァティ/ 名 U
❶ 貧乏
・live in *poverty* 貧しい暮らしをする
❷ 欠乏, 不足; (土地などの)不毛
・*poverty* of imagination 想像力の不足

powder /páudər パウダ/
名 UC
❶ 粉, 粉末
・*powder* snow 粉雪
❷ おしろい; 粉薬
・a *powder* room (婦人客用)化粧室

power /páuər パウア/

名 (複) powers /パウアズ/

❶ U 力, 力強さ；能力
- the *power* of nature 自然の猛威
- muscle *power* 筋力
- in *one's power* 力の及ぶところに

❷ U ((また powers))体力, 精神力
- lose *one's powers* 体力が衰える
- mental *power(s)* 知力

❸ C 権力；権力者；強国, 大国
- political *power* 政治権力
- the party in *power* 与党
- military *powers* 列強

❹ U エネルギー, 力；電力
- atomic *power* 原子力
- a *power* station 発電所 (power plant)

❺ C【数学】累乗
- 2 to the *power* of 3 is 8. 2の3乗は8

beyond A's power
A(人)の能力の限界を超えて, Aの力の及ばない
in one's power 力の及ぶ限り

powerless 形 無力の；効力がない
powerlessly 副 無力に

powerful /páuərfəl パウアフル/ 形

❶〈人が〉勢力がある；〈エンジンなどが〉強力な
- a *powerful* leader 有力な指導者

❷〈薬などが〉よく効く, 効能がある；〈演説などが〉説得力のある

powerfully 副 強力に, 力強く；効果的に
powerfulness 名 U 力強さ

powerhouse /páuərhàus パウアハウス/ 名 C 発電所

pp. ((略)) *p*ages ページ

P.R., PR ((略)) *p*ublic *r*elations 宣伝[広報]活動

practical /præktikəl プラクティカル/ 形

❶〈道具などが〉実用的な；(…に)(実際に)役に立つ ((*for*...))
- *practical* English 実用英語

❷ 実際的な, 現実的な

❸ 実質上の

practically 副 実際的に；事実上
practicalness 名 U 実際的であること
practicality 名 U 実用性

practice /præktis プラクティス/

名 (複) practices /プラクティスィズ/

❶ U 練習, けいこ, 実習
- a *practice* game 練習試合
- *Practice* makes perfect. ((ことわざ))練習を積むとじょうずになる；習うより慣れろ

❷ U 実行；実際, 現実
- put A into *practice* Aを実行に移す

❸ C U 習慣；慣習, ならわし
- It is a good *practice* to reply to your e-mail as soon as you receive them. 電子メールを受け取ったらすぐに返事をするのはよい習慣だ

❹ U (医師・弁護士などの)開業, 営業
- be in *practice* (医師などが)開業している

— 動
[三単現] practices /プラクティスィズ/
[過去・過分] practiced /プラクティスト/
[現分] practicing /プラクティスィング/

— 他

❶〈楽器・スポーツなどを〉**練習する, けいこする**
- *practice* English 英語を習う
- *practice doing* …する練習をする
- I *practice* (playing) the piano everyday. 私は毎日ピアノの練習をする
- 🔲 You'll have to spend some time *practicing* this. これにはもう少し練習が必要です

❷〈習慣などを〉**実行する**

❸〈専門職を〉開業する, 営む
- *practice* law 弁護士を開業する

— 自

❶ (…を)**練習する, けいこする** ((*on*...))

❷ (医師・弁護士などが)開業する

practiced 形 経験を積んだ
practicable 形 実行可能な；実用的な
practicably 副 実行可能で；実用的に

practise /præktis プラクティス/ ((英)) = practice

practitioner /præktíʃənər プラクティシャナ/ 名 C 開業者, (特に)開業医, 弁護士

pragmatic /prægmætik プラグマティク/ 形 実用的な；実用主義の

Prague /prá:g プラーグ/ 名 プラハ(チェコの首都)

prairie /préəri プレアリ/ 名 C 大草原, プレーリー

praise

praise* /préiz プレイズ/
- 動 三単現 **praises** /プレイズィズ/
- 過去・過分 **praised** /プレイズド/
- 現分 **praising** /プレイズィング/
— 他
❶ 〈…を〉(…のことで)**ほめる**, ほめたたえる; 賞賛する((*for*...))
・Everyone *praised* him *for* his diligence. 誰もが彼の勤勉さをほめたたえた
❷ 〈神を〉賛美する, たたえる
— 名 U
❶ **ほめること**, 賞賛
・in *praise* of A A(行動など)を賞賛して
❷ (神への)賛美

praiseworthy /préizwə̀ːrði プレイズワーズィ/ 形 賞賛に値する, 感心な

prawn /prɔ́ːn プローン/ 名 C 【動物】車えび

pray /préi プレイ/ 動
— 自 (神に)祈る((*to*...)); (…を)懇願する((*for*...))
・*pray for* peace 平和を祈る
— 他 〈…を〉祈る

prayer¹ /préiər プレイア/ 名 C 祈る人

prayer² /préər プレア/ 名 U 祈り, 祈願; C 祈りの言葉; ((prayers)) 祈祷式, 儀式
・silent *prayer* 黙祷
・*prayer* beads 数珠

preach /príːtʃ プリーチ/ 動
— 他
❶ 〈教義などを〉(…に)説教する, 伝道する((*to*...))
❷ 〈自分の考えなどを〉説く, 述べ伝える
— 自
❶ 説教する((*on*...))
❷ (道徳などについて)教え諭す((*about*...))

preacher 名 C 牧師, 伝道師, 説教師

precaution /prikɔ́ːʃən プリコーシャン/ 名 U C (事前の)用心, 警戒; 予防手段

precautionary 形 用心の; 予防の

precede /prisíːd プリスィード/ 動 他
❶ (時間・順序で)〈…に〉先行する, 先立つ
❷ (序列などで)〈…の〉上位である, 〈…に〉優先する

preceding 形 先行する; 先の, 前の

precedence /príːsidəns プリースィーダンス/ 名 U
❶ (時間・順序で)先行
・in order of *precedence* 早い者順に
❷ (序列などの)(…に対する)優先((*over*...))

precedent /présidənt プレスィダント/ 名 U C 先例, 前例
・follow a *precedent* 前例に従う

precious

/préʃəs プレシャス/
- 形 比較 **more precious**
- 最上 **most precious**
❶ 高価な, 貴重な; 大切な
・*precious* time 大切な時間
・*precious* metal 貴金属
❷ かわいい, 愛する
・a *precious* friend 最愛の友

precipitate
動 /prisípitèit プリスィピテイト/
— 他
❶ 〈…を〉まっさかさまに落とす
❷ 【化学】〈…を〉沈澱(でん)させる
❸ 【気象】〈水蒸気を〉(雨などとして)降らせる((*as*...))
❹ 〈よくないことの〉時期を早める
— 自
❶ 【化学】沈澱する
❷ 【気象】〈水蒸気が〉(雨などになって)降る
— 形 (/prisípitət プリスィピタト/も) 性急な, 軽率な
— 名 (/prisípitət プリスィピタト/も) C U 【化学】沈澱(物)

precipitation 名 U C 【化学】沈澱; 【気象】降水(量); 大あわて

precise /prisáis プリサイス/ 形
❶ 正確な; 精密な
・to be *precise* 正確に言うと
❷ まさにその, ちょうどの
❸ きちょうめんな, 厳格な

precisely 副 正確に; まさに, ちょうど; そのとおり

precision /prisíʒən プリスィジャン/ 名 U 正確, 精密; ((形容詞的に)) 正確な, 精密な

preclude /priklúːd プリクルード/ 動 他 〈…を〉妨げる; 〈人が〉(…するのを)妨げる((*from doing*))

precursor /prikə́ːrsər プリカーサ/ 名 C (…の)先任者, 先駆者; (…の)前触れ, 前兆((*of*..., *to*...))

predator /prédətər プレダタ/ 名 C 捕食[肉食]動物; ((けなして)) 略奪者

predatory 形 捕食性の; 略奪する

predecessor /prédəsèsər プレダセサ/ 名 C 前任者, 先輩

predicate /prédikət プレディカト/ 名 C 【文法】述語, 述部

predict /pridíkt プリディクト/ 動 他 〈…を〉予言する, 予測する
- *predict* the weather 天気を予報する
- *be predicted to do*
…するだろうと予測されている
| **predictable** 形 予測のつく, 予測できる
| **prediction** 名 UC 予言；予測
| **predictive** 形 予言の；前兆となる
| **predictor** 名 C 予言者；前兆となるもの

predominant /pridáminənt プリダミナント/ 形
❶〈人・物が〉(…に対して)優勢な；支配的な((*over*...))
❷ 顕著な；主要な
| **predominantly** 副 優勢に, 主に
| **predominance** 名 U 優勢, 支配

prefab /príːfæb プリーファブ/ 名 C プレハブ住宅, 組み立て式建物

preface /préfis プレフィス/ 名 C (…の)序文；(演説などの)前置き((*to*...))

prefecture /príːfektʃər プリーフェクチャ/ 名 C (日本などの)県, 府
- Kanagawa *Prefecture* 神奈川県

prefer /prifə́ːr プリファー/

動 三単現 **prefers** /プリファーズ/
過去過分 **preferred** /プリファード/
現分 **preferring** /プリファーリング/
— 他 〈…を〉**好む, 〈…が〉好きだ**
- *prefer A* (*to B*) (BよりAの方が好きだ
- "Which do you *prefer*, rice or bread?" "I *prefer* rice (*to* bread)."「ご飯とパンではどちらが好きですか」「(パンより)ご飯です」
- *prefer to do* (*rather than do*)
(…するより)…する方が好きだ
if you prefer もしそちらの方がよければ

preferable /préfərəbl プレファラブル/ 形 (…より)望ましい, 好ましい((*to*...))
| **preferably** 副 むしろ, なるべく, 好んで

preference /préfərəns プレファランス/ 名
❶ UC 好むこと；(…に対する)好み, 選択((*for*...)); C 好きなもの, 好物
- I have a *preference for* city life.
私は都会の生活の方が好きだ
❷ UC 優先(権)
in preference to A
Aよりむしろ；Aに優先して

preferential 形 優先的な；優遇する

prefix /príːfiks プリーフィクス/ 名 C 【文法】接頭辞 (略 pref.)

pregnant /prégnənt プレグナント/ 形 (子どもを)妊娠している((*with*...))
| **pregnancy** 名 UC 妊娠(期間)

prehistoric /prìːhistɔ́ːrik プリーヒストーリク/ 形 有史以前の, 先史の

prejudice /prédʒədis プレヂャディス/ 名 UC
(…に対する)偏見, 先入観((*against*...))
- *have* [*hold*] (*a*) *prejudice against A*
Aに偏見を持っている
- racial *prejudice* 人種的偏見
without prejudice 偏見なしに
— 動 他〈人に〉(…に対する)偏見を抱かせる((*against*...))
| **prejudiced** 形 偏見のある
| **prejudicial** 形 偏見を抱かせる

preliminary /prilíminèri プリリマネリ/ 形 予備の, 準備の；前置きの
- a *preliminary* examination 予備試験
— 名 C
❶ 予備段階, 下準備
❷ ((the preliminaries)) 予選；予備試験

prelude /prélju:d プレリュード/ 名 C
❶ ((a prelude)) (…の)前触れ((*to*...))
❷ 【音楽】前奏曲, プレリュード

premature /prìːmətúər プリーマトゥア/ 形 早すぎる, 時期尚早な
| **prematurely** 副 早すぎて, 時期尚早に

premier /primíər プリミア, príːmiər プリーミア | prémiə プレミア/
名 C (日本などの)首相, 総理大臣 (prime minister); (カナダなどの)州知事
— 形 第一位の, 最高位の

premiere /primíər プリミア | prémièə プレミエア/ 名 C (映画・演劇などの)初日, 初公開, 封切り

premise /prémis プレミス/ 名 C
❶ (理論の)前提
❷ ((premises)) 土地, 敷地；(土地などを含む)屋敷

premium /príːmiəm プリーミアム/ 名 C
❶ (…に対する)賞金, 割り増し(金) ((*for*...))
❷ 保険料, かけ金
at a premium プレミア価格で, 額面以上で

preoccupation /prìːɑkjəpéiʃən プリーアキャペイシャン/ 名 U (…で)頭がいっぱいになること

preoccupied

((*with...*)); C 夢中にさせるもの, 最大の関心事

preoccupied /priːɑ́kjəpàid プリーアキャパイド/
形 (…に)夢中な, 心を奪われた((*with...*))

prep /prép プレプ/ 名
❶ U ((英)) 予習, 宿題
❷ C ((米))((くだけて)) 予備学校

prep. ((略))*prep*osition 前置詞

prepaid /priːpéid プリーペイド/
動 prepay の過去形・過去分詞
— 形 前払いの, プリペイドの
・a *prepaid* card プリペイドカード

preparation* /prèpəréiʃən プレパレイシャン/
名 ((複)) preparations /プレパレイシャンズ/
❶ U (…の)準備, 用意((*of...*))
❷ C ((ふつう preparations)) (…のための)準備, したく((*for...*))
■ *make preparations for A* Aの準備をする
preparatory 形 準備[予備]の

prepare /pripéər プリペア/

動 三単現 **prepares** /プリペアズ/
過去・過分 **prepared** /プリペアド/
現分 **preparing** /プリペアリング/
— 他
❶〈…を〉(…のために)**準備する, 用意する**
((*for...*)); 〈食事などを〉作る
・*prepare* a bed *for* a guest
客のためにベッドを用意する
・*prepare* lunch 昼食を作る
■ *prepare to do* …する準備をする
・I'm *preparing to* go abroad.
渡航の準備をしています
■ *be prepared to do*
…する心の準備ができている
・I *am prepared to* help you.
喜んでお手伝いします
📖 *Prepare* the next chapter for Monday.
月曜日までに次の章を予習しておいてください
❷ ((次の用法で))
■ *prepare oneself for A* Aの準備を整える
■ *prepare oneself to do* …する準備を整える
— 自 準備をする
■ *prepare for A* Aの準備をする
・We are *preparing for* the next test.
次のテストの準備をしています
prepared 形 準備[用意]ができている; 前もって準備された; 調理済みの

prepay /priːpéi プリーペイ/ 動 (pay の変化形と同じ) 他〈…を〉前払いする, 前納する

preposition /prèpəzíʃən プレパズィシャン/
名 C 【文法】前置詞 (略 prep.)

preschool
形 /prìːskúːl プリースクール/ 就学前の
— 名 /príːskùːl プリースクール/ C ((米)) 幼稚園, 保育園

prescribe /priskráib プリスクライブ/ 動
— 他〈医師が〉〈薬を〉処方する,〈治療法を〉指示する
・*prescribe A B* = *prescribe B for A*
A(人)にB(薬)を処方する
— 自 (人・病気に対して)処方する((*for...*))

prescription /priskrípʃən プリスクリプシャン/ 名 U (薬などの)処方; C (…に対する)処方せん((*for...*))
・give *A* a *prescription for B*
A(人)にB(薬)の処方せんを書く

presence /prézəns プレザンス/ 名
❶ U いる[ある]こと; 存在; 出席; 面前, 目の前
・in the *presence* of *A* = in *A's presence*
A(人)の面前で
❷ C ((単数形で))(印象的な)態度, ふるまい方
・*presence* of mind 落ち着き, 平静

present¹ /préznt プレズント/

形 ((比較なし))
❶ **現在の, 今の** (⇔ past); 当面の
・at the *present* time 目下, 現在のところ
❷〈人が〉**出席して**, 居合わせて (⇔ absent)
・How many are *present* today?
きょうは何人出席していますか
❸【文法】現在(時制)の
・the *present* tense 現在時制
— 名 ((ふつう the present)) **現在, 現今**
・up to the *present* 現在に至るまで
・at *present* 現在 (now)
presently 副 現在; まもなく, やがて

present²

名 /prézənt プレズント/ ((複)) **presents** /プレザンツ/) C **贈り物, プレゼント**
■ *make A a present of B*
A(人)にB(物)を贈る
— 動 /prizént プリゼント/
三単現 **presents** /プリゼンツ/
過去・過分 **presented** /プリゼンティド/
現分 **presenting** /プリゼンティング/

prestige

— 他
❶ ⟨…を⟩贈る, 贈呈する
- *present A to B = present B with A*
  A（賞など）をB（人）に贈る
❷ ⟨…を⟩**提出する**, 差し出す；⟨成果・情報などを⟩**提示する**, 発表する
❸ ⟨映画・番組などを⟩上映する, 上演する；⟨番組を⟩担当する
❹ ⟨人を⟩⟨…に⟩紹介する((*to*...))

present **oneself at [for, in] A**
((改まって)) A（公式な場所）に出席[出頭]する

presenter 名 C ((英))（テレビ・ラジオなどの）司会者；贈呈者

presentation /prèzəntéiʃən プレザンテイシャン/ 名
❶ U 贈呈, （賞などの）授与
- the *presentation* of diplomas
卒業証書授与
❷ U 提示, 提出；体裁, 見ばえ；C 発表, プレゼンテーション
- give [make] a *presentation* 発表をする
📖 do a *presentation* in class
教室で発表する

present-day /prézntdéi プレズントデイ/ 形 今日の, 現代の
- *present-day* attitudes about marriage
今日の結婚に関する考え方

preserve /prizə́ːrv プリザーヴ/ 動
— 他
❶ ⟨物を⟩⟨…から⟩保護する, 守る, 保存する, 保管する((*from*...))
- *preserve* nature 自然を保護する
❷ ⟨食料などを⟩（腐らないよう）保存する；⟨平和などを⟩維持する

— 名
❶ U C （果物などの）砂糖煮, ジャム
❷ C （特定動植物の）自然保護区
preservation 名 U 保存, 保護

preside /prizáid プリザイド/ 動 自 （会議などの）議長[進行役]を務める

presidency /prézədənsi プレザダンスィ/ 名
U C 大統領[学長, 会長など]の職[任期]

president* /prézədənt プレズィダント/
名 (複 **presidents** /プレズィダンツ/) C
❶ ((しばしばPresident))（共和国の）**大統領**
- *President* Lincoln リンカーン大統領
- Obama was elected the *President* of the United States.

オバマが合衆国の大統領に選ばれた
❷ **長**；社長, 会長；（大学の）総長, 学長

presidential /prèzidénʃəl プレズィデンシャル/ 形 大統領の
- the *presidential* election 大統領選挙

press* /prés プレス/
動 三単現 **presses** /プレスィズ/
過去・過分 **pressed** /プレスト/
現分 **pressing** /プレスィング/
— 他
❶ ⟨…を⟩押す；⟨…を⟩⟨…に⟩押しつける, 当てる((*against*..., *to*..., *on*...))；⟨…を⟩押しつぶす
- *press* a button ボタンを押す
- *press down* the accelerator [pedal] with *one's* foot 足でアクセル[ペダル]を踏み込む
❷ ⟨衣服に⟩アイロンをかける, ⟨…を⟩プレスする
— 自
❶ 押す, 押しつける；踏む
❷ （衣服などに）アイロンをかける((*on*...))

press forward with A
A（計画など）を推進する

press A to do
A（人）に…するよう強く要求する
— 名 (複 **presses** /プレスィズ/)
❶ ((the press)) **新聞, 雑誌, 出版物**；**報道機関**, マスコミ；**報道陣**, 記者団
- a *press* conference 記者会見
❷ C 印刷機；印刷所, 出版社；圧縮機械, 圧搾器

pressing 形 緊急の, 差し迫った

pressure* /préʃər プレシャ/
名 (複 **pressures** /プレシャズ/)
❶ U C （物理的な）**圧力**
- blood *pressure* 血圧
- air [water] *pressure* 気圧[水圧]
- high [low] atmospheric *pressure*
高[低]気圧
- a *pressure* cooker 圧力なべ
❷ U （心理的な）**圧力**, **プレッシャー**；（社会的な）圧力, 強制, 抑圧
- *under pressure* from *A*
Aからプレッシャーをかけられて
- *under pressure to do*
…するよう強制されて
— 動 他 ⟨人に⟩圧力をかける
- *pressure A into doing = pressure A to do* Aに…するよう強(し)いる

prestige /prestíːʒ プレスティージュ/ 名 U 名声, 威信, 評判

prestigious 形 有名な, 一流の
presume /prizú:m プリズーム/ 動
— 他 〈…を〉想定[推定]する, 仮定する
- *presume that...*
  …だと想定[推定]する, 見なす
- *presume A (to be) C*
  AをCだと想定する
— 自
① 想定[推定]する, 仮定する
② ずうずうしくふるまう
presumably 副 おそらく, たぶん
presumption 名 C 推定, 仮定
pretend /priténd プリテンド/
— 他 〈…の〉ふりをする, 〈…を〉装う
- I *pretended* illness. 病気のふりをした
- *pretend that...* …だというふりをする
- *pretend to do* …するふりをする
- *pretend to be C* Cであることを装う
— 自 ふりをする；〈子どもが〉ごっこ遊びをする
pretended 形 偽りの；口先だけの
pretentious /priténʃəs プリテンシャス/ 形 見えを張った, うぬぼれた
pretext /prí:tekst プリーテクスト/ 名 C 口実, 言い逃れ

pretty /príti プリティ/
形 比較 **prettier** /プリティア/
最上 **prettiest** /プリティアスト/
① 〈人が〉かわいい；〈色などが〉きれいな
- as *pretty* as a picture
  (絵のように)とても美しい
② 〈物・場所などが〉美しい, きれいな
- a *pretty* voice 美しい声
— 副 ((比較なし)) かなり, だいぶ；非常に
pretty much ほとんど, だいたい；まるで

prevail /privéil プリヴェイル/ 動 自
① (…に) 普及している, (…に) 広がっている ((*among..., in...*))
② 〈考え方などが〉(他に) 打ち勝つ, 勝る；(他を) 圧倒する ((*over..., against...*))
- Truth will *prevail against* lies.
  真実は虚偽に打ち勝つ
prevailing 形 流行した；有力な
prevalent /prévələnt プレヴァラント/ 形 広く行き渡った, 普及[流行]している
prevalence 名 U 普及, 流行
prevent /privént プリヴェント/ 動 他 〈…を〉防ぐ, 防げる
- *prevent* injuries けがをしないようにする
- *prevent A (from) doing*
  Aが…するのを妨げる
preventive 形 予防するための
preventable 形 妨げられる；〈病気が〉予防できる
preventative 形 予防するための
prevention 名 U 防止, 阻止；予防
preview /prí:vjù: プリーヴュー/
名 C
① 試写(会), 試演, (展覧会などの)内覧；(テレビ・映画などの) 予告編
②【コンピュータ】印刷プレビュー
— 動 他 〈…の〉試写[試演]を見る；〈…を〉試写[試演]する
previous */prí:viəs プリーヴィアス/
形 ((比較なし)) 前の, 先の, 以前の
- a *previous* appointment 先約
- on the *previous* day その前日に
previously 副 以前に[は], 前もって
prewar /prí:wɔ́:r プリーウォー/ 形 戦前の
prey /préi プレイ/ 名 U えじき, 獲物；犠牲者

price /práis プライス/
名 (複 **prices** /プライスィズ/) C
① 値段, 価格；((prices)) 物価
- a fixed [set] *price* 定価
- a reasonable *price* 手頃な価格
- What is the *price of* this?
  これの値段はいくらですか
- *Prices* are going up [down].
  物価が上がっている[下がっている]
- *at* a *price* 高い値段で
- *at* a low *price* 安い値段で
② ((a price)) 代償, 犠牲
- pay a price for *A* Aに代償を払う
at any price どんな犠牲を払っても, 何としても；((否定文で)) 決して(…ない)
at the price of A Aを犠牲にして
— 動 他 〈…に〉〈…の〉値段をつける ((*at...*))
priceless 形 非常に貴重な；値段の付けられない

prick /prík プリク/
名 C ちくっとする痛み；刺し傷；刺す[突く]こと
— 動 他
① 〈…を〉(針などで)ちくりと刺す[突く]；〈…に〉穴をあける ((*with..., on...*))
② 〈人を〉苦しめる
pride* /práid プライド/
名 (複 **prides** /プライヅ/)

pride
❶ U 誇り, プライド, 自尊心;得意な気持ち; うぬぼれ
- *take pride in* A Aを誇りに思う
❷ C ((a pride)) (ライオンなどの)群れ
━ 動 他 ((次の成句で))
pride oneself on A
自分のA(能力など)を誇る,自慢する

priest /príːst プリースト/ 名 C (カトリック教会などの)司祭;(キリスト教以外で)聖職者, 僧侶,神官

prima donna /príːmə dάnə プリーマ ダナ/ 名 C プリマドンナ(オペラの花形女性歌手)

primary /práimèri プライメリ/
形 ((比較なし))
❶ 主要な;第一の;初期の;根源の
❷ 〈教育などが〉初等の, 初級の
- *primary* education 初等教育
- a *primary* school 小学校
━ 名 C
❶ ((ふつう primaries)) 第一のこと[もの]
❷ ((米))(大統領などの)予備選挙
primarily 副 主として;元来;第一に

prime /práim プライム/
形 最も重要な, 主要な;最良の
- *prime* time (テレビなどの)ゴールデンアワー
- the *prime* minister 総理大臣, 首相
━ 名 U ((ふつう the prime)) 全盛期, 盛り; 初め,初期

primer /práimər プリマ/ 名 C 手引き, 入門書

primitive /prímətiv プリマティヴ/ 形 原始(時代)の;原始的な;素朴な,単純な;旧式の
- *primitive* people 原始人

prince /príns プリンス/ 名 C 王子;王家[皇族]の男子;(小国などの)君主, 公;(英国以外の)公爵

princess /prínsəs プリンサス/ 名 C 王女;王家[皇族]の女子;王妃;(英国以外の)公爵夫人

principal /prínsəpəl プリンサパル/
名 C
❶ ((米))(小・中・高校の)校長;((英))(大学の)学長
❷ ((ふつう単数形で)) 元金
━ 形 主な, 主要な;第一の
principally 副 主として, 主に

principle /prínsəpl プリンサプル/ 名
❶ C 原理, 原則;法則
- the *principle* of natural selection 自然淘汰(とうた)の法則
- the Archimedes' *principle* アルキメデスの原理
- *in principle* 原則としては
❷ U C ((ふつう principles)) 主義, 信条
- *on principle* 主義として

print /prínt プリント/
動 三単現 **prints** /prínts/
過去・過分 **printed** /príntid/
現分 **printing** /príntiŋ/
━ 他
❶ 〈…を〉**印刷する**;〈記事などを〉(出版のために)印刷する, 刷る
- *print* A *on* B
A(印刷内容)をB(紙など)に印刷する
❷ 〈柄・模様・しるしなどを〉(…に)付ける, プリントする ((*on*...));〈…を〉活字[ブロック]体で書く
❸ 〈…を〉プリントアウトする ((*out*));〈写真などを〉焼き付ける
━ 自
❶ 印刷する, プリントする
❷ 活字[ブロック]体で書く
━ 名
❶ U 印刷された文字;刷りぐあい;活字体; C 版;印刷物
- *in print* 印刷になって;出版されて
- *out of print*
(印刷物が)不足して;(書物が)絶版になって
❷ C 跡, しるし, 印象;版画;【写真】プリント
printer 名 C 印刷機;プリンター;印刷業者;印刷工
printing 名 U 印刷術[業];C 印刷部数;刷(り)

printout /príntàut プリンタウト/ 名 C U 【コンピュータ】プリントアウト(されたもの)

prior /práiər プライア/ 形 (時間・順序が)前の, 先の
- *prior* knowledge 予備知識
- *prior to* A A(事)より前に

priority /praiɔ́ːrəti プライオーラティ/ 名
❶ C 優先事項
- *first* [*top*] *priority* 最優先事項
❷ U 優先(すること)
- *give priority to* A Aを優先させる
- *take priority over* A Aより優先する

prism /prízm プリズム/ 名 C 【光学】プリズム; 【幾何】角柱

prison /prízn プリズン/ 名 C 刑務所;拘置所; U 刑務所入り;投獄
- go [be sent] to *prison* 刑務所に入る[送られる]
- be released from *prison* 出所する
- a *prison* camp 捕虜収容所

prisoner 名 C 囚人;捕虜;拘束された人;とりこ

privacy /práivəsi プライヴァスィ/ 名 U プライバシー, 私生活;秘密
- invade *A's privacy* Aのプライバシーを侵害する
- respect *A's privacy* Aのプライバシーを尊重する
- in *privacy* 内密に

private /práivət プライヴァト/
形 比較 more private, ((時に))privater /プライヴァタ/
最上 most private ((時に))privatest /プライヴァタスト/
❶ ((比較なし))個人の, 個人的な, 私的な;私用の(⇔public)
❷ ((比較なし))私有の, 私立の, 民間の
- a *private* school 私立学校
❸ 非公開の;内輪の;〈場所が〉ほかに誰もそばにいない;〈人が〉プライバシーを重んじる
— 名 ((次の成句で))
in private 内密に;非公式に(⇔in public)

privately 副 内密に;民間で;個人的には

privilege /prívəlidʒ プリヴァリヂ/ 名
❶ U C 特権, 特典, 特別扱い
❷ ((a privilege))光栄, 名誉

privileged 形 特権[特典]を持つ

prize¹* /práiz プライズ/
名 (複 **prizes** /プライズィズ/) C 賞, 賞品, 賞金;((形容詞的に))入賞[入選]の, 賞品の
- win first *prize* 1等賞を取る

prize² /práiz プライズ/ 動 他〈…を〉重んじる, 評価する, 高く買う

pro¹ /próu プロウ/
名 C 職業選手, プロ, 専門家
— 形 職業選手の, プロの

pro² /próu プロウ/ 名 C 賛成論;賛成者
- *pros* and cons 賛否両論

probability /pràbəbíləti プラバビラティ/ 名
❶ U C 見込み, 確実性の度合い
❷ C (実際に)起こりそうなこと

❸ C U 【数学】確率
in all probability たぶん, 十中八九

probable /prábəbl プラバブル/ 形 (現実に)ありそうな, 見込みがある, 有望な
■ *it is probable that...* たぶん…だろう

probably* /prábəbli プラバブリ/
副 比較 more probably
最上 most probably
たぶん, おそらく
- She *probably* won't come. 彼女はたぶん来ないでしょう

probation /proubéiʃən プロウベイシャン/ 名
❶ 試験[見習い]期間
❷ 【法律】保護監察(期間);執行猶予
on probation 見習いに[で];保護監察中の[で]

probe /próub プロウブ/
動
— 他〈…を〉調べる, 調査する;〈…を〉探る
— 自 (…を)厳密に調査する((*into*...));(…を求めて)調べる((*for*...))
— 名 C
❶ 【医学】探り針
❷ 厳密[綿密]な調査

problem /prábləm プラブラム/
名 (複 **problems** /プラブラムズ/) C
❶ (解決すべき)問題, 課題;難問
- a social *problem* 社会問題
- solve a *problem* 問題を解決する
- deal with a *problem* 問題に対処する
- pose a *problem* 問題を提起する
- I have a *problem*. 私には困ったことがある
❷ (計算が必要な)問題
❸ ((形容詞的に))問題の, 問題となる
- a *problem* child 問題児
No problem. ((返事として))いいですとも, どういたしまして;だいじょうぶだ, 何でもない
What's your problem? どうしたの

problematic 形 問題のある;不確定な;扱いにくい

procedure /prəsí:dʒər プラスィーヂャ/ 名 U C (法律上の)手続き;(事を運ぶ)手順, 順序, やり方

procedural 形 手続(上)の, 手順の

proceed /prəsí:d プラスィード/ 動 自
❶〈物事が〉進む, (…に)前進する((*to*...))
❷ (仕事などを)続ける, 続行する((*with*...));

proceed 続けて(…)する((*to do*))
❸ (…から)発生する, 生じる((*from...*))

proceeding /prəsíːdiŋ プロスィーディング/ 名
❶ UC 進行, 続行; (特定の)行為; ((proceedings))一連の出来事
❷ C ((proceedings))【法律】訴訟手続き
❸ ((the proceedings)) 会議録; (学会などの)会報

process /práses プロセス/ 名
❶ C (変化の)過程; 製法, 工程; 方法, 手順
❷ U (時の)経過; 前進, 進行(状態)
・in (the) *process* of A Aが進行中で[の]
— 動 他
❶ 〈原料などを〉加工処理する
❷ 〈書類・資料などを〉処理する; 〈人・コンピュータが〉〈データを〉処理する

procession 名 C 行列; U (行列の)行進; 前進

processing 名 U 【コンピュータ】処理; 加工処理

processor 名 C 【コンピュータ】処理装置

proclaim /prəkléim プロクレイム/ 動 他 〈…を〉宣言する, 公言する
▪ *proclaim* A C AがCだと宣言[公言]する
proclamation 名 U 宣言, 布告, 声明; C 声明書[文]

prod /prád プロド/
動 他 〈…を〉(…で)突き刺す((*with...*)); 〈人を〉せかして(…)させる((*into doing*))
— 名 C つつく[突き刺す]こと; (行動に駆り立てる)刺激

prodigy /prádədʒi プロディヂ/ 名 C (特に子どもの)天才, 奇才, 神童

produce* /prədjúːs プロドゥース/
動 三単現 **produces** /プロドゥースィズ/
過去過分 **produced** /プロドゥースト/
現分 **producing** /プロドゥースィング/
— 他
❶ 〈土地などが〉〈…を〉**産出する**, 〈偉人などを〉**生み出す**
❷ 〈映画などを〉**演出する, 製作する**
❸ 〈…を〉(…から)取り出す((*from...*))
— 自 **製造[生産]する**
— 名 /prádjuːs プロドゥース/ U 農産物
・agricultural *produce* 農産物
・dairy *produce* 酪農製品

producer 名 C 生産者[国]; プロデューサー, 制作者

product /prádʌkt プロダクト/ 名 C
❶ 生産物, 製品, 作品
・foreign *products* 外国製品
・gross domestic *product*
国内総生産(額) (略 GDP)
❷ (努力などの)成果, 結果, 所産
❸【数学】積

production /prədákʃən プロダクシャン/ 名
❶ U 生産, 製造, 制作; 生産高
・mass *production* 大量生産
❷ C (芸術的な)作品, 製品, 産物

productive /prədáktiv プロダクティヴ/ 形
❶ 〈人・物が〉生産力のある; 〈土地が〉肥えた
❷ 〈…を〉生じさせる, もたらす((*of...*))
❸ 〈議論などが〉建設的な

productively 副 生産的に; 豊富に
productivity 名 U 生産力; 生産性

Prof. ((略)) *Professor* 教授

profess /prəfés プロフェス/ 動 他
❶ 〈…を〉装う, 〈…の〉ふりをする
▪ *profess to do* …するふりをする
▪ *profess to be* A Aであると自称する
▪ *profess that...* …だと称する, 自称する
❷ 〈…と〉公言[明言]する

profession /prəféʃən プロフェシャン/ 名 C
❶ (主に神学・法律・医学などの)職業, 専門職
・I am a doctor *by profession*.
私は職業は医者です
❷ ((the profession)) ((単数・複数扱い))商売[同業者]仲間
❸ (…の)公言; (信仰などの)告白((*of...*))

professional /prəféʃənəl プロフェシャナル/ 形
❶ 職業(上)の, 専門職の, 専門的な
❷ プロの, 本職の(⇔ amateur)
・a *professional* baseball player
プロ野球選手
— 名 C
❶ (知的)職業人; 専門家
❷ プロ選手, 職業選手((((くだけて)) pro)

professionalism 名 U プロ意識[根性]

professor* /prəfésər プロフェサ/
名 (複 **professors** /プロフェサズ/) C
(大学の)**教授** (略 Prof.)
・a *professor* of physics 物理学教授

proficient /prəfíʃənt プロフィシャント/ 形
(…に)上達した, 熟練した, (…が)じょうずな
((*in..., at...*))

proficiently 副 熟練して, じょうずに
proficiency 名 U 熟達, 堪能(かんのう); 腕前

profile /próufail プロウファイル/ 名 C
❶ (人の)横顔
❷ 人物紹介, 横顔, プロフィール; 評論
❸ 外形, 輪郭
keep a low profile 目立たないようにする

profit /práfit プラフィト/
名
❶ U C ((しばしば profits)) 利益, 収益, もうけ (⇔ loss)
・earn [make] a *profit* of *A*
A (金額)の利益を上げる
❷ U 益, 得
― 動
― 自 利益を得る; 得をする, 教訓を得る
― 他 〈人の〉役に立つ, 利益になる
profitability 名 U 収益性, 利潤率
profitable 形 もうかる; 有益な, ためになる

profound /prəfáund プラファウンド/ 形〈影響などが〉大きい, 深刻な; 深い; 心の底からの
profoundly 副 深く; 心から; 大いに

program

/próugræm プロウグラム/
名 (複 **programs** /プロウグラムズ/) C
❶ (ラジオ・テレビの)番組(表)
・see [watch] a *program* about [on] *A*
A についての番組を見る
❷ 計画, 予定; (教育の)課程
・under a ten-year *program* 10か年計画で
❸ 【コンピュータ】プログラム
― 動 他
❶ 〈コンピュータなどを〉(…するよう)プログラムする ((to do))
❷ 〈…を〉計画する, 〈…の〉プログラムを作る
programmable 形 プログラム可能な[できる]
programmer 名 C 【コンピュータ】プログラマー
programming 名 U プログラム作成, プログラミング

programme /próugræm プロウグラム/
((英)) = program

progress /prágrəs プラグラス/
名 U (…の)進歩, 発展, 上達 ((in...)); (…に向けての)前進, 進行, 進展 ((toward...))
▪ *make progress* 上達する; 前進する

☐ You have *made* a lot of *progress* in English. ずいぶん英語が進歩しましたね
in progress ((改まって))進行中で[の]
― 動 /prəgrés プラグレス/ 自
❶ 前進する, 進行する, 進展する
❷ 進歩する, 上達する
progression 名 U 前進, 進行; 進歩, 向上

progressive /prəgrésiv プラグレスィヴ/ 形
❶〈制度などが〉進歩的な, 前進的な; 〈社会などが〉進歩[発展]する
❷〈変化などが〉漸進(ぜんしん)的な; 〈病気などが〉進行性の
❸【文法】進行形の
・the *progressive* form 【文法】進行形
― 名 C (特に政治的問題で)進歩的な人, 革新主義者
progressively 副 漸次, 次第に
progressiveness 名 U 進歩性

prohibit /prouhíbət プロウヒバト/ 動 他〈法律などが〉〈…を〉禁じる; 〈…を〉妨げる
▪ *prohibit A from doing*
A (人)が…するのを禁じる
▪ *it is prohibited to do*
…することは禁じられている
prohibition 名 U 禁止; C 禁止令

project*
/prάdʒekt プラヂェクト | prɔ́dʒekt プロヂェクト/
名 (複 **projects** /プラヂェクツ/) C
❶ (…する)計画, 企画 ((to do)); (大規模な)プロジェクト, 計画事業 (plan)
・carry out a *project* 計画を実行する
❷ (…に関する)研究課題[計画] ((on...))
― 動
― 他
❶〈…を〉計画する, 企画する
❷〈映像を〉(…に)投影する, 映写する ((on...))
❸〈…を〉投げる; 〈ミサイルなどを〉発射する
― 自〈物が〉突き出る, 出っ張る
projector 名 C 投影機, プロジェクター

projection /prədʒékʃən プラヂェクシャン/ 名
❶ C 突出[突起]部
❷ U 映写, 投影; C 投影(図); U 発射, 射出

proletariat /pròulətéəriət プロウラテアリアト/ 名 ((the proletariat)) ((単数・複数扱い)) プロレタリアート, 無産[労働者]階級

proliferate
/prəlífərèit プラリファレイト/
動 自 【生物】〈バクテリアなどが〉増殖する
proliferation 名 U 【生物】増殖;まん延, (核兵器などの)拡散

prolific
/prəlífik プラリフィク/ 形 〈動物が〉多産の;〈植物が〉実をたくさん結ぶ;〈作家などが〉多作の;〈土地などが〉よく肥えた

prologue, ((米))prolog
/próulɔːg プロウローグ/ 名 C
❶ (詩の)序の部分;(…への)序言, プロローグ ((to...))
❷ (事件などの)前触れ ((to...))

prolong
/prəlɔ́ːŋ プロローング/ 動 他 〈期日などを〉延ばす, 〈…を〉長引かせる
prolonged 形 長引く, 長期の

prom
/prám プラム/ 名 C ((米))(高校・大学などで公式に行う)ダンスパーティー

promenade
/prὰmənéid プラマネイド/ 名 C (海岸などの)遊歩場[道];(特に公道の)遊歩

prominence
/prámənəns プラミナンス/ 名
❶ C 突出(物), 目立つ物[場所]
❷ U 卓越, 傑出
❸ U 【天文】(太陽の)紅炎, プロミネンス

prominent
/prámənənt プラミナント/ 形
❶〈人が〉(…で)卓越した, 有名な ((in...))
❷ 目立つ, 人目につく;突き出た
prominently 副 目立って

promise
/prάməs プラマス/
名 (複 **promises** /プラマスィズ/)
❶ C **約束**, 誓い
- an empty *promise* 口先だけの約束
- *keep* [*break*] *a promise* 約束を守る[破る]
- *make a promise to do* …する約束をする
❷ U 将来性, 前途の有望さ, 見込み
— 動
三単現 **promises** /プラマスィズ/
過去・過分 **promised** /プラマスト/
現分 **promising** /プラマスィング/
— 他
❶〈…を〉**約束する**
- *promise A B = promise B to A*
  A(人)にB(物・事)を与える約束をする
- *promise that...* …ということを約束する
- *promise to do* …する約束をする
- He *promised* to come to the party.
  彼はパーティーに来ると約束した
❷〈状況が〉〈…の〉見込みがある
- *promise to do* …しそうである
— 自
❶ 約束する, 誓う
❷ 見込みがある, 望みがある
as promised 約束したように
promising 形 前途有望な, 見込みのある, 期待できる

promote
/prəmóut プラモウト/ 動 他
❶〈活動などを〉推進する;〈健康などを〉促進する
- *be promoted to A* Aに昇進する
❷〈人を〉(…に)昇進させる, 進級させる ((to...))
promoter 名 C 発起(ほっ)人;立案者;主催者;(試合などの)プロモーター, 興行者

promotion
/prəmóuʃən プラモウシャン/ 名
❶ U C (…への)昇進, 進級 ((to...))
❷ U 助長, 促進, 奨励
❸ U 販売促進; C 販売促進の商品
promotional 形 昇進の;販促用の

prompt
/prámpt プラムプト/
形
❶〈人が〉(…するのに)敏速な ((to do)), (…において)すばやい ((in...))
❷〈行動が〉迅速な, 即座の
— 動 他
❶〈…を〉促す, 駆り立てる
- *prompt A to do*
  〈人・事が〉A(人)を刺激して[促して]…させる
❷〈役者に〉(…で)せりふのきっかけを与える ((with...))
— 名 C
❶ せりふ付け, 後見(こうけん)
❷ 【コンピュータ】(画面上の)プロンプト
— 副〈時間が〉ちょうど, きっかり
promptly 副 敏速に, 即座に;きっかり, ちょうど
promptness 名 U 機敏, 敏捷(びんしょう)

pron.
((略)) *pronoun* 代名詞

prone
/próun プロウン/ 形 (…へ)傾向がある, …しがちな ((to do))

pronoun
/próunàun プロウナウン/ 名 C 【文法】代名詞
- a personal *pronoun* 人称代名詞

pronounce
/prənáuns プラナウンス/
動 三単現 **pronounces** /プラナウンスィズ/
過去・過分 **pronounced** /プラナウンスト/
現分 **pronouncing** /プラナウンスィング/

pronounce
— 他
❶ 〈音を〉**発音する**
📖 How do you *pronounce* this word?
この単語はどう発音しますか
❷ 〈…だと〉宣言する
- *pronounce* A C AはCであると宣言する
❸ 〈判決などを〉(…に)下す((*on..., upon...*))
— 自 **発音する**
- *pronounce* well [badly]
じょうずに[へたに]発音する

pronounced /prənáunst プラナウンスト/
動 pronounceの過去形・過去分詞
— 形 顕著な, 目立つ, 明白な

pronunciation
/prənʌ̀nsiéiʃən プラナンスィエイシャン/
名 (複 **pronunciations** /prənʌ̀nsiéiʃənz プラナンスィエイシャンズ/) UC **発音**, 発音の仕方
📖 You have some trouble with *pronunciation*. 発音に少し問題がありますね
📖 Your *pronunciation* is very good.
すごくいい発音ですね
📖 Don't worry about your *pronunciation*.
発音は気にしなくていいですよ

proof /prú:f プルーフ/ 名
❶ U (…の)証拠, 証明((*of...*)); C 証拠品
- give [show] *proof* 証拠を提出する
- have *proof* 証拠を持っている
❷ C 【写真】試し焼き; ((ふつう proofs))【印刷】校正刷り
❸ UC 吟味, 試験, テスト
— 形 〈物が〉(…に)耐える; 〈人が〉(誘惑などに)負けない((*against...*))
— 動 他
❶ 〈生地を〉防水[防火]加工する
- water*proof* 防水加工する
❷ 〈原稿などを〉校正する

prop /práp プラプ/
動 他 〈…を〉支える((*up*)); 〈…を〉(…に)もたせかける((*on..., against...*))
— 名 C 支え, 支柱; 支持者

propaganda /prɑ̀pəɡǽndə プラパギャンダ/
名 U (主義・思想の)宣伝(活動), プロパガンダ
propagation 名 U 宣伝, 普及; 繁殖

propel /prəpél プラペル/ 動 他
❶ 〈…を〉進ませる, 推進させる
❷ 〈人を〉(…へ)駆り立てる((*into...*))

propeller /prəpélər プラペラ/ 名 C (飛行機の)プロペラ, (船の)スクリュー

proper* /prápər プラパ/
形 比較 **more proper**
最上 **most proper**
❶ (場面・状況に)**ふさわしい**, **適切な** ((*for..., to...*)); 〈行動などが〉礼儀正しい, 認められる
- *proper* time 適した時間[時期]
❷ ((改まって))(…に)**固有の**, **特有の**, 独特の((*to...*))
- a custom *proper* to Japanese
日本固有の風習
❸ ((英)) 本当の, 真正の

properly /prápərli プラパリ/ 副
❶ 適切に, 適当に; 礼儀正しく, 品よく; 正確[厳密]に
- *properly* speaking 正確に言えば
❷ 当然のことながら

property /prápərti プラパティ/ 名
❶ U 財産, 資産; 所有物; 所有権
- private [public] *property* 私有[公有]財産
❷ U 所有地, 地所; 不動産
❸ C ((ふつう properties))(物質の)特性, 属性
❹ C ((ふつう properties))(舞台の)小道具

prophecy /práfəsi プラファスィ/ 名 CU (神の)預言; 予言

prophet /práfit プラフィト/ 名 C 預言者; 予言する人
prophetic 形 予言[預言]者の; 予言[預言]の
prophetically 副 予言的に

proponent /prəpóunənt プラポウナント/ 名 C 提案者, 支持者, 賛成者

proportion /prəpɔ́:rʃən プラポーシャン/ 名
❶ UC (…の)割合, 比率((*of...*))
❷ UC ((ふつう proportions))つり合い, 均衡
❸ C 部分; 分け前 (share)
❹ C ((proportions))大きさ, 寸法
❺ U 【数学】比例
in* [*out of*] *proportion
つり合いが取れて[失って]
in proportion to *A* Aに比例して
proportional 形 比例する; つり合う
proportionate 形 比例した; つり合った

proposal /prəpóuzəl プラポウザル/ 名
❶ UC 申し出, 提案, 提議; 計画, 案
- accept [reject] a *proposal*
提案を受け入れる[拒絶する]
❷ C (男性からの)結婚の申し込み, 求婚, プロ

ポーズ
- Olivia accepted his *proposal*.
オリビアは彼の求婚を受け入れた

propose /prəpóuz プロ**ポ**ウズ/ 動
— 他
❶ 〈考えなどを〉(…に)提案する, 申し出る((*to*...))
- *propose doing* [*to do*]
…することを提案する
- *propose* (*to A*) *that*...
(Aに)…ということを提案する
❷ 〈結婚を〉(人に)申し込む((*to*...))
— 自 (…に)結婚を申し込む((*to*...))
proposed 形 提案された

proposition /prὰpəzíʃən プラパ**ズィ**シャン/
名 C (…という)提案((*that*節))
・make *A* a *proposition* A(人)に提案する

proprietary /prəpráiətèri プロプ**ラ**イアテリ/
形 所有者の; 財産のある; 専売(特許)の
proprietor 名 C 所有者, 経営者

propriety /prəpráiəti プロプ**ラ**イアティ/
名 U 礼儀正しさ; 適当[適切]さ, 妥当性

prose /próuz プ**ロ**ウズ/ 名 U 散文(体)

prosecute /prásikjù:t プ**ラ**スィキュート/ 動
— 他
❶ 【法律】〈人を〉(…の罪で)起訴[告発]する((*for*...))
❷ 〈…を〉遂行する, やり通す
— 自 起訴する; 告発する
prosecution 名 U C 起訴, 告発
prosecutor 名 C 検事, 検察官

prospect /práspekt プ**ラ**スペクト/
名
❶ U C 見込み, 可能性, 見通し
❷ C (広々した)眺め; 見晴らし
in prospect 見込まれて; 予想されて
— 動
— 他 〈地域を〉(金(ゼ)・石油などを求めて)踏査する((*for*...))
— 自 (…を)探し求める((*for*...))
prospective 形 将来の; 見込みのある, 期待される

prosper /práspər プ**ラ**スパ/ 動 自 (事業などが)繁盛する, 成功する, うまくいく
prosperity 名 U 繁盛, 繁栄; 幸運
prosperous 形 繁盛した, 繁栄した
prosperously 副 繁盛して, 繁栄して

protagonist /proutǽgənist プロウ**タ**ガニスト/
名 C (劇などの)主人公, 主役; 指導者

protect /prətékt プロ**テ**クト/ 動 他 〈…を〉守る, 保護する; 〈…を〉防ぐ
- I *protected* my eyes by wearing sunglasses. 私はサングラスをかけて目を保護した
- *protect oneself* 自分の身を守る
protection 名 U 保護; C 保護する物[人]
protective 形 保護する, 防護用の
protectively 副 保護して[のために]
protector 名 C 保護者; 保護する物; プロテクター

protein /próuti:n プ**ロ**ウティーン/ 名 U C たん白質, プロテイン

protest
名 /próutest プ**ロ**ウテスト/ U C 抗議, 異議(の申し立て), 反対
— 動 /prətést プロ**テ**スト/
— 自 抗議する, 異議を唱える, 反対する
— 他
❶ ((米))〈…に〉抗議する, 異議を唱える
❷ (…であると)主張する, 断言する((*that*節))
protester 名 C 抗議する人; 主張者

Protestant /prátəstənt プ**ラ**タスタント/
名 C プロテスタント, 新教徒
— 形 プロテスタントの

protocol /próutəkɔ̀:l プ**ロ**ウタコール/ 名
❶ U 外交儀礼, 儀礼上のしきたり
❷ C 条約原案; 条約議定書
❸ C 実験の計画[記録]
❹ C 【コンピュータ】通信規約, プロトコル

proton /próutɑn プ**ロ**ウタン/ 名 C 【物理】プロトン, 陽子

prototype /próutətàip プ**ロ**ウタタイプ/ 名 C 原型; 模範, 手本

proud /práud プ**ラ**ウド/

形 比較 **prouder** /プ**ラ**ウダ/
最上 **proudest** /プ**ラ**ウダスト/
❶ (…を)誇りに思って, 光栄に思って; 自慢して((*of*...))
- I am *proud of* my school.
私は母校を誇りに思っている
- *be proud to do* …することを光栄に思う
- *be proud that*... …であることを光栄に思う
❷ 自尊心の強い, プライド[誇り]高い
❸ ((けなして))高慢な, うぬぼれた, 思い上がった
- a *proud* person 尊大な人
proudly 副 誇らしげに; 高慢に

prove

prove* /prúːv プルーヴ/
- 動 三単現 **proves** /プルーヴズ/
- 過去 **proved** /プルーヴド/
- 過分 **proved** /プルーヴド/, ((主に米)) **proven** /プルーヴァン/
- 現分 **proving** /プルーヴィング/
— 他
❶ 〈…を〉証明する
- *prove that*... …であると証明する
- The fact *proves that* he is honest. = The fact *proves* his honesty.
 この事実が彼の正直さを証明している
- *prove A (to be) C* AがCであると証明する
- They *proved* him (*to be*) a liar.
 その男はうそつきであることが分かった
❷ ((改まって))〈…を〉試す, 試験する
— 自 ((次の用法で))
- *prove (to be) C*
 Cであることが分かる, Cとなる
- The report *proved* true. 報道は正しかった

proven /prúːvən プルーヴァン/
動 ((主に米)) prove の過去分詞
— 形 証明された, 証拠のある

proverb /prɑ́vəːrb プラヴァーブ/ 名 C ことわざ, 格言
proverbial 形 ことわざの

provide /prəváid プラヴァイド/ 動
— 他
❶ 〈…を〉供給する, 与える, 提供する
- Reading *provides* pleasure.
 読書は楽しみを与えてくれる
- *provide A with B* AにBを提供する
- Cows *provide* us *with* milk.
 雌牛は私たちに牛乳を供給する
❷ 【法律】〈…ということを〉規定する ((*that* 節))
— 自
❶ 〈…に〉備える, 準備する ((*for*...))
- *provide for* the future 将来に備える
❷ 〈人を〉扶養する, 養う ((*for*...))
provider 名 C 供給者；(インターネットの) プロバイダー

provided /prəváidid プラヴァイディド/
動 provide の過去形・過去分詞
— 接 もし…ならば, …という条件で
- I'll go, *provided* (*that*) the others go, too. ほかの人たちも行くなら私も行きます

providing /prəváidiŋ プラヴァイディング/
動 provide の現在分詞・動名詞
— 接 = provided

province /prɑ́vins プラヴィンス/ 名
❶ C (カナダなどの) 州, 省
❷ ((the provinces))((複数扱い)) (首都などの中央部に対して) 地方, 田舎
❸ U (学問などの) 領域, 分野；活動範囲；本分
provincial 形 州[省]の；地方の

provision /prəvíʒən プラヴィジャン/ 名
❶ U C (必需品の) 供給, 支給 ((*of*...))
❷ C ((provisions)) (特に旅行用などの) 食糧
❸ U C (…に対する) 用意, 準備 ((*for*...))
❹ C 条項, 規定
— 動 他 〈…に〉食糧を供給する

provisional /prəvíʒənəl プラヴィジャナル/
形 一時的な, 暫定的な
provisionally 副 一時的に, 暫定的に

provocation /prɑ̀vəkéiʃən プラヴァケイシャン/ 名 U C 挑発, 刺激；怒らせること；誘発
provocative 形 挑発的な；怒らせる
provocatively 副 挑発的に；怒らせるように

provoke /prəvóuk プラヴォウク/ 動 他
❶ 〈…を〉怒らせる, いらだたせる
❷ 〈怒りなどを〉起こさせる, 誘発する；〈事件などを〉引き起こす
provoking 形 腹の立つ, しゃくにさわる

proximate /prɑ́ksimət プラクスィマト/ 形 (…に)最も近い, (…の)直前[直後]の ((*to*...))
proximity 名 U 近いこと, 近接

proxy /prɑ́ksi プラクスィ/ 名
❶ U 代理；代理権
❷ C 代理人；委任状

prudence /prúːdəns プルーダンス/ 名 U 用心深さ, 慎重さ, 思慮分別

prudent /prúːdənt プルーダント/ 形 用心深い, 慎重な, 思慮分別のある
prudently 副 用心深く, 慎重に

prune /prúːn プルーン/ 名 C プルーン, 干しすもも

pry¹ /prái プライ/ 動 自 (他人の私生活を)のぞく, 詮索(せんさく)する ((*into*...))

pry² /prái プライ/ 動 他 〈…を〉てこで持ち上げる；〈…を〉こじ開ける

PS, P.S. ((略)) postscript 追伸

psalm /sάːm サーム/ 名 C 賛美歌, 聖歌

pseudonym /súːdənim スーダニム/ 名 C 仮名, 偽名；ペンネーム

psyche /sáiki サイキ/ 名 C (人間の)精神,

psychedelic /sàikədélik サイカデリク/ 形 サイケデリックな, 幻覚の; 幻覚を起こさせる

psychiatry /saikáiətri サイカイアトリ/ 名 U 精神医学, 精神病学
　psychiatric 形 精神医学の
　psychiatrist 名 C 精神科医

psychic /sáikik サイキク/ 形 霊魂の; 精神の, 心の

psycho /sáikou サイコウ/ 名 C 精神異常者

psychoanalysis /sàikouənǽləsəs サイコウアナラシス/ 名 U 精神分析学[療法]
　psychoanalytic 形 精神分析の
　psychoanalytical 形 精神分析の
　psychoanalytically 副 精神分析的に

psychology /saikálədʒi サイカラヂ/ 名 U 心理学; C U 心理(状態)
　psychological 形 心理学の, 心理学的な; 心理的な
　psychologically 副 心理学上; 心理的に
　psychologist 名 C 心理学者; 臨床心理士

psychotherapy /sàikouθérəpi サイコウセラピ/ 名 U 精神療法

psychotic /saikátik サイカティク/
　形 精神病の
　— 名 C 精神病患者

P.T.A. ((略)) *Parent-Teacher Association* 父母と教師の会, ピーティーエー

pub /pʌ́b パブ/ 名 C (英) 大衆酒場, パブ

puberty /pjúːbərti ピューバティ/ 名 U 思春期

pubic /pjúːbik ピュービク/ 形 陰部の

public /pʌ́blik パブリク/

形 比較 **more public**
　最上 **most public**

❶ **公**(おおやけ)**の, 公共[公衆]の** (⇔private)
・ *public* opinion 世論
・ *public* service 公益事業
・ *public* transportation 公共交通機関

❷ ((比較なし)) **公立の**; 公開の
・ a *public* school 公立小[中・高等]学校

❸ 公務の, 公務に従事する
・ *public* officials 公務員
　go public 〈隠していたことが〉公になる

— 名
❶ ((the public)) ((単数・複数扱い)) **大衆, 公衆; 国民(全体), 世間**
・ *the* general *public* 一般大衆
❷ ((the [a, *one's*] public)) (興味を共にする)人々, 仲間

　in public 公然と, 人前で (⇔in private)
　publicly 副 人前で, 公然と; 公に

publication /pʌ̀bləkéiʃən パブリケイシャン/ 名
❶ U 出版, 発行; C 出版物
❷ U 公表, 発表

publicity /pʌblísəti パブリサティ/ 名 U
❶ 知れ渡ること; 評判
❷ 広告, 宣伝, 広報

publish* /pʌ́bliʃ パブリシュ/
　動 三単現 **publishes** /パブリシズ/
　過去・過分 **published** /パブリシュト/
　現分 **publishing** /パブリシング/
　— 他
❶ 〈…を〉**出版する, 発行[刊行]する**
❷ 〈…を〉**公表する, 発表する**; 〈法律などを〉公布する
　publisher 名 C 出版社, 出版業者, 発行者; (新聞社の)経営者
　publishing 名 U 出版業

puck /pʌ́k パク/ 名 C 【アイスホッケー】パック(打ってゴールに入れるゴム製の円盤)

pudding /púdiŋ プディング/ 名 C U プディング, プリン

puddle /pʌ́dl パドル/
　名 C (雨水などの)水たまり
　— 動 他 〈…を〉泥水で汚す, 泥だらけにする

puff /pʌ́f パフ/
　名 C
❶ (息などの)一吹き; (空気などが)ぱっと吹き出ること; シュッと吹き出す音
❷ (タバコなどの)一服
❸ (クリームなどを詰めた)シュー皮
・ a cream *puff* シュークリーム
❹ (化粧の)パフ
　— 動
　— 自
❶ シュッと吹き出る; ポッポッと煙を吐きながら動く
❷ ((くだけて)) あえぐ, 息を切らす
❸ (タバコを)ぷかぷか吹かす
　— 他
❶ 〈煙などを〉プッと吹き出す
❷ 〈タバコを〉ぷかぷか吹かす

puffy /pʌ́fi パフィ/ 形 ふくれ上がった

puke /pjúːk ピューク/ 動 自 嘔吐(おうと)する, 吐く

Pulitzer Prize /púlitsər práiz プリツァ ブライズ/ 名 C ピュリッツァー賞(毎年米国でジャーナリズム・文学・音楽などで功績のあった市民に与えられる賞)

pull /púl プル/

動 三単現 **pulls** /プルズ/
過去・過分 **pulled** /プルド/
現分 **pulling** /プリング/

—他

❶ 〈…を〉(自分の方へ)**引く, 引っ張る**;〈…を〉(…の方に)引き寄せる((to...))(⇔push)
・*pull* the curtains カーテンを引く
・*pull* a chair *to* the table
テーブルの方へいすを引き寄せる
■ *pull A C* A(物)を引いてC(の状態)にする
・*pull* a door open [shut]
戸を引いて開ける[閉める]

❷ 〈…を〉(…から)引き離す, 取り出す((from...))
・*pull* a handkerchief *from* a pocket
ポケットからハンカチを取り出す

❸ 〈機関車などが〉〈客車などを〉牽引(けんいん)する;〈ボートを〉こぐ;〈車を〉(駐車場などに)入れる((to..., into...))

❹ 〈引き金などを〉(人に向けて)引く((at..., on...));〈栓を〉〈…から〉引き抜く((out of..., from...));〈果実・花などを〉摘む
・*pull* the trigger 銃の引き金を引く

❺ 〈…を〉引きちぎる((apart))

❻ 〈事・人が〉〈観衆などを〉引きつける;〈政治家などが〉〈票などを〉集める((in))

❼ 〈計画を〉遂行する

❽ 〈筋肉などを〉傷める

—自

❶ (…を)**引く, 引っ張る**((at..., on...));引っ張って…になる
・*pull at* [*on*] a rope 綱を引っ張る
・*pull* open 引っ張って開く

❷ 〈ボートを〉こぐ;〈車が〉(駐車場などへ)進入する((into...))

pull away 〈車が〉再発進する;引き離す
pull A down = pull down A A(日よけなど)を引き下ろす;A(家など)を取り壊す;【コンピュータ】A(メニュー画面)を表示する
pull A in = pull in A Aを引っ込める;A(金・票など)を得る;Aを逮捕する
pull A's leg
((くだけて))Aをからかう, かつぐ
pull A off = pull off A
A(衣服・靴など)を(引っ張って)脱ぐ
pull A on = pull on A
A(衣服)を(引っ張って)着る, A(靴など)を履く, A(手袋)をはめる
pull out 〈列車などが〉出発する
pull A out = pull out A
A(物)を引き抜く;A(物)を(ポケットなどから)取り出す((of...))
pull out of A Aから手を引く
pull A over = pull over A
A(車)を片側に寄せる
pull through (難局を)切り抜ける
pull together 力を合わせる
pull up 〈車などが〉止まる
pull A up = pull up A
A(車・人)を止める

— 名 (複 **pulls** /プルズ/)
❶ C ((ふつう a pull))(…を)**引くこと**;U 引く力;引力((at..., on...))
・give *a pull on* the rope ロープを引く
❷ C 引き手, 取っ手
❸ U ((また a pull))(…との)コネ, 縁故
❹ C 肉離れ

pullover /púlòuvər プロウヴァ/ 名 C プルオーバー(頭からかぶるセーター)
pulmonary /pálmənèri パルマネリ/ 形【解剖】肺の
pulp /pálp パルプ/ 名 U 果肉;(製紙原料の)パルプ
pulse /páls パルス/
名 C
❶ 脈拍;鼓動
・take *A's pulse* A(人)の脈を診る
❷【音楽】(打楽器による)リズム音
— 動 自 脈打つ, 鼓動する
puma /pjúːmə プーマ/ 名 C 【動物】ピューマ
pump /pámp パンプ/
名 C ポンプ
— 動
— 他
❶ 〈水などを〉(…から)ポンプでくみ上げる, くみ出す((out of...))
❷ 〈タイヤに〉(ポンプで)空気を入れる
— 自 ポンプを使う, ポンプでくみ上げる
pumpkin /pámpkin パムプキン/ 名 C U 【植

pun /pán バン/ 名C だじゃれ, ごろ合わせ

punch¹ /pántʃ パンチ/
名
❶ C げんこつで殴ること, パンチ
❷ U 迫力, 効果
━━動 他 〈…を〉(げんこつで)殴る

punch² /pántʃ パンチ/
名 C (切符用の)穴あけばさみ;穴あけ器;型抜き器
━━動 他 〈…に〉穴をあける;〈切符に〉はさみを入れる

punch³ /pántʃ パンチ/ 名 U (飲み物の)パンチ, ポンチ (ワインに水などを混ぜ砂糖・レモンなどで味付けした飲み物)

punctual /páŋktʃuəl パンクチュアル/ 形 時間を厳守する, 時間[期限]どおりの
punctually 副 時間[期限]どおりに

punctuation /pʌŋktʃuéiʃən パンクチュエイシャン/ 名 U 句読法, 句読点を打つこと

puncture /páŋktʃər パンクチャ/
名 U (タイヤなどの)パンク;刺すこと, 穴あけ; C 刺し穴
━━動
━━他 〈…を〉刺す, 〈…に〉穴をあける;〈タイヤなどを〉パンクさせる
━━自 〈タイヤなどが〉パンクする

pungent /pándʒənt パンヂャント/ 形 〈味覚などを〉刺激する, ぴりっとくる

punish /pánɪʃ パニシュ/ 動 他
❶ 〈人を〉(…の理由で)罰する ((for...))
❷ 〈人を〉ひどい目に遭わせる;〈物を〉手荒く扱う
punishable 形 罰することのできる, 罰すべき
punishing 形 過酷な, 厳しい, つらい
punishment 名 U C 処罰;刑罰; U ひどい扱い, 虐待

punk /páŋk パンク/ 名 U パンクロック; C パンクロックの愛好者

pup /páp パプ/ 名 C 子犬;(あざらしなどの)子

pupil¹* /pjúːpəl ピューパル/ 名 (複 **pupils** /ピューパルズ/) C 生徒;弟子, 教え子

pupil² /pjúːpəl ピューパル/ 名 C ひとみ, 瞳孔 (どうこう)

puppet /pápɪt パピト/ 名 C 操り人形, 指人形;((けなして))他人の言うなりになる人

puppy /pápi パピ/ 名 C 子犬

purchase /pə́ːrtʃəs パーチャス/
動 他
❶ 〈…を〉買う, 購入する (buy)
❷ 〈…を〉(犠牲を払って)獲得する, 手に入れる
━━名
❶ U C 買い入れ, 購入
❷ C 買った物, 購入品
・make a good *purchase* 安い買い物をする
purchaser 名 C 購買者;買い手

pure /pjúər ピュア/
形 比較 **purer** /ピュアラ/
最上 **purest** /ピュアラスト/
❶ 純粋な, 混じりけのない, 不純物のない
・*pure* water 真水
・100% *pure* orange juice
まったく混ぜ物のないオレンジジュース
❷ きれいな, 清潔な;(心が)清らかな, 汚れのない
❸ 純血の, きっすいの
❹ まったくの, 純然たる;単なる
purely 副 まったく;単に;純粋に, 混じりけなく;清く
purity 名 U 清潔;純粋;潔白

purge /pə́ːrdʒ パーヂ/
動 他 〈好ましくない要素を〉(…から)除去する;〈人を〉(政党などから)追放する, 粛清(しゅくせい)する ((from...))
━━名 C 清めること;追放, 粛清

purify /pjúərɪfàɪ ピュアリファイ/ 動 他 〈…を〉浄化する, 精製する;〈人の心を〉清める;純化する
purification 名 U 浄化, 清めること

Puritan /pjúərətn ピュアラトン/ 名 C 清教徒, ピューリタン

purple /pə́ːrpl パープル/
名 U C 紫色
━━形 紫色の

purpose /pə́ːrpəs パーパス/
名 (複 **purposes** /パーパスィズ/)
❶ C U 目的, 目標;用途(ようと), 使用目的;意図
・What is your *purpose* in going to New York? ニューヨークに行く目的は何ですか
❷ U 決心, 決意
❸ C 成果, 効果
on purpose 故意に, わざと
purposeful 形 故意の, 意図的な;きっぱりした
purposefully 副 故意に;意図的に;きっぱりと

purposely 副 故意に, わざと

purse /pə́:rs パース/
名 C ((主に英)) 小型のさいふ, 小銭入れ; ((米)) ハンドバッグ
— 動 他 〈口を〉すぼめる, 〈顔を〉しかめる

purser /pə́:rsər パーサ/ 名 C (飛行機などの) 事務長, パーサー

pursue /pərsú: パスー/ 動 他
❶ 〈…を〉追いかける, 追跡する; 〈知識・目的などを〉追求する
❷ 〈…に〉従事する, 〈研究などを〉続ける

pursuit 名 U 追跡, 追求; 仕事, 職業, 研究

push /púʃ プシュ/

動 三単現 **pushes** /プシズ/
過去・過分 **pushed** /プシュト/
現分 **pushing** /プシング/

— 他

❶ 〈…を〉**押す**; 〈…を〉〈…の方に〉押す ((*into...*, *toward...*)) (⇔ pull)
・ *Push* a button. ボタンを押せ
・ *push* the door ドアを押す
・ *push* A C A(物)を押してC(の状態)にする
・ *push* the gate open [shut]
門を押し開く[閉める]
❷ 〈計画などを〉推し進める
❸ 〈人込みを〉かき分けて進む ((*through...*))
❹ 〈人に〉はっぱをかける, 〈人を〉激励する; 〈人を〉説得する; 〈…を〉人に勧める
・ Don't *push* me. せかすな
■ *push* A to *do* = *push* A into *doing*
A(人)に…するよう強要する, A(人)を…するよう説得する
・ Mother always *pushes* me *to* study harder. 母はもっと勉強するようにと言う
■ *push* A *on* B
A(意見など)をB(人)に押しつける
— 自 〈…を〉**押す** ((*on...*, *at...*)); ボタンを押す; 人を押す
・ *push on* the button ボタンを押す

push ahead with A
A(計画など)を推進する
push A *around* = *push around* A
A(人)をいじめる, (強い口調で)指示する
push A *down* = *push down* A
Aを下に押す, 押し倒す
push in
〈人が〉割り込む; ((英)) 行列に割り込む

push on どんどん先に進む; (仕事を)やり続ける ((*with...*))
push A *out* = *push out* A
Aを外へ押し出す
push A *up* = *push up* A
A(価格・数量など)を押し上げる
push one's way (人を)押しのけて進む
— 名 (複 **pushes** /プシズ/) C
❶ **押すこと, 押し**
・ a *push* button 押しボタン
・ at one [a] *push* ひと押しで, 一気に
❷ 〈…への〉努力, 奮発 ((*for...*)); 進取の気性
・ make a *push* がんばる

pussy /púsi プスィ/ 名 C ((幼児語)) 猫, 子猫

put /pút プト/

動 三単現 **puts** /プツ/
過去・過分 **put** /プト/
現分 **putting** /プティング/

— 他

❶ 〈物を〉**置く, 載せる**; 入れる, 出す; 〈…を〉(ある方向に)動かす
■ *put* A *in* [*on*] B A(物)をB(場所)に置く
・ *put* one's hands *in* one's pockets
ポケットに手を入れる
・ *put* a stamp *on* an envelope
封筒に切手を貼る
▣ *Put* the book *on* the desk.
本を机の上に置きなさい
■ *put* A *to* [*into*] B A(物)をBの方に動かす
▣ *Put* the chairs *to* the side.
いすを横にどけなさい
❷ ((次の用法で))
■ *put* A *in* [*to, into, under, out of*] B
AをB(ある状態)にする
・ *put* a room *in* order 部屋を整理する
・ *put* a baby *to* sleep 赤ん坊を寝かせる
・ *put* a plan *into* action 計画を実行に移す
・ *put* A *under* pressure
A(人)にプレッシャーをかける
・ *put* A *out of* a job A(人)を失業させる
❸ 〈…を〉表現する; 〈…を〉〈…に〉訳す, 翻訳する ((*into...*)); 〈…を〉書く, 記入する
・ to *put* it mildly 穏やかな言い方をすれば
・ to *put* it in another way 言い換えれば
・ I don't know how to *put* it in another way.
私はどう言い換えたらいいのか分かりません

- *put A into* English Aを英語に訳す
- *Put* your name at the bottom.
いちばん下に署名してください

❹ 〈…を〉(…に)評価する, 見積もる((*at...*));
〈…に〉(…の)価値を付ける((*at...*))
- You cannot *put* a price on friendship.
友情に値を付けることはできない

put A across* = *put across A
A(考え・計画など)を(人に)納得させる((*to...*))

put A aside* = *put aside A
A(物)を脇(㌽)に置く; A(商品)を取っておく;
Aを無視する

put A away* = *put away A
(1) A(物)をかたづける
📖 *Put* your books *away*.
教科書をしまってください
(2) A(金)を蓄える
(3) A(食べ物・飲み物)を平らげる

put A back* = *put back A
A(物)を(元の所に)戻す

put A before B BよりAを優先させる

put A by* = *put by A
A(金など)を蓄える

put A down* = *put down A
(1) Aを下に置く; 受話器を戻す
📖 *Put* your hands *down*.
両手を下してください
(2) A(名前など)を書き留める
(3) A(暴動など)を鎮(㌧)める

put A down as [for] C
AをCであると考える

put A down to B
A(事)をB(人)のせいにする

put A forth* = *put forth A
A(芽・葉)を出す; A(力)を発揮する; A(考え・案など)を出す, 提出する

put A forward* = *put forward A
A(案・意見など)を出す; A(候補者など)を推薦する; A(時計)の針を進める

put A in* = *put in A A(物)を差し込む;
A(言葉など)を差しはさむ; A(設備など)を取り付ける, 設置する; A(時間・金など)を費やす; A(要求・書類など)を提出する

put A into B
A(精力・時間など)をBに費やす, つぎ込む

put A off* = *put off A A(計画など)を(…まで)延期する((*till..., until...*))
- Never *put off till* tomorrow what you can do today. ((ことわざ))きょうできることをあすまで延ばすな

put A on* = *put on A
(1) A(服など)を身に着ける
- *put on* a jacket ジャケットをはおる
(2) A(電灯など)をつける; A(ビデオ・テープなど)をかける
- *put* the light *on* 電気をつける
(3) A(スピード・体重など)を増す
- The train *put on* speed.
列車はスピードを上げた
(4) A(気分など)を装う, A(態度)を取る
- *put on* airs 気取る
(5) A(化粧など)を付ける
(6) A(劇など)を上演する
(7) ((米))A(人)をからかう
- You're *putting* me *on*.
からかうのはよせ; うそだろ
(8) A(金額)をBに賭(㌔)ける
(9) A(食事)のしたくをする

put A out* = *put out A
(1) A(電灯・火など)を消す
- *Put out* the lights, please.
明かりを消してください
(2) A(物)を外に出す, A(ごみなど)を外に出す, A(洗濯物)を外に干す
(3) A(手など)を差し出す, A(腕など)を突き出す
(4) A(必要な品)を(ある場所に)置く((*on..., at...*))
(5) A(製品)を生産する; A(本)を出版する
(6) A(番組)を放送する

put A through* = *put through A
A(仕事など)をやりとげる, A(計画など)を実行する; A(人)の電話を(…に)つなぐ((*to...*))

put A together* = *put together A
A(物)を組み立てる, まとめる; A(考えなど)をまとめる
- *put together* a dictionary 辞書を編集する

put up 〈人が〉(…に)泊まる((*at..., in...*))

put A up* = *put up A
(1) A(手)を上げる
📖 *Put* your hands *up*. 両手をあげてください
(2) A(家など)を売りに出す
(3) A(家など)を建てる, A(テント)を張る, A(かさ)をさす, A(旗など)を立てる

put A up to B
A(人)をそそのかしてB(悪事など)をさせる

put up with A A(人・言動・不快なこと)を我慢する

putt /pʌ́t パト/
- 動 自【ゴルフ】パットをする
- 名 C【ゴルフ】パット

putter 名 C パター(パット用のクラブ);パットをする人

puzzle /pʌ́zl パズル/
- 名 C 難問, なぞ;パズル
- 動
- 他〈人を〉困らせる, 当惑させる
- 自 途方(とほう)に暮れる;けんめいに考える

puzzled 形 当惑した, 途方に暮れた

puzzling 形 わけの分からない;途方に暮れさせる

pyjamas /pədʒɑ́:məz パヂャーマズ/ ((主に英)) = pajamas

pyramid /pírəmid ピラミド/ 名 C
1. ピラミッド(古代エジプト国王の墓)
2. ピラミッド形の物
3. 【数学】角錐(かくすい)

Pyrenees /pírəni:z ピラニーズ/ 名 ((the Pyrenees))((複数扱い)) ピレネー山脈(フランスとスペインの国境にある山脈)

男子名と女子名

男	発音	愛称	表記例
Benjamin	/ベンヂャミン/	Ben, Benny	ベンジャミン
Charles	/チャールズ/	Charley, Charlie	チャールズ
David	/デイヴィド/	Dave, Davie, Davy	デイビッド
Edward	/エドワド/	Eddie, Eddy, Ted	エドワード
George	/ヂョーヂ/	Georgie, Geordie	ジョージ
Henry	/ヘンリ/	Hal, Harry	ヘンリー
James	/ヂェイムズ/	Jim, Jimmie, Jimmy	ジェームズ
John	/ヂャン/	Jack, Johnnie, Johnny	ジョン
Mark	/マーク/		マーク
Michael	/マイカル/	Mike, Mick, Mick(e)y	マイケル
Paul	/ポール/		ポール
Peter	/ピータ/	Pete	ピーター
Richard	/リチャド/	Dick, Rich, Rick	リチャード
Robert	/ラバト/	Bob, Bobbie, Bobby, Rob, Robin	ロバート
Thomas	/タマス/	Tom, Tommy	トーマス
William	/ウィリャム/	Bill, Billy, Will, Willie, Willy	ウィリアム

女	発音	愛称	表記例
Alice	/アリス/	Allie, Ellie, Elsie	アリス
Anne	/アン/	Ann, Annie, Nancy	アン
Caroline	/キャラライン/	Carol	キャロライン
Elizabeth	/イリザバス/	Beth, Betty, Lisa, Liz	エリザベス
Emily	/エマリ/	Em, Emmie, Emmy	エミリー
Helen	/ヘラン/	Ellie, Lena, Nell, Nellie	ヘレン
Jane	/ヂェイン/	Janet, Jennie, Jenny	ジェーン
Jennifer	/ヂェナファ/	Jen, Jennie, Jenny	ジェニファー
Jessica	/ヂェスィカ/	Jessie, Jess	ジェシカ
Juliet	/ヂューリャト/		ジュリエット
Lucy	/ルースィ/		ルーシー
Margaret	/マーガラト/	Meg, Madge, Maggie, Peggy	マーガレット
Mary	/メアリ/	Molly, Polly	メアリー
Patricia	/パトリシア/	Pat, Patty	パトリシア
Paula	/ポーラ/		ポーラ
Susan	/スーザン/	Sue, Susie	スーザン

Q, q

Q, q /kjúː キュー/ 名 (複 **Q's, Qs q's, qs** /キューズ/) C U キュー(英語アルファベットの第17字)

quaint /kwéint クウェイント/ 形 風変わりな; おもしろい;古風な趣のある

quake /kwéik クウェイク/ 動 自 〈人が〉(恐怖などで)震える, おののく((*with...*));〈大地などが〉震動する, 揺れる

Quaker /kwéikər クウェイカ/ 名 C クエーカー教徒

qualification /kwàləfikéiʃən クワラフィケイシャン/ 名 C ((しばしば qualifications)) (…のための)資格, 免許;(公的に定められた)資格[免状]((*for...*))

qualify /kwáləfài クワラファイ/ 動
— 他
❶〈能力などが〉〈人に〉(…の)資格を与える((*for...*))
❷〈すでに言ったことに〉修正を加える
— 自 (…の)資格を得る((*as..., in...*))
|**qualified** 形 資格のある;条件付きの
|**qualifier** 名 C (予選)通過者

qualitative /kwáləteitiv クワラテイティヴ/ 形 質的な, 質に関する

quality /kwáləti クワラティ/ 名
❶ U C 品質, 質, 資質
❷ C (物の)特質, 特性;(人の)品性
❸ U 優秀性, 良質, 高級, 上等
・ *quality* wine 高級ワイン

quantity /kwántəti クワンタティ/ 名 U 量; C U 数量, 分量
・ a small *quantity* of water 少量の水
・ *in quantity* [*quantities*] 多量に, たくさん
|**quantification** 名 U 数量化, 定量化
|**quantitative** 形 量の, 量に関する

quantum /kwántəm クワンタム/ 名 C 分量;【物理】量子

quark /kwɔ́ːrk クウォーク/ 名 C 【物理】クォーク

quarrel /kwɔ́ːrəl クウォーラル/
名 C (人との)けんか, 口論((*with...*))
— 動 自
❶ (人と)けんかする, 口論する, 言い争う((*with...*))

❷ (…に)文句を言う((*with...*))

quarter /kwɔ́ːrtər クウォータ/
名 (複 **quarters** /クウォータズ/) C
❶ 4分の1
・ three *quarters* 4分の3
❷ 15分
・ in a *quarter* of an hour 15分後に
❸ (米国・カナダの)25セント銀貨
❹ 四半期, 1季[期]
— 動 他 〈…を〉4(等)分する

quarterback /kwɔ́ːrtərbæk クウォータバク/ 名 C 【アメフト】クォーターバック

quarterfinal /kwɔ̀ːrtərfáinəl クウォータファイナル/ 名 C 【スポーツ】準々決勝

quarterly /kwɔ́ːrtərli クウォータリ/
形 〈催し・発行などが〉年4回の, 3か月ごとの
— 副 年4回, 3か月ごとに
— 名 C 季刊誌

quartet /kwɔːrtét クウォーテト/ 名 C 4人組;【音楽】四重奏[唱]団[曲], カルテット

quartz /kwɔ́ːrts クウォーツ/ 名 U 【鉱物】石英, クォーツ

quay /kíː キー/ 名 C 埠頭(ふとう), 波止場

Quebec /kwibék クウィベク/ 名 ケベック(カナダ東部の州で, その州都)

queen* /kwíːn クウィーン/
名 (複 **queens** /クウィーンズ/) C
❶ ((しばしば Queen)) 女王;王妃(⇔king)
・ *Queen* Elizabeth I 女王エリザベス1世
❷ ((the queen))(ある分野の)花形, 女王のような人((*of...*))
・ *the queen* of Hollywood ハリウッドの花形
❸【トランプ・チェス】クイーン
❹ (みつばち・ありの)女王

queer /kwíər クウィア/ 形
❶ ((古風)) 風変わりな, 変な, 妙な
❷ ((俗))((けなして))〈男性が〉同性愛の, ホモの

query /kwíəri クウィアリ/
名 C 質問, 問い合わせ;疑問, 疑念
— 動 他 〈…を〉たずねる, 問いただす;〈人を〉疑う, 〈人に〉不審を抱く

quest /kwést クウェスト/ 名 C ((文語))(…の)探求;探索((*for...*))

question

/kwéstʃən クウェスチャン/

名 (複 **questions** /クウェスチャンズ/)

❶ C (…についての)**質問, 問い**((*about..., on...*)); (試験の)**問題**(⇔answer)

・a yes-no *question*
 イエスかノーで答えられる質問
📖 (That's a) good *question*! いい質問です
📖 Answer these *questions*.
 これらの問いに答えなさい
📖 Any *questions*? 質問はありますか
📖 Which *question* are you on?
 何番の問題をやっていますか

❷ U (…に関する)**疑い, 疑問**;**不審**((*over..., about...*))

・a *question* mark 疑問符(?)
・I have no *question* about her honesty.
 彼女の正直さには疑いの余地がない

❸ (…についての)(討議すべき)問題((*of...*))

・a *question* of money お金の問題

beyond* (*all*) *question
 確かに,疑いもなく

bring* A *into question
 A(事)を問題にする

call* A *in* [*into*] *question
 A(事)に異議を申し立てる, Aを調べる

come into question
 問題となる,論議される

in question 問題になっている,当の
・the point *in question* 問題点

out of the question 問題外の,不可能な

There's no question of A.
 Aについて疑いの余地はない

━ 動 他

❶〈人に〉(…について)**質問する**, たずねる
((*about..., on...*))

❷〈…を〉疑う, 疑問視する

 questionable 形 不審な;いかがわしい

questionnaire /kwèstʃənéər クウェスチャネア/ 名 C 質問(表), アンケート

queue /kjúː キュー/
名 C ((英))(順番を待つ人・車などの)列(((米)) line)

・make [form] a *queue* 列を作る
📖 Get into a *queue*. 並んでください

━ 動 自 ((英)) 列を作る, 列に加わる

quick /kwík クウィク/

形 副 比較 **quicker** /クウィカ/
 more quick
 最上 **quickest** /クウィカスト/
 most quick

━ 形

❶ (動きが)**速い, すばやい, 機敏な**(⇔slow);短時間の

・have a *quick* breakfast 急いで朝食を取る
・Be *quick*! 急げ

❷ 理解が速い, 利口な

・a *quick* thinker 頭の回転が速い人

❸ 短気な, せっかちな

━ 副 **速く, すばやく, 機敏に**(⇔slowly)

 quickness 名 U 速さ, すばやさ;せっかち

quicken /kwíkən クウィカン/ 動
━ 他 〈動作などを〉速くする, 急がせる((*up*))
━ 自 〈歩調・脈などが〉速くなる((*up*))

quickly /kwíkli クウィクリ/

副 比較 more quickly
 最上 most quickly

速く, すばやく, 急いで;すぐに(⇔slowly)
・Finish your homework *quickly*.
 急いで宿題を終わらせなさい

quid /kwíd クウィド/ 名 C ((英))((くだけて))
1ポンド(貨幣単位)

quiet /kwáiət クワイアト/

形 比較 **quieter** /クワイアタ/
 最上 **quietest** /クワイアタスト/

❶ **静かな, 騒音のない**(⇔noisy)
・a *quiet* street 静かな通り
📖 I'm waiting for you to be *quiet*.
 静かにしないと始められませんよ
📖 Stop talking and be *quiet*.
 おしゃべりをやめて静かにしなさい
📖 Be *quiet* as you leave. Other classes are still working. 出る時は静かにしなさい. ほかのクラスはまだ授業中ですから

❷ (動きがなく)穏やかな
・*quiet* waters 静かな水の流れ

❸〈状況などが〉平穏な, 落ち着いた;〈態度などが〉もの静かな, おとなしい

━ 名 U 静けさ;平穏, 平静

on the quiet こっそりと

 quietness 名 U 静けさ;平穏;落ち着き

quietly /kwáiətli クワイアトリ/ 副 静かに,

そっと；平静に、落ち着いて
📖 Sit *quietly* until the bell goes.
ベルが鳴るまで静かに座っていてください

quilt /kwílt クウィルト/ 名 C キルト, (間に綿などを入れた2枚の布を装飾的に縫い留めたベッド用上がけ)

quintet /kwintét クウィンテト/ 名 C 5人組；【音楽】五重奏[唱]団[曲], クインテット

quirky /kwə́ːrki クワーキ/ 形 奇抜な, 癖のある

quit* /kwít クウィト/
動 三単現 **quits** /クウィツ/ 過去・過分 **quit**, (英) **quitted** /クウィティド/ 現分 **quitting** /クウィティング/
((くだけて))
— 他 〈仕事などを〉やめる
・*quit* doing …するのをやめる
— 自 やめる, 辞職する；【コンピュータ】プログラムを終了する

quite /kwáit クワイト/

副 ((比較なし))
❶ まったく, すっかり, 完全に
・*Quite* right. まったくそのとおりだ
・I'm *quite* fine. とても元気です
・I *quite* agree with you.
全面的にあなたに賛成です
・That's *quite* all right.
まったくだいじょうぶですよ
・I am *not quite* finished with the book.
((部分否定)) その本をまだ完全に読み終えたわけではない
❷ かなり, 相当に；とても, ずいぶん
・*quite* delicious とてもおいしい
・*quite* often しょっちゅう
・As a writer she is *quite* good.
彼女は作家としてはなかなかだ
・I *quite* like the fellow.
彼のことはなかなか気に入っている
・It was *quite* a nice day. とてもよい日だった
❸ ((quite a [the])) 大変な, 大した
・He's *quite* the lawyer.
彼はすばらしい弁護士だ
・She's *quite* a singer. 彼女は大した歌手だ
quite a few (of A) かなりの(数のA)

quiver /kwívər クウィヴァ/
動 自 〈声・体・木の葉などが〉(小刻みに)震える, 震動する, 揺れる
— 名 C (小刻みな)震え, 震動

quiz /kwíz クウィズ/

名 (複 **quizzes** /クウィズィズ/) C
❶ ((主に米)) (口頭・筆記による) 小テスト
❷ (ラジオ・テレビの) クイズ
— 動 他
❶ 〈人に〉(…について) しつこく質問する, 尋問(じんもん)する ((*about*...))
❷ ((米)) 〈生徒に〉小テストをする

quotation /kwoutéiʃən クウォウテイシャン/
名 C (…からの)引用語句[文] ((*from*...))；U 引用
・*quotation* marks 引用符

quote /kwóut クウォウト/
動
— 他 〈言葉・文章などを〉(人・作品から) 引用する, 引き合いに出す ((*from*...))
・*quote* A as saying...
A(人)が…と言ったと伝える
— 自 (人・作品から) 引用する ((*from*...))
— 名 ((くだけて)) U 引用；C 引用語句[文]

quotient /kwóuʃənt クウォウシャント/ 名 C
【数学】(割り算の)商；指数
・an intelligent *quotient* 知能指数(略 IQ)

家族構成

親	parent	両親	parents
父	father	母	mother
息子	son	娘	daughter
兄	(older) brother	姉	(older) sister
弟	(younger) brother	妹	(younger) sister
いとこ	cousin		
おい	nephew	めい	niece
おじ	uncle	おば	aunt
祖父	grandfather	祖母	grandmother
夫	husband	妻	wife

R, r

R, r /άːr アー/ 名 (複 **R's, Rs; r's, rs** /アーズ/) [C][U] アール (英語アルファベットの第18字)
・the three *R*'s 読み書き算数 (初等教育の基礎である*r*eading, w*r*iting, a*r*ithmetic)

rabbit /rǽbit ラビト/ 名 [C] 【動物】うさぎ

raccoon, racoon /rækúːn ラクーン/ 名 [C] 【動物】洗い熊; [U] 洗い熊の毛皮
・a *raccoon* dog たぬき

race¹* /réis レイス/
名 (複 **races** /レイスィズ/) [C]
❶ 競走, レース; ((the races)) 競馬, 競輪
・an obstacle *race* 障害物競走
・a relay *race* リレー競走
❷ (…との) 競争, 争い ((against...))
・*the* presidential *race* 大統領選挙
— 動
— 自
❶ (…と) 競走する, 競争する ((against..., with...))
❷ (…に) 急いで行く, 速く走る ((into...))
— 他 〈…と〉競走する, 競争する
racer 名 [C] 競走者; 競走馬

race² /réis レイス/
❶ [C][U] 人種; 民族, 種族
❷ [C] (動植物の) 品種, 類
racial 形 人種の, 人種上の
racially 副 人種的には
racism 名 [U] 人種差別主義
racist 名 [C] 人種差別主義者

racing /réisiŋ レイスィング/
動 raceの現在分詞・動名詞
— 名 [U] 競馬; 競争, 競走, レース
— 形 競走(用)の, 競馬(用)の

rack /rǽk ラク/ 名 [C] ラック, 置き棚

racket* /rǽkit ラキト/ 名 (複 **rackets** /ラキツ/) [C] (テニスなどの) ラケット

radar /réidɑːr レイダー/ 名 [U] レーダー, 電波探知法; [C] 電波探知機

radiant /réidiənt レイディアント/ 形 光を放つ, 明るく光る; 【物理】放射の

radiation /rèidiéiʃən レイディエイシャン/ 名 [U] 【物理】放射; 放射能; [C] 放射線

radiator /réidièitər レイディエイタ/ 名 [C] ラジエーター

radical /rǽdikəl ラディカル/
形
❶ 過激な, 急進的な
❷ 基礎的な, 根本的な
— 名 [C]
❶ 急進的な人, 急進論者
❷ 【化学】基
radically 副 根本的に

radio
/réidiòu レイディオウ/
名 (複 **radios** /レイディオウズ/)
❶ ((the radio)) ラジオ放送
・a *radio* program ラジオ番組
・listen to *the radio* ラジオを聞く
❷ [C] ラジオ (受信機)
・turn on the *radio* ラジオをつける
・turn off the *radio* ラジオを消す
❸ [U] 無線通信, 無線電信 [電話]

radioactivity /rèidiouæktívəti レイディオウアクティヴァティ/ 名 [U] 【物理】放射能

radiotherapy /rèidiouθérəpi レイディオウセラピ/ 名 [U] 放射線療法 [治療]

radish /rǽdiʃ ラディシュ/ 名 [C] 【植物】はつか大根, ラディッシュ

radium /réidiəm レイディアム/ 名 [U] 【化学】ラジウム (元素記号 Ra)

radius /réidiəs レイディアス/ 名 (複 **radii** /レイディアイ/, **radiuses** /レイディアスィズ/) [C] (円などの) 半径

raffle /rǽfl ラフル/ 名 [C] 富くじ

raft /rǽft ラフト/ 名 [C] ゴムボート; いかだ (舟)

rag /rǽg ラグ/ 名 [C][U] ぼろきれ; 切れ端

rage /réidʒ レイヂ/
❶ [U][C] 激怒
・in a *rage* かっとなって
❷ ((a rage)) (…に対する) 熱望, 熱狂 ((for...))
❸ [U][C] (風・波などの) 激しさ, 猛威 ((of...))
raging 形 〈怒りなどが〉激しい

ragged /rǽgid ラギド/ 形
❶ (主に米) 〈衣服などが〉ぼろぼろの
❷ 〈物が〉ぎざぎざの, ごつごつの; 〈毛などが〉ぼうぼうの

raid /réid レイド/ 名 [C]
❶ (…への) 襲撃 ((on..., against...))

rail* /réil レイル/ 名 (複 rails /レイルズ/)

❶ U 鉄道; C ((ふつう rails))(鉄道の)レール, 線路

❷ C **手すり**, (ベンチなどの)横木

railing 名 C ガードレール, 手すり

railroad /réilròud レイルロウド/
名 (複 railroads /レイルロウヅ/) C
((米)) **鉄道**(の線路)
・a *railroad* crossing (鉄道の)踏切

railway* /réilwèi レイルウェイ/
名 (複 railways /レイルウェイズ/) C

❶ ((英)) **鉄道**(の線路)

❷ ((米)) 軽便鉄道

rain /réin レイン/

名 (複 rains /レインズ/)

❶ U **雨, 降雨**
・a fine *rain* こぬか雨
・a *rain* check 雨天順延券; (スーパーなどでの)後日提供保証(書); 再招待(券)
・*rain* water 雨水, 天水
・go out in the *rain* 雨の中を出かける
・be caught in the *rain* 雨に遭う
・We have had a lot of *rain* this year.
今年は雨が多い
・It looks like *rain*. 雨になりそうだ

❷ ((the rains)) ((複数扱い)) (熱帯の)雨季

❸ ((次の用法で))
■ *a rain of A* Aの雨, 雨のようなA
・*a rain of* arrows 矢の雨
■ *rain or shine*
晴雨にかかわらず; いかなる場合でも

— 動
三単現 **rains** /レインズ/
過去・過分 **rained** /レインド/
現分 **raining** /レイニング/

— 自

❶ ((itを主語にして)) **雨が降る**
・*It rains*. 雨が降る
・*It* began to *rain*. 雨が降り始めた
・*It's raining*. 雨が降っている
・*It* has stopped *raining*. 雨がやんだ

❷〈物が〉(…に)雨のように降る[落ちる] ((on..., upon...))
— 他〈…を〉(雨のように)降らせる
・*rain* down questions *on A*
A(人)を質問攻めにする

■ *be rained out* 〈試合などが〉雨で流れる
■ *It is raining cats and dogs.*
どしゃ降りだ

rainbow /réinbòu レインボウ/ 名 C 虹(にじ)

raincoat /réinkòut レインコウト/ 名 C レインコート

raindrop /réindràp レインドラプ/ 名 C 雨垂れ, 雨つぶ

rainfall /réinfɔ̀:l レインフォール/ 名 C 降雨, 雨降り; U 降雨量, 降水量

rainstorm /réinstɔ̀:rm レインストーム/ 名 C 暴風雨

rainy /réini レイニ/ 形

❶〈天候などが〉雨の; 雨模様の
・the *rainy* season 雨季

❷〈道路などが〉雨にぬれた
a rainy day 雨の日; 困った時, 万一の時

raise /réiz レイズ/

動 三単現 **raises** /レイジズ/
過去・過分 **raised** /レイズド/
現分 **raising** /レイジング/

— 他

❶〈…を〉**上げる**, 持ち上げる
・*raise* a flag 旗を揚げる
・*raise one's* head 顔を上げる
📖 *Raise* your hand if you have a question. 質問のある時は手をあげなさい

❷〈程度などを〉**上げる**;〈人を〉昇進[昇給]させる
・*raise* prices 価格を上げる

❸〈子どもを〉**育てる**;〈野菜などを〉栽培する;〈家畜を〉飼育する ((up))
・*raise* vegetables 野菜を栽培する
・I *was* born and *raised* in Tokyo.
私は東京で生まれ育った

❹〈…を〉**立たせる**, 起こす
・*raise oneself* to *one's* feet 立ち上がる

❺〈声を〉張り上げる;〈警報などを〉鳴らす
・*raise* a cry 叫び声を上げる

❻〈寄付などを〉集める
・*raise* money 募金する

❼〈…を〉もたらす;〈疑問などを〉持ち出す

❽〈ほこりなどを〉立てる;〈嵐などを〉起こす

❾〈…を〉元気づける, 〈勇気などを〉奮い起こす;〈希望などを〉持たせる

— 名 C 上げる[高める]こと, 向上;((米)) 昇給(額), 賃上げ
・get a *raise* 昇給する

raisin
/réizn レイズン/ 名 C レーズン, 干しぶどう

rake
/réik レイク/
- 名 C 熊手(くまで)
- 動
- ― 他
  1. 〈地面などを〉熊手でかく;〈…を〉熊手でかき集める((up))
  2. 〈場所などを〉くまなく捜す
- ― 自
  1. 熊手を使う
  2. (…を)詮索(せんさく)する, かぎ回る((among..., through...))

rally
/ræli ラリ/
- 動
- ― 自
  1. 〈人が〉集まる, 結集する
  2. (病気などから)回復する((from...))
- ― 他
  1. 〈人々を〉呼び集める, 結集させる
  2. 〈気力・体力を〉回復する
- ― 名 C
  1. (政治的)大会, (大)集会
  2. (テニスなどの)ラリー;(自動車などの)ラリー
  3. (病気などからの)回復((from...))

RAM
/rǽm ラム/ 名 U 【コンピュータ】ラム(データの読み出しと書き込みの両方が可能な記憶装置; random-access memory の略)

ram
/rǽm ラム/
- 名 C
  1. (去勢してない)雄羊
  2. ((the Ram))【天文】おひつじ座(Aries)
- ― 動 他
  1. 〈乗り物が〉〈…に〉激突する
  2. 〈杭などを〉打ち込む;〈物を〉詰め込む

ramble
/ræmbl ランブル/ 動 自 ぶらつく, ぶらぶら歩く
- ― 名 C そぞろ歩き, 散策

rambling
/ræmbliŋ ランブリング/
- 動 ramble の現在分詞・動名詞
- ― 形 ぶらぶら歩き回る;散漫な, まとまりのない

ramp
/rǽmp ランプ/ 名 C
1. (段違いの道路などを結ぶ)斜面;傾斜路;((米))(高速道路の)ランプ, 進入路
2. (航空機の)タラップ

ran*
/rǽn ラン/ 動 run の過去形

ranch
/rǽntʃ ランチ/ 名 C (米国・オーストラリアなどの)大牧場, 放牧場

random
/rǽndəm ランダム/
- 形 行き当たりばったりの, でたらめの;無作為の
- ― 名 ((次の成句で))
- **at random** 手当たり次第に, でたらめに
- **randomly** 副 無作為に, 無差別に

rang
/rǽŋ ラング/ 動 ring² の過去形

range
/réindʒ レインヂ/
- 名
  1. U ((また a range))幅, 範囲, 領域;【音楽】音域, 声域
  2. C ((米))(調理用)レンジ
  3. C U (ミサイルなどの)射程(距離)
  4. C 〈人・物の〉列;山脈
- ― 動
- ― 他 〈人・物を〉列に並べる, 整列させる
- ― 自 及ぶ;〈範囲などが〉〈…に〉広がる, わたる((over...))
- **range from A to B** A から B に及ぶ

rank
/rǽŋk ランク/
- 名 (複 **ranks** /ランクス/)
  1. U C 階級;ランク;地位, 身分
  - the upper [lower] *ranks* of society 上層[下層]階級の人々
  2. C 〈人・物の〉列, 並び
- ― 動 他
  1. 〈…を〉(特定の地位などに)位置づける;分類する;評価する((among..., as...))
  2. 〈…を〉(列などに)並べる, 整列させる
- **ranking** 名 C ランキング, 順位

ransom
/rǽnsəm ランサム/
- 名 C 身の代金;賠償金(額)
- ― 動 他 〈捕虜などを〉(身の代金を払って)受け戻す

rap
/rǽp ラプ/
- 動
- ― 他
  1. 〈…を〉軽くたたく, トントン打つ
  2. 〈人を〉激しく非難する
- ― 自 (…を)軽くたたく, トントンと打つ((on..., at...))
- ― 名
  1. C 軽くたたくこと
  2. U ラップ音楽; C ラップの曲[歌]

rape
/réip レイプ/
- 名 U C レイプ, 強姦(ごうかん)(罪)
- ― 動 他 〈…を〉レイプする, 強姦する

rapid
/rǽpid ラピド/

形 速い;急速な, 急激な
- a *rapid* train 快速電車
  - ■ 名 C ((rapids)) 早瀬, 急流
  rapidly 副 速く;急いで
rapport /ræpɔ́:r ラポー/ 名 U ((…との))信頼関係((*with...*, *between...*))

rare¹ /réər レア/

形 比較 **rarer** /レアラ/
最上 **rarest** /レアラスト/
① 〈物が〉まれな, 珍しい, 貴重な
② 〈事が〉まれに起こる;めったにない
- a *rare* situation めったにない状況
  rarity 名 C 珍しいもの, 珍品
rare² /réər レア/ 形 〈肉が〉レアの, 生焼けの

rarely /réərli レアリ/

副 比較 **more rarely**
最上 **most rarely**
めったに…しない
- He is *rarely* absent from school.
  彼はめったに学校を休まない
rascal /rǽskəl ラスカル/ 名 C ((古)) 悪漢, ごろつき;((おどけて))(人・動物の)いたずら者
rash¹ /rǽʃ ラシュ/ 形 向こう見ずな, 軽率な; 無分別な
  rashly 副 軽率に;無分別に
  rashness 名 U 軽率さ, 無分別
rash² /rǽʃ ラシュ/ 名 C ((ふつう a rash)) 発疹(ほっしん), 吹き出物
raspberry /rǽzbèri ラズベリ/ 名 C 【植物】ラズベリー(の実), 木いちご
rat /rǽt ラト/
  名 C
  ① (大形の)ねずみ
  ② ((けなして))裏切り者, 密告者
  ■ 動 自
  ① (人を)裏切る, 密告する((*on...*))
  ② ネズミをつかまえる
rate* /réit レイト/
  名 (複 **rates** /レイツ/)
  ① C 割合, 率
- the birth [death] *rate* 出生[死亡]率
- the interest *rate* 利率
  ② C (規定の)料金, 値段
- postal *rates* 郵便料金
  ③ U 等級, 階級;格
- the first [second] *rate* 第一[二]級
  ④ C 速度, 速さ;進度

■ 動 他
① 〈…を〉見積もる, 評価する
② 〈…を〉(…であると)見なす, 考える((*as...*))
③ 〈…に〉値する, 〈…の〉資格がある

rather /rǽðər ラザ/ 副 ((比較なし))

① どちらかと言えば;いくぶん
- I am *rather* tired.
  ぼくはいくぶん疲れている
  ② かなりの
- It is *rather* a small picture.
  それはかなり小さな絵です
  ③ むしろ, それどころか, 反対に
- Tests are not made to punish students, (but) *rather* to help them learn.
  テストは学生をこらしめるためではなく, 学ぶ手伝いをするためのものだ
  ④ もっと正確に言えば (or rather)
- She is slim, or *rather* skinny.
  彼女はほっそりしていると言うよりがりがりだ
  ⑤ ((次の用法で))
- *A rather than B* BよりはむしろA
- I am a researcher *rather than* a teacher.
  私は教師というよりは研究者だ
- *would rather do* (*than do*)
  (…するくらいなら)むしろ…したい
- I'd *rather* cook at home *than* eat out.
  私は外食するより自炊したい
rating /réitiŋ レイティング/
  動 rateの現在分詞・動名詞
  ■ 名
  ① C (等級による)格付け, ランク付け;評価, 評定
  ② ((the ratings)) (テレビ番組などの)視聴率
ratio /réiʃiou レイシオウ/ 名 C 比率, 割合
- in the *ratio of* 8 to 2 8対2の比率で
ration /rǽʃən ラシャン/
  名 C (食料などの)割り当て量;配給量
  ■ 動 他 〈食料などを〉割り当てる
rational /rǽʃənəl ラショナル/ 形 合理的な; 理性的な, 分別[良識]のある
  rationality 名 U 合理性
  rationally 副 合理的に;理性的に
  rationalization 名 U C 合理化, 正当化
  rationalize 動 他 〈…を〉合理化する;正当化する
rationale /ræ̀ʃənǽl ラシャナル/ 名 C U 基本的原理[原則]

rattle /rǽtl ラトル/
動
— 自 ガタガタ[ガラガラ]鳴る
— 他
❶ 〈…を〉ガタガタ[ガラガラ]鳴らす
❷ 〈暗記していることを〉すらすら言う((*off*))
— **名** C
❶ ((ふつう a rattle)) ガタガタ[ガラガラ]いう音
❷ (赤ちゃん用の)ガラガラ

rattlesnake /rǽtlsnèik ラトルスネイク/ **名**
C 【動物】ガラガラ蛇

rave /réiv レイヴ/
動
❶ 〈…を〉激賞する,ほめちぎる((*about*...))
❷ (人に)どなり散らす((*at*..., *against*...))
— **名** C (劇・映画などの)べたぼめ記事

raven /réivən レイヴァン/
名 C 【鳥】渡りがらす,大がらす
— **形** 〈髪などが〉漆黒(しっこく)の

raw /rɔ́ː ロー/
形 比較 **rawer** /ローア/
最上 **rawest** /ローアスト/
❶ ((比較なし))〈食品などが〉**生の**,調理していない;加工していない
・a *raw* oyster 生のかき
❷ (経験などが)未熟な;新米の
❸ 皮がむけた,〈傷などが〉ひりひりする
❹ 〈天候などが〉湿っぽくて冷たい
— **名** ((次の用法で))
・*in the raw* 自然のままの[で];裸の[で]

ray¹ /réi レイ/ **名** C 光;((ふつう rays)) 光線;【物理】熱線,放射線
・the *rays* of the sun 太陽光線
・X *rays* エックス線
・ultraviolet [infrared] *rays* 紫外[赤外]線

ray² /réi レイ/ **名** C 【魚】えい

rayon /réiən レイアン/ **名** U レーヨン,人絹;レーヨン織物

razor /réizər レイザ/ **名** C かみそり
・an electric *razor* 電気かみそり
・a *razor* blade かみそりの刃

reach /ríːtʃ リーチ/
動 三単現 **reaches** /リーチズ/
過去過分 **reached** /リーチト/
現分 **reaching** /リーチング/
— 他
❶ 〈…に〉**着く**,到着する;〈手紙などが〉**届く**
・*reach one's* destination 目的地に着く
・Our train *reached* the station on time.
列車は時間どおりに駅に着いた
・The lake can *be reached* by [on] foot.
湖まで歩いて行ける
❷ 〈…に〉**達する**,到達する;〈結論などに〉至る
・*reach* an agreement 合意に至る
・*reach* mature age 分別盛りの年に達する
❸ 〈手などを〉〈…に〉**差し出す**,差し伸べる((*to*...));〈…を〉(手などを伸ばして)取る
■ *reach A B* = *reach B for A*
A(人)にB(物)を(手を伸ばして)取ってやる
❹ 〈…と〉連絡する;(電話で)連絡を取る
・I can *be reached* by e-mail.
eメールで連絡が取れます
— 自
❶ 〈人が〉(…を取ろうと)**手を伸ばす**((*for*...));〈手などが〉伸びる;(…に)救いの手を差し伸べる((*to*...))
・*reach out to* the poor
貧しい人に手を差し伸べる
❷ (空間的に)(…に)**達する**((*to*...));(時間的に)続く
・The skyscrapers *reached up to* the clouds. 高層ビルは雲までそびえ立っていた
— **名** U
❶ 手の届く範囲;(手を伸ばせば届く)身近な所;腕の長さ,リーチ
・a hotel within easy *reach* of the city center 町の中心部すぐ近くのホテル
・within the *reach* of *A* Aの手の届く所に
・out of [beyond] the *reach* of *A*
Aの手の届かない所に
❷ 手近なこと,簡単に手に入ること
・International travel is now within easy *reach* for everyone.
今や海外旅行には誰でも行ける
❸ (…の)勢力範囲((*of*...))
・computer crime that is beyond the *reach of* the regular police force
通常の警察力の及ばないコンピュータ犯罪

react /riǽkt リアクト/ **動** 自
❶ (刺激などに)反応する((*to*...));【化学】(…に)反応する((*on*...));(…と)反応する((*with*...))
❷ (…に)反発する,反抗する((*against*...))

reaction /riǽkʃən リアクシャン/ **名** U C
❶ (…に対する)反応,反響((*to*...));【化学】(…に対する)反応((*on*...));【物理】反作用;((reactions)) 反射能力

- a chemical *reaction* 化学反応
  ❷ (…に対する)反発, 反動, 反抗((*against*...))
reactor /riǽktər リアクタ/ 名 C 【物理】原子炉;【化学】反応装置

read¹ /ríːd リード/

動 三単現 **reads** /リーヅ/
過去・過去分 **read** /レド/
現分 **reading** /リーディング/

━ 他
❶ 〈本などを〉**読む**;(…ということを)読んで知る((*that*節))
- I like *reading* books. 本を読むのが好きだ
- He *read* a story. 彼は物語を読んだ
  ➡ readsではないのでreadは過去形
- **read** A B = **read** B to A
  A(人)にB(本など)を読んで聞かせる
  🗨 Who would like to *read*?
  読みたい人いますか
  🗨 Whose turn is it to *read*?
  次に読むのは誰ですか
❷ 〈…を〉**読み取る**, 読む
- *read* a map 地図を読む
- *read* music 楽譜を読む
- *read* a thermometer
  温度計の目盛りを読む
- *read* A's mind A(人)の心を読む
- **read** (*from* A) *that*...
  (Aから)…ということを読み取る
- **read** A *as* C AをCだと解釈する
- **read** A *into* B B(言葉など)の中にA(実際以上の意味)を読み取る
❸ 〈外国語を〉**読解する**, 理解する
- He can *read* Chinese. 彼は中国語が分かる
❹ 〈時計などが〉〈時刻などを〉表示する
- The clock *read* midnight.
  時計は夜の12時を表示した
❺ 【コンピュータ】〈データなどを〉(コンピュータに)読み込む((*into*...))
- *read* a file *into* the computer
  コンピュータにファイルを読み込む

━ 自
❶ **読書する**, 読む;(…について)読んで知る((*of*..., *about*...))
- *read* aloud 音読する
- I have *read about* the earthquake.
  その地震のことは新聞で知りました
❷ (人に)読んで聞かせる((*to*...))
❸ (…のように)読める;(…と)書いてある

- The letter *reads* as follows.
  手紙には次のように書いてある
  read a book from cover to cover
  本を通読する
  read between the lines
  行間を読む, 言外の意味をくみ取る
  read A out = read out A
  Aを(声を出して)読み上げる
  read A through [over] = read through [over] A
  A(本など)を最後まで読む, 通読する
  read up on A Aをよく読んで勉強する

read² */réd レド/*
動 read¹の過去形・過去分詞
━ 形 〈人が〉(…に)精通している((*in*...))
- She is well-*read in* linguistics.
  彼女は言語学に精通している

readable /ríːdəbl リーダブル/ 形
❶ 〈本などが〉読みやすい, 読んでおもしろい
❷ 〈文字などが〉判読しやすい

reader /ríːdər リーダ/

名 (複 **readers** /リーダズ/) C
❶ **読者**;読書家
- a fast [slow] *reader*
  本を読むのが速い[遅い]人
❷ (語学学習用の)**教科書**, **リーダー**, **読本**
❸ 【コンピュータ】読み取り機[装置]

readership 名 C 読者数[層]

readily /rédəli レディリ/ 副 たやすく;ただちに, すぐに;快く, 進んで

readiness /rédinəs レディナス/ 名 U
❶ (…の)用意のできていること((*for*...))
❷ ((またa readiness)) 進んで(…)すること((*to do*))

reading* /ríːdiŋ リーディング/
動 read¹の現在分詞・動名詞
━ 名 (複 **readings** /リーディングズ/)
❶ U **読書**, 読むこと;読み物
❷ C (文章などの)解釈, 見解
❸ C (計器の)表示度数
━ 形 読書(用)の;読書好きの
- a *reading* room 読書室

ready /rédi レディ/

形 比較 **readier** /レディア/
最上 **readiest** /レディアスト/
❶ 〈人・物が〉(…の)**用意**[**準備**]**のできた**((*for*...))

ready-made

- Dinner is *ready*. 夕食の用意ができましたよ
- 📖 Are you all *ready*?
  皆さん用意はできましたか
- **be ready to do**
  (1) …する用意[覚悟]ができている
- 📖 Is everybody *ready* to start?
  準備はいいですか
  (2) 喜んで[進んで]…する
- I'm always *ready to* help you.
  いつでも喜んでお手伝いしますよ
  (3) 今にも…しそうだ
- The branch with fruits was *ready to* break. 実を付けた枝は今にも折れそうだった
- **get ready for A** Aの準備をする
- **get A ready**
  (…のために) Aを準備する ((for...))
  ❷ 〈返事などが〉即座の；〈お金などが〉すぐに使える

  Get ready! 位置について

  ━━ 動 他 〈(改まって)〉〈…を〉〈(…のために)〉用意する, 〈…の〉準備をする ((for...))

ready-made /rédiméid レディメイド/ 形
❶ 〈食品・服などが〉出来合いの, 既製の
❷ 〈考えなどが〉受け売りの, 陳腐な

real /ríːəl リーアル/

形 比較 **more real**, **realer** /リーアラ/
最上 **most real**, **realest** /リーアラスト/
❶ 本当の；〈人が〉真の；〈物が〉本物の；まったくの
- a *real* friend 本当の友達
- Is this pearl *real*? この真珠は本物ですか
❷ 現実の, 実在の；〈所得などが〉実質の
- in the *real* world 現実の世界で
  ━━ 名 ((次の成句で))
  for real ((米)) ((くだけて)) 本当の, 本物の

  realism 名 Ⓤ 現実[写実]主義, リアリズム
  realist 名 Ⓒ 現実[写実]主義者, リアリスト
  realistic 形 現実[写実]的な, リアリズムの

realise /ríːəlàiz リーアライズ/ ((英))= realize

reality /riǽləti リアラティ/ 名
❶ Ⓤ 現実(性), 実在(性)
- virtual *reality* 仮想現実
❷ Ⓒ 現実の物[人, 事]
  in reality 実際には, 実は

realize /ríːəlàiz リーアライズ/ 動 他
❶ 〈…に〉気がつく, 〈…を〉悟る；〈…ということを〉はっきりと理解する ((*that*節))
❷ 〈計画などを〉実現する
❸ 〈…を〉現金に換える

realization 名 Ⓤ 認識, 理解；実現

really /ríːəli リーアリ/ 副 ((比較なし))

❶ 本当に, 実に, まったく
- We *really* enjoyed the movie.
  その映画は本当におもしろかったです
❷ 実は, 実際は, 本当のところは；(冗談ではなく)本当に
- I *really* don't know.
  私は本当に知らないのです
- I *really* have to go now.
  本当にもう行かなければなりません

Not really.
(1) ((下降調で)) ((否定的)) あまり(…ではない)
- "Do you like coffee?" "*Not really.*"
  「コーヒーは好きですか」「あまり(好きではない)」
(2) ((上昇調で)) ((驚き)) まさか
- "He is the best student in the class."
  "*Not really?*"
  「彼はクラスで1番の学生だよ」「まさか」

Really.
(1) ((下降調で)) ((納得)) そうですか；ほんと, そのとおりだ
(2) ((上昇調で)) ((驚き・意外)) 本当ですか, まさか

realm /rélm レルム/ 名 Ⓒ
❶ 領域, 範囲；(学問の)分野
❷ 王国

real-time /ríːəltáim リーアルタイム/ 形 【コンピュータ】実時間の, リアルタイムの

reap /ríːp リープ/ 動
━━ 他
❶ 〈利益・報酬などを〉受け取る
❷ 〈作物を〉収穫する, 刈る
━━ 自 収穫する, 刈り取る；報いを受ける

rear¹ /ríər リア/
名 Ⓤ ((ふつう the rear)) 後ろ, 後方, 背後
━━ 形 後ろの, 後部の

rear² /ríər リア/ 動 他
❶ 〈子どもを〉育てる, 〈動物を〉飼育する；〈植物を〉栽培する
❷ 〈頭などを〉上げる

reason /ríːzn リーズン/

名 ((複 **reasons** /リーズンズ/))
❶ Ⓤ Ⓒ (…の) 理由, わけ, 根拠 ((*for...*))

- *for* health *reasons* 健康上の理由で
- *for* personal *reasons* 一身上の都合で
- with *reason* 十分な理由があって
- have a good *reason* もっともな理由がある
- This is the *reason* (why) I was absent from school yesterday.
これがきのう学校を休んだ理由です

❷ U 理性, 判断力
- appeal to *reason* 理性に訴える

❸ U 道理; 思慮, 分別, 良識
- listen to *reason* 道理に従う
- in [within] *reason* 道理にかなって

beyond (all) reason
非常識な, 途方(とほう)もない
by reason of A A(事)の理由で
for no reason 理由なく, どういうわけか
for one reason or another
どういうわけか
for some reason どういうわけか
for this reason このような理由で
it stands to reason that...
…というのはもっともだ, 当然だ
no reason (…する)理由はない ((*to do*))
- I have *no reason to* doubt him.
彼を疑う理由はない
- "Why are you so sad?" "*No reason*."
「なぜそんなに悲しいの」「別に理由などないよ」

■ 動
― 他 〈…を〉(理路整然と)論じる; (…だと)考える ((*that*節))
― 自 (…について)理路整然と考える, 推論する ((*about..., on...*))
- *reason* with *A*
A(人)に道理を説く, A(人)を説得する
reasoned 形 〈意見などが〉道理に基づいた
reasoning 名 U 推理, 推論

reasonable /ríːzənəbl リーザナブル/ 形
❶ 〈人が〉理性的な, 冷静な; 〈物事が〉理にかなっている
❷ 〈値段などが〉手頃な; 〈出来ばえなどが〉まずまずの; 〈温度などが〉適している
reasonably 副 理性的に, 冷静に; かなり; …するのももっともだ

reassure /rìːəʃúər リーアシュア/ 動 他 〈人を〉安心させる, 元気づける
reassurance 名 U 安心させること
reassuring 形 〈行動・言葉が〉安心させるような; 元気づけるような

rebate /ríːbeit リーベイト/ 名 C 割り戻し, 払い戻し, リベート

rebel
名 /rébəl レバル/ C 反逆者
■ 動 /ribél リベル/ 自 (権力などに対して)反抗する ((*against...*))
rebellion 名 U C 反逆, 反乱; 反抗
rebellious 形 反逆的な; 反抗的な

rebirth /riːbə́ːrθ リーバース/ 名 U ((また a rebirth)) 再生; 復活

reborn /riːbɔ́ːrn リーボーン/ 形 生まれ変わった

rebound
動 /ribáund リバウンド/ 自
❶ (…から)はね返る ((*from...*))
❷ (失敗・失意などから)立ち直る, 回復する ((*from...*))
■ 名 /ríːbàund リーバウンド/ C はね返り; 立ち直り, 回復

rebuild /riːbíld リービルド/ 動 (build の変化形と同じ) 他 〈…を〉再建する; 〈経済などを〉建て直す

rebuke /ribjúːk リビューク/
動 他 〈人を〉(…のことで)非難する, 叱責(しっせき)する ((*for...*))
■ 名 U C 非難, 叱責

recall /rikɔ́ːl リコール/
動 他
❶ 〈…を〉(努めて)思い出す; (…ということを)思い出す ((*that* 節))
❷ 〈…を〉(…から)呼び戻す ((*from...*))
❸ ((米)) 〈公職者を〉(投票で)解任する, リコールする
❹ 〈不良品などを〉回収する
❺ 【コンピュータ】 〈データを〉画面上に呼び出す

■ 名
❶ U 回想, 思い起こすこと; 記憶力
❷ U C 呼び戻すこと, 召還
❸ U C ((米)) リコール
❹ C U (不良品などの)回収
❺ U 【コンピュータ】再現能力

recede /risíːd リスィード/ 動 自
❶ 〈人・物が〉後退する, しりぞく, 遠ざかる
❷ 〈価値などが〉減少する, 下がる
❸ 〈髪が〉後退する, はげ上がる

receipt /risíːt リスィート/ 名
❶ C 領収書, レシート
❷ U (…の)受領 ((*of...*))
❸ C ((receipts)) 受取高; 売上高

receive /risíːv リスィーヴ/
動 三単現 **receives** /リスィーヴズ/
過去・過分 **received** /リスィーヴド/
現分 **receiving** /リスィーヴィング/

— 他
❶ 〈…を〉〈…から〉**受け取る**, もらう, 受ける ((*from*...)) (⇔ send)
- *receive* a letter *from* A
 A〈人〉から手紙を受け取る
❷ 〈人を〉迎える; ((改まって))〈客を〉歓待する
❸ 〈電波などを〉受信する
❹【スポーツ】(テニスなどで)〈ボールを〉レシーブする

— 自
❶ 〈人を〉接待する
❷【スポーツ】(サーブを)レシーブする
received 形 受け入れられた
receivable 形 受け取れる

receiver /risíːvər リスィーヴァ/ 名 C
❶ 受話器; 受信機; 受取人
❷【スポーツ】(テニスなどの)レシーバー

recent /ríːsənt リーサント/
形 比較 **more recent**
最上 **most recent**
最近の, 近頃の; 最新の
- a *recent* movie 最近の映画

recently* /ríːsntli リースントリ/
副 比較 **more recently**
最上 **most recently**
最近, 近頃
- until *recently* 最近まで

reception /risépʃən リセプシャン/ 名
❶ C 歓迎会, レセプション
- a wedding *reception* 結婚披露宴
❷ C ((単数形で)) 歓迎, 接待, もてなし
- a warm *reception* 心のこもったもてなし
❸ U ((英)) 受付, フロント; ロビー
- a *reception* desk
 (ホテルの)フロント, (会社の)受付
❹ U (テレビ・ラジオなどの)受信[受像]状態
receptionist 名 C 受付係

receptive /riséptiv リセプティヴ/ 形 〈人などが〉(新しい考え方などに)受容力がある, 理解が早い ((*to*...))

recess /ríːses リーセス/ 名
❶ U C 休み, 休憩; (議会などの)休会
❷ C (部屋などの)引っ込んでいる部分

recession /riséʃən リセシャン/ 名 U C 景気後退, 不況

recharge /rìːtʃɑ́ːrdʒ リーチャーヂ/ 動 他 〈電池を〉再充電する; 〈…に〉元気を回復させる

recipe /résəpi レサピ/ 名 C
❶ (料理の)調理法, レシピ ((*for*...))
❷ (…の)方法, 手順, 秘訣 ((*for*...))

recipient /risípiənt リスィピアント/ 名 C 受取人, 受領者

reciprocal /risíprəkəl リスィプラカル/ 形
❶ 相互の, 相互関係の
❷ 仕返しの, 報復の

recite /risáit リサイト/ 動 他 〈詩などを〉(人前で)暗唱する, 朗読する
recital 名 C リサイタル, 独奏[独唱]会
recitation 名 U C 暗唱, レシテーション; 口答

reckless /rékləs レクラス/ 形 〈人が〉向こう見ずな, 無謀な; 〈…を〉気にかけない ((*of*...))
recklessly 副 向こう見ずに, 無謀にも
recklessness 名 U 向こう見ず, 無謀, 無鉄砲さ

reckon /rékən レカン/ 動 他
❶ ((主に英))〈…を〉思う; 〈…だと〉思う ((*that* 節))
- I *reckon* he'll go. 彼は行くだろうと思う
- **be reckoned as [to be] C**
 Cだと考えられている
- **reckon A as [to be] C**
 A〈数字・量〉を大ざっぱにCだと数える
- **reckon to do** …しようと思う
❷ 〈…を〉計算する, 数える; 〈…を〉総計する ((*up*))
reckoning 名 U 計算, 清算

reclaim /rikléim リクレイム/ 動 他
❶ 〈…の〉返還を求める, 〈…を〉取り戻す
❷ 〈荒地を〉開墾する; 〈…を〉埋め立てる
❸ 〈…を〉再利用する, 再生する
❹ 〈人を〉更生させる
reclamation 名 U 埋め立て; 再生利用; 更生, 教化

recognise /rékəgnàiz レカグナイズ/ ((英)) = recognize

recognition /rèkəgníʃən レカグニシャン/ 名 U
❶ 認めること, 承認, 認定
❷ ((また a recognition)) (事実として)認めること; 評価

recognize /rékəgnàiz レカグナイズ/ 動 他

❶ 〈…を〉認める;〈…だと〉認める((*that*節))
- *recognize A as* [*to be*] *C*
  AをCだと認める
❷ 〈人・物を〉(…で)認識する, 見分けがつく((*by...*, *from...*))
❸ 〈…を〉表彰する;〈…に〉評価を与える

recollection /rèkəlékʃən レカレクシャン/
名 U 思い出すこと, 記憶, 回想; C 思い出

recombination /riːkɑmbənéiʃən リーカムバネイシャン/ 名 U 【遺伝】組み換え

recommend /rèkəménd レカメンド/
動 他 〈人・物を〉推薦する, 勧める
- *recommend A B* = *recommend B to A*
  A(人)にB(人・物)を推薦する
- Please *recommend* me a good dictionary. 私によい辞典を推薦してください
- *recommend A as B*
  A(人・物)をBとして推薦する
- *recommend that...* …だと勧める
- *recommend doing* …することを勧める
- *recommend A to do*
  A(人)に…することを勧める

recommendation 名 U 推薦; C 勧告, 助言;推薦状

reconcile /rékənsàil レカンサイル/ 動 他
❶ 〈人を〉〈人と〉和解させる, 仲直りさせる((*with...*))
❷ 〈人が〉〈…を〉〈…と〉調和させる, 一致させる((*with...*))

reconciliation 名 UC 和解, 一致

reconfirm /riːkənfɚːm リーカンファーム/
動 他 〈…を〉再確認する

reconsider /riːkənsídɚ リーカンスィダ/ 動
— 他 〈…を〉再考する, 考え直す
— 自 考え直す

reconstruct /riːkənstrʌ́kt リーカンストラクト/
動 他 〈…を〉再建する;〈…を〉再現する

reconstruction 名 U 再建, 改造;再現

record

名 /rékɚd レカド/
(複 **records** /レカヅ/) C
❶ 記録;(競技などの)最高記録, レコード
- a *record* holder 記録保持者
- *keep a record* 記録する
- *break the record* 記録を破る
❷ (学校の)**成績**;経歴, 履歴

off the record 非公開の, オフレコの
on (*the*) *record* 〈人が〉公言して;〈出来事が〉記録された, 記録上の

— 動 /rikɔ́ːrd リコード/
三単現 **records** /リコーヅ/
過去・過分 **recorded** /リコーディド/
現分 **recording** /リコーディング/

— 他
❶ 〈…を〉記録する;書き留める
❷ 〈…を〉録音[録画]する;吹き込む
❸ 〈計器などが〉〈…を〉表示[記録]する

recorder 名 C 記録する人;記録装置;【音楽】リコーダー

recording 名 C 記録したもの; U 記録すること;レコーディング, 録音, 録画

recover /rikʌ́vɚr リカヴァ/ 動
— 他
❶ 〈健康などを〉回復する;〈失ったものを〉取り戻す
❷ 〈損失などを〉埋め合わせる;〈損害賠償を〉受ける
— 自 (病気などから)回復する((*from...*))
- *recover oneself*
  健康が回復する;われに返る, 平静を取り戻す

recovery 名 U 回復;復旧;取り戻すこと

recreation /rèkriéiʃən レクリエイシャン/ 名 UC 気晴らし, 娯楽, 休養, レクリエーション

recreational 形 気晴らしの, 休養の

recruit /rikrúːt リクルート/
動
— 他 〈人を〉(組織などに)新しく入れる;募集する
— 自 新会員[新人]を入れる[募集する]
— 名 C 新会員, 新入社員, 新入生

recruitment 名 U 新兵[新会員]の募集

rectangle /réktæŋgl レクタングル/ 名 C 長方形

rectangular 形 長方形の;直角の

recur /rikɚ́ːr リカー/ 動 自 (よくないことが)再発する, 繰り返す;(考えなどが)再び浮かぶ

recurrent 形 再発する, 繰り返し起こる

recurrence 名 UC 再発, 繰り返し

recycle /riːsáikl リーサイクル/ 動 他 〈廃物などを〉再生利用する, リサイクルする

recyclable 形 再生利用できる, リサイクル可能な

recycling 名 U 再生利用, リサイクル

red

/réd レド/
形 比較 **redder** /レダ/
最上 **reddest** /レダスト/

❶ 赤い, 赤色の;赤くなった
- turn *red* with anger 怒って真っ赤になる

❷ ((しばしば Red))((くだけて))((けなして))(政治的に)極左の;共産主義の

━━ 名

❶ (複 **reds** /レヅ/) U C 赤, 赤色;赤み
- be dressed in *red* 赤い服を着ている
- the *Red* Cross 赤十字社

❷ ((the red))(家計・経営などの)赤字
- be in *the red* 赤字を出している
- be out of *the red* 赤字を脱している

see red ((くだけて)) かっとなる, 激怒する

reddish 形 やや赤い, 赤みを帯びた
redness 名 U 赤いこと, 赤さ, 赤み

redeem /ridíːm リディーム/ 動 他
❶ 〈…を〉〈…から〉買い戻す((*from*...))
❷ 〈名誉などを〉回復する, 取り戻す

rediscover /riːdiskʌ́vər リーディスカヴァ/ 動 他 〈…を〉再発見する

reduce /ridjúːs リドゥース/ 動 他 〈数量などを〉減らす, 減ずる;〈…を〉〈…に〉縮小する((*to*...))

reduction /ridʌ́kʃən リダクシャン/ 名
❶ U C 減少, 縮小; C 縮図, 縮写
❷ U C 【化学】還元;【数学】約分

redundant /ridʌ́ndənt リダンダント/ 形 あり余るほどの;よけいな, 余分な
redundancy 名 U 余剰, 余分; C 不要

reed /ríːd リード/ 名
❶ C U 【植物】あし, よし
❷ C 【音楽】(楽器の)リード

reef /ríːf リーフ/ 名 C (水面下や水面付近の)礁(しょう), 岩礁

reel /ríːl リール/ 名 C (ロープ・テープなどを巻く)リール, 巻き枠;(つりざおの)リール;映画フィルムの1巻き

reenter /riːéntər リーエンタ/ 動
━━ 他 〈…に〉再び入る
━━ 自 再び入る
reentry 名 C U 再び入る[入れる]こと;再入国, 再入場

refer /rifə́ːr リファー/ 動
━━ 自
❶ (…に)言及する, 触れる((*to*...))
- Are you *referring to* me?
君は私のことを言っているのかい
❷ (…を)参照する, 参考にする((*to*...))
- *refer to* a dictionary
辞書を参照する[引く]
❸ (…に)関係[関連]する, 当てはまる((*to*...))

━━ 他 ((次の用法で))
- *refer A to B* A(人)をB(場所など)に差し向ける;A(問題など)をB(人など)にゆだねる

referee /rèfərí: レファリー/ 名 C (ゲーム・スポーツの)審判員, レフェリー

reference /réfərəns レファランス/ 名
❶ U C (…への)言及, (…に)話で触れること((*to*...))
❷ U 参照, 参考; C 参照箇所, 参考文献
- *reference* books
(辞書・年鑑などの)参考(図)書
❸ C (身元などの)照会, 問い合わせ
in [with] reference to A
((改まって)) A(話題になっていること)に関して
make reference to A Aに言及する

refill /riːfíl リーフィル/
動 他 〈…を〉〈…で〉再び満たす, 詰め替える((*with*...))
━━ 名 C 詰め替え品;(飲み物などの)お代わり

refine /rifáin リファイン/ 動 他
❶ 〈…を〉改良する;洗練する, 上品にする
❷ 〈…を〉精製[精錬]する;純化する
refined 形 洗練された;精製[精錬]した
refinement 名 U C 改良;洗練; U 精製, 精錬;純化
refinery 名 C 精製[精錬]所

reflect /riflékt リフレクト/ 動
━━ 他 〈光・熱を〉反射する;〈音を〉反響する;〈考えなどを〉反映する
━━ 自
❶ 〈光・熱が〉反射する;〈音が〉反響する
❷ 〈…を〉熟考する((*on*...))
reflection 名 U 反射, 反響;反映;熟考, 反省
reflective 形 反映する;思索にふける

reflex /ríːfleks リーフレクス/ 名 C 【生理】反射運動; ((reflexes))反射神経

reflexive /rifléksiv リフレクスィヴ/ 形 【文法】再帰(用法)の
- a *reflexive* pronoun 再帰代名詞
- a *reflexive* verb 再帰動詞

reform /rifɔ́ːrm リフォーム/
動 他
❶ 〈…を〉改善する, 改革[刷新]する
❷ 〈人を〉改心させる
━━ 名 U C 改善, 改革, 刷新
reformation 名 U C 改善;改革, 刷新;【歴史】宗教改革

reformer 名C 改革者

refrain¹ /rifréin リフレイン/ 動自 (…を)差し控える, 慎む, やめる((from...))

refrain² /rifréin リフレイン/ 名C (詩・歌などの)繰り返し, リフレイン

refresh /rifréʃ リフレシュ/ 動他
❶ 〈気分を〉さわやかにする, 〈人を〉元気づける
❷ 〈記憶を〉新たにする

refreshing 形 心身をさわやかにする, 元気づける;新鮮な, すがすがしい

refreshment /rifréʃmənt リフレシュマント/ 名C ((refreshments)) 軽い飲食物, 茶菓; C 元気を回復させるもの; U 気分転換

refrigerate /rifrídʒərèit リフリヂャレイト/ 動他 〈食べ物を〉冷凍(保存)する, 冷蔵する

refrigerator /rifrídʒərèitər リフリヂャレイタ/ 名C 冷蔵庫, 冷蔵室(((略)) fridge)

refuge /réfju:dʒ レフューヂ/ 名
❶ U (…からの)避難, 保護((from...))
❷ C 避難所, 隠れ場所

refugee 名C 避難者, 難民;亡命者

refund
動 /rifʌ́nd リファンド/ 他 〈金銭などを〉払い戻す, 返済する
— 名 /ríːfʌnd リーファンド/ C 払い戻し金, 返済金

refuse /rifjúːz リフューズ/

動 三単現 **refuses** /リフューズィズ/
過去・過分 **refused** /リフューズド/
現分 **refusing** /リフューズィング/

— 他
❶ 〈申し出などを〉**拒否する**, きっぱり断る(⇔ accept)
- *refuse to do*
  …することを拒否する, どうしても…しない
- He *refused to* follow my advice.
  彼は私の忠告にどうしても従おうとしなかった
- The door *refuses to* open.
  そのドアはなかなか開かない
❷ 〈人に〉〈…を〉与えることを断る
- *refuse A B = refuse B to A*
  A(人)に対してB(事・物)を拒否する
— 自 **拒否する**, きっぱり断る

refusal 名UC 拒絶, 拒否, 辞退

regain /rigéin リゲイン/ 動他 〈…を〉取り戻す, 回復する

regal /ríːgəl リーガル/ 形 王[女王]の; 王[女王]にふさわしい

regard /rigáːrd リガード/

動 三単現 **regards** /リガーヅ/
過去・過分 **regarded** /リガーディド/
現分 **regarding** /リガーディング/

— 他
❶ 〈…を〉**見なす**
- *regard A as C* AをCと見なす, 考える
❷ ((改まって)) 〈…を〉(ある感情を持って)見る; 尊敬[尊重]する
- *regard* the new pupil curiously
  新入生をもの珍しげに見る
❸ 〈…に〉関係[関連]する
- *as regards A* A(事)に関しては

— 名 (複) **regards** /リガーヅ/ ((改まって))
❶ U (…への)敬意, 尊敬((for..., to...)); (…への)好意((for...))
- have high *regard for A*
  A(人)をたいへん尊敬している
❷ U (…への)考慮, 注意, 心づかい((to..., for...))
- *pay [give] no regard to A*
  Aに注意を払わない, Aに対する配慮がない
❸ C ((regards)) (…への)あいさつ, よろしくとの伝言((to...))
- Give my (best) *regards to* your family.
  ご家族の皆様によろしく
in this regard この点に関しては
with [in] regard to A
((改まって)) A(人・事)に関して
without regard for [to] A
A(人・事)を無視して, Aにかまわずに

regarding 前 …に関して, …について

regardless /rigáːrdləs リガードラス/ 形 無頓着(むとんちゃく)な, 注意しない, かまわない
regardless of A
A(困難など)にかかわらず, かまわず, 関係なく
— 副 とにかく, 何としても

regenerate /ridʒénərèit リヂェナレイト/ 動他 〈…を〉刷新する, 再生する; 〈人を〉更生させる

regeneration 名U 刷新; 更生

regime, régime /reiʒíːm ラジーム/ 名C 政治制度[形態], 政体; 政権

region /ríːdʒən リーヂャン/ 名C
❶ 地方, 地域, 地帯
❷ (体の)部分
❸ 領域, 分野
in the region of A 約A(金額・時間など)で

regional 形 地方の, 地域の; 局所的な

regionally 副 地域的に；局部的に
register /rédʒɪstər レヂスタ/
名
❶ C 登録簿, 記録簿, 名簿；U 登録
・a class *register* 学級名簿
❷ C 《米》レジスター
❸ C 【音楽】音域, 声域
━ 動
━ 他
❶ 〈…を〉登録する, 記録する
・*register* a birth 出生届けを出す
❷ 〈郵便物を〉書留にする
❸ 〈…を〉(目盛りに)表示する
❹ 〈感情を〉表す
━ 自 (…に)登録する, 記録する, 記名する (*at..., for...*)
・*register for* a history class
歴史のクラスに履修届けを出す
registered 形 登録[登記]された；書留扱いの
registry 名 U 登録, 記録；C 登録所
registration /rèdʒɪstréɪʃən レヂストレイシャン/ 名 U C 登録；(大学の)履修登録；(物件などの)登録証明書；登録人員[件数]
・class *registration* 授業の履修登録
regression /rɪgréʃən リグレシャン/ 名 U C (…への)後退, 後戻り；退行 (*to...*)
regressive 形 後退する；退行する

regret /rɪgrét リグレト/

動 三単現 **regrets** /rɪgréts リグレツ/
過去・過分 **regretted** /rɪgrétɪd リグレティド/
現分 **regretting** /rɪgrétɪŋ リグレティング/
━ 他 〈…を〉**後悔する, 残念に思う**
■ *regret doing*
…したことを後悔する[残念に思う]
・I *regret* hav*ing* said so.
そのように言ったことを後悔している
■ *regret that...*
…ということを後悔する[残念に思う]
・He *regrets that* he can't come.
彼は来ることができなくて残念に思っている
・*regret to do*
残念ながら…する；…して気の毒に思う
・I *regret to* say that I can't help you.
残念ですがあなたのお手伝いはできません
・I *regret to* hear of her illness.
彼女が病気と聞いて気の毒に思う
━ 名 (複 **regrets** /rɪgréts/) U C **後悔, 残念, 遺憾**
・with *regret* 残念ながら, 後悔して
・*to A's regret* A(人)にとって残念なことに
regretful 形 残念がって, 後悔して
regretfully 副 残念がって, 後悔して
regrettable 形 残念な, 遺憾な；悲しむべき
regrettably 副 残念ながら；遺憾ながら；惜しくも
regroup /rìːɡrúːp リーグループ/ 動
━ 自 再結成[再編成]する
━ 他 〈…を〉再結成[再編成]する

regular /réɡjələr レギュラ/

形 比較 **more regular**
最上 **most regular**
❶ **定期的な；いつもの, 通常の**
・*regular* customers 常連客
・a *regular* meeting 定例会議
・We go to church on a *regular* basis.
私たちは定期的に教会に行っている
❷ **規則正しい, 規則的な, 一定の**
❸ 〈食べ物などが〉ふつうの, レギュラーサイズの
❹ 正規の, 正式の, レギュラーの
❺ 〈顔立ちが〉均整の取れた, 整った
━ 名 (複 **regulars** /réɡjələrz/)
❶ C **常連, お得意**
❷ C **正選手, レギュラー**(出演者)
❸ U 《米》レギュラーガソリン
regularly 副 定期的に；規則正しく
regularity 名 U 規則正しさ；秩序
regulate /réɡjulèɪt レギュレイト/ 動 他
❶ 〈…を〉規制する, 規定する
❷ 〈…を〉調節[調整]する
regulator 名 C 調節装置；取り締まり人
regulation /rèɡjuléɪʃən レギュレイシャン/ 名 C 規則, 規定
・traffic *regulations* 交通法規
━ 形 規定の, 正規の
rehabilitation /rìːhəbɪlətéɪʃən リーハビリテイシャン/ 名 U (病人などの)社会復帰, リハビリ
rehearse /rɪhə́ːrs リハース/ 動
━ 他 〈音楽・劇などを〉けいこする, リハーサルする
━ 自 (音楽・劇などの)けいこをする (*for...*)
rehearsal 名 U C (公演などの)下げいこ, 練習会, リハーサル (*for...*)
reign /réɪn レイン/

reign

名
❶ C 治世, 在位期間
❷ U 統治, 支配, 勢力
— **動** 自 〈女王・王が〉君臨する, 主権をにぎる; 〈国などを〉支配 [統治] する ((over...))
reigning 形 〈王・女王が〉在位している; (スポーツなどで)タイトルを保持している

rein /réin レイン/ 名
❶ C ((ふつう reins)) 手綱(たづな)
❷ ((the reins)) 制御手段; 統制力

reindeer /réindiər レインディア/ 名 C 【動物】トナカイ

reinforce /rìːinfɔ́ːrs リーインフォース/ 動 他 〈感情などを〉補強する; 〈…を〉強化する
reinforcement 名 U 強化, 補強; C 強化材 [物]

reissue /riːíʃuː リーイシュー/
動 他 〈書籍などを〉再発行する, 復刊する
— 名 C 再発行物, 復刊本

reject /ridʒékt リヂェクト/ 動 他
❶ 〈要求などを〉拒絶する, 断る
❷ 〈不良品などを〉破棄する; 〈人を〉不合格にする
rejection 名 U 拒否, 却下; 不合格

rejoice /ridʒɔ́is リヂョイス/ 動 自 (…を)喜ぶ, うれしがる ((at...))
rejoicing 名 U 喜び, 歓喜; C 祝典

rejoin /riːdʒɔ́in リーヂョイン/ 動 他 〈団体などに〉再入会する; 〈人と〉再び合流する

relate /riléit リレイト/ 動
— 他
❶ 〈…を〉関連づける, 関連させる
- *relate A and [with] B* AとBを関係づける
- *be related to A* A(人)と血縁関係にある
❷ 〈…を〉〈…に〉物語る, 語る ((to...))
— 自 関連がある, 関係している
related 形 関係のある, 関連した; 親せきの

relation* /riléiʃən リレイシャン/
名 (複 **relations** /riléiʃənz リレイシャンズ/)
❶ U C (…間の)関係, 関連 ((between...))
- *in [with] relation to A* Aに関して
❷ ((relations)) (国家間などの)(利害)関係; 国交 ((between...))
❸ C (…の)親類 [親せき] の人 ((of...))

relationship /riléiʃənʃip リレイシャンシプ/
名
❶ U C 関係, 関連, 結び付き
- *have a good relationship with A* Aとよい関係にある
❷ U (…との)血縁関係, 縁続き ((to...))
- What is your *relationship* to him? 彼とはどういうご関係ですか

relative /rélətiv レラティヴ/

名 (複 **relatives** /rélətivz レラティヴズ/) C
❶ 親族, 親類, 親せき
- a distant [close] *relative* 遠い[近い]親せき
❷ 【文法】関係詞
— 形 ((比較なし))
❶ (…に)関係のある; 関連した ((to...))
❷ 相対的な; 比較上の
❸ (…に)比例した ((to...))
❹ 【文法】関係を表す
- a *relative* pronoun 【文法】関係代名詞
relatively 副 比較的, 割合に; 相対的に
relativity 名 U 関連性, 相関性; 【物理】相対性理論

relax /riléks リラクス/ 動
— 他
❶ 〈人などを〉くつろがせる, 休ませる
- feel *relaxed* リラックスする
❷ 〈筋肉などを〉ほぐす
❸ 〈規制などを〉緩和する
— 自
❶ くつろぐ, 息抜きをする
❷ 〈力などが〉緩む
relaxation 名 U 息抜き, くつろぎ; C 気晴らしになること
relaxed 形 くつろいだ, リラックスした
relaxing 形 くつろがせる; リラックスさせる

relay /ríːlei リーレイ/
名 C
❶ 【スポーツ】リレー競走
❷ (テレビ・ラジオの)中継放送
❸ 交替, 交替班, 交替要員
— 動
三単現 **relays** /ríːleiz リーレイズ/
過去・過分 **relayed** /ríːleid リーレイド/
現分 **relaying** /ríːleiiŋ リーレイイング/
— 他
❶ 〈番組などを〉(…へ)中継放送する ((to...))
❷ 〈伝言などを〉〈人へ〉伝える, 伝達する ((to...))

release /rilíːs リリース/
動 他
❶ 〈…を〉(…から)解放する, 解き放つ, 自由にする ((from...))

❷〈情報などを〉〈人に〉公開する((*to*...));〈CDなどを〉発売する;〈映画を〉封切る
━━ 名
❶ Ⓤ 解放, 釈放;免除
❷ Ⓒ (映画の)封切り;(ニュースなどの)公表;(CDなどの)発売

relentless /riléntləs リレントラス/ 形 容赦のない;絶え間ない, 執拗な

relevant /réləvənt レラヴァント/ 形 (当面の問題と)関連のある((*to*...));適切な
 relevantly 副 関連して;適切に
 relevance 名 Ⓤ 関連性;適切さ

reliable /riláiəbl リライアブル/ 形
❶ 〈人などが〉頼りになる, 信頼できる
❷ 〈情報が〉確かな
 reliably 副 確実に;確かな筋から
 reliability 名 Ⓤ 信頼性, 信頼度;確実性

reliant /riláiənt リライアント/ 形 (…に)頼っている, (…を)当てにしている((*on*...))
 reliance 名 Ⓤ 頼りにすること;Ⓒ 頼りになる人[物]

relic /rélik レリク/ 名 Ⓒ ((ふつう relics)) (歴史的な)遺物, 遺跡

relief¹ /rilíːf リリーフ/ 名
❶ Ⓤ ((また a relief)) 安心, 安堵;(苦痛などの)緩和, 軽減
・in *relief* 安心して, ほっとして
❷ Ⓤ (難民などに対する)救済, 救援(物資)
・*to A's relief* A(人)がほっとしたことには

relief² /rilíːf リリーフ/ 名
❶ Ⓤ 際立っていること
❷ Ⓒ (彫刻などの)浮き彫り作品, レリーフ

relieve /rilíːv リリーヴ/ 動 他
❶ 〈不安などを〉やわらげる, 軽減する, 軽くする
・*relieve* pain 痛みをやわらげる
❷ 〈人を〉解放する, 救済する
■ *relieve A of B*
A(人)からB(負担など)を取り除く
❸ 〈退屈を〉紛らす
❹ 〈人を〉交代させる;〈人の〉職を代行してやる
 relieved 形 ほっとして, 安心して

religion* /rilídʒən リリヂャン/
名 (複 **religions** /rilídʒənz リリヂャンズ/)
❶ Ⓤ **宗教**;Ⓒ 宗派, …教
・the Buddhist *religion* 仏教
❷ Ⓤ 信仰, 宗教心, 信仰生活
 religious 形 宗教(上)の;信心深い, 敬虔な
 religiously 副 宗教的に;信心深く

relish /rélɪʃ レリシュ/
名
❶ Ⓤ 味わい, 味わうこと, 賞味
❷ Ⓤ Ⓒ 薬味, 調味料
━━ 動 他〈…を〉楽しむ, 味わう

relive /riːlív リーリヴ/ 動 他〈…を〉(頭の中で)再体験する, 再現する

relocate /riːloukéit リーロウケイト/ 動
━━ 他〈建物などを〉(新しい場所に)移転させる, 配置換えする((*to*...))
━━ 自 移転する;配置換えになる
 relocation 名 Ⓤ 移転;配置転換

reluctant /rilʌ́ktənt リラクタント/ 形
❶ 〈人が〉いやいや(…)する, (…)したくない((*to do*))
❷ いやいやながらの, 気乗りしない
 reluctantly 副 いやいやながら, しぶしぶ
 reluctance 名 Ⓤ 気が進まないこと, 不本意

rely /rilái リライ/
動 三単現 **relies** /riláiz リライズ/
過去・過分 **relied** /riláid リライド/
現分 **relying** /riláiiŋ リライイング/
━━ 自 (…に)**頼る**, (…を)**当てにする**, 信頼する((*on*...))
・Don't *rely on* others too much.
あまり他人を当てにしないように

remain /riméin リメイン/
動 自
❶ 依然として…のままである, 相変わらず…である
・*remain* silent 黙ったままでいる
❷ (ある場所に)とどまる, 滞在する
❸ 〈物・事が〉残っている
━━ 名 Ⓒ ((remains))
❶ 残り(物);遺作;遺物, 遺跡
❷ 遺体
 remaining 形 残っている, 残りの

remainder /riméindər リメインダ/ 名
❶ ((the remainder)) ((単数・複数扱い)) (…の)残部, 残り, 残り物((*of*...))
❷ Ⓒ (引き算の)残り, (割り算の)余り

remake
動 (make の変化形と同じ) 他〈映画などを〉作り直す;リメイクする
━━ 名 /ríːmèik リーメイク/ Ⓒ Ⓤ (映画・脚本の)改作版, リメイク

remark /rimáːrk リマーク/

remarkable /rimáːrkəbl リマーカブル/
形 注目すべき, 注目に値する；驚くべき
remarkably 副 際立って, 著しく；非常に

remedy /rémədi レメディ/
名 UC
❶ (病気の)治療, 手当て；(…に対する)治療薬((for...))
❷ (欠点などの)改善方法, 救済策((for...))
— 動 他 〈病気などを〉治療する；〈欠陥などを〉矯正(きょうせい)する, 改善する
remedial 形 治療上の；改善の

remember

/rimémbər リメンバ/
動 三単現 **remembers** /リメンバズ/
過去過分 **remembered** /リメンバド/
現分 **remembering** /リメンバリング/
— 他
❶ 〈…を〉思い出す(⇔forget)；(…ということを)思い出す((that節))
・I couldn't *remember* your address.
君の住所を思い出せなかった
・I suddenly *remembered that* we had homework. 宿題のことを急に思い出した
❷ 〈…を〉覚えている, 記憶している
・Do you *remember* me?
ぼくのことを覚えていますか
・I vividly *remember* our last meeting.
私たちが最後に会った時のことをはっきりと覚えています
・Do you *remember* what her name is?
彼女の名前が何だか覚えていますか
▪ *remember* (*A* [*A's*]) *doing*
(Aが)…したことを覚えている
・I *remember* him [his] *g*oing to school that day.
その日彼が学校に行ったことを覚えています
▪ *remember to do* (これから)忘れずに…する
📖 *Remember to* do your homework.
宿題を忘れないようにしてください
▪ *remember A as* [*for*] *B*
AをBだと記憶している
・I *remember* him *as* the best student in the class.
彼のことはクラスで一番だったと記憶している
▪ *A to remember*
忘れられないA, 記憶に残るA
・It was an event *to remember*.
それは忘れられないイベントとなった
❸ ((次の用法で))
▪ *remember A to B* (英)((くだけて)) A (人)のことをB(人)によろしくと伝える
・Please *remember* me *to* your family.
ご家族の皆さんによろしく
— 自
❶ (…のことを)覚えている((*of*...))；(…のことを)忘れていない((*about*...))
・if I *remember* rightly [correctly]
私の記憶に間違いがなければ
❷ 記憶力がある
・I don't *remember* well. 物覚えがよくない
❸ ((話の最中に挿入して)) ほら；あれですよ；忘れたの
・You said so, *remember*?
そう言ったでしょ, 忘れたの
remembrance 名 U 記憶, 思い出；C 思い出の品, 記念品

remind /rimáind リマインド/ 動 他 〈…に〉思い出させる
・That *reminds* me. それで思い出した
▪ *remind A of* [*about*] *B*
A(人)にBを思い出させる
・This photo *reminds* me *of* my father.
この写真を見ると父のことを思い出す
▪ *remind A to do* A (人)に…するよう念を押す
▪ *remind A that*... A (人)に…だと念を押す
reminder 名 C 思い出させる人[物]

remote /rimóut リモウト/ 形
❶ (距離的に)(…から)遠い, 遠方の, 遠く離れた((*from*...))
・a *remote* island 孤島
・a *remote* control リモコン
❷ (時間的に)はるかな, 遠い
・in the *remote* past [future]
遠い昔[未来]に
❸ (…と)関係の薄い, かけ離れた((*from*...))

remove /rimúːv リムーヴ/ 動 他
❶ 〈…を〉(…から)取り去る, 取り除く((*from*...))
・She *removed* the cloth from the table.
彼女はテーブルかけをはずした
❷ 〈衣服などを〉脱ぐ, はずす
・*remove one's* shoes 靴を脱ぐ

removable 形 除去できる; 移動できる, 取り外しのきく
removal 名 ⓊⒸ 除去; 移動, 移転
removed 形 隔たった; ほど遠い

Renaissance /rènəsɑ́ːns レナサーンス/ 名
❶ ((the Renaissance)) 文芸復興, ルネサンス (14−16世紀のヨーロッパにおける芸術・学問の復興運動)
❷ Ⓒ ((renaissance)) (芸術・学問の)復興

rename /riːnéim リーネイム/ 動 他 〈人に〉名前を新しく付ける; 〈人を〉改名する

render /réndər レンダ/ 動 他 ((次の用法で))
- *render* A C AをCの(状態)にする
- Surprise *rendered* him speechless.
  驚きのあまり彼は口もきけなかった
- *render* A B = *render* B to A
  A(人)にB(援助など)を提供する

renew /rinjúː リヌー/ 動 他
❶ 〈…を〉新しくする; 〈契約などを〉更新する
❷ 〈…を〉再開する; 〈…を〉復活させる
renewable 形 更新できる; 再生可能な
renewal 名 ⓊⒸ 更新; 再開発

renounce /rináuns リナウンス/ 動 他 〈…を〉公式に断念[中止, 放棄]する

renovate /rénəvèit レナヴェイト/ 動 他 〈古い建物を〉改築する; 〈…を〉再び新しくする
renovation 名 ⓊⒸ 改築; 革新, 刷新

renown /rináun リナウン/ 名 Ⓤ 名声; 有名
renowned 形 有名な, 名高い

rent /rént レント/
名 ⓊⒸ (土地・家などの)賃貸料; 地代, 家賃
- houses *for rent* 貸家
- pay the *rent* 家賃を払う
— 動
— 他
❶ 〈家などを〉(人から)賃借する ((*from...*))
- *rent* an apartment アパートを借りる
❷ 〈家などを〉(人に)賃貸する ((*to...*));
— 自 賃貸される

rent-a-car /réntəkàːr レンタカー/ 名 Ⓒ ((米)) レンタカー, 貸し自動車

rental /réntl レントル/
名 Ⓤ 賃貸; Ⓒ 賃貸[賃借]料
— 形 賃貸の, レンタルの

reorganize /riːɔ́ːrɡənàiz リオーガナイズ/ 動
— 他 〈…を〉(…へ)再編成する, 再組織する; 立て直す ((*into...*))
— 自 再編成[再建]される
reorganization 名 ⓊⒸ 再編成[組織]

repair /ripéər リペア/
動 三単現 **repairs** /ripéərz リペアズ/
過去・過分 **repaired** /ripéərd リペアド/
現分 **repairing** /ripéəriŋ リペアリング/
— 他
❶ 〈…を〉修理する, 修繕する
- *repair* a house 家を修理する
- have my computer *repaired*
  コンピュータを直してもらう
❷ 〈悪い状況などを〉改善する; 〈関係などを〉修復する
— 名 (複 **repairs** /ripéərz/) Ⓤ 修理, 修繕; Ⓒ ((ふつう repairs)) 修理作業; 修繕部分
- under *repair* 修理中で, 修復中で

repay /ripéi リペイ/ 動 (payの変化形と同じ) 他
❶ 〈人に〉金を返す; 〈借金などを〉返済する
- *repay* A B = *repay* B to A
  A(人)にB(借金など)を返済する
❷ 〈人に〉(行為に対して)報いる ((*for...*))
repayment 名 ⓊⒸ 返済(金); 払い戻し; 報い

repeat /ripíːt リピート/
動 三単現 **repeats** /ripíːts リピーツ/
過去・過分 **repeated** /ripíːtid リピーティド/
現分 **repeating** /ripíːtiŋ リピーティング/
— 他 〈…を〉繰り返す, 繰り返して言う
- *repeat* a question 質問を繰り返す
- *Repeat* (each sentence) after me.
  私のあとについて(各文を)言いなさい
- Don't *repeat* the same mistake.
  同じミスは繰り返さないように
— 名 (複 **repeats** /ripíːts/) Ⓒ 繰り返し, 反復
repeated 形 繰り返される, たびたびの
repeatedly 副 何度も繰り返して, たびたび
repetition 名 ⓊⒸ 繰り返し, 反復
repetitive 形 繰り返しの(多い)

repent /ripént リペント/ 動
— 自 (行為などを)悔やむ, 後悔する ((*of...*))
— 他 〈…を〉後悔する
- *repent doing* …したことを後悔する

repertoire /répərtwɑ̀ːr レパトワー/ 名 Ⓒ レパートリー; 上演目録, 演奏曲目

replace /ripléis リプレイス/ 動 他
❶ 〈…を〉取り替える; 〈…に〉取って代わる
- *replace* A *with* [*by*] B AをBと取り替える

replay

動 /rìːpléi リープレイ/ 他〈試合を〉やり直す；〈テープなどを〉再生する

— **名** /ríːplei リープレイ/ C 再試合；(テープなどの)再生, リプレー

replica

/réplikə レプリカ/ **名** C (絵画などの)模写画；模造品, レプリカ

reply

/riplái リプライ/

動 三単現 **replies** /リプライズ/
過去・過分 **replied** /リプライド/
現分 **replying** /リプライイング/

— 自

❶ (…に)返事をする, 答える((*to...*)) (⇔ask)
・*reply to* a question 質問に答える
・*reply to* a letter [an e-mail] 手紙[Eメール]に返事する

❷ (…に)応じる, 答える((*to...*))
・*reply with* a smile 笑顔で応える

— 他 (…と)返事をする, 答える；(…と言って)答える((*that*節))

— **名** (複 **replies** /リプライズ/) C U (…への)返事, 返答, 答え((*to...*))
・get [receive] a *reply* 返事を受け取る
・write a *reply* 返事を書く
in reply to A
((改まって)) Aへの答えとして, 返答として

report

/ripɔ́ːrt リポート/

名 (複 **reports** /リポーツ/) C (…についての)**報告(書), レポート**；**報道**, 記事((*on..., of..., about...*))
・a weather *report* 天気予報
・a *report* card ((米)) 成績通知表
・write a *report* on [about] *A* Aについて報告書を書く

— **動**
三単現 **reports** /リポーツ/
過去・過分 **reported** /リポーティド/
現分 **reporting** /リポーティング/

— 他 〈…を〉〈…に〉**報告する, 報道する**((*to...*))；(…であると)報告[報道]する((*that*節))

— 自 (…について)**報告する, 報道する**((*on...*))

・*report on* A *to* B
AについてB(人)に報告する

・Which topic will you *report on*?
あなたはどのトピックについて報告しますか

reporter **名** C 報道記者, レポーター；報告者

reporting **名** U 報告；報道

reportedly

/ripɔ́ːrtidli リポーティドリ/ **副** 伝えられるところによれば

repose

/ripóuz リポウズ/
名 U 休息, 休憩；睡眠；静けさ, 平穏
— **動** 自 横になって休む

represent

/rèprizént レプリゼント/ **動** 他
❶ 〈…を〉代表する
・*represent* our class at a contest コンテストでクラスを代表する

❷ 〈物が〉〈…を〉表す, 象徴する
・The dove *represents* peace.
鳩は平和を象徴する

representation **名** U 代表；C 象徴

representative

/rèprizéntətiv レプリゼンタティヴ/
名 C
❶ 代表者, 代理人
・a class *representative* 学級委員
❷ 代議士；((Representative)) ((米)) 下院議員
・the House of *Representatives*
(米国などの)下院；(日本の)衆議院
— **形** (…を)代表する, 典型的な((*of...*))

repress

/riprés リプレス/ **動** 他 〈感情などを〉抑制する, 押し殺す；〈暴動などを〉鎮圧する
repressed **形** 抑圧された
repression **名** U 抑圧, 抑制；鎮圧

reprint

動 /rìːprínt リープリント/ 他 〈本を〉増刷[再版]する, 復刻[再刊]する
— **名** /ríːprint リープリント/ C 増刷, 再版, 復刻(版)

reproach

/ripróutʃ リプロウチ/
動 他〈人を〉(…のことで)非難する, とがめる((*with..., for...*))
— **名** U 非難, しかること；C 非難の言葉

reproduce

/rìːprədjúːs リープラドゥース/ **動** 他〈…を〉複写[複製]する；再現する
reproduction **名** U 複写, 複製；再現；C 複製品；U 【生物】生殖(作用), 繁殖
reproductive **形** 複写の；再生の；生殖の

reptile

/réptəl レプタル/ **名** C 【動物】爬虫(はちゅう)類

republic

/ripʌ́blik リパブリク/ **名** C 共和

republican /ripʌ́blikən リパブリカン/
形 共和国の; 共和主義の; ((Republican))((米)) 共和党の
— 名 C 共和主義者; ((Republican))((米)) 共和党員
・the *Republican* Party (米国の)共和党

reputation /rèpjətéiʃən レピュテイシャン/
名 UC (…との)評判; よい評判, 名声, 好評 ((of..., for...)); (…としての)評判 ((as...))
・have a good [bad] *reputation* 評判がよい[悪い]
・a teacher of good [bad] *reputation* 評判のよい[悪い]教師

request /rikwést リクウェスト/

名 (複 **requests** /リクウェスツ/) UC (…の)頼み, 願い; 依頼, 要請 ((for...)); C 頼み事
・make a *request* for A A を要請する
・accept a *request* 要求を受け入れる
・refuse [turn down] a *request* 要求を断る
・by *request* 要求にこたえて
・Any *requests*? 何かほしいものは
— 動
三単現 **requests** /リクウェスツ/
過去過分 **requested** /リクウェスティド/
現分 **requesting** /リクウェスティング/
— 他 (…を)頼む; 依頼する, 要請する
■ *request that...* …ということを頼む, 要求する
■ *request A to do* A (人)に…してと頼む

require /rikwáiər リクワイア/

動 三単現 **requires** /リクワイアズ/
過去過分 **required** /リクワイアド/
現分 **requiring** /リクワイアリング/
— 他 ((改まって))
❶ 〈…を〉必要とする
・Babies *require* plenty of sleep. 赤ん坊はたっぷり眠ることが必要だ
■ *require to do* 〈事・状況が〉…することを求めている
・We *require* to know the fact. 私たちはその事実を知っておく必要がある
■ *require that...* 〈事・状況が〉…ということを必要とする
❷ (命令などによって)〈…を〉〈人に〉要求する ((of...))

・What do you *require of* me? 私にどうしろと言われるのですか
■ *require A to do* A (人)に…することを命じる
required 形 不可欠の, 必須の

requirement /rikwáiərmənt リクワイアマント/ 名 C (…のための)必要条件, 資格 ((for...)); ((ふつう requirements)) 必要品
・entrance *requirements* 入学資格

reread /riːríːd リリード/ 動 (readの変化形と同じ) 他 〈…を〉再読する

resale /ríːseil リーセイル/ 名 U 再販売; 転売

rescue /réskjuː レスキュー/
動 他 〈人・物を〉(危険などから)救う, 救助する ((from...))
・*rescue* a child *from* a burning house 燃え盛る家から子どもを助け出す
— 名 UC 救出, 救助
・a *rescue* party [team] 救助隊
rescuer 名 C 救助者, 救済者

research /risəːrtʃ リサーチ/
名 U 研究, 調査, 探究
・market *research* 市場調査
・do *research* on [into] A A (事)を研究[調査]する
— 動 他 〈…を〉研究[調査]する
researcher 名 C 研究者; 調査員

resemble /rizémbl リゼンブル/ 動 他 〈…に〉似ている
・I *resemble* my brother. 私は兄に似ている
resemblance 名 U 類似, 相似; C 類似点

resent /rizént リゼント/ 動 他 〈人の言動などに〉憤慨する, 怒る, 腹を立てる
resentful 形 憤慨している
resentment 名 U 憤慨, 恨み, 敵意

reservation /rèzərvéiʃən レザヴェイシャン/ 名
❶ C ((しばしば reservations)) (部屋・座席などの)予約 (((英)) booking)
・make a *reservation* 予約をする
❷ U (権利などの)保留; UC 制限
❸ C ((米)) (動植物などの)保護地区
without reservation 率直に; 無条件で

reserve /rizə́ːrv リザーヴ/

動 三単現 **reserves** /リザーヴズ/
過去過分 **reserved** /リザーヴド/
現分 **reserving** /リザーヴィング/

― 他

❶ ⟨…を⟩⟨…のために⟩**取っておく, 蓄える** ((*for*...))
・*reserve* money *for A*
Aのためにお金を蓄える
❷ ⟨部屋・座席などを⟩⟨…のために⟩**予約する** ((*for*...))
・*reserve* a table *for* four
4名分の席を予約する
❸ ⟨判断などを⟩**保留する, 見合わせる**
― 名 (複 reserves /リザーヴズ/)
❶ C ((しばしば reserves)) ⟨…の⟩**蓄え, 備え** ((*of*...))
・*in reserve* 蓄えてある, 予備の
❷ C (特定の目的のための)保留地, 保護地区
❸ U 遠慮, 控えめ
・*without reserve* 率直に, 遠慮なく;無条件で
❹ C 補欠選手;((the reserves)) 予備軍

reserved /rizə́:rvd リザーヴド/
動 reserveの過去形・過去分詞
― 形
❶ ⟨座席などが⟩予約してある;取ってある, 予備の
・a *reserved* table 予約席
❷ 遠慮がちな, 控えめな

reservoir /rézərvwɑ̀:r レザヴワー/ 名 C 貯水場, 貯水池

reset /rì:sét リーセト/ 動 (setの変化形と同じ) 他 ⟨…を⟩置き直す;⟨時計を⟩合わせ直す;【コンピュータ】⟨装置などを⟩リセットする

reshape /rì:ʃéip リーシェイプ/ 動 他 ⟨…を⟩作り変える

reshuffle
動 /rì:ʃʌ́fl リーシャフル/ 他
❶ ⟨…を⟩並べ変える, 配列し直す
❷ ⟨内閣などを⟩改造する
― 名 /rí:ʃʌfl リーシャフル/ C 組織改革

reside /rizáid リザイド/ 動 自
❶ ⟨人が⟩⟨…に⟩居住する, 住む ((*in*..., *at*...))
❷ ⟨物が⟩⟨…に⟩存在している, 置かれている, ある ((*on*..., *in*..., *at*...))
❸ ⟨性質などが⟩⟨…に⟩ある ((*in*...))

residence /rézidəns レズィダンス/ 名 C 住宅, 住居;U 居住
・*in residence*
駐在して;(大学構内などに)居住して

resident /rézidənt レズィダント/
名 C
❶ 居住者, 定住者

❷ ((米))(病院詰めの)実習医
― 形 住み込みの;在住の
|**residential** 形 居住の, 住宅向きの

residue /rézidjù レズィドゥ/ 名 C 残り, 残余;残留物
|**residual** 形 残余の, 残りの

resign /rizáin リザイン/
― 自 ⟨…から⟩辞職する ((*from*...))
― 他 ⟨職などを⟩辞める, 辞職する
resign oneself to A
(あきらめて)Aに従う
resign oneself to doing
(あきらめて)仕方なく…する
|**resignation** 名 U 辞職;C 辞表;U あきらめ, 服従
|**resigned** 形 あきらめた;服従する

resilient /rizíliənt リズィリアント/ 形
❶ 弾力のある;跳ね返る
❷ ⟨人などが⟩(病気などから)すぐ立ち直れる
|**resiliently** 副 快活に
|**resilience** 名 U 弾力;回復力

resin /rézin レズィン/ 名 UC 樹脂;松やに

resist /rizíst リズィスト/ 動
― 他
❶ ⟨…に⟩反抗する, 抵抗する;⟨決まりなどに⟩逆らう
・*resist* the temptation to eat
食欲の誘惑に負けない
❷ ⟨病気・熱などに⟩耐える
❸ ⟨…するのを⟩我慢する ((*doing*))
― 自 抵抗する;耐える
|**resistant** 形 反抗する, 抵抗する

resistance /rizístəns リズィスタンス/ 名
❶ U ⟨…に対する⟩抵抗, 反抗 ((*against*..., *to*...));⟨…に対する⟩抵抗力 ((*to*...))
・air *resistance* 空気抵抗
・put up *resistance* to *A* Aに抵抗する
❷ UC 【電気】電気抵抗

resolute /rézəljù:t レザルート/ 形 意志の堅い

resolution /rèzəlú:ʃən レザルーシャン/ 名
❶ C 決心, 決意
・make a *resolution* (*to* do)
(…しようと)決断する
❷ U (問題などの)解決, 解明
❸ C (議会などの)決定, 決議;決議案

resolve /rizɑ́lv リザルヴ/ 動
― 他
❶ ⟨問題などを⟩解決する

resonant

❷ ⟨…を⟩決心する, 決意する
- *resolve to do*
⟨人が⟩…することを決める, 決意する
- I *resolved to* study harder.
私はもっと勉強しようと決心した
- *resolve that...*
⟨人が⟩…ということを決める, 決意する
━ 自 ⟨…を⟩決定[決心]する((*on...*))
resolved 形 決心した

resonant /rézənənt レザナント/ 形
❶ ⟨音などが⟩よく響く
❷ ⟨場所などが⟩共鳴[反響]する
resonantly 副 響き渡るように
resonance 名 U 響き, 反響

resonate /rézənèit レザネイト/ 動 自
❶ ⟨音などが⟩鳴り響く, 反響する
❷ ⟨…が⟩⟨人などと⟩共感[共鳴]する((*with...*))

resort /rizɔ́:rt リゾート/
名
❶ C 行楽地, 保養地, リゾート; 盛り場
- a summer *resort* 避暑地
❷ U ⟨人などに⟩頼ること((*to...*)); C 頼りにする人[物]; (最後の)手段
- *as a last resort* 最後の手段として
━ 動 自 (最後の手段として)⟨…に⟩頼る, 訴える((*to...*))
- *resort to* violence 暴力に訴える

resounding /rizáundiŋ リザウンディング/ 形
鳴り響く, 反響する; ⟨名声などが⟩知れ渡った

resource /rí:sɔ:rs リーソース/ 名
❶ ((resources))資源; 物資; 資産
- natural *resources* 天然資源
- human *resources* 人材
❷ C (まさかの時の)手段, 方策
- *as a last resource* 最後の手段として
resourceful 形 工夫に富んだ, 臨機応変の

respect /rispékt リスペクト/

動 三単現 **respects** /rispékts リスペクツ/
過去・過分 **respected** /rispéktid リスペクティド/
現分 **respecting** /rispéktiŋ リスペクティング/

━ 他
❶ ⟨人などを⟩**尊敬する**
- *respect* him as an athlete
スポーツ選手としての彼を尊敬する
- *respect oneself* 自信を持つ
❷ ⟨…を⟩**尊重する**, 重視する
- *respect* others' feelings
他人の気持ちを尊重する
━ 名 (複 **respects** /rispékts リスペクツ/)
❶ U ⟨…への⟩**尊敬**, 敬意((*for...*, *to...*))
- pay [show] *respect to A*
A に敬意を払う[表す]
- win *A's respect* A に尊敬される
❷ U ⟨…への⟩**尊重**, 重視; 配慮((*for...*))
- out of *respect* 尊重の気持ちから
- treat *A* with *respect* A を丁重に扱う
❸ C 箇所, 点(point)
- in all *respects* すべての点において
❹ C ((respects)) 敬意, よろしくというあいさつ
- Please give my *respects* to her.
彼女によろしくお伝えください
with respect to A = in respect of A
A(事)に関しては
respectful 形 敬意を表した; 丁寧な
respectfully 副 丁寧に, つつしんで

respectable /rispéktəbl リスペクタブル/ 形
❶ 尊敬すべき, 立派な; まともな
❷ ⟨数量などが⟩かなりの, 相当な
- a *respectable* income 相当な収入
respectably 副 立派に, 相当に
respectableness 名 U まともなこと

respective /rispéktiv リスペクティヴ/ 形 それぞれの, 各自の, めいめいの
respectively 副 それぞれ, 各々, めいめい

respiration /rèspəréiʃən レスパレイシャン/
名 U 呼吸(作用)
- artificial *respiration* 人工呼吸
respiratory 形 呼吸の, 呼吸器官の

respite /réspət レスパト/ 名 U C
❶ (仕事などの)一時中断((*from...*)); 小休止
❷ 猶予, 延期

respond /rispánd リスパンド/ 動
━ 自
❶ (手紙などに)返答する, 返事をする((*to...*))
❷ ⟨…に⟩反応する, 応じる((*to...*))
━ 他 ⟨…と⟩答える((*that*節))

respondent /rispándənt リスパンダント/
名 C 【法律】被告; (アンケートなどの)回答者

response /rispáns リスパンス/ 名 C 応答, 返答; C U ⟨…に対する⟩反応, 反響((*to...*))
- make a *response* 答える
- in *response to A* A に反応して
responsive 形 反応のよい; 好意的な

responsibility /rispànsəbíləti リスパンサビラティ/ 名

❶ ⃞U (…に対する)責任, 義務((for...))
・a sense of *responsibility* 責任感
・take *responsibility for A* Aの責任を負う
❷ ⃞C (人にとって)責任を負うべきもの((to...))

responsible

/rispánsəbl リスパンサブル/

形 比較 **more responsible**
最上 **most responsible**

❶ (…に対して)**責任がある**;(経営などの)責任がある, 担当である((for...))
・I am *responsible for* the accident.
その事故の責任は私にある
❷ 責任感の強い;信頼できる
❸ (…の)原因である((for...))

rest¹ /rést レスト/

名 (複) **rests** /レスツ/

❶ ⃞U⃞C **休憩, 休息**;休養;睡眠; ⃞U 死, 永眠
・a *rest* period 休み時間
・take [have] a *rest* 休憩する
・have a good night's *rest* 一晩ぐっすり眠る
・*at rest* 休息して;永眠して;静止して
❷ ⃞U ((また a rest)) 停止, 静止
・come to *rest*
〈エンジンなどが〉停止する, 止まる
❸ ⃞C 【音楽】休止(符)

━ 動
三単現 **rests** /レスツ/
過去過分 **rested** /レスティド/
現分 **resting** /レスティング/

━ 自
❶ 休む, (仕事などをやめて)**休憩[休息]する**((from...))
❷ 眠る;永眠する
・*Rest* in peace. 安らかに眠れ
❸ 〈…が〉静止する, 止まる
❹ 安心する, 落ち着く
❺ (…に)頼る;〈責任などが〉〈人などに〉かかっている((on...))

━ 他
❶ 〈…を〉休ませる, 休憩[休息]させる
・*rest oneself* 休息する
❷ 〈…を〉(…に)置く, 載せる((on...));〈…を〉(…に)寄りかからせる((against...))

rest²* /rést レスト/

名
❶ ((the rest)) ((単数扱い)) 残り

・for *the rest of one's* life
余生, その後死ぬまでの間
⃞ We'll do the *rest* of this chapter next time. この章の残りは次の授業でやりましょう
❷ ((the rest)) ((複数扱い)) (…の)ほかの物[人々]((of...))
and the rest その他もろもろ
━ 動 自 …のままである

restart /rìːstáːrt リースタート/

動
━ 自 再び始まる
━ 他 〈…を〉再び始める
━ 名 ⃞U 【コンピュータ】再起動

restaurant

/réstərənt レストラント/ 名 (複) **restaurants**
/レストランツ/) ⃞C **レストラン, 料理店**
・a Chinese *restaurant* 中華料理店
・a fast-food *restaurant* ファーストフード店

restless /réstləs レストラス/ 形

❶ 落ち着かない, 不安な, そわそわした
・a *restless* child 落ち着きのない子ども
❷ 眠れない, 休めない
❸ 絶えず動いている, 静止することのない
restlessly 副 落ち着きなく;休まずに
restlessness 名 ⃞U 落ち着かないこと, 不安

restoration /rèstəréiʃən レスタレイシャン/
名
❶ ⃞U (…への)回復, 復興;返還((to...))
・the *restoration* of democracy 民主主義の回復
❷ ⃞U⃞C 修復, 復元(したもの)
❸ ⃞U (元の地位などへの)復帰;復職((to...))
❹ ((the Restoration))【歴史】(イギリス・日本などの)王政復古
・*the* Meiji *Restoration* 明治維新

restore /ristɔ́ːr リストー/ 動 他

❶ 〈機能などを〉回復する
・*restore* confidence 自信を取り戻す
❷ 〈建物などを〉修復する, 復元する
❸ 〈人を〉(元の地位などに)復帰させる((to...))
❹ 〈人・物を〉(元の状態・場所などに)返す, 戻す((to...))

restrain /ristréin リストレイン/ 動 他 〈…を〉抑える, 抑制する;〈…を〉制限[規制]する

・*restrain* tears 涙を抑える
・*restrain A from B* A〈人〉にBをさせない
・*restrain A from doing*

Aが…するのを抑える
restrained 形 控えめの; 抑制された
restraint /ristréint リストレイント/ 名
① U (…への)抑制((on...)); C 抑制するもの
・impose *restraints* on *A* Aを抑制する
② U 束縛; C ((restraints))束縛するもの
③ U 遠慮, 慎み; 控えめ
without restraint 自由に; 気がねなく
restrict /ristríkt リストリクト/ 動 他 〈…を〉(…に)制限する, 限定する((to...))
・*restrict A from B*
A (人)のBを妨げる, 制限する
・*restrict A from doing*
A (人)が…するのを妨げる, 制限する
・*restrict* freedom of speech
言論の自由を制限する
restricted 形 制限された, 限定された
restrictive 形 制限する, 限定的な
restriction /ristríkʃən リストリクシャン/ 名
① U 制限, 制約, 限定
・without *restriction* 無制限に
② C ((しばしば restrictions))制限するもの
・place [put] *restrictions* on *A*
Aに制限を加える
restructure /riːstrʌ́ktʃər リーストラクチャ/ 動 他 〈…を〉再構成する, 再構築する
restructuring 名 UC リストラ; 再構築

result /rizʌ́lt リザルト/

名 (複 **results** /リザルツ/)
① UC (…の)結果, 結末((of...)); ((ふつう results))成果, 効果
・get positive *results* よい成果を得る
・*as a result* その結果
・*as a result of A* Aの結果として
・*without result* 何の成果もなく
② C ((ふつう results))(試験・競技などの)成績, 結果
③ C (計算・実験などの)答え
■ 動 自
① (…の)結果として生じる((from...))
② (…に)終わる((in...))
resultant 形 結果として生じる
resume /rizúːm リズーム/ 動
— 他
① 〈仕事などを〉再び始める, 再開する
② 〈元の場所などを〉再び占める; 〈権利などを〉取り戻す
・*resume* one's seat 再び元の席に着く

— 自 〈物事が〉再び始まる
resumption 名 UC 再開, 回復
résumé /rézəmèi レザメイ | rézjumèi レズュメイ/ 名 C
① (…の)要約, レジュメ((of...))
② ((米))履歴書, 身上書
resurgence /risə́ːrdʒəns リサーヂャンス/ 名 U (思想などの)再興, 復活
resurrection /rèzərékʃən レザレクシャン/ 名 U
① 復活, 復興
② ((the Resurrection))キリストの復活
retail /ríːteil リーテイル/
■ 名 U 小売り
■ 副 小売りで
■ 動
— 他 〈…を〉小売りする
— 自 (…の値で)小売りされる((at...))
retailer 名 C 小売り商人
retain /ritéin リテイン/ 動 他
① 〈…を〉保つ; 〈…を〉保持する; 〈習慣などを〉維持する
・*retain* an old custom
古い習慣を維持する
② 〈…を〉覚えている
③ 〈弁護士を〉雇っておく
retaliate /ritǽlièit リタリエイト/ 動 自 (人に)報復する, 復讐(ふくしゅう)する((against...))
retaliation 名 U 報復, 仕返し
retard /ritɑ́ːrd リタード/ 動 他 〈…を〉遅らせる; 〈…を〉妨害する
retardation 名 U 遅延, 妨害
retention /riténʃən リテンシャン/ 名 U 保有, 維持(力); 記憶(力)
rethink
動 /riːθíŋk リースィンク/ (thinkの変化形と同じ)
— 自 再考する, 考え直す
— 他 〈…を〉再考する, 考え直す
■ 名 /ríːθiŋk リースィンク/ C ((a rethink))再考
retina /rétənə レタナ/ 名 C (目の)網膜
retire /ritáiər リタイア/ 動 自
① (定年などで)(…を)退職する, 引退する((from...))
・*retire on* a pension
退職して年金生活に入る
② (…へ)引きこもる, しりぞく((to...))
retired 形 退職[引退]した
retirement 名 U 引退, 退職; 退職後の

生活, 隠居生活

retort¹ /ritɔ́:rt リトート/
- 動 他 (…であると)言い返す((*that*節))
- 名 C 口答え

retort² /ritɔ́:rt リトート/ 名 C 【化学】レトルト, 蒸留器

retouch /ri:tʌ́tʃ リタチ/
- 動 他 〈絵などを〉修正する, 軽く手を加える
- 名 C 修正

retrace /ri:tréis リトレイス/ 動 自 〈来た道を〉引き返す; 〈考えなどを〉回顧する

retract /ritrǽkt リトラクト/ 動
- 他 〈前言・約束などを〉撤回する, 取り消す
- 自 〈前言・約束などを〉撤回する, 取り消す
- **retraction** 名 UC 撤回, 取り消し

retreat /ritrí:t リトリート/
- 名 UC 退却, 撤退; (前言・約束などの)変更, 撤回; C 引きこもる場所
- 動 自 (…から)退く, 退却[撤退]する ((*from...*)); 変更[撤回]する

retrieve /ritrí:v リトリーヴ/ 動 他
1. 〈…を〉回復する, 〈…を〉(…から)取り戻す, 回収する((*from...*))
2. 【コンピュータ】〈情報を〉検索する
- **retrieval** 名 U 回復; (情報の)検索

retrospect /rétrəspèkt レトラスペクト/ 名 U 回顧, 追想
- in *retrospect* 振り返ってみると, 回顧して
- **retrospective** 形 回顧的な, 過去を振り返った

return /ritə́:rn リターン/

動 三単現 **returns** /リターンズ/
過去・過分 **returned** /リターンド/
現分 **returning** /リターニング/

— 自

❶ (…から)帰る((*from...*)); (元の場所に)戻る((*to...*))
- *return from* a trip 旅行から戻る
- *return* home 家に帰る

❷ (元の状態に)戻る; 〈元の話などに〉戻る((*to...*))
- Let's *return to* this matter later.
この件についてはまたあとで話そう

— 他

❶ 〈…を〉戻す, (元の場所に)返す, 返却する((*to...*)); 〈…を〉〈人に〉戻す((*to...*))
- *return* a book *to* the library
本を図書館に戻す

❷ 〈…を〉(返礼・代償として)返す, 戻す
- *return* the favor
親切にしてもらったお返しをする
- *return A for B* = *return A with B*
BにAで返す; BにAで応じる, 報いる
- *return* evil *for* good = *return* good *with* evil 恩をあだで返す

❸ 【テニス】〈ボールを〉リターンする, 返球する

— 名 (複 **returns** /リターンズ/)

❶ UC 帰り, (…から)帰ること, 戻ること ((*from...*)); 帰宅, 帰国
- *return from* a trip 旅行からの帰宅
- on [upon] *one's return* 帰ってみると

❷ U (…を)返すこと; 返却, 返還((*of...*))
- ask for the *return of* the books
本の返却を求める

❸ UC 再び巡ってくること, 再来; 再発
- Many happy *returns* (of the day)!
((誕生日などのあいさつ)) このめでたい日が何度も巡って来ますように

❹ C 返事; 返礼; ((しばしば returns)) 収入, 収益

❺ C (公の)報告(書), 申告(書)

❻ C ((主に英)) 往復切符 (((米)) round-trip ticket)

❼ C 【テニス】返球, リターン

❽ C 【コンピュータ】リターンキー

by return 折り返し
in return (for A)
(Aの)代わりに; お返しに

— 形 ((比較なし)) 帰りの, 戻りの; お返しの; ((英)) 往復の
- a *return* ticket
((米)) 帰りの切符; ((英)) 往復切符
- *return* fare
((米)) 帰りの運賃; ((英)) 往復料金

returnee /ritə̀:rní: リターニー/ 名 C 帰国子女; 帰還者; 帰還兵士

reunion /ri:jú:niən リユーニアン/ 名
1. CU (…との)再会((*with...*))
2. C 同窓会; 再会の集い

reunite /ri:ju:náit リーユーナイト/ 動 他 〈…を〉〈…と〉再会させる((*with...*))

reuse /ri:jú:z リーユーズ/ 動 他 〈…を〉再利用する
- **reusable** 形 再利用できる

reveal /rivíːl リヴィール/ 動 他
❶ 〈…を〉明らかにする, 明かす; 〈秘密などを〉もらす, 暴露(ばくろ)する

revelation

- *reveal (to A) that...*
  …ということを(Aに対して)明らかにする
  ❷〈隠れていたものを〉見せる, 示す
  reveal oneself 正体[姿]を現す
  revealing 形 啓発的な；〈衣服が〉肌を露(あらわ)にする, 露出(ろしゅつ)する

revelation /rèvəléiʃən レヴァレイシャン/ 名
Ⓤ 暴露, 発覚；Ⓒ 意外な新事実

revenge /rivéndʒ リヴェンヂ/ 名 Ⓤ 復讐(ふくしゅう), 仕返し
- take *revenge* on A A(人)に復讐する
- in *revenge* for A A(事)の仕返しに

revenue /révənjù: レヴァニュー/ 名 Ⓤ Ⓒ (税金などによる)歳入；(会社・個人などの)総収入

reverent /révərənt レヴァラント/ 形 敬虔(けいけん)な, うやうやしい
  reverently 副 うやうやしく, 敬虔に
  reverence 名 深い尊敬の念

reverse /rivə́:rs リヴァース/

形 ((比較なし))逆の, 反対の；裏の, 裏側の
- in *reverse* order 逆の順で

— 名 Ⓤ

❶ ((the reverse))逆, 反対；裏, 裏側
- quite *the reverse* まったく逆で
❷ (乗り物の)逆進, 後退
- a *reverse* gear バックギヤ
- put a car in *reverse* 車をバックさせる

— 動
— 他
❶〈…を〉逆にする；〈…を〉裏返す, 逆さまにする；〈決定などを〉無効にする, 覆(くつがえ)す；〈役割などを〉入れ替える
- *reverse* the order 順序を逆にする
❷〈乗り物を〉逆進させる, バックさせる
— 自 (乗り物が)逆方向に動く；逆進する
reversal 名 Ⓤ Ⓒ 反転, 逆転

reversible /rivə́:rsəbl リヴァーサブル/ 形 逆[裏返し]にできる；〈衣服などが〉両面仕立ての；元へ戻せる

review* /rivjú: リヴュー/

名 ((複 **reviews** /rivjú:z/)
❶ Ⓤ Ⓒ 見直し, 再調査, 再考；((米))復習, 練習
- do a *review* 復習する
- conduct [have] a *review* of A
  Aの見直しを行う
- be under *review*
  再検討[見直し]されている

❷ Ⓒ (新刊書などの)批評, 論評；書評記事
- a book *review* 書評
- get good *reviews* 好意的な批評を受ける

— 動
三単現 **reviews** /rivjú:z/
過去過分 **reviewed** /rivjú:d/
現分 **reviewing** /rivjú:iŋ/

— 他
❶〈…を〉見直す, 再検討する；((米))〈学科などを〉復習する
❷〈新刊書などを〉批評する, 評論する
reviewer 名 Ⓒ (新刊書などの)批評家

revise /riváiz リヴァイズ/ 動 他
❶〈本などを〉改訂する, 訂正する；校閲する
❷〈意見などを〉改める, 修正する；変更する
❸ (英)〈…を〉(…に備えて)復習する ((*for*...))
revision 名 Ⓤ Ⓒ 改訂；補正, 修正；Ⓤ ((英)) 復習

revive /riváiv リヴァイヴ/ 動
— 他〈意識などを〉回復させる；〈人を〉生き返らせる；〈流行などを〉復活させる
— 自 意識を回復する；生き返る；復活する
revival 名 Ⓤ Ⓒ 復活, 再流行；(体力などの)回復；Ⓒ (古い劇などの)再演

revolt /rivóult リヴォウルト/
動
— 自 (政府などに対して)反乱を起こす；反抗する ((*against*...))
— 他〈…に〉嫌悪(けんお)感を抱かせる
— 名 Ⓤ Ⓒ (政府などに対する)反乱, 暴動, 反抗 ((*against*...))
revolting 形 不快極まる, 実にいやな

revolution /rèvəlú:ʃən レヴァルーシャン/ 名
❶ Ⓤ Ⓒ 革命；Ⓒ (…における)革命的な出来事, 大変革 ((*in*...))
- the Industrial *Revolution* 産業革命
- the French *Revolution* フランス革命
- the *revolution in* information technology IT革命
❷ Ⓒ 回転, 旋回；Ⓤ 【天文】公転

revolutionary /rèvəlú:ʃənèri レヴァルーシャネリ/
形 革命的な；画期的な
- *revolutionary* invention 画期的な発明
— 名 Ⓒ 革命家

revolve /riválv リヴァルヴ/ 動
— 自〈物体が〉回転する；(…を中心に)回る ((*around*...))
— 他〈…を〉回転させる

revolver /riválvər/ 名 C 回転式連発拳銃
revolving 形 回転する, 回転式の
reward /riwɔ́ːrd リウォード/
名 UC (仕事などに対する)報酬, ほうび, 報い((*for*...));C 報奨金
・receive a *reward* 報酬を受ける
━ 動 他 〈人に〉(…に対する)報酬を与える, ほうびをやる((*for*...))
rewarding 形 やりがいのある, 報いのある
rewind /riːwáind リーワインド/ 動 (wind¹の変化形と同じ) 他 〈ビデオなどを〉巻き戻す
rewrite /riːráit リーライト/ 動 (writeの変化形と同じ) 他 〈…を〉再び書く;〈…を〉書き直す, 書き改める
rhapsody /rǽpsədi ラプソディ/ 名 C 【音楽】ラプソディ, 狂詩曲
rhetoric /rétərik レタリク/ 名 U 修辞学, 修辞法, レトリック;美辞麗句
rhetorical /ritɔ́ːrikəl リトーリカル/ 形 修辞学[法]の, 修辞的な
・a *rhetorical* question 【文法】修辞疑問, 反語
rhetorically 副 修辞的に;誇張して
Rhine /ráin ライン/ 名 ((the Rhine)) ライン川 (アルプスに発して, 北海にそそぐドイツの大河)
rhinoceros /rainɑ́sərəs ライナサラス/ 名 C 【動物】犀(略 rhino)
Rhode Island /róud áilənd ロウド アイランド/ 名 ロードアイランド (略 R.I., ((郵便)) RI;米国北東部の州;州都はプロビデンス(Providence))
rhyme /ráim ライム/
名 U 韻, 脚韻 (詩などの句の終わりに踏む韻);C 同韻語;CU 韻文, 押韻詩
・in *rhyme* 韻を踏んで
・a nursery *rhyme* 童謡, わらべ歌
━ 動
━ 他 〈語に〉(…と)韻を踏ませる((*with*...))
━ 自 (…と)韻を踏む((*with*...))
rhythm* /ríðm リズム/ 名 (複 rhythms /ríðmz/) UC リズム, 律動, 調子
・a good sense of *rhythm* よいリズムのセンス
・*rhythm and blues* リズム・アンド・ブルース
rhythmic 形 リズミカルな;リズムの
rhythmically 副 リズミカルに
RI ((米郵便)) *R*hode *I*sland ロードアイランド州

R.I. ((略)) *R*hode *I*sland ロードアイランド州
rib /ríb リブ/ 名 C
❶ 【解剖】肋骨, あばら骨
❷ (骨付きの)あばら肉
ribbon /ríbən リバン/ 名 CU リボン, 飾りひも;C (特に軍人が制服に飾る)勲章

rice /ráis ライス/ 名

❶ U 米, ご飯;稲
・a grain of *rice* 米1粒
・rough *rice* もみ
・white *rice* 白米
・brown *rice* 玄米
・boil [cook] *rice* ご飯を炊く
❷ ((形容詞的に)) 米の
・a *rice* cooker 炊飯器
・a *rice* ball おにぎり
・a *rice* cake もち
・a *rice* cracker せんべい
・*rice* wine 日本酒
・a *rice* paddy 水田, 稲田

rich /rítʃ リチ/

形 比較 richer /rítʃər/
最上 richest /rítʃəst/
❶ 金持ちの, 裕福な, 富裕な(⇔ poor);((the rich))((複数扱い)) 金持ち
・a *rich* person 金持ち
・become [get] *rich* 金持ちになる
❷ (天然資源などが)豊かな, 豊富な((*in*...));〈土地が〉肥えた
❸ 〈飲食物などが〉こってりとした, 濃厚な
❹ 〈色が〉濃い, あざやかな;〈声・音が〉豊かな, 朗々とした;〈香りが〉強い
riches 名 ((複数扱い)) 富;財宝
richly 副 裕福に;豪華に;豊富に, 十分に
richness 名 U 豊か;肥沃;濃厚
rid* /ríd リド/
動 三単現 rids /rídz/
過去過分 rid, ridded /rídid/
現分 ridding /rídiŋ/
━ 他 〈…を〉取り除く, 取り去る
▪ *rid A of B*
AからB(好ましくないもの)を取り除く
▪ *get rid of A*
Aを取り除く, 追い払う;Aを免れる
ridden /rídn リドン/ 動 rideの過去分詞
riddle /rídl リドル/ 名 C なぞなぞ;不可解な

人[物]
・solve a *riddle* なぞを解く

ride /ráid ライド/

動 三単現 **rides** /ráidz ライヅ/
過去 **rode** /róud ロウド/
過分 **ridden** /rídn リドン/
現分 **riding** /ráidiŋ ライディング/

— 自
❶ (乗り物などに)**乗る** ((*in..., on...*))
・*ride in* a bus [taxi] バス[タクシー]に乗る
・*ride on* a train 列車に乗る
❷ (馬などに)またがる ((*on...*))
— 他 〈乗り物・馬などに〉**乗る**
・*ride* a bicycle 自転車に乗る
・*ride* the waves 〈サーファーが〉波に乗る

— **名** (複 **rides** /ráidz ライヅ/) [C]
❶ (乗り物・馬などに)**乗ること**
・a train [bus] *ride* 列車[バス]による移動
・go for a *ride* 車で出かける
・give *A* a *ride* A (人)を車で送ってあげる
❷ (遊園地などの)乗り物

riding 名 U 乗車, 乗馬
rider 名 C 乗る人, 騎手(きしゅ)

ridge /rídʒ リヂ/ 名 C 山の背, 尾根;(物の)隆起部
・the *ridge* of the nose 鼻筋

ridicule /rídikjùːl リディキュール/
名 U あざけり, あざ笑い, 冷やかし
— **動** 他 〈…を〉あざける, あざ笑う

ridiculous 形 ばかげた；おかしな
ridiculously 副 ばかばかしいほど, 途方(とほう)もなく

rifle /ráifl ライフル/ 名 C ライフル銃
rift /ríft リフト/ 名 C 【地学】断層；割れ目, 裂け目；亀裂(きれつ), 意見の食い違い
rig /ríg リグ/ 動 他 〈相場などを〉不正に操る；〈…で〉八百長(やおちょう)をする

right¹ /ráit ライト/

形 比較 **more right**
最上 **most right**
❶ 〈発言・答えなどが〉**正しい**, 間違いのない, 正確な (⇔wrong)
・the *right* answer 正しい答え
・You are *right*. 君の言うとおりだ
📖 Yes, that's *right*. はい, そうです
📖 I'm afraid that's not quite *right*.
残念ながらちょっと違いますね
📖 Good try, but not quite *right*.
がんばりましたね, でもちょっと違います
📖 (That's) quite *right*. そのとおりです
📖 You were almost *right*.
もうちょっとでしたね
📖 You're on the *right* track [lines].
方向は合ってますよ
📖 What you said was perfectly all *right*.
あなたが言ったことにまったく間違いはありませんよ
❷ 〈行動が〉(道徳的に)(…するのは)**正しい**, まっとうな；公正な (⇔wrong)
・It is *right for* you to keep a promise.
あなたが約束を守るのは当然です
❸ (…に)**適切な**, 適当な, ふさわしい ((*for...*))
・I am the *right* person *for* the job.
私はその仕事にうってつけです
❹ 〈人が〉体の調子がよい
・feel (all) *right* 気分がいい
❺ 【数学】垂直の, 〈線が〉まっすぐな, 〈角が〉直角の
・a *right* angle 直角, 90度
❻ 〈紙・布などが〉表(おもて)の
all right ⇒all right (見出し)
..., right? …ですよね
・You like music, *right*?
君は音楽が好きだよね
Right (you are)!
((英)) よろしい, そのとおりだ
— **副** (比較なし)
❶ **正しく**, 間違いなく, 正確に (⇔wrong)
・if I remember *right*
記憶に間違いがなければ
❷ (道徳的に)**正しく**, まっとうに；公正に
・act *right* 正しく行動する
❸ **適切に**, 適当に, ふさわしく, ぴったりと
・fit *right* ぴったり合う
❹ ちょうど, きっかり
・*right* then ちょうどその時
・*right* opposite 正反対の
❺ すぐに, ただちに
・*right* before breakfast 朝食の直前に
・I'll be *right* with you. すぐに参ります
❻ まっすぐに, まともに
right away すぐに, ただちに
right now
ちょうど今, ただいま；すぐに, ただちに
— **名** (複 **rights** /ráits ライツ/)
❶ C U (正当な)**権利**

- the *right to* vote 選挙権
- *rights* and duties 権利と義務
- *have a right to do* …する権利がある

❷ Ⓤ (道徳的に)正しいこと；正義；正しい行い
- do *right* 正しいことをする
- know *right* from wrong 善悪を知る
- Might makes *right*.
((ことわざ))力は正義なり

━ 間 ((主に米))((くだけて))((受け答えで))分かった，オーケーだ

━ 動 他 〈…を〉正しい状態に戻す；訂正する
- *right* a wrong 不正を正す

right² /ráit ライト/ (⇔left)

形 比較 **more right, righter** /ライタ/
最上 **most right, rightest** /ライタスト/

❶ ((比較なし))右の，右側の (⇔left¹)
- one's *right* hand 右手
- on the *right* side 右側に
- *right* field 【野球】(外野の)右翼，ライト

❷ 【政治】右翼の，右派の，保守の

━ 副 ((比較なし))右に[へ]，右側に，右手に (⇔left¹)
- turn *right* 右に曲がる
- ***right and left*** 左右に；あちこちに

━ 名 (複 **rights** /ライツ/)

❶ Ⓤ Ⓒ ((ふつう the [one's] right))右，右側；(a [the] right))右折，右折する道
- keep to *the right* 右側を通る
- turn to *the right* 右に曲がる
- on your *right* あなたの右側に
- Take a *right*. 右に曲がりなさい

❷ Ⓒ 【野球】右翼(手)，ライト

❸ Ⓤ ((the right))【政治】右翼，右派，保守派

righteous /ráitʃəs ライチャス/ 形 〈人が〉正しい，高潔な；〈感情などが〉もっともな，当然の

rightful /ráitfəl ライトファル/ 形 合法の；正当な

| **rightfully** 副 合法的に；正当に

right-hand /ráithænd ライトハンド/ 形
❶ 右の，右側の；右手(用)の
❷ (助手などとして)最も信頼できる
- a *right-hand* man 頼りになる人，右腕

| **right-handed** 形 右利きの；右手用の；右回りの
| **right-hander** 名 Ⓒ 右利きの人

rightly /ráitli ライトリ/ 副 正しく；正確に；正当に，当然(のことながら)

right-wing /ráitwíŋ ライトウィング/ 形 〈政党などが〉右派の，保守の；【スポーツ】右翼の

rigid /rídʒid リヂド/ 形
❶ 厳格な，厳しい；柔軟性のない
- *rigid* principles 厳しい規則
❷ (物が)曲がらない；硬直した

| **rigidity** 名 Ⓤ 堅いこと；厳格なこと
| **rigidly** 副 堅く；厳格に

rigor /rígər リガ/ 名 Ⓤ
❶ (規則などの)厳しさ，厳格さ
❷ ((the rigors))((単数扱い))(気候・生活などの)厳しさ，苦しさ ((*of*...))
❸ (論理などの)厳密さ，精密さ

rigorous /rígərəs リガラス/ 形 厳格な；非常に厳しい；厳密な，綿密な

rim /rím リム/
名 Ⓒ (円形の物の)縁，へり；(車輪の)枠，リム
- His glasses have red *rims*.
彼のめがねの縁は赤い

━ 動 他 〈…に〉へりを付ける

ring¹ /ríŋ リング/

動 三単現 **rings** /リングズ/
過去 **rang** /ラング/
過分 **rung** /ラング/
現分 **ringing** /リンギング/

━ 自
❶ 〈鐘・ベルなどが〉鳴る；響き渡る
- The telephone is *ringing*.
電話が鳴っている
❷ (合図のために)鐘[呼び鈴]を鳴らす
- *ring* at the door 入り口のベルを鳴らす
❸ 〈場所が〉(音・声などで)鳴り響く ((*with*...))
- My ears are *ringing*. 耳鳴りがする
❹ ((主に英))電話をかける (((米))call) ((*up*))
❺ ((補語を伴って))…のように聞こえる
- What you say *rings* true.
あなたの言うことは本当らしく聞こえる

━ 他
❶ 〈鐘・ベルなどを〉鳴らす
- *ring* a doorbell ドアの呼び鈴を鳴らす
❷ ((主に英))〈…に〉電話をして話す；〈人を〉電話口に呼び出す (((米))call) ((*up*))

ring a bell 思い出させる，ピンとくる
- That *rings a bell*.
それはどこかで聞いたことがある

ring in A
A (新年など)を鐘を鳴らして迎える

ring out
鳴り響く；(旧年などを)鐘を鳴らして送る

ring

━ 名 C
❶ (ベルなどを)鳴らすこと; (ベルなどの)鳴る音
❷ ((a ring)) よく通る音, 響き
❸ ((主に英)) ((くだけて)) 電話をかけること (((米)) call)
ringing 名 C 鳴る音, 耳鳴り

ring² /ríŋ リング/

名 (複 **rings** /リングズ/) C
❶ 指輪; 耳輪
・an engagement *ring* 婚約指輪
・a *ring* finger (左手の)薬指
❷ 円, 丸, 輪(circle); 環状の物
・in a *ring* 輪になって
❸ (円形の)競技場; (ボクシング・レスリングの)リング; (サーカスの)リング
❹ (不法な)徒党, 一味
━ 動 他 〈…を〉(…で)(円形に)取り巻く, 取り囲む ((with..., by...))
ringed 形 指輪をはめた; 結婚している

rink /ríŋk リンク/ 名 C スケートリンク, アイス[ローラー]スケート場

rinse /ríns リンス/
動 他 〈髪などを〉ゆすぐ, すすぐ
━ 名
❶ C すすぎ(洗い)
❷ U C リンス剤

Rio de Janeiro /ríːou dei ʒənéərou リーオウ デイ ジャネアロウ/ 名 リオデジャネイロ (ブラジルの港市で, カーニバルで有名)

riot /ráiət ライアト/ 名 C 暴動, 騒動(ξኝ)
・raise a *riot* 暴動を起こす
・*run riot* 暴れ回る
rioter 名 C 暴徒

rip /ríp リプ/ 動
━ 他 〈物を〉引き裂く, 破る
━ 自 裂ける, 破れる, ほころびる

ripe /ráip ライプ/ 形
❶ 〈果物などが〉熟した, 実った; 〈チーズ・肉などが〉食べ頃の, 〈ワインなどが〉飲み頃の
・a *ripe* grapes 熟したぶどう
❷ 円熟した; 成熟した
❸ (…のための)機が熟した, 準備が整った ((for...))
・The time is *ripe*. 機は熟した
ripeness 名 U 成熟 円熟, 好機

ripple /rípl リプル/
動
━ 自 〈水面などが〉さざ波を立てる
━ 他 〈水面などに〉さざ波を立てる
━ 名 C さざ波; さざ波の(ような)音
・*ripple* effect 波及(効果)

rise /ráiz ライズ/

動 三単現 **rises** /ライズィズ/
過去 **rose** /ロウズ/
過分 **risen** /リズン/
現分 **rising** /ライズィング/
━ 自
❶ 上がる, 上昇する; 〈太陽・月が〉昇る(⇔ set, sink); 〈煙などが〉上がる; 〈カーテン・幕が〉上がる
・The sun *rises* in the east and sets in the west. 太陽は東から昇り西に沈む
❷ 〈数量・程度などが〉増加する; 〈声が〉大きくなる
・The fever is *rising*. 熱が上がっている
・His voice *rose* in excitement.
興奮のあまり彼の声が高くなった
❸ 〈人が〉立ち上がる; 起き上がる; 起床する
・*rise* to *one's* feet 立ち上がる
・*rise* from the chair いすから立ち上がる
・*rise* early 早起きする
❹ 〈山・ビルなどが〉そびえ立つ((up)); 〈道が〉上りになる
❺ 〈風などが〉起こる; 〈川などが〉源を発する
・The river *rises from* a mountain.
その川の源は山である
❻ 〈地位などが〉上がる, 出世する, 昇進する
━ 名 (複 **rises** /ライズィズ/)
❶ C U (温度などの)**上昇**, 上がること ((in..., of...)); 増加, 増大; 値上がり; ((英)) 昇給
・a *rise in* prices 物価の上昇
・a *rise of* temperature 気温の上昇
❷ C 向上, 進歩; 出世, 昇進; 繁栄
・the *rise* and fall *of* ancient Rome
古代ローマの興亡
❸ C 上り坂[道]; 丘
***give rise to* A**
A (望ましくないもの)を引き起こす
on the rise 上昇[増加]中で
rising 形 上昇中の; 増大する

risen /rízn リズン/ 動 rise の過去分詞
riser /ráizər ライザ/ 名 C 起床する人
・an early *riser* 早起きの人

risk /rísk リスク/

名 (複 **risks** /リスクス/)

CU **危険(性), 恐れ**; C **危険の源**
- a health *risk* 健康を危険にさらすもの
- face a *risk* 危険に直面する
- take a *risk* 危険な賭(か)けをする
- put *one's* life *at risk* 命を危険にさらす
at one's own risk 自己の責任において
at risk 危険にさらされて
at the risk of A Aの危険を冒して(も)
run the risk of doing
…する危険を冒す
take the risk of doing
覚悟を決めて…する
— 動 他
❶ 〈命などを〉危険にさらす;〈お金などを〉(…に)賭ける((*on*...))
❷ 覚悟して…する((*doing*))
|**risky** 形 危険な, 危険を伴う;冒険的な

rite /ráit ライト/ 名 C (特に宗教上の)儀式

ritual /rítʃuəl リチュアル/
名 UC (宗教上の)儀式; C (社会的慣習としての)作法, しきたり
— 形 儀式の, 儀礼的な, お決まりの
|**ritually** 副 儀礼上

rival /ráivəl ライヴァル/
名 C 競争相手, ライバル, 好敵手
- a *rival in* love 恋敵(こいがたき)
— 形 競争[対抗]している, 張り合っている
- a *rival* team ライバルのチーム
— 動 他 〈…と〉(…において)競う;〈…に〉(…の点で)匹敵する((*in*...))
|**rivalry** 名 UC 競争, 対抗;対立関係

river /rívər リヴァ/

名 (複 **rivers** /rívərz/) C
❶ **川, 河**
- the *River* Thames テムズ川
- swim in the *river* 川で泳ぐ
❷ (…の)多量の流れ((*of*...))
- *rivers of* tears とめどもなく流れる涙

riverbank /rívərbæŋk リヴァバンク/ 名 C 川堤, 川岸

riverbed /rívərbèd リヴァベド/ 名 C 川底, 河床

riverside /rívərsàid リヴァサイド/
名 C ((the riverside)) 川岸, 川辺, 河畔
— 形 川岸の, 河畔の

rivet /rívət リヴァト/
名 C びょう, リベット
— 動 他 〈…を〉リベットで締める;〈…を〉(…に)釘(くぎ)付けにする((*to*...))

road /róud ロウド/

名 (複 **roads** /róudz/) C
❶ **道路, 道**, 街道;((形容詞的に))道路の, 道の
- a national [private] *road* 国道[私道]
- a *road* sign 道路標識
- *road* safety 交通安全
- walk on [along] the *road* 道路を歩く
- go down a *road* 道を行く
- *by road* 陸路で
- All *roads* lead to Rome.
((ことわざ))すべての道はローマに通ず
❷ (…への)道, 方法, 手段((*to*...))
- the *road to* success 成功への道
be on the road
旅行中である;〈野球チームが〉遠征に出ている
down the road 将来
hit the road (車などで)旅に出る

roadside /róudsàid ロウドサイド/
名 C ((the rodeside)) 道ばた, 路傍(ろぼう)
— 形 道ばたの, 路傍の

roadway /róudwèi ロウドウェイ/ 名 CU ((the roadway)) 道路;車道

roam /róum ロウム/ 動
— 自 (…を)(当てどもなく)歩き回る, 放浪する((*about*..., *around*..., *over*...))
— 他 〈場所を〉歩き回る, 放浪する

roar /rɔ́:r ロー/
動 自
❶ 〈動物が〉ほえる, うなる
❷ わめく;〈人が〉爆笑する
❸ 〈波・風などが〉とどろく
— 名 C (動物の)ほえ声, うなり声;(波・風などの)とどろき;爆笑
|**roaring** 形 とどろく;騒々しい

roast /róust ロウスト/
動
— 他
❶ 〈肉などを〉焼く, あぶる, ローストする
❷ 〈豆などを〉いる
— 自 〈肉などが〉焼ける;〈豆などが〉いられる
— 名 UC 焼き肉
— 形 焼いた, あぶった;いった
- *roast* beef ローストビーフ
|**roasting** 形 焼肉に使う;とても暑い

rob /ráb ラブ/ 動 他 〈人・場所から〉盗む
- *rob* A *of* B

robe

A(人など)からB(物など)を奪う, 強奪する
・I was *robbed of* my camera.
私はカメラを奪われた
robber 名 C 強盗, 泥棒
robbery 名 U 強盗; C 強盗[盗難]事件

robe /róub ロウブ/ 名 C
❶ バスローブ; 化粧着, 部屋着
❷ ((しばしば robes)) 式服, 礼服, 官服

Robinson Crusoe /rábinsən krú:sou ラビンサン クルーソー/ 名 ロビンソン・クルーソー(デフォーが書いた小説の題名, およびその主人公)

robot /róuba:t ロウバート/ 名 C ロボット

robust /roubʌ́st ロウバスト/ 形
❶ 〈人が〉頑健な; 〈物が〉頑丈な; 〈言動などが〉断固とした
❷ 〈仕事などが〉きつい
robustly 副 頑丈で; 堅調で

rock¹ /rák ラク/

名 (複 **rocks** /ráks/)
❶ U C 岩; 岩石; C ((米)) 石, 小石
・as hard as *rock* 岩のように非常に硬い
❷ C ((しばしば rocks)) 岩礁(がんしょう); ((比喩)) 苦境
on the rocks 座礁して; 破産して; 〈ウイスキーなどが〉オンザロックの

rock² /rák ラク/
動
— 他
❶ 〈揺りかごなどを〉(優しく)揺り動かす
❷ 〈人を〉揺すって(…の状態に)させる((*to*...))
❸ 〈人を〉動揺[動転]させる
❹ 〈地震などが〉〈…を〉(激しく)揺さぶる
— 自 揺れ動く, 振動する, ぐらつく
— 名
❶ U C 揺れ(ること); 動揺
❷ U ロックンロール; ロック(ミュージック)
rocker 名 C 揺り子; 揺りいす; ロック歌手

rock-climbing /rákklàimiŋ ラククライミング/ 名 U ロッククライミング, 岩登り

Rockefeller /rákəfèlər ラカフェラ/ 名 **John Davison Rockefeller** ロックフェラー(米国の石油王で, ロックフェラー財団の設立者)

rocket /rákit ラキト/
名 C
❶ ロケット; ロケットミサイル
・launch a *rocket* ロケットを打ち上げる
❷ 打ち上げ花火
— 動 ⾃ 〈物価などが〉急上昇する((*up*))

Rockies /rákiz ラキズ/ 名 ((the Rockies)) ((複数扱い)) ロッキー山脈 (Rocky Mountains)(北米大陸西部の大山脈)

rocking chair /rákiŋ tʃèər ラキン チェア/ 名 C 揺りいす, ロッキングチェア

rocky¹ /ráki ラキ/ 形
❶ 岩の多い, 岩だらけの
❷ 〈意志などが〉岩のように固い

rocky² /ráki ラキ/ 形 〈いすなどが〉ぐらつく; 〈関係などが〉不安定な

Rocky Mountains /ráki máuntnz ラキ マウントンズ/ 名 ((the Rocky Mountains)) ロッキー山脈(北米大陸西部の大山脈)

rococo /rəkóukou ラコウコウ/ 名 U 【建築・美術】ロココ様式

rod /rád ラド/ 名 C
❶ 棒, さお
・a *fishing* rod つりざお
❷ むち; ((the rod)) むち打ち

rode /róud ロウド/ 動 rideの過去形

rodeo /roudéiou ロウデイオウ/ 名 C ((米)) ロデオ(カウボーイが荒馬を乗りこなし, 投げ縄(なわ)で牛を捕らえたりする公開競技)

role /róul ロウル/ 名 C
❶ (役者の)役
・a leading *role* 主役
・play the *role* of *A* Aの役を演じる
❷ 役割, 役目, 任務, 職務
・a *role* model 模範[お手本]になる人
・play [have, take] a *role* in *A*
A(仕事など)で役割を果たす

role-playing /róulplèiiŋ ロウルプレイング/ 形 役割演技の; ロールプレイの
・a *role-playing* game
ロールプレイングゲーム

roll /róul ロウル/
動
— 自
❶ 〈球などが〉転がる; 〈涙が〉こぼれる
・*roll* over in *one*'s sleep 寝返りを打つ
・The tears *rolled* down her cheeks.
涙が彼女の頬(ほお)を伝って落ちた
❷ 〈車・列車などが〉(ゴトゴト)進む
❸ 〈波が〉(…に)押し寄せる((*to*...))
❹ 〈船などが〉横揺れする
❺ 〈雷・太鼓などが〉ゴロゴロ鳴り響く
— 他

❶〈球などを〉転がす
❷〈紙などを〉(…の形になるように)巻く, 丸める((into...));〈物を〉(…に)くるむ((in...))
❸〈地面などを〉ローラーでならす
❹〈目を〉白黒させる
be ready to roll ((米話))準備が整っている
Let's roll. ((米))((くだけて))さあ始めよう
━━ **名** C
❶ 巻いた物;巻いて作った物;ロールパン
❷ 名簿;出席簿;目録
・call [take] the *roll* 出席を取る
❸ (雷などの)とどろき;ドンドン(太鼓の音)
❹ (船などの)横揺れ

roller /róulər ロウラ/ **名** C
❶ (運搬用の)ころ, キャスター
❷ ローラー, 地ならし機;円筒状の回転物
・a *roller* coaster
(遊園地などの)ジェットコースター
・*roller* skating ローラースケート
❸ 巻き軸;ヘアカーラー

rolling /róuliŋ ロウリング/
動 rollの現在分詞・動名詞
━━ **名** U
❶ (球などの)転がり, 回転
❷ (船などの)横揺れ;(波・土地の)うねり
━━ **形**〈物が〉転がっていく;回転する
・a *rolling* pin めん棒
・A *rolling* stone gathers no moss.
((ことわざ))転がる石にはこけを付けない

ROM /rάm ラム/ **名** U 【コンピュータ】ロム(読み出し専用メモリ;*r*ead-*o*nly *m*emoryの略)

Roman /róumən ロウマン/
形 ローマの;ローマ人の;古代ローマ(人)の
━━ **名** C (古代)ローマ人;(現代)ローマ市民
・When in Rome, do as the *Romans* do.
((ことわざ))郷(ごう)に入(い)っては郷に従え

romance /rouméens ロウマンス/ **名** C
❶ 恋愛, ロマンス
❷ 空想小説, 伝奇物語;中世騎士物語

Romania /ruméiniə ルメイニア/ **名** ルーマニア(首都はブカレスト)

romantic /roumǽntik ロウマンティク/ **形**
❶ 空想的な, ロマンチックな
❷ 非現実的な, 架空の
━━ **名** C ロマンチスト;空想家
romanticism **名** U ((しばしば Romanticism))浪漫[ロマン]主義

Rome /róum ロウム/ **名**
❶ ローマ(イタリアおよび古代ローマ帝国の首都)
・*Rome* was not built in a day.
((ことわざ))ローマは一日にして成らず
・All roads lead to *Rome*.
((ことわざ))すべての道はローマに通ず
❷ 古代ローマ(帝国)

Romeo /róumiòu ロウミオウ/ **名** ロミオ(シェークスピアによる悲劇『ロミオとジュリエット』の主人公)

romp /rάmp ランプ/ **動** 自〈子どもたちが〉はしゃぎ回る((*about*, *around*))

roof /rú:f ルーフ/

名 (複 **roofs** /ルーフス/) C
❶ 屋根;屋上;屋根状の物;((比喩))家
・a flat *roof* 平屋根
・the *roof* of a car 車の屋根
・a *roof* garden 屋上庭園
・live under the same *roof* with *A*
A(人)と同じ屋根の下で暮らす
❷ ((the roof))最高部, てっぺん
hit the roof 頭にくる, かっとなる

rook /rúk ルク/ **名** C 【チェス】ルーク, 城将

rookie /rúki ルキ/ **名** C
❶ ((米))(プロ野球の)新人選手, ルーキー
❷ ((主に米))新米, 新入り, 初心者

room /rú:m ルーム/

名 (複 **rooms** /ルームズ/)
❶ C **部屋**, 室
・*room* temperature 室温, 常温
・reserve a *room* at a hotel
ホテルに部屋を予約する
❷ U (人・物が占める)**場所, 空間**;(…の)**余地, 余裕**((*for*...))
・There is some *room* for improvement.
改善の余地がいくらかある
・make *room* for *A*
A(人)に場所をあける, *A*に席を譲る
・leave *room* for *A* *A*(物)の余地を残す

roommate /rú:mmèit ルームメイト/ **名** C
(学生寮などの)同室者, 同居人

Roosevelt /róuzəvèlt ロウザヴェルト/ **名**
❶ **Franklin Delano Roosevelt** ルーズベルト(米国第32代大統領で, ニューディール政策を遂行)
❷ **Theodore Roosevelt** ルーズベルト(米国第26代大統領で, 日露戦争を調停)

rooster /rúːstər ルースタ/ 名 C ((主に米)) おんどり

root /rúːt ルート/
名 C
❶ 〈植物の〉根;((roots))根菜類(蕪(ポ)など)
❷ 〈髪の毛・歯・爪(ポ)などの〉根元, 付け根;(山などの)ふもと
❸ 根本;原因
❹ ((roots))祖先の地, 心のふるさと, ルーツ
❺【数学】ルート, 根 (√)
❻【文法】原形, 語根
take root
〈植物が〉根付く;〈習慣などが〉定着する
to the root(s) 徹底的に
— 動
— 他
❶ 〈植物を〉根付かせる, 植え付ける
❷ ((受身で))〈習慣などを〉定着させる
— 自 〈植物が〉根付く, 根を下ろす;〈習慣などが〉定着する
rooted 形 根付いた;根強い

rope /róup ロウプ/

名 (複 **ropes** /róups ロウプス/)
❶ U|C 縄(ポ), 綱, ロープ
❷ C (縄でつながったりした物の)一つなぎ, 一連
— 動 他
❶ 〈物を〉縄でしばる, くくる ((*up*))
❷ 〈場所を〉縄で囲う, 仕切る

ropeway /róupwèi ロウプウェイ/ 名 C ロープウェー;(貨物などを運ぶ)索道(ミネ)

rose¹* /róuz ロウズ/
名 (複 **roses** /róuzız ロウズィズ/)
C ばら, ばらの花;ばらの木; U|C ばら色
・a wild *rose* 野ばら
rosy 形 ばら色の;血色のいい;希望に満ちた

rose² /róuz ロウズ/ 動 riseの過去形

roster /rɑ́stər ラスタ/ 名 C 勤務当番表;名簿, 登録簿

rot /rɑ́t ラト/
動
— 自
❶ 腐る, 朽ちる
❷ 堕落する;〈能力などが〉だめになる
— 他 〈物を〉腐らせる
— 名 U 腐敗; C 腐敗物

rotary /róutəri ロウタリ/ 名 C ((米)) 環状交差路, ロータリー

rotate /róuteit ロウテイト/ 動
— 他 〈…を〉回転させる;〈…を〉循環させる;〈人を〉交替させる
— 自 回転する;循環する;交替する
rotation 名 U|C 回転, 循環;自転
rotational 形 回転の;輪番の

rotor /róutər ロウタ/ 名 C (ヘリコプターなどの)回転翼(ポ);(機械の)回転部分

rotten /rɑ́tn ラトン/ 形
❶ 〈食べ物などが〉腐った;〈木などが〉朽ちた
❷ (道徳的に)堕落した
❸ ((くだけて))〈天気などが〉不快な;ひどい

rouge /rúːʒ ルージュ/ 名 U 口紅, 頬紅(ポ), ルージュ

rough* /rʌ́f ラフ/
形 比較 **rougher** /rʌ́fər ラファ/
最上 **roughest** /rʌ́fəst ラファスト/
❶ 〈表面が〉ざらざらした, きめの粗い;でこぼこした;〈頭髪が〉もじゃもじゃの
・*rough* skin 荒れた肌
・a *rough* road でこぼこの道路
❷ 〈行動などが〉荒っぽい, 乱暴な;粗野な
・a *rough* sport 荒っぽいスポーツ
・*rough* language 乱暴な言葉
❸ 〈海・空などが〉荒れた
・*rough* weather 荒天
・a *rough* sea 荒海
❹ 〈生活などが〉つらい, 苦しい
・have a *rough* time つらい時を過ごす
❺ 〈考えなどが〉大ざっぱな;〈文章が〉推敲(ボ)されていない
・a *rough* plan 大ざっぱな計画
・a *rough* draft 下書き
・a *rough* estimate 概算
be rough on A A(人)にとってつらい
— 副 ((比較なし))
❶ 荒っぽく, 乱暴に
・play *rough* ラフプレーをする
❷ 大ざっぱに
— 名
❶ U 粗い状態; C 下書き, 下絵
❷ U ((the rough))【ゴルフ】ラフ
in rough ((英))下書きで;ざっと
— 動 他 〈物を〉粗くする
rough it (キャンプなどで)不便な生活をする
roughness 名 U 粗いこと, でこぼこ;乱暴;無作法

roughly /rʌ́fli ラフリ/ 副

① 手荒く, 乱暴に
② おおよそ
・*roughly* speaking 大ざっぱに言えば
roulette /rulét ルレト/ 名 U ルーレット

round /ráund ラウンド/

形 比較 **rounder** /ráundər ラウンダ/
最上 **roundest** /ráundəst ラウンダスト/
① **丸い, 円形の;球形の;角(ホシ)のない;湾曲した**
・a *round* stage 丸い舞台
・*round* shoulders 猫背
・with *round* eyes 目を丸くして
・The earth is *round*. 地球は丸い
② 〈運動が〉(ぐるりと)回る, 一周する, 往復の
・a *round* of golf ゴルフの1ラウンド
・a *round* trip
 ((米)) 往復旅行; ((英)) 周遊旅行
③ 〈数字が〉端数のない, 端数を切り捨てた;おおよその
・in *round* numbers おおよその数で
④ 〈文体などが〉円熟した;〈声・音が〉響き渡る;〈ワインなどが〉まろやかな
— 副 ((比較なし)) ((主に英))
① (ぐるりと)**回って, 回転して, 輪になって**
・turn *round* ぐるりと回る, 振り向く
・walk *round* 歩き回る
② **周りに, 周囲に;近くに, あちこちに**
・look *round* 見回す, 振り向く
・be scattered *round* 点在している
③ 巡って, 一巡して
・all (the) year *round* 年間を通じて
・Spring will come *round* soon.
 やがてまた春がやって来る
④ (…を)訪ねて, (…に)寄って, 回って((*to*...))
・I'll be *round* to you tonight.
 君の所に今晩行くからね
 round about 約;(周りに)輪になって, 四方に;近くに, 周囲に
 round and round ぐるぐる回って
 the other way round 逆で, さかさまで
— 名 (複 **rounds** /ráundz ラウンヅ/) C
① **回転**;繰り返し;(季節などの)一巡り;(一連の行動の)過程
・the first *round* of talks 会談の第1回目
② (競技の)**1回戦**;(ボクシング・ゴルフの)1ラウンド
③ (警官などの)巡回;(医師の)回診
— 前

① **…を回って, …を一周して**
・a shop *round* the corner
 角を曲がった所にある店
・travel *round* the world
 世界一周旅行をする
② **…の周りに, …を取り巻いて;…の近くに**
・sit *round* the table テーブルの周りに座る
・Do you live *round* here?
 この辺りに住んでいるのですか
③ **…のあちこちを, …の至る所に**
・He looked *round* the room.
 彼は部屋の中を見回した
④ **…くらい, …頃**
・*round* noon 正午頃
・*round* seven 7時頃
— 動
— 他
① 〈…を〉丸くする, 〈…に〉丸みをつける
② 〈…を〉一周[一巡]する;〈角などを〉曲がる
・*round* to the left 左に曲がる
③ 〈…を〉概数にする
— 自
① 丸くなる
② 曲がる, 回る
 round A down = round down A
 A(端数)を切り捨てる
 round A off = round off A
 A(数)を四捨五入する; A(物)を丸くする; A(試合など)を(勝利などで)しめくくる((*with*...))
 round A up = round up A
 A(端数)を切り上げる

roundabout /ráundəbàut ラウンダバウト/
形 回り道の;〈表現が〉遠まわしの, 回りくどい
— 名 C ((英))
① 回転木馬, メリーゴーラウンド
② 環状式交差路, ロータリー

roundup /ráundʌp ラウンダプ/ 名 C
① (ニュースなどの)総括
② (犯人の)検挙
③ (家畜の)駆り集め

rouse /ráuz ラウズ/ 動 他
① 〈人を〉目覚めさせる, 起こす;奮起させる
② 〈感情などを〉刺激する, かきたてる

route* /rúːt ルート/
名 (複 **routes** /rúːts ルーツ/) C
① **道筋, 道, ルート**;航路, 航空路;配達順路
・an air *route* 空路
② (国道などの)…号線

- **動** 他 〈物を〉特定のルートで送る, 発送する;〈旅行の〉道筋を決める

routine /ruːtíːn ルーティーン/
- **名** ⓊⒸ 日常の仕事, 日課;決まったやり方
- **形** 日常的な;決まりきった, 型にはまった
- **routinely** **副** 決まって;型どおりに

row¹ /róu ロウ/
名 (複 **rows** /róuz/) Ⓒ
❶ **列**, 並び;横列
・a *row* of houses 家並み
・*in a row* 一列に(なって); 立て続けに
❷ (劇場・教室などの)座席の列
・sit in the first [last] *row*
最前 [最後]の列に座る

row² /róu ロウ/
動
- **自** 舟をこぐ
- **他** 〈舟を〉こぐ;〈…を〉舟をこいで運ぶ
- **名** Ⓒ ((ふつう単数形で)) 舟をこぐこと

row³ /ráu ラウ/ **名** Ⓒ ((くだけて)) 騒々しいけんか;騒ぎ;騒音

rowboat /róubòut ロウボウト/ **名** Ⓒ ((米)) (オールでこぐ)ボート

rowdy /ráudi ラウディ/
形 〈人が〉乱暴な, 騒々しい
- **名** Ⓒ 乱暴者, 騒々しい人

royal /rɔ́iəl ロイアル/
形
❶ (国)王の, 女王の;王室の;王位の
・a *royal* palace 王宮
・the *royal* family 王室, 王家
・His [Her] *Royal* Highness 殿下 [妃殿下]
❷ 王者らしい, 堂々とした
- **名** Ⓒ 王室の一員;((the Royals)) 王族
- **royalty** **名** Ⓤ 王族;王位;ⓊⒸ 印税

rub* /rʌ́b ラブ/
動 三単現 **rubs** /rʌ́bz/
過去・過分 **rubbed** /rʌ́bd/
現分 **rubbing** /rʌ́biŋ/
- **他**
❶ 〈…を〉**こする**, さする, 摩擦する;みがく
❷ 〈…を〉こすりつける
❸ 〈塗り薬などを〉(肌などに)すり込む ((*in..., into...*))
- **自** すれる, 摩擦する
- **名** Ⓒ ((ふつう a rub)) 摩擦;みがくこと

rubber /rʌ́bər ラバ/
名
❶ Ⓤ ゴム; Ⓒ ゴム製品;((英)) 消しゴム
・a *rubber* band 輪ゴム
・a *rubber* plant ゴムの木
・a *rubber* stamp ゴム印
❷ Ⓒ ((rubbers)) ((米)) オーバーシューズ
- **形** ゴム(製)の

rubbish /rʌ́biʃ ラビシュ/ **名** Ⓤ
❶ ごみ, くず, がらくた
❷ ((くだけて)) くだらないこと, ばかげたこと

rubble /rʌ́bl ラブル/ **名** Ⓤ 粗石;砕片, 瓦礫(がれき)

ruby /rúːbi ルービ/ **名** Ⓒ ルビー; ⓊⒸ 深紅色

rucksack /rʌ́ksæk ラクサク/ **名** Ⓒ リュックサック

rudder /rʌ́dər ラダ/ **名** Ⓒ (船の)舵(かじ);(飛行機の)方向舵(だ)

rude /rúːd ルード/ **形**
❶ 失礼な, 無作法な;粗野(そや)な, 教養のない
・*rude* behavior 失礼な態度
・It is *rude* to point at people.
人を指で差すのは失礼なことだ
❷ ((主に英)) 下品な, みだらな
- **rudely** **副** 無作法に, 乱暴に, 粗野に
- **rudeness** **名** Ⓤ 失礼, 無作法, 乱暴

ruffled /rʌ́fld ラフルド/ **形** ひだの付いた;波立った

rug /rʌ́g ラグ/ **名** Ⓒ
❶ (床の一部に敷く)敷物, じゅうたん, ラグ
❷ ((英)) ひざかけ

Rugby, rugby /rʌ́gbi ラグビ/ **名** Ⓤ 【スポーツ】ラグビー

rugged /rʌ́gid ラギド/ **形**
❶ でこぼこの;ごつごつした
❷ 〈顔が〉いかつい;(体付きが)がっしりした
❸ 無骨な, 粗野な, 洗練されていない
❹ 厳しい, つらい

ruin /rúːin ルーイン/
名
❶ Ⓒ ((ruins)) 廃墟(はいきょ), 遺跡
❷ Ⓤ 破滅;破産, 没落
- **動** 他
❶ 〈…を〉破滅 [没落]させる, 台なしにする
❷ 〈人などを〉破産させる

rule /rúːl ルール/
名 (複 **rules** /rúːlz/)
❶ Ⓒ **規則**, 規定, (競技などの)**ルール**
・the *rules of* grammar 文法規則
・break the *rules* 規則を破る

- follow [obey] the *rules* 規則を守る
- bend the *rules* 規則を曲げる
- It's against the *rules*. それは規則違反だ
- *Rules are rules.* 規則は規則だ

❷ C 習慣, 習わし
- It's a *rule* of mine to get up early in the morning. 朝早く起きるのは私の習慣です

❸ U 支配(期間);統治(期間), 統治権
- exercise *rule* 支配[統治]する

❹ C 物差し, 定規

as a (general) rule
一般に, 概して, 通例は
by rule 規則にのっとって, しゃくし定規に
make it a rule to do
…することにしている
- I *make it a rule to* jog every day.
ジョギングすることを日課としている
the rule is... 決まり[原則]では…
- *The rule is* that you cannot smoke here.
ここでは禁煙です

■ 動
三単現 **rules** /ルールズ/
過去・過分 **ruled** /ルールド/
現分 **ruling** /ルーリング/

■ 他
❶ 〈国・国民を〉**支配する, 統治する**
❷ 〈人に〉指図する;〈…を〉左右する, 思いのままにする
❸ 〈…であると〉裁決[裁定]する((*that* 節))
- *rule A* (*to be*) *C*
A(人)はC(有罪・無罪など)と判決を下す
❹ 〈線を〉〈紙などに〉定規で引く((*on...*))

■ 自
❶ 〈国・国民を〉**支配する, 統治する**((*over...*))
❷ 〈裁判官などが〉(…の件を)裁決[裁定]する((*on...*))

rule A out = rule out A
Aを問題外とする, 除外する
ruling 形 支配[統治]している;主な

ruler /rúːlər ルーラ/ 名 C
❶ 定規
❷ 統治者, 支配者, 君主

rum /rʌ́m ラム/ 名 U C ラム酒

Rumania /ruméiniə ルメイニア/ = Romania

rumble /rʌ́mbl ラムブル/
■ 動 自
❶ 〈雷などが〉ゴロゴロと鳴る, とどろく
❷ 〈車などが〉ガラガラ音を立てて進む

■ 名 U C ゴロゴロ[ガラガラ]と鳴る音

rumor, (英)**rumour** /rúːmər ルーマ/
名 C U うわさ
- *Rumor has it (that)...* …といううわさだ
rumored 形 うわさの, うわさされている

rump /rʌ́mp ランプ/ 名 C 尻(½); U C (牛の)尻肉, ランプ

run ☞ 528ページにあります

runaway /rʌ́nəwèi ラナウェイ/
■ 名
❶ 逃亡者, 脱走者;(特に子どもの)家出人
❷ 逃亡, 脱走

■ 形
❶ 逃亡[脱走]した;家出した;駆け落ちの
❷ 〈馬・車などが〉手に負えない, 制御できない;〈物価などが〉どんどん上がる

rundown /rʌ́ndàun ランダウン/ 名 C 概要(報告), 要約

rung /rʌ́ŋ ラング/ 動 ring² の過去分詞

runner-up /rʌ́nərʌ́p ラナラプ/ 名 C (競技などで)2位の選手[チーム]

running* /rʌ́niŋ ラニング/
動 run の現在分詞・動名詞
■ 名 U
❶ 走ること, ランニング
❷ (機械などの)運転
❸ (店の)経営, 運営
❹ 流出物;流出量
■ 形 ((比較なし))
❶ 走っている, 走りながらの;流れる
- *running* water 流水, 水道水
❷ 連続的な, 続けざまの
- *running* numbers 連続する数字
❸ 〈機械などが〉運転中の, 動いている
■ 副 ((比較なし))((複数名詞のあとで))連続して, 続けて
- for five days *running* 5日続けて

runny /rʌ́ni ラニ/ 形
❶ 流れやすい, ゆるい, 溶けた
❷ 鼻水の出る, 涙が出る

runway /rʌ́nwèi ランウェイ/ 名 C
❶ (空港の)滑走路
❷ (劇場の)花道

rupture /rʌ́ptʃər ラプチャ/
名
❶ U C 破裂, 裂け目;(友好関係の)決裂, 仲たがい

➡➡➡ 529ページに続く ➡➡➡

run /rʌ́n/ ラン/

動 三単現 **runs** /ランズ/
過去 **ran** /ラン/
過分 **run** /ラン/
現分 **running** /ラニング/

━━ (自)

❶ 〈人・動物が〉**走る**, (…に)走って行く[来る] ((*to*...)); 急いで行く
・ *run* about [around]
 (子どもなどが)走り回る
・ *run* upstairs 上階へ駆け上がる
・ *run down* the street 通りを走る

❷ 〈乗り物が〉**走る**; (定期的に)**運行する**, 通っている
・ The trains *run* every five minutes.
 電車は5分ごとに出ます
・ This bus *runs* between Tokyo and Osaka. このバスは東京と大阪の間を走っている

❸ 〈川などが〉**流れている**, そそぐ; 〈水・涙・血などが〉流れる, したたる; 〈鼻が〉鼻水を出す
・ The river *runs* into the sea.
 その川は海にそそいでいる
・ My nose is *running*. 鼻水が止まらない

❹ 〈線路・道などが〉**通っている**, 延びている
・ A path *runs* along the side of the lake.
 1本の小道が湖畔に沿って続いている

❺ 〈人間・動物が〉(競走に)出場する; (競走などで)…着[位]になる ((*in*...))
・ *run* third *in* the race レースで3位になる

❻ (選挙に)立候補する, 出馬する ((*for*...))
・ *run for* mayor 市長に立候補する
・ *run for* the presidential election
 大統領選に出馬する

❼ …(望ましくない状態)になる
・ *run* short of water 水が不足する
・ *run into* trouble 困ったことになる

❽ 〈うわさなどが〉広がる, 伝わる
・ The rumor *ran* through the city.
 うわさは市中に広まった

❾ 〈劇・映画などが〉(…の間)続く, 続演[続映]される ((*for*...))
・ The movie has been *running* for sometime. 映画はここしばらく上映されている

❿ 〈時が〉(どんどん)過ぎる
・ The days *ran* into weeks.
 一日一日と時が過ぎて数週間となった

⓫ 〈人・動物が〉逃げる
・ *run for* *one's* life 命からがら逃げる

⓬ 〈機械などが〉動く; 順調に進む
・ The motor *runs on* electricity.
 モーターは電気で動く

⓭ 〈インクなどが〉にじむ; 〈靴下が〉伝線する
・ A good quality ink does not *run* at all.
 良質のインクはまったくにじまない

⓮ (…と)述べている, 書いてある
・ The letter *runs* as follows.
 手紙には次のように書いてある

━━ (他)

❶ 〈競技を〉する; 〈…を〉走って行う
・ *run* a race 競走をする
・ *run* an errand for *A*
 A(人)の使い走りをする

❷ 〈道・距離などを〉走る
・ *run* 10 km 10キロ走る

❸ 〈乗り物を〉通わせる; 〈…を〉(乗り物で)運ぶ
・ *run* a boat between Tokyo and Kobe
 東京・神戸間に船を通わせる

❹ 〈店・会社などを〉経営[運営]する
・ *run* a restaurant レストランを経営する

❺ 〈水・涙・血などを〉流す
・ *run* the water into the bath
 浴槽に水を入れる

❻ 〈党などが〉〈人を〉(選挙に)立候補させる ((*for*...))
・ *run A for* the Diet
 A(人)を国会議員に立候補させる

❼ 〈危険を〉冒す, 招く
・ *run* the risk of losing *one's* job
 職を失うような危険を冒す

❽ 〈機械などを〉動かす
・ *run* an engine エンジンを作動させる

❾ 【コンピュータ】〈プログラムを〉実行する

❿ 〈記事などを〉(新聞などに)載せる, 掲載する ((*in*...))
・ *run* an ad in the paper 新聞に広告を出す

⓫ 〈…を〉伸ばす; 〈線を〉引く; 〈視線などを〉(…に)さっと走らせる ((*over*..., *through*...))
・ *run* a telephone cable 電話線を引く

run across *A*
 A を走って渡る; A(人)に偶然出会う

run after *A* A(人など)を追いかける; A(異性)を(しつこく)追い回す

run against *A* A(人・物)にぶつかる; Aに偶然出会う; Aの対抗馬として選挙に出る

run away (…から)逃げる, 走り去る; 家出

run away with A A(人)といっしょに逃げる; A(物)を持ち逃げする

run down
(1) 〈水などが〉流れ落ちる
(2) 〈時計などが〉止まる;〈電池などが〉切れる
(3) 〈労働力・生産などが〉減少する

run A down = run down A
〈乗り物が〉A(人)をひく; A(人)をけなす

run for it 命からがら逃げる

run into A
(1) Aに駆け込む
(2) 〈人・車が〉A(人・物)にぶつかる
(3) A(人)に偶然出会う
(4) A(悪い状態)に陥る

run off 走り去る;(人と)駆け落ちする;(物を)持ち逃げする((*with*...))

run A off = run off A A(コピー)を取る

run on 走り続ける;〈人が〉しゃべり続ける;〈時が〉過ぎる

run out
(1) 走り出る
(2) 〈水などが〉流れ出る
(3) 〈契約などが〉切れる
(4) 〈食料などが〉尽きる
(5) 〈時間が〉なくなる

run out of A
A(金・時間など)を使い果たす
・*run out of* gas ガソリンを切らす
🕮 We've *run out of* time, so we'll continue next class. 時間がなくなりましたので,次の授業で続けましょう

run over 〈水などが〉あふれる

run A over = run over A
(1) 〈車などが〉A(人・物)をひく
(2) Aにざっと目を通す
・*run over* the textbook 教科書を読み返す

run through A
(1) Aを走り抜ける
(2) 〈勘定などが〉A(作品など)を貫く
(3) A(金など)を使い尽くす
(4) Aにざっと目を通す

run to A 〈物・事が〉A(数)に達する

run up
(…に)駆け寄る((*to*...));〈借金などが〉かさむ

run up A A(階段など)を駆け上がる; A(借金など)をためる

run up against
A A(人・物)にぶつかる; A(人)に出くわす; A(困難など)にぶつかる

━ 名 (複 **runs** /ランズ/) C
❶ 走ること, ランニング;競走;走る距離
・a one-mile *run* 1マイルの走行距離
・break into a *run* 駆け出す
❷ (定期)運行, 便(ﾋﾞﾝ)
❸ (劇・映画などの)連続公演[興行]
・a long *run* 長期公演[興行]
❹ (…への)立候補((*for*...))
❺ 【野球・クリケット】得点;【ゴルフ】ラン, 転がり
❻ (機械の)作業[運転]時間
❼ 【コンピュータ】(命令の)実行
❽ (ストッキングなどの)ほつれ, 伝線
❾ ((a run))(…への)大量の需要, (銀行への)取り付け((*on*...))
❿ ((次の用法で))

■ *a run of A* 一連[一続き]のA
・*a run of* bad luck 不運の連続

in the long run
長い目で見れば, 結局は

in the short run
短期的には, さしあたりは

on the run 走り回って;(…から)逃走中で((*from*...));急いで, あわてて

runner 名 C 走る人;競走者;(野球の)走者, ランナー

❷ C 【医学】ヘルニア, 脱腸
━ 動
━ 他 〈…を〉破る, 破裂させる;〈友好関係などを〉絶つ;断絶させる
━ 自 破れる, 破裂する

rural /rúərəl ルアラル/ 形 田舎[田園]の, 田舎ふうの (⇔urban)
・*rural* life 田舎の生活

rush /rʌʃ ラシュ/

動 三単現 **rushes** /ラシズ/
過去・過分 **rushed** /ラシュト/
現分 **rushing** /ラシング/

━ 自
❶ 突進する, 急行する, 性急にする
・The teacher *rushed* into the classroom. 先生が教室に飛び込んできた
🕮 There's no need to *rush*.
急がなくてもいいですよ
❷ (…に)急に襲いかかる((*at*..., *on*...))

- The dog *rushed at* the boy.
犬が子どもに襲いかかった
❸ 軽はずみに(…に)至る((*to...*))
- Don't *rush to* conclusions.
軽率に結論を出すな
❹〈考えなどが〉急に浮かぶ
━ 他
❶〈仕事などを〉急いで行う;〈人を〉せき立てる
- Don't *rush* your work, or you will make errors. 仕事を急ぐな, さもないと間違えるよ
- *rush A into doing*
Aをせき立てて…させる
❷〈…を〉(…へ)急いで運ぶ((*to...*))
- I *rushed* the injured man *to* the hospital. 私はそのけが人を急いで病院に運んだ
❸〈敵などを〉急襲する
━ 名 (複 **rushes** /ラシズ/)
❶ C 突進;急に現れること
- We made a *rush* for the gate.
私たちは門に向かって突進した
❷ U ((また a rush)) あわただしさ;多忙
- I am in a *rush*. 私はとても忙しい
- There's no *rush*. 急ぐ必要はない
❸ C (…への)殺到
- (the) *rush* hour 混雑時間, ラッシュアワー

Rushmore /ráʃmɔːr ラシュモー/ 名 **Mount Rushmore** ラシュモア山 (米国サウスダコタ州の山でワシントン, ジェファーソン, ルーズベルト, リンカーンの顔が岩壁に彫刻されている)

Russia /ráʃə ラシャ/ 名 ロシア;ロシア連邦

Russian /ráʃən ラシャン/
形 ロシア(連邦)の;ロシア人[語]の
━ 名
❶ C ロシア人;((the Russians)) ((複数扱い)) ロシア国民
❷ U ロシア語

rust /rʌ́st ラスト/
名 U (金属の)さび; U C さび色;(能力などの)さびつき, 鈍化
━ 動
━ 自
❶ さびる, さびつく
❷〈能力などが〉鈍る, 衰える
━ 他〈…を〉さびつかせる
rusty 形 さびた;さび色の;鈍った

rustic /rʌ́stik ラスティク/ 形
❶ 田舎の, 田舎ふうの;素朴な, 飾り気のない
❷ ((けなして)) 粗野な, やぼな

rustle /rʌ́sl ラスル/
動
━ 自〈木の葉などが〉サラサラ[カサカサ]鳴る
━ 他〈…を〉サラサラ[カサカサ]と鳴らす
━ 名 C U サラサラ[カサカサ]いう音

rut /rʌ́t ラト/ 名 C
❶ わだち, 車の跡;溝
❷ 決まりきったやり方;慣例

ruthless /rúːθləs ルースラス/ 形 無慈悲な;容赦のない, 残酷な

rye /rái ライ/ 名 U 【植物】ライ麦
- *rye* bread (ライ麦製の)黒パン

═══════ 飲み物のいろいろ ═══════

アイスコーヒー	iced coffee
ウインナコーヒー	Viennese coffee
ウーロン茶	oolong tea
牛乳	milk
紅茶	(black) tea
コーヒー	coffee
コカコーラ ((商標))	Coca-Cola
ジュース	juice
ミネラルウォーター	mineral water
ミルクティー	tea with milk
緑茶	green tea
レモンスカッシュ	fizzy lemonade
レモンティー	tea with lemon

S, s

S¹, s¹ /és エス/ 名 (複 **S's, Ss; s's, ss** /エスィズ/)
C U エス(英語アルファベットの第19字)

S², S.¹ ((略)) south 南

s² ((略)) second(s) 秒

S.² ((略)) Saturday 土曜日; September 9月; Sunday 日曜日

s. ((略)) singular 単数形

$, $ ((記号)) dollar(s) ドル

sabotage /sǽbətà:ʒ サバタージュ/ 名 U サボタージュ; 怠業; 妨害行為

sack /sǽk サク/ 名
❶ C (小麦粉などを入れる)袋, 一袋
❷ ((the sack)) 解雇, 首

sacred /séikrid セイクリド/ 形
❶ 聖なる, 神聖な; 宗教的な
❷ (神などに)ささげられた((to...))
❸ 尊い; 履行すべき

sacrifice /sǽkrifàis サクリファイス/
名 U C 犠牲的行為; (…のための)犠牲; (…への)いけにえ((to...))
— 動 他 〈…を〉(…のために)犠牲にする, なげうつ((for...))
sacrificial 形 犠牲の, いけにえの; 献身的な

sad /sǽd サド/

形 比較 **sadder** /サダ/
最上 **saddest** /サダスト/
❶ 〈人が〉悲しい; 〈表情が〉悲しそうな; (…して)悲しい((to do)); (…を)悲しんで((about...)) (⇔glad)
・a *sad* face 悲しそうな表情
・a *sad* feeling 悲しさ
❷ 〈事が〉残念な, 嘆かわしい
・a *sad* mistake ひどい誤り
sad to say ((文頭で))残念なことに
sadden 動 他 〈…を〉悲しませる
sadness 名 U 悲しさ, 悲しみ, 悲哀

saddle /sǽdl サドル/ 名 C (馬の)くら; (自転車などの)サドル
in the saddle
馬に乗って; 権力の座について

sadly /sǽdli サドリ/ 副
❶ 悲しそうに, 悲しげに
❷ ((文修飾))残念ながら, 悲しいことに
❸ ひどく

safari /səfá:ri サファーリ/ 名 U C サファリ
・a *safari* park サファリパーク, 自然公園

safe /séif セイフ/

形 比較 **safer** /セイファ/
最上 **safest** /セイファスト/
❶ 〈場所などが〉安全な; (…にとって)安心することができる((for...)) (⇔dangerous)
・a *safe* place to walk 安心して歩ける場所
❷ 〈行為などが〉(…しても)間違いない, 差し支えない((to do))
・ ***it is safe to say that...***
 …と言って間違いない
❸ 無事な, 無傷な
・She came home *safe*.
 彼女は無事に帰宅した
— 名 (複 **safes** /セイフス/) C 金庫
safely 副 安全に, 無事に; 差し支えなく

safeguard /séifgà:rd セイフガード/ 名 C (…に対する)保護手段((against...)); (機械などの)安全装置

safety /séifti セイフティ/ 名 U 安全, 無事; 安全性; (人の)安否
・a *safety* net 安全ネット; 安全策
・a *safety* pin 安全ピン
・*in safety* 無事に, 安全に

Sagittarius /sædʒité(:)əriəs サヂテーアリアス/ 名 【天文】いて座; 【占星】人馬宮; C いて座生まれの人

Sahara /səhǽrə サハラ/ 名 ((the Sahara)) サハラ砂漠

said /séd セド/

動 say の過去形・過去分詞
— 形 ((ふつう the said)) 前述の, 上記の

sail /séil セイル/
名 C
❶ (船の)帆; 帆船
❷ ((a sail)) (特に帆船での)航海; 帆走
・make *sail* 【海事】帆を張る; 出帆する
・set *sail* for *A* A に向けて出帆する
— 動 自
❶ 〈人が〉(…へ)船で行く, 船旅をする, 航海す

sailboat 532 five hundred and thirty-two

る((*to...*));〈船が〉帆走する, 航行する
❷ (…に向けて)出帆する, 出航する((*for...*))
sailing 名 U|C 帆走;C 出帆;U ヨット遊び[競技]
sailor 名 C 船員, 船乗り;水兵

sailboat /séilbòut セイルボウト/ 名 C ((米))ヨット;帆船

saint /séint セイント/ 名 C 聖人, 聖徒, 聖者
・*Saint* Bernard【動物】セントバーナード犬
・*Saint* Valentine's Day
聖バレンタイン祭 (2月14日)

sake /séik セイク/ 名 C (…の)利益, ため;目的
for God's [*heaven's*] *sake*
お願いだから
for A's sake = for the sake of A
Aのために;Aの目的で
・*for* one's own *sake* 自分自身のために

salad* /sæləd サラド/
名 (複 **salads** /サラヅ/) U|C サラダ

salami /səlá:mi サラーミ/ 名 C|U サラミ(ソーセージ)

salary /sǽləri サラリ/ 名 U|C 給料, サラリー;賃金
salaried 形 給与を受けている

sale* /séil セイル/ 名 (複 **sales** /セイルズ/)
❶ U|C **販売**, 売却
・a cash *sale* 現金販売
❷ C **安売り**, 特売
・a summer *sale* 夏物大売り出し
❸ C 売れ行き
for sale 売り物の, 売りに出した
・House *For Sale* (広告で)売り家
on sale ((米))特売で;売り出し中の

salesclerk /séilzklə̀rk セイルズクラーク/ 名 C ((米))(売場の)店員

salesman /séilzmən セイルズマン/ 名 C (男の)店員, 販売員;セールスマン

salesperson /séilzpə̀:rsən セイルズパーソン/ 名 C 販売員, 店員

saleswoman /séilzwùmən セイルズウマン/ 名 C 女性店員

saliva /səláivə サライヴァ/ 名 U つば, だ液

salmon /sǽmən サマン/ 名 C【魚】鮭(さけ);U 鮭の身;U サーモンピンク

salon /səlán サラン/ 名 C (美容などの)店
・a beauty *salon* 美容院

saloon /səlú:n サルーン/ 名 C
❶ ((米))(特に昔の西部の)酒場, バー
❷ ((英))(特定の目的のための)広い部屋

salt /sɔ́:lt ソールト/
名 (複 **salts** /ソールツ/)
❶ U **塩**, 食塩
・a spoonful of *salt* 塩スプーン1杯
❷ C【化学】塩(えん), 塩類
━━ 形 塩を含んだ;塩っぱい;塩漬けの
・*salt* water 塩水, 海水
salted 形 塩味の, 塩漬けの
salty 形 塩辛い;〈話などが〉辛らつな

saltwater /sɔ́:ltwɔ́:tər ソールトウォータ/ 名 U 塩水, 海水

salute /səlú:t サルート/
動
━━ 他 〈国旗などに〉敬礼する;〈人に〉あいさつする
━━ 自 敬礼する;あいさつする
━━ 名 C 敬礼; C|U あいさつ, 会釈

salvage /sǽlvidʒ サルヴィヂ/ 名 U 海難救助(作業);沈没船の引き揚げ

salvation /sælvéiʃən サルヴェイシャン/ 名 U (危険などからの)救済, 救出((*from...*))

same /séim セイム/
形 ((比較なし))
❶ ((the same)) **同じ**, **同一の**;同様の(⇔different)
・bags of *the same* size 同じ大きさのかばん
・*the same* old story よくある話
・*at the same* time 同時に
❷ ((the same)) (…と)同じ((*as...*))
・*the same A as B* Bと同じA
■ *much the same as A* Aとほぼ同じ
the very same まさにその, まったく同じ
━━ 副 ((the same)) 同様に, 同じように
━━ 代 ((the same))同じ人[物, 事]
・*The same* for me, please.
私にも同じものをください
all [*just*] *the same* それでも, やはり
(*The*) *same again.* お代わりをください
(*The*) *same to you.* あなたもね
・"Have a good weekend!" "(*The*) *Same to you!*"「いい週末を」「あなたもね」

sample /sǽmpl サンプル/ 名 C 見本, サンプル;標本;実例
sampling 名 U 標本抽出, サンプリング;試食, 試飲;C 抽出見本;試供品

sanction /sǽŋkʃən サンクシャン/ 名
❶ C ((ふつう sanctions)) (国家に対する)制裁((*against..., on...*))

❷ U (国会などの)承認

sanctuary /sǽŋktʃuèri サンクチュエリ/ 名 C 聖域；禁猟区，鳥獣保護区

sand

/sǽnd サンド/
名 (複 **sands** /サンヅ/)
❶ U 砂；UC ((ふつう sands)) 砂漠；砂浜
- a grain of *sand* 砂粒
❷ ((the sands)) 砂時計の砂；寿命
built on sand 砂上に築いた，不安定な
sandy 形 砂の，砂だらけの；黄土色の

sandal /sǽndl サンドル/ 名 C サンダル(靴)
- a pair of *sandals* サンダル1足

sandbox /sǽndbàks サンドバクス/ 名 C ((米)) (子どもが遊ぶ)砂場，砂箱

sandglass /sǽndglæs サンドグラス/ 名 C 砂時計

San Diego /sæn diéigou サン ディエイゴウ/ 名 サンディエゴ (米国カリフォルニア州南端の港市)

sandstone /sǽndstòun サンドストウン/ 名 U 砂岩

sandwich

/sǽndwitʃ サンドウィッチ, sǽndwidʒ サンドウィヂ/
名 (複 **sandwiches** /サンドウィチズ/) C
サンドイッチ
- an open *sandwich* オープンサンド

sane /séin セイン/ 形 〈人が〉正気の；良識ある；分別ある
sanity 名 U 正気；判断の健全さ

San Francisco /sæn frənsískou サン フランスィスコウ/ 名 サンフランシスコ (米国カリフォルニア州の港市)

sang /sǽŋ サング/ 動 sing の過去形

sanitary /sǽnətèri サナテリ/ 形 (公衆)衛生の；衛生的な

sanitation /sæ̀nitéiʃən サニテイシャン/ 名 U 公衆衛生；下水設備，ごみ処理
- a *sanitation* worker ((米)) ごみ収集作業員

sank /sǽŋk サンク/ 動 sink の過去形

Santa Claus /sǽntə klɔ̀ːz サンタ クローズ/ 名 サンタクロース (((英)) Father Christmas)

sap /sǽp サプ/ 名 U 樹液，活力，元気

sapphire /sǽfaiər サファイア/ 名 CU (宝石の)サファイア；U サファイア色，るり色

sarcastic /saːrkǽstik サーキャスティク/ 形 〈言葉が〉皮肉な，いやみな
sarcastically 副 皮肉たらしく

sardine /saːrdíːn サーディーン/ 名 C 【魚】いわし

sash¹ /sǽʃ サシュ/ 名 C 飾り帯，サッシュ

sash² /sǽʃ サシュ/ 名 C サッシ，窓枠

sat

/sǽt サト/
動 sit の過去形・過去分詞

Sat. ((略)) *Sat*urday 土曜日

Satan /séitən セイタン/ 名 U サタン，悪魔，魔王

satanic /sətǽnik サタニク/ 形 サタンの；悪魔のような

satchel /sǽtʃəl サチャル/ 名 C 小かばん，学生かばん
- a schoolchild's *satchel* ランドセル

satellite /sǽtəlàit サタライト/ 名 C
❶ 【天文】衛星；人工衛星
- *satellite* television 衛星テレビ
- by [via] *satellite* 衛星中継[回線(経由)]で
❷ 衛星国；衛星都市

satin /sǽtn サトン/ 名 U サテン(の布地)

satire /sǽtaiər サタイア/ 名 UC (…に対する)風刺，当てこすり ((*on*...))；U 風刺文学

satisfaction /sæ̀tisfǽkʃən サティスファクシャン/ 名
❶ U (…に対する)満足，満足感，喜び ((*at*..., *with*..., *in*...))
❷ C 満足感を与えるもの[事]；
to A's satisfaction
A (人) が満足[納得]するように
satisfactory 形 満足な，十分な，申し分のない
satisfactorily 副 満足のいくように，申し分なく

satisfied /sǽtisfàid サティスファイド/
動 satisfy の過去形・過去分詞
— 形 満足した，満ち足りた
- *be satisfied with A* A に満足している

satisfy /sǽtisfài サティスファイ/ 動 他
❶〈人を〉(…で)満足させる；〈欲望などを〉(…で)満たす ((*with*...))
❷〈人に〉(…を)納得させる ((*of*...))；〈人に〉(…ということを)納得させる ((*that* 節))
satisfying 形 満足な，十分な；納得のいく

Saturday

/sǽtərdei サタデイ, sǽtərdi サタディ/
名 (複 **Saturdays** /サタデイズ/) UC
土曜日 (略 Sat.)；((形容詞的に)) 土曜日の

Saturn

- *on Saturday* 土曜日に
- *on Saturdays* 毎週土曜日に
- (*on*) *Saturday* morning 土曜日の朝に

Saturn /sǽtərn サタン/ 名【天文】土星;【ローマ神話】サトゥルヌス(農耕の神)

sauce /sɔ́ːs ソース/ 名 UC ソース;味付け

saucer /sɔ́ːsər ソーサ/ 名 C (紅茶茶わんなどの浅い)受け皿,ソーサー;受け皿状の物
- a flying *saucer* 空飛ぶ円盤

Saudi /sáudi サウディ/
名 C サウジアラビア人
— 形 サウジアラビア人(の)

Saudi Arabia /sáudi əréibiə サウディ アレイビア/ 名 サウジアラビア(首都はリヤド)

sauna /sɔ́ːnə ソーナ/ 名 C サウナ(風呂)
- have a *sauna* サウナに入る

sausage /sɔ́ːsidʒ ソースィヂ/ 名 UC ソーセージ; C ソーセージ状の物

savage /sǽvidʒ サヴィヂ/ 形〈動物などが〉どう猛な;〈攻撃が〉猛烈な;〈場所が〉荒涼とした
savagery 名 U 残忍; C 蛮行

savanna, savannah /səvǽnə サヴァナ/ 名 CU サバンナ(熱帯地方の大草原)

save¹ /séiv セイヴ/

動 三単現 **saves** /séivz セイヴズ/
過去・過分 **saved** /séivd セイヴド/
現分 **saving** /séiviŋ セイヴィング/
— 他

❶〈…を〉(危険などから)**救う,助ける**((*from...*))
- *save A*'s life Aの命を救う
- You really *saved* my life.
  あなたのお陰で本当に命が助かりました

❷〈金などを〉(…のために)**ため る,蓄える**;貯金[貯蓄]する((*for...*))
- I'm *saving* money *to* buy a PC.
  パソコンを買うために貯金している

❸〈時間・費用・手間などを〉**省く**
- *save A B*
  AのためにB(労力など)を節約する
- *save A* (*from*) *doing*
  A(人)が…する手間を省く
- If you pick me up, it'll *save* me hav*ing* to walk. もし車で迎えに来てくれるのなら,歩かなくて済む

❹ ((米))〈…を〉取っておく
- *save A B* = *save A for B*
  A(人)のためにBを取っておく
- *Save* me a seat. 席を取っておいてください

❺〈名誉・体面を〉保つ

❻【コンピュータ】〈データを〉保存する,セーブする

❼【球技】〈敵の得点を〉防ぐ;【野球】〈試合を〉セーブする

— 自

❶ 貯金[貯蓄]する,(…に備えて)金をためる[蓄える]((*for...*))
- *save for* a trip 旅行に備えて貯金をする

❷【コンピュータ】データを保存する

❸【球技】敵の得点を防ぐ

save² /séiv セイヴ/ 前 …を除いては,…のほかは

saving /séiviŋ セイヴィング/
動 saveの現在分詞・動名詞
— 名 C ((savings))
貯金,預金; UC 節約; U 救助

saw¹ /sɔ́ː ソー/ 動 seeの過去形

saw² /sɔ́ː ソー/
名 C のこぎり
- cut *A* with a *saw* Aをのこぎりでひく
— 動
  三単現 **saws** /sɔ́ːz ソーズ/
  過去 **sawed** /sɔ́ːd ソード/
  過分 ((米)) **sawed** /sɔ́ːd ソード/,
  ((英)) **sawn** /sɔ́ːn ソーン/
— 他〈…を〉のこぎりで切る
— 自 のこぎりを使う

sawn /sɔ́ːn ソーン/ 動 ((英)) saw²の過去分詞

saxophone /sǽksəfòun サクサフォウン/ 名 C【音楽】サキソホーン(金管楽器)

say ☞ 536ページにあります

saying /séiiŋ セイイング/
動 sayの現在分詞・動名詞
— 名 C ことわざ,格言
- as the *saying* goes [is]
  ことわざにあるように

SC ((米郵便)) South Carolina サウスカロライナ州

S.C. ((略)) South Carolina サウスカロライナ州

scale¹ /skéil スケイル/ 名
❶ CU スケール,規模; C 段階,尺度
❷ C (計量器の)目盛り;物差し
❸ CU (地図などの)縮尺,比率

scale² /skéil スケイル/

名 C (てんびんの)皿;((しばしば scales))((単数扱い)) てんびん;はかり
— 動
— 他 〈…を〉はかりで量る
— 自 …の重さがある

scale³ /skéil スケイル/ 名 C (魚・蛇などの)うろこ

scallop /skάləp スカラプ/ 名 C 【貝】ほたて貝(の貝柱)

scan /skǽn スキャン/ 動 他
❶ 〈…を〉(…を探して)詳しく調べる((for...))
❷【コンピュータ】〈文字・画像を〉(コンピュータに)スキャナーで取り込む((into...))
scanner 名 C スキャナー

scandal /skǽndl スキャンダル/ 名
❶ CU スキャンダル, 醜聞, 汚職事件; C((ふつう a scandal)) 恥, 汚名
❷ CU (世間の)反感; U (…についての)中傷((about...))
scandalous 形 恥ずべき;中傷的な
scandalously 副 恥ずかしいほどに

Scandinavia /skæ̀ndinéiviə スキャンディネイヴィア/ 名
❶ スカンジナビア, 北欧(ノルウェー・スウェーデン・デンマーク(時にアイスランド・フィンランドを含む)の総称)
❷ スカンジナビア半島

scanty /skǽnti スキャンティ/ 形 〈程度などが〉ぎりぎりの;〈数・量が〉わずかな, 少ない

scar /skά:r スカー/
名 C (皮膚の)傷跡; (やけどの)跡((from...)); 心の傷
— 動 他 〈身・心に〉(…の)傷跡を残す((by..., with...))

scarce /skéərs スケアス/ 形 〈食糧などが〉不足して, 乏しい
scarcity 名 UC 欠乏;不足

scarcely /skéərsli スケアスリ/ 副
❶ ほとんど…ない(hardly)
❷ かろうじて, やっと
***scarcely** ever do* めったに…しない
***scarcely** A when [before] B*
AするかしないうちにBする
· I had *scarcely* arrived at home *when* it began to rain. 帰宅後すぐに雨が降り出した

scare /skéər スケア/
動
— 他 〈人を〉(…で)怖がらせる, おびえさせる((with...))

▪ *be scared of A* Aを恐れている
· *scare A to death* A(人)を死ぬほど驚かす
— 自 おびえる, 怖がる
— 名 C (単数形で) (突然の)おびえ, 恐怖
scared 形 おびえた;怖がった
scary 形 恐ろしい;臆病(おくびょう)な

scarf /skά:rf スカーフ/ 名 (複 **scarfs** /スカーフス/, **scarves** /スカーヴズ/) C えり巻き, マフラー

scarlet /skά:rlit スカーリト/ 名 U 深紅色, 緋色(ひいろ)

scarves /skά:rvz スカーヴズ/ 名 scarfの複数形

scatter /skǽtər スキャタ/ 動 他 〈…を〉ばらまく;〈…を〉(…に)まき散らす((over...))
scattered 形 ばらまかれた, 散在している

scenario /sənǽriòu サナリオウ/ 名 C (映画などの)シナリオ, 脚本;台本

scene /sí:n スィーン/

名 (複 **scenes** /スィーンズ/) C
❶ 景色, 光景
· a breath-taking *scene* 息をのむ光景
❷ (劇の)場;(映画・小説などの)場面, シーン, 背景
· the opening [final] *scene*
開幕[閉幕]のシーン
❸ (事件などの)現場, 場所
· rush to the *scene* 現場へ駆けつける
behind the scenes 舞台裏で;陰で
scenery 名 U 景色, 風景;背景, 舞台装置
scenic 形 風景の, 景色のいい;舞台の;背景の

scent /sént セント/ 名
❶ UC におい; (好ましい)香り; U ((主に英))香水
❷ C ((ふつう単数形で)) (動物などが残す)臭跡;手がかり
❸ U ((また a scent)) (動物の)嗅覚(きゅうかく); (人の)直感

schedule＊ /skédʒu:l スケデュール/
名 (複 **schedules** /スケデュールズ/) C
❶ 計画, 予定, スケジュール;予定表
❷ ((米)) 時刻表, 時間割
ahead of [behind] schedule
予定[定刻]より早く[遅れて]
on schedule 予定どおりに
— 動 他 ((ふつう受身で)) 〈計画などを〉(ある

➡➡➡ 537ページに続く ➡➡➡

say /séi セイ/

動 三単現 **says** /セズ/
過去・過分 **said** /セド/
現分 **saying** /セイイング/

— 他

❶ 〈言葉を〉**言う,話す**
- *say* good-bye to *A* Aにさよならと言う
- *say* hello to *A* Aによろしくと言う
- He *said*, "Police! Freeze!"
  「警察だ,動くな」と彼は言った
- He didn't *say* a word.
  彼は一言もしゃべらなかった
- *Say* that again? 何ですって?
- As I *said* earlier, ...
  前にも言いましたように…
- 🔲 What did you *say*? 何と言いましたか
- 🔲 *Say* it again, please.
  もう一度言ってください
- 🔲 Listen to what Taro is *saying*.
  太郎の言っていることを聞いてください
- 🔲 You can't *say* that, I'm afraid.
  残念ながらそうは言えません
- 🔲 What you *said* was perfectly all right.
  あなたが言ったことは間違っていませんよ

❷ 〈意見などを〉**述べる**
- *say A* (*to B*)
  A(考えなど)を(B(人)に)述べる
- He *said* nothing about his privacy.
  彼は自分のプライバシーについては何も言わなかった
- *say* (*to A*) (*that*...) (A(人)に)…だと言う
- She *said* (*to* me) she would be a bit late.
  彼女はちょっと遅れると(私に)言った
- *say wh-* …するかを伝える
- Did you *say when* you would come back? 君はいつ戻ってくると言ったっけ

❸ 〈世間で〉**…と言っている**,うわさする
- *People* [*They*] *say that* there will be a big earthquake in the near future.
  近い将来に大地震があるとのうわさだ
- *it is said that*... …だと言われている
- *It is said that* Ken studied abroad once.
  研は以前海外留学したそうだ
- *be said to do*
  …する[である]と言われている,…だそうだ
- He *is said to* be a real genius.
  彼は本当の天才と言われている

❹ 〈手紙・新聞などが〉〈…だと〉書いている,述べている;〈時計などが〉〈時刻などを〉表示する
- He *said* in his letter *that* he would never come home. 彼の手紙には二度と家には戻らないと書いてあった
- My watch *says* precisely two.
  ぼくの時計では2時ちょうどだ

❺ (…するように)言う,命じる((*to do*))
- Mother *says* for me *to* keep my word.
  母が約束を守るようにと言っています

❻ ((命令法で))
(1) (…ということを)仮定する,仮に(…としたら)((*that*節))
- Let's *say that* you are right.
  君が正しいことにしておこう
- Well, *say* it was true, what then? じゃ,仮にそれが事実だとして,だからどうなんだい
(2) ((ふつう数詞などの前に挿入して))まあ,例えば,言ってみれば
- I'll pay, *say*, $10 for the book.
  その本にまあ10ドル払いましょう

— 自

❶ 言う,話す,しゃべる;意見を述べる
- (It is) just as you *say*. おっしゃるとおりです
- "Do you think he will win?" "*Can't say.*"
  「彼が勝つと思うかい」「何とも言えないよ」

❷ ((間投詞的に))ねえ,ちょっと
- *Say*, do you have time now?
  ねえ,今時間ないかなあ

because I say so
私がそう言ってるんだから(そのとおりにしろ)
Don't say (that)...
まさか…ではないだろうな
having said that
そうは言っても,それでもやはり
I can't say (that)...
…だとは決して思わない
I'd rather not say
あまり言いたくないのですが
I should [***would***] ***say***
(断言を避けて)おそらく…でしょうね
- *I wouldn't say no to* a gift.
  プレゼントは喜んでいただきます
It goes without saying that...
…は言うまでもない
It is not too much to say that...
…と言っても言いすぎではない

not to say... …とは言えないまでも
Say no more!
話は分かった, それ以上言うな, もうたくさんだ
say to oneself 心の中で思う
say what you like
(…について)君が何と言おうと((*about...*))
so to say 言わば
that is to say すなわち, つまり
That's what you say. ((くだけて))君はそう言うけどね, そう言うのは君くらいだよ
to say nothing of A
Aは言うまでもなく
to say the least 控えめに言っても
What do you say?
どう思いますか; ((返事をうながして))どうしますか; ((子どもにthank you や pleaseと言うようにしつけて))こんな時には何て言うの
What do you say to A [doing]?
Aは[…するのは]どうですか
Whatever you say.
おっしゃるとおりにします
You can say that again.
((しばしば反語的に用いて))まったくそうですね
You don't say (so)!
((下降調で))まさか; ((上昇調で))本当ですか
You said it! いかにも君の言うとおりだ

━ 名 U

❶ ((*one's* say))言いたいこと, 言い分
・have [say] a say 言いたいことを言う
❷ ((また a say))発言の権利
・have *a* [no] *say* in *A*
A(事)に発言権がある[ない]

期日に)予定する((*for...*))
schematic /skimǽtik スキマティク/ 形 図式の; 概要の
scheme /skíːm スキーム/
名 C
❶ ((主に英))計画, 企画案
❷ 陰謀, (…する)たくらみ((*to do*))
❸ (学問などの)体系, 組織
━ 動
━ 他 〈陰謀を〉たくらむ, 計画する
━ 自 (陰謀を)たくらむ
scholar /skɑ́lər スカラ/ 名 C 学者
scholarly 形 〈発表などが〉学問的な; 学問好きな, 学者的な
scholarship /skɑ́lərʃip スカラシプ/ 名 C 奨学金, スカラシップ

school¹ ☞ 538ページにあります

school² /skúːl スクール/ 名 C (魚などの)群れ
・a school of whales くじらの群れ
schoolboy /skúːlbòi スクールボイ/ 名 C (小・中学校の)男子生徒
schoolchild /skúːltʃàild スクールチャイルド/ 名 (複 **schoolchildren**) C 学童, 生徒
schoolgirl /skúːlgə̀ːrl スクールガール/ 名 C (小・中学校の)女子生徒
schoolhouse /skúːlhàus スクールハウス/ 名 C (特に村の小さな学校の)校舎
schooling /skúːliŋ スクーリング/
動 schoolの現在分詞・動名詞
━ 名 U 学校教育; (通信教育の)教室授業, スクーリング
schoolmate /skúːlmèit スクールメイト/ 名 C 学校友達, 同級生
schoolteacher /skúːltìːtʃər スクールティーチャ/ 名 C (小・中学校や高校の)教師, 教員
schoolwork /skúːlwə̀ːrk スクールワーク/ 名 U 学業, (学校での)勉強
schoolyard /skúːljàːrd スクールヤード/ 名 C 校庭, (学校の)運動場
Schweitzer /ʃwáitsər シュワイツァ/ 名 **Albert Schweitzer** シュバイツァー(ドイツの医師・音楽家・神学者で, アフリカで医療と伝道に従事し, ノーベル平和賞を受賞した)

science /sáiəns サイアンス/

名 (複 **sciences** /サイアンスィズ/)
❶ U (自然)科学, (学科の)理科
・*science* and technology 科学技術
❷ UC (個々の)科学, 学問, …学
・social *sciences* 社会科学
・medical *science* 医学
scientific* /sàiəntífik サイアンティフィク/
形 比較 **more scientific**
最上 **most scientific**
❶ ((比較なし))科学(上)の, 自然科学の
・a *scientific* theory 科学理論
❷ 科学的な, 体系的な
scientifically 副 科学的に, 体系的に
scientist /sáiəntist サイアンティスト/ 名 C 科学者; 自然科学者
scissors /sízərz スィザズ/ 名 ((複数扱い))はさみ

➡➡➡ 538ページに続く ➡➡➡

school¹ /skúːl スクール/

名 (複 **schools** /スクールズ/)

① C (組織・建物としての)**学校**; 教習所; U ((無冠詞で))**授業**; (授業の意味の)学校
- an elementary *school* ((米)) 小学校
- a primary *school* ((英)) 小学校
- a junior high *school* 中学校
- a (senior) high *school* 高校
- a public high *school* 公立高校
- a private high *school* 私立高校
- a commercial high *school* 商業高校
- a technical high *school* 工業高校
- an agricultural high *school* 農業高校
- a cram *school* 塾
- a prep *school* 予備校
- a coed *school* 共学校
- a language *school* 語学学校
- a driving *school* 自動車学校
- apply for a *school* 学校に出願する
- enter [start] *school* 入学する
- go to *school* 学校に行く, 登校する
- walk to *school* 歩いて学校に行く
- be late for *school* 学校に遅刻する
- leave *school* early 学校を早退する
- leave *school* 下校する; 退学する
- miss *school* 学校を休む
- skip *school* 学校をずる休みする
- transfer to a different *school* 転校する
- quit *school* ((米)) 退学する
- graduate from [finish] *school* 卒業する
- teach at a *school* 学校で教える
- *School* begins at eight thirty.
  8時半に学校が始まる
- What time does *school* finish?
  学校は何時に終わりますか
- *School* is over. 授業が終わった
- We have no *school* today.
  きょうは授業がない

② ((形容詞的に))**学校の**, 授業の
- *school* hours 授業時間
- a *school* building 校舎
- a *school* bus スクールバス
- a *school* library 学校図書館
- a *school* festival 学園祭, 文化祭
- *school* life 学校生活
- a *school* trip 修学旅行
- a *school* year 学年度

③ C (大学の)学部, 専門学部; 大学院
- a graduate *school* 大学院
- a law *school* 法学部, 法科大学院

④ ((the school)) ((単数・複数扱い)) 全校生徒(と教職員)
- *the* whole *school* 学校の全員

⑤ C (学問・芸術などの)学派, 流派
- the Impressionist *school* 【芸術】印象派

after school 放課後に
- I have my club activities *after school*.
  放課後はクラブ活動があるんだ

at school 学校で, 授業中で

before school 授業前に

in school 学校で; ((米)) 在学中で

out of school 学校を出て, 卒業して

— **動** 他 〈…に〉学校教育を受けさせる
- I *was schooled* in English.
  私は英語で教育を受けました

- a pair of *scissors* はさみ1丁

scold /skóuld スコウルド/ **動**
— 他 〈親などが〉〈特に子どもを〉(…の理由で)しかる((*for...*))
— 自 〈人を〉とがめる, ののしる, (人に)小言を言う((*at...*))

scoop /skúːp スクープ/
名 C
① ひしゃく; 大さじ; 小シャベル
② (新聞などの)特種(とくだね), スクープ
— **動** 他
① 〈…を〉(…から)すくい取る((*from...*))
② 〈ほかの新聞社を〉特種で出し抜く

scooter /skúːtər スクータ/ **名** C (子ども用のハンドル付き)スクーター

scope /skóup スコウプ/ **名** U (能力などの)範囲; 視野; (…の)余地((*for...*))

scorching /skɔ́ːrtʃiŋ スコーチング/ **形** ((くだけて)) 焼けつくような, ものすごく暑い

---

score /skɔ́ːr スコー/

名 (複 **scores** /スコーズ/) C
① (競技の)**得点**, スコア; ((主に米))(テストの)**成績**, 点数
- get a *score* of 100 on [in] an English test
  英語のテストで100点を取る
- get a perfect *score* 満点を取る
- keep *score* 得点を記録する

- The *score* is 3 to 2 in our favor.
 3対2でわれわれが勝っている
- What's the *score* now? 形勢はどうなの

❷【音楽】総譜；(映画の)背景音楽
❸(複 score)((文語))20
- a *score* of people 20人の人
- *scores of* A 多数のA(人・物)
 know the score 真相を知っている
 on this [that] score この[その]理由で
━**動**
━⑩
❶〈…を〉(競技などで)得点する((*in...*, *on...*))
❷〈競技者・テストなどを〉採点する，評価する
❸〈成功などを〉収める，得る
━⑪
❶(競技・テストなどで)得点する
❷成功する，大当たりする
 scorer 名 ⓒ 記録係；得点者

scoreboard /skɔ́ːrbɔ̀ːrd スコーボード/ 名 ⓒ 得点掲示板，スコアボード

scorebook /skɔ́ːrbùk スコーブク/ 名 ⓒ スコアブック，得点記入帳

scorecard /skɔ́ːrkàːrd スコーカード/ 名 ⓒ 得点表，スコアカード

scorn /skɔ́ːrn スコーン/
名 Ⓤ (…に対する)軽蔑，あざけり((*for...*))
━ **動** ⑩ 〈…を〉軽蔑する，あざ笑う
 scornful 形 軽蔑した；さげすんだ
 scornfully 副 軽蔑的に，さげすんで

Scorpio /skɔ́ːrpiòu スコーピオウ/ 名【天文】さそり座；【占星】天蝎(てんかつ)宮；ⓒ さそり座生まれの人

scorpion /skɔ́ːrpiən スコーピアン/ 名 ⓒ 【動物】さそり

Scot /skát スカト/ 名 ⓒ スコットランド人

Scotch /skátʃ スカチ/
形 スコットランドの；スコットランド人[語]の
━ 名
❶ ((the Scotch))((複数扱い)) **スコットランド人**(全体)
❷ Ⓤⓒ スコッチウイスキー

Scotland
/skátlənd スカトランド/
名 **スコットランド**(大ブリテン島北部の地域で，首都はエジンバラ(Edinburgh))
- *Scotland* Yard ロンドン警視庁

Scots /skáts スカツ/
名
❶ ((the Scots))((複数扱い)) スコットランド人
❷ Ⓤ スコットランド語
━ 形 スコットランドの；スコットランド人[語]の

Scotsman /skátsmən スカツマン/ 名 ⓒ (男性の)スコットランド人

Scotswoman /skátswùmən スカツウマン/ 名 ⓒ (女性の)スコットランド人

Scottish /skátiʃ スカティシュ/
形 スコットランドの，スコットランド人[語]の
━ 名
❶ ((the Scottish))((複数扱い)) スコットランド人(全体)
❷ Ⓤ スコットランド語

scout /skáut スカウト/
名 ⓒ
❶ ((しばしば Scout)) ボーイ[ガール]スカウトの一員
❷ (スポーツなどの)スカウト
━ **動**
━⑪ 〈…を〉探す((*for...*))
━⑩
❶〈スポーツ選手などを〉スカウトする
❷〈場所を〉探し回る((*out*))

scowl /skául スカウル/
動 ⑪ (…に)顔をしかめる；(…を)にらみつける((*at...*))
━ 名 ⓒ しかめっ面

scrabble /skrǽbl スクラブル/ 動 ⑪ (…を探そうとして)指でひっかき回す((*for...*))；爪(つめ)で(…を)ひっかく((*at...*))

scramble /skrǽmbl スクランブル/
動
━⑪
❶〈…を〉よじ登る((*up*))；はい降りる((*down*))；はって進む((*along...*))
❷〈…を〉奪い合う((*for...*))
❸【軍事】〈迎撃機が〉緊急発進する
━⑩
❶〈…を〉かき混ぜる；〈卵を〉いり卵にする
❷【軍事】〈迎撃機を〉緊急発進させる
❸(盗聴防止のため)〈…の〉波長を変える
━ 名 ⓒ
❶ ((a scramble)) よじ登ること
❷ ((a scramble)) (…の)奪い合い((*for...*))
❸【軍事】スクランブル，緊急発進

scrap

scrap¹ /skrǽp スクラブ/
名
❶ ⓒ 小片, 切れ端, 破片
・a *scrap* of paper 紙の切れ端
❷ Ⓤ 廃品;スクラップ, くず鉄
❸ ⓒ (新聞などの)切り抜き, スクラップ
❹ ⓒ ((scraps)) 残飯, 残り物
━ **動** 他
❶ 〈…を〉くずとして捨てる;〈…を〉廃品[スクラップ]にする
❷ 〈行事などを〉やめる, 中止する

scrap² /skrǽp スクラブ/ **名** ⓒ 争い, (軽い)けんか

scrapbook /skrǽpbùk スクラプブク/ **名** ⓒ スクラップブック, 切り抜き帳

scrape /skréip スクレイプ/ **動**
━ 他
❶ 〈…を〉こする;〈…を〉(…から)こすり落とす ((*from…, off…*))
❷ 〈…を〉かき集める ((*up*))
━ 自 すれる, こすれる

scratch /skrǽtʃ スクラチ/
━ **動**
━ 他
❶ 〈体などを〉(…で)引っかく, 引っかき傷をつける ((*with…*));〈かゆい所などを〉かく
❷ 〈…を〉(…に)走り書きする ((*on…*))
❸ 〈…を〉(…から)こすり取る;〈名前を〉(名簿から)削除する ((*off…, from…*))
━ 自
❶ (…を)引っかく, (かゆい所を)かく ((*at…*))
❷ (…の)出場を取りやめる ((*from…*))
━ **名** ⓒ
❶ ((a scratch)) 引っかくこと;(かゆい所などを)(爪で)かくこと;かき傷, かすり傷
❷ ((a scratch)) (ペンなどで)ひっかく音
be up to scratch
標準に達している, よい状態である
from scratch 最初から
━ **形** 寄せ集めの;ハンディなしの
・*scratch* paper メモ用紙

scrawl /skrɔ́ːl スクロール/
動
━ 他 〈字などを〉走り書きする, なぐり書きする
━ 自 (…に)走り[なぐり]書きする ((*on…*))
━ **名** ⓒ ((単数形で)) 走り書きの手紙, 悪筆

scream /skríːm スクリーム/
動
━ 自

❶ (苦痛などで)悲鳴を上げる, 高い声で叫ぶ ((*in…*))
❷ 〈風が〉ヒューヒューと鳴る;〈機械などが〉鋭い音を出す
━ 他 〈…を〉金切り声で言う;…だと絶叫する ((*that*節))
━ **名** ⓒ 金切り声, 悲鳴;鋭い音
screaming **形** 鋭く叫ぶ;けばけばしい
screamingly **副** こらえきれないほど

screech /skríːtʃ スクリーチ/
動 自 金切り声を上げる
━ **名** ⓒ 金切り声, 悲鳴

screen* /skríːn スクリーン/
名 ((複)) **screens** /skríːnz スクリーンズ/) ⓒ
❶ (映画・スライドなどの)**スクリーン**; (テレビなどの)**画面**
・a TV *screen* テレビ画面
❷ ついたて, びょうぶ, 間仕切り
❸ 遮蔽(しゃへい)物; (虫よけ用の)網戸
━ **動** 他
❶ 〈…を〉仕切る;〈…を〉(…から)保護する, かくまう ((*from…*))
❷ (人の)検査をする ((*for…*))
❸ 〈映画を〉上映する

screening /skríːniŋ スクリーニング/
動 screenの現在分詞・動名詞
━ **名** ⓒⓊ (集団)検診;審査;映写, 上映

screenplay /skríːnplèi スクリーンプレイ/ **名** ⓒ 映画のシナリオ[台本]

screenwriter /skríːnràitər スクリーンライタ/ **名** ⓒ シナリオライター, 映画脚本家

screw /skrúː スクルー/
名 ⓒ
❶ ねじ, ねじ釘(くぎ); (ねじなどの)1回転
・tighten [loosen] a *screw*
ねじを締める[緩める]
❷ (船の)スクリュー, (飛行機の)プロペラ
━ **動** 他
❶ 〈…を〉(…に)ねじで留める, 締める ((*on…*))
❷ 〈ふたなどを〉(…に)回して[ねじって]はめ込む ((*on…*));(…から)回してはずす ((*off…*))
❸ 〈顔などを〉しかめる, ゆがめる ((*up*))
screw A up = screw up A A (器具など)をねじで留める[締める];A (顔など)をしかめる

screwdriver /skrúːdràivər スクルードライヴァ/ **名** ⓒ ねじ回し, ドライバー

scribble /skríbl スクリブル/
動
━ 他 〈…を〉走り書きする, 落書きする

- 自 走り書きする, 落書きする
- 名 C ((しばしば scribbles)) 落書き, 走り書き

scrimmage /skrímidʒ スクリミヂ/ 名 C
1 【ラグビー】スクラム;【アメフト】スクリメージ
2 乱闘, つかみ合い, 小競り合い

script /skrípt スクリプト/ 名
1 C (演劇・映画などの)台本, 脚本
2 U 手書き文字, 筆記体

scripture /skríptʃər スクリプチャ/ 名
1 ((the Scripture(s))) 聖書 (the Bible)
2 C ((しばしば scriptures)) (聖書以外の)経典, 聖典

scroll /skróul スクロウル/
名 C (羊皮紙などの)巻き物; U C 渦巻模様[装飾]
— 動 他 【コンピュータ】〈画面上のデータなどを〉上下左右に移動する, スクロールする ((*up*, *down*))

scrub¹ /skrʌ́b スクラブ/ 動
— 他 〈…を〉(ブラシなどで)ごしごしこする, こすって洗う 〈みがく〉
— 自 (…を)こする, 洗う, みがく ((*at...*))

scrub² /skrʌ́b スクラブ/ 名 U 低木; やぶ

scruffy /skrʌ́fi スクラフィ/ 形 むさ苦しい, みすぼらしい

scrum /skrʌ́m スクラム/ 名 C 【ラグビー】スクラム

scrutiny /skrú:təni スクルータニ/ 名 U 精密な調査[検査]

scuba /skú:bə スクーバ, skjú:bə スキューバ/
名 C スキューバ(自給式の水中での呼吸装置)
- a *scuba* diver スキューバダイバー
- *scuba* diving スキューバダイビング

sculpture /skʌ́lptʃər スカルプチャ/
名 U 彫刻; C 彫刻作品; 彫像
— 動 他 〈…を〉彫刻する
 sculptural 形 彫刻の(ような)
 sculptor 名 C 彫刻家

SD ((米郵便)) *South Dakota* サウスダコタ州

S.D. ((略)) *South Dakota* サウスダコタ州

S.Dak. ((略)) *South Dakota* サウスダコタ州

sea /sí: スィー/

名 (複 **seas** /スィーズ/)
1 ((ふつう the sea)) 海; 海洋, 大洋
- swim in *the sea* 海で泳ぐ
- 2,000 feet above *the sea* 海抜2000フィート
- out to *sea* 外洋で[に]
2 ((形容詞的に)) 海の, 海に関する
- *sea* routes 航路
- a *sea* anemone 【動物】いそぎんちゃく
- a *sea* gull 【鳥】かもめ
- a *sea* lion 【動物】あしか
- a *sea* urchin 【動物】うに
3 C 波, 波浪
4 多量
- *a sea of A* = *seas of A* 多量のA(液体など)
  at sea 海上で, 航海中で; (…で)途方(ほう)に暮れて ((*with...*, *about...*))
  by sea 海路で, 船で
  go to sea 航海に出る; 船乗りになる

seabed /sí:bèd スィーベド/ 名 C ((the seabed)) 海底

seafood /sí:fù:d スィーフード/ 名 U シーフード, 海産食品

seal¹ /sí:l スィール/
名 C
1 (封筒などの)封印; シール, スタンプ
- break a *seal* 封を切る
2 印章, 判; (誓いなどの)しるし, 証拠
set [*put*] *the seal on A*
A(事)を決定づける
— 動 他
1 〈封筒などに〉封をする; 〈…を〉封印する
- *seal* an envelope 封筒に封をする
2 〈取り引きなどを〉正式なものにする; 〈運命などを〉決定づける
seal A in = *seal in A* Aを封じ込める
seal A off = *seal off A* Aを封鎖する
 sealed 形 封印[密封]された

seal² /sí:l スィール/ 名 C 【動物】あざらし, おっとせい; あしか

seam /sí:m スィーム/ 名 C 縫い目; 継ぎ目; しわ, 傷
 seamless 形 縫い目のない; とぎれのない

seaman /sí:mən スィーマン/ 名 C 水夫; 船乗り; 水兵

seaport /sí:pò:rt スィーポート/ 名 C 海港; 港町, 港市

search /sə́:rtʃ サーチ/

動 三単現 **searches** /サーチズ/
過去・過分 **searched** /サーチト/
現分 **searching** /サーチング/

― 他
❶ 〈場所を〉〈…を求めて〉**探す, 調べる**; 〈インターネットを〉〈情報を求めて〉**検索する**((for...))
❷ 〈人に〉〈所持品などの〉検査をする((for...))
・*search* a person (所持品・身分確認などをするために) 身体検査をする
― 自 (…を) 探す, 調べる ((for...))
― 名 U C (…の) 捜査;調査;(真理の)探究 ((for...))
in search of A Aを探して, 探し求めて
 searching 形 徹底的な;〈目つきなどが〉鋭い
 searchingly 副 探るように;徹底的に
searchlight /sə́ːrtʃlàit サーチライト/ 名 C サーチライト
seashell /síːʃèl スィーシェル/ 名 C (海産の)貝, 貝殻
seashore /síːʃɔːr スィーショー/ 名 U C ((ふつう the seashore)) 海岸, 海辺
・on *the seashore* 海辺に[で]
seasick /síːsìk スィースィク/ 形 船に酔った
・become [feel] *seasick* 船に酔う
 seasickness 名 U 船酔い
seaside /síːsàid スィーサイド/ 名 C ((ふつう the seaside)) 海辺, 海岸;((形容詞的に)) 海辺の, 海岸の

season /síːzn スィーズン/

名 (複 **seasons** /síːznz スィーズンズ/) C
❶ **季節**
・the four *seasons* 四季
❷ (ある活動の) **時期, シーズン**; (食べ物などの)(旬(しゅん)の)時期
・the high *season* 最盛期
・the harvest *season* 収穫期
in season 〈食べ物が〉旬の, 出盛りで;〈発言などが〉時宜(じぎ)を得て, ちょうどよい;〈商売などが〉書き入れ時で
・Oysters are *in season* now.
かきは今が旬だ
out of season
〈食べ物が〉時期はずれで, 旬をはずれて;〈発言などが〉時宜を逸して;〈商売などが〉ひまで
Season's Greetings
クリスマス[新年]のあいさつ
― 動 他
❶ 〈食べ物を〉(塩・薬味などで)味付けする, 調味する((with...))
❷ 〈木材を〉乾燥させる

seasonal 形 特定の季節に限った, 季節 (ごと)の
seasoned 形 慣れた, 熟達した;味付けした
seasoning 名 U C 調味料;味付け

seat /síːt スィート/

名 (複 **seats** /síːts スィーツ/) C
❶ **座席**; (列車などの)**席**; ((a seat)) 座ること, 着席
・an empty *seat* 空席
・an aisle [a window] *seat*
通路側[窓側]の座席
・reserve a *seat* 座席を予約する
・Take a *seat*. お座りください
❷ (いすなどの)座る部分
❸ 議席, 議員の地位
― 動 他
❶ 〈…を〉着席させる
・remain *seated* 着席したままでいる
・Please wait to *be seated*.
おかけになってお待ちください
❷ 〈場所が〉〈…人分の〉座席を有する
 seating 名 U 着席;座席配置, 収容力
Seattle /siǽtl スィアトル/ 名 シアトル (米国ワシントン州の港市)
seawater /síːwɔ̀ːtər スィーウォータ/ 名 U 海水
seaweed /síːwìːd スィーウィード/ 名 U C 海草;のり
secession /siséʃən スィセッシャン/ 名 U C (政党などからの)脱退((from...))
seclude /siklúːd スィクルード/ 動 他 〈…を〉(…から)隔離する((from...))
 secluded 形 人目につかない, 人里離れた
 seclusion 名 U 隔離;隠遁(いんとん), 隠居

second¹ /sékənd セカンド/

形 (略 2nd, ((米)) 2d)
❶ ((ふつう the second)) **第2の**, 2番目の
・*second* class (乗り物の)2等
・*second* base 【野球】2塁
・a *second* baseman 【野球】2塁手
・a *second* language 第2言語
・a *second* name 姓, 名字
・the *second* person 【文法】二人称
・the *Second* World War
第2次世界大戦 (World War II)
・on *the second* floor

《米》2階に;《英》3階に
❷《ふつう a second》もう1つ[1人]の, 別の
- *a second* half
もう一方の半分, (試合の)後半
- a *second* Shakespeare
第二のシェークスピア, シェークスピアの再来
- ask for *a second* serving
(食事の)お代わりをする
❸ 二次的な;二流の;(…に)次ぐ《*to...*》
- the *second* team 2軍
at second hand また聞きで;中古で
be second to none
(…では)誰[何]にも引けを取らない《*in...*》
- His sense of humor is *second to none*.
彼のユーモアのセンスは誰にも負けない
for the second time 再び, もう一度
in the second place 第2に, 次に
━ 副
❶ 第二に, 2番目に
- She came in *second*.
彼女は2位でゴールインした
❷《最上級に付けて》2番目に
- the *second tallest* building
2番目に高いビル
━ 名 (複 **seconds** /セカンヅ/) (略 2nd, 《米》2d)
❶ Ⓤ 《ふつう the second》**第2, 2番目;2番目の人[もの];2位**
- Elizabeth *the Second* エリザベス2世
❷ Ⓤ 《ふつう the second》(月の)2日 (²ᵈ)
- on *the second* of July [July *(the) second*]
7月2日に
❸ Ⓤ 【野球】2塁(ベース);(車の)セカンドギヤ; Ⓒ 【ボクシング】セコンド
❹《seconds》《くだけて》(食事などの)お代わり
━ 動 他 〈…を〉助ける, 後援する;〈動議などを〉支持する
I'll second that! まったく同感だよ!
|**secondly** 副 第2に, 次に

second² /sékənd セカンド/

名 (複 **seconds** /セカンヅ/) Ⓒ
❶ (時間・角度の)**秒** (略 sec., S.;記号 ")
- a *second* hand (時計の)秒針
- A minute has 60 *seconds*.
1分は60秒です
❷《ふつう a second》**ちょっとの間;瞬間**
- *Wait* [*Just*] *a second*. ちょっと待って

- Could you wait *a second*?
ちょっと待ってくれますか
- I'll be back *in a second*.
すぐに戻って来ます
secondary /sékəndèri セカンデリ/ 形
❶ 二次的な, 派生的な;第2の
- a *secondary* infection 【医学】二次感染
❷ 中等教育の
- a *secondary* school 中等学校 (日本の中学校や高等学校に当たる)
|**secondarily** 副 二次的に;2番目に
second(-)best /sékəndbést セカンドベスト/
形 2番目によい, 次善の
second-class /sékəndklǽs セカンドクラス/
形
❶〈乗り物などが〉2等の
❷《米》〈郵便物が〉第2種の
━ 副 2等で;第2種(郵便)で
secondhand /sékəndhænd セカンドハンド/
形
❶〈商品などが〉中古の, 使い古した
❷〈話などが〉また聞きの, 間接の
━ 副 中古で;また聞きで
second-rate /sékəndrèit セカンドレイト/
形 二流の;劣った
secrecy /síːkrəsi スィークラスィ/ 名 Ⓤ 秘密(にすること), 内密;秘密厳守

secret /síːkrət スィークラト/

形 比較 **more secret**
最上 **most secret**
❶ **秘密の, ないしょの**;〈場所などが〉人目につかない, 隠れた
- a *secret* code 暗号
❷ (…について)口の堅い, 隠し立てをする, 秘密主義の《*about...*》
━ 名 (複 **secrets** /スィークラツ/) Ⓒ
❶ **秘密, ないしょ**
- keep a *secret* 秘密を守る
- *in secret* 秘密に, こっそりと
❷《ふつう the secret》秘訣(ひけつ)
- the *secret* of *A*'s success Aの成功の秘訣
❸《ふつう secrets》神秘, ふしぎ
|**secretive** 形 隠し立てする;秘密主義の
|**secretively** 副 こっそりと, 秘密裏に
|**secretly** 副 こっそりと, ないしょで
secretary /sékrətèri セクラテリ/ 名 Ⓒ
❶ 秘書;書記官;幹事, 書記
❷《Secretary》《米》(各省の)長官;《英》

大臣
・the *Secretary* of State 《米》国務長官

sect /sékt セクト/ 名 C 分派, 宗派;派閥

sectarian /sektéəriən セクテアリアン/
形 分派の;宗派の;宗派心の強い
— 名 C 宗派心の強い人, 派閥的な人

section* /sékʃən セクション/
名 (複 **sections** /sékʃənz/) C
❶ **部門**；(会社などの)部, 課
❷ (新聞などの)欄；(本などの)節, 段落
❸ 断面(図)；切り取られた部分, 断片
❹ (社会的な)階層, 階級；(デパートなどの)売り場；区域
— 動 他
❶ 〈…を〉分割する, 区分する
❷ 【生物】〈組織を〉切除する；【医学】〈…を〉切除する

sectional /sékʃənəl セクショナル/ 形
❶ 部分の；断面の；組み立て式の
❷ 派閥[党派]的な

sector /séktər セクタ/ 名 C
❶ 部門, 分野, セクター；領域；区域
❷ 【数学】扇形

secular /sékjələr セキャラ/ 形 世俗の, 世間的な；非宗教的な

secure /sikjúər スィキュア/
形
❶ 〈場所などが〉〈…に対して〉安全な, 危険のない《*from...*, *against...*》
❷ 〈人が〉〈…について〉安心した《*about...*》
❸ 〈勝利などが〉確実な, 確かな；〈職業などが〉安定した
❹ 〈土台などが〉しっかりした；〈戸などが〉きちんと閉まった
— 動 他
❶ 〈人などを〉(危険などから)守る, 保護する《*from...*, *against...*》
❷ 〈権利などを〉手に入れる, 確保する
❸ 〈戸などを〉しっかり締める, 固定する

securely 副 安全に；確実に, しっかりと

security /sikjúərəti スィキュアラティ/ 名
❶ U C 安全, 無事；安心(感)；警備, 保安；機密保持
・a *security* camera 防犯カメラ
❷ U C 【法律】担保(物件), 抵当；C 《ふつう securities》有価証券

sedate /sidéit スィデイト/
形 〈人などが〉落ち着いた；〈場所が〉静かな
— 動 他 【医学】〈人に〉鎮静剤を与える

sedation 名 U 鎮静状態

sediment /sédimənt セディマント/ 名 U 沈澱(でん)物；【地質】堆積(たいせき)物

seduce /sidjúːs スィドゥース/ 動 他 〈人を〉そそのかす, 誘惑する；〈人を〉そそのかして(…させる)《*into doing*》

seduction 名 U C 誘惑, そそのかし
seductive 形 誘惑的な, 魅力的な

see /síː スィー/

動 三単現 **sees** /síːz/
過去 **saw** /sɔ́ː/
過分 **seen** /síːn/
現分 **seeing** /síːiŋ/
— 他
❶ 〈…が〉**見える**, 〈…を〉**見る**
・I can *see* many stars in the sky.
空に星がたくさん見える
・Sometimes we can *see* Mt. Fuji from Tokyo. 東京からときどき富士山が見える
・Can I *see* your passport, please?
パスポートを見せてください
📖 Can you all *see* the board?
皆さん黒板が見えますか
■ *see A do* Aが…するのを見る
・I *saw* her skate on the ice.
彼女が氷上でスケートをするのを見た
■ *see A doing* Aが…しているのを見る
・I *saw* her work*ing* hard at the office.
彼女がオフィスで熱心に働いているのを見た
■ *see A done* Aが…されるのを見る
・We often *see* him scolded by our teacher. 彼が先生にしかられるのをよく見る
■ *see A C* AがC(の状態)であるのを見る
・I *saw* her alone in the classroom.
彼女が教室でひとりでいるのを見た
■ *see wh-* …かを見る
・I *saw who* broke the window.
私は誰が窓を割ったのか見た
❷ 〈人に〉**会う, 面会する**；〈医者に〉診てもらう, 〈医者が〉〈人を〉診察する
・I'm glad to *see* you again. = Nice to *see* you again. またお会いできてうれしいです
・Someone who wants to *see* you is waiting in the lobby.
あなたに面会したい人がロビーで待っています
・You should *see* a doctor.
医者に診てもらった方がいいよ
📖 *See* you again next Monday.

来週の月曜日にまた会いましょう
- See you in room 2 after the break.
休み時間のあとで教室2で会いましょう

❸〈…を〉**見物する**；〈劇・試合などを〉見る
- see a movie 映画を見る
- I want to see Niagara Falls in America.
アメリカではナイアガラの滝を見物したい

❹〈…が〉**分かる**，〈…を〉理解する
- see the point of the argument
議論の要点をつかむ
- Can't you see that he loves you?
彼があなたを愛していることが分からないの
- *I (can) see what* you mean.
おっしゃることは分かります
- *I don't see why* you study so hard. どうしてそんなに一生懸命勉強するのか分からない

❺〈人を〉送り届ける
- *see A home* A（人）を家まで送る
- *see A across B*
A（人）に付き添ってB（通り）を渡る

❻〈…を〉見てみる，確かめる
- *See what* time it is. 何時か確かめなさい
- *See when* he'll come.
彼がいつ来るか確かめて
- I'll *see what* I can do for you.
あなたに何をやってあげられるか検討します

❼〈…を〉〈書物などで〉調べる，参照する
- *see above [below]* 上記［下記］参照

❽〈…を〉経験する，〈時・場所などが〉〈…に〉遭遇する
- This year *saw* many high points.
今年は多くの目立つ出来事があった

❾〈…を〉心に描く，想像する；〈…を〉〈…と〉見なす《*as...*》
- I can't *see* him slacking off.
彼が怠けているのは想像できない
- I can *see* him *as* a musician.
彼を音楽家と見なすことができる

━ 自

❶ **見える，見る**
- I *see* very well without glasses.
私はめがねなしでもよく見えます
- *Seeing* is believing.
（ことわざ）百聞は一見にしかず

❷ **分かる，理解する**
- as far as I can *see* 私の理解する限りでは

❸ **確かめる；調べる**
- Go and *see* for yourself.
行って自分で確かめてきなさい

❹ 《注意・強調》ほら，ね
- *See*, I told you so! だから言ったでしょう

as I see it 私の理解するところでは
(I'll) be seeing you! じゃあまた
I'll see. 考えておきましょう
I see. 分かりました，なるほど
Let me see. = Let's see.
ええと，そうねえ
Long time no see. 久しぶりですね
see about A
A（事）のことを考えておく；Aの手配をする
see after A
A（人・動物など）の世話をする
See here! （怒って）おいおい
see A off
A（人）を（空港・駅などで）見送る
see that... …するよう取り計らう
see through A A（窓・カーテンなど）を通して見る；A（事・人）の本質を見抜く
see A through = see through A
A（映画など）を最後まで見る；A（計画など）を最後までやり通す
see to A Aに気をつける；Aの世話をする
see (to it) that... …するよう取り計らう
- I'll *see (to it) that* it never happens again. そのようなことが二度と起こらないよう注意します
See you. じゃあまた
See you again. じゃあまた
See you around. じゃあまた
See you later. じゃあまた（あとで）
See you soon. じゃあまた
the way I see it 私の見るところでは
you see
お分かりのように；そうでしょう，ね；いいですか
- I'm very tired *you see*.
いいかい，ぼくは疲れているんだよ

seed /síːd スィード/
━ 名
❶ C|U （植物の）種(たね)，種子
- plant *seeds* 種をまく
❷ C （ふつう seeds）（…の）根源，原因《*of...*》
❸ C 【スポーツ】シード選手［チーム］
━ 動
━ 他
❶〈土地に〉（…の）種をまく《*with...*》
❷〈果実の〉種を取り除く
❸【スポーツ】〈…を〉シードにする
━ 自〈植物が〉種ができる

seedling /síːdliŋ スィードリング/ 名 C 若木, 苗木

seeing /síːiŋ スィーイング/
動 seeの現在分詞・動名詞
— 名 U 見ること；視覚
・*Seeing* is believing.
 ((ことわざ))百聞は一見にしかず
— 接 (…で)あるからには((*that*節))

seek /síːk スィーク/

動 三単現 **seeks** /スィークス/
過去・過分 **sought** /ソート/
現分 **seeking** /スィーキング/

— 他
❶ ⟨…を⟩**探し求める**, 追求する
❷ ⟨…を⟩得ようとする
▪ *seek to do* …しようとする[努める]
— 自 (…を)探し求める, 追求する((*for*...))
 seeker 名 C 探し求める人, 探求者

seem /síːm スィーム/

動 三単現 **seems** /スィームズ/
過去・過分 **seemed** /スィームド/
現分 **seeming** /スィーミング/
— 自 …のように思われる[見える], …のようだ, …らしい

▪ *A seems (to be) C = it seems that A is C* AはCであるように思われる
・The information *seems (to be)* false. = *It seems that* the information is false.
 その情報は間違っているようだ
📖 I *seem to* be losing my voice.
 声が出なくなってきたようです

▪ *A seems to have been C = it seems that A was C* AはCであったように思われる
・She *seems to have been* a great scientist. 彼女は偉大な科学者だったらしい

▪ *A seems to do = it seems that A does*
 Aが…するように思われる
・He *seems to* come here alone. = *It seems that* he comes here alone.
 彼はここに1人で来そうに思われる

▪ *A seems to have done = it seems that A did* Aは…したように思われる
・He *seems to have* failed the test.
 彼はどうやらテストで赤点を取ったらしい

▪ *A seems like B* Aは(まるで)Bのようだ
・She *seems like* a shy girl.
 彼女は内気な少女のようだ

▪ *A seems like... [as if..., as though...]*
 Aは(まるで)…のようだ
・He *seems as if [as though]* he knows nothing. 彼は何も知らないように思える

▪ *it seems to A that...*
 A(人)にとって…であるように思われる
・*It seems* to me *that* things will get better. 私には事態が好転しているように思われる

▪ *it seems (to be) C that...*
 …はCであるように思われる
・*It seems (to be)* probable *that* Japan will win the match.
 日本は試合に勝ちそうだ

▪ *it seems (to be) C (for A) to do*
 (A(人)が)…するのはCであるように思われる
・*It seems* impossible *for* the inexperienced doctor *to* cure the disease.
 経験不足の医師がその病気を治すのはむりなように思える

▪ *it seems like...* …のようだ
・*It seems like* he's afraid of the dog.
 彼はその犬が怖いみたいだ

▪ *it seems as if...* [*as though...*]
 (まるで)…のようだ
・*It seems as if* you are a ghost.
 君はまるでお化けみたいだ

▪ *it seems likely* [*unlikely*] *that...*
 …ということはありそうだ[ありそうでない]
・*It seems likely that* it will snow tomorrow. あしたは雪になりそうだ

▪ *there seems to be A = it seems that there is A* Aがあるように思われる
・*There seems to be* no consensus.
 意見の一致が見られないように思われる

It seems so. = So it seems.
 そうらしい

seeming /síːmiŋ スィーミング/
動 seemの現在分詞・動名詞
— 形 外見上の, 見せかけの, うわべの
 seemingly 副 一見したところ；うわべは

seen /síːn スィーン/ 動 seeの過去分詞

seep /síːp スィープ/ 動 自
❶ ⟨液体などが⟩(…から)もれ出る, にじみ出る((*out of*..., *from*...))
❷ ⟨情報が⟩(…から)もれる((*from*...))

seesaw, see-saw /síːsɔː スィーソー/ 名
U シーソー遊び；C シーソー板

・play on a *seesaw* シーソー遊びをする

segment
名 /ségmənt セグマント/ C
❶ 部分, 区分
❷【幾何】(円の)弧;(直線の)線分
━ 動 /segmént セグメント/
━ 他〈…を〉(…に)分ける((*into...*))
━ 自 (…に)分かれる, 分裂する((*into...*))
segmentation 名 U 区分;(細胞の)分裂

segregate /ségrigèit セグリゲイト/ 動 他
❶〈人などを〉(…から)分離する,〈病人などを〉隔離する((*from...*))
❷〈…を〉(人種)差別する
segregated 形 分離[隔離]された;区分された;(人種)差別的な
segregation 名 U 分離, 隔離;人種差別

seismic /sáizmik サイズミク/ 形 地震の, 地震による

seize /síːz スィーズ/
動 三単現 **seizes** /スィーズィズ/
過去・過分 **seized** /スィーズド/
現分 **seizing** /スィーズィング/
━ 他
❶〈…を〉(強く)**つかむ, にぎる**
・*seize* him by the arm
彼の腕をぎゅっとつかむ
❷〈物などを〉(…から)奪う((*from...*));〈場所などを〉占拠する;〈権力などを〉にぎる
❸〈犯人を〉逮捕する, 捕らえる
❹〈警察などが〉〈…を〉押収する
❺ (…する)〈機会などを〉つかむ((*to do*))
❻〈病気などが〉〈人を〉襲う
❼〈考えなどを〉理解する
━ 自
❶〈人が〉(物を)力ずくでつかむ((*on...*))
❷〈人が〉(機会などを)とらえる((*on...*))

seizure /síːʒər スィージャ/ 名
❶ U つかむこと;強奪;差し押さえ, 押収
❷ C (脳などの)発作, 急病

seldom /séldəm セルダム/
副 比較 **more seldom**
最上 **most seldom**
めったに…(し)ない(⇔ often)
・He *seldom* breaks a promise.
彼はめったに約束を破らない
not seldom しばしば
seldom, if ever たとえあってもまれにしか…しない
seldom or never めったに…しない

select /silékt スィレクト/
動 三単現 **selects** /スィレクツ/
過去・過分 **selected** /スィレクティド/
現分 **selecting** /スィレクティング/
━ 他〈…を〉(…の中から)**選ぶ, 選び出す**, えり抜く((*among...*))
・He *was selected* as a class representative. 彼は学級委員に選ばれた
━ 形 選ばれた, えり抜きの;エリートの

selection /səlékʃən サレクシャン/ 名
❶ U C 選択, 選抜;選ぶこと
・make a *selection* 選ぶ
❷ C 選ばれた物[人];(本などの)選集
❸ U【生物】淘汰(とうた)

selective /səléktiv サレクティヴ/ 形 選択された, えり抜きの;選択能力のある
selectively 副 選択的に
selectivity 名 U 選択性

selector /səléktər サレクタ/ 名 C
❶ 選択者
❷ ((英))(スポーツチームなどの)選考委員
❸ (テレビのリモコンなどの)セレクター, 選別装置

self /sélf セルフ/ 名 (複 **selves** /セルヴズ/)
❶ U C 自己, 自分自身; U ((しばしば the self)) 自我
❷ U 私欲, 利己心

self-centered /sélfséntərd セルフセンタド/ 形 自己中心の, 利己的な

self-confident /sélfkánfədənt セルフカンファダント/ 形 自信のある
self-confidence 名 U 自信

self-conscious /sélfkánʃəs セルフカンシャス/ 形 自意識過剰な
self-consciousness 名 U 自意識過剰

self-control /sélfkəntróul セルフカントロウル/ 名 U 自制, 克己

self-defense /sélfdiféns セルフディフェンス/ 名 U 自己防衛;正当防衛

self-determination /sélfditəːrmənéiʃən セルフディターマネイシャン/ 名 U 自己決定;民族自決

self-discipline /sélfdísəplən セルフディサプラン/ 名 U 自己訓練
self-disciplined 形 自己訓練ができている

self-employed /sélimplɔ́id セルフインプロイド/ 形 自営(業)の
・the *self-employed* ((複数扱い))自営業者

self-esteem /sélfistíːm セルフィスティーム/ 名 U 自尊(心);自負(心)

self-evident /sélfévədənt セルフエヴァダント/ 形 自明の, 分かりきっている

self-help /sélfhélp セルフヘルプ/ 名 U 自助, 自立

self-indulgent /sélfindʎldʒənt セルフインダルヂャント/ 形 勝手気ままな;わがままな;ひとりよがりの

self-interest /sèlfíntərist セルフインタリスト/ 名 U 利己心;私利, 私欲
  self-interested 形 利己的な, 自分本位の

selfish /sélfiʃ セルフィシュ/ 形 〈言動などが〉利己的な, わがままな, 自分本位の
  selfishly 副 利己的に, 自分本位に
  selfishness 名 U わがまま, 自分本位

selfless /sélfləs セルフラス/ 形 無私無欲の
  selflessly 副 無私で
  selflessness 名 U 無私(無欲)

self-made /sélfméid セルフメイド/ 形 〈人が〉独力で成功した;〈物が〉自作の

self-pity /sélfpíti セルフピティ/ 名 U 自己憐憫(れんびん)

self-portrait /sélfpɔ́ːrtrət セルフポートラト/ 名 C 自画像

self-respect /sélfrispékt セルフリスペクト/ 名 U 自尊(心)

self-service /sélfsə́ːrvis セルフサーヴィス/ 名 U セルフサービス
  ━ 形 セルフサービスの

self-styled /sélfstáild セルフスタイルド/ 形 自称の

self-sufficient /sélfsəfíʃənt セルフサフィシャント/ 形 自給自足できる;自立した
  self-sufficiency 名 U 自給自足

sell /sél セル/

動 三単現 **sells** /sélz セルズ/
過去・過分 **sold** /sóuld ソウルド/
現分 **selling** /séliŋ セリング/

━ 他

❶ 〈物を〉(ある価格で)**売る**((*at...*, *for...*))(⇔ buy)
  ▪ *sell* A B = *sell* B to A
  A(人)にB(物)を売る
・*sell* cameras *at* a discount
  カメラを値引きして売る

❷ 〈商品が〉〈ある数量〉**売れる**
・The magazine *sells* 100,000 copies monthly. その雑誌は月に10万部売れます

❸ 〈商品を〉**売っている**
・Do you *sell* CDs?
  (店員に)CDは置いていますか

❹ 〈評判などが〉〈商品の〉売れ行きを促進する
・The advertising campaign *sold* the new car.
  広告キャンペーンで新車の売れ行きが上がった

❺ ((次の用法で))
▪ *sell* A (*on*) B = *sell* B to A
  A(人)にB(考え・計画など)を売り込む, 宣伝する
・*sell oneself* 自分自身を売り込む

━ 自

❶ 〈人が〉**売る**
・*sell* and make money 売り稼ぐ

❷ 〈物が〉(ある価格で)**売れる**, 売られる((*at...*, *for...*));(ある状態で)売れる
・The book *sells well*.
  その本は売れ行きがよい

be sold on A A(事)に夢中になっている
sell A *off* = *sell off* A
  A(商品)を(安く)売り払う, 放出する
sell A *out* = *sell out* A
  A(商品)を売り尽くす
SOLD OUT ((掲示))売り切れ
・The concert was all *sold out*.
  コンサートのチケットは全部売り切れた
sell A *short* A(人)を過小評価する

━ 名

❶ ((a sell))ぺてん;失望
❷ U 売り込み(方)
・the hard [soft] *sell*
  強引な[物腰のやわらかな]売り込み

seller /sélər セラ/ 名 C
❶ 売る人, 売り手, セールスマン
・the buyer and the *seller* 買い手と売り手
❷ よく売れる商品
・a best *seller* ベストセラー

sellout /séláut セラウト/ 名 C 売り切れ;入場券売り切れの催し物

selves /sélvz セルヴズ/ 名 selfの複数形

semantic /səmǽntik サマンティク/ 形 (言語の)意味の, 意味に関する;意味論の

semblance /sémbləns センブランス/ 名 U ((またa semblance))外観;外見, うわべ;類

似

semester /səméstər セメスタ/ 名C (1年2学期制の大学の)学期
・the first [second] *semester* 前期[後期]

semicolon /sémikòulən セミコウラン/ 名C セミコロン

semiconductor /sèmikəndʌ́ktər セミカンダクタ/ 名C 【物理】半導体

seminar /séminɑ:r セミナー/ 名C (大学の)演習, セミナー

seminary /séminèri セミネリ/ 名C 神学校

senate /sénət セナト/ 名C
❶ ((the Senate)) (米国などの)上院
❷ (大学の)評議会, 理事会
❸ 【ローマ史】元老院
| **senator** 名C 上院議員;(大学の)評議員;(古代ローマの)元老院議員

send /sénd センド/

動 三単現 **sends** /センヅ/
過去・過分 **sent** /セント/
現分 **sending** /センディング/

— 他

❶ 〈…を〉**送る**, 届ける (⇔ receive)
■ *send* (*A*) *B* = *send B* (*to A*)
(A(人など)に)B(手紙・物)を送る
・*send* a package by air 荷物を航空便で送る
・Did you *send* him an E-mail?
彼にEメールを送りましたか
・*send* relief *to* Africa
アフリカに救援物資を送る

❷ 〈人を〉**行かせる**, 派遣する
■ *send A* (*to B*)
A(人)を(B(場所)に)行かせる, 派遣する;A(人)を(B(学校など)に)通わせる
・My parents worked hard to *send* me *to* school.
私を学校にやるために両親は懸命に働いた
■ *send A to do* A(人)を…しに行かせる
■ *send A for B*
A(人)にB(人・物)を呼びに[取りに]行かせる
■ *send A on B* A(人)をB(任務)につかせる

❸ 〈伝言などを〉**伝える**
■ *send* (*A*) *B* = *send B* (*to A*)
(A(人)に)B(メッセージなど)を伝える
・*Send* my best regards *to* your family.
ご家族によろしくお伝えください
■ *send A with B*
A(伝言など)をB(人)に託す

❹ ((次の用法で))
■ *send A to* [*into*] *B* A(人・物)をBにする
・*send* a baby *to* sleep 赤ん坊を寝かしつける
■ *send A C* A(人・物)をC(の状態)にする
■ *send A doing* A(人・物)を…させる
— 自 (…に)使者などを送る ((*to*...))

send A away = send away A
A(人)を追い払う, 首にする;A(人)を派遣する
send A back = send back A
A(物)を送り返す, 返品する
send for A Aを呼びにやる
・*send for* a doctor 医者を呼びにやる
send A forth = send forth A
A(光など)を発する
send A in = send in A A(書類など)を(郵送で)提出する;A(人)を中へ招き入れる
send A off = send off A
A(書類など)を発送する;A(人)を追い払う, 退場させる;A(人)を見送る
send A on = send on A
A(手紙など)を(…に)転送する ((*to*...))
send A out = send out A A(物)を(…に)送付する ((*to*...));A(光など)を発する
send A up = send up A A(物価など)を上げる;A(ロケットなど)を打ち上げる

sender /séndər センダ/ 名C 送り主, 発信人;送信機

senior* /sí:njər スィーニャ/
形 ((比較なし))
❶ (…より)**年上の** ((*to*...));先輩の;((主に米))高齢者の
・He is *senior to* me by three years.
彼は私より3歳年上です
❷ 上位の, 上級の
・a *senior* high school 高等学校, 高校
❸ ((米))(大学・高等学校の)最上級の
— 名 (複 **seniors** /スィーニャズ/) C
❶ 年上の者, 年長者;先輩;上位[上級]の人;上司
・a *senior* citizen 高齢者, お年寄り
❷ ((米))(大学・高等学校の)最上級生
| **seniority** 名U 年功序列;先輩であること;年長

sensation /senséiʃən センセイシャン/ 名
❶ C ((ふつう a sensation)) 大評判, センセーション
❷ CU 感覚, 知覚; C 感じ, 気持ち
| **sensational** 形 大評判の, センセーショナルな;扇情的な;すばらしい

sense /séns センス/

名 (複 **senses** /センスィズ/)
❶ C (肉体的)感覚
- the (five) *senses* 五感
- the *sense* of sight [hearing, smell, taste, touch] 視覚[聴覚, 嗅覚, 味覚, 触覚]
- the sixth *sense* 第六感, 直感

❷ U ((時に a sense))(…に対する)理解力, 認識力, 判断力, センス;(精神的)感覚, 観念 ((*of*...))
- *a sense of* humor ユーモアのセンス
- *a sense of* responsibility 責任感

❸ U (…するだけの)良識, 常識, 思慮分別 ((*to do*))
- common *sense* 常識(的判断力)
- talk *sense* 理にかなったことを言う

❹ ((*one's* senses)) 正気
- lose *one's senses*
平常心をなくす, 正気[意識]を失う
- be out of *one's senses* 正気を失っている
- bring *A* to *A's senses* A(人)を正気に戻す
- come to *one's senses* 正気に戻る

❺ C ((a sense))(…の)感じ, 意識 ((*of*...))
- *a sense of* danger 危機感

❻ C 意味;(単語などの)意味, 語義
- in *a sense* ある意味では
- in the *sense* that... …という意味では

❼ U (…することの)意義 ((*in doing*))
- there is no *sense in doing* …してもむだだ
in every sense of the word
あらゆる意味で
in no sense いかなる意味でも…でない
make sense
(1)〈話・事などが〉意味をなす, 道理に合う
- That *makes sense*.
それはもっともだ, 分かる分かる
(2) 賢明である

━ 動 他 〈…を〉感じる,〈…に〉気づく;〈機械が〉〈…を〉探知する

senseless 形 無感覚の;意識を失った;愚かな;無意味な
senselessly 副 無意識に;無分別に

sensible /sénsəbl センサブル/ 形
❶〈人が〉良識[分別]がある,〈行動などが〉賢明な
❷〈服装などが〉その場にふさわしい
❸ (…に)気づいている ((*of*...))

sensibility 名 U 感覚;感受性, 敏感さ;識別能力

sensitive /sénsətiv センサティヴ/ 形
❶ (…に)敏感な, 感じやすい ((*to*...))
❷ (…に)神経過敏な, 繊細な;神経質な, 傷つきやすい ((*to*...))
❸〈機器などが〉感度がよい;〈フィルムが〉高感度の, 感光性の
❹ (特に国家の)機密を扱う;〈問題などが〉注意を要する, 微妙な
sensitively 副 敏感に;微妙に
sensitivity 名 U 感じやすさ;感受性;(ラジオなどの)感度

sensor /sénsə:r センソー/ 名 C (光などの)感知装置, センサー

sensory /sénsəri センサリ/ 形 感覚(上)の, 知覚(上)の

sensual /sénʃuəl センシュアル/ 形 肉感的な, 快楽的な

sent /sént セント/ 動 sendの過去形・過去分詞

sentence /séntəns センタンス/

名 (複 **sentences** /センタンスィズ/)
❶ C【文法】文, 文章
- Can anybody correct this *sentence*?
この文を直せる人はいますか
❷ U C【法律】判決, (判決の)宣告

━ 動 他〈人に〉判決を下す;〈人を〉(…の)刑に処する ((*to*...))

sentiment /séntəmənt センティマント/ 名
❶ U C 感情, 気持ち;情感
❷ U C ((しばしば sentiments))(…に関する)意見;感想 ((*on*...))
❸ U (…に対する)感傷, 涙もろさ ((*for*...))
sentimental 形 感情的な;涙もろい;感傷的な, センチメンタルな
sentimentality 名 U 感傷性, 涙もろさ

Seoul /sóul ソウル/ 名 ソウル (大韓民国の首都)

Sep. ((略)) *Sep*tember 9月

separate /sépərèit セパレイト/

動 三単現 **separates** /セパレイツ/
過去・過分 **separated** /セパレイティド/
現分 **separating** /セパレイティング/

━ 他
❶〈…を〉(…から)**分ける, へだてる, 引き離す** ((*from*...))
- A large river *separates* the two coun-

tries. 大きな川が両国を分けている

❷ 〈…を〉(グループなどに)**分ける**, 区分[分類]する((into...))
- The teacher *separated* us into five groups.
先生はぼくたちを5つのグループに分けた
- Can you *separate* good melons from bad ones?
よいメロンと悪いのを区別できますか

❸ 〈人を〉(…から)別れさせる((from...))
━ 自
❶ 〈1体の人・物が〉(いくつかに)**分かれる**((into...))
❷ 〈人が〉(…と)**別れる**((from...)), 〈夫婦が〉別居する
❸ (…から)分離する((from...))

━ 形 /séparat セパラト/ (…から)分かれた, 離れた, 分離した((from...));別々の
| **separately** 副 分かれて, 離れて;別々に
| **separable** 形 分離[区別]できる
| **separation** 名 ⓊⒸ 分離, 離別;別居

Sept. ((略))*Sept*ember 9月

September
/septémbər セプテムバ/
名 ⓊⒸ **9月**(略 Sep., Sept.)
- *in September* 9月に

sequel /síːkwəl スィークワル/ 名 Ⓒ
❶ (小説・映画などの)続編((to...))
❷ (…の)結果, 結末((of..., to...))

sequence /síːkwəns スィークワンス/ 名
❶ Ⓤ 連続;順序; Ⓒ (連続して起こる)出来事
- in *sequence* 次々と;順番に
❷ Ⓒ (映画などの)一続きの場面[シーン]
| **sequential** 形 連続して起こる

serenade /sèrənéid セレネイド/ 名 Ⓒ 【音楽】セレナーデ, 小夜(さよ)曲

serene /sərí:n スリーン/ 形 〈海などが〉穏やかな; 〈生活などが〉平穏, 落ち着いた; 〈空が〉晴れた, 澄んだ
| **serenely** 副 穏やかに;落ち着いて

serenity /sərénəti サレナティ/ 名 Ⓤ 平静, 落ち着き;うららかさ, 晴朗

serial /síəriəl スィアリアル/
名 Ⓒ (雑誌などの)連載物, (テレビなどの)続き[シリーズ]物;定期刊行物
━ 形 続き[シリーズ]物の; 〈番号などが〉連続している, 通しの

- a *serial* number 通し番号;製造番号

series
/síəriːz スィアリーズ/
名 ((複)) series /スィアリーズ/)
❶ Ⓒ (同種のものの)**連続, 一続き**((of...)); (野球などの)連続試合
■ *a series of A* 一連のA
- the Japan *Series* 【野球】日本シリーズ
- *in series* 連続して
❷ Ⓒ 連続出版物; (テレビなどの)シリーズ物
❸ Ⓒ 【数学】級数; Ⓤ 【電気】直列

serious* /síəriəs スィアリアス/
比較 **more serious**
最上 **most serious**
❶ 〈問題などが〉**重大な**; 〈事が〉**深刻な**
❷ 〈人が〉**まじめな**;本気の;真剣な
- I'm *serious*. 本気だよ
| **seriousness** 名 Ⓤ 重大さ, 深刻さ;まじめさ

seriously /síəriəsli スィアリアスリ/ 副
❶ 真剣に, まじめに, 本気で
❷ 重大に, 深刻に, ひどく
❸ ((文修飾))冗談はさておいて

sermon /sə́ːrmən サーマン/ 名 Ⓒ (教会での)説教;お説教, 小言

serpent /sə́ːrpənt サーペント/ 名 Ⓒ ((文語))蛇 (snakeより大きく毒を持つ)

servant /sə́ːrvənt サーヴァント/ 名 Ⓒ 使用人, 召使い;奉仕者;公務員

serve
/sə́ːrv サーヴ/
動 三単現 **serves** /サーヴズ/
過去過分 **served** /サーヴド/
現分 **serving** /サーヴィング/
━ 他
❶ 〈飲食物を〉**出す**
- *serve* dinner 夕食を出す
■ *serve A* (*with*) *B* = *serve B to A*
A(人)にB(食事)をふるまう, 給仕する
- *serve* guests *with* wine
客をワインでもてなす
❷ 〈…のために〉**働く**, 〈…に〉仕える; 〈任期などを〉勤める
- *serve* the community as a policeman
警官として地域社会のために尽くす
- *serve* two years in the army
2年間兵役につく
❸ 〈店員が〉〈客に〉**応対する**
- *serve* customers 顧客に応対する

- Are you *being served*?
  (店員が客に)ご用は承っていますか
  ❹〈施設などが〉〈人々・地域に〉(水道・電気・ガスなどを)供給する((*with...*))
- Japan *is* well-*served* by public transportation.
  日本は公共交通機関が発達している
  ❺【球技】〈ボールを〉サーブする
  ❻〈食事などが〉〈…人分〉ある
- This cake *serves* four people.
  このケーキは4人分です
  ❼〈利益・目的などの〉ためになる;〈人の〉役に立つ
- *serve A's* purpose A(人)の目的に役立つ
  ❽〈囚人が〉〈刑期を〉(…の罪で)務める((*for...*))
  ━ 自
  ❶(…に)**勤務する**, 勤める, 働く((*in..., on..., with...*));(…のもとで)仕える((*under...*));(…として)務める((*as...*))
- He *served as* a manager in an opera house. 彼は歌劇場の支配人を務めた
  ❷ 給仕する;食事を出す((*up*))
  ❸(…として)役に立つ((*as...*));(…の)目的にかなう((*for...*))
  ❹【球技】サーブする
  serve A out = serve out A
  A(任期)を勤め終える;A(食べ物)を配る
  serve A right A(人)に当然の報いをする
- (It) *serves* you *right*.
  当然の報いだ, ざまあ見ろ
  ━ 名 (複 *serves* /サーヴズ/) C
  (テニスなどの)**サーブ**;サーブ権
- It's my *serve*. 今度は私がサーブする番だ

server /sə́:rvər サーヴァ/ 名 C
❶ ((米))給仕人;ウェーター, ウェートレス
❷ ((ふつう servers)) (料理を載せる)盆, 給仕用具
❸【スポーツ】(テニスなどで)サーバー
❹【コンピュータ】サーバー

service /sə́:rvis サーヴィス/

名 (複 *services* /サーヴィスィズ/)
❶ U C (水道・電気・ガスなどの)**供給**;(郵便などの)**公益事業**, 業務;(交通の)**便**, 運行
- public *services* 公益事業
- air *service* 航空事業, 空の便
- train *service* 列車の便
- a *service* provider
  (インターネットの)サービスプロバイダー
- There is a good bus *service* in the city.
  この都市はバスの便がよい
  ❷ C ((しばしば services)) **奉仕**(事業), 尽力, 貢献
- volunteer *service* ボランティア事業
- social *service*(*s*) 社会奉仕
- do *A* a *service* = do a *service* to *A*
  A(人)のために尽くす
  ❸ U (ホテル・飲食店などの)**サービス**, 接客, 給仕
- a *service* charge
  手数料, サービス料;管理費
- a *service* station ガソリンスタンド, 給油所
- They have good *service* at the restaurant. あのレストランはサービスがよい
  ❹ U 勤務, 公務;軍務, 兵役
- public *service* 公務
- go into *the service* 入隊する
  ❺ C 礼拝(ﾚｲﾊﾟｲ);(宗教上の)儀式
- morning *service* 朝の礼拝
  ❻ C (テニスなどで)サーブ(の順番)
  ❼ U C (機械などの)修理, 点検, アフターサービス
  at A's service
  いつでもA(人)の役に立って
  be of service (…に)役立っている((*to...*))
  in service 〈機械などが〉使われていて;〈交通機関が〉運行されていて
  out of service 〈機械などが〉使われていなくて;〈交通機関が〉運休していて
  ━ 動 他
  ❶〈機械などを〉修理点検する, (…の)アフターサービスをする
  ❷〈人に〉サービスを提供する;〈人の〉役に立つ

serviceable /sə́:rvisəbl サーヴィサブル/ 形
❶ 役に立つ, 便利な
❷ 丈夫で長持ちする, 実用的な

serving /sə́:rviŋ サーヴィング/
動 serve の現在分詞・動名詞
━ 名 C (料理・飲み物の)1人[1杯]分
━ 形〈容器が〉取り分け用の

sesame /sésəmi セサミ/ 名 U 【植物】ごま;ごまの種

session /séʃən セシャン/ 名
❶ C U (会議の)開会;(裁判所の)開廷
- be in *session* 開会中である
  ❷ C 会議, 会合;講習会
  ❸ C ((米))(大学の)学期, 授業時間
- the summer *session* 夏学期

set ☞ 554ページにあります

setting /séṭiŋ セティング/
動 setの現在分詞・動名詞
— **名**
① C ((ふつう a setting)) (演劇の)セット, 背景;舞台装置
② C (機械・器具などの)調節目盛り
③ U (太陽・月などが)没すること

settle* /séṭl セトル/
動 三単現 **settles** /セトルズ/
過去・過分 **settled** /セトルド/
現分 **settling** /セトリング/
— 他
① 〈言い争い・問題などを〉**解決する**, かたづける
・ *settle* an argument 口げんかのけりをつける
② 〈値段・条件などを〉**決める**
・ *settle* the price 値段を決める
③ 〈物を〉(慎重に)置く
④ 〈勘定・借金などを〉払う;清算する
⑤ 〈神経などを〉静める
⑥ (ある土地に)植民する;〈人を〉(場所に)定住させる((*in...*))
— 自
① (場所に)定住する, 住みつく;移住する((*in...*))
・ They *settled in* Chicago.
彼らはシカゴに移住した
② 〈人が〉(…に)勘定を支払う, 借金を清算する((*with...*));(人と)折り合いをつける((*with...*))
③ (体を)(落ち着きのよい場所などに)置く, 座る((*in..., into...*))
・ *settle* (down) *in* the chair
いすにゆったりと座る
④ 〈人・事態が〉落ち着く;〈天気などが〉安定する((*down*))
・ The weather *settled down*.
天候が落ち着いた
⑤ 〈鳥などが〉(枝などに)止まる, 〈視線が〉(…に)止まる((*on..., upon...*))
settle down 落ち着く;(特に結婚して)身を固める;(…に)身を入れる((*to...*))
settle for A
Aを(不満ながら)承知する, Aで満足する
settle in (新しい家・環境などに)落ち着く
settle on [*upon*] A A(日程など)を決定する;〈鳥などが〉A(枝など)に止まる

settle oneself
身を固める;(いすなどに)座ってくつろぐ

settler **名** C 移住者, 入植者;開拓者

settled /séṭld セトルド/
動 settle の過去形・過去分詞
— **形**
① 〈生活などが〉定着した, 固定した
② 〈負債・問題などが〉清算[解決]済みの

settlement /séṭlmənt セトルマント/ **名**
① U C (問題などの)解決, 和解
② U 植民, 移住;定住; C 植民地, 移住地;集落
③ U C (借金などの)清算, 決算
④ C (貧民地区での)セツルメント, 社会福祉事業(団)

setup /séṭʌp セタプ/ **名** C
① 組織, 機構
② たくらみ;八百長(試合)
③ 【コンピュータ】セットアップ

seven /sévn セヴン/
名 (複 **sevens** /セヴンズ/)
① U C (基数の)**7**; U ((複数扱い))7つ, 7個, 7人
・ Five plus two is *seven*. 5足す2は7
② U 7時, 7分
・ It's *seven* twenty now. 今7時20分です
③ U 7歳
④ C 7人[個]一組のもの
— **形**
① 7の, 7個の, 7人の
② 7歳の

seventeen
/sèvəntí:n セヴァンティーン/
名 (複 **seventeens** /セヴァンティーンズ/)
① U C (基数の)**17**; U ((複数扱い))17個, 17人
② U 17時, 17分
③ U 17歳
— **形**
① 17の, 17個の, 17人の
② 17歳の

seventeenth /sèvəntí:nθ セヴァンティーンス/
形 (略 17th)
① ((ふつう the seventeenth)) 第17の, 17番目の
② ((a seventeenth)) 17分の1の

➡➡➡ 555ページに続く ➡➡➡

set /sét セト/

動 三単現 **sets** /セツ/
過去・過分 **set** /セト/
現分 **setting** /セティング/

━ 他

❶ 〈…を〉**置く, 据(ⁿ)える**
- *set* dishes on the table テーブルに皿を置く
- *set* a clock on the wall 壁に時計をかける

❷ 〈…を〉**用意する, 整える**;〈機械などを〉**調整する**, 設定する
- *set* a table for dinner 夕食の準備をする
- *set* a timer for a camera
  カメラにタイマーをセットする
- **set *A* *to* [*for*] *B***
  A(時計など)をB(目盛りなど)に合わせる
- *set* an alarm *for* seven
  目覚まし時計を7時にセットする

❸〈日時などを〉(…のために)**設定する**((*for*...));〈目標・基準・価格などを〉(…に)設定する((*on*...));〈映画などを〉(…の場所・時代に)設定する((*in*...))
- *set* a date *for* the meeting
  会議の日取りを決める
- *set* a price *on* the picture
  絵に値付けをする
- *set* the film *in* Rome
  その映画の舞台をローマにする

❹ 〈…を〉(ある状態に)**する**
- **set *A* *C*** A(物)をC(の状態)にする
- I *set* my books in order. 本を整理した
- **set *A* *doing*** A(人・物)を…し始めさせる
- *set* a computer work*ing*
  コンピュータを起動する
- **set *A* *to do***
  A(人・物)が…するようにする, Aに…させる
- *set* an alarm *to* ring at 5
  5時に目覚ましが鳴るようにセットする
- Can I *set* you *to* solve the problem?
  問題を解いてくれないか

❺ 〈…を〉**課す**
- **set *A* *B* = set *B* *for* [*to*] *A***
  A(人)にB(任務など)を課す
- I *set* myself a goal.
  私は自分自身に目標を設定した

❻ 〈新記録を〉(競技で)**樹立する**((*in*...));〈模範を〉示す
- *set* a world record *in* the 100 meter dash 100メートル走で世界記録を樹立する
- *set* an example for the beginners
  初心者に模範を示す

❼ 〈…を〉(…に)**はめて固定する**;〈宝石などを〉(…に)はめ込む((*in*..., *into*..., *with*...))
- *set* tiles *into* the wall
  タイルを壁にはめ込む

❽ 〈髪を〉セットする
- have *one's* hair *set* 髪をセットしてもらう

❾ 〈液体などを〉固める

━ 自

❶ 〈太陽・月が〉**沈む**(⇔ rise)
- The sun rises in the east and *sets* in the west. 太陽は東から出て西に沈む

❷ 〈液体などが〉固まる

❸ ((次の用法で))
- *set* to work to *do* …する仕事に取りかかる

set about *A* A(仕事)に取りかかる
set about *doing* …し始める
set *A* aside = set aside *A*
A(金(ホ)など)を(…に備えて)取っておく((*for*...));Aを脇(ˆ)に置く;Aを無視する
set *A* back = set back *A*
A(計画など)を妨げる;A(時刻)を遅らせる
set *A* down = set down *A*
A(物)を下ろす;A(物)を書き留める;A(規則など)を(文書で)規定する;A(事)を(…と)見なす((*as*...))
set in 〈いやな天候などが〉始まる
- The typhoon season has *set in*.
  台風の時季になった

set off (…へ)出発する, 旅に出る((*for*...))
set *A* off = set off *A*
A(花火など)を上げる;A(警報など)を鳴らす;A(事態)を引き起こす;A(物事)を誘発する
set out
(1) (旅などに)出発する((*on*...)), (…に向けて)出かける((*for*...))
- *set out on* a trip 旅に出る
(2) (…することに)着手する;(…しようと)決心する((*to do*))

set *A* out = set out *A*
A(理由・意見など)を述べる, 説明する;A(商品など)を並べる, 陳列する
set up (…として)身を立てる((*as*...))
set *A* up = set up *A*
(1) A(棒など)を立てる
- *set up* camp テントを張る

(2) A〈建物など〉を建てる
(3) A〈事業など〉を立ち上げる
(4) A〈コンピュータなど〉をセットアップする
(5) A〈物・事〉を準備する
― 名 (複 sets /セツ/) C
❶ **一組, 一式**, ひとそろい, セット
・a *set* of glassware 一組のガラス器
❷【テニスなど】セット
❸（ラジオ・テレビの）受信機, 受像機
・a TV *set* テレビ（受像機）
❹（映画などの）セット, 舞台装置
❺（髪型の）セット
❻【数学】集合
❼ ((a [the] set)) 仲間, 連中

― 形 ((比較なし))
❶（前もって）**定められた**, 規定の, 所定の
・at a *set* place 所定の場所に
・on a *set* date 定められた日程で
❷〈表現などが〉型にはまった
・a *set* phrase 成句, イディオム, 決まり文句
・a *set* expression 決まり文句
❸（…の）準備ができた((*for*...))
・Are we *all set* to leave?
みんな出発の用意ができているか
・On your mark! Get *set*! Go!
位置について, 用意, どん
❹〈表情などが〉こわばった;〈人が〉断固とした
・with a *set* purpose 断固として

― 名 (略 17th)
❶ U ((ふつう the seventeenth)) 第17, 17番目; 17番目の人[もの]
❷ U ((ふつう the seventeenth))（月の）17日
❸ C 17分の1

seventh* /sévənθ セヴァンス/
形 (略 7th)
❶ ((ふつう the seventh)) **第7の**, 7番目の
❷ ((a seventh)) 7分の1の
― 名 (複 sevenths /セヴァンスス/) (略 7th)
❶ U ((ふつう the seventh)) **第7, 7番目**; 7番目の人[もの]
❷ U ((ふつう the seventh))（月の）7日
❸ C 7分の1

seventieth /sévəntiəθ セヴァンティアス/
形 (略 70th)
❶ ((ふつう the seventieth)) 第70の, 70番目の
❷ ((a seventieth)) 70分の1の
― 名 (略 70th)
❶ U ((ふつう the seventieth)) **第70, 70番目**; 70番目の人[もの]
❷ C 70分の1

seventy /sévənti セヴァンティ/
名 (複 seventies /セヴァンティズ/)
❶ U C (基数の) **70**; U ((複数扱い)) 70個, 70人
❷ U 70歳; ((*one's* seventies)) 70歳代
❸ ((the seventies))（世紀の）70年代, 1970年代
― 形
❶ 70の, 70個の, 70人の
❷ 70歳の

several* /sévərəl セヴァラル/
形 ((比較なし))
❶ **いくつかの**, 数個の, 数人の
・*several* students 数人の学生
❷ ((ふつう *one's* several)) めいめいの, それぞれの; さまざまな
・They went their *several* ways.
彼らはそれぞれ別々の道を進んだ
・*Several* men, *several* minds.
((ことわざ)) 十人十色
― 代 ((複数扱い)) 数人, 数個

severance /sévərəns セヴァランス/ 名 U
❶ 切断; 断絶, 絶縁; 分離, 隔離
❷（雇用の）契約解除
・*severance* pay 退職手当

severe /sivíər スィヴィア/ 形
❶〈人が〉〈人に〉厳しい, 厳格な((*with*...))
❷〈罰などが〉厳しい;〈批評などが〉手厳しい
❸〈天候・病気などが〉厳しい, ひどい, 重い
severely 副 厳しく, ひどく; 厳格に
severity 名 U 過酷, 厳格

sew /sóu ソウ/
動 三単現 **sews** /ソウズ/
過去 **sewed** /ソウド/
過分 **sewn** /ソウン/, **sewed** /ソウド/
現分 **sewing** /ソウイング/
― 他〈衣服を〉縫う;〈ボタンなどを〉（…に）縫い付ける((*on*...))
― 自 縫い物をする

sewage /sjú:idʒ スーイヂ/ 名 U 汚水, 下水, 汚物
sewer /sjú(:)ər スーア/ 名 C 下水管
sewing /sóuiŋ ソウイング/
動 sewの現在分詞・動名詞

— 名 U 裁縫, 針仕事; 縫い物

sewn /sóun ソウン/ 動 sewの過去分詞

sex* /séks セクス/ 名 (複 **sexes** /セクスィズ/)
❶ U C 性, 性別, 男女の別; C 男性, 女性
・*sex* education 性教育
❷ U 性交, セックス
・have *sex* with A A (人)とセックスする
sexism 名 U 性差別, 女性差別
sexist 名 C 性差別主義者

sexual /sékʃuəl セクシュアル/ 形
❶ 性の, 性的な; 性行為の; 男女間の
❷【生物】有性(生殖)の
・*sexual* harassment 性的嫌がらせ, セクハラ
sexuality 名 U 性的興味
sexually 副 性的に

sexy /séksi セクスィ/ 形 セクシーな, 性的魅力のある

SF, sf ((略)) science fiction エスエフ, SF

shabby /ʃǽbi シャビ/
❶〈衣服などが〉着古した, ぼろぼろの
❷〈人・場所などが〉みすぼらしい, むさ苦しい
❸〈行為などが〉卑劣な, 卑しい
shabbily 副 みすぼらしく; 卑劣に

shack /ʃǽk シャク/
名 C 掘っ立て小屋
— 動 自 ((くだけて)) (…に)泊まる((*at...*)); 住む; (恋人と)同棲(ﾄﾞｳｾｲ)する((*with...*))

shade /ʃéid シェイド/
名
❶ U 陰, 日陰
・in *the shade* of a tree 木陰で
❷ C 日よけ, 光をさえぎる物; ((米)) ブラインド; ((shades))((くだけて)) サングラス
❸ C 色合い, 色の濃淡の度
❹ C ((ふつう shades)) (意味などの)ニュアンス, 微妙な差異((*of...*))
❺ U ((ふつう a shade)) ほんの少し
・*a shade of* A ほんのわずかのA(物・事)
— 動
— 他
❶〈…を〉陰にする; 〈…を〉暗くする
❷〈目・人などを〉(光・熱などから)さえぎる((*from...*))
❸〈絵に〉陰影を付ける
— 自〈色・意味などが〉徐々に変化する
shading 名 U 陰影(法); 微妙な相違; 陰にすること
shady 形 陰の多い, 陰になった; 疑わしい, 怪しい

shadow* /ʃǽdou シャドウ/
名 (複 **shadows** /シャドウズ/)
❶ C (輪郭・形の)影
・the *shadow* of a tree 木の影
❷ U ((また the shadows)) ((単数扱い)) 陰, 物陰, 暗がり
・in *the shadows* 暗がりに
❸ C 暗い影, 前触れ; 幻想, 幻影
❹ C (絵などの)暗い部分; (目の下の)くま
— 動 他〈…を〉影でおおう, (日)陰にする
shadowy 形 影の多い; ぼんやりした

shaft /ʃǽft シャフト/ 名 C
❶ (工具・弓矢などの)柄(ｴ); (機械・車などの)回転軸, シャフト
❷ (鉱山の)たて坑; (エレベーターの)シャフト

shaggy /ʃǽgi シャギ/ 形 毛深い, 毛むくじゃらの; 〈髪の毛が〉くしゃくしゃの

shake /ʃéik シェイク/

動 三単現 **shakes** /シェイクス/
過去 **shook** /シュク/
過分 **shaken** /シェイカン/
現分 **shaking** /シェイキング/
— 他
❶〈…を〉振る, 揺する; 〈物を〉(…から)振り払う, 振り落とす((*off..., from...*))
・*shake* one's head 頭を横に振る
・*shake* hands with A A(人)と握手する
❷ U〈物を〉(…に)振りかける((*on...*))
・*shake* pepper *on* a steak
ステーキにこしょうを振りかける
❸〈人を〉(…で)動揺させる((*by..., with...*)); 〈信念などを〉ぐらつかせる, 揺すぶる
— 自
❶〈物が〉震える, 揺れる; 〈人が〉(恐怖などで)震える((*with...*))
❷ 握手をする
shake down (新しい環境などに)慣れる
shake A down
A(果実など)を振り落とす; ((米))((くだけて))A(人)から金を巻き上げる, ゆすり取る
shake A up = shake up A A(液体など)を振って混ぜる; A(人)を動揺させる
— 名 C
❶ ((ふつう a shake)) 振ること; 握手
❷ 震動, 動揺; ((くだけて)) 地震
❸ (主に米)ミルクセーキ
shaking 名 U C 振ること; ひと振り
shaky 形 震える, よろめく; ぐらぐらする;

当てにならない

shaken /ʃéikən シェイカン/ 動 shake の過去分詞

Shakespeare /ʃéikspiər シェイクスピア/ 名 **William Shakespeare** シェークスピア (英国のストラトフォード・オン[アポン]・エイボンに生まれた大劇作家で,多数の傑作を残した)

shall /ʃəl シャル; ((強)) ʃæl シャル/

助 三単現 shall
  過去 **should** /ʃəd シャド; ((強)) ʃúd シュド/
  過分 なし
  過分 なし
  否定形 **shall not** /ナト|ノト/
    ((くだけて))**shan't** /ʃǽnt シャント|ʃɑ́ːnt シャーント/
  縮約形 **'ll** /ル/ 例: **he'll**

❶ ((一人称を主語にして))((次の用法で))
- *I* [*We*] *shall do.* ((意志未来))私[私たち]は必ず…するつもりです
- I *shall* be the prime minister.
必ずや総理大臣になってみせます
- We *shall* never forget your kindness.
ご恩は決して忘れません
■ *Shall I* [*we*] *do?* ((相手の意向をたずねて))私[私たち]は…しましょうか
- "*Shall* I drive you home?" "Yes, please."
「車で家まで送りましょうか」「はい,お願いします」
- "*Shall* we go to the movie?" "Yes, let's." ["No, let's not."] 「映画に行こうか」「うん,行こう」「「いや,やめておこう」」
■ *Let's do, shall we?* ((勧誘))…しましょうか
- "*Let's* play shogi, *shall we*?" "Yes, let's." ["No, let's not."] 「将棋をやろうよ」「よし,やろう」「「いや,やめておこう」」

❷ ((二人称を主語にして))((次の用法で))
- *You shall do.* ((意志未来))
(1) ((約束))あなたに…させよう[させてあげよう]
- You *shall* not use my car without my permission.
許可なしにぼくの車を使わせません
(2) ((脅迫))あなたを…してやる
- You *shall* die. (= I'll kill you.)
あなたを殺してやる
(3) ((notを伴って))((命令・禁止))…してはいけない
- You *shall not* go out. 外出してはならない

❸ ((三人称を主語にして))((次の用法で))

- *He* [*She, They*] *shall do.* ((意志未来))((約束))彼[彼女,彼ら]に…させよう[させてあげよう];((脅迫))彼[彼女,彼ら]を…してやる
- *He shall* listen to me. (= I'll force him to listen to me.)
彼に私の言うことを聞かせてみせる

shallow* /ʃǽlou シャロウ/
形 比較 **shallower** /シャロウア/
     最上 **shallowest** /シャロウアスト/
❶ 〈皿・川などが〉浅い(⇔deep)
❷ 〈人・考えが〉浅はかな,表面的な
■ 名 ((shallows))((単数・複数扱い))浅瀬

sham /ʃǽm シャム/
名
❶ C にせ物;U ((しばしばa sham))いんちき,ごまかし
❷ C ほら吹き,詐欺(さぎ)師
■ 動 他〈…の〉ふりをする,〈…と〉見せかける

shame /ʃéim シェイム/
名
❶ U 恥ずかしさ,羞恥(しゅうち)心
❷ U 恥,恥辱(ちじょく);不名誉
❸ ((a shame))恥ずべきこと[人],ひどいこと,残念なこと,情けないこと
- *What a shame!* あんまりだ
put A to shame A(人)を恥じ入らせる
Shame (on you)! 恥を知れ,恥知らず
to A's shame
A(人)にとって恥ずかしいことに
■ 動 他 〈…を〉恥じさせる,恥じ入らせる
shameful 形 恥ずべき;いかがわしい
shameless 形 恥知らずな;破廉恥(はれんち)な
shamelessly 副 恥知らずにも

shampoo /ʃæmpúː シャンプー/
動 他 〈髪を〉シャンプーで洗う
■ 名
❶ C ((ふつうa shampoo))洗髪
❷ UC シャンプー,洗髪剤

Shanghai /ʃæŋhái シャンハイ/ 名 上海(シャンハイ)(中国東部の港市)

shan't* /ʃǽnt シャント|ʃɑ́ːnt シャーント/
((くだけて))shall not の縮約形

shape /ʃéip シェイプ/

名 (複 **shapes** /シェイプス/)
❶ UC **形,形状,姿**,外形;見せかけ
☐ Make a semi-circle *shape* with your desks. 机を半円形に並べてください
❷ U 〈健康などの〉状態,調子

share

❸ⓒ 幻影, 幻;幽霊
❹Ⓤ (計画・考えなどの)実現;具体化
- put *one's* thoughts into *shape*
  考えをまとめる
- *in shape* 形(として)は;十分な体調で
- *take shape in A* Aで具体化する

━動
━他
❶ 〈材料を〉(…の)形にする((*into*...))
❷ 〈計画などを〉具体化する
━ⓐ はっきりした形を取る, 具体化する;うまく行く

shape up 具体化する;うまく行く;((命令形で)) しっかりしろ;体調がよくなる
  shaped 形 形をした
  shapeless 形 定形のない;形の崩れた

share /ʃéər シェア/

動 三単現 **shares** /シェアズ/
  過去・過分 **shared** /シェアド/
  現分 **sharing** /シェアリング/
━他
❶ 〈部屋などを〉(人と)**共有する**, 〈責任・費用などを〉(人と)**分担する**((*with*...))
- It's disgusting to *share* a toothbrush.
  歯ブラシを共有するなんて気持ちが悪い
❷ 〈…を〉(人と)**分ける**;〈…を〉(…に)割り当てる((*with*...))
❸ 〈情報・秘密などを〉(人に)話す((*with*...))
━ⓐ
❶ 共有する, 分担する
❷ 共にする;(人と)分担する((*with*...))
❸ (…のことを)話す
━名 ⓒ (複 **shares** /シェアズ/)
❶Ⓤ (費用・仕事などの)割り当て, 分担, 負担
- equal *share* of responsibility
  平等な責任分担
❷ⓒ ((*one's* share)) (物・利益などの) 分け前, 取り分
- What's *my share* in this job?
  この仕事の分け前はどれくらいなの
❸Ⓤ ((また a share)) (…での)役割((*in*...))
❹ⓒ (会社の)株, 株式((*in*...))
❺Ⓤ シェア, 市場占有率
go shares with A
  A(人)と共同で行う;山分けする
  shared 形 共有の, 共通の

shareware /ʃéərwèər シェアウェア/ 名Ⓤ
【コンピュータ】シェアウェア

shark /ʃáːrk シャーク/ 名ⓒ
❶ 【魚】さめ, ふか
❷ ((くだけて))((けなして))強欲(ごう)な人

sharp /ʃáːrp シャープ/

形 副 比較 **sharper** /シャーパ/
  最上 **sharpest** /シャーパスト/
━形
❶ 〈刃が〉**鋭い**, よく切れる;〈先が〉とがった
❷ 〈坂が〉**急な**, 険しい;〈カーブなどが〉急に曲がる;〈変化などが〉急激な
- a *sharp* increase 急増
❸ 〈輪郭などが〉**はっきりした**, シャープな;〈顔立ちなどが〉彫りの深い
- a *sharp* outline はっきりした輪郭
❹ 〈人が〉頭が切れる, 〈感覚などが〉鋭敏な
❺ 〈痛み・悲しみなどが〉激しい;〈音が〉耳をつんざくような;〈味などが〉刺激性の
- a *sharp* pain 激痛
❻ 〈言葉などが〉〈人に〉厳しい((*with*...))
❼ 【音楽】シャープの, 嬰(えい)音の, 半音高い
━副
❶ ((比較なし)) (…時)きっかりに
- at 6 (o'clock) *sharp* 6時きっかりに
❷ 鋭く;急に
❸ 【音楽】半音高く
━名 ⓒ 【音楽】シャープ, 嬰音 (記号 ♯)
  sharply 副 鋭く, 急に;厳しく
  sharpness 名Ⓤ 鋭さ;鋭敏;鮮明さ

sharpen /ʃáːrpn シャープン/ 動
━他 〈刃物などを〉鋭くする, とぐ
━ⓐ 〈刃などが〉鋭くなる, とがる
  sharpener 名ⓒ とぐ人[物];鉛筆削り

shatter /ʃætər シャタ/ 動
━他
❶ 〈ガラスなどを〉粉々にする
❷ 〈健康を〉害する;〈夢・希望などを〉打ち砕く
━ⓐ 〈ガラスなどが〉粉々になる
  shattering 形 粉々に打ち砕く;動揺させる;疲れさせる

shave /ʃéiv シェイヴ/
  動 三単現 **shaves** /シェイヴズ/
  過去 **shaved** /シェイヴド/
  過分 **shaved** /シェイヴド/,
     shaven /シェイヴン/
  現分 **shaving** /シェイヴィング/
━他
❶ 〈顔[ひげ]を〉そる, そり落とす((*off*))
❷ 〈芝生などを〉短く刈り込む;〈木などに〉かん

なをかける；〈物の〉表面をそぐ
— 自 顔［ひげ］をそる
— 名 C ((ふつう a shave)) ひげをそること, ひげそり

shaving 名 U C そること, ひげそり；C 削りくず

shaven /ʃéivn シェイヴン/ 動 shave の過去分詞

shawl /ʃɔ́:l ショール/ 名 C ショール, 肩かけ

she /ʃi シ; ((強)) ʃi: シー/

代 ((人称代名詞：三人称単数の女性の主格))
所有格 **her** /ハー/ 彼女の
目的格 **her** /ハー/ 彼女に, 彼女を
所有代名詞 **hers** /ハーズ/ 彼女のもの
再帰代名詞 **herself** /ハーセルフ/ 彼女自身に［を］
(複) 主格 **they** /ゼイ/)

❶ 彼女は，彼女が
・ My sister says *she* wants to come with me. 妹が私といっしょに来たいと言っています
・ "Who is *she*?" "*She*'s Jane."
「あの人は誰ですか」「ジェーンです」

❷ (雌の動物を指して) これは，これが；それは，それが
・ I love my cat. *She* is a mother of six kittens. 私は自分の猫が好きだ。それは6匹の子猫の母親だ

❸ ((船・車・列車・飛行機・月・海などを受けて)) それは［が］

— 名 C ((a she)) 女, 女性；雌；((she- として形容詞的に)) 雌の
・ a *she*-cat 雌猫

shear /ʃíər シア/
動 三単現 **shears** /シアズ/
過去 **sheared** /シアド/
過分 **sheared** /シアド/, **shorn** /ショーン/
現分 **shearing** /シアリング/
— 他 〈羊などの〉毛を刈り込む；〈羊毛などを〉刈り取る (*off, away*)

shed¹ /ʃéd シェド/
動 三単現 **sheds** /シェヅ/
過去・過分 **shed**
現分 **shedding** /シェディング/
— 他
❶ 〈不必要なものを〉捨て去る；〈葉などを〉落とす；〈衣服を〉脱ぐ, 脱ぎ捨てる
❷ 〈光・香りなどを〉発散する
❸ ((文語)) 〈涙・血などを〉流す

shed² /ʃéd シェド/ 名 C 小屋, 物置

she'd* /ʃid シド; ((強)) ʃi:d シード/
((くだけて))
❶ she would の縮約形
❷ she had の縮約形

sheen /ʃí:n シーン/ 名 U ((また a sheen))
(髪の) つや, 光沢

sheep* /ʃí:p シープ/ 名 (複 **sheep**)
❶ C 羊；U 羊皮
・ a flock of *sheep* 羊の群れ
❷ C ((くだけて)) 従順な人；臆病(ぉく)者

be like sheep
〈人が〉従順である, (行動に) 自主性がない

separate the sheep from the goats
善(人)と悪(人)とを区別する

sheepish /ʃí:piʃ シーピシュ/ 形 内気な；おどおどした
sheepishly 副 内気に；おどおどして

sheer /ʃíər シア/ 形
❶ まったくの, 完全な；純粋な
❷ 〈崖(がけ)などが〉険しい, 切り立った

sheet /ʃí:t シート/

名 (複 **sheets** /シーツ/) C
❶ **1枚の紙**；(ガラスなどの) 薄板
・ *a sheet of* paper [glass] 紙［ガラス］1枚
❷ **シーツ**, 敷布
・ put *sheets* on the bed
ベッドにシーツを敷く
❸ (水・氷・雪などの) 一面の広がり

(as) white as a sheet 真っ青な顔で

shelf* /ʃélf シェルフ/
名 (複 **shelves** /シェルヴズ/) C
棚, 棚板；棚状の物；岩棚；暗礁

on the shelf ((くだけて)) 棚上げされた

shell /ʃél シェル/
名
❶ C U 貝殻；(卵などの) 殻；(豆の) さや
❷ C (建物・船などの) 骨組み, 枠組み
❸ C 砲弾

come out of one's shell
自分の殻から出る, 打ち解ける
— 動 他
❶ 〈…を〉殻［さや］から取り出す
❷ 〈…を〉砲撃する

she'll /ʃil シル; ((強)) ʃi:l シール/

((くだけて))
❶ she will の縮約形
❷ she shall の縮約形

shellfish /ʃélfiʃ シェルフィシュ/ 名 C U【動物】(えび・かになどの)甲殻類; 貝

shelter /ʃéltər シェルタ/
名
❶ C (危険などを避ける)避難所, 隠れ場, シェルター ((*from...*))
❷ U (…からの)保護; 避難 ((*from...*))
― 動
― 他 〈…を〉(危険などから)保護する, 守る ((*from...*))
― 自 (…から)避難する ((*from...*))
sheltered 形 守られた; 過保護の; 隔離された

shelves /ʃélvz シェルヴズ/ 名 shelfの複数形

shepherd /ʃépərd シェパド/
名 C
❶ 羊飼い
❷ 聖職者, 牧師
― 動 他
❶ 〈羊飼いが〉〈羊の〉番をする
❷ 〈人・群衆などを〉(…へ)導く ((*into..., toward...*))

sherbet /ʃə́ːrbət シャーバト/ 名 U C ((米)) シャーベット (((英)) sorbet)

sheriff /ʃérif シェリフ/ 名 C ((米)) 郡保安官, シェリフ; ((英)) 州長官

Sherlock Holmes /ʃə́ːrlɑk hóumz シャーラク ホウムズ/ 名 シャーロック・ホームズ (英国の作家コナン・ドイルの推理小説中の主人公)

sherry /ʃéri シェリ/ 名 U C シェリー酒

she's /ʃiz シズ; ((強)) ʃiːz シーズ/
((くだけて))
❶ she is の縮約形
❷ she has の縮約形

shh /ʃ シュ/ 間 しっ, 静かに

shield /ʃiːld シールド/
名 C
❶ 盾; 優勝盾
❷ 防御物, 後ろ盾, 保護者
― 動 他
❶ 〈人を〉(…から)保護する, かばう ((*from...*))
・ *shield A from* danger
 A (人) を危険から守る
❷ 〈機械などに〉おおいを付ける

shift /ʃift シフト/
動
― 他
❶ 〈位置・視線などを〉移す, 移動する
❷ 〈注意・意見などを〉変える, 変更する
❸ 〈責任などを〉〈人に〉転嫁する ((*to...*))
❹ ((米)) 〈車のギヤを〉変える
❺ 【コンピュータ】 〈データを〉シフトする
― 自
❶ 移動する
❷ 〈意見などが〉変わる
❸ ((米)) (ニュートラルなどに) 車のギヤを入れ替える ((*into...*))
❹ 【コンピュータ】 シフトキーを押す
― 名 C
❶ 変更; (方針などの) 方向転換 ((*in...*))
❷ 交替勤務時間; シフト
❸ 【コンピュータ】 シフトキー

shilling /ʃíliŋ シリング/ 名 C シリング (英国の旧貨幣単位)

shimmer /ʃímər シマ/
動 自 ちらちら光る, かすかに光る
― 名 U ((また a shimmer)) ちらちらする光, 微光

shin /ʃin シン/ 名 C 向こうずね

shine /ʃáin シャイン/
動 三単現 **shines** /ʃáinz シャインズ/
過去過分 **shone** /ʃóun ショウン/
現分 **shining** /ʃáiniŋ シャイニング/
― 自
❶ 〈太陽などが〉**輝く**, 光る, 照る
・ The cat's eyes are *shining* in the dark.
 猫の目が暗闇で輝いている
❷ 〈表情などが〉(…で)生き生きする ((*with...*))
❸ (…に)優れる ((*in..., at...*))
― 他
❶ 〈…を〉輝かせる, 光らせる
❷ 過去過分 **shined** /ʃáind シャインド/ 〈靴などを〉ぴかぴかにみがく ((*up*))
― 名
❶ U ((また a shine)) 光, 輝き; 光沢, つや
❷ C ((しばしば a shine)) (靴などを)みがくこと
shining 形 輝く, 光る; 優れた, 目立つ
shiny 形 輝く, 光る; みがいた; 晴れた

ship /ʃip シプ/
名 (複 **ships** /ʃips シプス/) C
❶ (大型の) **船**
・ get on a *ship* 乗船する
・ *by ship* 船で
❷ ((くだけて)) 飛行船; 宇宙船; 飛行機

shirt /ʃə́ːrt シャート/

■動
― 他 〈…を〉船で送る[運ぶ];((米))〈…を〉(鉄道・飛行機などで)運ぶ,輸送する
― 自
❶ 船に乗る;出航する((*out*))
❷〈商品が〉出荷される

| **shipment** 名 U 船積み;C 積み荷
| **shipping** 名 U 船積み,運送[海運]業

shirt /ʃə́ːrt シャート/

名 (複 **shirts** /シャーツ/) C
(男性用の)**シャツ**, **ワイシャツ**;((米))(女性用の)シャツ,ブラウス
・a polo *shirt* ポロシャツ
・a T-*shirt* Tシャツ
・put on [take off] a *shirt*
シャツを着る[脱ぐ]

shit /ʃít シト/ ((俗))

名
❶ U 大便,くそ,ふん
❷ C いやなやつ;たわごと;ばかげた行為
❸ U ((また a shit)) くだらないもの;でたらめ
■間 くそっ,何てこった;しまった,ちくしょう

shiver /ʃívər シヴァ/

動 自〈人が〉(寒さ・恐怖などで)震える,身震いする((*with...*))
■名 C 震え,身震い;寒け

shock* /ʃɑ́k シャク/

名 (複 **shocks** /シャクス/)
❶ C 衝撃,動揺;(地震などの)震動
❷ C U (精神的)ショック,打撃
・give *A* a *shock* A(人)にショックを与える
❸ U 【医学】ショック(症)
■動
― 他
❶〈人に〉衝撃[ショック]を与える
・be *shocked* at [by] *A*
Aでショックを受ける
❷〈人を〉憤慨させる
― 自 ぎょっとする;憤慨する

| **shocked** 形 ショックを受けて
| **shocker** 名 C ショックを与える人[物]
| **shocking** 形 衝撃的な;ぎょっとさせる

shod /ʃɑ́d シャド/ 動 shoeの過去形・過去分詞

shoddy /ʃɑ́di シャディ/ 形 ごまかしの,見かけ倒しの;安物の;卑しい

shoe /ʃúː シュー/

名 (複 **shoes** /シューズ/) C
❶ ((ふつう shoes))((米)) **靴**,((英))短靴;履(は)き物
・a pair of *shoes* 靴1足
・put on [take off] *one's shoes*
靴を履く[脱ぐ]
❷ (馬の)蹄鉄(ていてつ)

in A's shoes A(人)の立場だったら
step into A's shoes A(人)のあとを継ぐ

■動
三単現 **shoes** /シューズ/
過去・過分 **shod** /シャド/,**shoed** /シュード/
現分 **shoeing** /シューイング/
― 他〈…に〉〈…の〉靴を履かせる((*with...*))

shoelace /ʃúːlèis シューレイス/ 名 C 靴ひも
・tie [untie] a *shoelace* 靴ひもを結ぶ[ほどく]

shoemaker /ʃúːmèikər シューメイカ/ 名 C 靴屋,靴修理人;靴製造人

shoestring /ʃúːstrìŋ シューストリング/ 名 C ((米)) 靴ひも(shoelace)

shone /ʃóun ショウン/ 動 shineの過去形・過去分詞

shook /ʃúk シュク/ 動 shakeの過去形

shoot /ʃúːt シュート/

動 三単現 **shoots** /シューツ/
過去・過分 **shot** /シャト/
現分 **shooting** /シューティング/
― 他
❶〈人・動物などを〉(銃などで)**撃つ**,**射る**;撃ち落とす
・The bear *was shot* to death.
その熊は射殺された
❷【球技】〈ボールを〉(ゴールに)**シュートする**((*at...*))
❸【ゴルフ】〈スコアを〉記録する
❹〈写真・映画などを〉撮影する
❺〈視線・質問などを〉(人に)投げかける,浴びせかける((*at...*))
― 自
❶ (…をねらって) **撃つ**;発射する((*at...*));(銃などが)発射される
・*shoot at* the target 的をねらって撃つ
❷【球技】(ゴールに) **シュートする**((*at...*))
❸〈…へと〉すばやく動く,走る((*into...*))
❹〈植物が〉芽を出す,生長する;〈子どもが〉急に成長する
❺ 映画を撮影する

shoot up 〈草木などが〉急に伸びる;〈物価な

shooting

どが)急に上がる

━ 名 C

❶ 発射, 射撃
❷ 狩猟会；射撃会
❸ 若芽, 若枝
❹ (カメラマンによる)撮影；映画撮影

━ 間 ((俗)) ちぇっ, くそっ

shooter 名 C 射る[撃つ]人

shooting /ʃúːtiŋ シューティング/
動 shootの現在分詞・動名詞

━ 名

❶ C 射撃, 狙撃(そげき)；U 銃猟
・a *shooting* star 流れ星
❷ U (映画などの)撮影

shop /ʃɑ́p シャプ/

名 (複 **shops** /ʃɑ́ps シャプス/) C

❶ ((主に英)) 店, 小売店(((米)) store)
・a flower *shop* 花屋
・open [close] a *shop* 店を開く[閉める]
❷ (職人の)仕事場；(サービス業の)店

set up shop 開業する, 事業を始める

━ 動

三単現 **shops** /ʃɑ́ps シャプス/
過去・過分 **shopped** /ʃɑ́pt シャプト/
現分 **shopping** /ʃɑ́piŋ シャピング/

━ 自 (…で)買い物をする((*at...*))；(…を)買いに行く((*for...*))
・go *shopping* 買い物に行く

shopper 名 C 買い物客

shoplift /ʃɑ́plìft シャプリフト/ 動 自 万引きをする

shoplifting 名 U 万引き

shopping /ʃɑ́piŋ シャピング/ 名 U

❶ 買い物(をすること), ショッピング
・do *one's shopping* 買い物をする
・go *shopping* 買い物に行く
❷ ((英)) 買った品物, 購入品
・a *shopping* bag ((米)) 買い物袋
・a *shopping* center [((英)) centre] ショッピングセンター
・a *shopping* mall ((米)) ショッピングモール

shopwindow /ʃɑ́pwìndou シャプウィンドウ/
名 C ((英)) ショーウインドー

shore¹ /ʃɔ́ːr ショー/
❶ C (海・湖・川の)岸；海岸, 湖畔, 河畔
・in *shore* 岸に近く
❷ U (海に対して)陸, 陸地
・*off shore* 沖合いに[で]
・*on shore* 陸上に[で]

shore² /ʃɔ́ːr ショー/ 動 他 〈…を〉支柱で支える, 補強する((*up*))

shoreline /ʃɔ́ːrlàin ショーライン/ 名 C 海岸線

shorn /ʃɔ́ːrn ショーン/ 動 shearの過去分詞

short /ʃɔ́ːrt ショート/

形 副 比較 **shorter** /ʃɔ́ːrtə ショータ/
最上 **shortest** /ʃɔ́ːrtəst ショータスト/

━ 形

❶ 〈長さ・距離・時間が〉短い(⇔long)
・a *short* stick 短い棒
・a *short* distance 短い距離
・a *short* vacation 短い休暇
・the *shortest* way to the station 駅への最短ルート
❷ 背の低い(⇔tall)
・a *short* man 背の低い男性
❸ 〈文章などが〉簡潔な；【音声】〈母音が〉短音の, 〈音節が〉短い
❹ 不足の, 乏しい；(…が)不足して((*of...*))
・Water was in *short* supply. 水の供給が不足していた
・I am five dollars *short*. 5ドル足りない
❺ 〈気が〉短い；〈人が〉(…に対して)そっけない, ぶっきらぼうな((*with...*))
・have a *short* temper 気が短い

be short for A
A (単語など)の省略(形)である
・PS *is short for* postscript.
PSはpostscript(追伸)の略である

be short of A Aが足りない, 不足している
・I'm now a little *short of* money.
今ちょっとお金が足りません

short and sweet
((ふつう皮肉)) 手短に, 簡潔に

to be short 手短に言えば

━ 副

❶ ((比較なし)) 急に, 出し抜けに
❷ 簡潔に；そっけなく, ぶっきらぼうに
❸ 不足して

come [fall] short
(1) (基準などに)達しない((*of...*))
・The grade *fell short of* passing.
成績は合格に達しなかった
(2) 〈物が〉不足する

cut A short
(1) Aを短く切る

(2) A(人)の話を中断させる
(3) A(事柄など)を途中で終わらせる;短くする
- His life was *cut short* by cancer.
彼は若くしてがんで死んだ

go short (…に)不自由する((*of*...))

run short
(…に)不足する, (…が)なくなる((*of*...))
- He *runs short of* money. 彼は資金不足だ

short of A A(事)以外は

■ **名** ((複**shorts** /ショーツ/)) C

❶ ((shorts))ショートパンツ, ((米))男性用トランクス

❷【野球】ショート, 遊撃手

❸【電気】ショート

❹ 短編映画

for short 略して

in short 要約すれば, 手短に言えば

■ **動**

― **他** ((くだけて))【電気】〈…を〉ショートさせる((*out*))

― **自** ((くだけて))【電気】ショートする((*out*))

shortage /ʃɔ́ːrtidʒ ショーティヂ/ **名** UC (…の)不足, 欠乏((*of*...))

shortcoming /ʃɔ́ːrtkÀmiŋ ショートカミング/ **名** C ((ふつう shortcomings))欠点, 短所

shortcut /ʃɔ́ːrtkÀt ショートカト/ **名** C 近道
- take a *shortcut* 近道をする

shorten /ʃɔ́ːrtn ショートン/ **動**
― **他** 〈…を〉短くする, 縮める
― **自** 〈…が〉短くなる, 縮む

shortfall /ʃɔ́ːrtfɔ̀ːl ショートフォール/ **名** C (…の)不足高[量]((*in*...))

shorthand /ʃɔ́ːrthæ̀nd ショートハンド/ **名** U 速記(法)
- a *shorthand* typist 速記タイピスト
- in *shorthand* 速記で

short-lived /ʃɔ̀ːrtláivd ショートライヴド/ **形** 短命の;はかない

shortly /ʃɔ́ːrtli ショートリ/ **副**
❶ じきに, まもなく(soon)
❷ 手短に, 簡潔に;そっけなく

shorts /ʃɔ́ːrts ショーツ/ **名** ((複数扱い))
❶ ショートパンツ, 半ズボン
❷ ((米))(男子用下着の)パンツ, ショーツ

shortsighted /ʃɔ́ːrtsàitid ショートサイティド/ **形** ((英))近眼の(((米))nearsighted);近視眼的な, 先見の明のない

shortstop /ʃɔ́ːrtstÀp ショートスタプ/ **名** C 【野球】ショート(遊撃手の守備位置)

short-term /ʃɔ̀ːrttə́ːrm ショートターム/ **形** 短期間の

shot¹* /ʃát シャト/

名 ((複 **shots** /シャツ/)) C

❶ (銃・矢などの)発射, 発砲;射撃;銃声;弾丸;撃つ人, 射手(しゃしゅ)
- fire a *shot* 発砲する

❷【スポーツ】シュート, 一打ち

❸ 写真, スナップ;撮影, スナップショット;【映画】一場面

❹ 注射;(薬の)一服;((くだけて))(強い酒の)1杯
- get a *shot* 注射をしてもらう

like a shot ただちに, すばやく, 熱心に

shot² /ʃát シャト/ **動** shootの過去形・過去分詞

shotgun /ʃátɡÀn シャトガン/ **名** C 散弾銃, 猟銃
- a *shotgun* wedding [marriage]
できちゃった婚

should

/ʃəd シャド; (強) ʃúd シュド/
(shallの過去形)

助 否定形 **should not** /ナト|ノト/
((くだけて))**shouldn't** /シュドント/
縮約形 **'d** /ド/ 例: you'd

❶ ((義務・当然))
■ ***should do*** …すべきである;…した方がいい
- You *should* be more polite.
もっと礼儀正しくしなさい
- You *should* see the new movie.
その新作の映画を見た方がいいですよ
■ ***should have*** *done*
…すべきだった;…した方がよかった
- We *should have* waited a little longer.
もう少し待っているべきだった

❷ ((推定))
■ ***should do*** …するはずだ;きっと…するだろう
- According to the weather forecast, it *should* be fine tomorrow.
天気予報によるとあすは晴れるはずだ
■ ***should have*** *done*
…したはずだ;きっと…しただろう
- He *should have* got on the train.
彼はその列車に乗ったはずだ

❸ ((条件))万一…するとしたら
- If you *should* get lost, please call me.
万が一道に迷ったら電話をください

shoulder

❹ ((驚き・意外))…するなんて
- I'm quite shocked that you *should* say such things to me. あなたが私に対してあんなことを言うなんてとてもショックだ
- It is very strange that he *should* know the news.
彼がその知らせを知っているとはとても奇妙だ

❺ ((提案・要求))…するように
- It is important that we *should* start at once. すぐに出発することが大切だ
- We demand that the prime minister *should* resign.
首相は辞任すべきだと要求している

❻ ((疑問詞を伴って))((不可解・困惑)) いったい…かしら
- Why *should* she ask such rude questions? どうして彼女はあんな無礼な質問をするのだろうか
- How *should* I know?
どうしてぼくが知っていようか

shoulder /ʃóuldər ショウルダ/

名 (複 shoulders /ショウルダズ/)

❶ C (人体などの)**肩**；(衣服の)肩(の部分)；((ふつう shoulders))双肩
- a *shoulder* bag ショルダーバッグ
- a *shoulder* blade 【解剖】肩甲骨
- shrug *one's shoulders* 肩をすくめる
- *shoulder* to *shoulder* 肩を並べて；協力して

❷ U C (食用動物の)肩肉

a shoulder to cry on
悩みなどを打ち明けられる人

give A the cold shoulder
A(人)を冷遇する

straight from the shoulder
ずばりと, 率直に

― **動** 他

❶ ⟨…を⟩肩に担ぐ；⟨…を⟩肩で押す[押しのける]

❷ ⟨責任などを⟩引き受ける

shouldn't* /ʃúdnt シュドント/ ((くだけて))
should not の縮約形

should've /ʃúdv シュドヴ/ ((くだけて))
should have の縮約形

shout /ʃáut シャウト/

動 三単現 **shouts** /シャウツ/
過去・過分 **shouted** /シャウティド/
現分 **shouting** /シャウティング/

― 自 **叫ぶ**, 大声でしゃべる((out))；(…を)どなりつける((at...))
- *shout for* help 大声で助けを求める

― 他 ⟨…を⟩**叫ぶ**, 大声で言う((out))

shout A down = shout down A
どなってA(人)を黙らせる

― **名** C 叫び(声), 大声

shouting **名** U 叫ぶこと, かっさい

shove /ʃʌ́v シャヴ/

動

― 他 ⟨…を⟩乱暴に押す[突く]；(…に)(ぞんざいに)押し込む((in..., into...))

― 自 押す, 突く；押し進む

― **名** C ((ふつう a shove))押す[突く]こと, ひと押し[突き]

shovel /ʃʌ́vəl シャヴァル/

名 C シャベル, スコップ；シャベル1杯(分)

― **動** 他 ⟨…を⟩シャベルですくう

show /ʃóu ショウ/

動 三単現 **shows** /ショウズ/
過去 **showed** /ショウド/
過分 **shown** /ショウン/,
((まれ))**showed** /ショウド/
現分 **showing** /ショウイング/

― 他

❶ ⟨人が⟩⟨物を⟩**見せる**, 示す
- *show A B = show B to A*
A(人)にB(物)を見せる
- *Show* me your ticket [passport], please.
切符[パスポート]を見せてください

❷ ⟨…を⟩**示す**, 明らかにする, 証明する
- *show (A) that...*
⟨データなどが⟩(A(人)に)…ということを示す
- Recent data *showed that* red wine is good for your health. 最近のデータによると赤ワインは健康によいことが明らかになった
- *show A (to be) C*
AがC(の状態)であることを示す
- The experiment *showed* the theory *to be* false. その実験はその学説が誤りであることを証明した
- *show A doing*
⟨絵・写真などが⟩Aが…しているところを示す
- The picture *shows* him *playing* tennis.
その絵は彼がテニスをしているところを描いている

❸ ⟨…を⟩**教える**, 説明する；⟨人を⟩(場所に)案内する((to...))

- ***show** A B* A(人)にB(道・場所)を教える
- *show* A the sights of the town
 (地図などで)A(人)に町の名所をあれこれ示す
- Please *show* me the way to the nearest train station.
 最寄りの駅への行き方を教えてください
- ***show** A B = **show** B to A*
 A(人)にB(方法など)を教える
- ***show** A wh-* A(人)に…かを教える
- I'll *show* you *what* I mean.
 私の真意を教えよう
- ***Show*** me *how* to do it.
 そのやり方を教えてください

❹〈物を〉展示する;〈映画を〉上映する,〈劇を〉上演する

❺〈感情を〉表に出す
- *show* one's feelings 感情を顔に出す
- ***show** A B = **show** B to A*
 B(感情など)をA(人)に示す
- *show* pity *to* beggars
 乞食(こじき)に哀れみをかける

❻〈グラフなどが〉…を示す;〈計器などが〉〈数量を〉示す
- The graph *shows* a decrease in the unemployment rate.
 グラフは失業率の低下を示している

━━ 自

❶ **見える, 現れる**;明らかになる
- Her age is beginning to *show*.
 彼女は年を取り始めてきた

❷ 展示会を開く;〈映画などが〉上演される
- What's *showing* at the theater?
 あの劇場では何をやっていますか

❸((主に米))((くだけて))〈人が〉(…に)現れる,出席する((*for*...))

***show** A around* A(人)を案内して回る
show off
 目立とうとする;かっこよく見せる
***show** A **off** = **show off** A*
 Aを見せびらかす,ひけらかす
show oneself
 〈人が〉姿を現す,〈物が〉現れる
show up 目立つ;〈人が〉姿を現す
***show** A **up** = **show up** A* A(本性など)を暴く;Aにばつの悪い思いをさせる

━━ 名 (複 **shows** /ショウズ/)

❶ C **見せ物, ショー**;(テレビ・ラジオの)番組
- a quiz *show* クイズ番組
- *show* business
興行事業, (歌・芝居などの)演芸業

❷ C **展覧会**, 品評会
- a flower *show* 花の品評会
- hold a *show* 展覧会を開く

❸ U ((ふつう a show)) 見せること, 展示;(意志などの)表示
- a *show* window
 (商店の)陳列窓, ショーウインドー
- ask [call] for *a show* of hands
 挙手を求める

❹ U ((ふつう a show)) 見せかけ, ふり;見せびらかし, 見栄;様子
for show 見せびらかして,見栄で
make a good show 見ばえがする
make a show of doing
 …するふりをする
- The child *made a show of crying*.
 子どもは泣いているふりをした
on show 展示されて,陳列されて
steal the show
 主役の人気をさらう,かっさいを浴びる

| **showing** 名 C 見せること, 展示;外観
| **showy** 形 人目を引く;けばけばしい

showcase /ʃóukèis ショウケイス/ 名 C 陳列ケース, ショーケース

shower /ʃáuər シャウア/

名 (複 **showers** /シャウアズ/) C
❶ **シャワー**;シャワーを浴びること
- take [have] a *shower* シャワーを浴びる
❷ ((しばしば showers)) **にわか雨**
❸ ((a shower)) (弾丸などの)雨
- *a shower of* A 大量のA

━━ 動
━━ 他 〈非難などを〉(人に)浴びせる((*on*..., *over*...));〈人に〉(贈り物などを)惜しみなく与える((*with*...))
━━ 自
❶ シャワーを浴びる
❷〈物が〉雨のように降る, 多量に来る

shown /ʃóun ショウン/ 動 show の過去分詞

showroom /ʃóurù:m ショウルーム/ 名 C
(商品などの)陳列室, ショールーム

shrank /ʃrǽŋk シュランク/ 動 shrink の過去形

shred /ʃréd シュレド/
名 C
❶ ((しばしば shreds)) (細長い)切れ端, 断片

shrewd

❷ ((a shred)) ((ふつう否定文で)) わずか
■ 動 他 〈…を〉ずたずたに裂く[切る]；〈書類などを〉シュレッダーにかける

shrewd /ʃrúːd シュルード/ 形 (…に)抜け目のない, 鋭敏な ((at..., in...))

shriek /ʃríːk シュリーク/
動
━ 自 〈人が〉金切り声で叫ぶ, 悲鳴を上げる ((out))；〈物が〉キーキーと音を立てる
━ 他 〈…を〉〈…に〉金切り声で言う ((at...))
━ 名 C 金切り声, 悲鳴

shrill /ʃríl シュリル/
形 〈声・音が〉金切り声の, けたたましい
━ 動
━ 自 甲高い声を上げる, 鋭い音を出す
━ 他 〈…と〉甲高い声で言う

shrimp /ʃrímp シュリンプ/ 名 C 【動物】小えび

shrine /ʃráin シュライン/ 名 C 聖堂, 霊廟(れいびょう)；神社
・a Shinto *shrine* (日本の)神社

shrink /ʃríŋk シュリンク/
動 三単現 **shrinks** /ʃríŋks シュリンクス/
過去 **shrank** /ʃrǽŋk シュランク/,
shrunk /ʃrʌ́ŋk シュランク/
過分 **shrunk** /ʃrʌ́ŋk シュランク/,
shrunken /ʃrʌ́ŋkən シュランカン/
現分 **shrinking** /ʃríŋkiŋ シュリンキング/
━ 自
❶ 〈物が〉縮む, 小さくなる；〈数量・価値などが〉減少する
❷ 〈人が〉(…から)しり込みする, (…を)避ける ((from...))

shrinkage 名 U 収縮, 縮小；減少量

shrub /ʃrʌ́b シュラブ/ 名 C 低木, かん木

shrug /ʃrʌ́g シュラグ/
動
━ 他 〈両肩を〉すくめる
━ 自 両肩をすくめる
━ 名 C ((ふつう a shrug)) 肩をすくめること

shrunk /ʃrʌ́ŋk シュランク/ 動 shrink の過去形・過去分詞

shrunken /ʃrʌ́ŋkən シュランカン/ 動 shrink の過去分詞

shudder /ʃʌ́dər シャダ/
動 自 (恐怖などで)身震いする, (…に)ぞっとする ((at...))
━ 名 C 身震い, ぞっとする感じ

shuffle /ʃʌ́fl シャフル/ 動

━ 自
❶ 足を引きずる, 引きずって歩く
❷ 【トランプ】札を切り混ぜる
━ 他
❶ 〈足を〉引きずる, 引きずって歩く
❷ 【トランプ】〈札を〉切り混ぜる

shut /ʃʌ́t シャト/

動 三単現 **shuts** /ʃʌ́ts シャツ/
過去過分 **shut**
現分 **shutting** /ʃʌ́tiŋ シャティング/
━ 他
❶ 〈窓・ドアなどを〉**閉じる, 閉める**；〈口・目などを〉**閉じる** (⇔ open)
・*shut* one's mouth 黙る
・*shut* one's eyes 目をつぶる
❷ 〈本などを〉**閉じる**；〈ナイフ・かさなどを〉たたむ
📖 *Shut* your books. 本を閉じなさい
❸ 〈…を〉〈…に〉閉じ込める ((in..., into...))；〈…を〉〈…から〉締め出す ((from..., out of...))
❹ ((英))〈店・工場などを〉閉じる, 閉鎖する
━ 自 〈窓・ドアなどが〉**閉じる, 閉まる**

shut down 〈店などが〉休業する；〈機械が〉止まる；〈コンピュータが〉シャットダウンする

shut A down = shut down A
A (窓など)を(下ろして)閉める；A (工場など)を閉鎖する；A (コンピュータなど)をシャットダウンする

shut A off = shut off A
A (水道・交通など)を止める；A を(…から)切り離す[遮断する] ((from...))

shut A out = shut out A A (人)を締め出す；A (光など)を遮断する；((米))(野球など)で) A (相手)を完封[シャットアウト]する

shut up ((くだけて)) 黙る
・Oh, *shut up*! 黙れ

shut A up = shut up A
A (人)を黙らせる；A (家・店など)を閉める
━ 形 ((比較なし)) 閉じた, 閉まった (⇔ open)
・Keep your mouth *shut*. 黙っていろ

shutdown /ʃʌ́tdàun シャトダウン/ 名 C (工場などの)一時休業[閉鎖], 操業停止；【コンピュータ】システムの終了

shutout /ʃʌ́tàut シャトアウト/ 名 C 締め出し；工場閉鎖；(野球などで)完封, シャットアウト

shutter /ʃʌ́tər シャタ/
名 C
❶ よろい戸, 雨戸；(商店などの)シャッター

❷ (カメラの)シャッター
■ 動 他 ⟨…の⟩よろい戸を閉める

shuttle /ʃʌ́tl シャトル/
名 C (近距離を結ぶ)シャトルバス;(飛行機の)シャトル便
■ 動
— 他 ⟨バスなどを⟩(…の間を)往復させる((between...))
— 自 ⟨バスなどが⟩(…の間を)往復する((between...))

shuttlecock /ʃʌ́tlkɑ̀k シャトルカク/ 名 C (バドミントンなどの)羽根, シャトル

shy /ʃái シャイ/
形
❶ ⟨人が⟩恥ずかしがり(屋)の, 内気な;⟨態度などが⟩恥ずかしそうな, はにかんだ
❷ ⟨人が⟩(…に)気が進まない, 用心深い((of...))
■ 動 自 ((次の成句で))
shy away from A
⟨人が⟩Aにしり込みする
| **shyness** 名 U 内気;はにかみ

Shylock /ʃáilɑk シャイラク/ 名 シャイロック (シェークスピア作『ベニスの商人』中の無慈悲な金貸し)

sick /sík スィク/

形 比較 **sicker** /スィカ/
最上 **sickest** /スィカスト/
❶ 病気の, 病気で (ill)
・be *sick* in bed 病気で寝ている
❷ ((主に英)) 吐き気がする, 気分が悪い, むかつく
・feel *sick* 吐き気がする
・That's really *sick*! 本当にひどい
❸ (…に)うんざりして, あきあきして((of...))
make A ***sick*** A(人)を怒らせる, 不快にさせる
■ 名 ((the sick))((複数扱い))病人
| **sickening** 形 吐き気[不快感]をもよおす
| **sickly** 形 病弱な;吐き気をもよおす
| **sickness** 名 UC 病気;吐き気, むかつき

side /sáid サイド/

名 (複 **sides** /サイヅ/) C
❶ (物体の左右・上下の)側, 側面, 横;(物体の)面;表面
・the *side* of a box 箱の側面
・the reverse *side* of a coin コインの裏
❷ (道などの)(片)側

・walk on the left *side* of the road
道路の左側を歩く
❸ そば, 近く, 脇 (⋄)
・on one *side* かたわらに, 横に
❹ (問題などの)面, 側面, 局面
・There are two *sides* to every question.
あらゆる問題には(表と裏の)2面がある
❺ (対立する人などの)一方の側
・the other *side* 相手側
・Whose [Which] *side* are you on?
どっちの味方なの
❻ (体の)横腹, わき腹;(山の)斜面
❼ (血統の)側, …方 (⋄)

at [by] A'***s side***
A(人)のそばに;A(人)を支持して
at [by] the side of A
Aのそばに, 近くに
from side to side 左右に, 横に
get on the right [good] side of A
((くだけて))A(人)に気に入られる
get on the wrong [bad] side of A
((くだけて))A(人)に嫌われる
No side! 【ラグビー】試合終了
on A'***s side*** A(人)を支持して
on the side
副業で;余分に;添え料理として;ひそかに
on the A ***side*** A(の状態)気味の
・This coat is *on the* small *side*.
このコートはちょっと小さめだ
side by side 並んで
take A'***s side*** = ***take the side of*** A
A(人)に味方する
■ 形 ((比較なし))
❶ 脇の, 側面の;側面からの
・a *side* road 脇道
・a *side* street (本通りと平行の)脇の通り
❷ 副次的な, 付け足しの
・a *side* effect (薬の)副作用
・a *side* job 副業
■ 動 自 (…に)味方する((with...));(…に)反対する((against...))

sideline /sáidlàin サイドライン/ 名 C
❶ 【スポーツ】サイドライン
❷ 副業, 内職

sidewalk /sáidwɔ̀ːk サイドウォーク/ 名 C
((米))(舗装された)歩道 (((英)) pavement)

sideways /sáidwèiz サイドウェイズ/
副 横へ, 横に
■ 形 横の, 斜めの;遠回しの

siesta /síestə スィエスタ/ 名 C (スペインなどで習慣の)昼寝, 午睡, シエスタ

sift /síft スィフト/ 動
― 他
❶ 〈粉・砂などを〉ふるいにかける, ふるう;〈…を〉ふるい分ける((*from*...))
❷ 〈証拠などを〉精査に調べる((*through*))
― 自 (…を)入念に調べる((*through*...))

sigh /sái サイ/
動
― 自 (悲しさなどで)ため息をつく((*with*..., *for*...))
― 他 〈…を〉ため息混じりに言う
― 名 C ため息

sight /sáit サイト/

名 (複 **sights** /サイツ/)
❶ U 見ること;見えること;一見
・ learn by *sight* 見て覚える
❷ U 視力, 視覚;視野, 視界
・ have good [poor] *sight* 目がよい[悪い]
・ lose *one's sight* 視力を失う
・ Get out of my *sight*. 消えうせろ, 立ち去れ
❸ C 光景, 景色, 眺め;((the sights))名所
・ do [see] *the sights* of Tokyo
東京を見物する

at first sight
一目で, ただちに;一見したところ
・ He fell in love with the girl *at first sight*.
彼はその少女に一目ぼれした
at sight 見てすぐに
at (the) sight of A Aを見て
catch [get] sight of A
A(人・物)を見つける
come into [in] sight 見えてくる
in [within] sight 見えて, 見える範囲の;
(…の)見える所に((*of*...))
・ A peace settlement was *in sight*.
和平調停は目前だった
know A by sight
A(人・物)に見覚えがある
lose sight of A Aを見失う
on sight 見てすぐに
out of sight 見えない所に;離れた所に
・ *Out of sight*, out of mind.
((ことわざ)) 去る者は日々にうとし
― 動 他 (探していた物を)見つける
sighted 形 目の見える
sighting 名 U C (異常な物の)目撃(すること)

sightseeing
/sáitsì:iŋ サイツィーイング/
名 U (名所の)観光, 見物, 遊覧;((形容詞的に))観光の
・ a *sightseeing* trip 観光旅行
・ go *sightseeing* 観光に行く

sign /sáin サイン/

名 (複 **signs** /サインズ/) C
❶ 合図, 身ぶり, 手まね
・ by *signs* 身ぶりで
・ *sign* language 手話
❷ 標示, 標識;看板
・ a road *sign* 道路標識
❸ 記号, 符号
・ the plus [minus] *sign*
プラス[マイナス]記号
❹ (…の)前触れ, しるし, 兆候((*of*...))
・ *signs* of storm 嵐の気配
❺ 形跡, 痕跡(こんせき)
❻ 【天文】宮(きゅう)
― 動
三単現 **signs** /サインズ/
過去・過分 **signed** /サインド/
現分 **signing** /サイニング/
― 他
❶ 〈書類に〉署名する, サインする
・ *sign* a letter 手紙に署名する
❷ 〈人に〉(…するように)合図する((*to do*))
❸ ((主に英))〈人と〉サインして契約する, 〈人を〉契約して雇う
― 自
❶ 署名する, サインする
❷ (人に)(身ぶり[手まね]で)合図する((*to*...))
❸ (雇用者と)契約する((*for*...))
sign on (契約書などに基づいて)雇われる;
【コンピュータ】ログインする
sign up for A
(署名して)A(組織など)に加わる
sign A up = sign up A
A(人)を雇う, Aと契約を結ぶ
signing 名 U 署名すること

signal* /sígnəl スィグナル/
名 (複 **signals** /スィグナルズ/) C
❶ 信号, シグナル;合図
・ a traffic *signal* 交通信号
❷ (行動の)きっかけ, 動機, 導火線;前兆

signal

③ (テレビ・ラジオの)信号
— 他 〈…を〉信号で知らせる, 合図する
- *signal* (*to*) *A* (*that*...) A(人)に…だと合図する
- *signal A to do* Aに…するよう信号を送る
— 自 (…に)合図(を)する, 信号を送る((*to*..., *for*...))

signature /sígnətʃər スィグナチャ/ 名 C 署名, サイン
- write *one's signature* サインする

signboard /sáinbò:rd サインボード/ 名 C 看板, 掲示板

significant /signífikənt スィグニフィカント/ 形
① 〈事が〉重要な, 意義深い; 意味ありげな
② 〈数量などが〉相当の, かなりの
significantly 副 意味[意義]深いことに; かなり
significance 名 U 重要性; 意義, 意味

signify /sígnifài スィグニファイ/ 動
— 他
① 〈物・事が〉〈…を〉表す; 〈…を〉意味する
② 〈人が〉(表情などで)〈…の〉意思表示をする((*with*...))
— 自 重要である

silence /sáiləns サイランス/ 名
① U 静けさ, 静寂
② UC 沈黙, 無言; 黙殺; 沈黙の期間; 黙祷(もくとう)
- in *silence* 黙って
- break the *silence* 沈黙を破る
- *Silence* is gold(en). ((ことわざ)) 沈黙は金
③ U 音信不通
— 動 他 〈…を〉黙らせる, 静かにさせる
— 間 静かに, しっ

silent /sáilənt サイラント/

形 比較 more silent
最上 most silent
① 〈場所などが〉**静かな**, 静寂な (⇔noisy)
- a *silent* evening 静かな夕方
② 〈人が〉**沈黙した**, 無言の; 寡黙(かもく)な
- keep *silent* 黙っている
- Be *silent*, class. 皆さん, 静かに
③ 音信不通の
④ (…に)言及しない((*about*..., *on*...))
- in *silent* agreement 暗黙の了解で
⑤ 【音声】発音されない, 黙音の
silently 副 静かに; 黙って

silhouette /siljuét スィルュエト/ 名 C シルエット, 影絵
- in *silhouette* シルエットで, 輪郭だけで

silicon /sílikən スィリカン/ 名 U 【化学】ケイ素 (元素記号 Si)
- a *silicon* chip 【コンピュータ】シリコンチップ

silk /silk スィルク/ 名 U 絹, 絹糸, 絹織物; C ((silks)) 絹製の衣服
silky 形 絹の(ような); つやのある; やわらかな

silkworm /sílkwò:rm スィルクワーム/ 名 C 【昆虫】蚕(かいこ)

silly /síli スィリ/ 形 〈人が〉愚かな, 思慮に欠けた; 〈言動・考えなどが〉ばかげた
- *it's silly of A to do* …するなんてAはばかだ
- Don't be *silly*. ばかなことを言う[する]な

silver /sílvər スィルヴァ/

名 U
① 【化学】**銀** (元素記号 Ag); 銀色
② 銀貨; 銀器
— 形 ((比較なし)) 銀の; 銀製の; 銀色の
- a *silver* medal 銀メダル
- *silver* wedding 銀婚式
— 動
— 他
① 〈…に〉銀をかぶせる, 銀めっきする
② 〈…を〉銀色にする; 〈髪などを〉白くする
— 自 銀色になる; 〈髪などが〉白くなる
silvery 形 銀のような; 銀色に輝く[光る]

silverware /sílvərwèər スィルヴァウェア/ 名 U 銀食器

similar /símələr スィマラ/

形 比較 more similar
最上 most similar
① (…に)**似ている**, 類似した((*to*...)); (…の点で)似ている((*in*...))
- The pictures are *similar to* each other. それらの絵はお互いに似ている
② 【数学】相似の
similarity 名 UC 類似(点), 相似(点)
similarly 副 同様に, 類似して

simmer /símər スィマ/ 動
— 自 ぐつぐつ煮える; 〈人が〉(怒りで)煮えたぎる((*with*...))
— 他 〈…を〉ぐつぐつ煮る
simmer down 〈怒りなどが〉静まる

simple /símpl スィンブル/

形 比較 **simpler** /スィンプラ/
最上 **simplest** /スィンプラスト/

❶ 〈問題などが〉**簡単な, 単純な**
・It's that *simple*. ほら，簡単でしょう
❷ 〈服装などが〉**質素な, 簡素な, 飾らない**
❸ 〈人が〉純朴な, 無邪気な；お人よしの
❹ まったくの, 純然たる

simplicity 名 U 単純さ；質素；純真

simplify /símpləfài スィンプリファイ/ **動** 他
〈…を〉簡単[単純]にする；〈…を〉簡素化する

simplification 名 U C 簡易化, 単純化

simply* /símpli スィンプリ/

副 比較 **more simply**
最上 **most simply**

❶ **簡単に；質素に, 地味に**
❷ **単に, ただ (only)**
❸ まったく, 本当に

simulate /símjəlèit スィミャレイト/ **動** 他 〈…の状況を〉模擬的に作り出す；〈…に〉似せる；〈…の〉ふりをする

simulation 名 U C 模擬実験, シミュレーション；ふりをすること

simulator 名 C シミュレーター

simultaneous /sàiməltéiniəs サイマルティニアス/ **形** 同時の, 同時に起こる
・*simultaneous* interpretation 同時通訳

simultaneously 副 同時に, いっせいに

sin¹ /sín スィン/
名 U C (道徳・宗教上の) 罪, 罪悪；C ((ふつう a sin)) 罰当たりなこと
・commit a *sin* 罪を犯す
— **動** 自 〈…に対して〉罪を犯す ((*against*...))

sinful 形 罪深い

sin² /sáin サイン/ ((略)) *sine*【数学】サイン, 正弦

since /síns スィンス/

前 **…以来(ずっと)；…から(今まで)；…以後(今までの間に)**

・It has been raining *since* yesterday.
きのうからずっと雨が降っている
・We've been married *since* 1987.
結婚したのは1987年だ
・She hasn't come to our house *since* last year. 彼女は昨年以来わが家に来ていない

— **接**
❶ **…して以来(ずっと), …してから(今まで)；…してからあとに**
・I have known her *since* she entered high school. 私は彼女が高校に入学した時からずっと知っている
・*it is [has been] A since*...
…してから A (期間) になる
・*It is [has been]* twenty years *since* we married. 結婚してから20年になる
・He has met a lot of people *since* he came here.
彼はここへ来てから多くの人に出会った

❷ **…だから, …なので**
・*Since* it is fine today, let's go for a walk.
きょうは天気がいいから散歩に行こう

— **副** ((比較なし)) ((完了形と共に)) **それ以来ずっと；その後(今まで)**
・We have been living together ever *since*.
私たちは以来ずっといっしょに暮らしてきた
・The school was established in 1950 and has changed its name three times *since*.
その学校は1950年に設立され, その後3回校名を変更した

long since ずっと以前から
・I've *long since* forgotten how to speak Spanish.
スペイン語のしゃべり方を長い間忘れていた

sincere /sinsíər スィンスィア/ **形** 偽りのない, 本心からの；正直な；誠実な

sincerity 名 U 真心, 誠実

sincerely /sinsíərli スィンスィアリ/ **副** 心から, 真心を込めて
・*Sincerely* (yours) = ((英)) Yours *sincerely* 敬具

sing /síŋ スィング/

動 三単現 **sings** /スィングズ/
過去 **sang** /サング/
過分 **sung** /サング/
現分 **singing** /スィンギング/

— 自
❶ **歌う**
・*sing* to a piano accompaniment ピアノの伴奏で歌う
・*sing* along to *A* A (曲など) に合わせて歌う
❷ 〈鳥・虫などが〉鳴く, さえずる
— 他 〈歌などを〉**歌う；さえずる**
・*sing* karaoke カラオケを歌う
・Let's *sing* a song. 歌を歌いましょう

singing 名 ⓤ 歌うこと；(鳥・虫などの)鳴き声

sing. ((略)) *singular* 単数

Singapore /síŋɡəpɔːr スィンガポー/ 名 シンガポール (マレー半島南端の島から成る共和国；その首都)

singer* /síŋər スィンガ/
名 (複 **singers** /síŋərz/) Ⓒ **歌手**, 歌う人
・an opera *singer* オペラ歌手

singer-songwriter /síŋərsɔːŋràitər スィンガソーングライタ/ 名 Ⓒ シンガーソングライター

single /síŋɡl スィングル/

形 ((比較なし))
❶ **ただひとつ[1人]の**, 唯一の；((否定文で))ただのひとつ[1人]も(…ない)
・He did *not* say a *single* word.
彼は一言も口に出さなかった
📖 You didn't make a *single* mistake.
全問正解でしたね
❷ 〈ベッド・部屋などが〉**1人用の**
・a *single* bed 1人用ベッド
❸ 〈人が〉**独身の**(⇔married)
❹ ((each, every, 数詞と共に)) 個々の, それぞれの
・every *single* night 毎晩
❺ ((英)) 〈切符が〉片道の(((米)) one-way)
・a *single* ticket 片道切符
❻ (競技などが)シングルスの, 1対1の
— 名 (複 **singles** /síŋɡlz/) Ⓒ
❶ **1人, 1個**；1つのもの
❷ 1人用のベッド[部屋]
❸ (CDなどの)シングル盤
❹ ((ふつう singles)) 独身者たち
❺ ((英)) 片道切符
❻ ((singles)) ((単数扱い)) (テニスなどの)シングルス
— 動
— 他 〈…を〉選び出す((*out*))
— 自 【野球】シングルヒットを打つ

single-handed /síŋɡlhǽndid スィングルハンディド/ 形 独力の, 単独の

single-handedly 副 独力で, 1人で

singular /síŋɡjələr スィンギュララ/
形
❶ 並はずれた, 非凡な
❷【文法】単数(形)の ((略 sing.))(⇔ plural)
・a *singular* form 単数形

❸ ((文語)) 奇妙な, 風変わりな
— 名 ⓤ ((ふつう the singular)) 【文法】単数(形)

singularity 名 ⓤ 非凡；奇妙, 風変わり

sink /síŋk スィンク/

動 三単現 **sinks** /síŋks/
過去 **sank** /sǽŋk/
過分 **sunk** /sʌ́ŋk/
現分 **sinking** /síŋkiŋ/
— 自
❶ (水面下・水平線下に) **沈む**；〈太陽などが〉没する, 沈む(⇔rise)
・The island may eventually *sink*.
その島はやがて沈んでしまうかもしれない
・The sun is *sinking* in the west.
太陽が西に沈もうとしている
❷ 〈水位・地盤などが〉沈下する, 傾く
❸ (疲労などで)崩れるように倒れる；(いすなどに)座り込む((*into*...))
❹ 〈体力が〉衰弱する；〈勢いなどが〉弱まる((*down*))
❺ 〈量などが〉徐々に減る；〈価格・評価などが〉下がる；落ちぶれる
— 他
❶〈…を〉**沈める**, 沈没させる
❷〈くいなどを〉(…に)打ち込む((*into*...))；〈井戸などを〉掘る
❸〈資本を〉(…に)投資する((*in*..., *into*...))
❹【ゴルフ】〈パットを〉沈める
sink or swim 一か八か；のるかそるか
— 名 Ⓒ (台所の)**流し**, シンク；((米))洗面台

sinner /sínər スィナ/ 名 Ⓒ (道徳・宗教上の)罪人(つみびと)

sip /síp スィプ/
動
— 他〈…を〉ちびりちびり飲む
— 自〈…を〉ちびりちびり飲む((*at*...))
— 名 Ⓒ ちびりちびり飲むこと；ひとすすり(の量)

sir /sər サ, ((強)) sɔ́ːr サー/

名 (複 **sirs** /sə́ːrz/)
❶ Ⓒ ((男性に対する改まった呼びかけ)) **あなたさま**, (生徒が教師に) **先生**, (目上の人・見知らぬ人に) あなた
📖 Good morning, *sir*.
先生, おはようございます
❷ Ⓒ ((Sir)) 卿(きょう), サー (イギリスでナイトか

siren

准男爵の姓名または名の前に付ける）
❸ C ((ふつう Sir)) ((商用文で)) 拝啓 ((Sir あるいは Sirs))
・Dear *Sir* 拝啓
❹ U ((米))((くだけて))((肯定・否定を強調して))…ですとも
・Yes, *sir*. はい, そうですとも
・No, *sir*! いいえ, とんでもない

siren /sáiərən サイアラン/ 名 C
❶ 号笛, サイレン
❷ ((Siren))【ギリシャ神話】セイレン

sirloin /sə́ːrlɔin サーロイン/ 名 U C サーロイン（牛の腰上部の高級肉）; サーロインステーキ

sister /sístər スィスタ/

名 (複 **sisters** /sístərz スィスタズ/) C
❶ 姉, 妹, 姉妹(⇔brother)
・an elder [an older, a big] *sister* 姉
・a younger [little] *sister* 妹
❷ ((Sister))【カトリック】修道女, シスター

sister-in-law /sístərinlɔ̀ː スィスタリンロー/
名 (複 **sisters-in-law** /sístərzinlɔ̀ː スィスタズィンロー/, **sister-in-laws** /sístərinlɔ̀ːz スィスタリンローズ/) C 義理の姉[妹]

sit /sít スィト/

動 三単現 **sits** /síts スィツ/
過去・過分 **sat** /sǽt サト/
現分 **sitting** /sítiŋ スィティング/
— 自
❶ 座る, 着席する; 座っている (⇔stand)
・*sit* on [in] a chair いすに座る
・*sit* at a table 食卓に着く
・*sit* C C (の状態)で座っている
・*sit* straight 背筋を伸ばして座る
・*sit* cross-legged あぐらをかいて座る
■ *sit doing* …しながら座っている
・*sit* reading 座って読書している
📖 *Sit* down. 座ってください
📖 *Sit* quietly until the bell goes.
ベルが鳴るまで静かに座っていてください
📖 Do you mind if I *sit* down?
座ってもいいですか
📖 *Sit* back to back.
背中合わせに座ってください
❷ 〈鳥が〉留まる, 卵を抱く
・*sit* on eggs 卵を抱く
❸ 位置する, (固定して)置かれている
・The statue of Hachi *sits* in front of Shibuya Station.
渋谷駅前にハチ公の像がある
❹ 〈衣服・役職などが〉(…に)合う, 似合う((*on*...))
・The red hat *sits* well *on* her.
その赤い帽子は彼女にぴったりだ
❺ 〈議会・法廷が〉開かれる
— 他 〈人を〉座らせる
・*Sit yourself down* here. ここに座りなさい
sit back 深く座る; くつろぐ
・*Sit back*, and relax.
どうぞごゆっくりおくつろぎください
sit by 傍観する
sit down 座る; 着席する
・*Sit down* on a sofa ソファーに腰を下ろす
・*Sit down*, please. どうぞお座りください
sit for A
A (肖像画)を描いてもらう; A (写真)を撮ってもらう; A (画家・写真家)のモデルになる
sit in (人の)代理をする((*for*...))
sit on A A (物・案件など)をほうっておく
sit up
(横になった姿勢から)体を起こす; きちんと座る; 寝ずに起きている; 〈犬などが〉ちんちんする

site /sáit サイト/
名 C
❶ (建築)用地, 敷地; 場所
❷ 遺跡, 跡; (事件などの)現場
・historic *sites* 史跡
❸【インターネット】サイト
・a Web *site* = a Web*site* ウェブサイト
— 動 他 ((次の用法で))
・be *sited* 〈建物などが〉位置している

situate /sítʃuèit スィチュエイト/ 動 他
❶ 〈…を〉(ある場所に)置く, 据える((*at*..., *in*..., *on*...))
❷ 〈考えなどを〉(…に)関連[位置]づけて考える((*at*..., *in*..., *on*...))

situated /sítʃuèitid スィチュエイティド/
動 situate の過去形・過去分詞
— 形
❶ 〈市・町などが〉(ある場所に)位置している, ある((*at*..., *in*..., *on*...))
❷ 〈人が〉…の立場[境遇]にある

situation /sìtʃuéiʃən スィチュエイシャン/ 名 C
❶ (人が置かれた)立場, 状況; 情勢, 事態
・be in a difficult *situation*
困難な立場にある

six

/síks スィクス/

名 (複 **sixes** /スィクスィズ/)

❶ UC (基数の)**6**; U ((複数扱い))6つ, 6個, 6人
- Four plus two is *six*. 4足す2は6

❷ U 6時, 6分
- It's *six* twenty now. 今6時20分です

❸ U 6歳

❹ C 6人[個]一組のもの

— 形

❶ **6の**, 6個の, 6人の

❷ 6歳の

at sixes and sevens
((くだけて))混乱して;⟨意見などが⟩まちまちで

sixteen

/sìkstí:n スィクスティーン/

名 (複 **sixteens** /スィクスティーンズ/)

❶ UC (基数の)**16**; U ((複数扱い))16個, 16人

❷ U 16時, 16分

❸ U 16歳

— 形

❶ **16の**, 16個の, 16人の

❷ 16歳の

sixteenth /sìkstí:nθ スィクスティーンス/
形 (略 16th)

❶ ((ふつう the sixteenth))第16の, 16番目の

❷ ((a sixteenth))16分の1の

— 名 (略 16th)

❶ U ((ふつう the sixteenth)) 第16, 16番目;16番目の人[もの]

❷ U ((ふつう the sixteenth)) (月の)16日

❸ C 16分の1

sixth* /síksθ スィクスス/
形 (略 6th)

❶ ((ふつう the sixth))**第6の**, 6番目の

❷ ((a sixth))6分の1の

— 名 (複 **sixths** /スィクススス/) (略 6th)

❶ U ((ふつう the sixth)) **第6**, 6番目;6番目の人[もの]

❷ U ((ふつう the sixth)) (月の)6日

❸ C 6分の1

sixtieth /síkstiəθ スィクスティアス/
形 (略 60th)

❶ ((ふつう the sixtieth))第60の, 60番目の

❷ ((a sixtieth))60分の1の

— 名 (略 60th)

❶ U ((ふつう the sixtieth)) 第60, 60番目;60番目の人[もの]

❷ C 60分の1

sixty

/síksti スィクスティ/

名 (複 **sixties** /スィクスティズ/)

❶ UC (基数の)**60**; U ((複数扱い))60個, 60人

❷ U 60分

❸ U 60歳;((*one's* sixties))60(歳)代

❹ ((the sixties))(世紀の)60年代

— 形

❶ **60の**, 60個の, 60人の

❷ 60歳の

size

/sáiz サイズ/

名 (複 **sizes** /サイズィズ/)

❶ UC (物などの)**大きさ**, 寸法
- half [twice] the *size* of *A* Aの半分[2倍]の大きさ

❷ C (靴・衣類・帽子などの)**サイズ**, 型, 番
- *to size* (体などの)サイズに合わせて
- take the *size* of *A* Aのサイズを測る
- What is your *size*? = What *size* do you wear? サイズはいくつですか

❸ U 規模;量, 範囲

cut A down to size
A(人)を実力相応に評価する

— 動 他 ⟨…を⟩大きさによって分ける

size up (ある基準に)達する

size A up = size up A
A(人など)を評価する; A(情勢など)を判断する

sizable, sizeable 形 かなり大きな

skate /skéit スケイト/

名 C ((ふつう skates))スケート靴;ローラースケート靴
- a pair of *skates* スケート靴1足

— 動 自 スケートをする;スケートで滑る
- *go skating* スケートに行く

skater 名 C スケートをする人, スケーター

skating 名 U スケート, スケート競技

skateboard /skéitbɔ̀:rd スケイトボード/

名 C スケートボード, スケボー

— 動 自 スケートボードをする

skateboarding 名 U スケートボードをすること

skeleton /skélitn スケリトン/ 名 C

❶ (人・動物の)骨格;がい骨
❷ (建物などの)骨組み
skeletal 形 がい骨の
skeptical /sképtikəl スケプティカル/ 形 懐疑的な,疑い深い
skeptic 名 C 懐疑論者,疑い深い人
skepticism 名 U 懐疑心;懐疑論
sketch /skétʃ スケチ/
名 C
❶ スケッチ,写生図[画];略図
❷ 概要,あらまし
❸ (小説などの)小品,(演芸などの)寸劇
— 動
— 他 〈…を〉スケッチ[写生]する;〈…の〉略図を描く
— 自 スケッチ[写生]する;略図を描く
sketchbook /skétʃbùk スケチブク/ 名 C スケッチブック,写生帳
ski /skí: スキー/
名 C ((ふつう skis)) スキー(の板)
・a pair of *skis* スキー1組
— 動 自 スキーをする,スキーで滑る
・*go ski*ing at Naeba 苗場にスキーに行く
skier 名 C スキーをする人,スキーヤー
skiing 名 U スキー,スキー術
skid /skíd スキド/
名 C
❶ (車などの)横滑り,スリップ
❷ ((ふつう skids)) (下に敷いて転がす)滑り材,ころ
— 動 自〈車が〉横滑りする,スリップする
skill /skíl スキル/ 名
❶ U (…の)技量,手腕,熟練 ((*in..., at...*))
❷ C (特殊)技能,技術,技
skilled 形 腕のいい,熟練した;特殊技能のある
skillful 形 腕のいい,熟練した,じょうずな
skillfully 副 じょうずに,熟練して
skim /skím スキム/ 動
— 他
❶〈浮遊物を〉(液体の表面から)すくい取る ((*from..., off...*))
・*skim(med)* milk 脱脂乳,スキムミルク
❷〈地表などを〉かすめて過ぎる
❸〈本などを〉ざっと読む
— 自
❶ (…の)表面をかすめて過ぎる ((*along..., over...*))
❷ (…を)ざっと読む ((*over..., through...*))

skin /skín スキン/
名 (複 **skins** /skínz スキンズ/)
❶ U C (人間・動物の)**皮膚,肌**
・fair [dark] *skin* 白い[黒い]肌
・*skin* diving スキンダイビング
❷ U C (動物の)皮,皮革,毛皮
❸ C (果物・野菜の)皮
be all skin and bone(s)
((くだけて))やせてがりがりである
be wet to the skin ずぶぬれである
by the skin of one's ***teeth***
((くだけて))間一髪で
get under A's skin ((くだけて)) A(人)を怒らせる;A(人)を感銘させる
have (a) thick [thin] skin
(批評などに)鈍感[敏感]である
save one's ***skin***
((くだけて))(自分だけ)無事に逃れる
— 動 他〈…の〉皮をはぐ[むく]
skinny 形 骨と皮ばかりの,やせた
skip* /skíp スキプ/
動 三単現 **skips** /skíps スキプス/
過去・過分 **skipped** /skípt スキプト/
現分 **skipping** /skípiŋ スキピング/
— 自
❶ 跳ね回る;軽く跳ぶ,スキップする
❷ (ある箇所を)省く,抜かす,(本を)飛ばし読みする ((*over..., through...*));〈話題などが〉飛ぶ
— 他
❶〈…を〉軽く飛び越える
❷〈…を〉省く,抜かす,飛ばす
・*skip* class [school] 授業[学校]をサボる
— 名 C
❶ 軽く飛ぶこと,スキップ
❷ 飛ばし読み,抜かすこと,省略(箇所)
skirt /skə́:rt スカート/
名 (複 **skirts** /skə́:rts スカーツ/) C
❶ **スカート**;(ドレスなどの)すそ
❷ ((ふつう skirts)) 郊外,町はずれ
・live on the *skirts* of Tokyo
東京近郊に住む
skit /skít スキト/ 名 C (短い)風刺劇,寸劇,スキット;風刺文
skull /skʌ́l スカル/ 名 C 頭蓋(がい)骨
skunk /skʌ́ŋk スカンク/ 名 C 【動物】スカンク; U スカンクの毛皮

sky /skái スカイ/

名 (複 **skies** /スカイズ/) [U][C]
❶ ((the sky)) 空, 天空
・There are no clouds in *the sky*.
空には雲ひとつない
❷ ((しばしば skies)) 空模様, 天候; 気候, 風土
・stormy *skies* 荒れ模様
・blue *skies* 晴天
❸ ((the sky, the skies)) 天, 天国
out of a clear (blue) sky
不意に; 青天のへきれきのように
praise A to the skies
A(人)をほめちぎる
The sky is the limit.
(特に金(額)が)制限なしである

skydiving /skáidàiviŋ スカイダイヴィング/
名 [U] スカイダイビング

skylark /skáilà:rk スカイラーク/ **名** [C] 【鳥】ひばり

skyline /skáilàin スカイライン/ **名** [C] (建物・連山などの)空を背景とした輪郭, スカイライン

skyrocket /skáirùkət スカイラカト/ **動** 自 ((くだけて))⟨物価などが⟩急上昇する

skyscraper /skáiskrèipər スカイスクレイパ/ **名** [C] 超高層ビル, 摩天楼

slack /slǽk スラク/
形
❶ ⟨ロープなどが⟩緩い, 締まっていない
❷ ⟨人が⟩だらけた, 怠慢な
❸ ⟨経済が⟩活気のない, 不景気な
— **動** 自 怠ける, 手を抜く; 緩む ((*off*))
slackly **副** 緩く; だらけて

slacks /slǽks スラクス/ **名** [C] ((複数扱い)) スラックス (普段着のズボン)

slalom /slá:ləm スラーラム/ **名** 【スキー】スラローム, 回転競技

slam /slǽm スラム/ **動**
— 他
❶ ⟨ドアなどを⟩バタンと閉める
❷ ⟨…を⟩ドシンと置く; ⟨…を⟩投げ[たたき]つける
❸ ⟨…を⟩こきおろす, 酷評する
— 自
❶ ⟨ドアなどが⟩バタンと閉まる
❷ (…に)ドシン[ガチャン]とぶつかる, 激突する ((*against..., into...*))

slander /slǽndər スランダ/
名 [U][C]
❶ 中傷, 悪口
❷ 【法律】名誉毀損(きそん)
— **動** 他 ⟨…を⟩中傷する

slang /slǽŋ スラング/ **名** [U]
❶ 俗語, スラング
❷ (特定の社会の)専門用語; 隠語

slant /slǽnt スラント/
動
— 自 (左・右に)傾く, 傾斜する ((*to...*))
— 他 ⟨…を⟩傾ける; ⟨記事などを⟩わい曲する
— **名** [C]
❶ 傾き, 傾斜, 坂
❷ (…に関する)観点, 見解, 意見 ((*on...*))

slap /slǽp スラプ/
名 [C] 平手打ち
— **動** 他 ⟨人などを⟩(平手で)ピシャリと打つ
— **副** ピシャリと; まともに

slash /slǽʃ スラシュ/
動
— 他
❶ ⟨…に⟩(ナイフなどで)さっと切りつける ((*with...*))
❷ ⟨衣服などに⟩切り込み[スリット]を入れる
— 自 (ナイフなどで)(…に)さっと切りつける ((*at...*))
— **名** [C]
❶ さっと切りつけること; スリット, 切り込み
❷ 斜線記号, スラッシュ (/)

slaughter /slɔ́:tər スロータ/
名 [U]
❶ 残酷な殺人, 大虐殺
❷ (牛・羊などの)畜殺
— **動** 他 ⟨多数の人を⟩虐殺する; ⟨牛・羊などを⟩畜殺する

slave /sléiv スレイヴ/
名 [C]
❶ 奴隷; 捕われた人; あくせく働く人
❷ (習慣などの)とりこ ((*of..., to...*))
— **動** 自 (奴隷のように)あくせく働く
slavery **名** [U] 奴隷制度; (悪習などの)とりこ

sled /sléd スレド/ ((主に米))
名 [C] そり
— **動** 自 そりに乗る, そりで行く

sleek /slí:k スリーク/ **形**
❶ ⟨毛髪などが⟩つやつやした
❷ ⟨人が⟩しゃれた身なりの, スマートな; ⟨車などが⟩かっこいい

sleep /slíːp スリープ/

動 三単現 **sleeps** /スリープス/
過去・過分 **slept** /スレプト/
現分 **sleeping** /スリーピング/

━ 自

❶ **眠る, 寝る**(⇔wake);睡眠を取る
- a *sleeping* baby 眠っている赤ん坊
- *sleep* badly よく眠れない
- *sleep* for 7 hours 7時間眠る
- *sleep* late 朝寝坊する
- *sleep* like a log 熟睡する
- *sleep* soundly [well] ぐっすり眠る
- *Sleep* tight, dear. ゆっくりお休み

❷ (…に)泊まる((*at*..., *in*...))
- *sleep at* a friend's home 友人宅に泊まる

❸ 永眠している

━ 他

❶ 〈場所が〉〈…人を〉泊められる
- This hotel *sleeps* [can *sleep*] 300 guests. このホテルには300人が宿泊できる

❷ ((次の用法で))
- *sleep* a sound [deep] sleep 熟睡する

sleep away 寝て過ごす
sleep in 朝寝坊する;〈雇い人が〉住み込む
sleep out
外泊する, 屋外で寝る;〈雇い人が〉通いである
sleep through
(…まで)眠り続ける((*till*...))

━ **名** (複 **sleeps** /スリープス/) U **眠り, 睡眠**;
C ((ふつうa sleep))ひと眠り(の時間)
- *a* deep [light] *sleep* 深い[浅い]眠り
- drop off to *sleep* 眠ってしまう
- have *a* good *sleep* ぐっすり眠る
- *fall into sleep* 眠りに落ちる
- *get to sleep* ((否定文で))寝つく
- *go to sleep*
寝つく;〈手・足などが〉しびれる
- *put A to sleep* A(人)を寝つかせる

| **sleeper** 名 C 眠る人[動物];寝台車
| **sleeping** 形 眠っている;活動してない
| **sleepless** 形 眠れない;不眠症の

sleepy /slíːpi スリーピ/ 形

❶ 眠い, 眠そうな
- feel [get] *sleepy* 眠い

❷ 〈場所が〉活気のない, 眠ったような

| **sleepily** 副 眠そうに
| **sleepiness** 名 U 眠いこと, 眠け

sleepyhead /slíːpihèd スリーピヘド/ 名 C
眠たがり屋

sleeve /slíːv スリーヴ/ 名 C そで, たもと
| **sleeveless** 形 そでのない, そでなしの

sleigh /sléi スレイ/
名 C (馬が引く)そり
━ 動 自 そりに乗る, そりで行く

slender /sléndər スレンダ/ 形
❶ 〈体格が〉ほっそりした, すらりとした
❷ 〈収入・数・量などが〉わずかな, 乏しい

slept /slépt スレプト/

動 sleepの過去形・過去分詞

slice* /sláis スライス/

名 (複 **slices** /スライスィヅ/) C

❶ ((a slice)) **ひと切れ, 薄片**
- *a slice of* toast トースト1枚
❷ 一部, 分け前
❸ 【スポーツ】スライス(ボール)
❹ (料理用の)フライ返し

━ 動 他

❶ 〈…を〉薄く切る((*up*));〈…を〉薄く切り取る((*off*))
❷ 【スポーツ】〈ボールを〉スライスさせる

slick /slík スリク/
形
❶ すべすべした, つるつるした
❷ 口先のうまい;巧妙な;すばらしい
━ 動 他 〈…を〉なめらか[すべすべ]にする

slid /slíd スリド/ 動 slideの過去形・過去分詞

slidden /slídn スリドン/ 動 ((米)) slideの過去分詞

slide /sláid スライド/

動 三単現 **slides** /スライヅ/
過去 **slid** /スリド/
過分 **slid** /スリド/, ((米)) **slidden** /スリドン/
現分 **sliding** /スライディング/

━ 自

❶ **滑る**, 滑るように進む
- *slide* downhill 斜面を滑り降りる
❷ 〈人が〉(…へ)するりと移動する((*into*...))
❸ 〈価格などが〉下がる
❹ 【野球】滑り込む, スライディングする

━ 他
❶ 〈…を〉**滑らせる**, 滑走させる
❷ 〈物を〉(…に)するりと入れる((*into*..., *in*...))

━ 名 C
❶ 滑り台

❷ 滑ること;(価格などの)下落
❸ (映写機の)スライド
❹【野球】滑り込み, スライディング
❺【地質】地すべり;なだれ

sliding /sláidiŋ スライディング/
動 slideの現在分詞・動名詞
■形 滑る;移動する, 変化する
■名 Ⓤ 滑ること, 滑走

slight /sláit スライト/ 形
❶ (量などが)わずかの, 少しの;重要でない
❷ (体が)ほっそりした;もろい
in the slightest ((否定文で))少しも…ない
|**slightly** 副 わずかに, 少し

slim /slím スリム/
形
❶ (体格などが)ほっそりした, スリムな
❷ (可能性などが)わずかな;(収入などが)少ない
■動
─ 自 やせる, 減量する ((*down*))
─ 他 (数などを)減らす;(体の部位を)細くする

slime /sláim スライム/ 名 Ⓤ 軟泥;ヘドロ;(魚などの)粘液
|**slimy** 形 どろどろした, (食べ物が)ぬるぬるした

slip¹ /slíp スリプ/

動 三単現 **slips** /スリプス/
過去過分 **slipped** /スリプト/
現分 **slipping** /スリピング/
─ 自
❶ (誤って) **滑る**, つるっと滑る
・*slip* on the ice 氷の上で滑る
❷ (…の上で)滑って転ぶ ((*on*...));滑り落ちる
・*slip* and fall 滑って転ぶ
❸ 滑るように入る ((*in*));そっと出る ((*out*));(時などが)(気づかないうちに)過ぎる
・*slip* into the room そっと部屋に入る
❹ (価値などが)下がる, 低下する;(体力などが)衰える;(予定などが)遅れる;(…の)状態に陥る ((*into*...))
・His memory is *slipping*.
彼も物忘れするようになってきた
❺ (衣服などを)するっと着る ((*into*...));(衣服などを)するっと脱ぐ ((*out of*...))
─ 他
❶ (…を)なめらかに動かす;そっと置く;(…に)するっと入れる ((*into*...));(…から)そっと出す ((*from*..., *out of*...))

・*slip* some money *into A's* pocket
A(人)のポケットにそっと金(片)を入れる
■ *slip A B = slip B to A*
A(人)にB(金・手紙など)をそっと手渡す
❷ (束縛などから)抜け出る, 逃れる;(犬を)(鎖などから)放す ((*from*...))
❸ (衣服などを)すばやく着る ((*on*));(衣服などを)すばやく脱ぐ ((*off*))
・*slip off* [*on*] *one's* shoes
靴をすばやく脱ぐ[履く]
❹ (…を)言い忘れる;(記憶から)抜ける
・Your name *slipped* my mind.
お名前を忘れてしまいました
let A slip = let slip A
A(秘密など)をうっかりもらす
・*let* (*it*) *slip that*...
…ということをしゃべってしまう
slip out つい口から出てしまう
slip up つまずく;(くだけて)つまらない間違いをする, 失敗をする
■名 (複 **slips** /スリプス/) Ⓒ
❶ 滑ること;滑って転ぶこと
❷ (女性用の)スリップ
❸ (ちょっとした)間違い, しくじり
・a *slip* of the tongue 言い間違い
give A the slip = give the slip to A
((くだけて)) A(人)から逃れる, A(人)をまく

slip² /slíp スリプ/ 名 Ⓒ (紙などの)細長い一片;伝票, スリップ

slipper /slípər スリパ/ 名 Ⓒ ((ふつう slippers))室内履き, スリッパ
・a pair of *slippers* スリッパ1足

slippery /slípəri スリパリ/ 形
❶ (床などが)滑りやすい, つるつるした
❷ (人が)当てにならない, 信用できない

slit /slít スリト/
動 三単現 **slits** /スリツ/
過去過分 **slit**
現分 **slitting** /スリティング/
─ 他 (…を)切り離す[開く];(…を)細長く切る[裂く]
■名 Ⓒ 細長い切り口[裂け目];(スカートなどの)スリット;(自動販売機などの)料金投入口

slogan /slóugən スロウガン/ 名 Ⓒ (政党などの)スローガン, 標語;宣伝文句

slope /slóup スロウプ/

名 (複 **slopes** /スロウプス/)

sloppy

❶ C 坂, 斜面, スロープ
・go up [down] a gentle *slope*
なだらかな坂を上る[下る]
❷ U C 傾斜, 勾配(訳)
— 動 (自)(上向きに)傾斜する((*up*)),(下向きに)傾斜する((*down*));坂になる;〈物が〉傾く

sloppy /slápi スラピ/ 形
❶〈仕事などが〉いい加減の, ずさんな
❷〈道路などが〉どろんこの;(水で)びしょびしょの
❸〈話などが〉ひどく感傷的な, めそめそした;〈服装が〉だらしない
❹〈食べ物などが〉水っぽい

slot /slát スラト/ 名 C (機械などの)細長いすき間,(ポストの)投函口,(自動販売機の)料金投入口

slow /slóu スロウ/

形 副 比較 **slower** /スロウア/
    最上 **slowest** /スロウアスト/

— 形
❶〈速度などが〉遅い, のろい (⇔ fast, quick)
・a *slow* pace ゆっくりとしたペース
・*Slow* and steady wins the race.
《ことわざ》急がば回れ
❷〈時計が〉遅れている (⇔ fast)
・My watch is five minutes *slow*.
私の時計は5分遅れている
❸〈人が〉理解の遅い, 鈍感な (⇔ quick)
・a *slow* student 物覚えの悪い学生
❹〈商売などが〉不景気な, 活気のない
— 副 遅く, のろく, のろのろと (⇔ fast, quickly)
— 動
    三単現 **slows** /スロウズ/
    過去・過分 **slowed** /スロウド/
    現分 **slowing** /スロウイング/
— 自 速度が落ちる, 減速する ((*down*))
— 他〈…の〉スピードを落とす ((*down*))

slowdown /slóudàun スロウダウン/ 名 C
((ふつうa slowdown)) 減速;景気後退

slowly* /slóuli スロウリ/
    副 比較 **more slowly**
        最上 **most slowly**
遅く, ゆっくり (⇔ fast, quickly)
・walk *slowly* ゆっくり歩く

sludge /sládʒ スラヂ/ 名 U ぬかるみ, 泥, 軟泥, ヘドロ

slug¹ /slág スラグ/ 動 他 ((米))((くだけて))〈…を〉殴打する;【野球】〈ボールを〉強打する

slugger 名 C 【野球】強打者, スラッガー

slug² /slág スラグ/ 名 C 【動物】なめくじ

sluggish 形 のろのろした;活気のない

slum /slám スラム/ 名 C ((しばしばslums))
((単数扱い)) スラム街

slump /slámp スランプ/
名 C
❶ (…の)減退, 衰退, 落ち込み ((*in*...))
❷ 不景気, 不況;不調, スランプ
— 動 自
❶ どさりと倒れ込む, くずおれる
❷〈物価などが〉急落する;〈人気などが〉衰える

slur /slə́:r スラー/
動 他
❶〈…を〉けなす, 中傷する
❷〈単語などを〉不明瞭(ぬきょう)に発音する
❸【音楽】〈音符を〉スラーで演奏する
— 名 C
❶ (…に対する)中傷 ((*on*...))
❷ 不明瞭な発言[発音]
❸【音楽】スラー, 弧線(記号)

slush /sláʃ スラシュ/ 名 U 半解けの雪;ぬかるみ

sly /slái スライ/ 形〈人が〉ずるい, 悪賢い;いたずらな
・*sly* as a fox きつねのようにずる賢い
on the sly ひそかに, ないしょで

slyly 副 ずるく;こっそりと

smack¹ /smǽk スマク/
動 他
❶ (食べ物がおいしそうで)〈唇を〉鳴らす;(…に)舌つづみを打つ ((*over*...))
❷〈…を〉(平手などで)ピシャッと打つ
❸〈人に〉チュッとキスする
— 名 C
❶ ((ふつうa smack)) 平手打ち;ピシャッと打つ音
❷ チュッと音を立てるキス
— 副 いきなり, ピシャッと;まともに, もろに

smack² /smǽk スマク/
名 C 味, 風味, 持ち味
・a *smack* of A Aの味[香り, 持ち味]
— 動 自 (…の)味[香り]がする;気味がある ((*of*...))

small /smɔ́:l スモール/

形 副 比較 **smaller** /スモーラ/
    最上 **smallest** /スモーラスト/
— 形

❶ 〈大きさが〉**小さい**, 〈面積が〉**狭い**(⇔ big, large)
・a *small* room 小さい部屋
・a *small* letter 小文字
❷ 〈数量が〉少ない, わずかな
・a *small* amount of food わずかな量の食べ物
❸ 〈事業・活動などが〉小規模の, ささやかな
❹ 〈年齢が〉幼い, 若い(young)
❺ 〈音・声が〉低い
❻ 取るに足らない, 些細(ささい)な
・a *small* mistake 些細なミス
❼ 心の狭い, 狭量な
■ 副 小さく, こぢんまりと;〈声などが〉低く, 細く

smallpox /smɔ́:lpɑ̀ks スモールパクス/ 名 U 【医学】天然痘(とう), ほうそう

small-scale /smɔ́:lskèil スモールスケイル/ 形 小規模の;〈地図などが〉縮尺率の小さい

smart /smɑ́:rt スマート/

形 [比較] **smarter** /スマータ/
[最上] **smartest** /スマータスト/
❶ 〈人が〉利口な, 賢い;抜け目のない, ずるい
・a *smart* pupil 頭のよい生徒
・make a *smart* choice 賢明な選択をする
❷ ((英))〈身なりなどが〉しゃれた, きちんと整った;〈動作などが〉きびきびした, 活発な
❸ 〈痛みなどが〉鋭い, 激しい
❹ 〈機械などが〉コンピュータ化された
■ 動 (自)〈体の部分が〉ずきずき痛む, うずく
■ 名 U (打撲(ぼく)などによる)痛み, うずき
smartly 副 激しく;賢く;こぎれいに

smash /smǽʃ スマシュ/
動
■ (他)
❶ 〈…を〉粉々に砕く, 粉砕する;〈車などを〉ぶつける((*up*))
❷ 〈組織などを〉壊滅させる
❸ (テニスなどで)〈ボールを〉スマッシュする
■ (自)
❶ 粉々に砕ける
❷ 〈…に〉衝突する((*against*..., *into*...))
❸ 破産する, 倒産する
■ 名 C
❶ (映画・歌などの)大成功, ヒット作
❷ (車などの)大衝突;粉砕;砕ける音
❸ 【スポーツ】(テニスなどの)スマッシュ
■ 副 ガチャンと;まともに

smear /smíər スミア/
動
■ (他)
❶ 〈油・ペンキなどを〉(…に)塗りつける((*on*..., *over*...));〈…を〉汚す
❷ 〈名声などを〉傷つける
■ (自)〈字などが〉(かすれて)読めない
■ 名 C (油性インクなどの)汚れ, しみ;悪口

smell /smél スメル/

動 [三単現] **smells** /スメルズ/
[過去・過分] **smelled** /スメルド/,
smelt /スメルト/
[現分] **smelling** /スメリング/
■ (他)
❶ 〈…の〉においがする
・I (can) *smell* gas. ガスのにおいがする
❷ 〈…の〉においをかぐ
❸ 〈…に〉感づく;〈…を〉かぎ出す
■ (自)
❶ におう, 〈…の〉においがする
・*smell* C Cのにおいがする
・*smell of* [*like*] A Aのようなにおいがする
❷ 〈…の〉においをかぐ((*at*...))
❸ いやなにおいがする, におう, 悪臭を放つ
■ 名 ((複) **smells** /スメルズ/)
❶ U 嗅覚(きゅうかく); C ((ふつう a smell)) かぐこと
❷ U C におい, 香り;悪臭
smelly 形 不快なにおいのする;くさい

smelt /smélt スメルト/ 動 smell の過去形・過去分詞

smile /smáil スマイル/

動 [三単現] **smiles** /スマイルズ/
[過去・過分] **smiled** /スマイルド/
[現分] **smiling** /スマイリング/
■ (自)
❶ (人に)ほほえむ, にっこり笑う((*at*...))
・*smile* happily 楽しそうに笑う
❷ 〈好運などが〉(…に)ほほえむ, 運が向く((*on*..., *upon*...))
■ (他)〈…の気持ちを〉ほほえんで表す
・*smile* one's thanks
ほほえんで感謝の意を表す
・*smile* a happy *smile* うれしそうにほほえむ
■ 名 C 微笑, ほほえみ
・with a *smile* にっこりして

smiley /smáili スマイリ/

smirk

形 にこにこした
— 名 C
❶ スマイリー, 顔文字
❷【インターネット】(Eメールの)スマイリー

smirk /smə́ːrk スマーク/
動 ⾃ (…に)作り笑いする, 気取って笑う ((at...))
— 名 C 作り笑い, 気取った笑い

smog /smág スマグ/ 名 U スモッグ, 煙霧

smoke* /smóuk スモウク/
名 (複 **smokes** /smóuks/)
❶ U 煙; (蒸気などの)煙に似たもの
・cigarette *smoke* タバコの煙
❷ C ((ふつうa smoke)) 喫煙, 一服
go up in smoke 煙となってなくなる; 〈計画などが〉水泡に帰する
— 動
三単現 **smokes** /smóuks/
過去・過分 **smoked** /smóukt/
現分 **smoking** /smóukiŋ/
— ⾃
❶ タバコを吸う, 喫煙する
❷ 〈火山などが〉煙を出す
— 他
❶ 〈タバコなどを〉吸う
❷ 〈肉・魚などを〉くん製にする
smoke A out = smoke out A
A(虫など)をいぶし出す; A(秘密などを)明らかにする
smoked 形 煙でいぶした, くん製にした
smoky 形 (煙で)くすんだような; 焦げくさい

smoker /smóukər スモウカ/ 名 C 喫煙家; 喫煙車; 喫煙室

smoking /smóukiŋ スモウキング/
動 smokeの現在分詞・動名詞
— 名 U タバコを吸うこと, 喫煙
— 形
❶ 煙を出す; 湯気を出す
❷ 喫煙用の

smooth /smúːð スムーズ/

形 比較 **smoother** /smúːðər/
最上 **smoothest** /smúːðəst/
❶ 〈表面などが〉なめらかな, すべすべした
・*smooth* leather なめらかな革
・*smooth* velvet すべすべしたビロード
❷ 〈機械などが〉円滑に動く; 〈物事が〉順調に進む
❸ 〈海面などが〉静かな, 穏やかな
❹ 〈人が〉人当たりのよい; 口先のうまい
❺ 〈飲食物が〉口当たりのよい
— 動 他
❶ 〈…を〉なめらかにする; 〈…の〉しわを伸ばす ((*out*))
❷ 〈クリーム・ローションなどを〉〈肌に〉塗る ((*over..., on...*))
❸ 〈障害などを〉取り除く ((*away*))
smoothly 副 なめらかに; 円滑に, 順調に

smother /smʌ́ðər スマザ/ 動 他
❶ 〈人を〉窒息(死)させる, 息苦しくさせる
❷ 〈火を〉〈…で〉おおい消す ((*with...*))
❸ 〈物を〉〈…で〉おおう, 包む ((*with...*))
❹ 〈感情などを〉抑える, 押し殺す

smug /smʌ́g スマグ/ 形 うぬぼれの強い; きざな

smuggling /smʌ́gliŋ スマグリング/ 名 U 密輸

snack /snǽk スナク/
名 C (正規の食事の間にとる)軽食, 間食
— 動 ⾃ (食べ物で)軽い食事を取る ((*on...*))

snail /snéil スネイル/ 名 C【動物】かたつむり
at a snail's pace のろのろと

snake /snéik スネイク/
名 C【動物】蛇
a snake in the grass
油断のならない危険[敵]
— 動 ⾃ (…を)蛇行する, くねって[くねくねと]進む ((*through...*))

snap /snǽp スナプ/
動
— ⾃
❶ ポキッと折れる, プツンと切れる ((*off*))
❷ 〈ドアなどが〉パタンと閉まる
❸ (人に)きつく言う; (…に)パクッとかみつく ((*at...*))
❹ (…の)スナップ写真を撮る ((*at...*))
— 他
❶ 〈…を〉パチンと鳴らす; パチンと閉じる
❷ 〈…を〉ポキッと折る
❸ 〈…の〉スナップ写真を撮る
snap out of it 元気を出す
— 名 C
❶ パチン[ポキッ]という音
❷ スナップ写真(snapshot)
❸ パクッとかみつくこと
❹ ((米)) スナップ, 留め金, ホック
❺ ((a snap)) ((米)) 楽な仕事

in a snap すぐに, ただちに
— 形 急な, 即座の

snappy /snǽpi スナピ/ 形
1. 怒りっぽい, 無愛想な
2. 活発な, さっそうとした; しゃれた

Make it snappy! さっさとやれ, 急げ

snapshot /snǽpʃàt スナプシャト/ 名C スナップ写真

snarl¹ /snɑ́ːrl スナール/
動
— 自 〈犬・狼などが〉(…に)歯をむき出してうなる; 〈人が〉(…に)がみがみ言う((*at...*))
— 他 〈言葉を〉とげとげしく言う
— 名C うなり声; がみがみ[ののしり]声

snarl² /snɑ́ːrl スナール/
名C (髪の毛・糸などの)結び目, もつれ; (交通などの)混乱, まひ
— 動
— 他
1. 〈髪の毛・糸などを〉もつれさせる
2. 〈交通などを〉渋滞させる((*up*))
— 自 〈糸・髪の毛などが〉もつれる; 〈交通が〉渋滞する((*up*))

snatch /snǽtʃ スナチ/
動
— 他
1. 〈物を〉(人などから)ひったくる((*from..., out of...*))
2. 〈食事・睡眠などを〉急いで取る
— 自 (…を)ひったくろうとする((*at...*))
— 名C
1. ひったくり, 強奪
2. ((snatches)) (歌などの)一片, 断片

sneak /sníːk スニーク/
動 三単現 **sneaks** /スニークス/
過去・過分 **sneaked** /スニークト/,
((米)) **snuck** /スナク/
現分 **sneaking** /スニーキング/
— 自 こそこそ歩く[動く]
— 他 〈…を〉(…から)こっそり取る[持ち出す]((*from...*))

sneaking 形 こそこそする; 内密の
sneaky 形 こそこそした; 隠れた

sneaker /sníːkər スニーカ/ 名C ((ふつう sneakers)) ((米)) スニーカー

sneer /sníər スニア/
動 自 (…を)あざ笑う, 冷笑する((*at...*))
— 名C 嘲笑(ちょうしょう), 冷笑

sneeze /sníːz スニーズ/
動 自 くしゃみをする
— 名C くしゃみ

snicker /sníkər スニカ/
動 自 ((米)) (…を)くすくす笑う((*at...*))
— 名C ((米)) くすくす笑い, 忍び笑い

sniff /sníf スニフ/ 動
— 自
1. 鼻をする
2. (…の)においをかぐ((*at...*))
— 他 〈…の〉においをかぐ

sniper /snáipər スナイパ/ 名C 狙撃(そげき)者

snob /snɑ́b スナブ/ 名C お高くとまった人; 偉そうな人; 学者ぶる人

snobbery /snɑ́bəri スナバリ/ 名U 俗物根性, 紳士気取り

snore /snɔ́ːr スノー/
動 自 いびきをかく
— 名C いびき(の音)

snorkel /snɔ́ːrkəl スノーカル/
名C シュノーケル
— 動 自 シュノーケルをつけて泳ぐ

snout /snáut スナウト/ 名C (豚などの突き出た)鼻; 鼻先; (魚などの)口先

snow /snóu スノウ/

名 (複 **snows** /スノウズ/) U 雪; UC 降雪
- heavy *snow* 大雪
- We had a lot of *snow* this year.
  今年は雪がたくさん降った
— 動
三単現 **snows** /スノウズ/
過去・過分 **snowed** /スノウド/
現分 **snowing** /スノウイング/
— 自 ((it を主語にして)) 雪が降る
- *It snowed* hard [heavily] yesterday.
  きのうは雪が激しく降った
— 他 〈場所を〉雪でおおう[閉じ込める]((*in, under*))

be snowed under with A
A (大量の仕事など)で忙殺される

snowy 形 雪の降る, 雪の多い; 雪の積もった; 雪のように白い, 清らかな

snowball /snóubɔ̀ːl スノウボール/ 名C 雪玉, 雪つぶて

snowboarding /snóubɔ̀ːrdiŋ スノウボーディング/ 名U スノーボード競技

snowfall /snóufɔ̀ːl スノウフォール/ 名CU 降雪; 降雪量

snowflake /snóuflèik スノウフレイク/ 名C

雪のひとひら, 雪片

snowman /snóumæn スノウマン/ 名 C 雪だるま; ((ふつう Snowman)) 雪男
- build a *snowman* 雪だるまをつくる

snowmobile /snóumoubiːl スノウモウビール/ 名 C 雪上車, スノーモービル

snowstorm /snóustɔːrm スノウストーム/ 名 C 吹雪

snuck /snʌ́k スナク/ 動 ((米)) sneak の過去形・過去分詞

snuff¹ /snʌ́f スナフ/ 名 U かぎタバコ

snuff² /snʌ́f スナフ/ 動 他 〈ろうそくの〉火を消す (*out*)

snug /snʌ́g スナグ/ 形
❶〈場所などが〉居心地のよい, 暖かくて気持ちのよい
❷〈衣類が〉ぴったりと合う
❸〈家などが〉こぢんまりした

snugly 副 居心地よく, 気持ちよく; こぢんまりと

SO /sóu ソウ/

■ ((比較なし))
❶ そう, そのように; それなら
- if *so* そうだとしたら
- even *so* たとえそうだとしても
- by doing *so* そうすることにより
- *So*? そうですか; だから何なの
- Is that *so*? ((上昇調で))そうですか, そうなんですか; ((下降調で))そうですかね
- Why *so*? なぜそうなのか
- Quite *so*. まさにそのとおり
- Perhaps *so*. たぶんそんなところだろう
- It may be *so*. それはそうかもしれない
- "Is there a test tomorrow?" "I think *so*."「あしたテストあるの」「そう思うよ」
- "Did she pass the exam?" "It seems *so*."「彼女は合格したの」「そのようだね」
- Cut the carrot like *so*.
にんじんをこういうふうに切りなさい
- If you go there, then *so do* I.
君がそこに行くのなら私も行く
- My mother was a doctor, and *so am I*.
母は医師だったが私もそうだ

❷ とても, 非常に (very, very much)
- There are *so* many people.
人がとても多い
- Thank you *so* much. 本当にありがとう
- You are *so* kind! 優しいのね

❸ ((疑問文・否定文で))そんなに, それほど
- Don't talk *so* fast. そんなに速く話さないで
- I'm *not so* old. ぼくはそんなに年ではないよ

❹ まさに, まったく; 確かに, おっしゃるとおり
- "Haven't you left your bag at home?" "Oh dear, *so I have*."「バッグを家に置いてきたんじゃない」「あら, ほんと」
- "It is cold today." "*So it is*."
「きょうは寒い」「まったくだよ」

...and so on [*forth*] …など (etc.)
not so [*as*] *A as B* B ほど A ではない
A or so A か それくらい
so as to do …するように, …するために
so A as to do …するほどに A (の状態)で
- Will you be *so* kind *as to* call an ambulance? 救急車を呼んでいただけますか
so far 今までのところ
so far as... …まで, …する限りは
So long! じゃあね
so [*as*] *long as...* …する限りは
so much for A A はこれまで
- *So much for* today.
きょうはここまでにしましょう
so that... …するために
so A that... 非常に A なので…
- He was *so* hungry *that* he could eat a horse. 彼は腹ぺこだった
so (that) A can [may] do
A が…できるように
- I got a new pillow *so that* I *can* sleep better. よく眠れるように新しい枕を入手した
so to speak 言うなれば, いわば

■ 接

❶ ((結果))それで, だから, そういうわけで
- She ate too much, *so* she gained weight.
彼女は食べすぎたので体重が増えてしまった
❷ ((目的)) ((米))…するように, …するために
- She went to the library *so* she can finish her homework. 宿題を終わらせるために彼女は図書館へ行った
❸ ((話題の転換))それで, それでは
- And (*so*) what?
それがどうしたの, うんそれで
- *So* let's talk about something else.
それではほかのことについて話そう
- *So* which way is the station?
それで駅はどちらですか
❹ ((判断))おや, そうか, なるほど
- *So* you've done? おや, 終わったの

■ 間
❶ ((驚き・疑いなどを表して)) うわぁ, そうかい, どうかな, まさか, へえ
・ *So*, there you are! おお, そこにいたんだ
❷ ((何か見つけた時)) ((話)) ほら, やっぱり
・ *So*, you were telling the truth.
やっぱり本当のことを言っていたんだね

soak /sóuk ソウク/
■ 自
❶ (水などに)浸る, つかる ((*in...*))
❷ (雨などが)(…に)しみ込む ((*into...*)), (…を)しみ通る ((*through...*))
■ 他
❶ (人が)(…を)(…に)浸す, つける ((*in...*))
❷ (雨などが)(人などを)ずぶぬれにする
❸ (スポンジなどが)(液体などを)吸い込む, 吸収する ((*up*))
■ 名 ⓒ ((ふつう a soak)) ふろにゆったりつかること; 浸す[つける]こと
| **soaked** 形 ずぶぬれの; あふれて; 没頭した
| **soaking** 形 ずぶぬれになった

so-and-so /sóuənsòu ソウアンソウ/ 名 ⓤ 誰それ, 何々; ⓒ 嫌われ者
・ Mr. *So-and-so* 某氏

soap /sóup ソウプ/

名 (複 **soaps** /ソウプス/)
❶ ⓤ 石けん
・ a bar [cake] of *soap* 石けん1個
・ Wash your hands with *soap*.
手を石けんで洗いなさい
❷ ⓒ ((くだけて)) 連続メロドラマ (soap opera)
■ 動 他
❶ (…を)石けんで洗う ((*up*))
❷ (人に)へつらう, おべっかを使う ((*up*))

soar /sɔ́:r ソー/ 動 自
❶ (鳥などが)(空高く)舞い上がる, 昇る
❷ (山などが)高くそびえる
❸ (物価などが)急騰する, はね上がる

sob /sáb サブ/
動 自 すすり泣く, むせび泣く
・ *sob* one's heart out
胸が張り裂けるほど泣き悲しむ
■ 名 ⓒ むせび[すすり]泣き

sober /sóubər ソウバ/
形
❶ 酔っていない, しらふの
❷ ⟨判断などが⟩冷静な; ⟨態度などが⟩まじめな; ⟨服装が⟩地味な
■ 動 他 ⟨人の⟩酔いを覚ます ((*up*))

so-called /sóukɔ́:ld ソウコールド/ 形 いわゆる, 世間で言うところの (what is called); …と称する

soccer /sákər サカ | sɔ́kə ソカ/ 名 ⓤ サッカー (((英)) football)
・ a *soccer* player サッカーの選手
・ play *soccer* サッカーをする

sociable /sóuʃəbl ソウシャブル/ 形
❶ ⟨人が⟩社交好きな, 社交的な; 人づきあいのよい
❷ ⟨会などが⟩打ち解けた, 和やかな

social* /sóuʃəl ソウシャル/
形 比較 **more social**
最上 **most social**
❶ ((比較なし)) 社会の, 社会的な
・ a *social* problem 社会問題
・ *Social* Security ((米)) 社会保障(計画)
・ *social* studies (小・中学校の)社会科
❷ ((比較なし)) 社交の, 親睦(しんぼく)の; 社交界の
❸ 社会生活を営む; ⟨植物が⟩群生する, ⟨動物が⟩群居する
❹ ((比較なし)) 社会的地位[階級]に関する
| **socially** 副 社会的に; 社交的に; 打ち解けて
| **socialism** 名 ⓤ 社会主義
| **socialist** 名 ⓒ 社会主義者

socialize /sóuʃəlàiz ソウシャライズ/ 動
■ 他
❶ ⟨人を⟩社会生活に順応させる, 社交的にする
❷ ⟨…を⟩社会主義化する
■ 自 (人と)親しく時を過ごす, 交際する ((*with...*))
| **socialization** 名 ⓤ 社会化; 社会主義化

society /səsáiəti ササイアティ/

名 (複 **societies** /ササイアティズ/)
❶ ⓤⓒ 社会; 世間(の人々)
・ modern *society* 現代社会
❷ ⓒ 会, 協会, 組織, 団体
❸ ⓤ 階層, 階級; 上流社会; 社交界
❹ ⓤ ((文語)) 交際, つきあい
| **societal** 形 社会の[に関する], 社会的な

socioeconomic /sòusiouì:kənámik ソウスィオウイーカナミク/ 形 社会経済(上)の

sociology /sòusiálədʒi ソウスィアラヂ/ 名 U 社会学
- **sociological** 形 社会学の, 社会学的な, 社会学上の
- **sociologist** 名 C 社会学者

sock* /sák サク/ 名 (複 **socks** /sákス/) C ((ふつう socks)) (短い) 靴下, ソックス
・a pair of *socks* ソックス1足

socket /sákit サキト/ 名 C 受け口; (電球の) ソケット, (電気プラグ用の) コンセント

Socrates /sákrəti:z サクラティーズ/ 名 ソクラテス (古代ギリシャの哲学者で, プラトンの師)

sod /sád サド/ 名 C (移植用の) 芝土; U 芝地

soda /sóudə ソウダ/ 名
❶ UC ソーダ [炭酸] 水; ((米)) 炭酸飲料
・club *soda* 炭酸水
❷ U 【化学】ソーダ (ナトリウム化合物)

sodium /sóudiəm ソウディアム/ 名 U 【化学】ナトリウム (元素記号 Na)

sofa /sóufə ソウファ/ 名 C ソファー, 長いす
・sit on a *sofa* ソファーに座る

soft /sɔ́:ft ソーフト/

形 比較 **softer** /ソーフタ/
最上 **softest** /ソーフタスト/
❶〈物が〉**やわらかい** (⇔hard); 表面がなめらかな, すべすべした
・a *soft* pillow やわらかい枕
❷〈人・心・態度などが〉優しい, 柔軟な
・Our teacher is *soft* on us.
先生はぼくたちに優しい
❸〈色・音・光などが〉落ち着いた, 穏やかな
・*soft* colors 落ち着いた色
❹〈気候などが〉温暖な; 〈空気などが〉さわやかな
❺〈飲み物が〉アルコール分を含まない; 〈水が〉軟水の
・a *soft* drink 清涼飲料, ソフトドリンク
❻【音声】軟音の
- **softly** 副 やわらかに; 優しく; 穏やかに
- **softness** 名 U やわらかさ; 優しさ

softball /sɔ́:ftbɔ:l ソーフトボール/ 名 U 【スポーツ】ソフトボール; C ソフトボール用ボール

soft-boiled /sɔ́:ftbɔ́ild ソーフトボイルド/ 形 〈卵が〉半熟の

soften /sɔ́:fn ソーフン/ 動
— 他 〈物を〉やわらかくする; 〈苦痛などを〉やわらげる
— 自 〈物が〉やわらかくなる ((*up*)); 〈悲しみなどが〉やわらぐ

software /sɔ́:ftwèər ソーフトウェア/ 名 U 【コンピュータ】ソフトウェア

soil¹ /sɔ́il ソイル/ 名
❶ U 土, 土壌
・poor [rich] *soil* やせた[肥えた]土地
❷ UC 土地, 国 (土)

soil² /sɔ́il ソイル/ 動 他〈…を〉(…で) 汚す; 〈…に〉(…で) しみを付ける ((*with*...)); 〈評判などを〉悪くする, けがす

solar /sóulər ソウラ/ 形 太陽の, 太陽に関する; 太陽光線 [熱] を利用した
・*solar* energy 太陽エネルギー
・the *solar* system 【天文】太陽系

sold* /sóuld ソウルド/
動 sell の過去形・過去分詞

soldier /sóuldʒər ソウルヂャ/ 名 C (陸軍の) 軍人; 兵士, 兵卒, 下士官

sold-out /sóuldáut ソウルダウト/ 形 売り切れの, 完売の

sole¹ /sóul ソウル/ 形 唯一の, たった1人[1つ]の; 単独の, 独占的な
- **solely** 副 ただ1人で, 単独で; もっぱら, まったく; 単に

sole² /sóul ソウル/ 名 C 足の裏; 靴底

sole³ /sóul ソウル/ 名 C 【魚】舌びらめ

solemn /sáləm サラム/ 形
❶〈儀式などが〉厳粛な, 重々しい, 荘厳な
❷〈態度などが〉まじめな, もったいぶった
- **solemnly** 副 厳粛に, まじめに

solicit /səlísət サリサト/ 動 他〈援助などを〉懇願する; 〈意見などを〉求める

solid /sálid サリド/

形 比較 **solider** /サリダ/
最上 **solidest** /サリダスト/
❶〈物質が〉**固体の**, 固形の
・*solid* fuel 固体燃料
❷〈物質が〉密で堅い; 〈建物などが〉堅固な
・*solid* ground 堅い土地
❸ 中身の詰まった, 中空でない; 混じり気のない, 純粋な
・a *solid* tire ソリッドタイヤ
❹〈会社などが〉財政的に健全な; 〈人などが〉堅実な, 信頼できる
❺【数学】立体の, 立方の
— 名 (複 **solids** /サリヅ/) C
❶ 固体
❷ ((ふつう solids)) 固形食; (液体中の) 固形

物
❸【数学】立体
solidly 副 堅固に, しっかりと；堅実に
solidarity /sὰlədǽrəti サラダラティ/ 名 U 団結, 結束, 連帯
solidify /səlídəfài サリディファイ/ 動
— 他 〈…を〉凝固させる, 固める
— 自 凝固する, 固まる
solidity 名 U 堅いこと, 固体性；堅実
solitary /sάlətèri サラテリ/ 形
❶〈人などが〉ひとりだけの, 孤独な
❷〈場所などが〉人里離れた；寂しい
solitude /sάlətù:d | sɔ́lətjù:d ソラテュード/ 名 U 孤独, 独居
solo /sóulou ソウロウ/
名 (複 **solos** /ソウロウズ/, **soli** /ソウリー/) C 【音楽】独奏(曲), 独唱(曲), ソロ；ひとりでする演技[ダンス]
— 形 【音楽】独奏の；独演の；単独の
— 副 単独で, ひとりで
soloist 名 C 独奏[独唱]者, ソリスト
soluble /sάljəbl サリャブル/ 形 〈物質が〉(…に)溶ける((in...))；〈問題などが〉解決できる
solution /səlú:ʃən サルーシャン/ 名
❶ C (問題などの)解決；(…の)解決法[策], 解答((to..., for...))
❷ U 溶かす[溶ける]こと, 溶解；C U 溶液
solve /sάlv サルヴ/ 動 他 〈問題などを〉解く, 解決する
solvent /sάlvənt サルヴァント/
形
❶ 支払い能力がある
❷ 溶解する力のある
— 名 U C 【化学】溶剤, 溶媒
somber /sάmbər サムバ/ 形 薄暗い；くすんだ；陰気な

some

/səm サム；(強) sʌ́m サム/
形 ((比較なし))
❶ ((数が))いくつかの；(量が)いくらかの
・There are *some* returnees in the class.
クラスには帰国子女が何人かいる
・There is *some* tea in the pot.
ポットにお茶が多少ある
❷ ((疑問文・条件文で))いくらかの, 少し
▶ ふつう疑問文・否定文ではanyを使うが, 肯定の答えを予想する時はsomeを使う
・Will you have *some* tea?

お茶を少しいかがですか
・Would you lend me *some* money?
お金を少し貸してもらえませんか
❸ /sʌ́m サム/ 中には…(もある)
・*Some* birds cannot fly. 飛べない鳥もいる
・*Some* (people) like music and *some* [*others*] don't.
音楽が好きな人もいればそうでない人もいる
❹ /sʌ́m サム/ ((可算名詞の単数形の前で)) ある, 誰かの, 何かの
・He works for *some* bank in Tokyo.
彼は東京のある銀行に勤めている
❺ /sʌ́m サム/ 相当な, かなりの；大した, なかなかの
・I did it with *some* difficulty.
それをやるには相当苦労した
・She is *some* singer.
彼女はなかなかの歌手だ
for some time しばらくの間
some day (未来の)いつか
some one 誰かひとり, どれか1つ
some time
しばらく(の間)；(未来の)いつか, そのうち
— 代
❶ ((単数・複数扱い))いくつか, いくらか, 多少, 何人か
・*Some* of the questions were easy.
問題の中には簡単なものもあった
❷ ((複数扱い))一部の人々[もの], ある人々[もの]
・*Some* win and *others* lose.
勝つ人もいれば負ける人もいる
— 副 ((比較なし))
❶ ((数詞の前で))約, およそ
・*some* ten minutes およそ10分
❷ ((主に米))(くだけて)いくぶん, 多少, やや
・He plays tennis *some*.
彼は多少はテニスをする

somebody

/sʌ́mbədi サムバディ | sʌ́mbɔ̀di サムボディ/
代 誰か, ある人 (someone)
・*somebody* else 誰かほかの人
・*somebody* or other 誰か
・There's *somebody* at the door.
玄関に誰か来ています
— 名 C 大した人, 大物, 偉い人
someday /sʌ́mdèi サムデイ/ 副 (将来の)いつか, そのうち

somehow

/sʌ́mhàu サムハウ/ 副 ((比較なし)) ((くだけて))
❶ **何とかして**, どうにかして
・I'll get some tickets *somehow*.
何とかしてチケットを何枚か手に入れます
❷ **どういうわけか**
・*Somehow* I don't feel like eating.
どういうわけか食べる気がしない
somehow or other 何とかして

someone /sʌ́mwʌ̀n サムワン/

代 **誰か**, ある人 (somebody)
・*someone* else 誰かほかの人
・*someone or other* 誰か
・*Someone* is calling your name.
誰かがあなたの名前を呼んでいます

somersault /sʌ́mərsɔ̀ːlt サマソールト/ 名
C とんぼ返り,(飛び込み競技などの)宙返り

something

/sʌ́mθiŋ サムスィング/

代
❶ **何か**, あるもの[こと]
・*something* cold 何か冷たいもの
・*something* to eat [drink]
何か食べる[飲む]もの
・*something* is wrong with A
Aはどこか故障している[おかしい]
・I have *something* for you.
あなたにあげたいものがあります
❷ ((数字・人名などに添えて)) **…かいくらか**,
…何とか[なにがし]
・at five *something* 5時何分かに
・John *something* ジョンなにがし
❸ **いくぶん**, いくらか, 多少
・I know *something* about baseball.
野球についていくぶん知っている
have something to do with A
Aと関係がある
A or something Aか何か
something else 何かほかのもの[こと]
something of a A
((くだけて))〈人が〉ちょっとしたA
something or other 何か
■ 名 U 重要なもの[こと];重要な[偉い]人,
大した人物,大物

sometime* /sʌ́mtàim サムタイム/
副 ((比較なし))
❶ (未来の)**いつか**, そのうちに, 後日
・*sometime* or other いつかそのうち
・*sometime* next week 来週のいつか
❷ (過去の)**ある時**, かつて, 以前

sometimes

/sʌ́mtàimz サムタイムズ/
副 ((比較なし)) **ときどき**, 時たま
・I'm *sometimes* late for school.
私はときどき遅刻します

somewhat*
/sʌ́mhwʌt | sʌ́mwɔ̀t サムワト|サムウォト/ 副 ((比較なし)) ((肯定文で)) **いくらか**, いくぶん, 少々
・I was *somewhat* tired. 私は少し疲れた
somewhat of a A
ちょっとしたA;多少のA

somewhere

/sʌ́mhwèər サムウェア/ 副 ((比較なし))
❶ **どこかに**, どこかへ, どこか
・The restaurant is *somewhere* around here. そのレストランはどこかこの辺りにある
❷ 〈数量などが〉**およそ**(…), **ほぼ**(…)
((*around...*, *about...*, *near...*))
・*somewhere* around 5 o'clock 5時頃
・She is *somewhere* around 40 years old.
彼は40歳くらいだ
get somewhere
((くだけて)) 成功する, うまくいく

son /sʌ́n サン/

名 (複 **sons** /sʌ́nz サンズ/) C
❶ **息子** (⇔daughter)
・an only *son* ひとり息子
・the oldest [eldest] *son* 長男
・Like father, like *son*.
((ことわざ)) この父にしてこの子あり
❷ ((男の年少者に対する呼びかけ)) お前, 君
❸ ((ふつう sons)) (男子の)子孫
❹ ((the Son)) 神の子(イエス・キリスト)

sonar /sóunɑːr ソウナー/ 名 U ソナー, 水中音波探知器

sonata /sənɑ́ːtə サナータ/ 名 C 【音楽】ソナタ, 奏鳴曲

song /sɔ́ːŋ ソーング/

名 (複 **songs** /sɔ́ːŋz ソーングズ/)
❶ C **歌**, 歌曲, 唱歌
📖 Let's sing a *song*. 歌を歌いましょう

❷ □ 歌うこと, 歌唱
❸ □©(鳥・虫などの)鳴き声, さえずり
for a song 二束三文で, ただ同然で
sonic /sánik サニク/ 形 音の;音波の;音速の
son-in-law /sʌ́ninlɔ̀ː サニンロー/ 名 © 娘の夫, 娘婿
sonnet /sάnət サナト/ 名 © ソネット, 14行詩

soon /súːn スーン/

副 |比較| **sooner** /スーナ/
|最上| **soonest** /スーナスト/

❶ **まもなく**, もうすぐ, そのうちに
・He will *soon* be back.
彼はまもなく戻るでしょう
・I'll see you again *soon*.
近いうちにまたお目にかかりましょう
❷ **早く**, すみやかに
・*The sooner, the better.*
早ければ早いほどよい
・I should have done my homework *sooner*. 早めに宿題をやるんだった
・How *soon* will you return home?
いつ頃帰宅しますか

as soon as... …するとすぐに
・I'll ask him *as soon as* he comes back.
彼が戻ったらすぐ聞いてみます

as soon as possible [***one can***]
できるだけ早く
・Come back *as soon as possible*.
できるだけ早く戻ってください

no sooner A than B
AするとすぐにBする
・*No sooner* had he finished his homework *than* he went out.
彼は宿題を終えたらすぐに外出した

sooner or later 遅かれ早かれ, いつかは
・We will find out the truth *sooner or later*. 遅かれ早か真実を知ることになる

would (just) as soon A (as B)
BするよりもむしろAしたい
・I'd *just as soon* watch TV at home as go out. 外出するよりは家でテレビを見たい

would [had] sooner A (than B)
(Bするよりも)むしろAしたい
・I *would sooner* die *than* marry him.
彼と結婚するくらいなら死んだ方がましだよ

soot /sút スト/ 名 □ すす
soothe /súːð スーズ/ 動 他 〈人などを〉なだめる, 静める;〈痛みなどを〉やわらげる
soothing 形 なだめるような;痛みをやわらげる
soothingly 副 なだめるように;痛みをやわらげるように

sophisticated /səfístikèitid サフィスティケイティド/ 形
❶〈人などが〉洗練された, あかぬけした;教養のある
❷〈文体などが〉凝った, しゃれた;〈機械などが〉精巧な
sophistication 名 □ 洗練された趣味[考え方];素養;洗練;精巧

sophomore /sάfəmɔ̀ːr サファモー/ 名 ©
((米))(高校・大学の)2年生

soprano /səprǽnou サプラノウ/ 名 (複 **sopranos** /サプラノウズ/, **soprani** /サプラニ/)
【音楽】 □ ソプラノ; © ソプラノ歌手

sore /sɔ́ːr ソー/
形
❶ 痛い;痛む, 炎症を起こした
・a *sore* place [spot] 痛い所
・have a *sore* throat のどが痛い
❷ ((米)) (人に) 腹を立てた ((*at*...)); (…のことで) 怒った ((*about*...))
— 名 © (体の)痛む所, 傷

sorrow /sάrou サロウ/ 名
❶ □ (…に対する)悲しみ, 悲嘆;後悔, 遺憾 ((*for*..., *at*...))
・feel deep *sorrow* for A Aをひどく悲しむ
・express *one's sorrow* 遺憾の意を表す
❷ © ((しばしば sorrows)) 悲しみの種;悲しいこと, 不幸
・the joys and *sorrows* of life 人生の苦楽
■ ***to A's sorrow***
A(人)にとって残念なことに, 悲しいことに
sorrowful 形 悲しそうな, 悲しんでいる
sorrowfully 副 悲しそうに, 悲しんで

sorry ☞ 588ページにあります

sort /sɔ́ːrt ソート/

名 (複 **sorts** /ソーツ/) ©
❶ 種類, タイプ;性格;(…の)種の物 ((*of*...))
・this *sort of* book この種の本
❷【コンピュータ】ソート, 並べ換え, 分類

a sort of A
一種のA, Aのようなもの

➡➡➡ 588ページに続く ➡➡➡

sorry /sɑ́ri サリ | sɔ́ri ソリ/

形 比較 **sorrier** /サリア/, **more sorry**
最上 **sorriest** /サリアスト/, **most sorry**

❶ **気の毒な, かわいそうな**
- ■ *be* [*feel*] *sorry for A* A(人)が気の毒だ
- ・I *am* [*feel*] *sorry for* him.
  彼のことが気の毒だ
- ■ *be* [*feel*] *sorry about A* A(事)が気の毒だ
- ・I *am* [*feel*] *sorry about* your missing the plane.
  あなたが飛行機に乗りそこねて気の毒だ
- ■ *be sorry to do* …して気の毒に思っている
- ・I'*m sorry to* hear that. それはお気の毒です
- ■ *be sorry (that)*...
  …ということを気の毒に思っている
- ・I'*m sorry (that)* your mother is sick.
  お母様がご病気とのことお気の毒に思います

❷ **後悔して, 申し訳なくて**
- ・"I'm *sorry*." "That's all right."
  「すみません」「気にしないでください」
- ・I'm terribly *sorry*. 本当にごめんなさい
- ■ *be sorry about A*
  A(事)を申し訳なく思っている
- ・I *am sorry about* my mistakes.
  間違ってすみません
- ■ *be sorry to do* …して申し訳なく思っている
- ・I'*m sorry to* have broken your glasses.
  あなたのめがねを壊して申し訳ない
- ・I'*m sorry to* interrupt you.
  お話し中に失礼いたします
- ■ *be sorry (that)*...
  …ということを申し訳なく思っている
- ・I'*m sorry* I'm late. 遅れて申し訳ありません
- ・I'*m sorry (that)* I forgot your book somewhere. 君の本をどこかに忘れて申し訳ない

❸ **残念な, 遺憾な**
- ・I'm *sorry*, but I must go right now.
  残念ですがすぐに行かなければなりません
- ■ *be sorry to do* …することを残念に思う
- ■ *be sorry that* … …するとは遺憾です
- ・I'*m sorry that* our team lost the game.
  われわれのチームがその試合に敗れて残念です

I'm sorry to say (that)...
申し上げにくいのですが…

Sorry, ... すみません, …です
- ・*Sorry*, that was my fault.
  ごめんなさい, 私の責任です
- ・*Sorry*, you're misunderstanding what I meant.
  すみませんが私の真意を誤解されています

Sorry? えっ, 何とおっしゃいましたか
- ・*Sorry*? What do you mean?
  えっ, どういう意味でしょうか

sort of ((くだけて))いくぶん, 多少
■ **動** 他〈…を〉〈…に〉**分類[区分け]する**;
【コンピュータ】〈データを〉(…に)ソートする
((*into*...))

SOS /ésòués エスオウエス/ **名** © 遭難信号, エスオーエス

so-so /sóusòu ソウソウ/
形 ((くだけて))よくも悪くもない, まあまあの
■ **副** ((くだけて))まあまあ, まずまず
- ・"How are you?" "*So-so*."
  「元気?」「まあまあです」

sought /sɔ́:t ソート/ **動** seekの過去形・過去分詞

soul /sóul ソウル/ **名**
❶ © 魂, 霊魂; 精神, 心
- ・put *one's* heart and *soul* into *A*
  Aに全霊を込める
❷ Ⓤ (芸術作品などの)魂, 気迫
❸ © ((形容詞と共に))…な人
❹ Ⓤ ソウルミュージック

soulful **形** 魂[感情]のこもった, 情熱的な

sound¹ /sáund サウンド/

名 (複 **sounds** /サウンヅ/)

❶ Ⓤ|© **音, 音響;物音**;Ⓤ ((the sound)) (テレビなどの)音, 音量
- ・a faint *sound* かすかな音
- ・*sound* effects 音響効果
- ・*sound* waves【物理】音波
- ・make a *sound* 音を立てる
❷ ((a [the] sound))(声などの)調子, 感じ
❸ © 【音声】音(ぉ), 音声

■ **動**
三単現 **sounds** /サウンヅ/
過去・過分 **sounded** /サウンディド/
現分 **sounding**/サウンディング/
■ **自**
❶ 〈楽器・ベルなどが〉**鳴る, 響く**, 音を出す
❷ (…のように)**聞こえる**, 思える
- ・*sounds like A*

Aのように聞こえる[思われる]
・That *sounds* good. それはよさそうだ
━━ 他
❶ 〈ベルなどを〉鳴らす;〈楽器の〉音を出す
❷ 〈…を〉(音を出して)知らせる

sound[2] /sáund サウンド/
形
❶ 〈判断などが〉適切な, もっともな;〈人などが〉正統な考えの, 堅実な, しっかりした
❷ 〈身体・精神などが〉健全な, 健康な
・*sound* in mind and body 心身共に健全で
❸ 十分な, 完全な, 徹底した
・have a *sound* sleep ぐっすり眠る
━━ 副 十分に, ぐっすりと
| **soundly** 副 堅実に;すっかり

soup /sú:p スープ/
名 (複 **soups** /スープス/) ⓤⓒ スープ
・eat *soup* (スプーンなどで)スープを飲む

sour /sáuər サウア/
形
❶ すっぱい, 酸味がある;〈物が〉(発酵して)すっぱくなった
❷ 〈人・表情などが〉不機嫌な, 意地悪な
go [***turn***] ***sour***
すっぱくなる;うまく行かなくなる
━━ 動
━━ 自 〈関係などが〉まずくなる;〈物が〉すっぱくなる
━━ 他 〈関係などを〉まずくする;〈物を〉すっぱくする

source /sɔ́:rs ソース/ 名 ⓒ
❶ もと, 源, 根源;原因
・an energy *source* エネルギー源
❷ ((ふつう sources)) 出所, 情報源;出典
・reliable *sources* 信頼できる筋
❸ 水源(地)

south /sáuθ サウス/
名 ⓤ
❶ ((ふつう the south)) **南, 南方;南部** (略 s, S)
■ in the south of *A* Aの南部に
・I live in *the south of* Paris.
私はパリの南部に住んでいる
■ be [lie] to the south of *A* Aの南方にある
❷ ((the South)) 南部(地方);南極地方;米国南部諸州
・*the South* of Europe 南欧

━━ 形 ((比較なし)) **南の;南への;〈風が〉南からの;南にある;南向きの**
・a *south* wind 南風
・a *south* window 南向きの窓
・*the South* Pole 南極
━━ 副 ((比較なし)) **南に, 南へ;南方に, 南部に**
・The wind is blowing *south*.
風は南に吹いている[北風である]

South Africa /sáuθ æfrikə サウス アフリカ/
名 南アフリカ (首都はプレトリアで, 立法首都はケープタウン)

South African /sáuθ æfrikən サウス アフリカン/
形 南アフリカ(人)の
━━ 名 ⓒ 南アフリカ人

South Carolina /sáuθ kærəláinə サウス カラライナ/ 名 サウスカロライナ (略 S.C., ((郵便)) SC;米国南東部の大西洋岸の州;州都はコロンビア(Columbia))

South Dakota /sáuθ dəkóutə サウス ダコウタ/ 名 サウスダコタ (略 S.Dak., S.D., ((郵便)) SD;米国中北部の州;州都はピア(Pierre))

southeast* /sàuθí:st サウスィースト/
名 ⓤ
❶ ((ふつう the southeast)) **南東; 南東部** (略 se, SE)
❷ ((the Southeast)) 南東(地方), 南東部;米国南東部
━━ 形 ((比較なし)) **南東の;南東への;〈風が〉南東からの**
・*Southeast* Asia 東南アジア
━━ 副 ((比較なし)) **南東に, 南東へ;南東から**
| **southeastern** 形 南東(へ)の, 〈風が〉南東からの, 南東向きの;南東部[地方]の

southern* /sʌ́ðərn サザン/ 形 ((比較なし))
❶ **南の, 南方の, 南部の;〈風が〉南からの**
・the *southern* sky 南の空
❷ ((Southern)) 南部(地方)の;米国南部の
・a *southern* accent 南部なまり
・the *Southern* Hemisphere 南半球

southward /sáuθwərd サウスワド/
副 南に[へ], 南方に[へ]
━━ 形 南の;南方の;南向きの

southwards /sáuθwərdz サウスワヅ/ 副 = southward

southwest* /sàuθwést サウスウェスト/
名 ⓤ
❶ ((ふつう the southwest)) **南西, 南西部**

(略 sw, SW)

❷ ((the Southwest)) 南西(地方), 南西部；米国南西部

━ 形 ((比較なし)) **南西の**, 南西への；〈風が〉南西からの

━ 副 ((比較なし)) **南西に**, 南西へ；南西から

southwestern 形 南西(への)の；〈風が〉南西からの, 南西向きの；南西部[地方]の

souvenir /sùːvəníər スーヴァニア/ 名 C 記念品, みやげ；思い出の品 , 形見

sovereign /sάvrən サヴラン/
名 C 君主, 元首, 統治者
━ 形 〈国家が〉主権を持った
sovereignty 名 U 主権, 統治権；C 主権国家, 独立国

sow /sóu ソウ/
動 三単現 **sows** /ソウズ/
過去 **sowed** /ソウド/
過分 **sown** /ソウン/, **sowed** /ソウド/
現分 **sowing** /ソウイング/
━ 他〈種を〉まく；〈もめごとなどの〉種をまく
━ 自 種をまく
・One must reap what one has *sown*. ((ことわざ))自業自得

sown /sóun ソウン/ 動 sow の過去分詞
soy /sɔ́i ソイ/ 名 U しょうゆ
soybean /sɔ́ibìːn ソイビーン/ 名 C 大豆
spa /spάː スパー/ 名 C 鉱泉(地), 温泉(地)

space* /spéis スペイス/
名 (複 **spaces** /スペイスィズ/)
❶ UC **場所**；余白, 余地, スペース；**間隔**, 距離
・an open *space* 空き地
・make *space* 場所を空ける
❷ U **空間**；**宇宙**, 宇宙空間
・time and *space* 時間と空間
・a *space* shuttle スペースシャトル
・a *space* station 宇宙ステーション
❸ C ((a space)) (時の)間, 間隔, 時間
❹ C 【印刷】字間, スペース, 行間
━ 動 他〈…に〉一定の間隔を置く
spacious 形 広々とした, ゆったりした

spacecraft /spéiskræft スペイスクラフト/ 名 C 宇宙船

spaceship /spéisʃìp スペイスシプ/ 名 C 宇宙船

spade¹ /spéid スペイド/ 名 C (シャベル状の)すき

spade² /spéid スペイド/ 名 C 【トランプ】スペード(札)；((spades)) スペードの組

spaghetti /spəgéti スパゲティ/ 名 U スパゲッティ

Spain /spéin スペイン/ 名 スペイン (首都はマドリッド)

spam /spǽm スパム/ 名 U【インターネット】スパムメール (不特定多数に送信される広告・勧誘などの迷惑メール)

span /spǽn スパン/
名 C
❶ (短い)時間, 期間
・for a short *span* of time 短期間に
❷ 差し渡し, 全長；(事の及ぶ)範囲, 全期間
・a life *span* 寿命, 一生
━ 動 他
❶〈出来事などが〉〈年月などに〉及ぶ, わたる
❷〈橋などが〉〈川に〉かかる

Spaniard /spǽnjərd スパニャド/ 名 C スペイン人

Spanish /spǽniʃ スパニシュ/
形 スペインの；スペイン人[語]の
━ 名
❶ ((the Spanish)) ((複数扱い)) スペイン国民
❷ U スペイン語

spanner /spǽnər スパナ/ 名 C ((英)) スパナ (((米))wrench)

spare /spéər スペア/

動 三単現 **spares** /スペアズ/
過去過分 **spared** /スペアド/
現分 **sparing** /スペアリング/
━ 他
❶〈時間・金などを〉**割く**, 割いて与える
・*spare A B* = *spare B for A*
A(人)のためにB(時間など)を割く
・*spare A to do*
A(時間など)を…するために割く
❷ ((ふつう否定文で))〈費用・労力などを〉使い惜しみする
・*Spare* the rod and spoil the child. ((ことわざ)) かわいい子には旅をさせよ
❸〈人などを〉容赦する, 〈…の〉命を助ける
━ 形 ((比較なし))〈物が〉**予備の**, スペアの；〈時間・金などが〉余分の
・in *one's spare* time ひまな時に
━ 名 C
❶ 予備の物, スペア；スペアタイヤ
❷ ((米))【ボウリング】スペア

spark /spάːrk スパーク/

名 [C]

❶ 火花, 火の粉;電気火花, スパーク
❷ (問題などの)火種, 原因
❸ 生気, 活気;(才能などの)ひらめき
❹ ((a spark)) ((ふつう否定文で)) わずか

— 動
— 自 〈物が〉火花を出す;〈点火装置などが〉スパークする
— 他 〈…を〉発火させる;〈争いなどを〉引き起こす((off))

sparkle /spá:rkl スパークル/
動 自
❶ 〈宝石などが〉輝く, きらめく
❷ 〈才気などが〉(…で)生き生きと輝く, ほとばしる((with...))
— 名 [C][U] 輝き, きらめき;火花;活気, 才気
| **sparkling** 形 輝く, きらめく;才気のある;発泡性の

sparrow /spǽrou スパロウ/ 名 [C] 【鳥】雀(すずめ)

sparse /spá:rs スパース/ 形 〈人口などが〉まばらな;〈頭髪などが〉薄い
| **sparsely** 副 まばらに;薄く

spasm /spǽzm スパズム/ 名
❶ [C][U] 【医学】(筋肉などの)けいれん, ひきつけ
❷ [C] (感情・活動などの)発作, 衝動

spat /spǽt スパト/ 動 (主に英) spitの過去形・過去分詞

spatial /spéiʃəl スペイシャル/ 形 空間の;空間的広がりのある

spawn /spɔ́:n スポーン/ 名 [U] 【動物】(魚類などの)卵

speak /spí:k スピーク/

動 三単現 **speaks** /スピークス/
過去 **spoke** /スポウク/
過分 **spoken** /スポウカン/
現分 **speaking** /スピーキング/

— 自
❶ 話す, しゃべる, 話をする
・ be unable to *speak* 言葉に詰まる
・ Please *speak* more slowly.
 もっとゆっくりと話してください
・ Don't *speak* with your mouth full.
 口いっぱいにほおばって話してはいけません
📖 You *speak* very fluently.
 とてもすらすらと話しますね
❷ (人に)話をする((to...));(人と)語る((with...));(…について)話す((of..., on..., about...))

■ *speak to A* A(人)に言葉をかける
・ I *was spoken to* by a stranger.
 私は見知らぬ人に話しかけられた
・ Who(m) do you wish to *speak to*?
 ((電話で))誰におつなぎしますか
・ Hello. *I'd like to speak to* Mr. Masuda.
 = *May I speak to* Mr. Masuda?
 ((電話で))もしもし, 増田さんをお願いします
・ I must *speak with* you *about* something.
 君に話がある
❸ (…について)演説する, 講演する((on..., about...))
・ *speak on* the subject of global warming
 地球温暖化について講演する
❹ 〈物・事などが〉〈事実などを〉物語る((of...))
・ The film *speaks of* the horror of earthquakes.
 その映画は地震の恐さを物語っている

— 他
❶ 〈言語を〉**話す**
・ *speak* fluent English
 英語をなめらかに話す
❷ 〈言葉などを〉**話す**, 〈事実などを〉語る
・ *speak* words of wisdom 名言を吐く
・ *speak* the truth 真実を語る

generally speaking 一般的に言えば
frankly speaking 正直に言えば
not to speak of A Aは言うまでもなく
so to speak 言わば
speak for A
 A(人)の代弁をする;A(人)の弁護をする
speak for itself 自明である
speak for oneself
 自己弁護をする;自分の思うことを言う
speak ill [badly] of A
 A(人)を悪く言う
speaking of A Aと言えば
speak of A
 Aのことを言う, Aのうわさをする
speak out 率直に意見を述べる;大声で話す, はっきり話す
speak up [out]
 大声で話す;はっきり意見を言う
speak well of A A(人)をよく言う
strictly speaking 厳密に言えば
to speak of 取り立てて言うほどの
・ She has no charm *to speak of*.
 彼女にはこれといった魅力がない

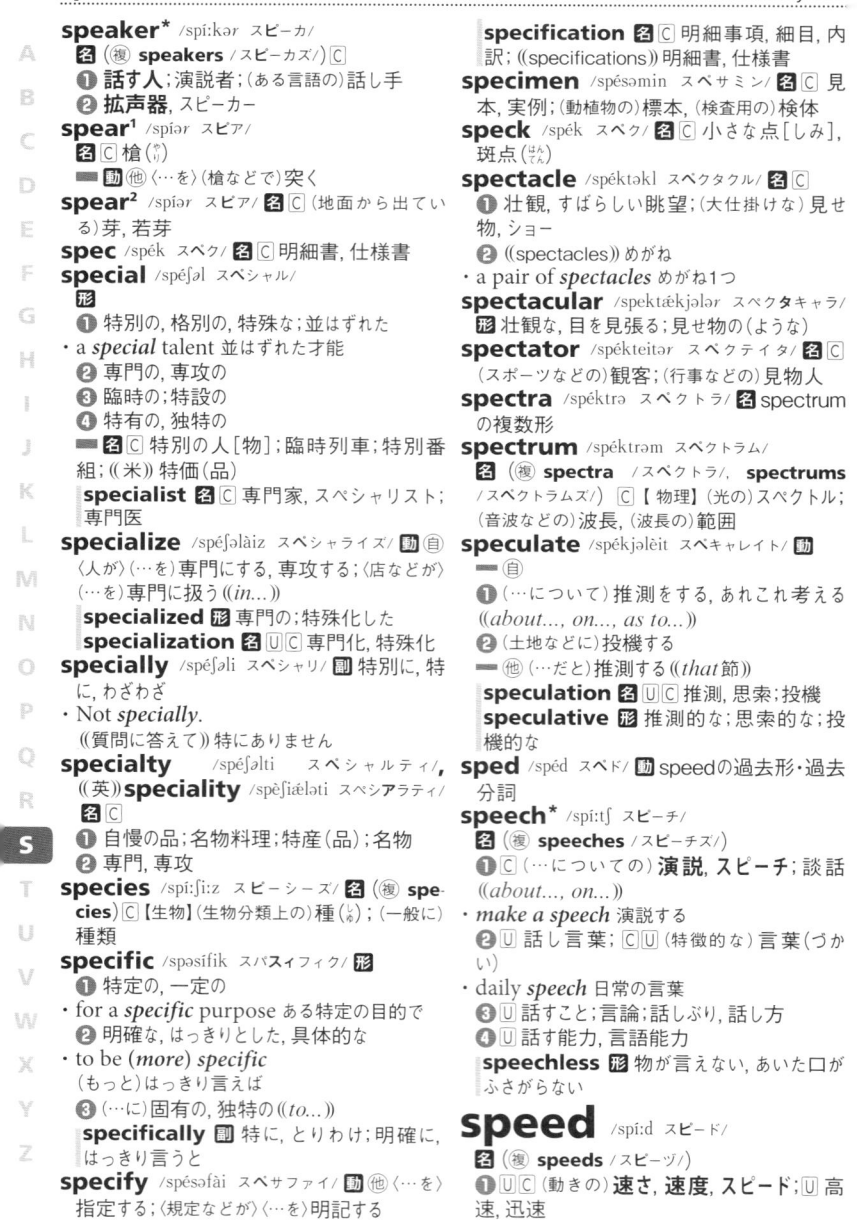

speaker* /spíːkər スピーカ/
名 (複 **speakers** /スピーカズ/) C
❶ **話す人**；演説者；(ある言語の)話し手
❷ **拡声器**, スピーカー

spear¹ /spíər スピア/
名 C 槍(ﾔﾘ)
━ 動 他〈…を〉(槍などで)突く

spear² /spíər スピア/ 名 C (地面から出ている)芽, 若芽

spec /spék スペク/ 名 C 明細書, 仕様書

special /spéʃəl スペシャル/
形
❶ 特別の, 格別の, 特殊な；並はずれた
・a *special* talent 並はずれた才能
❷ 専門の, 専攻の
❸ 臨時の；特設の
❹ 特有の, 独特の
━ 名 C 特別の人[物]；臨時列車；特別番組；((米)) 特価(品)

specialist 名 C 専門家, スペシャリスト；専門医

specialize /spéʃəlàiz スペシャライズ/ 動 自
〈人が〉〈…を〉専門にする, 専攻する；〈店などが〉〈…を〉専門に扱う((*in*...))

specialized 形 専門の；特殊化した
specialization 名 UC 専門化, 特殊化

specially /spéʃəli スペシャリ/ 副 特別に, 特に, わざわざ
・Not *specially*.
((質問に答えて)) 特にありません

specialty /spéʃəlti スペシャルティ/,
((英)) **speciality** /spèʃiǽləti スペシアラティ/
名 C
❶ 自慢の品；名物料理；特産(品)；名物
❷ 専門, 専攻

species /spíːʃiːz スピーシーズ/ 名 (複 **species**) C 【生物】(生物分類上の)種(ｼｭ)；(一般に)種類

specific /spəsífik スパスィフィク/ 形
❶ 特定の, 一定の
・for a *specific* purpose ある特定の目的で
❷ 明確な, はっきりとした, 具体的な
・to be (*more*) *specific*
(もっと)はっきり言えば
❸ 〈…に〉固有の, 独特の((*to*...))
specifically 副 特に, とりわけ；明確に, はっきり言うと

specify /spésəfài スペサファイ/ 動 他〈…を〉指定する；〈規定などが〉〈…を〉明記する

specification 名 C 明細事項, 細目, 内訳；((specifications)) 明細書, 仕様書

specimen /spésəmin スペサミン/ 名 C 見本, 実例；(動植物の)標本, (検査用の)検体

speck /spék スペク/ 名 C 小さな点[しみ], 斑点(ﾊﾝﾃﾝ)

spectacle /spéktəkl スペクタクル/ 名 C
❶ 壮観, すばらしい眺望；(大仕掛けな)見せ物, ショー
❷ ((spectacles)) めがね
・a pair of *spectacles* めがね1つ

spectacular /spektǽkjələr スペクタキャラ/ 形 壮観な, 目を見張る；見せ物の(ような)

spectator /spékteitər スペクテイタ/ 名 C (スポーツなどの)観客；(行事などの)見物人

spectra /spéktrə スペクトラ/ 名 spectrum の複数形

spectrum /spéktrəm スペクトラム/
名 (複 **spectra** /スペクトラ/, **spectrums** /スペクトラムズ/) C 【物理】(光の)スペクトル；(音波などの)波長, (波長の)範囲

speculate /spékjəlèit スペキャレイト/ 動
━ 自
❶ (…について)推測をする, あれこれ考える((*about*..., *on*..., *as to*...))
❷ (土地などに)投機する
━ 他 (…だと)推測する((*that*節))
speculation 名 UC 推測, 思索；投機
speculative 形 推測的な；思索的な；投機的な

sped /spéd スペド/ 動 speed の過去形・過去分詞

speech* /spíːtʃ スピーチ/
名 (複 **speeches** /スピーチズ/)
❶ C (…についての) **演説**, **スピーチ**；談話((*about*..., *on*...))
・*make a speech* 演説する
❷ U 話し言葉；C U (特徴的な)言葉(づかい)
・daily *speech* 日常の言葉
❸ U 話すこと；言論；話しぶり, 話し方
❹ U 話す能力, 言語能力
speechless 形 物が言えない, あいた口がふさがらない

speed /spíːd スピード/
名 (複 **speeds** /スピーヅ/)
❶ U C (動きの) **速さ**, **速度**, **スピード**；U 高速, 迅速

- the *speed* limit (最高)制限速度
- at a *speed* of 100 kilometers an hour 時速100キロで
- at full [top] *speed* 全速力で

❷ C (自転車・自動車の)変速装置, ギヤ

up to speed
予想どおりのスピードで；最新情報を得て

━━ 動
三単現 **speeds** /スピーヅ/
過去・過分 **sped** /スペド/,
　　　　speeded /スピーディド/
現分 **speeding** /スピーディング/

━━ 自
❶ (過去・過分 sped, speeded) 急ぐ, 疾走する
❷ (過去・過分 speeded) 速度を増す((*up*))；スピード違反をする

━━ 他 〈車などを〉急がせる, 疾走させる

speeding 名 U (自動車の)スピード違反

speedometer /spidάmətər スピダマタ/ 名 C 速度計

speedy /spíːdi スピーディ/ 形 (予想以上に)速い, 迅速な；即時の
speedily 副 速く, 急いで, てきぱきと

spell¹ /spél スペル/

動 三単現 **spells** /スペルズ/
過去・過分 **spelled** /スペルド/,
　　　　((主に英)) **spelt** /スペルト/
現分 **spelling** /スペリング/

━━ 他
❶ 〈語を〉つづる；〈語の〉つづりを言う[書く]
📖 How do you *spell* the word?
その語はどうつづるのですか
📖 It's *spelt* with a capital "E."
それは大文字のEで始まります
❷ 〈文字が〉〈語を〉形作る
━━ 自 (正しく)文字をつづる

spell A out = spell out A
A(単語・文)を一字一字読む[書く]；A(事)を詳細に説明する

spell² /spél スペル/ 名 C まじない(の文句), 呪文(じゅもん)；魔力, 魅力

spelling* /spélɪŋ スペリング/
動 spell¹の現在分詞・動名詞

━━ 名 (複 **spellings** /スペリングズ/) C (語の)つづり, スペリング；U つづり字法, 正字法
📖 Don't worry about your *spelling*.
つづりは気にしなくていいですよ

spelt /spélt スペルト/ 動 ((主に英)) spell¹の

過去形・過去分詞

spend /spénd スペンド/

動 三単現 **spends** /スペンヅ/
過去・過分 **spent** /スペント/
現分 **spending** /スペンディング/

━━ 他
❶ 〈お金などを〉(…に)**使う**, 費やす((*on...*, ((米)) *for...*))
- What do you *spend* your allowance *for*? こづかいは何に使うの
❷ 〈時を〉(…に)**費やす**((*on...*)), (…して)**過ごす**(((*in*) *doing*))
- How did you *spend* your vacation?
どうやって休暇を過ごしましたか
❸ 〈労力などを〉費やす, 用いる

spending 名 U 支出, 出費

spent /spént スペント/
動 spendの過去形・過去分詞

━━ 形 〈人が〉〈金などを〉使い果たした；〈人が〉疲れはてた

sperm /spə́ːrm スパーム/ 名 U 精液 C 精子, 精虫

sphere /sfíər スフィア/ 名 C
❶ 【幾何】球, 球体, 球面；天体
❷ (活動・知識などの)範囲；分野, 領域

spice /spáis スパイス/ 名
❶ U C 薬味, 香辛料, スパイス
❷ U おもしろ味, 妙味((*of...*))
- *a spice of A* ちょっとしたA (ユーモアなど)

spicy 形 香料を入れた, 薬味の効いた；〈話などが〉痛快な

spider /spáidər スパイダ/ 名 C 【動物】くも

spike /spáik スパイク/ 名 C (靴底に打つ)スパイク；大釘；(鉄道のレール用)犬釘

spill /spíl スピル/

動 三単現 **spills** /スピルズ/
過去・過分 ((米)) **spilled** /スピルド, スピルト/,
　　　　((主に英)) **spilt** /スピルト/
現分 **spilling** /スピリング/

━━ 他
❶ 〈…を〉(…から)こぼす((*from...*))；〈中身などを〉(…に)まき散らす((*on..., over...*))
❷ 〈秘密・情報などを〉ばらす
❸ 〈血を〉流す

━━ 自
❶ (…から)こぼれる((*from..., out of...*))
❷ (…に)あふれ出る((*into...*))

━━ 名

spilt

❶ U C こぼれる[こぼす]こと；流出
❷ C （馬・乗り物からの）転落

spilt /spílt スピルト/ 動 ((主に英))spillの過去形・過去分詞

spin /spín スピン/
動 三単現 **spins** /スピンズ/
過去・過分 **spun** /スパン/
現分 **spinning** /スピニング/
— 他
❶ 〈糸を〉紡ぐ；〈原料を〉紡いで糸にする
・*spin* cotton *into* thread 綿を糸に紡ぐ
❷ 〈こまなどを〉回す
❸ 〈くもなどが〉〈糸を〉吐く，〈巣を〉かける
— 自
❶ くるくる回る；〈頭が〉くらくらする
❷ 糸を紡ぐ；〈くもなどが〉糸を吐く
***spin* A *out* = *spin out* A**
A（時間など）を引き延ばす，長引かせる
— 名
❶ U 回転；（ボールなどの）スピン，ひねり
❷ C ((ふつうa spin)) (車などの)一走り
・go for *a spin* ドライブに出かける
❸ C ((ふつうa spin)) (物価などの)急落
spinner 名 C 紡績工；紡績機
spinning 名 U 紡績；急速回転

spinach /spínitʃ スピニチ | spínidʒ スピニヂ/
名 U ほうれんそう

spindle /spíndl スピンドル/ 名 C
❶ （手紡ぎ用の）つむ，（紡績機の）紡錘(ぼうすい)
❷ （機械などの）軸，心棒

spine /spáin スパイン/ 名 C
❶ 背骨，脊柱(せきちゅう)
❷ （本の）背，（山の）尾根
❸ （やまあらし・サボテンなどの）とげ，針
spinal 形 【解剖】背骨の

spin-off /spínɔːf スピノーフ/ 名 C
❶ 副産物；波及効果
❷ （テレビ番組などの）続編，焼き直し

spiral /spáiərəl スパイアラル/
名 C
❶ らせん（状の物）；ぜんまい
❷ 【経済】悪循環；（物価などの）急上昇[下降]
— 形 らせん（状）の；うず巻き形の
・a *spiral* staircase らせん階段
— 動 自 らせん形になる

spirit* /spírit スピリト/
名 （複 **spirits** /スピリツ/）
❶ C U 精神，心

・fighting *spirit* 闘争心
❷ C ((spirits)) 気分；元気
・be in high [low] *spirits*
上機嫌[不機嫌]である
❸ C 霊，精霊；妖精(ようせい)
・an evil *spirit* 悪霊
❹ U 熱情，気迫；態度
❺ U ((the spirit)) (法律などの)精神，趣旨
❻ C ((ふつうspirits)) 蒸留酒，（ウイスキーなどの）アルコール飲料
spirited 形 元気のよい；…の精神を持つ

spiritual /spíritʃuəl スピリチュアル/
形
❶ 精神的な，魂の，霊的な
❷ 宗教（上）の；神聖な
— 名 C 黒人霊歌
spiritually 副 精神的に；宗教的に
spirituality 名 U 精神性；霊性

spit /spít スピト/
動 三単現 **spits** /スピツ/
過去・過分 **spit**, ((主に英))**spat** /スパト/
現分 **spitting** /スピティング/
— 自
❶ つばを吐く；（…に）つばを吐きかける ((*at*..., *on*...))
❷ ((itを主語にして)) (雨などが)パラパラ降る
— 他 〈つばなどを〉吐く；〈…を〉吐き出すように言う ((*out*))
— 名 U つば；C つばを吐くこと

spite /spáit スパイト/ 名 U 悪意；恨み
in spite of A Aにもかかわらず
・He went out *in spite of* the heavy rain.
彼はひどい雨にもかかわらず出かけた
in spite of oneself
思わず；意志に反して

splash /splǽʃ スプラシュ/
動
— 他
❶ 〈…に〉〈水・泥などを〉はねかける ((*with*...))；〈水などを〉はね散らす
❷ 〈水・泥などが〉〈…に〉はねかかる
— 自
❶ 〈子どもなどが〉水[泥]をはね散らす；水[泥]をはね散らして進む
❷ 〈液体が〉（…に）はねる ((*on*..., *over*...))
— 名 U はね；はね散らすこと；はね散らす音
make a splash
ザブンと音を立てる；あっと言わせる

spleen /splíːn スプリーン/ 名

❶ C【解剖】脾臓(ひぞう)
❷ U 不機嫌, かんしゃく

splendid /spléndid スプレンディド/ 形
❶ 豪華な;雄大な, 堂々たる
❷ 立派な, 輝かしい;すばらしい
splendidly 副 立派に;すばらしく
splendor 名 U 豪華, 壮麗;輝き

splinter /splíntər スプリンタ/ 名 C (木・ガラスなどの)破片, (木・竹などの)とげ

split* /split スプリト/
動 三単現 **splits** /スプリツ/
過去・過分 **split** /スプリト/
現分 **splitting** /スプリティング/
— 他
❶ 〈木材などを〉(…に)**割る**, 〈布などを〉**裂く**((in..., into...))
❷ 〈政党・グループなどを〉(…に)分裂させる, 分ける((into...))
❸ 〈…を〉(…の間で)分配する((between...))
— 自
❶ (…に)**割れる, 裂ける**((in..., into...))
❷ 〈政党などが〉(…に)分裂する, 分かれる((into...))

split up (*with* A)
(Aとの)関係を断つ, (Aと)別れる
split A *up* = *split up* A
Aを(…に)グループ分けする((into...))
・ *split up* a class *into* three
クラスを3つに分ける
— 名 C
❶ 分裂;割れ目, 裂け目;ほころび
❷ 仲間割れ, 対立
❸【ボウリング】スプリット
splitting 形 裂ける, 割れる;〈頭が〉割れるように痛む

spoil /spɔ́il スポイル/
動 三単現 **spoils** /スポイルズ/
過去・過分 **spoiled** /スポイルド/, **spoilt** /スポイルト/
現分 **spoiling** /スポイリング/
— 他
❶ 〈…を〉**台なしにする, だめにする**
❷ 〈子どもなどを〉**甘やかしてだめにする**
・ a *spoilt* [*spoiled*] child 甘やかされた子ども
— 自 悪くなる, 〈食べ物が〉腐る, 傷む
— 名 UC ((ふつう spoils)) 強奪[戦利]品;賞品

spoilt /spɔ́ilt スポイルト/ 動 spoil の過去形・過去分詞

spoke /spóuk スポウク/
動 speak の過去形

spoken /spóukən スポウカン/
動 speak の過去分詞
— 形 ((比較なし)) 口語の, 話し言葉の(⇔ written)
・ *spoken* English 口語英語
・ *spoken* language 話し言葉

spokesman /spóuksmən スポウクスマン/ 名 C スポークスマン, 代弁者;報道官

spokesperson /spóukspə̀:rsən スポウクスパーサン/ 名 C スポークスマン, 代弁者;報道官

spokeswoman /spóukswùmən スポウクスウマン/ 名 C (女性の)代弁者;(女性の)報道官

sponge /spʌ́ndʒ スパンヂ/
名 UC スポンジ, 海綿
・ a *sponge* cake スポンジケーキ, カステラ
・ wipe *A* with a *sponge* A をスポンジでふく
— 動 他 〈…を〉(スポンジなどで)ふく((off, away));〈…を〉(スポンジなどで)吸い取る((up))

sponsor /spánsər スパンサ/
名 C
❶ (身元などの)保証人
❷ スポンサー, 後援者, 番組提供者
— 動 他
❶ 〈…を〉後援する;〈…の〉保証人となる
❷ 〈番組などの〉スポンサーになる

sponsorship /spánsərʃìp スパンサシプ/ 名 U スポンサーであること, 後援, 支援
・ under the *sponsorship* of *A* A の後援で

spontaneous /spantéiniəs スパンテイニアス/ 形
❶ 〈現象などが〉自然発生的な
❷ 〈行動などが〉自発的な
spontaneously 副 自発的に
spontaneity 名 U 自発性, 自然発生

spooky /spú:ki スプーキ/ 形 幽霊が出そうな;気味の悪い

spoon /spú:n スプーン/
名 (複 **spoons** /スプーンズ/) C
❶ スプーン, さじ
・ eat soup with a *spoon*
スプーンでスープを食べる

spoonful

❷ スプーン1杯分(の…) ((of...))
- a *spoon* of sugar スプーン1杯分の砂糖
━ 動 他 〈…を〉スプーンですくう((up, out))

spoonful /spúːnfùl スプーンフル/ 名 C スプーン1杯分(の…) ((of...))
- two *spoonfuls of* salt スプーン2杯の塩

sport /spɔ́ːrt スポート/

名 (複 **sports** /スポーツ/)
❶ U スポーツ, 運動競技; C (個々の)競技
- outdoor *sports* 野外スポーツ
- do *sports* スポーツをする
- be absorbed in a *sport* スポーツに打ち込む
- What *sport(s)* do you like?
  どんなスポーツが好きですか
❷ C ((sports)) ((英)) 運動会, 競技会
- the school *sports* 学校の運動会
❸ U 気晴らし, 楽しみ, 娯楽
in [for] sport 冗談で, ふざけて
━ 形 ((比較なし)) スポーツの
- a *sports* meet 体育祭

sporty 形 〈衣服などが〉スポーティーな, 軽快な;スポーツが好きな
sporting 形 スポーツ(用)の;正々堂々とした

sportsman /spɔ́ːrtsmən スポーツマン/ 名 C スポーツマン, 運動好きの人

sportsmanship /spɔ́ːrtsmənʃìp スポーツマンシプ/ 名 U スポーツマン精神

sportswear /spɔ́ːrtswèər スポーツウェア/ 名 U スポーツウェア

sportswoman /spɔ́ːrtswùmən スポーツウーマン/ 名 C スポーツウーマン, 運動好きの女性

spot /spát スパト | spɔ́t スポト/

名 (複 **spots** /スパッツ/) C
❶ **場所;地点;箇所**
- a blind *spot* 盲点
- a weak *spot* 弱点
❷ (インクなどの)しみ, 汚れ;斑点(はんてん)
❸ (評判などの)汚点, 汚名
❹ ほくろ;発疹(ほっしん);((英)) にきび, 吹き出物
hit the spot
((米)) ((くだけて)) ぴったりである, 申し分ない
in a spot 困って
on the spot 即座に;その場で, 現場で
━ 動
━ 他
❶ 〈…を〉見つける, 見分ける, 見抜く
- *spot* A as B Aを(人)をBと見抜く
- *spot* a mistake 間違いを見つけ出す
❷ (…で) 〈…に〉しみをつける, 〈…を〉汚す ((with...))
❸ 〈…を〉置く, 配置する
━ 自 しみになる, 汚れる
━ 形 即座の;その場での

spotless 形 しみのない;非の打ち所のない
spotted 形 斑点のある;しみの付いた;汚点のある
spotty 形 斑点の多い;しみだらけの

spotlight /spátlàit スパトライト/ 名
❶ C スポットライト
❷ C ((the spotlight)) 世間の注目, 注視
- in *the spotlight* 注目を集めて
━ 動 他 〈…に〉スポットライトを当てる

spouse /spáus スパウス | spáuz スパウズ/ 名 C 【法律】配偶者

spout /spáut スパウト/
動
━ 他
❶ 〈液体などを〉吹き出す
❷ 〈意見などを〉ぺらぺらとまくし立てる
━ 自
❶ (…から)吹き出る, 噴出する ((from...))
❷ (…について)ぺらぺらとまくし立てる, ぺらぺら言う ((about...))
━ 名 C 噴出口;噴出;噴水

sprain /spréin スプレイン/
動 他 〈手首などを〉捻挫(ねんざ)する, くじく
━ 名 C 捻挫, くじくこと

sprang /sprǽŋ スプラング/ 動 spring の過去形

sprawl /sprɔ́ːl スプロール/
動 自
❶ (手足を)投げ出す;大の字に寝そべる;腹ばいになる
❷ 〈都市・植物などが〉無計画に広がる
━ 名
❶ 寝そべること;腹ばい
❷ (都市の)スプロール現象(住宅地などが無計画に近郊へと広がること)

spray¹ /spréi スプレイ/
名
❶ U しぶき, 水煙
- a *spray* of water 水しぶき
❷ C (香水・消毒薬の)噴霧;スプレー, 噴霧器
- an insect *spray* 殺虫スプレー

spray

spray¹
- 動
- 一他
- ❶〈液体などを〉(…に)吹きかける《*on...*, *over...*》
- ❷〈…に〉しぶきを飛ばす
- 一自 しぶきを立てる；しぶきになって出る

spray² /spréi スプレイ/ 名 C (葉・花・実を付けた)小枝

spread /spréd スプレド/

動 三単現 **spreads** /スプレヅ/
過去・過分 **spread**
現分 **spreading** /スプレディング/
- 一他
- ❶〈紙などを〉(…の上に)**広げる**《*on...*, *over...*》
- · *spread* a map *on* the table
  地図をテーブルの上に広げる
- ❷〈脚などを〉**開く, 広げる**《*out*》
- · *spread out* one's fingers 指を広げる
- ❸〈クリーム・バター・ペンキなどを〉(…に)(薄く)**塗り広げる**《*on...*, *over...*》
- · *spread* butter *on* a slice of bread
  ひときれのパンにバターを塗る
- ❹〈うわさ・ニュースなどを〉(…じゅうに)**広める**《*over...*》
- ❺〈種・肥料などを〉(…に)まき散らす《*on...*, *over...*》
- 一自
- ❶〈うわさ・ニュースなどが〉**広まる**；〈火事などが〉広がる
- ❷(時間的に)**広がる, 及ぶ**
- 一名
- ❶ U 広がること；普及；(病気の)まん延
- ❷ C (土地などの)広がり, 幅
- ❸ C (新聞などの)見開きの記事
- ❹ U C スプレッド(パンに塗るバターなど)

spreadsheet /sprédʃìːt スプレドシート/ 名 C 【コンピュータ】スプレッドシート, 表計算ソフト

sprightly /spráitli スプライトリ/ 形 活発な, 陽気な

spring /spríŋ スプリング/

名 (複 **springs** /スプリングズ/)
- ❶ U C **春, 春季, 春期**
- · *in (the) spring* 春に
- · *in the spring* of 2011 2011年の春に
- ❷ ((形容詞的に)) 春の, 春季の, 春向きの
- · *spring* fashion 春のファッション
- ❸ C **泉, 源泉, わき水**
- · hot *springs* 温泉
- ❹ C **ばね, スプリング, ぜんまい**
- · This toy works by a *spring*.
  このおもちゃはぜんまいで動く
- ❺ U 弾力, 弾性；U ((時に a spring)) 元気
- ❻ C 跳躍, 跳ねること

動
三単現 **springs** /スプリングズ/
過去 **sprang** /スプラング/,
((また米)) **sprung** /スプラング/
過分 **sprung** /スプラング/
現分 **springing** /スプリンギング/
- 一自
- ❶ **跳ねる, 飛び上がる**；急に動く
- · *spring* out of bed ベッドから飛び起きる
- ❷ (突然)現れる《*up*》；(原因などから)生じる, 起こる《*from...*》
- ❸ 一躍(…に)なる《*into...*, *to...*》
- · *spring to* fame 一躍有名になる
- ❹ (…の)出身である《*from...*》
- 一他
- ❶〈…を〉跳ねさせる, 飛び上がらせる
- ❷〈話などを〉(人に)急に持ち出す《*on...*》

springboard /spríŋbɔ̀ːrd スプリングボード/ 名 C
- ❶ (水泳の)飛び込み板；(体操用の)跳躍台
- ❷ (…への)出発点, きっかけ《*to...*, *for...*》

springtime /spríŋtàim スプリングタイム/ 名 U 春, 春季
- · in (the) *springtime* 春に

sprinkle /spríŋkl スプリンクル/
動
- 一他〈液体などを〉まき散らす；〈場所に〉水をまく；〈液体などを〉(…に)振りかける《*on...*, *over...*》
- 一自 ((itを主語にして)) 雨がパラパラ降る
- 一名 C 雨のパラつき, 小雨

sprinkler 名 C スプリンクラー；じょうろ

sprint /sprínt スプリント/
動 自 (短距離を)全速力で走る
一名 C 短距離走, スプリント

sprinter 名 C 短距離走者, スプリンター

sprout /spráut スプラウト/
動
- 一自〈芽などが〉生長を始める；発芽する
- 一他〈芽などを〉出させる；〈にきびなどを〉吹き出させる
- 一名 C 芽, 新芽, 若芽

sprung

sprung /sprʌ́ŋ スプラング/ 動
① ((また米)) springの過去形
② springの過去分詞

spun /spʌ́n スパン/ 動 spinの過去形・過去分詞

spur /spə́ːr スパー/
名 C 拍車;刺激,(…する)励まし,鼓舞(こぶ) ((to do))

on [upon] the spur of the moment
その場の思い付きで;突然
― 動 他
① 〈馬に〉拍車を当てる;〈馬に〉拍車をかけて進ませる ((on))
② 〈…を〉(…へと)刺激する,駆り立てる ((to..., into...));〈人に〉(…するよう)激励する ((to do, into doing))

spurious /spjúəriəs スピュアリアス/ 形 にせの,偽造の;誤りの

spurt /spə́ːrt スパート/
動
― 自
① 〈液体などが〉(…から)噴出する ((from...))
② スパートする,全力を出す
― 他 〈液体などを〉噴出させる,ほとばしらせる
― 名 C
① (液体などの)噴出,ほとばしり
② (レースでの)スパート;(感情などの)激発
・make a last *spurt* ラストスパートをかける

sputter /spʌ́tər スパタ/
動
― 自
① パチパチ[ブツブツ]音を立てる
② 早口にしゃべり立てる
― 他 (興奮して)〈つばなどを〉口から飛ばす
― 名 C パチパチ[ブツブツ]いう音;早口

spy /spái スパイ/
名 C スパイ,秘密諜報(ちょうほう)員
― 動 自 〈…を〉ひそかに見張る ((on...));スパイを働く

squad /skwɑ́d スクワド/ 名 C (軍隊の)一隊;チーム,一団

square /skwéər スクウェア/

名 (複 **squares** /スクウェアズ/) C
① **正方形,四角**;四角い物;(碁盤などの)ます目
② (四角い)**広場**;(四方を街路に囲まれた)一区画,街区,ブロック
・walk three *squares* 3ブロック歩く
③ 【数学】2乗,平方
④ 直角定規

back to square one
振り出しに戻って;初心に立ち返って
― 形 副
比較 **squarer** /スクウェアラ/
最上 **squarest** /スクウェアラスト/
― 形
① **正方形の,四角の**
・a *square* table 真四角なテーブル
② 【数学】2乗の,平方の
・ten *square* meters 10平方メートル
・a *square* root 平方根
③ 直角の;角張った
・a *square* corner 直角の角
④ ((くだけて)) 貸し借りのない
⑤ 正直な;率直な
― 副
① 四角に;直角に
② 公平に,率直に,まともに
― 動
― 他
① 【数学】〈数を〉2乗する
② 〈…を〉真四角にする;〈端などを〉直角にする ((off))
・*square off* the edge 端を直角に切る
③ 〈…を〉清算する,決済する
④ 〈…を〉(…と)一致させる ((with...))
⑤ 〈得点・試合などを〉同点[タイ]にする
― 自 (…と)一致する ((with...))

square A away = square away A
((米)) Aをかたづけて仕上げる,Aを処理する

square up (人と)清算する ((with...))

squarely 副 四角に;公正に;はっきりと

squash¹ /skwɑ́ʃ スクワシュ/
動
― 他
① 〈…を〉押しつぶす,ぺちゃんこにする
② 〈物などを〉(…に)押し込む ((into...))
③ 〈反乱などを〉鎮圧する;〈人を〉黙らせる
― 自
① つぶれる,ぺちゃんこになる
② (…の中へ)押し入る,割り込む ((into...))
― 名
① C ((a squash)) ぎゅうぎゅう詰め
② U 【スポーツ】スカッシュテニス
③ U C ((英)) スカッシュ(果汁飲料)

squash² /skwɑ́ʃ スクワシュ/ 名 C 【植物】かぼちゃ;U かぼちゃの果肉

squat /skwάt スクワト/
■ 自 しゃがむ, うずくまる ((down))
■ 形 しゃがんだ; ずんぐりした
■ 名 C しゃがむこと

squeak /skwíːk スクウィーク/
名 C (ねずみなどの)チューチュー鳴く声, (物の)キーキーいう音; (赤ん坊の)ギャーギャー泣く声
■ 動 自 (ねずみなどが)チューチュー鳴く, (物が)キーキー音を立てる; (赤ん坊が)ギャーギャー泣く
squeaky 形 チューチュー[キーキー]言う

squeeze /skwíːz スクウィーズ/
動
― 他
❶ 〈水分を含んだものを〉絞る ((out)); 〈人を〉搾取する
❷ 〈…を〉にぎりしめる; 〈…を〉抱きしめる
❸ 〈…を〉(…に)押し込む, 詰め込む ((into...))
― 自
❶ 絞る
❷ (…に)押し入る, 割り込む ((in..., into...))
■ 名 C
❶ 絞ること; 強くにぎること; 強い抱擁
❷ 押し合い; 雑踏, 混雑
❸ ((a squeeze)) 苦境, 窮地
❹ 【野球】スクイズ
put the squeeze on A (to do)
Aに(…するように)圧力をかける

squid /skwíd スクウィド/ 名 【動物】 C いか

squirrel /skwə́ːrəl スクワーラル/ 名 C 【動物】りす; U りすの毛

squirt /skwə́ːrt スクワート/
動
― 自 〈液体が〉吹き出す, ほとばしる
― 他 〈液体を〉吹き出させる, 噴出させる
■ 名 C
❶ 噴出
❷ 注水器, 水鉄砲
❸ ((けなして)) 若造, 青二才

Sr., sr. ((略)) senior 年上の

Sri Lanka /sriː láːŋkə スリー ラーンカ/ 名 スリランカ(旧称はセイロンで, 首都はスリ・ジャヤワルダナプラ・コッテ)

St. ((略)) Saint 聖…; Street …通り

stab /stǽb スタブ/
動 他
❶ 〈体などを〉(短刀などで)刺す ((with...))
❷ 〈心などを〉刺すように傷つける
■ 名 C 刺すこと; 刺し傷
stabbing 形 刺すような; 辛らつな

stabilize /stéibəlàiz スティバライズ/ 動 他 〈…を〉安定[固定]させる
stabilization 名 U 安定, 固定

stable¹ /stéibl ステイブル/ 形
❶ 〈状態などが〉安定した, しっかりした; 〈人・性格などが〉信頼できる, 分別のある
❷ 【化学】〈物質が〉安定した, 分解しにくい
stability 名 U 安定(性); 持続(性)

stable² /stéibl ステイブル/ 名 C 馬(小)屋; (競走馬の)厩舎(きゅうしゃ)

staccato /stəkάːtou スタカートウ/
形 スタッカートの
■ 副 スタッカートで
■ 名 (複 staccatos /スタカートウズ/, staccati /スタカーティ/) U C スタッカート(奏法)

stack /stǽk スタク/
名 C (わら・干し草などの)積み重ね, 山
■ 動 他 〈物を〉積み重ねる ((up)); 〈場所に〉〈…を〉積み上げる ((with...))

stadium* /stéidiəm ステイディアム/
名 (複 stadiums /ステイディアムズ/, stadia /ステイディア/) C 競技場, スタジアム
・a baseball *stadium* 野球場

staff* /stǽf スタフ | stάːf スターフ/
名 C
❶ (複 staffs /スタフス/) 職員, 部員, スタッフ; 【軍事】参謀
・a member of the *staff* スタッフの一員
・a *staff* meeting 職員会議
❷ (複 staffs /スタフス/, staves /ステイヴズ/) 【音楽】譜表
■ 動 他 〈…に〉(職員を)配置する ((with...))

stage* /stéidʒ ステイヂ/
名 (複 stages /ステイヂズ/) C
❶ 舞台, ステージ; ((the stage)) 演劇
・go on *the stage* 舞台を踏む, 俳優になる
❷ (発達・成長などの)段階, 時期
・at the present *stage* 目下のところ
❸ (活動の)舞台, (事件発生の)場所
・the *stage* of a battle 戦場
■ 動
三単現 **stages** /ステイヂズ/
過去・過分 **staged** /ステイヂド/
現分 **staging** /ステイヂング/
― 他
❶ 〈…を〉上演する
❷ 〈反対運動などを〉行う, 敢行する

staging 名 U|C 上演, 演出; 足場

stagger /stǽgər スタガ/
動
― 自 よろめく, ふらつく;〈心が〉動揺する, ぐらつく
― 他
❶〈人を〉びっくりさせる, 動揺させる
❷〈勤務時間などに〉時差を設ける
― 名 C ((a stagger)) よろめき, 千鳥足
staggering 形 ふらついている;驚くべき
staggeringly 副 ふらついて;驚くほどに

stagnant /stǽgnənt スタグナント/ 形
❶〈液体・空気などが〉よどんだ, 流れない
❷〈経済などが〉停滞した, 不振な
stagnation 名 U よどみ, 沈滞;不況

stain /stéin ステイン/
名
❶ C|U しみ, 汚れ
・an ink *stain* インクのしみ
❷ C 〈名声などの〉汚点, 傷
― 動
― 他
❶〈…を〉〈…で〉汚す,〈…に〉しみを付ける ((*with*...))
❷〈名声などを〉傷つける;〈ガラスなどに〉着色する
― 自 しみが付く, 汚れる
stainless 形 しみ[汚れ]のない;さびない

stair /stéər ステア/
名 (複 **stairs** /stéərz/) C
(階段の)段; ((stairs))(一続きの)階段
・go up [down] the *stairs*
階段を上る[降りる]
staircase /stéərkèis ステアケイス/ 名 C (手すりなど含めた一続きの)階段
stairway /stéərwèi ステアウェイ/ 名 C 階段

stake¹ /stéik ステイク/
名 C
❶ 杭(くい), 棒;支え棒
❷ 火あぶりの刑用の柱; ((the stake)) 火あぶりの刑
― 動 他〈…を〉杭で仕切る;杭で支える

stake² /stéik ステイク/
名 C
❶ ((ふつう stakes))(勝負事の)賭(か)け金, 懸賞金
❷ 関心, 利害関係
at stake 賭けられて;問題となって
― 動 他〈金(かね)などを〉〈…に〉賭ける ((*on*...))

stale /stéil ステイル/ 形
❶〈飲料などが〉新鮮でない;腐りかけた
・*stale* beer 気の抜けたビール
❷〈表現などが〉陳腐な;使い古された
・a *stale* joke 陳腐な冗談
❸〈人が〉生気がない, 活気がない
staleness 名 U 新鮮でないこと, 飽き飽きすること

stalemate /stéilmèit ステイルメイト/ 名 U|C 【チェス】ステイルメイト, 手詰まり

stalk¹ /stɔ́ːk ストーク/ 名 C 茎;高い煙突

stalk² /stɔ́ːk ストーク/
動
― 他
❶〈獲物などに〉忍び寄る
❷〈人に〉ストーカー行為をする
― 自
❶ 大手を振って歩く
❷ 忍び寄る
― 名 C 忍び寄ること
stalker 名 C ストーカー, 人をつけ回す人

stall /stɔ́ːl ストール/
名 C
❶ (馬屋などの)一仕切り;家畜小屋
❷ 売店, 屋台
❸ ((ふつう a stall))(車の)エンスト
― 動 自〈エンジンなどが〉止まる

stamina /stǽmənə スタマナ/ 名 U スタミナ, 持久力, 精力

stammer /stǽmər スタマ/
動
― 自 どもる, 口ごもる
― 他〈…を〉どもりながら言う ((*out*))
― 名 C ((ふつう a stammer)) どもり, 口ごもること

stamp /stǽmp スタンプ/
名 (複 **stamps** /stǽmps/) C
❶ 切手;印紙, 証紙
・a postage *stamp* 郵便切手
・His hobby is collecting *stamps*.
彼の趣味は切手を収集することだ
❷ スタンプ, (押された)しるし
・a rubber *stamp* ゴム印
❸ 特徴, 特質
❹ 足で踏みつけること, じだんだ
― 動
― 他

- **stamp** the date *on* a card
  カードに日付を押す
  ❷〈手紙に〉切手を貼る；〈書類に〉印紙を貼る
  ❸〈床などを〉踏みつける，踏みしめる
  ━⑪〈…を〉踏みつける*(on...)*

stance /stǽns スタンス/ 图 ⓊⒸ
❶（立った）構え，姿勢；足の構え
❷（…に対する）立場，態度，スタンス*(on...)*

stand /stǽnd スタンド/

動 三単現 **stands** /スタンヅ/
過去・過分 **stood** /ストゥド/
現分 **standing** /スタンディング/
━⑪
❶〈人が〉**立つ，立っている**；立ち上がる，起立する*(up)*（⇔sit）
- *stand* C Cの状態で立っている
- *stand* straight まっすぐに立つ
- *stand* still （動かないで）じっと立っている；〈物事が〉進展しない
- *stand doing* …しながら立っている
- *stand* on *one's* hands さか立ちする
- Please *stand* up. 立ってください
- 📖 *Stand* by your desks.
  机の横に立ってください
- 📖 *Stand* up and find another partner.
  立ってほかのパートナーを探してください

❷〈物が〉**立っている**，（ある場所に）ある，位置している；（…に）立てかけてある*(against...)*
- The statue *stands* in front of (the) city hall. 市庁舎の前に像が立っている
- The umbrella *stood* against the wall.
  そのかさは壁に立てかけてあった

❸〈人・物が〉…の状態にある
- The door *stands* open. ドアは開いている
❹〈人・車などが〉**立ち止まる**，停止する
- No *Standing* （米）（掲示）停車禁止
❺〈人が〉（…に賛成の）立場である*(for...)*；〈人が〉（…に反対の）立場である*(against...)*
❻〈法などが〉有効である，〈状況などが〉（変わらずに）いる
❼（次の用法で）
■ *stand* C
〈人が〉身長がCある；〈物が〉高さがCある；〈値段が〉Cである；〈得点・温度などが〉Cである；〈人が〉〈評価などが〉Cである
- How do things *stand*? どんな状況ですか
- He *stands* six feet. 彼は身長が6フィートだ
- The score *stood* at 8 to 4.
  得点は8対4だった
- 📖 Where do I *stand* in class?
  私はクラスで何番目ですか
  ━⑩
❶〈…を〉**立てる**；立たせる；置く
- *stand* books on the shelf 本を棚に立てる
❷（ふつうcan't, couldn'tを伴って）〈 … に 〉**耐える，我慢する**
- I *can't stand* the noise.
  騒音に耐えられない
- My children *can't stand* spinach.
  うちの子どもたちはほうれん草が大嫌いだ
- *can't stand* (A) *doing*
  （A（人）が）…しているのは耐えられない
- *can't stand to do* …することは耐えられない
❸〈…に〉立ち向かう，対抗する

as it stands = as things stand
現状では
stand aside 脇(ホョ)に寄る；傍観する
stand back 後ろに下がる；（…から）離れて考える*(from...)*
stand by そばに立つ；傍観する；（…に備えて）待機する*(for...)*；【放送】出番待ちをする，スタンバイする
stand by A Aのそばに立つ，A（人）の味方でいる；A（原則・約束など）を守る
stand for A A（事）を表す，意味する；A（考え方など）を支持する；A を我慢する
stand in for A A の代役を務める
stand out （…から）突き出る*(from...)*；（…の中で）目立つ，傑出する*(among...)*；（…として）際立つ*(as...)*
stand up 立ち上がる，〈話・主張などが〉有効である，正当とされる
stand up for A A（主義など）を支持する
stand up to A
A（使用など）に耐える；A（人）に対抗する
━图（複 **stands** /スタンヅ/）Ⓒ
❶（ふつう the stands）（競技場の）**観客席，スタンド**
❷**屋台，売店**，売り場
- a newspaper *stand* 新聞売り場
❸（物を載せたりする）台，…立て，…置き，…かけ
- an umbrella *stand* かさ立て
❹立つこと，立っていること
- come to a *stand* 立ち止まる；行き詰まる
❺（問題などに対する）立場，見解*(on...)*

standard＊ /stǽndərd スタンダド/
名 (複 **standards** /スタンダヅ/)
❶ C U 基準, 標準, 水準
・the *standard* of living 生活水準
・above [below] *standard* 水準以上[以下]で
❷ C 旗;旗じるし
❸ C (貨幣制度としての)本位(制);(度量衡の)基本単位
― 形
 比較 more standard
 最上 most standard
基準になる, 標準の;規範となる
・*standard* English 標準英語

standardize /stǽndərdàiz スタンダダイズ/
動 他 〈…を〉標準化する, 規格化する
standardization 名 U 標準化, 規格化, 規格統一

standby /stǽndbai スタンバイ/
名
❶ C 代替要員;(テレビなどの)スタンバイ
❷ U キャンセル待ち; C キャンセル待ちの客
❸ C (いざという時に)頼りになる人
on standby 待機して;キャンセル待ちの
― 形 控えの;キャンセル待ちの
・a *standby* player 控え選手

standing /stǽndiŋ スタンディング/
動 standの現在分詞・動名詞
― 名
❶ U C 身分, 地位, 立場;名声
❷ U 存続, 継続
― 形
❶ 立っている, 立ったままの
・a *standing* ovation 立ちながらの拍手
❷ 〈器具などが〉据え付けの, 固定された;〈水が〉流れない, たまっている
・a *standing* bed 据え付けのベッド
❸ 常備の, 常置の

standoff /stǽndɔ̀:f スタンドーフ/ 名 C 行き詰まり;(試合などの)同点, 引き分け

standout /stǽndàut スタンダウト/ 名 C ((米))際立った人, 目立つ人

standpoint /stǽndpɔ̀int スタンドポイント/ 名 C 観点, 立場, 見地

standstill /stǽndstìl スタンドスティル/ 名 C ((a standstill)) 停止;行き詰まり
・come to *a standstill* 行き詰まる, 停止する

stank /stǽŋk スタンク/ 動 stinkの過去形

staple¹ /stéipl ステイプル/ 名 C ホチキスの針;(製本用の)ステープル
stapler 名 C ホチキス

staple² /stéipl ステイプル/
名 C
❶ ((ふつうstaples))(ある地域の)主要産物[製品]
❷ (…の)主要素;主成分;主題((*of*...))
― 形
❶ 基本的な;主要な, 重要な
・*staple* foods [diet] 主食
❷ (ある地域で)主に生産される

star /stá:r スター/
名 (複 **stars** /スターズ/) C
❶ 星;【天文】恒星
・a falling [shooting] *star* 流れ星
・a fixed *star* 恒星
・the *Stars* and Stripes 星条旗
❷ (芸能・スポーツなどの)**スター**, 人気者, 花形
・a movie *star* 映画スター
❸ 星形(の物);【印刷】星じるし
❹ 星回り, 運勢
・read *one's stars* 自分の星占いの欄を読む
・be born under a lucky *star* 幸運な星の下に生まれる
see stars (頭を打って)目から火が出る
― 動
― 他
❶ 〈俳優を〉主演させる
❷ 〈…を〉(星形のもので)飾る((*with*...));〈…に〉星じるしをつける
― 自 (映画などに)主演する((*in*...))

starch /stá:rtʃ スターチ/
名
❶ U C ((ふつうstarches))でんぷん食品
❷ U でんぷん;(洗濯用の)のり
― 動 他 〈…に〉のりを付ける

stardom /stá:rdəm スターダム/ 名 U 有名人[スター]の地位, スターダム

stare /stéər ステア/
動
― 自 〈…を〉じっと見つめる, じろじろ見る((*at*...))
― 他 〈…を〉じっと見つめる, じろじろ見る
― 名 C じっと見つめること, 凝視

starfish /stá:rfiʃ スターフィッシュ/ 名 C 【動物】ひとで

stark /stá:rk スターク/

starry
/stá:ri スターリ/ 形 〈空・夜などが〉星の多い；星のように輝く；星形の

star-spangled
/stá:rspæŋgld スタースパングルド/ 形 星をちりばめた
- the *Star-spangled* Banner
  星条旗（米国国旗）；米国国歌

start
/stá:rt スタート/

動 三単現 **starts** /スターツ/
過去・過分 **started** /スターティド/
現分 **starting** /スターティング/

— 自

❶ 始まる(⇔end, finish)；(…に)**着手する**((*on...*, *in...*))；〈機械などが〉始動する
- *start at* three o'clock 3時に始まる
- *start on* a novel 小説を読み始める
- Examinations *start* tomorrow.
  試験はあすから始まる
- The engine won't *start*.
  エンジンがどうしてもかからない
- 🗨 I think we can *start* now.
  さあ、始めましょう
- 🗨 We won't *start* until everyone is quiet.
  みんなが静かになるまで待ちましょう
- 🗨 Is everybody ready to *start*?
  準備はいいですか
- 🗨 We *started* ten minutes ago. What have you been doing?
  10分前に始めましたが、あなたはどうしてたの

❷〈人・乗り物などが〉(…から)**出発する**((*from...*))；(…へ向かって)**出発する**((*for...*))
- Let's *start* (out) early. 早く出発しよう
- We *started for* Tokyo *from* Osaka.
  われわれは大阪から東京へ向けて出発した

❸ (驚きなどで)思わず跳び上がる、(…に)ぎくっとする((*at...*))
- *start at* the sound その音にぎくりとする

❹〈涙・血が〉急に出る；〈物・事が〉発生する
- Where did the fire *start*?
  火元はどこだったのですか

— 他

❶ 〈…を〉**始める**(⇔end, finish)；〈…に〉**着手する**
- We *start* work at 9:30 at our company.
  私たちの会社は9時半始業です

■ *start doing* [*to do*] …し始める
- I *started* study*ing* English a year ago.
  1年前に英語の勉強を始めた

❷ 〈…を〉始動させる；〈事を〉始める((*up*))；〈事業などを〉起こす
- *start* school 通学し始める
- *start* a restaurant レストランを開く
  Let's get started! さあ始めよう
  start in
  仕事にかかる；(…し)始める((*to do*))
  start off [**out**]
  出発する；(…することに)着手する((*to do*))
  start over ((米)) 最初からやり直す
  start with A Aで始まる、Aから始める
  to start with
  まず第一に、そもそも；最初は

— 名 (複 **starts** /スターツ/) C

❶ **最初**、出だし；(期間の)**始まり**；**出発**、スタート
- from the *start* 最初から
- at the *start* of the winter 初冬に

❷ ((ふつうa start)) (驚きなどで)跳び上がること
  at the start 初めは、最初に
  for a start ((話)) まず始めに、そもそも
  from start to finish 始めから終わりまで
- I watched the program *from start to finish*. その番組を最初から最後まで見た

starter
/stá:rtər スタータ/ 名 C
❶ (競走などの)スタート合図係、スターター；始める人[物]
❷ ((主に英)) (コース料理で)最初に出る料理

startle
/stá:rtl スタートル/ 動 他 〈人・動物を〉びっくりさせる、驚かせる
- The snake *startled* me.
  その蛇にびっくりした
  startling 形 びっくりさせる、驚くべき
  startlingly 副 驚くほどに

start-up
/stá:rtÀp スタータプ/ 名 C 新会社、新規事業

starve
/stá:rv スターヴ/ 動
— 自 飢える、餓死する；腹ぺこである
- I'm *starving*.=I'm *starved*. 腹ぺこだ
— 他 〈…を〉飢えさせる、餓死させる
- be *starved for* [*of*] *A*
  A (愛情・知識など)に飢えている
  starvation 名 U 飢餓、餓死

state*
/stéit ステイト/
名 (複 **states** /ステイツ/)

statement

❶ ⓒ **状態**, ありさま, 状況, 情勢
・a *state* of mind 気持ち, 精神状態
・be in a good *state* よい状態である
❷ ⓒⓊ **国家**, 国
・a welfare *state* 福祉国家
❸ ⓒ ((しばしば State))(米国・オーストラリアなどの)**州**;州政府
❹ ((the States))((くだけて))**米国**
━ 動 他〈意見などを〉(正式に)述べる;(…ということを)明言する((*that*節))

statement /stéitmənt ステイトマント/ 名 ⓒ
❶ (…についての)声明(書), ステートメント((*about*..., *on*...))
❷ 陳述(ちんじゅつ), 申し立て
・make a *statement* 陳述する
📖 Choose the correct *statement* from below. 以下より正しい1文を選びなさい
❸ (口座の)収支報告書

statesman /stéitsmən ステイツマン/ 名 ⓒ 政治家

static /stǽtik スタティク/ 形
❶ 静的な, 静止の;動きのない
❷【電気】静電気の
━ 名 Ⓤ 空電;静電気;電波障害, (ラジオの)雑音

station /stéiʃən ステイシャン/

名 (複 **stations** /stéiʃənz/) ⓒ
❶ (鉄道の)**駅**, 停車場;(バスなどの)発着所
・a bus *station* バス発着所, バスターミナル
・a train *station* 鉄道駅
・Tokyo *Station* 東京駅
➡ 駅名にはtheは付かない
❷ (公共事業の)…**署**, …局;放送局
・a police [fire] *station* 警察署[消防署]
・a gas *station* ガソリンスタンド
・a radio [television] *station*
ラジオ[テレビ]局
━ 動 他〈人を〉(特定の場所に)配置する((*at*...))

stationary /stéiʃənèri ステイシャネリ/ 形
❶ 静止した, 動かない
❷ 据え付けの;固定された

stationery /stéiʃənèri ステイシャネリ/ 名 Ⓤ 文房具, 筆記用具;便せん
・a *stationery* store 文房具店

statistic /stətístik スタティスティク/ 名
❶ ⓒ 統計数値
❷ ⓒ ((statistics))((複数扱い)) 統計(資料);Ⓤ ((単数扱い)) 統計学
statistical 形 統計(上)の, 統計(学)に基づく
statistically 副 統計的に, 統計上は

statue /stǽtʃu: スタチュー/ 名 ⓒ 像, 彫像
・the *Statue* of Liberty 自由の女神像

stature /stǽtʃər スタチャ/ 名 Ⓤ (特に人の)身長, 背丈(せたけ);人望

status /stéitəs ステイタス/ 名 Ⓤⓒ 身分, 地位;(社会的に)高い地位, ステータス
・the social *status* of A Aの社会的地位
・the *status* quo 現状

statute /stǽtʃu:t スタチュート/ 名 ⓒ 法令, 法規;(法人などの)規則
statutory 形 法令の, 法定の

staunch /stɔ́:ntʃ ストーンチ/ 形 忠実な, 堅実な

staves /stéivz ステイヴズ/ 名 staff の複数形

stay /stéi ステイ/

動 三単現 **stays** /stéiz/
過去・過分 **stayed** /stéid/
現分 **staying** /stéiiŋ/
━ 自
❶ (場所に)**とどまる**, とどまっている
・*stay* (at) home all day 一日じゅう家にいる
■ *stay to do* とどまって…する
・Won't you *stay to* help me?
残って私の手伝いをしてもらえませんか
📖 *Stay* where you are for a moment.
そのままちょっと待ってください
❷ **泊まる**;滞在する
・*stay at* [*in*] *A* A(ホテルなど)に泊まる
・*stay in A* A(人)の家に泊まる
・I'm *staying with* my friend.
友人の家に泊まっています
❸ …**のままでいる**
・*stay* awake 目を覚ましている
・*stay* single 独身のままでいる
・*Stay* calm. 落ち着いて

stay away
(…から)離れている;(…を)欠席する, 留守にする;(有害な物などを)避ける((*from*...))
stay behind 居残る, 後ろにいる
stay in 家にいる, 外出しない
stay on
居続ける;〈電気が〉ついたままである

stay out 外にいる;外出[外泊]している
stay put 動かない[変わらない]ままでいる
stay up 寝ずに起きている
・*stay up* all night 一晩じゅう起きている
━━ 名 C ((ふつう単数形で))**滞在**;滞在期間;(…に)滞在すること((*at...*, *in...*))
・during my *stay* in Paris パリ滞在中に
・extend *one's stay* 滞在期間を延長する

steady* /stédi ステディ/
形 比較 **steadier** /stédiər ステディア/
最上 **steadiest** /stédiəst ステディアスト/
❶〈物が〉**固定された**;**安定した**, ぐらつかない
❷〈行動などが〉**一定の**, 変わらない;**着実な**
・a *steady* speed 一定の速度
・a *steady* girlfriend 長い関係が続いているガールフレンド
・Slow and *steady* wins the race. ((ことわざ))急がば回れ
❸〈人が〉**堅実な**, 信頼できる, 落ち着いた
go steady with A A(決まった人)と交際する
━━ 動 他〈…を〉固定させる
steadily 副 着実に;堅実に

steak /stéik ステイク/ 名 U C ステーキ; C (牛肉・魚の)厚い切り身

steal* /stíːl スティール/
動 三単現 **steals** /stíːlz スティールズ/
過去 **stole** /stóul ストウル/
過分 **stolen** /stóulən ストウラン/
現分 **stealing** スティーリング
━━ 他
❶〈…を〉(…から)(こっそり)**盗む**, こっそり取る((*from...*))
・have *A stolen* = A is *stolen* A を盗まれる
❷【野球】〈…に〉盗塁する
━━ 自 盗みを働く;こっそり行く[動く]

stealth /stélθ ステルス/ 名
❶ U 内密, こっそりやること
・by *stealth* 人目を忍んで
❷((形容詞的に))【軍事】レーダーで捕らえられない
・a *stealth* bomber ステルス爆撃機

steam /stíːm スティーム/
名 U 水蒸気;蒸気, 湯気, スチーム;蒸気力
・a *steam* engine 蒸気機関
run out of steam 精力を使い果たす
━━ 動
━━ 自
❶ 湯気を立てる;蒸気を出す
❷ 蒸気の力で動く
━━ 他〈食べ物を〉蒸す, ふかす

steamboat /stíːmbòut スティームボウト/ 名 C (小型)蒸気船, 汽船

steamy /stíːmi スティーミ/ 形 湯気が立ち込めた;湯気で蒸し暑い

steel /stíːl スティール/
名 U 鋼鉄, 鋼(はがね)
・be made of *steel* 鋼鉄製である
━━ 形 鋼の, 鋼鉄製の

steep /stíːp スティープ/ 形
❶〈坂などが〉急な, 険しい
❷〈上昇・下降が〉急激な
❸〈値段・要求が〉不当に高い, 法外な
steeply 副 険しく;急激に;不当に高く

steeple /stíːpl スティープル/ 名 C (教会などの)尖塔(せんとう)

steer¹ /stíər スティア/ 動
━━ 他
❶〈乗り物の〉操縦をする, かじを取る
❷〈人などを〉(ある方向へ)導く, 向ける((*to...*, *toward...*))
━━ 自 〈乗り物などを〉操縦する
steer clear of A ((くだけて)) A(危険人・物など)を避ける

steer² /stíər スティア/ 名 C (主に食用の)去勢された雄の子牛

steering /stíəriŋ スティアリング/
動 steer の現在分詞・動名詞
━━ 名 U (船の)操舵(そうだ); (車の)ハンドルさばき
・a *steering* wheel (船の)舵輪(だりん); (車の)ハンドル

stem¹ /stém ステム/
名 C
❶ (草花の)茎, (木の)幹
❷ (ワイングラスなどの)脚;(スプーンなどの)柄(え)
❸【言語】語幹
━━ 動 自 (…から)生じる, (…に)由来する, 起因する((*from...*))

stem² /stém ステム/ 動 他〈流れ・勢い・拡大などを〉止める, 抑える, 阻止する

stench /sténtʃ ステンチ/ 名 C ((a stench)) 悪臭

step /stép ステプ/
名 (複 **steps** /stéps ステプス/) C

step-by-step

❶ 一歩;足取り;一歩の間隔;足音
・in *step* with A　Aに歩調を合わせて
・*step* by *step*　一歩一歩;着実に
❷ (階段などの)段;((steps))(ふつう屋外の)階段
❸ (成功などへの)一歩;手段, 方法((*to...*, *toward...*))
・be one *step* ahead of A
A(人)より一歩先んじている
❹ (ダンスの)ステップ
Watch your step.
足元に気をつけて;足元注意
━━ 動
　三単現 **steps** /ステプス/
　過去・過分 **stepped** /ステプト/
　現分 **stepping** /ステピング/
━━ 自
❶ 足を踏み出す, 歩を進める
・*Step* this way, please.　どうぞこちらへ
・Please *step* up.　一歩前に出てください
❷ (人の足を)踏む((*on...*))
step in　中へ入る
step out　ちょっと外へ出る

step-by-step /stépbaistép ステプバイステプ/ 形 順を追って進む, 段階的な

stepfather /stépfɑ̀:ðər ステプファーザ/ 名 C 継父, まま父

stepladder /stéplædər ステプラダ/ 名 C 踏み台, 脚立(きゃたつ)

stepmother /stépmʌ̀ðər ステプマザ/ 名 C 継母, まま母

stereo /stériòu ステリオウ/
名 C ステレオ
━━ 形 ステレオの, 立体音響の

stereotype /stériətàip ステリアタイプ/ 名 C 固定観念, 定型, 通念;決まり文句

stereotyped /stériətàipt ステリアタイプト/ 形 〈考えなどが〉型にはまった, お決まりの

sterile /stérəl ステラル/ 形
❶〈土地が〉やせた, 不毛の
❷〈動物・人が〉不妊の, 繁殖力のない
❸ 殺菌した, 無菌の
❹〈議論などが〉内容のない, 無益な
sterility 名 U 不毛;不妊;無菌状態

sterilize /stérəlàiz ステラライズ/ 動 他
❶ 〈…を〉殺菌[消毒]する
❷ 〈…を〉不妊にする, 〈動物を〉断種する

sterling /stə́:rliŋ スターリング/
形 英貨の, ポンドの
━━ 名 U 英貨;純銀;純銀製品

stern¹ /stə́:rn スターン/ 形
❶〈人などが〉厳格な, 厳しい
❷〈言葉などが〉手厳しい;〈人・顔つきなどが〉険しい
sternly 副 厳しく, 厳格に

stern² /stə́:rn スターン/ 名 C 船尾, とも

steroid /stíəroid スティアロイド/ 名 C 【生化】ステロイド

Stevenson /stí:vənsn スティーヴァンスン/
名 **Robert Louis Stevenson** スティーブンソン(スコットランド生まれの英国の小説家で,『宝島』の著者)

stew /stjú: ストゥー/
名 U C シチュー
━━ 動
━━ 他〈食べ物を〉とろ火で煮る
━━ 自 とろとろ煮える

steward /stú:ərd ストゥーアド/ 名 C
❶ (船・列車などの)男性旅客係;(飛行機の)男性客室乗務員, スチュワード
❷ (催し物などの)世話役, 幹事;執事

stewardess /stú:ərdəs ストゥーアダス/ 名 C (船・列車などの)女性旅客係;(飛行機の)女性客室乗務員, スチュワーデス

stick¹* /stík スティク/
名 (複 **sticks** /スティクス/) C
❶ 棒, 棒切れ, (折られたりした)小枝;たきぎ
❷ 棒状の物;(棒状の菓子などの)棒
❸ (主に英) つえ, ステッキ
❹ (音楽の)指揮棒, タクト;(ドラムの)ばち, スティック;(ホッケーなどの)スティック

stick²　/stík スティク/

動 三単現 **sticks** /スティクス/
過去・過分 **stuck** /スタク/
現分 **sticking** /スティキング/
━━ 他
❶ 〈…を〉〈…に〉貼る, 貼り付ける, くっつける((*on...*, *to...*))
・*stick* a stamp *on* an envelope
封筒に切手を貼る
❷ ((次の用法で))
■ *stick* A *with* B ＝ *stick* B *into* [*in*] A
A(物)にB(針など)を突き刺す
❸ ((ふつう受身で))〈車などが〉動けなくなる;〈仕事などが〉行き詰まる
・The car *was* [*got*] *stuck* in heavy traffic.
車は交通渋滞で動けなくなった

❹ ((話))〈…を〉我慢する
— 自
❶ (…に)**突き刺さる**, 刺さる ((in...))
- Something *stuck in* my throat.
何かが私ののどに引っかかった
❷ (…に)**くっつく** ((on..., to...))
- The gum *stuck to* the heel.
ガムがヒールにくっついた
❸〈車などが〉(障害などで)動かなくなる
stick around そこら辺にいる
stick at A A(仕事など)を一生懸命やる
stick by A A(信念など)に忠実である;A(人)を支援し続ける
stick it (out) ((俗))やり抜く;がんばり抜く
stick out ((くだけて))(…から)突き出る ((of..., from...));目立つ
stick A out = stick out A
A(顔など)を突き出す
stick to A
A(人)から離れない;A(主題・論点など)からそれない;A(決意など)を守り通す
stick together ((くだけて))〈人々が〉(困難な状況でも)協力し合う;〈物が〉くっつき合う
stick A together = stick together A Aをくっつける
stick to it がんばる
stick up (上に向かって)突き出る
stick up for A
((くだけて)) A(人・事)を弁護[支持]する
stick with A
A(仕事など)を続ける;A(人)といっしょにいる;A(人)の記憶に残っている
stick with it あくまでもやり通す
sticker /stíkər スティカ/ 名 C ステッカー, のり付きラベル, シール
sticky /stíki スティキ/ 形
❶ 粘着性の, (…で)ねばねば[べとべと]する ((with...))
❷ ((くだけて))〈天候が〉蒸し暑い, じっとりした
❸〈問題などが〉やっかいな;〈人が〉気むずかしい
stiff /stíf スティフ/
形
❶〈材質などが〉堅い, 曲がらない
❷〈肩などが〉凝った;〈表情などが〉こわばった, ぎこちない
- have a *stiff* neck 肩が凝っている
❸〈仕事などが〉骨の折れる, 〈地形などが〉険しい;〈態度などが〉堅苦しい, ぎこちない;〈ドアなどが〉固くて動かない
❹〈風などが〉強い;〈酒の〉強い
— 副 ひどく, 非常に
stifle /stáifl スタイフル/ 動
— 他
❶ (…を)窒息させる
❷〈感情などを〉抑える, 押し殺す
— 自 窒息する, 息が詰まる
stifling 形 息の詰まるような, 息苦しい
stigma /stígmə スティグマ/ 名 C
❶ 汚名, 恥辱(じじょく)
❷【植物】(めしべの)柱頭

still /stíl スティル/

副 ((比較なし))
❶ **まだ**, **今でも**, 今なお
- I'm *still* living with my parents.
私はまだ両親といっしょに住んでいます
- Are you *still* angry? まだ怒っているの
📖 There are *still* two minutes to go.
まだ2分あります
❷ ((比較級を強めて)) **なおいっそう, さらに, もっと**
- We need *still* more money.
ぼくたちはもっとお金が必要だ
❸ **それでも, やはり**
- She eats a lot, *still* she remains thin.
彼女はよく食べるがそれでもやせている
still less A ましてAではない
still more A ましてやA, なおさらA
— 形
比較 **stiller** /stílə スティラ/
最上 **stillest** /stíləst スティラスト/
❶ じっとした, 静止した
- a *still* picture 静止画
- *still* life (画材の)静物(画)
- keep [sit] *still* じっとしている[座っている]
❷〈場所などが〉**静かな**, 音のしない;〈人が〉黙りこくった
- The room was *still*. 部屋はしんとしていた
❸ 穏やかな;〈心が〉平静な;〈水などが〉波立たない
- *Still* waters run deep. ((ことわざ))沈黙する人は思慮が深い;沈黙する人は腹黒い
❹ ((英))〈ワインが〉泡立たない;〈ジュースなどが〉炭酸入りでない
— 名 C (映画宣伝用の)スチール写真
stillness 名 U 静けさ, 静寂;静止
stimulate /stímjəlèit スティミャレイト/ 動
他〈…を〉刺激する;興奮させる;元気づける

sting

- *stimulate A to do [into doing]*
  Aを刺激して…させる
  stimulant 名 C 【医学】興奮[刺激]剤；興奮性飲料
  stimulating 形 刺激的な；励ましとなる
  stimulation 名 U 刺激；励まし
  stimulus 名 C 刺激物, 興奮剤；U C 刺激；激励

sting /stíŋ スティング/
  動 三単現 **stings** /スティングス/
  過去・過分 **stung** /スタング/
  現分 **stinging** /スティンギング/
  ― 他
  ❶〈はちなどが〉〈…を〉刺す
  ❷〈…を〉ひりひりさせる；〈…に〉刺すような痛みを与える；〈心などを〉傷つける
  ― 自〈はちなどが〉刺す；刺すように痛む, ひりひりする
  ― 名
  ❶ C 刺し傷；刺された痛み
  ❷ U C (心身の)刺すような痛み；苦悩
  stinging 形 しんらつな

stingy /stíndʒi スティンヂィ/ 形 けちな

stink /stíŋk スティンク/
  動 三単現 **stinks** /スティンクス/
  過去 **stank** /スタンク/, **stunk** /スタンク/
  過分 **stunk** /スタンク/
  現分 **stinking** /スティンキング/
  ― 自 悪臭を放つ
  ― 名 C 悪臭

stir /stə́ːr スター/
  動
  ― 他
  ❶〈液体などを〉かき回す, かき混ぜる
  ・ *stir* the soup with a spoon
  スプーンでスープをかき混ぜる
  ❷〈感情などを〉かき立てる
  ❸〈…を〉かき乱す
  ❹〈騒動などを〉引き起こす ((*up*))
  ― 自 (かすかに)動く
  ― 名 C ((ふつう a stir)) かき回すこと；大騒ぎ；動揺；大評判
  stirring 形 奮起させる；感動的な

stitch /stítʃ スティチ/
  名
  ❶ C (縫い物の)一針, 一縫い；縫い目
  ・ I had 4 *stitches* in my arm.
  腕を4針縫ってもらった
  ❷ U C 縫い方, ステッチ

  ― 動
  ― 他〈…を〉縫う, 縫いつくろう[合わせる]
  ― 自 縫う

stock* /sták スタク/
  名 (複 **stocks** /スタクス/)
  ❶ U C 蓄え, 貯蔵；**在庫品**, ストック
  ・ in *stock* 在庫で
  ・ out of *stock* 品切れで, 在庫がなくて
  ❷ U C 株, 株式
  ・ a *stock* company ((米)) 株式会社
  ・ a *stock*holder 株主
  ❸ U 家畜
  ❹ U C (肉・魚などの)煮出し汁, ストック
  ― 動 他
  ❶ (店などに)〈商品を〉仕入れる ((*with*...))
  ❷〈商品などを〉店に置く

Stockholm /stákhoulm スタクホウルム/ 名
  ストックホルム (スウェーデンの首都)

stocking /stákiŋ スタキング/

  名 (複 **stockings** /スタキングズ/) C ((ふつう stockings)) **ストッキング, 長靴下**
  ・ a pair of *stockings* ストッキング1足
  ・ put on [take off] *one's stockings*
  ストッキングをはく[脱ぐ]

stocky /stáki スタキ/ 形〈人が〉ずんぐりした

Stoic /stóuik ストウイク/
  形 ストア学派[哲学]の；((stoic)) 禁欲的な
  ― 名 C ストア哲学者；((stoic)) 禁欲主義者

stole /stóul ストウル/ 動 steal の過去形

stolen /stóulən ストウラン/
  動 steal の過去分詞
  ― 形 盗まれた

stomach /stámək スタマク/

  名 (複 **stomachs** /スタマクス/)
  ❶ C 胃；腹, 腹部；おなか
  ・ have a pain in the *stomach* 胃が痛い
  ・ lie on *one's stomach* 腹ばいになる
  ❷ U C ((否定文で)) (…に対する)食欲；好み；気力；欲望 ((*for*...))

stomachache /stáməkèik スタマケイク/
  名 C U 腹痛, 胃痛
  ・ have a *stomachache* 胃が痛い

stomp /stámp スタンプ/ 動 自 ドタドタ歩く

stone /stóun ストウン/

  名 (複 **stones** /ストウンズ/)
  ❶ C 石, 小石, 石ころ；U 石材

- a *stone* wall 石塀, 石垣
- the *Stone* Age 石器時代

❷ C 宝石, 貴石

❸ C (さくらんぼ・桃などの)堅い種

A rolling stone gathers no moss.
((ことわざ)) 転がる石にはこけが付かない

━ 動 他

❶ 〈…に〉石を投げる;〈…を〉石を投げて追い払う[殺す]

❷ ((英))〈果物の〉種を取る

stony /stóuni ストウニ/ 形

❶ (道路・土などが)石の多い, 石ころだらけの;石の, 石造りの

❷ 冷酷な, 無慈悲な

stood /stúd ストゥド/

動 stand の過去形・過去分詞

stool /stúːl ストゥール/ 名 C (背もたれのない)いす, スツール

stoop /stúːp ストゥープ/ 動

━ 自

❶ 腰をかがめる, 前かがみになる ((*down*))

❷ 前かがみに立つ[歩く]

━ 他 〈体などを〉かがめる, 〈首を〉すぼめる

- *stoop* one's shoulders 肩をすぼめる

stop ☞ 610ページにあります

stopover /stápòuvər スタポウヴァ/ 名 C (旅行で)ちょっと立ち寄ること, 途中下車

stopper /stápər スタパ/ 名 C

❶ (びんなどの)栓(せん)

❷【野球】ストッパー, 抑えの投手;【サッカー】ストッパー

stopwatch /stápwàtʃ スタプワチ/ 名 C ストップウォッチ

storage /stɔ́ːridʒ ストーリヂ/ 名 U

❶ 保管;貯蔵;(データの)保存

❷【コンピュータ】記憶装置

store /stɔ́ːr ストー/

名 (複 **stores** /ストーズ/) C

❶ ((主に米)) 店, 商店 (((英))shop);((英))大型店, デパート

❷ 蓄え, 備え, 貯蔵

- *a* large *store of A* 大量のA

in store 蓄えて, 備えて

━ 動 他

❶ 〈…を〉蓄える, 貯蔵する;しまっておく

❷ 〈情報などを〉蓄えておく;〈データを〉記憶させておく

storehouse /stɔ́ːrhàus ストーハウス/ 名 C 倉庫, 貯蔵所;(知識などの)宝庫 ((*of...*))

storekeeper /stɔ́ːrkìːpər ストーキーパ/ 名 C ((主に米))商店経営者, 店主

storeroom /stɔ́ːrrùːm ストールーム/ 名 C 貯蔵室, 物置(部屋)

storey /stɔ́ːri ストーリ/ 名 C ((英))(建物の)階, 階層 (((米))story)

stork /stɔ́ːrk ストーク/ 名 C 【鳥】こうのとり

- a visit from the *stork*
赤ん坊が生まれること

storm* /stɔ́ːrm ストーム/

名 (複 **storms** /ストームズ/) C

❶ **嵐, 暴風雨**

- the calm before the *storm*
嵐の前の静けさ

- A heavy *storm* hit the Kanto area.
大嵐が関東地方を直撃した

❷ ((ふつう a storm)) (拍手などの)嵐;(感情などの)激発

a storm in a teacup コップの中の嵐

take A by storm A(場所)を突撃して占領する;A(聴衆など)をとりこにする

━ 動

━ 自 嵐のように荒れる, 暴れる

━ 他 〈場所を〉急襲する

stormy 形 嵐の, 大荒れの

story¹ /stɔ́ːri ストーリ/

名 (複 **stories** /ストーリズ/) C

❶ (…の)**物語, 話;小説** ((*about..., of...*))

- a children's *story* おとぎ話
- tell a child a *story*
子どもにお話をしてあげる
- (*But*) *that's another story.*
(けれど)話は別だ
- That's not the whole *story.*
話はそれで終わりじゃない
- It's a long *story.* 話せば長くなる
- It's the same old *story.* それはよくある話だ

❷ (小説・映画などの)筋;(新聞・雑誌などの)記事;うわさ;経歴

❸ ((くだけて))うそ, 作り話

- Did you make up that *story*?
その話はあなたの作り話ですか

to make [*cut*] *a long story short*
手短に言えば, 早い話が

➡➡➡ 610ページに続く ➡➡➡

stop

/stάp スタブ | stɔ́p ストプ/

動 三単現 **stops** /スタブス/
過去分 **stopped** /スタブト/
現分 **stopping** /スタビング/

— 他

❶ 〈動いているものを〉**止める**, 〈試合などを〉**中止[中断]させる**
- *stop* a machine 機械を止める
- *stop* a taxi タクシーを止める
- *stop* supplies 供給を断つ

❷ 〈…を〉**やめる**
- *Stop* your nonsense.
  くだらないことはやめてくれ
- *Stop* it now! 今すぐやめなさい
- **stop** *doing* …することをやめる
- I *stopped* smok*ing*.
  タバコを吸うのをやめた
- It *stopped* rain*ing*. 雨がやんだ
- *Stop* talk*ing* and be quiet.
  おしゃべりをやめて静かにしてください
- **stop** *A* (*from*) *doing*
  A(人)が…するのをやめさせる, 妨げる
- **stop** *oneself* (*from*) *doing*
  …するのを控える
- It is hard to *stop* myself from lov*ing* him. 彼を愛さずにはいられない

❸ 〈穴などを〉**ふさぐ**
- *stop* (*up*) *one's* ears 耳をふさぐ

— 自

❶ **止まる, 停止する**; (…するために)**立ち止まる** ((*to do*))
- The engine *stopped*. エンジンが止まった
- Does this bus *stop* at Yokohama?
  このバスは横浜に止まりますか
- *Stop* a moment!
  (相手の話をさえぎって)ちょっと待って
- I *stopped* to smoke.
  タバコを吸うために立ち止まった
- *Let's stop* now. ここで止めましょう
- *Stop* now. やめてください
- It's almost time to *stop*.
  そろそろ終わりの時間です
- We'll have to *stop* here.
  ここで終わりにしましょう

❷ 〈雨などが〉**やむ**
- Has the rain *stopped*?
  もう雨はやみましたか

❸ (…に)**泊まる** ((*at*..., *in*..., *with*...))
- *stop at* a hotel ホテルに泊まる
- *stop with* a friend 友人の家に泊まる

cannot stop *doing*
…しないわけにいかない
- I *can't stop* sneez*ing*!
  くしゃみが止まらない

stop by ((話))(途中で)立ち寄る
stop by *A* A(人)の家に立ち寄る
- *Stop by* our house anytime.
  いつでもお寄りください

stop in (途中で)(…に)立ち寄る ((*at*...))
stop off [over]
(旅先で)(…に)ちょっと立ち寄る ((*at*..., *in*...))
stop short 急に止まる
stop short of *doing*
…するのを思いとどまる
- He *stopped short of* calling her fat.
  彼は彼女をでぶとまでは言わなかった

stop up 夜ふかしをする

— **名** (複 **stops** /スタブス/) C

❶ **止まること; やめること; 中止, 休止, 中断**
- make a *stop* 停車する

❷ **停留所, 停車場, 寄港地**
- a bus *stop* バスの停留所
- the last *stop* 終点
- get off at the next *stop*
  次の停留所で降りる

❸ (旅先での)**立ち寄り, 滞在, 寄港**

bring *A* **to a stop**
A(活動など)を止める
come to a stop 〈活動などが〉止まる
pull out all (the) stops
できうる限りの努力をする
put a stop to *A*
Aをやめさせる, 終わらせる

story²* /stɔ́:ri ストーリ/ **名** (複 **stories** /ストーリズ/) C ((米))(建物の)**階, 階層**
- the second *story* 2階
- a two-*story* house 2階建ての家

storybook /stɔ́:ribùk ストーリブク/ **名** C 物語の本, 童話の本

storyteller /stɔ́:ritèlər ストーリテラ/ **名** C (特に子どもに)お話をしてあげる人; (子どもの)うそつき

stout /stáut スタウト/ **形**

❶ 太り気味の;〈体が〉丈夫な;〈物が〉頑丈な
❷〈人が〉勇敢な;〈行為が〉断固とした

stove* /stóuv ストウヴ/
名 (複 **stoves** /stóuvz/) C
ストーブ, 暖炉(だんろ);(料理用の)こんろ, レンジ
・a kitchen *stove* 台所用レンジ

St. Petersburg
/sèint pí:tərzbə:rg セイント ピータズバーグ/
名 サンクトペテルブルグ (ロシアのバルト海に臨む港市で,旧称はレニングラード)

straight /stréit ストレイト/

形副 比較 **straighter**/ストレイタ/
　　 最上 **straightest**/ストレイタスト/
━ 形
❶ まっすぐな, 一直線の;〈背筋などが〉ぴんと伸びた, 直立した
・a *straight* line 直線
❷ 率直な, 正直な;誠実な
・make a *straight* answer 率直に答える
❸〈考えなどが〉筋の通った
・Let me get this *straight*.
今話していることを整理させてください
❹ 連続した, 立て続けの
・a *straight*-A student オールAの学生
❺〈ウイスキーなどが〉ストレートの
❻〈部屋などが〉かたづいた, 整理した;清算した
━ 副
❶ まっすぐに, 一直線に;〈背筋などが〉ぴんと伸びて
・go *straight* まっすぐに進む
・sit up *straight* 背筋を伸ばして座る
❷ 直接に, 直行して
・go *straight* home 家に直行する
❸ 正直に, 率直に
❹ 連続して, 続けて
・for five hours *straight* 5時間ぶっ通しで
straight away すぐに, ただちに
straight out 率直に
━ 名 C 【ボクシング】ストレート;【トランプ】(ポーカーの)ストレート

straighten /stréitn ストレイトン/ 動
━ 他
❶〈…を〉まっすぐにする(*out*)
❷〈部屋などを〉かたづける, 整とんする(*up*)
━ 自 姿勢を正す, まっすぐに伸ばす

straightforward
/strèitfɔ́:rwərd ストレイトフォーワド/
形

❶ まっすぐな;〈人が〉正直な
❷〈話などが〉分かりやすい, 単純な
━ 副 まっすぐに;正直に

strain /stréin ストレイン/
動
━ 他
❶〈神経・目・耳などを〉(…しようと)最大限に働かせる((*to do*))
・*strain* one's ears 耳を澄ます
❷〈関係などを〉悪化させる
❸〈筋肉などを〉使いすぎて痛める
・*strain* oneself 体を酷使する
❹〈…を〉(液体から)濾(こ)して除く((*from*...))
❺〈…を〉引っ張る, ぴんと張る
━ 自
❶〈…を〉懸命に求める((*for*...))
❷〈…を〉強く引っ張る((*at*...))
━ 名 C U
❶ 緊張, ストレス, 負担
・be under *strain* ストレスを感じている
・put *strain* on *A* Aに負担をかける
❷(関係の)悪化, 困難;問題
❸ 筋違い, ねんざ;疲労
|**strained** 形 緊迫した;〈表情などが〉不自然な;疲れた

strait /stréit ストレイト/ 名 C 海峡(かいきょう)

strand¹ /strǽnd ストランド/ 名 C
❶(何本かより合わさった)糸, ひも
❷ 髪の束;(真珠などの)連((*of*...))
❸(話などの)脈絡((*of*...))

strand² /strǽnd ストランド/
名 C 岸辺, 浜辺
━ 動 他
❶〈船舶を〉座礁(ざしょう)させる
❷〈人を〉困らせる
|**stranded** 形 立ち往生した;座礁した

strange /stréindʒ ストレインヂ/

形 比較 **stranger**/ストレインヂャ/
　　 最上 **strangest**/ストレインヂャスト/
❶ 奇妙な, 変な, ふしぎな
・*strange* as it may sound
妙に聞こえるかもしれないが
■ *it is* [*seems*] *strange that*...
…ということは奇妙である
■ *it is strange to do*
…するのは奇妙である
・Truth is *stranger* than fiction.
《ことわざ》事実は小説よりも奇なり

stranger

❷ 〈人・場所が〉**見知らぬ, 未知の, 初めての, 聞き慣れない**
・a *strange* person 見知らぬ人
strange to say
((ふつう文頭で))ふしぎなことに, 奇妙な話だが
strangely 副 奇妙に, ふしぎそうに；ふしぎなことに

stranger* /stréindʒər ストレインヂャ/
名 (複 **strangers** /ストレインヂャズ/) C
❶ (…にとって)**見知らぬ人, 知らない人, 他人**((*to...*))
・Hello, *stranger*!
((ふざけて))やあ, 久しぶりじゃないか
❷ (ある場所に)新しく来た人, 不案内の人
・I'm quite a *stranger* here.
ここはまったく初めてです

strap /strǽp ストラプ/
名 C (革などでできた)細いひも, ストラップ；(電車などの)つり革
— 動 他〈…を〉ひもでくくる

strategy /strǽtədʒi ストラタヂ/ 名 UC (…のための)戦略, 戦術((*for...*))
strategic 形 戦略(上)の, 戦略的な
strategically 副 戦略的に

Stratford-on-Avon /strǽtfərdanéivə:n ストラトファダネイヴァーン/
名 ストラットフォード・オン・エーボン (英国イングランド中南部の町で, シェークスピアの生地) (Stratford-upon-Avon)

straw /strɔ́: ストロー/
❶ U わら, 麦わら；C わら1本
・a *straw* hat 麦わら帽子
・A drowning man will catch at a *straw*.
((ことわざ))溺(おぼ)れる者はわらをもつかむ
❷ C ストロー

strawberry /strɔ́:bèri ストローベリ/ 名 C
【植物】いちご; UC いちご色, 深紅色

stray /stréi ストレイ/
動 自 (道から)それる, 道に迷う；(群れから)はぐれる((*from...*))；(…に)迷い込む((*into...*))
— 形 道に迷った；はぐれた
・a *stray* child 迷子

streak /strí:k ストリーク/
名 C 筋, 縞(しま), 線
— 動
— 他 〈…に〉〈…で〉筋[縞]を付ける((*with...*))
— 自 筋[縞]になる；すばやく動く
streaker 名 C ストリーキングをする人

stream* /strí:m ストリーム/

名 (複 **streams** /ストリームズ/) C
❶ **小川, 流れ**
・go up [down] a *stream* 川を上る[下る]
❷ (水・人・車などの)流れ；時の流れ；連続
— 動
— 自
❶ 〈涙などが〉(目などから)流れる((*from...*))
❷ 〈人などが〉ぞろぞろと動く
❸ 〈光が〉射し込む
— 他
❶ 〈髪などを〉なびかせる
❷ 【インターネット】〈音楽などを〉ストリーミングする

streamlined /strí:mlàind ストリームラインド/
形 流線形の；能率的な, 簡素化された

street /strí:t ストリート/

名 (複 **streets** /ストリーツ/) C
通り, 街路；((Street))…街, …通り
・a main [back] *street* 本[裏]通り
・Wall *Street* (ニューヨークの)ウォール街
・walk along the *street* 通りを歩く
・go across the *street* 通りの向こう側に行く

streetcar /strí:tkà:r ストリートカー/ 名 C
((米))路面電車, 市街電車(((英))tram)
・get on [off] a *streetcar*
路面電車に乗る[から降りる]

streetlight /strí:tlàit ストリートライト/ 名 C 街灯

strength /stréŋkθ ストレングス/ 名
❶ U (肉体的な)**力, 力強さ；体力；精神力**；UC (物の)強さ, 強度
・with all *one's strength* 力いっぱい
❷ C 強み, 長所
❸ U 勢力, 資力, 兵力
・in (great) *strength* 大勢で, 大挙して

strengthen /stréŋkθən ストレングサン/ 動
— 他
❶ 〈体・チームなどを〉補強する
・*strengthen one's* ability to *do*
…する能力を伸ばす
❷ 〈経済力などを〉強化する；〈通貨を〉(…に対して)強くする((*against...*))
— 自
❶ 〈関係などが〉強まる；活性化する
❷ 〈ある通貨が〉(別の通貨に対して)強くなる((*against...*))

stress /strés ストレス/
名

❶ ⓊⒸ (精神的な)ストレス, 緊張
・suffer from *stress* ストレスで苦しむ
・be *under stress* 重圧を受けている
❷ ⓊⒸ (…への)(物理的な)圧力, 力((*on*...));(外からの)圧力, 重圧;(好ましくない)外的刺激
❸ Ⓤ 強調;重点
・put a *stress on A* A(事に)重点を置く
❹ ⓊⒸ 【音声】強勢, アクセント
・put a *stress on A*
A(単語・音節)に強勢を置く
── 動 他
❶ ⟨…を⟩強調する;(…ということを)強調する((*that*節))
❷ 【音声】⟨単語・音節に⟩強勢を置く
|**stressful** 形 緊張の多い, ストレスを感じさせる

stretch /strétʃ ストレチ/
動
── 他
❶ ⟨手足・体などを⟩伸ばす, 広げる((*out*));⟨素材などを⟩伸ばす
❷ ⟨ロープなどを⟩張る;⟨カンバスなどを⟩強く張る
── 自
❶ 伸びをする;⟨素材などが⟩伸びる
❷ ⟨土地・海などが⟩広がる
❸ ⟨事が⟩(…も)続く, 及ぶ((*over*...))
── 名 Ⓒ
❶ 伸ばす[伸びる]こと;(体などの)伸び, ストレッチ
❷ (土地などの)広がり;範囲;(…の)期間((*of*...));(競技場などの)直線コース
at a stretch 続けて, 一気に
at full stretch 全力を出して

stretcher /strétʃər ストレチャ/ 名 Ⓒ 担架

stricken /stríkən ストリカン/
動 ((古))strikeの過去分詞
── 形 ⟨場所などが⟩被害を受けた;⟨人が⟩(病気に)かかった

strict /stríkt ストリクト/ 形
❶ ⟨規則などが⟩厳しい;⟨人が⟩(…に対して)厳しい((*with*..., *about*...))
・Our English teacher is *strict about* coming to class on time. 私たちの英語の先生は授業に定刻に来ることに厳しい
❷ 厳密な, 正確な;完全な
|**strictness** 名 Ⓤ 厳しさ;厳密さ

strictly /stríktli ストリクトリ/ 副 厳しく;厳密に;厳密に言えば
・*Strictly speaking*,... 厳密に言えば…

stridden /strídn ストリドン/ 動 strideの過去分詞

stride /stráid ストライド/
動 三単現 **strides** /stráidz ストライヅ/
過去 **strode** /stróud ストロウド/
過分 **stridden** /strídn ストリドン/
現分 **striding** /stráidiŋ ストライディング/
── 自
❶ 大またで歩く
❷ ⟨…を⟩またいで越す((*across*..., *over*...))
── 名 Ⓒ
❶ 大またの1歩;大またで歩くこと, 闊歩(かっぽ)
❷ ((ふつう strides))進歩, 発展, 前進

strife /stráif ストライフ/ 名 Ⓤ 不和, 争い, 紛争

strike /stráik ストライク/

動 三単現 **strikes** /stráiks ストライクス/
過去 **struck** /strʌ́k ストラク/,
過分 **struck** /strʌ́k ストラク/,
   ((古))**stricken** /stríkən ストリカン/
現分 **striking** /stráikiŋ ストライキング/
── 他
❶ ⟨…を⟩(…で)**打つ, たたく, 殴る**((*with*...))
・*strike* a ball *with* a bat
バットでボールを打つ
❷ ⟨時計が⟩⟨時刻を⟩打つ
・The clock *struck* twelve.
時計が12時を打った
❸ ⟨人の⟩心に浮かぶ;⟨人の⟩心を打つ
・A good idea *struck* me.
ふといいアイデアが浮かんだ
❹ ⟨災害・病気などが⟩⟨…を⟩不意に襲う;⟨人を⟩(恐怖などで)苦しめる((*with*...))
❺ ⟨マッチを⟩する, ⟨ライターを⟩つける
❻ ⟨条件・取り引きなどを⟩取り決める, 結ぶ
── 自
❶ 打つ, たたく, 殴る;(…に)ぶつかる((*on*..., *against*...))
・*Strike* while the iron is hot.
((ことわざ))鉄は熱いうちに打て;機会を逃すな
❷ ⟨時刻が⟩打ち鳴らされる
❸ (…を要求して)ストライキを行う((*for*...))
strike back 反撃する, 殴り返す
strike it rich
思いがけなくもうける, 一山当てる
strike A off from B = strike off A

strikeout

from B
A(名前など)をB(名簿から)削除する
strike on [upon] A
A(考えなど)を急に思い付く
strike out 【野球】三振する；失敗する
strike A out = strike out A A(語句など)を削除する；【野球】A(打者)を三振させる
strike A up = strike up A A(歌・曲)を歌い[演奏し]始める；A(会話など)を始める
— **名** (複 **strikes** /ストライクス/)
❶ C 打つこと；攻撃
❷ C U (労働組合などの)ストライキ
・go on *strike* ストライキに入る
❸ C 【野球】ストライク
striker **名** C ストライキ参加者；【サッカー】ストライカー

strikeout /stráikàut ストライカウト/ **名** C 【野球】三振(略 K)

striking /stráikiŋ ストライキング/
動 strike の現在分詞・動名詞
— **形** 目立つ, 人目を引く；際立った
strikingly **副** 目立って, いちじるしく

string /stríŋ ストリング/
名 (複 **strings** /ストリングズ/)
❶ U C 細ひも, 糸
・a piece of *string* 1本の細ひも
❷ C (弓の)つる；(楽器の)弦；((the strings)) 弦楽器部
・a *string* orchestra [band] 弦楽合奏団
❸ C (ひもに通した)一連；一列, 数珠つなぎ
・a *string* of A 一連のA(真珠など)
・*string* beans 【植物】えんどう；いんげん
have A on a string
((くだけて)) A(人)を意のままに操る
pull (the) strings
陰で操る, 黒幕である
— **動**
三単現 **strings** /ストリングズ/
過去・過分 **strung** /ストラング/
現分 **stringing** /ストリンギング/
— 他
❶ 〈…に〉ひも[糸]を通す
❷ 〈楽器に〉弦を張る；〈ラケットに〉ガットを張る；〈ひもなどを〉張る
string out 一列に並ぶ；(時間的に)延びる

stringent /stríndʒənt ストリンチャント/ **形**
〈規則などが〉厳しい, 厳格な

strip¹ /stríp ストリプ/ **動**
— 他
❶ 〈皮などを〉はぐ；〈衣服などを〉脱ぐ；〈人を〉裸にする((*off*))
❷ 〈人から〉(財産などを)奪う, 剥奪(はくだつ)する((*of*...))
— 自 衣服を脱ぐ, 裸になる((*off*))
stripper **名** C 皮むき器；ストリッパー；U C ペンキ(など)をはがす溶剤

strip² /stríp ストリプ/ **名** C
❶ (布・紙などの)細長い一切れ
・a *strip of* white paper 細長い白い紙
❷ ((米))(新聞などの数コマの)続き漫画

stripe /stráip ストライプ/
名 C 縞(しま), 筋, ストライプ
— **動** 他 〈…に〉縞[筋]を付ける
striped **形** 縞[筋]のある

strive /stráiv ストライヴ/
動 三単現 **strives** /ストライヴズ/
過去 **strove** /ストロウヴ/
過分 **striven** /ストリヴン/
現分 **striving** /ストライヴィング/
— 自 (…を求めて)懸命に努力する((*for*..., *after*...))

strode /stróud ストロウド/ **動** stride の過去形

stroke¹ /stróuk ストロウク/ **名** C
❶ 打つこと, 打撃；一撃；(時計・鐘などの)一打ち；脈拍
❷ (テニス・ゴルフなどの)ストローク；(水泳の)一かき；(オールの)一こぎ；(ペンの)一筆
❸ 発作, (脳)卒中
・have a *stroke* 卒中を起こす
at a [one] stroke 一撃で；一発で

stroke² /stróuk ストロウク/ **動** 他 〈…を〉なでる, さする

stroll /stróul ストロウル/
動 自 (…を)ぶらつく, 散歩[散策]する((*along*..., *around*...))
— **名** C ぶらぶら歩き, 散歩
・go for *a stroll* 散歩する
stroller **名** C ぶらぶら歩く人；((米))ベビーカー

strong /strɔ́ːŋ ストローング/
形 比較 **stronger** /ストローンガ/
最上 **strongest** /ストローンガスト/
❶ 〈人が〉(体力的に)強い(⇔weak)；〈物が〉頑丈な；〈言葉が〉きつい
・a *strong* wind 強い風

❷ (…が)**得意な**((on..., in...))
・be *strong in* history 歴史が得意である
❸〈味・香りが〉**強い**;〈コーヒーなどが〉**濃い**
❹〈議論などが〉説得力がある;〈可能性が〉強い
❺((数詞のあとで))総勢…の
be going strong
うまくいっている;元気である
strongly 副 強く, 激しく, 頑丈に
stronghold /strɔ́:ŋhòuld ストロングホウルド/
名C とりで, 要塞(ようさい); (活動・思想などの)本拠地, 拠点
strong-willed /strɔ́:ŋwíld ストロングウィルド/ 形 意志強固な, 頑固な
struck /strʌ́k ストラク/ 動 strikeの過去形・過去分詞
structure* /strʌ́ktʃər ストラクチャ/
名 (複 **structures** /strʌ́ktʃəz/)
❶UC **構造**, 組織, 組み立て
・the *structure* of the sentence 文章の構造
❷C 建造物, 建築物
━━動 他〈…を〉体系[組織]化する
structural 形 構造(上)の;組織(上)の
struggle /strʌ́gl ストラグル/
動 自
❶ (…しようと)もがく, 戦う((*to do*));(…と)取っ組み合う((*with...*))
❷ (…しようと)奮闘する((*to do*));(…を求めて)努力する((*for...*))
❸ (…を)苦労して進む((*through...*))
━━名C (…を求めての)戦い, 苦闘;もがき;努力((*for...*))
strung /strʌ́ŋ ストラング/ 動 stringの過去形・過去分詞
strut /strʌ́t ストラト/
動 自 気取って歩く
━━名C ((ふつうa strut)) 気取って歩くこと
stubborn /stʌ́bərn スタバン/ 形
❶ 頑固な, 強情な
❷〈問題などが〉手に負えない;〈動物などが〉扱いにくい
stubbornly 副 頑固に, 強情に
stubbornness 名U 頑固, 強情
stuck /stʌ́k スタク/ 動 stick² の過去形・過去分詞
stud /stʌ́d スタド/
名C
❶ 飾りびょう;(道路の通行帯の)びょう
❷ ボタン, 飾りボタン;スタッド (耳や鼻などに付けるボタン型のピアス)

━━動 他
❶ 〈…に〉飾りびょうを打つ
❷ 〈…に〉〈…を〉ちりばめる((*with...*))

student

/stjú:dənt ストゥーダント/
名 (複 **students** /stjú:dənts/) C
❶ **学生, 生徒**
・a high school *student* 高校生
❷ ((形容詞的に))**学生の**;見習いの
・a *student* council [government] 学生自治会, 生徒会
・a *student* teacher 教育実習生, 教生
❸ 研究者, 研究家, 学者

studio /stjú:diòu ストゥーディオウ/ 名C
❶ (画家・写真家などの)仕事場, アトリエ
❷ (テレビなどの)スタジオ;(テープなどの)録音室

studious /stjú:diəs ストゥーディアス/ 形
❶ 勉強好きな;熱心な, 努力する
・a *studious* girl 勉強好きな少女
❷ 念入りな, 注意深い

study

/stʌ́di スタディ/
名 (複 **studies** /stʌ́diz/)
❶U **勉強**;CU (専門的)**研究**, 調査
・*study* hours 勉強時間
・a *study* hall 自習室
・conduct a *study* of A A を研究する
❷CU ((studies))((単数・複数扱い))**学問**, 学科
・social *studies* 社会科
❸C 書斎, 勉強部屋;研究室
❹C 【音楽】練習曲, エチュード;【美術】習作, スケッチ
━━動
 三単現 **studies** /stʌ́diz/
 過去・過分 **studied** /stʌ́did/
 現分 **studying** /stʌ́diŋ/
━━他
❶ 〈…を〉**勉強する**, 研究する
・*study* English 英語を勉強する
❷ 〈…を〉調査する
━━自 (…のために)**勉強する, 研究する**((*for...*))
・*study* very hard *for* an exam
一生懸命試験勉強をする
・I'm *studying to* be a doctor.
医者になろうと勉強している

stuff /stʌ́f スタフ/
名 U
❶ (漠然と)物;食料品;飲み物
🕮 Great *stuff*. いい出来だぞ
❷ 材料, 原料
・What *stuff* is this made of?
これは何でできていますか
❸ ((*one's* stuff)) 持ち物, 手回り品
・Don't leave *your stuff* behind.
自分の持ち物を忘れないように
❹ (人の)素質;本質
do* [*show*] *one's stuff 本領を発揮する
know one's stuff
((くだけて)) 万事心得ている
━ **動**
━ 他
❶ ⟨…に⟩⟨…を⟩詰め込む((*with...*));⟨…を⟩
(…に)詰め込む((*into...*))
❷ ⟨動物などを⟩剥製(はくせい)にする
❸ ⟨七面鳥などに⟩⟨…を⟩詰める((*with...*))
❹ ⟨…に⟩⟨食べ物を⟩食べさせる((*with...*))
━ 自 たらふく食べる
| **stuffed** **形** 詰め物をした;満腹の
| **stuffing** **名** U (クッションなどの)詰め物
stuffy /stʌ́fi スタフィ/ **形**
❶ ⟨部屋などが⟩風通しの悪い;むっとする;⟨鼻が⟩詰まった
❷ ((けなして))⟨人・考えなどが⟩堅苦しい, 保守的な
stumble /stʌ́mbl スタンブル/
動 自
❶ (…に)つまずく, よろめく((*on..., over...*))
・*stumble over* a stone 石につまずく
❷ (演説などで)(言葉などに)つまる, つっかえる
((*at..., over...*))
━ **名** C つまずき, よろめき;失敗
stump /stʌ́mp スタンプ/
名 C
❶ (木の)切り株
❷ 使い残しの切れ端;(ろうそくの)燃え差し;
(タバコの)吸い殻
━ **動**
━ 他
❶ (質問などが)⟨人を⟩困らせる
❷ ((米))⟨地域を⟩遊説して回る
━ 自 ((米)) 遊説する, 遊説して回る
stun /stʌ́n スタン/
動 他
❶ ⟨殴打などが⟩⟨人を⟩気絶させる

❷ ⟨人を⟩びっくりさせる, ぼう然とさせる
━ **名** C 一撃, ショック
・a *stun* gun スタンガン
| **stunning** **形** 驚くほど美しい, とてもすばらしい;⟨行為などが⟩衝撃的な
stung /stʌ́ŋ スタング/ **動** sting の過去形・過去分詞
stunk /stʌ́ŋk スタンク/ **動** stink の過去形・過去分詞
stunt[1] /stʌ́nt スタント/ **名** C 妙技, 離れ技, スタント
・a *stunt* man スタントマン
stunt[2] /stʌ́nt スタント/ **動** 他 ⟨…の⟩発育を止める, 成長を妨げる
stupid /stjúːpid ストゥーピド/ **形** ばかな, 愚かな, まぬけな;⟨事が⟩ばかげた
・a *stupid* question 愚問(ぐもん)
▪ *it is stupid of A to do*
…するなんてAはばかだ
| **stupidity** **名** U 愚かさ;C ばかげた行為
sturdy /stə́ːrdi スターディ/ **形** ⟨体が⟩がっしりした;⟨物が⟩丈夫な
stutter /stʌ́tər スタタ/ **動** 自 どもる

style /stáil スタイル/
名 (複 **styles** /スタイルズ/)
❶ C U **方法, 様式**;(芸術などの)様式
・in modern *style* 現代ふうに
❷ C U (服装などの)**型, スタイル**;流行
❸ C U 文体;表現方法
❹ U (作法などの)上品さ, 気品
in style 優雅に;流行して
out of style 流行遅れで
━ **動** 他 ⟨服などを⟩デザインする, ⟨髪を⟩セットする
| **styling** **名** U スタイル;整髪
| **stylish** **形** 流行の, かっこいい, いきな
| **stylishly** **副** スマートに, いきに
| **stylist** **名** C 美容師;名文家;スタイリスト
sub /sʌ́b サブ/ **名** C
❶ 代理人;補欠;代用品
❷ 潜水艦(submarine)
subconscious /sʌ̀bkánʃəs サブカンシャス/ **形** 意識下の, 潜在意識の
━ **名** ((the [*one's*] subconscious)) 潜在意識
| **subconsciously** **副** 潜在意識的に
| **subconsciousness** **名** U 潜在意識
subcontinent /sʌ̀bkántənənt サブカンタ

subculture /sʌ́bkʌltʃər サブカルチャ/ 名
 ⓊⒸ サブカルチャー, 下位文化 (社会の中の特定のグループが持つ文化)

subdivision /sʌ́bdiviʒən サブディヴィジャン/ 名
 ❶ Ⓤ 細分(割), 小分け
 ❷ Ⓒ 一区分; 《米》分譲地

subdue /səbdjúː サブドゥー/ 動 他
 ❶ 〈軍隊などが〉〈…を〉征服する, 鎮圧する
 ❷ 〈人が〉〈感情などを〉抑える
 subdued 形 〈色などが〉抑えられた; 〈人などが〉おとなしい

subject /sʌ́bdʒikt サブヂクト/
 名 (複 **subjects** /サブヂクツ/) Ⓒ
 ❶ 科目, 教科, 学科
 ・ *one's* favorite *subject* 好きな科目
 ・ required [elective] *subjects* 必修[選択]科目
 ❷ (話などの)主題, テーマ, 題目 《*of*...》; 【音楽】テーマ; 【美術】画題, 題材
 ・ the *subject of* a speech 演説の題目
 ・ change the *subject* 話題を変える
 ・ *subject* line 【コンピュータ】(Eメールの)件名欄
 ❸ 【文法】**主語**, 主部
 ❹ (実験・研究の)被験者, 実験動物
 ❺ (君主国の)国民, 臣民
 ━ 形
 ❶ (法律などの)支配下にある 《*to*...》
 ・ We *are subject to* the school rules. 私たちは校則に従う
 ❷ 〈…を〉受けやすい; 〈…に〉なりやすい 《*to*...》
 ・ I'*m subject to* colds. ぼくは風邪を引きやすい
 ❸ (同意などを)条件とする 《*to*...》
 subject to A Aを条件[前提]として
 ━ 動 /səbdʒékt サブヂェクト/ 他
 ❶ 〈国などを〉〈…に〉服従させる 《*to*...》
 ❷ 〈人などを〉(批判などに)さらす 《*to*...》

subjective /səbdʒéktiv サブヂェクティヴ/ 形
 ❶ 主観の, 主観的な
 ❷ 【文法】主語の, 主格の
 ・ the *subjective* case 【文法】主格
 subjectively 副 主観的に(は)
 subjectivity 名 Ⓤ 主観性

sublime /səbláim サブライム/ 形 〈自然などが〉崇高な, 荘厳な; 〈業績などが〉卓越した, 抜群の

subliminal /sʌblímənl サブリマヌル/ 形 【心理】意識下の, 潜在意識の
 ・ *subliminal* effect サブリミナル効果

submarine /sʌ́bməriːn サブマリーン/ 名 Ⓒ 潜水艦
 ━ 形 海面下の, 海底の

submerge /səbmə́ːrdʒ サブマーヂ/ 動
 ━ 他
 ❶ 〈…を〉水中に沈める
 ❷ 〈考え・感情などを〉おおい隠す
 ━ 自 水中に没する, 潜水する, 沈む
 submerge oneself in A A(仕事など)に没頭する
 submerged 形 水中の, 水中に沈んだ; 隠された

submission /səbmíʃən サブミシャン/ 名
 ❶ Ⓤ (…への)服従, 降伏 《*to*...》
 ❷ ⓊⒸ (書類などの)提出, 提示
 submissive 形 服従的な, 従順な

submit /səbmít サブミト/ 動
 ━ 他
 ❶ 〈人が〉〈人などを〉〈…に〉服従させる 《*to*...》
 ・ *submit oneself* to *A* Aに服従する
 ❷ 〈書類などを〉〈…に〉提出する 《*to*...》
 ━ 自 〈…に〉服従する 《*to*...》

subordinate /səbɔ́ːrdinət サボーディナト/ 形
 ❶ 〈地位などが〉(…より)下位の, 下級の 《*to*...》; 〈人が〉〈…に〉従属した 《*to*...》
 ❷ 【文法】従属[従位]の
 ━ 名 Ⓒ 下位[下級]の者; 部下
 ━ 動 /səbɔ́ːrdinèit サボーダネイト/ 他 〈…を〉(…より)下位に置く 《*to*...》; 〈…を〉〈…に〉従属させる 《*to*...》
 subordination 名 Ⓤ 下位; 【文法】従属関係

subscribe /səbskráib サブスクライブ/ 動
 ━ 他
 ❶ 〈ある金額を〉〈…に〉寄付する 《*to*...》
 ❷ 〈名前を〉〈書類などに〉署名する 《*to*...》
 ━ 自
 ❶ 〈…に〉寄付する 《*to*...》
 ❷ 〈新聞・雑誌などを〉予約購読する 《*to*...》
 subscription 名 ⓊⒸ 寄付金; 予約購読料
 subscriber 名 Ⓒ 寄付者; 予約購読者

subsequent /sʌ́bsikwənt サブスィクワント/ 形 (時間的に)その後の; 〈順序が〉次の; (…に)

subside /səbsáid サブ**サイ**ド/ 動 自
① 〈風雨・騒ぎなどが〉静まる, 収まる
② 〈土地などが〉沈下する; 〈洪水などが〉ひく
subsidence 名 U 鎮静, 減退; 沈下

subsidiary /səbsídièri サブ**スィ**ディエリ/ 形
① 補助の; 従属する
② 〈会社が〉支配下にある, 子会社の
- a *subsidiary* company 子会社
— 名 C 従属(物); 子会社

subsidize /sʌ́bsidàiz **サ**ブスィダイズ/ 動 他
〈政府が〉〈…に〉助成[補助]金を出す
subsidy 名 C (国家の)助成金, 補助金

subsistence /səbsístəns サブ**スィ**スタンス/
名 U ぎりぎりの生計[暮らし]; 生存

substance /sʌ́bstəns **サ**ブスタンス/ 名
① C 物質; 物体
② U 実質, 実体, 中身, 内容; 重要さ
③ (the substance) 要旨, 要点
in substance 実質的に; 趣旨としては

substandard /sʌ̀bstǽndərd サブス**タ**ンダド/ 形
〈商品などが〉標準以下の; 〈語法・発音などが〉非標準の

substantial /səbstǽnʃəl サブス**タ**ンシャル/ 形
① 〈数・量などが〉かなりの, 相当な; 重要な
- a *substantial* amount of money 相当な額の金
② 実質的な; 実体のある
substantially 副 だいたいは; 実質[本質]的に; 十分に, 大いに
substantive 形 実質[本質]的な

substantiate /səbstǽnʃièit サブス**タ**ンシエイト/ 動 他〈…を〉確証[立証]する

substitute /sʌ́bstitù:t **サ**ブスティトゥート/
名 C (…の)代理人, 代用品《*for...*》
— 動
— 他〈…を〉代用する
- *substitute A for B*
A(人・物)をB(人・物)の代わりに使う
— 自〈人・物が〉(…の)代理[代用]になる《*for...*》
substitution 名 U 代理, 代用

subterranean /sʌ̀btəréiniən サブタ**レイ**ニアン/ 形
① 地下の, 地下にある
② 秘密の, 隠れた
続いて起こる《*to...*》
subsequently 副 そのあとに; 続いて

subtitle /sʌ́btàitl **サ**ブタイトル/ 名 C
① (本などの)副題
② ((ふつう subtitles)) (外国映画などの)字幕, スーパー

subtle /sʌ́tl **サ**トル/ 形
① 〈違いなどが〉微妙な, 〈香り・味などが〉かすかな
- a *subtle* difference 微妙な違い
② 〈感覚などが〉鋭い, 鋭敏な
③ 〈問題などが〉難解な, 理解しにくい
subtlety 名 U 微妙さ; 鋭さ; C 微妙なもの, 細かい区別
subtly 副 微妙に, かすかに; 鋭敏に

subtract /səbtrǽkt サブト**ラ**クト/ 動
— 他【数学】〈数を〉(…から)減じる, 引く(⇔add)《*from...*》
— 自 引き算をする
subtraction 名 UC 差し引くこと; 【数学】引き算

suburb /sʌ́bə:rb **サ**バーブ/ 名 C ((the suburbs)) ((複数扱い)) 郊外, 近郊
suburban 形 郊外の; 郊外に住む
suburbia 名 U 郊外; 郊外居住者(の生活様式)

subway /sʌ́bwèi **サ**ブウェイ/
名 (複 **subways** /**サ**ブウェイズ/) C
① ((米)) 地下鉄 (((英))underground, ((英))((くだけて))tube)
- a *subway* station 地下鉄の駅
- take [ride] the *subway* 地下鉄に乗る
② ((英)) 地下道 (((米))underpass)

succeed /səksí:d サク**スィー**ド/
動 三単現 **succeeds** /サク**スィー**ヅ/
過去・過分 **succeeded** /サク**スィー**ディド/
現分 **succeeding** /サク**スィー**ディング/
— 自
① 〈人が〉(…に)成功する《*in...*》; 〈計画などが〉うまくいく (⇔fail)
- *succeed in* (pass*ing*) the entrance examination 入学試験に合格する
② 〈人が〉〈地位・財産などを〉引き継ぐ《*to...*》
- *succeed to* the throne 王位を継承する
③ あとに続く, 続いて起こる
— 他
① 〈…の〉跡を継ぐ
② 〈…の〉あとに続く, あとにくる

success* /səksés サク**セ**ス/

名 (複) **successes** /サクセスィズ/

❶ Ⓤ (…における) **成功**, 上首尾 ((in...)) (⇔ failure)
- achieve [attain] (a) *success* 成功する
- without *success* うまくいかない
- I wish you *success*. ご成功を祈ります

❷ Ⓒ 成功したもの；大当たり；成功者

make a success of A
A(仕事など)を成功させる

|**successor** 名 Ⓒ 後継者, 相続人

successful /səksésfəl サクセスファル/ 形 (…に) **成功した**, うまくいった((in...))；出世した；大当たりの

|**successfully** 副 首尾よく, うまく

succession /səkséʃən サクセシャン/ 名

❶ Ⓒ (…の) 連続, 継続 ((of...))；Ⓤ 連続すること
- in *succession* 連続して, 引き続いて

❷ Ⓤ (地位・財産などの) 継承, 相続 ((to...))
- by *succession* 世襲によって

|**successive** 形 連続する, 次に続く
|**successively** 副 引き続いて

such /sətʃ サチ; (強) sʌ́tʃ サチ/

形 ((比較なし))

❶ **そのような**, そんな；**このような**, こんな
- I don't know *such* a man.
そんな男は知らない
- I meant to do no *such* thing.
そんなことをするつもりはなかった

❷ ((強調)) 大変な；((形容詞を伴う名詞の前で)) そんなに, とても
- He is *such* a (big) fool.
あいつはばかもいいところだ
- She is *such* a pretty girl.
彼女はとてもかわいい娘です
- It was *such* fun. とても楽しかった

such and such A
これこれ[しかじか]のA(人・物)
- in *such and such* a place
これこれの場所で

such A as B = A such as B
Bのような(そんな)A
- *such* a student *as* Tom トムのような生徒

such A as... = A such as...
…するようなA
- She doesn't like *such* movies *as* her sister likes. 彼女はお姉さんが好んでいるような映画は好きではない

such A as to do = A such as to do
…するほどのA
- Do you think I am *such* a fool *as to* believe you?
この私が君を信じるほどのばかだと思うの

such A that... とてもAなので…だ
- He is *such* a nice person *that* everybody likes him.
彼はとてもいい人なので誰もが彼を好きだ

━ 代 ((単数・複数扱い))

❶ **そのような人[人々・物・事]**
- if *such* is the case もしそれが事実なら
- *Such* is not the case here.
ここではそんなことはありません

❷ **…のような人[物・事]**
- *Such* as had money were able to fly. お金を持っていた人は飛行機で行くことができた

..., and such …など(etc.)
- lions, monkeys, *and such*
ライオンや猿など

as such そういうものとして；それ自体では

such as A たとえばAのようなもの[人・事]
- There are fruits, *such as* oranges, apples, and melons たとえばみかん, りんご, メロンのような果物がある

such A as... …のようなA

suck /sʌ́k サク/

動

━ (他)

❶ 〈液体を〉吸う, すする；〈空気などを〉(…に)吸い込む ((into...))

❷ 〈あめ・指などを〉しゃぶる

━ (自) 〈乳・タバコなどを〉吸う, しゃぶる

━ 名 Ⓒ 吸うこと；一口, 一吸い

sucker /sʌ́kər サカ/ 名 Ⓒ

❶ 【動物】吸盤；【植物】吸根

❷ ((米)) ((くだけて)) ペロペロキャンデー

❸ 吸う人[物]；乳児

❹ だまされやすい人, カモ；(…に) 夢中になる人 ((for...))

suction /sʌ́kʃən サクシャン/ 名 Ⓤ 吸うこと；吸引(力)

sudden /sʌ́dn サドン/ 形 突然の, 急な
- a *sudden* change 急変

all of a sudden 突然, 急に (suddenly)

suddenly /sʌ́dnli サドンリ/

副 [比較] **more suddenly**
[最上] **most suddenly**

急に;突然
- Why did you leave the room so *suddenly*? なぜ急に部屋からいなくなったの

sue /sjúː スー/ 動 他 〈人を〉(…で)訴える, 告訴する((*for*...))

Suez Canal /suːéz kənǽl スーエズ カナル/ 名 ((the Suez Canal)) スエズ運河(エジプトのスエズ地峡にあって地中海と紅海を結ぶ運河)

suffer* /sʌ́fər サファ/
動 三単現 **suffers** /サファズ/
過去・過分 **suffered** /サファド/
現分 **suffering** /サファリング/
― 自
❶ (…で)**苦しむ, 悩む**((*from*...))
❷ 〈病気などを〉**患う**((*from*...))
- *suffer from* a headache 頭痛がする
― 他
❶ 〈苦痛・損害などを〉**こうむる**, 受ける
❷ ((否定文・疑問文で)) 〈…に〉耐える, 〈…を〉我慢する
sufferer 名 C 苦しんでいる人, 患者
suffering 名 U C 苦しみ, 苦痛;苦労

suffice /səfáis サファイス/ 動
― 自 (…にとって)十分である((*for*...))
― 他 〈事・物に〉十分である
Suffice (it) to say that...
…と言えば十分だろう

sufficient /səfíʃənt サフィシャント/ 形 〈数量などが〉(…に)**十分な**((*for*...)), (…するに)足りる((*to do*))
sufficiently 副 十分に, 足りて

suffix /sʌ́fiks サフィクス/ 名 C 【文法】接尾辞(-ly, -less など)

suffrage /sʌ́fridʒ サフリヂ/ 名 U 選挙権, 参政権; C 投票

sugar
名 (複 **sugars** /シュガズ/) U
砂糖; C (角)砂糖1個, 砂糖1さじ
- a lump of *sugar* 角砂糖1個
- a spoonful of *sugar* スプーン1杯の砂糖
- *sugar* cane さとうきび
- I want two *sugars* in my tea.
紅茶に砂糖を2個[2杯]入れてください
― 動 他 〈…に〉砂糖を加える; 〈…を〉砂糖で甘くする
sugary 形 砂糖の(ような), 甘い; 甘ったるい

suggest
/səgdʒést サグ**ヂェ**スト | sədʒést サ**ヂェ**スト/
動 三単現 **suggests** /サグ**ヂェ**スツ/
過去・過分 **suggested** /サグ**ヂェ**スティド/
現分 **suggesting** /サグ**ヂェ**スティング/
― 他
❶ 〈計画などを〉(人に)**提案する**((*to*...))
- I *suggested* a new plan *to* them.
私は彼らに新しい計画を提案した
- *suggest that*... …してはどうかと提案する
- I *suggested that* we take a break.
一休みしようと提案した
❷ 〈…を〉**暗示する**; (…であると)それとなく示す((*that* 節))

suggestion /səgdʒéstʃən サグ**ヂェ**スチャン | sədʒéstʃən サ**ヂェ**スチャン/ 名
❶ U 提案すること; C (…についての)提案, 提言((*about*..., *on*..., *for*...))
- *make a suggestion* 提案する
❷ U 暗示; C 暗示されたもの
❸ C (…の)気味, 気配; 可能性((*of*...))
suggestive 形 暗示[示唆]的な
suggestively 副 暗示的に

suicide /súːisàid スーイサイド/ 名
❶ U 自殺(すること); 自殺的行為; C 自殺行為[事件]
- (a) *suicide* bombing 自爆テロ
- a *suicide* note 遺書
- commit *suicide* 自殺する
❷ C 自殺者
suicidal 形 自殺の(可能性がある)

suit
/súːt スート | sjúːt スュート/
名 (複 **suits** /スーツ/)
❶ C (1着の)**スーツ**; (ある目的のための)衣服, …着
- a two-piece *suit* 背広上下
- a swimming *suit* 水着
❷ C U 【法律】(民事)訴訟
- file a *suit* against *A*
A(人)を相手取って訴訟を起こす
― 動
三単現 **suits** /スーツ/
過去・過分 **suited** /スーティド/
現分 **suiting** /スーティング/
― 他
❶ 〈事が〉〈人などに〉**適する**, 都合がよい, 気に入る

- Anything *suits* me. 何でもけっこうです
- Will three o'clock *suit* you?
  3時で都合はいいですか
  ❷〈衣服などが〉〈…に〉**似合う**
  ━ 自 適する, 都合がよい
  ***be suited for* [*to*] A**
  Aにふさわしい, 適している
  be suited to do …するのにふさわしい

suitable /súːtəbl スータブル/ 形 (…に)適した, ふさわしい((*for*...))
- clothes *suitable for* spring 春向きの服
  suitability 名 ⓤ 適切なこと; ふさわしいこと
  suitably 副 適切に, ふさわしく

suitcase /súːtkèis スーツケイス/ 名 Ⓒ スーツケース, 旅行かばん

suite /swiːt スウィート/ 名 Ⓒ
  ❶ (ホテルなど)スイートルーム
  ❷ 一組の家具, ひとそろい
  ❸【音楽】組曲

sulfur /sʌ́lfər サルファ/ 名 ⓤ 【化学】硫黄(いおう) (元素記号 S)

sullen /sʌ́lən サレン/ 形
  ❶ 不機嫌な, むっつりした
  ❷〈天候などが〉陰気な, どんよりした
  sullenly 副 むっつりと, 不機嫌に

sulphur /sʌ́lfər サルファ/ ((英))= sulfur

sultry /sʌ́ltri サルトリ/ 形 蒸し暑い, 暑苦しい
  sultrily 副 暑苦しく
  sultriness 名 ⓤ 蒸し暑さ

sum /sʌ́m サム/

名 (複 **sums** /sʌ́mz/) Ⓒ
  ❶ ((the sum))(数・量の)**合計, 総計**
- the *sum* total 合計
- the *sum* of expenses 支出の合計
  ❷ **金額**
- a large [small] *sum* of money
  多額[少額]の金
  ❸ ((しばしば sums))算数の計算
  in sum 要するに, つまり
  ━ 動
  ━ 他
  ❶ 〈…を〉合計する; 〈…の〉合計となる
  ❷ 〈意見などを〉要約する
  ━ 自
  ❶ 合計して(…に)なる((*to*...))
  ❷ 要約する((*up*))

🗨 Let me *sum up*. まとめさせてください
  to sum up 要約すると, つまり

summary /sʌ́məri サマリ/
  名 Ⓒ (…の)要約, 概略((*of*...))
- give [make] a *summary* 要約する
- *in summary* 要約すると
  ━ 形 概略の; 手短な; 略式の
  summarize 動 他 〈…を〉要約する

summation /səméiʃən サメイシャン/ 名 Ⓒ 要約, 総括; 合計

summer /sʌ́mər サマ/

名 (複 **summers** /sʌ́mərz/)
  ❶ Ⓤ Ⓒ 夏, 夏季, 夏期
- *in* (*the*) *summer* 夏に
- last [next] *summer* 前の[今度の]夏
- *in the summer* of 2011 2011年の夏に
  ❷ ((形容詞的に))**夏の, 夏季の, 夏向きの**
- (a) *summer* school 夏期講習
- *summer* time ((英))夏時間
- the *summer* vacation 夏休み
  ❸ ((the summer))(人生などの)盛り, 最盛期

summertime /sʌ́mərtàim サマタイム/ 名 ⓤ 夏, 夏季, 暑中

summit /sʌ́mit サミト/ 名 Ⓒ
  ❶ 頂上, 山頂; ((the summit))絶頂, 頂点
  ❷ (先進国)首脳会談, サミット
- a *summit* conference 首脳会談

summon /sʌ́mən サマン/ 動 他
  ❶ 〈人を〉(…に)呼び出す, 召喚する((*to*...)); 〈会議などを〉召集する
  ❷ 〈勇気などを〉奮い起こす
  summons 名 Ⓒ 呼び出し, 召集; 召喚(状), 出頭命令(書)

sumptuous /sʌ́mptʃuəs サンプチュアス/ 形 豪華な, ぜいたくな

sun /sʌ́n サン/

名 (複 **suns** /sʌ́nz/)
  ❶ ((the sun))**太陽**
- the rising *sun* 朝日
- the setting *sun* 夕日
- *The sun* rises in the east and sets in the west. 太陽は東から昇り西に沈む
  ❷ ⓤ ((ふつう the sun))**日光, 日なた**
- sit in *the sun* 日なたに座る
  ❸ Ⓒ 恒星
  a place in the sun
  日の当たる場所; 好都合な地位[環境]

under the sun
この世で；((強意))一体全体
━━ 動
━━ 他 〈…を〉日光に当てる，さらす
━━ 自 日光浴をする

Sun. ((略))*Sun*day 日曜日

sunbathe /sʌ́nbèið サンベイズ/ 動 自 日光浴をする

sunbeam /sʌ́nbìːm サンビーム/ 名 C 太陽光線，日光

sunblock /sʌ́nblɑ̀k サンブラク/ U C 日焼け止めクリーム［オイル］

sunburn /sʌ́nbə̀ːrn サンバーン/ 名 U (ひりひり痛む)日焼け
sunburned 形 日焼けした

sundae /sʌ́ndei サンデイ | sʌ́ndi サンディ/ 名 C サンデー(アイスクリームにチョコレートなどをかけた冷菓)

Sunday

/sʌ́ndei サンデイ | sʌ́ndi サンディ/
名 (複 **Sundays** /sʌ́ndeiz サンデイズ/) U C 日曜日 (略 Sun., S.)；((形容詞的に))日曜日の
・*on Sunday* 日曜日に
・*on Sundays* 毎週日曜日に
・(*on*) *Sunday* morning 日曜日の朝に
・Tom gets up late every *Sunday* morning. トムは日曜日はいつも遅く起きる

sunflower /sʌ́nflàuər サンフラウア/ 名 C 【植物】ひまわり

sung /sʌ́ŋ サング/ 動 sing の過去分詞

sunglasses /sʌ́ŋglæ̀səz サングラスェズ/ 名 ((複数扱い))サングラス

sunk /sʌ́ŋk サンク/ 動 sink の過去分詞

sunlight /sʌ́nlàit サンライト/ 名 U 日光

sunlit /sʌ́nlit サンリト/ 形 日の降りそそぐ，日の当たる

sunny /sʌ́ni サニ/ 形
❶ 日当たりのよい；太陽の照り輝く
・a *sunny* place 日当たりのよい場所
❷ 陽気な，明るい

sunny-side up /sʌ́nisàidʌ̀p サニサイダプ/ 形 ((米))卵が目玉焼きの

sunrise /sʌ́nràiz サンライズ/ 名 U C 日の出(の時刻)；暁(ぁ ゕつき)；朝焼け(⇔sunset)

sunroof /sʌ́nrùːf サンルーフ/ 名 C (自動車の)サンルーフ

sunroom /sʌ́nrùːm サンルーム/ 名 C サンルーム，日光浴室

sunscreen /sʌ́nskrìːn サンスクリーン/ 名 U C 日焼け止め

sunset /sʌ́nsèt サンセト/ 名 U C 日没(の時刻)；日暮れ；夕焼け(⇔sunrise)

sunshine /sʌ́nʃàin サンシャイン/ 名 U
❶ 日光；日なた
・sit in the *sunshine* 日なたに座る
❷ ((くだけて))陽気，快活，明るさ

sunstroke /sʌ́nstròuk サンストロウク/ 名 U 日射病

suntan /sʌ́ntæ̀n サンタン/ 名 C (健康的な)日焼け；U 日焼け色，小麦色
suntanned 形 日焼けした

super /súːpər スーパ | sjúːpər スューパ/
形 ((くだけて))すばらしい，最高の；とびきりの
━━ 名 C ((米))(アパートなどの)管理人

superb /supə́ːrb スパーブ/ 形 すばらしい，みごとな；堂々とした
superbly 副 すばらしく，みごとに；堂々と

superficial /sùːpərfíʃəl スーパフィシャル/ 形 表面の，うわべだけの；浅薄な
superficially 副 表面上は；浅薄に

superhighway /sùːpərháiwei スーパハイウェイ/ 名 C ((米))高速道路，スーパーハイウェー

superintendent /sùːpərinténdənt スーパリンテンダント/ 名 C 監督者，管理者；(アパートの)管理人；署長，所長

Superior /supíəriər スピアリア/ 名 **Lake Superior** スペリオル湖(北米五大湖の1つで，世界最大の淡水湖)

superior＊ /supíəriər スピアリア | sjuːpíəriər スューピアリア/ 形 ((比較なし))
❶ 〈品質・程度などが〉(…より)**優れた**，上等の(*(to...)*)
・This car is *superior to* that.
この車はあの車よりも優れている
❷ 〈地位などが〉(…より)**上の**，上位の(*(to...)*)
・My rank is *superior to* his.
ぼくのランクは彼より上だ
━━ 名 C より優れた人；目上の人；先輩，上司，上官
superiority 名 U 優れていること，優位，優勢；高慢

superlative /supə́ːrlətiv スパーラティヴ/ 形
❶ 最高の，この上ない
❷【文法】(形容詞・副詞の)最上級の

superman /súːpərmæ̀n スーパーマン/ 名

superman ❶ ⓒ 超人, スーパーマン
❷ ((Superman)) (米国の漫画の)スーパーマン

supermarket /súːpərmὰːrkət スーパマーケット/ 名 ⓒ スーパーマーケット

supernatural /sùːpərnǽtʃərəl スーパナチャラル/ 形 超自然の

superpower /súːpərpàuər スーパパウア/ 名 ⓒ 超大国

supersonic /sùːpərsάnik スーパサニク/ 形 超音速の

superstar /súːpərstὰːr スーパスター/ 名 ⓒ (スポーツ・芸能などでの)スーパースター

superstition /sùːpərstíʃən スーパスティシャン/ 名 ⓤⓒ 迷信
superstitious 形 迷信の, 迷信深い

supervise /súːpərvàiz スーパヴァイズ/ 動 他 〈仕事などを〉監督[管理]する
supervision 名 ⓤ 監督, 管理
supervisor 名 ⓒ 監督者, 管理者
supervisory 形 監督の, 管理の

supper /sápər サパ/

名 (複 **suppers** /sápərz/) ⓤⓒ
(軽めの)**夕食, 夕ご飯**, 夜食
- make [prepare] *supper*
  夕食を作る[用意する]
- have [eat] *supper* 夕食を取る

supplement /sápləmənt サプリマント/ 名 ⓒ
❶ 補足物; (雑誌などの)付録, 補遺
❷ 栄養補助剤, サプリメント
supplementary 形 補足の; 付録の

supply* /səplái サプライ/
動 三単現 **supplies** /səpláiz/
過去・過分 **supplied** /səpláid/
現分 **supplying** /səpláiiŋ/
— 他
❶ 〈…を〉**供給する**, 〈…に〉与える
- *supply* A with B = *supply* B to [for] A
  A(人)にB(物)を供給する, 与える
- This store *supplies* us *with* necessities.
  この店では必要品は手に入ります
❷ 〈必要などを〉満たす, 補充する
— 名 (複 **supplies** /sápláiz/)
❶ ⓤ **供給**, 補給
- *supply* and demand 需要と供給
▶ 日本語の語順と逆になる
❷ ⓤ 用品, 必要な品物; ⓒ 在庫(量), 貯蔵(量)
❸ ((supplies)) 必需品, (軍隊などの)食糧
supplier 名 ⓒ 供給する人; 供給会社

support /səpɔ́ːrt サポート/

動 三単現 **supports** /サポーツ/
過去・過分 **supported** /サポーティド/
現分 **supporting** /サポーティング/
— 他
❶ 〈…を〉**支持する, 支援する**; 〈…を〉勇気づける, 応援する
- *support* A financially [mentally]
  A を経済的に[精神的に]支援する
❷ 〈人・家族などを〉**養う**, 扶養する
❸ 〈建物などを〉支える
— 名 (複 **supports** /サポーツ/)
❶ ⓤ 支持, 支援; 扶養; ⓒ 支持者, 後援者
❷ ⓤ 支え; ⓒ 支柱, 土台
❸ ⓤ 維持費, 生活費
in support of A A を支持して
supporter 名 ⓒ 支持者; 扶養者; (サッカーなどの)サポーター
supporting 形 支える, 脇(わき)(役)の
supportive 形 支える, 援助する, 励ます

suppose /səpóuz サポウズ/

動 三単現 **supposes** /サポウズィズ/
過去・過分 **supposed** /サポウズド/
現分 **supposing** /サポウズィング/
— 他 ((次の用法で))
■ *suppose that...*
(1) …だと思う, 想像する, 推測する
- I don't *suppose that* he will come.
  彼は来ないと思う
(2) …と仮定する
- Let's *suppose that* you are married.
  あなたが結婚していると仮定してみましょう
(3) ((命令形で)) 仮に…だとしよう(supposing that); …したらどうだろうか
- *Suppose that* you were on a desert island, how would you survive? 無人島にいるとしたら, どうやって生き残りますか
- *Suppose* we go to the concert.
  コンサートに行こうよ
■ *be supposed to do*
(1) 〈人が〉…することになっている
- He *was supposed to* call me at nine.
  彼は9時に電話をくれることになっていた
(2) ((否定文で)) 〈人が〉…してはいけない
- You *are not supposed to* smoke here.

ここでタバコを吸ってはいけません
supposed 形 予想された, 想像された
supposedly 副 おそらく, 想像するに
supposing 接 もし…ならば

supposition /sÀpəzíʃən サパズィシャン/ 名 U 想像, 推測;仮定

suppress /səprés サプレス/ 動 他
❶〈反乱などを〉鎮圧する;〈活動などを〉抑える
❷〈真相などを〉公表しない;〈出版物を〉発禁にする

suppression 名 U 鎮圧, 抑圧;隠ぺい;発禁
suppressive 形 鎮圧する, 抑圧する;隠ぺいする;禁止する

supremacy /supréməsi スプレマスィ/ 名 U 最高, 至上;主権, 覇権(はけん)

supreme /supríːm スプリーム/ 形 最高の;最高位の
・the *Supreme* Court 最高裁判所

surcharge
名 /sə́ːrtʃɑːrdʒ サーチャーヂ/ C 追加料金, 追徴金
— 動 /səːrtʃɑ́ːrdʒ サーチャーヂ/ 他〈人に〉追加料金を払わせる

sure /ʃúər シュア/

形 比較 **surer** /ʃúərə/, **more sure**
最上 **surest** /ʃúərəst/, **most sure**

❶ (比較なし) **確信して**, 自信があって
・You say so but are you *sure*?
君はそう言うけどだいじょうぶかい
■ *be sure of* [*about*] *A*
〈人が〉A を確信している
・I'*m sure of* your success.
君の成功は間違いないね
■ *be sure* (*that*)...
〈人が〉…ということを確信している
・I *am sure* (*that*) he really will come here. 彼が本当にここに来ると確信している
■ *be sure wh-*... [*wh- to do*]
〈人が〉…するかを確信している
・*Are* you *sure what* to do?
何をしたらいいか分かっているの

❷ (比較なし) **確実な**, 確かな
■ *be sure to do* きっと…する
・It *is sure to* rain. きっと雨が降ります
・If you study hard, you *are sure to* pass the exam.
一生懸命やれば きっと試験に合格しますよ

❸〈事が〉確固とした;〈人が〉信頼のおける
・a *sure* method [way] 確かな方法
・a *sure* friend 信頼できる友達

Be sure to [((話)) **and**] **do**
必ず…しなさい
・*Be sure to* do your homework. = *Be sure and* do your homework.
忘れずに宿題をやりなさい

be [**feel**] **sure of oneself** 自信がある
・He *is sure of* himself. 彼は自信家だ

for sure 確かに, 確実に
・That's *for sure*. それは確かにそうだ

I'm sure 本当に, きっと;確かに, もちろん

make sure
(1) (…を)確かめる((*of*...));(…ということを)確かめる((*that*節))
(2) 必ず(…するように)手配する, 注意する((*that*節))
・*Make sure that* you send your application in time.
願書を遅れずに出すように気をつけなさい

sure thing ((主に米)) 確かに, もちろん
・"Could you help me?" "*Sure thing.*"
「手伝ってくれる」「もちろん」

to be sure 確かに, もちろん
・*To be sure*, he is young, but he is capable as a lawyer.
なるほど彼は若いが弁護士としては有能だ

Well, I'm sure. おやまあ, これはこれは
— 副 ((比較なし)) ((主に米)) ((話))
❶ **確かに**, 本当に, まったく;なるほど
・It *sure* is raining. 確かによく降るなあ
❷ **もちろん**, いいとも
・"May I take this?" "*Sure.*"
「これもらっていい」「いいとも」
❸ ((お礼の言葉に対して)) **どういたしまして**
・"Thank you." "Oh, *sure.*"
「ありがとう」「どういたしまして」

sure enough 果たして;案の定, やっぱり
・*Sure enough*, it started to snow.
思ったとおり雪が降り始めた

surely /ʃúərli シュアリ/

副 ((比較なし))
❶ **確かに, きっと**;着実に
・He will *surely* come. 彼はきっと来ますよ
・Your English is improving slowly but *surely*.
君の英語はゆっくりだが確実に上達しているね

surf /sə́:rf サーフ/
名 ⓤ 寄せ波
━━動
━━⾃ 波乗りをする, サーフィンをする
━━他
❶ 〈波に〉〈サーフボードで〉乗る
❷ 〈インターネットを〉見て回る, ネットサーフィンする

surfer 名 Ⓒ サーファー；ネットサーファー
surfing 名 ⓤ サーフィン；ネットサーフィン

surface* /sə́:rfis サーフィス/
名 (複 **surfaces** /サーフィスィズ/)
❶ Ⓒ **表面**, 外側；(立体などの)面
- How many *surfaces* does a cube have?
立方体には面がいくつありますか
❷ ((ふつう the surface)) **うわべ**, 見かけ, 外観
- beneath *the surface* 心の中では
- on *the surface* うわべは, 表面上は
━━形 ((比較なし))
❶ 表面の；地表の；海上の
- *surface* area 表面積
❷ うわべの, 表面上の, 深みのない
━━動
━━他 〈…の〉表面を仕上げる；〈道路を〉舗装(ほそう)する
━━⾃ 水面に現れる, 浮上する

surfboard /sə́:rfbɔ̀:rd サーフボード/ 名 Ⓒ
サーフボード, 波乗り板

surge /sə́:rdʒ サーヂ/
名 Ⓒ
❶ (感情などの)押し寄せ, 高まり ((*of*...))
❷ (海の)うねり；大波
━━動 ⾃ 〈群衆が〉殺到する；〈波などが〉押し寄せる；〈感情などが〉込み上げる

surgeon /sə́:rdʒən サーヂャン/ 名 Ⓒ 外科医

surgery /sə́:rdʒəri サーヂャリ/ 名 ⓤ 外科；Ⓤ Ⓒ (外科)手術
surgical 形 外科(用)の, 手術(用)の
surgically 副 外科的に；手術で

surname /sə́:rnèim サーネイム/ 名 Ⓒ 姓, 名字

surpass /sərpǽs サーパス/ 動 他 (能力などが)〈…より〉勝る, 〈…を〉越える ((*in*...))
surpassing 形 ずば抜けた
surpassingly 副 ずば抜けて, この上もなく

surplus /sə́:rplʌs サープラス/
名 Ⓒ Ⓤ 余り；余剰金, 黒字
━━形 余剰の, 過剰の, 余分の

surprise /sərpráiz サプライズ/
動 三単現 **surprises** /サプライズィズ/
過去・過分 **surprised** /サプライズド/
現分 **surprising** /サプライズィング/
━━他
❶ 〈…を〉**驚かせる**, びっくりさせる
- *be surprised at* [*by*] *A* Aに驚く, あきれる
- I *was surprised at* the news.
私はその知らせにびっくりした
- *be surprised to do* …して驚く
- I *was surprised to* hear that.
私はそれを聞いて驚いた
- *be surprised that*... …ということに驚く
- I *was surprised that* he got an A on the exam. 彼が試験でAをとったことに驚いた
❷ 〈…を〉不意に襲う；〈…を〉前触れなく訪問する
━━名 (複 **surprises** /サプライズィズ/)
❶ ⓤ 驚き
- without *surprise* 驚かないで
- *in surprise* 驚いて, びっくりして
- *to A's surprise* A(人)の驚いたことには
- *To my surprise*, the foreigner spoke to me in Japanese. 驚いたことにその外国人は日本語で話しかけてきた
❷ Ⓒ 驚くべきこと；思いがけない贈り物
❸ ⓤ Ⓒ 不意打ち, 奇襲
- *take* [*catch*] *A by surprise*
A(人)の不意を襲う；Aを驚かす
surprised 形 驚いた, びっくりした
surprising 形 驚くべき
surprisingly 副 驚いたことに, 意外にも

surreal /sərí:əl サリーアル/ 形 超現実(主義)的な, 奇想天外の
surrealism 名 ⓤ 超現実主義, シュールレアリズム
surrealist 名 Ⓒ 超現実主義者
surrealistic 形 超現実主義の, シュールレアリズムの

surrender /səréndər サレンダ/
動
━━他 〈…を〉引き渡す；〈…を〉放棄する
━━⾃ 〈…に〉降参する, 降伏する；(感情に)ひたる ((*to*...))

- **名** UC 降伏, 降参; 引き渡し

surrogate /sə́ːrəgèit サーラゲイト/ **形** 代理の
・a *surrogate* mother 代理母

surround /səráund サラウンド/ **動** 他 〈…を〉取り囲む, 包囲する
・be *surrounded* by *A* A で囲まれている

surrounding /səráundiŋ サラウンディング/
動 surround の現在分詞・動名詞
- **名** C ((surroundings)) 環境, 周囲の状況
- **形** 周囲の, 周りの

surveillance /sərvéiləns サヴェイランス/
名 U 監視, 見張り, 張り込み

survey
動 /sərvéi サヴェイ/ 他
❶ 〈…を〉調査する; 〈土地を〉測量する
❷ 〈場所などを〉見渡す, 見晴らす
❸ 〈…を〉概観する, 全体的にとらえる
- **名** /sə́ːrvei サーヴェイ/
❶ UC 調査, 意識調査; (土地などの)測量
❷ C 概観, 概説

surveyor **名** C 測量士; 鑑定人; 検査官

survive /sərváiv サヴァイヴ/ **動**
- 他
❶ 〈災害などから〉死を免れる
❷ 〈人より〉長生きする
- 自 生き残る; 残っている

survival **名** U 生き残ること, 生存; C 生き残ったもの, 遺物

survivor **名** C 生存者, 助かった人

susceptible /səséptəbl サセプタブル/ **形**
❶ 感じやすい, 多感な, 敏感な
❷ 〈…の〉影響を受けやすい, 〈…に〉感染しやすい ((*to*...))

susceptibility **名** U 感じやすさ, 敏感さ

suspect* /səspékt サスペクト/
動 三単現 **suspects** /サスペクツ/
過去・過分 **suspected** /サスペクティド/
現分 **suspecting** /サスペクティング/
- 他

❶ 〈…を〉あやしいと思う, 疑う
- *suspect A* of *B*
A(人)が B ではないかと疑う
・He *is suspected of* the murderer.
彼は殺人犯ではないかと疑われている
- *suspect* (*that*)...
…だと思う; …らしいと推測する
・I *suspect* (*that*) he is a liar.
彼はうそつきではないかと思う
- *suspect A to be C*

A(人)が C ではないかと思う
・I *suspect* him *to be* a liar.
彼はうそつきではないかと思う
- *suspect A to do*
A が…するのではないかと思う
- *suspect A of doing*
A が…したのではないかと思う
❷ 〈危険などに〉気づく, 感づく
- **名** /sʌ́spekt サスペクト/ (複 **suspects** /サスペクツ/) C **容疑者**
- **形** /sʌ́spekt サスペクト/
((改まって)) 疑わしい, 怪しい

suspend /səspénd サスペンド/ **動** 他
❶ 〈活動・業務などを〉一時的に中止する, 停止する
❷ 〈…を〉つるす, かける
❸ 〈人を〉停学[停職]にする
❹ 〈…を〉漂わせる

suspender **名** C ズボンつり, サスペンダー

suspense /səspéns サスペンス/ **名** U (何が起こるかという)不安, 気がかり, サスペンス

suspension /səspénʃən サスペンシャン/ **名**
❶ U 一時的停止, 中止
❷ U つるすこと
❸ UC 停学, 停職
❹ UC (車の)サスペンション

suspicion /səspíʃən サスピシャン/ **名**
❶ UC 疑い, 嫌疑
・*on* [*upon*] *suspicion of A*
A(犯罪)の容疑で
❷ ((次の用法で))
・*a suspicion of A* ほんの少しの A
・with *a suspicion of* sarcasm
ちょっぴり皮肉を込めて

suspicious **形** 疑わしい, 疑わしげな

suspiciously **副** 疑わしげに; 疑い深く

sustain /səstéin サステイン/ **動** 他
❶ 〈人を〉支える
❷ 〈行為などを〉続ける; 〈関係などを〉保つ
❸ 〈生命を〉維持する; 〈…を〉養う
❹ 〈重量に〉耐える
❺ 〈損失などを〉受ける, 被(こうむ)る

sustainable **形** 支えうる, 維持[継続]できる; 環境に優しい

sustenance /sʌ́stənəns サスタナンス/ **名** U 生計; 食物, 栄養; 扶養

swallow¹ /swálou スワロウ/
動
- 他

❶〈飲食物などを〉飲み込む;〈…を〉大急ぎで食べる
❷〈…を〉使い果たす((*up*))
❸〈侮辱(ﾌﾞｼﾞｮｸ)などに〉耐える
❹〈話などを〉真に受ける,うのみにする
━━自 〈飲食物などを〉飲み込む
━━名 C 飲み込むこと;一口の量

swallow² /swálou スワロウ/ 名 C 【鳥】つばめ
・One *swallow* does not make a summer. ((ことわざ))つばめが1羽来ても夏というわけではない;早合点は禁物

swam /swǽm スワム/ 動 swimの過去形

swamp /swámp スワンプ/
名 C U 沼地,沼,湿地
━━動 他
❶〈…を〉水浸しにする,浸水させる
❷ ((次の用法で))
・*be swamped with A*
A(仕事などに)圧倒される,閉口する
swampy 形 沼地の,湿地の,じめじめした

swan /swán スワン/ 名 C 【鳥】白鳥

swap /swáp スワプ/
動 他 〈…を〉(ほかの人と)交換する((*with*...))
━━名 C 物々交換,取り替え

swarm /swɔ́:rm スウォーム/
名 C
❶ (昆虫などの)群れ,大群((*of*...))
❷ (人などの)群衆,群れ,多数((*of*...))
━━動 自 群れをなして動く;群がる,うようよしている

sway /swéi スウェイ/
動
━━自 揺れる,揺らぐ;ふらつく,よろける
━━他
❶〈…を〉揺らす,動揺させる
❷〈人の〉心を動かす
━━名 U
❶ 揺れ,揺らぎ,動揺
❷ 支配力,影響力

swear /swéər スウェア/
動 三単現 **swears** /スウェアズ/
過去 **swore** /スウォー/
過分 **sworn** /スウォーン/
現分 **swearing** /スウェアリング/
━━自
❶ 誓う,誓って言う
・*swear by* God 神にかけて誓う
・*swear on* the Bible 聖書に手を載せて誓う
❷ (人を)口汚くののしる((*at*...))
━━他〈…を〉誓う
■ *swear that*... …と誓う,断言する
■ *swear to do* …すると誓う

sweat /swét スウェト/
名 (複 **sweats** /スウェツ/)
❶ U 汗
・*be in a sweat* 汗びっしょりだ
❷ U (物の表面につく)水滴,露
❸ C ((sweats)) スエットパンツ;スエットスーツ
No sweat. お安いご用だ
━━動
三単現 **sweats** /スウェツ/
過去過分 **sweated** /スウェティド/, **sweat**
現分 **sweating** /スウェティング/
━━自
❶ 汗をかく
❷ (…に)汗を流して働く,苦労する((*over*...))
sweaty 形 汗びっしょりの;骨の折れる

sweater* /swétər スウェタ/
名 (複 **sweaters** /スウェタズ/) C セーター

Swede /swí:d スウィード/ 名 C スウェーデン人

Sweden /swí:dn スウィードン/ 名 スウェーデン(首都はストックホルム)

Swedish /swí:diʃ スウィーディシュ/
形 スウェーデンの;スウェーデン人[語]の
━━名
❶ ((the Swedish))((複数扱い))スウェーデン国民
❷ U スウェーデン語

sweep /swí:p スウィープ/
動 三単現 **sweeps** /スウィープス/
過去過分 **swept** /スウェプト/
現分 **sweeping** /スウィーピング/
━━他
❶〈部屋などを〉**ほうきで掃く,掃除する**;〈ほこりなどを〉ほうきで払う
・*sweep* a room clean 部屋をきれいに掃除する
❷〈風・波などが〉〈…を〉吹き飛ばす,押し流す;〈火事などが〉〈…を〉焼き払う
❸〈批判・望ましくないものなどを〉一掃する
❹〈流行などが〉〈…に〉またたく間に広がる
❺〈髪を〉くしでとかす
❻ ((米))〈戦い・選挙などに〉圧勝する
━━自

❶ ほうきで掃く, 掃除する
❷〈群集などが〉殺到する
❸ さっと吹く, さっと通っていく
━ 名 C
❶ 掃除, 掃くこと
❷ 一掃, さっと動かすこと
❸ ((米)) 圧勝, 完勝
sweeper 名 C 掃除人;掃除機;【サッカー】スウィーパー
sweeping 形 広範な;徹底的な, 圧倒的な

sweet /swíːt スウィート/

形 比較 **sweeter** /スウィータ/
最上 **sweetest** /スウィータスト/
❶〈飲食物が〉甘い(⇔bitter);おいしい, 味のよい;〈酒などが〉甘口の
・a *sweet* potato さつまいも
・I like *sweet* things. 私は甘党です
❷〈音などが〉耳に快い;香りのよい;気持ちのよい, 楽しい
・a *sweet* home 楽しい家庭
❸〈人・性質などが〉親切な, 優しい, かわいい, 魅力的な
❹〈空気・水などが〉新鮮な, さわやかな
・*sweet* air さわやかな空気
・*sweet* fish 新鮮な魚
━ 名 (複 **sweets** /スウィーツ/)
❶ C 甘い菓子;U C 甘いデザート
❷ C ((呼びかけ)) ねえ, あなた, お前
❸ ((the sweets)) ((文語)) 楽しみ, 喜び
sweetly 副 甘く;香りよく;音色よく;優しく;愛らしく
sweetness 名 U 甘さ;快さ;優しさ;親切

sweetheart /swíːthɑ̀ːrt スウィートハート/ 名
❶ C 恋人, 愛人
❷ ((呼びかけ)) 君, あなた

sweetie /swíːti スウィーティ/ 名 ((話))
❶ C すてきな人
❷ ((呼びかけ)) ねえ, 君, あなた

swell /swél スウェル/
動 三単現 **swells** /スウェルズ/
過去 **swelled** /スウェルド/
過分 **swollen** /スウォウラン/, **swelled** /スウェルド/
現分 **swelling** /スウェリング/
━ 自
❶ 膨らむ;腫(は)れる
・His wrist began to *swell*.
彼の手首が腫れてきた
❷ 増える, 増大する
━ 他〈物を〉膨らませる, 大きくする

swelling /swéliŋ スウェリング/
動 swellの現在分詞・動名詞
━ 名
❶ C 腫(は)れもの, こぶ; U 腫れること
❷ U 膨張, 増大, 盛り上がり
━ 形〈数量などが〉増大する;〈こぶなどが〉腫れた

swept /swépt スウェプト/ 動 sweepの過去形・過去分詞

Swift /swíft スウィフト/
名 **Jonathan Swift** スウィフト(アイルランド生まれの英国の小説家・聖職者で,『ガリバー旅行記』の著者)

swift /swíft スウィフト/ 形
❶ すばやい, 敏速な
❷ すぐ(…)する, (…)しやすい((*to do*))
swiftly 副 速く, 敏速に

swim /swím スウィム/

動 三単現 **swims** /スウィムズ/
過去 **swam** /スワム/
過分 **swum** /スワム/
現分 **swimming** /スウィミング/
━ 自
❶ 泳ぐ, 水泳する
・*swim* on *one's* back 背泳ぎをする
・*swim* like a fish 泳ぎがうまい
・*go swimming* in the lake 湖に泳ぎに行く
❷〈水面・空中などに〉浮かぶ, 漂う
❸〈食べ物が〉(水などに)浸る, つかる((*in...*, *with...*));(涙などで)あふれる((*with...*))
・*one's* eyes *swimming with* tears
涙であふれた目
❹〈頭が〉くらくらする, 目まいがする
━ 他〈川などを〉泳いで渡る;〈距離を〉泳ぐ;〈レースを〉泳ぐ
━ 名 C ((a swim)) 泳ぐこと, 水泳
・go for *a swim* 泳ぎに行く
swimmer 名 C 泳ぐ人;競泳選手

swimming /swímiŋ スウィミング/
動 swim の現在分詞・動名詞
━ 名 U 泳ぐこと, 水泳
━ 形 水泳用の
・*swimming* trunks 水泳パンツ
・a *swimming* pool 水泳プール

- a *swimming* club スイミングクラブ

swimsuit /swímsùːt スウィムスート/ 名 C
水着

swing* /swíŋ スウィング/
動 三単現 **swings** /スウィングズ/
過去・過分 **swung** /スワング/
現分 **swinging** /スウィンギング/
— 他
❶ ⟨…を⟩**揺する, 振る,** 振り回す
❷ ⟨…を⟩**回転させる**
・He *swung* the chair around.
彼はいすをくるりと回した
❸ ⟨…を⟩ぶら下げる
— 自
❶ **揺れる,** ぶらぶらする；ぶらんこに乗る
❷ 回転する
— 名 (複 **swings** /スウィングズ/)
❶ C ぶらんこ
・get on a *swing* ぶらんこに乗る
❷ U C 揺れること, 振動；C 振幅
・the *swing* of a pendulum 振り子の振動
❸ C 軽快に動くこと
❹ ((a swing)) 殴ること；【スポーツ】スイング
❺ C (価格などの)変動

swinging /swíŋiŋ スウィンギング/
動 swing の現在分詞・動名詞
— 形 揺れている；揺れ動く

swipe /swáip スワイプ/
名 C
❶ 磁気読み取り機
❷ 大振り, 強打
— 動 他
❶ ⟨磁気カードを⟩読み取り機に通す
❷ ⟨…を⟩大振りする, 強打する
❸ ⟨…を⟩盗む

swirl /swə́ːrl スワール/
動 自 くるくる回る, 渦を巻く
— 名 C 渦, 渦巻き；(髪の)巻き毛

Swiss /swís スウィス/
形 スイス(人)の；スイス的な
— 名 (複 **Swiss**) C スイス人； ((the Swiss)) ((複数扱い)) スイス国民

switch /switʃ スウィチ/

名 (複 **switches** /スウィチズ/) C
❶ (電気の)**スイッチ,** (ガスの)栓
・turn on [off] the *switch*
スイッチを入れる[切る]
❷ (予定などの)変更, 転換

— 動
三単現 **switches** /スウィチズ/
過去・過分 **switched** /スウィチト/
現分 **switching** /スウィチング/
— 他
❶ ⟨電気製品などの⟩**スイッチを入れる**((*on*))；**スイッチを切る**((*off*))
・*switch on* the TV テレビをつける
Would you mind *switching* the lights *on* [*off*]?
照明をつけて[消して]くださいませんか
❷ ⟨話題などを⟩**切り替える**；⟨物を⟩交換する
— 自
❶ **スイッチが入る**((*on*))；**スイッチが切れる**((*off*))
❷ **切り替える,** 変更する
❸ (人と)仕事を代わる((*with*...))

Switzerland /switsərlənd スウィツァランド/
名 スイス (首都はベルン)

swollen /swóulən スウォウラン/
動 swell の過去分詞
— 形 ふくれた, 腫(は)れた；増水した

sword /sɔ́ːrd ソード/ 名
❶ C 刀, 剣
❷ ((the sword)) 武力；兵力
・The pen is mightier than *the sword*.
((ことわざ)) ペン[文]は剣[武]よりも強し；言論は暴力に勝る

swore /swɔ́ːr スウォー/ 動 swear の過去形

sworn /swɔ́ːrn スウォーン/ 動 swear の過去分詞

swum /swʌ́m スワム/ 動 swim の過去分詞

swung /swʌ́ŋ スワング/ 動 swing の過去形・過去分詞

Sydney /sídni スィドニ/ 名 シドニー (オーストラリア南東部の大都市)

syllable /síləbl スィラブル/ 名 C 【音声】音節, シラブル

symbol* /símbəl スィムバル/
名 (複 **symbols** /スィムバルズ/) C
❶ (…の)**象徴, シンボル**((*of*...))
・An olive branch is a *symbol of* peace.
オリーブの枝は平和の象徴だ
❷ (…の)**記号, 符号**((*for*...))
・O is the *symbol for* oxygen.
Oは酸素を表す記号である
symbolic 形 象徴的な
symbolically 副 象徴的に
symbolism 名 U 【美術・文学】象徴主義

symbolize 動 他 〈…を〉象徴する;〈…を〉記号[符合]で表す

symmetry /símətri スィマトリ/ 名 U (左右)対称, シンメトリー;つり合い, 均整(美), 調和
symmetrical 形 左右対称の, 対称的な;均整の取れた
symmetrically 副 左右対称に, 対称的に;つり合って

sympathetic /sìmpəθétik スィムパセティク/ 形
❶ (…に)思いやりのある;同情的な((to...))
❷ (考えなどに)共感して, 好意的な((to...))
sympathetically 副 同情して

sympathize /símpəθàiz スィムパサイズ/ 動 自
❶ (人に)同情する((with...))
❷ (考えなどに)賛成する, 同調する((with...))

sympathy /símpəθi スィムパスィ/ 名
❶ U (人などに対する)思いやり, 同情((for...))
・have [feel] *sympathy for* the poor
貧しい人々に同情する
❷ C U (…への)共感, 賛成, 同意((for..., with...))
・be in [out of] *sympathy with* A
Aに賛成[反対]である

symphony /símfəni スィムファニ/ 名 C 【音楽】交響曲, シンフォニー;((主に米)) 交響楽団
・a *symphony* orchestra 交響楽団
symphonic 形 交響曲の, 交響的な

symposium /simpóuziəm スィムポウズィアム/ 名 (複 **symposiums** /スィムポウズィアムズ/, **symposia** /スィムポウズィア/) C 討論会, シンポジウム

symptom /símptəm スィムプタム/ 名 C
❶ (病気などの)徴候, 症状
❷ (…の)きざし, 前兆, しるし((of...))
symptomatic 形 症状を示す, 前兆となる

synchronize /síŋkrənàiz スィンクラナイズ/ 動
— 自 (…と)同時に起こる, 一致する((with...))
— 他
❶ 〈…を〉(…と)同時に動かす, 一致させる((with...))

・*synchronized* swimming
シンクロナイズドスイミング
❷ 【映画・テレビ】〈音声を〉映像と同調させる
synchronization 名 U 同時に起こること;同時性

synchronous /síŋkrənəs スィンクラナス/ 形 同時(性)の, 同時に起こる;同時代の

syndicate /síndikət スィンディカト/ 名 C シンジケート, 企業連合;通信社;((米)) 犯罪組織

syndrome /síndroum スィンドロウム/ 名 C 【医学】症候群;行動様式, シンドローム

synonym /sínənìm スィナニム/ 名 C 同義語, 同意語, 類(義)語(⇔antonym)
synonymous 形 同義語の

synthesis /sínθəsis スィンサスィス/ 名 U 総合, 統合;【化学】合成

synthesize /sínθəsàiz スィンササイズ/ 動 他
❶ 〈…を〉総合[統合]する
❷ 【化学】〈…を〉合成する
synthesizer 名 C 総合[統合]する人;【音楽】シンセサイザー

synthetic /sinθétik スィンセティク/ 形 総合的な;【化学】合成の, 人造の

syringe /sirind3 スィリンヂ/ 名 C 【医学】洗浄器;注射器

syrup /sírəp スィラプ/ 名 U (パンケーキにかける)シロップ;(薬用の)シロップ剤

system /sístəm スィスタム/

名 (複 **systems** /スィスタムズ/)
❶ C 組織, 制度
・an education *system* 教育制度
❷ C 体系, 系統;(機械などの)システム, 装置
・the solar *system* 太陽系
・a *system* error
【コンピュータ】システムエラー
❸ C (体系的な)方法, 方式
・the metric *system* メートル法
❹ ((the [*one's*] system)) 人体;全身
systematic 形 組織的な;系統立った;きちょう面な
systematically 副 組織的に, 体系的に, 整然と

T, t

T, t /tí:/ 名 (複 **T's, Ts**;**t's, ts** /ティーズ/)
C|U ティー(英語アルファベットの第20字)

t. ((略)) transitive 他動詞(の)

tab /tǽb タブ/ 名 C
❶ 付け札, ラベル; つまみ; (衣服などの)垂れ; ((米))(缶などの)タブ
❷ 請求書, 勘定書
❸【コンピュータ】タブ(キー) (tab key)

table /téibl テイブル/

名 (複 **tables** /テイブルズ/)
❶ C **テーブル, 食卓**; 台
・ *table* manners テーブルマナー
・ *table* tennis 卓球, ピンポン (ping-pong)
・ set the *table* 食卓の用意をする
❷ C 一覧表, 表 (list)
・ the *table* of contents 目次
❸ ((a [the] table)) (テーブルに出た)食べ物, 料理

at* (*the*) *table 食事中で[に]
・ We were *at* (*the*) *table* then.
私たちはその時は食事中でした

lay* [*put*] *A on the table
((米)) A (議案・考えなど)を棚上げにする

turn the tables on A
A (人など)に対して形勢を逆転する

under the table
こっそりと; 賄賂(ポヒウ)として

tablecloth /téiblklɔ̀:θ テイブルクロース/ 名
C テーブルクロス, テーブルかけ

tablespoon /téiblspùːn テイブルスプーン/
名 C テーブルスプーン, 食卓用大さじ

tablet /tǽblət タブラト/ 名 C
❶ 錠剤
・ a sleeping *tablet* 睡眠剤
❷ 銘板, 刻板
❸ ((米))(はぎ取り式の)メモ帳[便せん]

tabloid /tǽblɔid タブロイド/ 名 C タブロイド新聞 (写真・絵・ゴシップ記事の多い小型紙)

taboo /təbúː タブー/
形 禁止された, 禁制の; タブーの, 禁忌(きんき)の
━ 名 C 禁制, 禁止; U|C タブー, 禁忌

tacit /tǽsit タスィト/ 形 無言の; 暗黙の

tack /tǽk タク/ 名

❶ C 鋲(びょう); ((米)) 画鋲
❷ C 方針, 政策; U (船の)針路

tackle /tǽkl タクル/
名
❶ U 道具, 用具; つり道具
❷ C 【ラグビー・アメフト】タックル
━ 動 他 〈問題などに〉取り組む

taco /tɑ́:kou ターコウ/ 名 C (メキシコ料理の)タコス

tact /tǽkt タクト/ 名 U 機転, 如才なさ
tactful 形 機転のきく, 如才ない
tactfully 副 機転をきかせて, 如才なく

tactic /tǽktik タクティク/ 名 C 策略, 駆け引き; ((tactics)) 戦術, 戦法, 兵法
tactical 形 戦術(上)の
tactically 副 戦術上は

tadpole /tǽdpòul タドポウル/ 名 C 【動物】おたまじゃくし

tag¹ /tǽg タグ/
名 C
❶ 下げ札, 付け札, 値札, タグ
・ a name *tag* 名札
・ a price *tag* 値札
・ a claim *tag* (荷物などの)預り札
❷ 【文法】付加疑問 (tag question)
━ 動 他 〈…に〉〈…の〉付け札を付ける ((with...))

tag² /tǽg タグ/ 名 U
❶ 鬼ごっこ
・ play *tag* 鬼ごっこをする
❷ 【野球】タッチアウト

tail /téil テイル/
名 C
❶ (動物などの)尾, しっぽ
❷ 尾状の物; (物の)尾部, 末端
❸ ((tails)) 貨幣の裏面
━ 動 他 ((くだけて)) 〈…を〉尾行する, つける

tailor /téilər テイラ/ 名 C (主に紳士服をオーダーメイドで作る)仕立屋, 洋服屋
・ a *tailor* shop 洋服店

tailored /téilərd テイラド/ 形 〈服が〉注文仕立てで, あつらえの

tailor-made /téilərméid テイラメイド/ 形 あつらえの, オーダーメイドの

Taiwan /tàiwáːn タイワーン/ 名 台湾

take /téik テイク/

動 三単現 **takes** /テイクス/
過去 **took** /トゥク/
過分 **taken** /テイカン/
現分 **taking** /テイキング/

―他

❶〈…を〉(手に)**取る**, **つかむ**;〈動物などを〉つかまえる, 捕らえる
・*take A's* hand = *take A* by the hand
Aの手を取る
・The father *took* the baby in his arms.
お父さんは赤ん坊を抱き上げた
・The bear *was taken* in a trap.
その熊はわなにかかった

❷〈人を〉(…に)**連れて行く**;〈物を〉(…に)**持って行く**((*to*...))
・*take* the dog for a walk
犬を散歩に連れて行く
・This bus *takes* you to the station.
このバスで駅まで行けます
・*Take* your umbrella with you.
かさを持って行きなさい
・What are you going to *take* on your picnic? ピクニックに何を持って行きますか
■ *take A to do* Aを…しに連れて行く
・Father *took* me to watch a soccer game.
父がサッカーの試合に連れて行ってくれた

❸〈…を〉**得る**, 手に入れる;〈賞などを〉もらう, 受け取る(⇔give)
・The Japanese team *took* the gold medal.
日本チームが金メダルを取った
・May I *take* your order, please?
(レストランで)何になさいますか

❹〈乗り物に〉**乗る**, 〈乗り物で〉(…まで)**乗って行く**((*to*...))
・*take* a taxi [a bus, a train, a plane]
タクシー[バス・列車・飛行機]に乗る
・*take* the subway 地下鉄に乗る
・*take* the elevator to the fifth floor
5階までエレベーターに乗る

❺〈記録などを〉**取る**, 書き取る;〈写真を〉撮る;〈コピーを〉取る
・*take* notes ノートを取る, メモをする
・Could you *take* a photo of me?
写真を撮っていただけませんか

❻〈授業・試験などを〉**受ける**;〈…を〉**選び取る**
・*take* an exam 試験を受ける
・*take* lessons in English
英語の授業を受ける
・*take* piano lessons
ピアノのレッスンを受ける
・I'll *take* this one. (店で)これにします
・Which way shall we *take* to our school?
学校までどの道を行きましょうか

❼〈時間・労力などを〉**要する**, 〈…が〉かかる
■ *take A B* A(人)にB(時間など)がかかる
■ *it takes (A) B to do*
(Aが)…するのにB(時間)だけかかる
・*It took* me 3 hours *to get* there.
私がそこに行くのに3時間かかった
・*Take* your time. あわてなくてもいいですよ

❽〈人が〉〈席などを〉**取る**;〈物が〉〈場所を〉占める
・The piano *takes* much space.
そのピアノは場所を取りすぎる
・*Is* this seat *taken*?
この席はふさがっていますか

❾〈飲み物・薬などを〉**飲む**;〈空気などを〉吸い込む
・*take* a deep breath 深呼吸をする
・Can I *take* a glass of cola?
コーラを1杯いただけますか
・*Take* this medicine after breakfast.
この薬を朝食後に飲みなさい

❿〈…を〉買う;〈チケットなどを〉予約する;〈家などを〉借りる;〈新聞などを〉(定期)購読する
・*take* a ticket to New York
ニューヨーク行きの切符を買う
・*take* the front-row seats
最前列の席を予約する
・I'll *take* an apartment near the school.
学校近くのアパートを借りる予定です
・What newspaper do you *take*?
何新聞を取っていますか

⓫〈病気に〉(急に)かかる;〈苦痛などが〉〈人を〉(突然)襲う
・*be taken* ill 病気にかかる

⓬〈体温・脈などを〉計る;〈寸法などを〉採る
・Let me *take* your temperature.
体温を計らせていただきます
・*take A's* measurement *for B*
B用にAの寸法を採る

⓭〈…を〉(…から)取る, 引く((*from*...))
・If you *take* 5 *from* 9, you get 4.
9から5を引けば4になる

⓮〈言葉などを〉受け止める, 理解する;〈…に〉耐える

- Don't *take* my words so seriously. ぼくの言葉をそんなに深刻に受け取らないでください
- *take* A *to be* C AをCと見なす
- I *take* your words *to be* true. あなたの言葉を信用しています
- His rudeness is more than I can *take*. 彼の無作法には我慢ならない

⓯ 〈数量の〉容積がある, 収容力がある
- This hall *takes* about 500 people. このホールには500人ほど入れます

⓰ 〈…を〉持ち去る, 盗む;〈…を〉取り去る
- He *took* my ideas. 彼は私のアイデアを盗んだ
- The earthquake *took* many lives. 地震で多くの人が亡くなった

⓱ 〈手段などを〉講じる;〈任務・責任などを〉引き受ける, 負う
- *take* every possible means あらゆる手段を尽くす
- *take* responsibility (for...) (…について)責任を負う

⓲ 〈…を〉(…から)取る, 引用する(《from...》)
- The title of the book *is taken from* the work of Shakespeare. その書名はシェークスピアの作品から取られている

⓳ 《名詞を目的語にとって》〈ある行為を〉する
- *take* a bath ふろに入る
- *take* a drive ドライブをする
- *take* a look 見る
- *take* a nap 昼寝をする, 仮眠を取る
- *take* a rest 休息する
- *take* a shower シャワーを浴びる
- *take* a trip to A Aに旅行する
- *take* a walk 散歩をする

take after A A(親など)に似る
take A **apart**
A(機械など)をばらばらにする, 分解する
take A **away = take away** A
A(物)を(…から)持ち去る, A(人)を(…から)連れ去る(《from...》); 《英》A(買った飲食物)を持ち帰る; A(人・物)を取り去る
take A **back = take back** A
A(物)を取り戻す, A(人)を連れ帰る; A(品物)を返す; A(言葉など)を取り消す
take care 気をつける
- *Take* care! じゃあね
take care of A
Aに気をつける, A(人・動物など)の世話をする
take A **down = take down** A

A(物・人)を降ろす; A(着衣)を下ろす; A(足場など)を取り壊す; A(講義など)を書き留める
take A **for** B
AをBと思う; AをBと間違える
take A **in = take in** A A(物)を取り入れる, 持ち込む, 連れ込む; A(水など)を吸収する; A(話など)を理解する; A(人)をだます
take it
(…と)思う(《that》節); 困難[批判]に耐える
take it easy 気楽にやる, リラックスする
take off 〈飛行機が〉離陸する;《くだけて》(急いで)立ち去る
take A **off = take off** A
(1) A(衣類など)を脱ぐ, A(めがねなど)をはずす
- *Take off* your coat. コートを脱ぎなさい
(2) A(期間)の休暇を取る
(3) A(不要な物)を取り除く
take A **on = take on** A
A(人)を雇う; A(仕事など)を引き受ける; A(様相など)を呈する
take A **out = take out** A
A(物)を取り出す, A(人・動物)を連れ出す; A(不要な物)を取り除く; A(歯など)を抜く;《米》A(買った飲食物)を持ち帰る
take A **out of** B A(物)をB(容器など)から取り出す; A(人)をB(場所)から連れ出す
take A **out on** B **= take out** A **on** B
A(怒り・不満など)をB(人)にぶつける
- I know you're in anger, but don't *take* it *out on* me. 君が怒っているのは分かるけど, ぼくに八つ当たりしないでくれ
take A **over = take over** A
A(職・仕事)を(…から)引き継ぐ(《from...》); A(事業など)を乗っ取る
take place
〈事件などが〉起きる;〈行事などが〉行われる
take to A
A(人・物)を好きになる; Aするようになる
take up A A(時間・場所など)を取る
take A **up = take up** A
A(物)を取り上げる, 持ち上げる; A(趣味など)を始める; A(問題)を取り上げる, 論じる
take A **up on** B
A(人)のB(申し出・招待など)に応じる
take A **up with** B **= take up** A **with** B
A(事)についてB(人)に相談する

━━ 名 C
❶ 捕獲[漁獲]高; 売り上げ高; 取り分
❷ (映画などの)1シーン, 1ショット

takeaway
/téikəwèi テイカウェイ/
形 ((英))〈料理が〉持ち帰り用の
— 名 C ((英))(料理店の)持ち帰り用の料理

taken
/téikən テイカン/
動 takeの過去分詞

takeoff
/téikɔ̀ːf テイコーフ/ 名 U C (飛行機の)離陸, 出発;(跳躍などの)踏み切り(地点)

takeout
/téikàut テイカウト/
形 ((米))〈料理が〉持ち帰り用の
— 名 C ((米))(料理店の)持ち帰り用の料理

takeover
/téikòuvər テイコウヴァ/ 名 U C (管理権などの)奪取;買収 ((*of...*))

takings
/téikiŋz テイキングズ/ 名 C (商店・劇場などの)所得;売上高

tale
/téil テイル/ 名 C
❶ お話;(…についての)物語 ((*of...*))
・a fairy *tale* おとぎ話
❷ 作り話, うそ
tell its own tale
説明を要しない;おのずと明らかである

talent
/tǽlənt タラント/ 名
❶ C U (…の)(生まれつきの)才能, 素質;手腕, 腕前 ((*for...*))
・a man of *talent* 才能のある人
❷ U ((米)) 才能のある人々;人材
talented 形 才能のある, 有能な

talk
/tɔ́ːk トーク/
動 三単現 **talks** /トークス/
過去・過分 **talked** /トークト/
現分 **talking** /トーキング/
— 自
❶ (…について)**話す, しゃべる**((*about..., of...*));〈赤ん坊などが〉口をきく
・Stop *talking*! おしゃべりはやめなさい
・Look who's *talking*!
 そんな口がよくきけたものだ
・Now you're *talking*! そうこなくっちゃ
・What are you *talking* about?
 何言ってんだい
・The baby began to *talk*.
 赤ん坊は話し始めた
❷ (人と)**話す**, 話をする;(人に)相談する ((*to..., with...*))
・I'm *talking* to you.
 ぼくの話を聞いているのか
・You'd better *talk* about the matter *with* your lawyer.
 その件については弁護士と相談した方がいいよ
❸ (…の)うわさ話をする ((*of..., about...*))
・*People will talk*.
 ((ことわざ))人の口に戸は立てられぬ
❹〈金(ȧ)などが〉物を言う
・*Money talks*.
 ((ことわざ))地獄の沙汰(ȧ)も金次第
— 他
❶ (…のことを)**話す**,〈…について〉**論じる**
・*talk* business 商売の話をする
・*talk* politics 政治の話をする
❷〈言語などを〉話す, しゃべる
・*talk* German ドイツ語を話す
・*Talk English*!
 もっと分かりやすく言ってくれ
talk about *A* Aについて話す;Aのうわさをする;((命令文で))何というA(事)だ
・*Talk about* a fight! 何てすごいけんかだ
talk *A* ***around*** A(人)を説得する
talk back (…に)口答えする ((*to...*))
talk big 大きなことを言う, ほらを吹く
talk *A* ***down*** = ***talk down*** *A*
A(人)を黙らせる;A(人)をけなす
talk down to *A*
A(人)に見下げた調子で話す
talking of *A*
((ふつう文頭で)) A(人・事)と言えば
talk *A* ***into*** *doing*
A(人)を説得して…させる
talk of *A*
Aについて話す;A(人)のうわさをする
talk *A* ***out*** = ***talk out*** *A* A(問題など)について(…と)徹底的に話し合う ((*with...*))
talk *A* ***out of*** *doing*
A(人)を説得して…させない
talk *A* ***over*** = ***talk over*** *A*
A(事)について(人と)じっくり話し合う, 相談する ((*with...*))
talk sense 理にかなったことを言う
talk to *A* A(人)に話しかける, A(人)と話をする;((話)) A(人)をしかる
talk to oneself ひとり言を言う
talk up はっきり意見を言う;大声で話す
talk with *A* A(人)と話し合う;相談する
— 名 (複 **talks** /トークス/)
❶ C **話**, おしゃべり, 談話
・a *talk* show ((米))(ラジオなどでの)有名人へのインタビュー番組
・small *talk* 世間話

- have a *talk* with *A*
  A(人)とおしゃべりをする
❷ ((ふつう talks))(…についての)協議, 会談 ((*on...*))
- peace *talks* 和平会談
- hold *talks* 会談を行う
❸ C (…についての)講演 ((*on..., about...*))
- give [deliver] a *talk* 講演をする
❹ U うわさ; ((the talk)) うわさの種
- *the talk* of the town 町じゅうのうわさ
❺ U 空論
- He is *all talk* and no action.
  彼は口先ばかりで行動が伴わない
- *Talk* is cheap. 口先だけなら簡単だ
❻ U 話し方, 口調
- baby *talk* 赤ちゃん言葉

talkative /tɔ́ːkətiv トーカティヴ/ 形 〈人が〉口数の多い, 話好きな

tall /tɔ́ːl トール/

形 比較 **taller** /トーラ/
最上 **tallest** /トーラスト/

❶〈人が〉背の高い (⇔short); 〈建物などが〉高い (⇔low)
- a *tall* tree 高い木
- a *tall* tower 高いタワー
- How *tall* are you?
  身長はどれくらいありますか
- He is *taller* than I. 彼は私よりも背が高い
❷ ((数詞を伴って))身長が…で
- I am 160 cm *tall*.
  私は身長が160センチです

tambourine /tæ̀mbərí:n タンバリーン/ 名 C【音楽】タンバリン

tame /téim テイム/
形 〈動物が〉飼いならされた; 〈人などが〉従順な, おとなしい
━ 動 他〈動物などを〉飼いならす

tan[1] /tǽn タン/ 動
━ 他
❶〈肌を〉日焼けさせる
❷〈皮を〉なめす
━ 自〈肌が〉日焼けする

tan[2] /tǽn タン/ ((略)) *tan*gent【数学】タンジェント, 正接

tandem /tǽndəm タンダム/
形 縦[前後]に並んだ
━ 名 C タンデム車, 2人乗り自転車

tangerine /tæ̀ndʒərí:n タンチャリーン/ 名 C【植物】タンジェリン (みかんの一種)

tangible /tǽndʒəbl タンチブル/ 形 (手で)触れることができる; 実体のある, 有形の

tangle /tǽŋgl タングル/
動 他〈糸・髪などを〉もつれさせる; 〈…を〉紛糾させる
━ 名 C (糸・髪などの)もつれ; 紛糾
tangled 形 もつれた; 紛糾した

tango /tǽŋgou タンゴウ/ 名 C (南米の舞踏の)タンゴ; タンゴの曲

tank /tǽŋk タンク/ 名 C
❶ (水・油などを入れる)タンク, 貯水槽
❷ 戦車, タンク

tanker /tǽŋkər タンカ/ 名 C タンカー, 油槽船; タンクローリー車

tap[1] /tǽp タプ/
動 他
❶〈人の〉(肩などを)軽くたたく ((*on...*))
❷〈…を〉軽く打つ, コツコツ[トントン]たたく
━ 名 C (…を)軽くたたくこと, コツコツ[トントン]たたく音 ((*on...*))

tap[2] /tǽp タプ/
名 C ((主に英))(たるなどの)栓, 飲み口; (水道などの)蛇口, コック
- *tap* water 水道水
- turn on [off] the *tap* 水道を出す[止める]
━ 動 他
❶〈たるなどの〉栓を抜く
❷〈資源などを〉開発する, 利用する
❸〈電話などを〉盗聴[傍受]する

tape* /téip テイプ/
名 (複 **tapes** /テイプス/) C U
❶ (細長い紙などの)テープ, 接着[粘着]テープ; (ゴールなどの)テープ
- break the *tape* テープを切る, 1着になる
❷ (録音・録画用の)磁気テープ
━ 動 他
❶〈…を〉テープに録音[録画]する
❷〈…に〉テープを貼る; 〈…を〉粘着テープで留める

tapestry /tǽpistri タピストリ/ 名 U C タペストリー, つづれ織

tar /tá:r ター/ 名 U タール; (タバコの)タール

target /tá:rgət ターガト/
名 C
❶ (射撃などの)的, 標的
❷ (学習・仕事などの)達成[到達]目標
- set a *target* 目標を定める
- meet [achieve] a *target* 目標を達成する

❸ (非難・批判などの)的, 対象 ((of..., for...))
hit the target 的中する
on target ねらいどおりに
━ 動 他
❶ 〈人を〉標的にする; 〈商品を〉(人に)向けて作る ((on...,))
❷ 〈人・敵を〉攻撃目標にする

tarot /tǽrou タロウ/ 名 UC 【トランプ】タロット(カード)

tart /tá:rt タート/ 名 CU タルト, パイ

tartan /tá:rtn タートン/ 名 C 格子じま(模様), タータンチェック; U タータン (格子じまの毛織物)

task /tǽsk タスク/ 名 C (課せられた)仕事, 労役, 務め;(果たすべき)任務, 職務
・be at *one's task* 仕事をしている
📖 Work on the *task* together.
タスクをいっしょにやりなさい
take A to task for [about] B
A (人)をBのことでしかる, 非難する

taste /téist テイスト/

名 (複 tastes /テイスツ/)
❶ CU 味, 風味; (しばしば the taste) 味覚
・This herb had a bitter *taste*.
このハーブは苦かった
❷ CU (…に対する)好み, 趣味 ((for...))
・*in bad* [*poor*] *taste* 悪趣味で, 下品で
・*in good taste* 趣味がよくて, 上品で
・*to taste* (人の)好みに応じて, 適当に
・Add sugar *to taste*.
好みに応じて砂糖を入れなさい
❸ C ((ふつう a taste)) 味見, ひと口, ひと飲み
・have *a taste of* wine
ワインを少し味わってみる
━ 動
三単現 **tastes** /テイスツ/
過去過分 **tasted** /テイスティド/
現分 **tasting** /テイスティング/
━ 他 〈飲食物を〉味わう;〈…の〉味加減をみる
・*taste* food 試食する
━ 自 〈食べ物の〉味が…だ;(…の)味がする ((of...))
・This *tastes* good. これはおいしい
tasteful 形 趣味のよい, 上品な
tastefully 副 趣味よく, 上品に
tasteless 形 趣味の悪い, 下品な; 味のない, まずい
tastelessly 副 下品に, 味気なく

tasty 形 味のよい, 食欲をそそる

tattoo /tætú: タトゥー/ 名 C 入れ墨

taught* /tɔ́:t トート/
動 teachの過去形・過去分詞

Taurus /tɔ́:rəs トーラス/ 名 【天文】おうし座; 【占星】金牛宮; C おうし座生まれの人

tax* /tǽks タクス/
名 (複 **taxes** /タクスィズ/)
❶ CU (…への)税, 税金 ((on...))
・sales [consumption] *tax* 消費税
・*tax* cuts 減税
❷ ((a tax)) (…への)過重な負担, 要求 ((on...))
━ 動 他 〈人・物に〉課税する, 税金をかける
taxable 形 課税対象となる, 課税できる
taxation 名 U 課税, 徴税; 税額

taxi /tǽksi タクスィ/

名 (複 **taxis**, **taxies** /タクスィズ/) C
タクシー(cab)
・call a *taxi* (電話で)タクシーを呼ぶ
・take a *taxi* タクシーに乗る

taxpayer /tǽkspèiər タクスペイア/ 名 C 納税者

tea /tí: ティー/

名 (複 **teas** /ティーズ/)
U お茶, 紅茶(black tea); C 1杯の茶
・green *tea* 緑茶
・iced *tea* アイスティー
・*tea* with lemon レモンティー
・a cup of *tea* お茶1杯
・a *tea* bag ティーバッグ
・a *tea* ceremony (日本の)茶の湯, 茶道
・(an) afternoon *tea*
((主に英)) 午後のお茶(の会)
・make *tea* お茶を入れる

teach /tí:tʃ ティーチ/

動 三単現 **teaches** /ティーチズ/
過去過分 **taught** /トート/
現分 **teaching** /ティーチング/
━ 他
❶ 〈学科などを〉**教える**;〈人に〉(…について)**教える** ((about...)) (⇔learn)
・I *teach* music. 音楽の先生をしている
・I *teach* a high school student.
私は高校生の家庭教師をしている
■ *teach A B* = *teach B to A*
A (人) に B (学科など) を教える

- My father *taught* me mathematics.
父が数学を教えてくれた
📖 I'll be *teaching* you English this year.
今年は私が英語を教えます
- *teach A to do*
A〈人・動物〉に…することを教える
- *teach A wh- to do*
A〈人・動物〉に…する仕方を教える
- My mother *taught* me (*how*) *to* play the violin.
母がバイオリンの弾き方を教えてくれました
❷〈…を〉学ばせる, 悟らせる
- *teach A B*
〈経験などが〉A〈人〉にBを悟らせる
- That'll *teach* you (a lesson).
それで君もこりるだろう
— 自 **教える**, 教師をする
- Prof. Yoshida *teaches* at Sophia University. 吉田教授は上智大学で教えています
teaching 名 U 教えること, 教授, 授業; C ((ふつう teachings)) 教訓, 教え

teacher /tíːtʃər ティーチャ/

名 (複 **teachers** /tíːtʃərz/) C
教師, 先生, 教員
- a *teacher* of science 理科の先生

teacup /tíːkʌp ティーカプ/ 名 C ティーカップ, 茶飲み茶わん

team /tíːm ティーム/

名 (複 **teams** /tíːmz/) C
(競技などの)**チーム**;(同一の)仕事仲間
- a soccer *team* サッカーチーム
- a project *team* プロジェクトチーム
- be on the *team* チームの一員である

teammate /tíːmmèit ティームメイト/ 名 C チームの仲間, チームメイト

teamwork /tíːmwə̀ːrk ティームワーク/ 名 U チームワーク, 共同作業

teapot /tíːpɑ̀t ティーパト/ 名 C ティーポット

tear¹ /tíər ティア/

名 (複 **tears** /tíərz/) C ((ふつう tears)) **涙**
- close [near] to *tears* 泣き出しそうになって
- fight back (the) *tears* 涙をこらえる
- burst [break] into *tears* わっと泣き出す
- shed *tears* 涙を流す
- dry *one's tears* 涙をふく
- in *tears* 涙を流して, 泣いて
- between *tears* 涙を流しながら
- with *tears* 涙ながらに

tear² /téər テア/

動 三単現 **tears** /téərz/
過去 **tore** /tɔ́ːr/
過分 **torn** /tɔ́ːrn/
現分 **tearing** /téəriŋ/
— 他
❶〈物を〉(…に)**引き裂く, ちぎる, 破る**((*into...*, *to...*, *in...*))
- *tear A C*
A〈物〉を引き裂いてC(の状態)にする
- *tear* the envelope open
封筒を破って開ける
- *tear* the paper *in* two 紙を2つに裂く
❷〈物を〉(…から)**引きちぎる, もぎ取る**;〈人を〉(…から)引き離す((*from...*, *off...*, *out of...*))
- *tear* a page *out of* a book
(本の)ページをちぎり取る
❸〈人・心を〉(…で)ひどく苦しめる((*by...*, *with...*))
- *tear A's* heart (out)
A〈人〉の胸が張り裂けんばかりに悲しませる
— 自
❶〈物が〉**裂ける, 破れる**
- A nylon stocking *tears* easily.
ナイロンストッキングは簡単に破れる
❷(…へ)突進する((*to...*, *into...*))
- *tear into* the room 部屋へ駆け込む
be torn between A and B
AとBの板ばさみになっている
tear A apart = tear apart A
A〈物〉を引き裂く; A〈組織・家族など〉をばらばらにする, 分裂させる
tear A down = tear down A
A〈建物〉を取り壊す
tear A off = tear off A
Aを引きはがす, もぎ取る
tear A up = tear up A
Aをずたずたに引きちぎる
— 名 C (…の)裂け目, 破れ目;割れ目;ほころび((*in...*))

teardrop /tíərdrɑ̀p ティアドラプ/ 名 C 涙のしずく

tearful /tíərfəl ティアフル/ 形 〈人が〉泣きそうな, 泣いている;涙もろい;悲しい
tearfully 副 涙ながらに

tearoom /tíːrùːm ティールーム/ 名 C 喫茶

室, 喫茶店

tease /tíːz ティーズ/ 動
— 他
❶ 〈人・動物を〉(…のことで)いじめる, からかう ((*about...*))
❷ ((米))〈人に〉(…を)うるさくせがむ ((*for...*))
❸ (主に米)〈髪に〉逆毛(ホポ)を立てる
— 自 いじめる, からかう

teaspoon /tíːspùːn ティースプーン/ 名 C (紅茶用の)スプーン；茶さじ1杯(分)

teatime /tíːtàim ティータイム/ 名 U ((主に英))(午後の)お茶の時間

tech /ték テク/ 名 C 工科大学

technical /téknikəl テクニカル/ 形
❶ 技術の, 技術上の；工業の；工芸の
・*technical* skill 技巧
・*technical* support 【コンピュータ】(メーカーによる製品の)技術的サポート
❷ 専門の, 専門的な
・*technical* knowledge 専門的知識
technically 副 技術的に；技術的には；厳密には

technician /tekníʃən テクニシャン/ 名 C 専門家, 専門技術者；(音楽などの)技巧派

technique /tekníːk テクニーク/ 名 U C
❶ (芸術・スポーツなどの)技法, 手法；(…の)腕前, テクニック ((*for...*))
❷ 専門技術

technology /teknάlədʒi テクナラヂ/ 名 U 科学技術；工学；応用科学
・advanced *technology* 先進技術
technological 形 科学技術の；工学の

tedious /tíːdiəs ティーディアス/ 形 退屈な
tediously 副 あきあきするほど

tee¹ /tíː ティー/ 名 C T字形の物
・a *tee* shirt Tシャツ

tee² /tíː ティー/
名 C 【ゴルフ】ティー(球をのせる台)
— 動 他 【ゴルフ】〈球を〉ティーにのせる ((*up*))
tee off 【ゴルフ】ティーグラウンドから第一打を打つ

teen /tíːn ティーン/
形 10代の, ティーンの
— 名 C ((米))10代[13歳から19歳]の少年[少女]
teens 名 ((複数扱い))10代

teenager /tíːnèidʒər ティーネイヂャ/ 名 C ティーンエージャー(13歳から19歳の少年[少女])

teenage(d) 形 10代(向け)の

teeth* /tíːθ ティース/ 名 toothの複数形

telecast /téləkæst テレキャスト/
名 U C テレビ放送[番組]
— 動 他 〈…を〉テレビで放送する

telegram /téligræm テリグラム/ 名 C 電報
・by *telegram* 電報で
・send a *telegram* to A A(人)に電報を打つ
・receive a *telegram* 電報を受け取る

telegraph /téləgræf テラグラフ/
名
❶ U 電信, 電報
・by *telegraph* 電信[電報]で
❷ C 電報機
— 動 他 〈…に〉電報を打つ

telepathy /təlépəθi タレパスィ/ 名 U テレパシー, 精神感応；以心伝心

telephone

/téləfòun テラフォウン/
名 (複 **telephones** /téləfòunz/) U 電話；C 電話機；受話器
・a *telephone* book 電話帳
・a *telephone* number 電話番号
・by *telephone* = on the *telephone* 電話で
・make a *telephone* call 電話をかける
・answer the *telephone* 電話に出る[を取る]
・be on the *telephone* 電話中である
・You're wanted on the *telephone*.
電話ですよ
・May I use your *telephone*?
お電話をお借りしてもよろしいですか
— 動
三単現 **telephones** /téləfòunz/
過去・過分 **telephoned** /téləfòund/
現分 **telephoning** /téləfòuniŋ/
— 他 〈人・場所に〉電話をする
— 自 (…に)電話をかける ((*to...*))

telescope /téləskòup テラスコウプ/ 名 C 望遠鏡
・an astronomical *telescope* 天体望遠鏡

television

/téləvìʒən テラヴィジャン/
名 (複 **televisions** /téləvìʒənz/)
❶ C テレビ(受像機) (television set)
・cable *television* ケーブルテレビ
・turn on [off] the *television*
テレビをつける[消す]

temper

❷ Ⓤ **テレビ放送**; テレビ番組
・watch *television* テレビを見る
・watch *A* on (the) *television*
A(試合など)をテレビで見る
❸ Ⓤ テレビ業界[産業]

tell
/tél テル/

動 三単現 **tells** /テルズ/
過去・過分 **told** /トゥルド/
現分 **telling** /テリング/
── 他
❶ ⟨…を⟩**話す, 語る; 教える**
・*tell* the secret 秘密を話す
・Please *tell* your name.
名前を言ってください
・Don't *tell* a lie. うそをついてはいけません
■ *tell A B* = *tell B to A* A(人)にBを話す; A(人)にB(道など)を教える
・My friend *told* me a funny story.
友人がおもしろい話をしてくれた
・Would you *tell* me the way to the station? 駅に行く道を教えてくれますか
■ *tell A about* [*of*] *B*
A(人)にBについて話す
・Please *tell* me *about* your dream.
あなたの夢について話してください
■ *tell A that*... A(人)に…だと伝える
■ *tell A wh*- A(人)に…かを伝える[教える]
■ *tell A wh- to do*
A(人)に…するかを伝える[教える]
■ *tell oneself* 自分に言って聞かせる
・I *told myself* that I could win.
私は勝てると自分に言い聞かせた
❷ ⟨…を⟩**言う**; ⟨…を⟩**命令する**
・I *told* you so. だから言ったじゃないか
■ *tell A to do*
A(人)に…するように言う[命令する]
・The doctor *told* me not *to* go out.
お医者さんは私に外出してはいけないと言った
■ *tell A that*... A(人)に…だと言う[命令する]
■ *tell A wh*-... A(人)に…かを言う
■ *tell A wh- to do* A(人)に…するかを言う
❸ ⟨…が⟩**分かる**; ⟨…を⟩**区別する**
■ *tell that*... …ということが分かる
■ *tell wh*-... …であるかが分かる
・It is hard to *tell what* exactly has happened.
何が起こったのかは正確には分からない
■ *tell A from B* = *tell A and B apart*
AとBを区別する
・Can you *tell* a typhoon *from* a cyclone?
台風とサイクロンを区別できますか
📖 How can you *tell*? どうして分かりますか
── 自
❶ (…について)**話す, 語る** ((*about*..., *of*...))
・*tell about oneself* 自分のことを話す
❷ (…を)**はっきり言う, 確信する,** (…が)分かる((*about*..., *with*...))
・Nobody *can tell about* the weather exactly. 誰も天気を正確に予想できません
・Time will *tell*. 時がたてば分かる
❸ (…のことを)告げ口する, 言いつける((*on*...));
(秘密などを)しゃべる
❹ 効力を持つ, 効果がある, 影響する
Don't tell me (that...)!
まさか(…というわけじゃないでしょうね)
I (can) tell you. = I'm telling you.
本当に, 確かに
I('ll) tell you what.
(何か提案をして)ねえねえ(こうしましょう)
I'm not telling (you). それは秘密です
I told you! だから言ったじゃない
let me tell you 本当に, 確かに
Tell me about it.
(同じ経験があるので)私にも分かります
tell A off = tell off A Aをしかりつける
tell A on B
B(人)についてA(人)に告げ口する
tell tales 告げ口する
Tell you what.
(何か提案をして)ねえねえ(こうしましょう)
There is no telling A.
Aについては何とも言えない
・*There is no telling* what will happen.
何が起こるか予測できない
to tell (you) the truth 実を言うと
You can never tell.
先のことは分かりません
You're telling me!
まったくそのとおりだ
telling 形 ⟨議論が⟩効果的な, 有効な

teller /télər テラ/ 名 Ⓒ
❶ 語り手
❷ (銀行の)金銭出納係; (議会の)投票集計係

temper /témpər テムパ/ 名
❶ ⒸⓊ (一時的な)気分, 機嫌; 気質, 気性
・have a short *temper* 気が短い

temperament

❷ C ((ふつう a temper)) かんしゃく, 立腹
❸ U 平静, 落ち着き
- lose *one's temper*
腹を立てる, かんしゃくを起こす

temperament /témpərəmənt テムパラマント/ 名 U C 気質, 気性
temperamental 形 気性の激しい;気まぐれな

temperate /témpərət テムパラト/ 形
❶ 〈態度などが〉節度のある
❷ 〈気候が〉温和な, 温暖な
temperately 副 節度を持って, 穏やかに

temperature

/témpərətʃər テムパラチャ/
名 (複 **temperatures** /témpərətʃəz/) U C
❶ **温度, 気温**
- "What's the *temperature* now?" "It's 25℃." 「今気温は何度ですか」「摂氏25度です」
❷ **体温**; ((a temperature)) 熱
- take *A's temperature* A(人)の体温を計る

tempered /témpərd テムパド/ 形
❶ やわらげられた;〈金属などが〉鍛えられた
❷ …の気質の
- short-*tempered* 短気な
- good-*tempered* 気立てのよい

tempest /témpist テムピスト/ 名 C 大嵐, 暴風雨
- a *tempest* in a teacup
コップの中の嵐, つまらぬことでの大騒ぎ

template /témplət テムプラト/ 名 C 型板;【コンピュータ】テンプレート, ひな形ファイル

temple¹* /témpl テムプル/
名 (複 **temples** /témplz/) C (古代ギリシャなどの)**神殿**;(キリスト教以外の)**寺院**
- Horyuji *Temple* 法隆寺

temple²* /témpl テムプル/
名 (複 **temples** /témplz/) C こめかみ

tempo /témpou テムポウ/ 名 U C
❶ (複 **tempi** /témpi:/) 【音楽】テンポ, 速さ
❷ (複 **tempos** /témpouz/) (仕事などの)速さ, ペース

temporal /témpərəl テムパラル/ 形
❶ 時の, 時間の
❷ 現世の, 世俗の;この世の
❸ 【文法】時制の

temporary /témpəreri テムパレリ/ 形 一時的な, つかの間の;仮の, 臨時の
- a *temporary* worker 臨時雇いの労働者
- a *temporary* job 臨時の仕事
temporarily 副 一時的に;仮に, 臨時に

tempt /témpt テムプト/ 動 他 〈人を〉(…に)誘惑する, 誘う((*into...*))
- *tempt A to do* = *tempt A into doing*
Aを…するようにそそのかす, Aを…する気にさせる
temptation 名 U 誘惑;C 誘惑するもの
tempting 形 誘惑する, 心をそそる
temptingly 副 誘惑するように, 心をそそって

ten

/tén テン/
名 (複 **tens** /ténz/)
❶ U C (基数の)**10**; U ((複数扱い))10個, 10人
- Twelve minus two is *ten*. 12引く2は10
❷ U 10時, 10分
- It's *ten* twenty now. 今10時20分です
❸ U 10歳
❹ C 10人[個]一組のもの
❺ (a ten) ((くだけて)) (10点)満点
ten to one ((くだけて)) 十中八九まで
― 形
❶ **10の, 10個の, 10人の**
❷ 10歳の

tenacious /tinéiʃəs ティネイシャス/ 形
❶ (…を)なかなか離さない, (…に)固執(こしつ)する((*of...*))
❷ 〈人が〉粘り強い
tenaciously 副 執ように, 粘り強く
tenacity 名 U 固執, 粘り強さ

tenant /ténənt テナント/ 名 C (土地・家屋などの)テナント, 入居者;借地[借家]人
tenancy 名 U C (土地・家屋などの)借用, 貸借;C 借用期間

tend /ténd テンド/ 動 自 〈人が〉(…)しがちである, (…する)傾向がある((*to do*))

tendency /téndənsi テンダンスィ/ 名 C
❶ (…する)傾向((*to do*))
❷ (…への)性向;素質((*toward..., to...*))

tender¹ /téndər テンダ/ 形
❶ 優しい, 親切な, 思いやりのある
❷ 〈肉などが〉やわらかい
❸ 〈感覚などが〉敏感な
tenderly 副 優しく, 愛情を込めて
tenderness 名 U 優しさ;扱いにくさ

tender² /téndər テンダ/ 名 C 世話人, 看護人

tendon /téndən テンダン/ 名C【解剖】腱(けん)
・Achilles(') *tendon* アキレス腱

Tenn. ((略)) *Tenn*essee テネシー州

Tennessee /tènəsí: テネスィー/ 名 テネシー(略 Tenn., ((郵便)) TN；米国南東部の州；州都はナッシュビル(Nashville))

tennis /ténɪs テニス/ 名U テニス
・a *tennis* ball テニスボール
・a *tennis* court テニスコート
・table *tennis* 卓球, ピンポン
・play *tennis* テニスをする

tenor /ténər テナ/ 名U【音楽】テナー, テノール(男声の最高音域)；C テナー歌手

tense¹ /téns テンス/ 形
❶〈人が〉(興奮などで)緊張した((*with*...))
❷〈筋肉などが〉硬直した；〈ロープなどが〉ぴんと張った
・suffer from *tense* [stiff] shoulders 肩凝りがある
❸〈状況などが〉緊迫した

tense² /téns テンス/ 名UC【文法】時制

tension /ténʃən テンシャン/ 名
❶U (精神的)緊張, 心労, 不安
❷CU (政治的な)緊張状態
❸U ぴんと張る[伸ばす]こと
❹U【物理】張力

tent* /tént テント/
名 (複 **tents** /ténts/) C テント(状の物)
・pitch [put up] a *tent* テントを張る
・strike a *tent* テントをたたむ

tentative /téntətɪv テンタティヴ/ 形
❶〈案などが〉試験的な, 仮の, 一時的な
❷〈人・声などが〉ためらいがちな

tenth* /ténθ テンス/
形 (略 10th)
❶ ((ふつう the tenth)) **第10の**, 10番目の
❷ ((a tenth)) 10分の1の
━ 名 (複 **tenths** /ténθs/) (略 10th)
❶U ((ふつう the tenth)) **第10**, 10番目；10番目の人[もの]
❷U ((ふつう the tenth)) (月の)10日
❸C 10分の1

tenure /ténjər テニャ/ 名U
❶ (不動産などの)保有；保有権[期間]
❷ 任期, 在職期間；((米))(特に大学教員の)終身在職権

tepid /tépɪd テピド/ 形 生ぬるい；熱意のない, 気のない
tepidly 副 生ぬるく；熱意なく

term /tə́:rm ターム/
名 (複 **terms** /tə́:rmz/)
❶C **学期；期間, 任期**
・the end-of-*term* examination(s) 期末試験
・in the spring [summer] *term* 春季[夏季]学期に
・in the short [long] *term* 短期[長期]的には
❷C **(専門)用語, 術語；言い方, 言葉づかい**
・technical *terms* 専門用語
・scientific *terms* 科学用語
・coin a *term* 新語を造る
❸ ((terms)) (…との)**間柄, 仲**((*with*...))
■ *be on ... terms with A* A(人)と…の間柄である
・I *was on* speaking *terms with* the victim. 被害者とは会えば話をする間柄でした
❹ ((terms)) (支払いなどの)**条件；料金**
・under the *terms* of the contract その契約の条件では
❺ C【数学】項

come to terms with A A(人)と合意に達する；A(悲しいことなど)を受け入れる
in... terms …の点で
in terms of A Aの言葉で；Aに換算して
━ 動他 〈…を〉(…と)呼ぶ, 称する
・the area that *was* often *termed* the "Dark Continent" しばしば「暗黒大陸」と呼ばれた地域

terminal /tə́:rmənl ターマヌル/
形
❶ 最終の, 最終的な
❷ 終着駅の, ターミナルの
❸〈病気が〉末期の
・*terminal* cancer 末期がん
━ 名C
❶ (鉄道などの)発着駅；空港ターミナル
❷【電気】端子；[コンピュータ]端末(装置)

terminate /tə́:rmənèɪt ターマネイト/ 動
━ 自 終わる, 終了する
━ 他〈…を〉終わらせる, 終結させる
termination 名UC 終了, 結末

terminology /tə̀:rmənálədʒi ターマナラヂィ/ 名UC 術語, 専門用語
terminological 形 術語の, 用語上の

terrace /térəs テラス/ 名C
❶ テラス

❷ (ひな壇式の)台地, 段地, 高台

terrain /təréin テレイン/ 名 C U (自然地理・軍事的に見た)地形, 地勢

terrestrial /təréstriəl テレストリアル/ 形 地球の;陸地[陸上]の

terrible* /térəbl テラブル/
形 比較 **more terrible**
最上 **most terrible**
❶ **恐ろしい, 怖い**
❷ 過酷な, 猛烈な, 激しい, ひどい

terribly /térəbli テラブリ/ 副 ひどく;ものすごく;とても
📖 I'm *terribly* sorry. 本当にごめんなさい

terrific /tərífik タリフィク/ 形
❶ ((くだけて)) 実に, すばらしい, すてきな
📖 *Terrific!* すばらしい
❷ ものすごい, 恐ろしい
terrifically 副 非常に, ひどく

terrify /térəfài テラファイ/ 動 他 〈人を〉恐れさせる, 怖がらせる
terrified 形 怖がった;ぞっとした
terrifying 形 恐ろしい, ぞっとする

territory /térətɔ̀ːri テリトーリ/ 名
❶ C U 領土, 領域;(広い)地域, 地方
❷ C U (学問などの)領域, 分野
❸ C U (動物の)縄(なわ)張り, テリトリー
❹ C ((Territory)) (カナダ・オーストラリアなどの)準州
territorial 形 領土の;地域の

terror /térər テラ/ 名
❶ U 恐怖, 恐ろしさ; C 恐怖の種, 恐ろしい人[こと]
❷ U テロ(行為)
terrorism 名 U テロリズム, テロ(行為);恐怖政治

terrorist /térərist テラリスト/ 名 C テロリスト, 暴力革命主義者

test /tést テスト/

名 (複 **tests** /tésts テスツ/) C
❶ (…の)**テスト, 試験** ((*in*...))
・a first-stage *test* 1次試験
・a second-stage *test* 2次試験
・a placement *test* クラス分けテスト
・a practice *test* 模擬テスト
・a math *test* = a *test* in math 数学のテスト
・take a *test* テストを受ける
・solve a *test* problem 試験問題を解く
・pass [fail] a *test* テストに合格する[落ちる]

❷ **検査, 実験**
・a blood *test* 血液検査
❸ 試練, 試金石
・a *test* match
(サッカーなどの)テストマッチ

— 動
三単現 **tests** /テスツ/
過去・過分 **tested** /テスティド/
現分 **testing** /テスティング/

— 他
❶ 〈人に〉(英語などの)テスト[試験]をする ((*on*..., *in*...))
❷ 〈体などを〉検査する;〈物を〉分析する
❸ 〈…を〉試す

testament /téstəmənt テスタマント/ 名
❶ C 【法律】遺言(書)
❷ ((the Testament)) 聖書
・*the* New [Old] *Testament*
新約[旧約]聖書

testify /téstəfài テスティファイ/ 動
— 自 (法廷などで宣誓して)証言する
・*testify* for *A*
Aに有利になるように証言する
・*testify* against *A*
Aに不利になるように証言する
— 他 (法廷などで)(…ということを)証言する ((*that*節))

testimonial /tèstəmóuniəl テスティモウニアル/ 名 C
❶ (資格などの)証明書;推薦状
❷ 表彰状, 感謝状;記念品

testimony /téstəmòuni テスタモウニ/ 名
❶ C U 証言
・bear *testimony* to *A* Aを証言する
❷ U ((また a testimony)) (…の)証拠(となるもの), あかし ((*to*...))

testing /téstiŋ テスティング/
動 testの現在分詞・動名詞
— 名 U 検査, 試験
— 形 きわめて困難な

Tex. ((略)) *Tex*as テキサス州

Texas /téksəs テクサス/ 名 テキサス (略 Tex., ((郵便)) TX;米国南部の州;州都はオースチン (Austin))

text* /tékst テクスト/
名 (複 **texts** /テクスツ/)
❶ U 本文, テキスト
❷ C 原文, 原典
❸ C ((米)) 教科書 (textbook)

❹ ⓤ【コンピュータ】テキスト(データ)

textual 形 原文[本文]の；原文どおりの

textbook* /tékstbùk テクストブク/
名 (複 **textbooks** /テクストブクス/) ⓒ
教科書；テキスト
- an English *textbook* 英語の教科書

textile /tékstail テクスタイル/ 名 ⓒ 織物, 布地；(織物用)繊維

texture /tékstʃər テクスチャ/ 名 ⓤⓒ 織り方；生地；きめ, 手触り

Th. ((略)) *Th*ursday 木曜日

Thai /tái タイ/
形 タイの；タイ人[語]の
— 名 ⓒ タイ人；ⓤ タイ語

Thailand /táilænd タイランド/ 名 タイ (首都はバンコク)

Thames /témz テムズ/ 名 ((the Thames))テムズ川 (英国イングランド南部を東に流れ, ロンドンを通って北海にそそぐ川)

than /ðən ザン; ((強)) ðǽn ザン/

接

❶ ((形容詞・副詞の比較級のあとで)) **…より**
も, …に比べて
- She is taller *than* he.
彼女は彼よりも背が高い
- I can run faster *than* he.
ぼくは彼よりも速く走れる
- She looks prettier *than* before.
彼女は前よりかわいく見える
- I like apples better *than* oranges.
オレンジよりりんごの方が好きだ
- She is less happy *than* before.
彼女は以前ほど幸せではない

❷ ((other, different, elseなどのあとで)) **…よ**
りほかの, …のほかには
- I had no *other* choice *than* this.
私にはこれ以外に選択の余地がなかった
- Nothing is more important *than* friendship. 友情ほど大切なものはない

❸ ((prefer, rather, soonerなどのあとで)) **…**
するくらいなら(いっそ)
- I would *rather* die *than* run away.
逃げるくらいなら死んだ方がましだ

❹ ((関係代名詞的に)) **…よりも, …以上に**
- We have more time *than* is needed.
必要以上の時間がある

— 前 ((形容詞・副詞の比較級のあとで)) **…**
よりも, …と比べて；((数・量などを表す語の前で))…よりも
- She is taller *than* him.
彼女は彼よりも背が高い
- I can run faster *than* him.
ぼくは彼よりも速く走れる
- drive at more *than* 50 kilometers per hour 時速50キロ以上で運転する

thank /θǽŋk サンク/

動 三単現 **thanks** /サンクス/
過去過分 **thanked** /サンクト/
現分 **thanking** /サンキング/
— 他 〈人に〉**感謝する**；(…の)礼を述べる
(*for*...)
- We all *thanked* our teacher.
ぼくたちはみんな先生に感謝した
- *Thank you*. ありがとう
- *Thank you for* your present.
プレゼントありがとう
- "Would you have another glass of wine?" "No, *thank you*."
「ワインをもう1杯いかがですか」「いえ結構です」
- *Thank you* in advance.
あらかじめお礼を申し上げます

***have* A *to thank for* B** BはA(人)のおかげです；((皮肉)) BはAのせいです

***Thank God* [*heaven(s)*]!**
ありがたい, 助かった

— 名 (複 **thanks** /サンクス/) ((thanks)) (…に対する)**感謝**, 感謝の言葉[気持ち], お礼
(*for*...)
- express *one's* heartfelt *thanks*
心からのお礼を述べる
- *Thanks*. ありがとうね
- No, *thanks*. いえ結構
- *Thanks a lot.* = *Many thanks.*
本当にありがとう

***thanks to* A** Aのおかげで；Aのせいで

thankful 形 感謝している, ありがたく思っている；感謝に満ちた

thankfully 副 感謝して；ありがたいことに

thankfulness 名 ⓤ 感謝

thanksgiving /θǽŋksgíviŋ サンクスギヴィング/ 名 ⓤ (神への)感謝；ⓒ 感謝の祈り
- *Thanksgiving* Day ((米)) 感謝祭

thank-you /θǽŋkjù: サンキュー/ 形 感謝の, 感謝を表す
- a *thank-you* letter 礼状

that

/ðət **ザト**; ((強)) ðæt **ザト**/

代 ((複)) **those** /ゾウズ/)

❶ **あれ, それ, あの人, その人**

- What is *that*? あれは何ですか
- *That* is [*That*'s] our school.
  あれはぼくたちの学校です
- "Is *that* your bag?" "Yes, it is." ["No, it isn't."] 「あれはあなたのかばんですか」「はい, そうです」「いいえ, 違います」
- Where did you buy *that*?
  どこでそれを買ったの
- Who's *that*, please?
  ((英))((電話で))(そちらは)どなたですか
- *That* was the best time.
  あの時がいちばんよかった

❷ ((前に述べたことなどを指して)) **そのこと, それ**

- *That*'s right. そのとおり
- Is *that* so? 本当ですか
- "I'm sorry I can't come." "*That*'s all right."
  「伺えないんです. ごめんなさい」「構いませんよ」
- *That*'s what I mean.
  それが言いたかったのです

❸ ((名詞の反復を避けて)) **それ, そのこと**

- The population of Germany is smaller than *that* of Japan.
  ドイツの人口は日本のそれよりも少ない

❹ ((this(後者)と対比的に用いて)) **前者**

❺ ((関係代名詞))(…する)ところの, (…である)ところの

(1) ((主語として))

- I have a car *that* can fly.
  ぼくは空飛ぶ車を持っている

(2) ((他動詞の目的語として))

- I like the dress *that* you are wearing today. 君がきょう着ている服はいいね
- This is the best novel *that* I have read this year.
  これは今年になって読んだ中で最高の小説だ
- This is all (*that*) I can do for you.
  それが君にやってあげられるすべてだ

(3) ((前置詞の目的語として))

- The PC (*that*) I'm most fond of was very expensive.
  ぼくのお気に入りのパソコンはとても高かった

❻ ((強調構文))((次の用法で))

■ **it is A that...** …なのはAである

- It is me *that* broke the window.
  窓を割ったのは私だ

and all that その他もろもろ

and that しかも

that is (to say) つまり, 言い換えれば

- It happened 20 years ago, *that is*, in 1990.
  それは20年前, つまり1990年に起こった

That's it. それだ, そのとおりだ;これでおしまい;それが問題だ

That's that.
それでおしまい;それだけのこと

with that そう言って

■ 形 ((指示形容詞)) ((複)) **those** /ゾウズ/)
あの, その

- *that* desk あの机
- *that* day あの日

■ 副

❶ ((ふつう否定文・疑問文で)) あまり(…でない)

- The weather was not *that* good.
  天気はあまりよくなかった

❷ ((前の文脈で述べられていることを指して)) それだけ, それほど

- We cried together at the news. We were *that* happy. 知らせを聞いて皆でいっしょに泣いた. それほどうれしかったのだ

■ 接

❶ …ということ

- He said (*that*) he was glad.
  彼はうれしいと言った
- I hope (*that*) you will come back soon.
  君がすぐに戻って来ることを望んでいます
- I am glad (*that*) you like it.
  気に入ってもらえてうれしい
- It surprised me *that* they got married.
  彼らが結婚したのを知って私はびっくりした
- You should make it clear *that* he annoys you with it. 君は彼がそのことで君を困らせていることをはっきりさせるべきだ

❷ (同格)…という

- We were very glad of the news *that* he is alive. 彼が生きているというニュースに私たちは喜んだ

❸ ((目的・意図))((次の用法で))

■ **so that** [**in order that**] *A* **can** [**may**] *do*
Aが…できるように

- Please use a microphone *so that* everybody *can* hear you. みんなに聞こえるよう

- so [such] A that... あまりにAなので…する
- She was *so* angry *that* she could not forgive him.
彼女はとても怒っていたので彼を許せなかった
❺ ((結果))((次の用法で))
- so (that)... その結果…する
- The train was delayed, *so* (*that*) I was late for the class.
電車が遅れたので授業に遅刻した
❻ ((譲歩))…ではあるが
- Amateur *that* he is, he plays the cello very well. 彼はアマチュアだがたいへんじょうずにチェロを弾く
❼ ((願望)) ➡ ふつう日本語には訳さない
- Oh, *that* I were a superman.
ぼくがスーパーマンだったらなあ
❽ ((次の用法で))
- it is A that... …というのはAである
- *It is* a fact *that* the earth goes around the sun. 地球が太陽の周りを回っているというのは事実だ
- in that... …という点で, …であるから

that'll /ðætl ザトル/ ((くだけて)) that willの縮約形

that's* /ðæts ザツ/ ((くだけて))
❶ that isの縮約形
❷ that hasの縮約形

thaw /θɔ́ː ソー/
動
—⾃
❶ 〈氷・雪などが〉解ける;〈冷凍食品が〉やわらかくなる((*out*))
❷ 〈態度などが〉打ち解ける
—他
❶ 〈凍った物を〉解かす((*out*))
❷ 〈態度などを〉打ち解けさせる
—名 C (氷・雪などが)解けること, 雪解け

the ☞ 646ページにあります

theater, ((英))**theatre**
/θíːətər スィーアタ/
名 (複 **theaters** /スィーアタズ/)
❶ C 劇場;((米))映画館(((英))cinema)
- a movie *theater* 映画館
❷ ((the theater)) 劇, 演劇(界)
❸ C (活動などの)舞台, 現場

theatrical 形 演劇の;芝居がかった
theft /θéft セフト/ 名 UC 盗み, 窃盗

their
/ðər ザ; ((強)) ðéər ゼア, (母音の前で)ðər ザ/
代 ((人称代名詞:theyの所有格)) **彼らの, 彼女らの;それらの**
- Do you know *their* names?
彼らの名前を知っていますか

theirs
/ðéərz ゼアズ/
代 ((人称代名詞:theyの所有代名詞))((単数・複数扱い))
❶ **彼らのもの, 彼女らのもの;それらのもの**
- A of theirs 彼らのA
- He is a friend *of theirs*.
彼は彼らの友達(の1人)です
- This pizza is *theirs*, not ours.
このピザは彼らのもので, 私たちのものではない
❷ ((性別の不明な単数の名詞・代名詞を受けhis, hersの代わりに用いて))((主に話)) その人のもの

them
/ðəm ザム; ((強)) ðém ゼム/
代 ((人称代名詞:theyの目的格))
❶ ((他動詞の間接目的語として)) **彼らに, 彼女らに;それらに**
- I teach *them* English every day.
私は彼らに英語を毎日教えている
❷ ((他動詞の直接目的語として)) **彼らを, 彼女らを;それらを**
- They're my friends and I like *them* a lot. 彼らはぼくの友達で, 彼らが大好きです
❸ ((前置詞の目的語として)) 彼ら, 彼女ら;それら
- I sent a Christmas card to *them*.
私は彼らにクリスマスカードを送った
❹ ((everyone, anyoneなどの不定の単数(代)名詞を受けて)) (その)人に, (その)人を
- If anybody comes, tell *them* to go out.
誰かが来たら出て行ってくれと言いなさい

theme* /θíːm スィーム/
名 (複 **themes** /スィームズ/) C
❶ (…の)**主題, テーマ**, 題目((*of*...))
- the *theme* of the meeting 会の主題
- a *theme* park テーマパーク
❷ 【音楽】(楽曲の)主題;主旋律
❸ ((米)) 小論文, 作文
➡➡➡ 647ページに続く ➡➡➡

the

/(子音の前)ðə ザ, (母音の前)ði ズィ;
《強》ðíː ズィー/

冠 《定冠詞》

❶ 《すでに話題になっている名詞に付けて》その, あの
- We had a test today. *The* test was easy.
きょうテストがあり, そのテストはやさしかった

❷ 《初めて話題になるが, 前後・周囲の状況から相手が指しているものが明らかな名詞に付けて》
- Close *the* door. ドアを閉めなさい
- How's *the* family?
ご家族の皆さんはお元気ですか

❸ 《説明の語句によって限定・特定されている名詞に付けて》
- *the* letter on the desk 机の上の手紙(←いろいろな手紙の中で"机の上"にある手紙)
- *the* day after tomorrow あさって(←いろいろな日にちの中で"あした"の次の日)
- *the* capital of Japan 日本の首都(←世界各国の首都のうちで"日本"の首都)

❹ 《助数詞, 形容詞の最上級, 2つのものを比較するof the two の前に付けて》
- *the* first [last] train 始発[終]電車
- *the* tallest boy in the class
クラスでいちばん背の高い少年
- *the* taller of the two boys
二人の少年のうちで背の高い方

❺ 《only, same, nextなどの限定的な語が付いている時》
- He is *the* only student who passed the exam. 彼は試験に通ったただ1人の学生だ
- We are *the* same age. ぼくらは同じ年齢だ
- 📖 Please read *the* next page.
次のページを読んでください

❻ 《常識的に考えて1つしかないと思われる名詞に付けて》
- *the* earth 地球
- *the* sun 太陽
- *the* moon 月
- *the* world 世界
- *the* sky 空
- *the* sea 海
- *the* left 左
- *the* east 東

❼ 《公共施設・建造物などに付けて》
- *the* station 駅

➡ 「東京駅」といった駅名にはtheは付けずTokyo Station となる
- *the* University of London ロンドン大学
- *the* White House ホワイトハウス
- *the* Louvre ルーブル博物館

❽ 《交通・通信手段などに付けて》
- *the* Yamanote Line 山手線
- *the* Titanic タイタニック号
- *the* Orient Express オリエント急行
- on *the* telephone 電話で
- on *the* Internet インターネットで

❾ 《次のような種類の固有名詞に付けて》
- *the* Thames テムズ川
- *the* Bay of Tokyo 東京湾
- *the* Pacific (Ocean) 太平洋
- *the* English Channel イギリス海峡
- *the* Suez Canal スエズ運河
- *the* Philippines フィリピン諸島
- *the* Rockies ロッキー山脈
- *the* Sahara (Desert) サハラ砂漠
- *the* Florida Peninsula フロリダ半島
- *the* Netherlands オランダ
- *the* United States of America
アメリカ合衆国
- *The* Times タイムズ紙
- *the* Newsweek ニューズウィーク誌
- *the* Bible 聖書
- *the* Nara Period 奈良時代
- *the* French Revolution フランス革命
- Alexander *the* Great アレクサンダー大王

❿ 《楽器名などに付けて》
- play *the* violin [piano]
バイオリン[ピアノ]を弾く

⓫ 《普通名詞の単数形に付けて総称的に種類全体を表して》…というもの
- *The* horse is a useful animal.
馬は役に立つ動物だ

⓬ 《普通名詞の単数形に付けて抽象的概念を表して》
- *The* pen is mightier than *the* sword.
《ことわざ》ペンは剣より強し

⓭ 《名詞の複数形に付けて総称的に》 すべての…
- *The* Japanese love sushi.
日本人は寿司が好きだ

⓮ 《複数形の姓に付けて》 …一家, …家の人々, …夫妻
- *the* Smiths スミス一家, スミス夫妻

⓯ ((形容詞, 現在分詞, 過去分詞に付けて名詞となって))
(1) ((集合的な意味を表す))((ふつう複数扱い))
- *the* young 若者
- *the* unemployed 失業者
- *the* living and *the* dead 生者と死者

(2) ((抽象概念を表す))((単数扱い))
- *the* impossible 不可能なこと
- *the* beautiful 美しいこと, 美

⓰ ((単位を表す名詞に付けて))
- by *the* hour 時間決めで
- by *the* dozen ダース単位で
- Our car gets 15 kilometers to *the* liter.
うちの車はリッター当たり15キロメートル走る

⓱ ((体の一部を指して))
- hit A on *the* head Aの頭を殴る
- catch A by *the* arm Aの腕をつかむ

⓲ ((病名に付けて))
- (*the*) measles はしか
- (*the*) mumps おたふく風邪

⓳ ((名詞を強調して))
- Are you *the* Michael Jordan?
あなたがあのマイケル・ジョーダンですか

⓴ ((年代に付けて))

- *the* eighties of the twentieth century
20世紀の80年代

㉑ ((次の慣用表現で))
- in *the* morning [afternoon, evening]
午前[午後, 夕方]に
- in *the* rain 雨の中で
- in *the* sun 日なたで
- in *the* distance 遠方に
- by *the* way ところで
- on *the* whole 概して

■ 副
❶ ((the 比較級(*A*), the 比較級(*B*))) **A すればするほど B**
- *The* sooner, *the* better.
早ければ早いほどよい
- *The* higher you go, *the* colder the air will be. 高く上がるほど空気はより冷たくなる

❷ ((all) the 比較級)) それだけいっそう, ますます
- We loved the cat (all) *the* more for its sickliness. その猫は病気がちだっただけにいっそうかわいがられた
- Things are getting all *the* worse.
事態はますます悪化している

themselves

/ðəmsélvz ザムセルヴズ/
代 ((人称代名詞:theyの再帰代名詞))
❶ ((再帰用法))((他動詞や前置詞の目的語として))(彼ら[彼女ら]が)**自分たち自身を[に], (それらが)それら自体を[に]**
- They enjoyed *themselves*.
彼らは楽しく過ごした

❷ ((強調用法))(彼ら[彼女ら]が)自分たち自身(で), 自分たちみずから
- They will do it *themselves*.
彼らは自分たちでそれをやります

❸ 本来[平素]の彼ら, 本来[平素]の彼女ら

by themselves
彼ら[彼女ら・それら]だけで;独力で

for themselves
彼ら[彼女ら・それら]自身のために;独力で

then /ðén ゼン/

副 ((比較なし))
❶ **その時, その頃, (その)当時**
- just *then* ちょうどその時
- She will be away *then*.
彼女はその頃には不在だろう

❷ (時間的に順序を示して)**それから, (その)次に, そのあとで**
- I finished my homework *and then* went to bed. 宿題を済ましてから寝た

❸ ((ふつう文頭・文尾で)) それなら, それでは, そうすると
- What *then*? そうなったらどうなるだろうか

❹ ((会話を終わらせて)) では, じゃあ
- I'll talk to you later *then*.
じゃあまたあとで話そう
- See you tomorrow *then*. ではまたあした
- Bye, *then*. じゃあ, さよなら

❺ その上, さらに
- She is kind, *and then*, remarkably wise.
彼女は親切でおまけにきわめて賢い

back then 当時は
but then しかし一方では
(every) now and then ときどき
then and there = there and then
その時その場で, すぐに

■ 名 Ⓤ その時, その頃
- by *then* その時までに
- from *then* on その時から

theology /θiálədʒi スィアラヂ/ 名 ⓤ (特にキリスト教の)神学; ⓤⓒ 神学理論[体系]
　theological 形 神学(上)の, 神学的な
theorem /θíːərəm スィーアラム/ 名 ⓒ 【数学】定理;法則, 一般原理
theory /θíːəri スィーアリ/ 名
❶ ⓒ (…に関する)学説, 説, 理論 ((of..., about..., on...))
・Einstein's *theory of* relativity
アインシュタインの相対性理論
❷ ⓤ (学術的な)理論, 原理 (⇔ practice)
❸ ⓒ 推測, 憶測;(個人的な)見解, 持論
　theoretical 形 理論(上)の, 理論的な
　theoretically 副 理論上;理論的に
　theorist 名 ⓒ 理論家
therapy /θérəpi セラピ/
名 ⓤⓒ 治療, 療法, セラピー
・undergo *therapy* 治療を受ける
　therapeutic 形 治療(法)の
　therapist 名 ⓒ セラピスト, 治療士

there /ðər ザ; ((強)) ðéər ゼア/

副 ((比較なし))
❶ **そこに**, そこで;あそこに, あそこで
・Let's go *there*. あそこに行きましょう
・I live *there*. ぼくはあそこに住んでいる
・Stay *there*. そこにいなさい
・Look *there*. あそこを見なさい
・Are you *there*?
((電話などで)) もしもし, 聞いてますか
❷ ((次の用法で))
■ *there is* [*are*]... …がある, …がいる
・*There is* a store around the corner.
角を曲がった所に店があります
・*There are* many books in the bookstore. その書店には本がたくさんあります
・*There was* a tall tree in my garden.
庭に高い木が1本あった
・*There were* many people on the island.
その島にはたくさんの人がいた
❸ ((存在・出現などを表す自動詞と共に)) …が…する
・Once upon a time *there lived* a king.
昔々ひとりの王様が住んでいました
・*There arrived* the Queen Elizabeth II.
クイーン・エリザベス2世号が到着した
❹ ((文頭で注意を引いて)) そら, ほら
・*There* he comes! ほら, 彼が来たぞ
・*There* goes the bell. ベルが鳴っているよ

be there for A A(人)の力になる
・You know he'll always *be there for* you.
いつでも彼が君の力になってくれるからね
get there 到着する;成功する;理解する
here and there あちこちで
out there あそこに
over there あそこに
there and then = *then and there*
その時その場で, すぐに
There is no doing...
…することはできない
・*There is no* telling to whom he reveals the secret.
彼が誰に秘密をもらすか分かったものじゃない
There it is.
それが現実だよ, どうしようもない
There you are.
(1) あらそこにいたの
(2) はい, これをどうぞ
(3) ほらそこにあります
(4) ほら言ったとおりでしょう
There you go again. ほらまた始まった
up there あそこで, あそこの上で
■ 名 ⓤ そこ, あそこ
・in *there* そこで
■ 間
❶ やあ
・Hi [Hello], *there*. やあ, こんにちは
❷ ((満足・安心などを表して)) やれやれ, まあまあ, よしよし
・*There, there*. Don't cry.
よしよし, 泣くんじゃないよ
❸ ほら, やっぱり
・So *there*! そう決めた;((挑戦的に)) それみろ
thereafter /ðèəræftər ゼアラフタ/ 副 その後, それ以来
therefore /ðéərfɔːr ゼアフォー/ 副 それゆえに, したがって
・I think, *therefore* I am.
我思う, ゆえに我あり

there'll

/ðərl ザル; ((強)) ðéərl ゼアル/ ((くだけて))
❶ there will の縮約形
❷ there shall の縮約形
there're /ðéərər ゼアラ/ ((くだけて))
❶ there are の縮約形
❷ there were の縮約形
there's* /ðərz ザズ; ((強)) ðéərz ゼアズ/

((くだけて))
❶ there is の縮約形
❷ there has の縮約形

thermal /θə́ːrml サーマル/ 形
❶ 熱の, 熱による;温度の
- a *thermal* printer 感熱式プリンター
❷〈水が〉地熱で暖かい;温泉の
- *thermal* springs 温泉

thermometer /θərmámətər サママタ/ 名
C 温度計, 寒暖計;体温計
- a Celsius [centigrade] *thermometer* 摂氏温度計
- a Fahrenheit *thermometer* 華氏温度計

Thermos /θə́ːrməs サーモス/ 名 C ((しばしば thermos))【商標】魔法びん

thesaurus /θisɔ́ːrəs スィソーラス/ 名 (複 thesauri /θisɔ́ːrai/, thesauruses /θisɔ́ːrəsiz/) C 類語辞典, シソーラス

these /ðíːz ズィーズ/
((thisの複数形))
代 ((指示代名詞)) これら, これ
- *These* are mine. これは私のものです
■ 形 ((指示形容詞)) これらの, この
- *these* books これらの本
- one of *these* days 近いうちに

they /ðéi ゼイ/
代 ((人称代名詞:三人称複数の主格))
所有格 **their** /ゼア/
彼らの, 彼女らの, それらの
目的格 **them** /ゼム/
彼らに[を], 彼女らに[を], それらに[を]
所有代名詞 **theirs** /ゼアズ/
彼ら[彼女ら, それら]のもの
再帰代名詞 **themselves** /ザムセルヴズ/
彼ら[彼女ら, それら]自身に[を]
(単 主格 **he·she·it**)
❶ 彼らは[が], 彼女らは[が];それらは[が]
- *They* are my good friends.
彼らは私の大の仲良しです
❷ ((くだけて))((一般に))(世間の)人々;(ある地域にいる)人々
- *They* say that... …ということです
- *They* speak Spanish in Peru.
ペルーではスペイン語を話す

they'd* /ðéid ゼイド/ ((くだけて))
❶ they had の縮約形
❷ they would の縮約形

they'll /ðéil ゼイル/ ((くだけて))
❶ they will の縮約形
❷ they shall の縮約形

they're /ðər ザ; ((強)) ðéər ゼア/
((くだけて)) they are の縮約形

they've /ðéiv ゼイヴ/
((くだけて)) they have の縮約形

thick /θík スィク/
形副 比較 **thicker** /スィカ/
最上 **thickest** /スィカスト/
■ 形
❶〈物が〉厚い;((数量名詞を伴って))厚さ…の(⇔thin)
- a *thick* coat 厚手のコート
- a board one inch *thick* 厚さ1インチの板
❷〈文字・線などが〉太い,〈人・指・首などが〉ずんぐりした(⇔thin)
- a *thick* line 肉太の線
❸ (…で)いっぱいの((with...));〈群衆などが〉密集した,〈森林などが〉密生した;〈髪が〉濃い;〈煙・霧・液体などが〉濃い
- *thick* fog 濃霧
- *thick* stew 濃いシチュー
❹ ((くだけて))〈頭が〉鈍い, 愚鈍な
■ 副 厚く;太く;濃く;密に
thick and fast ひっきりなしに
■ 名 ((the thick)) 最も厚い[太い, 濃い, 密な]部分
thickly 副 厚く;太く, 濃く;密に
thickness 名 U|C 厚さ;太さ;濃さ;密生;C 層, 重ね

thicken /θíkən スィカン/ 動
■ 他 (…を)厚く[太く]する;〈…を〉(…と混ぜて)濃くする((with...))
■ 自 厚く[太く]なる;〈霧などが〉濃くなる

thief /θíːf スィーフ/
名 (複 **thieves** /θíːvz スィーヴズ/) C 泥棒

thieves /θíːvz スィーヴズ/ 名 thiefの複数形

thigh* /θái サイ/ 名 (複 **thighs** /サイズ/) C 【解剖】太もも

thin /θín スィン/
形副 比較 **thinner** /スィナ/
最上 **thinnest** /スィナスト/
■ 形

thing

❶ 〈物が〉**薄い**, 細い(⇔thick)
- a *thin* book 薄い本

❷ 〈文字・線などが〉**細い**；〈人・指・首などが〉やせた(⇔fat)
- *thin* fingers 細い指

❸ 〈群衆などが〉まばらな；〈液体などが〉薄い, 希薄な

❹ 〈声などが〉か細い

━ 副 薄く, 細く；まばらに

━ 動
━ 他 〈…を〉薄く[細く]する；〈…を〉まばらにする
━ 自 薄く[細く]なる；まばらになる

thinly 副 薄く, 細く；まばらに
thinner 名 ⓊⒸ シンナー, 薄め液
thinness 名 Ⓤ 薄さ；細さ；まばら

thing /θíŋ スィング/

名 (複 **things** /θíŋz スィングズ/)

❶ Ⓒ **物**, 物体
- a useful *thing* 役に立つ物
- living *things* 生物
- I like sweet *things*. 甘い物が好きだ

❷ Ⓒ **事**, 事柄
- say the right *thing* まともなことを言う
- Don't think such a *thing*.
  そんなことは考えるな

❸ ((things)) **持ち物**, 所持品；衣類；道具, 用品
- outdoor *things* 外出着
- tennis *things* テニス用品
- I must pack my *things*.
  身の回り品をまとめなくては
- Do all these *things* belong to you?
  これはみんなあなたのものですか
- 📖 Pack your *things* away.
  持ち物をしまってください

❹ ((things)) **事情**, 事態, 状況
- take *things* easy 物事を楽観する
- *Things* are getting better.
  事態は好転しつつある
- How are *things* (with you)?
  いかがお過ごしですか

❺ ((things))((形容詞を後ろに置いて)) …的なもの, 風物
- *things* Japanese 日本の風物

❻ ((the thing)) うってつけのもの, 流行しているもの
- This is just *the thing* for you.

これはあなたにまさにふさわしいものです

❼ Ⓒ (軽蔑や愛情を込めて)やつ
- a poor little *thing* かわいそうな子[動物]

as things are [stand] 現状では

first thing まず第一に

for one thing... (for another (thing)...)
一つには…(もう一つには…)

have a thing about A
A(物)が大好き[大嫌い]だ

last thing 最後に
📖 *For the last thing* today, let's ...
きょうは最後に…しましょう

make a (big) thing about [of] A
Aを問題にする；Aについて大騒ぎする

of all things こともあろうに

There is no such thing as A.
Aなどあるはずがない

The thing is... 実は…, 大事なのは…

think /θíŋk スィンク/

動 三単現 **thinks** /θíŋks スィンクス/
過去・過分 **thought** /θɔ́ːt ソート/
現分 **thinking** /θíŋkiŋ スィンキング/

━ 他

❶ **思う, 考える**
- *think (that)...* (…だと)思う, 考える；…しようと思う；…ではないかと思う
- I *think (that)* you're right.
  君は正しいと思う
- I *think* I'll do this tomorrow.
  これはあしたしようと思う
- I don't *think* it will snow tomorrow.
  あす雪は降らないと思う
- *think A (to be) C = A is thought to be C*
  AをCだと思う, AはCだと思われている
- He *thinks* himself wise.
  彼は自分を賢いと思っている
- He *is thought to be* a genius.
  彼は天才だと思われている

❷ ((次の用法で))((疑問詞で始まる疑問文で))
- *What* do you *think*? どう思いますか
- *What* do you *think* this is?
  これは何だと思いますか
- *Who* do you *think* wrote this?
  誰がこれを書いたと思いますか

❸ ((次の用法で))
- *think to do* …することを予期する

- I *never thought to* see you again.
またあなたに会えるとは思ってもみなかった
❹ ((cannotなどに続けて))…か分からない
- I *cannot think why* you did such a thing.
なぜあなたがそんなことをしたのか分からない
― 自
❶ 思う, 考える
- I *think* so. そう思います
- I don't *think* so. そうは思いません
- Let me *think*. ちょっと考えさせてくれ
❷ 予期する, 予想する
- *Just as I thought*, there was a surprise quiz today.
予想どおりきょうは抜き打ち小テストがあった
come to think of it
考えてみれば, そう言えば
Do you think (that) I could do?
…してもよろしいでしょうか
Do you think (that) you could do?
…していただけませんか
just think... 考えてもごらん
think about *A*
Aについて考える; Aを熟考する
- *Think about* what's important for you.
自分にとって何が大切か考えなさい
think again 考え直す, 考えが変わる
think badly of *A*
A(人)を悪く思う, Aに悪い感情を持つ
think better of *A*
(1) 考え直してAをやめる
- He reached for alcohol, but then *thought better of* it.
彼は酒に手を出そうとしたが思いとどまった
(2) A(人)をいっそう高く評価する, Aを見直す
think big でかいことを考える
think hard よく考える
think ill of *A*
A(人)を悪く思う, Aに悪い感情を持つ
think little [lightly] of *A*
Aを低く評価する; Aすることを苦にしない
think much [highly] of *A*
Aを高く評価する
think nothing of doing
…することを苦にしない, 何とも思わない
think of *A*
(1) Aについて考える; Aを熟考する
- *think of* the environment
環境について考える

(2) Aを思い出す
- I tried to *think of* her name.
彼女の名前を思い出そうとした
(3) Aを思い付く
- I *wouldn't think of* doing it.
それをやろうなどとは夢にも思わない
think of *A* ***as*** *B* AをBと見なす
- *think of* her *as* pretty
彼女をかわいいと思う
think of doing …しようと考える
think *A* ***out [through]*** = ***think out [through]*** *A* A(問題など)を考え抜く; A(計画・案など)を念入りに考え出す
think *A* ***over*** = ***think over*** *A*
A(事)をよく考える, Aを熟考する
think to oneself 心の中でひそかに思う
think twice
(行為の前に)再考する, よく考える
think *A* ***up*** = ***think up*** *A*
A(案など)を考え出す, 考案する
think well of *A*
A(人・人の仕事)をよく思う, 評価する
What do you think of [about] *A*?
Aをどう思いますか
― 名 C ((ふつう a think)) 考えること, 思考
- have *a think* about *A*
Aについてしばらく考える
| **thinker** 名 C 思想家
thinking /θíŋkɪŋ スィンキング/
動 thinkの現在分詞・動名詞
― 形 考える, 思考力のある
― 名 U 思考; 見解, 意見

third /θə́ːrd サード/

形 (略 3rd)
❶ ((ふつう the third)) **第3の**, 3番目の
- *third* base 【野球】3塁(ベース), サード
- the *third* person 【文法】(第)三人称
❷ ((a third)) **3分の1の**
― 名 (複 **thirds** /θə́ːrdz サーヅ/) (略 3rd)
❶ U ((ふつう the third)) **第3, 3番目**; 3番目の人[もの]
❷ U ((ふつう the third)) (月の)3日
❸ C **3分の1**
- two *thirds* 3分の2
| **thirdly** 副 第3に, 3番目に
third-rate /θə́ːrdréit サードレイト/ 形 3等[級]の; 劣等な, 下等な
thirst /θə́ːrst サースト/ 名

❶ ⓤ ((またa thirst))のどの渇き
・have *a thirst* のどが渇く
❷ ⓒ ((単数形で))(…への)渇望, 切望, 熱望 ((*for...*))

thirsty 形 のどの渇いた, のどの渇く；渇望している

thirteen /θə̀ːrtíːn サーティーン/

名 (複 **thirteens** /サーティーンズ/)
❶ ⓤⓒ (基数の)**13**；ⓤ ((複数扱い))13個, 13人
・unlucky *thirteen* 不吉の13
❷ ⓤ 13時, 13分
❸ ⓤ 13歳
━━ 形
❶ **13の**, 13個の, 13人の
❷ 13歳の

thirteenth /θə̀ːrtíːnθ サーティーンス/

形 (略 13th)
❶ ((ふつうthe thirteenth)) 第13の, 13番目の
❷ ((a thirteenth)) 13分の1の
━━ 名 (略 13th)
❶ ⓤ ((ふつうthe thirteenth)) 第13, 13番目；13番目の人[もの]
❷ ⓤ ((ふつうthe thirteenth)) (月の)13日
❸ ⓒ 13分の1

thirtieth /θə́ːrtiəθ サーティアス/

形 (略 30th)
❶ ((ふつうthe thirtieth)) 第30の, 30番目の
❷ ((a thirtieth)) 30分の1の
━━ 名 (略 30th)
❶ ⓤ ((ふつうthe thirtieth)) 第30, 30番目；30番目の人[もの]
❷ ⓤ ((ふつうthe thirtieth)) (月の)30日
❸ ⓒ 30分の1

thirty /θə́ːrti サーティ/

名 (複 **thirties** /サーティズ/)
❶ ⓤⓒ (基数の)**30**；ⓤ ((複数扱い))30個, 30人
❷ ⓤ 30分
❸ ⓤ 30歳；((*one's* thirties)) 30(歳)代
❹ ⓤ 【テニス】サーティー (二度目のポイント)
❺ ((the thirties)) (世紀の)30年代, 1930年代
━━ 形
❶ **30の**, 30個の, 30人の
❷ 30歳の

this /ðís ズィス/

代 (複 **these** /ズィーズ/)
❶ **これ**, こちら, この人
・What is *this*? これは何ですか
・*This* is your dictionary.
これはあなたの辞典です
・"Is *this* your umbrella?" "Yes, it is."["No, it isn't"]. 「これはあなたのかさですか」「はい, そうです」[「いいえ, 違います」]
・Do you like *this*? これは好きですか
・What's all *this*?
これはいったいどうしたことですか
・"Is *this* Mr. Yoshida?" "Yes, *this* is he [Yoshida]."
(電話で)「吉田さんですか」「はい, そうです」
・"Is *this* Tom?" "(Yes,) speaking."
「トム？」「そうだよ」
・Tom, *this* is Mary.
(人を紹介して)トム, こちらはメアリーです
❷ ((前に述べたこと・次に述べることを指して))**このこと, これ, 次のこと**
・Why do you say *this* to me.
どうして私に向かってこんなことを言うの
・Please remember *this*.
これから言うことを忘れないでください
❸ ((時間・場所を指して)) 今, きょう, 現在；ここ, この場所
・*This* is a lovely day, isn't it?
きょうはよいお天気ですね
・*This* is my first visit to Japan.
日本を訪れたのは今回が初めてです
❹ ((that(前者)と対比的に用いて)) 後者
this and that あれやこれや
This is it! いよいよその時が来たぞ；これなんだよ；そのとおりです
What's all this?
何だいこれは；いったいどうしたんだい
━━ 形 ((指示形容詞)) (複 **these** /ズィーズ/)
❶ **この**, こちらの
・*this* book この本
・*this* world この世界
・*This* way, please こちらへどうぞ
❷ 今の, 今日の, 現在の
・*this* morning けさ
・*this* afternoon きょうの午後
・*this* evening 今晩
・*this* week [month, year]
今週[今月, 今年]

- *this* summer この夏
- *this* time 今度は
  - ■ 副 これだけ, こんなに
- I didn't expect the exam to be *this* hard.
  試験がこんなに難しいとは思わなかった

thistle /θísl スィスル/ 名 C 【植物】あざみ (スコットランドの国花)

thorn /θɔ́ːrn ソーン/ 名 C (植物の)とげ, 針; C U 茨(いばら)
  | **thorny** 形 とげの多い; やっかいな

thorough /θə́ːrou サーロウ/ 形
  ❶〈行為などが〉徹底的な, 完璧(ペキ)な;〈人が〉...の点で〉きちょう面な((*in*...))
  ❷ ((くだけて)) まったくの, 根っからの
  | **thoroughly** 副 徹底的に; まったく

those /ðóuz ゾウズ/

((thatの複数形))
代 ((指示代名詞))
❶ あれら, あれ, それら, それ
- *Those* are my friends. あれは私の達です
❷ ((ふつう those (who)で)) (…する)人々
- *those* (who are) present 出席者
  ■ 形 ((指示形容詞)) **あれらの**, あの, それらの, その
- *those* cameras あれらのカメラ
- in *those* days あの頃は

though /ðóu ゾウ/

接
❶ …にもかかわらず, …ではあるが
- *Though* it was raining, I went out for a walk. 雨が降っていたが散歩に出かけた
- *Though* he became very rich and famous, he never stopped working.
  彼は金持ちで有名になったが, 仕事を続けた
❷ たとえ…でも (even if)
- *Even though* it may be difficult, you must do it.
  たとえ難しくても君はやらなければならない
❸ もっとも…ではあるが
- I'll give it a try, *though* I doubt if I can make it. できるとは思わないけどやってみるよ

as though... あたかも…のように (as if)
- She uses English *as though* it were her native tongue.
  彼女はまるで母国語のように英語を使う
  ■ 副 ((比較なし)) ((文尾に用いて)) **でも**, だが

- The exam was difficult, *though*.
  でも試験は難しかったです
- The novel was written by a famous writer, but not interesting, *though*.
  その小説は有名な作家が書いている, おもしろくはないけれど

thought¹ /θɔ́ːt ソート/

動 thinkの過去形・過去分詞

thought²* /θɔ́ːt ソート/
名 (複 **thoughts** /θɔ́ːts ソーツ/)
❶ C U (…についての) 考え, 案, 思い付き; ((ふつう thoughts)) 意見 ((*on*..., *about*...))
- a bright *thought* 名案
- That's a *thought*! それはいい考えだ
❷ U 思考, 思索, 考慮
- act without *thought* 考えなしで行動する
- *on second thought* (考え直してみて) やはり
❸ U C (…への) 思いやり, 心づかい, 配慮 ((*for*...))
❹ U (特定の時代・民族などの) 思想
  | **thoughtless** 形 軽率な; 不注意な; 思いやりのない
  | **thoughtlessly** 副 軽率に, 不注意に
  | **thoughtlessness** 名 U 軽率さ, 不注意

thoughtful /θɔ́ːtfəl ソートファル/ 形
❶〈人などが〉考え込んでいる; 思慮深い
❷〈人が〉思いやりのある, 親切な
  | **thoughtfully** 副 考え込んで; 親切に
  | **thoughtfulness** 名 U 思いやり, 親切

thousand /θáuzənd サウザンド/

名 (複 **thousand**, **thousands** /θáuzəndz サウザンヅ/)
❶ U C (基数の) **1,000**, 千; U ((複数扱い)) 1,000個, 1,000人
- a [one] *thousand* 千
- ten *thousand* 1万
- a [one] hundred *thousand* 10万
❷ C 1,000人[個]一組のもの
❸ ((thousands)) 何千, 数千; 多数, 無数
- *thousands of A* 何千もの[無数の]A
a thousand to one 確実に, きっと
one in a thousand
  千に1つ, 千人に1人, ずば抜けた人[物]
  ■ 形 **1,000の**, 1,000個の, 1,000人の

thousandth /θáuzəndθ サウザンドス/
形 (略 1000th)
❶ ((ふつう the thousandth)) 第1,000の,

thrash

1,000番目の
❷ ((a thousandth)) 1,000分の1の
━名 (略 1000th)
❶ ⓤ ((ふつう the thousandth)) 第1,000, 1,000番目の人[もの]
❷ ⓒ 1,000分の1

thrash /θrǽʃ スラシュ/ 動
━他 〈人・動物を〉(罰として)むち打つ
━自 のたうち回る, もがく
thrash A out = thrash out A
A(問題など)を徹底的に議論する
thrashing 名 ⓒ むち打ち

thread* /θréd スレド/
名 (複 threads /スレヅ/)
❶ ⓤⓒ 糸, 縫い糸
・sew with *thread* 糸で縫う
❷ ⓒ (話などの)筋, 脈絡
❸ ⓒ 糸状の物, (光などの)細い線, くもの糸
❹ ⓒ 【インターネット】スレッド
━動 他 〈針に〉糸を通す; 〈じゅず玉などを〉糸に通す

threat /θrét スレト/ 名
❶ ⓤⓒ (…するという)おどし, 脅迫((*to do*))
・make a *threat* against *A* A(人)をおどす
❷ ⓒ ((ふつう単数形で)) (悪いことの)恐れ, 前兆((*of*...))

threaten /θrétn スレトン/ 動
━他
❶ 〈人を〉脅迫する, おどす
▪ *threaten to do* …するぞと脅迫する
❷ 〈…の〉恐れがある, 前兆である
▪ *threaten to do* …する恐れがある
・*be threatened with A*
A(不安なこと)の恐れがある
━自 脅迫する, おどす; 〈悪いことが〉迫っている
threatening 形 脅迫の; 〈天候などが〉荒れそうな

three /θríː スリー/

名 (複 threes /スリーズ/)
❶ ⓤⓒ (基数の)3; ⓤ ((複数扱い))3つ, 3個, 3人
・One plus two is *three*. 1足す2は3
❷ ⓤ 3時, 3分
・It's *three* twenty now. 今3時20分です
❸ ⓤ 3歳
❹ ⓒ 3人[個]一組のもの
━形
❶ 3の, 3個の, 3人の
❷ 3歳の

three-dimensional /θríːdiménʃənəl スリーディメンシャナル/ 形 3次元の, 立体の

threefold /θríːfóuld スリーフォウルド/
形 三重の, 3倍の
━副 三重に, 3倍に

three-quarter /θríːkwɔ́ːtər スリークウォーター/ 形 〈長さが〉4分の3の; 〈衣類が〉7分(ぶ)の

threshold /θréʃhould スレショウルド/ 名 ⓒ
❶ 敷居, 入り口
❷ 発端, 出発点

threw /θrúː スルー/ 動 throw の過去形

thrift /θríft スリフト/ 名 ⓤ 倹約, 節約

thrill /θríl スリル/
動
━他 〈人を〉(…で)ぞくぞく[わくわく]させる((*with*..., *at*..., *by*...))
━自 (…で)ぞくぞく[わくわく]する((*to*..., *at*..., *with*...))
━名 ⓒ ぞくぞく[わくわく]すること, 身震い, スリル
thrilled 形 ぞくぞく[わくわく]した
thriller 名 ⓒ スリラー小説[映画]
thrilling 形 ぞくぞくさせる, スリル満点の
thrillingly 副 わくわく[ぞくぞく]するように, スリル満点に

thrive /θráiv スライヴ/
動 三単現 **thrives** /スライヴズ/
過去 **thrived** /スライヴド/,
　　((米)) **throve** /スロウヴ/
過分 **thrived** /スライヴド/,
　　((米)) **thriven** /スリヴァン/
現分 **thriving** /スライヴィング/
━自
❶ 〈国・事業などが〉(…で)栄える, 繁盛する; 成功する((*on*...))
❷ 〈動植物が〉(…で)育つ((*on*...))
thriving 形 〈商売などが〉繁盛している

thriven /θrívən スリヴァン/ 動 ((米)) thrive の過去分詞

throat* /θróut スロウト/
名 (複 throats /スロウツ/) ⓒ のど
・I have a sore *throat*. のどが痛い
cut one's own throat 自滅する
stick in A's throat 〈骨などが〉A(人)ののどに引っかかる; 〈言葉が〉なかなか出てこない

throne /θróun スロウン/ 名 ⓒ 王座, 玉座; ((the throne)) 王位, 王権

through /θrúː スルー/

前

❶ ((貫通・通過))**…を通り抜けて, …を通って**；(騒音などに)かき消されずに
- pass *through* customs 税関を通り抜ける
- drive *through* a toll gate
  料金所を通過する
- look outside *through* the window
  窓から外を見る
- speak *through* the boos of crowd
  観衆のブーイングに負けないくらいの声で話す

❷ ((期間))**…の間じゅう, …の初めから終わりまで**；…(の終わり)まで
- all *through* the year 1年じゅう
- work (from) Monday *through* Friday
  月曜日から金曜日まで働く

❸ ((手段・媒介))**…によって**, …のおかげで
- contact him *through* the Internet
  インターネットで彼と連絡を取る
- succeed *through* hard work
  努力により成功する

❹ ((場所))**…のあちこちを, …の至る所を[に]**
- search *through* the house
  家じゅうをくまなく探す

❺ ((原因・理由))**…のために**
- make a mistake *through* carelessness
  不注意から間違える

❻ ((終了・経験))**…を終えて, …を経験して**
- I'm halfway *through* the book.
  その本を半分読んだ
- go *through* a surgery 外科手術を受ける

― 副 ((比較なし))

❶ **通り抜けて**；(目的地まで)ずっと((*to...*))
- walk *through* 歩いて通り抜ける
- We drove all the way *through to* Boston. ぼくたちはボストンまでずっと車で行った

❷ **ずっと, 初めから終わりまで**
- read the book *through* 本を通読する
- Hear me *through*.
  私の言うことを最後まで聞け

❸ **すっかり**
- be wet [soaked] *through* ずぶぬれになる

❹ (…を)終えて, 終わって；(…との)関係を断って((*with...*))
- Are you *through with* lunch?
  昼食はもう済みましたか

❺ ((電話で)) ((米))〈話が〉終わって；((英))(人などに)つながって((*to...*))

through and through
すっかり, 徹底的に

― 形 ((比較なし))

❶ 〈列車などが〉直通の；〈切符などが〉通しの
- a *through* train 直通列車
- a *through* ticket 通し切符

❷ 〈道路などが〉通り抜けられる
- *Through* traffic ((掲示))車両通行可能

throughout* /θruːáut スルーアウト/

前

❶ ((場所))**…の至る所に**
- *throughout* the land 全国津々浦々まで

❷ ((期間))**…の間じゅう, …の初めから終わりまで**
- *throughout* the night ひと晩じゅうずっと

― 副 ((比較なし)) ((ふつう文尾で))

❶ どこもかしこも；すっかり；あらゆる点で
- The plan seems sound *throughout*.
  その計画は十全と思われる

❷ ずっと, 初めから終わりまで

throve /θróuv スロウヴ/ 動 ((米))thrive の過去形

throw ☞ 656ページにあります

throwaway /θróuəwèi スロウアウェイ/ 形
使い捨ての；〈言葉などが〉さりげない

through-in /θróuìn スロウイン/ 名 C (サッカーなどの)スローイン

thrown /θróun スロウン/ 動 throw の過去分詞

thrust /θrʌ́st スラスト/

動 三単現 **thrusts** /θrʌ́sts/
過去・過分 **thrust**
現分 **thrusting** /θrʌ́stiŋ/

― 他

❶ 〈…を〉強く押す, 突く；〈道を〉押し分けて進む
- He *thrust* me aside.
  彼はぼくを脇(ネッ)へ押しやった

❷ 〈ナイフなどを〉(…に)突き刺す((*into...*))

― 自 ぐいと押す；刺す；(…に)突きかかる((*at...*))

― 名 C (力強い)押し, 突き；U (運動などの)推進力

thud /θʌ́d サド/

名 C ドン[ドスン]という音

― 動 自 ドン[ドスン]と低い音を立てて落ちる[当たる]

➡ ➡ ➡ 656ページに続く ➡ ➡ ➡

throw /θróu スロウ/

動 三単現 **throws** /スロウズ/
過去 **threw** /スルー/
過分 **thrown** /スロウン/
現分 **throwing** /スロウイング/

— 他

❶ 〈物を〉**投げる**, ほうる, 投げてやる;〈ミサイルなどを〉発射する
・I *throw* a ball 30 meters.
  ボールを30メートル投げられる
■ *throw A B* = *throw B to A*
  A(人・動物)にB(物)を投げつける
・*throw* a stone *to* a dog 犬に石を投げる
■ *throw A B* = *throw B at A*
  A(人・物)にB(物)を投げつける;A(人)にB(言葉・視線など)を投げかける
・She *threw* an angry look *at* me.
  彼女はぼくを怒りの目で見た
❷〈精力などを〉(仕事などに)投入する;〈人・事を〉急に(…の状態に)する((*into*...))
・*throw one's* energy *into* study
  勉強に精力を傾ける
❸〈影・光などを〉(…に)浴びせる((*on*...))
❹〈さいころを〉投げる, 振る
❺〈体の一部を〉急に動かす, 投げ倒す
・*throw oneself* on the bed
  ベッドに身を投げ出す
❻〈パーティーなどを〉催す

— 自 **投げる**, ほうる

・How far can you *throw*?
  どれだけボールを投げられますか

throw A around* = *throw around A
A(物)を投げ散らかす;A(金など)を(…に)浪費する((*on*...))

throw A aside* = *throw aside A
A(計画など)を放棄する, 没にする

throw A away* = *throw away A
A(物)を(投げ)捨てる;A(金など)を(…で)むだにする((*on*...));A(機会など)を見逃す

throw A down* = *throw down A
Aを(投げ)下ろす;A(武器など)を放棄する;A(飲食物)をのどに放り込む

throw A in* = *throw in A Aを投げ入れる;【スポーツ】スローインする;((米))A(言葉)を差しはさむ;A(おまけ)を付ける

throw A off* = *throw off A
A(服)をさっと脱ぐ;A(習慣など)を振り捨てる;A(追跡者など)をまく

throw A on* = *throw on A
A(服)をさっと着る

throw A open* = *throw open A
A(ドアなど)をさっと開ける;A(場所)を開放[公開]する

throw A out* = *throw out A
A(物)を外へ投げ出す, 捨てる;A(偏見など)を捨てる;(…から)A(人)を追い出す((*of*...))

throw over A A(物)を投げて渡す;A(条約)を破棄する;A(政府など)を打ち倒す

throw oneself into A A(仕事など)に打ち込む;A(腕・いすなど)に身を投げ入れる

throw A together* = *throw together A A(食事など)を簡単に用意する

throw A up* = *throw up A
A(物)を投げ上げる;A(機会など)を断念する;A(食べ物など)を吐く

— **名** (複) **throws** /スロウズ/ C

❶ 投げること, 投球;(さいころの)ひと振り
❷ 投げられた距離, 投げて届く距離
・at a stone's *throw* 石を投げて届く距離に

thumb /θʌ́m サム/

名 (複) **thumbs** /サムズ/ C
(手の)**親指**;(手袋などの)親指
Thumbs up! いいぞ, オーケー
Thumbs down! だめだ, ノー
under A's thumb
A(人)の言いなりになって

— **動**

— 他

❶〈物を〉親指で動かす, 押す, 触れる
❷〈本などを〉親指でめくる
❸〈ヒッチハイカーが〉〈車への便乗を〉親指を上げて頼む
・*thumb* a ride ヒッチハイクする

— 自 親指で動かす[押す, 触れる];ヒッチハイクする

thumbnail /θʌ́mnèil サムネイル/ 名 C 親指の爪;【コンピュータ】サムネイル

thumbtack /θʌ́mtæk サムタク/ 名 C ((米))画鋲

thunder /θʌ́ndər サンダ/
名
❶ U 雷, 雷鳴

- a clap [crash, roll] of *thunder* 雷鳴
- *thunder* and lightning 雷鳴と稲光

❷ ⓤⓒ 雷のように大きな音

━ 動 自
❶ ((it を主語にして))雷が鳴る
❷ 大きな音を立てる, とどろく;(人に)どなる((*at...*))

thunderous 形 雷のような, とどろきわたる;非常に怒ったような

thunderbolt /θʌ́ndərbòult サンダボウルト/ 名 ⓒ 雷電, 落雷

thunderstorm /θʌ́ndərstɔ̀:rm サンダストーム/ 名 ⓒ 激しい雷雨

Thur., Thurs. ((略)) *Thurs*day 木曜日

Thursday

/θə́:rzdei **サ**ーズデイ, θə́:rzdi **サ**ーズディ/

名 (複 **Thursdays** /サーズデイズ/) ⓤⓒ
木曜日 (略 Thurs., Thur., Th.);((形容詞的に))木曜日の

- *on Thursday* 木曜日に
- *on Thursdays* 毎週木曜日に
- (*on*) *Thursday* morning 木曜日の朝に

thus* /ðʌ́s ザス/ 副 ((比較なし))((改まって))
❶ したがって, それゆえに, だから
❷ このように(in this way)
❸ ((形容詞・副詞を修飾して))この程度まで
- *thus* far ここまで(は), 今までのところは

tick¹ /tík ティク/
名 ⓒ
❶ (時計などの)カチカチという音
❷ ((英))(正解・確認などの)しるし(✓)
━ 動
━ 自 〈時計などが〉カチカチ音を立てる
━ 他 ((英))〈項目などに〉✓じるしを付ける

tick² /tík ティク/ 名 ⓒ 〖昆虫〗だに

ticket

/tíkət **ティ**カト/

名 (複 **tickets** /ティカツ/) ⓒ
❶ **切符, 券**;(…の)**入場券**((*to...*));(…行きの)乗車券((*for..., to...*))
- a *ticket* office 切符売り場
- a one-way *ticket* 片道切符
- a round-trip [((英)) return] *ticket* 往復切符
- a commutation *ticket* 定期券
- a plane *ticket* 航空券
- buy a train *ticket to* [*for*] Kyoto 京都までの切符を買う

❷ 札, 値札, ラベル;くじ券
- a lottery *ticket* 宝くじ
❸ (交通違反者に対する)反則切符
━ 動 他
❶ ⟨…に⟩札を付ける
❷ ((ふつう受身で))〈人に〉切符を発売する[渡す];〈人に〉(交通違反の)反則切符を渡す

tickle /tíkl ティクル/ 動
━ 他 〈体の一部を〉くすぐる;むずむずさせる
━ 自 〈体の一部が〉くすぐったい;むずむずする

ticktack /tíktæk ティクタク/ 名 ⓒ (時計などの)カチカチいう音;心臓の鼓動

tidal /táidl タイドル/ 形 潮の(作用を受ける), 潮流の;干満のある
- a *tidal* wave 高波, 津波

tide /táid タイド/
名
❶ ⓤⓒ 潮(の満ち干);潮流
- low [high] *tide* 干[満]潮
❷ ⓒ ((ふつう単数形で))(世論などの)流れ, 風潮, 傾向, 時流
━ 動 他 ((次の成句で))
tide A over B
A(人)にB(困難など)を乗り切らせる

tidy

/táidi **タ**イディ/

形 比較 **tidier** /タイディア/
最上 **tidiest** /タイディアスト/
❶ 〈部屋などが〉**きちんとかたづいた**, 整とんされた;〈人などが〉きれい好きな
- keep a room *tidy* 部屋をきちんとかたづけておく
📖 Are your desks *tidy*? 机はきれいですか
❷ ((くだけて))⟨金・量などが⟩かなりの, 相当の
━ 動
━ 他 〈場所を〉**かたづける**, 整とんする((*up*))
- *tidy up* my desk 私の机の上をかたづける
━ 自 かたづける, 整とんする((*up*))

tidily 副 こぎれいに, きちんと

tie

/tái **タ**イ/

動 三単現 **ties** /タイズ/
過去・過分 **tied** /タイド/
現分 **tying** /タイイング/
━ 他
❶ ⟨…を⟩**結ぶ**, しばる;束ねる;(…に)つなぐ((*to...*))
- *tie* a tie ネクタイを結ぶ

- *tie* the rope tight ロープを堅く結ぶ
- *tie one's* shoes 靴ひもを結ぶ
- *tie* the books together 本を束ねる
- *tie* a dog *to* a tree 犬を木につなぐ

❷〈人を〉(…に)束縛する, 拘束する((*to...*))
- I *am tied to* my work.
仕事にしばられている
- My hands *are tied*. 手がふさがっている

❸〈相手と〉(競技で)同点になる, タイになる;〈得点・試合を〉同点にする
- *tie* the game 試合で同点に追いつく

❹((ふつう受身で))〈事を〉(…に)関連づける((*to...*))

━自

❶〈ひもなどが〉結べる
- These shoelaces don't *tie* easily.
この靴ひもは容易に結べない

❷(試合などで)(…と)タイになる((*with...*))
- The two teams *tied* for first place.
両チームは1位を分け合った

tie in
〈話などが〉(…と)一致する((*to..., with...*))
tie together 〈話などが〉合致する
tie up (…と)関連[提携]する((*with...*))
tie A up = tie up A A(人など)をしばりつける;Aを(…と)関連づける;A(人)を束縛する;A(人)が(仕事で)忙しい((*with...*))

━名(複 **ties** /タイズ/) C

❶ ネクタイ;結びひも;結び目
- wear a *tie* ネクタイをしている

❷((ふつう ties))(…との)つながり, きずな, 関係((*with..., to...*))

❸ 同点, 引き分け, タイ
- end in a *tie* (試合が)引き分けに終わる

tiger /táigər タイガ/ 名 C【動物】(雄の)虎(とら)

tight /táit タイト/

形 副 比較 **tighter** /タイタ/
最上 **tightest** /タイタスト/

━形

❶〈結び目などが〉堅く結ばれた, しっかり締まった;〈衣服などが〉きつい, ぴったりした(⇔loose)
- a *tight* drawer 開けにくい引き出し
- This shirt is *tight* around the neck.
このシャツは首周りがきつい

❷〈ひもなどが〉ぴんと張った

❸〈時間・金などが〉余裕のない, ぎりぎりの
- a *tight* schedule 過密な日程

❹〈管理・警備などが〉厳しい, 厳重な

❺〈試合などが〉接戦の

━副 堅く, しっかりと, きつく;十分に
- hold the baby *tight*
赤ちゃんをしっかり抱きしめる
- Sleep *tight*! ぐっすりおやすみ

tightly 副 堅く, きつく
tightness 名 U きつさ;窮屈さ

tighten /táitn タイトン/ 動
━他

❶〈ベルト・ねじ・ふたなどを〉きつく締める;〈…を〉ぴんと張る

❷〈法律・警備などを〉強化する, 厳しくする

━自 きつく締まる;ぴんと張る((*up*))

tightrope /táitròup タイトロウプ/ 名 C (綱渡り用の)渡り綱
- walk (on) a *tightrope*
綱渡りをする;((比喩))危ない橋を渡る

tights /táits タイツ/ 名 ((複数扱い))タイツ;((英))(パンティー)ストッキング

tigress /táigrəs タイグラス/ 名 C (雌の)虎(とら)

tile /táil タイル/
名 C タイル;屋根がわら
━動 他〈床に〉タイルを張る;〈屋根を〉かわらでふく

till¹ /təl タル; ((強)) tíl ティル/

前

❶((継続))…まで(ずっと)(until)
- sit up *till* midnight 夜中まで起きている
- The store is open from 7 a.m. *till* 11 p.m. every day.
その店は毎日朝7時から夜11時まで開いている

❷((否定文で))…までは(…しない), …になって初めて(…する)
- It was *not till* after midnight that I arrived at my hotel.
真夜中を過ぎてようやくホテルに着いた

━接

❶((継続))…するまで(ずっと)(until)
- I'll wait *till* she comes.
彼女が来るまで待ちます

❷(結果・程度)…してついに, …するほどまで
- She cried and cried, *till* she could cry no more. 彼女はもう泣けなくなるまで泣いた

❸((否定文で))…するまでは(…しない), …して初めて(…する)
- We won't have dinner *till* he returns.
彼が戻るまでは食事にしません

till² /tíl ティル/ 名 C （商店などの）現金用引き出し

tilt /tílt ティルト/
— 動 他 〈物を〉傾ける, 〈首を〉かしげる
— 自 (…に)傾く ((*to...*, *toward...*))
— 名 C 傾き, 傾けること

timber /tímbər ティンバ/ 名
① U ((英))（建築・家具用などの）材木, 用材 (((米)) lumber)
② U （製材用の）立ち木, 樹木；森林
③ C （建物の）梁(はり), 横木

time ☞ 660ページにあります

time-consuming /táimkənsùːmiŋ タイムカンスーミング/ 形 時間のかかる, 時間をくう

timer /táimər タイマ/ 名 C ストップウォッチ；（機械の）タイマー

Times /táimz タイムズ/ 名 ((The Times))『ロンドンタイムズ』(1785年創刊で影響力の大きい英国の全国紙)

timetable /táimtèibl タイムテイブル/ 名 C
① 時刻表；予定表
② ((英))（授業の）時間割

timid /tímid ティミド/ 形 臆病(おくびょう)な, 気の小さい；おどおどした
timidly 副 臆病そうに；おどおどして

timing /táimiŋ タイミング/ 名 UC タイミング, 時機[時間]（の選択）；U 間の取り方

tin /tín ティン/ 名
① U 【化学】錫(すず)（元素記号 Sn）；ブリキ
② C ((英)) ブリキ缶, 缶詰 (can)

tingle /tíŋgl ティングル/
動 自 〈体の一部が〉(…で)ひりひりする, うずく ((*with...*))
— 名 ((ふつう a tingle)) ひりひりする痛み

tinkle /tíŋkl ティンクル/
動
— 自 チリンチリン[リンリン]と鳴る
— 他 〈鈴などを〉チリンチリン[リンリン]と鳴らす
— 名 C チリンチリン[リンリン]という音

tiny* /táini タイニ/
形 比較 **tinier** /タイニア/
最上 **tiniest** /タイニアスト/
とても小さい, ごくわずかな (⇔ huge)

tip¹ /típ ティプ/ 名 C （とがった）先, 先端；先端に付ける物
・the *tip* of *one's* finger 指先

on the tip of one's tongue
〈言葉が〉のどまで出かかって

tip² /típ ティプ/
名 C
① チップ, 心づけ
・give the waiter a *tip*
ウエーターにチップを渡す
② （…についての）助言, アドバイス；知恵, 秘訣(ひけつ)；情報 ((*about...*, *on...*))
— 動
— 他 〈人に〉チップを渡す
・*tip* the driver a dollar
運転手に1ドルのチップを渡す
— 自 チップを渡す

tip³ /típ ティプ/ 動
— 他 〈物を〉傾ける, ひっくり返す ((*over*))
— 自 傾く, ひっくり返る ((*over*, *up*))

tip⁴ /típ ティプ/
名 C 軽打；【野球】チップ
— 動 他 【野球】〈ボールを〉チップする

tiptoe /típtou ティプトウ/
名 C つま先
・on *tiptoe(s)* つま先で；忍び足で
— 動 自 つま先[忍び足]で歩く ((*over*))

tire¹, ((英)) **tyre** /táiər タイア/ 名 C （車などの）タイヤ
・have a flat *tire* タイヤがパンクする

tire² /táiər タイア/ 動
— 他 〈人を〉疲れさせる, うんざりさせる ((*out*))
— 自 疲れる；(…に)飽きる ((*of...*))
tireless 形 疲れを知らない；不断の
tirelessly 副 たゆみなく
tiring 形 骨の折れる, 疲れさせる

tired /táiərd タイアド/

動 tire² の過去形・過去分詞
— 形
比較 **more tired**, **tireder** /タイアダ/
最上 **most tired**, **tiredest** /タイアダスト/
① (…で)**疲れた**, くたびれた ((*from...*))
・feel *tired* 疲れを感じる
・get *tired* 疲れる
・She is *tired* from walking.
彼女は歩き疲れている
② (…に)**飽きた**, うんざりした ((*of...*))
・get *tired* of the same story
同じ話に飽き飽きする
tiredness 名 U 疲労

➡➡➡ 661ページに続く ➡➡➡

time /táim タイム/

名 (複 **times** /タイムズ/)

❶ U ((無冠詞で)) **時間**, 時;歳月
- a *time* difference 時差
- *time* and space 時間と空間
- Do you have some *time*?
  時間はありますか
- ***Time*** flies. ((ことわざ)) 光陰矢のごとし
- ***Time*** is money. ((ことわざ)) 時は金(ﾈ)なり
- ***Time*** and tide wait for no man.
  ((ことわざ)) 歳月人を待たず
- ***Time*** will tell. 時がたてば分かる
- a *time* machine タイムマシン
- 📖 We have plenty of *time*.
  時間は十分ありますからね
- 📖 You'll have to spend some *time* practicing this.
  これにはもう少し練習が必要ですね

❷ U **時刻**, …時
- What *time* is it (now)? = ((米))((くだけて))
  Do you have the *time*? 今何時ですか
- What *time* does the school finish?
  学校は何時に終わりますか

❸ U (基準となる)**時間**;(…のための)時間, ひま, 余暇((*for*...)); C ((しばしば a *time*))(特定の経験を伴った)時間, 時
- local *time* 現地時間
- standard *time* 標準時間
- a *time* card タイムカード
- a *time* limit 制限時間, 締め切り
- have a good *time* 楽しい時間を過ごす
- have *a* rough *time* ひどい目に遭う
- ■ **have *time* to** *do* …する時間がある
- ■ **have no *time* to** *do* …する時間がない
- Can you spare the *time* to talk?
  お話しする時間はありますか
- ■ **it's *time* for** *A* Aの時間です
- ■ **it's *time* to** *do* …する時間です
- 📖 *It's time to* finish. 終わりの時間ですよ
- 📖 *It's* almost *time to* stop.
  そろそろ終わりの時間です

❹ U (特定の)**時期**, 頃;時節
- the *time* when the cherry blossoms are in full bloom 桜が満開の頃
- at this *time* of (the) year
  1年のうちでこの時期に

❺ U C (…の)**時機**, 機会;好機((*for*...))

- ■ **it's the first *time*** (*that*)... …は初めてです
- ■ **it's about [high] *time* to** *do* …する時だ
- ■ **it's about [high] *time*** (*that*)... …する時だ
- Now is the *time* to act.
  今こそ行動すべき時だ

❻ C ((しばしば times))(歴史上の)**時代**, 時期;(ある特徴がある)時勢;景気
- ancient *times* 古代
- modern *times* 現代
- *Times* have changed. 時代は変わった
- *Times* are good [bad]. 景気がよい[悪い]

❼ C **…回, …度**
- this *time* 今度
- take medicines three *times* a day.
  1日3回薬を飲む
- 📖 One more *time*, please.
  もう一度言ってみてください

❽ ((times)) **…倍**
- Three *times* four is twelve.
  4の3倍は12だ
- That sumo wrestler is three *times* as heavy as I. その関取は体重が私の3倍ある

❾ U C 【スポーツ】(ゲームなどの)時間, タイム, 所要時間
- What was her *time* in the 100 meters?
  100メートル走の彼女のタイムはどれだけでしたか

❿ U 勤務時間;時給, 日給額
- work full [part] *time* 常勤[パート]で働く

⓫ U 【音楽】テンポ;拍子;リズム
- beat *time* 拍子を取る

ahead of time 定刻より早く
ahead of one's ***time*** 時代に先駆けて
all the time
その間ずっと;いつも, 常に;…している間ずっと
- He listened to music *all the time* he's driving to work. 仕事へ車を走らせている間彼はずっと音楽を聞いていた
- 📖 You're getting better at it *all the time*.
  だんだんよくなってますよ

Any time.
(感謝の言葉に答えて)どういたしまして
any time... …する時はいつでも
at all times いつも, 常に
at any time いつでも
at a time 一度に
at no time 決して…ない
at one time 昔は, かつて;同時に

at that [the] time 当時は,その頃は
at the same time 同時に;それでも
at this time 今のところ;この時
at this time of (the) day
こんな時刻になって,こんなに遅く
at times ときどき,折々
before one's time
(人が)生まれる前に;時代に先駆けて
behind the times 時代[流行]に遅れた
behind time 定刻より遅れて
by the time... …する時までには
each time 毎回
each time... …するたびに
every time 毎回
every time... …するたびに
for a long time 長い間
for a short time 短い間
for a time しばらくの間
for some time かなり長い間
for the first time 初めて
for the last time (それを)最後に
for the time being さしあたって,当分
from time to time ときどき,折々
gain time 〈時計が〉進む;ぐずぐず遅らせる,時間稼ぎをする
have a good time 楽しく過ごす
・*Have a good time*! 楽しんできてね
have a hard time つらい目に遭う
have no time for A A〈物・事〉に時間を使う余裕がない;Aにかかわりたくない
in no time (at all) ただちに
in one's own (good) time
自分の都合のよい時に,自分のペースで
in time
(1) (…に)間に合って(*for...*)
・He arrived *in time for* the concert.
彼はコンサートに間に合った
(2) やがては
keep good [bad] time
〈時計が〉時間が正確である[でない]

keep time 時間を記録する;拍子を取る
keep up with the times
流行に付いて行く
kill time 時間[ひま]をつぶす
lose no time in doing すぐに…する
lose time
〈時計が〉遅れる;時間をむだにつぶす
make good [poor] time
(予定より)速く[遅く]進む
once upon a time 昔々
on time 時間どおりに
out of time
時期はずれの;調子はずれの;時間がなくなって
🔲 We've run *out of time*, so we'll continue next class. 時間がなくなりましたので,次の授業で続けましょう
some other time いつかまた
some time (未来・過去の)いつか
take time 時間をかける;(…するのに)時間がかかる((*to do*))
take one's time のんびりやる
・*Take your time.*
(急がないので)ゆっくりやってください
take time off [out]
(…するのに)時間を作る((*to do*))
・*take time out* from work *to* have coffee
仕事の手を休めてコーヒーを飲む
(the) next time... 今度…する時に
this time 今度は
time after time 何度も何度も,しばしば
with time 時がたつにつれて
━━ **動** 他
❶ 〈時計を〉(…に)合わせる((*for...*));(…するように)〈列車などの〉時間を調整する((*to do*))
❷ 〈速度を〉計る,〈走者などの〉時間[速度]を計る
❸ (…に)拍子を合わせる((*to...*))
timeless 形 永久の,果てしない;不変の
timely 形 時宜(じぎ)を得た,タイミングのよい

tissue /tíʃu: ティシュー/ 名
❶ Ü【生物】(生物の体の)組織
❷ C ティッシュペーパー
・a sheet [piece] of *tissue* ティッシュ1枚
・a box of *tissues* ティッシュペーパー1箱
title* /táitl タイトル/
名 (複 **titles** /táitlz タイトルズ/) C
❶ **書名**, 題名, 表題, タイトル; 本, 出版物

・new *titles* 新刊本
❷ (Mr, Ms, Dr. などの)**肩書き**, 称号, 敬称; 学位, 爵位
❸【スポーツ】**タイトル**, 選手権
・win the *title* タイトルを獲得する
━━ **動** 他 ((受身で))〈本などに〉題名を付ける
Times Square /táimz skwéər **タ**イムズ ス**ク**ウェア/ 名 タイムズスクエア (ニューヨーク

市の中心部にある広場で,近くに劇場が多い)

TN 《米郵便》*Te*nnessee テネシー州

to /(子音の前) tə タ, (母音の前) tu トゥ; 《強》tú: **トゥー**/

前

❶ 《方向・方角》…**に, …へ, …まで,** …の方向に[へ]

- go *to* bed 寝る
- walk *to* the park 公園まで歩いて行く
- from east *to* west 東から西へ
- turn *to* the right 右へ曲がる
- Please show me the way *to* the station. 駅までの道を教えてください
- My room looks *to* the south. 私の部屋は南向きです
- Is this the right train *to* Narita? この電車は成田に行きますか

❷ 《到達点》…**(に至る)まで**; (時刻が)…前

- *to* the end 最後まで
- *to* some extent ある程度
- *to* the best of *A's* knowledge A(人)が知る限りでは
- from sunrise *to* sunset 日の出から日没まで
- count from 1 *to* 10 1から10まで数える
- work from 9 *to* 12 9時から12時まで働く
- stay from Monday *to* Friday 月曜日から金曜日まで滞在する
- It's five *to* ten. 10時5分前です

❸ 《対象》…**に(対して), …へ, …にとって**

- the answer *to* the question 質問の答え
- *give A to B* AをB(人)にあげる
- be opposed *to* a plan 計画に反対している
- I apologize *to* you. あなたにお詫びします
- It is useless *to* me. それは私には役に立たない
- I'm a stranger *to* New York. ニューヨークは初めてです
- Be kind *to* others. 他人には親切にしてあげなさい

❹ 《変化・結果》…**に, …へ**

- go from bad *to* worse (事態が)ますます悪化する
- The traffic light changed from red *to* green. 交通信号が赤から青に変わった
- The total comes *to* ten thousand yen. 総計1万円になる

❺ 《接触・執着》…**に(当てて)**

- apply oil *to* a machine 機械に油を差す
- *be attached to A* A(人)を愛している

❻ 《所属・付属・付加》…に(属する), …に付いている, …に加えて

- an index *to* the book 本の索引
- a key *to* the door ドアの鍵
- *add A to B* AをBに加える
- I belong *to* the soccer club. ぼくはサッカー部に入っています

❼ 《目的・目標》…**のために**

- the key *to* success 成功の秘訣(ひけつ)[鍵]
- come *to A's* rescue [aid] A(人)を助けに来る
- Here's *to* your health! 君の健康を祝して乾杯

❽ 《対比》…**と比べて, …より**

- be junior *to A* Aより若い
- *prefer A to B* BよりもAが好きだ
- The score is three *to* zero. スコアは3対0だ

❾ 《割合・対応》…**につき; …に対して**

- This car does 12 kilometers *to* the liter. この車はリットル当たり12キロ走る
- There are 60 minutes *to* the hour. 60分で1時間になる

❿ 《一致・適合》…**に合って, …に合わせて**

- sing *to* music 音楽に合わせて歌う
- *according to A* Aによれば
- be *to one's* taste [liking] 好みに合っている

⓫ 《次の用法で》

- *to one's A* (人が)Aしたことには
- *to* my surprise 私が驚いたことに
- *to* her sorrow 彼女が悲しかったことに

⓬ 《*to do* で不定詞をつくる》

(1) 《**名詞的用法**》…**すること**

《主語》

- *To* see is *to* believe. 《ことわざ》見ることは信じることだ;百聞は一見にしかず

《目的語》

- I like *to* ski. スキーが好きです

《補語》

- Her hobby is *to* cook. 彼女の趣味は料理することです

《次の用法で》

- It is difficult for me *to* answer this question. 私がこの質問に答えるのは難しい (It = to answer this question)
- I find it easy *to* speak English. 英語を話すのは簡単だと思う (it = to speak English)

(2) ((形容詞的用法))…するための, …すべき
- a decision *to* be a statesman
政治家になろうという決意
- I have no time *to* study.
私には勉強する(ための)時間がない
- Do you want something *to* drink?
何か飲み物がほしいですか(←飲むべき物)
- He was the first *to* answer the question.
彼が最初に問いに答えた
(3) ((副詞的用法))…するために, …して
((目的))
- I study hard *to* pass the exam.
試験に合格するために一生懸命勉強します
((原因・理由))
- I'm glad *to* meet you.
あなたにお会いできてうれしいです
((結果))
- I came home *to* find some letters.
家に帰ると手紙が数通届いていた
(4) ((形容詞 + *to do*))
- I'm not able *to* run fast.
私は速く走れません
- I'm too tired *to* watch TV.
私は疲れすぎていてテレビを見る気になれない
- I was surprised *to* hear the bad news.
私は悪いニュースを聞いて驚いた
- Golf isn't easy *to* play.
ゴルフをするのはやさしくない
(5) ((疑問詞 + *to do*))…すればいいのか
- Tell me where *to* catch the bus.
どこでバスに乗ったらいいのか教えて
- I don't know what *to* do.
私は何をしたらいいのか分かりません
(6) ((決まった表現で文頭に位置し, 文全体にかかる))
- *To tell (you) the truth*, I don't like that movie. 正直言うと私はあの映画は嫌いです
- *Needless to say* English is very important. 言うまでもなく英語はとても重要です
- *To begin with* I must learn more. まず第一に私はもっと勉強しなければなりません

■ 副 ((比較なし))(窓などが)閉まって；意識が戻って, 正気になって；活動[仕事]を始めて

come to 意識が戻る；正気に戻る
to and fro あちこちに

toast¹ /tóust トウスト/
名 U トースト
- a piece [slice] of *toast* トースト1枚
- buttered *toast* バターを塗ったトースト

■ 動
— 他 〈パンなどを〉こんがり焼く
— 自 〈食べ物が〉こんがり焼ける

toaster 名 C トースター, パン焼き器

toast² /tóust トウスト/
名 C 乾杯, 祝杯；乾杯のあいさつ
- drink a *toast* to A A(人)のために乾杯する
■ 動 他 〈成功などを〉祝して[願って]祝杯する；〈人のために〉祝杯をあげる

tobacco /təbækou タバコウ/ 名 (複 **tobaccos**, **tobaccoes** /タバコウズ/) U C (刻み)タバコ

today /tədéi タデイ/

副 ((比較なし))
❶ きょう(は), 本日(は)
- a week ago *today* 先週のきょう
- It's fine *today*. きょうはよい天気だ
- "What day is it *today*?" "It's Wednesday *today*." 「きょうは何曜日ですか」「水曜日です」
❷ 現代(では), 今日では, 今日の
- young people *today* 現代の若者

■ 名 U
❶ きょう, 本日
- *today*'s paper きょうの新聞
- a week from *today* 来週のきょう
- *Today* is Sunday. きょうは日曜日です
□ That's all for *today*. You can go now.
きょうはここまで。解散していいですよ
❷ 現代, 今日, 現在

toddler /tádlər タドラ/ 名 C よちよち歩きの子

toe* /tóu トウ/ 名 (複 **toes** /トウズ/) C
❶ 足の指, つま先
- the big [little] *toe* 足の親指[小指]
❷ (靴・靴下などの)つま先の部分

keep A on A's toes
A(人)を油断させないでおく
step on A's toes
A(人)のつま先を踏む；A(人)の感情を害する

together /təgéðər タゲザ/

副 ((比較なし))
❶ (…と)いっしょに, 共に；合わせて, いっしょにして((*with...*))
- come [get] *together* 集まる
- mix eggs and flour *together*
卵と小麦粉を混ぜ合わせる
□ Work *together* with your friend.
隣の人と作業しなさい

toilet 『Work on the task *together*.
タスクをいっしょにやりなさい
❷ 同時に, いっせいに
『*All together* now. さあ, みんなでいっしょに

toilet* /tɔ́ilət トイラト/
名 (複 **toilets** /トイラツ/)
C トイレ, 洗面所, 化粧室; 便器
・*toilet* paper トイレットペーパー
・flush the *toilet* トイレの水を流す

token /tóukən トウカン/ 名 C
❶ しるし, 表れ, 証拠
❷ 記念品; 形見
❸ 代用硬貨, トークン; クーポン券
in [*as a*] *token of A*
Aのしるしに; Aの証拠に

told* /tóuld トウルド/
動 tellの過去形・過去分詞

tolerate /tάləreit タラレイト/ 動 他
❶ 〈…を〉我慢する; 許容する, 大目に見る
❷ 〈生物が〉〈悪い環境に〉耐える
tolerable 形 我慢できる, 耐えられる
tolerant 形 寛容な, 寛大な
tolerance 名 U 寛容, 寛大; C U 許容力
toleration 名 U 寛容, 許容, 黙認

toll[1] /tóul トウル/ 名 C
❶ (道路などの)使用料金, 通行料
❷ ((ふつう単数形で)) 犠牲; 損失; 死傷者数
・take its [a heavy] *toll* on *A*
A(人)に被害を与える

toll[2] /tóul トウル/ 動
— 他 〈鐘などを〉ゆっくり鳴らし続ける
— 自 〈鐘などが〉ゆっくり鳴る

toll-free /tóulfríː トウルフリー/ ((米))
形 フリーダイヤルの
— 副 フリーダイヤルで

tollgate /tóulgeit トウルゲイト/ 名 C (有料道路などの)料金所

tomato* /təméitou タメイトウ/
名 (複 **tomatoes** /タメイトウズ/) C トマト

tomb /túːm トゥーム/ 名 C 墓; 納骨所

tomboy /támbɔ̀i タムボイ/ 名 C おてんば娘

tomorrow

/təmɔ́ːrou タモーロウ | təmɔ́rou タモロウ/
副 ((比較なし))
❶ あす(は), あした(は)
・I'll go to the dentist *tomorrow*.
あす歯医者に行きます
❷ 将来(は), いずれ(は)

— 名 U
❶ あす, あした; ((形容詞的に)) あすの, あしたの
・*tomorrow* morning あすの朝
・(the) day after *tomorrow* 明後日
・*Tomorrow* is Friday. あすは金曜日です
❷ (近い)未来, 将来

ton* /tán タン/ 名 C
❶ (重量単位)トン (((米))では1トンは907kg. 略 t., tn.)
❷ ((tons)) ((くだけて)) 多量, 多数
・*tons of A* 多数のA, 山ほどのA

tone* /tóun トウン/
名 (複 **tones** /トウンズ/) C
❶ 音色, (音・声の)調子; 口調, 語調
・This guitar has a beautiful *tone*.
このギターの音色は美しい
❷ 色調, 色合い
❸ 気風, 風潮, 全体の傾向
— 動
— 他 〈…の〉調子[色調]を変える
— 自 調子[色調]を帯びる
tone down (調子が)やわらぐ, 静まる
tone up 調子が高まる; 強さが増す
tonal 形 音色の; 色調の

tongs /tάŋz タングズ/ 名 ((複数扱い)) 物をはさむ道具, …ばさみ, トング

tongue

/táŋ タング/
名 (複 **tongues** /タングズ/)
❶ C 舌
・stick *one's tongue* out
(診察や人を軽べつする時に)舌を見せる
❷ C 言語, 国語
・*one's* mother [native] *tongue* 母語
❸ C 話しぶり; 話す能力; 言い回し
・a slip of the *tongue* 言い間違い, 失言
・a *tongue* twister 早口言葉
❹ U C (牛などの)舌, タン
❺ C (形が)舌に似た物
hold one's tongue 口をつぐんでいる
lose one's tongue
(恥ずかしさ・驚きなどで)口がきけなくなる
on the tip of one's tongue
のどまで出かかって; 思い出せないで

tonic /tάnik タニク/
名
❶ C 強壮剤; 養毛剤, ヘアトニック; (精神的に)元気づけるもの

② Ⓤ Ⓒ トニックウォーター
③ Ⓒ 【音楽】主音
■ 形
❶ 〈医薬などが〉〈肉体を〉強壮にする;(精神的に)元気づける
❷ 【音楽】主音の

tonight
/tənáit タナイト, tunáit トゥナイト/
■ 副 ((比較なし)) **今夜(は), 今晩(は)**
・Can you come to the concert *tonight*?
今晩コンサートに来ることができますか
■ 名 Ⓤ 今夜, 今晩

too /tú: トゥー/ 副 ((比較なし))
❶ ((肯定文で)) **…もまた**;しかも, その上
・I like apples, and bananas, *too*.
ぼくはりんごも好きで, バナナも好きだ
・"I'm tired." "Me, *too*."
「ああ疲れた」「ぼくも」
❷ **あまりに**, 過度に
■ ***too* A *for* B** Bにとってあまりに A すぎる
・The baggage is *too* heavy *for* me.
その荷物はあまりに重い
■ ***too* A *to do*** …するにはあまりに A すぎる
・I am *too* tired *to* study.
私はひどく疲れて勉強ができない
・He eats *too* much. 彼は食べすぎる
❸ ((しばしば only を伴って)) 非常に, たいへん, とても;((否定文で))あまり…ではない
・I'm *only too* happy to have you with us.
ここにいていただければとてもうれしいです
・You are *too* kind. 本当にご親切様です
・The girl was not *too* beautiful.
その少女はあまり美しくはなかった
❹ ((否定の言葉に対する強い肯定として)) **本当に**
・"I think you don't like me." "I do *too*."
「私のことが嫌いなんでしょう」「そんなわけないだろう」

all too... ((時間に関して)) あまりにも…
・Tom left this world *all too* soon.
トムはあっけなく世を去ってしまった
***cannot do too* A**
いくら A しても…しすぎることはない
・We *can't* be *too* cautious.
いくら用心してもしすぎることはない
none too... 少しも…ではない
too little, too late 手遅れの状態で

***too much (for* A)** A(人)の手に負えない
・He is *too much for* her at physics.
彼女は物理学ではとても彼にはかなわない

took /túk トゥク/ 動 take の過去形

tool /tú:l トゥール/
名 (複 **tools** /トゥールズ/) Ⓒ
❶ **道具, 工具**;仕事に必要な物;手段
・garden *tools* 園芸用具
・English is a *tool* for communication.
英語はコミュニケーションのための手段だ
❷ 道具に使われる人, 手先

toolbox /tú:lbàks トゥールバクス/ 名 Ⓒ 道具箱, 工具箱

tooth /tú:θ トゥース/
名 (複 **teeth** /ティース/) Ⓒ
❶ **歯**
・brush [clean] *one's teeth* 歯をみがく
・One of my *teeth* came out.
歯が1本抜けた
❷ 歯に似たもの;(くし・歯車などの)歯;(のこぎりの)目
・the *teeth* of a comb くしの歯

between one's teeth
歯を食いしばって;声をひそめて
by the skin of one's teeth
かろうじて
***get one's teeth into* A** A(食べ物など)をがぶりと食べる;A(事)に打ち込む
have a sweet tooth
甘い物が好きである
***in the teeth of* A** A(危険など)に立ち向かって;A(反対など)をものともせず
set* A's *teeth on edge
A(人)を不快にする
show one's teeth
(歯をむいて)敵意を示す
tooth and nail 必死に;全力を尽くして
to the teeth 完全に, 寸分のすきもなく

toothache /tú:θèik トゥースエイク/ 名 Ⓤ Ⓒ 歯痛
・have (a) *toothache* 歯が痛む

toothbrush /tú:θbrʌ̀ʃ トゥースブラシュ/ 名 Ⓒ 歯ブラシ

toothpaste /tú:θpèist トゥースペイスト/ 名 Ⓤ 練り歯みがき

toothpick /tú:θpìk トゥースピク/ 名 Ⓒ つまようじ

top¹ /táp タプ/

名 (複 tops /タプス/) C

❶ ((ふつう the top)) **最も高い所, てっぺん; 頂上**
・*the top* of a mountain 山の頂上

❷ ((ふつう the top)) 表面, 上面;(ページなどの)上部

❸ ((ふつう the top)) 最高位;首位(の人)

❹ ふた, 栓

❺ 【野球】(回の)表(ﾎ゙ﾃ) (⇔ bottom)

blow one's top かっとなる
come to the top 成功する,有名になる
from top to toe
頭のてっぺんからつま先まで;徹底的に
off the top of one's head
思い付きで,不用意に
on (the) top of A A(事)に加えて
on top of the world 有頂天になって

━ 形 ((比較なし))
❶ 〈階などが〉最も高い,いちばん上の
❷ 〈質などが〉最高の

━ 動 他 〈ほかの人に〉勝る;〈…を〉上回る,超える;〈クラスなどの〉首位を占める

topless 形 〈女性・衣服が〉トップレスの

top² /táp タプ/ 名 C こま
・spin a *top* こまを回す

topic* /tápik タピク/
名 (複 topics /タピクス/) C
(…の)話題, トピック;主題, テーマ ((*of...*))
・current *topics* 時事問題
🔲 Which *topic* will your group report on? あなたのグループはどのトピックについて報告しますか

topical 形 時事的な;タイムリーな

top-level /táplévəl タプレヴァル/ 形 トップレベルの, 最高水準の

topography /təpágrəfi タパグラフィ/ 名 U 地勢, 地形;地形学; C 地形図

topping /tápiŋ タピング/ 名 U C (料理の上にかける)ソース;(ピザなどの)トッピング

topple /tápl タプル/ 動
━ 自 〈物が〉倒れる;ぐらつく ((*down, over*))
━ 他 〈…を〉倒す, ぐらつかせる;〈政権などを〉打倒する, 転覆(ﾃﾝﾌﾟｸ)させる

torch /tɔ́ːrtʃ トーチ/ 名 C
❶ たいまつ
❷ ((英)) 懐中電灯 (((米)) flashlight)

tore /tɔ́ːr トー/ 動 tear²の過去形

torment /tɔːrmént トーメント/
動 他 〈…を〉ひどく苦しめる, 痛めつける;〈…を〉(…で)困らせる ((*with..., by...*))
━ 名 U C 苦痛, 苦悩

torn /tɔ́ːrn トーン/ 動 tear²の過去分詞

tornado /tɔːrnéidou トーネイドウ/ 名 (複 **tornadoes, tornados** /トーネイドウズ/) C
大竜巻, トルネード;大暴風雨

Toronto /tərántou タラントウ/ 名 トロント(カナダのオンタリオ州の州都)

torrent /tɔ́ːrənt トーラント/ 名 C
❶ 急流, 奔流
❷ ((ふつう torrents)) どしゃ降り
・It is raining in *torrents*. どしゃ降りだ
❸ (感情などの)ほとばしり ((*of...*))

torrential 形 どしゃ降りの

torso /tɔ́ːrsou トーソウ/ 名 (複 **torsos** /トーソウズ/, **torsi** /トースィー/) C トルソー(胴体のみの彫像);(人体の)胴

tortoise /tɔ́ːrtəs トータス/ 名 C (陸生または淡水生の)亀, (特に)陸亀

tortuous /tɔ́ːrtʃuəs トーチュアス/ 形 〈道などが〉曲がりくねった;回りくどい

torture /tɔ́ːrtʃər トーチャ/
名 U C 拷問;非常な苦痛(ﾂｳ)[苦悩]
━ 動 他
❶ 〈…を〉拷問にかける
❷ 〈人を〉(苦痛などで)ひどく苦しめる, 悩ます ((*with..., by...*))

toss /tɔ́ːs トース/
動
━ 他
❶ 〈…を〉ほうり投げる, 軽く投げ上げる, トスする
❷ (順番を決めるために)〈コインを〉指ではじき上げる ((*up*));〈人と〉コイン投げで(…の)決着をつける ((*for...*))
❸ 【料理】〈サラダを〉軽く混ぜ合わせる
❹ 〈波などが〉〈船などを〉揺さぶる
━ 自
❶ (船などが)上下に揺れる;〈人が〉転げ回る
・*toss* and turn 盛んに寝返りを打つ
❷ (…の決着をつけるために)硬貨投げをする ((*for...*))
━ 名 C
❶ ほうり投げること, トスすること
❷ ((the toss)) コイン投げ
❸ 揺れること;急に動かすこと;頭をぐいと反らすこと

total /tóutl トウトル/

形 ((比較なし))
① 〈数量・金額が〉**合計の**, 総計の
・the *total* price 合計金額
② 完全な, まったくの
・a *total* stranger まったく知らない人

名 (複 **totals** /トウトルズ/) ⓒ
合計, 総計;**総額**
・in *total* 全体で, 総計で

動
— 他
① 〈…を〉合計[総計]する((*up*))
② 合計[総計]〈…に〉なる
・Your bill *totals* $200.
お会計は合計200ドルになります
— 自 合計 (…と)なる((*to...*))

totally 副 まったく, すっかり, 完全に
totalitarian 形 全体主義の

totality /toutǽləti トウタラティ/ 名
① Ⓤ 完全無欠, 全体性
② ⓒ 合計, 総額

touch /tʌ́tʃ タチ/

動 三単現 **touches** /タチズ/
過去・過分 **touched** /タチト/
現分 **touching** /タチング/
— 他
① 〈人が〉〈…に〉**さわる, 触れる**;〈物が〉〈…に〉さわる
■ *touch A on B* A (人)のB (体)に触れる
・I *touched* him *on* the shoulder.
ぼくは彼の肩に触れた
■ *touch A with B*
B (棒など)でA (物)に触れる
・She *touched* her earrings *with* her hands. 彼女は手でイヤリングに触れた
② 〈人を〉**感動させる**
・I *was* deeply *touched* by the movie.
その映画にいたく感動した
③ ((ふつう否定文で))〈飲食物に〉手をつける, 〈…を〉口にする
・I will *never touch* a drink again.
もう二度と酒は飲まないぞ
④ ((ふつう否定文で))〈…に〉匹敵する, (…の点で)劣らない((*in...*))
・When it comes to golf, *no* one can *touch* Ryo.
ゴルフでは遼の右に出る者はいない
⑤ 〈人・会議などが〉〈問題に〉触れる, 言及する
⑥ 〈…に〉影響する;〈利害などに〉関係する
⑦ 〈土地などが〉〈…に〉境を接する, 隣接する
— 自
① (…に)**さわる**, 接触する((*at...*))
・Don't *touch*. さわるな
② さわると…の感じがする
・*touch* rough 手ざわりがざらざらする

touch down 【ラグビー・アメフト】タッチダウンする;〈飛行機が〉着陸する

touch on [upon] A
A (事)に簡単に言及する

touch A up = touch up A
A (文など)を(修正を加えて)よくする

名 (複 **touches** /タチズ/)
① Ⓤ Ⓒ **さわること, 接触**; ((a [the] touch)) 手ざわり; Ⓤ 触覚
・at [by] a *touch* ちょっとさわるだけで
・be smooth to *the touch*
手ざわりがなめらかだ
② Ⓒ (筆・ペンなどの)**一筆**;(芸術的)手法;手際;(楽器の弦の)タッチ
・with a fine *touch* みごとなタッチで
・lose *one's touch* 腕が落ちる
③ ((a touch)) わずか, 少量
■ *a touch of A*
少量のA (物);軽い症状のA (病気など)
・*a touch of* salt 少量の塩

be in touch with A
Aの最近の事情に通じている;A (人)と連絡を取り合っている

be out of touch with A
Aの最近の事情に通じていない;A (人)と連絡が途絶えている

keep in touch
(…と)接触を保つ((*with...*))
・Goodbye! Keep *in touch*.
さようなら. 今後も連絡を取り合おう

lose touch with A
A (人)との連絡が途絶える

touched 形 感動した, 心を動かされた
touching 形 感動的な, 胸を打つ

touchdown /tʌ́tʃdàun タチダウン/ 名
① Ⓒ タッチダウン
② Ⓒ Ⓤ (飛行機などの)着陸

touchline /tʌ́tʃlàin タチライン/ 名 Ⓒ 【ラグビー・サッカー】タッチライン

touchy /tʌ́tʃi タチ/ 形 〈人が〉怒りっぽい, 短気な;神経質な

tough /táf タフ/

形副 比較 **tougher** /タファ/
最上 **toughest** /タファスト/

— **形**

❶ 〈事が〉**難しい, きつい**; 〈状況などが〉**困難な**; 〈人が〉扱いにくい, やっかいな (⇔easy)
- a *tough* job 困難な仕事
- have a *tough* time (of it) 苦しい目に遭う
- a *tough* customer 扱いにくい客

❷ 〈人・動物などが〉**丈夫な**, 忍耐強い, タフな
❸ 〈人が〉(…に対して)厳格な; 〈方針・法律などが〉厳しい ((*on..., with...*))
❹ 〈肉などが〉堅い

— **副** 毅然(きぜん)と; 乱暴に

toughness **名** U 堅さ; 強さ; 丈夫さ

tour /túər トゥア/

名 (複 **tours** /トゥアズ/) C

❶ (…の)**ツアー, 観光旅行**, 視察旅行, 周遊旅行 ((*of...*))
- a sightseeing *tour* 観光旅行
- a group *tour* グループ旅行
- go on a *tour* 旅行に出かける
- on *tour* 旅行中で[の]; 巡業中で[の]

❷ (工場などの)視察, 見学
❸ (劇団などの)巡業; 遠征, ツアー

— **動** 自

❶ (観光などで)旅行する, あちこち見て回る
❷ 〈劇団などが〉巡業する

— 他

❶ (観光などで)〈…を〉旅行する, 見て回る
❷ 〈劇団などが〉〈地方などを〉巡業する

tourism **名** U 旅行, 観光旅行; 観光事業, 旅行案内業
tourist **名** C 観光客, 旅行者

tournament /túərnəmənt トゥアナマント/

名 C トーナメント, 勝ち抜き試合; 選手権大会

tow /tóu トウ/

動 他 〈車・船などを〉引く, 曳航(えいこう)する; 〈犬などを〉引っ張っていく

— **名** C (ロープなどで)引く[引かれる]こと

toward

/tɔ́:rd トード | təwɔ́:rd タウォード/ **前**

❶ ((方向)) …**に向かって**, …の方に
- walk *toward* the park 公園の方に歩く

❷ ((態度)) …**に対して**, …に関して
- his attitude *toward* me 私に対する彼の態度

❸ ((時間)) …**近く**, …の頃に
- *toward* six o'clock 6時頃に
- *toward* morning 朝方に

❹ ((位置)) …の近くに, …に面して
- face *toward* the south 南に面する

❺ ((目的)) …のために
- efforts *toward* peace 平和に向けた努力

towards /tɔ́:rdz トーヅ | təwɔ́:rdz タウォーヅ/
((主に英)) = toward

towel /táuəl タウアル/

名 (複 **towels** /タウアルズ/) C
タオル; (布の)手ぬぐい
- a bath [dish] *towel* バスタオル[ふきん]

throw* [*toss*] *in the towel
【ボクシング】タオルを投げ入れる; 敗北を認める, 降参する

tower* /táuər タウア/

名 (複 **towers** /タウアズ/) C
塔, タワー, やぐら
- a television *tower* テレビ塔
- (the) *Tower* Bridge
 (ロンドンのテムズ川にかかる)タワーブリッジ

— **動** 自

❶ (…の上に)高くそびえる ((*over...*))
❷ 〈才能などが〉(…より)抜きんでている ((*above..., over...*))

towering /táuəriŋ タウアリング/ **形**

❶ 〈建物などが〉高くそびえ立つ
❷ 〈人などが〉きわめて重要な, 抜きんでた
❸ 〈怒りなどが〉激しい, 強烈な

town /táun タウン/

名 (複 **towns** /タウンズ/)

❶ C 町 (⇔village)
- a *town* hall 市役所, 公会堂
- live in a seaside *town* 海辺の町に住む

❷ ((the town)) 町[市]の住民
- the talk of *the town* 町のうわさ

❸ ((the town)) 都会 (⇔the country); ((形容詞的に)) 都会の

❹ U ((ふつう無冠詞で)) (特定の)町; (ある地域の)主要な町, 繁華街; 商業地

townspeople /táunzpì:pl タウンズピープル/
名 ((複数扱い)) 町民, 市民; 都会人

toxic /táksik タクスィク/ **形** 有毒の, 毒性の;

中毒の
toxin /tάksɪn トクスィン/ 名C 毒素, トキシン

toy* /tɔ́ɪ トイ/
名 (複 **toys** /トイズ/) C おもちゃ, 玩具(がん);
((形容詞的に)) おもちゃ(用)の
・play with *toys* おもちゃで遊ぶ
━━動 自 (おもちゃなどを)いじくる, もてあそぶ ((*with*...))

toyshop /tɔ́ɪʃὰp トイシャプ/ 名C おもちゃ屋

tr. ((略)) *transitive* 他動詞(の)

trace /tréɪs トレイス/
名
① CU 跡, 形跡, 痕跡(こん)
・without a *trace* 跡形もなく
② C ほんのわずか, 微量;気味
・*a trace of A* わずかのA(物)
━━動
━━他
① 〈…の〉跡をたどる, 追跡する;〈…を〉見つけ出す;〈…を〉さかのぼって調べる
② 〈輪郭などを〉描く, 引く((*out*));〈図面などを〉敷き写しする, トレースする((*over*))
━━自 (歴史的に)さかのぼる;〈原因が〉由来する
tracing 名U 追跡, 捜索;C 複写(図), トレーシング

track /trǽk トラク/

名 (複 **tracks** /トラクス/) C
① 線路, 軌道;プラットホーム
・railroad *tracks* 鉄道線路
② ((ふつう tracks)) (人・動物の)**通った跡**;足跡
・leave (*one's*) *tracks* 足跡を残す
③ (競技用)**トラック**;トラック競技
・*track* and field 陸上競技
④ (CDなどの)収録曲, トラック
be on track 順調に進んでいる
keep track of A
A(人・物)を見失わないようにする
lose track of A A(人・物)を見失う
off (the) track (本題から)それて;〈列車などが〉脱線して;手がかりを失って
on the right [wrong] track
正しい[誤った]道筋をたどって
━━動 他〈人・動物の〉(足)跡を追う;(レーダーなどで)追跡する
track A down = track down A
A(人・動物)を追い詰める;A(犯人など)を探

し出す
tract /trǽkt トラクト/ 名C
① (陸・海・空などの)広がり;広い土地
② 【解剖】(器官の)管;(神経の)索
tractor /trǽktər トラクタ/ 名C (農耕用)トラクター;牽引(けんいん)用トラック

trade* /tréɪd トレイド/
名 (複 **trades** /トレイヅ/)
① UC (…との)貿易, 通商;商売, 取り引き ((*with*...))
・foreign *trade* 外国貿易
② C 交換;((米)) 【スポーツ】(選手の)トレード
③ C (手を用いる技術的な)職業, (手)仕事
④ ((the trade)) 同業者, 業界
・the publishing *trade* 出版業界
━━動
━━他
① 〈…を〉取り引きする, 売買する, 貿易する
② 〈…を〉〈人と〉交換する((*with*...))
③ 【スポーツ】〈選手を〉トレードする
━━自 (…と)取り引きする, 貿易する((*with*...));売買をする, 商う
trade A in = trade in A
A(物)を下取りに出す
trade on [upon] A
A(弱点など)につけ込む;Aを利用する
trader 名C 商人;貿易業者
trading 名U 貿易, 通商, 取り引き
trademark /tréɪdmὰːrk トレイドマーク/ 名 C 商標, トレードマーク
・a registered *trademark* 登録商標
tradition /trədíʃən トラディシャン/ 名UC
① (…の)伝統, 慣習, しきたり((*of*...))
・follow *tradition* 伝統に従う
・break with *tradition* 伝統にさからう
② 伝承, 言い伝え, 伝説
traditional /trədíʃənəl トラディシャナル/ 形 伝統的な, 昔ながらの;伝説の
traditionally 副 伝統的に, 伝統に従って
Trafalgar /trəfǽlgər トラファルガ/ 名 トラファルガー (スペイン南西端の岬;1805年ネルソン提督指揮下の英国艦隊がスペイン・フランス連合艦隊を撃破した)
・*Trafalgar* Square
(ロンドンの)トラファルガー広場

traffic /trǽfɪk トラフィク/ 名U

① (車・人などの)交通(量), 往来, 通行

tragedy

- a *traffic* accident 交通事故
- a *traffic* jam 交通渋滞
- a *traffic* light [signal] 交通信号(灯)
- a *traffic* violation 交通違反
- *traffic* expenses 交通費
- There is heavy [light] *traffic* on the street. 通りの交通量が多い[少ない]

❷ 運輸(業),輸送(業)

❸ (電話の)通話量;(インターネットなどの)通信量

tragedy /trǽdʒədi トラヂャディ/ **名**
❶ C 悲劇(⇔comedy)
❷ CU 悲劇的事件;災難,惨事
tragic 形 悲劇の;悲惨な
tragically 副 悲劇的に;悲惨なことに

trail /tréil トレイル/
動
— 他
❶ ⟨…の⟩あとに付いて行く;⟨…を⟩追跡する
❷ ⟨足などを⟩引きずる,引きずって行く
— 自
❶ 足をひきずって歩く,のろのろ進む
❷ ⟨着物などが⟩(すそを)引きずる
— 名 C
❶ (森の中などの)小道,細道,踏み跡
❷ (人・動物などが残した)跡,足跡;形跡
❸ 引きずる物;(スカートなどの)すそ;(煙などの)たなびき

trailer /tréilər トレイラ/ **名** C
❶ (ほかの車に引かれる)トレーラー
❷ ((米))トレーラーハウス,移動簡易住宅
❸ 【映画】予告編

train /tréin トレイン/

名 (複 **trains** /tréinz/) C
❶ 列車,電車,汽車
- the first [last] *train* 始発[終]電車
- a *train* station (鉄道の)駅
- get on a *train* 列車に乗る
- travel by [on a] *train* 列車で旅行する
- get off a *train* 列車を降りる
- miss the *train* 列車に乗り遅れる
- change *trains* 列車を乗り換える
- take the *train* for Tokyo
  東京行きの列車に乗る

❷ (人・動物・車などの)列,行列
- a funeral *train* 葬式の列

❸ (思考などの)連続;(事件などの)余波,結果 ⟨*of...*⟩

- lose *one's train of* thought
  思考の脈絡を失う

❹ (ドレスの)長い裾(¦)
— **動**
三単現 **trains** /tréinz/
過去・過分 **trained** /tréind/
現分 **training** /tréiniŋ/
— 他
❶ ⟨人・動物を⟩**しつける,訓練する**
- *train* a dog 犬をしつける
- *train* A *to do* A(人・動物)に…するよう教え込む
❷ ⟨人を⟩(…に備えて)**訓練する**,養成する ⟨*for...*⟩
- *train* A *as* C
  A(人)をC(職業など)になるよう訓練する
❸ ⟨運動選手などに⟩トレーニングをほどこす,⟨…の⟩体をきたえる
— 自
❶ (…になる)訓練を受ける ⟨*to be...*⟩
❷ (…に備えて)練習する,体をきたえる,トレーニングする ⟨*for...*⟩

trainee /treiní: トレイニー/ **名** C 訓練を受ける人;訓練生

trainer /tréinər トレイナ/ **名** C
❶ 訓練する人,トレーナー,コーチ
❷ ((ふつう trainers))((英))運動靴,スニーカー (((米)) sneaker)

training /tréiniŋ トレイニング/ **名** U 訓練,練習;(実地)教育,養成;(運動の)トレーニング

traitor /tréitər トレイタ/ **名** C (人・主義などへの)裏切り者,反逆者 ⟨*to...*⟩

tram /trǽm トラム/ **名** C ((英))路面電車,市街電車 (((米)) streetcar)

tramp /trǽmp トランプ/
名 C 浮浪者
— **動** 自 ドシンドシンと歩く;徒歩旅行する

trampoline /trǽmpəlì:n トランパリーン/ **名** C トランポリン

trance /trǽns トランス/ **名** C 催眠状態;夢うつつ;恍惚(¦)

tranquil /trǽŋkwil トランクウィル/ **形** ⟨場所などが⟩平穏な;⟨心が⟩平静な,落ち着いた
tranquility **名** U 平穏;平静

transaction /trǽnsǽkʃən トランサクシャン/ **名** C (商)取引,売買

transatlantic /trǽnsətlǽntik トランサトランティク/ **形** 大西洋を横断する;大西洋の向こう側の

transcend /trǽnsénd トランセンド/ **動** 他

transcend

❶ 〈常識・理性などの限界を〉越える, 超越する
❷ 〈…に〉勝る, 〈…を〉しのぐ

transcendental 形 一般の常識を越えた, 超自然的な

transcribe /trænskráib トランスクライブ/ 動
❶ 〈書類などを〉書き写す, 複写する
❷ 〈口述などを〉筆記する; 〈速記などを〉文字にする
❸ 〈言葉を〉発音記号で表す
❹ 〈著作物を〉(ほかの言語に)書き換える((into...))

transcript /trǽnskript トランスクリプト/ 名 C 写し, 複写; 謄本(とうほん); ((米))(学校の)成績証明書

transcription /trænskrípʃən トランスクリプション/ 名
❶ U 写すこと, 複写; 発音記号への書き換え; (録音などの)文字起こし
❷ C 写本, 謄本(とうほん)

transfer
動 /trænsfə́ːr トランスファー/
— 他
❶ 〈物を〉移す, (…へ)移し変える; 〈人を〉(…へ)転任[転校]させる((to...))
❷ 【法律】〈権利などを〉(…に)譲渡する((to...))
❸ 〈金を〉(口座に)振り込む((into...))
— 自
❶ 〈人が〉(…へ)転任[転校]する((to...))
❷ 〈乗り物を〉乗り換える
・*transfer from* a bus *to* a train
バスから電車に乗り換える
— 名 /trǽnsfər トランスファ/
❶ UC 移動, 移転; 転任, 転校; C 転勤者, 転校生
❷ UC 乗り換え; C ((米)) 乗り換え切符
❸ UC 【法律】(権利などの)譲渡(証書)
❹ UC (口座への)振り込み

transform /trænsfɔ́ːrm トランスフォーム/ 動 他
❶ 〈外見などを〉(…に)一変させる((into...))
❷ 【電気】〈電流を〉変圧する; 【物理】〈エネルギーを〉変換する; 【言語】〈文などを〉変形する; 【生物】〈細胞に〉形質転換を起こさせる

transformation 名 UC 変質; 変圧; 変換; 変形

transfusion /trænsfjúːʒən トランスフュージャン/ 名 CU 【医学】輸血
・give *A* a *transfusion* A(人)に輸血をする

transistor /trænzístər トランズィスタ/ 名 C 【電子】トランジスター(ラジオ)

transit /trǽnsit トランスィット/ 名 U
❶ 〈人・物の〉通過, 通行
❷ 運送, 輸送
・in *transit* 輸送中

transition /trænzíʃən トランズィシャン/ 名 UC (状態などの)移り変わり, 推移, 変遷; 変わり目, 過渡期
・the *transition from* a child *to* an adult 子どもから大人への変わり目

transitional 形 移り変わる; 過渡期の, 過渡的な

transitive /trǽnsətiv トランサティヴ/ 形 【文法】他動(詞)の(⇔intransitive)
— 名 C 他動詞(transitive verb)(略 v.t., vt.)

translate /trǽnsleit トランスレイト/ 動
— 他 〈文・言語などを〉翻訳する, 通訳する; 〈…を〉(…に)変える, 転換する((into...))
・*translate* a book *from A into B* 本をA(ある言語)からB(ほかの言語)に翻訳する
— 自 翻訳する, 通訳する

translation 名 U 翻訳, 通訳; C 訳書, 訳文

translator 名 C 翻訳者, 訳者

transmission /trænsmíʃən トランスミシャン/ 名
❶ C 伝達[伝送]されたもの, 伝言, 放送(番組)
❷ U 伝達, 伝送; 伝染
❸ C 【機械】変速機, (自動車などの)変速装置, トランスミッション

transmit /trænsmít トランスミット/ 動 他
❶ 〈…を〉(…に)送る, 運ぶ; 伝える((to...))
❷ 〈電波を〉送る, 送信する, 〈ニュースなどを〉放送する
❸ 〈病気などを〉(…に)伝染させる((to...))

transmitter 名 C 伝達者; 伝達装置; 伝染媒体

transparent /trænspǽrənt トランスパラント/ 形
❶ 透明な, すき通った
❷ 〈意図などが〉あからさまな, 見えすいた
❸ 〈文体などが〉明快な, 分かりやすい

transparently 副 すき通って; あからさまに; 分かりやすく

transparency 名 U 透明, 透明度; C 透明な物, スライド

transplant

transplant /trænsplǽnt トランスプラント/
動 他 〈植物を〉移植する;【医学】〈臓器などを〉移植する
━ 名 /trǽnsplænt トランスプラント/ C 【医学】(臓器などの)移植(手術);移植されたもの
|**transplantation** 名 U 移植

transport

/trænspɔ́ːrt トランスポート/ 他 〈…を〉〈…へ〉輸送する,運送する((*to*...))
━ 名 /trǽnspɔːrt トランスポート/ U ((主に英))輸送,運送;輸送[交通]機関
|**transportation** 名 U ((主に米))輸送,運送;輸送[交通]機関

trap

名 C (動物をつかまえる)わな, 落とし穴; ((比喩))計画, 策略((*for*...))
・ fall into a *trap* わなにかかる
━ 動 他
❶ 〈動物を〉わなでつかまえる;〈人を〉だます
❷ 〈人・物を〉(…に)閉じ込める((*in*...))

trash /trǽʃ トラシュ/ 名 U

❶ ((米))くず, 廃物, がらくた
❷ ((くだけて))くだらない物[人], 〈芸術の〉駄作

trauma /tráumə トラウマ/ 名 (複 **traumata** /トラウマタ/, **traumas** /トラウマズ/) C U

【医学】外傷;【心理学】トラウマ, 精神的外傷
|**traumatic** 形 外傷性の;心的外傷を与える
|**traumatize** 動 他 〈身体組織に〉外傷を起こさせる;〈人に〉心的外傷を与える

travel /trǽvəl トラヴァル/

動 三単現 **travels** /トラヴァルズ/,
　　　　((英)) **travels** /トラヴァルズ/
過去・過分 **traveled** /トラヴァルド/,
　　　　((英)) **travelled** /トラヴァルド/
現分 **traveling** /トラヴァリング/,
　　　　((英)) **travelling** /トラヴァリング/
━ 自
❶ 旅行する;〈…へ〉行く, 通う((*to*...))
・ *travel* abroad 海外旅行をする
・ *travel* by air [sea, land] 空[海, 陸]路で旅をする
❷ 〈車などが〉動く
❸ 〈光・音・知らせなどが〉伝わる, 進む
━ 他 〈国・地方などを〉旅行する;〈ある距離を〉行く
━ 名 (複 **travels** /トラヴァルズ/)
❶ U (一般に)旅行(すること); C ((travels))(外国・遠方への)旅行
・ a *travel* agency 旅行代理店
❷ C ((travels))旅行記, 紀行文
・ Gulliver's *Travels* ガリバー旅行記
|**traveler,** ((英))**traveller** 名 C 旅行者
|**traveling,** ((英))**travelling** 名 U 旅行;巡業

tray /tréi トレイ/ 名 C 盆, (浅い)盛り皿;トレー

tread /tréd トレド/

動 三単現 **treads** /トレヅ/
過去 **trod** /トラド/
過分 **trodden** /トラドン/, **trod** /トラド/
現分 **treading** /トレディング/
━ 他 〈物を〉踏む, 踏みつける, 踏みつぶす;〈道などを〉歩く, 行く
━ 自 (…を)踏む, 踏みつける, 踏みつぶす((*upon*..., *on*...));歩く, 行く

treasure /tréʒər トレジャ/

名
❶ U C 宝物, 財宝;富, 財産
❷ C ((ふつう treasures))貴重品, 大切な品;(a treasure)大切な人, 最愛の人
・ national *treasures* 国宝
・ cultural *treasures* 文化財
━ 動 他 〈…を〉貴重と思う, 大切にする, 蓄える
|**treasurer** 名 C 会計[出納]係

treasury /tréʒəri トレジャリ/ 名

❶ C 国庫, 公庫;(知識などの)宝庫
❷ ((the Treasury))((米))財務省

treat /tríːt トリート/

動 三単現 **treats** /トリーツ/
過去・過分 **treated** /トリーティド/
現分 **treating** /トリーティング/
━ 他
❶ 〈人・動物などを〉扱う, 遇する
・ *treat* A badly Aをひどく扱う
❷ 〈病気・病人を〉治療する, 治す
・ *treat* a broken arm 骨折した腕を治療する
❸ 〈人に〉〈…を〉おごる, ごちそうする((*to*...))
・ I'll *treat* you *to* lunch. お昼をごちそうしてあげるよ
❹ 〈…を〉〈…と〉見なす((*as*...))
━ 名
❶ C 楽しみ, 喜び;ごちそう, もてなし
❷ ((*one's* treat))(人の)おごり;おごる番

treatment /tríːtmənt トリートマント/ 名

❶ U C 治療(法), 手当て
❷ U 取り扱い(方), 待遇

treaty /tríːti トリーティ/ 名 C (国家間の)条約, 協定;条約[協定]文書

treble /trébl トレブル/
形
❶ 〈数などが〉3倍の, 三重の, 三様の
❷ 【音楽】〈声などが〉最高音部の, ソプラノの;かん高い
━ 名
❶ C 3倍[三重]のもの
❷ U 【音楽】最高音部, ソプラノ C かん高い声
━ 動
━ 他 〈…を〉3倍にする
━ 自 3倍になる

tree /tríː トリー/

名 (複 **trees** /tríːz/) C
❶ (高い)木, 樹木, 立木
・climb a *tree* 木に登る
❷ 樹木状の物;家系図, 系統図

trek /trék トレク/
動 自 (のろのろと[難儀して])旅行する, 歩く
━ 名 C (長くて難儀な)旅;徒歩旅行, トレッキング

tremble /trémbl トレムブル/
動 自
❶ (恐怖などで)(小刻みに)震える, 身震いする (*with...*)
❷ (…に)気をもむ, (…を)気づかう (*for...*)
━ 名 C ((a tremble)) 震え, おののき, 震動

tremendous /triméndəs トリメンダス/ 形
❶ ものすごい, 途方(とほう)もなく大きい[多い]
❷ 非常にすばらしい, すてきな
tremendously 副 ものすごく, 途方もなく

tremor /trémər トレマ/ 名 C (興奮などによる)震え, 身震い;(地面などの)震動, 揺れ

trench /tréntʃ トレンチ/ 名 C (深い)溝, 堀

trend /trénd トレンド/ 名 C 傾向;(世論などの)動向, (衣服などの)流行, はやり
trendy 形 最新流行の, 流行を追う

trespass /tréspəs トレスパス/ 動 自 (権利などを)侵害する, (家屋などに)不法侵入する;(他人の好意に)つけ込む (*on..., upon...*)

trial /tráiəl トライアル/
名
❶ C 試み;U C 試行, 試験

・*trial* and error 試行錯誤
❷ C 試練, 苦難;迷惑な人[物]
❸ U C 裁判, 公判
・stand [go on] *trial* for *A*
Aの容疑で裁判を受ける
❹ C ((ふつう trials))【スポーツ】予選試合
on trial 試しに, 試験的に;裁判中で
━ 形
❶ 試験的な;【スポーツ】予選の
・a *trial* period 試用期間
❷ 裁判の

triangle /tráiæŋgl トライアングル/ 名 C
❶ 三角形;三角形をした物;三角定規
❷ 三人組;(男女の)三角関係
❸ 【音楽】トライアングル
triangular 形 三角形の;三者[国]間の

triathlon /traiǽθlən トライアスラン/ 名 C トライアスロン, 三種競技

tribe /tráib トライブ/ 名 C
❶ 部族, 種族
・African *tribes* アフリカの諸部族
❷ (共通の趣味などを持つ)集団, 仲間
tribal 形 部族の, 種族の

tribute /tríbjuːt トリビュート/ 名 C U (…に対する)感謝[敬意]のしるし, 賛辞;貢ぎ物 (*to...*)

trick /trík トリク/
名 C
❶ 策略, たくらみ;ごまかし
・by a *trick* 策略を使って
❷ いたずら, 悪さ, 悪ふざけ
・play *tricks* いたずらをする
❸ 手品, 芸当, トリック
・card *tricks* トランプの手品
❹ (…の)こつ, 秘訣(ひけつ) (*of...*)
do the trick 目的を達する, うまくいく
trick or treat ((米)) お菓子をくれないといたずらするぞ (Halloweenの晩に子どもたちが家々を回ってお菓子をねだる時の言葉)
━ 動 他 〈人を〉だます, 〈人を〉だまして (…を)させる (*into...*)
trickery 名 U ごまかし, いんちき, 詐欺(さぎ)
tricky 形 ずるい;扱いにくい

tricycle /tráisikl トライスィクル/ 名 C (子ども用)3輪車

tried /tráid トライド/
動 tryの過去形・過去分詞
━ 形 試験済みの;信頼できる

trifle /tráifl トライフル/

trigger

名 C
❶ 些細(ささい)なこと；つまらないもの
❷ ((a trifle)) 少量；わずかな金；((副詞的に)) 少し
・*a trifle* early 少し早めに
━━ 動 他 〈…を〉いい加減に扱う, もてあそぶ ((with...))
trifling 形 些細な, くだらない；少量の

trigger /tríɡər トリガ/
名 C (銃の)引き金；きっかけ
━━ 動 他 〈事件などを〉引き起こす

trillion /tríljən トリリャン/ 名 (複 **trillions** /トリリャンズ/, (数詞のあとで) **trillion**) C
((米))1兆
・*trillions of* A 無数のA

trilogy /trílədʒi トリラヂ/ 名 C (劇・小説・音楽などの)3部作

trim /trím トリム/
動 他
❶ 〈芝・髪などを〉刈り込む, 手入れする
・*trim* (up) a garden 庭の手入れをする
❷ 〈不要な部分を〉〈…から〉取り除く, 削減する ((off...))
❸ 〈…を〉〈…で〉飾る；〈…に〉〈…の〉縁飾りを付ける ((with...))
━━ 名
❶ C ((ふつう a trim)) 刈り込み, 手入れ；整髪
❷ U 整理, きちんとした状態
❸ U 飾り, 装飾, 縁飾り
━━ 形 きちんとした；よく手入れのされた
trimming 名 C 刈り込み, 飾り；(料理の)付け合わせ；整理

trimester /traiméstər トライメスタ/ 名 C
❶ ((米))(学校の)3学期制の1学期
❷ 3か月の期間

trio /tríːou トリーオウ/ 名 C
❶ 三つぞろい, 3人組
❷ 【音楽】三重唱[奏]団, トリオ

trip /tríp トリプ/

名 (複 **trips** /トリプス/) C
❶ (…への)**旅行, 旅** ((to...))
・a day *trip* 日帰り旅行
・an overseas *trip* 海外旅行
・a domestic *trip* 国内旅行
・a school *trip* 修学旅行
・a *trip* around the world 世界一周旅行
・a graduation *trip* 卒業旅行
・go on a *trip* to A Aへ旅行する
・come back from a *trip* 旅行から帰る
・Have a nice *trip*. よいご旅行を
❷ 通勤, 外出；短い距離の移動
❸ つまずき, 踏みはずし
━━ 動
━━ 自
❶ (石などに)つまずく, つまずいて転ぶ ((on..., over...))
❷ (…で)間違える ((on..., over...))
━━ 他 〈人を〉つまずかせる, 失敗させる

triple /trípl トリプル/
形 3倍の, 三重の
・the *triple* jump 三段跳び
━━ 名 C 3倍；3倍の数[量]；【野球】3塁打
━━ 動
━━ 他 〈…を〉3倍にする
━━ 自 3倍になる；【野球】3塁打を打つ

triplet /tríplit トリプリト/ 名 C
❶ 3つ子(の1人)；((triplets))3つ子
❷ 三つ組

tripod /tráipɑd トライパド/ 名 C (カメラの)三脚；三脚台

triumph /tráiʌmf トライアムフ/
名
❶ C (…に対する)大勝利；大成功 ((over...))
・gain [win] a great *triumph* 大勝利を得る
❷ U 勝利[成功]の喜び
・in *triumph* 勝ち誇って, 意気揚々と
━━ 動 自
❶ 勝利を得る, 成功する
❷ (…に)勝ち誇る ((over...))
triumphal 形 勝利の；凱旋(がいせん)の
triumphant 形 勝利を得た；勝ち誇った
triumphantly 副 勝ち誇って, 意気揚々と

trivia /tríviə トリヴィア/ 名 U 些細(ささい)なこと；雑学的知識

trivial /tríviəl トリヴィアル/ 形 些細(ささい)な, つまらない
・a *trivial* matter つまらないこと

trod /trɑ́d トラド/ 動 tread の過去形・過去分詞

trodden /trɑ́dn トラドン/ 動 tread の過去分詞

trolley /tráli トラリ/ 名 C ((米))路面電車；トロリーバス

trombone /trɑmbóun トラムボウン/ 名 C 【音楽】トロンボーン

troop /trúːp トループ/
名 C
❶ ((troops)) 軍隊, 兵隊
❷ (人・動物の)一群, 一団 ((of...))
— 動 自 群れをなして動く; 集まる ((off))

trophy /tróufi トロウフィ/ 名 C トロフィー, 優勝記念杯; 戦利品

tropic /trάpik トラピク/ 名 C ((時に Tropic))
【地理】回帰線; ((the tropics)) 熱帯地方
tropical 形 熱帯の, 熱帯地方の

trot /trάt トラト/
名 ((a trot)) (馬などの)速歩(はやあし); (人の)小走り, 急ぎ足
・at *a trot* 急ぎ足で
— 動
— 自
❶ 〈馬などが〉速歩で駆ける
❷ 〈人が〉小走りする, 早足で行く
— 他 〈馬などを〉速歩で駆けさせる

trouble /trʌ́bl トラブル/

名 (複 **troubles** /トラブルズ/)
❶ U **やっかいな事態, 困難**; 苦しい状態; C (…についての)欠点, 問題点 ((with...))
🔲 You still have some *trouble* with pronunciation.
まだ発音に少し問題がありますね
❷ UC ((しばしば troubles)) **もめごと, 争い, トラブル**; 紛争
・*troubles* with the neighbors
近所の人たちとのいさかい
❸ UC **悩み, 心配**; ((しばしば troubles)) **心配事, 悩みの種**
・What's the *trouble* with you?
何か心配なの; どうしたの
❹ U **骨折り, 労苦, めんどう**
・Thank you for your *trouble*.
お骨折りいただきありがとうございます
・It's not worth the *trouble*.
骨折り甲斐(がい)がない
❺ UC 病気; U (機械などの)故障
・heart *trouble* 心臓病
・system *trouble*
(コンピュータなどの)システムの故障

ask for trouble
災難[苦労]をみずから招く
be in trouble 困っている; (…と)ごたごたを起こしている ((with...))
get into trouble (…と)ごたごたを起こす; 困ったことになる ((with...))
get A into trouble
A をごたごたに巻き込む
have trouble (in) doing
…するのに苦労する
・I *had trouble* changing into Japanese clothes. 和服に着替えるのに手間取りました
have trouble with A A が故障している
make [cause] trouble ごたごたを起こす
take the trouble to do わざわざ…する
・She *took the trouble to* show me to the park. 彼女はわざわざ公園に案内してくれた
take trouble めんどうを引き受ける
The trouble is (that)...
困ったことに…である
without (any) trouble
わけなく, 楽々と
— 動
三単現 **troubles** /トラバルズ/
過去・過分 **troubled** /トラバルド/
現分 **troubling** /トラバリング/
— 他
❶ 〈…を〉**心配させる, 悩ます**; 〈病気が〉〈…を〉苦しめる
・be *troubled* by illness 病気で苦しむ
・What's *troubling* you? どうかしましたか
❷ 〈人に〉**迷惑[めんどう]をかける**; 〈人を〉わずらわす
■ *trouble A to do*
A〈人〉に迷惑をかけて(…)してもらう
・Could I *trouble* you to reserve a room?
部屋を予約しておいていただけますか
・I am sorry to *trouble* you so often.
毎度お手数をかけてすみません
— 自
❶ 〈人が〉(…のことで)骨を折る ((with...))
■ *trouble to do* わざわざ…する
・Don't *trouble to* come over.
わざわざ来ていただかなくても結構です
❷ 〈人が〉(…について)悩む; 心配する ((over..., about...))
・Don't *trouble about* it.
そのことは心配するな
trouble oneself about...
…を心配する
trouble oneself to do わざわざ…する
troubled 形 不安げな; 困難な

troublemaker /trʌ́blmèikər トラブルメイカ/
名 C トラブルメーカー, ごたごたを起こす人

troubleshooting /trʌ́blʃùːtiŋ トラブルシューティング/ 名 U 解決[修理]すること

troublesome /trʌ́blsəm トラブルサム/ 形 ⟨状況などが⟩やっかいな, めんどうな;うるさい

troupe /trúːp トループ/ 名 C (芸人などの)一座, 一団

trousers /tráuzərz トラウザズ/

名 ((複数扱い))**ズボン**
- a pair of *trousers* ズボン1本

trout /tráut トラウト/ 名 C 〘魚〙ます

truancy /trúːənsi トルーアンスィ/ 名 U 無断欠席, ずる休み

truce /trúːs トルース/ 名 C 休戦, 停戦;休戦協定
- make a *truce* 休戦する

truck¹ /trʌ́k トラク/
━━ 名 C トラック, 貨物自動車(((英))lorry);トロッコ, 手押し車
━━ 動 他 ⟨物を⟩トラックで運ぶ

truck² /trʌ́k トラク/ 名 U 物々交換;((米))市場向け野菜

have no truck with A A(人・物)と関係がない, Aと取り引きをしない

true /trúː トルー/

形 比較 **truer** /トルーア/
最上 **truest** /トルーアスト/

❶ **本当の, 真実の**(⇔false);(…について)当てはまる((*of*...))
- a *true* story 実話
■ *it is true that*... …というのは本当だ
- *It is true that* the earth moves around the sun. 地球が太陽の周りを回っているというのは真実だ
■ *it is true of A that*...
  Aについて…であると言える

❷ 確かに[なるほど]…な
■ *it is true that* ...(*A*), *but* ...(*B*)
  なるほどAかもしれないがBである
- *It is true that* he is honest, *but* he sometimes tells a lie.
  彼は確かに正直だがときどきうそをつく

❸ 本物の;純粋な
- *true* gold 純金
- *true* love 純粋な[真実の]愛
- *true* friendship 真の友情

❹ 誠実な, 正直な, (…に)忠実な((*to*...))
- be *true* to *oneself* 自分自身に忠実である

- be *true* to *one's* word 約束をたがえない

❺ 正確な, そっくりの
- *true to* life 本物そっくりの

come true ⟨夢などが⟩実現する

hold true 有効である, 当てはまる

truly /trúːli トルーリ/ 副
❶ 本当に;真に, うそ偽りなく
- a *truly* beautiful picture 実に美しい絵
❷ 心から, まことに;正直なところ
- I'm *truly* sorry about it.
  そのことについては本当にすみません
❸ 正確に, 正しく
  Yours truly, = Truly yours,
  ((商用文や改まった手紙の結句))敬具

trump /trʌ́mp トラムプ/
名 C 〘トランプ〙切り札
━━ 動
━━ 他 ⟨相手の札を⟩切り札で取る
━━ 自 切り札を出す

trump A up = trump up A
A(口実など)をでっち上げる

trumpet /trʌ́mpət トランペト/ 名 C
❶ 〘音楽〙トランペット
- blow a *trumpet* トランペットを吹く
❷ らっぱの(ような)音;(特に)象の鳴き声
━━ 動
━━ 自 トランペットを吹く
━━ 他 ⟨…を⟩吹聴する

trumpeter 名 C トランペット奏者

trunk* /trʌ́ŋk トランク/
名 (複 **trunks** /トランクス/) C
❶ (人・動物の)**胴体**
- a *trunk* and limbs 胴体と手足
❷ (木の)**幹**
❸ (旅行用の)**トランク**, 大型かばん
❹ ((米))(自動車後部の)トランク
❺ (象の)鼻
❻ ((trunks))(男性用の)パンツ, トランクス

trust /trʌ́st トラスト/

名 (複 **trusts** /トラスツ/)
❶ U (…に対する)**信頼, 信用**((*in*...));C 信頼する人[物]
- have *one's trust in A* Aを信頼する
❷ U C (…への)期待, 希望, 確信((*in*...))
❸ U (信頼にこたえる)義務, 責任
❹ U 委託;世話;C 委託物
❺ C 〘経済〙トラスト, 企業合同

tube

— **動**
- 三単現 **trusts** /トラスツ/
- 過去・過分 **trusted** /トラスティド/
- 現分 **trusting** /トラスティング/

— **自** 〈…を〉**信頼する**, 信じる ((*in...*)); 〈運などを〉当てにする ((*to...*))

— **他**
❶ 〈…を〉**信頼する, 信用する**
- *trust A to do* A を信頼[信用]して…させる
- I don't *trust* what he says.
  私は彼の言うことを信じない

❷ (…であることを)期待する, 確信する ((*that* 節))

❸ ((次の用法で))
- *trust A to B* = *trust B with A*
  A(事・物)をB(人)に委託する
- ***trust to luck*** 運に任せる

trusting **形** すぐに信用する；信じやすい

trustee /trʌstí: トラスティー/ **名** ⓒ
❶ (学校などの)評議員, 理事
❷ (他人の財産の)受託者；管理人, 管財人

trustworthy /trʌ́stwəːrði トラストワーズィ/
形 信頼できる, 頼りになる
trustworthiness **名** Ⓤ 信頼できること；頼りになること

truth /trúːθ トルース/

名 (複 **truths** /トルーズズ, トルースス/)
❶ ((the *truth*)) (…に関する)**真実, 事実**, 本当のこと ((*about...*))；Ⓤ 真実性, 真実味
- *in truth* 本当に；実は
- *to tell (you) the truth* ((話)) 実を言えば
- *(The) truth is (that)*... 実は…だ
- Now tell me the *truth*.
  さあ本当のことを言いなさい

❷ ⓊⓒⒸ **真理**
❸ Ⓤ 誠実, 正直

truthful **形** 真実の；誠実な, 正直な
truthfully **副** 誠実に, 正直に；正直に言えば

try /trái トライ/

動 三単現 **tries** /トライズ/
過去・過分 **tried** /トライド/
現分 **trying** /トライイング/

— **他**
❶ 〈…を〉**試みる, 試す**
- *try one's luck* 運を試す
- Let's *try* some of this kidney pie.
  試しにこのキドニーパイを食べてみよう
- ⌘ Almost. *Try* again.
  もうちょっと. もう一度やってみてください
- ⌘ Could you *try* the next one?
  次のをやってみてください
- *try to do* …しようと試みる[努力する]
- I *tried to* study hard.
  一生懸命勉強しようとした
- *Try* not *to* break the wineglass.
  ワイングラスを割らないようにしてね
- *try doing*
  …することを試みる, 試しに…してみる
- Mary *tried* using chopsticks.
  メアリーははしを使ってみた

❷ 【法律】〈人を〉裁く；〈事件などを〉審理する
❸ 〈人を〉苦しめる；〈目などを〉疲れさせる

— **自** **試みる**；やってみる；努力する
- *try and do* …しようと試みる
- ***try A on*** = ***try on A***
  A(服など)を試みに身に着けてみる, 試着する
- ***try A out*** = ***try out A***
  A(計画など)を試してみる, テストしてみる
- ***try out for A*** A (地位など)を得ようと競う；A のオーディションを受ける

— **名** (複 **tries** /トライズ/) ⓒ
❶ 試み, 試し；努力
- have a *try* 試みる
- *give A a try* A(物・事)をやってみる
- I'll *give* it a *try*. それをやってみるよ
- on the second *try* 2度目の挑戦で
- It's worth a *try*. やってみる価値はある
- ⌘ Good *try*, but not quite right.
  がんばりましたね, でもちょっと違います
- ⌘ Have another *try*.
  もう一度やってみてください

❷ 【ラグビー】トライ

trying **形** つらい；苦しい；しゃくにさわる

tryout /tráiaut トライアウト/ **名** ⓒ 適性審査, オーディション；実験的試み

T-shirt /tíːʃəːrt ティーシャート/ **名** ⓒ Tシャツ

tsunami /tsunáːmi ツナーミ/ **名** ⓒ 津波

Tu. ((略)) *Tues*day 火曜日

tub /tʌ́b タブ/ **名** ⓒ
❶ おけ, たらい；おけ1杯(の量)
❷ 湯ぶね, 浴槽

tuba /tjúːbə トゥーバ/ **名** ⓒ 【音楽】チューバ

tube /tjúːb トゥーブ | tjúːb テューブ/ **名** ⓒ
❶ 管, 筒
- a test *tube* 試験管

tuberculosis

❷ (絵の具などの)チューブ
❸ ((the tube)) ((英)) (ロンドンの)地下鉄
・go by *tube* 地下鉄で行く
❹【電子】真空管；ブラウン管
❺ ((the tube)) ((米)) ((くだけて)) テレビ

tuberculosis /tjubə:rkjəlóusis トゥーバーキュロウスィス/ 名 U【医学】結核 (略 TB)

tuck /tʌ́k タク/
動 他
❶ 〈すそ・袖などを〉まくり上げる, たくし上げる ((*up*))
❷ 〈…を〉 (狭い所に)押し込む, しまい込む ((*in*..., *into*...))
❸ 〈人を〉 (寝具などに)くるむ, 包み込む ((*in*..., *into*...))
❹ 〈衣服に〉縫い上げをする, タックを取る
— 名 C タック, 縫いひだ

Tue., Tues. ((略)) *Tues*day 火曜日

Tuesday

/tjú:zdei トゥーズデイ, tjú:zdi トゥーズディ/
名 (複 **Tuesdays** /トゥーズデイズ/) U C
火曜日 (略 Tues., Tue., Tu.)；((形容詞的に)) 火曜日の
・on *Tuesday* 火曜日に
・on *Tuesdays* 毎週火曜日に
・(on) *Tuesday* morning 火曜日の朝に

tug /tʌ́g タグ/
動
— 他 〈…を〉強く引っ張る, 引きずる；〈船を〉引き船で引っ張る
— 自 (…を)強く引く, ぐいと引く ((*at*...))
— 名 C 引っ張ること, 引きずること
・a *tug* of war 綱引き

tugboat /tʌ́gbòut タグボウト/ 名 C タグボート, 引き船

tuition /tju:íʃən トゥーイシャン/ 名 U
❶ (大学などの)授業料
❷ (…の) (個人)教授, 指導 ((*in*...))

tulip /tjú:lip トゥーリプ/ 名 C【植物】チューリップ

tumble /tʌ́mbl タンブル/
動
— 自
❶ 倒れる；(…につまずいて)転ぶ ((*over*...))；転げ回る ((*about*))
❷ 〈建造物などが〉崩壊する, 崩れ落ちる
❸ 〈株価などが〉急落する
— 他 〈…を〉倒す, ひっくり返す

— 名 C 転倒, 転落

tumbler /tʌ́mblər タンブラ/ 名 C タンブラー, 大コップ

tumor /tjú:mər トゥーマ/ 名 C【医学】腫瘍 (しゅよう)；腫(は)れもの

tuna /tjú:nə トゥーナ/ 名 C【魚】まぐろ；U ツナ, まぐろの肉

tundra /tʌ́ndrə タンドラ/ 名 U C ツンドラ, 凍土地帯

tune

/tjú:n トゥーン/
名 (複 **tunes** /トゥーンズ/)
❶ C 曲；調べ, メロディー, 節 (ふし)
・play a *tune* 音楽を奏でる
❷ U (音の)正しい調子, 音程
❸ U (…との)調和, 協調 ((*with*...))
call the tune 指図する
change one's tune 意見[態度]を変える
in tune (音の)調子が合って
out of tune (音の)調子がはずれて
to the tune of A A (曲)に合わせて
— 動
— 他
❶ 〈楽器を〉調律する ((*up*))
・*tune* (*up*) the piano ピアノを調律する
❷ 〈…を〉調和させる；〈エンジンなどを〉調整する ((*up*))
❸ 〈テレビ・ラジオを〉 (チャンネルに)合わせる, 同調させる ((*to*...))
・Stay *tuned*. チャンネルはそのままで
— 自 楽器を調律する ((*up*))
tuner 名 C 調律師；チューナー
tuning 名 U 調律；同調

tunnel* /tʌ́nl タヌル/
名 (複 **tunnels** /タヌルズ/) C
❶ トンネル, 地下道
❷ (動物が掘った)穴；(鉱山の)坑道, 横坑
— 動
— 他 〈山などに〉トンネルを掘る
— 自 (…に)トンネル[地下道]を掘る ((*into*..., *through*...))

turban /tə́:rbən ターバン/ 名 C ターバン

turbine /tə́:rbin タービン/ 名 C【機械】タービン

turbulent /tə́:rbjələnt タービャラント/ 形 〈風などが〉荒れ狂う；〈状況などが〉混乱した
turbulence 名 U 大荒れ；動乱；【気象】乱気流

turf /tə́:f ターフ/ 名 U 芝生, 芝地；C (移植

用の)芝(の一片)

Turk /tə́ːrk ターク/ 名C トルコ人

Turkey /tə́ːrki ターキ/ 名 トルコ(首都はアンカラ)

turkey /tə́ːrki ターキ/ 名C【鳥】七面鳥;U 七面鳥の肉

Turkish /tə́ːrkiʃ ターキシュ/
形 トルコの, トルコ人[語]の
― 名U トルコ語

turmoil /tə́ːrmɔil ターモイル/ 名U ((またa turmoil)) 混乱, 騒ぎ, 動揺

turn ☞ 680ページにあります

turning /tə́ːrniŋ ターニング/ 名U 回転, 方向転換; C 曲がり角
・ the *turning* point
転機, 転換期;分岐点;(病気の)峠(とうげ)

turnip /tə́ːrnip ターニプ/ 名C【植物】かぶ

turnover /tə́ːrnòuvər ターノウヴァ/ 名U ((またa turnover))(一定期間の) 総取り引き[売上]高;転職率

turnpike /tə́ːrnpàik ターンパイク/ 名C ((米)) 有料高速道路, ターンパイク

turnstile /tə́ːrnstàil ターンスタイル/ 名C 回転式出入り口, 回転式改札口(回転式鉄棒を順に押すことで通れる)

turtle /tə́ːrtl タートル/ 名C 亀, (特に)海亀

turtleneck /tə́ːrtlnèk タートルネク/ 名C タートルネック, とっくりえり;タートルネックのセーター(((英)) polo neck)

tutor /tjúːtər トゥータ/
名C (時に住み込みの)家庭教師;((英))(大学で一定数の学生を個別にみる)指導教員
― 動
― 他〈人に〉家庭教師として(…の学科を)教える((*in...*))
― 自 (…の学科の)家庭教師をする((*in...*))

tutorial /tjuːtɔ́ːriəl トゥートーリアル/
形 家庭教師の, 個別指導の
― 名C 個別指導時間;【コンピュータ】チュートリアル

tuxedo /tʌksíːdou タクスィードウ/ 名C ((米)) タキシード

TV /tíːvíː ティーヴィー/
名 (複 **TVs**, **TV's** /ティーヴィーズ/)
❶U テレビ(放送)
・ watch *TV* テレビを見る
・ be on *TV* テレビに出ている
・ What's on *TV* now?
今テレビで何やってるの
・ turn up [down] the sound on the *TV*
テレビの音量を上げる[下げる]
・ turn on [off] the *TV* テレビをつける[消す]
❷C テレビ(受像機)(TV set)
❸ ((形容詞的に)) テレビの
・ a *TV* program テレビ番組
・ a *TV* station テレビ局

Twain /twéin トウェイン/ 名 **Mark Twain**
マーク・トウェイン(米国の作家で,『トム・ソーヤーの冒険』の著者)

twelfth* /twélfθ トウェルフス/
形 (略 12th)
❶ ((ふつう the twelfth)) 第12の, 12番目の
❷ ((a twelfth)) 12分の1の
― 名 (複 **twelfths** /トウェルフスス/) (略 12th)
❶U ((ふつうthe twelfth)) **第12**, 12番目;12番目の人[もの]
❷U ((ふつうthe twelfth)) (月の)12日
❸C 12分の1

twelve /twélv トウェルヴ/
名 (複 **twelves** /トウェルヴズ/)
❶UC (基数の)**12**;U ((複数扱い))12個, 12人
・ Four plus eight is *twelve*. 4足す8は12
❷U 12時, 12分
・ It's *twelve* twenty now. 今12時20分です
❸U 12歳
❹C 12人[個]一組のもの
― 形
❶ **12の**, 12個の, 12人の
❷ 12歳の

twentieth /twéntiəθ トウェンティアス/
形 (略 20th)
❶ ((ふつう the twentieth)) 第20の, 20番目の
❷ ((a twentieth)) 20分の1の
― 名 (略 20th)
❶U ((ふつう the twentieth)) 第20, 20番目;20番目の人[もの]
❷U ((ふつう the twentieth)) (月の)20日
❸C 20分の1

twenty /twénti トウェンティ/
名 (複 **twenties** /トウェンティズ/)
➡➡➡ 681ページに続く ➡➡➡

turn /tə́ːrn ターン/

[動] [三単現] **turns** /ターンズ/
[過去・過分] **turned** /ターンド/
[現分] **turning** /ターニング/

— [他]

❶ 〈…を〉(軸の周りに)**回す, 回転させる**;〈栓などを〉ひねる
- *turn* the doorknob ドアの取っ手を回す
- *turn* the tap on [off]
蛇口をひねって〈水などを〉出す[止める]
- *turn* the steering wheel to the left
ハンドルを左に切る
- 📖 *Turn* your desks around.
机を反対向きにしてください

❷ 〈…を〉(ある方向に)**向ける**((*to..., toward...*));〈…の〉向きを変える;〈…を〉(…から)そらす((*from...*)), 〈…を〉脇(わき)へそらす
- *turn* one's face *to* A A(人)に顔を向ける

❸ 〈角を〉(…に)**曲がる**((*to...*))
- *turn* the corner 角を曲がる

❹ 〈…を〉**ひっくり返す**, 裏返す((*upside down*));〈ページを〉めくる((*over*))
- *turn* the table upside down
テーブルをひっくり返す
- *turn* the pages quickly
すばやくページをめくる
- 📖 *Turn* to page 10.
10ページを開いてください

❺ 〈…を〉〈…に〉**変える**, 替える;〈…を〉(ある言語に)翻訳する((*into..., to...*))
- *turn* water *into* ice 水を氷に変える
- *turn* cream *into* butter
クリームをバターに変える
- *turn* euro *into* yen ユーロを円に替える
- *turn* Japanese *into* English
日本語を英語に訳す
■ *turn* *A* *C* A(物)をC(の状態)に変える
- The frost *turned* the leaves red.
霜で葉は赤く染まった

❻ 〈ある年齢・時刻などに〉なる, 〈…を〉越える
- I *turned* 17 last week.
先週17歳になりました

❼ 〈手・足などを〉ねんざする, くじく

— [自]

❶ (軸の周りに)**回る, 回転する**
- The earth *turns* on its axis.
地球は自転している

❷ 〈…に〉**向きを変える**((*to...*));振り向く[返る];〈…から〉目[注意]をそらす((*from...*))
- *turn* right *around* 真後ろを振り返る

❸ 〈…に〉**曲がる**;〈風などが〉方向を変える((*to..., toward...*))
- *turn* to the left 左へ曲がる

❹ **ひっくり返る**, 裏返しになる;〈ページが〉めくれる;ページをめくる
- The boat *turned* over.
ボートが転覆(てんぷく)した

❺ 〈…に〉**変わる**((*into..., to...*))
■ *turn* *C* (木の葉などの)色がCに変わる;(変化して)Cになる
- My anger *turned into* sorrow.
ぼくの怒りは悲しみに変わった
- The leaves have *turned* yellow.
木の葉が黄色になった

turn against *A*
Aに反抗する, Aに反対の立場を取る

turn around 回転する;向きを変える;振り向く;〈事業などが〉好転する

turn aside
(…から)顔をそむける, 脇を向く((*from...*))

turn *A* ***away*** = ***turn away*** *A*
A(人)を(…から)追い返す((*from...*));A(人など)を見捨てる

turn back (来た道を)引き返す, 戻る

turn down 〈経済などが〉低下[衰退]する

turn *A* ***down*** = ***turn down*** *A*
(1) A(ラジオなど)の音を小さくする
(2) A(明かり)を弱める
(3) A(提案・申し出など)を断る, 拒む
(4) A(ページなど)の角を折り返す

turn *A* ***in*** = ***turn in*** *A*
A(書類・宿題など)を(…に)提出する;A(借りていた物)を(持ち主に)返す;A(犯人)の居場所を(警察に)通報する((*to...*))

turn *A* ***inside out***
A(ポケットなど)を裏返しにする

turn off 〈人・車が〉脇道へ入る

turn *A* ***off*** = ***turn off*** *A*
A(ガスなど)を(栓などを締めて)止める;A(明かり・テレビなど)を消す
- *turn off* the water 水を止める
- *turn off* the TV テレビを消す

turn *A* ***on*** = ***turn on*** *A*
A(ガスなど)を(栓などをひねって)出す;A(明かり・テレビなど)をつける

- ***turn on*** the light 明かりをつける
turn out
(1) (催し物などに)やって来る, 集まる ((*for...*))
(2) …であることが分かる ((*that*節))
- ***turn out*** (***to be***) C 結局はCになる
- The weather ***turned out*** (***to be***) rainy.
  天気は結局雨になった
turn A ***out*** = ***turn out*** A
A (明かりなど)を消す; A (物)を生産する; A (人)を追い出す, 解雇する
turn over
ひっくり返る, 裏返しになる; ページをめくる
turn over A
(ある期間に) A (ある額)の売り上げがある
turn A ***over*** = ***turn over*** A
A をひっくり返す; A (ページ)をめくる; ⟨犯人などを⟩ (警察などに)引き渡す ((*to...*))
turn to A ⟨助け・助言などを求めて⟩ A (人)に頼る ((*for...*)); A (あるページ)を開く; A (新しい仕事)を始める
turn up
⟨人が⟩現れる, ⟨紛失物などが⟩(偶然に)見つかる; 認められる; ⟨経済などが⟩上向きになる
turn A ***up*** = ***turn up*** A
A (ガスの火など)を強める, A (ラジオなど)の音を大きくする; A (事)を暴露する

― 名 (複 **turns** /ターンズ/) C
❶ 回すこと, 回転, (車輪などの) 1回転
- give the key a ***turn*** 鍵(%)を回す
❷ 曲げること, 曲がること; 方向転換; 折り返すこと; (道路などの) 曲がり角, カーブ; (進路などの) 折り返し点
- Take the second ***turn*** to the right.
  2番目の角を右に曲がりなさい
- a U-***turn*** Uターン
❸ 順番, 番
- wait *one's* ***turn*** 自分の番を待つ
- 🕮 Whose ***turn*** is it to read?
  次に読むのは誰ですか
❹ ((a turn)) 変化; ((the turn)) 転機
- take *a* ***turn*** for the better [worse]
  好転[悪化]する
by turns 交代で, 代わる代わる
in turn
⟨2人が⟩交代で; ⟨3人以上が⟩順に; 今度は
in one's turn 自分の番になって
on the turn ⟨運・不運が⟩変わり目で; ⟨牛乳などが⟩腐り始めて
out of turn 順番を無視して; 考えなしに
serve A's turn A (人)の役に立つ
take turns *doing* [***to do***]
交代で…する

❶ U C (基数の)**20**; U ((複数扱い)) 20個, 20人
❷ U 20時, 20分
❸ U 20歳; ((*one's* twenties)) 20(歳)代
❹ C 20人[個]一組のもの
❺ ((the twenties)) (世紀の) 20年代, 1920年代
― 形
❶ **20の**, 20個の, 20人の
❷ 20歳の

twice /twáis トワイス/
副 ((比較なし))
❶ **2回, 二度**
- ***twice*** a day 一日に2回
- I've been to Kyoto ***twice***.
  私は京都に二度行ったことがある
❷ **2倍(に)**
- ***twice*** as many as this この2倍(の数)
- ***twice*** as much as this この2倍(の量)

twig /twíg トウィグ/ 名 C 小枝, 細枝
twilight /twáilàit トワイライト/ 名 U (日の出前・日没後の)薄明かり, たそがれ(時)
- in the ***twilight*** たそがれ時に

twin /twín トウィン/
名
❶ C 双子の片方; ((twins)) 双子
- identical [fraternal] ***twins***
  一卵性[二卵性]双生児
❷ ((the Twins)) 【天文】ふたご座(Gemini)
― 形
❶ 双子の
❷ (一)対の; よく似た
- ***twin*** beds ツインベッド

twinge /twíndʒ トウィンヂ/ 名 C (精神的な)苦痛; (リューマチなどの)発作的な痛み
twinkle /twíŋkl トウィンクル/
動 ⾃ ⟨星などが⟩きらきら光る; またたく; ⟨目が⟩(喜びなどで)輝く ((*with...*))
― 名 C (星などの)きらめき; (目の)輝き
twirl /twə́:rl トワール/ 動
― 他 ⟨バトンなどを⟩くるくる回す
― ⾃ くるくる回る
twist /twíst トウィスト/

twitch

動

— 他

❶ 〈…を〉ねじる, ひねる;〈…を〉(…の周りに)巻きつける((*around...*))
- *twist* a towel タオルを絞る[ねじる]

❷ 〈苦痛などが〉〈人の身を〉よじらせる;〈足首などを〉ねんざする;〈体の一部を〉ひねる

❸ 〈事実などを〉ゆがめる

— 自

❶ ねじれる;(…に)巻きつく((*around...*));身をよじる;〈道などが〉曲がりくねる

❷【ダンス】ツイストを踊る

twist A's arm
A〈人〉にむりじいをする, 強制する

— **名** C

❶ ひねり, ねじれ, もつれ;(道・川などの)カーブ, 湾曲(ホルミ)
- *twists* and turns 曲がりくねり;紆余(ホ)曲折

❷ (事件などの)意外な展開;(話の)ひねり

❸ ((the twist))【ダンス】ツイスト

twisted 形 ねじれた;ゆがんだ

twitch /twítʃ トウィチ/

動 自 〈体の一部が〉ぴくっと動く, ひきつる, けいれんする

— **名** C ひきつること;けいれん

twitter /twítər トウィタ/

動 自 〈小鳥が〉さえずる;人が(…のことを)ペチャクチャしゃべる((*about...*))

— **名** C

❶ (小鳥の)さえずり

❷ ((Twitter))(商標)【インターネット】ツイッター(ユーザー同士が投稿し合うサービス)

two /tú: トゥー/

名 (複 *twos* /トゥーズ/)

❶ U C (基数の)2;U ((複数扱い))2つ, 2個, 2人
- Five minus three is *two*. 5く3は2

❷ U 2時, 2分
- It's *two* twenty now. 今2時20分です

❸ U 2歳

❹ C 2人[個]一組のもの

— **形**

❶ 2の, 2個の, 2人の

❷ 2歳の

in two 真っ2つに, 半分に

two-dimensional /tú:diménʃənəl トゥーディメンシャナル/ 形 2次元の;〈作品などが〉深みのない

twofold /tú:fòuld トゥーフォウルド/

形 2倍の, 二重の;2部分から成る

— **副** 2倍に, 二重に

two-way /tú:wéi トゥーウェイ/ 形 〈道路などが〉双方向[両面]通行の

TX ((米郵便)) *Texas* テキサス州

tycoon /taikú:n タイクーン/ 名 C (実業界などの)成功者, 実力者

tying /táiiŋ タイイング/ 動 tieの現在分詞・動名詞

type /táip タイプ/

名 (複 *types* /タイプス/)

❶ C 型, 様式, 種類;((くだけて))…タイプの人
- What is your blood *type*?
  あなたの血液型は何ですか
- He is my *type*. 彼は私の好みのタイプです

❷ C 典型, 見本, 模範

❸ C (1個の)活字;U 活字,(印刷された)字体
- in bold *type* 太字[ボールド]体で

— **動**

三単現 *types* /タイプス/
過去・過分 *typed* /タイプト/
現分 *typing* /タイピング/

— 他 〈文書などを〉タイプライターで打つ, タイプする;【コンピュータ】〈…を〉入力する

— 自 タイプライターを打つ, タイプする

typing 名 タイプ(すること)
typist 名 C タイピスト

typeface /táipfèis タイプフェイス/ 名 C (活字の)書体, 字体

typewriter /táipràitər タイプライタ/ 名 C タイプライター

typhoon /taifú:n タイフーン/ 名 C 台風
- the eye of a *typhoon* 台風の目
- A *typhoon* is approaching Okinawa.
  台風が沖縄に接近中だ

typical /típikəl ティピカル/ 形 (…に)典型的な,(…の)典型である((*of...*));(…に)特有の((*of...*))

typically 副 典型的に;通常, ふつう

tyranny /tírəni ティラニ/ 名 U C 暴政, 圧政;専制政治

tyrannical 形 暴君の, 専制的な
tyrant 名 C 暴君, 専制君主

tyre /táiər タイア/ 名 C ((英))(車などの)タイヤ(((米)) tire)

U, u

U, u /júː ユー/ 名 (複 **U's, Us**:**u's, us** /júːz ユーズ/)
C U ユー(アルファベットの第21文字)

UFO, U.F.O. /júːefòu, júːfou ユーエフオウ, ユーフォウ/ 名 C 未確認飛行物体,ユーフォー (*u*nidentified *f*lying *o*bjectの略)

ugly* /ʌ́gli アグリ/
形 比較 **uglier** /アグリア/
最上 **ugliest** /アグリアスト/
❶ 〈人などが〉醜(みにく)い,見苦しい
❷ 〈物・事が〉いやな,不快な;醜悪(しゅうあく)な

uh /ʌ ア, ʌ́ː アー/ 間 ((呼びかけて))あのう

uh(-)huh /ʌhʌ́ アハ/ 間 ((質問を受けて))うん,ええ;((あいづち))うんうん;((何かひらめいて))なるほど

uh(-)oh /ʌ́ou アオウ/ 間 ((困ったことが起きた時などに))おっと

U.K., UK ((略)) *U*nited *K*ingdom 連合王国,英国

ukulele /jùːkəléili ユーカレイリ/ 名 C 【音楽】ウクレレ

ulcer /ʌ́lsər アルサ/ 名 C 【医学】潰瘍(かいよう)
・a stomach *ulcer* 胃潰瘍

ultimate /ʌ́ltəmət アルタマト/
形 最後の,究極の;最高の
・the *ultimate* goal 究極の目標
 ━ 名 ((the ultimate)) (…の)極み((in...))
 ultimately 副 結局;究極的には

ultra /ʌ́ltrə アルトラ/ 形 〈思想などが〉過激な,極端な

ultrasound /ʌ́ltrəsàund アルトラサウンド/ 名 U 超音波,超音波診断

ultraviolet /ʌ̀ltrəváiələt アルトラヴァイアラト/ 形 紫外線の

um /ʌ́m アム, əm アム/ 間 ((ためらって))えー,そのー

umbrella /ʌmbrélə アムブレラ/
名 (複 **umbrellas** /アムブレラズ/) C
かさ,雨がさ
・open [close] an *umbrella*
かさを差す[たたむ]

umpire /ʌ́mpaiər アムパイア/
名 C (スポーツ競技の)アンパイア,審判(員)
 ━ 動
 ━ 他 〈…の〉審判をする
 ━ 自 審判を務める

UN, U.N. ((略)) *U*nited *N*ations 国際連合,国連

unable /ʌnéibl アネイブル/
形 ((比較なし)) ((次の用法で))
・*be unable to do* …することができない
・I *am unable to* beat her at tennis.
テニスで彼女には勝てない

unacceptable /ʌ̀nəkséptəbl アナクセプタブル/ 形 受け入れられない,容認できない

unaccompanied /ʌ̀nəkʌ́mpənid アナカムパニド/ 形 同伴者のない;【音楽】無伴奏の

unaccountable /ʌ̀nəkáuntəbl アナカウンタブル/ 形 説明できない,わけの分からない,責任を持たない

unaccustomed /ʌ̀nəkʌ́stəmd アナカスタムド/ 形 (…に)慣れていない((to...))

unaffected /ʌ̀nəféktid アナフェクティド/ 形 影響を受けない;気取らない;心からの

unambiguous /ʌ̀næmbígjuəs アナムビギュアス/ 形 明白な,あいまいでない

unanimous /junǽnəməs ユナナマス/ 形 (…に)意見が一致した((in...));〈意見などが〉満場一致の
 unanimously 副 満場一致で

unannounced /ʌ̀nənáunst アナナウンスト/ 形 発表されていない;予告なしの

unanswered /ʌ̀nǽnsərd アナンサード/ 形 (問題などに)答えのない,(手紙などに)返事のない

unarmed /ʌ̀náːrmd アナームド/ 形 武器を持たない,非武装の

unassuming /ʌ̀nəsjúːmiŋ アナスューミング/ 形 出しゃばらない,謙虚な

unattainable /ʌ̀nətéinəbl アナテイナブル/ 形 到達できない,達成できない

unattended /ʌ̀nəténdid アナテンディド/ 形 ほったらかしの,世話されていない

unattractive /ʌ̀nətrǽktiv アナトラクティヴ/ 形 魅力的でない

unauthorized /ʌ̀nɔ́ːθəraizd アノーサライズド/

形 認可されていない;権限のない

unavailable /ʌ̀nəvéiləbl アナヴェイラブル/ 形 利用できない;入手できない;会うことができきない

unavoidable /ʌ̀nəvɔ́idəbl アナヴォイダブル/ 形 避けられない,やむをえない
unavoidably 副 やむをえず

unaware /ʌ̀nəwéər アナウェア/ 形 (…に)気づいていない,(…を)知らない((of...))

unbalanced /ʌ̀nbǽlənst アンバランスト/ 形 バランスの取れていない,アンバランスな;情緒(ʦぇぅ)不安定な

unbearable /ʌ̀nbéərəbl アンベアラブル/ 形 耐えられない,我慢できない
unbearably 副 耐えられないほど(に)

unbeatable /ʌ̀nbíːtəbl アンビータブル/ 形 無敵の;ずばぬけた

unbeaten /ʌ̀nbíːtən アンビートン/ 形 無敗の,負け知らずの

unbelievable /ʌ̀nbilíːvəbl アンビリーヴァブル/ 形 信じられない;驚くべき
unbelievably 副 信じられないほど(に)

unborn /ʌ̀nbɔ́ːn アンボーン/ 形 まだ生まれていない;将来の

unbroken /ʌ̀nbróukən アンブロウカン/ 形 途切れない;〈記録などが〉破られていない

uncertain /ʌ̀nsə́ːrtn アンサートン/ 形
❶ はっきりしない,不確実な(⇔certain)
❷〈人が〉(…について)確信が持てない,自信がない((about..., of...))
・I'm *uncertain about* my future plans.
自分の今後の計画について確信が持てない
uncertainly 副 不確実に
uncertainty 名 Ⓤ 不確実(性),不確かさ;Ⓒ 不明確なこと

unchanged /ʌ̀ntʃéindʒd アンチェインヂド/ 形 不変の,変わらない

uncivilized /ʌ̀nsívəlaizd アンスィヴァライズド/ 形〈人が〉野蛮(ばん)な,〈場所が〉未開の

uncle /ʌ́ŋkl アンクル/ 名
(複 **uncles** /ʌ́ŋklz/) Ⓒ おじ(⇔aunt)
・*Uncle* Sam アンクルサム(典型的な米国人と米国政府のこと)

unclear /ʌ̀nklíər アンクリア/ 形 不明確な,はっきりしない

uncomfortable /ʌ̀nkʌ́mfətəbl アンカムファタブル/ 形
❶〈場所などが〉(居)心地の悪い

❷〈状況などが〉(…に対して)落ち着かない,気まずい((with..., about...))
uncomfortably 副 落ち着かずに

uncommon /ʌ̀nkʌ́mən アンカマン/ 形 珍しい,まれな;並はずれた

uncompromising /ʌ̀nkʌ́mprəmaiziŋ アンカムプラマイズィング/ 形〈人などが〉妥協しない;一徹な

unconcerned /ʌ̀nkənsə́ːrnd アンカンサーンド/ 形 (…について)心配していない,平気な((about...));(…に)無関心な((with...))

unconditional /ʌ̀nkəndíʃənəl アンカンディショナル/ 形 無条件の,無制限の
unconditionally 副 無条件に

unconscious /ʌ̀nkʌ́nʃəs アンカンシャス/ 形
❶ 無意識の;(…に)気づいていない((of...))
❷ 意識を失った,気絶した
・lie *unconscious* on the floor
意識を失って床に倒れている
━ 名 ((the unconscious))【心理】無意識
unconsciously 副 無意識のうちに
unconsciousness 名 Ⓤ 無意識

unconstitutional /ʌ̀nkənstətjúːʃənəl アンカンスタトゥーショナル/ 形 憲法違反の,違憲の

uncontrollable /ʌ̀nkəntróuləbl アンカントロウラブル/ 形 コントロールがきかない;手に負えない

unconventional /ʌ̀nkənvénʃənəl アンカンヴェンシャナル/ 形 慣習にとらわれない;型にはまらない

unconvincing /ʌ̀nkənvínsiŋ アンカンヴィンスィング/ 形 説得力のない

uncountable /ʌ̀nkáuntəbl アンカウンタブル/ 形 無数の;【文法】不可算の
━ 名 Ⓒ【文法】不可算名詞

uncover /ʌ̀nkʌ́vər アンカヴァ/ 動 (他) 〈…の〉おおい[ふた]を取る;〈秘密などを〉あばく

uncovered /ʌ̀nkʌ́vərd アンカヴァド/ 形 おおいのない,むき出しの

undecided /ʌ̀ndisáidid アンディサイディド/ 形 未決定の;決心していない

undefined /ʌ̀ndifáind アンディファインド/ 形 不明確な,漠然とした;しっかり定義されていない

undeniable /ʌ̀ndináiəbl アンディナイアブル/ 形 否定できない,紛れもない
undeniably 副 紛れもなく

under /ʌ́ndər アンダ/

前

❶ ((位置)) **…の下に** (⇔over)
・ ***under*** the table テーブルの下に
・ ***under*** water 水中に
・ draw a line ***under*** the words 単語に下線を引く
・ wear a T-shirt ***under*** the sweatshirt トレーナーの下にTシャツを着ている

❷ ((数量)) **…より少なく, …未満で**
・ children ***under*** ten (years old) 10歳未満の子ども
・ cost ***under*** one thousand yen 1000円もしない

❸ ((支配・指導)) **…のもとで**
・ He's studying ***under*** Professor Yoshida. 彼は吉田教授のもとで勉強している
・ He proposed to her ***under*** the influence of alcohol. 彼は酒の勢いを借りて彼女にプロポーズした

❹ ((条件)) …のもとで; …に基づいて; ((口実)) …のもとに
・ ***under*** these circumstances こうした状況のもとで
・ ***under*** the rules 規則に基づいて
・ ***under*** a false name 偽名で
・ ***under*** disguise 変装して

❺ ((状態)) …の最中で
・ ***under*** construction 工事中
・ be ***under*** discussion 討議中である

━ **副** ((比較なし))

❶ ((位置)) **下に, 下へ** (⇔over)
・ The ship went ***under***. その船は沈没した

❷ ((数量)) **未満で**; ((and, orを伴って)) 以下
・ children of six (years) old ***or under*** 6歳以下の子ども

━ **形** ((比較なし)) **下の**
・ the ***under*** jaw 下あご

underage /ʌ̀ndəréidʒ アンダエイヂ/ **形** 未成年の

undercover /ʌ́ndərkʌ̀vər アンダカヴァ/ **形** 秘密の[に行われている]; 秘密捜査の

underdeveloped /ʌ̀ndərdivéləpt アンダディヴェラプト/ **形** 〈国などが〉開発の遅れた; 発育不全の

underestimate /ʌ̀ndəréstəmèit アンダレスタメイト/

動 ㊍ 〈金額を〉安く見積もる; 〈能力などを〉過小評価する

━ **名** /ʌ̀ndəréstəmət アンダレスタマト/ Ⓒ 過小評価

undergo /ʌ̀ndərgóu アンダゴウ/ **動** (goの変化形と同じ) ㊍

❶ 〈苦しいことなどを〉経験する
・ ***undergo*** a great change 大きな変化を経験する

❷ 〈検査などを〉受ける; 〈困難などに〉耐える
・ ***undergo*** an operation 手術を受ける

undergraduate /ʌ̀ndərgrǽdʒuət アンダグラヂュアト/ **名** Ⓒ 学部学生, 大学生

underground /ʌ́ndərgràund アンダグラウンド/

名 Ⓒ ((しばしばthe Underground)) ((英)) 地下鉄 (((米)) subway)

━ **形**

❶ 地下の, 地下にある

❷ 秘密の, 隠れた; 地下組織の

━ **副** /ʌ̀ndərgráund アンダグラウンド/

❶ 地下に[で]

❷ 隠れて, ひそかに, 秘密に

underlie /ʌ̀ndərlái アンダライ/ **動** (lieの変化形と同じ) ㊍

❶ 〈考えなどが〉〈理論などの〉基礎[根拠]をなす

❷ 〈…の〉下に位置する

underline /ʌ̀ndərláin アンダライン/

動 ㊍

❶ 〈…に〉下線を引く, アンダーラインを引く

❷ 〈…を〉強調する

━ **名** /ʌ́ndərlàin アンダライン/ Ⓒ 下線, アンダーライン
・ draw an ***underline*** 下線を引く

underlying /ʌ́ndərlàiiŋ アンダライイング/ **形** 基礎をなす; 下にある[横たわる]

underneath /ʌ̀ndərníːθ アンダニース/

前 …の下に, …の真下に

━ **副** 下(部)に, 下面に, すぐ下に

underpants /ʌ́ndərpæ̀nts アンダパンツ/ **名** ((複数扱い)) ズボン下, (男性用下着の)パンツ

underpin /ʌ̀ndərpín アンダピン/ **動** ㊍ 〈…を〉支持する; 〈論拠などの〉正しさを証明する

undersea /ʌ́ndərsìː アンダスィー/ **形** 海底[海中]の, 海面下の

undershirt /ʌ́ndərʃə̀ːrt アンダシャート/ **名** Ⓒ ((主に米)) (アンダー)シャツ, 肌着

underside /ʌ́ndərsàid アンダサイド/ **名** Ⓒ ((ふつうthe underside)) 下側, 下面; 底面; よくない面

understand

/ʌ́ndərstǽnd アンダスタンド/
動 三単現 **understands** /ʌ́ndərstǽndz アンダスタンヅ/
過去・過分 **understood** /ʌ́ndərstúd アンダストゥド/
現分 **understanding** /ʌ́ndərstǽndiŋ アンダスタンディング/
— 他

❶ 〈…を〉理解する, 分かる
・I don't *understand what* you are trying to say. あなたが何を言いたいのか分からない
⚏ Do you *understand*? 分かりますか

❷ (…だと)聞いている((*that*節))
・I *understand* (*that*) he is now in London. 彼は今ロンドンにいると聞いている
・That's *understood*. それは了解済みです
- *be understood to do*
〈…が〉…することを聞いて知っている

❸ 〈…だと〉解釈する, 思う
- *understand* (*that*)... …であると解釈する
・I *understand* (*that*) you are happy now. あなたは今幸せだということですね
- *understand A to do* A が…すると解釈する
- *understand A as* [*to be*] *C*
A が C であると解釈する
— 自 理解する, 分かる

give A to understand that...
A(人)に…ということを分からせる[知らせる]

make oneself understood
自分の考えを人に分からせる

understandable 形 理解できる;分かりやすい

understandably 副 もっともな話だが

understanding
/ʌ́ndərstǽndiŋ アンダスタンディング/
動 understand の現在分詞・動名詞
— 名 Ⓤ

❶ 理解;知識
・have a good *understanding* of history
歴史について十分な知識がある

❷ (意見などの)一致, 察し;(暗黙の)了解

on the understanding that...
…という条件で
— 形 物分かりのよい;理解[思いやり]のある

understandingly 副 物分かりよく;思いやりを持って

understatement /ʌ́ndərstéitmənt アンダステイトマント/ **名** Ⓤ 控えめに言うこと; Ⓒ 控えめな言葉

understood /ʌ́ndərstúd アンダストゥド/ **動**
understand の過去形・過去分詞

undertake /ʌ́ndərtéik アンダテイク/ **動**
(take の変化形と同じ) 他

❶ 〈仕事などを〉引き受ける
❷ 〈仕事などに〉着手する;〈…することを〉くわだてる((*to do*))

undertaking /ʌ́ndərtéikiŋ アンダテイキング/
動 undertake の現在分詞・動名詞
— 名 Ⓒ

❶ ((ふつう an undertaking))事業, くわだて
❷ (…する)約束, 保証((*to do*))

underwater /ʌ́ndərwɔ́:tər アンダウォータ/
形 水中用の, 水面下の
— 副 水中で, 水面下で

underway /ʌ́ndərwéi アンダウェイ/ **形** 進行中の;運行中の

underwear /ʌ́ndərwèər アンダウェア/ **名**
Ⓤ 下着(類), 肌着

underworld /ʌ́ndərwə̀:rld アンダワールド/
名

❶ ((the underworld))暗黒街
❷ ((ふつう Underworld))【ギリシャ・ローマ神話】あの世, 黄泉(よみ)の国

undesirable /ʌ́ndizáiərəbl アンディザイアラブル/ **形** 望ましくない, 好ましくない

undeveloped /ʌ́ndivéləpt アンディヴェラプト/ **形** 〈国などが〉未開発の;〈心身が〉未発達の

undisputed /ʌ́ndispjú:tid アンディスピューティド/ **形** 異論のない, 明白な

undisturbed /ʌ́ndistə́:rbd アンディスターブド/ **形** じゃまされない, 平穏な

undivided /ʌ́ndiváidid アンディヴァイディド/ **形** 分割されない;完全な

undo /ʌ́ndú: アンドゥー/ **動** (do の変化形と同じ) 他

❶ 〈ボタンなどを〉はずす;〈ひもなどを〉ほどく, 緩める;〈着物などを〉脱ぐ;〈包みなどを〉あける
❷ 〈…を〉元の状態に戻す;【コンピュータ】〈直前の操作を〉キャンセルする
・What is done cannot be *undone*.
((ことわざ)) 一度したことは元に戻せない;覆水盆に返らず

undoing 名 Ⓤ 元どおりにすること;取り消し

undoubted /ʌ́ndáutid アンダウティド/ **形** 疑問の余地がない, 確かな;本物の

undoubtedly 副 疑いもなく, 確かに

undress /ʌ́ndrés アンドレス/ **動**

— ⑩ 〈…の〉衣服を脱がせる
- get *undressed* 衣服を脱ぐ
— ⑪ 衣服を脱ぐ
undressed 形 衣服を着ていない, 裸の

undue /ʌndjúː アンデュー/ 形 適切でない, 不当な, 不法な；過度の

uneasy /ʌníːzi アニーズィ/ 形
❶ (…について)不安な, 心配な((*about*...))
- pass an *uneasy* night 不安な一夜を過ごす
❷ 窮屈な；堅苦しい
❸ 〈状態などが〉不安定な
uneasily 副 不安そうに, 心配で；窮屈そうに
uneasiness 名 ⓤ 不安, 心配；窮屈

uneducated /ʌnédʒukeitid アネヂュケイティド/ 形 教育[教養]のない, 無学の

unemotional /ʌnimóuʃənəl アニモウシャナル/ 形 感情を表に出さない, 冷静な

unemployed /ʌnimplɔ́id アニムプロイド/ 形 失業した, 職のない；((the unemployed))((複数扱い))失業者

unemployment /ʌnimplɔ́imənt アニムプロイマント/ 名 ⓤ 失業；失業者数, 失業率

unending /ʌnéndiŋ アネンディング/ 形 いつまでも続く, 無限の

unequal /ʌníːkwəl アニークワル/ 形
❶ (…において)同等でない, 等しくない((*in*...))
❷ (…に)適さない, 耐えられない((*to*...))
unequally 副 不平等に

unequivocal /ʌnikwívəkəl アニクウィヴァカル/ 形 あいまいでない, 紛らわしくない

UNESCO /juːnéskou ユネスコウ/ 名 ユネスコ, 国際連合教育科学文化機関

unethical /ʌnéθikəl アネスィカル/ 形 非[反]倫理的な

uneven /ʌníːvən アニーヴァン/ 形
❶ 〈道などが〉平らでない, でこぼこの
❷ 不規則な；〈気分などが〉むらのある
❸ 奇数の(odd)

uneventful /ʌnivéntfəl アニヴェントファル/ 形 事件のない, 平穏な

unexciting /ʌniksáitiŋ アニクサイティング/ 形 つまらない, 退屈な

unexpected /ʌnikspéktid アニクスペクティド/ 形 思いがけない, 意外な, 不意の
unexpectedly 副 思いがけなく；意外にも

unexplained /ʌnikspléind アニクスプレインド/ 形 〈理由などが〉説明のつかない, 不可解な

unfair /ʌnféər アンフェア/ 形 (人に)不公平な((*to*...))；不正な, ずるい
unfairly 副 不公平なやり方で；不当に
unfairness 名 ⓤ 不公平；不当

unfaithful /ʌnféiθfəl アンフェイスファル/ 形 (夫・妻・恋人に)不貞な, 不誠実な((*to*...))
unfaithfully 副 不貞に
unfaithfulness 名 ⓤ 不貞

unfamiliar /ʌnfəmíljər アンファミリャ/ 形 (…を)よく知らない((*with*...))；(人にとって)慣れていない((*to*...))
unfamiliarity 名 ⓤ 不案内；不慣れ

unfashionable /ʌnfæʃənəbl アンファシャナブル/ 形 流行遅れの, はやらない

unfasten /ʌnfæsn アンファスン/ 動
— ⑩ 〈…を〉はずす；〈ひもなどを〉ほどく
— ⑪ はずれる；ほどける

unfavorable /ʌnféivərəbl アンフェイヴァラブル/ 形 〈状況が〉(…にとって)不利な, 都合の悪い((*for*..., *to*...))；好意的でない
unfavorably 副 不利に, 都合悪く

unfinished /ʌnfíniʃt アンフィニシュト/ 形
❶ 未完成の, 出来上がっていない
- the *Unfinished* Symphony (シューベルトの)未完成交響曲
❷ みがきをかけていない

unfit /ʌnfít アンフィト/ 形
❶ (…に)適さない, 不向きの((*for*...))
❷ 健康でない, 体調不良の

unfold /ʌnfóuld アンフォウルド/ 動 ⑩
❶ 〈折りたたんだ物などを〉開く, 広げる
❷ 〈計画などを〉(人に)打ち明ける, 説明する((*to*...))

unforeseen /ʌnfɔːrsíːn アンフォースィーン/ 形 予期しない, 思いがけない

unforgettable /ʌnfərgétəbl アンフォーゲタブル/ 形 忘れられない, 記憶に残る

unfortunate /ʌnfɔ́ːrtʃənət アンフォーチャナト/ 形
❶ (…の点で)不幸な, 不運な((*in*...))
❷ 不適当な；残念な；不成功の

unfortunately /ʌnfɔ́ːrtʃənətli アンフォーチャナトリ/ 副 不運にも, 残念ながら
🗨 *Unfortunately* not. 残念ながら違いますね

unfounded /ʌnfáundid アンファウンディド/ 形 根拠[理由]のない, 事実無根の

unfriendly /ʌnfréndli アンフレンドリ/ 形

unfulfilled

不親切な;思いやりのない

unfulfilled /ʌnfʊlfíld アンフルフィルド/ 形
〈約束などが〉果たされていない

ungrateful /ʌngréitfəl アングレイトファル/ 形 (人に)感謝していない((*to*...))
ungratefully 副 恩知らずにも

unguarded /ʌngá:rdid アンガーディド/ 形 軽率な, うっかりした;無防備の

unhappy* /ʌnhǽpi アンハピ/
形 比較 **unhappier** /アンハピア/
最上 **unhappiest** /アンハピアスト/
❶〈人が〉**不幸な**, みじめな(⇔happy);〈出来事などが〉運の悪い
❷(…に)不満な((*with*...))
unhappily 副 不幸に, みじめに;不幸にも, あいにく
unhappiness 名 U 不幸, 不運

unharmed /ʌnhá:rmd アンハームド/ 形 無傷の, 無事な

unhealthy /ʌnhélθi アンヘルスィ/ 形
❶ 病身の, 病弱の
❷〈環境などが〉健康によくない
❸ (精神的に)不健全な, 病的な

unheard /ʌnhá:rd アンハード/ 形 聞こえない;聞いてもらえない

UNICEF /jú:nəsèf ユーナセフ/ 名 ユニセフ, 国連児童基金

unicorn /jú:nəkɔ̀:rn ユーナコーン/ 名 C 一角獣, ユニコーン

unicycle /jú:nəsàikl ユーナサイクル/ 名 C 一輪車

unidentified /ʌnaidéntəfaid アナイデンタファイド/ 形 身元不明の;正体不明の
・an *unidentified* flying object
未確認飛行物体(略 UFO)

uniform* /jú:nəfɔ̀:rm ユーナフォーム/
名 (複 **uniforms** /ユーナフォームズ/) C U 制服, ユニフォーム
・a school *uniform* 学校の制服
・*in uniform* 制服を着て
・*out of uniform* 私服で
― 形
❶ (…と)同一の, そろいの((*with*...))
❷〈動きなどが〉一定の, 規則正しい
uniformed 形 制服を着た
uniformly 副 一様に, 一律に
uniformity 名 U 一様;一律, 均一(性)

unify /jú:nəfài ユーナファイ/ 動 他〈…を〉統一する, 一体化する

unification 名 U 統一

unilateral /jù:nilǽtərəl ユーニラタラル/ 形 一方だけの, 一方的な

unimaginable /ʌnimǽdʒənəbl アニマヂャナブル/ 形 想像できない, 思いも及ばない

unimaginative /ʌnimǽdʒəneitiv アニマヂャネイティヴ/ 形 想像力の乏しい, 独創性のない

unimportant /ʌnimpɔ́:rtənt アニムポータント/ 形 重要でない, ささいな, つまらない

uninformed /ʌninfɔ́:rmd アニンフォームド/ 形 情報不足の, 知らされていない;無知な

uninhabited /ʌninhǽbətid アニンハバティド/ 形 住人のいない, 無人の

uninstall /ʌninstɔ́:l アニンストール/ 動 他 【コンピュータ】〈ソフトを〉アンインストールする

unintelligible /ʌnintélidʒəbl アニンテリヂャブル/ 形 理解できない;よく読めない

unintentional /ʌninténʃənəl アニンテンシャナル/ 形 故意でない, 何気ない

uninterested /ʌníntərəstid アニンタラスティド/ 形 (…に)無関心な, 興味がない((*in*...))

uninteresting /ʌníntərəstiŋ アニンタラスティング/ 形 おもしろくない, 退屈な

union /jú:njən ユーニャン/ 名
❶ U 連合, 結合;併合, 団結
❷ C 連盟, 連邦; ((the Union)) ((米)) アメリカ合衆国; ((英)) イギリス連合王国
・the *Union* Jack 英国国旗
❸ C 組合, 同盟, 労働組合
❹ C ((古風)) 結婚 (marriage)
unionist 名 C 労働組合主義者;労働組合員

unique /juní:k ユニーク/ 形
❶ 唯一の, 1つしかない
❷ (…に)独特な, 特有の, ユニークな((*to*...));とても珍しい, 風変わりな
・a *unique* sense of humor
独特なユーモアのセンス
uniquely 副 独特に
uniqueness 名 U 独特さ

unison /jú:nəsən ユーナサン/ 名 U
❶ 一致, 調和
❷【音楽】ユニゾン;斉唱(せいしょう), 斉奏

unit /jú:nit ユーニト/
❶ C (構成)単位;1個, 1人
・The family is a *unit* of society.
家族は社会の一単位である
❷ C (計量の基準としての)単位

- ❸ Ⓤ (設備の)一式, (家具などの)ユニット
- ❹ Ⓤ (学科の)単元, 単位

unite /junáit ユナイト/ 動
— 他
- ❶ 〈組織などを〉(…と)結合させる(($with...$)); 〈人などを〉団結させる
- ❷ 〈才能などを〉併($^{あわ}_{せ}$)せ持つ
— 自 〈組織などが〉結合する; 〈人などが〉団結する

united 形 結合した; 結束した; 結ばれた, 仲のよい

United Kingdom

/juːnáitəd kíŋdəm ユーナイタド キングダム/

名 ((the United Kingdom)) **連合王国, 英国, イギリス** (正式名はグレートブリテンおよび北アイルランド連合王国(the United Kingdom of Great Britain and Northern Ireland); 首都はロンドン(London); 略 U.K., UK)

United States (of America) *
/juːnáitəd stéits (əv əmérikə) ユーナイタド ステイツ (アヴ アメリカ)/
名 ((the United States (of America))) **(アメリカ)合衆国, アメリカ, 米国** (50の州と首都地区から成る; 首都はワシントン(Washington, D.C.); 略 U.S.A., USA)

unity /júːnəti ユーナティ/ 名 Ⓤ
- ❶ 単一(性); 統一(性)
- ❷ (…との)一致, 協調(($with...$))

universal /jùːnəvə́ːrsəl ユーナヴァーサル/ 形
- ❶ 普遍的な, 一般的な
- ・a *universal* rule 一般法則
- ❷ 全世界の; 万人に通じる
  universality 名 Ⓤ 普遍性, 一般性
  universally 副 一般的に, あまねく

universe /júːnəvəːrs ユーナヴァース/ 名
- ❶ ((the universe, the Universe)) 宇宙; 森羅万象($^{しんら}_{ばんしょう}$)
- ❷ ((the universe)) 全世界; 全人類

university

/jùːnəvə́ːrsəti ユーナヴァーサティ/
名 (複 **universities** /ユーナヴァーサティズ/) Ⓒ (総合) **大学**
- ・a *university* student 大学生
- ・enter a *university* 大学へ入る
- ・go to (the) *university* 大学へ行く

unjust /ʌndʒʌ́st アンヂャスト/ 形 不正な, 不法な; 不公平な, 不当な
  unjustly 副 不正に; 不当に

unjustified /ʌndʒʌ́stəfaid アンヂャスタファイド/ 形 正当でない, 不当

unkind /ʌnkáind アンカインド/ 形 (人に)不親切な, 思いやりのない(($to...$))

unknown /ʌnnóun アンノウン/
形 (…に)知られていない, 未知の(($to...$)); 無名の, 不明の
— 名 Ⓒ 無名の人; ((the unknown)) 未知のもの[事]

unlawful /ʌnlɔ́ːfəl アンローファル/ 形 〈行為が〉不法の, 非合法の, 違法の
  unlawfully 副 不法に, 非合法に

unleash /ʌnlíːʃ アンリーシュ/ 動 他
- ❶ 〈怒りなどを〉(人に対して)爆発させる(($on..., upon...$))
- ❷ 〈犬を〉ひもからはずす, 解放する

unless /ənlés アンレス/

接 もし…でなければ, …でない限り
- ・I will go out *unless* it rains. もし雨が降らなければ外出します

unlike /ʌnláik アンライク/
形 似ていない, 違った
- ・The brothers *are* quite *unlike* in character. その兄弟は性格がまったく似ていない
— 前
- ❶ …に似ていない, …とは違って
- ❷ …らしくない, …にふさわしくない

unlikely /ʌnláikli アンライクリ/ 形 ありそうもない; 成功しそうにない, 見込みがない
- ■ *be unlikely to do* …しそうにない
- ■ *it is unlikely (that)...* …ではありそうにない

unlimited /ʌnlímətid アンリマティド/ 形 無制限の, 果てしない

unlisted /ʌnlístid アンリスティド/ 形 リスト[名簿]に載っていない

unload /ʌnlóud アンロウド/ 動 他
- ❶ 〈車・船などから〉積み荷を降ろす; 〈人・積み荷を〉(…から)降ろす(($from...$))
- ❷ 〈心配事などを〉除去する; 〈悩みなどを〉(人に)打ち明ける, ぶちまける(($on..., onto...$))

unlock /ʌnlák アンラク/ 動 他 〈ドアなどの〉鍵(^{かぎ})を開ける; 〈鍵を〉開ける

unlucky /ʌnláki アンラキ/ 形
- ❶ (…に関して)不幸な, 不運な, ついてない(($at..., in...$)); うまくいかない, 不成功の
- ・an *unlucky* person 運の悪い人

❷〈出来事などが〉縁起の悪い, 不吉な
unluckily 副 不運にも, あいにく
unmanned /ʌ̀nmǽnd アンマンド/ 形〈乗り物が〉乗組員のいない, 無人の
unmarried /ʌ̀nmǽrid アンマリド/ 形 未婚の, 独身の
unmistakable /ʌ̀nmistéikəbl アンミステイカブル/ 形 間違いようのない, 明白な
unmistakably 副 間違いなく, 明白に
unnamed /ʌ̀nnéimd アンネイムド/ 形 無名の, 氏名不詳の
unnatural /ʌ̀nnǽtʃərəl アンナチャラル/ 形
❶ 不自然な, 異常な; 人工的な, わざとらしい
❷ 非人間的な
unnaturally 副 不自然に, 異常に; わざとらしく
unnecessary /ʌ̀nnésəsèri アンネサセリ/ 形 不必要な, 無用な, 余計な
unnecessarily 副 不必要に, むだに
unnoticed /ʌ̀nnóutist アンノウティスト/ 形 人目につかない, 注目されない
unoccupied /ʌ̀nákjupaid アナキュパイド/ 形
❶〈家などが〉人の住んでいない;〈国などが〉占領されていない
❷〈人が〉働いていない, 忙しくない, ひまな
unofficial /ʌ̀nəfíʃəl アナフィシャル/ 形 非公式の, 私的な
unofficially 副 非公式に
unpack /ʌ̀npǽk アンパク/ 動 他〈荷物などの〉中身を取り出す
unpaid /ʌ̀npéid アンペイド/ 形
❶ 未払いの, 未納の
❷〈仕事が〉無給の, 無報酬の
unparalleled /ʌ̀npǽrəlèld アンパラレルド/ 形 並ぶ者のない, 比類のない
unpleasant /ʌ̀nplézənt アンプレザント/ 形〈態度などが〉不愉快な, いやな, きにさわる
unpleasantly 副 不愉快そうに, 気にさわって
unplug /ʌ̀nplʌ́g アンプラグ/ 動 他〈プラグを〉〈コンセントなどから〉抜く((*from...*)); (プラグを抜いて)〈機械などの〉電流を切る
unplugged 形【音楽】プラグを抜いた; アンプを用いない, アンプラグドの
unpopular /ʌ̀npápjələr アンパピュラ/ 形 人気のない; はやらない
unprecedented /ʌ̀nprésədentid アンプレサデンティド/ 形 前例のない, 空前の

unprecedentedly 副 前例がないほどに
unpredictable /ʌ̀npridíktəbl アンプリディクタブル/ 形 予測できない; 意表を突く
unprepared /ʌ̀npripéərd アンプリペアド/ 形 準備なしの, 即席の;(…の)覚悟ができていない((*for...*))
unproductive /ʌ̀nprədʌ́ktiv アンプラダクティヴ/ 形 非生産的な, 利益のない
unprofessional /ʌ̀nprəféʃənəl アンプラフェショナル/ 形 専門家らしくない, しろうとくさい
unprofitable /ʌ̀npráfitəbl アンプラフィタブル/ 形 利益のない, 損な; むだな
unprotected /ʌ̀nprətéktid アンプラテクティド/ 形 保護されていない, 保護者のない; 無防備の
unqualified /ʌ̀nkwáləfaid アンクワラファイド/ 形
❶ 無資格の; 不適任な
❷ 制限のない; 徹底的な
unquestionable /ʌ̀nkwéstʃənəbl アンクウェスチャナブル/ 形 疑う余地のない, まぎれもない, 明白な
unquestionably 疑いなく, 確かに
unravel /ʌ̀nrǽvəl アンラヴァル/ 動
— 他
❶〈糸・編み物などを〉ほどく, ほぐす, 解く
❷〈…を〉解明する, 解決する
❸〈計画を〉だめにする
— 自
❶ ほどける, ほぐれる; 解ける
❷〈計画などが〉だめになる, つぶれる
unreadable /ʌ̀nrí:dəbl アンリーダブル/ 形 読みにくい, 判読できない
unreal /ʌ̀nríːəl アンリーアル/ 形 実体のない, 非現実的な, 架空の
unrealistic 形 非現実的な, 真実味のない
unreasonable /ʌ̀nríːzənəbl アンリーザナブル/ 形
❶〈人などが〉理性的でない, 理不尽な
・Don't be *unreasonable*.
聞き分けのないことを言うな
❷〈値段などが〉不当な, 法外な
unreasonably 副 不当に, 法外に
unrecognized /ʌ̀nrékəgnaizd アンレカグナイズド/ 形〈問題などが〉気づかれていない;〈人が〉正当に評価されていない;〈会議などが〉非公式の
unrelated /ʌ̀nriléitid アンリレイティド/ 形 (…に)関係のない; (…と)親せきでない((*to...*))

unreliable /ʌ̀nriláiəbl/ アンリライアブル/ 形 頼りにならない, 当てにならない, 信頼できない

unrest /ʌ̀nrést/ アンレスト/ 名 U 不安, 落ち着きのなさ;(社会的・政治的な)不安

unruly /ʌ̀nrúːli/ アンルーリ/ 形 規則に従わない; 手に負えない

unsafe /ʌ̀nséif/ アンセイフ/ 形 危険な

unsatisfactory /ʌ̀nsætisfǽktəri/ アンサティスファクタリ/ 形 不満足な, 不十分な, 不出来の

unscientific /ʌ̀nsaiəntífik/ アンサイアンティフィク/ 形 非科学的な

unsecured /ʌ̀nsikjúərd/ アンスィキュアド/ 形 安全でない;保証のない, 無担保の

unseeded /ʌ̀nsíːdid/ アンスィーディド/ 形
❶【スポーツ】(トーナメントで)シードされていない
❷〈ブドウが〉種なしの

unseen /ʌ̀nsíːn/ アンスィーン/ 形 目に見えない;人目につかない, 気づかれない

unsettled /ʌ̀nsétld/ アンセトルド/ 形
❶ 不安定な, 落ち着かない, 変わりやすい
❷ 未解決の, 未決定の;未決済の

unskilled /ʌ̀nskíld/ アンスキルド/ 形 (…に)経験の浅い, 未熟な((*in...*));〈仕事が〉特別の訓練を必要としない

unsociable /ʌ̀nsóuʃəbl/ アンソウシャブル/ 形 非社交的な, 内気な

unsolved /ʌ̀nsɑ́lvd/ アンサルヴド/ 形 〈事件・問題などが〉未解決の

unspeakable /ʌ̀nspíːkəbl/ アンスピーカブル/ 形 言葉では表せない;話にならないほどひどい

unspoken /ʌ̀nspóukən/ アンスポウカン/ 形
❶ 言外の, 暗黙の
❷ (…に)話しかけられない((*to...*))

unstable /ʌ̀nstéibl/ アンステイブル/ 形
❶〈物などが〉不安定な, 座りの悪い
❷〈信念などが〉変わりやすい;〈人が〉情緒不安定な

unsteady /ʌ̀nstédi/ アンステディ/ 形
❶〈物などが〉不安定な, 〈歩き方などが〉よろよろする
❷〈精神などが〉しっかりしていない
∥**unsteadily** 副 不安定に;動揺して

unstoppable /ʌ̀nstɑ́pəbl/ アンスタパブル/ 形 (誰も)止められない, 抑えられない

unsuccessful /ʌ̀nsəksésfəl/ アンサクセスファル/ 形 (…に)不成功の, 失敗の((*in...*))
∥**unsuccessfully** 副 不成功に;失敗して

unsuitable /ʌ̀nsúːtəbl/ アンスータブル/ 形 (…に)不適当な, 不似合いの, ふさわしくない((*for...*))

unsure /ʌ̀nʃúər/ アンシュア/ 形 (…に)自信がない((*of...*));不確かな, 安全でない

unsuspecting /ʌ̀nsəspéktiŋ/ アンサスペクティング/ 形 疑わない, 怪しまない

untapped /ʌ̀ntǽpt/ アンタプト/ 形 〈資源などが〉利用されていない, 未開拓の

unthinkable /ʌ̀nθíŋkəbl/ アンスィンカブル/ 形 考えられない;ありえない

untidy /ʌ̀ntáidi/ アンタイディ/ 形 だらしがない, きちんとしていない;散らかした, 無精な

untie /ʌ̀ntái/ アンタイ/ 動 他
❶〈結んだものなどを〉ほどく, 解く
❷〈…を〉(…から)解放する, 自由にする, 放してやる((*from...*))

until /əntíl/ アンティル/

前
❶ ((継続)) …まで(ずっと) (till)
・wait *until* next week 来週まで待つ
・be open from 7 a.m. *until* [to] 9 p.m.
朝7時から夜9時まで開いている
❷ ((否定)) …までは(…しない), …になって初めて(…する)
・She did*n't* come home *until* midnight.
彼女が帰宅したのは真夜中だった

接
❶ ((継続)) …するまで(ずっと) (till)
・I waited there *until* he came back.
彼が戻るまでそこで待っていた
❷ ((結果・程度)) (…して)ついに, …するほどまで
・He ate on and on, *until* he was quite full. 彼は食べに食べてついには満腹になった
❸ ((否定文で)) …するまでは(…しない), …して初めて(…する)
・You must *not* open the door *until* I come back.
私が戻って来るまではドアを開けてはだめだよ

untold /ʌ̀ntóuld/ アントウルド/ 形
❶ 語られない;明かされていない
❷ 数えきれない, ばく大な

untouchable /ʌ̀ntʌ́tʃəbl/ アンタチャブル/ 形 〈人が〉手の届かない, 手出しのできない;非難できない;罰せられない

untouched /ʌ̀ntʌ́tʃt/ アンタチト/ 形
❶〈物などが〉触れられていない, 手つかずの

❷ 〈人などが〉心を動かされない, 感動を受けない

untrained /ʌ̀ntréind/ アントレインド/ 形 訓練を受けていない;練習を積んでいない

untreated /ʌ̀ntríːtid/ アントリーティド/ 形 未加工の;〈患者を〉治療を受けていない

untrue /ʌ̀ntrúː/ アントルー/ 形
❶ 虚偽の, 事実に反する, 真実でない
❷ (…に)忠実でない((to...))

unused¹ /ʌ̀njúːzd/ アニューズド/ 形 未使用の;使用されていない

unused² /ʌ̀njúːst/ アニュースト/ 形 (…に)慣れていない((to...))

unusual /ʌ̀njúːʒuəl/ アニュージュアル/ 形 異常な, ふつうでない;まれな;並はずれた
・She has *unusual* musical talent.
彼女は人並はずれた音楽の才能を持っている
・*It is unusual for* him *to* get angry.
彼が腹を立てることはめったにないことだ
  unusually 副 異常に;いちじるしく;ふだんと違って

unveil /ʌ̀nvéil/ アンヴェイル/ 動 他
❶ 〈…の〉ベール[おおい]をはずす
❷ 〈秘密などを〉明かす

unwanted /ʌ̀nwɔ́ntid/ アンウォンティド/ 形 求められていない, 望まれない;必要のない

unwarranted /ʌ̀nwɔ́ːrəntid/ アンウォーランティド/ 形 正当とされない, 公認されない

unwelcome /ʌ̀nwélkəm/ アンウェルカム/ 形 歓迎されない;いやな, 気に食わない

unwilling /ʌ̀nwíliŋ/ アンウィリング/ 形
❶ 気の進まない, いやいやながらの
❷ (…する)気がしない((to do))
  unwillingly 副 いやいやながら, しぶしぶ
  unwillingness 名 Ⓤ 気が進まないこと, 不本意

unwind /ʌ̀nwáind/ アンワインド/ 動 (windの変化形と同じ)
— 他 〈巻いた物を〉ほどく, 巻き戻す
— 自 〈巻いた物が〉ほどける

unwise /ʌ̀nwáiz/ アンワイズ/ 形 賢明でない, 分別のない;思慮(りょ)が足りない, ばかな

unworthy /ʌ̀nwə́ːrði/ アンワーズィ/ 形
❶ 価値のない;尊敬に値しない, つまらない
❷ (…に)値しない((of...));(…するに)値しない((to do))

unwritten /ʌ̀nrítən/ アンリタン/ 形 書かれていない, 記録されていない;口頭の;白紙の;慣例による

up /ʌ́p/ アプ/
副 ((比較なし))
❶ (動きが)**上に**, 上へ, 高い方に[へ], 上方に[へ] (⇔down¹)
・go *up* 上に行く, 上る
・look *up* 見上げる
・The monkey climbed *up* into the tree.
猿は木に登った
❷ (状態が)**立って**, 直立して;上がって, 起きて, 目を覚まして
・stand *up* 立ち上がる
・stay [sit] *up* 寝ないでいる
・get *up* 起きる
・get *up* at seven in the morning
朝7時に起きる
・Wake *up*! 起きなさい
・The sun is *up*. 日は昇っている
❸ 〈価格・速度などが〉**上がって**, 増して
・come *up* in the world 出世する
・Prices are *up*. 物価が上がっている
・Speed *up*! 速度を上げろ
❹ (話し手などに)近づいて;((米))(地図で)北へ;〈川の〉上流に;((英))都会へ
・walk *up* to the door ドアに向かって歩く
・sail *up* 船で川を上る
・Will you come *up* tomorrow?
あす来てくれますか
❺ 活気づいて;活動[作動]して;(問題などが)起きて
・cheer *up* 元気づける
・warm *up* 温める, 温まる
❻ ((数詞 + and up で)) …以上の, …から上の
・kids (aged) *ten and up*
10歳以上の子どもたち
❼ 合計[整理など]した状態に
・add *up* 合計する
・sum *up* 要約する
❽ すっかり, 完全に;…し尽くして;(時間が)尽きて
・eat [drink] *up* 食べ[飲み]尽くす
・buy *up* 買い占める
・burn *up* 燃え尽きる
・Time is *up*. 時間切れです
❾ しっかり閉じて, 固定して
・zip *up* a coat コートのジッパーを閉じる
・tie a box *up* with string
箱をひもでしっかりしばる

⑩ ばらばらに
She tore the letter *up* into pieces.
彼女はその手紙をびりびりに破いた
⑪【野球】〈打者が〉打席に立って
・be *up* バッターボックスに立つ
be all up (with A)
(A (人)は)万事休すだ
・It's *all up with* them. 彼らはもうだめだ
(be) up against A A (困難な状況)にあって, 直面して, 向かい合って
(be) up and running
〈新しい機械・組織などが〉うまく動いて
(be) up before A
A (裁判所など)に出廷して
(be) up for A
(1) A (議論など)に上って; A (販売)にかけられて
・This house *is up for* sale.
この家は売りに出ている
(2) Aに興味があって, Aをしたいと思って
・Are you *up for* a game of tennis?
テニスの試合をする気あるかい
(3) A (選挙など)に立候補して
up and down 上がったり下がったり, 上下に; 行ったり来たり, あちらこちらへ;〈体調などが〉よかったり悪かったり
up to A
(1) Aまで, Aに至るまで
・*up to* now 今まで
・*up to* six students 生徒6人まで
・read *up to* page 50 50ページまで読む
(2) A (事・物)ができる; Aに耐えうる; A (人など)に匹敵して
・He is not *up to* his father as a musician.
彼は音楽家としては父には及ばない
(3) A (人)の責任で, A (人)次第で
・Everything is *up to* you.
すべては君次第だ
(4) A (物・事)に従事して; A (計略など)をたくらんで
・What are you *up to* now?
君は今何をたくらんでいるんだい
What's up? どうしたの, 何が起こったの;((あいさつ)) 調子はどうだい
━ 形((比較なし))
❶ 上への, 上りの(⇔down¹)
・an *up* escalator 上りのエスカレーター
❷((米))〈列車などが〉上りの, 北に向かう;((英))都会へ向かう(⇔down¹)
・an *up* train

((米))北行き列車, ((英))上り列車
━ 前
❶ …を上がって, …の上方へ, …の上(の方)に(⇔down¹)
・walk *up* the stairs 階段を登る
・It's snowing *up* the mountain.
山の上は雪だ
❷ …の上流に
・go *up* the river 川の上流へ進む
❸ …に沿って(along), …を通って
・walk *up* the street 通りを歩く
━ 名 C 上昇, 上り
ups and downs (道などの)上がり下がり;(人生などの)浮き沈み
━ 動
━ 他〈料金などを〉上げる, 増す
━ 自
❶((up and ＋ 動詞))いきなり…し始める
❷((命令形で))立ち上がる
・*Up*! 立て

up-and-coming /ʌpənkʌ́miŋ アパンカミング/ 形 将来有望な; やり手の

up-and-down /ʌpəndáun アパンダウン/ 形 上下する; 起伏のある; 浮き沈みのある

upbeat /ʌ́pbìːt アプビート/
形 楽天的な, 陽気な, 楽しい
━ 名 C 【音楽】アップビート

upbringing /ʌ́pbrìŋiŋ アプブリンギング/ 名 U (子どもの)しつけ(方), 教育

upcoming /ʌpkʌ́miŋ アプカミング/ 形 やって来る, 来(き)るべき, 近刊の

update
━ 動 /ʌpdéit アプデイト/ 他
❶〈…を〉最新式にする, 更新する;【コンピュータ】〈ソフトを〉アップデートする
❷〈人〉に(…についての)最新情報を提供する((on...))
━ 名 /ʌ́pdèit アプデイト/ C 最新情報; 最新版

up(-)front /ʌpfrʌ́nt アプフラント/ 形
❶ 前払いの, 前金の
❷(…について)率直な, 正直な((about...))

upgrade
━ 名 C /ʌ́pgrèid アプグレイド/
❶ 進歩, 向上, グレードアップ
❷ 上り坂, 上り勾配(こうばい)
━ 動 /ʌpgréid アプグレイド/
━ 他
❶〈コンピュータなどを〉より高性能にする;〈施

設などを)改築する;〈価値などを〉高める
❷〈人を〉昇進[昇格]させる;(飛行機・ホテルなどで)〈人を〉(よりよい席[部屋]に)変更する
━━ 自
❶ より高性能にする
❷ よりよい席[部屋]に変更する

upheaval /ʌphíːvəl/ アプヒーヴァル/ 名 UC
(社会の)大変動, 激変;【地質】(地殻の)隆起

uphill /ʌphíl/ アプヒル/
副 坂を上って, 上に向かって
━━ 形
❶ 上り坂の;丘の上の
❷〈仕事などが〉骨の折れる, 困難な

uphold /ʌphóuld/ アプホウルド/ 動 (holdの変化形と同じ) 他
❶〈…を〉支持する;〈…を〉擁護(ごご)する
❷〈…を〉持ち上げる, 支える

upland /ʌplənd/ アプランド/
名 C ((ふつう uplands)) 高地, 高台, 台地
━━ 形 高地[高台]の

uplift
動 /ʌplíft/ アプリフト/ 他
❶〈…を〉持ち上げる
❷〈人の〉精神を高揚させる
━━ 名 /ʌplift/ アプリフト/ U 持ち上げること;UC 精神的高揚, (社会的な)向上

upload /ʌplóud/ アプロウド/ 動
━━ 他 【コンピュータ】〈データを〉アップロードする
━━ 自〈データなどが〉アップロードされる

upon* /əpán/ アパン|əpɔ́n/ アポン/ 前 = on
once upon a time (物語の冒頭で)昔々

upper /ʌpər/ アパ/ 形
❶〈場所などが〉より上の, さらに高い
・the *upper* lip 上くちびる
・*upper* floors 上階
❷〈地位などが〉上級の, 上位の
・the *Upper* House 上院

upper-class /ʌpərklæs/ アパクラス/ 形
❶ 上流(社会)の
❷ (高校・大学の)上級の

uppermost /ʌpərmòust/ アパモウスト/
形 最高の, 最上の
━━ 副 最高[最上]に;最初に

upright /ʌpràit/ アプライト/
形
❶ まっすぐな, 直立した
・stand *upright* まっすぐに立つ
❷ 正直な;(道徳的に)正しい
━━ 副 まっすぐに

uprising /ʌpràiziŋ/ アプライズィング/ 名 C
反乱, 暴動

uproar /ʌprɔ̀ːr/ アプロー/ 名 U ((しばしば an uproar)) 騒動, 大騒ぎ;わめき叫ぶ声;騒音

upscale /ʌpskèil/ アプスケイル/ ((米))
形 上流階級向けの;高級な
━━ 副 上流階級向けに;高級に

upset
動 /ʌpsét/ アプセト/ (setの変化形と同じ) 他
❶〈…を〉ひっくり返す, くつがえす
・*upset* a boat ボートを転覆させる
❷〈計画などを〉だめにする, 狂わせる
・Rain *upset* our plans for a picnic.
雨が私たちのピクニックの計画を狂わせた
❸〈…を〉うろたえさせる, ろうばいさせる
❹〈人の〉体調を狂わせる
━━ 名 /ʌpsèt/ アプセト/
❶ UC 転倒, 転覆, 転落
❷ C 混乱;(心などの)乱れ, (体の)異常, 不調
❸ C 番狂わせ, 意外な敗戦
━━ 形 /ʌpsét/ アプセト/〈…に〉気が動転して;おろおろして((*about*..., *over*...))

upside /ʌpsàid/ アプサイド/ 名 C 上側, 上部, 上方

upside-down /ʌpsaiddáun/ アプサイドダウン/ 形 (上下)さかさまの;めちゃくちゃの

upstairs* /ʌpstéərz/ アプステアズ/
副 ((比較なし)) 階上へ[で], 2階へ[で]
・go *upstairs*
上の階に行く
━━ 形 ((比較なし)) 階上の, 2階の
━━ 名 ((the upstairs)) 階上, 2階

upstream /ʌpstríːm/ アプストリーム/
副 上流に(向かって);流れをさかのぼって
━━ 形 上流へ向かう;流れにさからう;上流の

upsurge /ʌpsɔ́ːrdʒ/ アプサーヂ/ 名 C (感情などの)高まり((*of*...));急騰

uptight /ʌptáit/ アプタイト/ 形 ((くだけて))〈…に〉緊張した;いらいらした, 怒った;神経質な((*about*...))

up-to-date /ʌptədéit/ アプタデイト/ 形 最新(式)の;現代的な

uptown /ʌptáun/ アプタウン/
形 山の手の
━━ 名 U 山の手, 住宅地区

upturn /ʌptɔ̀ːrn/ アプターン/ 名 C (価格などの)上昇, 上向き;好転((*in*...))

upward /ʌpwərd/ アプワド/

副
❶ 上の方へ, 上向きに;上流へ
❷ (数について)より以上;(時間的に)…以降, …以後
━ 形 上向きの

upwards /ʌ́pwərdz アプワヅ/ 副 = upward

uranium /juəréiniəm ユアレイニアム/ 名 U 【化学】ウラン, ウラニウム (元素記号U)

Uranus /júərənəs ユアラナス/ 名【天文】天王星;【ギリシャ神話】ウラヌス (天の神)

urban /ə́ːrbən アーバン/ 形 都会の;都会に住む

urge /ə́ːrdʒ アーヂ/ 動 他
❶ ⟨…に⟩⟨…するよう⟩強く勧める⟨⟨to do⟩⟩
- *urge A to do* = *urge A into doing*
  A (人)に…するように熱心に勧める
- I *urged* my friend *to* see the movie.
  私は友人にその映画をぜひ見るように勧めた
❷ ⟨行動などを⟩⟨…に⟩強く主張する⟨⟨on...⟩⟩
❸ ⟨人などを⟩せき立てる, 駆り立てる

urgent /ə́ːrdʒənt アーヂャント/ 形
❶ 緊急の, 切迫した
- on *urgent* business 急用で
❷ しつこく要求する;執拗(しつよう)な;うるさく求める

urgently 副 緊急に;しつこく
urgency 名 U 差し迫ったこと, 緊急, 切迫

urine /júərin ユアリン/ 名 U 尿, 小便, 小用
urinary 形 尿の;泌尿(ひにょう)器の

URL ⟨略⟩ *u*niform *r*esource *l*ocator 【インターネット】ユーアールエル (ウェブサイトのアドレス)

US, U.S.
⟨略⟩ *U*nited *S*tates
((the US, the U.S.)) (アメリカ)合衆国(の), 米国(の)

us /əs アス; (強) ʌ́s アス/
代 ((人称代名詞:weの目的格))
縮約形 's 例:let's
❶ ((他動詞の間接目的語として)) 私たちに, われわれに, ぼくたちに
- Mother baked *us* a cake.
  母は私たちにケーキを焼いてくれた
❷ ((他動詞の直接目的語として)) 私たちを, われわれを, ぼくたちを
- *Our* teacher took us to the museum.
  先生はぼくたちを美術館に連れて行ってくれた

❸ ((前置詞の目的語として)) 私たち, われわれ, ぼくたち
- Mother baked a cake for *us*.
  母は私たちにケーキを焼いてくれた

USA, U.S.A.
⟨略⟩ *U*nited *S*tates of *A*merica
((the USA, the U.S.A.)) アメリカ合衆国

usable /júːzəbl ユーザブル/ 形 使用できる; 使用に適した

usage /júːsidʒ ユースィヂ/ 名
❶ U 取り扱い, 使用法
❷ C U (言語の)語法, 慣用法

use ☞ 696ページにあります

used¹
/júːst ユースト/
動 ⓘ ((次の用法で))
- *used to do*
  (1) 以前はよく…したものだ;以前は…だった
  (今はそうではないという含みがある)
- I *used to* go to school with Tom.
  昔はトムと学校へ行ったものだ
  (2) かつて…であった (今はそうではないという含みがある)
- I *used to* like him.
  私は以前は彼のことが好きでした
- There *used to* be a castle here.
  昔ここに城があった

used²*
形 比較 **more used**
  最上 **most used**
❶ /júːst ユースト/ (…に)慣れている⟨⟨to...⟩⟩
- You'll soon *get used to* your new job.
  すぐ新しい仕事に慣れるでしょう
- I'm *used to* talking to foreigners.
  外国人と話すのには慣れています
❷ /júːzd ユーズド/ 中古の;使用済みの
- a *used* car 中古車

useful
/júːsfəl ユースファル/
形 比較 **more useful**
  最上 **most useful**
(…に)役に立つ, 有用な, 便利な, 有益な
⟨⟨to..., for...⟩⟩
- Bees are very *useful to* us.
  蜜ばちはわれわれには大いに有益だ

usefully 副 役に立つように, 有益に
➡➡➡ 696ページに続く ➡➡➡

use /júːz ユーズ/

動 三単現 **uses** /ユーズィズ/
過去・過分 **used** /ユーズド/
現分 **using** /ユーズィング/

— 他

❶ 〈…を〉**使う, 用いる, 使用する**；利用する
- *use* a pen to write 書くのにペンを使う
- Do you always *use* the library?
  いつも図書館を利用しますか
- Can I *use* your telephone [bathroom]?
  電話[お手洗い]をお借りしていいですか
- 📖 You can't *use* that word here.
  ここではその単語は使えません

❷ 〈能力などを〉働かせる
- *use* one's head 頭を働かせる
- *use* common sense 常識で考える

❸ 〈…を〉費やす, 消費する
- *use* fuel 燃料を使う
- *use* one's time in watching TV
  テレビを見るのに時間を費やす

❹ 〈人を〉扱う
- *use* A well [badly]
  A（人）をよくもてなす[冷遇する]

❺ 〈人を〉利用する
- They *used* me to smuggle drugs in.
  やつらは麻薬を密輸するために私を利用した

could use A
Aがほしい, Aがあればありがたい
- I *could use* a cup of hot tea.
  熱い紅茶をもらえるとうれしい

use A **up** = **use up** A Aを使い切る, 使い果たす；A（人など）を疲れ果てさせる

— **名** /júːs ユース/ （複 **uses** /ユースィズ/）

❶ Ⓤ **使う[使われる]こと, 使用, 利用**
- **bring** A **into use** A（物）を使い始める
- for the *use* of A Aの使用のために

❷ ⓊⒸ **用途, 使用法**
- This CD has various *uses*.
  このCDにはいろいろな使い道がある

❸ Ⓤ **役に立つこと, 効用**；利益
- What's the *use* of waiting?
  待ってもむだだよ

❹ Ⓤ 使う能力
- He lost the *use* of his left arm.
  彼は左腕が使えなくなった

be of use 役に立つ
- Your advice *was of* great *use* to me.
  君の助言は大いに役立った

come into use 使われるようになる

have no use for A A（人・物）には用がない, Aは無用だ；Aには我慢がならない
- I *have no use for* a liar like you.
  君のようなうそつきは大嫌いだ

in use 使用されて, 用いられて

it is (of) no use doing [to do] = **there is no use (in) doing**
(…しても)むだである
- *It is no use* crying over spilt milk.
  ((ことわざ))こぼれた牛乳を悔やんでもしかたがない；覆水盆に帰らず

make use of A
A（人・物）を使用する, 利用する

out of use 使われないで

put A **to use** A（知識など）を用いる, 使用する；A（物）を利用する

---

usefulness 名 Ⓤ 役に立つこと, 有用, 有効性

useless* /júːsləs ユースラス/ 形 （比較なし）
❶ (…に)役に立たない, 無用の((*for...*, *to...*))
- a *useless* book 役に立たない本
❷ 無益な, むだな

user /júːzər ユーザ/ 名 Ⓒ 使用者, 利用者, ユーザー

user-friendly /júːzərfréndli ユーザフレンドリ/ 形 使用者の身になって作った, 使いやすい

usher /ʌ́ʃər アシャ/
名 Ⓒ （劇場などの）案内係
— 動 他 〈…を〉（…へ）案内する, 先導する
((*to...*))

usual* /júːʒuəl ユージュアル/
形 比較 **more usual**
最上 **most usual**
いつもの, ふつうの, 例の, 日常の
- as *usual* いつものとおりに, 例によって
- than *usual* いつもより
- as is *usual* with A
  A（人・物）にはよくあることだが
- Tea is the *usual* drink for us.
  茶は私たちには日常の飲み物です
- *It is usual for* me *to* take a bath before supper. 私は夕食前に入浴するのがふつうだ

usually /júːʒuəli ユージュアリ/

副 ((比較なし))いつもは, ふつうは, たいてい
- I *usually* get up at seven in the morning. ぼくはいつも7時に起きます

UT ((米郵便))*Ut*ah ユタ州

Ut. ((略))*Ut*ah ユタ州

Utah /júːtɑː ユーター/ 名 ユタ (略 Ut., ((郵便)) UT;米国西部の州;州都はソルトレークシティ (Salt Lake City))

utensil /juténsəl ユテンサル/ 名 C (家庭で用いる)器具, 用具;(一般に)道具
- writing *utensils* 筆記用具

uterus /júːtərəs ユータラス/ 名 (複 **uteri** /júːtəraɪ/) C 【解剖】子宮

utility /juːtíləti ユーティラティ/ 名
❶ U 有益, 有用(性)
❷ C ((ふつう utilities)) 有用な物, 実用品;(電気などのような)公益事業, 公共施設

utilize /júːtəlàɪz ユータライズ/ 動 他 〈…を〉〈…に〉利用する, 役立たせる ((*for*...))
utilization 名 U 利用, 活用

utmost /ʌ́tmòʊst アトモウスト/ 形 最大の, 最高度の, 極度の
━ 名 ((the utmost, *one's* utmost)) 極限, 最大, 最高度
- to *the utmost* 極限まで, この上なく

Utopia /juːtóʊpiə ユートウピア/ 名 ユートピア, 理想郷

utter¹ /ʌ́tər アタ/ 動 他 〈言葉などを〉発する;〈…を〉言う
utterance 名 U 発声, 言葉を発すること; C 言葉

utter² /ʌ́tər アタ/ 形 まったくの, 完全な
utterly 副 まったく, 完全に, すっかり

═════════════ 部活動のいろいろ ═════════════

ソフトボール部	softball club
テニス部	tennis club
軟式テニス部	softball tennis club
サッカー部	soccer club
ラグビー部	rugby club
バスケットボール部	basketball club
バレーボール部	volleyball club
ハンドボール部	handball club
ゴルフ部	golf club
バドミントン部	badminton club
フェンシング部	fencing club
野球部	baseball club
陸上部	track and field club
卓球部	table tennis club
体操部	gymnastics club
剣道部	*kendo* club
弓道部	Japanese archery club
柔道部	*judo* club
水泳部	swimming club
英語部	English club
演劇部	drama club
書道部	calligraphy club
新聞部	newspaper club
放送部	broadcasting club
生物部	biology club
美術部	art club
コーラス部	chorus club
ブラスバンド部	brass band [wind music] club

V, v

V¹, v /víː ヴィー/ 名 (複 **V's, Vs; v's, Vs** /ヴィーズ/)
① ⓒⓊ ビー, ブイ (英語アルファベットの第22字)
② ((Vで)) (ローマ数字の) 5

V² ((略)) 【電気】volt(s) ボルト

v. ((略)) verb 動詞; volume 巻

VA ((米郵便)) Virginia バージニア州

Va. ((略)) Virginia バージニア州

vacancy /véikənsi ヴェイカンスィ/ 名 ⓒ
① (ホテルなどの) あき部屋, あき室
② (地位・職などの) 欠員, 空席 ((for...))

vacant /véikənt ヴェイカント/ 形
① 〈家などが〉あいている
② 〈地位・職が〉欠員の, 空席の
③ 〈時間が〉あいている, ひまな
vacantly 副 ぼんやりと

vacation* /veikéiʃən ヴェイケイシャン/
名 (複 **vacations** /ヴェイケイシャンズ/) ⓒⓊ
((主に米)) (学校・会社などの) **休暇, 休日, バカンス**
・the summer *vacation* 夏期休暇
・take a *vacation* 休暇を取る
📖 Enjoy your *vacation*. よい休みを
on vacation (米) 休暇中で, 休暇を取って

vaccinate /væksənèit ヴァクサネイト/ 動 他
〈…に〉〈…の〉ワクチンを接種する ((*against*...))
・be vaccinated against A
A (インフルエンザなど) の予防接種を受ける
vaccination 名 ⓤⓒ 【医学】ワクチン接種

vaccine /væksíːn ヴァクスィーン/ 名 ⓤⓒ
① (接種用の) ワクチン, 痘苗 (とうびょう)
② 【コンピュータ】ワクチン

vacuum /vækjuəm ヴァキュアム/
名 (複 **vacuums** /ヴァキュアムズ/, **vacua** /ヴァキュア/) ⓒ
① 真空状態; 真空空間
② ((a vacuum)) 空白, 空虚
③ 電気掃除機 (vacuum cleaner)

vagina /vədʒáinə ヴァヂャイナ/ 名 ⓒ 【解剖】膣 (ちつ), ワギナ

vague /véig ヴェイグ/ 形 〈言葉などが〉あいまいな, 不明確な; 〈形・色などが〉ぼんやりした
vaguely 副 あいまいに, 不明確に

vain /véin ヴェイン/ 形
① 〈人が〉うぬぼれた, うぬぼれの強い
② 無益な, むだな
in vain (努力などが) むだに, むなしく

valentine /væləntàin ヴァランタイン/ 名 ⓒ
① バレンタインカード[プレゼント]
② (バレンタインデーの) 恋人
・(Saint) *Valentine*'s Day
聖バレンタインの日 (2月14日)

valid /vælid ヴァリド/ 形 〈理由などが〉正当な, 妥当な; (…に) 効力のある ((*for*...))
validity 名 ⓤ 正当(性), 妥当(性); 有効(性)

valley* /væli ヴァリ/
名 (複 **valleys** /ヴァリズ/) ⓒ
① 谷 (間), 渓谷
② (大河の) 流域
・the Amazon *Valley* アマゾン川流域

valuable* /væljuəbl ヴァリュアブル/
形 比較 **more valuable**
最上 **most valuable**
① 価値のある, 高価な, (値段が) 高い
・a *valuable* antique 高価な古美術品
② (…にとって) 貴重な; 役に立つ; 大切な, 重要な ((*for*..., *to*...))
━ 名 ⓒ ((ふつう valuables)) 貴重品

value /vælju: ヴァリュー/
名
① ⓤ (物事の相対的な) 値打ち, 価値
・the *value* of learning English
英語学習の効用
・be of *value* 貴重である; 価値がある
② ⓤⓒ (金銭的な) 価格, 値段, 評価額
・at face *value* 額面価格で
━ 動 他
① 〈…を〉尊重する, 重んじる
② 〈物を〉 (…と) 評価する, 見積もる ((*at*...))
valuation 名 ⓤ 評価; 価値判断; ⓒ 査定額
valued 形 評価の高い, 大切な

valve /vælv ヴァルヴ/ 名 ⓒ (機械の) 弁, バルブ; 【解剖】(心臓・血管などの) 弁

vampire /væmpaiər ヴァムパイア/ 名 ⓒ 吸血鬼, バンパイア

van /vǽn ヴァン/ 名 C バン, 小型トラック

Vancouver /vænkúːvər ヴァンクーヴァ/ 名 バンクーバー (カナダ南西部の港市)

Van Gogh /vǽn góu ヴァン ゴウ/ 名 ⇨ Gogh

vanilla /vənílə ヴァニラ/ 名 U バニラエッセンス; C 【植物】バニラ

vanish /vǽniʃ ヴァニシュ/ 動 自 〈目に見えていた物が〉(視界から)急に消える, 消えて見えなくなる((from...))

vanity /vǽnəti ヴァニティ/ 名 U
❶ 虚栄心, うぬぼれ
❷ (…の)むなしさ((of...))

vapor /véipər ヴェイパ/ 名 UC (霧などの目に見える)蒸気; U 【物理】気体

variable /véəriəbl ヴェアリアブル/
形 変わりやすい; 変更可能な
― 名 C
❶ 変わりやすいもの, 変わるもの
❷ 【数学】変数
variably 副 変わりやすく

variant /véəriənt ヴェアリアント/
形 (標準などとは)異なった
― 名 C 変形, 変種
variance 名 UC 変化, 変動

variation /vèəriéiʃən ヴェアリエイシャン/ 名
❶ UC (…の)変化, 変動((in..., of...))
❷ C 【音楽】変奏曲

variety /vəráiəti ヴァライアティ/ 名
❶ U 変化(に富むこと), 多様(性)
❷ C (…の)種類; (動植物の)変種, 品種((of...))
❸ U 【演劇】バラエティー(ショー)

various /véəriəs ヴェアリアス/
形 比較 more various 最上 most various
❶ さまざまな, いろいろな, 多種多様の
・*various* students さまざまな生徒
❷ 多くの, いくつかの異なった
variously 副 いろいろに, さまざまに

vary /véəri ヴェアリ/ 動
― 自
❶ (…の点で)さまざまである, 異なる((in...))
❷ (形などの点で)変わる, 変化する((in...));
― 他 〈…に〉変化を与える, 〈…を〉変える
varied 形 変化に富む, 種々の

vase /véis ヴェイス/ 名 C 花びん; つぼ

vast /vǽst ヴァスト | vάːst ヴァースト/ 形
❶ 〈面積などが〉非常に広い; 巨大な
❷ 〈数・量・額などが〉ばく大な, 膨大な
vastly 副 広大に
vastness 名 U 広大さ

Vatican /vǽtikən ヴァティカン/ 名 ((the Vatican)) バチカン宮殿
・*Vatican* City バチカン市国

vault /vɔ́ːlt ヴォールト/
動
― 自 (手や長い棒を用いて)跳ぶ, (…を)飛び越える((over...))
― 他 〈…を〉飛び越える
― 名 C 跳ぶこと, 跳躍
・the pole *vault* 棒高跳び

VCR ((略))((米)) *v*ideo *c*assette *r*ecorder ビデオデッキ

vector /véktər ヴェクタ/ 名 C 【数学】ベクトル, 方向量; (飛行機などの)進路

vegetable
/védʒətəbl ヴェヂャタブル/
名 (複 **vegetables** /ヴェヂャタブルズ/)
❶ C ((ふつう vegetables)) 野菜
・green *vegetables* (レタスなどの)青野菜
・live on *vegetables* 菜食主義者である
❷ U (動物・鉱物に対して)植物
― 形 ((比較なし)) 野菜の; 植物(性)の
・a *vegetable* garden 菜園

vegetarian /vèdʒətéəriən ヴェヂャテアリアン/
名 C 菜食(主義)者, ベジタリアン
― 形 菜食主義の; 野菜だけの
vegetarianism 名 U 菜食主義

vegetation /vèdʒətéiʃən ヴェヂャテイシャン/ 名 U (ある地域の)植物, 草木

vehicle /víːəkl ヴィーアクル/ 名 C
❶ ((ふつう陸上用の)) 乗り物, 車; 運送手段
・motor *vehicles* 自動車
❷ (思想などの)媒体, 伝達手段
vehicular 形 乗り物の

veil /véil ヴェイル/
名 C (女性の)ベール; おおい隠す物
― 動 他 〈…を〉ベールでおおう
veiled 形 ベールでおおわれた[隠された]

vein /véin ヴェイン/ 名 C 静脈; (一般に)血管

velocity /vəlάsəti ヴァラサティ/ 名 UC 速さ; 速度
・at a *velocity* of 50 kilometers an hour 時速50キロで

velvet /vélvit ヴェルヴィト/
- 名 U ビロード, ベルベット
- 形 ビロード製の

vending machine /véndiŋ məʃiːn ヴェンディング マシーン/ 名 C 自動販売機

vendor /véndər ヴェンダ/ 名 C
1. 物売り, 行商人
2. 自動販売機

veneer /vəníər ヴァニア/ 名 C U (木材・家具などの)化粧板; (ベニヤ板を構成する)単板

Venezuela /vènəzwéilə ヴェナズウェイラ/ 名 ベネズエラ (首都はカラカス)

vengeance /véndʒəns ヴェンヂャンス/ 名 U 復讐, 仕返し
- take *vengeance* on *A* A(敵)に復讐する

Venice /vénis ヴェニス/ 名 ベネチア, ベニス (イタリア北東部の港市)

vent /vént ヴェント/
- 名 C (壁などの)穴, 開孔, (空気などを抜くための)通気口, 通風口
- 動 他 〈物に〉通気口を付ける

venture /véntʃər ヴェンチャ/
- 名 C 冒険, 冒険的事業
- *venture* business ベンチャービジネス
- 動
- 他
1. 思い切って(…)する (*to do*); 〈意見などを〉思い切って言う
2. 〈…を〉危険にさらす; 〈生命などを〉(…に)賭(か)ける (*on...*)
- *Nothing ventured, nothing gained.* ((ことわざ))何も危険を冒さなければ何も得られない; 虎穴(こけつ)に入らずんば虎児(こじ)を得ず
- 自 危険を冒して行く (*out*)

venue /vénjuː ヴェニュー/ 名 C (催し物の)開催地, 会場 (*for...*)

Venus /víːnəs ヴィーナス/ 名 【天文】金星; 【ローマ神話】ビーナス (愛と美の女神)

veranda /vərǽndə ヴァランダ/ 名 C ベランダ

verb* /vɚːb ヴァーブ/
- 名 (複 **verbs** /ヴァーブズ/) C 【文法】動詞 (略 v., vb.)
- an intransitive [a transitive] *verb* 自[他]動詞
- an irregular [a regular] *verb* 不規則[規則]動詞
- an auxiliary *verb* 助動詞

verbal /vɚːrbəl ヴァーバル/ 形
1. 言葉の, 言葉による
2. 口頭の
- a *verbal* promise 口約束
3. 【文法】動詞の
- **verbally** 副 言葉で; 口頭で

verdict /vɚːrdikt ヴァーディクト/ 名 C
1. 【法律】(陪審員の)評決
2. (…についての)判断, 判定, 意見 (*on...*)

verge /vɚːrdʒ ヴァーヂ/
- 名 C 端, 縁(ふち)
- on the *verge* of *A* Aの寸前の; 今にもAしようとして
- 動 自 (…に)接する, 隣接する (*on...*)

verify /vérəfài ヴェラファイ/ 動 他 〈正しさなどを〉確認する; (…であることを)立証する ((*that*節))
- **verifiable** 形 確認できる, 証明できる
- **verification** 名 U 確認, 証明; 検証

Vermont /vərmánt ヴァマント/ 名 バーモント (略 Vt., ((郵便))VT; 米国北東部の州; 州都はモントピーリア(Montpelier))

versatile /vɚːrsətl ヴァーサトル | vɚːrsətàil ヴァーサタイル/ 形
1. 〈人が〉多芸多才の
2. 〈道具が〉万能の, 多機能の
- **versatility** 名 U 多才, 多芸

verse /vɚːrs ヴァース/ 名 U 韻文; 詩; C 詩節

version /vɚːrʒən ヴァージャン | vɚːrʃən ヴァーシャン/ 名 C
1. …版, …型
- the latest *version* 最新版
2. 【コンピュータ】バージョン, (ソフトウェアの)…版

versus /vɚːrsəs ヴァーサス/ 前 (競技などで) …対… (略 vs.)

vertebrate /vɚːrtəbrət ヴァータブラト/
- 形 【解剖】脊椎(せきつい)のある
- 名 C 脊椎動物

vertical /vɚːrtikəl ヴァーティカル/
- 形 〈線・面などが〉垂直の, 直立した, 縦の
- 名 C ((the vertical)) 垂直線; 垂直面
- **vertically** 副 垂直に, 縦に

very /véri ヴェリ/

副 ((比較なし))
1. **非常に, とても, たいへん**
- *very* big とても大きい
- It is *very* hot. たいへん暑い

- He speaks English *very* well.
  彼はとてもうまく英語を話します
- "Thank you *very* much." "You're welcome."「どうもありがとう」「どういたしまして」
- "How are you?" "*Very* well, thanks."
  「やあどうですか」「元気です, ありがとう」

❷ ((否定文で)) あまり[たいして, そんなに]
(…ではない)
- You do*n't* speak English *very* well.
  君はそれほどうまく英語を話しません
- "Are you hungry?" "No, *not very*."
  「おなかすいてますか」「いいえ, そんなには」

❸ ((最上級, best, last, next, first; same, opposite, reverse, ownなどを強調して)) 本当に, まさに, まったく
- You are *my very best* friend.
  君こそまさに最高の友人だ
- We came here on *the very same* day.
  私たちはまさに同じ日にここに来た

very well
((しぶしぶ同意したりする時に)) まあいいよ

■ 形 ((比較なし))

❶ ((this, that, the, *one's*を伴って)) ((強調))
まさにその, ちょうどの, ぴったりの; ほかならぬ
- before *my very* eyes 私のすぐ目の前で
- at *that very* moment まさにその瞬間に

❷ ((ふつう the very)) 単に…だけでも
- *The very* thought of touching the bug frightened her. その虫に触ることを考えただけで彼女は怖くなった

❸ ((ふつう the very)) ((強意)) 本当の, まったくの, 真の
- *the very* heart of the problem
  その問題の真の核心

Vespucci /vespúːtʃi ヴェスプーチ/ 名 **Amerigo Vespucci** ベスプッチ (イタリアの商人・航海家・冒険家でAmericaの名は彼のラテン名アメリクス(Americus)から来ている)

vessel /vésəl ヴェスル/ 名 C
❶ (大型の)船, 船舶
❷ (液体を入れる)容器, 入れ物
❸ 【解剖】管, 血管;【植物】導管

vest /vést ヴェスト/ 名 C
❶ ((米)) ベスト, チョッキ
❷ ((英))(男子用の)肌着, (アンダー)シャツ

vet /vét ヴェト/ 名 C ((くだけて)) 獣医

veteran /vétərən ヴェテラン/
名 C 老練家, ベテラン
▶ 日本語の「ベテラン」はexpertに相当する

■ 形 老練な, ベテランの

veterinary /vétərənèri ヴェタラネリ/ 形 獣医(学)の

veterinarian 名 C 獣医

veto /víːtou ヴィートウ/
名 (複 **vetoes** /víːtouz ヴィートウズ/) U C (大統領などが行使する)拒否権; 拒否権の行使

■ 動 他 〈法案などを〉(拒否権を行使して)拒否する; 〈…を〉禁じる

VHS ((略)) 【商標】 *v*ideo *h*ome *s*ystem
VHS方式 (ビデオカセットの規格)

via /váiə ヴァイア, víːə ヴィーア/ 前
❶ …経由で, …回りで(by way of)
- fly to Vienna *via* Paris
  パリ経由でウィーンへ飛ぶ
❷ ((くだけて)) …によって, …を介して
- *via* air mail ((米)) 航空便で

vibrant /váibrənt ヴァイブラント/ 形 ((文語))
〈音が〉響き渡る;〈色が〉あざやかな;〈場所が〉(…で)活気に満ちた((with...))

vibrate /váibreit ヴァイブレイト/ 動
■ 自 〈物が〉振動する, 揺れる
■ 他 〈…を〉震わせる

vibration 名 U C 振動, 震動, 震え

vice /váis ヴァイス/ 名
❶ C U 悪徳; 悪癖, 悪習, 欠点
❷ U 犯罪行為, 非行

vice- /váis ヴァイス/ (官職名の前に付けて) 副…, 次…, …代理

vice-president /váispréziənt ヴァイスプレズィデント/ 名 C 副大統領; 副会長, 副社長

vicinity /visínəti ヴィスィナティ/ 名 U C (…の)近辺, 周辺((of...))

vicious /víʃəs ヴィシャス/ 形
❶ 〈言葉などが〉悪意のある, 意地の悪い
❷ 〈人が〉暴力的な, 残虐な;〈動物などが〉凶暴な

viciously 副 悪意を持って; 凶暴に
viciousness 名 U 残虐性

victim /víktim ヴィクティム/ 名 C
❶ (戦争・災害などの)犠牲者, 被災者, 被害者((of...))
- an earthquake *victim* 地震の被災者
- *victims of* a crime 犯罪の被害者
❷ (宗教儀式における)いけにえ;(欲望などの)とりこ

victor /víktər ヴィクタ/ 名 C (競技の)勝者, 優勝者

Victoria /viktɔ́:riə ヴィクトーリア/ 名【ローマ神話】ビクトリア(勝利の女神)

victory /víktəri ヴィクタリ/ 名 U C 勝利, 戦勝;優勝;(困難などの)征服((over...))
- **victorious** 形 勝利を得た, 勝った;優勝した
- **victoriously** 副 勝って, 勝ち誇って

video /vídiòu ヴィディオウ/
名 (複 **videos** /ヴィディオウズ/)
❶ C U ビデオ(テープ)
・record a TV program on *video*
テレビ番組をビデオに録画する
❷ C (ビデオ・テレビの)映像;ビデオ録画
・watch [see] a *video* ビデオを見る
━ 形 ((比較なし))ビデオ(録画)の;テレビの, 映像の
・a *video* camera ビデオカメラ
・a *video* game テレビゲーム, ビデオゲーム
━ 動 他 〈番組などを〉ビデオに録画する;〈…を〉ビデオカメラなどで撮影する

videocassette /vídioukəsèt ヴィディオウカセット/ 名 C ビデオカセット;((主に米))ビデオカセットレコーダー (略 VCR)

videodisc, videodisk /vídioudìsk ヴィディオウディスク/ 名 C ビデオディスク

videotape /vídiouteìp ヴィディオウテイプ/ 名 U C ビデオテープ
・a *videotape* recorder
ビデオテープレコーダー(略 VTR)
━ 動 他 〈…を〉ビデオテープに録画する

Vienna /viénə ヴィエナ/ 名 ウィーン (オーストリアの首都)

Vietnam /vì:etnáːm ヴィーエトナーム/ 名 ベトナム(首都はハノイ)

view /vjú: ヴュー/
名 (複 **views** /ヴューズ/)
❶ C **見晴らし, 眺め, 風景, 景色**
・a hotel room with an ocean *view*
海が見えるホテルの部屋
・The *view* from the window is very beautiful. 窓からの眺めはとてもすばらしい
❷ C (ある位置からの)**眺め, 図;風景画, 風景写真**
・a bird's eye *view* of the city
市の鳥瞰(ちょうかん)図
❸ U **視野, 視界**
・Don't block my *view*.
見えないじゃないか, どいてくれ
❹ C (…についての)**見方, 考え方**((*of...*));(…に関する)見解, 意見((*on..., about...*))
・*in A's view* A(人)の見解では
・What is your *view on* this matter?
この件についてどう思いますか
come into view 見えてくる
in plain view よく見える所に
in view
(1) 見える所に
・Keep your baby *in view*.
赤ちゃんから目を離さないように
(2) 考慮して
in view of A
A(人・物)が見える所に;A(物・事)を考慮して
on view 公開[展示]されて
point of view 観点, 見地
with a view to doing …する目的で
━ 動
━ 他
❶ 〈…を〉見物する;(…から)見る((*from...*))
❷ 眺める, 〈映画・テレビなどを〉見る;【コンピュータ】〈画面を〉見る
❸ 〈…を〉考察する, 考える;見なす
■ *view A as B* AをBと見なす
━ 自 テレビを見る;映画を見る

viewer /vjú:ər ヴューア/ 名 C
❶ 観察者, 見物人;テレビの視聴者
❷ 【写真】(スライドの)ビューアー

viewpoint /vjú:pòint ヴューポイント/ 名 C (…の)見地, 観点, 立場((*of...*))
・from the *viewpoint of A* Aの観点から

vigor /vígər ヴィガ/ 名 U (肉体的・精神的な)活力;精神力;元気
・with *vigor* 元気よく
- **vigorous** 形 精力的な, 活力にあふれた
- **vigorously** 副 精力的に, 元気よく

Viking, viking /váikiŋ ヴァイキング/ 名 C バイキング (8-10世紀にヨーロッパ北西部海岸を荒らし回ったスカンジナビアの海賊)

villa /vílə ヴィラ/ 名 C (郊外・田舎の)大邸宅, ビラ;別荘

village /vílidʒ ヴィリヂ/
名 (複 **villages** /ヴィリヂズ/)
❶ C **村, 村落**(⇔town)
・a fishing [farming] *village* 漁[農]村
❷ ((the village))((単数・複数扱い))村民, 村人たち

villager 名 C 村民, 村人
villain /vílən ヴィラン/ 名 C 悪党, 悪者;(劇などの)悪役
vine /váin ヴァイン/ 名 C 【植物】ぶどうの木;つる性植物
vinegar /vínigər ヴィニガ/ 名 U 酢, ビネガー
vineyard /vínjərd ヴィニャド/ 名 C (ワイン製造用の)ぶどう畑
vintage /víntidʒ ヴィンティヂ/
名 C
❶ 当たり年のワイン, (特に)銘柄ワイン
❷ ぶどうの収穫シーズン
━ 形〈ワインが〉極上の, 年代ものの
vinyl /váinl ヴァイヌル/ 名 UC 【化学】ビニール(基);ビニール樹脂
viola¹ /vióulə ヴィオウラ/ 名 C 【音楽】ビオラ
viola² /váiələ ヴァイアラ/ 名 C 【植物】ビオラ
violate /váiəlèit ヴァイアレイト/ 動 他
❶〈法律などに〉違反する, そむく
❷〈権利などを〉(不当に)侵害する, 冒す
・ *violate A's* privacy
A(人)のプライバシーを侵害する
 violation 名 UC 違反(行為);侵害
 violator 名 C 違反者
violent /váiələnt ヴァイアラント/ 形
❶〈手段などが〉乱暴な;〈映画などが〉暴力シーンの多い
❷〈言葉などが〉激しい, 荒々しい
❸〈自然現象が〉激しい, 猛烈な, すさまじい
 violently 副 乱暴に;激しく;手荒く
 violence 名 U 暴力(行為);激しさ, 荒々しさ
violet /váiələt ヴァイアラト/ 名 C 【植物】すみれ;すみれの花; UC すみれ色
violin /vàiəlín ヴァイアリン/ 名 C バイオリン
・ play the *violin* バイオリンを弾く
 violinist 名 C バイオリン奏者, バイオリニスト
VIP, V.I.P. /ví:àipí: ヴィーアイピー/ ((略)) *v*ery *i*mportant *p*erson 重要人物, 要人
viral /váiərəl ヴァイアラル/ 形 ウイルス性の
virgin /vá:rdʒən ヴァーヂャン/
名
❶ C 処女, 乙女;童貞
❷ ((the Virgin)) 聖母マリア
━ 形
❶ 処女の, 童貞の
❷ 純潔な, 清らかな, 汚れのない
❸〈行動などが〉初めての;〈土地などが〉まだ足を踏み入れていない
 virginity 名 U 処女[童貞]であること;純潔
Virginia /vərdʒínjə ヴァヂニャ/ 名 バージニア(略 Va., ((郵便)) VA; 米国大西洋岸の州; 州都はリッチモンド(Richmond))
Virgo /vá:rgou ヴァーゴウ/ 名 【天文】おとめ座;【占星】処女宮; C おとめ座生まれの人
virtual /vá:rtʃuəl ヴァーチュアル/ 形
❶ 実質上の, 実際上の, 事実上の
❷【コンピュータ】バーチャルな, 仮想の
・ *virtual* reality
バーチャルリアリティー, 仮想現実
 virtually 副 実質的には, 実際上, 事実上
virtue /vá:rtʃu: ヴァーチュー/ 名
❶ U 徳, 美徳;道徳的な正しさ
❷ CU 長所, 美点, 利点
by virtue of A
((改まって)) Aのおかげで, Aによって
 virtuous 形 徳の高い;有徳者ぶった
 virtuously 副 高潔に;有徳的に
virtuoso /vè:rtʃuóusou ヴァーチュオウソウ/ 名 (複 virtuosos /ヴァーチュオウソウズ/, virtuosi /ヴァーチュオウスィー/) C 名人, 巨匠;(特に音楽演奏の)名手
 virtuosity 名 U 技巧, 妙技
virus /váiərəs ヴァイアラス/ 名 C 【医学】ウイルス, ビールス
visa /ví:zə ヴィーザ/ 名 C ビザ, 査証, 入国許可
・ an entry [exit] *visa* 入国[出国]ビザ
・ apply for a *visa* ビザを申請する
visage /vízidʒ ヴィズィヂ/ 名 C ((文語)) 顔, 顔だち, 顔つき ⇨face
viscous /vískəs ヴィスカス/ 形 粘着性の;【物理】粘性の
 viscosity 名 U 粘着性;粘性
visible /vízəbl ヴィザブル/ 形
❶ 目に見える
❷ (見た目に)明らかな, はっきりした
 visibly 副 目に見えて
 visibility 名 U 目に見えること;視界, 視野
vision /víʒən ヴィジャン/ 名
❶ U 視力, 視覚
❷ U 先見の明, 洞察力
❸ C 空想, 理想像, ビジョン;幻, 幻影
 visionary 形 先見の明のある;幻想的な

visit /vízit ヴィズィト/

動 三単現 **visits** /ヴィズィッ/
過去・過分 **visited** /ヴィズィティド/
現分 **visiting** /ヴィズィティング/

― 他

❶ 〈人を〉**訪問する, 訪ねる**;〈病人などを〉見舞う;〈人の〉家に泊まる
・ *visit* a friend 友人を訪ねる
・ *visit* my parents for a week
両親の所に1週間滞在する
・ I'll *visit* my friend in (the) hospital.
友人を見舞いに行くつもりです

❷ 〈場所を〉**訪れる**;見物[観光]する
・ *visit* the library 図書館に行く
・ I have *visited* Hawaii last year.
昨年ハワイに行きました

❸ 〈医者などを〉訪ねる;〈医者などが〉〈患者などを〉往診する

❹【コンピュータ】〈ウェブサイトなどに〉アクセスする
・ *visit* a homepage
ホームページにアクセスする

❺ ((ふつう受身で))〈災害などが〉〈人・場所などを〉襲う, 見舞う

― 自

❶ (人を)**訪ねる**;(人の家に)泊まる((with...))
❷ (町などに)滞在する((at..., in...));(ホテルなどに)泊まる((at...))
❸ ((くだけて))(訪問して)(…と)雑談する((with...))

― 名 (複 **visits** /ヴィズィッ/) C

❶ **訪問**;見舞い
・ This is my first *visit* to England.
英国を訪れるのはこれが初めてです
・ I just came here on a *visit*.
私はここに遊びに来ただけです

❷ 見物, 観光, 見学
・ come over to Japan for a *visit*
観光のため日本に来る

❸ (客としての)滞在
❹ (医者の)往診
❺ ((くだけて))(訪問しての)(…との)おしゃべり, 雑談((with...))

on a visit to A
A (人・場所)を訪問中で;A (場所)に滞在中で
pay a visit to A = pay A a visit
A (人・物)を訪ねる, 訪問する

visiting /vízitiŋ ヴィズィティング/
動 visitの現在分詞・動名詞
― 形 訪問の;視察の
・ a *visiting* professor 客員教授

visitor* /vízitər ヴィズィタ/
名 (複 **visitors** /ヴィズィタズ/) C
訪問者, 来客;観光客, 見学者
・ No *visitors* ((掲示))面会謝絶

visor /váizər ヴァイザ/ 名 C (帽子などの)つば;サンバイザー

visual /víʒuəl ヴィジュアル/ 形
❶ 視覚の;視覚による
・ *visual* aids 視覚教材
❷ 目に見える
visualize 動 他 〈…を〉想像する;〈…を〉視覚化する
visually 副 視覚的に;目に見えるように

vital /váitl ヴァイトル/ 形
❶ 生命の;生命維持に必要な;致命的な
・ *vital* power 生命力
❷ (…にとって)きわめて重大な, 不可欠な((to..., for...))
❸ 活気のある, 元気のよい
vitality 名 U 活力, 生命力;活気

vitamin /váitəmin ヴァイタミン/ 名 C U ビタミン

vivid /vívid ヴィヴィド/ 形
❶ 〈色などが〉あざやかな
❷ 〈描写などが〉生き生きとした;〈印象などが〉鮮明な
vividly 副 あざやかに;生き生きと
vividness 名 U あざやかさ;はつらつさ

vocabulary /voukǽbjəlèri ヴォウキャビャレリ/ 名
❶ U C 語彙(ご), 用語範囲, ボキャブラリー
❷ C 単語集, 用語集

vocal /vóukəl ヴォウカル/
形
❶ 声の, 音声の;声楽の
❷【音声】有声音の, 母音の
― 名 C ((ふつう vocals))ボーカル
vocalist 名 C 歌手, ボーカリスト

vocation /voukéiʃən ヴォウケイシャン/ 名
❶ C 職業, 仕事;天職;使命
❷ C U (職業に対する)適性, 素質;天分, 才能((for...))
vocational 形 職業(上)の

vodka /vάdkə ヴァドカ/ 名 U ウオッカ(ロシア産の蒸留酒)

vogue /vóug ヴォウグ/ 名 C ((時にthe

vogue)) (…の)流行((for...));流行品
- come into *vogue* はやる
- in *vogue* 流行して
- out of *vogue* はやらないで

voice /vɔ́is ヴォイス/

名 (複 voices /ヴォイスィズ/)
❶ C|U (人の)声, 音声; 鳴き声
- the *voice* of a nightingale
ナイチンゲールの鳴き声
- in a loud *voice* 大きな声で
- Will you keep your *voice* down?
小さい声で話してくれませんか
❷ U 声を出す能力
- lose one's *voice* (風邪などで)声が出ない
❸ C 意見, 希望; ((a voice)) 発言権
- the *voice* of the people 国民の声
❹ C 【文法】(動詞の)態
- the passive [active] *voice* 受動[能動]態
― 動 他
❶ 〈意見などを〉言葉に表す, 表明する
❷ 【音声】〈…を〉有声音で発音する
|voiced 形 声に出した;有声(音)の
|voiceless 形 声のない;意見を言わない; 無声(音)の

voice-over /vɔ́isòuvər ヴォイソウヴァ/ 名 C
(画面に現れない)ナレーターの声, 語り

vol. ((略)) *vol*ume 巻

volatile /vάlətl ヴァラトル/ 形
❶ 〈情勢などが〉不安定な; 〈人が〉移り気の
❷ 【化学】〈液体・物質が〉揮発性の

volcano /vɑlkéinou ヴァルケイノウ/ 名
(複 volcanoes, volcanos /ヴァルケイノウズ/)
C 火山
- an active [a dormant, an extinct] *volcano* 活[休, 死]火山
|volcanic 形 火山(性)の;火山の多い

volley /vάli ヴァリ/
名 C
❶ (テニス・サッカーなどの)ボレー
❷ (火器・弓などの)一斉射撃
― 動
― 他 〈球を〉ボレーで打つ[ける]
― 自 ボレーを打つ[ける]

volleyball /vάlibɔ̀:l ヴァリボール/ 名 U バレーボール; C バレーボール用のボール
- play *volleyball* バレーボールをする

volt /vóult ヴォウルト/ 名 C 【電気】ボルト(電圧の単位; 略 V, v)

voltage 名 U|C 【電気】電圧(量), ボルト数

volume* /vάlju:m ヴァリューム/
名 (複 volumes /ヴァリュームズ/)
❶ U 音量, ボリューム
- turn down [up] the *volume*
音量を下げる[上げる]
❷ U|C 体積, 容積, 容量
❸ C ((改まって))(大きな)本, 書物, 書籍; (全集などの)1巻, 1冊
a volume of A = volumes of A
たくさん[多量・多数]のA
|voluminous 形 大量の; 容量の大きい; だぶだぶの

voluntary /vάləntèri ヴァランテリ/ 形
❶ 〈行為が〉自発的な, 自由意志による, 志願の
❷ 〈学校・教会などが〉任意の寄付で運営される
|voluntarily 副 自発的に, 自分の意志で, 任意で

volunteer /vὰləntíər ヴァランティア/
名 C
❶ (…の)志願者; 有志, ボランティア((for...))
- ask for *volunteers* ボランティアをつのる
❷ 志願兵, 義勇兵; ((形容詞的に)) 志願(兵)の, 有志の, ボランティアの
― 動
― 自 (…を)自発的に申し出る((for...)); (…に)志願する((for...))
― 他 〈…を〉申し出る; (…しようと)申し出る((to do))

vomit /vάmit ヴァミト/
動
― 自 〈人が〉食べ物を吐く, もどす((up))
― 他 〈人が〉〈食べ物などを〉吐く, もどす
― 名 U 嘔吐(おうと)

vote /vóut ヴォウト/
名
❶ C 投票, 票; (…についての)票決((on..., about...))
- *an* open [*a secret*] *vote*
記名[無記名]投票
- cast one's *vote* for [against] *A*
Aに対する賛成[反対]票を投じる
- give one's *vote* to *A* A(人)に投票する
❷ ((the vote)) 投票総数, 得票(総)数
❸ ((the vote)) 投票権, 選挙権
- have *the vote* 選挙権がある
― 動
― 自 (…について)投票する((on...))

- the right to *vote* 投票権
- *vote for* [*against*] *a motion*
動議に賛成[反対]票を投じる
— 動 他〈…に〉投票する;〈…を〉(投票で)決める;(…することを)票決する((*to do*))
  voter 名 C 投票者, 有権者, 選挙人
  voting 形 投票の, 選挙の

vouch /váutʃ ヴァウチ/ 動 自 (人・物を)(信用できると)保証する, 請け合う((*for...*))
  voucher 名 C クーポン;バウチャー;領収証

vow /váu ヴァウ/
  名 C 誓い, 誓約
- *break* [*keep*] *a vow* 誓いを破る[守る]
— 動 他〈…を〉誓う, 誓約する

vowel /váuəl ヴァウアル/ 名 C 【音声】母音;母音字

voyage /vɔ́iidʒ ヴォイイヂ/ 名 C 船旅, 航海;空の旅;宇宙旅行
- *go on a voyage* 航海に出る

vs. ((略)) *versus* …対…

VT ((米郵便)) *Vermont* バーモント州

Vt. ((略)) *Vermont* バーモント州

VTR ((略)) *videotape recorder* ビデオテープレコーダー

vulgar /vʌ́lgər ヴァルガ/ 形〈態度などが〉下品な, 粗野な

vulnerable /vʌ́lnərəbl ヴァルナラブル/ 形〈人・感情が〉傷つきやすい;(病気などに)かかりやすい((*to...*))
  vulnerability 名 U 傷つきやすさ;もろさ

========== 食べ物のいろいろ ==========

アイスクリーム	ice cream
カレーライス	curry and rice
キャンディー	candy
クッキー	cookie
ケーキ	cake
サラダ	salad
サンドイッチ	sandwich
シリアル	cereals
スープ	soup
ステーキ	steak
スパゲッティ	spaghetti
ゼリー	jelly
ソーセージ	sausage
チョコレート	chocolate
ドーナッツ	doughnut
パイ	pie
バター	butter
ハム	ham
ハヤシライス	hashed beef and rice
ハンバーガー	hamburger
ビーフシチュー	beef stew
ピザ	pizza
フライドポテト	French fries
プリン	custard pudding
ホットケーキ	pancake
ホットドッグ	hot dog
ポップコーン	popcorn
ポテトチップ	potato chips
目玉焼き	fried eggs

W, w

W¹, w /dʌ́blju: ダブリュー/ 名 (複 **W's, Ws; w's, ws** /dʌ́blju:z/) C U ダブリュー (英語アルファベットの第23字)

W² ((略)) Wednesday; who; when; where; what; why
- 5 W's and 1 H
  5つのWと1つのH (誰が, いつ, どこで, 何を, どうした, なぜ, というニュースの要素)

W³, W. ((略)) west 西

w. ((略)) week(s) 週

WA ((米郵便)) Washington ワシントン州

waddle /wɑ́dl ワドル/
動 (自) よたよた[よちよち]歩く
■ 名 C ((ふつう a waddle)) よたよた[よちよち]歩き

wade /wéid ウェイド/ 動 (自) (ぬかるみなどを)歩く, 歩いて渡る

wafer /wéifər ウェイファ/ 名 C ウエハース (薄くて軽い焼き菓子)

waffle /wɑ́fl ワフル/ 名 C ワッフル (小麦粉・牛乳・鶏卵などを用いた焼き菓子)

wag /wǽg ワグ/ 動
■ (他) 〈動物が〉〈しっぽなどを〉振る; 〈人が〉(反対の意思を示して)〈指・頭などを〉振る
■ (自) 〈しっぽなどが〉動く, 揺れる

wage /wéidʒ ウェイヂ/
名 C ((しばしば wages)) 賃金, 給料
- high [low] *wages* 高[低]賃金
- the minimum *wage* 最低賃金
- an hourly [a daily] *wage* 時[日]給
- a *wage* earner 賃金労働者
■ 動 他 〈戦争・闘争などを〉(継続的に)行う, する

wagon /wǽgən ワゴン/ 名 C
❶ (4輪の)荷(馬)車 (cart)
❷ 軽トラック; ステーションワゴン
❸ ((米))(飲食物を運ぶ)手押し車, ワゴン

be* [*go*] *on the wagon
((くだけて)) 禁酒している[する]

waist* /wéist ウェイスト/ 名 (複 **waists** /wéists ウェイスツ/) C 腰, **ウエスト**, 胴のくびれた部分; (衣服の)胴回り(の寸法)
- have a slim *waist* 腰がほっそりしている
- don't have a *waist* 寸胴である

wait /wéit ウェイト/
動 三単現 **waits** /wéits ウェイツ/
過去・過分 **waited** /wéitid ウェイティド/
現分 **waiting** /wéitiŋ ウェイティング/
■ (自) 〈人が〉(…を)**待つ**, 待ち受ける ((*for*...)); (…するのを)待つ ((*to do*))
- *wait for* Tom トムを待つ
- *wait for* the next bus 次のバスを待つ
- *wait for* his call 彼の電話を待つ
- *wait for* the rain *to* stop 雨がやむのを待つ
- *Wait* a minute [moment, second].
  ちょっと待ってください
- Lunch *is waiting* (*for* you).
  ランチの用意ができています
- What are you *waiting for*?
  ぐずぐずしないで
- I'm sorry for keeping you *waiting*.
  お待たせしてすみません
- 📖 Form a queue and *wait for* the bell.
  ベルが鳴るまで並んで待っていてください
- 📖 I'm *waiting for* you *to* be quiet.
  静かにしないと始められませんよ
■ (他) 〈機会・順番などを〉待つ
- *wait* one's turn 順番が来るのを待つ
can't wait for A
Aが待ち遠しくてたまらない
can't wait to do …したくて仕方がない
wait and see (あわてないで)待つ
- Let's *wait and see*.
  ちょっと様子を見ましょう
wait up for A Aを寝ずに待つ
■ 名 C ((ふつう a wait)) 待つこと; 待ち時間, 待つ期間

waiter 名 C ウエーター, (男の)給仕人
waitress 名 C ウエートレス, (女の)給仕人

waiting /wéitiŋ ウェイティング/
動 wait の現在分詞・動名詞
■ 名 U
❶ 待つこと, 待機
- a *waiting* list 順番待ちリスト
- a *waiting* room (病院などの)待合室
❷ 給仕すること; 仕えること

wake /wéik ウェイク/

動 三単現 **wakes** /ウェイクス/
過去 **woke** /ウォウク/, **waked** /ウェイクト/
過分 **woken** /ウォウカン/, **waked** /ウェイクト/
現分 **waking** /ウェイキング/

━ 自 **目が覚める, 起きる**((*up*))
- I always *wake* (*up*) at seven.
 ぼくはいつも7時に目を覚ます
- *Wake up*! 起きなさい

━ 他 〈人の〉**目を覚まさせる**, 〈人を〉**起こす**((*up*))
- *Wake* me (*up*) at six. 6時に起こしてね

waken /wéikən ウェイカン/ 動
━ 他 〈人の〉目を覚まさせる, 〈人を〉起こす
━ 自 目が覚める

wake-up call /wéikλpkɔ́:l ウェイカプコール/
名 C モーニングコール

Wales /wéilz ウェイルズ/ 名
ウェールズ (大ブリテン島西部の地域)
- the Prince of *Wales* 英国皇太子

walk /wɔ́:k ウォーク/

動 三単現 **walks** /ウォークス/
過去・過分 **walked** /ウォークト/
現分 **walking** /ウォーキング/

━ 自
❶ **歩く**, 歩いて行く; **散歩する**
- *walk* fast [slow(ly)] 速く[ゆっくり]歩く
- *walk* in 中へ入る
- *walk* out 出て行く
- *walk* about [around] 歩き回る
- *walk* to school 歩いて学校へ行く
❷【野球】(四球で) 一塁に行く

━ 他
❶ 〈道などを〉**歩く**, 歩いて行く
- *walk* two kilometers 2キロ歩く
❷ 〈人を〉歩いて送る; 〈動物を〉散歩させる
- *walk* a dog 犬を散歩させる
- I will *walk* you home.
 お宅までお送りしましょう
❸【野球】〈打者を〉四球で一塁に歩かせる

━ 名 (複 **walks** /ウォークス/) C
❶ **散歩**; 歩き, 歩行
- go for a *walk* 散歩に出かける
- take a *walk* 散歩をする
- take *A* for a *walk*
 A(人・動物)を散歩に連れて行く

❷ ((ふつう a walk)) 歩く距離, 道のり
- *a* five-minute *walk* from here
 ここから歩いて5分の道のり
❸ 歩道; 遊歩[散歩]道; 並木道
❹ 歩き方
❺【野球】フォアボール

walker 名 C 歩く人; 散歩好き; 歩行器

walking /wɔ́:kiŋ ウォーキング/
動 walkの現在分詞・動名詞
━ 形
❶ 歩く; 歩行[散歩]用の
- a *walking* stick ステッキ
❷ ((くだけて)) 生きている, 移動する
- a *walking* dictionary 生き字引, 物知り
━ 名 U 歩行; 【スポーツ】ウォーキング, 競歩; ((主に英))ハイキング

walkout /wɔ́:kàut ウォーカウト/ 名 C ストライキ;(抗議の)退場

walkway /wɔ́:kwèi ウォークウェイ/ 名 C 歩行者用通路;(2つの建物をつなぐ)渡り廊下

wall /wɔ́:l ウォール/

名 (複 **walls** /ウォールズ/) C
❶ **壁**, 内壁; **塀**
- hang a painting on the *wall*
 壁に絵をかける
- *Wall* Street
 ウォール街(米国の金融業の中心地)
- *Walls* have ears. ((ことわざ))壁に耳あり
❷ ((ふつう walls)) 城壁, 防壁
❸ ((しばしば a wall)) 壁のような物; 障害, 障壁
- *a wall* of people 人垣

drive [push] A to the wall
A(人)を窮地におとしいれる

━ 動 他 ((ふつう受身で))〈…を〉壁[塀]で囲む

wallet /wálət ワラト/ 名 C (折りたたみ式の) 札入れ, さいふ

wallpaper /wɔ́:lpèipər ウォールペイパ/
名 U 壁紙;【コンピュータ】壁紙
━ 動
━ 他 〈壁などに〉壁紙を貼る
━ 自 壁紙を貼る

walnut /wɔ́:lnʌ̀t ウォールナト/ 名 C くるみ(の木・実); U くるみ材

walrus /wɔ́:lrəs ウォールラス/ 名 C 【動物】せいうち

waltz /wɔ́:lts ウォールツ/
名 C ワルツ(曲), 円舞曲

wander /wándər ワンダ | wɔ́ndər ウォンダ/
動
― 自
❶ (当てもなく)(…を)歩き回る, うろうろする; ぶらつく ((along...))
❷ (道・場所・仲間などから)それる, はぐれる, 迷う ((from...))
❸ 〈思考などが〉散漫になる
❹ 〈目・視線などが〉うつろう
― 他 〈…を〉歩き回る, うろうろする, ぶらつく; 放浪する

wane /wéin ウェイン/
動 自 〈月が〉欠ける; 〈興味などが〉徐々に衰える, 弱まる
― 名 ((the wane)) (月の)欠け; 衰退, 減退

wanna /wánə ワナ | wɔ́nə ウォナ/ want to, want a の縮約形の発音を表すつづり

want /wánt ワント | wɔ́nt ウォント/

三単現 **wants** /ワンツ/
過去・過分 **wanted** /ワンティド/
現分 **wanting** /ワンティング/
― 他

❶ 〈…が〉ほしい, 〈…を〉ほしがる, 〈…を〉望む
・ I *want* something to drink.
何か飲み物がほしい
・ What do you *want* (from me)?
何をしてほしいの
・ It's exactly what I *wanted*.
これがちょうど私がほしかったものです
・ Everyone *wants* peace.
誰もが平和を願っている
❷ ((次の用法で))
▪ *want to do* …したい, …したがっている
・ I *want to* see her. 彼女に会いたい
・ Do you *want to* join us?
私たちの仲間にお入りになりますか
▪ *want A to do* A(人)に…してほしい[してもらいたい]; A(事)が…であってほしい
・ I *want* you *to* help me.
あなたに手伝ってもらいたい
・ Do you *want* me *to* go with you?
いっしょに行ってあげましょうか
📖 I *want* you all *to* join in.
みんな加わってください
▪ *want A (to be) C* C A は C であってほしい
・ I *want* my drink cold.
飲み物は冷たいのがいい
・ I *want* my shoes fixed.
靴を修理してほしい
▪ *want A doing*
((肯定文で)) A(人)に…していてもらいたい; ((否定文で)) A(人)に…をやめてもらいたい
・ I don't *want* my father smok*ing*.
私は父に禁煙してほしいと思っている
❸ ((主に英)) ((くだけて)) 〈…を〉必要とする
▪ *want doing* …される必要がある
・ This PC *wants* repair*ing*.
このパソコンは修理が必要だ
❹ ((ふつう受身で)) 〈人に〉用がある; ((受身で)) 〈人が〉(…の件で)指名手配されている ((for...))
・ You're *wanted* on the phone.
お前に電話がかかっているよ
・ Help *wanted* ((掲示など)) 求人
❺ 〈…を〉欠いている
・ I *want* courage. ぼくには勇気が欠けている
❻ ((次の用法で))
▪ *want to do* …すべきである, …する方がいい
・ You *want to* be careful in the dark.
暗闇の中では気をつけなさい
― 自 困窮する; 〈…に〉欠ける, 不足する ((for...))
・ I *don't want for* money.
私は金に不自由していない
・ We *want for* nothing.
何も不自由しているものはない
if you want お望みでしたら
Who wants A?
いったい誰が A (事・物)をほしがるものか
― 名 ((複)) **wants** /ワンツ/
❶ U ((また a want)) (…の)**欠乏, 不足** ((of...))
・ *want of* imagination 想像力の欠如
❷ U 必要; C ((ふつう wants)) ほしいもの, 必需品
・ *wants* and needs
必要なもの一切合切(いっさいがっさい)
・ a *want* ad ((米)) 求職[求人]広告
❸ U 困窮
・ live in *want* 貧しい生活をする
for [from] want of A A 不足のために
in want of A A が必要で, A を求めて

wanted 形 ((広告)) 〈…を〉求む; 指名手配されている

war* /wɔ́ːr ウォー/ 名 ((複)) **wars** /ウォーズ/
❶ U (…との)**戦争**, 戦争状態 (⇔peace) ((with...)); C (個々の)戦争

ward

- go to *war* 〈人が〉戦争に行く；(…と)戦争を始める((*with...*))
- win [lose] a *war* 戦争に勝つ[負ける]
- be killed in a *war* 戦死する
- (A) *war* breaks out. 戦争が起こる

❷ Ｕ Ｃ (…に対する)闘い, 闘争；撲滅運動((*on..., against...*))

- the *war on* poverty 貧困撲滅運動

ward /wɔ́:rd ウォード/ 名 Ｃ
❶ (特定患者用の)病棟；(共同の広い)病室
❷ ((英))(行政区画としての)区
❸ 被後見人

wardrobe /wɔ́:rdròub ウォードロウブ/ 名 Ｃ
❶ 洋服だんす, 衣装戸棚
❷ ((ふつう単数形で))個人が所有している衣類(全体)

ware /wéər ウェア/ 名 Ｃ ((wares))商品；Ｕ 製品, …用品
- kitchen*ware* キッチン用品
- soft*ware* 【コンピュータ】ソフト(ウェア)
- hard*ware* 【コンピュータ】ハード(ウェア)

warehouse /wéərhàus ウェアハウス/ 名 Ｃ 倉庫

warfare /wɔ́:rfèər ウォーフェア/ 名 Ｕ 戦争；戦闘行為, 交戦状態

warm /wɔ́:rm ウォーム/

形 比較 **warmer** /ウォーマ/
最上 **warmest** /ウォーマスト/

❶〈気候などが〉**暖かい**, (少し)暑い(⇔ cool)；〈飲み物などが〉温かい
- *warm* soup 温かいスープ
- a *warm* room ぬるま湯
- keep *warm* 暖かい部屋
- *warm* water (冷えないように)体を暖める

❷〈人・行為などが〉**温かい**, 心温まる
- have a *warm* heart 温かい心を持っている
- give a *warm* welcome 心から歓迎する

❸〈色彩が〉暖色の, 暖かい感じの

— 動
— 他〈部屋などを〉**暖める**, 暖かくする；〈飲食物などを〉**温める**((*up*))
- *warm* (*up*) some milk ミルクを温める
- *warm oneself* at the heater ヒーターで体を暖める

— 自 **暖まる**, 暖かくなる；温まる((*up*))
- global *warming* 地球温暖化

***warm over* A**
A(料理)を温め直す；A(議論など)を蒸し返す

warm up 〈エンジンなどが〉暖まる；ウォーミングアップをする；盛り上がる

warmer 名 Ｃ 暖める人[物]；加温器
warmly 副 暖かく；暖かく, 親切に
warmth 名 Ｕ 暖かさ；温かさ

warm-up /wɔ́:rmʌ̀p ウォーマプ/ 名 Ｃ 準備運動, ウォーミングアップ

warn* /wɔ́:rn ウォーン/
動 三単現 **warns** /ウォーンズ/
過去・過分 **warned** /ウォーンド/
現分 **warning** /ウォーニング/

— 他
❶〈人に〉(危険などについて)**警告する, 注意する**((*of..., about..., against...*))
- *warn* (A) *that*...
  (A(人)に)…だと警告[注意]する
- The chimes *warned* the audience *that* the concert would begin soon.
  チャイムは聴衆にまもなくコンサートが始まることを知らせた
- *warn* (A) *against doing*
  (A(人)に)…しないように警告する
- *warn A to do*
  (A(人)に)…するように注意する[忠告する]

❷〈人に〉(…を)通知する, 知らせる, 予告する((*of...*))
— 自 (…について)警告する, 通告する((*of..., against...*))

warn A away
A(人)を警告して立ち去らせる

warn A off B
A(人)に警告してB(場所など)から遠ざける

warning /wɔ́:rniŋ ウォーニング/
動 warnの現在分詞・動名詞
— 名
❶ Ｕ Ｃ (…への)警告, 警報, 注意；いましめ((*against...*))
- a *warning against* speeding
  スピード違反の警告
- give a *warning* 警告する

❷ Ｕ 通知, 通告；Ｃ Ｕ (危険などの)前兆
- advance *warning* 事前通告
- without *warning* 予告なしに

warp /wɔ́:rp ウォープ/ 動
— 他〈板などを〉曲げる, ねじれさせる, そらせる
— 自〈板などが〉曲がる, ねじれる, そる

warrant /wɔ́:rənt ウォーラント/ 名
❶ Ｃ (逮捕などの)令状((*for...*))；証明書；保証(となるもの)

❷ ⓤ (…の)正当な理由[根拠] ((for...))
warranty 名 ⓒⓤ 保証;保証書
warrior /wɔ́ːriər ウォーリア/ 名 ⓒ 武人, 兵士;戦士
Warsaw /wɔ́ːrsɔː ウォーソー/ 名 ワルシャワ (ポーランドの首都)
warship /wɔ́ːrʃip ウォーシプ/ 名 ⓒ 軍艦
wartime /wɔ́ːrtàim ウォータイム/
■ 名 ⓤ 戦時
■ 形 戦時(中)の
wary /wéəri ウェアリ/ 形 (…に対して)警戒している, 用心深い, 注意深い ((of...))

was

/wəz ワズ; (強) wáz ワズ | wɔ́z ウォズ/
((beの一・三人称単数過去形)) ⇒be
動 助 現在 **am** /アム/, **is** /イズ/
　　　過去 **been** /ビン/
　　　現分 **being** /ビーイング/
■ 動 ⾃
❶ (私は, 彼は, 彼女は, それは) …でした, …だった; (…に)いた; (…に)あった
・I [He] *was* a little child then.
私[彼]は当時は子どもだった
・I *was* not [*wasn't*] at home yesterday.
私はきのうは家にいませんでした
・*Was* there a castle on the hill?
あの丘に城がありましたか
❷ ((仮定法過去)) (wereの代わりに) …であるとしたら
・If he *was* present today, we could ask him. もし彼がきょういたら彼に質問できるのに
■ 助 ((次の用法で))
■ *was doing* ((過去進行形)) (私は, 彼は, 彼女は, それは)…していた;…しようとしていた
・He *was* read*ing* a book.
彼は読書をしていた
■ *was done* ((過去形の受身)) (私は, 彼は, 彼女は, それは)…された
・I *was asked* a lot of questions.
私はたくさん質問された
■ *was to do* ((予定・運命・義務・可能・目的を表して)) (私は, 彼は, 彼女は, それは)…する予定だった;…する宿命だった;…するべきだった;…することができた;…するためのものだった
・I *was* to attend the meeting.
私は会合に出席することになっていた

wash ☞ 712ページにあります

Wash. ((略)) *Wash*ington ワシントン州
washbowl /wɔ́ːʃbòul ウォーシュボウル/ 名 ⓒ ((米)) 洗面器, 洗面台
washcloth /wɔ́ːʃklɔ̀ːθ ウォーシュクロース/ 名 ⓒ ((米)) 洗面[浴用]タオル
washing /wɔ́ʃiŋ ウォシング/
■ 動 washの現在分詞・動名詞
■ 名 ⓤ 洗うこと;洗濯; ((ふつうthe washing)) 洗濯物
・do the *washing* 洗濯する
Washington¹ /wɑ́ʃiŋtən ワシンタン/ 名
George Washington ワシントン (米国の初代大統領)
Washington² /wɑ́ʃiŋtən ワシンタン/ 名
❶ ワシントン (略 Wash., ((郵便)) WA;米国北西部の州;州都はオリンピア(Olympia))
❷ ((Washington, D.C.)) ワシントン (米国の首都で, 連邦直轄地)

wasn't

/wáznt ワズント | wɔ́znt ウォズント/
((くだけて)) was not の縮約形
wasp /wɑ́sp ワスプ/ 名 ⓒ 【昆虫】雀ばち, 熊んばち

waste /wéist ウェイスト/

動 三単現 **wastes** /ウェイスツ/
　　過去・過分 **wasted** /ウェイスティド/
　　現分 **wasting** /ウェイスティング/
■ 他
❶ 〈金・時間・精力などを〉(…に)**浪費する, 消耗する**, むだに使う ((on...))
・Don't *waste* time and money.
時間とお金をむだに使ってはいけない
❷ 〈病気などが〉〈人を〉衰えさせる, 〈体力を〉消耗させる
■ ⾃
❶ むだになる
❷ 〈体が〉やせ衰える, 衰弱する ((*away*))
■ 名 (複 **wastes** /ウェイスツ/) ⓤ
❶ ((しばしばa waste)) (…の)**浪費**, むだ使い ((*of...*))
・*a waste of* money お金のむだ使い
・What *a waste*! 何てもったいない
❷ ((また wastes)) くず, 廃棄物;排泄(はいせつ)物
・nuclear *waste* 核廃棄物
・go to *waste* むだになる
■ 形 ((比較なし))
➡➡➡ 712ページに続く ➡➡➡

wash

/wɔ́ʃ ウォーシュ | wɔ́ʃ ウォシュ/

動 三単現 **washes** /ウォーシズ/
過去・過分 **washed** /ウォーシュト/
現分 **washing** /ウォーシング/

— 他

❶ 〈…を〉**洗う, 洗濯する**
- *wash* the dishes 皿を洗う
- *wash* oneself 体を洗う
- *wash* A C A(物)を洗ってC(の状態)にする
- *wash* one's hands clean 手をきれいに洗う
- Where can I *wash* my hands?
手を洗いたいのですが, トイレはどちらですか

❷ 〈…を〉〈…から〉**洗い流す**((*off*...));〈嵐などが〉〈…を〉押し流す, さらっていく
- *wash* the mud *off* 泥を洗って落とす
- The storm *washed* the house away.
嵐が家を押し流した

❸ 〈波などが〉〈岸などに〉打ち寄せる;〈…を〉浸食する

— 自

❶ (石けん・水などで) **体[顔, 手]を洗う**((*with*...))
- *Wash* before a meal.
食事の前に手を洗いなさい

❷ 〈人が〉**洗濯する**;〈布地が〉洗濯がきく
- Mother *washes* daily.
母は毎日洗濯する
- This material *washes* well.
この素材はよく洗濯がきく

❸ 〈波が〉打ち寄せる

❹ 〈橋などが〉押し流される

❺ 〈話などが〉(…には)信じられる((*with*...))
- His excuse just didn't *wash*.
彼の言い訳はとても信じられなかった

wash A down = wash down A
A をざぶざぶ洗う;A(食べ物など)を(飲み物で)のどに流し込む((*with*...))

wash A off = wash off A
A(汚れなど)を洗い落とす

wash A out = wash out A
A(汚れなど)を洗い落とす;A(服・容器など)をよく洗う;A(服など)を色落ちさせる;〈雨などが〉A(試合など)を中止させる

wash up ((米)) 顔や手を洗う;((英))(食後に)食器類を洗う

wash A up = wash up A A(食器類)を洗う;〈波などが〉A(物)を岸に打ち上げる;A(人・物)を(不面目に)終わらせる;だめにする
- Because of the scandal, he *was washed up* as an actor. そのスキャンダルのために彼は俳優生命を絶たれた

— **名** (複) **washes** /ウォーシズ/)

❶ C **洗うこと**
- have a *wash* 体[顔・手]を洗う
- give one's hands a *wash* 手を洗う

❷ U ((ふつうthe wash)) ((米)) 洗濯物
- do *the wash* 洗濯をする
- hang out *the wash* 洗濯物を外に干す

❸ C 洗顔液, 化粧水;洗い薬

❹ C (ペンキなどの)薄い層;めっき

washer **名** C 洗う人;洗濯機;皿洗い機

---

❶〈土地などが〉荒れ果てた, 不毛の
❷ 廃棄された, 不用の, 余分の

wasted 形 むだになった, 浪費された
wasteful 形 むだの多い, 浪費的な, 不経済な

wastebasket /wéistbæskit ウェイストバスキト/ **名** C ((米)) 紙くずかご

wasteland /wéistlænd ウェイストランド/ **名** U C 荒れ地, 不毛の土地; C 荒廃した地域

watch

/wɔ́tʃ ウォーチ | wɔ́tʃ ウォチ/

名 (複) **watches** /ウォーチズ/)

❶ C **腕時計, 懐中時計**
- a wrist [stop] *watch*
腕時計[ストップウォッチ]

❷ U C (…に対する)**見張り, 警戒, 用心**((*for*..., *on*..., *over*...))
- keep (a) *watch for* burglars 泥棒を見張る

❸ C ((しばしばa [the] watch)) 番人, 警備員

be on the watch for A
Aを見張っている, 警戒している

keep (a) watch on A
Aの見張りをする, Aを警戒する

off watch 非番で

on watch 当直で

— **動**
三単現 **watches** /ウォーチズ/
過去・過分 **watched** /ウォーチト/
現分 **watching** /ウォーチング/

— 他

❶ 〈動いている物を〉(じっと)見る, 見つめる;

見守る；観察する
- *watch* television テレビを見る
- *watch* a film on TV テレビで映画を見る
- *watch* a soccer game サッカーの試合を見る
- *watch* *A* *do* A(人・物)が…するのを見る
- *watch* *A* *doing* A(人・物)が…しているのを見る
- We *watched* him playing tennis. 彼がテニスをしているのを見た
- *watch* *wh*- …かを見守る，観察する
- *watch* how it goes それがどのようになるかを観察する

❷〈子どもなどの〉**世話をする**；〈病人などを〉看護する
- The nurse *watched* the patient all night. 看護師は病人を徹夜で看病した

❸〈…を〉**見張る**，監視する；〈…の〉番をする
- Could you *watch* my bag? 私のバッグを見ていてもらえますか

❹〈…に〉用心する，気をつける；〈言葉づかいなどに〉注意する
- *watch* *that*... …ということに用心する
- *Watch* *that* you don't fall. 転ばないように気をつけなさい
- *watch* *wh*- …かに用心する
- *Watch* it! (言動などに)気をつけろよ
- *Watch* Your Step ((掲示))足もとに注意

❹〈機会などを〉うかがう

━ 自

❶ (動いているものを)(じっと)**見る**，見つめる；見守る

❷ (…を)待ち構える((*for*...))
- *watch* *for* *A* *to* *do* Aが…するのを待ち構える
- The children *watched* *for* the whales *to* jump up. 子どもたちはくじらがジャンプするのを今か今かと待っていた

watch out (for A)
(Aに)用心[注意]する，(Aを)監視する
- *Watch out*! 危ない

watch over A Aを見張る；A(病人など)を看護する，A(子どもなど)の世話をする

watcher 名 C 番人，監視人；看護人
watchful 形 用心[注意]深い
watchfully 副 油断なく，用心深く

watchdog /wɑ́tdɔ̀ːɡ ワチドーグ/ 名 C 番犬
watchman /wɑ́tʃmən ワチマン/ 名 C (夜間)警備員，ガードマン

watchword /wɑ́tʃwə̀ːrd ワチワード/ 名 C 合い言葉；標語，モットー；スローガン

water /wɔ́ːtər ウォータ/

名 (複 **waters** /ウォータズ/)

❶ U (液体・生活水としての)**水**
- a lot of *water* たくさんの水
- hot *water* 湯；((比喩))苦境
- boiling *water* 熱湯
- drinking *water* 飲料水
- running *water* 水道水
- mineral *water* ミネラルウォーター

❷ ((the water)) (空・陸に対して)水，水中；U 水位，水面
- above [under] *water* 水面上[下]に

❸ ((waters))領海，水域，川[湖・海]の水
by water 船(便)で，水路[海路]で

━ 動
━ 他 〈花などに〉水をかける，〈庭などに〉水をまく
━ 自 〈鼻が〉鼻水を出す；〈口が〉よだれを出す；〈目が〉涙を出す
- make *one's* mouth *water* 〈食べ物が〉(おいしそうで)よだれを出させる

watercolor /wɔ́ːtərkʌ̀lər ウォータカラ/ 名 U C ((ふつう watercolors))水彩絵の具；U 水彩画法；C 水彩画

waterfall /wɔ́ːtərfɔ̀ːl ウォータフォール/ 名 C 滝

waterfront /wɔ́ːtərfrʌ̀nt ウォータフラント/ 名 C 海岸[川岸]の土地

Waterloo /wɔ̀ːtərlúː ウォータルー/ 名 ワーテルロー (ベルギー中部の村で，1815年にナポレオンがウェリントンの連合軍に大敗した)

watermelon /wɔ́ːtərmèlən ウォータメラン/ 名 C 【植物】すいか

waterproof /wɔ́ːtərprùːf ウォータプルーフ/ 形 〈服などが〉水を通さない，防水の

water-ski /wɔ́ːtərskìː ウォータスキー/ 動 自 【スポーツ】水上スキーをする
water-skiing 名 U 水上スキー

waterway /wɔ́ːtərwèi ウォータウェイ/ 名 C 水路；運河

watery /wɔ́ːtəri ウォータリ/ 形
❶〈土地などが〉水[雨]の多い，じめじめした
❷〈飲食物が〉水っぽい，味が薄い

watt /wɑt ワト/ 名 C 【電気】ワット (電力の単位；略 W, w)

wave* /wéiv ウェイヴ/

wax

名 (複 **waves** /ウェイヴズ/) C

❶ **波**, 波浪;【物理】波動
- sound [electric] *waves* 音波[電波]

❷〈手・ハンカチ・旗などを〉振ること

❸〈感情・世論などの〉波, 高まり

❹〈髪の〉ウエーブ

— **動**
— 自

❶(あいさつなどのために)手を振る;〈人などに〉あいさつ[合図]する((*at...*, *to...*))

❷〈旗などが〉揺れる, 揺れ動く;〈髪が〉ウエーブしている

— 他

❶〈手を〉振る, 振り回す;〈人などに〉手で合図[あいさつ]する
- *wave A B* = *wave B to A*
  A(人)に手を振ってB(あいさつなど)をする

❷〈髪などを〉ウエーブさせる

wavy 形 波打っている;波の(ような), 波状の

wax¹ /wǽks ワクス/

名 U

❶ ろう;蜜ろう;((形容詞的に))ろう製の

❷(つや出し用の)ワックス

— 動 他〈皮などに〉ろう[ワックス]をすり込む;〈床などを〉ワックスでみがく

wax² /wǽks ワクス/ 動 自〈勢力などが〉増大する;〈月が〉満ちる

way¹ /wéi ウェイ/

名 (複 **ways** /ウェイズ/)

❶ C **道**, 道路, 通路, 通り道;U (…への)道, 道筋((*to...*));((ふつう *one's* way))進路
- on *one's* way to school 学校に行く途中で
- push *one's* way through the crowd
  人込みを押し分けて進む
- Please show me the *way to* the station.
  駅へ行く道を教えてください
- You're blocking the *way*.
  ちょっとじゃまなんですが

❷ C **方法**;仕方, やり方
- *the* best *way to* learn English
  英語を学ぶ最良の方法
- in a different *way* 別のやり方で
- in this [that] *way* このように[そのように]
- That's *the way*! そうそうそのとおり
- I don't like the *way* she talks.
  彼女の話し方が気にくわない
- There's no *way* of knowing when he decided it.
  彼がいつそれを決心したか知るすべがない

❸((a way))**距離**, 道のり;(時間的に)へだたり
- live *a* long *way* from here
  ここから遠い所に住んでいる
- Christmas is *a* long *way* off.
  クリスマスはまだ先だ

❹ C **方向**, 方角
- look both *ways* 左右を見る
- This *way*, please.
  どうぞこちらへおいでください
- Which *way* is the station?
  駅はどっちですか
  📖 Look this *way*. こっちを見てください

❺ C ((しばしば ways))(個人の)**習慣**, 流儀;風習, しきたり;**様式**
- traditional *ways* 昔ながらの風習
- the *way* of the world 世の習わし
- the American *way* of life
  アメリカ流生活様式
- He changed his *ways* after the accident.
  その事故のあと彼は生き方を変えた

❻ C **点**, 面, 事柄
- *in* many *ways* 多くの点で

all the way
(途中)ずっと;はるばる;完全に

along the way 途中で

by the way ところで;ついでながら

by way of A A(場所)を通って, A経由で;Aを手段として;Aのつもりで

clear the way
(…のために)道をあける;道を切り開く((*for...*))

find one's way
苦労して進む, (…に)やっとたどり着く((*to...*))

get in the way of A Aのじゃまをする

get one's (own) way
思いどおりにする, 勝手にふるまう

give way (to A)
(Aに)屈する;(Aに)取って代わられる

go one's own way
独自の道を行く, 思いどおりにふるまう

go out of the [one's] way
回り道をする;わざわざ(…)する((*to do*))

have a way with A
A(事)の扱いがうまい

have one's (own) way
思いどおりにする, 勝手にふるまう

in a big way 大規模に;派手に

in a small way 小規模に

in a way ある意味では, ある程度は
in no way 決して…ない
(in) one way or the other [another] どうにかして;いずれにしろ
in one's (own) way 自己流に;それなりに
in the same way 同じように
in the [A's] way (A (人の))じゃまになって
lead the way 先に立って行く, 案内する;手本を示す
lose one's way 道に迷う
make way for A Aのために道を譲る
make one's way 進む, 前進する;成功する, 出世する
No way! 絶対にいやだ, とんでもない
- "Will you sing?" "*No way!*"
「歌ってみる」「とんでもない」
on the [one's] way (to A) (Aへの)途中で;進行中で, 近づいて
- Winter is *on the way.* 冬が近づいている
out of the [one's] way じゃまにならないように;仕事などをかたづけて
- Get *out of my way*, please.
ちょっとどいてください
see one's way (clear) 〈人が〉(…の)見通しがつく((*to...*))
- He couldn't *see his way clear to* a solution. 彼は解決策にめどが立たなかった
take one's own way 独自の道を行く, 思いどおりにふるまう
the other way around あべこべに, 逆に
this way and that あちこちへ
under way 〈船が〉航行中で;〈事・計画などが〉進行中で

way² /wéi ウェイ/ 副 (くだけて) ずっと, はるかに
- *way* off まるで違う

we /wi ウィ; (強) wí: ウィー/

代 ((人称代名詞:一人称複数の主格))
所有格 **our** /アウア/ 私たちの, われわれの
目的格 **us** /アス/ 私たちに[を], われわれに[を]
所有代名詞 **ours** /アウアズ/
私たち[われわれ]のもの
再帰代名詞 **ourselves** /アウアセルヴズ/
私たち[われわれ]自身に[を]
(単 **I** /アイ/)

❶ 私たちは[が], われわれは[が], ぼくたちは[が]
- *We* go to school every day.
私たちは毎日学校に行きます
❷ ((自分を含めて一般に)) ((改まって)) 人は, われわれ人間は
- *We* are all equal. 人類皆平等
❸ ((自分がいる地域などを指して)) ((改まって))
➡ ふつう日本語には訳さない
- *We* had a hot day today. きょうは暑かった
- *We* speak Japanese in Japan.
日本では日本語を話します

weak /wí:k ウィーク/

形 比較 **weaker** /ウィーカ/
最上 **weakest** /ウィーカスト/

❶ 〈人が〉(体力的に)弱い (⇔strong); 〈国家などが〉弱体化した
- have *weak* eyes 視力が弱い
❷ (…の点で)劣っている, (…が)得意でない ((*in..., at...*))
- a *weak* side [point] 弱点
❸ 〈意志などが〉弱い, 薄弱な
❹ 〈表現などが〉迫力のない;〈議論などが〉説得力の弱い
❺ 〈音などが〉わずかな, 微弱な
❻ 〈飲み物が〉薄い, 水っぽい

weaken /wí:kən ウィーカン/ 動
— 他
❶ 〈…を〉弱くする, 〈体力などを〉弱める
❷ 〈スープなどを〉薄める
— 自 弱くなる;無力になる;〈意志が〉ぐらつく

weakly /wí:kli ウィークリ/
形 弱い, 弱々しい;病弱な
— 副 弱く, 弱々しく

weakness /wí:knəs ウィークナス/ 名
❶ U (肉体的・精神的な)弱さ, もろさ, 虚弱; C (性格などの)弱点, 欠点, 短所
❷ C 大好物;(…への)特別な好み ((*for...*))
- have *a weakness for A*
A (食べ物など)に目がない

wealth /wélθ ウェルス/ 名
❶ U 富;財産
- live in *wealth* 裕福に暮らす
❷ C ((次の用法で))
- *a wealth of A* 大量[多数]のA, 豊富なA

wealthy 形 裕福な, 金持ちの

weapon /wépən ウェパン/ 名 C 武器, 兵器;(…に対する)攻撃手段 ((*against...*))

- nuclear *weapons* 核兵器
  weaponry 名 U 兵器類

wear /wéər ウェア/

動 三単現 **wears** /ウェアズ/
過去 **wore** /ウォーア/
過分 **worn** /ウォーン/
現分 **wearing** /ウェアリング/

— 他
❶ 〈…を〉身に着けている;着ている;〈ひげなどを〉生やしている
- *wear* a shirt ワイシャツを着ている
- *wear* a hat 帽子をかぶっている
- *wear* shoes 靴を履(は)いている
- *wear* glasses めがねをかけている
- *wear* contact lenses
  コンタクトレンズをしている
- *wear* a ring 指輪をはめている
- *wear* a seat belt シートベルトを締めている
- *wear* a beard あごひげを生やしている
❷ 〈…を〉〈着用して〉すり切らす, 着[履き]古す;〈物を〉すり減らす((*away, down, out*))
- *wear out* one's shoes 靴を履き古す
❸ 〈表情などを〉示している, 帯びている
- *wear* a friendly smile
  人なつっこいほほえみを浮かべている
❹ 〈人を〉〈…で〉疲労させ, やつれさせる((*with..., from...*))
- I'm *worn out*. 私は疲れ果てた

— 自
❶ 〈物が〉長持ちする, 持つ;〈人が〉若さを保つ
- *wear* one's age well 年のわりに若く見える
- These clothes will *wear* well.
  これらの衣類は長持ちするだろう
❷ すり切れる, すり減る((*down, out*))
- My gloves are *worn out*.
  手袋がすり切れている

wear A away = wear away A
Aをすり減らす
wear A down = wear down A
Aをすり減らす;A(人)を弱らせる
wear off 〈痛み・効果などが〉徐々になくなる
wear A off = wear off A
Aをすり減らす
wear A out = wear out A
(1) Aをすり減らす, 使い古す
(2) A(人)を疲れ果てさせる
(3) A(忍耐など)を尽き果てさせる
- Her patience is *worn out*.

彼女は堪忍袋の緒が切れた

— 名 U
❶ 衣類, 衣料品
- travel *wear* 旅行着
- casual *wear* カジュアルウェア
- men's *wear* 紳士服
❷ 身に着けること, 着用, 使用
❸ すり切れ, 摩滅, 着古し, 使い古し
wear and tear すり切れ;疲労

weary /wíəri ウィアリ/ 形
❶ (肉体的・精神的に)疲れ切った
❷ 〈…に〉あきあきした, うんざりした((*of...*))
wearily 副 疲れて;あきあきして
weariness 名 U 疲労;あきあきしていること

weasel /wíːzəl ウィーザル/ 名 C 【動物】いたち

weather /wéðər ウェザ/ 名

❶ U **天気, 天候, 気象, 空模様**
- hot [cold] *weather* 暑い[寒い]気候
- a *weather* forecaster (テレビ・ラジオの)天気予報アナウンサー, 気象予報士
- *weather* permitting 天気がよければ
- ***Weather permitting***, I'll go on a hike.
  天気がよければハイキングに行くつもりです
- How is *the weather* today?
  きょうの天気はどうですか
❷ ((the weather)) 悪天候, 荒天
in all weather どんな天気の時にも
under the weather 少々体調が悪い

weave /wíːv ウィーヴ/
動 三単現 **weaves** /ウィーヴズ/
過去 **wove** /ウォウヴ/
過分 **woven** /ウォウヴン/, **wove** /ウォウヴ/
現分 **weaving** /ウィーヴィング/

— 他
❶ 〈糸を〉織る, 〈ひもなどを〉編む
❷ 〈物を〉〈…に〉編んで[織って]作る((*into...*))
❸ 〈くもなどが〉〈巣を〉張る
❹ 〈計画・物語などを〉作り上げる, 組み立てる
weave one's way
(人波などを)縫うように進む

web /wéb ウェブ/ 名 C
❶ くもの巣;くもの巣状の物
❷ ((the Web)) インターネット, ウェブ
- on *the Web* ウェブ上で
❸ (水鳥・かえるなどの)水かき

website /wébsàit ウェブサイト/ 名 C 【インターネット】ウェブサイト

wed* /wéd ウェド/

動 [三単現] **weds** /ウェヅ/
[過去・過去分] **wedded** /ウェディド/, **wed**
[現分] **wedding** /ウェディング/

— 他 〈…と〉**結婚する**;〈人を〉〈…と〉結婚させる((*to*...))
— 自 (…と)**結婚する**((*with*...))

we'd

/wid ウィド; ((強)) wíːd ウィード/ ((くだけて))
❶ we had の縮約形
❷ we would の縮約形

Wed. ((略)) *Wed*nesday 水曜日

wedded /wédid ウェディド/

動 wedの過去形・過去分詞
— **形** 結婚した; 結婚の

wedding /wédiŋ ウェディング/

動 wedの現在分詞・動名詞
— **名** C 結婚式, 婚礼
- a *wedding* cake ウェディングケーキ
- a *wedding* dress ウェディングドレス
- a *wedding* ring 結婚指輪
- attend a *wedding* 結婚式に参列する
- at a *wedding* 結婚式で

wedge /wédʒ ウェヂ/

名 C くさび;くさび形の物;【ゴルフ】ウェッジ (アイアンの一種)
— **動** 他 〈…を〉くさびで固定する

Wednesday

/wénzdei ウェンズデイ, wénzdi ウェンズディ/
名 (複 **Wednesdays** /ウェンズデイズ/) U C
水曜日 (略 W., Wed(s).); ((形容詞的に)) 水曜日の
- on *Wednesday* 水曜日に
- on *Wednesdays* 毎週水曜日に
- (on) *Wednesday* morning 水曜日の朝に

wee /wíː ウィー/ 形 小さい, ちっぽけな

weed /wíːd ウィード/

名 C 雑草; U 水草, 海草
— **動**
— 他 〈畑・庭などの〉雑草を抜く
— 自 雑草を抜く, 草取りをする

week /wíːk ウィーク/

名 (複 **weeks** /ウィークス/)
❶ C **週**
- last *week* 先週
- this *week* 今週
- next *week* 来週
- the *week* before last 先々週
- a *week* ago Sunday 先週の日曜日
- a *week* from today 来週のきょう
- the *week* after next 再来週
- all *week* long 1週間ずっと
- in a *week* 1週間したら
- for a *week* 1週間の間
- for *weeks* ここ何週間も
- within a *week* 1週間以内に
- What day of the *week* is it (today)?
きょうは何曜日ですか

❷ C (特定の日から)**1週間**, 7日間
- the *week* of December 5
12月5日から始まる1週間
- Easter *week* イースター[復活祭]週間

❸ U ((しばしばWeek)) (特定の, 運動などの) 週間, …週間
- Book *Week* 読書週間

❹ C (1週間中の)就業日(数); ((the week)) 平日
- a five-day work *week*
週5日制, 週休2日制

by the week 週ぎめで

every other [second] week
1週おきに

from week to week = week by week (変化などが)週ごとに

week in, week out = week after week
((くだけて)) 毎週毎週, 何週間も引き続いて

weekday /wíːkdèi ウィークデイ/ 名 C 平日, 週日, ウイークデー; ((形容詞的に)) 平日の

weekdays 副 ((米)) 平日には

weekend /wíːkènd ウィークエンド/ 名 C 週末, ウイークエンド; ((形容詞的に)) 週末の
- on the *weekend* 週末には
- Have a nice *weekend*. よい週末を

weekends 副 ((米)) 週末ごとに, 週末の間

weekly /wíːkli ウィークリ/

形 毎週の, 週に1度の; 週刊の
- a *weekly* magazine 週刊誌
— **副** 週1回; 週単位で
— **名** C 週刊誌[紙], 週報

weep* /wíːp ウィープ/

動 [三単現] **weeps** /ウィープス/
[過去・過去分] **wept** /ウェプト/
[現分] **weeping** /ウィーピング/

― ⾃ (しくしく)**泣く**;涙を流す
・ *weep with* [*for*] *joy* うれし涙を流す
― ⽥ ⟨涙を⟩流す

weigh /wéi ウェイ/ 動
― ⽥
❶ ⟨…の⟩重さ[目方]を量る
❷ ⟨…を⟩よく考える, 慎重に考慮する
― ⾃
❶ …の重さ[目方]がある
・ "How much do you *weigh*?" "I *weigh* 40 kilos." 「体重はどれくらいありますか」「体重は40キロです」
❷ ⟨物・事が⟩⟨…にとって⟩重要性を持つ;重要視される((*with*...))
weigh on *A* A(人)の重荷となる
weigh *A* ***up*** = ***weigh up*** *A*
A(物・事)を比較検討する

weight* /wéit ウェイト/
名 (複 **weights** /wéits ウェイツ/)
❶ UC **重さ, 重量; 体重**
・ gain [put on] *weight* 体重が増える, 太る
・ lose [take off] *weight* 体重が減る, やせる
❷ U 衡(ご)法; C 重量単位
・ *weights* and measures 度量衡
❸ C 重いもの; バーベル; 分銅; おもり, おもし
❹ C ((a weight)) (精神的)重荷, 重圧, 負担
❺ U 重要性, 重み
pull one's weight 自分の役割を果たす
throw one's weight around
地位を乱用する, いばりちらす
― 動 ⽥ ⟨…に⟩重みを加える;⟨人に⟩(重荷などを)負わせる((*with*...))

weightlifting /wéitliftiŋ ウェイトリフティング/ 名 U ウェートリフティング, 重量挙げ

weird /wíərd ウィアド/ 形
❶ 不可思議な, 気味の悪い
❷ ((くだけて)) 風変わりな, 異様な
weirdly 副 ふしぎに, 不気味に

welcome /wélkəm ウェルカム/
間 ようこそ, いらっしゃい
・ *Welcome* on board.
ご搭乗[乗船]ありがとうございます
・ *Welcome* to Japan! ようこそ日本へ
・ *Welcome* home [back]. お帰りなさい
― 動
三単現 **welcomes** /ウェルカムズ/
過去・過分 **welcomed** /ウェルカムド/
現分 **welcoming** /ウェルカミング/
― ⽥
❶ ⟨人を⟩**歓迎する**, (場所に)喜んで迎える ((*to*..., *into*...))
❷ ⟨意見などを⟩喜んで受け入れる
― 形
 比較 **more welcome**
 最上 **most welcome**
❶ ⟨人が⟩**歓迎される**, 喜んで迎えられる
❷ ⟨人が⟩自由に⟨…して⟩よい((*to do*))
You are welcome. どういたしまして
― 名 C 歓迎;歓迎のあいさつ

welfare /wélfèər ウェルフェア/ 名 U
❶ 幸福, 福祉, 福利
・ social *welfare* 社会福祉
❷ ((主に米)) 生活保護

well¹ /wél ウェル/
副形 比較 **better** /ベタ/
 最上 **best** /ベスト/
― 副
❶ **うまく, じょうずに; よく, 申し分なく; (道徳的に)正しく**
・ behave *well* 行儀よくふるまう
・ sing very *well* とてもじょうずに歌う
・ Are you doing *well* at school?
あなたは学校の成績はいいですか
・ All's *well* that ends *well*.
((ことわざ)) 終わりよければすべてよし
❷ (比較して)(程度が)**十分に; しっかり**
・ Think *well* before you speak.
話す前によく考えなさい
・ Sleep *well*. ぐっすりお休み
❸ (比較なし) 優に, とっくに; かなり
・ He must be *well* past sixty.
彼は60歳をとうに過ぎているはずだ
・ It's *well* after twelve.
とっくに12時を過ぎている
❹ ((able, aware, worthなどの前で)) かなり, 十分に
・ His books are *well worth* reading.
彼の本は読んでみる価値が十分にある
❺ ((may, might, couldと共に動詞の直前に置いて)) たぶん; 十分に…する可能性がある
・ The rumor *might well* be true.
そのうわさはたぶん本当だろう
❻ 親切に, 好意を持って
・ treat *A well* A(人)に親切に対応する
・ speak *well of A* A(人)のことをよく言う
A as well

well-informed

その上にAも;Aもまた;Aも同様に
as well as ((次の用法で))
(1) *A* as well as *B*
BだけでなくAも,B同様にAも
・I am good at writing *as well as* reading.
ぼくは読むだけでなく書くのも得意だ
・He *as well as* I is short-tempered.
私同様に彼も短気だ
(2) as well as *A* Aと同じくらいじょうずに;
Aに加えて,Aの上にさらに
・She can sing *as well as* I (can).
彼女は私と同じくらいじょうずに歌える
・I keep a cat *as well as* a dog.
犬だけでなく猫も飼っている
as well A might
A(人)が…するのももっともだ
be well off 裕福である
do well うまくやる;うまく行く,成功する;
((進行形で))〈病後〉順調に回復している;(…するのが)賢明である((*to do*))
go well (…にとって)順調に行く;
(…と)マッチする,似合う((*with...*))
may [might] (just) as well A (as B)
((くだけて))(BするくらいならAした方がいい
・I *might as well* stay at home *as* go to the concert.
コンサートに行くくらいなら家にいた方がいい
・You *might as well* apologize.
謝った方がいいですよ
may [might] well do
(1) …するのももっともだ
・You *may well* be angry at his insult.
彼の侮辱(ぶじょく)に対して君が怒るのはもっともだ
(2) たぶん…だろう
・It *may well* rain. 雨が降るかもしれない
Might as well.
そうだね;そうしてもいいね
・"Shall we go?" "*Might as well.*"
「行こうか」「そうだね」
pretty well かなりよく[うまく];ほとんど
Well done! よくやった,えらい
Well said! よく言った,そのとおりだ

━━ 形
❶〈人が〉健康で,元気で;〈病気などが〉治っている
・feel *well* 気分がいい
・look *well* 元気そうに見える
・Are you *well*? お元気ですか
・"How are you?" "I'm *well*, thank you."

((英))「ご機嫌いかが」「元気です」
❷((比較なし))〈事態などが〉(人に)満足な((*with...*));適切な
・Things are *well with* my parents.
親との関係は良好です
・*It is well that* you didn't go there.
君がそこへ行かなかったのは正解だ
It may be (just) as well to do
…した方がよい
・*It may be just as well to* go to bed early.
早く寝た方がよい
that [it] is all very well, but...
それはまことに結構ですが…
・*That's all very well* for you to say so, *but* who tells the truth to him? 君がそう言うのは結構だけど誰が彼に真実を話すんだい

━━ 間
❶((驚き))おや,まあ,へええ;((話の継続))さて,それで,ところで;((安心・あきらめ))やれやれ;((譲歩))それでは,まあ;((同意))なるほど,よろしい
・"You like him, don't you?" "*Well*, I suppose."「彼のこと好きなんでしょう」「まあね」
・*Well*, what now? で,次は
・"I hope you're feeling better." "*Well*, not really." 「快方に向かっていることと存じます」「いえ,そうでもないんです」
・*Well*, go ahead then. じゃあ,そうしなさい
▱ *Well*, who should we ask first?
さて,まず誰に聞こうか
▱ *Well*, that's all for now. さあ,これでおしまい
❷((very well))よろしい,結構だ

well² /wél ウェル/ 名 C 井戸
・an oil *well* 油井(ゆせい)
・dig a *well* 井戸を掘る

we'll /wil ウィル; ((強)) wíːl ウィール/
((くだけて))
❶ we will の縮約形
❷ we shall の縮約形

well-balanced /wélbælənst ウェルバランスト/ 形 〈食事などが〉バランスのとれた;〈性格などが〉常識のある;情緒が安定した

well-behaved /wélbihéivd ウェルビヘイヴド/ 形 行儀のいい,しつけのいい

well-being /wélbíːiŋ ウェルビーイング/ 名 U 健康,快適,幸福

well-done /wéldʌ́n ウェルダン/ 形 〈仕事などが〉よくできた;〈ステーキが〉十分に焼けた

well-informed /wélinfɔ́ːrmd ウェリン

フォームド/ 形〈人が〉博識の,(…の)情報に通じた((in..., about..., on...))

Wellington /wéliŋtən ウェリンタン/ 名 ウェリントン(ニュージーランドの首都)

well-known /wélnóun ウェルノウン/
形 比較 **better-known** /ベタノウン/,
more well-known
最上 **best-known** /ベストノウン/,
most well-known
〈人が〉(…で)有名な((for...));〈人・物が〉(人々に)よく知られた((to...))

well-mannered /wélmǽnərd ウェルマナド/
形〈人が〉行儀のよい,上品な

wellness /wélnəs ウェルナス/ 名 U ((米))健康(であること)

well-off /wélɔ́:f ウェローフ/
形 比較 **better-off** /ベタオフ/
最上 **best-off** /ベストオフ/
〈人が〉裕福な;(…が)豊富な((for...));うまくいっている

Welsh /wélʃ ウェルシュ/
形 ウェールズの;ウェールズ人[語]の
— 名
❶ ((the Welsh))((複数扱い)) ウェールズ人
❷ U ウェールズ語

went /wént ウェント/
動 goの過去形

wept /wépt ウェプト/ 動 weepの過去形・過去分詞

were /wər ワ; ((強)) wə́:r ワー/
((beの二人称単数過去形および一・二・三人称複数過去形)) ⇨ be
動 助 現在 **are** /ア/
過分 **been** /ビン/
現分 **being** /ビーイング/
— 動 自
❶ (私たちは,あなた(たち)は,彼らは,彼女らは,それらは)…でした,…だった;(…に)いた,(…に)あった
・ We [You, They] *were* young then.
その頃は私たちは[君(たち)は,彼らは]若かった
・ We *were* not [*weren't*] at home yesterday. 私たちはきのうは家にいませんでした
・ *Were* there many people at the party?
パーティーでは人がたくさんいましたか
❷ ((仮定法過去)) …であるとしたら

・ If I *were* rich, I would buy you a diamond ring. 金持ちなら君にダイヤの指輪を買ってあげるのだが
as it were いわば
if A were to do
もし万一Aが…するとしたら[しても]
were it not for A = if it were not for A もしAがなければ(but for)
・ If it *were not for* his help, I'd never get the homework finished. 彼が手伝ってくれないのなら私は宿題を仕上げられないだろう
— 助 (次の用法で)
■ ***were doing*** ((過去進行形))(私たちは,あなた(たち)は,彼らは,彼女らは,それらは)…していた;…しようとしていた
・ We *were* walk*ing* then.
私たちはその時歩いていた
■ ***were done*** ((過去形の受身))(私たちは,あなた(たち)は,彼らは,彼女らは,それらは)…された
・ They *were killed* in the accident.
彼らはその事故で亡くなった
■ ***were to do*** ((予定・運命・義務・可能・目的を表して))(私たちは,あなた(たち)は,彼らは,彼女らは,それらは)…する予定だった;…する宿命だった;…するべきだった;…することができた;…するためのものだった
・ We *were to* meet at the station.
私たちは駅に集まることになっていた

we're /wiər ウィア/
((くだけて))we are の縮約形

weren't /wə́:rnt ワーント/
((くだけて))were not の縮約形

west /wést ウェスト/
名 U
❶ ((ふつう the west)) **西;西方,西部**;(略 w, W)
■ ***in the west of A*** Aの西部に
・ I live *in the west of* Tokyo.
私は東京の西部に住んでいる
■ ***be [lie] to the west of A*** Aの西方にある
・ The sun sets *in the west*. 太陽は西に沈む
❷ ((the West)) 西部(地方);西洋,欧米;米国西部諸州
・ *the West* of Europe 西欧
— 形 ((比較なし))西の;西への;〈風が〉西からの;西にある;西向きの

- a *west* wind 西風
- a *west* window 西向きの窓

■ 副 ((比較なし))**西に**, 西へ, 西方に; 西部に

- The wind is blowing *west*.
風は西に吹いている[東風である]

western* /wéstərn ウェスタン/
形 ((比較なし))
❶ **西の**, 西方の, 西部の;⟨風が⟩西からの
- the *western* sky 西の空

❷ ((Western)) 西部(地方)の, **西洋の**, 西欧の; 米国西部の
- the *Western* Hemisphere 西半球

■ 名 ((しばしば Western)) ウエスタン, 西部劇

Westminster /wéstminstər ウェストミンスタ/
名 ウエストミンスター (ロンドン中央部の一行政区画で, ウエストミンスター寺院, 国会議事堂, バッキンガム宮殿などがある)
- *Westminster* Abbey ウエストミンスター寺院

West Virginia /wést vərdʒíniə ウェストヴァヂニャ/ 名 ウエストバージニア (略 W.Va., ((郵便)) WV; 米国東部の州; 州都はチャールストン (Charleston))

westward /wéstwərd ウェストワド/
副 西に[へ], 西方に[へ]
■ 形 西の; 西方の; 西向きの

westwards /wéstwərdz ウェストワヅ/ 副 = westward

wet /wét ウェト/
形 比較 **wetter** /ウェタ/
最上 **wettest** /ウェタスト/
❶ (水などで) **ぬれた**, 湿った ((*with*...)) (⟺ dry)
- get *wet* to the skin
((くだけて)) びしょぬれになる
❷ ⟨ペンキなどが⟩ まだ乾いていない
- *Wet* Paint ((掲示)) ペンキ塗り立て
❸ 雨天の, 雨降りの
all wet ((米))((くだけて)) 完全に間違った

■ 動
三単現 **wets** /ウェツ/
過去・過分 **wet**, **wetted** /ウェティド/
現分 **wetting** /ウェティング/
■ 他 ⟨…を⟩ぬらす, 湿らす; ⟨…に⟩おもらしをする
- *wet oneself* 失禁する
■ 自 ぬれる, 湿る; おもらしをする

■ 名 U 湿気, 湿り; ((the wet)) 雨降り, 雨天

wetland /wétlænd ウェトランド/ 名 CU ((また wetlands)) 湿地帯, 沼沢地

we've
/wiv ウィヴ; ((強)) wíːv ウィーヴ/
((くだけて)) we have の縮約形

whale /hwéil ウェイル/ 名 C 【動物】鯨 (くじら)
a whale of a A
とてつもなく大きなA (物・事); すばらしいA
whaling 名 U 捕鯨, 捕鯨業

wharf /hwɔ́ːrf ウォーフ/ 名 (複 **wharves** / ウォーヴズ/, **wharfs** /ウォーフス/) C 波止場, 埠頭 (ふとう), 岸壁

wharves /hwɔ́ːrvz ウォーヴズ/ 名 wharf の複数形

what ☞ 722ページにあります

whatever
/hwʌtévər ワテヴァ | wɔtévər ウォテヴァ/
代
❶ ((関係代名詞)) …するものは[こと]は何でも
- Take *whatever* you like.
好きなものは何でも取りなさい
❷ ((譲歩節を導いて)) たとえどんなこと[もの] が…でも
- *whatever* (may) happen 何が起ころうとも
❸ ((疑問代名詞)) いったい何が[を]
- *Whatever* do you mean?
いったい何のつもりですか
■ 形 ((比較なし))
❶ ((関係形容詞)) どんな[いかなる]…でも
❷ ((譲歩節を導いて)) たとえどんな…であろうとも
- for *whatever* reason どんな理由であれ

what's
/hwʌts ワッツ | wɔ́ts ウォッツ/ ((くだけて))
❶ what is の縮約形
❷ what has の縮約形

wheat* /hwíːt ウィート/ 名 U 小麦

wheel* /hwíːl ウィール/
名 (複 **wheels** /ウィールズ/) C
❶ (乗り物の) **車輪**, 輪; ((米))((くだけて)) 自転車; ((wheels))((話)) 自動車
❷ ((the wheel)) (自動車の)ハンドル; (船の) 舵輪 (だりん)

➡➡➡ 723ページに続く ➡➡➡

what /hwɑ́t ワト | wɔ́t ウォト/

代

❶ 何, どんなもの[こと]
- "*What* is your name?" "My name is Yasuhiro Masuda."
「名前は何と言いますか」「増田康宏です」
- "*What* do you do?" "I'm a teacher."
「お仕事は何ですか」「教師です」
- *What* is the price of this book?
この本はいくらですか
- *What* is the population of London?
ロンドンの人口はどのくらいですか
- *What* happened?
何が起こったの, どうしたの
- *What* are you looking for?
何を探しているのですか
- *What* can I do for you?
(店員が)どんなご用でしょうか

📖 *What* do you think? どう思いますか
- *What* do you think of me?
ぼくのことをどう思う
- Do you know *what* it is?
それが何か知っていますか
- *What* do you think the object was?
その物体は何だったと思いますか
- I don't know *what* to say.
何を言っていいか分からない

❷ ((先行詞を含む関係代名詞)) (…する)もの[こと]
(1) ((主語として))
- *What* I need now is a new PC.
今必要なのは新しいパソコンです
(2) ((目的語として))
- I understand *what* you say.
あなたの言うことは分かります
- She said *what* everyone wanted her to say. 誰もが言ってほしいことを彼女は言った
- They may do *what* they please.
彼らは好きなことを何でもしていい
(3) ((前置詞目的語として))
- That is *what* I was speaking of.
それが私が話していたことです
(4) ((主格補語として))
- This is *what* I want to say.
これが私が言いたいことです

(and) what is more その上に
(and) what is worse もっと悪いことには

A is to B what C is to D
AとBの関係はCとDの関係と同じである
- The sun *is to* the earth *what* the earth *is to* the moon.
太陽と地球の関係は地球と月の関係と同じだ

Now what? 次は何ですか, それで
So what?
それがどうしたというのか, だからどうなのかい
What about A?
(1) Aはいかがですか
- It's three. *What about* a coffee break?
3時だ. 手を休めてコーヒーでもいかがですか
(2) Aはどうでしたか
- *What about* your assignment?
宿題はどうなっているの
What about doing?
…してはいかがですか
- *What about* going for a walk?
散歩でもしてはいかがですか
What do you say to A
Aはいかがですか
What do you say to doing
…するのはいかがですか
What for? 何のために, なぜ
What... for? 何のために…, なぜ…
- *What* do you live *for*?
君は何のために生きているんだい
What if...? …だとしたらどうなるだろうか
- *What if* there were no water on earth?
地球上に水がなかったらどうなるのだろう
what is called いわゆる
What is A like?
Aはどんなもの[人]ですか
What's new?
何か変わったことあるかい, 元気かい
What's the matter (with you)?
どうしましたか
What's up (with A)?
(Aは)どうしたの, 元気なの
what we call いわゆる
You know what? いいかい君

━ 形 ((比較なし))
❶ 何の, 何という; **どんな**, どの
- *What* news? どんな知らせか
- "*What* time is it now?" "It's ten."
「今何時ですか」「10時です」
- "*What* day (of the week) is it today?" "It's Friday."

「きょうは何曜日ですか」「金曜日です」
- ***What** drink would you like?*
  どんな飲み物がよろしいですか
- ***What** club do you belong to?*
  何のクラブに入っていますか

❷《感嘆文》**何という**, 何と
- ***What** a beautiful day it is today!*
  きょうは何ていい天気でしょう
- ***What** a cute baby you have!*
  あなたの赤ちゃんは何てかわいいんでしょう
- ***What** a pity!* 何て気の毒な[残念な]

❸《…する》**どんな**;《…する》**全部の**
- *I have listened to **what** CDs I have many times.*
  持っているCDはみんな何度も聴いた

■**副**《比較なし》**どれほど, どれだけ**
- ***What** fun we had!* どれほど楽しんだことか
- ***What** with A and (**what** with) B*
  AやらBやらで

■**間** 何だって, ええっ, あら
- ***What**! You're kidding!*
  何だって, 冗談だろ

at [behind] the wheel
ハンドルをにぎって, 車[船]を運転して

wheelchair /hwíːltʃèər ウィールチェア/ **名**
C 車いす
- *push A in a **wheelchair***
  A(人)を車いすに乗せて押す

when /hwén ウェン/

副《比較なし》
❶《疑問副詞》**いつ**
- ***When** do you study English?*
  いつ英語を勉強するの
- ***When** did you come home?*
  いつ帰宅したの
- ***When** is your birthday?*
  あなたの誕生日はいつですか
- *Please tell me **when** to call you.*
  いつ電話をかければいいか教えてください

❷《関係副詞》
(1)《制限的用法》…**する[した]**(時)
- *Now is the season **when** I'm busiest.*
  今が私がいちばん忙しい季節です
- *The time will come **when** we'll meet again.* また会う時が来るだろう

(2)《非制限的用法》…**するとその時**
- *I left home, **when** it started to rain.*
  家を出ると雨が降り出した

■**接**

❶《時》…**する時[場所]に**;…**すると**
- *He gave me this CD **when** we met yesterday.*
  きのう会った時に彼はこのCDをくれた
- *I'll ask him **when** he comes.*
  彼が来たら聞いてみるよ
- *These mushrooms are edible only **when** cooked.*
  これらのきのこは料理して初めて食べられる

❷《時》…**する時はいつも**(whenever)
- ***When** you feel lonely, call me.*
  さみしくなったらいつでも私に電話して

❸《譲歩》…**にもかかわらず**;…**であるのに**(although)
- *We were out for a walk **when** it started raining very hard.*
  雨が激しく降り始めたのに散歩に出ていた

❹《条件》**もし…ならば**(if)
- *I'll get angry **when** you say it.*
  それを言ったら怒りますよ

■**代**

❶《疑問代名詞》**いつ**
- *Until **when** do you stay here?*
  いつまでここにいますか
- *Since **when** have you been playing golf?*
  いつからゴルフをなさっているのですか
- *Since **when**?* いつからそうなの; それは初耳だ

❷《関係代名詞的》(…**する**)**時**
- *Do you remember **when** we first met?*
  初めて出会った時のことを覚えていますか

Say when.
(ビールなどをついでやる時に)頃合いを教えて

whenever* /hwenévər ウェネヴァ/
接

❶…**する時はいつも**;…**するたびに**
- *You can sleep **whenever** you like.*
  好きな時にいつでも寝ていいですよ
- ***Whenever** he comes, he gives me a present.* 彼は来るたびにプレゼントをくれる

❷《譲歩節を導いて》**たとえいつ…しようとも**
- ***Whenever** you (may) come, I'm ready.*
  いついらしても用意はできています

■**副**《疑問副詞》**いったいいつ**
- ***Whenever** will he return?*
  いったいいつ彼は帰ってくるのだろうか

where

where /hwéər ウェア/

副 ((比較なし))

❶ ((疑問副詞)) **どこで, どこに, どこへ**; どこから
- *Where* do you live? どこに住んでいますか
- *Where* are we?
  ここはどこですか;何の話をしていましたっけ
- *Where* did you buy the camera?
  どこでカメラを買いましたか
- *Where* are you going? どこへ行くのですか
- *Where* do you get your ideas?
  どこからアイデアが出てくるのですか

❷ ((関係副詞))
(1) ((制限的用法)) **…する[した]**(場所・場合など)
- This is (the place) *where* the accident happened. ここが事故が起こった場所です
- There are many cases *where* you cannot find an answer.
  答えが見つからない場合も多い

(2) ((非制限的用法)) そしてそこで
- We went downtown, *where* we did a lot of shopping.
  私たちは街に行き,そこでたくさん買い物をした

接

❶ ((位置)) **…する所に**; …する所では(どこでも)
- Sit *where* you like. どこでも好きな所に座って
- *Where* there's smoke, there's fire.
  ((ことわざ))火のない所に煙は立たぬ

❷ ((場合)) **…の場合には**
- *Where* my help is necessary, let me know. 必要な場合には教えてください

❸ ((対照)) **…する[である]のに**
- *Where* Lisa is plump, her sister is slim.
  リサはぽっちゃりなのに,妹はほっそりしている

❹ ((範囲)) **…する[である]限り**
- *Where* time is concerned, she is very strict. 時間に関する限り彼女はとても厳格だ

代

❶ ((疑問代名詞)) **どこ**
- *Where* are you *from*?
  どちらのご出身ですか
- *Where* are you going *to*?
  あなたはどこに行きますか

❷ ((関係代名詞的))(…する)場所
- This is *where* our school was.
  ここが学校があった所です

whereabouts /hwèərəbàuts ウェアラバウツ/

副 ((疑問副詞)) どの辺に[で], どこに

━ 名 U ((単数・複数扱い))(人・物の)所在, 居所

whereas /hwèəræz ウェアラズ/ **接** …であるのに, …に対して, …に反して

where's* /hwèərz ウェアズ/ ((くだけて))
❶ where is の縮約形
❷ where has の縮約形

wherever* /hwèərévər ウェアレヴァ/

接

❶ **…する所はどこ(へ)でも**
- Sit *wherever* you like.
  どこでも好きな所に座りなさい

❷ ((譲歩節を導いて)) **たとえどこで[に, へ]…しようとも**
- *Wherever* I (may) go, I will carry this bag. どこへ行くにもこのかばんを持って行く

━ 副 ((疑問副詞)) いったいどこで[へ]

whether /hwéðər ウェザ/ **接**

❶ ((間接疑問の名詞節・名詞句を導いて)) **…かどうか**
- *whether A or B* AかBか
- *whether A (or not)* Aかどちらか
- I don't know *whether* [if] he will come.
  彼が来るかどうか分からない

❷ ((譲歩節を導いて)) **…であろうとなかろうと**
- *whether A or not* Aであろうとなかろうと
- *whether A or B* AであろうとBであろうと
- *Whether* he is young or old, I love him.
  彼が若かろうが年取っていようが彼のことが大好きです

which /hwítʃ ウィチ/

代

❶ ((疑問代名詞)) **どちら, どれ**
- *Which* is your bag?
  どれがあなたのかばんですか
- *Which of* them do you like?
  これらのうちどれが好きですか
- *Which* do you like better, coffee or tea?
  コーヒーと紅茶のどちらが好きですか

❷ ((関係代名詞)) ((制限的用法)) **…するところの**(物・事)
(1) ((主格))
- I want a car *which* can fly.
  空を飛べる車がほしい

(2) ((目的格))

- She uses the pen *which* I gave her.
彼女は私があげたペンを使っている
(3) ((前置詞の目的語))
- This is the knife with *which* he killed the man.
これが彼がその男を殺すのに使ったナイフだ
(4) ((所有格))
- Movies for *which* the budget is low can still be very popular.
少ない予算の映画がいまだにすごく人気がある
❸ ((関係代名詞))((非制限用法)) そしてそれは[を]
(1) ((主格))
- The play, *which* I saw last week, was funny. その芝居は先週見たが楽しかった
(2) ((目的格))
- The pen, *which* my uncle gave me, is easy to write with.
そのペンはおじがくれたものだが書きやすい
(3) ((前置詞の目的語))
- She bought new clothes, for *which* she paid 200,000 yen. 彼女は新しい服を買ったが, それに20万円も支払った
(4) ((所有格))
- I saw two films, both of *which* I can recommend you.
2本映画を見たが, どちらもお薦めできる
━ 形 ((比較なし))
❶ ((疑問形容詞)) **どちらの, どの**
- *Which* school does she go to?
彼女はどの学校に通っているのですか
- Please tell me *which* way is best.
どの方法がいちばんよいのか教えてください
- *Which* DVD shall I borrow?
どのDVDを借りようかな
❷ ((関係形容詞))((非制限用法)) そして[だが] その…
- She stayed here for a while, during *which* time we prepared a room for her.
彼女はここにしばらく滞在した. その間の部屋を用意してあげた

whichever /hwitʃévər ウィチェヴァ/
代
❶ ((関係代名詞)) …するどれ[どちら]でも
- Take *whichever* you like.
どちらでも好きな方を取りなさい
❷ ((譲歩節を導いて)) どちら[どれ]が[を]…するとしても
- *Whichever* you (may) choose, the price will be the same.
どちらを選んでも値段は同じです
━ 形
❶ ((関係形容詞)) どの[どちらの]…でも
- Choose *whichever* bag you prefer.
どちらのかばんでも好きな方を選びなさい
❷ ((譲歩節を導いて)) たとえどの[どちらの]…が[を]…するとしても
- *whichever* day I choose
私がどの日を選んでも

while /hwáil ワイル/
接
❶ ((期間)) **…する間に**, …するうちに;…の間ずっと
- *While* I was traveling, I met a lot of people.
旅をしている間に多くの人々に会った
❷ ((譲歩・対照)) **…ではあるが**, …に反して, …だけれど, …する一方
- *While* she liked music, her husband did not. 彼女は音楽が好きだったが, 夫はそうではなかった
━ 名 Ⓤ ((ふつう a while)) (少しの) **時間, 期間**
- after *a while* しばらくして
- *a little while* しばらく
- all the *while* その間ずっと
- (for) *a long while* 長い間
- for *a while* しばらくの間
- in *a* (little) *while* まもなく, すぐ
- once in *a while* 時たま, まれに
━ 動 ((次の成句で))
while away A
A(時)を(気楽に)のんびり過ごす
- We *whiled away* the afternoon talking over coffee. 私たちは午後をコーヒー片手に雑談をして過ごした

whim /hwím ウィム/ 名 Ⓒ 気まぐれ, 移り気, むら気
- on a *whim* 気まぐれに, 思い付きで

whimsical 形 気まぐれな, 移り気な;風変わりな

whip /hwíp ウィプ/
名
❶ Ⓒ むち
❷ Ⓒ Ⓤ ホイップ(生クリーム・卵白を泡立てたデザート)
━ 動 他

whirl

❶ 〈人・動物を〉むちで打つ, むち打って駆り立てる
❷ 〈…を〉急に動かす;((英))((くだけて))〈…を〉ひったくる
❸ 〈卵白・生クリームなどを〉泡立たせる((*up*))

whirl /hwə́ːrl ワール/
動
━ 自 ぐるぐる回る, 回転する
━ 他 〈…を〉ぐるぐる回す, 回転[旋回]させる
・ *whirl* a top こまを回す
━ 名 C ((ふつう a whirl)) 回転, 旋回;めまぐるしい連続;騒動;混乱
・ be in *a whirl* 混乱している

whirlwind /hwə́ːrlwìnd ワールウィンド/ 名 C
❶ 竜巻, 旋風, つむじ風
❷ めまぐるしい[あわただしい]状況

whisk /hwísk ウィスク/
動 他
❶ 〈ほこりなどを〉さっと払う;〈人・物を〉〈…から〉さっと運ぶ((*off*..., *from*...))
❷ 〈卵白・生クリームなどを〉泡立てる, かき混ぜる
━ 名 C ((ふつう a whisk))(軽く)さっと払うこと;(料理用)泡立て器

whisker /hwískər ウィスカ/ 名 C ((ふつう whiskers)) ほおひげ;(猫などの)ひげ

whiskey, whisky /hwíski ウィスキ/ 名 U C ウイスキー;C ウイスキー1杯[1本]

whisper /hwíspər ウィスパ/
動
━ 自
❶ (人に)ささやく, 耳打ちする((*to*...))
❷ (…について)ひそひそ話す, うわさする((*about*...))
❸ ((文語))〈木の葉・流れなどが〉サラサラ音を立てる
━ 他 〈…を〉(人に)ささやく, 小声で言う[話す]((*to*...));〈…を〉ひそひそ言いふらす
━ 名 C
❶ ささやき声, 小声;ひそひそ話;うわさ
❷ (木の葉・流れなどの)サラサラいう音

whistle /hwísl ウィスル/
動
━ 自
❶ 口笛を吹く;(…を)口笛を吹いて呼ぶ((*to*...))
❷ 笛のような音を出す;〈機械などが〉ヒューヒュー[シューシュー]音を立てる

━ 他 〈曲などを〉口笛で吹く
━ 名 C 口笛(を吹くこと);ホイッスル, 笛;汽笛, 警笛

white /hwáit ワイト/
形 比較 **whiter** /ワイタ/
最上 **whitest** /ワイタスト/
❶ 白い, 白色の
・ snow *white* 雪のように白い
・ *Snow White* 白雪姫
❷ 皮膚が白い, 白人の, 白色人種の
・ *white* people 白人
❸ 白[銀]髪の
❹ 〈顔色が〉青白い, 青ざめた
・ (as) *white* as a sheet 真っ青で
❺ 雪のある, 雪の積もった
・ a *white* Christmas 雪の積もったクリスマス
❻ 罪のない, 潔白な
━ 名 (複 **whites** /ワイツ/)
❶ U C 白(色);白色の絵の具
・ *white* blood cells 白血球
・ *white* bread (精白粉で作る)白パン
・ *white* pepper 白こしょう
❷ C 白人
❸ U 白い服;白衣
・ a woman in *white* 白い服を着た女性
❹ U C (卵の)白身;(目の)白目
・ egg *white* 卵の白身

white-collar /hwáitkɑ̀lər ワイトカラ/ 形 頭脳労働者の, 事務職の, ホワイトカラーの
・ a *white-collar* worker サラリーマン

whiz, whizz /hwíz ウィズ/
動 自 ブーン[ヒュー]と鳴る[飛ぶ]
━ 名
❶ U ブーン[ヒュー]という音
❷ C 達人, 名人
・ a *whiz* kid 若手の実力者, 神童

WHO ((略)) *W*orld *H*ealth *O*rganization 世界保健機関

who /húː フー/
代 所有格 **whose** /フーズ/ 誰の
目的格 **whom** /フーム/,
((くだけて)) **who** 誰に, 誰を
❶ ((疑問代名詞))
(1) ((直接疑問))((主語・補語として))**誰が**
・ "*Who* is he?" "He is Tom."
「彼は誰ですか」「彼はトムです」
・ *Who* knows? = Nobody knows.

誰にも分からない
- ***Who*** did it? 誰がそれをやったんだ
- ***Who*** is it [this]?
(ドアをノックされて)どなたですか
- ***Who*** is calling, please?
(電話で)どちら様ですか
(2) ((間接疑問)) ((主語・補語として)) **誰が**
- Do you know ***who*** he is?
彼が誰だか分かりますか
- It depends on ***who*** comes.
それは誰が来るかによる
(3) ((whomの代用で、他動詞や前置詞の目的語として)) **誰に、誰を**
- ***Who*** did you meet? 誰に会ったの

❷ ((関係代名詞)) ((人を表す名詞に続けて))
(1) ((制限的用法)) ((A(先行詞)＋who...)) **…するところのA(人)**
➡ ふつう日本語には訳さない
- The man ***who*** came to see me yesterday was your father. きのう私に会いに来た男性は君のお父さんだった
- I trust those ***who*** are financially independent. 経済的に自立した人を信頼する
(2) ((非制限的用法)) ((A(先行詞), who...)) **してそのA(人)は…**
- I have a cousin, ***who*** works now in New York. 私にはいとこがいますが、今はニューヨークで働いています

Who's Who 紳士録

who'd* /húːd フード/ ((くだけて))
❶ who would の縮約形
❷ who had の縮約形

whoever*
/huːévər フエヴァ, huːévər フーエヴァ/
代 所有格 **whosever**
目的格 **whomever**
❶ ((関係代名詞：名詞節を導いて)) **…する人は誰でも**
- ***Whoever*** comes here may take it.
ここに来た人は誰でもそれを取ってよい
❷ ((関係代名詞：譲歩節を導いて)) **たとえ誰が…しようとも**
- ***Whoever*** it is, don't open the door.
誰が来てもドアを開けるな
❸ ((疑問代名詞：whoの強調)) **いったい誰が**
- ***Whoever*** said that to you? いったい誰があなたにそんなことを言ったのですか

A or whoever
((くだけて)) Aか、誰かそのような人

whole /hóul ホウル/

形 ((比較なし))
❶ ((ふつう the [one's] whole)) **全体の、全部の、すべての、全…**
- the ***whole*** family 家族全員
- with ***one's whole*** heart 心を込めて
❷ **完全な、全部そろった；丸…**
- the ***whole*** day 丸1日
- a ***whole*** set of Shakespeare
シェークスピア全集
❸ 丸ごと(の)；【数学】整数の
- a ***whole*** number 整数
- eat an orange ***whole*** みかんを丸ごと食べる

— 名
❶ U ((ふつうthe whole)) (…の)**全体、全部**
((*of...*))
- the ***whole*** *of* the city 町全体
❷ C ((ふつうa whole)) 完全体；統一体
- The universe is *an* unbroken ***whole***.
宇宙は完全な統一体である

as a whole 全体として
on the whole 全体としては、だいたいは

wholesale /hóulsèil ホウルセイル/
名 U 卸(おろし)、卸売り
— 形
❶ 卸売りの
- a ***wholesale*** merchant 問屋
❷ 大規模な、大量の
— 副
❶ 卸売りで、卸値で
❷ 大規模に、大量に

wholesome /hóulsəm ホウルサム/ 形
❶ 〈食べ物などが〉健康によい；健康そうな
❷ (道徳的・精神的に)健全な、有益な
wholesomely 副 健康的に；健全に
wholesomeness 名 U 健康によいこと；健全、有益

who'll* /húːl フール/ ((くだけて))
❶ who will の縮約形
❷ who shall の縮約形

wholly /hóuli ホウリ/ 副 **完全に、まったく、すっかり**
- I ***wholly*** agree with you.
あなたの意見に全面的に賛成です

whom /húːm フーム/

代
❶ ((疑問代名詞：whoの目的格)) **誰に、誰を**

whomever

- *Whom* did she choose as her partner?
  彼女は誰をパートナーに選んだのですか
- With *whom* did you go to the concert?
  誰とコンサートに行きましたか

❷ ((関係代名詞))
(1) ((制限的用法)) ((A(先行詞)＋(whom)...))
…するところのA（人）
➡ ふつう日本語には訳さない

- The man (*whom*) you met is a professor of law. 君が会った男性は法学の教授だ
  (2) ((非制限的用法)) ((A(先行詞), whom...))
  そしてそのA（人）に［を］…する
- He has a young daughter, *whom* he loves dearly.
  彼には幼い娘がいて，彼女をとても愛している

whomever /huːmévər フーメヴァ/ 代 ((関係代名詞whoeverの目的格))
❶ ((名詞節を導いて))…する人は誰でも
❷ ((譲歩節を導いて)) たとえ誰を［に］…しようとも

who're* /húːər フーア/
((くだけて)) who are の縮約形

who's* /húːz フーズ/ ((くだけて))
❶ who is の縮約形
❷ who has の縮約形

whose /húːz フーズ/

代
❶ ((疑問代名詞))
(1) ((whoの所有格)) 誰の
- *Whose* key is this? これは誰の鍵なの
- *Whose* offer do you think is the best?
  誰の提案がいちばんいいと思いますか
  (2) ((whoの所有代名詞)) 誰のもの
- *Whose* is this umbrella?
  このかさは誰のものですか

❷ ((関係代名詞))
(1) ((制限的用法)) ((A(先行詞)＋whose B...)) A（人・物）のBが［を］…するところの
➡ ふつう日本語には訳さない

- I have a sister *whose* husband is an actor. 私には夫が俳優の姉［妹］がいる
  (2) ((非制限的用法)) ((A(先行詞), whose B...)) そしてそのA（人・物）のBは…
- He once took me to a town, *whose* streets were full of young girls.
  かつて彼は私をある町に連れて行ってくれましたが，その通りは女の子でごった返していました

who've* /húːv フーヴ/ ((くだけて)) who have の縮約形

why /hwái ワイ/

副 ((比較なし))
❶ ((疑問副詞)) ((理由)) **なぜ，どうして**；((目的)) 何のために
- *Why*? どうして，なぜ
- *Why* are you so tired?
  なぜそんなに疲れているのですか
- *Why* do you like math?
  どうして数学が好きなの
- *Why* did you say that?
  なぜ［何のために］そんなことを言ったの

❷ ((関係副詞))
(1) ((reasonを先行詞として))…するところの，なぜ…であるか
- The *reason why* he left is unknown.
  なぜ彼が出て行ったのかは分からない
  (2) ((先行詞なしで))…の理由
- Do you know *why* she is sad?
  彼女が悲しんでいる理由が分かりますか

❸ ((次の用法で))
■ *Why don't you do?* …してみてはどうですか
- *Why* don't you sit beside me?
  私のとなりに座ったら
■ *Why don't we do?* いっしょに…しませんか
- *Why* don't we go there? そこへ行こうよ

❹ ((次の用法で))
- *why not?* どうして（だめなの）；いいですとも
- "I don't like it." "*Why not?*"
  「それは好きじゃありません」「どうして」
- "How about another game?" "Sure, *why not?*" 「もう1試合どう」「ああ，いいよ」

..., why don't you?
((命令文のあとで)) そうしたらどうですか

━━ 名 C ((ふつう whys)) 理由，原因
- the *whys* and wherefores of *A*
  Aの原因と理由

━━ 間 /wái ワイ/ ((意外・驚き・抗議・反対)) おや，まあ，あら；なんだ；何だって
- *Why*, what are you doing here?
  おや，何しているの
- *Why*, even a child knows that!
  なんだ，子どもだって知ってるぞ

WI ((米郵便)) *Wi*sconsin ウィスコンシン州

wicked /wíkid ウィキド/ 形
❶ 悪い，邪悪な；意地の悪い
- a *wicked* smile 意地の悪いほほえみ
❷ 不愉快な，いやな；危険な，有害な

❸ いたずらな, わんぱくな

wickedness 名 U 邪悪, 不正;意地悪
wickedly 副 不正に;意地悪く

wicket /wíkit ウィキト/ 名 C
❶ 改札口;(銀行・切符売り場などの)窓口
❷ くぐり戸, 小門

wide /wáid ワイド/

形 副 比較 **wider** /ワイダ/
最上 **widest** /ワイダスト/

■形
❶ (幅の)広い(⇔narrow);幅が…の
・a *wide* river 幅の広い川
・The street is ten meters *wide*.
その通りは幅が10メートルある
❷ 広大な, 広々とした(vast)
・the *wide* ocean 広々とした海
❸ 〈問題などが〉広範囲にわたる, 〈推測などが〉大まかな;〈種類が〉多い
・a *wide* range of knowledge 広範な知識
・a person with *wide* interests 多趣味の人
❹ 〈目・口などが〉大きく開いた
❺ 〈衣類などが〉ゆったりした

■副
広く;大きく開いて
・have *one's* eyes *wide* open
目を大きく見開いている;抜け目がない

wide-eyed /wáidáid ワイダイド/ 形 (驚き・恐怖などで)目を見開いた;世間知らずの

widely /wáidli ワイドリ/ 副
❶ 広く, 広範囲にわたって
・This book is *widely* read.
この本は広く読まれている
❷ (程度が)大いに, 非常に
・two *widely* different views
大きくかけ離れた2つの見解

widen /wáidn ワイドン/ 動 他 〈範囲などを〉広くする((out))
・*widen one's* views 見識を広げる

wide-open /wáidóupən ワイドウパン/ 形
❶ (目・口などを)大きく見開いた
❷ (攻撃などに)さらされやすい((to...))

wide-ranging /wáidréindʒiŋ ワイドレインヂング/ 形 広範囲にわたる

widespread /wáidspréd ワイドスプレド/ 形
❶ 広範囲に及ぶ;広く普及した
❷ (翼などを)広げた

widow /wídou ウィドウ/ 名 C 未亡人

widower /wídouər ウィドウア/ 名 C 男やもめ(⇔widow)

width /wídθ ウィドス/ 名
❶ U C 幅, 広さ, 横幅
・a table one meter in *width*
幅1メートルのテーブル
❷ U (知識・経験などの)広さ

wife* /wáif ワイフ/
名 (複 **wives** /ワイヴズ/) C
妻, 夫人, 奥さん(⇔husband)
・Michael and his *wife* マイケル夫妻

wig /wíg ウィグ/ 名 C かつら
・wear a *wig* かつらを着けている

Wikipedia /wikipí:diə ウィキピーディア/ 名 U 【コンピュータ】ウィキペディア(誰でも自由に執筆や編集ができるウェブ上の百科事典)

wild* /wáild ワイルド/
形 比較 **wilder** /ワイルダ/
最上 **wildest** /ワイルダスト/

❶ 〈動植物が〉野生の, 自生の;人に慣れていない
・*wild* animals 野生動物
❷ 〈土地などが〉荒涼とした;自然のままの;〈風・海などが〉荒れ狂う
・*wild* land 荒れ地
・run *wild* 〈植物などが〉はびこる;〈子どもなどが〉したい放題にやる
❸ 〈行為などが〉乱暴な, 〈計画などが〉無謀な;〈考えなどが〉的はずれの, 〈髪が〉乱れた
・go *wild*
激怒する;狂喜する;手が着けられなくなる
❹ 〈人・行動などが〉野蛮な, 未開の
❺ 〈人・感情などが〉熱狂的な;興奮した
❻ (…を)熱望して((*about...*));(…したくて)うずうずしている((*to do*))

■名 ((the wilds)) ((単数扱い)) 荒れ地, 荒れ野, 未開地;((the wild)) 野生の状態
wildly 副 乱暴に;興奮して;ものすごく

wild card /wáild kà:rd ワイルド カード/ 名 C 【スポーツ】ワイルドカード, 主催者推薦出場資格

wildcat /wáildkæt ワイルドキャト/
名 C 【動物】山猫
■形 〈計画などが〉無謀な, 危険な

wilderness /wíldərnəs ウィルダナス/ 名
❶ ((ふつう単数形で)) 荒野, 荒れ地;未開の原野
❷ C 果てしない広がり

wildlife /wáildlàif ワイルドライフ/ 名 U 野生生物

will¹ /wəl ワル; ((強)) wil ウィル/

助 三単現 **will** /ウィル/
過去 **would** /ワド, ((強)) ウド/
過分 なし
現分 なし
否定形 **will not** /ナト | ノト/
((くだけて)) **won't** /ウォーント/
縮約形 **'ll** /ル/ 例: **she'll**

❶ ((単純未来)) …するでしょう
- She *will* be seventeen next month.
  彼女は来月で17歳になります
- This train *will* leave for London soon.
  この列車はロンドンへ向けてまもなく出発します
- *Will* you be free tomorrow?
  あしたはおひまですか

❷ ((意志未来)) …するつもりです
- I *will* finish this homework tonight.
  今晩この宿題を終わらせます
- *Will* you buy a house?
  家を買うつもりですか
- We *will* do our best.
  私たちは最善を尽くします

❸ ((次の用法で))
■ *Will* [*Won't*] *you do?*
  (1) ((依頼)) …してくれませんか
- *Will you* do me a favor?
  お願いがあるのですが
- *Will you* say that again, please?
  もう一度言ってくださいませんか
  (2) ((勧誘)) …しませんか
- *Won't you* come over? 遊びに来ませんか

❹ ((次の用法で))
■ *will do* ((主張)) どうしても…しようとする
- Whatever happens, I *will* finish this work. 何が起ころうとこの仕事を終わらせる
■ *will not* [*won't*] *do*
  ((拒絶)) どうしても…しようとしない
- This window *will* not open.
  この窓はどうしても開かない
- He *won't* listen to my words.
  彼はどうしても私の言葉に耳を貸そうとしない

❺ ((傾向)) とかく…するものである
- Boys *will* be boys.
  男の子はやっぱり男の子だ
- Accidents *will* happen.
  ((ことわざ)) 事故は起こるものだ

❻ ((習性)) よく[決まって]…する
- She *will* often be late like this.

彼女はこんなふうによく遅れるんだ

❼ ((推定)) きっと…だろう
- You*'ll* be tired after the long trip.
  長旅のあとではきっとお疲れでしょう

❽ ((二・三人称を主語にして)) ((指図)) …してもらいたい, …しなさい
- You *will* do what I tell you.
  私が言うことをやりなさい

❾ ((未来進行形))
■ *will be doing* …していることだろう; ((近い未来)) …するだろう
- We *will be* sleep*ing* this time tomorrow. あしたの今頃は寝ているだろう
- I*'ll be* com*ing* back soon. すぐに戻ります

❿ ((未来完了形))
■ *will have done* …してしまっていることだろう
- I*'ll have* finished this homework by tomorrow. あしたまでにはこの宿題を終えてしまっていることだろう

Will do. 承知しました
- "Could you help me?" "*Will do.*"
  「手伝っていただけますか」「いいですとも」

will² /wil ウィル/ **名**

❶ C U 意志, 決意
- have a strong *will* 意志が強い
- Where there is a *will*, there is a way.
  ((ことわざ)) 意志があれば道が開ける

❷ ((*one's* [the] will)) 望み, 希望
- against *one's will* 意に反して

❸ C 遺言; 遺書
- make *one's will* 遺書を作成する

at will 意のままに, 好きなように
have one's will 思いどおりにする
of one's own free will
  自由意志で, 自発的に
with a will 本腰を入れて
with the best will in the world
  ((ふつう否定文で)) ((話)) 最善を尽くしても

willful, ((英)) wilful /wilfəl ウィルファル/
形 〈言動が〉意図的な, 故意の; 〈性格が〉強情な, わがままな

willfully **副** 故意に; 強情に
willfulness **名** U 故意; 強情, わがまま

willing /wiliŋ ウィリング/ **形**

❶ 進んで…する; (…するのを)いとわない((*to do*))
- He is always *willing to* help others.
  彼はいつも進んで他人を助ける

❷ 自発的な, 進んでする

- *willing* service 自発的な奉仕
  - **willingly** 副 進んで, 快く, 自発的に
  - **willingness** 名 U 進んですること
- **willow** /wílou ウィロウ/ 名 C 【植物】柳
- **wily** /wáili ワイリ/ 形 ずるい, 策略に富む
- **Wimbledon** /wímbldən ウィムブルダン/ 名 ウィンブルドン (ロンドン南西郊外の地区で, 全英テニス選手権大会が開催される)

win /wín ウィン/

動 三単現 **wins** /wínz ウィンズ/
過去・過分 **won** /wʌn ワン/
現分 **winning** /wíniŋ ウィニング/

— 他

❶ 〈競争・戦いなどに〉**勝つ** (⇔ lose)
- *win* a fight against A Aとの戦いに勝つ

❷ 〈人が〉〈勝利などを〉勝ち取る; 〈賞・賞金などを〉獲得する; 〈人気などを〉得る
- *win* a championship 優勝する
- *win* a gold medal 金メダルを取る
- *win* (the) first prize 1等賞を獲得する
- *win* A B = *win* B for A
  A (人) に B (人・物・事) を得させる
- *win* fame (努力の結果) 有名になる

— 自 (…で) **勝つ**, 勝利する ((*at...*, *in...*)); (…に) 勝つ ((*against...*)) (⇔ lose)

win A back = win back A
A を取り戻す
win or lose 勝っても負けても
win A over A (人) を説き伏せる
You win. 君の言うとおりだ

— 名 C (特にスポーツでの) 勝利

- **wince** /wíns ウィンス/
  動 自 (…に) ひるむ, たじろぐ ((*at...*))
  — 名 C ひるみ, たじろぎ

wind¹ /wínd ウィンド/

名 (複 **winds** /wíndz ウィンヅ/)

❶ U C ((また the wind)) **風**
- a gentle *wind* そよ風
- against *the wind* 風にさからって
- before [with] *the wind* 追い風を受けて
- *The wind* was blowing hard.
  風が強く吹いていた

❷ U 息, 呼吸

❸ ((the wind(s))) ((単数・複数扱い)) (オーケストラの) 管楽器群

get [have] wind of A
((くだけて)) A (秘密・うわさなど) を聞きつける

in the wind 今にも起ころうとして
  windy 形 風の強い, 風の当たる

wind²* /wáind ワインド/

動 三単現 **winds** /wáindz ワインヅ/
過去・過分 **wound** /wáund ワウンド/
現分 **winding** /wáindiŋ ワインディング/

— 他

❶ 〈糸・時計などを〉**巻く**

❷ 〈糸などを〉(…に) **巻きつける** ((*around...*)); 〈…を〉(…で) **巻く** ((*with...*))

— 自

❶ 〈道・川などが〉**曲がりくねる**, うねる

❷ 〈つるなどが〉(…に) **巻きつく**, からみつく ((*around...*))

❸ 〈時計などが〉巻かれる

— 名 C 曲がり, うねり
  winding 形 曲がりくねった; らせん状の

- **windmill** /wíndmìl ウィンドミル/ 名 C 風車 (小屋); ((英)) 風車 (かざぐるま)

window /wíndou ウィンドウ/

名 (複 **windows** /wíndouz ウィンドウズ/) C

❶ **窓**; 窓枠
- look out of the *window* 窓から外を見る
- Please open [close] the *window*.
  窓を開けて [閉めて] ください

❷ 窓ガラス (windowpane)
- Who broke the *window*?
  誰が窓ガラスを割ったのですか

❸ (商店などの) ショーウインドー, 飾り窓

❹ (銀行・郵便局・駅などの) 窓口
- a ticket *window* 切符売り場

❺ 【コンピュータ】ウィンドウ

❻ (限られた) 機会, 時間

- **windowpane** /wíndoupèin ウィンドウペイン/ 名 C (1枚の) 窓ガラス
- **Windows** /wíndouz ウィンドウズ/ 名 【商標】 ウィンドウズ (米国のマイクロソフト社製パソコン用基本ソフト)
- **windshield** /wíndʃì:ld ウィンドシールド/ 名 C ((米)) (自動車の) フロントガラス, 風防ガラス

wine* /wáin ワイン/

名 (複 **wines** /wáinz ワインズ/) U C

❶ **ワイン**, ぶどう酒; ワインカラー, ワインレッド
- dry [sweet] *wine* 辛口 [甘口] ワイン
- a glass [bottle] of *wine* ワイン1杯 [本]
- *Wines* are made from grapes.
  ワインはぶどうから作られる

❷ (ワイン以外の) 果実酒

winery 名 C ((米))ワイン醸造所

wing /wíŋ ウィング/ 名 C
❶ (鳥などの)翼;(昆虫の)羽;(飛行機・風車などの)翼,羽
❷ (建物の)翼,袖(そで), ウイング;((wings))(舞台の)袖
❸ (政治上の)党派, …翼
❹【スポーツ】ウイング(の選手)
on the wing 〈鳥などが〉飛んで
take A under one's wing
Aを保護[世話]する, Aをかばう
take wing 飛び立つ;逃げる

wink /wíŋk ウィンク/
動 — 自
❶ (…に)ウインクする, 目くばせする((at...))
❷ 〈星・光などが〉またたく, 明滅する
— 他
❶ 〈目を〉まばたかせる
・ *wink one's eye(s)* まばたきする
❷ 〈…を〉まばたきして伝える;〈明かりなどを〉点滅させて合図する
wink at A A(過失など)を見て見ぬふりをする, Aに目をつぶる
— 名 C
❶ ウインク, 目くばせ;まばたき
❷ ((a wink))短い時間, 一瞬

winner /wínər ウィナ/ 名 C 勝者, 優勝者;受賞者;成功者

winning /wíniŋ ウィニング/
動 winの現在分詞・動名詞
— 名 U 勝利, 成功; C ((winnings))賞金, 賞品
— 形 勝利の, 決勝の

winter /wíntər ウィンタ/

名 (複 **winters** /wíntərz/)
❶ U C 冬, 冬季, 冬期
・ *in (the) winter* 冬に
・ *in the winter of 2010* 2010年の冬に
❷ ((形容詞的に))冬の, 冬季の, 冬向きの
・ *winter sports* ウィンタースポーツ
・ *the Winter Olympics* 冬季オリンピック
— 動 自 (…で)冬を過ごす((at..., in...))

wipe /wáip ワイプ/
動 他
❶ 〈汚れ・水気などを〉ふく, ぬぐう, ふき取る((*away, off*));〈…を〉〈布などで〉ふく((*with...*))
・ *Don't wipe your hands on your clothes.*
服で手をふくのはやめなさい
❷【コンピュータ】〈データなどを〉(…から)消去する((*from...*))
wipe A out = wipe out A A(借金など)を完全になくす;A(相手)を打ち負かす;A(コンピュータ中のデータ)を完全に消去する
— 名 C ふく[ぬぐう]こと;使い捨てふきん
wiper 名 C ふく人[物];(車の)ワイパー

wire* /wáiər ワイア/
名 (複 **wires** /wáiərz/) U C
❶ 針金;電線;電話線
❷ 電信, 電報(telegram)
— 動
— 他
❶ 〈…を〉針金で支える[結ぶ];〈…に〉電線を引く
❷ 〈人に〉電報を打つ
— 自 電報を打つ
wireless 形 無線の
wiring 名【電気】配線

wiretap /wáiərtæp ワイアタプ/ 動 他 〈電話などを〉盗聴する

Wis., Wisc. ((略)) *Wis*consin ウィスコンシン州

Wisconsin /wiskánsən ウィスカンサン/ 名
ウィスコンシン (略 Wis., Wisc., ((郵便))WI;米国中北部の州;州都はマディソン(Madison))

wisdom /wízdəm ウィズダム/ 名 U 賢明(さ), 知恵, 分別
・ a *wisdom* tooth (歯の)親知らず, 知恵歯

wise /wáiz ワイズ/

形 比較 **wiser** /wáizər ワイザ/
最上 **wisest** /wáizəst ワイザスト/
賢い, 賢明な, 分別のある
■ *it is wise (of A) to do*
(A(人)が)…するのは賢明だ
・ *It is not wise of you to miss school.*
学校を休むのはよくないよ
wisely 副 賢く, 賢明に

wish /wíʃ ウィシュ/

動 三単現 **wishes** /wíʃiz/
過去・過分 **wished** /wíʃt/
現分 **wishing** /wíʃiŋ/
— 他
❶ (…であることを)願う, 望む
■ *wish to do* …したいと思う
・ *I don't wish to bother you.*

ご迷惑をおかけしたくありません
- *wish A to do*
A(人・物)が…することを望む;Aに…してほしい
- I *wish* you to come earlier.
君がもっと早く来てくれるといいのに
- *wish A C* A(人・物)がCであることを望む
- I *wish* you happy.
あなたには幸せであってほしい
- *wish A B* A(人)にB(幸運など)を祈る;A(人)にB(あいさつなど)を言う
- I *wish* you a Merry Christmas.
クリスマスおめでとう
- He *wished* her good night.
彼は彼女にお休みなさいと言った

❷ ((仮定法過去))…であればよいのにと思う
- I *wish* I were [((話))was] a bird.
鳥であったらなあ
- I *wish* it were summer.
夏だったらいいのになあ
- I *wish* I could speak English well.
英語がうまく話せたらなあ

❸ ((仮定法過去完了))…であったらよかったのにと思う
- How I *wish* he had passed the test! 彼がテストに合格していたらどんなによかったことか
━ 自 (…を)願う, 切望する((*for*...));(…に)願いをかける((*on*...))
- *wish on* a falling star 流れ星に願いをかける

wish A away 願ってAを取り除く
━ 名 (複 **wishes** /ウィシズ/)

❶ Ⓒ Ⓤ (…に対する)**願い, 願望**((*for*...))
- make a *wish* 願いをかける
- according to *one's wishes* 望みどおりに
- My *wish* is to be a pilot.
私の願いはパイロットになることです

❷ Ⓒ 望みのもの, 願い事

❸ Ⓒ ((ふつう wishes))幸福を願う気持ち
- Please send him my best *wishes*.
彼にどうぞよろしく
- (With) best *wishes*.
ご多幸[成功]をお祈りいたします

wishful /wíʃfəl ウィシュファル/ 形 (…を)望んでいる((*for*...));〈表情が〉ものほしそうな
- *wishful* thinking 希望的観測

wit /wít ウィト/ 名
❶ Ⓤ 機知, ウィット, 機転
❷ Ⓒ ((wits))知力, 理知, 理解力
at one's wits' end 途方(ほう)に暮れて

witty 形 機知に富んだ, 機転のきいた

witch /wítʃ ウィチ/ 名 Ⓒ 魔女, (女の)魔法使い

witchcraft /wítʃkræft ウィチクラフト/ 名 Ⓤ 魔法, 魔術, 魔力

with ☞ 734ページにあります

withdraw* /wiðdrɔ́ː ウィズドロー/
動 三単現 **withdraws** /ウィズドローズ/
過去 **withdrew** /ウィズドルー/
過分 **withdrawn** /ウィズドローン/
現分 **withdrawing** /ウィズドローイング/
━ 他
❶ 〈預金を〉(銀行などから)**引き出す**(⇔deposit) ((*from*...))
- *withdraw* money *from* a bank account
銀行口座から預金を下ろす
❷ 〈前言などを〉**撤回する**;〈軍隊などを〉撤退させる;〈手などを〉引っ込める;〈支援などを〉取りやめる;〈人を〉退学[退会]させる
- *withdraw one's* remarks
言ったことを取り消す
━ 自 (…から)**しりぞく, 撤退する**((*from*...))

withdrawal 名 Ⓒ Ⓤ (預金の)引き出し;撤回;撤退;取りやめ; Ⓤ 引っ込めること

withdrawn /wiðdrɔ́ːn ウィズドローン/ 動 withdrawの過去分詞

withdrew /wiðdrúː ウィズドルー/ 動 withdrawの過去形

wither /wíðər ウィザ/ 動
━ 自
❶ 〈植物が〉しぼむ, しおれる, 枯れる
❷ 〈色が〉あせる, 〈音が〉消えて行く;〈感情などが〉衰える
━ 他 〈植物などを〉しおれさせる, 枯らす

withhold /wiðhóuld ウィズホウルド/ 動 他 〈許可などを〉(…に)与えないでおく((*from*...))

within /wiðín ウィズィン/ 前

❶ ((時間・期間))…**以内に**;…の期間内に
- I'll come back *within* an hour.
1時間以内に戻ります
- She moved three times *within* a year.
彼女は1年のうちに3回引っ越した

❷ ((距離))…**以内に**
- I live *within* five minutes' walk of our school. 私は学校から歩いて5分以内の所に住んでいます

➡➡➡ 734ページに続く ➡➡➡

with /wið ウィズ | wiθ ウィス/ 前

❶ ((同伴・共同))…と(いっしょに), …と共に; ((随伴))…と併(あわ)せて, …を伴って
- curry *with* rice カレーライス
- have a cake *with* tea
  紅茶でケーキをいただく
- I live *with* my parents.
  私は両親といっしょに住んでいる
- Won't you come *with* us?
  私たちといっしょに行きませんか
- I'll be *with* you in a minute.
  すぐそちらに行きます

❷ ((対象・関連))…と, …に対して; …から離れて; …に関して
- speak [talk] *with* A A(人)と話をする
- be in love *with* A A(人)に恋している
- help A *with* B AのBを手伝う
- discuss A *with* B B(人)とAを話し合う
- compare A *with* B AとBを比較する
- part *with* A A(人・物)と別れる[手放す]
- break up *with* a friend 友人と絶交する
- something is wrong *with* A
  A(人)がちょっと調子が悪い; A(物)がどこか故障している
- What is the matter *with* you? どうしたの
- How are things *with* you?
  いかがお過ごしですか

❸ ((道具・手段・材料))…で, …を使って
- stir *with* a spoon スプーンでかき混ぜる
- write *with* a pen ペンで書く
- cut a cake *with* a knife
  ナイフでケーキを切る
- make juice *with* fruits and vegetables
  果物と野菜でジュースを作る
- answer the questions *with* yes or no
  質問に「はい」か「いいえ」で答える

❹ ((所有・所持・携帯))…を持っている, …の付いた; …を身につけて
- a clock *with* an alarm アラーム付きの時計
- a room *with* a view 眺めのよい部屋
- Please bring a camera *with* you.
  カメラを持ってきてください

❺ ((様態))…して, …をもって
- *with* care 注意して
- *with* difficulty 苦労して
- *with* ease 容易に
- *with* pleasure 喜んで

❻ ((状況・条件・譲歩))…した状態で, …しながら; もし…があれば; …にもかかわらず
- *with* tears in *one's* eyes 目に涙を浮かべて
- speak *with* *one's* mouth full (食べ物を)口にほおばりながらしゃべる
- *with* A's help Aが手伝ってくれれば
- *with* all *one's* efforts あんなに努力したのに

❼ ((原因・理由))…が原因で, …のせいで
- tremble *with* anger 怒りで震える
- be wet *with* tears 涙でぬれている

❽ ((一致・賛成))…と(合って); …に賛成して
- *agree with* A Aに同意する
- Are you *with* me or against me?
  私に賛成ですか反対ですか

❾ ((同時))…と同時に
- get up *with* the sunrise
  日の出と共に起きる
- *With* those words, she left.
  そう言って彼女は去った

❿ ((委託))…に預けて
- *leave* A *with* B AをB(人)に預ける

be with A
A(人)の言っていることが分かる
📖 Are you *with* me? 分かりましたか

❸ ((範囲))…の範囲(内)に
- *within* the budget 予算の範囲内で
- drive *within* the speed limit
  制限速度内で運転する

❹ ((場所))…の内側に, …の内部に
- She has a lot of friends *within* the college. 彼女には大学内にたくさんの友達がいる

without /wiðáut ウィザウト/ 前

❶ …なしで, …を持たないで, …といっしょでなく(⇔with)
- work *without* a break 休憩なしで働く
- *without* a pullover セーターを着ないで
- We cannot live *without* food.
  食べ物なしには生きられない

❷ ((条件))もし…がなければ
- *Without* love everything would become meaningless.
  愛がなければすべては無意味になるだろう
- *Without* his help I would have died.
  彼の助けがなければ私は死んでいただろう

❸ ((結果))結果として…することなしに

- She tried to wash the stain out (but) *without* success. 彼女はその染みを洗い落とそうとしたがむだだった
❹ ((次の用法で))
- *without doing* …しないで, …せずに
- talk on *without* stop*ping* ずっと話し続ける
- I entered a room *without* knocking. ノックもしないで部屋に入った
- He left us *without* saying goodbye. 彼はさようならも言わずに去った

do [*go*] *without* A Aなしで済ませる
never A *without doing* …することなくAはしない；Aすれば必ず…する
- They *never* meet *without* quarreling. 彼らは会うと必ず口論する

withstand /wiðstǽnd ウィズスタンド/ 動 他 ⟨…に⟩抵抗する, 耐える

witness /wítnəs ウィトナス/
動
━ 他
❶ ⟨…を⟩目撃する, 目(ま)の当たりにする
- *witness* a murder 殺人を目撃する
❷ (証人として)⟨…に⟩署名する
━ 自 (法廷で)証言する
- *witness* for [against] *A* A(人)に有利[不利]な証言をする

━ 名 C
❶ (…の)目撃者((*to..., of...*))；(法廷などでの)証人, 参考人
❷ (文書などの)連署人；立会人((*to...*))
call A to witness A(人)を証人とする

wives /wáivz ワイヴズ/ 名 wifeの複数形

wizard /wízərd ウィザド/ 名 C
❶ (男の)魔法使い
- *The Wizard of Oz* 『オズの魔法使い』
❷ (…の)名人, 天才((*at...*))
❸ 【コンピュータ】ウィザード (ソフトウェアの操作を説明するガイド機能)

woke /wóuk ウォウク/ 動 wakeの過去形

woken /wóukən ウォウカン/ 動 wakeの過去分詞

wolf /wúlf ウルフ/ 名 (複 **wolves** /wúlvz/) C 【動物】狼(おおかみ)
- a pack of *wolves* 狼の群れ

wolves /wúlvz ウルヴズ/ 名 wolfの複数形

woman /wúmən ウマン/

名 (複 **women** /wímin/) C (成人した)女性, 婦人；((形容詞的に))女性の, 婦人の(⇔man)
- a young *woman* 若い女性
- a single *woman* 独身女性
- a *woman* driver 女性ドライバー

womanhood /wúmənhùd ウマンフド/ 名 U 女であること；女らしさ

womb /wúːm ウーム/ 名 C 【解剖】子宮

women* /wímin ウィミン/ 名 womanの複数形

won* /wʌ́n ワン/ 動 winの過去形・過去分詞

wonder ☞ 736ページにあります

wonderful
/wʌ́ndərfəl ワンダファル/
形 比較 **more wonderful**
最上 **most wonderful**
すばらしい, すてきな；驚くほどの
- "You won the game? That's *wonderful*!" 「試合に勝ったの. それはすばらしい」

wonderfully 副 すばらしく；驚くほど

wonderland /wʌ́ndərlænd ワンダランド/ 名 U ふしぎ[おとぎ]の国；C ((ふつうa wonderland)) すばらしい所

won't /wóunt ウォウント/

((くだけて)) will not の縮約形

woo /wúː ウー/ 動 他 ⟨名誉などを⟩得ようと努める

wood /wúd ウド/

名 (複 **woods** /wúdz/)
❶ U C (切った)木, 木材, 材木；((形容詞的に)) 木の, 木製の
- a piece of *wood* 木片1つ
- a table (made) of *wood* 木製テーブル
- *wood* carving 木彫り, 木彫(術)
❷ U まき, たきぎ (firewood)
❸ C ((しばしば woods)) 森

cannot see the wood for the trees 木を見て森を見ず；小事を前に大局を見失う

wooded 形 木におおわれた, 樹木の茂った
wooden 形 木製[木造]の
woody 形 樹木[森]の多い

woodland /wúdlənd ウドランド/ 名 U ((しばしば woodlands)) ((単数扱い)) 森林, 森林地帯

➡➡➡ 736ページに続く ➡➡➡

wonder /wʌ́ndər ワンダ/

動 三単現 **wonders** /ワンダズ/
過去・過分 **wondered** /ワンダド/
現分 **wondering** /ワンダリング/

━━ 他 ((次の用法で))

■ *wonder* wh- [*wh-* to *do*]
…かしら;…だろうか
- I *wonder* who he is. 彼は誰なんだろう

■ *wonder* if [*whether*]…
…かしら, …だろうか;…してもらえませんか
- I *wonder* if it will snow tomorrow.
  あした雪になるのだろうか
- I *wonder* if you could translate this for me. これを翻訳してもらえませんか

■ *wonder* that…
…ということに驚く, …とはふしぎだと思う
- I don't *wonder* that she got an A.
  彼女がAをもらったのは当然だ

━━ 自

❶ (美しさなどに)感嘆する, 驚嘆する((*at*...))
- I *wondered* at the beauty of Mt. Fuji.
  富士山の美しさに驚嘆した

❷ (…を)変だと思う((*about*...)) ; (…に)驚く((*at*...))
- I always *wonder about* him.
  いつも彼は変な人だなと思う

I wonder. ((相手の発言に対して))そうかな ; ((文末につけて))本当に…だろうか

━━ 名 (複) **wonders** /ワンダズ/

❶ U 驚き, 感嘆, 驚異, 驚嘆
❷ C ふしぎなこと, 驚くべきこと, すばらしいもの
- the Seven *Wonders* of the World
  世界の七ふしぎ
❸ C 奇観;奇跡;((a wonder))達人
- He is *a wonder* at computers.
  彼はコンピュータの達人だ
❹ (形容詞的に)ふしぎな, 驚くべき
- a *wonder* drug for cancer ガンの特効薬

do [*work*] *wonders* 〈人が〉奇跡を起こす;(…に)〈薬などが〉すばらしく効く((*for*...))

(It's) no wonder (that)…
…は少しもふしぎではない
- *No wonder* she can speak English well; she grew up in Chicago. 彼女が英語がうまいのは当然だ. シカゴ育ちだから

woodpecker /wúdpèkər ウドペカ/ 名 C
【鳥】きつつき

woodwind /wúdwìnd ウドウィンド/ 名 C
木管楽器;((the woodwind(s)))(オーケストラの)木管楽器群

woodwork /wúdwə̀:rk ウドワーク/ 名 U
木工品;(屋内の)木造部分;木工(技術)

woof /wúf ウフ/ 間 ウー(犬のうなり声)

wool* /wúl ウル/ 名 U
❶ 羊毛, ウール;(形容詞的に)羊毛の
- a *wool* sweater ウールのセーター
❷ 毛糸;毛織物
- a ball of *wool* 毛糸ひと玉
  woolen 形 羊毛製の;ウールの
  woolly 形 羊毛でできた;ウールのような

word /wə́:rd ワード/

名 (複) **words** /ワーヅ/

❶ C 語, 単語
- an English *word* 英単語
- a borrowed *word* 外来語
- technical *words* 専門語
- *word* order 語順
- look up a *word* in the dictionary
  単語を辞書で引く
- What does this *word* mean?
  この単語はどういう意味ですか
- 📖 Fill in the missing *words*.
  抜けている語を入れてください
- 📖 What about this *word*?
  この単語はどうですか
- 📖 You can't use that *word* here.
  ここではその単語は使えません
- 📖 You need more practice with these *words*.
  これらの単語はもう少し練習が必要ですね

❷ C ((ふつう a word, words)) **言葉**, 発言, 一言
- polite *words* 丁寧な言葉
- kind *words* 優しい言葉
- big *words* 大ぼら
- *a* dirty *word* 下品な言葉
- a person of few [many] *words*
  口数の少ない[多い]人
- I'd like *a word* with you.
  ちょっとお話があるのですが
- 📖 Your *words* don't make any sense to me. あなたの言葉は意味が通じません

📖 Explain it in your own *words*.
自分の言葉で説明してください
❸ ((one's word)) 約束, 保証
- break [keep] one's *word* 約束を破る[守る]
- I'm a man of *my word*.
私は約束を守る男だ
- I gave him *my word* that I would never cut school.
二度と学校をサボらないと私は彼に約束した
❹ U ((しばしば無冠詞で))(…の)便り, 知らせ, うわさ((of...))
- send [bring] *word* 伝言する
- there is no *word* from A
Aから便りがない
- the *word* is [has it] that...
…といううわさだ
❺ ((one's [the] word)) 命令; ((the word)) 合い言葉
- give [say] A the *word* to do
A(人)に…せよとの命令を出す
- spread *the word* 命令を伝える
❻ ((words)) (曲に対する)歌詞; (芝居の)せりふ; 台本

be as good as one's **word**
必ず約束を守る
beyond words 言い尽くせない
by word of mouth 口頭で
eat one's **words** 前言を取り消す
give A one's **word** Aに約束する
hang on A's **words [every word]**
A(人)の話を熱心に聞く
have a word (with A**)**
(A(人)と)少し話す, ちょっと話し合う
have words with A
(…のことで)A(人)と口論する((over...))
in a [one] word 簡単に言えば, 要するに
in other words 言い換えれば, すなわち
in so [as] many words
はっきりと, あからさまに
say the word (しなさいと)はっきり言う
take A **at** A's **word** = **take** A's **word for it**
A(人)の言うことを真に受ける
word by word 一語一語, 逐語的に
word for word 一語一語, 逐語的に
wording 名U 言葉づかい, 言い回し

wordbook /wɔ́:rdbùk ワードブク/ 名C 単語集[帳]

wore* /wɔ́:r ウォー/ 動 wearの過去形

work ☞ 738ページにあります

workable /wɔ́:rkəbl ワーカブル/ 形 〈計画などが〉実行[実現]可能な; 〈工場などが〉操業可能な

workaholic /wə̀:rkəhɔ́:lik ワーカホーリク/ 名C 働きすぎの人, 仕事の鬼

workbook /wɔ́:rkbùk ワークブク/ 名C ワークブック, 練習帳, 問題集

workday /wɔ́:rkdèi ワークデイ/ 名C 仕事日, 勤務日, 平日

worker* /wɔ́:rkər ワーカ/
名 (複 **workers**) C
働く人, 労働者; 勉強する人
- an office *worker* 会社員, サラリーマン
- a hard *worker* 熱心に働く[勉強する]人

working /wɔ́:rkiŋ ワーキング/
動 workの現在分詞・動名詞
— 形
❶ 働いている, 労働に従事している; 労働上の
- *working* conditions 労働条件[環境]
- *working* hours 労働時間
- the *working* class 労働者階級
❷ 作業用の, 実用的な; 機能している
— 名
❶ U 働くこと, 作業, 仕事
❷ C (機械などの)動き方, 操作法

working-class /wɔ́:rkiŋklæ̀s ワーキングクラス/ 形 労働者階級の

workman /wɔ́:rkmən ワークマン/ 名C 職人; (肉体)労働者

workout /wɔ́:rkàut ワークアウト/ 名C 【スポーツ】練習, トレーニング

workplace /wɔ́:rkplèis ワークプレイス/ 名C ((しばしばthe workplace)) 職場, 仕事場

worksheet /wɔ́:rkʃì:t ワークシート/ 名C 練習用プリント; 【コンピュータ】ワークシート (表計算ソフトの作業表)
📖 Take a *worksheet* as you leave.
教室を出る時にプリントを取ってください

workshop /wɔ́:rkʃàp ワークシャプ/ 名C
❶ 仕事場, 作業場
❷ 研究会, ワークショップ

workstation /wɔ́:rkstèiʃən ワークスティシャン/ 名C
❶ (オフィス内での)個人の仕事場, 事務机
❷ 【コンピュータ】ワークステーション (パソコンより高性能なコンピュータ)
➡➡➡ 739ページに続く ➡➡➡

work /wə́ːrk ワーク/

名 (複) works /ワークス/

❶ ⓤ **仕事**, 労働; (…の)**勉強**, 研究((*on*...))
- part-time *work* パートの仕事
- full-time *work* フルタイムの仕事
- the *work* force 全従業員;労働力
- start *work*
  仕事を始める;(社会人として)働き始める
- I've got a lot of *work* to do.
  しなければならない仕事がたくさんある
- I'll take a day off from *work* tomorrow.
  あすは仕事を休みます
- 📖 Collect your *work*, please.
  テスト[プリント]を集めてください

❷ ⓤ ((無冠詞で))**職**, 職業;職場, 勤務先
- seek [look for] *work* 職を探す
- find [get] *work* 仕事口を見つける
- leave *work* 退社する
- retire from *work* 退職する
- be out of *work* 失業中である

❸ ⓒ **制作物**, 作品, 著作; ⓤ 制作, 細工
- the *works* of Picasso ピカソの(全)作品
- patch*work* 継ぎはぎ細工, パッチワーク

❹ ((the works))((機械の))**仕掛け, 機構**

❺ ((しばしば works))((単数・複数扱い))**工場, 製作所**
- iron*works* 製鉄工場

at work 〈人が〉働いて;勤務中で;〈機械などが〉作動中の;職場で

get (down) to work
仕事に取りかかる
- 📖 Now we can *get down to work*.
  さあ, 始めましょう

go to work 仕事に行く, 出勤する;仕事に取りかかる;職につく

in the works 進行[計画]中で

set to work 仕事に取りかかる

— 動

三単現 **works** /ワークス/
過去・過分 **worked** /ワークト/
現分 **working** /ワーキング/

— 自

❶ **働く**, 仕事をする;**勉強する**, 研究する;(…に)取り組む((*on*...))
- *work on* a new project
  新しい企画に取り組む
- I'm *working* hard to pass an entrance examination.
  入試に合格しようと一生懸命勉強しています
- 📖 Other classes are still *working*.
  ほかのクラスはまだ授業中です
- 📖 *Work* together with your friend.
  友達と作業してください
- 📖 *Work* in pairs. ペアで作業してください
- 📖 *Work* in groups of four.
  4人のグループで作業してください
- 📖 Everybody, *work* individually.
  皆さん, 各自でやってください
- 📖 *Work* by yourselves.
  自分たちだけでやってください
- 📖 *Work* independently.
  個人個人でやってください

❷ (…に)**勤める**, 勤務する((*at*..., *in*..., *for*...))
- go (out) to *work* 外に働きに出る
- *work* late 超過勤務をする
- *work* part-time バイトをする, パートで働く
- "Who do you *work* for?" "I *work* for [*at*] a publishing company.「どちらにお勤めですか」「出版社に勤めています」

❸ 〈機械などが〉**働く**, 作動する
- The cell phone doesn't *work* properly.
  携帯電話が正常に働かない

❹ 〈計画などが〉うまくいく;〈薬が〉(人に)効く((*on*...))

❺ 苦労して進む

— 他

❶ 〈機械などを〉**動かす**
- *work* a video camera
  ビデオカメラをスタートさせる

❷ 〈人などを〉**働かせる**, 勉強させる
- *work oneself* sick 働きすぎて病気になる

❸ 〈…を〉徐々に (…の状態に)する((*into*...))
- *work oneself into* a rage
  だんだん怒りがわいてくる

work against *A* Aに不利に働く

work at *A*
A(学科など)を勉強する;A(仕事)に取り組む

work in with *A* A(人)と協力する

work it うまくやってのける

work on 働き続ける

work on *A* Aに取り組む;A(感情)に訴える;A(人)を説得する
- 📖 *Work on* the task together.
  タスクをいっしょにやってください

work out 〈事が〉うまくいく, よい結果とな

work

work A out = work out A
A(計画など)を立てる; A(問題など)を解く; A(金額など)を算出する

work through A
A(苦しみなど)を切り抜ける

work A up = work up A A(人)を次第に興奮させる; A(興味など)をかき立てる

work up to A
A(事)に徐々に至る, 達する

work one's way (苦労して)進んで行く

work one's way through A
A(大学など)を働きながら出る

---

world /wə́ːrld ワールド/

名 (複 **worlds** /ワールヅ/)

❶ ((the world)) **世界**, 地球; ((形容詞的に)) **世界の**, 万国の, 世界的な
- a map of the *world* 世界地図
- the *World* Cup 【スポーツ】ワールドカップ
- a *world* record 世界記録
- *World* War I [II] 第一[二]次世界大戦
- *world* peace 世界平和
- the *World* Wide Web
  ワールドワイドウェブ(略 WWW)

❷ ((the world)) ((単数扱い)) **全世界の人々**, 人類
- All *the world* wishes for peace.
  全人類は平和を願っている

❸ C ((ふつう the world)) **世の中**, 世間; 世間の人々
- a man [woman] of *the world* 世慣れた人
- go out into *the* big wide *world*
  (学校を出て)広い世間に出る
- see the *world* 見聞を広める

❹ ((the worlds)) (特定の地域・時代の)**世界**; (利益・目的などを共通とする)世界, …界
- *the* New [Old] *World* 新[旧]世界
- *the* Third *World* 第三世界
- *the* political *world* 政界
- *the* animal [mineral, plant] *world*
  動物[鉱物, 植物]界

❺ C (個人的な経験などの)世界 ((*of...*))
- the *world* of Hayao Miyazaki
  宮崎駿の世界

❻ ((the world)) 宇宙

all over the world
世界じゅう(至る所で)
- President Obama is famous *all over the world*. オバマ大統領は世界じゅうで有名だ

be all the world to A
A(人)にとってすべてである

bring A into the world A(子)を産む; (医師・助産婦などが) A(子)を取り上げる

come into the world
〈子どもが〉生まれる, 誕生する; 世に出る

in the world
((否定を強めて))まったく; ((疑問を強めて))一体(全体); ((最上級を強めて))世界一…な
- Where *in the world* were you?
  君はいったいどこにいたのだ

It's a small world. 世の中は狭い

move [go] up in the world 出世する

not A for the world
どんなことがあってもAでない, 決してAでない

set the world on fire
大成功を収める, 世間をあっと言わせる

worldly 形 この世の; 世俗的な

world-class /wə́ːrldklǽs ワールドクラス/
形 世界レベルの, 世界で一流の

world-famous /wə́ːrldféiməs ワールドフェイマス/ 形 世界的に有名な

worldwide /wə́ːrldwáid ワールドワイド/
形 世界じゅうに知れ渡った, 世界的な
— 副 世界じゅうに[で]

worm /wə́ːrm ワーム/ 名 C

❶ (みみずなどの)虫; ((worms)) 寄生虫

❷ ((ふつう a worm)) いやなやつ, 虫の好かないやつ

❸ 【コンピュータ】ワーム(コンピューターに侵入し害を及ぼすプログラム)

worn /wə́ːrn ウォーン/
動 wear の過去分詞
— 形 〈服などが〉すり切れた, 使い古した; 〈表情などが〉疲れ切った

worn-out /wə́ːrnáut ウォーナウト/ 形
❶ 〈衣類などが〉使い古した, すり切れた; 〈表現が〉陳腐な
❷ 〈人が〉疲れ切った, やつれ果てた

worried /wə́ːrid ワーリド/ 形 (…のことで) 心配している, 不安に思っている ((*about...*)); 〈顔つきなどが〉心配そうな
- be *worried* to death 死ぬほど心配である

worrisome /wə́ːrisəm ワーリサム/ 形 〈問題が〉やっかいな, 悩みの種となる; くよくよする

worry /wə́:ri ワーリ/

動 三単現 **worries** /ワーリズ/
過去・過分 **worried** /ワーリド/
現分 **worrying** /ワーリイング/

— 自 (…のことで)**心配する**, 気にする, 気に病(ﾔ)む, 悩む((*about...*, *over...*))

・Don't *worry* about it.
心配いりません, 任せておいて
📖 Don't *worry* about your pronunciation [spelling].
発音[つづり]は気にしなくていいですよ
📖 Don't *worry*, it'll improve.
心配しないで, よくなりますから

— 他 〈人を〉(…で)**心配させる**, 悩ませる, 苦しめる((*with...*))

— **名** ⓤ **心配**, 悩み; ⓒ (…についての)心配事, 心配[悩み]の種((*about...*))

・There is no cause for *worry*.
心配には及びません
・No *worries*. 心配しないで, だいじょうぶ

worrying 形 悩みの種となる, やっかいな

worse /wə́:rs ワース/

形 ((bad, illの比較級)) (⇔ better)
〈事が〉**より悪い[ひどい]**, いっそうへたな;〈人が〉〈健康状態が〉**より悪い**

・feel *worse* さらに気分が悪くなる
・to make matters *worse* = what is *worse*
さらに悪いことには

— 副 ((badly, illの比較級))
より悪く; よりひどく

none the worse
それにもかかわらず, やはり

・I like my parents *none the worse* for their strictness. 厳しいけど両親が好きだ

— **名** ⓤ さらに悪い状態

・go from bad to *worse* さらに悪化する
for the worse いっそう悪い方へ
if (the) worse comes to (the) worst
最悪の場合には

worsen /wə́:rsən ワーサン/ **動**
— 他 〈…を〉より悪くする
— 自 より悪くなる

worship /wə́:rʃip ワーシプ/
名 ⓤ 崇拝(ｽｳﾊｲ); 尊敬, 賛美; (ふつう教会で の)礼拝(ﾚｲﾊｲ)

— **動**
— 他

❶〈…を〉崇拝する;〈人を〉尊敬する,〈物を〉賛美する
❷〈…を〉礼拝する
— 自 礼拝式に出席する

worst /wə́:rst ワースト/

形 ((bad, illの最上級)) (⇔ best)
((ふつう the worst))〈事が〉**最も悪い**, 最悪 [最低]の;〈人が〉〈健康状態が〉**最も悪い**

・*the worst* day 最悪の日
・*the worst* movie I've ever seen
今まで観た中で最低の映画

— 副 ((badly, illの最上級))
最も悪く, 最もへたに
worst of all 何より悪いことには

— **名** ((the worst)) 最も悪いこと, 最悪の状態
・at (the) *worst* 最悪の場合でも
・at *one's worst* 最悪の状態で
・get the *worst* of it ひどい目に遭う
・*The worst of* it is that...
最も悪いことは…ということだ

worth* /wə́:rθ ワース/

形 比較 **more worth**
最上 **most worth**
価値がある, 値打ちがある

■ be worth *A* Aの価値がある, Aに値する
・be *worth* nothing [little]
全然[ほとんど]価値がない
・be *worth* a fortune たいへんな値打ちがある
■ be worth *doing*
…するだけの価値がある, …するに値する
・How much is the stamp *worth*?
その切手はどれだけの値打ちがありますか
for all *one* **is worth** 全力を尽くして
for what it's worth
真偽のほどは分からないが
worth *A***'s while**
Aが時間をかけるだけの価値がある
worth while to *do* [*doing*]
…するだけの価値がある

— **名** ⓤ

❶ 価値, 値打ち, 重要性
・*A* of great [little] *worth*
非常に価値のある[ほとんど価値のない] A
❷ (…で)買える量; (…の)…分((*of...*))
・a week's *worth of* coffee
1週間分のコーヒー

worthless 形 価値のない; つまらない

worthwhile /wə́:rθhwáil ワースワイル/ **形**

(時間・費用などをかけるだけの)価値のある、やりがいのある

worthy /wə́ːrði ワーズィ/ 形
① (…に)値する[ふさわしい] ((of...))
② 〈努力などが〉立派な、尊敬すべき

would

/wəd ワド; ((強)) wúd ウド/
(will¹の過去形)

助 否定形 **would not** /ナト｜ノト/
((くだけて))**wouldn't** /ウドント/
縮約形 **'d** /ド/ 例: **I'd**

① ((主節が過去のための時制の一致)) **…するでしょう；…するつもりです**
・He told me (that) he *would* get well soon. 彼はすぐによくなりますよと言った
・I thought it *would* rain tomorrow. 私はあした雨が降るだろうと思った

② ((次の用法で))
■ ***Would* you** *do*?
(1) ((丁寧な依頼))…していただけませんか
・*Would* you speak more slowly, please? もっとゆっくり話していただけませんか
(2) ((丁寧な勧誘))…いたしませんか、…はいかがですか
・*Would* you care for another helping? お代わりはいかがですか

③ ((仮定法))
■ ***would*** *do* …するだろうに、…するのだが
・If I were a bird, I *would* fly to you. もし私が鳥だったら君の所に飛んで行くのに
■ ***would have*** *done*
…しただろうに、…したのだが
・I *would have waited*, if I had known that you would be late. あなたが遅れて来ることが分かっていたら待っていたのに

④ ((次の用法で))
■ ***would*** *do* ((主張))どうしても…しようとした
・She *would* go to the party in spite of my advice. 忠告したけれど彼女はどうしてもパーティーに行こうとした
■ ***would not*** [***wouldn't***] *do*
((拒絶))どうしても…しようとしなかった
・The door *wouldn't* open.
ドアはどうやっても開かなかった
・Whatever I told him, he *wouldn't* listen to me. 何を言っても彼は私の言うことを聞こうとはしなかった

⑤ ((習性))よく[決まって]…したものだ
・After breakfast he *would* often take a walk. 彼は朝食後によく散歩をした

⑥ ((控えめな意見))(おそらく)…でしょう
・I'd say it's too late. まず手遅れでしょうね

would better *do* ((米))…すべきだ
would like *A* A がほしい(と思う)
would like *A* ***to*** *do*
A (人)に…してほしい(と思う)
would like to *do* …したい(と思う)
📖 Who *would like to* read?
読みたい人いますか
would rather *do* (A) (***than*** *do* (B))
(B するくらいなら)むしろ A したい
・I *would rather* die *than* lose you.
君を失うくらいならむしろ死んだ方がよい

would-be /wúdbìː ウドビー/ 形 …志望の、…になるつもりの
・a *would-be* pilot パイロット志望の人

wouldn't* /wúdnt ウドント/
((くだけて))would not の縮約形

would've /wúdəv ウダヴ/
((くだけて))would have の縮約形

wound¹ /wúːnd ウーンド/
名 C
① 傷、けが
・a serious [light] *wound* 重傷[軽傷]
② (…に対する)心の傷、痛手 ((to...))
— 動 他
① 〈…を〉傷つける、負傷させる
② 〈感情などを〉傷つける、害する

wound² /wáund ワウンド/ 動 wind²の過去形・過去分詞

wounded /wúːndid ウーンディド/
動 wound¹の過去形・過去分詞
— 形 けがをした；〈感情などが〉傷つけられた
— 名 ((しばしば the wounded))負傷者

wove /wóuv ウォウヴ/ 動 weave の過去形・過去分詞

woven /wóuvn ウォウヴン/ 動 weave の過去分詞

wow /wáu ワウ/ 間 ((喜び・驚きなどを表して))うわーっ；わぁ

wrap

/rǽp ラプ/

動 三単現 **wraps** /ラプス/
過去過分 **wrapped** /ラプト/, **wrapt** /ラプト/
現分 **wrapping** /ラピング/
— 他
① 〈…を〉包む；〈人・物を〉(…で)くるむ ((in...,

wrapped

with...))
・Shall I *wrap* this as a gift?
これを贈り物用に包みましょうか
❷〈衣類などを〉(体の一部に)巻きつける((*around...*))
be wrapped up in A
A(人・物)に夢中になっている
wrap A up = wrap up A
A(仕事など)を終える;A(記事など)を要約する
━ 名 (複 **wraps** /ラプス/)
❶ C (スカーフ・ひざかけなどの)ラップ
❷ U ((米))(食品保存用の)ラップ
wrapper 名 C 包む物;包装紙;帯封;本のカバー

wrapped /rǽpt ラプト/ 動 wrapの過去形・過去分詞

wrapping /rǽpiŋ ラピング/
動 wrapの現在分詞・動名詞
━ 名 C U (時に wrappings)) 包装材料
・*wrapping* paper 包装紙

wrapt /rǽpt ラプト/ 動 wrapの過去形・過去分詞

wreath /ríːθ リース/ 名 C 花輪, 花冠;(クリスマスに飾る)リース

wreck /rék レク/
名 U 難破; C 難破船;(船・飛行機・車などの)残骸(ざんがい); U 破壊, 破滅
━ 動
━ 他
❶〈計画などを〉台なしにする
❷〈船を〉難破させる;〈建物などを〉破壊する
━ 自 難破する
wreckage 名 U 難破;残骸

wrench /réntʃ レンチ/
動 他
❶〈…を〉ねじる, ひねる;(…から)ねじり取る, もぎ取る((*off..., from...*))
❷〈関節などを〉くじく, ねんざする
━ 名 C
❶ ((米)) スパナ, レンチ
❷ ((ふつう a wrench)) (急な強い)ねじり;ねんざ

wrestle /résl レスル/ 動
━ 自
❶ (…と)格闘する;レスリングをする((*with...*))
❷ (問題などに)取り組む((*with...*))
━ 他〈人と〉格闘する;〈…と〉レスリングをする
wrestler 名 C レスリング選手;(相撲の)力士
wrestling 名 U レスリング;格闘

wretched /rétʃid レチド/ 形 みじめな;哀れな, 悲惨な
wretchedly 副 みじめにも, 悲惨に
wretchedness 名 U 悲惨, 哀れ

wring /ríŋ リング/
動 三単現 **wrings** /リングズ/
過去・過分 **wrung** /ラング/
現分 **wringing** /リンギング/
━ 他〈…を〉絞る,〈水分などを〉(…から)絞り出す((*from..., out of...*))
━ 名 C ((ふつう a wring)) 絞ること

wrinkle /ríŋkl リンクル/
名 C (顔などの)しわ; ((ふつう wrinkles)) (布・紙などの)しわ, ひだ
━ 動
━ 他〈…に〉しわを作る
━ 自 しわが寄る

wrist* /ríst リスト/
名 (複 **wrists** /リスツ/) C **手首**
・seize *A* by the *wrist* A(人)の手首をつかむ
・have a watch on *one's wrist*
腕時計をしている

wristwatch /rístwàtʃ リストワチ/ 名 C 腕時計

write /ráit ライト/

動 三単現 **writes** /ライツ/
過去 **wrote** /ロウト/
過分 **written** /リトン/
現分 **writing** /ライティング/
━ 他
❶〈文字・文章などを〉**書く**, (鉛筆などで)**書く**((*with...*));(パソコンなどで)打つ((*with..., on...*))
・*write* an answer 返事を書く
・*Write* your name and address here, please. ここに名前と住所をお書きください
🔲 Come up and *write* it on the board.
前に出て黒板に書いてください
❷〈手紙などを〉書く
・*write A B* = *write B to A*
A(人)にB(手紙など)を書く
・*write A that...*
A(人)に…ということを手紙で知らせる
❸〈本などを〉(…について)書く, 著(あらわ)す((*on..., about...*))
❹【コンピュータ】〈データを〉書き込む
━ 自
❶ (…について)書く((*about..., on...*));(…を

使って)**書く**((*in...*, *with...*));(…などのために)文章を書く,著述する((*for...*))
❷ (人に)**手紙を書く**,便りをする((*to...*))
· *write* back to A Aに返事を書く
❸ (ペンなどが)書ける
· This pen *writes* well.
このペンは書きごこちがよい

write ***A*** ***down*** = ***write down*** ***A***
A (事)を書き留める,記録する
📖 I would like you to write this down.
これを書き留めてください

write ***A*** ***out*** = ***write out*** ***A***
A (書類など)を清書する,略さずに書く

write ***A*** ***up*** = ***write up*** ***A*** A (報告書など)を詳しく書く,書き上げる,清書する

writer /ráitər ライタ/ 名 ⓒ 作家;書く人
· my favorite *writer* 私の大好きな作家

writing /ráitiŋ ライティング/
動 write の現在分詞・動名詞
━ 名
❶ Ⓤ 書くこと,執筆
· a *writing* desk 書き物机
· *writing* paper [pad] 便せん
❷ ⓤⓒ (手紙・書類などの)書かれた物; ⓒ ((writings))著作,著書,作品
❸ Ⓤ 筆跡,書体

written /rítn リトン/

動 write の過去分詞
━ 形 ((比較なし))**書かれた**,(テストが)筆記の;書き言葉の
· a *written* examination 筆記試験
· *written* English 書き言葉の英語

wrong /rɔːŋ ローング/

形 副 [比較] **more wrong**,
wronger /ローンガ/
[最上] **most wrong**,
wrongest /ローンガスト/

━ 形
❶ (道徳上)**悪い**,不正な,正しくない;(行動などが)間違っている (⇔right¹)
· a *wrong* act 不正な行為
❷ (答えなどが)**間違った**,誤った
· a *wrong* guess 見当はずれの憶測
· go the *wrong* way 間違った道を行く
· take the *wrong* train 電車を間違えて乗る
· Sorry, I think you have the *wrong* number.

(電話で)番号をお間違えのようですよ
· Sorry, I think you have the *wrong* person. 人違いだと思います
📖 There's nothing *wrong* with your answer. あなたの答えは間違っていませんよ
❸ (機械などが)**故障のある**;(人について)ぐあいが悪い((*with...*))
· What's *wrong* with you?
どうしたの,どこかぐあいが悪いの
❹ 不適当な,ふさわしくない
━ 副 **間違えて**,誤って
· answer *wrong* 間違った答えをする
get ***A*** ***wrong*** A (人・事)を誤解する
go ***wrong*** 〈事が〉うまくいかない;〈人が〉間違える;〈機械などが〉調子が狂う
━ 名
❶ Ⓤ 悪,不正
· do *wrong* 罪を犯す
· know right from *wrong*
善悪の区別ができる
❷ ⓒ 不正行為,悪事,悪行
· do *A* a *wrong* Aにひどい仕打ちをする
be ***in*** ***the*** ***wrong*** 間違っている,誤っている
wrongly 副 誤って;不正に

wrongdoing /rɔ́ːŋduːiŋ ローングドゥーイング/
名 ⓒⓤ 悪業,非行,犯罪

wrote /róut ロウト/

動 write の過去形

wrung /rʌ́ŋ ラング/ 動 wring の過去形・過去分詞

wry /rái ライ/ 形
❶ 〈顔などが〉しかめっ面の;〈表情が〉ゆがんだ
❷ 皮肉たっぷりの
wryly 副 顔をしかめて;皮肉たっぷりに

WV ((米郵便)) *W*est *V*irginia ウエストバージニア州

W.Va. ((略)) *W*est *V*irgini*a* ウエストバージニア州

WWW, www

((略)) *W*orld *W*ide *W*eb
ワールドワイドウェブ

WY ((米郵便)) *Wy*oming ワイオミング州

Wy., Wyo. ((略)) *Wyo*ming ワイオミング州

Wyoming /waióumiŋ ワイオウミング/ 名 ワイオミング (略 Wy., Wyo., ((郵便)) WY;米国北西部の州;州都はシャイアン (Cheyenne))

X, x /éks エクス/ 名 (複 **X's, Xs**;**x's, xs** /エクスィズ/)
❶ C U エックス(英語アルファベットの第24字)
❷ ((Xで)) U (ローマ数字の)10
❸ U C 【数学】(第1の)未知数[量]; C 未知の人[物]
❹ ((Xで)) C X字形の物;(投票用紙などの)選択のしるし, 照合のしるし, (テストなどの)誤りのしるし

xenophobia /zènəfóubiə ゼナフォウビア/ 名 U 外国人嫌い, 外国恐怖症

Xerox /zíəraks ズィアラクス/
名 U ((商標)) ゼロックス; C ゼロックス(複写機);ゼロックスコピー
━ 動 他 〈…を〉ゼロックスでコピーする

Xmas /krísməs クリスマス/ 名 U C
((くだけて)) **クリスマス** (Christmas)
➡ 日本ではよくX'masやX-masと書くことがあるが, これは間違い

X-ray /éksrèi エクスレイ/
名 C
❶ ((ふつう X-rays)) エックス線, レントゲン線
❷ エックス線[レントゲン]写真
❸ エックス線[レントゲン]検査
━ 形 エックス線の, レントゲン線の
━ 動 他 〈…の〉エックス線[レントゲン]写真を撮る;〈…を〉エックス線で治療する

xylophone /záiləfòun ザイラフォウン/ 名 C 【音楽】木琴, シロフォン

日本の祝日と年中行事

祝日	元日	1月1日	New Year's Day
	成人の日	1月第2月曜日	Coming-of-Age Day
	建国記念の日	2月11日	National Foundation Day
	天皇誕生日	2月23日	the Emperor's Birthday
	春分の日	3月21日頃	Vernal Equinox Day
	昭和の日	4月29日	Showa Day
	憲法記念日	5月3日	Constitution (Memorial) Day
	みどりの日	5月4日	Greenery Day
	こどもの日	5月5日	Children's Day
	海の日	7月第3月曜日	Marine Day
	山の日	8月11日	Mountain Day
	敬老の日	9月第3月曜日	Respect-for-the-Aged Day
	秋分の日	9月23日頃	Autumnal Equinox Day
	スポーツの日	10月第2月曜日	Sports Day
	文化の日	11月3日	Culture Day
	勤労感謝の日	11月23日	Labor Thanksgiving Day
年中行事	節分	2月3日	the day before the beginning of spring
	豆まき	2月3日	the Bean-Scattering Ceremony
	ひな祭り	3月3日	the Doll's Festival
	母の日	5月第2日曜日	Mother's Day
	父の日	6月第3日曜日	Father's Day
	七夕祭り		the Star Festival
	お盆		the *Bon* Festival
	クリスマス	12月25日	Christmas
	大晦日	12月31日	New Year's Eve

Y, y

Y, y /wái ワイ/ 名 (複 **Y's, Ys:y's, ys** /ワイズ/)
❶ C U ワイ(英語アルファベットの第25字)
❷ U 【数学】(第2の)未知数[量]

y. ((略)) yard(s) ヤード; year(s) 年

yacht /ját ヤト/
名 C ヨット, 快走船
・a racing *yacht* 競走用ヨット
・a *yacht* harbor ヨットハーバー
━ 動 自 ヨットに乗る, ヨットで走る

Yahoo /já:hu: ヤーフー/ 名 C
❶ ((Yahoo!)) 【商標】ヤフー(インターネット検索サイト)
❷ ヤフー(スウィフト作の『ガリバー旅行記』に登場する人間の姿をした獣)

Yangtze /jǽŋtsi: ヤンツィー/ 名 ((the Yangtze)) 揚子江, 長江(中国中部を貫流する同国最大の河川)

yank /jǽŋk ヤンク/ ((くだけて)) 動
━ 他 〈…を〉ぐいと引っ張る
━ 自 (…を)ぐいと引っ張る((*at..., on...*))

Yankee /jǽŋki ヤンキ/ 名 C ((くだけて))
❶ ((英)) ((しばしば けなして)) ヤンキー(米国人のあだ名)
❷ ((米)) ニューイングランドの住民

yard¹ /já:rd ヤード/

名 (複 **yards** /ヤーヅ/) C
❶ **庭, 中庭**
・a front [back] *yard* 前[裏]庭
❷ (学校などの)**構内**; 運動場
❸ 作業場; 物置場; (鉄道の)操車場

yard² /já:rd ヤード/

名 (複 **yards** /ヤーヅ/) C
ヤード(長さの単位で約0.9メートル; 略 yd.)
・by the *yard* ヤード単位で
yardage 名 U C ヤードで測った長さ

yarn /já:rn ヤーン/ 名 U 毛糸, 編み糸

yawn /jɔ́:n イヨーン/
動 自 あくびをする
━ 名 C あくび
・with a *yawn* あくびをしながら

yd., yd ((略)) yard(s) ヤード

yea /jéi イェイ/ 名 C 賛成(の返事); 賛成投票

yeah /jéə イェア/ 副 ((くだけて)) うん(yes)

year /jíər イア/

名 (複 **years** /イアズ/) C
❶ **1年(間)**
・last *year* 去年
・the *year* before last 1昨年
・this *year* 今年
・next *year* 来年
・the *year* after next 再来年
・every other *year* 1年おきに, 隔年で
・a *year* from today 来年のきょう
・for 3 *years* 3年間
・in the *year* 2010 西暦2010年に
・(A) Happy New *Year*! 新年おめでとう
❷ **…歳**; ((years)) **年齢**
・a boy of ten (*years*) = a ten-*year*-old boy 10歳の少年
・get on in *years* 老いる
・for *one's years* 年齢の割には
・"How old are you?" "I'm sixteen *years* old." 「何歳ですか」「16歳です」
・He is mature beyond his *years*.
彼は年齢以上に成熟している
❸ **学年, 年度**
・the academic *year* (大学などの)年度
・I'm in the first *year* of high school.
ぼくは高校1年生です
・The school *year* begins in September in America.
アメリカでは学校年度は9月に始まります
❹ ((years)) 多年; 長い間
・*years* ago 何年も前に
・for *years* 何年も
all (the) year around 1年じゅう
by the year 年決めで
from year to year 毎年毎年, 年々歳々
year after year 来る年も来る年も, 毎年
year by year 年ごとに, 年々
year in and year out = year in, year out 年がら年じゅう

yearbook /jíərbùk イアブク/ 名 C
❶ 年鑑, 年報

year-end

❷ ((米)) 卒業記念アルバム
year-end /jíərénd イアレンド/ 形 年末の
・a *year-end* party 忘年会
yearlong /jíərlɔ́ːŋ イアローング/ 形 1年間続く, (丸)1年にわたる
yearly /jíərli イアリ/
 形 毎年の; 年1回の
・a *yearly* event 年中行事
・a *yearly* income 年収
 ━ 副 年に一度; 毎年
yearn /jə́ːrn ヤーン/ 動 (自)
 ❶ (…に)あこがれる (*for*...)
 ❷ しきりに(…)したがる (*to do*)
 yearning 名 U|C あこがれ, 強い思い
yeast /jíːst イースト/ 名 U イースト, パン種, 酵母(こうぼ)
yell /jél イェル/
 動
 ━ (自) 大声で叫ぶ, わめく
 ━ (他) 〈…を〉叫んで[大声で]言う
・*yell* his name 大声で彼の名前を呼ぶ
 ━ 名 C 叫び声, わめき; (応援の)エール

yellow /jélou イエロウ/

 形 比較 **yellower** /イエロウア/
  最上 **yellowest** /イエロウアスト/
 黄色の, 黄色い
・Leaves turn *yellow* in (the) fall.
 秋には木の葉は黄色くなる
 ━ 名 (複 **yellows** /イエロウズ/) U|C 黄色; 黄色の衣服
 yellowish 形 黄色がかった, 黄ばんだ
Yellowstone /jéloustòun イエロウストウン/ 名 (((the) Yellowstone National Park)) イエローストーン国立公園 (米国北西部の国立公園で, 間欠泉で有名)
yelp /jélp イェルプ/
 動 (自) 〈犬などが〉キャンキャンほえる; 〈人が〉悲鳴を上げる, 甲高く叫ぶ
 ━ 名 C キャンキャンほえる声; 悲鳴

yen /jén イェン/

 名 (複 **yen** /イェン/) C
 ❶ 円 (日本の通貨単位); (金額を表す)円
・1,000 *yen* 千円
 ❷ ((the yen)) 円相場

yes /jés イェス/

 副 ((比較なし))

 ❶ ((疑問詞のない質問文に肯定的に答えて)) はい, そうです; ((否定形の質問文に答えて)) いいえ
・"Do you know him?" "*Yes*, I do."
 「彼を知っていますか」「はい, 知っています」
・"Don't you know him?" "*Yes*, I do."
 「彼を知らないの」「いいえ, 知っています」
 ❷ ((相手に同意して)) そうです
・"He is so smart." "*Yes*, he is."
 「彼, 頭いいよね」「そうだね」
 ❸ ((呼びかけ・命令などに答えて)) はい
・"Come at once!" "*Yes*, sir."
 「すぐに来なさい」「はい, かしこまりました」
 ❹ ((相手の呼びかけに対して)) えっ, 何でしょうか
・"Do you have a minute?" "*Yes*?"
 「ちょっといいですか」「えっ, 何ですか」
 ❺ ((あいづちを表して)) はい, そうですか
 ❻ ((相手に話の先を促して)) そう, それで
・"And something funny happened." "*Yes*?"
 「で, おもしろいことが起こったんだよ」「それで」
 ❼ ((喜びを表して)) やった
・*Yes*, I made it. やったあ
 ❽ ((相手の否定的な発言などに反論して)) いや
・"That's not right." "*Yes*, it is."
 「それは正しくないよ」「いや, 正しいよ」
 ❾ ((自分の発言を強めて)) いやそれどころか, しかも
・His grades are good, *yes*, and he is good at sports as well.
 彼は成績優秀で, しかもスポーツも得意だ
 Yes and no. 何とも言えない
 Yes, please.
 (相手の申し出に対して)お願いします
 ━ 名 (複 **yeses**, **yesses** /イェスィズ/)
 ❶ U|C イエスという言葉[返事]; 肯定, 賛成, 同意
・say *yes* イエスと言う, 承諾する
・answer with a *yes* or no
 イエスかノーで答える
 ❷ C ((しばしば yeses, yesses)) 賛成票, 賛成投票者

yesterday
/jéstərdèi イェスタデイ, jéstərdi イェスタディ/
 副 ((比較なし))きのう(は), 昨日(は)
・Where did you go *yesterday*?
 きのうどこに行きましたか

- **名** ⓤ きのう, 昨日；((形容詞的に))きのうの；昨日の
- *yesterday* morning きのうの朝
- the day before *yesterday* おととい, 一昨日

yet /jét イェト/

副 ((比較なし))

❶ ((否定文で))まだ(…ない), 今(のところ)は(…ない)
- I do*n't* yet know your name.
あなたのお名前をまだ知りません

❷ ((ふつう否定文で))((現在形・未来形で))今すぐには(…ない)
- It will *not* rain just *yet*.
雨は今すぐには降らないだろう

❸ ((疑問文で))もう, すでに
- Have you finished your lunch *yet*?
もう昼食は終わりましたか

❹ ((肯定文で))まだ, 依然として, やはり
- I am waiting here *yet*.
私はまだここで待っています

- *be [have] yet to do* まだ…していない
- I *have yet to* read the book.
その本をまだ読んでいない

❺ ((anotherなどの前で))さらに, それに加えて
- I have *yet* [*still*] *another* question.
質問がさらにもう1つある

and [but] yet
それにもかかわらず, しかもなお
- We often quarrel with each other, *and yet* we are good friends.
ぼくたちはよく口論するがそれでも仲良しだ

as (of) yet 今までのところ
not yet まだだ
- "Have you finished your homework?" "No, *not yet*."
「宿題はすんだ?」「いや, まだだよ」

接 それにもかかわらず, けれども
- I am tired, *yet* I can't stop here.
疲れているけれどここでやめるわけにはいかない

yield /jíːld イールド/

動

━他

❶ 〈農作物などを〉産出する, 生じる
- The apple tree *yields* a lot of fruit.
そのりんごの木にはたくさんの実がなる

❷ 〈利益などを〉もたらす

❸ 〈権利などを〉ゆずる, 与える

❹ 〈…を〉放棄する, 手放す；〈…を〉(…に)明け渡す((*to*...))

━自

❶ 〈土地などが〉収穫(しゅうかく)を生む, 作物を産する；利益をもたらす

❷ (…に)負ける, 従う, ゆずる((*to*...))
- He *yielded to* his father.
彼は父親に従った

━名 ⓒ 産出(高), 収穫(高)；収益

yielding **形** 従順な；生産的な

yoga /jóuɡə ヨウガ/ **名** ⓤ ヨガ

yogurt, yoghurt /jóuɡərt ヨウガト/ **名** ⓤ ヨーグルト

- frozen *yogurt* フローズン・ヨーグルト

yolk /jóuk ヨウク/ **名** ⓒⓤ (卵の)黄身

Yosemite /jousémiti ヨウセミティ/ **名** ヨセミテ国立公園(米国カリフォルニア州にある)

you

/ju ユ, jə ヤ; (強) júː ユー/

代 ((人称代名詞：二人称単数・複数の主格・目的格))

所有格	*your* /ユア/ あなた(たち)の
目的格	*you* /ユー/ あなた(たち)に, あなた(たち)を
所有代名詞	*yours* /ユアズ/ あなた(たち)のもの
再帰代名詞	*yourself* /ユアセルフ/ あなた自身に[を]
	yourselves /ユアセルヴズ/ あなたたち自身に[を]

❶ ((主格))あなた(たち)は, あなた(たち)が, 君(たち)は, 君(たち)が
- *You* are very kind.
あなた(たち)はとても親切です
- *You* and I are good friends.
あなた(たち)と私はよい友達です
- Are *you* a high school student?
あなたは高校生ですか
- Do *you* learn English?
あなた(たち)は英語を学んでいますか

❷ ((目的格))
(1) ((他動詞の間接目的語として))あなた(たち)に, あなた(たち)に
- I'll give *you* anything you want.
ほしいものは何でもあなた(たち)にあげよう
(2) ((他動詞の直接目的語として))あなた(たち)を, 君(たち)を
- I love *you*. あなた(たち)を愛しています

- I'll take *you* all to the zoo tomorrow.
あしたみんなを動物園に連れて行こう
❸ ((前置詞の目的語として))あなた(たち), 君(たち)
- I'll sing this song for *you*.
この歌をあなた(たち)のために歌おう
❹ ((呼びかけで))君(たち)
- Hey, *you* guys! ねえ, 君たち
❺ ((一般に))人は, 誰でも
➡ ふつう日本語には訳さない
- *You* should be kind to others.
(人は誰でも)他人に親切にしなければならない
- *You* never can trust weather forecasts.
天気予報はまったく当てにならない
❻ ((改まって))(特定の地域の)人々
➡ ふつう日本語には訳さない
- Do *you* have much snow here?
当地では雪がたくさん降りますか
- What language do *you* speak in Switzerland? スイスでは何語が話されていますか
you(,) too ご同様に
- "Have a nice day." "*You, too*."
「いい一日を過ごしてね」「あなたもね」

you'd

/jud ユド; ((強)) júːd ユード/ ((くだけて))
❶ you had の縮約形
❷ you would の縮約形

you'll

/jul ユル; ((強)) júːl ユール/ ((くだけて))
❶ you willの縮約形
❷ you shallの縮約形

young /jʌ́ŋ ヤング/

形 比較 **younger** /ヤンガ/
最上 **youngest** /ヤンガスト/
❶ **若い**, 幼い; **年下の**(⇔old)
- *young* people 若者
- a *young* tree 若木
- a *young* child 幼い子ども
- a *younger* brother 弟
- He is *younger* than I. 彼は私より年下だ
- 若々しい, 若く見える
- Mr. Brown is *young* for his age.
ブラウンさんは年のわりには若い
young and old 老いも若きも, みんな
― 名
❶ ((the young))((複数扱い))**若者**, 青少年

❷ Ⓤ (動物・鳥などの)子, ひな
youngster /jʌ́ŋstər ヤングスタ/ 名 Ⓒ 若者, 青(少)年; 子ども

your

/jər ヤ; ((強)) júər ユア | jɔ́ː ヨー/
代 ((人称代名詞:youの所有格))
❶ **あなた(たち)の, 君(たち)の**
- *Your* father is a doctor.
あなたのお父さんは医師です
❷ ((高貴な人に対して直接呼びかける敬称として))
- *Your* Majesty [Honor] 陛下[閣下]

you're

/jər ヤ; ((強)) júər ユア | jɔ́ː ヨー/
((くだけて)) you areの縮約形

yours /júərz ユアズ/

代 ((人称代名詞:youの所有代名詞))
❶ ((単数・複数扱い))**あなた(たち)のもの, 君(たち)のもの**
- *A of yours* あなた(たち)のA
- Is Ann a friend *of yours*?
アンはあなたの友達ですか
- My hair is brown, but *yours* is blond.
私の髪は茶色だが, あなたのは金色だ
❷ ((ふつう Yours,))((手紙の結びに用いて)) 敬具, 草々
- *Yours*, Makoto 誠より
- Sincerely *yours*, = ((主に英)) *Yours* sincerely, 敬具

yourself

/juərsélf ユアセルフ/
代 ((人称代名詞:you (あなた)の再帰代名詞)) (複) **yourselves** /ユアセルヴズ/
❶ ((再帰用法))(他動詞や前置詞の目的語として))**あなた自身を[に], 君自身を[に]**
- Please help *yourself* to the cookies.
どうぞ自由にクッキーをお取りください
- Take care of *yourself*. 体に気をつけて
❷ ((強調用法))あなた自身(で), 君自身(で), あなたみずから
- You must do it *yourself*.
自分でそれをしなければなりません
❸ 本来の[平素の]あなた[君]
by yourself あなただけで;独力で
for yourself あなた自身のために;独力で

yourselves

/juərsélvz ユアセルヴズ/

代 ((人称代名詞:you(あなたたち)の再帰代名詞))

❶ ((再帰用法))((他動詞や前置詞の目的語として))**あなたたち自身を[に], 君たち自身を[に]**

- You enjoyed *yourselves* playing golf.
  あなたたちはゴルフを楽しんだ

❷ ((強調用法))あなたたち自身(で), 君たち自身(で), あなたたちみずから

- You said so *yourselves*.
  あなたたち自身がそう言ったんですよ

❸ 本来の[平素の]あなたたち[君たち]

by yourselves あなたたちだけで;独力で
for yourselves
あなたたち自身のために;独力で

youth* /júːθ ユース/

名 (複 **youths** /ユースス, ユーズズ | ユーズズ/)

❶ Ⓤ **若さ, 若いこと;若々しさ**

- She has kept her *youth*.
  彼女は今も若さを保っている

❷ Ⓤ **青年時代, 青春(期)**

- in *one's youth* 青春時代に

❸ ((the youth))((単数・複数扱い))**若者たち, 青年男女**

- a *youth* hostel ユースホステル(主に青少年向けの安価な宿泊施設)

❹ Ⓒ ((しばしばけなして))青年, (主として10代の)少年

youthful **形** 若い, 若々しい;若者らしい;初期の

youthfully **副** 若々しく, 若者らしく

youthfulness **名** Ⓤ 若々しさ, 若者らしさ

you've

/juv ユヴ; (強) júːv ユーヴ/

((くだけて))you have の縮約形

yo-yo /jóujòu ヨウヨウ/ **名** Ⓒ ヨーヨー(おもちゃ)

yuan /juːɑ́ːn ユーアーン/ **名** Ⓒ 元(中国の通貨単位)

yuck /jʌ́k ヤク/ **間** (嫌悪(ポン)・反感などを表して)オエッ, ゲー

yummy /jʌ́mi ヤミ/ **形** ((くだけて))おいしい;快い, すてきな

文房具のいろいろ

鉛筆	pencil
ボールペン	ballpoint pen
シャープペンシル	mechanical pencil
ペン	pen
マーカー	marker (pen), highlighter
筆箱	pencil case
ノート	notebook
下敷き	desk pad, sheet of plastic
消しゴム	eraser
糊	glue
スティック糊	glue stick
定規	ruler
三角定規	triangle, set [framing] square
分度器	protractor
コンパス	compass, (a pair of) compasses
ホチキス	stapler
ホチキスの針	staple
カッター	cutter
鉛筆削り	pencil sharpener
はさみ	(a pair of) scissors

Z, z

Z, z /zí: ズィー | zéd ゼド/ 名 (複 **Z's, Zs; z's, zs** /ズィーズ/)
❶ C|U ズィー(英語アルファベットの第26字)
❷ U 【数学】(第3の)未知数[量]

zeal /zí:l ズィール/ 名 U 熱意, 熱心さ
　zealous 形 熱心な

zebra /zí:brə ズィーブラ/ 名 C 【動物】縞馬(しまうま)

zenith /zí:niθ ズィーニス/ 名 C
❶ 【天文】天頂
❷ 頂点;絶頂;全盛

zero /zíərou ズィアロウ/
名 (複 **zeros, zeroes** /ズィアロウズ/)
❶ C (アラビア数字の)**0, ゼロ**, 零
❷ U (温度の)零度;(試験などの)零点
・The temperature was 5 degrees below *zero*. 気温は零下5度だった
❸ U 無, 空(くう), 何もないこと
・The profit amounted to *zero*. もうけはゼロだった

zest /zést ゼスト/ 名 U
❶ (…に対する)熱意;強い興味((*for*...))
・with *zest* 熱心に
❷ 風味を添える物, オレンジ[レモン]の外皮;ぴりっとする刺激;魅力

Zeus /zú:s ズース/ 名 【ギリシャ神話】ゼウス(古代ギリシャの最高神で,天の支配者)

zigzag /zígzæg ズィグザグ/
　名 C ジグザグ形, Z字形;ジグザグ形の物
　━ 形 ジグザグ形の
　━ 副 ジグザグに

zinc /zíŋk ズィンク/ 名 U 【化学】亜鉛(元素記号 Zn)

zip /zíp ズィプ/
名
❶ C ((主に英)) ジッパー, ファスナー (((米)) zipper)
❷ C (弾丸などの)ビュッという音
❸ U ((くだけて)) 元気, 活力
━ 動 他 〈…を〉ジッパーで締める((*up*))
　zipper 名 C ((主に米))ジッパー, ファスナー

zip code /zíp kòud ズィプ コウド/ 名 U|C ((米))郵便番号

zodiac /zóudiæk ゾウディアク/ 名
❶ ((the zodiac)) 【天文】黄道帯(こうどうたい)
❷ C 【占星】十二宮図(黄道帯を12等分し, それぞれに星座を配した図)

zombie /zámbi ザムビ/ 名 C ゾンビ;無気力な人

zone /zóun ゾウン/ 名 C
❶ 地帯, 地域, 地区
・a safety *zone* (道路の)安全地帯
・a school *zone* 文京地区
❷ 【地理】(気候区分の)帯(たい)
・the temperate *zone* 温帯
・the frigid *zone* 寒帯
・the tropical *zone* 熱帯

zoo* /zú: ズー/ 名 (複 **zoos** /ズーズ/) C 動物園
・go to the *zoo* 動物園に行く

zoology /zouálədʒi ゾウアラヂ/ 名 U 動物学
　zoological 形 動物学の
　zoologist 名 C 動物学者

zoom /zú:m ズーム/
動
━ 自
❶ 〈飛行機などが〉急上昇する((*up*))
❷ 〈物価・価格などが〉急騰する, 急に上がる((*up*))
❸ ズームレンズで拡大[縮小]する((*in, out*))
━ 他 〈カメラを〉ズームイン[アウト]させる
━ 名 U (飛行機の)急上昇(の音)

ZZZ, zzz /z: ズー/ 間 グーグー(漫画のいびきの音)

和英辞典

本辞典は、ごく一般的な高校生が、朝目覚めて、昼間を学校で過ごし、夜寝るまでの平均的な一日の行動や出来事を日記につづり、しかも授業の英作文でも応用できるように編集しています。

そのため、日本語の見出し語を約13,000語、その応用文例を約5,000件、収録しました。

常に「英和辞典」を参考にして、この「和英辞典」を活用してみてください。

この和英辞典の主な約束事

,	訳語の小さな区分
;	訳語の大きな区分
・	用例の始まり
/	同じ内容を表す文例の区切り
( )	省略することができます
[ ]	前の語(句)と言い換えることができます
〈 〉	前後にある語(句)と結び付きの強い語の例をあげています
〔 〕	見出し語を意味・用法ごとに区分しています
【 】	見出し語が使用される分野を表しています
a, an	名詞に付いているこの不定冠詞は可算名詞(数えられる名詞)であることを表しています
((米))((英))	それぞれアメリカ、イギリスで使われることを表しています
one's	主語と同じ人称代名詞の所有格を表しています
A's	主語と異なる人称代名詞の所有格を表しています
A, B	主語とは別の人・物・事であることを表しています
⇨	別の見出し語を参照してみてください
as... など	下の3点があれば前置詞や接続詞であることを表しています

あ

ああ Ah! / Oh! / Aha!
・ああ驚いた Oh! What a surprise!
・ああそうです Oh, yes.

アーカイブ【コンピュータ】**an archive**
アーケード an arcade
アーモンド【植物】〔実・木〕an almond
愛 〔愛情〕affection
 愛する〔好きである〕love;〔親愛な〕dear
・私は彼女を愛している I love her.
・彼らは愛し合っている They are in love with each other.
・私の愛する妹 my dear sister
 愛らしい lovely
相変わらず as ... as ever;〔いつも〕always;〔いつものとおり〕as usual
・彼は相変わらず元気だ He is as cheerful as ever.
愛きょうのある charming, attractive
愛犬 *one's* pet dog
合い言葉 a password
アイコン【コンピュータ】an icon
あいさつ a greeting
・私たちは新年のあいさつをかわした We exchanged New Year's greetings.
 あいさつする greet
 あいさつ状 a greeting card
アイシー 〔半導体集積回路〕IC (integrated circuit の略)
愛称 a nickname, a pet name
相性 chemistry
愛情 affection ⇨ 愛
アイス 〔氷〕ice
 アイスクリーム ice cream
・アイスクリームを3つください Three ice creams, please.
 アイスコーヒー iced coffee
合図 a sign;〔信号〕a signal
 合図する sign, signal, make [give] a sign
・彼は私に来いと合図した He signaled me to come.
愛想がいい amiable;〔社交的な〕sociable
間
 ❶〔…の期間(中)〕for..., during..., while...
・私は長い間彼に会っていない I haven't seen him for a long time.
・彼女はしばらくの間だまっていた For some time she was silent.
・彼は夏休みの間にそこを訪れた He visited there during the summer holidays.
・私が話している間は静かにしてください Please be quiet while I am speaking.
 ❷〔二つの〕between...;〔三つ以上の〕among...
・その列車は東京と大阪の間を走っている The train runs between Tokyo and Osaka.
・彼女は学生の間で大変人気がある She is very popular among students.
間柄 ⇨ 関係
愛着 an attachment 〈for..., to...〉
・彼はその古い家に特別の愛着を持っていた He had a special attachment to the old house.
あいつ〔あの男〕he, that fellow,《米》that guy

あいづち〔応答〕a 〈quick〉 response
相手〔仲間〕a companion, a partner;〔競争相手〕a rival, an opponent;〔遊び相手〕a playmate
・彼には話し相手がいなかった He had no one to talk with.
アイデア〔考え・着想〕an idea
アイティー〔情報技術〕IT (information technology の略)
アイディー〔身分証明書〕ID (identifier の略)
愛読する love reading
・この本は高校生に愛読されている This book is popular among high school students.
 愛読者 a devoted reader;〔定期的な〕a regular reader
 愛読書 *one's* favorite book
アイドル〔人気者〕an idol
あいにく unfortunately
・あいにく雨だった Unfortunately it rained.
・あいにく彼は出かけています I'm sorry, but he is out now.
合間に in the intervals 〈between...〉
あいまいな vague, ambiguous
・この文の意味があいまいだ The meaning of this sentence is not clear.
アイロン an iron
 アイロンをかける iron 〈*one's* pants〉
会う〔出会う〕meet;〔面会する〕see;〔偶然に〕come across..., run into...
・私は通りで彼に会った I met him on the street.
・私は彼に3年ほど会っていない I haven't seen him (for) about three years.
・お会いできてとてもうれしい I'm very glad to meet you. / Nice to meet you.
合う〔大きさなどが〕fit;〔適する〕suit;〔似合う〕become;〔意見が一致する〕agree 〈with...〉
遭う〔風雨などに〕be caught in...
・私はひどい雨に遭った I was caught in a heavy rain.
アウト【野球】out
・彼はライトフライでアウトになった He was out on a fly to right.
アウトプット【コンピュータ】〔出力〕output
 アウトプットする output
アウトライン〔輪郭〕an outline
あえぐ〔息を切らす〕gasp, pant
敢えて…する dare to *do*
青い blue;〔緑(の)〕green;〔顔色が〕pale
 青くなる, 青ざめる〔顔が〕turn pale
 青白い pale
 青信号 a green light
 青空 a blue sky
あおぐ〔うちわで〕fan 〈a fire〉
仰ぐ〔見上げる〕look up 〈at...〉;〔尊敬する〕look up to..., respect;〔求める〕ask for...
あおむけ
・彼はあおむけに倒れた He fell on his back.
あか dirt
・彼は体のあかを洗い落とした He washed off the dirt.
赤(い) red
 赤くなる turn red;〔顔が〕flush, blush 〈with

shame〉
赤信号 a red light
赤字
・私の商売は赤字です My business is in the red.
明かす〔過ごす〕spend, pass 〈a night〉;〔打ち明ける〕disclose, reveal 〈a secret〉
アカデミー〔学院・芸術院〕an academy
　アカデミー賞〔映画〕an Academy Award
明かり〔灯火〕a light, a lamp;〔光〕light
・明かりをつけてください Please turn on the light.
上がる
　❶〔上に〕go up, rise;〔気温が〕get high
・彼は屋根に上がった He went up on the roof.
・物価が上がっている Prices are rising.
・また円が上がった The yen went up again.
　❷〔緊張する〕get nervous
明るい light;〔輝いている〕bright
・明るい朝 a bright morning
・この部屋は明るい This room is light.
　明るく bright, brightly
・月が明るく輝いていた The moon was shining bright [brightly].
赤ん坊 a baby
秋 autumn,《米》fall
　秋に(は) in (the) fall [autumn]
・彼は2010年の秋にそこを訪れた He visited there in the fall of 2010.
空き
　空き時間 free time
　空き地 an open space
　空きびん an empty bottle
明らかな clear;〔分かりやすい〕plain
・あなたが正しいことは明らかだ It is clear that you are right.
　明らかに clearly; plainly
・ついに真相が明らかになった The truth has just been revealed.
あきらめる give up
・彼はその計画をあきらめた He gave up the plan.
飽きる get tired 〈of...〉
・私はその仕事に飽きた I got tired of the work.
アキレス腱 Achilles' tendon
あきれる〔驚く〕be amazed 〈at...〉;〔いやになる〕
　be disgusted 〈with...〉
開く open ⇨ 開(ひら)く
・その店は10時に開きます The store opens at ten.
空く〔からになる〕be empty;〔ひまになる〕be free
・その部屋は空いている The room is empty.
・きょうの午後は空いていますか Are you free this afternoon?
悪 bad, evil;〔悪徳〕vice
悪意 ill will
握手 a handshake
　握手する shake hands 〈with...〉
・私は彼と握手した I shook hands with him.
悪習 a bad habit
悪臭 a bad smell
アクセサリー〔装飾品〕accessories
アクセス【インターネット】access 〈to...〉
　アクセスする access 〈the Internet〉
アクセル〔自動車の〕an accelerator
　アクセルを踏む step on the accelerator
アクセント〔強勢〕(an) accent
悪天候 bad weather
悪人 a bad man
あくび a yawn
　あくびをする yawn, give a yawn
悪魔 a devil, a demon
あくまで(も)〔最後まで〕to the last, to the end;
〔極力〕to the utmost
悪夢 a bad dream, a nightmare
悪用する misuse, abuse, make ill use 〈of...〉
あぐらをかく sit crosslegged, sit with one's legs crossed
握力 (a) grip
・彼は握力が強い He has a strong grip.
アクロバット〔曲芸〕acrobatics
明け〔期間の〕the end 〈of the rainy season〉
　明け方 dawn, daybreak
　明けの明星 the morning star;〔金星〕Venus
揚げ足を取る find fault with...
開ける open
・戸を開けておく keep the door open
・窓を開けてください Please open the window.
空ける〔からにする〕empty;〔場所を〕make room 〈for...〉
・彼はコップの水を空けた He emptied the water from the glass.
・彼女は立ってそのお年寄りに席を空けた She stood up and made room for the old man.
明ける〔夜が〕break, dawn
・夜が明けてきた The day is breaking.
上げる
　❶〔上に〕raise, hold up, put up;〔のろしを〕set up;〔持ち上げる〕lift
・顔を上げる raise one's face
　❷〔与える〕give
・この本をあなたにあげよう I will give you this book. / I will give this book to you.
挙げる raise 〈one's hand〉
揚げる〔油で〕fry 〈fish〉
・私は昼食に魚を揚げた I fried some fish for lunch.
あご〔上あご・下あご〕a jaw;〔あご先〕a chin
アコーディオン〔楽器〕an accordion
あこがれ (a) longing, yearning
　あこがれる long [yearn] 〈for..., after...〉
朝 morning
・私は朝は6時に起きる I get up at six in the morning.
・彼は5月3日の朝に着いた He arrived on the morning of May 3.
・彼女は毎朝散歩をする She takes a walk every morning.
　朝日 the morning sun
　朝飯 breakfast ⇨ 朝食
浅い shallow
・この川は浅い This river is shallow.
あざける laugh at..., scorn, ridicule
あさって the day after tomorrow
・あさっては数学のテストがある We are going to have a math test the day after tomorrow.

朝寝(坊)する get up [rise] late
あざむく deceive, cheat
鮮やかな〔鮮明な〕**clear, fresh, bright**;〔見事な〕**splendid**
　鮮やかに clearly, brightly; splendidly
足
　❶〔足首から先〕**a foot**(|複| **feet**);〔猫などの〕**a paw**
　・足を組んで座る sit down with *one's* legs crossed
　足跡 a footprint, a footstep
　足音 footsteps
　足首 an ankle
　❷〔歩行・足取り〕**a pace, a step**
　・彼は足が速い[遅い] He walks fast [slow].
　・私に足並みをそろえなさい Keep pace with me.
　・足元に気をつけなさい Watch your step.
脚 a leg
味 (a) taste;〔香りを伴った〕**(a) flavor**
　味がする taste (of...)
　・それは苦い味がする It has a bitter taste. / It tastes bitter.
　味わう taste;〔楽しむ〕enjoy
あじ【魚】a horse mackerel
アジア Asia
　アジアの Asian, Asiatic
　アジア大陸 the Asian Continent
アシスタント〔助手〕**an assistant**
あした tomorrow
　・あしたは日曜日です Tomorrow is Sunday. / It is Sunday tomorrow.
　・ではまたあした See you tomorrow.
あす ⇨ あした
預ける leave〈a key with *A*〉
　預かる keep〈*A's* key〉
アスパラガス【植物】asparagus
アスピリン〔解熱鎮痛剤〕**(an) aspirin**
アスファルト asphalt
汗 sweat, perspire
　・彼は額の汗をぬぐった He wiped the sweat from his brow.
　汗をかく sweat
　・彼は汗をかいている He is sweating.
あせる¹〔もどかしがる〕**be impatient**;〔急ぐ〕**hurry**
あせる²〔色が〕**fade (away), lose color**
あそこに there, over there
　・あそこに私の家が見える I can see my house (over) there.
遊び〔遊戯〕**play**;〔娯楽〕**amusement**;〔競技〕**a game, a contest**
　・遊びで for pleasure
　遊び相手 a playmate
遊ぶ play
　・公園で遊びましょう Let's play in the park.
　・私はよく誠と遊びます I often play with Makoto.
　・遊ばずに勉強ばかりしていると男の子(子ども)は駄目になる(よく学びよく遊べ) All work and no play makes Jack a dull boy.
価, 値〔値段〕**price**;〔価値〕**value**
　値する be worth〈thousand yen〉, deserve〈praise〉
与える give
　・私は彼に本を与えた I gave him a book. / I gave a book to him.
　・彼は賞を与えられた He was given a prize.
あたかも ⇨ まるで
暖かい, 温かい warm
　・暖かい日 a warm day
　・家の中は暖かい It is warm in the house.
　・日ごとに暖かくなっている It is getting warmer day by day.
　・彼らは私たちを温かく迎えてくれた They gave us a warm welcome.
暖まる, 温まる warm *one*self, get warm〈in the bath〉
　暖める, 温める warm, heat〈the room〉
あだ名 a nickname
頭 a head
　・彼は頭がよい[悪い] He has a clear [dull] head. / He is smart [dull].
　・彼は私の頭を打った He struck me on the head.
　・頭を使いなさい Use your head.
　・頭が痛い I have a headache.
新しい new;〔新鮮な〕**fresh**
　・彼は新しい車を買った He bought a new car.
　・彼女のドレスは新しい Her dress is new.
　新しく newly; freshly
辺り
　・この辺りに住む人はいなかった There was no one living around here.
当たり〔的中〕**a hit**;〔成功〕**a success**
　・その映画は大当たりだった The movie was a great hit.
当たり前 ⇨ 当然
当たる hit, strike
　・矢が鳥に当たった The arrow hit a bird.
　・石が彼の頭に当たった The stone struck him on the head.
あちこち here and there, from place to place
　・鳥があちこちで鳴いている Birds are singing here and there.
　・彼はあちこち旅行した He traveled from place to place.
あちら〔あちらに〕**there, over there**;〔あちら側〕**the other side**
　・あちらに行きなさい Go (over) there.
　・あちらに着いたらすぐ電話します I'll phone you as soon as I get there.
　・タクシー乗り場はあちらです The taxi stand is over there.
あっ Ah! / Oh!
　・あっ, ライオンだ Look! There's a lion.
　・あっ, 時計がない Dear me! My watch is gone.
熱い, 暑い hot
　・熱いコーヒー hot coffee
　・きょうは暑い It is hot today.
　・鉄は熱いうちに打て 《ことわざ》 Strike the iron while it is hot.
　熱さ (the) heat
　暑さ (the) heat, hot weather
厚い thick
　・厚い板 a thick board
　厚さ thickness

- その氷は厚さが3センチある The ice is three centimeters thick.

悪化する become worse

扱う 〔人を〕treat, deal with...; 〔物を〕handle
扱い treatment; handling
- 彼らは私を子ども扱いした They treated me as a child.
- この道具の扱い方を知っていますか Do you know how to handle this tool?

厚かましい impudent, shameless

暑苦しい sultry

あっさり 〔容易に〕easily
あっさりした simple, plain

圧縮する compress

圧倒する overwhelm
圧倒的な overwhelming

アットマーク an at sign (略 @)

アップグレードする 【コンピュータ】upgrade 〈a program〉

アップデートする 【コンピュータ】update 〈information〉

アップロードする 【コンピュータ】upload 〈data〉

集まり 〔会合〕a meeting, a gathering; 〔社交の〕a party

集まる gather, meet, get together
- 子どもたちは彼の周りに集まった The children gathered around him.
- 運動場に集まろう Let's meet together on the playground.
- 私たちは6時に集まった We got together at six o'clock.

集める gather, collect; 〔金を〕raise 〈money〉
- 彼は子どもたちを周りに集めた He gathered children around him.
- 切手を集めるのが私の趣味です Collecting stamps is my hobby.

圧力 pressure

当て 〔目的〕an aim, an object
当て(ど)もなく aimlessly, without aim

あて名 an address

当てはまる apply 〈to...〉

当てる 〔命中させる〕hit; 〔あてがう〕put, place; 〔言い当てる〕guess

後
❶〔時間〕after...; 〔後で〕later
- 昼食の後で私たちはまた勉強します After lunch we will study again.
- 私たちは1時間ばかり歩いた後で休憩した After walking for about an hour, we took a break.
- また後でね See you later.
- 後で電話します I'll call you later.

❷〔位置〕back; 〔…の後ろに〕behind..., at the back of...
- 彼は後を振り返った He looked back.
- 彼女は私の後に座った She sat behind me.

跡 a mark, a print; 〔形跡〕traces; 〔通った跡〕a track, a trail

後脚 a hind leg

後片付けをする clean up; 〔食事の〕clear the table

アドバルーン 〔広告用の気球〕an advertising balloon

後戻りする 〔引き返す〕go back, return; 〔後ずさりする〕step back

アトリエ 〔制作室〕an atelier, a studio

アドレス 〔住所〕an address; 【インターネット】an address

穴 a hole; 〔ほら穴〕a cave

アナウンサー an announcer

アナウンス an announcement

あなた(たち)は[が]
❶ you
- あなたたちは高校生です You are (senior) high school students.
あなた(たち)の your
- これはあなた(たち)の鉛筆です This is your pencil.
あなた(たち)に[を] you
- この本をあなた(たち)にあげます I'll give you this book.
- あなた(たち)を愛しています I love you.
あなた(たち)のもの yours
- この傘はあなた(たち)のものです This umbrella is yours.
あなた自身 yourself
- あなた自身がそう言った You yourself said so.
あなたたち自身 yourselves
- あなたたち自身でそれをした You yourselves did it.

❷〔呼び掛け〕〔男性に〕sir; 〔女性に〕ma'am; 〔夫婦・恋人間で〕my dear, darling

あなどる despise, make light of 〈A's opinion〉

兄 a brother, an older 〔《英》elder〕brother

姉 a sister, an older 〔《英》elder〕sister

あの that (趣 those)
- あの少女はローズです That girl is Rose.
- あの子どもたちを知っていますか Do you know those children?
- あの時あなたは外出していた You were out at that time.
- あのころ私はロンドンに住んでいた I lived in London in those days.

アパート 〔建物〕《米》an apartment house, 《英》flats; 〔部屋〕《米》an apartment, 《英》a flat

暴れる act violently

アピール an appeal
アピールする appeal (for...)

浴びせる 〔水などを〕pour, shower

浴びる bathe, take a bath
- 太陽を浴びる bathe in the sun, sunbathe

危ない dangerous, 〈be〉in danger
- この川で泳ぐのは危ない It is dangerous to swim in this river.
- 危ない,電車が来たぞ Watch out! Here comes a train.
危うく 〔もう少しで〕nearly, almost
- 私は危うく車にひかれるところだった I was nearly run over by a car.

油 oil; 〔脂肪〕fat
油っこい 〔食べ物が〕oily

アプリ(ケーションソフト) 【コンピュータ】application (software)

あふれる overflow, run over

あべこべ ⇨ 反対

甘い sweet
- この果物は甘い This fruit is sweet.
- ぼくは甘い物が好きだ I have a sweet tooth.

甘える behave like a spoiled child;〔犬などが〕**fawn on...**
- 甘えるな Don't act like a baby.

雨具 rainwear

雨垂れ raindrops

アマチュア〔しろうと〕**an amateur**

天の川 the Milky Way

甘やかす indulge, spoil ⟨a child⟩

雨宿りする take shelter from the rain

あまり〔過度に〕**too, too much**
- 最近あまり雨は降らない Recently it doesn't rain too much.
  あまり…ない〔数〕few, not many;〔量〕little, not much;〔程度〕not very
- 彼はあまり友達がいない He has few friends. / He doesn't have many friends.
- 私はあまりお金を持っていない I have little money. / I don't have much money.
- 彼はあまり利口ではない He is not very clever.
  あまりに…なので…できない so ... that *A* **cannot** *do*; **too ... for** *A* **to** *do*
- この本はあまりに難しくて私には読めない This book is so difficult that I cannot read it. / This book is too difficult for me to read.
  あまりに(も) too, too much
- 彼はあまりに働き過ぎる He works too hard.
- 彼女はあまりにもしゃべり過ぎる She talks too much.

余り〔残り〕**the rest**;〔以上〕**over..., more than...**
- ミルクの余りは猫にあげた The rest of the milk was given to the cat.
- 駅まで歩いて20分余りかかる It takes more than twenty minutes to walk to the station.

余る〔残る〕**remain, be left (over)**
- 10から7を引くと3が余る If you take 7 from 10, 3 remains.
- 時間はまだ余っている There is some time left.

網 a net
  網棚 a (luggage) rack

編む knit
- 私はセーターを編んでいる I am knitting a sweater.
  編み物 knitting

あめ〔キャンディー〕《米》**(a) candy**,《英》**sweets**

雨 rain;〔にわか雨〕**a shower**;〔降雨〕**(a) rainfall**
- 私たちは雨の中を歩いた We walked in the rain.
- 今年は雨が少ない[多い] We have little [a lot of] rain this year.
  雨が降る It rains.
- きょうは雨が降っている It is raining today.
- 雨が降り出した It began to rain.
- 昨夜はひどく雨が降った It rained heavily last night. / We had a heavy rain last night.
  雨がやむ It stops raining.
  雨の降る, 雨の多い rainy
- 雨の降る日 a rainy day
- 6月は雨の多い月です June is a rainy month.

アメリカ America
  アメリカ(人)の American
- 私にはアメリカ(人)の友達がいる I have an American friend.
  アメリカ人〔一人〕an American;〔全体〕the Americans
  アメリカ合衆国 the United States of America (略 the United States, the States, U.S.A., U.S.)
  北アメリカ North America
  南アメリカ South America

怪しい doubtful, suspicious
- 彼が来るかどうか怪しいものだ It is doubtful if he will come. / I doubt if he will come.

怪しむ doubt, suspect
- 私たちはそれが事実かどうか怪しむ We doubt that it is true.

あやつる handle, manage ⟨a machine⟩

過ち a fault
- 過ちを犯す make [commit] a fault

誤り ⇨ 間違い

誤る ⇨ 間違える

謝る apologize ⟨to...⟩
- 私は彼に自分の不作法を謝った I apologized to him for my bad manners.

歩み a step, a pace

あら ⇨ あっ

荒い rough, rude;〔激しい〕**violent**
- 海が荒い The sea is rough.
- 彼は言葉づかいが荒い His speech is rough.
  荒く roughly, rudely; violently

粗い〔布目などが〕**coarse**

洗う wash;《米》**have a wash**
- 顔を洗いなさい Wash your face.

あらかじめ beforehand, in advance
- 彼はあらかじめ用意しておいた He made preparations in advance.

嵐 a storm
- 私たちは嵐に遭った We were caught in a storm.
  嵐の stormy

荒らす〔害する〕**harm, damage**;〔荒廃させる〕**ruin**

あらすじ an outline, a plot, a summary

争い〔口論〕**a quarrel**;〔論争〕**a dispute**;〔競争〕**competition**;〔もめごと〕**trouble**

争う〔口論する〕**quarrel** ⟨with...⟩;〔論争する〕**dispute** ⟨with...⟩;〔競争する〕**compete** ⟨with...⟩

新たな new, fresh
  新たに newly, freshly

改まる〔変わる〕**change, be changed**;〔新しくなる〕**be renewed**;〔儀式ばる〕**be formal**

改めて〔再び〕**(over) again**;〔新たに〕**newly**;〔特に〕**particularly, in particular**
- 私は改めて言うことはない I have nothing in particular to say.

改める〔変える〕**change**;〔訂正する〕**correct**
- 彼は計画を改めた He changed his plans.
- 誤りがあれば改めなさい Correct errors, if any.

あらゆる all, every ⇨ すべて
- 彼らはあらゆる種類の花を売っている They sell all sorts of flowers.

あられ〔ひょう〕**hail**;〔1粒の〕**a hailstone**

あられが降る It hails.
表す〔示す〕show;〔表現する〕express, say;〔代表・意味する〕represent, stand for...
- 彼は感情を顔に表さない He does not show his feelings.
- 私はそれを英語でどう表したらよいか分からなかった I didn't know how to say that in English.
- この記号は何を表すのですか What does this sign stand for?
現す〔姿を〕appear ⇨ 現れる
著す〔書物を〕write, publish
現れる appear, come out, show up, turn up
- 美しい少女が私の前に現れた A beautiful girl appeared before me.
- 月が雲の間から現れた The moon came out from behind the clouds.
あり【虫】an ant
ありうる possible, probable
- エネルギーが将来不足することはありうる It is possible that we will be short of energy in the future.
ありがたい〔親切な〕kind;〔ありがたく思う〕be [feel] thankful ⟨to...⟩
ありがとう Thank you. / Thanks.
- どうもありがとうございます Thank you very much.
- お手紙ありがとうございました Thank you for your (kind) letter.
- おいでくださってありがとうございました Thank you for coming.
- 手伝ってくれてありがとう It's very kind of you to help me.
ありのまま the truth, the facts
ありのままに as it is, frankly
- 事実をありのままに話してください Tell me the facts as they are.
アリバイ〔現場不在証明〕⟨have⟩ an alibi
ありふれた common, familiar
ある¹ a, an, one; a certain, some
ある種の… a kind of...
ある日 one day
ある意味では in a sense
- それはある意味では本当だ It is true in a sense.
- ある理由で for a certain reason
- 私はある理由でそこに行けなかった I could not go there for a certain reason.
ある²〔存在する〕be, there is, there are;〔所有する〕have, has;〔立っている〕stand;〔位置する〕locate
- その本は机の上にある The book is on the desk.
- テーブルの上に花びんがある There is a vase on the table.
- この町には学校が三つある There are three schools in this town.
- 昨夜火事があった There was a fire last night.
- このホテルには部屋が50ある This hotel has fifty rooms.
- 私たちの学校は丘の上にある Our school stands on the hill.
あるいは or
- あなたか, あるいは私のどちらかが間違っている Either you or I am in the wrong.

歩く walk, take a walk, go for a walk
- 彼女は歩いて学校に行く She walks to school.
- 彼は町の中をあちこち歩いた He walked about in the town.
- 彼はあちこち歩き回った He walked around here and there.
- 学校は家から歩いて10分だ The school is ten minutes' walk from my house.
アルバイト a side job, a part-time job
- 彼は書店でアルバイトをしている He is working part-time at the bookstore.
アルバム an album
アルファベット the alphabet
あれ
❶ that (圈 those)
- あれは何ですか What is that?
- あれは私たちの学校です That is our school.
❷〔あの時〕then, that time
- あれから彼には会っていない I haven't seen him since then.
あれこれ this and that, one thing or another
あれら those
荒れる〔天候が〕be stormy;〔海などが〕be rough;〔荒廃する〕go to ruin;〔手などが〕get [become] rough
泡 foam, a bubble
泡立つ foam, bubble
泡だらけの foamy
淡い〔色などが〕light;〔かすかな〕faint
合わせる put together
- 彼女は紙を2枚合わせた She put two sheets of paper together.
- …に合わせて to...
- 彼らは音楽に合わせて踊った They danced to the music.
慌ただしい〔忙しい〕busy;〔急いだ〕hurried
慌ただしく hurriedly, in a hurry
慌てる be confused, lose one's head, be upset
慌てて confusedly;〔急いで〕in one's hurry
慌て者 a hasty person
哀れな pitiful, poor
哀れみ pity;〔同情〕sympathy
哀れむ pity, take [feel] pity ⟨on...⟩
あん〔あんこ〕bean jam
案〔計画〕a plan;〔考え〕an idea
- 何かいい案はありませんか Do you have any good ideas?
- それは名案だ That's a good idea.
アンインストールする【コンピュータ】uninstall ⟨software⟩
アンカー〔リレーの〕an anchor
案外 unexpectedly, surprisingly
- この問題は案外難しい This question is harder than I expected.
暗記する learn by heart, memorize
- この文を暗記しなさい Learn this sentence by heart.
アンケート〔質問表〕a questionnaire
暗号 a code
アンコール an encore

暗算する do mental arithmetic
暗示 a hint, a suggestion
　暗示する hint, suggest
暗唱する recite ⟨a poem⟩
安心する feel easy, feel secure
・私は彼の将来については安心している I feel easy about his future.
・安心しなさい Don't worry.
安全 safety
　安全な safe
・お金は安全な場所にしまっておきなさい Keep money in a safe place.
・ここにいれば安全です You are safe here.
　安全に safely
　安全第一 《掲示》 Safety First
アンダーライン 〔下線〕**an underline**
・アンダーラインを引く underline ⟨a word⟩
安定する become stable
　安定させる stabilize
アンテナ 〔空中線〕**an antenna,** 《英》 **an aerial**
あんな such, so, like that
・あんな人は嫌いだ I don't like such a man.
・あんなことをしてはいけない You mustn't do such a thing.
・私はあんな車がほしい I want a car like that.
案内する show, guide, lead
・彼は市内を案内してくれた He showed me around the city.
・彼を部屋に案内しなさい Show him into the room.
・彼は(先に立って)駅まで案内してくれた He led me to the railroad station.
・私が案内しましょう I'll be your guide.
　案内書 a guidebook
　案内所 an information desk [center]
　案内人 a guide
安否 safety
・私たちは彼の安否を気づかった We were anxious about his safety.
安眠する sleep well, have a good [sound] sleep
安楽な easy, comfortable
　安楽に in comfort, comfortably
・彼女は安楽に暮らしている She lives in comfort.
　安楽いす an easy chair

い

胃 the stomach
・私は胃が痛い I have a stomachache.
居合わせる happen to be, be present
・私はたまたまそこに居合わせました I happened to be there.
いい good ⇨よい
言い表す express ⇨表す
いいえ no
・「これは地図ですか」「いいえ、違います」 "Is this a map?" "No, it isn't."
・「あなたは泳げないのですか」「いいえ、泳げます」 "Can't you swim?" "Yes, I can."
言い返す talk back, answer back
言い換える say in other words
　言い換えれば in other words, that is (to say), or
いい加減な unreliable
・いい加減なことを言うな Don't talk nonsense.
言い聞かせる tell A **to** do; 〔忠告する〕**advise**; 〔説得する〕**persuade**
言い過ぎる say too much, go too far
言いそびれる miss the chance to tell [of telling]
言い付け 〔命令〕⟨obey⟩ **orders**; 〔指図〕**directions**
　言い付ける tell
・先生に言い付けてやるぞ I will tell the teacher about it.
言い伝え a tradition, a legend
言い直す 〔訂正する〕**correct** oneself; 〔別な表現で〕**put it (in) another way**
言い張る insist ⟨on...⟩, **persist** ⟨in...⟩
言いふらす spread ⟨bad rumors⟩
イーメール (an) e-mail, (an) E-mail, (an) email
・イーメールを送る send an e-mail ⟨to...⟩
言い訳 an excuse
　言い訳をする make an excuse ⟨for...⟩
・私は遅刻の言い訳をした I made an excuse for being late.
委員 〔全体〕**a committee**; 〔個人〕**a member of a committee**
　委員会 a committee; 〔会合〕**a committee meeting**
　委員長 a chairperson; 〔男の〕**a chairman**
　クラス委員 a class monitor
医院 a doctor's office
言う say, speak; 〔告げる〕**tell**; 〔取り立てて言う〕**mention**
・もう一度言ってください Please say it again.
・彼は何と言いましたか What did he say?
・彼女はそのことについて何も言わなかった She said nothing about it.
・私の言うとおりにしなさい Do as I tell you.
・彼は私に家に帰るように言った He told me to go back home.
・彼は他人のことをよく[悪く]言う He speaks well [ill] of others.
言うまでもない it goes without saying that...
・お金で幸福が買えないことは言うまでもない It goes without saying that money cannot buy happiness.
　言うまでもなく needless to say
・言うまでもなく彼は時間どおりに来た Needless to say, he came on time.
家 〔家屋〕**a house**; 〔家庭〕**a home**
・彼は大きな家に住んでいる He lives in a big house.
・彼女の家は公園の近くにある Her house is near the park.
・父は今家にいます Father is at home now.
・私は5時に家に帰ります I go home at five.
・きのうは一日家にいました Yesterday, I stayed home all day.
家柄 birth
・彼は家柄がよい He comes from a good family.
家出
・彼女は家出した She left home.
　家出人 a runaway

イエローカード【サッカー】a yellow card
いか【魚】a cuttlefish, a squid
‥以下 under..., less than...
・その本は1,000円以下で買える You can buy the book for under one thousand yen.
‥以外 except...
・彼以外はみんなその計画に賛成した Everybody except him agreed to the plan.
意外な unexpected
・それはまったく意外だった That was quite unexpected.
意外に unexpectedly
・普通列車は意外に早く駅に着いた The local train got to the station earlier than we had expected.
いかが How ...? / What ...?
・ご機嫌いかがですか How are you?
・日本はいかがですか How do you like Japan?
・「コーヒーを1杯いかがですか」「いいですね、いただきます」"How about a cup of coffee?" "That would be great."
医学 medical science, medicine
医学(上)の medical
医学部 a medical department
生かす〔生かしておく〕keep ⟨a fish⟩ alive;〔活用する〕make the most of ⟨A's abilities⟩
いかに How ...?;〔いかに…しても〕however ..., no matter how ... ⇨ どんなに
いかめしい〔威厳がある〕dignified;〔厳粛な〕grave, solemn
怒り anger;〔激しい〕(a) rage, wrath
・彼は怒りを抑えた He controlled his anger.
・彼の声は怒りで震えた His voice trembled with anger.
錨 an anchor
怒る ⇨怒(鯊)る
息 a breath
・風船に息を吹き込みなさい Blow into the balloon.
息をする breathe
・彼は深く息をした He took a deep breath.
意気〔元気〕spirits;〔心立て〕mind;〔士気〕morale
意気揚々と triumphantly, in high spirits
意気消沈して ⟨be⟩ in low spirits, depressed
意義 meaning;〔重大な〕significance
異議 an objection
・異議を唱える object ⟨to...⟩
生き生きした lively, vivid
・それはとても生き生きした表現だ It's a very vivid expression.
勢い〔力〕force, energy, strength
・風の勢いが衰えた The wind lost its force.
生き甲斐
・彼は生き甲斐を見つけた He found something to live for.
生き返る come to life, revive
息切れ
・階段を上ると息切れがする I run out of breath when I go up the stairs.
息苦しい〔息が詰まる〕choking;〔風通しが悪くて〕stuffy

意気込み eagerness, ardor, enthusiasm
息詰まる(ような) breathtaking, thrilling
いきなり suddenly, abruptly
生き残る survive
・そんなに多くの人が地球上に生き残れるだろうか Can so many people survive on the earth?
生き物 a living thing, a creature; life
イギリス England ⇨英国
生きる live;〔生きている〕be alive
・私たちは空気がないと生きられない We cannot live without air.
・この魚は生きている This fish is alive.
行く
❶ go
・私はバスで学校へ行く I go to school by bus.
・あなたは毎日曜日教会へ行きますか Do you go to church every Sunday?
・私はきのうそこへ行った I went there yesterday.
・彼はきのう川へ釣りに行った He went fishing in the river yesterday.
・彼はアメリカへ行ってしまった He has gone to America.
・私はアメリカへ行ったことがある I have been to America.
❷〔進む〕go
・すべてがうまく行っている Everything is going well.
❸〔相手の方へ〕come
・すぐ行きます I'm coming soon.
・今度の日曜日にあなたの家に行きます I'll come to your house next Sunday.
意気地
意気地のない weak;〔臆病な〕timid
意気地なし a chicken, a coward
いくつ How many ...? /〔年齢が〕How old ...?
・テーブルの上にりんごがいくつありますか How many apples are on the table?
・あなたはおいくつですか How old are you?
いくつかの some, several
・彼はいくつかの間違いをした He made some mistakes.
いくぶん somewhat, a little, more or less ⇨いくらか
いくら
❶《金額》How much ...?
・この時計はいくらですか How much is this watch?
・お金をいくらお持ちですか How much money do you have?
❷〔どんなに〕⇨どんなに
いくらか some,《疑問文で》any;〔少し〕a little
・彼は朝食にいくらか牛乳を飲む He has some milk for breakfast.
・お金をいくらか持っていますか Do you have any money with you?
・私は英語をいくらか話せます I can speak a little English.
・私はその件にいくらか関係がある I have something to do with the matter.
いくらでも as much [many] as one likes [wants]
・いくらでも食べてよい You may have as much as

い

池 a pond
生け垣 a hedge
生け捕る catch *A* alive
いけない
❶ ⇨ …してはいけない
❷〔…しなければならない〕**must** *do*, **have to** *do*
・10時までには家に帰らなければいけない You have to be back home by ten.
❸〔気の毒な〕**bad**
・「インフルエンザにかかっています」「それはいけませんね」"I have the flu." "That's too bad."
生け花 *ikebana*, **flower arrangement**
意見 an opinion
・あなたの意見はどうですか What is your opinion?
・彼は自分の意見を述べた He gave his opinion.
・私はあなたとまったく同じ意見です I quite agree with you.
威厳 dignity
　威厳のある dignified
…以後 after..., since...
・私は6時以後はたいてい家にいます I am usually (at) home after six.
・私はそれ以後彼女に会っていない I haven't seen her after that [since then].
囲碁 ⇨ 碁
意向 an intention, *one's* mind
居心地
・この部屋は居心地がよい[悪い] I feel at home [uncomfortable] in this room.
いさぎよい〔勇敢な〕**brave**;〔男らしい〕**manly**
勇ましい〔勇敢な〕**brave**;〔英雄的な〕**heroic**
遺産 an inheritance, a legacy
　遺産相続人 an inheritor;〔男〕an heir;〔女〕an heiress
石 (a) stone
・彼は犬に石を投げた He threw a stone at the dog.
・この橋は石でできている This bridge is made of stone.
意志 will
・彼は意志が強い[弱い] He has a strong [weak] will.
意地の悪い ill-natured
維持する maintain〈friendly relations〉
・自動車は時速60キロを維持した The car maintained a speed of 60 kilometers an hour.
意識 senses, consciousness
　意識を失う[回復する] lose [recover] *one's* senses
　意識している be conscious of...
遺失物 a lost article
　遺失物取扱所 lost and found office
いじめる〔弱い者を〕**bully**;〔虐待する〕**treat roughly**;〔じらす〕**tease**
医者 a doctor;〔内科医〕a physician;〔外科医〕a surgeon
・私は医者に診てもらいに行った I went to see the doctor.
移住する settle, move;〔外国へ〕emigrate;〔外国から〕immigrate
　移住者 a settler ⇨ 移民
衣装 clothes, dress;〔舞台の〕a costume
…以上 over..., more than...
・その部屋には10人以上の人がいた There were over ten people in the room.
異常な unusual, abnormal, extraordinary
　異常に unusually
衣食 food and clothing
　衣食住 food, clothing, and shelter
移植する transplant〈flowers〉
　臓器移植 (internal) organ transplant
いじる〔指で〕**finger**;〔もてあそぶ〕**play**〈with...〉
意地悪な ill-natured;〔不親切な〕unkind
偉人 a great man
いす a chair;〔長いす〕a sofa
・私はいすに腰掛けている I am sitting on the chair.
・どうぞいすにお掛けください Take a chair, please.
泉 a spring, a fountain
いずれ〔どちら・どれ〕⇨ どちら;〔そのうち〕one of these days, before long
　いずれにしても anyway, in any case
・いずれにしてももう一度お電話します I'll call you up again anyway.
威勢〔元気〕spirits;〔勢力〕power
　威勢のよい spirited, lively
　威勢よく in high spirits
異性 the other [opposite] sex
遺跡 ruins〈of Rome〉, remains
以前
❶〔今から前に〕**ago**;〔漠然と前に〕**before**
・彼はずっと以前に死んだ He died long ago.
・私は彼に以前会ったことがある I have seen him before.
❷〔かつて〕**once**
・私は以前ニューヨークに住んでいた I once lived in New York, but now I don't.
忙しい busy
・私は今忙しい I am busy now.
・私はここへ来てからずっと忙しかった I've been busy ever since I came here.
・私は宿題でとても忙しかった I have been very busy with the homework.
急ぐ hurry
・彼らは駅へ急いだ They hurried to the station.
・急ぎましょう Let's hurry up.
・急ぐ必要はない．落ち着いて There's no need to hurry. Don't get so excited.
　急ぎの hasty;〔緊急の〕urgent
　急いで in a hurry, hastily
・彼は急いで昼食を取った He had lunch in a hurry.
・私は急いでいるのです I'm in a hurry now.
板 a board;〔金属などの〕a plate
痛い〔痛む〕**have a pain**;〔痛みを起こす〕**painful**
・私は頭が痛い I have a pain in my head. / I have a headache.
偉大な great
・彼は偉大な科学者だった He was a great scientist.
抱く〔心に〕**hold** ⇨ 抱(だ)く

いたずらする play tricks ⟨on...⟩；〔もてあそぶ〕play ⟨with fire⟩

頂 the top, the summit

いただく 〔もらう〕be given；〔飲食する〕have, take；〔かぶる〕be covered ⟨with snow⟩
…していただく ⇨ (…して)もらう
・窓を開けていただけませんか Would you mind opening the window?

痛み a pain, an ache

いたむ 〔嘆き悲しむ〕mourn, grieve ⟨over the death⟩

痛む ⇨ 痛い

いためる 〔油で〕fry ⟨vegetables⟩

痛める 〔心を〕worry

傷める 〔傷つける〕hurt, injure；〔物を〕damage

至る所に everywhere, wherever *one* goes

いたわる 〔大事にする〕take good care ⟨of...⟩；〔親切にする〕be kind ⟨to...⟩

一 one
第1(の) the first（略 1st）
一回 once

市 a market, a fair

位置 a place, a position, a situation
・私は窓際に位置を占めた I took my place by the window.
位置する be situated, be located ⟨in..., at..., on...⟩

いちいち one by one
・彼は質問にいちいち答えた He answered every question.

一員である be a member of...

一応 〔ある意味では〕in a way；〔当面は〕for the time being

一月 January（略 Jan.）
1月に in January

いちご 【植物】a strawberry

一時 〔かつて〕once, at one time；〔しばらく〕for a while

いちじるしい remarkable, striking
いちじるしく remarkably, strikingly

一大事 a serious affair

一団 a group, a body
・彼らは一団となって前進した They moved forward in a body.

一度 once, a time
・彼は週に一度ここに来る He comes here once a week.
・一度に二つのことはできない You can't do two things at the same time.
・もう一度おっしゃってください Say it once more, please. / I beg your pardon.
・私はこれまで一度も彼に会ったことがない I have never seen him before.

一同 all, everyone ⇨ 皆

一日 a day；〔一日中〕all day (long)；〔一日か二日〕a day or two；〔一日おきに〕every other day
・1日は24時間ある A day has twenty-four hours.
・私たちは一日3度食事をする We take three meals a day.
・きのうは一日中雨が降った It rained all day (long) yesterday.

一年 a year；〔一年中〕all the year round
・1年は12か月ある There are twelve months in a year.
・その会は1年に一度開かれる The meeting is held once a year.
・ハワイは一年中暖かい Hawaii is warm all the year round.
一年生 a first-year pupil [student]；《米》〔小学校の〕a first grader；〔中学校の〕a seventh grader；〔高校の〕a tenth [ninth] grader；〔大学の〕a freshman

市場 a market
・母は毎日市場に買い物に行く My mother goes to market every day.
魚市場 a fish market
青果市場 a vegetable market

一番
❶〔第1番〕the first, the top
・彼は一番にやって来た He was the first to come.
・彼女はクラスで一番です She is at the top of her class.
❷〔最も〕the most, (the) best
・彼は私たちのクラスで一番背が高い He is the tallest boy in our class.
・この絵がすべての中で一番美しい This picture is the most beautiful of all.
・私はスポーツの中で野球が一番好きだ I like baseball (the) best of all sports.

一部 a part
・その話は一部しか本当でない Only (a) part of the story is true.
…の一部 (a) part of...
・水の一部は空中に上って行く Part of the water goes up into the air.

一枚 a sheet ⟨of paper⟩

一面に all over；〔(新聞の)一面〕the front page
・雲が空一面に広がった Clouds spread all over the sky.

一夜 a [one] night
・彼は家の外で一夜を明かした He passed a night outside his house.

胃腸 the stomach and intestines

いちょう 【植物】a ginkgo [gingko] (tree)

一流の first-class

一塁 【野球】first base
一塁手 a first baseman

一列 a row, a line；〔縦の〕a file；〔横の〕a rank
・子どもたちは全員一列に並んだ All of the children stood in (a) single file.

いつ When ...?
・あなたの誕生日はいつですか When is your birthday? / When were you born?
・彼はいつ帰って来ますか When will he come back?
・彼がいつ帰って来るか知っていますか Do you know when he will come back?
いつから〔過去の〕How long ...? / Since when ...?／〔未来の〕When ...?
・彼はいつから病気ですか Since when has he been sick?
・試験はいつから始まりますか When does the ex-

一家

amination begin?
いつでも (at) any time, whenever
- いつでも好きなときにいらっしゃい Come and see me whenever you like.
いつになく unusually
- 今年はいつになく寒い It is unusually cold this year.
いつの間にか before *one* knows it
いつまで How long ...?
- いつまで東京にご滞在ですか How long will you stay in Tokyo?
いつまでも as long as *one* likes; 〔永久に〕forever
- いつまでもここにいていいですよ You can stay here as long as you like.
一家 〔家族〕*one's* family
- ブラウン一家 the Browns
いつか 〔未来の〕someday, sometime; 〔過去の〕once
- 私はいつかそこへ行きたい I want to go there someday.
- 今週いつか夕飯にいらっしゃい Come to dinner sometime this week.
- いつかそのことを聞いたことがある Once I heard about it.
一回 once ⇨ 一度
一階 ⇨ 階
一気に 〔休まずに〕〈read〉in one sitting; 〔飲み物を〕〈drink〉in one gulp; 〔一挙に〕〈settle〉in one stroke
一個 one, a piece
一行 a party
- 一行7人 a party of seven
一向に 〔少しも〕〈not〉at all, 〈not〉in the least; 〔まったく〕quite, absolutely
一切 all, everything ⇨ 全部
一昨日 the day before yesterday
一昨年 the year before last
一昨夜 the night before last
一種の a kind [sort] of...
- これは一種のオレンジです This is a kind of orange.
一周する go around... [round...]
- 彼は世界を一周した He went [traveled] around the world.
一週間 a week
- 1週間は7日ある There are seven days in a week. / A week has seven days.
一瞬 〔for, in〕an instant, a moment
一生 *one's* life, a lifetime
一生 lifelong
- 彼女は一生の間研究を続けた She continued studying all her life.
一生懸命 hard
- 彼は一生懸命勉強した He studied hard.
一緒に with..., together 〈with...〉; 〔いっせいに〕all together
- 私は彼と一緒に行った I went with him.
- 一緒に行きましょう Let's go together.
- 彼はバットと一緒にボールを何個か買った He bought some balls together with a bat.

- 私と一緒に来なさい Come along with me.
- 私の後についてみんな一緒に読みなさい Read after me all together.
一心に whole-heartedly, with all *one's* heart
いっせいに 〔一緒に〕all together; 〔口をそろえて〕in chorus
いっそ rather ⇨ むしろ
いっそう more ⇨ もっと
一足 a pair 〈of shoes〉
いったい 〔いったい全体〕on earth, in the world
- いったい何が起こったのか What on earth has happened?
- いったい何のためにそんなことをやったのだ What in the world did you do such a foolish thing for?
・・・一帯に throughout..., all over 〈the Kanto district〉, in the whole neighborhood
いったん once
- いったん決心したら、それを変えてはいけない Once you make up your mind, you must not change it.
一致 agreement
一致する agree 〈with...〉
- 私は彼と意見が一致した I agreed with him.
一着 〔服の〕a suit 〈of clothes〉; 〔競技の〕(the) first place
- 彼が1着になった He came in first.
一直線に 〈go〉straight, in a straight line
五つ five ⇨ 五
一対 a pair, a couple 〈of...〉
一定の fixed, regular, certain; 〔絶え間ない〕constant
一滴 a drop 〈of rain〉
一等賞 (the) first prize
- 彼はコンテストで一等賞を取った He won (the) first prize in the contest.
一杯

❶ 〔1杯の〕a cup of..., a glass of...
- お茶1杯 a cup of tea
- ビール1杯 a glass of beer
❷ 〔あふれている〕be full of...; 〔満たされる〕be filled with...
- 庭は花でいっぱいだ The garden is full of flowers.
一泊
- 私たちは京都に1泊した We stayed overnight [stayed for the night] in Kyoto.
一般の general
一般に generally, in general
- 彼の名は一般によく知られている His name is generally well-known.
一般に言って generally speaking
- 一般的に言ってアメリカ人はコーヒーが大好きだ Generally speaking, Americans are very fond of coffee.
一片 a piece 〈of wood〉
一歩 a step
一歩一歩 step by step
- 英語は一歩一歩着実に学ぼう Let's learn English step by step.
第一歩 the first step

一方 one side
一方は on the one hand
・一方では彼は親切だが, 他方では怠け者だ On the one hand he is kind, but on the other hand he is lazy.
一方的な one-sided
一方通行 《掲示》 One Way
一本 a, an, one
・鉛筆1本 a pencil
・チョーク1本 a piece of chalk
・牛乳1本 a bottle of milk
いつも 〔常に〕 always, all the time; 〔ふだん〕 usually
・彼はいつも眠そうだ He is always sleepy.
・私たちはいつもこの部屋で眠ります We usually sleep in this room.
・彼らはいつも君が来るのを待っている They expect you to come all the time.
・彼はいつも忙しいというわけではない He is not always busy.
いつもの usual
いつものように as usual
・私はいつものように10時に寝た I went to bed at ten as usual.
いつもより usual
・私はいつもより早く起きた I got up earlier than usual.
逸話 an anecdote
偽る lie, tell a lie ⇒ うそ
イディオム 〔成句・熟語〕 an idiom
移転する move, remove 〈to...〉
遺伝 heredity, inheritance
遺伝する be inherited
糸 〔縫い糸〕 (a) thread; 〔太い糸〕 a string; 〔つむぎ糸〕 yarn; 〔釣り糸〕 a line
意図 an intention
井戸 a well
・彼は井戸で水をくんだ He drew water from the well.
緯度 latitude
移動する move
・彼は別の場所に移動した He moved to another place.
いとこ a cousin
居所 〔住所〕 one's address; 〔行方〕 one's whereabouts
営む 〔する〕 do, make, hold; 〔商売を〕 run, keep, conduct, practice, engage in 〈business〉
・生計を営む make one's living
いとま
・もうおいとまします I must say good-by now. / I must be going now.
…以内 within..., in less than...
・駅はここから歩いて10分以内の所にある The station is within ten minutes' walk from here.
・彼は1週間以内に戻って来ます He will come back within [in less than] a week.
田舎 the country, the countryside
・彼は田舎に住んでいる He lives in the country.
稲妻 (a flash of) lightning
・空に稲妻が光った Lightning flashed across the sky.
…(するや)いなや as soon as..., the moment (that)...
・彼は私を見るやいなや逃げて行った As soon as he saw me, he ran away.
イニシャライズする 【コンピュータ】 initialize, format 〈a disk〉
イニシャル 〔姓名の頭文字〕 one's initials
犬 a dog; 〔小犬〕 a puppy
・私は犬を飼っている I have a dog.
犬小屋 a doghouse, a kennel
稲 【植物】 a rice (plant)
居眠り a nap, a doze
居眠りする doze (off), take a nap
命 (a) life (⑱ lives)
・その事故で多くの命が失われた Many lives were lost in the accident.
祈る 〔神に〕 pray; 〔願う〕 wish
・彼らは神に祈った They prayed to God.
・ご幸運を祈ります (I wish you) good luck!
・ご成功を祈ります I wish you success.
祈り a prayer; 〔食前の〕 (a) grace
威張る be proud 〈of...〉; 〔高慢である〕 be haughty 〈to..., towards...〉
違反する violate, offend, be against
いびき a snore
いびきをかく snore
イブ 〔前夜〕 eve
クリスマスイブ Christmas Eve
衣服 clothes
違法の unlawful, illegal
今
❶ 〔現在〕 now
・今何時ですか What time is it now?
・私は今, 北海道にいます I am now in Hokkaido.
❷ 〔ちょうど今〕 just, just now, right now
・彼は今着いたところです He has just arrived.
❸ 〔すぐ〕 soon, at once
・彼は今来ますよ He will soon be here.
今頃 about this time
・私は来年の今頃はロンドンにいます I will be in London about this time next year.
今さら
・今さらそれに気が付いても遅いよ It is too late now to be aware of it.
今しがた just, just now
今に 〔将来〕 some day, in (the) future
今にも…しそうだ be going to do, be ready to do, be about to do
・今にも雨が降りそうだ It is just going to rain.
今のところ for now, for the present, at the moment
今まで(に) until [till] now; 〔今までずっと〕 all this while; 〔かつて〕 ever
・今までどこにいたのですか Where have you been all this while?
・今までに京都へ行ったことがありますか Have you ever been to Kyoto before?
・これは私が今までに見たうちで一番おもしろい映画だ This is the most interesting movie that I have ever seen.

今や…だから Now (that)...
- 今や彼はその仕事を終えていたので幸せだった Now (that) he had finished the work, he was happy.

居間 a living room, 《英》a sitting room

意味 (a) meaning, (a) sense
- この語はどんな意味ですか What is the meaning of this word? / What does this word mean?
- それはどういう意味ですか(相手の言葉に対して) What do you mean by that?
  意味する mean
  ある意味では in a sense
- それはある意味では本当だ It is true in a sense.

イミテーション 〔まね・模造品〕(an) imitation

移民 〔外国からの〕an immigrant; 〔外国への〕an emigrant

イメージ 〔姿・概念〕an image
  イメージチェンジする change *one's* image

いも【植物】〔じゃがいも〕a potato; 〔さつまいも〕a sweet potato; 〔さといも〕a taro

妹 a sister, a younger [little] sister

いや 〔返事で〕no ⇨ いいえ

いやいや *do* against *one's* will, unwillingly

嫌がる do not like, dislike, hate ⟨to *do*⟩

卑しい low, humble; 〔卑劣な〕mean

嫌な bad; 〔不愉快な〕unpleasant
- 嫌なにおい a bad smell
- 彼と一緒に行くのは嫌だ I don't like to go with him.

イヤホーン 〔耳に当てる受信器〕earphones

イヤリング 〔耳飾り〕⟨a pair of⟩ earrings

いよいよ 〔ますます〕more and more; 〔ついに〕at last
- 話はいよいよおもしろくなった The story became more and more interesting.
- いよいよ春だ Spring has come at last.

意欲 (a) will
- 彼は仕事に対して強い意欲がある He is very eager to work.
  意欲的な ambitious

依頼 a request
  依頼する ask, request
  依頼状 a letter of request

…以来 since...
- 私はここに1975年以来住んでいる I have lived here since 1975.
- 私はここに来て以来ずっと忙しかった I've been busy ever since I came here.
- 私はそれ以来彼に会っていない I have not seen him since then.

いらいらする be [get] irritated, be impatient

イラスト 〔さし絵〕(an) illustration

いらっしゃい 〔こちらへ〕Come this way, please. / Come here, please. / 〔ようこそ〕Welcome ⟨to Japan⟩! / 〔店員が客に〕May [Can] I help you?, What can I do for you?

いらない do not want [need]
- 今はそんなものはいらない I don't want such a thing now.

…(しないでは)いられない cannot help *do*ing, cannot help but *do*
- 私はそうしないではいられなかった I couldn't help doing so.

入り口 an entrance, a way in; 〔戸口〕a door

いる¹ 〔存在する〕be, there is, there are; 〔とどまる〕stay
- 父は庭にいます My father is in the garden.
- 私たちのクラスには生徒が40人いる There are forty students in our class.
- もうどれくらい日本にいるのですか How long have you been in Japan?
- 彼はそのホテルにいます He is staying at the hotel.

いる² 〔必要とする〕need; 〔欲しい〕want
- 私は少しお金がいる I need [want] some money.
- ほかに何かいるものがありますか Do you want [need] anything else?

衣類 〔衣服〕clothes; clothing

いるか【動物】a dolphin

入れ物 a container; 〔箱など〕a case; 〔液体の〕a vessel

入れる 〔物を〕put in; 〔液体を〕pour
- 彼はお金をその箱に入れた He put some money in the box.
- 花瓶に水を入れてください Pour water into the vase.
- 彼女はコーヒーを入れてくれた She made coffee for me.

色 a color, 《英》a colour
- 青い色 blue, a blue color
- あなたの車は何色ですか What color is your car?

いろいろ 〔種々の…〕many kinds of..., various; 〔たくさんの…〕a lot of...; 〔異なって〕differently
- 庭にはいろいろな花がある There are many kinds of flowers in the garden.
- 私はいろいろしなければならないことがある I have a lot of things to do.

色白の fair

岩 (a) rock

祝い (a) celebration, congratulations

祝う 〔事柄を〕celebrate; 〔人を〕congratulate
- 私たちは新年を祝う We celebrate the New Year.
- ご成功をお祝い申し上げます I congratulate you on your success.

いわし【魚】a sardine

言わば so to speak
- 彼は言わば本の虫だ He is, so to speak, a bookworm.

いわゆる what is called, socalled ⇨ 言わば

…(と)言われる it is said that...

印 a seal; 〔消印〕a stamp

陰気な gloomy

インク ink
- 青か黒のインクで書きなさい Write in blue or black ink.

印刷 printing
- この本は印刷がきれいだ This book is nicely printed.
  印刷する print
  印刷物(在中) printed matter

印象 an impression

- 印象を与える impress
- 日本の第一印象はいかがでしたか What were your first impressions of Japan?

飲食する eat and drink
　飲食店 a restaurant, an eating place
　飲食物 food and drink
インスタント〔即席の〕instant
インストールする【コンピュータ】install〈software〉
　インストーラー an installer
インスピレーション〔霊感〕(an) inspiration
引率する lead
　引率者 a leader
インターネット the Internet ⇨「英和の部」のInternet
　インターネットカフェ a cybercafe, an Internet cafe
インターハイ an inter-high-school athletic meet
インターフェース【コンピュータ】interface
インターホン〔内部通話装置〕the intercom
引退する retire
インタビュー〔会見〕an interview
- インタビューをする interview
インタラクティブの【コンピュータ】〔対話式の〕interactive
インチ an inch
- 彼の身長は5フィート10インチある He is five feet ten inches tall.
いんちき a trick, a fake
インプット【コンピュータ】〔入力〕input
　インプットする input〈data〉
インフルエンザ〔流感〕influenza, 《話》(the) flu
- インフルエンザにかかる catch [get] the flu
- インフルエンザにかかっている have the flu
インフレ inflation
引用 (a) quotation
　引用する quote〈from...〉
　引用符 quotation marks
飲料 a drink
　飲料水 drinking water
　清涼飲料 soft drinks

う

ウィークエンド〔週末〕a weekend
ウィークデー〔週日〕a weekday
ウィキペディア【インターネット】《商標》Wikipedia
ウィザード【コンピュータ】a wizard
ウイルス〔濾過性病原体〕a virus
- ウイルスに感染する be infected by a virus
　コンピュータウイルス【コンピュータ】(a) computer virus
- ぼくのパソコンがコンピュータウイルスに感染した My computer has been infected by a computer virus.
ウインク a wink
　ウインクする wink〈at...〉
ウィンドウズ【コンピュータ】《商標》Windows
ウィンドーショッピング〈go〉window-shopping
ウール〔羊毛〕wool
　ウールの woolen
飢え hunger
　飢え死にする die of hunger, starve to death
…(の)上に〔表面に接して上に〕on...;〔高い位置にある〕above...;〔真上に・覆って〕over...;〔上の方へ〕up;〔より上の〕upper;〔一番上に〕at the top of...
- 机の上に本がある There is a book on the desk.
- その山の頂は雲の上にある The top of the mountain is above the clouds.
- 飛行機は今海の上を飛んでいる Our plane is flying over the sea.
- このエレベーターは上に行きます This elevator is going up.
ウエーター〔男の給仕人〕a waiter
ウエートレス〔女の給仕人〕a waitress
植木 a garden plant
　植木鉢 a flowerpot
ウエスト〔腰部〕the waist
ウェディング〔結婚式〕a wedding
　ウェディングケーキ a wedding cake
　ウェディングドレス a wedding dress
ウェブ【インターネット】the Web
植える plant
- 私は庭にばらを植えた I planted roses in the garden.
飢える be [go] hungry
　飢えた hungry
- 彼は飢えていた He was hungry.
魚 a fish ⇨ 魚(さかな)
ウォーミングアップ〔準備運動〕a warm-up
　ウォーミングアップする warm up
うがいする gargle
伺う〔訪問する〕visit;〔人を〕call on...;〔場所を〕call at〈a house〉;〔尋ねる〕ask
うかつな〔不注意な〕careless;〔愚かな〕stupid, foolish
浮かぶ float
- 白い雲が空に浮かんでいる White clouds are floating in the sky.
　浮かべる float
- 彼は池にボートを浮かべた He floated the boat on the pond.
- 彼女はほほ笑みを浮かべて彼に話しかけた She spoke to him with a smile on her face.
雨季, 雨期 the rainy [wet] season
浮き〔釣りの〕a float;〔浮標〕a buoy
浮き浮きと cheerfully, with a light heart
浮く float ⇨ 浮かぶ
請け合う guarantee, assure〈you〉
受け入れる receive, accept〈a proposal〉
受け継ぐ〔事業・職務などを〕succeed〈to...〉, take over;〔財産を〕inherit
- 彼はお父さんの事業を受け継いだ He took over his father's business.
受付 an information desk
受け付ける receive, accept〈the application〉
受け取り〔領収証〕a receipt
受け取る receive, get, accept
- 私は彼から手紙を受け取った I received [got] a letter from him.
受身【文法】the passive voice
受け持ちで in charge〈of...〉

- 田中先生がクラスの受け持ちです Mr. Tanaka is in charge of our class. / Mr. Tanaka is our homeroom teacher.

受け持つ take charge of〈a class〉

受ける 〔得る〕get, receive;〔受け入れる〕accept;〔試験・授業などを〕take, have
- 私は一等賞を受けた I got (the) first prize.
- 私たちは温かい歓迎を受けた We received a warm welcome.
- 彼はその申し出を受けた He accepted the proposal.
- 私はきょう入学試験を受けた I took the entrance examination today.

動かす move;〔機械などを〕operate, run
- 彼は腕と手を動かした He moved his arm and hand.
- 彼はその機械を動かした He operated the machine.

動く move;〔機械などが〕work, go, run
- 列車は動き始めた The train began to move.
- この時計は電気で動く This clock runs on electricity.
- 車はすでに動いていた The car was already in motion.

動き movement, motion;〔行動〕action

うさぎ【動物】〔飼いうさぎ〕a rabbit;〔野うさぎ〕a hare

牛【動物】〔雌牛〕a cow;〔雄牛〕an ox;〔総称〕cattle

失う lose
- 彼女は事故で息子を失った She lost her son in the accident.
- 彼は決して希望を失わなかった He never lost hope.

後ろ the back, the rear
 後ろの back, rear
- 彼は車の後ろの席に座った He sat on the back seat of the car.
 後ろへ[に] back, backward(s)
- 後ろに下がっていてください Stand back, please.
 …の後ろに behind..., at the back of...
- 家の後ろに庭がある There is a garden behind the house.

渦 〔大きな〕a whirlpool;〔小さな〕an eddy

薄明かり dim light;〔たそがれ〕twilight

薄い 〔厚さが〕thin;〔色が〕light;〔お茶などが〕weak
- 薄い氷の上で滑るのは危険だ It is dangerous to skate on thin ice.
- 彼女は薄いブルーのドレスを着ていた She wore a light blue dress.

うずくまる crouch, squat (down)

薄暗い dim, dusky, gloomy
- 薄暗くなってきた It's getting dark.

薄める make thin, thin (down)〈paint〉

埋める bury ⇨ 埋(う)める

右折する turn right

うそ a lie
 うそをつく lie, tell a lie
- うそをつくな Don't lie. / Don't tell a lie.
 うそつき a liar

歌 a song

歌う sing
- 彼女は歌を歌っている She is singing a song.

疑い (a) doubt
- それについてはまったく疑いがない There is no doubt about it.

疑う doubt
- 私は彼の正直さを疑う I doubt his honesty.
- 私はあなたが成功することを疑わない I don't doubt that you will succeed.

疑わしい doubtful

内
❶〔内部〕the inside
- 彼女は内からドアに鍵を掛けた She locked the door from the inside.

❷〔…のうちに〕in..., within...;〔…の間に〕during..., while...;〔…の前に〕before...
- その店は2, 3日のうちに開店します The store will open in a few days.
- 私は夏休みのうちにそれを終わらせなければならない I must finish it during (the) summer vacation.
- 私が家に着かないうちに雨が降り出した It began to rain before I got home.

❸〔…の中で〕of...
- 彼は3人のうちで一番背が高い He is the tallest of the three.

❹〔家〕my house [home]；〔家族〕my family
- あしたうちに来てください Please come to my house [home] tomorrow.
- うちはみんな早起きだ My family are all early risers.

打ち明ける confide, confess, tell
- 彼は私に悩みを打ち明けた He confided in me with his troubles.

打ち上げる〔花火を〕set off, shoot up;〔ロケットを〕launch;〔フライを〕hit

打ち合わせ an arrangement, consultation
 打ち合わせる arrange, consult, make arrangements

打ち勝つ overcome, get over〈difficulties〉

内側 the inside
 内側に inward

内気な shy;〔臆病な〕timid

打ち消す deny

打ち付ける knock, strike, beat, bump

打ち解ける be frank〈with...〉, open one's heart

宇宙 the universe;〔宇宙空間〕space
 宇宙ステーション a space station
 宇宙船 a spaceship, a spacecraft
 宇宙飛行士 a spaceman, an astronaut
 宇宙旅行 space travel

有頂天になって beside oneself
- 彼はその知らせを聞いて有頂天になって喜んだ He was beside himself with joy to hear the news.

うちわ a fan
- うちわであおぐ fan oneself

内輪〔一家内〕one's family;〔内部〕the inside;〔内情〕one's private affair
- これは内輪の話だ This is between you and me.
- 内輪に見積もっても100万円はかかる It will cost

at least one million yen.
内輪話 〔内密の〕a private talk; 〔身内の〕family affairs
内輪もめ 〔身内の〕a family quarrel; 〔仲間内の〕a internal trouble
打つ 〔たたく〕strike, hit, beat, knock; 〔平手で〕slap
・彼は私の頭を打った He struck [hit] me on the head.
撃つ 〔発射する〕fire, shoot
　撃ち落とす shoot down
・彼は鳥を撃ち落とした He shot a bird down.
うっかり 〔不注意に〕carelessly; 〔間違って〕by mistake
・うっかり違う電車に乗ってしまった I took the wrong train by mistake.
美しい beautiful; 〔かわいらしい〕pretty, lovely
・美しい花 a beautiful flower
・美しい少女 a pretty girl
・この絵はとても美しい This picture is very beautiful.
　美しく beautifully
・彼女は美しく着飾っていた She was beautifully dressed.
写し 〈make〉a copy
写す 〔文書を〕copy; 〔写真を〕take
・このページを写してください Please copy this page.
・私は写真を写してもらった I had my picture taken.
移す move, remove, transfer 〈to...〉
・私は机を部屋の隅に移した I moved the desk to the corner of the room.
訴え 〔訴訟〕a lawsuit
　訴える 〔告訴する〕sue, accuse 〈A of B〉; 〔感情などに〕appeal 〈to public opinion〉; 〔苦痛など〕complain
うっとうしい gloomy
うっとりする be fascinated 〈with...〉, be enchanted 〈with...〉
・みんな彼女の美しさにうっとりした Everyone was enchanted with her beauty.
うつぶせになる lie on *one's* face [stomach], lie face down
うつむく look down, bend [drop] *one's* head
移り変わり a change 〈of the seasons〉
移る 〔移動する〕move, remove; 〔変わる〕change; 〔病気が〕catch 〈a cold〉; 〔火が〕spread
映る 〔鏡などに〕be reflected; 〔テレビに〕be on television; 〔似合う〕become, go well 〈with...〉
写る 〔写真が〕be taken
うつろな 〔木などが〕hollow; 〔心などが〕vacant
器 〔入れ物〕a vessel, a container, a receptacle
腕 an arm
・彼は私の腕をつかんだ He caught me by the arm.
　腕を組み合って arm in arm
　腕時計 a wristwatch
　腕前 *one's* skill, ability
雨天 rainy weather; 〔日〕a rainy day
うとうとする doze off

うどん noodles
促す urge, press; 〔促進する〕prompt, quicken
うなぎ 【魚】an eel
うなずく nod
・彼は私にうなずいた He nodded to me.
うなだれる hang [droop] *one's* head
うなる 〔苦痛で〕groan; 〔獣が〕roar, howl, growl
うぬぼれ conceit
　うぬぼれる be conceited
・あまりうぬぼれるな Don't be so conceited.
うねる 〔道・川などが〕wind 〈through...〉; 〔波が〕roll, swell
乳母 a (wet) nurse
　乳母車 a baby carriage, a buggy, a stroller
奪う rob 〈of...〉
・私は財布を奪われた I was robbed of my purse.
馬 【動物】a horse
・馬に乗れますか Can you ride a horse?
・私はそこへ馬で行った I went there on horseback.
　馬小屋 a stable
うまい
❶〔じょうずな〕good; 〔じょうずに〕well
・彼女はテニスが大変うまい She is very good at tennis. / She plays tennis very well.
❷〔おいしい〕sweet, nice ⇨ おいしい
生まれる 〔誕生する〕be born; 〔習慣などが〕come into being
・私は1995年1月16日に東京で生まれた I was born in Tokyo on January 16, 1995.
　生まれ birth
・彼は北海道の生まれだ He was born in Hokkaido. / He comes [is] from Hokkaido.
　生まれつき by nature, naturally
・彼は生まれつき絵がうまかった He was an artist by nature.
　生まれ故郷 *one's* birthplace, *one's* hometown
うみ 〔傷口などから出る〕pus
海 the sea; 〔大洋〕the ocean
・静かな[荒れた]海 a calm [rough] sea
・海に船が浮かんでいる There is a ship on the sea.
・私たちは海へ泳ぎに行った We went swimming in the sea.
　海の marine
海辺 the beach
・私たちは海辺を散歩した We walked on the beach.
生む, 産む 〔子を〕have, bear, give birth to...; 〔卵を〕lay
・彼女はゆうべ女の子を産んだ She had a girl last night.
・このにわとりは毎日卵を産む This hen lays an egg every day.
梅 【植物】〔木〕a (Japanese) plum tree; 〔実〕a plum; 〔花〕plum blossoms
　梅干し a pickled plum
埋め合わせる make up for 〈the loss〉, compensate
うめく 〔苦痛・悲しみで〕groan, moan

埋め立てる reclaim ⟨land from the sea⟩
　埋め立て地 reclaimed land; 〔ごみの〕landfill
埋める bury
・彼はそれを土の中に埋めた He buried it in the ground.
羽毛 feather
敬う respect ⇨ 尊敬する
うやむやに
・うやむやになる end in smoke, become hazy
・うやむやにしておく leave ⟨a matter⟩ undecided
右翼 the right wing; 【野球】right field
　右翼手【野球】a right fielder
裏 the back
・家の裏に庭がある There is a garden at the back of the house.
・私は封筒の裏に住所氏名を書いた I wrote my name on the back of the envelope.
　裏口 a back door
　裏庭 a backyard
　裏門 a back gate
裏返しで inside out
　裏返す turn inside out
裏切り (a) betrayal, treachery
　裏切る betray
・友人を裏切ってはならない You must not betray your friends.
占い fortunetelling
　占う tell A's fortune
恨み a grudge
　恨む bear [have] a grudge ⟨against...⟩
うらやむ envy ⟨others⟩, be envious of ⟨A's luck⟩
　うらやましい enviable
うららかな bright, fine, beautiful
　うららかに brightly, bright, finely, beautifully
瓜 【植物】〔きゅうり〕a cucumber; 〔メロン〕a melon
売り切れる be sold out; 《掲示》Sold Out
雨量 rainfall
売る sell
・あの店では切手を売っている They sell stamps at the store.
・私はそのカメラを3千円で売った I sold the camera for three thousand yen.
　売り sale
・新しい品物が売りに出された New products were on sale.
　売り上げ sales, proceeds, receipts
　売り出し a ⟨year-end⟩ bargain sale
　売り手 a seller
　売り場 a counter
　売り物 an article for sale; 《掲示》For Sale
得る get, acquire ⇨ 得(x)る
うるう年 a leap year
うるさい noisy, annoying, difficult
・うるさくするな Don't be noisy.
うれしい glad, happy, delighted, pleased
・あなたにお目にかかれて大変うれしい I am very glad to see [meet] you. / Nice to see [meet] you.
・彼女は大変うれしそうだった She looked very happy.
売れる sell, be sold
・この本はよく売れる This book sells well.
　売れ残りの品 unsold goods
　売れ行き (a) sale; 〔需要〕demand
うろこ〔魚の〕a scale
うろたえる be confused [upset] ⟨by the sad news⟩
・彼はうろたえなかった He kept calm.
うろつく wander about ⟨in the streets⟩
上書きする【コンピュータ】overwrite ⟨data⟩
上着 a coat, a jacket
・彼は上着を着ている He is wearing a coat.
うわさ (a) rumor, gossip
・ちょうどあなたのうわさをしていたところだ We were just talking about you.
うわの空
・彼はそのときうわの空だった He was absent-minded then.
上履き ⟨a pair of⟩ slippers
運〔幸運〕fortune, luck
・彼は運がよかった[悪かった] He was lucky [unlucky].
　運よく luckily, fortunately
・私は運よくその列車に間に合った Fortunately, I was in time for the train.
　運悪く unfortunately
運営する manage, operate ⟨a business⟩
うんざりする be sick of ⟨A's story⟩, be disgusted with ⟨the long spell of rain⟩
運送する transport, carry
　運送会社 a transport company; 《米》an express company; 《英》a forwarding agent
運賃 〔旅客の〕a (passenger) fare; 〔貨物の〕freight (rates)
運転〔車の〕driving; 〔機械の〕operation
・あなたは車の運転ができますか Can you drive a car?
・この機械の運転の仕方を教えてください Please show me how to work this machine.
　運転する 〔車を〕drive; 〔機械を〕work, operate, run
　運転手 〔車の〕a driver; 〔自家用車の〕a motorist
　運転免許証 a driver's license
運動〔体の〕exercise; 〔競技〕athletics, sports; 〔選挙などの〕a campaign, a movement
・水泳はよい運動です Swimming is good exercise.
・私は毎日軽い運動をします I take light exercise every day.
　運動会 an athletic meet [meeting]; 〔日〕a field day
　運動場 a playground
　運動選手 an athlete
　運動不足 lack of excercise
運搬 ⇨ 運送する
運命 (a) fate
・彼は恐ろしい運命に遭った He met with a terrible fate.

え

絵 a picture; [色彩画] a painting; [単彩画] a drawing
- これは何の絵ですか What is this a picture of?
- それは馬の絵です It is a picture of a horse.
- 彼は絵をかいている He is drawing [painting] a picture.

柄 a handle, a grip

エアコンディショナー an air conditioner

永遠の ⇨ 永久の

映画 [1本の] a movie, a film; the movies
- 私はきのう映画を見に行った I went to the movies yesterday.
  映画館 a movie theater
  映画スター a movie star

英会話 English conversation

栄冠 a crown
- 栄冠を得る be crowned with 〈victory〉

永久の eternal; [永続する] permanent; everlasting
- 永久の平和 permanent peace
  永久に forever, for ever

影響 influence
- その本は彼に大きな影響を与えた The book had a lot of influence on him.
  影響を受ける be influenced 〈by...〉
- 彼は二人の考えに強い影響を受けた He was deeply influenced by the ideas of two men.

営業する do business
  営業時間 business hours
  営業所 an office
  営業中で open
- その店は営業中です The store is open.

英語 English
- 彼は英語を大変じょうずに話す He speaks English very well.
- 米国で勉強して英語に磨きをかけたい I want to study in the U.S. to improve my English.
- 彼女は英語で手紙を書いた She wrote a letter in English.
  英語の English
- 彼は英語の先生です He is an English teacher [a teacher of English].
- 私は新しい英語の辞書を買った I bought a new English dictionary.

栄光 glory

英国 England, Great Britain; [公式名] the United Kingdom (of Great Britain and Northern Ireland) (略 U.K.)
  英国の English, British
  英国人 [男] an Englishman; [女] an Englishwoman; [全体] the English, the English people

英作文 English composition

映写 projection
  映写する project 〈slides〉
  映写機 a projector

衛生 hygiene, sanitation, health
  衛生の, 衛生的な hygienic, sanitary
  公衆衛生 public hygiene

衛星 a satellite
  衛星放送 satellite broadcast
  人工衛星 an artificial [a man-made] satellite

映像 a picture 〈on a TV screen〉

永続する last long
  永続的な lasting, everlasting, enduring

英知 wisdom ⇨ 知恵

エイチティーティーピー 【インターネット】HTTP (hypertext transfer protocol の略)

鋭敏な [感覚が] sharp, keen, sensitive; [頭脳が] clever, smart

エイブイ AV (Audio Visual の略)

英文(の) English
- 私は英文の手紙を書いた I wrote a letter in English.
- 次の英文を和訳しなさい Translate [Put] the following English sentences into Japanese.
  英文科 the department of English literature
  英文法 English grammar

英訳する translate [put] *A* into English
- 次の和文を英訳しなさい Translate [Put] the following Japanese sentences into English.

英雄 a hero

栄誉 (an) honor ⇨ 名誉

栄養 nutrition
  栄養のある nutritious, nourishing

英和辞典 an English-Japanese dictionary

エース [最優秀選手] an ace 〈pitcher〉

ええと well, let me see
- ええと, 鍵をどこに置いたっけ Let me see, where did I put my key?

笑顔 a smile
  笑顔で with a smile
- 彼女は私を笑顔で迎えてくれた She greeted me with a smile.

描く draw; [絵の具で] paint
- 私はきのう絵を描いた I drew some pictures yesterday.

駅 a station
- 東京駅 Tokyo Station
- ここから駅までどれくらいありますか How far is it from here to the station?
- 私は次の駅で降ります I will get off at the next station.
  駅員 a station worker; station personnel
  駅長 a stationmaster

液 [液体] liquid; [液汁] juice

液体 liquid

駅伝 [競争] an *ekiden*, a long-distance relay (race)

えくぼ a dimple
- 彼女は笑うとえくぼができる She gets dimples on her cheeks when she smiles.

えこひいきする be partial to 〈one of *one's* students〉

エコロジー ecology

えさ food
  えさをやる feed, give food 〈to...〉
- 私は鳥にえさをやった I fed the bird.

会釈する greet, salute, give a salute 〈to...〉
エスオーエス〔遭難信号〕〈send out〉an SOS
エスカレーター an escalator
枝 a branch;〔小枝〕a twig;〔大枝〕a bough
エチケット〔礼儀・作法〕etiquette
エッセイ〔随筆〕an essay
閲覧する read;【インターネット】browse through 〈files〉
　閲覧室 a reading room
エネルギー【物理】energy
絵の具 paints, colors, 《英》colours
・私は絵の具で絵をかいた I painted a picture.
絵葉書 a picture postcard
えび〔大えび〕a lobster;〔中えび〕a prawn;〔小えび〕a shrimp
エピソード〔挿話〕an episode
エフエーキュー【インターネット】FAQ (frequently asked questions の略)
エプロン an apron
絵本 a picture book
エラー〔間違い〕an error
・エラーをする make an error
　エラーメッセージ【コンピュータ】an error message
偉い great
・彼は偉くなった He became a great man.
選ぶ choose, select;〔選び出す〕pick out;〔選挙する〕elect
・あなたは好きな本をどれでも選んでよい You may choose any book you like.
・私たちは彼を議長に選んだ We elected him chairman.
えり a collar
　えり巻き a muffler, a scarf
エリート the elite
えり好み
・彼女は着る物をえり好みする She is particular about her clothes.
得る〔手に入れる〕get, gain, obtain
・彼は職を得た He got a job.
・彼は大金を得た He got big money.
・彼らは勝利を得るでしょう They will get [win] a victory.
エレベーター an elevator, 《英》a lift
・私はエレベーターで8階へ上がった I went up to the 8th floor by [in an] elevator.
円〔円形〕a circle;〔日本円〕yen
・私は1,000円でこの本を買った I bought this book for one thousand yen.
縁〔関係〕a relationship
・縁がある have a relationship 〈with...〉
宴会 a dinner (party), a banquet, a feast
延期する put off, postpone
・私たちは会合を来週まで延期した We put off the meeting until next week.
演技 performance;〔俳優の〕acting
園芸 gardening
　園芸植物 a garden plant
演芸 entertainment
　演芸場 an entertainment hall
演劇 a play, drama

縁故〔関係〕relation, connection;〔親類〕a relative
遠視の far-sighted
演習〔練習〕a practice, a drill;〔軍隊などの〕exercises
円熟 maturity
　円熟した mature
演出する produce, direct
　演出家 a producer, a director
援助する help, assist, support
・私は彼を援助した I helped him.
演じる〔役を〕play
・彼はハムレットの役を演じた He played the part of Hamlet.
エンジン an engine
遠征する go on an expedition 〈to...〉
演説 a speech, an address
　演説する make a speech
・あなたはどの題目で演説してもよい You can make a speech on any subject.
　演説者 a speaker
沿線に along the railroad line
演奏する play
・彼女はピアノを演奏した She played the piano.
　演奏会 a concert, a recital
　演奏者 a player
　演奏中に during the concert
遠足 an excursion, an outing
・私たちは鎌倉へ遠足に行った We went on an excursion [outing] to Kamakura.
延長 extension
　延長する extend 〈the road〉
　延長戦 an extra inning
・決勝戦は延長戦になった The finals went into extra innings.
炎天〔暑い気候〕hot weather;〔焼けつくような太陽〕〈under〉the blazing [scorching] sun
えんどう【植物】a pea;〔青えんどう〕a green pea
沿道に along the road
煙突 a chimney
エンドユーザー【コンピュータ】an end user
円盤 a disk, a disc
　円盤投げ the discus throw
　空飛ぶ円盤 a flying saucer
鉛筆 a pencil
・私は鉛筆を削れます I can sharpen a pencil.
・鉛筆で書きなさい Write with a pencil. / Write in pencil.
　鉛筆入れ a pencil case
　鉛筆削り a pencil sharpener
遠方 a distant place, a (long) distance
・彼は遠方から私に会いに来た He came a long way to see me.
　遠方の distant, faraway
円満な happy, peaceful
　円満に happily, peacefully;〔友好的に〕amicably
遠慮 reserve, modesty
・彼女はいつも遠慮がちだ She is always modest.
　遠慮する be reserved [modest]
　遠慮なく without reserve

お

尾 a tail
おい¹ 〔呼び掛け〕Hello! / Say! / Look here.
おい² a nephew
追い返す drive back, send away
追い掛ける run after...
・私は彼を追い掛けた I ran after him.
追い風 a fair [favorable] wind
追い越す pass
・私たちの車はそのバイクを追い越した Our car passed the motorcycle.
　追い越し禁止〔掲示〕No Passing
おいしい sweet, nice, good, delicious, tasty
・おいしい料理 delicious food
・このりんごはおいしい This apple is sweet.
追い出す drive [send] out, expel
追い付く catch up with...
・私は彼に追い付いた I caught up with him.
追い詰める drive into 〈a corner〉
…(に)おいて 〔…の場所で〕⇨…で
追い払う drive away, get rid of...
・私は子どもたちを追い払った I drove the children away.
オイル oil; 〔石油〕petroleum
追う 〔追い掛ける〕run after..., chase
負う
❶〔背負う〕carry A on one's back
・彼女は赤ん坊を負っている She is carrying a baby on her back.
❷〔傷を〕get injured; 〔責任を〕assume
・彼は事故で重傷を負った He got seriously injured in the accident.
・私が全責任を負います I assume all responsibility.
応援する 〔声援する〕cheer, give a cheer; 〔助力する〕help, assist
・どちらのチームを応援しているの Which team are you cheering for?
　応援団 a cheering party, 《米》rooters
扇 a (folding) fan
応急の 〔救急の〕first-aid; 〔非常時の〕emergency; 〔臨時の〕temporary
雄牛 an ox (豫 oxen)
応じる 〔承諾する〕accept; 〔要求などに〕meet
・私は彼の招待に応じた I accepted his invitation.
・残念ですがご希望には応じられません I'm sorry, but I cannot meet your wishes.
往診 a house call
　往診する make a house call
応接間 a drawing room, 《米》a parlor
応対 reception
　応対する receive 〈visitors〉
横断する cross, go [walk] across...
・彼は道路を横断した He crossed the road.
・彼は泳いでその川を横断した He swam across the river.
応答する ⇨答え
往復する go and come back
・このバスは学校と駅の間を往復する This bus runs between our school and the station.
　往復切符 《米》a round-trip ticket; 《英》a return ticket
欧米 Europe and America
　欧米の Western
　欧米人 Europeans and Americans
応募する apply 〈for...〉
おうむ 〔鳥〕a parrot
凹面の a concave 〈lens〉
応用する apply 〈to...〉
・それは日常生活に応用される It is applied to everyday life.
　応用問題 an applied question
往来 〔交通〕traffic; 〔道路〕a road, a street
オウンゴール 【サッカー】an own goal
終える finish
・私はちょうど宿題を終えたところです I have just finished my homework.
・その本は読み終えましたか Have you finished reading the book?
おお Oh! / O! / Ah!
・おお、なんとすばらしい Oh, how wonderful!
大当たり 〔的中〕a great [big] hit; 〔大成功〕a great success
大雨 (a) heavy rain
大荒れ a heavy storm
　大荒れの stormy
おおい 《呼び掛け》Hello! / Hallo!
多い 〔数が〕many; 〔量が〕much; 〔数・量ともに〕a lot of..., lots of...
・彼は友達が多い He has many friends.
・2月は雪が多い We have much snow in February.
・当時は女性写真家は多くなかった At that time there were not many woman photographers.
多くの most 〈of...〉
・彼らの多くは学生だ Most of them are students.
大急ぎで in a great hurry, in great haste
大いに very, much, very much ⇨非常に
大入り a full house
　大入りになる draw a large audience
覆う cover
・彼女は両手で顔を覆った She covered her face with her hands.
・野原は雪で覆われていた The fields are covered with snow.
　覆い a cover; 〔日よけ〕a shade
大売り出し a bargain sale
オーエス 【コンピュータ】an operating system
大火事 a big fire
大風 a strong wind
おおかた 〔大部分〕almost, mostly, nearly; 〔おそらく〕probably, perhaps
・おおかた出来上がった It is nearly completed.
大型の big
大きい big, large; 〔程度が〕great; 〔声が〕loud
・彼の家は大きい His house is big [large].
・彼は年の割に大きい He is big for his age.
・私は大きな誤りをした I made a great mistake.
・彼女は大きな声で叫んだ She cried in a loud voice.

- 口を大きく開けなさい Open your mouth wide.
- 子どもたちは大きくなった The children have grown up.
  大きさ size
- それらは同じ大きさだ They are of the same size.

多くの ⇨ 多い

オーケー〔よろしい〕**OK, O.K.**
  オーケーする okay 〈a plan〉

大げさな **exaggerated**

オーケストラ〔管弦楽団〕**an orchestra**

大声 **a loud voice**
  大声の loud
  大声で loudly, 〈speak〉 in a loud voice

オーシーアール〔光学式文字読み取り装置〕**OCR** (optical character reader の略)

オーストラリア **Australia**
  オーストラリア(人)の Australian

大勢の **a great many, a large number of...**
- その戦争で大勢の人が亡くなった A great many people were killed in the war.

オーディオ〔音声部分〕**audio**
  オーディオビジュアル〔視聴覚教材〕 audio-visual aids

オーディション **an audition**

大通り **a main street, an avenue**

オートバイ **a motorcycle**, 《(米)》《話》 **a bike**

オードブル〔前菜〕**an hors d'oeuvre**

オートミール〔朝食用〕**oatmeal**

オートメーション **automation**

オーバー〔外とう〕**an overcoat, a coat**

オーバーする〔超過する〕**exceed** 〈the estimate〉

オーバーな〔誇張した〕**exaggerated**

オービー〔卒業生〕**an O.B., an old boy**;【ゴルフ】〔打球が境界外に出ること〕**out of bounds**

オーブン〔調理器〕**an oven**

オープン〔幕開け〕**opening**
  オープンする open
  オープン戦〔プロ野球などの〕 an exhibition game

大水 **flood**
- 大水が出る be flooded

大みそか **New Year's Eve**

大麦【植物】**barley**

大文字 **a capital letter**

公の **public**;〔公式の〕**official**

大雪 **a heavy snow (fall)**
- 大雪だ It snows hard [heavily].

おおよそ ⇨ だいたい

オールインワンの【コンピュータ】**all-in-one**

オールスター〔スター総出の〕**all-star**

大笑いする **have a good laugh, burst into laughter**

丘 **a hill**
- 彼はその丘を上って行った He went up the hill.

お母さん *one's* **mother**; 《話》 **mom, mummy** ⇨ 母

…(の)おかげで **thanks to...**
- 彼らのおかげで橋ができた Thanks to them the bridge was built.

おかしい〔こっけいな〕**funny**;〔変な〕**strange**
- 彼はおかしなことを言った He said something funny.

冒す〔危険を〕**risk, run the risk** 〈of...〉

犯す〔罪を〕**commit**

おかみ〔旅館などの〕**a landlady, a hostess**;〔料亭などの〕**a mistress**

小川 **a stream, a brook**

…置きに **every ..., at the intervals of...**
- バスは10分置きに出ます The bus leaves every ten minutes.

起き上がる **get up, rise**;〔上半身で〕**sit up**

補う〔補給する〕**supply** 〈food〉;〔埋め合わせる〕**make up for** 〈the loss〉

お気に入りの **favorite**, 《英》**favourite**

起きる〔起床する〕**get up**;〔事件などが〕**happen** ⇨ 起こる
- 私は毎朝6時に起きる I get up at six every morning.
- 彼はゆうべ遅くまで起きていた He sat up late last night.

置き忘れる **leave** *A* **(behind)**
- 私はバスにカメラを置き忘れた I left my camera on the bus.
- 彼は傘を置き忘れた He left his umbrella behind.

おく〔…にしておく〕**keep**
- 彼女はいつも部屋をきれいにしておく She always keeps her room clean.

置く〔ある場所に〕**put**
- 彼はかばんをテーブルの上に置いた He put the bag on the table.

奥 **the inner [back] part**;〔心などの〕*one's* **heart**
  奥の inner

億 **a hundred million**
  10億 《(米)》 a billion, 《(英)》 a thousand million

屋外の **outdoor** 〈sports〉, **open-air**
  屋外に[で] outdoors, out of doors, outside; in the open air

屋上 **the roof**
- 屋上に行きましょう Let's go up to the roof.
  屋上の roof

屋内の **indoor** 〈swimming pool〉
  屋内に[で] indoors, in doors

臆病な **timid**
- 彼はとても臆病だ He is so timid.
  臆病者 a coward

お悔やみ ⇨ 悔やみ

遅らせる **delay** 〈*one's* arrival〉;〔延期する〕**put off** 〈a visit〉

送り返す **send back** 〈a parcel〉, **return**

贈り物 **a present, a gift**
- 誕生日の贈り物 a birthday present
- 私は彼女に贈り物をした I gave her a present.

送る **send**
- あなたの写真を送ってください Please send me a picture of yourself.
- 私は彼に本を航空便で送った I sent him the book by air mail.
- 学校まで車で送ってあげよう I will drive you to school.

贈る **present, give** 〈a present〉

- 私は彼に本を贈った I presented a book to him.

遅れる 〔遅刻する〕**be [come] late** ⟨for...⟩; 〔予定などに〕**be behind**; 〔時計が〕**lose**
- 彼はけさ学校に遅れた He was late for school this morning.
- バスは10分遅れた The bus was ten minutes late.
- 私の時計は日に1分遅れる My watch loses one minute a day.

おけ 〔水などを入れる〕**a pail, a bucket, a tub**

起こす 〔眠っている人を〕**wake (up)**; 〔立たせる〕**raise**; 〔引き起こす〕**cause, arouse**
- あすの朝6時に起こしてください Please wake me up at six tomorrow morning.

怠る neglect ⟨one's duty⟩

行う 〔行動する〕**do, act, behave**; 〔実行する〕**carry out, perform**; 〔式などを〕**hold, give**; 〔劇などを〕**put on**
- 彼は国のために多くのことを行った He has done much for his country.
- 彼女の歓迎会を行います We are going to hold a welcome party for her.

行われる 〔起こる〕**take place**
- その会合は9月23日に行われた The meeting took place on September 23.

行い an act, a deed, one's **conduct**
- 行いに気をつけなさい Be careful of your conduct.

起こり 〔起源〕**the origin**

起こる 〔発生する〕**happen, occur, take place**; 〔災害などが〕**break out**
- 彼女に何が起こったのでしょう What happened to her?
- 10時頃に地震が起こった An earthquake happened around ten o'clock.

怒る get angry; 〔怒っている〕**be angry**
- 彼はすぐ怒る He easily gets angry.
- 彼女は私のことを怒っている She is angry with me.

押さえる 〔押さえつける〕**hold down** ⟨a dog⟩

抑える 〔感情などを〕**control** ⟨one's anger⟩

幼い 〔幼少の〕**very young, infant**; 〔幼稚な〕**childish**
幼なじみ **a childhood friend**

収まる 〔静まる〕**calm down**; 〔やむ〕**stop, be over**; 〔解決する〕**be settled**
- 嵐は収まった The storm was over.

納める pay ⟨a tax⟩

修める study, practice ⟨medicine⟩

おじ an uncle
- 彼は私のおじです He is my uncle.

押し合う push one another

惜しい 〔残念な〕**regrettable**; 〔もったいない〕⟨be⟩ **too good** ⟨to waste⟩**, dear**

おじいさん 〔祖父〕one's **grandfather**; 〔老人〕**an old man**

押し入れ a closet

教え teaching(s); 〔教義〕**a doctrine**

教え子 one's **pupil [student]**

教える 〔学科などを〕**teach**; 〔道順・方法などを〕**show, tell**
- 佐藤先生は私たちに英語を教えてくれる Mr. Sato teaches us English. / Mr. Sato teaches English to us.
- 駅へ行く道を教えてください Please show [tell] me the way to the station.

おじぎをする bow ⟨to...⟩
- 彼女は私にていねいにおじぎをした She bowed to me politely.

押し込む push in... [**into...**]

押し進める push on with..., promote ⟨a plan⟩

押し倒す push down

押し出す push out

押しつける 〔強く押す〕**push [press] against...**; 〔無理に…させる〕**force** ⟨to do⟩

押しつぶす crush ⟨a box⟩

押しのける push aside [away]

惜しむ 〔時間・お金などを〕《ふつう否定文に用いて》**spare**; 〔残念に思う〕**regret, be sorry**
- 彼は努力を惜しまなかった He spared no effort.
- 私たちは彼の突然の死を惜しんだ We were sorry about his sudden death.

おしゃべり a chat, chatter
おしゃべりな **talkative**

おしゃれ 〔化粧〕**make-up**
おしゃれな **stylish, smart, fashionable**

お嬢さん a young lady; 〔娘〕**a daughter**; 〔呼び掛け〕**Miss** ⟨Doyle⟩

押し分ける push one's **way through, elbow** one's **way**

雄 a male
雄の **male**

押す push, press
- そんなに押さないでください Don't push me like that.
- 彼はドアを押し開けた He pushed the door open.

お世辞 a compliment, flattery
お世辞を言う **flatter**

おせっかいな meddlesome,《話》**nosy**

汚染 pollution
汚染する **pollute**
- その川は汚染されている The river has become polluted.
大気汚染 **air pollution**

遅い 〔時間が〕**late**; 〔速度が〕**slow, slowly**
- 彼はけさは遅い He is late this morning.
- 彼女は歩くのが遅い She walks slow [slowly].
遅く **late**
- 父は夜遅く家に帰ってきた My father came home late at night.
遅くとも **at (the) latest**
- 遅くとも5時までには帰って来なさい Come back by five at the latest.
遅かれ早かれ **sooner or later**

襲う attack, hit, strike ⟨the enemy⟩
- その船は台風に襲われた The ship was attacked by a typhoon.
- 大地震がその地域を襲った A big earthquake hit [struck] the area.

恐らく perhaps, maybe
- 恐らく彼ならできるでしょう Perhaps [Maybe] he

恐れ 〔不安〕fear; 〔危険〕danger
恐れる be afraid 〈of...〉, fear
- 間違いをすることを恐れるな Don't be afraid of making mistakes.
- 何も恐れるものはない There is nothing to fear.
恐れ入る 〔恐縮する〕be sorry; 〔感謝する〕thank; 〔閉口する〕be amazed 〈at...〉
恐れ入ります I'm sorry to trouble you. / Thank you very much. / That's very kind of you.
- 恐れ入りますが窓を閉めていただけませんか Would you mind closing the window?
恐ろしい terrible, fearful, horrible, dreadful; 〔非常な〕awful
- それは恐ろしい事故だった It was a terrible accident.
お互い ⇨ 互いに
おだてる flatter
穏やかな calm, gentle
穏やかに calmly, gently
陥る fall into..., get into..., run into 〈trouble〉
落ち着き
- あの子は落ち着きがない He is a restless child.
落ち着く calm *oneself*, settle in...
- まあ落ち着きなさい Calm yourself. / Don't be so excited.
- 彼は結局その街に落ち着いた After all, he settled in the town.
落ち着ける 〔気持ちを〕set *one's* mind at rest
落ち度 a fault ⇨ 過ち
落ち葉 fallen leaves
落ちぶれる come down 〈in the world〉, be ruined
お茶 tea ⇨ 茶
落ちる fall, drop
- 秋には木の葉が落ちる Leaves fall in (the) fall.
- りんごが木から落ちた An apple dropped [fell] from the tree.
夫 *one's* husband
お手伝い a helper, a maid
汚点 a stain, a blot
おてんば 〔娘〕a tomboy
音 a sound; 〔雑音〕a noise
- 音を立てるな Don't make any noise.
お父さん *one's* father; 《話》dad, daddy ⇨ 父
弟 a brother, a younger [little] brother
脅かす threaten
おとぎ話 a fairy tale
おどける make a joke, play the fool
おどけ者 a joker, a clown
男 a man (愛 men); 《米》《口語》a guy
- あの男の人は誰ですか Who is that man?
男らしい manly
男の子 a boy; 〔赤ん坊の〕a baby boy
男友達 a boy [male] friend
音沙汰
- それ以来、彼からは何の音沙汰もない I haven't heard from him since then.
落とし穴 a pit, a pitfall
陥れる trap, set a trap 〈for...〉

お年玉 a New Year's gift
落とし物 a lost article ⇨ 遺失物
落とす drop; 〔失う〕lose
- 彼は花瓶を床に落とした He dropped a vase on the floor.
- 私はどこかに財布を落とした I lost my purse somewhere.
脅す threaten
訪れる 〔人・場所を〕visit; 〔人を〕call on...; go to see; 〔場所を〕call at...
- 彼はロンドンを訪れた He visited London.
おととい the day before yesterday
おととし the year before last
大人 a grown-up; 〔男の〕a man (愛 men); 〔女の〕a woman (愛 women)
- 大人になったら何になりたいですか What do you want to be when you grow up?
おとなしい gentle, quiet
- おとなしくしなさい Be good. / Be a good boy [girl].
乙女 a (young) girl, a virgin, a maiden
踊り a dance; 〔踊ること〕dancing
踊る dance, have a dance
- 彼らは音楽に合わせて踊った They danced to the music.
踊り上がる jump
- 少女は踊り上がって喜んだ The girl jumped for joy.
劣る be inferior 〈to...〉
- 私は数学では彼に劣っている I am inferior to him in mathematics.
衰える become weak, decline
- 私の視力は少し衰えてきた My sight has become a little weaker.
驚く be surprised [astonished, amazed] 〈at..., to *do*〉; 〔驚き恐れる〕be frightened [startled] 〈at...〉
- 私はその知らせを聞いて驚いた I was surprised at the news.
驚かす surprise, astonish, amaze; startle
- その事件は私たちを驚かせた The event surprised us.
驚き (a) surprise; 〔驚異〕(a) wonder
- それは私たちにとって大変な驚きだった That was a great surprise to us.
驚くべき surprising, astonishing; 〔驚嘆すべき〕marvelous
驚いたことに(は) to *one's* surprise
同じ the same
- 私たちは同じクラスです We are in the same class.
- 私は彼女と同じ年です I am the same age as she (is).
- それらはまったく同じように見える They look just the same.
Aと同じくらい… as ... as *A*
- 彼は私と同じくらい背が高い He is as tall as I (am).
- 彼は私と同じくらい本を持っている He has as many books as I (have).
- 私は彼と同じくらい速く走れる I can run as fast

鬼 a demon, a devil;〔鬼ごっこの〕it
- さあ今度は君が鬼だ Now you are it.
  鬼ごっこをする play tag

各々 each ⇨ それぞれ

おば an aunt
- 彼女は私のおばです She is my aunt.

おばあさん〔祖母〕*one's* **grandmother**;〔老婦人〕**an old woman**

お化け a ghost
  お化け屋敷 a haunted house [mansion]
- この家にはお化けが出る This house is haunted.

おはよう Good morning.

帯 an *obi*, a belt

おびえる be frightened ⟨of thunder⟩

おびただしい ⇨ たくさん

脅かす threaten ⟨people's livelihood⟩;〔恐れさせる〕frighten

オフサイド【サッカー】(an) offside

オフラインの[で]【インターネット】off-line

おべっか flattery
  おべっかを使う flatter ⟨*one's* superior⟩

覚え memory ⇨ 記憶

覚える〔学ぶ〕learn;〔暗記する〕learn by heart, memorize
- 彼は泳ぎを覚えた He learned how to swim.
- 彼はたくさんの単語を覚えた He learned a lot of words by heart.
  覚えている remember
- 私は彼のことをよく覚えている I remember him well.
  覚えておく keep [bear] *A* in mind

おぼつかない⟨be⟩ doubtful

おぼれる be drowned
- 少年は川でおぼれた The boy was drowned in the river.

おぼろげな dim, indistinct
  おぼろげに dimly, faintly

お前(たち) ⇨ あなた(たち)

おまけ〔商品に付く〕a premium;〔ほうび〕a prize
- これはおまけです This is free.

オムレツ〔料理〕an omelet

おめでとう Congratulations!
- 誕生日おめでとう (A) Happy Birthday (to you)!
- クリスマスおめでとう (A) Merry Christmas!
- 新年おめでとう (A) Happy New Year!

お目にかかる see, meet ⇨ 会う

重い
❶〔重量が〕heavy
- この箱は重すぎて私には運べない This box is too heavy for me to carry.
❷〔病気が〕serious
- 彼の病気は重いのではないかしら I am afraid his illness may be serious.
  重さ weight
- この石は重さが50キロある This stone weighs fifty kilograms.

思い (a) thought

思い浮かべる remember, recollect ⟨*one's* childhood days⟩

思いがけない unexpected

思いがけなく unexpectedly

思い切る ⇨ あきらめる, 決心
  思い切って boldly, resolutely
  思い切って…する dare to *do*
- 私は思い切って意見を述べた I dared to express my opinion.
  思い切って発言する speak out
  思い切り as ... as *one* can
- 私はそのボールを思い切りけった I kicked the ball as hard as I could.

思い出す remember, recall
- 私は彼の名前が思い出せない I cannot remember his name.
  思い出させる remind ⟨*A* of *B*⟩

思い違い
- 私の思い違いでした I was mistaken [was wrong].

思い付く think of..., hit on... [upon...], occur to...
- 彼は名案を思い付いた He hit on a good idea. / A good idea occurred to him.
  思い付き an idea

思い出 memories, recollections

思いどおりに as *one* likes [wishes, pleases]
- 君の思いどおりにしなさい Do it (in) your own way.

思いやり sympathy
  思いやりのある considerate, thoughtful, kind

思う
❶〔考える〕think;〔推測する〕guess, suppose;〔信じる〕believe
- 私はそう思います I think so.
- 彼は彼女のことをよく思っていなかった He didn't think well of her.
- 私は彼は来ないと思います I don't think he will come.
❷〔見なす〕regard ⟨*A* as *B*⟩, consider ⟨that...⟩
- 彼はその仕事に適任だと思う I consider that he is fit for the job.
❸〔予期する〕expect;〔希望する〕wish, want
❹〔…しようと思う〕be going to *do*, be planning to *do*
- 私は来年アメリカへ行こうと思う I am going to visit America next year.
❺〔…だといいと思う〕hope ⟨that...⟩;〔…しはしないかと思う〕be afraid ⟨that...⟩
- 私は彼があす来ればいいのにと思う I hope (that) he'll come tomorrow.
- あしたは雨ではないかと思う I'm afraid it will rain tomorrow.
- いや, 私はそうは思わない No, I'm afraid not.
  思う存分
- 私は思う存分食べた I ate as much as I wanted. / I ate to my heart's content.

面影
- 彼女には母親の面影がある She reminds me of her mother.
- 彼は昔の面影はない He is not what he used to be.

重苦しい heavy;〔天気が〕gloomy;〔雰囲気が〕oppressive

おもしろい〔興味のある〕interesting;〔愉快な〕

おもちゃ

pleasant, amusing, enjoyable;〔こっけいな〕**funny**
- この話はとてもおもしろい This story is very interesting.
- それはおもしろいでしょう That would be fun.
- たこを上げるのはとてもおもしろい It's a lot of fun to fly a kite.
  おもしろくない〈be〉**no fun; uninteresting, dull**
  おもしろ半分に…する **do for [in] fun**

おもちゃ a toy
- おもちゃの自動車 a toy car

表〔表面〕**the face;**〔屋外で〕**out of doors, outside**
- 表で遊びなさい Go and play outside.

主な chief, main, principal
  主に chiefly, mainly;《たいてい》mostly
- 聴衆は主に女性でした The audience was mainly women.

重荷 a heavy load, a burden
重り a weight;〔釣りの〕**a sinker**
思わず unconsciously, in spite of *oneself*
重んじる value, think [make] much of...
- 彼は名誉を重んじた He thought much of his honor.

親 a parent;〔両親〕**one's parents**
- 私は親と一緒に行きます I will go there with my parents.
  親不孝な〈be〉**not good [obedient] to** *one's* **parents**

お休みなさい Good night.

おや〔驚き〕**Oh! / Oh, dear! / Oh, my goodness!**

おやつ〔茶菓子〕**refreshments;**〔時間〕**tea break, coffee break**

泳ぐ swim
- 私はとても速く泳げる I can swim very fast.
- 私たちは海に泳ぎに行った We went swimming in the sea.
  泳ぎ〔ひと泳ぎ〕a swim;〔泳ぐこと〕swimming
- 彼は泳ぎがうまい He is good at swimming. / He is a good swimmer.
  泳ぐ人 a swimmer

およそ about ⇨ 約
及び ⇨ …と
及ぶ〔匹敵する〕**equal, be equal to...;**〔達する〕**extend, reach**
- 誰も英語で彼女に及ぶ者はいない Nobody equals her in English. / Nobody is equal to her in English.
- …するには及ばない〔…する必要はない〕do not have to *do*, need not *do*
- 恐れるには及ばない You don't have to be afraid.

おり〔動物の〕**a cage;**〔家畜の〕**a pen**
折 ⇨ 時, 機会
オリーブ【植物】an olive
  オリーブ油 olive oil
折り返す turn around
折り重なる
- 折り重なって倒れる fall one upon another
折り紙〔細工〕*origami*, **the art of folding paper into various figures;**〔紙〕**colored paper for folding**
折り畳む fold〈an umbrella〉
折り曲げる bend;〔すそなどを〕**turn up [down];**〔二つに〕**double**
織物 textiles;〔布〕**cloth**
降りる〔高い所から〕**come down, go down;**〔乗り物から〕**get off**
- 今すぐ降りて行きます I'm coming down right now.
- 私は次の駅で降ります I'm getting off at the next station.
降ろす take down, get down
- 私は棚から本を降ろした I took [got] the books down from the shelf.
オリンピック（大会）**the Olympic Games, the Olympics**
  オリンピックの Olympic〈stadium〉
折る break;〔畳む〕**fold**
- 木の枝を折ったのは誰ですか Who broke the branch of the tree?
- 私は手紙を四つに折った I folded the letter into four.
オルゴール a music box
おれ ⇨ 私
お礼 ⇨ 礼
おれたち ⇨ 私たち
折れる break
- 棒が二つに折れた The stick broke in two.
オレンジ〔果実〕**an orange**
愚かな foolish, stupid, silly
- 彼はなんて愚かなんでしょう How foolish he is!
- …するほど愚かではない know better than to *do*
- 私は彼の話を真(ま)に受けるほど愚かではない I know better than to believe his story.
おろそかにする neglect〈one's work〉
終わり the end
- 彼は今月の終わりに帰ってきます He will be back at the end of this month.
終わる end, come to an end;〔終える〕**finish**
- ちょうどそのとき試合は終わった Just then the game ended.
- 学校は3時に終わる School is over at three.
- 私は今宿題を終えたところです I have just finished my homework.
  終わらせる put an end to〈the war〉
恩 kindness, favor,《英》favour
- ご恩は決して忘れません I shall never forget your kindness.
- 恩をあだで返すな Don't repay good with evil.
  恩知らずの ungrateful
音楽 music
- 彼女は音楽が大好きです She likes music very much.
- 音楽がよくお分かりですね You have a good ear for music, don't you.
  音楽家 a musician
  音楽会 a concert
  音楽学校 a music institution
  音楽鑑賞
- 音楽鑑賞は彼の趣味の一つだ Listening to mu-

sic is one of his hobbies.
温厚な gentle, mild
恩師 *one's (former)* teacher
温室 a greenhouse, a hothouse
　温室効果 the greenhouse effect
恩人 a benefactor; 〔後援者〕a patron
音声 a voice, a sound
温泉 a hot spring
温暖な warm, mild
音痴
・私は音痴です I have no ear for music.
オンデマンドの【コンピュータ】on-demand
　オンデマンドで on demand
温度 temperature
・私は温度を計った I took the temperature.
　温度計 a thermometer
音読する read ⟨a poem⟩ aloud
おんどり a cock, 《米》a rooster
女 a woman (複 women)
・あの女の人は誰ですか Who is that woman?
　女らしい womanly
　女の子 a girl; 〔赤ん坊の〕a baby girl
　女友達 a girl [female] friend
おんぶする carry *A* on the back
音符【音楽】a (musical) note
オンラインの[で]【インターネット】on-line, online
音量 volume
・私はテレビの音量を上げた[下げた] I turned up [down] the volume of TV.
温和な mild, gentle

か

…か
❶《疑問》
・彼は大学生ですか Is he a high school student?
・りんごは好きですか Do you like apples?
・彼女は泳げますか Can she swim?
・彼は誰ですか Who is he?
❷《勧誘》
・すぐ出発しましょうか Let's start at once.
・映画でも見ましょうか Shall we go to the movies?
・コーヒーをもう1杯いかがですか How about another cup of coffee?
❸《選択》
・あなたか私かどちらかがしなければならない Either you or I have to do it.
可〔よい〕fairly good;〔成績の〕C
科〔学科〕a department;〔動植物の〕a family
課〔学課〕a lesson;〔会社などの〕a section
・第5課 Lesson 5 [five]
蚊【昆虫】a mosquito
・私は蚊に刺された I was bitten by a mosquito.
…が
❶《主語》
・私が山田です I am (Mr.) Yamada.
❷《目的語》
・私はりんごが好きだ I like apples.
❸〔しかし〕
・夏は暑いが私は好きです Summer is hot, but I like it.

我〔自我〕self, ego
　我の強い obstinate, self-assertive
　我を通す have *one's* own way
蛾【昆虫】a moth
ガーゼ〔医療用〕gauze
カーソル【コンピュータ】a cursor
カーディガン a cardigan
カーテン a curtain
カード a card
カーナビ a car navigation system
カーネーション【植物】a carnation
カーブ a curve
ガール〔少女〕a girl
　ガールスカウト〔団〕the Girl Scouts;〔団員〕a girl scout
　ガールフレンド a girl friend, a girlfriend
会 a meeting,〔社交的な〕a party;〔協会〕an association, a society
・その会は昨日開かれた The meeting was held yesterday.
回〔回数〕a time;〔ボクシングの〕a round;〔野球の〕an inning
・一回 once
・二回 twice
・三回 three times
・彼は週1回そこへ行く He goes there once a week.
・彼は何回もロンドンに行ったことがある He has been to London many times.
・7回の表[裏]【野球】the first [second] half of the seventh inning
階 a floor, a story, 《英》a storey
・1階 the first floor, 《英》the ground floor
・2階 the second floor, 《英》the first floor
・3階 the third floor, 《英》the second floor
・「何階(まで)ですか」「10階をお願いします」"What floor?" "Tenth floor, please."
・2階建ての家 a two-storied [two-story] house
貝 a shellfish
　貝殻 a shell, a seashell
害 harm
・タバコは健康に害がある Smoking does harm to your health. / Smoking is harmful to the health.
　害する harm, do harm
会員 a member;〔会員であること〕membership
開演
・午後5時30分開演 The curtain rises at 5:30 p.m.
階下に ⟨go⟩ downstairs
絵画 pictures, paintings
　絵画館 a picture gallery, an art gallery
開会する open ⟨a meeting⟩
　開会式 an opening ceremony
　開会の辞 an opening address
海外に overseas, abroad ⇨外国
　海外ニュース foreign news
　海外旅行(をする) travel abroad [overseas]
改革 (a) reform;〔革新〕innovation
　改革する reform
　行政改革 administrative reforms

快活な **cheerful, merry**
　快活に cheerfully, merrily
会館 **a hall, an assembly hall**
快感 **a pleasant sensation, an agreeable feeling**
海岸 **the seashore, the beach, the coast**;〔海岸地方〕**the seaside**
・私は海岸を散歩した I walked along the beach.
外観 **(an) appearance**
会議 **a conference, a meeting**
　会議中 in conference
・山本さんは今は会議中です Mr. Yamamoto is in conference now.
　会議室 a conference room
　国際会議 an international conference
階級 **a class**;〔軍隊などの〕**a rank**
開業する **start [begin] (a) business**
会計 **accounting**;〔勘定書〕《米》**a check**, 《英》**a bill**
　会計係 an accountant, a cashier
解決する **solve, settle**
・彼は問題を解決した He solved the problem.
会見 **an interview, a conference**
　記者会見 a press conference
会合 **a meeting**
　会合する meet
開校する **open [found] a school**
　開校記念日 the anniversary of the foundation〈of a school〉
外国 **a foreign country**
・彼は外国へ行った He went abroad.
　外国の foreign
　外国語 a foreign language
　外国人 a foreigner
　外国製品 foreign goods
開催する **give; hold** ⇨ 開く
改札する **examine [punch] tickets**
　改札口 a (ticket) gate, 《英》a wicket
解散する **break up**;〔国会などが〕**be dissolved**
概算する **estimate**〈the cost〉**roughly**
開始 **beginning, opening**
　開始する begin, start, open ⇨ 始める
概して **generally, on the whole**
　概して言えば generally speaking
会社 **a company**
　会社員 a company employee
解釈 **(an) interpretation**
　解釈する interpret〈A's remark as...〉
回収する **collect**〈waste materials〉
外出する **go out**
・私は午後外出します I'll go out this afternoon.
・母は今外出しています Mother is out now.
会場 **a meeting place**
開場する **open**
・午前10時開場 The doors open at 10:00 a.m.
階上に 〈go〉**upstairs**
外食する **eat [dine] out**
外人 **a foreigner**
海水 **sea water**
　海水浴 sea bathing
・私たちは江の島へ海水浴に行った We went to Enoshima to bathe [to swim] in the sea.
　海水浴場 a bathing place [resort], 《米》a beach
回数 **frequency** ⇨ 何回
　回数券 a coupon ticket
快晴の **fair, very fine**〈weather〉
解説 **explanation**;〔論評〕**a comment**
　解説する explain, comment〈on...〉
　解説者 a commentator
改善する **improve**〈one's living〉, **make better**
回想 **recollection**
　回想する recollect, look back〈on..., upon...〉
海草 **a seaweed**
改造する **reconstruct, rebuild**〈a house〉
解像度 【コンピュータ】**resolution**
快速 **high speed**
　快速列車 a rapid service train
階段 〔段〕**steps, stairs**;〔全体〕**a staircase, a stairway**
・彼は階段を登った[降りた] He went up [down] the stairs.
会談 **a talk**
　会談する have a talk〈with...〉
快適な **comfortable**
　快適に comfortably
開店する **open**〈at 10:00 a.m.〉
回転する ⇨ 回る
ガイド 〔案内人・案内書〕**a guide**
　ガイドブック a guidebook
解答 **an answer** ⇨ 答え
街灯 **a street lamp [light]**
解凍する **thaw, defrost**; 【コンピュータ】**decompress, uncompress**
該当する **come [fall] under...**;〔当てはまる〕**apply**〈to everybody〉
買い得品 **a good buy**
飼い主 **the owner [keeper]**〈of a dog〉
外泊する **stay out**〈for the night〉
開発 **development**
　開発する develop〈energy resources〉
会費 **a (membership) fee**
外部 **the outside**
　外部から from (the) outside
回復 **recovery**
　回復する recover, get well
・彼は健康を回復した He recovered his health. / He got well.
開放する **open**〈the door〉
開幕する **start, open**
・午後5時30分開幕 The curtain rises at 5:30 p.m.
解明する **solve**〈the problem〉
買い物 **shopping**
　買い物をする do shopping
・私は少し買い物をした I did some shopping.
　買い物に行く go shopping
・母はデパートに買い物に行った Mother went shopping at the department store.
外野 【野球】**the outfield**
　外野手 an outfielder
外来語 **a loan word**
快楽 **pleasure**

回覧 **send round, circulate** ⟨a letter⟩
改良する **improve** ⟨a machine⟩
街路 **a street**
　街路樹 street trees, trees lining a street
会話 **(a) conversation**
　英会話 English conversation
・彼女は英会話がうまい She is good at English conversation.
買う **buy**, **get**; 〔大規模に〕**purchase**
・私は本を800円で買った I bought a book for 800 yen.
・父は私にカメラを買ってくれた Father bought me a camera.
・その時計はいくらで買いましたか How much did you pay for the watch?
・「このTシャツはどうでしょうか。1,500円です」「じゃそれを買います」 "How about this T-shirt? It's 1,500yen." "O.K. I'll take it."
飼う **have**, **keep**
・彼は犬を飼っている He has [keeps] a dog.
ガウン 〔長上衣〕**a gown**
カウンセラー 〔助言者〕**a counselor**
カウンター 〔売り台〕**a counter**
返す **return**; 〔元の所へ〕**put back**; 〔お金を〕**pay back**; 〔物を〕**give back**
・その本は来週月曜日に返します I'll return the book next Monday.
・彼にテニスのラケットを返してもらった I got my tennis racket back from him.
かえって 〔むしろ〕**rather**, **on the contrary**
・かえってご迷惑ではなかったでしょうか I'm afraid I've rather troubled you. / On the contrary, I'm afraid I've troubled you.
帰りに **on** one's **way** ⟨home, back⟩
・私は学校からの帰りに彼に会った I met him on my way home from school.
顧みる **look back on** ⟨one's past⟩
帰る **come back**, **go back**, **return**
・6時までには帰ってきます I'll be [come] back by six o'clock.
・もう遅いからすぐ帰りなさい It's too late. Go back soon.
・彼はきのうアメリカから帰ってきた He returned [came back] from America yesterday.
変える **change**
・彼女は考えを変えた She changed her mind.
・熱は水を蒸気に変える Heat changes water into steam.
かえる 【動物】**a frog**
顔 **a face**; 〔顔付き〕**a look**, **a countenance**
・顔を洗いなさい Wash your face.
・彼女は私の顔を見た She looked me in the face.
・彼は悲しい顔をしていた He had a sad look. / He looked sad
顔を出す **show** one's **face**; 〔現れる〕**make** one's **appearance**; 〔訪れる〕**visit**
・かわいい花が地面から顔を出している Pretty flowers are peeping out of the ground.
顔色 **a complexion**
　悪い顔色 a pale look
　顔立ちがよい have good features, be good-looking
香り **smell**, **scent**, **odor**; 〔芳香〕**fragrance**
　香りのよい fragrant, sweet-smelling
画家 **a painter**, **an artist**
課外の **extracurricular**
　課外活動 extracurricular activities
　課外授業 an extra lesson
抱える 〔両手で〕**hold** [**carry**] *A* in one's **arms**; 〔小わきに〕**hold** [**carry**] *A* under one's **arm**
・彼は仕事をたくさん抱えている He has too much work to do.
価格 **a price** ⇨ 値段
化学 **chemistry**
　化学の chemical ⟨tests⟩
　化学薬品 chemicals
科学 **science**
　科学の scientific
・科学の進歩のおかげで thanks to the progress of science
　科学的見地から from a scientific point of view
　科学者 a scientist
掲げる **put up**
・入り口にポスターが掲げられた A poster was put up on the entrance.
欠かす **miss** ⟨*A's* lessons⟩, **fail** ⟨to *do*⟩
かかと **a heel**
鏡 **a mirror**
・彼女は鏡で自分の姿を見た She looked at herself in the mirror.
かがむ **bend**, **stoop**, **crouch**
輝く **shine**; 〔きらきら〕**glitter**, **twinkle**; 〔宝石などが〕**sparkle**; 〔高温で熱せられて〕**glow** ⟨with...⟩
・太陽が明るく輝く The sun shines bright [brightly].
・空には星が輝いている The stars are twinkling in the sky.
　輝かしい bright, brilliant
　輝き brightness, glitter, glow
係 〔担当〕**a charge**; 〔担当者〕**a person in charge**
・私は接待係だ I am in charge of the reception.
かかる 〔病気に〕**have**, **catch**, **suffer from...**
・彼は風邪にかかっている He has [is suffering from] a cold.
掛かる
❶ 〔ぶら下がる〕**hang**
・壁に絵が掛かっている A picture is hanging on the wall.
❷ 〔時間が〕**take**; 〔費用が〕**cost**
・駅まで歩いて10分ぐらい掛かります It takes about ten minutes to walk to the station.
・そこへ行くには費用はどれほど掛かりますか How much does it cost to go there?
❸ 〔医者に〕**see**, **consult**
・医者に掛かりなさい You had better see [consult] a doctor.
…(にも)かかわらず **in spite of...**, **though...**
・雨天にもかかわらず彼らは出かけた In spite of the rain, they went out.
関わる 〔関係する〕**have to do with** ⟨the affair⟩, **be related to...**

かき【貝】an oyster
夏季, 夏期 summer, summertime
　夏期休暇 the summer vacation [holidays]
柿【植物】a persimmon (tree)
鍵 a key ⇨ 錠
・彼は錠に鍵を掛けた He turned the key in the lock. / He locked the lock.
書き表す express, describe
書き入れる fill in [out] ⟨a form⟩
書き換える rewrite ⟨some sentences⟩; renew ⟨one's driver's license⟩
書留
・この手紙を書留にしてください Please register this letter.
　書留郵便 registered mail
書き留める write down
・忘れないうちに住所を書き留めておきなさい You'd better write down the address before you forget it.
書き取り a dictation
書き直す rewrite
垣根 a fence, a wall
かき混ぜる mix (up) ⟨A with B⟩
かき回す stir ⟨coffee with the spoon⟩
下級の junior, lower
　下級生 a lower-class student
限り〔限度〕a limit
・数には限りがある The number is limited.
　限る limit, restrict
　…とは限らない not always, not necessarily
・金持ちが幸福とは限らない The rich are not always happy.
　…する限り as long as..., as far as...
・私の知る限り彼は正直だ As far as I know, he is honest.
かく〔頭などを〕scratch ⟨one's head⟩;〔落ち葉を〕rake up ⟨fallen leaves⟩;〔雪を〕shovel ⟨the snow⟩
書く write;〔描く〕draw, paint
・鉛筆で書きなさい Write with a pencil.
・私は彼に手紙を書いた I wrote (a letter) to him.
・彼女はじょうずな英文を書く She writes English well.
角 an angle
　直角 a right angle
各… each, every ⇨ それぞれ
　各人 everybody, everyone
かぐ〔においを〕smell;〔くんくんと〕sniff
家具 furniture
額〔金額〕a sum;〔額縁〕a frame
架空の imaginary ⟨character⟩, fictional
各駅停車〔普通列車〕a local train
学園 ⇨ 学校
　学園祭 a school festival
学業 studies, schoolwork
　学業成績 one's school records
学芸 ⟨the faculty of⟩ liberal arts
　学芸会 literary exercises
格言 a proverb, a saying
覚悟する〔用意している〕be ready [prepared] ⟨for..., to do⟩;〔決心する〕make up one's mind, be determined ⟨to do⟩
角砂糖 a lump of sugar, a cube of sugar
各自 each ⇨ それぞれ
確実な sure ⇨ 確かな
各種の all kinds [sorts] of..., various ⇨ 種類
学習 study, learning
　学習する study, learn
・私は英語を毎日学習する I learn [study] English every day.
確信する be sure ⟨of..., that...⟩
隠す hide
・彼はお金をポケットに隠した He hid the money in his pocket.
学生 a student
　学生時代〔in〕one's school days
　学生証 a student identity [ID] card
　学生生活 one's school [student] life
拡声器 a loud speaker
拡大する〔写真などを〕enlarge ⟨a photograph⟩;〔レンズなどで〕magnify
　拡大鏡 a magnifying glass
楽団 a (musical) band;〔管弦楽の〕an orchestra
拡張する extend, expand ⟨one's business⟩;〔広げる〕enlarge ⟨a building⟩
確定する fix ⟨the date⟩
角度 an angle
獲得する get, win, obtain ⇨ 得る
確認する ⇨ 確かめる
学年 a school year;〔…学年〕《米》the ... grade
・米国では学年は9月に始まり6月に終わる In the United States, the school year begins in September and ends in June.
・私は10学年です I am in the tenth grade.
　学年末試験 an annual [a final] examination
学費 school expenses
楽譜 ⟨read⟩ music, a score
学部 the department [faculty] ⟨of literature⟩
格別の special, particular
革命 (a) revolution
学問 learning;〔教育〕education
学用品 school things, school supplies
確率 probability
確立する establish ⟨world peace⟩
学力 scholarship, learning
・彼は学力がある[ない] He is a good [poor] scholar.
　学力検査 an achievement test
学歴 one's school [academic] background
隠れる hide
・彼は木の後ろに隠れた He hid (himself) behind the tree.
隠れん坊をする play hide-and-seek
賭け a bet
・彼は賭けに勝った[負けた] He won [lost] the bet.
　賭ける bet
陰〔日陰〕shade
・私たちは大きな木の陰で休んだ We rested in the shade of a large tree.
　…の陰に〔…の後ろに〕behind...
・彼は戸の陰に隠れた He hid (himself) behind the door.

影〔投影〕a shadow
・木は道路に長い影を投げていた The tree cast a long shadow on the road.

過激な〔急進的な〕radical; 〔極端な〕extreme
過激派 the radicals

陰口 ⇨ 悪口

掛け声 a shout; 〔かっさい〕a cheer
掛け声を掛ける shout; cheer

駆け込む run into [in]〈the house〉

掛け算 multiplication
掛け算をする multiply〈three by four〉

駆け出す begin to run; 〔外へ〕run out

駆け引き〔値段の〕bargaining; 〔策略〕tactics
駆け引きする bargain with..., use tactics

駆ける run ⇨ 走る
駆け足 a run; 〔馬の〕a gallop
・彼は駆け足で学校に来た He came running to school.

掛ける
❶〔つるす〕hang
・私は壁に絵を掛けた I hung a picture on the wall.
❷〔覆う〕cover
・彼女はテーブルに白い布を掛けた She covered the table with a white cloth.
❸〔座る〕sit, be seated
・どうぞお掛けください Please sit down. / Please be seated.
❹〔掛け算する〕multiply
・3に5を掛けると15になる Three multiplied by five makes fifteen. / Three times five is fifteen.
❺〔めがねを〕put on
・彼はめがねを掛けた He put on his glasses.

欠ける〔不足する〕lack, be lacking in〈common sense〉

加減〔程度〕degree; 〔調節〕moderation; 〔食べ物の〕seasoning, flavor; 〔健康〕health, condition
・お湯の加減はどうですか How's the bath?
・お加減はいかがですか How do you feel? / How are you?

過去 the past
過去の past
・過去の生活 one's past life
過去に in the old days
・彼は過去に3年間ロンドンで過ごした He has lived in London for the past three years.
過去完了【文法】the past perfect
過去時制【文法】the past tense
過去分詞【文法】a past participle

かご a basket; 〔鳥かご〕a cage
・かご1杯のりんご a basketful of apples

加工する process〈milk〉
加工食品 processed food

化合する combine
化合物 a (chemical) compound

囲む、enclose
・日本は海に囲まれている Japan is surrounded by the sea.

かさ〔容積〕bulk, volume
かさのある、かさばった bulky

傘〔雨傘〕an umbrella; 〔日傘〕a parasol
・傘を持って行きなさい You'd better take [carry] an umbrella with you.

火災 a fire ⇨ 火事
火災報知器 a fire alarm

重ねる pile up, heap up
重なる be piled up; 〔日が〕fall on...

風向き
・風向きがよい[悪い] The wind is favorable [unfavorable].

飾る decorate
・私は部屋に花を飾った I decorated the room with flowers.
飾り a decoration
・クリスマスの飾り Christmas decorations

火山 a volcano
活[休・死]火山 an active [a dormant, an extinct] volcano
火山灰 volcanic ash

菓子〔ケーキ〕(a) cake; 〔砂糖菓子〕《米》candy, 《英》sweets

カ氏, 華氏 Fahrenheit（略 F, F.）
・カ氏80度 80°F

かじ〔乗り物の〕a (steering) wheel
かじを取る steer; 〔あやつる〕control, manage

火事 a fire
・ボートが火事だ The boat is on fire.
・ゆうべ近所で火事があった There was a fire in my neighborhood last night.

家事 household affairs, housework

貸し切りの chartered〈bus〉

賢い wise, clever〈boy〉, intelligent
賢く〈act〉wisely, smartly

貸し出す lend out〈a book〉; 〔金銭を〕loan
貸し出し〔金銭の〕a loan

過失 a mistake ⇨ 間違い

果実 (a) fruit ⇨ 果物

貸し間 a room for rent, 《英》a room to let

歌手 a singer

果樹 a fruit tree
果樹園 an orchard

果汁 fruit juice

箇所 a spot, a point, a place

過剰な too many〈people〉, surplus〈labor〉
過剰包装 excess packaging

…かしら I wonder ...
・それは本当かしら I wonder if it is true.
・誰が彼にそれをあげたのかしら I wonder who gave it to him.

頭文字〔姓名の〕an initial; 〔大文字〕a capital letter

かじる〔歯で〕bite, gnaw〈at..., upon...〉

貸す lend
・私は彼にお金を貸した I lent him some money.
・その本を2, 3日貸してくれませんか Will you lend me the book for a few days?
・電話を貸していただけませんか Can [May] I use your telephone?

数 a number
・私たちの組の生徒の数は30名です The number of students in our class is thirty.

ガス gas; 〔濃霧〕a dense fog
・私はガスをつけた[消した] I turned on [off] the gas.
ガスストーブ a gas stove

かすかな faint; 〔ぼんやりした〕dim
・かすかな声が聞こえた I heard a faint voice.
かすかに faintly

カスタネット〔楽器〕〈a pair of〉castanets

カスタマイズする【コンピュータ】customize

かすみ (a) mist, (a) haze
かすむ be hazy; 〔目が〕grow dim
かすんだ hazy

課する impose〈a tax〉; assign〈homework〉

かすれる 〔声が〕become hoarse [husky]

風 a wind; 〔そよ風〕a breeze
・風の吹く[強い]日 a windy day
・冷たい風が吹いていた A cold wind was blowing.
北風 the north wind
南風 the south wind

風邪 (a) cold
・私は少し風邪を引いています I have a slight cold.
・彼はよく風邪を引く He often catches a cold.
・彼に風邪を移された He gave his cold to me.
・風邪を引かないように注意しなさい Be careful not to catch (a) cold.
風邪薬 cold medicine

稼ぐ earn〈money〉

カセット a cassette
カセットテープ a cassette tape
カセットテープレコーダー a cassette tape recorder

下線 an underline
・下線を引く underline〈a word〉

画素〔カメラなどの〕a pixel

画像〔テレビなどの〕a picture

仮想現実【コンピュータ】virtual reality

仮装する disguise〈oneself〉as〈an old woman〉
仮装行列 a fancy-dress parade

数える count
・1から10まで数えなさい Count from one to ten.
数えきれない countless
数えられる【文法】countable〈nouns〉
数えられない【文法】uncountable〈nouns〉

家族 a family
・5人家族 a family of five
・彼は家族が多い[少ない] He has a large [small] family.
・ご家族の皆さんはいかがですか How's your family?

ガソリン gasoline; 《話》gas
ガソリンスタンド a gas [filling, service] station

肩 one's shoulder
・彼は私の肩をポンとたたいた He tapped me on the shoulder.
・彼は私の質問に肩をすくめた He shrugged his shoulders at my question.

型 a type, a model; 〔様式〕a style; 〔大きさ〕size
髪型 a hairstyle, 《米》a hairdo
ポケット型の pocket-sized
最新型の… ... the latest type [model]

…方
❶〔気付〕care of..., 《略 c/o》
・山田様方佐藤様 Mr. Sato, c/o Mr. Yamada
❷〔仕方〕a way, how to do
彼の話し方 his way of talking
英文手紙の書き方 how to write English letters

固い〔締まっている〕hard; 〔頑固な〕firm, strong; 〔きつい〕tight
・固い物質 a hard substance
・固い約束 a firm promise
・固い結び目 a tight knot
・彼の意志は固い He has a strong will.
固く hard; 〔しっかりと〕firmly, strongly, tightly
・卵を固くゆでてください Boil the eggs hard.
・彼は私の手を固くにぎった He held my hand firmly.

堅い〔堅牢な〕hard; 〔まじめな〕serious; 〔形式張った〕formal
・堅い材木 hard wood
・堅い読み物 serious reading
堅く〔まじめに〕seriously
・堅く考える I take it so seriously

硬い hard; 〔練られていない〕stiff; 〔表情などが〕stern
・硬い宝石 a hard jewel
・硬い表現 stiff expression

課題 a subject; 〔宿題〕homework; 〔練習問題〕an exercise; 〔仕事〕a task

肩掛け a shawl

ガタガタする 〔音が〕rattle, clatter; 〔震える〕shiver, tremble; 〔揺れる〕shake

片側〈on〉one side

気質 trait ⇨気質(きしつ)

堅苦しい formal〈manners〉

形 (a) shape, (a) form
・それはどんな形ですか What shape is it?
・その雲は人の形をしている The cloud has the form of a man.

片付ける
❶〔整頓する〕put A in order; 〔取り除く〕clear off, clean up
・部屋を片付けなさい Put your room in order.
・机の上を片付けなさい Clear off your desk.
❷〔終わらせる〕finish
・私は宿題を片付けてしまった I have finished my homework.

かたつむり【動物】a snail

片方〔片側〕one side; 〔対の一方〕one of a pair

塊 a lump, a mass
・ひと塊の粘土 a lump of clay

固まる become hard; 〔集まる〕gather
固まって〔人などが〕in groups

片道 one way
片道切符 a one-way ticket, 《英》a single ticket

傾き〔傾斜〕an inclination, a slope; 〔傾向〕a ten-

傾く **lean** ⟨to...⟩, **incline**
・柱は一方に傾いている The pole is leaning to one side.

傾ける 〔傾斜させる〕**incline**, **lean**;〔耳を〕**listen to...**;〔精力を〕**devote** ⟨*one*self⟩ to ⟨*one's* studies⟩

固める **harden**, **make** *A* **hard**

片寄る 〔傾く〕**lean** ⟨to...⟩;〔偏する〕**be one-sided**, **be prejudiced**

語る **talk** ⇨ 話す

カタログ 〔目録〕**a catalog**, **a catalogue**

花壇 **a flower bed**

勝ち (a) **victory** ⇨ 勝利
・あなたの勝ちだ You win! / The game is yours.

価値 **worth**;〔有用性〕**value**
・お金の価値 the value of money
　…の価値がある be worth
・これは60ドルの価値がある This is worth sixty dollars.
　…する価値がある be worth *do*ing
・この本は読む価値がある This book is worth reading.

カチカチ 〔時計の音〕**ticktack**, **ticktock**

…(し)がちである **be apt to** *do*, **be tend to** *do*
・彼は遅刻しがちだ He is apt to be late.

勝ち抜く
・わがチームは勝ち抜いた Our team won every game. / Our team won straight victories.
　勝ち抜き戦 a tournament

勝ち誇る **be triumphant**

勝つ **win**
・われわれが勝った We won!
・彼らは6対3で勝った They won (the game) by six to three.

かつお 〔魚〕**a bonito**

学科 **a subject**
・今年は七つの学科を取っている I am taking seven subjects this year.
・きょうの午後はどんな学科がありますか What subjects do you have this afternoon?

がつがつ ⟨eat⟩ **greedily**

がっかりする **be disappointed** [**discouraged**]
・彼はその知らせを聞いてがっかりした He was disappointed at [to hear] the news.

活気 **vigor**
　活気のある vigorous, lively
　活気のない dull, inactive

楽器 **a musical instrument**

学期 **a (school) term**;〔2学期制の〕**a semester**
・1[2・3]学期 the first [second, third] term
　学期末試験 a term [terminal, final] examination

画期的な **epoch-making** ⟨discovery⟩

学級 **a class** ⇨ クラス
　学級委員 a monitor

かっきり **just**, **sharp** ⇨ ちょうど

担ぐ **carry** [**bear**] *A* **on** *one's* **shoulder**

かっこ 〔丸かっこ( )〕**parentheses**;〔角かっこ [ ]〕**brackets**;〔中かっこ { }〕**braces**

格好 ⇨ 形

かっこう 〔鳥〕**a cuckoo**

学校 〔施設・建物〕**a school**;〔授業〕**school**
・私たちの学校は市の中央にある Our school is in the center of the city.
・私は毎朝8時に学校へ行く I go to school at eight every morning.
・学校は8時半に始まる School begins at 8:30 [eight-thirty] in the morning.
・あしたは学校はありません We have no school tomorrow.
　小学校 an elementary school
　中学校 a junior high school
　高等学校 a (senior) high school

かっさい **applause**, **cheers**
　かっさいする applaud, cheer

活字 〔1本の〕**a printing type**;**type**
　活字を組む set (up) type

合唱 (a) **chorus**
　合唱する sing in chorus

褐色(の) **brown**

がっしりした 〔体格が〕**sturdy**;〔建物などが〕**massive**

合奏 **a concert**
　合奏する play in concert

滑走する **glide**;〔氷上を〕**skate**
　滑走路 a runway

勝手 〔台所〕**a kitchen**
　勝手な selfish
　勝手に〔好きなように〕⟨*do*⟩ as *one* pleases;〔無断で〕⟨use⟩ without leave [permission]
　勝手口 the back door, the kitchen door

かつて 〔肯定文で〕**once**, **before**;〔疑問文で〕**ever**;〔否定文で〕**never**;〔以前〕**formerly**, **at one time**
・彼はかつてニューヨークに住んだことがある He once lived in New York. / He has lived in New York before.
・あなたはかつてこの本を読んだことがありますか Have you ever read this book?
・私はかつてそこへ行ったことはない I have never been there.
・かつて彼は彼女が好きだった At one time he liked her.

カット 〔さし絵〕**a cut**, **an illustration**
　カットする ⇨ 切る

カットアンドペースト 【コンピュータ】**cut and paste**

活動 **activities**
　活動的な active
　クラブ活動 club activities

活発な **active** ⟨discussion⟩, **lively**
　活発に actively, lively

カップ **a cup**
・コーヒー1カップ a cup of coffee

カップル 〔一組〕**a couple**

活躍する **be active**, **play an active part** ⟨in...⟩

活用する **put** *A* **to practical use**

カツレツ ⟨pork⟩ **cutlet**

家庭 (a) **home**
　楽しい家庭 a sweet home
・家庭ほどよい所はない There is no place like home.

家庭科 homemaking (course)
家庭教師 a tutor; 〔女の〕a governess
家庭生活 home life

過程 process, course

課程 a course;〔教育課程〕a curriculum
- 彼女は世界史の課程を取っている She is taking a course in world history.

仮定する assume, suppose

カテゴリー〔範ちゅう〕a category

角 a corner
- この通りの角に交番がある There is a police box at the corner of this street.
- 次の角を左に曲がりなさい Turn (to the) left at the next corner.

過度の too much, excessive

…かどうか〔…か〕if... [whether...] (or not) ⇨…（か）どうか

下等な low, lower

…かな(と思う) wonder ...
- あすは晴れるかな I wonder if it will be fine tomorrow.

かなう〔匹敵する〕**match, equal**;〔目的に〕**answer**〈the purpose〉;〔願いなどが〕**be realized**
- 数学では彼にかなうものはいない No one can match him in mathematics.

悲しい sad, sorrowful
- 私は悲しかった I was sad.
- 彼女は悲しそうだった She looked sad.
  悲しく, 悲しそうに sadly, sorrowfully
  悲しみ sadness, sorrow
  悲しむ feel [be] sad, grieve
  悲しいことに sad to say
- 悲しいことに私たちは彼を助けられなかった Sad to say, we could not help him.

かなた ⇨向こうの

金づち a hammer

必ず〔きっと〕**certainly, surely**;〔常に〕**always**
- 彼は必ずここに来ます He will certainly [surely] come here. / He is sure to come here.
- 彼は必ず遅刻する He is always late.
  必ずしも…とは限らない not always, not all [every], not quite
- 彼は必ずしも誰にでも親切とは限らない He is not always kind to everyone.
  …すれば必ず…する never ... but... [without doing]
- 彼らは会えば必ずけんかをする They never meet without quarreling.

かなり pretty, fairly
- 彼はかなりじょうずに英語を話す He speaks English pretty well.
  かなり多くの not a few, quite a few〈people〉
  かなりの pretty, fair, considerable

カナリア〔鳥〕**a canary**

かに【動物】a crab

加入する join, enter, become a member〈of...〉

金 money
- 彼はたくさんお金を持っている He has a lot of money.
- 彼女はお金を全部使ってしまった She has spent all the money.
- 私はお金の持ち合わせがない I have no money with me.
  金もうけ money-making
  金持ち a rich man;〔人々〕rich people, the rich
- 彼は金持ちになった He became rich.

鐘〈ring〉**a bell**

かねて ⇨以前

兼ねる be both ... and ..., be used [serve] both as〈a dining room〉**and (as)**〈a living room〉
…しかねる〔…しづらい〕cannot *do*, be not allowed to *do*
…しかねない〔…するかもしれない〕may *do*, be likely to *do*

可能な possible, potential
- そんなことが可能ですか Is that possible?
  可能性 possibility〈of success〉;〔潜在力〕potentiality
- 再び地震が起きる可能性がある It is likely that an earthquake will occur again.

彼女
  彼女は[が] she
- 彼女は先生です She is a teacher.
  彼女の her
- これは彼女の本です This is her book.
  彼女に[を] her
- 私は彼女にプレゼントした I gave her a present.
- あなたは彼女を知っていますか Do you know her?
  彼女のもの hers
- このかばんは彼女のものだ This bag is hers.
  彼女自身 herself
- 彼女自身がそう言った She herself said so.

彼女ら
  彼女らは[が] they
- 彼女らはテニスをしています They are playing tennis.
  彼女らの their
- あれは彼女らの家です That is their house.
  彼女らに[を] them
- 私は彼女らに贈り物をした I gave them some presents.
- 彼女らを知っていますか Do you know them?
  彼女らのもの theirs
- これらの本は彼女らのものです These books are theirs.
  彼女ら自身 themselves
- 彼女ら自身がそう言った They themselves said so.

カバー a cover;〔本・レコードの〕**a jacket**

かばう protect〈the weak〉

かばん a bag
- 彼はかばんを手に持っている He has a bag in his hand.

下半身 the lower half of the body

過半数〈hold〉**a majority**

かび mold,《英》mould
  かびの生えた, かびくさい moldy

画鋲 a drawing pin, a thumbtack

花瓶 a vase

過敏な sensitive;〔神経が〕**too nervous**

カフェテリア〔簡易食堂〕**a cafeteria**
かぶせる **put** ⟨a lid⟩ **on** ⟨the pan⟩, **cover** ⟨the box⟩ **with** ⟨a cloth⟩
カプセル〔薬・ロケットの〕**a capsule**
かぶと虫【昆虫】**a beetle**
かぶる **put on, wear**
・彼は帽子をかぶった He put on his cap.
・彼女は赤い帽子をかぶっている She is wearing a red hat.
花粉 **pollen**
　花粉症 hay fever
壁 **a wall**
・壁に絵が掛かっている There is a picture on the wall.
　壁紙 (a) wallpaper
かぼちゃ【植物】**a pumpkin**
構う〔気に掛ける〕**mind, care about...**;〔世話をする〕**look after..., care for...** ⇨構わない
かまきり【昆虫】**a mantis**
構わない **don't care** ⟨about...⟩, **don't mind**
・彼は服装に構わない He doesn't care about what he wears.
・私は他人が何と言おうと構わない I don't care what other people say.
・「窓を開けても構いませんか」「ええ，構いませんよ」"Do you mind if I open the window?" "No, I don't (mind)."
我慢する **bear, endure, tolerate, stand, put up with...**
・私たちは騒音や汚れた空気を我慢しなければならない We have to put up with noise and bad air.
・しばらく我慢しなさい Be patient for a while.
・彼は大変我慢強い He is very patient.
紙 **paper**
・紙1枚 a sheet [piece] of paper
・彼はその紙に書いた He wrote on the paper.
　紙くずかご a wastebasket,《英》a wastepaper basket
神 **a god**;〔キリスト教の〕**God**
・彼らは神に祈った They prayed to God.
髪 **hair**
・彼女は長い美しい髪をしている She has long beautiful hair.
・私は髪を切ってもらった I had my hair cut.
・母は浴室で髪を染めている My mother is dyeing her hair in the bathroom.
かみそり **a razor**
　電気かみそり an electric razor
過密な **overpopulated** ⟨region⟩
雷 **thunder**
・雷が鳴っている It is thundering.
かむ〔かみつく〕**bite, take a bite**
・犬が私の足をかんだ The dog bit me in [on] the leg.
かむ〔鼻を〕**blow** *one's* **nose**
ガム **chewing gum**
亀【動物】〔陸の〕**a tortoise**;〔海の〕**a turtle**
加盟する **join, become a member of** ⟨the United Nations⟩
カメラ **a camera**

カメラマン **a photographer**
仮面〔put on〕**a mask**
画面〔映画・テレビなどの〕**a screen**
科目 **a subject** ⇨学科
…かもしれない **may**
・それは本当かもしれない It may be true.
・あなたは将来そこへ行くかもしれない You may go there in the future.
・彼は今夜来ないかもしれない He may not come tonight.
ガヤガヤ **noisily**
　ガヤガヤ騒ぐ make noise
かゆい **itchy**
・背中がかゆい I feel itchy in my back. / My back itches.
通う **go**;〔乗り物が〕**run**
・私は歩いて学校に通っている I walk to school.
歌謡曲 **a popular song**
画用紙 **drawing paper**
火曜日 **Tuesday**（略 Tues.）
　火曜日に on Tuesday
…から
❶〔起点〕**from...**
・私は東京から札幌まで行った I went from Tokyo to Sapporo.
・私は月曜から金曜まで学校に行く I go to school from Monday to Friday.
❷〔…から外へ〕**out of...**;〔…から離れて〕**off...**
・彼はポケットから箱を取り出した He took a box out of his pocket.
・彼女はバスから降りた She got off the bus.
❸〔…以来〕**since...**
・彼はあれからずっとロンドンにいる He has been in London since then.
・彼女はその仕事を終えてからずっと眠り続けている She has been sleeping since she finished the work.
❹〔…のあと〕**after...**
・私たちは暗くなってから家に帰った We got home after dark.
❺〔開始の時期・位置〕**at..., in..., on...**
・学校は8時から始まる School begins at eight.
・太陽は東から昇り西に沈む The sun rises in the east and sets in the west.
❻〔原因・理由〕**as..., because...**
・もう遅いから寝た方がいい As it is late, you should go to bed.
殻〔穀物の〕**a husk**;〔貝・卵の〕**a shell**
空の **empty**
・空の箱 an empty box
　空にする empty
・彼は瓶を空にした He emptied the bottle.
柄〔模様〕**a pattern**;〔性格〕**build**
カラー〔色〕**a color**,《英》**a colour**;〔えり〕**a collar**
　カラーテレビ color television;〔受像機〕a color television set
辛い〔塩辛い〕**salty**;〔ぴりっと〕**hot** ⟨curry⟩;〔厳しい〕**severe**
カラオケ **karaoke**
・カラオケに行こう Let's go to karaoke.
からかう **make fun of..., play a joke on...**;〔いじ

める〕tease
- からかわないでください Don't make fun of me.
- 彼は友人をからかった He played a joke on his friends.

がらくた rubbish, trash, junk
からし mustard
からす【鳥】a crow
ガラス glass
　ガラス窓 a glass window
体 〔肉体〕the body; 〔健康〕health
- 彼は丈夫な体をしている He has a strong body.
- 体には十分気を付けてください Please take good care of yourself.

空手 karate
絡まる 〔巻き付く〕get twisted 〈around...〉; 〔もつれる〕get entangled; 〔引っ掛かる〕catch 〈*one's* dress〉
仮の temporary 〈office〉
　仮に…したら supposing (that)...
カリキュラム 〔教科課程〕curriculum
刈り取る 〔芝を〕mow; 〔取り入れる〕reap, harvest, gather in
カリフラワー【植物】a cauliflower
借りる 〔金などを〕borrow, owe; 〔電話などを〕use; 〔家などを〕rent
- 私は彼から少しお金を借りた I borrowed some money from him.
- 私は彼に10ドル借りている I owe him ten dollars. / I owe ten dollars to him.
- 電話をお借りできますか May I use your telephone?

借り出す
- 私は図書館から本を数冊借り出した I checked out some books from the library.

刈る 〔芝生を〕mow; 〔穀物を〕reap, harvest; 〔髪の毛などを〕cut
- 彼は芝生を刈っている He is mowing the lawn.
- 彼らは麦を刈っていた They were reaping [harvesting] the wheat.

軽い light; 〔わずかな〕slight
- この自転車はとても軽い This bicycle is very light.
- 私は軽い風邪を引いている I have a slight cold.

カルシウム【化学】calcium
カルタ 〈play〉 cards; 〔遊び〕a card game
軽業 acrobatics
　軽業師 an acrobat
彼は
　彼は[が] he
- 彼は医者です He is a doctor.
　彼の his
- これは彼のカメラです This is his camera.
　彼に[を] him
- きのう彼に会った I met him yesterday.
- 彼を知っていますか Do you know him?
　彼のもの his
- あのかばんは彼のものです That bag is his.
　彼自身 himself
- 彼自身がそう言った He himself said so.

ガレージ 〔車庫〕a garage
カレーライス 〔料理〕curry and rice, curried rice

彼ら
　彼らは[が] they
- 彼らは野球をしている They are playing baseball.
　彼らの their
- あれは彼らの家です That is their house.
　彼らに[を] them
- 私は彼らに贈り物をした I gave them some presents.
- 彼らを知っていますか Do you know them?
　彼らのもの theirs
- これらの本は彼らのものです These books are theirs.
　彼ら自身 themselves
- 彼ら自身がそう言った They themselves said so.

枯れる die
　枯れた dead
- この木は枯れている This tree is dead.
　枯れ葉 dead leaves
かれる
- 風邪で声がかれた My voice got [became] hoarse from a cold.

カレンダー 〔暦〕a calendar
過労 overwork
- 彼は過労で病気になった He became sick from overwork.

画廊 an art gallery
かろうじて ⇨やっと
カロリー 〔熱量の単位〕a calorie, a calory
軽んじる make light of..., think little of...; 〔軽蔑する〕look down on... [upon...]
川, 河 a river; 〔小川〕a stream
- テムズ川 the (River) Thames
- ミシシッピ川 the Mississippi (River)
- 隅田川は東京を流れている The Sumida flows through Tokyo.
- 私たちは川に釣りに行った We went fishing in [on] the river.
　川岸 〔土手〕a riverbank; 〔河畔〕a riverside

皮 〔果物の〕a peel; 〔樹木の〕bark; 〔皮膚〕(the) skin; 〔動物の〕a hide
- オレンジの皮をむく peel an orange

革 〔なめし革〕leather
　革かばん a leather bag
　革靴 leather shoes
側 a side
　右[左]側 the right [left] side
　内側 the inside
　外側 the outside
- 店は道のこちら側[向こう側]にある The store is on this [the other] side of the street.

かわいい 〔きれいな〕pretty, cute; 〔愛らしい〕lovely; 〔いとしい〕dear
- かわいい人形 a pretty doll
- かわいい娘 my dear daughter
- 彼女はとてもかわいい She is very lovely.

かわいがる love; 〔愛玩する〕pet
- その子はみんなにかわいがられている The child is loved by everybody.

かわいそう poor, unfortunate; 〔悲しい〕sad

- かわいそうな子ども a poor child
- かわいそうな話 a sad story
- かわいそうな少年は食べるものがなかった The poor boy had nothing to eat.
- 彼女はそのお年寄りをかわいそうに思った She felt pity for the old man.

乾かす dry (up)
- 私は着物を日なたで乾かした I dried my clothes in the sun.

乾く dry (up), get dry; 〔のどが〕be thirsty
- シャツがすっかり乾いた My shirt has dried completely.
- のどが乾いた I am thirsty.
  乾いた dry
- 乾いたタオル a dry towel

代わり 〔…の代わりに〕for..., in place of..., instead of...; 〔交換に〕in return
- 私は彼の代わりにそこへ行った I went there for [in place of] him.
- 鉛筆の代わりにペンを使いなさい Use a pen instead of a pencil.
- 私は代わりに何もいらない I want nothing in return.

変わり 〔変化〕(a) change; 〔相違〕(a) difference
- みなさんにはお変わりはありませんか How are you getting along?

代わる take the place of..., take A's place; 〔取って代わる〕replace
- 私があなたに代わってあげよう I'll take your place.
- 石油が石炭に代わった Oil has replaced coal.

変わる change, turn
- アフリカはそれ以来ずいぶん変わった Africa has changed a lot since then.
- 風は東から南に変わった The wind changed from east to south.
- 木の葉は秋になると赤や黄に変わる The leaves turn red and yellow in the fall.
  変わりやすい changeable 〈weather〉
  代わる代わる by turns ⇨ 交代

缶 a can, 《英》a tin
  石油缶 an oil can

管 a pipe, a tube
  試験管 a test tube

勘
- 彼は勘がよい[悪い] He has good [poor] intuition.

…間 ⇨ 間(か²ⁿ)
  3年間 for three years

がん 【医学】cancer

感化 influence
  感化される be influenced 〈by bad friends〉

眼科医 an eye doctor

考え an idea; 〔意見〕an opinion; 〔思考〕(a) thought
- それはいい考えだ That's a good idea.
- 私にも考えがある I have an idea.
- これについてあなたの考えはどうですか What is your opinion of this?
  考え深い thoughtful
  考え深く thoughtfully

考える think 〈of..., about...〉; 〔考慮する〕consider; 〔みなす〕regard 〈A as B〉 ⇨ 思う
- ちょっと考えさせてください Let me think a little.
- 何を考えているのですか What are you thinking of [about]?
- 私はアメリカへ行こうかと考えている I am thinking of going to America.
- このことについてどう考えますか What do you think about this matter?
- 彼はその問題をよく考えてみた He thought over the problem.
  考え出す think out [up], work out 〈a plan〉
  考え直す think over again

感覚 (a) sense 〈of time〉

間隔 a space, an interval
- バスは20分間隔で出ます Buses leave here at intervals of twenty minutes. / Buses leave here every twenty minutes.

換気 ventilation
  換気する ventilate
  換気扇 a ventilator

観客 a spectator; the audience
- 観客はほとんど女性だった The audience were mostly women.

環境 an environment, surroundings, circumstances
- その病院は静かないい環境にあります The hospital has a nice quiet environment.
  環境汚染 environmental pollution
  環境破壊 environmental disruption
  環境問題 environmental problem
  社会的環境 a social environment

缶切り a can opener, 《英》a tin opener

関係 (a) relation; 〔血縁〕relationship
- この二つのことは密接な関係がある These two things are closely related to each other.
- 私はそのことには何の関係もない I have nothing to do with the matter.
- それは私には関係ない It doesn't affect me.
  …と関係がある be related to... [with...], have to do with...; 〔影響を与える〕affect 〈our lives〉
  関係者 the persons concerned
  関係代名詞【文法】a relative pronoun
  関係副詞【文法】a relative adverb
  国際関係 international relations

歓迎 (a) welcome
  歓迎する welcome 〈a visitor〉
- 彼らは私たちを温かく歓迎してくれた They gave us a warm welcome. / We were warmly welcomed by them.
  歓迎会 a welcome party

感激する be deeply moved 〈by the story〉

完結する conclude
- 次号完結 To be concluded.

簡潔な brief
  簡潔に 〈explain〉 briefly

歓呼の声で with cheers

看護する nurse 〈a patient〉
  看護婦 a nurse

頑固な obstinate, stubborn
  頑固に obstinately, stubbornly

刊行 publication
刊行する publish

観光 sightseeing
観光をする do [see] the sights ⟨of...⟩
観光に行く go sightseeing ⟨in...⟩
- 私たちはロンドンへ観光に行った We went sightseeing in London. / We went to London to do the sights.

観光客 a sightseer, a tourist
観光バス a sightseeing bus
観光旅行 a sightseeing tour

韓国 the Republic of Korea
韓国の Korean
韓国語 Korean
韓国人 a Korean

観察 (an) observation
観察する observe
- 私は朝顔の生長を観察した I observed the growth of morning glories.

感じ a feeling
- その仕事はちょっときつい感じがする I have a feeling that the work is too hard.

漢字 *kanji*, a Chinese character
- 漢字で書く write in *kanji*

監視する watch ⇨ 見張る
···(に)関して ⇨ ···(に)ついて

感謝 thanks
感謝する thank, be thankful, be grateful, appreciate
- ご親切に感謝します I thank you for your kindness. / I am grateful to you for your kindness. / I appreciate your kindness.

感謝祭 Thanksgiving Day

患者 a patient

かんしゃく
- かんしゃくを起こす lose *one's* temper, fly into a rage

慣習 (a) custom
観衆 ⇨ 観客
感受性 sensibility
感受性が強い (very) sensitive

願書 an application
入学願書 an application (for admission into a school)

鑑賞する appreciate ⟨poetry⟩
干渉する interfere ⟨with..., in...⟩, meddle ⟨in..., with...⟩

感情 feeling(s)
- 彼はめったに感情を外に出さない He seldom shows his feelings.

勘定 [計算] calculation; [支払い] payment; [勘定書] a check, a bill
- 勘定は私が払います I'll pay the bill.
- お勘定をお願い Check [Bill], please.
勘定する count

感傷的な sentimental
間食する eat between meals
感じる feel
- 私は痛みは感じない I don't feel any pain.
- 私は空腹を感じた I felt hungry.
- 私は地面が揺れるのを感じた I felt the earth shake.

感じやすい sensitive ⟨heart⟩; [感傷的な] sentimental; [激しやすい] emotional

関心 concern, interest
···に関心を持つ be interested in..., be concerned with... [about...]
- 私は政治に関心を持っている I am interested in politics.

感心な admirable, praiseworthy ⟨conduct⟩
感心する admire; [心を打たれる] be deeply impressed
- 私は彼の絵に感心した I admired his picture.
- 私たちは彼の演説に感心した We were deeply impressed by his speech.

···(に)関する on..., about...
- 釣りに関する本 a book on [about] fishing

歓声 a shout of joy, cheers
- 彼らは歓声を上げた They shouted for joy.

完成する complete, finish
- その建物は先月完成した The building was completed last month.

関節 a joint
間接の indirect
間接的な indirect
間接的に indirectly
間接目的語【文法】an indirect object

感染する ⇨ 伝染する
観戦する watch ⟨a baseball game⟩
完全な perfect, complete
完全に perfectly, completely
- 彼はその仕事を完全に成し遂げた He did the work perfectly.

簡素な simple ⟨life⟩, plain ⟨meal⟩
感想 ⇨ 印象
肝臓 a liver
乾燥する dry (up), become dry
乾燥した dry, dried
乾燥器 a dryer

観測 (an) observation
観測する observe
観測所 an observatory
気象観測 weather observation

寛大な generous
寛大に generously

かん高い shrill ⟨voice⟩
感嘆する admire
感嘆符(!) an exclamation mark

簡単な [単純な] simple; [手短な] brief; [易しい] easy, a piece of cake
- 簡単な事柄 a simple matter
- 簡単な報告 a brief report
- これは簡単な問題ではない This is not an easy question.
- そんなの簡単だよ Oh, it's a piece of cake.
簡単に easily; simply; briefly
- それは簡単にできる You can do it easily.
簡単にする simplify, make [cut] *A* short

元旦 New Year's Day
寒暖計 a thermometer
勘違いする misunderstand; mistake *A* for *B*
缶詰 《米》canned food, 《英》tinned food

鑑定する〔判断する〕**judge**;〔評価する〕**estimate**
観点〈from〉**a point of view, a viewpoint**
感電する **be struck by electricity**
乾電池 **a dry cell [battery]**
感動する **be moved**
・彼はそれを聞いて大変感動した He was deeply moved when he heard that.
・婦人たちはこの小さな生き物に対する愛情に心から感動した This love for the little creatures touched the women to the heart.
監督 〔スポーツの〕**a manager**;〔映画の〕**a director**;〔工事などの〕**a superintendent**
監督する **supervise, superintend; control, direct**
カンニング **cheating**
カンニング(を)する **cheat in... [on...]**
・彼は歴史の試験でカンニングをした He cheated in [on] the history examination.
堪忍する〔許す〕**forgive**;〔耐える〕**bear, endure, tolerate, stand, put up with...**
観念〔考え〕**an idea**;〔意識〕**a sense**
寒波 **a cold wave**
乾杯 **a toast**
・乾杯! Here's to you! /《話》Bottoms up!
乾杯する **drink a toast** ⟨to Mr. *A*⟩
カンバス〔画布〕**a canvas**
頑張る〔はげむ〕**work hard**;〔努力する〕**make an effort**;〔最善を尽くす〕**do** *one's* **best**
・頑張れ 《競技で》Cheer up! / Come on! / Hang in there!
看板 **a sign**;〔板〕**a signboard**
看病する **nurse**
漢文 **Chinese writing**;〔古典〕**Chinese classics**
完璧な **perfect**
  完璧に **perfectly**
勘弁する **excuse, pardon, forgive**
感冒〔風邪〕**a cold**;〔流行性〕**influenza, (the) flu**
願望 **a desire, a wish**
感銘 **(a deep) impression**
・感銘を受ける be (deeply) impressed ⟨with..., by...⟩
勧誘する **invite** ⇨ 誘う
元来 **originally**;〔生まれつき〕**by nature**
観覧する **see, watch**
  観覧席〔劇場の〕**a seat**;〔野球の〕**a stand**
管理 **management, control**
  管理する **manage, control**
・彼がその財産を管理している He is in charge of the property.
完了する **complete, finish**
  完了時制【文法】**the perfect tense**
慣例 **(a) custom**
  慣例の **customary**
寒冷 **cold, chill**
  寒冷前線【気象】**a cold front**
関連 **relation, connection**
・それらの像は宗教行事と関連があった The statues were connected with religious practices.
緩和する〔制限などを〕**ease** ⟨the restrictions⟩;〔緊張などを〕**relieve, relax** ⟨the tension⟩

き

木〔樹木〕**a tree**;〔材木〕**wood**
・りんごの木 an apple tree
・鳥が木で鳴いている Birds are singing in the trees.
・この机は木でできている This desk is made of wood.
気 ⇨ 気分, 気持ち
  気が進まない **be reluctant** ⟨to *do*⟩
  気にする **worry** ⟨about...⟩, **care**,《否定文で》**mind**
・そんなことは気にする必要はない You don't have to worry about that. / Never mind!
  気になる **be anxious** ⟨about...⟩
・私は彼の健康が気になる I am anxious about his health.
気圧⟨high, low⟩ **atmospheric pressure**
  気圧計 **a barometer**
議案⟨pass, reject⟩ **a bill**
キーボード【コンピュータ】**a keyboard**
黄色(の) **yellow**
・木の葉は秋に赤や黄色に変わる The leaves turn red and yellow in (the) fall.
・黄色い花 a yellow flower
キーワード【コンピュータ】**a keyword**
キウイ 〔ニュージーランドの鳥〕**a kiwi**;〔果物〕**(a) kiwi(fruit)**
消える〔火・明かりが〕**go out**;〔火などが〕**be put out**;〔見えなくなる〕**disappear, vanish**
・急に明かりが消えた Suddenly the light went out.
記憶 **memory**
・私は前に彼に会った記憶がある I remember seeing him once.
  記憶する〔覚えている〕**remember**;〔心に留める〕**bear [keep]** ⟨*one's* words⟩ **in mind**;〔暗記する〕**memorize**
  記憶装置【コンピュータ】**a storage device**
キオスク **a kiosk**
気温 **temperature**
・気温が上がる [下がる] The temperature rises [falls].
機会 **a chance**;〔好機〕**an opportunity**
・私はたまたまボストンを訪ねる機会があった I had a chance to visit Boston.
機械 **a machine**
・この機械は電気で動く This machine runs on electricity.
  機械翻訳【コンピュータ】**machine translation**
危害⟨do⟩ **harm** ⟨to...⟩
議会〔県・市などの〕**an assembly, a council** ⇨ 国会
着替え **spare clothes**
  着替える **change** *one's* **clothes**
気掛かり ⇨ 心配
企画 ⇨ 計画
着飾る **dress up**
・着飾っている be dressed up ⟨for the party⟩
聞かせる〔話を〕**tell**;〔読んで〕**read** ⟨to...⟩;〔弾い

気が付く be [become] aware 〈of...〉;〔目に留まる〕notice, find
・彼は危険に気が付いている He is aware of the danger.
・私は彼が出て行くのに気が付いた I noticed him going out.

気兼ね ⇨ 遠慮
気軽に light-heartedly
・どうぞお気軽に Take it easy.

期間 a term, a period
器官〔身体の〕an organ
機関〔エンジン〕an engine;〔手段〕means 〈of transportation〉;〔組織〕an organ
危機 a crisis, a critical moment
聞き入れる〔願いを〕grant;〔忠告などを〕take, follow
聞き返す ask again
聞き違え mishearing
　聞き違える hear A wrong, mishear
聞き取る hear, catch 〈what A said〉
効き目 (an) effect
　効き目のある effective
聞き漏らす fail to hear, miss 〈what A said〉
聞く
❶〔聞こえる〕hear;〔注意して聞く〕listen 〈to...〉
・私たちは耳で聞く We hear with our ears.
・彼はラジオを聞いている He is listening to the radio.
❷〔話に聞く〕hear 〈about..., of...〉
・あなたのことはよくトムから聞いていました I have often heard about you from Tom.
・そんなことは聞いたことがない I've never heard of such a thing.
❸〔尋ねる〕ask
・私は彼に駅へ行く道を聞いた I asked him the way to the station.

効く be effective, have an effect 〈on...〉;〔薬が効く〕be effective, help
菊【植物】a chrysanthemum
器具 an instrument, a utensil
喜劇 a comedy
　喜劇的な comic 〈story〉
危険 (a) danger
　危険な dangerous
・危険な場所 a dangerous place
・その川で泳ぐのは危険だ It is dangerous to swim in the river.

期限 a term, a time limit
機嫌 (a) humor, (a) temper, (a) mood
・彼は機嫌がいい[悪い] He is in a good [bad] humor.
・ご機嫌いかがですか How are you?
・ごきげんよう Good luck (to you)!

気候 climate
・静岡の気候は温和です The climate of Shizuoka is mild. / Shizuoka has a mild climate.

記号 a mark, a sign ⇨ 符号
聞こえる hear;〔物音が〕be heard, sound 〈like...〉
・鳥が鳴いているのが聞こえる I hear birds singing.
・私の言うことが聞こえますか Can you hear me?
・それは雷のように聞こえた It sounded like thunder.

帰国する go [come] home, return to one's country
ぎこちない〔動きが鈍い〕clumsy, awkward
刻む〔細かく切る〕cut, chop;〔彫刻する〕carve;〔時を〕tick (away)
・彼は木に自分の名前を刻んだ He carved his name on a tree.

岸 the shore;〔川岸〕the bank
記事〔新聞・雑誌の〕an article
生地〔布地〕cloth;〔服地〕material
技師 an engineer
議事 proceedings
　議事録 the record of the proceedings
　議事堂 an assembly hall;〔日本の〕the Diet Building;〔米国の〕the Capitol;〔英国の〕the Houses of Parliament

儀式 〈perform〉 a ceremony
気質 (a) disposition, a temper(ament)
期日 the (fixed) date 〈for the examination〉, the appointed day;〔期限〕a term, a time limit
汽車 a train ⇨ 列車
記者 a journalist;〔取材記者〕a reporter;〔新聞記者〕a newspaperman, a newspaperwoman;〔記者団〕the press
寄宿する lodge 〈at a house〉
　寄宿舎 a dormitory
奇術 magic
　奇術師 a magician, a juggler
技術 an art, a technique, (a) technology
　技術協力 technical aid
基準 (a) standard
気象 (the) weather
　気象台 a weather station
気性〈furious〉 temper, temperament
記章 a badge, a medal
起床する get up, rise ⇨ 起きる
キス〔せっぷん〕a kiss
　キスする kiss
・彼女は赤ん坊にキスをした She kissed her baby.

傷 a wound, a hurt, an injury;〔切り傷〕a cut;〔ただれ〕a sore
・軽い[重い]傷 a slight [serious] wound
・彼はその事故で傷を受けた He got hurt in the accident.
　傷つく〔傷を受ける〕be wounded, get hurt, be injured
　傷つける〔負わせる〕wound, hurt, injure;〔気持ちを〕hurt A's feelings
・彼はその男を傷つけた He wounded the man.
　傷跡 a scar
　傷口 an open wound

奇数 an odd number
築く build 〈a castle〉, construct
きずな〔結び付き〕a bond 〈of friendship〉
帰省する go [come, return] home
既製の ready-made 〈clothes〉
犠牲 (a) sacrifice;〔犠牲者〕a victim
　犠牲にする sacrifice 〈one's own interest〉

犠牲になる be sacrificed, fall a victim 〈to...〉
犠牲打〔野球〕a sacrifice hit
奇跡 a miracle, a wonder
季節 a season
・1年には四つの季節がある There are four seasons in a year.
・夏は水泳の季節だ Summer is the season for swimming.
・かきは今季節ではない Oysters are now out of season.
気絶する faint, swoon, lose *one*'s senses
着せる dress 〈*one's* child〉
基礎 the foundation, the basis, the basics
基礎的な fundamental, basic
規則 a rule, a regulation
・彼はいくつか学校の規則を破った He broke some of the school rules.
規則的な, 規則正しい regular
・彼は規則正しい生活をしている He leads a regular life.
規則的に, 規則正しく regularly
交通規則 the traffic regulations
・交通規則を守りなさい Observe the traffic regulations.
北 the north
・湖は市の北にある The lake is (to the) north of the city.
北の north, northern
北に north, northward(s)
北アメリカ North America
北風 a north wind
ギター〔楽器〕a guitar
・彼女はギターが弾ける She can play the guitar.
ギター奏者 a guitarist
気体 gas
期待 expectation(s)
・彼女は私たちの期待にこたえてくれた She answered our expectations.
期待する expect
・彼には何も期待しません I expect nothing from him.
議題 a subject [topic] for discussion
鍛える train 〈*oneself*, *one's* body〉
帰宅する come [go] home
気立て nature, temperament
気立てのよい good-natured 〈woman〉
汚い dirty;〔不潔な〕unclean, filthy, nasty;〔卑劣な〕mean
・汚い手で触るな Don't touch with dirty hands. / Dirty hands off!
来る next, coming
機知 wit
機知に富む 〈be〉 witty
貴重な precious, valuable
・貴重な本 a valuable book
貴重品 valuable things, valuables
議長 the chairperson;〔男〕the chairman;〔女〕the chairwoman
きちんと〔服装などが〕neatly;〔正確に〕exactly;〔規則正しく〕regularly
・彼はいつも身なりがきちんとしている He is always neat and tidy.
きつい〔強い〕strong;〔つらい〕hard 〈work〉;〔きゅうくつな〕〈be〉 tight
気遣い, 気遣う ⇨心配
きっかけ〔手始め〕a beginning, a start;〔機会〕a chance, an opportunity
きっかり just, exactly, sharp ⇨ちょうど
気付く ⇨気が付く
キックオフ〔サッカーなど〕〔試合開始〕a kickoff
キックオフする kick off
喫茶店 a coffee shop
ぎっしり
・ぎっしり詰まる be full 〈of...〉, be closely [tightly] packed 〈with...〉
キッチン〔台所〕a kitchen
切手 a (postage) stamp
・切手を集めるのが彼の趣味です Collecting stamps is his hobby.
きっと surely ⇨必ず
・彼はきっと来る I'm sure he will come.
きつね【動物】a fox
きっぱり 〈refuse〉 flatly, definitely
切符 a ticket
・私は京都までの切符を買った I bought a ticket to Kyoto.
切符売り場 a ticket office;《英》a booking office
往復切符 a round-trip ticket, 《英》a return ticket
片道切符 a one-way ticket, 《英》a single ticket
規定〔規則〕a rule;〔条項〕a provision
機転
・機転がきく 〈be〉 quick-witted, sharp
帰途に on *one's* [the] way 〈home, back〉
起動させる【コンピュータ】boot up 〈a computer〉
気取る put on airs
気取った affected 〈manner〉
気に入る be pleased 〈with...〉, like
・彼はそれが大変気に入った He was very pleased with it. / He liked it very much.
気に入りの favorite, 《英》favourite
記入する enter;〔空白に〕fill in 〈*one's* diary〉
絹 silk
記念 memory;〔記念品〕a souvenir
・そのレースは昔のギリシャのランナーを記念して開かれた The race was held in memorial of an ancient Greek runner.
記念碑 a monument;〔記念館〕a memorial
記念日 a memorial day;〔年ごとの〕the anniversary
きのう yesterday
・きのうは日曜だった Yesterday was Sunday. / It was Sunday yesterday.
・私はきのうそこへ行った I went there yesterday.
きのうの朝 yesterday morning
機能 a function
機能(上)の, 機能的な functional
技能 skill, ability
技能のある skilled 〈workers〉, able, capable
きのこ【植物】a mushroom

気の毒
- それはお気の毒さまです I'm sorry to hear that.
  気の毒に思う be [feel] sorry ⟨for..., to *do*, that...⟩
- 私は彼を気の毒に思う I am sorry for him.

気晴らし (a) diversion, recreation

厳しい hard, severe; 〔厳格な〕strict
- この冬は寒さがとても厳しい The cold is very severe this winter.
- いくつかの厳しい規則がある There are some strict rules.
  厳しく severely, strictly

気品のある graceful, elegant, noble ⟨lady⟩

機敏な smart, quick
  機敏に smartly, quickly

寄付 contribution, donation
  寄付する contribute, donate
  寄付金 a contribution, a donation

気分 (a) feeling; 〔機嫌〕(a) mood, (a) temper
- きょうは気分がよい[悪い] I feel [I don't feel] well today.
- 彼は気分を害した He lost his temper.

規模 a scale
- 彼は大[小]規模に商売をやっている He does business on a large [small] scale.

希望 (a) hope; 〔願望〕(a) wish
- 彼は希望に満ちている He is full of hope.
- 彼女はすっかり希望を失った She lost all her hope.
  希望する hope, wish
- 誰もが平和を希望している Everybody hopes [wishes] for peace.

基本的な basic, fundamental
  基本単語 basic words

気前のよい ⟨be⟩ generous

気まぐれな capricious, fickle; 〔変わりやすい〕changeable ⟨weather⟩

期末 the end of a term
  期末試験 a final examination

決まり 〔規定〕a rule; 〔習慣〕a custom; 〔決定〕settlement

決まる be decided; 〔日時が〕be fixed
- 結婚式は6月10日に決まった The wedding was fixed for June 10.
  決まった fixed ⟨price, income⟩; 〔いつもの〕regular ⟨member, work⟩

君 ⇨ あなた(たち)

…気味
- 私は風邪気味です I have a touch [a bit] of a cold. / I have a slight cold.

気短な quick-tempered; 〔性急な〕impatient
  気短に impatiently

君たち ⇨ あなた(たち)

奇妙な strange, queer; 〔変な〕odd
- それはまったく奇妙な話だ It is quite a strange story.
  奇妙に strangely, queerly; oddly

義務 a duty
- 彼は自分の義務を果たした He did his duty.

気難しい hard to please, particular ⟨about...⟩

決める decide, make up *one's* mind; 〔日時を〕fix

- 彼は車を売ることに決めた He decided to sell his car.
- 私たちは会合の時間と場所を決めた We decided [fixed] the time and place for our meeting.
- 私はもっと勉強することに決めた I made up my mind to study harder.

肝 〔肝臓〕the liver; 〔度胸〕courage
- 彼は肝が大きい[小さい] He is a bold [timid] man.

気持ち (a) feeling
  …の気持ちがする feel, feel like *do*ing
- 私は泣きたいような気持ちだった I feel like crying.
  気持ちのよい pleasant, comfortable
- 朝に散歩するのは気持ちがよい It is pleasant to walk in the morning.

着物 clothes; 〔和服〕a kimono ⇨ 服

疑問 〔質問〕a question; 〔疑い〕a doubt; 【文法】〔疑問の〕interrogative
- 何か疑問がありますか Do you have any questions [doubts]?
  疑問符 a question mark
  疑問文 an interrogative sentence

客 〔訪問客〕a visitor; 〔招待客〕a guest; 〔買い物客〕a customer
- アメリカからのお客があります We will have a guest from America.

規約 a rule ⇨ 規則

逆 the reverse, the opposite
  逆の reverse, opposite, contrary ⟨wind⟩
  逆にする 〔上下を〕turn upside down; 〔順序を〕reverse the order

虐待する treat cruelly

客間 a drawing room, a parlor, a guest room

きゃしゃな delicate, slim

客観的な objective
  客観的に ⟨look at *A*⟩ objectively

脚光 footlights
- 脚光を浴びる be in the spotlight

キャッチフレーズ 〔うたい文句〕a catch phrase

キャッチボール
- キャッチボールをしよう Let's play catch.

キャッチャー 【野球】a catcher

キャビンアテンダント 〔旅客機の〕a cabin attendant

キャプテン 〔主将・船長〕a captain

キャベツ 【植物】a cabbage

キャラメル 〔糖菓〕a caramel

キャリア 〔経歴〕a career

キャンキャン 〔犬の鳴き声〕yap yap ⇨ ワンワン

キャンセル 〔取り消し〕cancellation
  キャンセルする cancel ⟨*one's* order⟩

キャンディー 〔糖菓〕(a) candy

キャンパス 〔学園内〕a campus

キャンプ a camp; 〔キャンプすること〕camping
- 彼らは山へキャンプに行った They went camping in the mountains.
  キャンプする camp
- 私たちは湖のそばでキャンプした We camped by the lake.
  キャンプ場 a camping ground

キャンペーン〔政治・社会的運動〕a campaign
九 nine
　第9(の) the ninth (略 9th)
級〔学級〕a class, (米) a grade;〔等級〕a class, a grade, a rank
急〔差し迫った〕urgent;〔突然の〕sudden;〔坂が〕steep
　急に suddenly
・車は急に止まった Suddenly the car stopped.
休暇 a vacation, a holiday
・私たちは今休暇中です We are on vacation now.
休学する have ⟨one year's⟩ leave of absence from school
球技 a ball game
救急の first-aid
　救急車 an ambulance
　救急箱 a first-aid box
　救急病院 an emergency hospital
休業する close, be closed
　本日休業 (掲示) Closed Today
窮屈な〔きつい〕tight;〔堅苦しい〕formal;〔気詰まりな〕uncomfortable
休憩 (a) rest
・私たちはちょっと休憩した We took a short rest.
　休憩時間 a rest time, a recess
急激な sudden, rapid
急行 an express (train)
休校
・学校は3日間休校になった School was closed for three days.
休止 stoppage;〔区切り〕a pause
　休止する stop; pause, make a pause
旧式な old-fashioned, out-of-date
休日 a holiday, (米) a vacation
・私たちは休日を海岸で過ごした We spent the holidays at the seaside.
九十 ninety
　第90(の) the ninetieth (略 90th)
　90代 one's nineties
・彼女は90代です She is in her nineties.
吸収する absorb ⟨water⟩
急所〔体の〕a vital point;〔弱点〕a weak spot;〔要点〕a key point
救助 rescue, help
・彼女は大声で救助を求めた She cried for help.
　救助する rescue, help, save
球場 a ball park, a stadium
休場する〔力士などが〕stay away from ⟨the ring⟩
給食〔学校の〕school lunch
給水する supply water
　給水車 a water wagon
急性の acute
休息 ⇨ 休み, 休む
急速な quick, rapid
　急速に quickly, rapidly
及第する pass [succeed in] the examination
牛肉 beef
牛乳 milk
・私は牛乳を毎朝飲みます I drink (a glass of) milk every morning.
　牛乳配達(人) a milkman

急病 a sudden illness
・急病になる be suddenly taken ill
級友 a classmate
休養 (a) rest
　休養する take a rest
・君は休養したほうがいい You had better take a rest.
急用で on urgent business
きゅうり【植物】a cucumber
給料 a salary, wages, pay
・きのう給料をもらった I received my salary yesterday.
清い clean, clear ⟨water⟩;〔純粋な〕pure ⟨heart⟩;〔潔白な〕innocent
きょう today
・きょうの新聞 today's (news)paper
・きょうの午後 this afternoon
・「きょうは何曜日ですか」「きょうは日曜日です」"What day (of the week) is it today?" "It is Sunday today." / "Today is Sunday."
器用な clever, skillful
　器用に cleverly, skillfully
行 a line
・上[下]から5行目 the fifth line from the top [bottom]
胸囲
・彼は胸囲が90センチある He measures 90 centimeters around the chest.
驚異 (a) wonder
　自然の驚異 nature's wonders
　驚異的な wonderful, marvelous, astonishing
教育 education;〔学校教育〕schooling
・彼はアメリカで教育を受けた He was educated in the United States.
　教育的な educational
　教育のある educated
　教育する educate
　教育者 an educator
教員 a teacher ⇨ 先生
　教員室 a teacher's room
教科 a (school) subject
教会 a church
・私たちは毎週日曜日に教会へ行きます We go to church every Sunday.
協会 an association, a society
境界 a boundary, a border
　境界線 a borderline
共学 coeducation, (英) mixed education
　共学の coeducational ⟨school⟩
教科書 a textbook
・英語の教科書 an English textbook
強化する strengthen ⟨one's muscles⟩
　強化練習 intensive training
行間
・行間を読む read between the lines
狂気 madness
　狂気の mad
競技 a game, a match, a contest;〔運動競技〕athletics
・私はその競技に参加した I took part in the con-

行儀 manners
・彼女は行儀がよい[悪い] She has good [bad] manners.
協議する confer, discuss
　協議会 a conference, a council
供給 (a) supply
　供給する supply ⟨food⟩
境遇 ⟨good⟩ circumstances
教訓 a lesson
・私はこの本からよい教訓を得た I learned a good lesson from this book.
強行する force, enforce
教材 teaching materials
教師 a teacher ⇨先生
行事 an event
　学校行事 school events
教室 a classroom
・私たちの教室は2階にある Our classroom is on the second floor.
教授 〔教えること〕teaching;〔大学の先生〕a professor
恐縮する〔感謝する〕be much obliged ⟨to...⟩;〔申し訳ない〕be sorry ⟨to trouble you⟩
強勢 (a) stress, (a) emphasis;〔単語の〕(an) accent
強制する force, compel ⟨A to do⟩
　強制的に by force
矯正する correct, remedy, cure
業績 ⟨produce remarkable⟩ results, achievements
競走 a race
・100メートル競走 a 100-meter race
　競走する run a race, race ⟨with...⟩
・私は彼と競走した I ran a race with him.
競争 competition
・彼は競争に勝った He won the competition.
　競争する compete ⟨with...⟩
・私は彼と競争した I competed with him.
兄弟 brothers;〔姉妹〕sisters;〔兄弟関係〕brotherhood
・私たちは兄弟です We are brothers.
・あなたは兄弟が何人いますか How many brothers (and sisters) do you have?
・私は兄弟が二人います(3人兄弟です) I have two brothers.
・私には兄弟がいません I have no brothers (and sisters).
強大な mighty ⟨army⟩, powerful ⟨nation⟩
教壇 ⟨stand on⟩ a (teacher's) platform
協調 cooperation ⇨協力
強調する emphasize, lay stress ⟨on...⟩
共通の common
　共通語 a common language
協定 an agreement
郷土 one's native place, one's hometown
教頭 a head teacher

共同, 協同 cooperation ⇨協力
　共同社会 a community
脅迫する threaten
恐怖 fear, terror, horror;〔突然で激しい〕fright
・彼女は恐怖で青ざめていた She was pale with fear.
興味 (an) interest
　興味深い interesting
・興味深い話 an interesting story
・この本は大変興味深い This book is very interesting.
　…に興味を持つ be interested in ⟨history⟩
共鳴〔反響〕an echo;〔共感〕sympathy
　共鳴する sympathize ⟨with...⟩
教養 culture
　教養のある cultured, educated ⟨man⟩
協力 cooperation
・私たちはあなたの協力が必要です We need your cooperation [help].
　協力する cooperate, work together
強力な strong, powerful
強烈な strong, intense
行列〔順番を待つ人の〕a line,《英》a queue;〔行進の列〕a procession, a parade
虚栄心 vanity
　虚栄心の強い vain ⟨woman⟩
許可 permission
・許可なしに外出してはいけない Don't go out without permission.
　許可する permit
・彼はその車を運転するのを許可してくれた He permitted me to drive the car.
曲 a tune, a piece (of music)
曲芸 acrobatics
　曲芸師 an acrobat
曲線 a curve, a curved line
極端な extreme
　極端に extremely
極度に extremely
居住する live, dwell
　居住者 a dweller, a resident, an inhabitant
拒絶 (a) refusal, (a) rejection
　拒絶する refuse, reject
巨大な huge, gigantic
去年 last year
・彼は去年ハワイに行った He went to Hawaii last year.
拒否 ⇨拒絶
清める purify ⟨oneself⟩, make clean
距離 (a) distance
・ここから駅までの距離はどれくらいですか How far is it from here to the station?
・ここから歩いて10分の距離です It is a ten-minute walk from here to the station.
嫌い dislike
・私は数学が嫌いになった I lost interest in mathematics.
　嫌う, 嫌いだ do not like, dislike;〔ひどく〕hate
・私は彼が嫌いだ I don't like him.
きらきらする ⇨きらめく
気楽な easy
・彼は気楽な生活を送った He led an easy life.

- どうぞお気楽に Make yourself at home.

きらめく glitter, gleam; 〔星が〕twinkle

霧 mist; 〔濃い〕fog

切り 〔終わり〕an end; 〔制限〕limits; 〔…だけ〕only; 〔以来〕since
　切りのない endless ⟨talk⟩

きり 〔穴を空ける〕a gimlet, an awl, a drill

義理 duty, obligation
　義理の母 one's mother-in-law

切り上げる 〔やめる〕close, finish; 〔端数を〕raise, round off ⟨the decimals⟩

切り下げる 〔値段を〕cut, reduce

霧雨 a drizzle
- 霧雨が降っている It is drizzling.

切り捨てる 〔端数を〕omit ⟨the fractions⟩

キリスト Jesus Christ
　キリスト教 Christianity
　キリスト教徒 a Christian

規律 order, discipline; 〔規則〕rules
- 彼は規律の正しい生活をしている He lives in good order.

起立 《号令》Stand up!

気流 an air current

器量 looks
　器量のよい pretty, good-looking
　器量の悪い plain, homely

気力 spirit

きりん 【動物】a giraffe

切る
❶〔刃物で〕cut; 〔たたき切る〕chop
- 彼女はりんごを四つに切った She cut an apple into four.
❷〔スイッチを〕turn off; 〔電話を〕hang up
- テレビのスイッチを切ってください Please turn off the television.
　切り倒す cut down ⟨a tree⟩
　切り詰める cut down; 〔短くする〕shorten
　切り取る cut off [out, away]
　切り抜く clip ⟨an article⟩
　切り抜き帳 a scrapbook
　切り抜ける get over ⟨a difficulty⟩
　切り開く cut ⟨a way⟩ through

着る put on, wear, be dressed ⟨in...⟩
- 上着を着なさい Put your coat on. / Put on your coat.
- 彼女は美しい服を着ている She is wearing a beautiful dress.
- コートは着たままでどうぞ Keep your overcoat on, please.
- 彼女は黒い服を着ている She is dressed in black.

切れ 〔布〕cloth; 〔小片〕a piece, a bit; 〔薄い物〕a slice

きれいな 〔美しい〕beautiful, pretty; 〔清潔な〕clean
- なんてきれいな花でしょう What a beautiful [pretty] flower!
- 手をきれいにしておきなさい Keep your hands clean.

切れ目 a break, a gap; 〔話の〕a pause

切れる 〔刃物が〕cut; 〔分断する〕break

- このナイフはよく切れる This knife cuts well.

キロ a kilo
　キログラム a kilogram
　キロメートル a kilometer, 《英》a kilometre

記録 a record
- 彼は走り高跳びで記録を破りたいと願っている He wants to break the record in [for] the high jump.
　記録する record
- 彼は温度を記録した He recorded the temperature.
　世界記録 a world record

議論 a discussion, an argument
　議論する discuss, argue, debate
- 私はそのことについて彼と議論した I argued with him about the matter.

極めて very (much), extremely ⇨非常に

気を付ける take care ⟨of...⟩; 《命令文で》mind
- 体には十分気を付けなさい Take good care of yourself.
- 足元に気を付けてください Mind [Watch] your step, please.

金(の) gold
　金時計 a gold watch
　金色の, 金のような golden
　金貨 a gold coin

銀(の) silver
- 銀のスプーン a silver spoon
　銀貨 a silver coin

金額 a sum [an amount] of money
- 彼は本にかなりの金額を使った He spent a good amount of money on books.

近眼 near-sighted, short-sighted
- 彼女は近眼だ She is near-sighted.

緊急の urgent

金魚 a goldfish
　金魚鉢 a goldfish bowl

金言 a wise saying, a maxim

近郊 ⟨in⟩ the suburbs ⟨of Tokyo⟩

銀行 a bank
- 私は銀行にお金を預けた I put money in the bank.
　銀行員 a bank clerk
　銀行家 a banker

近視 ⇨近眼

禁止する forbid, prohibit
- この海岸では水泳は禁止されている Swimming is prohibited on this seashore.
　駐車禁止 《掲示》No Parking

近日中に in a few days, one of these days, before long

近所 the neighborhood
- 彼はこの近所に住んでいる He lives near here [in this neighborhood].
　近所の人たち one's neighbors

禁じる ⇨禁止する

近親(者) a near relative

均整 balance
- 均整の取れた well-proportioned ⟨body⟩, well-balanced, symmetrical

金銭 money; 〔現金〕cash

金属

金属 (a) metal
金属製品 metal goods
近代 modern times
近代の, 近代的な modern
近代化する modernize ⟨the industries⟩
近代史 modern history
緊張 tension, (a) strain
緊張する strain, become tense
筋肉 muscles
近年 in recent years
・近年にない豊作である It is the richest harvest we have had for some years [in recent years].
勤勉な diligent, hardworking
・彼はとても勤勉です He is very diligent. / He works [studies] very hard.
勤務 service, duty
勤務する serve, work ⟨for a company⟩
勤務時間 business [working] hours
金曜日 Friday (略 Fri.)
金曜日に on Friday
勤労 labor
勤労所得 an earned income
勤労感謝の日 Labor Thanksgiving Day

く

九 nine ⇨ 九(きゅう)
区 〔市の〕**a ward**; 〔区画〕**a division**; 〔区域〕**a district**
具合
❶ 〔調子〕**a condition**
・「きょうはお体の具合はいかがですか」「いいですよ」 "How are you feeling today?" "I'm fine."
・私は胃の具合がよくない I feel sick to my stomach.
・この機械は具合がいい This machine works well.
❷ 〔方法〕**a way, a manner**
・こんな具合にやりなさい Do it like this [(in) this way].
区域 a ⟨safety⟩ **zone, a district, an area**
食い込む 〔ロープなどが〕**cut into** ⟨the flesh⟩; 〔費用などが〕**cut into** ⟨the budget⟩
クイズ 〔質問・小テスト〕**a quiz**
クイズ番組 a quiz program
食い違う differ ⟨in opinion⟩**, be contrary** ⟨to...⟩
食い違い a gap, a difference ⟨between the views⟩
ぐいっと ⟨empty⟩ **in one gulp**
ぐいと引く give ⟨the rope⟩ **a pull**
食い止める
悔いる regret, repent ⟨of...⟩ ⇨ 後悔
食う eat ⇨ 食べる
空間 space; 〔余地〕**room**
空気 air
・新鮮な空気 fresh air
・空気がきれいだ The air is clean.
空虚な empty
空港 an airport
成田国際空港 Narita International Airport
空所 a blank
・空所に1語を補いなさい Fill in the blank with a word.
偶数 an even number
空席 a vacant seat; 〔地位などの〕**a vacancy**
偶然 by chance
・私は彼に偶然出会った I met him by chance.
空想 (a) fancy, (a) fantasy, a dream
空想科学小説 science fiction
偶像 an idol
空中に ⟨fly⟩ **in the air**
空白の blank
空腹の hungry, starving
・大変に空腹だ I am very hungry now.
クーポン 〔切り取り式の券〕**a coupon (ticket)**
クーラー 〔冷房装置〕**an air conditioner, a cooler**
九月 September (略 Sept., Sep.)
9月に in September
釘 ⟨drive⟩ **a nail**
区切り 〔間〕**a pause**; 〔文の〕**punctuation**; 〔終わり〕**an end**
・区切りを付ける〔終わらせる〕 put an end to... [on...]
くくる bind, tie ⇨ しばる
くぐる pass [go] through ⟨a tunnel⟩
草 grass; 〔雑草〕**a weed**
・青い草 green grass
・羊が草を食べている The sheep are eating grass.
くさい smelly
・この魚は臭い This fish smells bad [has a bad smell].
草むら a bush
鎖 a chain
腐る go bad
・このりんごは腐っている These apples have gone bad.
腐った bad, rotten
・腐ったじゃがいも rotten potatoes
くし a comb
・くしでとかす comb
くじ a lot, lottery
くじを引く draw a lot
くじに当たる[はずれる] draw a prize [a blank]
くじく 〔手足を〕**sprain**; 〔勇気を〕**discourage**
くじける 〔気持ちが〕 be discouraged, lose heart
くしゃみ a sneeze, sneezing
くしゃみをする sneeze
苦情 a complaint
・苦情を言う complain ⟨about..., that...⟩, make a complaint ⟨about...⟩
鯨 〔動物〕**a whale**
苦心する take pains, work hard
・私は苦心してようやくその問題を解いた I worked out the problem at last.
くず waste; 〔残り物〕**litter**; 〔がらくた〕**rubbish**
くずかご a wastebasket
紙くず waste paper
くすぐる
・くすくす笑う chuckle, giggle
ぐずぐずした slow
・ぐずぐずするな Don't be slow. / Don't delay. / Waste no time. / Be quick.

ぐずぐず言う complain
くすぐる tickle
崩す 〔壊す〕break down; 〔両替する〕change ⟨a ten-thousand-yen bill⟩
薬 (a) medicine; 〔未調合の〕a drug; 〔丸薬〕a pill
・この薬を飲みなさい Take this medicine.
  薬屋〔店〕《米》a drugstore, 《英》a chemist's shop; 〔人〕《米》a druggist, 《英》a chemist
崩れる 〔壊れる〕fall down, break down; 〔形が〕go [get] out of shape; 〔天気が〕change for the worse
癖 a habit
・彼はタバコを吸う癖がついた He got into the habit of smoking.
苦戦 a hard fight; 〔競技などの〕a close [tough] game
管 a pipe, a tube
具体的な concrete ⟨plan⟩; 〔明確な〕definite
  具体的に concretely, definitely
砕く break ⟨into..., to...⟩, smash, crush
砕ける break ⟨to pieces⟩, be broken
・花瓶が床に落ちて砕けた The vase fell down on the floor and broke to pieces.
ください give me [us]
・何か飲み物をください Give me something to drink.
…(して)ください Please *do*. ⇨…してください
下す
❶〔命令を〕give ⟨orders⟩; 〔決定を〕make ⟨a decision⟩
❷〔腹を〕have loose bowels
くたびれる get [be] tired ⟨of..., from...⟩
果物 (a) fruit
・私は果物が好きです I like fruit.
・その店にはいろいろな果物がある There are many fruits at that store.
  果物屋 a fruit store [shop]
下り down
・道はここから下りになる The road goes down here.
  下り坂 a downward slope
  下り列車 a down train
下る go down
・私たちは船で川を下った We went down the river in a boat.
口 a mouth
・口を大きく開けなさい Open your mouth wide.
・口にいっぱい物をほおばって話してはいけない Don't speak with your mouth full.
  口に出す say, speak ⟨about...⟩
・彼はそれについて何も口に出さなかった He said nothing about it.
  口をきく speak ⟨to..., with...⟩
・私は彼とは口をきいたことがない I have never spoken to [with] him.
愚痴 (a) complaint ⇨不平
口数
・彼女はとても口数が多い She is very talkative.
・彼は口数が少ない He is a man of few words.
口癖 *one's* way of saying; 〔よく口にする言葉〕*one's* favorite phrase [saying]

口答えする talk back, answer back
口ごもる mumble, stammer
口ずさむ hum
唇 a lip
  上[下]唇 the upper [lower] lip
口笛 a whistle
・口笛を吹く whistle
口調 a tone
・怒ったような口調で in an angry tone
朽ちる rot, decay
  朽ちた rotten ⟨wood⟩, decayed
靴 〔短靴〕⟨a pair of⟩ shoes; 〔長靴〕⟨a pair of⟩ boots
・私は靴を履いた[脱いだ] I put on [took off] my shoes.
・彼女は赤い靴を履いていた She had red shoes on.
・私は父の靴を磨いた I polished my father's shoes.
  靴屋〔店〕a shoe store [shop]; 〔人〕a shoemaker
苦痛 〔痛み〕a pain; 〔苦しみ〕suffering
・その勉強が苦痛になった The study became painful to me.
クッキー〔菓子〕a cookie, a cooky
くっきり clearly, distinctly
・富士山がくっきり見えた Mt. Fuji could be clearly seen.
靴下 〔短い〕⟨a pair of⟩ socks; 〔長い〕⟨a pair of⟩ stockings
・私は靴下を履いた[脱いだ] I put on [took off] my socks.
クッション〔弾力性がある〕a cushion
ぐっすり
・昨夜はぐっすり眠った I had good [sound] sleep last night.
ぐったり
・私は長いこと歩いてぐったり疲れた I was dead tired after a long walk.
くっつく cling ⟨to...⟩, stick ⟨to...⟩
ぐっと ⟨pull⟩ with a jerk; 〔急に〕suddenly; 〔しっかり〕fast
くつろぐ make ⟨*one*self⟩ at home, relax
・どうぞおくつろぎください Please make yourself [feel] at home.
くどい 〔長たらしい〕lengthy; 〔言葉数が多い〕wordy
口説く 〔説得する〕persuade; 〔言い寄る〕make approaches ⟨to a woman⟩
苦難 distress, suffering(s), ⟨bear⟩ hardship(s)
国 a country, a nation
・遠い国 a distant country
・世界には多くの国がある There are many countries in the world.
  国の national
配る 〔分配する〕give out, distribute; 〔配達する〕deliver ⟨newspapers⟩
首
❶ a neck; 〔頭部〕a head
・彼女は首に真珠の首飾りをしている She wears a string of pearls around her neck.
・その人は首を横に[縦に]振った The man shook

[nodded] his head.
首飾り a necklace
首輪 〔犬の〕 a collar
❷〔解雇〕(a) dismissal, a layoff
・仕事を首になる be fired [laid off]
工夫 a device
　工夫する devise
区分 (a) division;〔分類〕(a) classification
区別 (a) distinction
・彼は善悪の区別がつかない He cannot distinguish right from wrong.
　区別する distinguish 〈A from B〉, tell 〈A from B〉
くぼみ a hollow, a depression
くぼむ become hollow, sink
　くぼんだ hollow, sunken
熊【動物】a bear
組〔学級〕a class;〔集団〕a group;〔ひとそろい〕a set;〔ペア〕a pair
・私は2年B組です I am in Class 2B.
・生徒たちは三つの組に分けられた The students were divided into three groups.
　手袋一組 a pair of gloves
組合 a 〈labor〉 union, an association
組み合わせる combine;〔組にする〕pair 〈A with B〉;〔対戦相手にする〕match 〈A against B〉
組み立てる assemble, put together
・彼は模型飛行機を組み立てた He assembled a model airplane.
くむ〔水を〕draw;〔ポンプで〕pump
・彼女は井戸の水をくんだ She drew water from the well.
組む〔組になる〕pair 〈with...〉;〔共同する〕unite 〈with...〉;〔腕を〕fold 〈one's arms〉;〔足を〕cross 〈one's legs〉
雲 a cloud
・空には雲一つない There is not a cloud in the sky.
・山の頂上は雲に覆われていた The top of the mountain was covered with clouds.
曇り cloudy
・きょうは曇りだ It is cloudy today.
・曇りのち晴れ Cloudy, fine later.
曇る become cloudy
・急に空が曇ってきた Suddenly the sky became cloudy.
　曇り空 a cloudy sky
悔しい 〈be〉 vexing, regrettable
　悔しがる be vexed 〈at one's failure〉
悔やみ a condolence
・おばあさまがお亡くなりとのこと, 心からお悔やみ申し上げます Please accept my deepest condolences on your grand mother's death.
　悔やむ〔後悔して〕regret;〔死をいたむ〕mourn
くよくよする worry 〈about..., over...〉
・くよくよするな Don't worry! / Never mind!
倉, 蔵 a warehouse, a storehouse
…くらい〔およそ〕about...;〔程度〕as ... as ...
・彼女は60歳ぐらいです She is about sixty.
・私は彼と同じくらい速く走ることができる I can run as fast as he.

暗い dark
・暗い部屋 a dark room
・外はまだ暗かった It was still dark outside.
　暗くなる get dark
・だんだん暗くなってきた It is getting dark.
・私は暗くなってからそこへ行った I went there after dark.
・暗くならないうちに帰りなさい Come home before dark.
位〈high, low〉rank, grade
　位する〔位置する〕be situated, lie;〔地位を占める〕rank 〈third〉
クライマックス〔最高潮〕the climax
グラウンド〔地面・運動場〕a ground
暗がり ⇨ 暗闇
ぐらぐらする〔揺れる〕shake;〔煮える〕boil
暮らし living
・彼女はよい暮らしをしている She makes a good living.
　暮らす live, make a living, get along
・彼は大阪で暮らしている He lives in Osaka.
・いかがお暮らしですか How are you getting along?
クラシック〔古典〕a classic;〔古典の〕classical
　クラシック音楽 classical music
クラス〔学級〕a class
・私たちのクラスには40人の生徒がいる There are forty students in our class.
　クラス委員 a class monitor
　クラス会 a class meeting
　クラスメート a classmate
　クラスルーム a classroom
グラス〔コップ〕a glass
・グラス杯のワイン a glass of wine
グラタン gratin
クラッカー〔薄い固焼きビスケット〕a cracker;〔爆竹〕a firecracker
クラブ
❶〔同好会〕a club
・私はテニスクラブに入っている I belong to the tennis club. / I am a member of the tennis club.
　クラブ活動 club activities
❷〔ゴルフの〕a (golf) club
グラフ〔図表〕〈draw〉a graph
比べる compare 〈A with B〉
・自分の作文を例文と比べてみなさい Compare your composition with the example.
くらむ〔目が〕be dazzled, be dizzy
グラム〔目方の単位〕a gram (略 g.)
暗闇 darkness
　暗闇で in the dark [darkness]
栗〔実〕a chestnut;〔木〕a chestnut tree
クリーニング〔洗濯〕cleaning
・クリーニングしてもらう have 〈one's coat〉 cleaned
　クリーニング店 a laundry, the cleaner's
クリーム〔食品・化粧品〕cream
繰り返す repeat
・私のあとについて繰り返してください Please repeat after me.

繰り返し repetition; 〔歌の〕refrain
クリスマス Christmas (略 Xmas)
- クリスマスおめでとう A Merry Christmas!
  クリスマスイブ Christmas Eve
  クリスマスカード a Christmas card
  クリスマスツリー a Christmas tree
  クリスマスプレゼント a Christmas present [gift]

クリックする【コンピュータ】click ⟨one's mouse⟩
クリップ 〔書類などを留める〕a clip
グリップ 〔握り〕a grip
来る
❶ come
- 彼は毎日ここに来ます He comes here every day.
- 彼は私に会いに来た He came to see me.
- 春が来た Spring has come.
- ほら, バスが来た Here comes the bus.
❷ 〔…になってくる〕get, become
- 日増しに暖かくなってきます It is getting warmer day by day.
- 雨が降ってきた It has begun to rain.

狂う 〔気が〕become crazy, go mad; 〔機械が〕go wrong, get out of order; 〔計画などが〕be upset
グループ 〔集まり〕a group
ぐるぐる
- ぐるぐる回る turn round and round
- ひもを体にぐるぐる巻く wind a rope around one's body

苦しい 〔痛い〕painful; 〔つらい〕hard
- 苦しい仕事 hard work
- 苦しい目に遭った I have had a hard time.
- 私は胸が苦しい I have a pain in my chest.

苦しむ suffer ⟨from...⟩
- 彼は胃痛に苦しんだ He suffered from a stomachache.
  苦しみ suffering; 〔苦痛〕pain; 〔苦労〕hardships

車 a car; 〔乗り物〕a vehicle
- 私は運転できる I can drive a car.
- 父は車で会社へ行きます My father goes to his office by car. / My father drives to his office.
- 彼は車に乗った[車から降りた] He got into [got out of] the car.

グルメ 〔食通・美食家〕a gourmet
暮れ 〔年末〕the end of the year; 〔日暮れ〕nightfall, sunset
くれぐれも
- くれぐれもお体を大切に Take good care of yourself.
- くれぐれもご家族の皆様によろしく Please give my best regards to your family.

クレジット 〔信用〕⟨buy A on⟩ credit
  クレジットカード credit card
- クレジットカードで払ってもいいですか Can I pay by credit card?

…(して)くれませんか Will you *do*?
- 窓を開けてくれませんか Will you open the window?
- そのことを話してくれませんか Will you (please) tell us about it?

クレヨン (a) crayon
くれる give ⇨与える
- おじがこの時計をくれた My uncle gave me this watch.

…(して)くれる
- 母は毎日私に本を読んでくれる Mother reads books for me every day.

暮れる
- 日が暮れる Night falls.

黒(い) black; 〔黒っぽい〕dark
- 私は黒い猫は嫌いだ I don't like black cats.
- 彼女は黒い目をしている She has dark eyes.
- 彼女は黒い服を着ている She is dressed in black.

苦労 trouble
- 彼女はそれを何の苦労もなくやった She did it without any trouble.
- ご苦労さまでした Thank you very much for your trouble.
  苦労する have difficulty [trouble] ⟨in..., with...⟩
- 彼はその手紙を読むのに大変苦労した He had a lot of trouble reading the letter.

くろうと 〔本職〕a professional, a pro; 〔熟練者〕an expert, a specialist
グローブ 〔野球・ボクシングの〕a glove
クロール【水泳】the crawl (stroke)
加える add ⟨to...⟩; 〔仲間に〕join
- 彼はウイスキーに水を加えた He added water to his whisky.
- 私も仲間に加えてください Let me join the party.

くわえる
- 口にものを一杯くわえて話してはいけません Don't speak with your mouth full.

詳しい detailed
- 詳しい説明 a detailed explanation
  詳しく in detail, fully
- あなたの計画を詳しく説明しなさい Explain your plan in detail.

企て an attempt, a plan
  企てる attempt, plan ⟨to *do*⟩

加わる 〔参加する〕join, take part ⟨in...⟩; 〔増加する〕increase ⇨増える
- あなたも仲間に加わりませんか Will you join us?
- 私はその競走に加わった I took part in the race.

群 ⇨群れ
郡 a county, a district
群集 a crowd (of people)
くん製の smoked
訓練 training, (a) drill
- 彼女は看護婦としての訓練を受けた She had training as a nurse.
  訓練する train, drill
- この犬はよく訓練されている This dog is well trained.

け

毛 (a) hair ⇨髪
- 彼女はちぢれ毛だ She has curly hair.

計 ⇨合計
芸 an art, a trick

敬意 respect
  敬意を表す show respect ⟨to...⟩, pay [do] honor ⟨to...⟩
経営 management
  経営する run, keep, manage
  ・彼は小さなレストランを経営している He runs [keeps] a small restaurant.
  経営者 a manager; 〔全体〕the management
敬遠する keep *A* at a distance, avoid ⟨a teacher⟩; 〔野球〕give ⟨a batter⟩ an intentional walk
軽音楽 light [popular] music
経過する pass
  ・10年が経過した Ten years have passed.
警戒 〔警備〕guard, watch; 〔用心〕caution
  警戒する guard, watch ⟨for...⟩, look out ⟨for...⟩
軽快な light ⟨steps⟩
計画 a plan
  ・夏休みの計画はありますか Do you have any plans for summer vacation?
  計画する plan, make a plan
  ・彼らは集会を開くことを計画した They planned to hold a meeting.
  ・私はアメリカへ行くことを計画している I am planning to go to America.
警官 a policeman; 〔婦人警官〕a policewoman; 《米》《正式に》a police officer
景気 〔世間の〕things, (the) times; 〔商売の〕business (conditions)
  ・景気はよく[悪く]なっている Times are getting better [worse].
  ・景気はどうですか How's your business?
経験 (an) experience
  ・彼は英語を教えた経験が豊富です He has much experience in teaching English.
  経験する experience, have experience(s)
  ・私たちは旅行中にいろいろと経験した We had various experiences during our trip.
けいこ practice
  ・彼女は毎日ピアノのけいこをする She practices the piano every day.
傾向 a tendency
  ・女性は男性より多くしゃべる傾向がある Women tend to speak more than men do.
蛍光灯 a fluorescent light [lamp]
警告 (a) caution, (a) warning
  警告する warn
経済 economy
  経済学 economics
  経済学者 an economist
  経済的な economical
  ・小さい車は大きな車より経済的だ Small cars are more economical than big ones.
警察 the police
  警察官 ⇨ 警官
  警察犬 a police dog
  警察署 a police station
計算 calculation
  計算する calculate
掲示 a bulletin, a notice
  ・入り口にポスターが掲示された A poster was put up on the entrance.
  掲示板 a bulletin [notice] board
形式 a form
  形式的な formal
軽視する make [think] light of ⟨a matter⟩
傾斜 (an) inclination; 〔坂の〕a slope
  傾斜する incline, slope, slant
芸術 art; 〔美術〕fine arts
  芸術家 an artist
形勢 the situation
形成 form ⟨*one's* character⟩
継続する continue ⇨ 続く
軽率な careless, rash, hasty
  軽率に carelessly, rashly, hastily
携帯する carry
  携帯電話 a cellphone
  携帯品 *one's* personal effects [belongings]
  携帯ラジオ a portable radio
警笛 a whistle, a horn, a siren
  ・警笛を鳴らす whistle, sound the horn
芸能人 an entertainer, an artist
経費 expense(s) ⇨ 費用
警備(する) guard
  警備員 a guard
景品 a premium
敬服する admire, think highly of...
軽蔑 contempt
  軽蔑する look down on... [upon...], despise, scorn
  ・彼はみんなに軽蔑された He was looked down upon by everybody.
  軽蔑して ⟨say⟩ scornfully
  軽蔑的な scornful, contemptuous
警報 an alarm, a warning
契約 a contract
  ・私はその会社と契約を結んだ I made a contract with the company.
経由で by way of..., via...
  ・彼はハワイ経由でサンフランシスコに行った He went to San Francisco via [by way of] Hawaii.
形容詞 〔文法〕an adjective
敬礼 a salute, salutation
  敬礼する salute ⟨the general⟩
経歴 a career, *one's* personal history
敬老の日 Respect-for-the-Aged Day
ケーキ 〔洋菓子〕(a) cake
  バースデーケーキ (a) birthday cake
ケース 〔箱〕a case
ケーブル 〔太い綱〕a cable
  ケーブルカー a cable car
  ケーブルテレビ CATV (community antenna television の略)
ゲーム 〔遊び〕a game
  ・居間でゲームをしよう Let's play games in the living room.
けが a hurt, an injury, a wound
  けがをする get [be] hurt, be injured [wounded]
  ・彼はひどいけがをした He was badly hurt [injured, wounded].
外科 surgery
  外科医 a surgeon

汚す 〔名誉などを〕**disgrace** ⟨*one's* family name⟩
毛皮 **fur**
劇 **a play, a drama**
- シェークスピア劇 Shakespeare's plays
  劇場 a theater, 《英》a theatre
毛嫌い 〔偏見〕**prejudice**
激励する **encourage** ⇨励ます
けさ **this morning**
- 彼はけさ早く着いた He arrived early this morning.
消印 **a postmark**
  消印のある postmarked
景色 〔眺め〕**a view**; 〔地域全体の〕**scenery**; 〔一場面〕**a scene**
- 窓から港の美しい景色が見られる You can get [have] a fine view of the port from the window.
消しゴム **an eraser**
下車する **get off** ⟨at Nagoya⟩ ⇨降りる
下宿 **lodging**, 《米》**rooming**; 〔食事付き〕**boarding**
  下宿する lodge, room; board
  下宿人 a lodger, a roomer; a boarder
  下宿屋 a lodging [rooming, boarding] house
下旬に **toward the end** ⟨of July⟩
化粧 **make-up**
- 彼女は化粧をした She made up her face.
  化粧品 cosmetics
消す
  ❶〔火を〕**put out**; 〔電灯・テレビなどを〕**turn off**
- 彼は水で火を消した He put out the fire with water.
- テレビを消してください Turn [Switch] off the television.
  ❷〔文字などを〕**erase, wipe out**; 〔横線などを引いて〕**cross off**
- 彼は黒板の字を消した He erased [wiped out] the letters from the blackboard.
下水 **sewage**
  下水道 a sewer
ゲスト 〔客〕**a guest**
削る 〔鉛筆を〕**sharpen**
- 私はナイフで鉛筆を削った I sharpened the pencil with a knife.
気高い **noble**
けちな **stingy, miserly**
  けちんぼ a miser
ケチャップ ⟨tomato⟩ **ketchup**
血圧 ⟨high, low⟩ **blood pressure**
決意 ⇨決心
血液 **blood**
  血液型 a blood type
  血液銀行 a blood bank
結果 **(a) result**
- 試験の結果はどうでしたか What was the result of the examination?
- 結果は大変よかった We had very good results.
血管 **a blood vessel**
欠陥 ⟨have⟩ **a defect, a flaw**
月刊の **monthly**

決議 **a resolution, a decision**
  決議する resolve, decide ⟨for..., against...⟩
結局 **after all**
- 彼は結局それを買わなかった He did not buy it after all.
結構な 〔申し分ない〕**wonderful, excellent**
- 結構な話 good news
- 結構な贈り物 a nice present
- それで結構です That's all right.
- いいえ、結構です No, thank you.
結合する **combine, unite** ⟨*A* with *B*⟩
月光 **moonlight**
結婚 **(a) marriage**
  結婚する marry, be [get] married ⟨to...⟩
- トムはメアリーと結婚した Tom married Mary.
- 彼女は結婚している She is married.
  結婚記念日 wedding anniversary
  結婚式 a wedding (ceremony)
  結婚披露宴 a wedding reception
  結婚指輪 a wedding ring
傑作 **a masterpiece**
決して(…ない) **never**
- 彼はけっしてうそをつかない He never lies.
- 彼女は決して学校に遅刻しない She is never late for school.
- 私は二度とそこへは行きません I will never go there again.
月謝 **a monthly (tuition) fee**
決勝 **a final game, the finals**
- 私たちは決勝に進出した We made it into the finals.
  決勝点 the goal
決心 **determination, (a) resolution**
  決心する determine, make up *one's* mind
- 彼はそれをしようと決心した He determined [made up his mind] to do it.
結成する **form, organize** ⟨a new party⟩
欠席 **absence**
  欠席する be absent ⟨from...⟩
- なぜきのう学校を欠席したのですか Why were you absent from school yesterday?
- 彼は病気で欠席した He was absent because of sickness.
決断 **(a) determination, (a) decision**
  決断する decide, determine ⟨to *do*⟩
決定 **(a) decision**
  決定する decide ⇨決める
  決定的な decisive
欠点 **a fault**
- 彼には欠点がたくさんある He has many faults.
潔白 **innocence**
  潔白な innocent
欠乏 **want, lack**
  欠乏する want, lack ⟨in...⟩
結末 **the end** ⇨終わり
月曜日 **Monday** (略 Mon.)
  月曜日に on Monday
結論 **a conclusion**
  結論づける conclude, come to the conclusion ⟨that...⟩
けなす **speak ill of...** ⇨悪口

気配 signs ⟨of spring⟩, an indication
仮病 feigned [pretended] illness
下品な vulgar, mean, low
煙 smoke
・煙が出ている Smoke is rising.
煙い smoky
・この部屋は煙い This room is smoky.
煙る smoke, be smoky
下痢【医学】diarrhea, loose bowels
ける kick
・彼はボールをけった He kicked the ball.
けれども but, though
・彼は背が低いけれどもバスケットボールがうまい He is short, but (he is) good at basketball. / Though (he is) short, he is good at basketball.
険しい steep
険しい山 a steep mountain
県 a prefecture
・千葉県 Chiba Prefecture
券 〔切符〕a ticket; 〔切り取り式の〕a coupon; 〔債券〕a bond
権威 ⟨have⟩ authority
原因 (a) cause
原因となる cause ⟨an accident⟩
…の原因である be responsible for...
・何がその事故の原因ですか What was the cause of the accident? / What caused the accident?
原因と結果 cause and effect
検閲 censorship
検閲する censor
けんか〔口論〕a quarrel; 〔なぐり合い〕a fight
・私は彼とけんかをした I quarreled [had a quarrel] with him.
見解〔意見〕an opinion; 〔物の見方〕a view
限界 a limit; 〔範囲〕bounds
見学する visit [see] A (for study), observe
・私たちはその工場を見学した We visited the factory (for study).
厳格な strict, severe, stern
・彼の父はとても厳格です His father is very strict.
玄関 the (front) door
・玄関に誰か来ている There's someone at the door.
元気な〔気分的に〕cheerful; 〔健康上〕fine, well
・「お元気ですか」「ありがとう、元気です」"How are you?" "I'm fine, thank you."
元気になる〔病気から〕get well
・彼はだんだん元気になっている He is getting better.
元気よく cheerfully
研究 a study
研究する study
・彼は物理学を研究している He is studying physics.
歴史研究 a study of history
言及する refer to...
謙虚な modest, humble
現金 cash
・それは現金で払います I'll pay for it in cash.
言語 language ⇨ 言葉

原語 the original word [language]
健康 health
健康な well, healthy
・タバコは健康に悪い Smoking is bad for (the) health.
・水泳は健康にいいですよ Swimming is good for your health.
・家族はみな健康です My family are all well [healthy].
・彼女は健康をそこねた She lost her health.
健康診断 a medical checkup [examination]
原稿 ⟨write⟩ a manuscript
原稿用紙 copy paper; 〔一つづりの〕a writing pad
検査 (an) inspection, (an) examination
検査する inspect, examine
検査官 an inspector, an examiner
現在 the present
現在の present
現在は now, at present
・彼は現在はロンドンにいる He is now in London.
現在完了時制【文法】the present perfect tense
現在時制【文法】the present tense
現在進行形【文法】the present progressive form
現在分詞【文法】a present participle
原作 the original (work)
原作者 the (original) author [writer]
検索する【コンピュータ】search, retrieve ⟨a file⟩
堅実な steady ⟨person⟩
現実 reality
現実の, 現実的な real, actual
現実に really, actually
厳重な strict ⇨ 厳しい
厳粛な solemn
厳粛に solemnly
懸賞 ⟨offer⟩ a prize
現象 a phenomenon (閥 phenomena)
減少 (a) decrease
減少する decrease
現状 ⟨maintain⟩ the present conditions [state of things]
献身 devotion
献身する devote oneself to ⟨social welfare⟩
懸垂【体操】a chin-up
建設 construction
・彼の家は建設中です His house is under construction.
建設する build, construct ⇨ 建築
建設的な constructive ⟨criticism⟩
健全な healthy, sound
健全な精神[肉体] a sound mind [body]
原則 ⟨stick to⟩ a principle
原則的に in principle
けんそんする be modest
現存の living, existing
現存する exist, be in existence
現代 the present age, modern times, today
現代の modern, current, contemporary
・現代の生活 modern life

- 現代の英語 current English
  現代文学 contemporary literature
- 見地 **a point of view, a viewpoint**
  科学的見地から from a scientific point of view
- 建築 **construction, architecture**
  ・彼の家は建築中です His house is under construction.
  建築する build, construct ⇨ 建てる
  建築家 an architect
  建築物 a building, architecture
- 限度 ⟨there is⟩ **a limit**
- 見当 **an aim**;〔推測〕**a guess**
  ・見当をつける aim ⟨at...⟩; guess ⟨what A has in mind⟩
  ・それはあなたの見当違いだ You guessed it wrong.
- 健闘 **a good fight**
  ・ご健闘を祈る Good luck (to you)!
- 検討する **examine, think over, go over** ⟨a matter⟩
- 原動力 **motive power**;〔推進力〕**driving force**
- 現場 **the spot, the scene**
- 顕微鏡 **a microscope**
- 見物 **sightseeing**
  見物する〔観光で〕do [see] the sights ⟨of...⟩, visit;〔試合などを〕see, watch
  ・私はロンドンを見物した I saw the sights of London. / I visited London.
  見物に行く go sightseeing ⟨in...⟩
  ・彼は京都の見物に行った He went sightseeing in Kyoto.
  見物席 a seat, a stand
  見物人〔観客〕a spectator
- 原文 **the original**
- 憲法 **a constitution**
- 厳密な **strict**
  厳密に strictly
  ・厳密に言えば彼はアメリカ人ではない Strictly speaking, he isn't an American.
- 賢明な **wise, clever** ⇨ 賢い
- 倹約 ⇨ 節約
- 権利 **a right**
  ・私にはここに住む権利がある I have a right to live here.
  権利と義務 rights and duties
- 原理 **a principle, a theory**
- 原料 **raw material(s)**
- 減量する **reduce** *one's* **weight, lose weight**
- 権力 ⟨have⟩ **power**
  権力のある powerful
  権力者 a man of power
- 言論 **speech**
  言論の自由 freedom of speech

こ

- 子〔人間の〕**a child**（®︎ children）;〔動物の〕**the young**
- 故… **the late** ⟨Kawabata⟩
- …個
  ・りんご3個 three apples
  ・せっけん3個 three cakes [bars] of soap
  ・角砂糖2個 two lumps [cubes] of sugar
- 五 **five**
  第5(の) the fifth（略 5th）
  5倍[回] five times
  5分の1 a [one] fifth
  5分の2 two fifths
- 語〔単語〕**a word**;〔言語〕**a language**
  ・英語の単語を何語知っていますか How many English words do you know?
  ・その国では何語が話されていますか What language is spoken in that country?
  ・その文は一語一語を英語に訳すことはできない You cannot put the sentence word for word into English.
- 碁 **(the game of)** *go*
  ・碁を打つ play *go*
  碁石 a *go* piece
  碁盤 a *go* board
- …後 **after...**;〔時の経過を示して〕**in...**
  ・昼食後にまた勉強します After lunch we study again.
  ・彼は1週間後に出発した He started after a week.
  ・私は30分後に戻ります I will be back in thirty minutes.
- 恋 **love**
  恋する love, be in love, fall in love ⟨with...⟩
  恋人 a sweetheart;〔男の〕a lover;〔女の〕a love
- 濃い **thick**;〔色が〕**dark, deep**;〔コーヒーなどが〕**strong**
  ・濃いスープ thick soup
  ・濃い青色 dark [deep] blue
  ・濃いコーヒー strong coffee
- 鯉【魚】**a carp**
- 故意に **on purpose** ⇨ わざと
- 子犬 **a puppy**
- こいのぼり **a carp streamer**
  ・こいのぼりを立てる put up carp streamers
- コイン〔硬貨〕**coin**
- こう〔このように〕⟨I did it⟩ **like this, (in) this way**
- 請う **beg, ask** ⇨ 頼む
  ・許しを請う beg forgiveness
- 考案 **a design, a device**
  考案する design, devise
  考案者 a designer
- 行為 **an act, an action, a deed**;〔ふるまい〕**conduct, behavior**
- 好意 **good will, kindness, friendliness, favor,**《英》**favour**
  好意的な kind, friendly
- 校医 **a school doctor**
- 合意 **(an) agreement**
  合意する agree ⟨with..., on...⟩
- 更衣室 **a locker room**
- 降雨 **rain, a rainfall**
  降雨量 the amount of rainfall
- 豪雨 **a heavy rain**
- 幸運 **good luck**
  ・幸運を祈ります I wish you good luck.
  幸運な lucky
  ・あなたは幸運だ You're lucky.

光栄 honor, glory
・皆様にお話できて大変光栄です It is a great honor for me to speak before you.
後衛 〔サッカーなどの〕a back; 〔テニスの〕a back player
公営の public, municipal
公園 a park
・上野公園 Ueno Park
・私は公園を散歩した I took a walk in the park.
・国立公園 a national park
後援 support
後援する support, back (up); 〔資金的に〕sponsor
講演 a lecture, an address
講演する lecture, give a lecture
講演者 a lecturer
効果 (an) effect
効果的な effective ⟨measures⟩
校歌 a school [college] song
硬貨 a coin
高価な expensive
・これは大変に高価です This is so expensive.
豪華な gorgeous, deluxe
後悔 regret
後悔する be [feel] sorry ⟨for...⟩, regret
・いつかあなたはそれを後悔するでしょう Someday you will be sorry for it.
公開の open, public
公開する open to the public
公害 (environmental) pollution
騒音公害 noise pollution
郊外に in the suburbs
・彼は東京の郊外に住んでいる He lives in the suburbs of Tokyo.
公会堂 a public hall, a community center
工学 engineering
工学部 the engineering department
合格する pass
・彼は入学試験に合格した He passed [succeeded in] the entrance examination.
交換 (an) exchange
交換する exchange ⟨A for B⟩
・あなたの本と私のを交換しよう Let's exchange your book for mine.
交換手〔電話の〕a telephone operator
交換留学生 an exchange student
校旗 a school [college] flag
好機 a (good) chance, an opportunity
・好機をつかむ[逃す] take [miss] a (good) chance
高貴な noble ⟨birth⟩
講義 a lecture
講義する give a lecture
抗議 a protest
抗議する protest, make a protest
高気圧 high (atmospheric) pressure
好奇心 curiosity
好奇心の強い curious
高級な high-class
公共の public
工業 industry
工業の industrial
工業高等学校 a technical high school
工業都市 an industrial city
自動車工業 the automobile industry
興行 a show, a performance
航空機 an airplane; an aircraft (⑧ aircraft)
航空運賃 an air fare
航空券 a flight ticket
航空郵便 air mail
航空路 an air route, an airline
光景 a sight, a scene
・美しい光景 a beautiful sight [scene]
工芸 craft
美術工芸 arts and crafts
合計 a total
合計で in all
・合計はいくらですか What is the total?
・費用は合計5万円になった The cost amounted to 50,000 yen in all.
合計する sum up, total
攻撃 an attack; an offense
攻撃する attack
豪傑〔大胆な人〕a bold man; 〔偉人〕a great man
貢献する contribute ⟨to...⟩, do much ⟨for...⟩
・彼は国のために大いに貢献した He has done much for his country.
交互に by turns, alternately ⇨ 互いに
口語の spoken
口語英語 spoken English
高校 a (senior) high school
高校生 a high school student
孝行
・彼は親孝行だ He is obedient [devoted] to his parents.
広告 an advertisement
広告する advertise
考査 ⇨ 試験
講座 a course, a lecture
ラジオ英語講座 a radio English course
交際する keep company ⟨with...⟩
・彼女は彼らと交際している She keeps company with them.
工作 handicraft
交差する cross
交差点 a crossing
講師 an instructor
工事 construction
・道路は工事中です The road is under construction.
公式【数学】a formula
公式の formal, official
・公式の訪問 a formal visit
口実 an excuse ⇨ 言い訳
校舎 a school building
後者 the latter
公衆 the public
公衆の public
公衆電話 a public telephone
公衆道徳 morals of society
公衆浴場 a public bath
講習 a (short) course
夏期講習 a summer course

- 私は英語の夏期講習を受けている I am taking a summer course in English.

交渉 negotiations
　交渉する negotiate 〈with...〉

工場 a factory
- この町には大きな工場がある There are big factories in this city.
　自動車工場 an automobile factory

向上 improvement, progress
　向上する improve, make progress 〈in...〉

強情な obstinate, stubborn

行進 a march, a parade
　行進する march
　行進曲 a march

更新 renewal
　更新する renew 〈record〉

香辛料 spice

構図〔絵の〕composition;〔小説の〕a plot

構成 composition, make-up
　構成する compose, consist of..., make up
- 委員会は5人で構成されている The committee consists of five members.

校正 proofreading
　校正する read the proofs

公正な just, fair

合成する synthesize
　合成の synthetic 〈fiber〉

抗生物質 an antibiotic (substance)

功績 contribution, merits

公然の open, public
　公然と openly, publicly, in public

高層
- 高層建築 a tall building, a skyscraper

構造 structure;〔組織〕organization

校則 school regulations

高速で at high [full] speed
　高速道路 a superhighway, an expressway

交代 (a) change, a shift, a relay
　交代で by turns
- 私たちは交代で部屋を掃除した We cleaned the room by turns.
　交代する take A's place
- 私は彼と交代した I took his place.

後退する go back ⇨ 下がる

広大な vast

光沢 luster, gloss

紅茶 (black) tea

校長 a principal, a schoolmaster, 《英》a headmaster
　校長室 the principal's office

好調
- 彼はきょうは好調だ He is in good condition today.

交通 traffic
- この道路は交通が激しい Traffic is heavy on this road.
　交通機関 (a means of) transportation
　交通事故 a traffic accident
　交通渋滞 a traffic jam
　交通信号 a traffic signal

好都合な convenient, favorable
　好都合に conveniently, favorably

校庭 the school grounds

肯定の affirmative
　肯定する affirm
　肯定文【文法】an affirmative sentence

鋼鉄 steel

高度 height, (an) altitude
　高度の advanced, high-level

高等な high, higher, advanced
　高等科 an advanced course
　高等学校 a (senior) high school

口頭の oral 〈examination〉

行動 (an) action
- 私たちは町をきれいにする行動を起こした We took action to clean our town.
　行動する act
- 行動する前に考えなさい Think before you act.

講堂 a (lecture) hall, an auditorium

購読する take, subscribe 〈to the Times〉
　購読料 subscription (rates)

購入する ⇨ 買う
　購入品 purchase

後任〔人〕a successor

効能 ⇨ 効き目

工場 ⇨ 工場（こうじょう）

後輩 one's junior

勾配 a 〈steep〉 slope

購買 purchase, buying
　購買部 a cooperative store, 《話》a co-op

後半 the latter [second] half 〈of the game〉

交番 a police box [stand]

公表 announcement, publication
　公表する announce (officially), make public

好評な popular
- 好評である be well received, be popular 〈with..., among...〉

幸福 happiness
- ご幸福を祈ります I wish you every happiness.
　幸福な happy
- 私たちはとても幸福です We are very happy.
　幸福に happily
- 彼らは一緒に幸福に暮らした They lived happily together.

好物 one's favorite food

興奮 excitement
　興奮する be [get] excited
- 彼はその知らせを聞いて興奮した He was excited at the news.
- そんなに興奮するな Don't be so excited.
　興奮して excitedly
　興奮させる exciting
- それは本当に興奮させる試合だった It was a very exciting game.

公平な fair
- 公平な裁判 a fair judg(e)ment
- 先生はみんなに公平です Our teacher is fair to us.
　公平に fairly

後方 ⇨ 後ろ

候補(者) a candidate 〈for President〉

高慢な proud, conceited
巧妙な clever, skillful; 〔ずるい〕cunning
公民 a citizen; 〔学科〕civic education
　公民館 a community center
　公民権 civil rights
公務 official duties
　公務員 an officer, a public servant [official]
被る suffer
・私たちはその洪水で大損害を被った We suffered a great loss from the flood.
公明正大な fair (and square)
項目 an item
こうもり【動物】a bat
校門 a school gate
校友 a schoolmate
　校友会 an alumni [alumnae] association
紅葉 red (and yellow) leaves
　紅葉する turn red (and yellow)
・秋には木の葉が紅葉する Leaves turn red (and yellow) in the fall.
行楽
　行楽地 a holiday resort
　行楽客 a holidaymaker, 《米》a vacationer
合理化する rationalize ⟨the industry⟩
公立の public
　公立高校 a public (senior) high school
合理的な rational, reasonable
　合理的に rationally, reasonably
交流 (an) exchange;【電気】alternating current
合流する join ⟨the Nile, one's friends⟩
考慮 consideration
　考慮する consider
効力がある have (an) effect
号令 an order ⇨命令
航路 a route, a course, a line
口論 a quarrel, a dispute
　口論する quarrel, have a quarrel ⟨with...⟩
声 a voice
・彼は大きな[小さな]声で話した He spoke in a loud [soft] voice.
・彼女は声を限りに助けを求めた She cried for help at the top of her voice.
越える 〔横切る〕cross, go over...;〔超過する〕be more than..., be over...;〔限度を〕exceed
・彼らはその丘を越えて行った They went over [crossed] the hill.
・彼女は50歳を越えている She is more than [is over] fifty.
肥える 〔人などが〕grow fat, put on [gain] weight;〔土地が〕grow rich [fertile]
コース〔経路〕a course
コーチ〔行為〕coaching;〔人〕a coach, a coacher
コート¹〔上着〕a coat
　コート掛け a coat rack
コート²〔テニスなどの〕a ⟨tennis⟩ court
コード〔電気の〕a cord
コーナー〔角〕a corner
コーヒー coffee
・コーヒーを入れましょうか Shall I make coffee?
・コーヒーを1杯飲みますか Will you have a cup of coffee?
・コーヒーを二つください 《店などで注文するときに》Two coffees, please.
　コーヒースタンド a coffee stand
　コーヒー店 a coffee shop
　コーヒー豆 a coffee bean
コーラス〔合唱・合唱曲・合唱団〕a chorus
氷 ice
・アイスランドは氷と雪に覆われている Iceland is covered with ice and snow.
・子どもたちは氷の上で滑るのが好きだ Children like to skate on the ice.
　氷の(張った) icy ⟨road⟩
凍る freeze (up), be frozen
・凍った通り an icy street
・湖はすっかり凍った The lake is frozen over.
ゴール〔目標〕the goal
　ゴールライン a goal line
ゴーンゴーン〔鐘の音〕ding-dong
誤解 (a) misunderstanding
　誤解する misunderstand
戸外の outdoor
　戸外で in the open air, outdoors
・晴れた日には私たちは戸外で遊ぶ On clear days we play outside.
　戸外運動 outdoor exercises [sports]
語学 language study;〔言語学〕linguistics
木陰で ⟨take a rest⟩ in the shade of a tree, under a tree
焦がす 〔焼いて〕burn ⟨the fish⟩;〔表面を〕scorch ⟨one's dress⟩
　焦げる be [get] burned, scorch
小型の small, small-sized
五月 May
　5月に in May
木枯らし a cold wind
互換する interchange
　互換性のある【コンピュータ】compatible ⟨with...⟩
ごきぶり【昆虫】a cockroach
呼吸 breath
　呼吸する breathe
故郷 one's home, one's hometown, one's native place
・盛岡は私の故郷です Morioka is my hometown.
・彼は故郷の九州へ帰った He went home to Kyushu.
・あなたの故郷はどこですか Where are you [do you come] from?
こぐ row
・私たちは湖でボートをこいだ We rowed a boat on the lake.
国外で outside the country, ⟨go⟩ abroad
国語 〔日本語〕Japanese;〔自国語〕one's mother tongue;〔言語〕a language
・国語の先生 a Japanese teacher
・私の国語は英語です My mother tongue is English.
・彼女は3か国語を話せる She can speak three languages.
国際的な international
　国際化 internationalization

国際化する internationalize
国際会議 an international conference
国際空港 an international airport
国際語 an international language
国際社会 an international society
国際理解 international understanding
国際連合 the United Nations〔略 U.N., UN〕
国産の domestic, domestically produced
・これは国産の時計です This is a domestic watch. / This is a watch made in Japan.
国籍 nationality
・あなたの国籍はどちらですか What is your nationality?
国土 a country;〔領土〕**a territory**
国内の home, domestic
告白 (a) confession
告白する confess〈the truth〉
黒板 a blackboard
・彼はその語を黒板に書いた He wrote the word on the blackboard.
黒板ふき an eraser
克服する overcome, get over〈a lot of difficulties〉
国民 a people, a nation
・日本国民 the Japanese people [nation]
・世界の諸国民 the peoples of the world
・イギリス人は実際的な国民です The English are a practical people.
国民の national
国民祝日 a national holiday
国立の national
国立公園 a national park
国立大学 a national university
焦げる〔焼けて〕**burn;**〔表面が〕**scorch**
ここ here, this place
・ここへ来てください Come here, please.
・ここに家族の写真があります Here is a picture of my family.
・ここから駅までどれくらいありますか How far is it from here to the station?
個々の individual
個々に individually, one by one
午後 the afternoon, p.m.
・学校は午後3時に終わる School is over at three in the afternoon.
・私たちは土曜の午後にテニスをします We play tennis on Saturday afternoon.
・私はきょうの午後はひまです I'm free this afternoon.
・彼は午後2時半の列車で出発します He will leave on the 2:30 (two-thirty) p.m. train.
ココア〈a cup of〉**cocoa**
凍える be numbed with cold, be frozen
凍えるような寒さ freezing cold
故国 one's home, one's native land [country]
心地よい pleasant, comfortable
小言を言う scold;〔お説教する〕**give *A* a lecture**
九つ nine ⇨ 九
心 mind;〔心情〕**heart**
・心に思っていることを話しなさい Speak your mind.

・彼は心が優しい He has a warm [kind] heart.
心から heartily, sincerely, with all one's heart
・心からの歓迎 a hearty welcome
・私は心から彼を愛している I love him with all my heart [heartily].
心に浮かぶ come into [to] one's mind, enter one's mind
・よい考えが彼の心に浮かんだ A good idea came into his mind.
心に留める keep [bear] *A* in mind
心当たりがある know of...[about...]
心得〔知識〕**knowledge;**〔経験〕**experience;**〔規則〕**rules, regulations**
生徒心得 student regulations
心掛け〔意図〕**intention, purpose;**〔注意〕**care, attention;**〔態度〕**one's mental attitude**
・彼はなかなか心掛けがよい He is very careful [farsighted].
心掛ける〔意図する〕intend;〔努力する〕try, endeavor;〔留意する〕bear [keep] *A* in mind
志〔大望〕**(an) ambition;**〔希望〕**a wish, a desire;**〔目的〕**(an) aim**
志す intend, aim
心細い〔頼りない〕**feel helpless;**〔不安である〕**feel uneasy;**〔寂しい〕**feel lonely**
試み an attempt
試みる try〈to *do*〉 ⇨ やってみる
・彼はその問題を解こうと試みた He tried to solve the problem.
快い pleasant, comfortable ⇨ 気持ち
小雨 a light rain, a drizzle
・小雨が降っている It is drizzling.
腰 the waist
腰掛け a seat, a bench, a stool, a chair
腰掛ける sit〈on..., in...〉
…(に)こしたことはない it is best〈to *do*〉
ゴシップ〔うわさ話〕**(a piece of) gossip**
・ゴシップ好きな人 a gossip
五十 fifty
第50(の) the fiftieth〔略 50th〕
50代 one's fifties
・彼は50代です He is in his fifties.
故障 trouble, a breakdown
・エンジンの故障 engine trouble
故障している be wrong with..., be out of order
・この機械はどこか故障している Something is wrong with this machine.
胡椒〔粉状の物〕**pepper**
こしらえる make ⇨ 作る
こじれる get entangled [complicated]
個人 an individual
個人の, 個人的な individual, personal, private
・個人的な意見 one's personal opinion
・それは私個人の問題です It is my private affair.
越す
❶〔越える〕**go over...;**〔超過する〕**be more than..., be over...** ⇨ 越える
❷〔引っ越す〕**move, remove**〈from *A* to *B*〉

コスト〔経費〕**(a) cost, costs**
コスモス【植物】**a cosmos**
こする rub
・その手で目をこすってはいけない Don't rub your eyes with those hands.
個性 personality
・彼は個性が強い He has a strong personality.
戸籍 a family register
小銭 (small) change, small money
・私は小銭の持ち合わせがない I have no small change with me.
午前 the morning, a.m.
・午前中に4時間授業がある We have four classes in the morning.
・私は月曜日の午前9時に出発します I will leave at nine on Monday morning.
・私は午前8時30分発の博多行きの列車に乗った I took the 8:30 a.m. train for Hakata.
・彼はあした午前中に来ます He will come tomorrow morning.
…こそ
・これこそ科学者が起こると予期したことだ This is just what scientists predicted would happen.
こそこそ stealthily, secretly
・彼は部屋をこそこそ出て行った He sneaked out of the room.
固体 a solid (body)
答え an answer, a reply;〔応答〕**a response**
・あなたの答えは正しい[間違っている] Your answer is correct [wrong].
　答える answer, reply;〔応答する〕respond 〈to…〉
・次の質問に英語で答えなさい Answer these questions in English.
・彼はその質問に答えられなかった He could not answer the question.
応える〔期待・要求などに〕**meet** ⟨*A's* wishes⟩
ごたごた〔混雑〕**confusion, disorder;**〔もめごと〕**trouble**
・部屋はごたごたしていた The room is in confusion [in disorder].
ごちそう〔おいしい料理〕**a nice dish;**〔豪華な食事〕**a gorgeous dinner**
・何かおいしい物をごちそうしよう I'll treat you to something nice.
ごちゃ混ぜになった scrambled
誇張する exaggerate
こちら〔場所〕**here, over here;**〔方向〕**this way;** 〔人・物〕**this**
・こちらへ来なさい Come here.
・こちらへどうぞ This way, please.
・こちらは山田さんです《人を紹介して》 This is Mr. Yamada.
・こちらは伊藤です《《電話で》》 This is (Mr.) Ito speaking.
・あれよりこちらの方がよい This is better than that.
こぢんまりした cosy [cozy] ⟨little house⟩
こつ a knack ⟨for making omelettes⟩
国家 a country, a nation, a state
国歌 a national anthem
国会〔日本の〕**the Diet;**〔米国の〕**Congress;**〔英国の〕**Parliament**
　国会議事堂〔日本の〕the Diet Building;〔米国の〕the Capitol;〔英国の〕the Houses of Parliament
小遣い pocket money
国旗 a national flag
コック〔料理人〕**a cook**
こっけいな funny, comical, humorous
・彼女はよくこっけいなことを言う She often says funny things.
こっそり secretly, in secret
・計画はこっそり練られた The plans were made in secret [secretly].
・彼はこっそり部屋に入った He stole [sneaked] into the room.
小包 a parcel, a package
　小包郵便 parcel post
骨とう品 a curio, an antique
　骨とう店 a curio [curiosity] shop
コップ a glass
・コップ1杯の水 a glass of water
固定する fix ⟨a shelf to the wall⟩**, set**
古典 a classic;〔総称〕**the classics**
　古典音楽 classical music
　古典文学 classical literature
事
❶〔物事〕**a thing, a matter**
・きょうはやることがたくさんある I have a lot of things to do today.
・そんなことをしては[言っては]いけない Don't do [say] such a thing.
・そのことについては私は何も知らない I know nothing about the matter.
❷〔…すること〕**to** *do***,** *do***ing, that…**
・うそをつくことは悪い It is wrong to tell a lie [to lie].
・切手を集めることが私の趣味です Collecting stamps is my hobby.
・彼が来ることは確かだ It is certain that he will come.
・私はこの仕事を昼までに終わらせることになっている I am supposed to finish this work by noon.
鼓動 the beat, the throb
・私の心臓ははげしく鼓動した My heart beat fast.
…(する)ことがある
❶〔時々〕**sometimes;**〔しばしば〕**often;**〔たまに〕**occasionally**
・彼は時々学校に遅刻することがある He is sometimes late for school.
❷〔…したことがある〕
・私は前にその本を読んだことがある I have read the book before.
・彼女はアメリカに行ったことがある She has been to America.
…(する)ことがない〔決して〕**never**
・彼は決して怒ることがない He never gets angry.
　…したことがない
・私はまだ富士山に登ったことがない I have never climbed Mt. Fuji.

- 彼女はまだアメリカに行ったことがない She has never been to America.

事柄 a matter, an affair ⇨ 事

孤独 loneliness
孤独な lonely, solitary
- 彼は孤独な生活を送った He led a lonely life.

ことごとく all, every ⇨ すべて

今年 this year
- 今年は雪が多かった We have had a lot of snow this year.
- 今年の夏は大変暑い It is very hot this summer.

言付け a message ⇨ 伝言

異なる differ〈from...〉⇨ 違う
異なった different〈from...〉

殊に especially ⇨ 特に

…ごとに every
- オリンピックは4年ごとに開かれる The Olympic Games are held every four years.
- 彼は夜2時間ごとに起きなければならなかった He had to get up every two hours during the night.

事によると perhaps

言葉 〔語・単語〕a word;〔言語〕(a) language
- 彼は言葉数が少ない He is a man of few words.
- お礼の言葉もありません I have no words to thank you.
- 私は彼に言葉をかけた I spoke to him.

子ども a child (⑧ children)
- 彼はもう子どもではない He is no longer a child.
- 彼女は子どもが3人いる She has three children.
- 私は彼女を子どもの時から知っている I have known her since she was a child.
  子ども時代 (in) *one's* childhood
  子どもの日 Children's Day

小鳥 a (little) bird

ことわざ a proverb, a saying

断る refuse, reject, turn down
- 私は彼の申し出を断った I refused his offer.
  断り〔拒否〕refusal, rejection;〔許可〕permission;〔言い訳〕an excuse
  入場お断り《掲示》No Admittance / Off Limits

粉 powder;〔穀物の〕flour
粉々に
- 茶わんは粉々に砕けた The cup broke [was broken] to [into] pieces.

小荷物 〈send off〉a parcel,《米》a package

小猫,子猫 a kitten, a kitty

こねる knead〈clay〉

この this (⑧ these)
- 私はこの絵が好きです I like this picture.
- この冬はとても寒い It is very cold this winter.
- この2, 3日は暖かだった It has been warm these [the past] few days.
- この子どもたちはみんな明るい These children are all cheerful.

この間〔先日〕the other day
- 私はこの間町で彼に会った I met him in town the other day.

この頃 recently, lately
- 私は彼女にこの頃会っていない I have not seen her lately.

この度 this time ⇨ 今度

この時 at this time
この時までに by this time
- この時までに彼らはみな疲れていた By this time they were all tired.

木の葉 a leaf (⑧ leaves)

この辺に about [around, near] here, in this neighborhood
- 私はこの辺は不案内です I am a stranger near here.

この前(の) last, (the) last time
- この前いつ彼女に会いましたか When did you see her last?
- 私はこの前の日曜日に彼とテニスをした I played tennis with him last Sunday.

好ましい good, desirable

好み taste, liking
- 彼女は服の好みがよい She has good taste in clothing.

好む like, be fond of..., go for...;〔BよりAを〕prefer *A* to *B* ⇨ 好き

この世 this world

このような… such; ... of this kind [sort] ⇨ こんな
このように (in) this way, in this manner, thus

拒む refuse〈to *do*〉, reject〈the offer〉

ご飯 boiled rice;〔食事〕a meal ⇨ 食事

コピー〔写し〕a copy
コピーする copy, make a copy〈of...〉

こびる flatter, fawn upon〈*one's* superiors〉

ごぶさた
- ごぶさたしております Excuse me for my long silence. / Excuse me for not writing to you for so long.

こぶし 〈clench, raise〉*one's* fist

鼓舞する encourage, cheer up, inspire

こぼす spill;〔涙を〕shed〈tears〉
- 彼はテーブルの上に牛乳をこぼした He spilled milk on the table.
  こぼれる fall, drop, be spilled;〔あふれる〕overflow
- 彼女の目から涙がこぼれた Tears fell from her eyes.

こま〔おもちゃの〕〈spin〉a top

駒〔将棋の〕a chess piece, a chessman (⑧ chessmen)

コマーシャル〔広告放送〕a commercial

細かい〔小さい〕small, fine
- 細かいお金 small change
- 細かい雨 a fine rain

ごまかす cheat, deceive
- 彼は私をごまかそうとした He tried to cheat me.

鼓膜〔耳の〕an eardrum

困る be troubled, be in trouble;〔当惑する〕be at a loss, have a problem〈with...〉
- 彼はそのことで困っている He is troubled about it. / He is in trouble because of it.
- 彼は大変困ったことになった He got into very serious trouble.
- 私はどうしたらよいか困った I was at a loss what

コマンド 〖コンピュータ〗 a command
ごみ dust, dirt, garbage
・ごみを出しなさい Take out the garbage.
  ごみトラック a garbage truck
  ごみ箱 a trash box
込み合う be crowded〈with...〉
・街路は人で込み合っていた The street was crowded with people.
込み入った complicated
小道 a path, a lane
コミュニケーション〔伝達〕communication
込む be crowded, be busy〈with...〉
・列車は学生で込んでいた The train was crowded with students.
・道路が込んでいる The road is busy. /〔交通が激しい〕The traffic is heavy.
ゴム rubber
・ゴムの木 a rubber tree
  ゴムひも an elastic cord [string]
小麦 〖植物〗wheat
  小麦粉 (wheat) flour
米 rice
・私たちは米を食べる We eat rice.
  米屋〔店〕a rice shop;〔人〕a rice dealer
こめかみ the temple
コメディアン〔喜劇役者〕a comedian
込める
・心を込めて with all one's heart
コメント〔解説〕a comment
  ノーコメント〔特に意見はない〕No comment.
ごめんなさい I'm sorry. / Pardon (me). / I beg your pardon. / Excuse me.
・遅れてごめんなさい I'm sorry (that) I'm late.
・ごめんなさい, もう行かなくては Excuse me, I have to go now.
小文字 a small letter, a lower-case letter
こもる 〔閉じこもる〕shut oneself up in 〈one's room〉;〔充満する〕be filled〈with smoke〉
顧問 an adviser, a counselor
  法律顧問 a legal adviser
小屋 a cottage, a hut, a cabin
固有の peculiar〈to...〉, proper〈to...〉
・日本固有の習慣 customs peculiar to Japan
雇用 employment
  雇用する employ
  雇用主 an employer
暦 a calendar
こらえる bear, endure, tolerate, stand, put up with... ⇨耐える
娯楽 (an) amusement, (an) entertainment, (a) pastime
  娯楽室 a recreation room
  娯楽番組 an entertainment program
こらしめる〔罰する〕punish;〔教訓を与える〕give [teach] A a lesson
孤立する be isolated〈from...〉
こりる learn a lesson from〈one's failure〉
こる 〔肩が〕have stiff shoulders;〔熱中する〕be crazy〈about...〉

コルク〔栓〕〈draw〉a cork
ゴルフ golf
・私たちはゴルフをした We played golf.
  ゴルファー a golfer
  ゴルフクラブ a golf club
  ゴルフ場 a golf course [links]
これ this (®these)
・これは本です This is a book.
・これは何ですか What is this?
・私はきのうこれを買った I bought this yesterday.
・これらはみな彼の本です These are all his books.
・きょうはこれまで This is all for today. / So much for today.
これから after this, from now (on) ⇨今後
コレクション〔収集〕a collection
コレクトコール a collect call
  コレクトコールをする call collect, make a collect call
これほど so, such〈a beautiful view〉⇨こんな
これまで till [until] now, so far
・これまで彼からなんの便りもない I have heard nothing from him till now.
・これまで私はうまくやってきた I've done very well so far.
  これまでどおり as before, as ever
これら these
…頃〔時〕time;〔およそ〕about..., around...;〔…の時〕when...
・彼が帰ってくる頃です It's time for him to come back.
・3時頃会いに行きます I'll call on you about three.
・彼は若い頃よくそこへ行った He often went there when (he was) young.
ゴロ 〖野球〗a grounder
・彼はサードゴロを打った He hit a grounder to third.
転がる roll
・転がる石 a rolling stone
・ボールは坂を転がり落ちた The ball rolled down the slope.
  転がす roll〈a stone〉
殺す kill
・猫がねずみを殺した A cat killed a mouse.
・彼は敵に殺された He was killed by the enemy.
コロッケ〔料理〕a croquette
転ぶ fall (down)
・彼女は氷の上で転んだ She fell down on the ice.
怖い fearful ⇨恐ろしい
怖がる fear, be afraid〈of...〉;〔おびえる〕be frightened〈at..., of...〉⇨恐れる
壊す break;〔打ち壊す〕knock down
・彼はその箱を壊した He broke the box.
・窓はみな壊された All the windows were broken.
  壊れる break, be broken
・ガラスは壊れやすい Glass is easy to break.
紺(の) dark blue, navy blue
今回 ⇨今度
懇願する beg
根気 patience

根気のよい patient
・根気よく patiently, with patience
根拠 ground(s), a basis
・何の根拠があってそう言うのか On what ground(s) do you say so?
　根拠のない groundless
・根拠のない話 a groundless story
　根拠地 a base (of operations)
コンクール a contest
コンクリート concrete 〈wall〉
今月 this month
・今月は雨が多かった We have had a lot of rain this month.
・彼は今月10日に成田をたった He left Narita on the tenth of this month.
今後 after this, from now (on), in (the) future
・今後は決して遅刻しません I'll never be late from now on.
・今後はもっと注意しなさい Be more careful in (the) future.
混合 (a) mixture
　混合する mix 〈A with B〉
コンサート 〔演奏会〕〈go to〉a concert
混雑する be crowded 〈with...〉⇨ 込む, 込み合う
コンサルタント 〔相談相手・顧問〕a consultant
今週 this week
・今週はとても忙しかった I have been very busy this week.
・今週の火曜日に彼に会った I met him on Tuesday this week.
根性 〔性質〕nature; 〔がんばり〕guts
・彼女は根性が悪い She is ill-natured.
・彼は根性がある He has guts.
今世紀 this century
混線する 〔電話が〕be 〔get〕crossed; 〔話などが〕get mixed up
コンセント 【電気】an outlet,《英》a wall socket
コンタクトレンズ 〈wear〉a contact lens
献立 a 〈breakfast〉menu
昆虫 an insect
・彼は昆虫採集に出かけた He went out to collect insects.
コンディション 〔状態〕condition
・私は体のコンディションがよい I am in good condition.
コンテスト 〔競技・競争〕a contest
　スピーチコンテスト a speech contest
コンテンツ 【コンピュータ】contents
今度 now, this time; 〔次回〕next, next time
・今度は私の番です It's my turn now.
・今度の土曜日にそこへ行きます I'll go there next Saturday.
混同する confuse 〈A with B〉, mistake 〈A for B〉
コントロールする control
　コントロールパネル 【コンピュータ】a control panel
こんとんとした chaotic 〈state〉
こんな such, like this
・私はこんなおもしろい本を読んだことがない I've never read such an interesting book.

・こんなふうにしなさい Do it like this.
こんなに so
・私はこんなにたくさんのパンは食べられない I can't eat so much bread.
困難 (a) difficulty; 〔やっかい〕trouble
・彼はあらゆる困難に打ち勝った He has overcome every difficulty.
　困難な hard, difficult ⇨ 難しい
今日 today
　今日の日本 Japan (of) today; present-day Japan; modern Japan
・今日では英語は世界中で話されている English is spoken all over the world today.
こんにちは 〔午前〕Good morning. /〔昼間〕Good day. /〔午後〕Good afternoon.
コンパス 〔製図用の〕〈a pair of〉compasses; 〔羅針盤〕a compass
今晩 this evening, tonight
・今晩8時に来てください Please come at eight this evening.
・今晩はとても寒い It's very cold tonight.
　こんばんは Good evening.
コンビーフ 〔塩漬け牛肉〕corned beef
コンビニ a convenience store
コンピュータ a computer ⇨「英和の部」の computer
　コンピュータグラフィックス computer graphics (略 CG)
　コンピュータゲーム a computer game
　コンピュータネットワーク a computer network
　ホストコンピュータ a host computer
昆布 *kombu*, sea tangle, kelp
コンプレックス 〔複合観念〕〈inferiority, superiority〉complex
根本的な fundamental
今夜 this evening, tonight ⇨ 今晩
婚約 an engagement
　婚約する be 〔get〕engaged 〈to...〉
　婚約者 〔男〕a fiance;〔女〕a fiancee
　婚約指輪 an engagement ring
混乱 confusion; 〔乱雑〕disorder
　混乱する be confused, fall into confusion
こんろ a heater, a (cooking) stove
　電気〔ガス〕こんろ an electric 〔a gas〕heater

さ

差 (a) difference ⇨ 違い
さあ 〔人を促して〕come, now; 〔言いよどんで〕well, let me see; 〔注意を促して〕here
・さあ出発しよう Come, let's start.
・さあよく聞きなさい Now listen to me.
・さあ来い Come on!
・さあ私は知りません Well, I don't know.
・さあ駅に着いたぞ Here we are at the station.
・さあどうぞ《注文された物を出して》Here you are.
サークル 〔輪・仲間〕a circle
サーチエンジン 〔インターネット〕a search engine
サード 【野球】〔三塁〕third (base); 〔三塁手〕a third baseman
サーバー 【コンピュータ】a server
サービス service

サーブ

- あのホテルはサービスがいい[悪い] The service is good [bad] at the hotel.
  サービス料 a service charge

サーブ【球技】**service, serve**
  サーブする serve ⟨a ball⟩

サーフィン surfing, surfriding
- サーフィンをする surf
  サーフボード a surfboard

才 an ability, (a) talent ⟨for music⟩

際 ⇒ 時

再… re-, again
- 再建する rebuild, reconstruct
- 再会する meet again

最… the most …, -est
- 最優秀選手 the most valuable player (略 MVP)
- 最年少選手 the youngest player

…歳 … years old
- あなたは何歳ですか How old are you?
- 私は15歳です I am fifteen (years old).

最悪の the worst ⟨storm⟩

罪悪〔道徳上の〕**a sin**;〔法律上の〕**a crime**
  罪悪感 feeling of guilt, sense of guilt
- 罪悪感を抱く feel guilty

再会する meet *A* **again**

再開する reopen ⟨the store⟩, **resume** ⟨the work⟩

災害 a disaster

在学する be in school [college], be a student ⟨of *A* High School⟩
  在学証明書 a school certificate

再起動する【コンピュータ】**restart, reboot** ⟨*one's* computer⟩

最近 recently, lately, (in) these days
- 彼は最近アメリカから帰ってきた He has recently returned from America.
- 彼女に最近会いましたか Have you seen her lately?
  最近の recent, the last, the latest
- 最近の5年間 for the last five years
- 最近の若者 the youth of today

細菌 a germ, bacteria

サイクリング〔自転車乗り〕**cycling**
- 私たちは田舎にサイクリングに行った We went cycling in the country.

歳月 time
- 歳月人を待たず 《ことわざ》 Time and tide wait for no man.

採決する vote ⟨on…⟩

際限 a limit, an end
- 私たちの欲望には際限がない. There is no limit to our desires.

最後の last, final
- 12月31日は1年の最後の日です December 31 is the last day of the year.
  最後に last, finally
- 彼が最後にやって来た He came last. / He was the last to come.
- 私は最後に彼女とここで会った I met her here for the last time.
  最後には finally, at last

- 彼は最後には賛成してくれた Finally he agreed.
  最後まで to the end
- 私たちは最後まで戦った We fought to the end.
  最後に…したとき the last time (that)…

在庫 stock
- その本の在庫はたくさんある We have a large stock of the book.

最高の the highest;〔程度・質が〕**supreme** ⇒ 最良の

さいころ ⟨cast⟩ **a die** (@ **dice**)

財産 a fortune, means;【法律】**property**

祭日〔国の〕**a national holiday**

採集 collection
  採集する collect, gather

最終の the last ⟨train⟩, **the final** ⟨match⟩

最初 the beginning
  最初の first;〔本来の〕original
- 1月は1年の最初の月です January is the first month of the year.
  最初に first (of all), in the first place
- 彼が最初にやってきた He came first. / He was the first to come.
  最初は at first
- 最初は人々は彼の言葉を信じなかった At first people did not believe him.
  最初から from the beginning
- 最初からやり直そう Let's start again from the beginning.

最小の the smallest ⟨country⟩, **the least** ⟨sum⟩

最上の the best ⟨way⟩
  最上級【文法】the superlative degree

菜食主義者 a vegetarian

細心
- 細心の注意 ⟨with⟩ close attention, the greatest care

最新の the latest ⟨news⟩, **the newest, up-to-date**
  最新式である be up to date

サイズ〔大きさ・寸法〕**(a) size**
- あなたのサイズはいくつですか What is your size?

再生 (a) reproduction
  再生する reproduce

最善 the [one's] best
- 練習が英語を学ぶ最善の道です Practice is the best way to learn English.
- 彼は最善を尽くした He did his best.

催促する urge ⟨to pay⟩, **press** ⟨*A* to return the book⟩

サイダー soda water

最大の the largest
- 東京は日本最大の都市です Tokyo is the largest city in Japan.

在宅する be at home
- お父さんはご在宅ですか Is your father (at) home? / Is your father in?

最中に in the middle of…
- 私は嵐の最中に出発した I started in the middle of the storm.

最低の the lowest ⟨temperature⟩

最適の the best, the most suitable ⟨man⟩

採点する mark, (《米》) **grade** ⟨the exam papers⟩

サイド〔側〕**a side**
サイドボード a sideboard
サイドリーダー a supplementary reader

災難 a misfortune
・彼は多くの災難にあった He met with many misfortunes.

才能 (a) talent;〔能力〕**ability**
・彼はそれをりっぱにやれる才能がある He has the ability to do it well.
才能のある人 a talented [an able] man, a man of talent [ability]

栽培する grow
・彼らはりんごを栽培している They grow apples.

裁判 a trial;〔判決〕**judg(e)ment**
裁判官 a judge
裁判所 a (law) court;〔建物〕a courthouse

財布〔札入れ〕**a wallet;**〔特に女性用の〕**a purse**

細部 ⟨go into⟩ **details**
細部にわたって ⟨explain⟩ in details

歳末 the end of the year
歳末大売り出し a year-end bargain sale

採用する〔雇う〕**employ;**〔取り上げる〕**adopt**
・彼はその会社に採用された He was employed by the company.

最良の the best;〔理想的な〕**ideal**

材料 material(s), stuff
建築材料 building materials

サイレン〔警笛〕**a siren**

幸い happiness ⇨ 幸福
幸いに happily, luckily, fortunately
・幸いに彼は試験に合格した Happily, he passed the examination.

サイン〔合図〕**a signal;**〔署名〕**a signature**
サインする signal, sign
・彼はその手紙にサインした He signed the letter.

…さえ〔…でさえ〕**even;**〔…しさえすれば〕**(if) only**
・そんなことは子どもでさえできる Even a child can do that.
・君はただそこへ行きさえすればよい You have only to go there.

遮る interrupt
・彼は私たちの話を遮った He interrupted our conversation.

さお a pole, a rod
釣りざお a fishing rod
旗ざお a flag pole

坂 a slope, a hill
・彼は坂を上って［下って］行った He went up [down] the slope.
上り［下り］坂 an upward [a downward] slope

境 a border, a boundary

栄える prosper, flourish, thrive

さかさまに〔上下が〕**upside down**
・その箱をさかさまにしなさい Turn the box upside down.

探す, 捜す look for..., search
・彼は仕事を探している He is looking for a job.
・あなたはだれを探しているのですか Who [Whom] are you looking for?
・彼は鍵がないかポケットを捜した He searched his pocket for the key.

さか立ち
・彼はさか立ちした He stood on his head [hands].

魚 a fish
・私は魚を2匹つかまえた I caught two fish.
・この池にはいろいろな種類の魚がいる There are many kinds of fishes in this pond.
魚くさい smell fishy
魚釣り fishing
・私は川へ魚釣りに行った I went fishing in the river.
魚屋〔店〕a fish shop;〔人〕a fish dealer

さかのぼる〔過去に〕**go** [**date**] **back to** ⟨the 16th century⟩;〔川を〕**go up** ⟨the river⟩

坂道 a sloping road, a slope, an incline

さからう go against ⟨the wind⟩, **disobey** ⟨one's father⟩, **oppose**

盛り
・桜の花は今が盛りだ The cherry blossoms are at their best [in full bloom] now.
・いちごは今が出盛りだ Strawberries are in season now.
・彼は人生の盛りを過ぎた He is past the prime of life.

下がる
❶〔ぶら下がる〕**hang**
・電灯が天井から下がっている A lamp is hanging from the ceiling.
❷〔下降する〕**drop, go down, fall**
・物価は下がっている Prices are falling.
❸〔後ろへ〕**step back**
・彼は後ろへ下がった He stepped back.

盛んな〔活発な〕**active;**〔人気のある〕**popular;**〔熱烈な〕**warm**
・日本では野球が盛んだ Baseball is popular in Japan.
・私たちは盛んな歓迎を受けた We received a warm welcome.

先〔先端〕**the tip, the point;**〔未来〕**the future**
・先のことを考えなさい Think about the future.
・指の先 the tip of a finger
・針の先 the point of a needle
先に before;〔前方に〕ahead
・彼は私より先に着いた He arrived before me.
・どうぞお先に After you, please. / Please go ahead.

さきおととい three days ago

さきおととし three years ago

先頃 some time ago;〔先日〕**the other day**

先程 a little while ago, just now

作業(する) work
・彼は作業中だった He was at work.
作業時間 working hours

咲く come out, bloom
・春にはいろいろな花が咲く Various flowers come out [bloom] in spring.
咲いている be in bloom;〔果樹の花が〕be in blossom
・ばらの花が咲いている The roses are in bloom.
・りんごの花が咲いている The apple tree is in blossom.

裂く tear, split

- 彼は手紙をずたずたに裂いた He tore the letter to pieces.

柵 a fence; 〔塀〕a wall
索引 an index
作詞する write a song
　作詞家 a songwriter
昨日 yesterday ⇨ きのう
作者 an author, a writer
削除する 〔横線などを引いて〕cross out [off]; 〔取り除く〕eliminate;【コンピュータ】delete
作成する make, prepare, draw up
作戦 〈military〉operations
昨年 last year ⇨ 去年
昨晩 last night ⇨ ゆうべ
作品 a work
　芸術作品 a work of art
　文学作品 a literary work
作文 (a) composition
　英作文 English composition
昨夜 last night ⇨ ゆうべ
桜【植物】〔木〕a cherry tree; 〔花〕cherry blossoms
　桜草【植物】a primrose
　さくらんぼ a cherry
策略 a stratagem, a trick
探る 〔捜す〕search, look for...; 〔手探りする〕feel 〈in..., about..., for..., through...〉; 〔そっと調べる〕spy 〈on the enemy〉
鮭【魚】a salmon ((複) salmon)
叫ぶ cry; 〔大声を出す〕shout; 〔力いっぱいの声を出す〕yell; 〔感嘆して〕exclaim
- 彼は助けてくれと叫んだ He cried for help.
- 「止まれ」と彼は叫んだ "Stop!" he shouted.
　叫び声 a cry, a shout
避ける avoid, keep away from 〈the place〉
- 彼は私たちに会うのを避けた He avoided meeting us.
裂ける tear, be torn
下げる 〔低くする〕lower; 〔ぶら下げる〕hang; 〔頭を...〕bow 〈to...〉
- 彼は声を下げた He lowered his voice.
- 少年は私に頭を下げた The boy bowed to me.
ささいな small, trifling
　ささいなこと a trifle
支え a support
　支える support
- これらの柱が屋根を支えている These pillars support the roof.
ささげる offer; 〔献身する〕devote; 〔持ち上げる〕lift up, hold up
- 彼女は教育に一生をささげた She devoted her life to education.
　ささげ物 an offering
ささやく whisper
さじ a spoon
差し上げる 〔進呈する〕give, present; 〔持ち上げる〕raise, lift, hold up
- 何を差し上げましょうか《店員が客に》May [Can] I help you? / What can I do for you?
差し当たり for the present, for the time being ⇨ 当分

挿絵 an illustration
- 挿絵入りの本 an illustrated book

差し込む 〔挿入する〕insert 〈a key〉; 〔光が〕come into...
指図 directions
　指図する direct
- 彼は私にそこへ行くよう指図した He directed me to go there.
差し出す 〔名刺などを〕present; 〔手を〕stretch out, hold out; 〔送る〕send
　差出人〔手紙などの〕a sender
差し支える 〔支障がある〕be hindered, be interrupted; 〔困る〕have difficulty 〈in driving〉, be hard up 〈for money〉
　差し支え〔支障〕(a) hindrance; 〔困難〕(a) difficulty
刺身 *sashimi*, sliced raw fish
差し向かいに 〈sit〉 face to face
刺す 〔針などで〕stick; 〔蚊などが〕bite
- 私は蚊に刺された I was bitten by a mosquito.
指す point 〈to..., at...〉
- 彼は高い塔を指した He pointed to a tall tower.
- 彼女は私を指した She pointed at me.
差す 〔注ぐ〕pour 〈water〉; 〔光が〕come into..., shine; 〔傘などを〕put up, hold 〈an umbrella〉
授ける 〔与える〕give, grant; 〔位・勲章などを〕confer
座席 a seat ⇨ 席
左折する turn left
挫折する fail, break down
...させる 〔強制的に〕make *A do*; 〔許して〕let *A do*; 〔頼んで〕get [have] *A to do*
- 私は彼にその仕事をさせた I made him do the work.
- 彼はその仕事をさせられた He was made to do the work.
- 私にそれをさせてください Let me try it.
- 彼にあなたのかばんを運ばせましょう I'll get him to carry your bag.
さぞ 〔きっと〕surely, certainly
誘う invite
- 私は彼女を映画に誘った I invited her to go to the movies.
定める fix 〈the date〉, decide 〈on *one's* course〉 ⇨ 決める
座談会 〈hold〉 a discussion meeting, a symposium, a round-table conference
札 a bill, a (bank)note
- 千円札 a 1,000-yen bill [note]
冊 a copy; 〔巻〕a volume
- 聖書3冊 three copies of the Bible
撮影する take a picture [photograph] 〈of...〉; 〔映画で〕film
　撮影所 a (photo) studio
雑音 a noise
作家 a writer, an author
雑貨 groceries
　雑貨商〔店〕a grocery, 《英》a grocer's (shop); 〔人〕a grocer
サッカー soccer
- サッカーをする play soccer

サッカー選手 a soccer player
錯覚 an illusion
さっき a little while ago ⇨ 先程
雑記帳 a (miscellaneous) notebook
作曲 composition
  作曲する compose, write a song
  作曲家 a composer
殺菌する sterilize 〈water by boiling〉
さっさと quick, quickly
・さっさとやれ Be quick! / Go ahead!
冊子 a booklet
雑誌 a magazine
  月刊[週刊]雑誌 a monthly [weekly] magazine.
雑然と 〈be〉 in disorder
雑草 weeds
早速 at once ⇨ すぐ
雑多な various, miscellaneous
雑談 a chat
  雑談する have a chat 〈with...〉
殺虫剤 (an) insecticide
ざっと 〔およそ〕about; 〔簡単に〕roughly, briefly
・私はそれをざっと説明した I explained it briefly.
雑踏 bustle, a crowd
  雑踏する be crowded
殺到する rush 〈to the store〉
さっぱり
  ❶〔こぎれいな〕neat (and tidy); 〔そう快な〕refreshed
・彼女はいつもさっぱりした身なりをしている She always dresses neatly.
・熱い風呂に入るとさっぱりするよ A hot bath will refresh you.
  ❷〔全然〕not at all
・彼の言葉はさっぱり聞き取れなかった I didn't catch what he said at all.
さつまいも【植物】a sweet potato
さて now, well ⇨ さあ
砂糖 sugar
・コーヒーに砂糖を入れますか Do you take sugar in your coffee?
・私はコーヒーには砂糖を2杯[2個]入れて飲みます I have my coffee with two sugars.
諭す advise, admonish
悟る realize, see, notice
・彼女は彼を大変愛していたことを悟った She realized that she loved him very much.
サドル〔自転車などの〕a saddle
鯖【魚】a mackerel
さび rust
  さびる rust, become rusty
  さびた rusty 〈knife〉
さびしい lonely, miss
・あなたがいなくてとてもさびしい I miss you very much.
・さびしい場所 a lonely place
座布団 a cushion
ザブンと
・彼は水の中にザブンと飛び込んだ He jumped into the water with a splash.
差別 distinction, 〈racial〉 discrimination

差別する distinguish, discriminate 〈against women〉, treat A with discrimination, set A apart
作法 (good) manners
  食事の作法 table manners
サポーター
  ❶〔運動選手などが使う〕a supporter, an athletic supporter
  ❷〔ファン〕a supporter
サボる〔授業を〕cut 〈a class〉; 〔学校を〕stay away 〈from school〉; 〔仕事を〕slow down 〈on *one's* work〉
…様〔男性に〕Mr.; 〔未婚女性に〕Miss; 〔既婚女性に〕Mrs.; 〔未婚・既婚女性を区別しないで〕Ms.
  田中様 Mr. [Miss, Mrs., Ms.] Tanaka
さまざまな various ⇨ いろいろ
覚ます〔目を〕awake, wake (up)
・私は6時に目を覚まします I wake (up) at six.
  覚める〔目が〕awake, wake (up)
・けさは早く目が覚めた I woke (up) early this morning.
冷ます cool
・お湯を冷ましてください Please cool the hot water.
  冷める get cold
・コーヒーが冷めますよ Your coffee will get cold.
妨げる obstruct 〈the traffic〉; disturb 〈*A's* sleep〉; prevent 〈A from going〉
  妨げ an obstacle 〈to the traffic〉
さまよう wander 〈about〉
寒い cold
・きょうはとても寒い It's very cold today.
・だんだん寒くなってきます It is getting colder (and colder).
  寒さ the cold
・冬の寒さ the cold of winter
さめる〔色が〕fade (away)
さもないと or, or else
・急ぎなさい、さもないと学校に遅れますよ Hurry up, or (else) you'll be late for school.
左右 right and left
・左右をよく見なさい Look right and left carefully.
・彼は頭を左右に振った He shook his head from side to side.
作用 an action; 〔影響〕an effect
  作用する act 〈on...〉
さようなら Good-by(e)! / 〔親しい人同士で〕So long! / 〔子どもやごく親しい人同士で〕Bye-bye!, Bye!
・私は彼にさようならを言った I said good-by to him.
  さよならパーティー a farewell party
左翼 the left wing; 【野球】left field
  左翼手【野球】a left fielder
皿〔深皿〕a dish; 〔平皿〕a plate; 〔受け皿〕a saucer
再来月 the month after next
再来週 the week after next
再来年 the year after next
ざらざらした 〈feel〉 rough; 〔目のあらい〕coarse
さらす〔外気に〕expose 〈A to wind and rain〉;

〔漂白する〕**bleach**

サラダ (a) salad
野菜サラダ (a) vegetable salad

さらに more, still (more), moreover, further
- 私たちはさらに5キロ歩かなければならなかった We had to walk for five more kilometers.
- 彼は遅く来たが、彼女はさらに遅く来た He came late, but she came still later.

サラリーマン a salaried man

去る
❶ 〔立ち去る〕**leave, go away**
- 彼は日本を去ってアメリカに行った He left Japan for America.
- 彼はさようならも言わずに去った He went away without saying good-by.

❷ 〔過ぎ去る〕**be over, pass (away)**
- 嵐は去った The storm has passed (away).

猿【動物】**a monkey**

ざる a (bamboo) basket

…される be *done*
…されない not be *done*, be free from…
- この川は汚染されていない This river is free from pollution.
…されるだろう will be *done*

騒ぐ make noise
- 教室の中で騒いではいけない You must not make noise in the classroom.
騒がしい 〈be〉 **noisy**;〔物騒な〕**troubled**
騒ぎ〔騒音〕(a) **noise**;〔騒動〕**a riot, a trouble**

さわやか fresh ⟨air, wind⟩, **refreshing** ⟨breeze, drinks⟩
さわやかになる feel refreshed

触る touch
- 触ってはいけない You mustn't touch! /《掲示》Hands off

障る〔体に悪い〕**be bad for the health**;〔気に障る〕**hurt** *one's* **feelings**

…さん ⇨ …様

三 three
第3(の) the third（略 3rd）
3倍[回] three times
3分の1 a [one] third
3分の2 two thirds

参加する take part ⟨in…⟩, **join** ⟨in…⟩
- 私たちはその試合に参加した We took part in [joined in] the game.

三階 ⇨ 階

三角(形) a triangle
三角(形)の triangular, triangle
三角定木 a set square

三月 March（略 Mar.）
3月に in March

参観する visit, make a visit ⟨to…⟩
- 私たちは工場を参観した We visited the factory for study.
授業参観日 the day for school visit

産業 (an) industry
産業の industrial
産業革命 the Industrial Revolution

サングラス〔日よけめがね〕⟨a pair of⟩ **sunglasses**
- サングラスを掛ける wear sunglasses

参考 reference
参考にする refer ⟨to…⟩
参考書 a reference book

残酷な cruel

散在する ⟨a lot of islands⟩ **lie scattered**; **be dotted** ⟨with farmhouses⟩

散々な
- 散々な目に遭う have a hard time (of it);〔しかられる〕get a good scolding ⟨for…⟩

惨事〔cause〕**a disaster, a terrible accident**

三十 thirty
第30(の) the thirtieth（略 30th）
30代 one's thirties
- 彼は30代です He is in his thirties.
30分 (a) half
- 6時30分 half past six

三重の threefold, triple
三重奏 a trio

参照 reference
参照する refer ⟨to…⟩

三振【野球】**a strike-out**
三振する strike out, be struck out

算数 arithmetic

賛成する〔人に〕**agree** ⟨with…⟩;〔提案などに〕**agree** ⟨to…⟩
- 私はあなた(の意見)に賛成です I agree with you.
- 私はこの計画に賛成です I agree to this plan.
- あなたはこの計画に賛成ですか反対ですか Are you for or against this plan?

サンタクロース Santa Claus

サンダル ⟨a pair of⟩ **sandals**

産地 the place of production

三度 three times ⟨a day⟩

サンドイッチ a ⟨cheese, ham⟩ **sandwich**

三年生 a third year student

残念だ be sorry, regret
- 私は行けなくて残念です I'm sorry (that) I can't go.
残念ながら unfortunately, regrettably
残念ながら…です I am sorry … / I am afraid (that)…

三倍 three times ⟨as large as this country⟩

参拝する visit ⟨a shrine⟩

散髪 a haircut
散髪する have [get] a haircut, have *one's* hair cut

サンプル〔見本〕**a sample**

散歩 a walk
- 散歩に行く go for a walk
- 彼女は犬を連れて散歩に行った She took her dog for a walk. / She walked her dog.
散歩する walk, take a walk
- 彼らは海岸を散歩した They walked on the seashore.
- 私は毎朝散歩します I take a walk every morning.

さんま【魚】**a saury, a mackerel pike**

算用数字 Arabic numerals

散乱する be scattered (about)

三塁【野球】**third base**
三塁手 a third baseman

三塁打 a three-base hit
浅塁する【野球】be left on base
参列する attend, be present ⟨at...⟩

し

四 four ⇨ 四(л)
市 a city ⇨ 都会
死 death ⇨ 死ぬ
詩 a poem, (総称) poetry; 〔韻文〕verse
・彼はいくつかの詩を書いた He wrote some poems.
詩集 poetical works
詩人 a poet
…氏 Mr. ⟨Yamada⟩ (優 Messrs.)
字 〔アルファベットなど〕a letter; 〔漢字など〕a character
・彼は字がじょうず[へた]だ He writes a good [poor] hand.
漢字 *kanji*, Chinese characters
ローマ字 *romaji*, Roman letters
…時 time, o'clock
・「今何時ですか」「9時です」 "What time is it now?" "It's nine (o'clock)."
・私はけさ6時半に起きました I got up at half past six this morning.
試合 a game, a match
・サッカーの試合 a soccer game
・私は彼とテニスの試合をした I had a tennis match with him.
仕上げる finish
・あすまでにはこれを仕上げよう I will finish this by tomorrow.
仕上がる be finished, be completed
仕上げ finish, completion
しあさって two days after tomorrow, three days from now
幸せ happiness ⇨ 幸福
思案 ⇨ 考え
飼育する breed ⟨cattle⟩
シージー CG (computer graphics の略)
シーズン 〔季節・時期〕a season
シーズンはずれの off-season, out of season
シーソー a seesaw
シーソーで遊ぶ play on the seesaw
シーツ 〔敷布〕a (bed) sheet
シーディー a CD (compact disc の略)
シーディーを掛ける play a CD
シーディーロム 【コンピュータ】CD-ROM (compact disk read-only memory の略)
シート 〔座席〕a seat
シードする【競技】seed
シード選手[チーム] a seed, a seeded player [team]
ジーパン ⟨a pair of⟩ jeans
シーピーユー 【コンピュータ】CPU (central processing unit の略)
強いる compel, force, press ⟨A to do⟩
シール 〔封印〕a seal
仕入れる buy (in), stock ⟨summer goods⟩
子音【音声】a consonant
シーン 〔場面〕a scene

寺院 a temple
ジーンズ ⇨ ジーパン
シェアウェア【コンピュータ】a shareware
市営の municipal, city ⟨bus⟩
ジェット機 a jet plane
シェパード〔犬〕a shepherd (dog)
シェフ〔料理長〕a chef
支援する support, back (up) ⟨the movement⟩
塩 salt
・塩を取ってくれませんか《食卓で》Pass me the salt, please.
塩辛い salty
潮 the tide; 〔潮流〕a current
潮干狩り ⟨go⟩ gathering sea shells (at low tide)
仕送りする send money ⟨to *one's* son⟩
仕送りを受ける be given a monthly allowance ⟨of 80,000 yen⟩
しおり 〔本にはさむ〕a bookmark; 〔案内書〕a guide
しおれる〔草木が〕wither
…しか only
・私は一度しか彼に会っていない I have seen him only once.
・彼はほんの少ししか英語が話せない He can speak English only a little.
市価 the market price [value]
歯科 dentistry
歯科医 a dentist
歯科医院 a dental office, a dentist's (office)
鹿【動物】a deer; 〔鹿肉〕venison
時価 the current price
自我 self, ego
自我の強い egoistic
視界 sight, view
・視界に入る come into sight
・視界から消える go out of sight
市街 a street
市街電車 《米》a streetcar, 《英》a tramcar
市外 the suburbs ⇨ 郊外
市外電話 a long-distance call, 《英》a trunk call
司会する preside at [over] ⟨a meeting⟩
司会者 a chairperson; 〔進行係〕a master of ceremonies
紫外線 ultraviolet rays
仕返しする get even ⟨with...⟩, revenge *oneself* ⟨on...⟩, be revenged ⟨on...⟩
四角 a square
資格 qualification
資格がある be qualified ⟨to *do*, for...⟩
視覚 (the sense of) sight, vision
視覚の visual ⟨education⟩
自覚する be conscious ⟨of *one's* own faults⟩, be aware ⟨of...⟩, realize ⟨*one's* ignorance⟩
しかし but, however
・私は野球が好きです.しかしじょうずではありません I like baseball. But I'm not a good player.
・行ってもいいです.しかし5時までには帰ってこなければいけません You may go, but you must be back by five.

…(の)仕方 how to *do* ⇨ 方法
- 私は車の運転の仕方を知っている I know how to drive a car.

仕方がない
❶ 〔…してみてもどうしようもない〕 **it is no use** *doing*
- そんなことをやってみても仕方がない It is no use trying such a thing.

❷ 〔…せざるをえない〕 **cannot help** *doing*, **cannot help but** *do*
- 私は仕方がなくそうした I could not help doing so. / I could not help but do so.

…しがちである **be apt to** *do*, **be tend to** *do*
- 彼は遅刻しがちだ He is apt to be late.

四月 **April** (略 Apr.)
4月に in April
四月ばか an April fool; 〔その日〕April Fools' Day

しがみつく **cling to** 〈the TV, the rope〉, **stick to** 〈*one's* work〉

しかめる 〔顔を〕 **make faces**

しかも 〔その上〕 **besides**
- 私は行きたくない, しかも私は疲れている I don't want to go, (and) besides I'm tired.

自家用車 *one's* **car**; 〔公用車に対して〕 **a private car**

しかる **scold**
- 私は父にしかられた I was scolded by Father.

志願する **apply** 〈for a position〉
志願者 an applicant

時間
❶ 〔時刻〕 **time**; 〔1時間〕 **an hour**
- 私は本を読む時間がない I have no time for reading.
- 私は彼を2時間待った I waited for him (for) two hours.
 …する時間です It's time to *do*
- もう寝る時間です It's time to go to bed.
 時間どおりに on time
- 列車は時間どおりに到着した The train arrived on time.
 長時間掛かる it takes *A* a long time 〈to read through the book〉
❷ 〔授業〕 **a class**; 〔時限〕 **a period**
- 月曜日の授業は何時間ありますか How many classes do you have on Monday?
時間表 a timetable, 《米》 a schedule
時間割り a class schedule

式 **a ceremony**
開[閉]会式 an opening [a closing] ceremony
卒業式 a graduation ceremony

四季 **the four seasons**
- 四季の移り変わり the change of the seasons
- 四季を通じて all (the) year (round), in all seasons, through the four seasons

指揮 **command**, **direction(s)**
指揮する command, direct; 〔楽団を〕 conduct
指揮者 a commander, a director; 〔楽団の〕a conductor

時期 **time**; 〔季節〕 **the season**
- 1年のこの時期には雨が多い We have a lot of rain at this time of the year.
- 秋はスポーツに最もよい時期だ Autumn is the best season for sports.

色彩 **color**, 《英》 **colour**, **coloring**, 《英》 **colouring**

じきに **soon** ⇨ すぐ

敷布 **a (bed) sheet**

敷物 **a rug**, **a carpet**

四球 【野球】 ⇨ フォアボール

死球 【野球】 **a ball which hits the batter**

至急の **urgent**, **pressing**
至急 as soon as possible, immediately

支給する **give**, **supply** [**provide**] 〈the sufferers with clothes〉; 〔給料を〕 **pay** 〈30 dollars a day〉

始業
- 学校の始業時刻は8時半です School begins at half past eight.
始業式 the opening ceremony 〈of the new school year〉

事業 **business**; 〔企業〕 **an enterprise**
- 彼は事業に成功[失敗]した He succeeded [failed] in his business.

仕切り **(a) partition**, **(a) division**; 〔列車の〕 **a compartment**

しきりに 〔激しく〕 **hard**; 〔ひんぱんに〕 **often**; 〔熱心に〕 **eagerly**
- しきりに雨が降っている It is raining hard.
- 彼はしきりに手紙をよこす He often writes to me.
- 彼女はしきりにあなたに会いたがっている She is anxious [eager] to see you.

資金 **funds**; 〔資本〕 **capital**
- 私は資金が不足している I'm short of funds.

敷く **lay**; 〔広げる〕 **spread**
- 彼は床にじゅうたんを敷いた He laid the carpet on the floor.

軸 〔心棒〕 **an axis**; 〔ペンの〕 **a penholder**

ジグザグ 〔Z字型〕
ジグザグの zigzag 〈parade〉
ジグザグに進む zigzag 〈down the street〉

しくしく泣く **sob**

しくじる **fail**, **make a mistake** ⇨ 失敗

ジグソーパズル **a jigsaw puzzle**

シグナル 〔信号〕 **a (traffic) signal**

刺激 **stimulation**
刺激する stimulate; 〔人を〕 excite

茂み **a thicket**, **a bush**

茂る **grow thick**
- 草が茂っている The grass is growing thick.

試験 **an examination**, 《話》 **an exam**, **a test**
- きょう英語の試験がある We have an English examination today.
- 彼は試験に合格[失敗]した He passed [failed] the examination.
試験をする examine, test
試験官 an examiner
試験管 a test tube
試験問題 an examination question
試験用紙 an examination paper
入学試験 an entrance examination
口頭試験 an oral examination
筆記試験 a written examination
中間試験 a midterm examination

期末試験 a final examination
事件 an event; 〔事柄〕an affair; 〔裁判の〕a case; 〔小さな〕an incident
・その夜恐ろしい事件が起こった That night a terrible event occurred.
　殺人事件 a murder case
　恋愛事件 a love affair
時限 time limit; 〔授業などの〕a period
自己 one's self, oneself
・自己紹介をさせてください Let me introduce myself.
事故 an accident
・ここでは事故がよく起こる Accidents often happen here.
　交通事故 a traffic accident
・交通事故に遭う be in a traffic accident / have a traffic accident
・彼は交通事故で亡くなった He was killed in a traffic accident.
思考 thinking
　思考する think
施行する put [carry] A into effect
　施行される ⟨will⟩ take effect ⟨from next month⟩
時刻 time ⇨ 時間
地獄 hell
・彼は地獄に落ちた He went to hell.
仕事 work, business; 〔職〕a job
・彼は仕事を探している He is looking for a job.
・私はしなければならない仕事がたくさんある I have a lot of work to do.
　仕事に行く go to work
　仕事をする work ⇨ 働く
　仕事をやめる quit [resign] one's job
　仕事中で at work
　仕事で on business
視察 inspection, observation
　視察する inspect, observe
自殺 suicide
　自殺する kill oneself, commit suicide
持参する 〔持ってくる〕bring; 〔持っていく〕take
支持 support
　支持する support, give support to..., stand by..., back (up)
・私は彼の計画を支持した I supported his plan.
　支持者 a supporter
指示 directions, instructions
　指示する direct, instruct
事実 a fact; 〔真実〕the truth
・彼は事実をすべて話した He told all the facts.
時事(問題) current topics
使者 ⟨send⟩ a messenger
死者 a dead person, the dead, the deceased; 〔戦争などの〕the killed
試写会 a preview
磁石 a magnet
刺しゅう embroidery
　刺しゅうをする embroider ⟨one's name on a scarf⟩
四十 forty ⇨ 四十(じゅう)
始終 〔たびたび〕very often; 〔いつも〕always, all the time
・彼は私に始終会いにくる He comes to see me very often.
・彼は始終遅れてくる He always comes late.
自習する study by oneself
　自習時間 study hours
自主的な independent; 〔自発的な〕voluntary
　自主的に independently; voluntarily
辞書 a dictionary
・その単語を辞書で調べなさい Look up the word in a dictionary.
・彼はよく辞書を引く He often uses [consults] a dictionary.
支障 interference, (an) obstacle
　支障をきたす interfere with ⟨the plan⟩
師匠 a master, a teacher
市場 a market ⇨ 市場(じょう)
事情 〔状況〕circumstances; 〔理由〕reasons
・こういう事情ではそれはできない I can't do it under these circumstances.
・彼は家庭の事情で退学した He left school for family reasons.
死傷者 the dead and injured [wounded], casualties
自叙伝 an autobiography
自身 oneself
　自身の one's own ⟨house⟩
・自分自身でやりなさい Do it yourself.
自信 confidence
・彼は自信たっぷりだ He is full of confidence.
地震 an earthquake
・ゆうべ大きな地震があった There was [We had] a large earthquake last night.
指数 an index (number)
　物価指数 a price index
静かな quiet, still, calm, silent
・静かな場所 a quiet place
・静かな海 a calm sea
　静かに quietly, still, calmly, silently, in silence
・静かにしなさい Be [Keep] quiet. / Be silent.
・彼女は静かに話した She spoke quietly.
・彼は静かに座っていた He sat still.
滴 a drop ⟨of rain⟩
静けさ silence, tranquility
静まる become quiet, calm down
沈む sink, go down; 〔太陽が〕set
・その船は海の中に沈んだ The ship sank into the sea.
・太陽が地平線の下に沈みつつある The sun is sinking [setting] below the horizon.
静める calm, quiet (down)
沈める sink ⟨a ship⟩
鎮める suppress
姿勢 (a) posture; 〔身のこなし〕a carriage
・彼は姿勢がよい[悪い] He has (a) fine [poor] posture.
自制 self-control
　自制する control oneself
私生活 one's private life
史跡 a historic spot [site]

施設 an ⟨educational⟩ **institution**, an **establishment**, ⟨public⟩ **facilities**
支線 〔鉄道の〕**a branch line**
自然 **nature**
　自然の, 自然な **natural**
・自然の美 the beauty of nature
・彼の身ぶりはまったく自然だ His gestures are quite natural.
　自然に **naturally**
・彼はごく自然に英語を話す He speaks English very naturally.
　自然科学 natural science
思想 **(a) thought**
　思想家 a thinker
　近代思想 modern thought
…しそうだ **be going to** *do*, **be about to** *do*
時速
・その車は時速80キロで走っていた The car was moving at a speed of 80 kilometers per hour.
持続する **continue, last** ⇨ 続く
…しそこなう **fail to** *do*
自尊心 ⟨have, hurt⟩ one's **pride, self-respect**
舌 **the tongue**
下の **lower**
・下の部分 the lower part, the bottom
　下に **down, under, below**
・かばんを下に置きなさい Put the bag down [below].
・その本は机の下にある The book is under the desk.
・太陽は地平線の下に沈んだ The sun set below the horizon.
…したい **want to** *do*, **feel like** *do*ing; 〔願望する〕 **wish to** *do*; 〔希望する〕 **hope to** *do*; 〔できれば…したい〕 **would like to** *do*
・私はあなたと話がしたい I want to talk with you. / I would like to talk with you.
・私は外国へ行きたい I wish to go abroad.
・あなたにまたお会いしたい I hope to see you again.
…し次第
　❶〔…するとすぐに〕**as soon as...**
・東京に着き次第お電話します I will phone you as soon as I get to Tokyo.
　❷〔…によって決まる〕**depend** ⟨on one's efforts⟩
事態 a ⟨difficult⟩ **situation**
時代 **an age, days, times**; 〔歴史上の区分〕**an era**
・時代は変わった Times have changed.
・（…という）時代が来る The time comes when ⟨we must make important decisions⟩
・（今は…の）時代だ Ours is a time when ⟨understanding computers is important⟩
・彼は学生時代にたくさんの本を読んだ He read a lot of books in his school days.
　時代遅れの **behind the times, out-of-date, old-fashioned**
辞退する **decline** ⟨the offer⟩
次第に ⇨ だんだん
慕う **long [yearn] for** ⟨one's mother⟩
従う 〔後に付いて行く〕**follow**; 〔命令に〕**obey**
・私は彼の後に従った I followed him.
・彼はその命令に従った He obeyed the order.

下書き **a rough copy**; 〔絵の〕**a rough sketch**; 〔草案〕**a draft**
従って
　❶〔それで〕**so, therefore**
・私たちは大変疲れていた.したがって家に帰った We were so tired, so we went home.
　❷〔…につれて〕**as...**
・太陽が昇るにしたがって暖かくなる As the sun rises, it becomes warmer.
　❸〔…のとおりに〕**according to...**
・彼は計画に従って仕事をした He did the work according to the plan.
…したがる **want to** *do*; 〔しきりに…したがる〕**be eager [anxious] to** *do*
・彼はあなたにとても会いたがっている He wants to see you very much.
・彼女はしきりにアメリカへ行きたがっている She is eager [anxious] to go to America.
下着 **underwear**
支度 **(a) preparation** ⟨for...⟩
・学校へ行く支度はできましたか Are you ready to go to school?
　支度をする **prepare** ⟨for...⟩, **be [get] ready** ⟨for..., to *do*⟩
・彼女は朝食の支度をしている She is preparing (for) breakfast.
自宅 one's **(own) house**, one's **home**
…したくない **would rather not** *do*
親しい **close, familiar, friendly**
・彼は私の親しい友の一人です He is a close friend of mine.
・私は彼と親しくなった I made friends with him.
下敷き 〔板〕**a board**
　下敷きになる **be crushed under** ⟨the fallen wall⟩
親しみ ⟨have⟩ **(a) friendly feeling**; 〔愛情〕**affection**
親しむ **become [get] acquainted with..., make friends with...**
下調べ **preparation**
・下調べをする prepare ⟨for tomorrow's lesson⟩
滴る **drip, fall in drops**
仕立てる **make, have** ⟨a suit⟩ **made**
下町 〔繁華街〕**go shopping**⟩ **downtown**
…したものだった **used to** *do*
七 **seven**
　第7(の) the seventh (略 7th)
質 **(a) pawn**
　質に入れる **pawn** ⟨a watch⟩, **give [put]** ⟨a watch⟩ **in pawn**
　質屋 a pawnshop
自治 **self-government**
　自治会〔学生の〕a student council; 〔地方の〕a self-government association
　自治体 a self-governing body; 〔地方の〕a local government
七月 **July** (略 Jul., Jy.)
・7月に in July
七十 **seventy**
　第70(の) the seventieth (略 70th)
　70代 one's seventies

- 彼女は70代です She is in her seventies.

試着する try 〈a new hat〉 on

シチュー 〈beef〉 stew

市長 a mayor

視聴する view
視聴覚教材 audio-visual aids
視聴者〔テレビの〕a (TV) viewer
視聴率 a rating, an audience rating

しっ〔静かに〕Sh! / Hush!

質 quality
- この紙は質がよい[悪い] This paper is of good [bad] quality.

失格する be disqualified 〈from..., for...〉

しっかり〔堅く〕firmly, fast, tightly; 〔熱心に〕hard
- しっかり持つ hold 〈a bag〉 tight
- しっかり勉強しなさい Study hard.

質疑応答 questions and answers

実業 business
実業家 a businessman (複 businessmen)

失業する lose *one's* job
失業者 a jobless person; the unemployed

実況放送 an on-the-spot broadcast [telecast]
実況放送をする broadcast [telecast] on the spot

しっくい mortar, plaster

じっくり〔十分に〕thoroughly;〔慎重に〕deliberately;〔急がずに〕without hurry

湿気 moisture, humidity
湿気のある damp, humid, moist 〈wind〉

しつけ discipline, training
しつける train, discipline
- その子はしつけがよい[悪い] The child is well [badly] disciplined.

実験 an experiment
- 私たちは化学の実験をした We did a chemical experiment.
実験室 a laboratory

実現する realize;〔事実となる〕come true
- 彼の計画は実現した His plan has been realized.
- 彼女の夢は17歳の時に実現した Her dream came true when she was seventeen.

しつこい persistent, obstinate
しつこく persistently, obstinately

実行 practice
実行する carry out, practice, put *A* into practice
- 彼はその計画を実行した He carried out the plan. / He put the plan into practice.

執行する execute, carry out
執行委員 an executive committee

実際〔事実〕a fact;〔真実〕the truth
実際の real, actual, true
- それは実際の話ですか Is it a true story?
実際に really, actually, in fact
- 彼は実際にそれを見た He actually saw it.
実際的な practical ⇨ 実用的な

実在の real
実在する exist, be in existence

失策 a mistake, an error

失策をする make a mistake, err 〈in...〉

実施する ⇨ 行う

実情 the actual circumstances, the real state of affairs

失神する swoon, faint

実績 (actual) results, accomplishments, achievements

実践する practice, put 〈a theory〉 into practice

質素な simple, plain
- 彼は質素な生活をしている He lives a simple life.

実地の practical
実地に practically, in practice

知っている know ⇨ 知る
- 私は彼をよく知っている《直接的に》I know him well.
- 私はあの女の子のことを知っている《うわさなどで》I know about [of] that girl.

しっと jealousy
しっとする envy, be jealous 〈of...〉

湿度 〈high〉 humidity

じっと still, quietly
- 彼はじっといすに座っていた He was sitting still on the chair.

室内 ⇨ 屋内
室内植物 a house plant

実に〔非常に〕very;〔真に〕indeed, really, truly
- 彼は実によく働く He works very hard.

実の true, real ⇨ 本当の
実は The fact is that..., in fact, to tell the truth
- 実は彼はここに来なかったのです The fact is that [In fact] he didn't come here.

失敗 (a) failure
- その計画は失敗に終わった The plan ended in failure.
失敗する fail (in) 〈*one's* attempt, *one's* business〉

実費 actual expenses;〔原価〕cost (price)

実物 the real thing
実物大の full-scale;〔等身大の〕life-size(d)

しっぽ a tail ⇨ 尾

失望 disappointment
失望する be disappointed 〈at..., in..., with...〉
- 彼はその結果に失望した He was disappointed in the result.

実務 (practical) business

失明する lose *one's* (eye)sight

質問 a question
- 何か質問がありますか Do you have any questions?
- 彼は私の質問に答えた He answered my question.
質問する ask *A* a question, put a question to *A*
- 質問してもいいですか May I ask you a question?

実用的な practical
- これは実用的には役立たない This is of no practical use.
実用英語 practical English

実力

実力のある able, capable
- 実力のある人 an able [a capable] man, a man of ability

失礼な rude, impolite ⇨ すみません
- 人を指差すのは失礼です It is rude to point at people.
- 失礼ですがお名前は Excuse me, but may I ask your name?
- 長いことお待たせして失礼しました I'm sorry to have kept you waiting so long.
- ちょっと失礼します Excuse me just a moment.

実例 an example, an instance

失恋 lost love, a broken heart
　失恋する be disappointed in love 〈for...〉, be broken-hearted

指定する appoint, designate, specify
- 私たちは会合の時間と場所を指定した We designated the time and place for the meeting.
　指定席 a reserved seat

…している be *doing*
　…しようとしている be going to *do*, be about to *do*
- 彼はちょうど手紙を書こうとしていた He was just going to write a letter.
- 私は車を洗おうとしていた I was about to clean the car.

…しているだろう will be *doing*

…しておけばよかった should have *done*

指摘する point out
- 彼は私の弱点を指摘した He pointed out my weakness.

私的な private, personal

…してください Please *do*.
- 窓を開けてください Please open the window.
　…してくださいませんか Will you [Would you] *do*?
- 駅へ行く道を教えてくださいませんか Will you [Would you] show me the way to the station?

…してしまっているだろう will have *done*

…(に)しては for...
- 彼は50歳にしては若く見える He looks young for (his age of) fifty.

…してはいけない 〔禁止〕must not *do*; 《命令文で》Don't *do*.
- そんなことを言ってはいけない You must not say such a thing.

…してみる ⇨ 試みる, やってみる

…してもよい ⇨ よい

…してもよい時だ it is (high) time 〈for lunch〉

…してもらいたい want *A* to *do*
- 私はあなたに手伝ってもらいたい I want you to help me.

辞典 a dictionary ⇨ 辞書
　英和辞典 an English-Japanese dictionary
　和英辞典 a Japanese-English dictionary

事典 an encyclopedia

自転車 a bicycle
- 私は自転車に乗れます I can ride a bicycle.
- 彼は自転車で通学している He goes to school by bicycle.

児童 a child 《複》children》

自動(式)の automatic 〈door〉
　自動的に automatically
　自動販売機 a vending machine

自動車 a car, 《米》an automobile, 《英》a motorcar
- 父は自動車で会社に行きます My father goes to his office by car.
- 彼は私を自動車で駅まで送ってくれた He drove me to the station.

指導する guide, lead
　指導者 a leader, a guide

しとやかな 〈be〉graceful 〈in manner〉
　しとやかに gracefully

品
　❶ a thing, an article;〔商品〕goods
　❷〔品質〕quality

…しない don't *do*
- 私はそんなことはしない I don't do such a thing.
- 彼は来ないでしょう He will not come.
　…しないように so as not to *do*, so that *A* may [can, will] not *do*
- 私は学校に遅れないように急いだ I hurried so as not to be late for school. / I hurried so that I would not be late for school.

市内に in the city

品切れ
- それは品切れです It is sold out. / It is out of stock.

…しなければならない must *do*, have to *do*, 《話》have got to *do*
- あなたはすぐに出発しなければならない You must [have to] start at once.
- 彼は朝から晩まで働かなければならなかった He had to work from morning till night.

しなびる wither
　しなびた withered 〈flower〉

品物 a thing, an article;〔商品〕goods

シナリオ〔脚本〕a scenario

シニア〔年上・上級〕a senior

死に物狂いの desperate
　死に物狂いで desperately, in desperation

死ぬ die 〈of..., from...〉, be killed
- 彼は若くして死んだ He died young.
- 彼女は病気で死んだ She died of a disease.
- 彼の父はその事故で死んだ His father was killed in the accident.
　死んだ, 死んでいる dead
- 死んだ人々 dead people, the dead
- 彼はテントの中で死んでいた He was dead in the tent.
　死に絶える become extinct

しのぐ〔耐える〕endure, bear;〔勝る〕surpass, be superior to 〈*one's* friends〉

忍び込む steal into 〈a house〉

忍ぶ〔隠れる〕hide *oneself*

偲ぶ think of..., recollect

芝 ⇨ 芝生
　芝刈り機 a lawn mower

芝居 a play, a drama
- 私たちは芝居を見に行った We went to the the-

支配する **control, rule (over), govern**
- その国は英国に支配されていた The country was governed by Great Britain.
  支配者 a ruler
  支配人 a manager

自白する **confess** ⟨*one's* guilt⟩

しばしば **often**
- 彼はしばしば学校に遅れる He is often late for school.
- 彼女はしばしば私に手紙をくれます She often writes to me.
- 私は大変しばしばそこへ行っています I have been there very often.

始発
  始発駅 the starting station
  始発列車 the first train

自発的な **voluntary, spontaneous**
  自発的に **voluntarily, spontaneously**

芝生 〔芝草〕**grass, turf**; 〔芝地〕**a lawn**
- 芝生に入るな《掲示》Keep off the grass

支払い **payment**
  支払う pay ⇨ 払う

しばらく
  ❶〔短い間〕**for a while, for a moment, for a minute**
- しばらくお待ちください Please wait for a while.
- しばらくして彼は安いレストランを見つけた After a while, he found a cheap restaurant.
  ❷〔長い間〕**for a long time**
- 私はしばらく彼女に会っておりません I haven't seen her for a long time.

しばる **bind**; 〔結ぶ〕**tie**
- 彼は手足をしばられた He was bound hand and foot.

慈悲 **mercy**
  慈悲深い merciful

自費で ⟨go abroad⟩ **at** *one's* **own expense**

耳鼻咽喉科 〔医師〕**an ear, nose, and throat specialist**

字引 **a dictionary** ⇨ 辞書

しびれる **be numbed, become numb**

渋い 〔味が〕**astringent**; 〔派手でない〕**quiet, tasteful**

しぶしぶ **unwillingly, reluctantly**

事物 **things**

自分の *one's* **own, personal**
- 自分の国 *one's* own country
- 私は自分の車がある I have my (own) car.
  自分で 〔自ら〕*one*self; 〔自分だけで〕**by** [for] *one*self
- 私は自分でそれをやった I have done it myself.
- これは自分一人でやりましたか Did you do this by [for] yourself?

自分勝手な **selfish**
  自分勝手にやる have *one's* own way

紙幣 **paper money**, 《米》**a bill**, 《英》**a (bank) note**

死亡 **death**
  死亡する die

志望 〔望み〕**wish, desire**; 〔選択〕**choice**

志望する wish, desire; choose
  志望校 *one's* desired school
  志望者 an applicant

脂肪 **fat**
  脂肪の多い fatty

四方に **on all sides, in all directions**

しぼむ **wither**
- 花はすぐしぼんだ The flowers withered soon.

絞る 〔ぬれた布を〕**twist, wring**
搾る 〔汁を〕**squeeze, press**

島 **an island**
  島国 an island country

縞 ⟨a tie with⟩ **stripes**

姉妹 **sisters** ⇨ 兄弟
  姉妹校 a sister school
  姉妹都市 a sister city

しまい 〔終わり〕**an end, a close**

しまう
  ❶〔しまっておく〕**keep, store**; 〔片付ける〕**put away**
- かばんにしまっておきなさい Keep it in your bag.
  ❷〔終わる〕**finish**; 〔店などを〕**close**
- 私はその本を読んでしまった I have finished reading the book.

…しましょう **Let's** *do*.
- テニスをしましょう Let's play tennis.

…しましょうか **Shall I** *do*? / **Shall we** *do*?
- 窓を開けましょうか Shall I open the window?
- きょうの午後に野球をしましょうか Shall we play baseball this afternoon?

…しませんか **Will you** *do*? / **Won't you** *do*? / **Why don't you** *do*? / **Shall we** *do*? / **How about** *do*ing? / **Won't you** *do*?
- お入りになりませんか Will you come in?
- あすお茶に来ませんか Won't you [Why don't you] come to tea tomorrow?
- 昼食に寿司を食べませんか How about having *sushi* for lunch?

始末する 〔処分する〕**dispose of** ⟨old clothes⟩; 〔処理する〕**deal with** ⟨difficult problems⟩

閉まる **be closed, be shut**
- 戸は閉まっていた The door was shut.

自慢する **be proud** ⟨of...⟩, **boast** ⟨of...⟩
- 彼は息子を自慢している He is proud of his son.

染み **a stain, a blot**
  染みが付いた ⟨become⟩ stained, blotted

地味な **plain, quiet**
- 彼は地味な生活をしている He lives a simple life.

染み込む **soak into** [**through**] ⟨the mat⟩

染みる
- 寒さが身に染みる It's biting cold.
- 彼の親切が身に染みた His kindness touched my heart.

市民 **a citizen**

事務 **office work, business**
  事務員 a clerk
  事務所 an office

氏名 **a (full) name**

使命 ⟨accomplish, perform⟩ *one's* **mission**

指名する **nominate** ⟨*A* as *B*, *A* for *B*⟩

指名打者【野球】a designated hitter
締め切る close, shut ⟨the door⟩
　締め切り closing
じめじめした damp, wet
示す show;〔指し示す〕point, indicate
・それは彼が正しいことを示している It shows that he is right.
・矢印が行く道を示している The arrow indicates the way to go.
締め出す keep ⟨the dog⟩ out of ⟨my house⟩
湿った damp, wet, moist
・湿った空気 damp air
・草は露で湿っていた The grass is wet with dew.
湿り気 moisture, dampness, humidity
占める occupy
・彼はその会社で重要な地位を占めている He occupies an important position in his company.
閉める〔閉じる〕close, shut
・窓を閉めてください Please close [shut] the window.
締める〔引き締める〕fasten
・座席ベルトをお締めください Fasten your seat belt, please.
湿る become damp, get wet
地面 the ground
・地面は雪で覆われている The ground is covered with snow.
霜 frost
・霜が降りる It frosts. / Frost falls.
　霜焼け frostbite, chilblains
視野 (a) view
・彼は視野が広い[狭い] He has a broad [narrow] view of things.
ジャーナリスト〔新聞・雑誌記者〕a journalist
シャープペンシル a mechanical pencil
シャーベット〔氷菓子〕sherbet
社員 a member ⟨of a company⟩, an employee; the staff
社会 society;〔世間〕the world
・彼らはこの春に社会に出ます They will go out into the world this spring.
　社会科〔学課の〕social studies
　社会生活 social life
　社会保障制度 social security system
じゃがいも【植物】a potato
しゃがむ crouch (down), squat (down)
…弱 less than ⟨an hour⟩
市役所 a city [municipal] office;〔建物〕《米》a city hall
蛇口〔水道の〕《米》a faucet,《英》a tap
弱点 a weak point, a weakness
しゃくに障る offend ⟨me⟩; be offended [provoked] at ⟨his words⟩
借用する borrow ⇨借りる
ジャケット jacket
車庫 a garage
社交的な social, sociable
　社交界 (fashionable) society
謝罪 an apology
　謝罪する apologize, make an apology ⟨for...⟩ ⇨謝る

写真 a picture, a photo, a photograph
・私はその庭園の写真を撮った I took a picture [photo, photograph] of the garden.
　写真家 a photographer
　写真機 a camera
　写真帳 an album
ジャズ〔音楽〕jazz
写生する make a sketch
・彼は花を写生した He made a sketch of flowers.
　写生帳 a sketchbook
社説《米》an editorial,《英》a leading article
社長 the president ⟨of a company⟩
　副社長 the vice-president
シャツ〔ワイシャツ〕a shirt;〔下着〕an undershirt
借金 a debt
・私は彼に1万円の借金がある I owe him 10,000 yen.
　借金している be in debt ⟨to...⟩
しゃっくり a hiccup
　しゃっくりが出る hiccup, have the hiccups
シャッター
　❶〔写真機の〕a shutter
・シャッターを切る press [release] the shutter
　❷〔扉の〕a shutter
・シャッターをおろす pull down a shutter
車道 a roadway
しゃぶる suck ⟨one's⟩ fingers; chew ⟨a piece of candy⟩
しゃべる talk, chat ⇨話す
シャベル a shovel
・シャベルでかく[すくう] shovel ⟨the snow⟩
邪魔(を)する disturb, interrupt;〔干渉する〕interfere ⟨with...⟩
・勉強の邪魔をしないでくれ Don't disturb me in my study.
・あす邪魔します I'll come and see you tomorrow.
ジャム jam
　いちごジャム strawberry jam
写メール《商標》
・写メールを送る take a picture on a cellphone and send it
斜面 a slope
砂利 gravel, pebbles
　砂利道 a gravel road
車両(輛) vehicles, cars
車輪 a wheel
しゃれ a joke
　しゃれた smart, witty ⟨remarks⟩
　しゃれを言う make a joke
謝礼〔感謝〕thanks;〔報酬〕a reward;〔月謝など〕a fee
シャワー a shower, a shower bath
・私はシャワーを浴びた I took a shower.
ジャンクメール【インターネット】(a) junk mail;〔迷惑メール〕spam (mail)
ジャンジャン〔鐘の音〕ding-dong
ジャンパー〔上着〕a jumper
ジャンプ〔跳躍〕a jump
　ジャンプする jump ⟨a fence⟩

シャンプー **(a) shampoo**
　シャンプーをする shampoo
ジャンボジェット機 **a jumbo jet (plane)**
首位 **the first [top] place**
週 **a week**
　先[今・来]週 last [this, next] week
　毎週 every week
・彼は毎週ここに来ます He comes here every week.
十 **ten**
　第10(の) the tenth (略 10th)
　十代 *one's* teens
・十代の少年[少女] a teenage boy [girl], a teenager
・彼らは十代です They are in their teens.
…中 [時間] **through...**; [場所] **all over...**
・一日中 all day long
・一晩中 all (through the) night
・一年中 all the year round, throughout the year
・日本中 all over Japan
・そのニュースは世界中に広まった The news spread all over [throughout] the world.
自由 **freedom, liberty**
・言論の自由 freedom of speech
　自由な free
　自由に freely, at will
・この自転車は自由にお使いください You are free to use this bicycle.
・彼女は英語を自由に話せる She can speak English fluently.
・自由に…を食べる help *one*self to 〈the cake〉
　自由の女神像 the Statue of Liberty
周囲 **[…の周囲に] around...**
・彼は周囲を見回した He looked around him.
・この島は周囲が20マイルある This island is twenty miles around.
獣医 **an animal doctor, 《米》a veterinarian**
十一 **eleven**
　第11(の) the eleventh (略 11th)
十一月 **November** (略 Nov.)
　11月に in November
集会 **a meeting**
・集会がきのう開かれた The meeting was held yesterday.
　集会所 a meeting place
収穫 **a harvest, a crop**
・今年の米の収穫は大変多かった[少なかった] The rice crop was very large [small] this year.
　収穫期 harvest time
修学旅行 **a school excursion**
十月 **October** (略 Oct.)
　10月に in October
習慣 **[個人の] a habit; [個人・集団の] a custom**
・彼は早起きの習慣がある He has the habit of rising early. / He is in the habit of rising early.
・彼らの言葉と習慣はわれわれと異なっている Their language and customs are different from ours.
週間 ⇨週
週刊の **weekly**

　週刊誌 a weekly magazine
秋季, 秋期 **fall, autumn**
周期 **a period, a cycle**
　周期的な periodic
　周期的に periodically
蹴球 **football**
十九 ⇨十九(¹⁹)
住居 **a house**; [立派な] **a residence**
宗教 **(a) religion**
　宗教的な religious 〈ceremony〉
終業 ⇨終わり
　終業時間 the closing hour
　終業式 the closing ceremony
修業する **learn, study**
就業する **go to work, begin [start] work**
　就業時間 the working [office] hours
集金する **collect money**
　集金人 a money collector
十九 **nineteen**
　第19(の) the nineteenth (略 19th)
シュークリーム **a cream puff**
十五 **fifteen**
　第15(の) the fifteenth (略 15th)
　15分 a quarter
・3時15分 quarter past three
集合する **gather, meet**
・私たちは運動場に集合した We gathered on the playground.
・集合! Gather round, everyone!
十五夜 **the night of a full moon**
　十五夜の月 a full moon, the harvest moon
秀才 **a bright person**; [天才] **a genius**
十三 **thirteen**
　第13(の) the thirteenth (略 13th)
収支 [収入と支出] **income and expenditure**; [国際的な] **the balance of payments**
習字 **penmanship**
　英習字 English penmanship
十四 **fourteen**
　第14(の) the fourteenth (略 14th)
十字 **a cross**
・十字を切る cross *one*self
　十字架 a cross
　十字路 a crossroads
従事する **be engaged in...**
・彼は農業に従事している He is engaged in agriculture.
十七 **seventeen**
　第17(の) the seventeenth (略 17th)
週日 **a weekday**
終日 ⇨一日
充実した **full, complete, substantial** 〈meal〉
・充実した人生を送る lead a full life
　充実している be full of 〈good things〉
収集 **collection**
　収集する collect
　収集者 a collector
従順な **obedient** 〈boy〉
　従順に obediently
住所 **an address**
・ご住所はどちらですか What is your address?

重傷 a serious wound [injury]
　重傷を負う be badly [seriously] injured
就職する find employment, get a position ⟨in a bank⟩
修飾する ornament;【文法】modify
　修飾語【文法】a modifier
重心 the center of gravity
就寝する go to bed
　就寝時間 *one's* bedtime
ジュース 〔果物などの〕juice;〔テニスなどの〕deuce
習性 【動物の】a habit
修正する〔改正する〕amend;〔誤りを〕correct
修繕 repair, mending
　修繕する repair, mend, fix ⟨a radio⟩
重態 ⟨be in⟩ a serious [critical] condition
渋滞する 〔事務が〕be delayed;〔交通が〕be congested ⟨with cars⟩
　交通渋滞 traffic congestion, a traffic jam
重大な important;〔深刻な〕serious
・彼は重大な誤りを犯した He made a serious mistake.
　重大に importantly;〔深刻に〕seriously
住宅 a house ⇨家
　住宅事情 housing situation
　住宅不足 housing shortage
　住宅問題 the housing problem
　住宅ローンを借りる get a home loan
集団 a group, a mass
じゅうたん 〔床全体に敷く〕a carpet;〔床の一部に敷く〕a rug
周知の well-known ⟨fact⟩
集中 concentration
　集中する concentrate ⟨on..., upon...⟩
終点〔終着駅〕the terminal station
重点 emphasis
　重点を置く put emphasis ⟨on..., upon...⟩
終電(車) the last train
しゅうと a father-in-law (複) fathers-in-law)
　しゅうとめ a mother-in-law (複) mothers-in-law)
シュート 【サッカーなど】shoot
　シュートする shoot ⟨a ball⟩
周到な careful, close ⟨investigation⟩
　周到に carefully, completely
柔道 judo
習得する master ⟨English⟩;〔学ぶ〕learn ⟨a foreign language⟩
拾得する pick up ⟨a purse⟩
　拾得物 a find
十七 ⇨十七(じゅうしち)
柔軟な soft;〔融通性がある〕⟨be⟩ flexible
十二 twelve
　第12(の) the twelfth (略 12th)
十二月 December (略 Dec.)
　12月に in December
収入 an income
・彼は収入が多い[少ない] He has a large [small] income.
就任する take office ⟨as president⟩
　就任演説 an inaugural address
　就任式 an inaugural ceremony

終バス the last bus
十八 eighteen
　第18(の) the eighteenth (略 18th)
重病 a serious illness
・彼は重病です He is seriously ill [《米》sick].
秋分 the autumnal equinox
　秋分の日 Autumnal Equinox Day
十分な enough
・私たちには十分な時間がない We don't have enough time.
・彼はそれを買う十分なお金を持っている He has enough money to buy it.
　十分に
・あなたはきょうは十分に働いた You have worked enough today.
週末 the weekend
　週末に on weekends
　週末旅行 a weekend trip
十万 a hundred thousand
・30万 three hundred thousand
　何十万の蜜蜂 hundreds of thousands of bees
充満する be full of..., be filled with...
住民 an inhabitant, a resident
終夜 all night, all the night through, all through the night
　終夜運転 all-night service
修養 culture
　修養する improve ⟨*one's* mind⟩
収容する hold, accommodate
・このホテルは300人収容できる This hotel can hold [accommodate] three hundred guests.
重要(性) importance
　重要な important
・彼は大変に重要な人物です He is a very important person [a VIP].
・それは重要ではない It is of no importance.
十四 fourteen ⇨十四(じゅうし)
従来(は) up to now [the present], so far
　従来の old, former
　従来どおり(に) as before, as ever
修理 repair, repairing
・その靴は修理が必要だ The shoes need repairing.
　修理する repair, mend
・私は時計を修理してもらった I had my watch repaired.
終了 an end, a close
　終了する end, close
修了 completion
　修了する complete, finish ⟨a course⟩
重量 weight
　重量がある weigh ⟨five pounds⟩
　重量挙げ weight lifting
終列車 the last train
十六 sixteen
　第16(の) the sixteenth (略 16th)
主演する star ⟨in a film⟩
　…主演の starring ⟨Harrison Ford⟩
　主演者 a star, a leading actor [actress]
主観的な subjective

主義 a principle
修行 training
　修行する be trained
授業 a lesson, a class, school
・私たちは週に3時間英語の授業がある　We have three English classes [lessons] a week.
・あした授業がありません　We have no school [class] tomorrow.
・さて授業に出なければならない　I have to go to class now.
・授業は3時に終わる　School is over at three.
・田中先生はいま授業中です　Mr. Tanaka is teaching [is in class] now.
　授業時間 school hours
　授業料 a school fee, tuition
塾 a cram school
祝賀会 a celebration
熟語 an idiom, a phrase
祝辞 congratulations
祝日 a national holiday
縮小する reduce, cut (down)
熟睡する sleep well [soundly], have a good sleep
熟する become ripe
・熟したりんご a ripe apple
宿題 homework, 《米》an assignment
・きょうは宿題がたくさんある　I have a lot of homework today.
熟達する master 〈English〉
祝典 a celebration, a festival
祝電 〈send〉 a congratulatory telegram
熟読する read carefully [thoroughly]
宿泊する stay 〈at..., with...〉, put up 〈at a hotel〉
　宿泊料 a hotel bill
祝福 a blessing
　祝福する bless, wish A good luck
熟練 skill
・彼はその仕事に熟練している He is skilled at the work.
手芸 handiwork
受験する take [sit for] an entrance examination
　受験生 a student preparing for an (entrance) examination; 〔志願者〕an applicant
　受験勉強
・彼は受験勉強をしている He is preparing (himself) for the entrance examination.
主語【文法】the subject
手工芸 handicraft
　手工芸品 handiworks, handicrafts
主催 sponsorship
　主催する sponsor
　主催者 a sponsor
趣旨 〔意味〕the meaning; 〔要旨〕the point 〈of the speech〉; 〔目的〕an object
種々 ⇨ いろいろ
手術 an operation
　手術する operate 〈on A for B〉
主将 a captain
・彼はわが野球チームの主将です He is the captain of our baseball team.
首相 the prime minister, the premier
受賞する win [get, receive] a prize, be awarded
主食 a staple food
・日本人は米を主食としている Japanese people live on rice.
主人 〔雇い主〕the master; 〔客に対して〕the host; 〔夫〕one's husband
受信する receive 〈a message〉
　受信機 a receiver
首席 the top, the head
・彼は首席で卒業した He graduated first in his class.
主題 the (main) subject, the theme
　主題歌 a theme [title] song
手段 a means
　通信手段 a means of communication
主張する insist 〈on..., that...〉, assert
・彼は自分の無実を主張した He insisted on his innocence. / He insisted that he was innocent.
術 〔技術〕an art; 〔熟練した〕a skill; 〔方法〕a way
出演する appear 〈on TV, on the screen〉
　出演者 a player; 〔男の〕an actor; 〔女の〕an actress
出血 bleeding
　出血する a bleed
出欠
・出欠を取る call the roll
出港する leave 〈Yokohama for Hawaii〉
熟考する think over, consider
出生 ⇨ 出生(しゅっしょう)
出場する take part in..., participate in...
　出場者 a participant
出身
　…の出身である 〔土地の〕come [be] from...; 〔学校の〕be a graduate of..., graduate from...
・あなたはどこのご出身ですか　Where do you come from? / Where are you from?
・彼は九州の出身です He comes from Kyushu.
・彼は早稲田大学の出身だ He is a graduate of [graduated from] Waseda University.
出世 success in life; 〔昇進〕promotion
　出世する succeed in life; 〔昇進〕be promoted
出生 ⇨ 生まれる
　出生地 one's birthplace
　出生率 a birth rate
出席 attendance, presence
・出席を取る call the roll
　出席する attend, be present
・彼はその会に出席した He attended [was present at] the meeting.
　出席者 a person present; 〔全体〕attendance
　出席簿 a roll (book)
出題する make questions; 〔人に問題を出す〕set A a problem [a question]
十中八九 nine (times) out of ten, in nine cases out of ten
出発 departure

出版

出発する start ⟨from...⟩, leave ⟨for...⟩, set out ⟨for...⟩, set off ⟨on...⟩
・私たちは8時に出発します We start at eight.
・彼は成田からハワイに向けて出発した He left [started from] Narita for Hawaii.
　出発点 the starting point
出版 publication
　出版する publish
　出版社 a publishing company, a publisher
出費 expenses ⇨ 費用
出力する【コンピュータ】output
　出力装置 an output device
首都 the capital
・東京は日本の首都です Tokyo is the capital of Japan.
　首都圏 the metropolitan area
受動的な passive
　受動態【文法】the passive voice
取得する get ⟨a driver's license⟩, acquire, obtain
主として mainly ⇨ 主に
ジュニア〔年下・下級〕a junior
主任 the chief, the head ⟨of a section⟩
守備 defense;【野球】fielding
　守備をする defend;【野球】field, take the field
首尾よく successfully, with success
主婦 a housewife
趣味 a hobby
・あなたの趣味は何ですか What is your hobby?
寿命 a life, the span of life
・寿命が長い[短い] have a long [short] life
種目 an item;〔競技の〕an event
主役 the leading part;〔人〕the star
　主役を演じる play the leading part
授与する give, award ⇨ 与える
需要 (a) demand ⟨for...⟩
　需要と供給 demand and supply
主要な chief, main ⇨ 主な
主流 the main stream
　主流派〔政党などの〕the leading faction
主力 the main force
　主力選手 main players
種類 a kind, a sort
・それはどんな種類の犬ですか What kind [sort] of dog is it?
・この店にはあらゆる種類の本がそろっている This store has all kinds of books.
・それらは種類が同じだ They are (of) the same kind.
・これらは種類が違っている These are different in kind.
シュレッダー a schredder
受話器 a (telephone) receiver
手腕 ability, (a) skill, (a) talent
　手腕のある able, talented ⟨person⟩
順〔順序〕order;〔順番〕turn
　順に in ⟨alphabetical⟩ order, in turn, by turns
　順不同 No particular order
純な pure;〔無邪気な〕innocent

順位 order, ranking
順延する put off, postpone ⟨until the next day⟩
巡回する go around..., patrol ⟨the neighborhood⟩
瞬間 a moment
循環する circulate ⟨in the body⟩
春季, 春期 spring, springtime
準急 a local express, a semiexpress
准教授 an assistant [associate] professor
準決勝 a semifinal
巡査 a policeman (⑱ policemen)
　交通巡査 a traffic policeman
順序 order
・彼らは順序よく並んだ They lined up in good order.
純真な pure, innocent
純粋な pure;〔本物の〕true, genuine
順調な favorable, smooth
　順調に favorably, smoothly
順番 turn;〔順序〕order
・私の順番だ It's my turn.
　順番に in turn, by turns
準備 preparation(s)
・朝食の準備ができた Breakfast is ready.
・出発の準備ができましたか Are you ready to start?
　準備(を)する prepare ⟨for...⟩, make preparations, get [make] ready ⟨for..., to do⟩
・彼は試験の準備をした He prepared for the examination.
春分 the vernal [spring] equinox
　春分の日 Vernal Equinox Day
女医 a woman doctor
…(で)しょう will, shall ⇨ …でしょう
賞 a prize
・賞を受ける receive an award
　一等賞 the first prize
・彼は一等賞を取った He won the first prize.
章 a chapter
・第1章 Chapter I [One]
省 a ministry, 《米》a department
　文部科学省 the Ministry of Education, Culture, Sports, Science and Technology
…しよう Let's do. ⇨ …しましょう
錠 a lock
・彼女はドアに錠を掛けた She locked the door.
嬢〔女の子〕a girl;〔娘〕a daughter;《敬称として》Miss ⟨Yoshida⟩
上映する show, put ⟨a film⟩ on the screen
省エネ an energy saving
上演する put ⟨a play⟩ on the stage
消化 digestion
　消化する digest
　消化器 digestive organs
　消化不良 indigestion
消火する put out [extinguish] a fire
　消火器 a fire extinguisher
しょうが【植物】【根】ginger
紹介 (an) introduction
　紹介する introduce
・友人の山田君をご紹介します May I introduce

my friend Mr. Yamada (to you)? / Allow me to introduce [Let me introduce] my friend Mr. Yamada.
自己紹介する introduce *oneself*
・自己紹介をさせていただきます May I introduce myself? / Let me introduce myself.
紹介状 a letter of introduction
照会 (an) inquiry, a reference
　照会する refer ⟨*A* to *B*⟩, ask ⟨*A* about *B*⟩
　照会状 a letter of inquiry
生涯 *one's* life ⇨ 一生
障害 an obstacle
　障害者 the handicapped
奨学金 ⟨have⟩ a scholarship
小学生 〔男の〕a schoolboy; 〔女の〕a schoolgirl; 〔総称〕school children
正月 〔新年〕the New Year
小学校 an elementary school, 《英》a primary school, 《米》a grade school
正気の sane
・正気である be in *one's* senses
・正気でない be out of *one's* senses
将棋 *shogi*, Japanese chess
・将棋を指す play *shogi*
　将棋の駒 a *shogi* [chess] piece
　将棋盤 a *shogi* [chess] board
定規 a ruler
上機嫌な cheerful, good-humored
　上機嫌に cheerfully, ⟨be⟩ in a good humor
焼却する burn up ⟨important papers⟩
乗客 a passenger
昇級する be promoted ⟨to...⟩
昇給する get a raise [《英》rise] ⟨in salary⟩
上級の higher, senior
・彼は私より2年上級です He is senior to me by two grades. / He is two grades my senior.
　上級生 a senior
商業 commerce
　商業の commercial
　商業高校 a commercial high school
状況 conditions, circumstances
上京する go [come] up to Tokyo
消極的な negative; 〔受身の〕passive
賞金 ⟨win⟩ a prize, a reward
上空 ⇨ 空
上下に up and down
・彼らは頭を上下に動かした They moved their heads up and down.
情景 a scene, a sight
衝撃 a shock, an impact
　衝撃を与える shock, give a shock ⟨to...⟩
証言 testimony
　証言する witness, testify ⟨for..., against...⟩
条件 a condition
・健康は成功の条件の一つである Good health is one of the conditions of success.
証拠 (a) proof
正午 noon
・彼は正午少し前に到着した He arrived a little before noon.
称号 a title; 〔学位〕a degree

照合する check, collate ⟨*A* with *B*, *A* against *B*⟩
昇降口 an entrance
詳細 details
　詳細に in detail, in full ⇨ 詳しい
錠剤 a tablet, a pill
賞賛, 称賛 admiration
　賞賛する admire
正直 honesty
　正直な honest
・彼はとても正直だ He is very honest.
　正直に honestly
・正直に言うと to be honest
常識 common sense
・彼は常識がある He has common sense.
焼失する be burnt down ⟨in the fire⟩
商社 a trading company, a firm
乗車する get on..., take ⇨ 乗る
　乗車券 a ticket
　乗車賃 a fare
招集する call ⟨a meeting⟩
上旬に early ⟨in April⟩
証書 〔証文〕a bond; 〔証明書〕a certificate; 〔卒業証書〕a diploma
少女 a (young) girl
・彼女はアメリカの少女です She is an American girl.
少々 ⇨ 少し
賞状 a certificate of merit
症状 a sign, a symptom
上昇する rise, go up ⇨ 上がる, 昇る
常食
・日本人は米を常食にしている The Japanese live on rice.
・牛はおもに草を常食とする Cattle chiefly feed on grass.
生じる 〔産む〕bear, yield; 〔起こる〕happen, take place, come from...; 〔引き起こす〕cause
昇進 promotion
　昇進する be promoted ⟨to...⟩
じょうずな good ⟨at...⟩, skillful ⟨at..., in...⟩
・彼女はテニスがじょうずです She is good at tennis. / She is a good tennis player.
　じょうずに well, skillfully
・彼は大変じょうずに泳げる He can swim very well.
・彼女がみんなの中で一番じょうずに歌う She sings best of us all.
小数 【数学】a decimal
　小数点 a decimal point
少数の a few, a small number of...
・ほんの少数の人々しかそれを知らない Only a few people know it.
・ホールには少数の生徒がいた There were a small number of students in the hall.
使用する use ⇨ 使う
情勢 a situation
小説 a novel
　小説家 a novelist
肖像(画) a portrait
消息 news
・私はそれ以来彼の消息を聞いていない I have not

招待 an invitation
・招待を受ける accept an invitation
・招待を断る decline an invitation
招待する invite 〈A to B〉
・彼女は友人の誕生会に招待された She was invited to her friend's birthday party.
招待券 complimentary ticket
招待状 a letter of invitation

正体 one's true character, what one really is

状態 a condition, a state
精神状態 one's mental state
・その家はよい[ひどい]状態だ The house is in good [poor] condition.

承諾 consent
承諾する consent 〈to...〉, say yes

上達 progress, advancement, improvement
上達する make progress 〈in...〉, advance 〈in...〉, improve oneself

冗談 a joke
・冗談じゃないよ You can't be serious. / No kidding!
・冗談でしょう You must be joking.
・彼は冗談半分に言った He said it half joking.
冗談を言う make a joke

承知する〔承諾する〕consent 〈to...〉;〔知っている〕know
・承知しました All right. / Certainly.
・ご承知のように「時は金(なり)」です "Time is money," you know.

象徴 a symbol 〈of peace〉
象徴する symbolize

商店 a store, a shop
商店街 a shopping center

焦点 a focus
焦点を合わせる focus 〈a camera〉
・焦点が合っている[いない] be in [out of] focus

衝動 〈have〉an impulse
衝動的な impulsive
衝動的に on impulse

上等な very good, excellent

消毒する disinfect, sterilize

衝突 a collision, a crash
衝突する collide 〈with...〉, crash 〈into...〉
・誰もがその彗星は地球に衝突すると思った Everyone feared the comet would crash into the earth.

小児 a child (穣 children)
小児科医 a child doctor
小児まひ polio

証人 a witness

承認 an approval
承認する approve ⇨ 認める

情熱 passion
情熱的な passionate 〈person〉

少年 a boy
少年時代 〈in〉one's boyhood

勝敗 victory or defeat;〔結果〕the result [outcome]〈of an election〉

商売 business
・商売はどうですか How's your business?
・彼は商売がうまく行っています He's doing well in business.

蒸発する evaporate, vaporize

上半身 the upper half of the body

消費 consumption
消費する consume
消費者 a consumer
消費税 consumption tax, sales tax

商標 a trademark

商品 goods
・その商品は日本製です The goods are made in Japan.
商品券 a gift certificate

賞品 a prize

上品な elegant, refined

勝負 a game ⇨ 試合

丈夫 strong, healthy
・丈夫な綱 a strong rope
・彼はとても丈夫です He is very well and strong. / He is very healthy.

小便 urine, water
小便をする pass water

譲歩 (a) concession
譲歩する concede

消防士 a fireman (穣 firemen)
消防自動車 a fire engine
消防署 a fire station
消防艇 a fireboat

情報 information
・情報をコンピューターに入れる feed the data into the computer
情報科学 communication science
情報化社会 imformation society
情報源 sources of imformation
情報処理 information processing

正味の net 〈weight, price〉, full 〈size〉

静脈 a vein

証明 proof
証明する prove
・その事実が彼の潔白を証明した The fact proved that he was innocent.
証明書 a certificate

照明 lighting, illumination

正面 the front
・建物の正面 the front of a building
・…の正面に in front of...
・車は家の正面に止まった The car stopped in front of the house.
正面玄関 the front door

消耗する waste, use up 〈all one's energies〉

しょう油 soy sauce
・しょう油を掛ける put soy sauce 〈on pickles〉

将来 the future
・あなたたちには輝かしい将来がある You have a bright future.
将来は in (the) future
・私は将来は医者になりたい I would like to be a doctor in (the) future.
近い将来 in the near future
・私たちは近い将来こういった問題に直面することになるでしょう We will have to face these prob-

勝利 (a) victory
・私たちは勝利を得た We gained a victory.

上陸する land ⟨in..., at...⟩
・彼らはアメリカに上陸した They landed in America.

省略する omit
・この語は省略してもよい This word may be omitted.

上流 〔川の〕**the upper stream**
　上流に up ⟨the river⟩, above ⟨the bridge⟩
　上流階級 the upper classes

蒸留する distill ⟨pure water from salt water, salt water into pure water⟩

少量の a little, a small amount [quantity] ⟨of...⟩

奨励する encourage ⟨sports⟩, **promote** ⟨the use of a product⟩

ショー 〔見せ物・展示会〕**a show**
　ショーウインドー a show window
　ショールーム 〔展示室〕a showroom

ショート 【野球】〔遊撃手〕**a short, a shortstop**
　ショートケーキ (a) shortcake
　ショートパンツ short pants

ショートカット 【コンピュータ】**a shortcut**

初夏に in early summer, early in summer

除外 exclusion
　除外する exclude

初学者 a beginner

女学生 a girl student

女学校 a girls' school

初期の early
・彼の初期の作品 his early works
　初期に〔は〕in the early days
・18世紀の初期に early in the eighteenth century
　初期化する 【コンピュータ】initialize, format ⟨a disk⟩
　初期設定【コンピュータ】initial setting

初級の beginners' ⟨class⟩; 〔初歩の〕**elementary** ⟨English⟩

ジョギング 〔ゆっくり走ること〕**jogging**
　ジョギングに出掛ける go out jogging

職 ⇨ 職業, 仕事

職員 a staff member; 〔全体〕**the staff**
　職員会議 〔学校の〕a teachers' meeting
　職員室 〔学校の〕a teachers' room

食塩 (table) salt
　食塩水 a solution of salt

職業 an occupation, a job; 〔商売〕**business**
・あなたの職業は何ですか What is your occupation [business]?

食後に after a meal

食事 a meal
・私は日に3回食事をする I have three meals a day.
・彼らは今食事中です They are at (the) table now.
　食事時間 ⟨at⟩ mealtime

食前に before a meal

食卓 a (dining) table
・みんな食卓に着いた Everybody sat at (the) table.

食堂 a dining room; 〔飲食店〕**a restaurant,** 《米》**a cafeteria**
　食堂車 a dining car, a diner

職人 〔一般の〕**a workman**; 〔特殊技能のある〕**a craftsman**

職場 one's **place of work**; 〔仕事場〕**a workshop**; 〔地位〕**a post, a position**

食費 food expenses; 〔下宿の〕**board**

食品 food, foodstuffs

植物 a plant
　植物園 a botanical garden
　野生植物 wild plants

職務 one's **duties**
・職務をこなす do one's duties
・彼は職務怠慢だ He neglects his duties.

食物 food ⇨ 食べ物

食用の edible
・この植物は食用になる This plant is good to eat.

食欲 (an) appetite

食料, 食糧 food, foodstuffs
　食料品店 a food store, a grocery store

助言 advice
　助言する advise

徐行 《掲示》**Slow Down**
　徐行する go slow [slowly]

書斎 a study

所在 one's **whereabouts**
　所在地 the seat [site] ⟨of the prefectural office⟩

如才ない sociable, friendly

女子 〔少女〕**a girl**; 〔婦人〕**a woman** (⑳ women)
　女子中学校 a girls' junior high school
　女子高校 a girls' (senior) high school
　女子大学 a women's college

助手 an assistant

初秋に in early autumn [fall], early in autumn [fall]

初春に in early spring, early in spring

初旬 early ⟨in August⟩

徐々に slowly ⇨ だんだん

初心者 a beginner

女性 a woman (⑳ women), **a female**
　女性の female

助成金 a subsidy

女生徒 a schoolgirl

書籍 books ⇨ 本

所属する belong to ⟨a tennis club⟩

所帯 〔家族〕**a family**; 〔一つの家に住む人すべて〕**a household**

書棚 a bookshelf (⑳ bookshelves)

処置する treat, deal ⟨with...⟩, **do** ⟨with...⟩
　応急処置 first-aid treatment, first aid.

触覚 the sense of touch

食器(類) tableware
　食器(戸)棚 a cupboard

ショック 〔衝撃〕**a shock**
・私はその事故を見てショックを受けた I was shocked to see the accident.

ショット 〔打つこと〕**a shot**

ショッピング 〔買い物〕⟨go⟩ **shopping**
　ショッピングセンター a shopping center

書店 《米》a bookstore; 《英》a bookshop
初冬に in early winter, early in winter
初等の elementary, primary
　初等教育 elementary [primary] education
所得 (an) income
　所得税 an income tax
処罰 punishment
　処罰する punish
序文 a preface, a foreword
処分する dispose of 〈old clothes〉
初歩 the ABC(s) 〈of English〉
　初歩の elementary 〈English〉
署名 a signature ⇒サイン
除名する expel 〈A from the club〉
書物 ⇒本
除夜
・除夜の鐘が鳴っている The bells are ringing out the old year.
所有 possession
　所有する have, possess, own ⇒持つ
　所有格【文法】the possessive case
　所有者 an owner, a possessor
女優 an actress
処理する manage, handle, deal with 〈a matter〉
女流の lady, woman
助力 help ⇒援助する, 助け
書類 papers
　重要書類 important papers
しらが white hair, 《米》gray hair
白樺【植物】a white birch
じらす irritate, tease
知らずに without knowing it; 〔無意識に〕unconsciously
知らせ news, information
・私はその知らせにびっくりした I was surprised at the news.
知らせる tell, let A know, inform 〈A of B〉
・あなたの住所を知らせてください Please tell me your address. / Please let me know your address.
調べ〔音調〕a tune
調べる inquire, investigate, examine, search, look into...
・彼らは家の中を調べた They searched the house.
・私たちはたくさんの本を調べた We looked into many books.
　調べ〔調査〕inquiry, investigation, examination, search
尻 the hips
知り合い an acquaintance
・私は彼とそのパーティーで知り合いになった I got acquainted with him at the party.
シリーズ〔続き物〕a series 《複》series
　日本シリーズ【野球】the Japan Series
尻込みする shrink 〈from...〉, hesitate 〈to do〉
退く draw back, go backward; 〔引退する〕retire 〈from...〉
市立の city, municipal
私立の private
自立する become independent 〈of one's parents〉

思慮 consideration; 〔考え〕thought
　思慮深い thoughtful
　思慮のない thoughtless
資料 data, material
視力 eyesight
・彼は視力が弱い He has poor eyesight.
汁〔果物の〕juice; 〔吸い物〕soup
・汁の多いりんご a juicy apple
知る know ⇒知っている
・私は運転の仕方を知らない I don't know how to drive (a car).
　知られている be known 〈to..., for..., as...〉
・この絵はみんなに知られている This picture is known to everybody.
・彼は偉大な科学者として知られている He is known as a great scientist.
印 a mark
　印を付ける mark
じれったい
・彼女のすることなすことがじれったい Her actions irritate me.
じれる〔いらいらする〕become impatient, irritate
試練 〈endure〉a trial, a test
ジレンマ〔板ばさみ〕a dilemma
・ジレンマに陥る fall into a dilemma
・ジレンマに陥っている be in a dilemma
白(い) white
・白い花 a white flower
・彼女は白い服を着ていた She was dressed in white.
素人 an amateur
じろじろ見る stare 〈at...〉
シロップ〔甘い汁〕syrup
白身〔卵の〕the white 〈of an egg〉
しわ 〈be full of〉wrinkles
　しわになる wrinkle
しわがれる〔声が〕become hoarse
仕業 one's doing
・これは彼の仕業だ He has done this.
芯〔りんごなどの〕a core
真の true, real
人員 the number 〈of persons present〉
深遠な deep, profound
進化【生物】evolution
　進化する evolve
　進化論 the theory of evolution
真価 real value; 〔長所〕true merit
侵害 infringement
　侵害する infringe 〈on a copyright〉
進学
・彼は高校に進学した He went on to [entered] (senior) high school.
人格 character; 〔個性〕personality
　人格者 a man of character
新型 〈a car of〉a new model [style]
新学期 the school year
新刊(書) a new publication [book]
新幹線 the *Shinkansen*, the bullet train
　東海道新幹線 the New Tokaido Line
新規の new, fresh

新規に newly
信義 faith
 信義に厚い faithful
審議 discussion, deliberation
 審議する discuss, deliberate
進級する go up to ⟨the tenth grade⟩
新記録 ⟨make⟩ a new record
寝具 bedclothes, bedding
真空 vacuum
 真空管 a vacuum tube
ジンクス〔悪運〕a jinx
シングル【野球】〔単打〕a single, a one-base hit
 シングルス〔テニスなど〕a singles
神経 a nerve
 神経質な nervous
 神経質に nervously
新月 a new moon
真剣な serious
・彼は真剣だった He was serious.
人権 human rights
 基本的人権 fundamental human rights
新語 a new word
信仰 faith, belief
・彼は仏教を信仰している He believes in Buddhism.
進行 progress, advance
・準備は目下進行中です Preparations are now in progress.
振興 promotion
 振興する promote ⟨foreign trade⟩
信号 a signal
・信号を送る signal, give a signal ⟨to...⟩
 交通信号 a traffic signal
人口 population
・この市の人口はどれくらいありますか What is the population of this city?
・その市はまだ人口が少ない The city is still sparsely populated.
人工の man-made, artificial
 人工衛星 an artificial satellite
深呼吸 deep breathing
 深呼吸する breathe deeply, take a deep breath
申告 a report;〔税関での〕(a) declaration
 申告する report; declare
深刻な serious, grave
 深刻に ⟨take something⟩ seriously
新婚の a newlywed ⟨couple⟩
 新婚旅行 a honeymoon
震災 an earthquake disaster
審査する judge
 審査員 a judge
診察 a medical examination
 診察する examine
・私は医者の診察を受けた I saw [consulted] a doctor.
紳士 a gentleman (複 gentlemen)
寝室 a bedroom
真実 truth
 真実の true
・これは真実の話です This is a true story.

信者 a believer ⟨in Buddhism⟩
神社 a shrine
 靖国神社 Yasukuni Shrine
真珠 a pearl
人種 a race
・アメリカには多くのさまざまな人種がいます There are many different races in America.
 人種(上)の, 人種的な racial
進出 (an) advance
 進出する advance
新春〔新年〕the New Year
信条 one's principles
浸食 (an) erosion
 浸食する erode ⟨the rocks⟩
信じる believe;〔確信する〕be sure ⟨of..., that...⟩
・私はあなた(の言うこと)を信じます I believe you.
・あなたはその話を信じますか Do you believe the story?
・私はあなたの成功を信じている I am sure (that) you will succeed. / I am sure of your success.
 信じられない unbelievable
心身 mind and body
・彼は心身ともに健康です He is sound in mind and body.
新人 a new man;〔芸能界の〕a new face;〔野球などの〕a rookie
信心 faith
浸水 flood
・大雨のため多数の家が浸水した Many houses were flooded by the heavy rain.
進水
・その船はきのう進水した The ship was launched yesterday.
申請する apply ⟨for a patent⟩
神聖な holy
人生 life
・人生は短い Life is short.
親戚 ⇨ 親類
親切 kindness
 親切な kind, good, nice
・親切な少女 a kind girl
・彼らは私にとても親切でした They were very kind to me.
・それはご親切さま That's nice [kind] of you.
 親切に kindly
・彼女は私にとても親切に教えてくれた She taught me very kindly.
新設の new
新鮮な fresh
・新鮮な空気 fresh air
・これらの野菜は新鮮です These vegetables are fresh.
親善 friendship, goodwill
 親善試合 a friendly game [match]
 親善使節 a goodwill mission
心臓 the heart
 心臓病 a heart disease
腎臓 the kidney
人造の artificial, man-made
親族 a relative;〔親族関係〕relationship
身体 the body

身体検査 a physical examination
寝台 a bed;〔列車の〕a berth
　寝台車 a sleeping car,《米》a sleeper
診断 medical examination
　診断する examine
　診断書 a medical certificate
新築の newly-built
　新築する build 〈a new house〉
身長 height
・私の身長は175センチです I am a hundred and seventy-five centimeters tall [in height].
慎重な careful, prudent
　慎重に 〈drive〉 carefully
震度 the intensity 〈of an earthquake〉
震動 a shake;〔時計の振り子の〕(a) swing
　震動する shake
人道 humanity
　人道的な humane
　人道主義 humanism
　人道主義者 a humanist
侵入する invade, intrude 〈into...〉
　侵入者 an invader, an intruder
新入生 a new student;〔高校・大学の〕a freshman
新任の new 〈teacher〉
新年 the New Year
・新年おめでとう (A) Happy New Year (to you)!
信念 belief
・彼の信念は固い He is firm in his belief(s).
心配 anxiety, worry, care
　心配する be anxious 〈about...〉, worry 〈about...〉; be afraid 〈of..., that...〉; feel uneasy, fear
・そんなことを心配するな Don't worry about such a thing.
・彼は試験の結果を心配している He is anxious about the results of the examination.
　心配な anxious, worried
・私は息子が失敗しないかと心配だ I'm afraid that my son will make mistakes.
審判〔裁判の〕judg(e)ment;〔審判員〕a judge, an umpire, a referee
神秘 (a) mystery
　神秘的な mysterious
人物 a man, a person, a character;〔人格〕personality, character
　登場人物 characters
新聞 a newspaper, a paper
・新聞は…と報じている The paper says that...
・私はそのことを新聞で読んだ I read about it in the newspaper.
　新聞記者 a newspaper reporter
　新聞配達(人) a newspaper boy, a newsboy
進歩 progress
　進歩する make progress
・彼は英語がずいぶん進歩した He has made good progress in English.
　進歩的な progressive
辛抱 patience, endurance
　辛抱する be patient 〈of...〉, endure
人望 popularity; a good [high] reputation
　人望がある be popular 〈with..., among...〉;

have a good reputation
親睦 〈promote〉 friendship
シンポジウム〔討論会〕〈hold〉 a symposium
シンボル〔象徴〕a symbol
新米〔米の〕new rice;〔新入り〕a newcomer;〔初心者〕a beginner
親密 intimacy
　親密な intimate 〈friends〉
人民 the people
人命 (human) life
深夜に at midnight
親友 a good [a close, an intimate] friend
信用 trust, credit
　信用する trust ⇨ 信頼
信頼 trust, reliance
　信頼する rely 〈on..., upon...〉, trust
・私は彼を信頼している I rely on him.
・彼は信頼できる男だ He is a reliable man.
真理 truth
　永遠の真理 eternal truth
心理的な mental, psychological
　心理学 psychology
侵略 invasion
　侵略する invade
診療 medical treatment
　診療所 a clinic
新緑 fresh green
森林 woods;〔大森林〕a forest
　森林保護 forest conservation
　森林浴をする take a walk in the woods
親類 a relative
・彼は私の親類です He is a relative of mine.
人類 mankind
進路 a course
・船は進路を変えた The ship changed her course.
　進路指導 career guidance

す

巣 a nest
・鳥が木に巣を作っている Birds are building their nests in the trees.
酢 vinegar
図〔絵〕a picture;〔挿絵〕an illustration;〔図形〕a figure
素足 bare feet
　素足で 〈walk〉 barefoot
図案 a design
　図案を作る design, draw a design 〈for...〉
　図案家 a designer
吸い上げる suck up;〔ポンプで〕pump up
随意の free;〔選択できる〕optional
・どうぞご随意にしてください Do as you like(, please).
水泳 swimming
　水泳競技 swim races
すいか【植物】a watermelon
吸い殻 a cigarette end [butt]
水球 water polo
吸い込む〔空気を〕breathe in;〔液体を〕suck in, absorb 〈water〉

水彩画 a watercolor
推察 a guess
  推察する guess
水産物 marine products
炊事 cooking
  炊事する cook, do the cooking
衰弱する grow weak
水準 a level, a standard
水上で on the water
  水上スキー water skiing
水蒸気 steam, vapor
推進する propel; 〔計画などを〕push on [forward] 〈with the plan〉
推薦する recommend
水素【化学】hydrogen
水槽 a (water) tank; 〔魚を飼う〕an aquarium
吹奏する blow, play
  吹奏楽団 a brass band
水族館 an aquarium
推測する guess, suppose, make [take] a guess
水中で 〈sink〉 under water, in (the) water
  水中カメラ an underwater (TV) camera
垂直の vertical
吸い付く stick 〈to...〉
スイッチ a switch
・彼はラジオのスイッチを入れた[切った] He switched the radio on [off]. / He turned on [off] the radio.
推定する presume; 〔見積もる〕estimate
水滴 a water drop
水田 a rice field
水筒 a (water) flask, a canteen
水道 (city) water; 〔設備〕water supply [service]
  水道管 a water pipe
  水道料 water charges [《英》rates]
吸い取る suck up, absorb 〈water〉
  吸い取り紙 blotting paper
炊飯器 a rice cooker
随筆 〈write〉 an essay
水分 〔水・水気〕water, moisture; 〔果物の〕juice
随分 ⇨ 非常に, かなり
水平の level
  水平線 the horizon
睡眠 (a) sleep ⇨ 眠り, 眠る
  睡眠時間を取る have a sleep
水面 the surface of the water
  水面に 〈float〉 on the water
水曜日 Wednesday (略 Wed.)
  水曜日に on Wednesday
水浴 bathe 〈in the river〉
推理する reason, infer 〈A from B〉
  推理小説 a detective story, a mystery
数 a number ⇨ 数(ｽｳ)
吸う 〔空気を〕breathe
・彼は新鮮な空気を吸った He breathed fresh air.
数学 mathematics, 《米》《口語》math
  数学者 a mathematician
数字 a figure
ずうずうしい impudent, cheeky 〈fellow〉
スーツ 〔服〕a suit
スーツケース 〔旅行かばん〕a suitcase

スーパーマーケット 〔大型食料品・日用品店〕a supermarket
崇拝する worship; 〔賞賛する〕admire
スープ soup
・私は野菜スープを飲んだ I ate vegetable soup.
数量 〔分量〕quantity; 〔かさ〕volume
末 〔終わり〕the end, the close; 〔将来〕the future
  末永く(将来も) in the years to come
据え付ける set up 〈a new machine〉, fix
末っ子 the youngest child
図画 drawing, painting; 〔絵〕a picture
スカート a skirt
・彼女は赤いスカートをはいている She is wearing a red skirt.
スカーフ 〔えり巻き〕a scarf
図解 an illustration
  図解入りの illustrated 〈book〉
頭がい骨 a skull
スカイダイビング skydiving
スカウト 〔有望新人を探す係〕a scout
  スカウトする scout
すがすがしい fresh, refreshing
姿 a figure; 〔形〕a shape
・大きな氷山が水面上に姿を現した A big iceberg appeared [showed] above the water.
・彼は人込みの中に姿を消した He disappeared in the crowd.
すがる cling to 〈one's mother〉
図鑑 a picture book, an illustrated book
すき 〔余地〕room; 〔機会〕a chance
・逃げるすきはなかった I didn't have any chance to run away.
好き
  …が好きだ like, be fond of..., go for...; 〔AよりもBが好き〕prefer 〈B to A, B rather than A〉
・ぼくは野球が大好きだ I like baseball very much.
・彼女は音楽が好きだ She is fond of music.
・私は秋より春のほうが好きだ I like spring better than fall. / I prefer spring to fall.
・「スキーとスケートではどちらが好きですか」「スキーのほうが好きです」 "Which do you like better, skiing or skating?" "I like skiing better."
  好きになる fall in love 〈with the girl〉
  好きな favorite, 《英》favourite
・これは私の好きな絵です This is my favorite picture.
・好きな物を取ってよい You may take your choice.
  (…に)好き嫌いがある have likes and dislikes 〈about food〉
杉 〔植物〕a (Japanese) cedar
…過ぎ 〔時間〕past..., after...; 〔程度〕too much
・3時5分過ぎです It's five minutes past three.
スキー skiing; 〔道具〕〈a pair of〉 skis
・あすスキーに行きます We will go skiing tomorrow.
  スキー場 a skiing ground, a ski slope
  スキーヤー a skier
透き通る 〈be〉 transparent
…(に)すぎない only; nothing but..., no more than...

- 彼はただ友達にすぎない He is only [merely] a friend. / He is nothing but a friend. / He is no more than a friend.

透き間 an opening; 〔割れ目〕a gap, a crack
スキャンする【コンピュータ】scan 〈a picture〉
　スキャナー a scanner, an optical scanner
スキューバダイビング scubadiving
過ぎる
　❶ 〔経過する〕pass (by), go by, be over; 〔通過する〕go [pass] through...; 〔年齢が〕be over... [more than...]
- 5年が過ぎた Five years passed (by).
- 夏が過ぎた Summer is over.
- 列車はトンネルを過ぎた The train went [passed] through the tunnel.
- 彼女は30を過ぎている She is over thirty.
　❷ 〔程度を越える〕too, too much
- この帽子は私には大き過ぎる This hat is too large for me.
　…すぎて…できない too ... to *do*, so ... that *A* cannnot *do*
　過ぎ去る pass away
　過ぎ去った past

すく
- 私はとてもおなかがすいている I am very hungry.
- 電車はすいていた The train was not crowded.

すぐ
　❶ 〔ただちに〕at once, right away, immediately; 〔まもなく〕soon; 〔…するとすぐに〕as soon as..., no sooner ... than...
- すぐ出発しよう Let's start at once.
- 彼はすぐ来ます He will come soon.
- 彼が来たらすぐ知らせてください Let me know as soon as he comes.
　❷ 〔すぐそばに〕close by
- 彼はすぐ近くに住んでいる He lives close by.
　❸ 〔簡単に〕easily
- それはすぐできるよ You can do it easily.

救い 〔救助〕help, rescue
- 彼らは救いを求めた They called for help.
スクイズ【野球】a squeeze play
　スクイズをする use a squeeze play
救う 〔助ける〕help; 〔命を〕save 〈from...〉
- 私は彼女がおぼれるのを救った I saved her from drowning.
すくう 〔さじなどで〕scoop up 〈water〉
スクーリング 〔教室授業〕schooling
スクール 〔学校〕a school
　スクールバス a school bus
スクエアダンス a square dance
すくすく 〈grow〉quickly, rapidly
少ない 〔数が〕few; 〔量が〕little
- 彼には友人が少ない He has few friends.
- 今年の夏は雨が少ない We have had little rain this summer.
　…より少ない less than 〈a hundred〉
少なからず 〔数〕not a few; 〔量〕not a little
- 彼はその知らせを聞いて少なからず驚いた He was not a little surprised to hear the news.
少なくとも at least
- 少なくとも毎日2時間は勉強しなければいけない You must study at least two hours every day.
　…(すると)すぐに as soon as..., the moment (that)...
- 彼は私を見るとすぐに逃げて行った As soon as he saw me, he ran away.

すくめる 〔肩を〕shrug 〈*one's* shoulders〉
スクラップ 〔小片・切れ端〕(a) scrap 〈of paper〉
スクラム【ラグビー】〈form〉a scrummage, 《英》《口語》a scrum
スクリーン 〔映写面〕the screen
　スクリーンセーバー 【コンピュータ】a screen saver
スクリュー 〔船の〕a screw (propeller)
優れる be better 〈than...〉, be superior 〈to...〉
- きょうは気分が優れない I don't feel well today.
　優れた good, excellent, superior
- 彼女は英語では私より優れている She is better than I [is superior to me] in English.
スクロールする【コンピュータ】scroll 〈a display〉
- 上[下]にスクロールする scroll up [down]
　スクロールバー a scroll bar

図形 a figure
スケート skating; 〔道具〕〈a pair of〉skates
- 放課後にスケートに行きましょう Let's go skating after school.
　スケート場 a skating rink
スケール 〔規模〕a 〈large, small〉scale
スケジュール 〔予定〕a schedule
スケッチ 〔写生図・略図〕a sketch
　スケッチする sketch, make a sketch 〈of...〉
　スケッチブック a sketchbook
スコア 〔得点〕a score
- 私たちは3対2のスコアで試合に勝った We won the game by a score of 3 to 2.
　スコアをつける keep (the) score
すごい 〔恐ろしい〕terrible 〈accident〉; 〔すばらしい〕wonderful
　すごく terribly; 〔非常に〕extremely, awfully
図工 drawing and handicraft
少し 〔数が〕a few; 〔量・程度が〕a little, a bit
- 彼はアメリカに少し友人がいる He has a few friends in America.
- それは少しの人しか知らなかった Few people knew it.
- 彼はお金を少し持っている He has a little money.
- 私には少ししか時間がない I have little time.
　少しずつ little by little
- 彼は少しずつお金をためた He saved money little by little.
少しも…ない not ... at all, not any
- 彼は少しも英語が話せない He can't speak English at all.
- その池には少しも魚がいない There are not any fish in the pond.
過ごす spend, pass
- 彼は2週間を英国で過ごした He spent two weeks in England.
- 私たちは2日間を名所見物をして過ごした We spent two days (in) doing the sights there.
- いかがお過ごしですか How are you getting

along?
スコップ ⇨ シャベル
寿司 *sushi*
　…で寿司詰めになっている be jam-packed with..., be packed [jammed] with 〈passengers〉
　寿司屋 a *sushi* shop [bar]
筋 〔縞〕a stripe; 〔物語の〕a plot
筋書 〔計画〕a plan, a scheme; 〔予定〕a schedule; 〔物語の〕a plot
頭上に 〈fly〉 over *one's* head; 〔頭に〕on *one's* head
すす soot
　すすの, すすだらけの sooty
鈴 〈ring〉 a bell
すず 〔金属の〕a tin
すすぐ wash, rinse 〈*one's* mouth〉
涼しい cool
　涼しい風 a cool breeze
・きょうは少し涼しい It is a little cool today.
進む 〔前進する〕go forward, advance, (make) progress; 〔時計が〕gain, be fast
・進め《号令》Go ahead.
・彼は英語の勉強が進んだ He progressed [advanced] in English.
・彼らは東に進んだ They made progress toward the east.
・この時計は5分進んでいる This watch is five minutes fast.
涼む cool *oneself*, enjoy the cool air
雀 〔鳥〕a sparrow
勧める 〔推薦する〕recommend 〈a book〉;〔忠告する〕advise;〔飲食物を〕offer 〈*A* a glass of wine〉
進める advance, go ahead with 〈a plan〉
すずり 〔書道の〕an inkstone
すすり泣く sob
すする sip 〈tea〉, slurp 〈the milk〉
すそ 〔衣服の〕the hem, the skirt
スター 〔花形〕a star
　映画スター a movie star
スタート 〔出発・開始〕a start
・彼らはいっせいにスタートを切った They started [made a start] all together.
　スタートボタン a Start button
スタイル 〔型〕a style;〔姿〕a figure
スタジアム 〔競技場・球場〕a stadium
スタジオ 〔制作室〕a studio
すたれる go out of use;〔流行が〕go out of fashion
スタンド 〔観客席・売店〕a stand
スタンプ 〔印・切手〕a stamp
スチーム 〔蒸気〕steam;〔暖房〕steam heating
…ずつ
・キャンディーを3つずつあげよう I'll give you three candies each.
・彼らは一人ずつ部屋に入った They went into the room one by one.
頭痛 a headache
・私は頭痛がします I have a headache.
すっかり quite;〔全部〕all
・もうすっかり元気です I am quite well now.

・野原はすっかり雪で覆われていた The fields were all covered with snow.
すっきりした 〔姿・形が〕neat, clear-cut
　すっきりする 〔気分が〕feel refreshed [well]
ずっと 〔時間〕(all) through...;〔距離〕all the way; 〔程度〕much, far
・一晩中ずっと雨が降った It rained (all) through the night.
・私は道中ずっと彼と一緒だった I was with him all the way.
・彼は私よりずっと背が高い He is much [far] taller than I.
　ずっと…していた had been *doing*
　ずっと…している have [has] been *doing*
すっぱい sour, acid
素手で 〈catch a ball〉 with bare hands
ステーキ 〔食肉の〕a steak, a beefsteak
ステージ 〔舞台〕a stage
すてきな ⇨ すばらしい
ステップ 〔足取り・段〕a step
すでに already ⇨ もう
・彼らはすでに出発していた They have already started.
捨てる throw away
・空き缶を捨ててはいけない Don't throw away empty cans.
ステレオ 〔装置〕a stereo (unit)
　ステレオタイプの stereotyped
ストーブ a stove, a heater
　ガス[石油]ストーブ a gas [an oil] heater
ストッキング 〔長靴下〕〈a pair of〉 stockings
ストック 〔在庫〕〈in, out of〉 stock
ストップ stop
　ストップする stop
　ストップウオッチ a stopwatch
ストライク 〔野球〕a strike
・カウントはツーストライク, スリーボールだ The count is three balls and two strikes.
ストレス 〔心理的緊張〕stress
　ストレスがある feel stress
　ストレスを解消する get rid of *one's* stress
ストロー 〔飲み物をすするための〕a straw
ストロボ 〔カメラの〕an electronic flash
砂 sand
　砂の sandy
　砂浜 a sandy beach
素直な obedient, gentle
　素直に obediently, gently
スナック 〔軽食〕a snack;〔軽食堂〕a snack bar
すなわち that is (to say), or
スニーカー 〔ゴム底のズック靴〕sneakers
すね a shank;〔向こうずね〕a shin
すねる be [get] sulky
頭脳 a head, a brain
スパート 〔力走・力泳〕〈make, put on〉 a spurt
スパイク 〔靴〕spiked shoes, spikes
スパゲッティ spaghetti
すばしこい quick, smart
　すばしこく quickly, smartly
ずば抜けて by far
・これはずば抜けてよい This is by far the best of

スパムメール 【インターネット】〔迷惑メール〕spam (mail)
すばやい quick
　すばやく quickly
・彼はすばやく仕事を済ませた　He finished the work quickly.
すばらしい wonderful, fine, nice, great
・すばらしい眺め　a fine view
・すばらしい天気　nice weather
・私たちはすばらしい時を過ごした　We had a wonderful time.
・それはすばらしい　That's great!
・なんてすばらしいんでしょう　How wonderful!
スピーカー〔拡声器・話す人〕a speaker
スピーチ〔演説〕⟨make⟩ a speech
　スピーチコンテスト a speech contest
スピード〔速度〕(a) speed
・この自動車は時速80キロのスピードで走っている　This car is moving at the speed of 80 kilometers an hour.
　スピード違反 a speed violation
・スピード違反を犯す　break the speed limit
・スピード違反で罰金を取られる　be fined for speeding
図表 ⟨make⟩ a chart
スプーン〔さじ〕a spoon
ずぶとい〔大胆な〕bold, daring;〔生意気な〕impudent
ずぶぬれになる be soaked [drenched] to the skin, get wet to the skin
スプレー〔噴霧器・液〕(a) spray
スペア〔余分の〕spare
スペース〔空間・余地〕(a) space;〔宇宙〕space
　スペースシャトル a space shuttle
スペード〔トランプの〕a spade
すべて all, the whole
・これが彼女について知っているすべてです　This is all I know about her.
　すべての all, every, whole
・すべての生徒がこの辞典を持っている　All the students have this dictionary. / Every student has this dictionary.
滑り込む slide into ⟨home base⟩
滑り台 a slide
滑る slide
・子どもたちは氷の上を滑るのが好きだ　Children like to slide on ice.
　滑りやすい slippery
スペル spelling
スポーツ sports
・どんなスポーツが好きですか　What sports do you like?
　スポーツ新聞 a sports newspaper
　スポーツ番組 a sport program
　スポーツ欄 ⟨read⟩ the sports section
すぼめる close ⟨an umbrella⟩; shrug ⟨one's shoulders⟩
ズボン trousers, ((米))((口語)) pants;〔スポーツ用などの〕slacks
・彼はズボンをはいた［脱いだ］　He put on [took off] his trousers.
スポンサー〔後援者・広告主〕a sponsor
スポンジ〔水などを吸い取るための〕a sponge
スマートな〔格好のよい〕good-looking, stylish ⟨young man⟩
住まい one's house;〔住所〕one's address
・お住まいはどちらですか　Where do you live?
(…なしで)済ます do [go] without ⟨food⟩
すまない ⇨ すみません
炭 charcoal
墨 Indian ink;〔固形の〕an ink stick
隅 a corner
・部屋の隅に本箱がある　There is a bookcase in the corner of the room.
　隅から隅まで ⟨read⟩ from cover to cover
すみません I'm sorry. /〔失礼ですが〕Excuse me(, but). ⇨失礼な
・遅れてすみません　I'm sorry I'm late.
・すみませんが塩を取ってくれませんか　Excuse me, but will you pass me the salt?
・すみませんがもう一度おっしゃってください　((上昇調で)) I beg your pardon? / Pardon?
速やかな〔速い〕quick
すみれ【植物】a violet
　三色すみれ a pansy
住む live, dwell;〔定住する〕settle
・「彼はどこに住んでいますか」「ロンドンに住んでいます」　"Where does he live?" "He lives in London."
・私はおじの家に住んでいます　I am living with my uncle.
・彼には住む家がない　He has no house to live in.
済む be finished, end, be over
・この仕事は5時までには済むでしょう　This work will be finished by five.
・試験が済んだ　The examination is over.
　済ませる ⇨ finish
・もう宿題は済ませました　I have already finished my homework.
澄む become clear
　澄んだ clear ⟨water, eyes⟩
スムーズな〔円滑な〕smooth
　スムーズに smoothly
・会はスムーズに進んだ　The party went smoothly.
図面 a drawing;〔設計図〕a plan
相撲 sumo (wrestling)
・私は彼と相撲を取った　I wrestled with him.
スモークサーモン smoked salmon
すやすや
・すやすや眠る sleep quietly [peacefully]
スライド〔映写用の〕a slide
すらすら〔つかえずに〕fluently;〔容易に〕easily;〔順調に〕smoothly
・彼は英語をすらすら話す　He speaks English fluently.
・彼女はその質問にすらすら答えた　She answered the question easily [with ease].
スラックス〔スポーツ・ふだんばき用ズボン〕⟨a pair of⟩ slacks
スランプ〔不調〕⟨fall into⟩ a slump

すり 〔人〕**a pickpocket**
　する **pick, steal**
・私は財布をすられた I had my purse picked [stolen].
擦り切れる wear out
　擦り切れた **worn-out** ⟨coat⟩
スリッパ ⟨a pair of⟩ **slippers**
磨り減る be worn out
擦りむく scrape ⟨*one's* knee⟩
スリルのある thrilling
　スリル満点だ be full of thrills
する¹
❶〔行う〕**do, make**;〔遊び・球技などを〕**play**
・私は宿題をしなければならない I must do my homework.
・私は今することがない I have nothing to do now.
・放課後は何をしますか What do you do after school?
・私は友達とテニスをします I play tennis with my friend.
・彼はじょうずな演説をした He made a good speech.
❷〔…を…にする〕**make**
・彼は彼女を幸せにした He made her happy.
　…することにしている make it a rule to *do*
　…するために so that *A* will [can, may] *do*
　…するのが易しい easy to *do*
　…するべきだ ought to [should] *do*
　…するようになる come to *do*
する²〔こする〕**rub** ⟨*one's* hands⟩;〔マッチを〕**strike** ⟨a match⟩
刷る print ⇨印刷
ずるい sly, cunning;〔策をろうする〕**tricky**
・それはずるいよ That's not fair.
…すると
　10日間すると in ten days
鋭い sharp
　鋭いナイフ a sharp knife
・彼は目が鋭い He has sharp eyes.
ずれ〔相違・差〕**a difference, a gap**
擦れ違う pass each other
・私は通りで彼と擦れ違った I passed him on the street.
スローガン〔うたい文句〕**a slogan**
座る sit (down), take a seat, be seated
・どうぞお座りください Please sit down. / Take [Have] a seat please. / Please be seated.
・そこに座るな Don't sit there.
・彼はいすに座っている He is sitting on [in] the chair.
・彼は座ってコーラを飲んでいた He sat drinking cola.
ずんずん〔続けて〕⟨go⟩ **on and on, steadily**;〔急速に〕**fast, quickly, rapidly**
すんなり〔すらりとした〕**slim, slender**;〔問題なく〕⟨solve⟩ **smoothly, without any difficulty**
寸法 measure, size
　寸法を採る measure, take the size ⟨of...⟩
・寸法はどのくらいですか What size do you wear? / What size are you?

せ

背 the back
・彼は背が高い[低い] He is tall [short].
・「背はどれくらいありますか」「175センチあります」"How tall are you?" "I am 175 centimeters tall."
・彼女は背に赤ちゃんをおぶっている She is carrying a baby on her back.
・私たちの学校は丘を背にしている Our school has hills at the back.
せい
　…のせいで **owing to..., because of..., on account of...** ⇨…(の)ため
・彼は病気のせいでここに来られなかった Owing to his illness, he could not come here.
・それはみな私のせいです It's all my fault.
性〔男女の〕**sex**
　性教育 sex education
姓 a family name, the last name
…製 made in..., made of...
・日本製のカメラ a camera made in Japan, a camera of Japanese make
・その靴はイタリア製です The shoes are of Italian make.
・その箱は紙製です The box is made of paper.
正の〔正規の〕**regular**;【数学】**plus, positive**
税 a tax
　所得税 (an) income tax
誠意
　誠意のある sincere
　誠意をもって sincerely
精いっぱい with all *one's* **might, as hard as possible**
・精いっぱいやる do *one's* best
晴雨
・晴雨にかかわらず rain or shine, whether it rains or not
　晴雨計 a barometer
声援する cheer
・私たちは味方のチームに声援した We cheered [gave cheers for] our team.
成果 the result(s), the fruits ⟨of education⟩
正解 a correct answer
・私は正解だった I answered right. / I gave a correct answer.
性格 character;〔個性〕**personality**
正確 correct ⟨answer⟩, **exact** ⟨time⟩
・私の時計は正確だ My watch keeps good time.
　正確に correctly, exactly
・列車は正確に3時に到着した The train arrived exactly at three.
生活 (a) ⟨school⟩ **life**
・彼は田舎の生活を楽しんでいる He is enjoying a country life.
　(…の)生活を送る lead a ⟨simple⟩ life
　生活する live ⇨暮らし
　生活水準 the standard of living
　生活様式 a lifestyle
　日常生活 everyday [daily] life
税関 a custom(s) house; ⟨pass, go through⟩ **(the)**

世紀
 customs
世紀 a century
 20世紀 the 20th [twentieth] century
生気
 生気に満ちた ⟨be⟩ full of life, lively
 生気のない lifeless
正規の regular
正義 justice, right
請求 a request, a demand
 請求する ask, request, demand
 請求書 a bill
制御 control
 制御する control
 制御装置 a control device, a controller
税金 ⇨ 税
成句 a set phrase, an idiom
生計 *one's* living
 生計を立てる make *one's* living
西経 the west longitude
・西経30度 longitudee 30° W [thirty degrees west]
清潔な clean
・手を清潔にしておきなさい Keep your hands clean.
政権 a regime, an administration; 〔政府〕a government
制限 (a) restriction; 〔限界〕a limit
 制限する limit, restrict
・演説は10分に制限された Speeches are limited to ten minutes.
 制限速度 a speed limit
成功 success
・その計画は大成功だった The plan was a great success.
・ご成功を祈ります I wish you success.
 成功する succeed, be successful ⟨in...⟩
・彼は大西洋横断に成功した He succeeded in crossing the Atlantic.
精巧な delicate; 〔手の込んだ〕elaborate
星座 a constellation
政策 ⟨a foreign, an economic⟩ policy
制作する 〔映画・絵画などを〕produce
製作する make ⇨ 作る
 製作者 a maker
正座する sit up straight
生産 production
 生産する produce ⇨ 作る
 生産物 a product; 〔全体〕production, produce
精算する settle, adjust ⟨an account⟩
 精算所 〔駅の〕a fare adjustment office
静止した stationary ⟨orbit⟩, ⟨be⟩ at rest
 静止画【インターネット】a static image
制止する restrain, stop ⟨the fighting⟩
政治 politics
 政治(上)の political
 政治家 a statesman, a politician
正式の formal
・正式の服装 formal dress
性質 〔生まれつき〕nature; 〔性格〕character
・彼はおとないし性質の人だ He has a gentle nature.
誠実な sincere, faithful
 誠実に sincerely, faithfully
静粛な silent, quiet
・静粛に願います Be quiet, please.
成熟する 〔果実が〕be [get] ripe, ripen; 〔体が〕mature
 成熟した ripe; mature
青春 youth
・青春をエンジョイしなさい Enjoy your youth!
聖書 the (Holy) Bible
正常な normal
・正常なスピードで at normal speed
清書する make a fair [clean] copy
精神 spirit; 〔心〕mind
 精神的な spiritual, mental
 科学的精神 a scientific mind
 スポーツ精神 the sporting spirit
成人 an adult, a grown-up
 成人する grow up ⟨to be a doctor⟩, come of age
 成人の日 Adults' Day, Coming-of-Age Day
製図 drawing
 製図する draw
せいぜい 〔多く見ても〕at (the) most; 〔よく見ても〕at (the very) best; 〔長く掛かっても〕at (the) longest; 〔できるだけ…〕as ... as *one* can
精製する refine ⟨iron ore⟩
正々堂々と ⟨play⟩ fair, fairly
成績 〔結果〕a result; 〔学校の〕a record, 《米》grades; 〔試験の〕a mark
・試験の成績はどうでしたか What was the result of the examination?
・彼女は学校の成績がよい She has a good school record.
・彼は英語でよい[悪い]成績を取った He got good [bad] marks in English.
生鮮食品 fresh foods
精選する select carefully
整然と ⟨march⟩ in good order
清掃 cleaning
 清掃する clean
盛装する be dressed up, be dressed in *one's* best
製造する make, manufacture ⇨ 作る
 製造会社 manufacturing plant
生存 existence; 〔生き残ること〕survival
 生存する live, exist; survive
 生存競争 the struggle for existence
 生存者 a survivor
盛大な splendid, grand
 盛大に splendidly, on a grand scale
ぜいたく luxury
 ぜいたくな luxurious
 ぜいたくに luxuriously, ⟨live⟩ in luxury
 ぜいたく品 a luxury (item), luxurious goods
精出す be diligent ⟨in...⟩, work hard
成長 growth
 成長する 〔人・動物が〕grow (up)
・彼らはみな成長しました They have all grown up.

生長 growth
生長する〔植物が〕grow (up)
- この植物は日なたではどんどん生長する This plant grows rapidly in the sun.

生徒 a student;〔児童〕a pupil;〔男生徒〕a schoolboy;〔女生徒〕a schoolgirl
- 私たちのクラスには40人の生徒がいます There are forty students [pupils] in our class.
生徒会 a students' association

制度 a system
学校制度 a school system

政党 a political party

正当な just, right, proper;〔合法的な〕lawful, legal
正当に justly, rightly; lawfully

精読する read ⟨a book⟩ carefully

整頓 arrangement
整頓する arrange, put A in order;〔整頓しておく〕keep A in order
- その部屋はよく整頓されている The room is in good order.

西南 southwest
西南の southwestern

青年 a young man;〔若い人たち〕young people, the young, youth
- 彼は前途有望な青年です He is a promising young man.
青年時代 one's youth
- 彼は青年時代をロンドンで過ごした He spent his youth in London.

成年 adult age, majority
- 彼は来月成年に達する He comes of age next month.

生年月日 the date of one's birth

性能 efficiency
性能のよい efficient ⟨machine⟩

整備する fix ⟨a car⟩, repair
整備工場 a repair shop

製品 a product
工業製品 industrial products
外国製品 foreign products

政府 the government
日本政府 the Japanese Government

西部 the western part, the west ⇨西

制服 a uniform
- 私たちは学校の制服を着る We wear school uniforms.

征服 conquest
征服する conquer ⟨Mt. Everest⟩

生物 a living thing
生物学 biology
生物学者 a biologist

成分 an ingredient

性別 sex distinction

西方 the east
西方の western
西方に to the west ⟨of the town⟩

正方形 a (regular) square

西北 the northwest
西北の northwestern

精密な precise;〔詳しい〕detailed;〔綿密な〕close, thorough

税務署 a tax office

生命 (a) life (⑱ lives)
- その火事で多くの生命が失われた Many lives were lost in the fire.

姓名 one's (full) name

正門 the front [main] gate

西洋 the West, Europe and America
西洋化 westernization

静養 rest
静養する take a rest

整理する put A in order, arrange

成立する〔結成される〕be formed;〔協定などが結ばれる〕be concluded;〔予算などが承認される〕be approved;〔手はずが整えられる〕be arranged

清涼飲料 soft drink

勢力 power;〔影響力〕influence
勢力のある powerful, influential
勢力争い a power struggle

精力 energy, vitality
精力的な energetic, vigorous

西暦
- 西暦紀元前63年から紀元14年まで from 63 B.C. to A.D. 14

整列する line up;〔縦に〕stand in (a) line;〔横に〕stand in a row;〔コンピュータ〕sort ⟨data⟩

セーター〔毛編みの〕a sweater

セーフ【野球】safe
- 彼は三塁でセーフになった He was safe at third.

セーブする【コンピュータ】save ⟨data⟩

セールスマン〔販売員〕a salesman (⑱ salesmen)

世界 the world
- オーストラリアは世界で一番小さい大陸です Australia is the smallest continent in the world.
世界中で all over the world
- そのピアニストは世界中で有名です The pianist is famous all over the world.
世界的な worldwide ⟨fame⟩, international
世界一周旅行をする travel around the world
世界記録 a world record
世界平和 world peace
第1次世界大戦 World War I [one]
第2次世界大戦 World War II [two]

セカンド【野球】〔二塁〕second base;〔二塁手〕a second baseman

席 a seat
- どうぞ席にお着きください Please take your seat. / Please be seated.

咳 a cough
咳をする cough ⟨very hard⟩

赤外線 infrared rays

赤十字(社) the Red Cross
赤十字病院 a Red Cross Hospital

積雪 snowfall, (fallen) snow

せき立てる hurry, hasten;〔せき立てて…させる〕urge ⟨A to do⟩

石炭 coal

せき止める dam up ⟨the river⟩

責任 responsibility
- 運転手はその事故に責任がある The driver is responsible for the accident.

赤面する **blush** 〈for shame〉
石油 **petroleum**, **oil**
　石油ストーブ an oil heater
世間 **the world**;〔人々〕**people**
・彼は世間知らずだ He knows nothing of the world.
…せざるをえない **have to** *do*, **must** *do*, **cannot help** *do*ing, **cannot but** *do*, **be forced to** *do*
・私はその知らせを信じざるをえない We cannot but believe the news.
・私は笑わざるをえなかった I could not help laughing.
セ氏，摂氏 **centigrade**（略 C, C.）
・セ氏60度 60℃
ゼスチャー〔身ぶり〕**a gesture**
・警官は彼に止まれというゼスチャーをした The policeman gestured (for) him to stop.
世代 **a generation**
　若い世代 the young generation
節〔時期〕**time**;〔文章の段落〕**a paragraph**;〔文の一節〕**a passage**
説〔意見〕**an opinion**, **a view**;〔学説〕**a theory**
せっかく〔やっと〕**with much trouble**;〔親切に〕**kindly**
・せっかくのお招きですがお受けできません I am sorry I can't accept your kind invitation.
せっかちな **hasty**, **impatient**
説教 **a sermon**, **preaching**;〔小言〕**scolding**
　説教をする preach; scold
積極的な **active**, **positive**
　積極的な人 an active person
接近する **approach**〈the tiger〉, **draw [get] near**
　接近して near..., close to..., closely
節句 **a seasonal festival**
　桃の節句 the Girl's [Doll's] Festival
設計 **a plan**, **a design**
　設計する plan, design
・彼はこのホテルを設計した He planned this hotel.
石けん〈a cake of, a bar of〉**soap**
ゼッケン〔番号札〕**the (runner's) number**
石こう **plaster**〈work〉
接合する **connect**, **join**
絶交する **break off with...**, **have nothing to do with...**
絶好の **the best**〈chance〉; **ideal**〈day for a picnic〉
接触 **contact**, **touch**
　接触する touch, come in contact with〈foreign people〉
接する〔接触する〕**touch**;〔隣り合う〕**border**, **adjoin**;〔受け取る〕**receive**〈the news〉
節制 **temperance**
　節制する be temperate [moderate]〈in...〉
せっせと〈work〉**hard**, **diligently**
接戦 **close fighting**;〔競技の〕**a close game**
接続する **connect**, **join**
・この列車はここで函館行きの汽船と接続する This train connects here with the steamer for Hakodate.
　接続詞【文法】a conjunction
接待 **reception**
　接待する receive〈the guest〉, entertain
絶対に **absolutely**, **positively**
・私がそこへ行くのは絶対不可能だ It is absolutely impossible for me to go there.
接着剤 **an adhesive**
絶頂 **the summit**, **the height**〈of happiness〉
セット〔一組〕**a set**
　ゴルフクラブ1セット a set of golf clubs
説得する **persuade**〈*A* to *do*, *A* into *do*ing〉
設備 **equipment**
節分 ***setsubun***, **the day before the beginning of spring**
切望する **desire** *A* **earnestly**, **be eager [anxious]**〈for..., to *do*〉
絶望 **despair**
　絶望する despair〈of...〉
　絶望して in despair
説明 **(an) explanation**, **an account**
　説明する explain, tell, account for〈*one's* conduct〉
・その使い方を説明してください Please explain [tell me] how to use it.
絶滅 **extinction**
・絶滅の危機に瀕している be endangered
　絶滅する become extinct, die off, die out
節約 **saving**, **economy**
　節約する save
・彼は多くの時間を節約できた He could save a lot of time.
設立する **found**, **establish**
・その学校は1789年に設立された The school was founded [established] in 1789.
背中 **the back** ⇒ 背
背伸びする **stretch**
ぜひ **by all means**, **at any cost**
・ぜひそこへ行きなさい You should go there by all means.
・ぜひいらっしゃい Be sure to come.
　ぜひ…したいです I'd like to *do*.
背広《米》**a business suit**,《英》**a lounge suit**
背骨 **the backbone**
狭い〔幅が〕**narrow**;〔面積が〕**small**
・狭い通り a narrow street
・この部屋はちょっと狭い This room is rather small.
迫る〔近づく〕**draw near**, **approach**;〔しいる〕**press**, **urge**〈to *do*〉
・試験が迫ってきている The examination is close at hand.
せみ【昆虫】**a cicada**
せめて〔少なくとも〕**at least**;〔多くとも〕**at (the) most**;〔せいぜい〕**at (the) best**
攻める **attack** ⇒ 攻撃
責める **blame**, **reproach**
・他人を責めてはいけない Don't blame others.
セメント **cement**
競り **auction**
ゼリー〔寒天・菓子〕**jelly**
せりふ〔芝居の〕*one's* **lines**;〔言葉〕**words**
セルフサービス(の) **self-service**

セルロイド(の) celluloid
ゼロ zero ⇨ 零
・私たちはゼロから始める We start from scratch.
セロテープ cellophane tape
セロファン cellophane ⟨paper⟩
世論 public opinion
　世論調査 a public opinion poll
世話 care, trouble
・大変お世話になりました Thank you very much for your trouble.
　世話(を)する take care of..., care for..., look after..., watch over...
・彼女は赤ん坊の世話をしている She is taking care of [looking after] the baby.
せわしい busy ⇨ 忙しい
千 a [one] thousand
　5千 five thousand
　第1000(の) the thousandth
　何千もの… thousands of...
・何千もの人々がそこに集まった Thousands of people gathered there.
線 a line
・彼は直線を引いた He drew a straight line.
・正しい語に下線を引きなさい Underline the correct word.
栓 a plug; 〔瓶の〕a stopper, a bottle cork [cap]; 〔水道の〕a cock, 《米》a faucet, 《英》a tap
　栓抜き a bottle opener; 〔コルク用の〕a corkscrew
善 ⟨do⟩ good
　善人 a good person, the good
全… all ⟨the students⟩, whole ⟨class⟩
前… ex-, former
　前大統領 the ex-president, the former president
繊維 (a) fiber
　化学繊維 chemical fiber
善意 good will [intention]
全員 all the members
　全員一致 unanimously
前衛 〔サッカーなどの〕a forward; 〔テニスの〕a forward player
前回 the last time
全快する get (quite) well
・私は風邪が全快した I have completely recovered from my cold.
全角文字【コンピュータ】a full size character
前期 〔前半分〕the first half; 〔2学期制の〕《米》the first semester
前記の above, above-mentioned
選挙 an election
・彼は選挙で議長に選ばれた He was elected chairman.
　選挙する elect ⟨a new mayor⟩
　選挙運動 an election campaign
　総選挙 a general election
先月 last month
・彼は先月ここに来た He came here last month.
先見の明 ⟨a man of⟩ foresight
宣言 declaration
　宣言する declare

前後に ⟨swing⟩ back and forth
全校 the whole school
　全校生徒 all the students of the school
先行する 〔先に進む〕go ahead of ⟨other horses⟩, lead
先攻する【野球】(go to) bat first
専攻する 《米》major ⟨in...⟩, 《英》specialize ⟨in...⟩
　専攻科目 a major
選考する select, make a choice ⟨of...⟩
全国 the whole country
　全国の, 全国的な national, nationwide
　全国(的)に all over the country, throughout the country
　日本全国から from all over Japan
センサー a sensor
洗剤 cleanser
　合成洗剤 a synthetic detergent
潜在的な latent, potential
　潜在意識 subconsciousness
詮索する poke into..., be inquisitive about ⟨other people's affairs⟩
船室 a cabin
先日 the other day
・私は先日そこへ行った I went there the other day.
前日 the previous day, the day before
前者 the former
選手 a player
　選手権 ⟨win⟩ a championship
　野球選手 a baseball player
先週 last week
・先週はハワイにいました I was in Hawaii last week.
・彼は先週の金曜日に学校を休んだ He was absent from school last Friday.
全集 the complete works ⟨of Shakespeare⟩
戦術 tactics
選出する elect ⟨a new member⟩
全勝する win all the games
全焼する be burnt down
先進の advanced
　先進国 an advanced country
全身 the whole body
　全身に all over the body
前進 progress, an advance
　前進する progress, advance, go forward [ahead]
扇子 a (folding) fan
センス 〔感覚〕(a) sense
・彼にはユーモアのセンスがある He has a sense of humor.
先生 a teacher, a schoolteacher; 〔男の〕a schoolmaster; 〔女の〕a schoolmistress
　英語の先生 an English teacher, a teacher of English
・先生おはようございます Good morning, sir [ma'am].
宣誓 an oath
　宣誓する take [make] an oath, swear
全盛で ⟨be⟩ at *one's* best, at the height of *one's*

センセーション 〔興奮〕a ⟨great⟩ sensation

prosperity
全盛時代 the golden age;〔人の〕one's best days

センセーション 〔興奮〕a ⟨great⟩ sensation

全世界 the whole world
全世界に all over the world

前線 the front (line)
温暖前線 a warm front
寒冷前線 a cold front

全然(…ない) not ... at all
・彼女は全然泳げない She cannot swim at all.

先々月 the month before last

先々日 the day before yesterday ⇨ おととい

先々週 the week before last

先祖 an ancestor;〔全体〕ancestry

戦争 a war
独立戦争 the War of Independence
・世界にはまだ戦争がある There are still wars in the world.
戦争する go to war ⟨with...⟩

全速力で ⟨run⟩ at full speed

センター 〔中心〕a center,《英》a centre;【野球】center field;〔選手〕a center fielder

全体 the whole ⇨ 全部
・クラス全体が彼の提案に賛成した The whole class agreed to his proposal.

選択 choice, selection
選択する choose, select, make one's choice

洗濯する wash, clean
・彼女は週に一度衣類を洗濯する She washes her clothes once a week.
洗濯機 a washing machine
洗濯物 the washing
・洗濯物を干す hang the wash out to dry
・洗濯物を取り込む take in the washing
洗濯屋〔店〕a laundry

センタリング 【コンピュータ】centering

センタリングする 【サッカー】center ⟨a ball⟩

先端 the tip,〔of a pen⟩

センチメートル a centimeter,《英》a centimetre

全長 the total length ⟨of the bridge⟩

前兆 ⟨a good, a bad⟩ omen

前提 a premise
…を前提として assuming that..., on condition that...

宣伝 propaganda;〔広告〕advertisement
宣伝する advertise ⟨on TV⟩

先天的な inborn, inherent, congenital
先天的に inherently, by nature

前途 one's future;〔見込み〕prospects
・私たちは若い二人の前途を祝福した We wished the young couple a happy future.
前途有望な promising
・彼は前途有望な青年だ He is a promising youth.

先頭 the head, the lead
・彼はパレードの先頭に立って歩いた He walked at the head of the parade.
・そのランナーが先頭に立っていた The runner was in the lead.

扇動する agitate ⟨for...⟩
扇動者 an agitator

全日制
全日制高校 a full-time (senior) high school

潜入する enter secretly, smuggle ⟨into...⟩

善人 a good person

前年 the previous year, the year before;〔昨年〕last year

専念する devote oneself ⟨to...⟩

先輩 one's senior
・山田氏は高校で2年先輩だった Mr. Yamada was my senior by two years at the high school.

選抜する select, pick out ⇨ 選ぶ

先発する start in advance
先発投手【野球】a starting pitcher

前半 the former [first] half ⟨of the game⟩

全般 the whole ⇨ 全体

全部 all, the whole
・私はその料理を全部食べた I ate all the food [the whole meal].
・私は彼らの名を全部知っているわけではない I don't know all of their names.
全部の all, every, whole, entire
・その集会に全部の生徒が出席した All the students were [Every student was] present at the meeting.
全部で in all, all together
・彼らは全部で7人です They are seven in all.
・全部でいくらですか How much is it altogether?

扇風機 an electric fan

餞別 a parting [farewell] gift

前方に ahead
・彼ははるか前方を見た He looked far ahead.

ぜんまい ⟨wind⟩ a spring

千万 ten million(s)
・3億5千万 three hundred and fifty million

鮮明 clear, distinct, vivid
鮮明に clearly, distinctly, vividly

全滅する be completely destroyed

洗面する wash one's face
洗面器 a washbowl, a washbasin
洗面所 a toilet, a lavatory, a rest room

全面的な overall, whole, entire, complete
全面的に overall, wholly

専門 specialty,《英》speciality
・私の専門は日本史です My specialty is Japanese history.
専門家 a specialist, an expert

前夜 the previous night;〔祭りなどの〕⟨Christmas⟩ Eve

先約
・すみませんが今晩は先約があります I'm sorry, but I have a previous engagement [appointment] for this evening.

専用
…専用である be for ⟨women⟩ only

旋律 a melody

善良な good, honest

戦力〔兵力〕military power;〔戦闘力〕fighting power

全力 ⟨with⟩ all one's might [power, strength, energies]
全力を尽くす do one's best

- 毎日全力を尽くすようにしなさい Try to do your best every day.

前例 〔先例〕**a precedent, a former example**
- そんな前例はない We have no such precedent.

前列 the front row

洗練された refined, polished, elegant

線路 a track, a railroad line
- 鉄道の線路を横切ってはいけない Don't cross railroad tracks.

そ

そう
❶〔そのように〕**so**
- 私はそう思います I think so.
- 私はそう早くは起きられない I can't get up so early.

❷〔そのとおり〕**yes**
- 「田中さんですか」「そうです」 "Are you Mr. Tanaka?" "Yes, I am."

…そう 〔…のようだ〕**look (like...), seem (to be)**; 〔…しそうである〕**be likely to** *do*
- 彼女はうれしそうだ She looks happy.
- 雨が降りそうだ It looks like rain.
- 彼は正直そうだ He seems (to be) honest.
- 彼は成功しそうだ He is likely to succeed.

沿う 〔…に沿って〕**along...**; 〔…のそばに〕**by...**
- 私たちは川に沿って歩いた We walked along the river.
- 湖に沿ってたくさんのホテルがある There are a large number of hotels by the lake.

層 a layer; 〔階層〕**a class**

像 an image; 〔立像〕**a statue**; 〔胸像〕**a bust**
- 自由の女神像 the Statue of Liberty

象【動物】an elephant

相違 (a) difference ⇨ 違い
相違する differ〈from...〉 ⇨ 違う

創意 originality
- 創意に富んだ original, creative

憎悪 hatred
憎悪する hate, detest
- 残酷さを憎悪する detest cruelty

騒音 (a) noise

増加 (an) increase
増加する increase ⇨ 増える

総会 〈hold〉a general meeting, an assembly

総額 ⇨ 合計

壮観 〈be〉a grand view, a spectacle

双眼鏡 〈a pair of〉binoculars

創刊する start, launch 〈a magazine〉

争議 a 〈labor〉dispute, a strike

葬儀 ⇨ 葬式

増強する 〔増やす〕increase; 〔強める〕**strengthen**; 〔補強する〕**reinforce**

ぞうきん a floor cloth, a duster; 〔柄の付いた〕**a mop**

送金する send money 〈to...〉

総計 ⇨ 合計

倉庫 a storehouse, a warehouse

相互に ⇨ 互いに

壮行会 a send-off [farewell] party

総合的な 〔全般的な〕**general**; 〔包括的な〕**comprehensive**; 〔総合的な〕**synthetic**

総合する put *A* **together**; 〔統合する〕**synthesize**
総合大学 a university

荘厳な sublime

捜査 (a) search, (an) investigation
捜査する search〈for...〉, investigate

操作 operation
操作する operate 〈a machine〉

創作 creation; 〔作品〕**an original work**
創作する create; 〔小説を〕write a novel

捜索する search〈for...〉
捜索隊 a search(ing) party

掃除 cleaning
掃除する clean; 〔掃く〕sweep
- 私は部屋を自分で掃除する I clean my room myself.
- 床を掃除しなさい Sweep the floor clean.

葬式 a funeral

走者 a runner

操縦する 〔機械を〕**operate**; 〔自動車を〕**drive**
操縦者 〔機械の〕an operator; 〔自動車の〕a driver; 〔飛行機の〕a pilot
操縦席 a cockpit

早春に in early spring, early in spring

装飾 decoration
室内装飾 interior decoration
装飾品 decorations

増進する increase, promote, improve

そうすれば 《命令文のあとで》**and**
- 水に飛び込みなさい. そうすれば浮くだろう Jump into the water, and you will float.

想像 imagination
想像上の imaginary
想像する imagine
- 彼が誰だか想像もできない I cannot imagine who he is.

創造 creation
創造する create
創造力 creative power

騒々しい noisy
- 騒々しい子どもたち noisy children
- 通りは交通で大変騒々しかった The street was very noisy with traffic.

早々に 〔早く〕**early**; 〔すぐに〕**at once, as soon as** 〈*one* can〉

相続 succession; 〔財産の〕**inheritance**
相続する succeed〈to...〉; inherit
相続人 a successor; 〔男〕an heir; 〔女〕an heiress

…(だ)そうだ I hear (that)... / ..., I hear. / They [People] say (that)... / It is said (that)...

早退する 〔学校を〕**leave school before it is over**; 〔会社を〕**leave the office early**

壮大な magnificent, grand

増大する increase, enlarge ⇨ 増える

相談する consult, talk over, have a talk 〈with...〉
- 医者に相談したほうがいい You'd better consult the doctor.
- 私たちはそのことについて彼と相談した We talked

装置 an apparatus
 暖房装置 a heating apparatus
早朝に early in the morning
贈呈する present, make a present of ⟨a bouquet of flowers⟩
相当な considerable
 相当に considerably, fairly
騒動 a riot; 〔もめごと〕trouble
挿入する insert, put ⟨A in B⟩
装備 equipment, fitting
 装備する equip, fit, furnish ⟨with...⟩
送別 farewell
 送別会 a farewell party
双方 both parties [sides]
創立 establishment, foundation
 創立する establish, found
 創立者 a founder
送料 〔郵便の〕postage; 〔荷物の〕freight charge, carriage
添える attach ⟨A to B⟩; 〔付け加える〕add ⟨A to B⟩
ソース sauce
ソーセージ (a) sausage
ソーダ水 soda water, club soda
ソートする【コンピュータ】sort ⟨data⟩
…足 a pair of ⟨shoes⟩
俗語 a slang word; slang
即座に at once, on the spot, immediately, instantly
・どろぼうは即座に逮捕された. The thief was captured on the spot.
即死する be killed on the spot
促進する hasten, speed up; 〔助長する〕promote ⟨growth⟩
属する belong ⟨to...⟩
・彼は水泳クラブに属している He belongs to the swimming club. / He is a member of the swimming club.
即席の instant
 即席に on the spot, instantly
ぞくぞくする 〔寒さで〕feel chilly, shiver with cold; 〔感動で〕feel a thrill, be thrilled
続々と one after another; 〔連続して〕in succession
速達で ⟨send a letter⟩ by special [《英》express] delivery
速度 (a) speed
・列車は1時間210キロの速度で走っている The train is running at a speed of 210 kilometers an hour.
 速度制限 speed limit
速読 rapid [speed] reading
束縛 (a) restraint
 束縛する restrain
測量 measurement, a survey
 測量する measure, survey ⟨the island⟩
速力 (a) speed ⇨速度
・車は全速力で走った The car ran at full speed.
ソケット 〔電気のプラグを差し込む〕a socket
そこ there

・そこに座りなさい Sit there.
・私は彼とそこへ行きます I will go there with him.
・私たちはそこで彼に会った We saw him there.
・そこから駅までどれくらいありますか How far is it from there to the station?
底 the bottom
祖国 one's (own, mother) country
損なう injure ⟨one's health⟩, hurt ⟨one's feelings⟩
…(し)そこなう fail to do; 〔のがす〕miss
・私はその雑誌を買いそこなった I failed to buy the magazine.
・彼はその列車に乗りそこなった He missed the train.
組織 (an) organization; 〔体系〕(a) system
 組織する organize, form
 組織的な systematic
素質 a quality; 〔才能〕(a) genius
そして and, (and) then
・彼はドアを開け,そして部屋に入って行った He opened the door and went into the room.
・彼はニューヨーク, そしてボストンへ行った He went to New York, and then to Boston.
祖先 an ancestor
注ぐ pour
・隅田川は東京湾に注いでいる The Sumida River pours [flows] into Tokyo Bay.
そそっかしい hasty, careless; 〔分別の足りない〕thoughtless
そそのかす tempt, dare ⟨A to do⟩
育ち ⟨good⟩ breeding, growth
育つ grow (up); 〔養育される〕be brought up
・彼女は東京で育った She was brought up in Tokyo.
育てる 〔子どもを〕bring up ⟨three children⟩; 〔植物を〕grow; 〔動物を〕raise
措置 a step, a measure
そちら 〔そこ〕there, over there, your place; 〔あなた〕you; 〔ご家族〕your family; 〔電話で〕this, 《英》that
・そちらはどなた様ですか Who's this, please?
速記 shorthand, stenography
 速記する write [take down] ⟨a speech⟩ in shorthand
 速記者 a stenographer
卒業 graduation
 卒業する graduate ⟨from...⟩
・彼は昨年高校を卒業した He graduated from high school last year.
 卒業式 a graduation ceremony
 卒業証書 a graduation certificate; 〔大学の〕a diploma
 卒業生 a graduate
即金で ⟨pay⟩ in cash
ソックス 〔短靴下〕⟨a pair of⟩ socks
そっくり 〔よく似ている〕be just like ⟨one's mother⟩; 〔全部〕all, wholly
続行する continue, go on with ⟨the game⟩
率直な frank, plain
 率直に言えば to be frank with you, frankly

speaking

そっと 〔静かに〕**quietly**;〔こっそり〕**secretly**
・彼はそっと部屋に入った He stole into the room.

ぞっとする shudder
・私はその光景を見てぞっとした I shuddered at the sight.

袖 a sleeve

外 〔外側・外部〕**the outside**
　外の **outside, outer**
・外の騒音は何ですか What is the noise outside?
　外で、外に、外へ **out, outside, outward**
・子どもたちは外で長い時間遊ぶ Children spend much time outside.
・外に出て遊びなさい Go out and play.
・私たちは家の外にペンキを塗った We painted the outside of our house.
　外から from the outside
・彼は外からドアに鍵をかけた He locked the door from the outside.
　…から外へ out of...
・彼は家から外へ出てきた He walked out of the house.

備える provide ⟨for..., against...⟩, **prepare** ⟨for...⟩
・彼らは寒い冬に備えなければならない They must prepare for a cold winter.
　(…への)備えがある be prepared for ⟨the future⟩

供える offer ⟨some flowers⟩

その the;((強調))**that**;〔それの〕**its**
・その本はどこにありますか Where is the book?
・その名は何と言いますか What's its name?
・その日はひどく風が吹いていた It was blowing hard that day.

その間に meanwhile, in the meantime
　その間ずっと all the while

その上に besides, moreover;〔よいことに〕**as well**
・寒かったし、その上に雨が降っていた It was cold; besides, it was raining.
・彼はその上にフランス語も話す He speaks French as well.

そのうち 〔近いうちに〕**soon, before long**;〔やがて〕**by and by**;〔将来のいつか〕**some day**
・彼はそのうちに戻ります He will soon be back.
・あなたもそのうちに分かるよ You will see by and by [some day].
　そのうちには in time

その代わり(に) instead
・その代わりこれをあげよう I will give you this instead.

そのくらい so much [many], that much;〔…かそのくらい〕**... or so**
・彼は1週間かそのくらい町に滞在した He stayed in the city for a week or so.

その後 〔そのあと〕**after that, later**;〔それ以来ずっと〕**since (then), from then on**
・その後彼は医者になった He became a doctor after that.
・私はその後ずっと彼女に会っていない I haven't seen her since then.

その頃 〔その時〕**then, at that time**;〔その当時〕**in those days**
・彼はその頃ここサンフランシスコにいた He was here in San Francisco at that time.
　その頃(まで)には by then

その他 ⇒ そのほか

そのため (and) so, therefore, for that reason;〔その目的で〕**for that purpose**
・彼は病気だった.そのため学校には行けなかった He was sick, and so he couldn't go to school.
・彼はそのためにアメリカに行った He went to America for that purpose.

そのとおり
・そのとおりです You're right. / That's right.
・そのとおりにします I will do just that.

その時 then, at that time
　その時までには by then, by that time ⇒ **その頃**

その場で ⟨be captured⟩ **on the spot**

そのほか other
・そのほかの質問はありませんか Do you have any other questions?
　そのほかのもの the others
　そのほかに else
・そのほかに何か買いましたか Did you buy anything else?

そのまま
・本はそのままにしておきなさい Leave the book as it is.
・そのままお待ちください ((電話で)) Please hold the line.

そのような… such; **... of that kind [sort]**
　そのように (in) that way, in that manner

蕎麦 〔食品〕**buckwheat noodles**

そば
　…のそばに by..., near..., beside...
・彼は門のそばに立っていた He stood by the gate.
・私は彼女のそばに座った I sat beside her.
・彼女はいすをもっとそばに寄せた She moved her chair nearer (to the desk).

そびえる
・塔が空高くそびえている The tower rises high in the air.

祖父 a grandfather

ソファー 〔長いす〕**a sofa**

ソフトウェア 【コンピュータ】 〔プログラムなど〕**software**

ソフトボール 【球技】 **softball**
・ソフトボールをする play softball

祖母 a grandmother

素朴な simple, plain

粗末な poor, plain, coarse
・粗末な服 poor [plain] clothes
　粗末にする 〔無視する〕**neglect**;〔浪費する〕**waste**

背く disobey ⟨one's boss⟩

染める dye
・彼女は髪の毛を黒く染めた She dyed her hair black.

粗野な rough, rude

素養 ⟨have some⟩ **knowledge**

そよ風 a gentle wind, a breeze

そよそよと gently
空 the sky; 〔空中〕the air
- 青(い)空 a blue sky
- 曇った空 a cloudy sky
- 空には雲一つない There is no cloud in the sky.
- 空飛ぶ円盤 a flying saucer

そら 〔ほら〕**there, here, now, come**
- そらごらん There you see!
- そらバスが来た Here comes the bus.

そらで
- そらで言う tell ⟨a story⟩ from memory
- そらで覚える learn ⟨a poem⟩ by heart

そり 〔小型の〕a sled; 〔馬に引かせる〕a sleigh
反る 〔曲がる〕bend; 〔板などが〕warp
剃る shave (off) ⟨*one's* beard⟩, get a shave
それ
それは[が] it
- 「これはなんですか」「それはペンです」 "What is this?" "It's a pen."
それの its
- それの名前はなんといいますか What's its name?

それに[を] it; 〔強調〕that
- 私は辞書を買ってそれをトムにあげた I bought a dictionary and gave it to Tom.
- 私はそれを知らない I don't know that.
それ自身 itself

それから then, after that, since then ⇨ その後; 〔次に〕next
- それからどこへ行きましたか Where did you go next?

それぞれ each
- 彼らはそれぞれ2本の鉛筆を持っている They have two pencils each. / Each of them has two pencils.
- それぞれの学校にはそれぞれの伝統がある Each school has its own traditions.

それだけ 〔程度〕so much, that much; 〔それで全部〕all
- きょうはそれだけにしておこう So much for today.
- それだけです That's all.
それだけ(ますます) all the more

それっきり (ever) since, since then
- 私はそれっきり彼に会っていない I haven't seen him ever since.

それで 〔それだから〕so, therefore ⇨ そのため; 〔それから〕and, then ⇨ ところで

それでは then
- それではそれは何ですか What is it, then?

それでも and yet, in spite of this
- それは奇妙だが，それでも本当だ It is strange, and yet it is true.

それどころか on the contrary
- 「宿題は済みましたか」「いや、それどころか，始めてもいません」 "Have you finished your homework?" "No, on the contrary, I haven't even begun it yet."

それとなく indirectly
それとなく言う hint, suggest

それとも or ⇨ あるいは
- コーヒーにしますか、それとも紅茶にしますか Will you have coffee or tea?

それに ⇨ その上(に)
それにしても still, but
それはそうと by the way ⇨ ところで
それほど 〔そんなに〕so, so much [many]
- 映画はそれほどおもしろくなかった The movie wasn't very interesting. / The movie wasn't as interesting as I had expected.

それまで till [until] then, till [until] that time
それゆえ therefore, so
それら
それらは[が] they, those
- それらは中国の切手です They [Those] are Chinese stamps.
それらの their
- それらの名はこの地図に載っている Their names are on this map.
それらに[を] them; 〔強調〕those
- 私たちはそれらを12月に買う We buy them in December.
- これらよりもそれらの方が好きです I like those better than these.
それら自身 themselves

それる 〔弾丸などが〕miss ⟨the target⟩; 〔道から〕go astray; 〔話などが〕wander from [off] ⟨the point⟩

そろい a set ⟨of tools⟩, a suit ⟨of clothes⟩; 〔そろいの服〕a uniform

そろう 〔完全になる〕be complete; 〔大きさなどが〕be equal; 〔意見が〕agree ⟨to..., with...⟩
- みんなそろいましたか Are you all here?

そろえる 〔整頓する〕arrange, put *A* in order
- 彼女はカードをアルファベット順にそろえた She arranged the cards in alphabetical order.

そろそろ
❶ 〔ゆっくり〕slowly
- 彼はそろそろと歩いた He walked slowly.
❷ 〔まもなく〕soon, before long
- そろそろ彼が来るでしょう He will be coming soon.

そろばん ⟨use⟩ an abacus
そわそわする be restless, be nervous
そわそわして restlessly, nervously

損 (a) loss
損をする lose
- 彼は1万円の損をした He lost ten thousand yen.

損害 damage, (a) loss
- (…に)大損害を与える cause great damage ⟨to the crops⟩

尊敬(する) respect
- 彼は誰からも尊敬されている He is respected by everybody.

存在 existence
存在する exist

ぞんざいな 〔粗野な〕rude, rough; 〔軽率な〕careless
ぞんざいに rudely, roughly; ⟨write⟩ carelessly

損失 ⇨ 損, 損害
村長 a village chief
尊重 respect, esteem
尊重する respect, esteem

損得 〈calculate〉 loss and gain, profit and loss
そんな… such; … like that
・私はそんなことは考えたこともない I have never thought of such a thing.
そんなに so, like that
・そんなに大声で話すな Don't speak so loudly.
村民 a villager; the village people

た

田 a rice field
ダース〔12個〕a dozen
・鉛筆3ダース three dozen pencils
ターミナル〔終着駅〕a terminal
…(し)たい want to *do* ⇨ …したい
鯛【魚】a sea bream
…対… 〔…と…との間の〕〈the game〉 between 〈Germany〉 and 〈Holland〉;〔対抗の〕versus (略 vs.)
台 a stand
題 a title
代〔時代〕an age, a time;〔世代〕a generation;〔代金〕a charge, a fee
代々 from generation to generation
体当たりする throw *oneself* against 〈the door〉
大意 an outline
・この文の大意を述べなさい Give an outline of this passage.
体育 physical education (略 P.E.)
体育館 a gymnasium, 《話》a gym
体育祭 a field day
体育の日 Health-Sports Day
第一(の) the first
第一に first, first of all, most of all, to begin with
・彼はまず第一に先生に手紙を書いた He wrote to his teacher first of all.
第一印象 the first impression
第一志望 the first choice
退院する leave (the) hospital
ダイエット 〈be on〉 a diet
対応する〔匹敵する〕match;〔相応する〕correspond 〈to...〉;〔うまく処理する〕cope 〈with the accident〉
体温 〈take〉 *one's* temperature
体温計 a (clinical) thermometer
大家 an authority 〈on...〉
大会 a grand meeting;〔総会〕a general meeting;〔政党などの〕a convention
大概の〔大部分の〕⇨ たいてい
体格 constitution
・彼は立派な体格をしている He has a good constitution.
大学〔総合大学〕a university;〔単科大学〕a college
・彼は大学に入った He entered a university [college].
・彼は大学を卒業した He graduated from a university [college].
大学教授 a university [college] professor
大学生 a university [college] student
退学する leave school, quit [drop out of] school

大気 the air, the atmosphere
大気汚染 air pollution
退却 (a) retreat, (a) withdrawal
退却する retreat, withdraw, make a retreat 〈from...〉
耐久力のある durable
大金 a large sum of money, a lot of money
代金〔値段〕〈pay〉 the price 〈for...〉;〔費用〕the cost;〔料金〕the charge
待遇 treatment
・彼はひどい待遇を受けた He was badly treated.
退屈な dull, boring
退屈な話 a dull [boring] story
退屈する get bored
・彼はその静かな生活に退屈した He was tired of the quiet life.
大群 a large school 〈of fish〉, a large swarm 〈of bees〉, a large flock 〈of sheep, birds〉
体系 a system
体形 a 〈good〉 figure
対決する confront 〈with...〉
体験 (an) experience
体験する experience 〈many difficulties〉
太鼓 a drum
・太鼓の音 a drumbeat
対抗する oppose,〔匹敵する〕match
大根【植物】a radish
滞在 a stay
・ロンドン滞在中に彼はビルに会う予定です During his stay in London, he is going to see Bill.
滞在する stay 〈at..., in...〉
・東京にはどれくらい滞在しますか How long are you going to stay in Tokyo?
対策 measures
・私たちは必要な対策を講じた We took the necessary measures.
退治する get rid of 〈rats〉
大事な important ⇨ 重要(性)
大事にする take good care 〈of...〉, treasure;〔思う〕think much 〈of...〉
・体を大事にしてください Take good care of yourself.
・彼が一番大事にしているものがあります There is one thing he treasures most of all.
大した very, great
・彼は大した金持ちだ He is very rich.
・彼は大した科学者だ He is a great scientist.
大して…ない not very 〈cold〉, not much
…(に)対して〔…に向かって〕for..., to...;〔…に反対して〕against...
・ご助力に対してお礼申し上げます Thank you very much for your help.
・お年寄りに対して親切にしなさい Be kind to old people.
・彼は敵に対して勇敢に戦った He fought bravely against the enemy.
大衆 the (general) public
体重 weight
・「体重はいくらありますか」「55キロあります」 "How much do you weigh?" "I weigh 55 kilograms."
・私は体重が増えた[減った] I have gained [lost]

対象 an object
対照 contrast
　対照する contrast〈A with B〉;〔比較する〕compare〈A to B〉
対称 symmetry
　対称的な symmetrical
退場する leave, walk out of〈the hall〉
大丈夫〔安全な〕safe, all right
・ここで泳いでも大丈夫ですか Is it safe to swim here?
・彼はもう大丈夫です He is all right now.
退職 retirement
　退職する retire (from office)
　退職者 a retired employee
大臣 a minister
大豆〔植物〕a soybean
大好きな favorite, 《英》favourite
・彼は犬が大好きだ He likes dogs very much. / He is very fond of dogs.
大勢 the general situation [tendency]
体制 a system, a structure
体積 volume
退席する leave one's seat
大切 important
・大切なこと an important thing
対戦する play (against)〈a team〉;〔ボクシングなど〕fight (against)〈the champion〉
体操 gymnastics
　体操をする practice gymnastics, exercise
たいそう ⇨ 非常に
だいたい〔概して〕generally, on the whole;〔およそ〕about
・だいたいにおいて会は成功だった On the whole, the meeting was successful.
・私はだいたい7時頃に起きます I get up (at) about seven o'clock.
だいだい〔色〕orange
大多数 the majority
　大多数の most〈people〉, most of..., the majority of〈the committee〉
対談 a conversation, a talk
大胆な bold
　大胆に boldly
隊長 a captain, a leader
体調〈be in good〉shape, condition
・体調がいい be in good shape [condition]
タイツ〔体にぴったり付くズボン〕tights
たいてい〔通常〕usually, generally
・私はたいてい10時に寝ます I usually [generally] go to bed at ten.
　たいていの most
・たいていの学校はきょう始まります Most schools start today.
態度 an attitude, a manner
対等の equal
台所 a kitchen
タイトル〔表題〕a title;〔選手権〕a title, a championship
台無しにする spoil〈the taste〉
体罰 corporal [bodily] punishment

大半 ⇨ 大部分
代筆する write〈a letter〉for A
大病
・彼は大病をわずらっている He is seriously ill.
代表〔人〕a representative
タイプ〔型〕a type;〔タイプライター〕a typewriter
・彼女は私の好きなタイプだ She is my type.
だいぶ〔非常に〕very, much;〔かなり〕pretty
・風がだいぶ強い It is blowing very hard.
・彼はだいぶよくなっている He is getting much better.
・きょうはだいぶ暖かい It is pretty warm today.
台風 a typhoon
大部分 the greater part〈of...〉;〔大部分の〕most〈people〉;〔たいがい〕mostly, for the most part
・彼らの大部分は若い女性だった The greater part of them were young women. / They were for the most part young women.
・店の大部分は閉まっていた Most of the stores were closed.
大変〔非常に〕(very) much;〔重大な〕serious
・彼はその知らせを聞いて大変驚いた He was much surprised at the news.
・それは大変な問題だ That's a serious matter.
大変…なので… so ... that... ⇨ あまり
逮捕 arrest
　逮捕する arrest
・彼は逮捕された He got arrested.
台本〔放送の〕a script;〔映画の〕a scenario
たいまつ a torch
怠慢な negligent
タイミング〔時宜を得ること〕timing
　タイミングのよい timely
タイム〔時〕time
タイムリーな〔タイミングのよい〕timely
対面 an interview, meeting
　対面する meet〈one's mother〉, interview
タイヤ a tire, 《英》a tyre
ダイヤ
　❶〔列車運行表〕a train schedule;〔時刻表〕a timetable
　❷〔ダイヤモンド〕a diamond
ダイヤル〔電話・ラジオなどの〕a dial
・ダイヤルを回す turn the dial〈of a phone〉
太陽 the sun
・太陽は東から昇り西に沈む The sun rises in the east and sets in the west.
　太陽の solar
　太陽エネルギー solar power [energy]
　太陽系 the solar system
　太陽電池 a solar battery
　太陽電池自動車 a solar car
　太陽熱発電所 a solar power plant
代用 substitution
　代用する substitute〈A for B〉
平らな flat, even
たいらげる〔食べ物を〕eat up
代理〔人〕a substitute, a representative
・私は支配人の代理をした I acted for the manager.
　代理店 an agency

大陸 a continent
　大陸(性)の continental ⟨climate⟩
対立 opposition
　対立する be opposed to ⟨each other⟩
大量 a large quantity ⟨of...⟩; a great amount ⟨of...⟩
・日本は大量の石油を輸入している Japan imports a large quantity of oil.
体力 physical strength, ⟨have⟩ stamina
タイル a tile
　タイル張りの床 tiled floor
対話 (a) conversation, a talk; 〔二人の〕a dialogue, 《米》a dialog
ダウンロードする 【インターネット】download ⟨data⟩
絶えず always, continuously ⇨ いつも
絶え間なく constantly, continuously
耐える bear, endure, tolerate, stand, put up with...
・彼はその痛みに耐えられなかった He couldn't endure [stand] the pain.
絶える become extinct, die out
楕円 an ellipse, an oval
　楕円形の oval
倒す 〔木を〕cut down; 〔人を〕knock down
タオル a ⟨bath⟩ towel
倒れる fall down
・彼は地面に倒れた He fell down on the ground.
鷹 【鳥】a hawk
だが but ⇨ しかし
高い
　❶ high; 〔背が〕tall
・高い山 a high mountain
・彼は背が高い He is tall.
・1羽の鳥が空高く飛んでいる A bird is flying high (up) in the sky.
　❷ 〔値段が〕expensive
・このかばんは高すぎます This bag is too expensive for me.
　❸ 〔声が〕loud
・彼女は高い声で話した She spoke in a loud [high] voice.
　高さ height
・あの山の高さはどれくらいですか How high is that mountain? / What is the height of that mountain?
・その塔は高さが30メートルある That tower is 30 meters high [in height].
互いに 〔主に二者の間で〕each other; 〔主に三者以上の間で〕one another
・彼らは互いに助け合った They helped each other [one another].
　互いの mutual
・彼は私たちお互いの友人です He is our mutual friend.
多額の a large sum [amount] of ⟨money⟩
高台 a height, a hill
高跳び
　走り高跳び the running high jump
　棒高跳び the pole jump [vault]
高まる rise ⟨in fame⟩, go up
　高める raise, elevate ⟨*one's* reputation⟩

宝 a treasure
　宝くじ a public lottery (ticket)
…だから as..., because..., since...;〔それで〕so, therefore, accordingly
・きょうは雨だから私は行かない As it is raining today, I will not go.
・病気だから彼は来ることができない He cannot come, because he is sick. / He is sick, so he cannot come.
…(し)たがる want to *do* ⇨ …したがる
妥協 a compromise
　妥協する compromise
たく 〔火を〕burn, make a fire; 〔御飯を〕boil, cook ⟨rice⟩
抱く hold in *one's* arms, embrace, hug
たくさん 〔多くの…〕a lot of..., lots of..., plenty of...; 〔多数の…〕many, a large number of...; 〔多量の…〕much, a large quantity of..., a great deal of...
・彼はたくさん本を持っている He has a lot of [lots of, plenty of] books.
・彼は日本についてたくさんのことを学んだ He learned a lot about Japan.
・6月にはたくさんの雨が降る We have a lot of [plenty of] rain in June.
タクシー a taxi
・私は駅までタクシーで行った I went to the station by taxi.
・タクシーに乗る take a taxi
　タクシー運転手 a taxi driver
託す leave *A* to... [with...]
宅地 〔敷地〕residential land
たくましい strong, stout
巧みな skillful ⟨skier⟩
　巧みに skillfully
たくらみ 〔陰謀〕a plot
　たくらむ plot
蓄え a store, a stock; 〔貯金〕savings
　蓄える store; 〔金などを〕save
・彼らは冬に備えて食べ物を蓄える They store food for the winter.
丈 〔長さ〕length; 〔高さ・身長〕height
竹 【植物】a bamboo
　竹の子 a bamboo shoot
…だけ
　❶ 〔…のみ〕only
・彼はボールを1個だけ持っていた He had only one ball.
・彼女はそこに座っているだけだった She was only sitting there.
・あなただけがその車を運転できる Only you can drive the car.
　❷ 〔…の限り〕as ... as ...
・できるだけ速く走りなさい Run as fast as you can.
　❸ 〔…に十分な〕enough ⟨to *do*⟩
・私はその本を買うだけの金がある I have enough money [money enough] to buy the book.
　…だけでなく…もまた not only *A* but (also) *B* ⇨ …のみならず…
打撃 a blow; 〔精神的な〕a shock; 〔野球の〕bat-

妥結 an agreement
　妥結する reach an agreement
たけなわ
・春たけなわである We are in the midst of spring.
たこ¹【動物】an octopus
たこ²〈fly〉a kite
確かな certain, sure
・彼が成功することは確かだ It is certain that he will succeed. / He is sure to succeed.
・彼女が生きているのは確かだ I'm sure (that) she is alive.
　(…かどうかは)確かではない it is not certain (whether ... or not)
　確かに certainly, surely, to be sure
　確かめる make sure 〈of the date〉
足し算 addition
たしなみ〔慎み〕modesty; 〔趣味〕〈musical〉taste
打者【野球】a batter
多少 some; 〔いくぶん〕somewhat, more or less
・私は料理の本を多少持っている I have some cooking books.
・彼は英語が多少話せる He can speak some English.
足す add 〈A to B〉 ⇨ 加える
・2足す3は5 Two and three make(s) five.
出す
❶〔取り出す〕take out; 〔手などを〕hold out; 〔顔などを〕put out
・彼は小さな箱を出してテーブルの上に置いた He took out a small box and put it on the table.
・窓から首を出すな Don't put your head out of the window.
❷〔手紙などを〕send
・私はその本を航空便で出した I sent the book by air mail.
❸〔提出する〕hand in 〈his paper〉, turn in
❹〔与える・提供する〕give 〈a lot of homework〉, put up
❺〔…し出す〕begin 〈to rain〉, start 〈raining〉
多数 ⇨ たくさん
助かる〔命が〕be saved, be rescued; 〔生き残る〕survive; 〔節約する〕save
・これで出費が大変助かった This saved a lot of expenses.
助け help, aid; 〔救助〕a rescue
・私は彼に助けを求めた I asked him for help.
・あなたの忠告は私に大きな助けとなるでしょう Your advice will be of great help to me.
・彼は松葉杖を助けに歩いていた He was walking with the aid of crutches.
助ける〔援助する〕help; 〔救助する〕save, rescue
・彼は私の仕事を助けてくれた He helped me with my work.
・彼は子どもがおぼれるのを助けた He saved a child from drowning.
尋ねる ask
・一つお尋ねしてもいいですか May I ask (you) a question?

・私は彼に駅へ行く道を尋ねた I asked him the way to the station.
訪ねる ⇨ 訪れる
打席【野球】
・イチローが打席に立っている Ichiro is at bat.
…だそうです I hear (that)... / They say (that)...
・彼は先月来病気だそうです I hear (that) he has been ill since last month.
たそがれ dusk, (evening) twilight
ただ
❶〔単に〕only, just
・彼はただ一人しか子どもを持っていない He has only one child.
・私はただあなたの名前が知りたかったのです I just wanted to know your name.
❷〔無料で〕free, for nothing
・そのパンフレットはただでもらえる You can have the pamphlet free [for nothing].
　ただ(…する)だけ 〈do〉 nothing but 〈cry〉
多大な great, much, a great deal of 〈effort〉
ただ今 now, just, just now
・彼はただ今帰宅したところです He has just come home. / He came home just now.
・ただいま《あいさつ》Here I am! / I'm home(, Mom)!
戦い a fight, a battle; 〔戦争〕a war
戦う fight
・私たちはスペイン・チームと戦った We fought against Spanish team.
闘う〔困難などと〕struggle
たたく strike; 〔軽く〕pat; 〔戸を〕knock 〈at..., on...〉
・彼は私の頭をたたいた He struck me on the head.
・彼はドアをたたいた He knocked on [at] the door.
ただし ⇨ しかし
正しい right; 〔正確な〕correct
・あなた(の言うこと)は正しい You are right.
・あなたの答えは正しい Your answer is correct.
・彼は正しい英語を話す He speaks correct English.
　正しく rightly, correctly
　正す correct 〈the mistakes〉
ただちに at once ⇨ すぐ
畳 a *tatami*, a straw mat
畳む fold
・彼女は手紙を四つに畳んだ She folded the letter into four.
立ち上がる stand up, rise, get to *one's* feet; 〔ぱっと〕jump [spring] to *one's* feet
立ち上げる【コンピュータ】boot up 〈a computer〉
立ち居振る舞い manners, movements
立ち入る〔入り込む〕enter, go [get] into...; 〔干渉する〕meddle 〈in...〉
・芝生への立ち入り禁止《掲示》Keep off [out of] the grass
立ち往生する come to a standstill, be held up
立ち去る leave, go away 〈from...〉
立ち止まる stop
・彼は立ち止まってタバコを吸った He stopped to

smoke.
立ち直る get back on *one's* feet
立ち上る go up, rise
・煙が空に立ち上っている The smoke is going up [rising] into the air.
立場 a position, a place, a situation
たちまち at once ⇨ すぐ
立ち向かう confront, fight〈against...〉, face
立ち寄る〔人〕call on..., drop in on...;〔場所〕call at...; drop in at...; stop off at... [in...]
・こちらにおいでの節はどうぞお立ち寄りください Please call on me when you come this way.
・私はおじさんの家に寄った I dropped in at my uncle's house.
たつ〔経過する〕pass (by), go by
・何年かがたった Years passed (by).
立つ〔立っている〕stand;〔立ち上がる〕stand up, rise (up);〔出発する〕leave, start〈from...〉
・彼は窓のそばに立っている He is standing by the window.
・立ちなさい Stand up.
・彼女はきのう日本を立った She left [started from] Japan yesterday.
建つ be built
・この校舎は昨年建った This school building was built last year.
断つ cut (off);〔やめる〕break off;〔やめる〕give up〈drinking〉
卓球〈play〉table tennis, ping-pong
タックル【ラグビーなど】a tackle
 タックルする tackle
達者だ〔体が〕be very well, be healthy, be in good health;〔じょうず〕be good at〈swimming〉, be skillful〈at..., in...〉
ダッシュ〔符号(―)〕a dash;〔突進・短距離走〕a dash
達する〔目的を〕attain, achieve;〔到達する〕reach, arrive〈at..., in...〉, get to...
・彼は望みを達した He attained his hopes.
・彼らは山の頂上に達した They reached the top of the mountain.
達成する attain, achieve〈*one's* purpose〉
脱線する derail, run off the rails;〔話などが〕wander〈from the point〉
たった only, just〈now〉
・彼はそこにたった一人で住んでいる He lives there all alone [all by himself].
・私はその仕事をたった一日で仕上げた I finished the work in a single day.
脱退する withdraw〈from society〉
タッチ〔触れること〕a touch
 タッチパネル【コンピュータ】a touchpadl
だって〔しかし〕but;〔…でさえ〕even;〔…もまた〕also, too;〔なぜなら〕because...
ダット DAT (digital audio tape の略)
貴ぶ〔尊重する〕value
尊ぶ〔尊敬する〕respect
たっぷり full, enough, good, plenty of〈money〉
・学校まで歩いてたっぷり1時間は掛かる It takes a good [full] hour to walk to the school.
(し)たて fresh

取り立ての野菜 fresh vegetable, fresh from the garden
縦 length
・その板は縦3メートルある The board is three meters long [in length].
立て替える pay〈the fee〉for...
立て札 a notice [bulletin] board
建物 a building
立てる stand, set up
建てる build〈a new house〉, construct
打倒する〔打ち負かす〕beat, defeat;〔ひっくり返す〕overthrow
妥当な proper, reasonable〈price〉
たとえ…でも even if..., even though...; no matter how [what, when, where, which, who]
・たとえ雨が降っても私は行きます Even if it rains, I will go.
・たとえ誰がそう言おうとそれは本当ではない No matter who says so, it's not true.
例えば for example, for instance
例える compare〈life〉to〈a voyage〉
たどる follow〈the footsteps〉, trace〈the history〉
棚 a shelf (複 shelves)
七夕 the Star Festival
谷 a valley
だに【昆虫】a tick
他人 another person;〔他人一般〕others
・他人には親切にしなさい Be kind to others.
たぬき【動物】a raccoon dog
種 a seed;〔桃などの〕a stone
楽しい pleasant, happy, delightful, enjoyable
・彼らは海辺で楽しい休暇を過ごした They had a pleasant vacation at the seaside.
・きのうはとても楽しかった I had a very good [nice] time yesterday.
・パーティーはとても楽しかった We enjoyed the party very much.
 楽しく pleasantly, happily
楽しみ (a) pleasure
・彼女はテニスをするのを楽しみにしている She enjoys [takes pleasure in] playing tennis.
・あなたにお目に掛かるのを楽しみにしています I am looking forward to seeing you.
楽しむ enjoy〈fishing〉, take pleasure〈in...〉
楽しませる delight, amuse, entertain
頼み〔依頼〕a request;〔好意〕favor, ((英))favour;〔信頼〕trust, reliance
・一つあなたに頼み(たいこと)があります May I ask a favor of you? / May I ask you a favor?
頼む ask;〔請う〕beg;〔好意に〕ask a favor〈of...〉
・私は彼に援助を頼んだ I asked him for help.
・私は彼にここに来てくれるように頼んだ I asked him to come here.
頼もしい reliable〈friend〉;〔有能な〕promising〈young man〉
タバコ〔紙巻きタバコ〕a cigaret(te);〔葉巻〕a cigar;〔パイプタバコ〕tobacco
・タバコを吸う smoke
旅 a trip, travel ⇨ 旅行
・旅に出掛ける set out on a trip

たびたび often, frequently
たびたびの frequent ⇨ しばしば
…(する)たびに every [each] time ..., whenever...
・彼の事務所に行くたびに彼は外出している Every time [Whenever] I go to his office, he is out.
タブ【コンピュータ】a tab
タブー〔禁忌〕a taboo
だぶだぶの baggy 〈trousers〉
・この上着は私にはだぶだぶだ This coat is too loose [large] for me.
ダブル〔二倍・二重〕double
ダブルクリックする【コンピュータ】double click 〈*one's* mouse〉
ダブルプレー【野球】a double play
ダブルヘッダー【野球】a doubleheader
ダブる
・祝日が日曜とダブった The national holiday fell on a Sunday.
ダブルス【テニスなど】a doubles
多分 perhaps, maybe, probably
・あすはたぶん雨でしょう Perhaps [Maybe] it will rain tomorrow.
・たぶん彼女は来ないでしょう She will probably not come.
食べ過ぎる eat too much, overeat
食べ物 food
・何か食べ物をください Please give me something to eat.
食べる eat, take, have 〈some bread〉
・彼はたくさん食べる He eats a lot.
・私たちは一日に三度食べる We take three meals a day.
他方 the other side
他方では on the other hand
多忙な busy
玉 a ball
卵, 玉子 an egg
ゆで卵 a boiled egg
魂〔精神〕a spirit;〔霊魂〕a soul
だます deceive
たまたま by chance ⇨ 偶然
・私はたまたまその付近を通った I happened to pass by the neighborhood.
たまに occasionally
たまねぎ【植物】an onion
たまもの〔結果〕a result, a fruit
たまらない〔耐えられない〕be unbearable;〔熱望する〕be anxious [eager] to 〈*do*〉
・寒くてたまらない The cold is unbearable. / I can't stand the cold.
・その映画を見たくてたまらなかった I was anxious [eager] to see the movie.
・私はおかしくてたまらなかった It was so funny (that) I couldn't stand it.
たまる〔集まる〕collect, gather;〔積もる〕accumulate;〔金が〕be saved
・仕事がすっかりたまっている I have a lot of work to do.
黙る become silent, keep quiet
・黙りなさい Be silent!
黙らせる silence, hush
駄目
❶〔役に立たない〕useless;〔無駄で〕in vain
・彼に忠告しても駄目だ It's useless to give him advice.
・私はやってみたが駄目だった I tried in vain.
❷〔いけない〕may not, must not
・そこへ行っては駄目だ You must not go there.
駄目にする spoil 〈the child, the crops〉, ruin 〈the chance〉
駄目になる go bad, spoil,〔動かない〕do not work
ため息 a sigh
・「もうすべては終わった」と彼はため息をついた "It's all over," he sighed.
試す try
・私はいろいろな薬を試してみた I tried various medicines.
試し a trial
・試しにやってごらん Try it. / Do it on trial.
…(の)ために
❶ for...;〔…するために〕to *do*, in order to *do*, so as to *do*, so that *A* may [can, will] *do*;〔…する目的で〕for the purpose of *do*ing
・私たちは彼のためにパーティーを開いた We had a party for him.
・彼は英語を勉強するためにアメリカに行った He went to America for studying English [to study English].
・彼は家族を養うために働いている He works in order to support his family. / He works so that he can support his family.
❷〔…の理由で〕because of..., on account of 〈illness〉
・雪のために列車が止まった The train stopped because of the snow.
…のためになる do *A* good, do good to *A*
ためになる〔役に立つ〕good, useful, helpful 〈books〉;〔教訓的な〕instructive 〈talk〉
ためらう hesitate
ためる〔貯蔵する〕store;〔蓄積する〕accumulate;〔貯蓄する〕save
保つ keep, hold
・彼女はいつも部屋を清潔に保っている She always keeps the room clean.
たやすい easy, simple ⇨ 易しい
たやすく easily, without difficulty
便り a letter ⇨ 手紙
・それ以来彼から便りがない I've never heard from him since then.
頼り〔信頼〕reliance, dependence;〔助力〕help
頼りになる reliable 〈person〉, dependable; helpful
頼りにならない unreliable
頼る rely 〈on..., upon...〉, depend 〈on..., upon...〉
・私には頼る人がいない I have no one to rely upon.
・彼はまだ親に頼っている He still depends on [is still dependent on] his parents.
…(し)たら〔もし…なら〕if..., in case 〈of...〉;〔…

…のとき] when...
- 雨が降ったら私は行きません If it rains, I won't go.
- 彼が来たら私に知らせてください Please let me know when he comes.
- …したらどうですか Why don't you *do*? / How about *do*ing? / I suggest that...

堕落する corrupt, fall

…だらけ be full of 〈faults〉; be covered with 〈dust〉

だらしない loose 〈with money〉;〔服装などが〕untidy

…足らず less [no more] than 〈ninety yen〉

だらだらした〔長たらしい〕lengthy 〈report〉;〔だらしのない〕loose, sloppy
- 顔から汗がだらだら流れた Sweat dripped from my face.

打率【野球】*one's* batting average

多量 ⇨ たくさん

足りる be enough, be sufficient
- 1,000円もあれば足りる One thousand yen or so will be enough [will do].
- 人手が足りない We are short of hands.
- 彼は常識が足りない He lacks common sense.

たる〔容器〕a cask, a barrel

だるい feel tired [languid, weary]

たるむ become loose [slack]
- 君はこの頃少したるんでるぞ You are a bit lazy these days.

誰 Who ...?
- 「あの女の人は誰ですか」「ブラウンさんです」"Who is that woman?" "She is Miss Brown."
  誰に, 誰を Whom ...? / Who ...?
- 「誰を待っているのですか」「ケイトを待っています」"Whom [Who] are you waiting for?" "I'm waiting for Kate."
  誰の Whose ...?
- 「これは誰の本ですか」「私のです」"Whose book is this?" "It's mine."
  誰か(が)《肯定文で》someone, somebody;《疑問文で》anyone, anybody
- 誰かがドアをノックしている Someone is knocking at the door.
- 誰かそのことを知っていますか Does anyone know that?
  誰でも everyone, everybody, anyone, anybody
- 誰でもその話を知っている Everyone knows the story.
- 誰でもこの本を読んでよい Anybody can read this book.
  誰(に)も…ない no one, nobody, not ... anyone [anybody]
- 私は通りで誰にも会わなかった I didn't see anyone [anybody] on the street.

垂れる〔したたる〕drip, drop;〔垂れ下がる〕hang (down)

タレント〔才能のある人〕a 〈TV〉 talent, a 〈TV〉 personality

…だろう ⇨ …でしょう

戯れる〔遊ぶ〕play;〔冗談を言う〕joke

たん phlegm
- たんを吐く spit 〈on the street〉

段〔階段の〕a step, a stair
  段を上る go up the step(s) [stair(s)]
  段を降りる go down the step(s) [stair(s)]

壇 a platform;〔演壇〕a stage

弾圧する oppress, suppress 〈the freedom of speech〉

単位 a unit

担架〔carry *A* on〕a stretcher

短歌 a *tanka*, a Japanese poem of 31 syllables

段階〔発達の〕stage(s);〔一歩〕a step;〔等級〕a grade, a rank

嘆願する entreat, petition
  嘆願(書) a petition

短気な ⇨ 気短な

短期の short 〈stay〉, short-term 〈loan〉

探求(する)〔探し求める〕pursuit

探究(する)〔見極める〕research

短距離 a short distance
  短距離選手 a sprinter
  短距離走 a short-distance race, a sprint

タンク〔気体・液体を入れておく大きな容器〕a tank

ダンクシュート【バスケットボール】a dunk shot

団結する unite (together), be united

探検 an expedition
  探検する explore
  探検家 an explorer
  探検隊 an expedition

単元 a unit

断言する assert, declare

単語 a word
  英単語 an English word

団子 a 〈rice flour〉 dumpling

断固たる firm, resolute, decisive 〈measures〉
  断固として flatly, resolutely

炭酸 carbonic acid
  炭酸ガス carbonic acid gas

男子 a man (⑱ men);〔少年の〕a boy
  男子中学校 a boys' junior high school
  男子高校 a boys' (senior) high school

短縮する cut down, cut short;〔言葉が〕be short 〈for...〉

単純 simplicity
  単純な simple

短所 a weak point;〔欠点〕a fault, a defect

誕生 birth
  誕生する be born ⇨ 生まれる

誕生日 a birthday
- 誕生日の贈り物 a birthday present
- (…の77歳の)誕生日に on *one's* 77th birthday
- お誕生日おめでとう (A) Happy birthday (to you)!

短針〔時計の〕the short [hour] hand

たんす a chest of drawers;〔洋服だんす〕a wardrobe;〔茶だんす〕a cupboard;〔整理だんす〕a bureau

ダンス dancing;〔1回の〕a dance
- ダンスをする dance
  ダンスパーティー a dance (party);〔舞踏会〕a ball

男性 **a man** (麱 men), **a male**
　男性の **male**
断然 **decidedly, absolutely**
・これはほかのものより断然いい This is by far the best of all.
短大 **a junior college**
団体 **a body, a group**
　団体旅行 package [group] tour
だんだん 〔ますます〕**more and more**;〔次第に〕**gradually**
・だんだん寒くなってきた It is getting colder and colder.
・その話はだんだんおもしろくなった The story became more and more interesting.
団地 **a (housing) development [complex]**
単調な **monotonous, dull**
団長 **the head, the leader** ⟨of a party⟩
探偵 〔人〕**a detective**
　探偵小説 a detective story
断定する **conclude, decide**
担当する **take charge** ⟨of...⟩, **be in charge** ⟨of...⟩
単独の **single, independent**
　単独に **alone, by** *one*self
断トツの **by far the best**
単なる **only, mere**
・それは単なるうわさだ It is only a rumor.
　単に **only, merely**
担任
・鈴木先生が私たちのクラスの担任です Mr. Suzuki takes charge [is in charge] of our class.
・山本先生は英語の担任です Miss Yamamoto teaches us English.
　担任の先生 homeroom teacher
断念する **give up** ⟨*do*ing⟩
堪能な ⟨be⟩ **proficient** ⟨in French⟩
短波 **a short wave**
　短波放送 short-wave broadcasting
たん白質 **protein**
断片 **a fragment, a piece**
短編(小説) **a short story**
たんぼ **a rice field, a rice paddy**
暖房 **heating**
・この部屋は暖房がきいている This room is well heated.
たんぽぽ 【植物】**a dandelion**
端末 【コンピュータ】**a terminal**
断面(図) **a cross section**
段落 〔文章の〕**a paragraph**
弾力のある **elastic**
鍛練 **training**
　鍛練する **train** ⟨*one*self⟩
暖炉 **a fireplace**
談話 **a talk, a chat, a conversation**
　談話する **talk** ⟨with...⟩, **have a talk** ⟨with...⟩
　談話室 a lounge

ち

血 **blood**
・彼の腕から血が出ていた Blood was flowing out of his arm. / His arm is bleeding
地 〔地面〕**the ground**;〔大地〕**the earth**
治安 **public peace, safety**
地位 **a position, a post**
　社会的地位 a social position
地域 **an area, a region, a district**
　工業地域 an industrial district
小さい 〔形が〕**small**;〔小さくてかわいい〕**little**
　〔ちっぽけな〕**tiny**;〔声が〕**low**;〔ささいな〕**trifling** ⟨matter⟩
・この靴は私には小さすぎる These shoes are too small for me.
・小さい声で話してください Please speak in a low voice.
　小さくする 〔音を〕turn down, lower
チーズ **cheese**
チーム **a team**
　チームメート 〔仲間〕a teammate
　チームワーク 〔団体行動〕teamwork
知恵 ⟨a man of⟩ **wisdom**
チェーン 〔鎖〕**a chain**
　チェーンストア〔同一資本の〕a chain store
チェス ⟨play⟩ **chess**
チェック 〔照合〕**a check**;〔格子じま〕**plaid**
　チェックする **a check**
　チェックアウト (a) check-out
　チェックイン (a) check-in
地下 **underground**;〔地階〕**a basement**
　地下に underground
　地下室 a basement
　地下鉄 《米》 a subway, 《英》 an underground (railway)
　地下道 an underground passage, 《英》 a subway
近い **near, close**;〔ほとんど〕**almost, nearly**
・彼の家は駅に近い His house is near (to) the station.
・春はもうすぐ近くです Spring is near at hand.
　近くの, 近くに **near, nearby, close by..., at a short distance**
・彼らは近くの丘を歩き回った They walked about the nearby hills.
・彼は私の家の近くに住んでいる He lives near my house.
・私の家のすぐ近くに小川が流れている A stream is running near [close] by my house.
誓い **an oath, a vow**
　誓う **swear, make an oath**
地階 **a basement**
違い **(a) difference**
・二つの間には大きな違いがある There is a great difference between the two.
… (に)違いない **must** ⟨be sick⟩, **be sure to** *do*, **be sure (that)...**
・彼は成功するに違いない He is sure to succeed. / I'm sure (that) he will succeed. / He will certainly [surely] succeed.
違う **differ, be different** ⟨from...⟩;〔間違っている〕**be wrong**
　違った **different** ⟨person⟩;〔間違った〕wrong
・その二人の兄弟は顔付きが違っている The two brothers differ in looks. / The two brothers are different in looks.

- この答えは違っている This answer is wrong.
- 「これはあなたのペンですか」「いいえ、違います」"Is this your pen?" "No, it isn't."
  …と違って 〈be〉 different from...; 〔似ないで〕 unlike...
- 私と違って弟はよく勉強します Unlike myself, my brother is a hard worker.

知覚 perception
地学 earth science, geology
近頃 recently, lately ⇨ 最近
近づく come [draw, get] near; 〔やって来る〕 come up to...; 〔歩み寄る〕 walk up to...
- クリスマスが近づいてきた Christmas is coming [is drawing] near.
- その男は私に近づいてきた The man came up to me.

近づける put *A* near
- 彼らを近づけないでください Please keep them away.

近寄る ⇨ 近づく
力 power, force; 〔体力〕 strength; 〔能力〕 ability
- 彼は力が強い He is strong [a man of strength].
- それは私の力ではできない It is beyond my power.
- 彼はそれをする力がある He has the ability [the power] to do it.
- 彼女は英語の力がついた She has improved her English.
  力いっぱい with all *one's* strength [might]
- 私は力いっぱいやった I have done my best.
  力ずくで 〈open the door〉 by force
  力づける cheer up, encourage
  力強い vigorous; 〔安心する〕〈feel〉 reassured, at ease

地球 the earth, the globe
- 地球の温暖化 global warming
  地球儀 a globe
  地球物理学 geophysics

ちぎる tear (off)
- 彼はその手紙をずたずたにちぎった He tore the letter to pieces.

チキン 〔鶏肉〕 chicken
  チキンライス chicken and rice

地区 a 〈business〉 district, a 〈school〉 zone, an area; 〔都市の〕 a 〈residential〉 quarter
逐一 〔一つ一つ〕 one by one; 〔詳しく〕 in detail
ちくしょう 〔ののしり〕 Damn it! / Go to hell!
蓄積する store (up), accumulate
ちぐはぐな irregular, odd
チケット 〔切符〕 a ticket
遅刻する be late 〈for...〉
- 私はけさ学校に10分遅刻した I was ten minutes late for school this morning.

知事 a governor
知識 knowledge
地上に on earth, on [above] the ground
知人 an acquaintance
地図 〔1枚の〕 a map; 〔地図帳〕 an atlas
知性 intellect, intelligence
知性的な intellectual, intelligent
地帯 a zone; 〔地域〕 a region
  安全地帯 a safety zone
  森林地帯 a forest region

父 *one's* father
- 父はとても元気です My father is very well.
- 父は家にいません Father is not at home.

縮む shrink; 〔短くなる〕 shorten
縮める 〔短くする〕 shorten, cut down; 〔文章などを〕 abridge

地中に in the ground, in the earth
地中海 the Mediterranean (Sea)
縮れる become wavy, get curled
  縮れた wavy, curly 〈hair〉
秩序 order
  社会秩序 public order
窒息する be suffocated
ちっとも ⇨ 少しも…ない
知的な intellectual; 〔知能の高い〕 intelligent
地点 a point, a spot
…(に)ちなんで after...
- 首都は初代大統領にちなんでワシントンと名付けられた The capital was named Washington after the first President.

知能 intelligence, mental faculties
  知能検査 an intelligence test
  知能指数 an intelligence quotient (略 I.Q.)

地平線 the horizon
- 太陽は地平線の下に沈みつつある The sun is going down below the horizon.

地方 an area, a district, a region; 〔田舎〕 the country
- 彼は地方出身だ He comes from the country.
  地方の local
- 地方のなまり a local accent
  東北地方 the Tohoku area [district]

地名 a place name
致命的な fatal, deadly
  致命傷 a fatal wound
- 彼は致命傷を受けた He was fatally wounded.

茶 tea
- 私はお茶を1杯飲んだ I had a cup of tea.
- お茶にしますか、それともコーヒーにしますか Will you have tea or coffee?
  紅茶 (black) tea
  緑茶 green tea

チャーター 〔借り切り〕 a charter
  チャーターする charter 〈a plane, a bus〉
  チャーターバス a chartered bus

チャーミング 〔魅力のある〕 charming
チャイム 〔1組の鐘〕 a chime
- チャイムを鳴らす chime 〈the doorbell〉

茶色(の) brown
…着
  ❶ 〔順位〕 finish
- 彼はその競走で3着に入った He came in third in the race.
  ❷ 〔到着〕 arrival 〈at..., in...〉
- 成田着16時の飛行機 the plane due at Narita at 16:00
  ❸ 〔衣服〕 a suit
- 洋服3着 three suits 〈of clothes〉

着実な steady

着手する
着実に steadily
着手する ⇨始める
着色する color, 《英》colour
着色した colored
着席する ⇨座る
着々と steadily, step by step
着メロ 《商標》melody signaling an incoming call
茶さじ a teaspoon
チャック【留め具】a zipper, a zip fastener
チャット【インターネット】a chat
・チャットをする chat
チャレンジ〔挑戦〕a challenge
チャレンジする challenge 〈the champion〉
茶わん a teacup;〔ご飯の〕a rice bowl
チャンス a chance ⇨機会
ちゃんと〔きちんと〕neatly;〔正しく〕just, right
チャンネル【テレビ】a channel
チャンピオン〔優勝者〕a champion

…中
❶〔…の間〕during..., while...
・私は夏休み中にそこを訪ねます I will visit there during the summer holidays.
・彼は私の留守中に訪ねてきた He came to see me during my absence. / He came to see me while I was absent.
❷〔…たてば〕in...
・数日中に彼は戻って来るでしょう He will be back in a few days.
❸〔…の状態で〕under...
・そのビルは建築中です The building is under construction.

注意 attention;〔用心〕care;〔忠告〕advice;〔警告〕warning
・ご注意ください 《アナウンス》Attention, please.
・足元に注意〔掲示〕Watch your step
・取扱注意〔掲示〕Handle with care
注意する pay attention 〈to...〉;〔用心する〕take care 〈of...〉, be careful 〈of..., about...〉;〔警告する〕warn
・先生の言うことに注意しなければなりません You must pay attention to what your teacher says.
・それを落とさないよう注意しなさい Take care [Be careful] not to drop it.
注意深い careful
注意深く〈listen〉carefully
チューインガム chewing gum
中央 the center, 《英》the centre, the middle
中央の central, middle
・駅は市の中央にある The station is in the middle of the city.
宙返り〈turn〉a somersault
中学校 a junior high school
中学生 a junior high school student
・私はK中学校2年生です I am a second-year student at K Junior High School.
中間 the middle
中間の middle;〔中位の〕medium
…の中間に in the middle of...
中間試験 a midterm examination
中級 the middle class

eight hundred and fifty-eight

中級の intermediate 〈course〉
中継する relay 〈a match〉;〔放送する〕broadcast
中堅【野球】center (field);〔中堅手〕a center fielder
中古の secondhand 〈goods〉, used 〈cars〉
忠告 advice
・彼らは彼の忠告に従った They followed his advice.
忠告する advise, give A advice
・私は彼にそこへ行くなと忠告した I advised him not to go there.
中国 China
中国の Chinese
中国語 Chinese
中国人〔一人〕a Chinese;〔全体〕the Chinese
中国人街 a Chinatown
中止する stop 〈the work〉, call off
・雨のため試合は中止された The game was called off because of rain.
忠実な faithful
忠実に faithfully
注射 (an) injection
注射する inject, give an injection
注射器 an injector
駐車 parking
・駐車禁止〔掲示〕No Parking
駐車する park 〈a car〉
駐車場 a parking lot, 《英》a car park
注釈 notes
中旬に in [about] the middle 〈of September〉
中傷する〔悪口を言う〕speak ill of 〈others〉
抽象的な abstract 〈art〉
抽象名詞【文法】an abstract noun
昼食 lunch
・昼食を作る make lunch
・私たちは正午に昼食を取る We have [take, eat] lunch at noon.
昼食時間 lunchtime
中心 the center, 《英》the centre
中心の central
忠誠 one's loyalty
抽選する draw lots
抽選券 a lottery ticket
中断する interrupt
中断される be interrupted 〈for an hour〉
チューチュー
・チューチュー鳴く〔小鳥が〕twitter, chirp;〔ねずみが〕squeak
中途で〈turn back, read〉halfway;〔未完成で〕〈leave〉unfinished
中等の middle, medium
中等教育 secondary education
中毒する be [get] poisoned 〈by...〉
食中毒 food poisoning
中年 middle age
中部 the central part
チューブ〔管〕a tube;〔タイヤの〕an inner tube
中腹に halfway up (down) 〈the mountain〉
注目する pay attention 〈to...〉
注目すべき remarkable
注文 an order

- 注文を聞く take *A's* order
  注文する order
- 彼はコーヒーを注文した He ordered a cup of coffee.

昼夜 〈work〉 night and day, day and night
中立の neutral
チューリップ【植物】a tulip
中流 〔川の〕〈in〉 the middle 〈of a river〉;〔階級の〕the middle class(es)
長 the head, the chief
兆 a trillion;《英》a billion
腸 the bowels
蝶【昆虫】a butterfly
超音波 supersonic waves
超過 excess
　超過する exceed
聴覚 the sense of hearing
朝刊 a morning paper
長期の long, long-term
長距離 〈make〉 a long distance 〈call〉
　長距離競走 a long-distance race
兆候 a sign;〔病気の〕a symptom
聴講する attend a lecture
　聴講生 a special student;《米》〔大学の〕an auditor
超高層ビル a high rise, a skyscraper
彫刻 sculpture, carving;〔彫刻品〕a sculpture
　彫刻する sculpture
調査 〈be under〉 investigation
　調査する investigate, examine, inquire
調子〔音調〕a tune, a tone;〔具合〕〈in good, in poor〉 condition
聴衆 an audience
徴収する collect 〈expenses〉
長所 a strong [good] point, a merit
長女 the oldest [《英》eldest] daughter
頂上 the top 〈of a mountain〉, the summit
嘲笑する laugh at...
朝食 breakfast
- 私は7時に朝食を取る I have [take, eat] breakfast at seven.

長針 the long [minute] hand
調節する adjust 〈a machine〉; regulate 〈the temperature〉; control 〈prices〉
朝鮮 Korea
　朝鮮の Korean
　朝鮮語 Korean
　朝鮮人〔一人〕a Korean;〔全体〕the Korean
挑戦 a challenge
　挑戦する challenge, make a challenge
　挑戦者 a challenger
…（して）ちょうだい ⇨ …（して）ください
町長 a town headman, a mayor
ちょうちん a (paper) lantern
ちょうつがい a hinge
調停する mediate
頂点 the top, the peak;〔最高潮〕the climax
ちょうど just, right;〔正確に〕exactly
- ちょうど3時です It is just three o'clock.
- 彼はちょうど私の後ろに立った He stood right behind me.
- ちょうど出掛けようとしているところです I am just going out.
- ちょうど宿題を終えたところです I have just finished my homework. / I finished my homework just now.
- そのカメラはちょうど200ドルでした The camera cost me exactly 200 dollars.
- ちょうどそのとき彼が部屋に入ってきた Just then he came into the room.
- 今ちょうど忙しいんだ I'm busy right now.

超特急 a superexpress (train)
長男 the oldest [《英》eldest] son
挑発する provoke
重複する overlap;〔繰り返す〕repeat
長編〔小説〕a (long) novel
長方形 a rectangle, an oblong
　長方形の rectangular, oblong
調味料 (a) seasoning;〔香辛料〕(a) spice
町民〔町の人々〕townspeople
長命 longevity
　長命の long-lived
帳面 a notebook ⇨ ノート
跳躍 jumping;〔一回の〕a jump
　跳躍する jump
調理 cooking
　調理場 a kitchen
潮流 a current, a tide
朝礼 a morning meeting [assembly]
調和 harmony
- すべてのものが互いに調和を保っている All things remain in harmony with each other.

チョーク 〈a piece of〉 chalk
貯金 saving(s)
　貯金する save
- 私は旅行のために貯金している I am saving money for my trip.

貯金通帳 bankbook
貯金箱 a savings box
直接の direct
　直接に directly
- 私が直接彼に手紙を書きます I will write direct [directly] to him.

直接目的語【文法】a direct object
直線 〈draw〉 a straight line
直通の direct, through
- この列車は博多まで直通だ This train goes through to Hakata.

直通電話 a direct telephone line
直通列車 a through train
直面する face, be faced with 〈the problem〉
直訳する translate 〈a sentence〉 literally [word for word]
直立の upright
　直立する stand upright
直流【電気】direct current
チョコレート chocolate
著作 writing;〔著書〕a book, a work
　著作権 copyright
著者 an author;〔作家〕a writer
著書 a book, a work
貯蔵 storage, preservation

貯蔵する store, preserve
貯蓄 saving(s) ⇨ 貯金
直角 a right angle
　直角三角形 a right-angled triangle
直径 a diameter
・この池は直径30メートルある This pond is thirty meters across [in diameter].
直行する go straight [directly] ⟨to...⟩
ちょっと 〔しばらく〕**just a minute**, **just a moment**; 〔わずか・少し〕**a little** ⟨difficult⟩
・ちょっと待ってください Wait a minute, please. / Just a moment, please. / 《電話で》Hold on a minute, please.
・ちょっとこれをご覧なさい Just look at this.
・あなたにちょっと話がある I'd like to have a talk with you.
散らかす 〔物を〕**scatter about**; 〔部屋などを〕**put [leave]** ⟨the room⟩ **in disorder**
　散らかる be scattered about; be in disorder
ちらっと
・ちらっと見る glance ⟨at...⟩, cast a glance ⟨at...⟩
・ちらっと聞く hear *A* by chance
散らばる be scattered
地理 geography
ちり dust
　ちり紙 toilet paper, tissue (paper)
　ちり取り a dustpan
治療 (medical) treatment, a cure
　治療する treat, cure
　治療を受ける be treated, receive treatment
チンチン 〔鈴の音〕ting-a-ling
　チンチン鳴る[鳴らす] tinkle, jingle
散る scatter; 〔花・葉が〕fall
・桜の花が散った The cherry blossoms have fallen.
沈下する sink, subside
賃金 wages, pay ⇨ 給料
沈着な calm, cool
　沈着に calmly, ⟨act⟩ with coolness
沈殿する settle ⟨to the bottom⟩
　沈殿物 a deposit; 〔かす〕dregs
沈黙 silence
・彼らはしばらく沈黙を守った They kept silence [silent] for some time.
　沈黙する keep silence [silent]
陳列する show, exhibit
・彼の絵はその美術館に陳列された His paintings were exhibited in the art museum.
　陳列室 a showroom
　陳列棚 a showcase
　陳列窓 a show window

つ

つい 〔ほんの〕**only**, **just**; 〔うっかり〕**carelessly**, **by mistake**
・彼はついさっき帰ったところです He came home just [only] a few minutes ago.
・彼についそのことを話してしまった I carelessly told it to him.
対 a pair
追加 an addition
　追加の additional

追加する add ⟨*A* to *B*⟩
追求 pursuit
　追求する pursue, chase
追及 〔調査〕an investigation; 〔尋問〕a question
　追及する investigate ⟨the cause⟩
追求 follow up ⟨on the history⟩
追跡する pursue, chase
・警察は容疑者を追跡している The police are chasing [pursuing] the suspect.
ツイッター 【インターネット】a twitter
…(に)ついて 〔…に関して〕**about...**, **as to...**, **of...**, **on...**, **as for...**
・それについては何も知りません I don't know anything about that.
・彼はいつ来るかについては何も言わなかった He said nothing as to when he would come.
・彼のことについて聞いたことはある I have heard of him.
・彼は日本について本を書いた He wrote a book on Japan.
・音楽については兄はジャズが好きです As for music, my brother likes jazz.
…(に)付いて 〔…の後から〕**after...**; 〔…と一緒に〕**with...**
・私に付いて言いなさい Repeat after me.
・私に付いていらっしゃい Come (along) with me.
ついで
・ついでの折に返してくだされば結構です You may return it at your convenience.
・買い物に出たついでに手紙を出した I mailed the letter when I went out shopping.
付いて行く follow, go with...; 〔遅れずに〕keep up with ⟨the class⟩
付いて来る follow, come (along) with...
・私に付いて来なさい Follow me, please.
追突する 〔車に〕strike the rear of ⟨*A's* car⟩, strike ⟨*A's* car⟩ from behind
ついに at last, finally; 〔結局〕after all
・ついに彼はその実験に成功した At last he succeeded in the experiment.
・彼はそれを好きではなかったが、ついに買ってしまった He didn't like it, but bought it after all.
費やす spend ⇨ 使う
通貨 currency; 〔お金〕money
通学する go to school
・私は歩いて通学します I walk to school. / I go to school on foot.
通過する pass, go through...
・列車はトンネルを通過した The train went through the tunnel.
通勤する go to the office, go to work, commute
　通勤ラッシュ commuter rush
　通勤列車 ⟨take⟩ a commuter train
通行 passage, traffic
　通行する pass, go through...
　通行人 a passer-by (複 passers-by)
　一方通行 《掲示》One Way
　右側通行 《掲示》Keep to the Right
通常の usual
　通常は usually
・私は通常は6時に起きます I usually get up at

six.

通じる
❶ 〔道が〕lead ⟨to...⟩; 〔乗り物が〕run ⟨to...⟩
・この道はその村へ通じている This road leads to the village.
・バスはここからその町に通じている The buses run from here to the town.
❷ 〔言葉が〕be understood
・そこでは英語は通じない English isn't understood there.
❸ 〔物事に〕be well informed ⟨about...⟩, be familiar ⟨with...⟩
・彼は音楽に通じている He is familiar with music.

通信 communication, correspondence
通信する communicate, correspond ⟨with...⟩
通信員 a correspondent
通信教育 a correspondence course
通信社 a news agency
通信販売 mail order (shopping)
通信簿 *one's* report card

痛切な keen, serious
痛切に keenly, seriously

通俗的な popular, common, commonplace
通俗小説 a popular novel

通知 (a) notice
通知する inform ⟨*A* of *B*⟩, give *A* notice

通帳 a bankbook

通読する read through ⟨a book⟩

通報 a report
通報する report ⟨to the police⟩

通訳 〔人〕an interpreter; 〔行為〕interpreting
通訳する interpret

通用する 〔お金が〕be current; 〔言葉が〕be spoken [understood]
・英語は世界中で通用する English is spoken [understood] all over the world.

ツール
ツールバー【コンピュータ】a toolbar
ツールボックス【コンピュータ】a toolbox

通例 ⇨ ふつう(は), ふだん(は)

通路 a passage; 〔座席間の〕an aisle

使い 〔用事〕an errand; 〔人〕a messenger
使いに行く go on an errand
・私は町まで使いに行った I went to town on an errand.

使う
❶ 〔使用する〕use
・私は英語を毎日使う I use English every day.
・この電話を使ってもいいですか Can I use this telephone?
・この計算機の使い方を教えてください Please show me how to use this calculator.
❷ 〔費やす〕spend
・彼はお金を全部使ってしまった He has spent all his money.
・それにあまり時間を使うな Don't spend too much time on it.

つかえる 〔物が〕be stopped (up), be blocked (up); 〔のどに〕be choked; 〔言葉に〕be at a loss ⟨for an answer⟩

仕える serve, work for ⟨a minister⟩

つかまえる catch
・私は彼の腕をつかまえた I caught him by the arm.

つかまる 〔捕らえられる〕be caught ⟨by the police⟩; 〔しっかり握る〕hold on to...
・枝につかまりなさい Hold on to the branch.

つかむ grasp; 〔つかまえる〕catch, take hold of...
・彼はそのロープをつかんだ He grasped the rope.

疲れる be [get] tired ⟨from...⟩
・私はとても疲れている I am very tired.
・彼は一日中歩いて疲れた He got tired from walking all day.
疲れた 〈feel〉 tired; 〔疲れ切った〕worn-out, exhausted
疲れ fatigue, exhaustion

…(に)つき
❶ 〔理由〕because of... ⇨ …(の)ために
❷ 〔…当たり〕a, an, per...
・彼は1時間につき50キロメートルの速度で車を運転している He is driving at a speed of 50 kilometers per [an] hour.

月
❶ 〔天体の〕the moon
・月が湖の上で輝いていた The moon shone brightly over the lake.
月夜 a moonlit night
❷ 〔暦の〕a month
・私は月に一度は両親に手紙を出します I write to my parents once a month.
月ぎめで by the month
月々の monthly

…付きの 〔…の付いた〕with...
・私は車庫付きの家がほしい I want a house with a garage.

次の next, following
・次の日曜日に鎌倉に行きます I'm going to visit Kamakura next Sunday.
・次の文を英語に直せ Put the following sentences into English.
次に next
・次に何をしましょうか What shall I do next?
…の次に next to...
・彼は私の次に演説した He made a speech next to [after] me.
次々に 〈go out〉 one after another
次のとおり as follows

継ぎ 〔着物などの〕a patch
継ぎ目 a joint; 〔布・板などの〕a seam

付き合い
・彼とは長い付き合いです I have known him for a long time.

付き合う associate with ⟨good friends⟩, keep company with ⟨a girl⟩

突き当たる 〔衝突する〕run [strike] against ⟨a wall⟩; 〔困難に〕face ⟨a problem⟩; 〔道が〕come to the end of ⟨the alley⟩
突き当たり the end ⟨of this street⟩

突き刺す thrust ⟨into...⟩, stab

付き添う 〔世話をする〕attend ⟨a patient⟩; 〔同行

突き出る 突き出る project 〈over a fence〉

付き添い〔人〕an attendant

月日 time, days
・月日のたつのは早いもの《ことわざ》 Time flies.

尽きる 〔なくなる〕《人が主語で》run out 〈of...〉, 《物が主語で》be used up; 〔終わる〕come to an end
・食料が尽きてしまった We have run out of food. / The food is all used up.

着く 〔到着する〕arrive 〈at..., in...〉, get to..., reach
・彼は9時に駅に着いた He arrived at [got to] the station at nine.
・彼女はゆうべ日本に着いた She arrived in [reached] Japan last night.
・さあ公園に着きました Here we are at the park.

付く 〔付着する〕stick 〈to...〉; 〔汚れる〕be stained 〈with...〉
・シャツにインクが付いた My shirt is stained with ink.

突く thrust, pierce; 〔棒で〕stick

就く 〔職・地位などに〕take 〈a post〉, have, hold 〈public position〉; 〔先生に〕study 〈economics〉 under 〈Professor A〉

つぐ 〔そそぐ〕pour
・彼女は私にお茶を1杯ついでくれた She poured me a cup of tea.

継ぐ succeed 〈to his father's business〉

接ぐ join 〈A to B〉, put together; 〔骨を〕set 〈the broken bone〉

机 a desk
・彼は机に向かっている He is at his desk.

尽くす do; 〔努力する〕make an effort
・全力を尽くしなさい Do your best.
・彼らは食べ物をみな食べ尽くした They ate up all the food.

償う make up for 〈the loss〉

作る
❶ make; 〔形作る〕form
・彼女は大きなケーキを作った She made a big cake.
・この机は木で作られている This desk is made of wood.
・バターは牛乳から作られる Butter is made from milk.
・私たちはテニスクラブを作った We formed a tennis club.

❷ 〔栽培する〕grow; 〔詩・文などを〕write, compose
・父はバラを作っています My father grows roses.
・彼は美しい詩を作った He composed [wrote] a beautiful poem.

造る 〔建造する〕build
・彼らは新しい橋を造った They built a new bridge.

繕う mend, repair ⇨修理

…付け
・3月5日付けのお手紙いただきました I received your letter of [dated] March 5.

告げ口
・彼女が私のことを先生に告げ口した She told on me to our teacher.

付け加える add
・「私もそう思います」と彼は付け加えた "I think so, too," he added.

漬物 pickles

付ける
❶ 〔取り付ける〕put [fix, attach, set] 〈A to B〉
・私はドアに新しい錠を付けた I put [fixed] a new lock to [on] the door.

❷ 〔記入する〕keep, write
・彼は日記を毎日付ける He keeps a diary every day.

着ける 〔身に着ける〕put on, wear
・彼女は髪にリボンを着けていた She was wearing a ribbon in her hair.

つける 〔点火する〕light; 〔スイッチを入れる〕turn on 〈the television〉, switch on...
・彼はタバコに火をつけた He lighted a cigaret.

浸ける 〔水に〕dip, soak 〈in...〉

漬ける 〔漬物を〕pickle 〈vegetables〉

告げる tell ⇨言う

都合 convenience
　都合がいい convenient
・「ご都合はいかがですか」「それはとても都合がいい」 "How does it suit you?" "It suits me well."
・私はバスで行くのが都合がいい It is convenient for me to go by bus.

伝える
❶ 〔知らせる〕tell; 〔文化などを〕introduce 〈Buddhism into Japan〉; 〔後世に〕hand down
・彼に電話をくれるように伝えてください Please tell him to call me.
・ご家族の皆さんによろしくお伝えください Remember me to your family. / Say hello to your family.

❷ 〔熱などを〕transmit 〈electricity〉

伝わる 〔うわさなどが〕spread; 〔文化などが〕be introduced
・そのニュースはすぐに日本中に伝わった The news soon spread all over Japan

土 earth; 〔土壌〕soil; 〔地面〕the ground
・彼は土に穴を掘った He dug a hole in the ground.

筒 a pipe, a tube

続き 〔話などの〕(a) continuation 〈of the story〉
・ここのところ晴天続きだ We are having a long spell of fine weather.

突っ切る cross, go across...

つつく 〔指・棒などで〕poke 〈A in the ribs〉; 〔鳥が〕peck 〈at the corn〉

続く continue, last
・嵐は一日中続いた The storm lasted all day.

続ける keep (on) 〈doing〉, go on 〈with...〉, continue 〈to do, doing〉
・彼は5時間歩き続けた He kept (on) walking for five hours.
・人数は増え続けた The number of people continued to increase.
・彼女は研究を続けた She went on with her study.
　続けて in succession, successively

突っ込む thrust ⟨money into *one's* pocket⟩
慎み modesty
　慎む be careful ⟨in..., about...⟩
・言葉を慎みなさい Be careful about what you say.
　慎み深い modest
謹んで
・謹んでお喜び申し上げます I offer my congratulations.
つつましい modest, humble
　つつましく modestly, humbly
・彼女はつつましく暮らしている She is living modestly.
包み a package; 〔小包〕a parcel
　包み紙 wrapping paper
包む wrap (up); 〔荷物を〕pack (up); 〔贈り物用に〕gift-wrap
・それを紙に包んでください Please wrap it in paper.
つづり (a) spelling
　つづる spell ⟨the word⟩
勤め 〔仕事〕work; 〔勤め口〕a job
　務め〔任務〕duty
勤める work for ⟨a company⟩
務める serve
努める 〔…しようとする〕try ⟨to *do*⟩; 〔努力する〕make an effort
綱 a rope, a cord
つなぐ 〔結ぶ〕tie, fasten; 〔接続する〕connect, join
・彼は犬を木につないだ He tied the dog to a tree.
　つながり〔関係〕connection; 〔親族・友人などの〕relation
　つながる be connected with..., be related to ⟨the family⟩
常に always ⇨ いつも
つねる pinch ⟨*one's* cheek⟩
つば spit
　つばを吐く spit
・つばを吐くな《掲示》No Spitting
つばめ 〔鳥〕a swallow
粒 a grain; 〔水滴〕a drop
つぶす 〔物を〕crush, smash, break; 〔時間を〕kill ⟨time⟩, waste; 〔財産を〕dissipate, ruin ⟨*oneself*⟩
つぶやく murmur, mutter
つぶる 〔目を〕shut, close
つぼ a pot; 〔広口の〕a jar
つぼみ a bud
妻 *one's* wife
・彼には妻がいる He is married.
つま先 ⟨walk on⟩ tiptoe
つまずく stumble ⟨over a stone⟩
つまむ pinch ⟨*one's* nose⟩; 〔拾い上げる〕pick (up) ⟨wastepaper⟩
つまらない 〔ささいな〕trifling; 〔退屈な〕boring, dull
・つまらないことで口論するな Don't quarrel over trifling matters.
・この映画はつまらない This movie is boring.
つまり 〔すなわち〕that is (to say); 〔結局〕after all; 〔要するに〕in short, in a word
詰まる be stopped [blocked] up
・下水管が詰まった The sewer was stopped up.
・箱にはりんごがいっぱい詰まっている The box is full of apples.
罪 〔法律上の〕a crime; 〔宗教・道徳上の〕a sin
　罪のある guilty, sinful
　罪のない innocent
摘む pick
・彼女は野原で花を摘んだ She picked [gathered] flowers in the fields.
積む 〔荷物を〕load; 〔積み上げる〕pile [heap] up
・彼はトラックに荷物を積んだ He loaded the truck with goods.
・机の上に本がいっぱい積んである A lot of books are piled up on the desk.
爪 a nail; 〔動物の〕a claw
詰め込む 〔無理に〕cram
　詰め込み〔勉強〕cramming ⟨for an examination⟩
冷たい cold; 〔冷え冷えする〕chilly
・冷たい風 a cold wind
・この水はとても冷たい This water is very cold.
詰める fill, pack
・彼は箱に本を詰めた He packed books in a box.
・もう少し(席を)詰めてください Sit a little closer, please.
…(する)つもりだ will *do*, be going to *do*, intend to *do*
・あすの朝は6時に起きるつもりだ I will get up at six tomorrow morning.
・私はここに1週間滞在するつもりです I am going to stay here for a week.
・父は新車を買うつもりです My father intends to buy a new car.
積もる pile (up); 〔雪などが〕lie
・机にちりが積もった Dust piled on the desk.
・雪が10センチほど積もった The snow lay about ten centimeters deep.
つや 〔光沢〕gloss, luster
　つやのある glossy, polished
　つやを出す polish, shine ⟨shoes⟩
露 dew
・露のしずく a dewdrop
・草は露でぬれていた The grass was wet with dew.
梅雨 the rainy season
　梅雨に入った The rainy season has set in.
　梅雨が明けた The rainy season is over.
強い strong
・強い風 a strong wind
・彼は腕力がとても強い He is very strong.
・彼は意志が強い He has a strong will.
・彼女は英語に強い She is strong in English.
　強く strongly, hard
・風がとても強く吹いていた The wind was blowing very hard.
　強さ strength, power
強める make *A* strong, strengthen; 〔強調する〕emphasize ⟨the word⟩
　強まる become stronger
つらい hard
・毎朝5時に起きるのはつらい It is hard to get up

貫く 〔貫通する〕**pass [run] through...**; 〔やり抜く〕**carry out, accomplish** ⟨*one's* objective⟩

つらら **an icicle**

釣り 〔魚釣り〕**fishing**
- ぼくはきのう川へ釣りに行った I went fishing in the river yesterday.
  釣り糸 a fishing line
  釣りざお a fishing rod
  釣り針 a fish hook
  釣り堀 a fishing pond

つり 〔おつり〕**change**
- はい50円のおつりです Here's fifty-yen (in) change.

釣り合い **balance, suit**
  釣り合う match, balance

吊り革 **a strap**
- 吊り革につかまる hold [hang] on to a strap

釣る **fish, catch**
- 私は川で魚を5匹釣った I caught five fish in the river.

鶴【鳥】**a crane**

吊るす **hang**

つるつるする 〔滑りやすい〕**slippery**; 〔なめらかな〕**smooth**

…(に)つれて **as...** ⇨ 従って

連れて行く **take** ⟨*A* with *B*⟩; 〔車で〕**drive** ⟨*A* to the party⟩
- 私は犬を散歩に連れて行く I take the dog for a walk.
- 私を連れて行ってください Please take me with you.

連れて来る **bring** ⟨*A* with *B*⟩
- 彼は弟を連れてきた He brought his brother with him.

て

手 **a hand**; 〔腕〕**an arm**
- 「あなたは手に何を持っていますか」「コインを持っています」"What do you have in your hand?" "I have a coin in my hand."
- 食事の前には手を洗いなさい Wash your hands before eating.
  手を挙げる raise *one's* hand
- 答えが分かったら手を挙げなさい If you know the answer, raise your hand.
  手をたたく clap *one's* hands
- 彼らは手をたたいて喜んだ They clapped their hands with joy.
  手をつないで hand in hand
- 彼らは手をつないで歩いている They are walking hand in hand.
  手を握る grasp *A's* hands
- 彼は私の手を握った He grasped my hands.
  手を伸ばす reach (out) ⟨for...⟩
- 彼は本を取ろうとして手を伸ばした He reached (out) for the book.
  手を振る wave *one's* hand
- 彼は手を振ってさようならをした He waved his hand to say goodby.
  手を触れる touch
  手を触れるな《掲示》Hands Off
  手に入れる get ⇨ 得る
  手首 a wrist
  手の甲 the back of the hand
  手のひら a palm

…で
❶《(場所)》**in..., at...**
- 彼は北海道で生まれた He was born in Hokkaido.
- 私は駅で彼に会った I met him at the station.

❷《(手段・用具)》**by..., with..., in..., on...**
- 彼は自転車でそこに行った He went there by bicycle. / He went there on a bicycle.
- 彼は手紙をペン(とインク)で書いた He wrote the letter with pen and ink.
- 英語で言えますか Can you say it in English?

❸《(原料・材料)》**of..., from...**
- この机は木でできている This desk is made of wood.
- チーズは牛乳で作られる Cheese is made from milk.

❹《(原因・理由)》**of..., from..., with..., because of...**
- 彼はがんで死んだ He died of cancer.
- 彼女は宿題で忙しい She is busy with her homework.

❺《(時間・日数)》**in..., within...**
- 彼は30分で戻ってくるでしょう He will be back in half an hour.

❻《(年齢)》**at...**
- 彼女は21歳で結婚した She got married at (the age of) twenty-one.

❼《(価格)》**for...**
- 私はこの時計を3,000円で買った I bought this watch for 3,000 yen.

❽《(速度)》**at...**
- その車は全速力で走った The car ran at full speed.

出会う **meet** ⟨with...⟩**, come across...**
- 私はきのう昔の友達に出会った I met with [came across] an old friend yesterday.

手足 **hand and foot, the limbs**
- 彼は手足をしばられた He was bound hand and foot.

手当たり次第に ⟨read books⟩ **at random**

手当
❶ 〔治療〕**treatment**
- 彼は病院で手当を受けた He was treated at the hospital.
  応急手当 first aid

❷ 〔支給〕**allowance**
  家族手当 a family allowance

手洗い ⇨ トイレ

提案 **a proposal, a suggestion**
  提案する propose, make a proposal

ディーエヌエー **DNA** (deoxyribonucleic acid の略)

ティーシャツ **a T-shirt**

ディーティーピー 【コンピュータ】**DTP** (desktop publishing の略)

ディーブイディー **DVD** (digital videodisk, digi-

定員 the fixed [regular] number ⟨of members⟩; 〔収容力〕(seating) capacity ⟨of a bus⟩

ティーンエイジャー 〔10代の少年・少女〕a teen-ager

定価 a (fixed) price

停学になる be suspended from school ⟨for a year⟩

低下する fall, drop, go down
・午後急に気温が低下した The temperature suddenly dropped [fell] in the afternoon.

定期の regular
定期的に ⟨meet⟩ regularly
定期券 《米》a commuter pass, 《英》a season ticket
定期航空線 an airline
定期預金 a fixed deposit

定義 a definition
定義する define, give a definition

低気圧 low (atmospheric) pressure

低級な low, bad, cheap

定休日 a regular holiday; 〔商店の〕a fixed closing day

提供する offer, make an offer

提携 co-operation, a tie-up
提携する co-operate, tie up ⟨with...⟩

締結する conclude
・日本はその国と平和条約を締結した Japan concluded a peace treaty with the country.

抵抗 resistance ⟨from...⟩
抵抗する resist

定刻 the appointed time
・列車は定刻に発車した The train started on time [on schedule].

体裁 (an) appearance
・私は遅れて教室に入り体裁が悪かった I felt awkward when I entered the classroom late.

停止 a stop
停止する stop

定時 the fixed time
定時制高校 a part-time high school

停車 a stop
停車する stop ⟨at every station⟩

提出する present, submit, hand in ⟨a report⟩

定食 a regular meal, dinner, a lunch set; 〔レストランの〕the table d'hôte

ディスク
❶〔レコード〕a disc, a disk
ディスクジョッキー【放送】a disc jockey
❷【コンピュータ】a disc, a disk
ディスクドライブ a disk drive

ディスコ a disco, a discotheque
・ディスコに行く go to a disco

ディズニーランド Disneyland

ディスプレー【コンピュータ】a display
ディスプレー画面 a display screen

訂正する correct ⟨one's mistakes⟩

邸宅 a residence; 〔大邸宅〕a mansion

定着する 〔根付く〕take root; 〔確立する〕be established

丁重な polite, courteous

ティッシュペーパー ⟨a box of⟩ tissues

停電 blackout, power failure
・昨晩は2時間停電した The electricity was cut off for two hours last night.

程度 〔度合い〕degree; 〔範囲〕extent; 〔水準〕level, standard
・それはある程度まで本当だ It is true to a certain extent [degree].
生活程度 the standard of living

ディナー 〔一日で一番主要な食事〕dinner
ディナーパーティー a dinner (party)

丁寧な 〔礼儀正しい〕polite; 〔念入りな〕careful
・彼は誰にも丁寧だ He is polite to everybody.
・彼は仕事が丁寧だ He is careful in his work.
丁寧に politely; carefully

定評がある have a good reputation, be generally [widely] recognized ⟨as...⟩

出入りする go in and out
出入り口 〔戸口〕a doorway, an entrance; 〔門口〕a gateway

停留所 a stop, a station
バスの停留所 a bus stop

手入れ 〔修繕〕repair; 〔世話〕care
手入れする repair, mend; take care of ⟨the garden⟩
・その家は手入れが行き届いている The house is very well kept.

ディレクトリ【コンピュータ】a directory

データ 〔資料〕data
データ圧縮【コンピュータ】data compression
データ管理【コンピュータ】data management
データ互換【コンピュータ】(a) data interchange
データ処理【コンピュータ】data processing
データ通信【コンピュータ】data communications
データバンク【コンピュータ】a data bank
データベース【コンピュータ】a database (略 DB)

デート a date
デートする date, have a date ⟨with...⟩

テープ a tape
・私はその歌をテープに録音した I recorded the song on (a) tape.
テープレコーダー a tape recorder

テーブル a table
・彼らはテーブルに着いた They sat at (the) table.
テーブル掛け a tablecloth
テーブルスピーチ an after-dinner speech
テーブルマナー table manners

テーマ 〔主題〕a theme
テーマソング a theme song

手遅れ
・もう手遅れだ It is too late.

手掛かり 〔物事を解く〕a clue; 〔痕跡〕a trace

手掛ける 〔扱う〕deal with..., handle ⟨a problem⟩

出掛ける go out, start ⟨for...⟩
・彼は散歩に出掛けた He went out for a walk.
・母は今出掛けています Mother is out now.

手紙 a letter
・私はきのうアメリカの友人に手紙を書いた I wrote

(a letter) to a friend in America yesterday.
- 私は彼女から手紙をもらった I got [received] a letter from her.
- 5月10日付けのお手紙どうもありがとうございました Thank you very much for your letter of [dated] May 10.

手柄 credit; 〔行為〕a meritorious deed
- それは彼の手柄だ It is to his credit. / The credit goes to him.

手軽な light 〈lunch〉; 〔たやすい〕easy; 〔簡単な〕simple
　手軽に easily, simply

敵 an enemy; 〔競争相手〕a rival
- 彼には敵が多い He has many enemies.
- 彼は商売上の敵 He is a business rival.

出来
- 試験の出来はどうでしたか How did you do on the test?
- 彼は英語の出来がよかった[悪かった] He did well [badly] in English.
- この品物は出来がよい[悪い] This product is well [poorly] made.
- 今年は米の出来がよかった[悪かった] We had a fine [poor] crop of rice this year.
　出来合いの ready-made 〈clothes〉
　出来上がる be completed [finished]; 〔用意が〕be ready

敵意 〈have〉hostility
適応する adapt oneself 〈to...〉
出来事 〔偶然の〕a happening, an accident; 〔小さな〕an incident; 〔大きな〕an event
- その夜恐ろしい出来事が起こった That night a terrible event occurred.

適材適所 〈be〉the right man in the right place [for the post]
溺死する be drowned (to death)
テキスト a text, a textbook
　テキストファイル【コンピュータ】a text file
適する be suited [suitable] 〈to..., for...〉, be fit 〈for...〉, be good 〈for...〉
- この本は子どもが読むのに適さない This book is not suitable for children to read.
- 彼はその仕事に適している He is fit for the job.

適性 (an) aptitude 〈for music〉
　適性検査 an aptitude test
適切な ⇨ 適当な
出来立ての fresh 〈food, from the oven〉, newly made, brand-new 〈dress〉
的中する hit (the mark); 〔予言などが実現する〕come true; 〔推測が当たる〕guess right
…(で)出来ている be made of 〈wood〉
適度な moderate 〈exercise〉
　適度に moderately
適当な suitable, good, proper, fit
　適当に suitably, properly

できない
❶ 〔不可能である〕cannot do, can't do, be unable to do
- 彼は英語を話すことができない He cannot speak English.
❷ 〔成績が悪い〕be poor 〈at..., in...〉
- 彼女は数学ができない She is poor at mathematics.

適任
- 彼はその職に適任だ He is fit for the post. / He is the right man for the post.

てきぱきと quickly
適用する apply 〈to...〉
- この規則はこの場合には適用できない This rule does not apply to such a case.

できる
❶ 〔可能である〕can do, be able to do
- 私は泳ぐことができる I can swim.
- 赤ちゃんはすぐに歩くことができるでしょう The baby will be able to walk soon.
- あすお目に掛かることができますか Can I see you tomorrow?
❷ 〔完了する〕be ready, be completed
- 朝食の用意ができました Breakfast is ready.
- 出発の用意はできましたか Are you ready to start?
❸ 〔成績がよい〕be good 〈at..., in...〉; clever, bright
- 彼はよくできる生徒だ He is a clever [bright] student.
- 彼女は英語がよくできる She is good at English.
　できるだけ… as ... as one can, as ... as possible
- できるだけ早くここに来なさい Come here as soon as you can. / Come here as soon as possible.

できれば if possible
- できれば昼前にいらっしゃい Come before noon, if possible.

手際 skill
　手際のよい skillful
　手際よく skillfully
出口 a way out, an exit
テクニック 〔技法〕(a) technique
手首 the wrist
てこ 〈move A with〉a lever
手ごたえ 〔効果〕〈have〉an effect; 〔反応〕〈show no〉response
でこぼこの uneven, 〈the road is〉rough
デコレーション 〔装飾〕(a) decoration
　デコレーションケーキ a fancy cake
手頃 〔大きさなどが〕handy 〈to carry〉; 〔値段などが〕moderate; 〔適当な〕suitable, reasonable
- 手頃な値段で at a reasonable price

デザート dessert
デザイン 〔図案・設計〕a design
　デザイナー a designer
手探り
- 彼らは暗闇を手探りで進んだ They felt their way in the dark.

手さげ 〔婦人用〕a handbag
　手さげかばん〔書類入れ〕a briefcase
手触り a [the] feel, a [the] touch
弟子 a pupil, a disciple, a follower
手下 a follower; one's men
デジタルの digital
　デジタルカメラ a digital camera

デジタル時計 a digital watch
手品 a trick;〔奇術〕magic
・手品をする do magic tricks
　手品師 a magician
でしゃばる
・でしゃばるな Don't be intrusive.
手順〔過程〕a process;〔手はず〕arrangements, a program, a plan
・会は手順よく運んだ The meeting went off smoothly.
…でしょう
❶《未来について》**will** *do*, **shall** *do*
・彼はまもなく来るでしょう He will come soon.
・私はその頃ニューヨークにいるでしょう I'll be in New York at that time.
❷《付加疑問文を用いて》
・きのう彼に会ったでしょう You saw him yesterday, didn't you?
…です〈I〉**am**,〈you, we, they〉**are**,〈he, she, it〉**is**
・私は高校生です I am a (senior) high school student.
・彼は先生です He is a teacher.
・「あなたは日本人ですか」「はい，そうです」 "Are you Japanese?" "Yes, I am."
・それらは中国の切手です They are Chinese stamps.
・彼女は外出中でした She was out.
・彼らはそのころ幸福でした They were happy then.
手数
・お手数ですがこの手紙を出してもらえませんか I'm sorry to trouble you, but will you please mail this letter?
　手数料 a charge, a fee;〔仲介料〕a commission
デスクトップの【コンピュータ】desktop
　デスクトップコンピュータ a desktop computer
テスト a test
・テストをする give a test
・英語のテストがあった We had a test in English.
　学力テスト an achievement test
手すり a handrail, railings
手製の handmade;〔自家製の〕homemade〈cookies〉
手相
・あなたは手相がよい[悪い] You have lucky [unlucky] lines on your palm.
手出しする〔干渉する〕meddle in…, interfere
手助け (a) help, assistance
　手助けする help, assist
でたらめ
・でたらめを言うな Don't talk nonsense.
・その記事はでたらめだ The article is far from the truth.
手近な nearby, close by
　手近に (near) at hand, close by
手帳 a notebook
鉄 iron;〔鉄鋼〕steel
撤回する withdraw〈his promise〉
てっきり certainly, surely

鉄筋
　鉄筋コンクリート reinforced concrete
デッサン〔素描〕a rough sketch
手伝い〔人〕a helper, an assistant;〔事〕(a) help, assistance
手伝う help, assist
・来て手伝ってください Come and help us.
・彼女は英語の勉強を手伝ってくれます She helps me with English. / She helps me (to) study English.
手続き (a) procedure, formalities
徹底的な thorough
　徹底的に thoroughly
鉄道 a railroad,《英》a railway
デッドボール【野球】⇨ フォアボール
撤廃する do away with…, abolish〈discrimination〉
てっぺん the top, the summit〈of the mountain〉
鉄棒〔体操の〕a horizontal bar
徹夜する sit [stay] up〈studying English〉**all night**
テニス tennis
・テニスをする play tennis
　テニスのトーナメント the tennis tournament
　テニスコート a tennis court
手荷物《米》baggage,《英》luggage
手ぬぐい a towel
手のひら a palm
では then, now, well
・「では，それは何ですか」「鳥です」 "What is it, then?" "It is a bird."
・では新しい課を勉強しましょう Now, let's study a new lesson.
・では家に帰りましょう Well, let's go home.
・ではまた See you later [again].
デパート a department store
手配する arrange [prepare] for…, make arrangements [preparations] for〈one's journey〉**;〔犯人を〕search for**〈the suspect〉
手始めに at the beginning〈of…〉**;〔まず第一に〕to begin with**
・手始めにこれをやります I'll try this at the beginning.
手はず
・手はずを整える make arrangements〈for the party〉
手放す part with〈one's car〉**, dispose of**〈one's house〉
・私はこの辞書は手放せない I can't do without this dictionary.
手引き guidance;〔手引き書〕a guide, a guidebook
　手引きする guide, lead
デビュー〔初登場〕〈make〉**one's debut**
手拍子
・手拍子を取る beat time with *one's* hands
手袋〈a pair of〉**gloves**
・彼は手袋をはめた[脱いだ] He put on [took off] his gloves.
デフレ deflation

手本 〔模範〕an example, a model; 〔習字などの〕a copy
手間 〔時間〕time; 〔労力〕labor; 〔面倒〕trouble
・これを作るにはずいぶん手間が掛かった It took a lot of time and labor to make this.
デマ 〔偽りのうわさ〕a false rumor
手前に on this side ⟨of that building⟩
出前 delivery service
手まね a gesture, signs
・彼らは手まねで話した They spoke with [by] gestures.
手招きする beckon
手回し
・彼はいつも手回しがいい He is always well-prepared. / He is always clever in his preparation.
手短に ⟨say⟩ briefly, in short
出迎える meet; 〔客を〕receive, greet ⟨a guest⟩
・私は父を出迎えに空港へ行った I went to the airport to meet my father.
…でも
❶ 〔…でさえ〕even; 〔たとえ…でも〕even if..., though...
・子どもでもそれは理解できる Even a child can understand it.
・あした雨でも私は出掛けます Even if it rains tomorrow, I will leave.
❷ 〔AでもBでも〕either *A* or *B*; 〔どの…でも〕any; 〔AでもBでもない〕neither *A* nor *B*
・きょうでもあしたでもいいからいらっしゃい You may come either today or tomorrow.
・どの本でも気に入った本を取りなさい You may take any book you like.
・それは青でもなければ緑でもない It is neither blue nor green.
❸ 〔しかし〕but..., yet...
・私は野球は好きです、でもじょうずではありません I like baseball, but I'm not a good player.
デモ 〔示威運動〕a demonstration
デモ行進 a demonstration parade
デモクラシー 〔民主主義〕democracy
手持ち
・今は現金の手持ちはない I don't have any cash with me now.
手元に 〔手近に〕⟨keep this camera⟩ at hand; 〔持ち合わせて〕with..., on [in] hand
・その本は今は手元にない I don't have the book with me [at hand] now.
デュエット 〔二重唱・二重奏〕⟨play, sing⟩ a duet
寺 a (Buddhist) temple
テラス 〔段畑〕a terrace
デラックス 〔豪華な〕deluxe
デリートする【コンピュータ】delete ⟨letters⟩
デリケートな delicate
照る shine ⇒ 輝く
照らす shine ⟨on the water⟩; light (up) ⟨the way⟩
出る
❶ 〔外出する〕go out; 〔出発する〕start, leave
・彼は散歩に出た He went out for a walk.
・列車はもう出ました The train has already started.
❷ 〔現れる〕appear, come out
・月が雲の間から出た The moon appeared [came out] from behind the clouds.
❸ 〔出席する・参加する〕attend, join, take part in ⟨the speech contest⟩
・私はきのうその会に出た I attended [was present at] the meeting yesterday.
❹ 〔卒業する〕graduate ⟨from...⟩
・彼はハーバード大学を出た He graduated from Harvard University.
テレビ(ジョン) 〔放送〕television, TV; 〔受像機〕a television (set), a TV (set)
・私はテレビで野球の試合を見た I watched the baseball game on television.
・テレビをつけて[消して]ください Please turn on [off] the television.
テレビ局 a television [TV] station
テレビゲーム a video game
テレビコマーシャル a TV commercial
テレビスター a TV star
テレビ番組 a TV program
照れる be [feel] shy
・彼は照れ屋です He is a shy person.
手分けする divide ⟨the work⟩ among ⟨themselves⟩, share ⟨the work⟩
手渡す hand ⟨to...⟩, pass
・この手紙を彼に手渡してください Hand this letter to him, please.
天 〔空〕the sky; 〔地に対して〕the heaven(s)
点 〔記号〕a point, a dot; 〔評点〕marks; 〔競技の〕a score
・彼は英語で90点取った He got ninety points in English.
・点数は5対3だった The score is 5 to 3.
・テストの点数はどうだったの What kind of mark did you get on your test?
電圧 voltage
店員 a salesclerk; 〔男の〕a salesman; 〔女の〕a salesgirl
田園 the country, the countryside
田園生活 a country [rural] life
田園都市 a garden city
天下 〔世の中〕the world; 〔全国〕the whole country
点火する light; 〔エンジンなどに〕start
電化する electrify
電化製品 electrical appliances
転換 conversion
転換する convert
天気 the weather
・きょうの天気はどうですか How's the weather today?
・きょうはいい天気ですね It's fine today, isn't it?
・いやな天気ですね Bad weather, isn't it?
・あすはいい天気になるでしょう I hope it will be fine tomorrow.
天気予報 a weather forecast
伝記 a biography
電気 electricity
電気の electric, electrical

電気ストーブ an electric heater
電球 a (light) bulb
転居する move, remove 〈to..., into...〉
転勤する be transferred 〈to the office in Fukuoka〉
典型 a model, a type
　典型的な typical 〈Englishman〉
点検する check, examine
点呼 a roll call
　点呼する call the roll
天候 the weather ⇨天気
電光 electric light; 〔稲妻〕lightning
転校する change, transfer 〈to a school〉
天国 Heaven; 〔楽園〕Paradise
伝言 a message
　伝言を残す leave a message
　伝言を受け取る take a message
天才〔才能〕genius; 〔人〕a (man of) genius
天災 a natural disaster
・あらゆる天災のうちでも地震は最も恐ろしい Earthquakes are the most dreadful of all natural disasters.
点在する be dotted with 〈islands〉
添削する correct
・私は兄に作文を添削してもらった I had my composition corrected by my brother.
天使 an angel
展示 exhibition, display
　展示する exhibit, display, put A on show
　展示会 a show, an exhibition
電子 an electron
　電子の electronic
　電子計算機 an electronic computer
　電子工学 electronics
　電子メール【インターネット】(an) e-mail, (an) E-mail, (an) email
　電子レンジ a microwave oven
点字(法) braille
電車 a train; 〔市街電車〕a streetcar, 《英》a tramcar
・彼は電車で通学している He goes to school by train.
店主 a shopkeeper, 《米》a storekeeper
天井 the ceiling
・天井にはえがいる There is a fly on the ceiling.
電信 telegraph
　電信で〈send〉by telegraph
点数 ⇨点
伝説 a legend, a tradition
点線 a dotted line
電線 an electric wire
伝染する be infectious [contagious, catching]
　伝染病 an infectious [contagious] disease
天体 a heavenly [celestial] body
電卓 a calculator
伝達 communication
　伝達する communicate
天地 heaven and earth; 〔上下〕top and bottom
電池 a 〈dry〉 cell, a battery
電柱 an electric pole; 〔電話用の〕a telephone pole

店長 a (store) manager
転々と
・彼は学校を転々と変えた He changed from school to school.
・彼は各地を転々とした He wandered from place to place.
テント a tent
電灯 an electric light
伝統 (a) tradition
　伝統的な traditional 〈sport〉
転倒する fall down [over], overturn
・彼は石につまずいて転倒した He fell over a stone.
てんとうむし【昆虫】《米》a ladybug, 《英》a ladybird
電熱器 an electric heater
天然の natural
　天然資源 natural resources
　天然痘【医学】smallpox
天皇 the Emperor
　天皇誕生日 Emperor's Birthday
電波 an electric wave
伝票 a 〈sales〉 slip
天秤 ⇨秤
転覆する be overturned, be upset
添付する attach
　添付ファイル【インターネット】an attachment
テンプレート【コンピュータ】a template
天分 one's (natural) gifts, one's talents
　天分のある gifted, talented 〈person〉
澱粉 starch
　澱粉質の starchy
テンポ〔速さ〕a tempo
展望 a view; 〔見通し〕prospects
　展望台 an observation platform
電報 a telegram
・彼に電報を打った I sent him a telegram. / I wired (to) him.
天文学 astronomy
　天文学者 an astronomer
転落 a fall
　転落する fall 〈into the manhole〉
展覧会 an exhibition, a show
　絵の展覧会 a picture show
電流 an electric current
・電流が流れている[いない] The current is on [off].
電力 (electric) power
電話 a telephone, 《話》a phone, a line
・電話が鳴っている The telephone is ringing.
・電話に出てくれませんか Can you answer the telephone?
・私は電話で彼と話をした I talked with him on the telephone [the phone].
・お電話です Telephone for you. / You are wanted on the telephone [the phone].
・彼は今電話中です He is on another phone [is on the line].
　電話する telephone, phone, call (up), 《英》ring (up)
・私は彼に電話した I telephoned [phoned] (to)

him. / I called him (up).
・また後で電話します I'll call him (up) again later. / I'll phone him again later.
電話帳 a telephone book
電話番号 a telephone number

と

…と
❶〔及び〕**and**
・彼は鉛筆とナイフを買った He bought pencils and a knife.
❷〔…と一緒に〕**with...**
・私はふだん友達と野球をします I usually play baseball with my friends.
❸〔…に対して〕**against..., with...**
・英国はドイツと戦った Britain fought against [with] Germany.
❹〔…する時〕**when..., (just) as...**
・出掛けようとしていると雨が降ってきた When [Just as] I was going out, it began to rain.
❺〔…ならば〕**if...**
・あす雨が降ると会合は延期されます If it rains tomorrow, the meeting will be put off.

戸 a door; 〔引き戸〕**a sliding door**
・戸を開ける open the door
・戸を閉める shut [close] the door

都 a metropolis
・東京都 Tokyo Metropolis
都の metropolitan
都議会 the Metropolitan Assembly
都知事 the Governor of Tokyo (Metropolis)
都庁 the Metropolitan Office
都民 a citizen [the people] of Tokyo

度〔回数〕**a time**;〔温度・角度〕**a degree**
・零下5度 five degrees below zero
一度 once, a time
二度 twice, two times
何度も many times

ドア〔戸・扉〕**a door**
ドアマン〔ホテルの〕a doorman

問い a question
・次の問いに答えなさい Answer the following questions.
問い合わせ (an) inquiry
問い合わせる inquire 〈of A about a matter〉

トイレ(ット)〔化粧室〕**a toilet**,〔公共建造物の〕**a lavatory, a water closet**(略 W.C.),《米》**a washroom**;〔ホテル・劇場などの〕**a rest room**;〔個人宅の〕**a bathroom**
トイレットペーパー toilet paper

十 ten ⇨ **十**(じゅう)

党 a party

問う ask, inquire ⇨ 尋ねる

…等
❶〔等級〕**a class, a grade**
・彼は競走で1等賞を取った He won (the) first prize in the race.
❷〔…など〕**and so on [forth], etc.**
・彼女はりんご、みかんなどを買った She bought apples, oranges, and so on.

銅 copper;〔青銅〕**bronze**
銅貨 a copper (coin)
銅像 a statue
銅メダル〔オリンピックの〕a bronze medal

どう
❶〔何〕**What ...?**
・放課後はどうしますか What do you do after school?
・それはどういう意味ですか What does it mean?
・あなたはどういう果物が好きですか What kind of fruit do you like?
・どうしましたか What's the matter with you?
❷〔いかに〕**How ...?**
・きょうの天気はどうですか How's the weather today?
・きょうは具合はどうですか How do you feel today? / How are you today?
・サンドイッチはどうですか How about [What about] some sandwiches?
・その映画はどうでしたか How did you like the movie?
どういたしまして You are welcome. / Not at all. / Don't mention it. / That's all right.
(…)はどうかと言えば as for 〈me〉

答案 an examination paper;《話》**paper**

同意 agreement
同意する〔人に〕agree 〈with...〉;〔提案などに〕agree 〈to...〉
・私たちは彼の提案に同意した We agreed to his proposal.

統一 unity
統一する unify, unite,〔標準化する〕standardize

灯火 a light

どうか please
・どうか行かないでください Please don't go.
…(か)どうか **if..., (whether...) (or not)**
・彼がきょう家にいるかどうか分からない I don't know if he is at home today.

動画【インターネット】a dynamic image

唐辛子〔植物・香辛料〕**(a) red pepper**

同感
・私も皆さんとまったく同感です I quite agree with you. / I am of your opinion.

投函する《米》**mail**,《英》**post** 〈a letter〉

冬季, 冬期 winter, wintertime
冬季オリンピック the Olympic Winter Games
冬期休暇 the winter vacation [holidays]

討議 (a) discussion;〔公開の〕**a debate**
討議する discuss 〈a matter〉

動機 a motive 〈for the murder〉

動議 〈make〉 a motion

等級 a class, a grade

投球〔野球〕〔投手の〕**pitching, a pitch**;〔野手の〕**throwing**
投球する pitch, throw 〈a ball〉

闘牛 a bullfight
闘牛士 a bullfighter

同級 the same class
・彼女と私は同級です She and I are in the same class.

同級生 a classmate
当局 the ⟨school⟩ **authorities**
同居する **live with...**
・彼女はおじの家に同居している She lives with his uncle.
道具 〔工具〕**a tool**, **an instrument**; 〔台所の〕**a utensil**
洞くつ **a cave**; 〔大きな〕**a cavern**
峠 **a (mountain) pass**
統計 **statistics**
東経 **the east longitude**
・東経30度 longitudee 30°E [thirty degrees east]
同権 **equal rights**, **equality**
登校する **go to school**, **attend school**
投稿する **contribute** ⟨an article⟩ **to** ⟨the magazine⟩
統合する **integrate**, **combine** ⟨*A* and *B*⟩
統合ソフト【コンピュータ】**integrated software**
動向 〔動き〕**a movement**; 〔傾向〕**a tendency**
動作 **(an) action**, **(a) movement**
・少年は動作が機敏だった The boy was quick in action.
東西 **east and west**
・その川は東西に流れている The river runs from east to west.
東西南北 **north, south, east and west**
闘志 **fighting spirit**, **fight**
投資する **invest** ⟨all *one's* money in stocks⟩
当時 **at that time**, **in those days**, **then**
・彼は当時まだ学生だった He was still at school at that time.
・私は当時大阪に住んでいた I lived in Osaka in those days.
冬至 **the winter solstice**
動詞【文法】**a verb**
同時に **at the same time**; 〔一度に〕**at a time**
・二人は同時に出発した The two started at the same time.
・同時に二つのことはできない You cannot do two things at a time.
どうした
・どうしたのですか What's the matter with you? / Is there anything wrong with you?
・それがどうしたのだ What's wrong with it?
当日 ⟨on⟩ **the day**; 〔決めた日〕**the appointed day**
・当日は大変いい天気だった It was very fine on that day.
どうして 〔どうやって〕**how**, **in what way**; 〔なぜ〕**why**, **for what reason**
・「どうして学校に行きますか」「私はバスで行きます」 "How do you go to school?" "I go to school by bus."
・どうしてそんなことをしたのですか Why did you do such a thing?
・「それは私には関係ない」「どうして」 "It doesn't affect me." "Why not?"
どうしても 〔ぜひ〕**by all means**; 〔どうしても…ない〕**will [would] not** *do*
・私はどうしてもそれを手に入れたい I want to get it by all means.

・ドアがどうしても開かない[開かなかった] The door will [would] not open.
投手 〔野球〕**a pitcher**
同情 **sympathy**
同情する **sympathize** ⟨with...⟩
登場する **appear**, **make an appearance**
投書する **write (a letter) to** ⟨the newspaper⟩
どうせ…（なら）〔もし…なら〕**if...**; 〔結局〕**after all**; 〔ともかく〕**anyway**, **in any case**
・どうせ行くなら早い方がいいよ Start early if you go.
・どうせ彼は来ないよ He won't come after all.
当選する 〔選挙で〕**be elected**; 〔懸賞などで〕**win the prize**
当選者 〔選挙の〕**an elected person**, **a successful candidate**; 〔懸賞などの〕**a prize winner**
当然の **natural**, **proper**
当然のこと **a matter of course**
…は当然のことと思う **take it for granted that...**
・彼が私を助けるのは当然のことと思った I took it for granted that he would help me.
…するのは当然だ **it is natural that *A* should *do***
・彼がそう考えるのは当然だ It is natural that he should think so.
どうぞ **please**
・どうぞお入りください Please come in.
・どうぞこちらへ This way, please.
・どうぞ窓を閉めてくださいませんか Will you please shut the window?
・「入ってもいいですか」「どうぞ」 "May I come in?" "Why not?"
闘争 **a fight**, **a struggle**
闘争する **fight**, **struggle** ⟨for...⟩
同窓
・私と彼は同窓です He and I went to the same school.
同窓会 〔組織〕《米》**an alumni [alumnae] association**, 《英》**an old boys' [girls'] association**; 〔会合〕**a** ⟨class⟩ **reunion**
同窓生 **a schoolmate**, 《米》**an alumnus** (⊛ **alumni**)
逃走する **escape**, **run away** ⇨ 逃げる
胴体 **the body** ⟨of a plane⟩
到達する **arrive** ⟨at..., in...⟩, **reach** ⟨the destination⟩
当地 **this place**, **here**
到着 **arrival**
到着する **arrive** ⟨at..., in...⟩, **reach**, **get to...**
・飛行機は午後8時30分に羽田に到着します The plane will arrive at Haneda at 8:30 p.m.
・私たちはきのうニューヨークに到着した We got to New York yesterday.
とうてい 〔どうしても〕⟨not⟩ **possibly**; 〔まったく〕⟨not⟩ **at all**, **absolutely**, **utterly**
・私にはとうていできそうもない I cannot possibly do it.
・それはとうてい不可能だ It is absolutely impossible.

同点 a tie;〔引き分け〕a draw
　同点になる tie 〈with...〉
貴い 〔貴重な〕precious, valuable 〈experience〕;〔高貴な〕noble
とうとう at last ⇨ ついに;〔結局〕after all, finally ⇨ 結局
同等の equal
　同等に equally
堂々とした stately, grand 〈mansion〉;〔威厳のある〕dignified
道徳 morals
貴ぶ 〔尊重する〕value
尊ぶ 〔尊敬する〕respect
東南 the southeast
　東南の southeastern
　東南アジア Southeast Asia
盗難 〔盗み〕(a) theft;〔夜盗〕(a) burglary
　盗難に遭う be robbed of 〈one's purse〉; be broken into 〈one's house〉
どうにか somehow, in some way (or other)
・どうにか仕事を終わらせた I finished the work somehow.
・彼は暗い中をどうにか家にたどり着いた He managed to get home in the dark.
導入する introduce 〈new technology〉
当番 duty;〔順番〕one's turn
・きょうは私が掃除当番です It's my turn to sweep today.
同伴する go with..., accompany
投票 voting, a vote
　投票する vote 〈for...〉
・私は彼に投票した I voted for him.
豆腐 tofu, (soy) bean curd
東部 the eastern part, the east ⇨ 東
同封する enclose
・この手紙に写真を同封します I am enclosing some pictures in this letter.
動物 an animal
　動物園 a zoo, a zoological garden
当分 〔しばらく〕for some time;〔差し当たって〕**for the present, for now**
・雨は当分降らないでしょう It will not rain for some time.
・当分それで間に合います That will do for the present.
等分の equal
　等分に equally
・彼女はパイを5等分した She divided the pie into five equal parts.
答弁 a reply, an answer;〔弁明〕an explanation
　答弁する reply, answer; explain
東方 the east
　東方の eastern
　東方に to the east 〈of the town〉
東北 the northeast
　東北の northeastern
動脈 an artery
同盟する be allied 〈with...〉
　同盟国 an ally
透明な transparent 〈glass〉
どうも

❶《まったく》**very, quite, really**
・どうもありがとう Thank you very much.
・彼にはどうも困ったものだ I'm quite [really] troubled about him.
❷《どういうわけか》**somehow**
・どうも彼が嫌いだ Somehow I don't like him.
❸《どうやら》**likely**
・どうも雨になりそうだ It is likely to rain. / It looks like rain.
どう猛な fierce, savage
とうもろこし【植物】(米) corn, (英) maize
どうやら 〔たぶん〕likely;〔やっと〕barely ⇨ やっと
・どうやら雨になりそうだ It is likely to rain. / It looks like rain.
灯油 kerosene
東洋 the East, the Orient
　東洋の Oriental 〈civilization〉
　東洋人 an Oriental
童謡 a children's song, nursery rhymes
動揺する 〔揺れる〕shake, tremble;〔心が〕be disturbed
・彼らはその知らせを聞いて動揺した They were shaken [disturbed] by the news.
同様の the same 〈as...〉, similar 〈to...〉
・それらはみな同様だった They were all alike.
・この点については君の意見と同様です I have the same opinion as you on this point.
・これは新品同様だ This is just as good as new.
　同様に similarly, likewise;〔A同様にBも〕*B* as well as *A*
・彼は英語同様にフランス語も話す He speaks French as well as English.
道理 reason
・彼は道理をわきまえている He is a reasonable man.
同僚 one's colleague
動力 (motive) power
盗塁 〔野球〕a steal
　盗塁する steal 〈second〉 base
道路 a road ⇨ 道
　道路工事 〔修理〕road repair;〔建設〕road construction
登録する register 〈as a member〉
討論する discuss, debate
　討論会 a panel discussion, a debate
童話 a children's story;〔おとぎ話〕a fairy tale
当惑する be puzzled [embarrassed, at a loss] 〈by his attitude〉
十 ten ⇨ 十(ピッ)
遠い far, distant, faraway; remote
・遠い所 a distant place
・遠い昔 the remote past
・駅はここから遠い The station is a long way from here.
・学校はここから遠くない The school is not far from here.
　遠くに far, far away, a long way off, in the distance
・そんなに遠くに行くのですか Are you going that far?

- 彼は遠くに明かりを見た He saw a light far away.

遠からず(して)〔まもなく〕before long

トーイック《商標》**TOEIC**

遠ざかる go away

遠ざける keep *A* away ⟨from a dangerous place⟩

…通し all through..., throughout ⟨the night⟩

- 私は名古屋まで立ち通しでした I kept standing all the way to Nagoya.

通す pass ⟨through...⟩; 〔案内する〕show ⟨in..., into...⟩

- 彼を応接間にお通ししてください Please show him in [into] the drawing room.

トースト ⟨a slice of⟩ toast
　トースター〔パン焼き器〕a toaster

ドーナツ a doughnut

トーナメント〔勝ち抜き戦〕a tournament

遠のく become far off; 〔音が〕fade away

トーフル《商標》**TOEFL**

遠回しの indirect ⟨answer⟩, roundabout
　遠回しに ⟨speak⟩ indirectly, in a roundabout way

遠回り ⟨make⟩ a detour, ⟨take⟩ a roundabout (way)

通り a street

- 私は通りで友人に会った I met a friend on the street.

　大通り a main street

…とおり, …どおり as...

- 私はいつものとおり6時に起きた I got up at six, as usual.
- 列車は時間どおりに到着した The train arrived on time.

通り掛かる happen to pass by, happen to come this way
　通り掛かりの人 a passer-by

通り過ぎる go past, pass by ⟨the building⟩

通る pass ⟨by..., through..., along...⟩

- 彼らは森を通り抜けた They passed through the woods.
- 彼は試験に通った He passed the examination.

…を通って by way of..., via...

- 彼はハワイを通ってサンフランシスコに行った He went to San Francisco by way of Hawaii.

都会 a city, a town
　都会生活 a city [town] life

とかく〔とかく…しがち〕be apt to *do*

- 私たちはとかく時間を無駄にしがちだ We are apt to waste time.

とかげ【動物】a lizard

溶かす dissolve ⟨sugar in the water⟩; 〔熱で〕melt

解かす〔氷などを水にする〕melt

- 太陽が雪を解かした The sun melted the snow.

とかす〔髪を〕comb ⟨one's hair⟩

とがった pointed, sharp
　とがる become sharp, be pointed
　とがらせる sharpen ⟨a pencil⟩

とがめる blame, reproach ⟨*A* for his faults⟩

時 time ⇨ 時間

- 時は金なり(ことわざ) Time is money.
- 私たちは大変楽しい時を過ごした We had a very good time.

…の時に(は) when...

- 彼が来た時にそれを聞いてみなさい Ask him about it when he comes.
- 彼女は子どもの時には幸せではなかった She was not happy when (she was) a child.

時々 sometimes, now and then [again], from time to time; 〔時折〕occasionally; 〔時折の〕occasional

- 曇り時々雨 cloudy with occasional rain
- 彼は時々遊びに来る He sometimes comes to see us.
- 彼女は時々手紙をくれる She writes to me now and then [from time to time].

どきどきする〔心臓が〕beat, throb

ドキュメンタリー〔記録物〕a documentary ⟨film⟩

度胸 courage
　度胸のある bold, daring ⟨man⟩; courageous ⟨person⟩

途切れる break (off)

- 会話が急に途切れた There was a sudden break in the conversation.

得 (a) profit

- その仕事は得にならない The work doesn't pay.
　得な profitable
　得をする make a profit ⟨of...⟩, profit
- 彼は3万円得をした He made a profit of 30,000 yen.
- 彼らはその事業で得をした They profited in the enterprise.

徳 ⟨a man of⟩ virtue

解く〔解決する〕solve, work out; 〔ほどく〕untie, undo

- 彼はその問題を解いた He solved the problem.
- 彼はロープを解いた He untied the ropes.

説く〔説明する〕explain; 〔説いて…させる〕persuade ⟨*A* to *do*⟩

研ぐ sharpen; 〔砥石で〕whet ⟨a knife⟩

毒 (a) poison
　毒のある poisonous ⟨mushroom⟩
- それは体に毒だ It is bad for the health.

どく〔脇へ〕get out of the way

- どきなさい Get out of the way. / Make way for me.

得意な ⟨be⟩ good at...; best ⟨subject⟩

- 彼女はテニスが得意です She is good at tennis. / She is a good tennis player.

独学

- 彼は英語を独学で勉強した He learned [studied] English by himself. / He taught himself English.

特技 one's special(i)ty

特産物 a special product

独自の one's own [personal] ⟨views⟩

読者 a reader

特殊な special, particular ⟨situation⟩

特集(号) a special issue [number]

読書 reading

特色 ⇨ 特長, 特徴
独身の single, unmarried
　独身者 〔男〕a bachelor;〔女〕an unmarried woman,《英》a spinster
特性 ⇨ 特徴
特製の specially made [prepared]
独占〔事業〕a monopoly
　独占する have 〈a room〉 to *one*self; make a monopoly 〈of salt〉
独創(性) originality
　独創的な original 〈idea〉;〔創造力のある〕creative
戸口 the door, the doorway
特長 a strong point, a merit
特徴 a characteristic, a feature
　特徴的な characteristic
得点〔試験の〕points;〔競技の〕a score;〔野球の〕runs
・彼は数学でよい得点をした He got good marks in mathematics.
・得点は5対3だった The score was 5 to 3.
特典 a privilege
独特の *one's* own, unique, peculiar
・彼は独特のやり方でそれをした He did it in his own way.
特に especially, particularly
・けさは特に寒い It's especially cold this morning.
・今晩は特にやることがない I have nothing (in) particular to do this evening.
特売 a bargain sale
　特売品 a bargain
特派員 a (special) correspondent
特別の special, particular
・彼はジャズに特別の興味を持っている He has a special interest in jazz music.
　特別に specially, particularly
読本 a reader
匿名の〔筆者不明の〕anonymous 〈letter〉
特有の peculiar 〈to...〉, *one's* own
・これらは英語特有の表現です These are expressions peculiar to English.
独立 independence
　独立した independent
　独立国 an independent country
独力で for [by] *one*self
・彼は独力でそれをした He did it by himself.
とげ〔ばらなどの〕a thorn
時計〔腕時計〕a watch;〔柱時計・置き時計〕a clock
・時計が今5時を打った The clock has just struck five.
・この時計は3分進んでいる[遅れている] This watch is three minutes fast [slow].
　時計屋〔人〕a watchmaker, a jeweler;〔店〕a watchmaker's, a jeweler's
溶ける dissolve;〔熱で〕melt
解ける〔雪などが〕thaw (out, away)

・雪はすぐ解けてしまった The snow melted away [thawed out] quickly.
遂げる achieve, accomplish 〈*one's* purpose〉;〔長いことかかって・努力して〕attain 〈*one's* ambition〉
床 a bed
　床につく〔寝る〕go to bed;〔病気で〕be [stay] ill in bed
どこ Where ...?
・あなたのラジオはどこにありますか Where is your radio?
・彼はどこに住んでいますか Where does he live?
・どこへ行くのですか Where are you going?
・あなたはどこの出身ですか Where are you from? / Where do you come from?
　どこかに[へ] somewhere;《疑問文で》anywhere
・私はどこかに傘を置いてきた I've left my umbrella somewhere.
・今度の日曜日にどこかへ行きますか Are you going anywhere next Sunday?
　どこ(に)でも everywhere, wherever
・それはどこでも見つけられる You can find it everywhere.
・どこでも好きな所へ行ってよい You may go wherever you like.
　どこにも…ない nowhere, not ... anywhere
・私の時計はどこにもなかった My watch wasn't anywhere.
　どこまで How far ...?
・あなたはどこまで行きましたか How far did you go?
…(する)ところだ be going to *do*, be about to *do*
・手紙を書くところです I am going to write a letter.
・出発するところです We are about to start.
所 a place ⇨ 場所
・ここは夏を過ごすのによい所です This is a good place to spend the summer.
　所々(に) here and there
…(する)どころか far from 〈happy, being happy〉
ところで〔さて〕now, well;〔それはそうと〕by the way
・ところで, その橋はどこにありますか Now where is the bridge?
・ところで, 最近彼に会いましたか By the way, have you seen him lately?
…どころではない far from...
・私は彼を非難するどころではない(その逆だ) I am far from blaming him.
登山 mountain climbing, mountaineering
　登山する climb [go up] 〈Mt. Fuji〉
　登山家 a mountaineer
年
❶〔年齢〕age
・年はいくつですか How old are you? / What's your age?
・私たちは同じ年です We are (of) the same age.
・彼は年の割には背が高かった He was tall for his age.

年取った old, aged
❷〔暦の〕a year
・私は田舎で新しい年を迎えた I greeted the New Year in the country.
都市 a city ⇨ 都会
年上の older 〈than...〉, senior 〈to...〉, 《主に《英》》elder 〈brother〉
・彼は私より三つ年上です He is three years older than I. / He is older than I by three years.
閉じ込める shut in [up], confine
・私たちは雨で一日中家に閉じ込められた We were kept indoors by the rain all day.
閉じこもる be confined 〈to a room〉
年頃〔年配〕age;〔結婚適齢期〕〈a daughter of〉marriageable age
・私があなたの年頃には結婚していた I was married when I was your age.
・その娘は息子と同じ年頃だ The daughter is about the same age as my son.
年下の younger 〈than...〉, junior 〈to...〉
・彼女は私より二つ年下です She is two years younger than I. / She is younger than I by two years.
…として as...
・彼は歌手として世界中で大変有名だ He is very famous as a singer all over the world.
…としては
❶〔…の割には〕for...
・彼は外国人としては日本語がうまい He speaks Japanese well for a foreigner.
❷〔…は言えば〕as for...
・私としてはそのことで何も言うことはない As for me, I have nothing to say about it.
…としても even if... [though...] ⇨ たとえ…でも
どしどし〔自由に〕freely;〔ためらわずに〕without hesitation
・何か用事がありましたらどしどし申し付けてください If there's anything you want, please don't hesitate to ask.
戸締まりする lock (up) 〈the house〉
土砂降り
・ゆうべは土砂降りだった It rained heavily last night. / We had a heavy rain last night.
図書 books
 図書館 a library
 学校図書館 a school library
土壌 〈rich〉soil
年寄り an elderly person;《総称》the old
閉じる shut, close
・彼女は目を閉じた She shut [closed] her eyes.
綴じる bind 〈a book〉; keep A on file
トス〔球などを軽く投げること〕a toss
 トスする toss 〈a ball, a coin〉
塗装する paint 〈the house〉
土足で with one's shoes on
土台 a base
途絶える〔止まる〕stop;〔中断される〕be interrupted;〔音信が〕do not hear from...
戸棚 a cupboard
…(した)途端に as soon as..., the moment (that)...
・彼は私を見た途端に逃げ出した As soon as [The moment] he saw me, he ran away.
土壇場で at the last moment
・彼女は土壇場で考えを変えた She changed her mind at the last moment.
土地 land;〔土〕soil
・彼はたくさんの土地を持っている He owns a good deal of land.
・ここの土地は肥えている The soil here is very rich.
 土地開発 the land development
途中で on the [one's] way 〈to..., from...〉;〔中途で〕halfway
・彼は帰宅の途中だった He was on his way home.
・私は学校へ行く[から帰る]途中で彼に会った I met him on my way to [from] school.
・彼は途中で大変苦労をした He had a very hard time on the way.
・彼は途中で引き返した He turned back halfway.
どちら¹ Which ...?
・どちらがあなたのギターですか Which is your guitar?
・どちらの車が速いですか Which car is faster?
・コーヒーと紅茶ではどちらが好きですか Which do you like better, coffee or tea?
 どちらか either A or B
・私は英語かフランス語のどちらかを勉強したい I want to study either English or French.
・あなたか外か どちらかが行かなくてはならない Either you or I have to go.
 どちらでも whichever
・どちらでもほしいのを取りなさい Take whichever you want.
 どちらも both 〈of...〉, either 〈of...〉;〔どちらも…でない〕neither 〈of...〉
・そのどちらも好きです I like both of them.
・そのどちらも好きではありません I don't like either of them.
・彼の両親はどちらも生きていない Neither of his parents is alive.
どちら²〔どこ〕Where ...?
・どちらにお住まいですか Where do you live?
特価〈sell at〉a special price
特急 a limited [special] express
特許〈apply for〉a patent;〔免許〕a license,《英》a licence
 特許権 a patent (right)
とっくに long ago, a long time ago
・私はその本はとっくに読んだ I read the book long ago.
特権〈be given〉a privilege
特効薬 a specific (medicine) 〈for...〉
とっさの〔突然の〕sudden;〔予期しない〕unexpected
 とっさに〔すぐに〕at once, immediately
どっさり a lot of..., lots of...
・彼はどっさり魚を捕った He caught lots of fish.
ドッジボール〔球技〕dodge ball
突進する dash, rush
突然 suddenly
・雨が突然降り出した Suddenly, it began to rain.

突然の sudden
どって ⇨ どちら
どっちみち at any rate, anyway
・どっちみちそこに行かなければならない I have to go there anyway.
…（に）とって for..., to..., with...
・これは私にとっては難しすぎる This is too difficult for me.
・私にとってはすべてが新しかった Everything was new to me.
・それは私にとっては同じことだ It is just the same with me.
取っ手 〔柄〕a handle; 〔ドアの〕a knob
取っておく 〔保持する〕keep, put *A* aside; 〔予約する〕reserve; 〔貯える〕save
・それは取っておきなさい You can keep it.
・私はそのホテルに部屋を取っておいた I reserved a room at the hotel.
　取っておきの *one's* best ⟨clothes⟩; reserved for special occasions
取って代わる take the place of ⟨an old-fashioned idea⟩
取って来る go and get ⟨an umbrella⟩, fetch
ドッと
・彼らはドッと笑った They burst into laughter.
ドット a dot
突破する 〔試験などを〕pass; 〔敵陣を〕break through...; 〔超過する〕exceed
突発する break out
　突発的な unexpected ⟨accident⟩
トップ 〔頂上・首位〕the top
凸面の a convex ⟨lens⟩
土手 a bank, an embankment
とても ⇨非常に
届く reach
・彼は天井に手が届く He can reach the ceiling.
・手紙は届きましたか Has the letter reached you? / Have you received the letter?
届ける 〔報告する〕report; 〔送る〕send
　届け〔通知〕a notice; 〔報告〕a report
・欠席届 a report of absence
整う 〔準備が〕be ready, be prepared, be arranged; 〔目鼻立ちが〕be well-formed
・すべて準備が整った Everything is ready.
調う 〔まとまる〕be settled, be arranged
整える 〔準備する〕prepare ⟨for...⟩
・私は旅行の準備を整えた I prepared for the trip.
調える 〔まとめる〕settle, arrange, fix
・彼女は髪を調えた She arranged her hair.
留まる stay
・彼は家に留まった He stayed (at) home.
とどろく roar, rumble
　とどろき a roar ⟨of a gun⟩, a peal ⟨of thunder⟩
唱える 〔念仏などを〕chant ⟨a prayer⟩; 〔意見などを〕advocate ⟨a new theory⟩
どなた ⇨誰
・どなたですか 《電話で》Who's this, please? / Who's speaking, please? / May I have your name, please?
隣の next, nextdoor
・隣の席 the next seat
・隣の人 a [*one's*] neighbor
　隣 next ⟨to...⟩, nextdoor ⟨to...⟩
・私は彼女の隣に座った I sat next to her.
・彼は私の隣に住んでいる He lives nextdoor to me.
　隣近所 the neighborhood; 〔人々〕the neighbors
どなる shout
・どならないでください Don't shout at me.
とにかく anyway, anyhow
・とにかくやってみましょう I'll try it anyhow.
・とにかくできるだけのことはやってみましょう Anyway, I'll do what I can.
どの
❶〔どんな〕Which ...? / What ...?
・どの学科が一番好きですか Which [What] subject do you like best?
❷〔すべての〕any, every
・どの本でも気に入った本を選びなさい You may take any book you like.
・どの生徒も英語を学ばなければならない Every student has to learn English.
どのくらい ⇨どれくらい
どのように how ⇨どう
飛ばす fly; 〔吹き飛ばす〕blow off
・彼は模型飛行機を飛ばした He flew a model plane.
・私は風で帽子を飛ばされた I had my hat blown off by the wind.
跳び上がる jump (up) ⟨from the ground⟩
跳び起きる jump out of bed
跳び降りる jump down ⟨from the wall⟩
跳び掛かる jump at... [upon...]; 〔急に〕pounce on... [upon...], rush at...
跳び越す jump over ⟨a fence⟩
飛び込み 〔水泳の〕diving
　飛び込み台 a diving board
飛び込む jump in... [into...]
・彼は川の中に飛び込んだ He jumped [dived] into the river.
飛び出す run out
・彼は家から通りへ飛び出した He ran out of the house into the street.
飛び立つ 〔鳥などが〕fly away; 〔飛行機が〕take off
飛び散る scatter; 〔液体が〕splash, spray
飛び付く jump at ⟨a person, a branch, the offer⟩
・彼は私の申し出に飛び付いた He jumped at my offer.
トピック 〔話題〕a topic
跳び乗る jump into [on] ⟨a train⟩
跳び箱 a (vaulting) horse
跳び回る jump about
飛び回る 〔空中を〕fly about ⟨in the sky⟩
扉 a door; 〔本の〕a title page
跳ぶ 〔はねる〕jump, hop, skip
・彼は6メートル跳んだ He jumped six meters.
・かえるが芝生の上を跳びはねている The frogs are hopping about on the grass.

飛ぶ fly
- 彼は成田からパリへ飛んだ He flew from Narita to Paris.
- 彼は飛んでいる鳥を撃った He shot a bird on the wing [in flight].

どぶ 〔下水路〕a ditch; a gutter

徒歩で on foot
- 私は学校へ徒歩で行きます I go to school on foot. / I walk to school.

途方
- 彼は途方に暮れた He didn't know what to do. / He was at a loss.
  途方もない 〔ふつうでない〕extraordinary; 〔ばかげた〕absurd, ridiculous ⟨idea⟩

乏しい poor ⟨in...⟩, scanty, scarce
- 日本は天然資源に乏しい Japan is poor in natural resources.

トマト 【植物】a tomato

戸惑う be puzzled [perplexed, at a loss] ⟨what to *do*⟩

止まる stop
- この電車は各駅に止まる This train stops at every station.
- エンジンが止まった The engine stopped.

泊まる stay ⟨at..., in..., with...⟩, put up ⟨at...⟩
- 私はロンドンのホテルに泊まっています I am staying at a hotel in London.
- 私はおじの所に泊まっています I am staying with my uncle. / I am staying at my uncle's.
- 彼は海岸のホテルに泊まった He put up at a seaside hotel.

富 riches, wealth

…(に)富む be rich in...
- この国は天然資源に富んでいる This country is rich in natural resources.

ドメイン 【インターネット】a domain

止める stop; 〔ラジオ・水道などを〕turn off; 〔妨げる〕hold up
- 彼は車を止めた He stopped the car.
- ラジオを止めてください Turn off the radio, please.
- 嵐で列車が止まった The train was held up because of the storm.

泊める lodge, put up ⟨a guest⟩
- 一晩泊めてくれませんか Will you put me up for the night?

友 a friend ⇨ 友達

供 〔同行者〕a companion; 〔従者〕a follower; 〔随員の一行〕a suite
- 途中までお供しましょう I'll go part of the way with you.

ともかく ⇨ とにかく
ともしび ⇨ 灯火

友達 a friend, 《話》a pal
- トムは私の友達です Tom is a friend of mine.
- 彼は私の友達です He is my friend.
- 私の友達のトムはスキーがうまい My friend Tom is a good skier.
- 彼はよい友達を持っている He has good friends.
- 私は彼と友達になった I made [became] friends with him.

男友達 a boy friend, a boyfriend
女友達 a girl friend, a girlfriend
文通友達 a pen pal, a pen friend

伴う accompany
- すべての善はいくらかの悪を伴う Every good is accompanied by some evil.

共に with..., together (with...) ⇨ 一緒に
どもる stammer
土曜日 Saturday (略 Sat.)
　土曜日に on Saturday
虎 【動物】a tiger
ドライアイス dry ice
ドライバー 〔工具〕a (screw) driver; 〔運転手〕a driver; 〔長打用ゴルフクラブ〕a driver

ドライブ
❶〔車を運転すること〕a drive
- 私たちは海岸へドライブに行った We drove [went for a drive] to the seaside.
　ドライブイン a drive-in
❷【コンピュータ】〔装置〕a drive

ドライヤー 〔乾燥器・乾燥剤〕a drier, a dryer
トラウマ trauma

捕らえる 〔つかまえる〕catch, seize ⟨the chance⟩; 〔逮捕する〕arrest, capture
- 私は網で蝶を捕らえた I caught a butterfly in a net.
- 警察は泥棒を捕らえた The police arrested [captured] a thief.

トラック 〔貨物自動車〕a truck; 〔競走路〕a track
- トラックを走る run on the track
  トラック競走 track events

ドラッグする 【コンピュータ】drag ⟨an icon⟩
　ドラッグ・アンド・ドロップする drag and drop ⟨an icon⟩
虎の巻 a guide, a key, 《米》《口語》a pony
トラブル 〔もめごと・故障〕trouble
トラブる get into trouble
ドラマ 〔劇〕a drama, a play
ドラム 〔太鼓〕a drum
　ドラム缶 a [an oil] drum
トランク 〔大型の〕a trunk; 〔旅行用の〕a suitcase
トランプ ⟨play⟩ cards
トランペット 〔金管楽器〕⟨blow⟩ a trumpet
トランポリン 〔運動用具〕a trampoline

鳥 a bird
- 鳥が木でさえずっている Birds are singing in the trees.
  鳥かご a (bird) cage

とりあえず 〔差し当たり〕for the time being; 〔まず第一に〕first of all; 〔急いで…する〕hasten to *do*

取り上げる take [pick] up ⟨the receiver⟩; 〔奪う〕take away; 〔採用する〕adopt ⟨*A's* plan⟩

取り扱い 〔人の〕treatment, dealing; 〔物の〕handling; 〔処理〕management
- 取り扱い注意 《掲示》Handle with Care

取り扱う 〔人を〕treat; deal with...; 〔物を〕handle; 〔処理する〕manage

取り入れる 〔収穫する〕gather; 〔採用する〕adopt, take in
- 私たちは彼のプランを取り入れた We adopted his plan.

取り入れ harvest ⇨収穫
取り柄 ⇨長所
トリオ〔三つぞろい・三人組〕a trio
取り返す〔取り戻す〕get [take] back;〔埋め合わせをする〕make up for ⟨the lost time⟩
取り替える exchange, change ⟨A with B⟩
・私は彼と席を取り替えた I exchanged [changed] seats with him.
取り掛かる ⇨始める
取り囲む ⇨囲む
取り決め (an) arrangement
　取り決める arrange ⇨決める
取組 a ⟨good⟩ match
取り消す〔注文などを〕cancel
・私は本の注文を取り消した I canceled my order for the book.
　取り消し cancellation
とりこ〔捕虜〕a captive, a prisoner
取り壊す tear down, pull down ⟨an old building⟩
取り去る remove, take A off B
取り締まり ⟨strict⟩ control, regulation
　取締役 a director
取り調べ (an) investigation
　取り調べる examine, look into ⟨a matter⟩
取り出す take out ⟨of...⟩
・彼はポケットから箱を取り出した He took a box out of his pocket.
取り違える misunderstand, mistake A for B
トリック〔策略・手品〕a trick
取り次ぐ〔電話などを〕answer ⟨the call⟩;〔商品を〕act as agent
　取次店 an agency
取り付ける install, fix, attach ⟨a shelf to the wall⟩
取り引き〔商売〕business, trade;〔取引関係〕dealings
　取り引きする do business with..., deal with ⟨the firm⟩
ドリブルする【サッカー】dribble ⟨a ball⟩
取り巻く ⇨囲む
取り戻す take [get] back
・彼女は盗まれたバッグを取り戻した She took back her stolen bag.
取りやめる ⇨中止する
努力 (an) effort
　努力する make an effort, work hard, strive ⟨to do, for...⟩
・彼は5時までには終わらせようと努力した He worked hard to finish it by five.
・彼の努力も無駄だった All his efforts were in vain.
　努力家 a hard worker
取り寄せる ⇨注文
ドリル〔穴空け機〕a drill;〔練習〕a drill ⟨in spelling⟩
取る take;〔手渡す〕pass, hand;〔脱ぐ〕take off;〔得る〕get
・彼はペンを手に取った He took a pen in his hand.
・その辞書を取ってください Please hand me the dictionary.
・帽子を取りなさい Take off your hat.
・彼は1等賞を取った He got [won] the first prize.
捕る〔捕らえる〕catch
・私は川で魚を捕った I caught some fish in the river.
ドル〔米国などの貨幣単位〕a dollar
どれ Which ...? ⇨どちら
・どれが一番好きですか Which do you like best?
　どれでも any, whichever
・どれでも好きなのを取ってよい You may take anything you like. / You may take whichever you like.
　どれも《肯定文で》all, every;《否定文で》any
・りんごはどれも新鮮だ All the apples are fresh. / Every apple is fresh.
・どれもほしくはありません I don't want any of them.
トレード【野球】a trade
　トレードされる be traded ⟨to team A⟩
トレードマーク〔商標〕a trademark
トレーニング〔訓練〕training
　トレーニングパンツ sweat pants
どれくらい
❶〔数〕How many ...?
・あなたはどれくらいの本を持っていますか How many books do you have?
❷〔量・金額〕How much ...?
・砂糖はどれくらいいりますか How much sugar do you need?
・どれくらいお金を持っていますか How much money do you have?
❸〔時間・長さ〕How long ...?
・バスターミナルまでどれくらい時間が掛かりますか How long does it take to get to the bus terminal?
・この橋の長さはどれくらいですか How long is this bridge?
❹〔距離〕How far ...?
・ここから駅までどれくらいありますか How far is it from here to the station?
❺〔高さ〕How high [tall] ...?
・あの塔はどれくらいありますか How high [tall] is that tower?
ドレス〔婦人服〕a dress
取れる〔はずれる〕come off;〔除かれる〕be gone;〔得られる〕be got;〔解釈される〕be interpreted
捕れる〔つかまえられる〕be caught
泥 mud
・私の靴は泥だらけになった My shoes got muddy.
ドロップ〔菓子の〕drops;〔野球の〕a drop
トロフィー〔優勝記念品〕a trophy
泥棒〔こそどろ〕a thief;〔強盗〕a robber
・泥棒に入る break into ⟨a house⟩
どろんこ mud
　どろんこの muddy
豚カツ a pork cutlet
鈍感な insensitive
どん底 the depths
とんち wit
　とんちのある witty

- 彼はとんちのある少年だった He was a witty boy.

とんでもない 〔ばかげた〕**absurd**; 〔どういたしまして〕**Not at all. / Don't mention it. /** 〔米〕**You're quite welcome.**

とんとん
- 誰かがドアをトントンたたいた Someone knocked at [on] the door.
- すべてはとんとん拍子に進んだ Everything went on smoothly.

どんどん
- 太鼓をドンドンたたく beat a drum loudly
- 雨がどんどん降っている It is raining hard.
- 彼らはどんどん進んで行った They went on and on.
- 彼は言いたいことはどんどん言う He speaks out freely.

どんな
❶ 〔どのような〕**What ...? / What kind of...? / What ... like?**
- どんなスポーツを好きですか What sports do you like?
- 彼はどんな車を運転していましたか What kind of car did he drive?
- 彼はどんな人ですか What is he like?

❷ 〔いかなる〕**any**
- どんな子どもでもそれをすることができる Any child can do that.

どんなに 《感嘆文を導いて》**How ...! / How much ...! /** 〔どれほど…しても〕**However ...**
- その知らせを聞いて彼はどんなに喜ぶでしょう How glad he will be to hear the news!
- どんなに速く走ってもその列車には間に合わないでしょう However fast you (may) run, you will not be in time for the train.

トンネル a tunnel
どんぶり a (porcelain) bowl
とんぼ 〔昆虫〕**a dragonfly**
問屋 〔店〕**a wholesale store;** 〔人〕**a wholesale dealer**
どん欲 greed
　どん欲な **greedy**

どんより
- 空はどんよりと暗かった The sky was dark and gloomy.

な

名 a name ⇨名前
　名付ける name, call
- 私たちはその犬をジョンと名付けた We named [called] the dog John.
- 船は英国女王の名前を取って名付けられた The ship was named after the Queen of England.

…なあ
❶ 《願望》**I wish ...**
- 英語がじょうずに話せたらなあ I wish I could speak English well.

❷ 《感嘆》**What ...! / How ...!**
- けさはいい天気だなあ What a nice morning (it is)! / How beautiful this morning is!

ない
❶ 《存在しない》**there is [are] no ...**
- 食べる物は何もなかった There was nothing to eat.
- 部屋には誰もいない There are no people in the room.

❷ 《所有しない》**do not have any ..., have no ...**
- 私はお金の持ち合わせがない I don't have any [have no] money with me.

…(では)ない be not ...
- これは私のペンではない This is not my pen.
- 私はアメリカ人ではない I am not American.
- 彼らは学生ではない They are not students.

…ではなくて…である not A but B
- 彼女は歌手ではなくて作曲家だ She is not a singer but a composer.

内科医 a physician
内外 〔内と外で〕**in and out** 〈of the city〉, **inside and outside** 〈of the house〉; 〔国内と国外で〕〈be known both〉 **at home and abroad**; 〔およそ〕**about...**

内閣 a cabinet
　内閣総理大臣 the Prime Minister, the Premier

内緒 〔秘密〕**a secret;** 〔私事〕**a private matter**
- このことは内緒にしておこう Let's keep this (a) secret. / This is between you and me.
　内緒の **secret, private**
　内緒で **in secret, secretly, privately**

内職 a side job
- 内職をする do a side job

内心は 〈feel〉 **at heart**
内線 〔電話の〕**extension**
内臓 the internal organs
ナイター 【野球】**a night game**
…(し)ないで instead of 〈going out〉
内定する decide informally
ナイフ a knife (⑧ **knives**)
内部 the inside, the interior
　内部の[に] **inside**
内密 ⇨内緒
内野 【野球】**the infield**
　内野手 **an infielder**
内容 contents
…(し)ないように so as not to *do*
内陸の[へ] inland
ナイロン nylon 〈stockings〉
ナイン 【野球】**the nine, the baseball team**
なお still, moreover, even
- こっちの方がなおよい This is even better.
- 彼は年を取っているが、なお元気だ He is old and still he is strong and healthy.

なおさら ⇨まして
直す 〔修理する〕**mend, repair;** 〔訂正する〕**correct**
- 私は時計を直してもらった I had my watch mended [repaired].
- 次の文の誤りを直しなさい Correct the mistakes in the following sentences.

治す 〔病気を〕**cure, heal** 〈a disease〉
- 私は医者に病気を治してもらった The doctor cured me of my illness.

直る 〔故障が〕**be repaired**
- テレビの故障が直った Our TV set was re-

治る recover〈from...〉, be cured〈of...〉, get well
- 彼の病気はすぐに治るでしょう He will get well soon.
- 彼は風邪が治った He recovered from a cold.

中〔内部〕**the inside**
- 部屋の中には何もなかった There was nothing inside the room.
  …の中から out of...
- 彼は部屋の中から出て来た He came out of the room.
  …の中に[で] in...; 〔…の間に〕among..., of...
- 彼は部屋の中にいる He is in the room.
- 私は生徒たちの中に彼を見つけた I found him among the students.
- 彼女は3人の中で一番背が高い She is the tallest of the three.
  …の中へ into...
- 彼は部屋の中へ入って行った He went into the room.
  …の中を(通って) through...
- 彼らは森の中を通って行った They went through the woods.

仲 terms
- 私は彼とは仲がよい[悪い] I am on good [bad] terms with him.
- 私は彼と仲よくなった I became [made] friends with him.
- 私は彼とは仲よくやっていけると思った I felt I would get along with him.
  仲のよい友達 a good friend

長い〔長さ・距離・時間が〕**long**
- 彼らは長い橋を造った They built a long bridge.
- 彼女の髪の毛は長い Her hair is long.
- 私は彼に長い間会っていない I haven't seen him for a long time.
- 私は長くはいられません I can't stay long.

長生きする live long
- 彼は80歳まで長生きした He lived to be eighty years old.

長いす a sofa, a couch;〔ベンチ〕**a bench**
長靴〈a pair of〉**boots**,《英》**high boots**
中頃 about the middle of〈next month〉
長さ〔距離・時間の〕**length**
- 「この橋の長さはどれくらいですか」「150メートルあります」"How long is this bridge?" "It is 150 meters long [in length]."

流し〔台所の〕**a sink**
流す〔涙などを〕**shed**;〔洗い流す〕**wash away**
- 彼女は涙を流した She shed tears.

…(が)なかった(な)ら without..., but for...
- あなたの助けがなかったら失敗したでしょう Without [But for] your help, I would have failed.

長続きする last long
仲直りする be reconciled, make up〈with...〉
なかなか〔かなり〕**pretty, rather**;〔非常に〕**quite, very**
- この子はなかなか利口だ This child is pretty [very] clever.
  なかなか…ない not easily;〔時間的に〕be long〈in...〉
- 私にはそれがなかなかできない I cannot do it easily.
- 彼はなかなか来なかった He was long (in) coming.

中庭 a courtyard
半ば〔半分〕**half**〈asleep〉;〔中頃〕**about the middle of**〈next month〉;〔一部分〕**partly**
長引く be prolonged;〔時間が掛かる〕**take time**
中程 halfway〈up the street〉
仲間 a companion;〔同僚〕**a mate, a fellow; company**
- 彼はよい[悪い]仲間と付き合っている He keeps good [bad] company.
- 仲間に入る join〈us〉
  学校仲間 a school mate [fellow]

中身〔内容〕**contents**;〔実質〕**substance**
眺め a view
眺める see, look at..., watch ⇒見る
長持ちする keep [last] long;〔衣類などが〕**wear long [well]**
仲良し a good [a close, an intimate] friend
- 私は彼とは仲良しだ I am good friends with him. / I am on good terms with him.

…(し)ながら as..., while...; over...; with〈a smile〉
- 彼は歩きながらよく本を読む He often reads a book as [while] he walks.
- 私たちはコーヒーを飲みながら話した We talked over a cup of coffee.

長らく for a long time, long
- 長らくごぶさたしました I am sorry (that) I have not written (to) you for a long time. / Excuse me for not writing so long. / Excuse me for my long silence.

流れ〈a rapid〉**stream, a current**
流れる run, flow
- その川は町の中を流れている The river runs [flows] through the town.
  流れ込む flow into

泣き声〔人の〕**a cry**
鳴き声〔小鳥・虫の〕**a song, a chirp**
泣き虫 a crybaby
泣く〔声を上げて〕**cry**;〔涙を流して〕**weep**;〔すすり泣く〕**sob**
- 彼女はうれしくて泣いた She wept for joy.
  泣き出す burst into tears
- その子どもはワッと泣き出した The child burst into tears.

鳴く〔小鳥・虫が〕**sing, chirp**;〔かえる・からすが〕**croak**
- 鳥が木で鳴いている Birds are singing in the trees.

慰め (a) comfort
  慰める comfort, give comfort〈to...〉
無くす lose ⇒失う
無くなる〔紛失する〕**lose, be lost, be missing**;〔尽きる〕**run out**〈of...〉
- 時計が無くなった My watch is missing.
- 私たちは食料が無くなった We have run out of food.

亡くなる〔死亡する〕《婉曲的に》**pass away**
殴る **strike, hit, knock**
・彼は私の頭を殴った He hit me on the head.
嘆く〔悲しむ〕**grieve, mourn**
投げる **throw**〈a stone〉
・彼は速いボールを投げる He throws a fast ball.
　投げ捨てる throw A away
・彼女はその人形を投げ捨てた She threw the doll away.
…(が)なければ ⇨ …(が)なかった(なら)
…(し)なければならない **must** *do*, **have to** *do* ⇨ …しなければならない
仲人 **a go-between, a matchmaker**
なごやかな〔静かな〕**quiet, peaceful**〈days〉; 〔幸せな〕**happy**〈family〉; 〔友好的な〕**friendly**〈atmosphere〉
なごり〔痕跡〕**traces, remains**
なごり惜しい
・お名残惜しいがもうお別れしなければなりません I hate to part from you, but I must say good-by now.
情け〔同情〕**sympathy**; 〔慈悲〕**mercy**
情けない
・それを思うと情けなくなる I feel miserable to think of it.
　情け深い **kind, kind-hearted**〈woman〉; **merciful**〈sentence〉
梨【植物】**a pear**
…なしで **without…, with no …**
・私たちは水なしでは生きていけない We can't live without [with no] water.
　…なしで済ます do without〈cars〉
成し遂げる **achieve, accomplish**〈a work〉
なじみの, なじみ深い **familiar, intimate**
・その歌は私たちにはなじみ深い The song is familiar to us.
なす〔行う〕**do**; 〔作る〕**make**
なす【植物】**an eggplant**
なぜ **Why …? / For what reason …?**
・「なぜアメリカに行くのですか」「英語を勉強するためです」"Why are you going to America?" "To study English."
　なぜならば **because**
・「なぜ彼は休みですか」「なぜならば病気だからです」"Why is he absent?" "Because he is sick."
・なぜならば私が不注意だったからです Because I was careless.
謎 **a riddle, a mystery**
名高い **famous**; 〔よく知られた〕**well-known, noted** ⇨ 有名દ
なだめる **soothe**〈a crying child〉
なだらかな〔坂などが〕**gentle**〈slope〉
夏 **summer**; 〔夏季〕**summertime**
　夏に(は) in (the) summer
・夏には水泳をします We enjoy swimming in (the) summer.
　夏休み the summer vacation [holidays]
懐かしい **dear**〈friends〉, **good old**〈days〉
・私は故郷の町が懐かしい I yearn [long] for my hometown.
納得する **be convinced**〈of…, that…〉; 〔満足する〕**be satisfied**〈with…〉
・私は彼にその事実を納得させた I convinced him of the truth. / I convinced him that it was true.
なでる〔さする〕**stroke**〈*one's* face〉; 〔愛撫する〕**pet**〈a cat〉
…など **…, and so on [forth]; …, etc.**
・机の上には本, ペン, ノートなどがある On the desk there are books, pens, notebooks, and so on.
七 **seven** ⇨ 七(しち)
七十 **seventy** ⇨ 七十(しちじゅう)
七つ **seven** ⇨ 七(しち)
斜めの **slanting**〈line〉
　斜めになる slant
・床がやや斜めになっている The floor slants a little.
何 **What …?**
・「これは何ですか」「それはかばんです」"What is this?" "It is a bag."
・「テーブルの上に何がありますか」「花瓶があります」"What is on the table?" "There is a vase (on the table)."
・「あなたは放課後には何をしますか」「ふつう友達と野球をします」"What do you do after school?" "I usually play baseball with my friends."
・「この花は何色ですか」「黄色です」"What color is this flower?" "It is yellow."
・これはいったい何のまねだ What is this all about?
・彼は何のためにそこへ行ったのですか What did he go there for?
　何か **something**; 《疑問文で》**anything**
・何か飲み物をください Give me something to drink.
・彼について何か知っていますか Do you know anything about him?
　何でも **whatever**
・ほしいものは何でも取りなさい Take whatever you want.
　何もかも **everything**
・彼女のことは何もかも知っている I know everything about her.
　何も…ない **nothing, not … anything**
・私は何もいりません I want nothing. / I don't want anything.
・私は今はあなたに何もしてあげることはできない I can not do anything for you now.
何気ない〔思い付きの〕**casual**; 〔無関心な〕**indifferent**
何より
・皆様お元気で何よりです I am very glad (to hear) that you are all well.
　何よりも **above all, first of all**
・何よりも健康に気を付けなさい Above all, take care of your health.
…なので ⇨ …だから
…なのに ⇨ …のに
名乗る **give** *one's* **name**; 〔称する〕**call** *oneself*〈Yamada〉
ナプキン **a (table) napkin**
名札 **a nameplate**; 〔下げ札〕**a name tag**

なべ〔浅い〕a pan;〔深い〕a pot
生 raw, uncooked;〔新鮮な〕fresh
　生魚 raw fish
　生卵 a raw egg
　生野菜 fresh vegetables
生意気な cheeky, saucy;〔ずうずうしい〕impudent
・生意気を言うな None of your cheek!
名前 a name
・「あなたの名前は何と言いますか」「私の名前は森恵美です」"May I ask your name?" "My name is Megumi Mori."
・彼女の名前はナンシーです Her name is Nancy. / She is Nancy by name.
・この花の名前は何と言いますか What is the name of this flower? / What is this flower called?
生臭い〈smell〉fishy
怠ける be lazy, be idle;〔おこたる〕neglect
・怠けるな Don't be lazy.
　怠け者 a lazy person
生ぬるい lukewarm〈water〉
鉛 lead
　鉛色の leaden〈skies〉
なまり〔言葉の〕an accent
波 a wave
・波が岸に砕ける The waves break on the shore.
　波乗り surfing, surfriding
　波乗り板 a surfboard
並の average, ordinary〈person〉
並木 a row of trees
　並木道 a tree-lined street,《英》an avenue
涙 a tear
・涙が彼女のほおを伝って流れた Tears fell [ran] down her cheeks.
　涙ぐむ be moved to tears
なみなみと
・彼はグラスにワインをなみなみとついだ He filled the glass to the brim with wine.
滑らかな smooth
　滑らかに smoothly
なめる〔舌で〕lick;〔経験する〕experience;〔軽蔑する〕despise, look down〈on...〉
悩ましい〔性的魅力のある〕sexy〈voice〉;〔魅惑的な〕bewitching
悩ます〔困らす〕trouble;〔当惑させる〕worry, bother, puzzle
悩み worry, trouble
悩む worry〈about...〉, trouble〈about..., with...〉
・そんなことで悩むことはない Don't worry [trouble] about such a thing.
…なら〔もし…なら〕if...　⇨もし…（なら）;〔…に関しては〕as for〈me〉;〔…ならいいなあ〕I wish〈I were a bird〉⇨…なあ
習う learn
・私は学校で英語を習っている I am learning English at school.
・彼は車の運転を習った He learned how to drive a car.
ならう〔まねる〕imitate, follow, model〈after...〉
鳴らす〔ベルを〕ring;〔警笛などを〕sound, blow
・彼はトランペットを吹き鳴らした He sounded [blew] the trumpet.
慣らす〔習慣づける〕accustom oneself〈to the cold〉;〔鳥獣を〕tame〈a wild animal〉;〔訓練する〕train〈a dog〉
ならす〔平らにする〕level〈the ground〉
…（しなければ）ならない must do, have to do　⇨…しなければならない
並ぶ stand in (a) line
・彼らは切符を買うために並ばなければならない They have to stand in line to buy tickets.
・二人は並んで座った The two people sat side by side.
並べる put A in a line;〔配列する〕arrange
・テーブルにナイフとフォークを並べてください Please arrange (the) knives and forks on the table.
並べ替える【コンピュータ】sort〈data〉
習わし〔習慣〕a custom
成り立ち〔起源〕origin;〔歴史〕history
成り立つ〔構成される〕consist〈of...〉, be made up〈of...〉
成り行き〔経過〕course, process;〔展開〕development;〔結果〕the result
なる〔果実が〕bear
…（に）なる be, become, get, grow;〔…に変わる〕turn, come to...;〔…をもたらす〕lead to〈ruin〉
・私は来月16歳になります I will be sixteen next month.
・私は将来は医者になりたい I want to be a doctor in the future.
・日ごとに暖かくなっている It is getting [becoming] warmer day by day.
・ずいぶん大きくなったね You have grown very tall.
・木の葉が赤くなった The leaves turned red.
…ようになる come to do
・あなたはそれが好きになるでしょう You will come to like it.
鳴る〔ベルなどが〕ring (out);〔時計が〕strike;〔音がする〕sound
・電話が鳴っている The telephone is ringing.
・3時が鳴った The clock struck three.
成る be made up〈of...〉, consist〈of...〉
・水は酸素と水素から成る Water consists of oxygen and hydrogen.
なるべく〔できるだけ…〕as ... as one can, as ... as possible
・なるべく早く来なさい Come as early as you can. / Come as early as possible.
なるほど〔確かに〕indeed;〔分かった〕I see.
・なるほどそうかもしれない Indeed it may be so.
ナレーター〔物語る人〕a narrator
なれなれしい be too familiar [friendly]〈with...〉
慣れる be [become, get] accustomed〈to...〉, be [become, get] used〈to...〉
・私はつらい仕事に慣れている I am accustomed to hard work.
・あなたはすぐに日本食に慣れるでしょう You'll soon get [become] used to Japanese food.
・私はその仕事にまだ慣れていません I am new to [at] the work.

縄 a rope
・縄跳び 〔一人の〕jump rope; 〔3人以上の〕skip rope

南緯 the south latitude
・南緯30度 latitude 30°S [thirty degrees south]

何回 How often...? / How many times...?
・そこへ何回行きましたか How often [How many times] did you go there?
　何回も often, many times, over and over again

難関 〔困難〕a difficulty; 〔障害〕an obstacle, a barrier

軟球 a soft ball

南極 the South Pole
　南極の antarctic

軟こう 〔塗り薬〕(an) ointment

何歳 How old ...?
・あなたは何歳ですか How old are you? / What is your age?

何時 What time ...?
・今何時ですか What time is it now?

南西 the southwest
　南西の southwestern

ナンセンス 〔無意味〕nonsense

難題 a difficult problem; 〔無理な要求〕⟨make⟩ an unreasonable demand

なんだか 〔なんとなく〕somehow; 〔少し〕somewhat, a little
・なんだか疲れた Somehow I feel tired.
・なんだか変だ That's somewhat strange.

なんで ⇒ どうして, なぜ

何でも any, anything, whatever; 〔何でもみんな〕everything
・好きな本なら何でも読んでよい You may read any book you like.
・ほしい物は何でも取りなさい Take anything [whatever] you want.
・私はそのことについて何でも知っている I know everything about it.
　何でもない 〔平気だ〕be nothing ⟨to...⟩
・それは私には何でもない It's nothing to me.

何でも屋 a jack-of-all-trades

何と
❶《疑問》**What ...?**
・「花」は英語で何と言いますか What is the English for "hana"?
・何と言いましたか 《聞き返すとき》What did you say? / Beg your pardon?
❷《感嘆》**What ...! / How ...!**
・なんといい天気でしょう What a beautiful day (it is)!
・彼女はなんとかわいいんでしょう What a pretty girl (she is)! / How pretty (she is)!
・あの車はなんと速いんでしょう How fast that car goes!

何度 How often ...? ⇒ 何回
・月に何度テニスをしますか How often a month do you play tennis?
　何度も何度も again and again
・彼は同じレコードを何度も何度も聞いた He listened to the same record again and again.

南東 the southeast
　南東の southeastern

なんとか **anyhow, somehow, in some way or other**; 〔ぜひ〕**by all means**
・私はなんとかして間に合った I managed to be in time.

なんとなく **somehow, in some way**
・なんとなく寿司が嫌いだ I don't like sushi somehow.

何とも
❶《否定文で》
・彼はそのことについては何とも言っていなかった He said nothing about it.
・「疲れましたか」「いいえ、何ともありません」 "Are you tired?" "No, not at all."
❷《本当に》**very (much), really,** 《話》**awfully**
・なんとも申し訳ありません I'm awfully sorry.

何日
❶〔月の〕**What day ...?**
・きょうは何日ですか What day of the month is it today?
❷〔何日間〕**How many days ...? / How long ...?**
・ここには何日滞在しますか How many days are you going to stay here?

何年
❶**What year ...?**
・あなたが生まれたのは何年でしたか What year is it when you were born?
❷〔何年間〕**How many years ...? / How long ...?**
・ニューヨークには何年住んでいましたか How many years did you live in New York?
　何年もの間 for years

ナンバー 〔番号〕a number (略 No.)

南部 the southern part, the south ⇒ 南

何べん ⇒ 何度, 何回

南方 the south
　南方の southern
　南方に to the south ⟨of the town⟩

南北 north and south
・その川は南北に流れている The river runs from south to north.

難問 a difficult problem [question]

に

…に
❶《時刻》**at...**
・私は朝7時に起きる I get up at seven in the morning.
❷《日・曜日》**on...**
・彼は4月10日(の朝)にやって来た He came on (the morning of) April 10.
・彼女は土曜日にテニスをする She plays tennis on Saturday.
❸《年・月》**in...**
・クリスマスは12月にやって来る Christmas comes in December.
❹《場所》**at..., in..., on...**
・私は東京の神田に生まれた I was born at [in] Kanda in Tokyo.
・彼女はロンドンに住んでいる She lives in London.

に

- 壁に絵が掛かっている There is a picture on the wall.
  ❺《(方向)》**to...**
- 市の北に小さな湖がある There is a small lake to the north of the city.

二 two
　第2(の) the second (略 2nd)
　2倍[回] twice, two times
　2分の1 a half

荷〔積み荷〕**a load**;〔鉄道の〕《米》**freight**,《英》**goods**;〔船・飛行機の〕**(a) cargo**
- 彼らは車に荷を積んだ[車から荷を降ろした] They loaded [unloaded] the cart.

似合う become ⟨you⟩, **suit, be suitable** ⟨for...⟩
煮える boil, be boiled
におい (a) smell
- この花はよいにおいがする This flower has a sweet smell. / This flower smells sweet.
  におう **smell** ⟨of...⟩

二回 ⇨ **二度**
二階に[へ] upstairs
- 彼は二階の寝室へ行った He went upstairs to his bedroom.
  二階建ての家 a two-story house
  二階建てのバス a double-decker bus

苦い bitter
似顔絵 ⟨draw⟩ **a likeness, a portrait**
二か国語の bilingual
逃がす〔放してやる〕**set free**;〔機会などを〕**lose, miss**
- 私はその小鳥を逃がしてやった I set the bird free.
- 彼はせっかくのチャンスを逃がした He missed a good chance.

二月 February (略 Feb.)
　2月に in February

苦手 a weak point
- 私は数学が苦手だ I am weak in [poor at] math. / Math is my weak subject.

にきび a pimple
にぎやか busy;〔陽気な〕**merry, lively**
　にぎやかな通り a busy street

握り a grip, a grasp
　握りこぶし a fist
　握り飯 a rice ball

握る grasp, hold
- 彼は私の手を握った He grasped my hand.

にぎわう be busy [crowded] ⟨with people⟩

肉 ⟨a piece of⟩ **meat**
- 彼は肉を食べない He does not eat meat.
  肉屋〔人〕a butcher;〔店〕a butcher's (shop)

憎い hateful
- あいつが憎い I hate him.

…(し)にくい hard to *do*, **difficult to** *do*
- 競技場の近くは駐車しにくい It is hard to park near the stadium.
- その質問は答えにくい The question is hard [difficult] to answer.

肉眼 the naked eye
憎しみ hatred
- 憎しみを抱く have [bear] hatred ⟨toward...⟩

肉親 (a) blood relation

肉体 the body
　肉体の, 肉体的な bodily, physical
　肉体的に physically

憎む hate
- 私はそのために彼を憎んだ I hated him for it.

荷車 a cart;〔荷馬車〕**a wagon**
逃げ遅れる fail to escape
逃げる run away, escape
- 彼は山の方へ逃げた He ran away to the mountain.
- ライオンが動物園から逃げた A lion escaped from the zoo.

にこにこする smile
　にこにこして with a smile

濁る〔水などが〕**become muddy**
　濁った muddy ⟨water⟩;〔汚れた〕dirty, foul ⟨air⟩

二, 三の two or three ⟨times⟩;〔二つの〕**a couple of** ⟨days⟩;〔少数の〕**a few** ⟨days, people⟩
　2, 3分前に a few minutes ago

西 the west
- 太陽は西に沈む The sun sets in the west.
- その湖は市の西にある The lake is to the west of the city.
  西の west, western
  西に west, westward(s)

虹 a rainbow
…にしては for...
- 彼女は年にしては若く見える She looks young for her age.

にじむ blot, run
二十 twenty
　第20(の) the twentieth (略 20th)
　20世紀 the twentieth century
　20代 *one's* twenties
- 彼は20代です He is in his twenties.

二重の double
　二重に doubly
　二重奏[唱] a duet

にしん【魚】a herring
偽の false ⟨coin⟩
日 a day
　2, 3日 a few days, a couple of days

日時 the time (and date), the date
日常の everyday, daily
　日常生活 everyday [daily] life

日没 sunset
日夜 ⟨work⟩ **day and night, night and day**
日曜日 Sunday (略 Sun.)
　日曜日に on Sunday
- 彼は日曜日には教会に行く He goes to church on Sunday(s).

日用品 daily necessities [necessaries]
…について ⇨ **…(に)ついて**
日課 *one's* **daily work [task]**
日刊の daily ⟨newspaper⟩
日記 a diary
- 彼は英語で日記を書く He writes [keeps] his diary in English.

ニックネーム〔愛称〕**a nickname**
荷造りする pack

日光 sunshine
にっこりする〔笑う〕smile ⇨ ほほえむ
日射病 sunstroke
日数 (the number of) days
・その仕事はどれくらい日数が掛かりますか How many days does it take to finish the work?
日中 the daytime
・私たちは日中働く We work in the daytime.
日程 a day's schedule [program]
日本 Japan ⇨ 日本(ほん)
煮詰める boil down 〈the juice〉
二度 twice 〈a week〉, two times
・私はそこへ二度行ったことがある I have been there twice.
二等 (the) second class
二等賞 〈win〉 (the) second prize
担う〔かつぐ〕carry *A* on *one's* shoulders; 〔支える〕bear
二倍 twice, double ⇨ 倍
二番 the second 〈month〉
・彼は二番(目)に来た He was the second to come.
二部 〈be divided into〉 two parts; 〔本の〕two copies; 〔第2部〕the second part, Part 2
鈍い dull, slow; 〔刃物が〕blunt
荷札 〈attach, put〉 a tag, a label
日本 Japan
・私たちは日本に住んでいる We live in Japan.
日本の Japanese
・彼は日本の車を持っている He has a Japanese car.
日本語 Japanese, the Japanese language
日本人 〔一人〕a Japanese; 〔全体〕the Japanese
・私は日本人です I am (a) Japanese.
日本史 Japanese history
日本美術 Japanese Art
日本文化 Japanese culture
荷物〔手荷物〕baggage, ((英)) luggage; 〔積み荷〕a load
・荷物1個 a piece of baggage [luggage]
ニャーと鳴く〔猫が〕mew, miaow
にやにや笑う grin, give a broad grin
入院する enter [go into] (the) hospital
入院している be in (the) hospital
入会する join 〈a club〉, become a member of 〈a society〉, be admitted into 〈a society〉
入会金 an entrance [admission] fee
入学する enter a school
・私は今年M高校に入学した I entered M High School this year.
入学願書 an application form
入学金 an admission fee
入学志願者 an applicant
入学式 an entrance ceremony
入学試験 an entrance examination
入国する enter 〈the country〉; 〔許可される〕be admitted to [into] 〈the country〉
入試 an entrance examination
入社する enter 〈a company〉
入賞する get [win] 〈third〉 prize

入場する enter 〈the stadium〉; 〔許される〕be admitted to [into] 〈the theater〉
・入場無料 (掲示) Admission Free
入場券 an admission ticket
入場料 an admission fee
ニュース news
・あなたにいいニュースがある Here is good news for you.
入選する be selected
入念な careful, elaborate
入念に carefully, elaborately
入梅 ⇨ 梅雨(ゆ)
入門する enter 〈a school〉, become *A's* pupil
入門書 a primer, a guide
入浴 ⇨ 風呂
入力する【コンピュータ】input
入力装置 an input device
尿 〈discharge, pass〉 urine
にらむ glare 〈at...〉, stare 〈at...〉
二流の second-class 〈hotel〉, second-rate 〈artist〉
似る be like..., look like..., resemble
・彼女はお母さんによく似ている She is very like her mother.
・彼は卵に似ていた He looked like an egg.
煮る boil
・彼女は魚を煮ている She is boiling fish.
二塁【野球】second base
二塁手 a second baseman
二塁打 a two-base hit, a double
庭 a garden; 〔構内〕a yard
・庭には美しい花が咲いていた There were beautiful flowers in the garden.
にわか雨 〈be caught in〉 a shower, a downpour
鶏【鳥】a chicken; 〔おんどり〕a cock; 〔めんどり〕a hen
人気のある popular
・その若い先生は生徒に人気がある The young teacher is popular among [with] the students.
人形 a doll
人間 (a) man (⑱ men), a human being
・人間は死ぬものだ Man is mortal.
・人間はみな平等だ All men are equal.
人間の human
認識する recognize 〈the importance〉
人情 〔感情〕human feeling; 〔性質〕human nature
にんじん【植物】a carrot
人数 the number of people
・人数は何人ですか How many people are there?
・人数は50人だった They were 50 in number.
忍耐 patience, endurance
忍耐する bear, endure, tolerate, stand, put up with...
忍耐強い patient
忍耐強く patiently
にんにく【植物】garlic
任務 a duty, (a) responsibility
任命する appoint
・彼は駐日大使に任命された He was appointed ambassador to Japan.

ぬ

縫う sew
- 彼女は着物を縫っている She is sewing a *kimono*.
  縫い針 a (sewing) needle
  縫い目 a seam
  縫い物をする sew, do needlework

抜かす 〔省く〕omit, leave out；〔飛ばす〕skip (over)
- 私は2, 3行抜かして読んでしまった I have skipped a few lines in reading.

ぬかるみ mud, mire；〔雪解けの〕slush
  ぬかるみの muddy 〈road〉; slushy

抜く 〔引き抜く〕draw (out), pull out；〔除く〕remove
- 彼はその釘を抜いた He drew out the nails.

脱ぐ take off；〔引っ張って〕pull off
- 彼は靴を脱いだ He took off his shoes.

ぬぐう wipe (away, off) 〈*one's* tears〉

抜け出す slip [steal] out 〈of the bed〉

抜け目(の)ない shrewd, sharp 〈man〉; 〔注意深い〕careful

抜ける 〔脱落する〕come [fall] out；〔無くなっている〕be missing, be gone；〔通る〕go [pass] through...
- 歯が一本抜けた A tooth came out.
- この本は数ページ抜けている A few pages are missing in this book.
- 列車は長いトンネルを抜けた The train went through the long tunnel.

脱げる come [slip] off

盗み聞きする 〔偶然に〕overhear *A's* talk

盗む steal
  盗まれる 《物が主語で》 be stolen; 《人が主語で》have *A* stolen
- 私はカメラを盗まれた My camera was stolen. / I had my camera stolen.

布 〈a piece of〉 cloth

ぬらす wet 〈a towel, clothes〉; 〔湿らす〕moisten

塗る 〔ペンキなどを〕paint
- 彼は壁を白く塗った He painted the wall white.
  ペンキ塗り立て 《掲示》 Wet Paint / 《英》 Fresh Paint

ぬるい lukewarm 〈water〉

ぬるぬるする be slippery

ぬれる be [get] wet
- 街路は雨でぬれている The street is wet with rain.
  ぬれた wet 〈towel〉

ね

…ね
- きょうは暑いですね It's hot today, isn't it?
- 彼は来なかったですね He didn't come, did he?
- 彼女は金持ちなんですからね She's rich, you know.

根 a root
- この木は根が深い This tree has deep roots.

値 a price ⇨ 値段
  値上がり a rise in prices
  値上がりする go up, rise
  値上げ a raise [rise] in prices
  値上げする raise 〈10 percent〉
  値下がり a fall [drop] in prices
  値下がりする fall, go down, drop
  値下げ a cut in prices
  値下げする cut, reduce 〈10 percent〉
  値引き (a) reduction in prices, (a) discount
  値引きする reduce the price, discount
  値を付ける bid 〈ten dollars〉

寝入る fall asleep

値打ち ⇨ 価値

ねえ 〔あのね・ちょっと〕Say / I say

ネオンサイン a neon (sign)

願い a wish, a desire; 〔願い事〕a favor, 《英》 a favour
- 一つお願いがあります I have a favor to ask of you. / Will you do me a favor?

願う wish, desire, hope; 〔頼む〕ask, beg
- すべての人は平和を願っている All men desire [wish for] peace.
- 私はそう願います I hope so.
- すぐご返事をくださるようお願いします I ask you to answer my letter at once.

寝返り
- 彼はベッドで寝返りを打った He rolled [tossed, turned] in the bed.
  寝返る 〔敵方に付く〕go over to 〈the enemy〉; 〔裏切る〕betray 〈*one's* friend〉

寝かす send *A* to bed; 〔寝かしつける〕put 〈a baby〉 to sleep

ねぎ 【植物】a *negi*, a Japanese leek; 〔玉ねぎ〕an onion

ねぎらう appreciate 〈*one's* efforts〉, reward 〈*A* for his services〉

値切る beat down the price, bargain 〈for a car〉

ネクタイ a necktie, a tie
  ネクタイを締める wear a tie

猫 【動物】a cat

寝言を言う talk in *one's* sleep

寝転ぶ lie down

ねじ a screw
  ねじ回し a screwdriver

ねじる twist 〈*one's* arm〉

寝過こす oversleep

ねずみ 【動物】a rat; 〔はつかねずみ〕a mouse (複 mice)
  ねずみ色 gray, 《英》 grey

ねたむ be jealous [envious] 〈of *A's* success〉, envy
  ねたみ jealousy, envy
  ねたみ深い jealous, envious

ねだる ask *A* for 〈money〉, ask [beg] *A* to *do*

値段 a price
  値段が高い expensive
- このカメラの値段はいくらですか What is the price of this camera? / How much is this camera?
- 私はそれを安い[高い]値段で買った I bought it at a low [high] price.

熱 heat; 〔病気の〕fever
- 太陽は私たちに熱と光を与えてくれる The sun

gives us heat and light.
・彼女は少し熱がある She has a slight fever.
熱意 zeal, enthusiasm
ネッカチーフ 〔えり巻き〕a neckerchief
熱狂 enthusiasm; 〔興奮〕excitement
　熱狂的な enthusiastic 〈fan〉, wild 〈about..., with...〉
　熱狂する be enthusiastic 〈for..., about..., over...〉, be crazy 〈about...〉; get excited 〈at...〉
ネックレス 〔首飾り〕a necklace
熱心な eager, earnest, zealous
　熱心に hard, eagerly, earnestly
・彼は熱心に英語を勉強する He studies English hard [eagerly].
熱する heat 〈iron〉; 〔夢中になる〕get excited
・彼は熱しやすい He gets easily excited.
熱戦 〔接戦〕a close game; 〔激しい競争〕a hot contest
熱帯の tropical
　熱帯雨林 rain forest
　熱帯魚 a tropical fish
　熱帯植物 a tropical plant
熱中する be enthusiastic 〈for..., about..., over...〉, be absorbed 〈in...〉
ネット
❶ 〔網〕a net
❷ 【インターネット】〔ネットワーク〕the net, the Net, the Internet
　ネットオークション【インターネット】on-line auction
　ネットカフェ【インターネット】a cybercafe, an Internet cafe
　ネットサーフィンする【インターネット】netsurf
　ネットショッピング【インターネット】on-line shopping
　ネットワーク a network
熱湯 boiling water
熱病 a fever
熱望する be anxious [eager] 〈for..., to do〉
熱烈な ardent, passionate, enthusiastic 〈admirer〉
寝床 a bed
ねばねばする sticky, adhesive
粘り stickiness
　粘り強い 〔性質が〕tenacious, persevering 〈man〉
　粘る be sticky; 〔頑張る〕stick to..., persevere in 〈one's work〉
寝冷えする catch (a) cold while asleep [sleeping]
寝坊 a late riser, a sleepyhead
　寝坊する get up late; 〔寝過ごす〕oversleep
・私は寝坊して学校に遅れた I overslept and was late for school.
寝ぼける be half asleep
・寝ぼけたことを言う Don't talk nonsense!
寝巻き night clothes, a nightgown; 〔パジャマ〕pajamas, 《英》a pyjamas
眠い be [feel] sleepy
　眠くなる become sleepy

眠気 sleepiness
　眠気を催す feel sleepy, become sleepy
眠り (a) sleep
・彼は深い眠りに落ちた He fell into a deep sleep.
眠る sleep, have a sleep; 〔眠り込む〕fall asleep
・赤ちゃんは眠っている The baby is sleeping.
・昨夜はよく眠れました I had a good sleep last night. / I slept well last night.
・彼は床につくとすぐ眠ってしまった Soon after he went to bed, he fell asleep.
ねらう 〔的を〕aim at...
・彼は狐を銃でねらった He aimed his gun at the fox. / He aimed the fox with his gun.
　ねらい an aim; 〔目的〕a purpose
寝る 〔床につく〕go to bed; 〔眠る〕sleep, go to sleep; 〔寝ている〕be in bed
・私は10時に寝ます I go to bed at ten.
・もう寝る時間ですよ It's time to go to bed now.
・彼女は病気で寝ています She is ill in bed.
・彼は一日中寝て過ごした He slept away the whole day.
　寝袋 a sleeping bag
練る 〔粉を〕knead; 〔技を〕train, drill; 〔文章を〕polish, brush up
年 〔暦の〕a year
・私はここに10年住んでいます I have lived here for ten years.
　年中 all the year round, all through the year
　年々 every year, year after year
念 〔気持ち〕a feeling, a sense 〈of gratitude〉; 〔注意〕care, attention
　念入りに carefully ⇨ 入念な
年賀状 a New Year's card
年間
❶ 〔年間の〕annual, yearly 〈event, income〉
　年間に 〔毎年〕every year; 〔1年につき〕a [per] year
❷ 〔…年間〕for 〈ten〉 years
年鑑 a yearbook
念願 one's wish [desire]
年月 time, years
捻挫 a sprain
　捻挫する sprain 〈one's ankle〉
年始 〔あいさつ・訪問〕New Year's greetings [calls]
燃焼する burn
年少の younger, junior ⇨ 年下の
　年少者 a junior; 〔未成年者〕a minor
年生 〔学年〕a school year, a grade
・あなたは何年生ですか What grade [year] are you in?
・私は高校1年生です I am in the tenth grade. / I am in the first year of (senior) high school.
年代 〔時代〕an age; 〔世代〕a generation
　1980年代に in the 1980's, in the nineteen-eighties
年長の older, senior ⇨ 年上の
　年長者 a senior, an elder
粘土 〈a lump of〉 clay
年配の elderly 〈person〉
・彼は私と同年配だ He is about my age. / He is

年末 **the end of the year**
　年末の year-end
　年末大売り出し a year-end bargain sale
燃料 **fuel**
年輪〔木の〕**annual rings**
年齢 age ⇨ 年

の

…の
❶《代名詞の所有格》〔私の〕**my**;〔私たちの〕**our**;〔あなたの・あなたたちの〕**your**;〔彼の〕**his**;〔彼女の〕**her**;〔それの〕**its**;〔彼らの・彼女らの・それらの〕**their**;《名詞の所有格》**A's**, **of**...
・私の父 my father
・トムの父 Tom's father
・私の兄のカメラ my brother's camera
・この学校の生徒 a student of this school
❷《…に関する》**of**..., **on**..., **in**...
・数学の試験 a test in mathematics
・歴史の本 a book on history
・英語の先生 an English teacher, a teacher of English
❸《材料・手段》**of**..., **in**...
・木の箱 a wooden box, a box of wood
・英語の手紙 an English letter, a letter in English
❹《場所》**at**..., **in**...
・駅の本屋 a bookstore at the station
・東京の友人 a friend in Tokyo
❺《…のための》**for**..., **to**...
・子どもの本 a book for children
・玄関の鍵 the key to the front door
❻《…による》**by**...
・村上春樹の小説 a novel by Haruki Murakami
野 **the fields**
　野の wild ⟨flowers⟩
ノイローゼ〔神経症〕**neurosis**
　ノイローゼの neurotic
脳 **the brain**
農業 **agriculture**, **farming**
　農業の agricultural
　農業高校 an agricultural high school
農作物 **crops**
農産物 **agricultural [farm] products**
納税する **pay** *one's* **taxes**
　納税者 a taxpayer
能動的な **active**
　能動態【文法】the active voice
納入する **pay** ⟨*one's* taxes⟩; **deliver** ⟨the goods⟩
濃霧 **a dense [thick] fog**
能率 **efficiency**
　能率的な, 能率のよい efficient
能力 **ability**, **capability**, **capacity**
・能力のある人 an able man, a man of ability
ノート〔帳面〕**a notebook**;〔覚え書き〕**a note**
・ノートをとる take notes
　ノートパソコン【コンピュータ】a notebook [laptop] computer
ノーベル賞 **a Nobel prize** [**the Nobel Prize**]⟨for literature, in physics⟩

逃れる **escape** ⟨from...⟩;〔回避する〕**avoid**, **get rid of** ⟨troubles⟩
軒 **the eaves**
　軒を連ねる stand side by side
のける **put** [**take**] ⟨the chairs⟩ **away**
のこぎり **a saw**
残す **leave (behind)**
・彼は息子たちに大きな財産を残した He left a large fortune to his sons.
・一人の婦人が後に残された One woman was left behind.
残らず ⇨ 全部, すっかり
残り **the rest**
・残りは取っておきなさい Keep the rest for yourself.
残る〔留まる〕**stay**, **remain**;〔余る〕**be left**
・私が家に残ります I will stay [remain] at home.
・火事の後は何も残らなかった Nothing remained after the fire.
・「お金はいくら残っていますか」「残っていません」"How much money is left?" "No money is left."
乗せる〔車などに〕**give** *A* **a ride**, **pick up**
・学校まで乗せて行ってあげよう I'll give you a ride to school. / I'll drive you to school.
・私は彼を車に乗せてあげた I gave him a ride in my car. / I picked him up in my car.
載せる〔物の上に〕**put** ⟨on...⟩
・私は花瓶をテーブルの上に載せた I put the vase on the table.
のぞく〔内を〕**look into**..., **peep**
・彼は井戸の中をのぞいた He looked into the well.
・彼女は窓からのぞき込んだ She peeped through the window.
除く〔取り去る〕**take** *A* **off** *B*, **remove** *A* **from** *B*
　…を除いて(は) except..., except for...
・彼を除いてみんな来た Everyone came except him.
・トムを除いてみな時間どおりに着いた Except for Tom, everyone arrived on time.
望ましい **desirable** ⟨friend⟩
・そんなことをするのは望ましくない You should not do something like that.
望み〔願望〕**(a) wish**, **a desire**;〔希望〕**(a) hope**
・彼女の望みは音楽家になることだ Her wish is to be a musician.
・彼が成功する望みはほとんどない There is little hope of his success.
望む〔願望する〕**wish**, **desire**, **want**;〔希望する〕**hope**, **expect**
・誰でも平和を望んでいる Everybody wishes for peace.
・彼はフランスへ行くことを望んでいる He wants [wishes] to go to France.
・またお目に掛かれることを望みます I hope to see you again.
のちに **later**, **afterward**
・晴れのち曇り Fair, later cloudy.
　…ののちに after ⟨a week⟩
　のちほど later

- のちほどお目に掛かります See you later.

ノック a knock
ノックする knock ⟨at..., on...⟩
- ドアをノックする音がする There is a knock at the door.
- 彼はドアをノックした He knocked at [on] the door.
ノックアウト a knockout

乗っ取り 〔会社などの〕a take-over; 〔飛行機などの〕a hijack, hijacking
乗っ取る take over ⟨a company⟩; hijack ⟨a plane⟩

のっぽ(の) very tall ⟨person⟩

…ので ⇨ …だから

のど the throat
- 私はのどがかわいた I am [feel] thirsty.
- 私はのどが痛い I have a sore throat.

のどかな calm, mild, peaceful

…のに 〔…にもかかわらず〕though...; 〔…するために〕to *do*
- 寒かったのに彼は出掛けた Though it was cold, he went out.
- この水は飲むのに適していない This water is not fit to drink.

ののしる 〔悪口を言う〕speak ill of...; 〔しかる〕scold

延ばす 〔延期する〕put off, postpone; 〔延長する〕extend
- 私たちは会合を土曜日まで延ばした We put off the meeting till Saturday.
- 彼らは次の町まで鉄道を延ばした They extended the railroad to the next town.

伸ばす 〔手足などを〕stretch (out)

野原 a field

延びる 〔延期される〕be put off
- 会は次の土曜日まで延びた The meeting was put off till next Saturday.

伸びる 〔成長する〕grow
- 彼は背が伸びた He has grown taller.

延べ the total number

述べる 〔言う〕speak, say, tell; 〔言い表す〕express, describe; 〔説明する〕explain

上りの up, upward
上り列車 an up train

上る go up, rise
- 彼は丘を上った He went up the hill.

登る 〔よじ登る〕climb (up)
- 私たちは今年の夏に富士山に登ります We are going to climb Mt. Fuji this summer.

昇る go [come] up, rise
- 太陽は東から昇る The sun rises in the east.

飲み込む 〔飲み下す〕swallow ⟨a pill⟩; 〔理解する〕understand, grasp

…のみならず… not only *A* but (also) *B*, *B* as well as *A*
- 彼は英語のみならずフランス語も話す He speaks not only English but (also) French. / He speaks French as well as English.

飲み物 something to drink, a drink

飲む drink, have, take
- 彼は水を1杯飲んだ He drank a glass of water.

- お茶をもう1杯飲みますか Will you have [drink] another cup of tea?
- 毎食後の薬を飲みなさい Take this medicine after each meal.

糊 paste

海苔 laver; 〔海草〕seaweed

乗り遅れる miss, be late for ⟨the train⟩

乗り降りする get on and off ⟨the train⟩

乗り換える change ⟨cars, trains⟩
- 私は上野で仙台行き列車に乗り換えた I changed trains for Sendai at Ueno.
乗り換え駅 a junction, a transfer station

乗り越える get over ⟨the fence⟩; 〔打ち勝つ〕overcome ⟨the difficulty⟩

乗り越す ride past ⟨a station⟩, go ⟨two stations⟩ beyond *one's* destination
乗り越し料金 an excess [extra] fare

乗り込む get on [in, into] ⟨the train⟩
- 彼らは船に乗り込んだ They got in the boat.

乗り間違える 〔バスを〕take the wrong ⟨bus⟩

乗り物 a vehicle; 〔交通機関〕(a) means of transportation

乗る 〔自転車・馬などに〕ride; 〔バス・列車などに〕take, get on... [in...]; 〔船などに〕go on board
- 私は自転車に乗れる I can ride a bicycle.
- 彼はそこへ行くのにタクシーに乗った He took a taxi to go there.
- 私は駅前でバスに乗った I got on a bus in front of the station.

載る 〔記載される〕appear ⟨in a newspaper⟩, be given [found, shown] ⟨on the list⟩

のろい slow ⇨ 遅い

のろう curse

のろのろ slowly ⇨ ゆっくり

のんきな easy, easygoing

のんびり
- 彼は田舎でのんびり暮らしている He is leading a quiet [peaceful] life in the country.

ノンフィクション 〔実話〕nonfiction

は

…は 《主語を表す》〔私は〕I; 〔私たちは〕we; 〔あなたは・あなたたちは〕you; 〔彼は〕he; 〔彼女は〕she; 〔それは〕it; 〔彼らは・彼女らは・それらは〕they; 〔これは〕this; 〔あれは〕that
- 私は日本人です I am (a) Japanese.
- 彼はアメリカ人です He is (an) American.
- これは本です This is a book.
- その本は机の上にあります The book is on the desk.
- 彼らは同じクラスです They are in the same class.

葉 a leaf (⑱ leaves)
青葉 green leaves
落ち葉 fallen leaves

歯 a tooth (⑱ teeth)
- 私は歯が痛い I have a toothache.
虫歯 a decayed tooth

刃 an edge, a blade

場 〔場所〕a place, a spot; 〔場合〕a case, an occasion

場合 a case
この場合(に)は in this case
- この場合は彼が間違っている He is wrong in this case.
…の場合には in (the) case (of...), if...

バーゲンセール 〔安売り・特売〕**a bargain sale**

バージョンアップする【コンピュータ】**upgrade** 〈software〉

パーセント 〔100につき〕**percent**; 〔百分率〕**a percentage**
10パーセント ten percent, 10%

バーチャルの 〔仮想の〕**virtual**
バーチャルリアリティー〔仮想現実〕 virtual reality

パーティー 〔会合〕**a party**

ハート 〔心・心臓〕**a heart**

ハードウェア【コンピュータ】〔機械部分〕**hardware**

パートタイム 〔非常勤の〕**part-time**
パートタイマー a part-timer

ハードディスク【コンピュータ】**a hard disk, an HD**

パートナー 〔相手〕**a partner**

ハードル 〔障害物競走の〕**a hurdle**

バーベキュー 〔料理〕**a barbecue**

バーベル 〔重量挙げの〕**(lift) a barbell**

パーマ(ネント) a permanent wave, 《話》**a perm**

パームトップの【コンピュータ】〔手のひらサイズの〕**palmtop**
パームトップ・コンピュータ a palmtop computer

ハーモニカ a harmonica

はい 〔返事の〕**yes** ⇨ いいえ
- 「あなたはグリーンさんですか」「はい, そうです」 "Are you Mr. Green?" "Yes, I am."
- 「あなたはグリーンさんではありませんか」「はい, 違います」 "Aren't you Mr. Green?" "No, I'm not."
- 「山田君」「はい」《出席の返事》 "Yamada." "Here [Present], Sir [Ma'am]."

肺 the lungs

…杯 〔茶碗など〕**a cup** 〈of coffee〉, **a glass** 〈of water〉; 〔優勝杯など〕**a cup, a trophy**

倍 〔2倍〕**twice, double**; 〔…倍〕**... times**
- 彼は私の倍も働く He works twice as hard as I (do).
- その湖は琵琶湖の7倍も大きい The lake is seven times as large as Lake Biwa.
- 3の6倍は18である Six times three is [equals] eighteen.

パイ 〔丸ごと一つ〕**a pie**; 〔切った物のうちの一切れ〕**a piece of pie**

灰色(の) gray, 《英》**grey**

梅雨 ⇨ 梅雨(っ)

ハイウェー 〔幹線道路〕**a highway**

背泳 the backstroke

肺炎【医学】**pneumonia**

バイオリン 〔弦楽器〕**a violin**

ハイカー 〔徒歩旅行者〕**a hiker**

排気 exhaust
排気ガス exhaust gas [fumes]

廃棄物 waste(s)

ばい菌 a germ, bacteria

ハイキング 〔徒歩旅行〕**hiking, a hike**
- 森へハイキングに行こう Let's go on a hike [go hiking] in the woods.

バイク 〔自転車・オートバイ〕**a bike**

背景 a background

拝啓 《手紙で》**Dear** 〈Tom〉, **(My) Dear Mr. [Mrs., Miss]** 〈Smith〉; 《形式張った手紙で》**Dear Sir [Madam]**; 《会社・団体あて》**Dear Sirs**, 《米》**Gentlemen**

拝見する see, look at..., have a look at 〈your passport〉

背後 the back
背後に behind
…の背後に behind...

灰皿 an ashtray

廃止する abolish
- 廃止される be abolished

歯医者 a dentist; 〔医院〕**a dentist's (office)**

排出する exhaust 〈gas〉; **discharge** 〈waste matter〉
排出口 an outlet

配水 water supply
配水する supply water 〈to...〉
配水管 a water pipe

ハイスクール a high school

敗戦 (a) defeat

配線する wire
配線図 a wiring diagram

媒体 a medium

敗退する be defeated; 〔競技で〕**lose a game**

配達 delivery 〈person〉
配達する deliver

配置 arrangement
配置する arrange

ハイティーン 〔十代後半の少年〕〈a boy〉 **in his late teens**; 〔十代後半の少女〕〈a girl〉 **in her late teens**

ハイデフ(ィニション) HD (high definition の略)

売店 〔街頭・駅などの〕**a kiosk, a stand**; 〔新聞の〕**a kiosk, a newsstand**

バイト【コンピュータ】**a byte**

パイナップル【植物】**a pineapple**

売買 buying and selling; 〔取り引き〕**trade**
売買する buy and sell; 〔取り引きする〕**trade in...**, **deal in** 〈real estate〉

ハイファイ 〔高忠実度の〕**hi-fi** 〈stereo set〉

廃物 waste(s)

バイブル 〔聖書〕**the Bible**

配分する 〔配る〕**distribute**; 〔分ける〕**divide**; 〔割り当てる〕**allot**

敗北 (a) defeat
敗北する be defeated

配役 the cast 〈of a movie〉

俳優 〔男の〕**an actor**; 〔女の〕**an actress**
映画俳優 a movie actor [actress]

配慮 consideration; 〔心遣い〕**regard**; 〔骨折り〕**trouble**
配慮する consider

入る 〔中へ〕**enter, come [get, go] in... [into...]**; 〔加

入する〕**join**
- 彼は部屋に入った He entered [went into] the room.
- 彼女は高校に入った She entered [got into] a (senior) high school.
- 私はテニスクラブに入った I joined the tennis club.

配列 **arrangement**
　配列する **arrange**
パイロット〔操縦士〕**a pilot**
バインダー **a binder**
這う **crawl, creep**
バウンド〔跳ね返り〕**a bound**
　バウンドする **bound, bounce**
はえ【昆虫】**a fly**
生える〔草が〕**grow**
墓 **a grave, a tomb**
　墓参りをする **visit the grave of...**
ばか **a fool**
- 彼は私をばかにした He made a fool of me.
　ばかな **foolish, stupid, silly**
- 彼はなんてばかなんだろう What a fool [How foolish] he is!
- ばかなまねはよせ Don't be foolish [silly].
　ばかばかしい **absurd, silly**
　ばかばかしいこと **nonsense**

破壊 **destruction**
　破壊する **destroy**
葉書 ((米)) **a postal card**, ((英)) **a postcard**
　絵葉書 a picture postcard
はがす ⇨ はぐ
博士 **a doctor**
　湯川博士 Dr. Yukawa
　医学博士 a Doctor of Medicine
はかどる **make progress**; 〔うまく行く〕**get along [on] with** ⟨*one's* work⟩
はかない 〔短命の〕**short-lived** ⟨love⟩; 〔無常の〕**transient** ⟨life⟩
鋼 **steel**
秤 **scales**; 〔天秤〕**a balance**

…ばかり
❶《およそ》**about...; ... or so**
- そのパーティーには30人ばかりの人が出席していた About thirty people were present at the party.
❷《ちょうど…したところ》**just**
- 学校から今帰ったばかりです I have just come home from school.
❸《ほとんど》**almost**
- 彼女の胸は悲しみで張り裂けんばかりだった Her heart almost burst with grief.
❹《ただ…だけ》**only, nothing but** ⟨cry⟩
- 彼は英語ばかり勉強する He only studies English.

はかる〔陰謀などを〕**plot**
計る, 測る〔寸法・量などを〕**measure**
- 彼女は私のウエストを測った She measured my waist.
　計り知れない **immeasurable, beyond measure**

量る〔目方を〕**weigh**
- 私は週1回体重を量ります I weigh myself once a week.

図る **plan, attempt** ⟨an escape, to escape⟩
吐き気
- 私は吐き気がする I feel sick.
歯ぎしりする **grind** *one's* **teeth**
破棄する **break** ⟨*one's* promise⟩; 〔制度などを〕**abolish**; 〔判決などを〕**reverse**
履物〔靴〕**shoes; footwear**
掃く **sweep**
履く〔履いている〕**wear** ⟨jeans⟩
- 彼は靴を履いた He put on his shoes.
吐く〔出す〕**send out, emit** ⟨smoke⟩; 〔つばを〕**spit**; 〔食べた物を〕**vomit**; 〔息を〕**breathe out**
- つばを吐くな Don't spit.
はぐ **strip** ⟨a tree⟩ **of** ⟨its bark⟩
バグ【コンピュータ】**a bug**
博学の **learned** ⟨man⟩
歯茎 **the gums**
白紙 **blank paper**
博士 ⇨ 博士(はかせ)
拍手 **hand clapping**
　拍手する **clap** (*one's* hands)
- 彼らは拍手した They clapped their hands.
白状 **confession**
　白状する **confess**
薄情な **cold-hearted, heartless** ⟨man⟩
白色 **white**
　白色人種 the white race [people]
漠然とした **vague** ⟨answer⟩
　漠然と **vaguely**
ばく大な **vast**
　ばく大な金額 a vast sum of money
伯仲する **be equal**
白鳥【鳥】**a swan**
バクテリア〔細菌〕**bacteria**
白髪 **white hair**; ((米)) **gray hair**
爆発 **an explosion**
　爆発する **explode**
　爆発物 an explosive
博物館 **a museum**
　大英博物館 the British Museum
白墨 ⟨a piece of⟩ **chalk**
白米 **polished rice**
博覧会 **an exposition**
　万国博覧会 a world exposition [fair]
歯車 **a gear (wheel)**
暴露する **disclose** ⟨a secret⟩
はけ **a brush**
はげた **bald** ⟨head⟩, **bare** ⟨hill⟩
激しい **severe** ⟨pain⟩, **hard, violent**
　激しく **severely, hard**
　激しい嵐 a violent storm
　激しい練習 hard training
バケツ **a bucket**
励ます **encourage, cheer up**
励み **encouragement**; 〔刺激〕**a stimulus**
励む **work hard**
- 彼は勉強に励んだ He worked hard at his lessons.

化け物 〔幽霊〕a ghost; 〔怪物〕a monster
はげる 〔貼った物が〕come off, fall off; 〔色が〕fade; 〔頭が〕become bald
化ける 〔変わる〕change ⟨into...⟩; 〔形を取る〕take the form ⟨of...⟩; 〔変装する〕disguise *oneself* ⟨as...⟩
派遣する send, dispatch
箱 a box, a case
・りんご1箱 a box of apples
運ぶ carry; 〔物事が〕go on ⟨well⟩
・このスーツケースを運んでください Please carry this suitcase for me.
バザー 〔慈善市〕a bazaar
はさみ ⟨a pair of⟩ scissors
はさむ put *A* between...; 〔指などを〕pinch ⟨*one's* fingers⟩
端 an edge, an end
・テーブルの端 the edge of a table
橋 a bridge
・彼らはその川に橋をかけた They built a bridge over the river.
箸 〔食事の〕⟨a pair of⟩ chopsticks
・箸で食べる eat with chopsticks
恥 (a) shame
はしか ⟨catch, get⟩ (the) measles
はじく 〔指などで〕flip ⟨a coin⟩; 〔水などを〕repel
はしご a ladder
始まり the beginning, the start ⇨始め
始まる begin, start, open, set in
・学校は何時に始まりますか What time does school begin?
・学校は8時半に始まる School begins at eight-thirty.
・試合は2時に始まります The game will start at two.
・会は6時に始まる The meeting will begin at six.
・梅雨が始まった The rainy season has set in.
始め, 初め the beginning, the start
　始めの first, starting; 〔元の〕original
・始めの10日間は天気がよかった The first ten days were fine.
　初めて first, for the first time
・彼は初めてロンドンを訪れた He visited London for the first time.
　始めに at the beginning ⟨of...⟩
・彼は4月の始めに出発した He left at the beginning of April.
　始めは at first
・私は始めはそれが分からなかった I didn't understand it at first.
　始めから終わりまで from beginning to end
・彼は始めから終わりまで黙っていた He kept silent from beginning to end.
はじめまして 〔初対面のあいさつ〕How do you do? / I'm very glad to meet you.
始める begin, start
・彼らは仕事を始めた They began [started] their work.
・何から始めようか What shall we begin with?
　…し始める begin [start] to *do*, begin [start] *doing*
・彼女は歌い始めた She began [started] to sing. / She began [started] singing.
・ほとんどの生徒は中学校で英語の勉強を始める Most students start [begin] studying English in junior high school.
パジャマ ⟨a pair of⟩ pajamas, 《英》 pyjamas
場所 a place; 〔空間〕space, room
・ここは子どもたちの来る場所ではない This is not a place for children.
・テーブルを置く場所がない There's no space [room, place] for the table.
・お年寄りに場所を空けてください Please make room for the old people.
柱 a post, a pillar
走り高跳び the (running) high jump
走り幅跳び the (running) long [broad] jump
走る run
・私は駅まで走った I ran to the station.
・犬は雪の中を走り回っていた The dog was running about in the snow.
走らせる run; 〔乗り物を〕drive
・彼は車を全速力で走らせていた He was running [was driving] his car at full speed.
恥じる be [feel] ashamed ⟨of...⟩
蓮 【植物】a lotus
はず
　…であるはずである must be
・あなたは疲れているはずだ You must be tired.
　…であるはずがない can not [cannot, can't] be
・彼はこの時間に家にいるはずがない He can't be at home at this time of the day.
　…するはずである ought to *do*, be to *do*
・彼は今頃はそこに着いているはずだ He ought to be there by now.
・彼女はきょう家に来るはずです She is to come and see us today.
バス¹ a bus
・私はバスで通学しています I go to school by bus.
　バス停 a bus stop
バス² 〔風呂〕a bath
　バスタオル a bath towel
パス 〔無料乗車券・通行証〕a pass; 〔定期乗車券〕a commuter pass
　パスする 〔合格する〕pass ⟨an examination⟩; 〔送球する〕pass ⟨a ball⟩
恥ずかしい be [feel] ashamed ⟨of..., to *do*, that...⟩
　恥ずかしがる (be) shy
・彼女は恥ずかしがった She was shy.
バスケット 〔かご〕a basket
バスケットボール basketball
・バスケットボールをする play basketball
はずす take off; 〔席をはずす〕leave *one's* seat
・彼は眼鏡をはずした He took off his glasses.
バスト 〔胸回り〕*one's* bust
パスポート 〔旅券〕a passport
・パスポートを申請する apply for a passport
弾む 〔ボールなどが〕bound, bounce
パズル 〔謎〕a puzzle

はずれ 〔端〕the end; 〔郊外〕⟨in⟩ the suburbs
はずれる 〔取れる〕come off; 〔当たらない〕miss
・上着のボタンがはずれた A button came off my coat.
・矢は的をはずれた The arrow missed the mark.
・天気予報がはずれた The weather forecast has proved wrong.
パスワード【コンピュータ】a password
パソコン【コンピュータ】a personal computer
　パソコン通信 a personal computer communication
旗 a flag
肌 the skin
バター butter
パターン 〔型・模様〕a pattern
裸の naked, nude, bare
はたき a duster
畑 a field, a farm
・彼は畑で働いている He is working in the fields [on the farm].
はだしで barefoot, with bare feet
・彼ははだしで歩いた He walked barefoot [with bare feet].
果たす 〔約束を〕fulfill; 〔目的を〕achieve
・彼は約束を果たした He fulfilled his promise.
果たして 〔本当に〕really; 〔予期したとおりに〕as one expected
バタフライ【水泳】the butterfly (stroke)
働き 〔仕事〕work; 〔機能〕a function
・心臓の働き the function of the heart
　働き口 a job, employment
　働き者 a hard worker
働く work; 〔勤務する〕serve, be employed, work for...
・彼はよく働く He works hard. / He is a hard worker.
・彼女は銀行で働いている She works for a bank. / She is employed in [by] a bank.
・彼は今は働いていません He isn't working at present.
バタン
・彼はドアをバタンと閉めた He shut the door with a bang.
八 eight
　第8(の) the eighth (略 8th)
鉢 〔植木鉢〕a pot; 〔どんぶり鉢〕a bowl
蜂【昆虫】〔蜜蜂〕a bee; 〔雀蜂〕a wasp
　蜂蜜 honey
八月 August (略 Aug.)
　8月に in August
八十 eighty
　第80(の) the eightieth (略 80th)
　80代 one's seventies
・彼女は80代です She is in her eighties.
鉢巻き
・彼は手ぬぐいで鉢巻きをしていた He had [wore] a towel around his head.
罰 (a) punishment, (a) penalty
　罰する punish
・彼はスピード違反で罰せられた He was punished for speeding.

発育 growth
　発育する grow
発音 pronunciation
　発音する pronounce
ハッカー【コンピュータ】a hacker
発火する catch fire, ignite
はつかねずみ【動物】a mouse (複 mice)
発揮する show ⟨one's ability⟩, display
はっきり clearly, distinctly
・ゆっくりとはっきり話しなさい Speak slowly and clearly.
　はっきりした clear, distinct
・彼の顔は薄明かりではっきりしなかった His face was not clear in the poor light.
罰金 a fine, a penalty
・彼はスピード違反で1万円の罰金を科せられた He was fined 10,000 yen for speeding.
バック 〔背景〕the background; 〔後援者〕a supporter; 〔テニスの〕a backhand
　バックする go back, back
　バックナンバー 〔雑誌の〕 a back number
　バックネット【野球】a backstop
　バックミラー a rearview mirror
バッグ 〔かばん〕a bag
バックアップ【コンピュータ】(a) backup, (a) back up
・バックアップを取る back up ⟨a file⟩
バックパッカー a backpacker
発見 (a) discovery
　発見する discover
・M博士がその遺跡を発見した Dr. M discovered the ruin. / The ruin was discovered by Dr. M.
　発見者 a discoverer
発言する speak, say
　発言者 a speaker
初恋 one's first love
発行する publish
　発行者 a publisher
発車する leave, start, depart ⟨from...⟩
・盛岡行きの列車は8時に発車します The train for Morioka starts at eight.
発射する fire ⟨a pistol⟩; 〔ロケットなどを〕launch
発信する send ⟨a letter, a message⟩
発する 〔光・熱などを〕emit; 〔音・声を〕utter, give; 〔起こる〕rise ⟨from..., in...⟩
ハッスルする 〔頑張る〕hustle
発生する occur, break out
発送する send out ⟨a parcel⟩, dispatch
バッター【野球】〔打者〕a batter
発達 development; 〔進歩〕progress; 〔成長〕growth
　発達する develop; grow
・台風は急速に発達した The typhoon has rapidly grown.
ばったり 〔音を立てて〕with a thud; 〔偶然に〕unexpectedly
・通りで昔の友人にばったり会った I came across my old friend on the street.
バッティング【野球】〔打撃〕batting
バッテリー 〔電池〕a battery; 【野球】〔投手と捕手〕a battery

発展 ⇨ 発達
　発展途上国 a developing country
発電する generate electricity
　発電機 a generator
　発電所 a power plant [station]
バット〔打棒〕a bat
発売する sell, put A up for sale
初日の出 the first sunrise
発表する announce, publish
・成績が発表された The results were announced.
八方に in all directions, in every direction, on all sides
発明 invention
　発明する invent
　発明者 an inventor
初雪 the first snow [snowfall] of the year
はつらつとした lively, vivid, vigorous 〈youth〉
果て〔終わり〕the end;〔限界〕the limit
　果てしない endless, limitless, boundless
はてな〔考えるとき〕well, let me see
派手な showy 〈dress〉, bright;〔ぜいたくな〕luxurious
鳩〔鳥〕〔家鳩〕a pigeon;〔野鳩〕a dove
パトカー a police [patrol] car
波止場 a wharf
バドミントン 〈play〉 badminton
パトロール〔巡回〕patrol
　パトロールする patrol
　パトロールカー ⇨ パトカー
バトン〔リレー競技などの〕a baton
　バトンガール a baton twirler
花 a flower,〔果樹の〕a blossom;〔鑑賞用の〕a bloom
・花が咲き始めた The flowers began to come out.
・桜の花はすっかり散った The cherry blossoms are all gone.
鼻 a nose
・彼は鼻が高い[低い] He has a long [short] nose.
・私は鼻風邪を引いている I have a cold in the nose.
花盛り
・今はばらが花盛りだ The roses are in full bloom now. / The roses are at their best now.
話〔話すこと〕a talk;〔会話〕a conversation;〔雑談〕a chat;〔演説〕a speech;〔物語〕a story, a tale
・あなたと話をしたい I want to talk [have a talk] with you.
・先生は私たちに大変おもしろい話をしてくれた The teacher told us a very interesting story.
・彼は病気だという話だ I hear [They say] (that) he is sick.
　お話し中です 《電話で》 Line's busy. /《英》Number's engaged.
　話が通じる make oneself understood.
話し合う talk 〈with..., about...〉, discuss;〔相談する〕consult 〈with...〉
　話し合い a talk;〔相談〕(a) consultation;〔交渉〕negotiations

話し掛ける speak to...
話す talk, speak, tell
・あなたたちは何を話しているのですか What are you talking about?
・彼は友達と話していた He was talking with [to] a friend.
・彼女は英語を話すのがうまい She can speak English well. / She is a good speaker of English.
・彼女はスミス先生に英語で話している She is speaking to Mr. Smith in English.
・彼は私たちに自分のことや家族のことを話した He told us something about him and his family.
　話す人〔演説者〕a speaker
離す〔分離する〕separate, part 〈from...〉
放す〔つかんでいる物を〕let go (of...)
・手すりから手を放すんじゃないぞ Don't let go (of) the rail.
花畑 a flower garden
花束 a bunch of flowers, a bouquet
鼻血 a nosebleed
・彼は鼻血を出していた His nose was bleeding.
放つ〔解放する〕set free;〔鉄砲などを〕fire, shoot, discharge;〔光などを〕give out 〈a light〉
バナナ【植物】〔木・実〕a banana
はなはだ ⇨非常に, ひどく
花火 fireworks
花びら a petal
花見
・私たちは上野公園に花見に行った We went to see the cherry blossoms at Ueno Park.
鼻水
・鼻水が出てしようがない I have a running nose.
花屋〔人〕a florist;〔店〕a flower shop, a florist's
華やかな bright, flowery;〔豪華な〕gorgeous 〈dress〉
離れる〔去る〕leave, go away 〈from...〉
・自分の席を離れるな Don't leave your seat.
　離れている be far away 〈from...〉, be a long way 〈from...〉;〔近づかない〕keep off
・彼の家は駅から約3キロ離れている His house is about three kilometers from the station.
・2機の飛行機は5分離れて着陸した The two planes landed five minutes apart.
はにかむ be shy [bashful]
羽〔羽毛〕(a) feather
羽根〔翼〕a wing;〔羽根突きの〕a shuttlecock
ばね a spring
跳ねる jump, leap;〔球が〕bound, bounce;〔水・泥が〕splash, spatter
　跳ね起きる jump up, jump to one's feet;〔ベッドから〕jump out of bed
パノラマ〔全景〕a panorama
母 one's mother
・母は留守です Mother is not at home.
　母の日 Mother's Day
幅 width, breadth
・幅の広い道 a wide [broad] road
・この川の幅はおよそ30メートルです This river is about thirty meters wide [in width].
パパ 《小児語》 papa, dad, daddy

羽ばたく〔鳥が〕flap, flutter
幅跳び the long [broad] jump ⇨ 走り幅跳び
はびこる〔草木が〕grow thick, overgrow;〔人・動植物などが〕thrive
省く omit ⇨ 省略する
ハプニング〔偶然の出来事〕a happening
歯ブラシ a toothbrush
破片 a piece, a fragment
浜(辺) the beach, the seashore
はまる〔合う〕fit;〔落ちる〕fall [get] into ⟨a ditch⟩
・ふたがはまらない The lid will not fit.
歯磨き〔練り歯磨き〕toothpaste
ハム〔食品〕ham;〔無線の〕a (radio) ham
ハムエッグ ham and eggs
破滅 ruin
破滅する be ruined
はめる〔着用する〕wear, put on ⟨one's⟩ gloves⟩;〔はめ込む〕put [fit] ⟨a screen⟩ in ⟨the window⟩
場面 a scene
刃物 a knife (® knives);〔道具〕edged tools
早い〔時間が〕early
・彼は早い昼食を取った He had an early lunch.
・けさはとても早いね You are very early this morning.
速い〔速度・動作が〕fast, quick, rapid, swift, speedy
・彼は走るのが速い He is a fast runner. / He runs fast.
・彼女は計算が速い She is quick at figures.
・ボートは速い流れを下った The boat went down a rapid stream.
早起き
・彼は早起きだ He is an early riser. / He gets up early.
・彼は早寝早起きだ He keeps early hours.
早く〔時間が〕early
・私は朝早く起きた I got up early in the morning.
・彼はいつもより早くやって来た He came earlier than usual.
速く〔速度・動作が〕fast, quickly, rapidly, swiftly, speedily
・そんなに速く話さないでください Don't speak so fast.
・私は彼ほど速くは走れない I can not run as fast as he.
・速くしなさい Be quick. / Hurry up. / Make haste.
林 a wood, a forest ⇨ 森
生やす grow, wear ⟨a mustache⟩
早寝する go to bed early
・彼は早寝早起きだ He keeps early hours.
早める〔急がせる〕hasten ⟨one's return⟩
速める〔速度・動作が〕quicken ⟨one's pace⟩, speed up ⟨the work⟩
はやり ⇨ 流行
はやる〔流行する〕come into fashion, be in fashion;〔人気がある〕be popular ⟨among...⟩;〔繁盛する〕prosper, do a good business;〔病気が〕be prevalent, prevail
・今ミニスカートがはやっている[はやっていない] Mini-skirts are now in [out of] fashion.
腹〔腹部〕the belly;〔胃〕the stomach
・彼は腹いっぱい食べた He ate his fill. / He ate to his heart's content.
・彼は腹を立てた He got angry.
・私は腹が減った I am hungry.
・私は腹が痛い I have a stomachache.
ばら【植物】〔花〕a rose;〔木〕a rosebush
ばら色の rosy ⟨cheeks⟩
払う
❶〔金などを〕pay
・そのカメラにいくら払いましたか How much did you pay for the camera?
・私は60ドル払った I paid sixty dollars.
❷〔注意などを〕pay ⟨attention to...⟩
パラソル〔日傘〕a parasol
はらはらする〔心配で〕feel uneasy ⟨about...⟩;〔恐ろしさなどで〕be thrilling
ばらばらにする take A to pieces
ばらまく scatter ⟨gravel on the road⟩
バランス〔釣り合い〕one's [the, a] balance
・バランスを保つ keep one's balance
・バランスを失う lose one's balance
針〔縫い針〕a needle;〔留め針〕a pin;〔釣り針〕a hook;〔時計の〕a hand
張り切る〔元気である〕be in high spirits;〔熱心である〕be enthusiastic ⟨about a new job⟩
バリケード〔障害物〕a barricade
春 spring;〔春季〕springtime
・春が来た Spring has come.
・今は春です It is spring now.
春に(は) in (the) spring.
春には青い草が生える Green grass grows in (the) spring.
春風 a spring breeze [wind]
春雨 a spring rain [drizzle]
春休み the spring vacation [holidays]
張る
❶〔綱などを〕stretch, spread
・彼はロープをぴんと張った He stretched the rope tight.
❷〔氷が〕be frozen
・池一面に氷が張っている The pond is frozen all over.
貼る〔糊などで〕stick, put ⟨A on B⟩
・封筒に切手をはってください Stick a stamp on the envelope.
はるか(に)〔遠く〕far, far away;〔程度〕far, much
・はるか遠くに明かりが見えた We saw a light far away.
・この本の方があれよりはるかによい This book is far [much] better than that.
バルコニー〔露台〕a balcony
はるばる all the way ⟨from America⟩
晴れの fine, fair, clear
・晴れのち曇り Fine, cloudy later. / Fair becoming cloudy.
・あしたは晴れでしょう It will be fine tomorrow.
バレエ〔舞踊〕a ballet
パレード〔行進〕a parade

バレーボール **volleyball**
・バレーボールをする play volleyball
晴れ着 *one's* **best (clothes)**
破裂 **an explosion**
　破裂する explode, burst, blow up
パレット〔絵の具板〕**a palette**
腫れ物 **a swelling**;〔皮膚にできる〕**a boil**;〔腫瘍〕**a tumor**
バレリーナ **a ballerina**
晴れる **clear (up)**
・すぐに晴れるでしょう It will clear up soon.
腫れる〔足などが〕**swell, become swollen**
ばれる〔明るみに出る〕**come out, come to light, become apparent**
バレンタインデー **St. Valentine's Day**
ハロウィーン **Halloween**
バロメーター〔気圧計・指標〕**a barometer**
半 **(a) half**
・2マイル半 two miles and a half, two and a half miles
　半時間 half an hour, 《米》a half hour
・今5時半だ It is half past [《米》after] five.
判 **a seal, a stamp**
　判を押す seal, stamp ⟨on the paper⟩
版 **an edition**
　改定版 a revised edition
　初版 the first edition
晩 **an evening**;〔夜〕**a night**
・私の父は晩の7時頃に帰宅します My father comes home about seven in the evening.
・土曜日の晩に遊びにいらっしゃい Come and see me on Saturday evening.
　毎晩 every evening [night]
　今晩 this evening, tonight
　昨晩 last [《英》yesterday] evening [night]
　明晩 tomorrow evening [night]
　朝から晩まで from morning till night
・父は朝から晩まで働く Father works from morning till night.
番〔見張り〕**watch**;〔順番〕*one's* **turn**;〔番号〕**a number**;〔…番〕**No. ...**
・スーツケースの番をしてください Please watch our suitcases.
・今度はあなたが話す番だ It's your turn to speak.
・あなたの電話は何番ですか What is your phone number?
バン【インターネット】**VAN** ⟨value added network の略⟩
パン **bread**
・パンを切る slice the bread
・パン一切れ a piece [slice] of bread
範囲 **a range, a limit**;〔手の届く〕*one's* **reach**
反映 **reflection**
　反映する reflect ⟨public opinion⟩
繁栄 **prosperity**
　繁栄する prosper, thrive
版画 **a print**;〔木版画〕**a woodblock, a woodcut**
ハンガー〔洋服掛け〕**a hanger**
挽回する **recover** ⟨the loss⟩, **restore** ⟨*one's* honor⟩

半額で⟨buy⟩ **at half (the) price**
ハンカチ **a handkerchief**
反感 ⟨have, rouse⟩ **ill feeling, (an) antipathy** ⟨to..., toward...⟩
反響〔反応〕⟨there is⟩ **a reaction, a response**;〔大評判〕⟨create⟩ **a sensation**
パンク **a puncture**
　パンクする have [get] a flat tire;〔タイヤが〕go flat, be punctured
番組 **a program,**《英》**a programme**
半径 **a radius**
判決 **(a) judg(e)ment, (a) decision**
番犬 **a watchdog**
反抗 **resistance**
　反抗する resist
犯行 **a crime, an offense**
番号 **a number**
・番号が付けてある be numbered
　電話番号 a telephone [phone] number
・《電話で》(電話)番号が違います You've got the wrong number.
　部屋番号 a room number
万国の **world, international**
　万国博覧会 a world exposition
犯罪 **a crime, a criminal act**
　犯罪人 a criminal
万歳 *banzai,* **hurrah**;〔声援〕**cheers**
・彼のために万歳を三唱した We gave three cheers for him.
ハンサムな **handsome**
晩さん〔正さん〕**dinner**;〔夕食〕**supper**
　晩さん会 a dinner (party)
万事 ⇨ すべて、皆
・万事休す All is over with me. / It's all over for me.
バンジージャンプ **bungee jumping**
反射 **reflection**
　反射する reflect
晩秋 ⟨in⟩ **late fall [autumn]**
晩春 ⟨in⟩ **late spring**
繁盛 **prosperity**
　繁盛する be prosperous
・彼の商売は繁盛している His business is prosperous.
繁殖する〔動物が〕**breed**;〔増加する〕**increase**
半数 **half (the number)**
・学生の半数は集まっている Half (of) the students are here.
反する **be against..., be contrary** ⟨to...⟩;〔規則などを破る〕**break**
・それは規則に反する It is against the rules.
　これに反して on the contrary, on the other hand
反省 **reflection**
　反省する reflect ⟨on..., upon..., over...⟩
伴奏 **accompaniment**
　伴奏する accompany ⟨*A* on the piano⟩
・彼らはピアノの伴奏で歌った They sang to (the accompaniment of) the piano.
ばんそうこう **an adhesive tape [plaster]**
反則 **a foul play**

- それは反則だ It's against the rules.
  反則する play foul
- パンダ【動物】a (giant) panda
- 反対の opposite, contrary
- その車は反対の方向に進んだ The car went in the opposite direction.
  反対に on the contrary
  反対する oppose, be opposed 〈to...〉, object 〈to...〉; be against...
- 彼は私たちの計画に反対した He objected to [was opposed to] our plan.
- 彼はすべての暴力に強く反対した He was strongly against all violence.
  反対者 an opponent
- 判断 (a) judg(e)ment
  判断する judge
- 私は彼が正しいと判断した I judged that he was right.
- 番地 〔家の〕a house number; 〔住所〕one's address
- パンツ 〈a pair of〉briefs, shorts;《米》〔男物〕trousers;〔女物・子ども用〕panties
- 番付 〔相撲の〕a ranking list
- パンティー〈a pair of〉panties
  パンティーストッキング〈a pair of〉pantyhose
- ハンディキャップ〔不利な条件〕a handicap
- 斑点 a spot, a speck, a speckle
  斑点のある spotted, specked, speckled
- バント【野球】a bunt
- バントをする bunt
- バンド 〔ベルト〕a belt;〔ゴムバンドなど〕a band;〔楽団〕a band
- 半島 a peninsula
  伊豆半島 the Izu Peninsula
- 反動 (a) reaction
  反動する react
  反動的な〔政治的に〕reactionary〈views〉
- ハンドバッグ〔婦人用〕a handbag
- ハンドボール〔球技〕handball
- ハンドル 〔自動車の〕a (steering) wheel;〔自転車の〕handlebars
- 犯人 a criminal
- 番人 a watchman, a guard
- 晩年〈in〉one's later years
- 反応 (a) reaction;〔生理的・心理的な〕(a) response
  反応する react 〈to...〉; respond 〈to...〉
- 万能 almighty〈God〉;《米》all-around,《英》all-round〈player〉
- ハンバーグ a hamburger steak
- 販売 sale
  販売する sell ⇨売る
  販売部長 sales manager
- 反比例〈be in〉inverse proportion〈to...〉
  反復する repeat
- パンフレット〔小冊子〕a pamphlet
- 半分 (a) half;《⓿》halves
- あなたにりんごを半分あげよう I'll give you half of this apple.
- 宿題は半分だけできている My homework is half done.
  (…の)半分の数の half as many〈books〉as〈you〉
- ハンマー〔金づち〕a hammer
- 判明する〔はっきりする〕become clear;〔分かる〕turn out, prove 〈to be true〉
- 晩飯 ⇨夕食
- 汎用の【コンピュータ】general-purpose
  汎用コンピュータ a general-purpose computer
- 氾濫〔川の〕an overflow, a flood
  氾濫する overflow, flood
- 反乱 (a) revolt;〔大規模な〕(a) rebellion

ひ

- 日
  ❶〔太陽〕the sun
- 日は東から昇り西に沈む The sun rises in the east and sets in the west.
  日当たりのよい sunny〈place〉
  日の入り the sunset
  日の出 the sunrise
  朝日 the rising sun
  夕日 the setting sun
  ❷〔1日の〕a day
- 日はだんだん長くなってきた The days are getting longer and longer.
- 火 fire
- 紙には火がつきやすい Paper catches [takes] fire easily.
- 彼はタバコに火をつけた He lit a cigarette.
- 火の用心 Look out for fire.
- 比〔比率〕a ratio;〔匹敵〕an equal, a match
- 男女の比は3対2である The ratio of men to women is 3:2 [three to two].
- 灯〔灯火〕a light
- 美 beauty
- ピアノ a piano
- ピアノを弾く play the piano
  ピアニスト a pianist
- ピーアール〔宣伝〕P.R., PR(public relations の略)
- ひいき favor,《英》favour;〔愛顧〕patronage
- ピーシー〔コンピュータ〕a personal computer
- ヒーター〔暖房装置〕a heater
- ピーティーエイ 〔父母と教師の会〕P.T.A., PTA (Parent Teacher Association の略)
- ピーディーエフ 〔電子文書用書式〕PDF(portable document format の略)
- ピーナッツ a peanut
- ピーマン【植物】a green pepper
- ヒーロー〔英雄, 小説などの男の主人公〕a hero
- 冷える get cold
- 被害 damage
  被害者 victim
- 控え〔写し〕a copy;〔副本〕a duplicate
- 控え目な modest, reserved, moderate
- 日帰り〔旅行〕a day's trip
- 控える 〔書き留める〕write down, take notes 〈of...〉;〔節制する〕refrain 〈from...〉, keep from...

…するのを控える refrain [keep] from *doing*
比較 comparison
　比較する compare 〈*A* with *B*〉
　比較的に comparatively
日陰で in the shade
日傘 a sunshade; 〔婦人用の〕**a parasol**
東 the east
・太陽は東から昇る The sun rises in the east.
・千葉は東京の東にある Chiba is to the east of Tokyo.
　東の east, eastern
　東に east, eastward(s)
　東風 an east wind
光 light
・太陽は私たちに光と熱を与えてくれる The sun gives us light and heat.
　光磁気ディスク【コンピュータ】an MO, a magneto-optical disk
　光ディスク【コンピュータ】an optical disk
　光ファイバー optical fiber
光る shine; 〔星が〕**twinkle**; 〔ひらめく〕**flash**
・星が光っている The stars are twinkling.
・空に稲妻が光った Light flashed across the sky.
悲願 〈realize〉 *one's* **long-cherished desire [wish]**
悲観的な pessimistic
引き上げる raise, pull [draw] up
率いる lead 〈the party〉
引き受ける 〔仕事などを〕**undertake** 〈the duty〉; 〔引き継ぐ〕**take over**
引き起こす cause 〈an accident〉
引き換えに in exchange 〈for...〉
　引き換える exchange *A* for *B*
　引き換え券 〔預けた荷物の〕a claim tag; 〔商品の〕a coupon
引き返す turn back
引きこもる 〔家にいる〕**stay home, keep indoors**; 〔閉じこもる〕**shut** *one*self **in...**
引き算 subtraction
引き潮 an ebb [a low] tide
引き締める 〔きつくする〕**tighten**; 〔気持ちを〕**brace** *one*self **up**
引きずる drag 〈*one's* feet〉; 〔裾などを〕**trail**
引き出し a drawer
引き出す pull out; 〔預金を〕**withdraw**
引き継ぐ take over 〈the job〉
引き付ける attract
引き取る 〔客が買った物を〕**take back**; 〔面倒を見る〕**look after...**; 〔息を〕**breathe** *one's* **last**
引き抜く pull out 〈the radishes〉; 〔選抜する〕**pick out**
引き伸ばす 〔写真を〕**enlarge**
引き離す draw [pull, set] 〈*A*〉 **apart** 〈from *B*〉, **separate** 〈*A* from *B*〉
卑きょうな cowardly 〈way〉
　卑きょう者 a coward
引き分け a draw, a drawn game
　引き分けに終わる end in a tie [draw]
ひく 〔車が〕**run over**
・その犬は車にひかれた The dog was run over by a car.

引く
❶ 〔引っ張る〕**draw, pull**; 〔強く〕**tug** 〈a boat〉
・彼女はカーテンを引いた She drew the curtains.
・彼は紙に線を引いた He drew lines on the paper.
・私はその綱を引いた I pulled the rope.
❷ 〔辞書を〕**consult**
・辞書を引きなさい Consult [Look it up in] your dictionary.
❸ 〔風邪を〕**catch**
・彼はすぐに風邪を引く He catches cold easily.
❹ 〔数などを〕**subtract, discount**
・10引く6は4 Ten minus six is four.
・1割引きましょう We will give you a 10 percent discount.
弾く 〔楽器を〕**play** 〈the piano, the violin〉
低い low; 〔身長が〕**short**
・低い丘 a low hill
・彼女は低い声で話した She spoke in a low voice.
・彼は私より2センチ低い He is shorter than I by two centimeters. / He is two centimeters shorter than I.
ピクセル 〔カメラなどの〕**a pixel**
ピクニック 〔遠足〕**a picnic**
びくびくする be timid [nervous], be afraid 〈of..., that...〉
・彼は野獣にびくびくしない He is not afraid of wild animals.
・びくびくするな Don't be afraid.
日暮れ nightfall, sunset, dusk; 〔夕方〕**evening**
ひげ 〔口ひげ〕**a mustache**; 〔あごひげ〕**a beard**; 〔ほおひげ〕**whiskers**
悲劇 a tragedy
　悲劇的な tragic
秘訣 the secret 〈of success〉
否決する reject
・その法案は否決された The bill was rejected.
非行 delinquency
　非行の delinquent
　青少年非行 juvenile delinquency
飛行機 an airplane, a plane
・彼は飛行機で福岡へ行った He flew to Fukuoka. / He went to Fukuoka by air [by plane].
・飛行機の予約をする make a reservation for the flight
非公式の informal, unofficial
　非公式の訪問 an informal visit
飛行場 an airfield; 〔空港〕**an airport** ⇨空港
日ごとに day by day
日頃 〔いつも〕**always, usually**; 〔長いこと〕**for a long time**
　日頃の〔毎日の〕everyday, daily 〈life〉
膝 〔片膝〕**a knee**; 〔両膝〕*one's* **knees**; 〔人が座ったとき膝頭までの部分〕*one's* **lap**
ビザ 〔入国許可証明・査証〕**a visa**
ピザ 〔ピザパイ〕**a pizza (pie)**
ひさし 〔家の軒〕**eaves**; 〔帽子の〕**a visor**
日差し the sun, the sunlight
久し振り
・久し振りですね It's been a long time since I

saw you last. / Long time no see.
- 私は久し振りに田舎に帰った I came back to my native town after a long absence.

ひざまずく kneel (down)

悲惨な miserable

肘 an elbow
  肘掛けいす an armchair

ビジネス 〔商売・実業〕 business
  ビジネスマン〔実業家〕a businessman

ピシャリと
- ピシャリと閉める slam ⟨the door⟩
- ピシャリと打つ slap ⟨A's face⟩

比重 specific gravity

美術 art, the fine arts
  美術館 an art museum, a gallery
  美術室 the art room

秘書 a secretary
  秘書の secretarial

避暑
- 避暑に行く go ⟨to Hakone⟩ for the summer
  避暑地 a summer resort

非常
  非常口 an emergency exit
  非常事態 (an) emergency
  非常ベル〔火災の〕 a fire alarm

微笑 a smile
  微笑を浮かべて with a smile
  微笑する smile

非常に very, very much, so
- それは非常に大きい It is very large.
- その馬は非常に速く走る The horse runs very fast.
- 彼は野球が非常に好きです He likes baseball very much.
- 彼女はその知らせを聞いて非常に驚いた She was very much surprised at [by] the news.
  非常に…なので…できない so ... that A cannot do ⇨ あまり
- 彼は非常に速くしゃべるので誰も理解できない He speaks so fast that no one can understand him.

びしょぬれになる get wet to the skin, be soaked [drenched] to the skin

美人 a beautiful woman, a beauty
  美人コンテスト a beauty contest

ビスケット 《英》a biscuit, 《米》a cookie, a cracker

ひそかに secretly, in secret

ひだ 〔スカートなどの〕 a pleat
  ひだの付いた pleated ⟨skirt⟩

額 the forehead, the brow

浸す soak ⟨in...⟩, dip

ビタミン vitamin ⟨pills⟩

左 the left
  左の, 左へ left
- 左へ曲がりなさい Turn (to the) left.
  左(側)に on the left
- 左(側)にガソリンスタンドがあります You will find a gas station on the left.
  左側通行《掲示》Keep to the left
  左手 the left hand

  左クリックする【コンピュータ】left-click ⟨an icon⟩

引っ掛かる catch ⟨on a nail⟩

引っかく scratch ⟨one's hand⟩

引っ掛ける have ⟨one's skirt⟩ caught ⟨on a nail⟩

筆記する write down, take notes ⟨of...⟩
  筆記試験 a written examination
  筆記帳 a notebook

ひっくり返る be upset, turn upside down; 〔あおむけに〕 fall on one's back

ひっくり返す turn over, upset ⟨the glass of water⟩

びっくりする be surprised ⟨at..., to do⟩
  びっくりするほど surprisingly, amazingly ⇨ 驚く

日付 a date

びっこを引く limp, walk with a limp

引っ越し a move, a removal
  引っ越し先 one's new address

引っ越す move, remove ⟨to...⟩
- 彼は郊外に引っ越した He moved to the suburbs.

引っ込む stand back; 〔引き下がる〕withdraw; 〔引退する〕retire

羊【動物】a sheep
  羊飼い a shepherd
  羊肉 mutton

必死の desperate
  必死に desperately

必修の required, compulsory

必需品 〔必要な物〕necessaries; 〔絶対欠かせない物〕necessities

筆跡 (hand)writing

必然の necessary; 〔避けられない〕inevitable
  必然的に necessarily; inevitably

ぴったり
- 彼はぴったり6時に来た He came right at six.
- この服は私にぴったりだ This suit fits me perfectly.

ヒッチハイク hitchhiking
  ヒッチハイクをする hitchhike

ピッチャー 〔野球〕〔投手〕a pitcher
  ピッチャーマウンド pitcher's mound

匹敵する be equal, match

ヒット 〔当たり・安打〕a hit
- ヒット中で high on the charts
- その映画は大ヒットした The movie was a big hit.
- 彼はヒットを打った He made a hit.
  ヒット曲 a hit song

ビット【コンピュータ】a bit

引っ張る pull, draw
- 彼は私の耳を引っ張った He pulled me by the ear.

必要 necessity, need
  必要な necessary ⟨condition⟩
  必要である need; be necessary
- 彼には休息が必要だ He needs a rest. / It is necessary for him to take a rest.
  必要がない need not do, don't need to do
- 彼は来る必要がない He need not come. / He

否定の

doesn't need to come.

否定の negative
否定する deny〈the fact〉
否定文【文法】a negative sentence

ビデオ video cassette recorder
・ビデオで on video
ビデオカメラ a video camera
ビデオテープ a video tape

日照り 〈a long spell of〉**dry weather**;〔かんばつ〕**drought**

人
❶〔男または女を代表して〕**a man**(働men);〔女〕**a woman**(働women);〔男女の区別なく〕**a person, one**;〔人類〕**man, mankind**
・彼は親切な人だ He is a kind man.
・すべての人は平等だ All men are equal.
・数人の人が出席した Several persons were present.
・誰もそれを信じる人はいない No one believes it.
・人は死ぬものだ Man is mortal. / All men must die.
❷〔人々〕**people**
・公園にはたくさんの人がいた There were a lot of people in the park.
❸〔他人〕**others**
・人には親切にしなさい Be kind to others.

ひどい〔激しい〕**hard, severe, violent, heavy**;〔恐ろしい〕**terrible**;〔残酷な〕**cruel**
・ひどい雨 a heavy rain
・ひどい嵐 a violent storm
・ひどい事故 a terrible accident
ひどく hard, severely, heavily; terribly
・雨がひどく降っている It is raining hard.
・彼はひどくしかられた He was severely scolded.
・けさはひどく寒い It's terribly cold this morning.

人柄 personality

一切れ a piece, a slice〈of...〉
・一切れのケーキ a piece of cake
・一切れのパン a slice of bread

一口〔食べ物の〕**a mouthful, a bite**
・彼はそれを一口で食べた He ate it at a mouthful [in one bite].
一口で言えば in a word, in short

一組 a pair〈of gloves〉;〔男女の〕**a couple**

人込み a crowd

等しい (be) equal
・AはBに等しい A is equal to B. / A equals B.
等しく equally

一つ one ⇨ 一
・一度に一つ取りなさい Take one at a time.
・ニューヨークは世界最大の都市の一つです New York is one of the largest cities in the world.
・これは一つ100円です These are 100 yen each.
一つの one,《子音で始まる語に付けて》a,《母音で発音される語に付けて》an;〔たった一つの〕single
・一つのテーブル a table
・一つのりんご an apple
一つずつ one by one
・彼らはりんごを一つずつ数えた They counted the apples one by one.

・一つには for one thing
・一つにはあなたは若すぎる For one thing, you are too young.

人付き合いがよい sociable

人手〔働き手〕**a hand**

ひととおり〔全般的に〕**generally**;〔簡単に〕**briefly**
・彼は計画をひととおり話した He gave a brief outline of the plan.

人通り traffic
・ここは人通りが多い[少ない] There is a lot of [a little] traffic here.

人並み(の) ⇨ ふつう(は)

人々 people ⇨ 人

人前で in public

一回り〔一周〕〈make〉**a round**;〔大きさ〕**a size**

瞳〔目の〕**the pupil**

一目 a look, a glance
・一目見る have a look at..., glance at...
一目で at first sight
・彼は一目で彼女が好きになった He fell in love with her at first sight.

人目 (public) notice, attention
・彼女の服装は人目を引いた Her dress attracted everybody's attention.

一休みする take a rest [break]; have a rest [break]

一人, 独り one
・私の友人の一人 one of my friends, a friend of mine
・一人も彼の名を知らない No one knows his name.
一人で, 独りで alone;〔独力で〕by [for] oneself
・彼女はその家に独りで住んでいる She lives alone in the house.
・彼はその仕事を一人でした He did the work by [for] himself.
一人の one,《子音で始まる語に付けて》a〈boy〉,《母音で発音される語に付けて》an〈old man〉;〔独身の〕single
・私には二人の姉と一人の弟がいる I have two sisters and one brother.
一人ずつ one by one
・彼らは一人ずつやって来た They came one by one.
一人[独り]旅をする travel alone
一人っ子, 独りっ子 an only child
独りぼっち
・彼女は独りぼっちだった She was (all) alone.

日取り the date〈for the party〉

独り言
・彼はよく独り言を言う He often talks [speaks] to himself.

ひとりでに of [by] itself
・ドアがひとりでに開いた The door opened of [by] itself.

ひな¹ a young bird;〔鶏の〕**a chick, a chicken**
ひな² 〔ひな人形〕a doll
・ひな人形を飾る display dolls
ひな祭り the Girl's [Doll's] Festival

ひなたぼっこをする sit [bathe] in the sun

非難する blame, find fault with...

避難する take shelter [refuge] ⟨from..., in...⟩
　避難所 a shelter
ビニール vinyl
・ビニールの包み plastic wrapper
皮肉 irony
　皮肉な ironical
ひねる〔ねじる〕twist; 〔栓などを〕turn
日の丸 the (rising) sun flag
批判 criticism
　批判的な critical
　批判する criticize
非番(で) off duty
ひび a crack
響き〔音〕a sound; 〔反響〕an echo
響く〔音が〕sound, ring; 〔影響する〕effect
批評 criticism
　批評する criticize ⟨A's novel⟩
　批評家 a critic
皮膚 the skin
ビフテキ (a) beefsteak
美ぼう good looks; 〔美しさ〕beauty
暇 time; 〔余暇〕leisure, spare time
・私は本を読む暇がない I have no time to read.
　暇な free
・私は今は暇です I am free now.
・その仕事は暇な時にしていいですよ You can do the work at your leisure [in your spare time].
　暇がある have time to spare
　暇をつぶす kill time, waste time
日増しに day by day, every day
・日増しに暖かくなってきた It is getting warmer day by day.
ひまわり【植物】a sunflower
秘密 a secret
　秘密を守る keep the secret
・彼は秘密を守った He kept the secret.
　秘密の secret
　秘密に secretly, in secret
微妙な delicate, subtle
悲鳴 ⟨give⟩ a scream, a shriek
ひも〔細い〕a string; 〔太い〕a cord
・ひもにつないで on a leash
干物 dried fish
冷汗 ⟨be in⟩ a cold sweat
冷やかす make fun of...
百 a [one] hundred
　第100(の) the hundredth (略 100th)
・365 three hundred (and) sixty-five
　何百もの… hundreds of...
　百点満点 a perfect score
　百分率 percentage ⇨パーセント
　100メートル走 a 100-meter dash
百万 a [one] million
　何百万もの… millions of...
日焼けする〔小麦色に〕get a suntan;〔ひどく〕get sunburned
冷やす cool
百科事典 an encyclopedia
百貨店 a department store
日雇い〔労働者〕a day laborer
比喩 a figure of speech; 〔直喩〕a simile; 〔隠喩〕a metaphor
　比喩的な figurative ⟨sense⟩
ビューアー【コンピュータ】a viewer
ヒューズ〔電気の〕a fuse
表 a table, a list
　表計算ソフト【コンピュータ】a spreadsheet program
　語彙表 a word list
　時間表 a timetable
　予定表 a schedule
票 ⟨cast⟩ a vote
ひょう〔雷雨のときなどに降る〕hail; 〔一粒の〕a hailstone
費用 expenses
・旅行の費用 traveling expenses
・この本を刊行するのに費用が100万円掛かった It cost me one million yen to publish this book.
秒 a second
・2分35秒 two minutes and thirty-five seconds
鋲 a tack; 〔鉄板の〕a rivet
　鋲で留める tack ⟨a picture on the wall⟩
美容 beauty
　美容院 a beauty parlor
病院 a hospital
評価する value, estimate
病気 a disease, 《米》sickness, 《英》illness
　病気の sick, ill
・病気の子ども a sick child
・彼は病気になった He got [fell, became] sick.
・彼女は今病気で寝ています She is sick [ill] in bed now.
表現 expression
　表現する express
病原菌 (disease) germs
標語〔行動の指針〕a motto; 〔団体行動などのうたい文句〕a slogan
表札 a doorplate, a nameplate
表紙 a cover; 〔カバー〕a jacket
拍子 time; 〔はずみ〕a chance
・彼らは手で拍子を取った They kept [beat] time with their hands.
標識 a sign, a mark
　交通標識 a traffic sign
病室 a sickroom; 〔病棟〕a ward
描写〔言葉による〕(a) description; 〔絵による〕(a) representation
　描写する describe; represent
病弱な weak, sickly
標準 a standard
　標準語 the standard language
　標準時 the standard time
表情 a look, an expression
・悲しそうな表情 a look of sorrow, a sad expression
病床 a sickbed
病状〔体の状態〕the condition ⟨of a patient⟩
表彰する commend; 〔賞を与える〕award
・表彰される be commended, be awarded
表題〔本の〕a title; 〔論説などの〕a heading; 〔写真などの〕a caption

氷点 **the freezing point**
・氷点下5度 five degrees below zero

平等 **equality**
平等な equal
平等に equally

病人 **a sick person**; 〔患者〕**a patient**

漂白する **bleach**
漂白剤 a bleach

評判 **(a) reputation**
評判の〔有名な〕famous; 〔人気のある〕popular
・その先生は生徒に評判がいい The teacher is popular among the students.

標本 a 〈botanical〉 **specimen**

表明する **express**

表面 **the surface**

漂流する **drift**

評論 〔批評〕**(a) criticism**; 〔時評〕**(a) comment**; 〔書物などの〕**(a) review**
評論する comment; review
評論家 a critic, a reviewer

日よけ **a sunshade, a blind**

ひよこ **a chick, a chicken**

ひょっこり 〔思い掛けなく〕**unexpectedly**; 〔偶然に〕**by chance**

ひょっとすると **possibly**
・ひょっとすると彼は家にいるかもしれない He may possibly be home now.

ぴょんぴょん跳ねる **hop** 〈around〉**, skip**

ビラ 〔ちらし〕**a handbill**; 〔ポスター〕〈put up〉**a poster**

避雷針 **a lightning rod**

平泳ぎ **the breaststroke**

開く
❶〔戸などを〕**open**;〔折り畳んだ物を〕**unfold**
・本の10ページを開きなさい Open your books to [at] page ten.
❷〔会合を〕**give, have, hold**
・会合は今夕開かれます The meeting will be held this evening.
❸〔戸などが〕**open**
・その店は10時に開きます The store opens at ten.
❹〔花が〕**come out, bloom**
・春はいろいろな花が開く Many kinds of flowers come out [bloom] in spring.

開ける 〔発展する〕**develop**;〔広々とする〕**open, spread out**
・この町は急に開けてきた This town has developed rapidly.
・すばらしい景色が眼前に開けた A fine view opened before us.

平たい **flat, level**

ひらめき **a flash**
ひらめく flash;〔考えなどが〕occur *to*...
・空に稲妻がひらめいた The lightning flashed across the sky.
・名案がひらめいた A good idea occurred to me. / A good idea flashed across my mind.

平家 **a one-story** [《英》 **one-storey**] **house**

びり **the last, the bottom**
・私はクラスでびりだった I was at the bottom of my class.

・彼は競走でびりから2番目だった He came in next to last in the race.

昼
❶〔正午〕**noon**
・昼頃だった It was about noon.
❷〔昼間〕**the daytime, the day**
・春には昼が長くなる The days grow longer in spring.
・私たちは昼に働いて夜に眠る We work by day and sleep by night.
昼も夜も 〈work〉 day and night
昼寝をする take a nap
昼飯 lunch
昼休みに during the lunch break [the noon recess]

ひるがえす 〔変える〕**change** 〈*one's* mind〉;〔前言を〕**take back** 〈*one's* words〉;〔身を〕**turn**

ひるがえる 〔旗が〕**fly, flutter**

ビル(ディング) **a building**

比例 **proportion**;〔比率〕**ratio**
…に比例して in proportion to...
・私たちの収入は仕事に比例して伸びる Our income increases in proportion to the work done.

広い **wide** 〈field〉**, broad** 〈street〉
・その川は幅がとても広い The river is very wide.
広く widely, wide
・窓を広く開けておきなさい Open the window wide.

ヒロイン 〔小説などの女主人公〕**a heroine**

拾う **pick up; gather** 〈shells, chestnuts〉**; find** 〈a wallet〉
拾い物 a found article, a find

疲労 **fatigue**;〔極度の〕**exhaustion**

披露する **announce, introduce**
披露宴 〔結婚の〕a wedding reception

広がる **spread (out)**
・火は建物全体に広がった The fire spread through the building.

広げる **spread**
・彼は地図をテーブルの上に広げた He spread a map on the table.

広さ **width**
・この道路は30メートルの広さがある This road is thirty meters wide [in width].

広場 **an open space**;〔四方を街路で囲まれた〕**a square**
トラファルガー広場 Trafalgar Square

広々とした **spacious** 〈room〉**; open, broad, vast** 〈place〉

広間 **a hall**;〔ホテル・客船などの〕**a saloon**

広まる **spread**;〔流行する〕**become popular**

広める **spread** 〈a rumor〉;〔知らせる〕**make *A* known**;〔紹介する〕**introduce** 〈*A* into *B*〉

品 〔優雅さ〕**grace, elegance**;〔洗練〕**refinement**
品のよい gracious, elegant, refined
品の悪い vulgar

瓶 **a bottle**;〔広口の〕**a jar**
ビール1瓶 a bottle of beer

便 〔交通の〕**(a) service**;〔飛行機の〕**a flight**;〔郵便〕**mail,** 《英》 **post**

航空便で by air mail
船便で by ship
ピン〔留め針〕a pin
敏感な sensitive
・私は寒さに敏感です I am sensitive to cold.
ピンク〔桃色〕pink
貧困 poverty
　貧困な poor, needy〈family〉
品質 quality ⇨ 質
貧弱な poor〈knowledge〉
品種 a kind, a sort;〔動植物の〕a breed
敏しょうな quick
ピンセット〈a pair of〉tweezers
便せん letter paper;〔綴じ込みの〕a writing pad
ピンチ〔危機〕a pinch, a crisis
ヒント〔暗示〕a hint
・私は彼の言葉からヒントを得た I got a hint from his words.
ピント〔焦点〕the focus;〔要点〕the point
・この写真はピントが合っている[いない] This picture is in [out of] focus.
・彼の話はピントがずれている What he says is off the point.
　ピントを合わせる focus〈the camera on the dog〉
頻繁な frequent
　頻繁に frequently
貧乏 poverty
　貧乏な poor〈people〉
ピンポン〔卓球〕ping-pong, table tennis

ふ

府 a prefecture
・京都府 Kyoto Prefecture
負の【数学】minus, negative
部
　❶〔部分〕a part
・第1部 Part I [One]
　❷〔部門〕a department;〔スポーツなどの〕a club
・文学部 the department of literature
・テニス部 the tennis club
　❸〔本の〕a copy
・その本を2部ください I want two copies of that book.
ファースト【野球】〔一塁〕first base;〔一塁手〕a first baseman
ファストフード fast food
無愛想な cold, unfriendly
ファイト〔闘志〕fight, fighting spirit
ファイバー fiber
ファイル a file;【コンピュータ】a file
・ファイルを転送する【インターネット】transfer (a) file
ファインプレー〔美技〕a fine play
ファウル【野球】a foul
　ファウルする foul (off, away)
　ファウルボール a foul ball
ファスナー〔留め具〕a (zip) fastener, a zipper
ファック【インターネット】FAQ (frequently asked questions の略)
ファッション〔流行〕fashion
　ファッションショー a fashion show
ファミコン【インターネット】a video [computer] game
ファン〔愛好者〕a fan
　映画ファン a movie fan
　野球ファン a baseball fan
不安な〈feel〉uneasy
・…に不安を抱く be worried by〈one's health〉
不安定な unstable, changeable〈weather〉
不案内
・私はこのあたりはまったく不案内です I am a complete stranger here.
ファンファーレ〔トランペットなどの吹奏〕(a) fanfare
不意の sudden
　不意に suddenly
ブイエイチエス VHS (video home system の略)
フィクション〔虚構・小説〕fiction
フィルター〔ろ過の〕a filter
フィルム〔写真の〕a film
封 a seal
　封をする seal〈a letter〉
風〔様子〕a look, an air;〔方法〕a way, a manner;〔様式〕a style
・その人は芸術家風でした He looked like an artist.
・こんなふうにしなさい Do it this way.
風変わりな strange, odd〈person〉, queer, eccentric
封切り〔映画の〕(a) release
　封切り映画 a newly released film
風景〔景色〕scenery;〔陸地の〕(a) landscape;〔眺め〕a view
　風景画 a landscape painting
風刺 (a) satire
風習〔慣習〕a custom,〔風俗習慣〕manners and customs
封書 a sealed letter
風船 a baloon
風速 the speed [velocity] of the wind
風俗 manners
　風俗習慣 manners and customs
ブーツ〔長靴・深靴〕〈a pair of〉boots
封筒 an envelope
夫婦 a couple, husband and wife
ブーブー言う grumble〈at...〉, complain〈about..., of...〉;〔豚が〕grunt, oink
風物 life and nature
・日本の風物 things Japanese
ブーム〔にわか景気・急な人気〕a boom〈in...〉, a fad〈for...〉
フーリガン〔乱暴者〕a hooligan
風流 elegant, refined, tasteful
風力 the force of the wind
　風力計 an anemometer
　風力発電所 a wind power plant
風鈴 a wind bell
プール〔水泳の〕a (swimming) pool
不運 bad [ill] luck, (a) misfortune
　不運な unfortunate, unlucky
　不運にも unfortunately

笛 **a whistle**;〔横笛〕**a flute**
フェアプレー〔正々堂々の試合振り〕**fair play**
フェイク【インターネット】**FAQ** (frequently asked questions の略)
不衛生な **insanitary, unhealthy**
不得手な **poor, weak**
・彼は英語が不得手だ He is poor [weak] in English.
増える **increase**
・交通事故の数が増えてきた Traffic accidents have increased in number.
フェンシング〔剣術〕**fencing**
フェンス〔柵・囲い〕**a fence**
無遠慮な **rude, impolite**
無遠慮に rudely, without reserve
フォアボール【野球】〔四球〕**a base on balls, a walk**
フォーク **a fork**
フォークソング〔民謡〕**a folk song**
フォークダンス〔民俗舞踊〕**a folk dance**
フォーマット【コンピュータ】**a format**
フォーマットする format, initialize ⟨a disk⟩
フォーム〔形〕**a form**
フォルダ【コンピュータ】**a folder**
フォント【コンピュータ】**a font**
深い **deep**
・深い井戸 a deep well
深く deep, deeply
・彼らは地中深く井戸を掘った They dug the well deep in the ground.
・彼はその話に深く感動した He was deeply moved by the story.
深さ depth
・「この湖の深さはどれくらいですか」「50メートルぐらいです」 "How deep is this lake?" "It is fifty meters deep [in depth]."
不快な **unpleasant** ⟨smell⟩
・彼は不快な顔をした He looked displeased.
不快に思う feel bad [uncomfortable]
不可解な **mysterious**
不確実な **uncertain** ⟨plan⟩
不可欠な **indispensable** ⟨to one's health⟩
不格好な **shapeless** ⟨hat⟩, **awkward** ⟨motions⟩
不可能な **impossible**
・彼がきょう着くことは不可能だ It is impossible for him to arrive today.
深まる **become deep**;〔関係が〕**become closer**
深める deepen;〔助長する〕promote;〔豊かにする〕enrich
不完全な **imperfect**
武器 **a weapon; arms**
不機嫌で ⟨be⟩ **in bad [out of] humor, displeased**
吹き込む〔風が〕**blow in** ⟨from the open window⟩;〔録音する〕**record**
不規則な **irregular**
・不規則な生活 an irregular life
吹き付ける〔風などが〕**blow against [on]** ⟨the house⟩;〔塗料などを〕**spray**
吹き飛ばす **blow away [off]**
不気味な **weird** ⟨happenings, sounds⟩

普及する〔広がる〕**spread**;〔一般的になる〕**become popular**
不況 **(business) depression**
無器用な **clumsy, awkward**
付近 **neighborhood**
・私はこの付近は不案内です I am a stranger in this neighborhood.
布巾 **a kitchen towel**;〔皿ふき〕**a dishcloth**;〔食卓などをふく〕**a duster**
ふく〔ぬぐう〕**wipe**
服 **clothes**;〔婦人・子どもの〕**a dress**;〔背広〕**a suit**
・服の趣味がいい have fashion sense
吹く **blow**
・風が強く吹いている It [The wind] is blowing hard.
・彼は笛を吹いた He blew a flute. / He played the flute.
副… **vice-, assistant**
副大統領 a vice-president
副支配人 an assistant manager
ふぐ【魚】**a globefish**
副業 **a side job**
複雑な **complicated**
複雑な問題 a complicated problem
副産物 **a by-product**
福祉 **welfare**
社会福祉 social welfare
複写〔複写物〕**a copy a duplicate**
複写する a copy
複写機 a copying machine
復習 **review**
復習する review ⟨the lesson⟩, make a review ⟨of...⟩
復しゅう〔仕返し〕**revenge**;〔より激しい仕返し〕**vengeance**
復しゅうする revenge oneself on..., take revenge [vengeance] on...
服従 **obedience**
服従する obey, be obedient ⟨to...⟩
服飾 **dress and ornaments**;〔流行〕**fashion**
服飾デザイナー a fashion designer
複製 **(a) reproduction**
複製する reproduce
服装〔衣服〕**clothes, dress**
・彼は立派な[粗末な]服装をしている He is finely [poorly] dressed.
腹痛 ⟨have⟩ **a stomachache**
腹部 **the belly, the abdomen**
含む **contain**;〔数に入れる〕**include** ⟨tax⟩;〔意味を〕**imply, involve**
・この食べ物はいろいろなビタミンを含んでいる This food contains various vitamins.
…を含めて including ⟨me⟩
服用する **take, give** ⟨medicine⟩
ふくらはぎ **the calf**
膨らむ **swell**
膨らます swell ⟨a balloon⟩
膨れる **swell, bulge**
袋 **a bag, a sack**
紙袋 a paper bag
一袋のピーナツ a bag of peanuts

不景気 (business) depression
・世の中は今は不景気だ Times are bad now.
不経済な uneconomical;〔金の掛かる〕expensive
不潔な dirty, unclean
ふける〔熱中する〕be absorbed〈in...〉
更ける〔夜が〕be late
・夜も更けていた The night was late. / It was late at night.
老ける〔年が〕grow old
不健康な unhealthy〈life〉
不健全な unsound
不孝
・私は親不孝だった I was not good [not obedient] to my parents.
不幸な unhappy
不幸に(も) unhappily
符号 a sign, a mark
不合格 failure
・彼は入学試験に不合格となった He failed (in) the entrance examination.
不公平な unfair
不合理な unreasonable〈request〉, irrational〈fear〉
房〔毛・糸などの〕a tuft〈of hair〉;〔果実の〕a bunch〈of bananas〉
ブザー a buzzer
夫妻 ⇨ 夫婦
・青木夫妻 Mr. and Mrs. Aoki
不在 absence
・彼は不在だった He was not at home. / He was away from his office.
ふさがる〔穴などが〕be closed;〔席などが〕be occupied, be taken;〔用がある〕be engaged, be busy
・穴がふさがっている The hole is closed up.
・この席はふさがっています This seat is occupied.
・きょうの午後はふさがっています I am engaged for this afternoon.
ふさぐ〔穴などを〕stop (up), fill;〔道路などを〕block (up)
ふざける〔冗談を言う〕joke, have a joke〈with...〉
・彼はいつもふざけている He is always joking.
・ふざけないでよ Don't talk nonsense.
ふざけ回る romp about
・子どもたちはふざけ回っている The children are romping about.
無作法, 不作法 bad manners
無作法な impolite, rude
ふさわしい〔適している〕suitable〈for...〉;〔適切な〕proper〈for...〉;〔似つかわしい〕becoming〈to...〉
・ふさわしい方法で in the proper way
不賛成 disapproval
不賛成である disapprove〈of...〉
・私はその計画には不賛成だ I disapprove of that plan. / I am against that plan.
節〔木の〕a knot;〔歌の〕a tune
無事な safe, peaceful
無事に safe, safely
・彼は無事に家に帰って来た He came home safe [safely].

不思議な strange, wonderful
・不思議な体験 wonderful [strange] experiences
・彼女がそう言うとは不思議だ It is strange that she should say so.
・彼がそこへ行きたがらないのも不思議ではない No wonder he doesn't want to go there.
不自然な unnatural
不自然に unnaturally
不自由〔不便〕inconvenience
不自由な inconvenient
・彼は不自由な生活をしている He lives in poverty.
不十分な insufficient
不順な〔時期はずれの〕unseasonable;〔定まらない・変わりやすい〕unsettled, changeable
・不順な天候 changeable weather
不純な impure〈motives〉
負傷する be injured〈in the accident〉⇨ けが
負傷者 an injured [wounded] person; the injured, the wounded
無精な lazy, idle
侮辱 an insult
侮辱する insult
不振〔不活発〕dullness, inactivity;〔不景気〕depression;〔不調〕〈go into〉a slump
・今月は商売が不振だ Business is dull [slow] this month.
不審な doubtful, suspicious;〔いぶかるような〕questioning
夫人 a wife
・佐藤夫人 Mrs. Sato
婦人 a woman (働 women);〔淑女〕a lady
婦人記者 a woman reporter
婦人警官 a policewoman
不親切な unkind, unfriendly
不正な wrong
不正行為 a wrong deed
不正確な inaccurate, incorrect
不正確に inaccurately
防ぐ〔防御する〕defend;〔防止する〕prevent;〔寄せつけない〕keep off
・彼らは火を防いだ They prevented the fire.
不戦勝
・不戦勝となる win without playing [fighting]
不足 lack, shortage
不足する lack;〔不足している〕be lacking〈in...〉, be short〈of...〉
・彼には経験が不足している He lacks experience. / He is lacking in experience.
・私はお金が不足している I'm short of money.
運動不足 lack of exercise
食料不足 shortage of food
睡眠不足 lack of sleep
付属する be attached〈to...〉, belong〈to...〉
付属高校 a high school attached〈to A University〉
付属品 accessories
ふた a lid, a cover;〔瓶の〕a cap
・…にふたをする put a lid on...
・ふたを開ける take off a lid

札 a card; 〔貼り札〕a label; 〔荷札〕a tag
豚 【動物】 a pig, swine; 〔豚肉〕pork
舞台 a stage
双子 twins; 〔その一方〕a twin
再び again
・こんなチャンスは再び来ないでしょう Such a chance will never come again.
二つ two
　二つの two
・二つのりんご two apples
・そのりんごを二つに切りなさい Cut the apple in two.
二人 two persons; 〔男女の一組〕a pair, a couple
負担 a burden
　負担する〔支払う〕pay
ふだん(は) usually
　ふだんの usual; 〔毎日の〕everyday 〈training〉
・彼はふだん10時に寝る He usually goes to bed at ten.
　ふだんより(も) than usual
・彼女はふだんより早く起きた She got up earlier than usual.
　普段着 everyday clothes, casual wear
縁 an edge
ぶち spots, specks
不注意 carelessness
　不注意な careless
・不注意な間違い a careless mistake
不調で 〔体が〕〈be〉 out of condition, 〈be〉 in poor health
打つ ⇨ 打(う)つ, たたく
ふつう(は) usually ⇨ ふだん(は)
　ふつうの usual, ordinary, common
・それはわれわれ日本人にはふつうのことだ That is usual with [common to] us Japanese.
不通になる be interrupted, be suspended, be tied up
・大雪のためバスが不通になった Owing to the heavy snowfall, the bus service was interrupted [suspended].
・電話が不通です The telephone is out of order. / The telephone lines are down.
物価 prices 〈are rising〉
復活 revival, restoration
　復活する revive, come to life again
　復活祭〔イースター〕Easter
ぶつかる 〔当たる〕hit, strike; 〔衝突する〕run [knock, bump] 〈into..., against...〉, collide 〈with...〉
・ボールが私の頭にぶつかった A ball hit me on the head.
・トラックが塀にぶつかった A truck ran into the fence.
復旧する be restored [reopened]; 〔鉄道などが〕resume service
仏教 Buddhism
　仏教徒 a Buddhist
ぶっきらぼうな blunt, curt 〈reply〉
ブックマーク 【インターネット】〔お気に入り〕a bookmark
　ブックマークする bookmark

ぶつける 〔投げつける〕throw 〈at...〉; 〔打ちつける〕strike, knock 〈against...〉
・彼は犬に石をぶつけた He threw a stone at the dog.
・私は壁に頭をぶつけた I knocked my head against the wall.
不都合 〔不便〕inconvenience
　不都合な inconvenient; 〔不当な〕wrong
　もし不都合でなければ if it is not incovenient for you
物資 goods
物質 matter, substance, material
　物質の material 〈civilization〉
仏像 an image of Buddha
物体 a body, an object
沸騰する boil
フットボール 〈play〉 football
ぶつぶつ言う grumble 〈at...〉, complain 〈of food〉
物々交換をする barter 〈A for B〉
物理(学) physics
筆 a writing brush
不定期の irregular 〈meeting〉
不適当な unsuitable, unfit, improper 〈for..., to do〉
ふと 〔偶然〕by chance; 〔突然〕suddenly
太い thick; 〔大きい〕big; 〔声が〕deep
・太い線 a thick [bold] line
・彼は太い腕をしている He has big arms.
・彼は太い声でしゃべる He speaks in a deep voice.
不当な 〔正当でない〕unjust, unfair; 〔理に合わない〕unreasonable
不動の 〔確固なる〕firm 〈belief〉
ぶどう 【植物】 a grape; 〔木〕a vine
　ぶどう酒 wine
不道徳な immoral 〈act〉
不得意な poor, bad, weak
・私は数学が不得意です I am poor [bad, weak] in mathematics.
懐 〔胸〕〈mother's〉 bosom; 〔内ポケット〕an inside pocket
太もも a thigh
太る grow fat, gain [put on] weight
・彼は太ってきた He is putting on weight.
　太った fat
布団 a futon, bedding, bed clothes
　布団を敷く make the bed
船便 surface mail
船酔い seasickness
　船酔いする get seasick
不慣れな 〔経験の浅い〕inexperienced; 〔よく知らない〕unfamiliar
船 〔大型の〕a ship; 〔小型の〕a boat; 〔汽船〕a steamship, a steamer
・私たちは船に乗り込んだ We went [got] on board the ship.
・私は船で世界を一周した I traveled around the world by ship [by boat, by water].
腐敗する ⇨ 腐る
不平等 inequality

不平等な unequal; 〔不公平な〕unfair
部品 〈automobile〉 parts
吹雪 a snowstorm
部分 (a) part, a portion
　部分的な partial 〈success〉
　部分的に partly, partially
　一部分 part of A
・水の一部分は空中に上って行く Part of the water goes up into the air.
　大部分 most of A
・学生の大部分が出席した Most of the students were present. / The greater part of the students were present.
不平 (a) complaint
・不平を言う complain
不変の unchangeable
不便 inconvenience
　不便な inconvenient
父母 one's father and mother, one's parents ⇨ 親
不法な unlawful, illegal 〈act〉; 〔悪い〕wrong
不まじめな not serious [earnest]
不満な dissatisfied [not satisfied]〈with...〉
・彼はその結果に不満だった He was not satisfied with the results.
踏切 a (railroad) crossing
踏み付ける trample (on) 〈A's rights〉
踏む step (on...)
・芝生を踏むな Don't step on the grass.
不明な unknown; 〔不明瞭な〕obscure
不名誉 (a) dishonor, (a) shame
　不名誉な dishonorable, shameful
不明瞭な indistinct 〈speech〉; 〔意味などが〕obscure
不毛の barren 〈land, discussion〉; 〔荒れ果てた〕waste 〈land〉
ふもと 〈at〉the foot (of a mountain)
部門 a department, a section
増やす increase, add A to B
冬 winter; 〔冬期〕wintertime
・今年の冬は雪が多かった We had a lot of snow this winter.
　冬に(は) in (the) winter
・私たちは冬にはスキーやスケートを楽しむ We enjoy skiing and skating in (the) winter.
　冬休み the winter vacation [holidays]
不愉快な unpleasant
扶養する support
　扶養家族 a (family) dependent
不用な 〔役に立たない〕useless
不要な 〔不必要な〕unnecessary, needless
舞踊 dancing, a dance
不用意な careless 〈mistake〉
フライ 【料理】fried [deep-fried] food
　えびのフライ a fried prawn
　フライパン a frying pan
フライ 【野球】a fly
　内[外]野フライ an infield [outfield] fly
プライバシー one's privacy
ブラインド 〔日よけ〕〈pull down〉a blind, 《米》a window shade

ブラウザ 【インターネット】〔閲覧ソフト〕a (web) browser
ブラウス 〔婦人・子ども用〕a blouse
プラカード 〔掲示物〕〈put up〉a placard
ぶら下がる hang (down)
・電球が天井からぶら下がっている An electric lamp is hanging from the ceiling.
ぶら下げる 〔つるす〕hang 〈a lamp from the ceiling〉
ブラシ 〔はけ〕a brush
　歯ブラシ a toothbrush
ブラジャー 〔婦人下着〕〈wear〉a brassiere, 《話》a bra
プラス plus
・5プラス2は7 Five plus two is seven.
フラスコ 〔化学実験用〕a flask
プラスチック 〔合成樹脂〕plastic
　プラスチック製品 plastics, plastic products
ブラスバンド 〔吹奏団〕a brass band
ぶらつく walk about, stroll 〈along the street〉, wander
フラッシュ 〔せん光〕a flash; 〔カメラの〕an electronic flash
　フラッシュライト 〈shine〉a flashlight
プラットホーム a platform
ふらふら
・熱で頭がふらふらする I feel feverish and dizzy. / My head is swimming with a fever.
ぶらぶら 〔歩く〕stroll, 〔時間を過ごす〕idle away one's time; 〔揺れ動く〕swing
プラン 〔計画〕a plan
ブランク 〔空白〕〈fill in〉a blank
ぶらんこ a swing
・ぶらんこに乗ろう Let's have a swing.
ブランド物 brand goods
不利 (a) disadvantage
　不利な unfavorable
振りをする pretend
・彼は病気の振りをした He pretended illness. / He pretended to be ill. / He pretended that he was ill.
…ぶり 〔仕方〕a way, a manner; 〔経過〕in..., after...
　彼の話しぶり his way of speaking
・彼は2年ぶりに帰国した He came home for the first time in two years [after two years' absence].
フリーウェア 【コンピュータ】freeware
フリーズする 【コンピュータ】freeze
振り返る look back 〈at..., on...〉
・彼は若い頃を振り返ってみた He looked back on his younger days.
振り替える 〔変更する〕change; 〔埋め合わせる〕make up for...
　振替休日 a holiday making up for the overlap of holidays on Sunday
振り回す swing around
振り向く look back 〈at...〉, turn around 〈to...〉
・彼女は私の方を振り向いた She looked back at me. / She turned around to me.
不良の 〔悪い〕bad; 〔欠陥のある〕defective 〈prod-

不良少年[少女] a bad boy [girl]
天候不良 bad weather
プリン (a) pudding
プリント 〔刷り物〕a printed copy
プリントする print
プリンタ【コンピュータ】a printer
プリントアウトする 【コンピュータ】print A out
降る fall
雨が降る It rains.
・雨が激しく降っている It is raining hard [heavily]. / The rain is falling hard [heavily].
・雨が降りそうだ It looks like rain.
雪が降る It snows.
・2月には雪がたくさん降る We have a lot of snow in February.
振る shake, wave; 〔バットなどを〕swing 〈*one's* bat〉
・彼は首を横に振った He shook his head.
・彼女は私たちに手を振った She waved her hand to us.
…ぶる
・彼は芸術家ぶっている He poses as an artist. / He assumes the air of an artist.
古い old; 〔中古の〕used
・古い建物 an old building
・古い友人 an old friend
・古い切手 a used stamp
・あの店は大変古くからある That store is very old.
古くさい old-fashioned
振るう 〔行使する〕use 〈violence〉; 〔盛んである〕be active, be flourishing
フルーツ 〔果物〕fruit
フルート 〔横笛〕a flute
ブルーレイ 《商標》Blu-ray
ブルーレイディスク a Blu-ray Disc
震える tremble, shake 〈with fear〉, shiver
・彼は寒さで震えている He is trembling with cold.
ふるさと *one's* hometown ⇨ 故郷
古本 a secondhand book
古本屋 〔店〕a secondhand bookstore [bookshop]; 〔人〕a secondhand bookseller
振る舞い behavior, 〈manly〉conduct
・立派な振る舞い excellent behavior
振る舞う behave
・彼は紳士のように振る舞った He behaved himself like a gentleman.
無礼な rude, impolite
プレー 〔試合ぶり〕〈fine〉play
ブレーキ a brake
・彼はブレーキを掛けた He put on the brakes.
プレーヤー 〔選手〕a player; 〔レコードの〕a (record) player
ブレザー 〔上着〕a blazer
プレゼント 〔贈り物〕a present
・私は彼女に人形をプレゼントした I presented her with a doll. / I presented a doll to her.
触れる 〔さわる〕touch; 〔言及する〕mention 〈the accident〉, refer 〈to...〉

・私の部屋の中の物には手を触れるな Don't touch anything in my room.
風呂 a bath
風呂に入る take [have] a bath
風呂おけ a bathtub
風呂場 a bathroom
風呂屋 a public bath
プロ 〔職業選手・専門家〕a professional, 《話》a pro
プロの professional, 《話》pro
プロ野球の選手 a professional baseball player
ブローチ 〔えり留め・胸飾り〕a brooch
ブロードバンド(の) 【インターネット】broadband
付録 a supplement, an appendix
ブログ 【インターネット】a blog
・ブログに書く blog
ブロガー a blogger
プログラム 〔番組・計画〕a program, 《英》a programme
プログラマー 【コンピュータ】a program(m)er
ふろしき a *furoshiki*, a cloth for wrapping things
プロバイダー 【インターネット】a provider
ブロマイド 〔俳優などの写真〕a (movie) star's picture
フロント 〔前部〕the front; 〔ホテルなどの〕a front desk, a reception desk
不和 discord; 〔ごたごた〕〈family〉trouble
分 a minute
・15分 fifteen minutes, a quarter (of an hour)
・30分 thirty minutes, half an hour
・6時20分です It is six-twenty. / It is twenty past [《米》after] six.
・8時5分前です It is five before [of] eight. / 《英》It is five to eight.
・…分間隔で走る run every 〈10〉 minutes
文 a sentence; 〔作文〕a composition; 〔文章〕writings
・次の英文を日本語に訳しなさい Put [Translate] the following English sentences into Japanese.
分 〔分け前〕*one's* share; 〔部分〕a part; 〔割合〕a percentage
・これはあなたの分です This is your share.
・聴衆の3分の2は女性だった Two thirds of the audience were women.
雰囲気 an atmosphere
・くつろいだ[張り詰めた]雰囲気 a relaxed [tense] atmosphere
文化 culture
・ギリシャ文化 Greek culture
文化的な cultural
文化祭 〔学校の〕a school festival
文化の日 Culture Day
文科 〔大学の〕the literature course [department]
憤慨 indignation, resentment
憤慨する resent 〈an insult〉
分解する take 〈a watch〉 apart [to pieces]; 〔化合物などを〕resolve
文学 literature

日本文学 Japanese literature
文学の literary
文学作品 a literary work
文学者 〔作家〕a writer; 〔研究家〕a literary man

分割する divide ⟨*A* into *B*⟩
分割払いで on the installment plan

文芸 〔文学〕literature; 〔文学と芸術〕art and literature
文芸復興 the Renaissance

文庫 a library
文庫本 a pocket book

粉砕する crush, shatter

分散する break up, disperse

分子 【化学】a molecule; 【数学】a numerator

紛失 loss
紛失する lose ⟨*one's* purse⟩; 〔無くなっている〕be missing

文書 〔書類〕a document; 〔記録〕a record

文章 ⇒文

分針 〔時計の〕the minute [long] hand

噴水 a fountain

分数 【数学】a fraction
分数式 a fractional expression

分析 (an) analysis
分析する analyze
・動機を分析する analyze *A's* motive

文体 a style

分担 *one's* share
分担する share ⟨the expenses⟩

文通 correspondence
文通する correspond ⟨with...⟩, exchange letters ⟨with...⟩
文通友達 a pen pal, a pen friend

奮闘 a struggle
奮闘する struggle ⟨for...⟩

分配する divide, distribute

分布 distribution
分布する be distributed

ブンブン言う 〔蜂などが〕hum, buzz

分別がある know better

分母 【数学】a denominator

文法 grammar
文法(上)の grammatical
英文法 English grammar

文房具 stationery

文明 civilization
文明社会 a civilized society
古代文明 ancient civilization

分野 a field ⟨of activity⟩, a sphere

分離する separate
・宗教と政治を分離する seperate religion and politics

分量 (a) quantity; 〔全体の〕an amount; 〔薬の〕a dose
・塩の分量が多すぎる That's too much salt.

分類する classify, arrange
・彼はそれらを三つのタイプに分類した He classified them into three types.

分裂する 〔意見などが〕be divided; 〔政党などが〕split ⟨into...⟩

へ

…へ 〔方向〕to..., for..., toward...; 〔…の中へ〕into..., in...; 〔…の上へ〕on...
・彼は駅へ行った He went to the station.
・彼は日本をたってアメリカへ行った He left Japan for America.
・彼らは湖のほうへ歩いた They walked toward the lake.
・彼はその家へ入った He went into the house.
・荷物をテーブルの上へ置きなさい Put the baggage on the table.

ヘア 〔髪〕hair
ヘアスタイル a hairstyle, 《米》a hairdo
ヘアスプレー hair spray
ヘアドライヤー a hair dryer
ヘアブラシ a hairbrush

塀 〔石・土の〕a wall; 〔柵〕a fence

平易な easy ⇨易しい
・平易な文体 a simple style

弊害 an evil, a bad effect

閉会する close ⟨a meeting⟩
閉会式 a closing ceremony

閉館する be closed

平気である don't mind [care]
・私は寒いのは平気だ I don't mind the cold.

平均 an average
平均以上 above the average
平均以下 below the average
・彼の成績は平均以上[以下]だ His mark is above [below] the average.
平均気温 the average temperature
平均寿命 the average life span

平行して parallel
・その道は川と平行している The road is parallel to the river.
平行線 parallel lines

閉口する be embarrassed

米国 ⇨アメリカ

閉鎖する close, be closed

平日 a weekday

平常(は) usually, ordinarily
平常どおり ⟨go to school⟩ as usual

平静 calmness; 〔心の〕presence of mind
・彼らは平静だった They were calm.

閉店する close
・店は8時に閉店します Our store closes at 8 p.m.

平方 a square
10平方メートル ten square meters

平凡な common, ordinary
平凡な話し方 common way of speaking

平面 a plane
平面の plane

平野 plains
関東平野 the Kanto Plains

平和 peace
・彼は世界平和のために働いた He worked for world peace.
平和な peaceful
平和に peacefully, in peace
・彼らは平和に暮らした They lived in peace.

平和条約 a peace treaty

ベーコン ⟨a slice of, a piece of⟩ **bacon**

ページ a page
・本の15ページを開けなさい Open your books to [at] page 15.

ベース【野球】〔塁〕**(a) base** ⇨ 塁;〔基礎〕**a base**

ペース〔歩調〕**a** ⟨slow⟩ **pace**

ペーストする【コンピュータ】〔貼り付ける〕**paste**
　カット・アンド・ペーストする cut and paste

…(す)べからず ⇨ …してはいけない

…(す)べきだ **must** *do*, **should** *do*, **ought to** *do*
⇨ …しなければならない
・あなたは最善を尽くすべきです You ought to do your best.

へこむ be dented, sink;〔屈服する〕**give in**

ベスト〔最善〕*one's* **best**;〔チョッキ〕**a vest**
・ベストを尽くしなさい Do your best.
　ベストセラー a best seller

へそ〔体の〕**the navel**

へたな poor, bad ⟨at...⟩
・彼女はスケートがへただ She is poor at skating. / She is a poor skater.
・私は英語を話すのがへただ I don't speak English well.

隔てる separate ⟨*A* from *B*⟩

ペダル〔自転車の〕**a pedal**

別の another, other;〔特別の〕**particular**;〔違った〕**different**
・別の靴を見せてください Show me another pair of shoes.
・また別の時にお伺いします I'll call on you some other time.
・彼女は毎日別の服を着る She wears a different dress every day.
　別に〔特別に〕particularly, in particular;〔分離して〕separately;〔ほかの方法で〕otherwise
・きょうは別にすることがない I have nothing (in) particular to do today.

別荘〔豪壮な〕**a villa**;〔簡素な〕**a cottage**

ベッド〔寝台〕**a bed**
　ベッドタウン bedroom suburbs, a bedroom town

ペット〔愛玩用小動物〕**a pet**
・ペットの犬 a pet dog
・ペットを飼う have a pet
　ペットショップ pet shop

ヘッドライト〔前照灯〕**a headlight**

別々の separate
・彼らは別々の家に住んでいる They live in separate houses.
　別々に separately

へつらう flatter ⟨*one's* boss⟩

ヘディング【サッカー】a header
　ヘディングする head ⟨a ball⟩

ベテラン〔経験豊富な人〕**a veteran**

ぺてん a trick
・ぺてんに掛ける〔だます〕cheat, play a trick on...

へとへと
・私は一日中歩いてへとへとだった I was tired out [exhausted] from walking all day.

ペニシリン〔抗生物質〕**penicillin**

蛇【動物】a snake;〔大きくて有毒な〕**a serpent**

部屋 a room
・私たちの家は5部屋あります Our house has five rooms.
・彼は自分の部屋にいます He is in his own room.

減らす decrease, lessen, reduce
・体重を減らした方がいいよ You had better reduce your weight.

ぺらぺら
・彼は英語がぺらぺらだ He speaks English fluently. / He is a very good speaker of English.

ベランダ〔縁側〕**a veranda(h)**,《米》**a porch** ⇨ 縁(¹)

ヘリコプター a helicopter

減る decrease, lessen
・会員は15人に減った The members decreased to fifteen.
・私は体重が2キロ減った I have lost two kilograms.

ベル〔鈴・呼びりん〕**a bell**
・彼はベルを鳴らした He rang the bell.

ベルト〔帯・帯状の物〕**a belt**
・座席のベルトをお締めください Fasten your seat belt.

ヘルパー〔お手伝い〕**a helper**

ヘルメット〔かぶと〕**a helmet**

ベレー帽 a beret

辺〔地域〕**a region**;〔近く〕**neighborhood**;〔図形の〕**a side**

変な strange, curious, odd
・変な人 an odd person
・彼女がここにいないとは変だ It is strange that she is not here.

便〔交通の〕**service**
・そのホテルまでバスの便がある There is a bus service to the hotel.

ペン a pen;〔万年筆〕**a fountain pen**;〔ボールペン〕**a ball-point pen**
・ペンで書きなさい Write with pen and ink.
　ペン習字 penmanship
　ペンパル, ペンフレンド a pen pal, a pen friend

変化 (a) change;〔多様性〕**variety**
　変化する change ⇨ 変わる
　変化に富む varied, changeful, ⟨be⟩ full of variety

弁解 an excuse
　弁解する excuse ⇨ 言い訳

便宜 convenience
　便宜上 for convenience sake

ペンキ paint
・ペンキを塗る paint
・ペンキ塗り立て《掲示》Wet Paint /《英》Fresh Paint

返却 return
　返却する return ⟨books⟩

勉強 study, work
・彼は遊びより勉強の方が好きだ He likes study better than play.
　勉強する study, work
・私は毎日数学を勉強しています I study mathematics every day.

- 彼は毎日一生懸命に勉強している He works hard every day.
  勉強家 a hard worker
  勉強時間 study hours
  勉強部屋 a study
ペンギン【鳥】a penguin
偏見 (a) prejudice
・偏見がある have (a) prejudice
変更 (a) change
  変更する change ⇨変える
弁護する defend
  弁護士 a lawyer
返済する pay back, repay ⟨the money⟩
返事 an answer
・これが私の返事です This is my answer.
・私は彼から返事を受け取った I received [had, got] an answer from him.
・ご返事をお待ちしています I am waiting for your answer. / I am looking forward to hearing from you.
  返事する answer
・私は彼の手紙に返事した I answered to his letter.
編集する edit, compile
  編集者 an editor
弁償する compensate ⟨A for B⟩
返信 a reply, an answer ⟨to a letter⟩
変身 〔変形〕transformation
  変身する be transformed
変人 an eccentric [odd] person
変心する change *one's* mind
編成する organize; 〔番組などを〕arrange; 〔予算などを〕draw up, make up
弁舌 eloquence
・彼は弁舌さわやかだ He is an eloquent speaker. / He speaks eloquently.
変装 disguise
  変装する disguise *oneself* ⟨as...⟩
・狼は老婆に変装した The wolf disguised himself as an old woman.
返送する send back, return
ペンダント a pendant
ベンチ〔長い腰掛け〕a bench
ペンチ ⟨a pair of⟩ pliers
返答 ⇨答え
変動 (a) change
  変動する change
弁当 (a) lunch
  弁当箱 a lunch box
ペンパル a pen pal, a pen friend
へんぴな remote, out-of-the-way
ペンフレンド a pen friend, a pen pal
弁明する 〔説明する〕explain; 〔弁護する〕defend
便利な convenient; 〔役に立つ〕useful
・そこへ行くには地下鉄が便利です It is convenient for you to go there by subway.
・この辞書は大変便利だ This dictionary is very useful.
弁論 public speaking; 〔討論〕a debate
  弁論大会 a speech contest

ほ

歩 a step
・彼は2, 3歩前に出た[後ろへ下がった] He took a few steps forward [backward].
保育する bring up, nurse
  保育園 a nursery (school)
ポイント〔要点〕the point
・そこがポイントだ That's the point.
  ポインター【コンピュータ】a pointer
方
  ❶〔方向〕a way ⇨方角
・こちらの方を向きなさい Look this way.
・子どもたちは川の方へ行った The children went to [toward] the river.
  ❷《比較》than... ⇨…より
・私はあれよりもこちらの方が好きだ I like this better than that.
法〔法律〕the law
棒 a stick;〔さお〕a pole
放映される be shown on television
防衛 defense
  防衛する defend
貿易 trade
  貿易する trade
  貿易会社 trading company
  外国貿易 foreign trade
望遠鏡 a telescope
防音の soundproof ⟨room⟩
防火の fireproof ⟨building⟩
  防火訓練 a fire drill
妨害する disturb ⟨*A's* sleep⟩; interfere ⟨with *A's* business⟩; obstruct, block ⟨traffic⟩
法外な unreasonable ⟨price⟩
方角 a direction, a way
・私は方角が分からなくなった I lost my way.
・彼らは違った方角へ行った They went in the wrong direction.
放課後に after school
・私たちは放課後にテニスをする We play tennis after school.
…(する)方がよい should *do*, 《命令調で》had better *do*
・君はすぐに行ったほうがよい You should go at once.
・君はタバコは吸わないほうがいい You had better not smoke.
方眼紙 graph paper, 《英》section paper
傍観する look on... [upon...]
  傍観者 an onlooker
砲丸投げ〔競技〕the shot put
ほうき a broom
放棄する abandon ⟨*one's* plan⟩
防御 defense
方言 a dialect
冒険 (an) adventure
  冒険家 an adventurer
方向 a direction ⇨方角
暴行 ⟨use⟩ violence;〔女性に対する〕rape
報告 a report
  報告する report

- 彼はそれを先生に報告した He reported it to the teacher.
  報告者 a reporter
  報告書 a report

奉仕 service
  奉仕する serve

帽子 〔縁のある〕a hat; 〔縁のない〕a cap
- 彼女は帽子をかぶった［脱いだ］ She put on [took off] her hat.

防止 prevention
  防止する prevent ⟨fires⟩

放射 〔光・熱などの〕radiation
  放射する radiate, emit
  放射性の radioactive ⟨element⟩
  放射線 radioactive rays
  放射能 radioactivity

報酬 a reward

方針 〔計画〕a plan; 〔方策〕a policy
- 彼は将来の方針を立てた He made plans for the future.
- 彼は方針を誤った He followed a wrong policy.

防水の waterproof ⟨boots⟩

ぼう然とする be stunned, be stupefied ⟨by...⟩

放送 broadcasting; 〔1回の〕a broadcast
  放送する broadcast, put ⟨A's speech⟩ on the air
- そのニュースは8時に放送された The news was broadcast [was on the air] at eight.
  放送局 a broadcasting station

包装 packing
  包装する pack, wrap
  包装紙 packing [wrapping] paper

法則 a law

包帯 a bandage
- 包帯をする apply a bandage

棒高跳び the pole vault

包丁 a kitchen knife

傍聴する hear, listen to ⟨a trial⟩

膨張する expand; 〔膨らむ〕swell

ほうっておく neglect ⟨one's children⟩; 〔構わずにおく〕leave alone

方程式 【数学】⟨solve⟩ an equation

報道 news, a report
  報道する report
- …と報道されている it is reported that...

放任する leave A alone [to oneself]

忘年会 a year-end party

防犯 prevention of crimes
  防犯ベル a burglar alarm

ほうび a reward; 〔賞〕a prize

防備 defense
  防備する defend

抱負 an ambitious plan, (an) ambition

豊富な rich (in...), abundant (in...)
- イラクは石油が豊富だ Iraq is rich in oil.

暴風雨 a storm

防腐剤 〔腐敗を防ぐ〕a preservative; 〔殺菌する〕an antiseptic

方法 the way ⟨to do⟩, how to ⟨do⟩; 〔組織だった〕a method; 〔様式〕a manner
- 練習が英語を学ぶ最良の方法です Practice is the best way to learn English.
- そのケーキを作る方法を教えてください Please tell me the way to make [how to make] the cake.

方々 here and there, everywhere

ぼうぼう
- 庭は草ぼうぼうだ The garden is thick [overgrown] with weeds.

方面 〔地区〕a district; 〔分野〕a field; 〔方角〕a direction

訪問 a visit, a call
- これがロンドンへの最初の訪問です This is my first visit to London.
  訪問する visit; 〔人を〕call on...; 〔場所を〕call at... ⇨ 訪れる
- 私はヨーロッパの多くの都市を訪問してきた I have visited many cities and towns in Europe.
- 私は友人を彼の自宅に訪問した I called on a friend at his house.
  訪問者 a visitor

ほうり出す throw out; 〔放棄する〕give up ⟨the plan⟩

法律 a law; (the) law

暴力 violence
- 彼は暴力を振るった He used violence.

ボウリング 【球技】bowling

ほうる throw ⇨ 投げる

亡霊 a ghost

ほうれんそう 【植物】spinach

放浪 one's wandering, vagrancy
  放浪する wander [roam] about
  放浪者 a wanderer, a vagrant

ほえる 〔犬が〕bark; 〔猛獣が〕roar

ほお a cheek

ボーイ 〔少年〕a boy; 〔飲食店の〕a waiter; 〔ホテルの〕a porter
  ボーイスカウト 〔団〕the Boy Scouts; 〔団員〕a boy scout
  ボーイフレンド a boyfriend

ホース a (rubber) hose

ポーズ 〔姿勢〕a pose; 〔休止〕a pause

ポータブル 〔持ち運びのできる〕portable ⟨radio⟩

ボート a boat
  ボートレース a boat race

ほおばる 〔食べ物を〕cram ⟨food⟩ into one's mouth
- ほおばって with one's mouth full

ホープ 〔期待される人〕a hope

ホーム 〔家〕one's home; 〔駅の〕a platform
  ホームシック homesick
  ホームラン 【野球】⟨hit⟩ a home run
  ホームルーム a homeroom
  ホームページ 【インターネット】a home page, a web site

ホール 〔大広間・会館〕a hall

ボール¹ 〔球〕a ball

ボール²
  ボール紙 cardboard
  ボール箱 a cardboard box, a carton

ボールペン a ball-point pen

ほかの other; 〔もう一つの〕another
- ほかの人たちもすぐ来ます Other [The other]

- ほかの靴を見せてください Show me another pair of shoes.
- 彼はほかのどの少年より背が高い He is taller than any other boy.

ほかに else
- 何かほかに質問がありますか Do you have any other questions?
- あなたはほかに何を見ましたか What else did you see?

  …のほかは[に] 〔…以外は〕except...;〔その上に〕besides...;〔…のほかは何も〕anything but...
- 彼女のほかはみな楽しかった Everybody was happy except her.
- 私たちは英語のほかにフランス語を習う We learn French besides English.
- 彼女は小さい袋のほかは何も持っていなかった She did not have anything but a little bag.
- …(する)ほかはない cannot help *doing*, cannot but *do*
- 私たちはそこに留まるほかはなかった We could not help staying there. / We could not but stay there.

朗らかな cheerful
朗らかに cheerfully

保管する keep

簿記 bookkeeping
簿記を付ける keep books [accounts]

補給 a supply
補給する supply

補強する strengthen
- 台風に備えて塀を補強する strengthen a wall against typhoons

募金 fund raising
募金する raise funds, collect money

ぼく ⇨ 私

北緯 the north latitude
- 北緯30度 latitude 30° N [thirty degrees north]

ボクシング boxing
ボクシングの試合 a boxing match

北西 the northwest
北西の northwestern

ぼくたち ⇨ 私たち

北東 the northeast
北東の northeastern

北斗七星 the Big Dipper

北部 the northern part, the north ⇨ 北

撲滅する root out, eradicate ⟨*A* from *B*⟩

ほくろ a mole

補欠(選手) a substitute (player);【野球】a bench warmer

ポケット〔衣服の物入れ〕a pocket
- 私はポケットに鍵を入れている I have a key in my pocket.

ぼける〔年を取って〕become [grow] senile, be in one's dotage;〔ピントが〕be out of focus

保険 ⟨life⟩ insurance

保健 health
保健室 a sickroom
保健体育 health and physical education

保護 protection, shelter
保護する protect, shelter
市民の権利を保護する protect the right of citizens

母校 one's old school, one's **Alma Mater**

母国 one's **mother country**, one's **homeland**, one's **native land**
母国語 one's **mother** [**native**] **tongue**

ほこり dust, dirt

誇り pride
- 彼はわが校の誇りだ He is the pride of our school.

  誇る, 誇りに思う be proud ⟨of...⟩; take pride ⟨in...⟩
- 彼は息子を誇りに思っている He is proud of his son.
- おじは自分の庭を誇りにしている My uncle takes pride in his garden.

ほころびる〔衣類が〕**be torn**, **be ripped**;〔花が〕**begin to bloom**

星 a star
- これらの星は空に見られる We can see these stars in the sky.

母子 mother and child
母子家庭 a family of mother and child, a fatherless home

ほしい want, would like
- 私は新しい車がほしい I want a new car.
- コーヒーが1杯ほしいのですが I would like a cup of coffee.
- ほしい物は何でもあげます I will give you anything you want.
- 私はもうこれ以上ほしくない I don't want any more.

ほしがる want, desire

干しぶどう raisins

干し物 clothes to be dried;〔洗濯物〕the washing, (the) laundry

捕手【野球】a catcher

補修する repair ⟨the road⟩

補習の supplementary
補習授業 supplementary lessons

補充する supplement, fill up

募集する〔寄付などを〕collect, gather, raise;〔志願者を〕invite
- 私たちは新入部員を募集しています We are gathering new members for our club.

保守的な conservative ⟨party⟩

補助 assistance, help, support, aid
補助する assist, help, support, aid
補助いす a spare chair
補助金〔国家の〕a subsidy

保証する assure, guarantee
- それが安全なことは保証します I assure you that it is safe.

保証金 guarantee money, security
保証人 a guarantor

補償する compensate ⟨*A* for *B*⟩

干す dry ⇨ 乾かす

ポスター〔貼り札〕a poster

ホスト〔主人役〕a host

ホストファミリー host family
ポスト 〔郵便の〕**a mailbox**; 〔地位・職〕**a post**
・この手紙をポストに入れてくれませんか Will you mail this letter for me?
細い thin, slender; 〔狭い〕**narrow**
・細い声 a thin [weak] voice
・細い腕 a slender arm
・細い道 a narrow road
・彼女の指は細い Her fingers are thin.
舗装 pavement
舗装する pave ⟨the road with asphalt⟩
舗装道路 a paved road
補足する add to..., supplement
細長い long and narrow, slender
・細長い顔 a long face
保存する preserve, keep; 【コンピュータ】**save** ⟨data⟩
・このハムは保存がきく This ham will keep for a long time.
ボタン 〔衣服・ブザーなどの〕**a button**
ホチキス a stapler
ホチキスの針 a staple
歩調 (a) pace, (a) step
補聴器 a hearing aid
北極 the North Pole
北極の arctic
北極海 the Arctic Ocean
ホック 〔服などの〕**a hook**
・ホックを掛ける hook ⟨*one's* dress⟩
ボックス 〔箱〕**a box**
電話ボックス a (tele)phone booth [《英》 box]
ホッケー 【競技】**hockey**
アイスホッケー ice hockey
発作 ⟨have⟩ **a fit, an attack**
心臓発作 a heart attack
没収する confiscate
欲する ⇨ ほしい
ほっそりした slender, slim
ポット 〔魔法瓶〕**a vacuum bottle, a thermos**; 〔紅茶用の〕**a teapot**; 〔コーヒー用の〕**a coffeepot**
没頭する be absorbed ⟨in...⟩**, devote** *one*self ⟨to...⟩
・彼は新しい仕事に没頭している He is devoting himself to the new business.
ホットケーキ a pancake, 《英》 **a hot cake**
ほっとする be [feel] relieved
・無事ご到着と聞いてほっとしています I am relieved to hear that you arrived safely.
ホットドッグ a hot dog
ぼっ発する break out
・戦争は1941年にぼっ発した The war broke out in 1941.
ポップコーン popcorn
北方 the north
北方の northern
北方に to the north ⟨of the town⟩
ボディー 〔体〕**a body**
ボディーガード 〔護衛〕 a bodyguard
ボディービル body building
ほてる 〔顔が〕**feel hot, flush**
ホテル a hotel
・私は湖の近くのホテルに泊まった I stayed [put up] at a hotel near the lake.
…ほど 〔ように〕**about...**; 〔…のように〕**like...**; 〔…ほど…ではない〕**not as** [**so**] **... as ...**; 〔…ほど…なものはない〕**nothing is more ... than ...**
・公園まで歩いて10分ほどです It is about ten minutes' walk to the park.
・自分の家ほどよい所はない 《ことわざ》 There is no place like home.
・彼はあなたほど背が高くない He is not as [so] tall as you.
・高く登れば登るほど寒くなる The higher we go up, the colder it becomes.
・時間ほど貴重なものはない Nothing is more precious than time.
歩道 a sidewalk, 《英》 **a pavement**
歩道橋 pedestrian overpass
補導 guidance
補導する guide
ほどく untie, undo
仏 〔仏陀〕**Buddha**
施す 〔与える〕**give** ⟨money⟩; 〔行う〕**do** ⟨*A* a favor⟩
ほとばしる gush, spurt
ほとりに near ⟨to...⟩**, close by..., in the neighborhood**
ほとんど almost, nearly; 〔およそ〕**about**
・ほとんどすべての生徒が出席した Almost all the students were present.
・箱の中はほとんどからだった The box was almost empty.
・仕事はほとんど完成した The work was nearly finished.
・ジムはビルとほとんど背が同じです Jim is about as tall as Bill.
ほとんど…ない hardly, scarcely; 〔数が〕few; 〔量・程度が〕little
・彼女はほとんど泳げない She can hardly swim.
・食べる物はほとんどなかった There was scarcely anything to eat.
・ほとんどの人がそのことを知らなかった Few people knew about it.
・池には水がほとんどない There is little water in the pond.
哺乳動物 a mammal
骨 a bone; 〔骨格〕**a skeleton**
骨(を)折る 〔努力する〕 make efforts, take pains
・彼はその本を書くのに大変骨を折った He took great pains in writing the book.
骨の[が]折れる hard, difficult
・その山に登るには大変骨が折れる Climbing the mountain takes (a) great effort.
炎 a flame, a blaze
ほのめかす hint ⟨at...⟩**, give** *A* **a hint**
ポピュラー 〔人気のある〕**popular**
ポピュラーソング a popular song
ほぼ almost, nearly ⇨ ほとんど
ほほえむ smile
・彼女は私にほほえんだ She smiled at me.
・彼はほほえみながら迎えてくれた He welcomed

me with a smile.
ほほえみ a smile
誉れ〔名誉〕honor;〔名声〕fame
褒める praise, admire
・彼らは彼の勇気を褒めた They praised him for his courage.
ほら Look! / There! / Here! /〔ねえそうだろう〕you know
・ほら(ごらん), 彼が来るよ Look, he is coming.
・ほら, (あそこに) スミスさんがやって来る There comes Mr. Smith.
・ほら, (ここに) バスが来る Here comes the bus.
・ほら, きのう言ったでしょう I told you so yesterday, you know.
ほら big talk, a boast
ほらを吹く talk big, boast
ボランティア〔有志〕a volunteer
堀 a moat;〔掘り割り〕a canal
掘り出す dig out [up]
掘り出し物 a find;〔買い物〕a bargain, a good buy
保留 reservation
保留する reserve ⟨one's decision⟩;〔一時的に〕suspend
掘る dig
・彼は地面に穴を掘った He dug a hole in the ground.
彫る carve
・彼は机に自分の名前を彫った He carved his name on the desk.
ボルト〔ねじ釘〕a bolt;【電気】〔電圧の単位〕a volt;〔電圧〕voltage
ホルモン【生理】hormone
ぼろ rags
ぼろの worn-out ⟨shoes⟩
ポロシャツ a polo shirt
滅びる fall, be ruined
滅ぼす ruin, destroy
・その地震で市は滅ぼされた The earthquake ruined the city.
本 a book
・彼は本を読んでいる He is reading (a book).
・これはおもしろい本です This is an interesting book.
本立て a bookstand
本棚 a bookshelf
本箱 a bookcase
本屋〔店〕a bookstore, a bookshop;〔人〕a bookseller
絵本 a picture book
漫画本 a comic book

盆
❶〔容器〕a tray
❷〔仏事〕the Bon festival
盆踊り Bon dance
本格的な〔大規模な〕large-scale;〔徹底した〕full ⟨deliberation⟩
本気で seriously, in earnest
・それを本気にするな Don't take it seriously.
本気で言う mean it
・まさか本気ではないでしょうね You don't mean that, do you?

本国 one's own [home] country
盆栽 a bonsai, a potted plant
本質 essence
本質的な essential
本州 Honshu, the main island of Japan
本心 one's real intention(s)
・私は彼の本心が分からない I don't know what he really means.
本籍 one's permanent address
本線 the main [trunk] line
盆地 a basin
・甲府盆地 the Kofu Basin
本土 the mainland ⟨of Japan⟩
本当の true, real
・本当の話 a true story
・本当のダイヤモンド a real diamond
・彼が病気だというのは本当ですか Is it true that he is ill?
・本当のことを話しなさい Tell me the truth.
本当に truly, really, indeed
・彼は本当にいい人です He is truly a good man.
・私は本当に疲れた I am really tired.
ボンネット〔車の〕a hood, 《英》a bonnet
ほんの only, just, no more than...
・彼はほんの子どもだ He is only a child.
・私はほんの少しだけ英語が話せます I can speak English only [just] a little.
・ほんの少しお待ちください Just a minute, please.
・彼はほんの40歳です He is no more than 40 years old.
本能 instinct
本能的な instinctive
本能的に instinctively
本場〔原産地〕the home;〔中心地〕the center (of production)
本場の〔本物の〕genuine
本部 the headquarters
ポンプ a pump
本文〔手紙などの〕the body;〔注釈などに対して〕the text
本分〔務め〕⟨do⟩ one's duty
本物 the real thing
本物の real ⟨pearl⟩, genuine
翻訳 translation
・私はその本を翻訳で読んだ I read that book in translation.
翻訳する translate [put] ⟨A into B⟩
・彼は英語の物語を日本語に翻訳した He translated [put] the English story into Japanese.
翻訳者 a translator
ぼんやりした〔おぼろげな〕dim;〔放心した〕vacant
・ぼんやりした明かり (a) dim light
・ぼんやりした顔付き a vacant look
本来 originally, by nature
本来の original, natural
本塁〔野球〕home base [plate]
本塁打 a home run, a homer

ま

間〔部屋〕a room;〔空き〕room, space;〔時間〕time

- 発車までにはまだ間がある There is some time before the train leaves.

魔の 〔危険な〕**dangerous** 〈railroad crossing〉; 〔不吉な〕**unlucky**

真… **right**, **just**; 〔方向〕**due**
 真上 right above
 真下 right under
 真南 due south

まあ 《感嘆・驚き》**Oh! / My! / Oh, dear! / Oh, my!**
- まあ, なんてすばらしい Oh, how wonderful!
- まあ, もう9時だわ My, it's nine already.

マーガリン margarine
マーク 〔印〕**a mark**
- マークを付ける mark, put a mark 〈on...〉

マーケット 〔市場〕**a market**
マーチ 〔行進曲〕**a march**
マーマレード marmalade
毎… **every**; 〔それぞれの〕**each**
 毎朝 every morning
 毎回 every [each] time
 毎日 every day
 毎週 every week
 毎月 every month
 毎年 every year
 毎日曜日 every Sunday

…枚
- 紙1枚 a sheet [piece] of paper
- 絵葉書2枚 two picture post cards

舞い上がる fly up, soar
マイク(ロホン) 〈use〉 **a microphone**, 《話》 **a mike**
迷子 a lost child
毎週 every week; 〔毎週毎週〕**week after week**
- 私は毎週英語のテストがある I have an English test every week.
 毎週の weekly

毎月 every month; 〔毎月毎月〕**month after month**
- 私は毎月ゴルフをします I play golf every month.
 毎月の monthly

毎年 ⇒ **毎年(まいねん)**
マイナス minus
- 7マイナス3は4 Seven minus three is four.

毎日 every day; 〔毎日毎日〕**day after [by] day**
- 私は英語を毎日勉強します I study English every day.
 毎日の daily, everyday 〈life〉

毎年 every year; 〔毎年毎年〕**year after [by] year**
- 私は毎年アメリカを訪れます I visit America every year.
 毎年の yearly, annual

参る 〔行く・来る〕**go, come**; 〔参詣(さんけい)する〕**visit** 〈a shrine, a temple〉; 〔負ける〕**be defeated [beaten]**; 〔堪えられない〕**cannot bear [endure, tolerate, stand, put up with...]**; 〔困る〕**be embarrassed, be at a loss**

舞う 〔舞を〕**dance**; 〔蝶などが〕**flutter (about)**; 〔木の葉などが〕**whirl**

マウス 【コンピュータ】**a mouse** (複 **mice, mouses**)
- マウスをクリックする click *one's* mouse
- マウスをダブルクリックする double-click *one's* mouse
 マウスパッド a mousepad

マウンド 【野球】〔投手の〕〈on〉 **the mound**
前の 〔時が〕**former**, **previous**, **preceding**, **last**; 〔定刻より早く〕**ahead of time**; 〔場所が〕**front**, **preceding**
- 彼の前の住居 his old house, his former residence

前に 〔今から〕**ago**; 〔以前に〕**before**
- 私は家族と一緒にちょうど1か月前にここに来ました I came here with my family just a month ago.
- 私は前に彼に会ったことがある I have seen him before.
 前へ forward, forth
 …の前に in front of..., before...
- 車は家の前に止まった The car stopped in front of the house.
- 彼は私の前に立った He stood before me.
 …の前を ahead of...
- 彼の前を女の人が歩いていた A woman was walking ahead of him.
 …する前に before...
- 出発する前に知らせてください Please let me know before you start.

前足 forefeet, forelegs
前掛け an apron
前歯 a front tooth
前触れ 〔予告〕**(previous) notice**; 〔兆候〕**a sign** 〈of spring〉, **an omen**
- 強い風は嵐の前触れだった. The strong wind was a sign of the coming storm.

前もって beforehand, in advance
負かす beat, defeat
- 私たちは彼らを4対3で負かした. We defeated them by 4-3 [four to three].

任せる leave *A* **to [with]** *B*
- 彼女は料理を子どもに任せた She left the cooking to the children.
- それは君に任せるよ It's up to you.

曲がる bend, curve; 〔道を〕**turn**
- 道は橋の方へ曲がっている The road curves toward the bridge.
- 次の角を左に曲がりなさい Turn (to the) left at the next corner.
 曲がった bent, curved, crooked; 〔曲がりくねった〕winding
 曲がり角 a corner

マカロニ macaroni
巻き込まれる 〔事件・犯罪・論争などに〕**get [be] involved in...**
巻き尺 a tape measure
まき散らす scatter about
巻き付く wind around
紛らわしい 〔あいまいな〕**ambiguous**; 〔迷わせる〕**misleading**
間際に just before 〈*one's* departure〉
まく 〔種を〕**sow**
- 彼は畑に種をまいた He sowed the field with seed. / He sowed seed in the field.

幕 a curtain
・幕が開(ᵃ)く[降りる] The curtain rises [falls].
膜 a film
巻く wind, roll (up)
・彼女はその糸を巻いた She wound the thread.
枕 a pillow
まくる roll up, tuck up ⟨one's sleeves⟩
まぐろ【魚】 a tuna (獲 tuna)
負け a defeat
負け惜しみ
・負け惜しみを言う cry sour grapes
負ける 〔試合などに〕lose, be defeated; 〔値段を〕reduce
・私たちはその試合に負けた We lost the game.
曲げる bend
・彼は鉄の棒を曲げた He bent the iron bar.
孫 a grandchild (獲 grandchildren); 〔男の〕a grandson; 〔女の〕a granddaughter
真心
真心込めて with all one's heart
まごつく get [be] confused, be upset
まことに really; 〔大変〕very much
・Oh, no! / You don't say.
摩擦 friction
摩擦する rub
まさに just, quite; 〔本当に〕really
・まさにそのとおりだ That's just it.
・まさにあなたの言うとおりだ You are quite right.
・これはまさに私が読みたいと思っていた本だ This is the very book I have wanted to read.
まさに…する be going to *do*, be about to *do*
・雨がまさに降ろうとしている It is going to rain.
勝る be better ⟨than...⟩, be superior ⟨to...⟩, excel
・健康は富に勝る Health is better than wealth.
混ざる, 交ざる ⇨混じる, 交じる
真下に just [right] under ⟨the bridge⟩
マジック 〔奇術〕magic
マジックペン a felt-tip pen
まして 〔まして…だ〕and, of course ...; 〔まして…でない〕much [still] less ...
・彼はスペイン語がよく話せる, まして英語はなおさらだ He can speak Spanish well, and of course his English is even better.
・彼は英語が話せない, ましてスペイン語はなおさらだ He cannot speak English, much less Spanish.
まじない 〔呪文〕a spell, a charm
まじめな serious, earnest
まじめな生徒 an earnest student
まじめに seriously, earnestly
・仕事をまじめにやってください Please do your work earnestly.
魔術 magic
魔術師 a magician
マシュマロ a marshmallow
…(し)ましょう ⇨…しましょう
…(し)ましょうか ⇨…しましょうか
混じる, 交じる mix, be mixed, blend
・油と水は混じらない Oil and water do not mix.
交わる 〔交差する〕cross; 〔交際する〕keep company ⟨with...⟩
増す increase ⇨増える
まず 〔最初に〕first (of all)
・彼はまず私の名を尋ねた He first asked my name.
・私はまずハワイへ行った I went to Hawaii first (of all).
まずい 〔おいしくない〕no good, don't taste good; 〔へたな〕poor
・このりんごはまずい This apple is no good. / This apple does not taste good.
・彼の演説はまずかった His speech was poor.
マスク 〔wear, put on〕a mask; 〔容ぼう〕looks
マスコット 〔幸運をもたらす〕a mascot
マスコミ(ュニケーション) 〔大衆伝達〕mass communication
貧しい poor
マスター 〔男の主人〕a master
マスターする 〔熟達する〕master ⟨English⟩
ますます more and more ⇨だんだん
混ぜる, 交ぜる mix, blend ⟨A with B⟩
・私は砂糖を牛乳に混ぜた I mixed sugar with milk.
…(し)ませんか ⇨…しませんか
また 〔再び〕again; 〔その上〕and; 〔…もまた…だ〕..., too; also ...; 〔…もまた…でない〕not ..., either
・またいらっしゃい Come and see us again.
・彼は学者であり, また作家でもある He is a scholar and writer.
・これもまた花瓶ですか Is this a vase, too?
・私もまたそこへ行った I also went there.
・彼女もまた私の気持ちが分からない She does not understand me, either.
…だけでなく…もまた not only *A* but (also) *B*
股 the crotch, the thigh
まだ 〔まだ…ない〕⟨not⟩ yet; 〔今もなお〕still; 〔たったの〕only
・私はまだ富士山に登っていない I have not climbed Mt. Fuji yet.
・「彼は来ましたか」「いいえ, まだです」"Has he come?" "No, not yet."
・あなたはまだ若い You are still young.
・あなたはまだ12歳だ You are only 12 years old.
またがる ride [sit, be] astride ⟨a horse⟩
またぐ step over ⟨a brook⟩
待たせる keep *A* waiting
・大変長いことお待たせしてすみません I'm sorry to have kept you waiting so long.
またたく 〔まばたきする〕wink; 〔星が〕twinkle
またたく間に in a moment, in an instant, in the twinkling of an eye
または or ⇨あるいは
まだら 〔斑点〕spots; 〔小さな〕speckles
町, 街 〔town〕a town; 〔街路〕a street
・私は今アメリカの小さな町に住んでいます I live in a small town in America now.
・私は彼を街で見かけた I saw him on the street.
待合室 a waiting room
待ち合わせる meet; wait for...
間近に near, close, near [close] at hand
・試験が間近になってきた The examination is

drawing near [is near at hand].
間違い a mistake, an error
・私はそこでいくつかの間違いをした I made some mistakes there.
　間違いの, 間違った mistaken, wrong
・私は間違った店に入った I went into the wrong store.
　間違いなく without fail, certainly
間違える make a mistake
・私は英語で3つ間違えた I made three mistakes in English.
・私はバスを間違えた I took the wrong bus.
　間違えて by mistake
街角 a street corner
待ち遠しい 〔期待して〕look forward to 〈*A's* return〉; 〔熱心に〕wait eagerly [anxiously] for 〈*A's* call〉
待ち伏せる lie in wait 〈for...〉
待つ wait 〈for...〉; 〔期待する〕expect
・ちょっと待ってください Wait a minute [a moment].
・私は友人を待っています I'm waiting for my friend.
・彼女はバスが来るのを待っていた She was waiting for the bus to come.
・電話を切らずにそのままお待ちください。Hold on (the line), please.
松 〔植物〕a pine(tree)
真っ赤な (deep) red, crimson
真っ暗な quite dark
真っ黒な deep black
まつげ the eyelashes
真っ最中に in the midst of..., at the height of 〈the summer〉
真っ青な deep blue; 〔顔色が〕deadly pale
・どうしたのですか, 顔が真っ青ですよ What's wrong? You look deadly pale.
真っさかさまに headlong, headfirst, head over heels
・彼は屋根から真っさかさまに落ちた He fell headlong from the roof.
真っ先に 〈come〉 first of all
まっしぐらに at full speed
・彼はホームベースへまっしぐらに走った He ran at full speed toward homebase.
真っ白な pure white
まっすぐな straight; 〔直立した〕upright
・まっすぐな道 a straight road
　まっすぐ(に) straight; 〔直立して〕upright
・彼はまっすぐ家に帰った He went straight home.
・この道をまっすぐに行きなさい Go straight along this street.
・彼らはまっすぐに立てなかった They could not stand upright.
まったく 〔本当に〕quite; 〔まったく…でない〕not ... at all
・まったくあなたの言うとおりだ You are quite right.
・それはまったく別のことだ That's quite another thing.
・私は彼をまったく知らない I don't know him at all.

マット 〔敷物〕a mat
マットレス 〔ベッドの〕a mattress
松葉づえ crutches
祭り a festival
祭る be dedicated to...; worship
…まで
❶《時間》till..., until..., up to...
・彼は農場で朝から晩まで働く He works on the farm from morning till night.
・8時までお待ちしましょう I will wait for you till eight o'clock.
・私は7月1日までここにいるつもりです I am going to stay here until July 1.
・彼が口を開くまで彼女は黙っていた Until he spoke, she kept quiet.
・その時まで彼はおじの家にいた Up to that time he had stayed with his uncle.
・祖母は97歳まで生きた。My grandmother lived to be ninety-seven.
❷《場所》to..., up to..., as far as...
・ここから駅までどれくらいありますか How far is it from here to the station?
・私は岡山まで行った I went as far as Okayama.
…までに(は) 《期限》by...; 《時間前に》before...
・6時までに帰ります I'll be back by six o'clock.
・午後3時までにはそこに着きます I'll get there by three in the afternoon.
・私は来週までに30ページ読まなければならない I have to read thirty pages by next week.
・夕食までに宿題を済ませておきなさい Finish your homework before supper.
的 a mark, a target; 〔対象〕an object
窓 a window
・窓を開けて[閉めて]ください Please open [shut] the window.
・彼は窓の外を眺めた He looked out (of) the window.
　窓ガラス a (window)pane
まとまる 〔考えなどが〕take shape; 〔相談などが〕come to an agreement
まとめる 〔集める〕collect; 〔整理する〕arrange; 〔解決する〕settle; 〔要約する〕sum up
マナー 〔作法〕(good, bad) manners
　テーブルマナー 〔食事作法〕table manners
真夏 〈in〉 midsummer; 〈in〉 the height of summer
学ぶ learn, study
・私は米国人から英語を学んでいる I am learning English from an American.
・私たちは彼らからいろいろなことを学ぶことができる We can learn a lot of things from them.
・彼は若い頃に医学を学んだ He studied medicine when he was young.
マニア 〔熱狂〕a mania 〈for...〉; 〔人〕a 〈baseball〉 maniac
間に合う 〔時間に〕be in time 〈for...〉; 〔役立つ〕will do
・私はちょうどバスに間に合った I was just in time for the bus.
・急がないと列車に間に合わないよ Hurry up, or you will be late for the train.

- このペンで間に合います This pen will do.

免れる escape, avoid, get rid of ⟨troubles⟩

間抜け ⇨ ばか

まね (an) imitation
まねる imitate, copy
- 彼は人気歌手をまねた He imitated a popular singer.

マネージャー 〔支配人〕**a manager**

招く invite ⇨ 招待
- 私は彼を夕食に招いた I invited him to dinner.
招き an invitation

まばたき a blink, a wink
まばたきする blink, wink

まばらな sparse, thin
まばらに sparsely, thinly

麻痺する become numb ⟨with cold⟩

真昼に in broad daylight; 〔正午に〕**at noon**

まぶしい bright, dazzling, glaring

まぶた an eyelid

真冬 ⟨in⟩ **midwinter**

マフラー 〔えり巻き〕⟨wear⟩ **a muffler**

魔法 magic
魔法の magical
魔法使い a magician

幻 〔幻影〕**a vision, a phantom**

ママ 〔小児語〕**mam(m)a, mom, mammy**

まま子 a stepchild

ままごと
- ままごとをする play house

…(の)ままでいる keep, remain, stay, leave
- どうぞ掛けたままにしてください Please remain seated.
- 私は長いこと立ったままだった I remained standing for a long time.
- 彼はドアを開けたままにした He left the door open.

まま母 a stepmother

豆 a bean
豆電球 a miniature bulb

まもなく soon, before long, in a minute, after a moment
- 彼はまもなく戻るでしょう He will soon be back. / He will be back before long.

守る 〔約束などを〕**keep;** 〔保護する〕**protect;** 〔防衛する〕**defend, guard;** 〔保存する〕**preserve;** 〔時間を〕**punctual**
- 彼は約束を守った He kept his promise.
- 彼女は子どもたちを危険から守った She protected the children from danger.
- 人との会合時間は守るようにしなさい Be punctual in keeping your appointments.

まゆ 〔顔の〕**an eyebrow**

迷う 〔道に〕**lose** one's **way, be lost;** 〔困る〕**be at a loss**
- 彼は森の中で道に迷った He lost his way in the woods.
- 私はどうしたらよいか迷った I was at a loss what to do.

真夜中 ⟨at⟩ **midnight**

マヨネーズ mayonnaise

マラソン a marathon (race)

まり a ball

円, 丸 〔円〕**a circle;** 〔球〕**a globe**
- 彼は円を描いた He drew a circle.

丸… full, whole
- 丸1年 a full [whole] year

丸い round
- 丸いテーブル a round table
- 地球は丸い The earth is round.

マルチ… multi-
マルチウインドウ【コンピュータ】a multiwindow
マルチメディア【コンピュータ】multimedia
マルチリンガルの multilingual

まるで 〔まったく〕**quite;** 〔ちょうど〕**just like…;** 〔あたかも〕**as if… ** 〔though…〕
- 彼はまるで赤ん坊だ He is just like a baby.
- 彼らはまるで子どものようだ They are just like children.
- 彼はまるで何でも知っているように話す He talks as if [though] he knew everything.

まれな rare
まれに rarely, seldom
- しっかりしている人なので彼女が泣くのはまれです She is such a strong person, it is rare for her to cry

回す turn, pass
- 彼はハンドルを右に回した He turned the handle to the right.
- 砂糖を回していただけますか Will you pass me the sugar, please?

周りに round, around
- 彼は周りを見た He looked around.
- 私たちはたき火の周りに座った We sat around the fire.

回り道 ⟨go to school by⟩ **a roundabout way,** ⟨make⟩ **a detour**

回る go around [**round**]**, turn** ⟨around⟩**, revolve**
- 地球は太陽の周りを回る The earth goes [turns, revolves] around [round] the sun.
- 彼は世界を一回りした He traveled around [round] the world.

万 ten thousand
5万人の人 fifty thousand people

満… full, whole
- 満20歳 a full twenty years old

万一
- 私は万一の場合に備えて貯金している I am saving money for a rainy day.
- 万一雨が降ったらどうしましょうか What shall we do if it should rain?

満員
- 列車は満員だった The train was overcrowded [jammed].
- どのホテルも満員だった Every hotel was full (to the limit).

漫画 〔時事風刺の〕**a cartoon;** 〔数こま続きの〕**comic strips, comics**
漫画映画 a cartoon film
漫画家 a cartoonist

満開

- ばらの花が満開です The roses are in full bloom.
- 桜の花は満開です The cherry blossoms are at their best.

満月 a full moon
満場一致の unanimous ⟨vote⟩
満場一致で unanimously
慢性の chronic ⟨disease⟩
満足する be satisfied ⟨with...⟩, **be content(ed)** ⟨with...⟩
- 私はその結果に満足している I am satisfied with the result.

満点 full marks
- 彼は英語のテストで満点を取った He got full marks on the English test.

真ん中 the middle, the center, 《英》**the centre**
真ん中の middle, central
…の真ん中に in the middle [center] of...
- 駅は市の真ん中にある The station is in the middle [center] of the city.

マンネリだ be stereotyped
万年筆 a fountain pen
万引き shoplifting; 〔人〕**a shoplifter**
万引きする shoplift
満腹だ be full
満塁【野球】
- 二死満塁だ The bases are loaded [full] with two outs.

み

身 the body
- 彼女は美しい宝石を身に着けている She is wearing beautiful jewels.
- 彼は新しい技術を身に着けた He learned [acquired] a new skill.

実〔果実〕(a) fruit;〔木などの〕**a nut**
見上げる look up ⟨at...⟩
- 彼は空を見上げた He looked up at the sky.

見当たる find
- 私の時計が見当たらない I cannot find my watch. / My watch is missing.

見出す find (out), discover
身動き
- 電車が超満員で身動き一つできなかった The train was so overcrowded that I couldn't move an inch.

見失う lose sight of..., miss
- 私は人込みで彼を見失った I missed [lost sight of] him in the crowd.

身内 one's relatives
見栄〔他人に見せること〕show;〔虚栄〕**vanity**
見栄を張る show off
- 彼女は見栄を張っているだけだ She is just showing off.

見える
❶〔目に入る〕**see, be seen, be [come] in sight**; 〔見ることができる〕**can see**
- 湖にボートが見える I see a boat on the lake.
- 遠くにボートが見えた A boat was seen in the distance.
- そのレストランから港が見える You can see the harbor from the restaurant.
- 陸が見えてきた Land came in sight.
- 飛行機はもう見えなくなった The plane is now out of sight.
- 暗い所では物が見えない We cannot see in the dark.

❷〔…のように思われる〕**look, seem, appear**
- 彼女は幸せそうに見える She looks happy.
- 彼は20歳に見える He seems (to be) about twenty years old.

見送る see A off
- 私は彼を見送りに空港へ行った I went to the airport to see him off.

見落とす overlook, miss
見覚え
- 彼の顔には見覚えがあった I recognized his face. / I remembered having seen him before.

見下ろす look down ⟨upon..., over...⟩
- その丘から海が見下ろせます We can look down over the sea from the hill.

未解決の unsolved
味覚 (the sense of) taste
磨く clean;〔ブラシで〕**brush**;〔光らせる〕**polish**
- 私は歯を毎朝磨く I brush [clean] my teeth every morning.
- 靴を磨きなさい Polish [Clean] your shoes.

見掛け〔外見〕appearance;〔顔付き〕**looks**
見掛ける
- 彼を駅で見掛けた I saw [caught sight of] him at the station.
- 最近は彼を見掛けない I haven't seen him recently.

味方 a friend;〔味方側〕**one's side**
- 彼は貧しい人たちの味方だ He is a friend of poor people.
- 味方が試合に勝った Our side won the game.
- 彼女は私たちの味方だ。She is on our side.
味方する support
- 私は彼に味方した I supported him.

見方 a point of view, a viewpoint
- 人によって物の見方は違う。Different people have different points of view.

三日月 a new moon, a crescent (moon)
身軽に lightly
身代わり〔犠牲〕a sacrifice;〔他人の罪を負う人〕**a scapegoat**
みかん【植物】〔日本産の〕**a tangerine**;〔オレンジ〕**an orange**
未完成の incomplete, unfinished
右 the right
右の, 右へ right
- 右へ曲がりなさい Turn (to the) right.
右(側)に on the right
- 右(側)に書店があります You will find a bookstore on the right.
右側通行 《掲示》 Keep to the right
右手 the right hand
右クリックする【コンピュータ】right-click ⟨an icon⟩

ミキサー〔台所用の〕**a blender**
見下す〔軽蔑する〕look down on..., despise

見事な fine, beautiful, wonderful, splendid
・見事な海の眺め a fine view of the sea
・彼女は見事な演技をした She gave a fine performance.

見込み (a) hope, prospects;〔可能性〕possibility, (a) chance
見込みがない hopeless
・彼は成功の見込みがほとんどない There is little hope of his success.

見頃の
・あじさいは6月中旬が見頃だ The hydrangea blossoms will be at their best in the middle of June.

未婚の unmarried ⟨mother⟩
短い, 短く ⟨a⟩ short ⟨pencil⟩
・このズボンは私には短すぎる These trousers are too short for me.
・日はだんだん短くなっている The days are getting shorter and shorter.
・私は髪の毛を短くしてもらった I had my hair cut short.
短い間に in a short time

身支度する dress (oneself), get dressed
惨め misery
惨めな miserable ⟨life⟩, pitiful, wretched
未熟な 〔技術が〕unskilled;〔経験が〕inexperienced;〔果実が〕green, unripe ⟨apple⟩
見知らぬ strange
見知らぬ人 a stranger
ミス
❶〔…嬢〕Miss ⟨Smith⟩;〔美人コンテストなどの〕Miss ⟨Universe⟩
❷〔誤り〕a mistake
・ミスをする make a mistake

水 water
・私は水が飲みたい I want to drink some water.
・水を1杯ください Give me a glass of water.
・池には水がなかった There was no water in the pond.
水をやる water
・彼女は庭の花に水をやった She watered the flowers in the garden.
水たまり a pool, a puddle

湖 a lake
水着 a bathing suit;〔男の水泳パンツ〕(swimming) trunks
見過ごす overlook, miss
水差し a pitcher, a jug
見ず知らずの strange
見ず知らずの人 a stranger
ミスター 《成人男子の名前に付けて》Mr. [Mr] ⟨Smith⟩
ミステリー a mystery
見捨てる abandon
みすぼらしい shabby ⟨house, clothes⟩
店 a store, a shop
・その店は10時に開く The store opens at ten.
・あの店では輸入品を売っている They sell imported goods at that store.
・彼のお母さんはあの店で働いている His mother works in that store.

未成年(者) a minor
・彼はまだ未成年だ He is still under age. / He has not come of age yet.

見せ掛けの 〔うわべだけの〕pretended, false ⟨kindness⟩
見せしめ a warning, a lesson
ミセス 《既婚女性の名前に付けて》Mrs. [Mrs] ⟨Smith⟩
見せびらかす show off
見せ物 a show
見せる show
・別の時計を見せてください Show me another watch, please.
・赤ちゃんを医者に見せた方がいいですよ You had better take your baby to the doctor.

みそ miso, bean paste
溝 a ditch;〔下水〕a drain;〔へだたり〕a gulf, a gap
みぞれ sleet
・みぞれが降っている It is sleeting.
…みたい 〔…のような〕like…;〔あたかも…のよう〕as if… [though…]
・それはボールみたいだ It is like a ball.
・彼は怒っているみたいだ He seems angry.
・それは夢みたいだ I feel as if I were dreaming.

見出し〔新聞の〕a headline
見出し語〔辞書の〕a headword, an entry (word)
満たす fill (up)
・彼は瓶に水を満たした He filled the bottle with water.

乱す disturb; throw ⟨the country⟩ into disorder
みだらな indecent, lewd, obscene
乱れる be in disorder; be thrown into confusion
・部屋は乱れていた The room was in disorder.
・その事故で交通は乱れた The traffic was thrown into confusion by the accident.

道 a way;〔道路〕a road;〔通り〕a street;〔経路〕a course, a route
・駅へ行く道を教えてください Please show me the way to the station.
・彼は森の中で道に迷った He lost his way in the woods.
・この道を行けば公園に出ます This road leads to the park.
・私は道で彼に会った I met him on the street.

未知の unknown, strange
身近な familiar, close ⟨to…⟩
・それは身近な問題だ It is a familiar problem to us.

見違える mistake [take] A for B
道順を;〔経路〕a course, a route
道のり (a) distance ⇨距離
道端 ⟨by⟩ the roadside
・道端のスタンド roadside stand
導く lead, guide ⇨案内する
・彼女は老人を席に導いた She led an old man to his seat.

満ちる be full ⟨of…⟩, be filled ⟨with…⟩
・彼の未来は希望に満ちている His future is full

蜜 honey;〔花の〕nectar
見つかる be found, be discovered
見つける find, catch sight〈of...〉;〔見つけ出す〕find out, discover
・この絵の中にコアラを見つけることができる You can find a koala in this picture.
・彼女はその泉を見つけることができなかった She could not find the spring.
・彼は私に仕事を見つけてくれた He found a job for me.
・彼を助ける方法を見つけなければならない I have to find out how to save him.
・彼はその問題の間違いを見つけた He discovered mistakes in the problem.
密集する crowd, stand close (together)
密接な close
・両者には密接な関係がある There is a close relation between the two. / The two are closely related.
三つ three ⇨三
ミット〔野球の〕a mitt
密度 density
　人口密度 the population density
みっともない〔恥ずかしい〕shameful;〔格好が悪い〕clumsy-looking
蜜蜂〔昆虫〕a bee
見つめる gaze〈at..., into...〉;〔じろじろと〕stare〈at...〉
・彼は星を見つめていた He was gazing at the stars.
見積もる estimate, make an estimate〈of...〉
　見積もり estimation;〔見積書〕an estimate
未定の undecided
・出発の日取りは未定です The date of departure is not fixed yet [is undecided].
見ているだけだ be just looking
・「何かお探しでしょうか」「いいえ、見ているだけです」"May I help you?" "No, thank you. I'm just looking."
見通し〔視野〕visibility;〔見込み〕prospects, an outlook
・未来の経済見通しは明るい Future prospects for the economy are bright.
認める admit, recognize, approve
・彼は自分の過ちを認めた He admitted his fault.
緑(の) green
・木々は緑だ The trees are green.
見取り図 a sketch;〔設計図〕a (building) plan
皆 all;〔誰でも〕everyone, everybody;〔何でも〕everything
・私たちは皆とても幸せだ We are all very happy. / All of us are very happy.
・これらは皆日本の切手です These are all Japanese stamps.
・皆そんなことは知っている Everyone knows such a thing.
・部屋にある物は皆私の物だ Everything in the room belongs to me.
見直す〔もう一度見る〕look over〈the report〉;〔高く評価する〕have a better opinion of...

みなしご an orphan
見なす regard, look upon, consider〈A as B〉
・彼はそのグループのリーダーと見なされている He is regarded as the leader of the group.
港 a harbor;〔港町〕a port
南 the south
・奈良は京都の南にある Nara is (to the) south of Kyoto.
　南の south, southern
　南に south, southward(s)
　南アメリカ South America
　南風 a south wind
源〔水源〕the source〈of a river〉;〔起源〕the origin
見習う follow A example
身なり ⇨服装
見慣れた familiar
醜い ugly
ミニスカート a miniskirt, a mini
身の上 one's personal affairs
　身の上話 the story of one's life
・彼女はよく身の上話をする She often tells me the story of her life.
見逃す overlook, miss
・彼はその誤りを見逃した He overlooked the mistake.
・ストライクを見逃すな Don't let a strike go by (without swinging).
実り〔収穫〕a crop, a harvest
実る bear fruit;〔熟する〕be ripe
・りんごが実ってきた The apples are ripe.
見晴らし a view
・この部屋は見晴らしがいい This room has a fine view.
見張り〔見張ること〕watch, guard, lookout;〔人〕a watch(er), a guard, a lookout
見張る watch, keep watch〈for..., on...〉
・警官が外で見張っている The policemen are watching outside.
身振り a gesture
・彼は身振りで示した He used gesture to show it.
　身振り言語 body language
身震いする shudder, tremble〈with fear〉
身分 a social position
　身分証明書 an identification card (略 ID card)
見本 a sample;〔標本〕a specimen
見舞う〔病人を〕see, visit, inquire after...
　見舞い a visit, an inquiry
・彼女はよく病気の友を見舞いに来る She often visits [comes to see] her sick friend.
　見舞い客 a visitor, an inquirer
　見舞い状 a letter of inquiry
見守る watch, keep an [one's] eye on〈the children〉
見回す look around... [round...]
・彼はクラスを見回した He looked around the class.
…未満 under..., less than...
・18歳未満は入場お断り No one under eighteen

is admitted.
- 10円未満は切り捨てなさい You may ignore fractions less than ten yen.

耳 an ear
- 私は自分の耳で聞く I hear with my ears.
- 彼は耳がよく聞こえない He is hard of hearing.
  耳の聞こえない deaf
  耳飾り〈wear〉an earring

未明に〈leave〉**before dawn**

身元 one's identity
  身元保証人 one's guarantee [guarantor]

宮 a (Shinto) shrine

脈〔脈拍〕(a) pulse
- 医者は彼女の脈を取った The doctor felt her pulse.

土産 a souvenir;〔贈り物〕a present
  土産店 a souvenir shop [store]

都 a capital;〔都市〕a city

ミュージカル〔音楽劇〕a musical

妙な strange, queer, odd
  妙に strangely, queerly, oddly

明後日 the day after tomorrow ⇒ あさって

名字 a family name

明朝 tomorrow morning

明日 tomorrow ⇒ あした

明年 next year

明晩 tomorrow evening [night]

ミラー a mirror
  ミラーサイト【インターネット】a mirror site

未来 the future
- 彼にはすばらしい未来がある He has a bright future.
  未来時制【文法】the future tense
  未来の future

ミリグラム〔1000分の1グラム〕a milligram

ミリメートル〔10分の1センチメートル〕a millimeter

魅力 (a) charm
  魅力のある charming, attractive

…(して)みる try to do ⇒ 試みる, やってみる

見る ⇒ 見える **see;〔注意して〕look at...;〔見守る〕watch;〔見て回る〕look around...**
- 私は自分の目で見る I see with my eyes.
- この地図を見なさい Look at this map.
- 何を見ているのですか What are you looking at?
- 彼は時々テレビで野球の試合を見る He sometimes watches baseball games on TV.
- 写真をちょっと見てもいいですか May I have a look at the picture?

ミルク〔乳・牛乳〕milk

見分ける tell [distinguish] A from B
- がちょうとあひるが見分けられますか Can you tell [distinguish] a goose from a duck?

見渡す look over
- 私たちの学校から海が見渡せる Our school looks over the sea.
  見渡す限り as far as one can see

民間の private, non-governmental〈enterprise〉
  民間放送 commercial broadcasting

民芸品 (a) folk craft

民衆 the people

民宿 tourist home,《英》a guesthouse
  民宿に泊まる stay at a tourist home

民主的な democratic

民主主義 democracy

民族〔人種〕a race;〔国民〕a people, a nation
- アジアに多くの民族がいる There are many races in Asia.

みんな all ⇒ 皆

民謡 a folk song

民話 a folk tale

む

無 nothing

無意識の unconscious
  無意識に unconsciously

無意味な meaningless, senseless

ムード〔雰囲気・情緒〕(an) atmosphere

向かいの opposite
- 通りの向かい側 the opposite side of the street

無害の harmless

向かい合う face each other
  向かい合って face to face
- 彼らは互いに向かい合って座った They sat opposite each other.

向かう〔行く〕leave〈for...〉, start〈for...〉;〔面する〕face;〔頭を向ける〕head〈for...〉
- 彼は東京をたってニューヨークに向かった He left Tokyo for New York.
- 彼女は今机に向かっている She is at her desk now.

迎える〔出迎える〕meet;〔歓迎する〕welcome;〔あいさつする〕greet
- 私は彼を空港へ迎えに行った I went to the airport to meet him.
- 彼らは私を温かく迎えてくれた They welcomed me warmly.
- 私は田舎で正月を迎えた I greeted the New Year in the country.
  迎えに行く call for...;〔人を呼びにやる〕send for〈a doctor〉;〔車で〕pick up
- 何時に車でお迎えに行きましょうか What time shall I pick you up?

無学の uneducated,〔無知の〕ignorant

昔 old times, old days
- 昔の人々 people of old times
- それはずっと昔のことだった It happened long ago.
  昔は long ago, in former times, in the past
- 昔は日本に象が住んでいた There lived elephants in Japan in old days.
  昔々 once upon a time; long, long ago
  昔なじみ an old friend

…(に)向かって〔…の方へ〕for..., toward...;〔…にさからって〕against〈the wind〉
- 彼はロンドンに向かって出発した He started for London.
- 私は公園に向かって歩いた I walked toward the park.

無感覚の numb, senseless

無関係
- 私はその件とは無関係だ I have nothing to do

無関心な **indifferent** with the matter.

向き **a direction**
- 風の向きが変わった The direction of the wind has changed. / The wind has changed.

…向きの […のための]**for...**; […に適した]**suitable** ⟨for...⟩
- この本は子ども向きだ This book is (suitable) for children.

麦 【植物】〔大麦〕**barley**; 〔小麦〕**wheat**
　麦わら a straw

無期限の **indefinite** ⟨period⟩

向く 〔見る〕**look**; 〔向きを変える〕**turn**; 〔面する〕**face**
- こちらを向きなさい Look this way.
- 彼は右を向いた He turned (to the) right.
- 私の家は南を向いている My house faces south.

報い (a) **return**, (a) **reward**

報いる 〔謝礼する〕**reward**; 〔返す〕**return**
- 私は彼の労に報いた I rewarded him for his services.

無口
- 彼は無口だ He doesn't talk much. / He is a man of few words.

向ける **turn, direct**
- 彼女は目を窓の方に向けた She turned her eyes toward the window.
- 彼はカメラを私たちに向けた He directed his camera toward us.

無限の **infinite** ⟨space⟩, **limitless**, **boundless**
　無限に infinitely, boundlessly

婿 〔花婿〕**a bridegroom**; 〔娘の夫〕**a son-in-law**

向こうの **opposite**
- 川の向こう岸 the opposite bank of the river
　向こうに across..., beyond..., over..., over there
- 彼は川の向こうに住んでいる He lives across the river.
- 海はあの丘の向こうにある The sea is beyond that hill.
- 向こうに大きな木が見えるでしょう You see a tall tree over there.

無効の **invalid**
　無効投票 an invalid vote

向こう見ずな **reckless**

無言の **silent, mute**
　無言で silently

無罪 **innocence**
　無罪の innocent, not guilty
- 彼は無罪だった He was innocent.

虫 **an insect**; 〔うじ虫〕**a worm**

蒸し暑い **sultry**

無視する **ignore** ⟨A's remarks⟩

無実 **innocence** ⇨ 無罪

虫歯 **a decayed [a bad] tooth**

無慈悲な **merciless**
　無慈悲に mercilessly

虫眼鏡 **a magnifying glass**

無邪気 **innocence**
　無邪気な innocent

矛盾する **be contradictory** ⟨to...⟩, **be inconsistent** ⟨with...⟩

無情な **heartless, merciless** ⟨person⟩

無条件の **unconditional**

無職の **unemployed** ⟨people⟩
- 私は今は無職です I have no job now. / I am out of work now.

むしる 〔羽などを〕**pluck, pull (off)**; 〔草を〕**weed**

むしろ¹ **rather** ⟨than...⟩, **better** ⟨than...⟩
- 私はお茶よりむしろコーヒーが飲みたい I would rather have coffee than tea.
- 私はりんごよりむしろ梨の方が好きです I like pears better than apples.

むしろ² 〔敷物〕**a straw mat**

無人の **uninhabited** [**desert**] ⟨island⟩

無神経な **insensitive** ⟨to...⟩

蒸す **steam**; 〔天気が〕**be sultry**

無数の **countless, numberless**

難しい **difficult** ⟨problem⟩, **hard**
- 難しい質問 a difficult question
- この本は難しくて私には読めません This book is too difficult for me to read. / This book is so difficult that I can't read it.
- 競技場の近くに駐車するのは大変難しい It is very hard to park near the stadium.
　難しさ difficulty

息子 *one's* **son**

結ぶ **tie, bind**
- 彼はロープを木に結んだ He tied a rope around the tree.
　結び目 a knot, a tie

娘 *one's* **daughter**; 〔若い女〕**a girl**

無責任な **irresponsible**

無線 (by) **radio, wireless**
　無線電話 a wireless telephone

無駄な **useless, wasteful, vain** ⟨attempt⟩
- 無駄な物を買うな Don't buy useless things.
- 彼にそんなことを言っても無駄だ It's no use telling him such a thing.
- 私はやってみたが無駄だった I tried it in vain.
　無駄にする waste
- 時間を無駄にしてはいけない You must not waste your time.
　無駄になる ⟨it may⟩ amount to nothing
　無駄使い〔浪費〕 waste, wasteful expenditure

無断で 〔許可なしに〕**without permission [leave]**

むち **a whip**
　むち打つ whip ⟨a horse⟩

無知 **ignorance**
　無知な ignorant
- 彼は頭がいいが無知だ He is smart but ignorant.

むちゃな 〔筋道の立たない〕**unreasonable**; 〔ばかげた〕**absurd**; 〔考えのない〕**thoughtless**; 〔向こう見ずな〕**reckless**

夢中な **be crazy** ⟨about...⟩, **be [get] absorbed** ⟨in...⟩, **be keen** ⟨on...⟩

六つ **six** ⇨ 六

むっとする **be offended** ⟨at..., by..., with...⟩; 〔怒る〕**get angry** ⟨with...⟩

無敵の **invincible**; 〔比べる物のない〕**matchless**

胸 the chest, the breast; 〔心臓〕the heart; 〔ふところ〕the bosom
・私は胸が痛い I have a pain in the chest.
・私の胸は躍る My heart beats with delight.

無法な lawless, unlawful; 〔乱暴な〕outrageous ⟨fellow⟩
無法者 an outlaw

無謀な rash, reckless

無名の 〔名のない〕nameless; 〔知られていない〕unknown

無免許で ⟨drive⟩ without a license

むやみに 〔がむしゃらに〕rashly; 〔手当たり次第に〕at random

無用の 〔役に立たない〕useless; 〔必要のない〕unnecessary
・無用の者入るべからず 《掲示》 No Admittance Except on Business

村 a village
村人 a villager
村役場 the village office

群がる 〔人が〕crowd; 〔虫などが〕swarm
・彼の周りに少女たちが群がった Girls crowded around him.
・公園には人が群がっている The park is crowded with people.

紫(の) purple, violet

無理な 〔不可能な〕impossible
・彼が来るのは無理だ It is impossible for him to come.
無理もない natural
・あなたが怒るのは無理もない It is natural for you to get angry.

無料の free
・無料の切符 a free ticket
無料で free
入場無料 《掲示》 Admission Free

無力な powerless

群れ 〔人の〕a crowd [group] ⟨of people⟩; 〔羊・鳥などの〕a flock ⟨of sheep⟩; 〔魚などの〕a school ⟨of fish⟩; 〔牛などの〕a herd ⟨of cows⟩

無論 ⇨ もちろん

め

目 an eye; 〔視力〕sight
・彼は目を開けた[閉じた] He opened [closed] his eyes.
・私は目がよい[悪い] I have good [poor] eyesight.
目に見える visible
目に見えない invisible
目を覚ます wake (up) ⇨ 目覚める
目を通す look over

芽 〔つぼみ〕a bud; 〔若枝〕a sprout, a shoot
芽が出る sprout
芽を出す bud; sprout, shoot
・木々は芽を出している The trees are budding.

目当て 〔ねらい〕an aim; 〔案内する物〕a guide

めい a niece

名案
・それは名案だ That's a good idea.

明快な clear
明快に clearly

明確な clear and accurate, precise ⟨definition⟩
明確に clearly and accurately, precisely

名言 a wise saying

名作 a masterpiece

名産 a noted product; 〔特産品〕a special(i)ty

名刺 a calling [visiting, business] card

名所 a noted place, the sights
・たくさんの人が京都の名所を見物する A lot of people see the sights of Kyoto.

命じる order, command; 〔任命する〕appoint

迷信 (a) superstition

名人 a master, an expert ⟨at...⟩
・釣りの名人 an expert at fishing

名声 fame, (a) reputation

瞑想する meditate

命中する hit ⟨the mark⟩

名物 a noted product; 〔特産品〕a special(i)ty

名簿 a (name) list

めいめい each ⇨ それぞれ
・生徒はめいめい机がある Each student has a desk. / Each of the students has his own desk.

名門 〔家柄〕a distinguished [famous] family; 〔有名な学校〕a famous school

名誉 (an) honor

明瞭な clear
明瞭に clearly

命令 an order
・私は彼の命令に従った I followed his orders.
命令する order
・彼は私にそれをすぐやれと命令した He ordered me to do it at once.

明朗な merry and bright, cheerful ⟨person⟩

迷惑 trouble
迷惑を掛ける trouble
・大変ご迷惑を掛けてすみません I am sorry to trouble you so much.

目上 *one's* superior [senior]

雌牛 a cow

メーカー 〔製作者〕a maker; 〔大規模な〕a manufacturer

メーター 〔計量器〕a meter, 《英》 a metre

メートル a meter
メートル法 the metric system

メーリングリスト【インターネット】a mailing list

メール 〔郵便物〕(a) mail; 【インターネット】〔Eメール〕(an) e-mail
・メールで送る send ⟨a message⟩ by e-mail
メールアカウント an e-mail account
メールアドレス an e-mail address
メールサーバー an e-mail server
メール友達 an e-mail friend
メールボックス an e-mail box
メールマガジン an e-mail magazine

目方 weight ⇨ 体重
目方がある weigh
・これは目方が5キロある This weighs five kilograms.

眼鏡 glasses
・彼は眼鏡を掛けている He wears glasses. / He

puts on glasses.
メガバイト【コンピュータ】a megabyte
めきめき〔速く〕rapidly; 〔目覚ましく〕remarkably
目薬 eye lotion, eyedrops
恵み 〔神の〕a blessing; 〔恩恵〕(a) favor, 《英》(a) favour; 〔慈愛〕mercy
恵む give ⟨money⟩ ⟨in charity⟩
 …に恵まれる be blessed with ⟨good health⟩; 〔豊富である〕be rich in ⟨natural resources⟩
めくる〔ページを〕turn over
巡る go [come] around..., make a tour of ⟨Europe⟩
目指す aim ⟨at..., to *do*⟩
・彼は政治家を目指している He aims to become a statesman.
目覚まし時計 an alarm clock
目覚ましい remarkable ⟨progress⟩; 〔すばらしい〕wonderful, splendid
目覚める wake (up)
・彼はふつう6時に目覚める He usually wakes (up) at six.
・私は夜中に目覚めた I woke up at midnight.
飯 boiled rice; 〔食事〕a meal
目下 *one's* inferior [junior]
召し使い a servant
雌 a female
 雌の female
珍しい rare, uncommon; 〔奇妙な〕strange
・珍しい切手 a rare stamp
・珍しいこと a strange thing
・彼が遅れて来るのは本当に珍しい It is very rare for him to arrive late.
目立つ ⟨be⟩ conspicuous, outstanding
 目立って conspicuously, outstandingly
目玉 an eyeball
 目玉焼き 〔一般に〕fried eggs; 〔片面焼きの〕eggs sunny-side up
メダル〔記章・勲章〕a medal
めちゃめちゃ
・衝突で車はめちゃめちゃに壊れた The car was smashed (up) [was wrecked] by the crash.
めっき plating
 めっきする plate ⟨a metal with silver⟩
目付き a look
めっきり〔相当に〕considerably; 〔目立って〕remarkably
メッセージ〔伝言〕a message
・メッセージを受け取る have [take] a message
・メッセージを残す leave a message
めったに seldom, rarely, hardly
・彼はめったにここには来ない He seldom [rarely] comes here.
めでたい happy ⇒ おめでとう
・めでたい出来事 a happy event
 めでたく happily
・彼はめでたく彼女と結婚した Happily he got married to her.
メドレー〔混合〕a medley ⟨race⟩
メニュー〔献立表〕a menu
目まいがする feel [get] dizzy
メモ〔覚え書き〕a memo, a note

 メモする make [take] a note ⟨of...⟩
・私は彼女の電話番号をメモした I made a note of her phone number.
目盛り a scale
メモリ【コンピュータ】(a) memory
メル友【インターネット】an e-mail friend
メルマガ【インターネット】an e-mail magazine
メロディー〔旋律〕a melody
メロン【植物】a melon
面〔仮面〕⟨wear⟩ a mask; 〔顔面〕*one's* face; 〔表面〕a surface
面会 an interview
 面会する see, meet
・マネージャーに面会したい I want to see the manager.
免許(証) a license, 《英》a licence
 運転免許証 a driver's license
免状 a diploma
免職する dismiss, 《話》fire
免除する exempt ⟨*A* from the examination⟩
面する face ⟨the street⟩
面積 (an) area
・この土地の面積は20平方メートルある The area of this land is twenty square meters.
面接 an interview
 面接する have an interview ⟨with...⟩, interview
 面接試験 an interview, an oral examination
面倒 (a) trouble
 面倒な troublesome
・面倒な仕事 a troublesome job
・面倒なことに巻き込む get *A* into trouble
 面倒を掛ける trouble
・大変面倒をお掛けしてすみません I'm sorry to trouble you so much.
 面倒を見る take care of...
・彼女は子どもたちの面倒をよく見る She takes good care of the children.
めんどり a hen
メンバー〔会員〕a member
綿密な careful, close ⟨analysis⟩
 綿密に carefully, closely
麺類 noodles

も

…も
❶〔AもBも〕*A* and *B*, both *A* and *B*; 〔AでもなくBでもない〕not *A* nor [or] *B*
・あなたも私もそこへ行かなければなりません You and I must go there.
・彼女は歌も歌えるし踊りもできる She can sing and dance.
・トムもビルも私の友達です Both Tom and Bill are my friends.
・彼は疲れてもいたしおなかもすいていた He was both tired and hungry.
・彼女は読むことも書くこともできない She can't read nor [or] write.
❷〔…もまた〕..., too; also ...; 〔…もまた…でない〕not ..., either; 〔AでもBでもない〕neither *A* nor *B*

- 彼はそこへ行った.私もそこへ行った He went there. I went there, too. [Me, too.]
- 彼はそこへ行かなかった.私もそこへ行かなかった He didn't go there. I didn't go there, either.
- 私はスケートもスキーもできない I can neither skate nor ski.

もう
❶ 〔今は〕**now**; 〔まもなく〕**soon**; 〔すでに〕**already**; 《疑問文で》**yet**
- もうおいとましなければなりません I must be going now.
- 彼はもう帰るでしょう He will be back soon.
- もう洗いました I've already washed it.
- ジュリーはもう家に帰ったの Has Julie gone home yet?

❷ 〔さらに〕**more, another**; 〔もう…でない〕**not ... any more [longer], no more [longer] ...**
- 私はもうやることがない I have nothing more to do.
- お茶をもう1杯ください Please give me another cup of tea.
- 私はもうこれ以上歩けない I cannot walk any more.
- ここにはもう空きがありません There's no more room here.
- 彼はもう日本にはいない He is no longer in Japan.

もうけ (a) profit, gains
もうける 〔利益を上げる〕**make [get] a profit**; 〔金持ちになる〕**make money**
設ける set up, establish 〈a branch office〉
申し込む 〔志願する〕**apply** 〈for...〉; 〔結婚に〕**propose** 〈to...〉; 〔試合を〕**challenge** 〈A to do〉
- 彼は夏休みのアルバイトを申し込んだ He applied for a summer job.
- 彼は彼女に結婚を申し込んだ He proposed to her.
申し込み (an) application; 〔結婚の〕a proposal
申し出る offer
もうすぐ 〔まもなく〕**soon, before long**
もう少し 〔量〕**a little more**; 〔数〕**a few more**; 〔時〕**a little longer**
- もう少し水をください Give me a little more water.

盲腸炎 〈an operation for〉 **appendicitis**
盲点 a blind spot
毛布 a blanket
盲目 blindness
盲目の blind
猛烈な violent, furious 〈storm〉; terrible 〈accident〉
猛烈に violently, furiously, terribly
燃え上がる burn up, 〈the house〉 burst into flame(s)
燃える burn
- 乾いた木はよく燃える Dry wood burns well.
モーター 〔発動機〕a motor
モーターバイク a motorbike
モーターボート a motorboat
もがく struggle 〈to do〉

模擬の 〔見せ掛けの〕**sham**; 〔試しの〕**trial**
模擬試験 a trial examination
模擬店 refreshment booth
もぐ 〔ねじって取る〕pick, pluck 〈an apple〉
目撃する witness
目撃者 a witness
目次 (a table of) contents
木製の wooden 〈goods〉
木造の wooden 〈house〉
木炭 charcoal
目的 a purpose, an aim
- 訪問の目的はなんですか What is the purpose of your visit?
- 彼は目的を達した He accomplished his goal.
目的格【文法】the objective case
目的語【文法】an object
目的地 one's destination
黙読する read silently
目標 one's goal [object] 〈in life〉; 〔標的〕a target, a mark
もぐもぐ
- もぐもぐ食べる chew A with one's mouth closed
- もぐもぐ言う mumble
木曜日 Thursday (略 Thurs., Thur., Th.)
木曜日に on Thursday
もぐる 〔水中に〕**dive into the water**; 〔…の下に〕**hide** oneself **under** 〈the table〉
目録 a catalog(ue); 〔表〕a list
模型 a model
模型飛行機 a model plane
もし…(なら) if...
- もしあした雨が降れば私は家にいます If it rains tomorrow, I will be at home.
- もしあまり早くしゃべると彼らは付いて行けない If you speak too fast, they cannot follow you.
- もしよかったら差し上げましょう I'll give it to you, if you like.
- もしそのお金を払わなければそれ以上は借りられません If you don't pay the money, you can't borrow any more.
もしかすると maybe, perhaps
もし…がなければ without..., but for...; if it were not for...
- 水がなければ何物も生きることはできないだろう Without water nothing can live.
もし…がなかったら without..., but for...; if it had not been for...
文字 〔ａｂｃなど〕a letter; 〔漢字など〕a character
文字どおり literally
文字化け【コンピュータ】scrambled [illegible] letters
もしもし 〔電話で〕Hello
- もしもし, こちらは田中です Hello, this is Tanaka speaking.
- もしもし, 佐藤さんですか Hello. Is this Mr. Sato (speaking)?
もじもじ
- 彼は私の質問にもじもじしながら答えた He answered my question hesitatingly.
模写 a copy

模造 模写する copy ⟨a picture⟩
模造 (an) imitation
　模造する imitate
もたらす bring ⟨good news⟩; bring about ⟨an misfortune⟩
もたれる lean ⟨on the wall⟩
モダンな 〔現代的な〕modern
餅 rice cake
持ち上げる lift, raise
持ち歩く carry ⟨a camera with him⟩
持ち合わせ
・私は今(お金の)持ち合わせがない I don't have any money with me now.
用いる use ⇨使う
持ち帰る take out, take A back home
・ハンバーガー2つ持ち帰り用にしてください Two hamburgers to take out [to go], please.
　持ち帰り用の袋 a doggie bag
持ち込む bring [carry] A into ⟨the train⟩
持ち去る take [carry] away
持ち出す take [carry] out
・彼はいすを庭に持ち出した He took a chair out in the garden.
持ち主 the owner
持ち運ぶ carry
　持ち運びできる portable
持ち物 〔所持品〕*one's* belongings
もちろん of course, naturally
・「あなたも一緒に行きますか」「もちろん行きますよ」 "Will you go with me?" "Of course I will."
・「あなたは蛇が嫌いですね」「もちろんです」 "You don't like snakes, do you?" "Of course not."
持つ have, 《話》have got; 〔つかむ〕hold
・私は手に本を持っている I have a book in my hand.
・彼女は人形をたくさん持っている She has a lot of dolls.
・お金をいくらか持っていますか Do you have any money with you?
・私は車を持っていない I don't have a car.
・彼は手にロープを持った He held a rope in his hand.
・彼は手に杖を持って歩いていた He was walking with a stick in his hand.
目下 〔現在のところ〕now, at present
木琴 a xylophone
持って行く take
・傘を持って行きなさい Take your umbrella with you.
・彼は花を彼女の所へ持って行った He took the flowers to her.
持って来る bring
・生徒は家から弁当を持って来る Students bring their lunches from home.
・彼はこの本を持って来てくれた He has brought me this book.
もっと more
・もっとゆっくり話してください Speak more slowly.
・もっと勉強しなさい Work harder.
・彼は私よりもっと背が高い He is taller than I.
・この絵はあの絵よりもっと美しい This picture is more beautiful than that picture.
・それをするにはもっと時間がかかる It takes more time to do that.
・私は日本についてもっと多くのことを知りたい I want to know more about Japan.
モットー 〔標語〕a motto
最も (the) most ⇨一番
・彼がクラスで最も背が高い He is the tallest (boy) in our class.
もっともな right, natural
・ごもっともです You are quite right.
・彼がそう言うのはもっともだ It is natural that he should say so.
もつれる 〔糸などが〕get tangled [entangled]; 〔舌が〕get thick; 〔関係が〕become complicated
持てあそぶ 〔いじくる〕play with ⟨matches⟩
持て余す
・彼らは時間を持て余している They don't know what to do with their free time.
もてなす treat; 〔歓迎する〕receive
　もてなし treatment; 〔歓迎〕reception; 〔客への〕service
モデム 【コンピュータ】a modem
元 〔起源〕the origin, the source; 〔原因〕the cause
　元は originally; 〔以前は〕once, before, formerly
・彼は元は警官だった He was formerly a policeman.
　もともと originally; 〔生まれつき〕by nature
・彼はもともと正直者だ He is honest by nature.
元… ex-
　元首相 an ex-prime minister
　元カノ an ex-girlfriend
　元カレ an ex-boyfriend
戻す return ⇨返す
基づく be based on
・その物語は事実に基づいている The story is based on facts.
求める 〔要求する〕ask A for..., demand, request; 〔探す〕look for..., seek
・私たちは彼に助けを求めた We asked him for help.
・彼は職を求めている He is looking for a job.
戻る come [go] back, return
・自分の席に戻りなさい Go back to your seat.
・6時までには戻ります I'll be back by six.
・彼は夕方戻ってきた He came back in the evening.
モニター 【コンピュータ】a monitor
者 a person, one
物 a thing, an object, one, something, anything; 〔物質〕matter
・箱の中にはたくさんの物が入っていた There were a lot of things in the box.
・別の物を見せてください Show me another one.
・何か食べる物をください Give me something to eat.
物置 a storeroom; 〔納屋〕a barn
物音 a noise, a sound
・私は物音で目を覚ました I was woken by a strange sound.

物語 a story
物事 things
物差し a ruler, a measure
物知りな well-informed ⟨person⟩; 〔博学の〕learned ⟨man⟩
ものすごい terrible
- 私はものすごい音を聞いた I heard a terrible sound.

…(した)ものだ used to *do*, would *do*
- 私はよく朝食前に散歩したものだ I used to take a walk before breakfast.
- 彼はよくその川に釣りに行ったものだ He would often go fishing in the river.

物足りない be not enough, be not very satisfied ⟨with the work⟩
物まねする mimic, imitate
モノレール a monorail ⟨car, train⟩
もはや 〔すでに〕already; 〔今や〕now; 〔もはや…でない〕not ... any more [longer], no more [longer] ...
- チャンスはもはや過ぎてしまった The chance has already gone.
- もはや遅すぎる It's too late now.
- 彼はもはや子どもではない He is not a child any longer. / He is no longer a child.

模範 a model, an example
 模範的な model ⟨student⟩
模倣 (an) imitation
 模倣する imitate
…ほまた ⇨ …も
もみじ 〔かえで〕a maple; 〔紅葉〕red leaves
もむ massage ⟨*A*'s shoulders⟩
木綿 cotton; 〔綿布〕cotton cloth
もも 〔脚の上部〕a thigh
桃【植物】a peach
 桃色(の) pink
もや a mist, a haze
燃やす burn
- 彼らは庭で枯れ葉を燃やした They burned dead leaves in the yard.

模様 〔布地などの〕a pattern, a design; 〔様子〕a look
- 壁紙の模様 wallpaper patterns
- きょうは雨模様だ It looks like rain today.
- 空模様 the look of the sky

催し 〔会合〕a meeting; 〔パーティー〕a party
催す hold, give, have
- 今度の日曜日にパーティーを催します We are going to have [give] a party next Sunday.
- 彼のために晩さん会が催された A dinner party was held for him.

最寄りの the nearest ⟨station⟩; 〔近所の〕⟨a bookstore⟩ in the neighborhood
- 私は最寄りの店で食べ物を買った I bought some food at a store in the neighborhood.

もらう get, have, take, receive
- 私は彼から手紙をもらった I got [had, received] a letter from him.
- 彼は一等賞をもらった He got [took, won] (the) first prize.

(して)もらう have [get] *done*; 〔…させる〕have *A do*, get *A* to *do*
- 私は彼に写真を撮ってもらった I had my picture taken by him.
- 私は美容院で髪をセットしてもらった I had my hair set at the hair salon.
- 彼に来てもらいましょう I'll have him come. / I'll get him to come.

…してもらいたい want *A* to *do*
- あなたにハンカチを洗濯してもらいたい I want you to wash my handkerchief.

漏らす 〔水などを〕let leak; 〔秘密などを〕reveal, let out ⟨a secret⟩
森 woods; 〔大きな〕a forest
盛る 〔食べ物を〕help, serve; 〔積み上げる〕pile [heap] up ⟨leaves⟩
漏る 〔水などが〕leak; 〔ガスなどが〕escape
漏れる ⇨漏る
もろい fragile
門 a gate
- 彼は門から入った He entered at the gate.

文句 〔語句〕words, a phrase; 〔不平〕a complaint
- 食べ物のことで文句を言うな Don't complain about the food.

問題 a question, a problem; 〔論争〕an issue
- それには問題はない There is no question about it.
- 彼は数学の問題が一つ解けなかった He could not solve one problem in mathematics.
- そのことは今問題になっている The matter is now at issue.
 問題にならない be out of the question
- 君の計画は問題にならない Your plan is out of the question.
 問題は…かどうかだ the question is whether ... or not
- 問題は彼が行けるかどうかだ The question is whether he can go or not.
 問題は…であることだ the problem is that...
- 問題は彼女が結婚するには若すぎることだ The problem is that she is too young to get married.

問答 questions and answers; 〔議論〕argument

や

…や… 〔*A*と*B*〕*A* and *B*
- 母は洗濯や掃除で忙しい Mother is busy with washing and cleaning.

矢 an arrow
- 矢を放つ shoot an arrow
 弓と矢 a bow and arrows

やあ 《呼びかけで》Hi! / Hello!
- やあ, トム Hi, Tom!

八百屋 〔店〕a vegetable store, 《英》a greengrocer's (shop); 〔人〕a greengrocer
野外の outdoor, open-air
 野外で out of doors, in the open air
夜学 ⟨go to⟩ (a) night school
やがて soon, before long, by and by
- 彼はやがて帰ってくるでしょう He will soon be back.
- やがて暗くなってきた By and by it became dark.

やかましい

- やがてどちらが正しか分かるでしょう In time you'll see which is right.

やかましい 〔騒がしい〕**noisy**; 〔厳しい〕**strict**; 〔好みが〕**particular**
- この部屋はずいぶんやかましい This room is very noisy.
- 彼は食べ物にやかましい He is particular about his food.
- やかましいぞ Be quiet! / Be silent!

夜間(の) night 〔flight〕**; nighttime**
夜間に at night ⇨ **夜**(ょ)

やかん 〔湯沸かし用の〕**a kettle**

山羊 【動物】**a goat**

焼き付け 〔写真の〕**printing**
焼き付けする print 〈a photograph〉

焼き肉 roast meat

焼きもち 〔嫉妬〕**jealousy**
- 焼きもちを焼く be [feel] jealous 〈of...〉

野球 baseball
- 私たちは放課後に野球をする We play baseball after school.
野球場 a baseball ground [park]
野球選手 a baseball player
プロ野球 professional baseball

役 〔地位〕**a post**; 〔任務〕**duties**; 〔芝居の〕**a part, a role**
- 彼はその役についた He was appointed to the post.
- 彼女はシンデレラの役を演じた She played the part of Cinderella.
役に立つ useful, be good 〈for...〉, do much 〈for...〉
- 馬は役に立つ動物だ A horse is a useful animal.
- その道具は何の役に立ちますか What is the use of the tool?
- 英語が大変役に立った English served me very well.
役に立たない useless
- この本は私には役に立たない This book is useless [of no use] to me.

訳 (a) translation
訳す translate, put 〈A into B〉
- 次の英文を日本語に訳しなさい Translate [Put] these English sentences into Japanese.

約 about...
- わが校には約900人の生徒がいます There are about nine hundred students in our school.
- 駅までは歩いて約10分掛かります It takes about ten minutes to walk to the station.

焼く 〔燃やす〕**burn**; 〔肉などを〕**roast**; 〔パンなどを〕**bake**; 〔こんがりと〕**toast**
- 彼女はパンを焼いた She baked [toasted] bread.

夜具 〔寝具一式〕**bedding**; 〔マットレスを除く〕**bedclothes**

役者 〔男の〕**an actor**; 〔女の〕**an actress**

役所 a public [government] office
市役所 a city office

躍進する make remarkable progress, develop rapidly

約束 a promise; 〔会合などの〕**an appointment, an engagement**
- 彼は約束を守った[破った] He kept [broke] his promise.
- 今夜彼と会う約束がある I have an appointment with him tonight.
約束の appointed
- 約束の時間に at the appointed time
約束する promise, make a promise [an appointment]
- 私たちは今晩ここでまた会うことを約束した We promised to meet here again tonight.

役立つ ⇨ **役**

役場 a public office
村[町]役場 a village [town] office

薬品 drugs; 〔特に内服薬〕**medicine**; 〔化学薬品〕**chemicals**

役目 〈do, perform〉 *one's* **duty**

役割 〈play〉 **a part, a role**

やけどする 〔火で〕**burn** 〈*one's* foot〉; 〔熱湯・蒸気で〕**scald** 〈*one's* fingers〉

焼ける 〔燃える〕**burn, be burnt**; 〔焼け落ちる〕**burn down**; 〔肉が〕**be roasted**; 〔パンなどが〕**be baked, be roasted**
- その火事で3軒焼けた Three houses were burnt in the fire.

夜行(列車) 〈go by〉 **a night train**

野菜 (a) vegetable
- 私たちは庭に野菜を作っています We grow vegetables in our yard.
野菜スープ vegetable soup
野菜畑 a vegetable garden

易しい easy; 〔単純な〕**simple**
- 易しい仕事 an easy task
- これは易しい問題ではない This is not an easy question.
- この本は読むのが易しい This book is easy to read. / It is easy to read this book.
易しく easily, simply

優しい kind, gentle
- 優しい声 a gentle voice
- 彼は私にとても優しい He is very kind to me.
優しく kindly, gently
- その男の人は彼女に優しく言った The man spoke to her gently.

野次 hooting, jeering; 〔不満などの〕**booing**
野次る hoot, jeer; boo
野次馬 a curious crowd

養う 〔養育する〕**bring up**; 〔扶養する〕**support**
- 私はおじに養われた I was brought up by my uncle.
- 彼は家族を養うために働く He works to support his family.

野手 【野球】**a fielder**

夜食 a midnight meal [snack]

矢印 an arrow (sign)

野心 〈have〉 **(an) ambition**
野心的な ambitious 〈young man〉

…(し)やすい be easy to *do*; 〔…しがちだ〕**be apt to** *do*
- この本は分かりやすい This book is easy to understand.

- 私たちは過ちを犯しやすい We are apt to make mistakes.

安い cheap
- この時計は安い This watch is cheap.
- もっと安いのを見せてください Show me a cheaper one.
- 私はそれを安く買った I got [bought] it cheap.

安売り a bargain sale
安売りする sell *A* cheap, sell *A* at a bargain

休み 〔休憩〕(a) rest; 〔休日・休暇〕a holiday, a vacation; 〔欠席〕absence
- 一休みしよう Let's take [have] a rest.
- きょうは学校が休みです We have no school today.
- 私は夏休み中にハワイに行くつもりです I am going to Hawaii during the summer vacation [holidays].

休みの 〔欠席の〕absent
- 彼はきょうは休みです He is absent today.

休み時間 a 〈noon〉 recess

休む 〔休憩する〕rest, take [have] a rest; 〔欠席する〕be absent 〈from...〉, stay away 〈from...〉; 〔寝る〕go to bed, sleep
- 私たちは1時間休んだ We rested [had a rest] for an hour.
- 彼はきのう学校を休んだ He was absent from school yesterday.
- 彼女はゆうべは早く休んだ She went to bed early last night.

安物 a cheap article

やすやすと 〈do〉 easily, with ease

安らかな peaceful 〈life〉
安らかに 〈sleep〉 in peace, peacefully

やすり a file; 〔紙やすり〕sandpaper
やすりを掛ける file 〈nails〉

野生の wild
野生植物 wild plants
野生動物 wild animals
野生生物 wildlife

やせた thin
やせる become thin; 〔体重が減る〕lose weight
- 彼はやせている He is thin.
- 彼女は少しやせてきた She has become a little thinner.
- 私は2キロやせた I have lost two kilograms.

やたらに 〔手当たり次第に〕〈watch〉 at random; 〔過度に〕too much
やたらに…すべきでない should not just 〈tell lies〉

家賃 (house) rent

やつ a fellow, 《米》a guy, 《英》a chap

厄介 (a) trouble, a nuisance
厄介な troublesome 〈problem〉

薬局 a pharmacy, 《米》a drugstore

八つ eight ⇨ 八

やっつける 〔負かす〕beat, defeat

やって行く get along 〈with...〉; 〔どうにか…する〕manage to *do*
- 彼とは仲よくやって行けるでしょう I will be able to get along with him.

やって来る 〔来る〕come; 〔こちらへ〕come along; 〔近寄って〕come up 〈to...〉; 〔めぐって〕come around [round]

やってみる try
- もう一度やってみなさい Try it again.
- 彼は別の方法をやってみた He tried a different method.

やっと 〔ついに〕at last; 〔かろうじて〕barely; 〔苦労して〕with difficulty
- 冬がやっと終わった Winter is over at last.
- やっと着きました Here we are at last.
- 私はやっと最終電車に間に合った I was barely in time for the last train. / I only just caught the last train.
- 私はやっと試験にパスした I passed the examination with difficulty.

やつれる 〔やせる〕become thin; 〔疲れきる〕be worn out

宿 an inn, a hotel
- 宿を取る find a place to stay

野党 an opposition party; 〔全体〕the Opposition

雇う employ, hire
- 彼女はタイピストとして雇われた She was employed as a typist.

宿屋 an inn

柳 【植物】a willow (tree)

家主 〔家の〕the owner (of the house); 〔男の〕a landlord; 〔女の〕a landlady

屋根 a roof

やはり
❶ 〔結局〕after all; 〔それでも〕still
- やはり彼は来なかった He did not come after all.
- 私は全力を尽くしたがやはり失敗した I did my best, but I still failed.

❷ 〔…もまた〕..., too; also ...; 〔…もまた…でない〕not ..., either
- 私もやはり知っていた I knew it, too.
- 私もやはり知らなかった I didn't know it, either.

夜半に at midnight

野蛮な barbarous, savage
野蛮人 a barbarian, a savage

やぶ a bush

破る
❶ break; 〔引き裂く〕tear
- 彼は約束を破った He broke his promise.
- 私たちは戸を破って部屋へ入った We broke the door open and entered the room.
- 彼女は手紙をずたずたに破った She tore the letter to pieces.

❷ 〔負かす〕beat, defeat
- 我々は彼らを大差で破った We beat them by a large margin.

破れる break, be broken; tear, be torn
- この紙はすぐ破れる This paper tears easily.

敗れる be beaten, be defeated

野望 one's ambition

山 a mountain
- 浅間山 Mt. [Mount] Asama
- 私たちはその山に登った We climbed that mountain.
- スイスは山の多い国だ Switzerland is a moun-

tainous country.
山ほどの… a lot of..., a mountain of...
- 私にはやる仕事が山ほどある I have a lot of [a mountain of] work to do.
  山火事 a forest fire
  山小屋 a mountain hut
  山登り mountain climbing
  山道 a mountain path
病 ⇨ 病気
山分けする divide ⟨the profit⟩
闇 darkness, the dark
- 猫は闇の中でも見える Cats can see in the dark.
  闇夜 a dark night
  夕闇 (evening) twilight
やむ stop
- 雨がやんだ The rain stopped.
- 雨が降ったりやんだりしている It is raining on and off.
- 赤ん坊が泣きやんだ The baby has stopped crying.
  …しやむ stop *doing*.
やむをえない
- それはやむをえないことだ It cannot be helped. / I cannot help it.
  やむをえず
- 私はやむをえず彼の忠告に従った I was forced to follow his advice.
やめさせる 〔中止させる〕stop ⟨A from *doing*⟩; 〔解雇する〕dismiss
やめる stop, quit ⟨*doing*⟩; 〔あきらめる〕give up; 〔去る〕leave; 〔辞職する〕resign ⟨from...⟩, quit ⟨*one's* job⟩
- 話をやめなさい Stop talking.
- 彼はタバコを吸うのをやめた He stopped smoking.
- 彼は野球部をやめた He left the baseball team.
やや a little, somewhat
- きょうはやや寒い It is a little cold today.
ややこしい 〔複雑な〕complicated ⟨problem⟩; 〔面倒な〕troublesome
…やら… ⇨ …も
- 私は洗濯やら買い物やらで忙しかった I was very busy with washing and shopping.
やり a spear
  やり投げ 〔競技〕the javelin (throw)
やり方 how to ⟨*do*⟩ ⇨ 方法
やり繰りする make shift, make do ⟨with little money⟩, manage ⟨to find time⟩
やり遂げる finish, accomplish
やり直す do 〔try〕A again; 〔再出発する〕make a fresh start ⟨in life⟩
やる 〔与える〕give ⇨ 与える; 〔する〕do ⇨ する
  やっている 〔映画・劇などが〕be on
柔らかい 〔穏やかな〕soft, gentle, mild
  柔らかに softly, gently, mildly
軟らかい 〔肉などが〕tender
  軟らかい髪の毛 soft hair
  軟らかい肉 tender meat
- 雨のあとで地面は軟らかかった The ground was soft after the rain.
やわらぐ 〔声・感情などが〕soften; 〔痛みなどが〕be eased; 〔嵐などが〕calm down; 〔寒さなどが〕become less severe
- 彼はその光景を見て心がやわらいだ His heart softened at the sight.
やわらげる 〔穏やかにする〕soften; 〔痛みなどを〕ease, lessen; 〔怒りなどを〕calm

ゆ

湯 hot water; 〔風呂〕a bath
唯一の the only, the sole
遺言 a will; 〔死の直前の言葉〕*one's* last words
優 〔成績の〕excellent, A
言う say ⇨ 言(い)う
ユーアールエル 【インターネット】URL (uniform resource locator の略)
憂鬱 melancholy, gloom
憂鬱な melancholy, melancholic, gloomy
有益な useful
- 有益な本 a useful book
優越感 a sense of superiority, a superiority complex
遊園地 an amusement park
  子ども遊園地 a children's playground
優雅な elegant, graceful
有害な harmful, bad
夕方 evening
  夕方に(は) in the evening
- 彼は夕方にはテレビを見ない He does not watch television in the evening.
- 彼女は土曜日の夕方にやって来た She came on Saturday evening.
夕刊 an evening paper
勇敢な brave
- 勇敢な兵士 a brave soldier
  勇敢に bravely
勇気 courage, bravery
- 彼は勇気を奮い起こした He took courage.
  勇気づける encourage, cheer up
遊戯 a play; 〔勝負〕a game
  遊戯場 a playground, a place of amusement
有給の salaried, paid
  有給休暇 a paid holiday
優遇する treat A well; 〔よい給料を払う〕pay A well
夕暮れ ⟨in the⟩ evening; 〔たそがれ〕⟨at⟩ dusk
遊撃手 【野球】a shortstop
有権者 a voter
友好 friendship
  友好的な friendly
  友好関係 friendly relations
有効 effective ⟨measure⟩, valid
  有効に effectively
- 時間を有効に使いなさい Make good use of your time.
ユーザー 【コンピュータ】a user
  ユーザー登録 (a) user registration
有志 〔一同〕interested persons, all concerned
優秀な excellent, superior
- 優秀な生徒 an excellent student
友情 friendship

優勝する **win the championship**
・わがチームが地方大会で優勝した The our team won the local championship.
優勝旗 a pennant, a champion flag
優勝者 a champion, a winner
優勝杯 a trophy

夕食 **supper**
・私たちは7時に夕食を取ります We have [take] supper at seven.

友人 **a friend** ⇨友達

夕涼みをする **enjoy the evening cool** ⟨in summer⟩

ユースホステル **a youth hostel**

優勢な **superior**
・敵は数において優勢である The enemy is superior to us in number.

優先する **have priority** ⟨over other vehicles⟩
優先順位 the order of priority

有線の **wire(d), cable**
有線テレビ cable television
有線放送 cable [wire] broadcasting

郵送する **mail** ⟨the book⟩, 《英》**post**

ユーターン **a U-turn**
・ユーターン禁止〔掲示〕No U-turn

雄大な **grand, magnificent**

夕立 **a shower**
・私は学校から帰る途中で夕立にあった I was caught in a shower on my way home from school.

優等 ⟨with⟩ **honors**
優等賞 an honor prize
優等生 an honor student

誘導する **guide, lead**

有毒な **poisonous**

有能な **able, capable**

夕映え ⇨夕焼け

夕飯 **supper** ⇨夕食

夕日 **the setting sun**

優美な **graceful, elegant**

郵便 **mail**, 《英》**post**
郵便で by mail
・この本を郵便で送ってください Please send this book by mail.
郵便切手 a postage stamp
郵便局 a post office
郵便局長 a postmaster
郵便配達〔人〕a mailman, 《英》a postman
郵便葉書 a postcard, a postal card
郵便箱[受け] a mailbox, 《英》a letter box
郵便番号 the postal code, 《米》the zip code
郵便料金 postage
航空郵便 air mail

ユーフォー〔未確認飛行物体〕**a UFO**

裕福な **rich, wealthy** ⟨family⟩
・彼女は裕福な暮らしをしている She is well off.

ゆうべ〔昨夜〕**last night**;〔夕方〕**evening**

雄弁 **eloquence**
雄弁な eloquent
雄弁家 an eloquent speaker

有望な **promising, hopeful**
・彼は前途有望な青年だ He is a promising youth.

有名な **famous, well-known**
・有名な写真家 a famous photographer
・マレーシアはゴムの木で有名です Malaysia is famous for its rubber trees.
・彼は発明家として有名になった He gained fame as an inventor.

ユーモア〔上品なしゃれ〕**humor**
ユーモアのある humorous

勇猛な **brave, daring**

夕焼け **an evening glow, the glow of a sunset**

夕闇 **(evening) dusk, twilight**

悠々と **easily, with ease, without difficulty**
悠々とした free, easy ⟨life⟩

猶予〔延期〕**(a) postponement**;〔支払いの〕**grace**
・一刻の猶予もならない There is no time to lose.

有用な **useful** ⟨animals⟩

遊覧する **go sightseeing**
遊覧船 a pleasure boat
遊覧バス a sightseeing bus

有利〔有利な点〕**advantages**
有利な favorable, advantageous
・情勢はわれわれに有利だ Conditions are favorable to us.

有料の **pay, toll**
有料駐車場 a toll parking place
有料道路 a toll road
有料道路入口 a toll gate
有料トイレ a pay toilet

有力な **powerful, influential**
有力者 a leading [influential] person

幽霊 **a ghost**

優劣 ⟨discuss⟩ **the merits and demerits**

ユーロ **euro** (略 €)

誘惑 **temptation**
誘惑する tempt

故〔理由〕**a reason**;〔原因〕**a cause**;〔事情〕**circumstances**

床 **a floor**

愉快な **pleasant, enjoyable**
・愉快な人 a pleasant person
・今夜はとても愉快でした I have had a very good [pleasant] time this evening.

浴衣 **a** *yukata*, **a plain summer kimono**

ゆがむ **be distorted, be twisted**;〔板などが〕**be warped**
ゆがめる distort ⟨the facts⟩

雪 **snow**;〔降雪〕**(a) snowfall**
・雪になりそうだ It looks like snow.
・雪が30センチ積もっている The snow is 30 centimeters deep.
・2月は雪が多い We have a lot of snow in February.
雪が降る It snows.
・きょうは雪が降っている It is snowing today.
雪合戦 a snowball fight
雪国 a snowy country
雪だるま a snowman (覆 snowmen)
大雪 a heavy snow
初雪 the first snow of the season

…行き **(bound) for…**
・「この列車はどこ行きですか」「奈良行きです」

"Where is this train for?" "This is for Nara."
行き先 *one's* **destination**
行き過ぎる **go too far**; 〔度が過ぎる〕**go to excess, overdo**
行き詰まる **come to a deadlock**
行き届いた **very good** 〈service〉, **very careful** 〈person〉
行き止まり 〔道路などの〕**a dead end**
行き渡る **go around...** [round...]; 〔広がる〕**spread**
行く ⇨ 行(い)く
行方 *one's* **whereabouts**
・彼の行方は誰も知らない Nobody knows where he has gone.
・私の犬は行方不明だ My dog is missing.
湯気 steam, vapor
・湯気を立てる steam
輸血 a (blood) transfusion
輸出 export
輸出する export 〈*A* to *B*〉
・日本はアメリカにたくさんの自動車を輸出している Japan exports a lot of cars to America.
輸出品 exports, exported goods
ゆすぐ wash out, rinse (out)
譲り受ける 〔もらう〕**be given**; 〔買う〕**buy**
ゆする blackmail
ゆすり blackmail; 〔人〕a blackmailer
揺する shake
・木を揺するな Don't shake the tree.
譲る 〔与える〕**give**; 〔売り渡す〕**sell**
輸送 transportation
輸送する transport
豊かな rich ⇨ **豊富な**
油断する be careless
・油断するな Be careful!
ゆっくり slowly
・彼はゆっくり歩いた He walked slowly.
・もっとゆっくり話してください Please speak more slowly.
・ゆっくりやりなさい Take your time.
・きょうはゆっくりしていられない I can't stay long today.
ゆで卵 a boiled egg
ゆでる boil 〈an egg〉
ゆとり 〔暇〕**leisure**; 〔時間〕**time**; 〔空間〕**space**
ユニークな 〔独特の〕**unique**
ユニホーム 〔制服〕**a uniform**
輸入 import
輸入する import 〈*A* from *B*〉
・日本はオーストラリアから羊毛を輸入している Japan imports wool from Australia.
輸入品 imports, imported goods
指 〔手の〕**a finger**; 〔足の〕**a toe**
親指 a thumb
人差し指 a forefinger
中指 a middle finger
薬指 a third finger; 〔左手の〕the ring finger
小指 a little finger
指差す point 〈at..., to...〉
・彼は私を指差した He pointed at me.
指輪 a ring

湯船 a bathtub
弓 a bow
弓と矢 a bow and arrows
夢 a dream
・彼は夢から覚めた He awoke from a dream.
・夢を見る dream, have a dream
・私は母の夢を見た I dreamed of my mother.
・私はアメリカにいる夢を見た I dreamed that I was in America.
夢にも…ない never
・あなたにまた会えるなんて夢にも思わなかった I never dreamed of seeing you again.
由来 〔起源〕**an origin**; 〔来歴〕**a history**
百合【植物】a lily
ゆるい loose
・ゆるい結び目 a loose knot
許し 〔許可〕**permission**; 〔容赦〕**pardon**
許す
❶ 〔許可する〕**permit, allow**
❷ 〔過失などを〕**pardon**; 〔失礼などを〕**excuse**; 〔罪などを〕**forgive**
・遅くなったことをお許しください Pardon [Excuse] me for coming too late.
・どうぞお許しください Please forgive me.
ゆるむ become [come] loose; 〔気が〕**relax**
ゆるめる loosen; 〔気を〕**relax**; 〔スピードを〕**slow down**
ゆるやかな gentle 〈slope〉; 〔遅い〕**slow** 〈pace〉
揺れる shake, rock
湯沸かし 〔やかん〕**a kettle**; 〔自動湯沸かし器〕**a hot-water heater**

よ

世 〔世の中〕**the world**; 〔時代〕**(the) times**
・あなたは世の中のことが分かっていない You know nothing of the world.
・世の中は変わった Times have changed.
夜 night ⇨ **夜**(よ)
・夜が明ける The sun comes up.
夜明けに at dawn, at daybreak
夜中に at midnight, in the middle of night
夜通し all night, overnight
・彼らは夜通し踊った They danced all night.
夜ふかし
・彼はしばしば夜ふかしをする He often sits [stays] up late at night.
よい good, nice, fine
・よい友達 a good friend
・よい知らせ good news
・このカメラはとてもよい This camera is very good.
・よい天気ですね It's fine, isn't it?
・ハイキングにはよい天気です It is a nice day for hiking.
・それはもっとよい考えだ That's a better idea.
・秋はスポーツに一番よい季節です Autumn is the best season for sports.
…してもよい may *do*, can *do*
・「この電話を使ってもよいですか」「はい、いいですよ」 "May [Can] I use this telephone?" "Yes, you may [can].''

…した方がよい should *do*, 《命令調で》had better *do*; 〔丁寧な言い方〕may as well *do*, would do well to *do*
- あなたはすぐ出発した方がよい You should [may as well] start at once.
- 彼にすぐ手紙を書いた方がよいですよ You would do well to write him immediately.
- あなたはそこへ行かない方がよい You had better not go there.

…しなくてもよい don't have to *do*, need not *do*
- あなたはそれをしなくてもよい You don't have to do that. / You need not do that.

宵 the early evening
宵の明星 the evening star; 〔金星〕Venus

…(し)よう
❶ 《勧誘》Let's *do*. / Shall we *do*?
- 放課後に野球をしよう Let's play baseball after school.
- すぐ出発しようか Shall we start right away?
❷ 《意志》I will *do*.
- ほしいものはなんでもあげよう I will give you anything you want.

…(の)よう
❶ 〔…のような〕like...; 〔…されたように〕as...; 〔例えばAのようなB〕such B as A, B such as A
- 月は鏡のようだ The moon is like a mirror.
- ちょうど言われたようにしなさい Do just as you are told.
- 彼はテニスのようなスポーツが好きだ He likes such sports as tennis. / He likes sports such as tennis.
❷ 〔…らしい, …のように見える〕look like..., look, seem; 〔…するようだ〕seem to *do*, be likely to *do*
- 雨のようだ It looks like rain.
- 彼女は幸せのようだ She looks happy.
- 彼女はちょっとためらうようだった She seemed to hesitate for a minute.
- 彼は遅刻しそうだ He is likely to be late.
❸ ⒜ 〔あたかも…ででもあるかのように〕as if..., as though...
- 彼女はあたかも幽霊でも見たかのような表情をしている She looks as if she saw a ghost.

用
❶ 〔用事〕business
- 私に何のご用ですか What's your business with me?
- あすは用があるので会に出席できません I can't attend the meeting because I have something to do tomorrow.
- 父は用があって大阪へ行きました Father went to Osaka on business.
❷ 〔使用〕use
- この自転車は子ども用です This bicycle is for (the use of) children.

酔う 〔酒に〕get [be] drunk; 〔船に〕get seasick
- 彼女は船に酔った She got seasick.

用意 preparation(s)
用意ができた 〈be〉 ready [prepared] 〈for..., to *do*〉
- 朝食の用意ができました Breakfast is ready.
- 私は出発の用意ができました I am ready to start.
- 用意はいいですか Are you ready?
用意する prepare, make [get] ready 〈for...〉
- 母は夕食の用意をしている Mother is preparing supper.

養育する bring up 〈a child〉
容易な easy ⇨ 易しい
洋画 〔映画〕a foreign film; 〔絵画〕a Western painting
容器 a container ⇨ 入れ物
陽気な cheerful, merry
陽気に cheerfully, merrily
要求 a demand; 〔権利としての〕a claim; 〔請求〕a request
要求する demand, claim, request
- 彼は私にお金を要求した He demanded money from me.
用具 〔手で扱う〕a tool; 〔器具〕an instrument; 〔台所などの〕a utensil
用件 〈on urgent〉business
用語 〔専門の〕a term; 〔語い〕vocabulary
要項 essential points; 〔内容説明書〕a prospectus
擁護する 〔支持する〕support; 〔保護する〕protect, defend

ようこそ
- ようこそ日本へ Welcome to Japan!
- ようこそいらっしゃいました I am very glad [happy] to see you.

洋裁 dressmaking
洋裁学校 a dressmaking school
用紙 a blank, 《英》 a (blank) form
答案用紙 an examination paper
養子 an adopted child
容姿 a figure
ようじ 〔つまようじ〕a toothpick
用事 business ⇨ 用
幼児 a little child, an infant
幼時に in *one's* childhood, when *one* was a child
様式 (a) form, (a) style
生活様式 a way of living, a lifestyle
洋式の Western-style
洋書 a foreign book
養生する take care of *oneself*
養生のために for *one's* health
洋食 〔食べ物〕Western food; 〔料理〕Western dishes
用心する take care 〈of...〉, be careful 〈of...〉
- 風邪を引かないように用心しなさい Take care [Be careful] not to catch cold.
用心深い careful
用心深く carefully
様子 〔外観〕an appearance, a look; 〔状態〕a state; 〔態度〕a manner, an air
- この空の様子ではあしたは雨でしょう From the looks of the sky, it will rain tomorrow.
- 彼の様子がおかしい There is something unusual in his manner.
- 彼女は静かに思い出すような様子で話し始めた She began to speak with an air of quiet recollection.

要する〔必要とする〕need, require;〔時間を〕take
要するに in short, to sum up
養成する train
養成所 a training school
容積〔容量〕capacity;〔体積〕volume
要素 an element
容態 ⟨the patient's⟩ condition
・彼の容態は急に悪くなった His condition has taken a sudden change for the worse.
用地 a lot, a site
幼稚園 a kindergarten
幼稚な childish ⟨ideas⟩
要点 the point
要点を突いている be to the point
・彼の答えは要点を突いている His answer is to the point.
用途 (a) use
・鉄は用途が広い Iron has many [various] uses.
…(する)ように so that one may do, to do, in order to do, so as to do
・私は試験に合格するように一生懸命に勉強した I studied hard so that I might pass the examination. / I studied hard to pass the examination.
幼年 ⇨ 幼児
曜日 the days of the week
・「きょうは何曜日ですか」「水曜日です」"What day (of the week) is it today?" "It is Wednesday today."
用品 an article, a thing
学用品 school things [supplies]
家庭用品 a domestic article
事務用品 office supplies
台所用品 kitchen utensils
日用品 daily necessities
洋品店 a clothing store;〔婦人用〕a boutique
養父 a foster father
洋服 a suit ⇨ 服
洋服屋〔人〕a tailor;〔店〕a tailor's (shop)
養分 nourishment
養母 a foster mother
用法 how to use;〔薬などの〕directions;〔言葉の〕usage
要望〔要求〕a demand;〔要請〕request
要望する demand; request
容ぼう〔顔付き〕looks;〔外見〕an appearance
羊毛 wool
ようやく at last ⇨ やっと
要約 a summary
要約する summarize, sum (up)
要領〔要点〕the point;〔こつ〕the [a] knack
要領を得ている be to the point
・彼の答えは要領を得ていた His answer was to the point.
用例 ⟨give, show⟩ an example
ヨーグルト ⟨a carton of⟩ yog(h)urt
ヨーロッパ Europe
ヨーロッパの European
余暇 leisure, spare time
ヨガ yoga
予期する expect ⇨ 期待

余興 ⟨for⟩ (an) entertainment
預金 a deposit, a bank account
・私は銀行に30万円の預金がある I have 300,000 yen in the bank. / I have a bank account of 300,000 yen.
預金する deposit
よく
❶〔しばしば〕often
・彼女はよくあそこへ行きます She often goes there.
・彼はよく図書館にいる He is often in the library.
❷〔立派に〕well, enough
・よくやった Well done!
❸〔健康が〕⟨get⟩ well [better]
・彼はすぐによくなるでしょう He will get well soon.
❹〔十分に〕well
・私は彼をよく知っている I know him very well.
・ゆうべはよく眠れましたか Did you sleep well last night?
よく知っている be familiar with...
よく知らない be unfamiliar with...
よく…したものだ used to do
・私たちはよく川に釣りに行ったものだった We used to go fishing in the river.
翌… the next ..., the following ...
翌朝 the next [following] morning
翌日 the next [following] day
翌週 the next [following] week
翌月 the next [following] month
翌年 the next [following] year
欲の深い greedy ⟨person⟩
抑圧する oppress, suppress
浴室 a bathroom
浴場 a bath, bathhouse
公衆浴場 a public bath
浴槽 a bathtub
欲張る be greedy
・そんなに欲張るな Don't be so greedy.
欲張り〔人〕a greedy person
欲望 (a) desire
余計な〔余分の〕extra;〔不必要な〕unnecessary
・余計な物を買うな Don't buy unnecessary things.
・余計なお世話だ It is none of your business. / Mind your own business.
よける〔身をかわす〕dodge ⟨a ball⟩, step aside ⟨from a car⟩;〔避ける〕avoid
予言 a prediction, a prophecy
予言する predict, foretell
横〔側面〕the side;〔横幅〕the width
…の横に by..., at the side of...
・彼女は私の横に座った She sat down by my side.
・家の横にドアがあった There was a door at the side of the house.
・彼は首を横に振った He moved his head from side to side. / He shook his head.
横顔 a profile
横切る cross, go across...
・彼は道を横切った He crossed [went across] the road.

…を横切って across...
・その川を横切って橋がかかっている There is a bridge across the river.
予告 a notice
予告する give notice ⟨of..., that...⟩
汚す make dirty; 〔染みを付ける〕stain
横たえる lay down
横たわる lie (down)
横取りする snatch (away)
横になる lie (down)
横道にそれる go the wrong way;〔話が〕digress ⟨from the main subject⟩
汚れ dirt;〔染み〕a stain, a spot
汚れる become [get] dirty;〔染みが付く〕be stained
汚れた dirty;〔染みの付いた〕stained
・汚れた手 dirty hands
予算 a budget
よじ登る climb (up)
予習(を)する prepare *one's* lessons
・私は明日の英語の授業の予習をしています I am preparing tomorrow's English lessons.
よじれる be twisted
よす ⇨ やめる
寄席 a vaudeville [《英》variety] theater
寄せ集め a medley;〔半端物〕odds and ends
寄せ集める gather
寄せる 〔近づける〕bring [draw] *A* near [close] ⟨to...⟩;〔加える〕add (up);〔身を〕live with ⟨*one's* uncle⟩
・テーブルを窓のそばに寄せなさい Move the table close to the window.
予選 a ⟨100-meter⟩ preliminary heat
よその other, another ⟨place⟩
・よそへ行こう Let's go to another place.
よそ行きの〔改まった〕formal
・彼女はよそ行きの着物を着た She put on her best clothes.
予想 expectation
予想する expect
予想外の unexpected ⟨happening⟩
装う〔着る〕wear, dress *oneself*;〔振りをする〕pretend ⟨to be sick⟩
よそ見をする look away [aside]
よそよそしい cold, indifferent, unfriendly ⟨attitude⟩
よだれ slaver, slobber
・よだれを垂らす slaver, slobber
余地 room;〔空間〕space
・この計画には改善の余地がある There is room for improvement in this plan.
予知 (a) prediction
予知する predict ⟨earthquakes⟩
四つ角〔交差点〕a crossing, crossroads
四つ four ⇨ 四(よ)
…(に)よって by ⇨ …で
・独立宣言書はジェファーソンによって書かれた The Declaration of Independence was written by Jefferson.
酔っ払う ⇨ 酔う
酔っ払い a drunken man, a drunkard

四つん這い ⟨move⟩ on all fours, on hands and knees
予定〔計画〕a plan;〔取組〕a program,《英》a programme, a schedule
・私たちは夏休みの予定を立てています We are making plans for the summer vacation.
・あすの予定はどうなっていますか What's the program [plan] for tomorrow?
・そこへは予定どおりに着いた We arrived there on schedule.
…する予定である plan to *do*, intend to *do*;〔期待される〕be expected to *do*
・来月ハワイへ行く予定です I'm planning to go to Hawaii next month.
・父はあす外国から帰る予定です My father is expected to return from abroad tomorrow.
与党 the government party
夜中 at midnight, in the middle of the night
世の中 ⟨in⟩ the world
余白〔ページなどの〕a margin;〔空白〕a blank
予備の spare
・予備のタイヤ a spare tire
予備校 a preparatory school
呼び掛ける call to...;〔訴える〕appeal to ⟨the public⟩
呼び声 a call, a cry
呼び出す〔電話に〕call [ring] up;〔呼び寄せる〕call *A* to ⟨the school⟩;〔召喚する〕summon
呼びりん a bell
呼ぶ call;〔呼び入れる〕call *A* in... [into...];〔呼びにやる〕send for...;〔招待する〕invite
・お母さんが私を呼んでいる Mother is calling me.
・彼らはその首都をクスコと呼んだ They called their capital Cusco.
・タクシーを呼びましょうか Shall I call a taxi for you?
・メアリーは友達の誕生会に呼ばれた Mary was invited to her friend's birthday party.
呼びに行く call for...
呼び戻す call back
夜ふかし ⇨ 夜(よる)
夜ふけに late at night, at midnight
余分の extra, spare
予報 a forecast
予報する forecast
天気予報 a weather forecast
予防 prevention
予防する prevent
予防接種 (a) vaccination
よほど〔非常に〕very;〔ずっと〕much, far;〔かなり〕pretty
・彼はよほど金持ちに違いない He must be very rich.
・こちらの方があれよりよほどよい This is much better than that.
よみがえる〔生き返る〕come to life, revive
読み方 how to read, reading;〔発音〕how to pronounce
夜店 a night stall
読み物 reading(s), a book
読む read

- 彼は本を読んでいる He is reading a book.
- この語が読めますか Can you read this word?
- その本を読みましたか Have you read the book?
- 私はこの本を読み終わった I have read through this book.
- この本は若い人たちに広く読まれている This book is widely read by young people.
- おもしろい話を読んであげよう I'll read you an interesting story.

嫁 〔花嫁〕**a bride**; 〔妻〕**one's wife**

予約 〔席・部屋などの〕**reservation**
予約する reserve, 《英》book
- 私はホテルに部屋を予約した I reserved [booked] a room at the hotel.
予約金 a deposit
予約席 a reserved seat, 《掲示》Reserved

余裕 〔余地〕**room**; 〔時間〕**time**
- 車にはもう一人乗る余裕がある There is room for one more person in the car.
- 私には時間の余裕がない I have no time (to spare).

…より
❶《比較》**than...**
- 私は彼より背が高い I am taller than he.
- 彼は私より速く走る He runs faster than I.
- これはあれよりよい This is better than that.
❷《起点》**from...**;〔…して以来〕**since...**
- この前お目に掛かってより3年になります It is three years since I saw you last.

寄り掛かる lean 〈against..., on..., over...〉

寄り道する 〔立ち寄る〕**drop in** 〈on..., at...〉;〔途中で留まる〕**stop on the way**

夜 night; 〔夕方〕**evening**
- 夜になる (The) night falls [comes].
- 夜が明ける (The) day breaks.
  夜に at night; in the evening
- 私は夜遅くまで起きていた I sat up late at night.
- 父は夜8時ごろ帰宅します Father comes home about eight in the evening.
- 土曜日の夜に遊びにいらっしゃい Come and see me on Saturday evening.
  昼も夜も day and night
- 彼は昼も夜も働いた He worked day and night.

寄る 〔近寄る〕**come near**; 〔立ち寄る〕⇨立ち寄る
- もっと火の近くに寄りなさい Come nearer to the fire.

よる 〔…に基づく〕**be based** 〈on...〉;〔…に原因がある〕**be caused by..., be due to...**
- 事故は彼の不注意によるものだった The accident was due to his carelessness.
  …によれば according to 〈today's newspaper〉, 〈the newspaper〉 says (that...), 〈the newspapers〉 say (that...)

よろける 〔物につまずいて〕**stumble**; 〔よろよろと歩く〕**totter, stagger**

喜び joy, pleasure
- 彼は喜びでいっぱいだった He was filled with joy.
- 合格のお喜びを申し上げます Congratulations on your success in the examination!

喜ぶ be glad [pleased, delighted] 〈at..., with..., to *do*〉
- 彼はそれを聞いて喜んだ He was glad [pleased] to hear that.
- 彼女はその贈り物をとても喜んだ She was very (much) pleased with the present.
  喜ばす please, delight, make *A* glad
- あなたの写真は母をとても喜ばせました Your pictures pleased my mother very much.
  喜んで gladly, willingly, with pleasure
- 「手伝ってくれますか」「はい、喜んで」"Will you help me?" "Yes, with pleasure."
  喜んで…する be glad [willing, happy] to *do*
- 喜んであなたのお手伝いをします I'll be glad to help you. / I am willing to help you.
- 喜んでご招待をお受けします I'll be happy to accept your invitation. / I have the pleasure of accepting your invitation.

よろしい All right. / O.K. / OK
- 「支度ができました」「よろしい。出かけよう」"I'm ready." "All right. Let's go."

よろしく
- お宅の皆さんによろしくお伝えください Please say hello to your family. / Please remember me to your family. / Please give my best regards to your family.
  よろしければ… **..., if you don't mind.**

よろめく 〔足元が〕**totter, stagger**

世論 public opinion
世論調査 a public opinion poll

弱い weak; 〔音・光などが〕**feeble, faint**
- 彼女は体が弱い She is poor [delicate] in health.
- 彼は意志が弱い He has a weak will.
- 私は数学が弱い I am weak in mathematics.
  弱さ weakness
  弱々しい weak-looking, delicate
  弱虫 a coward

弱る become [grow] weak(er); 〔困る〕**be at a loss**
- 彼女はだいぶ弱ってきた She has become much weaker.
- 私はどうしたらよいか弱っている I'm at a loss what to do.

四 four
第4(の) the fourth (略 4th)
4倍[回] four times
4分の1 a quarter, a [one] fourth
4分の3 three quarters 〈of the cake〉

四十 forty
第40(の) the fortieth (略 40th)
40代 *one's* forties
- 彼は40代です He is in his forties.

四輪
四輪駆動の車 a car with four-wheel drive

ら

…ら 《人の複数を表す》
- ぼくら we
- 君ら you
- 彼ら they
- 子どもら children, boys and girls

- 山田ら Yamada and others
来… next, coming
- 来春 next spring, the coming spring
…来〔以来〕since...;〔…の間〕for..., in...
- 昨年来 since last year
- 雪が2, 3日来降っている It has been snowing (for) these few days.
- 10年来の大地震だった This is the biggest earthquake we have had in ten years.

雷雨 a thunderstorm
ライオン【動物】a lion
来客〔招待客〕a guest;〔訪問客〕a visitor, a caller
来月 next month
来週 next week
ライスカレー curry and rice, curried rice
ライト【野球】〔右翼〕right field;〔右翼手〕a right fielder;〔照明〕a light
来日する come to (visit) Japan
来年 next year, the coming year
- 来年の春 next spring
ライバル〔競争相手〕a rival
来賓 a guest, a visitor
　来賓席 the guests' [visitors'] seats
ライブラリー a library
雷鳴 (a peal of) thunder
ライン〔線〕a line
楽な〔容易な〕easy;〔安楽な〕comfortable
- 楽な仕事 an easy task
- 楽ないす a comfortable chair
　楽に easily; comfortably
- どうぞお楽に Please make yourself at home.
楽園 a paradise
落書き scribbling
- 落書きを禁ず《掲示》No scribbling
　落書きする scribble
落語 rakugo, comic storytelling
　落語家 a comic storyteller
落後する drop [fall] out
落成する be completed
落選する〔選挙で〕be defeated 〈in an election〉;〔作品が〕be rejected
らくだ【動物】a camel
落第する fail (in) an examination
　落第生 a failure
　落第点 a failing grade [mark]
落胆する be disappointed;〔気力を失う〕be discouraged
楽天的な optimistic
　楽天家 an optimist
ラグビー〔球技〕rugby (football)
落雷
- 落雷に遭う be struck by lightning [a thunderbolt]
ラケット〔テニスなどの〕a racket
…らしい 〔…のように見える〕look like...;〔…のように思われる〕seem 〈to be, that...〉
- 雨らしい It looks like rain.
- 彼女は病気らしい She seems (to be) ill.
- このパソコンはどこか故障しているらしい It seems that something is wrong with this PC.
　…らしく like...

- そんなことするなんてあなたらしくない It is not like you to do such a thing.
ラジオ radio;〔受信機〕a radio (set)
- 彼はラジオをつけた[消した] He turned on [off] the radio.
- 私は部屋でラジオを聞きます I listen to the radio in my room.
　ラジオ体操 radio exercise
　ラジオ番組 a radio program
らせん状の spiral 〈staircase〉
裸体の naked, nude
楽観 optimism
　楽観的な optimistic
　楽観する be optimistic 〈about...〉
ラッシュアワー the rush hours
らっぱ〔トランペット〕a trumpet
ラップトップの【コンピュータ】laptop
　ラップトップ・コンピュータ a laptop computer
ラベル〔貼り札〕a label
ラム【コンピュータ】RAM (random access memory の略)
欄〔新聞などの〕a column
　広告欄 the ad column
ラン【コンピュータ】〔構内通信網〕LAN (local area network の略)
欄外 the margin 〈of a page〉
欄干 railing(s)
乱雑な disorderly
- 乱雑に (be) in disorder
ランチ〔昼食〕lunch
- ランチを取る have lunch
ランドセル a school satchel
ランナー〔走者〕a runner
ランニング〔走ること〕running
ランプ〔明かり〕a lamp
乱暴な violent, rude, rough
- 彼は乱暴な言葉を使う He uses violent [rude, rough] language.
乱用する abuse 〈one's power〉

り

リーグ〔連盟〕a league
　リーグ戦〔1回〕a league game;〔全体〕the league tournament
リーダー
　❶〔読本〕a reader
　❷〔指導者〕a leader
リードする lead, take the lead
利益 (a) profit
- 彼は大きな利益をあげた He made a big profit.
理科 science
　理科室 science room
理解 understanding, comprehension
　理解する understand, comprehend
- 私はあなた(の言うこと)が理解できない I can't understand you.
利害 interests
力士 a sumo wrestler
力量 one's ability;〔才能〕one's capacity
陸 land
- 彼らは遠くに陸を見た They saw land in the dis-

tance.
陸路で ⟨travel⟩ by land
リクエスト 〔要請〕**a request**
 リクエストする request ⟨a song⟩
陸軍 the army
陸上 land
 陸上競技 field and track events
陸地 land ⇨ 陸
理屈 (a) reason ⇨ 理由
 理屈に合った reasonable ⟨remark⟩
履行する carry out, perform, fulfill ⟨*one's* promise⟩
利口な clever, bright, wise
・利口な少年 a clever [bright] boy
・その犬は大変に利口だ The dog is very clever.
利己的な egoistic, selfish
・利己的でない unselfish
リサイクルする recycle
リサイタル ⟨give⟩ **a recital**
利子 interest
りす 【動物】**a squirrel**
リスト 〔目録〕**a list**
リズム 〔律動・調子〕**rhythm**
理性 reason
・彼は理性を失った He lost control of himself.
理想 an ideal
・彼は理想が高い He has high ideals.
 理想的な ideal
利息 interest
知的な intellectual ⟨women⟩
率 a rate
 死亡率 the death rate
 出生率 the birth rate
 投票率 vote rate
立候補する run [《英》**stand**] **for** ⟨parliament⟩, **be a candidate for** ⟨mayor⟩
 立候補者 a candidate
立秋 the first day of autumn
立春 the first day of spring
立体 【数学】**a solid (body), a cube**
 立体の，立体的な solid, cubic
 立体交差 a two-level crossing
リットル a liter（略 l.）
立派な good, fine, nice; 〔尊敬すべき〕**respectable, virtuous**
・彼女は立派な英語を話す She speaks good English.
・彼は立派な若者だ He is a fine [nice] young man.
・彼は立派な服装をしていた He was well dressed.
 立派に well, fine, finely
・彼は立派にやっている He is doing well [fine].
立方 cube
 立方の cubic
 立方体 a cube
 立方メートル a cubic meter
立法 legislation
 立法の legislative
理念 ⟨have⟩ **an idea**
リハーサル 〔下げいこ〕**a rehearsal**
 リハーサルする rehearse ⟨a play⟩

理髪 a haircut, hairdressing
 理髪店 a barbershop, 《英》 a barber's (shop)
リポート 〔報告書〕 ⟨make⟩ **a report;** 〔学生の〕**a term paper**
 リポーター 〔報告者〕 a reporter
リボン 〔飾りひも〕**a ribbon**
リモコン 〔遠隔操作〕**remote control**
略 〔省略〕**omission;** 〔短縮〕**(an) abbreviation**
 略す 〔省略する〕omit; 〔短縮する〕abbreviate, abridge
 略式の informal ⟨clothes⟩
 略図 a (rough) sketch; 〔地図〕a rough map
 略歴 one's brief personal history
理由 (a) reason
・彼の欠席の理由は何ですか What is the reason for his absence?
・私はその理由を知らない I don't know the reason [why].
・これが私がそんなに早く起きた理由です This is why I got up so early.
留学する study abroad
・彼は英語を勉強するためにアメリカに留学した He went to America to study English.
 留学生 a student studying abroad;〔日本にいる〕a foreign student in Japan
 交換留学生 an exchange student
流感 influenza, 《話》 **the flu** ⇨ インフルエンザ
流行 〔服装などの〕**(a) fashion**
 流行している be in fashion, be popular ⟨among...⟩
・短いスカートが流行している Short skirts are in fashion.
・その歌は若い人の間で流行している That song is popular among young people.
 流行遅れである be out of fashion
・その型は流行遅れだ The type is out of fashion.
 流行歌 a popular song
流星 a shooting star, a meteor
流ちょうな fluent
 流ちょうに ⟨speak English⟩ fluently
流通 〔貨幣の〕**circulation;** 〔商品の〕**distribution**
 流通する circulate
量 quantity
・日本は多量の石油を輸入している Japan imports a large quantity of oil.
・量より質 quality before quantity
漁 fishing
 漁師 a fisherman (複 fishermen)
猟 hunting
 猟師 a hunter
寮 ⟨live in⟩ **a dormitory,** 《話》 **a dorm**
利用 use
 利用する use
・彼はその機会をうまく利用した He made a good use of the opportunity.
・私はよく公共図書館を利用する I often use the public library.
 利用者 a user
理容 hairdressing ⇨ 理髪
 理容師 a hairdresser
領域 a territory; 〔分野〕**a field, a sphere**

了解する **understand**
両替 **exchange**
　両替する exchange ⟨yen⟩ to [into] ⟨dollars⟩
両側 **both sides, either side**
料金 〔宿泊料など〕**a charge**; 〔授業料など〕**a fee**; 〔使用料〕**a rate**; 〔乗り物の〕**a fare**
・この部屋の料金はいくらですか What is the charge for this room?
　タクシー料金 a taxi fare
　電話料金 telephone rates
良好な **good, excellent**
量産 **mass production**
良識 ⟨a man of⟩ **good sense**
領収する **receive**
　領収書 a receipt
　領収書を受け取る have a receipt
両親 **one's parents**
良心 **(a) conscience**
両方 **both**; 〔AもBも両方とも〕**both** *A* **and** *B*
・彼らは両方ともいい学生です They are both good students. / Both (of them) are good students.
・私はその両方とも好きだ I like both of them.
・私はその両方が好きというわけではない〔片方が嫌い〕I don't like both of them.
・私はその両方とも好きでない I like neither of them. / I don't like either of them.
・私はスキーもスケートも両方ともできる I can both ski and skate.
・彼は英語もフランス語も両方とも話す He speaks both English and French.
・彼は両方の言葉を話す He speaks both languages.
療養 **medical treatment**
料理 **cooking**; 〔皿に盛った〕**a dish**
・彼女は料理がじょうずだ She is good at cooking. / She is a good cook.
　料理する cook
　料理店 a restaurant
　料理人 a cook
　料理法 recipe
　日本料理 Japanese dishes
　中国料理 Chinese dishes
両立する 〔共存する〕**coexist**; 〔矛盾しない〕**be compatible** ⟨with...⟩
旅客 **a traveler**, 《英》**traveller**; 〔観光客〕**a tourist**; 〔乗客〕**a passenger**
　旅客機 a passenger plane
旅館 **a hotel**; 〔小さな〕**an inn**
緑地 **a green land**
　緑地帯 a green track [piece] of belt
旅券 **a passport**
・旅券を申請する apply for a passport
旅行 **travel**, 《英》**travelling**; 〔比較的短い〕**a trip**; 〔比較的長い〕**a journey**; 〔周遊・観光の〕**a tour**
・私は旅行が好きです I am fond of traveling.
・父は旅行に出かけた My father went on a trip [a journey].
・よいご旅行を Have a nice trip.
　旅行をする travel, make a trip [a journey]

・彼は世界一周旅行をした He traveled [《英》travelled] around the world.
　旅行案内所 a tourist bureau
　旅行ガイドブック a travel guidebook
　旅行者 a traveler, 《英》traveller, a tourist
　旅行日程 itinerary
　海外旅行 travel abroad
　観光旅行 a sightseeing tour
　修学旅行 a school excursion
　周遊旅行 a round trip
旅費 **traveling expenses**
リラックスする 〔くつろぐ〕**relax** (*one*self)
リリーフ 【野球】〔救援〕**(a) relief**
　リリーフする relieve
　リリーフ投手 a relief pitcher
離陸 **a take-off**
　離陸する take off ⟨from Haneda for Nagasaki⟩
リレー 〔継走・継泳〕**a** ⟨400-meter⟩ **relay**
履歴 **one's personal history**; 〔特に職業上の〕**one's career**; 【コンピュータ】**a history**
　履歴書 a personal history, a curriculum vitae
理論 **(a) theory**
臨海の **seaside**
　臨海学校 a seaside (summer) school
輪郭 **an outline**
林間の **in the woods**; 〔野外の〕**open-air**
　林間学校 an open-air school, a camping school
リンク 〔スケートの〕**a (skating) rink**
リング 〔指輪〕**a ring**; 〔ボクシングなどの〕**the ring**
りんご 【植物】〔実〕**an apple**; 〔木〕**an apple tree**
隣国 **neighbo(u)ring countries**
臨時の 〔一時の〕**temporary**; 〔特別の〕**special**
・臨時の仕事 an odd job
　臨時雇い a temporary employee
　臨時列車 a special train
隣人 **a neighbor**, 《英》**a neighbour**
隣接した **adjoining, neighbo(u)ring**
　隣接する adjoin, be next to...
倫理(学) **ethics**; 〔道徳〕**morals**

る

類 〔種類〕**a kind**; 〔部門〕**a class**
　…に類する be like ⟨this⟩, be similar to ⟨this⟩
　類のない unique ⟨customs⟩
塁 【野球】**a base**
　一[二・三]塁 first [second, third] base
・彼は三塁を守る He plays third base.
　本塁 home base
　二[三]塁打 a two-base [three-base] hit
　塁審 a base umpire
類似の **similar**
　類似する be like... ⇨似る
類推 ⟨draw⟩ **(an) analogy**
類例 **a similar example [instance]**
ルーズな 〔だらしのない〕**loose**
・彼は時間にルーズだ He is not punctual.
ルーズリーフ式の **looseleaf** ⟨notebook⟩

ルータ【インターネット】a router
ルート〔路〕a route
ルール〔規則〕a rule
・私たちはそのルールを守らなければならない We must obey the rules.

留守 absence
・あなたの留守中にスミスさんが訪ねて来ました Mr. Smith came to see you while you were out [in your absence].
・母は今留守です Mother is out now.
・私は2, 3日家を留守にします I'll be away (from home) for a few days.
留守番
・私は留守番をした I remained at home [took care of the house].

れ

礼〔おじぎ〕a bow;〔感謝〕thanks;〔謝礼〕a reward
・私は先生に礼をした I bowed to the teacher.
・私は彼に贈り物の礼を言った I thanked him for the present.
・手伝ってくれたお礼に彼を夕食に招待した I invited him to dinner in return for his help.

例 an example, an instance;〔事例〕a case
・一つ例を挙げよう I will give you an example.
例の usual 〈place〉
例によって as usual
・彼は例によって遅刻した He was late as usual.
例を挙げると for example, for instance ⇨例えば

零 zero
零点 zero, no points
零下 below zero
・けさは零下5度だ It is five degrees below zero this morning.

例外 an exception
例外の exceptional
例外のない規則はない There are no rules without exceptions.
例外的に exceptionally

霊感 〈draw〉(an) inspiration

礼儀 etiquette;〔作法〕manners
・それは礼儀に反する It is against etiquette.
・彼は礼儀を知らない He has no manners.
礼儀正しい polite

冷却する cool 〈the room〉
冷却機 a cooler
冷血な cold-blooded
冷酷な cruel, cold-hearted
・彼は冷酷な人だ He is a cruel man.
礼状 a letter of thanks, a thank-you letter

冷静な calm, cool
・冷静な態度 a calm attitude
・彼は危険に直面して冷静だった He kept cool in the face of danger.
冷静に calmly

冷蔵庫 a refrigerator
冷淡な cold
・彼女は私にとても冷淡だった She was very cold to me.

冷凍 freezing
冷凍の frozen 〈meat〉
冷凍する freeze
冷凍庫 a freezer

例年 every year
例年の annual 〈event〉

冷房 air conditioning
・このビルは冷房がしてある This building is air-conditioned.

レインコート a raincoat

レーザー a laser
レーザーディスク a laser disk
レーザープリンター【コンピュータ】a laser printer

レース〔競走〕a race;〔編み物〕lace

歴史 history
・日本の歴史 the history of Japan
歴史上の historical;〔歴史上で有名な〕historic
・歴史上の人物 a historical figure
歴史的な historic
・歴史的事件 a historic event
歴史家 a historian

レギュラー〔正規の選手〕a regular (player);〔正会員〕a regular member
レクリエーション〔気晴らし〕recreation
レコーダー〔録音機〕a recorder

レコード
❶〔記録〕a record
レコード保持者 a record holder
❷〔音盤〕a record, a disc
・彼はレコードを掛けた He played a record.
レコードプレーヤー a record player

レシーバー〔受話器・受信機〕a receiver
レジャー〔余暇〕leisure
レストラン a restaurant
レスリング wrestling
レタス【植物】lettuce

列〔縦の〕a line;〔横の〕a row
・車の長い列 a long line of cars
・列を作る line up
一列に in line
・バスを待つ人たちは一列に並ばなければならない People waiting for buses have to stand in line.
前列 the front row
後列 the rear row

列車 a train
・私たちが乗った列車は定刻に東京駅に着いた Our train arrived at Tokyo station on time.
・私はそこへ列車で行った I went there by train.
列車に乗る get on the train
・彼は東京で列車に乗った He got on the train at Tokyo Station.
列車から降りる get off the train
・彼は大阪で列車から降りた He got off the train at Osaka Station.
列車事故 a railway accident
上り列車 an up train
下り列車 a down train

レッスン〔けいこ〕a lesson

- 彼女はピアノのレッスンを受けている She takes [has] piano lessons.

レッテル 〔貼り札〕**a label**
　レッテルを貼る label ⟨the baggage⟩

列島 (a chain of) islands
　日本列島 the Japanese Islands

劣等の inferior ⟨quality⟩
　劣等感 an inferiority complex

レッドカード 〔サッカー〕**a red card**

レバー 〔肝臓〕**the liver**; 〔てこ〕**a lever**

レフェリー a referee

レフト 【野球】〔左翼〕**left field**; 〔左翼手〕**a left fielder**

レベル 〔水準〕**a level**
- レベルが高い[低い] be on a high [low] level

レポート ⇨ リポート

レモン 【植物】**a lemon**

恋愛 ⟨be in⟩ **love**
　恋愛小説 a love story

連休 consecutive holidays

連結する couple ⟨a dining car⟩

連合 (a) union, (an) alliance
　連合する unite, ally
　国際連合 the United Nations

連日 every day, day after day

練習 practice, (an) exercise
- 英語の練習 practice in English
- 音楽の練習を続けなさい Keep practicing music.
　練習(を)する practice, exercise
- 彼女はピアノの練習をしている She is practicing the piano.
- 英語の練習をしよう Let's practice English.
　練習不足である be out of practice
- 彼女は練習不足だ She is out of practice.
　練習試合 a practice game
　練習問題 an exercise

レンズ a lens

連想 association
　連想する be associated ⟨with...⟩

連続する continue ⇨ 続く
　連続漫画 a comic strip

レンタルの rental
　レンタルビデオ a rental video
　レンタルビデオショップ a video rental shop

レントゲン
　レントゲン検査 an X-ray examination
　レントゲン写真 an X-ray (photograph), a radiograph

連盟 a league
　高校野球連盟 the High School Baseball League of Japan

連絡 connection, contact, touch
- そのバスはその列車との連絡がよい The bus has a good connection with the train.
- このごろ佐藤君と連絡がありますか Do you keep in touch [contact] with Mr. Sato these days?
　連絡する connect ⟨with...⟩; 〔人が〕contact, get in touch [contact] ⟨with...⟩
- 電話で彼に連絡してください Please get in touch [contact] with him over the phone.

ろ

廊下 〔家の〕**a passage**; 〔学校・ホテルなどの〕**a corridor**

老人 〔男〕**an old man**; 〔女〕**an old woman**; 〔全体〕**old people, a senior citizen**

ろうそく a candle; 〔明かり〕**candlelight**
　ろうそく立て a candlestick

漏電 leakage of electricity
- 漏電している Electricity is leaking.

労働 labor, work
　労働組合 a labor union
　労働時間 working hours
　労働者 a laborer, a worker
　精神労働 mental labor
　肉体労働 physical labor

朗読する read (aloud)
- 彼はその詩を朗読した He read the poem.

浪人 〔学生〕**a student who was unable to enter university, etc.**

老年 old age

浪費 (a) waste
- 時間の浪費 (a) waste of time
　浪費する waste
- 彼はつまらないものにお金を浪費した He wasted his money on useless things.

労力 labor; 〔骨折り〕**efforts**

老齢 old age

ローカル 〔地方の〕**local** ⟨news⟩

ロータリー 〔環状交差路〕《米》**a rotary**, 《英》**a roundabout**

ロードショー 【映画】〔一般封切り前の興行〕**a road show**

ロープ a rope

ローラースケート roller skating; 〔靴〕⟨a pair of⟩ **roller skates**
- ローラースケートをする roller-skate

六 six
　第6(の) the sixth（略 6th）

ログ 〔コンピュータ〕〔記録〕**log**
　ログアウトする log out
　ログインする log in
　ログオフする log off

録音 recording
　録音する record
- 彼はその歌をテープに録音した He recorded the song on tape.
　録音機 a recorder

録画 videotape recording
　録画する videotape ⟨the TV program⟩, record ⟨the TV program⟩ on videotape

六月 June（略 Jun.）
　6月に in June

六十 sixty
　第60(の) the sixtieth（略 60th）
　60代 one's sixties
- 彼女は60代です She is in her sixties.

ロケット a rocket
- 日本はロケットを打ち上げた Japan launched a rocket.

露骨な plain, open

露骨に plainly, openly
路地 an alley; 〔小道〕a lane
露出 exposure
・露出する expose ⟨*one's* body⟩
路上に 〈park〉 on the road [street]
ロッカー 〔錠付きの小戸棚〕a locker
ロック 【音楽】rock (music)
・ロックコンサート a rock concert
ろっ骨 a rib
露店 a (street) stall
・露店商人 a stall keeper
ロビー 〔玄関の広間〕a lobby
ロボット a robot
ロマンス 〔恋愛事件〕a romance
ロマンチックな 〔空想的な〕romantic
ロム 【コンピュータ】ROM (read-only memory の略)
論 〔議論〕an argument; 〔理論〕a theory; 〔小論文〕an essay
論議 ⇨ 議論
論じる argue, discuss
論説 〔新聞などの〕an editorial, 《英》a leading article
・論説委員 an editorial staff
論争 a dispute
・論争する dispute ⟨on..., about...⟩
論評 a comment
論文 a paper
・英語指導に関する論文 a paper on the teaching of English
論理 logic
・論理的な logical
・論理的に logically
・論理学 logic

わ

輪 〔円形〕a circle; 〔環〕a ring; 〔車の〕a wheel
・輪になって in a circle
・彼らは輪になって座った They sat in a circle.
和 〔合計〕a sum, a total
ワークステーション 【コンピュータ】a workstation
ワークブック 〔練習帳〕a workbook
ワープロ 【コンピュータ】a word processor
ワールドカップ 〔サッカーの〕the World Cup
ワールドワイドウェブ 〔インターネット〕WWW (World Wide Web の略)
ワイシャツ a (dress) shirt
ワイヤー 〔針金〕wire
・ワイヤーロープ a wire rope
和英辞典 a Japanese-English dictionary
若い young
・若い人たち young people
・彼女は年の割には若い She looks young for her age.
・彼は私より3歳若い He is three years younger than I (am).
若さ youth
・彼女は今も若さを保っている She still keeps her youth.
若い頃 in *one's* younger days

若葉 young leaves
若者 a young man, a youth; 〔全体〕the young
和解 reconciliation
・和解する reconcile
沸かす boil
・彼女はやかんで湯を沸かした She boiled water in the kettle.
わがままな selfish
分かる 〔理解する〕understand, see; 〔知る〕know; 〔気が付く〕find; 〔判明する〕turn out ⟨to be⟩, prove ⟨to be⟩
・分かりました I see.
・「私の言うことが分かりますか」「はい、分かります」 "Do you understand me?" "Yes, I do."
・私には全然分かりません I can't understand it at all.
・彼女は彼がそんな悪人とは分からなかった She had no idea that he was such a bad man.
・私はどうしてよいか分からなかった I didn't know what to do.
・彼の家はすぐに分かった I easily found his house.
・その報道が正しいことが分かった The report proved (to be) true.
分かりやすい easy to understand; 〔平明な〕plain, simple
分かりにくい hard to understand; 〔あいまいな〕vague
別れ parting; 〔あいさつ〕(a) good-by(e), (a) farewell
・別れを告げる say good-by(e) ⟨to...⟩
別れる part ⟨from...⟩
・私は駅で彼と別れた I parted from him at the station.
分かれる be divided [separated] ⟨into...⟩
・彼らは数グループに分かれている They are divided into several groups.
分かれ目 〔転機〕a turning point
脇 the side
・脇に 〈push〉 aside ⇨ そば
脇腹 the side, the flank
脇道 a side road, a bypass
腋 *one's* side
・彼は本を腋に抱えている He has a book under his arm.
腋の下 the armpit
わきまえる know ⟨right from wrong⟩
枠 〔縁〕a frame; 〔制限〕a limit
沸く boil
・湯が沸いている The water is boiling.
湧く spring (up), rise (up)
ワクチン 〔接種用の〕vaccine; 【コンピュータ】vaccine
・ワクチン注射を受ける be vaccinated
わくわくする 〔興奮する〕be [get] excited ⟨over..., at...⟩;〔ぞくぞくする〕thrill ⟨with..., at...⟩
訳 〔理由〕(a) reason
・私にはその訳が分からない I don't know the reason.
・遅刻した訳を話してごらん Tell me the reason

(why) you were late. / Tell me why you were late.
訳ない〔易しい〕**easy, simple**
分け前 a share
・私は利益の分け前をもらった I got [had] my share of the profit.
分ける divide;〔互いに分け合う〕**share** 〈with...〉; 〔引き離す〕**separate**
・彼女はケーキを二つに分けた She divided the cake into two pieces.
・私は弁当を友達に分けてあげた I shared my lunch with my friend.
輪ゴム a rubber band
技〔技術〕**a skill, an art**
業〔行い〕**an act;**〔仕事〕**a task**
わざと on purpose, purposely
・彼女は茶わんをわざと割った She broke the cup on purpose.
災い〔災難〕**a disaster;**〔不幸〕**a misfortune**
・災い転じて福となす 《ことわざ》 Out of evil comes good.
わざわざ〔意図的に〕**on purpose;**〔特に〕**specially**
わざわざ…する〔労を惜しまずに…する〕take the trouble to *do*
・北海道からわざわざおいでいただきありがとうございます It is very kind of you to come all the way from Hokkaido.
わし【鳥】an eagle
和食 Japanese food
わずか〔数〕**a few;**〔量〕**a little** ⇨少し; **only** ⇨ただ
・彼には友人がわずか(ばかり)いる He has a few friends.
・私はわずか(ばかり)のお金を持っている I have a little money.
・教室にはわずか二人の生徒しかいなかった There were only two students in the classroom.
患う〔病気をする〕**be sick [ill], get sick [ill]**
煩う〔心配する〕**be troubled** 〈with...〉, **be worried**
煩わす trouble
・そのことに煩わされるな Don't worry about it.
忘れっぽい forgetful
・年を取ると忘れっぽくなる Old people are sometimes forgetful.
忘れ物 〈leave〉 **a thing left behind**
忘れる forget, get out of *one's* **mind;**〔置き忘れる〕**leave** 〈behind..., in...〉
・私は彼の名前を忘れた I forgot his name.
・あなたのご親切は決して忘れません I'll never forget your kindness.
・私はバスにかばんを忘れてきた I left my bag in the bus.
忘れないで…する don't forget to *do*
・忘れないで手紙を出してください Don't forget to mail the letter.
和製の 〈toys〉 **made in Japan, Japanese-made**
　和製英語 Japanese English
綿 cotton;〔木〕**a cotton plant**
話題 a topic, a subject
・時の話題 current topics

・話題を変えよう Let's change the subject.
私
私は[が] I
・私は高校生です I am a (senior) high school student.
・私です 《電話で》 Speaking.
私の my
・これは私の本です This is my book.
私のもの mine
・この本は私のものです This book is mine.
私に[を] me
・彼は私に本をくれた He gave me a book.
・彼は私をよく知っている He knows me well.
私自身 myself
・私自身でそれをした I did it myself.
私たち ⇨私たち
私は[と言えば] as for me
私たち
私たちは[が] we
・私たちは高校生です We are (senior) high school students.
私たちの our
・スミスさんは私たちの英語の先生です Mr. Smith is our English teacher.
私たちのもの ours
・これらの本は私たちのものです These belongings are ours.
私たちに[を] us
・彼は私たちに英語を教えている He teaches us English.
・その知らせは私たちを大いに喜ばせた The news pleased us very much.
私たち自身 ourselves
渡す〔手渡す〕**hand**
・私は彼女に手紙を渡した I handed a letter to her.
渡り鳥 a migratory bird, a bird of passage
渡る cross, go over [across] 〈to...〉
・私たちは橋を渡った We crossed the bridge.
・彼は先月アメリカに渡った He went over to America last month.
ワックス〔つや出し用〕**wax**
・ワックスを塗る wax 〈the floor〉
ワッと
・子どもたちはワッと歓声を上げた The children shouted for joy.
・彼女は私の顔を見てワッと泣き出した She burst into tears [burst out crying] when she saw me.
わな a trap
・うさぎがわなにかかった A hare was caught in a trap.
わに【動物】〔大型の〕**a crocodile;**〔小型の〕**an alligator**
詫び an apology
　詫びる, お詫びする apologize 〈to *A* for *B*〉
　詫び状 a letter of apology
わびしい〔寂しい〕**lonely** 〈life〉
和服 a *kimono*, Japanese clothes
和文 Japanese, Japanese writing
　和文英訳 translation from Japanese into

English

わめく **shout**; 〔金切り声で〕**scream, shriek**
和訳する **translate [put]** *A* **into Japanese**
・次の英文を和訳しなさい Translate [Put] the following English sentences into Japanese.
わら **(a) straw**
・おぼれる者はわらをもつかむ 《ことわざ》 A drowning man will catch at a straw.
笑い **a laugh**
・私たちは彼の冗談に大笑いした We had a good laugh over the joke.
  笑い顔 a smiling face
  笑い声 laughter
  笑い話 a funny story, a joke
笑う 〔声を出して〕**laugh**; 〔ほほえむ〕**smile**
・彼らは私のことを笑った They laughed at me.
・彼女は私ににっこり笑った She smiled at me.
・彼は笑いながら入ってきた He came in with a smile.
割 〔割合〕**a rate, a ratio**; 〔百分率〕**percentage**
・学生の2割 twenty percent of the students
・1日20ドルの割でお払いしましょう I will pay you at the rate of twenty dollars a day.
  割に 〔比較的〕 comparatively
  …の割に for ⟨*one's* age⟩
割合 ⇨ 割
割り当て 〔強制的な〕**assignment**; 〔一般的な〕**(an) allotment**
  割り当てる assign, allot ⟨to...⟩
・その仕事が私たちに割り当てられた The work was assigned to us.
割り込む 〔列に〕**jump [break into]** ⟨the line⟩; 〔車などに〕**cut in** ⟨on...⟩; 〔人の話に〕**cut in** ⟨on *A's* talk⟩
割り算【数学】**division**
  割り算をする divide ⟨ten by two⟩
割引 **a discount**
・この品は1割引です We'll discount the price by ten percent.
・あの店では靴を2割引で売っている They sell shoes at a discount of twenty percent at that store.
  割引する discount, make [give] a discount
  割引切符 a discount ticket
  割引券 a bargain ticket
割り引く ⇨ 割引
割る
❶〔壊す〕**break**; 〔分割する〕**divide**
・彼はコップを割った He broke a glass.
・8を2で割ると4になる Eight divided by two is [equals] four.
❷〔薄める〕**mix** ⟨*A* with *B*⟩
・私はウイスキーを水で割った I mixed whisky with water.
悪い **bad**; 〔間違っている〕**wrong**; 〔邪悪な〕**evil**
  悪い習慣 a bad habit
・きょうは天気が悪い The weather is bad today.
・喫煙は健康に悪い Smoking is bad for the health.

・これはあれよりもっと悪い This is worse than that.
・これはすべてのうちで一番悪い This is the worst of all.
・うそをつくのは悪い It is wrong to tell a lie.
・私の車はどこか具合が悪い Something is wrong with my car.
悪賢い **cunning** ⟨man⟩
悪気
・彼も別に悪気があってしたわけではない He didn't do it out of malice.
悪口
・人の悪口を言うな Don't speak ill of others.
悪だくみ ⟨have⟩ **a wicked design**; 〔陰謀〕**a plot**
悪ふざけ ⟨play⟩ **a practical joke**
悪者 **a bad fellow**; 〔悪漢〕**a rogue, a rascal**
われ 〔自身〕**oneself**; 〔自我〕**ego**
  われに返る come to *one*self
  われを忘れる be beside *one*self ⟨with joy, with anger⟩; 〔熱中している〕be absorbed in ⟨reading⟩
割れ目 **a crevice, a crack**
割れる 〔壊れる〕**break, be broken, crack**
・ガラスはすぐ割れる Glass breaks easily.
・茶碗が割れた The cup was broken.
われわれ ⇨ 私たち
湾 **a bay**; 〔大きな〕**a gulf**
・東京湾 the Bay of Tokyo, Tokyo Bay
椀, 碗 〔飲食物の〕**a (wooden) bowl**
腕章 **an armband**
腕白な **naughty** ⟨boy⟩
ワンピース 〔衣服〕**a one-piece dress**
腕力 **physical strength**; 〔暴力〕**violence**
・彼は腕力が強い He is a strong man. / He has great physical strength.
・腕力に訴えるな Don't use [appeal to] force.
ワンワン 〔犬の鳴き声〕**bow-wow**
  ワンワンほえる bark

を

…を
❶《動詞の目的語として》
・私は本を読む I read a book.
・彼はテニスをする He plays tennis.
・彼女は私たちに英語を教える She teaches us English. / She teaches English to us.
・父は私にカメラを買ってくれた Father bought me a camera. / Father bought a camera for me.
❷《前置詞を用いて》
・彼は川を泳いで渡った He swam across the river.
・彼女は通りを歩いて行った She walked along the street.
・彼らは私を笑った They laughed at me.
・私は神を信じる I believe in God.
・彼は息子を自慢している He is proud of his son.
・母はやかんに水をいっぱい入れた Mother filled the kettle with water.

不規則変化表

動詞・助動詞

この英和辞典中で不規則に変化する語

原形（主な意味）
過去形
過去分詞
現在分詞

形容詞・副詞

この英和辞典中で不規則な比較級や最上級を持つ語

原級（主な意味）
比較級
最上級

不規則変化表

現在形（意味）	過去形	過去分詞	現在分詞
arise 生じる	arose	arisen	arising
awake 目を覚まさせる	awoke, awaked	awoke, awaked, 《主に英》awoken	awaking
be (am, is) …である	was	been	being
be (are) …である	were	been	being
bear[1] 支える	bore	borne, born	bearing
beat たたく	beat	beaten, beat	beating
become …になる	became	become	becoming
begin 始める；始まる	began	begun	beginning
bend 曲げる	bent	bent	bending
bet 賭ける	bet, betted	bet, betted	betting
bind しばる	bound	bound	binding
bite かむ	bit	bitten, bit	biting
bleed 出血する	bled	bled	bleeding
bless 祝福する	blessed, blest	blessed, blest	blessing
blow[1] 吹く	blew	blown	blowing
break 壊す	broke	broken	breaking
breed 産む	bred	bred	breeding
bring 持ってくる	brought	brought	bringing
broadcast 放送する	broadcast, broadcasted	broadcast, broadcasted	broadcasting
build 建てる	built	built	building
burn 燃える	burned, burnt	burned, burnt	burning
burst 破裂する	burst	burst	bursting
buy 買う	bought	bought	buying
can[1] …することができる	could	なし	なし
cast 投げる	cast	cast	casting
catch つかまえる	caught	caught	catching
choose 選ぶ	chose	chosen	choosing
cling くっつく	clung	clung	clinging
come 来る	came	come	coming
cost （金額が）かかる	cost	cost	costing
creep ゆっくりと動く	crept	crept	creeping
cut 切る	cut	cut	cutting
deal[1] 配る	dealt	dealt	dealing
die 死ぬ	died	died	dying

不規則変化表

現在形(意味)	過去形	過去分詞	現在分詞
dig 掘る	dug	dug	digging
dive 飛び込む	dived, 《米》dove	dived	diving
do, does する	did	done	doing
draw 引く	drew	drawn	drawing
dream 夢を見る	dreamed, 《主に英》dreamt	dreamed, 《主に英》dreamt	dreaming
drink 飲む	drank	drunk	drinking
drive 運転する	drove	driven	driving
dwell 居住する	dwelt, dwelled	dwelt, dwelled	dwelling
eat 食べる	ate	eaten	eating
fall 落ちる	fell	fallen	falling
feed 食べ物を与える	fed	fed	feeding
feel 感じる	felt	felt	feeling
fight 戦う	fought	fought	fighting
find 見つける	found	found	finding
flee 逃げる	fled	fled	fleeing
fling 勢いよく投げる	flung	flung	flinging
fly¹ 飛ぶ	flew	flown	flying
forbid 禁じる	forbade, forbad	forbidden	forbidding
forecast 予報する	forecast, forecasted	forecast, forecasted	forecasting
forget 忘れる	forgot	forgotten, 《主に米》forgot	forgetting
forgive 許す	forgave	forgiven	forgiving
freeze	froze	frozen	freezing
get 得る	got	got, 《主に米》gotten	getting
give 与える	gave	given	giving
go 行く	went	gone	going
grind ひいて(粉に)する	ground	ground	grinding
grow 成長する	grew	grown	growing
hang つるす	hung	hung	hanging
(人の)首をつる	hanged	hanged	hanging
have, has 持っている	had	had	having
hear 聞く	heard	heard	hearing
heave 持ち上げる	heaved, hove	heaved, hove	heaving

現在形（意味）	過去形	過去分詞	現在分詞
hide 隠す	hid	hidden, hid	hiding
hit 打つ	hit	hit	hitting
hold （手に）持っている	held	held	holding
hurt 傷つける	hurt	hurt	hurting
keep 持っておく	kept	kept	keeping
kneel ひざまずく	knelt, kneeled	knelt, kneeled	kneeling
knit 編む	knitted, knit	knitted, knit	knitting
know 知っている	knew	known	knowing
lay¹ 置く	laid	laid	laying
lead¹ 導く	led	led	leading
lean¹ 寄りかかる	leaned, 《主に英》leant	leaned, 《主に英》leant	leaning
leap 跳ぶ	leaped, 《主に英》leapt	leaped, 《主に英》leapt	leaping
learn 学ぶ	learned, learnt	learned, learnt	learning
leave¹ 離れる	left	left	leaving
lend 貸す	lent	lent	lending
let¹ …させる	let	let	letting
lie¹ 横たわる	lay	lain	lying
lie² うそをつく	lied	lied	lying
light¹ 火をつける	lighted, lit	lighted, lit	lighting
lose 失う	lost	lost	losing
make 作る	made	made	making
may …してもよい	might	なし	なし
mean¹ 意味する	meant	meant	meaning
meet 会う	met	met	meeting
mistake 誤る	mistook	mistaken	mistaking
mow 刈る	mowed	mowed, mown	mowing
must …しなければならない	had to で代用	なし	なし
pay 払う	paid	paid	paying
picnic 遠足に行く	picnicked	picnicked	picnicking
prove 証明する	proved	proved, 《主に米》proven	proving
put 置く	put	put	putting
quit やめる	quit, 《英》quitted	quit, 《英》quitted	quitting
read¹ 読む	read	read	reading

現在形（意味）	過去形	過去分詞	現在分詞
rid 取り除く	rid, ridded	rid, ridded	ridding
ride 乗る	rode	ridden	riding
ring² 鳴る	rang	rung	ringing
rise 上がる	rose	risen	rising
run 走る	ran	run	running
saw² のこぎりで切る	sawed	《米》sawed, 《英》sawn	sawing
say 言う	said	said	saying
see 見える	saw	seen	seeing
seek 探し求める	sought	sought	seeking
sell 売る	sold	sold	selling
send 送る	sent	sent	sending
set 置く	set	set	setting
sew 縫う	sewed	sewn, sewed	sewing
shake 振る	shook	shaken	shaking
shall …するだろう	should	なし	なし
shave （ひげを）そる	shaved	shaved, shaven	shaving
shear 毛を刈り込む	sheared	sheared, shorn	shearing
shed¹ 捨て去る	shed	shed	shedding
shine 輝く	shone	shone	shining
輝かせる	shined	shined	shining
shoe 靴を履かせる	shod, shoed	shod, shoed	shoeing
shoot 撃つ	shot	shot	shooting
show 見せる	showed	shown, 《まれ》showed	showing
shrink 縮む	shrank, shrunk	shrunk, shrunken	shrinking
shut 閉じる	shut	shut	shutting
sing 歌う	sang	sung	singing
sink 沈む	sank	sunk	sinking
sit 座る	sat	sat	sitting
sleep 眠る	slept	slept	sleeping
slide 滑る	slid	slid, 《米》slidden	sliding
smell においがする	smelled, smelt	smelled, smelt	smelling
sneak こそこそ歩く	sneaked, 《米》snuck	sneaked, 《米》snuck	sneaking

現在形(意味)	過去形	過去分詞	現在分詞
sow （種を）まく	sowed	sown, sowed	sowing
speak 話す	spoke	spoken	speaking
speed 急ぐ	speeded, sped	speeded, sped	speeding
速度を増す	speeded	speeded	speeding
spell¹ つづる	spelled, 《主に英》spelt	spelled, 《主に英》spelt	spelling
spend （お金などを）使う	spent	spent	spending
spill こぼす	《米》spilled, 《主に英》spilt	《米》spilled, 《主に英》spilt	spilling
spin （糸を）紡ぐ	spun	spun	spinning
spit つばを吐く	spit, 《主に英》spat	spit, 《主に英》spat	spitting
split 割る	split	split	splitting
spoil 台なしにする	spoiled, spoilt	spoiled, spoilt	spoiling
spread 広げる	spread	spread	spreading
spring 跳ねる	sprang, 《また米》sprung	sprung	springing
stand 立つ	stood	stood	standing
steal 盗む	stole	stolen	stealing
stick² 貼る	stuck	stuck	sticking
sting 刺す	stung	stung	stinging
stink 悪臭を放つ	stank, stunk	stunk	stinking
stride 大またで歩く	strode	stridden	striding
strike 打つ	struck	struck, 《古》stricken	striking
string ひもを通す	strung	strung	stringing
swear 誓う	swore	sworn	swearing
sweat 汗をかく	sweated, sweat	sweated, sweat	sweating
sweep ほうきで掃く	swept	swept	sweeping
swell 膨らむ	swelled	swollen, swelled	swelling
swim 泳ぐ	swam	swum	swimming
swing 揺する	swung	swung	swinging
take 取る	took	taken	taking
teach 教える	taught	taught	teaching
tear² 引き裂く	tore	torn	tearing
tell 話す	told	told	telling
think 思う	thought	thought	thinking

現在形(意味)	過去形	過去分詞	現在分詞
thrive 栄える	thrived, 《米》throve	thrived, 《米》thriven	thriving
throw 投げる	threw	thrown	throwing
thrust 強く押す	thrust	thrust	thrusting
tie 結ぶ	tied	tied	tying
tread 踏む	trod	trodden, trod	treading
understand 理解する	understood	understood	understanding
wake 目が覚める	woke, waked	woken, waked	waking
wear 身に着けている	wore	worn	wearing
weave 織る	wove	woven, wove	weaving
wed 結婚する	wedded, wed	wedded, wed	wedding
weep 泣く	wept	wept	weeping
wet ぬらす	wet, wetted	wet, wetted	wetting
will¹ …するでしょう	would	なし	なし
win 勝つ	won	won	winning
wind² 巻く	wound	wound	winding
withdraw 引き出す	withdrew	withdrawn	withdrawing
wrap 包む	wrapped, wrapt	wrapped, wrapt	wrapping
wring 絞る	wrung	wrung	wringing
write 書く	wrote	written	writing

原級(意味)	比較級	最上級
bad 悪い	worse	worst
badly 悪く	worse	worst
far 遠くへ；遠い	farther, further	farthest, furthest
good よい	better	best
ill 病気で；悪く	worse	worst
late (時間が)遅い；遅く	later	latest
(順序が)あとの	latter	last
little 小さい, 少しの	less, lesser	least
many (数が)多くの	more	most
much (量が)多くの；非常に	more	most
old 年取った	older, 《主に英》elder	oldest, 《主に英》eldest
well¹ うまく；健康で	better	best

ベーシックプログレッシブ
英和・和英辞典

2010年10月20日　初版　第1刷発行
2021年12月18日　　　　第2刷発行

編者代表	吉　田　　　研　作
発行者	飯　田　　　昌　宏
発行所	〒101-8001 東京都千代田区一ツ橋2-3-1 株式会社　小　学　館 電話　編集　(03) 3230-5170 　　　販売　(03) 5281-3555
印刷所	萩原印刷株式会社
製本所	株式会社若林製本工場

© SHOGAKUKAN　2010

造本には十分注意しておりますが、印刷、製本など製造上の不備がございましたら、「制作局コールセンター」(フリーダイヤル0120-336-340)にご連絡ください。
(電話受付は、土・日・祝日を除く9:30〜17:30)

本書の無断での複写(コピー)、上演、放送等の二次利用、翻案等は、著作権法上の例外を除き、禁じられています。
本書の電子データ化などの無断複製は著作権法上の例外を除き禁じられています。代行業者等の第三者による本書の電子的複製も認められておりません。

★小学館外国語辞典のホームページ
「小学館ランゲージワールド」
https://www.l-world.shogakukan.co.jp/

Printed in Japan　　ISBN978-4-09-510604-5